COLLECTION DE *DÉCISIONS* NOUVELLES *ET DE NOTIONS* RELATIVES A LA *JURISPRUDENCE* ACTUELLE;

Par Mᵉ J. B. DENISART, *Procureur au Châtelet de Paris.*

CINQUIÉME ÉDITION.

TOME TROISIÉME.

A PARIS,
Chez DESAINT, rue du Foin, la premiere Porte cochere à droite, en entrant par la rue Saint Jacques.

M. DCC. LXVI.

AVEC APPROBATION ET PRIVILÉGE DU ROI.

COLLECTION

DE

DÉCISIONS

NOUVELLES.

TOME TROISIÉME.

COLLECTION

DE

DÉCISIONS NOUVELLES

ET

DE NOTIONS RELATIVES

A LA JURISPRUDENCE

ACTUELLE.

PREMIERE PARTIE.

P

PAC

PAÇAGE.

ON donne le nom de Pâcage aux lieux où l'herbe eſt propre pour nourrir les beſtiaux : ainſi quand on dit qu'une Communauté d'Habitans, ou un Particulier a droit de Pâcage dans un certain lieu, cela ſignifie un droit de faire paître. Voyez *Pâturage & Uſage.*

PAC

PACTE.

Ce mot eſt ſynonime à convention; il ſignifie auſſi accord : il n'eſt pas d'un grand uſage au Barreau; on ne s'en ſert guères que pour indiquer les conventions que les Sorciers font avec le Diable.

Il y a entre les Rois de France & d'Eſpagne, un Traité nômmé Pacte de famille.

PAGESIE.

On appelle Pagesie, la solidité qui peut s'exercer par le Seigneur contre les codétenteurs d'héritages chargés de cenfives envers lui. Ce nom est principalement en usage dans la Coutume d'Auvergne, où les cenfitaires font nommés copagénaires.

PAIN-BÉNI.

Voyez *Droits Honorifiques*, *Eau-Bénite*, *Marguilliers*, *Offrande*, *Préféance* & *Proceffion*.

Le Pain-Béni n'est autre chose qu'un Pain ou Gâteau qu'on offre à l'Eglife pour être béni, partagé entre les Fidéles, & enfuite mangé avec dévotion. Quelques Sçavans en fixent l'inftitution au feptiéme fiécle dans le Concile de Nantes. On ne le donnoit dans les premiers temps qu'aux enfans & aux Catéchumenes, afin de les préparer à la Communion : on l'a enfuite donné aux autres Fidéles. Voyez l'Extrait des Differtations de M. de Larroque, dans l'Hiftoire des Ouvrages des Sçavans, Avril 1688.

L'ufage du Pain-Béni n'a pas été & n'eft pas encore univerfel. Il n'eft pas connu dans plufieurs Diocèfes, & finguliérement dans celui de Cambrai.

Dans les Diocèfes où l'Offrande & la diftribution du Pain-Béni font d'ufage, chaque ménage doit le préfenter à fon tour, conformément à ce qui fe pratique dans la Paroiffe : grand nombre d'Arrêts y ont condamné les Refufans.

Cependant le Patron de la Paroiffe peut choifir tel jour de Fête que bon lui femble pour préfenter feul le Pain-Béni, quoiqu'il ne demeure point dans la Paroiffe, & que les Paroiffiens foient dans l'habitude de rendre le Pain-Béni chacun à leur tour : il y a à ce fujet un Arrêt du 28 Janvier 1612, qui forme le Droit commun, qu'on trouve dans le premier volume des anciens Mémoires du Clergé.

Des Arrêts rendus fur les Conclufions de M. le Procureur Général, les 26 Mars 1599, 27 Mars 1604, 27 Janvier 1696, 24 No-

vembre 1646 & 12 Août 1733, ordonnent que les perfonnes qui auront préfenté le Pain-Béni dans les Paroiffes de la Ville & Fauxbourgs de Paris, feront tenues *de quéter en perfonne pour les Pauvres, fans qu'elles puiffent envoyer ou commettre autres perfonnes de moindre qualité*, à peine de dommages-intérêts.

Néantmoins le fieur Boidot, Prêtre & Chapelain de Notre-Dame de Paris, domicilié fur la Paroiffe Sainte Marine, ayant été affigné à la Requête des Marguilliers, en condamnation de 15 liv. pour rembourfement des avances faites à l'occafion du Pain-Béni, Cierges & Offrandes préfentés par le foin de la Fabrique, au lieu & place d'icelui fieur Boidot, qui avoit voulu faire préfenter le tout par une Mendiante ; le fieur Boidot, dis-je, foutint les Marguilliers non-recevables ; 1°. parce que fa qualité de Prêtre & encore plus celle de Chapelain l'exemptoient de la préfentation du Pain à bénir (*a*) ; 2°. parce que les Chapelains de Notre-Dame ne reconnoiffent d'autre Curé que le Doyen du Chapitre.

Il ajoutoit qu'il avoit fait préfenter un Pain à bénir, qui avoit été rejetté fort mal-à-propos, parce qu'il ne pouvoit trouver perfonne de fa condition pour l'offrir, au moyen de ce que dans l'Eglife Latine il n'y a point de Prêtreffes ; que d'ailleurs les Mendians ne deshonoroient la Religion que par le défaut de charité des Riches qui ne les affiftent point ; & que les Pauvres avoient toujours été regardés dans l'Eglife de Jéfus-Chrift, comme fes Membres les plus chers. Par Sentence du Châtelet du 22 Décembre 1747, confirmée par Arrêt rendu en la Grand'Chambre en l'année 1749, les Parties ont été mifes hors de Cour.

On trouve dans le Code des Curés & dans celui de Louis XV, une Sentence du Châtelet du 16 Mars 1737, qui a condamné le fieur Bauclin, Marchand de Vin, à rendre le Pain-Béni, en la maniere ordinaire, en la Paroiffe de la Magdelaine de la Ville-l'Evêque, au jour qui lui fera marqué par les Curé & Marguilliers ; finon, permet au

(*a*) Il a été rendu, fur les Conclufions de M. d'Aguesseau, un Arrêt le 12 Juin 1715, au Rôle de Champagne, par lequel, ayant égard à la poffeffion, déclare les Chanoines de Gien perfonnellement exempts d'offrir le Pain à bénir à la Paroiffe fur laquelle ils demeurent.

M. l'Archevêque de Paris, qui demeure fur la Paroiffe Sainte Marine en la Cité, y offre cependant le Pain-Béni quatre fois l'an.

Marguillier-Comptable de le faire rendre aux frais dudit sieur Bauclin, pourquoi il sera, dit la Sentence, employé jusqu'à la somme de 8 liv. avec dépens.

Le Samedi 29 Mai 1756, on a plaidé au Châtelet, la question de sçavoir, si les Curé & Marguilliers de la Paroisse S. Roch à Paris, étoient bien fondés à répéter contre le sieur Gaillard de Beaumanoir, une somme de 72 liv. qu'ils disoient avoir été obligés de payer à sa décharge, tant pour Pain-Béni, que pour Cire, Offrande, Porteurs, Bedeaux, &c. faute par lui d'avoir satisfait à l'invitation qui lui avoit été faite de rendre le Pain à bénir, conjointement avec deux Financiers, qui avoient, disoit-on, satisfait à ce devoir le 5 Mars précédent, jour de la Fête des cinq Plaies, Titulaire de la Paroisse.

Ces Marguilliers étoient autorisés par une Délibération à faire les poursuites convenables pour contraindre le sieur de Beaumanoir à rendre son tiers dans la présentation des Pains-Bénis: mais, par leur demande, ils imputoient au sieur de Beaumanoir d'avoir refusé de le rendre, par un manque de respect & un mépris pour l'Eglise, ce que ne portoit nullement la Délibération.

Le sieur de Beaumanoir répondoit qu'il n'avoit point refusé de rendre le Pain-Béni, mais qu'on avoit effrayé sa simplicité en lui présentant un mémoire de dépense qui annonçoit une pompe & une magnificence qui n'étoit pas de son goût : il avoit offert, ou de donner 24 liv. pour être déchargé de cet embarras, ou de faire rendre le Pain-Béni un jour moins solemnel que celui des cinq Plaies, où il pût suivre la modestie de son inclination.

Le sieur de Beaumanoir ajoutoit que le Pain à bénir étoit une offrande volontaire dans l'origine; que si la Justice usoit actuellement de rigueur contre ceux qui refusoient de le présenter, elle laissoit la liberté sur la forme de cette oblation, pourvû qu'il y eût de la décence; que chacun pouvoit sur cela consulter son goût & ses facultés, qu'il étoit permis de ne point faire d'une cérémonie Religieuse, un spectacle de vanité & d'ostentation. Il citoit une Sentence du Châtelet du 10 Juin 1711, qui ordonna à un sieur Chevalier, Substitut du Procureur

Général du Grand-Conseil, de rendre le Pain-Béni le Dimanche qui suivroit la signification; faute de quoi il étoit permis aux Marguilliers de le rendre à sa place, & d'avancer jusqu'à la somme de 15 liv. Il en citoit une autre du 26 Avril 1712, qui n'avoit permis d'avancer pour chaque Refusant que 10 liv. d'où il concluoit que la somme de 24 liv. qu'il avoit offerte, étoit supérieure à ce qui est ordinairement arbitré par la Justice.

A toutes ces raisons, le sieur de Beaumanoir ajoutoit qu'on ne lui avoit fait aucune sommation avant de l'assigner; & qu'en ces sortes de matieres, il faut nécessairement constater la demeure, avant de diriger l'action. Enfin, comme le sieur de Beaumanoir étoit injurieusement taxé *de mépris & de manque de respect pour l'Eglise*, il concluoit à ce qu'en déboutant les Curé & Marguilliers de leur demande, la Délibération fût rayée des Régistres de la Fabrique, & les termes injurieux rayés de l'Exploit. Il demandoit aussi la publication de la Sentence au Prône, des dommages & intérêts, &c.

Sur toutes ces contestations, Sentence est intervenue le 29 Mai 1756, plaidans Mes Desmoulins, pour les Marguilliers, & Dandasne, pour le sieur de Beaumanoir, par laquelle, en déclarant les Curé & Marguilliers non-recevables en leur demande, il a été ordonné que, dans la quinzaine de la signification, le sieur de Beaumanoir seroit tenu de rendre le Pain à bénir; sinon, que les Marguilliers seroient autorisés à le faire pour lui, & à employer jusqu'à la somme de 15 liv. La même Sentence a déclaré nulle la Délibération, en ce que par icelle les Marguilliers avoient fixé la dépense de la présentation du Pain-Béni à 72 liv. sans y être autorisés par Justice; ordonné que les termes injurieux seroient rayés: condamné les Marguilliers qui avoient signé la Délibération en 30 liv. de dommages & intérêts applicables aux Capucines, du consentement du sieur de Beaumanoir, & en tous les dépens; enfin, il a été ordonné que cette Sentence seroit lûe & publiée au Prône de la Paroisse.

Après la Bénédiction du Pain, » il faut » le couper par morceaux égaux, selon la » quantité des Paroissiens; & comme il re-

» préfente l'Euchariftie, il doit être diftri-
» bué également ; c'eft par conféquent un
» mal d'en diftribuer de gros morceaux aux
» uns & de petits aux autres. « Voyez le Ri-
» tuel d'Alet.

Cette vérité ne devroit point effuyer de contradiction ; mais la charité qui uniffoit les cœurs des Fidéles dans la primitive Eglife s'étant ralentie, l'orgueil, qui a pris fa place, a introduit des diftinctions non-feulement fur le volume du morceau de Pain-Béni, & fur la maniere de le préfenter à certaines perfonnes, mais encore fur la primauté & la préférence d'une perfonne à l'autre, dans l'ordre de la diftribution.

Cette préférence a même fouvent excité des conteftations très-férieufes : voici quelques décifions intervenues fur cette matiere.

On trouve dans le Code des Commenfaux un Arrêt rendu au Grand-Confeil le 30 Août 1677, entre le fieur de Verel, Fourrier des Logis du Roi, le Seigneur & les Officiers de Dame Marie les Lis, près Melun, par lequel *ledit de Verel, en fa qualité de Fourrier, eft maintenu à précéder lefdits Officiers en toutes affemblées publiques & particulieres, même à recevoir le Pain-Béni avant eux.*

Le même Tribunal a rendu un femblable Arrêt le 8 Mars 1688, contre les Officiers, Habitans & Marguilliers de Suçy, en faveur des Officiers de la Reine.

M. de Marillac a décidé de même par un Jugement arbitral du 5 Juillet 1696, en faveur du fieur Huchard, Garde vétéran de la Prévôté de l'Hôtel, contre le Seigneur de Malesherbes, prenant le fait & caufe de fon Bailli.

Enfin, le Grand-Confeil a ordonné, par Arrêt du 14 Janvier 1733, *que François Feuillet & Pierre Carré, l'un Chef de Fourriere de la Maifon du Roi, l'autre Ecuyer-Officier de bouche de la Reine, auroient dans l'Eglife de Surenne, le Pain-béni par...... diftinction, avant les Officiers de la Juftice (Seigneuriale) du lieu.* Il eft au Code. Ru-

ral. Voyez un autre Arrêt au mot *Préféance* (a).

Une Sentence de la Prévôté de l'Hôtel, du 4 Février 1746, confirmée par Arrêt rendu au Grand-Confeil, fur les Conclufions de M. l'Avocat Général le Bret, le 21 Mai fuivant, a condamné Denis Vaffou, Marguillier de Belleville, à porter le Pain-Béni, *par diftinction, & immédiatement après le Clergé & les Seigneurs, à Nicolas Boudin, Garde en la Prévôté de l'Hôtel, Vétéran, & à fa femme, avant tous autres inférieurs en Ordre à eux.* V. *Commenfaux.*

Par un Arrêt rendu au Grand-Confeil le 23 Janvier 1738, en faveur du fieur Pommier, qui étoit en même-temps Secrétaire du Roi & Tréforier de France, contre Me René le Comte, Commiffaire au Châtelet, qui étoit Prévôt de la Juftice de Wiffous, les autres Officiers de cette Jurifdiction, les Curé & Marguilliers de la Paroiffe ; le fieur Pommier a été maintenu, en l'une & l'autre qualité, au droit d'avoir le *Pain-Béni par morceaux de diftinction* (b) *avant tous les Officiers des Juftices Seigneuriales de Wiffous, & de Ville-Milan en l'Eglife de Wiffous, & de les précéder, tant à l'Offrande, qu'à toutes autres affemblées publiques & particulieres.*

Ce même Arrêt ordonne de plus que les *Curé & Marguilliers de Wiffous feront tenus de faire porter le Pain-Béni par morceaux de diftinction, & le Bedeau tenu de le porter audit Pommier, auparavant tous les Officiers defdites Juftices.*

Le Grand-Confeil a même jugé, par Arrêt rendu le 24 Décembre 1749, en faveur du fieur de la Hogue, Secrétaire du Roi, que les *Curé & Marguilliers de Granville* en Normandie feroient *tenus de lui faire porter le Pain-Béni à fon banc par morceau de diftinction, avant le Vicomte, le Lieutenant Général de Police, & autres Officiers de la Vicomté de Granville.*

Le même Grand-Confeil avoit auparavant jugé, par Arrêt rendu le 9 Janvier 1731, que les Marguilliers de la Paroiffe

---

(a) J'ai un Exemplaire détaché de cet Arrêt, imprimé in-4°. fous ce titre : « Arrêt qui juge que les Commen-» faux ne font fondés à prétendre d'autres droits hono-» rifiques dans les Eglifes, que ceux qui leur font nommé-» ment accordés par les Edits & Déclarations de S. M. »

(b) Il y a lieu de croire qu'on n'a pas affez veillé à la rédaction de cet Arrêt ; les mots *morceaux de diftinction* ne devroient pas s'y trouver, non plus que dans celui du 9 Janvier 1731, dont je parle au préfent article. Voyez la note fuivante.

de Boiſſi-Saint-Leger feroient tenus de porter ou envoyer le Pain-Béni au ſieur de Vouges, Tréſorier de France, à ſa femme & à ſa famille, par morceaux de diſtinction (*a*); & de le faire jouir des honneurs de l'Egliſe, immédiatement après le Seigneur & avant tous les autres Habitans.

Le 4 Février 1723, il eſt intervenu un autre Arrêt au Grand-Conſeil, entre le Sr d'Orléans, Seigneur Haut-Juſticier de Tracy, dans la Paroiſſe de Nouan-le-Fuzelier, dans l'Orléannois, & le ſieur de la Lande, Tréſorier de France à Bourges, par lequel il a été jugé qu'après le Seigneur de la Paroiſſe, les Seigneurs Hauts-Juſticiers doivent avoir les droits honorifiques de l'Egliſe Paroiſſiale, préférablement aux Tréſoriers de France.

Dans cette eſpéce, il s'agiſſoit de ſçavoir auquel du Seigneur Haut-Juſticier, Gentilhomme, & du Tréſorier de France, le Pain-Béni devoit être préſenté le premier, & lequel devoit précéder l'autre à la Proceſſion.

Le Parlement de Beſançon avoit ordonné, par des Arrêts des 15 Février & 11 Juillet 1724, que les Echevins & Communauté de la Ville de Peſine, en Franche-Comté, feroient tenus de faire porter au ſieur Grigne, Me des Comptes à Dole, le Pain-Béni, immédiatement après les Seigneurs Collateurs & Patrons de la Paroiſſe, dans l'ordre & ſuivant que l'exige la qualité de ſon Office: ces Arrêts condamnoient même le Curé de la Paroiſſe à donner au Sr Grigne, après les Collateurs, Patrons, Seigneurs Hauts-Juſticiers, & autres plus qualifiés de l'Egliſe Paroiſſiale, comme Officier de Cour Supérieure, l'eau-bénite par préſentation du goupillon. Mais, comme il ſe trouvoit un grand nombre d'Officiers de Cours Supérieures & de Gentilshommes dans la Paroiſſe, qui pouvoient exiger les mêmes honneurs, ce qui auroit pû troubler le Service divin, ces Arrêts ont été caſſés par Arrêt du Conſeil du 7 Avril 1725, qui a ordonné qu'il en feroit uſé à Peſine, & dans les au-

tres Paroiſſes de Franche-Comté, comme auparavant leſdits Arrêts.

Par un Arrêt rendu le 25 Mai 1737, en la Grand'Chambre, ſur les Concluſions de M. l'Avocat Général Gilbert, la Cour a confirmé une Sentence du Bailliage de Meulan, par laquelle il étoit jugé que le Pain-Béni donné aux Laïcs en ſurplis, par préférence & avant le Seigneur de la Paroiſſe. Me Marchand plaidoit pour l'appellant. Voyez ci-après ce que je rapporte des diſpoſitions de l'Arrêt du Parlement de Toulouſe, du 27 Janvier 1756.

Le 11 Août 1745, la Cour a rendu un autre Arrêt, ſur les Concluſions de M. J'Avocat Général Joly de Fleury, plaidans Mes Châtelain & Piet Dupleſſis, par lequel, en confirmant la Sentence dont étoit appel, un Gentilhomme, Seigneur de Fief, ayant Haute-Juſtice dans la Paroiſſe, a été maintenu dans le droit d'avoir le Pain-Béni avant les Marguilliers.

Il a même été jugé, par un Arrêt du 2 Décembre 1683, confirmatif d'une Sentence du Châtelet du 18 Février 1682, que les Officiers de la Juſtice (Seigneuriale) de Gentilly auroient la préſéance & les droits honorifiques dans l'Egliſe Paroiſſiale de Gentilly, ſur les Marguilliers.

La même queſtion s'étant élevée entre les Curé & Marguilliers de la Paroiſſe de Morangis, d'une part; le ſieur Maſſon de Pleſſey, Seigneur du lieu, & ſon Procureur Fiſcal, (non gradué) d'autre; le ſieur Maſſon de Pleſſey & ſes Officiers ont été maintenus dans la poſſeſſion de recevoir le Pain-Béni avant les Marguilliers de la Paroiſſe, par Sentence rendue au Châtelet le 20 Mars 1755.

L'Arrêt du 30 Juillet 1727, dont je parle au mot *Proceſſion*, a auſſi ordonné que les Marguilliers de la Ferté-Aleps feroient tenus de faire porter au Bailly & au Procureur du Roi, des morceaux de Pain-Béni par le Bedeau, lequel en porteroit enſuite aux Marguilliers, & leur a *fait défenſes d'en uſer autrement.*

(*a*) Il faut remarquer que le Pain-Béni, par diſtinction, n'eſt pas la même choſe que le Pain-Béni, par morceaux de diſtinction. Le premier eſt une ſimple préférence & un honneur moindre, dûs aux ſimples Commenſaux; le morceau de diſtinction au contraire eſt une part diſtinguée,

dûe aux Patrons, aux Seigneurs Hauts-Juſticiers, aux Grands Officiers de la Couronne & aux Commenſaux du premier ordre.

Il eſt étonnant qu'on l'ait accordé à un Tréſorier de France & à ſa famille.

Mais, par Arrêt du 21 Mars 1746, rendu en la Grand'Chambre, au rapport de M. Severt, entre les Marguilliers de la Ville de Menars, les Officiers de la Justice Seigneuriale de la même Ville, & la Marquise de Menars, *les Marguilliers de la Paroisse de Saint-Hilaire de Menars-la-Ville ont été maintenus & gardés dans le droit & possession de recevoir le Pain-Béni, les Cierges, les Cendres, les Palmes, d'aller à l'Offrande, à l'Adoration de la Croix, avant les Officiers de la Justice de Menars, & d'avoir la préséance sur lesdits Officiers dans les Processions & autres cérémonies des Paroisses ordinaires & accoutumées, comme aussi dans toutes les assemblées pour les affaires concernant la Fabrique de ladite Eglise seulement.*

On voit par cet Arrêt que les Marguilliers de Menars sont maintenus dans le *droit & possession*, &c. Ils avoient en effet cette possession, lorsque la procédure jugée par l'Arrêt commença; & c'est la possession qui détermine dans ces sortes de contestations. Voyez ce que je dis aux mots *Droits honorifiques* & *Eau-Bénite*. Voyez aussi l'Arrêt rendu au Parlement de Metz, en faveur des Officiers du Siége de Vic, le 18 Juin 1693, contre les Marguilliers. Il est rapporté par Augeard, tome premier, Edition *in-folio*, n°. 99.

La possession qu'avoient les Officiers du Bailliage de Dreux, a tout de même déterminé la Cour à maintenir ces Officiers *& leurs Successeurs........ en la possession & jouissance des Bancs.... de précéder ès Processions générales & particulieres de la Paroisse de Saint Pierre, les Marguilliers de ladite Eglise;* lesquels, (ajoute l'Arrêt) *seront tenus de faire distribuer du Pain-Béni par morceaux distingués*, &c. Cet Arrêt qui est du 24 Mars 1684, est rapporté au quatrième volume du Journal des Audiences, livre 7, chap. 5.

L'Arrêt rendu au Parlement de Toulouse, en faveur du sieur de Sauvan, Marquis d'Aramon, le 27 Janvier 1756, a ordonné que les Curés & Marguilliers des Terres d'Aramon, Valabrgne, Comps, &c. dont

il est Seigneur Haut-Justicier, & autres chargés de la distribution du Pain-Béni, *seroient tenus de lui porter le Pain-Béni & les Cierges, immédiatement après les Prêtres & autres employés & revêtus pour le Service divin* (a), *& ensuite à sa famille; comme aussi qu'ils seroient tenus de porter & présenter le Pain-Béni aux Baillis, Viguiers, Juges, leurs Lieutenans & Procureurs Jurisdictionnels des lieux, immédiatement après ledit sieur Marquis d'Aramon & sa famille, & avant les Consuls & autres Habitans, de même que les Cierges lors des Processions........ à peine de 500 liv. d'amende, & d'en être enquis.*

Cette disposition est entiérement conforme à la Jurisprudence du Parlement de Toulouse. On voit en effet que l'Arrêt du 27 Janvier 1756 est rendu en conformité de trois autres récemment obtenus par différens Seigneurs, lesquels ont été déclarés communs avec le Marquis d'Aramon, pour ses Terres.

Le 10 Janvier 1756, on a plaidé la question de sçavoir, auquel, ou de M. Lorès, Conseiller au Parlement, ou du sieur de Marsy (Gentilhomme) tous deux Seigneurs de Fiefs ayant Haute, Moyenne & Basse-Justice dans les Paroisses de Saint Peraville & Saint Jean de Clichy, le Pain-Béni devoit être présenté le premier.

Ni l'un ni l'autre Seigneur n'étoit Patron de l'Eglise; le sieur de Marsy alléguoit que son Fief étoit plus noble, plus considérable & plus étendu que celui de M. Lorès, & prétendoit sur ce fondement avoir le Pain-Béni le premier.

M. Lorès convenoit de l'étendue du Fief du sieur de Marsy: mais il alléguoit sa dignité de Conseiller au Parlement, & les prérogatives qui y sont attachées.

M. l'Avocat Général Seguier, qui porta la parole dans cette affaire, fit voir qu'il ne devroit point y avoir de préférence dans le lieu Saint, où tout le monde doit être égal: néantmoins comme l'usage y en a introduit, il se détermina en faveur de M. Lorès à cause de sa dignité, quoique son Fief fût moins étendu & moins noble que celui du

---

(a) Les Ecclésiastiques, quels qu'ils soient, n'ont point le Pain-Béni, l'Eau-bénite, &c. avant les Seigneurs, quand ils ne sont pas revêtus de surplis ou autres ornemens d'Eglise.

Les Laïcs revêtus de Chappes ou Surplis, tels que les Chantres, ont au contraire le Pain-Béni avant les Seigneurs, & avant les Ecclésiastiques non revêtus pour le Service Divin.

fieur de Marfy ; & par Arrêt du 10 Janvier 1756, la Cour a maintenu & gardé M. Lorès dans le droit & poffeffion de recevoir le Pain-Béni par diftinction & par préférence au fieur de Marfy.

On peut voir fur la même matiere un Arrêt du 4 Septembre 1664, rapporté au Journal des Audiences, tome 2, liv. 6, ch. 52 ; & un autre Arrêt du Parlement de Metz, beaucoup plus récent, rapporté par Augeard. Ce dernier Arrêt eft également curieux & inftructif par le Plaidoyer du Miniftere public, qui y eft rapporté.

Henrys, (tome 2', liv. premier, queftion 3,) rapporte un Arrêt du 18 Juillet 1651, qui ordonne que les Marguilliers ne feront tenus de préfenter le Pain-Béni qu'aux Seigneurs & Patrons, & non aux Seigneurs de Fiefs, quoique fitués dans la Paroiffe. Un autre Arrêt du 18 Juillet 1657, cité par Duperray, a jugé de même ; & il y en a deux autres des 20 Juillet 1699 & 4 Septembre 1716, rapportés dans le Mémoire du Cardinal de Noailles & de l'Evêque d'Amiens.

Le premier de ces deux Arrêts ordonne que les Seigneur & Dame d'Ogne auront les premiers le Pain-Béni, qui fera enfuite diftribué aux autres Habitans ; & le fecond juge la même chofe en faveur du fieur de Janfon, Seigneur de Brachay.

PAIN DU ROI.

On appelle Pain du Roi, celui que Sa Majefté accorde aux prifonniers ; l'argent pour le payement de ce Pain eft pris fur le fonds que produifent les amendes.

Tous les prifonniers accufés de crimes, & détenus dans les Prifons Royales, ont le Pain du Roi, lors même qu'il y a Partie civile : mais les prifonniers pour dettes ne l'ont pas ; & fi les créanciers ne payent pas les alimens au Geolier tous les mois d'avance, le prifonnier peut être mis en liberté. V. *Alimens, Geolier & Prifon.*

Le Parlement d'Aix a jugé par deux Arrêts rendus les 13 & 25 Juin 1731 ; le premier, en faveur de l'Evêque de Marfeille, Seigneur de Malemort ; & le fecond, en faveur du Seigneur de Saint-Cefaire, que le Seigneur Haut-Jufticier n'eft pas obligé de fournir le Pain aux Prifonniers, lorfqu'il y a une Partie civile.

Je penfe que ces Arrêts font conformes à la régle ; mais je crois qu'en ce cas le Pain doit être avancé par le Seigneur, & exécutoire décerné contre la Partie civile, à la requête du Procureur Fifcal.

L'article 8 de l'Arrêt de Réglement rendu aux Grands-Jours de Clermont, le 10 Décembre 1665, enjoint aux Seigneurs Hauts-Jufticiers *de fournir le Pain aux Prifonniers accufés de crimes,* fans faire de diftinction.

PAIR, PAIRIE.

V. *Juftice & Mouvance.*

Le mot Pair vient de *Pares,* qui fignifie égaux, de même condition : » & font dits » Pairs de France, (dit le judicieux Coquille dans l'Hiftoire du Nivernois), » comme pareils, non pas pour refpect du » Roi, qui eft le Chef de cette Compagnie » de Pairs, & leur Seigneur.........mais font » dits Pairs, à refpect d'eux entr'eux «.

Il paroît, fuivant le témoignage de prefque tous les Auteurs, que les Pairs ont été inftitués pour être les Confeillers-nés de nos Rois. » Du temps de la lignée d'Hugues » Capet, (dit Coquille) cette Monarchie » n'étoit pas intolérable : car ores que le » Roi fût refpecté comme Souverain, avec » tous honneurs qu'un Monarque peut dé- » firer & mériter, fi eft-ce que les fix Pairs » de France Laïcs lui étoient donnés comme » Confeillers-nés.....& comme Contrôleurs » de fes actions, en cas qu'il fe débordât de » la raifon «.

Les Pairs affiftoient toujours aux anciens Parlemens, que nos Rois affembloient fouvent pour décider des affaires du Royaume ; & quand ces affemblées furent rendues fédentaires par l'établiffement du Parlement de Paris, dont les Membres furent choifis par le Roi dans ceux qui compofoient l'affemblée générale, le droit des Pairs fut confervé : ils eurent entrée, féance & voix délibérative dans cet augufte Tribunal, dès fon établiffement, dont ils furent même les principaux Membres. C'eft à caufe de cela que le Parlement eft nommé la Cour des Pairs.

Nous n'avons rien de certain fur le temps

de l'inftitution des Pairs de France : quelques-uns la placent fous Charlemagne ;
d'autres la rapportent à Hugues Capet, &
d'autres à Louis le Jeune.

Voici en abrégé ce qu'a dit fur cela M.
l'Avocat Général Gilbert de Voifins, en
portant la parolē dans l'affaire de la Pairie
d'Aiguillon, jugée par Arrêt du 10 Mai
1731.

Plus on remontera à l'origine des Pairies,
& plus on fera expofé à fe tromper dans fes
recherches. Si on les regarde comme des dignités majeures, on en appercevra des exemples & des modélés fous les Rois de la premiere Racè, & on les trouvera en ce cas
prefqu'auffi anciennes que la Monarchie.

Si au contraire on veut fixer l'inftitution
des Pairies au temps où fe font formés les
Fiefs de dignité, il faudra en ce cas s'arrêter aux dernieres années de la feconde
Race.

On fçait que lors de la décadence de l'Empire de Charlemagne, l'efprit de Féodalité
& de Seigneurie s'empara de toute la Fran-
cé, & même de toute l'Europe. En ce temps-
là tout devint Fief, & peu s'en fallut que
les grands Offices de la Couronne ne fuffent
donnés à titre de Fief. Auparavant les Ducs
n'étoient que Gouverneurs de Province, &
les Comtes des Gouverneurs de Ville. Chacun s'étant affermi dans fon Gouvernement,
& s'en étant fait un patrimoine héréditaire,
chercha à s'y maintenir, en s'attachant plus
étroitement fes Vaffaux. Les principaux
Vaffaux de chaque Seigneur furent appellés les Pairs des Seigneurs ; c'étoient ceux
qui formoient la Cour du Seigneur, & qui
jugeoient avec lui les caufes des Vaffaux
inférieurs.

La Pairie de la Couronne fe trouva beaucoup élevée au-deffus des autres par la fupériorité du Souverain. Elle étoit compofée
des douze Pairs, dont fix Laïcs & fix Eccléfiaftiques. On ne trouve point le titre conftitutif de ces Pairies. Les fix Pairs Laïcs
étoient les fix principaux Vaffaux de la Couronne ; ils n'étoient cependant pas les feuls
qui y reffortiffoient immédiatement : auffi
voit-on que plufieurs Barons affiftoient avec

eux au Sacre de nos Rois ; mais entre les
Vaffaux immédiats, ils étoient les premiers
& les principaux.

Le nombre de ces Pairs fut fixé à fix par
Louis le Jeune ou par Saint Louis ; mais
quant à leur origine, nous ne croyons pas
qu'il faille la cherchef ailleurs que dans cet
ordre, ou plutôt ce défordre que produifit,
dans le dixiéme fiécle, l'établiffement des
Seigneuries, & leur fubordination les unes
aux autres.

Il n'eft pas douteux que ces anciennes
Pairies paffoient à des femmes, qui les portoient même dans des familles étrangeres.
On fe fouvient du mariage d'Eléonore (ou
Aliénor), répudiée par Louis le Jeune, laquelle époufa Henri d'Anjou, depuis Roi
d'Angleterre, qui fit paffer l'Aquitaine entre les mains des Anglois, auxquels elle eft
demeurée jufqu'au régne de Charles VII.
On fçait auffi que les Duchés de Normandie & le Comté de Flandres ont été long-
temps éclipfés de la Couronne & qu'ils ont
paffé fucceffivement en différentes Maifons
par des mariages.

Non-feulement les femmes poffédoient
alors les Pairies, mais elles exerçoient les
fonctions qui y font attachées, même celles
qui femblent les plus viriles. Nous lifons
dans du Tillet, que la Comteffe de Flandres affifta au nombre des Pairs, lors de
l'Arrêt de 1358, paf lequel le Comté de
Clermont fut adjugé au Roi Saint Louis,
contre les Comtes d'Anjou & de Poitiers,
fes freres. L'Auteur de la Continuation de
la Chronique de Guillaume de Nangis remarque que les François furent furpris &
mécontens de voir cette même Comteffe
porter la main dans un Sacre à la Couronne
de nos Rois. Mahaud, Comteffe d'Artois,
avoit auparavant affifté, à caufe de fon Tenement, & comme Pair de France, au Jugement de Robert, Comte de Flandres, en
l'an 1315. V. Ducange.

Telles étoient les douze anciennes Pairies. Les fix Pairies Laïques font éteintes depuis long-temps (a). Les fix Pairies
Eccléfiaftiques fubfiftent encore aujour-
d'hui (b).

_____

(a) Cês Pairies ont été réunies à la Couronne avec les
Duchés de Bourgogne, de Normandie, de Guyenne, les
Comtés de Flandres, de Touloufe & de Champagne, aux-
quels elles étoient attachées.

(b) Les fix Pairies Eccléfiaftiques font attachées & dépendent de l'Archevêché de Rheims, des Evêchés de
Laon, de Langres, de Noyon, de Chaalons en Champagne & de Beauvais.

A

A ces anciennes Pairies en ont fuccédé de nouvelles.

Les premieres dont on ait les titres, ont été érigées en faveur des enfans de France, pour leur fervir d'apanage.

On commença à ne plus donner pour apanage aux enfans de France des Terres en fouveraineté. Nos Rois fe contenterent de leur en abandonner le domaine utile, fous la condition de réverfion à la Couronne. Depuis on érigea des Pairies en faveur d'autres Princes du Sang, qu'il étoit nécelfaire de pourvoir d'apanages.

Enfin, fous François Premier, les Pairies commencerent à être communiquées à des perfonnes qui n'étoient point du Sang Royal; mais on conferva toujours l'efprit des apanages, & on n'accorda les érections qu'à condition que la Pairie ne fubfifteroit que dans la ligne directe & dans la feule fphere de la mafculinité.

Sous Charles IX on alla encore plus loin; car les érections des Terres en Fiefs de dignité s'étant multipliées pour rallentir l'empreffement de ceux qui follicitoient de pareilles érections, il fut ordonné, par Edit du mois de Juillet 1566, vérifié en la Cour, que toute érection en Duché, Comté, ou même en Marquifat, emporteroit à l'avenir la condition, qu'en ceffant d'hoirs mâles, fuccefleurs procréés de leur corps par mariage légitime, les Terres érigées en Duché, Comté ou Marquifat, demeureroient unies & incorporées au Domaine du Roi, encore que d'ancienneté elles n'en euffent fait partie. Cet Edit fe trouve rappellé & confirmé dans l'article 279 de l'Ordonnance de Blois, qui ajoute que ceux qui voudront obtenir les érections de Duchés, Comtés ou Marquifats, feront tenus de fe purger par ferment, que les Terres qu'ils voudront faire ériger, ne font fujettes à fubftitution ou fidéi-commis, à peine de déchéance. L'Ordonnance fait défenfes expreffes aux Cours d'avoir égard aux difpenfes qui pourroient être accordées pour mettre les Impétrans à couvert de fa difpofition.

On trouve dans les Regiftres de la Cour un Edit de l'an 1582, qui rendoit toutes les Pairies perfonnelles, & ordonnoit la réunion au Domaine de la Couronne, foit que celui en faveur de qui l'érection feroit faite,

laifflât des enfans ou non : mais cet Edit n'a point eu d'exécution.

Quant à l'Edit de 1566, & à l'art. 279 de l'Ordonnance de Blois, ils ont eu le fort d'une infinité d'autres Réglemens. La dérogation eft devenue une claufe de ftyle dans les Lettres; & parmi les Duchés qui fubfiftent aujourd'hui, on n'en trouve qu'un feul qui foit réverfible à la Couronne, au défaut de defcendans mâles.

Ces notions préfuppofées, il eft aifé de fe former des principes fur la nature & la tranfmiffion des Pairies.

La Pairie eft un mêlange de Fief & d'Office. L'Office a pu être regardé autrefois comme l'acceffoire du Fief : aujourd'hui l'Office eft au moins une portion intégrante de la Pairie; s'il ne l'emporte pas, il eft du moins dans une parité exacte avec le Fief. Si l'Edit de 1566 avoit eu fon exécution, l'Office ceffant, la Terre ne fubfifteroit plus : elle feroit unie & incorporée au Domaine de la Couronne; mais cette rigueur n'étant plus d'ufage, l'Office peut ceffer, fans que la Terre forte de la famille.

Un premier principe, en matiere de Pairie, eft qu'il faut une vocation expreffe. On n'érige plus de Terre en Pairie, fans une confidération déterminée de certains poffefleurs. Il faut une perfonne que le Prince ait en en vûe, & qui ait été l'objet de fon choix. Cela eft fondé fur deux raifons : la premiere, que les Terres qu'on érige aujourd'hui, ne font plus affez confidérables pour foutenir la dignité de la Pairie, & de rendre par elle-même refpectable celui qui eft revêtu de cette dignité. Il n'en eft pas comme des anciennes Pairies, qui étoient attachées aux principales Provinces du Royaume, au Duché de Normandie, au Duché d'Aquitaine, &c.

La feconde raifon, c'eft que la Pairie renfermant un Office & des fonctions perfonnelles, il eft nécefffaire d'un choix du moins relatif à certaines perfonnes que le Prince ait pû avoir en vûe.

Un fecond principe eft, que la Pairie eft naturellement deftinée à s'arrêter dans la ligne defcendante, fans pouvoir paffer dans la collatérale. Ce principe dérive du premier : le pere & le fils font cenfés une même perfonne. Les defcendans font réputés

une feule perfonne avec leur auteur : c'eft
pour cela qu'on n'a point exigé un renouvellement de choix de la part du Prince à
leur égard; mais à l'égard des collatéraux,
ils ont befoin d'une vocation expreffe; telle
eft, par exemple, la vocation qui fe trouve
dans les Lettres d'Erection du Duché d'U-
zès, où l'on voit que les collatéraux font
clairement appellés.

Enfin, dans la ligne defcendante il y a
encore une diftinction néceffaire entre les
mâles & les femelles, fur-tout depuis qu'on
a introduit la réception des Pairs en la Cour,
& qu'on a réuni à la Pairie des fonctions &
des prérogatives viriles : cela n'empêche pas
qu'on ne voye des exemples de femelles appellées à des Pairies. Mais il en eft de leur
vocation comme de celle de leurs collatéraux; c'eft-à-dire, qu'elle ne peut être préfumée, fi elle n'eft expreffe : ces graces fingulieres font dans les mains du Prince, fous
l'autorité duquel les Loix peuvent fléchir;
mais comme ce font des exceptions à la régle générale, elles ne peuvent être trop expreffes & trop marquées.

Dans le cas où une femelle eft appellée à
la Pairie, l'Office ne laiffe pas de faire impreffion fur fa tête, comme étant incorporé
au Fiefqu'elle poffede. Il eft vrai qu'aujour-
d'hui la femelle ne peut exercer les fonctions qui font attachées à la Pairie : mais
cela n'empêche pas que le titre ne puiffe réfider fur fa tête, & s'y repofer, pour ainfi
dire, jufqu'à ce que, dans l'ordre des defcendans, l'Office paffe, avec la Terre, en la
poffeffion d'un mâle.

Les Pairs ont le privilége de ne pouvoir
être jugés que par le Parlement fuffifamment garni de Pairs. Ce Tribunal eft le feul
Juge de leurs perfonnes & de leurs Pairies :
ce droit eft auffi ancien que la Pairie (a); il
fubfiftoit avant que le Parlement fût rendu
fédentaire. Nous voyons, en effet, qu'un
Enguerrand de Coucy ne voulut pas, fous
Saint Louis, reconnoître d'autres Juges que
les Pairs. V. Boulainvilliers.

Ce privilége de la Pairie eft tel, que nul

autre Tribunal que le Parlement, ne peut
décider de ce qui regarde la perfonne d'un
Pair ou la Pairie.

M. le Duc de la Valette, Pair de France,
après avoir été jugé par Arrêt rendu, le Roi
féant avec les Préfidens du Parlement, mais
ailleurs qu'au Parlement, attaqua comme
nulle & incompétente la procédure qui avoit
été faite, ne croyant pas pouvoir affurer fon
innocence fur une procédure faite dans un
autre Tribunal que dans la Cour des Pairs.
La procédure fut en effet recommencée,
& M. le Duc de la Valette obtint une
nouvelle décharge, par Arrêt du 31 Juillet
1653.

Les Pairs prétendent que le Parlement
doit avoir commiffion du Roi, c'eft-à-dire,
des Lettres-Patentes pour inftruire le procès à un Pair. Le Parlement foutient le contraire. On éleva cette difficulté lors de l'affaire du Duc de la Force, accufé de mono-
pole en 1721; mais elle ne fut pas définitivement décidée. Le Roi donna une Déclaration provifoire, le 9 Mars 1721, par laquelle il fut ordonné que le procès du Duc
de la Force fera continué, la Cour fuffifamment garnie de Pairs, fans que tout ce qui
fera fait à ce fujet, puiffe nuire ni préjudicier aux demandes portées devant Sa Majefté, au fujet de la forme de faire le procès
aux Pairs, fur lefquelles le Roi fe réferve
de ftatuer par un Réglement fur les droits
& prérogatives des Pairs.

L'Arrêt d'enregiftrement de cette Déclaration porte; *fans que ledit enregiftrement
on puiffe inférer la néceffité d'aucunes Lettres
pour les procès criminels des Princes & des
Pairs, ni que le contenu en la Déclaration
puiffe préjudicier aux droits & priviléges
des Princes & Pairs de France ayant féance
en la Cour, de n'être jugés qu'en icelle* (b).

Les Pairs affiftent au Sacre des Rois, où
il y a diverfes fonctions attachées à leur dignité; & comme les fix premieres Pairies
Laïques, auxquelles les fonctions de Pairs
Laïcs, dans cette cérémonie, étoient attachées, font éteintes, il eft ordonné par un

---

(a) On peut, fur cette ancienneté & cette prérogative, voir une Ordonnance du Roi Jean, de l'année 1363,
qu'on trouve dans les Ordonnances du Louvre, tome 1,
page 649. V. auffi l'Arrêt du Parlement de Paris, du 30
Déc. 1763, par lequel le décret prononcé par le Parlement

de Toulouse, contre le Duc de Fitz-James, a été déclaré nul.
(b) Voyez fur la même matiere, une autre Déclaration
donnée le 10 Mai 1716, regiftrée le 12 à l'occafion *du
Procès commencé à la requête de M. le Procureur Général,
contre M. le Duc de Richelieu & le Comte de Gacé.*

Edit du mois de Mai 1711, enregistré le 21 du même mois, que les Princes du Sang repréſenteront les anciens Pairs de France au Sacre des Rois.

L'Edit que je viens de citer, eſt la derniere Loi ſur la Pairie : il eſt trop important pour que j'omette d'en rapporter les diſpoſitions; les voici, à l'exception de l'art. 2.

ART. I. *Que les Princes du Sang Royal ſeront honorés & diſtingués en tous lieux, ſuivant la dignité de leur rang & l'élévation de leur naiſſance. Ils repréſenteront les anciens Pairs de France aux Sacres des Rois, & auront droit d'entrée, ſéance & voix délibérative en nos Cours de Parlement à l'âge de quinze ans, tant aux Audiences qu'au Conſeil, ſans aucune formalité, encore qu'ils ne poſſédent aucunes Pairies* (a).

III. *Les Ducs & Pairs repréſenteront aux Sacres les anciens Pairs, lorſqu'ils y ſeront appellés au défaut des Princes du Sang . . . . . ils auront rang & ſéance entr'eux, avec droit d'entrée & voix délibérative, tant aux Audiences qu'au Conſeil de nos Cours de Parlement, du jour de la premiere réception* (b) *& preſtation de ſerment en notre Cour de Parlement de Paris, après l'enregiſtrement des Lettres d'Erection, & ſeront reçus audit Parlement à l'âge de 25 ans en la maniere accoutumée.*

IV. *Par les termes* D'HOIRS ET SUCCESSEURS, *& par les termes* D'AYANS-CAUSE, *tant inſérés dans les Lettres d'Erection ci-devant accordées, qu'à inſérer dans celles qui pourroient être accordées à l'avenir, ne ſeront & ne pourront être entendus, que les enfans mâles deſcendus de celui en faveur duquel l'érection aura été faite, & que les mâles qui en ſeront deſcendus de mâles en mâles, en quelque ligne & dégré que ce ſoit.*

V. *Les clauſes générales inſérées ci-devant dans quelques Lettres d'Erection de Duchés & Pairies en faveur des femelles, & qui pourroient l'être en d'autres à l'avenir, n'auront aucun effet, qu'à l'égard de celle qui deſcendra & ſera de la Maiſon & du nom de celui en faveur duquel les Lettres auront été accordées, & à la charge qu'elle n'épouſera qu'une perſonne que Nous jugerons digne de poſſéder cet honneur, & dont Nous aurons agréé le mariage par des Lettres-Patentes, qui ſeront adreſſées au Parlement de Paris, & qui porteront confirmation du Duché en ſa perſonne & deſcendans mâles ; & n'aura ce nouveau Duc, rang & ſéance que du jour de ſa réception audit Parlement ſur noſdites Lettres.*

VI. *Permettons à ceux qui ont des Duchés & Pairies, d'en ſubſtituer à perpétuité le Chef-lieu, avec une certaine partie de leur revenu, juſqu'à quinze mille livres de rente, auquel le titre & dignité deſdits Duchés & Pairies demeurera annexé, ſans pouvoir être ſujet à aucunes dettes ni détractions, de quelque nature qu'elles puiſſent être, après que l'on aura obſervé les formalités preſcrites par les Ordonnances pour la publication des ſubſtitutions ; à l'effet de quoi dérogeons au ſurplus à l'Ordonnance d'Orléans & à celle de Moulins, & à toutes autres Ordonnances, Uſages & Coutumes qui pourroient être contraires à la préſente diſpoſition.*

VII. *Permettons à l'aîné des mâles deſcendans en ligne directe de celui en faveur duquel l'érection des Duchés & Pairies aura été faite, ou, à ſon défaut ou refus, à celui qui le ſuivra immédiatement, & enſuite à tout autre mâle de dégré en dégré, de ſe retirer des filles qui ſe trouveront en être Propriétaires,* (c) *en leur en rembourſant le prix dans les ſix mois, ſur le pied du denier vingt-cinq du*

(a) L'article II vouloit que les Princes légitimés repréſentaſſent auſſi les anciens Pairs aux Sacres des Rois, après & au défaut des Princes du Sang; mais ces prérogatives leur ont été ôtées par un Edit du mois d'Août 1718, regiſtré au Lit de Juſtice tenu aux Tuileries le 16 du même mois. On peut voir ſur les honneurs & prérogatives actuels des Princes légitimés, les Déclarations des années 1723, 1727 & 1745.

(b) Les Pairs prêtent ſerment au Parlement à leur réception, qui ſe fait après information de vie & mœurs, » de » bien & fidélement ſervir, conſeiller & aſſiſter le Roi en » ſes très-hautes & très-importantes affaires ; & prenant » ſéance à la Cour, garder les Ordonnances, rendre la Juſ- » tice aux pauvres, comme aux riches, tenir les Délibéra- » tions de la Cour-cloſes & ſecretes; & en tout, ſe compor- » ter comme un bon, ſage, vertueux & magnanime Duc

» & Pair de France . . . . . . doit faire «.

Anciennement les Princes & les Pairs étoient obligés de donner des roſes au Parlement en Avril, Mai & Juin. Sauval & Piganiol entrent dans le détail de ce qui s'obſervoit dans cette cérémonie : elle a ceſſé dans le ſiecle dernier ; mais on n'en ſçait pas préciſément le temps.

(c) Cette diſpoſition doit-elle s'étendre aux Fiefs de Dignité, autres que les Duchés & Pairies ? La queſtion s'eſt préſentée entre les ſieurs Pajot de Villers & le Gendre, au ſujet du Comté d'Ons-en-Bray, donné au dernier par le ſieur Pajot d'Ons-en-Bray, ſon oncle.

Cette Terre avoit été érigée en Comté au mois de Juillet 1702, en faveur de Leon Pajot, Contrôleur Général des Poſtes, & de ſa lignée mâle & femelle. Le donataire étoit, par ſa mere, petit-fils de Leon Pajot.

Le Sr Pajot de Villers en étoit auſſi petit-fils, mais de la *revenu actuel, & sans qu'ils puissent être reçus en ladite dignité, qu'après en avoir fait le payement réel & effectif, & en avoir rapporté la quittance (a).*

VIII. Ordonnons que ceux qui voudront former quelque contestation sur le sujet desdits Duchés & Pairies, & des rangs, honneurs & préséances accordés par Nous auxdits Ducs & Pairs, Princes & Seigneurs de notre Royaume, seront tenus de Nous représenter, chacun en particulier, l'intérêt qu'ils prétendent y avoir, afin d'obtenir de Nous la permission de le poursuivre, & de procéder en notre Parlement de Paris pour y être jugés, si Nous ne trouvons pas à propos de les décider par Nous-mêmes ; & en cas qu'après y avoir renvoyé une demande, les Parties veuillent en former d'autres incidemment, ou qui soient différentes de la première, elles seront tenues pareillement d'en obtenir de Nous de nouvelles permissions, & sans qu'en aucuns cas ces sortes de contestations & de Procès puissent en être tirées par la voie des évocations.

IX. Voulons que notre Cousin le Duc de Luxembourg & de Piney ait rang, tant en notre Cour de Parlement de Paris, qu'en tous autres lieux, du 22 Mai 1662, jour de la réception du feu Duc de Luxembourg son pere, en conséquence de nos Lettres du mois de Mars de l'an 1661, & que les Arrêts rendus le 20 Mai 1662, & 13 Avril 1696, soient exécutés définitivement, sans que notredit Cousin puisse prétendre d'autre rang, sous

quelque titre & prétexte que ce puisse être. Et à l'égard dudit Marquis d'Antin, voulons pareillement qu'il n'ait rang & séance que du jour de sa réception, sur les nouvelles Lettres que Nous lui accorderons.

X. Voulons & ordonnons que ce qui est porté par le présent Edit pour les Ducs & Pairs, ait lieu pareillement pour les Ducs non Pairs, en ce qui peut les regarder.

Ce que j'ai dit de la Pairie & de l'Edit dont je viens de transcrire les principales dispositions, n'a qu'un rapport éloigné à une autre espéce de Pairs inférieurs établis pour juger les Procès, & dont j'ai déja dit quelque chose au mot *Justice*. Ces autres Pairs étoient les Vassaux d'un même Seigneur, obligés au service de sa Cour & de sa Justice ; ils assistoient au Jugement de ses Vassaux ; & on les appelloit Pairs, parce qu'ils étoient égaux en fonctions ; on les appelloit aussi Hommes de Fiefs, Pairs de Fiefs & Compagnons.

En plusieurs Coutumes ils étoient obligés, à peine d'amende & de saisie de leurs Fiefs, de venir assister le Bailli qui tenoit la Jurisdiction & les Assises ; ils jugeoient à leurs périls & fortunes, & encouroient une amende envers le Roi quand ils avoient mal jugé. S'ils avoient quelques Procès ou différends, ils avoient droit d'être jugés par leurs Pairs, présidés par le Seigneur de Fief, lequel étoit obligé d'en appeller au moins quatre : ...

---

ligne masculine. Il demandoit, sur le fondement de l'Edit de 1711, que le sieur le Gendre lui délaissât la Terre, aux offres de lui en rembourser le prix à dire d'Experts.

Le sieur le Gendre répondoit que l'Edit qui autorise le retrait des Pairies, ne s'étendoit point aux Marquisats, Comtés, Baronies & autres Fiefs de Dignité ; il ajoutoit que la Dignité de Comte d'Ons-en-Bray n'étoit pas masculine, & que l'érection avoit été faite en faveur des descendans mâles & femelles. L'affaire avoit été appointée au Châtelet ; mais, par Arrêt rendu le.... Juil. 1755, la Cour évoquant le principal, & y faisant droit, débouta le sieur Pajot de Villers de sa demande.

(a) Quelqu'éminente que soit la Pairie, elle ne change rien dans l'ordre des successions ; parce qu'elle est unie au Fief, qui par sa nature, est toujours soumis à la Coutume dans laquelle il est situé.

C'est pour cela que la Duché-Pairie de Sully, qui s'est trouvée dans la succession de Maximilien-Henri de Bethune décédé en 1729, dévolue aux Collatéraux, a, par Arrêt du Conseil du 13 Mars 1710, été déclarée appartenir à Armand de Bethune, Comte d'Orval, quoique de la branche cadette ; parce qu'il étoit parent de deux degrés plus proche que son Adversaire, descendu de la branche qui se trouvoit être l'aînée par la mort du feu Duc de Sully.

Mais, comme la dignité de Duc & Pair est affectée à la

branche aînée des descendans de celui en faveur de qui l'érection a été faite, & que le Comte d'Orval ne descendoit que de la branche cadette, l'Arrêt dont je viens de parler, a, (en conformité de l'art. 7 de l'Edit de 1711, qui donne à la branche aînée la faculté de retirer les Duchés-Pairies, quand l'ordre des successions les défére aux cadets ou aux filles) déclaré la dignité de Duc & Pair de France, dévolue à Louis-Pierre-Maximilien de Bethune, à la charge de retirer la Terre de Sully des mains d'Armand de Bethune, sieur d'Orval, sur le pied & aux conditions marquées par l'Edit ; & cependant a ordonné que ledit sieur d'Orval demeureroit saisi de la Terre jusqu'au remboursement actuel.

Par un Arrêt du 18 Mai 1724, rendu à l'occasion du Duché-Pairie d'Estrées, retiré par le Maréchal d'Estrées, Vice-Amiral, dans la succession de Louis-Armand, Duc d'Estrées, qui n'avoit laissé que des filles : la Cour a ordonné que le prix du Duché d'Estrées demeurera fixé à la somme à laquelle se trouvera monter le capital du revenu actuel ..... sur le pied du denier vingt-cinq, à l'effet de quoi estimation seroit faite dans trois mois par Experts, dudit revenu actuel, réserves du casuel & mouvances dudit Duché en la maniere accoutumée & sur les baux, sous-baux, & autres enseignemens qui seroient remis ès mains des Experts.

Enfin, on a nommé Pairs dans certaines Coutumes, un aîné qui poſſédoit en-commun avec ſes freres un Fief provenant de leur pere.

PAISSON.

On nomme ainſi ce que les beſtiaux mangent dans les pâturages ; mais ce mot s'entend plus communément du droit excluſif qu'ont certains Seigneurs de faire paître des beſtiaux dans les bois. V. *Glandée*, *Panage*, *Pâturage*, & *Uſage*.

PALLIUM.

On nomme *Pallium*, un ornement Impérial, que les Empereurs permettoient originairement aux Papes de porter, & dont les Papes ont depuis décoré les Patriarches, les Primats & les Métropolitains, afin de les tenir dans une dépendance plus parfaite du S. Siége.

Boulainvilliers dit que ce fût au Concile de Mayence, tenu ſous Pepin-le-Bref, où Boniface préſidoit ; que les Métropolitains s'engagerent à recevoir le *Pallium* dès mains du Pape, & d'obéir canoniquement à l'Egliſe Romaine. Hiſtoire de France, tom. 1, page 420.

L'Evêque d'Autun a droit de porter le *Pallium* comme les Archevêques. J'ignore ſur quoi ſon droit eſt fondé.

L'Evêque du Puy porte auſſi le *Pallium* ; mais il lui eſt accordé à Rome en même-temps que les Bulles de ſon Evêché : d'ailleurs il y a cela de particulier, que l'Evêque du Puy ne reconnoît point de Métropolitain, & qu'il releve immédiatement du S. Siége (*a*).

Le *Pallium* eſt fait avec de la laine blanche, en forme de bande, large de 3 doigts, qui entoure les épaules à peu près comme les bretelles, ayant des pendans longs d'un palme pardevant & par derriere, avec de petites lames de plomb arrondies aux extrémités.

Il n'appartient plus à préſent qu'au Pape d'accorder le *Pallium* : cependant des Patriarches l'ont quelquefois accordé à leurs Suffragans, après l'avoir eux-mêmes reçu du Souverain Pontife.

Le Pape peut tous les jours porter le Pal-

lium, & dans toutes les Egliſes ; mais les Archevêques ne peuvent l'arborer qu'aux jours de fêtes ſolemnelles, & dans les Egliſes de leurs Provinces : ils ne peuvent le porter ailleurs, quoiqu'ils ayent la permiſſion d'un autre Archevêque d'y paroître vêtus pontificalement. La raiſon, c'eſt qu'on regarde le *Pallium* comme un ſigne de Juriſdiction.

Cette matiere ne paroît pas ſuſceptible d'un plus long article ; ceux qui voudront en ſçavoir davantage, peuvent conſulter la Diſſertation que le Pere Braillon a faite ſur ce ſujet. On peut auſſi voir Paſquier, le Dictionnaire de Trévoux, & les Loix Eccléſiaſtiques.

PANAGE.

C'eſt le nom d'un droit qui ſe paye au Seigneur d'une Forêt, pour avoir la liberté d'y faire paître des cochons. V. *Glandée*.

PANDECTES.

On donne ce nom à un volume du Droit Romain, qui contient l'opinion des anciens Juriſconſultes, & qui eſt diviſé en 50 livres. V. *Loix*.

PANONCEAU.

Un Panonceau eſt la même choſe qu'un écuſſon d'armoiries.

Lorſque dans les pourſuites de ſaiſie-réelle, les Huiſſiers affichent des biens ſaiſis, ſoit pour indiquer les Criées, ſoit pour indiquer la vente, ils doivent mettre un Panonceau aux *Armes* du Roi à chaque affiche, & en faire mention dans le procès-verbal d'appoſition d'affiche. Cette formalité qui s'obſerve invariablement à Paris, eſt très-expreſſément recommandée par l'article 3 de l'Edit des Criées, donné par Henri II, le 3 Septembre 1551, enregiſtré le 23 Novembre ſuivant.

Dupleſſis, ſur la Coutume de Paris, titre des Criées, dit que les quatre Criées qui ſe font devant l'Egliſe Paroiſſiale, doivent y être affichées à la porte de l'Egliſe avec Panonceaux Royaux : mais ſon ſentiment n'eſt pas ſuivi ; les Criées ne s'affichent point, on les ſignifie ſeulement à la Partie ſaiſie avec toute la procédure, par l'aſſigna-

(*a*) Pour les Aſſemblées Provinciales & générales du Clergé, l'Evêché du Puy appartient à la Province de Bourges.

tion en interpofition de décret. V. *Congé d'adjuger*.

Le Panonceau doit être toujours aux Armes du Roi, & non des Seigneurs, lors même que les décrets fe pourfuivent dans les Juftices Seigneuriales ; parce qu'il eft la marque de l'Autorité Royale, & de la garantie que le Roi donne à l'Adjudicataire pour le faire jouir.

PANNETERIE.

Il y avoit anciennement à Paris une Jurifdiction qu'on appelloit Panneterie, parce qu'elle s'exerçoit fur les Boulangers, & qu'elle dépendoit de l'Office du Grand-Pannetier. Mais elle a été fupprimée par l'Edit du mois d'Août 1711, portant réunion des Maîtres Boulangers des Fauxbourgs à ceux de Paris, pour ne former qu'une Communauté.

Le même Edit a ordonné qu'à l'avenir les Boulangers feroient reçus par M. le Procureur du Roi, & foumis à la Jurifdiction de M. le Lieutenant de Police du Châtelet, comme les autres Communautés.

PAPE.

Voyez *Bulles*, *Cardinaux*, *Commende*, *Date*, *Dévolution*, *Difpenfes*, *Indults*, *Jurifdiction Eccléfiaftique*, *Libertés de l'Eglife Gallicane*, *Patron*, *Prévention*, *Provifions*, *Permutation*, *Réfignation*, *Refcrits*, &c.

Autrefois on ne donnoit pas la qualité & le nom de Pape à l'Evêque de Rome feul, on le donnoit auffi à tous les Prélats un peu diftingués : on difoit, par exemple, le Pape de Conftantinople, le Pape d'Alexandrie, le Pape de Jérufalem, &c. comme on difoit le Pape de Rome ; on difoit, aux uns comme aux autres, votre Béatitude, votre Sainteté, &c. Boniface, Archevêque de Mayence, prenoit même le titre de Serviteur des Serviteurs, &c. Mais depuis le Synode tenu à Rome, fous Gregoire VII en 1073, les Evêques de Rome fe font feuls attribué le titre de Pape, comme une prérogative & une diftinction particuliérement attachée à leur Siége, & on ne donne plus qu'à eux le nom de Pape. Voyez l'Introduction à l'Hiftoire Sacrée, par M. Spanheim, imprimée

en 1687, le Martyrologe publié par Bekius en la même année, & Furetiere.

Le Pape réunit en fa perfonne la qualité de Succeffeur de S. Pierre, & celle de Souverain de Rome & de quelques Etats en Italie.

De ces deux différens titres naît une diftinction néceffaire entre le Pape en lui-même, le Saint Siége & la Cour de Rome. On ne peut fe féparer du Saint Siége, fans ceffer d'être Catholique, parce qu'il eft le centre de l'unité : mais on pourroit être en guerre avec le Pape pour des intérêts temporels, fans ceffer d'être uni avec le Saint Siége, le combattre comme adverfaire, & cependant le révérer comme Pere de tous les Fidèles. Quelquefois auffi l'on peut demeurer uni avec le Saint Siége, cependant défapprouver tout à la fois, & la conduite de la Cour de Rome, & les fentimens perfonnels du Pape. Voyez Saint Léon, Épître 80, chap. 5.

L'Hiftoire fournit plufieurs exemples de cette diftinction : en voici de chaque efpéce.

L'Empereur Juftinien honoroit le Saint Siége, & cependant il fit retrancher des Dyptiques, le nom du Pape Vigile, & il l'envoya en exil.

Le fixiéme Concile général condamna Honorius : on ne peut pas dire cependant que ce Concile fût détaché du Saint Siége.

Plufieurs Etats ont été en guerre contre le Pape ; fes prétentions ont été fouvent rejettées, & il n'y a cependant pas eu de féparation d'avec le S. Siége.

Jules II, dans un excès de colere, qui ne devoit pas fe rencontrer dans un Succeffeur de Saint Pierre, s'oublia au point de déclarer Louis XII privé de fon Royaume. Sa fureur l'aveugla, même au point qu'il pouffa l'extravagance jufqu'à accorder des Indulgences Plénieres, à quiconque tueroit un François. Mais le Clergé de France, affemblé à Tours, décida qu'il y avoit une différence effentielle entre Jules II & le S. Siége ; qu'il falloit recevoir avec refpect ce qui venoit du Vicaire de Jefus-Chrift, mais qu'il falloit réfifter de toute fa force aux entreprifes de Jules II, ennemi déclaré de l'Etat.

La diftinction de deux Puiffances du Pape est donc bien essentielle (a). Il a une Puissance temporelle; mais elle ne s'étend que sur les Pays dont il est Souverain ou Seigneur. Jesus-Christ ni les Apôtres ne lui ont laissé par succession aucune ombre de cette Puissance passagere & mondaine. Ainsi toute sa Puissance temporelle se régle comme celle des autres Souverains, par le Droit naturel, par le Droit des gens, & par le Droit positif des Pays sur lesquels elle s'étend.

A l'égard de la Puissance spirituelle du Pape, elle est fondée sur l'Evangile, sur les Saints Canons & sur les Conciles généraux.

Il l'exerce non pas précisément, parce qu'il est Evêque de Rome; car il se pourroit faire que Rome fût détruite, ou tombât dans l'hérésie, & qu'on en expulsât les Papes, (l'Eglise Catholique n'auroit pas moins alors un Chef,) mais il l'exerce comme Successeur de Saint Pierre; & par-là, cette Puissance s'étend dans toute l'Eglise Catholique.

Il résulte de là que le Pape est le premier des Evêques: cette primauté a plusieurs effets:

1°. Elle rend le Pape Chef visible de l'Eglise, & ôte par-là l'occasion du schisme: cette dépendance d'un seul Chef faisant une même Eglise de toutes celles du monde qui sont unies au S. Siége.

2°. Cette primauté donne au Pape le droit de présider aux Conciles généraux, à moins que pour de bonnes raisons le Concile n'en ordonnât autrement. Cependant voyez *Concile*.

3°. Elle fait qu'il a dans l'Eglise Universelle, une inspection générale, telle que les Conciles & les Canons l'enseignent. C'est la disposition du Concile de Florence, où fut faite la célèbre réunion de l'Eglise Latine avec l'Eglise Gréque; & de-là le droit qu'il a de proposer ce qui peut être utile au bien général de l'Eglise, de faire des exhortations aux Rois, aux Evêques, & aux Fidéles, pour l'observation des Canons.

4°. La discipline Ecclésiastique lui a don-

né plusieurs autres droits, comme de juger par appel les causes de la Jurisdiction Ecclésiastique contentieuse, d'accorder des dispenses en certains cas qui lui ont été réservés, d'admettre les résignations, de pourvoir à des Bénéfices vacans par droit de prévention & de dévolution, de nommer aux Bénéfices vacans *in Curia*, c'est-à-dire, aux Bénéfices dont les Titulaires décédent à Rome, &c. Sur tout cela voyez *Commende*, *Concordat*, *Dévolution*, *Dispenses*, *Grades*, *Obédience*, *Prévention*, *Résignation*, &c.

L'exercice des droits de la Puissance spirituelle du Pape se régle sur les Saints Canons & les Conciles généraux. Son autorité dans l'Eglise n'est point une autorité absolue, indépendante & arbitraire; il n'use, sur-tout en France, d'aucune autorité immédiate.

Aussi est-il constant, & c'est une partie bien précieuse des Libertés de L'Eglise Gallicane, que les Décrets de Rome, les Constitutions des Papes, n'obligent point chez nous en tant que Décrets de Rome, & en tant que décisions du Pape. Le concours de l'autorité du Prince & de celle de l'Eglise Gallicane est nécessaire pour que ces Décrets ayent de l'autorité; il faut que les Evêques les acceptent par voie de Jugement, & que les Rois les autorisent par des Lettres-Patentes dûment enregistrées.

A Rome, on s'éleve vivement contre ces Lettres-Patentes; elles y sont appellées des formalités inutiles, injurieuses au Saint Siége, de nouvelle invention, &c. La maxime qui les a admises, est traitée d'exécrable, de schismatique & d'hérétique, par des Lettres Monitoriales affichées à Rome le 9 Décembre 1715; mais ces déclamations partent de la Cour de Rome, & non pas du S. Siége.

Et, effectivement en ceci, le Roi ne s'immisce point dans l'exercice de la Puissance spirituelle, & ne se rend point Juge de la foi: il examine si le Pape ne passe point les bornes prescrites par les Canons reçus par l'Eglise. Obligé, & par état, & par le serment de son Sacre, à maintenir les

(a) Personne n'a mieux exprimé la distinction des deux Puissances du Souverain Pontife, que le Pape Gelase, en disant que les Empereurs sont soumis aux Evêques dans l'ordre de la Religion; mais que dans l'ordre politique, les Evêques, & même le Pape doivent obéir aux Loix des Empereurs.

anciens Canons, les droits de l'Eglife & ceux de fes Sujets, ceux de l'Etat en général, qui font les fiens propres ; il doit donner une attention particuliere, à ce qu'il ne foit rien reçu qui puiffe y porter atteinte : & l'expérience a fait voir combien cette attention étoit importante pour maintenir la paix & la tranquillité dans le Royaume.

Ce n'eft pas feulement en France qu'il faut que les Bulles & autres Décrets des Papes foient autorifés par des Lettres-Patentes des Souverains ; ou, ce qui eft la même chofe, qu'ils foient vûs & examinés. Dans les Pays-Bas, tous les Refcrits de Rome, même les Expéditions & Provifions accordées aux Particuliers en matiere Bénéficiale, doivent être préfentés aux Confeils du Souverain, pour être vûs, vifités & examinés, avant d'être mis à exécution. C'eft la difpofition d'un Réglement fait par Philippe II, Roi d'Efpagne, en 1574, qui a toujours été obfervé avec exactitude. V. Van-Efpen.

En Efpagne même on porte les Lettres Apoftoliques aux Confeils du Roi, pour y être examinées. V. Covarruvias & Salgado.

Ces ufages s'obfervent auffi en Savoye, en Tofcane, en Sicile, dans le Royaume de Naples & dans les autres Etats d'Italie, auffi-bien qu'en Allemagne ; fur quoi on peut confulter une Ordonnance faite par l'Empereur Rodolphe, en 1586.

En 1436 Jean II, Roi de Portugal, voulut, à la priere du Pape, abolir cet ufage dans fon Royaume : fes Etats s'y oppoferent, & lui remontrerent avec fermeté qu'il ne lui étoit pas permis de fe dépouiller de ce droit au préjudice de fon Royaume & de fes Sujets ; ainfi qu'on le peut voir dans la Vie de Jean II, par Manuel, liv. 4, pag. 178. (Cependant la remontrance fut inutile, le Roi céda ce droit au Pape).

De ce que cet ufage eft fi général, les Jurifconfultes difent qu'il appartient au Droit des Gens, & qu'il eft une fuite du Droit Naturel qui oblige à fe défendre. V. Van-Efpen.

Cet ufage n'eft point nouveau, comme les Ultramontains le prétendent : dès l'établiffement du Chriftianifme on en voit des traces.

Sous les Princes Payens, il ne pouvoit

pas y avoir lieu à des Lettres-Patentes pour autorifer les Réglemens Eccléfiaftiques : ces Princes étoient les perfécuteurs de la Foi, loin d'en être les protecteurs : mais les Pafteurs de ces temps-là n'ont jamais foutenu des maximes contraires à l'humilité Chrétienne & aux droits des Souverains : les Chrétiens étoient les Sujets les plus fidéles des Empereurs ; & d'ailleurs, ils rendoient compte de leur Doctrine & de leur Difcipline par leurs apologies, dans lefquelles ils faifoient voir que les Difciples de Jefus-Chrift ne font pas les ennemis de l'Etat & de la tranquillité publique. N'eft-ce pas une preuve que les Chrétiens ont reconnu dans tous les temps le droit des Souverains fur tout ce qui regarde le Gouvernement extérieur ?

Depuis que les Souverains ont embraffé le Chriftianifme, leur confentement a été néceffaire pour la publication des Décrets Eccléfiaftiques, quoique peut-être il n'ait pas toujours été marqué par écrit. Les Empereurs, depuis Conftantin, ont fait des Ordonnances pour la publication & pour l'exécution des Réglemens des Conciles généraux. Nos Rois, depuis Clovis, ont pris des précautions pour n'autorifer, & pour ne laiffer publier, ni exécuter que les Réglemens qui n'étoient point contraires à leurs droits, à ceux de l'Eglife & de leurs Sujets, à la faine Doctrine, à la tranquillité publique & à l'équité naturelle.

Marculphe, qui vivoit vers le feptiéme fiécle, & qui a recueilli les Formules ou Lettres de nos Rois, rapporte la Formule de Confirmation des Exemptions qui, dans ce temps-là, étoient accordées aux Monafteres par les Evêques ; elle a pour titre : *Conceffio Regis ad hoc Privilegium ;* fur quoi M. Bignon, qui a fait des notes fur ces Formules, dit : *Satis oftendit hoc lemma non privilegio tantùm Epifcopi, fed & confenfu & confirmatione Regis, opus fuiffe.*

Dans le chapitre 10 des Preuves des Libertés de l'Eglife Gallicane, il y a un Arrêt du Parlement de Touloufe du 17 Mars 1460, qui ordonne à Bernard, Archevêque de Touloufe, de révoquer ou faire révoquer l'exécution de Monitoires obtenus en Cour de Rome, au fujet des biens du défunt Archevêque ; & l'ancienne Glofe, fur cet Arrêt,

rêt, porte : *Quia præcedebat permiſſio Curiæ :* ce qui fait voir qu'il y avoit quelqu'ancien Réglement qui ordonnoit que ces fortes de Brefs de Rome fuſſent autoriſés par le Roi ou les Magiſtrats.

La plus grande partie des Ordonnances de nos Rois s'eſt perdue : ce que nous avons de plus ancien ſur cette matiere, ce ſont des Lettres de Louis XI, du 8 Janv. 1475, qui ordonnent de viſiter toutes Bulles, Lettres ou autres choſes venant de Rome, & voir s'il n'y a rien contre les Droits du Royaume & les Libertés de l'Egliſe Gallicane. V. *les Preuves des Libertés*, ch. 10 ; & les anciens Mémoires du Clergé, tome premier, titre 2, ch. 10, n°. 21.

Depuis ce tems, il y a eu pluſieurs Arrêts du Parlement qui défendent de recevoir, exécuter & faire exécuter aucunes Bulles ouBrefs de Cour de Rome, ſans Lettres-Patentes du Roi, qui en ordonnent la publication, & qui ſoient enregiſtrées en la Cour (a), à l'exception des Expéditions ordinaires concernant les affaires des Particuliers, ce qui a été renouvellé le 15 Janvier 1716. Voyez auſſi le premier tome des Mémoires du Clergé, page 805 ; M. de Marca, *de Concordia Sacerdotii & Imperii*, tome 2, chap. 28.

Je cite encore ſur cela un Arrêt du 28 Septembre 1731, aux articles *Evêques* & *Libertés de l'Egliſe Gallicane*.

La Cour en a rendu de ſemblables les 15 Mai 1647, 17 Décem. 1688, 9 Mai 1703, premier Avril 1710, 16 Décembre 1716, 28 Mars & 3 Octobre 1718, 10 & 26 Janvier 1719, 23 Février 1730 & 7 Décembre 1756.

L'exception qui ſe trouve dans ces Arrêts, pour les Bulles, Proviſions & Expéditions de Cour de Rome, concernant les Bénéfices, n'a pas lieu en Franche-Comté. L'Arrêt de Réglement que le Parlement de Beſançon a rendu ſur cette matiere, le 29 Avril 1712, ordonne, en effet, *à tous Sujets du Comté de Bourgogne pourvus de Bénéfices en Cour de Rome, de ſe pourvoir à l'avenir de Lettres*

d'*Attache* (de Sa Majeſté) *ſur leurs Bulles, & de les faire regiſtrer à la Cour ; leur défend de ſe ſervir deſdites Bulles & de prendre aucune poſſeſſion deſdits Bénéfices, ſans ledit enregiſtrement ; & à tous Chapitres, tant Séculiers que Réguliers, d'avoir égard auxdites Bulles, ni d'admettre dans leur Corps ceux qui les auront obtenues ſans ledit enregiſtrement, à peine de nullité.* . . . . . . Le même Parlement a rendu un pareil Arrêt le 18 Août 1735.

Voyez une pareille exception pour les Pays-Bas, à l'article *Bulle*. Mais voyez auſſi un autre Arrêt du Parlement de Beſançon, du 2 Janvier 1717, qu'on trouve dans le Recueil de ce Parlement, tom. 5, pag. 109; & celui du 18 Avril 1735, tome 6, page 224.

Les Lettres-Patentes que le Roi donne pour l'exécution des Bulles, produiſent deux effets : le premier, eſt de permettre aux Evêques de faire publier dans leurs Dioceſes le nouveau Décret de Rome; le ſecond, d'ordonner aux Officiers Royaux de donner aux Evêques l'aide du bras Séculier pour l'exécution de leurs Ordonnances.

Les Ultramontains, attachés à vouloir faire paſſer les Lettres-Patentes, comme une formalité inutile, prétendent que la publication qui ſe fait à Rome des Bulles du Pape, ſuffit pour obliger tous les Fidéles, ſurtout quand la Bulle porte expreſſément que cette ſeule publication ſera ſuffiſante.

Mais cette prétention eſt ridicule. Une Loi nouvelle, même la plus équitable, peut-elle obliger en conſcience, tandis qu'elle n'eſt pas connue ? .

Or, il eſt de l'équité naturelle que toute Loi Eccléſiaſtique ou Civile ſoit publiée, & que cette publication ſe faſſe par le miniſtere des Supérieurs immédiats : la Loi, juſques-là, n'eſt point connue, & ne peut point être exécutée ; car toute Loi doit être ſuſpecte aux inférieurs, s'ils ne la tiennent de la main de leur Supérieur immédiat. L'acceptation que ces Supérieurs en ont faite, la publication légitime qu'ils en font

---

(a) Deux Notaires de Paris qui s'étoient tranſportés au Couvent de Charonne, le 10 Septembre 1680, où ils avoient fait lecture & ſignifié un Bref du Pape, portant défenſes aux Religieuſes, d'obéir à leur Supérieure nommée par le Roi, & qui leur enjoignoit de procéder à l'E-

lection de l'une d'entr'elles pour *Supérieure*, ſans que ce Bref ſût revêtu de Lettres-Patentes, ont été décrétées d'ajournement perſonnel, par Arrêt rendu ſur les Concluſions de M. le Procureur Général, le 24 du même mois de Septembre 1680.

faire, eſt le ſeul ſceau authentique qui caractériſe & qui annonce la Loi. Ce principe n'a d'exception que dans le cas où un Prince donneroit quelque Loi manifeſtement contraire à celles obſervées ou reçues par l'Egliſe. En tout autre cas, quel danger, quel inconvénient, que de troubles, ſi les Fidéles adoptoient tout ce que la premiere main leur préſenteroit comme une Loi!

Combattre ces maximes, c'eſt ſoutenir une prétention oppoſée à l'intérêt des Souverains, à l'ordre des Sociétés policées; enfin, à l'équité naturelle & à la douceur du Gouvernement Eccléſiaſtique.

Mais, c'eſt auſſi ſoutenir une prétention oppoſée à la Juriſdiction des Evêques; car la déciſion du Pape, ſuivant l'expreſſion de Gerſon, *de examin. Doctrin. conſid.* 2, tome premier, pag. 9, n'oblige point préciſément comme telle: *Determinatio ſolius Papæ in his quæ ſunt fidei, non obligat ut præcisè talis eſt ad credendum.* Il faut qu'elle ſoit approuvée par le Jugement des autres Paſteurs.

Ainſi, nous ne ſommes obligés d'obſerver les Décrets des Papes que quand nos Evêques les ont reçus, & qu'ils ont été publiés, ſelon les régles de l'Egliſe & de l'Etat. C'eſt une conſéquence du principe avancé, que le Pape n'a point de Juriſdiction immédiate en France. La ſeule exhortation & l'admonition lui demeurent. Ce ſont les termes d'*Ægidius Romanus*, Archevêque de Bourges, cité dans le Mémoire de M. du Meſnil, Avocat Général, dreſſé par ordre du Roi en 1564, Preuves des Libertés, tome premier, page 74.

On peut même dire que le Pape n'a de Juriſdiction immédiate que dans ſon Diocèſe, où il eſt tout-à-la-fois Evêque & Souverain.

Comme premier Evêque, le Pape eſt en poſſeſſion de faire & d'accorder des Réglemens pour l'inſtitution & l'établiſſement des Ordres Religieux, de donner des Diſpenſes pour les Vœux, pour les Mariages, pour les Bénéfices, & pour une infinité de choſes relatives à l'adminiſtration ſpirituelle. Mais, pour que les Réglemens ou les Reſcrits des Papes ayent quelqu'autorité en France, il faut:

1°. Qu'ils ſoient faits ou accordés du conſentement de ceux qu'ils regardent.

2°. Que l'expoſé fait dans la ſupplique préſentée pour l'obtenir, ſoit véritable, & que le Bref ou Reſcrit y ſoit conforme.

3°. Qu'il ne ſoit point contraire aux Maximes & aux Libertés de l'Egliſe Gallicane. Voyez *Libertés de l'Egliſe Gallicane.*

PAPEGAY.

V. *Arquebuſe.*

C'eſt ainſi qu'on nomme en quelques contrées, un Oiſeau de carton où de bois, qu'on met au bout d'une longue perche pour ſervir de but à ceux qui tirent de l'Arc ou de l'Arquebuſe. Dans quelques autres endroits, on nomme cet Oiſeau *Papegaut.*

Les Arquebuſiers qui tirent le Papegay, ſont preſque par-tout érigés en Communauté. Lorſqu'ils ne forment pas un Corps autoriſé par le Souverain ou par les Officiers dépoſitaires de ſon autorité, ils ne peuvent tirer le Papegay, ſans une permiſſion expreſſe du Juge de Police du lieu; parce que les aſſemblées, & ſur-tout celles de Gens armés, ſont défendues, ſous des peines très ſéveres.

Il y a beaucoup d'endroits où celui qui abat le Papegay, jouit de prérogatives conſidérables. En Bretagne, il y a trente-trois Villes & Bourgs, où celui des Arquebuſiers qui a eu cette adreſſe, jouit pendant un an de l'exemption du droit d'Impôt & Billot, juſqu'à concurrence de vingt tonneaux de vin; à Rennes, de quinze; dans d'autres endroits, de vingt bariques; en d'autres, &c. Mais il n'y a que ceux qui ont prêté le ſerment preſcrit par le Prince, qui puiſſent tirer le Papegay.

Cette exemption a été jugée en faveur des Arquebuſiers Bretons, par divers Arrêts du Conſeil; & entr'autres, par ceux des 27 Juillet 1671, 22 Août 1672, 23 Juin 1699 & 20 Avril 1734. Voyez l'Arrêt de 1671 en entier, & le Traité des Aides de le Fevre, M. de la Bellande, n°. 1399. V. auſſi d'autres Arrêts du Conſeil des 2, 14 Juin, 18 Juillet & 24 Octobre 1713.

PARAGE.

On appelle Parage, la poſſeſſion d'un Fief indivis entre pluſieurs héritiers, dont la foi n'eſt rendue au Seigneur dominant, pour la totalité, que par l'aîné de ces cohéritiers, qui se nomme Chémier, pendant que ses cohéritiers, qui sont exempts de faire la foi & hommage pour les portions qu'ils possédent dans le Fief, soit au Seigneur dominant, soit à leur aîné ou Chémier, se nomment Parageurs, dans certaines Coutumes, & Parageaux dans d'autres.

L'effet de cette maniere de posséder un Fief, est qu'après le Parage fait dans le temps, & suivant les régles que chaque Coutume prescrit, les portions qu'ont les Parageaux dans le Fief, cessent de relever directement du Seigneur dominant, dans la mouvance de qui elles avoient été jusqu'alors, & deviennent mouvantes de la portion possédée par l'aîné ou Chémier, qui devient dès-lors le Seigneur direct & dominant des Parageaux.

On ne connoît pas bien l'origine & le fondement de cet usage; il paroît cependant avoir été autrefois suivi dans la plus grande partie de la France, comme on le voit par un grand nombre d'actes anciens, par plusieurs dispositions de Coutumes, & par ce qui nous reste des ouvrages de nos anciens Praticiens. Tout ce qu'on peut dire de plus vraisemblable, c'est que ce droit bizarre a pris sa source dans l'ignorance & dans les véritables principes du droit féodal.

On voit en effet qu'originairement les Fiefs étoient considérés comme indivisibles de leur nature; ils ne tomboient point en partage dans les successions. L'aîné mâle les recueilloit en entier; & l'aînée des femelles, à défaut de mâles, pouvoit y succéder, lorsque la Loi de l'investiture le permettoit ainsi. Suivant l'ancien droit féodal, les Fiefs ne se partageoient jamais. Ce droit changea dans la suite, & le partage des Fiefs fut admis comme celui des Alodes. Alors, pour conserver l'indivisibilité des Fiefs, à laquelle on croyoit que le partage donnoit atteinte, on imagina les frerages & le Parage. V. Alsace & Fiefs.

Le frérage étoit le partage entre freres, sous cette condition, que les puînés tien-

droient en frerage de leur aîné les portions de Fiefs qui leur étoient échues par le partage, c'est-à-dire, qu'ils en rendroient la foi & hommage à leur aîné. » Par l'ancien » usage de France, dit Me Eusebe de Lauriere, quand un Fief étoit échu à plusieurs » enfans, il étoit presque toujours démem- » bré & diminué, parce que les puînés te- » noient ordinairement de leur aîné par fre- » rage la part & portion en foi & homma- » ge «.

Ces frerages, par les démembremens qu'ils opéroient, tendant évidemment à la destruction des Fiefs, la plûpart des grands Seigneurs du Royaume, qui perdoient par-là une partie de leur mouvance immédiate, tâcherent d'abolir cet usage par une espéce de réglement ou de pacte, qui fut rédigé en 1209 ou 1210, & auquel Philippe-Auguste voulut bien donner la forme & le caractere de Loi (a) Cette Ordonnance portoit qu'à l'avenir, dans les partages de Fiefs, les puînés ne releveroient plus de leur aîné, & que chacun d'eux feroit hommage au Seigneur dominant du Fief.

Ce réglement, quoique fort sage, & plus conforme à la nature des Fiefs, ne fut pas suivi d'une entiere exécution. L'ancien usage prévalut en beaucoup d'endroits. On y apporta seulement quelques modifications, qui furent telles cependant, qu'elles ne remédierent nullement aux démembremens des Fiefs dont les Seigneurs se plaignoient, & que tout le monde reconnoît être contraires à la nature du Fief. Bien des gens imaginoient alors que le partage d'un Fief entre plusieurs enfans ou cohéritiers emporteroit un véritable démembrement du Fief, s'il y avoit autant de foi & hommage qu'il se trouveroit dans une succession d'enfans portionnaires, ou de cohéritiers: c'est donc en voulant éviter ce démembrement imaginaire, qu'on en introduisit un autre très-réel, en admettant le Parage légal, qui opere en effet le démembrement le plus formel & le plus caractérisé; puisque, d'un Fief, il en fait réellement plusieurs très-dif-

(a) Elle est rapportée dans le Recueil des Ordonnances du Louvre, & par M. Pitou, sur l'article 14 de la Coutume de Troyes, &c.
J'ai vu soutenir que l'Ordonnance de 1209 n'avoit point caractere de Loi; que ce n'étoit qu'un accord fait entre plusieurs grands-Seigneurs, & que la Loi du Parage avoit continué de former le droit général du Royaume.
On cite, en faveur de cette opinion, les Etablissemens de Saint Louis, & l'Usage des Fiefs, par Brussel.

tinéts, au détriment du Seignenr dominant, qui y perd la mouvance immédiate.

Quoi qu'il en foit, le Parage s'eft confervé jufqu'à préfent dans quelques Coutumes du Royaume, telles que celles de Tours, Anjou, Maine, Poitou, & quelques autres : ainfi, tout contraire que foit cet ufage au principe du droit féodal & au Droit commun de la France, il faut fuivre les difpofitions des Coutumes particulieres qui l'admettent.

Celles de Tours, de Poitou, d'Anjou & du Maine, font de ce nombre. Celle de Paris ne le connoît plus; & il a été jugé par Arrêt rendu le 12 Mai 1751, en la troifiéme Chambre des Enquêtes, au rapport de M. de Gars, en faveur du Prince de Talmont, contre la Marquife de Medaillac, qu'il n'a pas lieu dans le Pays d'Aunis.

Le 10 Mars 1756, la Cour, par Arrêt rendu en la premiere Chambre des Enquêtes, au rapport de M. Charlet, entre le Duc, la Duchesse de Mazarin, & autres Seigneurs, d'une part, & les fieur & demoifelle Guillemeau, d'autre part, a jugé :

1°. Que dans la Coutume de Poitou, l'aîné des puînés, poffeffeur par indivis d'une même Terre ou Fief, doit en être le Chémier, quand l'aîné de la famille n'y conferve aucune part.

2°. Que fi le Chémier vend fa part & portion à fes Parageurs, & qu'au nombre des Parageurs fe trouve une fille qui repréfente l'aîné de la famille, cette fille devient la Chémiere, & en cette qualité doit porter pour fes Parageurs la foi & hommage au Seigneur fupérieur du Fief.

3°. Que fi les Parageurs de cette Chémiere vendent leur part & portion à un Etranger, pour lors le Parage finit par la ceffation dans le lignage; de façon que l'acquéreur ne doit point payer les lods & ventes au Seigneur dominant du Fief, ni leur faire la foi & hommage, mais qu'il la doit faire, & payer les lods & ventes pour fon acquifition à la fille Chémiere, comme repréfentant l'aîné de la famille, & devenant, en cette qualité, la Dame directe & dominante des Parageurs.

PARAPHERNAUX (Biens).
V. Femme.

On nomme Biens Paraphernaux, ceux dont l'adminiftration & la difpofition eft réfervée aux femmes par leur contrat de mariage, & qui ne font point partie de ceux apportés en dot au mari, & qui lui font foumis pendant le mariage.

Ces fortes de Biens étoient connus chez les Grecs & chez les anciens Gaulois. Ces derniers les nommoient le pécule de la femme. On les admet en Pays de Droit-Ecrit; mais on ne les connoît point en Pays Coutumier, fi ce n'eft dans la Coutume de Normandie, qui, par les articles 394 & 395, accorde à la femme, qui renonce à la fucceffion de fon mari, des biens défignés fous la dénomination de Paraphernaux, & qui confiftent dans *les meubles fervans à l'ufage de la femme, tels que lits, robes, linges, & autres meubles de pareille nature, defquels le Juge doit faire honnête diftribution à la veuve en effence, eu égard à la qualité d'elle & de fon mari,* l'héritier & les créanciers appellés, &c.

Dans les Pays de Droit Ecrit qui ont confervé l'ufage des Biens Paraphernaux, & qui ne font point du reffort du Parlement de Paris (Voyez une Note à l'article *Remploi*), la femme peut difpofer de ceux de ces biens qui lui appartiennent, fans être autorifée, & les employer comme bon lui femble, fans que le mari ait aucun droit de l'en empêcher; quand même la femme les lui auroit délivrés, elle peut alors l'actionner pour fe les faire rendre.

La femme peut jouir par elle-même, ou par d'autres, de fes Biens Paraphernaux, & même en laiffer l'ufage à fon mari; & fi le mari a joui du confentement de la femme, elle n'a aucune action contre lui, ni contre fa fucceffion, pour en répéter les jouiffances. Il eft cenfé avoir appliqué les fruits aux ufages qu'elle a jugé convenables : comme elle étoit la maîtreffe de difpofer de ces fruits à fon gré, elle a pu permettre à fon mari de les confommer, & cette permiffion fe préfume par fon filence. Voyez M. de Cambolas, liv. 2, ch. 18.

Si les Biens Paraphernaux confiftent en rentes, dettes actives ou effets mobiliers, la femme peut, ou les retenir en fa puiffance, ou les mettre entre les mains de fon mari, & en retirer de lui un inventaire par lequel il s'en charge.

Le mari eft obligé de prendre le même foin des Biens Paraphernaux de fa femme, quand elle les lui confie, que de fes biens perfonnels, & il répond des fautes contraires à ce foin.

Les Biens Paraphernaux fe diftinguent de ceux de la dot par le contrat de mariage, qui doit exprimer ce qui eft dotal; & on confidere comme paraphernal, tout ce qui n'eft pas compris dans la dot, ou tacitement, ou expreffément, quand même la femme le délivreroit au mari avec les Biens dotaux, fi ce n'eft qu'il parût, lors de la délivrance, que ce ne fût qu'un acceffoire, dont la femme voulût augmenter fa dot.

Tout ce qui eft entre les mains de la femme, eft préfumé appartenir au mari, fi la femme ne prouve par titre, que ce qu'elle a, fait partie des Biens Paraphernaux. V. Domat. *Loix Civiles.*

Par Arrêt rendu en la premiere Chambre de la Cour des Aides, le 13 Mars 1739, fur les Conclufions de M. Bellanger, Avocat Général, on a jugé que les biens d'une femme mariée en Pays de Droit-Ecrit, fans contrat de mariage, font réputés dotaux & non Paraphernaux.

Dans l'efpéce de cet Arrêt, la dame d'Anicourt, mariée en Beaujolois fans contrat de mariage, avoit acheté un Domaine avec des deniers qui provenoient de fes droits héréditaires, & ftipulation dans le contrat qu'elle fe réfervoit expreffément, comme pour Biens Paraphernaux, la propriété & jouiffance de ce Domaine. Les créanciers du mari, & finguliérement les collecteurs des tailles, ayant fait faifir les fruits de ce Domaine pour dettes perfonnelles au mari, il a été queftion de fçavoir, fi le Domaine étoit ou dotal ou paraphernal: la Cour des Aides l'a jugé dotal par l'Arrêt ci-deffus, parce que la ftipulation faite en fraude des créanciers du mari, ne peut changer la nature des Biens de la femme qui font naturellement dotaux. Sur cette matiere, voyez Guy-Pape, Dumoulin, Bretonnier, Queftions alphabétiques, au mot *Paraphernaux*; l'Auteur du Traité des Gains nuptiaux, &c.

Le Vendredi 6 Juillet 1759 de relevée, on a plaidé en la Grand'Chambre la queftion de fçavoir, fi la Marquife de la Ferté, née en Angleterre, & dont le contrat de mariage, paffé en France avec le Marquis de la Ferté, portoit que les Parties *n'entendoient s'éloigner en rien des Loix, Coutumes & Ufages de France & d'Angleterre*, pouvoit jouir de fes biens perfonnels fitués en Angleterre, où la communauté de Biens n'a pas lieu, & contracter des engagemens fans l'autorité de fon mari, pour avoir lieu fur ces Biens, comme Paraphernaux.

Dans cette efpéce, la Marquife de la Ferté avoit tiré des Lettres de Change fur Lyon, & elles avoient été proteftées. Il étoit prouvé qu'elle touchoit fes revenus perfonnels de Londres, par voie de Lettres de Change. La caufe fut mife en délibéré; & par l'Arrêt définitif du 6 Septembre 1759, la procédure & les Lettres de Change ont été déclarées nulles, comme le tout fait par une femme en puiffance & fans l'autorifation de fon mari.

PARCIERE.

C'eft le nom d'un droit qui fe perçoit en quelques Provinces du Royaume fur la récolte des fruits produits par des héritages, & qui tient une forte de milieu entre la dixme & le champart.

Ce droit eft fort connu dans les Provinces de Bourbonnois, d'Auvergne & de la Marche; & Brunet en a parlé avec quelque étendue dans le Traité du Champart, qu'il a fait imprimer à la fuite du Recueil fur les Dixmes, par Drapier.

PARC-CIVIL.
V. *Châtelet.*

PARCOURS.
Voyez *Pâturage* & *Troupeaux.*

On nomme Parcours, le droit de parcourir divers Territoires, foit relativement aux hommes, pour les habiter, foit relativement aux beftiaux, pour le pâturage.

Il y a donc deux efpéces de Parcours; fçavoir le Parcours d'hommes, & le Parcours de beftiaux.

Le Parcours d'hommes tire fon origine de l'efclavage dans lequel les Seigneurs tenoient anciennement leurs Vaffaux; le droit des Seigneurs à cet égard étoit tel, qu'ils pouvoient les empêcher de difpofer de leurs perfonnes, & d'aller demeurer hors l'étendue des domaines de la Seigneurie. Voyez *Main-morte.*

La Coutume de Vitry parle de ces Vaſſaux. Par l'article 145, elle les annonce comme étant inſéparablement attachés à la Terre ; elle veut que les Seigneurs les puiſſent reclamer, en quelque lieu qu'ils aillent demeurer, francs ou non, & qu'ils ſoient *baillés par aveu.*

Ce droit de ſuite ſur les Vaſſaux donna lieu à des conventions entre les Seigneurs, relativement à l'exercice de ce droit, lorſque les Vaſſaux ſortoient d'une Seigneurie pour ſe marier & demeurer dans une autre. Bruſſel parle d'un Traité de cette eſpéce paſſé en 1188, entre Hugues III, Duc de Bourgogne, & Manaſſés, Evêque de Langres ; & comme ces conventions donnoient aux Vaſſaux la liberté de parcourir diverſes Seigneuries, on nomma le droit de ſuite ſur eux, droit de Parcours. On peut ſur cela conſulter des Lettres-Patentes données par Pierre de Courtenay, Comte d'Auxerre, en 1205, rapportées par Bruſſel ; le Gloſſaire de de Lauriere, ſes Notes ſur Loyſel, & Bouvot. V. auſſi l'article 7 de la Coutume de Troyes, l'article 145 en entier de celle de Vitry, que j'ai déja cité, & Ducange.

L'Entrecours & le Parcours ſont la même choſe ; ces Coutumes ſe ſervent indiſtinctement de l'une & de l'autre dénomination.

La Cout. de Sens nomme Bourgeois de Parcours, ceux qui demeurent dans le reſſort de Sens, ès Marches de Champagne, & qui ſe peuvent avouer Bourgeois du Roi par ſimple aveu. Voyez ſur cela les articles 137 & ſuiv. de la Coutume de Sens, juſques & compris le 140.

Le droit de Parcours eſt preſqu'entiérement éteint en France ; il faudroit qu'un Seigneur eût des titres bien précis, & une poſſeſſion bien authentique pour le prétendre, le retour à la liberté naturelle étant toujours extrêmement favorable. V. ce que je dis au mot *Main-morte.*

Il en eſt tout autrement du droit de Parcours des beſtiaux, par le moyen duquel les habitans de deux Paroiſſes voiſines peuvent envoyer mutuellement leurs beſtiaux en pâturage d'un territoire ſur un autre.

Peu de Coutumes parlent de cette eſpéce

de Parcours ; l'uſage & la poſſeſſion en réglent ſouvent l'exercice. On peut cependant ſur cela conſulter la Coutume du Comté de Bourgogne, ch. 16 ; les articles 122 & 123 de celle de Vitry ; & celle de Lorraine, tit. 15, art. premier ; de Metz, &c.

Dans la Coutume de Vitry, les Habitans, qui ont droit de Parcours, ne peuvent pas en uſer chacun en particulier, & avoir des troupeaux ſéparés. L'uſage ne le permet qu'au Seigneur Haut-Juſticier, à cauſe de la diſtinction qui lui eſt dûe : la Coutume ne le décide cependant pas ; mais elle n'a point de diſpoſition prohibitive.

La Juriſprudence des Arrêts refuſe à tout autre qu'au Seigneur Haut-Juſticier, l'exercice du droit de Parcours dans la Coutume de Vitry, avec un troupeau particulier, & il a été interdit au Fermier d'un Seigneur Bas-Juſticier, par Sentence rendue au Bailliage de Sainte-Menehould, le 31 Mai 1712, confirmée par Arrêt rendu le 14 Juillet 1714. Il fut ordonné à ce Fermier de confier ſes beſtiaux au conducteur commun des troupeaux appartenans aux autres Habitans.

La Cour a rendu un pareil Arrêt le Lundi 6 Septembre 1756, au rapport de M. l'Abbé Boucher, en faveur des Habitans de Bar-lès-Buzancy, contre Jacques d'Eté, Fermier des Supérieurs du Séminaire de Rheims, Seigneurs Moyens & Bas-Juſticiers : l'Arrêt a ordonné que d'Eté ſeroit tenu de mettre ſon troupeau ſous la garde du Pâtre & Berger nommé par la Communauté. Voyez Saligny ſur l'article 122 de la Coutume de Vitry.

Le Parcours des beſtiaux eſt interdit dans la Coutume de Boulogne, par l'article 133 ; & Me le Roi aſſure dans ſon Commentaire ſur cet article, que ſa diſpoſition eſt conforme au Droit commun.

La queſtion de ſçavoir, ſi les Habitans de l'une de deux Paroiſſes voiſines, qui ont reſpectivement droit de Parcours, peuvent empêcher ceux de l'autre de mettre des prés en réſerve, pour en tirer du regain (& par conſéquent les priver du droit de pâturer dans cette réſerve, dont ils ne profitent point), s'eſt préſentée au Parlement de Dijon ; & par Arrêt rendu le 30 Janvier 1738, il a été jugé que la réſerve devoit avoir lieu, parce qu'elle étoit plus ancienne que trente ans. Cet Arrêt eft intervenu en faveur des Habitans de Magny-fur-Tille, & ceux de Corcelles en Mouvaux.

Cette difpofition ne paroît pas conforme à l'idée qu'on a du Parcours, & dont Ducange donne la définition dans fon Gloffaire ; & plufieurs Auteurs, au nombre defquels font Morgues fur les Statuts de Provence ; la Marre fur la Coutume de Bourgogne, & le Grand fur celle de Troyes, penfent autrement.

Auffi voyons-nous que, par un autre Arrêt rendu au même Parlement de Dijon, le 2 Mars 1747, fur pareille queftion, il a été fait défenfes aux Habitans de Changey & de Saint Simphorien, qui avoient refpectivement droit de Parcours les uns fur les autres, de mettre en réferve en aucun temps leurs Pafquiers, en tout ou en partie, fi ce n'eft du confentement réciproque des deux Communautés.

L'Arrêt de Réglement rendu par le Parlement de Paris, le 24 Mars 1745, à l'occafion de la maladie épidémique des beftiaux, porte : *Fait défenfes aux Communautés, qui ont des droits de Parcours ou d'ufage* fur les Territoires voifins, de les exercer dès le moment qu'il y aura dans ladite Communauté des bêtes atteintes de maladie, à peine, par les Habitans des Communautés contrevenantes, de répondre folidairement de tous dommages & intérêts, & civilement du fait de leur Pâtre.

PARDON (Lettres de).
V. *Abolition* & *Rémiffion*.

On nomme Lettres de Pardon, celles par lefquelles le Roi remet ou pardonne quelque crime.

Elles different des Lettres de Grace & des Lettres d'Abolition, en ce qu'elles s'accordent aux homicides involontaires, & à ceux qui ont feulement été préfens, fans cependant avoir contribué à quelqu'action qui mérite punition corporelle.

Ces fortes de Lettres peuvent s'accorder dans les petites Chancelleries ; & celui qui les obtient, n'eft point obligé de fe mettre en état, c'eft-à-dire, en prifon, pour les préfenter aux Juges : elles font fcellées de cire jaune ; au lieu que les Lettres d'Abolition,

qui s'expédient au grand Sceau, font fcellées de cire verte, & que celui qui veut s'en fervir, doit fe mettre en prifon.

PAREATIS.
V. *Rôle.*

Pareatis eft un mot Latin, qui fignifie *obéiffez.* Il eft ufité en Chancellerie & en Pratique : c'eft le nom qu'on donne dans les Tribunaux aux Lettres qui s'accordent pour faciliter l'exécution des Arrêts, Jugemens où Contrats hors du reffort de la Jurifdiction dont ils font émanés.

Il y a trois efpéces de *Pareatis* : les uns s'accordent au grand Sceau ; & avec un *Pareatis* femblable, les Arrêts, Sentences, Jugemens ou Contrats pour lefquels il eft accordé, font *exécutoires dans toute l'étendue du Royaume,* (s'ils font d'ailleurs revêtus des formes prefcrites, & qu'on exige aux titres parés, (*fans qu'il foit befoin,* pour l'exécution de ces titres, de *demander* aucune *permiffion aux Cours,* Baillis, *Sénéchaux & autres Juges.* V. l'art. 6 du titre 27 de l'Ordonnance de 1667.

La feconde efpéce de *Pareatis* s'accorde dans les Chancelleries particulieres : ceux-là ne peuvent pas autorifer l'exécution des Actes, Arrêts, &c. dans toute l'étendue du Royaume, comme ceux du grand Sceau, mais feulement dans l'étendue du reffort de la Chancellerie qui les a accordés.

La derniere efpéce de *Pareatis* s'accorde par une Ordonnance du Juge, dans la Jurifdiction duquel on veut faire exécuter des Actes exécutoires. L'article 6 du titre 17 de l'Ordonnance de 1667 veut que les Jugemens & Arrêts foient exécutés dans tout le Royaume, & hors de leur territoire, en vertu de l'un de ces trois *Pareatis* ; & enjoint aux Gouverneurs & Lieutenans Généraux, de tenir la main à l'exécution des Arrêts & Jugemens qui font revêtus de l'un des trois.

A Paris, c'eft M. le Lieutenant Civil qui accorde ces fortes de *Pareatis* ; & il impofe toujours à celui qui en demande, la condition d'élire domicile fur le lieu où l'exécution fe fait.

Si néantmoins l'exécution doit fe faire dans l'Enclos du Palais, dans l'Arfenal ou autre Jurifdiction, c'eft au Juge ordinaire du territoire qu'il faut demander le *Pareatis*.

Les Sentences de la Jurifdiction Confulaire de Paris font exécutoires dans toute l'étendue de la Prévôté de Paris, fans qu'il foit befoin de *Pareatis*. Mais voyez l'article 28 de l'Edit du mois de Janvier 1718, portant établiffement d'une Jurifdiction Confulaire à Valenciennes, & la Déclaration du 19 Avril 1719.

Les Décrets d'affigné pour être oui, d'ajournement perfonnel & de prife de corps, s'exécutent hors du reffort de la Jurifdiction qui les a décernés, fans qu'il foit befoin de *Pareatis*, fuivant l'article 12 du titre 10 de l'Ordonnance Criminelle.

L'article 15 du titre 25 porte que *tous Jugemens en matieres qui giffent en exécution, feront exécutés pour ce qui regarde la peine en tous lieux, fans permiffion ni Pareatis*: il en eft autrement pour ce qui regarde l'exécution civile.

L'article 9 de l'Edit du mois de Juillet 1669, contenant Réglement pour l'adminiftration de la Juftice à la Confervation de Lyon, porte que les Jugemens de ce Tribunal feront exécutés dans toute l'étendue du Royaume, fans *Vifa* ni *Pareatis*. Voyez *Confervation de Lyon*.

Les Sentences rendues au Siège de la Connétablie, s'exécutent auffi fans *Pareatis*; & le Confeil a, par Arrêt du 22 Octobre 1666, renvoyé dans fes fonctions un Huiffier interdit par le Parlement de Bordeaux, pour avoir exécuté une Sentence de ce Siége, fans avoir demandé de *Pareatis*.

L'Edit du mois d'Août 1703, portant création nouvelle d'Officiers d'Artillerie, porte auffi que les Sentences du Bailliage de l'Artillerie de France, dont le Siége eft à Paris, à l'Arfenal, » feront exécutées dans » toute l'étendue du Royaume, fans *Vifa* » ni *Pareatis*, de même que fi lefdites Sen- » tences & Jugemens étoient fcellées du » grand Sceau «.

Les Sentences du Châtelet s'exécutent dans l'Enclos du Palais, & celles du Bailliage du Palais, dans le Reffort du Châtelet, fans aucun *Pareatis*, fuivant l'art. 8 de l'Edit du mois d'Octobre 1712, regiftré le 14 Décembre fuivant.

Il ne faut point de *Pareatis* pour exécuter les Arrêts & Jugemens des Cours & Confeils Supérieurs dans leurs refforts; & il en eft de même des Jugemens des Préfidiaux, des Elections, Greniers à Sel & autres Juftices; mais le *Pareatis* eft indifpenfablement néceffaire pour l'exécution hors du reffort.

Bouchel rapporte un Arrêt célébre du 2 Mars 1599, par lequel la Cour a jugé fes Arrêts étoient exécutoires fans *Pareatis* dans le Duché de Bar; par la raifon que ce Duché étoit, comme il eft encore, du reffort du Parlement, quoiqu'appartenant à un autre Souverain. Mais voyez *Barrois*.

Les procédures qui fe font fans *Pareatis*, lorfqu'ils font néceffaires, font nulles; & l'Huiffier qui a négligé d'en demander, peut être repris par les Juges dans la Jurifdiction defquels il inftrumente; parce que c'eft de fa part un manque de refpect à leur autorité.

Il eft inutile d'obtenir une commiffion pour mettre l'Huiffier en état d'exécuter un Arrêt, Jugement ou autre Acte exécutoire, lorfque cet Acte eft revêtu de *Pareatis*: le *Pareatis* fupplée la commiffion dans ce cas-là; & l'Huiffier eft fuffifamment autorifé à inftrumenter, s'il a d'ailleurs caractere pour exploiter dans le lieu de l'exécution.

L'article 44 de l'Edit du mois d'Avril 1695, porte que *les Sentences & Jugemens fujets à exécution, & les Décrets décernés par les Juges d'Eglife, feront exécutés...... fans..... prendre aucun Pareatis des Juges Royaux & des Seigneurs*; mais fes difpofitions n'ont pas lieu, quand il s'agit du temporel, de poffeffoire, de féqueftre ou de faifie, &c. En effet, par Arrêt rendu en la Grand-Chambre, le Mardi premier Décembre 1744, fur les Conclufions de M. l'Avocat Général Gilbert de Voifins, plaidans Mes Gobillon & Sénéchal, la Cour a déclaré nulle la faifie-exécution & la vente des meubles d'un Curé, faite en vertu de Sentences rendues par un Official, portant condamnation à une fomme pécuniaire, & a fait défenfes à tous Huiffiers de mettre à exécution les Sentences du Juge d'Eglife, fans permiffion préalable du Juge Laïc. V. l'Arrêt du Confeil du 19 Octobre 1650, dans le fecond volume des anciens Mémoires du Clergé, page 47.

Quoique

Quoique la Juſtice du Comté de Lyon ne ſoit qu'une Juſtice Seigneuriale, les Sentences qui y ſont rendues, s'exécutent ſans Pareatis, dans tout le reſſort de la Sénéchauſſée de Lyon, *pourvû que le Juge de l'exécution de la Sentence de laquelle il s'agit, ſoit de ladite Sénéchauſſée.* La Cour l'a ainſi jugé par Arrêt rendu contradictoirement avec les Officiers de cette Sénéchauſſée, le 8 Février 1653 ; c'eſt un droit particulier que n'ont pas ordinairement les autres Juſtices Seigneuriales.

Quand il s'agit de délit commis dans le reſſort d'une Maîtriſe, les Gardes des Eaux & Forêts peuvent exercer leurs fonctions, & exploiter hors leurs reſſorts, même dans celui d'un autre Parlement, ſans être aſſujettis à demander aucune Permiſſion ni Pareatis. Le Conſeil l'a ainſi jugé en très-grande connoiſſance de cauſe, en caſſant l'Arrêt du Conſeil de Rouſſillon, du 30 Janvier 1736, par Arrêt rendu le 17 Décembre 1737, après avoir eu les motifs du Conſeil de Rouſſillon, & entendu le dire de l'Inſpecteur des Domaines : cet Arrêt eſt imprimé.

Les *Pareatis* doivent s'accorder ſans connoiſſance de cauſe, ſuivant l'article 120 de l'Ordonnance de 1629. Le Juge auquel il eſt demandé, peut ſeulement examiner la forme extérieure du titre dont l'exécution eſt demandée dans ſon Territoire. Par exemple, s'il n'y a pas quelque vice dans l'intitulé, & s'il eſt revêtu du Sceau de la Juriſdiction ; car on ſçait que c'eſt le Sceau qui donne la foi aux Actes ; en un mot, ſi le titre eſt exécutoire, & émané d'une autorité reconnue en France.

Dans une eſpéce où M. le Lieutenant Civil avoit permis d'exécuter l'Ordonnance du Prévôt de Bar, portant permiſſion d'empriſonner pour dettes civiles un Particulier, par-tout où il ſeroit trouvé, on a prétendu que M. le Lieutenant Civil n'avoit pas dû permettre l'exécution d'une ſemblable Ordonnance rendue ſur Requête non communiquée, ſans aſſignation ni condamnation préalables. Il devoit, diſoit-on, faire at-

tention que le titre répugnoit manifeſtement à l'ordre judiciaire, & qu'il n'avoit pas un caractere juridique, & refuſer le *Pareatis* qu'on lui demandoit.

Mais ces raiſons ne firent point d'impreſſion. La Cour, par Arrêt rendu le 23 Mai 1731, ſur les Concluſions de M. l'Avocat Général Gilbert de Voiſins, confirma l'Ordonnance de *Pareatis* de M. le Lieutenant Civil, dont il y avoit eu appel, & renvoyà devant le Bailli de Bar, l'appel de l'Ordonnance du Prévôt.

Si donc on demande un *Pareatis* pour l'exécution d'un titre qui n'a pas la forme exécutoire, ou qui n'eſt pas émané d'une autorité légitime, il peut être refuſé ; & d'ailleurs, quand on l'accorderoit, il ne produiroit aucun effet ; parce qu'il n'ajoute rien à la forme du titre, qu'il permet ſeulement d'exécuter, s'il eſt exécutoire.

C'eſt pour cela qu'on n'accorde point de *Pareatis* au grand Sceau, pour l'exécution en France, contre des Sujets regnicoles, des Jugemens rendus, & des Contrats paſſés en Páys Etrangers, ces Jugemens & Contrats n'ayant aucune hypothéque ni exécution en France (a), *& les Parties pouvant y débattre leurs droits comme entiers devant les Officiers du Roi, nonobſtant leſdits Jugemens,* ſuivant l'article 121 de l'Ordonnance de 1629. Inutilement accorderoit-on la permiſſion d'exécuter ce qui n'eſt pas exécutoire en ſoi, au moyen de ce que le *Pareatis* n'ajoute rien à la forme & à l'authenticité du titre.

Ces maximes ont été parfaitement éclaircies par défunt M. le Chancelier d'Agueſſeau, lorſqu'il fut ſollicité d'accorder à l'Electeur de Baviere un *Pareatis*, pour l'exécution, en France, d'un Jugement rendu en la Chambre des Finances de Munich, le 24 Mars 1749, contre le Prince de Grimberghen, qui avoit l'avantage d'être Regnicole. Le *Pareatis* fut conſtamment refuſé, comme inutile & comme contraire aux principes conſacrés, par l'Ordonnance de 1629, que ce grand Magiſtrat a toujours regardé comme Loi du Royaume. V. ce que je dis ſur cette même Ordonnance, à l'article *Hy-*

(a) Il y a une exception à cette régle, en faveur des Etrangers Propriétaires de rentes ſur l'Hôtel-de-Ville ; les partages de ces rentes, ainſi que les autres actes, relatifs à leur perception s'exécutent en France, quoique paſſés en Pays Etrangers. Voyez un Arrêt du Conſeil du 2 Août 1740, relatif au contrôle & au dépôt de ces pieces, & ce que je dis à l'article *Certificat de vie.* Voyez auſſi la Juriſprudence des Rentes.

D

pothéque; mais voyez aussi une Déclaration du 11 Juillet 1713, en faveur des Lorrains pourvûs de Bénéfices, dont les Chefs-lieux sont situés en France. Elle paroît n'être pas conforme à ces régles; on la trouve dans le Recueil du Parlement de Dijon, tom. 6.

La Cour a même jugé, par Arrêt rendu le ...... 1743, au rapport de M. Fermé, entre les sieurs Archambaut & Compagnie, Marchands à Lyon, & François Cretet, Marchand au Pont Beauvoisin, que, quoique les sieurs Archambaut eussent même fait assigner Cretet en Savoye, & perdu leur procès, tant au Consulat de Chamberi, que par Arrêt du Sénat de la même Ville, ils avoient pû intenter contre lui une nouvelle action, pour le même fait, en la Conservation de Lyon; & ils ont gagné leur procès par Sentence rendue, après une Plaidoirie solemnelle, le 19 Août 1740, & qui a été confirmée par le susdit Arrêt de l'année 1743.

Mais voyez l'article 31 du Traité fait avec les Suisses, le 9 Mai 1715, qui porte que » les Jugemens rendus en dernier ressort » par des Juges des Cours supérieures, ou » revêtus de l'autorité suprême, seront exé- » cutés dans les Etats dépendans de Sa Ma- » jesté, ou du Corps Helvétique, comme » s'ils avoient été rendus dans le Pays où le » condamné se trouvera après le Juge- » ment. «

PARENT.

V. *Avis de Parens, Dégrés de Parenté, Opinions, Pauvres, Récusation & Tuteur.*

Les Parens peuvent-ils déposer dans les affaires où leurs Parens sont intéressés? V. *Reproches & Témoins.*

Lorsqu'on instruit le procès à la mémoire d'un défunt, il est d'usage de lui nommer un curateur. Cette curatelle doit être déférée par préférence au *Parent du défunt, s'il s'en offre quelqu'un pour en faire la fonction.* Ordonnance Criminelle, titre 22, article 2. Voyez le Commentaire de Bornier sur cet article.

Grand nombre de Réglemens défendent aux Seigneurs Provençaux de nommer leurs Parens pour Officiers de leurs Justices; ils veulent même que les Officiers de Justice, sans excepter le Greffier, ne soient pas Pa-

rens entr'eux. Voyez la Jurisprudence féodale de Provence, titre 2, nombre 15.

Sur les tutelles qui doivent être déférées aux Parens, V. *Avis de Parens, Curateur, Tuteur, &c.*

PARERE.

On nomme Parere, un Mémoire expositif d'un fait de Commerce à des Négocians & Banquiers, pour avoir leurs avis : c'est proprement ce qu'on nomme au Barreau, Mémoire à consulter.

Nous avons un Ouvrage de Savary, intitulé : *Parere ou Conseil sur le Commerce.*

L'article 14 d'un Arrêt du Conseil du 20 Juillet 1702, portant établissement d'une Chambre du Commerce à Lyon, & des Sentences de la Conservation de la même Ville, des 5 Avril 1719 & 3 Mars 1732, ordonnent que tous Pareres qui seront proposés & signés, sans avoir été présentés à la Chambre du Commerce de Lyon, sur les usages & régles observés à la Place de Lyon, notamment pour les Lettres & Billets de change payables en payemens des Foires, seront nuls & de nul effet, &c.

PARFOURNIR.

Ce mot signifie achever de payer; on l'employe aussi quelquefois pour dire contribuer subsidiairement à un payement.

PARIAGE.

Le mot Pariage est employé par quelques Coutumes, pour signifier un Droit de Société ou de Compagnie dans la possession d'un Droit : on dit, par exemple, telle Justice, tel Fief est tenu en Pariage entre tels & tels Seigneurs. Voyez le Dictionnaire de Trévoux, & ce que je dis ci-devant à l'article *Parage.*

Plusieurs Evêques, Chapitres & Bénéficiers de France, possédent des Justices en Pariage avec le Roi, qu'ils se sont associé, pour, dit l'article 10 de l'Edit de 1610, *avoir une plus assurée protection.* Sur Pariage, voyez le susdit article en entier, ainsi que le onzième, & l'article 21 de l'Edit de 1606.

Divers Arrêts du Conseil, qu'on trouve dans le troisième volume des anciens Mémoires du Clergé, ont subrogé les Eccléfiaftiques, qui poffédent des biens en Pariage avec le Roi, à l'engagement & adjudication qui en avoit été faite de la portion du Roi, en rembourfant l'Adjudicataire.

Voyez dans le même Recueil, divers Arrêts rendus fur la maniere d'établir des Officiers, & d'adminiftrer la Juftice, quand elle eft en Pariage avec le Roi.

PARISIS.
V. Crue.

Le mot Parifis » fe dit, par oppofi- » tion au mot Tournois, du prix de la » monnoie qui valoit un quart davantage à » Paris, qu'à Tours . . . . . le fol Parifis vaut » quinze deniers, & le fol Tournois n'en » vaut que douze.

. » Le Parifis, chez les Financiers, s'ap- » pelle le quart en fus «. V. le Dictionnai- » re de Trévoux. «

Anciennement on ftipuloit les payemens en deniers Tournois ou en deniers Parifis. Quand le payement étoit ftipulé en deniers Parifis, le Débiteur étoit obligé de payer le quart en fus : mais l'article 18 du titre 27 de l'Ordonnance de 1667, a défendu d'exprimer les *fommes*, *dettes*, *redevances*, &c. foit dans les Jugemens, foit dans les Actes volontaires, autrement que par des fommes fixes, fans fe fervir des termes de *Parifis* ou *Tournois*; elle veut même que, de quelque façon que les fommes foient exprimées, elles ne puiffent être augmentées, fous prétexte de Parifis.

Mais, comme l'Ordonnance n'a point à cet égard d'effet retroactif, & que le Légiflateur déclare même *n'entendre rien innover pour le paffé*, les cens & rentes qui s'augmentoient auparavant du quart en fus, à caufe du Parifis, fe payent encore fur le même pied.

PARJURE.

Ce mot, dit l'Auteur du Dictionnaire Civil & Canonique, » fignifie tout enfem- » ble le crime & le coupable. Un homme » qui fait un faux ferment, eft Parjure, & » a commis un Parjure.

Les Loix Romaines prononcent différentes peines contre les Parjures : les unes veulent qu'ils foient condamnés au fouet, d'au-

tres au banniffement, d'autres à l'infamie ; d'autres difent que le Parjure ne doit pas être puni par le Prince, parce que c'eft affez qu'il ait Dieu pour vengeur de fon crime.

Mais, (dit Lange, part. II. du crime de faux) » comme Dieu eft griévement offen- » fé par le Parjure, & qu'il eft du devoir » du Prince de punir les offenfes qui font » faites à Dieu, quand elles font jointes au » dommage du prochain ; nos Rois n'ont » pu fouffrir que ce crime demeurât fans » châtiment, d'autant mieux que l'Ecriture » Sainte veut qu'il foit puni. Voyez Deuté- » ron. chap. 19, verf. 16 ; Zacharie & les » Proverbes.

Suivant les Capitulaires de Charlemagne & de Louis-le-Débonnaire, la peine du Parjure eft d'avoir la main droite coupée. L'Ordonnance de Saint Louis de l'an 1254, veut que le Bénéfice de l'appel foit dénié au Parjure ; mais elle ne prononce point la peine à laquelle il doit être condamné pour ce crime. Il y a fur la même matiere une difpofition dans l'Ordonnance de Charles VII, fur le fait des Aides, dans les art. 593 & 638 de l'ancienne Coutume de Bretagne, dans l'art. 37 de la nouvelle, &c. V. auffi Bouteillier, Somme Rurale, tit. 9 ; Mafuer, Barthole & Imbert.

L'article 362 de la Coutume de Bourbonnois laiffe à l'arbitrage du Juge la peine dont le Parjure doit être puni ; & fa difpofition eft en cela conforme à la Jurifprudence actuelle, fuivant laquelle la peine que mérite ce crime, eft arbitraire, & dépend des circonftances.

La recherche du Parjure eft rare, dit Lange, *ibid.* parce que, fous prétexte de Parjure, on ne peut pas faire rétracter le Jugement qui a été rendu fur le ferment déféré à l'une ou l'autre des Parties. Il y a cependant des Auteurs qui penfent qu'il faut diftinguer entre le ferment décifoire déféré par une Partie, & le ferment déféré d'office par le Juge en une affaire obfcure & douteufe. Ceux qui font cette diftinction, décident que la Partie qui a déféré le ferment, n'eft plus recevable à vérifier le contraire, & qu'elle doit s'imputer de s'être rapportée à la confcience de fon adverfaire ; cette délation de ferment ayant, difent-ils, après qu'il eft prêté, la même force qu'une tranfaction, contre laquelle on ne peut plus revenir.

Mais qu'à l'égard du ferment déféré par le Juge, il n'en eft pas de même, parce qu'on ne peut rien imputer à la Partie qui ne s'en eft point rapportée au ferment déféré d'Office par le Juge. On peut fur cela voir la Loi 31, au Digefte *de Jurejurando* ; Cujas, Faber, M. d'Argentré fur l'article 593 de l'ancienne Coutume de Bretagne ; M. Louet, Brodeau, lettre S. n°. 4.

On trouve dans le Journal des Audiences, tome IV, liv. 5, un Arrêt du 9 Mars 1682, par lequel un ancien Commiffaire du Châtelet, nommé Loyfeau, qui avoit affirmé n'avoir point une piéce qu'on lui demandoit, & qu'il avoit, a été condamné en 500 liv. d'aumône.

Ce n'eft point être Parjure, ou du moins on ne doit pas être puni comme tel, quand on affirme une chofe fauffe qu'on croyoit être véritable : il faut alors juger de l'action par l'intention de celui qui parle ; il ne veut point tromper, mais il fe trompe lui-même. V. le Décret de Gratien.

Lorfqu'on a promis avec ferment de faire une chofe qui eft contre la Loi de Dieu ou contre les régles, on ne doit pas faire un nouveau péché pour exécuter ce qu'on a promis témérairement. *Ibid.*

Quelqu'artifice qu'on employe dans les fermens, Dieu qui connoît le deffein de celui qui parle, prend toujours la réponfe dans le même fens que la prend celui qui demande le ferment ; ainfi celui qui employe les détours, eft doublement criminel, parce qu'il a pris le nom de Dieu envain, & parce qu'il trompe fon prochain.

PARLEMENT.

Voyez *Abus*, *Caffation*, (*Confeiller*) *Honneur*, *Honoraires*, *Indult*, *Lit de Juftice*, *Pair*, *Requêtes du Palais* & *Tournelle*.

Dans les premiers temps de la Monarchie, & jufqu'à la fin du treiziéme fiécle, les Parlemens étoient des Affemblées compofées des principaux Seigneurs de l'Etat,

que nos Rois convoquoient annuellement dans les lieux qu'ils jugeoient à propos d'indiquer.

Ces Affemblées, qu'il ne faut pas confondre avec les derniers Etats généraux (*a*) tenus à Paris, à Tours, à Blois, à Orléans, duroient fept femaines ou deux mois. Elles ne furent d'abord compofées que des François Nobles, connus fous les noms de *Leudes*, & des Grands, qu'on nommoit *Optimates* : les Evêques n'y affifterent, pour la première fois, qu'au mois de Mai 751 (*b*).

Sous la première Race de nos Rois, ces Affemblées fe tenoient au mois de Mars ; & fous la feconde, elles fe tenoient au mois de Mai : c'eft de-là qu'elles furent appellées, dans ces premiers temps, Champs de Mars & Champs de Mai. On leur donna encore les noms de *Colloquium*, *Concilium*, *Judicium Francorum* ; &c. ce n'eft que fous le Régne de Pepin qu'elles furent nommées Parlemens, nom qui fignifie l'objet qu'elles fe propofoient, de parler & de traiter des affaires importantes qui y étoient agitées.

C'étoit-là qu'on traitoit de la Paix & de la Guerre, des Alliances & de toutes les affaires d'Etat & de Juftice : on y faifoit les Loix & les Réglemens convenables pour remédier aux défordres paffés, & prévenir ceux qui pourroient arriver; on y jugeoit auffi les différends les plus graves entre les Sujets, & tout ce qui touchoit la dignité & la fûreté du Roi, & la liberté des Peuples.

Les Baillis & Sénéchaux vuidoient alors en dernier reffort les caufes de moindre importance : mais à caufe de l'abus qu'ils faifoient fouvent de leur autorité, on en portoit diverfes plaintes au Roi & aux Parlemens, qui fe trouvoient par-là chargés de l'examen de beaucoup de procès. V. *Baillis* & *Sénéchaux.*

Quand l'Affemblée finiffoit, le Roi choififfoit un certain nombre des Membres dont elle étoit compofée, pour décider avec lui, comme Membres de fon Confeil, les affai-

---

(*a*) La convocation des Etats généraux compofés du Clergé, de la Nobleffe & du Tiers-Etat, n'eft pas plus ancienne que Philippe-le-Bel. Ils furent, pour la première fois, affemblés à Paris, dans l'Eglife de N. D. le 10 Avril 1301. On y décida, contre la prétention des Papes, » que » le Royaume n'avoit aucun autre Supérieur que le Roi ; » & qu'il ne reconnoiffoit autre Souverain au temporel.

(*b*) Le Parlement de 751 fe tint à Soiffons ; & ce fut par l'avis des Evêques, foutenus de la décifion du Pape, que les François y prononcerent la deftitution du Roi Childeric, qu'ils condamnerent à être tondu, & rendu Moine à l'Abbaye de Sitice, &c.

res dont le Jugement ne pouvoit se différer jusqu'à la prochaine Assemblée.

Mais les affaires particulieres, & les plaintes des Jugemens des Baillis & Sénéchaux s'étant considérablement multipliées, Philippe-le-Bel jugea à propos, pour hâter l'expédition des procès, qui ne se pouvoient décider qu'avec beaucoup de lenteur dans les Parlemens ordinaires, d'en étendre la durée, & d'en confier l'autorité, tant aux Pairs du Royaume, qu'à d'autres personnes choisies dans le nombre de celles qui composoient l'Assemblée générale pour juger des droits régaliens, du Domaine de la Couronne, & des affaires particulieres.

Le plus grand nombre des Historiens fixe l'époque de cet établissement à l'année 1302 ; quelques Auteurs prétendent cependant que ce fut en 1298 ; d'autres en 1300 ; d'autres en 1304. Quoi qu'il en soit, il conserva le nom de Parlement donné à l'Assemblée générale dont ses Membres furent tirés, & il fut institué pour tenir ses séances à Paris, où il fut rendu sédentaire.

Dans ces premiers temps, le Parlement n'étoit composé que de deux Chambres : l'une étoit nommée la Grand'Voute ou la Grand'Chambre : on nommoit l'autre, la Chambre des Enquêtes ; & il y avoit deux sortes de Conseillers en celle-ci ; les uns, qu'on nommoit *Jugeurs*, pour juger ; & les autres, *Rapporteurs*, pour rapporter. Les uns, dit le Président Henault, étoient du Corps de la Noblesse, & les autres du nombre des Citoyens ; mais, par une Ordonnance du 10 Avril 1344, les deux Magistratures furent incorporées & réunies l'une à l'autre.

Les affaires s'étant depuis multipliées à l'infini, nos Rois, pour en faciliter l'expédition, ont successivement augmenté les Chambres des Enquêtes, jusqu'au nombre de cinq, réduite depuis à trois. Ils ont aussi créé les Chambres des Requêtes, qu'ils ont incorporées au Parlement. V. *Requêtes du Palais*.

Quand Philippe-le-Bel fit le changement dont j'ai parlé, le Parlement tenoit ses séances deux fois l'année ; sçavoir, à Pâ-

ques & à la Toussaints : chaque séance ne duroit que deux mois ; & le Roi décernoit une commission contenant la liste de ceux qui devoient y assister. Cette liste étoit composée d'Ecclésiastiques & de Gens d'épée, outre les Pairs, qui en étoient dès-lors, comme ils en sont encore, les Conseillers-nés ; & cela dura jusques vers l'année 1380.

Mais les rôles ayant alors cessé d'être envoyés, & les Officiers du Parlement, la plûpart Légistes, ne sçachant à qui s'adresser à cause des troubles dont le Royaume étoit agité, ils se continuerent eux-mêmes, & devinrent perpétuels.

C'est vers cette époque que les Militaires commencerent à ne plus se rendre au Parlement avec assiduité ; les Légistes étoient presque les seuls qui s'y trouvassent, parce que les séances étoient devenues plus longues, & que les Guerres presque continuelles appelloient les Chevaliers ailleurs.

Ces Légistes étoient des personnes d'un grand sçavoir, d'une exacte probité, que le Roi choisissoit. Il leur donnoit, par son choix, la considération que la naissance leur avoit refusée, & leur assignoit des appointemens, au moyen desquels ils ne pouvoient rien recevoir des Parties. Ce fut sous Charles VIII, qu'un Commis du Greffe ayant emporté les fonds destinés au payement de l'expédition des Arrêts, le Roi crut pouvoir laisser ces expéditions à la charge des Parties qui voudroient les lever ; c'est sous le même Régne que l'usage des épices a commencé. V. *Epices*.

Sous Charles VI, le Parlement fut souvent interrompu par les Conquêtes & les troubles que les Anglois causerent en France. Il y eut même en ce temps-là deux Tribunaux qu'on nomma Parlemens ; l'un qui tenoit ses séances à Paris pour les Anglois, qui s'étoient rendus maîtres d'une grande partie du Royaume ; l'autre à Poitiers, pour la France : (a) & il faut bien se garder d'attribuer au Parlement ce qui fut fait alors par l'ombre de cet auguste Tribunal, établi à Paris par les Anglois, pendant ces temps de troubles. Il est souvent arrivé alors que le Parlement fit lui-même l'élection de ceux

---

(a) Sous Charles VII, le Parlement fut d'abord transféré à Montargis, & ensuite à Vendôme. C'est dans cette derniere Ville que fut rendu le célebre Arrêt, contre Jean, Duc d'Alençon, le 10 Octobre 1458.

Du temps de la Ligue en 1589, il fut transféré à Tours, & une Chambre à Châlons.

qui devoient en devenir Membres : mais l'ufage ancien fut rétabli avec le calme & la tranquillité du Royaume.

Avant que le Parlement fût rendu fédentaire, on n'y jugeoit point les appels des Sentences des Juges inférieurs, les Baillis & Sénéchaux décidoient en dernier reffort ; les Parties ne pouvoient fe pourvoir au Parlement que par forme de plainte contre les premiers Juges, & non pour fimples griefs ou moyens d'appel contre leurs Sentences. Saint Louis, en 1270, avoit défendu les appellations des Jugemens rendus dans les Juftices Royales. Mais quand le Parlement fut réduit en Cour de Juftice ordinaire, on confondit les plaintes contre les Juges avec les appellations, & l'on jugea les appels à peu près de la même maniere qu'on les juge encore aujourd'hui.

Quand les féances du Parlement furent changées & prorogées au-delà de leur dûrée ordinaire, elles ne fe tenoient qu'à Paris, & il n'y avoit qu'un feul Parlement ; le Chancelier ou l'un des plus confidérables Seigneurs de la Cour, y préfidoit, & ces Préfidens étoient alors nommés Maîtres ; ce fut Philippe de Valois qui leur donna le titre de Préfidens, par un Edit de l'an 1344.

Le reffort du Parlement étoit d'une grande étendue dans ces premiers temps. Aujourd'hui fa Jurifdiction ne s'étend que fur l'Ifle de France, la Beauce, la Sologne, le Berry, l'Auvergne, le Lyonnois, le Foreft, le Beaujolois, le Nivernois, le Bourbonnois, le Mâconnois, l'Anjou, l'Angoumois, la Picardie l'Artois, le Boulonnois, le Duché de Bar, la Champagne, la Brie, le Maine, le Perche, la Touraine, le Poitou, le Pays d'Aunis, le Rochelois, &c.

Philippe-le-Bel avoit inftitué un Parlement à Touloufe vers l'an 1302 ; mais il fut fupprimé & incorporé à celui de Paris en 1312 (a). Charles VII le rétablit en 1419, & le fupprima une feconde fois en 1427 ; enfin il le rétablit en 1443 ; & il a toujours fubfifté depuis.

Louis XI n'étant que Dauphin, érigea le Parlement de Grenoble en 1453, à la place du Confeil Delphinal, que Humbert II avoit établi en 1340.

Le même Prince créa le Parlement de Dijon, pour le Duché de Bourgogne, par Lettres-Patentes du 8 Mars 1476.

Louis XI inftitua auffi le Parlement de Bordeaux en 1462, & lui donna pour reffort le Périgord, le Limofin, le Bordelois, les Landes, la Saintonge, le Bazadois, la Haute Gafcogne, partie de la Bifcaye, & le Medoc.

Celui de Rouen fut érigé par Louis XII, par Lettres-Patentes du premier Octobre 1499, à la place de la Chambre de l'Echiquier, dont il conferva le nom jufqu'en 1515, que François I. le nomma Parlement.

Le même Prince établit le Parlement d'Aïx pour la Provence, par Lettres données à Lyon le 10 Juillet 1501.

Henri II inftitua celui de Bretagne à la place des Grands Jours de cette Province, par Lettres-Patentes du mois de Mars 1553.

Le Parlement de Pau fut inftitué par Louis XIII, en 1620, au lieu du Confeil que les Rois de Navarre y avoient précédemment établi.

Le même Prince établit le Parlement de Metz, pour les trois Evêchés de Metz, Toul & Verdun, en 1633.

En 1674 Louis XIV rétablit le Parlement de Franche-Comté à Dole : il eft préfentement à Befançon.

Le même Prince a établi le Parlement de Tournay, par Edit du mois de Février 1686, au lieu du Confeil Souverain créé par Edit du mois d'Avril 1668. Ce Parlement a depuis été transféré à Cambrai, par une Ordonnance du 20 Août 1709, & à Douai, par un Edit du mois de Décembre 1713. Voyez *Artois* & *Confeils d'Alface, de Rouffillon, &c.*

(a) Le Parlement de Touloufe a été établi fur la réquifition des Etats de Languedoc. L'Ordonnance de Philippe-le-Bel de l'an 1302, porte, *quod Parlamentum apud Tholofam tenebitur, ficut tenere folebat retroactis temporibus, fi Gentes terræ confentiant.*
La Déclaration de Charles VII du 11 Octobre 1444, par laquelle ce Prince a rendu le Parlement fédentaire à Touloufe, dit que c'eft *ad requifitionem inftantiffimam & fupplicationem humillimam Gentium trium Statuum Patriæ Occitaniæ.*

Remarquons ici que, fuivant une Déclaration du 14 Septembre 1699, lorfqu'en l'abfence de Préfidens, des Confeillers rempliffent leurs fonctions, les Confeillers ne peuvent porter la Robe rouge, le Manteau & le Mortier ; & qu'il en eft de même au Parlement de Pau, fuivant l'article 16 de la Déclaration du 16 Juillet 1747.

En érigeant d'autres Parlemens dans différentes Villes du Royaume auxquels les Princes qui les ont établis, ont attribué sur certaines Provinces la connoiſſance ſouveraine par appel (*a*), des affaires décidées par les Juges inférieurs du reſſort, ils ont toujours conſervé au Parlement de Paris la connoiſſance, en premiere Inſtance, de certaines affaires ſur leſquelles toute Juriſdiction a été interdite aux autres.

Ainſi, par exemple, le Parlement de Paris connoît ſeul, & excluſivement à tout autre :

1°. De la tutelle ou Régence des Rois mineurs. C'eſt au Parlement que la Régence ſe défere (*b*). Les Teſtamens de Louis XIII & de Louis XIV, qui avoient pour objet principal l'établiſſement des Régences pendant la minorité de leurs Succeſſeurs, ont été envoyés au Parlement pour y être homologués ; & tout le monde connoît les modifications qui furent apportées aux conditions impoſées à la Régence indiquée par le teſtament de Louis XIV.

2°. Les affaires qui regardent les perſonnes des Princes du Sang & des Pairs (*c*), leur état & le droit de leurs Pairies, doivent être portées & jugées au Parlement de Paris, qui par cette raiſon eſt ſouvent nommé la Cour des Pairs.

3°. Le Parlement de Paris connoît ſeul (en la Grand'Chambre) du Droit de Regale, des affaires qui concernent les Droits de la Couronne & du Domaine du Roi, ſuivant une Ordonnance de Louis XI du 19 Juin 1464. Voyez auſſi l'Ordonnance de 1667, tit. 15, art. 10.

4°. C'eſt à ce Parlement que les Traités de Paix ſont envoyés, pour y être vérifiés & regiſtrés. Le Roi y envoye auſſi ordinairement les motifs qu'il a de faire la Guerre (*d*).

Les Princes du Sang ont entrée, ſéance & voix délibérative au Parlement, à quinze ans ; & les Pairs de France, à vingt-cinq ans.

Les Princes du Sang y entrent de plein droit : mais les Pairs ſont obligés de ſe faire recevoir dans la forme ordinaire, & de prêter le ſerment, comme tous les Magiſtrats, de rendre la Juſtice aux pauvres comme aux riches, d'obſerver les Ordonnances, &c. Voyez l'Edit de la Pairie, au mot *Pair*.

Les Loix qui contiennent des Réglemens de police générale pour tout le Royaume, doivent être enregiſtrées au Parlement. C'eſt dans ce premier Tribunal de la Juſtice ſouveraine du Roi que s'en fait la publication ; c'eſt par ſon autorité que l'envoi s'en fait dans tous les Bailliages & Sénéchauſſées du reſſort ; & cette formalité néceſſaire pour donner l'authenticité & la publicité de la Loi, ne peut être ſuppléée par aucun autre Tribunal. Voyez l'Ordonnance de Blois, article 207 & 208 ; l'Ordonnance de Moulins, article 2 ; & celle de 1629, article 54.

D'Hericourt prétend que le Parlement ni les autres Cours Supérieures ne peuvent modifier les Edits, les Déclarations & les Lettres-Patentes qui leur ſont adreſſées : pour appuyer ſon avis ſur une autorité, il cite la Déclaration du 15 Septembre 1715, par laquelle il eſt dit qu'avant de procéder à l'enregiſtrement, le Parlement pourra faire les remontrances : mais cette Déclaration ne parle nullement de modifications ; & nos

---

(*a*) Les Evêques & les Chapitres des Egliſes Cathédrales de Provence, ont leurs cauſes commiſes en premiere Inſtance en la Grand'Chambre du Parlement d'Aix. V. ſur cela la Déclaration du 20 Février 1657, dans le troiſiéme volume des anciens Mémoires du Clergé, quatriéme partie, page 48.

Tous les Parlemens connoiſſent auſſi en premiere Inſtance, de ce qui a rapport à la grande Police.

(*b*) C'eſt le Parlement qui jugea de l'exécution de la Loi Salique, & adjugea la Couronne à Philippe de Valois, à qui elle étoit diſputée par Edouard, Roi d'Angleterre.

(*c*) Ce fut le Parlement qui, ſous Philippe de Valois, condamna Robert, Comte d'Artois ; Jean d'Alençon, ſous Charles VII ; le Connétable de S. Paul & Jaques d'Armagnac, Duc de Nemours, ſous Louis XI, à avoir la tête tranchée. La même Cour prononça une ſemblable condamnation contre Charles de Bourbon, Connétable de

France, ſous François Premier : & ſous François II, le Parlement caſſa l'Arrêt de condamnation rendu contre le Prince de Condé, parce qu'il avoit été rendu par des Commiſſaires.

(*d*) Le Parlement de Rennes connoît, en premiere Inſtance, des cauſes où il s'agit des priviléges, prérogatives, ou prééminences des anciens Barons de Bretagne, & appartenant à ladite qualité de Baron ; de celles où il eſt queſtion des Réguaires des Evêques & Chapitres de la Province, quand le fond du droit eſt conteſté ; des conteſtations qui s'élevent ſur les fonctions des Officiers du reſſort & droits de leurs Charges : des affaires civiles de ceux qui demeurent dans l'enceinte du Palais : des affaires qui intéreſſent le fond des priviléges accordés aux Villes, &c. Voyez la Déclaration du 20 Août 1731, regiſtrée au Parlement de Rennes, le 24 Novembre ſuivant.

Rois ont toujours agréé celles qui ont eu pour objet le bien public.

On en trouve des exemples dans les Arrêts d'enregiſtrement des Déclarations données ſur l'Édit de Cremieu, dans les Arrêts d'enregiſtrement des Déclarations données pour modifier & expliquer quelques articles de l'Ordonnance de 1539; dans l'Arrêt d'enregiſtrement de l'Ordonnance de Blois à la Cour des Aides: dans l'Arrêt d'enregiſtrement au Parlement de l'Edit de création des Juges-Conſuls; dans l'Arrêt d'enregiſtrement de la Déclaration du 11 Décembre 1597, qui fixe le temps après lequel les Parties ſont non-recevables à demander leurs piéces aux Procureurs; dans l'Arrêt d'enregiſtrement de l'Edit des Criées du 3 Septembre 1551; dans l'Arrêt de vérification de l'Edit en faveur du Clergé, du 16 Avril 1571; dans l'Arrêt d'enregiſtrement de l'Edit de Melun du mois de Févr. 1580; & dans une prodigieuſe quantité d'autres, qu'on trouve dans Neron & ailleurs.

Les modifications appoſées tout récemment aux Edits concernant les Droits d'Echange, l'impoſition ſur les Cartes & la Bourſe de Poiſſy, s'exécutent & ont été agréées par le Roi régnant. Louis XIV a approuvé celles inſérées dans les Arrêts d'enregiſtrement des Lettres-Patentes, portant condamnation des Livres de M. de Fenelon & du Pere Queſnel (*a*); l'on trouve même des Ordonnances de Philippe-le-Bel & du Roi Jean, (Ordonnances du Louvre, tome I, pag. 321, 361, 404. Tome II, page 357, & Tom. III, pag. 2) qui diſpenſent les Juges d'obéir aux ordres du Roi, lorſqu'ils ne peuvent les exécuter ſans violer leur ſerment.

La Sageſſe des déciſions du Parlement, & la haute réputation que cet auguſte Sénat s'eſt acquiſe chez les peuples nos voiſins, a ſouvent déterminé des Princes Etrangers à ſoumettre leurs querelles à ſa déciſion: en voici quelques exemples.

L'an 1244, l'Empereur Frederic II & le Pape Innocent IV ſoumirent au Parlement le Jugement du différend qu'ils avoient pour le Royaume de Sicile.

Le Comte de Namur s'y ſoumit auſſi en 1312.

L'an 1320, Philippe, Princce de Tarente, & le Duc de Bourgogne, prirent auſſi le Parlement pour arbitre de leurs différends; & le Duc de Bourgogne fut condamné.

L'an 1342, le Duc de Lorraine & Guy de Châtillon ſon beau-frere, s'en rapporterent au Parlement pour régler leurs différends ſur les partages & ſéparations de leurs Terres.

En 1390, le Dauphin de Viennois & le Duc de Savoye ſe ſoumirent au Jugement du Parlement ſur l'hommage du Marquiſat de Saluces, & ſur la Souveraineté de quelques Places frontieres: le Jugement fut rendu en faveur du Dauphin.

En 1403, le Traité de Paix conclu entre les Rois de Caſtille & de Portugal, fut enregiſtré au Parlement.

Charles V, ſurnommé le Sage, n'entreprit jamais aucune Guerre, & ne fit aucune entrepriſe importante ſans conſulter ſon Parlement. Ce Prince y ſéant le 9 Mai 1361, avertit » que s'il avoit fait choſe qu'il ne » dût.... il corrigeroit ce qu'il avoit fait, » & que chacun y penſât pour lui en don- » ner avis (le) Vendredi (lors) prochain. » Et de rechef le Parlement étant aſſemblé, » le Roi dit qu'il vouloit avoir conſeil, pour » ſçavoir s'il avoit failli ou erré......; ſur » quoi, tout d'un accord, on lui répondit » qu'il avoit raiſonnablement fait «.

Louis XI, quoique plus jaloux de ſon autorité qu'aucun de ſes Prédéceſſeurs, remercia ſon Parlement de ce qu'il avoit refuſé d'enregiſtrer les Edits qu'il lui avoit envoyés, parce qu'ils alloient contre le bien & le repos de ſes Peuples; il ajouta qu'il ne le forceroit jamais à faire quelque choſe contre ſa conſcience; il exhorta auſſi ſon fils en mourant, de ne rien entreprendre ſans l'avis de ſon Parlement.

Le 31 Octobre 1524, le Sire de Brion, Chevalier de l'Ordre, &c. Chambellan de François I, vint en la Cour, en temps de vacation, avec des Lettres de Créance pour lui, & des Lettres-Patentes pour faire ouvrir le Parlement le lendemain, à l'occaſion

---

(*a*) On trouve dans le chapitre 23 des Preuves des Libertés de l'Egliſe Gallicane, pluſieurs Arrêts d'enregiſtrement des Bulles & Facultés des Légats en France, qui y ont appoſé diverſes modifications. M. de Thou a fait un Recueil de ces modifications & de pluſieurs autres.

de la conspiration du Connétable de Bourbon, & déclara que le Roi lui avoit donné charge de remercier les Présidens, Conseillers & autres personnes, du bon vouloir qu'ils avoient, de l'office que chacun d'eux faisoit pour la conservation du Royaume, & les prier de vouloir continuer à le conseiller à ce qu'il puisse pourvoir aux affaires, de sorte que le Peuple ne fût foulé, pillé ni mangé, &c.

Le même Prince, prisonnier à Madrid, témoigna à l'Empereur Charles-Quint, que tout ce qu'il promettoit de son chef pour sa liberté, seroit inutile si le Traité n'étoit enregistré au Parlement. L'usage ancien veut, en effet, que les Traités faits avec les Nations voisines, y soient vérifiés; & on n'a pas cru de nos jours, que les renonciations à la succession à la Couronne (de France) par Philippe V Roi d'Espagne, & celle des Ducs de Berry & d'Orléans à la Couronne d'Espagne, fussent valables sans l'enregistrement qu'on en a fait faire au Parlement.

En 1721, le Grand-Duc de Toscane demanda lui-même au Parlement, que le Traité qu'il avoit fait avec la Grande-Duchesse, fût exécuté, sans avoir égard au testament de cette Princesse, & le Parlement le jugea de même par Arrêt rendu sur les Conclusions de M. le Procureur Général, le 8 Mai 1723.

Tout récemment nous avons vû le même Tribunal établi pour décider de l'état des enfans & de la succession du Prince de Montbelliard.

Nos Rois, les Princes & les Peuples voisins ne sont pas les seuls qui ayent marqué leur confiance au Parlement de la maniere que je viens de le dire: le Clergé de France a aussi en plusieurs occasions, manifesté sa vénération pour cet auguste Tribunal d'une maniere très-éclatante. Voici comme il s'exprimoit par la bouche de l'Archevêque de Rheims, dans une *Assemblée extraordinaire, tenue en l'Archevêché de Paris au mois de Mars & Mai* 1681, pour l'examen d'un Bref du 18 Décembre 1680, par lequel le Pape avoit condamné au feu, & défendu la lecture d'un Arrêt du Parlement, du 24 Septembre............ rendu à l'occasion de l'affaire des Religieuses de Charonne,

& qu'on trouve au Journal des Audiences, tome 4.

» Si, (disoit M. l'Archevêque de Rheims, » Président), on toléroit cette conduite (du » Pape), on oublieroit à la fin nos maximes; » car en flétrissant ainsi les Arrêts qu'on » donneroit au Parlement pour les conser- » ver, (nos maximes,) ou pour châtier les » François qui auroient la hardiesse de les » attaquer, on se mettroit insensiblement à » Rome en possession de nous dépouiller » d'un des plus fermes appuis qu'on ait dans » le Royaume, pour se maintenir dans l'exé- » cution des anciens Canons, & dans l'usa- » ge du Droit commun.

» Nous devons même, (ajoutoit le Pré- » lat,) pour notre propre intérêt, prendre » part à cette illustre Compagnie. Notre Ju- » risdiction n'y est-elle pas tous les jours » conservée de maniere, que nous nous esti- » merions heureux, si les autres Compa- » gnies souveraines suivoient dans les Juge- » mens qu'elles rendent sur nos affaires, » dans différens ressort, l'exemple de ce » premier Parlement du Royaume?

» Ne tirons-nous pas aussi en toutes sor- » tes d'occasions beaucoup de secours des » grandes lumieres & des bonnes intentions » de M. le Procureur Général, qui, dans » son discours, a très-bien défendu notre » Jurisdiction & nos Libertés « ? Comme l'Archevêque de Rheims rendoit parfaitement, par ce discours, les sentimens de toute l'Assemblée, il a été remercié par toute la Compagnie, d'avoir expliqué avec tant de netteté, d'éloquence & de dignité, une matiere si importante, &c. (Le Procès-verbal de cette Assemblée a été imprimé à Paris, chez Léonard, en 1681, *in·4°.*)

Louis XIV, par un Edit du mois de Juillet 1644, & par une Déclaration du 6 Novembre 1657, avoit accordé la Noblesse aux Officiers (*non Nobles*) du Parlement qui avoient servi vingt années, ou qui étoient décédés pourvûs de leurs Offices: mais, par un autre Edit du mois de Juillet 1669, lû au Lit de Justice, le Roi y séant, le 13 Août suivant, ces priviléges ont été révoqués.

Depuis, par un dernier Edit du mois de Novembre 1690, Sa Majesté a ordonné que les Présidens, Conseillers, Procureurs & Avocats Généraux, le Greffier en chef,

E

les quatre Notaires & Secrétaires du Parlement de Paris, & le premier & principal Commis au Greffe Civil, qui auront servi vingt années, ou qui décéderont revêtus desdits Offices, seront réputés nobles, ainsi que leurs veuves, enfans & descendans.

Les Substituts de M. le Procureur Général au Parlement font aggrégés aux Officiers de la Cour, compris dans l'Edit de 1690. Ils font aussi réputés nobles, & jouissent, ainsi que leurs veuves & enfans, du privilége de Noblesse, de l'exemption des droits Seigneuriaux, pour les acquisitions & ventes des héritages relevans du Roi, de la même maniere qu'en jouissent les autres Membres du Parlement, suivant une Déclaration du 29 Juin 1704, enregistrée le 4 Juillet.

Le 28 Décembre 1724, le Roi, par des Lettres-Patentes, enregistrées le lendemain, a accordé aux Présidens, Conseillers, Avocats & Procureurs Généraux, Greffiers en chef, Civil & Criminel, & Premier Huissier du Parlement, & à leurs veuves pendant leur viduité, le droit de *Committimus* au Grand-Sceau, aux Requêtes de l'Hôtel & du Palais.

Les Séances du Parlement commencent actuellement le lendemain de la S. Martin, & finissent la veille de la Nativité, auquel jour se fait l'enregistrement des Lettres portant établissement d'une Chambre des Vacations, pour juger les affaires sommaires & les matieres criminelles, jusqu'au 27 Oct. Néantmoins, dans des circonstances extraordinaires, nos Rois ont quelquefois prorogé les Séances ordinaires du Parlement. Par exemple, Brodeau sur M. Louet, Lettre F, nombre 25, cite un Arrêt du 6 Octobre 1569, & il observe que le Parlement avoit alors été prorogé.

Charles IX prorogea aussi le Parlement, par une Ordonnance du 4 Septembre 1561, jusqu'au 15 du même mois; & une Déclaration du 4 Septembre 1715, donnée trois jours après la mort du feu Roi, prorogea aussi les Séances du Parlement jusqu'au 21 du même mois de Septembre, pour le Jugement des affaires des Particuliers, & jusqu'au premier Octobre suivant, pour les affaires publiques de l'Etat.

Enfin, le Roi regnant a prorogé & continué *les Séances ordinaires du Parlement, nonobstant l'époque de la cessation desdites Séances*, par une Déclaration du 27 Août 1755, enregistrée le 29; & par une autre, du 5 Septembre 1759, registrée le 6. Cette derniere prorogation n'a duré que jusqu'au 20 du même mois de Septembre; & elle n'avoit été ordonnée que pour les affaires publiques.

Quoique le Parlement ne juge que par appel des affaires des Particuliers, il y a néantmoins des matieres dont il peut prendre connoissance en premiere Instance; telles font:

1°. Les affaires qui intéressent la grande Police & l'ordre public du Royaume. Par exemple, dans le cas d'une émotion populaire, comme nous l'avons vû en 1750, & d'une disette, comme en 1709.

2°. Les contestations qui intéressent l'Hôtel-Dieu de Paris, le grand Bureau des Pauvres, l'Hôpital-Général, l'Hôtel-de-Ville de Paris, l'Université, &c.

La plûpart des Membres du Parlement ont ce qu'on nomme Droit d'Indult, en conséquence duquel ils peuvent nommer à un Bénéfice. V. *Indult du Parlement.*

Les Parlemens peuvent seuls connoître des appels comme d'abus. V. *Abus & Libertés de l'Eglise Gallicane.*

Le Parlement de Paris a été transféré à Pontoise, par une Déclaration du 21 Juillet 1720, laquelle y a été registrée le 27; & il a été rétabli à Paris par une Déclaration du 16 Décembre 1720, registrée le 17.

Les Membres du Parlement ne peuvent être jugés que par le Parlement, même en matiere criminelle. Leur droit, à cet égard, est semblable à celui des Pairs de France; (Voyez Pair:) & par Arrêt rendu le 28 Juillet 1723, non-seulement toute la procédure faite en la Justice de Montmirel par Thomas Allongé, Lieutenant en ladite Justice, contre M. l'Abbé Roujault, Conseiller au Parlement, a été déclarée nulle, injurieuse & attentatoire à l'autorité de la Cour: mais elle a de plus interdit ledit Allongé & le Procureur Fiscal de leurs fonctions pendant un mois, & les a condamnés chacun en 10 liv. d'aumône.

PAROISSE.

Voy. *Cure*; & l'Arrêt que je cite au mot *Official*. V. auſſi l'Arrêt du 11 Juillet 1676, au Journal du Palais.

PARQUET.

Voyez *Avocats du Roi*, *Gens du Roi*, *Miniſtere Public*, *Procureurs du Roi*, & *Requêtes du Palais*.

On nomme Parquet, le lieu où les Gens du Roi, de quelque Compagnie ſupérieure ou ſubalterne, tiennent leur Séance. On entend auſſi quelquefois les Gens du Roi par le Parquet: c'eſt en ce ſens qu'on dit : le Parquet a décidé telle choſe ; le Parquet eſt de tel avis, &c.

Il arrive ſouvent au Parlement, que des affaires ſont renvoyées au Parquet de Meſſieurs les Gens du Roi pour être décidées ; alors l'avis de ces Magiſtrats forme l'Arrêt.

Indépendamment des affaires renvoyées au Parquet (du Parlement), Meſſieurs les Gens du Roi y connoiſſent des appels d'incompétence & de déni de renvoi, des conflits & déclinatoires, des conteſtations qui s'élevent pour la réfuſion des frais de contumace, & des nullités des procédures. Ils décident auſſi dans quelle Chambre du Parlement une affaire ſera portée, lorſqu'il y a ſur cela des conteſtations.

C'eſt au Parquet que M. le Procureur Général donne ſes Concluſions par écrit, ſur le rapport que lui font ſes Subſtituts, des affaires & des Requêtes ſujettes à lui être communiquées.

Il n'eſt pas poſſible d'entrer ici dans le détail des fonctions de Meſſieurs les Gens du Roi dans chaque Tribunal en particulier, parce qu'elles varient ſur différens points : on peut ſur cela trouver beaucoup d'indications & de lumieres dans le vû d'un Arrêt de Réglement, rendu au Conſeil d'Etat entre Meſſieurs les Avocats & Procureurs Généraux de la Chambre des Comptes de Paris, le 18 Avril 1684. V. auſſi les Arrêts de 1706, de 1711 & de 1712, que j'ai indiqués au mot *Gens du Roi*.

PARRICIDE.

Ce mot ſignifie l'action de tuer ſon pere ou ſa mere ; en un autre ſens, il ſignifie auſſi le coupable de ce crime.

Les anciennes Loix Romaines n'avoient point ordonné de punition pour le Parricide, parce qu'on ne croyoit pas ce crime poſſible: mais on en vit un exemple chez ce Peuple cinq cent ans environ après la mort de Numa, ſon premier Légiſlateur.

Le coupable fut arrêté, & condamné d'abord à paſſer une année en priſon avec des ſouliers de bois, comme indigne de toucher la terre, qui eſt la mere commune du genre humain. Enſuite, après avoir été rigoureuſement fouetté, il fut lié dans un ſac de cuir avec un chien, un ſinge, un coq & une vipere, & jetté ainſi dans l'eau.

Un enfant Romain qui avoit frappé ſon pere ou ſa mere, devoit avoir les mains coupées.

Les Egyptiens enfonçoient des roſeaux pointus dans toutes les parties du corps d'un Parricide, & le jettoient en cet état ſur un monceau d'épines, auxquelles on mettoit le feu.

Parmi nous les Parricides ſont punis d'une autre maniere : voici les diſpoſitions d'une Sentence rendue contre un Parricide par le Lieutenant Criminel du Bailliage de Dourdan, le 11 Décembre 1755, confirmée par Arrêt du 5 Janvier 1756.

Pour réparation de quoi, *condamne ledit François-Philippe Brunet, d'être conduit par l'Exécuteur de la Haute-Juſtice, dans un tombereau ſervant à enlever les immondices, au-devant de la principale porte de l'Egliſe S. Germain de Dourdan, ayant écriteaux portant ces mots : Parricide & Aſſaſſin de deſſein prémédité, & audit lieu faire amende honorable, avoir le poing droit coupé ; après quoi mené dans le même tombereau en la Place de ladite Ville, pour y avoir les bras, jambes, cuiſſes & reins rompus vif, & mis enſuite ſur une roue. ce fait, ſon corps mort brûlé, & ſes cendres jettées au vent ; & avant l'exécution, ſera ledit Brunet appliqué à la queſtion ordinaire & extraordinaire. . . . .*

PART.

V. *Groſſeſſe* & *Suppoſition de Part*.

Ce mot vient de *Partus* ; il ſignifie enfantement, & il eſt quelquefois pris par les

Jurisconsultes pour le fruit dont la mere est délivrée.

On dit qu'une femme a supprimé ou la-tité son *Part*, lorsqu'elle a homicidé son enfant ; & on dit qu'elle est coupable de supposition de *Part*, lorsqu'elle s'est supposée grosse, & a voulu introduire dans une famille un enfant qui n'en étoit pas.

La suppression *de Part* est ordinairement punie de mort. Voyez l'Edit de Henri II, dont je rapporte les dispositions au mot *Grossesse*.

La supposition de *Part* est aussi un très-grand crime : cependant il n'est pas ordinairement puni de mort : les Sages-Femmes qui en sont complices, sont ordinairement condamnées à l'amende honorable & à la réclusion, ou à un bannissement.

Barbe-Françoise Digard des Mellettes, veuve du sieur de Piquet de Molien, convaincue du crime de supposition de *Part* après la mort de son mari, a été condamnée par Arrêt du 11 Mars 1730, à faire amende honorable en la Grand'Chambre, l'Audience tenante, ayant écriteaux devant & derriere, &c. & bannie, tant du ressort du Parlement, que des deux Provinces de Bourgogne.

Ce même Arrêt, en confisquant les biens de cette femme, la déclare *indigne & déchue de tous les avantages qui auroient pû résulter de la célébration de son mariage, même du profit d'un Arrêt* qu'elle avoit obtenu *au Parlement de Dijon, le 2 Août 1728*, a ordonné que l'enfant dont elle avoit supposé être accouchée, & qu'elle avoit fait baptiser comme fils posthume de son mari, seroit mis à la Couche des Enfans-Trouvés, pour y rester jusqu'à ce que la véritable mere soit connue.

La servante de cette Particuliere, qui étoit complice de la supposition de *Part*, a été condamnée d'assister à l'amende honorable de sa Maîtresse, & bannie pour neuf ans.

La femme du nommé Giou, fâchée d'être stérile, & sensible aux reproches que lui en faisoit son mari, concerta avec sa sœur, qui se plaignoit d'être trop féconde, que lorsque celle-ci deviendroit enceinte, elle (femme Giou) se feroit aussi passer pour grosse ; & qu'après l'accouchement de sa sœur, l'enfant seroit apporté pour être baptisé & présenté à Giou comme sien : cela étoit d'autant plus facile, que Giou étoit souvent en Campagne.

Les mesures prises entre les deux sœurs, furent exécutées ; le mari de celle qui étoit féconde, y donna les mains, ainsi que la Garde-Malade. Le secret fut aussi confié à la Sage-Femme ; mais celle-ci craignant les suites de cette affaire, fit sa déclaration du tout à un Commissaire.

Le Ministere public, qui en eut connoissance par cette voie, rendit plainte, fit informer, décréter, &c. & par Sentence du Châtelet, confirmée par Arrêt rendu en la Tournelle le Samedi 17 Décembre 1757, au rapport de M. le Prestre de Lezonnet, les Accusés furent condamnés à faire amende honorable, ayant écriteaux, &c. & bannis pour neuf ans.

La Cour a néantmoins arrêté, par un *retentum*, qu'il seroit sursis à l'exécution de l'Arrêt, à l'effet par les Accusés d'obtenir une commutation de peine.

PARTAGE.

Voyez *Aîné, Arrérages, Démembrement de Fief, Dettes, Exclusion, Légitime, Licitation, Mi-Denier, Offices, Offices de la Maison du Roi, Propres, Quint-Viager, Rapport, Récompense, Remploi, Renonciation, Réserves-Coutumieres, Soulte, Substitution & Succession.*

Le partage des biens d'une succession entre co-héritiers, n'est autre chose que l'usage qu'ils font entr'eux du droit qu'ils ont tous réciproquement de prendre sur les biens qui leur étoient communs, chacun une portion séparée de celle des autres, & qui lui tienne lieu de celle qu'il avoit indivise dans le tout. V. Domat, *des Partages*.

Le Partage est donc la division d'une chose commune en portions distinctes & séparées, qu'on assigne à chacun des co-propriétaires, au lieu des parts indivises qu'ils avoient auparavant.

Ceux qui possédent une chose indivise entr'eux, ne peuvent être contraints de la posséder toujours en commun : ainsi chacun des héritiers ou des co-héritiers peut obliger les autres de partager. Voyez *Indivision & Licitation*.

Dans une fucceſſion dont madame Guyné demandoit le Partage contre madame le Pelletier de la Houſſaye, ſa ſœur, il y avoit un ancien Procès qui pouvoit faire perdre la propriété d'une Terre, qui faiſoit un objet capital, parce qu'on pouvoit perdre cette Terre avec de grandes reſtitutions de fruits. Madame de la Houſſaye en argumentoit pour refuſer le Partage ; & une Sentence des Requêtes du Palais avoit ordonné que les Parties en viendroient dans deux ans : mais par Arrêt rendu le ... Février 1728, le Partage fut ordonné, & la Sentence des Requêtes du Palais infirmée.

Le majeur peut contraindre le mineur de partager une fucceſſion commune ; c'eſt ce qu'on lit dans un Mémoire fait par M. le Lieutenant Civil le Camus en 1707, par ordre du Roi, ſur une plainte en déni de Juſtice, qu'avoit porté le Duc de Treſme, à l'occaſion de la ſucceſſion d'un ſieur Seiglieres de Boisfranc.

Mais M. le Lieutenant Civil le Camus aſſure dans ce Mémoire, qu'un mineur n'eſt jamais reçu à provoquer un Partage ; parce que, dit ce grand Magiſtrat, cet Acte eſt regardé comme contenant aliénation & vente. Il appuye ces maximes ſur le texte des Loix & ſur un Arrêté tranſcrit dans les Mémoire de M. de Lamoignon, troiſiéme titre du Supplément (*Manuſcrit*), qui porte, que » nul ne peut diſpoſer entre-vifs, ni faire » Partage, qu'il n'ait 25 ans accomplis «.

Ainſi, comme le Partage renferme une eſpéce d'aliénation, les mineurs & leurs tuteurs qui ne peuvent aliéner, peuvent bien demander un Partage proviſionnel des jouiſſances, mais non pas un Partage définitif. Néantmoins ſi les mineurs avoient des co-héritiers majeurs qui demandaſſent le Partage, il pourroit être fait définitivement, & ſeroit valable s'il étoit judiciaire ; parce que l'aliénation que renferme le Partage, eſt, à la vérité, volontaire dans celui qui le demande, mais néceſſaire dans ceux à qui le Partage eſt demandé, & que la défenſe d'aliéner faite aux mineurs, ne regarde pas les aliénations néceſſaires. Voyez le Brun, des Succeſſions ; Argou ; & les Principes de la Juriſprudence Françoiſe. Voy. auſſi l'Arrêt du 11 Juillet 1577, rapporté par Chenu, titre 25, n°. 129, portant que les Partages

des biens de mineurs ſeront faits en Juſtice, & non par les Notaires.

Par une ſuite du même principe (que le Partage emporte aliénation), le mari ne peut ſeul provoquer ou procéder au Partage des biens de ſa femme ; il faut que ſa femme y ſoit Partie. C'eſt ce qui réſulte des diſpoſitions de l'article 226 de la Coutume de Paris ; & ſi la femme eſt mineure, il lui faut un tuteur à l'effet du Partage.

Un mineur émancipé par Lettres du Prince ou autrement, ne peut pas non plus valablement, ſans aſſiſtance d'un tuteur *ad hoc,* procéder à un Partage provoqué contre lui : cela eſt d'un uſage invariablement ſuivi au Châtelet ; & la Cour, par Arrêt rendu en la Grand Chambre le 2 Juin 1731, ſur les Concluſions de M. l'Avocat Général Talon, a même jugé qu'un Conſeiller au Parlement de Metz, mineur de 25 ans, aſſigné en Partage devant le Bailli de Metz, n'avoit pas pû, ſans l'aſſiſtance d'un curateur créé par Juſtice, demander ſon renvoi aux Requêtes du Palais de Metz.

L'Arrêt rendu au rapport de M. Thomé, contre les Notaires de Chaumont réſidens à Montierender, Sommevoir, &c. & les Juges des Seigneurs deſdits Montierender, Sommevoir & autres, le 21 Avril 1751, a maintenu les Notaires » dans le droit & » poſſeſſion de faire ſeuls les Partages & li- » citations volontaires entre majeurs & mi- » neurs, à l'exception de cas où il y aura » conteſtation ſérieuſe en Juſtice entre les » héritiers ; auquel cas, porte l'Arrêt, leſ- » dits Partages & licitations ſeront faits en » Juſtice ; & cependant *en l'un & l'autre* » *cas, les mineurs ſeront aſſiſtés d'un tuteur*«.

La convention entre co-héritiers de reſter toujours dans l'indiviſion, & de ne jamais demander Partage, eſt inutile : mais elle ſeroit bonne ſi elle n'avoit pour objet que de différer le Partage pendant un certain temps. V. Carondac & le Brun.

Le Partage peut ſe demander lors même que la choſe eſt reſtée indiviſe pendant plus de trente ans : ce n'eſt pas le cas alors d'appliquer la maxime ſuivant laquelle l'action en Partage ne dure que 30 ans ; cette maxime n'a lieu que dans le cas où un ſeul a poſſédé, & non lorſqu'il y a eu une poſſeſſion indiviſe.

Quelques Jurifconfultes penfent que lorfque des héritiers ont joui divifément, chacun en particulier pendant dix ans, de quelqu'effet d'un défunt, le Partage eft préfumé fait : mais leur opinion n'eft fuivie que
quand d'autres adminicules fe joignent à la
poffeffion ; comme, par exemple, fi chacun
a poffédé féparément une égale portion, ou
bien, lorfque n'y ayant pas grande inégalité, l'un a porté la foi & hommage, ou la
déclaration de fon lot. V. Carondas, Defpeiffes & le Brun.

Quand les biens communs ne peuvent fe
partager commodément, fi les co-héritiers
ou co-propriétaires ne veulent pas refter
dans l'indivifion ; ils peuvent, ou feulement
l'un d'eux, en provoquer la vente par licitation pour en partager le prix. Voyez
Licitation.

Il arrive fouvent qu'en attendant le Partage des biens indivis, il eft néceffaire d'en
faire les baux. Si les co-héritiers ou co-propriétaires ne s'accordent pas fur le choix du
locataire, ou fur les conditions du bail, la
plus forte voix des co-héritiers doit prévaloir : mais il eft plus certain & plus court en
pareille circonftance, de provoquer la licitation du loyer ; c'eft ce qu'on obferve communément au Châtelet. Voyez les Actes de
Notoriété de ce Tribunal.

Si, dans les biens d'une fucceffion ou d'u-
ne communauté qu'il s'agit de partager, il
y a des co-partageans mineurs, on ne peut
valablement procéder au Partage avec eux,
qu'il ne leur ait été nommé un tuteur fpé-
cial pour cette opération, & qu'on nomme
tuteur *ad hoc*. La régle veut encore en ce
cas, que la valeur des biens immeubles réels
qui font à partager, ne puiffe être fixée
dans la maffe par les Parties intéreffées ; il
faut qu'il y ait une eftimation préalable de
ces immeubles, faite par des Experts après
ferment par eux prêté ; & la Cour, par Arrêt rendu le Vendredi 21 Mai 1762, au
rapport de M. Julien, en la première Chambre des Enquêtes, a déclaré nul un Partage
fait à Amiens le 23 Juillet 1741, d'après
une eftimation de biens fonds, faite par un
Maçon & un Charpentier, amiablement
choifis par les enfans majeurs du fieur Joly,
& le tuteur des mineurs le Comte, lefquels
Experts n'avoient point prêté ferment.

Lorfque l'un, ou même plufieurs des héritiers font abfens, ils peuvent être repréfentés dans les Partages judiciaires par le Procureur du Roi du Siége, ou par fon Subftitut, fuivant l'ufage de la Jurifdiction : ou
même par le Procureur Fifcal, lorfque le
Partage fe fait dans une Juftice Seigneuriale : mais, ni l'un ni l'autre de ces Officiers ne peuvent repréfenter des abfens dans
un Partage volontaire ; parce qu'on ne peut
forcer perfonne de partager à l'amiable, &
que l'abfent eft préfumé ne vouloir pas partager de cette maniere.

Il eft cependant quelquefois arrivé, dans
des circonftances particulieres, que la Cour
a cru devoir commettre des Notaires de
Paris pour faire des Partages, nonobftant
l'abfence d'aucuns des heritiers d'une fucceffion, en préfence de l'un des Subftituts
du Procureur du Roi. Par exemple, la Cour
a ordonné, par deux Arrêts des 17 Décembre 1749 & 14 Mai 1750, qu'il feroit procédé devant Me Defplaffes, Notaire à Paris, *aux comptes & liquidations des biens de
la communauté d'entre les fieur & dame de
Granval, & au Partage des biens & effets de
leur fucceffion . . . . nonobftant l'abfence
& défaut de juftification des qualités d'au-
euns des héritiers . . . . en préfence
d'un Subftitut*, &c. Mais, loin que ces Arrêts foient contraires aux principes & à l'u-
fage dont je viens de parler, il les confirment au contraire, puifqu'ils donnent en ce
cas au Notaire une miffion qu'un Tribunal
Souverain péut feul donner, & fans laquelle
ce Notaire n'auroit pas caractere pour recevoir un acte obligatoire, contre quelqu'un
qui ne juge pas à propos d'y foufcrire.

Pour qu'un Partage foit régulier, il doit
contenir un détail circonftancié des objets
qui font à partager, de leur valeur & des
charges qu'il faut prélever ou partager entre les co-héritiers : c'eft ce détail des biens
actifs qu'on nomme *Maffe*, & elle fe compofe ordinairement en dépouillant, c'eft-à-
dire, en analyfant, l'Inventaire.

Cette maffe doit auffi contenir les rapports
(voyez *Rapport*) que chaque co-partageant
doit faire à la fucceffion, ainfi que les effets
douteux. Ces fortes d'effets peuvent être
partagés ou refter en commun, pour être recouvrés par une des Parties ou par toutes ;

cèla dépend de leurs co___tions.

La maffe & les prélevemens doivent être fuivis du détail de tous les lots, & chaque lot doit lui-même contenir un détail clair & précis des objets dont il eft compofé.

Il doit y avoir autant de lots qu'il y a d'héritiers partageans par tête. Si plufieurs héritiers viennent par repréfentation, ils n'ont qu'un feul lot pour la tête qu'ils repréfentent, fauf à la fubdivifer entr'eux.

Il eft du bon ordre dans les Partages entre les héritiers des propres ou des acquêts, & les légataires univerfels, de donner à chacun d'eux l'efpéce de biens pour laquelle la Loi ou le teftament les appelle; ainfi l'héritier des propres doit avoir les propres, &c. cependant il arrive quelquefois qu'on eft obligé de placer un propre dans le lot du légataire, & un acquêt dans le lot de l'héritier des propres: on en ufe ainfi lorfque la valeur des effets approche plus des parts qui appartiennent à chacun; & on évite, par ce moyen, l'inconvénient des licitations & des foultes qui font des remédes extrêmes, qu'on ne doit employer que lorfqu'il n'eft pas poffible de fortir autrement de l'indivifion.

Les créanciers hypothécaires de chaque héritier ont droit d'intervenir dans le Partage des biens d'une fucceffion échue à leur débiteur, & d'empêcher qu'on donne à leur débiteur plus de mobilier qu'il n'en devroit avoir pour fa portion héréditaire: mais le feul plus ancien Procureur des créanciers a droit d'être préfent aux opérations du Partage; & quand une fois le Partage eft fait, foit en préfence des créanciers, foit en leur abfence, s'ils ne font pas repréfentés, leur hypothéque fe réferve fur le lot de leur débiteur » c'eft à eux-mêmes & à leur négli- » gence, dit Bourjon, qu'ils doivent impu- » ter cette limitation de leur hypothéque «. Voyez le Brun.

Comme l'égalité doit être la bafe & l'ame des Partages, les lots doivent être compofés de maniere qu'ils puiffent procurer aux co-partageans ce qu'ils ont chacun en particulier dans l'hérédité; de forte que ce qui échoit à chacun, foit eftimé fur le même pied des autres, & qu'ils fupportent de même leurs portions des charges, en ren-

dant toujours leur condition égale autant qu'il eft poffible. Parce qu'un Partage n'eft pas un acte de commerce, où l'un des co-partageans puiffe gagner & profiter fur l'autre; mais un acte qui doit contenir une fixation exacte de ce que chacun des co-partageans doit avoir dans les biens communs.

Si néanmoins on ne pouvoit pas faire un Partage qui rendît la condition d'un cohéritier égale à celle des autres, il faudroit fuppléer l'égalité, en mettant avec les biens les plus précieux, les charges les plus dures, ou en défintéreffant ceux qui fouffriroient du défavantage, foit par des retours d'argent d'un lot à un autre, ou par d'autres accommodemens que les circonftances peuvent faire naître. Si cette égalité ne régnoit pas dans un Partage, & fi au contraire, quelque co-partageant fouffroit une léfion du tiers au quart; c'eft-à-dire, fuivant l'avis de Papon, de Defpeiffes & de le Brun, de plus du quart; il pourroit obtenir des Lettres de Refcifion, & fe faire reftituer dans les dix années de la date du Partage.

Il faut pourtant excepter du cas de la reftitution, un Partage qui feroit fait par tranfaction fur procès & fur des objets contentieux; parce qu'alors ce ne feroit plus un Partage, mais une véritable tranfaction, & les Ordonnances ne permettent point d'attaquer les tranfactions, fous prétexte de la feule léfion; il faudroit alors prouver du dol & de la violence. Voyez l'Ordonnance de Charles IX du mois d'Avril 1561, enregiftrée le 18 Mai 1563.

Le Partage eft donc un acte de bonne foi, dont l'égalité doit faire l'effence, fauf le droit d'aîneffe, quand il a lieu, (voyez *Aîneffe:*) mais cette égalité eft encore plus effentielle, lorfqu'un mineur y eft Partie intéreffée; parce qu'alors la plus legere léfion lui fuffit pour faire anéantir un Partage qui le bleffe. Si même, au lieu d'héritage, dont on pouvoit donner une portion au mineur, il ne lui étoit échu que des rentes conftituées, ce lui feroit un motif raifonnable de reftitution, fuivant le Grand & Mornac: cela a été ainfi jugé par un Arrêt fur lequel Mornac appuie fon avis.

En effet, les rentes conftituées font des effets fragiles qui peuvent fe convertir en deniers, à la volonté du débiteur; en compoſer tout le lot d'un mineur, quand il y a des héritages, ce feroit le réduire équivalemment à un ſimple mobilier, faire ſa condition mauvaiſe, & le fruſtrer d'immeubles ſtables, ſur leſquels il a un droit inaliénable, tant que ſa minorité dure.

Quand le Partage avec un mineur eſt fait en Juſtice avec les formalités preſcrites, & qu'il a été précédé d'une eſtimation des immeubles réels, faite dans la forme ordinaire, le mineur n'eſt point admis à ſe faire reſtituer contre le Partage, tant que ſa minorité dure ; il faut qu'il attende ſa majorité, à moins que la léſion ne fût énorme. Si au contraire le Partage eſt fait à l'amiable avec le tuteur des mineurs, la minorité ne fait point d'obſtacle à la réformation d'un Partage, dans lequel il y a léſion ; c'eſt encore un des points jugés par l'Arrêt rendu le 21 Mai 1762, entre les enfans du ſieur le Cointe & le ſieur Joly, Marchands à Amiens, au rapport de M. Julien, en la première Chambre des Enquêtes.

La plus légere léſion, au contraire, ſuffit pour faire reſtituer le mineur pendant ſa minorité, contre un Partage volontaire paſſé devant Notaires ; parce que le miniſtere du Notaire conſiſte à recevoir des conventions, & qu'un mineur ni ſon tuteur ne ſont Parties capables de ſouſcrire volontairement un acte qui contient des délaiſſemens, & par conſéquent des aliénations ſans une diſcuſſion judiciaire, à laquelle intervient une autorité coactive. Voyez Mineur.

Le mineur qui ſe fait reſtituer contre un Partage, releve le majeur ; parce qu'il ne peut ſubſiſter pour l'un, & être caſſé pour l'autre. Voyez le Brun qui développe & modifie cette maxime.

La Coutume de Paris ne donne aucun droit à l'un des héritiers au préjudice des autres, de faire ou de choiſir les lots. L'uſage eſt de les tirer au ſort : il y en a qui ont des diſpoſitions contraires ; il faut les ſuivre chacun dans leur reſſort, lors même que l'opération du Partage ſe fait dans le reſſort d'une autre Coutume.

Dans les Partages où il y a des héritiers ſubſtitués, qui ont droit de demander la diſtraction d'une légitime, on impute, ſur leur portion libre, tout ce qu'ils ont reçu de leurs aſcendans en avancement d'hoirie, &

qu'ils rapportent en Partage. Cela pourroit néantmoins ſouffrir difficulté, ſi c'étoit un Collatéral ou un Etranger qui fût appellé à la ſubſtitution, le rapport n'ayant point été introduit en leur faveur.

L'héritier, dans le lot duquel il eſt échu un immeuble, n'eſt point ſoumis ni tenu des hypothéques créées par ſes co-héritiers ſur les portions indiviſes qu'ils avoient avant le Partage ; parce que celui auquel un tel héritage écheoit, eſt réputé avoir été ſaiſi de la totalité, dès le moment même de l'ouverture de la ſucceſſion ; en conſéquence de la régle, Le mort ſaiſit le vif.

Par une ſuite néceſſaire & un effet de l'égalité que j'ai déja dit faire l'eſſence des Partages, les lots ſont garans les uns envers les autres relativement aux immeubles, & il y a, pour raiſon de cette garantie, hypothéque tacite & privilégiée ſur tous les immeubles de la ſucceſſion, du jour de l'adition d'hérédité, lors même que le Partage eſt ſous ſignature privée. Voyez Goujet, le Brun, Baſnage, M. Louet & Brodeau. Voyez auſſi un Arrêt du 27 Juin 1686, qu'on trouve au Journal du Palais.

La garantie dont je viens de parler, a encore lieu entre les partageans, pour les dettes actives de la ſucceſſion. Ils ſont cenſés ſe garantir, que le débiteur eſt ſolvable au temps du Partage, ſi la dette eſt échue & exigible, & qu'il ſera ſolvable au temps de l'échéance, ſi elle n'eſt point encore échue. Voyez les Principes de la Juriſprudence Françoiſe ; & les Loix citées dans cet Ouvrage.

Le Brun décide que cette garantie a lieu de plein droit pour les rentes dûes par des Particuliers, lorſque l'inſolvabilité des débiteurs ſurvient : il conſeille d'exclure cette garantie par une des clauſes du Partage. Voyez ce que j'ai dit au mot Garant, ſur les tranſports des rentes.

La garantie n'a cependant pas lieu, lorſque l'héritier, dans le lot duquel une rente eſt tombée, a négligé de s'oppoſer à un décret, ou de faire des diligences qui pouvoient lui procurer ſon payement : mais elle auroit lieu, ſi les diligences & l'oppoſition ſuppoſées faites, n'avoient rien opéré d'utile : il n'y a point de garantie, lorſqu'après le Partage, la choſe dépérit par ſa nature ;

ture; il peut feulement y avoir reftitution, fi par le Partage elle a été eftimée trop haut, & qu'il y ait léfion du tiers au quart.

Il y a encore moins lieu à la garantie, fi la chofe (depuis le Partage) périt par accident; & c'eft le cas d'appliquer la maxime, *Res perit Domino.*

Le Mardi 23 Novembre 1762, on a plaidé à l'Audience de fept heures, la queftion de fçavoir, fi l'un des co-partageans une fociété dans le lot duquel étoit échue une rente conftituée appartenante à la fociété, & dont le débiteur étoit devenu infolvable, après avoir exactement payé les arrérages pendant près de quatre ans, pouvoit exercer une garantie contre fes co-partageans, fes co-affociés; & par Arrêt dudit jour, il a été jugé qu'il n'y a pas lieu à la garantie.

La raifon de cet Arrêt eft, que l'effet de la garantie entre co-partageans eft que les chofes comprifes dans leurs lots refpectifs, font biens de la fucceffion, & que les co-partageans, à qui elles font échues par le Partage, n'en feront point évincés.

Mais, pour que cet effet de la garantie entre co-partageans ait lieu, il faut que l'éviction ne procéde point du fait de ceux à qui les chofes font échues, & qu'outre cela elle ait une caufe exiftante au temps du Partage.

Au contraire, fi depuis le Partage, un Office échu à l'un des co-partageans étoit fupprimé, fi quelques terres lui étoient prifes pour le bien public; dans tous ces cas & autres pareils, il n'y auroit aucun recours à exercer contre les co-partageans. Voyez *Domat.*

Quand un des co-héritiers exerce l'action en garantie contre fes co-partageans, à caufe d'une éviction, qu'il a foufferte, il fuffit de l'indemnifer, en lui donnant des biens de la fucceffion; mais fi l'éviction eft confidérable, ou fi la récompenfe ne peut fe faire commodément, il faut procéder à un nouveau Partage; & il en eft de même à plus forte raifon quand il y a fraude. Voy. Bretonnier, le Brun, Bouvot & Defpeiffes.

Dans le Partage des biens d'une communauté entre mari & femme, chacun des conjoints (ou fes repréfentans,) doit reprendre

& prélever les propres fictifs ou réels qui lui appartiennent & qui fe trouvent en nature, avec les intérêts (fi ce font des deniers,) à compter du jour de la diffolution: c'eft l'ufage au Châtelet; il eft conforme à l'avis de le Brun. Mais voyez Dupleffis.

Si ce font des héritages, les fruits pendans par racines à ces propres appartiennent auffi au propriétaire de l'héritage; mais il eft tenu de payer à l'autre conjoint ou à fes repréfentans, la moitié des labours & femences, fuivant l'article 231 de la Coutume de Paris. Voyez auffi *Carriere, Futaye, Propre & Remploi.*

S'il n'y a pas dans la communauté des deniers fuffifans pour acquitter ou remplir les propres des conjoints, ils doivent les prendre fur d'autres effets de la communauté; parce que c'eft elle qui doit ces fortes de reprifes, & la femme a droit de choifir la premiere. Le mari ou fes héritiers ne peuvent choifir qu'après; & les effets fur lefquels tombe le choix, s'apprécient. Voyez fur cela Dupleffis; & le Traité des Propres, par Renuffon.

Le prélevement des propres fictifs n'a pas lieu en faveur de la femme lorfque le contrat de mariage n'eft pas quittancé, & que le temps qui s'eft écoulé depuis fa date, n'a pas opéré quittance: la femme doit même alors à la communauté l'intérêt de fa dot, compris les propres fictifs & le capital de la mife en communauté: telle eft la Jurifprudence du Châtelet.

Mais, fi le mariage a duré dix ans, la femme peut répéter fes propres fictifs & les intérêts, quand même le contrat de mariage ne feroit pas quittancé, à moins qu'elle ne fe fût dotée elle-même. Voyez *Dot.*

L'illuftre Me Cochin, confulté fur la queftion de fçavoir, fi un mari, qui a employé le prix de quelques-uns de fes propres au payement de la dot de fa femme, dont les héritiers avoient accepté la communauté, avoit droit de choifir & prélever des immeubles de la communauté, fur le pied de l'eftimation à dire d'experts, ou s'il étoit obligé de fouffrir la licitation des biens de la communauté, pour, fur le prix qui en proviendroit, fe rembourfer de ce qu'il avoit payé du prix de fes propres à acquitter la dot de fa femme, a répondu, par fa Con-

F

PAR

fultation du 21 Février 1733, qu'un tel mari » pouvoit choifir, entre les effets de la » communauté, ceux qu'il voudroit préfé- » rer, &c. « Onze autres Avocats & deux Procureurs au Châtelet, d'une grande réputation, ont foufcrit à fon avis.

Si la communauté eft diffoute par le décès de l'un des conjoints, le furvivant doit encore préléver fur la maffe le préciput conventionnel, tel qu'il a été ftipulé par le contrat de mariage.

Entre nobles, demeurans tant à Paris que dehors, (mais dans le reffort de la Coutume de cette Ville feulement,) le furvivant a de plus faculté de prendre les meubles étant hors la Ville & Fauxbourgs de Paris fans fraude, pourvû qu'il n'y ait point d'enfans communs ou de précédens mariages : mais la Coutume le charge en ce cas de payer les dettes mobiliaires, les *obféques & funérailles du prédécédé, felon fa qualité.* Coutume de Paris, art. 238.

Lorfque le contrat de mariage accorde au mari la faculté de prélever une certaine fomme pour l'indemnifer des frais de Nôces, fi la femme décéde avant lui, il doit faire ce prélevement fur la maffe de la communauté, en cas que les héritiers de la femme l'acceptent, & non fur la part des héritiers de la femme.

Au contraire, fi les héritiers de la femme renoncent à la communauté, le prélevement fe fait en totalité fur la dot.

Les conjoints ou leurs repréfentans n'ont aucun prélevement à faire pour raifon de la mife dans la communauté, quand on en partage les biens. Ces mifes font partie de la maffe qui eft à partager, lors même que le contrat ne dit pas fi le mari a mis quelque chofe dans la communauté.

Ces prélevemens faits dans le cas où ils ont lieu, le furplus de la maffe fe partage également & par moitié entre les deux conjoints ou l'un d'eux, & les héritiers de l'autre. *Ibid.* art. 229.

Les conjoints ou leurs héritiers, en partageant la communauté, doivent refpectivement fe faire raifon de moitié des fommes qui ont été tirées de la communauté.

1°. Pour acquitter les dettes particulieres à chacun des conjoints, & dont la communauté n'étoit pas chargée, (en obfer-

vant néantmoins que, lorfqu'une rente, qui étoit dûe par un feul des conjoints, a été rembourfée des deniers de la communauté,) ce conjoint n'eft point forcé lors du Partage, de rembourfer moitié de ce qui a été payé pour le rachat, mais qu'il eft reçu, fi bon lui femble, à continuer à l'autre conjoint ou à fes héritiers, moitié de la rente, & à lui en payer les arrérages du jour de la diffolution de la communauté, jufqu'au rachat qu'il en fera à fa volonté, fuivant la Coutume de Paris, articles 244 & 245.

Dans ces fortes d'opérations, il eft affez d'ufage de mettre la rente dans le lot du conjoint qui en eft débiteur, & cela paroît raifonnable ; on eft toujours bon pour fe payer foi-même.

2°. Pour augmentation des bâtimens, groffes réparations, (autre que celles d'entretien,) & améliorations qui ont été faites fur les propres des conjoints, & qui en ont augmenté la valeur, en obfervant que l'indemnité ne doit point fe faire dans ce cas-là, relativement à ce qui a été tiré de la communauté pour les augmentations & améliorations ; mais eu égard feulement à ce que valent les réparations & augmentations au temps de la diffolution, à caufe des avantages que la communauté en a pû tirer.

Il eft dû indemnité à la communauté, lorfqu'elle a nourri l'enfant d'un premier lit, qui n'avoit pas de revenus fuffifans, à moins que le contraire n'ait été ftipulé par le contrat de mariage : autrement ce feroit un avantage indirect ; & c'eft au conjoint qui a convolé, à fupporter cette indemnité.

Il eft encore dû indemnité, lorfque les conjoints, mariant leurs enfans, ont donné le propre de l'un d'eux à l'enfant commun. Cette indemnité eft dûe alors par le conjoint qui n'avoit rien dans le propre, jufqu'à concurrence de moitié de la valeur.

Il n'eft dû aucune indemnité, lorfqu'un beau-pere dote avec fa femme les enfans qu'elle avoit d'un autre lit, pourvû que le beau-pere n'ait pas d'enfans ; parce qu'alors ce feroit un avantage prohibé par la Loi.

L'indemnité feroit dûe pour moitié par la femme même dont l'enfant auroit été doté, fi elle renonçoit à la communauté ; parce qu'en ce cas la dot fe trouveroit avoir été fournie en totalité par le mari ; & il en seroit de même, si un enfant commun avoit été doté : la femme, en renonçant, seroit obligée par la même raison de payer sur ses biens la moitié de la dot.

La dot fournie par le pere seul à l'enfant commun, n'opére point d'indemnité en faveur de la communauté dont elle a été tirée, lors même que la femme accepte la communauté, pourvû que la dot soit proportionnée à l'état & à la fortune des conjoints ; ce que fait le mari, est en ce cas regardé comme un acte d'administration qu'il est autorisé de faire par l'article 225 de la Coutume. Voyez *Dot*.

L'indemnité produit de plein droit des intérêts au profit de celui qui a droit de la demander, & ils courent à compter du jour de la dissolution : cela s'observe invariablement dans les comptes de communauté qui se rendent au Châtelet. Au reste, voyez *Récompense*.

En partageant la communauté, comme je viens de le dire, chacun des conjoints doit être chargé de la moitié des dettes communes : mais il faut remarquer que, suivant l'article 228 de la Coutume de Paris, la femme & ses héritiers ne sont jamais tenus au-delà de ce qu'ils *amendent* dans la communauté, *pourvû qu'il ait été fait loyal inventaire, & qu'il n'y ait faute ou fraude de la part de la femme ou de ses héritiers.*

» S'il arrivoit (dit Domat) qu'après le » Partage il survînt un co-héritier, dont la » longue absence avoit fait présumer la » mort, ou de qui le droit étoit inconnu..... » le premier Partage seroit annullé, & il » faudroit en faire un nouveau avec lui de » tous les biens qui seroient en nature, & » de la valeur de ceux qui auroient été con- » sommés ou aliénés, afin qu'il eût au tout » la part qui devroit lui en revenir «.

La Coutume de Bourbonnois donne aux peres & meres la liberté de partager leurs biens entre leurs enfans, & même d'avantager les uns au préjudice des autres, pourvû que ces avantages n'entament point la légitime.

Il paroît que les Partages faits par les peres & meres, des biens de leur succession entre leurs enfans, sont aussi autorisés dans la Coutume de la Rochelle. Mais il me sem-

ble que la Cour exige que l'égalité soit conservée.

En effet, le Partage fait par les sieur & dame Mazoué, Habitans de la Rochelle, entre leurs enfans, par un acte du 12 Mai 1739, qui paroissoit avoir la forme d'un testament mutuel, ayant été argué de nullité, comme abrogé par la nouvelle Ordonnance de 1735, & comme contenant des lots inégaux, la Cour, par un Arrêt rendu sur les Conclusions de M. l'Avocat Général d'Ormesson, le 11 Août 1744, en infirmant la Sentence du Bailliage de la Rochelle, qui avoit adopté ce Partage, ordonna, *qu'avant faire droit, les biens meubles & immeubles dudit Mazoué & sa femme seroient estimés par Experts..........à l'effet de connoître si les lots faits par lesdits Mazoué & sa femme étoient égaux ou non ; & en cas qu'ils soient inégaux, en quoi consiste leur inégalité.*

Magdelaine Certain, qui avoit deux neveux, leur fit un legs universel en ces termes.

» Je légue tout le surplus de mes biens.... » sçavoir, l'usufruit à Jean-Baptiste Cer- » tain & Laurent Certain mes neveux, cha- » cun pour moitié, & la propriété desdits » biens aux enfans nés & à naître de mes » deux neveux, pour ladite propriété être » partagée entre lesdits enfans nés & à naî- » tre chacun par égale portion ; lesquels pro- » fiteront de l'usufruit d'iceux aussi chacun » par tête, à mesure que mesdits neveux » viendront à décéder.....& au dos, elle avoit » écrit, » afin d'éviter toute contestation, » j'approuve de rechef le présent & mien » testament, la substitution & les legs faits » en icelui «.

A l'instant du décès de la testatrice, Jean-Baptiste Certain avoit quatre enfans, & n'en eut pas d'autres depuis. Laurent en avoit cinq, & en eut quatre autres depuis ; mais cinq de ce dernier moururent avant lui ; de maniere qu'à sa mort il n'en avoit plus que quatre, & peu après il en mourut un sixième ; ainsi il n'en resta que trois de son chef. A l'égard des quatre enfans de Jean-Baptiste, ils survécurent à leur pere, qui survéquit lui-même à son frere & à ses six neveux ; au moyen de quoi il ne restoit que sept enfans, au moment du décès du dernier des légataires en usufruit.

S'étant agi de procéder au Partage de la propriété des biens de la testatrice, les enfans de Jean-Baptiste Certain, qui n'étoient que quatre, prétendirent qu'il devoit se faire par septiéme; parce qu'il falloit envisager la disposition faite à leur profit, comme une substitution fidéi-commissaire.

Au contraire, les enfans de Laurent, qui ne restoient que trois, soutinrent qu'il devoit se faire par treiziéme; parce que le legs dont il s'agissoit, contenoit une disposition de propriété, au profit de tous les enfans nés & à naître; & y ayant eu treize enfans existans ensemble, qui, à l'instant de leur naissance, avoient eu chacun une portion de la propriété, chacun d'eux avoit transmis la propriété de cette portion à ses héritiers naturels.

Par Sentence du Châtelet du 10 Janvier 1759, confirmée par Arrêt rendu à l'Audience de relevée, le Vendredi 3 Août suivant, le Partage fut ordonné par treiziéme. Ainsi, les enfans de Laurent Certain ont eu neuf treiziémes, sçavoir, trois de leur chef, & six comme héritiers de leurs freres & sœurs.

PARTAGE D'OPINIONS.
V. *Abbé*, *Opinions* & *Suffrages*.

PARTIE.

Au Barreau, le mot Partie signifie celui qui est engagé dans un procès, soit en qualité de demandeur, soit en qualité de défendeur ou d'intervenant.

PARTIE CIVILE.
V. *Dénonciation* & *Plainte*.

En matiere criminelle, on nomme Partie Civile celui qui poursuit en son nom l'accusé. Ce nom lui est donné, parce qu'il ne peut demander que des intérêts civils; & que les autres condamnations, s'il y a lieu d'en prononcer, ne peuvent être poursuivies & demandées que par le Ministere Public. V. *Ministere Public*.

Les plaignans ne sont réputés *Parties Civiles*, que quand ils ont *formellement déclaré*, ou par leur plainte, ou par acte subséquent, qu'ils entendent l'être. L'Ordonnance Criminelle le décide textuellement par l'article 5 du titre 3.

Le même article permet à ceux qui se sont portés Parties Civiles, de s'en départir dans les vingt-quatre heures, *& non après*.

Nous tenons pour maxime certaine que le plaignant, qui s'est porté Partie Civile contre plusieurs, peut se désister à l'égard des uns, & poursuivre les autres; pourvû qu'en se conformant à l'Ordonnance, le désistement soit fait dans les vingt-quatre heures de la plainte.

Quoique la Partie Civile ne se soit pas désistée dans les vingt-quatre heures, rien ne l'empêche cependant de transiger avec l'accusé, & de se désister de la poursuite; & dans ce cas ils cessent, (le plaignant & l'accusé) d'être tenus des dommages & intérêts, l'un envers l'autre.

Quand une fois la Partie Civile s'est désistée, elle ne peut plus reprendre la poursuite.

La Partie Civile, qui se désiste après les vingt-quatre heures, ne cesse pas d'être tenue des frais qui se font ensuite pour l'instruction du procès, à la requête de la Partie publique, ainsi qu'il a été jugé par Arrêt rendu en la Tournelle, le 4 Mars 1740, sur les Conclusions de M. d'Aguesseau, Avocat Général, contre un plaignant qui s'étoit porté Partie Civile, & qui avoit transigé avec l'accusé, après les vingt-quatre heures. Voyez M. Jousse, sur l'article 5 du titre 3, de l'Ordonnance Criminelle.

Quand le désistement est fait dans les vingt-quatre heures, la Partie Civile n'est pas tenue des frais qui se font postérieurement; mais elle doit ceux qui sont faits jusqu'au désistement.

Quand il y a une Partie Civile, elle doit faire les frais de la translation du prisonnier, & du port des informations & procédures; autrement il peut en être délivré exécutoire contr'elle. Mais l'art. 25 du tit. 13 de l'Ordonnance de 1670, porte que *les prisonniers pour crime ne pourront prétendre d'être nourris par la Partie Civile, & qu'il leur sera fourni par le Geolier du pain, de l'eau & de la paille, bien conditionnés, suivant les Réglemens*.

Lorsque les Parties Civiles sont insolvables & ne peuvent pas payer les frais des procès qu'elles ont entrepris, les Ordonnantes veulent qu'en ce cas il foit délivré des exécutoires contre les Receveurs des Domaines du Roi, fi les pourfuites ont été faites dans une Juftice Royale; ou contre les Seigneurs ou leurs Fermiers, fi c'eft dans une Juftice Seigneuriale.

Mais ces exécutoires fubfidiaires ne doivent fe délivrer fur les Domaines du Roi ou des Seigneurs, *que lorfque l'infolvabilité des Parties Civiles* eft conftatée *par un procès-verbal de Carence fait par l'Huiffier, qui a été chargé des premiers exécutoires délivrés contre les Parties Civiles, duquel procès-verbal la vérité doit être atteftée par le premier Officier Civil ou autre plus ancien Officier, fuivant l'ordre du Tableau du lieu où les pourfuites ont été faites, & du domicile de la Partie Civile,* & par le Procureur du Roi, *& par le Procureur Fifcal audit Siége.* Voyez l'Arrêt en entier dans le Recueil Chronologique de M. Jouffe, tom. 3.

Pour fe rendre Partie Civile, dans une accufation, il faut avoir une qualité & un intérêt; celui qui n'a ni qualité ni intérêt, ne peut pas pourfuivre une accufation; c'eft ce que la Cour a jugé dans l'affaire du Chapitre de Tannay, qui accufoit un de fes Membres de déréglement dans fa conduite, & d'avoir donné du fcandale dans l'Eglife.

L'Arrêt qui eft intervenu en la Tournelle dans cette affaire, le Samedi 16 Décembre 1741, fur les Conclufions de M. l'Avocat Général Joly de Fleury, a déclaré abufive la procédure faite fur cette accufation devant l'Official de Nevers; 1°. parce que le Chapitre n'avoit point de qualité pour demander la punition d'un délit dont la pourfuite n'appartient qu'au Miniftere public; 2°. parce que ce Chapitre n'avoit pas d'intérêt, au moyen de ce qu'il ne pouvoit, relativement à cette accufation, demander aucune réparation, ni dommages & intérêts.

Mais comme l'accufation paroiffoit grave, l'Arrêt a réfervé au Promoteur en l'Officialité de Nevers, de rendre plainte des faits contenus dans celle du Chapitre de Tannay, & dans les informations faites en conféquence; laquelle nouvelle plainte a été renvoyée devant tel Cfficial qui feroit nommé par l'Evêque de Nevers, autre que celui dont l'Arrêt déclare la procédure abufive, & qu'à cet effet les témoins entendus dans la premiere information feroient ouis de nouveau.

La Dame de Maigremont ayant rendu plainte & pourfuivi le Curé de la Neuville-aux-Bots, qui avoit affecté de la paffer à la Communion, Sentence intervint en l'Officialité de Rouen, qui condamna le Curé à une réparation & aux dépens; & faifant droit fur les Conclufions du Promoteur, condamna le Curé en d'autres peines pour certains faits, permit d'informer fur d'autres.

Sur l'appel comme d'abus interjetté par le Curé, il foutint que la dame de Maigremont devoit répondre de toutes les difpofitions de la Sentence. Elle répondit que ce qui avoit été requis par le Promoteur ne la regardoit pas; & par Arrêt rendu en la Tournelle Criminelle, le 15 Mars 1727, on a jugé qu'il y avoit abus dans la partie de la Sentence qui regardoit la Partie Civile; & avant faire droit fur le furplus, a ordonné que l'Archevêque de Rouen feroit mis en caufe.

PARTIES CASUELLES.

Voyez *Amiral, Annuel, Homme-au-Roi, Offices, Paulette & Prêt.*

C'eft une efpéce de Caiffe Royale où fe paye une redevance qu'on nomme *Annuel, Prêt & Paulette,* pour conferver la propriété des Offices fujets à ces droits, à la fucceffion de ceux qui en font Titulaires.

Les Offices fujets au prêt & à l'annuel tombent aux Parties Cafuelles, lorfque les Titulaires décèdent fans avoir payé les droits pour l'année dans laquelle ils meurent, c'eft-à-dire, qu'ils font en ce cas confifqués au profit du Roi, faute de payement du droit; qu'il faut alors les racheter & en payer le prix aux Parties Cafuelles. Voyez *Paulette.*

PARTIE PUBLIQUE.

La Partie Publique n'eft autre chofe que ce qu'on nomme Miniftere Public. Voyez *Miniftere Public.*

PASQUERASE.

On donne ce nom à un droit qui fe paye

au Seigneur pour le pâturage des bêtes de labour. V. *le Dictionnaire des Fiefs.*

PATIBULAIRE.

Ce mot s'entend de ce qui a rapport ou qui appartient au Gibet. Voyez *Fourches-Patibulaires.*

PATERNA PATERNIS, MATERNA MATERNIS.
Voyez *Propres* & *Succeffion.*

C'eft une régle très-connue au Barreau & dans les Pays Coutumiers; elle veut que les biens qui proviennent du côté du pere du défunt, appartiennent à fes héritiers plus proches du côté paternel, & que les biens maternels appartiennent aux héritiers maternels.

Cette régle n'a pas lieu en Pays de Droit-Ecrit, où l'on ne connoît point de propres; mais elle eft adoptée par prefque toutes nos Coutumes, qui font cependant diverfement interprétées. On peut fur cela voir Guyné & le Brun, & ce que je dis à l'article *Côté* & *Ligne.* Voyez auffi ce que je dis à l'article *Propres réels,* où j'entre dans quelque détail fur les effets de cette régle. V. *Patrons.*

PATRONAGE.

Voyez *Bancs des Eglifes, Bénéfices, Collateur, Dernier Etat, Droits Honorifiques, Engagiftes, Grades, Grands-Vicaires, Inftitution Canonique, Permutation, Réfignation, Union de Bénéfice* & *Vacance.*

On nomme Patronage un droit honorifique accordé aux perfonnes ou Communautés qui ont doté, fondé ou fait conftruire une Eglife, & en conféquence duquel droit ils ont des diftinctions dans l'Eglife, & ils peuvent préfenter à l'Ordinaire une perfonne capable de recevoir un Bénéfice. Ceux à qui ces droits appartiennent, font nommés Patrons.

Dumoulin définit autrement le droit de Patronage; il dit qu'il n'eft autre chofe qu'une efpéce de fervitude, qui gêne & reftraint la liberté des Collateurs. La raifon qu'il en donne, c'eft que la préfentation aux Bénéfices ne fait pas une partie fubftantielle de l'inftitution.

Le droit de Patronage ne paffoit ancien-

nement qu'aux perfonnes de la famille des Fondateurs; il ne leur étoit pas permis de le tranfmettre à des Etrangers, de quelque façon que ce foit. Les Décrétales renferment à ce fujet des prohibitions expreffes, & déclarent nuls les contrats qui contiennent des conventions contraires à leurs difpofitions.

Cette févérité entraînoit de grands inconvéniens, il étoit dur de gêner fi abfolument la liberté des Patrons. D'ailleurs le Patronage fe feroit éteint peu-à-peu avec les familles qui le poffédoient; cela eût été préjudiciable aux Laïcs & à l'Eglife même, intéreffée à fe conferver des Protecteurs. On imagina donc les Patronages réels attachés à un fonds certain dont on les rendit dépendans, & à l'ombre duquel on permit qu'ils s'aliénaffent.

Par-là la nature du Patronage, qui de foi eft inaliénable, fut confervée. Ce droit fut bientôt goûté; les Eccléfiaftiques eux-mêmes furent les premiers à l'approuver : un Patronage attaché à la Glebe, dont on ne pouvoit le détacher, étoit plus commode pour l'Eglife, & la délivroit d'une multitude de Patrons, dont elle fe trouvoit fouvent chargée, lorfque ce droit paffoit à tous les héritiers du Fondateur.

On reconnoît cependant encore un Patronage, qu'on nomme perfonnel ; parce que, fans être attaché à aucun héritage, il paffe, ou à la totalité des héritiers; ou à celui qui eft défigné par le Fondateur ou le premier Patron.

Cette efpéce de Patronage revient à la famille, même après la condamnation qui emporte confifcation des biens du condamné ; parce qu'il n'y a point de Loi qui décide qu'il doive paffer au fifc par la confifcation des biens.

Le Patronage perfonnel fe partage dans la fucceffion du Patron, comme fes autres biens; ainfi, fi c'étoit un propre au défunt, il appartient à l'héritier des propres de la ligne dont il provient; fi c'étoit un acquêt, il appartient à l'héritier des acquêts.

L'autre Patronage eft nommé réel, parce qu'il appartient au poffeffeur d'une terre ou d'un héritage, auquel il a été attaché par le Fondateur.

Les Auteurs difent de ce Patronage, qu'il

eſt attaché à la Glebe, & qu'il ſuit la terre dans les mains où elle peut tomber. Il ne peut être vendu ſéparément de la terre, on ne peut l'eſtimer à prix d'argent ; ce ſeroit une ſimonie condamnée par les Loix Civiles & par les Régles de l'Egliſe. Van-Eſpen cite ſur cela trois Arrêts qu'il rapporte d'après Chopin & Maréchal. Voyez ce que je dis ci-après.

Cette eſpéce de Patronage eſt ſujette à la confiſcation, comme la terre dont il dépend : il paſſe à l'uſufruitier & au Seigneur qui ſaiſit féodalement le Fief auquel il eſt attaché.

Mais il ne paſſe qu'à ceux qui ont une jouiſſance qui les ſubroge dans tous les droits du propriétaire ; il n'appartient point, par exemple, à ceux qui n'ont qu'une jouiſſance momentanée, & qui ne peuvent percevoir que les droits utiles.

Ainſi les Fermiers conventionnels, les Séqueſtres, les Commiſſaires aux Saiſies-Réelles, les Fermiers Judiciaires, les créanciers unis, le curateur à l'interdiction d'un prodigue, ne peuvent préſenter au Bénéfice dépendant de la terre dont ils perçoivent les fruits, parce qu'ils n'ont l'adminiſtration que de choſes dont ils ſont comptables les uns envers les autres. V. Brodeau, ſur l'art. 31 de la Coutume de Paris ; Baſnage, ſur l'art. 69 de la Coutume de Normandie, & le Journ. des Aud. tom. 2, liv. 8, ch. 7.

Néantmoins, ſuivant Dupleſſis, ſur la Coutume de Paris, la préſentation aux Bénéfices dépendans d'un Fief, dont le Seigneur jouit par droit de relief, & qui vaquent pendant l'année de ſa jouiſſance, n'appartient point au Seigneur dominant, quoique non comptable des fruits qu'il perçoit : elle appartient au Vaſſal qui n'eſt pas dépouillé par le droit de relief, comme par la ſaiſie féodale (a). La fille exclue des ſucceſſions de ſes pere & mere, ne peut prendre aucune part au droit de Patronage réel.

Le Patronage ſe diviſe encore en Patronage Laïc, Eccléſiaſtique & Mixte.

Le Patronage Laïc eſt celui qui appartient à un Laïc, à cauſe du fonds qu'il a donné pour bâtir l'Egliſe, ou à cauſe de la dot qu'il lui a donnée, ou enfin à cauſe du bâtiment de l'Egliſe qu'il a fait conſtruire (b) ; & ſur cela il faut remarquer que l'art. 29 de la Coutume de la Salle de Lille, conforme au Droit Commun du Royaume, porte » qu'un Seigneur Haut - Juſticier ou » Vicomtier ayant tous les héritages ou la » plûpart d'iceux abordans au cimetiere de » l'Egliſe Parochiale, étant de ſon gros de » Fief ou tenu d'icelui, eſt réputé Seigneur » temporel & Fondateur de ladite Egliſe, » s'il n'appert du contraire «, Voyez l'Arrêt du 6 Septembre 1760, dont je parle à l'article *Droits Honorifiques.*

On met au nombre des Patrons Laïcs les Univerſités (c), les Fabriques & l'Ordre de Malte (d). Voyez le Journal des Audiences ; & l'Arrêt du 11 Mars 1706, dont parle le Combe, Recueil Canonique, verb. *Patronage,* chap. 2, n. 6.

Le Patronage Eccléſiaſtique eſt celui qui appartient à un Prélat inférieur, à un Abbé, ou à un autre Bénéficier, à cauſe de ſon titre.

Les Bénéfices dont la nomination appartient à des Communautés Eccléſiaſtiques ſéculieres ou régulieres, ſont auſſi regardés comme étant en Patronage Eccléſiaſtique.

Cette eſpéce de Patronage paſſe, comme tous les autres droits du Bénéfice dont il dépend, à celui qui eſt poſſeſſeur du titre ; & il ne peut, dit Van-Eſpen, » être tranſ-» porté ſéparément de l'Office, dignité ou » Bénéfice, ſans les ſolemnités requiſes dans » l'aliénation des droits & biens de l'Egli-» ſe «.

Enfin le Patronage Mixte eſt celui qui appartient à un ou à pluſieurs Laïcs, conjointement avec un ou pluſieurs Eccléſiaſtiques.

(a) La Saiſie - féodale tranſporte en effet au Seigneur fuzerain, tous les droits utiles & honorifiques dépendans du Fief ; il peut par conféquent préſenter aux Bénéfices dépendans du Patronage attaché au Fief qu'il a fait ſaiſir féodalement ; c'eſt l'avis de Me d'Hericourt, & il paroit conforme aux principes.

(b) *Patronum faciunt, dos, ædificatio, fundus.*

c) Piganiol de la Force dit, dans ſa Deſcription de Paris, tome 6, que le Patronage de l'Univerſité de Paris

ſur la Cure de Saint Côme, a été jugé être Laïc, par Arrêt contradictoire, rendu au Parlement de Paris le 2 Avril 1667.

(d) On prétend que les Commandeurs de Malte ont ſix mois pour préſenter, comme Patrons Eccléſiaſtiques ; cependant il paroit certain que les Bénéfices qui ſont à la diſpoſition des Commandeurs, ne peuvent être, ni réſignés, ni permutés, ſans leur conſentement. V. les Mémoires du Clergé, tome 12, page 63 & ſuivantes.

Le Patron Eccléfiaftique a fix mois pour nommer ou préfenter aux Bénéfices de fon Patronage; mais, pendant ces fix mois, le Pape a le droit de prévention fur cette efpéce de Patronage; de maniere que fi quelqu'un obtient en Cour de Rome des provifions d'un Bénéfice en Patronage Eccléfiaftique, avant que le Patron ait ufé de fon droit, le Pourvu en Cour de Rome peut fe faire maintenir dans le Bénéfice, au préjudice de celui qui en a été pourvu par le Patron Eccléfiaftique. V. *Prévention.*

Le Patron Eccléfiaftique ne peut varier dans fa préfentation; de façon que, quand une fois il a préfenté au Bénéfice, fon droit eft confommé; c'eft pour cela que s'il préfente un Sujet dont l'ignorance foit juridiquement conftatée, l'Evêque peut conférer le Bénéfice à un autre: c'eft ce que la Cour a jugé contre le fieur Oudet, nommé à la Cure de Neele-la-Gilberde, Diocèfe de Meaux, par un Arrêt rendu en la Grand-Chambre le 7 Juin 1735.

Dans cette efpéce, le fieur Oudet avoit effuyé fucceffivement des refus de *Vifa*, à Meaux, à Paris & à Lyon; parce que fes réponfes fur les cenfures, fur les irrégularités & fur d'autres matieres, n'étoient rien moins qu'exactes: il avoit appellé comme d'abus de tous ces refus; & pendant fes appels, l'Evêque de Meaux avoit nommé le fieur Boutaut à la Cure: celui-ci a été maintenu par l'Arrêt, & la Cour a décidé qu'il n'y avoit abus dans ces refus. Voyez un autre Arrêt à l'article *Collateurs.*

Le Mardi 3 Février 1756, il eft intervenu un autre Arrêt à la Grand'Chambre, fur les Conclufions de M. Seguier, Avocat Général, qui a jugé que la préfentation faite par un Chanoine Tournaire, confommoit le droit de préfentation du Chapitre; de maniere que le Chapitre ne pouvoit plus varier, quoique le Sujet préfenté n'eût été accepté que fous la condition qu'il fubiroit examen, cette condition ayant été jugée abufive.

Dans cette efpéce, un fieur Mention, Curé près Senlis, avoit été préfenté à un Canonicat du Chapitre de Senlis, par le Chanoine en tour de nommer; le Chapitre avoit

accepté la préfentation, mais à condition que le fieur Mention, dont la doctrine étoit apparemment fufpecte, fubiroit un examen. Le fieur Mention n'ayant pas voulu le fubir, fe pourvut en Cour de Rome, & obtint des provifions du même Canonicat, comme vacant par mort; mais avant ces provifions, le Chanoine Tournaire avoit révoqué la préfentation qu'il avoit faite du fieur Mention, & avoit nommé au même Canonicat un fieur Crampon, auffi Curé du même Diocèfe, qui fut accepté par le Chapitre & par l'Evêque, qui donna des provifions, en conféquence defquelles il prit poffeffion.

Comme cette nouvelle préfentation étoit antérieure aux provifions de Cour de Rome obtenues par le fieur Mention, il n'en fit point ufage, mais il interjetta appel comme d'abus de la feconde préfentation & des provifions de l'Evêque. Son moyen principal étoit que la préfentation une fois faite par un Chanoine Tournaire, confommoit le droit du Chapelain. Il foutenoit en outre que la condition qu'on lui avoit impofée de fubir un examen, étoit inufitée & injurieufe, puifqu'il étoit Curé.

M. Seguier a dit, entr'autres chofes, qu'il n'étoit pas éloigné de penfer que les examens des Préfentés à des Bénéfices fuffent d'une grande utilité; qu'il feroit même à défirer qu'on y apportât plus d'attention; & qu'au lieu de s'attacher à exiger des Eccléfiaftiques une certaine obéiffance, on s'attachât plutôt à exiger une doctrine éclairée & des mœurs épurées; qu'au furplus ce droit d'examen ne réfidoit pas dans le Chapitre, mais qu'il appartenoit à l'Evêque. Il fit voir que le droit du Chapitre dans lefpéce étoit confommé par la premiere préfentation. En conféquence, la Cour a jugé qu'il y avoit abus dans la Délibération du Chapitre, & le fieur Mention a été maintenu, avec reftitution de fruits, fi aucuns avoient été perçus.

Le Patron Laïc n'a que quatre mois pour nommer aux Bénéfices de fon Patronage, à compter du jour de la vacance, & il n'eft point fujet à la prévention du Pape (*a*).

Les délais de fix mois accordés aux Pa-

(*a*) Les Patrons Laïcs de Normandie ont fix mois pour préfenter aux Bénéfices de leur Patronage; ils fe font confervés dans l'ancien ufage. Voyez l'article 69 de la Coutume de Normandie.

trons

trons Eccléfiaftiques, & de quatre mois aux Patrons Laïcs, pour nommer aux Bénéfices de leur Patronage, courent à compter du jour où la vacance du Bénéfice eft cenfée connue dans le lieu de la fituation du Bénéfice ; parce que la dévolution n'étant introduite que pour punir la négligence des Collateurs ou Patrons, on ne peut impofer cette peine aux Collateurs, qui ont eu une jufte caufe d'ignorer les vacances. V. Dumoulin, fur l'article 55 de l'ancienne Coutume de Paris, Gloff. 10, fur ces mots, *payant les droits* ; les Notes de M. Louet, fur le Commentaire des Régles de Chancellerie ; l'article 69 de la Coutume de Normandie ; d'Hericourt, Loix Eccléfiaftiques, des Collateurs ordinaires, &c. chap. 5, n°. 39, &c.

Le fieur Guille, Prieur de Brain, près Saumur en Anjou, étant décédé à Baron, près Falaife en Normandie, le 5 Février 1754, l'Abbé de Bourgueil, Collateur de ce Bénéfice, y nomma, le 16 Août fuivant, l'Abbé de Luberi.

Le 15 du même mois d'Août, le fieur Savary, Prêtre du Diocèfe de Séez, avoit impétré le Bénéfice à Rome ; & celui-ci prétendit que l'Abbé de Bourgueil, n'ayant nommé que fix mois onze jours après la vacance, la nomination étoit dévolue au Pape, qui avoit pu valablement nommer après les fix mois, nonobftant l'Indult accordé à l'Abbé de Bourgueil, pour l'affranchir de la prévention.

L'Abbé de Luberi répondoit que le décès du fieur Guille, arrivé dans une campagne éloignée du Bénéfice de près de quarante lieues, n'avoit pu y être connu en onze jours ; mais le fieur Savary foutenoit au contraire que quelques jours avoient fuffi pour apporter cette nouvelle de Falaife à Saumur ; il s'élevoit d'ailleurs contre la maxime, fuivant laquelle le délai de quatre & de fix mois, accordé aux Patrons, ne court que du jour de la vacance connue, & foutenoit que ce délai couroit du jour du décès. Il citoit Probus, fur la Pragmatique, tit. *de Coll.* Garfias, *de Beneficiis*, partie, 10, ch. 2, n. 32 ; Baffet, tom. 1, Plaidoyer 13, Arrêt de

1633 ; Dunoyer, fur Caftel, Définitions Canoniques, pages 260 & 261 ; Ferrieres, du Patronage, ch. 5, n. 15 ; Duperrai, fur le Concordat, pag. 141 ; Saint-Vallier, tom. 3, pag. 29, &c ; & par Arrêt rendu au Grand-Confeil le 25 Juin 1757 (temps où les Avocats ne faifoient aucune fonction,) le Bénéfice fut adjugé au fieur Savary.

Lorfque le Patronage eft mixte, & que le Titulaire doit être préfenté par des Patrons, dont les uns font Laïcs, & d'autres Eccléfiaftiques, les derniers communiquent aux autres le privilége qu'ils ont de pouvoir préfenter pendant fix mois ; mais en ce cas, les Patrons Laïcs perdent le droit de varier.

Pour entendre ceci, il faut fçavoir que le Patron Laïc peut varier, c'eft à-dire, qu'après avoir nommé un Sujet, il peut en nommer un fecond ; & le plus diligent des deux, c'eft à-dire, celui qui a le premier pris poffeffion, eft maintenu & préféré.

Le droit de Patronage Laïc devient Eccléfiaftique, lorfque le Patron le céde à l'Eglife ; mais fi c'eft un droit de Patronage Laïc réel, & que la terre dont il dépend, foit en même temps cédée à l'Eglife, il refte dans fon premier état.

Les Bénéfices en Patronage Eccléfiaftique peuvent fe réfigner en Cour de Rome ; mais on ne peut réfigner ceux qui font en Patronage Laïc, que du confentement du Patron. V. *Réfignation.*

Il en eft de même des permutations.

Le droit de Patronage n'empêche point l'Evêque de conférer librement les Bénéfices de fon Diocèfe ; & fi le Patron ne préfente point dans le temps qui lui eft accordé, la nomination de l'Evêque eft bonne ; au contraire, fi le Patron préfente, la nomination de l'Evêque eft caduque, quand même elle feroit du même jour que la nomination du Patron.

Quelques Canoniftes, pour faire valider la nomination faite par l'Evêque, dans le temps où le Patron peut préfenter, ont prétendu qu'il falloit faire approuver la collation des Evêques par le Patron. Mais leur

---

Quand je dis que les Patrons Laïcs ne font pas fujets à la prévention ; cela fignifie que la prévention n'a pas lieu pendant le temps accordé à ces Patrons pour préfenter ; car après ce temps, le Collateur auquel le droit de Patron Laïc eft dévolu, peut être prévenu par le Pape.

avis n'a pas été fuivi; parce que le Patron n'ufant pas de fon droit, ou le négligeant, la collation libre faite par l'Evêque, qui de droit eft Collateur de tous les Bénéfices de fon Diocèfe, demeure dans fa force & dans fon droit primitif : c'eft l'avis de Dumoulin, que la Jurifprudence des Arrêts a adopté.

C'eft par une conféquence de ce principe, que l'Evêque, qui conferve un Bénéfice en Patronage Laïc, après le temps accordé au Patron pour préfenter, n'eft point obligé d'exprimer qu'il confere par dévolution, parce qu'il n'y a point de dévolution du Patron (qui n'a qu'un droit de fervitude) à l'Evêque, qui peut toujours en tout temps conférer les Bénéfices, fans attendre le confentement du Patron : la fervitude du Patronage qui lui étoit impofée, étant levée, elle empêche encore moins l'Evêque d'ufer pleinement & librement de fon droit, que lorfqu'elle fubfiftoit.

Les Bénéfices en Patronage Laïc ne font point fujets à l'expeétative des Gradués.

Le droit de Patronage ne peut fe vendre ni s'échanger fans fimonie, parce que c'eft un bien fpirituel qui n'entre point dans le commerce.

La peine d'une pareille vente eft que le Vendeur & l'Acquéreur font l'un & l'autre privés du droit de Patronage; mais on peut vendre une terre à laquelle le Patronage eft attaché, & comprendre ce droit dans la vente, comme acceffoire.

Dumoulin dit même que, quand le Patronage eft inhérent & attaché à la Glebe, il eft tranfmis de droit à l'Acquéreur par la feule vente du fonds, fans aucune exception du Patronage.

De Roye, en parlant des différentes manieres dont le Patronage ceffe & finit, les divife en plufieurs claffes.

Il finit, dit cet Auteur, par la renonciation expreffe du Fondateur.

Par la prefcription, lorfque l'Ordinaire a conféré librement pendant un certain temps fans préfentation du Patron (a).

Par confolidation, lorfque le Collateur devient lui-même Patron du Bénéfice, ou lorfque celui à qui feul le Patronage du Bénéfice avoit été accordé, vient à décéder.

On ne peut procéder à l'union d'un Bénéfice, fans le confentement du Patron. V. Union.

Le Patron Eccléfiaftique, quoique Clerc, ne peut fe préfenter lui-même au Bénéfice de fon Patronage, ni fe faire préfenter par fon fondé de procuration; mais s'il y a plufieurs Patrons, & qu'ils s'accordent à nommer un d'entr'eux, la préfentation eft bonne.

Quand le droit de préfentation entre deux Patrons eft alternatif, on ne compte pas les préfentations forcées, telles, par exemple, que celles faites aux Gradués nommés dans les mois de rigueur, aux Indultaires, &c. ni les permutations, ni les réfignations en faveur; mais il en eft autrement, quand l'alternative eft entre deux Patrons, l'un Laïc, l'autre Eccléfiaftique; car le Patron Laïc n'étant pas fujet à l'Expeétative des Gradués, &c. il ne doit pas voir différer fon tour de préfenter, parce que fon co-Patron n'a pas pu difpofer librement : s'il en étoit autrement, le Patron Laïc fupporteroit d'une maniere indireéte une partie des charges du Patronage Eccléfiaftique. Voyez d'Hericourt.

Le mari doit feul préfenter aux Bénéfices, dont le Patronage perfonnel ou réel appartient à fa femme; & cela a lieu, tant en Pays de Droit-Ecrit, qu'en Pays Coutumier : il n'y a d'exception que pour le Patronage attaché aux biens paraphernaux, dont la femme s'eft réfervée la liberté de difpofer. Voyez Paraphernaux.

L'ufufruitier, & même la douairiere d'un Fief auquel eft attaché un droit de Patronage, peut préfenter aux Bénéfices. Un mineur de quatorze ans, pourvu de Bénéfices auxquels le Patronage eft attaché, peut préfenter aux Bénéfices de fon Patronage, malgré fon tuteur; parce que l'Ordonnance habilite les mineurs de cet âge à adminiftrer leurs Bénéfices, à en faire les baux, & même à efter en Jugement pour cette adminiftration, fans affiftance de curateur, & fans émancipation. V. Mineur.

Dans les Pays où la puiffance paternelle

(a) Les Laïcs & les Clercs peuvent auffi acquérir le droit de Patronage par la poffeffion; mais il faut, relativement à eux, qu'elle foit au moins de 40 ans, & que dans cet intervalle il y ait eu plufieurs préfentations & provifions.

a lieu, le pere préfente aux Bénéfices dépendans du Patronage des enfans étant en fa puiffance, & le Gardien Noble a le même droit pendant la garde, dans les Pays où les Coutumes lui accordent tous les fruits utiles & honorifiques. V. *Garde*.

Mᵉ d'Hericourt dit que le Patron Eccléfiaftique, excommunié, interdit ou fufpens, ne peut préfenter aux Bénéfices dépendans de fon Patronage ; & qu'il en eft de même du Patron Laïc excommunié (dénoncé).

PATRONAGE ROYAL.
V. Concordat, Indult, Joyeux Avénement, Obédience & Régale.

Le Patronage Royal eft celui qui appartient au Roi, à caufe de la Couronne ou du Domaine.

Il y a dans le Royaume dix-huit Archevêchés & cent douze Evêchés, cent foixante-fix Abbayes d'hommes, dont cinquante & une font unies à d'autres Bénéfices à la nomination du Roi, & trois cens dix-fept, tant Prieurés qu'Abbayes de Filles. Voyez le Pouillé Royal.

Le Roi nomme à tous ces Bénéfices (a), excepté à l'Evêché de Strasbourg, qui eft électif, (& auquel les Chanoines Capitulans doivent nommer dans les trois mois de la vacance, finon la nomination appartient au Pape;) à l'Evêché de Bethléem en Nivernois, auquel de l'agrément du Roi, le Duc de Nevers préfente au Pape, & à quelques Abbayes Chefs d'Ordre, qui font électives (b).

Sa Majefté a auffi la nomination d'un nombre confidérable de Prieurés, de Dignités & de Prébendes dans les Eglifes Cathédrales & Collégiales.

Le Roi nomme encore aux principaux Bénéfices dépendans de certaines Abbayes qui ont été unies à d'autres Corps, entr'au-

tres, celles de Saint Denis en France, de Saint Michel en l'Herme, de Saint Julien de Tours, de Niœil, d'Afnieres, Bellay, de Saint Pierre-le-Vif, de Marmoutier, de l'Ifle-Barbe, de Saint Claude, de Saint Victor de Marfeille, de Clairac (c), &c. Voyez à ce fujet ce que dit Rouffeau de la Combe, Recueil de Jurifprudence Canonique, verb. *Abbaye*, n. 4 & fuiv.

Les Bénédictins de la Congrégation de Saint Maur avoient uni de fait à leur Congrégation, la nomination aux Abbayes & aux Titres de la Congrégation de Chezal-Benoît ; mais le Roi eft rentré dans la nomination aux Bénéfices de cette derniere Congrégation, & y a été maintenu par Arrêt rendu au Parlement, fur les Conclufions de M. Joly de Fleury, le premier Septembre 1764.

Enfin le Roi nomme aux Prieurés conventuels, ou réputés tels, fitués en Franche-Comté, comme étant au lieu des anciens Souverains, en vertu du Traité de Nimegue.

Le Concordat fait entre Leon X & François Premier, n'eft pas le feul titre de nos Rois pour nommer à ces Bénéfices : leur droit à cet égard a une origine plus ancienne ; il eft royal & inhérent à leur Couronne. Ce fameux Traité n'a fait que les remettre en poffeffion de ce qui leur appartenoit.

Gregoire de Tours nous apprend en effet que les premiers Rois Chrétiens nommoient aux Evêchés, Abbayes & Dignités Eccléfiaftiques de leur Royaume. Larroque, dans fon Traité de la Régale, dit que Clovis, devenu Chrétien, difpofoit des Evêchés vacans avec un pouvoir abfolu, & que fes fucceffeurs Rois en uferent de même. Cela dura tant que fubfifta la premiere Race. Dans les commencemens de la feconde,

---

(a) Le Chapitre de Cambrai étoit autrefois en poffeffion d'élire l'Archevêque de cetteVille ; mais, par un Concordat paffé entre les Commiffaires du Roi & ce Chapitre, le 25 Août 1682, regiftré en la Chambre des Comptes le 25 Décembre 1687, & revêtu de Lettres-Patentes du 28 Janvier 1715, regiftrées au Parlement de Douai le 7 Février fuivant, il a confenti que le Roi obtînt du Pape un Indult pour jouir du droit de nomination à cet Archevêché. V. *Régale*.

(b) Ceux qui font nommés par le Roi aux Archevêchés, Evêchés, &c. ne peuvent folliciter à Rome leurs Bulles ou Provifions, qu'en y juftifiant de leurs bonnes vie & mœurs, religion, âge, doctrine, capacité & naif-

fance. Pour fatisfaire à cet ufage, autorifé par l'Ordonnance de Blois, article premier, & par un Arrêt de la Cour du 12 Décembre 1639, on informe en France devant le Nonce (ou devant l'Evêque Diocéfain des lieux où le nommé a réfidé pendant cinq ans) de fes vie, mœurs, capacité, &c. c'eft fur la nomination & fur cette information, que s'expédient les Bulles. Voyez le Concile de Trente.

(c) L'Abbaye de Clairac eft unie au Chapitre de Saint Jean de Latran à Rome, & la nomination des Bénéfices de cette Abbaye appartient au Roi ; mais Sa Majefté donne ordinairement des Lettres de Grand-Vicaire à l'Evêque d'Agen, à l'effet de nommer à ces Bénéfices.

Louis - le - Débonnaire laiſſa ce choix au Clergé & au Peuple. Ses Succeſſeurs par la ſuite l'abandonnerent au Clergé ſeul; mais comme Fondateurs, Protecteurs, Gardiens, Tuteurs & Défenſeurs des Egliſes de leur Royaume, ils eurent toujours une inſpection particuliere, pour qu'elles fuſſent pourvues de perſonnes capables de les régir.

Ainſi, en laiſſant la liberté des Elections à ceux qui avoient droit d'y concourir, nos Rois ſe réſervoient toujours le droit inconteſtable, attaché à leur Couronne, de ne point ſouffrir que les Electeurs s'aſſemblaſſent ſans leur permiſſion, d'approuver ou de rejetter leur choix, d'en faire la confirmation, & de donner à celui qui avoit été élu, l'inveſtiture du temporel, en recevant ſon ſerment de fidélité.

Le Patronage Royal, dans lequel nos Rois ſont rentrés par le Concordat, eſt encore fondé ſur la raiſon. La nomination aux Bénéfices eſt en effet beaucoup mieux entre les mains du Souverain, qu'entre les mains de toute autre perſonne, puiſque le Roi eſt particuliérement intéreſſé à ce que ſes Peuples ſoient unis dans la même foi, qu'ils ſoient entretenus dans la piété, dans l'amour de la paix, & qu'à parler en général, la brigue a encore moins d'accès auprès de lui, que dans un Chapitre ou dans une Communauté.

Le droit de nos Rois, tel qu'ils l'exercent aujourd'hui, n'avoit pas anciennement lieu dans la Provence & dans la Bretagne; mais un Indult accordé par Léon X, le 3 Octobre 1516, étendit l'effet du Concordat ſur les Bénéfices conſiſtoriaux de ces deux Provinces. V. Obédience.

A meſure que nos Rois ont fait des conquêtes, ils ont obtenu des Indults, en conſéquence deſquels ils ont eu la nomination aux Evêchés & Bénéfices Conſiſtoriaux de ces nouvelles dominations. Ainſi Henri II s'étant rendu maître de la Savoye & du Piémont, Jules III lui accorda un Indult pour nommer aux Egliſes de ces Pays-là.

Les Ducs de Savoye en profiterent, après qu'on leur eut rendu leurs Etats; mais après l'échange fait en 1601, entre Henri IV & le Duc de Savoye, du Marquiſat de Saluces pour la Breſſe, le Bugey, le Gex & le Valromey, l'ancien Indult obtenu par Henri II, & continué au Duc de Savoye, revint au Roi pour ces Pays.

Le droit du Roi pour la nomination aux Bénéfices des Provinces de Breſſe, &c. a été conteſté par Me Capon, Avocat, qui avoit obtenu à Rome, pour ſon fils, des proviſions en commende du Prieuré conventuel & électif de Préverſin, ſitué dans le Pays de Gex.

Me Capon diſoit que les Pourvus par le Roi des Prieurés de Nantua & de Taliſſieux, en vertu du Concordat & de la ſubrogation des Provinces de Gex, Bugey, &c. au Marquiſat de Saluces, dépendant du Dauphiné, avoient été exclus de ces Bénéfices par des Arrêts rendus au Grand-Conſeil; le premier, en l'année 1708; & le ſecond, le 11 Janvier 1734.

On lui répondoit que ces Arrêts n'avoient point d'application à l'eſpéce, parce que le Roi n'étoit pas en poſſeſſion de nommer aux Prieurés de Nantua & de Taliſſieux, au lieu qu'il avoit toujours nommé à celui de Préverſin; que d'ailleurs la collation de ces deux Prieurés étoit reclamée par les Collateurs, qui prouvoient leur droit & leur poſſeſſion.

On ajoutoit que la Juriſprudence, contraire à la prétention de Me Capon, étoit conſtante; on citoit pour cela Chopin, Traité du Domaine, le quatriéme Plaidoyer de Patru, &c. & par Arrêt rendu au Grand-Conſeil en grande connoiſſance de cauſe, le 7 Juillet 1735, M. Meraut, Procureur Général, portant la parole, le Pourvu par le Roi fut maintenu, ſans s'arrêter à l'intervention du Chapitre de Genève.

Le Pape Alexandre VII accorda à Louis XIV, le 11 Septembre 1664, un Indult pour nommer aux Evêchés de Metz, Toul & Verdun, tant que ce Monarque vivroit; mais Clément IX, par un Indult ampliatif du 24 Mars 1668, regiſtré au Grand-Conſeil le 25 Janvier 1670, accorda depuis à ce Prince & à ſes Succeſſeurs Rois, le droit de nommer, tant à ces trois Evêchés, qu'aux autres Bénéfices Séculiers & Réguliers de ces Dioceſes, auxquels il appartenoit au Pape de pourvoir dans les mois qui lui étoient réſervés, même aux plus grandes Dignités après les Pontificales, dans les Egliſes Cathédrales, & aux principales dans les Collégiales, quoiqu'elles fussent réservées au Pape par le Concordat Germanique, à l'exception néantmoins des Offices Clauftraux, & des Cures.

Aux termes de cet Indult (a), le Roi doit dans ses nominations se conformer à la Régle, *Regularia Regularibus, Secularia Secularibus*, & nommer dans les six mois de la vacance : l'institution est réservée au Pape.

En vertu de ces Indults, le Roi nomme aux Evêchés de Metz, Toul & Verdun, aux Abbayes & Prieurés ci-devant électifs, situés dans ces Diocèses, & à tous autres Bénéfices séculiers, Canonicats, Prébendes, Dignités, même aux plus grandes après les Pontificales dans les Eglises Cathédrales, & aux principales dans les Collégiales.

Ce font les propres termes de l'Indult, qui y ajoute les Personnats, les Administrations & Offices, aussi-bien que les Bénéfices réguliers, les Monasteres consistoriaux, & les Prieurés, même conventuels, les Commanderies (celles de Malte exceptées,) les Prévôtés & les Offices non clauftraux, quoique jusqu'alors, dit Clément IX, il eût été accoutumé d'y pourvoir par élection, ou par quelqu'autre moyen que ce fût.

En un mot, le Pape céda à nos Rois à perpétuité, non-seulement la nomination aux Prélatures, soit séculieres, soit régulieres de ces Diocèses, jusqu'alors électives, mais encore à tous autres Bénéfices (les seules Cures, Vicairies perpétuelles, & autres ayant charge d'ames exceptées,) auxquels le Pape avoit auparavant droit de nommer, lorsqu'ils vaqueroient dans les mois réservés à Sa Sainteté.

Pour l'intelligence de ceci, il faut sçavoir que les Evêques de Metz, de Toul & Verdun, comme Suffragans de Trêves, avoient été mis sous le Concordat Germanique par un Bref de Léon X, en 1518. Dans ce Concordat, ou Transaction passée par la Nation Germanique, le premier Avril 1447, entre Nicolas V & l'Empereur Frédéric III, confirmée par une Bulle du même Pape, le 19 Mars de l'année suivante, puis par Clément VII & par Grégoire XIII, après y avoir réservé au Pape la confirma-

tion des élections des Archevêques, Evêques, Abbés & Prieurs, sujets immédiatement au Saint Siége, il avoit été convenu que les Bénéfices collatifs dans les Eglises comprifes fous ce Concordat, feroient conférés alternativement, de mois en mois, par le Pape, & par les Collateurs ordinaires : par-là les Bénéfices vacans dans les mois de Janvier, Mars, Mai, Juillet, Septembre & Novembre, étoient conférés par le Pape ; & ces mois furent nommés Apostoliques.

La collation de ceux qui vaqueroient dans les autres mois, fut réservée aux Collateurs ordinaires. Ils en jouissent encore ; mais par l'Indult de Clément IX, outre que les élections aux Prélatures ont été abolies, & la nomination cédée au Roi, les mois Apostoliques même sont dévolus à Sa Majesté ; de maniere que le Pape ne peut aucunement disposer des Bénéfices vacans en ces mois, soit par mort, soit par démission ou résignation, ni même par dévolut, que sur la représentation du Roi. Il est même défendu aux Chapitres des Cathédrales de Metz, Toul & Verdun, par des Lettres-Patentes du 14 Août 1674, registrées au Grand-Conseil le 4 Septembre suivant, d'accorder & expédier à l'avenir des collations sur les démissions des Titulaires décédés en mois réservés au Roi, en conséquence des susdits Indults.

Le 9 Août 1668, Clément IX accorda encore à Louis XIV un Indult pour la nomination à l'Evêché d'Elne, transféré à Perpignan, & à tous les Bénéfices du Comté de Roussillon, Conflans & Cerdagne, en toutes vacances, même en celles qui arrivent par mort en Cour de Rome.

Clément IX a encore le même jour, 9 Avril 168, accordé deux autres Indults à Louis XIV ; l'un, pour la nomination aux Evêchés & Bénéfices Consistoriaux d'Artois ; l'autre, pour la nomination aux Bénéfices Consistoriaux, & ayant communauté dans les Pays-Bas.

Le 27 Août de la même année 1668, Clément IX a encore accordé à Louis XIV un autre Indult, ampliatif des précédens, pour la nomination à d'autres Bénéfices situés dans les Pays-Bas, cédés à ce Prince

(a) Presque tous les Indults, dont il est question au présent article, se trouvent à la fin du Recueil Canonique de la Combe ; les Lettres-Patentes dont ces Indults ont été revêtus, s'y trouvent aussi.

par le Traité d'Aix - la - Chapelle.

Tous ces Indults ont été acceptés par Lettres - Patentes du mois d'Avril 1670, portant attribution au Grand-Conseil des affaires qui naîtroient à l'occasion desdits Bénéfices & Indults ; elles ont été regiftrées audit Grand-Conseil, le 11 Juin suivant.

Innocent XI, succefseur de Clément IX, a aussi accordé deux Indults à Louis XIV, le 20 Mai 1686, fur lesquels il y a eu des Lettres - Patentes, regiftrées au Grand-Conseil les 1 & 9 Août suivant; l'un, pour la nomination aux Evêchés d'Ypres (dont la France étoit alors en poffeffion,) & de Saint-Omer; l'autre, pour la nomination à l'Archevêché de Besançon (a), & autres Bénéfices Confiftoriaux de la Franche-Comté.

Comme les Indults accordés à Louis XIV pour la Franche-Comté, la Flandres, &c. n'étoient que pour la vie de ce Prince, il en a été accordé deux autres à Louis XV, les 29 & 31 Août 1722, pour nommer pendant son régne (b) aux Archevêchés, Evêchés, Bénéfices Confiftoriaux & autres, auxquels Louis XIV nommoit en vertu defdits Indults; & le 8 Septembre 1723, il a été expédié des Lettres - Patentes adreffées au Grand-Conseil pour leur enregiftrement.

Ces Lettres, qui ont été regiftrées le 15 dudit mois de Septembre, portent que les deux Indults *feront exécutés..... fpécialement pour les Prieurés conventuels fitués dans le Comté de Bourgogne, encore que la conventualité ne foit point actuellement exercée, & qu'ils fe trouvent dépendans des Chefs-lieux fitués hors de cette Province.*

On penfe affez généralement que ce qui eft dit dans ces Lettres relativement aux Chefs-lieux, ne s'applique point aux Bénéfices dépendans de Collateurs François,

& de Chefs-lieux fitués en Pays de Concordat.

Les Lettres - Patentes du 8 Septembre 1723, pour l'enregiftrement de l'Indult du 29 Août 1722, dont l'objet étoit la nomination aux Bénéfices Confiftoriaux des Pays-Bas, portoient attribution au Grand-Conseil des conteftations qui pourroient naître en conféquence; mais le Parlement de Douai ayant fait des remontrances fur cette attribution contraire aux priviléges de fon reffort, l'Indult fut depuis envoyé à ce Parlement, avec des Lettres-Patentes du mois de Septembre 1724, par lefquelles il eft chargé de le faire gârder & obferver, &c. & elles y ont été enregiftrées par Arrêt du 22 Octobre 1725. Voyez le Recueil du Parlement de Flandres.

Clément XII a auffi accordé à Louis XV un Indult pour la difpofition des Bénéfices Confiftoriaux de la Lorraine & du Barrois (c), & de plufieurs autres Bénéfices de cette Province. Cet Indult, qui eft du 15 Janvier 1740, a été revêtu de Lettres-Patentes au mois d'Août suivant; & elles ont été regiftrées, ainfi que l'Indult, le 6 Septembre de la même année 1740, *fans approbation de ce qui eft contenu au fujet de l'Abbaye de Moyen-Moutier, ni des claufes contraires aux Libertés de l'Eglife Gallicane, &c.*

Enfin Benoît XIV a accordé au Roi un autre Indult, le 11 Décembre 1749, pour la nomination aux Dignités & Canonicats des Eglifes de Cambrai, & il a été revêtu de Lettres-Patentes le 3 Mai 1752, lefquelles, ainfi que l'Indult, ont été regiftrées au Parlement de Douai, avec des modifications, par Arrêt du 3 Août suivant.

Ces Indults font irrévocables, les faines

(a) Le Chapitre de la Métropolitaine de Befançon, qui élifoit autrefois l'Archevêque de cette Ville, a cédé fon droit au Roi par un Concordat du 29 Juin 1698 ; & ce Concordat a été approuvé & confirmé par Lettres-Patentes données à Verfailles le 15 Juillet fuivant, regiftrées à Befançon le 30 du même mois. V. *Concordat.*

(b) Il eft bon de remarquer que le Roi n'eft point Collateur en vertu de ces Indults, mais qu'il a feulement le droit de nomination & de préfentation du Sujet qui doit être pourvu à l'inftar des autres Patrons.

L'Indult du 29 Août 1722, porte que le Roi nommera aux Abbayes & autres Bénéfices Confiftoriaux, fitués ès Villes, Places & Pays poffedés par Sa Majefté dans la Flandres, en vertu des Traités d'Aix-la-Chapelle & de Nime-

gue. Il a été accepté par Lettres-Patentes du mois de Septembre 1724, adreffées au Parlement de Flandres, où elles ont été regiftrées le 12 Octobre 1725. Voyez *Grand-Confeil.*

(c) Cet Indult n'a lieu que pour les Bénéfices du Barrois, qu'on appelle non mouvant, qui eft, ainfi que la Lorraine un Pays de réferves; à l'égard de la partie du Barrois, qu'on nomme mouvant, comme elle étoit fous la Souveraineté de nos Rois, qui en recevoient l'hommage, lors (avant & depuis) le Concordat, on l'a confidéré comme l'une des Provinces du Royaume. A ce titre, on a jugé que les réferves n'y avoient pas lieu, & que le Concordat devoit y être obfervé. Voyez *Barrois* & *Réferves.*

maximes de Royaume étant que le Pape ne peut révoquer les priviléges accordés à nos Eglifes, à la priere de nos Rois, ou que nos Rois ont confirmés. On penfe au contraire, à Rome, qu'ils n'ont d'effet que pendant la vie du Pape qui les a accordés.

Les Abbayes auxquelles le Roi ne nomme pas, font celles de Cluny, Cîteaux, Prémontré, Grandmont, le Val-des-Ecoliers, S. Antoine de Viennois, la Trinité, dite les Mathurins, le Val-des-Choux, la Ferté, Pontigny, Clairvaux, Morimont, Sainte Geneviéve, les Feuillans, & les fix Abbayes de la Congrégation de Chezal-Benoît, qui font celles de Séez, de S. Vincent du Mans, Chezal-Benoît, S. Alife de Clermont, S. Sulpice de Bourges & S. Auguftin de Limoges (a). V. Abbés, Abbayes.

Le Roi ufe de fon droit de nomination aux Bénéfices Confiftoriaux, en préfentant au Pape, par un Brevet, le Sujet qu'il lui plaît de nommer, & pour lequel il demande à Sa Sainteté qu'elle accorde au préfenté les Bulles & les Provifions néceffaires.

Aux termes du Concordat & des Ordonnances du Royaume, les Sujets préfentés de cette maniere, font obligés de folliciter des Bulles en Cour de Rome, & de les obtenir dans l'efpace de neuf mois; faute de quoi, ils font déchus de la nomination faite à leur profit. V. Bénéfice.

Jufqu'à ce que le Brevetaire ait obtenu des Bulles, il n'a aucun droit au Bénéfice, le Roi jouit des fruits en vertu du droit de régale, fi c'eft un Archevêché ou Evêché; ou bien il les fait régir pour le fucceffeur, fi c'eft une Abbaye ou autre Bénéfice Confiftorial; & le préfenté n'a droit de prendre poffeffion, que quand il a reçu fes Bulles, ou qu'il a effuyé un refus injufte de la part de la Cour de Rome.

On trouve à Paris chez Prault, un Arrêt rendu au Confeil le 15 Avril 1737, qui

caffe & annulle un Arrêt rendu au Grand-Confeil le 9 Août 1728, au fujet de la Cure de S. Ouen-le-Hont; & on prétend que cet Arrêt a jugé que le droit de Patronage attaché aux Domaines engagés, appartient au Roi, à l'exclufion de l'engagifte, lors même que ce droit a été compris dans les contrats d'aliénations, paffés en exécution de l'Edit du mois de Mars 1695. C'eft, dit-on, une interprétation ou une extention de la révocation des aliénations du droit de ce Patronage, portée par l'Edit du mois de Mai 1715, qui femble ne comprendre que les aliénations faites en exécution de l'Edit du mois d'Avril 1702.

PÂTURAGE.

Voy. Banlieue, Banon, Blois, Chevres, Clos, Communauté d'Habitans, Défends, Glanage, Parcours, Troupeaux, Vaine-Pâture, Vignes & Ufages.

Ce mot fignifie un lieu où les beftiaux vont manger l'herbe pour fe nourrir: en un autre fens, il fignifie auffi le droit qu'on a de faire pâturer fur certaines terres.

Les droits de Pâtutage fe réglent ordinairement par des ufages locaux; par exemple, il y a des Paroiffes où les Particuliers ne peuvent jamais faire paître les moutons dans les Communes appartenantes au Corps des Habitans; parce que ces Communes font uniquement deftinées au Pâturage des chevaux, des vaches & des bœufs: dans d'autres, les moutons peuvent feulement paître dans les Communes depuis la Saint Jean jufqu'au premier Mars; & fur cela, s'il n'y a point de Réglement particulier, l'ufage de la Paroiffe fert de régle; tous les Particuliers font tenus de s'y conformer.

On a fouvent agité la queftion de fçavoir, s'il étoit loifible à ceux qui ont des troupeaux, de les envoyer paître dans les Prés (b), & il eft fur cela intervenu des Arrêts qui ont jugé diversement. Ceux qui interdisent le Pâturage des Prés aux moutons, font des 7 Août 1638, 23 Juillet 1721 & 28 Février 1722 ; le premier est rapporté par Saligny, sur les articles 122 & 123 de la Coutume de Vitry ; le second est rendu contre les Bouchers de Nogent-sur-Seine, sur les Conclusions de M. l'Avocat Général de Lamoignon ; le troisiéme est au Journal des Audiences, tome 7, livre 5, chap. 7 ; mais nous avons une infinité de Réglemens contraires. Voici ceux que j'ai recueillis.

Une Sentence rendue entre les Bouchers de Paris & les Habitans de Châtillon, le 6 Novembre 1652, confirmée par Arrêt du 8 Mars 1653, en faisant main-levée de la saisie de plusieurs moutons, faite sur un Boucher, nommé de la Noue, permet aux Bouchers de faire paître leurs bestiaux dans les Prés (fauchés) hauts & bas, depuis le mois de Juillet jusqu'à la mi-Mars.

Un Arrêt du 29 Novembre 1652, a jugé la même chose contre les Habitans de Grenelle ; la Cour en a rendu un semblable le 4 Juin 1658, contre les Habitans de Vaugirard ; & l'exécution de ces Arrêts a été ordonnée par un autre du 4 Avril 1669.

Des Sentences rendues par le Lieutenant de Police du Châtelet, les 17 Novembre 1684, & 14 Mars 1687, ont encore ordonné la même chose contre les Habitans de Vanvres, de la Villette, de la Chapelle, de Montmartre & de Clignancourt en la Banlieue.

Quelques personnes ont prétendu que ces Réglemens ne devoient avoir d'application que dans la Banlieue de Paris : mais on lit dans un Arrêt rendu sur la même matiere le 13 Août 1661, que la Cour a fait défenses aux Habitans de Cormeilles & Certrouville, (qui ne sont pas dans la Banlieue,) *de mener ou faire pâturer leurs bêtes à laine sur les Domaines, Prés & Héritages desdites Paroisses, que pendant le jour, sans qu'elles puissent y demeurer la nuit.* Et il est évident,

par cette disposition, que la Cour permet aux Habitans de faire paître les moutons dans les *Prés* pendant le jour.

Cette permission se trouve même accordée en termes formels & précis aux Habitans du Village de Fresne, (qui n'est pas non plus dans la Banlieue,) par un Arrêt de la Cour rendu le 19 Août 1704.

De cette diversité de Jurisprudence, je serois disposé à penser que dans les Coutumes muettes sur ce point, les Habitans peuvent, comme la Coutume de Troyes, article 170 ; celle de Nevers, chap. 14, article premier ; celle d'Auvergne, titre 28, article 4, & plusieurs autres (a), le permettent par une disposition textuelle, envoyer leurs troupeaux *de jour* (b) paître dans les dépendances des Paroisses pour lesquelles il n'y a point de Réglemens contraires, après toutefois que le foin en est enlevé (c), & avant la pointe de l'herbe. L'Auteur du Code Rural est de même avis, & il cite Loysel, Instit. liv. 2, tit. 2, n°. 18. Voyez ce que je dis encore sur cette matiere au mot *Usage.*

Mais supposé qu'il ne soit pas d'usage, & qu'il soit même défendu à ceux qui ont des troupeaux, de les faire paître dans les prés après qu'ils sont fauchés : cette défense doit-elle empêcher un Particulier de faire pâturer son troupeau dans un pré dont il est propriétaire ? Je pense qu'il peut à son gré user de son pré, y faire paître ses moutons, & en toutes saisons, sans que personne ait droit de s'y opposer, pourvû que le troupeau puisse y arriver sans endommager les héritages voisins, parce qu'il est maître de son héritage : il pourroit, s'il le vouloit, labourer ce même pré, & le laisser stérile ; à plus forte raison, peut-il le faire servir à nourrir des bestiaux dont la multiplication est utile à la République. La Cour l'a ainsi jugé par un Arrêt rendu aux Eaux & Forêts au Souverain, sur délibéré, le 15 Juillet 1762, en faveur de Jean-Jacques Broyard,

---

(a) Voyez la Coutume de Normandie, art. 84 : elle n'interdit le Pâturage des prés qu'aux chèvres & aux cochons.

La Coutume de Tours, titre 18, art. 202, permet le Pâturage aux bêtes à laine dans les prés. L'article 10 de la Coutume locale d'Amiens le leur interdit aussi.

(b) Tous les Réglemens, notamment ceux de 1661 & 1721, défendent de faire paître les troupeaux pendant la nuit.

c) L'Arrêt du Conseil du 7 Juin 1740, qu'on a imprimé à la suite de l'Ordonnance des Eaux & Forêts, édition de 1753, n'est pas contraire à ce que je dis ici ; parce qu'il n'a décidé qu'une fin de non-recevoir contre un appel relevé après les délais fixes par l'Ordonnance des Eaux & Forêts : ainsi, il ne doit faire aucune impression ; & au fond, l'article de l'Ordonnance des Eaux & Forêts, énoncé dans cet Arrêt, n'a aucun rapport au Pâturage des troupeaux dans les prés, ou usages Communaux.

contre

contre M. le Prince de Condé, prenant le fait & cause de son Procureur Fiscal au Duché de Guise.

Ceux qui veulent interdire aux moutons la pâture des prés après la récolte des foins, disent que ces animaux paissent & mangent l'herbe jusqu'à la racine, ce qui, disent-ils, est très-préjudiciable ; quelques-uns confondent même la maniere de paître des moutons avec celle des chevres : mais ceux qui raisonnent ainsi, se trompent, & ne connoissent pas ce que c'est qu'œconomie champêtre ; la salive de la chevre est venimeuse & brûlante, (voyez *Chevres*) ; mais celle des brebis n'est point malfaisante. Les Rédacteurs des Coutumes des Provinces, dont le Pâturage & le bétail fait le principal commerce, auroient interdit ce Pâturage au lieu de le permettre s'il eût été pernicieux : l'expérience nous apprend, au contraire, qu'il est autant salutaire aux prés, que dangereux aux moutons qui les paissent dans un temps humide ; & si l'on ne voit point de moutons pâturer les prés dans quelques endroits, c'est parce que cette pâture leur peut causer la pourriture, & que les propriétaires des troupeaux prennent grand soin d'éviter ce danger. Les Bouchers qui n'ont pas les mêmes inquiétudes, parce qu'ils n'ont pas des troupeaux perpétuels, les font paître dans les prés sans crainte ; & j'ai remarqué que la prairie d'Antony, la meilleure & la plus féconde des environs de Paris, est sans cesse couverte de troupeaux après que les foins sont récoltés.

En un mot, l'Auteur de la Pratique des Terriers, très-instruit des Usages Ruraux, ne fait point difficulté de dire que tous les bestiaux qui paissent, *sont reçus à pâturer les prés, à l'exception des cochons.* Voyez la Pratique des Terriers, tome 3, pag. 437, & ce que je dis d'après Argou, au mot *Usage.*

Si le Pâturage des bêtes à laine ou de quelques autres bestiaux avoit causé quelque dommage dans le pré, ou dans l'héritage d'autrui, le ministere public pourroit-il s'en mêler, & poursuivre à ce sujet le maître du troupeau ? Je pense que non ; parce qu'on ne pourroit, tout au plus, regarder un pareil dommage, que comme un délit civil, & non comme un délit public, pour lequel

Tome III. Part. I.

seulement le ministere public doit s'elever. L'action résultante de cette espéce de délit, ne pourroit donc, dans l'espéce que je suppose, être poursuivie, que par la personne même qui a souffert le dommage.

Doit-on appliquer aux sainfoins, aux trefles, aux luzernes & aux bourgognes, ce que je viens de dire des prés ? Il me paroît, à cet égard, que tous les bestiaux en général peuvent y paître après que les dernieres récoltes sont enlevées, & même après la S. Remi, lorsque les propriétaires ont négligé de les faucher ; c'est l'usage de plusieurs Paroisses : mais, si dans quelqu'une il y avoit des Réglemens contraires, il faudroit s'y conformer. On peut sur cela voir un Arrêt de Réglement rendu le 20 Juin 1659, pour la Paroisse de Drancy.

Il y en a un plus moderne du 31 Janvier 1710, par lequel la Cour a défendu aux Bouchers d'envoyer paître leurs bestiaux dans les sainfoins des Territoires de Corbeil & d'Essonne, avant que la premiere & la seconde herbe ayent été fauchées & enlevées, & depuis le premier Mars jusqu'à la Saint Martin.

Il est permis à tout le monde d'avoir des troupeaux pour les engraisser ou les nourrir chez soi : mais, quand on veut les envoyer dans les Pâturages ordinaires, les Habitans sont obligés de les réduire, *à raison d'une bête* (à laine,) *par chacun arpent ;* cela est ainsi réglé par différens Arrêts ; celui du 13 Août 1661, dont j'ai déja parlé, en contient une disposition précise ; & l'Arrêt de Réglement du 23 Juillet 1721, rendu pour Nogent-sur-Seine, non-seulement y est conforme, mais ordonne en outre l'exécution d'autres Arrêts de Réglemens rendus pour différens endroits, les 7 Août 1638, 25 Mai 1647, 7 Septemb. 1709 & 11 Août 1719.

Ces Arrêts exceptent de la régle générale les Bouchers qui ont des bêtes à laine destinées aux Boucheries, qu'ils peuvent faire paître dans la Banlieue ; celui de 1721, (rendu pour Nogent-sur-Seine,) ordonne que par le *Lieutenant Général de Nogent,* qui assemblera préalablement *la Communauté des Habitans,* il sera indiqué aux Bouchers un certain canton pour mener paître les bêtes à laine nécessaires à leur commerce.

H

Ce même Arrêt, pour faciliter le Pâturage des troupeaux, enjoint aux Habitans de Nogent *d'enfemencer leurs terres par foles, une année en bled; la deuxiéme, en orge, avoine ou autres menus grains; & la troifiéme année, de les laiffer en jachere pour le Pâturage des bêtes à laine.* Voyez Banlieue.

Les Laboureurs qui n'ont pas de troupeaux à eux appartenans, peuvent en prendre d'étrangers, foit à ferme, à chetel, ou autrement; pourvû qu'ils n'ayent que la même quantité de beftiaux que les Réglemens, dont j'ai parlé, leur permettent d'avoir. C'eft le Droit Commun, & le Parlement de Touloufe a rendu un Arrêt en conformité le 15 Mai 1739, au rapport de M. de Clary.

Mais, foit que le troupeau appartienne au Fermier ou à des Etrangers, il ne peut, comme je l'ai dit, avoir qu'un mouton par chaque arpent de terres qu'il cultive dans la Paroiffe où il demeure, fans qu'on puiffe compter les terres qu'il fait valoir fur des Paroiffes voifines. Voyez l'Arrêt rendu le 20 Janvier 1733, rapporté par M. l'Epine de Grainville, page 315.

Les Habitans d'une Paroiffe ne peuvent envoyer paître leurs beftiaux que dans l'étendue des communes & vaines Pâtures de la Paroiffe : c'eft le Droit Commun, & la maxime eft confacrée par un Arrêt rendu le 29 Mai 1682, (entre les Habitans d'Andechy & ceux de Damery en Santerre,) qu'on trouve au Journal des Audiences, tome 4, liv. 5, chap. 17; mais il y a des Coutumes qui ont des difpofitions contraires. Voyez celles de Troyes & de Vitry. Voyez auffi *Parcours.*

Tom 3. liv 8.
Ch. 19. Edition 1757

Les troupeaux font quelquefois attaqués de maladies contagieufes; & pour qu'elles ne fe communiquent point, il eft du bon ordre, en ces circonftances, d'affigner à chacun des Habitans un canton de Pâturage, afin d'éviter la communication des beftiaux, & par ce moyen de prévenir la maladie.

La Clavée, qu'on nomme en quelques endroits Claveau, eft du nombre, & même une des plus dangereufes de ces maladies; elle fe fit fentir fur les beftiaux des environs de Paris en 1714 : & le miniftere public ayant

remarqué que l'autorité des Juges des lieux ne fuffifoit pas pour parvenir à faire faire les cantonnemens néceffaires, M. le Procureur Général préfenta fa Requête, fur laquelle eft intervenu un Arrêt le 7 Septembre 1714, portant *que le Lieutenant Général de Police du Châtelet pourra prendre connoiffance de tout ce qui regarde . . . . . la maladie des beftiaux, dans l'étendue du reffort de la Prévôté & Vicomté de Paris, tenir la main à l'exécution d'un Arrêt du premier Août précédent qui ordonnoit les cantonnemens, punir les contrevenans, & faire généralement tout ce que les Officiers ordinaires des lieux peuvent & doivent faire pour empécher la communication de ladite maladie; le tout concurremment & par prévention avec lefdits Officiers, &c. enjoint au Prévôt de l'Ifle de France de tenir la main,* &c.

Cet Arrêt fut exécuté notamment en la Paroiffe de Louvres, où les Bouchers fe cantonnerent conformément à l'avis du Syndic, homologué par Sentence de Police du 20 Octobre 1714 : mais s'étant agi de faire un nouveau cantonnement en 1731, dans cette même Paroiffe, il s'éleva fur cela une conteftation entre les Bouchers & les Laboureurs.

Les Bouchers furent, à cette occafion, affignés devant M. le Lieutenant Général de Police. Ils déclinerent la Jurifdiction dont ils foutinrent n'être plus jufticiables, au moyen de ce que la maladie des beftiaux ne fubfiftoit plus : cependant ils furent déboutés de leur déclinatoire par Sentences des 24 Mars & 27 Avril 1731.

Sur l'appel, comme de Juge incompétent que les Bouchers interjetterent, ils difoient; 1°. qu'ils n'étoient point jufticiables de M. le Lieutenant de Police, qui, quoique Juge Royal, ne l'étoit pas du Territoire, & ne pouvoit avoir la prévention dans la Prévôté & Vicomté de Paris, comme elle s'accorde à M. le Lieutenant Civil, lorfque les Seigneurs ne revendiquent point; parce qu'il eft le propre Juge Royal de toute la Prévôté.

2°. Que la preuve, que M. le Lieutenant de Police n'avoit pas de droit la prévention, réfultoit de l'Arrêt du 7 Septembre 1714, par lequel la Cour avoit jugé à propos de la lui accorder; que cet Arrêt étoit une exception au Droit Commun pour un temps ; mais que la caufe étant ceffée, l'attribution devoit ceffer auffi, & les chofes retourner au Droit Commun, fuivant lequel la conteftation appartenoit de droit au Juge des lieux.

Cette affaire fe plaida au Parquet, & M. l'Avocat Général Gilbert ayant propofé la queftion à M. le Procureur Général, il fut arrêté entr'eux d'infirmer les Sentences du Châtelet, & de renvoyer devant les Juges des lieux. En conféquence, il eft intervenu Arrêt le 28 Avril 1733, qui a renvoyé devant le Juge de Louvres.

Jamais il n'eft permis d'envoyer les cochons paître dans les vignes & dans les prés : on peut feulement les envoyer dans les jacheres & dans les terres en friche.

Les Réglemens défendent auffi de faire pâturer les beftiaux, quels qu'ils foient, dans les vignes. Voy. *Vignes* ; la Coutume d'Auvergne en contient une difpofition textuelle. Cette Coutume défend, par l'article 24 du chapitre 28, de mener les oies paître dans les prés ; & par une difpofition contraire au Droit Commun, fuivant lequel il n'eft permis à perfonne de fe faire juftice, elle permet à celui qui trouve des oies dans fon pré, d'en *tuer deux, s'il y en a nombre de vingt & au-deffus, en les laiffant fur le pré,* fans pouvoir fe les *approprier ; & s'il y en a moins que le nombre de vingt, on n'en peut tuer qu'une.*

On ne peut mener les troupeaux & beftiaux paître dans les chaumes que trois jours. après que les grains en font enlevés : il eft jufte d'accorder ce temps aux Glaneurs pour ramaffer les épis qui, de Droit divin appartiennent aux pauvres ; la Coutume d'Eftampes n'accorde pour cela que vingt-quatre heures. Voyez ce que je dis aux articles *Chaume & Glanage.*

Un Laboureur, dont la ferme fe trouvoit de trois en trois ans environnée de terres enfemencées, de maniere qu'il ne pouvoit envoyer paître fon troupeau fur les vaines pâtures, fans le faire paffer fur les terres emblavées, ou fans lui faire faire un chemin. très-étendu qui fatiguoit confidérablement les moutons, avoit, pour parer cet inconvénient, loué dans la même Paroiffe une

bergerie éloignée de fa ferme, & faifoit héberger fon troupeau dans cette autre bergerie, jufqu'à ce que la communication fût rétablie entre fa ferme & les vaines pâtures : mais les autres Habitans l'actionnerent fur cela, & prétendirent que les moutons d'un Fermier ne pouvoient pas ainfi changer de bergerie ; ils alloient même jufqu'à foutenir qu'un troupeau ne peut pas être hébergé ailleurs que dans la ferme, & que, s'il manquoit de Pâturage, le Fermier n'avoit d'autre parti à prendre que celui de vendre le troupeau en tout ou en partie.

Le Juge (du Seigneur) de Jofnes, devant lequel l'affaire fut d'abord portée, l'avoit décidée contre le Fermier, en faveur des autres Habitans, par une Sentence du 10 Juin 1752, qui contenoit même un Réglement fur cette matiere. Sur l'appel de cette Sentence, elle avoit été confirmée au Bailliage de Baugency, le premier Août 1752, relativement aux Parties, & infirmée quant au Réglement fait par le Juge de Jofnes : mais l'affaire portée au Parlement, il y eut le 13 Mai 1756, un partage d'opinions en la cinquiéme Chambre des Enquêtes, où elle fut diftribuée ; & depuis, par Arrêt (*a*) rendu d'une voix unanime fur départage en la premiere Chambre des Enquêtes, le 3 Juin 1756, la Cour a jugé que non-feulement il eft permis à ceux qui ont des troupeaux de les changer de bergerie à volonté, mais qu'ils peuvent même avoir autant de bergeries qu'ils veulent, pourvû que le nombre des moutons n'excéde point celui que les Laboureurs peuvent avoir fuivant les Réglemens, & qu'il n'y ait point de difpofition contraire dans la Coutume.

Le Parlement de Rouen a jugé, par Arrêt rendu le 17 Mai 1754, qu'un particulier qui n'a point de troupeau, ne peut pas céder fon droit de Pâturage à un voifin qui promet de lui nourrir plufieurs moutons.

Le troupeau d'une veuve Thoynard, confiftant environ en cent quatre-vingt moutons qui n'étoient point gardés, ayant été trouvé paiffant (dans une terre emblavée) par un fieur de Coulon, Seigneur du lieu ; celui-ci le fit conduire dans la bergerie de fa ferme, fans faire conftater le défaut de garde, &c.

(*a*) Les Arrêts rendus fur partage d'opinions, font ordinairement datés du jour qu'elles ont été partagées.

& fit enfuite publier au Prône, que le propriétaire pouvoit venir le reclamer, en juftifiant de fa propriété.

La veuve Thoynard fit affigner le fieur Coulon, & prétendit qu'il n'avoit pas pû, de fon autorité privée, emmener fon troupeau, fans conftater le défaut de garde & le délit, par un procès-verbal; &, par Sentence rendue au Bailliage de Baugency, il a été condamné de lui rendre le troupeau, & en 100 livres de dommages & intérêts. Cette Sentence a été confirmée par Arrêt rendu le 5 Septembre 1757; mais les dommages & intérêts ont été réduits à 50 livres.

Des Lettres-Patentes du 11 Septembre 1724, regiftrées le 20, réglent les Pâturages dans les Forêts de la Maîtrife de Boulogne-fur-Mer.

Des Arrêts du Parlement de Touloufe, des 27 Mars & 5 Avril 1725, ont fait défenfes de faire entrer, ni de paître aucune forte de bétail, pendant toute l'année, dans les olivettes, bois taillis ou plantés de nouveau, vignes, vergers d'arbres fruitiers & autres fonds renfermés dans un enclos; & à l'égard des autres efpéces de fonds foit champ, pré, ou autres fitués dans les Diocèfes de Nifmes, de Montpellier, Alais, Ufez, Mende & le Puy, ces Arrêts permettent aux Particuliers, après la levée des fruits, de faire réciproquement paître leur bétail; enforte néanmoins qu'ils ne puiffent chacun avoir du bétail qu'à proportion de leur contenance, fuivant le Réglement qui en fera fait par chaque Communauté.

Après ces Arrêts rendus, M. le Procureur Général au Parlement de Touloufe, expofa que la morfure des boucs & des chevres étoit mortelle aux arbres, aux fruits, aux vignes & à tous les biens champêtres. Il cita Varron, *de Re ruſticâ*, liv. premier, chap. 2, chap. 3 des Arrêts de Réglemens des 14 Août 1543, premier Novembre 1565, 19 Octobre 1569, 8 Février 1582 & 14 Novembre 1605, en conféquence & conformément à fes Conclufions, il a été rendu un Arrêt le 24 Mai 1725, conçu en ces termes;

» La Cour . . . . . . fait défenfes à toutes » perfonnes habitans dans les Paroiffes ou » Plat-Pays du reffort de la Cour, où il y » a des vignes, vergers, jardins, chatai-» gners, oliviers, faulages & bois taillis; » de nourrir & entretenir aucuns troupeaux » de boucs & menons, ni de les mener avec » les troupeaux ou bétail à laine.

» Leur enjoint de les faire conduire & » loger inceffamment dans les pays monta-» gneux & de paître dans les montagnes in-» cultes, fans en réferver plus d'un ou deux » dans chacun des Bourgs ou Villages, » dans le cas feulement que les infirmités » de quelques Particuliers le demanderont; » auquel cas, ceux qui en auront befoin, » feront tenus de fe retirer devant le Juge.... » pour en obtenir la permiffion, qui fera » donnée gratuitement . . . . . . à la charge, » par les Particuliers, de les nourrir chez » eux, ou de les faire pacager dans leurs » propres biens & fonds incultes, & de ne » les pas mêler avec le bétail à laine; le » tout à peine de 500 livres d'amende, de » confifcation & de punition corporelle, » contre les pâtres qui les conduiront . . . «
V. *Chevres*.

Le Seigneur de Loupeigne, près Fére en Tartenois, a prétendu que le Pâturage de la trop grande quantité de dindons fur fa Terre y étoit nuifible; & fon Procureur Fifcal avoit même requis, & le Juge avoit ordonné que les dindons des Habitans ne pourroient paître que dans un canton qu'il leur avoit affigné. Mais quelques Habitans ayant appellé de ce Réglement, Sentence eft intervenu au Bailliage de Soiffons, le 9 Septembre 1757, par laquelle il a été ordonné un rapport d'Experts à l'effet de conftater, fi les dindons préjudicient aux Pâturages par la fiente qu'ils y dépofent, s'ils nuifent à la confervation du gibier. Cette Sentence a depuis été confirmée par Arrêt du 7 Septembre 1759.

PAULETTE.

Voyez *Homme-au-Roi*, *Offices*, *Parties-Cafuelles* & *Propres*.

On nomme Paulette, un droit dont l'établiffement fe renouvelle ordinairement de neuf en neuf ans, que plufieurs Officiers de Judicature & de Finance payent aux Parties cafuelles du Roi, avant le renouvellement de l'année, afin de conferver leurs Offices à leurs héritiers.

Ce droit a été établi en 1604 par le Confeil de Charles Paulet, Secrétaire de la Chambre du Roi ; & il a été nommé *Paulette*, à caufe du nom de celui qui en avoit été l'Inventeur, & confeillé l'établiffement.

Il fe divife en Annuel & en Prêt. L'Annuel fe paye en différens termes, *fur le pied du foixantiéme de l'évaluation des Offices; & le Prêt à proportion, au fixiéme, fi ce font des Offices de Préfidiaux, & au cinquiéme pour tous les Offices qui y font fujets.* Ce font les termes mêmes de l'art. 1 de la Déclaration du 25 Juillet 1758, regiftrée le 28. V. auffi celle du 9 Août 1722, regiftrée le 5 Novembre fuivant.

Il y a néantmoins cette différence entre les deux droits, que le premier fe paye par tiers par chacune des trois premieres années des neuf pour lefquelles Sa Majefté donne tous les neuf ans une Déclaration particuliere, & que l'Annuel ne fe paye qu'à raifon d'un neuviéme chaque année.

Quand l'Officier, revêtu d'un Office fujet au Prêt & à la Paulette, décéde fans avoir payé ce droit, qui doit toujours s'acquitter avant le premier Janvier de chaque année, l'Office devient vaquant, & fe taxe au profit du Roi.

Il y a même cela de particulier, que fi l'Officier a laiffé paffer une des neuf années fans payer, on ne l'admet plus au payement, & que fon Office vaque au profit du Roi, s'il en décéde pourvu. Cela eft décidé par l'article 12 de la Déclaration du 6 Octobre 1638, & par une autre Déclaration du 22 Juillet 1731. Mais voyez l'Arrêt du Confeil du premier Juillet 1762.

Le Titulaire d'un Office, qui n'a pas payé le Prêt & l'Annuel, peut néantmoins le vendre de fon vivant, en payant un certain droit, pourvû qu'il furvive de quarante jours, qui courent de celui du contrôle de la quittance.

Je dis que plufieurs Officiers de Judicature & de Finance font obligés de payer au Roi le droit de Paulette: en effet, tous n'y font pas affujettis : quelques-uns ont été affranchis de ce droit, d'autres l'ont racheté.

Du nombre des affranchis du payement de la Paulette & de l'Annuel font les *Préfidens & Confeillers des Cours Supérieures*, *les Préfidens, Maîtres, Correcteurs & Au-*

diteurs des Chambres des Comptes, les Avocats, les Procureurs-Généraux, & les Greffiers en chef defdites Cours & Chambres, les Subftituts de M. le Procureur Général au Parlement de Paris, les Intendans des Finances & ceux du Commerce, les Maîtres des Requêtes, les Gardes du Tréfor Royal, & le Tréforier des Parties cafuelles. Sur quoi on peut confulter les Déclarations des 9 Août 1722, 22 Juillet 1731, & 3 Déc. 1713. V. auffi un Arrêt du Confeil du 5 Avril 1724.

L'article 12 de la Déclaration du 23 Juillet 1758, regiftrée le 28, qui ordonne la continuation du droit Annuel, excepte auffi les Offices dont je viens de parler, & ajoute à cette exception *les Avocats & Procureurs du Roi aux Requêtes de l'Hôtel, les Commiffaires-Taxateurs des dépens du Parlement de Touloufe, réunis au Corps d'icelui, & poffédés par les Confeillers dudit Siége, conjointement avec un Office audit Parlement . . . . . les Notaires, Secrétaires du Roi près le Parlement de Paris.*

Mais cette exception n'eft accordée aux Titulaires de ces Offices, qu'à la charge par eux de *payer le droit de furvivance, & un tiers en fus ou moitié dudit droit par augmentation, ainfi qu'ils l'ont payé depuis la Déclaration du 9 Août 1722.*

L'article 13 excepte & affranchit auffi de l'Annuel & du Prêt *tous les Officiers des Pays d'Artois, Flandres & Alface; & ordonne néanmoins que les Offices de Receveurs Généraux des Finances, les Commiffaires & Contrôleurs des Guerres, les Prévôts Lieutenans, & autres Officiers de Maréchauffée qui exercent leurs fonctions dans lefdits Pays,* ne feront pas compris dans ladite exception.

L'article 14 excepte de la Loi générale *tous les Officiers dépendans des Domaines de M. le Duc d'Orléans, ceux des Amirautés qui font à la nomination de M. le Grand-Amiral, ceux des Chancelleries.*

Enfin cet article ajoute, *n'entendons point non plus affujettir au payement du Prêt & Annuel les Offices créés héréditaires depuis 1722, ceux auxquels l'hérédité a été attribuée par nos Déclarations des 3 Décembre 1743 & 12 Janvier 1745, ni ceux qui ont été affujettis au rachat de ces droits par les Edits du mois de Février 1745.*

Quand les Offices retournent au Roi par le défaut de payement de Paulette, l'ufage eft au Confeil de les taxer modérément en faveur des héritiers qui les demandent, & on leur accorde ordinairement la préférence pendant un mois, qui court du jour de la date des Rôles dans lefquels la taxe de l'Office eft comprife pour en payer le prix, & en lever la quittance de Finance; mais après ce temps, fi les héritiers ou la veuve n'ont pas profité du délai, le Tréforier des Parties cafuelles peut en expédier les quittances de Finance au profit de ceux qui fe préfentent pour lever les Offices qui y font tombés.

Des Arrêts du Confeil des 11 Juillet 1576 & 13 Octobre 1719, ont ordonné que les enfans des Officiers décédés en perte d'Offices, feroient préférés aux veuves non communes en biens, pour lever les Offices tombés aux Parties cafuelles; & qu'à l'égard des veuves communes, elles partageroient par moitié avec les enfans, le profit qu'ils peuvent faire en levant l'Office tombé aux Parties cafuelles, & en le revendant; mais, comme ces Arrêts ne décidoient rien fur la préférence que peuvent demander les veuves domiciliées dans le Pays où la communauté n'eft pas admife, ni fur celle des plus proches parens du défunt contre les veuves, héritieres, légataires ou donataires du mari, Sa Majefté eftimant les droits des proches parens plus légitimes que ceux de ces veuves, a accordé la préférence à ces parens plus proches, par un Arrêt du Confeil du 11 Septembre 1736, dont voici les difpofitions.

» Sa Majefté ordonne que les Arrêts des » 11 Juillet 1676 & 13 Octobre 1719, fe- » ront exécutés felon leur forme & teneur, » en ce qui concerne la préférence accordée » aux veuves communes en biens, & enfans » des Officiers décédés en perte d'Office; » ce faifant, que les enfans des Officiers, & » leurs veuves communes en biens, & qui » n'auront point renoncé à la communauté, » auront la préférence pour lever lefdits » Offices, dans le mois & la date des rôles » dans lefquels ils auront été taxés. » Ordonne en outre qu'au défaut des » veuves communes & d'enfans, la préfé- » rence appartiendra aux plus proches pa-

» rens des Officiers décédés, à l'exclufion » des héritiers inftitués, même des veuves » qui feroient donataires, héritieres ou lé- » gataires de leur mari décédé en perte d'Of- » fices, & qu'en levant par les plus proches » parens lefdits Offices dans le mois de pré- » férence, les quittances en feront expédiées » fous le nom de celui qui fe trouvera le » plus proche, ou qui rapportera le confen- » tement des autres parens au même degré, » qui auront fait, comme lui, leurs diligen- » ces pour lever lefdits Offices, & qui au- » ront contribué au payement du prix def- » dits Offices, dans le mois de préférence, » au moyen de quoi lefdits parens difpofe- » ront defdits Offices, à leur profit, par » égale portion «. Il faut voir fur cette matiere l'Edit de 1604; c'eft le temps de l'établiffement de la Paulette. Voyez auffi l'Edit du mois de Décembre 1709, & les Déclarations dont j'ai parlé plufieurs fois dans cet article.

Le fieur Calmé, Contrôleur de la Monnoie de Rheims, judiciairement féparé d'avec fa femme, à laquelle il avoit rendu fa dot, fut néantmoins fommé par elle de payer le Prêt & l'Annuel dûs à caufe de fon Office, pour le conferver dans fa fucceffion, s'il mouroit, & affurer par ce moyen le douaire & le préciput de la dame fon époufe, ? il la prédécédoit. Comme il ne fatisfit point à la fommation, la dame Calmé le fit affigner, & obtint Sentence au Bailliage de Rheims, par laquèlle, faute par lui d'avoir juftifié du payement de la Paulette, la femme fut autorifée à payer, & à prendre exécutoire de ce payement contre lui.

Le fieur Calmé appella de cette Sentence, & foutint en la Cour qu'on ne pouvoit répéter la Paulette, qui feroit payée pour la confervation de fon Office, que contre fes héritiers, parce qu'ils profiteroient feuls de ce payement, & qu'à fon égard il n'avoit pas à craindre de le perdre, tant qu'il vivroit. Il ajoutoit que le douaire & le préciput de fa femme pouvoient ne pas avoir lieu, au moyen de ce qu'elle pouvoit mourir avant lui; qu'enfin n'ayant pas un droit certain & actuel, elle ne pouvoit pas le contraindre de faire une dépenfe, &c.

Nonobftant ces raifons du fieur Calmé, la Sentence du Bailliage de Rheims a été confirmée par Arrêt rendu à l'Audience de la Grand'Chambre, le 22 Février 1755. Ainsi on peut dire que cet Arrêt a jugé que celui qui hypothéque un Office, contracte l'obligation de le conserver. Il y a un Arrêt semblable, du 22 Janvier 1738, dans le Journal du Parlement de Bretagne, tom. 2, ch. 50. V. aussi la Peyrere, lettre A, n. 66, & Loyseau.

Le droit résultant de la préférence accordée à la veüve ou aux héritiers de lever un Office tombé aux Parties casuelles, est-il meuble ou immeuble? V. *Mineur.*

P A U V R E S.

V. *Biens d'Eglise, Hôpitaux & Mendians.*

Les Pauvres en nom collectif forment un corps irrégulier, qui naît & subsiste de lui-même : ils sont très-capables de recevoir des libéralités ; & les legs faits à leur profit, sont, comme le remarque Ricard, les plus favorables de toutes les dispositions.

Ainsi un legs fait en faveur des Pauvres d'une ou de plusieurs Paroisses désignées, ne peut être attaqué, sous prétexte qu'ils n'ont point de Lettres-Patentes : ils n'ont jamais été l'objet des Loix faites pour arrêter le progrès des établissemens nouveaux.

Il en seroit autrement, s'il s'agissoit de fondations faites pour fournir la nourriture à des Pauvres, à des Ecclésiastiques indigens, &c. Voyez l'Edit du mois de Décembre 1666, au mot *Communauté,* & l'Edit du mois d'Août 1749, aux articles *Fondation* & *Gens de Main-morte.*

Un Arrêt rendu le 17 Août 1742, au rapport de M. de Maupeou, en la troisiéme Chambre des Enquêtes, a confirmé une Sentence du Conseil d'Artois, par laquelle il avoit été fait délivrance aux Pauvres de la Paroisse de la Bassée, d'un legs d'immeubles situés en Artois, fait par la Demoiselle Caulier.

Mais il est bon d'observer qu'en Artois, & dans tous les Pays-Bas, on suit les dispositions d'un Placard de Charles V, de l'année 1531, conçu en ces termes : *Afin de subvenir aux Pauvres malades & autres indigens, non puissans gaigner vie, ni autrement ayant pour soi entretenir, qui se trouveront résidens en chacune Ville & Village de*

nosdits Pays : ordonnons que de toutes les charités, tables des Pauvres, Hôpitaux, Confréries, & autres qui ont obits & distributions de prébendes & aumônes, se faire une commune bourse, pour en faire distribution aux Pauvres, à l'avis des Maîtres & Gouverneurs d'icelles tables des Pauvres, Hôpitaux & Confréries, ensemble de ceux que les Officiers & Gens de Loi en chacune Ville, Paroisse ou Village, députeront & commettront à la conduite de la charité.

Un autre Arrêt rendu le 21 Avril 1744, en la quatriéme Chambre des Enquêtes, au rapport de M. Lépine de Grainville, a confirmé la Sentence du Conseil d'Artois du 5 Novembre 1740, laquelle ordonnoit l'exécution du testament de Marguerite de Villiers, âgée de quatre-vingt-dix-neuf ans, en date du 19 Juillet 1737, portant que la testatrice a légué ses rentes héréditaires, tous ses acquêts & créances, à l'Eglise de Campagne, à la charge que les deux tiers des revenus légués seront distribués, par les Administrateurs de ladite Eglise, aux Pauvres de Campagne & de Neuville seulement, » à » proportion de chacun leurs nécessités, à la » discrétion desdits Administrateurs «.

Il y a enfin un autre Arrêt du 9 Août 1744, qui ordonne la délivrance du prix d'héritages dépendans de la succession de Jean-Baptiste le Fevre, au profit de la bourse commune des Pauvres de Bapaume, auxquels ledit le Fevre les avoit laissés par donation & testament des 22 Avril 1730 & 5 Avril 1734.

Ce que je dis relativement à la capacité qu'ont les Pauvres en nom collectif de recevoir des libéralités, sans y être autorisés par Lettres-Patentes, s'applique aux Hôtels-Dieu & Hôpitaux : divers Arrêts modernes l'ont ainsi jugé.

Il y en a un premier du 28 Mars 1718, au profit de l'Hôpital d'Embrun, institué héritier universel par M. de Genlis, Archevêque de cette Ville. Les héritiers soutenoient l'Hôpital d'Embrun incapable, parce qu'il n'avoit point de Lettres-Patentes.

Il en a été rendu un second, le 31 Mai 1726, en faveur de l'Hôpital de S. Joseph de Château-Gontier, auquel on opposoit la même incapacité.

Il y en a eu un troisiéme du 11 Mars

1733, rendu, au rapport de M. le Clerc de Lesseville, en faveur de l'Aumônerie générale d'Avignon, que Simon Royre, Bourgeois de Lyon, avoit instituée héritiere, & qui n'avoit pas de Lettres-Patentes.

Il y en a un quatriéme du 27 Août de la même année 1733, en faveur de l'Hôtel-Dieu de Mâcon, pour le legs fait en sa faveur par M. Tilladet, Evêque de Mâcon. Cet Hôtel-Dieu n'étoit pas autorisé par Lettres-Patentes à recevoir des dons & des legs.

Dans toutes ces espéces, on a pensé que, comme les Loix du Royaume veulent qu'on établisse des Hôpitaux où il n'y en a point, il ne falloit que ces Loix pour rendre légitimes & capables des effets civils tous ceux qui sont établis, & particuliérement ceux dont l'établissement est ancien. V. *Communautés Ecclésiastiques & Incapables.*

Par un Arrêt rendu le 20 Mars 1709, la Cour a jugé qu'un legs en argent, fait par la dame de Riberac, pour être distribué aux Pauvres par son exécuteur testamentaire, sans autre désignation, appartenoit à l'Hôpital-Général de Paris, conformément à l'article 31 de l'Edit du mois d'Avril 1656.

Dans des temps de disette & de misere, le Parlement a l'attention de procurer des aumônes publiques aux malheureux, en ordonnant une imposition à laquelle chaque Habitant doit contribuer selon ses facultés, suivant la répartition qui s'en fait en la forme prescrite par la Cour ; nous avons sur ces secours publics des Arrêts des 20 Octobre 1693, 19 Avril, 8 Juin 1709, 18 Mars 1711, & 30 Décembre 1740 (a).

La Chambre des Comptes prétendit, lors de ce dernier Arrêt, que le Parlement, *séduit par un zéle, dont on ne peut trop louer les motifs..s'attribuoit une autorité Royale, en ordonnant une* imposition *sur le Peuple ; &* en conséquence défendit, par Arrêt du 9 Janvier 1741, de faire aucune imposition ou levée de deniers, sous prétexte de l'Arrêt de la Cour du 30 Décembre précédent, sans Lettres de la volonté du Roi. Mais cet Arrêt (de la Chambre des Comptes) fut *cassé & annullé* par Arrêt du Conseil rendu, du

propre mouvement de Sa Majesté, le 13 du même mois de Janvier 1741, comme *rendu incompétemment par la Chambre des Comptes.....*

Depuis ce premier Arrêt du Conseil, il en a été rendu un autre le 20 Janvier 1741, qui a ordonné que les rôles qui seroient faits pour la subsistance des Pauvres, en exécution de l'Arrêt du Parlement, les actes, procédures & Jugemens qui interviendroient en conséquence, seroient rédigés sur papier non timbré, & exempts de la formalité du contrôle, sceau, droits réservés, &c.

Plusieurs Arrêts ont adjugé différentes sommes à des Pauvres parens, dépouillés par des legs pieux faits à des Etrangers. Papon en rapporte deux ; Henrys en rapporte un, & on en trouve un autre au Journal des Audiences, tom. 1, liv. 5, ch. 14.

J'en connois de plus récens. Le premier a été rendu le 16 Juillet 1716, en faveur des héritiers de Claude Jusserand, Tireur d'or à Lyon, qui avoit institué deux Hôpitaux de cette Ville pour ses héritiers universels. La Cour condamna ces Hôpitaux à payer à chacun des collatéraux une somme de 3000 liv. ou une pension viagere de 300 livres.

Le second a été rendu le 16 Mai 1724, & a adjugé à une parente du sieur Dacier la moitié d'une somme de 20000 livres, qu'il avoit chargé son exécuteur testamentaire de distribuer aux Pauvres.

Il y en a eu un troisiéme du 16 Juillet 1725, dont l'espéce est rapportée avec quelque détail dans la nouvelle Edition *in-fol.* des Arrêts d'Augeard, tome 2, n. 170, qui a adjugé une pension viagere de 150 liv. à Pierre le Breton, qui étoit pauvre & infirme, à prendre sur le legs universel fait aux Pauvres de la Charité de Lyon par Pierre Colin, cousin issu de germain de le Breton.

Jacquet en cite un autre sur le titre 19 de son Commentaire sur la Coutume de Tours, qu'il dit avoir été rendu sur les Conclusions de M. Joly de Fleury, le 30 Août 1758, & par lequel le legs universel, fait en faveur des Pauvres de la Paroisse de S.

(a) Le Commissaire de la Mare rapporte plusieurs autres Arrêts semblables des années 1533, 1561, 1621, 1623 & 1631. Voyez le Traité de la Police, tome premier, liv. 4 titre 13, chapitre 10.
Voyez aussi une note que j'ai faite à l'article *Biens d'Eglise.*

Germaine

Germain-l'Auxerrois, par l'Abbé le Sure, (célébre par les divers procès qu'il a eus pour des Bénéfices), a été réduit au tiers en faveur de la sœur du testateur & d'un frere, qui étoient pauvres.

Voici l'espéce d'un autre Arrêt plus moderne.

M. Boyer, ancien Evêque de Mirepoix, Précepteur de Monseigneur le Dauphin, avoit, entr'autres dispositions, legué une somme de 16000 liv. à ses héritiers, & avoit ordonné *que le peu qui resteroit dans sa succession après ses dettes*, & autres legs acquittés, fût distribué aux Pauvres honteux par l'Abbé Couturier, son exécuteur testamentaire, lequel ne seroit pas tenu d'en rendre compte.

Les héritiers, réduits à un legs de 16000 livres, demanderent la réduction de la disposition faite en faveur des Pauvres honteux, qui montoit à plus de 100000 livres. L'Abbé Couturier répondoit que ce n'étoit pas le cas de prononcer une réduction, parce que M. de Mirepoix ne tenoit rien de sa famille. De Religieux Théatin qu'il étoit, il avoit été fait Evêque, & par conséquent sécularisé. Les biens de sa succession provenoient, disoit-on, du revenu de ses Bénéfices : on ajoutoit que le legs qu'il avoit fait aux Pauvres, étoit moins une libéralité, que le payement d'une dette, puisque les revenus des Bénéfices appartiennent aux Pauvres, après la subsistance de l'Ecclésiastique prélevée.

Les héritiers répliquoient que M. de Mirepoix avoit été Précepteur de M. le Dauphin, & que les appointemens reçus en cette qualité, étoient des biens profanes dont il pouvoit disposer. Ils ajoutoient que le Prélat croyoit qu'il resteroit bien peu pour les Pauvres après ses dettes, & ses autres dispositions acquittées ; que ses expressions le prouvoient, mais qu'il s'étoit trompé, puisque le legs des Pauvres étoit huit ou dix fois plus considérable que celui fait à ses parens.

Par Sentence des Requêtes du Palais, confirmée par Arrêt rendu sur (mais contre)

les Conclusions de M. Joly de Fleury, Avocat Général, le Mercredi 23 Mai 1759, en la Grand'Chambre, il a été ordonné que les Pauvres honteux auroient seulement la délivrance des 16000 liv. laissés aux héritiers, & que ceux-ci jouiroient du surplus laissé aux Pauvres honteux.

Il est à remarquer que la distribution du legs fait aux Pauvres honteux, étoit laissée à l'Exécuteur testamentaire, sans qu'il fût tenu d'en rendre compte. La Sentence & l'Arrêt ont ordonné que l'état de cette distribution seroit communiqué à M. le Procureur Général ; & M. l'Avocat Général a observé qu'il étoit d'usage de communiquer ces sortes de distributions au Ministere public.

Les contestations qui se sont élevées sur l'administration du bien des Pauvres, & la distribution des aumônes entre le Curé & les Marguilliers de Saint Germain-l'Auxerrois à Paris, où il y a ce qu'on appelle des Compagnies de charité établies, ont donné lieu à un Arrêt de Réglement rendu en la Grand-Chambre, sur les Conclusions de M. l'Avocat Général de Saint-Fargeau, le 14 Février 1761, dont voici les dispositions.

» Notredite Cour.....ordonne.....que tous
» les titres, contrats & papiers concernans
» les biens & revenus des Pauvres de la Pa-
» roisse de Saint Germain-l'Auxerrois, se-
» ront remis & demeureront sans aucune
» exception ni réserve au dépôt mentionné
» en l'article 23 du Réglement (de la Cour
» du 10 Février 1759 (a),
1 Que tous lesdits biens & revenus fixes
» & casuels, à quelque titre & de quelque
» façon qu'ils soient perçus, même toutes
» sortes d'émolumens destinés à l'assistance
» de toute espéce de Pauvres de ladite Pa-
» roisse, en quelque maniere que ce soit,
» seront reçus par le Trésorier des Compa-
» gnies de charité de ladite Paroisse, ainsi
» qu'il est porté en l'article 12 dudit Régle-
» ment (b).
» Que........la distribution desdits émolu-
» mens & revenus sera ordonnée dans l'As-
» semblée de charité, si ce n'est dans les cas

(a) Ce Réglement porte, qu'à l'avenir les titres, contrats & papiers concernans les biens & revenus des Pauvres, seront remis dans les Titres de la Fabrique.
(b) Cet article porte, que tous lesdits revenus fixes &

casuels, appartenans aux Pauvres de la Paroisse, ne pourront être reçus que sur les quittances du Trésorier des Pauvres, nonobstant toutes clauses contraires, insérées dans les contrats de constitution, donation ou autres actes.

I

» ci-après fpécifiés ; fçavoir , que les fom-
» mes mobiliaires remifes entre les mains des
» Curés de ládite Paroiffe , en leur déclarant
» que c'eft pour être diftribuées par eux
» feuls , enfemble celles donn#es par actes
» pour les Pauvres de ladite Paroiffe , fous
» condition , de la part des donateurs, que
» la diftribution en foit faite par les mains
» des Curés , feront diftribuées par lefdits
» Curés, felon leur difcrétion , prudence &
» fidélité , fans être tenus d'en rendre aucun
» compte aux Affemblées de charité de la
» Paroiffe.

» Qu'à l'égard des revenus fixes qui ont
» été donnés ou légués par le paffé , & qui
» feront donnés ou légués à l'avenir aux
» Pauvres de ladite Paroiffe , avec condition
» fpéciale de la part des donateurs ou tefta-
» teurs , que la diftribution s'en faffe par les
» mains du Curé & de fes fucceffeurs en
» la Cure , ou autres termes équipollens , le
» Tréforier prépofé à la recette defdits re-
» venus , fera tenu de les remettre aux Cu-
» rés préfens & à venir de ladite Paroiffe ,
» fur leur fimple quittance , pour être la
» diftribution defdits revenus faite par lef-
» dits Curés, felon leur prudence, difcrétion
» & fidélité , & fans être tenu d'en rendre
» aucun compte aux Affemblées de charité.

» Et quant aux revenus fixes qui auront
» été , ou qui feront donnés ou légués aux
» Pauvres de ladite Paroiffe , fous la fimple
» condition que la diftribution s'en faffe par
» les mains du Curé , fans aucune mention
» ou vocation de fes fucceffeurs en la Cure ,
» ladite condition n'aura effet que pour le
» temps pendant lequel aura été ou fera
» Titulaire de la Cure , le Curé en place
» lors de la date de l'acte portant legs ou
» donation defdits revenus, ne pourront les
» Curés fucceffeurs prétendre que la diftri-
» bution defdits revenus leur foit confiée ;
» & paffé le temps fus-défigné, lefdits re-
» venus rentreront dans la maffe commune ,
» dont la diftribution eft réglée par l'Affem-
» blée de charité (a). «

L'Arrêt du 10 Février 1759 , dont quelques difpofitions font rappellées dans celui-

» ci , ordonne que le produit des Troncs établis dans l'Eglife de Saint Germain-l'Auxerrois , fera reçu par le Tréforier des Pauvres ; & comme , outre les Troncs placés
dans l'Eglife , il y en avoit deux autres attachés au Presbytere , l'un *pour la délivrance des prifonniers* , l'autre *pour les Pauvres
malades de la Paroiffe* , le Curé a prétendu
que l'adminiftration du produit de ces deux
Troncs lui appartenoit ; mais , par l'Arrêt
fufdit du 14 Février 1761 , les Parties ont
été mifes hors de Cour fur cette demande
du Curé.

L'Arrêt du 14 Février 1761 a auffi mis
hors de Cour fur la demande formée par les
Marguilliers & Tréforier de l'Affemblée de
charité, à ce que le Curé de Saint Germain-
l'Auxerrois fût tenu de leur remettre toutes
les fommes données pour les Pauvres par les
perfonnes auxquelles il accorde la permiffion de manger gras dans le Carême.

L'Arrêt rendu le ..... Septembre 1761 , entre les Habitans , Corps-de-Ville & Fabrique de Dormans-fur-Marne , & le Seigneur
dudit lieu , a ordonné que , » dans les Af-
» femblées du Bureau des Pauvres , le Curé
» de Dormans y préfidera , & après lui le
» Bailli & autres Officiers de Juftice , & les
» Marguilliers; lefquelles Affemblées feront
» convoquées par le Syndic des Pauvres ,
» après en avoir prévenu le Curé , ou par le
» Curé, en l'abfence du Syndic «.

Les Commiffaires des Pauvres des Paroiffes de Paris font annuellement nommés
par les Curé & Marguilliers , les anciens
Commiffaires des Pauvres , & anciens & notables Paroiffiens , dans une Affemblée qui
doit être annoncée au Prône le Dimanche ,
ou autre Fête avant celle de Noël ; & ceux
qui font ainfi nommés , doivent fe trouver
au prochain Bureau, pour y prêter le ferment & recevoir les Rôles , fur peine d'y
être contraints par établiffement de garnifon , jufqu'au payement d'une fomme de
500 liv. au profit des Pauvres , fans répétition , fuivant un Arrêt du 15 Mars 1709 ,
& autres antérieurs.

Les conteftations qui s'élèvent fur les no-

(*a*) La Cour, par un Arrêt rendu le 7 Septembre 1761,
entre les Curé & Marguilliers de la Paroiffe de Sainte Marie-Magdeleine en la Cité , a ordonné que l'Arrêt du 14.
Février 1761, feroit provifoirement exécuté dans ladite

Paroiffe.
Voyez l'Arrêt de Réglement du 4 Septemb. 1761, pour
l'adminiftration des biens de la Charité & des Pauvres
honteux de la Paroiffe de S. Côme.

minations des Commiſſaires des Pauvres, ſe portent au grand Bureau des Pauvres, qui a pour cela, & pour ce qui a rapport à la recette que font leſdits Commiſſaires, &c. une Juriſdiction fondée en titre, dans laquelle il a été maintenu par Arrêt du Conſeil du 29 Juillet 1755.

Sur la reddition des comptes des Commiſſaires des Pauvres, voyez l'Arrêt du 16 Mars 1718.

PAYEMENT.

V. *Arrérages, Cens, Compenſation, Foires, Garantie, Gros, Imputation, Lettres de Change, Novation, Offres-Réelles, Preſcription, Rembourſement.*

» Les Payemens ſont les manieres dont un débiteur s'acquitte de ce qu'il devoit, ou d'une partie.

» Tout ce qui anéantit la dette ou la diminue, tient lieu de Payement; ſoit que le débiteur donne au créancier de l'argent ou d'autres choſes qu'il peut lui devoir, ou qu'il s'acquitte en le ſatisfaiſant par une autre voie.

» L'effet du Payement eſt d'anéantir la dette, ſi on paye le tout, ou de la diminuer à proportion de ce qui eſt payé «. V. Domat, liv. 4, tit. 1.

La même raiſon qui aſſujettit celui qui ſe prétend créancier à établir ſon droit, veut auſſi que celui qui eſt reconnu débiteur, & qui allégue un payement, en faſſe la preuve.

Les Loix permettent au débiteur qui a demandé & obtenu des termes pour payer, de les devancer & de s'acquitter avant l'échéance; le délai eſt en ſa faveur, & non en faveur du créancier.

Cette faveur n'a pas lieu quand il s'agit du prix d'une vente d'héritage; on regarde alors le terme comme une convention qui fait partie du prix, lorſque l'acquéreur eſt aſſujetti à payer l'intérêt.

Un locataire ou un fermier ne peut pas non plus payer les loyers d'avance ou par anticipation. Voyez ce que je dis ſur cela au mot *Loyers*, vers la fin.

Un débiteur ne peut pas contraindre ſon créancier de diviſer la dette réſultant d'un même titre, & de recevoir partie de ce qui lui eſt dû: il faut tout offrir; mais ſi le débiteur eſt obligé par différens titres, il peut en acquitter un ſeul à la fois, & forcer ſon créancier de recevoir, ſans éteindre les autres.

On ne peut forcer un créancier de prendre des domaines ou autres effets en Payement d'une ſomme qui lui eſt dûe: il faut que le payement ſe faſſe en argent, qu'il ſoit égal au prêt, & que le débiteur rende la même ſomme qu'il a reçue, à moins qu'il n'ait été autrement convenu; auquel cas, c'eſt la convention qu'il faut ſuivre.

Cependant on a quelquefois jugé qu'une femme ne pouvoit pas contraindre ſon mari de lui reſtituer ſa dot en argent comptant, parce qu'on diſtingue la femme qui ſe met ſous l'autorité de ſon mari, d'avec un créancier étranger: celui-ci ne prête ordinairement ſon argent que ſous la condition qu'il lui ſera rendu en mêmes eſpéces; au lieu que la femme apporte une dot qu'elle remet à ſon mari, avec la condition tacite qu'il l'employera utilement.

D'ailleurs le mari étant conſidéré comme le tuteur de ſa femme; & quand on ne l'enviſageroit que comme ſon mandataire, il ſemble qu'elle ne peut ſe diſpenſer d'exécuter ce qu'il a fait. Il y a ſur cela un premier Arrêt, connu ſous le nom d'Arrêt de Montreuil; & il en a été rendu un autre en la ſeconde Chambre des Enquêtes, au rapport de M. de Fortia, le 16 Juillet 1712, qui a auſſi décidé que la femme ne pouvoit pas exiger de ſon mari qu'il lui rendît ſa dot en deniers.

Cette maxime me paroît cependant trop générale, & je penſe qu'il faut diſtinguer le cas de la renonciation ou d'acceptation de la communauté.

Si la femme l'accepte, elle doit prendre des effets de la communauté en payement de ſa dot, parce que dans ce cas-là, elle approuve toute l'adminiſtration de ſon mari, & qu'elle prend ſa dot par délibation; au contraire, il faut la lui rendre en deniers ſi elle renonce à la communauté, parce qu'en ce cas, ne voulant rien tenir de ce que ſon mari a fait, elle devient ſa créanciere, & qu'elle ne doit pas être traitée autrement qu'un créancier moins favorable qu'elle.

Mais donnera-t-on à la femme qui accepte la communauté, la faculté de choiſir le montant de fa dot dans les effets de la communauté qui lui conviennent le mieux ? Il me femble qu'on ne peut le lui refufer, & que c'eft le moindre avantage qu'elle doive tirer de la faveur que méritent les deniers dotaux.

Des offres intégrales faites au créancier qui a refufé de les recevoir, operent la libération du débiteur comme le Payement même, lorfqu'il a configné le montant des offres par autorité de Juftice. Voyez *Offres-Réelles*.

Les Payemens s'imputent toujours fur la dette la plus onéreufe au débiteur : ainfi, s'il eft dû un capital produifant des intérêts, & qu'il foit auffi dûs des intérêts, le Payement s'impute fur le capital, à moins que l'imputation ne foit faite par la quittance même ; & en ce cas, la quittance fait la Loi. Voyez fur cela un Arrêt du 8 Juillet 1659, au Journal des Audiences, tome 1, liv. 5, chap. 64.

La maniere la plus naturelle de s'acquitter, eft de payer la chofe en même efpéce que celle qui étoit dûe, comme de l'argent pour de l'argent, du bled pour du bled : mais, je l'ai déja dit, de quelque maniere que le créancier foit fatisfait, on regarde comme payement tout ce qui éteint la dette.

Ainfi on peut payer par la voie de la compenfation, de la délégation, du tranfport, de la novation. Voyez *Compenfation, Délégation, Novation & Tranfport.*

Le débiteur à qui le ferment a été déféré & qui a juré, ou qu'il ne devoit rien, ou qu'il a payé, demeure quitte de même que s'il avoit payé. Et fi fans jurer il eft déchargé par un Arrêt ou par une Sentence dont il n'y a point d'appel, la Sentence ou l'Arrêt tient lieu de quittance.

Celui qui reçoit, même dans la bonne foi, ce qui étoit dû à un autre, eft tenu de le rendre à celui de qui il a touché ; & celui-ci n'eft pas libéré envers le véritable créancier.

Celui qui croyant être débiteur, tandis que c'étoit un autre qui devoit, paye ce qu'il croyoit devoir, n'acquitte point le vrai débiteur ; & celui qui a reçu le Payement doit le rendre : mais fi un tiers paye ce qu'il fçait être dû par un autre, il n'aura pas d'ac-

tion en répétition contre celui à qui il a payé, mais feulement contre le débiteur qu'il a acquitté. V. *Cffion, Garantie, Subrogation & Tranfport.*

Les débiteurs qui acquittent voïontairement des dettes quils auroient pû faire annuller en Juftice, mais que l'équité naturelle rendoit légitimes, ne peuvent revenir contre cette approbation.

Par exemple, fi une femme obligée fans l'autorité de fon mari, ou même avec cette autorité dans des Coutumes où la femme en puiffance de mari ne peut s'obliger, acquitte, étant veuve, fon obligation, qui auroit été déclarée nulle en Juftice, elle ne pourra revenir contre le Payement qu'elle en aura fait.

Tout de même un mineur devenu majeur payant une dette dont il auroit pu être relevé, il ne pourra retirer ce qu'il aura payé, parce qu'en ce cas il y avoit une obligation naturelle que le débiteur a pu acquitter. V. Domat, liv. 1, tit. 7.

Si un débiteur paye à celui qu'il croyoit avoir un pouvoir de fon créancier pour recevoir, & qui ne l'avoit pas, le Payement ne l'acquittera pas ; & il a été jugé par Arrêt rendu en la cinquiéme Chambre des Enquêtes le 18 Août 1749, qu'un nommé du Chemin n'avoit pas valablement payé ce qu'il devoit à Michel Felix, en payant à Jean Sequeville, fondé de la procuration de Felix, à l'effet de pourfuivre du Chemin pour procurer le payement de ce qui étoit dû à Felix ; la procuration ne portoit pas pouvoir de *toucher* ; & cela a fuffi. On avoit jugé de même au Châtelet par Sentence rendue fur appointement au rapport de M. Joffon, le 8 Février 1748.

Mais fi un créancier, après avoir chargé quelqu'un de recevoir pour lui, révoquoit le pouvoir ; & fi le débiteur ignorant la révocation payoit au fondé de procuration, il payeroit valablement, & demeureroit quitte ; comme au contraire, il payeroit mal fi la révocation lui étoit connue & fignifiée.

Tant que la tutelle dure, le Payement de ce qui eft dû au mineur peut valablement être fait au tuteur, même infolvable, à moins que la tutelle ne porte le contraire. Il en eft de même du curateur de l'interdit.

En Pays de Droit Ecrit, le débiteur de

la femme paye valablement au mari, quoiqu'infolvable, la dette dotale.

On préfume toujours que le Payement eft
fait avec.les deniers du débiteur, à moins
que le contraire ne foit prouvé.

Les Procureurs *ad lites*, qui par leur état
ont pouvoir de pourfuivre les débiteurs de
leurs cliens, ne peuvent cependant valablement donner quittance de ce qui fait l'objet
de leurs pourfuites; & nonobftant de femblables quittances, la Partie pourroit exiger
de fon débiteur ce que celui-ci lui doit, fauf
le recours contre le Procureur qui auroit
reçu.

Les Confuls de Paris ont rendu une Sentence le 9 Janvier 1730 (qui eft imprimée,
non pas comme Réglement; tout le monde
fçait que cette Jurifdiction n'a pas droit d'en
faire, mais qui s'exécute cependant dans le
commerce) & par laquelle ils ont jugé que
les payemens de fommes un peu confidérables doivent fe faire en facs de 1200 livres,
1000 livres & 600 liv. & que les fols doivent être féparés fuivant leurs efpéces (de
deux fols ou de fix liards, &c.) en facs de
100 liv. & de 50 liv. non autrement.

On juge auffi dans tous les Tribunaux
que celui qui paye 1200 livres dans un fac,
peut exiger 6 fols pour le fac: 5 fols pour
un fac de 1000 livres, & 3 fols pour un fac
de 600 liv.

Pour exiger un Payement, il faut que la
créance foit certaine; au contraire pour fe
difpenfer de payer, il fuffit, quand il n'y
a pas un titre fubfiftant, que le payement
foit préfumé: le droit d'agir ne doit jamais
fe comparer avec le droit de fe défendre.

Le Parlèment de Rouen a jugé, par Arrêt rendu entre la dame Bacquet & un fieur
le Roux, le 8 Août 1749, que.le débiteur
qui paye le montant d'un billet entre les
mains d'un Huiffier qui s'en trouve porteur,
paye valablement, encore bien que l'Huiffier ne foit porteur d'aucun ordre, & que le
billet ne foit pas contrôlé.

Il a été ordonné, par Arrêt du Confeil,
du premier Août 1738, que ceux qui font
des payemens, ne peuvent contraindre de
recevoir plus d'un quarantiéme en fols,
quand le payement eft au-deffus de 400 livres. Cet Arrêt eft dans le Praticien des
Confuls. Voyez les art. 4 & 5.

Le 24 Janvier 1731, on a plaidé la queftion de fçavoir, fi le Payement d'une fom-
me de 5000 liv. fait par Me Faviere, Procureur, fept jours avant fa mort, étant alors
déja en danger de mort, par une perfonne
chargée de la recevoir pour fa brue, à laquelle il la devoit, étoit valable. Les créanciers de Me Faviere foutenoient que ce
Payement avoit été fait en fraude de leurs
droits par leur débiteur, qui connoiffoit fon
état d'infolvabilité, dont ils n'eurent connoiffance qu'à fa mort.

Il y avoit cette circonftance, qu'il ne paroiffoit pas que la perfonne qui avoit donné
quittance à Me Faviere, eût pouvoir de
toucher de lui les 5000 liv. qu'il devoit à fa
brue, & que l'argent n'étoit pas encore remis à cette même brue quand il mourut. On
en concluoit que la brue n'avoit touché que
dans un temps où fon droit étoit égal à celui des autres créanciers, auxquels elle devoit par conféquent rapporter les 5000 liv.
pour être contribuées avec les autres deniers
de la fucceffion.

Cependant le Payement fut jugé vala-
ble, & les créanciers de Me Faviere déboutés de leur demande par Arrêt rendu en la
Grand'Chambre le 24 Janvier 1731, contraire aux Conclufions de M. l'Avocat Général Talon, en affirmant néantmoins par
la demoifelle Bridou qui avoit touché, &
par la demoifelle Faviere, créanciere, que
ladite demoifelle Bridou avoit eu charge de
la demoifelle Faviere de recevoir; & par
celle-ci, qu'elle avoit donné pouvoir à la
demoifelle Bridou de toucher pour elle.

Le 7 Mars de la même année 1731, on
a plaidé à la Grand'Chambre la queftion de
fçavoir, fi le Greffier de l'Amirauté d'Abbeville, qui foutenoit avoir payé un Laboureur dont les voitures avoient voituré des
effets naufragés, étoit obligé de repréfenter
la quittance d'une fomme de 187 liv. taxée
par le Juge de l'Amirauté à ce Laboureur,
qui les demandoit au Greffier deux ans ou
dix-huit mois environ après le naufrage;
ou fi au contraire l'affirmation offerte par le
Greffier qu'il avoit payé dans le temps fans
quittance, devoit opérer fa décharge.

Le Greffier alléguoit l'ufage conftant de
payer fans quittance, tous ceux qui travail-
loient à pêcher & à tranfporter des effets

naufragés ; que cet ufage étoit fondé fur ce que la plûpart de ceux qu'on employoit à ce travail, ne fçavoient pas figner, & que ce feroit diminuer notablement un falaire fouvent modique ,que d'obliger les Ouvriers à donner une quittance devant Notaire.

M. l'Avocat Général Gilbert de Voifins obferva, d'après l'Ordonnance de la Marine, que le Payement pouvoit fe conftater par un procès-verbal, & que le temps écoulé depuis le travail jufqu'à la demande du Laboureur, n'étoit pas affez confidérable pour opérer une fin de non-recevoir. Il avoit en conféquence conclu à ce que les Sentences qui condamnoient le Greffier à payer, en affirmant par le Laboureur n'avoir pas été payé, fuffent confirmées ; mais par l'Arrêt rendu ledit jour 7 Mars 1731, les Sentences furent infirmées, & le Greffier admis à faire preuve qu'il n'eft pas d'ufage en l'Amirauté d'Abbeville, de prendre des quittances de ceux qui ont travaillé au recouvrement des effets naufragés.

Une obligation paffée en brevet devant Notaire, eft-elle préfumée acquittée, lorfqu'elle paroît avoir été déchirée, & les morceaux recollés & joints fur un papier étranger ? Cette queftion s'eft préfentée dans une efpéce que voici.

Deux mois après le décès de Marie Duboft, la veuve Duboft fa mere & fon héritiere dépofa, chez un Notaire de Paris, la minute d'une obligation de 8000 liv. faite au profit de cette fille par un fieur Dande, Orfévre ; l'obligation dépofée avoit été déchirée, & les morceaux étoient recollés, comme je viens de le dire, ils paroiffoient même avoir été chiffonnés.

La veuve Duboft fe fit enfuite délivrer une groffe de l'Obligation recollée, & en conféquence elle pourfuivit le fieur Dande. Celui-ci appella des pourfuites exercées contre lui, foutint que l'obligation avoit été acquittée ; & que lors du Payement fait à Marie Duboft, elle l'avoit elle-même déchirée & jettée avec des papiers de rebut, après l'avoir chiffonnée.

Par Arrêt rendu fur délibéré au rapport de M. Pafquier, le 6 Août 1759, l'obligation fut jugée nulle, comme folue & acquittée, en affirmant par le Sr Dande en avoir payé le montant, &c.

PAYEMENS DE LYON.
Voyez Foires.

PAYEURS DES RENTES.
V. Délivrance & Ratification.

Les Payeurs des rentes font des Officiers dont la fonction eft de payer à l'Hôtel-de-Ville de Paris, les rentes conftituées au nom du Roi & fur les revenus de l'Etat, par les Prévôt des Marchands & Echevins de la Ville de Paris.

Les Edits de création des Payeurs des rentes leur donnent la qualité de Confeillers-Tréforiers, Receveurs Généraux & Payeurs des rentes de l'Hôtel-de-Ville, Receveur des Confignations & Dépofitaires des débets de quittance. Voy. l'Edit du mois de Mars 1758 & celui du mois de Juillet 1760.

Ils font affujettis à tenir des regiftres exacts contenant des extraits détaillés des titres qui établiffent la propriété des rentes qu'ils payent & les noms des rentiers ; les mentions qui concernent chaque partie de rente, fe nomment immatricules ; c'eft pour cela qu'on dit que quelqu'un qui a fait regiftrer les titres de propriété de fa rente, s'eft fait immatriculer.

Les Rentiers doivent être immatriculés à chaque mutation de propriété dans les rentes : les immatricules fe mettent à la fuite les unes des autres, dans le regiftre du Payeur, & fur un feuillet particulier à chaque rente. Les droits du Payeur, pour l'immatricule de chaque rente, eft de 3 liv quand elle eft de 100 livres, & au-deffus de 30 fols pour celles au-deffous de 100 liv. 20 fols pour l'enregiftrement de chaque faifie-arrêt ou oppofition, & 10 fols pour chaque mainlevée : ces droits font fixés par un Edit du mois de Décembre 1635, dont l'exécution a été ordonnée depuis par plufieurs Arrêts ; & les Payeurs retiennent ces droits lors des payemens qu'ils font à l'Hôtel-de-Ville.

Les copies des immatricules délivrées & fignées par les Payeurs, font foi en Juftice ; on les regarde au fceau comme tenant lieu des titres de propriété aux acquéreurs des rentes qu'elles énoncent ; & les Lettres de ratification s'expédient en conféquence.

Les Rentiers qui fe font fait immatriculer, ne peuvent se présenter à l'Hôtel-de-Ville de Paris pour toucher les arrérages de leurs rentes, qu'après avoir porté & laissé leurs quittances avec les autres piéces qui les mettent en état de toucher chez le Payeur, de qui ils doivent recevoir, afin qu'il puisse examiner s'il payera valablement sur les piéces qui lui sont remises; cela est ainsi ordonné par une Sentence du Châtelet du 30 Janvier 1632, & par divers autres Réglemens.

Les payemens que font les Payeurs des rentes, ne doivent se faire qu'à l'Hôtel-de-Ville, à Bureau ouvert, en présence d'un Contrôleur, sur le registre duquel les payemens sont inscrits & constatés; & s'il y a difficulté sur la validité de la décharge fournie au Payeur, ceux qui prétendent avoir droit de toucher de lui, ne peuvent le contraindre qu'en vertu d'une Ordonnance du Bureau de la Ville, Juge naturel des contestations qui s'élevent sur la perception des rentes. V. *Hôtel-de-Ville*.

Comme les fonds destinés à l'acquit des rentes de l'Hôtel-de-Ville se remettent aux Payeurs à différentes fois, & qu'il n'est pas d'ailleurs possible de payer tous les Rentiers en un même jour: il a été ordonné, par l'Ordonnance de 1672, qu'ils seroient appellés & payés successivement par ordre alphabétique de leurs noms de Baptême. Voyez le chapitre 31 de la susdite Ordonnance.

Les Jugemens portans que les Payeurs seront contraints de payer les Rentiers ne sont exécutoires contr'eux que quand ils sont compris dans les qualités, & rendus avec eux; il y a même cela de particulier, que les Huissiers ne peuvent exercer de contraintes pour raison de rentes contre les Payeurs ailleurs qu'en leurs Bureaux à l'Hôtel-de-Ville, & huit jours après un commandement fait à leurs personnes ou domicile. Des Arrêts du Parlement des 2 Juin 1635 & 16 Septembre 1644 l'ont ainsi prescrit; & leurs dispositions ont été renouvellées par une Sentence du Bureau de la Ville du 22 Novembre 1759.

Les délais dans lesquels les Payeurs des rentes doivent rendre compte, sont fixés par un Arrêt de la Chambre des Comptes du 22 Février 1755.

V. l'Arrêt de la Chambre des Comptes du 17 Juin 1758, servant de Réglement aux Payeurs des rentes pour le payement des rentes viageres.

PÉAGE.

Voyez Bac, *Pulverage* & *Riviere*.

On nomme Péage le droit qu'ont quelques Seigneurs d'exiger une certaine somme pour le passage des voitures, bestiaux, marchandises & autres denrées qui passent sur leurs terres ou sur des ponts & rivieres auxquels ces droits sont attachés. Quelques Coutumes donnent à ce droit le nom de *Barrage*.

Les Péages sont des droits régaliens mineurs qui ne peuvent s'exiger sans titres émanés du Souverain. L'Ordonnance des Eaux & Forêts du mois d'Août 1669, a supprimé & éteint par l'article premier du titre 29, tous ceux qui avoient été établis sur les rivieres dans les cent années précédentes, sans titre légitime, & a défendu de les lever, à peine d'exaction, &c.

A l'égard de ceux qui se perçoivent sur les chemins & sur les rivieres, & dont l'établissement remonte à un temps plus reculé, les actes probatoires d'une possession non interrompue suffisent.

Le droit de Péage doit être perçu sur les lieux pour lesquels il est accordé, suivant la Déclaration du 31 Janvier 1663, dont je rapporte ci-après quelques dispositions. V. aussi l'article 7 du titre 29 de l'Ordonnance de 1669.

L'art. 11 de la Déclaration du 24 Août 1734, contenant Réglement entre le Parlement & la Cour des Aides de Bordeaux, porte que » la connoissance de toutes les » contestations qui s'éleveront sur les Péa-» ges appartenans au Roi à cause de ses Do-» maines, ou dont le Roi a permis la levée » à ses Sujets, ensemble celle des abus & » malversations commis dans la levée des-» dits droits, appartiendra en premiere Ins-» tance aux Juges qui en doivent connoître, » & par appel au Parlement.

» Et pour ce qui concerne les autres Péa-» ges (dit l'article 12) qui peuvent être le-» vés à notre profit, ou au profit de nos Vil-» les & Communautés, soit par forme d'im-» position ou par forme d'octroi. . . . . . les

» connoiſſance en appartiendra en premiere
» Inſtance aux Juges qui reſſortiſſent en no-
» tredite Cour des Aides , & par appel en
» notredite Cour «.

Ceux qui ont droit de percevoir les droits
de Péage , ne les poſſédent ordinairement
qu'à l'a charge par eux d'entretenir les chemins , ponts , quais & chauſſées, à cauſe deſquels on les exige : cela leur eſt même enjoint par les Ordonnances de Charles VIII,
du 8 Mars 1483 ; de Louis XII, du 9 Octobre 1501 ; de François Premier, du premier
Septembre 1520 ; par un Edit du mois de
Septembre 1535 , qu'on trouve au troiſiéme
volume des Regiſtres des Bannieres du Châtelet, folio 59 ; par une Ordonnance de
1552 , & par celle d'Orléans , art. 107. On
peut encore ſur cela voir des Déclarations
du 31 Janvier 1663 & des années 1667 &
1683 , & l'Ordonnance du Bureau des Finances de Grenoble, du 14 Avril 1683, article 27 & ſuivans , avec les Notes margi-
nales ſur cette Ordonnance. C'eſt ſans doute
à cauſe de la charge impoſée aux Seigneurs
d'entretenir ces chemins , que quelques Coutumes les nomment *Chemins Péageaux*.

J'ai même ſous les yeux des Arrêts des
11 Septembre 1528, 14 Mai 1529 , 23 Juin
1576 , 17 Juin & 14 Août 1581 , 27 Janvier
1582 , 23 Avril 1583 , & 2 Juin 1584 , qui
ont condamné le Chapitre de S. Meſmin
d'Orléans , les Religieux de Leſvieres , les
Seigneurs de Chaumont , de la Scelle d'An-
cenis , Oudon & Chantoſſeux, à rembourſer
ce qui avoit été avancé par les Marchands
fréquentans la riviere de Loire , pour le cu-
rage & ballizage de cette riviere , à l'effet
de faciliter la navigation à l'endroit des Seigneurs pour leſquels ils prenoient des Péages ſur les choſes paſſantes ſur ladite riviere.

Il y a d'autres Arrêts en grand nombre,
beaucoup plus modernes contre d'autres
Seigneurs Péagers , tant ſur la Loire que ſur
le Cher.

» Anciennement ceux qui tenoient des
» droits de Péage, devoient rendre les che-
» mins ſûrs, & répondre des vols faits aux
» Paſſans entre deux ſoleils ; cela s'obſerve
» encore en quelques endroits d'Angleterre
» & d'Italie . . . . . & entr'autres endroits, à
» Terracine ſur le chemin de Rome à Na-

» ples « : mais cette garantie contre les Seigneurs , (dont on trouve pluſieurs exemples
dans Bouchel , dans le Gloſſaire de M. de
Lauriere , dans Matthieu , Vauzelles & autres) ne ſubſiſte plus en France.

Le Parlement de Rouen a jugé, par un
Arrêt rendu le 11 Avril 1750 , entre les
ſieurs Cordier , Pequet & autres , qu'on ne
peut diriger aucune action contre les riverains d'un pont bâti ſur un grand chemin ,
pour les obliger à le réparer , & qu'il faut
s'adreſſer au Seigneur, s'il perçoit des droits
de Péage , ou à la Communauté des habitans , s'il n'en perçoit pas.

Ceux qui exigent des droits de Péage,
ne peuvent les demander qu'en conformité
de tarifs authentiques & homologués par autorité de Juſtice : s'ils exigeoient quelque
choſe au-delà de ce qui eſt fixé, ils pourroient être pourſuivis comme Concuſſion-
naires ; ſi l'exaction étoit du fait du propriétaire du droit, il pourroit en être privé ; & ſi elle étoit du fait de ſes Commis ou
Prépoſés , ils pourroient être punis corpo-
rellement , ſuivant l'art. 138 de l'Ordonnance d'Orléans.

L'article 3 de la Déclaration du 31 Janvier 1663 , que j'ai déja cité , aſſujettit même les propriétaires & poſſeſſeurs de droits
de Péage à *faire inſcrire ſur un Tableau*
d'airain ou de fer-blanc , en groſſes lettres &
bien liſibles , le détail de ce qui doit être payé
pour ce droit. Ce Tableau doit *être affiché*
(au lieu où le Péage ſe perçoit) *a telle hau-*
teur & endroit qu'il puiſſe être lû par les Voi-
turiers & Paſſans. Voyez auſſi dans le Recueil du Parlement de Beſançon , tom. premier , pag. 3 , & l'Arrêt du 2 Août 1674.

Ces Tableaux, Tarifs ou Pancartes, doivent même être regiſtrés au Greffe du Bailliage le plus prochain de l'endroit où le
droit ſe perçoit ; & lorſqu'il n'y a point
de Pancarte expoſée , on ne peut exiger le
droit ; il y a même cela de ſingulier , que ſi
pendant dix années ſuivantes & conſécutives , les Seigneurs Péagers ont ceſſé d'expoſer cette Pancarte ou Tableau, la preſcription eſt acquiſe contr'eux , *ſans qu'ils puiſ-*
ſent être reçus en preuve de leur joüiſſance ,
qu'en y joignant le fait de l'affiche du Ta-
bleau.

Tout cela eſt décidé textuellement par
la

la Déclaration de 1663 , qui contient quatorze articles , par le dernier defquels elle
affujettit *les Propriétaires des Péages à l'entretien des ponts & chauffées , & même des
chemins dans l'étendue de leur Jurifdiction,*
ainfi que je l'ai déja dit. Voyez la Déclaration en entier , & l'Arrêt d'enregiftrement.

M. de Freminville dit que non-feulement
la Pancarte doit être attachée à l'endroit où
le Péage doit fe percevoir , mais que l'extrait de l'Arrêt du Confeil contenant la vérification des titres doit y être joint ; que
la perception du droit doit être faite précifément au lieu où eft le Péage , & non ailleurs ; qu'il faut qu'il y ait un Commis pour
percevoir le droit , & que ce Commis doit
tenir un regiftre de fa recette , & donner des
quittances ; il cite beaucoup d'autorités &
entre dans de grands détails fur cette matiere. V. la Pratique des Terriers, tome 4.

L'article 7 de la Déclaration de 1608 , &
l'article 5 de celle de 1663 , ordonnent aux
Commis & Prépofés à la perception des
Péages , de donner des quittances des fommes qu'ils perçoivent , quand le droit eft
plus fort que 5 fols.

Ceux qui fraudent les droits de Péage par
malice , encourent une amende arbitraire &
la confifcation des chofes fujettes au Péage
fuivant l'artic. 9 de la Déclaration de 1663 :
quelques Coutumes ne prononcent qu'une
amende de 60 fols contre ceux qui fe rendent coupables de cette fraude ; mais, quand
il n'y a point de preuve de la fraude , le
Marchand eft reçu à affirmer qu'il ignoroit
le Péage. Voyez les Etabliffemens de Saint
Louis , chap. 145. Les Coutumes d'Anjou
& du Maine ; l'Ordonnance des Eaux & Forêts , tit. 29, art. 3.& 4 ; des Arrêts du Confeil des 28 Juin 1718 , 23 Septembre 1719,
& 7 Octobre 1732 , & le Traité de la Souveraineté ; le Bret , liv. 2 , chap. 16.

Tournet rapporte un Arrêt du 24 Mai
1583 , qui a ordonné qu'un droit de Péage
feroit levé fur toutes fortes de perfonnes indiftinctement , fans avoir égard au privilége
des Eccléfiaftiques. Voyez les Arrêts notables de Tournet, tome premier , lettre E,
page 572.

La plûpart des Péages font des ufurpa-
tions : auffi le Gouvernement prend-t-il un
foin particulier d'exiger des Seigneurs la

repréfentation des titres plus anciens que
l'année 1569, & des piéces qui en établiffent
la poffeffion publique, conftante, continue
& fans équivoque ni interruption depuis la
même époque. C'eft dans cette vûe que le
Roi a , par Arrêt du 29 Août 1724, nommé
des Commiffaires pour faire l'examen de ces
titres ; & par les fréquentes fuppreffions
qu'ils prononcent de ces fortes de droits, ils
nous donnent tous les jours des preuves de
leur zèle pour le foulagement des Peuples.
Voyez auffi les articles 17 & 18 de l'Arrêt
de Réglement rendu aux Grands-Jours de
Clermont, le 29 Janvier 1666 , la Déclaration du mois d'Avril 1668 , & le titre 29 de
l'Ordonnance des Eaux & Forêts du mois
d'Août 1669.

L'article 3 des Lettres-Patentes en forme d'Edit du dernier Novembre 1670, qu'on
trouve dans le Recueil du Parlement de
Rouen , exige les Propriétaires des droits
des Péages qu'ils les faffent infcrire en groffes lettres & bien lifibles dans un Tableau
d'airain ou de fer-blanc , affiché au lieu où
la levée s'en doit faire , finon décharge defdits droits les Voituriers & Paffans qui ne
trouveront pas lefdits Tableaux & Tarifs
expofés , &c. Voyez ces Lettres en entier ,
& divers Arrêts imprimés rendus pour les
Péages qui fe perçoivent fur la Riviere de
Loire. Il y en a finguliérement deux rendus
au Parlement de Paris, les 11 Mars 1600 &
8 Juin 1602 , pour le Péage de Tours fur
la Loire.

Les bleds, grains, farines & légumes verds
ou fecs , ont été affranchis de tous droits de
Péage , Paffage , Pontonage , travers , coutumes & de tous autres droits généralement
quelconques , tant par eau que par terre , foit
que ces droits appartiennent à des Villes &
Communautés , ou à des Seigneurs Eccléfiaftiques ou Laïcs , ou autres perfonnes fans
exception.

Cet affranchiffement a été prononcé par
un Arrêt du Confeil du 10 Novembre 1739,
fur lequel il a été expédié des Lettres-Patentes adreffées aux Intendans des Provinces le même jour. Il contient des défenfes
de percevoir à l'avenir ces fortes de droits
fur les grains, &c. à peine de reftitution du
quadruple , & d'être pourfuivi comme Concuffionnaire.

Toutes les munitions de guerre & de bouche deftinées à être tranfportées aux Armées de France ou dans les Arfenaux & Places fortes, les bois, les attirails & agrès pour les Vaiffeaux, Ports & Arfénaux de la Marine, font auffi affranchis de tous droits de Péage, par l'Arrêt du Confeil du 23 Septembre 1719.

Les équipages des Ambaffadeurs du Roi font auffi exempts de tous droits de Péage.

Les Livres tant manufcrits qu'imprimés, reliés ou non reliés, vieux ou neufs, Eftampes, Cartes Géographiques font auffi exempts des *droits* de Péage, Ponts, Chauffées, Domaine, Traites, &c. Voyez l'article 2 du Réglement de la Librairie du 28 Févr. 1723, confirmé par un Arrêt du Confeil du 24 Mars 1744. Voyez auffi le Code de la Librairie.

Plufieurs Arrêts ont auffi déchargé les Fermiers des Meffageries des droits de Péage. On les trouve dans le Code Voiturin.

PÉCULAT.

Voyez *Concuffion & Peines.*

Le Péculat (*a*) eft un très-grand crime, dont fe rendent coupables ceux qui s'approprient, détournent ou font valoir à leur profit perfonnel, l'argent qui appartient au Roi ou à fes Fermiers, & qui ne doit fortir des caiffes que pour être employé à fa deftination.

On met encore au nombre des coupables du Péculat, ceux qui font banqueroute en emportant les deniers royaux; ceux qui fe trouvent débiteurs de fommes confidérables envers le Roi, fans prouver leurs pertes; ceux qui prêtent les deniers royaux & publics; ceux qui font fabriquer de faux rôles, de fauffes quittances ou autres actes; ceux qui retiennent les deniers du Roi, & ne les employent pas à leur deftination quand ils le doivent; ceux qui donnent ou reçoivent de l'argent pour ne pas preffer les Comptables de deniers royaux; ceux qui font des omiffions, faux ou doubles emplois, fauf-

fes reprifes, compofitions avec les affignés. Voyez l'Ordonnance de 1629, art. 390 & fuivans.

Nous ne connoiffons point d'Ordonnances fur le Péculat plus ancienne que celle de François Premier, du 8 Juin 1532.

Cette Ordonnance adreffée aux Gens des Comptes à Paris, & enregiftrée à la Chambre de la Tour Quarrée, le 24 du même mois, a pour objet la réformation des abus qui fe commettoient dans le maniement des finances; & voici les difpofitions qui ont le plus de rapport au Péculat.

L'article 5 ordonne » que tous les Finan-» ciers, de quelqu'état, qualité ou condi-» tion qu'ils foient, qui fe trouvent avoir » falfifié acquits, quittances, comptes & rô-» les de montres, foient pendus & étran-» glés (*b*).

Par l'article 6 le Roi ordonne » que l'ar-» gent de fes finances ne foit employé à » autre chofe, fi ce n'eft à fes affaires; & » par ainfi, s'il fe trouve quelqu'un maniant » fes finances qui prête fes deniers, les bil-» lonne, baille à ufure, mette en marchan-» difes, les applique à fon profit particulier, » ou les convertiffe en autre chofe que les » Commiffions, les Ordonnances & leur » Office portent : « le Roi veut qu'ils foient punis de la peine que deffus.

Le défaut d'enregiftrement de cette Ordonnance au Parlement & fon inexécution déterminèrent François Premier à en faire une nouvelle, le premier Mars 1545, datée de Saint Germain-en-Laye, qui fut regiftrée au Parlement le 22 du même mois de Mars, & en la Chambre des Comptes le 24. Voici les difpofitions de l'article premier.

» Le crime de Péculat commis par quel-» que perfonne que ce foit, emportera con-» fifcation de corps & de biens.

» Et fi celui qui l'aura commis, eft noble » & extrait de noble lignée, il fera, outre » lefdites peines, privé de Nobleffe, & dé-» claré roturier & vilain, lui & fes defcen-» dans, foit mâles ou femelles.

(*a*) Voyez fur cela le dixiéme Tome de la fuite des Défenfes de M. Fouquet. Ce dixiéme Tome a pour titre, *Obfervations fur un Manufcrit intitulé : Traité du Péculat.*

(*b*) Le Préambule de l'Edit du mois de Mars 1716, regiftré le 22 du même mois, portant établiffement d'une Chambre de Juftice, pour réprimer les abus commis dans les Finances, porte que, *fous les régnes de Philippe-le-Bel, de Louis X & de Charles VII, la Concuffion & le Péculat ont été punis du dernier fupplice.*

» Et contre nos Officiers comptables qui
» s'absenteront de notre Royaume ou lati-
» teront sans avoir rendu compte & payé le
» reliquat par eux dû de leurs Etats & Of-
» fices, sera procédé par déclaration des
» mêmes peines que ceux qui se trouveront
» avoir commis le crime de Péculat.

La Déclaration du 3 Juin 1701 ordonne
que les Receveurs, les Tréforiers & autres
Prépofés pour le maniement des deniers
royaux, qui les employeront à leur ufage
particulier, ou qui les auront détournés,
feront punis de mort, fans que la peine
puiffe être modérée par les Juges qui en
doivent connoître. Voyez fur la même matiere la Déclaration du 5 Mai 1690, dont
je rapporte quelques difpofitions au mot
Commis.

PÉCULE.
Voyez Femme.

On nomme Pécule, le fonds que peut
acquérir celui qui eft en la puiffance d'autrui. On appelle ainfi, par exemple, ce
qu'acquiert un fils de famille avec la permiffion de fon pere & par des voies légitimes. Sur cela voyez *Emancipation*, *Fils de
Famille*, *Macédonien* & *Puiffance paternelle*.

On nomme encore Pécule ce que chaque
Religieux poffède en particulier. Cette matiere a été traitée avec beaucoup d'étendue
par Mᵉ Richer, dans le Traité de la Mort
civile, où le Lecteur peut recourir. On peut
auffi voir ce que je dis à l'artic. *Cotte-morte*.

Par Arrêt rendu au Grand-Confeil le
Lundi 2 Mars 1739, au rapport de M. Can-
claux, il a été jugé que le Pécule d'un Moine, nommé Trottier, appartenoit au Monaftere de Moutiers-Neuf, où il demeuroit
depuis un an & demi, & où il étoit décédé,
au préjudice du Monaftere de S. Eutrope,
où il avoit fait profeffion, où il avoit demeuré pendant plus de fix ans, & d'où il
avoit été transféré dans celui de Moutiers-
Neuf.

PEINES.
Voyez *Abolition*, *Accufé*, *Appel*, *Amende-
Honorable*, *Aumône*, *Bigame*, *Blafphê-
me*, *Carcan*, *Condamné*, *Crimes*, *Effigie*,
Exécution, *Mort-civile*, *Official*, *Queftion*
& *Remiffion*.

On nomme Peine le châtiment qu'on

fait fouffrir à ceux qui ont fait quelque
faute.

On divife les Peines en capitales, afflictives, corporelles, infamantes & pécuniaires.

Les Peines capitales font celles qui font
perdre la vie, ou qui privent pour toujours
de la liberté & du droit de Citoyen.

Telles font la mort naturelle ou civile, le
banniffement à perpétuité hors du Royaume, les Galeres perpétuelles, & la réclufion à perpétuité dans un Hôpital ou Maifon de force.

Toutes les Peines capitales font auffi afflictives & infamantes, elles emportent mort
civile; il y a même des Provinces où elles
emportent auffi la confifcation des biens des
Condamnés. V. *Confifcation*.

Les Peines afflictives qui ne font pas capitales, font la queftion, les Galeres à tems,
le fouet, la flétriffure, l'amende honorable
& le banniffement à temps.

En un mot, on regarde comme Peines
afflictives toutes celles qui affligent le corps
de l'homme, & celles qui le gênent dans fa
liberté.

Ainfi on doit mettre au nombre des Peines afflictives la condamnation à être renfermé dans un Hôpital ou dans une Maifon
de force (excepté quand la réclufion eft ordonnée contre des gens en démence). La
condamnation à une prifon perpétuelle ou
à temps eft auffi une Peine afflictive.

La Peine de l'authentique prononcée
contre les femmes adulteres, eft encore regardée comme Peine afflictive.

La condamnation à des œuvres ferviles
& la dégradation de Nobleffe font encore
regardées comme Peines afflictives.

Les Peines corporelles font celles qui
privent de la vie, ou qui affligent le corps
en lui caufant de la douleur, à quoi il faut
néantmoins joindre la condamnation qu'on
prononce contre les cadavres qu'on fait
traîner fur la claie.

On confond quelquefois les Peines corporelles avec les Peines afflictives. Elles
different cependant l'une de l'autre, en ce
que toute Peine corporelle eft afflictive, au
lieu que toute Peine afflictive n'eft pas corporelle. Ce que je viens de dire, me difpenfe d'entrer fur cela dans un plus grand détail.

Les Peines qui font purement infamantes, font le Carcan, le Pilori, le blâme, l'amende en matiere criminelle, quand elle eft confirmée par Arrêt. Voyez *Infame* & *Infamie.*

Les Peines pécuniaires font les condamnations de dommages-intérêts, les réparations civiles, l'aumône & autres Peines qu'on peut faire ceffer avec de l'argent: celles-là n'emportent aucune note, fi ce n'eft l'amende en matiere criminelle, quand elle eft confirmée, comme je viens de le dire.

Les Peines qui font en ufage en France, dans les Tribunaux ordinaires de la Juftice, font celles du feu, de la roue, de la corde, le décollement, la Peine d'être traîné fur la claie, la queftion ordinaire & extraordinaire, le banniffement perpétuel ou à temps, la poing coupé, la lévre fendue, la langue coupée ou percée d'un fer chaud, le fouet, la flétriffure, l'amende honorable, le pilori, le carcan, la réclufion à temps ou à toujours en une Maifon de force, le blâme & l'admonition.

Outre ces Peines, il y en a d'autres qu'on ne prononce que dans les Confeils de Guerre, & qu'on peut pour cette raifon appeller Peines Militaires; telles font l'eftrapade, la condamnation à avoir la tête caffée, celle de paffer par les baguettes, d'être mis fur un cheval de bois, &c. Sur cela voyez l'Ordonnance Militaire du premier Juillet 1727, & celles des 25 Juin 1750, & 17 Février 1753; celle de 1727 eft dans le dixiéme Volume du Recueil du Parlement de Dijon.

Il y a auffi des Peines particulières pour la Marine, comme de faire donner la cale, mettre à la boucle, &c. Voyez l'Ordonnance de la Marine.

L'Edit du mois de Mars 1685 établit auffi des Peines particulieres pour les Efclaves de l'Amérique, comme d'avoir les oreilles coupées, &c. Voyez le *Code Noir*, & ce que je dis au mot *Negres*.

Les Juges d'Eglife infligent auffi des Peines qui leur font particulieres & qu'on appelle Peines Canoniques; comme font l'excommunication, la dégradation des Ordres Sacrés, la privation de Bénéfice, l'interdiction ou fufpenfion des fonctions Ec-

cléfiaftiques, le jeûne, les retraites au Séminaire & la cenfure; mais ils ne peuvent prononcer aucune Peine afflictive ni infamante. V. *Official.*

Il n'y a que la Partie publique, c'eft-à-dire, les Gens du Roï, ou les Procureurs Fifcaux qui puiffent demander des Peines publiques, afflictives ou infamantes. Voy. *Crimes* & *Réparations Civiles.*

Les Particuliers ne peuvent agir que pour leur intérêt particulier, & pour obtenir les réparations & les dommages-intérêts qui peuvent leur être dûs. Voyez *Miniftere Public.*

Aucun Juge ne peut condamner un Accufé à mort, à moins que cette Peine ne foit prononcée par la Loi, contre le crime dont il eft accufé.

C'eft aux Juges à examiner le fait, à le conftater, à en rendre la preuve certaine; mais c'eft à l'autorité de la Loi qu'il eft réfervé de prononcer la Peine. Quand une Loi pénale eft conçue en des termes qui peuvent avoir différens fens, l'équité demande qu'on l'explique dans le fens le plus doux.

En effet, les Légiflateurs ne fe portent qu'avec peine à prononcer le dernier fupplice, & on ne doit interpréter leurs Loix dans le fens le plus févere, que quand il eft impoffible de leur en attribuer un autre, fans aller directement contre leur intention.

Un Juge eft obligé d'adopter les interprétations les plus favorables qui tendent à adoucir & à modérer la rigueur des Peines; le Droit Civil & le Droit Canonique fe réuniffent pour établir ce principe, comme une maxime inconteftable dans les matieres Criminelles.

La conféquence de ce principe eft que, fi un crime a différentes efpéces, & que la Loi prononce la Peine de mort contre une de ces efpéces finguliérement, on ne la doit point étendre aux autres dont la Loi n'a point parlé; parce qu'on fuppofe, avec raifon, qu'elle n'a pas voulu la comprendre dans la Peine qu'elle a décernée contre l'efpéce particuliere, & que le Juge qui fçait l'efprit de la Loi, & qui le doit fuivre, doit étendre les difpofitions favorables, & reftraindre celles qui font pénales aux feuls cas déterminés par le Légiflateur.

Ceux qui font condamnés par contuma-ce à une Peine emportant mort Civile, & qui meurent après les cinq ans, fans avoir purgé la contumace, font réputés morts ci-vilement, du jour de l'exécution de la Sen-tence. Ordonnance de 1670, titre 17, art. 29.

Mais le Condamné qui meurt avant les cinq ans, meurt *integri ſtatûs*: il en eſt de même quand il meurt avant la prononcia-tion de ſon Arrêt.

Une condamnation de mort avec con-fiſcation de biens prononcée hors le Royau-me contre un Etranger, n'a pas lieu pour les biens que cet Etranger poſſédoit en France.

Une Déclaration du 29 Novembre 1729, regiſtrée dans toutes les Cours des Aides, a ordonné que la converſion des Peines & amendes établies contre les Faux-Sauniers, ne pourra être prononcée par les Juges, que ſur la réquiſition ou du conſentement du Fermier.

L'Ordonnance des Fermes du mois de Juillet 1681, titre commun, articles 4 & 6, porte que, *dans tous les cas où la Peine des Galeres eſt ordonnée contre les hommes, la Peine du fouet & du banniſſement à temps ou à perpétuité ſera ordonnée contre les femmes, ſelon la qualité du fait.*

PÉLERINAGES.

On nomme Pélerinages, les voyages qui ſe font par dévotion pour aller prier & de-mander dans certains lieux, l'interceſſion de la Vierge, ou de quelques Saints ou Saintes.

Comme le prétexte des Pélerinages peut donner lieu à des déſordres, nos Rois ont défendu aux François d'en entreprendre hors du Royaume, tels que ceux de Rome, de S. Jacques en Gallice, & de Notre-Da-me de Lorette, fans leur expreſſe permiſſion contre-ſignée par l'un des Secrétaires d'E-tat, ſur l'atteſtation de l'Evêque Diocéſain, lequel, avant que de leur accorder ces at-teſtations, doit les examiner ſur les motifs de leur voyage.

On n'expédie ces permiſſions aux enfans Mineurs, aux Apprentifs & aux Femmes mariées, que du conſentement des Peres, des Tuteurs, des Maris, des Maîtres de

Métiers; & de ceux qui ont ſous leur pou-voir les perſonnes qui veulent entreprendre des Pélerinages.

Les Pélerins qui n'ont point de pareilles atteſtations & permiſſions, ne doivent pas être reçus dans les Hôpitaux établis pour loger les Pélerins: au contraire les Juges doivent les faire arrêter, & les faire punir comme vagabonds & gens ſans aveu.

Tout cela eſt preſcrit par un Edit du mois d'Août 1671, & par des Déclarations des 7 Janvier 1686, & premier Août 1738. Voy. auſſi une Ordonnance du 15 Novembre 1717, & des Lettres-Patentes du 30 Janvier 1725, regiſtrées au Parlement de Rennes, le 20 Février ſuivant.

PELLAGE.

C'eſt le nom d'un Droit que quelques Seigneurs riverains de la Riviere de Seine peuvent percevoir ſur chaque muid de vin déchargé ſur les Ports de leur Seigneurie.

Ce Droit eſt du nombre des Droits Sei-gneuriaux, exorbitans du Droit commun, pour leſquels il faut des titres particuliers. V. *Droits Seigneuriaux.*

PÉNITENCERIE, PÉNITENCIER.
Voyez Daterie.

La Pénitencerie eſt un Tribunal ou Con-ſeil établi à Rome, pour accorder des Bul-les & des Diſpenſes ſecrettes qui regardent la conſcience:

Ces ſortes de Bulles ou Diſpenſes ſont ſcellées en cire rouge, & on les adreſſe ca-chetées à un Confeſſeur, avec injonction d'abſoudre l'Impétrant du cas exprimé, après l'avoir entendu en confeſſion, & de déchirer le Bref auſſi-tôt après, à peine d'ex-communication.

Tout ce qui s'expédie en la Pénitencerie, ne peut avoir lieu que pour les fautes ca-chées & pour la foi intérieure ſeulement; car pour la foi extérieure, ces ſortes de Let-tres n'ont aucun effet en France, où les Tri-bunaux Eccléſiaſtiques & Séculiers ne re-connoiſſent point ſon autorité. Voyez à ce ſujet l'Arrêt de Jouſſon du 24 Janvier 1726, rapporté dans la nouvelle édition in-folio des Arrêts d'Augeard, tom. 2, n. 175.

En France, chaque Diocéſe a auſſi ſon

Pénitencier ; c'eſt ordinairement un des Grands-Vicaires, auquel l'Evêque donne le pouvoir d'abſoudre des cas qui s'appellent réſervés.

PENSION, PENSIONNAIRES.

Quand le terme des payemens d'une Penſion n'eſt pas réglé par une convention, l'uſage eſt de la payer par quartiers de trois mois en trois mois.

Si le Penſionnaire ſort après avoir entamé le quartier qu'il a payé d'avance ; il ne peut pas répéter la portion du temps qu'il n'a point paſſé dans la Penſion. C'eſt la Juriſprudence du Châtelet : il y a à ce ſujet une foule de Sentences, & ſinguliérement une rendue le 15 Décembre 1753, en la Chambre Civile, par laquelle le ſieur Frécot, qui au bout d'un mois avoit retiré ſa femme en démence d'une Penſion où il avoit payé le quartier d'avance, a été débouté de la demande en reſtitution du ſurplus du quartier par proportion de temps, qu'il avoit formée contre le Maître de la Penſion.

Le ſieur Frécot alléguoit cependant qu'il étoit Curateur à l'interdiction de ſa femme, & qu'il avoit été obligé de la retirer de la Penſion, en conſéquence d'une Ordonnance du Juge, qui lui enjoignoit de la placer ailleurs : mais on n'eût aucun égard à cette circonſtance.

La même Juriſprudence a lieu en faveur des Procureurs qui prennent des Penſionnaires. De pluſieurs Sentences que j'ai entendu prononcer ſur de ſemblables conteſtations, je n'en ai vû qu'une ſeule qui ait condamné le Procureur à rendre portion de la Penſion : mais je crois qu'on ne s'eſt écarté de la Juriſprudence contre ce Procureur, que parce qu'on ſçavoit que le jeune homme avoit raiſon de ſortir d'une mauvaiſe Ecole.

Les enfans ſont - ils affranchis du payement de leurs Penſions échues du vivant de leurs pere & mere, en renonçant à leur ſucceſſion ? Voyez *Rénonciation à ſucceſſions échues.*

PENSION ſur des Bénéfices.

Voyez *Décimes*, *Incompatibilité de Bénéfices*, *Réſignations* & *Tiers-Lot.*

La pureté des régles ne ſouffre point que l'on ſépare du Titre d'un Bénéfice, la perception des fruits qui y ſont attachés comme la récompenſe de la deſſerte ; & tous les Canoniſtes enſeignent qu'une Penſion réſervée ſur les fruits d'un Bénéfice Eccléſiaſtique eſt odieuſe ; parce que par-là on introduit dans l'Egliſe une ſection de Bénéfice, que le Droit Canonique a toujours réprouvée.

Malgré la ſévérité des Canons ſur ce point de diſcipline, les Penſions ſur les Bénéfices ſont tolérées depuis pluſieurs ſiécles : le Concile de Trente ne voulut point les abolir, comme le demanderent les Ambaſſadeurs de France.

On ne peut cependant pas dire que les Penſions ſoient toujours défavorables. Il eſt des cas particuliers où elles doivent être accordées : il ſeroit, par exemple, injuſte d'en refuſer aux Eccléſiaſtiques âgés & infirmes, qui ont long-temps deſſervi leurs Bénéfices, & qui ſe trouvent hors d'état de faire les fonctions que le Bénéfice exige.

Mais, comme les meilleures choſes dégénérent ſouvent en abus, & que la facilité qu'on a eue de tolérer des Penſions dans des cas de néceſſité, **avoit** *donné ouverture à une eſpéce de commerce des Cures & Prébendes, en les faiſant paſſer en différentes mains, avec rétention de Penſions exceſſives, & beaucoup au-delà d'une légitime proportion,* le Roi a remédié à ces abus par un Edit du mois de Juin 1671, enregiſtré le 21 Juillet ſuivant. Voici comme il s'explique.

Les Titulaires pourvus de Cures ou Prébendes ordinaires ou Théologales, dans les Egliſes Cathédrales ou Collégiales, ne pourront les réſigner avec réſerve de Penſions, qu'après les avoir actuellement deſſervies pendant le temps & eſpace de quinze années entieres, ſi ce n'eſt pour cauſe de maladie & d'infirmités connues & approuvées de l'Ordinaire, qui les mettent hors d'état de pouvoir continuer de faire les fonctions, & deſſervir leurs Bénéfices, & ſans néantmoins qu'audit cas les Penſions que les Réſignans retiendront, puiſſent excéder le tiers du revenu deſdites Cures & Prébendes ; le tout ſans diminution ni retranchement de la ſomme de 300 livres qui demeurera aux Titulaires deſdites Cures & Prébendes, pour leur ſubſiſtance par chacun an, franche &.

quitte de toutes charges, sans comprendre en ladite somme le casuel & le creux de l'Eglise, qui appartiendra pareillement aux Curés, ensemble les distributions manuelles qui appartiendront aux Chanoines.....

Cet Edit a été interprété par une Déclaration du 9 Décembre 1673, enregistrée le 23 du même mois, qui porte qu'il aura *lieu* (l'Edit) *tant pour les Prébendes ordinaires ou Théologales, que pour toutes les autres Dignités, Personnats, semi-Prébendes, Vicaireries, Chapelles & autres Bénéfices des Eglises Cathédrales & Collégiales qui requièrent résidence, de telles dénominations & qualités qu'ils puissent être.*

L'Arrêt rendu en forme de Réglement, sur le Réquisitoire de M. l'Avocat Général Talon, le 16 Juin 1664, veut aussi que les Pensions réservées par les Résignans, ne puissent excéder le tiers du revenu des Cures, & qu'elles ne puissent même être du tiers, que dans le cas où il restera au Titulaire au moins 300 liv. de revenu, sans y comprendre le casuel, sans que cette somme puisse être diminuée par aucune convention, ni sous prétexte d'équité, de bonne foi, &c. *ce qui aura lieu,* dit l'Arrêt, *nonobstant toutes pactions entre le Résignant & le Résignataire, & tous cautionnemens de personnes étrangeres.*

Cet Arrêt a aussi défendu, sous peine de vacance & d'impétration des Cures » de promettre de fournir un Bénéfice de certaine » valeur, à condition de payer cependant » une Pension annuelle de même somme «. Voyez aussi la Déclaration du 4 Octobre 1670, regiſtrée au Parlement de Grenoble & de Dijon; elle eſt à la fin du Recueil Canonique de la Combe. Ainſi, ſuivant tous ces Réglemens, pour qu'un Eccléſiaſtique puiſſe réſerver une Penſion ſur un Bénéfice qu'il réſigne, il faut qu'il ſoit Séculier & tellement infirme, qu'il ne puiſſe plus deſſervir ſon Bénéfice, ou qu'il l'ait deſſervi pendant quinze années, pour pouvoir, en le réſignant, conſerver une Penſion qui ne peut jamais excéder le tiers du revenu de ce même Bénéfice, mais qui peut être moindre. Voyez l'Edit du mois de Décembre 1677, que je rapporte à l'article *Réſignation.*

Cependant voici l'eſpéce d'un Arrêt par lequel la Cour a jugé qu'une Penſion pouvoit être réſervée après ſept années & demie de deſſerte.

Le ſieur Serpe, en permutant la Cure de Cauvigny, dont il étoit Titulaire, contre un Canonicat de Saint Michel de Beauvais, ſe réſerva une Penſion de deux cens trente livres exempte de toutes charges ſur la Cure.

La création de Penſion fut admiſe à Rome, où le ſieur Serpe obtint une ſignature (contenant la clauſe ordinaire, *liberèque tranſeat ad ſucceſſores,*) ſur laquelle le Roi accorda des Lettres-Patentes le 23 Janvier 1716, contenant dérogation à l'exécution de l'Edit de 1671, qui furent enregiſtrées le 17 Août ſuivant.

La Penſion fut exactement payée par le co-Permutant du ſieur Serpe: mais ce co-Permutant étant mort, & la Cure de Cauvigny ayant été conférée au ſieur de Dampierre, comme Gradué, celui-ci refuſa de la payer, & prétendit qu'elle avoit dû ceſſer par la mort de ſon Prédéceſſeur qui l'avoit conſentie.

Le ſieur de Dampierre diſoit, d'après une conſultation de Me de Blaru, Avocat, qu'une Penſion ſur une Cure étoit incompatible avec un Canonicat qui exige réſidence: il ajoutoit (d'après une conſultation de Me Fuet,) que le ſieur Serpe ne pouvoit conſerver ſa Penſion, au moyen de ce que depuis qu'elle étoit créée, il avoit été pourvu de Bénéfices qui lui procuroient largement les aiſances de la vie; les cauſes de la Penſion étoient ceſſées ſelon le nouveau Curé, & il en concluoit qu'il étoit bien fondé à refuſer de la continuer.

Le ſieur Serpe répondoit qu'il étoit en régle, que ſa Penſion étoit admiſe à Rome, qu'elle étoit autoriſée par Lettres-Patentes enregiſtrées contradictoirement; qu'il n'y avoit ni Canon, ni Loi, ni Ordonnance, ni même aucun Arrêt qui ait déclaré éteinte une Penſion ſur une Cure, par la raiſon que le Penſionnaire avoit été depuis revêtu de Bénéfices ſimples.

Cette affaire avoit d'abord été portée devant les Juges de Beauvais: mais, comme il s'agiſſoit de l'oppoſition à un Arrêt d'enregiſtrement de Lettres-Patentes, ils renvoyerent les Parties en la Cour; & par Arrêt du Mercredi 11 Mars 1733, le fieur de Dampierre a été débouté de fon oppofition & demande, & condamné à continuer fa Penfion avec dépens.

On peut voir fur cela l'Arrêt de M. l'Abbé Boucher, que je rapporte au mot *Incompatibilité.* Mes Nouet, Capon, Cochin, Chevalier & Favier, qui avoient été confultés par le fieur Serpe, lui avoient donné leurs avis conformes à l'Arrêt qui eft intervenu.

Mais l'affaire eût fait plus de difficulté, fi, au lieu des Bénéfices fimples, le fieur Serpe avoit été pourvu d'une autre Cure. En effet, la Cour a jugé, par Arrêt rendu en la cinquiéme Chambre des Enquêtes, le 9 Août 1718, que l'ancien Curé d'Entragues, qui avoit retenu 200 liv. de Penfion fur cette Cure en la réfignant, & qui poftérieurement à fa réfignation, avoit été pourvu d'une autre Cure, ne pouvoit plus jouir de la Penfion; la Cour l'a même condamné à reftituer les arrérages qu'il avoit perçus depuis fa prife de poffeffion de la nouvelle Cure.

Les Penfions fur des Bénéfices font encore autorifées en France, 1°. lorfqu'après une conteftation férieufe entre deux Prétendans droit au même Bénéfice, l'un des deux renonce à fa prétention, à condition que celui qui refte paifible poffeffeur, lui fera une Penfion.

2°. Lorfque deux Bénéficiers permutent des Bénéfices d'un revenu difproportionné: celui qui fe trouve pourvu du Bénéfice le plus confidérable, peut faire une Penfion à fon co-Permutant, » pour établir l'égalité » qui doit fe rencontrer dans un échange «. Voyez d'Hericourt.

3°. Lorfque le Roi, en nommant aux Bénéfices Confiftoriaux, charge le Titulaire d'une ou de plufieurs Penfions envers les perfonnes auxquelles il veut bien accorder cette grace.

Le Roi peut donc accorder des Penfions fur les Bénéfices auxquels il nomme; il peut même charger les Bénéfices Confiftoriaux de Penfions excédantes le tiers du revenu de ces mêmes Bénéfices, ainfi qu'on peut

le voir dans Brillon, au mot *Penfion*: mais les Collateurs ordinaires n'en peuvent créer aucune, en conférant les Bénéfices qui font à leur collation; & il en eft de même des Patrons.

Les Cures à portion congrue ne peuvent être réfignées avec Penfion: fur cela voyez l'efpéce de l'Arrêt du 9 Juin 1736, rapporté dans la Jurifprudence Canonique de la Combe, verb. *Penfion*, fection 4, n°. 14.

Le Pape » ne peut créer des Penfions » fur les Bénéfices de ce Royaume ayant » charge d'ames, ni fur autres, ores que ce » fût du confentement des Bénéficiers, fi- » non conformément aux faints Décrets » Conciliaires & Canoniques-Sanctions, au » profit des Réfignans, quand ils ont réfi- » gné à cette charge expreffe, ou bien pour » pacifier Bénéfices litigieux. Et fi ne peut » permettre que celui qui a Penfion créée » fur un Bénéfice, la puiffe transférer en » autres Perfonnes, ni qu'aucun Réfignant » retienne au lieu de Penfion tous les fruits » du Bénéfice réfigné, ou autre quantité » defdits fruits excédant la tierce partie » d'iceux «. Ce font les termes mêmes de l'art. 50 des Libertés de l'Eglife Gallicane (*a*).

Deux Ecléfiaftiques qui avoient permuté leurs Bénéfices fitués à Béthune en Artois, étant à la nomination du Roi, avoient ftipulé une Penfion de 200 liv. en faveur de celui qui cédoit le plus fort Bénéfice, & avoient fait agréer leur permutation par un Brevet du Roi, contenant la condition ordinaire, qu'il feroit homologué en Cour de Rome.

La Bulle, au lieu d'accorder les 200 liv. de Penfion, en créa une de 236 liv. fuivant l'évaluation des Ducats de la Chambre Apoftolique; mais elle ne fut payée que de 200 liv. feulement.

Au bout de quelques années le Penfionnaire demanda la reftitution de ce qu'il avoit touché de moins que les 236 liv. & que la Penfion fût à l'avenir payée fur ce pied.

Cette demande fut portée devant l'Offi-

(*a*) Piganiol dit que le Pape impofe fouvent, ce qu'on appelle Penfions Papales, fur les Cures du Rouffillon, qu'il confére pendant huit mois de l'année, comme cet-

te Province étant Pays d'obédience, & que l'on oblige le Pourvu d'en payer fept années pour la racheter, Voyez *Obédience.*

cial d'Arras, qui mit hors de Cour fur l'appel, l'Official Métropolitain de Cambrai, ordonna que les Parties feroient preuve que la Penfion de 236 liv. n'excédoit pas le tiers du revenu du Bénéfice.

Le Débiteur de la Penfion appella comme d'abus de cette Sentence ; & lors de la Plaidoirie, M. l'Avocat-Général Chauvelin prouva que la Sentence de l'Official de Cambrai étoit abufive, en ce qu'elle avoit ordonné un éclairciffement qui fuppofoit que le Pape avoit pû, au préjudice de la convention, créer une Penfion plus forte que celle dont les Parties avoient demandé l'homologation ; que le Pape n'étoit pas maître de changer ainfi les conventions des Parties fur les Penfions; qu'il pouvoit tout au plus réduire une Penfion exorbitante ; mais qu'il ne pouvoit pas l'augmenter, fur-tout lorfque le Bénéfice étoit en Patronage Laïc ; & à plus forte raifon, lorfqu'il avoit le Roi pour Patron.

Par l'Arrêt rendu en la Grand'Chambre, le 15 Janvier 1731, la Cour jugea qu'il y avoit abus dans la Sentence de l'Officialité Métropolitaine de Cambrai, & faifant droit fur le *Réquifitoire de M. le Procureur Général*, l'a reçu *Appellant comme d'abus de l'exécution de ladite Bulle, en ce qu'elle changeoit la fixation de la Penfion, &c.* Je parle encore de cet Arrêt à l'article *Excommunication.*

Quand on commença à admettre les Penfions fur les Bénéfices, on excepta ceux qui étoient chargés de la conduite des Ames, comme les Evêchés, les Abbayes, les Cures, les Théologales, &c. mais elles font actuellement autorifées fur toutes fortes de Bénéfices, comme on le peut voir par les difpofitions de l'Edit de 1671, que j'ai tranfcrit plus haut : le Grand-Confeil confirme même les Penfions réfervées fur les Bénéfices Confiftoriaux dont les Titulaires fe demettent, pourvû que le Roi les y autorife.

Quand un Bénéfice eft permuté ou réfigné à la charge de Penfion, il eft d'ufage d'obtenir en Cour de Rome une fignature différente de celle qui admet la réfignation ou la permutation. Cette fignature eft néceffaire, parce que les François la regardent comme une difpenfe de la févérité des Ca-

Tome III. Part. I.

nons, qui, comme je l'ai dit, ne permettent pas les Penfions ; & le Pape ne peut accörder les Provifions fans admettre la Penfion, parce qu'on la regarde comme condition effentielle, fans laquelle la réfignation n'eût pas été faite. On peut voir fur cela un Arrêt du premier Mars 1696 ; rapporté par d'Hericourt.

Le Parlement n'autorife les Penfions fur les Cures, fur les Canonicats & autres Bénéfices fujets à réfidence, que quand la fignature de Cour de Rome a été homologuée fur les Conclufions de M. le Procureur Général. Ce n'eft pas cependant que cette homologation foit prefcrite par aucune Loi : mais, comme les Tribunaux n'admettoient point autrefois les réferves de Penfions, on regarde l'homologation comme une difpenfe de l'ancien ufage. Elle met d'ailleurs les Juges à portée d'examiner fi la Penfion eft Canonique.

Les Penfions que le Roi accorde fur les Bénéfices Confiftoriaux, ne courent au profit des Penfionnaires, qu'à compter du jour qu'elles font admifes à Rome : cela eft ainfi réglé par un Arrêt du Confeil du 17 Juillet 1679 ; l'Auteur du Recueil de Jurifprudence Canonique cite fur cela deux Arrêts du Grand-Confeil, qui ont jugé de même ; l'un pour l'Abbé d'Harcourt, contre le Chevalier de Rieux ; l'autre du 17 Août 1730, pour M. de Beauveau, Archevêque de Narbonne, contre le fieur de Ranan, Curé de S. Maurice de Châlons-fur-Saone. Voyez *Cîteaux.*

Mais fi le Brevet porte que la Penfion aura lieu, à compter du jour qu'il a été expédié & figné, il doit fervir de régle : au moins cela a été ainfi jugé par Arrêt rendu au Confeil d'Etat, du 9 Septembre 1718, en faveur de plufieurs Penfionnaires fur l'Archevêché de Cambrai.

» Quand un Bénéfice eft déja chargé d'u-
» ne Penfion, on ne peut en conftituer une
» feconde, qu'on ne faffe une mention ex-
» preffe de la première, dans la Supplique
» qu'on préfente au Pape, pour obtenir la
» fignature.

» Quelquefois celui qui fe dépouille en
» faveur d'un tiers, d'un Bénéfice qui eft dé-
» ja chargé d'une Penfion, fe réferve auffi
» une Penfion égale à la première, pour en

L

» jouir qu'après le décès du premier Pen-
» fionnaire. Cette efpéce de Penfion s'ap-
» pelle , dans le ftyle de la Cour de Rome ,
» *Eventitia.* « V, d'Hericourt.

Les Bénéfices qui font en Patronage Laïc,
ne peuvent être chargés de Penfions fans le
confentement du Patron.

L'Edit du mois du Novemb. 1637, qu'on
connoît fous le nom d'Edit du Contrôle ,
déclare nulles & fimoniaques les Penfions
exceffives retenues par les anciens Titulaires
des Bénéfices ; mais fes difpofitions fur ce
point furent modifiées par l'Arrêt d'enregiftrement ; & , fuivant la Jurifprudence actuelle, de femblables Penfions ne doivent
pas s'éteindre totalement ; elles font feulement réduétibles à la valeur du tiers du revenu du Bénéfice , après une évaluation faite
par Experts.

La Cour l'a ainfi jugé par deux Arrêts ,
des premier Août 1735 , & 18 Mars 1744.
Ce dernier Arrêt eft intervenu à l'occafion
d'une Penfion fur la Cure d'Eragny en
Vexin, Diocèfe de Rouen : cela eft d'ailleurs conforme à l'Edit du mois de Juin
1671 , qui porte que les Penfions antérieurement conftituées *feront réduites au*
tiers.

L'Arrêt de Réglement du 16 Juin 1664 ,
dont j'ai déja parlé, portoit que, dans le cas
où le Titulaire d'une Cure payeroit une
Penfion plus forte que le tiers du revenu ,
la Cure *demeureroit vacante* & impétrable ;
mais fes difpofitions n'ont plus été fuivies
depuis l'Edit de 1671.

Quand il s'agit de fixer la valeur d'un
Bénéfice pour réduire une penfion au tiers
du revenu, on compte le produit des obits ,
des fondations & des dixmes novales dont
jouiffent les Curés , & qui ne fe comptent
pas cependant, lorfqu'il eft queftion de fixer
la portion congrue. Le Grand-Confeil a fur
cela des ufages particuliers. V. le Recueil

Canonique de la Combe , verb. *Penfion.*

Le poffeffeur d'un Bénéfice ne peut s'affranchir du payement des Penfions (Canoniques) dont il s'eft chargé, qu'en abandonnant le Bénéfice : *aut cede, aut folve.* La maxime eft certaine ; mais ce n'eft pas le cas de
l'appliquer, fi celui qui doit la Penfion ,
prétend qu'elle eft exceffive , & en demande
la réduétion.

La Penfion fur un Bénéfice accordée avec
les formalités ordinaires à celui qui a poffédé ce même Bénéfice , ne permet pas au
Penfionnaire de faire ufage de fes grades ,
pour en conféquence requérir un autre Bénéfice.

Mais en fera-t-il de même des Penfions
accordées par le Roi aux Gradués fur des
Bénéfices Confiftoriaux ? Les empêcheront-
elles auffi de faire valoir leurs grades ? Cette
queftion s'eft préfentée depuis peu ; & par
Arrêt rendu en la Grand'Chambre, fur les
Conclufions de M. l'Avocat Général d'Ormeffon , le 17 Août 1751, plaidans M** Caf-
fiot & Riviere , la Cour a jugé que ces fortes de Penfions ne mettent point obftacle à
l'exercice du droit des Gradués.

Les Penfions fur des Bénéfices ont toujours été regardées comme un ufufruit profane, & comme un droit purement temporel. C'eft pour cela qu'on voit tous les jours
des Laïcs, tels que les Chevaliers de Saint-
Lazare (a), & même des perfonnes mariées,
jouir (mais avec difpenfe) de Penfions fur
des Bénéfices : la Cour a confirmé de femblables Penfions, par Arrêts de 1659 , de
1682 , & du 11 Mars 1733. Voyez fur cela
les Canoniftes Flaminius , Parifio, Gomès ,
Gonzalès , &c.

Lorfque les perfonnes qui jouiffoient de
penfions, fe marient, leur mariage fait vaquer les Penfions, à moins qu'ils n'ayent une
Difpenfe revêtue de Lettres-Patentes enregiftrées (b).

(a) Les Chevaliers des Ordres du Mont-Carmel & de
Saint Lazare, ont été confirmés dans la faculté » dé te-
» nir pour eux, quoique mariés, des Penfions fur toutes
» fortes de Bénéfices, foit qu'ils fe les foient réfervées, ou
» qu'elles leur ayent été accordées devant ou après avoir
» fait profeffion dans ledit Ordre «. Edit du mois d'Avril
1711.

(b) Louis XIV donna, au mois de Septembre 1668, à
Henri de Bourbon, Duc de Verneuil , des Lettres-Patentes approbatives d'un Bref accordé par le Pape, le 11 Août
précédent , portant difpenfe & permiffion audit Duc de

Verneuil , de poffeder cent mille liv. de Penfion fur toutes fortes de Bénéfices du Royaume pour en jouir , foit
qu'il fe mariât avec une veuve ou autre , une ou plufieurs fois , pendant & nonobftant fon mariage , & dans
l'état de viduité. Ces Lettres ont été regiftrées au Grand-
Confeil , le 29 Septembre 1668.

Louis XIV avoit , auparavant & dès l'année 1664, accordé aux Chevaliers & Commandeurs de l'Ordre du
Mont-Carmel , qui fe marient ou qui font mariés, des
Lettres-Patentes dans la même forme & à mêmes fins que
celles données au Duc de Verneuil ; en limitant néant-

Le Comte de Marſan ayant obtenu des Bulles de Cour de Rome, qui l'autoriſoient, quoique marié, à jouir, du conſentement du Titulaire, de 10000 livres de Penſion ſur l'Evêché de Cahors, les fit confirmer par Lettres-Patentes enregiſtrées au Grand-Conſeil.

M. le Jay, Evêque de Cahors, ſucceſſeur de celui qui avoit conſenti la Penſion, interjetta appel comme d'abus de la Bulle, & forma oppoſition à l'Arrêt d'enregiſtrement des Lettres-Patentes. Il diſoit pour moyens, que les maximes de l'Etat alloient être renverſées, que les revenus des Evêchés alloient devenir en proie à l'uſurpation de ceux qui auroient le crédit d'obtenir de pareils titres.

Le Comte de Marſan répondoit que le Droit commun n'empêchoit pas l'effet d'une grace particuliere & perſonnelle, que le concours des deux Puiſſances a confirmée; parce qu'une grace perſonnelle ne s'étend point au-delà de la perſonne. Par Arrêt du Grand-Conſeil du 15 Septembre 1683, l'exécution de la Diſpenſe fut ordonnée, & le Comte de Marſan maintenu.

Le Parlement & preſque toutes les Cours Souveraines du Royaume, tolerent que ceux qui réſignent des Bénéfices à la charge de Penſions, exigent des cautions pour le payement de ces mêmes Penſions; mais le Grand-Conſeil & le Parlement de Flandres rejettent cette condition, parce qu'elle reſſemble trop à celle qui s'appoſe dans le commerce des biens profanes.

Les moyens qui font vaquer les Bénéfices de plein droit, comme le mariage, la mort civile, la Profeſſion Religieuſe, &c. éteignent auſſi les Penſions; parce que ceux qui ne peuvent plus poſſéder des Bénéfices (a), ne peuvent pas, par la même raiſon, poſſéder des Penſions ſur des Bénéfices.

Il faut cependant excepter de cette régle les perſonnes qui, comme je l'ai dit, ont des Diſpenſes en régle, & les Chevaliers de Saint-Lazare, qui peuvent, ſans être Clercs,

poſſéder des Penſions ſur des Bénéfices, pourvû que chacune de ces Penſions n'excéde point 500 ducats de la Chambre Apoſtolique. On peut ſur cela voir les Bulles de Pie V & de Paul V, des années 1567 & 1607, auxquelles la Juriſprudence du Grand-Conſeil eſt conforme. Brillon en rapporte pluſieurs Arrêts, verb. *Penſion*, n. 8. Voyez auſſi les Loix Eccléſiaſtiques de d'Hericourt.

Ce dernier Auteur prétend que le débiteur d'une Penſion peut l'éteindre & la rembourſer ſans ſimonie, en paſſant avec le Penſionnaire un Concordat qui s'envoye à Rome, & que le Pape autoriſe, quand le rembourſement ſe fait ſeulement, moyennant cinq ou ſix années de la rente; mais d'Hericourt convient que c'eſt pallier la ſimonie, & il fait des vœux (j'en fais auſſi) pour qu'on aboliſſe cet uſage.

En Normandie, il arrive quelquefois que les Patrons font ſur les Cures de leur Patronage, des réſerves de Penſions en faveur de leurs enfans, pour les faire étudier, ou d'eux-mêmes, quoique mariés, s'ils ſont pauvres & ont peine à ſubſiſter. Cet uſage eſt fondé ſur un Canon cité dans la Juriſprudence Canonique de la Combe, verb. *Patronage*, chap. 6, n. 1; & le Parlement autoriſe ces Penſions, quand elles ſont créées en Cour de Rome. V. le Traité des Penſions.

Un Chanoine d'Auxerre, qui avoit deſſervi ſon Canonicat pendant quinze années, le réſigna, avec réſerve d'une Penſion de 100 livres. Ayant depuis été pourvu d'une Prébende de la Sainte-Chapelle de Bourges, le Réſignataire ſe plaignit de la Penſion. Il oppoſoit deux moyens: le premier, que cette Penſion étoit incompatible avec le nouveau Bénéfice du Réſignant: le ſecond, qu'après la Penſion prélevée, il ne reſtoit plus 300 liv. francs au Réſignataire, comme le porte l'Edit de 1671. Ce dernier moyen détermina la Cour; & par Arrêt du 20 Juillet 1726, rendu ſur les Concluſions de M.

---

moins les Penſions des Chevaliers à cinq cent ducats de la Chambre Apoſtolique, & celles des Commandeurs à quinze cent, conformément aux Bulles de Pie V de 1567, & de Paul V de 1607, confirmées par les Lettres-Patentes, leſquelles ont auſſi été regiſtrées au Grand-Conſeil.

Il faut néanmoins remarquer que, quand ces Chevaliers ou Commandeurs deviennent Trigames, c'eſt-à-dire,

quand ils paſſent à de troiſiémes nôces, leurs Penſions s'éteignent.

(a) La promotion à l'Epiſcopat fait vaquer de plein droit les Bénéfices dont le nouvel Evêque eſt pourvu; mais ne fait pas vaquer les Penſions qu'il avoit ſur les Bénéfices. Voyez un Arrêt du 14 Février 1661, au Journal des Audiences, tome 2, liv. 4, chap. 1.

d'Aguesseau, Avocat Général, le Résignataire fut déchargé de la Pension.

. On ne peut, au lieu de Pension, se réserver une partie des fruits du Bénéfice, ni les
collations qui en dépendent : une semblable
convention approcheroit trop de la division du titre, qui de sa nature est indivisible.

Les Pensions sur des Bénéfices ne peuvent
se permuter pour un Bénéfice, parce qu'elles ne font qu'un revenu temporel & profane.

Ceux qui jouissent de Pensions sur des
Bénéfices, sont-ils assujettis à payer les décimes, dons gratuits & autres impositions?

PÉREMPTION.
V. *Prescription & Retrait.*

La Péremption est une espéce de prescription, qui détruit & annulle les procédures
des affaires civiles, quand on a été trois ans
sans les poursuivre.

Il y a néantmoins des cas où les procédures tombent en Péremption, par le défaut
de poursuite pendant une seule année : par
exemple, dans les demandes en retraits lignagers, il ne faut qu'une année de silence
& d'inaction pour que la Péremption soit
acquise ; parce que c'est une espéce de prescription qui ne doit pas durer plus long-
temps que l'action même pour laquelle la
procédure a été faite.

C'est l'usage du Châtelet, & de presque
tous les Tribunaux dans lesquels on regarde
l'action en retrait comme annuelle. Voyez
l'Acte de Notoriété de la Sénéchaussée de
Poitiers, du 21 Février 1692.

La Péremption n'avoit lieu autrefois que
quand la cause avoit été contestée ; mais actuellement la cause, contestée ou non, tombe en Péremption par la cessation des procédures pendant trois ans.

La Péremption a été introduite par la
Loi *Properandum, Cod. de Jud.* suivant la-

quelle tous les procès criminels devoient
être terminés dans deux ans, & les procès
civils dans trois ans, à compter de la contestation en cause.

L'article 120 de l'Ordonnance de 1539
nous apprend que la Péremption d'instance
étoit déja en usage dans les Tribunaux ;
mais comme les dispositions de cette Ordonnance sur cette matiere furent négligées, elles furent renouvellées & développées par l'art. 15 de l'Ordonnance de Roussillon, de l'année 1563, dont voici les termes : » *L'instance intentée, ores qu'elle soit*
» *contestée, si par la prescription de trois ans*
» *elle est discontinuée, n'aura aucun effet de*
» *perpétuer ou proroger l'action, ains aura la*
» *prescription son cours, comme si l'instance*
» *n'avoit été formée ni introduite, sans qu'on*
» *puisse prétendre ladite prescription avoir été*
» *interrompue* «.

La Péremption a fait naître plusieurs
questions, sur lesquelles la Grand'Chambre
du Parlement de Paris, & plusieurs autres
Tribunaux, se sont trouvés divisés. Pour
fixer la Jurisprudence sur ce point important, *la Cour, toutes les Chambres assemblées,*
a ordonné, (par un Arrêt du 28 Mars
1692 ;)

ART. I. *Que les instances intentées, bien*
qu'elles ne soient contestées, ni les assignations
suivies de constitution & de présentation de
Procureur par aucune des Parties, seront dé-
clarées péries, en cas que l'on ait cessé & dis-
continué les procédures pendant trois ans, &
n'auront aucun effet de perpétuer ni de pro-
roger l'action, ni d'interrompre la prescrip-
tion.

II. *Que les appellations tomberont en Pé-*
remption, & emporteront de plein droit la con-
firmation des Sentences, si ce n'est qu'en la Cour
les appellations soient conclues ou appointées
au Conseil (a).

III. *Que les saisies-réelles & les instances*
de criées des Terres, héritages & autres im-

(a) Ni la Péremption, ni la prescription, ne peuvent
être alléguées au Parlement de Bretagne, sous prétexte de
laps de temps, lorsque la Cause a été enrôlée ou l'Appointement exécuté, suivant un Arrêt de cette Cour du 21 Juin
1732.

Au Parlement de Toulouse, une *Instance conclue, distri-
buée, & dont la sommation d produire est faite, ne tombe pas
en Péremption par cessation de poursuites, pendant trois an.*

Les *Causes mises au Rôle, ne font pas non plus sujettes à
Péremption, pendant qu'elles y restent ; mais en étant tirées*

ou étant appointées elles suivent le sort des autres Procès conclus, suivant un Réglement de ce Parlement du 8 Avril
1739.

Au Parlement de Paris, on juge qu'une Cause mise
au Rôle, & tombée dans l'appointement général, est sujette à Péremption, quand il n'a été fait aucune Procédure pendant trois ans après l'Acte, contenant déclaration
que la Cause est au Rôle. Il y a à ce sujet un Arrêt rendu
en la Grand'Chambre, au rapport de M. Brunet, le 27
Février 1708. Il est imprimé.

*meubles, ne tomberont en Péremption, lorsqu'il
y aura établissement de Commissaires, & baux
faits en conséquence.*

IV. *Que la Péremption n'aura lieu dans les
affaires qui y sont sujettes, si la Partie qui a
acquis la Péremption, reprend l'instance* (a)*,
si elle forme quelque demande, fournit quelque défense, ou si elle fait quelqu'autre procédure, & s'il intervient quelqu'appointement,
interlocutoire ou définitif, pourvû que lesdites
procédures soient connuës de la Partie, &
faites par son ordre.*

La Péremption étoit autrefois regardée
favorablement: aujourd'hui elle est odieuse
comme la prescription.

Les instances principales sont sujettes à
la Péremption, comme celle d'appel.

La Péremption a lieu contre les mineurs
& contre l'Eglise. Cela a été jugé par un
Arrêt de Réglement, rendu le 5 Juin 1703,
contre la veuve de M. de Seve, Procureur
Général de la Cour des Monnoies, tutrice
de leurs enfans mineurs. Cet Arrêt est im-
tervenu sur l'avis des Procureurs de Communauté, qui est très-instructif, mais trop
long pour trouver place ici; ils sont imprimés l'un & l'autre, & se trouvent à Paris,
chez Prault.

La Péremption ne s'acquiert point dans
les affaires dépendantes de Bénéfices qui
sont en Economats; il y a à ce sujet une Déclaration du 20 Fév. 1725, enregistrée le 16
Mars, dont je parle à l'article *Economats.*

Une autre Déclaration du 20 Janv. 1699,
enregistrée le 13 Avril suivant, ordonne que
les instances intentées contre les Fermiers
Généraux, seront sujettes à la Péremption.
V. *Fermiers Généraux.*

La Cour a jugé, par un Arrêt du 5 Mars
1725, qu'il n'y avoit pas lieu à la Péremption dans une affaire sur laquelle les Parties
convenoient avoir *verbalement* compromis;
& un autre Arrêt rendu le 15 Mars 1737,
entre la veûve Renouard & le sieur Vasse, a
même jugé que de simples Lettres missives
empêchoient la Péremption. V. M. Louet,
lettre P, n. 17.

Par un autre Arrêt, rendu le 19 Mars 1742,

entre le Sr de la Baume, le Comte & la Comtesse d'Albon, la Cour a jugé que, lorsque
l'Appellant néglige de relever son appel, &
qu'il se laisse anticiper, l'appel ne laisse pas
de périr, faute de poursuite pendant trois
ans, encore qu'il n'y ait eu aucune présentation sur l'assignation de la part d'aucune
des Parties, parce que c'est à l'Appellant à
relever son appel: l'Intimé qui anticipe, ne
le releve que par une espéce de subrogation:
c'est donc à l'Appellant à veiller à ce que son
appel ne tombe pas en Péremption.

La Cour avoit auparavant jugé par un
Arrêt rendu le 2 Avril 1727, en la troisiéme
Chambre des Enquêtes, au rapport de M.
l'Abbé Langlois, entre les sieurs Cordelle
& Stemple (que la Péremption d'une procédure anéantissoit non-seulement l'opposition formée dans la huitaine à une Sentence
par défaut, mais qu'elle anéantissoit, tant la
Sentence & la procédure, que la demande
sur laquelle elle étoit intervenue. En un
mot, la Cour a jugé par cet Arrêt, que la
demande, la procédure & la Sentence par défaut, ne formoient qu'une même Instance,
& que le tout tomboit en Péremption, par
le défaut de poursuite de part ou d'autre sur
l'opposition à la Sentence. Voyez sur cela
un Réglement du 25 Novembre 1689, rapporté dans le Recueil des Réglemens des
Procureurs.

La Péremption n'est pas de droit: il faut
la demander; sans quoi, & si avant la demande en Péremption, il est fait quelque
procédure, la Péremption est couverte, &
l'Instance est toujours subsistante.

La signification d'un simple avenir, ou
sommation faite même après trois ans de
silence, couvre & fait cesser la Péremption,
si elle n'a auparavant été demandée. C'est
ce que la Cour a jugé par plusieurs Arrêts
modernes, & singulièrement par celui qui
est intervenu en la Grand'Chambre sur les
Conclusions de M. Joly de Fleury, Avocat Général, le 12 Août 1737, entre les
sieurs de Barbançois, & Chardon de Chau-
meblanche. V. sur cela M. Louet & Brodeau, Lettre P, n. 14.

(a Les héritiers d'un sieur de la Crouliere ayant, par
le ministere de Me de Bar, Procureur, repris une Instance, à l'effet par eux d'en demander la Péremption;
parce qu'avant le décès du sieur de la Crouliere, il y avoit
eu cessation de poursuites pendant trois ans & plus: on a
prétendu que cette reprise couvroit la Péremption. Mais,
par Arrêt rendu sur production en la Grand-Chambre, le
11 Mars 1735, la Cour a jugé la Péremption acquise.

Cette Jurifprudence du Parlement de Paris a eu quelque peine à s'introduire au Grand-Conseil ; mais elle y est actuellement suivie. Voici l'efpéce d'un Arrêt qui prouve ma propofition.

Le fieur de Sacre, qui étoit en inftance au Grand-Conseil, fur l'appel qu'il avoit interjetté de deux Sentences obtenues contre lui par le fieur Girardot, ne fit aucune procédure contre fon Adverfaire pendant quatre ans & quelques mois. Au bout de ce temps, il fit fignifier un avenir le 12 Octobre 1742 ; & fept jours après, le fieur Girardot penfant que celui qui avoit laiffé acquérir la Péremption, ne pouvoit pas la couvrir, donna fa Requête en Péremption.

De Sacre fe défendit fur le fondement de ce que fon avenir avoit précédé la demande en Péremption. Par Arrêt rendu le 9 Décembre 1742, la caufe fut mife en délibéré ; & depuis autre Arrêt fur délibéré eft intervenu le 15 du même mois, qui débouta Girardot de fa demande en Péremption.

Le décès d'une Partie dans le cours des trois ans, interrompt la Péremption, parce que l'Inftance ne fçauroit fubfifter fans Partie ; mais elle court, s'il y a une demande en reprife contre l'héritier.

Le décès de l'un des Procureurs des Parties litigantes met encore obftacle à la Péremption.

Le mariage de la fille, qui étoit Partie dans une Inftance, empêche auffi la Péremption, parce que le changement de fon état ne lui permet plus d'efter en Jugement, comme avant fon mariage. (Cependant fi le changement d'état n'eft pas fignifié, la procédure continuée contre une fille mariée, eft valable.)

En un mot, les mutations des perfonnes de l'Inftance, foit Partie, foit Procureur, foit Rapporteur, empêchent la Péremption.

Brodeau & quelques autres Auteurs prétendent cependant que, quand le mineur devient majeur, ou lorfqu'un autre tuteur eft élu à la place du premier, cela n'empêche pas la Péremption, parce que le tuteur & le mineur font regardés comme une même perfonne.

Le Parlement de Rouen (a) juge en conformité de cette maxime ; & par Arrêt rendu le 23 Août 1748, entre les fieurs Thirel & de Saint-Amand, il a décidé que l'appel interjetté par un tuteur, tombe en Péremption, quoique le mineur foit devenu majeur dans les trois ans du jour de la derniere procédure. Mais voyez l'Arrêt du 5 Mars 1715, rapporté par Brillon dans le Dictionnaire des Arrêts, verb. Péremption.

Les Sentences interlocutoires n'interrompent pas la Péremption ; mais les Sentences par défaut l'interrompent quand elles font fignifiées, parce qu'elles confomment l'Inftance. La Cour a même jugé par Arrêt rendu en la Grand'Chambre, fur les Conclufions de M. l'Avocat Général Chauvelin, le 22 Décembre 1716, qu'une Sentence par défaut, quoique non fignifiée, ne périffoit pas comme une Inftance, n'y ayant plus rien à juger, après une Sentence définitive.

L'Arrêt (qui eft imprimé) infirme la Sentence du Bailliage de Soiffons du 6 Juillet 1715, qui avoit ordonné la repréfentation de la fignification de la Sentence, finon déboutoit le demandeur de fa demande avec dépens. Mais la Combe cite un Arrêt rendu au mois de Juin 1731, au rapport de M. Pucelle, par lequel la Cour a, dit-il, jugé qu'un Arrêt par défaut faute de comparoir, non fignifié, eft fujet à Péremption.

M. Louet, lettre P, nombre 38, rapporte deux Arrêts rendus aux Grands-Jours de Clermont, par lefquels il a eté jugé que les preuves acquifes dans une inftance périe, fubfiftent toujours, malgré la Péremption.

Les Inftances appointées, & les procès conclus en Cour Souveraine, ne font pas fujets à la Péremption, quand ils font produits. On trouve même un Arrêt du 19 Février 1687, au Journal du Palais, par lequel la Cour a jugé que la Péremption n'avoit pas lieu par la ceffation de pourfuites pendant trois ans, pour faire juger un défaut faute de défendre ; & cela, dit l'Arrêtifte, par la raifon que » ce font Juges fou-

---

(a) Bretonnier, Queftions Alphabétiques, verb. Péremption, dit que la Péremption n'eft reçue au Parlement de Rouen, que quand elle emporte la Péremption entiere de l'action ; & qu'il en eft de même au Parlement de Bretagne. Sur la Péremption d'Inftance voyez ce que dit le Praticien François.

» verains, & que les Parties ne peuvent se » plaindre du retardement de leurs procès, » ni se pourvoir pardevant d'autres Juges, » comme ils auroient la liberté de le faire » contre les Juges subalternes. « V. l'art. 2 du Réglement de 1692, que j'ai ci-devant rapporté.

Non-seulement les Instances appointées, & les Procès conclus en Cour Souveraine, ne sont pas sujets à Péremption, quand il y a eu production ; mais la prescription de trente ans n'a même pas lieu en ce cas. V. *Prescription.*

La Péremption n'a pas lieu dans les affaires où M. le Procureur Général est Partie, ni dans les causes & procès qui concernent le domaine du Roi, ni en matiere d'appel comme d'abus. (V. *Abus*), ni même dans les appels comme de Juges incompétens, parce que ces sortes d'affaires regardent le Droit public. V. Brodeau, sur M. Louët, lettre P, num. 14.

On juge que la Péremption n'a pas lieu en matiere criminelle, même lorsqu'il ne s'agit que d'injures, & de tout ce qu'on nomme petit-criminel. La Cour l'a ainsi jugé par un Arrêt rendu le 4 Mai 1759, entre les nommés Mesnard & Houdouin, dans une affaire où il s'agissoit d'injures verbales.

Les Saisies-Arrêts, qui ne contiennent point d'assignation, ne sont pas sujettes à Péremption ; mais si elles contiennent assignation pour affirmer, elles périssent comme les autres demandes. V. l'Acte de Notoriété du Châtelet du 23 Juillet 1707.

Les Avocats de la Sénéchaussée du Mans ont aussi certifié, le 4 Mai 1730, que dans le Ressort de cette Sénéchaussée, les saisies faites sans assignation, durent trente ans.

Les Officiers de la Sénéchaussée de Ponthieu ont attesté la même maxime, qu'ils ont dit être commune à tous les Tribunaux, par Acte de Notoriété du 14 Mai 1681 ; mais il en est autrement en Normandie. V. *Saisie-Arrêt.*

Le 17 Juin 1750, la Cour a rendu un Arrêt au rapport de M. l'Abbé Boucher, Conseiller en la Grand'Chambre, par lequel il a été entr'autres choses décidé qu'une partie de la contestation ne peut tomber en Péremption, lorsque l'autre partie n'y est

pas tombée, & que toute procédure, faite avant la demande en péremption, empêche l'effet de la Péremption, ce qui confirme ce que j'ai déja dit.

Quand une cause est évoquée aux Requetes du Palais ou en une autre Jurisdiction, la Péremption n'a pas lieu, jusqu'à ce qu'il y ait une Sentence de rétention ; parce qu'avant la rétention, le Juge n'est pas certain. On peut contester le renvoi, &c. en un mot, la Jurisdiction n'étant point réglée, il n'y a ni Juge, ni Instance, & par conséquent il ne peut pas y avoir de Péremption.

Tel est le sentiment des Annotateurs de Duplessis, liv. 2 des Prescriptions, chap. 1, Section 2 des Actions personnelles, qui sont courtes, note Q ; & ils fortifient cette opinion par la citation d'un Arrêt rapporté par Papon, liv. 2, tit. 3, n. 17.

Le Grand-Conseil a rendu un Arrêt conforme à l'opinion des Annotateurs de Duplessis, dont voici l'espéce.

Dom Dupuis, Prieur de Susset, ayant, par exploit du 4 Novembre 1747, évoqué au Grand-Conseil une contestation pendante dans un autre Tribunal, entre lui & le sieur Boirot, ne fit point de poursuites pendant plus de six ans ; en conséquence, le sieur Boirot demanda, le 21 Juin 1754, que, conformément à l'article 15 de l'Ordonnance de Roussillon, la demande de Dom Dupuis fût déclarée périe.

Dom Dupuis, défendu par Me Brunet, Avocat, soutint que la Péremption ne pouvoit pas avoir lieu, au moyen de ce que la cause n'avoit pas été retenue. Il cita Brillon, Duplessis, &c. Par l'Arrêt du 14 Mai 1755, sans s'arrêter à la Requête en Péremption, le Grand-Conseil a retenu la cause, &c.

La Péremption n'a pas lieu en Artois ; la Cour l'a ainsi jugé par Arrêt rendu le 5 Janvier 1734, sur les Conclusions de M. Joly de Fleury, Avocat Général, entre les sieurs Bouguet & Bouquel de Warlus. Cela est d'ailleurs attesté par deux Actes de Notoriété du Conseil Provincial d'Artois ; l'un donné d'Office le 25 Novembre 1691, & l'autre en exécution d'un Arrêt de la Cour du 23 Mai 1702, rendu entre les Religieuses de Bourbourg & l'Evêque de Saint-Omer.

Il y a néantmoins une interruption, qui en Artois a à peu près le même effet que la Péremption, & qui s'acquiert par la difcontinuation de pourfuites pendant un an dans les Inftances de mife de fait, de main-affife & de criées. Voyez le fufdit Acte de Notoriété du Conseil d'Artois du 23 Mai 1702. V. *Nullité.*

Il y a encore une autre Péremption annale qui s'acquiert en Bretagne en matiere d'Appropriances & de Bannies. Voyez l'article 278 de la Cout. de cette Province.

Le Parlement de Grenoble n'a pas regiftré l'Ordonnance de Rouffillon, & n'admet pas la Péremption d'Inftance par le laps de trois ans : on ne l'y admet que par le laps de trente ans. C'eft le même ufage en Franche Comté.

PÉREMPTOIRE.

C'eft l'épithete qu'on donne à une défenfe folide & décifive ; ainfi le mot Péremptoire paroît fynonime à décifif. V. *Exception.*

PÉREQUAIRE.

On nomme Pérequaire, un état général dreffé, par ordre du Roi, en Dauphiné, qui contient le détail des feux & des biens de cette Province, & qui fert de régle pour les impofitions ordinaires & extraordinaires qui s'y levent. Voyez l'Edit du mois de ……,… 1706, regiftré au Parlement de Grenoble le 23 Juillet fuivant. V. auffi l'art. 20 du Traité fait avec la Savoye le 24 Mars 1760, regiftré au Parlement le 6 Septembre fuivant.

PERINDE VALERE.

Quand les provifions d'un Bénéfice peuvent être annullées pour quelques défauts, fi un tiers n'a pas acquis de droit fur ce même Bénéfice, le Pourvu peut recourir au Pape, & obtenir un Refcrit appellé *Perinde Valere*, par lequel le Pape ordonne que les premieres provifions, ou autre acte par lequel le Bénéfice a été donné, auront le même effet que s'ils euffent été réguliers dans le principe.

Le Refcrit, *Perinde Valere*, produit un effet tel, que la provifion eft valide du jour qu'il a été accordé & qu'il n'eft pas befoin d'en obtenir une nouvelle, à moins qu'elle n'ait été accordée par un autre que par le Pape.

Cependant fi, comme je l'ai d'abord obfervé, un tiers avoit acquis un droit au Bénéfice dans le tems intermédiaire ; le Refcrit, *Perinde Valere*, n'auroit point d'effet à fon préjudice, parce que le Pape ne peut point préjudicier au droit d'un tiers.

Le Refcrit, *Perinde Valere*, n'efface pas les vices & les défauts qui n'y font pas exprimés. L'expreffion de l'un ne fupplée pas les autres. Sur tout cela voyez la Pratique Bénéficiale de Rebuffe, & le Recueil Canonique de la Combe.

PERMUTATION.
V. *Regrès* & *Réfignation.*

On nomme Permutation un acte par lequel deux Bénéficiers réfignent refpectivement leurs Bénéfices en faveur l'un de l'autre ; ainfi on peut dire qu'une Permutation eft une efpéce d'échange que deux Titulaires font entr'eux de leurs Bénéfices.

Ces fortes d'échanges ou permutations ont anciennement effuyé de grandes oppofitions, fur-tout dans l'Eglife de France ; car voyant, au douziéme fiécle, que l'ufage commençoit à s'en introduire, elle crut devoir en arrêter les progrès dans un Concile national, tenu à Tours, dont le Décret prohibitif fe trouve au corps des Décrétales.

Depuis ce temps, la difpofition des efprits a tellement changé, qu'on regarde parmi nous ce commerce de Bénéfices, comme permis, enforte qu'on ne croit même plus avoir befoin de recourir à l'autorité du Pape pour l'approuver : il fuffit de le faire autorifer par les Supérieurs Eccléfiaftiques qui ont pouvoir de les admettre.

Cependant, fans cette autorifation du Supérieur Eccléfiaftique, les Permutations ne feroient regardées que comme des trocs réprouvés, & jufqu'à ce qu'elle foit intervenue, tout ce que les Copermutans peuvent faire, ne fçauroit, ni les dépouiller, ni même les lier ; parce que leurs conventions ne font, à proprement parler, qu'une difpofition, une préparation, ou même feulement un mandat pour permuter.

Lorfque

Lorfque deux Eccléfiaftiques veulent permuter, ils doivent fe démettre de leurs Bé-
néfioes entre les mains du Supérieur Eccléfiaftique, pour caufe de Permutation; & ce
Supérieur, en admettant la démiffion, ne
peut conférer les Bénéfices à d'autres qu'aux
Copermutans; il eft même obligé d'en accorder les provifions, conformément aux
claufes inférées dans les Permutations,
pourvû qu'elles foient Canoniques (*a*).

Les démiffions, pour caufe de Permutation, peuvent fe faire entre les mains, ou
du Pape, ou du Légat d'Avignon (pour les
Bénéfices du reffort de fa Légation) ou du
Collateur ordinaire : d'Hericourt décide
même que les Chapitres des Eglifes Cathédrales, qui conferent pendant la vacance des Siéges, peuvent donner des provifions fur les Permutations.

Il n'eft pas permis de permuter un Bénéfice contre une penfion fur un autre Bénéfice, & il n'eft pas non plus permis de ftipuler une foulte dans la Permutation ; ce feroit une fimonie: mais on permet dans notre Jurifprudence, aux Copermutans de convenir qu'ils feront chargés, chacun de leur
côté, de faire réparer les bâtimens dépendans des Bénéfices dont ils refteront Titulaires, pourvû que les dépenfes que ces réparations occafionnent, foient à peu près égales.

» En cas que les Bénéfices qu'on veut per-
» muter, dépendent de différens Collateurs,
» chacun d'eux confere fur la démiffion pour
» caufe de Permutation, le Bénéfice dont il
» a le droit de difpofer; ou l'un des Colla-
» teurs donne à l'autre un pouvoir de don-
» ner des provifions des deux Bénéfices. «
V. d'Hericourt, Loix Eccléfiaftiques, *des
Permutations.*

Les Permutations des Bénéfices en Patronage Laïc ne peuvent fe faire fans le confentement par écrit authentique des Patrons
dûement Inftitué ; mais ce confentement
n'eft nullement néceffaire, quand les Bénéfices, qui forment l'objet de la Permutation, font tous deux en Patronage Eccléfiaftique; & les expectatives des Indultaires, des Gradués & des Brévetaires de
joyeux avénement, n'empêchent point que
les Titulaires ne puiffent permuter, au préjudice des Expectans.

On peut permuter un feul Bénéfice contre plufieurs autres, pourvû que la Permutation fe faffe entre deux Titulaires feulement, & qu'elle n'impofe pas à l'un des
deux la condition de réfigner à un tiers l'un
des Bénéfices permutés; parce que cette condition, qu'on nomme Permutation triangu-
laire, n'eft point tolérée en France, quelque difpenfe qu'on obtienne à Rome pour
l'autorifer.

» Pendant l'ouverture de la Régale, le
» Roi feul peut admettre la Permutation
» des Bénéfices non Cures; & il peut en
» tout temps admettre la Permutation des
» Bénéfices qui font de collation Royale. Il
» en eft de même des autres Collateurs
» Laïcs «. V. d'Hericourt, *ibid.*

Il y a beaucoup de régles qui font communes aux Permutations & aux réfignations: par exemple, le Titulaire d'un Bénéfice peut révoquer le confentement qu'il
a donné, foit pour réfigner, foit pour permuter, jufqu'à ce que le Collateur ou autre Supérieur Eccléfiaftique ait accordé des
provifions fur la Permutation ou fur la réfignation; & fi, au préjudice de cette révocation parvenue à la connoiffance du Co-
permutant ou du Réfignataire, ou même du
Collateur, de quelque maniere que ce foit,
le Réfignataire ou Copermutant faifoit
expédier des provifions, elles feroient regardées comme nulles, à caufe du défaut de
confentement du Titulaire. V. la Clementi-
ne unique, *de Revocatione*, & Dumoulin.

Mais la révocation des procurations pour
réfigner, ou pour permuter, ne fe fignifie
pas par un Huiffier, comme celle donnée
pour des matieres profanes. L'Edit du mois
de Déc. 1691, portant création des Notaires Apoftoliques, veut que ces Notaires faffent les fignifications de ces fortes de révocations, à l'exclufion des Huiffiers, auxquels
on a enlevé cette fonction; & la peine de
nullité eft prononcée par l'article 5 de cet
Edit, lorfque ces fignifications ont été faites
par autres Officiers que par des Notaires.

Il y a cependant des Dioçèfes où l'on a

(*a*) Les Financiers ont prétendu qu'y ayant deux réfignations dans une Permutation, il étoit dû un double
droit de Contrôle. Mais, par Arrêt du Confeil du 28 Mars
1733, il a été décidé que, quoique la réfignation fût double, il n'étoit dû qu'un feul droit de Contrôle fixé à 6 liv.
V. les articles 1 & 96 du Tarif de 1722.

conſervé l'ancien uſage de faire ſignifier ces révocations par des Huiſſiers : un Arrêt du premier Août 1735 a même jugé valable la ſignification faite par un Huiſſier, à la requête du Sr Argoud, Chanoine de Chartres, au ſieur Bare, Chanoine de S. Niſier de Lyon, contenant révocation de la procuration pour permuter leurs Bénéfices ; mais il étoit évident, dans l'eſpéce de cet Arrêt, que le ſieur Argoud avoit été ſurpris par ſon Copermutant.

D'ailleurs, ce n'étoit pas proprement une révocation que l'Huiſſier ſignifioit, mais une procuration contenant révocation ; & il y avoit minute de cette procuration qui étoit inſinuée. L'eſpéce de cet Arrêt eſt rapportée avec beaucoup plus d'étendue dans la nouvelle Edition d'Augeard, in-fol. tom. 2.

L'Edit du Contrôle de 1637, & l'art. 7 de la Déclaration de 1646, veulent que les procurations pour permuter, ſoient inſinuées dans le Diocéſe, contrôlées, enregiſtrées & cottées par les Banquiers Expéditionnaires de France, avant d'être envoyées à Rome, à peine de nullité.

Dumoulin dit que les Permutations ſont toujours accompagnées de deux conditions tacites ; l'une ſuſpenſive, dans le cas d'un trouble imprévu qui arrête la diſpoſition du Collateur, juſqu'à ce que le trouble ſoit ceſſé ; l'autre réſolutive, qui aſſure le regrès du Copermutant dans le cas d'éviction. Voyez M. Louet ſur la Régle de Publicandis, nombre 196.

Les proviſions obtenues ſur une Permutation ſont nulles, ſi elles n'ont été inſinuées deux jours avant le décès d'un des Copermutans, non compris le jour de l'inſinuation & celui du décès.

Cependant ſi l'un des deux Copermutans étoit décédé, & eût manqué à faire inſinuer ſes proviſions deux jours francs avant ſon décès, & que le » Survivant eût fait obſer-
» ver toutes les formalités preſcrites pour
» la validité des Permutations, ſes provi-
» ſions ne ſeroient point nulles ; parce que
» le motif des Réglemens n'étant que d'em-
» pêcher que les Permutations ne ſe faſſent
» à l'extrémité de la vie, en fraude des Ex-
» pectans ou du Patron Eccléſiaſtique, le
» Survivant a ſuffiſamment ſatisfait à la ré-

» gle, en faiſant inſinuer ſes proviſions. «
Ce ſont les termes de d'Hericourt, ibid.

Voyez un Arrêt du 22 Décembre 1644, par lequel, en pareille circonſtance, l'Evêque de Meaux fut maintenu dans la poſſeſſion des deux Bénéfices, en vertu de la régle, gaudeat bona fortuna. Cet Arrêt eſt intervenu ſur les Concluſions de M. l'Avocat Général Briquet. On le trouve au Journal des Audiences, tome 1, liv. 4, chap. 16. Voyez auſſi une Déclaration du 11 Mai 1684, adreſſée au Parlement de Guyenne ; elle eſt dans le Recueil Canonique de la Combe.

La Permutation des Bénéfices Conſiſtoriaux ne ſe peut faire qu'entre les mains du Roi, qui donne des Brevets aux Permutans, pour obtenir des Bulles du Pape, conformément à la diſpoſition du Concordat ; & quand le Roi a fait expédier les Brevets de nomination ſur les Permutations, on ne peut plus les révoquer ; parce que cette variation ſeroit injurieuſe au Prince, qui tenant d'ailleurs la place des Electeurs, ne peut varier dans ſa nomination. V. d'Hericourt, ibid.

Le Grand-Conſeil a, par Arrêt rendu le 13 Mars 1745, déclaré nulle une permutation faite entre un Religieux Bénédictin Anglois, du Prieuré de Saint Marcel de Châlons-ſur Saône, avec un autre Bénéfice dont étoit pourvu J. B. Belland, Evêque de Meſſene.

Dans cette eſpéce, on oppoſoit deux moyens pour faire anéantir la Permutation contre laquelle on avoit fait prendre des Lettres de Reſciſion au Moine Anglois : il diſoit, 1°. que la Permutation lui avoit été extorquée par fraude, dol & ſurpriſe, par l'Evêque de Meſſene.

2°. Que ni les Décrets des Chapitres généraux des Bénédictins Anglois de 1661 & 1677, ni le quatriéme vœu ou ſerment qu'ils font à la ſuite de leur profeſſion, ne leur permettent pas de diſpoſer de leurs Bénéfices, ſi ce n'eſt pour l'utilité de leur Maiſon de S. Edmont. Ces deux moyens me paroiſſent également victorieux. (L'Arrêt eſt imprimé.) V. Religieux.

Une Permutation eſt toujours conditionnelle, & ſi l'un des Copermutans ne peut obtenir ſes proviſions, faute d'Exeat ou autrement, elle devient nulle, n'étant point effectuée. La Cour l'a ainsi jugé par Arrêt rendu le 31 Janvier 1714, entre Thomas Langer, Curé de S. Symphorien du Vieil-Baugé, & René Morard, Curé de Drocourt, Diocèse de Rouen.

PERQUIRATUR.

C'est le nom d'une Ordonnance par laquelle le Dataire permet de chercher dans les Registres de la Daterie, s'il a été retenu des dates, dans un certain temps, pour l'obtention de Bénéfices.

PERQUISITION.

Ce mot signifie recherche & soin qu'on prend pour trouver ou pour découvrir quelque chose. Voyez *Contumace* & *Saisie-Annotation*.

PERSONNATS.

On nomme Personnat un Bénéfice qui donne quelque prééminence & une place distinguée dans une Eglise ou dans un Chapitre, sans attribuer aucune Jurisdiction.

Les Personnats sont fréquens dans les Eglises d'Aquitaine. Quelques-uns donnent aussi ce nom à quelques Archidiacres & Archiprêtres dans les Cathédrales.

Il y a des Docteurs qui donnent le Personnat à tous ceux qui ont quelque prérogative dans le Chœur ou dans le Chapitre au-dessus des autres Chanoines, soit dans les Processions, soit dans les options, soit dans les suffrages; & le confondent avec les Dignités.

D'autres donnent ce nom à de simples Curés, & d'autres à des Curés primitifs. V. le Dictionnaire de Trévoux.

Le Grand-Conseil a jugé, par Arrêt rendu le 15 Avril 1725, que la Prévôté de S. Caprais d'Agen n'étoit pas une Dignité, mais un Personnat, au moyen de ce qu'il n'y avoit aucune Jurisdiction attachée à ce Bénéfice, dont le Titulaire est néanmoins à la tête du Chapitre.

Il n'est pas nécessaire d'être Gradué pour posséder les Personnats comme pour les Dignités. L'article 30 de l'Edit de 1606 ne parle que des Dignités.

PERROT.

C'est le nom qu'on donne dans quelques Coutumes aux arbres qui ont le double de l'âge du taillis. Voy. l'article 29 de la Coutume de Montreuil, & l'article 32 de celle du Boulonnois.

PERRUQUIERS.
Voyez *Bourgage*.

A Paris, & dans plusieurs autres Villes du Royaume, la Profession de Barbier-Perruquier ne peut s'exercer que par ceux qui sont Propriétaires ou Locataires de ce qu'on nomme Place de Barbier-Perruquier, que quelques personnes confondent mal-à-propos avec des Offices.

Les Places de Barbier-Perruquier sont immeubles & héréditaires; & quoiqu'elles ne soient point des Offices, mais seulement des Maîtrises héréditaires & commerçables, elles sont susceptibles d'hypothéque, & se vendent par décret; mais les acquéreurs ne sont pas tenus d'obtenir des provisions, comme les Titulaires d'Offices. Les Propriétaires ne sont d'ailleurs assujettis à aucune Paulette ni annuel. Là quittance de Finance qui leur est délivrée, & les Lettres de Maîtrises qui pour la premiere fois sont expédiées & scellées du grand sceau, se transmettent à ceux qui succédent ou qui acquiérent ces Places; & l'enregistrement du titre de propriété sur les Registres de la Communauté tient lieu de réception. V. l'Edit du mois de Juillet 1746, registré au Parlement le 11 Octobre suivant, & celui du mois de Mars 1673.

Les Barbiers-Perruquiers avoient été établis en Corps & Communauté, avec Statuts, par un Edit du mois de Décembre 1659; mais l'exécution de cet Edit ayant été traversée, *la Profession de Barbier-Baigneur-Etuviste-Perruquier* fut de nouveau *établie en Maîtrise & Communauté*, non-seulement *à Paris*, mais encore *dans toutes les autres Villes du Royaume où il y a Parlement & autres...... Cours, Présidial, Sénéchauffée & principal Bailliage*, par un Edit du mois de Mars 1673, registré au Parlement, le Roi y séant, en son Lit de Justice, le 23 du même mois de Mars 1673.

Cet Edit, en conformité duquel il a de-

-puis été fait de nouvelles créations de Places de Barbier-Perruquier, porte, *qu'aucun
ne pourra être admis à ladite Profession, qu'il
n'ait pour la premiere fois obtenu des Lettres
de Maîtrise scellées en la grande Chancellerie, qui seront expédiées sur les quittances du
Trésorier des Revenus casuels....*

*Pour être lesdits Maîtres & leurs succes-
seurs reçus par notre premier Chirurgien &
Barbier pour la Ville & Fauxbourgs de Paris ; & pour les autres Villes par lesdits Juges auxquels la connoissance en appartient,
& jouir par les Pourvus desdites Lettres,
leurs veuves & enfans, &c.*

D'autres Edits postérieurs, en date des
mois de Juillet 1706 & Août 1707, augmentent le nombre des Places de Perruquiers dans les divers endroits du Royaume où il en avoit été établi, par un Edit
du mois de Novembre 1691, & il en a été
créé de semblables dans les Villes de la
Flandre & du Haynaut par un Edit du
mois de Septembre 1714, registré au Parlement de Douai le 29 Octobre suivant.

L'Edit de 1691, qu'on trouve dans le
premier volume du Recueil du Parlement
de Besançon, porte que les Perruquiers
pourront » tenir boutique & enseigne avec
» bassins blancs, à la différence des Chirur-
» giens, qui les ont & les auront jaunes,
» avec cette inscription, *Barbier-Baigneur-
» Etuviste-Perruquier : Céans on fait le
» poil.* «

Ce même Edit leur permet aussi » de
» faire vendre des cheveux en gros & en
» détail, de faire des savonnettes, pomma-
» des, essences, poudres de senteur, pâtes
» & autres choses semblables pour leur usa-
» ge & Profession «.

Enfin cet Edit leur permet encore » de
» disposer de leurs Places au profit de qui
» bon leur semblera, sans que leurs succes-
» seurs & ayans-cause soient tenus d'ob-
» tenir de nouvelles Lettres de Chancelle-
» rie, ni payer aucune finance, sous pré-
» texte de prêt, d'annuel, de survivance,
» de mutation, &c. «

La réception dans la Place de Barbier-
Perruquier purge les hypothéques dont ces
Places étoient grevées ; elle produit à cet
égard le même effet que le sceau des provisions d'un Office ; ainsi les créanciers qui

veulent conserver des hypothéques sur ces
Places, doivent former opposition au Bureau des Perruquiers, à la réception du
successeur de leur débiteur ; & il n'est pas
nécessaire de renouveller annuellement ces
oppositions, comme celles qui se forment
au sceau des Offices, parce qu'aucune Loi
ne l'exige.

Cela est sans difficulté dans les ventes volontaires, mais dans les décrets forcés, ceux
qui ont formé opposition au décret, doivent-ils aussi former une seconde opposition au Bureau, à la réception de l'acquéreur ? Quelques-uns prétendent que les deux
oppositions sont nécessaires, & sur-tout
l'opposition à la Réception.

Je pense au contraire que, quand la saisie-réelle a été registrée ou dénoncée au Bureau des Perruquiers, l'opposition au décret suffit, & qu'on ne doit point appliquer
à ces Places ce qui s'observe pour le sceau
des provisions des Offices. Il y a une Loi
qui exige l'opposition au sceau des Offices
sous diverses peines ; & il n'y en a aucune
qui prescrive l'opposition à la Réception.
Une Loi Pénale ne doit point se suppléer
ni s'étendre d'un cas à un autre.

V. un autre Edit du mois de Mai 1760,
portant aussi création de Places hérédital-
res de Barbier-Perruquier.

PESCHE.
Voyez *Chasse* & *Riviere*.

Le droit de Pêche est seigneurial comme
la Chasse ; il appartient tout de même aux
Hauts-Justiciers, Seigneurs de Fiefs, &c.
dans les rivieres non navigables qui passent
dans leur Seigneurie ; mais la Pêche dans
les Fleuves & Rivieres navigables appartient au Roi, & les Seigneurs ne la peuvent
prétendre sans un titre particulier. V. *Rivieres.*

La Pêche des Fossés des Villes & Places
de Guerre appartient aux mêmes Officiers,
qui jouiroient du produit des herbes, si les
Fossés étoient à sec, suivant les art. 665 &
suivans de l'Ordonnance Militaire du 25
Juin 1750.

Il n'y a que les Maîtres Pêcheurs reçus
dans les Maîtrises des Eaux & Forêts, qui
puissent pêcher dans les Fleuves & Rivieres navigables. La Pêche dans ces Rivieres

eft défendue à tous autres, à peine de 50 l. d'amende & de confiscation. *Ordonnance des Eaux & Forêts, tit. 31, art. 1. (a).*

L'article 5 du même titre défend à tous Pêcheurs » de pêcher..... à autre heure que » depuis le lever du Soleil jufqu'à fon cou- » cher, finon aux arches des Ponts, aux » Moulins & aux Gords, où fe tendent des » dideaux, auxquels lieux ils peuvent pê- » cher, tant de nuit que de jour....

VI. » Les Pêcheurs ne pourront pêcher » durant le temps de fraye; fçavoir, aux » Rivieres où la Truite abonde.... depuis le » premier Février jufqu'à la mi-Mars; & » aux autres, depuis le premier Avril juf- » qu'au premier de Juin, à peine, pour la » premiere fois, de 20 liv. d'amende & d'un » mois de prifon; & du double de l'amen- » de & de deux mois de prifon pour la fe- » conde; & du carcan, fouet & banniffe- » ment pendant cinq ans, pour la troifiéme.

L'art. 7 excepte la Pêche des Saumons, des Alofes & Lamproies, qu'il permet de faire en la maniere accoutumée.

» Défendons à toutes perfonnes de jetter » dans les Rivieres aucune chaux, noix vo- » miques, coque de Levant, mommie & au- » tres drogues ou apât, à peine de punition » corporelle «, article 14. *Ibid.*

Un autre Arrêt rendu au Confeil, en in- terprétation de ces difpofitions, le 22 No- vembre 1735, & qui a été regiftré à la Maî- trife des Eaux & Forêts de Paris, publié, &c. *enjoint à toutes perfonnes fans diftinction de montrer aux Officiers des Eaux & Fo- rêts qui les requerront, les poiffons qui au- ront été pêchés & les filets dont elles fe fe- ront fervis : ordonne aux Maîtres Pêcheurs de ne fe fervir d'aucuns filets qu'ils n'ayent été plombés & marqués....*

La Pêche peut s'affermer comme les au- tres biens domaniaux, & en cela elle dif- fére de la Chaffe. V. *Chaffe.*

La dame Mercier du Carieul, qui foute- noit être en poffeffion de pêcher & de fai- re pêcher, à l'exclufion de tous autres Sei- gneurs voifins, dans la Riviere fluante de fa Seigneurie du Quefnoi, prétendit avoir été troublée dans fa poffeffion par le Sei-

gneur de Houdain & autres voifins, contre lefquels elle forma fa demande en com- plainte, qui fut portée à la Gouvernance d'Arras.

Les Seigneurs voifins articulerent une poffeffion contraire; & fur ce fait de pof- feffion contradictoirement articulé, eft in- tervenu Sentence le 12 Décembre 1720, qui a admis les Parties à la preuve refpec- tive.

Cette Sentence fut attaquée par les voi- fins de la dame du Carieul, fous prétexte que ce n'étoit pas le cas de la complainte; ils foutinrent au Confeil d'Artois que tou- tes les fois que la poffeffion feule n'eft pas capable de faire acquérir la propriété, on ne devoit point admettre le poffeffeur à re- vendiquer la poffeffion, s'il n'établiffoit en même temps qu'elle étoit fondée fur un titre capable de prouver une propriété.

Ce moyen fut écouté; & par Sentence rendue au Confeil d'Artois, le 18 Décem- bre 1722, il fut ordonné aux Parties de contefter fur le fond du droit de Pêche: mais fur l'appel de cette Sentence au Par- lement, la dame du Carieul fit voir que le droit de Pêche n'étoit pas feulement un droit de Juftice, mais un droit Demanial; que la Riviere & le poiffon ne font pas plus incorporels que les fruits d'un héritage; & par Arrêt rendu le 16 Mai 1726, au rapport de M. Fornier de Montagny, la Cour a infirmé cette derniere Sentence, & ordon- né l'exécution de celle de la Gouvernance d'Arras.

M. le Bret, Faber, Salvaing, M. Bou- hier & quelques autres, difent que la Pêche à la ligne eft permife à tout le monde, dans les Rivieres navigables; mais je ne fuis pas de même opinion. Il n'eft pas permis, fe- lon moi, de s'approprier, par aucune voie, ce qui appartient à autrui; & mon avis fe trouve autorifé par un Arrêt rendu à la Ta- ble de Marbre au Souverain à Dijon, le 30 Avril 1749, lequel a déclaré cette Pêche prohibée, & condamné un Pêcheur à la li- gne volante dans une Riviere bannale, en 3 liv. 5 fols d'amende, & aux dépens.

La Pêche de la Mer eft commune à tous

(a) Les difpofitions de l'Ordonnance des Eaux & Fo- rêts concernant la Pêche, ne font pas fuivies dans le ref- fort du Parlement de Flandres; une Déclaration du 17 Nov. 1706, regift. en ce Parlement le 23 Déc. fuiv. porte que la Jurifdiction concernant la Pêche, fera exercée par les Juges des lieux, comme avant l'Ord. des Eaux & Forêts.

les Sujets du Roi qui peuvent la faire, tant en pleine Mer que fur les Greves, pourvû qu'ils fe fervent d'engins & de filets permis par l'Ordonnance de la Marine, liv. 5, tit. premier, art. premier.

Lorfque la Pêche fe fait pendant la nuit, les Pêcheurs doivent montrer trois différentes fois un feu dans le temps qu'ils mettent leurs filets à la Mer, à peine de 50 livres d'amende, &c.

Le nombre & l'étendue des Réglemens qui ont été faits pour la Pêche en Mer, depuis l'Ordonnance de la Marine, ne me permettent pas d'en rapporter ici toutes les difpofitions. Voici néantmoins le titre de quelques-uns des plus récens.

Une Déclaration du 23 Avril 1726 interdit toutes les efpéces de dreges & autres filets traînans pour la Pêche, excepté pour celle de l'huitre.

La même Déclaration fupprime l'ufage des bateaux fans quille, mâts, voiles, ni gouvernail (a) pour faire la Pêche en Mer, le long des Côtes & aux Embouchures des Rivieres.

Un Arrêt du Confeil du 19 Juin de la même année 1726, a ordonné qu'il feroit furfis à l'exécution de cette Déclaration, dans le reffort de l'Amirauté de Dunkerque, par rapport au filet nommé Drege, & à celui nommé Carte.

Le 2 Septembre 1726, la Pêche du poiffon nommé *Blanchot* ou *Blaquet* a été défendue par une Déclaration regiftrée aux Parlemens de Paris & de Rouen les 23 Octobre & 20 Novembre fuivans. La même défenfe a été faite par une autre Déclaration du 24 Décembre 1726, regiftrée aux Parlemens de Paris, Rennes & Rouen.

Depuis, & par un Arrêt du Confeil du 24 Novembre 1726, il a été ordonné que le filet nommé Carte ne pourra être toléré aux Pêcheurs de l'Amirauté de Dunkerque, que pendant les mois de Juillet, Août & Septembre de chaque année.

Les Pêches à pied & tente à baffe eau fur les Côtes des Provinces de Flandres, Pays conquis & reconquis, Boulonnois, Picardie & Normandie, font réglées par une

Décl. du 18 Mars 1727, contenant onze titres & foixante-dix articles; elle a été regiftrée aux Parlemens de Paris & de Rouen, le 8 Mai & 29 Avril de la même année.

Les Officiers de l'Amirauté de Bayonne ont, par une Ordonnance du 2 Avril 1728, défendu la pratique de la Pêche avec le filet nommé Volante, pendant les mois d'Août, Mai & Juin de chaque année.

Il y a une Déclaration du 23 Août 1728, regiftrée au Parlement de Touloufe, qui contient Réglement en dix-neuf articles pour la Pêche du poiffon de Mer dans la Province de Languedoc.

Le 21 Septembre 1729, le Roi a donné une Déclaration concernant les Gardes, Jurés ou Syndics des Pêcheurs du poiffon de Mer fur les Côtes des Provinces de Flandres, Pays conquis & reconquis, Boulonnois, Picardie & Normandie; elle a été enregiftrée le 25 Novembre fuivant.

Une Déclaration du 20 Décembre 1729, enregiftrée le 13 Février 1730, a permis l'ufage d'un filet nommé Ret traverfier & chalut, pour faire la Pêche du poiffon de Mer.

Le 20 Avril 1729, Sa Majefté a fait un Réglement concernant la Pêche de la Morue, qui fera faite pas les Vaiffeaux des Sables d'Olonne. Ce Réglement, qui contient trois titres, a été confirmé par des Lettres-Patentes du même jour; & elles ont été enregiftrées le premier Juillet fuivant.

Une Déclaration du 10 Mai 1730, regiftrée le 5 Septembre fuivant, en ordonnant qu'il ne feroit plus établi aucun Parc ou Pêcherie exclufifs, fur les Côtes & Provinces de Flandres, Pays conquis & reconquis, Boulonnois, Picardie, &c. a fixé le nombre de ces Parcs ou Pêcheries qui pourroient être confervés, &. déterminé la forme de leur conftruction, leur étendue & le lieu de leur fituation.

Une Ordonnance (non regiftrée) du 7 Novembre 1731, permet l'ufage du filet nommé Tramail dérivant, aux Pêcheurs des Amirautés de Cherbourg & de Barfleur, pendant fix mois de chaque année.

La même permiffion a été accordée aux Pêcheurs de l'Amirauté de Touques & Di-

---

(a) L'ufage des Bateaux fans quille, mâts, voiles & gouvernail, a depuis été permis aux Pêcheurs des Ports & Côtes des Amirautés de Bayonne, Nantes, Grancamp, Ifigny, Bayeux, Oyftrehar, Caën, S. Valeri-en-Somme, Dives, Carentan, Touques & Honfleur, par Arrêt du Confeil du 24 Novembre 1726.

ves, pendant fix mois de chaque année, par une femblable Ordonn. du 21 Nov. 1731.

Un Arrêt du Confeil du 20 Octobre 1739, qui contient neuf articles, a, en dérogeant aux difpofitions d'une Déclaration du 23 Avril 1626, permis la Pêche avec le filet nommé Drege, à commencer du premier Octobre, jufques & compris le Samedi Saint de chaque année.

Il y a aufli un Réglement du 20 Juin 1743 (non regiftré) concernant l'exploitation de la Pêche de la Morue à l'Ifle Royale; il contient trente-deux articles.

La Cour a, par Arrêt rendu le Jeudi 24 Avril 1749, confirmé deux Sentences rendues en la Maîtrife des Eaux & Forêts de Poitiers, les 22 Juin 1744 & 18 Août 1747, par lefquelles il avoit été jugé que le Propriétaire d'un étang qui le fait pêcher, n'eft point obligé de faire des efpéces de paliffades ou claions (qu'on nomme encore palles) entre fon étang & celui qui eft inférieur, afin d'empêcher le poiffon de l'un des étangs de defcendre ou de remonter dans l'autre, ni même d'avertir le Propriétaire de l'étang inférieur, du jour de la Pêche de l'étang fupérieur.

PÉTITION. (Plus-)

La Plus-pétition eft, à proprement parler, une demande trop étendue & plus confidérable qu'elle ne devroit être.

La Plus-pétition n'eft punie en France d'aucune peine : ainfi, lorfqu'un Créancier demande le contenu de fon titre, & qu'on lui oppofe des quittances qui l'éteignent en partie, s'il ne les contefte pas, on ne lui adjuge pas moins fes dépens, comme s'il avoit fait une demande jufte. Voyez les Arrêts de Bouguier, lettre S, n°. 1.

PÉTITOIRE.

Voyez *Complainte* & *Poffeffion*.

Pétitoire eft un terme de Palais, qui fignifie action par laquelle on demande le fonds ou la propriété d'une chofe; il fe dit par oppofition à poffeffoire, où il ne s'agit que de la poffeffion.

On ne peut cumuler le Pétitoire avec le poffeffoire, c'eft-à-dire, qu'on ne peut en même-temps demander la maintenue dans la poffeffion & dans la propriété. V. le titre

18 de l'Ordonnance de 1667, & ce que je dis au mot *Complainte*.

Il a été jugé par Arrêt rendu le premier Février 1724, (M. de Lamoignon préfidant) fur les Conclufions de M. l'Avocat Général Gilbert, qu'on ne peut fe pourvoir devant l'Official au Pétitoire en matiere bénéficiale, lorfque le poffeffoire a été jugé devant le Juge Royal, plaidans Me de Blaru & Pillon. Sur cela voyez Bardet, tome premier, liv. 2, chap. 61; le Journal des Audiences, & Brillon.

L'Auteur des Principes de la Jurifprudence Françoife entre dans un détail très-inftructif fur les actions Pétitoires. V. ce qu'il dit fur cela, tome 1, l. 1, n. 30 & fuiv.

PEZADE.

La Pezade eft une efpéce de tribut qui fe paye en Languedoc, qui a été établi par un Comte de Touloufe dans le Diocèfe d'Alby, pour fubvenir aux frais de la guerre contre les Hérétiques.

Ce droit confifte dans la perception d'une certaine quantité de grains, proportionnée au labourage que chacun fait. Il fubfifte encore actuellement; & par Arrêts rendus au Confeil les 11 Avril 1676, 29 Janvier 1678 & 8 Mars 1681, ce droit a été adjugé au Roi, comme faifant partie du Domaine, pour être perçu par fes Fermiers.

Il y a des Seigneurs en Languedoc qui prétendent aufli avoir un droit de Pezade Seigneurial, & qu'il en eft de la Pezade comme de la Taille, c'eft-à-dire, qu'il y a une Pezade Royale & une Pezade Seigneuriale.

PIÉCES DE COMPARAISON.

V. *Endoffeurs* & *Faux*.

Tous les Auteurs qui ont parlé de la Comparaifon d'Ecritures, difent qu'il n'y a point de preuve plus foible & moins confidérable que celle qu'on acquiert fur cette matiere par la voie de la vérification; tous s'accordent à dire que, lorfque l'avis des Experts n'eft point accompagné, ou d'une autre efpéce de preuve, ou au moins d'indices, les Juges ne doivent point s'y arrêter.

La raifon qu'ils en donnent, eft que le rapport qui fe trouve entre deux Ecritures, étant d'ordinaire l'effet d'une reffemblance fortuite ou étudiée, ce feroit commettre bien imprudemment la fortune, l'honneur, & quelquefois la vie des hommes au caprice du hazard, & à la difcrétion des Fauffaires, que d'affeoir des condamnations fur des conjectures fi trompeufes. Voyez Julien, Menochius, Raveneau & autres.

La fcience du Maître Ecrivain fe borne en effet à dire, qu'il y a de la conformité ou de la diffemblance dans les écritures comparées. Il n'a pas de régles pour découvrir le refte; & s'il ofe aller jufqu'à dire, qu'à caufe de la conformité ou de la diffemblance, il croit que les deux écritures font d'une même, ou de deux différentes mains, il avertit qu'il faut fe défier de fon opinion; puifqu'en même temps qu'il dit, *je crois*, il avoue qu'il peut fe tromper, & fait entendre en cela ce qu'établit l'expérience.

L'affaire des Chanoines de Beauvais fortifie ce que je viens de dire. Ces Eccléfiaftiques, accufés d'avoir écrit des Lettres qui ne pouvoient partir que d'une main ennemie de l'Etat, furent arrêtés & conduits au Château de Vincennes. M. de la Reynie, Lieutenant de Police, Commiffaire en cette partie, leur préfenta ces Lettres, qu'ils reconnurent, fans héfiter, pour être de leur écriture; mais quand ils en eurent entendu la lecture, ils protefterent qu'ils n'avoient point écrit ces Lettres, & que leur écriture avoit été imitée. Le coupable fut découvert, & il fubit la peine que méritoit une action fi détefable.

Voici d'autres exemples qui ne font, ni moins frappans, ni moins concluans.

Me ***, Greffier du Parlement, affigné pour reconnoître & exécuter un acte, que l'on prétendoit avoir été foufcrit par fon frere, refufa de le reconnoître, parce que ce n'étoit pas fon frere qui avoit figné: Vérification ordonnée, quatre Experts dirent que c'étoit fa fignature, Me *** s'étant infcrit en faux, fept autres Experts rapporterent que la piéce étoit fauffe.

Il y a environ trente ans que M. le Cardinal de Biffy & l'Abbeffe de Jouarre reçurent beaucoup de Lettres anonymes très-injurieufes. Les ennemis du fieur Colot, Vicaire de Jouarre, le firent foupçonner d'en être Auteur: comparaifon faite des véritables Lettres du Vicaire avec les anony-

mes, par trois Experts Maîtres Ecrivains à Meaux, qui furent d'abord confultés; ils déciderent tous que c'étoit la même écriture. M. le Cardinal de Biffy ne s'en rapporta pas à ces avis; les Piéces furent envoyées à Paris; quatre Experts des plus habiles furent de même avis que les trois premiers. En conféquence, le Vicaire fut puni, par un interdit, d'un crime qu'il n'avoit pas commis; car l'Auteur de ces Lettres, touché de repentir, découvrit la fourberie, & le fieur Colot fut pleinement juftifié.

En 1661, Elifabeth Bourguet s'infcrivit en faux contre le teftament du fieur Barrois, reçu par deux Notaires de Paris. Ses moyens étoient, 1°. qu'il avoit été reçu par un Notaire, & depuis figné en fecond par l'autre; 2°. qu'une partie des paraphes en marge étoient faits en divers temps, & de différentes, mains.

Il y eut informations: huit Témoins dépoferent n'avoir vu qu'un des Notaires, lorfque le teftament fut paffé. Deux Experts Ecrivains dépoferent en outre; l'un, que les Piéces de Comparaifon n'étoient pas conformes, & que les paraphes en marge de la feconde page, lui paroiffoient faits de diverfes mains; l'autre, qu'il y avoit inégalité dans les paraphes, & qu'il y en avoit qui n'étoient pas de la main du Teftateur.

Malgré cette inftruction, Sentence du Châtelet eft intervenue le premier Juin 1662, confirmée par Arrêt rendu le 10 Mai 1664, au rapport de M. de S. Martin, par laquelle, fans avoir égard à la demande en faux, l'exécution du teftament fut ordonnée avec dommages _ intérêts & dépens: ainfi deux Experts, foutenus de huit Témoins, font convaincus de s'être trompés.

Cet Arrêt, & un autre du 25 Mai 1672 dont on peut tirer de femblables inductions, font rapportés dans le fameux Procès de Jean Maillard.

Plus récemment, le fieur Fleury, Curé de S. Victor d'Orléans, fut accufé d'avoir fabriqué une Lettre impertinente, adreffée à S. A. R. M. le Régent, & d'avoir voulu imputer cette Lettre à Monfieur l'Evêque d'Orléans, par l'imitation de fa fignature. On inftruifit le Procès; quatre Experts Maîtres Ecrivains de Paris furent entendus, & rapporterent que la Lettre étoit écrite par

le

lé fieur Fleury (détenu à la Baftille , pendant que fon Procès s'inftruifoit à la Chambre de l'Arfenal). Cependant fon innocence fut reconnue & prouvée ; on découvrit le véritable Auteur de la Lettre.

Sur cette matiere voyez le Procès-verbal de l'Ordonnance de 1670, tit. 8 , art. 15; l'Edit du mois de Décembre 1584 , regiftré le 22 Janvier fuivant , & l'Ordonnance du mois de Juillet 1737.

Cette derniere Loi contient des difpofitions très-étendues fur les Comparaifons d'Ecritures ; ne pouvant les rapporter toutes , je me contenterai d'en rapporter ici les difpofitions les plus effentielles.

ART. XII. *Lorfque la preuve par Comparaifon d'Ecritures aura été ordonnée , nos Procureurs , ou ceux des Hauts-Jufticiers & la Partie Civile , s'il y en a , ne pourront feuls fournir les Piéces de Comparaifon , fans que l'Accufé puiffe être reçu à en préfenter de fa part , fi ce n'eft dans le temps , & ainfi qu'il eft dit par les articles 46 & 54…. à peine de nullité.*

XIII. *Ne pourront être admifes pour Piéces de Comparaifon , que celles qui font authentiques par elles-mêmes ; & feront regardées comme telles les fignatures appofées aux actes paffés devant Notaires , ou autres perfonnes publiques , tant Séculieres qu'Eccléfiaftiques, dans les cas où elles ont droit de recevoir des actes en ladite qualité , comme auffi les fignatures étant aux actes judiciaires faits en préfence du Juge & du Greffier , & pareillement les Piéces écrites & fignées par celui dont il s'agit , de comparer l'écriture en qualité de Juge , Greffier , Notaire , Procureur , Huiffier , Sergent , & en général comme faifant , à quelque titre que ce foit , fonction de perfonne publique.*

XIV. *Pourront néantmoins être admifes pour Piéces de Comparaifon , les écritures ou fignatures privées qui auroient été reconnues par l'Accufé , fans qu'en aucun autre cas , lefdites écritures , ou fignatures privées , puiffent être reçues pour Piéces de Comparaifon , quand même elles auroient été vérifiées avec ledit Accufé , fur la dénégation qu'il en auroit faite ; ce qui fera exécuté , à peine de nullité.*

XV. *Laiffons à la prudence des Juges , fuivant l'exigence des cas , & notamment lorfque l'accufation de faux ne tombera que fur un*

endroit de la Piéce , qu'on prétendra être faux ou falfifié , d'ordonner que le furplus de ladite Piéce fervira de Piéce de Comparaifon.

XVI. *Si les Piéces indiquées pour comparaifon , font entre les mains de Dépofitaires publics ou autres , le Juge ordonnera qu'elles feront apportées (au Greffe) , fuivant ce qui eft prefcrit par les articles 5 & 6 , à l'égard des Piéces prétendues fauffes ; & les Piéces qui auront été admifes pour Piéces de Comparaifon , demeureront au Greffe pour fervir à l'inftruction , & ce , quand même les Dépofitaires d'icelles offriroient de les apporter toutes les fois qu'il feroit néceffaire , fauf aux Juges à y pourvoir autrement , s'il y échet , pour ce qui concerne les Regiftres des Baptêmes , Mariages , Sépultures , & autres dont les Dépofitaires auroient befoin continuellement pour le fervice public.*

XVII. *Sur la préfentation des Piéces de Comparaifon qui fera faite par la Partie publique ou par la Partie civile , fans qu'il foit donné aucune Requête à cet effet , il fera dreffé Procès-verbal defdites Piéces au Greffe , ou autre lieu du Siége deftiné aux inftructions , en préfence de ladite Partie publique , enfemble de la Partie civile , s'il y en a , à peine de nullité.*

XVIII. *L'Accufé ne pourra être préfent au Procès-verbal de préfentation des Piéces de Comparaifon ; ce qui fera pareillement obfervé , à peine de nullité.*

XIX. *A la fin dudit Procès - verbal , & fur la réquifition ou fur les conclufions de la Partie publique , le Juge réglera ce qu'il appartiendra , fur l'admiffion ou le rejet defdites Piéces , fi ce n'eft qu'il juge à propos d'ordonner qu'il en fera par lui référé aux autres Officiers du Siége ; auquel cas il y fera pourvu par délibération du Confeil , après que ledit Procès-verbal aura été communiqué à notre Procureur , ou à celui des Hauts-Jufticiers , & à la Partie civile.*

XX. *S'il eft ordonné que les Piéces de Comparaifon feront rejettées , la Partie civile , s'il y en a , ou nos Procureurs , ou ceux des Hauts-Jufticiers , feront tenus d'en rapporter ou d'en indiquer d'autres dans le délai qui fera prefcrit , finon il y fera pourvu , ainfi qu'il appartiendra ; & fera au furplus obfervé fur l'apport defdites Piéces , le contenu en l'article 16 ci-deffus.*

N

XLVI. *En cas que l'Accufé préfente une Requête pour demander qu'il foit remis de nouvelles Piéces de Comparaifon entre les mains des Experts, les Juges ne-pourront y avoir égard qu'après l'inftruction achevée par délibération du Confeil, & fur le vû du Pro-cès, à peine de nullité.*

LIV. *Si l'Accufé demande qu'il foit enten-du de nouveaux Experts, foit fur les ancien-nes Piéces de Comparaifon, ou fur de nouvel-les, les Juges ne pourront l'ordonner, s'il y échet, qu'après l'inftruction achevée, & par délibération du Confeil fur le vû du Procès; ce qui fera obfervé, à peine de nullité.*

PIED-CORNIER.

C'eft le nom que l'Ordonnance des Eaux & Forêts donne aux arbres qui font dans les angles, & qui fervent, pour ainfi dire, de bornes aux tailles & ventes qui fe font dans les Forêts.

Les Pieds-Corniers, dans les Bois du Roi, doivent être marqués du Marteau du Roi, de celui du Grand-Maître, & de celui de l'Arpenteur; & il eft défendu, fous peine d'amende, de les couper. V. l'article 3 du titre 2 de l'Ordonnance de 1669.

PIED-FOURCHÉ. (Droit de)

On nomme droit de Pied-Fourché, celui qui fe perçoit au profit du Roi, à caufe de la vente ou de l'entrée des animaux qui ont le pied fendu, tels que les bœufs, veaux, moutons, brebis, chévres, cochons, &c.

L'origine de l'établiffement de ce droit n'eft pas bien connue. L'Ordonnance pour le reffort de la Cour des Aides de Paris, de l'an 1680, a fixé ce droit; & un Edit du mois de Mars 1633, regiftré en la Cour des Aides de Rouen, a réglé comment, & fur quel pied il doit être perçu dans le Coten-tin. Sur cette efpéce de tribut, voyez le Traité des Aides de la Bellande, n. 184 & fuivans, & n. 729 & fuivans. Voy. auffi les Lettres-Patentes du 19 Juillet 1729.

PIGEONS.

V. *Chaffe*, Colombier & Saifie-Féodale.

Les Réglemens de Police défendent aux Habitans des Villes de nourrir des Pigeons, à caufe du mauvais air qu'ils peuvent y

caufer. Charles V défendit même expreffé-ment, par des Lettres-Patentes de l'année 1368, d'en nourrir dans la Ville, Faux-bourgs & Banlieue de Paris; & un Arrêt du Confeil du 10 Décembre 1689, contient un pareil Réglement.

Plufieurs Ordonnances de Police ont re-nouvellé ces défenfes pour la Ville & Faux-bourgs de Paris; il y en a finguliérement une du 4 Juin 1726, qui condamne quelques Bourgeois en l'amende, parce qu'ils étoient contrevenus aux anciens Réglemens.

Il y a quelques endroits des environs de Paris, où il eft encore défendu de nourrir des Pigeons. Les Juges de Chaillot, de Cli-chy & autres, ont rendu des Ordonnances qui font de pareilles défenfes pour leur Ter-ritoire. Celle de Chaillot a été infirmée par Sentence du Châtelet du 28 Février 1758, par laquelle il a été permis à un Particulier, Traiteur à Chaillot, d'élever des Pigeons privés dans fa maifon, à la charge de les re-tirer de l'endroit où il les avoit mis, & de les placer dans un lieu où ils ne feroient pas incommodes aux voifins.

Dans la Coutume de Paris, il eft permis à ceux qui poffédent cinquante arpens de terre en domaine, d'avoir une voliere ou fuie de cinq cens boulins, ou au-deffous; & Auzanet, fur l'article 70 de cette Coutu-me, décide qu'un Curé, qui n'a pas cin-quante arpens de terre, ne peut avoir, ni volet, ni fuie, quoiqu'il ait la dixme fur plus de cinquante arpens. Mais, par Arrêt rendu de relevée, le Vendredi 15 Juin 1759, contre M. Midorge, Seigneur des Troux, Village fitué entre Limours & Chevreufe, en faveur du Curé dudit lieu, la Cour a ju-gé que le Curé pouvoit avoir des Pigeons de voliere, c'eft-à-dire, une efpéce de Pi-geons qui ne va pas dans les Champs. Cet Arrêt a débouté M. Midorge de la demande qu'il avoit formée à ce que le Curé fût tenu de détruire fa voliere, qui dans le fait n'é-toit qu'une petite hute pratiquée au-deffus d'un Poulailler, laquelle ne pouvoit conte-nir qu'environ huit à dix paires de Pi-geons, à ce que difoit le Curé. Voyez *Co-lombier.*

Il a été ordonné par un Arrêt du Confeil du 12 Décembre 1737, à tous les Fermiers du Roi, ayant Colombier de Pigeons bizets, ou autres Particuliers ayant Colombiers ou Volieres dans les Parcs du Roi, d'en détruire les Pigeons.

L'article 12 de l'Ordonnance du mois de Juillet 1607, donnée par Henri IV, sur le fait des Chasses, porte : *Défendons à toutes personnes, de quelqu'état & condition qu'ils soient, de tirer de l'arquebuse sur les Pigeons, à peine de 20 livres parisis d'amende.*

Par Arrêt rendu en la Tournelle le 27 Mars 1733, sur les Conclusions de M. Chauvelin, Avocat Général, entre le Seigneur de Vermanton & le nommé Seguin (accusé d'avoir tiré sur les Pigeons du Seigneur), appellant du décret de prise de corps décerné contre lui : la Cour *évoquant le principal, & y faisant droit, a fait défenses à Seguin de récidiver, à peine de punition corporelle ; l'a condamné en 3 livres d'aumône, en 100 liv. de dommages-intérêts, & aux dépens.*

M. l'Avocat Général Chauvelin, qui porta la parole, dit qu'il n'y avoit point de Loi qui portât des peines afflictives contre ceux qui tuent des Pigeons ; que celles qui se prononcent, ne sont fondées que sur la Jurisprudence des Arrêts, & cita l'article 12 de l'Ordonnance de Henri IV, dont j'ai parlé (a).

Entr'autres Arrêts rendus contre ceux qui tuent des Pigeons, il y en a un du 24 Octobre 1731, par lequel la Cour a confirmé la Sentence du Bailli de Meudon, en ce qu'elle déclaroit Denise le Loup, femme de Matthieu Auboin, Fermier de Villemalin, Paroisse de Wissous, atteinte & convaincue d'avoir fait tuer une grande partie des Pigeons du sieur Pommier, Secrétaire du Roi, même être présente, lorsque ses Domestiques les tuoient par ses ordres, la condamnoit au blâme, & en 10 liv. d'amende ; mais cette même Sentence a été infirmée par l'Arrêt, en ce que la femme Auboin étoit condamnée en 200 liv. de réparations civiles, & qu'elle n'étoit pas condamnée en tous les dépens solidairement avec

son mari, Partie au Procès ; en conséquence, *en émendant quant à ce,* la Cour a condamné le mari & la femme solidairement en 400 liv. de réparations civiles, & en tous les dépens aussi solidairement.

L'Arrêt fait en outre défenses à Auboin de récidiver, sous peine de punition corporelle, & condamne les Domestiques, chacun en trois livres d'amende, &c. (Il est imprimé).

Le Curé de Treport, Diocèse de Meaux, a été condamné en trois ans de bannissement des Diocèses de Paris & de Meaux, par Arrêt du 11 Juillet 1749, pour avoir ajouté dans une quittance, une prétendue permission d'avoir des Pigeons dans sa Voliere.

La Cour a, par Arrêt rendu le 24 Juillet 1758, déclaré nulle l'Ordonnance de M. l'Intendant de Paris, du 15 du même mois, par laquelle il avoit été enjoint à toutes personnes de renfermer leurs Pigeons dans leurs Colombiers & Volieres, jusqu'à ce que la moisson fût achevée, à peine de 100 livres d'amende, en cas qu'ils les laissassent sortir.

L'Arrêt de la Cour a aussi déclaré nulle la publication qui pouvoit avoir été faite de l'Ordonnance de l'Intendant, & a réservé à M. le Procureur Général de requérir tel Réglement qu'il jugeroit à propos ; & il paroît que le motif qui a donné lieu à cet Arrêt, est que *la généralité des dispositions de l'Ordonnance* annullée *sembloit annoncer un Réglement général,* que le *Parlement* seul peut faire.

Depuis ce premier Arrêt, la Cour en a rendu un second, le 26 du même mois de Juillet 1758, par lequel, pour prévenir le dommage que pouvoient occasionner les Pigeons aux bleds couchés en quelques endroits par les pluies, il a été ordonné aux Officiers des Bailliages, Sénéchaussées & Siéges ordinaires, même ceux dès Hautes-Justices des lieux où il y auroit des grains couchés, auxquels les Pigeons pourroient causer du dommage, d'y pourvoir par tel

---

(a) M. Chauvelin n'avoit pas fait des recherches bien exactes ; car dans les Ordonnances du Louvre, tome 6, page 497, on en trouve une qui défend de tendre des Filets aux Colons, en la Prévôté & Vicomté de Paris, à peine de la Hart, & de les prendre à Rets ou avec autres

engins, sous *même peine.*

La Coutume de Bretagne contient de semblables défenses par l'article 390, sous peine de punition corporelle ; celle de Dourdan y est conforme. Voyez aussi celle d'Etampes, article 193.

Réglement qu'ils jugeroient convenable, chacun dans l'étendue de son Ressort......

PIGNORATIF.

Ce mot vient de *Pignus*, qui signifie gage.

On donne le nom de Contrat Pignoratif, à celui par lequel un débiteur vend son héritage à son créancier, pour jouir des fruits, & les compenser avec l'intérêt de la dette, avec faculté de rachat perpétuel ou à temps. Voyez *Antichrèse* & *Faculté de Rachat*.

On donne l'épithète de Pignoratif à ce Contrat, parce qu'il ne contient qu'une vente simulée, dont l'objet est de donner l'héritage en gage au créancier, & de procurer à celui-ci les intérêts d'un prêt.

Le Droit Civil & le Droit Canon ont l'un & l'autre admis le Contrat Pignoratif; mais il n'est souffert que dans bien peu de Coutumes : celles de Touraine, d'Anjou & du Maine, le tolerent.

Le Contrat Pignoratif différe de la vente à faculté de réméré & de l'antichrèse, en ce que la vente à faculté de rachat transmet à l'acquéreur la possession de l'héritage, & en ce que l'antichrèse a bien pour objet, comme le Contrat Pignoratif, de procurer les intérêts d'un prêt; & que dans l'antichrèse, c'est le créancier qui jouit de l'héritage, pour lui tenir lieu des intérêts; au lieu que dans le Contrat Pignoratif, c'est le débiteur qui jouit lui-même de son héritage, & qui en paye le loyer à son créancier, pour lui tenir lieu des intérêts de sa créance.

J'ai dit que le Contrat Pignoratif étoit une vente simulée; & cela est si vrai, qu'après l'expiration du terme fixé pour le remboursement du prêt, si l'acquéreur ne veut pas relouer l'héritage au vendeur, il ne peut pas en prendre possession réelle, & qu'au contraire il doit, comme tout autre créancier, faire saisir réellement, &c.

A l'expiration du délai stipulé par le Contrat Pignoratif, le débiteur doit rendre le prix qu'il a reçu; & s'il ne le rend pas, il ne sçauroit forcer son créancier de proroger la location, ni consentir la conversion du Contrat Pignoratif en Contrat de Constitution.

Le Contrat Pignoratif est réputé immeuble jusqu'au remboursement.

Les intérêts du prix payé au vendeur par Contrat Pignoratif, courent de droit à compter du jour de l'expiration du terme stipulé pour le remboursement.

PILLAGE.

C'est le nom qu'on donne en Bretagne à une espéce de préciput, que l'aîné des enfans roturiers, & à son refus, le second enfant peut choisir dans les successions de ses pere & mere, en récompensant les autres enfans. V. les articles 588 & suivans de la Coutume de Bretagne.

PILORI.
V. *Carcan.*

C'est le nom d'un instrument de punition publique, qui est différent suivant les lieux. Dans quelques endroits, le Pilori est très-ressemblant à ce que nous nommons Carcan : à Paris, c'est une tour de pierre, au milieu de laquelle est un pivot de bois, où pose une machine qui a des trous pour passer la tête & les poingts des Criminels qui sont condamnés à la peine du Pilori : cette machine tourne & fait voir le Criminel dans cette posture, par des ouvertures pratiquées dans la tour.

La peine du Pilori se prononce ordinairement contre les Concussionnaires & les Banqueroutiers. V. *Peine.*

Une Déclaration du 11 Juillet 1749, registrée le 11 Août suivant, *en ajoutant à la disposition de l'article 16 du titre 17 de l'Ordonnance de 1670, a ordonné que les condamnations à la peine du Pilori..... qui seront à l'avenir prononcées contre les Accusés contumax, seront transcrites dans un Tableau, & ledit Tableau attaché dans la Place publique, ainsi qu'il est ordonné, par ledit article, à l'égard de l'amende honorable, & autres peines comprises dans la même disposition.*

En Provence, le Moyen Justicier a le droit d'avoir un Pilori ou Carcan. Voyez la Jurisprudence féodale de cette Province.

PITE.

La Pite est une monnoie qui vaut la moitié d'une obole ou le quart d'un de-

nier : elle n'eft plus actuellement d'ufage;
& on ne la connoît que dans les redevances
Seigneuriales & dans les Terriers, où l'on
voit fouvent que le Vaffal doit une Pite de
Cenfive. Cette redevance, quoique foible,
fuffit pour marquer la mouvance de la Seigneurie directe.

PLACARDS.

En général, on nomme Placard une
feuille de papier étendue, propre à afficher
& appliquer contre une muraille; mais ce
nom fe donne en particulier aux Réglemens
& Lettres-Patentes émanés des Empereurs
& autres Souverains des Pays-Bas, pendant que ces Pays n'étoient pas fous la domination Françoife.

On trouve grand nombre de ces Placards
dans le Commentaire *in-fol.* d'Anfelme,
fur l'Edit perpétuel de 1611, pour les Pays-
Bas. Voyez auffi *Artois.*

PLACITÉS.

Ce mot fe dit pour Statut approuvé,
agréé.

Le Parlement de Normandie a fait un
Réglement contenant 152 articles, le 6
Avril 1666, auquel on a donné le nom de
Placités.

PLAGE (Vol d'Hommes.)

Nos Ordonnances ne prononcent point
de peines contre le crime de Plage ou Vol
d'hommes : mais l'ancien Teftament & les
Loix Romaines veulent qu'il foit puni de
mort. Voyez l'Exode, chap. 21, verf. 16.

Notre Jurifprudence applique au crime
de Plage les peines prononcées contre le
Vol; ainfi ceux qui en font coupables, font
condamnés à mort, ou feulement aux galeres, felon les circonftances.

Par exemple, on condamne à mort les
Mendians qui volent des enfans, & les mu-
tilent; & on ne les condamne qu'aux galeres, quand il n'y a point de mutilation. V.
Bruneau, des Matieres Criminelles, & l'affaire du Gueux de Vernon, dans les Caufes
célébres.

Une Mendiante qui avoit enlevé à Paris
un enfant qu'elle avoit emmené en Angleterre, & qu'elle avoit ramené à Paris au bout
de quelques années, a été *condamnée*, par

Sentence du Châtelet du premier Juin 1740,
confirmée par Arrêt rendu en la Tournelle,
le 6 Juillet fuivant, *à être battue & fuftigée
de verges*, par *l'Exécuteur de la Haute-Juftice, dans les Carrefours ordinaires, ayant
écriteaux, &c.* & en l'un *defdits Carrefours,
flétrie d'un fer chaud en forme de Fleur-de-
lys, fur les deux épaules; ce fait conduite en
la Maifon de force de l'Hôpital Général,
pour y demeurer confinée le refte de fes jours...*

Depuis cet Arrêt, une autre Plagiaire,
nommée Françoife Chabanoue, convaincue d'avoir volé un enfant âgé de fix mois,
a été condamnée, par Arrêt du 23 Janvier
1756, à être attachée au carcan, avec écriteaux, &c. à être fouettée, ayant la corde
au cou, & flétrie d'un fer chaud, en forme de
Fleur-de-lys, fur les deux épaules, & enfuite enfermée à perpétuité dans l'Hôpital
Général.

Les Juifs qui enlevent des enfans Chrétiens pour les faire périr, font condamnés
d'être brûlés vifs : l'Auteur du Code Pénal
rapporte un Arrêt du Parlement de Metz,
du 16 Janvier 1670, qui a prononcé cette
peine contre Raphaël Levy, Juif.

Le même Auteur dit qu'on doit regarder
comme coupables du crime de Plage, tous
ceux qui retiennent captives des perfonnes
qui devroient être en liberté, comme des
Galeriens après le temps expiré, ou après
qu'ils ont obtenu des Lettres de Rappel.
Voyez fur cela l'article 200 de l'Ordonnance de Blois.

PLAINTE.

La Plainte eft, en matiere criminelle, à
peu près la même chofe que la demande en
matiere civile : elle doit être libellée : c'eft-
à-dire, qu'elle doit contenir un détail des
faits qui y donnent lieu, & indiquer l'objet que fe propofe le Plaignant.

A proprement parler, on ne devroit
nommer Plainte, que celle qui fe rend par
la Partie privée, & nommer accufation celle portée par le Miniftere public; mais l'u-
ne & l'autre font également qualifiées Plaintes dans l'ufage.

Les Particuliers ne peuvent devenir Parties civiles que par la voie de Plainte; mais
elle n'eft pas tellement indifpenfable de la
part du Miniftere public, qu'il ne fe trouve

des cas où l'on puisse pourfuivre la punition des crimes, sans cette formalité.

Elle n'eft pas néceffaire, par exemple, lorfque le Criminel eft arrêté en vertu d'ordres fupérieurs, ou qu'il eft pris à la clameur publique, ou en flagrant-délit, ou en général toutes les fois qu'il a été emprifonné par l'autorité du Juge.

Le Juge peut donc dans ces cas-là informer, fans qu'il y ait eu de plainte; les Commiffaires du Châtelet le peuvent de même dans le cas du flagrant-délit, fans réquifition du Procureur du Roi. V. le Traité de la Police, & l'art. Commiffaires.

Il n'eft pas même néceffaire, lorfque le Juge a informé d'office, que le Miniftere public donne enfuite fa Plainte : il fuffit alors que cette Partie publique agiffe en conféquence contre l'Accufé.

Le procès du Chevalier de Rohan, & de plufieurs autres Criminels de Lèze-Majefté, fut inftruit en 1674, fans qu'il y ait eu de Plainte. La première démarche faite dans cette affaire par le Procureur Général de la Commiffion, fut de donner des Conclufions pour recommander le Chevalier conftitué prifonnier, par ordre du Roi, à la Baftille.

Les Plaintes peuvent fe faire par Requête; & elles n'ont de date que du jour feulement que le Juge, ou en fon abfence, le plus ancien Praticien du lieu, les a répondues, fuivant l'Ordonnance Criminelle, tit. 3, art. 1.

De cette difpofition il réfulte que, lorfque le Juge ne peut recevoir la Plainte pour caufe d'abfence ou autre empêchement légitime, ce n'eft point le Procureur du Roi ou le Procureur Fifcal qui fait les fonctions de Juge, mais le plus ancien Gradué du Siége. V. Bruneau & Chenu; voyez auffi Juges, Procureur Fifcal.

A Paris, les Plaintes en général ne fe rendent pas au Juge, mais à des Commiffaires de Police qui les rédigent en forme de procès-verbal; cependant M. le Lieutenant Criminel les reçoit également, quand elles font rendues par Requêtes préfentées par le miniftere des Procureurs au Châtelet.

Les Plaintes peuvent auffi être écrites par le Greffier en préfence du Juge, fuivant l'art. 2 du titre 3 de l'Ordonnance Criminelle :

mais ce même article défend aux Huiffiers, Sergens, Archers & Notaires, de les recevoir, à peine de nullité; & aux Juges de les leur adreffer, à peine d'interdiction.

Tous les feuillets des Plaintes doivent être fignés par le Juge & par la Partie, fi elle peut figner; & cette formalité que prefcrit l'article 4 de la même Ordonnance, doit s'obferver dans tous les Tribunaux indiftinctement.

En quel cas les Plaignans font-ils réputés Parties civiles? V. Parties Civiles.

L'article 2 du titre 1 de la fufdite Ordonnance porte que celui qui aura rendu Plainte devant un Juge, ne pourra demander le renvoi devant un autre, encore qu'il foit le Juge du délit.

La Plainte fur laquelle des Témoins ont été entendus, ne peut pas être abandonnée par une Partie, pour la renouveller fous un autre nom, & faire entendre les mêmes Témoins. V. Accufateurs.

Lorfqu'une Plainte eft prouvée téméraire par l'information dont elle a été fuivie, la feule voie que le Juge puiffe prendre, quand on lui préfente l'information, c'eft de rendre un Jugement par lequel il foit dit qu'il n'y a lieu de décréter. C'eft ce que la Cour a prononcé par Arrêt rendu le 17 Mars 1556, en faveur de M. Poifle, l'un de fes Membres, contre lequel il y avoit Plainte & Information.

P L A I T Seigneurial.

C'eft le nom qu'on donne, en Dauphiné, à un Droit Seigneurial, auquel le décès du Cenfitaire donne ouverture. Il confifte dans le double de la Cenfive ordinaire. V. l'ufage des Fiefs par M. de Salvaing, ch. 59.

En Poitou, le Plait eft un Droit qui regarde les Fiefs; c'eft un Rachat ou un Relief abonné. V. l'art. 148 de la Coutume de Poitou.

P L A N T I.

Le Droit de Planti eft le Droit appartenant, dans la Province d'Artois, au Seigneur Vicomtier; lequel, ainfi que tous les autres Afférans à Seigneur Vicomtier, font imprefcriptibles, à moins qu'on ne prefcrive en même-temps la Seigneurie à laquelle ils font viscéralement inhérens & attachés, comme il a été jugé par Arrêt rendu au Parlement de Paris, le 25 Avril 1704, au profit du fieur de Legout, propriétaire d'un Fief Vicomtier, au Village de Felieres, contre les fieur & dame de Saluces, de Bernimicourt, Seigneur dudit lieu de Felieres, quoique ceux-ci fuffent en poffeffion fuffifante à prefcription, de planter dans les tenemens du Fief Seigneurial de Delegonne.

Suivant l'article 5 de la Coutume d'Artois, le Seigneur qui a droit de Planti, a la propriété *de tout ce qui croît fur les flots, flégards & chemins à voirie étans à l'encontre des tenemens de fon Fief.*

P·L E I G E.

Voyez *Gage-Pleige.*

Ce mot fignifie caution judiciaire. Voyez *Caution.*

P L U M I T I F.

On nomme ainfi la Minute des Jugemens & Sentences qui fe prononcent à l'Audience, & que le Greffier écrit fous la dictée du Juge.

P O I D S.

V. *Mefures.*

Les Poids font différens, fuivant les différens lieux; mais quoique les livres foient plus ou moins pefantes, on les divife prefque par-tout en feize onces.

Ainfi la livre de Lyon eft compofée de feize onces, comme celle de Paris; mais les feize onces de Lyon ne pefent que quatorze des feize onces dont la livre de Paris eft compofée (*a*).

La livre fe divife encore en deux marcs; ainfi chaque marc vaut une demi-livre de huit onces.

Le marc fe fubdivife encore en deux quarterons ou quatre demi-quarterons; les quarterons valant quatre onces, & les demi-quarterons deux onces.

L'once fe divife en huit gros, le gros en trois deniers, & le denier en vingt-quatre

grains, le grain en vingt-quatre primes.

Le marc d'or (de huit onces) fe divife en vingt-quatre karrats, le karrat en huit deniers, & le denier en vingt-quatre grains.

En Médecine, la livre ne contient que douze onces ou quatre-vingt feize dragmes; la dragme contient trois fcrupules; le fcrupule deux oboles; l'obole douze grains.

La livre de foie ne contient que quinze onces.

Le Quintal pefe cent livres de feize onces.

Le Minot de bled pefe communément cinquante-cinq livres.

L'Arrêt rendu en forme de Réglement aux Grands-Jours de Clermont, pour l'Auvergne & le Bourbonnois, le 9 Janvier 1666, en fixant le Poids de Marc à feize onces dans ces Provinces, a ordonné que les *Poids de Marc & Onces ne pourront être que de cuivre ou de fer, & non de plomb.....*

Vendre à faux Poids & à fauffe mefure, eft un vol. V. le Deutéronome, chap. 25, verf. 13 & fuivans; les Proverbes, chap. 11, verf. 1, & chap. 20, verf. 10 & 23; Amos, chap. 8, verf. 4, 5 & 6.

P O I D S - L E - R O I.

On nomme Poids-le-Roi, le Droit qui fe perçoit au profit du Roi ou de fes Fermiers, pour la pefée qui fe fait ou qui eft préfumée fe faire des Marchandifes d'œuvre de Poids, à l'effet d'affurer la fidélité des ventes ou des tranfports. M. le Fevre de la Bellande a parlé de ce Droit avec beaucoup de détail & d'étendue, dans fon Traité des Aides, liv. 1, chap. 8.

La perception du doublement des Droits de Poids-le-Roi, & des fols pour livre acceffoires, a été ordonnée par les mêmes Déclarations que celles dont je parle à l'article *Barrage*, & pour le même-temps. Voy. *Barrage.*

P O I S O N.

Tout le monde fçait ce que c'eft que Poifon. Voici ce que la fageffe d'un de nos

---

(*a*) La livre de Paris, celles de Strafbourg, de Befançon & d'Amfterdam, font également pefantes.
Celles d'Avignon, de Touloufe & de Montpellier, pefent treize onces.

Celle de Rouen, Poids de Vicomté, pefe feize onces & demie, & quelques chofes de plus, c'eft-à-dire, près de dix-fept onces de Paris.
Celle de Marfeille, environ treize onces.

Rois a dicté dans une Déclaration du mois de Juillet 1682, pour la punition de ceux qui se rendront coupables de ce crime.

Art. IV. » Seront punis de semblables » peines (de mort) tous ceux qui seront con- » vaincus de s'être servis de vénéfices & de » Poison, soit que la mort s'en soit ensui- » vie ou non ; comme aussi ceux qui seront » convaincus d'avoir composé ou distribué » du Poison pour empoisonner. Et parce » que les crimes qui se commettent par le » Poison, font non-seulement les plus dé- » testables & les plus dangereux de tous, » mais encore les plus difficiles à découvrir, » Nous voulons que tous ceux, sans excep- » tion, qui auront connoissance qu'il aura » été travaillé à faire du Poison, qu'il en » aura été demandé ou donné, soient tenus » de dénoncer incessamment ce qu'ils en » sçauront à nos Procureurs Généraux ou à » leurs Substituts ; & en cas d'absence, au » premier Officier public des lieux, à peine » d'être extraordinairement procédé contre » eux, & punis, selon les circonstances & » l'exigence des cas, comme Fauteurs & » Complices desdits crimes, & sans que les » dénonciateurs soient sujets à aucune pei- » ne, ni même aux intérêts civils, lorsqu'ils » auront déclaré & articulé des faits ou des » indices considérables qui seront trouvés » véritables & conformes à leur dénoncia- » tion, quoique dans la suite les personnes » comprises dans lesd. dénonciations soient » déchargées des accusations ; dérogeant à » cet effet à l'art. 73 de l'Ordonnance d'Or- » léans pour l'effet du vénéfice & du Poi- » son seulement, sauf à punir les calomnia- » teurs selon la rigueur de ladite Ordon- » nance (a).

V. » Ceux qui seront convaincus d'avoir » attenté à la vie de quelqu'un par vénéfi- » ce & Poison, ensorte qu'il n'ait pas tenu » à eux que ce crime n'ait été consommé, » seront punis de mort.

VI. » Seront réputés au nombre des Poi- » sons, non-seulement ceux qui peuvent » causer une mort prompte & violente, » mais aussi ceux qui, en altérant peu-à-peu » la santé, causent des maladies, soit que » lesdits Poisons soient simples, naturels ; » ou composés & faits de main d'Artiste ; » & en conséquence défendons à toutes sor- » tes de personnes, à peine de la vie, même » aux Médecins, Apoticaires & Chirur- » giens, à peine de punition corporelle ; » d'avoir & garder de tels Poisons simples » ou préparés, qui retenant toujours leur » qualité de venin, & n'entrant en aucune » composition ordinaire, ne peuvent servir » qu'à nuire, & sont de leur nature perni- » cieux & mortels.

VII. » A l'égard de l'Arsenic, du Réa- » gal, de l'Orpiment & du Sublimé, quoi- » qu'ils soient Poisons dangereux de toute » leur substance ; comme ils entrent & sont » employés en plusieurs compositions né- » cessaires, Nous voulons, afin d'empêcher » à l'avenir la trop grande facilité qu'il y a » eu jusqu'ici d'en abuser, qu'il ne soit per- » mis qu'aux Marchands qui demeurent » dans les Villes d'en vendre & d'en livrer » eux-mêmes seulement aux Médecins, » Apoticaires, Chirurgiens, Orfévres, » Teinturiers, Maréchaux & autres person- » nes publiques, qui par leurs Professions » sont obligés d'en employer ; lesquelles » néantmoins écriront en les prenant sur un » Registre particulier, tenu pour cet effet » par lesdits Marchands, leurs noms, qua- » lités & demeures, ensemble la quantité » qu'ils auront prise desdits minéraux ; & » si au nombre desdits Artisans qui s'en » servent, il s'en trouve qui ne sçachent » écrire, lesdits Marchands écriront pour » eux.

» Quant aux personnes inconnues aux- » dits Marchands, comme peuvent être les » Chirurgiens & Maréchaux des Bourgs & » Villages, ils apporteront des Certificats » en bonne forme, contenans leurs noms, » demeures & professions, signés du Juge » des lieux, ou d'un Notaire & de deux té- » moins, ou du Curé & de deux principaux » Habitans ; lesquels Certificats & attesta- » tions demeureront chez lesdits Marchands » pour leur décharge.

» Seront aussi les Epiciers, Merciers & » autres Marchands demeurans dans lesdits

(a) Pierre Guet, convaincu du crime de Poison, a été condamné d'être brûlé vif, par Arrêt du 7 Octobre 1734. L'Arrêt a été exécuté à Gonesse.

Barbe Leleu a aussi été condamnée par Arrêt de la Cour du 11 Janvier 1759, à être brûlée vive, pour avoir empoisonné plusieurs personnes.

Bourgs

» Bourgs & Villages tenus de remettre in-
» ceſſamment ce qu'ils auront deſdits miné-
» raux, entre les mains des Syndics, Gar-
» des ou anciens Marchands Epiciers ou
» Apoticaires des Villes plus prochaines des
» lieux où ils demeureront, leſquels leur en
» rendront le prix, le tout à peine de 3000
» livres d'amende en cas de contraven-
» tion, même de punition corporelle, s'il
» y échet (a).

VIII. » Enjoignons à tous ceux qui ont
» droit par leurs Profeſſions & Métiers de
» vendre ou d'acheter des ſuſdits minéraux,
» de les tenir en des lieux ſûrs, dont ils
» garderont eux-mêmes la clef. Comme
» auſſi leur enjoignons d'écrire ſur un Re-
» giſtre particulier, la qualité des remédes
» où ils auront employé deſdits minéraux,
» les noms de ceux pour qui ils auront été
» faits, & la quantité qu'ils y auront em-
» ployée, & d'arrêter à la fin de chaque
» année ſur leurſdits Regiſtres ce qui leur
» en reſtera; le tout à peine de 1000 livres
» d'amende pour la premiere fois, & de
» plus grande, s'il y échet.

IX. » Défendons aux Médecins, Chirur-
» giens, Apoticaires, Epiciers Droguiſtes,
» Orfévres, Teinturiers, Maréchaux &
» tous autres, de diſtribuer deſdits miné-
» raux en ſubſtance à quelque perſonne que
» ce puiſſe être, & ſous quelque prétexte
» que ce ſoit, ſur peine d'être punis corpo-
» rellement; & feront tenus de compoſer
» eux-mêmes, ou de faire compoſer en leur
» préſence, par leurs garçons, les remédes
» où il devra entrer néceſſairement deſdits
» minéraux, qu'ils donneront après cela à
» ceux qui leur en demanderont, pour s'en

» ſervir aux uſages ordinaires (b).

X. » Défenſes ſont auſſi faites à toutes
» perſonnes autres qu'aux Médecins & Apo-
» ticaires, d'employer aucuns inſectes vé-
» neneux, comme ſerpens, crapauds, vipe-
» res & autres ſemblables, ſous prétexte de
» s'en ſervir à des médicamens, ou à faire
» des expériences, & ſous quelqu'autre
» prétexte que ce puiſſe être, s'ils n'en ont
» la permiſſion expreſſe & par écrit.

XI. » Faiſons très-expreſſes défenſes à
» toutes perſonnes, de quelque profeſſion
» & condition qu'elles ſoient, excepté aux
» Médecins approuvés, & dans le lieu de
» leur réſidence, aux Profeſſeurs en Chi-
» mie, & aux Maîtres Apoticaires, d'avoir
» aucuns laboratoires, & d'y travailler à
» aucunes préparations de drogues ou diſ-
» tillations, ſous prétexte de remédes chi-
» miques, expériences, ſecrets particuliers,
» recherche de la pierre philoſophale, con-
» verſion, multiplication ou rafinement des
» métaux, confection de cryſtaux ou pier-
» res de couleur, & autres ſemblables pré-
» textes, ſans avoir auparavant obtenu de
» Nous, par Lettres du grand Sceau, la per-
» miſſion d'avoir leſdits laboratoires, pré-
» ſenté leſdites Lettres & fait déclaration
» en conſéquence à nos Juges & Officiers
» de Police des lieux.

» Défendons pareillement à tous Diſtil-
» lateurs, Vendeurs d'eau-de-vie, de faire
» autre diſtillation que celle de l'eau-de-
» vie & de l'eſprit de vin, ſauf à être
» choiſi d'entr'eux le nombre qui ſera ju-
» gé néceſſaire pour la confection des eaux-
» fortes, dont l'uſage eſt permis; leſquels
» ne pourront néantmoins y travailler qu'en

(a) Par Arrêt du 3 Mars 1732, Eugenie Picq a été
condamnée à être brûlée vive en Place de Greve pour crime de Poiſon; & il a été ordonné, conformément à cet
article, que les Apoticaires, Epiciers & Merciers d'Auxerre à qui les Réglemens permettent de tenir & vendre
de l'arſenic & autres drogues dangereuſes, ne pourront les
débiter qu'à des Chefs de Famille, & qu'ils ſeront tenus
d'avoir des Regiſtres pour écrire par dates & par articles
ſur le champ, les noms, qualités & demeures des Chefs de
Famille à qui ils vendront leſdits arſenic & drogues, &
les feront ſigner ſur ledit Regiſtre.
Par un autre Arrêt du 19 Juin 1744, la Cour a enjoint
à François Boival, Marchand Epicier à Paris, de ſe conformer à l'Edit du mois de Juillet 1682; en conſéquence, de
ne vendre de l'arſenic, du réagal, de l'orpiment & du ſu-
blimé, qu'aux perſonnes qui, par leur profeſſion, ſont
obligées d'en employer, & avec les précautions preſcrites
par ledit Edit; & à cet effet, d'avoir un Regiſtre particu-

lier, ſur lequel les perſonnes qui en prendront, écriront
leurs noms, qualités & demeures, enſemble, la quantité
qu'ils auront priſe deſdits minéraux, ſi elles le peuvent,
ſinon ledit Boival écrira pour eux; & pour la contravention, condamne ledit Boival en 1000 liv. d'amende, avec
défenſe de récidiver, &c.
L'Arrêt du 11 Janvier 1759, dont je parle dans la précédente note, contient un pareil Réglement.
(b) Un Arrêt rendu en forme de Réglement, le 15 Décembre 1732, enjoint aux Médecins, Chirurgiens, Apoticaires & Epiciers de la Ville du Mans & à tous autres qui
ont droit, par leur profeſſion, d'acheter de l'arſenic & autres
drogues dont on peut faire mauvais uſage.........de tenir
leſdites drogues en lieux ſûrs, dont ils garderont la clef....
ſans que leurs Femmes, Enfans, Garçons, Apprentis ou aucuns de leurs Domeſtiques, en puiſſent vendre, débiter ou diſtribuer à qui que ce ſoit, ſous quelque prétexte que ce puiſſe
être, à peine de 1000 liv. d'amende pour la premiere fois, &c.

» vertu de nofdites Lettres, & après en
» avoir fait leurs déclarations, à peine de
» punition exemplaire «.

POLICE.

Voyez *Arts & Métiers*, *Apaiſeurs*, *Ban
de Moiſſon & de Vendange*.

On nomme Police, l'harmonie & la con-
corde qui régnent entre les Citoyens d'un
Etat, d'une Province, d'une Ville, &c.

L'Edit de Cremieu a attribué aux Prévôts Royaux la connoiſſance des matieres
de Police dans l'étendue de leurs Prévôtés;
& l'article 72 de l'Ordonnance de Moulins
a ordonné que des Bourgeois des Villes ſé-
roient annuellement, ou tous les ſix mois,
nommés & élus pour veiller, ſous les ordres des Juges ordinaires, à l'obſervation
des Réglemens de Police; mais ſous Louis
XIV les choſes changerent.

Ce Prince diviſa en effet la charge de
Lieutenant Civil du Châtelet de Paris en
deux Magiſtratures; à l'une deſquelles il
attribua, par un Edit du mois de Mars 1667,
la connoiſſance de la ſûreté de la Ville de
Paris, du port des armes prohibées, du nettoyement des rues & places publiques, de
toutes les proviſions néceſſaires pour la ſubſiſtance de la Ville, amas, magaſins qui
pourroient en être faits, du taux & prix
d'icelles, la viſite des Halles, Foires & Marchés, des Hôtelleries, Auberges, Maiſons
garnies, Brelands & lieux mal famés, des
Aſſemblées illicites, tumultes, ſéditions,
des élections des Maîtres, Jurés & Gardes
des Marchands & Artiſans, des brevets
d'apprentiſſage & réception de Maîtres, de
l'exécution de leurs Statuts & Réglemens,
&c. & le Magiſtrat chargé de ces fonctions,
ſur leſquelles on peut encore conſulter un
Edit du mois de Juin 1700, fut nommé
Lieutenant Général de Police.

L'avantage que la Capitale retira de cet
établiſſement, détermina le même Prince à
établir de pareils Officiers dans pluſieurs
autres Villes du Royaume. On peut, ſur cela, voir d'autres Edits des mois d'Octobre
& Novembre 1699, Novembre 1706, &
les Déclarations des 22 & 29 Décembre
1699, 28 Décembre 1700 & 6 Août 1701.

En créant des Officiers de Police par les
Edits que je viens d'indiquer, le Roi n'a
rien retranché du pouvoir des Juriſdictions
Seigneuriales; ainſi les Juges de Seigneurs
connoiſſent des matieres de Police, comme
avant ces créations. Voyez *Haute-Juſtice*,
Moyens-Juſticiers, &c.

Comme les affaires de Police ſont inſtan-
tes, elles doivent être traitées ſommairement, le Miniſtere des Procureurs n'y eſt
pas eſſentiellement néceſſaire; ceux du Châtelet n'occupent point dans celles où il s'a-
git d'ordures jettées par les fenêtres, de
portes laiſſées ouvertes la nuit, de rues
non balayées, de contravention aux Réglemens concernant les jeux & logement de
chambres garnies, les femmes débauchées,
les cabarets, &c. La Partie eſt admiſe à propoſer elle-même ſa défenſe dans ces ſortes
d'affaires.

Celles dans leſquelles le Miniſtere des
Procureurs eſt admis, doivent s'inſtruire
ſommairement; & par Arrêt du 23 Février
1752, la Cour, en ſtatuant ſur l'appel d'une
Sentence de la Sénéchauſſée de Clermont,
a fait défenſes de prononcer des appointemens en matiere de Police. Il y a un pareil
Arrêt du 27 Novembre 1756, pour le même Siége.

Les amendes prononcées ſur ces matieres, n'emportent aucune note d'infamie
(ſuivant Loyſeau); & comme elles ont
pour objet principal d'empêcher les récidives, elles ſont communément fort modiques.

Les Sentences rendues en matiere de Police ſont exécutoires par proviſion. Voyez
Exécution proviſoire.

Les Lettres de Garde - Gardienne & de
Committimus n'ont aucun effet dans les
matieres de Police.

POLLICITATION.

La Pollicitation n'eſt autre choſe qu'une
promeſſe de donner à la République ce
qu'elle a droit d'attendre de nous; & cette
maniere de promettre & de donner, n'eſt pas
ſujette aux formalités des teſtamens & des
donations; il ſuffit que la volonté de donner
ſoit marquée d'une maniere même imparfaite.

Il y a, par exemple, une Pollicitation légale & tacite en la perſonne de quiconque
porte ſes vûes ſur l'Epiſcopat : on ſous-en-

tend toujours dans ceux qui acceptent ces dignités, une promesse d'employer les revenus de l'Eglise (la subsistance prélevée,) à la décoration de cette même Eglise, à aider le Clergé, & au besoin des Pauvres.

'Quoique la Pollicitation n'ait pas lieu parmi nous, parce que nous ne reconnoissons point de donations imparfaites; nous avons cependant des Arrêts qui paroissent n'avoir d'autre fondement que la Pollicitation.

On en trouve un dans M. Bouguier, lettre D, n°. 5, prononcé en Robes Rouges, contre les héritiers de feu M. Amyot, Evêque d'Auxerre. Il s'agissoit d'un bâtiment destiné par ce Prélat pour l'établissement d'un Collége à Auxerre, dont le testament ne faisoit pas mention; cependant il fut dit par l'Arrêt que le bâtiment resteroit à la Ville. M. Bouguier, qui rapporte cet Arrêt, étoit un des Juges. Le même Arrêt est aussi dans Montholon.

Ricard, des Donations, partie 1, chap. 4, sect. 1, n°. 895, en rapporte un second de l'an 1657, qu'il dit avoir été déterminé par le titre de Pollicitationibus; il s'agissoit de l'établissement d'une Mission à Crecy en Brie.

Nous avons enfin un troisième Arrêt: c'est celui du 3 Avril 1726, rendu dans l'affaire qu'on a appellée la Cause de Dieu: il s'agissoit d'une société faite par Duhald avec Dieu, dans laquelle Duhald avoit bénéficié. Duhald n'avoit pas nommément indiqué les Pauvres pour légataires; il avoit seulement parlé de sa société, & dit dans son testament, qu'on trouveroit sur ses registres les articles qui concernoient les Pauvres, il recommandoit à son Exécuteur testamentaire de la faire exécuter. L'Auteur qui rapporte cette affaire, dit que l'Arrêt qui adjuge aux Hôpitaux la portion de Dieu dans la société, est fondé sur les principes de la Pollicitation; mais cet Auteur n'est pas bien exact. Mes de Blaru & Pillon, Avocats, qui plaidoient dans cette Cause, avançoient, comme une chose constante, que Duhald avoit fait un vœu, & qu'il ne s'agissoit que de sçavoir, si n'étant pas solemnel, il pouvoit être obligatoire.

Un dernier Arrêt plus récent du Parle-

ment de Rouen (il est du 31 Mars 1735,) a diféremment jugé que la Pollicitation n'avoit pas lieu en France: on invoquoit pour faire valoir une donation annoncée par un Mandement de M. le Normant, Evêque d'Evreux, de sa Bibliothéque au Clergé de son Diocése, sous la direction de la Chambre Diocésaine. M. l'Evêque d'Evreux avoit le 23 Avril 1733, indiqué, par son Mandement une assemblée de son Diocése, au 19 Mai suivant, pour accepter son bienfait, & il étoit mort le 7 Mai.

L'Arrêt adjuge la Bibliothéque à l'héritiere, fondé sur la disposition de l'Ordonnance de 1731, art. 3, qui porte qu'il n'y aura plus à l'avenir dans le Royaume que deux manieres de disposer; sçavoir, entrevifs, & par testament, & sur l'article 47 de la même Ordonnance, qui abroge toutes Ordonnances, Statuts & Usages contraires. Voyez cet Arrêt avec plus d'étendue dans la derniere Edition d'Augeard, in-folio, tome 2.

Une Demoiselle le Clerc, mineure émancipée, & Novice aux Ursulines de Poissy, demanda l'exécution d'un écrit souscrit par le sieur Grandjean de Commercy son grand oncle, comme d'une Pollicitation pour sa Profession en Religion, & qui étoit conçu en ces termes : » Mémoire que je promets » aux Dames Religieuses, pour la dot 200 » livres de rente au capital de 4000 livres, » remboursable à ma volonté, à prendre sur » le Bourget.... plus, 100 livres de rente » viagere à prendre sur une maison au bas- » Bourget; à la prise d'habit 500 liv. comp- » tant, & 500 liv. à la Profession «.

Le sieur Grandjean n'avoit payé que les 500 liv. à la prise d'habit, & étoit décédé: on demandoit le reste à sa succession. Les héritiers répondoient que ce n'étoit pas une Pollicitation, mais une donation nulle, parce qu'elle n'étoit pas revêtue des formes prescrites pour ces actes; & par Arrêt rendu le 26 Avril 1758, l'écrit a été déclaré nul, avec dépens.

POLYGAMIE.

Ce mot signifie l'action de se marier plusieurs fois, c'est-à-dire avoir en même-tems plusieurs femmes ou plusieurs maris vivans. Voyez Bigame.

PONTAGE & PONTENAGE.

C'eſt le nom d'un Droit que le Seigneur d'une riviere perçoit à cauſe du paſſage ſur les Bacs & ſur les Ponts de ſa Seigneurie.

Comme ces Droits ſont extraordinaires & contraires à la liberté publique, les Seigneurs ne peuvent les exiger ſans titre; ils ſe réglent par les mêmes principes que les Péages. Voyez *Péage*.

PORTAGE.

C'eſt le nom d'un Droit Seigneurial, mais particulier, qui ſe paye à Lyon & dans quelques Villages des environs, dans tous les cas où il y a ouverture à des droits de lods.

Ce Droit conſiſte dans la huitiéme partie du lods. On peut ſur cela conſulter Bretonnier, tome 1, liv. 2, queſtion 20.

PORTATIF.
Voyez *Commis* & *Procès-verbal*.

On donne ce nom au Regiſtre ſur lequel les Commis aux Aides écrivent les Actes journaliers de leurs exercices.

Ces Regiſtres doivent être, 1°. de papier marqué du timbre de la Généralité d'où reſſortit le Chef-lieu de la Direction dont dépendent les Commis.

2°. Ils doivent être reliés, cottés & paraphés par premier & dernier ſans frais, par un des Elus ou autre Juge ayant connoiſſance des Droits des Fermes du Roi: le tout à peine de nullité.

3°. Le Fermier peut, s'il le juge à propos, y mettre auſſi ſon paraphe.

4°. Ils doivent contenir la diſtinction des Vendans à pot d'avec les Vendans à aſſiette dans les Pays de huitiéme.

Ces Regiſtres doivent contenir par compte ouvert pour chaque Vendant en détail, les boiſſons dont il eſt chargé, & la quantité qui ſe trouve chaque jour d'exercice avoir été débitée.

Les Commis doivent dreſſer un Acte de chaque exercice ſur leur Portatif, le faire ſigner par les Débitans, ou faire mention de l'interpellation & du refus; & ils doivent l'un & l'autre le ſigner dans la maiſon du Débitant, & non ailleurs.

Sur tout cela, & ſur les queſtions acceſſoires, voyez le Traité des Aides de la Bellande.

PORT D'ARMES.
Voyez *Nôces*.

Les différens accidens qui ſont arrivés de l'uſage & du Port de couteaux en forme de poignards, bayonnettes & piſtolets de poche, ont donné lieu à différens Réglemens, qui ont défendu d'en porter; & les Ordonnances veulent toutes que le ſeul Port d'Armes maſquées, c'eſt-à-dire cachées, ſoit regardé comme un crime capital. On peut ſur cela conſulter l'Edit du 12 Septembre 1609; l'Ordonnance de Louis XIII, du 24 Juillet 1617; les Déclarations & Edits de Louis XIV, des 18 Décembre 1660, mois de Décembre 1666, & 4 Décembre 1679.

Une Ordonnance du 9 Septembre 1700, défend à toutes perſonnes de porter, dans les Provinces & Villes, ſoit de jour ou de nuit, ſous prétexte de défenſe ou ſûreté de leur perſonne, aucune épée, piſtolets & autres Armes à feu, à l'exception toutefois des Gentilshommes faiſant profeſſion des Armes, Officiers & autres qui en ont le droit par leurs Charges ou Emplois, ſous peine de déſobéiſſance, confiſcation des Armes . . . . & d'être procédé contr'eux, &c.

Une autre Ordonnance du 14 Novembre 1718, a fait défenſes aux Payſans des Généralités d'Amiens, Soiſſons & Châlons, de garder en leurs maiſons aucuns fuſils, piſtolets, poudre ni plomb, à peine d'être mis en priſon & envoyés aux Colonies, &c.

Quelques expreſſes que-fuſſent les défenſes portées par tous ces Réglemens, le Port d'Armes ſe renouvelloit lorſqu'il fut de nouveau défendu par des Déclarations des 23 Mars 1728, & 25 Août 1737, dûement regiſtrées, & dont les diſpoſitions ſont ſages & utiles, mais trop étendues pour trouver place en cet article. Je dirai ſeulement que la dernjere de ces deux Déclarations concerne principalement les Soldats qui ſont à Paris. (On la trouve dans le Mercure de France, du mois de Décembre 1737.)

Voyez ſur le Port d'Armes, un Arrêt du Parlement de Bretagne du 14 Avril 1725.

Voyez auſſi l'Edit du mois de Juin 1669,

regiftré au Confeil Souverain de Tournai, le 12 Juillet fuivant, qui défend le Port & l'ufage des couteaux pointus dans le Reffort du Parlement de Flandres, fous diverfes peines. Cet Edit eft dans le Recueil des Réglemens pour la Flandre.

PORTION CONGRUE.
Voyez *Décimateurs*, *Gros*, & *Novales*.

Les dixmes appartiennent naturellement & de droit aux Curés, parce qu'elles font deftinées à payer la defferte des Paroiffes ; mais comme dans plufieurs endroits elles appartiennent à d'autres perfonnes, ceux qui les poffédent font obligés de payer aux Curés ou Vicaires-Perpétuels, une certaine penfion, & c'eft cette penfion qu'on nomme Portion Congrue.

Cette penfion n'eft pas uniforme dans le Royaume ; une Déclaration de l'année 1684 la fixe à 300 florins, valant 375 liv. pour les Cures de la Flandre & du Hainaut François (a) ; mais dans tout le refte de la France (b), elle n'eft que de 300 liv. fuivant une Déclaration du 29 Janvier 1686 : elle n'étoit auparavant que de 200 livres dans une grande partie du Royaume (c).

Voici comment s'explique cette Déclaration : *Voulons & Nous plaît que les Portions Congrues que les Décimateurs font obligés de payer aux Curés ou aux Vicaires-Perpétuels, demeurent à l'avenir fixées dans toute l'étendue de notre Royaume, Terres & Pays de notre obéiffance, à la fomme de 300 livres par chacun an ; & ce outre les offrandes, les honoraires & droits cafuels que l'on paye, tant pour les fondations que pour d'autres caufes ; enfemble les dixmes novales fur les terres qui feront défrichées depuis que lefdits Curés ou Vicaires-Perpétuels auront fait l'option de la Portion Congrue, au lieu du revenu de leur Cure ou Vicairerie, en conféquence de notre préfente Déclaration* (d).

Voulons que dans les Paroiffes où il y a préfentement des Vicaires, ou dans lefquelles les Archevêques ou Evêques eftimeront néceffaire d'en établir un ou plufieurs, il foit payé la fomme de 150 liv. pour chacun defdits Vicaires. Ordonnons que ces fommes deftinées pour la fubfiftance des Curés ou Vicaires-Perpétuels, ou de leurs Vicaires, feront payées franches & exemptes de toutes charges, par ceux à qui les dixmes Eccléfiaftiques appartiennent ; & fi elles ne font pas fuffifantes, par ceux qui ont les dixmes inféodées ; & que dans les lieux où il y a plufieurs Décimateurs, ils y contribuent chacun à proportion de ce qu'ils poffédent des dixmes. Enjoignons à cet effet auxdits Décimateurs d'en faire le régalement entr'eux dans trois mois après la publication de notre préfente Déclaration dans nos Bailliages, Sénéchauffées & autres Siéges, dans l'étendue defquels ils perçoivent les dixmes.

Voulons qu'après ledit temps de trois mois, & jufqu'à ce que ledit régalement ait été fait, chacun defdits Décimateurs puiffe être contraint folidairement au payement defdites fommes, en vertu d'une Ordonnance qui fera décernée par nos Juges fur une fimple Requête préfentée par les Curés ou Vicaires-Perpétuels, contenant leur option de ladite Portion Congrue, fans qu'il foit befoin d'y joindre autres piéces que l'afte de ladite option fignifié auxdits Décimateurs ; & feront les Ordonnances de nos Juges rendues fur ce fujet, exécutées par provifion, nonobftant oppofitions ou appellations quelconques.

Ordonnons que les Curés ou Vicaireries-Perpétuelles qui vaqueront ci-après par la mort des Titulaires, ou par les autres voies de droit, & celles dont les Titulaires fe trouveront interdits, feront deffervies, durant ce temps, par des Prêtres que les Archevêques, Evêques, & autres qui peuvent être en droit & poffeffion d'y pourvoir, commettront pour

(a) Il paroît, par une Déclaration du 26 Juin 1686, regiftrée au Parlement de Tournai le 11 Juillet fuivant, que la Portion Congrue n'eft pas uniforme dans le reffort de ce Parlement, & qu'elle peut être augmentée felon les circonftances ; mais elle ne peut, fuivant cette Déclaration, être moindre de 300 liv.

(b) Il faut encore excepter huit Cures des Paroiffes de la Vallée de Pragelas ou de Valelufon, dont les Portions Congrues font diverfement fixées par des Lettres-Patentes du mois de Septembre 1698, adreffées au Parlement de Grenoble, où elles ont été regiftrées le 24 Novembre fuivant.

(c) La Portion Congrue des Cures de Lorraine eft réglée par une Ordonnance du Duc de Lorraine, du 30 Septembre 1698, regiftrée à Nancy le 13 Novembre fuivant.

(d) Une Déclaration du 30 Juillet 1710, regiftrée le 21 Août, donnée en interprétation de celle de 1686, permet aux Archevêques & Evêques, felon l'exigence des cas, d'affigner aux *Defservans* (elle ne parle pas des Curés) une rétribution plus forte que celle de 300 liv. felon la qualité & l'étendue de la Paroiffe, & à proportion es revenus du Bénéfice ; ce que nous voulons (dit la Déclaration) être remis à leur prudence & religion. Voyez *Defservans*.

cet effet; & qu'ils feront payés par préférence fur tous les fruits & revenus defdites Cures ou Vicaireries-Perpétuelles, de la fomme de 300 liv. à l'égard de ceux qui feront les fonctions de Curés, & de celle de 150 liv. à l'égard des Prêtres qui feront commis pour leur aider comme Vicaires.

Les Auteurs qui ont écrit depuis cette Déclaration, tels que d'Hericourt & Duperray, &c. ont penfé que l'option de la Portion Congrue faite par les Curés, eft irrévocable, & qu'ils ne peuvent plus varier, quand une fois ils l'ont préférée au revenu de leur Cure.

Mais le fucceffeur à la Cure eft-il obligé de s'en tenir au choix de la Portion Congrue faite par fon prédéceffeur? D'Hericourt penfe que oui; & la Cour l'a jugé de même par Arrêt rendu le 30 Avril 1760, en la premiere Chambre des Enquêtes, au rapport de M. Julien, entre le Seigneur du Fief de Chalette, Gros Décimateur de la Paroiffe de Courçemain, & le Curé dudit Courcemain.

Si l'option faite par un Curé étoit révocable par fon fucceffeur, il arriveroit que, quand le Curé verroit des réparations à faire au Chœur, &c. il abandonneroit fa portion de dixmes; le fucceffeur ne voyant pas de réparations prochaines, révoqueroit l'option & l'abandon faits par fon prédéceffeur. Un fecond fucceffeur craignant auffi des réparations, redemanderoit la Portion Congrue; & par ce moyen, non-feulement le Gros Décimateur feroit expofé à des procès, que la Déclaration a voulu prévenir; mais les Curés pourroient les frauder, en leur faifant prefque toujours faire faire les réparations; ce que la Loi a voulu prévenir.

D'ailleurs, le fucceffeur à un Bénéfice peut bien critiquer les aliénations faites par fon prédéceffeur, quand celui-ci n'a pas été autorifé à les faire; mais il ne le peut pas, quand un Titulaire n'a fait que ce qu'une Loi précife l'autorifoit à faire.

Ce que je dis ici fur l'irrévocabilité des options, ne s'applique point à celles faites collufoirement par des Curés pour frauder leurs fucceffeurs, ni à celles qui contiennent une léfion manifefte.

La connoiffance des affaires concernant

l'exécution de la Déclaration du 29 Janvier 1686, dont j'ai rapporté les termes, eft attribuée aux Baillis & Sénéchaux, & en cas d'appel, ès Cours du Parlement; cependant, par Arrêt du Confeil du 12 Août 1687, & Lettres-Patentes fur icelui, du même mois d'Août, regiftrées au Grand-Confeil le 8 Novembre fuivant, cette connoiffance fut laiffée aux Baillis & Sénéchaux, à la charge de l'appel au Grand-Confeil, lorfque les Ordres Religieux, les Communautés & les Particuliers qui ont leurs évocations audit Grand-Confeil, fe trouveroient Parties dans ces affaires.

Mais l'article 12 de la Déclaration du 15 Janvier 1731, en laiffant aux Baillis & Sénéchaux, chacun dans leur reffort, la connoiffance des conteftations qui pourront naître à l'occafion des Portions Congrues, porte que les appels ne pourront en être relevés qu'aux Parlemens, nonobftant toutes évocations accordées par le paffé, auxquelles il eft dérogé, & notamment aux Lettres-Patentes de 1687.

Comme la Déclaration de 1686 charge ceux qui poffédent les groffes dixmes, de payer la Portion Congrue aux Curés & Vicaires-Perpétuels, ceux-ci ont prétendu pouvoir l'exiger, en abandonnant aux Gros Décimateurs les fonds, domaines & autres portions de dixmes qu'ils poffédoient. Les Décimateurs, au contraire, ont prétendu que les Curés devoient garder ces poffeffions, & en déduire le revenu fur la Portion Congrue. Ces conteftations ont été terminées par une Déclaration du 30 Juin 1690, regiftrée le 19 Juillet, dont voici les difpofitions.

Voulons & nous plaît que, fuivant notre Déclaration du mois de Janvier 1686, les Curés & Vicaires-Perpétuels jouiffent de la Portion Congrue de 300 liv. par an chacun, qui feront payées par les Gros Décimateurs, fi mieux ils n'aiment leur abandonner toutes dixmes qu'ils perçoivent dans lefdites Paroiffes; auquel cas ils feront & demeureront déchargés defd. Portions Congrues; fur laquelle fommes de 300 l. lefd. Curés & Vicaires-Perpétuels feront tenus de payer par an chacun, à l'avenir, leur part des décimes qui feront impofées fur les Bénéfices de notre Royaume, à commencer feulement au premier départe-

ment qui en fera fait par les Députés des Chambres Ecclésiaftiques ; laquelle part des décimes fera imposée modérément fur lefdits Curés & Vicaires-Perpétuels, dont nous chargeons l'honneur & la confcience defdits Députés, jufqu'à ce que par Nous en ait été autrement ordonné, fans que ladite part & portion puiffe excéder la fomme de 50 liv. pour les décimes ordinaires & extraordinaires, dons gratuits, & pour toutes autres fommes qui pourroient à l'avenir être impofées fur le Clergé, fous quelque prétexte que ce puiffe être, dont nous avons dès-à-préfent & pour lors déchargé & déchargeons par ces Préfentes lefdits Curés & Vicaires-Perpétuels.

Voulons auffi que, pour faciliter le payement de 300 liv. de Portions Congrues, lefdits Curés & Vicaires-Perpétuels foient tenus de garder & de continuer la jouiffance des fonds, domaines & portions de dixmes qu'ils poffédoient lors de notre Déclaration du mois de Janvier 1686, en déduction de ladite fomme de 300 liv. fuivant l'eftimation qui en fera faite à l'amiable entre les Gros Décimateurs & les Curés & Vicaires-Perpétuels fuivant la commune valeur, quinzaine après l'option defdits Curés ; & s'ils ne peuvent s'accommoder, l'eftimation en fera faite aux frais des Gros Décimateurs, fans répétition contre lefdits Curés & Vicaires-Perpétuels, par Experts, dont les Parties conviendront ; & à faute d'en convenir, ils feront nommés d'Office par nos Juges du reffort, à qui la connoiffance eft attribuée par notre Déclaration ; & jufqu'à ce que l'eftimation foit faite à l'amiable, confentie par les Parties, ou ordonnée, foit en première inftance ou par appel, les Gros Décimateurs feront tenus de payer en argent les 300 livres.

Ordonnons qu'après ladite eftimation faite, en cas que les fonds, domaines & portions de dixmes, ne foient fuffifans pour eompofer le revenu defdites 300 livres, le furplus foit payé en argent par les Gros Décimateurs de quartier en quartier, & par avance ; fauf, après que l'eftimation aura été faite, la fomme à laquelle pourra, par chacun an, monter le revenu defdits fonds, domaines & portions de dixmes, pendant la jouiffance qu'en auront continué lefdits Curés, leur être déduite fur le fupplément en argent, que les Gros Décimateurs auront à payer (a).

Voulons pareillement que lefdits Curés & Vicaires-Perpétuels jouiffent à l'avenir de toutes les oblations & offrandes, tant en cire, ou en argent, & autres rétributions qui compofent le cafuel de l'Eglife ; enfemble des fonds chargés d'obits & fondations pour le Service Divin, fans aucune diminution de leurs Portions Congrues ; & ce nonobftant toutes tranfactions, abandonnemens, poffeffions, Sentences & Arrêts, auxquels nous défendons à nos Cours & Juges d'avoir aucun égard.

Les Gros Décimateurs ne peuvent fe difpenfer du payement de la Portion Congrue, qu'en abandonnant les groffes dixmes : les Déclarations de 1726 & 1731, ne les déchargent même de ce payement, qu'en abandonnant, outre les dixmes, tous les autres biens & revenus qu'ils poffédent dans la Paroiffe, & qui font de l'ancien patrimoine des Cures, même les titres & droits des Curés primitifs, fi les Gros Décimateurs les ont. V. l'article 2 de la Déclaration du 15 Janvier 1731, article Curé.

Remarquons fur ces diverfes Déclarations, 1°. que leurs difpofitions concernant les Portions Congrues, s'appliquent auffi au gros des Curés & Vicaires-Perpétuels ; ainfi les Décimateurs ne peuvent s'affranchir du payement du gros dû aux Curés & Vicaires-Perpétuels, qu'en leur abandonnant les dixmes, comme quand il s'agit de la Portion Congrue.

2°. Que l'abandonnement des dixmes, &c. fait au Curé par le Décimateur pour fe décharger du gros ou de la Portion Congrue, n'eft point fufceptible des formalités prefcrites pour l'aliénation des biens d'Eglife ; parce qu'il a pour objet de faire rentrer les chofes dans le Droit-commun, fuivant lequel les dixmes appartiennent aux Curés : la Cour l'a ainfi jugé par Arrêt rendu le Samedi 19 Décembre 1761, fur les Conclufions de M. de Saint-Fargeau, en la Grand-Chambre.

(a) Ce que j'ai dit ci-devant fur l'irrévocabilité des choix de la Portion Congrue, ne s'applique pas aux abandonnemens & aux arrangemens que la préfente Déclaration autorife : ces abandonnemens & ces arrangemens font révocables, quand ils ne procurent pas 300 liv. de rente au Curé ; parce que la Portion Congrue de 300 liv. peut s'exiger, nonobftant toutes tranfactions, abandonnemens, Sentences, & poffeffion contraires.

Dans cette efpéce, il avoit été rendu un Arrêt le 8 Août 1679, entre le Prieur de Saint Leu-Taverni & le Curé de Saint Leu, par lequel il avoit été donné acte au Prieur, préfent en perfonne, de ce que, pour fe décharger de douze feptiers une mine de bled qu'il payoit annuellement au Curé pour fon gros, il lui abandonnoit les dixmes; & en conféquence les Curés fucceffeurs en avoient long-temps joui.

Un Prieur, fucceffeur de celui qui avoit fait l'abandon, forma une tierce-oppofition à l'Arrêt de 1679, & demanda à rentrer dans les dixmes, à la charge de payer le gros. Son moyen étoit, 1°. que les Déclarations de 1686 & 1690, n'autorifoient les Décimateurs à abandonner les dixmes, que pour fe décharger des Portions Congrues, & non des gros. 2°. Qu'il n'avoit pas été au pouvoir du Prieur d'aliéner ainfi une portion de fon Bénéfice, en abandonnant au Curé les dixmes qui étoient d'une valeur fupérieure au gros.

On répondoit, que l'abandon fait en 1679, pouvoit d'autant moins être critiqué, qu'il avoit été fait fous les yeux du Miniftere Public, & que fi les dixmes valoient actuellement plus que le gros, c'eft parce que le Curé étoit parvenu à exiger celle du vin, qui ne fe payoit pas alors; qu'enfin l'abandon n'avoit pour objet que de faire rentrer les chofes dans le Droit commun, &c. Par l'Arrêt rendu ledit jour Samedi, 19 Décembre 1761, le Prieur fut déclaré non-recevable dans fes tierce-oppofition & demandes.

S'il y a conteftation pour le payement de la Portion Congrue, la provifion doit être accordée aux Curés.

Le Curé à Portion Congrue a une action directe contre les Gros Décimateurs pour le payement de fa Portion Congrue, fuivant la Déclaration du 15 Janv. 1731, article 2: mais elle n'eft pas folidaire, fi les Décimateurs ont fixé ce que chacun d'eux en doit payer; autrement ils peuvent être contraints folidairement. Voyez la Déclaration de 1686.

La Portion Congrue eft fi favorable, que lorfque deux Curés font alternativement les fonctions Curiales dans une même Paroiffe, chacun d'eux eft en droit de demander la Portion Congrue: il n'eft pas néceffaire pour cela qu'il y ait deux Cures; il fuffit feulement qu'il y ait deux Curés, ayant un titre perpétuel & indépendant l'un de l'autre.

Quand au lieu de deux Curés dans une même Paroiffe, on juge néceffaire de la défunir, en érigeant deux Cures, le nouveau Curé eft en droit de prétendre à la Portion Congrue: c'eft une charge nouvelle que les Gros Décimateurs doivent acquitter, outre celles qu'ils payoient déja.

L'Evêque de Châlons ayant érigé en Cure le Hameau de Courjonnet, & quelques autres dépendances de la Paroiffe de Villevenard, dont les dixmes appartenoient pour moitié au Curé de Villevenard, & l'autre moitié aux Religieufes d'Andecy, il s'eft agi de fçavoir, fi ces Religieufes devoient contribuer au payement de la Portion Congrue du nouveau Curé, à proportion de leur droit dans les dixmes, ou fi le Curé de Villevenard en étoit feul tenu.

Pour fe difpenfer de contribuer à la Portion Congrue, les Religieufes difoient que la totalité des dixmes de Villevenard leur avoit été donnée pour leur dotation; & que les ayans partagées en 1501 avec le Curé, elles avoient fuffifamment pourvu à la fubfiftance des Curés qui pouvoient être établis dans cette Paroiffe.

Elles ajoutoient que le Curé de Villevenard originairement chargé de la conduite fpirituelle des lieux démembrés, s'en trouvant déchargé par la défunion, ne pouvoit percevoir de dixme dans la nouvelle Cure, à laquelle cette dixme devoit fervir de patrimoine avec d'autant plus de raifon, que ce qui lui refteroit de dixmes, fuffifoit & au-delà, pour la fubfiftance d'un Curé.

Le Curé de Villevenard répondoit que, quelle que fût l'origine des dixmes qu'il poffédoit, il ne pouvoit être tenu des charges des Décimateurs qu'à proportion de fa poffeffion; que la défunion ne venant point de fon fait, mais de celui de l'Evêque, qui avoit jugé l'érection utile, lui Curé fe trouvoit dans le Droit commun, & ne devoit contribuer à la Portion Congrue qu'au *prorata* de ce qu'il poffédoit de dixmes, &c.

Sur cette conteftation Sentences font intervenues

tervenues au Bailliage de Châlons, les 28 Avril, 18 Août & premier Septemb. 1711, qui ont condamné les Religieuses d'Andecy à contribuer & payer la Portion Congrue du nouveau Curé de Courjonnet au *prorata*, &c. & elles ont été confirmées par Arrêt rendu au rapport de M. l'Abbé Pucelle, le 11 Août 1716.

Par Arrêt du 12 Décembre 1687, il est ordonné que le Prieur de Saint André-sur-Mirfleur sera tenu de payer la Portion Congrue de 300 liv. en déduisant les domaines & revenus de la Cure, mais non pas le casuel.

La Déclaration du 30 Juin 1690, dont j'ai rapporté les dispositions en ce présent article, est conforme à cet Arrêt ; & la Cour a jugé, par un Arrêt rendu le premier Juin 1715, en la cinquiéme Chambre des Enquêtes, au rapport de M. Daquin de Château-Regnard, entre le Chapitre de Saint Maclou de Pontoise, & le Curé-Vicaire-Perpétuel de la même Eglise, que celui-ci jouiroit en entier de toutes les oblations & offrandes, tant en cire qu'en argent, nonobstant l'abandon des grosses dixmes qui lui avoit été fait par le Chapitre, Curé primitif de la Paroisse. Voyez l'article 5 de la Déclaration du 15 Janvier 1731, au mot *Curé*.

On ne peut assujettir les Décimateurs à payer autre chose que la Portion Congrue, quelque pénible que soit la desserte. Lors même que le Desservant est obligé de biner, elle se regle, non sur le nombre des Eglises dans lesquelles se fait la desserte, mais sur le nombre de ceux qui desservent. Un Curé qui est seul, sans Vicaire établi légitimement, ne peut donc exiger que 300 livres, lors même qu'il y a une annexe, & qu'il y a des conventions faites avec des habitans ; ces circonstances n'augmentent rien à son droit contre le Décimateur : la Cour l'a ainsi jugé en faveur du sieur Andrieux, contre les Habitans de Chalmazant & le Curé de Musseau, par Arrêt rendu le 16 Janvier 1741, au rapport de M. Severt, confirmatif d'une Sentence du Bailliage de Langres.

Il a été rendu un pareil Arrêt le 19 Juillet 1700, contre le Curé de Fay & de Guindrecourt, son annexe, en faveur des

Tome III. Part. I.

Décimateurs. Le Curé avoit fait condamner le Chapitre de Toul, par une Sentence du Bailliage de Chaumont, à lui payer 150, liv. pour la desserte de Guindrecourt, ou les 300 livres dont il jouissoit pour la Paroisse de Fay. L'Arrêt qui a été rendu sur les Conclusions de M. Portail, a débouté le Curé de sa demande, sauf à lui à se pourvoir devant l'Evêque Diocésain pour l'établissement d'un Vicaire, s'il y avoit lieu, les défenses des Décimateurs reservées au contraire.

Quand il y a un Vicaire établi par l'Evêque en connoissance de Cause, après l'information de la nécessité de cet établissement, & des incommodités qui peuvent en résulter, alors la Portion Congrue est de 450 livres, sçavoir, 300 livres pour le Curé, & 150 livres pour le Vicaire. Telle est la Jurisprudence, fondée sur l'article 24 de l'Edit de 1695, qui permet aux Evêques d'ériger des Cures & d'assigner une Portion Congrue aux Curés. Voyez aussi la Déclaration de 1686.

Ce sont les Décimateurs qui doivent la Portion Congrue du Vicaire, comme ils doivent celle du Curé : mais si le Curé est lui-même Décimateur, en tout ou en partie, & n'a pas fait l'option de la Portion Congrue, il doit seul celle de son Vicaire : la Cour l'a ainsi jugé, par un Arrêt rendu le 13 Mars 1702, en faveur des Chapitres d'Arras & de Bethune, contre le Curé & le Vicaire de Gauchin. Cet Arrêt est dans le Rapport fait par les Agens du Clergé en 1705.

L'article 3 de la Déclaration du 22 Fév. 1724, regist. le 21 Mars suivant, porte, *que les Vicaires ou Secondaires, dont les Portions Congrues ou autres rétributions sont à prendre sur les Gros Décimateurs autres que les Curés, en seront directement payés par ceux qui en sont tenus, sans que le payement en puisse être fait aux Curés.*

Voulons (ajoute cet article) *que nonobstant les quittances que lesdits Gros Décimateurs, ou autres tenus desdites Portions Congrues ou rétributions, pourroient avoir prises desdits Curés, ils soient contraints, sur la simple Requête desdits Vicaires ou Secondaires, à leur payer les sommes qui leur seront dûes.*

Le Parlement de Dijon juge que les Por-

P

tions Congrues ne font faififfables par leurs créanciers, que jufqu'à concurrence du tiers de ce qui refte après les décimes payées. Il y a fur cela des Arrêts rendus les premier & 15 Oct. 1700, & les 2 & 22 Avril 1747. Ce dernier eft intervenu en faveur du Seigneur du Fief de la Motte, contre le Curé de Sainfey.

POSSESSION.

Voyez *Complainte*, *Envoi en Poffeffion*, *Interruption*, *Mife de Fait*, *Pêche*, *Préféance*, *Prefcription* & *Réintégrande*.

On appelle Poffeffion, la détention d'une chofe par quelqu'un, qui croit de bonne foi en être le maître, ou qui veut en ufurper la propriété.

Comme l'ufage de la propriété eft d'avoir une chofe pour en jouir & en difpofer, & que ce n'eft que par la feule Poffeffion qu'on peut exercer ce droit, la Poffeffion eft naturellement liée à la propriété, & n'en devroit pas être féparée.

Ainfi la Poffeffion renferme un droit & un fait; le droit de jouir, & le fait de la détention effective de la chofe, foit qu'elle fe trouve fous la main du maître, ou détenue par un autre pour lui. V. *Domat*.

Les Loix & la Jurifprudence des Arrêts ont attaché beaucoup d'autorité & d'avantage à la Poffeffion. Elle fut la premiere maniere d'acquérir parmi les hommes, & elle opere une préfomption naturelle de la juftice du droit de celui qui l'a de fon côté: c'eft fur cette bafe qu'on a établi la prefcription, qu'on a cru néceffaire au repos des familles, & fans laquelle l'harmonie de la fociété feroit fans ceffe troublée. V. *Prefcription*.

La Poffeffion & les avantages qui en réfultent, peuvent s'acquérir, tant par foi que par autrui; parce que les propriétaires peuvent pofféder, foit par eux-mêmes, foit par leurs domeftiques ou fermiers, foit par leurs fondés de procuration, tuteurs, curateurs ou autres adminiftrateurs, & même par les ufufruitiers.

La Poffeffion de ceux qui ont originairement poffédé pour autrui, ne peut leur procurer les mêmes avantages qu'elle donne à ceux qui poffédent *animo Domini*. Ainfi quelqu'ancienne que foit la Poffeffion du fermier, du locataire, &c. elle ne peut jamais

lui faire acquérir une propriété; fon titre s'y oppofe, & il eft toujours (lui & fes héritiers) tenu de rendre l'immeuble à l'ancien propriétaire, de qui il le tient.

Un tel poffeffeur ne pourra donc pas intenter la complainte, parce que cette action fuppofe une propriété que le fermier ne fçauroit acquérir: mais le vrai poffeffeur qui a, ce que nous appellons Poffeffion civile & publique, pendant l'an & jour, d'un héritage, ou même d'une univerfalité de meubles, peut, dans l'an & jour du trouble, demander à y être maintenu; & il n'a befoin pour le faire ainfi juger, que de prouver fa Poffeffion. V. *Complainte*.

Le poffeffeur maintenu par une fuite de l'action en complainte, ou dont la Poffeffion n'eft point contestée, n'eft pas affujetti à juftifier d'un titre de propriété; fa Poffeffion feule fuffit pour faire préfumer qu'il eft propriétaire; & on ne peut la lui enlever qu'en juftifiant d'un titre qui faffe évanouir les avantages qui peuvent réfulter de la Poffeffion.

Alors, c'eft-à-dire, quand une Partie oppofe un titre contre la Poffeffion, on diftingue fi le titre a pu être anéanti par la prefcription. Le titre eft impuiffant, fi la Poffeffion a été affez longue pour prefcrire; & quelque régulier que foit le titre, la Poffeffion prévaut; l'on maintient le poffeffeur dans la propriété, quand même il ne repréfenteroit aucune piéce: il ne lui faut dans ce cas que la feule Poffeffion de trente ans, ou de quarante ans, s'il a l'Eglife pour adverfaire. V. *Prefcription*.

Mais quand le titre de celui qui attaque le poffeffeur, n'eft pas affez ancien pour qu'on puiffe lui oppofer la prefcription, alors la Poffeffion ne fuffit pas feule pour écarter la demande de celui qui fe préfente armé d'un titre, il faut que le poffeffeur repréfente le fien; & c'eft dans ce cas-là un combat de titre qu'il faut juger.

La Poffeffion a quelque chofe de fi favorable parmi nous, & nos régles fur cette matiere font tellement différentes de celles des Romains, que, lorfque par violence ou autrement, le poffeffeur d'un héritage en eft dépoffédé, il a ce que nous appellons l'action en réintégrande; & l'auteur de la dépoffeffion fût-il le vrai propriétaire & muni d'un titre , on ne l'écoute point jufqu'à ce que le trouble foit ceffé, les fruits reftitués, & les dépens, dommages & intérêts payés, Voyez les artic. 2 & 4 du titre 18 de l'Ordonnance de 1667, & ce que j'ai dit au mot *Complainte.*

La Cour a jugé , par un Arrêt rendu le 28 Juillet 1744, en la Grand'Chambre, entre la demoifelle Ferrand & les fieur & dame de la Noue , que , conformément à l'article 9 du titre 27 de l'Ordonnance de 1667, & à l'Arrêt rendu entre les mêmes Parties le 28 Avril précédent, celui qui eft condamné à laiffer la Poffeffion d'un héritage , en lui rembourfant quelques fommes, efpéces, impenfes ou méliorations, ne peut être contraint de quitter l'héritage qu'après avoir été rembourfé , tant du prix principal de l'héritage , que du montant des impenfes ou méliorations , fans qu'on puiffe le contraindre de recevoir féparément le prix principal de l'héritage qu'il eft condamné de laiffer.

Il y a deux fortes de Poffeffion ; fçavoir, celle du poffeffeur de bonne foi, & celle du poffeffeur de mauvaife foi. Le poffeffeur de bonne foi eft celui qui ignore que ce qu'il poffède, appartient à autrui.

Le poffeffeur de mauvaife foi eft celui qui fçait qu'il poffede ce qui ne lui appartient pas.

Pour induire la mauvaife foi , il eft néceffaire que le poffeffeur fçache pofitivement le vice ou l'empêchement de fa Poffeffion ; au contraire , pour établir la bonne foi , il fuffit de l'ignorance de ce vice ou de cet empêchement. En un mot , il n'eft pas néceffaire que celui qui a poffédé , prouve qu'il a été de bonne foi : on le préfume jufqu'à ce que le contraire foit prouvé (*a*).

La Poffeffion de celui qui poffede de bonne foi , a cet effet; que pendant fa bonne foi il perçoit & fe rend propres les fruits qu'il recueille ; & non-feulement ceux qui viennent du fonds par fon induftrie, lui appartiennent, mais ceux même que le fonds produit fans culture. Sa bonne foi lui tient lieu de vérité ; elle fait qu'il fe confidere lui-

même , & qu'il doit être confidéré comme étant le maître, tant que cette bonne foi n'eft interrompue par aucune demande : c'eft pourquoi , s'il arrive qu'il foit évincé, il ne rend rien de ce que fa Poffeffion lui a produit jufqu'à la demande.

La Poffeffion de celui qui poffede de mauvaife foi , a cet effet ; qu'elle empêche le poffeffeur de faire les fruits fiens , & qu'elle l'oblige à rendre, non-feulement ce qu'il a perçu, mais même les jouiffances qu'un bon pere de famille auroit pû tirer du fonds dont il étoit en Poffeffion. Voyez Domat , livre 3 , titre 7. Voyez auffi ce que je dis au mot *Fruits.*

Un poffeffeur de bonne foi qui a conftruit un bâtiment , ou qui a augmenté la valeur du fonds dont il eft par la fuite évincé, peut demander le prix des améliorations qu'il a faites , jufqu'à concurrence néantmoins de ce que le fonds fe trouve augmenté par la valeur. Mais le poffeffeur de mauvaife foi , fçachant que fa Poffeffion n'étoit pas légitime , ne peut rien répéter après l'éviction, & le propriétaire jouit de toute l'amélioration: un tel poffeffeur doit s'imputer d'avoir conftruit & de n'avoir pas cédé à fa propre connoiffance. V. *les Inftituts.*

Jean Defvaux s'étant , fous de vains prétextes , emparé de fix arpens & demi d'héritages fitués à Chaillot , Me Pafquier , Avocat , qui en étoit propriétaire , s'en plaignit ; & fur cela il s'éleva entr'eux des Procès confidérables aux Requêtes de l'Hôtel & au Parlement.

Pendant l'inftruction , Defvaux s'avifa de bâtir ; Me Pafquier s'y oppofa ; il obtint même un Arrêt, contenant défenfes de continuer les ouvrages , & fit fignifier cet Arrêt, tant à Defvaux qu'aux Ouvriers , auxquels il annonça fa propriété: nonobftant cette fignification , le bâtiment fut continué ; & Me Pafquier ayant , dans le cours de l'inftruction , conclu à l'adjudication des fuperficies, accroiffemens & édifices , la Cour, par Arrêt rendu de Grands-Commiffaires le 30 Août 1721 , a maintenu & gardé Me Pafquier & fa femme *dans la propriété, &c.* a

____

(*a*) Quoique la bonne foi ne paroiffe pas néceffaire pour la prefcription par la poffeffion de trente ans , la plûpart des Auteurs ont penfé qu'une mauvaife foi évidente & notoire , y mettoit obftacle. En effet, il n'eft

pas naturel de penfer que les Loix ont voulu favorifer la mauvaife foi ; & c'eft de-là qu'eft venue la maxime, qu'il vaut mieux n'avoir point de titre , que d'en avoir un vicieux.

condamné *Defvaux* à leur en *délaiffer la libre jouiffance ; enfemble les fuperficies, accroiffemens & édifices qui y font attachés, pour y exercer par lefdits Pafquier & fa femme, tous & tels droits contre qui & ainfi qu'ils aviferont , &c.*

A l'égard des impenfes & réparations néceffaires, le propriétaire doit en tenir compte en entier au poffeffeur, foit de bonne foi, foit de mauvaife foi, qui eft évincé; parce que le propriétaire auroit dû le faire luimême. Il ne feroit pas jufte qu'il profitât des dépenfes par le moyen defquelles la chofe lui a été confervée fans les rembourfer.

Autrefois, quand on achetoit un héritage , il en falloit prendre Poffeffion avec certaines cérémonies; & cela s'obferve encore dans quelques Coutumes. En Picardie , on prenoit poffeffion en acceptant un petit bâton ou un rameau, ou un brin de paille, que le vendeur prenoit dans l'héritage pour le mettre entre les mains de l'acquéreur : c'eft ce qui s'appelloit veft. A Chauny, on recevoit ce bâton de la main du Juge. Dans le Perche, l'acquéreur rompoit du bois verd & du bois fec dépendant de l'héritage. Mais ces formalités fe fuppléent prefque partout par l'infinuation qui rend le contrat public , & par l'enfaifinement ; cependant Voyez *Adhéritance, Donation, Saifine, Veft,* &c.

POSSESSION IMMÉMORIALE.

On nomme Poffeffion Immémoriale, celle qui excéde la mémoire des hommes, fur ce qu'ils ont vû par eux-mêmes, ou ce qu'ils ont appris uniformément de leurs ancêtres.

L'effet de la Poffeffion Immémoriale eft de faire préfumer un bon titre. Ainfi elle opère toujours la prefcription, excepté les cas dans lefquels le titre le plus authentique feroit lui-même inutile.

POSSESSION de Bénéfice (Prife de). Voyez *Inftitution Canonique,* & l'Edit du mois de Décembre 1691, à l'article *Notaires Apoftoliques.*

De quelque maniere & à quelque titre qu'un Eccléfiaftique foit pourvu d'un Bénéfice, il ne peut, fuivant l'ufage actuel, bien différent de ce qui fe pratiquoit autrefois,

en remplir les fonctions, ni jouir des fruits qui en dépendent, qu'il n'ait pris Poffeffion.

C'eft ordinairement un Prêtre qui met l'Eccléfiaftique en Poffeffion du Bénéfice: mais l'Acte de mife en Poffeffion doit être rédigé par un Notaire Apoftolique, fuivant l'Edit du mois de Décembre 1691 : cependant lorfque le titre du Bénéfice eft dans une Eglife Cathédrale, Collégiale ou Conventuelle, ayant un Greffier qui a coutume d'expédier ces fortes d'Actes, le même Edit lui permet de les faire.

Quand les Provifions font données par le Collateur ordinaire, le Pourvu du Bénéfice peut toujours, en conféquence & fans autre formalité, en prendre Poffeffion: mais fi elles font obtenues en Cour de Rome, il faut diftinguer entre les Provifions expédiées en forme gracieufe, c'eft-à-dire fur l'atteftation des bonnes vie & mœurs de l'impétrant, & celles qui font expédiées *in forma dignum,* c'eft-à-dire, celles par lefquelles le Pape pourvoit l'impétrant, à condition qu'il foit trouvé capable par l'Evêque du Diocèfe où le Bénéfice eft fitué.

Le Pourvu par des Provifions expédiées en forme gracieufe, peut prendre Poffeffion d'un Bénéfice fimple fans examen préalable : mais il ne peut valablement prendre Poffeffion d'une Cure ou autre Bénéfice à charge d'ames, en vertu de femblables Provifions, s'il n'a préalablement fubi un examen devant l'Evêque Diocéfain ou fon Vicaire, ou obtenu le *Vifa.* Voyez l'art. 3 de l'Edit du mois d'Avril 1695.

Jamais un Eccléfiaftique ne peut prendre Poffeffion d'un Bénéfice, dont il a obtenu des Provifions en la forme appellée *dignum,* qu'il n'ait obtenu le *Vifa* : c'eft la difpofition de l'article 2 du même Edit. Sur tout cela voyez ce que je dis à l'art. *Bulle.*

La Prife de Poffeffion d'une Cure, d'une Chapelle ou autre Bénéfice particulier, fe fait ordinairement par l'entrée du Pourvu dans l'Eglife, accompagné de celui qui le met en Poffeffion, de deux Notaires Apoftoliques (ou d'un feul Notaire, & de deux témoins :) là il fe met à genoux, fe léve, baife l'Autel, prend féance en la place dépendante du Bénéfice, fonne la cloche, &c.

& de tout cela les Notaires dreſſent un Acte qu'ils font ſigner aux Parties.

Mais ſi le Bénéfice eſt une Chanoinie, une Prébende ou autre Bénéfice dépendant d'une Egliſe Cathédrale ou Collégiale, le Pourvu doit ſe préſenter au Chapitre aſſemblé, & demander à être inſtallé & reçu.

Si le Chapitre agrée la demande, l'inſtallation ſe fait ſur le champ : mais s'il la rejette, alors le Pourvu, après avoir pris acte du refus, ſe peut enſuite faire inſtaller dans le Chœur, en obſervant les cérémonies qui ſont d'uſage dans le Diocèſe.

Le ſimple procès-verbal du refus dreſſé par le Notaire Apoſtolique en préſence de témoins, vaudroit même en ce cas la Priſe de Poſſeſſion & l'inſtallation dans la meilleure forme. Voyez l'Edit de Création des Notaires Apoſtoliques, de 1691, art. 3.

Lorſqu'on refuſe d'ouvrir les portes de l'Egliſe à l'Eccléſiaſtique qui veut prendre Poſſeſſion d'un Bénéfice, il peut, après le refus conſtaté, prendre Poſſeſſion en ſe mettant à genoux & touchant la ſerrure de la porte de l'Egliſe.

Il y auroit quelquefois du danger pour un Eccléſiaſtique de ſe préſenter à l'Egliſe, pour prendre Poſſeſſion d'un Bénéfice : en ce cas, il prend Poſſeſſion à la vûe du clocher. Quelquefois auſſi il prend une Poſſeſſion ſimulée dans une autre Egliſe avec la permiſſion du Juge, à la charge de la réitérer ſur les lieux. Ces ſortes de Priſes de Poſſeſſion fictives ſont autoriſées par l'uſage.

Quand le Titulaire d'un Bénéfice en eſt pourvu en régale, il doit prendre Poſſeſſion en perſonne : mais hors ce cas, le Pourvu peut à ſon choix prendre Poſſeſſion, ou en perſonne, ou par Procureur fondé d'une procuration ſpéciale. Dans l'un & dans l'autre cas, l'Acte de Priſe de Poſſeſſion, & la procuration pour prendre Poſſeſſion, s'il y en a une, doivent être inſinuées, dans le mois de leur date, au Greffe du Diocèſe où les Bénéfices ſont ſitués, ou dans deux mois au plûtard, ſi elles ont été inſinuées dans le mois au Greffe du Diocèſe où les expéditions ont été paſſées. V. *Inſinuation.*

Toute autre Poſſeſſion eſt frauduleuſe & abuſive, & une priſe de Poſſeſſion faite en conſéquence d'une procuration générale,

qui ne ſeroit pas expreſſe & *ad hoc*, ou qui, étant ſpéciale & particuliere, ſeroit ſurannée, eſt déclarée nulle par l'Edit (vulgairement nommé) des petites Dates, donné par Henri II, en 1550, art. 10.

La nullité d'une Priſe de Poſſeſſion faite en conſéquence d'une procuration générale & ſurannée, ne ſeroit pas couverte par une ratification qui ſeroit faite pluſieurs années après par le Pourvu du Bénéfice ; ainſi qu'il a été jugé par Arrêt du Grand-Conſeil, du 23 Septembre 1735, au rapport de M. de Lier, entre le ſieur Saviard & le ſieur de Lolliere, pour le Prieuré de Sainte Marie-Magdelaine de Segrès., Diocèſe de Sens, Ordre de Prémontré.

Dans l'eſpéce de cet Arrêt, les Directeurs du Séminaire des Miſſions étrangeres, fondés de la procuration générale du ſieur de Lolliere, leur confrere, Miſſionnaire à Pondichery, avoient en 1722, accepté & pris Poſſeſſion du Prieuré de Segrès, quatre ans après la procuration paſſée. Le ſieur de Lolliere avoit ratifié, & l'acceptation, & la priſe de Poſſeſſion en 1730. Néantmoins l'Arrêt a maintenu le Sr Saviard, qui avoit impétré le Bénéfice en Cour de Rome, comme vacant par la mort du dernier poſſeſſeur.

L'Edit de 1637, article 20, porte que « tous les Réſignataires ſeront tenus de prendre Poſſeſſion, au plûtard dans trois ans après leurs Proviſions : autrement, & après ledit temps, elles demeureront nulles, ores, (c'eſt-à-dire, quoique) le Réſignant ſoit encore vivant «. L'article 14 de la Déclaration de 1646, dit la même choſe. Voyez *Réſignation* & *Bénéfice.*

Le Pape differe quelquefois d'accorder des Proviſions ſur les dates qui ſont retenues ; & comme ce refus ne peut pas préjudicier à un François, qui eſt cenſé avoir un droit acquis du jour de la date retenue, on peut prendre certificat du Banquier qui conſtate la retention de la date, & en conſéquence obtenir du Juge Royal une Ordonnance ſur Requête, portant permiſſion de prendre Poſſeſſion civile d'un Bénéfice, pour la conſervation des droits qui y ſont attachés. Et la priſe de Poſſeſſion en vertu d'une ſemblable Ordonnance, conſerve tous les droits du Titulaire.

On peut en ufer de même lorfque les Archevêques, Evêques ou leurs grands Vicaires refufent le *Vifa* aux Eccléfiaftiques qui préfentent leurs Provifions d'un Bénéfice, ou qui par d'autres titres ont droit de le requérir. Mais cette prife de Poffeffion, fur le refus du Pape d'accorder des Provifions, & fur le refus des Archevêques & Evêques d'accorder le *Vifa*, n'autorife point l'Eccléfiaftique à faire les fonctions fpirituelles; elle ne conferve que les fruits. V. l'art. 2 de l'Edit du mois de Décemb. 1691, l'art. 7 de l'Edit de 1695. Voyez auffi ce que je dis à l'art. *Inftitution Canonique.*

L'article 17 de l'Edit de 1637, & l'article 15 de la Décl. de 1646, obligent tous les Pourvus en Cour de Rome, de prendre Poffeffion dans l'année du jour de l'obtention des Provifions, à peine de nullité.

On ne peut prendre Poffeffion d'un Bénéfice qu'après en avoir obtenu des Provifions ; & fi les Patrons ou Collateurs refufent d'en donner aux Gradués ou aux autres Expectans qui les ont demandées, ceux-ci doivent fe pourvoir par dévolution & par voie de recours au Supérieur du Collateur refufant, de degré en degré jufqu'au Pape.

Il n'eft cependant pas tellement néceffaire, que les expectans effuyent les lenteurs & les délais que ces recours fucceffifs peuvent occafionner, qu'ils ne puiffent en certains cas fe faire autorifer à prendre Poffeffion civile du Bénéfice, à la charge d'en obtenir des Provifions, après le Jugement de la complainte. V. ci-devant.

Il feroit dangereux de laiffer les Collateurs maîtres d'accorder ou de refufer à leur gré des Provifions à ceux qui ont droit de les requérir ; ce feroit les mettre en état d'anéantir indirectement toutes les expectatives ; puifque ceux qui feroient favorifés, pourroient acquérir la Poffeffion triennale, pendant les recours occafionnés par les divers refus. On a cru que les complaintes ne fe jugeant que fur les titres de Contendans, on pouvoit permettre aux Expectans de prendre Poffeffion, à la charge d'obtenir des Provifions après le Jugement.

C'eft d'après ces principes que, par Arrêt rendu au Grand-Confeil, le 10 Juillet 1744, le fieur Arnal a été maintenu dans le Prieuré de Sédillac.

Dans cette efpéce, le fieur Arnal, plus ancien Gradué nommé & infinué fur l'Abbaye de Moiffac, avoit requis le Prieuré de Sédillac, dépendant de cette Abbaye, & qui avoit vaqué par mort dans un mois de rigueur. L'Abbé lui en avoit refufé les Provifions, fous prétexte qu'il avoit déja conféré le même Prieuré à un fieur Pons de Charon.

En conféquence de ce refus, le fieur Arnal s'étoit pourvu au Grand-Confeil, & y avoit obtenu Arrêt, le 17 Mai 1743, portant que, pour la confervation de fes droits, il lui étoit permis de prendre Poffeffion civile, du Prieuré de Sédillac dans la Chapelle, & par les mains de l'Aumônier du Grand-Confeil, à la charge, après le Jugement de la complainte, d'obtenir des Provifions du Collateur ; & fur fon refus, du Chancelier de l'Eglife de Paris.

Six autres Gradués & le Pourvu *jure libero*, avec lefquels la complainte s'étoit engagée, après que le fieur Arnal eût pris Poffeffion ; foutenoient qu'elle étoit irréguliere. Il étoit inoui, difoit-on, qu'il demandât la maintenue dans un Bénéfice dont il n'étoit pas pourvu. Il devoit, aux termes du Concordat, épuifer tous les degrés de dévolution, &c.

Malgré toutes ces clameurs, le fieur Arnal fut maintenu par l'Arrêt du 10 Juillet 1744. On a cité dans cette affaire l'art. 14 de l'Ordonnance de Lyon, de l'année 1510.

POSSESSION D'ÉTAT.

On nomme Poffeffion d'Etat, la notoriété qui réfulte d'une fuite non interrompue d'actes faits par la même perfonne en une certaine qualité.

En matiere de filiation, il faut la reconnoiffance du pere & celle de la mere, des relations avec la famille de l'un & de l'autre, & une fuite de traitemens reçus en qualité d'enfant légitime, pour qu'on puiffe dire avoir une Poffeffion d'Etat.

Voyez ce que je dis fur les effets de cette Poffeffion, aux articles *Etat* (*Queftion d'*) & *Légitimation.*

POSSESSION TRIENNALE.
Voyez *de Pacificis.*

Quiconque ayant un titre coloré, & n'é-

tant, ni intrus, ni confidenciaire, ni fimonia-
que, a poffédé paifiblement & fans procès
un Bénéfice pendant trois ans, ne peut être
inquiété, foit au pétitoire, foit au poffeffoire, fous quelque prétexte que ce puiffe
être, même par des Régaliftes (a), fuivant
l'Edit de 1606. V. *la Pragmatique-Sanction*
& *le Concordat*. V. auffi les articles *Capacité*
& *Dévolut*.

Mais une Poffeffion fondée fur un titre
nul & abufif, ne fçauroit jamais couvrir l'a-
bus du titre conftirutif, parce que l'abus ne
fe couvre point. C'eft l'opinion de Rebuffe;
& c'eft par cette même raifon que Dumoulin, cité par Fevret, Traité de l'Abus, liv.
11, art. 26, décide que la Poffeffion Triennale, qui met le Titulaire d'un Bénéfice à
l'abri du trouble, ne peut avoir lieu s'il s'a-
git d'un appel comme d'abus.

La Poffeffion Triennale ne fert pas non
plus de titre aux bâtards, qui n'ont pas obtenu difpenfe. V. le Recueil de Jurifprudence Canonique de Rouffeau de la Combe, verb. *Bâtards*, n°. 8.

Enfin, la Poffeffion Triennale n'empêche
pas que l'Ordre de Malte ne puiffe contrain-
dre les Eccléfiaftiques qui poffédent des
Cures de cet Ordre, de fe croifer, faire
Profeffion, &c. à peine de privation de la
Cure. Voyez *Cure* & *Malte*.

POSTÉES.

On donne ce nom à des Juftices Foncières établies à Cambrai, & qui n'ont qu'un
très-petit Territoire. Voyez ce que dit Pinault des Jaunaux, fur la Coutume de Cambrefis, titre 21.

POSTES.
V. *Meffageries* & *Univerfité*.

On nomme Pofte, un établiffement pour
les voyages & pour le tranfport des lettres.
Cet établiffement fubfifte par le moyen de
chevaux entretenus, de diftance en diftance, qui facilitent les courfes.

Les feuls Maîtres des Poftes peuvent
fournir des chevaux & harnois pour courir
la Pofte, fur les routes où elles font établies. Un Edit du mois de Mai 1597, des
Lettres-Patentes des 2 Septembre 1607, 18

Octobre 1616, un Arrêt du Confeil du 18
Août 1681, & une Ordonnance du Roi du
28 Juin 1733, (non regiftrée) adreffée aux
Gouverneurs, Lieutenans Généraux des Provinces & Commiffaires départis, ont interdit & défendu à toutes fortes de perfonnes
de donner des chevaux pour aller en Pofte
& en chaife, ou autres voitures avec guide
fur les routes où les Poftes font établies.
Ces Réglemens permettent feulement aux
Hôteliers & Loueurs de chevaux, d'en fournir pour aller le pas, le trot & fans guide,
à peine de confifcation & de 300 liv. d'a-
mende.

Suivant une Ordonnance du 9 Juin 1732,
(non regiftrée,) lorfque dans les Villes,
Bourgs & Villages, la place de Maître des
Poftes eft vacante, s'il ne fe préfente point
de Sujet pour la remplir, ou en attendant
le remplacement, les Communautés font
obligées de faire le fervice.

Une Ordonnance (non regiftrée) du 28
Nov. 1756, fixe à 25 fols par Pofte, le prix
de chaque cheval de Poftes, indiftinctement
de quelque façon qu'ils foient employés,
foit à des voitures ou comme bidets.

Une Déclaration du 25 Septemb. 1742,
regiftrée le 11 Octobre fuivant, à la Chambre des Vacations, & le 14 Décembre au
Parlement, ordonne que *tous les Couriers,
Commis, Facteurs, Diftributeurs ou autres
Employés dans l'apport, ou dans la diftribution des lettres ou paquets envoyés par la Pofte, qui feront convaincus de prévarication ou
de larcin pour eux ou pour d'autres, en in-
terceptant ou décachetant frauduleufement
des lettres ou paquets pour prendre les billets,
lettres de change, lettres d'avis, quittances
& autres effets, foient condamnés à la peine
de mort*.

*A l'égard de ceux qui auroient feulement
intercepté ou fouftrait, ouvert ou décacheté
lefdits paquets & retenu ou détourné les effets
qui y étoient renfermés, fans être cependant
convaincus d'en avoir abufé pour eux ou pour
d'autres, la même Déclaration veut qu'ils
foient condamnés à la peine des Galeres à
temps ou à perpétuité, ou à celle du banniffement ou du blâme, felon la différence des cas
& des circonftances*.

(a) A moins que le Titulaire n'ait été pourvu par un
autre que le Roi, pendant l'ouverture en Régale.

Voyez l'Arrêt du 19 Août 1710, rapporté au Journal des
Audiences.

Un Commis de la Poste, qui s'étoit rendu coupable de plusieurs vols en ouvrant & décachetant plusieurs paquets venans de différentes Provinces du Royaume, contenant des effets qu'il s'approprioit, a été condamné à être pendu, préalablement appliqué à la question, par un Jugement souverain rendu par des Commissaires du Conseil, le 3 Mai 1741. (Sa peine a été commuée en une amende honorable, avec écriteaux, dans la Cour du Bureau de la grande Poste à Paris, & en la peine des galeres à perpétuité.)

Le port des lettres & paquets de lettres venans & allans dans les différentes Villes du Royaume & de l'Europe, avoit été fixé par une Déclaration du 27 Novembre 1703, enregistrée le 13 Décembre suivant, & par un Tarif registré le même jour ; mais il vient d'être augmenté par une Déclaration du 8 Juillet 1759, & par un Tarif joint à cette Déclaration, qui l'un & l'autre ont été registrés au Parlement, le 17 dudit mois de Juillet.

Cette Déclaration défend *aux Commis & Distributeurs des lettres, de faire aucune surtaxe de celles qui leur seront remises ; & ordonne, en cas de contravention, que le Procès soit fait & parfait* (a) *aux Prévaricateurs par les Juges des lieux, sur la plainte & dénonciation des Fermiers, Directeurs & Commis, ou des Particuliers auxquels les lettres seront adressées.*

Les mêmes Déclarations défendent à toutes personnes d'envelopper aucun or, argent, pierreries, ni autres choses précieuses dans les lettres, autrement que de gré à gré avec les Fermiers, Directeurs & Commis des Postes, qui doivent en charger leurs lettres d'avis ; & le droit qui leur est attribué à ce sujet, est d'un sol par livre, quelque distance qu'il y ait d'une Ville à l'autre.

Un Arrêt du Conseil du 12 Mai 1725, fait défenses aux Maîtres de Postes de céder leur Poste, sans permission expresse de Sa Majesté, à peine de destitution.

On trouve dans les Registres des Bannieres du Châtelet, douziéme volume, page 150, *verso*, un Edit du mois de Mai 1653,

portant qu'il y aura dans tous les quartiers de Paris, certain nombre de boëtes pour les lettres que ceux qui y demeurent, s'écrivent les uns aux autres.

POSTULATION.

Ce mot a différentes significations : en matiere Bénéficiale, il veut dire présentation » au Supérieur Ecclésiastique par ceux » qui ont droit d'élire, d'une personne pour » remplir une dignité vacante, avec priere » (au Supérieur) d'accorder une dispense » au Présenté, pour qu'il puisse être pourvu » du Bénéfice auquel il ne pouvoit être élu » suivant le Droit Canon «. D'Hericourt, Loix Ecclésiastiques. Voyez tout ce que dit cet Auteur sur cette matiere, liv. 2, chapitre 3.

Le mot Postulation signifie encore l'exercice du Droit que les Procureurs *ad lites* ont de représenter leurs Cliens en Justice, de procéder, former des demandes, défendre, & généralement signifier des actes en leur nom : c'est en ce sens que les Procureurs sont quelquefois nommés postulans.

Postulation signifie aussi quelquefois l'exercice qu'on fait des fonctions de Procureur, sans l'être, en se servant du nom & de la signature d'un Procureur, qui veut bien se prêter à cette prévarication.

Je nomme en ce cas la Postulation une prévarication ; parce que c'est entreprendre sur l'état d'autrui, & tromper des Parties qui croyent s'adresser à un Officier : aussi les Édits défendent-ils cette entreprise sur la profession des Procureurs, sous des peines rigoureuses. Voyez l'Edit du mois de Juin 1549, registré le 11 Février suivant.

Les Réglemens prononcent aussi des peines très-severes contre les Procureurs qui ont la foiblesse de prêter leur nom à des gens qui font la Postulation : c'est même une prévarication bien punissable, puisqu'elle est contraire au serment que les Procureurs prêtent lors de leur réception.

La Cour a permis à la Communauté des Procureurs de Paris, par un Arrêt du 29 Décembre 1657, de faire saisir, enlever & emporter les liasses des procédures, regis-

_____

(a) Le Facteur de la Poste aux Lettres à Etampes, qui avoit surtaxé le Port des Lettres, a été condamné à être attaché au Carcan pendant trois jours de Marché, & en un Bannissement pour trois ans, par Jugement rendu par des Commissaires du Conseil au Fort-l'Evêque, le premier Avril 1746,

tres ;

tres, papiers & miſſives qui ſe trouveront ès Chambres & Etudes des Poſtulans & Solliciteurs, iceux préalablement paraphés & nombrés, &c.

Un autre Arrêt rendu le 6 Mai 1670, ſur la Remontrance de M. le Procureur Général, a permis de faire enlever & emporter par un Huiſſier de la Cour, les papiers dont les Solliciteurs & Poſtulans ſeront porteurs dans le Palais, & ailleurs, même les ſacs, liaſſes, procédures, regiſtres, titres, miſſives & papiers qui ſe trouveront en chambres, & autres lieux par eux occupés.

Le même Arrêt ordonne que les Clercs-Solliciteurs & Poſtulans, qui ſe trouveront ſaiſis des procédures & papiers juſtificatifs de la Poſtulation, & les Procureurs qui leur auront prêté leur nom ou miniſtere, ſeront condamnés en une amende, ſçavoir, les Poſtulans, chacun en 200 livres, & les Procureurs, chacun en 500 livres, au payement deſquelles ils ſeroient contraints, même par corps ; leur fait défenſes de récidiver, ſous peine de plus forte amende contre les Clercs-Solliciteurs & Poſtulans pour la première fois, de punition corporelle pour la ſeconde, même d'être déclarés incapables d'être reçus en la Charge de Procureur.

Depuis cet Arrêt, la Communauté des Procureurs au Parlement, le 30 Août 1674, a fait une délibération ſignée de tous ſes Membres, portant que les Procureurs, qui ſeront convaincus d'avoir ſigné pour les Poſtulans Solliciteurs & Clercs, demeureront interdits pour ſix mois, & condamnés par corps en 500 liv. de dommages & intérêts envers les Pauvres de la Communauté, & pour la ſeconde fois interdits pour toujours, & rayés de la Matricule, ſans eſpérance de rétabliſſement ; que les frais qui auront été faits par les Poſtulans, ſous le nom deſdits Procureurs, ne pourront être par eux répérés contre les Particos, & qu'au contraire ils appartiendront aux Pauvres de la Communauté. Cette délibération a été homologuée par Arrêt de la Cour du 15 Janv. 1675, qui en a ordonné l'exécution.

Ces peines ont depuis été ſucceſſivement prononcées contre les Solliciteurs & Procureurs, par Arrêts des 15 Mai 1676, 28 Février 1679, 4 Août 1682, 29 Août 1697, 11 Août 1739 & 17 Juillet 1742.

L'Arrêt du 11 Août 1739, qui eſt imprimé, a même décrété quatre Procureurs d'ajournement perſonnel, pour fait de Poſtulation.

Le 7 Septembre de la même année 1739, la Cour a rendu un autre Arrêt, par lequel il eſt fait défenſes aux Procureurs, dont les Offices ſont vendus..... de faire aucune fonction de Procureur, & de poſtuler, en quelque maniere que ce ſoit, trois mois après la vente judiciaire ou volontaire.

Ce même Arrêt fait auſſi *défenſes à tous Procureurs interdits de poſtuler ſous les noms d'autres Procureurs, & à tous Procureurs de prêter leurs noms auxdits deſtitués, demis ou interdits, à peine de 300 liv. d'amende contre chacun d'eux pour chaque contravention, même d'interdiction contre ceux des Procureurs qui leur prêteront leur nom, & miniſtere, & ſigneront pour eux.*

P O S T H U M E.
V. Curateur, Enfant & Succeſſion.

On nomme ainſi un Enfant né après la mort de ſon pere ; c'eſt auſſi le nom qu'on donne aux Livres publiés après la mort de leurs Auteurs.

Les legs faits au profit d'enfans à naître, ſont valables. V. *Legs-Caducs.*

Il eſt d'uſage de faire créer des curateurs aux Poſthumes. V. *Curateurs.*

P O U D R E   A   C A N O N.
Voyez Artificiers.
P O U R P R I S.

C'eſt un vieux mot, dont quelques Notaires ſe ſervent pour indiquer une enceinte ou un enclos. Il eſt encore en uſage en quelques endroits de la Picardie, où il ſignifie ce qui ſert à renfermer un eſpace de terrein.

PRAGMATIQUE SANCTION.
Voyez Concordat.

On nomme Pragmatique Sanction, un Réglement fait à Bourges ſous Charles VII en 1438, dans une aſſemblée de Prélats & de perſonnes non-ſeulement les plus qualifiées, mais les plus éclairées du Royaume ; lequel Réglement eſt conforme à la diſcipline Eccléſiaſtique, aux Canons & au Concile de Bâle.

Q

La Pragmatique Sanction a toujours été regardée comme une barriere que l'Eglise Gallicane pouvoit opposer à la Cour de Rome; en effet, on y a décidé que l'autorité des Conciles est supérieure à toute autre, (quant au spirituel,) & que le Pape, ainsi que tous les Fidéles, sont obligés de s'y soumettre.

La Pragmatique Sanction a rétabli & réglé les élections des Archevêchés & Evêchés, Abbayes & Prieurés; elle a décidé qu'elles seroient faites par ceux à qui elles appartiennent de droit, & que les collations appartiendroient aux Ordinaires, en réservant néanmoins la prévention au Pape.

C'est par la Pragmatique Sanction que les réserves, la collation arbitraire des Bénéfices, les annates, les déports, & les graces expectatives, ont été abolies.

La Pragmatique Sanction a encore ordonné que les matieres Ecclésiastiques du Royaume seroient terminées sur les lieux; qu'on ne pourroit appeller au Pape, en omettant l'Ordinaire; & que s'il étoit jugé que l'appel étoit légitime, le Pape seroit tenu de nommer des Commissaires *in partibus*.

La Pragmatique Sanction étoit, comme on voit, très-onéreuse à la Cour de Rome, à laquelle elle retranchoit les annates, & beaucoup d'autres droits; aussi les Papes firent-ils les plus grands efforts pour en traverser l'exécution. *Æneas Silvius*, devenu Pape sous le nom de Pie II, s'en déclara ouvertement l'ennemi, & tourmenta si bien Louis XI, qu'il en obtint l'abrogation. » Alors la Cour de Rome, emportée d'une » joie immodérée, fit traîner la Pragmati- » que Sanction par les rues, & la fit fouet- » ter, comme Xerxès avoit fait autrefois » l'Hellespont.

» Le Parlement refusa fortement cette » révocation, & refusa son consentement » avec beaucoup de vigueur. M. le Procu- » reur Général de S. Romain, préférant le » bien public à ses intérêts particuliers, ai- » ma mieux perdre sa charge, que d'y con- » sentir. L'Université défendit aussi la Prag- » matique Sanction avec beaucoup de cha- » leur; & malgré les efforts de la Cour de » Rome, la Pragmatique Sanction demeura » en vigueur jusqu'à François I.

» Le Concordat fait entre ce Prince & » Léon X, en 1515, a abrogé la Pragmati- » que Sanction, que les Italiens ont traitée » d'hérétique & de schismatique.

» Le Parlement ne vérifia le Concordat » qu'après des ordres réitérés du Roi, avec » la résolution ferme, mais secrette, de ju- » ger toujours conformément à la Pragma- » tique Sanction. C'est pourquoi le Roi, par » une Déclaration de l'année 1517, trans- » porta au Grand-Conseil la connoissance » de toutes les affaires concernant les Bé- » néfices qui sont à sa nomination «. Voyez le Dictionnaire de Trévoux, & le Traité singulier de Régale, par M. Pinsson.

C'est la Pragmatique Sanction qui a établi les Prébendes Théologales; elle a aussi accordé le tiers des Bénéfices aux Gradués. V. *Gradués* & *Théologal.*

PRATICIENS.

On nomme Praticiens, les personnes qui fréquentent ordinairement le Barreau, telles que les Procureurs, les Huissiers & les Clercs.

Les Ordonnances, & singuliérement celle de 1667, tit. 24, art. 25, veulent que les Juges absens puissent être suppléés & remplacés par de simples Praticiens, à défaut de Gradués. Voyez ce que je dis sur cela à l'article *Juges.*

Les Procureurs sont les premiers Praticiens; & s'il n'y a point de Gradué dans un Siége, les fonctions du Juge leur sont dévolues, lorsque le Siége est vacant, suivant l'ordre de leur réception ou matricule, à l'exclusion des Notaires, qui ne peuvent jamais remplacer les Juges, que quand il n'y a point de Procureurs.

Entr'autres moyens de nullité contre un Retrait confirmé par Arrêt rendu en la seconde Chambre des Enquêtes, au rapport de M. de Roüalle, le Jeudi 31 Mai 1759, dont je parle au mot *Retrait*, on a opposé que la Sentence dont étoit appel, étoit nulle, parce qu'elle avoit été rendue dans la Justice du Village de Champagne-Poillé, au Maine, par des Notaires auxquels la dénomination de Praticiens ne convenoit pas.

Mais, quoique ce moyen ait été rejetté par l'Arrêt, on ne peut pas dire que la

question ait été jugée; parce qu'il étoit
constant dans le fait que les Notaires, qui
avoient jugé, postuloient & plaidoient ha-
bituellement dans les Justices voisines, où
l'un d'eux étoit même Procureur Fiscal. V.
ce que je dis à l'article *Notaire.*

PRÉAMBULE.

On donne ce nom à ce qui se fait & à ce
qui se dit avant de commencer quelque chose, & qui en est comme l'introduction pour
préparer le Lecteur ou l'Auditeur, à ce qui
doit suivre.

Ce mot n'est en usage au Barreau que
pour les comptes; il est, pour ces actes,
synonime au mot *Préface* : on peut sur
cela consulter le titre 19 de l'Ordonnance de 1667.

PRÉBENDE.
Voyez *Canonicat* ad effectum.

Ce mot pris dans son étroite signification, veut dire distribution quotidienne qui
se fait dans quelques Chapitres & dans les
Monasteres.

On appelle aussi *Prébende simple*, un revenu annuel établi en considération des prieres & du service Ecclésiastique auquel il est
attaché; ce qui n'est point mis au rang des
Bénéfices.

Mais en général on entend par le mot
Prébende un Bénéfice, & un revenu attaché
à un Canonicat.

On nomme Prébendes Canoniales celles
qui dépendent d'un Canonicat, & qui y
sont attachées; mais cette union n'est pas
de nécessité, on peut être Chanoine sans
Prébende : ce n'est alors qu'un titre stérile
dont on ne se soucie guères, il donne néantmoins la séance dans le Chœur & l'entrée
dans le Chapitre.

La Prébende, qui n'est point attachée
au Canonicat, peut être divisée, s'il n'y a
point de Statuts contraires dans le Chapitre : c'est de cette division que viennent les
semi-Prébendes qui sont dans plusieurs Eglises Cathrédrales & Collégiales. Les semi-
Prébendes ont été établies dans la plûpart
de ces Eglises, pour récompenser l'assiduité au Chœur & aux Offices.

PRÉCAIRE.
Voyez *Constitut* & *Possession.*

Posséder quelque chose à titre de Précaire, c'est n'en avoir qu'une possession à
titre d'emprunt, & par une espéce de souffrance du Propriétaire.

On stipule ordinairement dans les ventes
& donations, qui se font avec réserve d'usufruit, que le vendeur ou le donateur ne
jouira plus de la chose qu'à titre de Consti-
tut & de Précaire : mais quoique ces deux
mots soient presque toujours joints, ils ne
sont pas synonimes.

En effet, toute possession à titre de Cons-
titut, est bien Précaire; mais il y a diverses
sortes de possessions qui ne sont que Précai-
res : telle est, par exemple, celle d'un Fermier, de quelqu'un qui a emprunté, &c.
Ceux-là ne possédent pas à titre de Consti-
tut. Voyez Furetiere, verb. *Précaire.*

PRÉAU.

C'est le nom d'une cour bien fermée, &
dépendante d'une Prison ou Conciergerie,
dans laquelle on permet aux Prisonniers de
prendre l'air.

PRÉCIPUT.
Voy. *Dettes*, *Etorances*, *Vaisselle* & *Veuve.*

On nomme Préciput, le droit de prélever
certain objet déterminé par la Loi ou par la
convention sur certains biens.

Par exemple, presque toutes les Coutumes accordent à l'aîné des enfans le principal manoir du Fief dans les successions directes; & ce droit de prélever le principal
manoir dans une succession, se nomme Préciput légal. V. *Aînesse.*

Il y a un autre Préciput légal, que l'article 238 de la Coutume de Paris accorde au
conjoint *noble survivant sans enfans*, & qui
consiste dans le droit de prendre *les meubles*
(en quoi sont compris les grains, bestiaux
& harnois), étant *hors la Ville & Fauxbourgs
de Paris*, sans fraude, *en payant les dettes
mobiliaires & les frais funéraires du prédécédé.*

Ce Préciput n'a pas lieu; 1°. lorsqu'il y
a des enfans.

2°. Lorsque les conjoints n'étoient pas
communs en biens.

3°. Lorfqu'il y a convention contraire par le contrat de mariage.

Enfin, il n'a pas lieu en faveur des Roturiers, la Coutume ne l'accorde qu'aux Nobles: mais on l'accorde à la veuve d'un Noble, quoiqu'elle ne foit pas noble d'origine, parce que le mariage l'a ennoblie.

Comme c'eft la Loi du domicile du défunt qui régle fa fucceffion mobiliaire, ce Préciput légal s'étend même fur les meubles, harnois, grains & beftiaux qui ne font pas fitués dans la Coutume de Paris, pourvû que les Conjoints y foient domiciliés au temps du décès,

Jamais ce Préciput légal ne comprend les dettes actives mobiliaires, qui font à recouvrer fur des Débiteurs domiciliés hors Paris: mais les Auteurs font partagés fur la queftion de fçavoir s'il comprend les deniers comptans qui fe trouvent dans les maifons de campagne ou Châteaux. Sur cela voyez le Brun, Dupleffis, le Maiftre & Dumoulin.

Il n'y a point de difficulté pour la vaiffelle d'argent, elle eft toujours comprife dans ce Préciput légal, parce que c'eft un meuble; mais comme la Coutume n'accorde que les meubles qui fe trouvent à la campagne *fans fraude*, ce Préciput n'embraffe que la vaiffelle & les meubles qui y reftent ordinairement, & non pas ce qui peut y être porté de Paris, & pour un fervice momentané.

Il y a un autre Préciput qu'on nomme conventionnel; parce que c'eft la convention qui lui donne l'être, & qui régle la maniere, quand & comment il doit être prélevé.

Cette efpéce de Préciput a lieu dans les ftipulations de communauté entre mari & femme; & comme il fe préleve ordinairement fur la maffe commune, il s'enfuit qu'il n'eft alors un avantage que pour moitie.

Ce Préciput n'a lieu qu'en faveur. du furvivant, & lorfque la communauté eft acceptée, à moins que, comme cela fe ftipule fouvent, on n'accorde à la femme furvivante la faculté de le demander en renonçant.

A l'égard du mari, cette claufe lui feroit inutile, puifqu'il eft maître de la communauté, & qu'il ne peut pas y renoncer; ainfi il ne peut profiter du Préciput que quand la communauté eft acceptée par les héritiers de fa femme.

Le Préciput conventionnel qui donne au Survivant la faculté de prélever des meubles jufqu'à concurrence d'une certaine fomme, fuivant la prifée de l'inventaire, ne fçauroit être oppofé aux créanciers, qui, nonobftant cette claufe, peuvent toujours faire vendre les meubles choifis par le Survivant.

Quand les Créanciers font vendre les meubles, & empêchent par-là le Survivant de prendre le Préciput en meubles, fuivant la prifée de l'inventaire, comme le contrat de mariage le permet, alors le Conjoint furvivant vient feulement à contribution avec eux fur le prix des meubles; & il entre dans cette contribution, non-feulement pour le montant de fon Préciput, mais encore pour le quart en fus, à caufe de la crûe.

Si le contrat de mariage permet à la femme de demander le Préciput en renonçant à la communauté, elle a pour cette action, hypothéque fur les immeubles de fon mari, du jour de fon contrat de mariage, au cas qu'elle n'en foit pas payée en effets mobiliers.

En un mot, le Préciput a deux effets différens:

1°. Contre les héritiers du premier décédé: c'eft une délibation privilégiée, & un prélevement à faire en nature, en faveur du Survivant, s'il juge à propos de prendre des meubles.

2°. Contre les Créanciers du premier mourant: c'eft une créance purement chirographaire fur les meubles, pour laquelle le Survivant n'a qu'une concurrence avec les autres Créanciers, fauf l'hypothéque fur les immeubles.

La féparation, foit de corps, foit de biens, ne met pas la femme en état de demander un Préciput, c'eft la furvie feule qui donne ouverture à cette action. Voyez *Mort civile* & *Séparation*.

Ricard penfe que le Préciput eft fujet au retranchement ordonné par l'Edit des fecondes Nôces; il rapporte un Arrêt du 10 Juillet 1656, qui l'a ainfi jugé; & cela me paroît fans difficulté: juger autrement, ce

feroit faciliter le moyen d'avantager un fecond Conjoint, au-delà de ce qui eſt permis
par la Loi. Voyez Ricard, *des Donations*,
partie 3 , chap. 9 , gloſe 5 , n°. 1344.

Outre le Préciput ſtipulé en faveur de la
Marquiſe de Mailloc, il avoit été convenu
par ſon contrat de mariage, qu'elle auroit
un carroſſe & ſix chevaux de la maiſon ; mais
elle ne put les prendre en nature, parce
qu'après le décès du Marquis de Mailloc, il
y avoit pluſieurs Créanciers oppoſans, qui
firent tout vendre.

La berline & les ſix chevaux du Marquis
de Mailloc furent vendus 1310 liv. à ſes
héritiers, qui firent ſur le champ des offres
réelles, & du carroſſe, & des ſix chevaux à
la Marquiſe de Mailloc, qui les refuſa.

Comme les héritiers du Marquis de Mailloc n'avoient pas payé les 1310 livres à
l'Huiſſier-Priſeur, celui-ci revendiqua le
carroſſe & les chevaux qu'il fit vendre à leur
folle enchere ; après quoi la Dame de Mailloc demanda à ces mêmes héritiers 8000 livres pour la valeur du carroſſe & des ſix chevaux.

Les héritiers du Marquis de Mailloc
offrirent ſeulement 1310 liv. & par Arrêt
rendu en la quatriéme Chambre des Enquêtes, le Mardi 17 Février 1728, leurs offres
ont été déclarées valables, & la Marquiſe
de Mailloc déboutée de ſes demandes avec
dépens.

En Ponthieu, où il eſt d'uſage de ſtipuler que la femme ſurvivante & commune
en biens, pourra prendre avant part, ſon
lit & chambre garnie » la commune obſer-
» vance eſt de lui donner non-ſeulement le
» meilleur lit, mais les tapiſſeries & géné-
» ralement tous les autres meubles, dont la
» principale chambre avoit accoutumé d'ê-
» tre meublée, ſi ce n'eſt qu'il y en eût
» quelques-uns de précieux «.

On lui donne auſſi » des lits pour les
» Domeſtiques, ſuivant ſa qualité, avec le
» tiers des meubles à uſage de ménage, au-
» tres que les meubles meublans...... en-
» ſemble ſa part dans la vaiſſelle d'argent,
» le tiers de l'étain, du cuivre, du linge de
» lit & de table, ou qui pourroit être à l'u-
» ſage ordinaire, quelquefois plus, quelque-
» fois moins, ſuivant la condition du défunt
» & les forces de ſa ſucceſſion ; de ſorte

» néantmoins que la veuve ait moyen de
» tenir ſon ménage.... & le ſurplus ſe par-
» tage entre les héritiers & la veuve, ſi elle
» accepte la communauté.... « ce ſont les
termes de l'Acte de Notoriété donné à Abbeville, le 9 Octobre 1702.

P R É D I A L.

Ce mot n'eſt en uſage qu'au Barreau ;
il ſignifie ce qui dépend des héritages, ou ce
qui ſe perçoit ſur les fruits qu'ils produiſent : par exemple, on nomme dixme Pré-
diale, celle qui ſe perçoit ſur les gros fruits
des champs ; & on nomme auſſi rente Pré-
diale, une rente fonciere.

P R É D I C A T E U R S.

Le procès doit être faite par les Juges
Eccléſiaſtiques, (dit Mᵉ d'Hericourt,) aux
Prédicateurs qui, ayant annoncé en chaire
des propoſitions contre la foi ou contre la
morale, refuſent de ſe rétracter : il eſt même de la prudence de l'Evêque, dans certains cas, d'interdire la prédication à ceux
qui ont avancé des propoſitions erronées,
même après qu'ils ſe ſont rétractés.

A l'égard des Prédicateurs, continue Mᶜ
d'Hericourt, qui ſont aſſez téméraires pour
ſe ſervir de l'autorité que leur donne leur
miniſtere, dans le deſſein d'exciter les peuples à la révolte & à la ſédition, de troubler
la tranquillité de l'Etat, & attaquer la réputation des Particuliers, la Juſtice Eccléſiaſtique & Séculiere doivent s'unir pour leur
faire leur procès ; & les Juges doivent les
condamner à des peines corporelles, ſuivant
la nature du crime & du trouble, que leurs
diſcours peuvent cauſer dans le Royaume.
Loix Eccléſiaſtiques, livre 1, *des Crimes*,
&c.

Des Lettres-Patentes du 22 Septembre
1595, portent que les Prédicateurs ſédi-
tieux ſeront bannis du Royaume à perpétuité, après avoir eu la langue percée d'un
fer chaud.

Suivant l'art. X de l'Edit du mois d'A-
vril 1695, les *Réguliers ne peuvent prêcher
dans leurs Egliſes & Chapelles, ſans s'être
préſentés en perſonne aux Archevêques ou
Evêques Diocéſains, pour leur demander leur
bénédiction, ni y prêcher contre leur volonté.
Et à l'égard des autres Egliſes, les Sécu-*

liers & les Réguliers ne pourront pareille-
ment prêcher sans en avoir obtenu l'approba-
tion des Archevêques ou Evêques, qui pour-
ront la limiter & révoquer, ainsi qu'ils le ju-
geront à propos ; & ès Eglises dans lesquelles
il y a titre ou possession valable pour la no-
mination des Prédicateurs, ils ne pourront
pareillement prêcher sans l'approbation &
mission desdits Archevêques ou Evêques.

Faisons défenses à nos Juges & à ceux des
Seigneurs ayans Justice, de commettre & au-
toriser des Prédicateurs, & leur enjoignons
d'en laisser la libre & entiere disposition aux-
dits Prélats ; voulant que ce qui sera par eux
ordonné sur ce sujet, soit exécuté, nonobstant
toutes oppositions ou appellations, & sans y
préjudicier.

Ces dispositions de l'Edit de 1695 ne
s'appliquent point aux Curés : ceux-ci n'ont
pas besoin d'une million particuliere pour
prêcher dans leurs Eglises Paroissiales, la
seule institution canonique leur suffit ; ils
sont même obligés par état d'instruire leurs
Paroissiens, & de leur annoncer la parole de
Dieu ; & lorsqu'ils ne le peuvent, soit à
cause de maladie, insuffisance, indisposition
ou autrement, ils doivent payer ou tout au
moins contribuer à l'entretien d'un Prédica-
teur avec les Marguilliers. Voyez les Arrêts
notables de Tournet.

Comme l'Edit du mois d'Avril 1695 n'est
pas observé en Artois, (voyez *Artois,*) ni
en Flandres, les Prédicateurs peuvent prêcher dans les Eglises Paroissiales, avec le
consentement des Curés, sans million particuliere de l'Evêque. C'est un Droit local &
particulier, dans lequel les Curés se sont
maintenus jusqu'à présent dans ces Provinces.

PRÉLAT, PRÉLATURE.

En général, le mot Prélat signifie quelqu'un qui est élevé au-dessus des autres ;
mais il est devenu le titre particulier des
principaux Supérieurs Ecclésiastiques, tels
que les Evêques, les Abbés crossés & mi-
trés, &c. Leur rang se nomme Prélature.
V. le Manuel-Lexique.

PRÉLATION (Droit de).

Le droit de Prélation est la même chose
que le retrait féodal, par le moyen duquel

le Seigneur suzerain peut garder & retenir
pour lui le Fief de sa mouvance qui est vendu. V. *Retrait Féodal.*

Quelquefois aussi on nomme Prélation,
un Droit par le moyen duquel les enfans
font maintenus par préférence dans les charges que leurs peres ont possédées.

Le Droit de Prélation doit être exercé
dans l'année, à compter du jour de l'exhibition du contrat, & dans les trente ans,
s'il n'y a point d'exhibition. Voyez Automne sur l'article 85 de la Coûtume de Bordeaux & Catelan.

Mais s'il s'agit de biens abandonnés en
Languedoc, qui ayent été adjugés en exécution des Déclarations des 28 Mars 1690,
& 27 Juin 1702, les Seigneurs n'ont que
trois mois pour exercer le Droit de Prélation, à compter du jour de l'adjudication,
suivant une Déclaration du 21 Février
1713, registrée en la Cour des Aides de
Montpellier.

Sur le délai dans lequel le Droit de Prélation doit être exercé dans le ressort du Parlement de Bordeaux, voyez ma Note sur
l'article *Retrait Censuel.*

PRÉLEGS.

On nomme Prélegs, les Legs qui doivent
être prélevés sur la masse des biens d'une
succession, par ceux qui ont droit de partager le restant de cette même masse.

Toutes les Coutumes ne permettent pas
les Prélegs, à cause de l'incompatibilité de
la qualité d'héritier avec celle de Légataire.
Sur cela voyez *Incompatibilité,* &c. Voyez
aussi Ricard, *des donations,* partie 1, chap.
3, sect. 15, & les Arrêts qu'il cite.

Il a été jugé, par Sentence du Châtelet du
18 Juillet 1752, plaidans Me Rousselot &
Viel, qu'un Legs universel ne sçauroit être
regardé comme Prélegs. Dans cette espèce il
s'agissoit de sçavoir, si, dans la Coutume
de Montdidier, qui ne permet à l'héritier
d'être Légataire que par *Prélégat* & hors
part, un Légataire universel avoit pû en cette qualité, se mettre en possession du mobilier, sans inventaire préalabe, on a jugé
que, par cette appréhension des meubles,
le Légataire universel avoit fait acte d'héritier, & qu'il ne pouvoit plus être Légataire
universel ; en conséquence il a été déchu du

Legs, & affujetti à faire faire inventaire, procéder au partage, &c.

PRÉMESSE.

La Coutume de Bretagne fe fert fréquemment de ce mot dans le titre 16; & il paroît qu'il fignifie dans cette Province, la même chofe que retrait lignager dans d'autres. Voyez l'article 298 de la Coutume de Bretagne, & les fuivans.

En Bearn, le mot Prémeffe eft le nom d'une qualité accidentelle, qu'on donne à certains biens Avitins. V. *Avitins.*

PRÉMICE.

On nomme Prémices un Droit Eccléfiaftique qui confifte, dans quelques Paroiffes, en une portion des fruits convenus entre le Curé & les Habitans; dans d'autres ce droit confifte en un certain nombre de gerbes que les Paroiffiens donnent à leurs Pafteurs; dans d'autres enfin, il confifte en une portion de dixme.

Le Droit de Prémices fe nomme auffi quelquefois Pacaire; il eft principalement connu dans la Province de Bearn, & il fe perçoit conformément à la poffeffion, qui doit tenir lieu de titre fur cette matiere, fuivant les Réglemens de la Province de Bearn, des années 1561, 1596 & 1628.

Les difficultés qui fe font élevées fur la maniere de régler la quotité des Prémices, & d'en déterminer le genre, ont donné lieu à différentes repréfentations faites par les affemblées du Clergé en 1725 & en 1730; & elles ont occafionné une Déclaration du 28 Mars 1732, qui a été enregiftrée au Parlement de Bordeaux, le 22 Avril fuivant. On la trouve dans le Code des Curés, tom. 3, édition de 1752, pag. 594.

On peut fur la même matiere confulter les rapports des Agens du Clergé, & les Cahiers préfentés au Roi par le Clergé en 1730 & en 1735.

V. auffi un Arrêt rendu au Parlement de Rennes, le 24 Avril 1714, qui porte que, conformément à un Réglement précédent (qui n'eft point daté dans la copie que j'ai de cet Arrêt) chaque Paroiffien de Plondet-Nayeau, poffédant neuf journaux de terres arables & labourables, payera par chacun

an un boiffeau raz de froment, mefure de Breft, pour droit de dixmes.

PRÉMONTRÉ.

Prémontré eft une Abbaye chef d'Ordre fituée en Picardie, entre Soiffons, la Fere & Laon : c'eft auffi le nom d'un Ordre de Chanoines Réguliers inftitué par S. Norbert.

Quoique ce Fondateur ait »affujetti fes » Religieux à quelques pratiques qui ref-» fentent la vie monacale, il voulut pour-» tant qu'ils confervaffent l'efprit clérical, » afin que fa nouvelle Congrégation pût » donner des Pafteurs à l'Eglife.,

» Son but étoit de joindre la vie péniten-» te & folitaire, avec la profeffion canonia-» le, & de donner à fon Ordre la préémi-» nence fur la profeffion monaftique, en » vertu du caractere clérical qui y eft uni » inféparablement.

» Abélard, contemporain de S. Norbert, » fe moque de cette prétention, & accufe » S. Norbert d'abufer les peuples par de » feintes réfurrections de morts, &c. d'a-» voir eu la vanité d'inftituer une nouvelle » efpéce de Chanoines «, &c.

Ces remarques fe trouvent dans l'Hiftoire des Ouvrages des Sçavans, mois de Juillet 1700, article 2, contenant l'extrait d'une differtation fur la Canonicité de l'Ordre de Prémontré.

Clement VIII jugeoit plus avantageufement de cet Ordre; l'objet de fon établiffement a été, dit ce Pape, de fournir aux peuples des Pafteurs capables de les inftruire; & il faut bien que les peuples du douziéme fiécle en ayent eu la même opinion depuis Clement VIII, puifque leur empreffement fut très-grand pour fonder & doter des Maifons où l'on pût former des féminaires de Clercs de cette Régle, afin qu'ils allaffent enfuite régir des Cures qu'on y attacha.

L'Auteur du Journal du Palais dit que les Religieux de Prémontré » ont été telle-» ment perfuadés que l'ambition étoit le » feul vice qui peut détruire la régularité, » qu'ils ont condamné toutes les marques » extérieures de prééminence qui pouvoient » donner entrée à la vanité; & qu'étant af-» femblés dans un Chapitre général fous » Philippe Augufte, ils défendirent non-

» feulement de rechercher ou folliciter au-
» cun privilége pour obtenir la permiffion
» de porter la Mitre & les autres ornemens
» Pontificaux ; mais que ne fe contentant
» pas d'en faire une conftitution capitulai-
» re, ils la firent confirmer par une Bulle
» d'Innocent III, rapportée dans la Biblio-
» théque de leur Ordre «.

L'Abbé de Prémonté eft Général de fon
Ordre ; l'Ordonnance de Blois veut que *vacation de cette Abbaye avenante, il y foit
pourvu par élection des Religieux Profès....*
On peut, fur la maniere de procéder à ces
élections, & fur plufieurs régles prefcrites à
l'Ordre de Prémontré, confulter un Arrêt
rendu au Parlement en forme de Réglement,
le 8 Juillet 1619, qu'on trouve aux anciens
Mémoires du Clergé, tom. 2, part. 2, tit. 2,
n°. 9.

Le même Arrêt permet aux Prémontrés
de prendre des dégrés dans l'Univerfité de
Paris.

L'Abbé, Général de Prémontré, & quelques autres Abbés, prétendent que quand
ils font Prêtres & bénis, ils peuvent conférer les Ordres mineurs à leurs Religieux ;
il y en a même qui foutiennent pouvoir conférer le Soudiaconnat, & ils fe fondent fur
le feptiéme Concile général : mais les Evêques de France ne reconnoiffent point cette
prérogative des Abbés. V. *Abbés.*

Les Religieux de l'ordre de Prémontré
font exempts de payer la dixme des fruits
produits par les héritages de l'ancienne dotation des Abbayes qu'ils font valoir par
leurs mains ou leurs Fermiers, en conféquence des baux non excédens neuf ans,
& non par les terres acquifes depuis la conceffion qui leur a été faite de leurs priviléges, par des Bulles des années 1119, 1126
& 1138, qu'on trouve dans un Livre intitulé *Bibliotheca Premonftratenfis*, confirmées par d'autres Bulles accordées par les
Papes Celeftin II, Eugene III, Luce III
& Honoré III.

Cette diftinction eft écrite dans le Concile de Latran, tenu en 1179. On trouve
fur l'exemption dont jouiffent à cet égard
les Prémontrés, un Arrêt du Parlement du
7 Mai 1681, dans le Journal des Audiences, tome 4, liv. 8, chap. 13, & un Arrêt
du Grand-Confeil, *ibid.* chap. 22.

Un Décimateur qui depuis plus de quarante ans eft en poffeffion de percevoir la
dixme des fruits produits par les héritages
qui en font affranchis par les priviléges de
l'Ordre de Prémontré, a acquis prefcription contre l'exception. Cette prefcription
eft favorable, parce qu'elle fait rentrer les
chofes dans leur état naturel. La poffeffion
jointe au Droit commun déroge & fait évanouir toute efpéce de privilége ; c'eft ce que
la Cour a jugé par Arrêt rendu, au rapport
de M. de Revol, en la premiere Chambre
des Enquêtes, entre l'Abbaye chef-d'Ordre de Prémontré & le Chapitre de Noyon,
le 19 Juillet 1741, par lequel La Chapitre
a été *maintenu & gardé dans la poffeffion dans
laquelle il étoit depuis quarante ans & plus,
de percevoir les dixmes qui lui appartiennent
dans toute l'étendue du territoire de Voyen-
ne, notamment fur toutes les terres appartenantes à l'Abbaye de Prémontré* (& qu'elle
prétendoit lui avoir été données en 1140).

Le Grand-Confeil a auffi jugé, par Arrêt rendu le 24 Mai 1743, entre l'Abbé
d'Agout, Prieur de Deuil, & l'Hôtel-Dieu
de Goneffe, Décimateurs dans la Paroiffe
de Goneffe, d'une part, & les Religieux
Prémontrés de l'Abbaye de Joyenval, d'autre part, que les Religieux continueroient
de payer la derniere dixme fur les terres à
eux appartenantes, fituées au territoire de
Goneffe, nonobftant qu'ils prétendiffent,
ainfi qu'ils l'avoient demandé, *jouir par eux
& leurs Fermiers*, par baux non excédens
neuf ans, des terres & héritages appartenans
à ladite Abbaye, & faifant partie de fon
ancien domaine, franches & exemptes de
dixmes, la poffeffion & la prefcription déterminées en faveur des Décimateurs.

L'Ordre de Prémontré jouit des dixmes
novales à proportion des groffes dixmes
qu'il pofféde dans une Paroiffe ; il a pour
cela des Bulles & des priviléges revêtus de
Lettres-Patentes.

Entr'autres Arrêts qui ont jugé en conformité de ce privilége, il y en a un qui a
été rendu au Grand-Confeil le 6 Août
1722, entre les Prémontrés de Lieu-Ref-
tauré & le Curé de Morcourt, par lequel il
a été ordonné *que les Moines jouiront de la
totalité des novales dans la Paroiffe de Morcourt, tant & fi longuement qu'ils payeront*

la

la totalité de la portion congrue au Curé.

Il en a été rendu un semblable au même Tribunal, en faveur des Religieux Prémontrés de l'Abbaye de la Trinité de la Luzerne, contre le Curé de Teffy en Normandie, le 27 Mars 1743. Ce dernier est imprimé.

Clément V regardoit l'Ordre de Prémontré comme méritant une estime particuliere des Souverains Pontifes & la confiance des Peuples. Par un effet de cette persuasion, il accorda différens priviléges à cet Ordre, par une Bulle du 8 Octobre 1310, & singuliérement, 1°. aux Abbés, Prieurs & autres Supérieurs de l'Ordre, de donner l'institution à ceux de ses Membres nommés à des Cures de l'Ordre, lorsque les Ordinaires refuseroient de la leur donner.

2°. Que les Cures appartenantes à l'Ordre ne pourroient être impétrées, même à Rome, par des Séculiers.

3°. Que cependant lorsque l'Ordre le trouveroit à propos pour le bien public ou par nécessité, par exemple, *pro defectu Regularium*, il pourroit nommer à ses Cures des Ecclésiastiques Séculiers, sans qu'en ce cas la possession puisse changer & prescrire l'état des Cures, &c.

Cette Bulle & les priviléges qu'elle contient, ont été confirmés par une autre Bulle du Pape Jean XXIII (dans laquelle la premiere a été transcrite) de l'année 1412 ; & les Rois Louis XI, Charles VII, Louis XIV & Louis XV, les ont autorisées par différentes Lettres-Patentes.

Celles accordées par Louis XIV, qui font du mois de Décembre 1661, ont été regiftrées au Grand-Conseil par Arrêt du 31 Mars 1663 ; elles portent que les Prémontrés jouiront des priviléges, franchises & exceptions qui leur ont été accordées par Alexandre V, Jean XXIII, & par les Rois Louis XI, Charles VIII, Henri II, Henri III & Louis XIII.

Louis XV a accordé de pareilles Lettres de confirmation à l'Ordre de Prémontré, le 18 Juillet 1718 ; mais elles ne me sont point tombées sous la main.

En conséquence de ces Bulles & Lettres-Patentes, l'Ordre de Prémontré soutient que les Cures qui dépendent de cet Ordre, ne peuvent jamais devenir séculieres, quand

même elles auroient été possédées de temps immémorial par des Séculiers, nonobstant les Décrétales suivies en autres cas en France, & qui ont admis la prescription de l'état des Bénéfices.

Cette imprescriptibilité des Cures de l'Ordre de Prémontré est restée inconnue pendant près de quatre siécles ; mais différens Arrêts du Grand-Conseil paroissent l'avoir adoptée. On en compte sept qui ont jugé en conformité.

Le premier qu'on connoisse, est du 12 Mars 1700 ; il s'agissoit de la Cure de Récicourt, dont l'Abbaye de Saint Paul de Verdun a la préfentation, & qui lui a été donnée sous ces termes : *Ecclesiam & Altare.* L'Arrêt a maintenu un Prémontré par préférence au Prêtre séculier pourvu de cette Cure, qui avoit été possédée sans interruption pendant un temps plus que suffisant, pour changer l'état des Cures autres que celles appartenantes à l'Ordre de Prémontré.

Le second a été rendu le 2 Sept. 1703, contre M. Molé, Abbé Commendataire de cette même Abbaye (de Saint Paul de Verdun), & a ordonné qu'il ne pourroit à l'avenir nommer que des Chanoines Réguliers aux Cures qui en dépendent ; il prétendoit pouvoir y nommer des Séculiers en conséquence de la faculté accordée par les Bulles de Clément V & Jean XXIII ; mais le Grand-Conseil a jugé que cette faculté ne pouvoit être exercée que par l'Ordre, lorsqu'il y auroit des raisons pour le faire.

Le troisiéme, du 29 Mars 1708, a conservé à l'Ordre la Cure de Tangy, qui avoit toujours été possédée en titre par des Prêtres Séculiers depuis 1587.

Le quatriéme, du 12 Juil. 1713, a maintenu un Prémontré présenté à la Cure de Tribohon par l'Abbé de la Luzerne, au préjudice du Séculier nommé par l'Evêque de Coutance à la même Cure, qui pendant plusieurs siécles avoit été conférée à des Séculiers, sur la présentation de l'Abbé & des Religieux de la même Abbaye.

Le sixiéme, du 18 Août 1734, avoit pour objet la Cure de Vano, qui fut enfin adjugée à un Prémontré, nonobstant un autre Arrêt dont je parle ci-après en ce même article.

R

Le feptiéme a été rendu en faveur d'un Prémontré pour la Cure de Saint Conteft-d'Athis, nonobftant la prétention contraire de l'Evêque de Bayeux fur la prefcription.

Je ne connois aucun Arrêt du Parlement, & je crois qu'il n'y en a point, qui ait admis cette imprefcriptibilité en faveur de l'Ordre de Prémontré; elle eft abfolument contraire au Droit Commun & à l'avis des Canoniftes & de Dumoulin. Le Grand-Confeil a même une fois jugé en faveur de la prefcription; en rejettant, par Arrêt du 28 Septembre 1728, la prétention d'un Prémontré qui avoit impétré la Cure de Vano-les-Dames, au Diocèfe de Châlons, poffédée depuis près d'un fiécle par des Séculiers.

Au refte, on peut fur ce point confulter le rapport fait par les Agens du Clergé en 1735, & l'Arrêt du 4 Août 1730, qui eft imprimé.

Suivant des Lettres-Patentes du 9 Août 1700, enregiftrées au Grand-Confeil le 30 Septembre fuivant, les Religieux de l'Ordre de Prémontré, pourvus de Cures ou Vicairies pérpétuelles & de Prieurés-Cures, peuvent, fans aucune monition précédente & fans procès ni procédures, être révoqués, retirés de leurs Bénéfices & envoyés dans des Monafteres de leur Congrégation; fçavoir, les Religieux de la commune Obfervance, par le Chapitre ou Supérieur Général dudit Ordre; & les Religieux de l'étroite Obfervance, par le Chapitre ou Vicaire Général de la Réforme, pourvû que ce foit du confentement des Archevêques ou Evêques, dans les Diocèfes defquels les Bénéfices font fitués, & non autrement.

Ces Lettres-Patentes, qui dérogent à la Déclaration du 29 Janvier 1686, ordonnent de plus qu'aucun Prémontré ne pourra accepter la provifion d'une Cure-Vicairie perpétuelle ou Prieuré-Cure, qu'il n'ait fait apparoir à l'Evêque de l'atteftation de fes vie & mœurs, & du confentement par écrit du Supérieur Général, à l'égard des Religieux de la commune Obfervance; & du même Supérieur Général ou de fon *Vicaire Général* de la Réforme, à l'égard des Religieux de l'étroite Obfervance, à peine

d'être d'échu de tout droit poffeffoire, &c.

Comme les Statuts de l'Ordre de Prémontré ne font, ni autorifés, ni homologués au Parlement, l'Arrêt rendu le 22 Août 1760, dans la fameufe affaire du Pere le Moine, dont je parle à l'article *Abbé*, en faifant droit fur les Conclufions de M. le Procureur Général » a ordonné que le Gé-» néral des Prémontrés fe retireroit dans fix » mois pardevers le Roi, pour obtenir des » Lettres-Patentes fur lefdits Statuts, s'il » plaît audit Seigneur Roi lui en accorder, » & les préfenter enfuite à la Cour pour y » être regiftrées, fi faire fe doit «.

La connoiffance des affaires où l'Ordre de Prémontré & fes Membres font intéreffés, eft attribuée au Grand-Confeil.

Les Religieux-Curés de l'Ordre de Prémontré font fujets à la Jurifdiction de l'Evêque, tant pour ce qui regarde l'adminiftration des Sacremens, que pour la correction des mœurs. Il y a fur cela deux Arrêts célébres.

Le premier eft du 7 Mai 1646. On le trouve dans les Mémoires du Clergé, par le Gentil, tome premier, tit. 2, chap. 10, art. 5, pag. 784; il a été rendu fur les Conclufions de M. l'Avocat Général Talon, en faveur de M. le Camus, Evêque de Séez, contre les Prémontrés de l'Abbaye de Silly, qui revendiquoient leur Confrere nommé Merigon, Curé du Repos, accufé d'adultere & de faire des prédications fcandaleufes, pour raifon de quoi il avoit été pourfuivi & jugé en l'Officialité de Séez.

Le fecond a été rendu le 8 Février 1656, fur les Conclufions de M. l'Avocat Général Bignon, en faveur de l'Evêque d'Amiens. Il eft rapporté au Journal des Audiences, tome prem. liv. 8, chap. 30.

PRESBYTERE.

Voyez *Cathédrale*, *Eglife*, *Habitans*, *Marguilliers*, *Réparations* & *Ufufruit*.

On nomme Presbytere la maifon deftinée à loger le Curé ou tout autre Eccléfiaftique qui deffert une Paroiffe.

L'art. 22 de l'Edit du mois d'Avril 1695, enjoint aux Habitans des Paroiffes de fournir aux Curés un logement convenable (a),

_____

(a) C'eft-à-dire, fuffifant pour le Curé & fes Vicaires, s'il en a; lorfque ce logement fuffit pour tous, le Curé

doit loger fes Vicaires, & il ne peut demander un autre logement pour eux.

& indique comment on doit procéder quand il s'agit de les y contraindre. Voyez auſſi l'article 41 de l'Ordonnance de Blois, l'article 8 de l'Edit de Melun, & la Déclaration du 18 Février 1661, regiſtrée au Parlement de Paris le 18 Juillet 1664.

Si néantmoins la Fabrique avoit des revenus accumulés & ſuffiſans pour ſupporter la dépenſe qu'exige le logement du Curé, ce ſeroit à elle de faire cette dépenſe, les Habitans n'en ſont tenus que ſubſidiairement.

Cela s'obſerve ſur-tout dans les Villes; mais il paroît que cela ne doit pas avoir lieu dans les Campagnes; il a été en effet défendu aux Marguilliers de Montfermeil, par l'article 33 de l'Arrêt de la Cour du 25 Juin 1745, dont je parle à l'article *Marguilliers*, » d'employer les deniers de la » Fabrique aux réparations du Presbytere, » quand même les Marguilliers y ſeroient » autoriſés par Délibération des Habitans «.

Quelques Auteurs modernes ont penſé que les Fabriques & Habitans ne doivent que le logement du Curé, & non les granges, écuries, &c. mais leur opinion eſt contraire à l'ancienne Juriſprudence, qui aſſujettit les Habitans à fournir aux Curés les granges néceſſaires pour ſerrer les dixmes dépendantes de la Cure, & ſi les dixmes excédent la valeur de la portion congrue, les Curés ſont eux-mêmes obligés de contribuer aux reconſtructions du Presbytere & des granges, juſqu'à concurrence de l'excédent.

Dans le Reſſort du Parlement de Flandres, quand les Cures ont des revenus ſuffiſans, les reparations des Presbyteres ſont à la charge des Décimateurs. On peut ſur cela conſulter les Arrêts de Pinault des Jaunaux, tome 2, ch. 166, & Van-Eſpen.

Ce ne ſont pas ſeulement les Habitans des Paroiſſes qui doivent contribuer aux reconſtructions & groſſes réparations des Presbyteres & des nefs des Egliſes Paroiſſiales, les Propriétaires des héritages ſitués dans l'étendue de la Paroiſſe en ſont auſſi tenus.

L'uſage & la Juriſprudence ſont certains à cet égard; il n'y a d'exception qu'en faveur des Propriétaires & poſſeſſeurs de grands bois ou forêts limitrophes de pluſieurs Paroiſſes, leſquels ne ſont pas chargés de cette contribution, lors même que ces bois ſont en tout ou en partie ſitués ſur le territoire des Paroiſſes dont il faut réparer le Presbytere ou l'Egliſe : cela eſt ainſi réglé par un Arrêt du Conſeil du 30 Novembre 1751 (a).

Le Parlement de Bretagne a jugé, par Arrêt du 17 Juillet 1730, qu'on trouve au Journal de ce Parlement, tome premier, chap. 86, que, lorſqu'une Paroiſſe tient à loyer une maiſon pour loger le Curé, en attendant que le Presbytere ruiné ſoit rétabli, ce ſont les propriétaires & non les locataires qui doivent contribuer à ce logement.

Eſt-ce le propriétaire ou l'uſufruitier d'un héritage qui doit ſupporter ce dont l'héritage eſt tenu pour les réparations d'un Presbytere? Voyez *Uſufruitier*.

Les Habitans ne ſont pas tenus de la totalité des réparations qui ſont à faire aux Presbyteres. Les Curés ſont chargés des réparations d'entretien, c'eſt-à-dire, de celles dont les uſufruitiers & les dóuairiers ſont tenus. La Cour l'a ainſi ordonné par l'Arrêt du 4 Août 1745, rendu ſur la Requête de l'Evêque de Boulogne pour l'adminiſ-

---

C'eſt ainſi que, ſuivant le témoignage du Commentateur de l'article 11 de l'Edit du mois d'Avril 1695, imprimé en 1757, les Parlemens ont interprété les mots *Logemens convenables*.

Le Parlement de Paris a en effet, par Arrêt rendu le 7 Septembre 1761, entre les Curé & Marguilliers de la Paroiſſe de la Magdelaine en la Cité à Paris, condamné *le Curé & ſes ſucceſſeurs à fournir, dans la Maiſon Presbytérale, ſiſe rue de la Licorne, un logement à chacun des deux Vicaires, Diacre & Soudiacre d'Office de ſa Paroiſſe.*

Il étoit auparavant intervenu un autre Arrêt en faveur des Marguilliers de S. Jean en Grève, contre le Sr Richard, Vicaire de la Paroiſſe, & le Sr Nolliere, Porte-Dieu, le 2 Avril 1759, par lequel il fut ordonné à ces Eccléſiaſtiques de ſortir des Bâtimens appartenans à la Fabrique, où

ils étoient logés de toute ancienneté avec les autres Prêtres.

(a) Le Bailliage de Peronne a, le 28 Août 1723, donné un Acte de Notorieté, ſuivant lequel les dépenſes pour les réparations des Nefs des Egliſes & des Presbyteres de ſon reſſort, ſont ſupportées par les Taillables ſeuls au marc la livre de la Taille, & non par les Propriétaires non réſidens dans la Paroiſſe.

Le Bailliage de Montdidier a donné un Acte de Notoriété ſemblable à celui de Peronne, le 17 Septemb. 1723; mais je crois que ces uſages ſont actuellement changés dans les reſſorts de ces Juriſdictions.

Voyez un Acte de Notoriété du Conſeil d'Artois du 18 Mars 1682, ſuivant lequel les Habitans & Paroiſſiens de cette Province ſont tenus de fournir un logement au Curé. Mais voyez auſſi ce que je dis à l'art. *Egliſe* (Bâtimens,)

tration des Eglifes Paroiffiales de fon Diocèfe, & l'a depuis plus particuliérement jugé en faveur des Marguilliers, contre le Curé de Saint Hippolyte du Fauxbourg Saint
Marcel à Paris, par Arrêt du 3 Août 1748,
qu'on trouve dans le Code des Curés. V.
auffi au mot *Marguilliers*, l'article 23 de
l'Arrêt de Réglement pour la Fabrique de
Montfermeil.

La Jurifprudence eft certaine à cet égard,
& le Clergé a demandé, par les Cahiers préfentés au Roi en 1725, que les Curés ne fuffent chargés que des menues réparations:
mais il n'a rien obtenu fur cela.

L'Arrêt rendu poftérieurement à ces repréfentations contre le Curé de Saint Hippolyte, dont j'ai déja parlé, a maintenu les
Marguilliers de Saint Hippolyte dans le
droit de diftribuer comme ils le jugeroient à
propos, aux Eccléfiaftiques, les logemens
dont la Fabrique eft propriétaire.

Les Habitans de Marcel-Cave, Diocèfe
d'Amiens, affignés par un Prémontré, leur
Curé, pour qu'ils fuffent condamnés de lui
faire conftruire un Presbytere & des lieux
propres pour y ferrer la dixme qui lui appartient dans cette Paroiffe, prétendirent
n'en être pas tenus; parce que cette Cure
étant Réguliere & dépendante de l'Abbaye
de Saint Jean d'Amiens, qui poffédoit une
ferme dans la Paroiffe, le Curé devoit habiter dans la ferme.

Les Habitans demandoient à compulfer
les titres de l'Abbaye, où ils efpéroient
trouver la preuve que des Religieux avoient
anciennement habité la ferme, & en communauté, & qu'alors l'un d'eux étoit Curé.
L'Abbaye, qui étoit Partie dans cette affaire, les foutint non-recevables; & après
des Ecrits très-multipliés, par lefquels on
prouva que les Habitans avoient eux-mêmes
offert de bâtir un Presbytere au Curé dans
un lieu où il y en avoit auparavant un autre
indépendant de la ferme, ils furent condamnés, par Arrêt rendu au Grand Confeil le
28 Mars 1736, à faire rétablir l'ancien Presbytere, & à fournir au Curé un logement
convenable pour fon habitation. L'Arrêt ne
parle point de la grange; cette demande eft
tombée dans le hors de Cour.

Ce font les Intendans des Provinces qui
connoiffent des conteftations qui s'élevent
entre les Curés & les Habitans pour les
conftructions & réparations à faire aux Presbyteres. Cette connoiffance leur eft attribuée par l'art. 22 de l'Edit du mois d'Avril
1695, dont j'ai déja parlé. V. auffi la Déclaration du mois d'Avril 1683, qu'on trouve dans le Code des Curés.

Le Presbytere de Saint Germain-fous-
Lefquielles, près Guife, ayant été incendié,
il fut fait un Devis de ce qu'il convenoit
faire pour le réparer. En conféquence de
l'Ordonnance de l'Intendant de Soiffons
on procéda à l'adjudication au rabais de
cette entreprife, & Jofeph Hamel fe rendit
adjudicataire.

On avoit obmis de comprendre dans le
Devis, un mur de clôture que le feu avoit
calciné. Hamel le refit; mais l'Intendant ne
jugea pas à propos d'en faire fupporter la
dépenfe aux Habitans. Il renvoya Hamel à
fe pourvoir contre les héritiers du Curé.

Hamel affigna ces héritiers devant l'Intendant pour le payement de ce mur, pour
lequel il demandoit 277 livres. Ils déclinerent la Jurifdiction; mais ils furent déboutés de leur déclinatoire par une Ordonnance
du 19 Août 1756.

Sur l'appel de cette Ordonnance porté au
Confeil, Arrêt y eft intervenu au rapport
de M. de Perfan, Maître des Requêtes, le
Lundi 27 Février 1758, qui a infirmé l'Ordonnance de l'Intendant, & a renvoyé Hamel à fe pourvoir devant les Juges ordinaires.

Anciennement les Promoteurs des Diocèfes de Normandie, & les Doyens-Ruraux
de la même Province, étoient garans des
réparations dont les Curés-Décimateurs
étoient tenus, & qui n'avoient pas été faites aux Presbyteres, Chœur & Cancel des
Eglifes. Mais par une Déclaration obtenue
par le Clergé le 27 Février 1716, regiftrée
au Parlement de Rouen le 20 Février fuivant, il a été ordonné qu'après que le logement aura été fourni en bon état par les Habitans, les Curés pendant leur vie, ou leurs
héritiers après leur mort, feroient tenus de
toutes les réparations dont les Curés doivent être chargés dans les Maifons Presbytérales, à quoi ils pourront être contraints
par faifie de leur temporel jufqu'à concurrence du tiers de leurs revenus, & leurs ef-

fets faifis après leur mort , fans que les Promoteurs & Doyens-Ruraux puiffent être
rendus garans & refponfables defdites réparations , ni pourfuivis pour raifon d'icelles.

Il a été ordonné , par un Arrêt du Confeil
du 8 Mai 1703 , revêtu de Lettres-Patentes
regiftrées en la Cour des Aides de Montpellier , que les Habitans du Languedoc,
domiciliés & forains , contribueroient aux
impofitions faites & à faire pour la conftruction & la réparation des Nefs des Eglifes ,
Cimetieres, Maifons Presbytérales , à proportion des biens qu'ils poffedent dans le
taillable des Villes & lieux où les impofitions feroient faites , encore que lefd. biens
fuffent de la dixmerie d'une Paroiffe fituée
dans le taillable d'un autre Communauté ,
& que lefdits biens feroient déchargés de
contribuer aux impofitions qui feroient faites pour les Eglifes , Cimetieres & Maifons
Presbytérales hors du taillable des lieux où
les biens étoient fitués.

Cet Arrêt a été interprété par un autre
du premier Février 1732 , auffi revêtu de
Lettres Patentes regiftrées en la, Cour des
Aides de Montpellier , le 20 du mois de
Février, qui portoit que , lorfque les Paroiffes fe trouveroient compofées de deux
ou de plus grand nombre de taillables , » la
» dépenfe des réparations qui feront faites
» pour les Eglifes , Cimetieres & Maifons
» Presbytérales , fera fupportée par tous les
» Habitans domiciliés & forains , tant du
» taillable où l'Eglife eft fituée , que des
» autres taillables qui dépendent de la mê-
» me Paroiffe , à proportion des biens qu'ils
» poffedent dans lefdits lieux ; & qu'au
» furplus l'Arrêt du 8 Mai 1703 fera exé-
» cuté «.

Deux Arrêts rendus en forme de Réglement , par le Parlement de Bretagne, les 8
Avril 1672 , & 24 Novembre 1721, ont ordonné , qu'après le décès des Recteurs &
Curés de la Province , & même en cas de
réfignation de leurs Cures , les fcellés feront appofés fur leurs effets à la requête du
Procureur du Roi ou du Procureur Fifcal,
& des Marguilliers des Paroiffes, » ès mai-
» fons & fermetures defdits Recteurs , Vi-
» caires ou Curés décédés ou réfignans; que
» Procès-verbal fera fait de l'état des Mai-
» fons Presbytérales , & marché à qui pour

» moins des réparations néceffaires auxdites
» Maifons , les héritiers defdits défunts
» Recteurs , Curés ou Réfignans , préfens
» ou dûement appellés , pour fur les effets
» & biens mobiliers & immobiliers d'iceux
» Recteurs , Curés & Vicaires décédés ou
» réfignans , lefdites réparations , tant grof-
» fes que menues , être faites avant que lef-
» dits héritiers ou réfignans puiffent être re-
» faifis , & avoir main-levée defdits effets
» & meubles.

» Et faute auxdits Procureurs du Roi ,
» Procureurs Fifcaux des lieux , & Mar-
» guilliers lors en charge , de faire les dili-
» gences requifes dans l'année du décès ou
» de la réfignation. . . . . . . ordonne que lef-
» dites réparations feront faites à leurs frais,
» fans efpoir de répétition vers le Général
» des Paroiffes.

» Ordonne aux Marguilliers en charge,
» d'obliger les Recteurs & Curés d'entre-
» nir en bon état leurs Presbyteres . . . . . «.

PRESCRIPTION.

Voy. *Arrerages*, *Complainte* , *Confignation* ,
Dépôt , *Dixmes* , *Domaine* , *Droit de pure
faculté* , *Francs-Fiefs* , *Interruption*, *Malte* , *Mineurs* , *Péremption* , *Poffeffion* , *Prémontrés*, *Réparations-Bénéficiales* , *Servitude.*

On nomme Prefcription , le moyen d'acquérir le domaine des chofes qu'on a poffédées pendant le temps réglé par la Loi.

Quelques Auteurs ont défini la Prefcription , une » fin de non-recevoir introduite
» pour affurer la propriété des biens à ceux
» qui les ont poffédés pendant un certain
» temps «.

D'autres difent que la Prefcription n'eft
autre chofe qu'une exception , qui rejette
l'action après un certain temps défini par la
Loi.

Toutes les actions étoient autrefois perpétuelles. Les Empereurs Théodofe , Anaf-
tafe & Juftin , furent les premiers qui leur
donnerent des bornes , & qui fixerent un
temps au-delà duquel elles feroient péries
& éteintes.

Ces Princes & leurs fucceffeurs excepte-
rent néantmoins toujours de la Prefcription,
les actions qui avoient une caufe & une excufe perpétuelle , que l'on ne peut trouver

que dans les raifons publiques. Ils exempterent, par exemple, des loix de la Prefcription, ceux qui étoient abfens pour le fervice de la République , les Soldats pendant leur fervice , les Captifs pendant leur détention , &c.

Parmi nous , la Prefcription ne court point contre ceux qui font abfens pour la caufe publique , tels que les Ambaffadeurs, ni contre les mineurs, ni contre les autres privilégiés , tels que les imbécilles & les furieux interdits, ni contre tous ceux qui font hors d'état d'agir , excepté en matiere de retrait lignager. Les Coutumes de Paris , article 113, 114 & 118 ; d'Anjou , article 457 ; du Maine, article 465 ; d'Auvergne , chapitre 17 , article 3 ; & une multitude d'autres en contiennent des difpofitions qui forment le Droit commun fur cette matiere.

La raifon de cette exception eft, que la Prefcription eft fondée fur la préfomption , que celui qui ne fait pas ufage de fon droit pendant un certain temps , eft cenfé y avoir renoncé. Or on ne peut préfumer que les mineurs & les infenfés ayent renoncé à un droit exiftant, puifqu'ils font privés des lumieres que les autres hommes ont en partage. Les Mineurs & les infenfés ne fçavent pas qu'ils ont des biens, qu'on s'en empare, qu'il faut faire des procédures pour les conferver , &c.

Il y a néantmoins cette différence entre le mineur & le furieux, que celui-ci ne peut acquérir par la Prefcription, ni oppofer la jouiffance commencée depuis fon état de démence. Il ne peut, felon les Loix, que conferver ce qu'il poffédoit déja avant fon imbécillité; parce que, difent les Jurifconfultes, il ne jouit pas plus de fon bien que celui qui feroit endormi, jouiroit de ce qu'on lui mettroit dans la main; au lieu que le mineur acquiert par la Prefcription, pourvû qu'on puiffe croire qu'il a eu intention de poff](éder.

Le Parlement a même jugé , par Arrêt rendu le 11 Août 1761, en la Grand'Chambre, au rapport de M. Titon, que la Prefcription n'avoit pas couru contre un Etranger furieux, & interdit par les Juges de Savoye, où il avoit fon domicile, quoique l'interdiction ne fût pas connue en France, où elle n'avoit pas été infinuée.

La Prefcription court-elle contre les fils de famille qui font en puiffance paternelle ? Dunod, qui a traité cette matiere avec beaucoup d'étendue, décide que de quelqu'efpéce de Prefcription qu'il s'agiffe, foit qu'elle vienne du fait du Pere, ou de fa feule négligence, foit qu'elle ait commencé avec le fils de famille, ou avec fon auteur, elle doit être en fufpens, tandis que l'enfant eft en puiffance, & qu'il n'a pas l'exercice de fes actions. On peut fur cette matiere confulter Baffet , tome premier, liv. 2, tit. 29, ch. 13 ; Boniface, tome premier, liv. 8, tit. 2, ch. 3 ; Cambolas, liv. 3, chap. 1; & Catelan, liv. 7, ch. 15. Mais voyez auffi le Préfident Faber , qui dit qu'il faut reftreindre ce privilége des fils de famille au feul cas de l'aliénation faite par le pere des biens adventices de fon fils.

Dans la pureté du Droit Romain , la Prefcription de trente ans n'étoit pas admife contre les mineurs en pupillarité; mais elle couroit contre l'adulte mineur, fans efpérance de reftitution.

Cette difpofition du Droit Romain a trouvé des partifans refpectables parmi nous; & de ce nombre ont été M. Cujas , Ferriere fur Guy-Pape, Duperrier, M. de Bezieux, & autres.

Le Parlement de Touloufe laiffe courir la Prefcription contre le mineur; mais il l'admet à la reftitution, même contre celle de trente ans. Voy. Boutaric, dans fes Inftituts, & les Arrêts de Catelan.

Le Parlement de Bordeaux juge que toute Prefcription légale dort en minorité ; de maniere que le mineur devenu majeur, n'a pas befoin d'être reftitué; & le Parlement de Paris juge de même pour les Pays de Droit-Ecrit de fon reffort. Voy. une Note fur la Peyrere , lettre P , n. 68; & Bretonnier fur Henrys.

En Provence, la feule pupillarité eft déduite de la Prefcription de trente ans, & non minorité, fuivant des Actes de Notoriété donnés au Parquet du Parlement d'Aix, les 19 Octobre 1685, & 9 Août 1707.

» Lorfqu'un majeur a poffédé une rente , » (ou quelqu'autre bien), & qu'en mou- » rant il laiffe un héritier mineur, le temps » qui donne lieu à la Prefcription que le dé-

» biteur pourroit oppofer, eft en fufpens
» pendant la minorité, après laquelle l'on
» joint le temps que le majeur n'a pas in-
» quiété fon débiteur, & celui depuis la ma-
» jorité de l'héritier, fans comprendre celui
» de leur minorité «. Acte de Notoriété du
Châtelet, du 11 Janvier 1702.

Le privilége, par le moyen duquel la Prefcription ne court point contre le mineur, ne
fert point au majeur dans un intérêt commun, à moins que la chofe ne foit abfolument indivifible, comme s'il s'agiffoit d'une
Servitude, d'un Patronage, &c.

Mais quand la chofe peut être divifée, la
Prefcription, qui peut être arrêtée pour la
portion du mineur, continue contre le majeur.

Ainfi, dans le cas d'une hypothéque indivife entre une mere tutrice de fes enfans
mineurs, on a jugé que le détempteur avoit
prefcrit contre la mere pour la part qui
lui appartenoit dans la dette. Brodeau, fur
M. Louet, cite fur cela un Arrêt du mois
de Mars 1650, lettre H, n. 20. On prétend
qu'il y a des Arrêts contraires, & finguliérement un du 4 Août 1710, rendu en la
Grand'Chambre au rapport de M. le Nain.
V. *Mineur.*

De Droit commun, la Prefcription court
contre les femmes majeures en puiffance de
mari, en faveur de tout autre que le mari ;
mais elles ont un recours fur les biens du
mari qui a laiffé prefcrire fes droits.

La raifon pour laquelle la Prefcription
ne court pas en faveur du mari contre fa
femme pendant la durée du mariage, c'eft
qu'on préfume en ce cas que la crainte ma-
ritale a empêché la femme de pourfuivre
fon mari.

En Provence, » fi la conftitution dotale
» de la femme eft généralement de tous
» droits, fans aucune expreffion d'iceux, &
» que quelques-uns de ces droits ayent été
» ignorés par le mari, la Prefcription ne
» court point contre la femme pendant le
» mariage.

» Mais fi la conftitution eft particuliere,
» & d'un droit connu au mari, la Prefcrip-
» tion court à fon préjudice, & la femme
» mariée a recours fur fes biens; & fi le
» mari étoit infolvable, la femme pourroit
» fe faire reftituer contre le laps du temps

pour la Prefcription de fes droits dotaux.

» Cependant la femme (en Provence)
» fouffre la Prefcription de l'action hypo-
» thécaire, qui ne dure que dix ans contre les
» tiers-poffeffeurs, lors même qu'elle pour-
» fuit la reftitution de fa dot, fi elle a été fé-
» parée de biens, ou fi elle a eu connoiffance
» de l'infolvabilité de fon mari, par une dif-
» cution, ou autrement ; parce qu'alors elle
» a pu agir «. Tout cela eft écrit dans un
Acte de Notoriété du Parquet du Parlement
de Provence, du 5 Juillet 1684.

La Prefcription ne court pas contre une
action en répétition d'une chofe enlevée furtivement ; quand par le fait même de celui
contre qui l'action pourroit être dirigée,
celui à qui la chofe appartenoit, n'a pas pû
connoître le tort qui lui étoit fait. On applique à ce cas la Régle *contra non valentem
agere, non currit Præfcriptio.* En voici un
exemple.

Le nommé Huet, propriétaire d'un terrein fitué dans la Plaine de Creteil, près
Paris, fous lequel il y avoit des pierres propres à bâtir, le fit fouiller en-deffous, depuis l'année 1713, jufqu'en 1721, par le
moyen de puits, comme l'on fouille les terres d'Arcueil, & anticipa confidérablement
fous le terrein d'un fieur Mercier, qui y joi-
gnoit.

Mercier ayant voulu auffi faire fouiller
fon héritage en 1754, s'apperçut de l'anticipation, & affigna les héritiers Huet en condamnation de dommages & intérêts.

Les héritiers Huet oppoferent la Prefcription réfultant du laps de temps. Mercier répondit qu'elle n'étoit pas acquife,
parce qu'elle ne pouvoit courir que du jour
qu'il avoit eu connoiffance de l'anticipation,
& non de celui où elle avoit été faite. Je ne
pouvois pas agir, difoit Mercier, parce que
vous aviez pris des mefures, en bouchant
vos puits, pour m'ôter la connoiffance de
votre anticipation, qui d'ailleurs étoit la-
tente & cachée. Par Sentence du Châtelet,
du 8 Février 1755, confirmée par Arrêt du
16 Juin fuivant, on jugea que la Prefcription n'avoit pu courir que du jour que Mercier avoit eu connoiffance du délit ; & en
conféquence il fut ordonné que les héritiers
Huet défendroient au fond.

La Prefcription ne court point contre les

PRE

actions dont l'exercice est suspendu. Ainsi, quand un débiteur a terme pour payer, la Prescription ne court que du jour de l'échéance du terme ; & dans les actions conditionnelles, elle ne court que du jour que la condition est arrivée. V *Garantie.*

On ne peut opposer la Prescription à celui qui possede le gage de sa créance.

On ne peut prescrire contre son propre titre. Ainsi, quand on possede pour autrui, & que le titre sur lequel la possession est fondée, impose la condition de rendre compte, quelque long qu'ait été le temps pendant lequel le créancier a joui, il n'a pû acquérir de propriété, parce que la cause primitive de sa jouissance, a fait un obstacle perpétuel à la Prescription. V. Papon, Brodeau sur la Coutume de Paris ; Duplessis, & ce que je dis au mot *Possession.*

C'est pour cela que, ni l'héritier, ni la succession, ni les créanciers ne prescrivent contre la créance de l'héritier bénéficiaire ; parce, dit le Brun, qu'il est en possession des biens sur lesquels il pouvoit se venger : il suffit qu'il jouisse des biens de la succession, pour n'être point sujet à une Prescription ; jouissant pour les créanciers, il jouit pour lui-même. Voyez les Observations de M. le Camus sur la Coutume de Paris, au titre des Prescriptions, nom. 48.

La Prescription contre les actions purement hypothécaires a lieu, quand même les arrérages de la rente qui donne lieu à l'action, auroient toujours été payés par celui qui l'auroit constituée, ou autres, à l'insçu du possesseur de l'héritage qui y étoit affecté, à moins que le créancier n'eût eu justes causes d'ignorer l'aliénation; comme, par exemple, si le débiteur de la rente étoit toujours demeuré en possession de l'héritage par location, retention d'usufruit, constitution de précaire, ou autres semblables conventions.

Mais, comme je le dirai dans la suite, ces actions ne se prescrivent contre l'Eglise que par 40 ans : c'est une Loi générale dans le Royaume, fondée sur les anciennes Ordonnances, & sur l'art. 123 de la Coutume de Paris.

La prescription produit deux effets différens ; sçavoir, l'acquisition & la libération. Mais nous n'en admettons aucune qui ne

soit prononcée par une Loi précise.

Pour acquérir par la voie de la Prescription, il faut, suivant le Droit commun du Royaume, que la possession soit publique, & qu'elle ne soit point précaire; c'est-à-dire, qu'il faut que le possesseur ait joui comme propriétaire, & non pas comme fermier, locataire, usufruitier engagiste, ou en conséquence d'un bail emphytéotique ; car une possession qui a les qualités de locataire, d'emphytéote & d'usufruitier pour principe, ne peut point opérer la Prescription, quelque longue qu'elle ait été.

Il faut encore que la possession ait été paisible, & que le possesseur n'ait point employé la violence, soit pour se mettre en possession, soit pour empêcher le propriétaire de reclamer contre lui : cette condition est encore essentiellement nécessaire à la possession, pour qu'elle puisse engendrer une Prescription.

Enfin, la Prescription n'a pas lieu quand la possession de laquelle on prétend la faire résulter, a été interrompue par des poursuites ; parce que pour l'acquérir, il faut, dit la Coutume de Paris, art. 118, avoir joui *franchement & sans inquiétation.* Voyez *Interruption.*

La reconnoissance expresse ou tacite, & même la reconnoissance indirecte de la part du débiteur, interrompt encore la Prescription.

La Coutume de Paris n'a point réglé, & je n'en connois point qui fixe le temps pendant lequel il faut posséder des meubles pour en acquérir la propriété. Nous tenons au Châtelet pour maxime certaine, que celui qui est en possession de meubles, bijoux & argent comptant, en est réputé propriétaire, s'il n'y a titre au contraire.

Mais quant aux immeubles, il faut distinguer si le possesseur en a joui de bonne foi, (& à titre de singulier successeur,) en vertu d'un titre translatif de propriété, que lui a passé une personne qu'il a cru être vraiment propriétaire : un tel possesseur acquiert la Prescription par 10 ans de jouissance entre présens, & 20 ans entre absens; il demeure propriétaire incommutable de l'immeuble qu'il a possédé durant ce temps, *tant par lui que par ses prédécesseurs.* C'est la disposition de l'article 113 de la Coutume de Paris,

Paris, qui forme le Droit commun du Royaume (*a*)

Lorſque le poſſeſſeur d'un héritage ne rapporte point le titre ſur-lequel ſa poſſeſſion eſt fondée, il ne peut preſcrire que par 30 années de jouiſſance, tant par lui que par ſes prédéceſſeurs. Coutume de Paris, article 118.

Je dis, *tant par lui que par ſes prédéceſſeurs ;* parce qu'en matiere de Preſcription, la poſſeſſion du défunt & de l'héritier, celle de l'acheteur & du vendeur, ſe joignent de maniere que le ſucceſſeur peut invoquer la poſſeſſion de celui dont il a les droits (*b*).

Les termes de préſent & d'abſent s'expliquent diverſement, ſuivant les divers Cantons du Royaume.

Suivant le Droit Romain, ceux qui demeurent dans la même Province, ſont réputés préſens entr'eux, lors même que l'immeuble eſt ſitué dans une autre Province, quand l'un ne connoîtroit pas le domicile de l'autre.

Les Parlemens des Pays de Droit-Ecrit appliquent le mot Province à l'étendue du reſſort de chacun d'eux. Ainſi, ſuivant la Juriſprudence de ces Parlemens, les perſonnes domiciliées dans le reſſort de la même Cour, ſont cenſées préſentes. Voyez le Traité des Conventions.

A Paris, ſi ceux qui ont droit d'interrompre la Preſcription, ſont l'un & l'autre domiciliés dans le reſſort de la Coutume, & que l'immeuble y ſoit auſſi ſitué, ils ſont réputés préſens, & 10 ans de poſſeſſion ſuffiſent contre ceux-là. Mais ſi, au contraire, ils ſont domiciliés, l'un dans la Coutume de Paris, & l'autre dans un autre reſſort, ils ſont réputés abſens ; & entre ceux-ci il faut une poſſeſſion de 20 années pour acquérir la Preſcription.

Dans d'autres Coutumes, & même dans les Pays de Droit-Ecrit du reſſort du Parlement de Paris, les ſeules perſonnes qui demeurent dans le reſſort du même Bailliage,

Sénéchauſſée ou Prévôté (Royales), ſont réputées préſentes relativement à la Preſcription.

L'article 81 de la Coutume de Meaux porte, que » l'on tient réputés préſens ceux » qui demeurent en un même Bailliage » Royal «.

Lors de la rédaction de la Coutume de Meaux en 1509, la Juriſdiction du Bailli de Meaux s'étendoit dans tout le reſſort de la Coutume. Mais Provins ayant depuis été érigé en Bailliage particulier, il s'eſt agi de ſçavoir, ſi deux perſonnes domiciliées, l'une à Joui-le-Châtel, dépendant de Provins, l'autre à Coulommiers, où le Bailliage de Meaux a la connoiſſance des Cas Royaux, étoient réputées préſentes à l'effet de la Preſcription de 10 ans.

Par Arrêt rendu en la Grand'Chambre, au rapport de M. l'Abbé Boucher, le 26 Août 1760, la Cour a jugé qu'ils étoient réputés abſens ; & en conſéquence a rejetté la Preſcription de 10 ans. La Preſcription n'étant pas favorable, il paroît raiſonnable de reſtreindre les moyens de l'acquérir.

En Artois, il ſuffit de demeurer dans la Province, pour être réputé préſent relativement à la Preſcription, lors même qu'on demeure en divers Bailliages, ſuivant un Acte de Notoriété du Conſeil d'Artois, du 11 Août 1683.

La même choſe a lieu en Poitou ; c'eſt-à-dire, que tous ceux qui demeurent dans cette Province, ſont réputés préſens entr'eux, ſuivant un Acte de Notoriété de la Sénéchauſſée de Poitiers du 11 Juin 1676.

» Si celui contre qui on veut preſcrire, eſt » préſent durant une partie du temps, & » abſent durant l'autre partie, il faut alors » doubler le temps qui reſte depuis ſon ab- » ſence ; par exemple, ſi un homme étoit » préſent pendant les 10 ans, la Preſcrip- » tion ſeroit accomplie. Suppoſons qu'il » n'ait été préſent que ſix ans ; en ce cas, au » lieu de quatre qui reſtent pour aller juſ-

---

(*a*) Il y a néantmoins des Coutumes qui n'admettent point d'autre Preſcription que celle de trente ans, ſoit qu'on ait titre ou non. Celle d'Orléans, de Bourbonnois, &c. ſont de ce nombre.

(*b*) On prétend que les Princes du Sang n'employent point la Preſcription, quand il s'agit de leurs engagemens perſonnels ; ou de ceux qui les repréſentent ; parce que d'un côté, l'ordre qui régne dans leurs Finances, doit

faire rejetter toute préſomption de payement, quand ils ne ſont pas prouvés par les Regiſtres de leurs Comptables, & que d'ailleurs le reſpect qu'on a pour eux, ne permet pas de les pourſuivre. Dumoulin a traité cette queſtion dans un Ouvrage connu de ſes Contemporains, qui n'eſt point parvenu juſqu'à nous. Voyez ce qu'il dit ſur l'article 68 de la Coutume de Paris. Mais il n'y a aucune Loi en faveur de cette exception.

» qu'à dix, il en faut huit pour achever de » preferire, à caufe de fon abfence. «

C'eft l'avis d'Argou : mais d'autres Auteurs penfent que, lorfque les Parties ont été tantôt préfentes & tantôt abfentes, la Prefcription de 10 ans doit être admife, fi, en joignant le temps de préfence, il s'en trouve affez pour former cet efpace, mais qu'autrement il faut 20 ans complets ; & que le temps de préfence eft compté pour rien. V. Bourjon.

Le Parlement de Provence admet une exeeption à-ces maximes : il juge qu'une poffeffion de dix ans entre préfens, ou de vingt ans entre abfens, depuis l'ouverture du fidéicommis, ne fuffit pas à l'acquéreur de bonne foi d'un bien fubftitué, pour acquérir la Prefcription, & qu'il faut en ce cas une poffeffion paifible de 30 ans depuis l'ouverture de la fubftitution, & la condition accomplie ; parce que l'appellé à la fubftitution, a ce terme de 30 ans pour agir contre les détempteurs, & revendiquer les biens fubftitués. Voy. l'Acte de Notoriété donné par le Parquet du Parlement de Provence, du 25 Septembre 1690.

Les actions purement hypothécaires que des créanciers ont droit d'exercer contre le poffeffeur d'un héritage qui n'eft point obligé perfonnellement envers eux, fe prefcrivent entre majeurs & non privilégiés : fçavoir, par 10 ans entre préfens, & 20 ans entre abfens, fi le poffeffeur jouit de bonne foi en vertu d'un titre tranflatif de propriété. Coutume de Paris, art. 114.

Par un Arrêt du 20 Mars 1664, rapporté par Bafnage fur l'article 122 de la Coutume de Normandie, il a été jugé que le décret des biens d'un obligé, quoiqu'annullé, interrompoit la Prefcription.

En matiere civile, les actions pures perfonnelles fe prefcrivent entre majeurs & non privilégiés, par 30 ans de ceffation de pourfuites.

Mais quand l'action hypothécaire réfultante d'un contrat paffé devant Notaire, eft jointe à l'action perfonnelle, la Prefcription ne s'acquiert alors que par quarante années. Il n'en feroit pas de même de l'action hy-

pothécaire refultante d'une condamnation : cette action hypothécaire, quoique jointe à la perfonnelle, prefcrit par 30 ans.

La difpofition du Droit qui exige une plus longue poffeffion, quand les deux actions font jointes, a lieu dans les Pays Coutumiers, lorfqu'il n'y a pas une dérogation expreffe dans la Coutume.

On ne connoît point en Artois cette prorogation de la prefcription, quand les deux actions font jointes (a).

On ne la connoît pas non plus en Provence ; & quoique ce foit un Pays de Droit-Ecrit ; on n'y obferve point la difpofition du Droit Romain, qui proroge le temps de l'action hypothécaire contre le débiteur jufqu'à 40 ans. V. l'Acte de Notoriété donné par MM. les Gens du Roi du Parlement d'Aix, le 13 Juin 1689.

Dans les Prefcriptions de 10 ou de 20 ans, le temps ne fe compte pas rigoureufement *de momento ad momentum*. Le jour de la poffeffion prife fe compte pour un jour utile, & le temps eft rempli auffi-tôt que le poffeffeur eft entré dans le dernier jour des 10 ou des 20 ans, bien que le dernier moment ne foit pas encore échu, ainfi que le décident plufieurs Textes des Loix.

Mais il en eft autrement des Prefcriptions de 30 années, & de toutes celles qu'on appelle *temporales exceptiones*. En celles-ci, le temps fe compte en rigueur, & de maniere que le jour de la Poffeffion acquife n'y entre point, & que le dernier jour ne fait pas non plus nombre, s'il n'eft entièrement achevé, parce que ces Prefcriptions font odieufes ; au lieu que celle de 10 & de 20 ans, qui eft toujours foutenue d'un titre, & accompagnée de bonne foi, eft extrêmement favorable. V. d'Argentré fur l'art. 238 de la Coutume de Bretagne.

Le cens, en Pays Coutumier, eft imprefcriptible (du Vaffal au Seigneur) & il n'y a que la quotité qui foit fujette à la Prefcription. V. *Cens.*

Mais de Seigneur à Seigneur, la Prefcription a lieu en matiere de cenfive ; de façon que la poffeffion & la perception d'un cens pendant 30 ans donne au poffeffeur (Sei-

---

(a) Le Confeil d'Artois a donné, le 26 Juillet 1684, un Acte de Notoriété, fuivant lequel il n'y a point de Prefcription plus courte que de vingt ans dans cette Province.

gneur) la directe Seigneurie fur l'héritage qui y eft fujet, & en exclud l'autre. Voyez la Coutume de Paris, articles 123 & 124. Voyez auffi ce que je dis aux articles *Cens & Mouvance.*

Le Seigneur féodal ne peut prefcrire contre fon Vaffal le Fief faifi fur celui-ci; de même que le Vaffal ne peut prefcrire la foi qu'il doit à fon Seigneur : quelque longue qu'ait été la jouiffance, fans avoir fatisfait à ce devoir, elle n'a pu l'en difpenfer. Mais les profits, comme, par exemple, les droits de quint, les requints, les reliefs & les cenfives, *fe prefcrivent par 30 ans, s'il n'y a faifie ou inftance pour raifon d'iceux.* Coutume de Paris, art. 12.

M. de Fréminville rapporte un Arrêt en entier, rendu au Grand-Confeil, le 16 Sept. 1738, entre M. de Montmorillon, Comte de Lyon, Prieur du Montet-aux-Moines, & les nommés Baraton; par lequel il a été jugé que, ni les fermiers d'une Seigneurie, ni leurs proches parens, ne peuvent prefcrire les droits du Seigneur pendant la durée du bail. Voyez la Pratique des Terriers, tome 5, page 545. Voyez auffi l'efpéce d'un Arrêt du 25 Janvier 1758, dont je parle à l'article *Terrier.*

A Paris, les fervitudes ne peuvent s'acquérir par la Prefcription, quelque longue que foit la poffeffion; mais elles peuvent s'étendre par cette voie. V. *Servitude.*

Les dixmes peuvent-elles fe prefcrire ? V. *Dixmes.*

La faculté de racheter les rentes conftituées à prix d'argent, eft imprefcriptible; mais on peut prefcrire par 30 ans la faculté de racheter les rentes de bail d'héritage. Voyez la Coutume de Paris, articles 119 & 120, & ce que je dis à l'article *Droits de pure faculté.*

La Prefcription contre les titres qui contiennent des engagemens conditionnels, ne commence à courir que du jour que la condition arrive.

En matiere de loyers ou de fermages, ce n'eft pas de la date du bail que la Prefcription commence à courir, mais du jour de l'échéance des termes.

Les *Lettres & Billets de Change,* (à l'exception de ceux qui font faits payables aux payemens des foires de Lyon), *font réputés*

acquittés *après cinq ans de ceffation de demandes & pourfuites, à compter du lendemain de l'échéance ou du protêt, ou de la derniere pourfuite. Néantmoins les prétendus débiteurs font tenus d'affirmer, s'ils en font requis, qu'ils ne font plus redevables; & leurs veuves, héritiers ou ayans-caufe, font auffi obligés d'affirmer qu'ils eftiment de bonne foi qu'il n'eft plus rien dû.* Ordonnance de 1673, tit. 5, article 21. Voyez *Lettres de Change.*

On penfe unanimement que cette difpofition de l'Ordonnance du Commerce s'étend à tous billets à ordre, &c. & même aux endoffemens defd. Lettres, billets de Change, Billets de Commerce, &c. La Cour vient même de le juger ainfi par un Arrêt rendu au rapport de M. Charlet, en la premiere des Enquêtes, le lundi premier Septembre 1760, dont voici l'efpéce.

Le 2 Septemb. 1733, Mc Fauvelai, Procureur au Châtelet, porteur d'un billet, daté du 3 Juin 1730, contenant promeffe, par Akakia, de rendre à lui ou à fon ordre, deux Actions de la Compagnie des Indes, & trois Dividendes, paffa fon ordre de ce billet, au fieur Coquelin, de qui il reconnut en avoir reçu la valeur.

La veuve Coquelin, qui trouva ce billet parmi les papiers de fon mari, fit affigner en 1759, les héritiers de Mc Fauvelai, qui lui oppoferent le défaut de pourfuite contre Akakia, & la Prefcription de cinq ans prononcée par l'Ordonnance. La veuve Coquelin repliquoit que ce n'étoit pas-là le cas d'appliquer l'Ordonnance du Commerce :

1°. Parce qu'un Procureur au Châtelet n'eft pas un Négociant.

2°. Parce que l'ordre étoit paffé plus de trois ans après l'échéance du billet.

3°. Que l'Ordonnance ne parloit que de lettres & billets de change, & non des billets à ordre & des endoffemens.

Ces moyens furent rejettés, & la veuve Coquelin déclarée non recevable par Sentence du Châtelet, confirmée par le fufdit Arrêt.

Il me femble que l'opinion adoptée par cet Arrêt, n'eft pas conforme aux régles; en effet, toute efpéce de Prefcription doit être établie par une Loi. Il y en a une pour les lettres de change; il n'y en a point pour les billets à ordre. Ce genre de prescription est extraordinaire; & il est d'autant moins permis de l'étendre d'un cas à un autre, qu'en général toute espéce de Prescription est odieuse.

Les arrérages des rentes constituées se prescrivent par cinq ans dans certains cas. V. *Arrérages.*

L'article 4 du titre commun de l'Ordonnance des Fermes, du 22 Juillet 1681, porte que les droits des Fermiers Généraux seront prescrits par cinq ans, à compter du jour des Baux des Fermes expirés. Cette Prescription n'a pas lieu, lorsque le Roi est Partie, comme exerçant les droits des Fermiers ses débiteurs.

L'article 5 du même titre porte que ce qui est ordonné à l'égard des Fermiers Généraux contre les Sous-Fermiers, a lieu à l'égard des Fermiers & des Sous-Fermiers contre leurs Commis.

Quand il s'agit de droits de contrôle des Actes des Notaires, insinuation, centiéme denier, petit-scel, amortissement, francs-fiefs, nouveaux acquêts & droits d'usage, recélés ou négligés, les Fermiers ont vingt années pour demander ces droits; & la fin de non - recevoir n'est acquise contr'eux qu'après les vingt ans. Les articles 529 & 535 du bail général fait à Forceville en 1738, en contiennent une clause expresse, ainsi que l'article 5 du résultat du Conseil du 30 Décembre 1761, pour le bail de Prevôt (a).

Au contraire, les Particuliers n'ont que deux années après l'expiration des baux, pour répéter les droits qu'ils ont payés mal-à-propos. V. *Fermiers Généraux.*

Toutes les choses qui par leur nature sont inaliénables comme les choses publiques, par exemple, les rivieres navigables, les chemins, les remparts & fossés des Villes, le domaine de la Couronne, &c. sont imprescriptibles, parce que la Prescription renferme une aliénation.

On juge que non-seulement les Instances appointées, & les Procès conclus en Cour Souveraine, ne tombent point en péremption, quand il y a production, mais qu'ils ne sont pas même sujets à la Prescription de trente ans. On présume en ce cas que d'autres occupations plus importantes n'ont pas permis aux Cours de les juger; & le respect dû aux Magistrats ne permettant pas d'ailleurs aux Parties de leur faire des sommations, il ne seroit pas naturel qu'on pût leur opposer le défaut d'un Jugement, qu'il n'a pas été en leur pouvoir de se procurer.

On cite sur cela un Arrêt, qu'on dit avoir été rendu, *consultis Classibus,* le 14 Août 1649; & la Cour vient de le juger de même en faveur des sieurs Abot, contre M. le Riche de Chevigné, Conseiller, au rapport de M. l'Abbé de Malezieux, le Jeudi 3 Juillet 1760. Il y a même cela de particulier que, dans cette espéce, le procès n'avoit été redistribué que plus de quarante ans après que le Rapporteur étoit monté à la Grand'Chambre; & M. le Riche en concluoit qu'on ne pouvoit pas dans cette espéce invoquer les motifs pour lesquels la Prescription ne court pas : c'étoit, disoit-il, à ses Adversaires à s'imputer de n'avoir pas demandé un autre Rapporteur; que non-seulement la péremption étoit acquise, mais que le procès étoit triplement prescrit. Il citoit un Arrêt du 16 Juillet 1608, rapporté par Brodeau sur M. Louet, lettre P, n. 16; mais on n'eut aucun égard à cette circonstance.

Les droits de pure faculté sont quelquefois imprescriptibles. Voyez *Droits de pure faculté.*

L'action civile, qui résulte d'un crime, ne dure pas plus long-temps que l'action criminelle.

Un Arrêt rendu en 1685, au rapport de M. de Daurat en la Grand'Chambre, a jugé que les poursuites faites contre l'un des co-obligés, ne militent pas contre le co-obligé qui n'a point été poursuivi, & n'empêchent point la Prescription; mais il y a d'autres Arrêts contraires. Voyez le Journal des Audiences, tome premier, livre 1, ch. 53, & les Notes sur Duplessis.

La Cour, par un Arrêt rendu en la premiere Chambre des Enquêtes, au rapport de M. Brayer, le 5 Février 1738, entre

---

(a) Il a été rendu un Arrêt au Conseil, le 3 Octobre 1758, contre le sieur Grout de la Mothe, qui paroît contraire à cette Prescription; qui est encore implicitement autorisé par l'article 3 des Lettres-Patentes du 22 Août 1756, portant bail des Fermes à Henriet; mais c'est la Loi & non les exemples qu'il faut suivre.

deux débiteurs solidaires d'une rente constituée, a jugé que celui des deux qui n'avoit rien payé de la rente pendant quarante ans, ne pouvoit pas opposer la Prescription à son co-débiteur qui l'avoit servie ; parce que celui-ci, en payant la rente, avoit empêché l'autre de la prescrire ; & au moyen de ce qu'on ne pouvoit pas.opposer de Prescription au créancier, on a pensé que son action avoit passé par une subrogation légale à celui qui avoit servi la rente. V. Interruption.

Il n'y a pas lieu à la Prescription entre co-héritiers qui possédent par indivis : ils peuvent toujours demander le partage. V. Partage.

Le litige empêche-t-il la Prescription ? V. Litige.

Pendant le temps que la faculté du réméré dure, la Prescription ne court pas contre le vendeur, V. Faculté de Rachat.

Quand a-t-elle lieu contre les Légitimaires ? V. Légitime.

La Prescription n'est pas de droit ; & le Juge ne peut pas la suppléer, lorsqu'elle n'est point invoquée par la Partie qui pouvoit l'opposer.

La dot est sujette à une Prescription singuliere : elle est présumée payée, lorsque le mariage a duré dix ans ; & cette présomption met la femme & ses héritiers en état de répéter la dot contre le mari & ses héritiers, quand même il n'y auroit point de quittance. Sur cela voyez Dot.

La Coutume de Paris admet, par les articles 125 & 127, la Prescription contre les Marchands, Médecins, Apoticaires, &c. qui ne se font pas payer, ou n'ont pas fait arrêter leurs fournitures dans l'année ; elle n'accorde même que six mois aux Artisans pour demander leur payement. Mais a cet égard, ses dispositions ne sont pas suivies ; & malgré la fin de non-recevoir prononcée par la Coutume contre ces sortes de créanciers négligeans, on oblige cependant le débiteur d'affirmer qu'il a payé, pourvû que la demande soit dirigée dans les 30 ans.

La Jurisprudence du Châtelet est sur cela certaine & uniforme ; & la Cour vient même, par Arrêt rendu au rapport de M. Titon, le 4 Septembre 1760, d'adjuger à un Architecte une somme de 1000 livres pour plans, peines & soins pris à l'occasion d'un bâtiment projetté sans aucune exécution, nonobstant la fin de non-recevoir résultante d'un silence de vingt mois.

Mais par Arrêt rendu en la Chambre des Vacations, le Mardi 19 Octobre 1756, plaidans Mes d'Eve & de Varicourt, la veuve d'un Chirurgien a été déclarée purement & simplement non recevable dans sa demande en payement de saignées, pansemens & visites prétendues faites par son défunt mari pour le Marquis de Barbançon, en sa maison, environ seize ans avant la demande, sans ordonner l'affirmation du Marquis de Barbançon, qui disoit pour défense ne pas se souvenir de ce qu'on lui demandoit.

La Prescription annale est encore admise contre plusieurs autres actions. Par exemple, elle a lieu ;

1°. Contre les actions qui naissent du dommage fait par des bestiaux, suivant l'article 531 de la Coutume de Normandie.

2°. Contre l'action des Jurés-Crieurs pour le payement de tentures & frais funéraires, ainsi que la Cour l'a jugé par Arrêt du 28 Juillet 1693, rapporté au Journal des Audiences, tom. 5, liv. 10, ch. 1.

3°. Contre l'action en retrait. Voyez Retrait.

4°. Contre l'action en payement de dixmes. V. Dixmes.

5°. Contre les Officiers, Matelots & Gens de mer qui demandent le payement du fret ou de leurs gages, un an après le voyage fini, suivant l'Ordonnance de la Marine de 1681, liv. 1, tit. 12, art. 2.

6°. Contre ceux qui ont fourni les bois & autres choses nécessaires, tant à la construction qu'à l'équipement des vaisseaux, & même contre les ouvriers, suivant la même Ordonnance. Ibid. art. 3.

7°. Contre l'action des Marchands qui répétent contre les Capitaines, Patrons ou Maîtres, la délivrance des marchandises chargées dans leurs vaisseaux, un an après le voyage accompli. Ibid. art. 4.

8°. Contre l'action que les Procureurs du Roi peuvent intenter pour faire déclarer nuls les mariages contractés hors la présence du propre Curé, suivant la Déclaration du 15 Juin 1697, dont je rapporte les dispositions à l'art. Mariage.

9°. Contre l'action en réparation d'injure. V. *Injure*.

10°. Contre l'action de treve (c'est-à-dire, sauf-conduit ou sauve-garde), enfreinte suivant l'article 44 de la Coutume de Normandie.

11°. Contre l'action en payement de façon ou vente d'ouvrages, labourage, façon de vignes, voitures, pour salaire de serviteurs, nourriture & instruction d'enfans, &c. suivant la Coutume d'Orléans, article 265. (Sur quoi on peut aussi consulter l'Ordonnance de Louis XII de 1498.)

12°. Contre les actions de complainte & de réintégrande, suivant l'article premier du titre 18 de l'Ordonnance de 1667. V. *Complainte*.

On peut encore, sur les actions annales, consulter les articles 111, 237, 296, 437 & 547 de la Coutume de Normandie, l'article 15 de la Déclaration de 1646, l'art. 7 du titre 4 de l'Ordonnance de 1669 sur les *Committimus*, & l'article 7 du titre 35 de l'Ordonnance de 1667. Voyez aussi les articles 133 & 150 des Coutumes notoires du Châtelet, imprimées à la fin du Commentaire de Brodeau sur la Coutume de Paris.

Une opposition au Sceau, non dénoncée au débiteur, n'interrompt point la Prescription. La Cour l'a ainsi jugé par Arrêt rendu le Jeudi 21 Mai 1733, entre M. Faget, Conseiller au Grand-Conseil, & les sieurs Prévôt.

C'est aussi le sentiment de M. d'Argentré sur l'article 266 de la Coutume de Bretagne, n. 13 ; & il faut dire la même chose de toutes les oppositions non libellées ni dénoncées.

Mais on prétend qu'une assignation libellée empêche la Prescription, lors même qu'elle est donnée devant un Juge incompétent. Voyez à ce sujet l'Arrêt du premier Juillet 1627, rapporté au Journal des Audiences, tome premier, liv. 1, chap. 134. Mais voyez aussi *Nullité*.

La Cour a jugé par un Arrêt rendu en la seconde Chambre des Enquêtes, au rapport de M. Lucas de Mus, au mois d'Août 1698, en faveur de M. de Cornulier, Président au Parlement de Bretagne, contre les sieurs de la Noue, qu'en matiere de Pres-

cription, il faut suivre la Loi de la situation des héritages.

Dans cette espéce, M. de Cornulier, pour se défendre de l'action hypothécaire intentée contre lui dans la dix-huitiéme année de la possession de la Terre de Vair, située en Bretagne, par MM. de la Noue, qui demeuroient à Paris, leur opposoit les appropriances de quinze ans, dont parle la Coutume de Bretagne.

Les Commissaires aux Saisies-Réelles ne peuvent être recherchés pour le fait de leur commission, ni leurs veuves ou héritiers, dix ans après la reddition & clôture de leur compte, si ce n'est pour le reliquat d'icelui, ou erreur de calcul, suivant l'article 25 de l'Edit du mois de Juillet 1689.

On ne peut acquérir la propriété, par la voie de la Prescription, contre l'Eglise & contre les Communautés, les Villes, les Colléges, les Fabriques, les Universités, &c. qu'après une possession pendant quarante ans. C'est la disposition 123 de la Coutume de Paris & du Droit Canon.

Remarquons cependant que l'Eglise ne jouit pas de ce privilége de la Prescription de quarante ans pour les actions mobiliaires, personnelles, hypothécaires, ni en toutes celles qui se résolvent en deniers, de quelque conséquence qu'elles puissent être. C'est le sentiment de Chopin, du Domaine, liv. 3, tit. 9, n. 8, où il cite l'Arrêt des Religieuses de Sainte Croix de Poitiers, de Bacquet, Traité des Deshérences, chap. 7, n. 22, & de Brodeau sur l'article 12 de notre Coutume.

Ainsi la Prescription de quarante ans, admise par l'article 123 de la Coutume de Paris, n'a lieu que pour les immeubles qui appartiennent à l'Eglise ; il y a même des Provinces où l'on a passé plus avant, & où l'Eglise n'a conservé le privilége de la Prescription de quarante ans, que pour son patrimoine ancien, c'est-à-dire, celui dont elle a joui plus de quarante ans. On trouve sur cela des dispositions expresses dans la Coutume d'Anjou, articles 447 & 448, & dans celle du Maine, articles 459 & 460.

Dans les quarante ans de possession nécessaires à l'Eglise pour acquérir Prescription, on ne compte point le temps de la vaéance de l'Eglife. On déduit auffi le temps du mauvais Adminiftrateur qui a fait l'aliénation. Voyez M. Louet, lettre P, n. 1.

Quoique les actions purement hypothécaires ne fe prefcrivent contre l'Eglife que par quarante ans, & que ce foit une Loi générale dans le Royaume, fondée fur les anciennes Ordonnances, & fur l'article 123 de la Coutume de Paris, comme je viens de le dire; néantmoins, par une exception à cette régle générale, la Prefcription de trente ans eft admife, dans le reffort du Parlement de Dijon, contre les Eccléfiaftiques, de même qu'à l'égard de toutes autres perfonnes, fuivant un Acte de Notoriété des Avocats de ce Parlement, du 6 Décembre 1698.

La Prefcription ne court & ne s'acquiert point contre les Eglifes dont les Bénéfices font en Economat, fuivant une Déclaration du 20 Février 1725, enregiftrée le 13 Mars fuivant.

Les fondations font-elles fujettes à la Prefcription ? V. *Fondation.*

Sur la Prefcription en matiere de Décimes, voyez *Décimes.*

PRESCRIPTION
en Matiere Criminelle.

En Matiere Criminelle, la Prefcription s'acquiert par vingt ans (a), quand il n'y a pas eu de recherches fuivies de condamnations exécutées fans diftinction de mineur & de majeur. V. les Plaidoyers de M. le Maîftre, & ce que je dis à l'art. *Crimes.*

Ainfi un homme qui a commis un crime, pour lequel il n'a point été recherché durant les vingt années du jour qu'il l'a commis, ne peut plus être traduit en Juftice pour raifon de ce crime, à l'exception toutefois des crimes de Lèze-Majefté divine & humaine, & du duel, qui font imprefcriptibles.

La Prefcription de vingt ans, qui a lieu en Matiere Criminelle, n'eft pas interrompue par des informations & des décrets intermédiaires, qui n'ont point été fuivis d'exécution. Brodeau rapporte plufieurs Arrêts fur M. Louet, lettre C, n. 47, qui

l'ont ainfi jugé. Il y a de femblables Arrêts des 6 Juillet 1703, 9 Juillet 1706 & 26 Août 1707, qu'on trouve dans les dernieres Editions du Journal des Audiences.

En doit-il être de même, quand il y a eu un Jugement de contumace non fignifié, ni exécuté ? Cette queftion s'eft préfentée, & a été jugée par Arrêt rendu à l'Audience de la Tournelle, le 9 Juin 1731 : en voici l'efpéce. Une mineure & fon tuteur avoient, en 1703, accufé un jeune homme de l'avoir féduite ; la contumace avoit été inftruite & jugée par Sentence rendue en la même année. Mais comme l'accufé n'avoit point de biens alors, & qu'il s'étoit abfenté, la Sentence ne lui fut fignifiée que quand il reparut en 1728 : alors il interjetta appel, demanda que le crime fût déclaré prefcrit, & que la fignification fût déclarée nulle.

Le défenfeur de l'accufatrice foutint que les procédures d'inftruction n'interrompoient point la Prefcription de vingt ans, introduite par la Loi *Querela*, mais que le Jugement prorogeoit l'action jufqu'à trente ans ; qu'il n'y avoit aucune différence à cet égard entre le Jugement par défaut & le Jugement contradictoire. Il cita fur cela Ricard fur la Coutume de Paris, & Brodeau ; & l'on infinua que la Prefcription de vingt ans, invoquée par l'accufé, n'avoit pas pû courir durant la minorité de l'accufatrice.

M. l'Avocat Général Chauvelin, qui porta la parole dans cette affaire, obferva qu'on devoit donner plus de force & d'effet aux Jugemens qu'aux Procédures ; que l'action qui naît d'un Jugement, doit toujours durer trente ans ; qu'il n'y avoit à cet égard aucune différence entre les Jugemens par défaut, & les Jugemens contradictoires ; & qu'ainfi le crime n'étant pas prefcrit, il étoit inutile de traiter la queftion de fçavoir fi la Prefcription du crime emportoit celle des dommages & intérêts.

Il fit la même obfervation fur la queftion de fçavoir fi la Prefcription de vingt ans court contre les Mineurs, en déclarant néantmoins qu'il ne penfoit pas qu'on dût avoir égard à la minorité en pareil cas ; parce que, difoit-il, là Prefcription eft favorable, &

(a) On prétend que le crime d'Adultere fe prefcrit par cinq ans. Voyez à ce fujet l'Arrêt du 12 Mai 1711, rapporté au Journal des Audiences, tome 6, livre premier, chapitre 14.

A l'égard des injures, l'action pour en demander réparation, eft annale.

qu'elle a été introduite pour affurer l'état, l'honneur & la vie des hommes, & qu'on devoit regarder une incertitude de vingt années, comme un fupplice affez confidérable pour punir le coupable.

Enfin M. l'Avocat Général obferva qu'il auroit pu demander que l'accufé fe mît en état, avant d'être entendu, mais que le crime, conftaté par les informations, ne méritoit pas cette rigueur; & par Arrêt conforme à fes Conclufions, la Cour, fans avoir égard à la requête de l'accufé, évoquant le principal & y faifant droit, a condamné les Parties en une aumône de chacune 3 liv. & l'accufé en 3000 liv de dommages & intérêts envers l'accufatrice; ainfi cet Arrêt a jugé que la Prefcription n'étoit pas acquife en ce cas. Mais voyez les autres Arrêts que j'ai déja cités fur cette matiere.

Lorfqu'un criminel a été pourfuivi & condamné par contumace, & que le Jugement a été exécuté, il eft fans difficulté qu'alors il faut trente années pour prefcrire le crime; & ce délai court du jour de l'exécution. S'il n'y avoit eu qu'une condamnation fans exécution, la Prefcription feroit acquife par vingt ans.

L'effet de la Prefcription, en matiere civile, n'eft pas feulement d'arrêter ou de fufpendre une action ou un droit, mais de l'éteindre & de l'anéantir, & de remettre les chofes au même état que s'il n'y avoit jamais eu ni action ni droit.

Au contraire, la Cour, par un Arrêt rendu en la feconde Chambre des Enquêtes, le 12 Août 1738, au rapport de M. de Chabenat de Bonneuil, a jugé qu'en matiere criminelle, la Prefcription d'un crime, pour lequel il a été prononcé une condamnation emportant mort civile, n'a d'autre effet que de dérober l'accufé au fupplice, & qu'elle le laiffe toujours dans l'état de mort civile. V. *Mort Civile.*

Bafnage, fur l'article 143 de la Coutume de Normandie, rapporte un Arrêt du 23 Juin 1690, qu'on nomme l'Arrêt de Droulin, par lequel un condamné par contumace fut déclaré incapable de fuccéder après vingt années. Voyez l'Arrêt de Parthenai, rapporté par Bardet, & celui de la Morineau du 15 Mai 1655, qu'on trouve dans le Journal des Audiences. Voyez auffi Du-

pleffis fur la Coutume de Paris, des Prefcriptions; Loyfeau, des Offices, liv. 1, ch. 4, n. 15; Domat, feconde Partie, des Succeffions, liv. 1, tit. 1, fect. 2, nomb. 16 & fuivans. Ces Auteurs font d'avis contraires à l'Arrêt du 12 Août 1738.

Un Arrêt du 4 Mai 1738 a jugé pareille queftion entre le fieur Tillet d'Acheux, & le fieur Tillet de Boiffiere, fon frere. Le fieur d'Acheux n'avoit point été admis à purger la contumace, parce qu'il avoit prefcrit; & l'Arrêt a décidé qu'il reftoit par-là dans un état de mort civile qui le rendoit incapable des effets civils, quoiqu'il eût prefcrit la peine à laquelle il avoit été condamné.

En matiere de faux, la Prefcription de vingt ans court à l'égard du crime & de la perfonne; mais à l'égard de la piéce & de la chofe, la Prefcription n'eft admife qu'au bout de trente ans. Voyez l'Arrêt du premier Septembre 1629, rapporté par Brodeau fur M. Louet, lettre C, n°. 47, à la fin.

PRESCRIPTION
En Matiere de Bénéfice.
V. *Prémontré,* & *Table Abbatiale.*

En matiere de Bénéfices, la Prefcription peut avoir lieu entre ceux qui conferent *jure ordinario*, à titre de Patrons ou de Collateurs ordinaires.

Ainfi l'Evêque peut prefcrire le droit de collation contre fon Chapitre, & le Chapitre contre l'Evêque.

Ainfi un Evêque peut prefcrire contre un autre Evêque, un Abbé contre un autre Abbé, & ainfi des autres Collateurs.

La raifon en eft, qu'ils peuvent pofféder, les uns & les autres, le droit de collation comme Ordinaire.

Mais le Pape ne conférant les Bénéfices dans les Diocèfes des autres Evêques, qu'en conféquence d'un droit extraordinaire attaché à la dignité de Chef de l'Eglife: fes provifions ne peuvent fervir, ni à la Prefcription, ni à fixer le dernier état; c'eft une maxime fuivie par tous les Canoniftes, même Ultramontains.

Leoninus examine, par rapport à l'Eglife de Cambrai, fi le Pape peut acquérir la Prefcription contre le Concordat Germanique

nique qui y eſt en vigueur; & il décide que le Concordat étant un titre ſolemnel qui forme le droit public des Egliſes qui y ſont ſoumiſes, il ne peut y avoir de Preſcription; c'eſt, dit-il, un acte indiviſible, que les Egliſes peuvent toujours reclamer. V. Concordat.

Aucune Preſcription, relativement à la Collation des Bénéfices ſitués en Pays où la guerre eſt portée, ne peut courir pendant que la guerre dure; c'eſt un principe certain & conſacré par les Traités de Paix des Pyrenées, art. 23 & 24; & par celui de Nimegue, art. 30 & 31.

Sur la Preſcription contre l'action pour demander les réparations d'un Bénéfice. V. Réparations Bénéficiales.

Pendant qu'un Bénéfice eſt en Commende, ſa nature ne ſe preſcrit point, parce que la Commende n'eſt qu'un dépôt.

PRÉSÉANCE.
V. Preſſéance.

PRÉSENCE.
V. Commenſaux, Commenſaux des Evêques, Réſidence & Stage.

Préſence eſt un mot dont la ſignification eſt oppoſée à abſence; il ſignifie auſſi quelquefois aſſiſtance aux Offices, aux Délibérations, &c. Par exemple, on dit que les Chanoines ſont préſens lorſqu'ils aſſiſtent aux Offices du Chapitre; & cette aſſiſtance leur procure une rétribution particuliere, qu'on nomme droit de Préſence, dont ils ne jouiſſent pas quand ils ſont abſens.

Les Chanoines non Privilégiés, & qui ſont en ſanté, ne peuvent (ainſi que tous autres Bénéficiers obligés d'aſſiſter au Service Divin de leur Egliſe) jouir du gros attaché à leur Bénéfice, que lorſqu'ils ont été préſens aux Offices pendant neuf mois de l'année; ainſi ils ne peuvent s'abſenter que trois mois au plus, ſoit que l'abſence ſoit continuelle ou en différens temps. Si les abſences étoient fixées à un temps plus long par les ſtatuts de l'Egliſe, ils ſeroient abu-

ſifs, ainſi que la Cour l'a jugé pour le Chapitre de Sens, par un Arrêt qu'on trouve au Journal du Palais. V. Stage.

Je dis que les Chanoines non privilégiés & en ſanté doivent aſſiſter aux Offices; parce qu'en effet les Malades & les Privilégiés, quoiqu'abſens, ſont réputés préſens, & jouiſſent même des droits attachés à la Préſence.

Au nombre des Privilégiés, réputés préſens, quoiqu'abſens, ſont :

1°. Ceux qui étudient dans les Univerſités, ou qui ſont au Séminaire (a).

2°. Ceux qui y ſont Profeſſeurs.

3°. Ceux qui travaillent pour le bien de l'Egliſe : par exemple, le Théologal, les Agens chargés près les Parlemens de la conduite des affaires temporelles des Chapitres; ceux qui ſont abſens pour l'utilité du Chapitre, du Diocèſe, de la Province, & pour le bien général de la Chrétienté.

Quelques Juriſconſultes comptent communément auſſi au nombre des Chanoines Privilégiés, ceux qui ſont obligés de s'abſenter pour ſolliciter les affaires perſonnelles qu'ils ont contre le Chapitre. On trouve ſur cela grand nombre d'Arrêts au Journal des Audiences, dans les Mémoires du Clergé, dans le Journal du Palais & dans le Dictionnaire des Arrêts, par Brillon.

4°. Les deux Chanoines que l'Evêque a droit de choiſir pour le ſoulager dans ſes fonctions Epiſcopales, & qu'on nomme les Commenſaux de l'Evêque. Il y a ſur cela un Arrêt du 6 Février 1616, en faveur du Chancelier de l'Egliſe de Meaux; un autre du 19 Mars 1612, en faveur de l'Evêque de Noyon; un autre du 16 Juillet 1650, en faveur de l'Archevêque de Rheims; un du 31 Décembre 1725, en faveur de l'Evêque de Saint Omer; un autre du 17 Mars 1736, en faveur de l'Evêque d'Orléans; & un dernier auſſi rendu au Conſeil le 27 Avril 1748, en faveur du Chantre de l'Egliſe de Beauvais. Voyez Commenſaux des Evêques, & Réſidence.

5°. Les Archidiacres, pendant le cours de

(a) Les Etudians pourvûs de Canonicats & Prébendes, ne jouiſſent point, dans tous les Chapitres, intégralement de tous les droits attachés à la Préſence. Pluſieurs Chapitres ont ſur cela des Statuts particuliers, qui accordent plus ou moins d'avantages aux Ecoliers.

A Saint Claude, par exemple, » ceux qui étudient en

» Philoſophie, Théologie, ou Droit - Canon dans une » Univerſité, jouiſſent de 900 liv. par an pour le revenu » de leur Prébende, & ceux qui étudient en Humanité, » de 600 liv., en juſtifiant de leurs Etudes par » atteſtation en bonne forme «. Cela eſt ainſi réglé par Arrêt du Conſeil & Lettres-Patentes du 23 Octobre 1750.

leurs visites, ainsi qu'il a été jugé par un Arrêt du Conseil d'Etat du 23 Février 1636, rapporté dans les nouveaux Mémoires du Clergé, & par un Arrêt rendu au Parlement de Dijon, en faveur de l'Archidiacre d'Autun, contre le Chapitre de Notre-Dame de Bourbon.

6°. Les Députés aux Assemblées du Clergé, pendant que l'Assemblée dure, & le temps nécessaire, tant pour s'y rendre que pour le retour.

7°. Les Conseillers-Clercs aux Parlemens (excepté le temps des vacances), Voy. M. de Catelan, liv. 1, chap. 51.

8°. Les Agens Généraux du Clergé pendant leur Agence.

9°. Les Officiaux & les Promoteurs, suivant le Réglement fait en l'Assemblée du Clergé en 1635, adopté par le Parlement de Paris, mais auquel d'autres Parlemens ne se sont pas conformés. Voyez Fromental, verb. *Chanoines.*

10°. Les Aumôniers, Chapelains, Clercs des Chapelles, Chantres & autres Officiers en titre des Chapelles du Roi, de la Reine, des Enfans de France & de leurs Epouses, & pendant leur service; ils ont de plus un mois pour se rendre à leur service, & un mois pour le retour. On peut voir sur cela l'Edit de Melun de l'année 1579, article 7; la Déclaration du mois de Mars 1666, & celle du 2 Avril 1727, (toutes deux enregistrées au Grand-Conseil.) V. aussi *Commensaux.*

Cette derniere Déclaration, en confirmant les dispositions de celle du mois de Mars 1666, porte que *tous les Officiers des Chapelle & Oratoire du Roi seront* (pendant le temps marqué par la Déclaration de 1666) *tenus & réputés présens en toutes les Eglises du Royaume pour tous les Bénéfices, Offices & Dignités, dont chacun d'eux est ou sera pourvu. Qu'ils entreront en jouissance desdits revenus, quand même ils n'auroient pas fait le stage prescrit par les Statuts de plusieurs Chapitres, à proportion néanmoins de ce qui en est perçu par les Chanoines résidens, qui font actuellement le stage, bien entendu qu'ils auront pris préalablement possession personnelle, si les Statuts l'exigent, & qu'après le temps de leur service, ils feront le stage.*

La même Déclaration ordonne que les Bénéficiers Commensaux seront employés *sur le tableau, pour nommer à leur tour aux Bénéfices dépendans des Eglises où ils ont des Dignités ou Prébendes; & que s'il est d'usage que lesdites nominations se fassent dans le Chapitre, ils seront admis à y faire faire pendant leur temps de service, lesdites nominations par Procureurs; qu'ils parviendront aux Maisons Canoniales à leur tour, quand même les Statuts des Chapitres exigeroient une résidence actuelle.... pour pouvoir obtenir ou opter lesdites Maisons....; qu'ils participeront à tous autres droits généralement quelconques, qui appartiennent aux Titulaires des Bénéfices actuellement résidens & présens à l'Office... à la réserve seulement des distributions manuelles qui ont accoutumé de se faire à la main, au Chœur & pendant le Service Divin en argent.... monnoyé, sans que les Chapitres puissent changer.... la forme des distributions, au préjudice desdits Ecclésiastiques Commensaux.....* Je rapporte le surplus de cette Déclaration à l'article *Incompatibilité de Bénéfice.*

D'après ces divers Réglemens, un Arrêt du Conseil du 3 Mars 1725, & l'article 13 d'un autre Arrêt du Conseil du 28 Janvier 1730, ont ordonné » que le sieur More, » Chanoine de la Sainte Chapelle de Paris, » sera réputé présent en ladite Sainte Cha- » pelle, tant qu'il sera Officier de Sa Majes- » té, pendant tout le temps de son service » auprès du Roi, à l'effet de percevoir en » qualité de Chanoine, tous les fruits & re- » venus de son Canonicat, à l'exception » des distributions manuelles & quotidien- » nes, pour lesquelles le Trésorier & les » Chanoines sont pointés pendant ces Offi- » ces «.

Le Grand-Conseil a jugé, par Arrêt rendu entre l'Abbé Pernot, Clerc de la Chapelle du Roi, & le Chapitre de la Collégiale de Vernon, le 11 Décembre 1748, que l'Abbé Pernot n'étoit pas obligé de rapporter au Chapitre le certificat de son service chez le Roi, pour être tenu présent, & jouir des fruits de son Canonicat dudit Vernon; cet Arrêt est imprimé.

Un autre Arrêt rendu au même Tribunal, le 18 Novembre 1752, a jugé que l'Abbé Riviere, Clerc de la Chapelle du Roi, & Chanoine de la Collégiale de Sains

Merry à Paris, fera réputé préfent aux Offices & Affemblées dudit Chapitre, pendant le temps de fon fervice, & les deux mois de voyage, l'un pour aller, l'autre pour revenir ; & qu'il fera payé de tous les droits de fon Canonicat, comme les autres Chanoines préfens, à l'exception feulement des diftributions manuelles qui fe font au Chœur en argent fec & monnoyé.

De tous les Bénéficiers réputés préfens, il y en a qui ne profitent & n'ont aucune part dans les diftributions manuelles ; tels font les Etudians, les Profeffeurs dans les Univerfités, les Officiers Commenfaux des Maifons Royales & des Princes, les Confeillers des Parlemens : les autres, réputés préfens, quoiqu'abfens, ont part aux diftributions manuelles.

Dans les Chapitres où les Evêques font Chanoines, ils gagnent franc ; c'eft-à-dire, qu'ils ne font point fujets à la pointe, & qu'au contraire ils font toujours réputés préfens ; en conféquence ils ont part aux diftributions manuelles & quotidiennes, fans être obligés d'affifter au Chœur ; parce qu'ils ne font cenfés s'en abfenter que pour des caufes légitimes. Il y a fur cela un Arrêt du Parlement de Touloufe du 28 Juillet 1602, en faveur de l'Archevêque d'Alby.

Les Chanoines & autres Bénéficiers fujets à réfidence, ne font réputés préfens, que quand ils affiftent au moins à ce que l'on appelle les trois grandes heures, c'eft-à-dire, à Matines, à la Meffe & aux Vêpres. Les Statuts qui réputent préfens toute la journée ceux qui affiftent à l'une des trois grandes Heures, font déclarés abufifs. On peut fur cela voir l'Arrêt rendu le 20 Mai 1669, pour le Chapitre de Sens : il eft au Journal du Palais.

On ne tient même pour préfens aux grandes Heures, que ceux qui y ont affifté depuis le commencement jufqu'à la fin : ceux qui entrent au Chœur après que l'Office eft commencé, c'eft-à-dire, à Matines, après le Venite, exultemus, & à la Meffe, après le Kyrie eleifon, & à Vêpres après le premier Pfeaume, font réputés abfens ; & il y a dans tous les Chapitres un Chanoine prépofé pour en faire la remarque : on le nomme Pointeur.

Je ne connois d'autre réglement public fur cette matiere, que l'Arrêt rendu aux Grands-Jours de Clermont, le 30 Oétobre 1665, pour les Pays du reffort de cette Cour. La plûpart des Chapitres ont fur cela des Statuts particuliers. Cependant, comme l'Arrêt que je viens de citer, me paroît former une régle générale, je crois devoir en rapporter ici les difpofitions.

Ordonne que, conformément au Décret, » Quo tempore quifque debeat effe in Choro & » quomodo Divinum Officium fit celebran- » dum, &c. & aux Arrêts & Réglemens de » la Cour, que les Dignitaires & Chanoines » des Eglifes Cathédrales & Collégiales de » l'étendue dudit reffort, affifteront par cha- » cun jour de l'année, aux trois grandes » Heures de Matines, Grands'Meffes & en- » tiérement aux Heures Canoniales, finon » en cas de légitime empêchement, à peine » d'être réputés abfens, & ne pourront être » réputés préfens, s'ils ne font dans les Chai- » res du Chœur, pendant le Service Divin ; » fçavoir :

» Aux Matines, avant le Venite, exulte- » mus.

» Aux autres Heures, avant la fin du pre- » mier Pfeaume.

» A la Meffe, avant le Kyrie eleifon, fui- » vant qu'il eft porté par ledit Décret.

» Feront l'Office à leur tour, fuivant » l'ordre du Tableau, & obfervant ce qui » fera contenu en la table du Chœur, la- » quelle à cet effet fera mife à la porte de » la Sacriftie.

» Leur fait défenfes de fortir du Chœur » pendant le Service fans excufe légitime » ou permiffion du Doyen ou de celui qui » aura préfidé au Chœur, le tout à peine » de privation des diftributions des Heures » auxquelles ils auront manqué, même de » leur gros, en cas de récidive...... «

A la Sainte Chapelle de Paris, ceux des Tréforier & Chanoines qui n'entrent aux petites Heures qu'au Gloria Patri du premier Pfeaume, ou qui en fortent avant la Colleéte qui fe dit à la fin, font pointés & privés de la diftribution, &c. Voyez l'article 3 de l'Arrêt du Confeil du 28 Janvier 1730.

L'article 11 du même Arrêt accorde aux Tréforier & Chanoines dudit Chapitre, la

faculté de difpenfer les Chanoines fexagé-
naires d'affifter aux Matines, quand elles
ne fe difent point l'après-midi.

Le trop grand nombre de Bénéficiers privilégiés dans une même Eglife, pouvant empêcher que le fervice s'y fît avec décence, il
a été réglé, par des Lettres-Patentes de 1606,
que dans les Eglifes où il y a douze Prébendes, & dont la nomination appartient au
Roi, il ne pourra y en avoir en même-
temps que deux Privilégiés réputés préfens
pendant leur fervice; qu'il pourra y en avoir
quatre aux Eglifes où il y a vingt-quatre
Prébendes; & fix dans les Eglifes où il y
en a trente-fix & plus; & dans le cas où il
y en auroit moindre nombre de douze, les
Lettres veulent qu'il ne puiffe y avoir qu'un
feul Privilégié (Commenfal): enfin elles
veulent que fi le Roi en avoit pourvu plus
grand nombre que celui qu'elles fixent, ceux
qui fe trouveront les derniers Pourvus,
après le nombre rempli, ne puiffent prétendre être réputés préfens, encore qu'ils
fuffent auprès de la Perfonne du Roi.

Un Arrêt du Confeil du 30 Avril 1708,
en caffant un Arrêt du Grand-Confeil du
29 Janvier 1705, a ordonné que les Eglifes & Chapelles de Saint-Omer ne feront
tenues de recevoir à l'avenir plus de deux
Privilégiés des Officiers de la Chapelle &
Oratoire du Roi. Voyez fur la même matiere
des Arrêts des 22 Novembre 1678, 24 Juillet 1687, 30 Janv. 1709 & 28 Août 1714.
Ils font imprimés.

L'Arrêt rendu le 29 Août 1755, contre
le Chapitre d'Orléans en Corps, & contre
quelques Membres particuliers du Chapitre,
pour refus d'adminiftrer les Sacremens à un
Membre de ce Chapitre, a ordonné *que les
Chanoines contumax n'auront, à compter du
jour de la fignification à eux faite des Décrets
contr'eux décernés, aucune part à la répartition des affiftances & des gros fruits de leurs
Prébendes, lefquels gros fruits & affiftances
feront diftribués, ainfi qu'il eft d'ufage dans
ledit Chapitre, en cas d'abfence d'aucuns Chanoines.*

PRÉSENTATION.
Voyez *Confuls.*

On nomme Préfentation une comparution faite par le Procureur d'une Partie
dans un Greffe particulier, où il déclare
qu'il occupe pour telle perfonne contre telle
autre, fur tel exploit de demande.

La maniere de fe préfenter, n'eft pas uniforme; chaque Tribunal a fes ufages particuliers. Au Palais, elle fe fait en mettant
au Greffe des Préfentations, ce qu'on appelle
une cédule, fur papier timbré, contenant
les noms des Parties, ceux des Procureurs,
& la date de l'Exploit dont le Greffier délivre un double figné de lui.

Au Châtelet, le Greffier écrit ces noms
& les dates fur fon Regiftre : il fait enfuite
mention, fur l'exploit, qu'il a été préfenté
& contrôlé tel jour, & figne.

Les Préfentations ne font en ufage que
dans les Juftices Royales; on ne les connoît
point dans les Juftices des Seigneurs.

On ne regarde point au Châtelet l'omiffion de la Préfentation comme une nullité,
fi ce n'eft dans les retraits & dans les féparations de biens. Les Réglemens, dont je
rendrai compte dans un moment, exigent
cependant que cette formalité y foit remplie dans toutes les affaires indiftinctement.
On ne s'eft écarté de la régle prefcrite à
cet égard, que parce que les Préfentations
doivent leur origine à un Edit Burfal, &
que les Procureurs font Propriétaires du
Greffe.

Au Palais, on exige en rigueur que les
Procureurs faffent les Préfentations exactement : toute une Procédure feroit déclarée
nulle, fi le Procureur avoit négligé de fe
préfenter avant d'obtenir une Sentence ou
un Arrêt par défaut.

Au Châtelet, l'Acte d'occuper fupplée
la Préfentation en défendant; de maniere
que, quand même le Procureur du défendeur ne fe feroit pas préfenté, l'Acte d'occuper empêche qu'on ne puiffe prendre le
défaut faute de comparoir. Au Palais, au
contraire, il n'y a que la Préfentation faite
au Greffe qui puiffe empêcher ce défaut;
& le Procureur du demandeur, auquel l'Acte d'occuper eft fignifié, peut, s'il le juge à
propos, paffer outre, s'il n'y a point de Préfentation.

La Jurifprudence de ces deux Tribunaux
eft tellement oppofée fur ce point, qu'au
Châtelet la Préfentation n'empêche point
le Procureur du demandeur d'obtenir fon

défaut, s'il n'y a Acte d'occuper : au contraire, l'Acte d'occuper est inutile au Palais, sans Présentation.

La Présentation, simple dans son origine, a été depuis assujettie au Contrôle; de façon qu'après s'être présenté, il faut faire contrôler la Présentation : ce Contrôle est, dans la plûpart des Jurisdictions, perçu par les Greffiers des Présentations qui en sont Sous-Fermiers. Dans d'autres, il se perçoit par les Commis des Fermiers Généraux, auxquels il appartient suivant leur bail.

L'Ordonnance de 1667 contient des dispositions sur cette matiere. Voici ce que porte l'article premier du titre 4.

En nos Cours de Parlement, Grand-Conseil, Cours des Aides, & autres nos Cours où il y a des Greffes des Présentations, les défendeurs intimés & anticipés seront tenus de se présenter & cotter le nom de leur Procureur, sur le Cahier des Présentations, dans la quinzaine ; & en tous les autres Siéges, où il y a pareillement des Greffes des Présentations, dans la huitaine ; & aux matieres sommaires, tant en nos Cours qu'ès autres Siéges, dans trois jours, le tout après l'échéance de l'assignation ; & seront les Présentations faites tous les jours sans distinction.

L'article 2 du titre 4 de la même Ordonnance dispensoit le demandeur de la formalité de la Présentation ; mais l'Edit du mois d'Avril 1695, & les Déclarations des 12 Juillet de la même année, & 7 Août 1696, ont rétabli l'ancien usage, suivant lequel le demandeur, & ceux qui font fait relever leur appel, ne peuvent lever leur défaut, sans remplir la formalité de la Présentation (a). Voici quelques articles de la Déclaration du 12 Juillet 1695, enregistrée le 23 du même mois.

ART. I. *Voulons qu'en toutes assignations en matieres civiles ou criminelles, soit en premiere instance ou d'appel, assistance de cause, anticipation, sommation, contre-sommation, exécution de Jugement, Sentence ou Arrêt & autres, quoique non-exprimées, les Procureurs des Parties se présentent respectivement.*

II. *Seront pareillement, dans les cas d'intervention, les Procureurs des Parties intervenantes tenus de se présenter.*

IV. *Défendons aux Procureurs de se tenir pour présentés, & de suppléer à la Présentation par Acte signifié entr'eux, & de faire aucun Acte d'instruction & de procédure avant la Présentation, ni avec un Procureur non présenté ; auquel effet ils seront tenus de produire dans leur inventaire, pour premiere piéce de leur procédure, la cédule de leur Présentation signée du Greffier ; le tout à peine de 300 liv. d'amende pour chacune contravention.*

IX. *Voulons qu'il ne soit payé qu'un droit de Présentation pour les assignations données pour voir clorre les inventaires & les comptes, à moins que, sur les contestations & débats, les Parties ne soient renvoyées en Jugement ; auquel cas les Procureurs seront tenus de se présenter, & sur les assignations données en conséquence.*

XI. *Et pour donner moyen auxdits Greffiers des Présentations de vaquer avec assiduité aux fonctions de leurs Offices, voulons que, pour l'enregistrement de chaque Présentation, il leur soit payé six sols huit deniers.*

La Déclaration donnée (le 7 Août 1696, registrée le 5 Mai suivant) sur la même matiere pour la Jurisdiction du Châtelet, s'explique en ces termes :

Pour prévenir les difficultés qui pourroient survenir dans les fonctions du Greffe des Présentations & perception des droits, voulons que ladite Déclaration du 12 Juillet 1695, soit exécutée selon sa forme & teneur. Et y ajoutant, qu'en toutes assignations en premiere instance ou d'appel, en matiere civile & criminelle, soit qu'elles soient données au Parc Civil, ou au Présidial, Chambres Civile, de Police, Criminelle, ou du Procureur de Sa Majesté, de quelque nature qu'elles soient, à la réserve seulement de celles exceptées par notredite Déclaration du 12 Juillet 1695, les Procureurs se présentent, tant pour le demandeur que pour le défendeur ; seront les Procureurs des intervenans tenus de se présenter ; seront aussi les Procureurs des demandeurs tenus de se présenter dans les Causes du Parc

---

(a) Il y a, sur la maniere de faire les Présentations, une exception pour les affaires de la Compétence des Greniers à Sel ; les Présentations des Demandeurs ne se levent point dans ces Tribunaux : le Conseil l'a ainsi décidé par Arrêt du 14 Septembre 1728. V. l'autre Arrêt du Conseil du 19 Octobre 1722, cité par M. Jousse.

Civil & du Préfidial, dans la quinzaine du jour de l'affignation, & ne pourront obtenir le défaut concluant, que la Préfentation n'ait été faite. Ne pourront les Procureurs occuper, plaider ni fignifier aucuns avenirs dans les Caufes des Chambres Civile, de Police, Criminelle, & Subftitut de notre Procureur Général, en demandant & défendant avant la Préfentation, à l'effet de quoi ils feront tenus de fe donner refpectivement copie de la cédule de leur Préfentation, ou faire fignifier le jour qu'ils fe feront préfentés dans le premier Acte de la procédure, s'il en eft fait aucune.

Le Confeil a, par Arrêt du 4 Août 1722, fait défenfes aux Juges de prononcer aucun défaut ou congé, qu'il ne leur foit apparu de la Préfentation, & a condamné plufieurs contrevenans en 300 livres d'amende chacun.

M. Jouffe dit que la formalité de la Préfentation ne s'obferve point dans les Jurifdictions des Greniers à Sel : il cite fur cela un Arrêt du Confeil du 19 Octobre 1706; mais voyez *Confeil*.

PRÉSENTATION
en Matiere Bénéficiale.

Voyez *Collateur, Dévolution, Patron,* &c.

On nomme Préfentation, un Acte par lequel le Patron nomme ou préfente au Collateur une perfonne capable de remplir un Bénéfice, afin qu'il lui en donne l'inftitution Canonique, c'eft-à-dire, le pouvoir de faire les fonctions qui y font attachées.

Ainfi, quand un Eccléfiaftique eft préfenté à un Bénéfice, il doit fe retirer pardevers le Collateur, pour lui en demander l'inftitution. Sur cela voyez *Collateur, Inftitution Canonique & Vifa.*

Le Patron Laïc a quatre mois pour préfenter aux Bénéfices de fon Patronage; & le Patron Eccléfiaftique en a fix, ainfi que je l'ai dit au mot *Patron :* mais l'Evêque n'a point de temps fixé pour donner l'Inftitution Canonique à l'Eccléfiaftique qui lui eft préfenté ; & s'il differe à la donner ou à délivrer un Acte de refus, le Préfenté peut

fe pourvoir devant le Supérieur Eccléfiaftique du Refufant. V. *Inftitution Canonique.*

Les Actes de Préfentation aux Bénéfices font fujets à l'Infinuation Eccléfiaftique, fuivant l'article 14 de l'Edit de Décembre 1691 ; il doit y en avoir minute, laquelle doit être écrite de la main des Notaires, & non des Clercs ou Témoins, à peine de nullité. Voyez *Infinuation Eccléfiaftique, Minute & Notaires.*

En matiere de Préfentation, les Patrons font obligés d'exprimer le véritable genre de vacance fur lequel ils préfentent.

La feule notification de la Préfentation faite au Collateur, lie les mains au Pape, & empêche tout genre de prévention en Cour de Rome. Ce principe eft adopté par tous les Jurifconfultes, & affermi par les Arrêts : il y en a même un de l'année 1724, qui a jugé que la requifition faite par un non Gradué, fuffit pour empêcher la prévention.

La Cour a jugé, par un Arrêt du Lundi 7 Juillet 1755, que la feule Préfentation d'un Patron Eccléfiaftique infinuée, quoique non vifée par le Collateur, lioit les mains au Pape, & empêchoit la prévention. V. *Prévention.*

La Préfentation à un Bénéfice par un Chanoine Tournaire confomme le droit du Chapitre. V. *Patronage.*

PRÉSIDIAL, PRÉSIDIAUX.

V. *Anticipation, Châtelet, Cas Préfidiaux, Compétence, Confeillers, Juges, Magiftrats,* &c.

On nomme Préfidial, un Tribunal établi dans les Villes confidérables, pour juger en dernier reffort les appellations des Juges fubalternes.

Les Préfidiaux ont été établis par l'Edit du mois de Janvier 1551. Cet Edit contient deux Chefs : par le premier, il attribue aux Préfidiaux le pouvoir de juger en dernier reffort les appellations des Jugemens rendus fur les demandes qui n'ont pour objet qu'une fomme de 250 liv. une fois payée (*a*), ou 10 liv. de rente & au-deffous.

(*a*) Dans une Caufe plaidée en la Grand-Chambre, le Mercredi 14 Juillet 1762, on a agité la queftion de fçavoir, fi le Préfidial de Riom avoit pû juger par Jugement dernier, l'appel d'un Jugement qui ne prononçoit de condamnation que de 150 liv., mais dont il étoit dû quarante ans d'intérêts lors du Jugement Préfidial ; l'Appel-

Quoique par ce premier Chef de l'Edit de 1551, les Préfidiaux foient autorifés à juger en dernier reffort les conteftations qu'il détaille, ils ne peuvent cependant pas prononcer par Jugement Souverain, mais feulement par *Jugement dernier*.

Le fecond Chef de l'Edit des Préfidiaux les autorife à ordonner l'exécution de leurs Sentences par provifion, nonobftant & fans avoir égard à l'appel qui pourroit en être interjetté, lorfqu'elles ne prononcent que fur l'appel (*a*) d'un Jugement qui ne porte condamnation que d'une fomme de 500 livres une fois payée, & les dépens, à quelque fomme qu'ils puiffent monter, ou de 20 liv. de rente; mais cette exécution provifoire ne peut être ordonnée qu'à la charge par celui qui veut faire exécuter le Jugement, de donner caution de rendre en définitif ce qu'il aura touché provifoirement, s'il eft ainfi ordonné, ou au *moins* fe *conftituant* lui-même, *pour raifon de ce*, *acheteur de biens*, *ou dépofitaire de biens de Juftice*: ce font les termes mêmes de l'Edit des Préfidiaux.

Les Préfidiaux ne peuvent juger par Jugement dernier ou Préfidial, que quand les Juges font au nombre de fept (*b*), compris le Préfident ou autre Magiftrat qui le remplace.

Il y a beaucoup de Préfidiaux auprès defquels il y a des Chancelleries établies; & on ne peut affigner dans ces Préfidiaux, qu'en vertu de commiffion bien & dûement expédiée & fcellée dans lefdites Chancelleries. Il y a à ce fujet un Arrêt du 21 Novembre 1707, pour les Chancelleries Préfidiales de Mantes, Meaux, Melun, Sens, Provins & Auxerre.

On porte au Préfidial du Châtelet tous les appels, fans diftinction, des Sentences rendues en matiere civile dans les Jurifdic-

tions de fon reffort, & à quelque fomme que montent les demandes ou condamnations; mais on n'y décide par Jugement dernier ou Préfidial, que les matieres du fecond ou premier Chef de l'Edit : les Sentences qui interviennent fur les appels des Jugemens qui embraffent des objets plus confidérables, font elles-mêmes fufceptibles d'un appel qui fe releve au Parlement, & fujettes aux régles prefcrites pour les appellations des Sentences des premiers Juges.

Dans beaucoup d'autres Préfidiaux, l'on ne porte que les appels des Sentences qui peuvent être dans le cas du premier ou du fecond Chef de l'Edit : chaque Tribunal a fur cela des droits & des ufages particuliers qu'il faut fuivre.

Les Préfidiaux ne peuvent juger préfidialement, ou en dernier reffort, les affaires qui concernent le Domaine du Roi & les Eaux & Forêts, les immeubles de l'Eglife & des mineurs, & en général toutes les demandes qui n'ont point d'objet déterminé. Cela leur eft interdit par l'Edit de leur création.

En Bretagne, il y a une infinité de matieres, dont la connoiffance par appel eft attribuée au Parlement, à l'exclufion des Préfidiaux, même dans le cas du premier & du fecond Chef de l'Edit : tels font, par exemple, les appels des Juges des Regnaires & Jurifdictions temporelles des Evêques & des Chapitres, des Juges des Duchés-Pairies qui ont indemnifé les Préfidiaux, les affaires où il s'agit de tutelle, curatelle, &c. Voyez les treize premiers articles de la Déclaration du 20 Avril 1732, regiftrée au Parlement de Rennes le 24 Novembre fuivant.

Il y a des crimes dont les Préfidiaux connoiffent en dernier reffort. On peut fur cela

---

lant de ce Jugement difoit, que les intérêts, joints au capital, excédoient de beaucoup 250 liv. Il en concluoit que le Jugement dernier ne valoit rien ; mais, par Arrêt rendu ledit jour fur les Conclufions de M. Seguier, la Cour a jugé qu'il falloit regarder les intérêts comme acceffoires, & en conféquence a déclaré l'Appellant non-recevable dans fon appel.

(*a*) Le Préfidial du Châtelet n'eft pas borné à la connoiffance des appels des Jugemens des Juges de fon reffort. Il connoît en premiere Inftance des demandes fondées en titre, qui n'excédent pas les fommes de 1200 livres, & quoiqu'en premiere Inftance il juge en dernier

reffort ou Préfidialement, celles qui font au premier ou au fecond chef de l'Edit. V. l'Edit de 1685, à la fin du Recueil des Actes de Notoriété du Châtelet, & ce que je dis à l'article *Châtelet.*

(*b*) Par exception à cette régle, les caufes perfonnelles non procédantes de contrats paffés fous fcel Royal, qui n'ont pour objet qu'une fomme de 10 liv. & au-deffous, fe jugent à Amiens en dernier reffort par les Officiers du Siége Préfidial de cette Ville, au nombre de trois. Voyez l'article 5 de l'Edit du mois de Septembre 1748, portant réunion de la Préyôté au Bailliage & Siége Préfidial d'Amiens.

voir l'Ordonnance criminelle de 1670, & la Déclaration du 5 Février 1731. V. aussi *Cas Préfidiaux* & *Compétence*.

Les Juges du Préfidial de Verdun ayant, par Jugement Préfidial, condamné un Avocat-Procureur au Bailliage de Verdun, à payer les dépens d'une affaire en son nom, & sans répétition contre sa Partie, il s'est pourvu en Réglement de Juges au Grand-Conseil, & a foutenu qu'on n'avoit pû en pareil cas prononcer contre lui un Jugement Préfidial : il difoit que ce Jugement flétrissoit sa réputation, qui étoit (ou devoit être regardée comme) inappréciable, & qu'un Préfidial ne pouvoit pas préfidialement prononcer de femblables condamnations : il demandoit en conféquence le renvoi de la caufe au Parlement de Metz, pour procéder fur l'appel qu'il avoit interjetté de la Sentence. Son Adverfaire, nommé Roche, comme tuteur des mineurs Taillot, répondoit que cette condamnation avoit été prononcée *ex Officio Judicis*, fans qu'il l'eût requife directement ni indirectement ; que la Partie de l'Avocat-Procureur condamné n'étoit point appellante de cette Sentence ; que Roche n'étoit pas non plus appellant ; que par conféquent on ne pouvoit forcer les Parties de plaider au Parlement de Metz, fur un appel qui n'étoit pas de leur fait ; & que s'il fe plaignoit, il n'avoit d'autre voie que de prendre les Juges à partie. Par Arrêt rendu au Grand-Conseil le 31 Mai 1755, plaidans Mes Taboué & de Varicourt, le Conseil faifant droit fur la demande en Réglement de Juges, a renvoyé les Parties au Parlement de Metz, & condamné Roche aux dépens.

Le Grand-Conseil est Protecteur & Juge des conteftations qui s'élevent fur la compétence des Préfidiaux ; & lorfque les Parlemens entreprennent fur leur autorité, c'eft au Grand-Conseil qu'il faut fe pourvoir. On peut fur cela confulter l'article 17 de l'Ordonnance de Moulins, la Déclaration du 27 Décembre 1574, l'article 6 du tit. 3 de l'Ordonnance de 1669, & l'article 26 du titre 2 de 1737. Voyez aussi un Arrêt du Grand-Conseil, du 10 Mars 1741. Il eft imprimé.

Cependant les Parlemens connoiffent des fins de non-recevoir contre l'appel des Sentences rendues au premier chef de l'Edit : cela a été ainfi jugé par Arrêt contradictoire rendu au Conseil le 3 Avril 1716, lequel caffe un Arrêt contradictoire du Grand-Conseil, qui avoit caffé un Arrêt du Parlement. Il eft imprimé avec un précis des motifs & des moyens de caffation.

Des Lettres-Patentes du 10 Avril 1750, publiées au Grand-Conseil le 6 Mai fuivant, font *défenfes au Parlement de Dijon & à toutes autres Cours & Juges, de recevoir l'appel des Sentences rendues par les Préfidiaux ; & aux Officiers de Chancellerie, de fceller les reliefs d'appel contre les Sentences qualifiées préfidiales, à peine de nullité, de caffation & d'amende arbitraire.*

Pour que les Sentences des Préfidiaux foient exécutoires fans avoir égard à l'appel ou par provifion, comme je l'ai dit, il faut qu'elles portent qu'elles ont été rendues, ou par Jugement dernier, ou par Jugement Préfidial. Les Juges qui ont affifté au Jugement prononcé par ces Sentences, doivent même y être nommés, & j'ai vû prononcer la nullité de toute une procédure affez confidérable faite au préjudice de l'appel, en conféquence d'une Sentence rendue par Jugement dernier, dans laquelle il n'y avoit que fix Juges nommés : l'Edit veut formellement qu'il y en ait fept.

Quand les Juges des Préfidiaux prononcent fur les appels portés devant eux, ils ne peuvent, comme les Cours fupérieures, prononcer qu'ils mettent *l'appellation au néant* : mais ils doivent dire qu'il a été, ou *bien*, ou *mal jugé par la Sentence dont eft appel ; en conféquence, &c.*

Indépendamment des caufes d'appel qui fe plaident les Jeudis au Préfidial du Châtelet, ce Tribunal connoît, les autres jours & en première inftance, des matieres perfonnelles, réelles & mixtes, dont l'objet n'eft pas d'une valeur au-deffus de 1200 liv. & lorfque les demandes font fondées en titre.

Lorfque, dans une affaire de nature à être jugée en dernier reffort, il y a partage d'opinions, le Jugement doit en être renvoyé au plus prochain Préfidial. Voyez *Opinions.*

Anciennement les Préfidiaux ne pouvoient, en jugeant un appel, évoquer la conteftation principale pendante pardevant

les

les Juges inférieurs : mais l'Ordonnance de 1667 le leur a permis, pourvû qu'en évoquant, la contestation principale soit jugée sur le champ à l'Audience & par même Jugement. Voyez l'article 2 du tit. 6 de cette Ordonnance.

Les Traitans ont voulu assujettir les Procureurs au Châtelet à consigner l'amende sur tous les appels, sans distinguer, s'ils étoient dans le cas du premier ou second chef de l'Edit : mais ils n'y ont pas réussi ; & l'on ne consigne d'amende que dans le cas du Jugement dernier.

La Requête civile a lieu contre les Jugemens derniers des Présidiaux, comme contre les Arrêts & Jugemens de Cours Souveraines. Voyez le titre 35 de l'Ordonnance de 1667.

Le Roi, par un Edit du mois de Février 1705, enregistré le 13, a étendu à tous les Siéges Présidiaux du Royaume, où les deux Offices de Présidens créés précédemment, ne se trouvoient point remplis, l'érection de ces deux Offices ; & par cet Edit Sa Majesté a attribué à l'ancien, en réception des deux Présidens, soit de l'ancienne, soit de la nouvelle création, le titre & qualité de premier Président, pour en jouir par chacun d'eux à tour de rôle.

Conformément à cet Edit, il a été jugé, par un Arrêt contradictoire rendu au Conseil le 23 Octobre 1713, que le plus ancien Président au Présidial de Lectoure aura la préséance avec la qualité de premier Président, les fonctions & les droits qui en dépendent.

L'Edit de création des Présidiaux porte que *les Juges déclareront par leur premier appointement, qu'ils prennent & retiennent la connoissance* (de l'affaire) *pour la juger comme Souverains & sans appel ;* mais je n'ai pas vû observer cette forme au Châtelet : elle y est absolument inconnue.

Il y a lieu de croire qu'elle s'observe dans d'autres Présidiaux ; car, par Arrêt rendu au Grand-Conseil le 19 Mai 1756, plaidans Mes Brunet & Laget, il a été enjoint aux Juges du Présidial de Toulouse, *de se conformer à l'Edit des Présidiaux ; ce faisant de ne rendre aucuns Jugemens qu'après Sentence de retention préalable, & en faisant signer lesdits Jugemens par le nombre* des Juges prescrits par ledit Edit.

Tome III. Part. I.

des Juges prescrits par ledit Edit.

Le 21 Octobre 1752, le Grand-Conseil a rendu un autre Arrêt en forme de Réglement, par lequel il a ordonné que *l'Edit des Présidiaux, ampliation d'icelui seront exécutés . . . . ce faisant qu'es cas dud. Edit, les appellations qui se feront des Juges inférieurs & subalternes, ressortiront devant les Juges Royaux, particuliers ou autres, par-devant lesquels elles ont accoutumé de ressortir, pour néantmoins être finies & terminées, tant en dernier ressort qu'en cas de provision au Siége Présidial.*

En conséquence fait défenses à tous Habitans du pays de Vivarais, Justiciables du Bailliage & Siége Royal d'Annonai, de porter ès cas dud. Edit les appellations des Juges inférieurs & subalternes ressortissans audit Bailliage, ailleurs qu'en icelui, sauf l'appel au Présidial de Nismes.

Fait défenses au Présidial de Nismes, de connoître au cas dudit Edit des appellations des Juges inférieurs & subalternes ressortissans audit Bailliage, qui seroient portées directement devant lui ; lui enjoint de les renvoyer audit Bailliage, sauf l'appel audit Présidial ; le tout à peine de nullité & cassation de procédures.

Le Parlement de Besançon a, par Arrêt rendu le 20 Mars 1724, fait défenses aux Juges des Présidiaux de son ressort, de recevoir & connoître des appellations des Jugemens rendus par les Bailliages de leur ressort, dans les cas qui ne sont pas au premier chef de l'Edit, à peine de nullité.

Le même Arrêt a ordonné que dans les cas de renvoi pour cause de partage d'opinions entre les Juges Présidiaux au Présidial le plus voisin, les procès seront jugés & départis en l'état qu'ils étoient au temps que le partage est survenu ; & fait défenses aux Juges qui décideront lesdits partages, de recevoir aucunes piéces nouvelles, requêtes & écritures des Parties, & d'y avoir égard, à peine de nullité.

PRÉSOMPTIF HÉRITIER.

C'est ainsi qu'on nomme l'Héritier apparent de quelqu'un encore vivant, & qu'on présume devoir lui succéder.

V

PRÉSOMPTIONS.

Voyez Groffeffe , Indices & Preuves.

Les Préfomptions font des conféquences qu'on tire d'un fait connu , pour fervir à faire connoître la vérité d'un fait incertain dont on cherche la preuve.

Au défaut de preuves pofitives qui établiffent un fait , le Juge peut quelquefois fe déterminer fur des Préfomptions : tel a été le motif qui a déterminé Salomon fur le différend des deux femmes , qui toutes deux prétendoient être mere du même enfant.

Néantmoins une Préfomption, quelque forte qu'elle foit, quand ce n'eft pas une de celles appellées *juris & de jure* , ne doit jamais déterminer le Juge contre un acte par écrit , qui , ayant pour lui l'autorité & le fceau de la Loi , mérite toute la créance qu'exigeroit la vérité même. Voy. Danty , dans fes additions au Commentaire de Boiffeau , partie premiere, chap. 7 , numéro 62 & 63.

Les Préfomptions ne doivent être réputées faire preuve, que lorfque la certitude qui réfulte de leur nombre & de leur qualité , eft égale en clarté & en évidence, au témoignage de plufieurs perfonnes dignes de foi, qui dépoferoient du même fait.

En un mot , les Préfomptions , pour faire preuve entiere , doivent être d'une telle force , qu'elles induifent une efpéce de néceffité de penfer qu'il eft impoffible que la chofe foit ainfi qu'elle a été énoncée dans l'Acte.

Voyez le Commentaire de Boiffeau , fur l'article 54 de l'Ordonnance de Moulins , chapitre 7.

Ricard , des Subftitutions , chapitre 8 , n°. 393 , établit une pareille maxime au fujet des fidéi-commis préfumés. Voyez auffi Domat , liv. 3 , titre 6 , fect. 4. C'eft le fiége de la matiere.

L'accufé eft préfumé coupable pendant le cours de la procédure & de l'inftruction qui fe fait contre lui ; mais cette Préfomption ceffe à l'inftant du Jugement : alors il doit être préfumé innocent ; & c'eft dans ce point de vûe d'innocence qu'il faut examiner les preuves.

PRESSÉANCE.

Voyez Droits Honorifiques , Eau-Bénite , Eccléfiaftiques , Fabrique , Magiftrat , Marguilliers , Notaire , Pain-Béni , Pauvres & Proceffion.

Le mot Préféance fignifie rang , place d'honneur & diftinguée , qu'on a droit d'avoir & d'exiger dans les compagnies & dans les cérémonies , foit pour la féance , foit pour la marche.

On diftingue deux efpéces de Préféances ; l'une de droit , l'autre d'honneur.

La Préféance de droit eft celle pour laquelle ceux à qui elle eft difputée , ont une action en Juftice.

La Préféance d'honneur eft celle qui appartient à l'âge & à la qualité : la civilité régle cette forte de Préféance.

A l'égard de la Préféance de droit , elle fe régle ordinairement fur l'ufage & la poffeffion , qui , fur cette matiere eft fupérieure au titre ; puifque le titre dépouillé de fa poffeffion , perd infenfiblement tous fes avantages ; au lieu que la poffeffion acquiert toujours une nouvelle force & une nouvelle autorité , lors même qu'elle n'eft pas accompagnée du titre.

Les Loix & les Jurifconfultes ont également décidé que, lorfqu'il s'agit de rang & de Préféance, il faut fuivre ce que l'ufage & la Loi municipale ont établi. Les uns & les autres abandonnent à la Coutume de chaque Ville , la diftribution des rangs , des charges & des honneurs.

Les Empereurs ont confirmé la même doctrine, en ordonnant que les ufages établis concernans les Charges , les rangs & les dignités municipales , fuffent religieufement confervés , comme s'ils étoient revêtus de toute l'autorité de la Loi.

C'eft d'après ces autorités que Barthole , Baldes & les autres Interprétes , ont donné pour maxime conftante , que la poffeffion détermine les rangs & les places , & qu'il ne faut point intervertir l'ufage fur cette matiere , quand une Loi précife ne l'ordonne pas.

L'ufage général du Royaume eft de regarder la premiere place , à main droite , en entrant au Chœur par la porte de la Nef, comme la plus honorable dans l'Eglife ;

mais par une exception particuliere au Dio-cèfe de Troyes, l'ufage de ce Diocéfe eft de regarder la premiere place du Chœur, à main gauche, du côté du Sanctuaire, comme la premiere & la plus honorable.

Dans ce Diocèfe on laiffe ordinairement aux Officiers de Juftice les Places qui font à l'entrée du Chœur.

L'article 45 de l'Edit du mois d'Avril 1695, veut que le Clergé foit regardé comme le premier Corps du Royaume. On lui donne en effet le premier rang dans l'affemblée des Etats (a); la Nobleffe a le fecond; & le Tiers-Etat, c'eft-à-dire, les Roturiers, le troifiéme.

Le même article veut que *les Corps des Chapitres des Eglifes Cathédrales précédent en tous les lieux ceux des Bailliages & Siéges Préfidiaux* (b).

Il veut auffi que *ceux qui font Titulaires des dignités defdits Chapitres, précédent les Préfidens des Préfidiaux, les Lieutenans Généraux, & les Lieutenans Criminels & Particuliers defdits Siéges.*

Enfin il *veut que les Chanoines précédent les Confeillers & tous les autres Officiers d'i-ceux* (Siéges) (c), *& que même les Laïcs, dont on eft obligé de fe fervir en certains temps pour aider au fervice Divin, y reçoivent pendant ce temps, les honneurs de l'Eglife préférablement à tous les autres Laïcs* (d).

Remarquons ici que cette difpofition de l'Edit de 1695, n'accordant la Préféance fur les Bailliages & Siéges Préfidiaux qu'aux

Chapitres des Eglifes Cathédrales, il ne faut pas l'étendre au-delà de fes bornes vifiblement marquées; & que par conféquent il ne faut pas accorder cette même Préféance aux Chapitres des Eglifes Collégiales. Si le Légiflateur eût voulu que la faveur eût été générale pour tous les Chapitres, il n'eût pas limité dans l'Edit le terme général de Chapitre, par la reftriction particuliere de Chapitre des Eglifes Cathédrales.

Nous devons beaucoup de vénération aux Eccléfiaftiques, lorfqu'ils exercent les fonctions de leur miniftere; parce que le refpect qu'on leur rend alors, ne tombe pas tant fur leur perfonne, que fur la majefté de celui dont ils font les Miniftres; mais hors de ces fonctions, & dans les affemblées politiques, où ils n'affiftent que comme Sujets du Roi, ils ne doivent avoir d'autre rang que celui que la bienféance veut qu'on leur fixe, fuivant les grades dont ils font revêtus; & alors c'eft au Roi & à fes Officiers à déterminer le rang qu'ils doivent avoir. Il feroit abfurde, par exemple, qu'on leur accordât la Préféance fur les Officiers du Roi, dans le reffort d'une Juftice dont ils font jufticiables.

Il faut donc dire, comme l'a parfaitement prouvé M. l'Avocat Général Gilbert de Voifins, lors de l'Arrêt dont je vais parler: que » lorfqu'il s'agit de la Préféance des » différens Corps de chaque Ordre, un » Corps Laïc peut avoir la Préféance fur » un Corps Eccléfiaftique; fuivant que

---

(a) Le Parlement de Bordeaux a déclaré, par acte du 15 Juillet 1630, qu'on trouve dans les anciens Mémoires du Clergé, tom. 1, ch. 8, n. 19, que les Préfidens & Confeillers de ladite Cour n'ont jamais prétendu aucune Préféance fur les Evêques.

Un Arrêt du Confeil d'Etat du 4 Janvier 1619, porte, que le Parlement de Touloufe allant en Corps à l'Eglife Métropolitaine, prendra féance en la premiere Chaire, joignant celle de l'Archevêque & aux fuivantes; & qu'en toutes autres Affemblées & Cérémonies, les Archevêques qui s'y trouveront en Camail & en Rochet, précéderont les Préfidens & Confeillers. Voyez cet Arrêt en entier, & plufieurs autres rendus fur la Préféance des Prélats aux Etats de Languedoc. Ils font auffi dans les anciens Mémoires du Clergé.

(b) La Cour des Comptes, Aides & Finances de Montpellier eft en poffeffion de précéder le Chapitre de la Cathédrale de cette Ville, dans les Cérémonies où ces Corps fe trouvent; mais l'Edit de création d'une Cour des Monnoies à Lyon, au mois de Juin 1704, en ordonnant que cette Cour précédera toutes les autres Compagnies, auffi-bien que tous les Chapitres de la même Ville, a néanmoins *excepté les Chapitre & Comtes de Lyon, à l'égard defquels, porte l'Edit, nous n'entendons qu'il foit rien innové.*

(c) Le Roi de Lozembrune rapporte un Arrêt du Confeil du 27 Janvier 1667, fur l'article 9 de la Coutume du Boulonnois, par lequel le Préfident-Lieutenant Général du Boulonnois & le Lieutenant Criminel du même Siége, ont été maintenus *en la poffeffion de prendre place dans les hautes Chaires du Chœur, du côté gauche de l'Eglife Cathédrale* de Boulogne, entre les Dignités au-deffus des Chanoines; fçavoir, le Préfident-Lieutenant Général, entre le Chantre & le Pénitencier, & le Lieutenant Criminel entre le Pénitencier & les Chanoines...... pourvû qu'ils fufent en Robe de Magiftrature........

(d) Quand M. le Duc de Chartres, aujourd'hui Duc d'Orléans, paffa à Amiens en 1740, le Corps de Ville & le Chapitre de la Cathédrale fe rendirent, au même moment, dans la maifon deftinée à ce Prince, pour le complimenter. Le Doyen du Chapitre avoit déja fait la révérence: & il alloit parler, lorfque l'Intendant de la Province appella le premier Echevin, & lui dit que c'étoit à lui de parler le premier. Le Chapitre s'en plaignit; mais, nonobftant fes obfervations, le Corps de Ville eut la préférence.

Les Agens du Clergé difent, dans leur rapport de 1745, que M. de Saint-Florentin a depuis écrit que le Roi défapprouvoit la conduite des Maire & Echevins.

» différentes confidérations peuvent ren-
» dre l'un ou l'autre plus ou moins re-
» commandable «.

C'eſt d'après ces principes que, par Arrêt rendu en la Grand'Chambre le 12 Juin
1731, èntre le Siége Préſidial & le Chapitre de Vitry, la Cour a jugé que, dans tous
les cas où il ne s'agiroit pas de fonctions Eccléſiaſtiques, le Préſidial précéderoit le
Chapitre, ſoit de Corps à Corps, ſoit de
Députés à Députés.

Les perſonnes pourvues de Dignités ou
d'Offices, auxquelles la Préféance eſt accordée ſur d'autres, ne peuvent la prétendre
que quand elles ſont revêtues des marques
de leur Dignité. M. l'Avocat Général de
Saint-Fargeau a parfaitement établi cette
vérité; & la Cour a jugé en conformité,
par Arrêt rendu ſur ſes Concluſions, en la
Grand'Chambre, le Samedi 19 Décembre
1761, en faveur du Lieutenant Criminel
de Saumur, contre le Lieutenant Général
d'Epée au même Siége; par lequel Arrêt il
a été ordonné que le Lieutenant Général
d'Epée, auquel la Préféance eſt accordée
ſur les Officiers dudit Siége, après le Lieutenant Général de Robe-Longue, par l'E-
dit du mois d'Octobre 1703, ne pourroit
néantmoins, lorſqu'il ſeroit vêtu en perſonne privée, prétendre aucune Préféance
ſur le Lieutenant Criminel & les Conſeillers revêtus de l'habit de Magiſtrat.

Dans cette eſpéce, le Lieutenant Général d'Epée s'étoit préſenté le jour de Pâques à la Grand'Meſſe de Paroiſſe, & avoit
voulu déplacer le Lieutenant Criminel, qui
étoit en Robe, & qui occupoit la premiere
ſtale du Chœur. Le Lieutenant Criminel
l'avoit refuſé, parce que le Lieutenant Général d'Epée étoit en habit privé, avec les
cheveux en bourſe; & que, pour être revêtu
des habits de ſa Dignité, il doit avoir un
chapeau, les cheveux ou perruque en long,
ſans nœuds ni bourſe, une cravatte ou rabat pliſſé, & un manteau court. Voyez
Magiſtrat.

L'article 48 de la Déclaration du 24 Août
1734, contenant réglement entre le Parlement & la Cour des Aides de Bordeaux,
porte que, » dans toutes les aſſemblées par-
» ticulieres où il ſe trouvera des Officiers
» des deux Cours, le Premier Préſident de

» la Cour des Aides aura le pas, le rang
» & la ſéance immédiatement après le der-
» nier des Préſidens du Parlement, & avant
» le Doyen des Conſeillers de ladite Cour,
» & tous les Conſeillers de la Grand'Cham-
» bre, Préſidens & Conſeillers des Enquê-
» tés; & à l'égard des autres Préſidens de
» ladite Cour des Aides, ils auront le pas,
» le rang & la ſéance immédiatement après
» leſdits Préſidens aux Enquêtes & Con-
» ſeillers de Grand'Chambre, & avant le
» Doyen & tous les Conſeillers des Enquê-
» tes; & pour ce qui concerne les Conſeil-
» lers de ladite Cour des Aides, ils n'auront
» rang & ſéance qu'après le dernier des Con-
» ſeillers du Parlement «.

L'Arrêt contradictoire, rendu au Conſeil
lé 28 Août 1747, entre le Comte de Mouchy, Sénéchal & Gouverneur du Ponthieu,
& le Préſident, Lieutenant Général au Préſidial & Sénéchauſſée d'Abbeville, a ordonné » que dans toutes les aſſemblées, cé-
» rémonies & réjouiſſances publiques «, M.
de Mouchy, » en ſa qualité de Sénéchal,
» aura la Préféance ſur le Préſident du Pré-
» ſidial, & marchera à la droite dudit Pré-
» ſident ou autre Officier du Siége ſur la
» même ligne «.

» Ordonne à cet effet, que ledit ſieur de
» Mouchy ſera averti par le Greffier dudit
» Siége, des ordres qui auront été donnés
» pour leſdites cérémonies & réjouiſſances
» publiques, lorſque ledit ſieur de Mouchy
» ſera préſent en ladite Ville..... «

Les Lieutenans Généraux de Police *ont*
rang, ſéance & voix délibérative dans les
Bailliage & Siéges Préſidiaux, & autres
Siéges ordinaires des Villes de leur établiſſe-
ment, tant aux Audiences, qu'en la Cham-
bre du Conſeil, immédiatement après les Lieu-
tenans Généraux, & autres premiers Juges
deſdits Siéges; & avant les Lieutenans Cri-
minels, les Lieutenans Particuliers, & tous
autres Juges.

Dans les *Hôtels-de-Ville*, (les Lieutenans
de Police) *ont ſéance en toutes aſſemblées,*
après le Maire: ils ne peuvent néantmoins
préſider en l'abſence des Lieutenans Généraux
ou des Maires; ils ont ſeulement ſéance
après celui qui préſide: mais ils préſident
aux Bureaux des Hôpitaux où ils ont rang en
l'abſence des premiers Juges, ſi ladite préſi-

dence appartient auxdits premiers Juges. Telles font les difpofitions de la Déclaration du 28 Décembre 1700, enregiftrée le 7 Janvier 1701.

L'Arrêt du Confeil, intervenu le 16 Avril 1763, fur la conteftation élevée entre les Officiers Municipaux de la Ville de Chaumon en Vexin, le Lieutenant Général de cette Ville & autres, à l'occafion de la nomination d'un nouveau Maire & des Echevins de cette Ville, en confirmant l'élection des nouveaux Officiers Municipaux, ordonne que le Lieutenant Général & autres Officiers du Bailliage de Chaumont, ni les Officiers des autres Jurifdictions de la Ville, ne pourront affifter aux affemblées ordinaires & extraordinaires de la Communauté, » autrement que comme notables Habitans. » Fait Sa Majefté défenfes aux Officiers » Royaux du Bailliage & autres Jurifdic- » tions, de prendre, en leurs qualités & en » vertu du titre de leurs Offices, aucune » féance dans l'Hôtel-de-Ville, de faire au- » cune fonction directement ni indirecte- » ment, & de troubler les Maires & Eche- » vins dans leurs droits & fonctions «.

» Ceux qui poffédent des Offices qui an- » nobliffent, (par exemple, les Magiftrats » des Cours fupérieures), doivent avoir la » Préféance fur les Gentilshommes; parce » qu'outre que leurs Offices les annoblif- » fent, ils ont cela de plus que les Gentils- » hommes, d'être Officiers du Roi, & par » conféquent d'avoir la puiffance publique, » & une fonction que les fimples Gentils- » hommes n'ont pas «. V. Loyfeau, Traité des Ordres.

Le Grand-Confeil a rendu un Arrêt conforme à cette maxime, le 10 Février 1740, entre le fieur Duvaucel, Ecuyer, & de plus Chevalier de Saint Louis, un Confeiller au Préfidial d'Evreux, & tous les Juges du Siége intervenans; par lequel (Arrêt) le Confeiller, Partie principale, & les autres Magiftrats du Siége intervenans, ont été maintenus *dans le droit & poffeffion de précéder les fimples Gentilshommes, tant en Corps, que de Particuliers à Particuliers, en toutes affemblées & cérémonies publiques & particulieres........ lorfqu'ils feront en habits décens.* Voyez ce que je dis au mot *Mercuriales*, fur la décence des habits des Magiftrats.

Le même Tribunal a ordonné, par un autre Arrêt rendu le 24 Décembre 1749, que le fieur de la Hogue, en fa qualité de Secrétaire du Roi, *aura la Préféance en toutes les affemblées publiques & particulieres, proceffions & autres cérémonies, avant le Vicomte, le Lieutenant Général de Police, & Officiers de la Vicomté de Granville, s'ils ne font en Corps de Compagnie; & ne feront lefdits Officiers cenfés & réputés être en Corps de Compagnie, que lorfque s'étant affemblés au lieu où fe tient la Jurifdiction, ils en feront partis en Corps & ordre de cérémonie, précédés par les Huiffiers du Siége, pour fe rendre au lieu de la proceffion ou affemblée.*

Le même Arrêt a encore ordonné que le fieur de la Hogue *opinera & fignera avant les Prêtres habitués en la Paroiffe de Granville, en toutes affemblées de la Paroiffe, pour affaires de la Fabrique, élection de Marguilliers, de Syndic ou Sacriftain......*

Précéderont pareillement les notables Habitans dans lefdites affemblées, à l'exception des Marguilliers en Charge dans celles qui concerneront l'adminiftration & les revenus de la Fabrique. Je parle encore de cet Arrêt à l'article Pain-Béni.

Dans la concurrence d'un Secrétaire du Roi, avec un Seigneur Haut-Jufticier, la Préféance & les droits honorifiques ont été accordés au Seigneur Haut-Jufticier par Arrêt rendu au Grand-Confeil le 7 Mars 1730.

Quid, quand il s'agit du rang des Gentilshommes & des Officiers des Seigneurs Hauts-Jufticiers dans les cérémonies publiques? Cette queftion a été agitée au Confeil d'Etat, entre les Gentilshommes du Bas-Poitou, & les Officiers & Juges Hauts-Jufticiers des Seigneurs; &, par Arrêt rendu au Confeil d'Etat le premier Septembre 1685, Sa Majefté » a ordonné que dans les » Pays du Bas-Poitou, les Gentilshommes » auront toute l'année la Préféance au-def- » fus des Sénéchaux & Juges des Seigneurs » Hauts-Jufticiers, dans les proceffions, of- » frandes, diftribution de Pain-Béni, & au- » tres honneurs de l'Eglife, affemblées & » cérémonies publiques, à la réferve feule- » ment des jours de Fêtes des Patrons def- » dites Paroiffes; auxquels jours lefdits Sé- » néchaux & Juges defdits Seigneurs Hauts-

» Jufticiers auront la même Préféance fur
» les Gentilshommes «.

Sur le rang & la Préféance des Avocats
& Procureurs du Roi à l'Audience, au Parquet & dans les cérémonies, voyez l'Arrêt
de Réglement du Parlement du 7 Septembre 1712, rendu pour la Sénéchauffée de
Château-du-Loir, & les autres Réglemens
que j'indique à l'article *Gens du Roi.*

La Préféance a été accordée aux Avocats
de Saumur fur les Médecins, par Arrêt rendu en la Grand'Chambre, fur les Conclufions de M. le Procureur Général, le premier Juillet 1723.

Par un autre Arrêt rendu le 12 Juillet
1730, plaidans Mes Julien de Prunay &
Gillet, la Cour a ordonné, conformément
aux Conclufions de M. l'Avocat Général
Gilbert, que le Prévôt de Rofay en Brie,
quoique Juge de Seigneur, précéderoit les
Marguilliers aux proceffions publiques.

Lors de la plaidoirie de cette affaire, M.
l'Avocat Général cita plufieurs autres Arrêts, conformes à celui qui fut rendu pour
les Officiers de Rofay ; & entr'autres, un
rendu fur les Conclufions de M. l'Avocat
Général Talon.

Le Samedi 3 Mars 1742, la Cour, par
Arrêt rendu fur les Conclufions de M. l'A-
vocat Général d'Ormeffon, a encore jugé
que les Officiers d'un Bailliage précéderont
les anciens Marguilliers aux proceffions &
autres cérémonies publiques de l'Eglife. V.
Marguilliers.

On trouve dans le Code des Curés, tome III, un Arrêt rendu au Parlement de
Touloufe le 9 Juin 1742, par lequel il eft
ordonné que les Juges des terres dépendantes de l'Abbaye de Saint *Sernin* (par conféquent Juges de Seigneurs) *précéderont les
Confuls* (a) *& autres Particuliers, dans l'E-
glife, aux proceffions, affemblées générales &
particulieres, & autres endroits..... qu'ils
préfideront auxdites affemblées, iront les premiers à l'offrande, allumeront les feux de
joye. Fait défenfes aux Confuls de convoquer*

*aucune affemblée des Communautés, fans y ap-
peller les Juges ou Lieutenans pour y préfider...*

Ce même Arrêt, (qui en déclare d'autres
des 14 Juillet 1738, 14 Juillet, 6 Septembre 1739, & 26 Avril 1742, communs avec
l'Abbé de Saint-Sernin,) *ordonne en outre,
que lors des nominations confulaires, les Juges de l'Abbé ou les Lieutenans feront appellés..... & qu'après la nomination faite,
les nouveaux Confuls prêteront ferment ès
mains de l'Abbé ou des Officiers de fes Juftices ; & qu'après la preftation de ferment,
lefdits Confuls feront tenus de rendre une vifite en chaperon à lui ou auxdits Officiers.....
auxquels le Pain-Béni fera porté & préfenté...
avant les Confuls, de même que les cierges lors
des proceffions publiques, avec défenfes d'en
donner aux Vaffaux auparavant, &c.*

Le même Parlement de Touloufe a rendu un autre Arrêt le 27 Janvier 1756, par
lequel, en déclarant communs avec le Marquis d'Aramon des Arrêts de Réglement
des 23 Juillet 1746, 10 & 27 Juillet 1747,
il a ordonné que les Baillis, Viguiers, Juges, leurs Lieutenans & Procureurs Jurif-
dictionnaires des Seigneuries appartenantes
audit fieur Marquis d'Aramon, *jouiroient du
droit de précéder les Confuls defdites Terres,
& tous autres Particuliers, dans l'Eglife,
aux proceffions, convois funèbres, & dans
toutes les affemblées générales & particulieres ; du droit d'y préfider, d'aller les premiers à l'offrande après ledit (Marquis d'A-
ramon) & fa famille ; d'allumer les feux de
joye, lorfqu'il en fera fait...... & néantmoins
enjoint auxdits Confuls d'y affifter en chaperon, &c.*

*Comme auffi, lorfqu'il fera envoyé quelque
ordre fupérieur auxdits Confuls, ils feront tenus de le porter audit (Marquis d'Aramon),
& en fon abfence, à fes Officiers.*

*Ordonne en outre, que dans toutes les af-
femblées des Communautés defdits lieux, foit
générales ou particulieres, dans quelles occafions qu'elles foient convoquées, & dans quel
lieu qu'elles fe tiennent, les Officiers dudit*

(a) Dans plufieurs Villes Méridionales du Royaume
on donne le nom de Confuls aux Officiers qu'on nomme
Echevins dans beaucoup d'autres endroits.

Fromental, art. *Droits Seigneuriaux*, rapporte un autre
Arrêt rendu au même Parlement, le 14 Avril 1735, par lequel il a été ordonné » que le Juge du Seigneur de Cadrieu
» précéderoit les Confuls ; & qu'en toutes Affemblées de

» Communautés, foit générales, foit particulieres, le Juge
» du Seigneur préfidera & précédera le Curé ; qu'en l'ab-
» fence du Seigneur, les Confuls communiqueront à fon
» Juge les ordres Supérieurs qu'ils auront reçus, avec dé-
» fenfes de les porter & communiquer au Curé ; & ne fe-
» ront les Confuls, tenus d'avertir le Curé pour les Affem-
» blées de Communautés, que comme les autres habitans, &c.

(Marquis d'Aramon) *y préfideront à l'exclufion des Curés, lefquels les Confuls n'aver-
tiront , pour affifter auxdites affemblées , qu'en
la maniere qu'on a accoutumé d'avertir les
autres Habitans.*

Cet Arrêt, qui décide plufieurs autres
queftions fur les droits honorifiques, & fur
les prétentions refpectives des Juges de Seigneurs & des Confuls, fe trouve en entier
dans la Jurifprudence obfervée en Provence, édition de 1756.

Le Parlement de Provence a, au contraire, rendu un Arrêt en faveur des Confuls
de Peliffanes, le 19 Février 1727, par lequel il a maintenu ces Confuls dans le droit
d'avoir un banc dans l'Eglife, & dans la
Préféance fur les Officiers de l'Abbé de
Montmajour, Seigneur Haut-Jufticier du
lieu. Mais il eft bon d'obferver que les Confuls de Peliffanes font Seigneurs Moyens
& Bas-Jufticiers du lieu, & qu'ils avoient
une poffeffion immémoriale. Ils avoient
d'ailleurs un Fief ayant Haute-Juftice dans
la Paroiffe.

Ces mêmes Confuls, qui étoient auffi en
poffeffion de recevoir l'Eau-bénite avec diftinction, prétendirent, depuis l'Arrêt dont
je viens de parler, qu'on devoit leur donner l'encens : mais leur prétention fut reje-
tée & profcrite par Arrêt rendu au Grand-
Confeil le 19 Fév. 1740, qui porte néantmoins, *fans préjudice de l'exécution de l'Arrêt du Parlement de Provence du 19 Fév. 1727.*

Il paroît au furplus que le Parlement de
Provence donne la Préféance aux Juges ordinaires fur les Confuls. Boniface rapporte
un Arrêt rendu le 22 Juin 1618, qui l'a accordée aux Juges de Noves. D'autres Arrêts des 23 Mars 1713, 7 Juillet 1714, 12
Juin 1718, & 10 Juin 1731, l'ont de même
accordé aux Juges de Souribes, de Biot, de
Saint-Tropès & de Soliers.

Avant l'établiffement d'un Préfidial fait
à Befançon au mois de Septembre 1696, il
avoit été ordonné, par Lettres-Patentes du
mois de Septembre 1677, & par Arrêt du
Confeil du 20 Octobre 1678, que les Vicomte, Mayeur, Echevins, & autres Officiers du Magiftrat, précéderoient & auroient
rang & féance avant le Lieutenant Général
& autres Officiers du Bailliage.

Depuis, fur une conteftation élevée pof-

térieurement à l'érection du Préfidial, il a
été ordonné, par Arrêt contradictoire rendu au Confeil le 10 Juin 1698, » qu'en tou-
» tes affemblés & cérémonies publiques,
» foit aux proceffions ou dans les Eglifes,
» les Officiers du Préfidial de Befançon , &
» ceux dudit Magiftrat, marcheront & fe
» placeront fur la même ligne ; ceux du Pré-
» fidial à la droite, & ceux du Magiftrat à
» la gauche ; & en cas de concurrence dans
» les rues, dans les maifons particulieres &
» autres lieux, ordonne...... que l'Officier
» du Préfidial aura le pas & la Préféance
» fur celui du Magiftrat «.

Un autre Arrêt du 9 Août 1659, rapporté
au Journ. des Aud. tom. 2, liv. 2, ch. 36, ordonne que les Confeillers du Préfidial du
Mans précéderont les Préfidens au Siége de
la Prévôté de la même Ville, *en toutes affemblées publiques, particulieres & de Paroiffe.*

Les difpofitions de cet Arrêt font conformes à la derniere Jurifprudence. En effet,
il en a été rendu de femblables les 25 Novembre 1615, contre le Prévôt d'Abbeville, 11 Novembre 1627, contre le Prévôt de
Crefpy, (voyez Bouchel,) & 16 Janvier
1635, contre le Prévôt de Bauquefne.

Un Réglement du 13 Août 1698, a auffi
ordonné que le Prévôt d'Avalon n'auroit
de rang & féance dans les affemblées publiques, qu'après les Confeillers au Bailliage
de la même Ville ; & je crois me reffouve-
nir que la Cour a jugé la même chofe en
faveur des Officiers du Bailliage de Mont-
briffon, contre le Sr Dumont, Châtelain,
Juge Royal de la Prévôté de la même Ville, par Arrêt rendu au rapport de M. Fornier de Montagny, en 1738.

L'ancienne Jurifprudence étoit contraire.
V. plufieurs Arrêts rapportés par Chenu,
tit. 32, ch. 187, & au Journ. des Aud. tom.
1, liv. 1, ch. 110, & tom. 2, liv. 4, ch. 23.

Le Réglement du 13 Août 1698, a néantmoins ordonné que le Prévôt Royal d'Avalon précéderoit les Avocats & Procureur du
Roi au Bailliage, en toutes affemblées, &
lorfqu'ils marcheroient en Corps.

Quand, dans une même Ville, il y a une
Juftice Royale & une Juftice de Seigneur
ayant Haute-Juftice, la Préféance appartient aux Juges Royaux, même dans le Territoire de la Juftice Seigneuriale : la Cour

l'a ainſi jugé contre le Bailli & l'Evêque de Langres, en faveur des Officiers de la Juſtice Royale de la même Ville, par Arrêt du 2 Juin 1576, rapporté par Chenu, titre 32, chap. 192.

On trouve dans le Journal du Palais, un Arrêt rendu en très-grande connoiſſance de cauſe, & contradictoirement, par lequel il a été jugé *que les Officiers du Duché & Pairie de Rhetel-Mazarin précéderont en toutes aſſemblées générales & particulieres, ceux de l'Election dudit lieu.* Cette matiere eſt très-bien traitée par l'Arrêtiſte, qui y annonce pour maxime certaine, que » les Avocats » ont la Préſéance ſur les Elus «. Mais dans l'édition que j'ai de ce Journal, on a omis la date de l'Arrêt; je crois qu'il eſt de l'année 1688.

Chenu rapporte un Arrêt du 13 Avril 1601, par lequel le Parlement de Bordeaux a accordé au Sénéchal de l'Evêché de Limoges à S. Junien, la Préſéance ſur un Elu, dans les aſſemblées publiques, & non dans les privées. V. Chenu, tit. 32, ch. 192.

Il a été ordonné, par Arrêt rendu au Conſeil le 19 Mars 1733, (à ce que je crois, du conſentement des Officiers du Bailliage de Montbriſon), que les Officiers de l'Election (de Montbriſon,) auroient rang & ſéance aux aſſemblées & cérémonies publiques, à la gauche des Officiers du Bailliage.

Lorſque le Tribunal du Châtelet aſſiſte en Corps à la publication de la Paix, M. le Lieutenant de Police & les Conſeillers qui y aſſiſtent, ont la droite des Officiers du Bureau de la Ville.

En Guyenne, en Dauphiné, à Blois, aux Sables-d'Olonne, à Auxerre, à Villefranche, à Vire, à Amiens, à Xaintes, à Troyes, à S. Quentin, à Mortagne, à Sens, à Vitry, à Mâcon, &c. les Officiers de l'Election ont la Préſéance ſur ceux des Eaux & Forêts. Il y a ſur cela grand nombre d'Arrêts: on en trouve deux imprimés à Paris, chez Prault, qui ſont dès 29 Sept. 1734, & 15 Avril 1737.

Il en a été rendu un autre au Conſeil-Privé le 6 Octobre 1738, en faveur des Officiers de la Maîtrife, contre ceux de l'Election & du Grenier à Sel d'Angers; un ſecond, du 14 Août 1741, en faveur des Officiers de la Maîtrife de Tours, qui leur accorde auſſi la Préſéance ſur les Officiers

de l'Election de la même Ville.

Ces divers Arrêts, oppoſés entr'eux, prouvent, comme je l'ai déja dit, qu'en matiere de Préſéance, c'eſt à la longue poſſeſſion qu'il faut donner l'avantage, comme à la patrone du repos public.

Par Arrêt du Conſeil du 16 Avril 1647, il eſt ordonné que le premier Huiſſier au Parlement de Grenoble précédera le Doyen des Procureurs dans toutes les aſſemblées générales & particulieres, & que les autres Procureurs & Huiſſiers au Parlement marcheront par ordre de leur réception.

Un Arrêt du Conſeil du 21 Fév. 1683, ordonne que les Avocats au Conſeil & les Avocats au Parlement garderont entr'eux, dans les aſſemblées générales & particulieres, conſultations, arbitrages & ailleurs, le rang & la Préſéance ſuivant la date de leurs matricules. Cet Arrêt a été confirmé par une Déclaration du 6 Février 1709, regiſtrée au Parlement le 23 du même mois.

Il y a ſur la Préſéance deux principes inconteſtables; l'un, que la Juriſdiction ordinaire doit avoir le rang & la ſéance avant la Juriſdiction extraordinaire; l'autre, que le Juge du lieu doit être préféré à tout autre Juge qui n'eſt point ſon Supérieur. C'eſt ſur ce fondement que le Parlement de Rouen a donné la Préſéance au Préſidial de Caen ſur les Tréſoriers de France, par Arrêt du 24 Juillet 1652.

D'autres motifs, & ſinguliérement la poſſeſſion fondée ſur un Edit du mois d'Avril 1694, & ſur un Arrêt contradictoire du 24 Février 1691, ont déterminé le Conſeil-Privé à accorder la Préſéance aux Officiers du Bureau des Finances de Bordeaux, ſur les Officiers de la Sénéchauſſée & Siége Préſidial de la même Ville, par Arrêt rendu au rapport de M. de la Briffe d'Anilly, le 28 Mai 1731. Voyez d'autres Réglemens donnés au Conſeil en faveur des Tréſoriers de France d'Amiens & de Soiſſons. Ils ſont dans Chenu, titre 32, n. 172.

Le Grand-Conſeil a auſſi ordonné, par Arrêt du 21 Janvier 1739, que les Tréſoriers de France précéderoient les Gardes du Corps. On trouve cet Arrêt dans le Code de Louis XV, tome 10.

Un Arrêt contradictoire rendu au Conſeil d'Etat, entre les Officiers de la Sénéchauſſée,

chauffée, Siége Préſidial de Clermont, &
les Maire, Echevins & Procureur du Roi,
de la même Ville, a ordonné *qu'aux proceſſions, cérémonies publiques, offrandes &
aſſemblées générales & particulieres, les Officiers du Préſidial, tant en Corps qu'en particulier, précéderont les Maire, Echevins &
autres Officiers de Ville.* . . . .

La Cour a jugé, par un Arrêt rendu ſur
les Concluſions de M. Joly de Fleury, le 7
Avril 1702, entre les Officiers du Bailliage
de Montfort-Lamaury, & le Prévôt de la
Maréchauſſée du même lieu, *que dans les
aſſemblées où les Officiers du Bailliage ſe trouveront en Corps, ils auront la droite, & que
le Prévôt de la Maréchauſſée ſera au côté
gauche du Bailliage, & dans une ligne paral-
léle à celle du Lieutenant Général.*

*Comme auſſi que les Officiers dudit Bail-
liage auront rang & ſéance dans l'Egliſe ſur
le banc qui eſt à droite, dans les cérémonies
où ils aſſiſteront en Corps, & le Prévôt ſur le
banc qui eſt à la gauche; & que lorſque le
Bailliage ne ſera point en Corps* dans l'Egliſe, le Prévôt de la Maréchauſſée *aura rang
& ſéance ſur l'un des bancs avant le premier
Conſeiller dudit Bailliage;* & quand leſdits
Officiers & le Prévôt de la Maréchauſſée ſeront obligés de défiler dans le cours des proceſſions & autres aſſemblées, *même lorſque
dans l'Egliſe ils iront à l'offrande & autres
cérémonies,* tous les Officiers *du Bailliage
paſſeront avant le Prévôt de la Maréchauſſée.* . . Cet Arrêt eſt rapporté dans Augeard.

Un Arrêt contradictoire rendu au Grand-
Conſeil le 5 Mars 1716, entre deux Gardes
de la Prévôté de l'Hôtel & les Officiers de
la Juſtice Seigneuriale de Doullevant, a ordonné qu'en toutes aſſemblées publiques &
particulieres, les Gardes de la Prévôté de
l'Hôtel précéderoient les Officiers de ladite
Juſtice, & que le Pain-Béni leur ſeroit porté par diſtinction, immédiatement après le
Seigneur du lieu, avant leſdits Officiers, &
que les femmes deſdits Gardes jouiroient
des mêmes honneurs avant les femmes des
Officiers, même en cas de viduité. V. d'autres Arrêts ſur la même matiere, à l'article
Pain-Béni.

Par un Arrêt rendu au Conſeil le 11 Septembre 1736, il a été ordonné que les Juge
& Conſuls en exercice, & les anciens Juges

Tome III. Part. I.

& Conſuls de la Ville d'Angers, auront
ſéance & voix délibérative aux aſſemblées
générales de l'Hôtel-de-Ville, en qualité
de Députés de la Juriſdiction Conſulaire,
avant les Députés de la Communauté des
Notaires, & qu'ils auront la Préſéance ſur
les Notaires dans toutes les aſſemblées &
cérémonies publiques. L'Arrêt ajoute : n'en-
» tendons néantmoins qu'il ſoit rien innové
» dans l'ordre de la proceſſion de la Fête-
» Dieu, qui continuera d'être obſervé com-
» me par le paſſé «.

Les Juge & Conſuls du Mans, tant anciens qu'en exercice, ont auſſi obtenu Arrêt
le 27 Juin 1746; par lequel il a été ordonné
qu'ils auront ſéance & voix délibérative
avant les Notaires, aux aſſemblées de l'Hôtel-de-Ville, & en toutes autres cérémonies
publiques.

Il avoit auparavant été ordonné, par Arrêt du 16 Octobre 1743, que les Conſuls en
Charge, & les anciens Conſuls d'Abbeville, auroient *rang, ſéance & voix délibérative avant les Notaires, aux aſſemblées générales & particulieres de l'Hôtel-de-Ville,
& par-tout ailleurs où le Corps-de-Ville ſe
trouveroit.* Cet Arrêt ajoute que, *lorſque
les Notaires & les Juge & Conſuls ſe trouveront en même-temps en place d'Echevins.*. . . . .
leſdits Juge & Conſuls *auront la Préſéance
ſur les Notaires.*

Des Arrêts ſur Requête, mais contre leſquels il n'y a point de réclamation, ont auſſi
accordé aux Conſuls, tant anciens qu'en
exercice, des Villes d'Amiens, du Mans &
de Montauban, la Préſéance ſur les Notaires. Ces Arrêts ſont des 17 Juin 1752, 20
Décembre 1757, & 31 Janvier 1758.

Le premier Février 1762, il eſt intervenu
un Arrêt au rapport de M. Terrai, entre
les Notaires & les anciens Juge & Conſuls
d'Auxerre, qui a accordé la Préſéance aux
Notaires ſur les Juge & Conſuls *hors de
Charge.* Les Notaires ne la conteſtoient pas
aux Juges & Conſuls en place.

Par autre Arrêt rendu le Samedi 23 Juin
1759, ſur les Concluſions de M. l'Avocat
Général Seguier, il a été ordonné que les Officiers municipaux de la Ville de Chaalons
en Champagne auroient la Préſéance ſur
les Conſuls de la même Ville, tant dans les
aſſemblées & cérémonies générales, que par-

ticulieres. Les motifs de l'Arrêt ont été, que les Consuls étoient des Juges d'attribution, qui n'avoient point de Territoire.

Le 27 Mai 1715, il est intervenu un Arrêt contradictoire au Conseil-Privé du Roi, par lequel il a été ordonné que le sieur de Gaffé, Lieutenant Criminel de Robe-Courte à Abbeville, *précédera le sieur Lévêque, Lieutenant du Prévôt, des Maréchaux de France, tant en la Chambre du Conseil, que seul à seul, & en toutes assemblées & cérémonies publiques & particulieres, avec défenses audit sieur Levêque de l'y troubler, à peine de* 1000 *liv. d'amende.*

Depuis cet Arrêt, il en est intervenu deux autres qui ont jugé de même.

Le premier a été rendu au Parlement de Bordeaux le 9 Mars 1733, en faveur des Officiers ou Sénéchal de Saint-Sever, contre le Lieutenant des Maréchaux de France à Saint-Sever. Il a été confirmé par un Arrêt du Conseil-Privé du 18 Octobre 1734.

Le second, plus important, parce qu'il a jugé la question *in terminis*, est intervenu entre les Officiers des Bailliages Présidiaux & Sénéchaussées de Rheims, Coutances, Langres, Mantes, Vezoul, Bigorre, Bourges, Château-Thierry & Senlis, intervenans dans la cause du Bailliage & Siége Présidial de Chaalons, contre le Lieutenant des Maréchaux de France à Chaalons, *à fait défenses aux Lieutenans des Maréchaux de France, de troubler les Officiers des Bailliages & Présidiaux, Sénéchaussées & Siéges Royaux, dans le droit de Préséance dans toutes les cérémonies publiques, sauf dans le cas où les Gouverneurs, Lieutenans Généraux des Provinces, Lieutenans de Roi & Commandans, se trouveront & assisteront auxdites cérémonies publiques; auquel cas seulement lesdits Lieutenans des Maréchaux de France pourront prendre rang & séance immédiatement après lesdits Gouverneurs, Lieutenans Généraux & Commandans, & avant lesdits Officiers des Bailliages Présidiaux, Sénéchaussées & Siéges Royaux, conformément à l'Edit* ..... *du mois de Mars* 1693, *à la Déclaration du* 20 *Juillet* 1694, *&c.*

Les rang & Préséance des Officiers Royaux, Maires & Consuls de Languedoc, sont réglés par un Arrêt du Conseil du 30 Mai 1701, contenant sept articles. Cet Arrêt énonce des Lettres-Patentes de l'an 1599, & d'autres Arrêts du Conseil donnés sur la même matiere les 4 Novembre 1671, & 3 Mai 1675.

Un autre Arrêt du Conseil du 12 Juin 1702, a depuis ordonné que le Réglement fait par l'Arrêt susdit, du 30 Mai 1701, seroit exécuté entre les Officiers des Seigneurs & les Maires & Consuls.

Ces deux Arrêts ont été revêtus de Lettres-Patentes, registrées au Parlement de Toulouse le 19 Janvier 1703.

L'article 6 de l'Edit du mois de Janvier 1718, portant établissement d'une Jurisdiction Consulaire à Valenciennes, ordonne, qu'entre les personnes convoquées pour l'Election des Juge & Consuls, *la Préséance sera donnée aux anciens Juges, puis aux anciens Consuls, ensuite aux Secrétaires du Roi, après eux aux Gradués, & enfin à l'âge.*

Il a été jugé, par un Arrêt provisoire, rendu le 22 Mai 1713, entre les Commissaires & le Greffier en chef du Châtelet, qui se disputoient la Préséance, que le Greffier en chef auroit rang & séance entre les Commissaires, ensorte qu'il y ait toujours un nombre égal de Commissaires avant & après lui.

PRESSOIR.

V. *Bannalité.*

PRESTATION.

On nomme Prestations, certaines rentes annuelles ou quotidiennes, qui se payent en fruits, en grains ou denrées, à des Religieux, à des Chanoines, ou à d'autres Bénéficiers Ecclésiastiques.

Il y a des Prestations infaisissables & imprescriptibles. Sur cette espéce de biens, voyez *Cens, Fondations, Fruits, Prescription, Rentes*, &c.

L'Auteur du Dictionnaire Civil & Canonique dit » que la Prestation faite à une » Eglise pendant plus de quarante ans, in- » duit une obligation, quoiqu'il n'appa- » roisse du titre.

PRESTIMONIE.

On nomme Prestimonie, un Bénéfice d'une espéce particuliere, qui doit être desservi par un Prêtre. » Quelques-uns ont appellé » Prestimonies, des Chapelles Presbytéra-

» les, qui ne peuvent être possédées que par
» des Prêtres; mais la plus vraie significa-
» tion de ce mot est la desserte d'une Cha-
» pelle sans titre ni collation, comme sont
» la plûpart de celles qui sont dans les Châ-
» teaux où l'on dit la Messe, qui sont de
» simples Oratoires non dotés. « Voyez le
Dictionnaire de Trévoux, qui entre sur cela
dans quelque détail.

Les Prestimonies ne sont sujettes ni au
Pape, ni aux Ordinaires, & les Patrons y
nomment de plein droit.

PRÊTE-NOM.

On nomme ainsi celui qui, sans entrer
dans le fond d'une affaire, en paroît le principal Acteur ; & signe un acte où le véritable contractant ne veut pas paroître. Voyez
Contre-lettre.

PRÉTÉRIT, PRÉTÉRITION.

Le mot Prétérition est fort en usage dans
la Jurisprudence Romaine, & signifie omis-
sion. On dit par exemple, qu'un enfant est
Prétérit, lorsque son pere a omis de parler
de lui dans son testament.

La Prétérition des enfans a le même effet
que l'exhérédation sans cause ; & il en est de
même de la Prétérition des parens dans les
testamens de leurs enfans, auxquels ils doivent succéder *ab intestat*.

Il est peu de matieres où les Auteurs
ayent plus exercé leur esprit que sur la Prétérition, en proposant & en discutant des
questions subtiles. La plûpart de ces questions se trouvent décidées par les dernieres
Ordonnances. Voici comme s'explique sur
cela l'article 35 de l'Ordonnance du mois
d'Août 1735, concernant les testamens.

*En cas de Prétérition d'aucun de ceux
qui ont droit de légitime, le testament sera déclaré nul, quant à l'institution d'héritier,
sans qu'elle puisse valoir comme Fidéi-Commis ; & si elle a été chargée de substitution,
ladite substitution demeurera pareillement
nulle ; le tout encore que le testament contînt
la clause codicillaire, laquelle ne pourra produire aucun effet à cet égard, sans préjudice
néantmoins de l'exécution du testament en ce
qui concerne le surplus des dispositions du testateur.*

D'après ces dispositions, le Parlement de
Toulouse, par Arrêt rendu en la premiere
Chambre des Enquêtes, le 23 Août 1747,
au rapport de M. de Raymond, faute par
Michel Brandelard d'avoir laissé la légitime
à ses enfans, à titre d'institution héréditaire,
par son testament du 18 Décembre 1732,
contenant un fidéi-Commis universel, mais
conditionnel en faveur de ses enfans, avec
la clause codicillaire, a déclaré ce testament
nul, quant à l'institution héréditaire faite
en faveur de la femme au Fidéi-Commis, &
la faculté donnée à l'héritiere de partager
l'hérédité, & d'avantager l'un de ses enfans, sauf le surplus de l'exécution du testament.

Depuis cet Arrêt, il en est intervenu un
autre au même Parlement, en la même
Chambre, au rapport de M. de Bastard, le
16 Mars 1748, par lequel le testament fait
par Jean Fabre, le 29 Décembre 1719, a
été déclaré nul, quant à l'institution héréditaire que ledit Fabre avoit faite en faveur
de sa femme, au préjudice de ses enfans, auxquels il avoit néantmoins legué 5000 liv.
chacun, mais sans les instituer.

Bretonnier dit que les enfans absens, &
dont on n'a pas eu de nouvelles, même depuis dix ans, doivent être institués héritiers
par le testament de leur pere, à peine de
nuilité, en cas de retour. Questions alphabétiques, verb. *Absens.*

Lorsqu'un testateur, *domicilié en Pays de
Droit-Ecrit, a fait son testament dans un
Pays où ce Droit n'est pas observé........ de
quelque maniere qu'il ait fait une ou plusieurs
dispositions universelles, soit à titre d'institution, ou à titre de legs universel, son testament ne peut être attaqué par le vice de la
Prétérition, pourvû qu'il ait fait des legs,
soit universels ou particuliers, à chacun de
ceux qui ont droit de légitime, quelques modiques que soient lesdits legs ; parce qu'en ce
cas ils valent comme institution d'héritier,
sauf l'action en supplément de légitime.
Mais si le Testateur n'a rien laissé à quelqu'un de ceux qui ont droit de légitime, le
testament doit être déclaré nul quant aux
dispositions universelles seulement.* V. les art.
69, & 70 de l'Ordon. des Testamens de 1735.

D'après cette disposition, la Cour, par
Arrêt rendu au rapport de M. Goislard, en
la quatriéme Chambre des Enquêtes, le 3

Mars 1739, a déclaré nul le teſtament fait à Nevers, Pays Coutumier, par la demoiſelle Rabiot, femme du ſieur Comeau, domiciliée en Pays de Droit-Ecrit, ſur le fondement de la Prétérition de ſes pere & mere, auxquels elle n'avoit fait aucun legs. V. l'Arrêt du 23 Juin 1755, dont je parle à l'article *Teſtament.*

Le teſtament fait pardevant Notaire par Marie Girarde, femme de Gilbert Rouſſet, le 24 Septembre 1732, a été déclaré nul, comme Prétérit, par Sentence de la Sénéchauſſée de Foreſt du 22 Novembre 1751, confirmée par Arrêt rendu au rapport de M. Benoît, le 5 Février 1755; parce qu'en inſtituant Gilbert Rouſſet, ſon mari, pour héritier fiduciaire, elle lui avoit laiſſé la faculté de remettre ſa ſucceſſion à Louis Rouſſet leur fils, *lorſque & quand bon ſembleroit* à lui Gilbert Rouſſet, ſans avoir fait aucun legs, à titre d'inſtitution ou autrement, à Louis Rouſſet.

PRÉTEUR.

C'étoit ainſi qu'on nommoit à Rome certains Magiſtrats dans les premiers temps de la République. Tous les Magiſtrats étoient nommés Préteurs; enſuite on appella Préteurs tous les Chefs d'armée, & les Empereurs mêmes.

Depuis on créa des Préteurs pour rendre Juſtice aux Citoyens, & d'autres pour la rendre aux Etrangers; enfin on en a créé pour les Provinces. Il y a encore à Straſbourg un Magiſtrat qu'on nomme Préteur. V. *Sénat.*

PRÉTOIRE.

On donnoit ce nom au Palais du Préteur de l'ancienne Rome: c'étoit le lieu dans lequel il rendoit la Juſtice. Parmi nous on appelle auſſi Prétoire, en quelques endroits, le lieu où les Officiers rendent la Juſtice.

PRÉVENTION.

On entend en général, par Prévention, un droit qui donne la connoiſſance d'une affaire à celle de pluſieurs Juriſdictions également compétentes, qui eſt ſaiſie la première.

Quelquefois auſſi le mot Prévention s'entend privativement. C'eſt en ce dernier ſens

qu'il eſt employé dans l'article 76 de la Coutume d'Anjou.

Il y a trois eſpéces de Préventions; ſçavoir:

1°. La Prévention entre des Officiers du Roi, dont nous trouvons des exemples dans l'article 19 de l'Edit de Cremieu, & dans l'article 6 de l'Edit du mois de Juillet 1551.

2°. Celle qu'exercent les Officiers du Roi ſur ceux des Seigneurs.

3°. Et la Prévention entre les Officiers des Juſtices ſubalternes de différens dégrés.

La première eſpéce de Prévention a été établie dans la vûe de procurer une plus grande vigilance dans l'adminiſtration de la Juſtice ſur certaines matieres, dont différentes Juriſdictions Royales ont un droit égal de connoître. Cette Prévention excite entre les Officiers de différens Tribunaux une émulation louable, qui tourne entiérement à l'avantage du Public.

Il n'en eſt pas de même de la Prévention que les Officiers du Roi exercent ſur ceux des Seigneurs: la vigilance dans l'adminiſtration de la Juſtice n'en eſt pas toujours le motif, elle n'en eſt ſouvent que la ſuite.

Le motif de l'établiſſement de cette eſpéce de Prévention eſt de faire ſentir aux Seigneurs Juſticiers & à leurs Juſticiables, que ces ſortes de Juſtices viennent du Roi, à qui elles ont originairement appartenu.

La Prévention entre Officiers des Juſtices ſubalternes de différens dégrés, établie par quelques Coutumes, n'a pour motif que de conſerver à chaque Seigneur Juſticier les amendes, & les autres profits du droit de Juſtice ſur ſes Juſticiables immédiats.

Chaque eſpéce de Prévention eſt de deux ſortes; l'une pure & ſimple, par le moyen de laquelle le Juge, qui a prévenu, peut connoître du différend, nonobſtant le déclinatoire ou la révendication: l'autre n'eſt qu'une ſorte de dévolution, qui ceſſe lorſque le Seigneur révendique ſon Juſticiable, ou bien quand celui-ci décline.

Il faut un titre particulier pour uſer du droit de Prévention. Les Juſtices Royales ne peuvent en uſer ſur les Juſtices Seigneuriales, que quand ils ſont autoriſés, ou par des titres, ou par des diſpoſitions de Coutume, telles que celles de Normandie, du

Maine, d'Anjou , de Valois , de Laon, de Noyon , de Ribemont, d'Amiens, de Sens, de Blois, de Clermont , de Ponthieu , &c. Cela a lieu , tant en matiere civile, qu'en matiere criminelle. Voyez les articles 9 & 10 du titre premier de l'Ordonnance du mois d'Août 1670.

Cependant , comme le Châtelet de Paris jouit de la Prévention par un ancien usage, il est excepté des régles prescrites sur cette matiere. L'article du titre premier de l'Ordonnance criminelle que je viens de citer , contient une mention expresse de cette exception.

Le Châtelet est donc excepté de la Loi commune sur cette matiere. Ce Tribunal jouit du droit de Prévention sur les Justices Seigneuriales de la Ville , Fauxbourgs & de la Banlieue de Paris (a) , tant en matiere civile que criminelle , quoique la Coutume soit muette sur cela ; & il a été maintenu dans ce droit par un grand nombre d'Arrêts anciens & modernes.

Le premier de ces nouveaux Arrêts est intervenu le 7 Mars 1725, entre le Procureur du Roi , les Commissaires du Châtelet , & les Religieux de Sainte Genevieve. Par cet Arrêt , la Cour a ordonné l'exécution de Lettres-Patentes obtenues en 1713 par les Abbé & Religieux de Sainte Genevieve pour leur Justice, mais sans préjudice du droit de Prévention appartenant *aux Officiers du Châtelet dans la Ville & Fauxbourgs de Paris , dont ils jouiroient dans l'étendue de la Justice du Bailliage de Sainte Genevieve-du-Mont , & continueroient de jouir & user ainsi qu'ils en avoient joui & usé par le passé.*

Le second a été rendu entre les Commissaires du Châtelet & le Seigneur de Charonne, près Paris, le 21 Mai 1727, pour la levée d'un scellé apposé à Charonne par le Commissaire Chauvin. La Cour , par cet Arrêt , a ordonné (contradictoirement avec le Seigneur du lieu,) que le scellé seroit levé par le Commissaire Chauvin.

Le troisiéme est intervenu le 3 Juin 1731, à l'occasion d'un scellé apposé à Pantin, près Paris, par le Commissaire Divot ; la Cour,

par cet Arrêt, a reçu l'appel des contre-scellés des Officiers de la Justice de Pantin, & a ordonné que le Commissaire Divot leveroit les siens en la maniere ordinaire , pour être ensuite procédé à l'Inventaire.

Le quatriéme a été rendu le 9 Décembre 1734 ; & la Cour par cet Arrêt a accordé provisoirement au Commissaire le droit pour la levée de ses scellés apposés au Roulle , qui avoient été contre-scellés par les Officiers de la Justice Seigneuriale du lieu.

Le cinquiéme a été rendu le 15 Janvier 1739 , & il a maintenu provisoirement les Officiers du Châtelet dans le droit d'apposer & lever les scellés par Prévention dans l'Enclos du Bailliage de S. Germain-des-Prés.

Il en a été rendu un sixiéme le 9 Décembre 1744 , contre les Religieuses de Montmartre , par lequel la Cour a ordonné que les scellés apposés par le Commissaire Regnard à la Nouvelle-France , Paroisse de Montmartre, par droit de Prévention , seroient par lui levés, &c.

Outre ces six Arrêts du Parlement de Paris , il y en a trois autres également récens , rendus au Conseil d'Etat , qui accordent aussi aux Commissaires du Châtelet la Prévention sur les Justices Seigneuriales de Paris & de la Banlieue.

Le premier est du 6 Mai 1733 : il ordonne que par provision les scellés apposés à la Chapelle S. Denis , par le Commissaire Regnard , & contre-scellés par les Officiers du lieu , seront par lui levés & ôtés en leur présence, ou eux dûment appelés.

Le second est du 11 Août 1737 ; il accorde la même provision au Commissaire le Comte, pour la levée des scellés qu'il avoit apposés dans l'Abbaye Saint Germain-des-Prés , après le décès du Cardinal de Bissy , & qui avoient été contre-scellés par les Officiers du Bailliage de Saint Germain-des-Prés.

Le troisiéme a été rendu au Conseil d'Etat , le 3 Mai 1739 : il a aussi ordonné que par provision les scellés apposés après le décès du Prince de Guise, dans l'Enclos du

---

(a) Le droit de Prévention du Châtelet sur les Justices Seigneuriales de Paris est certain & général , mais il n'a pas lieu dans le Cloître Notre-Dame ; parce que les Lettres-Patentes du mois d'Août 1670, qui ont excepté ce territoire de la réunion au Châtelet , portent que la Juridiction de la Barre du Chapitre ne pourra être prévenue. V. *Barre.*

Temple à Paris, par le Commiſſaire Blanchard, qui avoient été contre-ſcellés par les Officiers du Temple, ſeroient levés par le Commiſſaire Blanchard, après que leſdits Officiers auroient reconnu leurs contre-ſcellés; & faute par eux de les reconnoître, permet au Commiſſaire de les briſer.

Cet Arrêt en énonce huit ou dix autres qui ont été rendus au Parlement ſur la même matiere, & un entr'autres du 15 Janvier 1739. Et il y en a un dernier du 10 Juin 1744, qui a ordonné que les ſcellés appoſés par le Commiſſaire Doublon, à Chaillot, Banlieue de Paris, par droit de Prévention, après le décès de Pierre-Antoine Borde, ſeront par lui levés; les contre-ſcellés des Officiers de la Juſtice (Royale) de Chaillot préalablement reconnus, ſinon briſés par ledit Commiſſaire.

Tous ces Arrêts n'étoient que proviſoires; mais la queſtion a été jugée au fond par Arrêt rendu le 9 Décembre 1744, ſur les Concluſions de M. l'Avocat Général Gilbert de Voiſins, entre les ſieurs Rotier, Chalant, & leurs femmes; & il eſt bon d'obſerver que ce droit de Prévention a lieu en faveur des Commiſſaires, ſoit que les Juſtices reſſortiſſent nuement au Parlement ou non, mais que la Prévention ne donne aucune concurrence aux Commiſſaires; ainſi, ſi les Officiers des Juſtices Seigneuriales ont commencé l'appoſition de ſcellé, les Commiſſaires n'y ont aucun droit. La Cour l'a ainſi jugé par Arrêt rendu en l'année 1747, entre les Commiſſaires & les Officiers de la Juſtice de Montmartre.

La Juriſprudence eſt certaine ſur ce point. Les Commiſſaires du Châtelet ſont conſtamment préférés aux Juges de Seigneurs, quand ils appoſent les ſcellés les premiers ſur les biens & effets d'un défunt; mais elle n'eſt pas tout-à-fait la même, quand il s'agit de demandes formées contre des Parties domiciliées dans une Juriſdiction Seigneuriale.

J'ai l'honneur d'être Bailli d'une Juſtice Seigneuriale très-étendue, & qui a ſon reſſort dans les Fauxbourgs & Banlieue de Paris; & je n'ai jamais vu refuſer le renvoi devant moi, quand les Parties ont décliné la Juriſdiction du Châtelet, ou lorſque le Procureur Fiſcal a revendiqué les affaires de ceux qui ne déclinoient pas. Je pourrois ſur cela citer une prodigieuſe quantité de Sentences du Châtelet: on peut ſur les renvois en pareil cas conſulter le Procès-verbal de la Coutume de Peronne, Montdidier & Roye.

Dans le reſſort de cette derniere Coutume, les Juges Royaux ne peuvent pas, ſur le fondement du droit de Prévention, appoſer les ſcellés dans le reſſort des Juſtices Seigneuriales: c'eſt ce que la Cour a jugé par un Arrêt rendu en la Grand'Chambre, ſur les Concluſions de M. l'Avocat Général Joly de Fleury, le 20 Août 1711, entre les Juges Royaux de Roye en Picardie, & le Comte d'Hautefort, Seigneur de Champien. Les Juges de Roye, qui avoient appoſé un ſcellé à Champien, ſoutenoient leur entrepriſe ſur le fondement de la Prévention; mais l'Arrêt déclara leur procédure nulle, les condamna à reſtituer les droits & vacations qu'ils avoient perçus, & leur fit défenſes d'entreprendre à l'avenir ſur les Officiers de la Juſtice de Champien. Voyez un autre Arrêt rendu le 16 Mai 1573, rapporté par Chenu dans le Recueil des Réglemens faits pour les Juſtices de France, tit. 12, ch. 20.

Les Officiers du Seigneur d'Albert en Picardie, ayant appoſé des ſcellés ſur les effets d'un Curé mort dans l'étendue de leur Juſtice, le Commiſſaire aux Inventaires de Peronne vint contre-ſceller, & prétendit en avoir le droit: il obtint même une Ordonnance des Juges de Peronne, portant que le ſcellé ſeroit par eux levé, & que l'on briſeroit ceux appoſés par les Officiers d'Albert. Mais ſur l'appel, Arrêt eſt intervenu en la Grand'Chambre, ſur les Concluſions de M. l'Avocat Général le Nain, le 17 Janvier 1708, par lequel le Seigneur d'Albert, (M. le Comte de Touloufe,) & ſes Officiers, ont été maintenus dans le droit & poſſeſſion de faire appoſer les ſcellés ſur les effets des Nobles, Eccléſiaſtiques, & généralement de toutes les perſonnes décédées dans l'étendue de la Juſtice d'Albert. Voyez *Haute-Juſtice.*

Ce même Arrêt fait défenſes aux Officiers de Peronne de troubler les Juges d'Albert; & pour l'avoir fait, les condamne en 10 l. de dommages-intérêts, & aux dépens.

Le 19 Juillet 1762 , il a été rendu, au rapport de M. Pafquier, en la Grand'Chambre , un Arrêt par lequel le Chapitre de S. Gatien de Tours a été maintenu *dans le droit de faire appofer les fcellés chez fes Jufticiables , & de faire procéder à la confection des Inventaires par fes Officiers, dans le cas requis* , avec *défenfes* au Bailliage, qui foutenoit avoir la Prévention fur cette Juftice, *de les troubler dans l'exercice de ce droit.....*

Pourront néantmoins *les Officiers dudit Bailliage de Tours*, ajoute cet Arrêt, *après les vingt-quatre heures du décès feulement* , & lorfqu'ils *en feront requis* , *ou dans les cas où l'intérêt des mineurs, des abfens ou du fifc, appofer les fcellés par voie de dévolution.* Cette derniere difpofition de l'Arrêt du 19 Juillet 1762 a été prononcée fur le Réquifitoire de M. le Procureur Général.

PRÉVENTION
EN MATIERE BÉNÉFICIALE.

Voyez *Bénéfices, Concordat , Collateur, Concours de Date, Date, Dévolut, Dévolution, Indult, Libertés de l'Eglife Gallicane, Requifition , Trinité.*

La Prévention eft un droit dont le Pape *ufe par fouffrance* depuis plufieurs fiécles , & par le moyen duquel il peut valablement conférer les Bénéfices de France qui font à la nomination des Patrons ou Collateurs Eccléfiaftiques , pourvû que les provifions qu'il en accorde, précedent la collation de l'Ordinaire, ou la préfentation du Patron ou Collateur Eccléfiaftique.

La Prévention n'a commencé à être connue en France que dans le treiziéme fiécle , & elle y a toujours été regardée de mauvais œil. L'Hiftoire nous apprend que Philippe-le-Bel en 1304, Louis Hutin en 1315, le Roi Jean en 1351, fe font, ainfi que Charles VI & Charles VII, leurs fuccefleurs , toujours élevés contre les Coureurs qui demandoient à Rome des Bénéfices, jufqu'à faire mettre des Gardes aux paflages pour arrêter les Couriers qui alloient chercher les Provifions.

Louis XI & fes Succefleurs ne furent pas fi fermes ; cependant les Papes n'uferent que rarement de la Prévention fous leurs Régnes ; & elle ne fut autorifée qu'en 1516 par le Concordat. Voyez *Concordat.*

L'averfion naturelle des François contre ce droit odieux, ufurpé par les Papes, donna lieu aux Remontrances des Etats-Généraux du Royaume, en conféquence defquelles la Prévention fut abrogée par l'art. 22 de l'Ordonnance d'Orléans, donnée par Charles IX en 1560 ; mais elle fut rétablie bientôt après par une Déclaration donnée par le même Prince, à la follicitation du Cardinal de Ferrare, Légat en France , datée de Chartres, du 10 Janvier 1562, regiftrée au Parlement le 25 , & qu'on trouve à la fin du Recueil de Jurifprudence Canonique de la Combe. Voyez aufli les Libertés de l'Eglife Gallicane.

Comme la Prévention n'a été introduite en France que contre le gré de la Nation , nos Rois, de concert avec les Cours, lui ont impofé les bornes les plus étroites, dans l'inftant même qu'ils l'ont acceptée ; ils en ont affranchis :

1°. Les Bénéfices qui font à la nomination du Roi. V. *Patronage Royal.*

2°. Les Bénéfices Confiftoriaux.

3°. Ceux qui font en patronage laïc ou mixte.

4°. Ceux dont la difpofition eft réglée par les titres de fondation.

Nos Libertés portent même que la feule *perfonne du Pape, & non autre, peut ufer du* droit de Prévention, *quelque délégation , Vicariat ou faculté qu'il eût de Sa Sainteté ;* néantmoins la Jurifprudence des Arrêts reconnoît le même pouvoir dans le Vice-Légat d'Avignon , quand il lui eft donné par fes Bulles ; il eft même en poffeffion de prévenir les Collateurs & Patrons Eccléfiaftiques pour les Bénéfices fitués dans l'étendue de fa Légation (a).

Pour que le Pape ou fon Légat puiffent ufer du droit de Prévention, il faut que les chofes foient encore entieres, c'eft-à-dire, qu'il n'ait été rien fait qui tende à la difpofition du Bénéfice ; parce que ce droit eft fi défavorable , que le moindre acte a la force d'anéantir fon effet.

Ainfi, le fon d'une cloche pour la con-

(a) On prétend que le Vice-Légat d'Avignon n'a pas, comme le Pape , le pouvoir d'ufer du droit de Prévention, contre le droit des Gradués qui n'ont pas requis.

Autrefois le Pape prévenoit les Indultaires. La Jurifprudence du Grand-Confeil a changé fur cela en 1710 ; & ils n'y font plus actuellement fujets.

vocation du Chapitre qui doit procéder à l'élection; une délibération qui aura déterminé le jour auquel elle devra se faire (a); la simple requisition d'un Gradué, quoique par l'événement il n'en puisse personnellement tirer avantage, & quelque nulle qu'elle puisse être (b); la Provision donnée par le Collateur à un Absent ou à un Gradué, d'un Bénéfice affecté aux Gradués, que la requisition d'un plus ancien rend absolument nulle; en un mot, toute espéce de Provision, bonne dans son principe, quoique détruite par l'événement, & tous autres actes préparatoires de Provisions, empêchent incontestablement la Prévention du Pape, & suffisent pour annuller des Provisions de Cour de Rome, qui ne peuvent valoir qu'à titre de Prévention.

On a *restraint* le droit de Prévention *tant qu'on a pû*, disent nos Libertés, *jusqu'à juger que la Collation nulle de l'Ordinaire empêche telle Prévention*. Voyez le Commentaire de Dumoulin sur la Régle *de Infirmis*, n. 434; le Prestre, Centurie premiere, chapitre 94.

Mais les Jurisconsultes distinguent différentes espéces de nullité des titres : il y a des Provisions qui sont si absolument nulles par elles-mêmes, qu'elles ne peuvent produire un titre coloré au profit de la personne en faveur de laquelle elles sont expédiées : celles-là, disent-ils, ne lient point les mains au Pape, suivant la plûpart des Canonistes; mais celles qui forment un titre coloré, empêchent la Prévention, parce que le titre coloré n'est pas nulle de nullité absolue. Voyez *Titre Coloré*. Voyez aussi l'Arrêt dont je vais parler dans le présent article.

En conséquence de ces principes, si un Gradué requiert un Bénéfice, comme il a un mois pour faire insinuer sa réquisition, le Pape ne peut pendant ce mois conférer le Bénéfice, parce que la réquisition lui lie les mains. Le Pourvu par le Pape pendant le mois de la date de la réquisition ne peut pas même opposer la nullité résultante du défaut d'insinuation dans le mois, si le Gradué, négligeant cette formalité, ne

l'a remplie qu'au bout de deux mois; parce que le mois n'étant pas écoulé lors des Provisions accordées par le Pape, le Pape est alors sans pouvoir, quelque nulle que la réquisition puisse devenir par l'événement : c'est ce qui a été jugé pour le Prieuré de Mirevaux, Diocèse de Meaux, par Arrêt rendu le 14 Mars 1725, au rapport de M. de la Porte.

Il avoit été rendu un pareil Arrêt le 24 Juillet 1714, au rapport de M. l'Abbé Pucelle, pour une Chapelle de Nogent-le-Rotrou.

Sur l'espéce de ces Arrêts & sur un autre de 1711, dont je parlerai au mot *Réquisition*, voyez l'Ordonnance de 1510; Chopin, *de Sacra Polit. Lib. prim.* tit. 5, num. 6; M. le Prestre, centurie premiere, chapitre 95; & Brodeau, sur M. Louet, lettre P, num. 43.

Le concours d'une Prévention du Pape en même jour avec une réquisition, & même avec une collation de l'Ordinaire faite *jure libero*, n'est qu'une imagination ultramontaine : il faut, suivant les maximes de France, que la Prévention du Pape soit de la veille pour opérer quelqu'effet; parce que de deux Pourvûs, celui qui l'a été suivant le Droit Commun, est le plus favorable. V. le Bret & d'Hericourt.

La Cure de Tournechem, qui est à la nomination du Chapitre d'Ypres, ayant vaqué le 8 Juillet 1742, l'Evêque de Boulogne, comme Collateur ordinaire de tous les Bénéfices de son Diocèse, la conféra le 22 du même mois.

Le Chapitre d'Ypres de son côté présenta à la même Cure un sieur du Bois, qui obtint des Provisions le 2 Août 1742.

Avant ces Provisions, le Sr Lavoisier en avoit obtenu du Pape à titre de Prévention, le 29 Juil. & la complainte s'étant engagée entre ces divers Pourvûs, il s'est agi de sçavoir, si le Pape avoit pu prévenir le Chapitre d'Ypres, s'il n'avoit point les mains liées par la collation de l'Evêque de Boulogne. Le Préventionnaire soutenoit que les Provisions accordées par l'Ordinaire le 22 Juillet, étoient nulles de droit, tant parce que

---

(a) Voyez l'Arrêt du 20 Janvier 1684, rapporté par Augeard, tom. 1er de l'édition *in-fol*. n. 8.

(b) Le Parlement de Rouen a jugé, par Arrêt rendu le 23 Juillet 1756, » que la simple réquisition faite au Pa- » tron qui n'étoit pas Collateur, empêchoit la Préven- » tion «.

la

la nomination n'appartenoit pas à l'Evêque, que parce qu'elles n'étoient signées
que d'un seul Témoin au lieu des deux,
dont la signature est requise, à peine de nullité.

Le sieur du Bois répondoit que le défaut de forme dans les Provisions n'empêchoit pas que le titre ne fût coloré à l'effet
de pouvoir faire acquérir la possession paci-
fique & triennale : il ajoutoit que les Provisions données par le Collateur ordinaire,
sans la présentation du Patron, ne sont pas
nulles en elles-mêmes, mais qu'elles peuvent être annullées, c'est-à-dire, n'avoir
point d'effet, quand le Patron Ecclésiastique présente dans les six mois de la vacance
du Bénéfice. Néantmoins, par Arrêt rendu
le 13 Août 1745, conforme aux Conclusions de M. l'Avocat Général Joly de Fleury, le sieur Lavoisier, Préventionnaire, a
été maintenu dans la Cure de Tournechem,
avec restitution de fruits.

La Prévention n'a pas lieu pour les Bénéfices qui sont à la nomination des Cardinaux, suivant l'arrangement fait à l'exalta-
tion de Paul IV, qui a toujours depuis été
suivi par ses Successeurs. La Bulle que ce
Pape a donnée sur cela, a été enregistrée
au Grand-Conseil. V. Compact.

D'Hericourt dit que cet affranchissement
du droit de Prévention est un privilége accordé aux Cardinaux ; mais il me semble
que cette qualification est impropre, puisque la Bulle de Paul IV ne fait, à l'égard
des Cardinaux, que remettre les choses dans
l'ancien droit, suivant lequel les Patrons &
Collateurs ont six mois pour conférer librement. V. Dévolution.

Le même d'Hericourt, Loix Ecclésiastiques, liv. premier, seconde partie, chap.
12, num. 7, dit que la Prévention n'a pas
lieu, lorsque les Cardinaux conferent conjointement avec un Chapitre, ou même
quand ils n'ont qu'une seule voix » dans
» un Chapitre pour la disposition des Bé-
» néfices « ; & à cette occasion il rapporte
un Arrêt du 29 Décembre 1707, par lequel
la Cour a jugé que les Patrons Ecclésiastiques ne peuvent être prévenus en Cour

de Rome pour les Bénéfices dont les Cardinaux sont Collateurs. V. Cardinaux.

Les Cardinaux ne sont point affranchis
de la Prévention, à compter du jour de leur
nomination, mais seulement du jour de leur
acceptation, c'est-à-dire, du jour qu'ils ont
reçu le Bonnet ou Barrete, parce que le
Cardinalat est un véritable titre de Bénéfice, & qu'une collation de Bénéfice faite à
un absent, ne lui donne aucun droit à ce
même Bénéfice, jusqu'à ce qu'il l'ait accepté. On peut voir à ce sujet, dans les Mémoires du Clergé, tome second, & dans les
Arrêts notables de Tournet, l'Arrêt du 23
Février 1598, rendu sur la question de sçavoir, si la Régale étoit ouverte par la promotion de M. de Gondy au Cardinalat avant
la réception de la Barrete. Voy. aussi dans
le même volume un Arrêt rendu le 30 Juillet 1726, au sujet de la Théologale de l'E-
glise de Rheims, par lequel la Cour a jugé
que la Régale n'étoit ouverte que du jour
que M. de Mailli avoit accepté.

Le Grand-Conseil a rendu un Arrêt le
15 Septembre 1718, à l'occasion de la Cure de Sazilly, Diocèse de Tours, par lequel il a jugé que les Indults, pour conférer en commende dans la forme appellée liberè & licitè, affranchissent de la Prévention du Pape, non-seulement lorsque les
Collateurs, qui ont obtenu des Indults,
conferent de régle en commende, mais encore lorsqu'ils usent de leur droit ordinaire
sur les Bénéfices Séculiers & Réguliers,
même sur les Cures Séculieres. Cet Arrêt
est imprimé, avec un précis du fait & des
moyens : il n'en étoit pas encore intervenu sur cette question.

Le même Tribunal (Grand-Conseil) a
rendu un autre Arrêt le 7 Août 1741, au
rapport de M. de Bonnaire, Conseiller, entre trois prétendans au Prieuré de Meyras,
qui a jugé :

1°. Que les Cardinaux, en conséquence
de la Bulle du Compact, & les autres Collateurs, Porteurs d'Indult, avec la clause
liberè & licitè, ne peuvent être prévenus
par le Pape dans les vacances, même de
droit (a).

(a) Les Cardinaux, leurs Pourvus & les Gradués, peuvent seuls faire valoir le privilége qui affranchit de la Prévention : un second Pourvu en Cour de Rome ne sçauroit
en tirer avantage.

Cela a été ainsi jugé en la première Chambre des Requêtes du Palais, le 19 Juillet 1710, pour le Prieuré de
S. Denis de Varennes, en la Paroisse de Jablins, Diocèse
de Meaux. Voyez Indults.

2°. Que la vacance de droit d'un·Bénéfice obtenu en Cour de Rome, *pro cupiente profiteri*, par un Séculier, est acquise dès que le Séculier, dans l'année du jour de sa prise de possession, n'a pas pris l'habit Religieux, & ne s'est pas mis en état de faire Profession.

Cet Arrêt est imprimé avec le précis des faits & des moyens. Il a d'ailleurs été recueilli par les Agens du Clergé, qui en ont parlé avec étendue dans leur rapport fait en 1745, page 95.

Les Papes accordent quelquefois aussi des Indults à des Collateurs pour les affranchir du droit de Prévention. Sur cela voyez *Indults*.

Les Avocats & Procureurs Généraux du Parlement de Douai, ont attesté, par Acte de Notoriété donné le 23 Octobre 1744, » qu'il est sans exemple & contre les usa- » ges, libertés & priviléges des Pays-Bas«, que les Prévôtés (qui sont des espéces de Bénéfices, ou plutôt des administrations à peu près pareilles à celles dépendantes de la maison de S. Victor de Paris) » dépen- » dantes des Abbayes situées en ces Provin- » ces, soient impétrées en Cour de Rome à » titre de dévolut, Prévention, commende, » réserve, résignation ou de toute autre » maniere que ce puisse être «.

Conformément à cet Acte de Notoriété, la Cour, par Arrêt rendu le 7 Mars 1746, a déclaré abusives les signatures & provisions obtenues en Cour de Rome, par le sieur Bestremieux, des Prieurés de Chantrud & Marchamond, comme Bénéfices Réguliers en titre, avec dispense pour les posséder en commende. Ces deux Prieurés sont situés en Picardie ; mais ils dépendent d'une Abbaye située à Tournai, qui est le chef-lieu.

Une résignation de la Cure d'Alençon faite en faveur du sieur Guilloret, Archidiacre de Séez, ayant été admise trop tard à Rome, le sieur Guilloret voulut faire usage de la clause *quovis modo*, insérée dans ses Provisions, & en conséquence demander la Cure, comme vacante *per obitum*, à titre de Prévention. Mais sa prétention fut rejettée, & son Compétiteur maintenu par Arrêt rendu au Parlement de Rouen, sur les Conclusions de M. le Baillif Menager,

le 31 Juillet 1742, plaidans Mes Thouars & Brehain.

PRÉVENU.

En matiere criminelle, ce mot est assez synonime à Accusé.

PRÉVÔT.

Voyez *Bailli*, *Cas Prévôtaux* & *Juges*.

On nomme Prévôt un Juge inférieur qui décide les affaires en premiere instance.

» Les Juges qu'on appelle Prévôts dans » la plus grande partie des Provinces du » Royaume, sont appellés Châtelains en » Bourbonnois, en Auvergne & lieux voi- » sins ; Vicomtes en Normandie ; Viguiers » en Languedoc & en Provence : ensorte » que les Prévôts, Châtelains, Vicomtes » & Viguiers, sont tous Juges de même » pouvoir, & ne different entr'eux que de » nom «. V. le Dictionnaire de Trévoux.

Il ne faut point confondre le Prévôt de Paris avec ceux dont je viens de parler, car il a la même Jurisdiction que les Baillis & Sénéchaux : il précéde même les autres Baillis & Sénéchaux du Royaume, & commande le Ban & l'arriere-Ban quand ils sont convoqués. Voyez *Bailli*.

Il y a d'autres Officiers qu'on nomme Prévôt des Maréchaux, dont la fonction est de commander les Officiers, Cavaliers & Archers de Maréchaussée préposés pour rechercher & constituer prisonniers les Vagabonds, les Mendians, les Voleurs de grands chemins ; obéir aux ordres des Juges ordinaires pour arrêter & conduire les prisonniers accusés de crimes, & juger les cas Prévôtaux. Voyez ce que je dis sur cela à l'article *Cas Présidiaux & Prévôtaux* ; l'Ordonnance de 1670, & la Déclaration du 5 Février 1731. Voyez aussi les Lettres-Patentes concernant le Prévôt de l'Isle de France, du premier Février 1740, regiftrées le 9 Avril suivant, & l'article *Maréchaussée*.

PRÉVÔT & PRÉVÔTÉ
DE L'HÔTEL.
Voyez *Maisons Royales* & *Suite*.

La Prévôté de l'Hôtel est une Jurisdiction ambulante dont on ne reconnoît l'origine que très-imparfaitement (a), & qui n'a point de territoire réel. Son effence, fon inftitution & fa deftinée eft de fuivre le Roi par-tout, foit que la Cour marche ou qu'elle s'arrête : par-tout où eft le Roi, le Prévôt de l'Hôtel eft Juge entre les perfonnes de la Cour & de la fuite, pour ce qui a rapport au Service & aux Vivres.

Les appels des Sentences rendues en la Prévôté de l'Hôtel fe relevent au Grand-Confeil en matiere civile : à l'égard des matieres criminelles & de police, le Prévôt de l'Hôtel & fes Lieutenans les jugent fouverainement, en appellant néantmoins nombre de Juges fuffifant, qu'ils choififfent, ou dans les Maîtres des Requêtes, ou dans les Confeillers au Grand-Confeil. Il y a fur cela des Edits très-formels des mois de Décembre 1485, Juin 1522, Juin 1544, & des Lettres-Patentes du 20 Février 1572. Voyez l'article 18 de l'Arrêt dont je vais rapporter les difpofitions.

Il n'eft point de Tribunal qui ait donné lieu à tant de conflits qu'en a fait naître la Prévôté de l'Hôtel. Ses Officiers prétendoient pouvoir connoître de partages de fucceffions, nommer des tuteurs à des mineurs, appofer des fcellés hors des maifons Royales par droit de fuite ; en un mot, ils fe prétendoient Juges ordinaires de toutes les affaires perfonnelles, poffeffoires & mixtes, dans lefquelles les perfonnes de la Cour & de la fuite, les Commenfaux & domeftiques de la Maifon du Roi avoient intérêt ; mais leur compétence vient d'être fixée par un Arrêt du Confeil du premier Avril 1762, d'une maniere fi claire & fi précife, que l'on n'a plus de conflits à craindre entr'eux & les Juges ordinaires. Voici quelles font les difpofitions de cet Arrêt.

Art. I. » Le Prévôt de l'Hôtel de S. M. » connoîtra, à l'exclufion de tous autres Ju- » ges, de tous crimes & délits commis dans » les Palais, Châteaux & Maifons Royales » dans lefquelles S. M. fera fon habitation » actuelle ; & dans les bâtimens, cours, » baffe-cours & jardins en dépendans, mê- » me dans les logemens loués par fes or-

» dres, pour fupplément defdits Palais & » Châteaux.

II. » La difpofition de l'article précédent » fera obfervée à l'égard de tous les lieux » qui feroient habités par S. M. en voyage » ou autrement.

III. » Ledit Prévôt connoîtra pareille- » ment, à l'exclufion de tous autres Juges, » des crimes & délits commis dans les Pa- » lais des Thuileries, du Louvre & du Lu- » xembourg, bâtimens, cours & jardins en » dépendans, même dans les logemens def- » tinés aux Artiftes dans les Galeries du » Louvre, aux Gobelins & à la Savonne- » rie, & ce, encore que S. M. ne foit pas » actuellement en fa Ville de Paris.

IV. » Dans tous les autres Châteaux & » Maifons Royales où S. M. ne fera pas fa » demeure actuelle, la Jurifdiction crimi- » nelle fera exercée par les Juges ordinai- » res, ainfi que dans tous les autres lieux » de leur territoire, même à l'égard des » Gouverneurs, Capitaines, Suiffes, Por- » tiers, Gardes-chaffes, ou de ceux à qui » S. M. auroit accordé des logemens dans » lefdits Châteaux & Maifons.

V. » Lorfque S. M. commandera fes Ar- » mées en perfonne, ledit Prévôt aura la » connoiffance de tous crimes & délits com- » mis dans le quartier du Roi.

VI. » Ledit Prévôt fera faire exactement » des rondes ou patrouilles dans les dix » lieues à la ronde du lieu qui fera actuelle- » ment habité par S. M. fera arrêter les » vagabonds, gens fans aveu, ou autres qui » troubleroient la fûreté & la tranquillité » de la Cour ; & pourra leur faire le pro- » cès, lorfqu'il aura prévenu les Juges or- » dinaires.

VII. » Ledit Prévôt connoîtra, à l'ex- » clufion de tous Juges, des crimes & dé- » lits commis dans ladite étendue de dix » lieues, tant en la perfonne de ceux qui » font actuellement de fervice auprès de S. » M. de la Reine & de la Famille Royale, » que par lefdites perfonnes actuellement » de fervice, fans que, fous aucun prétexte, » il puiffe y prendre connoiffance defdits

<hr>

(a) Miraumont, qui étoit Lieutenant Général de cette Jurifdiction, fait fuccéder le Prévôt de l'Hôtel aux Maires & Comtes du Palais.
Les Officiers de ce Tribunal lui donnent, pour époque,

le commencement de la Monarchie.
Longuemare fait fuccéder le Prévôt de l'Hôtel aux Maîtres d'Hôtel ; & du Tillet le fait fuccéder au Roi des Ribauds, Voyez le Traité de la Police.

» crimes & délits , à l'égard d'aucuns autres
» que de ceux portés au préfent article &
» au précédent.

VIII. » N'entend S. M. comprendre
» dans ladite étendue de dix lieues, la ville
» de Paris & fes Fauxbourgs, dans lefquels
» Ville & Fauxbourgs led. Prévôt ne pour-
» ra exercer aucune Jurifdiction criminelle,
» fi ce n'eft feulement dans les lieux portés
» par l'article III du préfent Arrêt : Et à
» l'égard des crimes & délits commis dans
» ladite Ville & Fauxbourgs d'icelle, pen-
» dant que S. M. y fera , il n'en pourra
» connoître que lorfqu'il s'agira de crimes
» & délits commis entre perfonnes attachées
» à fon fervice ou à celui de la Reine &
» de la Famille Royale : Et en cas qu'ils
» ayent été commis entre lefdites perfonnes
» & des Bourgeois de ladite Ville, ou au-
» tres , la connoiffance ne lui en appartien-
» dra qu'au cas qu'il eût prévenu les Ju-
» ges ordinaires.

IX. » Ne feront compris dans le nombre
» des Commenfaux , Officiers , ou autres
» perfonnes attachées à la fuite de S. M. ou
» à celle de la Reine & de la Famille Roya-
» le , que ceux qui font infcrits dans les
» états enregiftrés en la Cour des Aides
» de Paris.

X. » La Jurifdiction dudit Prévôt n'au-
» ra lieu fur lefdites perfonnes , que pen-
» dant le fervice qu'elles doivent à S. M.
» ou à la Reine & à la Famille Royale , fans
» qu'après le temps dudit fervice expiré ,
» il puiffe continuer de l'exercer , s'il n'y a
» eu auparavant un procès-verbal de cap-
» ture , ou une information commencée par
» lui ou fon Lieutenant.

XI. » Dans les cas où ledit Prévôt ne fe-
» roit compétent qu'à raifon du lieu où S.
» M. auroit fait fon habitation, fi Elle vient
» à en changer, il ne pourra exercer fa Ju-
» rifdiction, qu'autant qu'il y aura eu au-
» paravant un procès-verbal de capture ,
» ou une information faite par lui ou par fon
» Lieutenant.

XII. » Déclare au furplus S. M. qu'Elle
» n'entend préjudicier par le préfent Régle-
» ment , aux priviléges accordés à certaines
» perfonnes à raifon de leur dignité ou de
» leur état , qui feront gardés & obfervés ,
» ainfi qu'ils l'ont été ou dû l'être ci-devant.

XIII. » Ledit Prévôt ne connoîtra du
» crime de rapt, de violence ou de féduc-
» tion , à l'exclufion de tous autres Juges,
» que dans le cas feulement où il aura été
» commis dans l'intérieur des Palais, Mai-
» fons Royales & Châteaux dans lefquels
» S. M. fera fon habitation actuelle , ou
» dans leurs dépendances ; & les Juges or-
» dinaires en connoîtront en tous autres
» cas, & à l'égard de toutes perfonnes, fans
» exception.

XIV. » Dans toutes les caufes & procès
» civils, dont la connoiffance appartient au-
» dit Prévôt, il connoîtra pareillement du
» faux qui y fera incident, fans que , fous
» prétexte du lieu ou de la perfonne , il
» puiffe connoître du faux incident aux cau-
» fes & procès pendans devant tous autres
» Juges.

XV. » Ne pourra ledit Prévôt connoî-
» tre , en aucun cas, du crime de duel, cir-
» conftances & dépendances , encore qu'il
» eût été commis dans des lieux , ou par des
» perfonnes foumifes à fa Jurifdiction, fauf
» à lui d'informer dudit crime, même d'ar-
» rêter les prévenus en flagrant-délit ; au-
» quel cas, il fera tenu de renvoyer les char-
» ges, informations & procédures, & ceux
» qu'il auroit arrêtés , dans les Cours de
» Parlement & Confeils fupérieurs, pour
» y être ledit procès continué à la pourfuite
» & diligence des Procureurs Généraux de
» S. M. en la forme portée par les Ordon-
» nances.

XVI. » Les Lettres d'abolition, de par-
» don & de remiffion, qui auroient été ac-
» cordées pour crimes & délits inftruits par
» ledit Prévôt, lui feront adreffées, & fera
» par lui procédé à leur entérinement en
» la forme prefcrite par les Ordonnances.

XVII. » Dans toutes les matieres attri-
» buées audit Prévôt, les Juges ordinaires
» pourront informer & décréter , à la char-
» ge de renvoyer le procès & les accufés
» audit Prévôt ; & pourra pareillement le-
» dit Prévôt informer & décréter pour cri-
» mes commis dans tous les lieux où il
» peut exercer fa Jurifdiction, encore que
» la connoiffance du crime ou délit ne lui
» appartînt pas ; à la charge pareillement
» de renvoyer le procès & l'accufé aux Ju-
» ges ordinaires qui en doivent connoître.

XVIII. » Ledit Prévôt ou fon Lieute-
» nant pourra rendre feul les Ordonnan-
» ces pour permettre d'informer & pour dé-
» créter ; & à l'égard du réglement à l'ex-
» traordinaire, & autres Jugemens prépara-
» toires, interlocutoires ou définitifs, il ne
» les pourra rendre qu'avec fix Maîtres des
» Requêtes de l'Hôtel au moins, ou fix des
» Confeillers du Grand-Confeil, ou des
» Cours de Parlement ; & lorfque S. M. fe-
» ra en voyage, ou hors du lieu ordinaire
» de fon habitation, s'il ne fe trouve pas
» à fa fuite fuffifamment] de Maîtres des
» Requêtes ou defdits Confeillers, pour
» remplir ledit nombre, il y appellera fix
» des Officiers des Bailliages ou Sénéchauf-
» fées, même des autres Juftices Royales
» qui fe trouveront les plus proches des
» lieux où S. M. fera ; & les Jugemens ainfi
» rendus, feront exécutés en dernier reffort
» & fans appel.

XIX. » Dans tous les cas où il fera né-
» ceffaire de mettre le fcellé dans l'intérieur
» des Palais de S. M. & autres lieux énoncés
» dans les articles I, II, III & V du préfent
» Arrêt, il ne pourra être appofé & levé que
» par ledit Prévôt ou autre Officier de la
» Prévôté de l'Hôtel.

XX. » L'appofition & la levée des fcel-
» lés appartiendront pareillement aud. Pré-
» vôt, lorfque les perfonnes attachées à la
» fuite de S. M. ou à celle de la Reine &
» de la Famille Royale, décéderont, pen-
» dant le temps de leur fervice, dans des
» logemens par eux occupés pour led. temps
» feulement. Mais s'ils décédent, même
» pendant le temps de leurdit fervice, dans
» des maifons à eux appartenantes, ou qu'ils
» auroient loués pour un temps plus long
» que celui dudit fervice, lefdites appofi-
» tions & levées des fcellés appartiendront
» aux Juges ordinaires.

XXI. » Les inventaires feront faits par
» tels Notaires que les Parties voudront
» choifir ; & dans les cas où il fera nécef-
» faire de les faire clorre en Juftice, la
» clôture fera faite devant les Juges ordi-
» naires.

XXII. » S'il eft néceffaire de procéder
» auxdits inventaires en Juftice, ils feront
» faits par ledit Prévôt ou par le Juge ordi-
» naire, felon que l'un ou l'autre en fera

» compétent, aux termes des articles XIX
» & XX ci-deffus.

XXIII. » La vente des meubles fera faite
» de l'autorité de celui dudit Prévôt, ou du-
» dit Juge qui fe trouvera compétent, aux
» termes defdits articles ; & ce par tel Huif-
» fier-Prifeur-Vendeur qui fera choifi par
» les Parties, ou commis à cet effet, s'il eft
» néceffaire d'en nommer un en Juftice.

XXIV. » Dans tous les cas où ledit Pré-
» vôt fera compétent pour lefdits fcellés,
» inventaire & ventes, fuivant ce qui a été
» réglé ci-deffus, il ne pourra prétendre
» aucun droit de fuite.

XXV. » Ledit Prévôt connoîtra du bris
» des fcellés par lui appofés, fans que, fous
» ce prétexte, il puiffe connoître des actions
» en recélé & divertiffement, lefquelles fe-
» ront portées devant les Juges ordinaires.

XXVI. » Les tutelles & curatelles, & les
» émancipations qui feront à faire après le
» décès des perfonnes fufdites, feront faites
» devant les Juges ordinaires, fans que le-
» dit Prévôt puiffe s'y immifcer, fous pré-
» texte defdits fcellés, inventaires & ventes,
» ou fous quelqu'autre que ce foit.

XXVII. » Les demandes & actions qui
» concerneront le fervice que doivent les
» perfonnes attachées à la fuite de S. M. à
» celle de la Reine & de la Famille Royale,
» l'exercice de leurs fonctions, leurs loge-
» mens, nourritures ou habillemens, ou de
» leurs domeftiques, pendant le temps de
» leur fervice, ainfi que les actes, conven-
» tions ou billets qu'elles auroient faits pour
» raifon defdits objets, même les lettres de
» changes caufées pour iceux, & autres de-
» mandes de pareille nature & qualité, qui
» auront trait audit fervice, feront portées
» pardevant ledit Prévôt, à l'exclufion de
» tous autres Juges.

XXVIII. » Les faifies mobiliaires ou
» réelles qui feront faites en exécution des
» Sentences rendues par ledit Prévôt, dans
» les cas dont la connoiffance lui eft attri-
» buée par le préfent Arrêt, & les inftan-
» ces de préférence, de contribution ou d'or-
» dre qui feront intentées en conféquence,
» pourront être portées pardevant ledit Pré-
» vôt, fans qu'il puiffe en connoître en au-
» cun autre cas.

XXIX. » Ledit Prévôt ne pourra connoî-

» tre, en aucun cas, des demandes en parta-
» ge ou licitation de biens, des contestations
» concernant les testamens & les substitu-
» tions, des oppositions aux mariages, des
» demandes en séparation de corps ou de
» biens, de celles en retrait lignager, des
» décrets volontaires, ni d'aucune action
» personnelle ou mixte, autre que celles
» portées par les deux articles précédens.

XXX. » Ne pourra pareillement ledit
» Prévôt connoître, en aucun cas, & sous
» quelque prétexte que ce soit, des saisies
» féodales, des demandes en retrait féodal
» ou censuel, des actions en reconnoissance
» ou payement de cens & rentes, des de-
» mandes en réunions ou en bornages, ni
» de toutes autres matieres réelles.

XXXI. » Dans toutes les affaires dont la
» connoissance appartient audit Prévôt, les
» assignations pourront être données, &
» tous exploits pour l'exécution de ses Or-
» donnances & Jugemens, être faits dans
» tout le Royaume, par les Officiers de la-
» dite Prévôté, ayant pouvoir d'exploiter,
» sans qu'ils ayent besoin de pareatis ; &
» en cas que lesd. assignations soient don-
» nées, ou lesdits exploits faits par d'autres
» Huissiers ou Sergens, ils seront tenus de
» prendre un pareatis en la maniere accou-
» tumée.

XXXII. » Le Prévôt ou son Lieutenant
» se transportera avant l'arrivée de S. M.
» dans tous les lieux où Elle devra loger,
» à l'effet d'y régler, de concert avec les Ju-
» ges de Police du lieu, le taux du pain,
» vin, viande, foin, paille, avoine, bois,
» chandelle & autres choses nécessaires à la
» subsistance & approvisionnement de sa
» suite ; sauf, en cas qu'il survienne quel-
» ques difficultés à cet égard, à y être pour-
» vu par les ordres de S. M. sur le compte
» qui lui en sera rendu.

XXXIII. » En cas qu'il soit nécessaire
» pour ladite subsistance de tirer des mar-
» chandises ou denrées des lieux circon-
» voisins, ledit Prévôt pourra pareillement
» s'y transporter, & donner les ordres né-
» cessaires à cet effet, lesquels seront exé-
» cutés par provision ; sauf, en cas de plain-
» tes, à y être pourvu par S. M. ainsi qu'il
» appartiendra.

XXXIV. » Ledit Prévôt pourra en ou-

» tre, de concert avec le Juge de Police du
» lieu, fixer le taux des denrées & mar-
» chandises pour la provision de la Cour &
» suite de S. M. sur les Ports les plus pro-
» ches du lieu où Elle sera ; sauf, en cas de
» difficulté, à y être pourvu par Sa Majes-
» té, ainsi qu'il appartiendra.

XXXV. » Ledit Prévôt pourra faire des
» visites dans tous lesdits lieux, pour y
» maintenir la police & l'exécution de ses
» Ordonnances, en ce qui concerne ledit
» approvisionnement seulement : Et il con-
» noîtra exclusivement à tous autres Juges,
» des contraventions & contestations qui
» pourroient naître à ce sujet, soit au Ci-
» vil, soit au Criminel.

XXXVI. » Ledit Prévôt connoîtra pa-
» reillement, à l'exclusion de tous autres
» Juges, de toutes conventions & marchés,
» soit verbaux, soit par écrit, qui seroient
» faits & causés pour l'approvisionnement
» de ladite Cour & suite de Sa Majesté,
» même des lettres de Change ou billets
» ainsi causés.

XXXVII. » La police, dans les Cha-
» pelles des Palais & Maisons Royales
» mentionnés dans les articles I, III & V
» du présent Arrêt, appartiendra audit Pré-
» vôt, à l'exclusion de tous autres Juges :
» ce qui aura lieu pareillement, à l'égard
» de toutes les Eglises, lorsque Sa Majesté
» y assistera au Service Divin : & dans tous
» les autres cas, la police desdites Eglises
» demeurera aux Juges des lieux.

XXXVIII. » La police sur tous Vivan-
» diers, Marchands ou Artisans privilé-
» giés, qui seront à la suite de ladite Cour,
» appartiendra audit Prévôt, à l'exclusion
» de tous Juges ; & à l'égard de tous autres
» Vivandiers, Marchands & Artisans, elle
» appartiendra aux Juges ordinaires du lieu,
» sans préjudice néantmoins audit Prévôt
» ou son Lieutenant, de faire des visites de
» police chez eux, & notamment chez les
» Cabaretiers, pour la sûreté & le bon or-
» dre de ladite Cour.

XXXIX. » Ledit Prévôt pourra faire pu-
» blier, toutes les fois que besoin sera, les
» Ordonnances pour la police de lad. Ville,
» même en rendre de nouvelles, s'il est né-
» cessaire, & la connoissance de tout ce qui
» concernera leur exécution, lui appartien-

» dra exclufivement à tous autres Juges.

XL. » Les Ordonnances & Réglemens
» concernant la propreté des rues des lieux
» que S. M. habitera, & pour les boues &
» lanternes, feront faits par le Juge ordi-
» naire des lieux ; & il connoîtra de toutes
» les contraventions & conteftations, ce
» concernant ; fauf, en cas de négligence
» de fa part, d'y être pourvu de l'autorité
» de Sa Majefté, ainfi qu'il appartiendra.

XLI. » Les Ordonnances de Police, ren-
» dues par ledit Prévôt, feront exécutées,
» nonobftant oppofitions ou appellations
» quelconques, & fans préjudice d'icelles,
» fauf l'appel au Grand-Confeil de Sa Ma-
» jefté.

XLII. » Veut néantmoins S. M. que, fi
» elles ont été rendues pendant le cours de
» fes voyages, ou ailleurs que dans le lieu
» de fon habitation ordinaire, & qu'il fe
» trouve à fa fuite trois des Maîtres des
» Requêtes de fon Hôtel, l'appel en foit
» porté pardevant eux, pour y être ftatué
» en dernier reffort, fommairement & fans
» frais, en la forme prefcrite par le Régle-
» ment du Confeil pour l'inftruction des
» incidens.

XLIII. » Ledit Prévôt aura la police des
» Spectacles qui auront été établis par per-
» miffion de S. M. dans les lieux où Elle
» fera fon féjour.

XLIV. » N'entend Sa Majefté compren-
» dre la Ville de Paris, dans tout ce qui a
» été réglé par les articles précédens, con-
» cernant l'exercice de la police par ledit
» Prévôt : Veut Sa Majefté que, foit en
» fon abfence, foit en fa préfence, il ne
» puiffe l'exercer que dans l'intérieur des
» Palais & autres lieux mentionnés dans
» l'article III du préfent Arrêt.

XLV. » Tout ce qui eft porté par le pré-
» fent Arrêt fur la Jurifdiction dudit Pré-
» vôt, aura lieu dans les cas où la Reine,
» ou l'un des Princes ou des Princeffes de
» la Famille Royale, ne fe trouvant pas
» avec Sa Majefté, Elle aura chargé ledit
» Prévôt ou fon Lieutenant, de faire le fer-
» vice auprès de leur perfonne.

XLVI. » Ledit Prévôt connoîtra en pre-
» miere Inftance, & à la charge de l'appel
» audit Grand-Confeil, des conteftations
» qui pourront concerner la validité ou in-

» validité des priviléges de ceux des Mar-
» chands & Artifans attachés à la Cour &
» fuite de Sa Majefté, qui exerceront auffi
» leur Profeffion & Art en la Ville de Paris
» ou fes Fauxbourgs, fans qu'ils puiffent
» être traduits ailleurs, pour raifon de leurs
» priviléges.

XLVII. » Seront au furplus lefdits Mar-
» chands & Artifans tenus de fe confor-
» mer aux Réglemens faits pour l'exercice
» & police des Arts & Métiers de ladite
» Ville ; & en cas de contravention, les
» Maîtres & Gardes, & les Jurés des Com-
» munautés pourront faire la vifite chez
» lefdits Marchands & Artifans, à la charge
» de prendre l'Ordonnance du Lieutenant
» Général de Police, & de fe faire affifter
» d'un Commiffaire : & les conteftations
» qui naîtront à ce fujet, feront portées
» pardevant ledit Lieutenant Général de
» Police, & par appel au Parlement de lad.
» Ville.

XLVIII. » Les Commenfaux de S. M.
» & les perfonnes attachées à fon fervice
» & à celui de la Reine & de la Famille
» Royale, pourront être affignés, parde-
» vant ledit Prévôt, dans tous les cas dont
» la connoiffance lui eft attribuée par le
» préfent Arrêt, fans préjudice auxdites
» perfonnes de faire ufage de leur droit de
» *Committimus* dans les cas portés par les
» Ordonnances ; fans néantmoins que lef-
» dits *Committimus* puiffent avoir lieu, lorf-
» qu'il fera queftion de la police ou des pri-
» viléges accordés aux Marchands & Arti-
» fans, étant à la fuite de la Cour.

XLIX. » Ordonne Sa Majefté que le
» préfent Arrêt fera exécuté en tout fon
» contenu, même à l'égard des conflits &
» autres conteftations qui feroient encore
» indécis ; & ce, nonobftant toutes chofes à
» ce contraires «.

PREUVES.

Voyez *Adultere, Baptêmes, Commencement
de preuve, Concubinage, Contrats, Dépôt,
Enquête, Faits & Articles, Indices, Information, Interdiction, Lettres-Miffives,
Mariage, Notaires, Payemens, Sémi-
preuve, Témoins, & Vœux.*

On appelle Preuves en Juftice, dit Domat, les manieres réglées par les Loix pour

découvrir & pour établir avec certitude la vérité d'un fait contesté.

Il y a deux sortes de Preuves ; sçavoir celles que les Loix veulent qu'on tienne pour sûres, & celles dont elles laissent l'effet à la prudence des Juges.

Les Loix veulent, par exemple, qu'on prenne pour une Preuve sûre d'un crime ou d'un autre fait, les dépositions conformes des témoins contre lesquels on n'a pas fourni de reproches valables, & qui sont au nombre qu'elles ont réglé.

Elles veulent de même qu'on regarde comme Preuve certaine d'une convention les actes faits, entre les Parties, dans les formes prescrites, & qu'on n'admette aucune Preuve testimoniale contre le contenu aux actes. V. *Contrats* & *Dépôt*.

» Mais lorsqu'il n'y a que des présomp-» tions, des indices, des conjectures, des » témoignages imparfaits, ou d'autres sor-» tes de Preuves, que les Loix n'ont pas » ordonné que l'on tînt pour sûres, elles » laissent à la prudence des Juges de discer-» ner ce qui peut tenir lieu de Preuves, & » ce qui ne doit pas avoir cet effet.

» L'usage des Preuves ne regarde pas les » faits qui sont naturellement certains, & » dont la vérité est toujours présumée, si » le contraire n'est prouvé ; mais il regarde » seulement les faits incertains, & dont la » vérité n'est pas présumée, si elle n'est prou-» vée.

» Par exemple, celui qui demande une » succession ou un legs, en vertu d'un tes-» tament, n'a pas besoin de prouver que le » testateur n'étoit pas insensé, pour en con-» clure la validité du testament ; car il est » naturellement présumé que chacun a l'u-» sage de la raison ; mais l'héritier du sang, » qui, pour faire annuller un testament, al-» légue la démence du testateur, doit prou-» ver ce fait α.

De même, celui qui se prétendant mineur, veut se faire relever d'une obligation, doit prouver son âge.

De même enfin, celui qui dit être propriétaire d'un fonds possédé par un autre, doit faire Preuve de sa propriété.

Il résulte de ces principes » que dans tous » les cas d'un fait contesté, s'il est tel qu'il » soit nécessaire d'en faire la Preuve, c'est

» toujours celui qui l'avance, qui doit le » prouver : ainsi tous ceux qui font des de-» mandes, dont quelque fait est le fonde-» ment, doivent en établir la vérité, s'il est » contesté, &c. c'est pourquoi l'on dit com-» munément que c'est au demandeur à prou-» ver son fait «.

Par les mêmes raisons, les défendeurs qui alléguent des faits pour fondement de leur défense, doivent aussi les prouver, si la Preuve en est admissible ; » ainsi un débiteur » qui, reconnoissant la dette, allégue un » payement, doit en faire Preuve ; & quoi-» qu'il soit défendeur, il est considéré, à » l'égard de ce fait, comme demandeur α. Voyez Domat, *des Preuves*, liv. 3, tit. 6, sect. 1.

Je dis que ceux qui alléguent des faits, doivent les prouver ; mais cela doit s'entendre, quand *la Preuve en est admissible* ; parce qu'il y a des faits dont la Preuve ne peut pas s'admettre.

Par exemple, on n'admet point la Preuve d'un dépôt volontaire ; on ne permet point non plus à ceux qui ont injurié quelqu'un, de prouver que ce qu'ils ont dit est véritable : on n'admet point encore la Preuve par témoins contre ce qui est contenu aux actes, à moins qu'ils ne soient argués de faux.

La régle, qui ne permet pas d'admettre quelqu'un à prouver que la personne injuriée est telle qu'il l'a dit être, est néanmoins sujette à exception : par exemple, un homme qui, pour se défendre de l'accusation d'une femme qui prétendroit être enceinte par son fait, proposeroit, pour sa défense, que l'accusatrice est une prostituée, pourroit être admis à prouver cette prostitution ; mais cessant cette accusation, si par humeur, & sans autorité sur la personne à laquelle on reprocheroit, ou la prostitution, ou un vol, &c. on demandoit, par forme d'exception, à faire la Preuve que la prostitution, le vol, &c. sont véritables, cette Preuve ne seroit pas admissible. Voyez *Injures*.

Lorsqu'il s'agit d'un fait civil, il n'est pas permis de s'en procurer la Preuve par la voie extraordinaire. V. les Arrêts cités au mot *Dépôt*.

Par exemple, il n'est pas permis de faire
informer

informer des faits de fuggeftion contre un teftament, d'articuler un moyen de faux admiffible ; & fous ce prétexte, faire Preuve de faits inadmiffibles, de fouftraction de papiers, &c. pour parvenir à établir un fait de parenté & de filiation. V. *Etat* (*Queftion d'*).

La demoifelle de Choifeul, qui vouloit prouver qu'elle étoit fille de M. le Duc de Choifeul, avoit commencé par rendre plainte de différens faits, à la faveur defquels elle avoit obtenu une permiffion d'informer, qui avoit été fuivie d'information, dans laquelle elle avoit fait entendre différens témoins qui dépofoient fur fon état & fur fa filiation.

Mais M. le Duc de la Valliere, qui étoit une des principales Parties dans cette affaire, interjetta appel de la procédure de la demoifelle de Choifeul ; & la caufe portée à l'Audience du Parlement, où les Ducs & Pairs furent convoqués ; toute la procédure fut déclarée nulle par Arrêt du 19 Mai 1724, & les Parties renvoyées devant les premiers Juges, pour y plaider fur la queftion de favoir fi la demoifelle de Choifeul feroit admife, ou non, à la permiffion de faire Preuve de fon état.

On ne peut pas, en matiere civile, ordonner la Preuve d'un fait contre une Partie qui n'eft pas en caufe. Voyez l'Arrêt du 23 Juin 1731, dont je rapporte l'efpéce au mot *Chemin*.

La Cour a jugé par Arrêt rendu le 31 Mars 1718, » qu'on peut prouver par té- » moins la mauvaife foi d'un débiteur qui » nie devoir un billet perdu, après avoir » promis de le payer «. Tel eft le titre donné à cet Arrêt, qu'on a fait imprimer avec un Précis du fait. Il paroît que, dans cette efpéce, le créancier avoit pris la voie extraordinaire. La mauvaife foi du débiteur, nommé Pigeon, étoit évidente. Il a été admonefté, & condamné par l'Arrêt en 1000 liv. de réparations civiles.

En matiere de convention, la Preuve par témoins ne s'admet pas, fi la convention a pour objet une valeur fupérieure à 100 liv. à moins qu'il ne s'agiffe d'un fait de commerce entre Commerçans. V. ce que je dis fur cela à l'art. *Contrat*.

Mais il ne faut pas confondre la Preuve

Tome III. Part. I.

d'une convention avec la Preuve d'un fait, tel, par exemple, que la livraifon, la poffeffion, &c. La Preuve des faits fe peut ordonner, à quelque fomme qu'ils puiffent obliger.

Sur les différentes efpéces de Preuves voyez Domat. V. auffi l'efpéce d'un Arrêt, que je rapporte à l'art. *Payement*.

PRIERES PUBLIQUES.

V. *Bréviaire.*

Lorfque le Roi *ordonne de rendre graces à Dieu, ou de faire des Prieres pour quelque occafion, fans en marquer le jour & l'heure,* c'eft aux *Archevêques & Evêques* à les indiquer, à moins que *les Lieutenans Généraux & Gouverneurs pour le Roi, en leur abfence, ne fe trouvent dans les Villes où la cérémonie doit être faite, ou qu'il n'y ait ..... Cour de Parlement, Chambre des Comptes & Cour des Aides, qui y foient établies, auquel cas ils doivent convenir enfemble, & s'accommoder réciproquement à la commodité des uns & des autres, particuliérement en ce que les Prélats eftiment* le plus convenable pour le Service Divin. Ce font les termes de l'article 46 de l'Edit du mois d'Avril 1695.

Mais quand il ne s'agit que de Prieres particulieres, elles doivent être faites & ordonnées par la réfolution commune de l'Evêque & du Chapitre. La Cour l'a ainfi jugé par Arrêt rendu entre l'Evêque & le Chapitre d'Amiens, le 8 Janvier 1647.

C'eft à l'Evêque Diocéfain à régler les difficultés qui s'élevent fur les heures auxquelles la Meffe Paroiffiale, & les autres parties de l'Office Divin doivent être célébrées. Voyez l'article 9 de la Déclaration du 15 Janvier 1731. Je la rapporte au mot *Curé*.

Le 5 Juin 1745, il eft intervenu au Confeil d'Etat un Arrêt portant Réglement général, mais provifoire, entre les Evêques & l'Ordre de Malte, par lequel il a été ordonné que les Mandemens de l'Archevêque de Paris pour les Prieres de Quarante-Heures & pour action de graces, & tous autres Mandemens qui ont été ou feront donnés par les Archevêques & Evêques, ou leurs Vicaires Généraux, en pareille matiere, fe-

Z

ront exécutés dans les Eglises de l'Ordre de Malte, ainsi que dans toutes les autres Eglises de leurs Diocèses, exemptes & non exemptes, même dans celles prétendant avoir Jurisdiction, comme Episcopale.

Un autre Arrêt rendu au Conseil d'Etat, le 21 Mai 1746, a provisoirement fait défenses au Prieur de l'Abbaye de Saint Germain-des-Prés à Paris, & à tous autres, de publier aucun Mandement sur le fait des Prieres Publiques ordonnées par Sa Majesté, jusqu'à ce qu'autrement il n'en ait été ordonné.

Cet Arrêt est intervenu sur ce que le Prieur de l'Abbaye de Saint Germain-des-Prés, qui avoit pris la qualité de Vicaire-Général de M. le Comte de Clermont, Abbé de cette Abbaye, avoit, en cette qualité, donné un Mandement pour ordonner des Prieres Publiques de Quarante-Heures pour la prospérité des armes du Roi, dans l'Eglise de l'Abbaye, & dans les autres Eglises du Fauxbourg & Territoire de S. Germain.

Voyez ce que je rapporte de la Déclaration du 30 Juillet 1710, au mot *Mandement*.

L'Abbé Régulier & les Moines de Saint Bertin ont prétendu que l'Evêque de Saint-Omer ne pouvoit pas leur ordonner, par ses Mandemens, de faire des Prieres Publiques, sans que communication préalable n'ait été prise avec eux par quelqu'un envoyé de la part de l'Evêque ou du Chapitre, sur le motif, le jour & la maniere d'icelles Prieres. L'Abbé & les Moines fondoient leur prétention sur des Bulles, Sentences & Arrêts : cependant, par Arrêt contradictoire rendu sur les Conclusions de M. l'Avocat Général d'Aguesseau, le 5 Septembre 1692, il a été ordonné que par provision les Mandemens donnés par l'Evêque de S. Omer, sur le fait des Prieres Publiques, seroient exécutés ; & la Cour a enjoint aux Abbé & Religieux d'y obéir.

La recommandation qui se fait aux Prônes, aux Prieres des Paroissiens, ne peut être exigée que par ceux à qui le gouvernement appartient. On prie pour ceux qui gouvernent, afin qu'il plaise à Dieu de rendre leur gouvernement juste & propice : on les nomme publiquement dans les Prieres,

(qui, à cause de cette indication, sont appellées nominales) afin que tout le monde sçache à qui la puissance publique appartient dans l'Eglise où on est assemblé. C'est pour cela qu'on y recommande les Seigneurs Hauts-Justiciers, comme ayant la puissance publique, & le droit de glaive. On y recommande aussi les Patrons, en reconnoissance de leurs bienfaits ; & ces recommandations, dit d'Hericourt, doivent se faire par expression de nom & de qualités. Voyez *Droits Honorifiques*.

Différens Arrêts ont jugé que cette recommandation doit se faire, soit que les Patrons & Hauts-Justiciers soient présens ou absens.

En Provence, on ne nomme point par leur nom, au Prône, les Patrons & Hauts-Justiciers recommandés aux Prieres : on ne les désigne que par leur qualité de Patron ou de Haut-Justicier.

L'Arrêt rendu au Parlement de Toulouse, le 27 Janvier 1756, par lequel d'autres Arrêts de ce même Parlement des 23 Juillet 1746, 10 & 27 Juillet 1747, ont été déclarés communs avec le sieur de Sauvan, Marquis d'Aramon, *ordonne que les Curés, & autres Prêtres desservans les Paroisses d'Aramon, Valbregues, S. Etienne, Comps & S. Pierre, recommanderont, chacun en droit soi, ledit Sauvan, en qualité & sous le titre de Seigneur desdits lieux, de même que toute sa famille, au Prône & aux Prieres Publiques, les jours de Dimanches & Fêtes*. Cet Arrêt, qui est fort long, se trouve dans la Jurisprudence observée en Provence.

Le Parlement de Paris avoit auparavant jugé, par Arrêt rendu le 26 Février 1735, au rapport de M. l'Abbé Pucelle, entre le Comte de Mailly, l'Abbé de Thou, & M. le Procureur Général, qu'un Seigneur de Fief, appellé du nom de la Paroisse indéfiniment, qui a Haute, Moyenne & Basse-Justice dans l'étendue de son Fief, ne peut pas exiger qu'on le recommande aux Prieres nominales, ni les honneurs de l'Eglise, quand il n'est pas Seigneur de la Paroisse, & qu'il y a dans cette Paroisse un autre Seigneur, de qui il releve.

» Si la Seigneurie est possédée par indivis » par plusieurs Seigneurs, on les nomme » tous comme Seigneurs par indivis : s'ils

» ont chacun une partie féparée, en les nom-
» mant, on les qualifie Seigneurs en partie,
» en obfervant, pour la nomination, l'ordre
» que les Seigneurs gardent entr'eux à la
» Proceffion «. Loix Eccléfiaftiques, page
2 des Droits Honorifiques, chap. 2. Voyez
quelques Arrêts, que je rapporte à l'article
Droits Honorifiques, où il eft queftion des
Prieres nominales, & ce que je dis au mot
Proceffion.

PRIEURÉS, PRIEURS.

V. *Abbé, Bénéfices, Commende, Conventua-*
lité, Offices Clauftraux, &c.

Le mot Prieur dérive du Latin; & en
général, parmi nous, il fignifie un titre Monaftique.

Il y a des Prieurs de différentes efpéces.

On appelle Prieur Clauftral, celui qui
gouverne les Religieux, foit fous un Abbé
Régulier, foit dans les Abbayes & dans les
Prieurés qui font en Commende.

On nomme Prieur Conventuel, celui qui
ne reconnoît point de Supérieur dans le
Couvent où il eft; & celui qui n'étant foumis à aucune régle, poffède un Prieuré à
titre de Bénéfice fimple, eft nommé Prieur
Séculier.

Enfin, on nomme encore Prieuré, une
Cure deffervie par un Religieux, & qui dépend d'un Monaftere.

Les Prieurés n'étoient pour la plûpart,
dans l'origine, que de fimples Fermes dépendantes des Abbayes.

Les biens les plus voifins des Monafteres
étoient cultivés par les Religieux du Monaftere même, & on formoit des fermes, ou
des granges des domaines plus éloignés.

Les Abbés ou Prieurs des Maifons, à qui
ces biens éloignés appartenoient, envoyoient
dans chacune, pour la faire valoir & la régir,
un Religieux du Monaftere qui leur en rendoit compte; & parce que, dans ces temps-
là, on penfoit qu'il n'étoit pas décent qu'un
Religieux demeurât feul dans un lieu ifolé,
l'ufage étoit de lui donner un ou plufieurs
compagnons, felon la quantité des domai-

nes dont on lui confioit l'adminiftration.

Le premier foin de ces Religieux étoit
de bâtir des Chapelles dans les Fermes, à
la régie defquelles ils étoient prépofés pour
célébrer la Meffe & les autres Offices. Le
plus ancien, ou bien celui à qui l'adminiftration étoit principalement confiée, prenoit la qualité de Prieur, & infenfiblement la Ferme prenoit la dénomination de
Prieuré.

Mais comme dans ces Fermes il n'y avoit
pas *figillum commune, arca communis*, elles
ne formoient point de Prieuré en titre;
quelque quantité de Religieux qu'il y eût;
ainfi les Prieurs n'étoient pas Titulaires,
mais de fimples Obédienciers & Adminiftrateurs comptables. La propriété appartenoit au Monaftere, dont les Religieux
étoient députés. Le Concile de Latran de
l'année 1179 ne donne que le nom d'Obédiences à ces Prieurés.

Les chofes font reftées en cet état jufqu'au
commencement du treiziéme fiécle (a); alors
ces Religieux, envoyés dans les Fermes dépendantes des Abbayes, commencerent à
s'y établir, & à y demeurer. A la faveur de
ces demeures perpétuelles, ceux qui étoient
envoyés dans les Fermes par les Abbés,
s'accoutumerent à fe regarder comme véritablement ufufruitiers des biens dont leurs
prédéceffeurs n'avoient eu qu'une adminiftration momentanée.

Innocent III voulut réformer cet abus;
mais on n'eut point d'égard à fes défenfes.
L'abus augmenta même alors; & c'eft fous
fon Pontificat que les Prieurs fe rendirent
abfolument maîtres des revenus des biens
dont ils n'étoient auparavant que les régiffeurs; de maniere qu'au commencement du
quatorziéme fiécle, les Prieurés furent regardés & réglés comme de véritables titres
de Bénéfices; telle eft l'origine des Prieurés fimples.

Les Prieurés Cures, qui font auffi devenus des Bénéfices, de fimples adminiftrations qu'ils étoient auparavant, ne fe font
pas formés de la même maniere; les uns
étoient des Paroiffes, avant qu'ils tombaf-

(a) L'ancien ufage fubfifte encore pour les Prieurés
dépendans des Abbayes d'Artois & de Flandres, de celle
de S. Jean-des-Vignes de Soiffons, & de celle de S. Victor
de Paris; ces Prieurs ne font pas titulaires, mais fimples
Adminiftrateurs, comptables & révocables. Voyez ce que
je dis fur cela à l'article *Bénéfice*. Voyez auffi l'Acte de
Notoriété du Parlement de Douai, dont je parle à l'article *Prévention.*

fent entre les mains des Religieux; les autres ne le font devenus que depuis que les Monasteres en ont été les maîtres.

Pour en connoître la différence, il faut observer que les Evêques ont donné aux Abbayes de Moines & de Chanoines Réguliers, les dixmes d'un grand nombre de Paroisses, & d'autres revenus qui y étoient attachés; l'Abbé, qui percevoit tous les revenus de la Cure, étoit obligé de la faire desservir par un de ses Religieux, quand la Communauté étoit composée de Chanoines Réguliers; & par un Prêtre Séculier, quand, dans la Communauté, on faisoit profession de la Régle de Saint Benoît.

A l'égard de la seconde espéce de Prieurés-Cures, ce n'étoit d'abord que la Chapelle particuliere de la Ferme, qu'on nommoit grange dans l'Ordre de Prémontré; les Religieux y célébroient le Service, & les domestiques y assistoient les Dimanches & Fêtes. On permit ensuite au Prieur d'administrer les Sacremens à ceux qui demeuroient dans la Ferme: on étendit depuis ce droit sur les personnes qui s'établirent aux environs de la grange, sous prétexte qu'elles en étoient en quelque maniere les domestiques: par-là on vit la plûpart des Chapelles qui étoient dans les Fermes, devenir des Eglises Paroissiales, & ensuite des titres perpétuels de Bénéfices. Voyez la Dissertation de Mᵉ d'Hericourt sur l'origine des Bénéfices.

Dans l'état actuel des Prieurés, nous en connoissons de plusieurs espéces; sçavoir, les Prieurés Claustraux, les Prieurés Conventuels, & les Prieurés simples.

Les Prieurs Claustraux font ceux qui gouvernent les Religieux dans les Abbayes: on les appelle ainsi, parce qu'ils ont autorité dans le Cloître ou Monastere. La plûpart de ces Prieurés ne font pas des titres de Bénéfices, mais seulement des places auxquelles les Supérieurs, Chefs d'Ordre ou l'Abbé (Régulier) nomment les personnes les plus capables de gouverner le Monastere, & ils font révocables *ad nutum*, principalement dans l'Ordre de Cîteaux; ces sortes de Prieurés ne peuvent être conférés en Commende.

Les Prieurs Conventuels ne different guères des Abbés que par le nom; ils en ont toute l'autorité, & font Chefs de Monastere: ils font pourvus en titre, & on ne peut les en dépouiller: on regarde même ces sortes de Bénéfices comme des dignités.

Il faut être âgé de vingt-trois ans, pour être pourvu de Prieurés Conventuels, & ces Prieurs doivent se faire promouvoir à l'Ordre de Prêtrise dans l'année de leurs provisions, ou dans deux ans au plûtard.

Les Prieurés simples font ceux dans lesquels il n'y a point de Conventualité, & dont les Titulaires ne font pas chargés du soin des ames.

Les Prieurés Conventuels ne peuvent être changés en Prieurés simples: la Conventualité doit au contraire être rétablie dans les Prieurés où elle a été négligée. Voyez *Conventualité*.

PRIMAT.

Voyez *Archevêques, Evêques, Hiérarchie, Jurisdiction Ecclésiastique, Pape,* &c.

On nomme Primat un Archevêque qui a une supériorité de Jurisdiction sur plusieurs Archevêchés & Evêchés.

L'Archevêque de Lyon, comme Primat des Gaules, exerce la Jurisdiction Primatiale sur les Eglises Métropolitaines de Sens, de Tours & de Paris, à l'exception des appels qui font portés à Tours des Décrets des Evêques de Bretagne ou de leurs Officiers, lesquels relevent de Tours à Rome.

Lyon est le seul Siége de France qui soit en possession de l'exercice des droits de Primatie. L'Archevêque fait juger par son Official Primatial, les appellations des Sentences prononcées par les Métropolitains de sa Primatie & leurs Officiaux. Il confere les Bénéfices par droit de dévolution, lorsque les Archevêques n'y ont point pourvu dans le temps fixé par le Concile de Latran.

L'Archevêque de Bourges se prétend Primat d'Aquitaine (a). L'Archevêque de Rouen prend la qualité de Primat de Normandie, quoiqu'il n'ait sous lui aucun Mé-

---

(a) L'Archevêque de Bourges a été maintenu dans la possession du droit de Primatie des Aquitaines, par Ar- rêt rendu en la Grand'Chambre du Parlement de Paris, le .... Avril 1710.

tropolitain (*a*). L'Archevêque de Rheims a la qualité de Primat de la Gaule Belgique. L'Archevêque de Narbonne & celui de Sens prennent auſſi la qualité de Primat (*b*).

L'Archevêque de Bordeaux s'attribue, en qualité de Primat de Guyenne, la réviſion des Jugemens rendus par l'Archevêque d'Auch; mais ce droit lui eſt conteſté. V. l'Etat de la France par Boulainvilliers.

L'origine des Primats n'eſt pas abſolument bien connue. On prétend que, ſelon l'ancienne Diſcipline des Egliſes de France, les Métropolitains n'étoient pas ſubordonnés les uns aux autres, & que, juſqu'au Pontificat de Grégoire VII, l'Archevêque de Lyon n'a eu aucune prérogative qui l'ait élevé au-deſſus de ſimples Métropolitains. On peut, ſur l'origine & les droits des Primats, conſulter le Pere Sirmond, Baronius, Saumaiſe & Dupin. V. auſſi le Traité de l'Abus, par Fevret & d'Hericourt, *des Métropolitains.*

P R I M E.

Voyez *Aſſurance.*

PRISE A PARTIE.

Prendre un Juge à Partie, c'eſt l'intimer en ſon nom; & toutes les fois qu'il a agi *per fraudem, gratiam, inimicitias aut ſordes*, il peut être intimé en ſon propre & privé nom.

L'article 147 de l'Ordonnance de Blois, permet de prendre les Juges à Partie lorſqu'ils ont *jugé par dol, fraude ou concuſſion, ou que les Cours trouvent qu'il y a faute manifeſte du Juge, pour laquelle il doive être condamné en ſon nom.*

Le Juge n'eſt point reſponſable des erreurs de l'eſprit, inſéparablement attachées à la condition humaine: la Priſe à Partie ne peut donc être fondée que ſur un crime du cœur, tel que l'inimitié, la partialité, la faveur, ou ſur des baſſeſſes, &c.

On ne peut prendre des Magiſtrats à Par-

tie qu'avec une permiſſion expreſſe (*c*) des Cours Supérieures dont ils reſſortiſſent : c'eſt la diſpoſition du Réglement du Parlement du 4 Juin 1699 : ce Réglement enjoint *à tous ceux qui croiront devoir prendre des Juges à Partie d'expliquer ſimplement & avec la modération convenable, les faits & les moyens qu'ils eſtimeront néceſſaires à la déciſion de leur cauſe, ſans ſe ſervir de termes injurieux, contraires à l'honneur & à la dignité de Juge, à peine de punition exemplaire.* Cet Arrêt eſt dans le Recueil des Réglemens de Juſtice, tome II.

L'exécution de ce Réglement a été ordonné par Arrêt rendu ſur les Concluſions de M. le Pelletier de Saint-Fargeau, le 6 Juillet 1764, par lequel, en condamnant le nommé Ruſte en 50 liv. pour contravention à ce Réglement, elle a ordonné que Ruſte, Procureur à Chaumont en Vexin, demeureroit interdit de toutes fonctions pendant trois années.

Le Parlement de Dauphiné a rendu un ſemblable Arrêt le 20 Mai 1706, qu'on trouve dans le Praticien des Conſuls.

Le Parlement de Rennes a de même rendu un Arrêt le 15 Novembre 1729, par lequel il eſt » fait défenſes aux Parties inti» mées qui ne ſeront point appellantes.... » d'intimer & prendre à Partie les Juges, » pour les aviſer aux inſtances d'appel » indéciſes, ſauf à elles, après la caſſation » définitive des Procédures & Jugemens par » Arrêt, à demander permiſſion de les pren» dre à Partie...... laquelle permiſſion ne » pourra être accordée qu'en connoiſſance » de cauſe, & par délibération de la Cham» bre où l'appel aura été jugé. «

Le Parlement de Toulouſe en a auſſi rendu un autre le 31 Août 1735, par lequel il a *fait défenſes aux Procureurs d'inſérer dans les Lettres de Relief d'Appel qu'ils obtiendront en Chancellerie, la clauſe d'intimation &*

_____

(*a*) Un Arrêt du Conſeil du 12 Mai 1701, a maintenu l'Archevêque de Rouen dans le droit & poſſeſſion de ne reconnoître d'autre Supérieur que le Pape ; & a fait défenſes à l'Archevêque de Lyon, ſes Grands-Vicaires, Officiers & tous autres, de l'y troubler à l'avenir.

(*b*) L'Archevêque de Lyon eſt le ſeul en poſſeſſion de l'exercice du droit de Primatie. Toutes les autres ne ſont que des titres ſtériles.

(*c*) Le Chapitre de Meaux ayant demandé à la Cour d'être reçu Appellant comme de Juge incompétent, & de déni de renvoi d'une Sentence rendue par le Lieutenant

Général de Police de Meaux, le 4 Août 1761, demanda auſſi qu'il lui fût permis de faire intimer ſur cet appel, le Lieutenant de Police & le Procureur du Roi en leurs propres & privés noms : l'Arrêt permit ſeulement de faire intimer qui bon leur ſembleroit ; cependant le Chapitre fit intimer les deux Magiſtrats. Ceux-ci ſoutinrent la nullité de la Priſe à Partie ; qu'une permiſſion vague & générale d'intimer qui bon leur ſembleroit, étoit inſuffiſante; qu'il falloit une permiſſion ſpéciale & expreſſe : & par Arrêt rendu le Samedi 17 Juillet 1761, le Chapitre fut condamné en 50 liv. de dommages & intérêts.

*Prife à Partie contre les Juges , à peine de
nullité ; & leur a au contraire ordonné de
se pourvoir en la Cour par Requête , pour obtenir Arrêt , portant que les Juges seront intimés & pris à Partie en leur propre & privé
nom. . . . . . .*

La permiſſion de prendre des Juges à Partie ne doit pas s'accorder aiſément ; on doit
faire attention que les Juges ſont dépoſitaires de l'autorité du Prince ; & que , ſans des
motifs très-juſtes, on ne doit point expoſer
le miniſtere auguſte qu'ils exercent, à être
en quelque maniere avili par des condamnations qui annoncent l'abus qu'ils ont fait de
l'autorité qui leur eſt confiée ; en un mot ,
la prévarication qu'on reproche à l'Officier
qu'on veut prendre à Partie , doit être prouvée, parce que la préſomption de la Loi eſt
toujours en faveur des Juges.

Mais les égards qu'on doit avoir pour leur
caractere, ont leurs bornes ; & quand ils ſe
ſont dépouillés les premiers du caractere de
Juges, pour ſe rendre les propres Parties de
ceux dont ils tenoient le ſort entre leurs
mains , il ſeroit dangereux de les mettre à
l'abri des recherches de ceux qu'ils ont per-
ſécutés ; les fondemens de l'ordre public en
ſeroient ébranlés.

Il n'y a point de Loi qui diſpenſe les
Membres & même les Corps des Cours Supérieures d'être pris à Partie : la Loi les ſou-
met, comme les Juges inférieurs, à la peine
des dommages-intérêts des Parties , quand
ils auront rendu des Arrêts contre la diſpoſition des Ordonnances ; & M. Puſſort, lors
du Procès-verbal de rédaction des Ordonnances, fit voir, par l'autorité des anciennes
Loix du Royaume, & par les principes de
l'ordre public, qu'il étoit impoſſible de ſouſtraire à la rigueur des peines, non - ſeulement les Officiers des Cours Supérieures en
particulier , mais même les Compagnies entieres. Il prouva que, de quelque pouvoir que
les Juges ſoient revêtus, ils ſont ſoumis aux
Loix ; & que lorſqu'ils les tranſgreſſent, la
Juſtice & l'autorité du Roi ſont intéreſſées
à les punir ; & c'eſt conformément à ces
principes que les articles de l'Ordonnance qu'on voulut faire réformer , ſub-
ſiſterent.

La Juriſprudence des Arrêts ſur ce point
eſt conforme à l'Ordonnance : nous en avons

trois exemples. On trouve le premier dans
un Arrêt du 11 Octobre 1556, rapporté par
Papon, liv. 19 , tit. 8 , n°. 9.

Le deuxiéme eſt plus récent : la Cour des
Monnoies de Paris ayant condamné un Accuſé à ſubir la queſtion ordinaire & extraordinaire, ſans autres preuves que des indices
arbitraires ; au lieu que , ſuivant les Ordonnances , il faut une preuve conſidérable ,
l'Accuſé ſuccomba ; il avoua le crime , &
fut enſuite condamné à la mort par Arrêt
du 3 Mars 1691 : mais ſon innocence ayant
été depuis reconnue , ſa veuve ſe pourvut ,
& obtint des Lettres de Réviſion du Procès,
adreſſées en la Chambre de la Tournelle du
Parlement de Paris, qui , par Arrêt du 18
Février 1704, remit les Parties en tel &
ſemblable état qu'elles étoient avant celui
du 3 Mars 1691, & permit de prendre à Partie les Juges de la Cour des Monnoies qui
avoient procédé au Jugement du malheureux Accuſé.

Mais comme l'Arrêt de la Tournelle contenoit en même temps des diſpoſitions contraires aux priviléges que la Cour des Monnoies prétend avoir , la connoiſſance de cette
affaire fut évoquée ; & par Arrêt du Conſeil du 15 Octobre 1708, rendu au rapport
de M. Maboul , Mᵉ des Requêtes, les Juges qui avoient rendu l'Arrêt de 1691 ,
furent déclarés avoir été bien pris à Partie , & condamnés en 6000 livres de dommages-intérêts envers la veuve de l'innocent.

Le troiſiéme exemple eſt un Arrêt du
Conſeil - Privé du 20 Mai 1733 , qui permet à Jean Laugier , Avocat à Barcelonette,
de prendre à Partie les Juges de la Tournelle du Parlement d'Aix, qui avoient aſſiſté aux Jugemens rendus contre lui-même,
les veuves & héritiers de ceux qui étoient
décédés ; & par lequel Arrêt (du Parlement
d'Aix), du 26 Novembre 1716, Laugier
avoit été condamné aux galeres.

Il n'y a que le Roi qui puiſſe permettre
de prendre les Cours Supérieures à Partie ,
ſuivant un Arrêt de la Cour des Aides du
18 Juillet 1691, qu'on trouve au Journal
des Audiences ; mais quand ce ſont des Juges inférieurs , c'eſt au Parlement ou autres
dont ils reſſortiſſent, ou médiatement , ou
immédiatement, qu'il faut s'adreſſer, ſui-

vant un Arrêt du 9 Mars 1714, rendu en la Tournelle.

Suivant l'art. 5 du tit. 25 de l'Ordonnance de 1667, lorfque la Prife à Partie fubfifte, il doit être procédé au Jugement par des Juges, Avocats ou Praticiens du Siége non fufpects, fuivant l'ordre du Tableau, fi mieux n'aime l'autre Partie attendre que l'intimation foit jugée.

Voyez l'Arrêt du 2 Juillet 1716, dont je parle au mot *Groffeffe*.

Toutes ces maximes s'appliquent auffi à la Jurifdiction Eccléfiaftique contentieufe *(a)*; mais les Archevêques, les Évêques & leurs Grands-Vicaires, ne peuvent être pris à Partie relativement aux Ordonnances émanées de la Jurifdiction Gracieufe. V. l'article 43 de l'Edit du mois d'Avril 1695, & les anciens Mémoires du Clergé, tome 2, titre 2, chap. 18.

Tout ce que je viens de dire fur la Prife à Partie, ne concerne que les Juges; mais relativement aux Prifes à Partie du Miniftere Public. V. *Dénonciation*.

Le Parlement de Befançon a ordonné, par un Arrêt de Réglement du 31 Août 1706, que » les Prifes à Partie des Procureurs du Roi des Bailliages, Siéges Préfidiaux, Maîtrifes Particulieres des Eaux & Forêts, &c. ne pourront être formées » que par des Actes fignés par les Parties, ou en leurs noms, par des Procurations » fpéciales & en bonne forme, qui feront » fignifiées auxdits Procureurs du Roi, » &c. «

Dans une Caufe plaidée le Samedi 13 Juin 1761, en la Grand'Chambre, on a agité la queftion de fçavoir, fi on devoit regarder comme Prife à Partie la demande formée contre le Juge de Laval, en reftitution de ce qu'on prétendoit qu'il avoit exigé de trop pour épices & vacations dans une pourfuite d'ordre; & par Arrêt rendu ledit jour, fur les Conclufions de M. l'Avocat Général le Pelletier de Saint-Fargeau, la Cour a jugé qu'une pareille demande n'étoit pas une Prife à Partie.

La queftion de fçavoir, fi les difpofitions

de l'Arrêt du 4 Juin 1699, ont lieu en faveur des Commiffaires au Châtelet, n'eft pas décidée. Lors de l'Arrêt rendu fur les Conclufions de M. l'Avocat Général d'Aguesfeau, le Mercredi 23 Juillet 1738, par lequel le Commiffaire Guillemot d'Alby a été interdit de fes fonctions pour trois mois, il a prétendu qu'on ne pouvoit le prendre à Partie fans une permiffion expreffe de la Cour, comme une des Magiftrats. Mais M. l'Avocat Général a fait voir qu'il s'agiffoit d'une accufation, & non d'une Prife à Partie; au moyen de quoi cette queftion ne fut, ni jugée, ni examinée. V. un Arrêt du 3 Septembre 1740, qui, fur pareille queftion, a ordonné que les Commiffaires remettroient leur Mémoire à M. le Procureur Général. J'en rapporte l'efpéce à l'article *Enquête*.

PRISON, PRISONNIERS.

V. *Accufé*, *Alimens*, *Afyle*, *Bris de Prifon*, *Commiffaires*, *Contrainte par Corps*, *Contumace*, *Décret*, *Ecrou*, *Haute-Juftice*, *Pain du Roi*, *Partie Civile*, *Recommandation*, *Saifie-Annotation*.

Les régles qui doivent s'obferver pour la police des Prifons de Paris, font prefcrites par un Arrêt de Réglement du 18 Juin 1717. Son étendue ne me permet pas de le rapporter ici en entier : on le trouve dans le Recueil des Réglemens de Juftice, tome II, & dans le Style du Châtelet, édition in-4°. On y trouve auffi un autre Réglement du premier Septembre 1717, pour les Prifons des Provinces du Reffort du même Parlement.

Le Parlement de Metz a auffi rendu un Arrêt de Réglement fur la même matiere, le 11 Avril 1729; & le Parlement de Paris en a fait un pour les droits des Greffiers & Geoliers de fon reffort, le 4 Août 1734.

Un Arrêt de Réglement du 19 Décembre 1702, publié & regiftré au Châtelet le 11 Janvier 1703, *défend d'arrêter aucunes perfonnes à heure indue dans leurs maifons pour dettes civiles, & de les arrêter de jour dans les maifons, auffi pour dettes civiles, fans*

(a) L'article 18 de l'Edit du mois de Mars 1666 défend de prendre à Partie les Archevêques, Evêques, leurs Grands-Vicaires, Officiaux, &c., mais cet Edit n'a point été regiftré; & l'on fuit fi peu fes difpofitions, que par un Ar-

rêt tout récent, le fieur Gex, Promoteur de l'Officialité de Paris, a été condamné en des dommages & intérêts très-confidérables envers le Curé de Gentilly, qui l'avoit pris à Partie. Voyez l'art. 43 de l'Edit du mois d'Avril 1695.

permiſſion de Juge, ſur telles peines qu'il appartiendra. (a).

On ne peut donc arrêter des débiteurs que de jour, dans les rues ou places publiques, pour dettes civiles. S'ils ne ſortent pas, les Juges ordinaires peuvent permettre de les arrêter dans leurs maiſons; & cette permiſſion ne s'accorde (par M. le Lieutenant Civil) à Paris, que ſur la repréſentation de trois Procès-verbaux tendans à empriſonnement, qui conſtatent que le débiteur ne ſort pas ; encore M. le Lieutenant Civil ordonne-t-il preſque toujours qu'il ſera fait un quatriéme Procès-verbal par un Huiſſier qu'il nomme d'office. Je dis les Juges ordinaires, parce que ces ſortes d'Ordonnances ne ſont pas de la compétence des Juges d'attribution, & ſur-tout des Juriſdictions Conſulaires. L'empriſonnement & la capture d'un débiteur en faillite, faite dans ſa maiſon, en vertu de l'Ordonnance des Juges & Conſuls de Langres, a été déclaré nul par Arrêt rendu à l'Audience de 7 heures, le Mercredi 11 Avril 1764, fondé ſur la ſeule incompétence des Conſuls.

Le Juge, en permettant de capturer dans leurs maiſons ceux qui ſont condamnés par corps, & qui ne ſortent pas, ne doit accorder cette permiſſion que pour être exécutée des jours ouvrables, & non les Dimanches ou Fêtes. L'empriſonnement du nommé Mangot, arrêté dans ſa maiſon un jour de Fête, en vertu d'une Ordonnance du Juge de Chinon, a été déclaré nul, injurieux, &c. par Arrêt rendu à l'Audience de ſept heures, le Mardi 5 Mai 1754, avec dommages & intérêts: le même Arrêt a infirmé l'Ordonnance du Juge de Chinon.

Le Lundi 28 Juillet 1760, on a plaidé à l'Audience de ſept heures la queſtion de ſçavoir, ſi l'empriſonnement du nommé Stopioni, Limonadier, arrêté chez lui en vertu d'Arrêt, étoit valable.

La difficulté naiſſoit de ce que Stopioni, condamné par corps par Sentence des Conſuls, avoit été pris chez lui une premiere fois en vertu d'un Arrêt qui l'avoit permis.

Ses créanciers avoient conſenti ſa liberté ſous des conditions, & avec réſerve de leurs droits, au cas qu'il ne ſatisfît pas aux conditions ſous leſquelles ils le laiſſoient ſortir: faute d'y ſatisfaire, ils l'avoient fait arrêter une ſeconde fois chez lui, en vertu du premier Arrêt.

Stopioni diſoit que cet Arrêt avoit validé ſon premier empriſonnement, mais qu'il ne validoit pas le ſecond; parce que lors de celui-ci, on n'avoit pas conſtaté, comme on avoit fait au premier, qu'il ne ſortoit pas de chez lui ; en un mot, il ſoutenoit que ces ſortes d'Arrêts ne peuvent ſervir qu'une fois. Ses créanciers répondoient, qu'en ſe réſervant leurs droits, ils s'étoient réſervé l'exécution de l'Arrêt ; & par Arrêt dudit jour 28 Juillet 1760, l'empriſonnement fut déclaré nul, & les créanciers condamnés en 300 livres de dommages & intérêts envers Stopioni, dont compenſation ſeroit faite juſqu'à dûe concurrence des capitaux qu'il leur devoit.

Un Berger, accuſé d'être le pere de l'enfant dont une fille étoit enceinte, ayant été condamné à payer une proviſion de 40 liv., un Huiſſier & des Records ſe tranſporterent dans la Campagne pour arrêter ce Berger, qui y gardoit ſon troupeau.

A l'aide de ſa houlette & de ſes chiens, le Berger ſe débarraſſa de l'Huiſſier & des Records. qui ſe retirerent, & dreſſerent un Procès-verbal de rébellion, lequel fut ſuivi d'information & de décret de priſe de corps.

Le Berger ſe pourvut contre cette procédure ; & par Arrêt rendu en la Chambre des Vacations le 8 Octobre 1711, toute la procédure concernant la rébellion, fut déclarée nulle, & le Berger déchargé de l'accuſation.

M. de la Galiſſoniere, (Subſtitut), qui porta la parole dans cette affaire, dit qu'on ne pouvoit pas faire arrêter pour dettes un Berger gardant ſon troupeau ; qu'étant en pleine Campagne, il étoit ſous la foi publique, &c.

Le Mercredi 18 Mars 1739, la Cour rendit un Arrêt en la Grand'Chambre, ſur les

---

(a) Ce Réglement n'eſt pas ſuivi pour les empriſonnemens qui ſe font, en vertu de Sentences prononcées dans les Elections.
La Cour des Aides de Paris a même, par Arrêt du 4 Août 1762, jugé valable l'empriſonnement de Claude Royer, arrêté & capturé chez lui, comme garant des condamnations d'amendes prononcées contre ſon fils mineur; pour faux-ſaulnage.

Concluſions

Conclusions de M. l'Avocat Général Gilbert de Voisins, par lequel l'emprisonnement fait à Bar-le-Duc, d'une personne arrêtée dans le Cabinet de son Avocat, a été déclaré nul, avec 50 livres de dommages & intérêts. L'Huissier qui avoit fait la capture, prétendoit que l'emprisonnement étoit bon, parce que l'Arrêt du 19 Décembre 1702 n'avoit été publié ni enregistré à Bar - le - Duc. Mais la Cour n'eut aucun égard à ce moyen ; & elle eût accordé des dommages & intérêts bien plus considérables au Prisonnier, sans des circonstances particulieres qui le rendoient extrêmement défavorable.

Le 20 Octobre de la même année 1739, la Cour rendit un autre Arrêt en Vacations, par lequel, en déclarant nul, avec dommages & intérêts, l'emprisonnement de la personne de Michel-Nicolas Servin, arrêté le 17 Janvier précédent dans la rue du Roulle à Paris, a fait défenses à Belnot, Huissier, d'emprisonner personne pour dettes civiles à heure indue & après soleil couché.

Me Cochin rapporte un Arrêt du 17 Août 1731, à la fin de ses Œuvres, par lequel l'emprisonnement du Baron du Caule, arrêté pour dettes dans un appartement qu'il occupoit chez un Baigneur, a aussi été déclaré nul.

L'emprisonnement avoit cependant été fait en vertu d'Arrêt sur Requête, qui permettoit d'arrêter le Baron du Caule dans le Château d'Hengville & par tout ailleurs. Mais pour obtenir cet Arrêt, on avoit exposé que le Baron du Caule se tenoit enfermé dans le Château ; & l'exposé se trouvoit faux : d'ailleurs il n'y avoit, ni Enquête, ni Procès-verbal préalables pour constater que le débiteur ne sortoit pas.

Il résulte encore de l'Arrêt de Réglement du 19 Décembre 1702, qu'avec la permission du Juge, on ne peut arrêter un débiteur chez lui que le jour, & non à heure indue.

L'Arrêt que je viens de citer, contient un Réglement général, & il ne distingue pas les débiteurs domiciliés à Paris, d'avec ceux de la Campagne : néanmoins, comme la Cour n'en avoit ordonné la publication qu'au Châtelet, on en usoit toujours à la Campagne comme avant ce Réglement ;

Tome III. Part. I.

mais par un autre Arrêt du 17 Septembre 1707, il a été ordonné que les défenses faites par celui du 19 Décembre 1702, d'arrêter les débiteurs dans leurs maisons, auroit lieu pour la Campagne comme pour Paris.

Depuis ces Réglemens, il en est intervenu un troisiéme le 18 Juin 1710, qui ordonne qu'il en sera usé dans la Ville, Fauxbourgs & Sénéchauffée de Lyon, comme avant l'Arrêt de 1702, pour l'exécution des contraintes par corps émanées de la Jurisdiction de la Conservation de Lyon pour dettes civiles.

Enfin, par un Edit du mois d'Août 1714, l'exception pour les contraintes par Corps, qui n'avoit lieu que dans la Sénéchauffée de Lyon, a été étendue dans tout le Royaume. *V. Conservation de Lyon & Contrainte par Corps.*

Les dispositions des Réglemens du 19 Décembre 1702, & du 17 Septemb. 1707, dont j'ai parlé, ne s'étendent pas au-delà des bornes du ressort du Parlement de Paris, dont ils sont émanés, quand même il s'agiroit d'exécuter hors du ressort une condamnation par corps prononcée dans le ressort. La Cour l'a ainsi jugé par un Arrêt rendu en Vacations le Vendredi 27 Septembre 1760, de relevée, dont voici l'espéce :

François Girou, domicilié à Flagnac en Rouergue, ressort du Parlement de Toulouse, avoit été arrêté chez lui sans permission de Juge, le 25 Novembre 1759, en vertu d'une Sentence du Bailliage d'Aurillac, ressortissant au Parlement de Paris, qui le condamnoit par corps, & conduit dans les Prisons d'Aurillac. Il demanda la nullité de son emprisonnement, que ses créanciers soutenoient valable, parce qu'il étoit fait en vertu de Sentence du ressort du Parlement, & qu'il avoit été conduit dans le même ressort.

Mais par Sentence du Bailliage d'Aurillac du 15 Janvier 1760, confirmée par l'Arrêt susdit, il fut ordonné qu'avant faire droit, il seroit rapporté Acte de Notoriété du Parlement de Toulouse, à l'effet de constater si les créanciers qui ont des condamnations par corps, peuvent faire capturer leurs débiteurs dans leurs maisons sans permission de Juge. Ainsi on a jugé que c'étoit l'usag

A a

PRI

& la Jurifprudence du Parlement de Touloufe qu'il falloit fuivre en pareil cas , &
non les Réglemens du Parlement de Paris.

Le contraire a été jugé par un Arrêt rendu à l'Audience de fept heures, le Vendredi
5 Février 1762, dans l'efpéce duquel il s'a-
giffoit de la validité de l'emprifonnement
d'un Particulier arrêté dans fa maifon dans
le reffort du Parlement de Dijon , en vertu
d'un Arrêt du Parlement de Paris, qui prononçoit la contrainte par corps. L'Arrêt a
déclaré l'emprifonnement valable.

Une Déclaration du 7 Novembre 1724 ,
ordonne que les Engagiftes qui ont des Prifons dépendantes de leurs engagemens , feront tenus de les entretenir de toutes réparations , & d'y tenir des Geoliers fidéles,
qu'ils préfenteront aux Procureurs Généraux des Parlemens, pour enfuite prêter ferment devant les Juges des lieux, après information préalable de leurs vie & mœurs ,
finon qu'il y fera pourvu de la maniere
prefcrite par la Déclaration du 11 Juin
précédent.

Cette autre Déclaration décharge les
Geoliers de payer aucune chofe pour le
loyer ou ferme des Prifons ; & à cet effet
les baux des Prifons Royales des Villes du
Royaume ont été défunis de la Ferme des
Domaines du Roi ; & elle ajoute : *Voulons
que par nos Cours de Parlement, il foit commis à la garde defdites Prifons des perfonnes
capables qui leur feront préfentées par nos
Procureurs Généraux , après qu'ils auront
été informés de leurs vie & mœurs, & qu'il
aura été par eux prêté ferment en tel cas
requis & accoutumé.*

Suivant un Arrêt de Réglement du Confeil-Privé du 24 Mai 1603 , & l'article 23
du titre 10 de l'Ordonnance de 1670 , il eft
défendu aux Geoliers d'élargir aucun Prifonnier décrété, quand même les Procureurs
du Roi & les Procureurs Généraux y con-
fentiroient : on ne peut les mettre en liberté
qu'en vertu d'une Ordonnance du Juge ;
fans quoi les Prifonniers mis en liberté ,
pourroient être réintégrés , & le Geolier
puni.

Un Arrêt (imprimé) rendu en forme de
Réglement le 20 Mars 1690 , & dont la publication a été ordonnée dans les Bailliages
& Sénéchauffées du reffort de la Cour, *enjoint au Conducteur de la Meffagerie de
Niort à Paris, lorfqu'il fera chargé de la
conduite des Prifonniers , de les mener avec
une efcorte fuffifante , & de marcher entre
deux foleils , à peine d'en répondre.*

Ce même Arrêt a encore ordonné que *les
Meffagers & autres Conducteurs de Prifonniers ...... qui meneront des Prifonniers en
la Conciergerie du Palais , prendront leur décharge au Greffe de la Geole de ladite. Conciergerie , pour la remettre dans le mois ès
mains des Greffiers des Siéges & Jurifdictions
des Prifons defquelles lefdits Prifonniers auront été transférés, & que ceux qui transféreront des Prifonniers* des Prifons de ladite
Conciergerie en celles d'autres Siéges, s'en
chargeront fur le Regiftre de la Geole de
ladite Conciergerie; & feront tenus de rapporter dans le mois au Greffe de ladite Geole , un certificat des Geoliers des Prifons
defdits Siéges, vifé par le Juge de la Prifon,
& du Subftitut du Procureur Général ou du
Procureur Fifcal , faifant mention du jour
que lefdits Prifonniers auront été amenés en
leurs Prifons, pour être ledit Certificat remis ès mains dudit Procureur Général du
Roi , à peine de 500 liv. d'amende.

On trouve au Recueil des Réglemens de
Juftice, tome II , un autre Arrêt de Réglement , rendu le 26 Août 1704 fur la même
matiere.

Cet Arrêt, qui eft d'ailleurs imprimé à
la fuite du précédent , ordonne entr'autres
chofes que , conformément à celui-ci , *lorfque les Prifonniers feront transférés des Prifons des Siéges & Jurifdictions du reffort de
la Cour en celles de la Conciergerie du Palais , les Subftituts de M. le Procureur Général & les Procureurs Fifcaux feront tenus
d'envoyer audit Procureur Général copie de
l'Acte par lequel les Conducteurs des Prifonniers s'en feront chargés, contenant les
noms qualités & demeure des Prifonniers,
& conduite, & le jour de leur départ ; ladite
copie fignée du Greffier, & ce dans le jour dudit départ, & par une autre voie que celle
des Conducteurs, à peine par lefdits Subftitut
& Procureurs Fifcaux d'en répondre en leur
propre & privé nom.*

Enfin, un dernier Arrêt du 17 Août 1747,
qu'on trouve dans le Recueil Chronologique de M. Jouffe, a ordonné que, confor-

mément à ces précédens Arrêts, » lorfque » les Conducteurs des Meſſageries feront » chargés de la conduite des Priſonniers, ils » feront tenus de les mener avec une eſcorte » ſuffiſante, & de marcher entre deux ſo- » leils, à peine d'en répondre.

» Comme auſſi que ceux qui ameneront » des Priſonniers à la Conciergerie du Pa- » lais, prendront leur décharge au Greffe de » la Geole de la Conciergerie, pour la re- » mettre dans le mois ès mains des Greffiers » des Siéges & Juriſdictions des Priſons deſ- » quelles leſd. Priſonniers auront été tranſ- » férés; & que ceux qui transféreront des » Priſonniers des Priſons de ladite Concier- » gerie en celles des autres Siéges, s'en char- » geront ſur le Regiſtre de la Geole de la- » dite Conciergerie; & feront tenus d'en » rapporter dans le mois, au Greffe de ladite » Geole, un Certificat des Geoliers des Pri- » fons deſdits Siéges, viſé par le Juge de la » Prifon & du Subſtitut du Procureur Gé- » néral ou du Procureur Fiſcal... «. Voyez l'Arrêt en entier.

Par un autre Arrêt rendu le 9 Août 1737, ſur la réquiſition des Fermiers des Coches & Meſſageries du Royaume, qu'on trouve dans le même Recueil, la Cour, conformé- ment aux Edits & Réglemens précédens, a maintenu leſdits Fermiers, leurs Sous-Fer- miers & Prépoſés au droit de ſe » charger, » à l'excluſion de tous autres, de tous les » Priſonniers qui ſe trouveront dans l'éten- » due du département de leurs Meſſageries, » dont la tranſlation & le renvoi convien- » dront être faits d'un Siége à un autre, ou » dans la Conciergerie du Palais & ailleurs, » ainſi que des procès civils & criminels, » dont le tranſport ſera ordonné.

Enjoint à tous Greffiers, chacun à leur » égard, de faire la délivrance deſdits Pri- » ſonniers auxdits Meſſagers, leurs Sous- » Fermiers ou Prépoſés, enſemble des pro- » cès dont le tranſport devra être fait, pour » être par eux remis aux lieux & endroits » de leur deſtination, en ſe chargeant par » eux deſdits Priſonniers & Procès, en la » forme & ainſi qu'il eſt porté par leſdits. » Arrêts & Réglemens rendus à ce ſujet.....

» Fait défenfes à tous Greffiers, tant de » notre Conciergerie du Palais, qu'autres, » de délivrer aucun Priſonnier ou Procès,

» ou donner aucune décharge & aucun exé- » cutoire à autres qu'auxdits Fermiers, ſous » les peines portées par les Edits & Ar- » rêts......

Les Priſonniers accuſés de crimes, dont le procès eſt jugé, ne peuvent être mis hors de Prifon, lorſqu'il y a eu des Concluſions contr'eux, qui tendoient à une peine cor- porelle ou infamante, & qu'il y a *appel à minimâ*.

Les frais de tranſport des Priſonniers & du port des procès criminels avoient été augmentés d'un quart, par Arrêt du 31 Août 1723; mais, par un autre Arrêt du 12 Jan- vier 1737, la Cour a ordonné que *les taxes & ſalaires, pour la conduite des Priſonniers, feront réduites à l'ancienne fixation de 14 liv. par jour pour chaque Priſonnier, à raiſon de huit lieues en hiver, & dix lieues en été........ & que le port des procédures apportées au Greffe de la Cour, ſera taxé comme aupa- ravant l'Arrêt de Réglement du 31 Août 1723, ſauf néantmoins à augmenter, ſelon la qualité & condition des Priſonniers pour leſquels il faudroit une eſcorte plus conſi- dérable que celle accoutumée; lequel excé- dent........... ne pourra être taxé & ordonné qu'en vertu d'Arrêt ſur pièces com- muniquées à M. le Procureur Général*. Voyez l'Arrêt du Conſeil du 4 Octobre 1672, qui fixe ce qui eſt dû aux Meſſagers & autres perfonnes chargées de la conduite des Pri- ſonniers: on le trouve dans un Recueil de Réglement concernant les Meſſageries. V. *Meſſagers*.

Un Arrêt de Réglement du premier Août 1750 ordonne que les Ordonnances, *Arrêts & Réglemens de la Cour pour la Police de la Ville & Fauxbourgs de Paris, feront exé- cutés ſelon leur forme & teneur: ce faiſant, que les Officiers & Archers, tant du Guet que de Robe-courte, & autres chargés de cap- tures pour contravention à la Police pendant le jour, feront tenus, lorſqu'ils arrêteront des contrevenans, de les conduire ſur le champ dans la maiſon du Commiſſaire, dans le quar- tier duquel leſdites captures auront été faites, & de remettre entre ſes mains les pièces ſer- vant à conviction, dont ils feront ſaiſis, à l'ef- fet par lui d'interroger leſdits contrevenans; d'entendre les témoins, ſi aucuns y a, & de faire toutes les procédures néceſſaires pour affurer la preuve de la contravention, pour enfuite par le Commiffaire ordonner, s'il y écheoit, & s'il le juge à propos, l'élargiffe-ment de celui ou de ceux qui auront été arrê-tés, ou faire conduire lefdits contrevenans dans les Prifons, ou en donner avis fur le champ au Lieutenant Général de Police, ou au Lieutenant Criminel du Châtelet, fuivant l'exigence des cas, pour être par eux ordon-né ce qu'il appartiendra, dont & de tout fera dreffé procès-verbal par ledit Commiffaire, & ledit procès-verbal, enfemble les piéces fer-vant à conviction, qui lui auront été remi-fes......dépofées au Greffe dans les vingt-quatre heures.*

Ordonne qu'à l'égard de ceux qui auront été arrêtés pendant la nuit, les Arrêts des 19 Février 1691, & 7 Septembre 1725...fe-ront exécutés, &c.

L'Arrêt du 7 Septembre 1725 eft trop étendu pour avoir place ici : entr'autres dif-pofitions, il ordonne *que, quand les Officiers ou Archers du Guet arrêteront ceux qui commettent du défordre la nuit, ils les con-duiront dans les Prifons du grand Châtelet,* fans les pouvoir conduire en aucunes mai-fons particulieres, fi ce n'eft chez les Com-miffaires au Châtelet de Paris.

Des Lettres-Patentes du 6 Février 1753, regiftrées le 20 Mars fuivant, portent que *la police générale des Prifons appartiendra aux Lieutenans Généraux des Sénéchauffées & Bailliages Royaux, & autres premiers Ju-ges des autres Juftices ordinaires du reffort des Cours,* chacun en ce qui concerne les per-fonnes dépendantes de leur Jurifdiction, *fous quelque dénomination qu'ils ayent été créés,* foit de Lieutenant Général Civil, de Séné-chal de Robe-Longue, Juge-Mage ou autres, *& ce privativement aux Lieutenans Crimi-nels ou de Police defdits Siéges,* même aux Officiers des Chambres des Comptes ou Cours des Aides, des Elections, Greniers à Sel & autres nos Jurifdictions.

Voulons que les réceptions des Geoliers, cel-les des Greffiers des Prifons efquelles il y en a d'établis, les paraphés de Regiftres que lefdits Greffiers & Geoliers font obligés de tenir, fui-vant l'Ordonnance, & les taxes des alimens des Prifonniers, appartiennent au Lieutenant Général, Juge-Mage, ou autre premier Offi-cier, privativement au Lieutenant Criminel.

Et à défaut defdits Lieutenans Généraux ou autre premier Juge, les mêmes fonctions feront faites & remplies par les Lieutenans Crimnels ou autres Officiers de chaque Jurif-diction dont dépendent lefdites Prifons, à com-mencer par le plus ancien, fuivant l'ordre du Tableau.

N'entendons néantmoins interdire auxdits Lieutenans Criminels, de Police, & autres Juges, la vifite particuliere des Prifonniers, dont les caufes ou procès font pendans parde-vant eux, ni pareillement le droit d'empêcher la communication defdits Prifonniers avec d'autres perfonnes, ou de leur donner un con-feil, ou de ftatuer fur leur liberté provifoire ou définitive, le tout fuivant & dans les cas portés par l'Ordonnance.

Il y a à Paris des affemblées de perfonnes charitables qui s'occupent du foin de faire des quêtes en faveur des Prifonniers pour dettes; les deniers que fourniffent ces affem-blées aux Prifonniers, ont le privilége de leur procurer la liberté en payant un tiers (& quelquefois moins, fuivant l'arbitrage du Juge) de la dette pour laquelle ils font arrêtés.

Le payement de cette portion ne libere cependant pas le débiteur Prifonnier du ref-tant, la dette fubfifte toujours en faveur du créancier : mais la contrainte par corps eft éteinte, & n'a plus lieu pour le reftant de la dette.

Cette Jurifprudence eft certaine; elle eft principalement fondée fur ce que les Magif-trats font perfuadés que les perfonnes cha-ritables préferent & choififfent les Prifon-niers qui méritent le mieux leurs fecours, & qui ont moins de reffource; ils ne leur don-nent même ces fecours qu'après certain temps de Prifon, afin de fe mieux affurer que le Prifonnier a befoin de leur aide. Il y a fur cela un Arrêt de Réglement du mois d'Août 1548 ; plufieurs Arrêts géminés l'ont confirmé, & entr'autres, un rendu à la féance du 13 Août 1719.

Plufieurs Arrêts ordonnent que les Sei-gneurs Hauts-Jufticiers feront tenus d'avoir Prifons fortes à rez-de-chauffée : on peut fur cela confulter l'art. 55 de l'Ordonnance d'Orléans, les articles fecrets de la Cou-tume de Paris : & l'article 7 de l'Arrêt de Réglement rendu aux Grands-Jours de

Clermont, le 10 Décembre 1665; voyez aussi l'Arrêt du Parlement de Toulouse, du 7 Septembre 1729 : il est dans le Recueil de ce Parlement. V. *Haute-Justice.*

L'article premier du titre 13 de l'Ordonnance de 1670 ordonne *que les Prisons soient sûres & disposées, ensorte que la santé des Prisonniers n'en puisse être incommodée;* & Bornier, sur cet article, cite un Arrêt du 22 Février 1578, par lequel il fut, dit-il, » enjoint à un Gentilhomme de tenir Prison » séparée de son Château, en lieu propre & » commode pour les Juges «.

L'article 28 du Réglement, fait le premier Septembre 1717, pour les Prisons de Province, du ressort du Parlement de Paris, porte qu'il sera fourni aux Prisonniers, du pain de bonne qualité & du poids d'une livre & demie par jour : les anciennes Ordonnances assujettissent le Geolier à leur fournir de l'eau.

Cette nourriture doit être fournie aux Prisonniers pour crimes, aux dépens du Roi dans les Prisons Royales, & des Seigneurs, dans les Prisons Seigneuriales, *nonobstant toutes oppositions & saisies prétendues, manque de fonds, ou payemens faits par avance.* Voyez l'article 26 du titre 13 de l'Ordonnance de 1670, qui régle la maniere dont ces payemens doivent se faire par les Seigneurs & les Engagistes.

Je n'ai jamais vû consigner d'alimens pour les personnes accusées de crimes, & détenues dans les prisons de Paris, lorsqu'il y a des Parties civiles, & je ne connois aucun Réglement qui l'exige; mais il en est autrement en Normandie. Un Arrêt de Réglement du Parlement de Rouen, rendu sur le réquisitoire du Procureur Général, le 4 Août 1731, ordonne que la provision alimentaire des Prisonniers *détenus à la requête des Parties civiles, sera de trois sols quatre deniers par jour, si mieux n'aime le Prisonnier prendre deux livres de pain en essence, que le Geolier sera tenu de lui livrer par sa simple demande; à laquelle fin ceux à la requête desquels les Prisonniers seront détenus, seront tenus de consigner ès mains des Geoliers, deniers suffisans pour payer lesdits trois sols quatre deniers, ou deux livres de pain par jour, au choix du Prisonnier.*

A l'égard des Prisonniers pour dettes, ce sont les créanciers qui doivent leur fournir les alimens, & même les consigner d'avance en écrouant, ou en les recommandant : s'ils ne les fournissent pas, les Prisonniers peuvent demander leur liberté. Voyez sur cela une Déclaration du 10 Janvier 1680, regiſtrée le 19; elle contient dix articles. On la trouve dans le Recueil des Réglemens de Justice, & dans le Style du Châtelet; voyez aussi ce que je dis au mot *Alimens.*

Il n'est pas permis d'arrêter le Dimanche ou Fête, un débiteur condamné par corps. Gabriel Conrat, Huissier à Cheval au Châtelet, & Louis de Saint-Omer, Huissier-Fieffé au même Tribunal, qui avoient arrêté Pierre des Hayes, Maître Rubanier à Paris, le Dimanche 13 Novembre 1707, entre six & sept heures du soir, sans permission de Justice, & qu'ils avoient, par connivence, écroué le lendemain deux heures du matin, ont été interdits de leurs fonctions pendant un mois, par Sentence du Châtelet du 17 Décembre 1707, confirmée par Arrêt provisoire du 14 Janvier 1708.

Par Arrêt rendu sur le réquisitoire de Messieurs les Gens du Roi, le 10 Janvier 1730, la Cour a ordonné qu'*aucun Prisonnier détenu, même pour dettes civiles, ne pourra être mis hors des Prisons, à la garde d'un Huissier ou autre, sous quelque prétexte que ce soit, si ce n'est dans le cas de quelque procédure ou acte, où la présence du Prisonnier seroit nécessaire, & qui ne pourroit se faire dans la Prison : pour raison de quoi pourra être ordonné, que le Prisonnier sera conduit sur le lieu, sous bonne & sûre garde, à la charge de le réintégrer dans les Prisons chaque jour, sans qu'il puisse séjourner hors des Prisons, s'il y en a dans le lieu, sinon détenu sous bonne & sûre garde, &c.*

Un Particulier décrété & emprisonné, sur les effets duquel le scellé étoit apposé, prétendit que le Gardien dissipoit ces mêmes effets, & demanda à la Cour qu'il lui fût permis de se transporter, à la garde d'un Huissier, non-seulement dans sa maison, mais par-tout où besoin seroit, pour saisir & révendiquer ses effets.

La Cause mise au Rôle, personne ne parut pour la Partie civile; mais M. l'Avocat

Général dit que le Réglement du 10 Janvier 1730, paroissoit s'opposer à la demande du Prisonnier ; il observa cependant que personne ne s'opposant à la demande qui paroissoit fondée, il ne croyoit pas devoir en empêcher l'effet, à la charge de réintégrer le Prisonnier tous les soirs dans les Prisons.

La Cour, par Arrêt rendu à tour des Rôles, le 10 Février 1731, donna défaut sur la demande du Prisonnier ; en conséquence lui *a permis de sortir des Prisons, à la garde d'un Huissier de la Cour, pour être transféré dans les lieux où sont ses effets, à l'effet de les revendiquer, à la charge qu'il sera réintégré tous les soirs dans les Prisons des lieux où il se trouvera ; à le recevoir, tous Geoliers contraints, leur enjoint de le laisser sortir le matin, accompagné de l'Huissier, à la garde duquel il sera commis.*

Le Samedi 12 Juin 1762, on a plaidé la question de sçavoir, si un Prisonnier pour dettes, attaqué de maladies, auxquelles le séjour des Prisons pouvoit être fatal, étoit recevable à demander sa liberté pour se faire traiter chez lui, en donnant caution de se réintégrer après sa guérison.

M. l'Avocat Général Seguier, qui parla dans cette affaire, dit que la maladie étant certaine, & prouvée par l'attestation des Médecins du Châtelet, &c. la liberté ne pouvoit être refusée au malade, & que puisque les septuagénaires sont déchargés de la contrainte par corps, par la raison que les infirmités de leur âge ne leur permettent pas de supporter la Prison ; l'humanité demandoit la même indulgence pour les Prisonniers malades, auxquels la Prison pouvoit donner la mort.

Que puisque le Prisonnier dont il s'agissoit, avoit offert de donner caution de se réintégrer, il étoit naturel de l'y assujettir ; mais que quand il n'auroit pas fait de semblables offres, sa liberté ne pourroit lui être refusé dans l'état de maladie où il se trouvoit ; parce que la conservation d'un citoyen, & de la postérité qui pouvoit en sortir, demandoit qu'on employât tous les

moyens humains : &, par Arrêt rendu ledit jour 12 Juin 1762, la liberté fut accordée au Prisonnier, en donnant la caution qu'il avoit offerte.

Un Arrêt du Conseil du 2 Octobre 1741, rendu sur la Requête des Huissiers des Conseils du Roi, condamne un *Huissier aux Requêtes de l'Hôtel, en une amende modérée,* PAR GRACE, *à* 100 *liv.* pour avoir fait la capture, & emprisonné un Particulier condamné par Jugement des Commissaires du Conseil *(a)*.

La Cour rendit, le 9 Mai 1733, un Arrêt sur la requête de Joseph Guintrandy, Prêtre, Prévôt de Montsaluy, Prisonnier en la Conciergerie, par lequel il a été ordonné qu'il seroit mis en liberté à la garde de M. Boyer, Médecin, à l'effet d'être traité d'une maladie scorbutique, en faisant, par M. Boyer, sa soumission de représenter le Prisonnier, &c. (Guintrandy n'étoit condamné qu'en une amende, par la Sentence dont étoit appel).

Par un Arrêt rendu en la Tournelle, le 28 Février 1727, la Cour a jugé qu'un Accusé emprisonné en conséquence de décret de prise de corps, & déchargé de l'accusation, ne pouvoit être retenu Prisonnier, par les recommandations pour dettes faites pendant l'instruction du procès : l'Arrêt a prononcé la main-levée de la recommandation, & ordonné que le Prisonnier seroit élargi.

La Cour, par Arrêt rendu sur la Requête de M. le Procureur Général, le 23 Décembre 1732, *a enjoint aux Prisonniers des Prisons de Paris, de se comporter sagement... leur a fait défenses de couper & déchirer les couvertures, matelats, traversins & paillasses, pour les appliquer à leurs vêtemens ou besoins particuliers, même de casser les piliers & planches de leurs lits, les tables & autres meubles des Prisons, & de les brûler, à peine d'être mis pour un mois au cachot, pour la première contravention, & en cas de récidive, d'être mis au carcan sur le Préau des Prisons pendant deux heures, & ensuite remis au cachot, pour y rester enfermés pen-*

(a) Les Huissiers du Conseil prétendent qu'eux seuls peuvent (accompagnés d'Archers, de Records, &c.) emprisonner les débiteurs contre lesquels il a été prononcé des contraintes par corps, par Arrêts du Conseil & Jugements de Commissaires du Conseil, dont les Commissions s'exécutent dans le lieu où se fait l'instruction ; ils cirent fur cela un Réglement du 14 Mai 1740, non regiftré au Parlement.

dant tout le temps qu'ils resteront Prisonniers...

On ne regarde pas comme obligatoires les Actes passés dans les Prisons par les personnes qui y sont détenues : leurs engagemens ne sont valables que quand ils sont passés entre les deux Guichets, encore ne subsistent-ils en ce cas que par le mérite du fond ; & pour en juger sainement, on examine si l'Acte préjudicie au Prisonnier ; & s'il est tel que le Prisonnier ne l'eût pas passé, étant libre, on le déclare nul.

Si au contraire le Prisonnier n'a fait entre les deux Guichets que ce qu'il auroit pû ou dû faire hors des Prisons, on déclare l'Acte valable. On peut voir sur cela Papon, liv. 6, titre 3, Arrêt premier ; d'Argentré, sur la Coutume de Bretagne, art. 42, & les deux Arrêts du même jour 13 Août 1722, rapportés par M. l'Epine de Grainville, pag. 362.

La Cour, par Arrêt rendu en la Tournelle, le premier Juin 1714, a admis deux Particuliers au bénéfice de restitution contre une transaction passée entre deux Guichets, sur une accusation de banqueroute frauduleuse, par la présomption que les conditions exprimées dans la transaction étoient arrachées d'un Prisonnier qui soupiroit après la liberté si chere à l'homme.

Par un Arrêt rendu le premier Février 1730, entre les sieurs Richard Castillon & Jean-René Carol, la Cour faisant droit sur les Conclusions de M. le Procureur Général, a fait défenses au Lieutenant Criminel du Châtelet, d'ordonner l'élargissement d'un Prisonnier, avant que la Partie civile ait été assignée à jour compétent.

PRIVILÉGE (résultant des Créances.)

Voyez *Comptables, Devis & Marché, Fait de Charge, Fermage, Frais-Funéraires, Hôteliers, Laboureurs, Loyers, Médicamens, Ordre, Subrogation, Taille, Vente.*

On nomme Privilége le droit distingué d'un créancier, par le moyen duquel (droit) il est préféré & payé avant les autres, & même aux hypothécaires, quoique plus anciens créanciers que lui.

Les Romains admettoient deux sortes de Priviléges, sçavoir le réel & le personnel. Le Privilége réel avoit lieu contre toutes sortes de créanciers, même hypothécaires ;

la cause de certaines créances étant extrêmement privilégiée, la Loi leur donnoit l'hypothéque légale & le Privilége réel.

On accordoit ce Privilége, 1°. au vendeur qui avoit vendu pour recevoir de l'argent comptant.

2°. Au créancier qui avoit prêté pour bâtir, pour réparer, & généralement à tous ceux qui avoient contribué à la conservation de la chose.

3°. A celui qui avoit prêté pour acquérir avec stipulation d'une hypothéque expresse sur la chose acquise de ses deniers.

4°. Aux frais funéraires, aux visites de Médecins, salaires de Chirurgiens, drogues d'Apoticaires.

5°. Aux loyers des maisons & fermes des champs.

6°. Aux frais d'Hôtelage.

Ces sortes de créances avoient cette prérogative, qu'elles opéroient un Privilége en faveur du créancier, sur ceux qui avoient des hypothéques antérieures.

Nous avons gardé ce premier ordre de Privilége, tant sur les meubles que sur les immeubles, comme on le peut voir par les Arrêts rapportés par M. Louet, lettre C, num. 29, & par Brodeau : nous en avons même ajouté d'autres, ainsi qu'on le verra dans un moment.

Le Privilége personnel avoit lieu pour certaines créances moins favorables que les premieres, mais qui méritoient pourtant plus d'attention que les dettes ordinaires : telles étoient, par exemple, l'action pour la restitution de la dot d'une Fiancée, dont le mariage n'avoit pas été accompli. Il étoit de l'intérêt public qu'elle pût se marier à un autre. Il en étoit de même de l'action du mineur sur les biens du protuteur qui avoit géré la tutelle sans ordre & sans nomination, &c.

Nous n'avons rien retenu de ces Priviléges, sur lesquels, ainsi que sur les Priviléges réels, on peut consulter les titres du Digeste *de Privilegiis creditorum.*

Dans notre usage, nous admettons des Priviléges sur les meubles & sur les immeubles ; & soit qu'il s'agisse de distribuer le prix de l'une ou l'autre espéce de biens, les frais de vente, ceux qui sont faits pour y parvenir, & même ceux qui ont la distribu-

tion pour objet, font toujours privilégiés &
les premiers pris ; parce que c'eft par le
moyen de ces frais que les privilégiés même parviennent à leur payement.

Les dettes qui engendrent un Privilége
fur les meubles & effets mobiliers, font ;

1°. Les loyers des maifons & des fermes
des champs. Le propriétaire doit être le *pre-*
mier payé. fur le prix de tout ce qui garnit
les lieux qui lui appartiennent ; & le principal locataire ou le fermier a le même droit
fur ce qui appartient à fes fous locataires ou
fous-fermiers. Voyez l'art. 171 de la Coutume de Paris ; mais voyez auffi ce que je
dis à l'art. *Loyers.*

2°. *Les dépenfes d'hôtelage livrées par hô-*
tes à Pélerins. L'art. 175 de la même Coutume accorde pour ces dépenfes un Privilége
aux hôtelliers fur le prix des chofes confervées dans leur hôtellerie ; il leur eft même
permis, par cet article, de retenir *jufqu'à paye-*
ment, fans Ordonnance de Juftice, *les biens*
& chevaux hôtellés ; fans néantmoins qu'ils
puiffent dépouiller les Voyageurs de leurs
habits. On peut fur cela voir *Tournet* & *le*
Maître. V. *Hôtelliers.*

3°. Les frais de Voitures & de Meffageries fur les chofes voiturées. Il eft même
d'ufage au Châtelet d'autorifer les Voituriers & Meffagers à garder les marchandifes ou effets qu'ils ont conduits, jufqu'à ce
qu'ils foient payés.

4°. Les frais funéraires fe prennent auffi
par Privilége fur le mobilier du défunt.
(Voyez *Frais funéraires*).

Les Médecins, Chirurgiens & Apoticaires, font auffi privilégiés fur le prix des
meubles d'un défunt, pour le montant des
vifites, panfemens & médicamens qu'ils
lui ont fournis dans la derniere maladie ; ce
Privilége marche après ceux dont je viens
de parler.

Les Gardes-malades, (pour ce qui leur
eft dû de la derniere maladie). Les Domeftiques pour (la derniere année de) leurs gages, font encore du nombre des créanciers
privilégiés, fur les meubles d'un défunt. V.
Dupleffis, des Exécutions, liv. 2.

La Jurifprudence des Arrêts accorde auffi
un Privilége aux Boulangers, Bouchers,
Marchands de vin &'Rôtiffeurs, pour leurs
fournitures dans la derniere année ; & tous

ces Privilégiés ont (felon Bourjon, titre 8
des Exécutions) un droit fur les meubles
de leur débiteur, qui les fait concourir
entr'eux.

Dupleffis parlant de l'ordre dans lequel
tous les Privilégiés doivent être payés fur
le prix des meubles, dit que ;

» Les frais de Juftice font les premiers ;
» cependant voyez *Loyers.*

» Les frais funéraires après.

» Les loyers, fermages, & dépens d'hô-
» telage enfuite.

» Les falaires des Médecins, Chirurgiens
» & Apoticaires, concourent après.

» Les gages des Serviteurs poftérieure-
» ment «.

Il ne parle pas, comme on voit, du Privilége de ceux qui ont fourni des alimens.
Cependant il eft conftant que ces Fournif-
feurs ont un Privilége, & principalement
les Boulangers & les Bouchers ; celui des
Boulangers eft confacré par des Arrêts du
11 Août 1738, 12 Mai & 7 Septemb. 1740.
V. *Boulangers.*

Celui des Bouchers a effuyé quelque contradiction ; mais il ne fait plus aujourd'hui
de difficulté, & il a été accordé à plufieurs
Bouchers de Paris, par Arrêt contradictoi-
re du Confeil du 21 Février 1707, (contre
les Directeurs des créanciers du Duc de
Gefvres) par Sentence du Châtelet du 14
Avril 1717 & 9 Septembre 1728 ; par un
Jugement des Commiffaires du Confeil,
pour la fucceffion de Jean Cottin, Ban-
quier à Paris, du 23 Janvier 1734, par un
Arrêt contradictoire, rendu en la Grand-
Chambre le 26 Février 1744, plaidans Mes
Nichaut & Boys, & par une infinité d'autres
qui ne font pas venus à ma connoiffance. V.
Bouchers.

La Jurifprudence admet auffi le Privilége
du Marchand de vin ; mais celui du Rôtiffeur fouffre difficulté, parce qu'on regarde
fes fournitures comme du fuperflu. Néantmoins l'Arrêt du 21 Février 1707, qui accorde le Privilége aux Bouchers fur le prix
de la vente des meubles du feu Duc de Gefvres, l'accorde auffi au Rôtiffeur ; mais il
ne fait pas perdre de vûe que ce qui eft
regardé comme néceffaire à la table d'un
Duc, peut être regardé comme fuperflu à
celle d'un Bourgeois.

L'article

L'article 176 de la Coutume de Paris accorde à celui qui a vendu *une chofe mobiliaire (pour en être payé promptement , fans avoir fixé ni jour ni terme)* la faculté de la *pourfuivre , en quelque lieu qu'elle foit tranfportée , pour être payé du prix qu'il l'a vendue.*

L'article 177 veut même que, quoique le vendeur ait *donné terme* pour le payement , *fi la chofe venduë fe trouve faifie fur le débiteur par un autre créancier,* il (le vendeur) puiffe en *empêcher la vente ,* & qu'il foit *préféré fur la chofe aux autres créanciers.* V. *Revendication ,* & l'Arrêt du 30 Mai 1759, dont je parle à l'article , *Retrait.lignager.*

Les fermages dûs aux propriétaires font-ils préférés aux créances réfultantes de labours , femence , & frais de moiffon ? Voyez *Laboureur.*

Les créanciers d'un dépofitaire n'ont aucun droit fur le dépôt qui fe trouve encore en nature : celui qui a fait le dépôt, eft toujours privilégié , ou plutôt il conferve la propriété de la chofe qu'il a , ou dépofée , ou mife en nantiffement ; mais le créancier, muni du gage , a un droit & un Privilége réel fur ce même gage qui doit lui procurer une préférence fur les créanciers de celui qui a fait le dépôt. Voyez *Dépôt* & *Gage.*

Le Parlement de Roüen a jugé , par Arrêt rendu le 8 Janvier 1751, qu'en Normandie , où les meubles font fufceptibles d'hypothèque , un Ouvrier, qui a fourni des matieres pour compofer des métiers propres à faire des fiamoifes , eft privilégié aux créanciers hypothécaires , non-feulement pour demander la main-d'œuvre , mais auffi pour demander les matieres qu'il a fournies.

Le prix qui provient de la vente des immeubles , eft auffi fufceptible de Privilége ; & voici l'ordre dans lequel ils doivent être placés.

Après les frais de vente , le Seigneur eft le premier payé des cens , lods & ventes , *& autres droits Seigneuriaux.* V. les articles 355 & 358 de la Coutume de Paris.

Le vendeur de l'héritage doit enfuite être payé de ce qui lui refte dû fur le prix de la vente & des acceffoires , avant tous autres créanciers : ce Privilége du vendeur eft établi par tous les Auteurs , & par la Jurifprudence des Arrêts la plus certaine. Voyez *Ordre.*

Celui qui a prêté à l'acquéreur pour payer le prix de l'acquifition d'un héritage , eft auffi payé par Privilége fur le prix de ce même héritage , s'il eft vendu, pourvû que les deniers prêtés paroiffent , par des quittances d'emploi, avoir fervi à payer le prix de l'acquifition ; le Privilége de l'ancien vendeur fe continue alors en la perfonne du créancier qui prête. V. *Subrogation.*

Un fieur Cezar , Maître Sellier , locataire d'un jeu de paume , dont il faifoit un chantier qui s'eft écroulé , & qui par fa chûte a écrafé plufieurs carroffes , chaifes , &c. a prétendu devoir être payé par Privilége & préférence aux créanciers des propriétaires, des pertes qu'il fouffroit par cet écroulement ; mais , par Arrêt rendu le 10 Juillet 1762, au rapport de M. Titon , en faveur des créanciers du propriétaire, le fieur Cezar a été débouté de fa demande en payement par Privilége.

Les ouvriers qui ont bâti , réédifié ou réparé une maifon , font encore préférés fur le prix qui provient de la vente des bâtimens auxquels ils ont travaillé.

Mais pour obtenir ce Privilége , les ouvriers font-ils affujettis à repréfenter les devis & marchés de leurs ouvrages exiftans , & les procès-verbaux de réception de ces mêmes ouvrages ? A cet égard on diftingue fi les ouvriers exercent eux-mêmes leur Privilége , ou fi ce font des tiers qu'ils ont fubrogés en leurs droits.

Dans le premier cas , on a pendant long-temps accordé le Privilége aux ouvriers fans devis & marché ; mais dans le fecond , on l'a perfévéramment refufé à ceux qui avoient prêté pour payer les ouvriers, & qui s'étoient fait fubroger à leurs droits : il y a fur cela des Réglemens & des Jugemens particuliers , en grand nombre , qui l'ont ainfi décidé. J'en rapporte quelques-uns à l'art. *Devis & Marché.* V. auffi ce que je dis au mot *Subrogation.*

Je ne vois pas trop la raifon de cette diftinction , à moins que ce ne foit la fraude & les connivences qui peuvent fe pratiquer entre les ouvriers & les propriétaires, pour préjudicier à des tiers. Si les ouvriers ont un Privilége, pourquoi ne pourront-ils pas subroger à ce même Privilége ceux qui prêteront leurs deniers pour les payer, puisque la subrogation est autorisée par des Réglemens précis?

D'ailleurs, est-ce que les devis & marchés apportent des obstacles à la fraude & à la connivence? L'expérience nous apprend que les ouvriers & les propriétaires de mauvaise foi sçavent frauder avec, comme sans devis; aussi la nouvelle Jurisprudence s'écarte-t-elle actuellement de l'ancienne. Depuis quelques années, les Sentences du Châtelet & les Arrêts refusent le Privilége aux ouvriers qui exercent eux-mêmes leurs actions sans devis & marché, & sans procès-verbaux de réception de leurs ouvrages, sur-tout quand il est question de réparations, sur lesquelles il est bien plus aisé de frauder, que sur une construction à neuf.

On a néantmoins encore accordé le Privilége en 1752, par Sentence rendue en la Chambre du Conseil au Châtelet, au rapport de M. Loys, pour le prix de la construction totale à neuf d'une maison située au Petit-Montrouge, dans une terre vague, à des ouvriers qui n'avoient, ni devis, ni marché; mais le Jugement qui intervint dans cette affaire, après un partage d'opinions dans la colomne où elle fut d'abord portée, doit moins être regardé comme un témoin de la Jurisprudence du Tribunal, que comme les derniers soupirs d'une opinion mourante (a). En effet, par un Arrêt rendu en la quatriéme Chambre des Enquêtes en 1739, le Privilége fut refusé à un Maçon qui demandoit le payement d'ouvrages qui avoient pour objet des réparations; & la seule raison qui fit proscrire son Privilége, fut qu'il n'avoit pas de devis & marché. Il y a de semblables Arrêts des 29 Mai 1748, premier Août 1749, 13 Avril 1750, 23 Août, 5 Septembre 1752, & 26 Février 1753 (b).

Il y en a même quelques autres dans l'ordre des biens de la Marquise de Courcillon, qui ont jugé de même, & singuliérement

contre un Couvreur qui, sans devis & marché, avoit travaillé à une maison de campagne, & qui fut colloqué à la date de son hypothéque, par l'ordre dressé à l'amiable par l'Avocat & le Procureur de la Direction, homologué par Sentence des Requêtes du Palais, confirmée par un Arrêt dont je n'ai pu avoir la date.

Enfin le Châtelet l'a jugé de même par Sentence rendue au rapport de M. le Beuf, le 12 Juillet 1755, dans l'ordre du prix d'une maison située à Paris, rue du Four, vendue sur la veuve Morel, contre différens ouvriers, qui sans devis & marché avoient élevé cette maison de plusieurs étages, & cette Sentence vient d'être confirmée au Parlement.

Le Seigneur à qui il est dû des lods & ventes, a-t-il sur le revenu de l'immeuble, pour lequel ces droits sont dûs, & qu'il a fait saisir, un Privilége qui prime celui des autres créanciers du propriétaire? Voyez les Arrêts des 30 & 31 Août 1728, rapportés par M. Lépine de Grainville, pag. 550.

Le créancier d'un défunt est préféré, sur le prix des biens de sa succession, au créancier de l'héritier. V. Grosse.

Le Roi a aussi un Privilége sur les biens des Comptables; & sur cela on peut voir les Edits des mois de Juillet 1665, Août 1669, Juin 1676, & les Déclarations des 11 Décembre 1673, & 5 Juillet 1689, trop étendues pour trouver place ici. V. Comptables.

Ce Privilége du Roi est fondé sur la présomption que le comptable a détourné à son profit les fonds qui lui étoient confiés, & que ses meubles & ses immeubles en ont été acquis.

D'ailleurs, comme le Roi ne peut par lui-même faire la perception des droits qui se levent dans le Royaume, il lui est indispensable de confier ce soin à des personnes qui en soient comptables; mais il a été nécessaire d'attacher des avantages à une confiance fondée sur la nécessité.

La Cour des Aides de Paris a, par Arrêt

(a) J'ai sçu depuis de M. Loys, que la question avoit été deux fois partagée dans cette affaire, & qu'on s'étoit enfin déterminé à accorder le Privilége; parce que dans le fait, il s'agissoit d'une construction totale à neuf d'une maison sur une piéce de terre; & que d'ailleurs les Ouvriers s'étoient pourvus, presqu'aussi-tôt les ouvrages finis,

sans attendre l'expiration de l'année, pendant laquelle la Coutume leur accorde action.

(b) Il a été rendu un Arrêt contraire en l'année 1761. Me Serieux écrivoit pour diverses Communautés d'Ouvriers qui ont gagné leur Procès, & qui demandoient un Privilége sans devis.

rendu le 6 Avril 1728, ordonné que sur les deniers provenans de la vente des meubles & du vin saisis sur un Cabaretier , le Fermier Général , auquel il étoit dû des droits d'Aides, & les Collecteurs pour la taille , seroient payés par concurrence entr'eux , mais par Privilége aux autres créanciers.

La même Cour a rendu un pareil Arrêt le 6 Août de la même année 1728.

Par un autre Arrêt aussi rendu en la Cour des Aides, le 7 Septembre 1748, il a été décidé que le Privilége du Fermier pour droits d'Aides dûs à cause des vins saisis & vendus à la Halle au vin, à Paris, sur un sieur Murard, n'auroit lieu sur le prix desdits vins, qu'après le loyer des caves, & les frais de garde acquittés.

Cet Arrêt a encore jugé que les droits d'Aides, dûs au Fermier, sont privilégiés, & doivent être payés par préférence à ce qui reste dû par celui sur lequel la saisie & la vente sont faites, à celui de qui il a acheté les mêmes vins.

Sur le Privilége des femmes en Pays de Droit-Ecrit, à cause de leurs deniers dotaux, voyez *Dot*.

PRIX.

Un Arrêt rendu sur la Requête de M. le Procureur Général, le 12 Juillet 1714, fait *défenses à toutes personnes, de quelqu'état & qualité qu'elles soient, de tirer ni faire tirer aucun Prix, sans en avoir obtenu préalablement la permission par écrit des Officiers des lieux auxquels la Police appartient, & qui seront tenus de la leur accorder sans frais, sur les Conclusions du Substitut du Procureur Général du Roi, ou du Procureur Fiscal dudit lieu; dans laquelle permission lesdits Officiers marqueront expressément le lieu où le Prix sera tiré : leur fait défenses de permettre de dresser les cartes qui servent de but aux tireurs en pleine campagne, ou autres lieux où les balles ont un passage libre ; leur enjoint d'ordonner qu'elles seront placées contre des murs de telle hauteur, largeur & qualité, que les balles ne puissent aller au-delà, & qu'il n'en arrive aucun accident, le tout à peine de cent livres d'amende contre chacun de ceux qui auront tiré des Prix, sans obtenir la permission du Juge, ou dans d'autres lieux que ceux qui auront été désignés par la-*

dite permission, même de punition corporelle, s'il y écheoit, notamment en cas de récidive, & sans préjudice à ceux qui se trouveront avoir été blessés par le fait desdits tireurs, & faute d'avoir pris les précautions ci-dessus marquées, de se pourvoir par les voies ordinaires & extraordinaires contre les coupables, pour leurs dommages & intérêts; même aux Substituts du Procureur Général du Roi, & aux Procureurs Fiscaux, de faire faire le procès extraordinairement auxdits coupables, pour les faire condamner à telle peine qu'il appartiendra.

PROBATION.

C'est un terme Monastique, qui signifie Epreuve. Le Noviciat se nomme quelquefois temps de Probation, parce qu'on y met comme à l'épreuve les qualités des Novices. V. *Noviciat & Vœux.*

PROCÉDURE.
V. *Nullités.*

La signification de ce terme embrasse tous les actes qui ont pour objet l'instruction & l'expédition des procès. On appelle Procédure civile, celle qui n'a pour objet qu'une action civile; & on nomme Procédure criminelle, celle qui a pour objet la punition des crimes & des délits, &c.

PROCÈS.

Ce mot, pris dans sa signification générale, veut dire différend ou contestation entre des Parties sur un objet litigieux; mais parmi les Praticiens du Palais, il signifie seulement une contestation qui a été jugée en premiere instance, après une instruction par écrit sur appointement.

En ce sens, le mot Procès signifie toute autre chose que le mot Instance ; car on ne nomme Instance, parmi les mêmes Praticiens, que les contestations jugées sur plaidoiries par les premiers Juges, ou qui se trouvent appointées au Conseil sur l'appel. V. *Appointement.*

Selon le même langage, un Procès est encore différent d'une cause ; car une cause se décide sur une plaidoirie verbale par Avocats ou Procureurs. Voyez *Cause &* *Instance.*

L'article premier du Titre 20 de l'Ordonnance Criminelle, porte que les Juges pourront ordonner *qu'un Procès commencé par la voie civile, sera pourfuivi extraordinairement, s'ils connoiffent qu'il peut y avoir lieu à quelques peines corporelles.*

L'article 2 porte qu'en *inftruifant les Procès ordinaires,* les Juges *peuvent, s'il y écheoit,* décerner décret de prife de corps ou d'ajournement perfonnel, fuivant la qualité de la preuve, & ordonner l'inftruction à l'extraordinaire.

PROCE'S-VERBAL.
V. *Commis, Election, Faux Portatif, Sel.*

Furetiere dit qu'un Procès-verbal eft » un Acte dreffé & attefté par des Officiers » de Juftice, qui contient ce qui s'eft paffé » en une capture, defcente ou commiffion » particuliere «.

On donne le nom de Procès-verbal à une prodigieufe quantité d'Actes : on le donne, par exemple, aux faifies-exécutions, aux faifies-réelles, aux rapports que font des Experts, aux actes de capture, aux appofitions & levées de fcellé, à ceux qui conftatent des rébellions, des contraventions, &c.

Toutes les Loix & tous les Réglemens qui ordonnent des Procès-verbaux, ne laiffent point à la mémoire des hommes le foin de conferver les faits, & d'en remettre la defcription à un temps poftérieur à celui auquel ils les ont apperçus; ils veulent que les Procès-verbaux foient rédigés fur le lieu, & à l'inftant, à moins qu'une rébellion ou un autre empêchement légitime n'apporte un obftacle invincible à fa rédaction.

Notre Coutume (de Paris) contient fur cela une difpofition textuelle dans l'article 184, pour le rapport des Experts. Voyez auffi le Fevre de la Bellande, n. 1686.

Pour que les Procès-verbaux des Commis des cinq groffes Fermes foient valables, il faut :

1°. Que les Commis ayent prêté ferment pardevant le Juge des Traites : c'eft la difpofition de l'Ordonnance des Fermes du mois de Février 1687, titre 11, article 11, ou dans une Jurifdiction qui connoît des droits des Fermes. Voyez ci-après l'Arrêt du Confeil du 26 Octobre 1719.

2°. Qu'ils contiennent la date des mois, jour & an, & qu'ils faffent même mention fi c'eft avant ou après midi qu'ils ont été faits.

3°. Ils doivent être faits à la requête du Fermier, & contenir une Election de domicile; ils doivent auffi contenir les noms, qualités & demeures de ceux qui les dreffent & les fignent. Quatre Arrêts de la Cour des Aides de Paris ont jugé qu'il n'eft point néceffaire d'inférer la demeure du Fermier dans les Procès-verbaux, & qu'il fuffit aux Employés de la Ferme des Domaines d'indiquer le nom du Fermier avec Election de domicile au Bureau de la Direction établie dans le Chef-lieu de la Généralité; ces Arrêts font des 10 Avril 1736, 12 Mai, 26 Août & 30 Septembre 1740.

4°. Les caufes pour lefquelles les faifies font faites, doivent auffi être énoncées dans les Procès-verbaux.

Quand les chofes faifies font dans les Bureaux, la defcription doit s'en faire dans les Procès-verbaux en préfence des Marchands Voituriers ; & s'ils font abfens, il faut, après les avoir fommés de fe trouver, en faire mention dans les Procès-verbaux, & faire la defcription en préfence du Procureur du Roi des Traites, s'il y en a fur les lieux ; finon en préfence du Procureur du Roi de la Jurifdiction ordinaire, article 1 & 2 du titre 11 de la fufdite Ordonnance.

Les Marchandifes faifies dans les Bureaux, doivent y être laiffées, & les Receveurs ou Contrôleurs établis Gardiens par le Procès-verbal.

Quand les Marchandifes font faifies hors des Bureaux dans une Maifon ou Magafin, elles ne doivent pas être enlevées, fi le Marchand donne un Gardien folvable ; mais en ce cas, il faut en faire defcription en préfence du Marchand & du Gardien, & les faire figner le Procès-verbal original & copie ; finon faire mention de l'interpellation de figner & de la réponfe ; & fi le Marchand ne donne pas de Gardien, ou que le Gardien refufe de figner, les Marchandifes doivent être tranfportées dans les Bureaux, après la defcription faite dans les Maifons ou Magafins, & laiffer copie du Procès-verbal, *ibid.*

Quand les chofes font faifies à la Campagne, on peut ne faire qu'une defcription en gros fans déballer ; mais en ce cas elles doivent être conduites au plus prochain Bureau ; & s'il eft trop éloigné , en la plus prochaine Ville , où l'on doit faire la defcription en détail , *ibid.* art. 5.

Un Arrêt du Confeil du 26 Oct. 1719, revêtu de Lettres-Patentes du 5 Décembre fuivant , autorife tous Commis , Gardes , &c. ayant ferment en Juftice , dans quelque Jurifdiction que ce foit , à dreffer Procès-verbaux des fraudes contre les droits des Fermes du Roi, & ordonne que ces Procès-verbaux feront foi en Juftice, & feront crus jufqu'à infcription de faux (*a*) , fans qu'ils foient obligés de fe faire recevoir , ni de prêter ferment dans la Jurifdiction à laquelle appartiendront la connoiffance & le Jugement des fraudes fur lefd. Procès-verbaux ; à la charge néantmoins de faire mention de leur réfidence actuelle , de leurs fonctions ordinaires , & de la Jurifdiction en laquelle ils auront été reçus.

Un autre Arrêt du Confeil , du 27 Septembre 1740, revêtu de Lettres-Patentes du 11 Octobre fuivant , enregiftrées en la Cour des Comptes , Aides & Finances de Rouen, le 16 Novembre auffi fuivant , en interprétant les difpofitions que je viens de rapporter , a ordonné *que les Commis & Gardes des Fermiers ne feront point tenus de faire mention de leur réfidence dans les Procès-verbaux de fraude qu'ils feront , fi ce n'eft dans le cas où ils verbaliferont dans un lieu qui ne fera point dans l'étendue de la Jurifdiction où ils ont été reçus, & que cette mention fera valable dans le cas où elle doit avoir lieu, quand ils l'auront établie au Bureau des Aides.* Voyez fur la même matiere une Déclaration du 27 Mars 1708.

L'Ordonnance du mois de Juin 1680 , titre 5 des Exercices des Commis, art. 7 , veut que les Procès-verbaux concernans les fraudes , foient fignés de deux Commis (*b*); que ces Commis foient *tenus de les faire figner aux Parties intéreffées , ou de faire men-*

tion *des interpellations & des refus* de figner , *comme auffi d'en laiffer copie le même jour , & de les affirmer véritables pardevant l'un des Elus* (*c*) *dans la quinzaine au plûtard dans les Elections compofées de cent Paroiffes & au-deffus , & dans la huitaine pour les autres Elections ..... à peine de nullité.* V. auffi l'article 8 du même titre de cette Ordonnance.

Un Arrêt du Confeil du 31 Mai 1695, revêtu de Lettres-Patentes du 19 Juillet de la même année , regiftrées en la Cour des Aides le 13 Août fuivant , a ordonné *que les Commis aux Exercices dans toute l'étendue de la Ferme générale des Aides qui drefferont des Procès-verbaux des vins & boiffons vendus en fraude , ne feront tenus à autres formalités qu'à celles prefcrites par le titre 5 de l'Ordonnance que je viens de citer ; ce faifant, qu'ils continueront à faire la déguftation & confrontation des vins & boiffons, fans que pour les goûter & confronter , ils foient obligés de prendre ni porter aux Greffes des Elections aucun échantillon , ni d'appeller aucun Juge , Expert , Gourmet ou autres perfonnes ...... voulant Sa Majefté que foi foit ajoutée auxdits Procès-verbaux dûment affirmés jufqu'à infcription en faux.*

La Déclaration du 6 Novembre 1717 , donnée fur la même matiere , porte que *les Procès-verbaux de fraude qui feront faits par les Commis des Fermes avant midi , feront fignifiés dans le même jour , à peine de nullité ... & que , lorfque les Procès-verbaux feront faits après midi , la fignification en fera valable , pourvû qu'elle foit faite dans le lendemain midi : voulons à cet effet , ajoute* la Déclaration , *que les Commis foient tenus de faire mention à la fin de leurs Procès-verbaux , fi c'eft avant ou après-midi.*

Des Lettres Patentes du 6 Février 1725, expédiées fur Arrêt du Confeil du 23 Janvier précédent , & enregiftrées en la Cour des Aides le 14 Mars de la même année , ont ordonné , *en interprétant les articles* 19

(*a*) Il a été ordonné , par un Arrêt du Confeil du 10 Mai 1723, que les Déclarations concernant les infcriptions de faux contre les Procès-verbaux des Commis, & les formalités pour leur validité, feroient exécutées pour les droits Domaniaux des Provinces de Flandres & de Hainaut.

(*b*) Rien n'eft plus précis que cette difpofition ; cependant l'Auteur du Dict. des Domaines, tom. 3, page 192 ,

prétend qu'un feul Commis peut conftater une fraude.

(*c*) Quand le Procès-verbal a été fait en préfence d'un Elu, l'affirmation n'eft pas néceffaire, fuivant les Lettres-Patentes du 16 Novembre 1718 , regiftrées en la Cour des Aides le 22 Décembre fuivant , qu'on trouve au Journal des Audiences, tom. 7, liv. 1, ch. 101. Un Arrêt de la Cour des Aides, du 26 Août précédent, avoit jugé le contraire.

& 20 du titre 17 (du faux-faunage) de l'Ordonnance des Gabelles du mois de Mai 1680, & conformément à l'article 19 du titre commun des Fermes, que les Procès-verbaux que les Commis & Gardes, tant des Gabelles de France, que de celles de Provence, Dauphiné, Languedoc, Roussillon, Lyonnois, dresseront contre des personnes domiciliées chez lesquelles ils trouveront du faux-sel pour leur usage & dans les autres cas, où, suivant les Réglemens, il n'échoiera à prononcer que de simples peines pécuniaires qui ne sont pas dans le cas, faute de payement de l'amende, de la conversion en la peine afflictive, lesdits Procès-verbaux seront crus jusqu'à inscription de faux, pourvû qu'ils ayent été dûement affirmés en Justice, sans que les Commis & Gardes qui les auront dressés, puissent être assujettis à se faire répéter dessus, ni les Particuliers, & subir interrogatoire ; voulant qu'il soit statué par les Officiers des Jurisdictions de nos Gabelles sur lesdits Procès-verbaux affirmés, après toutefois que la vérification du sel saisi aura été faite en la maniere accoutumée ; dérogeant à cet égard, en tant que besoin est auxdits articles .... lesquels seront au surplus exécutés, en ce qui ne sera point contraire à ces Présentes. V. Sel.

Une autre Déclaration du 4 Octobre 1725, registrée dans toutes les Cours des Aides, ordonne que les Procès-verbaux faits par les Commis des Fermes, tant en matiere civile que criminelle, seront affirmés véritables, à peine de nullité, & sur les délais dans lesquels les affirmations doivent être faites. V. le Titre 11 de l'Ordonnance des Fermes, du mois de Fév. 1687, articles 7, 8 & suivans.

Depuis ces divers Réglemens, une Déclaration du 23 Septembre 1732, a ordonné que les affirmations des Procès-verbaux des Employés dans toutes les Fermes, pourront être par eux valablement faites devant les Juges des lieux ou les plus prochains Juges, soit Royaux ou des Seigneurs, & que lesdits Officiers seroient tenus de mettre l'acte d'affirmation au pied du Procès-verbal, & le signer sans frais, en exécution de l'article 8 du titre 11 de l'Ordonnance de 1687, sans néantmoins

aucune attribution de Jurisdiction.

Depuis cette Déclaration, un Arrêt du Conseil du 3 Février 1733, revêtu de Lettres-Patentes du 24 du même mois, a ordonné que les affirmations des Procès-verbaux des Commis des Fermes seront valables, pourvû que l'acte qui les contiendra, soit signé des personnes devant lesquelles il aura été fait, de quelque main que ledit acte soit écrit.

Les Procès-verbaux des Commis des Fermes doivent être faits sur le champ & à l'instant de la découverte de la fraude, excepté en Normandie, à moins que, comme je l'ai dit, en commençant cet article, il n'y ait rébellion ou autre empêchement légitime, auquel cas il doit en être fait mention. Sur cela voyez les Arrêts du Conseil des 21 Mai 1726, & 25 Mars 1727.

Un Arrêt du Conseil du 27 Septembre 1740, revêtu de Lettres-Patentes du 11 Octobre suivant, registrées en la Cour des Aides de Rouen, le 18 Novembre aussi suivant, ordonne que les Commis & Gardes des Fermiers ne seront point tenus de faire mention de leur résidence dans les Procès-verbaux de fraude qu'ils feront, si ce n'est lorsqu'ils verbaliseront dans un lieu qui ne sera point dans l'étendue de la Jurisdiction où ils auront été reçus.

Jacques Thouin & sa femme, surpris vendans du vin en détail, sans déclaration, avoient obtenu une Sentence en l'Election d'Angers, qui les renvoyoit de la demande du Fermier, au moyen de ce que l'acte d'affirmation du Procès-verbal de la contravention dressé par les Commis, n'avoit pas été déposé au Greffe ; mais par Arrêt rendu en la Cour des Aides, le 9 Août 1741, sur appointement visé au Parquet par M. Bellanger, Avocat Général, la Sentence des Elus d'Angers a été infirmée, la saisie déclarée valable, Thouin & sa femme condamnés en 50 livres d'amende & aux dépens.

Le 10 Janvier 1742, la Cour des Aides a rendu un Arrêt par défaut, faute de comparoir, contre un Manouvrier, intimé sur l'appel interjetté par le Fermier, d'une Sentence de l'Election de Guise, par lequel (Arrêt) il est fait défenses aux Elus de Guise & autres Officiers du ressort, de déclarer nuls les Procès-verbaux faits par les Commis des Fermes, faute par eux d'avoir déposé au Greffe leur acte de prestation de-ferment.

PROCESSION.

V. *Droits honorifiques, Prefféance & Prieres.*

On nomme Procession une marche du Clergé d'une Eglise, à la suite duquel le Peuple assiste.

Louis XIII ayant, par une Déclaration du 10 Février 1638, pris la Sainte Vierge-pour la Protectrice du Royaume, a en mê-me temps ordonné que le jour de la Fête de l'Assomption, il seroit annuellement & à perpétuité, fait une Procession solemnelle en l'Église de Notre-Dame de Paris, à la-quelle assisteroient les Cours Supérieures, & le Corps de Ville, & qu'il seroit fait pareille Procession, tant dans les autres Eglises Paroissiales & les Monasteres de la Ville & Diocèse de Paris, que dans toutes les autres Eglises du Royaume.

Cette Déclaration a été confirmée par celle de Louis XIV du 25 Mars 1650, qui a ordonné la même chose. Louis XV en a donné une semblable.

Une contestation survenue dans la mar-che de la Procession du 15 Août, à Tournai en 1691, entre le Gouverneur de cette Vil-le (qui étoit alors soumise au Roi) & les Présidens du Parlement de la même Ville, a donné lieu à l'Ordonnance qui suit (la-quelle ne paroît pas avoir été regiftrée).

» Sa Majesté veut qu'en toutes Assem-» blées, Processions, *Te Deum*, & autres » cérémonies publiques, où le Gouverneur » de Tournai se trouvera avec les trois Pré-» sidens dudit Parlement, ledit Gouverneur » marche entre le premier & le second Pré-» sident, & que le troisième Président mar-» che à la seconde ligne, & après eux en » prenant la droite d'un Chevalier d'hon-» neur dudit Parlement, s'il s'en trouve » auxdites Processions ou cérémonies pu-» bliques, ou du plus ancien Conseiller du-» dit Parlement de Tournai : mande, &c. » fait à Versailles, le 17 Décembre 1691, » *signé*, Louis; & plus bas, le Tellier «.

L'Arrêt de Réglement rendu au Conseil d'Etat, entre le Parlement & l'Université de Besançon, le 19 Mai 1697, & publié audit Parlement le 10 Juin suivant, porte qu'aux » Processions générales auxquelles » le Recteur marche à la gauche du dernier » des Présidens du Parlement, il y assistera » un Président autant que faire se pourra ; » & au cas qu'il ne s'y en trouve point, le » Recteur, lorsqu'il s'y rencontrera, mar-» chera à la gauche de celui des Officiers » qui sera à la tête du Parlement «.

L'article 46 de la Déclaration du 25 Jan-vier 1694, contenant réglement entre les Lieutenans Généraux, les Lieutenans Cri-minels & Lieutenans Particuliers des Ju-risdictions de Franche-Comté, porte que » *dans les Processions* & actes publics où les. » Officiers des Bailliages assisteront, ils iront » deux à deux; sçavoir, le Lieutenant Géné-» ral à droite, & le Lieutenant Criminel » à gauche, le Lieutenant Particulier après, » avec le plus ancien des Assesseurs, & ainsi » des autres «. Cette Déclaration se trouve dans le premier volume du Recueil de ce Parlement.

On trouve dans les anciens Mémoires du Clergé, tom. 1, première partie, ch. 1, un Arrêt rendu le 4 Juillet 1668, sur les conclusions de M. l'Avocat Général Ta-lon, qui fait défenses à l'Abbé de Sainte Genevieve d'assister à la Procession du Saint Sacrement de la Paroisse Saint Etienne-du-Mont, en habits Pontificaux, & d'y don-ner la bénédiction.

Dans les mêmes Mémoires, partie 2, chap. 5, on trouve plusieurs autres Régle-mens, concernant les Processions générales ordonnées par le Roi, & sur le rang que les Cours & Jurisdictions y doivent avoir.

L'Evêque & le Chapitre de Saint-Omer avoient obtenu, le 18 Juin 1705, un Ar-rêt du Conseil qui faisoit défenses à l'Ab-bé Régulier de Saint-Bertin à Saint-Omer, *d'assister aux Processions publiques, avec la crosse & la mitre ;* mais depuis, & par un Jugement rendu par des Commissaires du Conseil, le 8 Mai 1742, après une instruc-tion très-ample, l'Abbé de Saint-Bertin a été maintenu dans le *droit & possession d'as-sister en crosse & en mitre, aux Processions générales indiquées par l'Evêque de Saint-Omer, dans ladite Ville de Saint-Omer, & auxquelles ledit sieur Abbé de Saint-Bertin est obligé d'assister avec sa Communauté ;*

comme auffi d'y fermer la Proceffion en l'abfence de l'Evêque, de marcher fous le dais,
entre les rangs que forment les Chanoines de
Saint-Omer, à droite, & les Religieux de ladite Abbaye de Saint-Bertin, à gauche, lorfque le Saint Sacrement fera porté par led. Sr
Evêque, & en l'abfence dudit Sr Evêque de
S. Omer, d'y porter le S. Sacrement, préférablement aux Chanoines de ladite Cathédrale.

Quand il fe fait à Arras des Proceffions
où affiftent les Moines & l'Abbé de Saint-
Waft, avec le Chapitre de la Cathédrale, le
Chapitre a la droite, & par conféquent la
préféance; cela a été jugé ainfi en faveur du
Chapitre, par Arrêt du 25 Mars 1682.

Les Bénédictins de S. Vincent & de S. Jean
de Laon, qui étoient dans une poffeffion
immémoriale d'avoir la préféance dans les
Proceffions générales qui fe font à Laon,
immédiatement après les Doyen & Chanoines de la Cathédrale, & avant tous les
autres, ayant été troublés le 13 Juin 1743,
à la Proceffion de la Fête-Dieu, par le Chapitre de Saint Pierre & de Saint Jean, qui
prétendoit prendre la place de ces Religieux; Arrêt eft intervenu au Grand-Confeil, le 15 Mai 1744, par lequel les Religieux fufdits ont été » maintenus dans le
» droit & poffeffion de marcher dans les
» Proceffions générales qui fe font dans la
» Ville de Laon, immédiatement avant la
» Croix du Chapitre de l'Eglife Cathédra-
» le de Laon....... «

Le Samedi 12 Décembre 1761, la Cour
a ordonné, par Arrêt rendu fur les Conclufions de M. l'Avocat Général de Saint-
Fargeau en la Grand'Chambre, que les Adminiftrateurs de la Confrérie du Saint Sacrement, érigée en l'Eglife Paroiffiale de
Sainte Marguerite à Paris, auroient la préféance & le pas à la Proceffion, avant ceux
de la Confrérie de Sainte Marguerite même, érigée dans la même Eglife, qui avoit
pourtant une exiftence légale plus ancienne
que celle du Saint Sacrement. On s'eft déterminé par l'objet du culte de la Confrérie
du Saint Sacrement; & M. l'Avocat Général obferva qu'il y avoit des Paroiffes où
la Confrérie du Patron avoit le pas; mais
que c'étoit un abus.

Le même Arrêt a ordonné que les Ad-

miniftrateurs de la Confrérie du Saint Sacrement marcheroient aux Proceffions,
après les Marguilliers de la Paroiffe, fans
mêlange ni confufion.

La Cour a, entr'autres chofes, jugé, par
Arrêt rendu le 7 Septembre 1726, que dans
les affemblées & cérémonies (autres que celles qui feront convoquées pour la nomination des Marguilliers & pour les comptes de
la Fabrique) le Bailli de la Ferté-Aleps
précédera les Marguilliers en charge, même
à l'offrande & aux Proceffions, & qu'il pourra fe placer dans l'Œuvre au-deffus des Marguilliers & au-deffous du Curé.

Cet Arrêt a été déclaré commun avec
le Procureur du Roi de la Ferté-Aleps,
auquel la Cour a auffi accordé la préféance
fur les Marguilliers, par un Arrêt du 30
Juillet 1727. Voyez l'Arrêt du 12 Juillet
1730, que je rapporte au mot Preffeance.

Les Marguilliers de l'Eglife Saint Laurent de Nogent-fur-Seine ont néantmoins
été maintenus par Arrêt rendu au rapport
de M. Severt, le 19 Juillet 1742, dans la
poffeffion de marcher aux Proceffions, offrandes, & autres cérémonies publiques,
qui fe font dans l'Eglife Paroiffiale de S.
Laurent dudit Nogent, immédiatement
après le Clergé & le Curé, contre les Officiers du Bailliage de la même Ville, qui
vouloient les précéder: mais la Cour ne
s'eft déterminé dans cette affaire, que parce
que les Marguilliers avoient la poffeffion
en leur faveur. Les Parties avoient été refpectivement admifes, par Arrêt du 4 Février
1736, à faire preuve de la poffeffion articu-
lée de part & d'autre: l'Enquête des Marguilliers étoit concluante; & en matiere de
rang & de préféance, l'autorité de la poffeffion eft le meilleur titre; elle le fupplée
même s'il n'y en a point, & l'efface quelquefois quand il y en a. Voyez fur cela Loyfeau, des Offices, liv. 1, chap. 7, n°. 82, &
Dumoulin en fon confeil 26, n°. 27.

Le Greffier de l'Election de Melun, qui
demandoit la préféance aux Proceffions fur
les Marguilliers de la Paroiffe S. Etienne
de Melun, a été débouté de fa demande,
par Arrêt rendu en la Cour des Aides, le 17
Juin 1739, conformément aux Conclufions
de M. de Vaucreffon, Avocat Général.

Le 23 Mai 1524, la Cour a rendu un Arrêt

rêt de Réglement, rapporté dans les Preuves des Libertés de l'Eglise Gallicane, édition de 1651, tom. 2, chap. 35, n°. 42, par lequel il est *enjoint à tous Monasteres de la Ville de Paris, exempts & non exempts, Séculiers & Réguliers, de tenir leurs lieux pardevant lesquels le Saint Sacrement doit passer (en Procession) honorablement parés, de sortir & venir devant leurs portes au-devant ledit Saint Sacrement, audit. jour quand il sera porté, avec leurs ornemens & encensiers, pour faire honneur & adorer ledit Saint Sacrement, sur peine de saisie en la main du Roi de tout leur temporel.*

Un Arrêt du Conseil du 19 Octobre 1650, enjoint pareillement à ceux de la Religion Prétendue Réformée de faire tendre devant leurs maisons, aux jours & heures des Processions solemnelles, & notamment à la Fête du Saint Sacrement : cet Arrêt est dans les anciens Mémoires du Clergé, neuviéme partie, ch. 4.

Le 30 Mars 1735, il est intervenu un Arrêt entre les Curé & Marguilliers de Saint André-des-Arcs & les Augustins du grand Couvent de Paris, qui a ordonné que, lorsque la Procession du Saint Sacrement passera, les Augustins viendront à la principale porte de leur Couvent, dans la rue, au-devant de la Procession, avec leurs ornemens & encensoirs; *leur fait défenses* ajoute ('l'Arrêt) *de commencer leur grand'Messe qu'après que la Procession du Saint Sacrement de ladite Paroisse sera passée, & de porter en Procession le Saint Sacrement, hors de leur Monastere & ailleurs, que dans l'intérieur de ce qui compose les lieux réguliers de leur Couvent* (a).

Peut-on contraindre les Marchands & Bourgeois de Paris de porter les cordons du dais à la Procession du Saint Sacrement à la Fête-Dieu? Il n'y a sur cela aucune loi; mais cette question s'étant présentée entre les Marguilliers de la Paroisse S. Leu à Paris, & le Sr Bizet, Marchand Eventailliste, la Cour, par Arrêt rendu le 21 Octobre 1763, a déclaré non-recevables les Marguilliers qui prétendoient y contraindre le sieur Bizet.

Dans cette espéce, les Marguilliers de

S. Leu avoient invité le sieur Bizet, le 28 Mai 1762, à porter un des cordons du Dais à la Procession de la petite Fête-Dieu, le 17 Juin suivant; & le sieur Bizet avoit répondu que des affaires indispensables l'obligeoient de partir pour la Campagne au plûtard le 12; mais que si les Marguilliers le vouloient, il étoit prêt d'accepter cet honneur le jour de la Fête-Dieu.

Les Marguilliers n'accepterent point cette réponse; & comme le Sr Bizet étoit encore à Paris le 16 au soir, ils l'inviterent de nouveau pour le lendemain; le sieur Bizet, qui partoit ce jour-là de grand matin, chargea son neveu, de même profession que lui, de le remplacer; & ce neveu se présenta chez les Marguilliers, mais ils lui déclarerent qu'ils ne vouloient pas de lui.

Le 19 Juin, le sieur Bizet, oncle, fut assigné en condamnation de dommages & intérêts, faute par lui d'avoir répondu à l'invitation, & leur demande fut écoutée favorablement au Châtelet; mais sur l'appel, & par Arrêt dudit jour 21 Octobre 1763, cette Sentence fut infirmée, & les Marguilliers déclarés non-recevables.

Par Arrêt rendu le 14 Août 1736, entre le Curé de Notre-Dame de Vierzon & les Prieur & Religieux de l'Abbaye de Saint Pierre du même lieu, la Cour a maintenu le Curé dans le droit de faire seul, avec son Clergé, toutes les Processions générales & Cérémonies accoutumées, dans l'Eglise & dans la Paroisse de Notre-Dame, avec défenses aux Religieux de le troubler.

Le 31 Mars 1735, la Cour rendit un autre Arrêt sur le même sujet, entre le Chapitre de la Métropole de Tours & le Chapitre de S. Martin de la même Ville : cet Arrêt ordonne que le Chapitre de S. Martin, qui est tenu d'assister à la Procession avec celui de la Métropole (S. Gatien), ne pourra la quitter qu'après la Bénédiction qui se donne à la rentrée dans la Cathédrale.

La raison de l'Arrêt est, que la Bénédiction solemnelle qui se donne au retour de la Procession, en fait la partie intégrante, & en forme la clôture : cet Arrêt ordonne de plus, que le Chapitre de S. Martin sera

---

(a) Depuis cet Arrêt il a été ordonné par l'art. 8 des Lettres-Patentes du mois d'Avril 1746, reg. au Parlement d'Aix, *que les Réguliers ne pourront faire de Processions hors de leur clôture, sans la permission de l'Ordinaire.*

tenu de venir prendre la Proceſſion du Saint Sacrement dans l'Egliſe Métropole de Saint Gatien.

Le même Arrêt décide encore que dans les Proceſſions générales, où le Chapitre de S. Martin aſſiſtera avec le Chapitre de Saint Gatien, le Chantre du Chapitre de S. Martin ne pourra marcher au milieu ; mais qu'il ſera tenu de marcher ſuivant ſon rang, dans l'une des deux lignes de ſon Chapitre. Le Chapitre Métropolitain avoit demandé que le Chantre ôtât (à la Proceſſion) les gants de couleur & brodés, qu'il porte pour marque de ſa dignité ; mais l'Arrêt met hors de Cour ſur ce Chef.

Enfin, cet Arrêt fait défenſes au Chapitre de S. Martin de Tours d'empêcher les Commiſſaires du Corps de la Cathédrale, chargés de régler l'ordre, la marche & les cérémonies de la Proceſſion générale de la Fête-Dieu, & autres Proceſſions, de paſſer au milieu des lignes & des rangs de tous les Corps, & même de celui de S. Martin.

Ainſi cet Arrêt juge que, nonobſtant les rits, les uſages & les cérémonies particulieres à un Chapitre, dans leſquelles il eſt maintenu, comme étoit celui de S. Martin, il doit néanmoins obſerver ce qui lui eſt preſcrit à cet égard par l'Evêque ou le Chapitre de la Métropole, en l'abſence de l'Evêque, quand il y a Proceſſion générale.

Voyez dans le Code des Curés un Réglement du 4 Août 1708, pour la Proceſſion de la Paroiſſe S. Euſtache, & les Adminiſtrateurs des Confréries qui peuvent y aſſiſter.

» A la Proceſſion, dit d'Hericourt, le Patron vient immédiatement après le Curé. » Le Seigneur Haut-Juſticier ſuit le Patron, ou il marche après le Curé, s'il n'y » a point de Patron. Les femmes des Patrons & des Seigneurs Hauts-Juſticiers » vont avec leurs maris ; & les Dames qui » ont le Patronage & la Haute-Juſtice, pré» cédent tous les hommes à la Proceſſion, » quand elles n'ont pas de maris ; mais les » femmes des Seigneurs Moyens-Juſticiers » & des Seigneurs de Fiefs ou des Gentils» hommes ne doivent marcher à la Procef» ſion qu'après tous les hommes «. Loix Eccléſiaſtiques, partie 2 des Droits Honorifiques, ch. 9, n. 15. V. *Droits Honorifiques*.

Voyez auſſi les anciens Mémoires du Clergé, tom. 1, tit. 2, ch. 7, n. 11.

A Séez, quand l'Abbé de Saint Martin aſſiſte, avec ſes Religieux, à une Proceſſion où ſe trouve auſſi le Chapitre de la Cathédrale, les Religieux marchent devant le Clergé ; & l'Abbé, en ſimple habit de Religieux, figure du même côté, & vis-à-vis de la première dignité du Chapitre. Si le Prévôt du Chapitre eſt abſent, il eſt remplacé par un autre Dignitaire, & à défaut de Dignitaire, par un Chanoine. V. *Abbé*.

Lors de la Proceſſion qui précéda le Concile Provincial tenu à Cambrai en 1631, les Chanoines de l'Egliſe Métropolitaine & les Députés des Cathédrales avoient la droite ; ils eurent la même place dans l'Aſſemblée, & on en uſe de même à Arras.

Lorſque l'Abbé & les Religieux de Saint Waſt vont en Proceſſion avec le Chapitre de Notre-Dame, » le Chapitre tient le droit » côté, & les Abbé & Religieux le ſeneſtre, » tant ès rues qu'ès Egliſes...... & le Service » ſe fait toujours par leſdits du Chapitre » d'Arras : les Religieux ne font qu'aſſiſ» ter «. Il y a ſur cela un Acte de Notoriété de la Cathédrale d'Arras du 5 Mai 1566.

Quand l'Abbé Séculier de S. Pierre de Vienne (qui officie dans ſon Egliſe, comme les Abbés Réguliers bénits dans les leurs) aſſiſte aux Proceſſions avec la Cathédrale, il eſt en camail & en rochet au ſecond rang, avec le Chapitre de ſon Egliſe. Un ancien Abbé prétendoit porter la croix pectorale à la Proceſſion, ſur ſon camail, comme les Evêques ; mais, par Arrêt du Grand-Conſeil, rendu le 29 Janvier 1701, il fut ordonné qu'il la quitteroit.

A Dijon, quand l'Abbé & les Religieux de Saint Benigne aſſiſtent à des Proceſſions avec la Cathédrale, *l'Abbé & les Religieux ont la gauche de la Cathédrale ſur la même ligne, ainſi & comme il ſe pratique entre le Chapitre de l'Egliſe Cathédrale de Blois & les Religieux de l'Abbaye de Saint-Lannier de ladite Ville.* Cela eſt ainſi réglé par un Arrêt du Conſeil du 18 Août 1731, revêtu de Lettres-Patentes regiſtrées au Parlement de Dijon le 19 Janvier 1732.

On voit par ce que je viens de dire, que la préſéance appartient éminemment aux

Séculiers fur les Réguliers, dans les Proceffions.

Augeard rapporte un Arrêt du Confeil du 16 Mai 1693 , par lequel il eft *fait défenfes aux Chanoines & Chapitre d'Auxerre de faire à l'avenir aucunes Prieres & Proceffions extraordinaires pour caufe·publique , comme néceffité de temps & autres , qu'elles n'ayent été indiquées par l'Evêque , les Députés du Chapitre appellés pour en concerter avec eux , & être enfuite par lui réglées.*

PROCLAMATION.

On nomme ainfi les publications folemnelles qui fe font à cri public. V. *Affiches , Publication & Cri public.*

PRO CUPIENTE PROFITERI.

Il y a des Bénéfices réguliers que le Pape peut feul accorder à des Eccléfiaftiques Séculiers , qui défirent & prômettent de fe faire Religieux dans l'Ordre dont le Bénéfice dépend. On accorde facilement à Rome des provifions de ce genre , & le Pape eft autorifé à les donner par la quatorziéme Seffion du Concile de Trente ; & ces Provifions s'appellent , *Pro Cupiente Profiteri ;* nom qui annonce le motif de celui qui les follicite , & qui veut embraffer l'Etat Religieux. V. ce que je dis vers la fin de l'article *Bénéfice.*

Le Pape eft cependant le maître d'accorder ou de refufer ces fortes de Provifions ; & s'il les refufoit , on ne pourroit pas fe plaindre de fon refus.

Quand il les accorde , il impofe à l'Impétrant la condition de faire profeffion , dans le délai d'un an de la paifible poffeffion du Bénéfice , à peine de nullité des Provifions ; & le Grand-Confeil a jugé en conformité de cette claufe , par Arrêt rendu le 7 Août 1741.

Je dis que le Pape eft le feul (*a*) qui puiffe accorder les Provifions , *Pro Cupiente Profiteri.* En effet , les Collateurs ordinaires ne le peuvent pas ; ils font au contraire obligés de les conférer en conformité de la régle , qui veut que les Bénéfices féculiers ne foient donnés qu'à des Séculiers , & les Bénéfices réguliers à des Réguliers , *Secu-*

laria Secularibus , Regularia Regularibus. Les Cardinaux & quelques autres Indultaires peuvent feulement , en certains cas , les conférer en Commende. V. *Commende & Indult.*

Le droit exclufif du Pape , à cet égard , a été affermi par deux Arrêts rendus au Grand-Confeil les 7 Août 1683 & 24 Mars 1722 , & par un Arrêt de la Cour , rendu en la Grand'Chambre fur les Conclufions de M. le Procureur Général , au rapport de M. de Tourmont , le 23 Juillet 1732. Les efpéces de ces trois Arrêts font rapportés avec quelque détail dans la Jurifprudence Canonique de la Combe , verb. *Bénéfice ,* n. 17.

Le même Auteur (*loc. cit.*) dit encore que , par Arrêt du 11 Mai 1647 , il a été jugé qu'un Séculier , pourvu en Cour de Rome d'un Bénéfice régulier , à la charge de fe faire Religieux dans les fix mois du jour de fa paifible poffeffion , & qui avoit laiffé paffer ce délai , fans y fatisfaire , & fans même prendre l'habit de l'Ordre auquel il étoit deftiné , devoit être privé du Bénéfice , & qu'en conféquence le dévolutaire du même Bénéfice a été maintenu. V. les deux Arrêts des 3 Mai 1735 & 11 Juillet 1739 , dont je parle à l'art. *Bénéfice ,* vers la fin.

PROCURATION *ad refignandum.*

C'eft un acte par lequel le Titulaire d'un Office donne pouvoir de le réfigner & remettre entre les mains du Roi ou autre Collateur , pour en difpofer au nom & en faveur d'une perfonne défignée.

Ces Procurations font fujettes à furannation.

PROCURATION.

V. *Hypothéque , Mandat , Procureur , Surannation.*

On nomme Procuration , un acte par lequel celui qui ne peut vaquer lui-même à fes affaires , donne pouvoir à un autre de le faire , comme s'il étoit lui-même préfent.

Celui qui fe trouve chargé de la Procuration d'un autre , peut être indifféremment

---

(*a*) Il faut néantmoins excepter les Bénéfices de l'Ordre de Malte. Cet Ordre a obtenu des Bulles qui l'autorifent à donner des Provifions de fes Bénéfices à des Séculiers , *pro cupien e Profiteri ;* & il ufe de ce privilége dans le Royaume.

nommé Procureur ou Mandataire ; mais il ne faut pas confondre cette espéce de Procureur, que l'on qualifie *ad negotia*, avec les Procureurs *ad lites*. L'un est une espéce d'Agent ; l'autre est un Officier public, chargé par état de veiller à l'instruction des procès, & à la défense des cliens qui lui confient leurs intérêts ; (Voy. *Procureurs*.) Je ne parle ici que du Procureur *ad negotia*.

» La convention qui fait les engagemens » entre le Procureur constitué, & celui qui » le constitue, se forme lorsque la Procu- » ration est acceptée ; & si l'un & l'autre ne » sont pas présens, la convention est accom- » plie lorsque le Procureur constitué se » chargé de l'ordre porté par la Procura- » tion, ou qu'il l'a exécuté ; car alors son » consentement se lie à celui de la personne » qui l'a constitué «. V. Domat.

On peut donner des Procurations pour plusieurs affaires ou pour une seule en particulier ; & le pouvoir du Procureur est réglé selon l'étendue & les bornes que la Procuration y donne, de maniere qu'on ne peut pas les étendre, même sous prétexte de ces termes, *& généralement, &c.* qui se trouvent souvent dans les Procurations. Par exemple, le Mandataire qui peut agir au nom de celui qui l'a constitué, ne peut pas substituer un autre à sa place, s'il n'en a le pouvoir par sa Procuration.

Tout de même, celui qui a pouvoir de faire des poursuites pour une certaine action, ne peut pas transiger sur cette même action, si la Procuration ne l'y autorise d'une maniere spéciale ; en un mot, celui qui a pouvoir de poursuivre pour procurer le payement d'une dette, ne peut pas valablement la toucher. V. sur cela l'Arrêt du 18 Août 1749, que je cite à l'art. *Payement*.

L'acceptation du mandat, c'est-à-dire, de la Procuration, est volontaire. Le Mandataire peut la refuser ; mais s'il l'accepte, il doit remplir le mandat ; & s'il y manque sans une cause légitime, il est tenu des dommages-intérêts qu'il cause pour n'avoir point agi.

Le mandat finit par la révocation du Mandataire : il finit encore par la mort du Mandant ; néantmoins si le Mandataire ignoroit le décès de son constituant, ce qui auroit été fait de bonne foi, devroit subsister.

Le mandat pour toucher des rentes sur l'Hôtel-de-Ville de Paris, n'a d'effet que pendant dix ans suivans. Voyez l'article 2 des Lettres-Patentes du 30 Octobre 1764, enregistrées au Parlement le 28 Novembre suivant.

Enfin le mandat finit encore par le décès du Mandataire, ou lorsque les affaires pour lesquelles il étoit donné, sont terminées. Nous ne reconnoissons de Procurations annales, que celles qui sont *ad resignandum*. V. l'Acte de Notoriété du Châtelet du 23 Juin 1692.

Le mandat ne se transmet point aux héritiers du Mandataire dans sa succession ; & le Mandataire peut même de son vivant, sans autre motif que sa volonté, mais sans fraude, se décharger du soin d'exécuter une Procuration après l'avoir acceptée, en la faisant cependant sçavoir au Constituant.

En général, le mandat doit être gratuit : le Mandataire peut néantmoins répéter les dépenses qu'il a faites pour remplir sa mission. Les circonstances pourroient cependant être telles, qu'on accordât au Mandataire une action pour le payement des peines & soins que lui a causés la Procuration.

De quel jour le Procureur *ad negotia* donne-t-il hypothéque au Mandant ? Voy. *Hypothéque*.

PROCURATION (Droit de).

Procuration est le nom d'un droit qui soumet les Curés & quelques autres Bénéficiers à recevoir l'Evêque ou l'Archidiacre pendant qu'ils sont en visite (V. *Visite*), les héberger & fournir des vivres, tant à eux qu'à leur suite (*a*). V. Tournet, lettre V, chap. 22.

Fevret dit que l'origine de ce droit vient de ce que, dans les premiers siécles du

(*a*) Quelques Seigneurs avoient aussi autrefois un droit de Procuration, en conséquence duquel leurs Vassaux étoient obligés de les défrayer. Nos Rois avoient ce droit à Amiens. L'Evêque de cette Ville étoit obligé de recevoir le Roi quand il y alloit.
Piganiol de la Force dit, dans sa Description de la France, que ce droit fut remis à l'Evêque d'Amiens par Philippe-Auguste.

Chriftianifme, les Evêques, quoique maîtres des revenus de l'Eglife, les employoient
fi religieufement & fi libéralement, qu'il ne
leur reftoit fouvent plus de quoi vivre. Il
paroiffoit par conféquent qu'ils fuffent défrayés us le cours de la vifite de
leur Diocèfe, puifque fans cela ils n'euffent
pas pu le vifiter.

Le motif de ce droit ne fubfiftant plus, il
fembleroit qu'il dût être aboli : cependant
il exifte encore ; & il eft dû aux Evêques &
aux Archidiacres qui font leur vifite en
perfonne ; mais il n'eft dû qu'une feule fois
par an, fuivant un Capitulaire de Charles-
le-Chauve, donné à Touloufe en 844. V.
auffi l'article 6 de l'Ordonnance d'Orléans.

Toutes les Eglifes vifitées doivent le
Droit de Procuration. Les plus pauvres, &
même les Cures à portion congrue y font
fujettes. On trouve à ce fujet un Arrêt du
Parlement du 30 Août 1678, dans les nouveaux Mémoires du Clergé, tome 2. Mais
l'article 3 de l'Edit du mois de Décembre
1606 en exempte *les Eglifes Paroiffiales
fituées ès Monafteres, Commanderies & Eglifes des Religieux, qui fe prétendent exempts
de la Jurifdiction des Ordinaires* ....

Les Maîtres d'Ecole, & tous autres Laïcs
fujets à vifite, ne font cependant pas fujets
au Droit de Procuration.

Bouchel rapporte dans fa Bibliothéque
du Droit François, verb. *Vifitation*, un Arrêt de Réglement rendu pour le Diocèfe
de Meaux en 1567, par lequel il a été jugé
que la Procuration feroit payée en argent
ou en vivres, *in paftu vel in pecuniâ*, au
choix du Bénéficier ; & le Parlement de
Bretagne, en déchargeant, par Arrêt rendu le 21 Janvier 1718, qu'on trouve au
Journal de ce Parlement, tome 1, chap. 57,
les Curés de l'Archidiaconé de Rennes de
la condamnation du Droit de Procuration,
en ce qu'ils avoient été condamnés de le
payer comme un droit cenfuel dû *in fignum
fuperioritatis*, & *pro dotatione dignitatis*, les
a feulement condamnés à le payer, *en ce
qu'ils y font tenus* fuivant *les rôles produits*
par l'Archidiacre, à compter du jour de
fa demande.

Mais le même Arrêt a exempté ceux des
Curés qui nourriroient & logeroient l'Ar-

chidiacre, les perfonnes de fa fuite & fes
équipages, lors de fes vifites, &c.

Au refte, c'eft la poffeffion & l'ufage qui
règlent ces droits, foit pour leur qualité,
foit pour leur quotité.

Le Concile de Châlons tenu en 813, &
le Concile de Trente, recommandent aux
Vifiteurs une grande difcrétion fur le Droit
de Procuration. Le Capitulaire de 844,
dont j'ai parlé, n'accorde pas un repas bien
fomptueux aux Evêques ; & le Concile de
Touloufe de l'année 1590 le réduit à
deux plats.

Le feptiéme Concile de Tolede, tenu
fous Chindafuinte, Roi d'Efpagne, vers
l'an 647, n'en quittoit pas les Curés à fi
bon marché ; car en réglant la dépenfe des
Prélats dans leurs vifites, & en ordonnant
qu'ils ne demeureront qu'un jour dans chaque Paroiffe, il ordonne auffi qu'ils ne pourront mener avec eux que cinquante chevaux.

Au refte, le droit de Procuration n'arrérage point. Ainfi non-feulement on ne peut
pas demander deux droits dans une même
année, quand il y auroit plufieurs vifites ;
mais il faut que les vifites fe faffent en perfonne, pour pouvoir l'exiger ; & on ne peut
pas demander le droit, quand il n'y a pas
eu de vifite.

PROCUREURS.

V. Ad*mittatur*, *Appel*, *Bazoche*, *Dépens*,
Défaveu, *Frais*, *Mandat*, *Poftulation*,
Praticien, *Procuration*, *Réception*.

Un Procureur eft un Officier créé pour
repréfenter en Juftice ceux qui le chargent
de leurs affaires, & pour faire la procédure
convenable pour mettre les Juges en état
de les décider.

L'établiffement des Procureurs eft très-
ancien. Le progrès des Loix civiles fit connoître la néceffité de leurs fonctions ; & il
y a plufieurs textes dans le corps du Droit
qui ne permettent pas de douter qu'ils ne
fuffent en ufage dans les Tribunaux de
Rome.

Le Préteur avoit introduit un nombre
prefqu'infini de formules pour les différentes actions qu'il falloit intenter ; & comme
cette grande variété avoit rendu la difcuffion des procès pénible & difficile, il fe

trouva plufieurs perfonnes qui firent une étude particuliere de ces formules, qu'ils communiquoient enfuite à leurs amis, lorfqu'ils étoient appellés en Jugement.

Ce fecours, utile d'abord à quelques Particuliers, fut reçu favorablement du Public; & ceux qui s'étoient appliqués à cette étude, furent appellés *Cognitores Juris.* Ils fuivirent le Barreau, pour appuyer les caufes des cliens qui confioient leur défenfe à leurs lumieres & à leur capacité. Ils agiffoient & répondoient pour les Parties; toutes les pourfuites étoient réglées fur leur tête; & c'eft par cette raifon qu'on trouve dans les Loix, qu'après la conteftation en caufe, le Procureur *ad lites* étoit appellé *Dominus litis.*

Les Auteurs anciens ont laiffé des témoignages de cette vérité, & les modernes la confirment. Cicéron parle des Procureurs *ad lites* en plufieurs endroits de fes Ouvrages, fous le nom de *Cognitores Juris.* Duluc n'héfite point à foutenir que leurs fonctions étoient les mêmes que celles des Procureurs d'aujourd'hui; & fon fentiment eft autorifé par Loyfeau, *Traité des Ordres*, & par la Roche-Flavin, dans fon Livre *des Parlemens de France.*

Les Procureurs parurent donc, dès les premiers temps de leur établiffement, au Barreau de la premiere Ville du monde, pour défendre la caufe des miférables & des opprimés; & fi dans la naiffance de notre Monarchie, ni même long-temps après, on ne trouve pas qu'il y eût des Procureurs pour prêter leur miniftere aux Particuliers, il fuffit de confulter les Annales de ces temps-là, pour en connoître la raifon.

A l'exemple des Peuples du Nord, qui, felon le témoignage d'un Hiftorien, terminoient leurs procès par les armes, les François étoient dans l'ufage de venger leurs injures particulieres par la même voie, afin de fe mettre à l'abri des lenteurs de la Juftice. C'étoit un refte de la férocité des Nations étrangeres, qui avoient inondé la France en divers temps. L'autorité royale n'étoit pas alors affez puiffante pour arrêter le cours de ces attentats; chaque particulier croyoit être en droit de fe faire juftice lui-même, & l'iniquité des temps impofoit aux Souverains la néceffité de les tolérer. Il fal-

lut des Réglemens fans nombre, & l'intervalle de plus de deux fiécles, pour anéantir cette fureur, qui foulevoit les Sujets du Roi les uns contre les autres. On trouve encore, dans les Capitulaires de nos Rois, des preuves de cette vérité.

L'autorité royale prévalut enfin, & un nouveau jour vint, pour ainfi dire, éclairer la France; il fut permis aux particuliers de porter leurs plaintes aux Tribunaux de la Juftice, & dès-lors le miniftere des Procureurs parut néceffaire. Il eft vrai que dans l'ancienne pratique du Royaume, il falloit obtenir la permiffion du Prince, pour avoir la liberté d'employer leur miniftere. On trouve encore des veftiges de cet ufage dans les Formules de Marculpbe. V. auffi l'Ord. de 1287,& ce que je dis à la fin de l'art. *Efter.*

Dans la fuite, cette grace fut accordée pour une année; & enfin les fonctions des Procureurs devenant tous les jours plus néceffaires dans les Tribunaux, François Premier, par une Ordonnance de l'année 1528, voulut que le pouvoir donné aux Procureurs fût continué, jufqu'à ce qu'il fût expreffément révoqué par les Parties.

Dans l'ufage actuel, les fonctions des Procureurs font tellement autorifées par les Ordonnances & par la Jurifprudence des Arrêts, qu'aucun Particulier ne peut être légitimement défendu, s'il n'eft oui par Procureur. Les Princes, les premieres Dignités de la Robe & de l'Epée, tous les Ordres, tous les Corps politiques de l'Etat, tous les Particuliers qui les compofent, les Villes, les Provinces, les Communautés, les Cardinaux, les Evêques; en un mot, perfonne ne peut fe paffer de leur miniftere. V. l'Ordonnance de 1667, tit 2, art. 16.

S'il s'agit de la caufe des mineurs, il faut que tous les actes foient faits, & que les Arrêts foient rendus au nom du Procureur, par le miniftere duquel ils font défendus; & c'eft par cette raifon qu'on leur a donné la qualité de *légitimes défenfeurs.*

Les Ordonnances de Charles VII, de Louis XII, de François I, &c. recommandent toutes de n'admettre aux charges de Procureurs que des perfonnes d'une probité, d'une capacité & d'une expérience conformée: on ne les reçoit en effet qu'après un examen dans lequel chaque Magiftrat peut les interroger ; ce qui prouve le cas qu'on a toujours fait de leur miniftere.

Les Procureurs partagent avec les Avocats la gloire de la poftulation : ils défendent, comme eux, l'honneur, la vie & la fortune des Particuliers. Les biens qu'ils acquiérent dans leur profeffion, font regardés comme un pécule *quafi caftrenfe ;* & en cela les Arrêts leur ont accordé les mêmes avantages dont jouiffent les Avocats ; avantages qu'on a refufé à beaucoup d'autres Officiers.

Un Procureur peut être promû aux Ordres facrés, fans fe défaire de fon Office ; & fes fonctions font même compatibles avec les fonctions Curiales. Dom Felibien & Dom Lobineau nous en ont tranfmis un exemple dans leur Hiftoire de Paris, où on lit qu'Alexandre Nacart, Curé de S. Sauveur à Paris, étoit en même-temps Procureur au Parlement.

Ce font les Procureurs qui mettent les Magiftrats en état de rendre la Juftice aux Peuples. M. le Premier Préfident de Harlai, à une rentrée du Parlement, les compara au fondement des maifons, qui, quoique moins brillans que le bâtiment apparent, ne laiffent pas de foutenir l'édifice ; & dans une caufe où le Corps des Procureurs avoit été mal traité, ce grand Magiftrat prit leur défenfe, & fit un éloge public de la fidélité, de l'expérience & de la capacité qu'ils avoient toujours montrées dans l'exercice de leurs fonctions.

D'Olive, qui connoiffoit parfaitement l'importance & le mérite des fonctions des Procureurs, dit que celles des Avocats & des Procureurs étoient confufément adminiftrées dans leur origine, comme elles le font encore aujourd'hui dans plufieurs Siéges inférieurs ; que les uns & les autres font employés dans les combats du Barreau ; que dans la guerre-légitime qu'on y fait au menfonge & à la calomnie, la Juftice a befoin du miniftere de tous les deux, & qu'il ne feroit pas jufte qu'une fonction fi néceffaire, qui a été détachée de celle de l'Avocat, ne retînt pas quelque chofe de la dignité de fon

origine. Queftions notables de M. d'Olive, liv. 1, chap. 36.

L'article 58 de l'Ordonnance d'Orléans permet aux Avocats de faire les fonctions des Procureurs, qu'elle regarde comme compatibles : les Etats du Royaume n'auroient pas confondu les deux emplois, fi l'on n'avoit pas été perfuadé que la Profeffion de Procureur eft honorable. La même confufion avoit été faite auparavant par les Loix civiles ; & les Jurifconfultes ont décidé qu'il faut regarder comme Avocats, généralement tous ceux qui prêtent leur miniftere à défendre les caufes dans les Tribunaux. Les Avocats & les Procureurs au Parlement de Paris ne compofent même qu'une feule Communauté.

Le Samedi 27 Mai 1758, on a plaidé en la Grand'Chambre la queftion de fçavoir, fi Me Trichet, Avocat, pouvoit, en conformité de l'article 58 de l'Ordonnance d'Orléans, faire la fonction de Procureur & d'Avocat en la Juftice de Damartin, près Paris, en vertu de fa fimple Matricule.

Les Procureurs du Siége & M. le Prince de Condé confentoient qu'il fît celle d'Avocat ; mais ils foutenoient que les deux fonctions ne pouvoient être réunies qu'en obtenant des Provifions du Seigneur ; & Me Trichet prétendoit n'en avoir pas befoin.

M. l'Avocat Général le Pelletier de Saint-Fargeau, qui porta la parole dans cette affaire, fit voir que, dans la théfe générale, les Avocats reçus en la Cour pouvoient exercer les deux fonctions, & poftuler dans les Juftices Seigneuriales ; mais il obferva que cet ufage ne pouvoit pas s'appliquer aux Juftices dans lefquelles les Procureurs font inftitués comme Officiers par les Seigneurs, qui leur donnent à cet effet des Provifions.

Il obferva néantmoins que, fans une conceffion particuliere du Roi, ou fans une poffeffion très-ancienne qui fait préfumer un titre légitime, un Seigneur ne pouvoit pas difpofer des places de Procureurs, & en accorder des Provifions ; parce qu'en général, ce ne font pas des Offices (a) ; que cette

<hr/>

(a) Les Lettres-Patentes du mois de Mars 1691, expédiées fur un Arrêt du Confeil du 11 Janvier 1675, par lequel la Haute-Juftice dans l'Enclos du Couvent & Palais Abbatial de l'Abbaye de S. Saint Germain-des-Prés, a été confervée à ladite Abbaye, n'accordent à l'Abbé que le droit de nommer un Bailli, un Procureur Fifcal, un Greffier & deux Huiffiers, & ne lui concédent point le pouvoir de nommer des Procureurs : parce qu'on penfe au Confeil, comme ailleurs, que cette Profeffion peut s'exercer fur une fimple Matricule fans Provifions.

Profeſſion s'exerçoit autrefois comme elle s'exerce encore aujourd'hui , ſur ſimples Matricules , dans la plûpart des Juſtices Seigneuriales (a).

Comme la poſſeſſion des Seigneurs de Damartin d'accorder des Proviſions aux Procureurs comme aux autres Officiers du Siége , remontoit à près de deux ſiécles ; que d'ailleurs un Arrêt de la Cour , rendu en 1673 , avoit implicitement jugé que les Procureurs de Damartin étoient Officiers ; la Cour , par Arrêt rendu ledit jour 27 Mai 1758, a débouté Mᶜ Trichet de ſa demande à être admis à poſtuler à Damartin, ſauf à lui à exercer la ſeule fonction d'Avocat audit Siége.

On a depuis quelque temps envié aux Procureurs la compatibilité de leurs fonctions avec la Nobleſſe: mais les plus grands efforts de ceux qui ont cherché à les avilir par une fauſſe interprétation d'un texte du Droit, n'ont pu leur enlever cette prérogative. Le Préſident de Chambery, après avoir décidé que l'emploi de Notaire eſt incompatible avec la qualité de Noble, (cependant V. Notaire,) regarde comme une erreur qui doit être proſcrite , l'opinion de ceux qui prétendent que l'Office de Procureur eſt vil, & qu'il déroge à la Nobleſſe. On ne trouve , dit-il , aucun texte dans le Corps du Droit qui puiſſe autoriſer cette idée. Il ajoute qu'il faut regarder comme une déciſion conſtante, que les Procureurs ne dérogent point, & qu'ils conſervent la Nobleſſe au milieu de l'exercice de leurs fonctions , lorſqu'elle leur eſt acquiſe par le droit de leur naiſſance.

Tiraqueau diſtingue parfaitement ce que les Antagoniſtes des Procureurs affectent de confondre. Il eſt ſans difficulté , ſelon lui , que les Procureurs ad negotia dérogent à la Nobleſſe : mais il en eſt , dit-il , autrement des Procureurs ad lites: Le ſçavant la Roque adopte cette déciſion , & rapporte même des Déclarations & des Arrêts qui ont jugé que les Avocats faiſant fonction de Procureurs dans les Siéges inférieurs , ne derogent pas à la Nobleſſe dans les lieux où l'union des deux états ſe trouve établie (b).

Ferrier, la Roche - Flavin , Maynard, Guy-Pape, &c. penſent de même. Nous voyons en effet les Procureurs au Parlement de Toulouſe , (de qui j'emprunte une partie de ce que je viens de dire ,) parvenir au Capitoulat , par le moyen duquel ils ſont annoblis ; & il ſeroit bien extraordinaire qu'une Profeſſion qui ſupplée la Magiſtrature , qui en remplit les fonctions lorſque les Magiſtrats & les Gradués ſont abſens ; profeſſion qui tient lieu de grade quand on l'a exercée pendant un certain temps , il ſeroit , dis-je , bien extraordinaire qu'on pût en regarder les fonctions comme viles & incompatibles avec la Nobleſſe , tandis que » le Commerce, ſi ſujet, » (ſelon le P. Thomaſſin) , à la cupidité, » au menſonge & au parjure «, peut être fait en gros ſans déroger , ſuivant les Edits des mois d'Août 1669 , & Décembre 1701.

Maynard rapporte un Arrêt du Parlement de Bordeaux , par lequel un Procureur de cette Cour , iſſu de l'illuſtre Maiſon de Pic de la Mirandolle, en Italie , fût maintenu en la qualité de Noble : il exerça les mêmes fonctions toute ſa vie ; & la Roche-Flavin, dans ſon Livre des Parlemens, dit qu'au Parlement de Bretagne on a toujours vu des Procureurs nobles d'extraction y exercer leur Profeſſion ſans déroger.

Les Loix appellent le Procureur Dominus litis ; & cela répond parfaitement à la qualité

(a) Il paroît que dans tous les temps on a regardé les Procureurs au Châtelet comme capables de concilier un grand nombre des affaires qui leur ſont confiées. On voit en effet, par l'Ordonnance de Charles VIII, du 23 Oct. 1425, faite pour l'adminiſtration de la Juſtice au Chatelet, qu'ils ſont autoriſés, par l'art. 28 du Titre des Avocats & Procureurs, à délivrer, c'eſt-à-dire, convenir de Jugement » de leurs Cauſes annellement, le Juge ſéant & non ſéant, » de tout ce qu'ils pourront bonnement délivrer ſans néceſſité de Plaidoyers ; & qu'il eſt de plus ordonné que » les Sentences qu'ils auront accordées entr'eux, paſſeront » & tiendront de bonne foi «. Mais voyez Expédient.

(b) Leopold, Duc de Lorraine & de Bar, a créé des Offices de Procureurs-Poſtulans dans lles Juriſdictions de ſes Etats , par un Edit du premier Novemb. 1704, regiſtré en la Cour de Nancy le 10 ; & la Déclaration du premier Août 1705, par laquelle il a permis aux Avocats de lever ces Offices, & de faire en même-temps les fonctions de Procureurs & Avocats , porte , ſans que leſdites fonctions de Procureur puiſſent être imputées à actes dérogeans à Nobleſſe aux Avocats qui s'en trouveront honorés.

Cette Déclaration eſt à la fin du ſecond Volume des Ordonnances de Lorraine , imprimé ſans date d'année à Nancy, chez Gaydon.

de *Maître*, qu'on leur donne (a) parmi nous. Ils font établis, dit Domat, pour faire cesser dans les Tribunaux la liberté qu'avoient les Parties de faire éclater leurs paffions & leurs emportemens contraires au refpect dû au Juge.

La premiere fonction des Procureurs, & le premier de leurs devoirs, eft de fe confidérer comme ayant époufé les intérêts de leurs Parties, pour les défendre par des voies légitimes, comme s'ils étoient eux-mêmes les Parties; mais exempts de leurs paffions, & capables de demander la Juftice avec la modération & la décence que demande fon Tribunal.

Ce même devoir des Procureurs d'époufer les intérêts de leurs Parties fans leurs paffions, les oblige entr'eux à exercer leur miniftere avec la modération, la douceur & l'honnêteté que fe doivent réciproquement des perfonnes, dont la Profeffion eft de ne demander la juftice fans intérêt propre ; & ce devoir renferme, à plus forte raifon, celui d'une fidélité parfaite à s'abftenir de toute furprife. Voy. Domat, du Droit Public, liv. 2, tit. 5, fect. 2.

Les Procureurs peuvent plaider eux-mêmes, fans miniftere d'Avocats, les Caufes dont ils font chargés, lors même qu'il s'agit de queftions de Droit, & que les Parties adverfes ont confié leur défenfe à des Avocats. Ainfi l'on peut dire à cet égard, que les Avocats & les Procureurs ont la concurrence, à l'exception des Caufes d'appel, que les Procureurs ne peuvent plaider au Parlement & dans plufieurs autres Tribunaux; en quoi l'ufage du Châtelet eft différent, car les Procureurs y plaident les Caufes d'appel au Préfidial. V. *Appel*.

Des Arrêts de la Cour, rendus en forme de Réglement, les 17 Juillet 1693, & 23 Juillet 1727, ont fait *défenfes* aux Procureurs *de faire aucunes Ecritures qui font du miniftere des Avocats, même par Requête,* & *aux Avocats de figner des Ecritures qu'ils n'ont point faites.* Le dernier de ces deux Arrêts, (qui fe trouve, à l'ordre de fa date, au Recueil des Réglemens de Juftice,) a interdit un *Procureur de fes fonctions pendant*

trois *mois*, & a ordonné qu'un *Avocat* demeureroit rayé du Tableau. (Cet Avocat avoit figné des Ecritures qu'il n'avoit pas faites, & que le Procureur avoit dreffées.)

Mais fi les Procureurs ne doivent pas faire les Ecritures qui font du miniftere des Avocats, ils ne doivent pas non plus figner & faire figner aveuglément toutes celles qui font faites par les Avocats. Le droit de révifion fur ces Ecritures leur eft accordé par des Reglemens précis; & ce droit n'eft pas illufoire. Me Petel, Procureur au Parlement, qui avoit indifcrétement figné la copie de Contredits de Production dreffés & fignés par un Avocat infcrit fur le Tableau, a été interdit de fes fonctions pendant quatre mois, par Arrêt rendu en la Grand-Chambre, après avoir entendu le Bâtonnier des Avocats & MM. les Gens du Roi, le 4 Septembre 1734, par la feule raifon, que les Contredits contenoient des injures contre un Magiftrat, Partie au Procès.

(Ce même Arrêt a ordonné que l'Avocat, auteur de ces Contredits & d'un Mémoire imprimé, feroit rayé du Tableau.)

Au refte, il paroît qu'anciennement les fonctions des Procureurs n'étoient pas fi reftreintes qu'elles le font aujourd'hui. On voit, en effet, dans les Tables des Regiftres du Parlement, à la date du 21 Juillet 1437, que les Procureurs faifoient alors les Ecritures néceffaires à l'inftruction des Procès.

La qualité de Procureur ne les rend pas incapables de recevoir des legs de leurs Cliens. Aucune Loi ne prononce contr'eux cette incapacité ; & divers Arrêts leur ont fait délivrance de femblables legs.

On en connoît un premier rendu au profit de Me Dubois, Procureur au Parlement, le premier Mars 1646.

Il en a été rendu un fecond le 22 Juin 1676, au profit de Me le Née, auffi Procureur au Parlement.

Il en a été rendu un troifiéme le 7 Janvier 1697, en faveur de Me Edeline, Procureur au Châtelet.

Le quatriéme, du 22 Juin 1700, a été rendu en faveur de Me François Pillon, Procureur au Châtelet, & lui a fait déli-

---

(4) Les Procureurs font qualifiés Maîtres dans tous les Tribunaux ; mais, par un ufage particulier au Parlement de Touloufe, cette qualité ne leur appartient qu'en certain cas ; on la leur refufe dans d'autres. Voyez l'Arrêt rendu par ce Parlement en forme de Réglement, le 11 Septembre 1741.

vrance du legs univerfel fait à fon profit par la Comteffe du Buat, fa Cliente. Cet Arrêt fe trouve dans Augeard. Il eft auffi rapporté par les Annotateurs de Dupleffis.

Gayot de Pitaval en rapporte un cinquiéme du 3 Septembre 1726, par lequel la Cour a confirmé une donation affez confidérable faite aux enfans de Mᵉ de Lifle, Procureur, par la demoifelle Simonnet de la Chauffée, fa Cliente.

Il en a été rendu un fixiéme le 5 Avril 1751, au profit de Mᵉ Belami, Procureur au Parlement, par lequel la Cour a confirmé le legs qué lui avoit fait la dame de Pouilly, fa Cliente, de la Maifon, des Jardins & de la Source des nouvelles Eaux-Minérales de Paffi.

Enfin la Cour vient de confirmer, par Arrêt rendu au rapport de M. Pafquier, le 13 Mai 1760, la Sentence rendue aux Réquêtes du Palais le 12 Juin 1758, par laquelle il avoit été fait délivrance des legs faits par la Comteffe de Montboiffier aux Avocats & Procureurs, tant au Châtelet qu'au Parlement, qui l'avoient aidé de leur miniftere lors de la demande en féparation qu'elle avoit formée contre fon mari, & dans laquelle elle avoit fuccombé. Voyez Séparation.

Il faut néantmoins convenir que la Cour a réprouvé quelquefois des donations entre-vifs faites aux Avocats & Procureurs; parce que quelque pur & quelque défintéreffé que foit leur miniftere, il fe peut faire qu'on attribue les difpofitions entre-vifs faites en leur faveur, ou aux impreffions qu'ils peuvent donner à.leurs Parties, ou à la crainte que peut avoir une Partie qu'ils n'abandonnent fes intérêts. Sur tout cela voyez Ricard, partie premiere, n. 503 & fuiv. Voyez auffi le Plaidoyer de M. Joly de Fleury dans l'Arrêt de Pillon, rapporté par Augeard, & l'Arrêt du 30 Avril 1640, rapporté par Soefve.

Dans les ventes des biens qui fe font en Juftice & dans les baux judiciaires, les encheres ne peuvent fe faire que par le miniftere des Procureurs de la Jurifdiction où fe fait l'adjudication: cela eft ainfi réglé par l'Ordonnance de Henri II de l'année 1551, vulgairement nommée l'Edit des Criées; & les Procureurs ne doivent fe charger d'en-

chérir que pour des perfonnes notoirement folvables, autrement ils fupporteroient perfonnellement les événemens d'une folle enchere. Voy. l'Arrêt du 9 Mai 1730, que je rapporte à l'article Enchere.

Lorfque la folle enchere fe pourfuit fur une perfonne qui avoit une folvabilité apparente, le Procureur adjudicataire eft obligé de repréfenter fon pouvoir, pour prouver qu'il a réellement enchéri pour la perfonne nommée dans fa déclaration, & qu'il n'a point excédé les bornes de ce pouvoir; autrement il eft perfonnellement tenu de la folle enchere & des acceffoires. V. Enchere & Folle Enchere.

Un Procureur qui eft tout-à-la-fois chargé de la défenfe des intérêts du mari & de la femme, ne doit pas faire une double procédure, ni les défendre par des actes diftincts, & produire pour chacun d'eux féparément. Il y a fur cela un Arrêt du 23 Octobre 1724, qui contient une injonction à Mᵉ G***, Procureur au Parlement.

Les Procureurs font obligés de tenir des Regiftres de leur recette & ne peuvent demander leurs frais que pendant un temps limité. V. le Réglement du 28 Mars 1692, que je rapporte au mot Frais.

Un ancien Réglement du 10 Oct 1537, porte que tous ceux qui n'ont pas 10 ans de Palais, & dans ces 10 ans, 3 ans d'exercice de la fonction de Maître-Clerc, ne peuvent être reçus Procureur (au Parlement).

Cet exercice de Palais a été jugé tellement néceffaire, que les fils de Procureurs, ceux qui ont étudié la Jurifprudence, ceux qui ont fervi de Clercs à Meffieurs les Préfidens & Confeillers & aux Avocats, ne font pas cenfés l'avoir acquis, ni difpenfés de l'acquérir : c'eft la difpofition d'un autre Arrêt de Réglement du 7 Mai 1541.

Malgré ces Réglemens, on ne demande pas le Certificat du temps de Palais aux fils de Procureurs : ils font reçus fans cela, & c'eft un abus : la capacité ne fe communique point par le fang, & elle ne vient point par infufion. Les Juges doivent remédier à cet abus, en examinant les récipiendaires, fils de Procureurs, avec un peu plus de rigueur.

Il faut auffi dix ans de Cléricature au Châ-

.telet pour y être reçu Procureur ; & je ne conçois pas bien pourquoi on exige un si long noviciat pour un État dont les fonctions ne font que de préparer l'inftruction des affaires, tandis qu'on peut être Avocat & Juge en fix mois : mais tels font ces Réglemens faits pour les Procureurs au Parlement & pour ceux du Châtelet.

Les Procureurs de Pontoife ont oppofé ces Régles à un fieur Langlois, Huiffier du Châtelet, que les Juges de Pontoife avoient reçu Procureur malgré la réclamation & l'oppofition du Corps des Procureurs : la Communauté avoit même interjetté appel de la Sentence de réception de Langlois ; & le moyen d'appel étoit, que jamais ce Particulier n'avoit été Clerc de Procureur. A la vérité il étoit Huiffier au Châtelet depuis vingt ans ; mais on foutenoit que cette fonction ne rempliffoit pas le vœu des Réglemens. Cependant, par Arrêt rendu le Samedi 22 Août 1761, fur les Conclufions de M. l'Avocat Général Seguier, la Sentence de réception de Langlois fut confirmée.

» Il a été jugé, par Arrêt rendu au Par- » lement de Rouen le 15 Novemb. 1751, » fur la Requête de M. le Procureur Gé- » néral, qu'un Procureur de Chef-Bailliage » n'eft pas obligé de fe faire recevoir au » Préfidial. « Cet Arrêt eft rapporté à la fuite du texte de la Coutume de Normandie, édition de 1753.

Le Procureur (ad lites) une fois chargé d'un exploit, peut, fans aucun pouvoir de la Partie pour laquelle il occupe, faire toutes les procédures convenables pour l'inftruction de la demande formée par cet exploit, & pour la défenfe de fon Client : mais il ne peut, fans un pouvoir fpécial, former des demandes principales ou incidentes, augmenter ou reftreindre celles formées par les exploits qui lui ont été remis.

Il ne peut pas non plus, fans un pouvoir particulier, intervenir dans une affaire, prendre le fait & caufe de quelqu'un, prêter des confentemens préjudiciables à fa Partie, faire des offres, s'infcrire en faux, reconnoître un écrit, interjetter un appel, s'en défifter, récufer un Juge, reprendre un Procès, donner main-levée, faire une affir-

mation de voyage, prendre des Lettres de Refcifion contre un acte, compromettre, &c. fans s'expofer au défaveu ; mais on prétend qu'il peut, fur l'avis d'un Avocat, interjetter un appel incident fans un pouvoir fpécial de la Partie. Voy. le Praticien François de Me Lange, qui traite avec étendue des fonctions des Procureurs, & ce que je dis au mot *Défaveu*.

Un Procureur qui reçoit de l'argent dû à fes Cliens, ne commet point un fait de charge. V. *Faits de charge*.

Les Parties peuvent à leur gré révoquer les Procureurs qu'elles ont choifis : mais en les révoquant, il faut non-feulement en conftituer d'autres, mais notifier la révocation de l'ancien & la conftitution du nouveau Procureur aux Parties adverfes ; autrement tout ce qui eft fait par ceux-ci contre l'ancien Procureur, eft régulier & valable. Voyez l'article 4 de l'Edit donné au mois d'Août 1716, pour la procédure de la Chambre de Juftice : il a été regiftré au Parlement le 5 Septembre de la même année.

Les Procureurs au Châtelet ont leurs caufes commifes au Châtelet, tant en demandant qu'en défendant ; c'eft l'effet du droit de Garde-Gardienne qui leur a été accordé par un Edit du mois de Novembre 1689, enregiftré le 5 Juin fuivant ; & le même jour (5 Juin) le Tarif de leurs frais & falaires arrêté au Confeil le 6 Mai précédent, a auffi été enregiftré au Parlement. Ce Tarif eft tout-à-fait différent de ceux faits pour les procédures des autres Jurifdictions du Royaume.

On ne peut lever des fcellés, foit après décès ou en autre cas, qu'il n'y ait au moins un Procureur préfent. Voyez *Scellé*.

Les Procureurs ne font pas refponfables des défauts qui fe trouvent dans leur procédure, ni même de leurs négligences ; on peut fur cela voir Bretonnier, tome 1, liv. 2, chap. 27, & ce que je dis à l'article *Nullité*. Néantmoins dans des circonftances particulieres, la Cour a jugé qu'un Procureur au Parlement étoit garant envers fa Partie, pour laquelle il avoit négligé de former oppofition à un Arrêt par défaut dans la huitaine de la fignification ; & en conféquence il a été condamné, par Arrêt du 11 Mars 1744, à l'acquitter, garantir & indemnifer, tant en principal, intérêts, que frais.

La Combe rapporte un autre Arrêt, rendu le 13 Juillet 1736, par lequel il a été jugé que, pour intenter une demande perfonnelle contre un Procureur relativement à l'Inftance dans laquelle il occupe pour une Partie, il n'eft pas néceffaire de former cette demande par un exploit à fon domicile, mais qu'il fuffit que la Requête qui contient la demande, tant contre lui en fon nom, que contre fa Partie, lui foit fignifiée à l'ordinaire de Procureur à Procureur.

Dans les Siéges où les Procureurs forment un Corps de Communauté, ils ont des Syndics & autres Officiers à leur tête pour fuivre les affaires qui peuvent intéreffer le Corps : il y a même plufieurs Siéges dans lefquels la Communauté eft autorifée à entendre les plaintes portées contre fes Membres, même par des Cliens, & à délibérer fur ces mêmes plaintes; & il eft affez d'ufage que les Magiftrats, tant au Palais qu'au Châtelet, renvoyent à l'une ou l'autre Communauté des Procureurs de ces Cours, les plaintes portées contre les Procureurs de chacune d'elles. Mais les décifions qu'on y porte, ne font pas exécutoires, parce qu'elles n'émanent point d'un Tribunal qui ait une autorité publique. Ces décifions font qualifiées avis, & on ne peut les faire exécuter qu'après les avoir fait homologuer ou confirmer.

Il y a fur cela un Arrêt très-célébre, rendu contre la Communauté des Procureurs de Tours, le 14 Août 1724. Ces Procureurs avoient en quelque forte contraint un de leurs Confreres d'exécuter une de leurs délibérations, humiliante pour lui, fur le fondement d'un Réglement de leur Siége, du 23 Août 1662, homologué par Arrêt de la Cour, portant que *les Procureurs feroient obligés d'exécuter ce qui feroit déterminé & arrêté à leurs Affemblées, fans qu'il foit loifible d'y contrevenir ; fauf à eux à fe pourvoir par les voies de droit.* L'Arrêt leur a fait

défenfes de faire à l'avenir aucune délibération, qu'elle n'ait été homologuée par le Siège, quand même les Parties voudroient y acquiefcer, à peine d'interdiction contre les Syndics en charge.

Le Vendredi 27 Juillet 1759, de relevée, on a plaidé en la Grand'Chambre la queftion de fçavoir, fi des Procureurs pouvoient être condamnés par corps à rendre aux Parties ce qui leur avoit été payé de trop pour frais.

Le fait étoit, qu'un Procureur, après avoir reçu trois cens & quelques livres de fon Client à compte fur une affaire, avoit, après l'affaire jugée, touché de la Partie adverfe la totalité des dépens auxquels cette Partie adverfe étoit condamnée; au moyen de quoi il fe trouvoit dans le cas de rendre les trois cens & quelques livres à fon Client : il convenoit les devoir ; mais il prétendoit qu'il n'y avoit pas lieu de le condamner par corps à les rendre. Cependant, par l'Arrêt rendu ledit jour, la Sentence du Châtelet, qui avoit prononcé le par corps, fut confirmée.

Quand le Roi érigea en titre d'Office l'état de Procureur-Poftulant dans quelques Juftices Royales, (au mois de Juillet 1572) (a), il ne concéda point aux Seigneurs le droit de faire un pareil établiffement dans leurs Juftices (b); les chofes refterent fur l'ancien pied, & les Procureurs ont toujours été reçus au ferment fur une fimple matricule, conformément à l'Ordonnance de 1535, chap. 5, articles 1 & 2, lorfqu'ils ont été trouvés capables d'en faire les fonctions, fans provifions ni commiffion du Seigneur, & fouvent même fans fa participation.

Cet ufage fubfifte encore dans un très-grand nombre de Provinces, & finguliérement en Poitou. Les Officiers de la Sénéchauffée de Poitiers ont donné fur cela un Acte de Notoriété, le 15 Juillet 1684.

Auffi Loyfeau ne met-il pas les Procu-

(a) Ceux du Châtelet n'ont été créés qu'en 1610 ; ils étoient auparavant inftitués par les Juges mêmes du Tribunal qui leur donnoient commiffion ou permiffion de pratiquer. Ils furent réduits à quarante, en exécution de Lettres-Patentes de Charles V, du 16 Juillet 1378 ; & quand ils vendoient leur Etat à quelqu'un avant 1610, ils le réfignoient entre les mains du Lieutenant Civil, & pardevant lui.

(b) On voit au contraire qu'un Arrêt du Parlement de Touloufe, rendu pour fervir de Réglement fur les Conclufions de M. le Procureur Général de ce Parlement, le 28 Avril 1679, fait défenfes aux Seigneurs Jufticiers d'établir dans leurs Terres d'autres Officiers qu'un Juge, un Lieutenant, un Procureur d'Office, ou Fifcal, un Greffier & un Sergent, fi ce n'eft, porte l'Arrêt, qu'ils n'ayent obtenu du Roi une conceffion particuliere pour établir d'autres Officiers. Cependant voyez ce que je dis ci-devant fur l'Arrêt pour Damartin.

reufs au rang des Officiers que les Seigneurs peuvent nommer & deftituer ; & en effet , ces Procureurs ne font pas Officiers ; ils ne font que repréfenter les Parties, à qui il eft naturel de laiffer le droit de commettre leurs intérêts & leur défenfe à qui bon leur femble. Si le Seigneur pouvoit deftituer les Procureurs qûi occupent dans fa Juftice, un malheureux Payfan ne pourroit pas trouver de défenfeurs contre une prétention injufte de fon Seigneur, parce que ces défenfeurs pourroient craindre de perdre leur état, en fe chargeant de leur défenfe. Voyez les Notes de Sauvageau fur les Arrêts de Dufail, livre premier, chap. 191, & Brodeau.

Il faut pourtant convenir qu'un Arrêt rendu le 23 Août 1730 (a), entre M. le Duc de Briffac, comme Baron de Montreuil-Belay en Anjou, & Mc Louis Maugeais, Procureur en cette Baronie, paroît avoir jugé le contraire de ces maximes ; mais cet Arrêt eft moins un Jugement qu'une tranfaction entre les Parties intéreffées.

M. l'Avocat Général Gilbert, qui porta la parole dans cette affaire, s'éleva hautement contre les prétentions de M. le Duc de Briffac, & dit *qu'elle étoit contre les régles :* mais parce que M. de Briffac alléguoit une poffeffion ancienne, & des titres qui faifoient préfumer une conceffion, la Cour, pour examiner ces titres & la poffeffion, ordonna un délibéré.

Dans le cours du délibéré, les Parties fe rapprocherent, & convinrent verbalement de paffer Arrêt au profit de M. de Briffac, qui s'engagea à donner des provifions irrévocables, & à conferver le rang de l'immatricule à Mc Maugeais : cela a été exécuté ; M. le Duc de Briffac a même donné quittance des dépens, avant que l'Arrêt fût rendu : ainfi on ne peut tirer cet Arrêt à conféquence.

Pareille queftion s'étant préfentée le 21 Mai 1740, elle fut appointée au Confeil : M. l'Avocat Général Gilbert avoit conclu en faveur de deux Procureurs révoqués par le Baron de Doüé.

Le Parlement de Rouen a déchargé un Procureur au Parlement de la demande en reftitution d'un fac de procédures dont il avoit donné fon récépiffé, il y avoit plus de dix ans, par Arrêt rendu en la Grand'Chambre le 19 Juin 1744.

Cet Arrêt eft conforme aux difpofitions de l'Edit du mois de Décembre 1597, & de l'Arrêt de vérification au Parlement de Paris, du 14 Mars 1603, aux termes defquels les Procureurs & Avocats ne peuvent être recherchés pour les facs & procès dont ils font chargés par leurs récépiffés, que dans cinq ans des procès jugés, & dans les dix ans pour ceux qui ne font pas jugés (b).

A l'égard des veuves & héritiers, ils ne peuvent être recherchés après cinq ans, & aux termes des mêmes Réglemens, foit que les procès foient jugés ou non. Il y a un autre Arrêt de Réglement du Parlement de Rouen, du 28 Février 1704, qui contient de femblables difpofitions pour les Confeillers-Rapporteurs, Avocats & Procureurs feulement. Voyez auffi M. Louet, lettre S, n. 21 ; le Commentaire de Brodeau ; & enfin l'Arrêt du 24 Juillet 1734, à la fin des Réglemens de Juftice.

L'article 55 de l'Ordonnance de Charles VII, en 1453, ordonne que les Procureurs conjoints de lignage, comme pere & fils, freres, oncles & neveux, ne pourront fe charger des procurations des deux Parties ; c'eft-à-dire, l'un de la demande, & l'autre de la défenfe d'une même affaire. La même chofe eft ordonnée aux Procureurs qui, fans être parens, demeurent l'un & l'autre dans la même maifon. Voyez l'article 117 de l'Ordonnance de Louis XII, en 1507, & celle de François I en 1535, chap. 5, art. 9.

Il eft défendu, par un Arrêt rendu en forme de Réglement, le 23 Mai 1691, à tous Sergens & Huiffiers autres que ceux de la Cour, de mettre à exécution, en quelque lieu que ce puiffe être, les Ordonnances de la Cour & des Confeillers d'icelle, Arrêts & Exécutoires décernés contre les Procureurs pour le fait de leur Charge, quoiqu'ils foient fcellés, ou qu'il y ait commiffion fur iceux.

L'exécution de ce Réglement a été ordonnée par un Arrêt contradictoire du 15

(a) J'ai vû dater cet Arrêt du 21 Août.
(b) Il y a fur cela des ufages particuliers en Bretagne. V. l'art. 101 de la Cout. de cette Province, & l'Arrêt du 26 Mars 1715, rapporté au Journ. du Parl. de Rennes, to. 1, ch. 301.

Juillet 1699, par lequel un Huiſſier-Priſeur a été interdit de ſes fonctions pendant 15 jours, condamné en dix livres d'aumône, & en cinquante de dommages & intérêts, pour avoir arrêté un Procureur au Parlement en robe dans la rue, le 19 Avril précédent, en vertu d'un Arrêt de la Cour qui prononçoit une ſubrogation à une pourſuite, & qui condamnoit ce Procureur à remettre la procédure.

Voyez, ſur les fonctions des Procureurs & ſur la diſcipline qu'ils doivent obſerver, l'Arrêt de Réglement du 19 Juillet 1689 : on le trouve dans le ſecond volume du Recueil Chronologique de M. Jouſſe.

PROCUREUR DU ROI.

V. *Avocat du Roi, Dénonciateur, Dépens, Election, Gens du Roi, Miniſtere public, Parquet, Procureur-Fiſcal & Subſtitut.*

On nomme Procureur du Roi, un Officier qui doit, dans les Siéges Royaux, remplir les mêmes fonctions que M. le Procureur Général au Parlement, & qu'on nomme auſſi, à cauſe de cela, Subſtitut de M. le Procureur Général.

C'eſt le Procureur du Roi qui eſt chargé par état de déférer & de pourſuivre en Juſtice les crimes qui demandent une punition publique ; il eſt auſſi chargé de veiller à la conſervation des intérêts du Roi, des Mineurs, de l'Egliſe & du Public. V. *Miniſtere public.*

Il n'en eſt pas des Procureurs du Roi, comme des Avocats du Roi : ceux-ci peuvent en certains cas, comme je l'explique à l'article *Gens du Roi*, prêter leur miniſtere aux Particuliers ; mais le Procureur du Roi ne le peut pas, il ne doit être occupé que de ce qui a rapport à l'ordre public ; & par Arrêt du 8 Mars 1751, il a été permis aux Avocats de Châtillon-ſur-Marne d'aſſigner le Procureur du Roi, & un Conſeiller de ce Siége, qui, tenant les Audiences, laiſſoit plaider & poſtuler le Procureur du Roi pour les Parties. L'Arrêt fait même par proviſion défenſes au Procureur du Roi de plaider & de poſtuler pour les Parties, dans les cas mêmes où ſon miniſtere de Procureur du Roi ne ſera pas intéreſſé. Voyez ſur cela les Ordonnances de Moulins, art. 20, & de Blois, art. 115.

La Cour a jugé par Arrêt du 9 Juin 1700, rendu ſur les Concluſions de M. l'Avocat Général Joly de Fleury, entre l'Avocat du Roi & le Subſtitut du Procureur du Roi de Tours, qu'en cas d'abſence, maladie, ou autre empêchement légitime du Procureur du Roi, c'eſt à l'Avocat du Roi, & non aux Subſtituts, de faire les fonctions de Procureur du Roi. L'Arrêt ordonne en conſéquence que le Subſtitut *ſera tenu de ſigner les Concluſions, ainſi qu'elles auront été arrêtées par la Partie de Pidanſat,* (c'étoit Me Bouraſſé, Avocat du Roi ;) *& en cas que la Partie de Mahou* (le Subſtitut) *ſoit chargée par la Partie de Pidanſat de lui faire le rapport de quelque procès, ou autres affaires par écrit, ordonne qu'elle aura le quart des émolumens des Concluſions.*

Le Procureur du Roi ne peut pas remplacer le Lieutenant Criminel abſent ; & la Cour, par un Arrêt du 9 Mars 1735, a déclaré nulle une procédure faite à Verberie par le Procureur du Roi, qui avoit fait les fonctions de Lieutenant Criminel.

Il y a un pareil Arrêt de l'année 1725, pour une procédure faite au Bailliage de Dourdan, par le Procureur du Roi, à la place du Lieutenant Criminel.

On trouve dans le Journal du Palais, (*in-folio*), tom. 2, un Arrêt du Grand-Conſeil, qui défend à un Procureur du Roi de motiver ſes Concluſions.

En matiere criminelle, *le Procureur du Roi peut* (ainſi que les Procureurs Fiſcaux, *& les Parties Civiles*) *donner des Mémoires au Juge, pour interroger l'accuſé, tant ſur les faits portés par l'information qu'autres, pour s'en ſervir par le Juge, comme* il aviſe bon être. Ordonnance criminelle, titre 14, art. 3.

Il a été ordonné au Procureur Général de Douai, par un Arrêt du Conſeil du 19 Janvier 1740, de prendre le fait & cauſe de ſes Subſtituts, ſur les appellations des Sentences des Maîtriſes où leſd. Subſtituts étoient Parties, & ce ſur les Piéces & Mémoires qu'ils ſeroient tenus de lui envoyer dans le temps preſcrit par l'Ordonnance des Eaux & Forêts du mois d'Août 1669, titre 6, art. 5.

Cet Arrêt a caſſé celui du Parlement de Douai, du 18 Février 1737, qui ordonnoit

au Procureur du Roi de la Maîtrise des
Eaux & Forêts de la Motte-aux-Bois, de
conftituer Procureur, défendre par lui-même, & foutenir, fi bon lui fembloit, la Sentence contradictoire rendue en fon Siège, &
par laquelle un Particulier avoit été condamné en une amende, & des dommages &
intérêts, pour n'avoir pas laiffé un nombre fuffifant de baliveaux dans les Bois du
Roi.

Dans le reffort du Parlement de Touloufe, ce font les Procureurs du Roi des Juftices Royales qui donnent des Conclufions
fur les affaires criminelles pendantes devant
les Juges municipaux, & non les Procureurs-Syndics des Villes.

Un premier Arrêt rendu entre le Procureur du Roi de la Sénéchauffée de l'Iflé-en-Jourdain, & le Procureur du Roi, Syndic
de la Communauté du même lieu, l'a d'abord ainfi jugé pour ce Tribunal particulier ; & un fecond Arrêt, rendu fur les Conclufions du Procureur Général, le 21 Février 1710, a déclaré depuis le premier
commun avec tous les Procureurs du Roi
des Bailliages, Sénéchauffées & autres Jurifdictions Royales, & Procureurs du Roi,
Syndics des Villes & Comtés du Reffort.

En Bearn, il y a treize Procureurs du
Roi, qu'on nomme vulgairement, dans le
Pays, Procureurs des Parfans : chacun d'eux
a un terroir limité, dans lequel il a droit
d'informer à la requête des Parties civiles,
quand il y en a, & d'office, quand il n'y en
a pas : après les informations faites, ces Procureurs les remettent au Parlement de Pau.
V. l'Etat de la France par Boulainvilliers,
tom. 7.

Les conteftations qui fe font élevées entre les Receveurs des Domaines & les Procureurs du Roi de Bretagne, fur la queftion
de fçavoir fi les Receveurs des Domaines
avoient feuls le droit de faire faire en leur
nom, & par tel Procureur qu'ils voudroient
établir, toutes les pourfuites néceffaires
dans les fucceffions abandonnées, les deshérences, les fucceffions des bâtards & aubaine, les bannies pour appeller les créanciers
prétendans droits fur lefdites fucceffions,
faire lever les fcellés, l'inventaire & la vente
des meubles, fans que les Procureurs du
Roi puffent y être préfens, ont donné lieu

à un Arrêt de Réglement rendu au Parlement de Rennes, fur les Conclufions & le
Réquifitoire du Procureur Général au Parlement de Rennes, le 11 Avril 1753, qui
porte ;

Article I. » Fait défenfes à qui que ce
» foit de troubler les Subftituts dudit Procureur Général aux Siéges Royaux dans
» les fonctions de leurs charges ; ce faifant,
» les a maintenus dans le droit & dans la
» poffeffion de faire toutes les pourfuites
» néceffaires dans les fucceffions échues à
» Sa Majefté par droit d'aubaine, bâtardife, deshérence, &c. faire appofer & lever les fcellés, procéder en leur préfence
» à l'inventaire & vente, au bail des fruits
» & adjudication des immeubles, fauf aux
» Receveurs généraux des Domaines, leurs
» Commis ou Prépofés, à y affifter, fi bon
» leur femble, à laquelle fin lefdits Subftituts dénonceront la vacance, l'inventaire
» & la vente au Commis ou Prépofé des
» Receveurs généraux fur les lieux ; ou s'il
» n'y en a point, au Receveur général, à
» fon domicile.

II. » Fait défenfes aux Subftituts de faire
» créer des curateurs aux biens vacans, &
» ordonne qu'ils feront toutes les pourfuites dans leur propre nom, le plus promptement que faire fe pourra, à faute de
» quoi les Receveurs généraux des Domaines pourront les en interpeller, & même,
» en cas de refus, ou de négligence marquée
» de leur part, demander à être fubrogés à
» les faire.

III. » A maintenu les Receveurs généraux des Domaines dans leurs fonctions,
» fuivant les Edits & Déclarations de Sa
» Majefté, Arrêts & Réglemens de la Cour ;
» & fait défenfes à qui que ce foit de les y
» troubler ; ce faifant, ordonne que, dans le
» délai fixé pour le contrôle de la vente des
» meubles, le Greffier qui en recevra le
» prix, fera tenu de le remettre au Bureau
» des Receveurs généraux, à la déduction
» de fes vacations ; & de celle du Subftitut
» pour leur affiftance, & du Procureur ancien des créanciers, s'il y en a : que huitaine après le bail des fruits, & quinzaine
» après l'adjudication des fonds defdites
» fucceffions, le Subftitut dénoncera au Commis ou Prépofé des Receveurs généraux,

» le nom des adjudicataires, & le prix de
» leur adjudication, pour en faire le recou-
» vrement.

IV. » Ordonne que les·Receveurs géné-
» raux feront tenus de payer, fans délai,
» aux Subſtituts le montant de leurs vaca-
» tions & frais de pourſuites, fuivant l'exé-
» cutoire qui leur en fera décerné par les
» Juges des lieux, & aux créanciers le mon-
» tant de leurs crédits, fuivant l'ordre qui
» aura été réglé entr'eux, quoique ce ſoit
» juſqu'à la concurrence des deniers qui
» auront été remis à leur Bureau, à la dé-
» duction des droits qui leur font attribués
» par les Edits & Déclarations.... «

Sur les fonctions des Procureurs du Roi,
voyez les Ordonnances de Charles VIII en
1490, art. 42, en 1491, art. 80; de Louis
XII, en 1498, art. 62, en 1499, art. 106 &
107 ; celles de François I, en 1519, ch. 5 ,
art. 2, & chap. 12, art. 24, du même Prince en 1522 & en 1525; l'Ordonnance de
Blois, art. 158 ; l'Ordonnance Criminelle,
tit. 24 en entier, & 25, art. 19 ; l'Edit du
mois de Juin 1661 , pour les fonctions de
M. le Procureur du Roi du Châtelet. Voyez
aufſi un Arrêt rendu en 1736, que je cite
au mot *Accufé*, & ce que je dis ſur les
fonctions des Procureurs du Roi dans les
Elections, à l'art. *Election*.

Voyez aufſi dans le Code de Louis XV,
tome 9, un Arrêt de Réglement rendu en
forme de Réglement en la Cour des Aides,
le 20 Septembre 1737, pour les fonctions,
droits & priviléges du Procureur du Roi des
Elections.

La Cour, par un Arrêt rendu le 13 Juillet 1743, a entr'autres chofes fait défenfes
au Procureur du Roi du Bailliage du Palais, à peine d'interdiction, de plus à l'avenir faire imprimer, publier & afficher des
Sentences rendues fur fon Réquiſitoire, au
préjudice d'oppoſitions formées à ces mêmes Sentences.

Dans les Siéges ordinaires, les fonctions
du Miniſtere public font déférées au plus
ancien Gradué, felon l'ordre du Tableau,
dans le cas de vacance, maladie, ou autre
empêchement légitime, fans que les autres

Juges y puiſſent commettre ; mais il en eſt
autrement des Elections, Greniers à fel &
Jurifdiction des Traites. M. le Procureur
Général de la Cour des Aides eſt en poſſef-
fion de commettre en ce cas aux Offices de
Procureurs du Roi, & leurs Subſtituts dans
ces Tribunaux ; & il a été maintenu dans
cette poſſeſſion par Arrêt rendu au Conſeil
le 15 Octobre 1709, rapporté dans l'édition
in-folio des Arrêts d'Augeard, tom. 2, nombre 67.

Voyez dans le Journal du Parlement de
Bretagne, tome 1, ch. 92, un Arrêt important, rendu par ce Parlement le 21 Juillet
1716, entre le Lieutenant Criminel & le
Procureur du Roi de Rennes, qui régle les
fonctions de l'un & de l'autre, & finguliérement dans les procès-verbaux de defcente,
& autres, où ces deux Officiers font préfens : cet Arrêt contient vingt articles.

Les Offices de Procureurs du Roi de Police, & ceux des Hôtels-de-Ville, créés par
Edits des mois de Juillet 1690, Novembre
1699, Novembre 1733, & autres, ont été
fupprimés par un autre Edit du mois de
Juillet 1758, & leurs fonctions réunies aux
Offices de Procureur du Roi des Jurifdictions ordinaires, excepté Paris, Lyon, Auxerre, Mâcon & Bar-Seyne. Voyez l'Edit
en entier. Voyez aufſi un autre Edit du
mois de Février 1755, regiſtré au Parlement de Rouen le 16 Mai fuivant, qui fupprime les Offices de Procureur du Roi de
Police, avec union de leurs fonctions à celles des Procureurs du Roi des Juſtices ordinaires.

PROCUREUR FISCAL.

Voyez *Dénonciation*, *Dépens*, *Gens du Roi*,
Juge, *Miniſtere public*, *Procureur du Roi*,
Seigneurs, *&c.*

On nomme Procureur Fiſcal un Offi-
cier qui, dans les Juſtices Seigneuriales, ſti-
pule l'intérêt public & du Seigneur (a). Ses
fonctions font les mêmes que celles d'un
Procureur du Roi dans une Juſtice Royale.
Dans quelques endroits, on le nomme aufſi
Procureur d'Office.

Le Procureur Fiſcal d'une Jurifdiction

(a) On prétend que la qualité de Procureur Fifcal
n'appartient qu'à ceux qui font chargés du Miniſtere public dans les Hautes-Juſtices; & que ceux qui remplilfent

cette fonction dans les Moyennes ou Baſſes-Juſtices, peuvent feulement prendre la qualité de Procureur d'Office.
V. l'Arrêt du 20 Mars 1629, dans Bardet, tom. 1, l. 3, ch. 36.

ne peut occuper ni poftuler pour les Parties dans les affaires fujettes à lui être communiquées , & particuliérement dans les matieres criminelles. Il y a à ce fujet un Arrêt de Réglement , rendu le 25 Avril 1716 , pour la Juftice de Boiffy-le-Châtel.

Un autre Arrêt de Réglement du 2 Octobre 1711 , fait défenfes à Nicolas de Bergereffe , Procureur Fifcal de Brignólles , de faire aucune fonction de Juge , en cas d'abfence , ou de récufation du Juge ordinaire, dans toutes les matieres fujettes à lui être communiquées , fpécialement dans les matieres criminelles , efquels cas l'Arrêt ordonne que la qualité de Juge fera dévolue à l'ancien Gradué réfidant en ladite Juftice , s'il y en a , finon au plus ancien Praticien poftulant du Siége. Voyez *Juges &* *Jurifdictions.*

Il a été rendu un pareil Arrêt , le 11 Juin 1712 , contre le Procureur Fifcal d'Effonne.

Le 8 Août de la même année 1712 , la Cour , par un Arrêt rendu en forme de Réglement pour la Juftice de Lenty , & qu'on trouve au Journal des Audiences , tome 6 , liv. 2 , chap. 46 , » a fait défenfes au Juge » de Lenty de commettre un Procureur Fifcal , en cas de vacance de la charge de » Procureur Fifcal , pour le déport de celui » pourvu en titre , & en cas de récufation , » maladie , abfence , ou autre légitime em- » pêchement , laquelle fonction , dit l'Arrêt, » fera dans tous lefdits cas exercée par l'an- » cien Gradué du Siége , fi aucun y a , & » à fon défaut , par l'ancien Praticien non » fufpect «.

Le 25 Juin 1743 , la Cour rendit un Arrêt , par lequel elle a déclaré nulle une procédure faite par le Procureur Fifcal de Decife en Nivernois , & lui a enjoint , dans les *Procès criminels* , d'obferver l'Ordonnance de 1670 , les *Arrêts & Réglemens de la Cour* , notamment l'article premier du titre 3 de ladite Ordonnance ; en conféquence lui fait défenfes de répondre les plaintes qui feront préfentées en ladite Juftice ; lui enjoint de laiffer répondre lefdites plaintes , & de laiffer faire

l'inftruction des *Procès criminels par le plus ancien Gradué , ou plus ancien Praticien du Siége , en cas d'abfence , récufation , ou légitime empêchement du Juge de ladite Juftice.*

Les conteftations qui fe font élevées fur la fin du dernier fiécle, entre Me Dufeu , Bailli de la Pairie de S. Florentin , & Me le Clerc , Avocat & Procureur Fifcal du même Siége , ont donné lieu à un Arrêt de Réglement du 6 Juin 1693 , fur les fonctions de Procureur Fifcal de ce Siége , que je crois devoir rapporter ici , comme pouvant s'appliquer aux autres Jurifdictions Seigneuriales.

La Cour..... ordonne que les Audiences feront tenues en l'Auditoire du Bailliage de Saint-Florentin , par ledit Dufeu ou le Lieutenant dudit Bailliage , ou en leur abfence , récufation ou légitimes empêchemens , par ledit le Clerc (a) *, aux jours ordinaires , à huit heures , depuis Pâques jufqu'à la S. Remi , & neuf heures , depuis la S. Remi jufqu'à Pâques , auxquelles Audiences ils fe rendront en habit décent.*

Ledit le Clerc , en qualité de Procureur & Avocat Fifcal , y prendra la place que lui & fes prédéceffeurs ont accoutumé d'avoir ; & ne pourra ledit Dufeu lui dénier la parole en toutes les caufes efquelles le Fifc , l'Eglife , le Public , les Communautés Eccléfiaftiques , Laïques & Hôpitaux , auront intérêt , l'interrompre en plaidant , fouffrir qu'il foit interrompu par les Avocats & Procureurs du Siége , ni empêcher le Greffier d'écrire les réquifitoires qu'il voudra faire pour le dû de fes Charges.

Ne pourra pareillement ledit Dufeu l'empêcher de requérir ce qu'il jugera néceffaire pour la difcipline du Siége , & le bien de la Juftice , hors lefdites Audiences & en particulier ; fauf audit Dufeu à ftatuer fur tous les Réquifitoires , ou à fe pourvoir , ainfi qu'il avifera bon être.

Enjoint néanmoins audit le Clerc de fe comporter avec modération dans fes fonctions , & d'ufer de termes convenables.

S'abftiendront lefdits Dufeu & le Clerc de la connoiffance des affaires civiles & crimi-

---

(a) Le Procureur Fifcal doit remplacer le Juge abfent ou malade , dans les affaires ordinaires. L'ufage le veut ainfi : mais il ne peut pas juger les affaires fujettes à communication au Miniftere public. Voyez les Arrêts que j'ai cités plus haut en cet article : ils font poftérieurs à celui-ci. & forment une exception à la régle générale dont il eft ici queftion. Voyez auffi ce que je dis à l'article *Juges.*

nelles de leurs parens ou alliés ès dégrès prohibés par l'Ordonnance, lorsque lesdites parentés & alliances leur seront connues ou jus-
tifiées par l'une des Parties.

Pourra ledit le Clerc postuler (a) & plaider
pour les Parties, ès causes où le Fisc, l'Eglise,
le Public, les Communautés Ecclésiastiques,
Laïques & Hôpitaux, n'auront intérêt, en
passant le Barreau ; & seront, autant que
faire se pourra, toutes les causes, dont il sera
chargé pour lesdites Parties, expédiées de
suite, avant ou après celles des Avocats &
Procureurs du Siége.

Fait défenses audit le Clerc de se charger
pour icelles Parties de toutes les causes généralement quelconques, dont il pourroit prendre connoissance comme Procureur & Avocat
Fiscal, & où il s'agira de l'observation des
Ordonnances.

A la fin de chaque Audience, ledit Dufeu
& ledit le Clerc, lorsqu'il la tiendra, seront
tenus de viser & parapher sur le Registre du
Greffier les Jugemens par eux rendus.

Ne pourra ledit Dufeu juger aucune cause
en matiere contentieuse dans sa maison, y
procéder aux interrogatoires des Prisonniers,
récollemens & confrontations de témoins, réceptions d'Officiers, baux au rabais, & autres actes de Justices, si ce n'est ès avis de parens, tutelles, curatelles, enquêtes, compul-
soires, interrogatoires sur faits & articles,
présentations & affirmations de comptes, rapports de visite, vérifications, comparaisons
d'écritures, & réceptions de cautions.

Aura ledit le Clerc communication de toutes les requêtes & incidens en matiere criminelle, & des informations, interrogatoires des
accusés, à l'effet de requérir les récollemens
& la confrontation de témoins, ou ce qui sera
de raison, & des Procès, pour y donner ses
conclusions définitives.

Permet néantmoins audit Dufeu d'informer pour affaires pressantes, & lorsque les
accusés seront pris en flagrant-délit, sans
communiquer audit le Clerc les requêtes à fin
de permission d'informer.

Sera donné pareillement communication
audit le Clerc de tous les procès & instances
civiles, esquelles le Fisc, l'Eglise, les Communautés Ecclésiastiques, Laïques & Hô-

pitaux, auront intérêt, encore qu'il eût pris
des conclusions à l'Audience avant le Réglement à produire ; & à cette fin seront lesdits
procès, tant civils que criminels, donnés par
le Greffier audit le Clerc, qui s'en chargera
sur le Registre des distributions ; & ne pourront être lesdits procès jugés que sur le rapport de celui à qui ils auront été distribués,
& qu'en l'Auditoire & Chambre du Conseil.

Ne seront données aucunes permissions de
faire cris publics, Jugemens pour les revendications des causes justiciables dudit Bailliage de Saint-Florentin, appellées en autre
Jurisdiction ; usurpations & entreprises faites
sur les chemins publics, entretiens & réta-
blissemens d'iceux, ni ordonner aucun enregistrement de commissions au Greffe dudit
Bailliage, sans conclusions dudit le Clerc,
& que lesdites commissions lui ayent été préalablement communiquées.

Pourra ledit le Clerc prendre communication, par les mains du Greffier, des registres
& minutes étant au Greffe, toutes les fois
qu'il jugera à propos ; & en cas de négligence
des parens des mineurs de leur pourvoir de tuteurs, ledit le Clerc leur en pourra faire nommer, sans qu'il puisse pour ce requérir apposition de scellé & inventaire, s'il n'en est requis
par lesdits parens, tuteurs, élûs ou bienveil-
lans desdits mineurs.

Fait défenses audit le Clerc de prendre
conclusions en autres affaires que celles ci-
dessus, lesquelles ne le concerneront point
en ladite qualité de Procureur & Avocat
Fiscal.

Ordonne que ledit Dufeu tiendra toutes les
assemblées particulieres dans la Chambre du
Conseil pour les affaires de la Communauté de
Saint-Florentin, en présence dudit le Clerc,
& les assemblées générales dans la Salle de
l'Audience, où ledit Dufeu sera tenu de se
rendre, & d'y assembler avec lui les Officiers
dudit Bailliage & les Avocats & Procureurs, lorsqu'il y aura Te Deum ou quelques autres cérémonies à faire, pour de-là se
transporter en Corps, en habit décent, au lieu
de la cérémonie.

Avant faire droit sur la demande pour
raison des épices qui peuvent appartenir audit le Clerc, les Parties justifieront plus am-

---

(a) Le Procureur Fiscal peut, comme on voit, prêter son ministere aux Parties en certains cas ; ce que ne peut pas faire le Procureur du Roi d'une Justice Royale. Voyez Procureur du Roi.

plement, dans deux mois, de ce que ledit le Clerc & ses prédécesseurs ont perçu, pour ce fait & rapporté être ordonné ce qu'il appartiendra : cependant, par provision, ledit le Clerc prendra les deux tiers des épices que ledit Bailli prend ordinairement, dépens pour ce regard réservés.

Enjoint audit le Clerc de poursuivre l'Instance au Jugement des procès criminels, auxquels écheoira peine afflictive, encore qu'il n'y ait Parties civiles, ou qu'elles négligent d'agir & de poursuivre même ladite instruction, en quelque cas que ce puisse être, & en exécution des Jugemens qui l'auront ordonné, ou se pourvoiront par appel contre lesdits Jugemens.

Enjoint pareillement audit le Clerc de déférer aux Arrêts de défenses, lorsqu'ils lui seront connus.

Ordonne en outre que les Sentences définitives, intervenues sur procès criminels, seront montrées audit le Clerc, & lecture à lui faite d'icelles par le Greffier, incessamment après laquelle ledit le Clerc sera tenu de faire transférer ès prisons de la Conciergerie du Palais les Prisonniers qui auront été jugés, avec leur procès ; lorsqu'il y aura appel, dans les cas des condamnations portées par l'article 6 du titre 26 de l'Ordonnance de 1670.

Les fonctions du Juge sont dévolues au Procureur Fiscal, en cas d'absence, ou autre légitime empêchement du Juge, ainsi que je le dis à l'article Juge ; mais cette dévolution ne sçauroit avoir lieu pour les affaires dans lesquelles le Ministere public doit donner des conclusions. Il n'est point permis au Procureur Fiscal, en ce cas, d'abandonner ses fonctions, pour remplir celles du Juge. V. Juge.

Ces maximes, qui ne souffrent point de difficultés, ont donné lieu à un Arrêt célèbre, dont voici l'espèce.

Le Juge d'une Haute-Justice dépendante des Domaines de M. le Prince de Conti, étant absent, le Procureur Fiscal le remplaça dans une instruction criminelle ; & se fit substituer dans les fonctions de Procureur Fiscal par son fils.

Il y eut ap. el de la procédure ; & M. Chauvelin fit voir que le Procureur Fiscal n'avoit pas dû abandonner ses fonctions pour remplir celles du Juge, qui dans ce cas se trouvoient dévolues au plus ancien Gradué ou Praticien du Siége. Il ajouta que le fils du Procureur Fiscal n'avoit pas pu en remplir les fonctions à la place de son pere ; qu'il ne l'avoit pas pu davantage en qualité de Substitut en titre d'office du Procureur Fiscal ; parce que les Seigneurs ne peuvent pas augmenter le nombre de leurs Officiers, ni leur donner des qualités qu'ils ne sont pas en possession de prendre.

En conséquence, & par Arrêt rendu à l'Audience de la Tournelle, le 11 Juillet 1731, toute la procédure fut déclarée nulle, & la plainte renvoyée devant le plus prochain Juge Royal des lieux, pour la procédure être refaite, &c.

Lorsqu'il y a appel d'une procédure poursuivie, ou d'un Jugement obtenu par le Procureur Fiscal, ce n'est pas lui qu'il faut intimer, mais le Seigneur.

En première instance, on ne doit, ni condamner le Procureur Fiscal aux dépens, ni lui en adjuger, quand il agit comme Partie publique. C'est le Droit commun ; & le Parlement d'Aix a rendu un Arrêt, le 7 Février 1735, qui y est conforme. Voyez Dépens.

Un Arrêt rendu au Parlement de Rouen, le 23 Juillet 1748, entre l'Evêque de Saint-Paul-trois-Châteaux, le Procureur Fiscal de Saint-Pierre-sur-Dives, le sieur Bridel, nommé Avocat Fiscal & autres, a jugé :

1°. Que lorsque d'ancienneté il n'y a pas eu d'Avocat Fiscal dans une Haute-Justice, & qu'il ne paroît point, par les titres du Seigneur, qu'il ait le droit d'en nommer un, il ne peut pas en établir, & que le Procureur Fiscal est en droit de s'y opposer.

2°. Que le Procureur Fiscal, absent, ne peut être remplacé que par le plus ancien Avocat du Siége, suivant l'ordre du Tableau.

3°. Que le Procureur Fiscal ne doit point être fermier du Seigneur, ni directement, ni indirectement.

PRODIGUES.
Voyez Curateur & Interdiction.

PRODUCTION.

On nomme Production, l'assemblage des titres, papiers ou procédures qu'une Partie fait paroître en Juftice pour appuyer fa demande ou fa défenfe, ou la vérité de ce qu'elle allégue.

On ne donne guères le nom de Production qu'à ce qui eft mis, ou au Greffe, ou entre les mains des Rapporteurs quand les affaires font appointées ; & on les diftingue en Productions principales & en Productions nouvelles.

Les Productions principales font celles qui fe font en premiere inftance après l'appointement prononcé ; ou plutôt ce font les premieres Productions qui fe font : celles qui fe font enfuite, font nommées Productions nouvelles.

PROFECTICES.

Voyez *Adventices*.

PROFESSION.

Voyez *Jéfuite*, *Mort-Civile*, *Noviciat*, *Religieux* & *Vœux*.

C'eft ainfi qu'on nomme la promeffe folemnelle & publique que font les perfonnes qui embraffent la vie Religieufe, d'obferver les Régles de l'Ordre dans lequel elles entrent.

Les perfonnes qui font Profeffion, en promettant d'embraffer la vie Religieufe, doivent être âgés au moins de feize ans. Voy. *Age*.

La Profeffion en Religion, dans la plûpart des Ordres, emporte mort-civile ; & la preuve teftimoniale n'en eft point admife : elle doit être conftatée par un acte public, & femblable aux autres actes qui conftituent l'état des hommes, tels que les actes de baptême, mariage & fépulture.

C'eft dans cette vûe que l'article 25 de la Déclaration du 9 Avril 1736, regiftrée le 13 Juillet fuivant, affujettit *les Corps, Communautés & Maifons Religieufes*, à tenir *deux Regiftres en papier commun, pour infcrire les Actes de Véture, Noviciat & Profeffion*. (a) ; *lefquels Regiftres*, dit cette Loi, *feront cottés par premier & dernier, & paraphés fur chaque feuillet par le Supérieur*

ou les Supérieures ; à quoi faire ils feront autorifés par un Acte Capitulaire, qui fera inféré au commencement de chacun defdits Regiftres. Voyez en entier les articles 26, 27 & 28 de la même Déclaration.

PROMOTEUR.

V. *Dénonciateur*, *Evêque*, *Grand-Vicaire*, & *Official*.

On nomme Promoteur un Eccléfiaftique qui, dans une Cour Eccléfiaftique, dans une Affemblée du Clergé, dans un Concile, dans une Chambre de Décimes & dans une Officialité, remplit les fonctions du Miniftere public, & donne des réquifitoires à peu près de la même maniere que les Procureurs du Roi dans les Tribunaux féculiers. Je ne parlerai des Promoteurs en cet article, que relativement aux Officialités.

Les principales fonctions du Promoteur font de faire informer contre les Eccléfiaftiques fcandaleux & criminels, & pour tenir les droits, les libertés & les immunités de l'Eglife. Il doit auffi prendre foin de faire maintenir la difcipline Eccléfiaftique, de faire punir les Eccléfiaftiques déréglés & défobéiffans, en un mot, de les faire rentrer dans leur devoir.

Il n'y a point de Loi qui oblige les Evêques à choifir des Gradués pour Promoteurs ; & l'on en voit plufieurs qui n'ont point de dégrés : il n'y a pas non plus de Loi qui affujettiffe les Evêques à confier cet emploi aux Eccléfiaftiques ; mais il n'eft point d'ufage de le donner aux Laïcs, qui pourroient cependant le remplir (b), puifque ce font les Procureurs ès Officialités qui remplacent & fubftituent le Promoteur.

Un Promoteur eft révocable *ad nutum*, comme l'Official ; & le Grand-Pénitencier ne peut être Promoteur, parce qu'un Arrêt rendu en forme de Réglement fur les Conclufions de M. l'Avocat Général Servin, le 15 Mars 1611, a déclaré les fonctions de Promoteur & de Pénitencier incompatibles.

Les Promoteurs font, comme les Procu-

(a) Par exception à cette régle, les Bénédictins Anglois établis à Paris, Fauxbourg Saint Jacques, font conftater les Vœux des perfonnes qui font Profeffion chez eux, par acte reçu pardevant Notaire : cela eft, fans doute, fondé fur ce qu'ils fe regardent comme Etrangers en France. Voyez ce que je dis à l'article *Anglois*.

(b) Horry, qui a fait une Pratique Civile des Officialités, dit cependant, page 24, édition de 1703, que le Concile Provincial de Tours, tenu en 1583, fous M. de Maillé, a décidé qu'il falloit que le Promoteur fût Prêtre.

reurs-du Roi, tenus d'avoir un regiftre pour écrire les dénonciations. Voyez l'Ordonnance de 1670, titre 3, articles 6 & 7, & ce que je dis à l'art. *Dénonciateur.*

Les Evêques ont le droit de choifir pour Promoteurs des Titulaires de Bénéfices fujets à réfidence ; & fi ce choix tombe fur un Chanoine, il le difpenfe de l'affiftance aux Offices auxquels il eft réputé préfent.

Mais dans ce cas-là, le choix de l'Evêque doit tomber fur un Bénéficier réfidant dans la Ville Epifcopale, & non fur le Titulaire d'un Bénéfice qui demande une réfidence hors la Ville.

Le motif de cette maxime a pour fondement la néceffité de la réfidence, & les fages précautions qu'il faut apporter pour ne pas s'écarter trop légérement de cette régle indifpenfable. C'eft pour cela que, par un Arrêt célèbre du 27 Juin 1686, intervenu entre M. l'Evêque du Mans, qui avoit choifi pour Promoteur un Curé réfidant hors la Ville, & le Chapitre de fon Eglife Cathédrale, la Cour a ordonné que le Promoteur de l'Evêque du Mans ne pourroit être Curé ni pourvu d'autre Bénéfice exigeant réfidence hors la Ville du Mans.

Un Promoteur ne peut être condamné aux dépens envers les accufés qu'il pourfuit, que quand fon accufation eft une calomnie manifefte. Voyez à ce fujet l'Edit du mois d'Octobre 1625, rapporté par Fevret, tome 1, liv. 1, chap. 2; l'art. 17 de la Déclaration de 1627, & l'article 18 de celle de 1666.

Horry, dans la Pratique Civile des Officialités, rapporte deux Arrêts rendus les 7 Septembre 1697 & 6 Février 1700, par lefquels il paroît que la Cour a jugé que les Promoteurs des Officialités ne peuvent obtenir de condamnation de dépens ni de remboursement des frais néceffaires pour l'inftruction des procès, foit pour les dépens ou frais dans leurs Officialités en premiere inftance, foit pour ceux faits dans les Officialités fupérieures en caufe d'appel.

La Cour a, par Arrêt du premier Mars 1704, ordonné au Promoteur de Paris de ne porter de plaintes contre les Eccléfiaftiques que pour la correction des mœurs feulement : cet Arrêt eft cité dans le Mémoire préfenté au Roi en 1708 par le Confeil

d'Artois, dans une affaire de Miffionnaires & de Curés du Diocèfe d'Arras, accufés d'enfeigner qu'on pouvoit révéler le fecret des confeffions.

PRÔNE.

Voyez *Prieres publiques*, &.*Publications au Prône.*

PRONONCÉ.

On nomme ainfi les difpofitions des Sentences, Jugemens & Arrêts.

PROPRES.

Voyez *Acquêt*, *Ameubliffement*, *Bâtimens*, *Conquêt*, *Command*, *Côté & Ligne*, *Coutume*, *Délivrance*, *Faculté de Rachat*, *Mineur*, *Néceffité jurée*, *Offices*, *Rembourfement*, *Remploi*, *Rente*, *Réferves Coutumieres*, *Retrait Lignager*, *Succeffion*, *Tronc Commun*.

On nomme Propres, les immeubles qui font venus à ceux qui les poffédent, par fucceffion directe ou collatérale, & qu'on n'a point acquis par fon induftrie.

En Pays Coutumier, nous diftinguons les biens en meubles, en acquêts & en Propre ; & chaque efpéce de biens a fes différens héritiers : mais lorfqu'on eft dans le doute fi un immeuble eft acquêt ou Propre, comme il faut qu'il ait été acquêt avant que de devenir Propre, on le répute acquêt : la qualité originaire étant celle d'acquêt, elle doit durer jufqu'à ce qu'elle paroiffe avoir été changée.

En Normandie, au contraire, les héritages font réputés Propres, quand on ne prouve pas qu'ils font acquêts.

✳ Toutes ces différentes qualités ne font admifes qu'en Pays Coutumiers ; les Propres font inconnus en Pays de Droit-Ecrit.

Les Propres font, ou naiffans, ou anciens.

Les Propres naiffans font les immeubles qui étoient acquêts aux perfonnes defquelles celui qui les poffède, les a recueillis.

Les Propres anciens font les immeubles qui avoient déja la qualité de Propres dans les mains des perfonnes auxquelles on a fuccédé.

On diftingue encore les Propres de côté & ligne, & les Propres fans ligne.

Les Propres de côté & ligne font ceux

qui font affectés aux parens d'un feul côté ou d'une feule ligne ; tels , par exemple , que ceux qui proviennent de la fucceffion du pere ou d'un parent paternel , lefquels font affectés & dévolus dans les fucceffions aux parens du côté paternel , à l'exclufion des maternels , & *vice verfâ*. Voyez *Côté & Ligne* , & ce que je dis ci-après en parlant de la Régle *Paterna Paternis*.

Les Propres fans ligne font ceux qui font échus par la fucceffion d'un parent dont la parenté procédoit , tant du coté du pere , que du côté de la mere du défunt ; par exemple , ceux qu'il avoit recueillis d'un frere germain ou d'une fœur.

On appelle ces Propres fans ligne , parce qu'ils ne font affectés à aucune ligne à l'exclufion de l'autre , ne pouvant y avoir aucun parent du défunt , qui ne le foit auffi du côté du frere dont le Propre eft provenu.

Il y a d'autres Propres qui ne font tels que par fiction. V. *Propres Conventionnels*.

Il y a auffi des actions qui dans les fucceffions font déférées à l'héritier des Propres. V. *Retrait Lignager*.

Les acquêts peuvent devenir Propres de différentes manieres ; 1°. *par fucceffion* ; 2°. *par donation* ; 3°. *par fubrogation* ; 4°. *par acceffion ou par confolidation*.

Section premiere. *Les acquêts peuvent devenir Propres par fucceffion.*

On penfe univerfellement que les immeubles fitués en Pays Coutumiers , échus par fucceffion , foit directe , foit collatérale , font Propres. On les appelle Propres naiffans , lorfqu'ils font , pour la premiere fois , recueillis dans la fucceffion de celui qui les avoit acquis ; & on les nomme Propres anciens , lorfqu'ils ont fait fouche ; c'eft-à-dire , lorfqu'ils ont paffé par plufieurs dégrés dans la famille.

A l'égard de la ligne directe , cette maxime n'a jamais fait de queftion ; mais en collatérale , quelques Auteurs ont cru qu'elle ne fuffifoit pas pour faire un Propre. Dumoulin a été de cet avis pour la Coutume d'Orléans feulement , qui en difpofoit ainfi avant fa réformation dans l'art. 263 : mais on a réformé cette difpofition par l'art. 303 de là nouvelle Coutume ; & c'eft actuellement un principe certain en Pays Coutumiers , que les immeubles recueillis dans les fucceffions collatérales , forment des Propres , à moins que la Coutume n'ait une difpofition contraire , comme celle de Hainaut , ch. 77 , & les Coutumes Soucheres (*a*) dans lefquelles il n'y a que ceux qui font defcendus de l'acquéreur , qui fuccédent aux Propres.

C'eft une queftion que de fçavoir fi les biens du fils , auxquels le pere fuccéde , font Propres ou fimplement acquêts au pere héritier. La plûpart des Auteurs difent que , quand le pere fuccéde , par droit de réverfion , aux immeubles qu'il avoit donnés , ils confervent la même qualité qu'ils avoient avant la donation , foit d'acquêts , foit de Propres.

Pour moi je penfe que les immeubles donnés au fils par le pere , étant Propres entre les mains du fils , ils ne ceffent point de l'être , lorfque du fils ils retournent au pere par voie de fucceffion. Ce feroit une chofe bien étrange que la fucceffion qui fait des Propres , éteignît celui-ci (*b*).

Si l'on adoptoit le fentiment contraire au mien , il pourroit arriver que le bien qui

(*a*) Les Coutumes *Soucheres* font celles qui n'ont affecté les Propres qu'aux feuls defcendans de l'Acquéreur , qui a originairement mis les biens dans la Famille.

D'autres exigent que , pour fuccéder à un Propre , on defcende d'un Auteur commun qui ait poffédé l'héritage : celles-là font nommées Coutumes de *Tronc commun*. Voy. *Tronc commun*.

Il y en a d'autres , comme celle de Paris , qu'on nomme Coutume de *Côté & Ligne* ; parce qu'elles attachent la fucceffion du Propre à la feule parenté avec l'Acquéreur. Voyez ce que je dis à l'article *Côté & Ligne* , & ci-après.

(*b*) Cette opinion a été adoptée par l'Arrêt rendu le premier Septembre 1762 , entre M. le Duc de Mortemart & M. le Duc de Luxembourg , héritier du Duc de Rochechouart , décédé fix mois après fon pere , le 21 Déc. 1745.

La Duchesse de Beauvilliers avoit donné au Prince de Tonnay-Charante , fon petit-fils , le Comté de Chaumont près Blois , par contrat de mariage du 28 Avril 1730 ; la donataire étant mort fans enfans en 1731 , la donatrice fuccéda aux chofes par elle données , conformément à l'article 313 de la Coutume de Paris , qui forme le Droit commun des Pays Coutumiers.

Incidemment à une demande en indemnité , formée par M. de Luxembourg & autres , contre M. le Duc de Mortemart & Conforts , dans le partage des biens de la fucceffion du même Duc de Mortemart , il s'eft agi de fçavoir , fi la Terre de Chaumont étoit un Propre dans la fucceffion de Madame de Beauvilliers , à laquelle elle étoit acquêt , lorfqu'elle l'avoit donnée au Prince de Tonnay-Charante. M. de Luxembourg la foutenoit acquêt , & M. de Mortemart la foutenoit Propre , à caufe des mots *fuccédent* qui fe trouvent dans l'art. 313 de la Coutume de Paris.

L'Arrêt fufdit du premier Septembre 1762 l'a jugé Propre , *Forma negandi*.

étoit Propre au fils, retournant au pere par voie de fucceſſion, & devenant acquêt au pere, tomberoit dans la communauté du pere, & paſſeroit en des mains étrangeres, ſi le pere étoit remarié.

Il faut donc dire que les acquêts, comme les Propres, donnés par les pere & mere à leurs enfans, ſont Propres aux pere & mere à qui ils retournent par voie de fucceſſion : je penſe même que l'immeuble provenant de la communauté des pere & mere, trouvé dans la fucceſſion de leur fils qui en étoit donataire, ne rentreroit pas dans cette même communauté, & que la mere y auroit ſa moitié à titre d'héritiere, quand même, par l'événement, elle renonceroit à la communauté.

Il y a diverſité d'opinions ſur la queſtion de ſçavoir ſi les acquêts que le pere recueille dans la fucceſſion de ſon fils, forment des Propres en la perſonne du pere; mais je penſe très-fermement qu'ils ſont Propres non-ſeulement de retrait, mais de diſpoſition, & ſujets aux réſerves coutumieres.

Les immeubles deviennent Propres aux aſcendans qui y ſuccédent à titre d'héritiers, dit Renuſſon, parce qu'ils leur appartiennent par le ſeul bénéfice de la Loi, en qualité d'héritier & à droit ſucceſſif; & en effet, l'article 230 de la Coutume de Paris porte, en général, que la moitié des conquêts avenus aux héritiers du trépaſſé, eſt le propre héritage deſdits héritiers; la Coutume ne diſtingue point ſi c'eſt un pere ou des collatéraux qui y ſuccédent. Le Veſt rapporte un Arrêt du 22 Février 1574, qui a jugé qu'une mere qui avoit hérité d'un Fief ſitué dans la Coutume de Montfort, & qui étoit acquêt à ſa fille, n'avoit pû diſpoſer que du quint de ce Fief.

Nonobſtant ces raiſons, le Brun eſtime que la fucceſſion qui écheoit aux aſcendans, ne fait point des Propres; parce, dit-il, que les acquêts du fils auxquels le pere ſuccéde, ne ſont point des Propres de ligne; puiſque tous les parens du pere étant également les parens du fils, il n'y a point à cet égard de côté & ligne à diſtinguer; enſorte que, quand le pere qui a ſuccédé à cet acquêt, décéde ſans enfans, ſon plus proche héritier, ſans diſtinction de côté & ligne,

y ſuccéde. On ne conſidere pas alors le fils comme le premier acquéreur de l'héritage; le pere eſt, au contraire, regardé en ce cas comme le premier qui l'a mis dans la famille, parce que ce n'eſt point par une fucceſſion naturelle qu'il y a ſuccédé, mais par une fucceſſion extraordinaire qui doit être regardée comme un cas fortuit & une advention.

Le Brun prétend que cette maxime eſt une conſéquence naturelle d'un Arrêt célébre, rendu en la deuxiéme Chambre des Enquêtes le 13 Juillet 1675, par lequel la Cour a jugé que la fucceſſion du fils au pere n'augmentoit point le douaire coutumier de la mere.

Mais cet Arrêt ne décide point la queſtion; car quoique des immeubles échus en collatérale à un mari lui ſoient propres, ils n'augmentent pourtant point le douaire de ſa femme : ainſi les immeubles échus au pere par fucceſſion de ſon fils, peuvent lui être Propres, ſans augmenter le douaire de ſa femme; & en effet, la queſtion préſente n'a pas même été agitée dans l'eſpéce de cet Arrêt, rapporté au Journal du Palais : on en peut voir les raiſons, qui y ſont déduites dans les moyens rapportés avec l'Arrêt même.

Les raiſons de le Brun ne me paroiſſent pas bonnes; & puiſqu'en fucceſſion collatérale, l'héritage montant du neveu à l'oncle, & du petit-neveu au grand-oncle, devient Propre, je ne vois pas pourquoi la fucceſſion directe n'auroit pas le même effet : je crois donc le ſentiment de Renuſſon plus conforme aux principes généraux des fucceſſions ouvertes en Pays Coutumiers, & ſinguliérement aux diſpoſitions de la Coutume de Normandie, qui, par l'article 334, décide que *tous acquêts ſont faits Propres à la perſonne de l'héritier qui premier les poſſéde à droit ſucceſſif.*

La Coutume de Paris ſuppoſe les mêmes diſpoſitions : on peut ſur cela voir l'Auteur du Grand-Coutumier; Dumoulin, ſur les articles 122 & 129 de l'ancienne Coutume de Paris, & l'article 303 de la Coutume d'Orléans, &c. Voyez auſſi l'Arrêt de Bouligneux, du 16 Mars 1723, dont je rapporte l'eſpéce à l'article *Retrait Lignager.*

Je penſerois différemment de l'avis de

Renuſſon ſur la queſtion de ſçavoir ſi la Loi *unde vir & uxor*, en vertu de laquelle les conjoints ſe ſuccédent l'un à l'autre, à l'excluſion du fiſc, produit des Propres; & je ſerois plus volontiers de l'avis de le Brun, qui dit que cette ſucceſſion irréguliere ne produit que des acquêts. En effet, ce qui a fait admettre les Propres dans différentes Coutumes, ne ſe rencontre point ici : ce n'eſt point de ſes parens que le conjoint hérite & recueille les biens; ainſi l'on ne voit pas ſur quoi pourroit être fondée cette affectation à la famille, qui géne la liberté de teſter, & qui eſt une ſuite de la qualité de Propres.

D'ailleurs, ce droit paroît aſſez ſemblable à celui du fiſc, qui ſuccéde par droit de deshérence, lequel droit ne forme point des Propres,

Lorſque les collatéraux d'une ligne ſuccédent aux Propres d'une autre ligne défaillante, les biens qu'ils recueillent, ſont des Propres naiſſans en leur perſonne.

Une queſtion qui a été très-controverſée, eſt de ſçavoir ſi la licitation d'un immeuble de ſucceſſion fait un Propre ou un acquêt, pour le tout ou pour partie, en la perſonne de l'héritier adjudicataire, & encore ſi la ſoulte empêche que l'héritage ne ſoit Propre juſqu'à concurrence de la ſoulte.

Il eſt certain d'abord que, lorſque des héritiers partagent une ſucceſſion, & que les uns ont plus d'immeubles que les autres, les immeubles ſeront Propres pour le tout à ceux à qui ils ſont échus; parce qu'il eſt vrai de dire que les immeubles leur ſont échus pour le tout à titre de droit ſucceſſif.

Renuſſon eſtime que l'immeuble dont on a fait la licitation, eſt Propre juſqu'à concurrence de ce que l'héritier devoit avoir dans la ſucceſſion; d'où il réſulte, ſelon lui, que ſi l'immeuble eſt le ſeul effet de la ſucceſſion, & qu'il y ait, par exemple, trois héritiers, le tiers de l'immeuble dont on a fait la licitation, eſt Propre à l'adjudicataire; que ſi, au contraire, il y a d'autres effets dans la ſucceſſion, & que l'héritier adjudicataire paye le prix de la licitation en effets de la même ſucceſſion, l'immeuble alors eſt Propre juſqu'à concurrence de ce que l'héritier adjudicataire paye en effets de la ſucceſſion.

A l'égard de la ſoulte, cet Auteur eſtime que l'héritier des Propres doit retenir la totalité de l'immeuble chargé de ſoulte; mais qu'il doit faire une récompenſe à l'héritier des acquêts, de pareille ſomme que le défunt auroit payée pour ce qui excédoit ſa part dans la ſucceſſion; & que ce tempéramment a ſon fondement dans l'article 139 de la Coutume de Paris, qui porte, que l'héritage retiré par retrait lignager, eſt tellement affecté à la famille, qu'à la mort du retrayant, il doit appartenir à l'héritier des Propres, en rendant toutefois à l'héritier des acquêts, le prix dudit héritage.

Cet Auteur rapporte tout au long l'eſpéce de l'Arrêt rendu au ſujet de la ſuccefſion de M. Guerin. Ce même Arrêt eſt auſſi rapporté au Journal des Audiences, tom. 2, liv. 3, ch. 27.

Le Brun aſſure que le ſentiment, univerſellement reçu au Palais, eſt que l'immeuble, chargé de ſoulte, eſt Propre pour le tout. La raiſon eſt, que le partage fait des Propres, & que la ſoulte, qui eſt un moyen néceſſaire pour parvenir au partage, n'en détruit pas l'effet : ce qu'un co-héritier poſſede à la charge d'une ſoulte, il ne l'a pas moins à titre de partage; ce partage avec ſoulte ne fait qu'expliquer le droit que chaque co-héritier avoit dans l'immeuble, qui étoit auparavant indivis, & par un effet rétroactif, il eſt préſumé lui appartenir tout entier dès le temps du décès. En effet, les co-partageans n'entrent point en partage pour acquérir, ni pour commercer : toute leur intention regarde le partage; c'eſt le ſentiment de d'Argentré ſur l'art. 418 de la Coutume de Bretagne.

Il en eſt de même de la licitation : l'intention des co-héritiers qui licitent, eſt de conſommer leur partage; d'où il réſulte que la licitation n'eſt point en ce cas un contrat principal, mais un acceſſoire & une dépendance du partage. La licitation ne fait qu'ôter l'indivis entre les co-héritiers; & quand une fois l'héritier a le total de l'héritage, il eſt préſumé avoir eu le tout dès le commencement. Cette maxime eſt conſacrée par l'Arrêt de Pommereu du 9 Mars 1722, & par un autre Arrêt du 24 Mai 1729, dont

je

je parle au mot *Licitation*. L'avis de le Brun eſt actuellement le ſeul qui ſoit ſuivi.

Il s'enſuit de ces principes, que l'héritier de l'immeuble Propre, qui eſt chargé de ſoulte, n'eſt pas tenu de donner récompenſe à l'héritier des acquêts, à proportion de la ſoulte, parce que les ſucceſſions ſe partagent comme elles ſe trouvent ; & c'eſt pour cela qu'un bâtiment, élevé ſur un Propre, eſt Propre, ſans que l'héritier des Propres ſoit obligé à aucune récompenſe.

L'objection tirée de l'article 139 de la Coutume de Paris, qu'on oppoſe à ces maximes, ſe détruit par la différence qu'il y a entre celui qui *retire* & celui qui *partage*. Le retrayant veut acquérir l'héritage de ſa famille, & il eſt ſans difficulté que l'héritage retiré eſt un acquêt en ſa perſonne ; mais à cauſe de l'affection qui eſt attachée ordinairement aux biens Propres, la Coutume permet à l'héritier des Propres de garder l'héritage retiré, en rembourſant le prix dans un certain temps, après lequel il eſt déchu du privilége que l'article 139 lui donne. Il n'en eſt pas de même du co-partageant ; il ne ſonge point à acquérir, mais à profiter du droit dont il eſt ſaiſi par la Coutume, comme celui qui bâtit ſur ſon Propre, ne ſonge qu'à ſe loger.

Section II. *Les Acquêts peuvent devenir Propres par donation.*

A l'égard de la donation d'immeubles en ligne directe deſcendante, elle fait des Propres de ſucceſſion (*a*) ; parce que tout ce qui eſt donné aux deſcendans, eſt réputé donné en avancement d'hoirie, ſuivant l'art. 278. de notre Coutume, & que l'art. 246 porte que choſe immeuble, donnée en directe, ne tombe point en communauté.

Cette déciſion a lieu lors même que le pere ayant promis à ſa fille une ſomme de deniers pour dot, elle a eu dans la ſuite un immeuble en payement ; parce que, quoique le pere eût promis des deniers, néantmoins la donation ſe terminant à un immeuble de la ſucceſſion, la fille eſt conſidérée comme donataire de l'immeuble, & elle l'eſt effectivement.

Il en eſt de même, lorſque la donation eſt faite à une fille qui a déja renoncé à la ſucceſſion, moyennant une donation.

Il en eſt encore de même dans les Coutumes où les puînés ne ſuccedent point : les immeubles qui leur ſont donnés, ne laiſſent pas d'être Propres, parce que ces donations ſont regardées comme des rappels faits par le pere ; & un rappel, dans ces cas, fait un titre de ſucceſſion (*b*).

Enfin, il en eſt de même de l'immeuble acquis par un pere pour lui-même, & enſuite donné au fils par le même contrat.

Il paroît qu'il en ſeroit autrement, ſi l'immeuble avoit été acquis pour le fils ; parce qu'alors la propriété n'ayant pas réſidé en la perſonne du pere, l'immeuble n'auroit point paſſé du pere au fils, ce qui eſt néantmoins néceſſaire pour opérer un Propre ; dans ce cas, le fils ne paroît donataire que du prix qui a ſervi à acquérir l'immeuble, lequel prix n'eſt qu'un ſimple mobilier ; cependant voyez *Offices*. ᴸ

Une rente que le pere conſtitue à ſa fille pour ſa dot, eſt acquêt à la fille, parce qu'un Propre eſt ce qui a été poſſédé par quelqu'un, & qui a depuis paſſé à ſes héritiers ; & on ne peut pas dire que la rente ait jamais appartenue au pere, puiſqu'il en étoit débiteur. La Cour l'a ainſi jugé par Arrêt rendu en la Grand'Chambre, le Samedi 19 Mars 1763, ſur les Concluſions de M. l'Avocat Général de S. Fargeau ; en faveur de Madame Brayer, légataire univerſelle de ſa belle-ſœur, contre MM. Pajot pere &

(*a*) En Ponthieu, les biens donnés entre-vifs ou par teſtament aux enfans puînés, ſont réputés acquêts ; & il leur eſt permis d'en diſpoſer entre-vifs par vente, dons entre-vifs ou legs, ſans que l'héritier puiſſe s'en plaindre. Voyez les Arrêts de M. Bouguier, lettre D. n. 10, & ce que je dis à l'art. *Néceſſité - jurée*.

Cependant, ſi les biens ainſi donnés aux cadets ſe trouvent dans leur ſucceſſion, ils ſont conſidérés comme Propres, & appartiennent au plus proche parent collatéral de la ligne dont ils procédent, à l'excluſion des aſcendans. Voyez l'Acte de Notoriété donné à Abbeville, le 16 Mai 1667, & celui donné par le Siége de Marquentaire, du

Tome III. Part. I.

premier Mars 1668.

S'il s'agiſſoit de biens ſitués dans la Ville ou Banlieue d'Abbeville, ils ſeroient Propres dans tous les cas, ſuivant l'article premier de la Coutume locale. Voyez l'Acte de Notoriété du 16 Mai 1707.

(*b*) On a cependant jugé qu'en Ponthieu, la choſe donnée par le pere à ſes enfans puînés, n'eſt, ni réputée faite en avancement d'hoirie, ni Propre, mais acquêt. La raiſon en eſt, que les enfans puînés ne ſont point héritiers dans cette Coutume. Elle n'admet que l'aîné pour héritier, ſoit en directe ; ſoit en collatérale. Voyez les notes précédentes.

F f

fils, qui demandoient la diftraction des quatre quints d'une rente conftituée en dot à la teftatrice par M. Pajot fon pere.

Le 12 Mars 1714, la Cour, par Arrêt rendu en la Grand'Chambre, fur les Conclufions de M. l'Avocat Général de Lamoignon, a jugé qu'une maifon acquife par un fils qui l'avoit depuis donnée à fa mere, avec réferve d'ufufruit, & que fa mere lui avoit elle-même donnée depuis par contrat de mariage, 19 ans après, étoit un Propre maternel dans la fucceffion du fils.

A l'égard de la donation en ligne collatérale, c'eft une maxime des Pays coutumiers, que ce qui eft donné en collatérale même à l'héritier préfomptif, eft acquêt en fa perfonne. Renuffon rapporte les Arrêts qui ont fixé fur cela la Jurifprudence, qui avoit varié même depuis la réformation de la Coutume.

Il y a deux exceptions à cette maxime : 1°. Lorfque les Coutumes ont une difpofition contraire, comme Nivernois, Anjou, Maine, Blois & Amiens.

2°. Lorfque la donation eft faite à l'héritier préfomptif, pour lui être Propre, parce que le donateur peut impofer cette condition à fa libéralité. Renuffon rapporte deux Arrêts des 15 Mai 1645, & 12 Mars 1663, qui l'ont ainfi jugé.

Mais quel fera l'effet d'une pareille claufe ? Doit-on regarder comme Propres de ligne & de difpofition, des immeubles donnés par un collatéral, à la charge qu'ils feront Propres au donataire.

Je crois qu'il faut dire, 1°. que fi le donataire eft marié, la claufe empêche que la chofe donnée n'entre en communauté.

2°. Qu'une pareille claufe ne fait tout au plus qu'un Propre de fucceffion légitime, de même que la ftipulation de Propres de côté & ligne, & qu'elle ne reftreint point la faculté de difpofer par teftament de la chofe donnée.

3°. Qu'elle ne forme point un Propre de famille qui tombe en retrait lignager.

Ma raifon eft qu'une pareille donation n'eft point l'ouvrage de la nature & de la loi, mais celui d'une pure générofité. Le bienfait furpaffe infiniment toutes les obligations auxquelles le fang & l'alliance engagent; & le donataire doit bien plus à la libéralité de fon bienfaiteur, qu'il ne doit à fa naiffance.

Il y a plus de difficulté fur la queftion de fçavoir fi la donation faite par un defcendant à un afcendant, forme des Propres.

Renuffon diftingue, & il eftime que l'immeuble donné eft propre, lorfque l'afcendant auroit eu droit d'y fuccéder par la Loi.

Le Brun eftime au contraire que cette forte de donation eft toujours acquêt, de quelque nature que foient les biens compris dans la donation;

1°. Parce que ce qui eft donné à un afcendant, n'eft jamais réputé en avancement d'hoirie, puifque cela eft contraire au vœu de la nature.

2°. Parce que, fuivant fon fentiment, la fucceffion afcendante ne fait pas même des Propres.

Le fentiment de ce dernier Auteur me paroît plus jufte; parce qu'en effet la principale raifon pour laquelle la donation, faite en directe defcendante, fait des Propres, c'eft parce qu'elle eft réputée faite en avancement d'hoirie; & elle eft réputée faite en avancement d'hoirie, parce que les enfans, du vivant de leur pere, ont une efpéce de droit fur fes biens: ils ont une légitime qu'il ne peut leur ôter; & lorfqu'ils entrent en poffeffion des biens de leur pere, à quelque titre que ce foit, c'eft, pour ainfi dire, une continuation de domaine & de propriété.

Ces raifons déterminantes ne fe trouvent point dans la donation faite aux afcendans, lefquels, en Pays coutumier, n'ont aucun droit ni aucune légitime fur les biens de leurs enfans, non plus que les collatéraux.

On demande fi les biens fubftitués font Propres ou acquêts en la perfonne de celui en qui finit la fubftitution fidéi-commiffaire ?

Pour décider cette queftion, il faut diftinguer au profit de qui la fubftitution eft faite.

Si elle eft faite au profit de la famille, foit en directe, foit en collatérale, les biens fubftitués font Propres à celui en qui finit la fubftitution.

A l'égard de la directe cela ne fait point

de queſtion ; mais en collatérale il ſemble que le ſubſtitué, tenant les biens de la libéralité du teſtateur, & non de l'inſtitué chargé de reſtituer le bienfait d'un parent collatéral, la ſubſtitution ne peut avoir d'autre effet que celui d'une donation, qui, en collatérale, ne fait point de Propres ; mais la véritable déciſion eſt qu'un teſtateur qui fait une ſubſtitution dans ſa famille, en conſervant l'ordre de ſuccéder, conſidere plus ſa famille en général, que les perſonnes qui la compoſent, & qui doivent être un jour appellées à la ſubſtitution ; & comme ſa volonté eſt de conſerver les biens à ſa famille, on préſume qu'il n'a voulu changer, ni la maniere ordinaire de ſuccéder, ni retrancher les effets naturels des ſucceſſions, qui ſont de donner la qualité de Propres aux biens qui paſſent graduellement d'héritier en héritier. (Cependant voyez *Subſtitution.*)

Ainſi, dans ce cas, la volonté du teſtateur & la diſpoſition de la Loi concourent enſemble pour une même fin, qui eſt d'affecter le bien à la famille. Renuſſon cite ſur cela deux Arrêts.

Mais ſi la ſubſtitution eſt faite au profit d'un Etranger, quoiqu'elle ſoit graduelle & perpétuelle dans la famille de cet Etranger ; comme le dernier ſubſtitué tiendra les biens de la main du teſtateur, & non de ceux par qui ils ont paſſé, & que le dernier ſubſtitué eſt étranger au teſtateur, il eſt ſans difficulté que les biens ne ſeront pas Propres en ſa perſonne. Renuſſon eſt d'avis contraire, & ſe ſert des raiſons que j'ai rapportées pour la ſubſtitution en collatérale ; mais elles n'ont aucune force par rapport à un Etranger. Je penſe même que la ſubſtitution non graduelle, faite par un parent en faveur d'un collatéral, n'opere que des acquêts, quoique l'appellé à la ſubſtitution fût par l'événement l'héritier du grevé ; parce qu'une pareille ſubſtitution n'opere qu'un legs en collatéral.

On demande encore ſi les biens confiſqués, donnés & remis par le Roi aux héritiers du coupable, ſont Propres à ces héritiers.

Les Auteurs diſtinguent entre le don fait aux héritiers directs, & celui fait aux héritiers collatéraux.

Dans la premiere eſpéce, les biens conſervent la même qualité qu'ils avoient auparavant, & ſont Propres aux héritiers directs ; c'eſt le ſentiment de Dumoulin, de Chopin & autres, ſuivis par le Brun & par Renuſſon : ces Auteurs rapportent tous un Arrêt du 26 Janvier 1556, qui l'a ainſi jugé.

Dans la deuxiéme eſpéce, les biens donnés aux collatéraux du condamné, leur ſont ſimplement acquêts : c'eſt l'eſpéce de l'Arrêt de Vatan, du 15 Juin 1640, rapporté au Journal des Audiences.

Si l'on jugeoit rigoureuſement, il ſemble que l'on ne devroit faire aucune différence entre la ligne directe & la ligne collatérale ; parce que dans l'un & dans l'autre cas, les enfans & les collatéraux tiennent tout de la libéralité du Roi, qui a bien voulu faire la remiſe d'un droit qui lui étoit acquis.

Mais comme on conſidere que les enfans ont une ſorte de droit ſur les biens de leur pere, la libéralité que le Roi exerce en leur faveur, paroît fondée ſur la nature & ſur ce droit ; de ſorte que les enfans ſont toujours cenſés tenir les biens confiſqués de leur qualité d'enfans, en vertu du droit primitif qu'ils y avoient, & que le Roi a bien voulu ne pas leur enlever ; ce qui ne ſe ſuppoſe pas à l'égard des collatéraux, par rapport auxquels le Roi exerce une pure libéralité.

Le Brun rapporte cependant un Arrêt du 24 Janvier 1691, appellé l'Arrêt d'Heucourt, qui a jugé que les biens confiſqués, remis par le Roi aux enfans du condamné, étoient acquêts en leur perſonne. Il dit, à la vérité, qu'il falloit qu'il y eût des circonſtances particulieres dans les lettres de don ; mais il ſuppoſe cela, ſans en rapporter la preuve.

Les deux filles d'une veuve de Calles, qui avoient, entr'autres biens, trouvé dans ſa ſucceſſion une rente, dont le capital montoit à 22000 livres, ne la partagerent point, & ſe firent donation mutuelle entre-vifs & réciproque de tous leurs biens.

Une de ces deux filles étant décédée, ſa ſœur ne parla point de la donation ; elle toucha la totalité de la rente, tant comme héritiere pour moitié de ſa mere, que comme ſeule héritiere de ſa ſœur.

La derniere de ces filles fit un teſtament,

par lequel elle difpofa de moitié du capi-
t: de 12000 liv. au profit d'un fien parent
é igné, & de l'autre moitié au profit de
l Hôpital des Petites-Maifons.

Après fon décès, fon héritier demanda
les quatre quints des 22000 livres. Les légataires lui accorderent les quatre quints de
la moitié feulement, & lui contefterent les
quatre quints de l'autre moitié; parce, difoient-ils, que la moitié de la rente appartenoit à la défunte, comme donataire de fa
fœur prédécédée, & que les biens donnés
en collatérale, même à l'héritier préfomptif, ne forment que des acquêts.

L'héritier des Propres répondoit que la
donation faite entre les deux fœurs, étoit
mutuelle, & que la furvivante n'en avoit
point demandé de délivrance; qu'au contraire elle avoit préféré la qualité d'héritiere de fa fœur, & avoit touché en cette
qualité. Il ajoutoit que la rente dont il s'a-
giffoit, étoit commune entre les deux fœurs,
qui s'étoient faite une donation mutuelle;
que chacune de ces deux fœurs poffédoit la
totalité de la rente, par le moyen de l'indivifion. (V. *Indivifion.*)

Cette queftion fut partagée en la Grand-
Chambre, au rapport de M. Severt. (M.
Delpech étoit le compartiteur). Mais le
Mercredi 9 Juin 1734, elle fut départagée
en la troifiéme Chambre des Enquêtes: la
Cour jugea que la totalité de la rente étoit
Propre dans la fucceffion de la demoifelle
de Calles. Voyez l'Arrêt de Turmenies, au
mot *Acquêts.*

Section III. *Les acquêts peuvent devenir Propres par fubrogation.*

La fubrogation de Propres eft une fiction
par laquelle une chofe prend la place d'une
autre, & eft réputée avoir la même qualité
que l'autre avoit.

Cette fiction vient, ou de la loi, ou de la
convention: mais elle eft toujours de droit
étroit; & elle ne s'étend point hors le cas
exprimé par la loi ou par la convention.

Nous avons deux articles dans la Coutume de Paris, qui établiffent une fubrogation de droit par rapport à la matiere des
Propres, & qui font devenus un droit commun pour les Pays coutumiers, dont les

Coutumes ne contiennent point de difpofitions contraires.

L'article 94 veut que le prix des biens
vendus par un mineur foit cenfé de la
même nature que les biens mêmes, & ee-
la afin que les biens des mineurs confervent leur même qualité jufqu'au temps de
la majorité.

Sur cette difpofition de la Coutume, on
a demandé fi le mineur, à qui l'on a rembourfé une rente qui lui étoit Propre, laiffant pour hériter des Propres un autre mineur, les deniers provenans du rembourfement feront encore Propres à ce mineur,
s'il vient auffi à décéder en minorité? Sera-ce
l'héritier des Propres qui recueillera ces deniers, ou l'héritier des meubles? Cette queftion a fait beaucoup de difficulté; & on a
jugé, par Arrêt rendu en la Grand'Chambre au mois de Mars 1744, que la fiction de
Propres fe foutient en la perfonne du fecond mineur, & que c'eft fon héritier des
Propres qui lui fuccéde dans le prix du
rembourfement fait au mineur. Voyez ce
que je dis d'analogue à ceci, aux articles
Quint-Viager & *Succeffion.*

L'autre article eft le 143; *Quand aucun,*
dit cet article, *a échangé fon propre héritage à l'encontre d'un autre héritage, ledit héritage eft Propre de celui qui l'a eu pour
échange......*

Mais la fubrogation étant, comme je l'ai
remarqué, une fiction; & la fiction étant de
droit étroit, il s'enfuit que la fubrogation
n'a fon effet que dans le cas marqué par la
Loi; enforte que fi on échange un Fief contre une roture, la roture prend la qualité de
Propre, en vertu de l'échange; mais elle
n'acquiert point la qualité de Fief; & dans
la fucceffion il n'y aura point de droit d'aîneffe fur cette roture. La véritable raifon
pourquoi l'échange ne fait une fubrogation que dans la qualité de Propre, c'eft
parce que la Loi a limité fon effet à la qualité de Propre.

D'ailleurs, la qualité de Propre eft une
qualité accidentelle, qui peut paffer d'un
immeuble à un autre; au lieu que la qualité de Fief eft intrinfeque; & ayant été imprimée à un immeuble, lors de la conceffion
qui en a été faite par le Seigneur, elle ne
peut être changée fans fon agrément: telle

eſt la raiſon que donne le Brun d'après Dumoulin.

Dans la Coutume du Maine & dans celle d'Anjou, l'héritage féodal étant échangé avec un roturier, l'héritage roturier ſortit la nature du féodal dans le premier partage qui ſe fait entre les héritiers, c'eſt-à-dire, qu'il eſt partagé la premiere fois comme héritage féodal : la raiſon, c'eſt que telle eſt la diſpoſition de ces deux Coutumes.

La premiere queſtion qui ſe préſente ſur la ſubrogation de Propres, eſt de ſçavoir, ſi, dans un partage où l'on donne à un héritier des Propres paternels pour des materternels qui lui appartiennent, il ſe fait une ſubrogation dans cet échange des biens paternels aux maternels ?

Les Auteurs ne ſont pas d'accord ſur cette queſtion. Tiraqueau, Dumoulin, d'Argentré & Chopin, ſuivis par Renuſſon, eſtiment que dans le partage d'une communauté de tous biens fait entre un pere & un fils, héritier de ſa mere, auquel il écheoit des Propres venans de ſon pere, ou dans un partage fait en directe entre des enfans, il n'y a point de ſubrogation, parce qu'on ne peut pas dire en ce cas qu'il y ait un échange; puiſque faire un échange, c'eſt quitter un héritage & en prendre un autre à la place : or dans un partage on ne quitte point une choſe pour en prendre une autre ; c'eſt une diviſion de biens dans leſquels tous les héritiers ont droit. Le partage ne fait donc point de ſubrogation, puiſqu'il n'y en peut avoir que par la Loi ou par la convention; Il ne faut donc conſidérer que la vérité de la choſe, qui eſt, que les immeubles venant originairement du pere, ſont paternels.

Les autres conviennent cependant que, dans une ſucceſſion collatérale à partager entre des couſins paternels & maternels, ſi on donne aux couſins maternels des Propres paternels, il y a alors ſubrogation; & que ſi le couſin maternel vend les Propres paternels, il y aura lieu au retrait de la part de ſes parens maternels. Ces Auteurs diſent que dans ce dernier cas, il y a un véritable échange, parce que le couſin maternel quitte un héritage maternel pour en prendre un paternel : il y a même pluſieurs Coutumes qui le décident expreſſément. Voyez celles de Troyes, de Senlis & de Melun.

Tous les Auteurs conviennent de cette ſubrogation ; ainſi on peut dire que, dans cette eſpéce en collatérale, c'eſt un principe certain.

Mais à l'égard du partage de communauté ou du partage en directe, le Brun eſtime qu'il y a ſubrogation comme dans l'eſpéce du partage en collatérale ; parce qu'en effet, on ne peut trouver de raiſons de différence pour juger qu'il y ait ſubrogation dans l'un des cas propoſés, & qu'il n'y en ait point dans l'autre : c'eſt un véritable échange fait par le partage dans tous les deux cas ; il n'y a pas plus d'inconvénient pour l'un que pour l'autre. En effet, s'il eſt ſurprenant que par la ſeule deſtination d'un partage, un immeuble qui a été de tout temps Propre d'une ligne, devienne en un inſtant Propre d'une autre ligne, on répond à cela qu'il arrive la même choſe dans les échanges ordinaires, par leſquels un acquêt qu'on fait, devient en un inſtant le Propre de la famille, tant pour le retrait que pour la ſucceſſion.

Enfin, il y a un Arrêt du 30 Mars 1596, rendu *conſultis Claſſibus*, rapporté par Tronçon ſur l'article 143 de la Coutume, & par le Continuateur de le Preſtre, qui a jugé que les biens maternels qui avoient été adjugés à un enfant par ſon partage pour la ſucceſſion de ſon pere, étoient réputés paternels par l'effet de la ſubrogation, & appartenoient à ſes héritiers paternels. M. Louet rapporte auſſi cet Arrêt, lettre P, n°. 35.

Je ſuis d'autant plus volontiers du ſentiment de cet Arrêt, que dans l'eſpéce (rapportée par Renuſſon) du partage de communauté entre le pere & le fils, héritiers de la mere, il y a un inconvénient qu'on ne ſçauroit éviter, & qui paroît abſurde. En effet, ſi le fils, après ce partage, vient à mourir avant le pere, en ſoutenant, avec Renuſſon & les autres, que les Propres paternels qu'il a eus par le partage, conſervent leur qualité de Propres paternels, il faut convenir que les parens paternels y ſuccéderont ; & ainſi les héritiers maternels ſeront fruſtrés pour le tout des Propres maternels, quoiqu'ils ſoient encore en nature & en la poſſeſſion du pere, qui en pourra diſpoſer, du moins entre-vifs : aſſurément il eſt abſurde que des héritiers maternels, qui n'ont été privés de leurs Propres par aucune diſpoſition de la mere & de ſon fils, s'en trouvent cependant fruſtrés, contre l'eſprit du Droit Coutumier, par un partage qui eſt volontaire entre le pere & le fils.

Une ſeconde queſtion eſt de ſçavoir, ſi, quand il ſe trouve dans une ſucceſſion un héritage acheté par le défunt à charge de réméré, & que le vendeur déclare qu'il entend exercer ſon réméré, les deniers du remboursement appartiennent à l'héritier des Propres ou à l'héritier des acquêts, & s'il y a alors ſubrogation des deniers à l'héritage?

Ce qui fait apparemment propoſer cette queſtion à nos Auteurs, eſt la déciſion de trois Arrêts qui ont jugé en faveur de l'héritier des acquêts: mais ces Arrêts ſont ſi contraires aux principes des ſucceſſions, qu'il n'eſt pas poſſible de les ſuivre.

Deux principes décident la queſtion; 1°. le mort ſaiſit le vif: par conſéquent ſi l'héritage acheté à la charge de réméré eſt Propre de ſucceſſion, il appartient à l'héritier des Propres, & c'eſt lui qui doit profiter du rembourſement.

2°. Les héritages acquis à charge de réméré ſont Propres, lorſqu'ils paſſent de dégré en dégré dans la famille, parce que le contrat de vente n'a pas été moins parfait avec la clauſe de réméré, l'acheteur eſt devenu propriétaire; & s'il peut être dépoſſédé par le réméré, c'eſt la même choſe que ſi on lui rembourſoit une rente conſtituée : or les deniers d'une rente conſtituée rembourſée après la mort de celui *de cujus bonis*, appartiennent à celui à qui la rente appartenoit lors du rembourſement. Il doit donc en être de même des deniers provenans de l'exercice de la faculté de réméré.

Il n'y a pas plus de doute que des biens acquis du Domaine à charge d'un rachat perpétuel, ne ſoient Propres dans la ſucceſſion.

On demande ſi la vente cauſe quelquefois la ſubrogation des deniers à la place de l'héritage vendu. Par exemple, un Particulier vend une maiſon qui lui étoit Propre, & meurt ſans en avoir touché le prix, on demande ſi ce prix appartient à l'héritier des Propres ou à celui des acquêts?

La déciſion eſt, que le prix appartient à l'héritier des meubles, parce que c'eſt un principe, que les ſucceſſions ſe partagent dans l'état où elles ſe trouvent : or, dans cette eſpéce, il n'y a dans la ſucceſſion qu'une action pour demander le prix; & cette action eſt mobiliaire : c'eſt le ſentiment de d'Argentré, de Tiraqueau, de Ricard & de Renuſſon; & la maxime a d'ailleurs été conſacrée par l'Arrêt rendu en la Grand-Chambre le 29 Juillet 1738, au rapport de M. le Moine, entre le ſieur Laſnier de Biſſé, appellant d'une Sentence du Bailliage du Mans, & Michel Faloux & conſorts, intimés, dont je parle encore au mot *Vente*.

Il en ſeroit de même quand le vendeur auroit touché les deniers & les auroit employés à l'achat d'autres héritages, & quand dans le contrat d'acquiſition il auroit déclaré que l'acquiſition ſe faiſoit des deniers provenans de ſes Propres, & qu'il entendoit que cette acquiſition lui fût Propre; car les Arrêts ont décidé que cette convention n'avoit point opéré de ſubrogation qui eût rendu cet acquêt Propre. L'Arrêt du 16 Avril 1671, rapporté au Journal du Palais, l'a jugé *in terminis*.

Enfin, par un Arrêt rendu le 16 Décembre 1738, la Cour a jugé qu'une rente conſtituée pour le prix de la vente d'un fonds ſtipulé rachetable après le décès du vendeur, étoit un acquêt en ſa perſonne; qu'en conſéquence elle faiſoit partie du legs univerſel, & n'étoit point ſujette aux réſerves coutumieres.

Les principales raiſons de ces déciſions ſont, que la qualité des biens des Particuliers ne dépend point de leur volonté, mais de la ſeule autorité de la Loi, qui leur donne la nature de Propre ou d'acquêt, indépendamment de tout acte procédant du propriétaire. La Loi peut bien introduire des fictions, comme ont fait les art. 93 & 94; mais l'homme ne peut point altérer par fiction la qualité de ſon bien : d'ailleurs il eſt certain que, ſi l'acquéreur, dans l'eſpéce propoſée, eût diſpoſé de ſes nouvelles acquiſitions, ſes héritiers n'auroient pû faire réduire le legs au quint, ſous prétexte de la déclaration faite par le défunt, qu'il entendoit que cette acquiſition fût Propre.

Cependant voyez ci-après, en cet article, l'Arrêt du 4 Août 1721.

Enfin, lorſque le Propre a été vendu, l'action en retrait lignager a été ouverte aux parens ; la qualité de Propre eſt donc demeurée, lors de la vente, ſur le bien vendu, & n'a pû être transférée ſur les autres acquiſitions.

Un Particulier, qui venoit de vendre par contrat paſſé devant Notaires, des héritages qui lui étoient Propres, moyennant une rente que l'acquéreur lui conſtitua, échangea cette rente le même jour, par acte ſous ſeing-privé, contre d'autres biens immeubles appartenans à l'acquéreur.

Poſtérieurement à ces arrangemens, le vendeur diſpoſa des immeubles qu'il avoit pris en échange de ſa rente, & le legs qu'il en fit, donna lieu à la queſtion de ſçavoir, ſi ces biens étoient acquêts, & par conſéquent diſponibles, ou s'ils étoient Propres. Les héritiers les ſoutenoient Propres, & prétendoient qu'il y avoit une ſubrogation de ces biens à ceux qu'il avoit vendus, & qu'il n'avoit fait deux actes que pour faire paſſer ſes biens à un légataire en fraude de la Loi. Néantmoins, par Arrêt rendu le premier Septembre 1756, en la deuxiéme Chambre des Enquêtes, il a été jugé que les héritages pris en échange de la rente conſtituée par le contrat de vente, étoient des acquêts, & par conſéquent des biens diſponibles.

La Coutume de Bourbonnois, article 239, permet néantmoins cette ſubrogation, pourvû que le propriétaire faſſe ſa déclaration lors de la vente, pardevant le Juge ou pardevant les Notaires, qu'il entend employer le prix du Propre vendu en d'autres immeubles, & que peu de temps après la vente, il en faſſe l'emploi avec une ſeconde déclaration, lors de cet emploi, qu'il entend que la nouvelle acquiſition lui ſera Propre.

En Normandie, ſi quelqu'un a aliéné des Propres, les acquêts qu'il fait, leur ſont de droit ſubrogés, & tiennent la même nature que le Propre aliéné; de maniere que, ſi celui qui les a vendus, décéde domicilié dans la Coutume de Normandie, il faut remplacer les Propres aliénés en faveur de l'héritier qui y auroit ſuccédé.

Ce remplacement ſe fait *au profit des héritiers du Propre, & au marc la livre ſur tous les acquêts immeubles* (ſitués en Normandie) ; *& à faute d'acquêts*, il ſe fait *ſur les meubles.*

Mais quand celui qui a aliéné des Propres ſitués en Normandie, décéde domicilié dans le reſſort d'une autre Coutume, ſon mobilier, ni même le prix qui reſte dû de la vente des Propres, ne ſont point aſſujettis à ce remploi. Je l'ai vû ainſi juger au Châtelet en 1756 : on peut ſur cela conſulter l'article 408 de la Coutume de Normandie, & l'article 107 des Placités.

Le Parlement de Rouen vient de décider, par un Arrêt rendu le 12 Janv. 1751, que le prix de la vente du droit de préférence pour lever un Office aux Parties Caſuelles, taxé en faveur d'un mineur, héritier de ſon pere, appartenoit à l'héritier des Propres de ce mineur, & non à ſa mere, ſon héritiere mobiliaire.

Le même Tribunal avoit jugé, par Arrêt rendu le 21 Janvier 1749, qu'un Office retiré des Parties Caſuelles par le préſomptif héritier du Titulaire, dans le délai de faveur & de préférence accordé aux héritiers, étoit un Propre & non un acquêt dans la ſucceſſion de cet héritier.

Section IV. *Les acquêts peuvent devenir Propres par acceſſion ou par conſolidation.*

L'acceſſion eſt une union corporelle d'un corps avec un autre : par exemple, la conſtruction d'une maiſon ſur une place.

La conſolidation eſt l'union civile ou incorporelle d'une choſe avec une autre, comme du fief avec l'arriere-fief.

Il y a deux queſtions ſur cette matiere : la premiere eſt de ſçavoir, ſi un bâtiment élevé ſur une place qui eſt Propre, eſt Propre ou acquêt. Tous les Auteurs conviennent que c'eſt un Propre, & que la place & le bâtiment appartiennent à l'héritier des Propres ; parce que la choſe nouvellement ajoutée eſt de même nature que celle à laquelle elle a été unie lorſqu'elles ne font enſemble qu'un même tout; l'acceſſoire qui ne peut ſe ſéparer, doit ſuivre la nature du principal : de-là la maxime de Droit, *Superficies ſolo cedit*. V. le Brun & l'article *Catheux.*

Mais la difficulté eſt plus grande de ſçavoir, ſi l'héritier des Propres doit une récompenſe en ce cas à l'héritier des acquêts.

Ceux qui ſoutiennent, comme Renuſſon, qu'il eſt dû une récompenſe, n'alléguent que la faveur des héritiers mobiliers, qui eſt auſſi grande que celle des héritiers des Propres, l'exemple du mari qui retire les impenſes faites ſur le fonds dotal, & celui de l'art. 139 de notre Coutume, qui donne une récompenſe à l'héritier des acquêts pour le Propre retiré par retrait lignager.

. Mais on peut dire que ce ſentiment n'eſt appuyé que ſur des raiſons très-foibles, & que l'opinion contraire ne doit plus ſouffrir de difficulté, depuis que, par l'Arrêt de Réglement du 3 Août 1688, rendu ſur la réquiſition de M. de Lamoignon, & rapporté au Journal des Audiences, la Cour a décidé que le batiment ſeroit partagé comme Propre, ſans que les héritiers des Propres fuſſent tenus d'aucune récompenſe envers les autres héritiers.

Les raiſons de cette déciſion ſont, que lorſqu'un Particulier bâtit ſur ſon fonds, il n'a en vûe, ni ſes héritiers des Propres, ni ceux des acquêts : il uſe de ſon bien comme bon lui ſemble, & lui donne telle forme qu'il lui plaît. Comme il peut tout convertir en acquêts, il peut auſſi augmenter ſes Propres, ſans que les uns ou les autres de ſes héritiers ayent à ſe plaindre; parce que, de ſon vivant, ils n'ont aucun droit ſur ſes biens : d'ailleurs, les ſucceſſions ſe partagent en l'état où elles ſe trouvent.

Le cas de l'article 139 eſt un cas extraordinaire qui confirme la régle, puiſque ç'en eſt une exception, & qu'il a fallu une Loi pour l'établir. Si un mari retire ſes impenſes faites ſur le fonds dotal, c'eſt qu'elles ſont faites ſur le fonds d'autrui, à qui on ne préſume pas qu'il ait voulu donner; enfin la faveur des héritiers mobiliers n'eſt pas une raiſon, puiſqu'il y a une infinité de cas où les héritiers ſouffrent des inégalités conſidérables, auxquelles on n'apporte cependant pas de changement, de peur de donner atteinte à la diſpoſition générale de la Loi : or, dans notre eſpéce, la Loi générale eſt, que les Particuliers ont droit de diſpoſer de leurs biens, & que leurs ſuc-

ceſſions ne ſe conſidérent à l'égard des héritiers, que par rapport au temps du décès.

Cette maxime a d'ailleurs été ſuivie lors de l'Arrêt rendu le 30 Juin 1738, au rapport de M. Seguier, en la quatriéme Chambre des Enquêtes, entre la dame Couturelle & les ſieur & demoiſelle Hourdequin; lequel (l'Arrêt), en infirmant une Sentence rendue au Conſeil d'Artois le 22 Mars 1734, a ordonné que la dame Couturelle prendroit dans la ſucceſſion d'un ſieur Deſmarêts, ſon parent, interdit pour imbécillité, *les héritages Propres en l'état qu'ils étoient au jour du décès, & ſans récompenſe.*

La ſeconde queſtion eſt de ſçavoir, ſi un Fief ſervant, qui eſt réuni & conſolidé au Fief dominant, devient, par cette conſolidation, de même nature que le Fief dominant ? Le Fief dominant étant Propre, le Fief ſervant deviendra-t-il auſſi Propre?

La déciſion de cette queſtion dépend de la diſtinction des différentes manieres dont le Fief ſervant eſt réuni au Fief dominant.

Cette réunion peut ſe faire, 1°. lorſque le Fief a été concédé pour un certain temps, ou aliéné à titre d'emphytéoſe, & que le temps de la conceſſion ou du bail eſt fini.

2°. Par confiſcation, deshérence ou bâtardiſe.

3°. Par commiſe.

4°. Par acquiſition.

5°. Par la voie du retrait féodal.

Jean Faber a été le premier qui a ſoutenu que, de quelque maniere que ſe fît la conſolidation, ce qui étoit réuni, étoit toujours àcquêt. Son opinion a eu des Sectateurs.

Pontanus a commencé à contredire Jean Faber, & a dit qu'il falloit diſtinguer ſi la réunion a été faite à titre onéreux ou à titre lucratif; que dans le premier cas, c'étoit un acquêt, & dans le ſecond, un Propre.

Cette diſtinction eſt trop générale; car il y a pluſieurs choſes qui viennent à titre purement lucratif, qui ſont acquêts, ainſi que je l'ai ci-devant remarqué.

Enfin, la doctrine de Dumoulin & de d'Argentré, qui eſt ſuivie de tout le Barreau, eſt, que le Fief ſervant, réuni au dominant par l'expiration du temps de la conceſſion ou du bail emphytéotique, ſuit la nature du Fief dominant; & ſi le Fief dominant eſt Propre, le ſervant devient Pro-

pre

pre auſſi. La raiſon eſt, que dans ce cas, la réunion ſe fait *ex antiquâ & primævâ cauſâ* : le titre d'inféodation eſt la cauſe immédiate de ce retour; enſorte que, comme c'eſt une clauſe impoſée dans l'aliénation des fonds & dans la conſtitution de l'arriere-Fief, & qu'il eſt de la nature d'une réſerve fonciere de faire partie des fonds, il eſt vrai de dire que la réunion eſt un droit précis & immédiat du Fief dominant, & en fait partie.

Mais à l'égard de toutes les autres manieres dont ſe fait la réunion, le Fief ſervant eſt toujours acquêt; parce que le retour ne vient que d'une cauſe nouvelle qui eſt ſurvenue, & non par la ſeule vertu de la clauſe appoſée dans le contrat d'inféodation : cette nouvelle cauſe eſt, ou le délit qui a donné lieu à la commiſe, ou la vente qui a donné lieu au retrait féodal, ou l'acquiſition du Seigneur.

M. d'Argentré a cru que dans le cas de la commiſe, le Fief réuni étoit Propre, ſuppoſant que la commiſe tiroit ſon origine de la convention appoſée dans le titre de la conceſſion; mais l'opinion contraire, qui eſt celle de Doumoulin, eſt ſuivie.

Il y a des Arrêts pour le retrait féodal. V. Renuſſon, ch. 1, ſect. 2, où la queſtion & les diſtinctions ci-deſſus ſont traitées fort au long ; & le Brun, pag. 143, n°. 85 & ſuiv.

Cependant en Normandie, quand le Seigneur Suzerain réunit un Fief par la voie du retrait féodal, *l'héritage* ainſi *réuni au Fief qui tenoit* nature de Propre, *eſt cenſé Propre.*

La Licitation forme-t-elle des Propres? V. *Conquêt & Licitation.*

Section V. Effets de la Régle *Paterna Paternis, Materna Maternis.*

La Régle *Paterna Paternis* eſt une de ces Régles qui font le Droit commun des Pays Coutumiers : les Auteurs ſont fort partagés ſur ſon origine; mais ſans examiner ſi elle eſt tirée du Droit civil, ou d'une ancienne Conſtitution de Charlemagne, il eſt certain qu'elle eſt univerſellement obſervée dans le Pays Coutumier, dans lequel les Propres ſuivent toujours la même ligne d'où ils procédent.

Tome III. Part. I.

Mais cette Régle, quoique commune à toute la France Coutumiere, y eſt ſuivie fort différemment. Voyez M. le Preſtre, cent. 1, ch. 72.

Les diverſes diſpoſitions de nos Coutumes à ce ſujet ſe peuvent réduire à cinq eſpéces différentes.

La premiere, qui eſt la plus ſimple & la plus aiſée, eſt celle des Coutumes de Metz & de Sedan, qui portent que, pour *juger ſi les héritages ſont Propres* paternels *ou* maternels, *ne faut enquérir plus ancienne ligne ou ſouche, que de celui auquel l'héritage a fait ſouche, & lui eſt échu de ſucceſſion ou en avancement d'hoirie en faveur de mariage.* Sedan, article 182.

Dans ces Coutumes & dans celles de Meaux, Eſtampes & Chauny, il ſuffit, pour ſuccéder aux Propres, d'être le plus proche parent du défunt, du côté de celui par le décès duquel l'héritage lui eſt échu, ſoit en directe, ſoit en collatérale.

Cet uſage eſt ſuivi dans les Coutumes, ou qui n'ont point de diſpoſition préciſe pour l'affectation des Propres à la ligne d'où ils viennent, ou qui, en admettant la Régle *Paterna Paternis,* ne parlent, ni d'eſtoc, ni de côté.

Par exemple, il eſt ſuivi dans la Coutume de Chartres, ſuivant le témoignage de Couart & de Brodeau, ſur M. Louet, qui rapporte ſur cela pluſieurs Arrêts, lettre P, n. 28. Il eſt vrai qu'il y a une Généalogie dans Brodeau, dans l'eſpéce de l'Arrêt des Guions, du 17 Juin 1617, à laquelle il eſt impoſſible de rien comprendre ; mais Guiné, dans ſon Traité de la Repréſentation, page 251, en rapporte une qui eſt fort claire. Cet Auteur fait auſſi mention d'un Arrêt du 6 Déc. 1657, qui a jugé la même choſe pour la même Coutume de Chartres.

La ſeconde maniere d'enviſager les Propres, eſt celle de quelques Coutumes, comme de Bourgogne & Auxerre, dans leſquelles il faut être du tronc commun pour ſuccéder aux Propres, c'eſt-à-dire, qu'il faut que l'héritage ait appartenu à celui qui a fait le tronc commun & ancien, entre le défunt & ſon héritier ; & s'il n'y a point de parens venans du tronc commun, les plus proches, ſans diſtinction de ligne, ſuccédent.

Gg

Par exemple, fi le défunt a laiffé des coufins-germains paternels, ceux-ci ne fuccé-
deront qu'aux héritages qui ont appartenu
à leur ayeul ou ayeule qui a fait le tronc
commun. Mais voyez *Tronc commun.*

Le troifiéme ufage eft celui des Coutumes qu'on appelle Soucheres.

Dans ces Coutumes, pour fuccéder aux
Propres, il ne fuffit pas d'être parent du
côté paternel ou maternel, il faut être defcendu de l'acquéreur qui a mis l'héritage
dans la famille; & s'il ne s'en trouve point
de cette forte, les anciens Propres appartiennent au plus proche parent, (fans diftinction de ligne), qui eft héritier des meubles & acquêts : telles font les Coutumes
de Melun, articles 137 & 264; Mantes, article 167; Montargis, chap. 15, article 3;
Dourdan, article 117.

Le quatriéme ufage eft celui des Coutumes où la repréfentation a lieu à l'infini :
telles font les Coutumes du Maine, Anjou, Poitou, Touraine, Lodunois, Grand-
Perche, Xaintonge, Bourbonnois, Bayonne & autres.

Dans ces Coutumes, ce n'eft point la
proximité du dégré entre le défunt *de cujus
bonis,* & celui qui prétend lui fuccéder,
qu'il faut confidérer; c'eft la proximité du
dégré de la perfonne repréfentée, en re-
montant jufqu'à la fouche. Ainfi, dans ces
Coutumes, il n'y a point de doute qu'on ne
doive préférer les defcendans de l'acquéreur, en quelque dégré qu'ils fe trouvent,
parce que les defcendans de l'acquéreur repréfentent toujours les enfans qui étoient
les plus proches; mais lorfqu'il y a différens héritiers, tous parens du côté de l'acquéreur, ceux qui defcendent du plus proche parent de l'acquéreur, font préférés à
ceux qui ne defcendent que d'un parent
plus éloigné, quand même ceux-ci feroient
plus proches en dégré au défunt. Par exemple, ceux qui defcendent du frere de l'Acquéreur font préférés à ceux qui defcendent de fes coufins-germains, quoique
ceux-ci foient plus proches en dégré de celui *de cujus bonis;* parce que, par le moyen
de la repréfentation infinie, on remet les
defcendans d'un frere à la place du frere,
& les defcendans du coufin à la place du
coufin.

Le cinquiéme ufage, qui eft celui de la
Coutume de Paris & de la plus grande
partie de nos Coutumes, eft d'admettre à
la fucceffion des Propres, le parent le plus
proche du côté & ligne de l'acquéreur,
quoiqu'il ne foit pas le plus proche parent
de celui *de cujus bonis,* & qu'il n'en foit pas
defcendu.

Il y a d'autres Coutumes qu'on nomme
de fimple côté. Ce font celles où, pour
fuccéder à un Propre, il fuffit d'être le plus
proche parent du côté du pere ou de la
mere, dans la fucceffion duquel le défunt a
recueilli l'héritage. Dans ces Coutumes, la
Régle *Paterna Paternis* eft prife ftricte-
ment; elle ne remonte pas à l'ayeul ni au
bifayeul.

Quelques décifions autorifées par les Arrêts, ferviront à éclaircir cette matiere, &
réfoudront les difficultés qui peuvent fe
trouver dans l'explication des articles 326,
329 & 330 de notre Coutume, qui ne laiffent pas de former des doutes, quoiqu'ils
paroiffent affez clairs & affez intelligibles.

1°. Lorfqu'il fe préfente différens héritiers en égal dégré de celui *de cujus bonis,*
& que les uns font defcendus en droite ligne de celui qui a mis dans la famille l'héritage fujet à partage, & que les autres font
feulement parens de fon côté, les defcendans de l'acquéreur font préférés.

Cette décifion ne faifoit pas de difficulté
dans l'ancienne Coutume; mais comme la
nouvelle a ajouté l'article 329, qui porte,
qu'il fuffit d'être parent du côté de l'acquéreur, quoiqu'on n'en foit pas defcendu : cela a fait dire à Brodeau que, depuis
la réformation, il n'y a plus de préférence
pour celui qui eft defcendu de l'acquéreur;
mais cette opinion a été condamnée par
l'Arrêt des Baudouins, du 27 Mars 1646,
qui a paffé depuis en force de Loi.

Cet Arrêt a préféré le neveu à l'oncle,
quoiqu'ils fuffent tous deux en pareil dégré, parce que le neveu étoit defcendu de
l'acquéreur, & que l'oncle ne l'étoit pas.
Voyez Guyné & Renuffon.

2°. Les defcendans de l'acquéreur, quoique dans un dégré plus éloigné du défunt,
que les autres héritiers qui font feulement
parens du côté de cet acquéreur, ont auffi
la préférence.

Cette décision n'est appuyée que d'un seul Arrêt rendu en la seconde Chambre des Enquêtes, au rapport de M. Pichon, le premier Septembre 1724. Il a été beaucoup plus loin que celui des Baudouins, puisqu'il a préféré le parent descendu de l'acquéreur, au collatéral de l'acquéreur, quoique plus proche du défunt : cet Arrêt est intervenu entre les héritiers du nommé Pulleu, qui avoit laissé des biens dans la Coutume de Clermont, dont l'article 151 paroît encore moins favorable aux descendans de l'acquéreur, que la Coutume de Paris.

La maxime suivie par cet Arrêt, est conforme à l'esprit de notre Coutume, & à la Régle *Paterna Paternis*.

Dans l'ancienne Coutume, on n'auroit pas proposé de difficulté contre cette décision : c'est l'article 329 qui a donné occasion de douter ; parce que cet article semble égaler ceux qui sont du côté & ligne de l'acquéreur, sans en descendre, à ceux qui en sont descendus.

Il est cependant aisé de voir que les Réformateurs n'ont point voulu donner atteinte à l'usage qui préféroit les descendans de l'acquéreur, lorsqu'il y en avoit ; mais comme la Coutume de Paris, ainsi que toutes les autres, étoient souchéres ; & qu'ainsi, lorsqu'il n'y avoit point de descendans de l'acquéreur, le plus proche parent indifféremment succédoit, les Réformateurs ont voulu donner un titre aux collatéraux, parens du côté de l'acquéreur, quoique non descendus de lui, pour les rendre plus habiles à succéder, que ceux qui n'étoient point parens de ce côté là. Mais cette nouvelle disposition n'a point été ajoutée pour abolir le droit acquis aux descendans de l'acquéreur ; elle introduit seulement une seconde habileté de succéder aux Propres.

En effet, pour bien juger quel effet doit avoir la Régle *Paterna Paternis*, il faut, comme dit Guiné, remonter au sentiment de l'acquéreur, & voir ce que naturellement il auroit fait : or, il est sans difficulté qu'il auroit préféré ses descendans, (quoique plus éloignés,) à ses collatéraux, quoique plus proches : d'ailleurs, nous avons deux articles de la nouvelle Coutume, qui semblent décider la question, en nous montrant que l'esprit de la Coutume est de pré-

férer les descendans de l'acquéreur.

L'article 230 préfere les descendans de l'acquéreur aux pere, mere & ayeul du défunt, à l'égard de l'usufruit des conquêts de communauté, qui sont devenus Propres naissans à leurs enfans.

Et l'article 314 porte la même disposition, suivant l'interprétation qui a été donnée à ces mots, *descendans d'eux*, qui sont dans cet article, lesquels s'entendent des descendans des pere & mere acquéreurs ; ensorte que l'esprit de la Coutume, (qui paroît bien certain par la gradation qu'elle établit dans ces articles) est que, tant qu'il y a des descendans de l'acquéreur, les ascendans même sont exclus : quand il n'y a point de descendans, les ascendans ont l'usufruit. V. *Succession*.

L'esprit de la Coutume est donc de préférer toujours les descendans de l'acquéreur : les preuves en sont rapportées dans un très-bel ordre, avec les espéces & les tables généalogiques, dans Guiné.

Il est néantmoins à propos de remarquer que cet Auteur se trompe dans l'espéce où il donne à l'ayeul l'usufruit des conquêts acquis par son fils & sa belle-fille, échus à son petit-fils par la mort de ses pere & mere ; car il est certain que le survivant des ayeuls ne peut pas profiter de cet usufruit ; mais il auroit seulement l'usufruit des conquêts faits pendant son mariage, qui se trouveroient dans la succession de son petit-fils : la raison est que, quand la Coutume donne cet usufruit aux ascendans, c'est à cause de la commune collaboration. L'espéce est beaucoup mieux proposée dans les Notes sur Duplessis.

3°. Entre plusieurs héritiers du défunt, qui sont tous ses parens du côté & ligne de l'acquéreur, le plus proche est préféré au plus éloigné, sans que l'agnation, (c'est-à-dire, la parenté du côté paternel, & le nom de la famille, donnent aucune préférence, (c'est-à-dire,) sans distinguer si le plus proche est parent de l'acquéreur du côté paternel ou maternel, & s'il porte son nom, & sans examiner si l'héritage a fait souche en directe ou en collatérale.

Cette décision a deux parties, qui sont également autorisées sur plusieurs Arrêts.

La premiere partie qui regarde l'agnation, & le nom de famille auquel on n'a point d'égard, a été jugée dès l'ancienne Coutume de Paris, le 13 Avril 1548. L'Arrêt est rapporté par M. Louet, lettre P, n. 28, & plus au long dans Guiné ; c'est l'Arrêt des Courfillers.

Le fecond Arrêt a été rendu depuis la nouvelle Coutume ; c'est l'Arrêt des Guiberts, du 2 Décembre 1595. M. Louet le rapporte au même endroit, mais fort obfcurément. V. Guiné.

Le troifiéme Arrêt est celui des Graffins du 23 Décembre 1695 : il est cité par Guiné.

Le quatriéme Arrêt est celui des Charlets, du 16 Février 1648 : il est rapporté par de Renuffon.

Le même Auteur rapporte encore un autre Arrêt du 5 Février 1656, qui est d'autant plus remarquable, que dans la même famille on avoit jugé le contraire, par Arrêt du 19 Mai 1651. Voyez quelques autres Arrêts rapportés par de Renuffon & Guiné.

La feconde partie de la décifion, qui est qu'on n'a point égard fi l'héritage a fait fouche en directe ou en collatérale, a été jugée :

1°. Par l'Arrêt des Guiberts, rapporté par Guiné.

2°. Par Arrêt rendu le 22 Juin 1602, contre Meffieurs Lefcalopier, qui prétendoient fuccéder à un héritage, quoique parens plus éloignés, parce qu'il avoit fait fouche dans leur famille. V. de Renuffon & Guiné.

3°. Par l'Arrêt rendu dans une efpéce à peu près femblable, le 24 Décembre 1674, rapporté par de Renuffon.

4°. On trouve au Journal des Audiences, tom. 3, liv. 10, ch. 5, un Arrêt du 14 Avril 1676, qui en énonce un autre du 5 Janvier 1630, lefquels donnent la préférence aux pere & mere de la ligne dans la fucceffion des Propres de leurs enfans fur les collatéraux, parens plus proches de la même ligne.

Il y a encore un Arrêt du 10 Juin 1729, qu'on nomme l'Arrêt de Jehanot, & qui a été rendu en la feconde Chambre des Enquêtes, au rapport de M. de Chavaudon, par lequel la Cour a donné la préférence au pere fur les collatéraux, pour la fucceffion aux Propres de fa fille, quoique le pere fût fon parent lignager à un dégré plus éloigné ; mais on ne doit point regarder ces dernieres décifions, comme pouvant former un préjugé ; 1°. parce que l'Arrêt du 10 Juin 1729 est intervenu pour les Propres d'une fucceffion située dans les Coutumes de Sedan & S. Mihiel en Lorraine, qui ont des difpofitions particulieres ; 2°. parce que la Cour s'est déterminée en plufieurs circonftances à préférer aux pere & mere, parens lignagers, les collatéraux plus proches du côté & ligne, pour la fucceffion des Propres.

C'est ce qui a en effet été jugé *in terminis* :

1°. Par l'Arrêt des Morogues, rendu en la Grand'Chambre le 27 Mai 1726, au rapport de M. de la Guillaumie.

2°. Par un Arrêt rendu en forme de Réglement, le 3 Septembre 1734, & qui a été publié au Châtelet.

Dans cette efpéce, le fieur Couet de Monfur, parent maternel de fa fille, mais à un dégré très-éloigné, prétendit fuccéder à fes Propres maternels, à l'exclufion des collatéraux nommés Davollé, parens maternels de cette même fille au fixiéme dégré. Il difoit que la qualité de pere rapprochoit fon dégré ; mais l'Arrêt qui intervint en la Grand'Chambre, le 3 Septembre 1734, fur les Conclufions de M. l'Avocat Général Gilbert, n'eut aucun égard à fa prétention, & ordonna que les Propres maternels de la fucceffion de la demoifelle de Monfur appartiendroient aux fieur & demoifelle Davollé, comme héritiers plus proches du côté & ligne.

3°. Par Arrêt rendu le 19 Décembre 1740, en la Grand'Chambre, fur les Conclufions de M. l'Avocat Général Joly de Fleury, pour la Coutume d'Artois.

Dans cette efpéce il s'agiffoit de fçavoir fi, dans la Coutume d'Artois, un afcendant lignager de fa petite-fille devoit, au moyen du rapprochement de ligne, être préféré pour la fucceffion des Propres de fa petite-fille, aux parens plus proches que lui du côté & ligne des Propres.

L'Arrêt a jugé que, dans la Coutume d'Artois, de même que dans celle de Paris, les collatéraux parens, plus proches du côté & ligne, excluoient de la succession des Propres l'ascendant parent lignager à un dégré plus éloigné.

4°. Par Arrêt rendu au Grand-Conseil le 20 Mars 1745.

5°. Par un Arrêt rendu à l'Audience de la Grand'Chambre, sur les Conclusions de M. Joly de Fleury, Avocat Général, le 7 Sept. 1759, en faveur du Sr de Mailly Couronnel, contre le Sr Abbé de France & Consorts, pour la succession aux Terres de Frévillers & Willerval, situées en Artois. (a)

Lorsqu'il n'y a point d'héritiers du côté & ligne de l'acquéreur, le Propre appartient au plus proche héritier du défunt, sans distinction de ligne paternelle ou maternelle, (excepté en Normandie). La Coutume de Paris le décide textuellement par l'article 330; & la Cour l'a d'ailleurs ainsi jugé par l'Arrêt de Lescalopier. Cet Arrêt est rapporté par M. le Prestre, centurie 1, chapitre 82, sect. 6, contenant quelques maximes & des décisions particulieres sur la matiere des Propres.

Les biens que la Loi défère aux enfans, soit à titre de douaire dans les Coutumes où il est Propre aux enfans, soit par le retranchement ordonné par l'Edit des Secondes Nôces, forment des Propres en la personne des enfans.

Il y a une nature de Propres réels, qu'on appelle Propres de réversion; tels sont les biens dans lesquels on est rentré, en faveur d'une cause inhérente, au titre primordial de l'aliénation.

Par exemple, lorsqu'un donateur, à qui il est survenu des enfans depuis qu'il avoit donné des héritages, rentre dans la propriété de ces mêmes héritages, à cause de la survenance d'enfans; ils reprennent dans sa main la même nature de Propres ou d'acquêts qu'ils avoient avant la donation; parce que le donateur ne les acquiert point en vertu d'un nouveau titre; qu'il ne fait qu'y rentrer par le titre même de l'aliénation qu'il en avoit faite.

Il y a encore une autre espéce de Propres, qu'on appelle Propres de représentation: tels sont les biens dont on devient propriétaire, en vertu d'une action pour les demander, qu'on a recueillie dans une succession.

Ainsi, par exemple, si j'exerce la faculté de réméré d'une maison vendue sous cette faculté, par une personne dont je suis héritier, cette maison me sera Propre, parce que je l'ai eûe virtuellement de la succession de mon parent; puisque j'ai eu de cette succession, l'action, en vertu de laquelle je l'ai retirée.

Le sieur Sauvegrain, qui avoit été forcé, en 1714, de recevoir des remboursemens de rentes sur la Ville, qui étoient Propres à sa femme, employa les fonds qu'il reçut à cette occasion, en constitution de nouvelles rentes, avec déclaration de l'origine des deniers.

Après la mort de la dame Sauvegrain, qui avoit fait une légataire universelle, celle-ci prétendit que les rentes lui appartenoient comme acquêts de la dame Sauvegrain. L'héritiere au contraire soutenoit que la déclaration de l'origine des fonds avoit conservé aux nouvelles rentes la qualité de Propres qu'avoient les anciennes, par l'effet de la déclaration; & par Arrêt du 4 Août 1721, rendu, au rapport de M. Paris, en la Grand'Chambre, les rentes furent jugées appartenir à l'héritiere, comme Propres. V. Rentes.

Le sieur le Fevre, Chanoine de Chartres, ayant été institué légataire universel par sa sœur, qui vivoit en société avec lui, & avec laquelle il avoit fait des acquisitions d'immeubles, se mit en possession de tout, sans faire inventaire. Etant lui-même décédé, il institua des légataires universels, qui prétendirent que les biens recueillis par le sieur le Févre & sa sœur, devoient entrer dans leur legs; parce, disoient-ils, que le sieur le Fevre n'étoit que légataire de sa sœur, & que des legs ne forment que des acquêts.

(a) Il a été néanmoins rendu quelques Arrêts contraizes à ceux-ci, & singuliérement un le 30 Août 1706, qu'on nomme l'Arrêt de Gorguette; & un autre, à ce que je crois, le 21 Mai 1738, dans lequel la veuve Therouanne étoit Partie; ces deux Arrêts ont jugé le contraire de ceux que je viens de citer; mais ces Arrêts contraires sont intervenus pour des successions échues en la Coutume d'Amiens, où la maxime, Propres ne remontent, est inconnue. On trouve dailleurs, une vocation des ascendans aux Propres de leurs enfans, dans l'article 68 de cette Coutume.

La tante du défunt revendiquoit les qua-tre quints de ces biens immeubles acquis par la demoifelle le Fevre ; elle les foutenoit Propres au défunt , parce qu'il s'étoit porté héritier de fa fœur , en s'emparant de tout fans faire inventaire : on rapportoit un acte, qui étoit le feul paffé par le fieur le Fevre , à l'occafion de la fucceffion de fa fœur , par lequel il avoit pris la qualité de fon léga-taire univerfel ; mais la tante repliquoit que cet acte ne rectifioit point l'adition d'hé-rédité faite auparavant par le fieur le Fe-vre , en s'emparant & difpofant de tout fans inventaire. Par Arrêt rendu le 12 Juin 1705 , au rapport de M. l'Abbé Robert, la diftraction des quatre quints fut accordée à la tante.

Une fille ayant été dotée par fes pere & mere vivans & communs en biens , fçavoir , d'un propre paternel & d'un conquêt de communauté , la mere renonça depuis à la communauté , au moyen de quoi tous. les biens de la communauté furent confus en la perfonne du pere.

La fille étant décédée fans enfans après fes pere & mere , il s'eft agi , entre fes hé-ritiers , de fçavoir fi les conquêts , qui avoient fait partie de fa dot , formoient des Propres paternels pour le tout , ou s'ils étoient moitié paternels , & moitié mater-nels. Les héritiers maternels difoient que la mere avoit droit , au temps du mariage de fa fille , dans le conquêt qui lui avoit été conftitué en dot , & que par conféquente la fille tenoit de fa mere partie de la chofe donnée ; qu'ainfi on devoit le confidérer comme Propre maternel en partie.

Les héritiers paternels répondoient que la femme commune en biens , ayant la fa-culté de renoncer , n'avoit qu'une aptitu-de pour devenir propriétaire des effets de la communauté , & que fa renonciation la fai-foit évanouir ; au moyen de quoi elle n'é-toit pas cenfée avoir contribué au payement de la dot.

Par Arrêt rendu le (8 ou le) 15 Avril 1755 , la Cour a jugé que la dot conftituée à la fille , étoit Propre paternel pour le tout dans fa fucceffion.

La Coutume de Normandie n'admet point la confufion des lignes en fucceffion de Pro-pres. Dans le moment que l'héritage de-vient Propre , il faut qu'il foit affecté à l'une des deux lignes , paternelle ou mater-nelle , entre lefquelles il s'élève un mur de féparation ; de maniere qu'à défaut d'héri-tier d'une ligne , le fifc feroit préféré.

Cette Coutume ne fait aucune diftinc-tion entre les Propres anciens & naiffans. Un immeuble qui , dans une autre Coutu-me , feroit un Propre naiffant , fe régit en Normandie , comme le plus ancien Propre de la ligne à laquelle il eft affecté. Voyez l'article 46 des Placités.

En Normandie , il ne fuffit pas , comme à Paris d'être parent du défunt du côté & ligne de celui qui a mis le Propre dans la famille , pour y pouvoir fuccéder ; il faut être parent paternel de l'acquéreur du Pro-pre : les parens paternels , quoique dans un degré plus éloigné , donne l'exclufion aux parens maternels , quoique plus proches ; & ces parens maternels font tellement exclus , que s'il ne fe trouve point de parens pater-nels de l'eftoc & ligne de l'acquéreur du Propre , il paffe au Seigneur dominant ou au fifc ; parce qu'en Normandie , il n'y a point de fubrogation d'une ligne à une autre.

Telle eft fur cela la Jurifprudence conf-tante du Parlement de Rouen : elle a été affermie par un Arrêt célèbre de ce Parle-ment , rendu le 5 Mai 1725 , en la feconde Chambre des Enquêtes , au rapport de M. Fauvel d'Hacqueville , fur partage d'opi-nions en la Grand'Chambre , le 11 Juillet 1724. Il y a un pareil Arrêt du 30 Juillet 1753.

Ces principes de la Coutume de Nor-mandie , éclaircis par les Avocats les plus célébres , ont fervi de bafe au partage des terres fituées en Normandie , dépendantes de la fucceffion du mineur Longueil de Maifons. La tranfaction eft du 2 Avril 1735 ; la minute en eft chez Jourdain , No-taire à Paris.

Dans le doute , & dans tous les cas où un Propre feroit indifférent à l'une ou à l'autre ligne , le Réglement de 1666 le répute pa-ternel ; parce qu'en Normandie , les filles font cenfées n'avoir aucuns biens.

Le Parlement de Rouen a jugé , par Ar-rêt rendu le 11 Mars 1745 , entre le fieur Cambette , héritier , quant aux acquêts , du nommé le Tondu, & les sieurs Agasse & Consorts, héritiers des Propres, que la remise faite à un Protestant, fugitif de France, où il étoit revenu après le temps fixé par les Déclarations du Roi, des biens dont ses parens s'étoient emparés, & qu'ils auroient pû conserver à son exclusion aux termes des Loix données contre les Protestans fugitifs; le Parlement a, dis-je, jugé que ces biens tenoient nature de Propres, & non d'acquêts.

Voyez ce que je dis à l'art. *Retrait lignager*, sur la succession aux immeubles retirés par *Retrait lignager*.

Guyot dit dans son Commentaire sur l'article 144 de la Coutume de Montfort, que, par Arrêt rendu le 11 Mai 1732, au rapport de M. de Monthulé, il a été jugé » que dans le don par contrat de mariage » de l'usufruit des Propres, l'usufruit des » deniers stipulés Propres ne doit pas en- » trer «.

Le 16 Mai 1718, il a été rendu un Arrêt en la première Chambre des Enquêtes, au rapport de M. Gon d'Argenlieu, par lequel il a été jugé, à la pluralité de quinze voix contre cinq, qu'un héritage de la succession du pere, cédé par le curateur à la succession vacante, & les créanciers à la veuve & aux enfans, pour le douaire préfix constitué en rente, étoit propre de succession en la personne des enfans.

Le Samedi 23 Avril 1763, la Cour, par Arrêt rendu en la grande Audience, sur les conclusions de M. le Pelletier de S. Fargeau, Avocat Général, a confirmé une Sentence du Châtelet, par laquelle il avoit été jugé que des rentes sur les Aides & Gabelles, recueillies par le sieur de la Bastide dans la succession de son pere, mais qu'il avoit vendues en 1739 au sieur le Blocteur, lequel avoit, à l'instant du contrat, donné une contre-lettre en faveur d'un Particulier qui, lors de l'inventaire du sieur de la Bastide, avoit déclaré ne pas se souvenir s'il lui avoit donné une contre-lettre, mais qu'il ne prétendoit rien auxdites rentes, étoient restées Propres dans la succession du sieur de la Bastide; parce que tous les actes faits par celui-ci pour dénaturer son bien, n'étoient pas sérieux, & s'entre-détruisoient; en conséquence, la Cour & l'Arrêt n'ont adjugé

aux légataires de la rente que le quint, au lieu de la totalité qu'il leur avoit léguée.

PROPRES CONVENTIONNELS ou FICTIFS.

V. *Propres réels, Successions, Tronc commun.*

On appelle Propres conventionnels, les effets qui de leur nature devroient entrer dans la communauté d'entre mari & femme, mais qui n'y entrent cependant point à cause d'une stipulation contraire apposée dans le contrat de mariage.

Par exemple, les deniers comptans ou autres effets mobiliers qui échoient à l'un des conjoints par voie de succession, tombent de droit dans la communauté; mais comme cette règle générale pouvoit faire passer les biens d'une famille dans une autre, on a imaginé les Propres conventionnels pour empêcher que les biens du mari ne passassent à la famille de la femme, ou que ceux de la femme ne passassent à celle du mari; & l'on a permis à l'un & à l'autre de stipuler que les biens qu'ils apportent, & qui leur écherront, leur seront Propres.

Cette stipulation s'exprime ordinairement par trois différentes clauses, qui different entr'elles dans l'étendue de leurs effets.

La première de ces clauses porte stipulation de Propres en faveur de l'un des futurs conjoints, & elle n'a d'autre effet que d'empêcher que ces objets stipulés Propres n'entrent en communauté: mais elle n'empêche point que ces effets, s'ils sont mobiliers de leur nature, ne soient regardés comme tels dans la succession de chacun des enfans, même mineurs, & que l'autre conjoint, leur pere ou mere survivant, n'y succéde.

La deuxième clause porte stipulation de Propres en faveur de l'un des conjoints & des siens; & le mot *siens* comprend les enfans & descendans dit conjoint, de sorte que cette clause empêche que l'autre conjoint survivant ne puisse succéder aux meubles ainsi stipulés Propres, tant qu'il se trouve des descendans de l'autre conjoint.

Mais s'il ne reste point de descendans, ce conjoint peut y succéder après la mort du dernier, au préjudice & par préférence aux collatéraux, qu'il exclud alors, au moyen de ce que l'effet de la clause cesse.

La troifiéme, qui eft la plus en ufage, (& que les Notaires inferent ordinairement d'eux-mêmes à Paris, fans que le plus fouvent les Parties qui foufcrivent, en connoiffent les effets), eft celle qui porte ftipulation de Propres à l'un des conjoints & *aux fiens de fon côté & ligne.*

Cette claufe a beaucoup plus d'étendue que les autres; car elle comprend les collatéraux, & elle leur conferve les effets mobiliers ftipulés Propres, ou plutôt elle donñe à la famille du conjoint, en faveur de qui la claufe a été ftipulée, l'action en reftitution des Propres fictifs; & elle empêche que l'autre conjoint y fuccéde comme héritier mobilier du dernier de fes enfans.

L'effet de cette claufe ceffe; & l'action en reftitution des effets mobiliers ftipulés Propres, eft éteinte par un partage ou par une autre forte de reftitution, à moins que la reftitution n'ait été faite à un mineur: dans ce cas-là l'extinction a lieu au moment que le mineur parvient à la majorité. La Cour a jugé par un Arrêt rendu au mois d'Août 1749, en la premiere Chambre des Enquêtes, au rapport de M. l'Abbé Farjonnel, que l'action fubfiftoit toujours pour le mineur devenu majeur vis-à-vis de fon tuteur, qui ne lui avoit point rendu de compte, & payé le reliquat. Voyez la Mercuriale du 16 Mars 1661, rapportée par Ricard, fur l'article 93 de la Coutume de Paris, & l'Arrêt du 27 Août 1743, dont l'efpéce eft rapportée par la Combe, au mot *Mercuriale.*

Les Auteurs qui ont traité la queftion fur l'effet de la ftipulation de Propre aux fiens de fon côté & ligne, ont toujours diftingué le cas où les futurs s'étoient mariés & dotés de leur propre bien, d'avec le cas où ils avoient été dotés par leurs pere & mere. Cette diftinction fe trouve dans tous les partifans de l'affectation de ligne.

Ils conviennent tous que dans le premier cas, c'eft-à dire, lorfque le conjoint s'eft doté *de fuo*, la claufe de ftipulation de Propre n'a d'effet que pour l'exclufion de l'autre conjoint & de fes héritiers; mais qu'elle eft fans application à l'égard des héritiers naturels du conjoint qui a fait la ftipulation, lefquels partagent fa fucceffion fuivant l'ordre de la Loi; que par conféquent le cas

de la claufe de ftipulation de Propres *à lui & aux fiens de fon côté & ligne*, n'emporte aucune affectation de Propre à la ligne de ce conjoint; & cela parce que, 1°. en ftipulant lui-même les deniers Propres pour lui & les fiens de fon côté & ligne, il n'a défigné aucune de fes lignes par préférence à l'autre; ce qui fait voir qu'il a eu une affection égale pour fes héritiers, & pour les héritiers de celui qui devoit recueillir fa fucceffion.

2°. Que quand il auroit fpécialement établi cette différence, les principes du Droit public s'éleveroient contre fa volonté. En effet, on ne peut changer dans la fucceffion *ab inteftat* l'ordre que la Loi a établi. Elle permet de difpofer, c'eft-à-dire, de faire un donataire ou un légataire, & de ne fuivre dans le choix que fon affection; mais elle régle avec empire l'ordre qui doit être gardé dans les fucceffions *ab inteftat;* & dès que la Loi appelle un héritier, il ne peut être permis d'en défigner un autre qui puiffe être préféré à celui de la Loi.

Voyez l'Arrêt rendu le 31 Juillet 1755, dont je rapporte ci-après l'efpéce. On peut auffi fur la même matiere confulter Fortin & Ricard, fur l'article 118 de la Coutume de Paris; Coquille, fur celle du Nivernois, ch. 23, art. 17; Dumoulin, M. le Preftre, Dupleffis & fes Annotateurs: mais voyez auffi ce que je dis aux art. *Inftitution contractuelle & Teftament.*

Matthieu Conthié, en époufant Suzanne Barré pour troifiéme femme, fe dota lui-même de 15466 liv. & il fut convenu que de cette dot il en entreroit 2000 livres en communauté, & que le furplus lui feroit Propre & aux fiens de fon côté & ligne.

Conthié en mourant laiffa huit enfans de trois lits, & il y en avoit quatre du troifiéme mariage.

Deux des enfans du troifiéme mariage étant morts, il s'eft agi, dans le compte de communauté (rendu par Suzanne Barré), de fçavoir fi elle devoit fuccéder comme héritiere mobiliaire de fes deux enfans, aux deux huitiémes qui leur avoient appartenus dans les Propres fictifs de leur pere, ou bien fi les autres enfans freres & fœurs des deux qui étoient morts, excluoient Suzanne Barré de la fucceffion à ces Propres.

Par

Par Arrêt rendu le 17 Avril 1703, sur les Conclusions de M. l'Avocat Général Portail, la Cour *a ordonné que les biens stipulés Propres à Matthieu Conthié, appartiendroient à ses autres enfans, à l'exclusion de la mere, & que l'Arrêt seroit publié au Châtelet.*

Les deniers stipulés Propres, se distribuent comme meubles entre les créanciers, de quelque maniere que soit conçue la stipulation.

Dans les Coutumes où l'héritier mobilier est tenu seul des dettes, c'est à lui de payer seul les deniers stipulés Propres.

Dans les Coutumes de subrogation, celui qui décéde avec un Propre fictif, est censé n'avoir point de Propres, le Propre fictif n'étant point réellement un Propre; & en ce cas, les acquêts sont subrogés aux Propres; & s'il n'y a point d'acquêt, les meubles dans lesquels on confond le Propre fictif ou conventionnel, sont subrogés aux Propres.

Lorsque des pere & mere, communs en biens, dotent un de leurs enfans avec stipulation de Propres fictifs en sa faveur & des siens de son côté & ligne, si cet enfant décéde laissant un ou plusieurs enfans qui décédent aussi sans enfans, les Propres fictifs qui se trouvent dans la succession du petit-fils ou fille, appartiennent en totalité à celui des deux ayeuls survivant qui ont doté, à l'exclusion des héritiers de celui des ayeuls prédécédé, nonobstant la stipulation de côté & ligne. La Cour l'a ainsi décidé par un Arrêt de Réglement rendu en la Grand-Chambre le 16 Mars 1733, sur les Conclusions de M. l'Avocat Général Chauvelin, en faveur de la Dame Desmoulins, contre la veuve Colombel & autres collatéraux, dans la succession du sieur de Fieubet son petit fils. Cet Arrêt avoit été précédé d'un autre qui avoit jugé de même, & qui est rapporté par Chopin, sur la Coutume de Paris. On en trouve encore un semblable du 4 Juillet 1713 dans le Commentaire sur la Coutume de Bourbonnois, & dans les Additions aux Ouvrages de Ricard, page 137, édition de 1754. Voyez sur la même matiere l'article 65 des Arrêtés de M. de Lamoignon, & l'Arrêt de Parent, que je rapporte au mot *Succession.*

Tome III. Part. I.

Les collatéraux du mineur de Fieubet n'ont pas même obtenu les Propres fictifs du sieur Desmoulins son ayeul & leur parent, trouvés dans la succession de ce mineur. Il y eut à ce sujet un procès considérable entre M. de Fieubet, héritier mobilier de son fils, la Dame Desmoulins ayeule, & les collatéraux du côté du sieur Desmoulins, qui demandoient ces Propres fictifs (stipulés entre lui & la Dame Desmoulins), lesquels se trouvoient dans la succession du mineur de Fieubet. La Cour les adjugea à M. de Fieubet, & jugea par-là que les deniers stipulés Propres ne conservent leur qualité que contre l'autre conjoint; que ces deniers sont mobiliers dans la succession du conjoint prédécédé, ainsi que l'action pour les recouvrer; ensorte que le petit-fils étant décédé depuis son ayeul, le pere succéde à ces deniers comme à un mobilier dans la succession de son fils, & non l'héritier des Propres du côté de l'ayeul. L'Arrêt a été rendu en la Grand'Chambre, au rapport de M. Bochart de Champigny, le 20 Janvier 1738. Il a confirmé les Sentences du Châtelet; & M. Rolland de Challerange, actuellement Conseiller, avoit écrit pour M. de Fieubet, comme Avocat.

Il est bon d'observer que le sieur Desmoulins s'étoit doté de lui-même, & que cette circonstance a déterminé l'Arrêt. Il y en a un contraire dans Brodeau, lettre R. som. 44. n. 5, mais dans celui-ci c'étoit les pere & mere qui avoient doté & fait la stipulation. Au reste, la matiere des Propres fictifs n'étoit pas éclaircie du temps de Brodeau comme elle l'est aujourd'hui. Voyez l'Arrêt de M. Parent, au mot *Succession.*

La fiction de Propre n'a point lieu à l'égard des dispositions testamentaires, de sorte que le conjoint auquel des effets mobiliers ont été stipulés Propres, peut en disposer par testament en faveur de qui bon lui semble, & ses enfans, quoique mineurs, en peuvent pareillement disposer en faveur de l'autre conjoint leur pere ou mere, contre qui la fiction avoit été stipulée, pourvû qu'ils ayent l'âge requis pour tester; parce que des Propres fictifs ne sont pas regardés comme Propres de ligne, & que la fiction doit être restreinte à son cas.

Tout ce qui vient d'être dit des Propres

H h

fictifs, a lieu, même à l'égard du remploi des Propres aliénés pendant la communauté de biens des deux conjoints, quoique les deniers qui en proviennent, soient de véritables meubles : cependant ils ne tombent point en communauté ; & l'usage a introduit dans les contrats de mariage, la stipulation que l'action de ce remploi, en faveur de chacun des futurs conjoints & des siens de son côté & ligne, est immobiliaire. Si cette stipulation ne se trouvoit pas dans le contrat de mariage, les deniers provenans d'un Propre aliéné, où l'action en remploi qui se trouveroient dans la succession des mineurs même décédés en minorité, se partageroient comme meubles, & appartiendroient à l'héritier des meubles ou acquêts, fût-il le pere ou la mere du mineur.

Un Arrêt du Parlement de Paris, du 29 Avril 1719, qu'on trouve au Journal des Audiences, tome 7, liv. 2, chap. 32, a jugé que les deniers stipulés Propres à un mari par un premier contrat de mariage, ont repris, après la mort de sa femme, la même qualité de deniers, & qu'il en a pû disposer comme meubles.

Les stipulations des Propres fictifs sont de droit étroit, & ne sont point susceptibles d'être étendues d'une personne à une autre, & d'un cas marqué à un qui n'est pas marqué. Au contraire, ces sortes de clauses sont sujettes à restriction comme opposées à l'ordre naturel. Voyez le Réglement, rapporté par Ricard, sur l'article 93 de la Coutume de Paris ; le Brun, de la Communauté, liv. 3, chap. 2, sect. 1, distinc. 3, n. 34 ; le Prestre, Centurie 3, chap. 46 ; Duplessis & ses Annotateurs, Traité des droits incorporels, titre 2 ; Henrys & son Annotateur, tom. 2, liv. 4, quest. 3 ; de Renusson, Traité des Propres, chapitre 6, sect. premiere.

Le 31 Juillet 1755, Arrêt est intervenu en la Grand'Chambre, au rapport de M. l'Abbé Tudert, par lequel la Cour a jugé qu'une stipulation de Propre, faite par une fille majeure qui s'est dotée elle-même, n'empêche pas que les deniers ainsi stipulés Propres à elle & aux siens de son côté & ligne, n'appartiennent dans la succession de son enfant décédé en minorité, aux frere & sœur consanguins de cet enfant qui font ses héritiers quant aux meubles & acquêts.

Dans cette espéce, Etienne Godefroi avoit eu de son premier mariage avec Jeanne Sanson, un fils nommé Etienne-Henri. Il avoit contracté un second mariage avec Marie Bonnet, majeure, qui s'étoit dotée elle-même ; & par une clause commune aux deux futurs, il avoit été stipulé que la totalité de leurs biens, ensemble tout ce qui adviendroit & écherroit à chacun d'eux, pendant le mariage, seroit & demeureroit Propre à chacun d'eux & aux siens de son côté & ligne respectivement.

De ce second mariage d'Etienne Godefroi naît une fille nommée Marie-Antoinette. Marie Bonnet décéde ; quelque tems après Etienne Godefroi décéde aussi : & après lui Marie-Antoinette sa fille du second lit meurt en minorité. Le tuteur d'Etienne-Henri Godefroi renonce pour lui à la succession de son pere, pour s'en tenir aux créances qu'il avoit à exercer du chef de Jeanne Sanson sa mere, & prend pour son pupille la qualité de seul héritier de Marie-Antoinette Godefroi sa sœur consanguine. D'un autre côté, le sieur Bonnet, Chirurgien, en sa qualité de frere de Marie Bonnet, & d'oncle maternel de Marie-Antoinette Godefroi, demande contre le curateur à la succession vacante d'Etienne Godefroi, l'exécution du contrat de son second mariage, prend la qualité de seul héritier quant aux Propres de sa niéce mineure, & prétend que l'action pour répéter une somme de 5000 livres que Marie Bonnet avoit apportée en dot, en habits, linges, hardes & deniers comptans, lui appartient.

Le 11 Avril 1755, Sentence du Châtelet qui lui adjuge ses conclusions contre le curateur, & déclare le Jugement commun avec le tuteur d'Etienne-Henri Godefroi.

Sur l'appel, Arrêt daté ci-dessus, qui infirme & adjuge au contraire le Propre fictif au mineur frere consanguin.

Pareil Arrêt a été rendu en forme de Réglement sur les Conclusions de M. de Saint-Fargeau, à l'Audience de la Grand-Chambre, le Lundi 17 Mai 1762. En voici l'espéce.

M. & Madame d'Essenlis, par leur contrat de mariage, après avoir mis dans leur future communauté une somme déterminée, avoient stipulé que le surplus, avec ce qui leur écherroit, seroit Propre à chacun d'eux & aux leurs de leur côté & ligne. M. d'Essenlis est décédé le premier, laissant un fils mineur. Madame d'Essenlis est décédée ensuite, & a eu ce même fils pour héritier, lequel est décédé en minorité quelques jours après elle. La mort du mineur d'Essenlis a donné lieu à la question de sçavoir à qui devoit appartenir, dans sa succession, un intérêt sur les Carrosses de Place qui appartenoient à M. d'Essenlis pere, lors de son mariage.

M. Bellanger, Avocat Général de la Cour des Aides, & M. Dupré de Saint-Maur, à cause de Madame son épouse, oncles paternels du mineur, ont prétendu que cet intérêt, quoique formant un mobilier, leur appartenoit, comme ayant été frappé de la stipulation de Propre porté au contrat de mariage de M. d'Essenlis.

Les sieur & demoiselle de Forin, ayeuls maternels du mineur, ont au contraire reclamé cet effet comme un pur mobilier : ils prétendoient que les stipulations de Propres apposées dans les contrats de mariage, n'étoient que de pures conventions, qui ne pouvoient avoir d'effet que contre les conjoints & ceux qui étoient à leurs droits, mais qu'elles ne pouvoient point déranger l'ordre des successions, qui est l'ouvrage de la Loi, laquelle est de droit public. L'Arrêt l'a ainsi jugé (a).

La dame Rasteau, qui n'avoit aucun Propre réel, mais une action de 12000 livres pour le remploi d'une maison faisant partie de sa dot, vendue pendant la communauté, (laquelle action étoit Propre contre son mari, & mobiliaire dans la succession de la dame Rasteau) fit un testament par lequel elle légua à sa belle-sœur tous ses *biens Propres.*

Cette disposition donna lieu à la question de sçavoir si les 12000 livres faisoient partie du legs. Une Sentence des Requêtes

du Palais, du 14 Octobre 1729, avoit jugé l'affirmative : mais par Arrêt rendu le 6 Mars 1731, sur les Conclusions de M. Chauvelin, Avocat Général, plaidans Mes Cochin & Sarrazin, la Sentence fut infirmée, & il fut jugé que les 12000 liv. ne devoient pas faire partie du legs universel. Cet Arrêt a donc jugé qu'un legs de Propres ne comprend point les Propres fictifs ; mais le Barreau n'a pas goûté cette décision, & M. l'Avocat Général Gilbert de Voisins a été du nombre de ceux qui ont pensé qu'il falloit conclure & juger autrement.

PROTESTANT.

Voyez *Abjuration*, *Consistoire*, *Education*, *Génevois*, *Hollandois*, *Mariage*, & *Sépulture.*

On nomme Protestans ceux qui suivent la doctrine de Luther, parce qu'en 1529 ils protesterent contre un Décret de l'Empereur & de la Diéte de Spire. On le donne aussi à tous ceux qui suivent le sentiment de Calvin.

Luther & Calvin ayant fait grand nombre de Proselytes en France, nos Rois leur permirent par différens Edits, & singuliérement par ceux donnés à Nantes au mois d'Avril 1598, & à Nismes en Juillet 1626, le libre exercice de leur Religion, qu'ils nommoient Réformée : mais par un autre Edit du mois d'Octobre 1685, enregistré en Vacations le 22 du même mois, tout exercice public & particulier de cette Religion fut défendu dans le Royaume. L'Edit de Nantes, celui de Nismes, &c. ont été révoqués, avec défenses aux Protestans de sortir du Royaume, & de transporter leurs biens en Pays Etrangers, à peine des Galeres pour les hommes, & de confiscation de corps & de bien pour les femmes (b).

A l'égard des Ministres qui ne voudroient pas embrasser la Religion Catholique Romaine, il leur a été enjoint de sortir du Royaume *dans les quinze jours* de la *publication* de l'Edit, *à peine des Galeres.*

Depuis ce premier Edit de révocation, il

(a) M. d'Essenlis s'étoit marié & doté *de suo* ; mais il ne paroît pas que cette circonstance ait été le fondement de l'Arrêt, lequel étant rendu en forme de Réglement, porte, sur le principe général, qui ne permet pas de déranger l'ordre des successions, sinon relativement aux conjoints qui ont eux-mêmes consenti la stipulation des Propres.

(b) Le Code Noir interdit aussi, par l'article 1, *tout exercice d'autre Religion que de la Catholique Romaine dans nos Colonies.*

en a été donné un autre au mois de Janvier 1688, enregiſtré le 6 Février ſuivant, par lequel il étoit ordonné que les biens des Conſiſtoires, des Miniſtres & des Proteſtans ſortis ou qui ſortiroient du Royaume, ſeroient réunis au Domaine du Roi. Mais au mois de Décembre 1689, un troiſiéme Edit, enregiſtré le 9 du même mois, ordonna que les plus proches parens & légitimes héritiers des Religionnaires fugitifs entreroient en poſſeſſion des biens laiſ-ſés par ceux-ci dans le Royaume, ſans néantmoins pouvoir les vendre pendant cinq années.

Le 13 Décembre 1698, il fut donné une Déclaration enregiſtrée le 20 Décembre du même mois, pour pourvoir à l'inſtruction des Proteſtans rentrés dans le ſein de l'Egliſe, de leurs enfans, &c. Et le 29 du même mois de Décembre 1698, il en fut donné une autre qui a été enregiſtrée le 7 Janvier ſuivant, portant permiſſion aux François ſortis du Royaume pour cauſe de Religion, qui y reviendroient, de rentrer dans leurs biens, en ſatisfaiſant aux diſpoſitions qu'elle contient. Cette derniere Déclaration a été interprêtée par une autre du 27 Octobre 1725, enregiſtrée le 14 Février ſuivant.

En 1699, le Roi donna trois Déclarations ſur le même ſujet : la premiere, le 5 Mai, pour preſcrire ce qui devoit être obſervé dans la vente & diſpoſition des biens des nouveaux Catholiques : la deuxiéme, qui eſt du 13 Septembre, ordonne que les Proteſtans qui ſortiront du Royaume ſans permiſſion, ou qui ſeront arrêtés voulant en ſortir, ſeront condamnés, les hommes aux Galeres, les femmes à être recluſes, & leurs biens confiſqués ; elle prononce les mêmes peines contre ceux qui faciliteront leur évaſion : la troiſiéme, du 5 Décembre, fait défenſes aux Capitaines de vaiſſeaux d'embarquer des nouveaux Catholiques. Ces trois Déclarations ont été enregiſtrées au Parlement.

Ces différentes Loix ont été ſuivies de pluſieurs autres, qui ont toutes défendu aux nouveaux Catholiques de vendre leurs biens ſans une permiſſion expreſſe qui s'accorde par un Brevet ſigné d'un Secrétaire d'Etat, quand les biens ſont d'une valeur au-deſſus de 3000 liv. & par l'Intendant de la Province, quand ils valent moins de 3000 liv. Voyez la Déclaration du premier Mai 1757.

Ces Réglemens ſont tellement ſuivis & obſervés au Conſeil, que par Arrêt du 28 Août 1751, Sa Majeſté a déclaré nulle une permiſſion accordée le 30 Décembre 1738, par l'Intendant de Caen, à une dame Varignon, de vendre la Ferme de Putot, obtenue ſur de faux expoſés, & pour en avoir fait un emploi contraire aux Réglemens concernant les biens des Religionnaires fugitifs ; en conſéquence, le contrat de vente de cette Ferme eſt pareillement annullé par cet Arrêt, ainſi que le Brevet de confirmation du 5 Juillet 1740, & il eſt ordonné à l'acquéreur de délaiſſer la Ferme aux héritiers de la dame de Varignon.

Un Arrêt rendu au Parlement de Rouen le 25 Juin 1751, entre les ſieurs Hamelin & Gaſt de Montamy, a jugé que le créancier d'une rente conſtituée par un nouveau converti ſans permiſſion du Roi, ne pouvoit, en vertu du Brevet de confirmation, actionner, en déclaration d'hypothéque, les acquéreurs d'héritages vendus dans l'intervalle du contrat de conſtitution au Brevet de confirmation.

Le 13 Mai 1733, on a plaidé la queſtion de ſçavoir ſi le teſtament de la dame de Bellefond, (qui avoit, diſoit-on, refuſé de recevoir les Sacremens de l'Egliſe, que le Curé & le Vicaire de Saint André-des-Arcs, ſa Paroiſſe, lui offroient, & qui avoit été inhumée dans un Chantier deſtiné à la ſépulture des Proteſtans, de l'Ordonnance de M. le Lieutenant de Police) étoit valable.

Me de Laverdy, Avocat des héritiers, en demandoit la nullité, fondée ſur l'incapacité réſultant de la qualité de relaps ; en conſéquence des Déclarations des 29 Avril 1686, 8 Mars 1715, & 14 Mai 1724, les Légataires, au nombre deſquels étoit l'Hôpital Général, ſoutenoient le teſtament valable, & ils étoient défendus par Mes Regnard & de la Blanchardiere.

M. l'Avocat Général Gilbert fit voir que les Parties de Me de Laverdy n'étoient point favorables dans leur demande, & qu'elle étoit même contraire à leur intérêt particulier, puisque si la Dame de Belle-fond étoit morte Relapse, la peine qui suit un pareil état, étoit de faire faire le procès à la mémoire de la défunte, & de faire prononcer la confiscation; qu'ainsi il ne leur en reviendroit aucun avantage; qu'au surplus, une pareille accusation ne pouvoit être instruite que par la voie extraordinaire, & non par la voie civile; qu'elle ne convenoit d'ailleurs qu'au Ministere public; mais qu'il ne croyoit pas être autorisé à faire une pareille poursuite sans avoir un dénonciateur; que pour réussir dans une pareille accusation, il falloit non-seulement un refus de recevoir les Sacremens, mais encore *une déclaration publique* de la défunte, qu'elle vouloit mourir dans la Religion Prétendue Réformée (*a*); que ces deux conditions étoient jointes & essentielles, que l'on pouvoit priver un cadavre de la sépulture pour autre cause que pour Religion.

Par ces raisons, la Cour jugea le testament valable, par Arrêt rendu le 13 Mai 1733, conformément aux Conclusions de M. l'Avocat Général Gilbert.

Un Ministre Protestant peut-il marier des Catholiques François en Pays Etrangers? V. *Mariage.*

Moyse Toulouse, Protestant, natif de Montpellier, retiré en Suisse en 1678, s'y fit naturaliser en 1681.

Une Françoise ayant fait un testament en sa faveur, le Préposé à la régie des biens des Religionnaires fugitifs, prétendit que Toulouse étoit incapable de recevoir ce legs, & fit séquestrer les biens en conséquence d'une Ordonnance de l'Intendant de la Province. Toulouse y forma opposition, & l'Intendant renvoya l'affaire au Conseil, où il est intervenu Arrêt le 3 Avril 1723, qui a fait main-levée des saisies du Préposé.

Les Protestans ne peuvent point prendre de degrés dans les Universités; ils sont aussi déclarés incapables de posséder aucuns

Offices quels qu'ils soient, pas même les Places de Maires & Echevins & autres Offices des Hôtels-de-Ville, ni être reçus dans les Offices de Greffiers, Procureurs, Notaires, Huissiers & Sergens, dans quelque Jurisdiction que ce puisse être. Enfin, ils ne peuvent pas être reçus Médecins, Chirurgiens, Apoticaires, Sages-Femmes, Imprimeurs, Libraires, &c. Voyez sur cela les articles 12, 13 & 14 de la Déclaration du 14 Mai 1724, dont j'ai déja parlé.

Les Hollandois sont, comme je le dis ailleurs, capables de recueillir des successions & des legs en France (V. Hollandois); mais les Hollandois, enfans de Protestans François refugiés en Hollande, ont-ils cette capacité? La question s'est présentée dans la succession du sieur Tourton, Négociant à Paris, & elle a été partagée en la Grand-Chambre, le premier Août 1732; mais elle a été départagée par Arrêt rendu en la seconde Chambre des Enquêtes, le 5 Mars 1733, qui a jugé que les Hollandois, enfans de François sortis du Royaume pour cause de Religion, sont incapables de succéder.

Sur l'inhumation des Protestans, voyez *Sépulture.*

PROTESTATIONS.
Voyez *Vœux.*

On nomme Protestations, une déclaration solemnelle du dessein qu'on a de se pourvoir contre l'oppression & la contrainte, où l'on est de souscrire à quelque chose; ou contre la nullité d'une action, d'un Jugement, & même contre une procédure.

Les Protestations contre des actes surpris contre les vœux prononcés, contre les violences, se font ordinairement devant Notaires; elles peuvent aussi se faire devant des Commissaires à Paris.

Les Protestations qu'on ne veut pas tenir secrettes, peuvent se faire par actes extrajudiciaires signifiés par des Huissiers.

Lorsque les Protestations sont faites par le ministere de Notaire, elles sont sujettes

---

(*a*) Il y a en effet une Déclaration du 8 Mars 1715, enregistrée le 10 Avril, donnée en interprétation de celle du 29 Avril 1686, qui porte que les François nés de parens qui ont été de la Religion Prétendue Réformée avant ou depuis la révocation de l'Edit de Nantes, qui dans leurs maladies auront refusé . . . . de recevoir les Sacremens de l'Eglise, & auront déclaré qu'ils veulent persister & mourir *dans la Religion Prétendue Réformée, soit qu'ils ayent fait abjuration ou non . . . . soient réputés relaps & sujets aux peines, &c.* Mais on ne prétendoit pas que la Dame de Bellefond eût déclaré *publiquement qu'elle vouloit mourir Protestante.* V. l'article 9 de la Déclaration du 14 Mai 1724, & ce que je dis à l'article *Relaps.*

au contrôle des actes des Notaires , & au contrôle des exploits.

Les Protestations sont autant nécessaires contre les actes qu'on est contraint de signer malgré soi , qu'elles sont inutiles contre ceux qu'on fait librement & volontairement. V. le Brun, des Successions, liv. 3, ch. 8, sect. 2, n°. 27, & Mornac.

PROTÊT.

V. *Acceptation , Endosseur , Intérêts , Lettres de Change , Ordre , &c.*

On nomme Protêt, une sommation faite à ceux qui doivent , ou accepter, ou acquitter des billets de commerce & des lettres de change, de les accepter, ou d'en payer le montant selon les circonstances , avec déclaration que, faute d'acceptation ou de payement, le billet ou la lettre sera renvoyée par le Porteur, à ceux qui l'ont endossée ou tirée, & qu'il répétera les droits de change, rechange, dommages & intérêts, dépens, &c.

Ces sortes d'actes peuvent être faits, ou par *un Notaire*, ou par *un Huissier* , ou par *un Sergent* ; & l'Ordonnance veut que celui des trois qui fait un Protêt , soit accompagné de deux personnes , qui doivent être nommées , & leur domicile indiqué dans l'acte. Ordonnance de 1673, titre 5, article 8.

Quand un Notaire ou un Huissier fait un Protêt, il doit donner copie entière de la lettre ou billet qui fait l'objet de l'acte, ainsi que des ordres ; il doit aussi faire mention des réponses , & donner copie *du tout à la Partie ,* signée de lui & des témoins, à peine de faux & des dommages - intérêts. Ibid. art. 9.

Comme les Endosseurs sont garans envers le Porteur d'une lettre de change ou billet de commerce , si elle n'est point acceptée par celui qui la doit acquitter, ou si après l'acceptation, celui qui a accepté ne paye pas, le Porteur peut diriger son action en garantie après le Protêt ; & pour l'exercice de cette action, il faut dénoncer le Protêt entier, & ne pas se contenter d'en donner copie par Extrait. Car, par Arrêt rendu en la Grand'Chambre, le 23 Février 1745, confirmatif d'une Sentence des Consuls, du 24 Juillet 1744, la Cour a déchar-

gé les Endosseurs d'une demande en garantie, par la seule raison que le Porteur n'avoit donné qu'une copie par extrait du Protêt à l'Endosseur, au lieu de lui donner une copie entière.

Cet Arrêt a été rendu en faveur du sieur Perard , Banquier à Paris , contre un Marchand de Vin, nommé Berthaud de Saint-Martin.

Les Protêts ne peuvent *être suppléés par aucun autre acte.* V. Ordon. Ibid. art. 10.

Les Protêts n'induisent point reconnoissance des lettres de change & billets de commerce, & ils n'engendrent point d'hypothéque. Voyez la Déclaration du 2 Janv; 1717, à l'article *Lettres de Change.*

Quoiqu'il soit d'usage à Lyon de faire protester les lettres de change , payables en payement des Foires , faute d'acceptation, dès le septiéme jour de l'ouverture du payement , néantmoins le Protêt n'est pas de rigueur ; & il ne préjudicie pas à l'action du Porteur, contre les Tireurs & Endosseurs, pourvû qu'ils fassent protester la lettre de change dans la fin du mois du payement. La Conservation a attesté cette maxime par un Acte de Notoriété du 3 Mars 1722.

PROTONOTAIRE.

Ce mot signifie premier Notaire.

Il y a à Rome douze Protonotaires, qui expédient dans les grandes affaires, les actes que les simples Notaires - Apostoliques expédient dans les petites : on les met au rang des Prélats.

En France, la qualité de Protonotaire ne donne aucune fonction distinguée de celles des autres Notaires.

PROTUTEUR.

C'est le nom qu'on donne aux personnes qui s'immiscent dans l'administration des biens des mineurs, dont ils ne sont pas tuteurs. Voy. l'Arrêt du 26 Juin 1728, dont je parle à l'article *Contrainte par corps*, & l'article premier du titre 29 de l'Ordonnance de 1667.

PROVISION.

Voyez *Exécution Provisoire.*

On nomme Provision , la faculté qu'accordent les Juges à une Partie de se faire payer d'une certaine somme sur certains effets, ou par une Partie adverse, sans qu'on soit obligé d'attendre le Jugement du fond du procès pour ce payement.

En matiere criminelle, le Juge de l'instruction peut seul & sans conclusions du Ministere public, » adjuger à une Partie » quelques sommes de deniers, pour pour- » voir aux alimens & médicamens de cette » Partie, « (Ordonnance Criminelle, titre 12, art. 1); mais il ne doit pas en accorder légérement, il faut qu'il y ait un rapport de Chirurgiens & Médecins, s'il s'agit de blessure, & au moins un commencement de preuve.

Les Provisions s'accordent ordinairement, 1°. pour faire panser un blessé.

2°. Dans le cas d'une grossesse pour faire les frais de couche, & fournir à la nourriture de l'enfant.

3°. Dans le cas d'homicide, on accorde aussi des Provisions à la veuve & aux enfans de celui qui a été tué, soit pour leurs alimens ou pour fournir aux frais du procès contre l'accusé.

Les Provisions dans ces cas sont à l'arbitrage du Juge, elles doivent être proportionnées aux besoins & à la qualité de la Partie qui la demande, & aux facultés de l'accusé.

Quand il y a plusieurs accusés contre lesquels la Provision est adjugée, ils peuvent être contraints solidairement à la payer.

Il peut se faire que le plaignant & l'accusé soient l'un & l'autre blessés: mais l'art. 2 du tit. 12 de l'Ordonnance Criminelle, défend aux Juges d'accorder des Provisions à l'une & à l'autre des Parties, à peine d'interdiction. Si les deux Parties demandent chacun une Provision, il faut l'adjuger à celui qui paroît le moins coupable, & qui n'est pas l'aggresseur; cela dépend des circonstances & de la prudence du Juge.

Quand la premiere Provision est insuffisante, l'article 3 du même titre de l'Ordonnance Criminelle permet d'en accorder une seconde, pourvû qu'il y ait quinzaine au moins d'intervalle entre les deux Provisions: mais elle ne permet pas d'en accorder davantage.

Les Sentences de Provisions s'exécutent (en matiere criminelle) par saisie des biens & emprisonnement des condamnés, sans que le créancier soit obligé de donner caution, suivant l'article 6, ibid. & l'article 7 veut que ces Sentences soient exécutées, nonobstant & sans préjudice de l'appel, quand les Provisions accordées par les Juges ressortissans nuement au Parlement, n'excédent pas 200 livres & les autres 120 livres.

Les deniers adjugés par Provision dans ces cas-là, ne sont pas saisissables pour quelque cause que ce soit: les débiteurs ne s'en liberent pas même en consignant. L'article 5 de la même Ordonnance permet de les poursuivre nonobstant la consignation.

On adjuge aussi souvent des Provisions en matiere civile: par exemple, on en accorde à une veuve, en attendant la liquidation de ses droits & de ses reprises contre la succession de son mari.

On en accorde aussi aux femmes qui demandent leur séparation de corps contre leur mari: mais on n'en accorde pas ordinairement à celles qui demandent seulement la séparation des biens; parce que dans ce dernier cas, la femme ne doit pas cesser de vivre avec le mari.

On en accorde encore aux propriétaires dont les biens sont saisis réellement, pourvû qu'il en ait été fait des baux judiciaires.

On en adjuge aussi aux héritiers en général, quand les qualités sont certaines, & lorsque les partages donnent lieu à des contestations.

Par Arrêt rendu en la Tournelle, le 27 Juin 1714, la Cour a jugé qu'il étoit dû une Provision à une femme adultere, accusée d'adultere par son mari pendant l'instruction du procès. V. Adultere.

PROVISIONS de Bénéfices.

Voyez Bulle, Collateurs, Minute, Patron, Possession (Prise de), Présentation, Prévention, Visa, &c.

On appelle Provision de Bénéfices, les actes & les autres formalités nécessaires pour mettre quelqu'un en état d'entrer en poffeffion d'un Bénéfice auquel il eft nommé (a).

Lorfque le Patron ou le Collateur forcé d'un Bénéfice, refufe d'en donner les Provifions à quelqu'un qui prétend y avoir droit, celui qui l'a requis, peut fe pourvoir fur le refus, par dévolution & par voie de recours au Supérieur du Collateur refufant, de dégré en dégré jufqu'au Pape, pour en obtenir des Provifions. Cependant voyez *Poffeffion* (*Prife de*).

Dans les Provifions de Bénéfices qu'on expédie à Rome, il y en a qu'on nomme *in forma dignum*, & d'autres *en forme gracieufe* : la diftinction eft écrite à la fin des Provifions mêmes, qui marquent ordinairement dans quelle forme elles ont été expédiées.

Ceux, (dit l'art. 2 de l'Edit de 1695), *qui auront été pourvus en Cour de Rome de Bénéfices en la forme appellée* dignum, (*Voyez* Forma dignum), *feront tenus de fe préfenter en perfonne aux Archevêques ou Evêques dans les Diocèfes defquels lefdits Bénéfices font fitués; & en leur abfence, à leurs Vicaires Généraux, pour être examinés en la maniere qu'ils eftimeront à propos, & en obtenir des Lettres de Vifa, dans lefquelles il fera fait mention dudit examen, avant que lefdits Pourvus puiffent entrer en poffeffion & jouiffance defdits Bénéfices; & ne pourront les Secrétaires defdits Prélats, prendre que la fomme de trois livres pour lefdites Lettres de Vifa.*

L'objet de cet article eft, que les Bénéfices ne foient donnés qu'à des Sujets capables d'édifier par leurs mœurs & par leur doctrine, comme le défirent les Canons; & comme le Pape ne peut pas examiner les Eccléfiaftiques auxquels il accorde des Provifions, au moyen de ce que d'un côté il n'a pas droit de juger les François, & que d'ailleurs il ne nomme à quelques Bénéfices de France que par tolérance, nos Rois ont voulu qu'il ne pût pas dépouiller les Evêques du droit originaire qu'ils ont de juger de la capacité de ceux qui doivent devenir leurs Coopérateurs. V. la premiere Epître de Saint Paul à Timothée, ch. 5, v.

22; le neuviéme Canon du Concile de Nicée; un Capitulaire de l'an 744; le neuviéme Canon du Concile de Toléde en 1324; l'article 75 de l'Ordonnance de Moulins; l'article 12 de celle de Blois; l'article 14 de l'Edit de Melun; l'article 21 de l'Ordonnance de 1629, &c.

Cet examen eft fi important, que le Roi n'entend pas même que le Pape puiffe conférer fur fes nominations aux Archevêchés, Evêchés, Abbayes, &c. fans un examen préalablement fait dans le Royaume, de l'âge, des vie, mœurs, converfation & catholicité de ceux que Sa Majefté a nommés aux Bénéfices Confiftoriaux de fon Patronage. Voyez l'Ordonnance de Blois; Fevret, liv. 3, chap 4, nomb. N, & l'Arrêt rendu fur les Remontrances de M. le Procureur Général, le 12 Décemb. 1639, qu'on trouve dans les Mémoires du Clergé, tome 2, partie 2, titre 7, nomb. 8.

L'article 2 de l'Edit de 1695, dont j'ai rapporté les termes, exige que les Pourvus de Bénéfices *in forma dignum*, fe préfentent *en perfonne*, &c. Cela eft fondé fur ce qu'on ne peut pas juger de la capacité de quelqu'un qui répond par Procureur.

D'après ces autorités, on a agité la queftion de fçavoir, fi le *Vifa* d'un Evêque, accordé fur des Provifions de Cour de Rome, ne faifant pas mention de la comparution perfonnelle de l'Impétrant, ni de fon examen, il y avoit lieu d'appeller comme d'abus; & l'on donnoit pour l'affirmative de puiffantes raifons, qu'on peut voir dans Fevret, liv. 3, chap. 14, n. 17, & dans la Bibliothéque Canonique.

Je penfe, malgré ces raifons, que la comparution perfonnelle n'ayant été ordonnée que pour faciliter aux Ordinaires le moyen de connoître les Sujets qui fe préfentent, on peut dire que ces formalités font de la Jurifdiction gracieufe, & que par conféquent les Ordinaires peuvent en ufer comme bon leur femble à cet égard, avec d'autant plus de raïfon, que les Ordonnances n'exigent pas la mention à peine de nullité. C'eft l'avis de Mornac & de Fevret. Chopin rapporte un Arrêt qui a jugé en conformité;

(a) Les Provifions de Bénéfices accordées par les Evêques ou leurs Grands-Vicaires, font exemptes de Contrôle. Il y a fur ce fujet deux décifions du Confeil, des 28 Mars 1733, & 21 Novembre 1739.

Doit-on conferver des Minutes des Provifions de Bénéfices? Voyez *Minute*.

mais

mais M. Dolive, dans ses Questions Notables, ch. 16, en rapporte un autre du Parlement de Toulouse, qui y paroît contraire. V. aussi Despeisses, Catelan & Brillon.

Sur les termes de l'article 2 de l'Edit de 1695, qui assujettissent les Porteurs de Provisions *in forma dignum*, de se présenter *aux Archevêques, Evêques . . . . & en leur absence, aux* Grands-*Vicaires*, il faut remarquer qu'il y a des Chapitres qui prétendent pouvoir donner le *Visa* pour les Bénéfices de leur collation. Le Chapitre de l'Eglise de Paris, celui de S. Hilaire de Poitiers, sont de ce nombre. Mais voyez le Recueil Canonique, article *Visa*, sect. 2, n. 1.

L'Edit de 1695 ne décide pas dans quel temps les Pourvus de Bénéfices *in forma dignum*, peuvent demander le *Visa*; mais on pense qu'ils le peuvent pendant tout le temps qu'on peut se servir des Provisions de Cour de Rome; c'est-à-dire, pendant un an pour les Dévolutaires, (V. *Dévolut,*) & pendant trois ans pour les Provisions ordinaires. V. *Résignation.*

Quand les Provisions d'un Bénéfice sans charge de la conduite des ames sont expédiées *en forme gracieuse*, le Pourvu peut se faire mettre en possession, en conséquence des Provisions mêmes; mais s'il s'agit d'une Cure, Vicariat perpétuel, ou autre Bénéfice ayant charge d'ames, il faut une information de vie & mœurs, & un examen ou un *Visa*; cela est expressément recommandé par l'art. 3 de l'Edit de 1695, dont voici les termes.

Ceux qui auront obtenu en Cour de Rome des Provisions en forme gracieuse d'une Cure, Vicariat perpétuel, ou autre Bénéfice ayant charge d'ames, ne pourront entrer en possession & jouissance desdits Bénéfices, qu'après qu'il aura été informé de leurs vies, mœurs, religion, & avoir subi l'examen devant l'Archevêque, ou Evêque Diocésain, ou son Vicaire Général en son absence, ou après en avoir obtenu le Visa: défendons à nos Sujets de se pourvoir ailleurs pour ce sujet; & à nos Juges, en jugeant le possessoire desdits Bénéfices, d'avoir égard aux titres & capacités desdits Pourvus, qui ne seroient pas conformes à notre présente Ordonnance. Voyez à l'article *Possession* (*Prise de*) les définitions que

Tome III. Part. I.

j'y donne des Provisions *in forma dignum* & *in forma gratiosa.* Voyez aussi ce que je dis dans une Note au mot *Minute*, sur la nécessité de garder minute des Provisions.

Lorsqu'un Séculier est dans l'intention de prendre l'habit Religieux, & de faire Profession dans un Ordre, il peut demander au Pape un des Bénéfices réguliers que les Religieux de cet Ordre peuvent posséder; & on nomme ces Provisions *pro cupiente profiteri.* Voyez *Pro cupiente profiteri.*

Ces sortes de Provisions ne sont pas favorables, parce qu'elles contiennent une Simonie au moins mentale; puisque celui qui les demande, paroît ne se faire Religieux que pour avoir un Bénéfice: on les admet cependant, & elles produisent leur effet lorsqu'elles sont régulieres, & que le Séculier, conformément à la grace qui lui est accordée par le Pape, fait profession dans l'année.

Un Particulier, qui avoit obtenu de pareilles Provisions, étant resté près de quatre ans sans effectuer le Décret, parce que les Supérieurs des Maisons où il s'étoit présenté, avoient refusé de lui donner l'habit, fut troublé dans la possession de son Bénéfice par un Dévolutaire. Le Pourvu disoit qu'on ne pouvoit lui imputer aucune faute; qu'il avoit fait ce qu'il avoit pu, & qu'il s'étoit même adressé à l'Evêque, sur les refus qu'il avoit essuyés; & par Arrêt rendu le 2 Janvier 1699, sur les Conclusions de M. Joly de Fleury, la prétention du Dévolutaire a été rejettée, & le Pourvu, (*pro cupiente profiteri*), maintenu dans le Bénéfice, à la charge par lui de se retirer dans trois mois dans l'Abbaye qui seroit indiquée par l'Evêque, pour y prendre l'habit de Religieux.

Ce même Arrêt ordonne que, pendant le Noviciat, l'Evêque commettra pour desservir la Cure, tel Ecclésiastique qu'il jugera à propos. Dans cette espéce, il paroissoit que le Pourvu avoit essuyé beaucoup de vexation & d'injustice de la part des Supérieurs auxquels il s'étoit présenté. Je rapporte quelques autres Arrêts sur la même matiere, à la fin de l'article *Bénéfice.* Voyez *Pro cupiente profiteri.*

La question de sçavoir si les dispositions de l'Edit du Contrôle, & la Déclaration de

1646, qui portent, *qu'aux préfentations & collations des Patrons & Collateurs ordinaires, affifteront deux témoins...... lefquels figneront la minute, &c.* devoient s'appliquer aux Provifions que les Collateurs donnent aux Expectans, s'eft préfentée au Grand-Confeil entre le fieur Barres, porteur d'un Brevet de Joyeux-Avénement pour un Canonicat de Beziers, & le fieur de Villeraze, pourvu du même Canonicat.

Le fieur Barres avoit notifié fon Brevet avant la mort du dernier Titulaire de ce Canonicat ; & le lendemain de cette mort, il avoit requis le Canonicat par un Acte en bonne forme ; mais la minute des Provifions qui lui avoient été accordées, n'étoit pas fignée par les témoins; & fon concurrent foutenoit que ce défaut de fignature devoit faire perdre au fieur Barres le fruit de fa réquifition.

Le fieur Barres répondoit que l'Edit du Contrôle & la Déclaration de 1646 ne s'appliquoient qu'aux collations faites *jure libero*, & non aux Provifions que les Collateurs donnent aux Expectans ; il ajoutoit que, quand le Collateur eft aftreint, fon confentement fuffit, felon Dumoulin, de quelque maniere qu'il foit donné; &, par Arrêt rendu le 7 Mai 1733, le Canonicat fut adjugé au fieur Barres.

PROVISION de Corps.
Voyez *Donation par Provifion de Corps.*

PROVISIONS d'Office.
Voyez *Deftitution, Greffiers-Confervateurs, Incompatibilité d'Offices, Notaires, Offices, Oppofition au Titre, Réception, & Sceau.*

PROVISOIRE.

Ce mot s'entend de ce qui fe fait, de ce qui s'ordonne, & de ce qui s'exécute par Provifion.

Un Juge qui a prononcé définitivement, ne peut plus varier : fon propre Jugement lui lie les mains. Mais la Provifion, qui dépend du plus ou du moins d'éclairciffemens que peut avoir le Juge, eft fujette à variation ; & la Cour, conformément aux Conclufions de M. l'Avocat-Général Gilbert de Voifins, a, par Arrêt rendu le 12 Janv. 1731, jugé qu'il n'y avoit point d'abus dans les diverfes Sentences de l'Official Métro-

politain de Tours, par lefquelles il avoit d'abord levé les défenfes accordées contre la Sentence d'un Official de Limoges à Gueret, & renouvellé depuis ces mêmes défenfes. Voyez *Défenfes (Arrêt de), & Exécution Provifoire.*

En matiere criminelle, les Juges ne peuvent point ordonner l'exécution Provifoire des Sentences qu'ils ont rendues, fur-tout fi elles prononcent d'autres peines que les peines pécuniaires; & par un Arrêt rendu en la Tournelle Criminelle, le 12 Février 1763, la Cour, en infirmant la Sentence rendue le 26 Octobre 1760, en la Juftice de Bettancourt en Champagne, qui, » fans » préjudicier aux droits des Parties, au » principal, ordonnoit, par provifion, que » Jeanne le Guerné, veuve de François » Gerard, feroit attachée, & fans déport, » au poteau du Pilori de Bettancourt, pour » demander pardon à Dieu, au Roi & à » Juftice «, a non-feulement condamné les Officiers de cette Juftice-chacun en 50 livres d'aumône envers les Pauvres, & folidairement en 2000 livres de réparation civile envers la veuve Gerard, mais a de plus interdit le Bailli, le Procureur Fifcal & un Huiffier, pour neuf ans, de toutes leurs fonctions. Voyez *Exécution Provifoire.*

PROXENETES.

C'eft ainfi qu'on nomme ceux qui s'entremettent pour faire vendre des Terres, pour faire prêter de l'argent, ou pour faire conclure des marchés. Voyez *Courtiers.*

PRUD'HOMMES.

On donnoit anciennement ce nom aux perfonnes qui étoient nommées pour faire des vifites, des appréciations, &c. & qui ne font actuellement connus que fous le nom d'*Experts.* Voyez *Experts.*

En Provence, il y a le Tribunal de Prud'hommie qui connoît des différends relatifs à la pêche, qui furviennent entre Pêcheurs. On les nomme tous les ans par élection aux Fêtes de Noël, & ils prêtent ferment entre les mains du Viguier & des Confuls.

A Lille, il y a huit Officiers Municipaux, qu'on nomme Prud'hommes, & qui font partie du Corps du Magiftrat; (Voyez *Magiftrat.*) Leurs fonctions font de veiller à la confervation des intérêts des Bourgeois.

PUBERTÉ.

Voyez *Age, Mariage,* & *Mineurs.*

La Puberté eſt l'état des Puberes, c'eſt-à-dire, des garçons qui ont atteint quatorze ans, & des Filles qui en ont douze.

PUBLICATION.

Voyez *Aveu, Ban de Mariage, Ban de Vendange, Enchere, Subſtitution.*

On nomme Publication, un avertiſſement ou lecture qui ſe fait publiquement à haute & intelligible voix, ſoit dans les Tribunaux, ſoit dans les aſſemblées & lieux publics, afin de rendre une choſe notoire & connue.

L'art. 32 de l'Edit du mois d'Avril 1695, ordonne que *les Curés, Vicaires & autres Eccléſiaſtiques, ne ſeront plus obligés de publier au Prône, ni pendant l'Office, les Actes de Juſtice & autres qui regardent l'intérêt particulier des Peuples; & que les Publications ordonnées par les Coutumes & Réglemens, devoir être faites au Prône, & qui ſeront faites par des Huiſſiers, Sergens ou Notaires, à l'iſſue des grandes-Meſſes de Paroiſſe, avec les affiches qui ſeront par eux poſées aux grandes portes des Egliſes, ſeront de pareille force & valeur, même pour les Décrets, que ſi leſdites Publications avoient été faites au Prône.* (a)

Cet article, qui n'avoit pour objet que la Publication des affaires des Particuliers, a été interprêtée par une Déclaration du 16 Décemb. 1698, enregiſtrée le 31, qui porte, qu'il ſera exécuté *même pour ce qui regarde les propres affaires* du Roi. Cependant voyez les Arrêts de la Chambre des Comptes, que je rapporte à l'article *Aveu & Dénombrement.*

Par un Arrêt de Réglement du 12 Février 1699, rendu ſur la Requête de M. le Procureur Général, la Cour a ordonné que les Huiſſiers ou Sergens qui feroient des *Publications à l'iſſue des Meſſes de Paroiſſe,* en feroient *en même-temps l'appoſition* (par

affiches) *à la porte de l'Egliſe lorſqu'il ſeroit néceſſaire, & marqueroient enſuite de l'Acte, qu'il a été par eux lû, publié & affiché.*

Le même Arrêt régle auſſi ce qui doit être payé aux Huiſſiers pour ces ſortes de Publications.

La Cour, par Arrêt rendu en la Tournelle le Samedi premier Mars 1727, ſur les Concluſions de M. l'Avocat Général d'Agueſſeau, a fait défenſes aux Juges d'Angers, & à tous autres, d'ordonner que leurs Sentences ſeront publiées aux Prônes des Meſſes Paroiſſiales. Cependant voyez *Pain-Béni.*

Le Parlement de Pau ayant ordonné, par des Arrêts des 4 & 20 Octobre 1742, au ſieur Condure, Curé de Piets, d'annoncer au Prône de ſa Paroiſſe, que le ſieur Capdeville feroit publier un dénombrement à l'iſſue de la Meſſe, à peine de 500 liv. d'amende; les Agens du Clergé ſe ſont pourvus contre ces Arrêts; & ſur leur Requête, ils ont été caſſés par Arrêt du Conſeil du 22 Septembre 1743.

Cet Arrêt ordonne que l'art. 32 de l'Edit du mois d'Avril 1695, & la Déc. du 16 de Décembre 1698, *ſeront exécutés . . . . dans l'étendue du reſſort du Parlement de Pau . . . ſans néantmoins que le préſent Arrêt puiſſe ſervir de prétexte pour donner atteinte à la validité des Publications faites au Prône en vertu d'Arrêts du Parlement de Pau juſqu'au jour du préſent Arrêt.*

PUISSANCE PATERNELLE.

Voy. *Emancipation, Habilitation* & *Macédonien.*

Dans la Coutume de Paris, & dans la plûpart des autres, les peres n'ont guères plus de pouvoir ſur leurs enfans, que les tuteurs ſur les pupilles: ils ont le ſoin de leur éducation & de l'adminiſtration de leurs biens juſqu'à ce qu'ils ſoient majeurs ou émancipés par Lettres du Prince; mais ils n'ont pas l'uſufruit de leurs biens comme en Pays-Coutumier.

(a) Notez que cet article & la Déclaration du 16 Décembre 1698, décident ſeulement que les Curés & autres Eccléſiaſtiques *ne peuvent être contraints* de publier au Prône, des actes qui n'ont pour objet que des affaires temporelles; mais qu'il ne contient aucune défenſe de faire ces Publications.

Les Curés reſtent aſſujettis à publier au Prône, les Bans de mariage, les Monitoires, les priſes de poſſeſſion de Bénéfice, & tout ce qui a rapport aux affaires Eccléſiaſtiques. Voyez *Aveu & Dénombrement.*

La Coutume de Paris n'accorde cet ufufruit aux Nobles & aux Bourgeois de Paris , que jufqu'à un certain âge , fous des
conditions dont j'ai parlé ailleurs. (Voyez
Garde-Noble & Garde-Bourgeoife) ; & l'u-
ne & l'autre Garde eft commune au pere &
à la mere.

Dans quelques autres Coutumes , comme
Auvergne , Bourbonnois, Rheims, Berry,
Montargis , Châlons , &c. les peres ont la
même Puiffance fur leurs enfans, qui ne
font pas émancipés , que dans les Pays de
Droit-Ecrit : mais cette Puiffance finit à un
certain âge réglé par chacune de ces diverfes Coutumes. Quelques-unes cependant
exigent que l'émancipation des enfans foit
faite judiciairement.

La plûpart de ces Coutumes admettent
l'émancipation tacite ; 1°. par le mariage
fait du confentement du pere; 2°. quand le
fils devient titulaire d'un Office, ou qu'il
eft chargé d'une fonction publique du confentement du pere , &c.

Il y en a même quelques-unes , comme
celles de Bourgogne , où la Puiffance Paternelle finit dès le moment que les enfans
font hors de la maifon de leur pere , & qu'ils
tiennent un ménage à part.

En Poitou , les enfans mâles nobles reftent fous la Puiffance Paternelle , même
après leur mariage, jufqu'à ce que leur pere
juge à propos de les émanciper devant le
Juge ordinaire, fuivant l'article 311 de la
Coutume de cette Province ; mais fi le fils
d'un Roturier (a), après être marié , *demeure en fon ménage hors de la maifon de fon
pere par an & jour , il eft dès-lors* tacitement
émancipé. Ibid. 312.

A l'égard des filles nobles ou roturieres,
elles font émancipées par le mariage feul ;
parce qu'elles entrent fous la puiffance de
leur mari à l'inftant de leur mariage , & qu'il
n'eft pas raifonnable qu'on foit en même-
temps fous la Puiffance de deux perfonnes.
Voyez l'article 313.

Dans l'ancien Droit Romain, l'état des
fils de famille ne différoit guères de celui
des efclaves , eu égard à l'étendue du pouvoir auquel ils étoient foumis. Tout ce

qu'ils acquéroient, à l'exception du Pécule
Caftrenfe & quafi Caftrenfe, appartenoit au
pere , tant en propriété qu'en ufufruit.

L'Empereur Conftantin fut le premier
qui attribua aux fils de famille la propriété
des biens qui proviendroient de la fucceffion
de leur mere , & en laiffa néantmoins l'ufufruit au pere.

Arcadius & Honorius étendirent ce privilége aux biens provenans de l'ayeul , de
l'ayeule & autres afcendans maternels.

Les donations à caufe de nôces , & tous
autres gains nuptiaux, y furent encore compris dans la fuite par les Empereurs Théodofe, Valentinien & Leon ; enfin Juftinien
en fit une régle générale pour toutes fortes
de biens acquis au fils de famille , à quelque
titre que ce fût , même par fon travail & fon
induftrie.

Ainfi , comme le Droit Romain eft obfervé dans nos Provinces régies par le Droit-
Ecrit, la Puiffance Paternelle donne au
pere , dans ces Provinces, le droit de jouir
de tous les biens qui appartiennent à fes enfans, à quelque titre qu'ils leur foient avenus , foit par fucceffion , donation , legs ou
autrement : il n'y a d'excepté que ce qu'on
appelle Pécule, & les biens immmeubles régis par des Coutumes qui ont des difpofitions contraires.

Les Loix Romaines diftinguent quatre fortes de Pécules , qui ne font pas foumis à la Puiffance Paternelle , fçavoir ,
le Pécule *Caftrenfe*, le Pécule *quafi Caftrenfe* , le Pécule profectice, & le Pécule
adventice.

Le Pécule *Caftrenfe* eft celui que le fils
acquiert à la guerre , & dans les emplois militaires.

Le Pécule *quafi Caftrenfe* eft celui qu'il
acquiert dans la Magiftrature , au Barreau ,
en qualité d'Avocat ou de Procureur , par
les Bénéfices & Dignités Eccléfiaftiques ,
ou dans la profeffion des Arts libéraux.

Le Pécule profectice eft celui qui eft
donné au fils de famille, ou par fon pere , ou
en confidération de fon pere.

Le Pécule adventice eft celui que le fils
de famille acquiert par voie fortuite , par

(a) Il eft bien fingulier qu'il y ait plus de liberté &
un moyen plus aifé dans la roture que dans la nobleffe,
pour fortir de la Puiffance Paternelle. Il y a même cela de -

fingulier, qu'on ne fort pas de la Puiffance Paternelle en
devenant majeur; il faut être marié. Voyez les articles 316.
& 317.

fon travail & fon commerce. V. *Adventice* & *Habilitation*.

Le pere n'a conftamment aucun droit fur le Pécule *Caftrenfe*, ni fur le Pécule *quafi Caftrenfe*. Le fils de famille en eft maître abfolu; mais une Conftitution de Juftinien donne au pere l'ufufruit du Pécule adventice : néantmoins, comme, dans nos mœurs, la Puiffance Paternelle n'a pas tout-à-fait tant de faveur qu'elle en avoit chez les Romains, nos Jurifconfultes ont affimilé le Pécule adventice aux Pécules *Caftrenfe* & *quafi Caftrenfe*, & lui ont donné le même effet. Voyez le Commentaire de Vinnius fur les Inftituts de Juftinien, celui de Chaffanée fur la Coutume de Bourgogne, titre des enfans de plufieurs lits : c'eft auffi l'ufage du Lyonnois.

En adoptant cet ufage, & l'opinion des Auteurs que je viens d'indiquer, la Cour des Aides a, par Arrêt rendu le 6 Mars 1761, contre les Confuls de Condrieux, jugé qu'un pere de famille, en Pays de Droit-Ecrit, ne pouvoit pas être impofé à la taille, à raifon du commerce particulier que font fes enfans non émancipés.

Les engagemens que contracte le fils de famille, ne fçauroient jamais préjudicier aux droits de la Puiffance Paternelle, qui donne au pere l'ufufruit des biens de fes enfans, lors même qu'ils décédent avant lui.

Mais fi le fils de famille a des biens particuliers, fur lefquels le pere n'ait point de droit de propriété ou d'ufufruit, l'on peut, du vivant même du pere, exercer contre le fils l'action qui naît de fes engagemens fur tout ce qui compofe fes biens non fujets à la Puiffance Paternelle.

Un grand nombre de Loix décident que le fils de famille majeur peut valablement s'obliger de même que les émancipés, pourvû qu'un prêt d'argent, fans emploi utile, (V. *Macédonien*); mais quoiqu'en ce cas l'obligation foit valable, elle ne peut s'exécuter au préjudice des droits du pere. Ainfi il faut diftinguer la validité de l'obligation d'avec l'exécution, & la maniere d'exercer l'action qui naît de l'obligation; & ce qui eft dit du fils de famille, eft commun à la fille.

Le pere ne peut faire de donation au profit de fes enfans qui font en fa Puiffance,

fi ce n'eft par contrat de mariage : toutes les autres donations du pere à fes enfans font réputées à caufe de mort ; quoiqu'elles foient conçues entre-vifs, il peut toujours les révoquer, & elles ne font confirmées que par la mort du donateur.

Le fils de famille ne peut tefter que de fon Pécule. Les autres difpofitions teftamentaires des autres biens, faites pendant la vie du pere, ne feroient pas valables, même après la mort du pere.

Un autre effet de la Puiffance Paternelle eft que le pere, qui marie fon fils fans l'émanciper, eft refponfable de la dot de fa bru, foit qu'elle ait été payée à lui-même ou à fon fils. Il y a même quelques Parlemens qui le rendent garant de l'augment des bagues & joyaux, &c. Voyez Bretonnier, Queftions alphabétiques.

Dans les refforts des Parlemens où l'on fuit le Droit-Ecrit, & même dans les Pays régis par le Droit-Ecrit, qui font du reffort du Parlement de Paris, la Puiffance Paternelle dure jufqu'à ce que les enfans foient émancipés, c'eft-à-dire, tant qu'il plaît au pere; car on ne peut le contraindre d'émanciper fes enfans, quand même ils feroient âgés de foixante ans. (Voyez les Obfervations fur Henrys, tom. 2, liv. 4, queft. 13.)

Cette régle fouffre néantmoins quelques exceptions, & il y a certaines dignités qui émancipent de plein droit. Il n'y avoit d'abord que celle de Patrice qui produifit cet effet; mais dans la fuite, Juftinien l'étendit à toutes les dignités qui affranchiffoient du Décurionnat, & qui font en grand nombre. Cette extenfion eft ordonnée par la Novelle 81; parce, dit l'Empereur, qu'il y auroit de l'indécence de voir un Magiftrat foumis à la Puiffance d'autrui; de voir un Juge, qui décide tous les jours du droit des autres, n'être pas lui-même maître de fes droits.

Nous penfons donc que les charges de Judicature émancipent les fils de famille; quelques Jurifconfultes, en petit nombre, ont prétendu qu'il n'y avoit que les Officiers de Cour fouveraine qui méritaffent de jouir de cet affranchiffement de la Puiffance Paternelle; mais le plus grand nombre penfe qu'une fimple charge de Judicature fuffit. Ceux-ci fe fondent fur les motifs écrits dans les Inftituts de Juftinien. Voyez *Automne*.

Le mariage même n'émancipe pas les enfans de famille dans tous les Parlemens de Droit-Ecrit : il n'y a que les Pays de Droit-Ecrit, du reffort du Parlement de Paris, où le mariage émancipe, comme le Lyonnois, le Forès, le Beaujolois, & une partie de l'Auvergne. V. M. Louet & Brodeau, lettre M, num. 18.

Les enfans du fils de famille ne font pas fous la Puiffance de leur pere, mais de leur ayeul paternel, qui garde toujours cette Puiffance fur tous fes defcendans du côté des mâles, en quelque dégré qu'ils foient. L'ayeul peut même émanciper fon fils, fans émanciper fes petits-enfans ; & il peut de même émanciper fes petits - enfans, fans émanciper fon fils.

Les petits-enfans, qui ont une fois été fous la Puiffance de léur ayeul, ne retombent point dans la Puiffance de leur pere, foit qu'ils ayent été émancipés avant lui, foit qu'il ait été émancipé avant eux ; de forte qu'un fils qui fe marie durant la vie de fon pere, ne peut jamais voir fous fa Puiffance fes enfans nés du vivant du pere, à moins qu'il n'ait été émancipé avant leur conception, ou que fon pere, en l'émancipant, ne fe foit pas réfervé la puiffance fur eux, ou enfin que le pere foit mort fans avoir émancipé, ni fon fils, ni fes petits-enfans.

Il n'y a que les enfans légitimes qui font fous la Puiffance Paternelle ; les bâtards ne peuvent y être, parce qu'ils ne font d'aucune famille, qu'ils n'en ont pas les droits, & n'ont point de parens.

L'effet de l'émancipation du fils de famille eft de le mettre hors de la Puiffance Paternelle, c'eft-à-dire, d'ôter à fon pere, ou à fon ayeul, l'ufufruit que cette Puiffance leur donnoit de fes biens, & de le rendre capable d'emprunter, fans avoir befoin du confentement de fon pere, pourvû qu'il ait l'âge requis.

Le mineur, mis hors de la Puiffance Paternelle par l'émancipation, ne peut contracter mariage fans le confentement de fon pere ; la Cour l'a ainfi jugé par Arrêt rendu fur les Conclufions de M. l'Avocat Général Gilbert de Voifins, dans l'affaire

du fieur Bunót, à la fin du mois de Février 1742.

Le pere peut émanciper fes enfans à toutes fortes d'âges ; mais s'il les émancipe avant la puberté, il faut leur nommer des tuteurs pour régir leurs biens ; parce qu'avant cet âge, l'émancipation ne les met pas en état de faire cette régie eux-mêmes.

Dans tous les Pays de Droit-Ecrit, il faut que l'émancipation des enfans de famille fe faffe en jugement : le feul Parlement de Touloufe eft dans l'ufage de confirmer les émancipations que le pere fait devant Notaire, en déclarant fa volonté.

En Provence, on connoît deux fortes d'émancipations des fils de famille, l'une de fait, l'autre de droit.

Celle de fait ne s'opére que par un contrat paffé en préfence du Juge du lieu, de deux témoins & d'un Notaire.

Celle de droit a lieu par l'habitation & la demeure que le fils fait, pendant dix années, féparément de celle de fon pere, fans caufe néceffaire.

L'émancipation par contrat de mariage, paffée fans la préfence du Juge, n'eft point parfaite, & n'opére qu'une habilitation. V. *Habilitation*, & l'Acte de Notoriété donné par MM. les Gens du Roi du Parlement d'Aix, le 21 Mai 1739.

Les Coutumes qui ne donnent pas aux peres la même Puiffance fur leurs enfans, que leur accorde le Droit-Ecrit, leur laiffent néantmoins le foin des perfonnes, & de l'éducation de leurs enfans. Il y a même un Arrêt du 1696, qu'on trouve au Journal des Audiences, tom. 5, qui autorife les peres non remariés en fecondes nôces, à faire enfermer leurs enfans indociles dans des Maifons de force, de leur propre autorité ; les meres, en vertu d'une Ordonnance du Juge feulement. V. *Education*.

F U L V É R A G E.
V. *Péage.*

C'eft le nom d'un droit connu en Dauphiné & en Provence, qui fe paye au Seigneur Haut-Jufticier, dans la Terre duquel paffent des troupeaux, à caufe de la pouffiere qu'ils y excitent.

Le Pulvérage ne doit pas être confondu

avec le droit de péage ; car, au lieu que ce-lui-ci est un droit Régalien, le droit de Pul-vérage au contraire est un droit acquis, & dépendant du Fief, que le Seigneur peut encore exiger après que son péage a été sup-primé, ainsi qu'il a été jugé, par Arrêt ren-du en l'année 1750, en faveur du Seigneur des Pontis, rapporté par l'Auteur de la Ju-risprudence observée en Provence, partie première, tit. 5, n. 14.

PUPILLE.

C'est ainsi qu'on nomme ceux qui sont en la puissance & sous la direction d'autrui, comme les mineurs, les interdits, &c.

Q

QUALITÉ.
V. *Baron*, *Noble* & *Seigneur*.

PAR le mot Qualité, on entend les noms & les titres qu'on donne aux person-nes pour indiquer leur état, leur rang, leurs Seigneuries, &c.

Quelquefois aussi le mot Qualité est sy-nonime à capacité. Voyez *Capacité* & *In-capable*.

La Cour, par un Arrêt de Réglement rendu le 13 Août 1663, sur les Conclusions de M. l'Avocat Général Bignon, a fait *dé-fenses à tous Propriétaires de terres de se qua-lifier Barons, Comtes ou Marquis, & d'en prendre les Couronnes en leurs Armes, sinon en vertu de Lettres-Patentes bien & dûement vérifiées ; à tous Gentilshommes de prendre la qualité de Messire & de Chevaliers, sinon en vertu de bons & de légitimes titres ; & à ceux qui ne sont point Gentilshommes, de prendre la qualité d'Ecuyer, ni de timbrer leurs Ar-mes ; le tout à peine de 1500 liv. d'amende.* Journal des Audiences, tome. 2, liv. 5, chap. 39. Voy. *Armes* & *Nom*.

Un Religieux de Cluni, nommé Mornai, avoit tû sa qualité de Moine dans une obli-gation passée devant Notaire, par laquelle, en empruntant une somme de 500 livres, faisant partie de deniers pupillaires, avec stipulation d'intérêts, il avoit au contraire pris celle de Prêtre Licentié en Droit Ca-non, fut décrété de prise de corps, le Mardi 29 Déc. 1733, par Arrêt rendu en la Grand-Chambre, de relevée. Dans cette Audience, Mornai alléguoit sa qualité de Religieux, pour se dispenser de payer les 500 liv.

La Qualité des femmes est la même que celle de leurs maris. V. *Femme*.

QUARTE CANONIQUE.

La Quarte Canonique n'est guères con-nue qu'en Languedoc ; elle consiste dans un droit que les Archevêques & Evêques de cette Province ont de prélever une portion de la dixme qui se leve sur les fruits des hé-ritages de leurs Diocèses.

Cette portion de dixme, ou Quarte Ca-nonique, forme, pour ainsi dire, la portion congrue des Evêques : elle tire son origine du partage des biens ecclésiastiques, qui fut anciennement fait en quatre parts, dont une fut affectée aux Décimateurs, une autre au Service divin, une autre à acquitter les charges, & la quatrième à l'Evêque. Voy. *Biens d'Eglise*.

Voyez aussi dans le Rapport des Agens du Clergé, fait à l'Assemblée tenue en 1730, le détail de l'affaire des sieurs le Blanc, successivement Prieurs du Sault, contre l'E-vêque de Carpentras, sur la question de sça-voir, si les Evêques sont considérés comme co-Décimateurs, & tenus de contribuer aux réparations du Chœur, &c. à cause de la Quarte Canonique.

QUARTE de la Femme Pauvre.

C'est ainsi qu'en Pays de Droit-Ecrit on nomme la portion qu'une Femme Pauvre peut, en certains cas, demander dans la suc-cession de son mari. Je parle de ce droit de la Femme à l'art. *Conjoint*.

QUARTE FALCIDIE.

La Quarte Falcidie eft, dans les Pays de Droit-Ecrit, à peu près la même chofe que ce que nous nommons réferves coutumieres en Pays coutumier : elle confifte dans le quart des biens de la fucceffion ; & l'héritier peut demander ce quart, fi le défunt a fait des legs qui excédent les trois quarts de fes biens, les dettes déduites & prélevées.

Il y a néantmoins cette différence entre la Falcidie & les réferves coutumieres ; que celles-ci ne peuvent être enlevées à l'héritier par aucune difpofition à caufe de mort ; au lieu que le teftateur peut obliger fon héritier à acquitter les legs, fans déduction de la Falcidie, en le lui ordonnant d'une maniere expreffe.

L'héritier pur & fimple ne peut demander la diftraction de la Quatre Falcidie parce que fa qualité l'engage à toutes les charges indiftinctement, même au-delà de la valeur des biens de l'hérédité ; il n'y a que l'héritier par bénéfice d'inventaire qui puiffe demander cette diftraction ; & pour cela il doit faire faire bon & fidéle inventaire, autrement il eft privé de la Falcidie. Voyez la Novelle premiere, ch. 2, & *Bénéfice d'Inventaire.*

Néantmoins, comme il a été donné un Edit perpétuel, le 14 Décembre 1456, pour la Provence, qui porte que l'héritier ne perdra, ni ne devra perdre fa Trébellianique pour n'avoir fait inventaire ; & parce que tous les Gloffateurs penfent que la Falcidie & la Trébellianique font égales, cette derniere Quarte ayant été introduite à l'exemple de la premiere, qui eft même la plus favorable, la Cour, par Arrêt rendu le 7 Février 1752, a ordonné la diftraction de la Quarte Falcidie dans la fucceffion du fieur Silvain, ouverte à Paris, mais dont partie des biens étoient en Provence, en faveur des fieurs Bonhomme, fes héritiers purs & fimples.

Dans cette efpéce, la veuve de Me Silvain avoit fait faire inventaire à Paris. Ses héritiers n'avoient été inftruits du décès que trois ans & demi après la mort ; & lorfqu'ils l'apprirent, il paroiffoit un teftament du fieur Silvain, par lequel il avoit difpofé de tous fes biens en caufes pies, *& la Quar-*

te Falcidienne ne s'exerce pas fur les legs pieux. Les lettres de bénéfice d'inventaire étoient par conféquent inutiles alors ; mais on avoit depuis découvert un autre teftament poftérieur, qui révoquoit le premier, & qui laiffoit fubfifter l'action en détraction. L'Arrêt a jugé qu'elle pouvoit, en ce cas, fe demander par l'héritier pur & fimple.

La Quarte Falcidie fe prend fur tous les biens de la fucceffion qui fe trouvent régis par le Droit-Ecrit, au temps du décès du teftateur, même fur ceux pour lefquels il a fait des difpofitions à caufe de mort, fans confidérer les augmentations ou diminutions qui peuvent être furvenues depuis ; & fi ces biens font indivifibles, la Falcidie fe régle par des eftimations.

L'héritier bénéficiaire qui fraude, perd la Quarte Falcidie fur l'objet qu'il avoit voulu divertir, & fur le legs qu'il avoit voulu fupprimer.

L'action de celui à qui la Falcidie eft due, dure trente ans, à compter du jour du décès du teftateur.

Celui qui s'eft abftenu, ou a renoncé à l'hérédité, ne peut demander la diftraction de la Falcidie. Il ne faut pas même une renonciation expreffe ; il fuffit qu'elle foit tacite, pour lui interdire cette action. Il ne pourra point, par exemple, demander cette diftraction, s'il a payé les legs en entier, fçachant qu'ils furpaffoient les trois quarts de la valeur des biens. Voyez la Novelle premiere, chap. 3.

L'Ordonnance donnée en 1735, pour les teftamens, contient des difpofitions fur la Falcidie & fur la Trébellianique, qui méritent place ici : voici comme elle s'explique.

Art. LVI. *Ceux qui ont droit de légitime, & qui auront été inftitués héritiers, pourront faire détraction de la Quarte Falcidie fur les legs, & de la Quarte Trébellianique fur les Fidéi-commis, & retenir en outre leur légitime.*

LVII. *Lorfque le teftament contiendra la claufe codicillaire, & que l'inftitution d'héritier ne fera fans effet, qu'à caufe d'un défaut de folemnité, ou de la caducité de ladite inftitution, les héritiers ab inteftat, qui ont droit de légitime, & qui prendront audit cas*

la

*la place de l'héritier institué, pourront pareil-
lement faire détraction des Quartes Falcidie
& Trébellianique, & celle de la légitime sur
la totalité des biens du testateur.*

*LVIII. Dans le cas porté par l'article 53,
où, nonobstant la clause codicillaire, l'institution d'héritier ne peut valoir, même comme
Fidéi-commis, à cause du vice de la prétérition, & où le testament ne subsiste que pour
le surplus des dispositions du testateur, ceux
qui ont droit de légitime, pourront faire la
détraction des Quartes Falcidie & Trébellianique, sur le legs ou Fidéi-commis, & en outre retenir leur légitime sur iceux, en cas
que les biens qui leur appartiendront par la
nullité de l'institution, ne suffisent pas pour
remplir ladite légitime.*

*LIX. La disposition des trois articles pré-
cédens sera exécutée à l'égard de tout testament, même du Militaire.*

QUARTE TRÉBELLIANIQUE.
V. *Quarte Falcidie.*

» On nomme Trébellianique le Quart
» que les Loix affectent aux héritiers char-
» gés d'un *Fidéi-commis* universel de l'hé-
» rédité ou d'une partie, ce qui distingue la
» Trébellianique de la Falcidie ; car celle-
» ci regarde les Legs & les *Fidéi-commis*
» particuliers de certaines choses : « telle est
la définition que Domat donne de la Quarte
Trébellianique.

Plusieurs des régles prescrites pour la
Falcidie, sont communes à la Trébellianique ; l'une & l'autre sont même souvent
confondues par les Loix. Despeisses a traité
cette matiere avec beaucoup d'étendue. Domat & la Combe en parlent aussi d'une maniere très-instructive : je me contenterai de
renvoyer à ces Auteurs, dont le mérite est
connu, & que je ne pourrois que copier
ici.

QUASI-CONTRAT.

C'est ainsi que les Romains nommoient
les engagemens résultans de quelques faits
qui produisent obligation, & que l'on ne
peut cependant pas nommer contrats ; parce
que la convention expresse ou tacite, qui
est l'ame des contrats, ne s'y rencontre
point.

Par exemple, l'adition d'hérédité est un

Tome III. Part. I.

Quasi-Contrat ; parce que l'héritier, en ap-
préhendant, c'est-à-dire, en acceptant une
succession, se soumet par-là à payer toutes
les dettes, & à remplir les engagemens du
défunt.

QUASI-DÉLIT.

» On appelle Quasi-Délit, certaines fau-
» tes qui procédent plutôt de l'animadver-
» tance ou de l'impéritie, que d'un mauvais
» dessein, comme si l'on jette ou si l'on sus-
» pend quelque chose sur un chemin public,
» de maniere que cela nuise aux passans ; si
» un Chirurgien estropie un malade........&
» autres cas semblables, dont la peine se ré-
» duit à des dommages & intérêts, ou à
» une amende de Police «. Analyse du *Droit
François.*

QUATORZAINE.

On donne quelquefois ce nom aux criées
de biens-immeubles saisis ; parce que, dans
le ressort de plusieurs Coutumes, par exemple, dans celle de Paris, elles doivent se
faire de deux en deux semaines, & par quatre quatorzaines. V. *Criées.*

QUATRE QUINTS.
V. *Propres réels, Propres fictifs, & Réserves
Coutumieres.*

QUERELLE.

Au Barreau, ce mot signifie contestation,
attaque, plainte, &c.

On appelle Querelle d'inofficiosité, la
demande que forme un héritier pour qu'un
testament soit déclaré inofficieux. V. *Exhérédation, Inofficiosité.*

On dit en Normandie, qu'on a employé
le ministere du Sergent de la Querelle, pour
marquer que c'est le Sergent du lieu où la
contestation s'est élevée, dont on s'est servi,
&c. Voyez l'article 63 de la Coutume de
Normandie.

QUESTION, (TORTURE).
Voyez *Peines.*

On nomme Question, une peine qui peut
se prononcer en certains cas contre les accusés en matiere criminelle, (& jamais en matiere civile), pour tirer d'eux l'aveu d'un
crime grave.

K k

Il y a deux fortes de Queftions; l'une dé-finitive, qui fait partie du fupplice de ceux qui font condamnés à la mort : ceux-là y font quelquefois appliqués pour rendre leur fupplice plus douloureux & plus terrible ; & quelquefois auffi ils n'y font condamnés que pour les forcer, par les tourmens, à ré-véler leurs complices.

L'autre efpèce de Queftion eft nommée purgative & préparatoire ; elle ne fe pro-nonce ordinairement que quand il s'agit d'un crime qui doit être puni de mort, & pour lequel il y a des preuves qui, fans être fuf-fifantes pour autorifer une condamnation définitive, donnent néantmoins des indices violens qui déterminent à penfer que l'ac-cufé eft coupable (a).

La maniere de donner la Queftion varie fuivant les lieux & les ufages. A Paris, elle fe donne, ou à l'eau, ou aux brodequins. Voyez à la fin du préfent article le Mémoire inftruétif fur la maniere de donner la Quef-tion.

La Queftion préparatoire ou purgative ne doit pas être donnée par l'Exécuteur de la Haute-Juftice, mais par perfonne prépo-fée à cet effet, & qu'on nomme communé-ment Queftionnaire ; parce qu'un Jugement qui condamne à une Queftion préparatoire, n'eft qu'une Sentence interlocutoire, qui ne peut pas prononcer la confifcation du corps de l'accufé, & que l'accufé même, condam-né à fubir cette efpéce de Queftion, eft en-core *integri ftatûs.*

Tous Juges Royaux & Hauts-Jufticiers peuvent *ordonner* que l'accufé fera appliqué à la Queftion, *lorfqu'il y a preuve confidéra-ble contre un accufé de crime capital, qui mé-rite peine de mort, & qui foit conftant, au cas que la preuve ne foit pas fuffifante.* Ordon-nance criminelle, tit. 19, art. 1.

Les Juges peuvent, en condamnant à la Queftion, *arrêter que les preuves fubfifteront en leur entier,* pour pouvoir enfuite con-damner l'accufé *à des peines pécuniaires,* & même *à des peines afflictives ;* mais fi l'accufé fouffre la Queftion *fans rien avouer,* il ne

peut *être condamné* à la peine de mort, à moins *qu'il ne furvienne de nouvelles preuves depuis la Queftion,* ibid. art. 2.

Si les preuves ont été réfervées avant la Queftion, & qu'elles ne foient pas fuffifan-tes pour déterminer les Juges à prononcer des peines, ils doivent ordonner un plus amplement informé.

En condamnant un coupable à la mort, les Juges peuvent ordonner qu'il fera appli-qué à la Queftion, pour avoir révélation de fes complices, *ibidem.* art. 3.

Ils peuvent même l'y condamner comme à une peine afflictive faifant partie du fup-plice, fi le crime le mérite.

Il eft défendu *à tous Juges, à l'exception des Cours fupérieures, d'ordonner que l'accu-fé fera préfenté à la Queftion, fans y être ap-pliqué,* idem, art. 5.

En jugeant la fameufe affaire du nommé Calas, accufé d'avoir pendu fon fils, les Ca-pitouls de Touloufe avoient ordonné qu'un Particulier & une Servante feroient préfen-tés à la Queftion ordinaire; mais par Arrêt rendu au Parlement de Touloufe, le 5 Dé-cembre 1761, la Sentence des Capitouls fut infirmée, avec » défenfes d'ordonner à l'a-» venir que les prévenus feroient feulement » préfentés à la Queftion, fans y être appli-» qués «.

Si celui qui eft appliqué à la Queftion, révele des complices qui foient arrêtés fur le champ, il doit être à l'inftant procédé à la confrontation, quand même le Juge fe-roit incompétent pour juger les complices, fauf à juger la compétence après, article 4. *Ibid.*

Le Jugement de condamnation à la Quef-tion doit être dreffé & figné fur le champ ; & *le Rapporteur, affifté d'un autre Juge,* doit fe tranfporter à la chambre de la Queftion, *pour le faire prononcer à l'accufé,* ibidem, art. 6.

Les Sentences qui condamnent à la Quef-tion, ne peuvent être exécutées qu'après qu'el-les ont été confirmées par Arrêt, lorfqu'elles font fufceptibles d'appel, *ibid.* art. 7.

(a) L'épreuve de la Queftion a toujours été regardée comme douteufe, depuis que l'on a commencé à corriger la Barbarie des premiers fiécles.

Une ancienne Ordonnance de Saint Louis de l'an 1254, défend aux Juges de condamner à la Queftion préparatoi-re, fur la foi d'un feul témoin qui parleroit, même de *Vifu ;* & une autre Ordonnance du même Roi exige que les dépofitions des témoins foient foutenues d'indices & d'argumens pofitifs, pour déterminer à prononcer un pa-reil Jugement.

L'accusé doit être interrogé après avoir prêté serment avant qu'il soit appliqué à la Question ; & il doit signer son interrogatoire, sinon on doit faire mention de son refus, Ibid. art. 8.

La Question doit être donnée en présence des Commissaires qui doivent rédiger le Procès-verbal de l'état de la Question, des réponses, confessions, variations, &c. art. 9.

Les Commissaires peuvent faire modérer une partie des rigueurs de la Question, si l'accusé confesse ; & s'il varie, ils peuvent le faire mettre dans la même rigueur ; mais s'il a été délié & entiérement ôté de la Question, il ne peut plus y être remis, ibid. art. 10.

Après que l'Accusé est tiré de la Question, il doit être sur le champ interrogé sur les déclarations & sur les faits par lui confessés ou déniés à l'interrogatoire par lui signé, sinon il doit être fait mention de son refus, art. 11.

L'accusé ne peut pas deux fois être appliqué à la Question pour le même fait, quelque nouvelle preuve qui survienne. Ibid. art. 12.

Si l'accusé souffre la Question sans rien avouer, il doit être renvoyé absous purement & simplement, à moins que les preuves n'ayent été réservées par le Jugement de condamnation à la Question.

Quoique celui qui a souffert la Question, ait depuis été reconnu innocent, on ne lui accorde aucuns dommages-intérêts, à moins qu'il n'y ait Partie civile.

Comme il n'y a point de partage d'opinions en matiere criminelle, au moyen de ce que, quand il y a égalité de suffrages pour une opinion & pour une autre, celle qui est la plus douce & la moins rigoureuse, est celle qui est suivie & préférée ; il s'est agi de sçavoir, si la peine des galeres, pour laquelle il y avoit autant de voix que pour la condamnation à la Question étoit plus douce ou plus sévere que cette derniere ; & la Cour a jugé que la peine des galeres est plus douce que la condamnation à la Question préparatoire avec réserves de preuves. Voyez le Praticien de Lange, des Matieres criminelles, partie 2, liv. 3, ch. 14.

Autrefois la maniere de donner la Question, n'étoit pas uniforme, & chaque Siége avoit sur cela des usages particuliers. Mais, par des Arrêts rendus les 14 Déc. 1695, pour Saint Pierre-le-Moutier, & 18 Jan-

vier 1697, pour Orléans, il a été ordonné qu'au lieu de la Question, dont on avoit jusqu'alors usé dans ces Sieges, elle y seroit donnée à ceux qui y seroient condamnés, de la maniere dont elle se donne en la Cour, soit par l'extention & avec de l'eau, ou par les brodequins, ainsi que les Officiers le jugeroient plus à propos, & que le lieu à ce destiné, la saison & la disposition des accusés le pourroient permettre.

Depuis ces Arrêts, il a été envoyé, par ordre de la Cour, dans tous les Sieges de son ressort, un Mémoire instructif sur la maniere en laquelle se doit donner la Question ordinaire & extraordinaire, avec extension ou avec les brodequins. Voici comme ce Mémoire est conçu.

Il y aura dans tous les Siéges Présidiaux & autres Siéges Royaux ressortissans au Parlement, où les Juges ont pouvoir de juger en dernier ressort, & dans les Justices auxquelles la Cour renvoye l'exécution de ses Arrêts, une chambre destinée pour la chambre de la Question.

Dans la chambre de la Question, il y aura une sellette, sur laquelle l'accusé condamné sera mis, & interrogé par le Rapporteur du Procès, assisté d'un des Juges du nombre de ceux qui auront jugé le Procès.

Il y aura pareillement un bureau pour le Greffier, & un petit tableau de l'Evangile, sur lequel il sera fait prêter serment à l'accusé de dire vérité.

Si la Question est préparatoire, après que l'accusé aura été interrogé, & que lecture aura été faite de son interrogatoire, signé de lui, ou déclaré qu'il ne sçait signer, lecture lui sera faite de son Jugement de condamnation à la Question ; après laquelle il sera vû & visité par un Médecin & deux Chirurgiens, si tant se trouvent dans le lieu, pour sçavoir si l'accusé n'a point quelque descente ou autre infirmité qui le met hors d'état de souffrir l'extension.

Que si le Médecin & les Chirurgiens le trouvent ainsi, il en sera fait mention dans le Procès-verbal ; & sur le champ le Rapporteur & le Conseiller qui assistent, en donneront avis aux Juges qui auront jugé le Procès ; & sera ordonné que la Question des brodequins lui sera donnée.

Si la Question est jointe à une condamna-

K k ij

tion de mort, sera fait la lecture à l'accusé étant à genoux, de la condamnation de mort & de la Question préalable. Ensuite sera lié par l'Exécuteur & mis sur la sellette, & interrogé comme dessus; délié pour signer; pareillement visité, ainsi qu'il a été dit, & de tout sera fait mention.

Si la Question est donnée avec de l'eau, l'accusé sera dépouillé & en chemise, attachée par le bas entre ses jambes.

Si c'est une femme ou fille, lui sera laissé une juppe avec sa chemise; & sera la juppe liée aux genoux.

Si la Question est de brodequins, l'accusé sera déchaussé nuds jambes; ce qui sera fait après l'interrogatoire & la visite du Médecin & Chirurgiens.

La Question de l'eau ordinaire avec extension se donnera avec un petit treteau de deux pieds de hauteur, & quatre cocquemards d'eau de deux pintes & chopine, mesure de Paris.

La Question ordinaire & extraordinaire avec extension se donnera avec le même petit treteau, & quatre pareils cocquemards d'eau : puis on ôtera le petit treteau, & sera mis en sa place un grand treteau de trois pieds quatre pouces; & se continuera la Question, avec quatre autres cocquemards d'eau pareillement de deux pintes & chopine chacun, lesquels cocquemards d'eau seront versés dans la bouche de l'accusé lentement & de haut.

A cet effet sera l'accusé lié par les poignets, & iceux attachés & liés entre deux cordes à chacun poignet, d'une grosseur raisonnable, à deux anneaux qui seront scellés dans le mur de la chambre, de distance de deux pieds quatre pouces l'un de l'autre, & à trois pieds au moins de hauteur du plancher par bas de ladite chambre.

Seront pareillement scellés deux autres grands anneaux au bas du plancher à douze pieds au moins dudit mur; lesdits anneaux l'un à la suite de l'autre, & éloignés l'un de l'autre d'environ un pied; dans lesquels anneaux seront passés des cordages assez gros, avec lesquels les pieds de l'accusé seront liés chacun séparément au-dessus des chevilles des pieds; lesdits cordages tirés à force d'homme, noués, passés & repassés les uns sur les autres, ensorte que l'accusé

soit bandé le plus fortement qu'il se pourra.

Ce fait, le Questionnaire fera glisser le petit treteau le long des cordages, le plus près desd. anneaux des pieds qu'il se pourra.

L'accusé sera interpellé de déclarer la vérité.

Un homme qui sera avec le Questionnaire, tiendra la tête de l'accusé un peu basse, & une corne dans la bouche, afin qu'elle demeure ouverte. Le Questionnaire prenant le nez de l'accusé, le lui serrera; & le lâchant néantmoins de temps en temps pour lui laisser la liberté de la respiration, & tenant le premier cocquemard haut, il versera lentement dans la bouche de l'accusé : le premier cocquemard fait, il les comptera au Juge, & ainsi des trois autres; lesquels pareillement finis, sera pour l'extraordinaire mis un grand treteau de trois pieds de hauteur à la place du petit, & les quatre autres cocquemards d'eau, donnés ainsi que les quatre premiers, à chacun de tous lesquels le Juge interpellera l'accusé de dire la vérité; & de tout ce qui sera fait & dit, & généralement de tout ce qui se passera lors de ladite Question, en sera fait une très-exacte mention.

Sera mis une grande chaudière sous l'accusé, pour recevoir l'eau qui tombera.

Si pendant les tourmens l'accusé vouloit reconnoître la vérité, & que le Juge trouvât à propos de le faire soulager, sera mis sous lui le treteau, dont sera pareillement fait mention; & ensuite sera l'accusé remis au même état qu'il étoit avant d'avoir été soulagé, & la Question continuée ainsi que dessus, sans néantmoins qu'il puisse être délié qu'après la Question finie, après laquelle il sera détaché, mis sur un matelas près du feu, & interpellé de nouveau par le Juge de dire la vérité : lecture lui sera faite de tout ce qui se sera passé depuis la lecture de l'interrogatoire avant d'être appliqué à la Question; & s'il peut signer, sera le Procès-verbal de Question signé de lui, sinon sera fait mention de son refus, & de la raison dudit refus.

Pour les Brodequins.

L'accusé, après l'interrogatoire sur la sellette, signé de lui, sera mis nuds jambes, & étant assis sur la sellette, lui sera mis quatre planches de bois de chêne entre les jambes, depuis les pieds jufques au-deffus des genoux, deux en dedans, & une à chaque jambe en dehors, de deux pieds de hauteur chacune, & d'un pied de largeur, qui excedent le haut du genou de quatre doigts ou environ; lefquelles planches enfermeront les pieds, jambes & les genoux en dedans & dehors; & feront percées de quatre trous chacune, dans lefquelles feront paffées de longues cordes, que le Queftionnaire ferrera très-fortement; & après tournera lefdites cordes autour des planches, pour les tenir plus ferrées; & avec un marteau ou maillet, il pouffera à force fept coins de bois, l'un après l'autre, entre les deux planches qui feront entre les jambes à l'endroit des genoux, & le huitieme aux chevilles des pieds en dedans; à chacun defquels le Juge fera des interpellations à l'accufé, derriere lequel il y aura un homme pour le foutenir. S'il tomboit en défaillance, lui fera donné du vin : lefdits coins finis, fera délié & mis fur le matelas, ainfi qu'il a été dit ci-deffus.

Si la Queftion de l'eau étoit préparatoire, & que le froid ne permît pas que l'accufé la pût foutenir, fera différé jufqu'à ce que le temps fût adouci, fans qu'il foit permis de donner les brodequins, lefquels ne fe donneront que dans le cas que l'accufé, par quelqu'incommodité, ne puiffe foutenir l'extenfion.

Si le temps n'eft pas fort froid, l'on fera un peu chauffer l'eau dans la Chambre de la Queftion, en laquelle il y aura abfolument une cheminée & du feu pendant tout le tems de la Queftion, & que l'accufé refte fur le matelas.

Si l'accufé eft condamné à mort, préalablement appliqué à la Queftion, & qu'il ne puiffe fouffrir celle de l'eau avec extenfion, foit par la rigueur du temps, ou par quelqu'incommodité, lui fera donné fur le champ la Queftion des brodequins, attendu que c'eft un corps confifqué, & que les exécutions de mort ne fe peuvent différer.

Les Medecins & Chirurgiens refteront dans la chambre de la Queftion tant que la Queftion durera, pour veiller foigneufement qu'il ne vienne faute de l'accufé ; & refteront encore dans ladite chambre quel-

que temps après que l'accufé fera fur le matelas, pour lui donner le foulagement néceffaire, & même le faigner s'ils l'eftimoient à propos ; ce qui arrive affez fouvent, fans qu'il foit befoin que les Juges y foient préfens.

QUESTIONS de Fait & de Droit.

Toute Queftion eft de Fait ou de Droit.

On appelle Queftion de Fait, celle où il s'agit de fçavoir la vérité d'un Fait ; fi un événement eft arrivé ou non ; fi celui duquel il s'agit a fait un teftament ou n'en a pas fait ; fi celui qui fe plaint d'un dommage, a réellement fouffert, &c.

On appelle Queftion de Droit, celle où il s'agit de fçavoir comment il faut juger, & où il eft néceffaire de raifonner fur les principes & fur les régles pour former la décifion.

Il y a des Queftions qui font en mêmetemps de Droit & de Fait, parce qu'elles doivent fe décider, par les principes du Droit, fur les preuves d'un Fait. Domat en propofe plufieurs exemples.

QUÊTES.
V. Religieux.

On donne le nom de Quête en plufieurs endroits du Royaume, à un Droit Seigneurial, qu'on nomme ailleurs Fouage. Voyez *Fouage.*

Le mot Quête fignifie auffi la demande & recherche des aumônes pour quelques œuvres pieufes.

Les Evêques ne peuvent pas empêcher les Religieux-Mendians de quêter; & c'eft un crime aux Séculiers de fe revêtir de l'habit de Religieux pour mendier & quêter. Un faux Quêteur a été condamné à faire amende honorable & au banniffement pour cinq ans, par Arrêt du Parlement de Touloufe.

Les articles 1329 & 1330 des anciennes Ordonnances de Franche-Comté interdifent à tous Etrangers de quêter en cette Province fans en avoir la permiffion, & un Arrêt rendu au Parlement de Befançon le 11 Mai 1707, a non-feulement défendu à deux Religieux de l'Obfervance de Saint-François dans la Terre-Sainte, de quêter dans aucun endroit du Comté de Bourgogne, mais a de plus ordonné la faifie des deniers provenans de la Quête.

Un Arrêt de Réglement, rendu le 23 Décembre 1672, fur le réquifitoire de M. le Procureur Général, ordonne *que les Arrêts des 26 Mars 1599, & 25 Mai 1641, feront exécutés ; ce faifant, que tous Bourgeois, Marchands & Artifans de cette Ville (de Paris), feront tenus de faire faire par leurs femmes ou filles, s'ils en ont, finon par des perfonnes de condition égale à la leur, les Quêtes accoutumées des Paroiffes, lorfqu'ils y rendent le Pain-Béni : fait défenfes d'y envoyer leurs fervantes, à peine de 10 livres d'amende.*

L'exécution de ces Réglemens eft ordonnée par un Arrêt rendu fur la Requête de M. le Procureur Général, le 12 Août 1733: on le trouve dans le Code des Curés. On y trouve auffi d'autres Arrêts des 31 Janvier & 6 Mars 1733, pour les Quêtes qui fe font pour l'Hôpital de la Trinité, pour les Prifonniers & pour les enfans-Rouges.

Le Parlement de Bretagne a, par Arrêt rendu le 4 Décembre 1717, fait défenfes aux Recteurs des Paroiffes & Prêtres habitués en icelles, de faire aucune Quête de bled, beurre, argent ou autres chofes pour la célébration des Meffes qui fe difent dans les Paroiffes, à peine de concuffion, conformément à un précédent Arrêt du 12 Mars 1712.

Je crois qu'un autre Arrêt du même Parlement, du 19 Juillet 1734, a auffi fait défenfes aux Vicaires & Prêtres de faire aucune Quête, fous peine de 500 livres d'amende, & à tous Particuliers de leur donner, fous peine de 20 livres d'amende.

On trouve divers Arrêts dans les anciens Mémoires du Clergé, tome premier, tit. 2, ch. 8, n. 19 & 22, qui défendent aux Communautés d'empêcher les Quêtes ordonnées par les Evêques en faveur des Prédicateurs que ces Prélats envoyent dans les Paroiffes.

Voyez des Lettres-Patentes des 19 Février 1595, 2 Oct. 1603, 13 Février 1614, 12 Février 1652, & du mois de Mai 1720,

qui permettent aux Archevêques & Evêques du Royaume, de donner des Mandemens & Permiffions de quêter & pofer des troncs dans toutes les Eglifes en faveur de l'Hôtel-Dieu de Paris, conformément aux Bulles des Papes qui accordent des Indulgences aux bienfaiteurs dudit Hôpital.

QUINQUENELLES.

C'eft le nom qu'on donnoit autrefois à des Lettres de Répi qui s'accordoient aux débiteurs malheureux ; & par le moyen defquelles les créanciers étoient obligés de fufpendre leurs pourfuites pendant cinq ans. Elles ne font plus d'ufage : les débiteurs en faillite ont actuellement recours, ou à l'attermoiement, ou au bénéfice de ceffion, ou aux Lettres de Répi. Voy. *Abandonnement, Attermoiement, Banqueroute, Ceffion, Direction, Répi.*

QUINQUENNIUM.
Voyez Grade.

On nomme ainfi l'efpace de cinq années que les Gradués employent à étudier dans l'Univerfité.

QUINT.
Voyez *Droits Seigneuriaux, Lods & Ventes, Mi-Lods, Relief & Vexin.*

Le Droit de Quint eft un Droit Seigneurial (a) qui met le Seigneur dominant d'un Fief en état d'exiger la cinquiéme partie du prix d'un Fief mouvant de lui, lorfqu'il eft vendu, ou lorfqu'il y a dans ce fief une mutation équipollente à vente.

L'ancienne Coutume de Paris donnoit au Seigneur, en certains cas, la faculté d'exiger un droit de requint, qui confiftoit dans la cinquiéme partie du Droit de Quint : mais ce droit, que quelques Coutumes ont confervé, ne fubfifte plus dans celle de Paris ; elle ne donne au Seigneur que *le Quint denier du prix, ou fort principal de la vente.* V. l'art. 24.

Le Droit de Quint du prix des Fiefs eft dû dans tous les cas où la mutation des héri-

---

(a) Le Quint & le demi-Quint font auffi quelquefois une amende de Coutume, dûe par les débiteurs du Hainaut qui ne rempliffent pas leurs engagemens au terme convenu.

Ces amendes appartiennent au Roi & aux Seigneurs particuliers dans leurs Juftices. Voyez les nouvelles Char-

tres du Hainaut, arrêtées à Bruxelles le 5 Mars 1619. Voy. auffi l'article 21 de l'Edit du mois de Janvier 1718, portant établiffement d'une Jurifdiction Confulaire à Valenciennes, & l'Arrêt du Confeil du 5 Novembre 1716 ; ces piéces font dans le Recueil du Parlement de Flandres.

tages roturiers donne ouverture à des droits de lods & ventes.

L'art. 22 de la Coutume de Paris permet-au Seigneur Suzerain de refuser la foi & hommage de son Vassal qui lui doit des droits de Quint, jusqu'à ce que ces droits soient payés; & faute de payement, dit l'article 24, *le Seigneur féodal peut se prendre à la chose*; c'est-à-dire, *saisir féodalement, pour les profits de son Fief.*

L'art. 23 de la Coutume charge l'acquéreur de payer les Droits de Quint; & sa disposition est sur cela conforme au Droit-commun: mais il y en a de bisarres, qui décident que, lorsque le prix n'est pas stipulé payable *francs deniers au vendeur*, c'est à lui (vendeur) d'acquitter les sortes de droits: celle de Péronne (art. 43), est de ce nombre; & elle veut même qu'en ce cas, c'est-à-dire, lorsque le vendeur est chargé de payer les droits, il ne soit dû que le Quint; & qu'au contraire il soit payé le Quint & le Requint, lorsque le contrat porte que les droits seront payés par l'acquéreur.

Quoique la futaye dépendante d'un Fief soit regardée comme un fonds qui n'appartient pas à l'usufruitier, elle ne donne cependant pas ouverture à des droits de Quint lorsqu'elle est vendue, quand même le Fief ne consisteroit qu'en bois, parce qu'elle n'opere pas une mutation de propriété dans le fonds: cela est ainsi décidé par plusieurs Arrêts. Voyez Brodeau, sur l'article 23 de la Coutume de Paris. Mais voyez aussi la Coutume de Normandie.

Il en est de même, lorsque le Seigneur d'un Fief vend les matériaux d'une maison, la pêche d'un étang, &c. parce que ces choses ne sont pas le Fief, & que le Quint n'est dû que quand le fonds même est vendu.

Il faut néantmoins excepter le cas de la fraude, par exemple, si le vassal qui a dessein de vendre son Fief, commence par vendre les bois à la même personne ou à une personne interposée, il est certain qu'en ce cas le droit sera dû de la vente du prix des bois, &c. comme du fonds. Voyez Duplessis, des Censives; Brodeau, sur l'article 23 de la Coutume de Paris.

Il faut dire la même chose de la vente de l'usufruit d'un Fief; le Quint de cette vente n'est dû qu'en cas de fraude, il ne seroit

même pas dû si l'usufruitier revendoit son usufruit sans fraude. Voyez l'Arrêt du 28 Février 1688 au Journal du Palais.

Mais dans le cas de la vente du Fief à vie, le droit de Quint du prix seroit dû; c'est l'avis de Dumoulin: on pourroit peut-être dire néantmoins que soûmettre la vente à vie au droit de Quint, & en décharger la vente de l'usufruit, c'est *legem imponere verbis non rebus*; mais il y a néantmoins une différence dans ces deux ventes, quoique l'une ne soit pas plus utile que l'autre à l'acquéreur.

En effet, celui qui ne vend que l'usufruit, retient la propriété nue; le Fief ne sort pas de sa main en ce cas, mais seulement la jouissance, & par conséquent il n'est pas dû de droit de Quint en ce cas, puisque la Coutume n'en accorde que quand *aucun vend son Fief*. Au contraire dans la vente à vie c'est le fonds même qui est vendu, le vendeur s'exproprie & ne se réserve qu'un droit éventuel, & par conséquent les termes de la Coutume peuvent s'appliquer à ce dernier cas. Voyez *Bail à vie.*

Le droit de Quint n'est point dû pour les ventes des Fiefs situés dans le Vexin; mais à toutes mutations des Fiefs de ce canton, il est dû un droit de relief. Voyez *Relief & Vexin.*

Le Seigneur féodal, qui, après avoir retiré féodalement, est évincé par un retrait lignager, doit être payé des droits de Quint en entier par le lignager, comme auroit fait l'acquéreur. Coutume de Paris, article 22.

Le Seigneur qui acquiert des terres, héritages ou maisons qui relevent de lui, soit Fiefs ou rotures, ne doit pour cette acquisition aucuns droits seigneuriaux au Seigneur dont il releve, parce que le Seigneur dominant ne perd rien par cette acquisition; au contraire il peut y gagner par la réunion qui se fait de droit du Fief qui releve de lui, si l'acquéreur ne déclare pas précisément en achetant qu'il veut posséder comme roture les héritages qui étoient en sa censive, & qu'il acquiert; & par conséquent le Fief qui étoit dans la mouvance du Seigneur dominant, devient plus considérable & produit des droits plus forts en cas de vente ou de relief. Voyez sur cela un Acte de Notoriété du Châtelet, du 4 Septembre 1706.

La Coutume de Melun, qui accorde des droits de Quint & Requint au Seigneur dominant, quand le Fief mouvant de lui est vendu pour être payé *francs deniers au vendeur*, décide, par l'article 71, que *si le Vassal constitue rente sur son Fief, il n'est rien dû au Seigneur ; mais que si après il délaisse son Fief à l'acquéreur de la rente pour s'acquitter, ou s'il le vend à un autre à la charge de ladite rente, en ce cas le Vassal doit le Quint - denier du prix & sort principal de ladite constitution.*

D'après cette disposition, il s'est agi de sçavoir si le Marquis de Lanmary, en qualité de Seigneur de Milly, pouvoit exiger deux droits de Quint & Requint, à cause de la double vente & mutation du Fief des Essarts, relevant de la Terre de Milly, d'abord aliéné & cédé par les sieur & dame de Cressac aux sieur & dame Perchon de la Villette, moyennant 450 livres de rente, remboursables de 9000 liv. par contrat du 3 Avril 1702, & depuis revendu aux sieur & dame Guittart le 8 Mars 1714, à la charge d'acquitter les vendeurs de ladite rente & des autres charges portées au bail à rente du 3 Avril 1702.

Par Arrêt rendu en la troisiéme Chambre des Enquêtes le 23 Février 1722, les sieur & dame Guittart ont été condamnés à payer deux droits de Quint & Requint. •

Anciennement les donations faites d'héritages situés en Ponthieu par les pere & mere à leurs enfans puînés, engendroient des droits de Quint, conformément à l'article 41 de la Coutume de Ponthieu ; mais la Jurisprudence actuelle est de n'accorder en ce cas que le droit de Relief. V. l'Acte de Notoriété donné par les Avocats d'Abbeville, le 16 Décembre 1690.

Les donations à titre gratuit n'engendrent point des droits de Quint, c'est le Droit commun : celles qui sont faites en ligne directe, n'engendrent même communément point de Relief, parce qu'on les regarde comme successions anticipées, (cependant voyez *Relief* ;) mais celles faites à des collatéraux & même à des étrangers, donnent ordinairement lieu à des droits de Relief. V. *Relief.*

Le droit de Quint est dû pour donations de Fiefs faites à titre onéreux ; il en est de même à cet égard que des lods & ventes pour les rotures. Voyez les Arrêts que j'ai cités, & ce que j'ai dit sur cette matiere à l'article *Lods & Ventes.*

Pour qu'une vente donne ouverture à des droits de Quint, il faut qu'elle soit réelle & efficace : une simple promesse de vendre, n'engendre point ces sortes de droits, mais ils deviennent exigibles au moment que la vente se fait & se consomme en exécution de la promesse ; & le Seigneur peut alors les demander, tant de ce qui a été payé lors de la promesse, que de ce qui est suppléé lors de la vente.

Quand la vente n'est que d'une action *ad feudum ;* par exemple, lorsque quelqu'un n'a pas la propriété d'un Fief, mais seulement une action pour demander la propriété, comme une action en réméré, le droit de Quint n'est pas dû au moment de la vente, mais seulement lorsque l'acheteur d'une semblable action a racheté le Fief.

La vente d'une succession dans laquelle il y a des Fiefs, n'est pas regardée comme la vente d'une action *ad feudum ;* parce que vendre une succession, c'est vendre les biens dont elle est composée : par conséquent le Fief qui en fait partie étant vendu avec elle, les droits de Quint en sont dûs, Il faut dire la même chose toutes les fois qu'un Particulier aura vendu en termes généraux les droits qu'il a sur un Fief ; s'il se trouve que le vendeur étoit propriétaire du Fief, le droit sera dû ; mais il n'en sera dû que conditionnellement, si le vendeur n'avoit qu'une action *ad feudum.*

Il y a des Jurisconsultes qui ont prétendu que les droits de Quint n'étoient dûs que quand la vente est suivie de tradition. Mais je crois que cette opinion n'est pas bonne, je la crois au moins mauvaise pour la Coutume de Paris, & je pense que, quand un Fief est vendu à quelqu'un qui le revend avant la tradition, il est dû autant de droits qu'il y a eu de ventes, à la différence du droit de Relief, qui n'est dû que quand le Fief est livré. En effet, s'agit-il du droit de Relief, la Coutume dit qu'il est dû en toute mutation (en Vexin). Au contraire, quand il est question du Quint, elle dit, *quand un Fief*

Fief est vendu, il est dû droit de Quint. On ne peut donc objecter le défaut de délivrance au Seigneur qui demande le Quint du prix du Fief vendu : ce seroit combattre le texte de la Coutume. Voyez Coquille, sur l'article 21 de la Coutume de Nivernois, titre des Fiefs.

Les droits de Quint du prix de la vente d'un Fief faite par quelqu'un qui a pris la qualité de propriétaire sans l'être, sont exigibles ; parce qu'une pareille vente transfére à l'acquéreur la possession civile qui suffit en matiere féodale, & qu'elle peut même transférer la propriété par le moyen de la prescription ; cependant si le Seigneur demandoit ses droits, lorsque l'acquéreur est en danger d'être évincé, celui-ci seroit bien fondé à exiger du Seigneur une promesse de les rendre en cas d'éviction.

Dans les ventes de Fiefs faites sous des conditions suspensives, l'action du Seigneur pour demander le droit de Quint, reste en suspens jusqu'à ce que la condition soit arrivée. Mais si la vente s'exécute de part & d'autre par la délivrance de la chose & le payement du prix, sans attendre la condition ; on présume que les contractans ont changé la condition suspensive en condition résolutive ; & en conséquence le Quint est exigible, sauf à le restituer, si par l'événement la vente est résolue.

Ainsi la vente d'un Fief au nom d'autrui, sans pouvoir du propriétaire, mais avec promesse de fournir sa ratification, ne donne droit au Seigneur d'exiger les droits de Quint, que quand le propriétaire a ratifié, parce que jusques-là il n'y a point de vente efficace ; mais si, sans que la ratification ait été fournie, la délivrance du Fief est faite à l'acquéreur, les droits sont exigibles, sauf à les répéter en cas d'éviction.

A l'égard de la vente faite sous une condition résolutive, comme elle est parfaite dans le moment même du contrat, les droits de Quint peuvent en être exigés par le Seigneur ; mais si la condition arrive, alors, comme elle efface le droit qu'a eu l'acquéreur, le Seigneur est en ce cas tenu de lui rendre les droits, s'ils lui ont été payés. V. *Lods & Ventes*.

Dumoulin, Brodeau & Duplessis, pensent que, lorsqu'un mineur devenu majeur

se fait restituer contre la vente de son Fief, non-seulement il n'est rien dû au Seigneur, mais que le Seigneur doit même rendre les droits, s'il en a touchés. Ces Auteurs décident aussi que la même chose a lieu lorsqu'un majeur se fait restituer pour cause de violence & de dol ; mais ils ajoutent qu'en pareil cas, pour contraindre le Seigneur à rendre les droits, il ne suffit pas que le vendeur ait obtenu des Lettres de Rescision, & que l'acquéreur en ait consenti l'enthérinement ; parce que ce seroit donner ouverture aux fraudes & aux collusions, mais qu'il faut que la lésion soit véritable, & jugée par Sentence rendue sur contestation sérieuse.

Il semble qu'on ne doit pas appliquer cette décision à la résolution des contrats pour lésion d'outre moitié ; parce que l'acquéreur ayant la liberté de retenir le Fief, en suppléant le juste prix, la résolution paroît volontaire de sa part : cependant Dumoulin dit que les droits doivent être rendus par le Seigneur en ce cas ; parce que la vente est annullée par un vice inhérent au contrat, & que le vendeur reprend son Fief, sans qu'il soit hypothéqué aux dettes de l'acquéreur.

Les acquéreurs poursuivis pour le payement des droits de Quint engendrés par des contrats susceptibles d'être résolus, ne peuvent exiger du Seigneur qu'il donne caution de rendre les droits qu'il peut exiger, à moins que l'action en résolution ne soit déja intentée ; & si les droits ont été payés, ils ne peuvent être répétés sous prétexte d'une demande en résolution, l'action ne s'ouvre pour cela que du jour de la résolution prononcée *ex causâ antiquâ*.

Lorsque des Gens de main-morte ont acquis un Fief, & que le Seigneur dominant les force de vuider leurs mains, le Seigneur ne peut exiger de droit que pour la revente, & non pour la premiere acquisition ; parce que le droit d'exiger un droit de Quint, & de forcer le propriétaire du Fief de vuider ses mains, sont des droits qui paroissent incompatibles.

Les aliénations du Domaine, faites par les Commissaires du Roi, n'engendrent aucuns droits Seigneuriaux, lors même qu'il est fait une revente sur un Engagiste ; parce que les biens qui fortent de la main du Roi , font affranchis de tous droits pour cette mutation : mais fi , par des aliénations de Particulier à Particulier par des fucceffions , donations ou autrement, il arrive des mutations dans les domaines aliénés , alors les droits font dûs, fi l'aliénation a été faite par les Commiffaires du Roi à titre d'inféodation & de propriété incommutable : au contraire, il n'en eft dû aucun, fi le domaine a feulement été aliéné à titre d'engagement , avec faculté de rachat perpétuel. L'Edit du mois de Février 1641 , qui ordonnoit en ce dernier cas la perception du revenu d'une année , n'a plus d'exécution. Il a été abrogé par une Déclaration du 9 Septembre 1645.

Quoique le retrait lignager d'un Fief en ôte la propriété à l'acquéreur, pour la faire paffer fur la tête du retrayant, il n'eft cependant dû qu'un feul droit pour la vente ; le retrait lignager n'en engendre aucun , parce que le retrayant ne tient pas fon droit de l'acquéreur, mais du vendeur; il eft fubftitué à la place de l'acquéreur, & ne doit rien de plus que ce que l'acquéreur devoit lui-même; il y a même cela de particulier, que fi l'acquéreur avoit revendu le Fief retiré par un lignager du premier vendeur , le retrait exercé pour la premiere vente'effaceroit toutes les ventes poftérieures , & que le Seigneur ne pourroit demander le Quint pour les ventes fubféquentes. Voyez Brodeau , fur M. Louet , lettre R , n. 2.

Cette décifion ne fouffre point de difficulté , lorfque le retrait eft adjugé par Jugement rendu fur conteftation férieufe ; mais fi le délaiffement étoit fait au lignager par acte volontaire, il eft des cas où le Seigneur pourroit exiger de nouveaux droits, comme pour une vente volontaire.

Il en feroit dû , par exemple , fi le délaiffement étoit fait volontairement après le temps fixé par les Loix pour exercer le retrait : mais fi la ceffion étoit faite dans l'an du retrait, il faudroit examiner fi elle eft faite en vûe du retrait, & fi les claufes du contrat ne contiennent rien autre chofe que l'exécution même du retrait , alors il ne feroit dû que le droit engendré par la premiere vente ; parce que ce qui fe paffe entre

le lignager & l'acquéreur, n'eft point vente, mais un retrait.

Si au contraire il y avoit dans la ceffion des claufes différentes de celles qui doivent fe trouver dans un fimple délaiffement, dans lequel on doit feulement trouver le retrayant fubrogé à l'acquéreur, & l'indemnité de celui-ci, fi de ces claufes on pouvoit en induire une revente plutôt qu'une fimple exécution de retrait ; fi , par exemple , l'acquéreur perdoit ou gagnoit fur le prix, les droits feroient infailliblement dûs ; & on pourroit préfumer que le retrayant a mieux aimé acheter que retirer , foit pour avoir une action en garantie, foit pour être difpenfé de rembourfer des loyaux-coûts , &c.

Dans le cas d'un retrait conventionnel, fi la faculté de racheter & de retirer eft perpétuelle , telle qu'elle fe ftipule fouvent dans les baux à rentes foncieres, il eft certain que les droits Seigneuriaux font dûs dès le moment de la vente , fans efpérance de pouvoir les répéter ; parce que la faculté de réméré, ftipulée dans un contrat de vente, n'empêche pas que la vente ne foit pure & fimple, qu'elle n'ait un effet préfent, & que la propriété ne paffe du vendeur à l'acquéreur : prefque toutes les Coutumes font conformes à cette maxime ; & fi quelques-unes permettent de vendre à faculté de réméré, fans affujettir au payement des droits, c'eft à condition que la faculté n'excédera pas neuf ans ; cependant voyez l'article 99 de celle d'Auxerre.

Si celui qui a vendu fon Fief avec faculté de le retirer , exerce cette faculté dans le temps ftipulé , il n'eft point dû des nouveaux droits pour ce rachat, parce qu'il eft fait ex causâ antiquâ. Le Seigneur, en approuvant le contrat qui lui a été exhibé, en approuve toutes les claufes dont le réméré fait partie. Voyez les Coutumes d'Auxerre, art. 99 ; de Bourbonnois, art. 406 ; d'Etampes, art. 52 ; de Lorris, article 77 & 78 ; de Sens, article 236 ; d'Auvergne, chap. 16 , art. 11 ; de Chaalons, art. 129 ; de Montdidier, article 47 ; d'Orléans, art. 12 ; la feule Coutume de Nivernois, titre 4, art. 23 , décide qu'en ce cas il eft dû de nouveaux droits.

Si au contraire le vendeur laiffe paffer le temps fixé par le contrat, fans exercer la faculté qu'il a ftipulée, il devra les droits Seigneuriaux, s'il exerce le réméré après le temps expiré : on regarde alors fa rentrée comme une nouvelle vente qui lui eft faïte : les Coutumes font encore uniformes fur ce point ; mais quelques-unes permettent de proroger le délai pour l'exercice de la faculté avant l'expiration ; d'autres le défendent, & c'eft le fentiment de plufieurs Auteurs fur les Coutumes muettes. Voyez la Lande, fur l'art. 12 de la Coutume d'Orléans, & Brodeau, fur l'article 13 de celle de Paris.

Pour que l'exercice de la faculté de réméré n'engendre point des droits Seigneuriaux, ce n'eft pas affez que la rentrée fe faffe dans le temps fixé par le contrat. Il faut de plus que ce foit le vendeur ou fon héritier qui rentre en poffeffion de l'héritage, & non pas un ceffionnaire ; parce que quand c'eft le vendeur qui exerce l'action, les chofes font remifes au premier état ; au lieu que, fi c'eft un tiers, il y a deux contrats & deux tranflations de propriété.

Quand les chofes font encore entieres, le vendeur & l'acquéreur peuvent changer de volonté, & réfoudre le contrat au préjudice du Seigneur. Quelques Coutumes permettent cette réfolution dans la huitaine : d'autres n'accordent que trois jours, & d'autres ne permettent cette réfolution que le jour même de la paffation du contrat, & avant de partir du lieu où il eft paffé ; mais toutes celles qui en parlent, s'accordent à dire que l'engagement, non encore confommé, peut être réfolu par une volonté contraire.

Il n'eft donc queftion que de fçavoir quand les chofes ceffent d'être entieres ; & à cet égard il faut dire qu'elles ceffent d'être entieres de la part du vendeur, quand il a livré l'héritage ; de la part de l'acquéreur, quand il a payé le prix en tout ou en partie, fait infinuer le contrat, &c. & de la part du Seigneur, quand il a, ou enfaifiné le contrat, ou fait faifir féodalement, ou dirigé fon action pour le payement des droits. V. l'article 157 de la Coutume de Rheims, l'article 138 de celle de Vermandois, & les Commentateurs de ces articles ; mais voyez auffi l'article 22 de la Coutume de Valois, l'article 397 de celle de Bourbonnois, l'ar-

ticle 77 de celle de Troyes, l'article 73 de celle d'Auxerre, & ce que je dis à l'art. *Lods & Ventes.*

QUINT-VIAGER.

Tous les enfans ne font pas appellés en Ponthieu pour fuccéder à leurs pere & mere. La Coutume de cette Sénéchauffée veut, par une difpofition finguliere de l'article premier, que l'aîné des mâles, & à défaut de mâles, l'aînée des femelles, foit feul faifi de la fucceffion des pere & mere communs, foit nobles ou roturiers, & de quelque nature que foient les biens, Fiefs ou Rotures. Voyez *Propres.*

Les autres enfans font tellement défavorables aux yeux de cette Coutume, qu'elle leur laiffe feulement la faculté de demander entr'eux tous la jouiffance, pendant leur vie, de la cinquiéme partie des biens des fucceffions de leurs pere & mere ; & c'eft cette cinquiéme partie qu'on nomme *Quint-Viager.*

Comme l'article 59 de cette Coutume finguliere, en déférant le Quint-Viager aux puînés, ne parle que des héritages, & que ce mot fignifie en Ponthieu ce que nous nommons Propres, il a été un temps où les aînés ne leur faifoient aucune part des meubles & acquêts : mais depuis près de deux fiécles, on s'eft relâché de cette extrême rigueur ; & par un Arrêt rendu en forme de Réglement le 7 Janvier 1573, la Cour, en infirmant une Sentence rendue en la Sénéchauffée de Ponthieu pour la fucceffion d'un fieur Coulon d'Hauchy, ordonna que les puînés auroient le Quint-Viager, tant des héritages que des meubles & acquêts.

Le Quint-Viager fe partage également entre tous les enfans ; & à mefure que l'un d'eux décéde, la part qu'il avoit dans le Quint, fe rejoint aux quatre Quints de l'aîné, fans qu'il y ait aucun accroiffement au profit des puînés : ainfi, après le trépas de tous les cadets, la jouiffance du cinquiéme Quint fe confolide à la nue propriété que l'aîné avoit déja, fans que les enfans des puînés y puiffent rien prétendre.

Le Quint-Viager des puînés ne fe prend que fur les droits utiles : l'aîné jouit feul des droits honorifiques attachés aux Fiefs, avec cette feule reftriction que les puînés ont une part viagere dans les droits de Juf-tice, en contribuant aux frais d'icelle.

Il y a encore cela de fingulier, que la Ré-gle, *le mort faifit le vif*, obfervée en Pon-thieu relativement aux fucceffions déférées à l'aîné, n'a pas lieu pour le Quint-Viager des cadets : ils n'en profitent que quand ils en ont demandé la délivrance. Voyez *Dé-livrance.*

L'article 60 permet néantmoins d'appré-hender le Quint par mife de fait; mais cette formalité, qui eft coûteufe, n'eft plus d'u-fage. La délivrance fe fait du confentement de l'héritier, ou par la voie judiciaire, com-me celle des legs à Paris; & quand on a pris la voie judiciaire, les fruits du Quint-Via-ger font adjugés du jour de la demande au-quel la Sentence la fait rétrograder.

La minorité des puînés ne met point d'obftacle à la perte des fruits du Quint-Viager qui leur appartient. L'aîné en pro-fite, jufqu'à ce qu'il y ait contre lui une de-mande réguliere; mais ils ont leur recours contre leur tuteur, qui eft garant envers eux de fa négligence, à moins que les puînés n'ayent acquis la majorité coutumiere, que la Coutume de Ponthieu fixe à quinze ans

pour les mâles, & à onze pour les filles; auquel cas ils ne peuvent exercer aucun re-cours.

Le Quint-Viager n'eft déféré aux cadets que fous la condition de contribuer aux dettes & charges de la fucceffion. Ainfi, à compter du jour de leur jouiffance, ils font tenus de la cinquiéme partie du douaire de leur mere, & profitent de fon extinction jufqu'à concurrence de leur Quint; mais à l'égard des réparations, ils ne font tenus que de celles qui font à la charge des ufu-fruitiers.

Sur tout cela voyez les Actes de Notoriété donnés en la Sénéchauffée de Ponthieu, les 28 Juillet 1682, 5, 8 & 9 Mai 1753.

Q U I T T A N C E.

On nomme Quittance un Acte par le-quel le créancier reconnoît qu'il a été payé par fon débiteur ou par quelqu'autre en l'acquit de fon débiteur de ce qui lui étoit dû, & en conféquence de quoi il l'en tient quitte.

On peut encore dire qu'une Quittance eft un Acte qui fert à prouver le payement de ce qui étoit dû à un créancier. Voyez *Payement.*

R

R A B

R A B A I S.

R ABAIS eft un terme oppofé à enche-re. On dit faire une adjudication au Rabais, lorfqu'on publie en Juftice quelques ouvra-ges à entreprendre ou des réparations à fai-re, & qu'on adjuge l'entreprife à celui qui offre la faire au moindre prix.

Les réparations des Eglifes, des biens faifis, & toutes les entreprifes des travaux publics, doivent fe faire au Rabais.

R A B A T T E M E N T de Décret.

Le Rabattement de Décret n'eft d'ufage que dans le Parlement de Touloufe, & ne s'y eft même introduit que depuis un fiécle.

L'effet du Rabattement de Décret eft de faire rentrer le débiteur Partie faifie dans les immeubles qui ont été adjugés par Décret fur lui, en rendant l'adjudicataire indemne : cette grace s'étend auffi aux enfans du débi-teur.

Ainfi le Rabattement de Décret eft une ef-péce de retrait que la Partie faifie peut exer-cer, & il a même lieu en faveur des enfans de ceux fur lefquels la vente a été pourfui-vie.

Il n'eft pas néceffaire que les biens ven-dus foient propres pour que le Rabattement ait lieu; celui-là même qui les auroit acquis, pourroit exercer l'action en Rabattement, s'il en étoit évincé par une adjudication ju-diciaire; & cette action eft perfonnelle à la

Partie faifie, qui ne peut par conféquent la céder à un autre.

On a plaidé au Parlement la queftion de fçavoir, 1°. fi l'action en Rabattement de Décret devoit être exercée dans les dix ans, ou fi elle duroit trente ans.

2°. Si l'adjudication ayant été faite dans un autre Parlement que celui de Touloufe, par exemple, au Parlement de Dijon, l'action en Rabattement de Décret, pouvoit avoir lieu.

3°. Enfin, fi la demande en Rabattement de Décret pouvoit être formée hors du reffort du Parlement de Touloufe, & s'il fuffifoit, pour intenter cette action, que les immeubles adjugés fuffent fitués dans le reffort du Parlement de Touloufe.

La queftion fe préfentoit entre le Comte de Merinville & M. Bernard, Confeiller d'Etat, au fujet de la terre de Rieux.

M. Bernard oppofoit au Comte de Merinville que le Rabattement de Décret n'étoit autorifé par aucune Loi du Souverain; que cet ufage combattoit les Ordonnances; que plufieurs Auteurs fort eftimés s'étoient perpétuellement élevés contre cet abus; que d'ailleurs le Comte de Merinville ne s'étoit point pourvu dans les dix ans qui font le terme fatal; que l'adjudication avoit été faite par Arrêt du Parlement de Dijon, hors le reffort du Parlement de Touloufe; enfin qu'il faudroit être en Languedoc pour exciper du Rabattement de Décret & non au Parlement de Paris, où cette action n'étoit point connue.

Néantmoins, par Arrêt rendu le 27 Avril 1739, au rapport de M. Pallu, il a été jugé que le Rabattement de Décret avoit lieu en Languedoc.

1°. Que la demande pouvoit en être formée hors le reffort du Parlement de Touloufe, après dix ans. (Il y en avoit treize dans l'efpéce; mais par un Arrêt du Confeil, l'action en Rabattement de Décret avoit été prorogée à caufe des circonftances en faveur du Comte de Mérinville, ainfi le laps du temps n'a pas dû faire impreffion.)

2°. Enfin, que quoique l'adjudication eût été faite par Arrêt on émané du Parlement de Touloufe, il fuffifoit que les biens fuffent fitués dans le reffort de ce Parlement, pour qu'il y eût lieu au Rabattement.

Je ne connois fur le Rabattement de Décret, aucune autre Loi que la Déclaration du 16 Janvier 1736, regiftrée au Parlement de Touloufe & en la Cour des Aides de Montpellier, le 28 du même mois de Janvier: voici quelles en font les difpofitions.

Art. XI. *Les propriétaires des biens décrétés ou leurs enfans & defcendans, pourront feuls fe pourvoir en Rabattement de Décret* (a).

XII. *Le délai pour former la demande en Rabattement de Décret fera de dix ans, foit que ledit Décret ait été en l'une de nofdites Cours* (Parlement de Touloufe ou Cour des Aides de Montpellier) *ou qu'il ait été adjugé dans une Jurifdiction inférieure.*

XIII. *Ledit délai ne commencera à courir que du jour de la mife en poffeffion faite dans les formes requifes, fans néantmoins que ledit délai puiffe être prorogé, fous prétexte des nullités qu'on prétendroit trouver dans ladite mife en poffeffion, lorfque lefdites nullités ne feront alléguées qu'après ledit temps de dix années. Voulons au furplus que la fin de non-recevoir réfultante dudit délai de dix ans ne puiffe être oppofée en aucun cas, par ceux qui auront omis la formalité de ladite mife en poffeffion.*

XIV. *Le délai de dix années mentionné aux deux articles précédens, court contre les pupilles & les mineurs, ainfi que contre les majeurs; fauf leur recours, s'il y écheoit, contre leurs tuteurs ou curateurs.*

XV. *La demande en Rabattement de Décret ne pourra être formée qu'en notre Cour de Parlement de Touloufe, & en notre Cour des Aides de Montpellier, chacune en ce qui la regarde, & ce, outre que les Décrets ayent été interpofés par les Juges inférieurs.*

XVI. *Celui qui demandera le Rabattement de Décret, foit par demande principale ou par demande incidente, fera tenu, avant que*

(a) D'après la difpofition de cet article, le Parlement de Touloufe a, par Arrêt rendu en faveur de Paul Carles, demeurant à Lombés, & fon tuteur, contre le fieur Abbadie, Chanoine audit Lombés, le 17 Juin 1741, jugé qu'un fils émancipé peut, pendant la vie de fon pere, fe pourvoir en Rabattement du Décret de la maifon paternelle dudit Jean-Paul Carles. Cet Arrêt eft daté diverfement des 13, 17 & 23 Juin, en trois endroits, où il eft parlé dans le Recueil de Touloufe.

de pouvoir y être admis, de faire des offres réelles à l'adjudicataire du prix total de l'adjudication; & si l'adjudicataire refuse de le recevoir, il sera pareillement tenu de consigner ledit prix au greffe de celle desdites Cours où la demande sera portée (b).

XVII. *A l'égard des frais & des loyaux-coûts, remboursement des droits Seigneuriaux, centiéme denier, améliorations & autres choses qui pourroient être dûs à l'adjudicataire, la liquidation en sera faite dans le délai qui sera fixé par nosdites Cours, à l'effet de quoi elles commettront, si besoin est, le Juge des lieux ou autre Juge plus prochain, en cas de suspicion ou autre cause légitime.*

XVIII. *Les fruits des biens décrétés appartiendront à celui qui aura obtenu le Rabattement de Décret, du jour que le prix de l'adjudication aura été reçu ou consigné, ainsi qu'il est porté par l'article 16, & réciproquement les intérêts de la somme à laquelle montera la liquidation mentionnée en l'article précédent, courront en faveur de l'adjudicataire, du jour que ledit prix aura été reçu & consigné jusqu'au jour de l'actuel payement de ladite somme.*

. XIX. *L'adjudicataire ne pourra être dépossédé des biens décrétés jusqu'au parfait remboursement, tant de la somme à laquelle se montera ladite liquidation, que des intérêts d'icelle; pourront néantmoins nosdites Cours, en cas de retardement affecté de la part dudit adjudicataire, au sujet de ladite liquidation, faire cesser le cours des intérêts, s'il y échéoit, même le condamner au délaissement desdits biens, sauf à lui de faire faire la liquidation, ainsi qu'il avisera bon être.*

Il a été jugé par un Arrêt rendu à l'Audience de la Grand'Chambre au Parlement de Toulouse, le 13 Août 1742, que la Déclaration dont je viens de transcrire quelques dispositions, devoit être observée pour les Décrets des biens situés en Guienne, dans le ressort du Parlement de Toulouse.

On admet en Provence une action qui est assez semblable au Rabattement de Décret, elle en differe cependant en ce qu'elle n'a lieu que pendant un an, suivant l'article 6

du Statut rapporté par Morgues, édition de 1642, page 73, en ces termes.

» Or, s'il advient que la partie exécutée » prétende aucun grief, sous prétexte que » les choses prises en gageries & vendues, » valent plus qu'elles n'ont été vendues & » délivrées, nous ordonnons que si lesdites » choses vendues ont été délivrées au de» mandeur poursuivant l'exécution, la par» tie appellant pour ce sujet, offrant entié» rement le jugé avec les dépens modérés, » puisse recouvrer les choses ainsi vendues » dans l'an & non après. «

En Bearn, » après les délais accordés au » décrété pour le rachat des biens compris » au Décret, qui sont d'un an pour les biens » nobles, & de huit mois pour les ruraux, » le décrété n'est plus écouté sous prétexte » de lésion & d'injustice dans le prix, ni » pour quelqu'autre nullité dans la forme, » comme pourroit être un défaut dans les » assignations au décrété, à moins que le » Décret eût été fait sur celui qui n'étoit » pas le maître des biens, ou pour une som» me non dûe; il n'y a que les nullités pri» ses du fonds qui durent, & sont prorogées » jusqu'à trente années «. Ces maximes ont été attestées par des certificats en forme d'Actes de Notoriété, donnés par Messieurs les Gens du Roi & les Avocats postulans au Parlement de Pau, dans l'affaire pendante au Conseil, entre M. Batsalle, Conseiller audit Parlement, & le sieur Domenu, Greffier en chef.

En Bresse, ceux dont les biens ont été subhastés, peuvent y rentrer dans les six mois, en remboursant l'acquéreur du prix principal & des frais; & ce délai court du jour que l'acquéreur a fait signifier sa mise en possession à ceux dont les biens ont été vendus.

RABATTRE UN DÉFAUT.

C'est ordonner qu'un Jugement rendu par défaut n'aura pas lieu. V. l'art. *Défaut.*

On ne Rabat que les défauts pris à l'Audience, faute de plaider; les défauts, faute de comparoir, faute de défendre, faute de

---

. (b) Le 31 Juillet 1743, le Parlement de Toulouse a jugé, par Arrêt rendu entre le sieur Fauré, demandeur en Rabattement de Décret, & Me Jean Fauré, Adjudicataire, que quand les biens d'une même personne ont été vendus par diverses adjudications à un seul & même Adjudicataire, on ne peut rabattre une partie des adjudications, sans les rabattre toutes.

reprendre, &c. ne font point fujets à être Rabattus.

Les défauts ne doivent fe Rabattre, que pendant l'Audience dans laquelle ils ont été obtenus ; le Juge fe compromettroit, s'il les Rabattoit après l'Audience levée.

R A C H A T.

Voyez *Faculté de Rachat*, *Relief*, *Rembour-fement*, *Réméré* & *Retrait de Biens Eccléfiaftiques*.

R A C H A T de rencontre.

Au Barreau, le mot Rachat fouvent fynonime à relief, (Voyez *Relief*,) fignifie en certains cas le revenu d'un Fief pendant une année, que le Seigneur de ce Fief doit payer à celui dont il releve, quand certaines mutations arrivent ; & l'on nomme Rachat de rencontre, celui qui fe trouve être dû, quand après une mutation qui a donné ouverture à un premier Rachat ou relief, il arrive une feconde mutation dans la même année, qui donne encore ouverture au même droit.

Huit Coutumes parlent du Rachat de rencontre, & décident qu'à l'ouverture du fecond Rachat, le premier finit ; de maniere que pour le premier, le Seigneur ne jouit pas de l'année entiere, mais feulement des fruits intermédiaires. Voyez les Coutumes d'Orléans, articles 17 & 139; d'Anjou, art. 123 ; du Maine, art. 133 ; de Touraine, art. 137; de Loudun, titre 14, art. 11 ; de Blois, art. 92 ; de Poitou, art. 184 ; & de Bretagne, art. 70.

Quid, dans les Coutumes qui n'en parlent pas ? Je dis fur cela mon fentiment particulier à l'article *Relief* : mais voyez Dumoulin, fur l'article 33 de la Coutume de Paris; d'Argentré, fur l'article 76 de la Coutume de Bretagne ; Carondas, liv. 9 de fes Réponfes, ch. 76; Brodeau, fur M. Louet, lettre R, ch. 2, n°. 2, &c.

R A M O N E U R S.
V. *Lombards*.

R A N G.
Voyez *Preffeance*.

R A P P E L à Succeffion.
Voyez *Repréfentation* & *Succeffion*.

Nous avons des Coutumes en France qui n'admettent point la repréfentation dans le droit de fuccéder (V. *Repréfentation*.) Comme elles ont paru trop dures, on a cru pouvoir les adoucir, & permettre à ceux qui ont des parens trop éloignés pour leur fuccéder, de rappeller ces parens éloignés, à l'effet de rapprocher leur dégré de parenté, & par ce moyen les rendre capables de partager la fucceffion avec les autres parens plus proches ; c'eft la capacité donnée à ces parens, qu'on nomme Rappel.

On en diftingue les effets, felon qu'il eft fait en faveur de parens, qui font ce qu'on appelle être *dans les termes de droit*, c'eft-à-dire, quand celui qui eft rappellé auroit dû fuccéder par repréfentation, comme, par exemple, tous les defcendans en ligne directe, ou les neveux en ligne collatérale, ou bien hors les termes de droit, par exemple, en faveur de petits-neveux, ou parens plus éloignés, quand il y a des neveux.

L'effet de Rappel *intrà terminos juris*, eft de faire que la perfonne rappellée jouiffe, & fes defcendans, de tous les droits de celui qu'il repréfente, & à là place duquel il eft rappellé. C'eft le fentiment de tous les Jurifconfultes; Argou va même jufqu'à dire que, quand le Rappel eft fait dans les termes de droit, il profite à tous les parens qui font dans le même dégré que celui qui a été rappellé, quoiqu'ils ne foient pas compris dans l'acte de Rappel. Il cite fur cela la Coutume de Boulonnois.

Les rappellés, qui font parens au-delà des termes de droit, font regardés comme étrangers dans la fucceffion de leur grand-oncle, ou autres parens dont ils ne font point héritiers; & ce qu'ils en recueillent, ils ne font pas cenfés le prendre comme héritiers, mais le tenir de la bonne volonté du défunt, qui, en les rappellant, n'a pu les rapprocher ni les rendre héritiers, mais feulement les faire fes légataires ; parce que la faveur du Rappel & de l'inftitution ne peut pas étendre le droit de repréfenter au-delà des bornes que les Loix y ont mifes, & des dégrés marqués par les Coutumes. V. Dumoulin fur l'article 320 de la Coutume de Paris; M. Bouguier, lettre S, ch. 13 & 18; Brodeau fur M. Louet, lettre R, fomm. 9; le Brun, *des Succeffions*, liv. 3, ch. 10, fect. 4, num. 16 & fuiv.

Dans les Coutumes qui n'admettent point la repréſentation dans les termes de Droit, celui qui a un frere & un neveu fils d'un autre frere, peut rappeller à ſa ſucceſſion le neveu qui en eſt exclu par la Coutume, & alors ce neveu eſt fait héritier par ſon oncle : il partage la ſucceſſion, non pas comme ſimple légataire, mais comme héritier. Les immeubles qu'il recueille à ce titre, forment des propres dans ſa ſucceſſion; & il n'eſt pas obligé, comme le petit-neveu, de ſouffrir le retranchement des réſerves coutumieres. Voyez Ricard ; le Maiſtre ſur Paris ; M. Louet & Brodeau, lettre R., n. 9 ; & un Arrêt du 9 Juin 1687, qu'on trouve au Journal du Palais.

Le Rappel des petits-neveux étant conſidéré comme un legs, il n'eſt pas eſſentiellement néceſſaire que le teſtateur ait préciſément dit qu'il léguoit ; il ſuffit que ſa volonté ſoit ſuffiſamment expliquée par les termes dont il s'eſt ſervi. Les mots, *je lègue*, ſont inutiles au moyen de ce que c'eſt la volonté de léguer qui doit ſeule être conſidérée.

Par exemple, la Cour a admis les petits-neveux de Jean Blondel, Curé du Croc, à partager ſa ſucceſſion avec ſes neveux ; cependant Jean Blondel ne s'étoit pas ſervi des termes, *je lègue* : il avoit dit, mes petits-neveux *repréſenteront leur pere ; je les ai rappellés & les rappelle mes héritiers préſomptifs.* L'Arrêt qui eſt intervenu dans cette eſpéce, a été rendu en la troiſiéme Chambre des Enquêtes, le 25 Juin 1716 : il eſt imprimé avec un précis du fait & des moyens. Voyez ſur la même queſtion un autre Arrêt rendu le 6 Février 1646, rapporté par Ricard.

Le Rappel peut ſe faire par teſtament, ou par un codicile, ou bien par une diſpoſition entre-vifs & contractuelle dans un contrat de mariage, ainſi que la Cour l'a jugé par Arrêt rendu le 15 Mars 1696, au rapport de M. de Savonnieres.

Mais en l'un & l'autre cas, il faut que la Coutume ne contienne aucune prohibition de faire le Rappel ; autrement le parent ſeroit vainement rappellé.

Le Rappel fait par teſtament eſt révocable contre le teſtament même.

Mais le Rappel par contrat de mariage ne peut ſe révoquer. Voyez *Inſtitution contractuelle.*

Il ne ſuffit pas que le Rappel d'un héritier, hors des termes de la repréſentation, ſoit fait par un ſimple acte pardevant Notaires ; il faut qu'il ſoit revêtu des ſolemnités requiſes pour la validité d'un teſtament, ou fait par donation entre-vifs, avec les ſolemnités néceſſaires pour faire valider une donation entre-vifs ; & alors c'eſt moins un Rappel qu'une donation. V. le Brun, *des Succeſſions.*

Lorſque le Rappel eſt fait par contrat de mariage, on n'examine plus s'il eſt fait *intrà* ou *extrà terminos juris.* La faveur de ce contrat eſt ſi grande, que l'on paſſe par-deſſus les régles, pour faire valoir toutes les conventions qui ne ſont pas contre les bonnes mœurs. Voyez un Arrêt rendu le 6 Mars 1660, qu'on trouve au Journal des Audiences, tom. 2, liv. 3, chap. 9. Voyez auſſi *Inſtitution contractuelle.*

Le rappellé n'a pas le choix d'opter, ou le partage dans la ſucceſſion, ou de s'en tenir au legs des meubles & acquêts ; c'eſt à l'héritier à ſe déterminer à l'admettre au partage, ou à lui abandonner le legs. V. le Brun, *ibid.* liv. 3, ch. 9, ſect. 3.

RAPPEL de Ban & des Galeres.
(Lettres de)

On nomme Lettres de Rappel de Ban, » celles par leſquelles le Roi rappelle & dé- » charge celui qui avoit été condamné au » banniſſement à temps ou à perpétuité....... » & remet l'impétrant en ſa bonne fâme & » renommée, & en ſes biens non confiſ- » qués, à la charge de ſatisfaire aux autres » condamnations. « Voyez Bornier, ſur l'article 5 du titre 16 de l'Ordonnance Criminelle.

Les Lettres de Rappel des Galeres ſont celles par leſquelles » le Roi rappelle & dé- » charge des Galeres celui qui y a été con- » damné, & le remet en ſa bonne fâme & » renommée « *Ibid.*

Ces Lettres ne peuvent s'expédier qu'au Grand Sceau ; elles n'ont d'effet que quand elles ſont enthérinées par les Juges auxquels elles ſont adreſſées ; & il faut que le Jugement ou l'Arrêt de condamnation ſoit attaché ſous le contre-ſcel des Lettres. V. ſur

cela

cela les articles 5, 6, 7 & fuiv. du tit. 16 de l'Ordonnance Criminelle.

RAPPORT, RAPPORTEUR.

On nomme Rapport, le récit que fait un Confeiller, ou un autre Juge, des piéces & de l'état d'un procès qu'il a été chargé d'examiner ; & celui qui fait le Rapport, eft nommé Rapporteur.

RAPPORT DE FER.

C'eft le nom qu'on donne en Champagne à un droit très-reffemblant à la dixme de fuite, dont parlent la Coutume de Nivernois & quelques autres.

Le Chapitre de Saint Symphorien de Rheims exerce ce droit fur plufieurs héritages du Fauxbourg de Cérès, qui dépendoit autrefois du Village de Betheny, & qui fait aujourd'hui partie de la Paroiffe de S. André.

Le droit de Rapport de Fer confifte dans la moitié de la dixme, qui fe perçoit par le décimateur de la dixmerie, dans laquelle demeure-le laboureur, lorfqu'il va cultiver fes héritages fur un terroir voifin fujet à dixme de fuite, & dont l'autre moitié fe perçoit par le décimateur du terroir où l'héritage cultivé eft fitué.

RAPPORT.

(Dans les Partages & Succeffion.)
V. *Communauté*, *Donation*, *Dot*, *Partage*.

Le rapport eft un droit, en vertu duquel les enfans, ou autres defcendans qui acceptent la fucceffion d'un afcendant, fe font rapporter refpectivement ce qui a été donné à chacun d'eux, pour être partagé de même que les autres biens de la fucceffion.

Ce droit a fon fondement fur l'égalité qui doit naturellement être gardée entre les enfans, & fur ce qu'on préfume que ce qui a été donné aux enfans par l'afcendant, n'a été donné qu'en avancement de ce qu'ils pourroient un jour efpérer dans fa fucceffion.

Le premier ufage & l'origine du Rapport, dans l'ancien droit, eut pour objet ce qui avoit été donné à des émancipés avant l'ouverture de la fucceffion. Comme tout ce que le fils émancipé pouvoit acquérir, lui demeuroit propre ; qu'au contraire, tout ce

Tome III. Part. I.

que le fils, en puiffance du pere, pouvoit acquérir, appartenoit au pere, à la réferve des pécules, on trouva équitable de faire rapporter aux émancipés, qui venoient à la fucceffion de leur pere, ce qu'ils avoient acquis depuis leur émancipation, puifqu'ils profitoient en venant à la fucceffion des acquifitions faites par les autres enfans qui étoient demeurés en la puiffance du pere.

Dans la fuite, tous les enfans, émancipés ou non, ayant eu en propre tout ce qu'ils avoient acquis, cette premiere forte de Rapport ceffa, & le Rapport fut réduit aux biens qui venoient de la libéralité de l'afcendant auquel le donataire fuccédoit, avec les autres enfans qui n'avoient reçu aucune libéralité. V. Domat & le Brun.

Dans l'ancien droit, il étoit néceffaire que le Rapport fût expreffément ordonné : au contraire, par le dernier droit (qui eft celui qu'on obferve en Pays de Droit-Ecrit) le Rapport eft préfumé ordonné, s'il n'eft précifément défendu. On admet donc deux maximes conftantes fur cette matiere, dans ces Pays : la premiere, que le Rapport peut être défendu par le teftateur ; & la feconde, que cette défenfe doit être expreffe : cependant voyez Henrys & le Brun.

A l'égard de nos Coutumes, quelques-unes, conformes au Droit-Ecrit, permettent au pere de défendre le Rapport (comme Nivernois, Berry, Bourbonnois) ; quelques autres portent que le Rapport ne peut être défendu, (Laon, art. 94 ;) dans d'autres, le renonçant même eft obligé au Rapport (Anjou & Maine, &c.)

En général, prefque toutes les autres Coutumes contiennent des difpofitions femblables à celle de Paris, qui porte (art. 303) que les *pere & mere ne peuvent avantager leurs enfans, venans à leur fucceffion, l'un plus que l'autre ;* ce qui emporte une défenfe au pere de difpenfer les enfans donataires, de rapporter à fa fucceffion.

Mais dans ces Coutumes, le donataire peut fe tenir à fa donation ; & alors il n'eft point obligé à rapporter, pourvû que la légitime foit réfervée aux autres enfans ; c'eft la difpofition de l'article 307 de notre Coutume.

Tout ce qui eft permis au pere dans ces Coutumes, eft de léguer, par fon teftament, à son fils, sa part afférente en sa succession, outre & par-dessus la donation qu'il lui auroit faite entre-vifs ; parce qu'en ce cas, le donataire prenant sa part afférente en la succession à titre de legs, il n'est point obligé au rapport, au moyen de ce qu'il ne vient point à la succession ; mais il faut alors que les legs de la part héréditaire n'excédent pas le quint des propres, & les meubles & acquêts (a). Voyez le Brun, & *Réserves Coutumieres.*

Le pere peut aussi donner une double part de sa succession à l'un de ses enfans, par contrat de mariage, ou l'instituer héritier contractuel ; & lui faire en même-temps d'autres avantages par préciput, non sujets à Rapport ; parce que, dans tous ces cas, l'enfant tient tout de la libéralité du pere, & rien de la disposition de la Loi ; & quoique l'héritier contractuel ne soit pas donataire entre-vifs, mais un héritier (Voyez *Institution contractuelle*), il n'est cependant pas obligé au rapport ; parce que ce n'est pas de la Loi, mais de la disposition de l'homme, qu'il tient sa qualité d'héritier. Il n'est pas héritier *ab intestat*, mais héritier institué, & il n'y a que les héritiers *ab intestat* qui soient obligés de rapporter ; c'est le Droit commun de la France, & il ne souffre d'exception que dans les Coutumes d'égalité.

Ces observations faites, il faut distinguer trois sortes de Rapports, qui sont établis par les articles 304, 306 & 308 de notre Coutume (de Paris).

1°. Celui qui vient à la succession de son pere ou de sa mere, doit rapporter tout ce qui lui a été donné, directement ou indirectement, par le défunt, soit entre-vifs, soit à titre de legs ou autrement ; en un mot, il doit rapporter tout ce qui se peut appeller avantage. (art. 304.)

2°. Il doit aussi rapporter ce qui a été donné à ses enfans ou petits-enfans, par ses pere & mere, à la succession desquels il vient, en quelque maniere qu'ils ayent été avantagés ; parce qu'en ligne directe, tout ce qui est donné aux enfans, est présumé

donné au pere, & une souche ne doit pas avoir plus que l'autre. L'article 306 de la Coutume de Paris le décide ainsi : s'il en étoit autrement, l'ayeul pourroit éluder la loi du Rapport, en se servant du nom de son petit-fils, pour avantager son fils indirectement.

Auzannet prétend que le fils peut prendre sa légitime dans la succession de l'ayeul, sans rapporter l'avantage fait au petit-fils ; & pour garant de son avis, il cite un Arrêt du 23 Février 1669 ; mais je trouve un inconvénient dans cette opinion : en effet, le fils ne peut demander sa légitime qu'à titre d'héritier ; & en cette qualité, la Coutume l'oblige à rapporter ce que ses enfans ont reçu.

Que fera donc le fils, si le Rapport qu'il est obligé de faire du don fait au petit-fils, le prive de sa légitime ? Tous les Auteurs pensent qu'en ce cas il a action contre son fils, petit-fils du donateur, pour demander sa légitime. Duplessis dit même que si le petit-fils donataire étoit insolvable, il seroit juste de donner à son pere l'action pour demander sa légitime à la succession de l'ayeul donateur, sans qu'on puisse faire aucune imputation du don fait au petit-fils sur cette légitime, parce qu'il n'est pas juste que le pere en soit privé par une donation inconsidérée.

3°. Le petit-fils venant à la succession de son ayeul par le prédécès de son pere, est tenu de rapporter tout ce qui a été donné à son pere par l'ayeul, quoiqu'il ait renoncé à la succession de son pere. Il doit aussi rapporter ce qui lui a été donné à lui-même. L'article 308 de la Coutume de Paris le décide textuellement.

J'ai dit que le petit-fils *venant à la succession de son ayeul* par le prédécès de son pere, est tenu de *rapporter tout ce qui a été donné à son pere par l'ayeul*, quoiqu'il ait renoncé à la succession de son pere. La raison de l'égalité des branches a introduit ce Rapport ; car c'est un principe, que le Rapport des branches suit les mêmes régles que le Rapport des personnes ; ensorte que si de

---

(a) A Paris » les Légataires & les Donataires qui renon-
» cent à une succession, n'y sont jamais de Rapport « (si ce
» n'est pour fournir les légitimes aux enfans, s'il y a lieu,)
» parce que le Rapport ne doit se faire que *inter cohæredes.*

» Ainsi le Légataire doit jouir de son legs, & le Donatai-
» re de son don, sans en faire aucun Rapport, lorsqu'ils
» s'abstiennent de la succession «. Voyez l'Acte de Noto-
» riété du Châtelet, du premier Juillet 1702.

plufieurs repréfentans la même fouche, les uns veulent accepter la fucceffion de l'ayèul, les autres y renoncer, cela eſt permis; mais ceux qui accepteront, feront non-feulement obligés de rapporter ce qui a été donné par l'ayeul à leur pere, mais encore ce qui a été donné à ceux qui renoncent. Dans ce cas, ſi, après le Rapport fait, les acceptans ne trouvent pas leur légitime entiere, ils ont l'action en fupplément contre ceux de leur même fouche qui ont renoncé.

De même, ſi l'on fuppofe qu'un pere ait laiſſé trois enfans, à qui il ait fait des do-nations inégales, & que ces trois enfans ayant renoncé à fa fucceffion échue, les pe-tits-fils fe portent héritiers en leur place : ces petits-fils, quoique venans de leur chef à la fucceffion de l'ayeul, font obligés au Rapport de ce qui a été donné à leur pere; parce que, comme en ligne directe on fuc-céde toujours par fouches, les branches doi-vent être égales ; ce qui eſt donné au fils, eſt réputé donné à toute la branche. C'eſt ce que la Cour a jugé par l'Arrêt rendu le pre-mier Avril 1686, en la caufe de Mᶜ de Fer-riere, Aggrégé en Droit. Voyez le Journal du Palais.

De même, ſi l'ayeul ayant donné au pe-re qui laiſſe deux enfans, l'un des petits-fils renonce à la fucceffion de l'ayeul & fe porte héritier du pere, & que l'autre petit-fils renonce à la fucceffion du pere & fe porte héritier de l'ayeul, celui-ci fera obli-gé de rapporter à la fucceffion de l'ayeul la donation faite au pere.

Le petit-fils venant à la fucceffion de l'ayeul, eſt auſſi obligé de rapporter ce qui lui a été donné par l'ayeul.

Lorſque le petit-fils donataire eſt appellé avec des freres ou fœurs, pour recueillir la fucceffion de l'ayeul donateur, & qu'il y re-nonce, fes freres & fœurs font obligés, envers leurs autres co-héritiers, de rapporter ce qui lui a été donné, & même ce qui a été donné à leur pere ou à leur mere, afin de conferver l'égalité des branches, fans qu'ils ayent à ce fujet aucune action ou récompenfe à exercer, ſi ce n'eſt lorſque la légitime eſt entamée.

Mais le petit-fils eſt-il obligé de rappor-ter à la fucceffion de fon pere ce que lui a donné fon ayeul ? Sur cela les Auteurs dif-

tinguent ; ſi le pere étoit feul héritier de l'ayeul, il n'y a aucun prétexte pour aſſujet-tit le petit-fils à rapporter le don de l'ayeul à la fucceffion du pere, parce que le Rap-port n'eſt dû qu'à la fucceffion de celui qui a donné; & que, dans cette efpéce, ce n'eſt pas le pere, mais l'ayeul qui a donné. Tous les Auteurs citent fur cela un Arrêt du 23 Février 1632, rapporté par Brodeau fur M. Louet, lett. D, n. 38; par Ricard & For-tin, fur l'art. 306 de la Cout. de Paris, &c.

Mais ſi le pere a eu, dans la fucceffion de l'ayeul, des co-héritiers, auxquels il a fait Rapport du don fait au petit-fils, le Brun, Auzannet & le Maiſtre, penfent qu'en ce cas le Rapport que le pere a fait, l'a conſtitué donateur, & que par conféquent le Rapport en eſt dû à fa fucceffion.

Le Brun propofe une queſtion, dont voici l'efpéce. Un mari inſtitue fa femme héri-tiere en Pays de Droit-Ecrit, à la charge de rendre fa fucceffion à l'un de fes enfans; la mere préfére un de fes petits-fils, qui lui reſtoit d'un fils prédécédé; & ce choix eſt confirmé par Arrêt de la Grand'Chambre. Comme il y avoit dans la fucceffion, des biens fitués à la Rochelle, qui eſt une Cou-tume d'égalité, le petit-fils, préféré par fon ayeule, renonça à ces biens qui compofe-rent la fucceffion *ab inteſtat*, à laquelle vin-rent les autres enfans du teſtateur, & les petits-fils, freres du préféré. On voulut obliger ceux-ci au Rapport des branches, c'eſt-à-dire, à rapporter ce que leur aîné préféré avoit pris dans les Provinces de Droit-Ecrit. Le Brun, après avoir rapporté les raifons de part & d'autre, décide que les petits-fils, freres de l'héritier inſtitué, ne font point obligés au Rapport de ce que l'héritier inſtitué a pris en Pays de Droit-Ecrit : & fa décifion me paroît bonne; parce que, quoiqu'une branche foit obligée de rapporter tout ce qui a été donné à fa bran-che, dans les Coutumes d'égalité, cepen-dant, dans les Pays où les prélegs font per-mis, on n'eſt point obligé de rapporter les prélegs ; ainſi l'héritier inſtitué n'ayant pris que les biens fitués en Pays de Droit-Ecrit, où les prélegs ont lieu, il eſt certain que la branche ne doit point rapporter le prélegs permis, dans le Pays où il a été pris.

Le Brun eſtime qu'une donation rémunératoire, dans le cas où les ſervices ſont bien prouvés, & où la donation n'excéde pas le prix dû à ces ſervices, n'eſt pas ſujette à Rapport.

Mais Dupleſſis, Auzannet, Carondas, &c. diſent que, pour éviter les fraudes, il vaut beaucoup mieux aſſujettir le donataire au Rapport, & lui conſerver ſon action pour le payement de ſes ſervices : par-là on évite de diſcuter ſi la donation excéde ou n'excéde pas les ſervices ; & on conſerve l'intérêt du fils, ſans bleſſer les loix du Rapport.

Les Offices donnés par le pere à ſon fils, ſoit qu'ils ayent été réſignés ou achetés, ſont ſujets à rapport, ainſi que les frais de réception, mais non les faux frais, tels que des repas, &c. V. Offices.

Ceci ne ſouffre point de difficulté, quand il s'agit d'Offices venaux, de Judicature, de Finance ou Domaniaux ; mais quand il eſt queſtion d'Office de la Maiſon du Roi, il faut diſtinguer ; ſi le pere a été revêtu de la charge, & que le fils en ait eu la ſurvivance, la charge n'eſt point ſujette à Rapport en ce cas (a) ; parce qu'elle paſſe du pere au fils par la ſeule grace du Prince, de la volonté de qui elle dépend, le pere ne pouvant jamais en diſpoſer, & ſa charge mourant avec lui (b).

Mais ſi le pere n'a point été pourvu de la charge, & qu'il l'ait achetée pour ſon fils, il eſt certain que les deniers débourſés pour l'acquiſition & réception, par le pere, ſont ſujets à Rapport par le fils. V. Offices de la Maiſon du Roi.

La dot des enfans eſt ſujette à Rapport, ſoit qu'elle ait été fournie en argent ou en héritages ; & ce Rapport doit ſe faire par les filles dotées, lors même qu'elles ont renoncé à la communauté d'entr'elles & leurs maris. Mais voyez Dot.

Lorſque la dot d'une fille mariée en minorité eſt diſſipée par ſon mari, la fille doit-elle rapporter cette dot, ou ſeulement l'action qu'elle a contre ſon mari, pour la répéter ? Il ſembleroit qu'une fille, qui a eſſuyé de pareilles infortunes, ne dût rapporter que l'action, ſur-tout lorſqu'on ne peut rien lui imputer qui lui ſoit perſonnel ; mais comme la fille mariée ceſſe d'être ſous la puiſſance de ſon pere, & devient en état d'intenter les actions néceſſaires pour la conſervation de ſa dot, de demander ſa ſéparation, &c. on juge qu'elle doit en ce cas rapporter la dot même. Il y en a un Arrêt du dernier Avril 1605, dans M. Louet, lettre R, n. 54.

La même choſe s'obſerve dans les Pays de Droit-Ecrit du reſſort du Parlement de Paris, la fille n'y eſt jamais recevable, ſuivant la Juriſprudence des Arrêts, à rapporter ſeulement l'action qu'elle a contre ſon mari, (voyez Henrys & les Notes de Bretonnier ;) mais on prétend que les diſpoſitions de la Novelle 97, ch. 6, qui en décident autrement, ont lieu dans d'autres Parlemens de Droit-Ecrit.

Dans les Pays Coutumiers, ſi depuis le mariage, le pere donne entre-vifs à ſon gendre, & à ſa fille conjointement, l'acceptation de la donation par la fille, l'oblige au Rapport de toute la donation, ſoit qu'elle renonce à la communauté, ſoit qu'elle l'accepte ; on préſume alors que la donation n'a été faite qu'à la femme, & que le nom du mari n'a été employé que parce qu'il eſt le chef, & qu'il a la jouiſſance des propres de ſa femme. Voyez Dumoulin ſur l'art. 55 de la Coutume de Paris.

Dans le cas même où la donation ſeroit faite au gendre ſeul qui a des enfans, on préſumeroit que le donateur a voulu avantager ſes petits-enfans, & que c'eſt une fraude contre la Loi des Rapports. Cependant voyez l'Arrêt du 30 Janvier 1762, dont je parle à l'art. Confeſſion (Aveu).

Mais s'il n'y avoit point d'enfans, la femme ne ſeroit obligée au Rapport de la donation faite à ſon mari, que dans le cas où les choſes données ſeroient entrées dans

---

(a) Il a néantmoins été jugé, par Arrêt rendu le 7 Septembre 1705 (ou 1706,) qu'on imputeroit ſur la légitime de Georges Baudouin, le prix de deux Offices de la Maiſon du Roi dont il avoit été pourvu en ſur-vivance de ſon pere ; mais Georges Baudouin avoit vendu ces Offices du vivant de ſon pere même, & il n'étoit pas d'ailleurs propriétaire parfait : on le conſidéra comme mandataire de ſon pere, envers lequel il fut regardé comme comptable du prix ; & d'un autre côté il étoit ſtipulé, par ſon Contrat de mariage, qu'il tiendroit compte du prix de ces Offices aux ſucceſſions de ſes pere & mere.

(b) Je voudrois, nonobſtant ces raiſons, qu'on changeât l'uſage ; parce qu'il produit une égalité contraire aux diſpoſitions de la Coutume.

la communauté acceptée par la femme : encore ne devroit-elle alors rapporter que la moitié dont elle se trouveroit avoir profité ; autrement, & sans cette acceptation, la femme ne seroit pas sujette à rapporter, puisqu'elle ne profiteroit pas de la donation.

Si au contraire la succession du pere étoit ouverte pendant la communauté du mari donataire & de sa femme, dans laquelle la donation seroit entrée ; comme il est incertain si la femme renoncera dans la suite, ou acceptera la communauté, seroit-elle alors obligée au Rapport ? Le Brun estime que dans ce cas elle doit rapporter le tout ; parce que, quand le beau-pere donne à son gendre, il est présumé donner un avancement de la part héréditaire de sa fille, à moins qu'il n'exprime que la donation sera propre au gendre. D'ailleurs, lorsque le pere donne à son gendre, il augmente la communauté dans laquelle sa fille a moitié ; & c'est, dit-on, une double raison pour assujettir la fille au Rapport.

Pour moi j'estime, 1°. que la communauté subsistante, la fille n'est obligée qu'à rapporter la moitié de la donation, parce qu'il n'y a que cette moitié qui puisse la concerner.

2°. Que pour se dispenser de faire ce Rapport, la femme peut renoncer à la communauté, & se faire séparer.

La difficulté qui peut se présenter sur cela, est de sçavoir si la femme demeurant commune, elle peut être obligée de rapporter la moitié de la donation, sauf, après la dissolution de la communauté, à répéter par elle (dans le cas où elle renonceroit) contre ses co-héritiers, ce qu'elle auroit rapporté pour leurs parts & portions.

J'estime encore dans cette espéce que le Rapport dépend de l'acceptation ou de la renonciation de la femme ; qu'il doit demeurer en suspens pendant le mariage, & que la femme n'est point tenue de rapporter par provision ; qu'ainsi il faut attendre la dissolution de la communauté, & l'acceptation de la femme ou de ses héritiers, pour les obliger au Rapport.

La raison qui me paroît déterminante, est que la donation n'ayant pas été faite à la femme, mais au mari, elle ne peut être obligée au Rapport, qu'autant qu'il est jus-

tifié qu'elle en profite, ce qui ne peut se faire que lorsqu'elle a accepé la communauté ; acceptation à laquelle elle n'est point obligée pendant tout le temps du mariage.

Mais si par la suite elle accepte la communauté, elle sera obligée au Rapport de la moitié de la donation, & des intérêts qui auront couru depuis l'ouverture de la succession, jusqu'à concurrence néantmoins de ce qu'elle amendera dans la communauté.

A l'égard du prêt fait au gendre par son beau-pere, pour sçavoir si la femme est obligée de le rapporter dans la succession de son pere, il faut distinguer :

Si la femme a parlé dans l'obligation, elle est tenue d'en faire le Rapport dans la succession de son pere ; parce qu'alors le prêt est présumé fait, *filiæ non generi contemplatione* ; ce qui a lieu, quand même elle renonceroit dans la suite à la communauté, ainsi qu'il a été jugé par l'Arrêt des Favereaux, rapporté par M. Louet, lettre P, sect. 13.

Mais si elle n'a point parlé dans l'obligation, alors, ou elle accepte la communauté, & en ce cas elle rapporte jusqu'à concurrence de ce qu'elle profite de la communauté ; ou elle renonce, & alors elle n'est point obligée au Rapport ; parce qu'elle ne profite de rien, ainsi qu'il a été jugé par plusieurs Arrêts rapportés par M. Louet & par Brodeau, *ibid.* où cette matiere est traitée avec beaucoup d'étendue.

Si la communauté subsiste encore lors de l'ouverture de la succession du pere, & que la femme n'ait point parlé à la dette, elle n'est pas non plus obligée au Rapport ; tout ce que les co-héritiers de la femme peuvent faire en ce cas, est d'exiger du mari le payement de la dette ; parce que les obligations du mari n'engagent point la femme pendant la communauté, suivant l'art. 121 de notre Coutume.

La qualité du créancier ne fait rien dans cette espéce, parce que le mari ne peut pas obliger sa femme sans son consentement, en empruntant du pere de sa femme, non plus que d'un autre étranger, suivant l'art. 228. Cependant si le Rapport dont il est ici question, avoit lieu, il produiroit une aliénation des propres de la femme, sans son consentement; puifqu'elle feroit obligée de moins prendre dans la fucceffion de fon pere, & dans la fuite obligée de renoncer à la communauté, à caufe des dettes de fon mari.

Si le pere a vendu un héritage à fon fils à vil prix, l'excédent du prix, (non l'héritage,) eft fujet à Rapport; & plufieurs Arrêts en ont ordonné dans ce cas l'eftimation. Il y en a un rendu le 6 Septemb. 1631, rapporté par Saligny fur la Coutume de Vitry, art. 73. Cela eft fondé fur ce qu'il eft permis au pere de vendre à fon fils, & que la modicité du prix ne doit pas faire regarder comme donation un acte qui a tous les caracteres de la vente. Cependant voyez ci après, pag. 279, ce que je dis d'un Arrêt du 4 Juillet 1719, pour la Coutume d'Anjou.

Il en doit être de même de la donation onéreufe; c'eft un contrat que le pere peut faire avec fon fils, comme avec toute autre perfonne. Si la donation n'excéde pas la charge, elle n'eft fujette à aucun Rapport, & elle y eft affujettie dans le cas contraire; mais quant à l'excédent de valeur feulement, & non en nature.

Le prêt eft fujet à Rapport, ainfi que je l'ai d'abord annoncé; parce que, par l'adition d'hérédité, le prêt change de nature & devient un avantage: c'eft pour cela que le fils, le petit fils, &c. débiteur d'une rente n'eft pas recevable à vouloir la continuer. Il eft obligé de rapporter le principal ou de prendre moins. Ricard en rapporte un Arrêt du 26 Juin 1614, fur l'article 304 de la Coutume de Paris.

C'eft encore parce que le prêt perd fa nature & devient un avantage, que le petit-fils, venant à la fucceffion de fon ayeul, doit rapporter ce qu'avoit prêté fon ayeul au pere, quoiqu'il ait renoncé à la fucceffion de ce dernier. Auzannet, fur l'article 308 de notre Coutume; Brodeau fur M. Louet, lettre R, n. 13, en rapportent un Arrêt.

Les intérêts civils, auxquels le fils a été condamné, & que le pere a payés à fa décharge, font auffi fujets à Rapport. Il paroît bien jufte & bien naturel que la peine du crime tombe fur celui qui eft coupable.

Si le pere a acheté au nom de fon fils ou exercé un retrait lignager, le prix de l'acquifition ou du retrait eft fujet à Rapport,

mais non pas l'héritage qui n'a jamais appartenu au pere; enforte que, fuppofé que l'achat ou le retrait foit avantageux au fils, le profit que fait le fils n'eft point fujet à Rapport. Voyez les Arrêts des 7 Septembre 1570, & 12 Mai 1640, rapportés par Carondas & Brodeau, fur l'art. 139 de la Coutume de Paris. Voyez auffi le Brun, des Succeffions, l. 3, ch. 6, fect. 3, n. 15 & 16; & le Maiftre.

Le Brun propofe la queftion de fçavoir fi un pere ayant érigé un domaine en fief, & ftipulé l'inféodation pour lui & fes enfans mâles, & ayant donné une fomme confidérable pour le prix de la conceffion, ce prix doit être rapporté par les mâles, attendu qu'ils ont le fief par préciput fur les filles dans la fucceffion du pere, & que ce feroit un moyen de les avantager au-delà de ce que la Coutume leur donne dans les fiefs.

Le Brun tient l'affirmative pour la fucceffion feulement de celui qui a ftipulé l'inféodation, & cite Dumoulin pour garant de fon fentiment. Il prétend qu'il y a de la différence entre ce cas & celui d'un achat pur & fimple; dans lequel, fi la condition du fils devient plus avantageufe, c'eft moins par la difpofition du pere, que par le bénéfice de la Coutume.

Pour moi, je ne vois point de différence entre les deux cas, & je ne fçaurois adopter le fentiment de le Brun; parce que le pere de fon vivant peut faire de fes biens ce qu'il lui plaît, les changer & leur donner telle nature qu'il veut, fans que les enfans puiffent s'en plaindre, & que les puînés puiffent prétendre que c'eft un avantage indirect fait à l'aîné, d'avoir acheté des fiefs ou érigé une roture en fief. Les fucceffions fe partagent dans l'état où elles font, fans examiner comment le défunt a acquis ou changé fes biens de nature; & alors c'eft la difpofition de la Loi qui donne l'avantage à l'aîné & aux mâles, au préjudice des filles.

Il y a des chofes qui ne font point fujettes à Rapport; parce que les peres & meres les doivent à leurs enfans par le devoir d'une affection naturelle. Telles font, 1°. les alimens, entretien & penfion qu'ils ont payés pour leurs enfans jufqu'à leur mariage, ou jufqu'à ce qu'ils foient pourvus de charges.

2°. Les frais faits pour les études des enfans, comme pour paffer Maîtres-ès-Arts, Gradués, Licentiés, les Livres même néceffaires pour les études feulement, (une Bibliothéque feroit rapportable.) De même on ne rapporte point ce qui a été donné pour apprendre un Métier ; mais à l'égard des frais de Doctorat & frais de réception pour être Maître ou Marchand dans quelque Corps, ils font fujets à Rapport, fuivant les Auteurs.

3°. Les deniers donnés à un mineur qui les a diffipés, fans qu'ils ayent tourné à fon profit.

4°. Le droit d'aîneffe dans les fiefs, & la portion avantageufe ; parce que c'eft un avantage qui vient à lege, indépendamment de la volonté des pere & mere.

Les fommes modiques qu'un pere donne à un enfant pour fes menus plaifirs, & les chofes que l'enfant en a achetées, les honoraires des Maîtres, les petits préfens d'ufage dans la Société, & tels que ceux qui fe font même à des Etrangers, la dépenfe faite pour les entretenir dans des Couvens, pour les envoyer au Collége, aux Académies & au fervice Militaire : tout cela n'eft pas non plus fujet à Rapport.

Les frais de fiançailles, de nôces & feftin, les préfens faits, foit aux parens, aux Entremetteurs de mariage, ne font pas non plus fujets au Rapport, parce qu'il ne refte rien de ces dépenfes à l'enfant, & qu'elles font d'ailleurs plutôt faites par honneur pour la famille, que pour le bien de celui qui les occafionne.

Mais les nourritures promifes par un contrat de mariage, ou fournies fans promeffe depuis le mariage, font fujettes à être rapportées, ainfi que les habits nuptiaux fournis aux enfans ; parce que toutes ces chofes font partie de l'établiffement, au lieu que les autres font feulement partie de l'éducation.

Lorfqu'un pere ou une mere ayant des enfans de deux lits, ne fait point inventaire après le décès de fon fecond conjoint, & laiffe continuer la communauté, on demande fi l'avantage qu'elle fait par-là aux enfans du fecond lit, en les laiffant maîtres de

renoncer ou d'accepter une continuation de communauté, dont il peut réfulter un profit réel, eft fujet à Rapport. Je crois qu'il ne l'eft pas, parce que, pour qu'un pareil avantage foit fujet à Rapport, il ne fuffit pas que les enfans du fecond lit ayent réellement profité du défaut d'inventaire ; il faut de plus que le pere ou la mere ait eu deffein de leur procurer cet avantage ; & fi ce deffein ne paroît pas, on ne peut pas le préfumer : d'autres motifs, par exemple, la négligence, ont pû déterminer à ne pas faire d'inventaire ; & une négligence ne peut pas donner lieu de forcer à un Rapport, pour lequel il faut *confilium & eventus* ; fi ces deux chofes ne concourent pas, il ne peut pas être dû de Rapport. Voyez Brodeau, qui cite fur cela un Arrêt du 2 Mars 1626. Mais voyez auffi les notes fur Bardet.

La même queftion fe préfente lorfqu'une mere renonce à la communauté après la mort de fon fecond mari, & que par ce moyen elle avantage fes enfans du fecond lit. Ces Arrêts ont jugé qu'en ce cas, les enfans du premier lit ne pouvoient pas contraindre leur mere à accepter la communauté, même en lui offrant d'acquiter les charges, & de lui donner caution ; mais ils n'ont pas décidé que l'avantage réfultant de cette renonciation en faveur des enfans du fecond lit, ne fût pas fujet à Rapport ; & il y a lieu de croire que, fi la communauté étoit évidemment avantageufe à la mere, & que le deffein de celle-ci a été d'avantager fes enfans du fecond lit, en renonçant, cet avantage feroit fujet à Rapport.

Tiraqueau & le Brun difent que, dans la Coutume où la repréfentation n'a pas lieu en ligne directe, le petit-fils, rappellé par fon ayeul, doit rapporter les avantages qu'il en a reçus. Pour moi je crois qu'il faut diftinguer le rappel fait par teftament du rappel fait par contrat de mariage : le rappellé par teftament eft obligé de rapporter ; parce que cette maniere de rappeller, leve l'exclufion prononcée par la Coutume, & rend le rappellé véritablement héritier légitime ; mais qu'il n'en doit pas être de même du rappel par contrat de mariage ; parce que ce rappel eft une véritable Inftitution contractuelle, laquelle, comme je l'ai déja obſervé, n'aſſujettit pas au Rapport.

Le Mardi 13 Février 1759, on a plaidé la queſtion de ſçavoir ſi les demoiſelles de Longonnay, auxquelles la dame de Longonnay leur mere, avoit cédé la faculté d'exercer le réméré d'un intérêt ſur la ferme des carroſſes de voitures de Paris, devoient rapporter cet intérêt à ſa ſucceſſion, comme leurs cohéritiers le demandoient, à la charge de les rembourſer de ce qu'ils avoient payé à l'acquéreur, ou ſi, au contraire, une pareille ceſſion n'étoit point ſujette à Rapport.

Il étoit conſtant dans le fait qu'il y avoit un profit pour les demoiſelles de Longonnay, dans le retrait qu'elles avoient exercé. Leurs freres diſoient que c'étoit un avantage indirect; elles répondoient que la dame de Longonnay n'étant pas elle-même en état d'exercer le réméré à l'expiration du terme ſtipulé, elle ne leur avoit rien donné du ſien; elles ajoutoient que les produits du droit ſur les voitures étoient incertains, & qu'il n'en étoit pas de ces revenus comme de ceux des immeubles, &c.

La demande en Rapport fut rejettée ſans difficulté au Châtelet, où la demande fut d'abord portée: il y en eut davantage ſur l'appel, & M. l'Avocat Général Séguier, qui porta la parole, avoit conclu en faveur du Rapport; mais ſes Concluſions ne furent pas ſuivies, & l'Arrêt dudit jour 13 Février 1759, confirma la Sentence.

C'eſt au moment de l'ouverture de la ſucceſſion, que l'obligation de rapporter échoit & a ſon effet: dès ce moment la choſe ſujette à Rapport ceſſe d'appartenir au donataire, & rentre dans la maſſe de la ſucceſſion.

Ainſi les fruits recueillis avant la mort du donateur appartiennent au donataire; mais ceux qui ſont pendans par racine lors du décès, & ceux qui écheoiront enſuite juſqu'au partage, ſont partie de la ſucceſſion, qui néantmoins doit rembourſer au donataire des labours & ſemences.

A l'égard des deniers donnés, l'intérêt de la ſomme capitale ſe rapporte du même jour du décès, à raiſon du denier 20. Tout cela eſt écrit dans l'art. 309 de la Cout. de Paris, qui, ſur ce point, forme le Droit commun.

Les choſes qui ſe conſument par l'uſage, ne pouvant ſe rapporter en nature, doivent l'être par eſtimation, avec l'intérêt du jour du décès: mais eu égard à quel temps cette eſtimation doit-elle ſe faire? Le Brun dit que ſi les choſes exiſtoient encore au temps du partage ſans détérioration, l'évaluation devroit s'en faire ſur le pied qu'elles valent à cette époque. Mais le Maître, Ricard & autres, diſent au contraire que c'eſt la valeur au moment du don qu'il faut conſulter pour cette appréciation, & qu'on en uſe de même pour toutes les choſes dont le donataire devient propriétaire incommutable au moment de la donation.

Doit-on auſſi rapporter l'intérêt des ſommes prêtées par une ſimple obligation? Le Brun tient l'affirmative; parce que le prêt étant en ce cas préſumé être un don & ſujet à rapport, il eſt ſoumis à la régle établie par l'art. 309 de la Coutume de Paris.

Dupleſſis tient le contraire, parce que l'uſure ne ſe doit tolérer en aucune occaſion. Mais je penſe que l'avis du Brun doit prévaloir; je le crois même indubitable, parce qu'en cette occaſion il ne s'agit ni de prêt ni d'uſure, mais d'un partage où pour l'égalité, les intérêts doivent être rapportés. Voyez ce que j'ai déja dit ſur cette matiere.

Le Rapport des fruits eſt ſi équitable, que, ſi une Coutume en diſpenſoit, elle devroit s'entendre des fruits échus avant le décès du donateur: c'eſt la remarque de Dumoulin ſur la Coutume de Montargis.

Il y a quelques Coutumes qui ne font rapporter les fruits que du jour de la provocation à partage: telles ſont celles d'Orléans, (article 309,) & de Bretagne, (art. 497:) mais leurs diſpoſitions étant exorbitantes, ſe renferment dans leur territoire.

Le Rapport n'eſt dû qu'entre héritiers. Le légataire univerſel d'une partie de biens, n'y eſt point ſujet, ni envers ſes co-légataires univerſels, ni envers les co-héritiers qui partageroient avec lui la ſucceſſion, quand même il eût été héritier préſomptif, s'il a renoncé à la ſucceſſion.

Le légataire univerſel d'une partie des biens ne peut pas non plus obliger au Rapport l'héritier qui partage avec lui; & ſi le partage ſe fait avec pluſieurs héritiers, les

héritiers

héritiers rapportent entr'eux, sans que le légataire universel prenne rien dans les biens rapportés. Voyez les Loix Civiles, liv. 2, tit. 4, sect. 2; Brodeau sur M. Louet, lettre D, chap. 56; & les Régles de Pocquet de Livonnieres, liv. 3, ch. 1, sect. 2, art. 9.

En ligne directe, l'héritier par bénéfice d'inventaire qui renonce à la succession, est tenu de rapporter la totalité de ce qui lui a été donné par ceux de la succession desquels il s'agit, & non pas seulement jusqu'à concurrence de la légitime des autres : mais ce Rapport ne peut être exigé que par ses cohéritiers, & non par des créanciers de la succession (*a*). Il y a à ce sujet un Arrêt célébre de l'année 1680, qu'on trouve au quatriéme volume du Journal des Audiences; & telle est aussi la Jurisprudence du Châtelet.

Un second mari, donataire d'une portion d'enfant, peut-il, pour fixer cette part, obliger les enfans de sa femme de rapporter à la succession de leur mere ce qu'ils ont reçu d'elle? Il sembleroit que non, parce que le mari n'est pas héritier, & que le Rapport ne peut s'exiger qu'entre co-héritiers. Cependant je pense que le Rapport doit avoir lieu en ce cas; & un Arrêt du 2 Avril 1683, rapporté au Journal des Audiences, l'a jugé de même. La raison de cette opinion est, que le mari étant donataire d'une part incertaine, cette part ne peut être fixée qu'en faisant fictivement un Rapport qui mette à portée de calculer ce que le mari peut demander; autrement il seroit à la liberté de la femme & des enfans de réduire à rien le droit du mari par des conventions frauduleuses : cela ne combat point le principe sur lequel les seuls héritiers peuvent exiger le Rapport; puisque, dès que la part du mari sera fixée, les enfans donataires ne pourront être forcés à faire un Rapport réel & effectif, qu'en cas que ce Rapport soit demandé par un enfant héritier.

Ni le Fisc ni le Haut-Justicier qui se trouvent aux droits de l'un des héritiers, ne peuvent assujettir ses co-héritiers au Rapport, ni leur objecter l'incompatibilité des qualités, ni faire réduire le legs universel au quint des propres, ni intenter la querelle d'inofficiosité; ils doivent se contenter de prendre les biens en l'état où ils sont, parce que leur droit est plutôt une deshérence qu'une succession.

Monsieur Danican d'Annebaut, Maître des Comptes, qui avoit été doté d'une somme de 800000 liv. par ses pere & mere, en déduction de quoi ils lui avoient abandonné la Terre de Nuzonarne, située en Bretagne, pour 220000 livres, renonça depuis à leur succession.

Comme la Coutume de Bretagne, dans laquelle Nuzonarne est situé, prohibe tout avantage en faveur de l'héritier, & veut, par l'art. 199, que celui qui renonce, perde l'objet qui lui avoit été donné; les autres héritiers demanderent que M. d'Annebaut fût tenu de délaisser Nuzonarne, avec restitution de fruits du jour des décès; & cela fut ainsi ordonné par Sentence du 12 Octobre 1741.

Sur l'appel, M. d'Annebaut demanda récompense sur les autres biens de ses pere & mere, donnés au sieur Landivisiau, & situés dans la Coutume de Senlis, qui n'est pas une Coutume d'égalité parfaite. On lui répondit qu'il n'étoit pas dû de récompense, lorsqu'il s'agissoit d'un Rapport légal; qu'il en étoit de ce cas particulier, comme de la révocation d'une donation pour survenance d'enfans; & par Arrêt rendu au rapport de M. Boschard, le 17 Août 1742, la Sentence fut confirmée.

La Cour a jugé, par Arrêt rendu le 4 Juillet 1719, sur les Conclusions de M. l'Avocat Général de Lamoignon, que l'héritage situé dans la Coutume d'Anjou, vendu à l'héritier présomptif, devoit être rapporté au partage, à la charge par ses co-héritiers de l'indemniser, ainsi qu'ils l'avoient offert. Voyez sur cela le Commentaire de Pocquet de Livonnieres sur la Coutume d'Anjou, article 260; d'Argentré sur l'article 218 de

---

(*a*) Les créanciers d'un héritier pouvant stipuler tous les droits de leur débiteur, peuvent par conséquent exiger les Rapports que lui doivent ses co-héritiers; mais on prétend que les créanciers n'ont pas ce droit dans les Coutumes d'Egalité, & qu'ils ne peuvent pas, comme leur débiteur, exiger que l'héritier qui renonce, rapporte à la succession les dons & libéralités qu'il a reçus; parce que le Rapport doit plutôt être restraint qu'étendu; en ce cas on cite sur cela un Arrêt du 20 Août 1674, qui est, dit-on, au Journal du Palais.

la Coutume de Bretagne, & un Arrêt du 18 Mai 1743, dont la Combe rapporte l'espéce, verb. *Avantage*, sect. 2, n. 4.

Voyez sur la matiere des Rapports, un Arrêt du 17 Mars 1711, dont je parle à l'article *Avantage indirect*.

Tout ce que je viens de dire des Rapports, n'a lieu qu'en ligne directe (*a*). La Coutume de Paris, & même presque toutes les Coutumes du Royaume, n'exigent point que les héritiers collatéraux fassent le Rapport de ce qui leur a été donné, ils en sont au contraire dispensés.

Mais quelques Coutumes, en très-petit nombre, qu'on appelle, à cause de cela Coutumes d'égalité parfaite, exigent le Rapport, tant en ligne collatérale, qu'en ligne directe; & dans ces Coutumes singulieres, celui qui renonce à la succession, est obligé au Rapport envers les autres héritiers non-renonçans, (non envers les créanciers,) de la même maniere que celui qui accepte la succession.

Quand je dis que le Rapport n'a pas lieu en ligne collatérale, cela doit s'entendre, que le Rapport n'est pas de droit en ce cas; (cependant voyez l'article 47 de la Coutume de Chauny:) car rien n'empêche qu'un oncle ne stipule dans la donation qu'il fait à son neveu, qu'elle sera sujette à Rapport, puisqu'il peut apposer à sa libéralité telle condition qu'il juge à propos.

D'ailleurs, lorsqu'un héritier collatéral se trouve en même-temps débiteur de la succession, il se fait une opération qui ressemble beaucoup au Rapport; car on oblige cet héritier de précompter sur sa part la dette entiere.

Ainsi, si un homme laisse une maison valant 20000 liv. à deux héritiers, dont un lui doit 10000 livres, les créanciers de l'héritier débiteur prétendront inutilement qu'il ne doit y avoir de confusion que pour la moitié des 10000 livres, & que sur la moitié de la maison qui lui revient, ils doivent être préférés, comme ayant une hypothéque antérieure à celle qu'avoit le défunt.

Le co-héritier sera bien fondé à répondre, que les lots étant garans les uns des autres, il a, à raison de cette garantie sur les biens de la succession, une hypothéque préférable aux droits des créanciers de son co-héritier, & que ces créanciers ne peuvent avoir plus de droit que leur débiteur : or, si le débiteur ne peut jouir de sa part qu'à la charge de faire jouir son co-héritier de la sienne, il est bien plus court d'imputer à cet héritier les 10000 liv. qu'il doit à la succession sur la part qu'il y a, & de lui donner pour supplément, 5000 liv. ou le quart de la maison.

Lorsque l'enfant est doté par le pere seul, ou par la mere seule, le Rapport de la dot entiere doit se faire à la succession du donateur. Il n'y a d'exception à cette régle, que quand le pere, commun en biens avec sa femme, dote seul avec les deniers de la communauté; la mere en ce cas acceptant la communauté, devient donatrice jusqu'à concurrence de la communauté; & cette portion doit se rapporter à sa succession.

Si le pere & la mere ont tous deux doté, mais inégalement, le Rapport doit se faire aux deux successions de ce que chacun a donné; & dans ces deux cas, la forme du Rapport dépend des clauses de la donation.

Il ne peut y avoir de difficulté sur le *quantum* du Rapport à chaque succession, que quand le pere & la mere ont doté conjointement, sans marquer quelle part chacun d'eux a entendu donner. A cet égard, comme nous pensons que le pere & la mere sont également obligés de doter leurs enfans, on présume qu'ils ont voulu, à frais communs, acquitter une dette commune. Ils sont donc en ce cas présumés avoir doté chacun pour moitié; & par conséquent la dot doit se rapporter moitié à une succession, & moitié à l'autre.

On pensoit autrefois que la dot fournie des deniers de la communauté des pere & mere, ne devoit se rapporter aux deux successions, que quand la dot étoit promise par les pere & mere, & que la mere acceptoit

____

(*a*) Cela s'entend de la ligne directe descendante, & non des ascendans qui succédent à leurs enfans, petits-enfans, &c. Les ascendans ne sont pas assujettis au Rapport. Voyez la note de Dumoulin, sur l'article 313 de la Coutume de Bourbonnois.

Il y a néanmoins dans le Journal des Audiences, u

Arrêt du 14 Novembre 1644, qui a jugé qu'un pere ne pouvoit être en même temps héritier des meubles & acquêts de son fils, & donataire d'un propre maternel. Mais voyez le Brun, des Successions, liv. 3, ch. 6, sect. 2, & Duplessis. Voyez enfin l'Arrêt du 9 Août 1687, au Journal du Palais.

la communauté; mais que fi elle y renonçoit, la dot devoit être rapportée toute entiere à la fucceffion du pere. Cette opinion
étoit fondée fur ce qu'en ce cas, la communauté demeuroit toute entiere au pere. Mais
on penfe depuis long-temps que la dot fe
rapporte même en ce cas aux deux fucceffions. Il y a fur cela des Arrêts dans le Prêtre, dans Brodeau, lettre R, n. 25; & la
raifon eft, que c'eft peut-être la dot même
des enfans qui a rendu la communauté mauvaife. V. le Brun, des Succeffions, livre 3,
ch. 6, fect. 3, n. 25.

Le Rapport doit également fe faire pour
moitié à chacune des fucceffions de pere &
de mere, lors même que la dot eft compofée des biens d'un feul, pourvû qu'elle ait
été promife conjointement; parce qu'en ce
cas, chacun d'eux eft donateur pour moitié,
fauf l'action de remploi contre le conjoint
dont la dette commune fe trouve acquittée
par l'autre.

A l'égard de la forme du Rapport, l'article 304 de notre Coutume nous apprend
qu'il fe fait en deux manieres; c'eft-à-dire,
ou en prenant moins, ou en rapportant en
effence.

Le Rapport qui fe fait en prenant moins,
a toujours lieu pour deux fortes de biens;
fçavoir, 1°. pour les meubles & les fommes
de deniers; 2°. pour les Offices dont on
rapporte feulement le prix, avec ce qui
peut avoir été donné pour les frais de réception.

Sur cette derniere efpéce de Rapport, il
faut obferver que, fi le pere achete un Office de Judicature à fon fils, c'eft le prix de
cette acquifition qui fe rapporte; le profit
ou la perte qui eft furvenue depuis que le
titulaire eft pourvu, regarde feulement le
fils, & non fes co-héritiers.

Si le pere a poffédé la Charge, il a pu la
donner à fon fils, & en fixer le prix pareil
à celui qu'elle lui avoit coûté, quoiqu'elle
vaille davantage lors de la donation; & les
autres enfans ne peuvent demander le Rapport que de l'eftimation faite par le pere.
C'eft ce qui a été jugé par l'Arrêt de Tam-
bonneau, rendu le 4 Février 1614, rapporté par Fortin, fur l'article 305 de la
Coutume de Paris.

Si le pere n'a point eftimé la Charge dans

la donation, il faut fuivre le prix qu'elle
valoit au temps de la donation, ainfi que
la Cour l'a jugé par un Arrêt rendu le 14
Avril 1603.

Si l'Office donné par le pere eft fupprimé
depuis la donation, le fils ne laiffe pas d'ê-
tre obligé d'en rapporter le prix à la fucceffion de fon pere; parce que, dès que l'Officier eft pourvu, il eft chargé de l'événement,
(bon ou mauvais) de l'Office; & comme
il ne rapporte point le profit, s'il y en a, on
ne lui tient point compte auffi de toutes les
pertes qu'il peut fouffrir. C'eft l'efpéce d'un
Arrêt rendu le 2 Décembre 1610, qu'on
trouve dans Fortin, fur l'article 306 de la
Coutume de Paris.

A l'égard des Offices venaux héréditaires, le pere ne peut les donner à fon fils
pour un moindre prix que leur jufte valeur;
& s'il l'a fait, le fils eft obligé d'en tenir
compte dans le partage.

Le Rapport en effence a lieu pour les immeubles réels donnés; & on n'eft pas toujours reçu à rapporter la fimple eftimation.

Si le donataire poffède encore l'héritage
qui lui a été donné, il doit le rapporter en
effence; & fes co-héritiers peuvent l'y contraindre, excepté dans deux cas marqués
par l'article 305 de la Coutume de Paris.

Le premier, lorfqu'il y a des héritages de
pareille valeur & bonté, alors le donataire
peut *moins prendre*: mais il faut que les héritages qui fe trouvent dans la fucceffion de
pareille valeur & bonté, le foient en quantité; c'eft-à-dire, qu'il y en ait affez pour
que chaque héritier en ait autant que le donataire; de maniere que, fi celui-ci a des
Fiefs ou des Maifons à Paris, il faut que les
autres en trouvent autant dans la fucceffion,
autrement ils peuvent exiger le Rapport en
efpéces.

Le fecond, lorfque le donataire a fait des
impenfes utiles & néceffaires, & que les co-
héritiers refufent de rembourfer ces impenfes, alors il n'eft obligé de rapporter que
l'eftimation, fans confidérer la valeur ou la
fixation du prix faite par la donation; parce
que le prix de l'eftimation eft la mefure de
l'indemnité dûe aux co-héritiers de celui qui
rapporte.

L'eftimation de l'héritage fujet à Rapport,
doit fe faire eu égard à ce qu'il vaut au tems

du partage : l'article 305 de la Coûtume le décide ainſi ; mais il ne parle pas de l'eſtimation des impenſes ; & ce ſilence donne lieu d'agiter la queſtion de ſçavoir, ſi c'eſt le jour du partage qui doit régler le prix des impenſes dont on doit tenir compte au donataire, ou ſi c'eſt le temps auquel elles ont été faites. A cet égard, je crois que, comme la Coûtume ne donne action au donataire que pour le rembourſement des impenſes utiles & néceſſaires, il s'enſuit qu'elle n'a point entendu qu'on lui rendît autre choſe que ce dont l'héritage ſe trouve amélioré au jour du partage.

Si le donataire n'a plus l'immeuble donné en ſa poſſeſſion, comme s'il avoit un juſte titre pour l'aliéner, il n'eſt obligé dans ce cas que de rapporter l'eſtimation, qui doit ſe faire eu égard au temps du partage; parce que ſi le donataire avoit encore l'héritage, l'eſtimation s'en feroit eu égard à ſa valeur à cette époque : ce doit être la même choſe quand il eſt aliéné, parce que le fait du donataire ne ſçauroit nuire à ſes cò-héritiers : il faut même en ce cas faire entrer dans l'eſtimation les augmentations intrinſéques ſurvenues à la choſe donnée, ſans qu'il en ait rien coûté à l'acquéreur ni au donataire ; mais on ne doit pas comprendre les augmentations faites aux dépens de l'acquéreur ou des donataires.

Ce que je dis ici du Rapport du prix de l'immeuble aliéné par le donataire, eu égard à ce que cet immeuble vaut au temps du partage, ne doit s'entendre que des aliénations volontaires & procédantes du fait du donataire ou de ſes créanciers : ſi le donataire avoit été forcé de conſentir à une licitation, à abandonner l'héritage pour un bâtiment public, &c. il feroit ſeulement alors tenu de rapporter le prix qu'il auroit reçu de l'héritage.

A l'égard du titre clérical, comme il eſt inaliénable, on ne peut pas exiger qu'il ſoit rapporté en eſſence ; mais l'Eccléſiaſtique auquel il a été conſtitué, doit en précompter la valeur ſur ſa part héréditaire ; & cette valeur doit auſſi ſe fixer par une eſtimation, dans laquelle on doit ſuivre les principes établis par l'art. 305 de la Coûtume de Paris, dont j'ai parlé.

Quand le Rapport ſe fait en eſpéce, ſi l'héritage donné, eſt augmenté de prix depuis la donation, le donataire ne profite point de l'augmentation ; parce que cet héritage, tel qu'il eſt, fait partie des biens de la ſucceſſion ; enſorte que le profit ou la diminution qui, par l'événement, ſe trouve arrivé à l'héritage, tombe ſur la ſucceſſion, & non pas ſur le donataire.

Ainſi, ſi une maiſon eſt tombée de vétuſté, ou a été brûlée par un cas fortuit, dont le donataire ne ſoit point garant, il n'eſt obligé de rapporter que la place & les matériaux ; & ſi le donataire, après avoir fait des Procès-verbaux en bonne forme, a rétabli la maiſon, il eſt ſans difficulté que les co-héritiers doivent lui tenir compte de la' réédification, eu égard à la valeur au temps du partage : c'eſt l'avis de le Brun & celui de Dupleſſis.

En un mot, toutes les diminutions arrivées à l'immeuble donné ſans le fait du donataire, tombent ſur la ſucceſſion à laquelle il peut rapporter l'immeuble en eſſence.

Outre les fruits & les intérêts des choſes données qui reviennent à la ſucceſſion par un effet du Rapport, il produit encore deux autres effets principaux.

Le premier eſt, qu'auſſi-tôt que le donataire s'eſt porté héritier, la choſe ſujette à Rapport eſt réputée faire partie des biens de la ſucceſſion ; enſorte que, ſi, par exemple, le pere a donné un Fief à ſon cadet, l'aîné prendra ſon préciput en nature ſur ce Fief, & le cadet ne ſera point recevable à offrir de conſerver ce Fief, pour prendre moins dans les rotures : cet effet eſt une ſuite de ce que j'ai dit ſur la forme des Rapports.

Le ſecond eſt, que les hypothéques que le donataire peut avoir créées (pendant ſa jouiſſance) ſur les immeubles donnés, s'évanouiſſent au moment du Rapport, & paſſent ſur les autres immeubles qui peuvent écheoir à ce même donataire pour ſa portion dans la maſſe des biens de l'hérédité.

De ſorte que ſi la part du donataire ne ſe trouvoit compoſée que d'argent comptant, ſes créanciers n'auroient pas droit de conteſter un partage conſommé ſans fraude ; ils n'auroient, en ce cas, qu'à s'imputer de n'être pas intervenus dans le partage. Les créanciers doivent donc prendre, dans ces rencontres, la précaution d'intervenir dans le partage, & d'empêcher qu'on y procéde sans eux.

Cet effet du Rapport est d'une extrême conséquence, lorsque les biens donnés & hypothéqués par le donataire, sont situés dans un Pays de nantissement; car, si, par le partage, les biens tombent dans un autre lot que celui du donataire, l'ordre des hypothéques peut être renversé, un créancier postérieur pouvant se faire nantir sur les héritages qui tombent dans le lot du donataire, plus diligemment que le créancier antérieur qui auroit été nanti sur les autres biens avant le partage.

Le Brun fait mention d'un Arrêt rendu le 6 Septembre 1608, qui a jugé que, quand un créancier contracte avec un co-héritier depuis la succession échue, & se fait nantir de sa portion indivise dans les héritages; en ce cas, quoique l'héritage ne tombe pas dans le lot du co-héritier débiteur, il ne laisse pas de demeurer affecté & hypothéqué: ce tempérament n'est que pour cette espéce particuliere Je parle aussi de cet Arrêt, au mot *Nantissement*.

RAPPORT de Médecins & Chirurgiens.
Voyez *Procès-verbal*.

Les visites & Rapports de Médecins & Chirurgiens sont nécessaires en matieres Criminelles, lorsqu'il s'agit de meurtres, d'assassinats, de blessures & autres délits de cette espéce; parce qu'ils peuvent instruire le Juge de la nature du crime dont il s'agit, & lui apprendre s'il est plus ou moins repréhensible.

Ces Rapports peuvent d'ailleurs, par les détails dans lesquels les Médecins & Chirurgiens sont obligés d'entrer, déterminer les Juges à prononcer des Décrets plus ou moins rigoureux, & à accorder aux blessés, des provisions proportionnées aux dépenses que peuvent occasionner les blessures.

C'est pourquoi les Loix anciennes & modernes ont autorisé ces Visites & Rapports, lorsqu'il y a, ou blessure, ou mort d'homme. Nous lisons en effet dans une Ordonnance donnée par François I à Valence pour la Bretagne, en Août 1536, chap. 2, que *quand il y a excès, battures ou navrures, sera incontinent après icelles avenues, soit que mort s'en soit ensuivie ou non, fait*

visitation desdits excès, battures & navrures, par Barbiers, Chirurgiens & gens expérimentés, qui en feront bon, loyal & entier Rapport par serment, pour être mis pardevers la Justice, & avoir tel égard que faire se devra pour la vérification & justification desdits cas.*

Henri IV ordonna, par un Edit du mois de Janvier 1606, que par son premier Médecin il seroit commis dans toutes les Villes & Bourgs du Royaume, un ou deux Chirurgiens pour assister aux Rapports qui se feroient par Ordonnance de Justice, & fit défense aux Chirurgiens de faire aucun Rapport, sans y appeller ceux commis par le premier Médecin.

Depuis, Louis XIV, par l'Ordonnance Criminelle de 1670, titre 5, art. 1, a permis *aux personnes blessées de se faire visiter par Médecins & Chirurgiens, qui affirmeront leur Rapport véritable; ce qui aura lieu, (dit l'Ordonnance,) à l'égard de ceux qui agiront pour ceux qui seront décédés.*

Le même Prince a, par un Edit du mois de Février 1692, enregistré le 12 Mars, créé un Médecin & des Chirurgiens-Jurés, dans toutes les Villes du Royaume, pour faire, à l'exclusion de tous autres, les Visites & Rapports, tant en conséquence d'Ordonnance de Justice, que de dénonciation, des corps morts, blessés, noyés, mutilés, prisonniers ou autrement, en la même forme que les faisoient auparavant ceux créés en 1606.

Dans les endroits où la création de ces Offices n'a pas lieu, les Rapports se font par des Médecins & Chirurgiens ordinaires, s'il y en a; & alors ils sont tenus d'affirmer leurs Rapports véritables, suivant l'art. 1 du titre 5 de l'Ordonnance Criminelle: mais si les Rapports sont faits par des Médecins & Chirurgiens-Jurés, alors le serment de leur réception suffit seul; il les dispense d'affirmer leurs Rapports véritables.

Lorsqu'il s'agit de la grossesse d'une femme ou fille, l'usage est au Châtelet, que la visite se fasse par une Sage femme, en présence des Médecins & Chirurgiens-Jurés, qui font leur Rapport conjointement.

Quand, après un premier Rapport de Médecins & Chirurgiens, une des Parties demande une seconde visite, l'article 2 du tit.

5 de l'Ordonnance Criminelle veut non-feulement qu'elle foit ordonnée, mais qu'elle foit faite par des Médecins & Chirurgiens nommés d'office ; lefquels (s'ils ne font pas du nombre de ceux créés en 1692,) doivent prêter le ferment & faire leur Rapport, pour être mis au Greffe & joint au procès.

Ces feconds Rapports doivent être faits aux dépens de ceux qui les demandent.

Les Médecins & Chirurgiens qui font des Rapports en Juftice fur des maladies ou des bleffures, doivent s'exprimer en termes intelligibles & naturels. Il faut qu'ils faffent attention qu'ils parlent à des Juges, qui, pour la plus grande partie, ne connoiffent point les termes fcientifiques de l'anatomie; & que par conféquent, un Rapport conçu en ces termes, eft très-fouvent un ouvrage qui n'éclaircit pas des chofes dont il faut cependant que les Magiftrats foient inftruits. Au Châtelet, l'ufage eft de n'accorder des Provifions aux Plaidans bleffés, qu'après le Rapport des Chirurgiens & Médecins-Jurés de la Jurifdiction; celui des Médecins de l'Univerfité, & des Chirurgiens reçus à Saint Côme, n'eft pas regardé comme fuffifant. Ce n'eft pas cependant que le mérite des uns foit inférieur à celui des autres ; mais tel eft l'ufage.

RAPPORT D'EXPERTS.

Voyez *Arpenteurs*, *Defcente fur les Lieux*, *Experts*, *Procès-verbal* & *Réparations Bénéficiales*.

On nomme Rapport d'Experts, le Procès-verbal que dreffent des Experts de ce qu'ils font en conféquence de la miffion qui leur eft donnée pour vifiter, examiner, mefurer ou apprécier la valeur de quelque chofe.

La Coutume de Paris veut impérieufement que les Experts rédigent par écrit & fignent leur *Rapport fur le lieu*, *avant d'en partir*. V. l'art. 185.

La Sentence rendue en forme de Réglement au Châtelet, entre les Experts & les Greffiers de l'Ecritoire, les 13 Avril 1701; confirmée par Arrêt du 26 Août 1704, en interprétant cet article de la Coutume, a ordonné que, non-feulement les minutes des Rapports feront rédigées, mais même fi-

gnées fur les lieux où ils auront été faits, afin d'empêcher que les Experts ne fuffent follicités, au retour de leur commiffion, de changer leur avis. Cependant voyez les Loix des Bâtimens par Defgodets, des Vifites & Rapports, n° 5, & les Notes de Goupi, fur cet auteur ; voyez auffi le Procès-verbal de l'Ordonnance de 1667.

Toutes ces autorités, & fur-tout la Coutume de Paris, ont été invoquées de la part d'un nommé de Blois, Aubergifte à Senlis, contre un autre Aubergifte nommé Magnier, pour faire déclarer nul un Rapport fait à Senlis, fur une queftion de mitoyenneté de mur, par des Experts qui n'avoient pas fait mention que leur Rapport eût été figné fur le lieu avant d'en partir ; il difoit que la Coutume de Paris devoit fervir d'interprétation à celle de Senlis, muette fur ce point : Magnier répondoit que les nullités ne fe fuppléoient pas, & que ce qui pouvoit être de rigueur à Paris, ne devoit pas l'être dans une autre Coutume : il ajoutoit que la Coutume de Senlis, gardant le filence fur cette matiere, ce n'étoit point celle de Paris qui devoit faire la Loi, mais l'Ordonnance de 1667, qui n'a point fur cela de difpofitions particulieres. Et, par Arrêt rendu le mardi 5 Septembre 1758, au rapport de M. l'Abbé Boucher, en la Grand-Chambre, le Rapport a été enthériné, fans avoir égard à la nullité.

Il faut convenir que dans cette efpéce, le Rapport qui étoit concluant contre de Blois, paroiffoit avoir été fait avec beaucoup d'attention & d'intelligence ; il ne portoit pas que les Experts l'euffent figné fur le lieu ; mais il ne difoit pas non plus qu'ils l'euffent figné ailleurs.

Le Rapport des Experts une fois fait, il n'eft pas permis d'en demander *amendement* ou explication aux Experts qui l'ont fait, (fuivant l'art. 184 de la Coutume de Paris :) cependant, par Arrêt rendu le 26 Juillet 1737, fur les Conclufions de M. l'Avocat Général Gilbert, la Cour a confirmé une Sentence rendue à Sens le 16 Février précédent, par laquelle il avoit été ordonné que les Experts feroient entendus pour fçavoir ce qu'ils avoient prétendu dire par certaines expreffions obfcures qui fe trouvoient dans leur Procès-verbal.

Si le Juge ne trouve point le Rapport des Experts ſuffiſant pour inſtruire ſa religion , il peut en ordonner un ſecond, ſuivant l'art. 184 de la Coutume de Paris.

Mais il n'eſt pas au pouvoir de l'une des Parties, de demander nouveau Rapport ; & la diſpoſition de la Coutume de Paris eſt ſur cela conforme au Droit-commun.

En Provence, au contraire, les Parties peuvent réciproquement demander juſqu'à deux fois de nouveaux Rapports d'Experts ; ce qui , quand elles uſent de leur droit à cet égard, forme trois Rapports d'Experts dans une ſeule affaire. Voyez les Actes de Notoriété donnés au parquet du Parlement d'Aix, les 14 Décembre 1684, 29 Janvier, 22 Mai 1686, 21 Mai 1697, 3 Août 1728, & 26 Décembre 1740.

Quand un Rapport d'Expert eſt déclaré nul par un défaut de forme , il faut en faire un nouveau , comme s'il n'y en avoit pas encore eu , & nommer à cet effet d'autres Experts , que ceux qui ont donné leur avis par le premier.

L'Annotateur des Loix des Bâtimens prétend qu'un tiers-Expert ne peut , par ſon Rapport , eſtimer la choſe contentieuſe , à plus bas prix que celui des premiers Experts qui l'a le moins eſtimé , ni plus haut que celui qui l'a le plus eſtimé ; mais qu'il doit , ou confirmer l'une des deux appréciations, ou eſtimer la choſe entre l'eſtimation la plus haute & la plus baſſe ; cet Auteur ajoute que pluſieurs Rapports faits par des tiers-Experts ont été annullés ; parce que ces Experts avoient excédé le plus haut prix , ou mis au-deſſous du plus bas des premiers Experts. Son opinion ne me paroît pas raiſonnable ; en effet , le tiers-Expert n'eſt pas nommé pour embraſſer l'opinion de l'un des premiers Experts , ni pour prendre un parti mitoyen entre leur avis , mais pour donner le ſien en ſon ame & conſcience ; ce ne ſeroit plus ſon avis , s'il étoit aſſujetti à prendre un milieu , ou à embraſſer l'une ou l'autre des opinions contraires.

R A P P R O C H E M E N T de Ligne.

Le Rapprochement de ligne a lieu , lorſqu'un parent lignager a épouſé ſa parente (vice verſa) de la même ligne ; & qu'au lieu de ne tenir au défunt que par le côté & ligne , il eſt devenu par le ſang le plus proche parent des enfans ſortis du mariage.

Par exemple , lorſqu'un homme épouſe ſa parente , ſon mariage le rapproche dans la ligne ; de ſorte que s'il a des enfans , il devient leur plus proche parent.

Sur les effets de cette proximité , voyez Double-lien & Propre.

R A P T & E N L E V E M E N T.
Voyez Viol.

Le mot Rapt ſignifie l'action de ravir quelqu'un , dans la vûe de le ſouſtraire à l'autorité des perſonnes ſous leſquelles la Loi l'a mis , & pour commettre plus aiſément le crime qui en eſt ordinairement la fin.

Il y a de deux ſortes de Rapt ; ſçavoir, le Rapt de ſéduction , & le Rapt de violence,

Ainſi , les filles peuvent être ravies en deux manieres : 1°. lorſque, malgré leur réſiſtance , elles ſuccombent ſous les efforts d'une incontinence brutale qui fait violence au corps , ſans ſouiller l'ame , ni laiſſer de tache à l'honneur.

2°. Ou bien lorſqu'ayant trouvé le ſecret de leur plaire par des ſoins artificieux , l'on ſe prévaut enfin dans une occaſion favorable de ces momens de foibleſſe , où le cœur n'a plus la force de ſoutenir la vertu contre les appas de la volupté.

Nos Rois ont fait pluſieurs Ordonnances pour prévenir & pour punir le Rapt de ſéduction ; leur objet a été a'affermir l'autorité des peres ſur leurs enfans, d'aſſurer l'honneur & la liberté des mariages , & d'empêcher que des alliances indignes par la corruption des mœurs , encore plus par l'inégalité des conditions , ne flétriſſent l'honneur de pluſieurs familles illuſtres , & ne deviennent ſouvent la cauſe de leur ruine.

Comme la ſubornation peut venir également de l'un ou de l'autre côté, & que celle qui vient de la part du ſexe le plus foible , eſt ſouvent la plus dangereuſe ; les Ordonnances n'ont mis aucune diſtinction à cet égard entre les fils & les filles ; & elles les ont aſſujettis aux mêmes peines , ſelon que les uns & les autres ſeroient convaincus d'avoir été les auteurs de la ſubornation.

Le crime de Rapt étoit puni de mort , & de confiſcation de biens chez les Romains ;

ces peines font prononcées par des Loix précifes ; & elles avoient lieu , tant contre ceux qui avoient inutilement tenté de ravir des filles ou des femmes fans avoir réuffi , que contre ceux qui leur avoient prêté fecours & affiftance. On ne confidéroit point fi la perfonne ravie avoit été contrainte ou non ; la Loi, favorable au fexe, vouloit qu'on préfumât que la fille n'auroit jamais confenti , fi elle n'avoit été féduite par un méchant homme.

Sur la Jurifprudence des Romains à cet égard , & leurs ufages , voyez les Novelles 123 , 134, 143 & 150.

Nos Loix font affez conformes à celles des Romains fur cette matiere.

Les Ordonnances du Royaume font en effet très-féveres contre les coupables du crime de Rapt : le bon ordre , l'intérêt des familles & la tranquillité publique , ont paru aux Légiflateurs des motifs dignes de leur zèle & de leur attention ; plus l'empire des paffions eft redoutable , plus ils ont cru devoir s'armer de rigueur pour en réprimer les excès , & en arrêter les emportemens.

Auffi voyons-nous que l'Edit de 1556 , & les articles 41 & 42 de l'Ordonnance de Blois, prononcent des peines capitales contre les coupables du crime de Rapt (a) , & la Déclaration du 26 Novembre 1639, en confirmant leurs difpofitions, veut que les peines qu'ils prononcent, demeurent encourues, nonobftant les confentemens qui pourroient intervenir , par après de la part des peres , meres , tuteurs ou curateurs. On peut fur cela voir les difpofitions des articles 2 , 3 & 4 de cette derniere Loi, qui fe trouve dans le Recueil de Neron & ailleurs. Voy. auffi l'Edit de 1697 , dont je rapporte les principales difpofitions , au mot *Mariage ;* & les articles 39 & 169 de l'Ordonnance de 1629.

L'art. 497 de la Coutume de Bretagne prononce auffi la peine *de mort contre ceux qui feront convaincus d'avoir fuborné fils ou fille mineurs de vingt-cinq ans , fous prétexte de mariage ou autre couleur , fans le gré,* *vouloir & confentement exprès des pere & mere & des tuteurs.*

Cette difpofition de la Coutume de Bretagne a fait confondre dans cette Province *tout commerce criminel avec le Rapt de féduction ; & l'on y donnoit un fi grand avantage à un fexe fur l'autre, que la feule plainte de la fille qui prétendoit avoir été fubornée ,* jointe à *la preuve d'une fimple fréquentation,* y étoit *regardée comme un motif fuffifant pour condamner l'accufé au dernier fupplice.*

Cet excès de rigueur étoit fuivi d'un excès d'indulgence , quand la fille demandoit à époufer celui qu'elle nommoit fon Suborneur : en effet , fi celui-ci , comme il arrivoit toujours , préféroit le mariage à la mort, un Commiffaire du Parlement le conduifoit à l'Eglife , les fers aux pieds & fans publication de bans , fans le confentement du propre Curé , & même fans la permiffion de l'Evêque , on procédoit au mariage par la feule autorité du Juge féculier.

Cette Jurifprudence qui donnoit fouvent lieu d'appliquer la peine de la féduction à celui qui avoit été féduit , & la récompenfe de la féductrice ont été abolies par une Déclaration du 22 Novemb. 1730, enregiftrée au Parlement de Rennes , le 9 Avril 1731 (b) laquelle en prononçant *la peine de mort contre ceux & celles qui feront convaincus du crime de Rapt de féduction ,* défend d'ordonner *qu'ils fubiront cette peine, s'ils n'aiment mieux époufer la perfonne ravie ;* elle veut encore *que les Juges ne puiffent permettre la célébration des mariages avant ou après la condamnation, pour exempter l'accufé de la peine prononcée par les Ordonnances , lors même que la perfonne ravie, ou fes pere & mere requerront expreffément le mariage.*

L'art. 3 de cette Déclaration porte que *les perfonnes majeures ou mineures qui n'étant pas dans les circonftances du Rapt de féduction , fe trouveront feulement coupables d'un commerce illicite , feront condamnées à telle peine qu'il appartiendra , felon l'exigence des cas , fans néantmoins que les Juges puiffent prononcer contr'elles la peine de mort , fi ce*

(a) Louis la Bruiere de Maillac, dit Dubois, Maître-ès-Arts, convaincu de crime de Rapt de féduction en la perfonne d'une fille mineure , a été condamné , par Arrêt du Parlement de Paris , du 20 Avril 1758, à être pendu à Paris en Place de Greve.

(b) Cette même Déclaration a auffi été envoyée au Parlement d'Aix en Provence, & elle y a été regiftrée le 2 Janvier 1731.

n'eft

n'eſt que par l'atrocité des circonſtances, par la qualité & l'indignité des coupables, le crime parût mériter le dernier ſupplice.

Le Rapt eſt un cas Royal, dont le Haut-Juſticier ne doit pas connoître, ſuivant l'Ordonnance criminelle, titre premier, article 11 ; mais l'Ordonnance ne comprend pas le Rapt de ſéduction au nombre des cas Royaux. Bornier dit même que » l'enle- » vement n'eſt pas un cas Royal, ſi le Ra- » viſſeur n'a pas fait effort ſur la perſonne » ravie «.

La même Auteur dit ſur l'art. 13, que le Rapt de violence eſt un cas privilégié, & il cite un Arrêt du Parlement de Tou- louſe, rendu le 27 Mars 1662, qui l'a ainſi jugé, contre un Curé de Guery, accuſé d'a- voir voulu violer ſa Paroiſſienne. V. l'Ar- rêt de Ficheux, ſur la même matiere, au mot Official.

Le Rapt étant un crime public, il eſt interdit aux pere & mere de conſentir au mariage de ceux qui en ſont coupables, & de faire grace au Raviſſeur : c'eſt ſur ce fondement que par Arrêt rendu le 14 Juillet 1725, en la Tournelle, la Cour n'a point écouté un jeune homme, condamné par con- tumace, par Sentence du Juge de Noyon, à être pendu comme Raviſſeur, qui deman- doit & offroit d'épouſer la perſonne enle- vée, & de reconnoître un enfant dont elle étoit accouchée depuis ſon enleve- ment.

Les pere & mere de la fille qui étoient Parties dans l'Arrêt, déclaroient que ſon abſence étoit plutôt une retraite volontaire qu'un enlevement forcé de la part du jeu- ne homme ; & quoique la fille autoriſée de ſes pere & mere, conſentit au mariage, après la lecture des informations, il a été donné acte aux Parties de leurs déſiſtemens & conſentemens : mais la Cour, ſans s'ar-

rêter au ſurplus de leurs concluſions, faiſant droit ſur celles des Gens du Roi, a mis l'appellation au néant ; en conſéquence a renvoyé l'Accuſé dans les Priſons du Bailliage de Noyon, pour ſon Procès lui être fait & parfait juſqu'à ſentence défini- tive.

On regarde comme coupables du crime de Rapt ceux qui enlevent des fils ou filles de famille ſans violence, & lors même qu'ils y conſentent. L'Arrêt du Parlement de Di- jon rendu le 10 Février 1738, qui condam- ne le Marquis de Tavannes Mirebel (par contumace) à perdre la tête, pour avoir ravi & enlevé la Demoiſelle de Brun, ſa couſine, & de ſon conſentement, conſacre ce principe, en diſant que la condamnation eſt prononcée contre ce Marquis, » pour » avoir enlevé la Demoiſelle de Brun « du conſentement d'icelle, & l'avoir enſuite con- duite hors du Royaume, auſſi de ſon conſente- ment (a).

Le Parlement de Paris a même jugé par Arrêt rendu le 23 Janvier 1755, que la de- moiſelle de Brun avoit mérité l'exhéréda- tion prononcée contre elle par le teſtament de la Marquiſe de Brun ſa mere (b), pour avoir conſenti que le ſieur Marquis de Ta- vannes ſon raviſſeur, l'enlevât & la condui- ſit dans la Lorraine Allemande, au Comté de Naſſau.

Il n'y avoit cependant pas eu de maria- ge, puiſqu'il n'y avoit pas eu de Bénédic- tion nuptiale ; mais un jour de Fête vers la fin de la Meſſe à laquelle ils avoient aſſiſté, ils s'étoient avancés à l'Autel, & avoient déclaré publiquement ſe prendre pour époux, l'anneau nuptial avoit été donné & accepté hautement ; ils avoient pris l'Aſ- ſemblée pour témoins de leur union, & en avoient fait enſuite rédiger un acte par un Notaire.

(a) Le Marquis de Mirebel a obtenu des Lettres d'Abo- lition, qui ont été enthérinées au Parlement de Dijon, le 5 Août 1745 ; il eſt mort le 14 Janvier 1747.
Il y a des Juriſconſultes qui prétendent qu'on ne peut pas prononcer la peine de mort ; & qu'il n'y a même point de Rapt, lorſqu'il eſt certain que la fille, à l'inſçu de ſes parens, a donné un conſentement libre.
On prétend même que, lors d'un Arrêt rendu le 29 Janvier 1709, par lequel la Cour commua en un Banniſ- ſement de neuf ans, la peine de mort prononcée par les premiers Juges, contre un ſieur la Garigue, trouvé cou- ché avec une Demoiſelle qu'il avoit enlevée & ſéduite, mais ſans violence. M. l'Avocat Général le Nain dit que

le Rapt de cette eſpéce n'avoit jamais été puni de mort ; que l'article 42 de l'Ordonnance de blois & les Déclara- tions poſtérieures, n'avoient eu d'exécution que contre des domeſtiques qui avoient enlevé des filles de leurs Maîtres, & qui en avoient abuſé ; mais l'Arrêt du Marquis de Mirebel & celui que la Cour prononça à peu près dans le même temps contre le Séducteur d'une jeune perſonne de 13 ans, ne permettent pas de regarder cette opinion comme certaine.
(b) La Demoiſelle de Brun s'eſt pourvue en caſſation contre cet Arrêt ; mais ſa Requête a été rejettée par Arrêt du Conſeil, du 18 Avril 1756.

Un autre Arrêt du Jeudi 23 Mars 1747, sur les Conclusions de M. d'Ormesson, avoit auparavant jugé valable le testament du Marquis de Brun, par lequel il avoit institué la demoiselle de Brun sa fille pour son héritiere quant à sa légitime seulement : le moyen *ab irato* contre ce testament ne fut pas écouté.

Il a été rendu un autre Arrêt le 16 Mai 1742, qui a pareillement déclaré valable l'exhérédation d'une mineure séduite & enlevée de son consentement, à l'âge de treize ans, & qui avoit contracté mariage avec son ravisseur : ni la séduction prouvée, ni l'âge tendre de la personne ravie, ni les grands talens du défenseur qu'elle avoir choisi, ne purent la mettre à couvert de l'exhérédation encourue par un mariage avec le ravisseur, & prononcée par la mere (*a*), quoique le mariage eût été déclaré nul avant l'exhérédation prononcée.

Un Chanoine, Soudiacre du Diocèse de Chartres, ayant été accusé de Rapt en la personne d'une Demoiselle de ***, le sieur le Roi, qui fut averti de cette accusation, obtint des provisions par dévolut de ce Bénéfice.

Postérieurement à ces provisions, l'Evêque de Chartres conféra le même Bénéfice sur le même genre de vacance, à un autre Titulaire, qui le résigna à un sieur Galois, auquel l'Evêque de Chartres donna de nouvelles provisions.

Le Chanoine Ravisseur s'étant fait relever du Soudiaconat au mois d'Août 1722, obtint Arrêt le 10 Mai 1724, qui lui permettoit de passer outre à son mariage avec la personne ravie. Alors s'éleva la question de sçavoir si le Bénéfice avoit vaqué de plein droit par le crime de Rapt dont le Chanoine étoit seulement accusé, mais non convaincu, lorsque le sieur le Roi l'avoit impétré par dévolut.

Le sieur Galois soutenoit la négative, & disoit que l'accusé ayant été remis dans ses droits par la grace du Prince, tout ce qui s'étoit passé auparavant, devoit être regardé comme anéanti, & que la grace du Prince avoit un effet rétroactif; il n'argumentoit pas même des provisions qu'il avoit d'abord obtenues sur la résignation faite en sa faveur, mais d'une nouvelle collation postérieure à la réhabilitation de l'accusé de Rapt & à son changement d'état : malgré toutes ces raisons, le sieur le Roi dévolutaire fut maintenu par Arrêt rendu le 15 Juil. 1726; ainsi la Cour a jugé que le Rapt fait vaquer de plein droit les Bénéfices dont un Ravisseur est Titulaire.

Le crime de Rapt étoit excepté des matieres dont la connoissance est attribuée à la Chambre des Vacations par l'Edit du mois d'Août 1669; mais, par une Déclaration du 4 Septembre 1675, enregistrée le 7, il a été ordonné que cette Chambre pourra *recevoir toutes plaintes du crime de Rapt, donner des Arrêts de défenses & autres qu'elle estimera nécessaires, tant pour empêcher la célébration des mariages...... que pour la punition des Ravisseurs, leurs Fauteurs & Complices ; de même que la Chambre de la Tournelle..... le pourroit faire, à la réserve des Arrêts définitifs sur les procès instruits sur ces accusations.*

Un riche Anglois, nommé H.... qui, de concert avec une jeune fille, avoit enlevé celle-ci de la maison de ses pere & mere, pour l'entretenir & vivre avec elle en mauvais commerce en secret, & de laquelle il avoit eu plusieurs enfans, fut poursuivi comme séducteur à la requête des pere & mere de la fille ; mais parce que le pere de cette fille avoit donné lieu aux succès de l'Anglois, en recevant, & ses présens, & ses visites fréquentes, le pere fut lui-même poursuivi comme fauteur du Rapt de sa fille, à la requête du Ministere Public ; & par Arrêt rendu le 4 Mai 1735, les Parties furent mises hors de Cour : mais *faisant droit sur les Conclusions de M. le Procureur Général,*

(*a*) Un des principaux moyens qu'on opposoit à l'exhérédation, étoit, que la Demoiselle n'ayant pas encore quatorze ans lorsqu'elle avoit été séduite, on ne devoit pas la présumer criminelle ni la punir ; parce qu'une fille est propre au mariage, il ne faut pas en conclure qu'elle a, disoit Mᵉ Cochin, assez de discernement pour commettre le crime avec réflexion ; & dès qu'il n'est pas permis d'exhéréder un garçon marié avant l'âge de 14 ans, sans le consentement de ses pere & mere, il faut porter le même Jugement en faveur des filles qui, étant moins éclairées par les études & par le travail, sont naturellement censées avoir moins de connoissance.

Qu'on fasse, ajoutoit Mᵉ Cochin » commettre la même faute au même âge à un garçon & à une fille ; l'un » à l'abri de toutes poursuites, n'a rien à craindre de la » sévérité des Loix ; l'autre au contraire, encourt toute » la rigueur des peines qu'elles prononcent : peut-on ima- » giner un système plus opposé à la sagesse de la Loi? »

*la Cour a fait défenses à Samuel H....&à
ladite de C.... l'aînée, de se hanter ni fré-
quenter, sous peine de punition exemplaire,
les condamna en 3000 liv. d'aumône, dont
ladite de C.... ne supportera que 100 liv. ordonne que dans un mois elle sera tenue de
se retirer chez ses pere & mere, sinon leur
permet de la reprendre & de la mettre dans
un Couvent, dans lequel ils seront tenus de lui
payer pension.... condamne ledit H... en une
somme de 20000 liv. de laquelle sera fait emploi., pour être le revenu employé à l'éducation & établissement de l'enfant ou des enfans,
si plusieurs y a, provenant du commerce, &c.
la portion accroissant, en cas de décès, de l'un
à l'autre; & où ils décéderoient avant leur
établissement en majorité, ladite somme sera
rendue audit H..... avec les arrérages qui
en seront dûs.....*

RATIFICATION, RATIFIER.

Le mot Ratifier signifie approuver ou
confirmer quelque chose par un acte.

On donne le nom de Ratification aux
actes subséquens qui en confirment d'autres,
ou approuvent ce qui a été fait par une tierce personne.

Quelquefois la Ratification a un effet rétroactif à l'acte qui en fait l'objet, & quelquefois aussi elle ne l'a pas; par exemple,
on juge que, si un mineur ratifie en majorité
un acte qu'il avoit passé en minorité, l'hypothéque qui en résulte en faveur du créancier, a lieu du jour du premier acte, parce
que cet acte n'étoit pas nul, & qu'il pouvoit seulement être annullé si le mineur
avoit réclamé contre.

La Ratification ne faisant d'ailleurs que
confirmer une obligation déja subsistante,
confirme en même temps l'hypothéque qui
étoit accessoire de l'obligation personnelle,
& qui résultoit de l'acte qui renfermoit
cette obligation.

De ce que je viens de dire, il faut conclure qu'il est indifférent que la Ratification
par un majeur d'un acte souscrit en minorité, soit faite par un acte authentique ou
par un acte sous seing-privé, puisque l'obligation primitive & l'hypothéque dérivent
du premier acte qui est ratifié.

Au contraire, l'obligation souscrite par
une femme en puissance de mari, sans être

autorisée, étant nulle, & la Ratification
n'étant pas alors la Ratification d'une obligation, puisqu'il n'en résultoit aucune de
l'acte qui étoit nul, n'a point d'effet rétroactif; cette Ratification est un nouvel
engagement duquel seul l'hypothéque peut
dériver.

D'après ces exemples, on peut dire que
toutes les fois qu'il se trouve un acte sub-
sistant avant la Ratification qui le confirme, elle a un effet rétroactif, parce qu'a-
lors elle ne fait que confirmer l'acte avec
l'hypothéque qui en résulte; mais que quand
la Ratification a pour objet un acte nul,
alors étant l'acte principal duquel seul dérive l'obligation, l'hypothéque qui en résulte (si elle est dans une forme authentique) n'a point d'effet rétroactif.

Ainsi, si je ratifie un acte qui a été passé
pour moi à mon insçû, & dans lequel on
s'est porté fort pour moi, la Ratification
qui forme mon premier engagement, n'a
point d'effet rétroactif. Si au contraire l'acte
a été passé en vertu de ma procuration donnée dans une forme qui engendre l'hypothéque, ma Ratification qui suppose une
première obligation personnelle & hypothécaire, qu'elle ne fait que confirmer, a
nécessairement un effet rétroactif.

Une donation nulle par un défaut de forme, ou annullée & révoquée par survenance
d'enfans, ne peut être confirmée par une
simple Ratification; il faut que l'acte renferme tout ce qui est nécessaire pour opérer
une nouvelle donation, parce que la premiere ne subsiste plus, suivant la nouvelle
Ordonnance. Voyez *Révocation de Donation.*

Voyez aussi l'Arrêt du 28 Février 1726,
rapporté par M. l'Epine de Grainville, page 403, qui déclare nulle une donation de
biens présens & à venir par contrat de mariage, comme se portant fort de quelqu'un
qui avoit depuis ratifié.

RATIFICATION. (Lettres de)
Voyez *Comptables, Hypothéque & Sceau.*

Les rentes dûes par le Roi sont dans le
Commerce comme les autres immeubles,
& susceptibles d'hypothéque en faveur des
Créanciers de ceux qui les possédent: mais
il n'est point d'usage de purger ces hypo-

théques par des décrets, comme on purge celles dont les héritages qu'on achete, font chargés : on n'efface l'impreſſion des hypothéques dont les rentes dûes par le Roi font affeétées, qu'en obtenant au grand Sceau des Lettres approbatives de la vente, & on les nomme *Lettres de Ratification (a)*.

Ces Lettres font néceſſaires à ceux qui acquiérent des rentes; parce qu'un Edit du mois de Mars 1673, défend aux Payeurs des rentes d'immatriculer les nouveaux propriétaires de rentes payables à l'Hôtel-de-Ville, qu'il ne leur ſoit apparu de leurs contrats & Lettres de Ratification; mais une Déclaration du 30 Juin ſuivant a diſpenſé les héritiers d'en obtenir, & ſa diſpoſition a été depuis étendue aux héritiers bénéficiaires, donataires & légataires univerſels, par un Arrêt du Conſeil du 21 Mars 1679.

Quand les rentes ſur l'Hôtel-de-Ville font vendues, tranſportées, données ou léguées, les Créanciers qui veulent conſerver leurs droits ſur le capital de ces rentes, doivent former oppoſition au Sceau des Lettres de Ratification : autrement, ſi les Lettres étoient ſcellées ſans oppoſition, l'hypothéque ſeroit purgée par le Sceau, à moins qu'il ne s'agiſſe ou d'une ſubſtitution ou d'un douaire non ouverts.

Les oppoſitions au Sceau des Lettres de Ratification ne conſervent les droits de ceux qui les ont formées que pendant une année; cela eſt ainſi réglé par l'Edit du mois de Mars 1673; & ſi durant cette année les rentes ſont vendues, ſoit volontairement, ſoit par décret forcé, & les Lettres de Ratification obtenues par l'acquéreur, le prix de la vente ſe diſtribue par ordre d'hypothéque, entre les oppoſans dont les oppoſitions ſubſiſtoient au temps des Lettres, de la même maniere que le prix des Offices. V. *Offices.*

L'Edit de 1673, que je viens de citer, défend aux acquéreurs des rentes dûes par le Roi, *de faire aucune pourſuite pour faire décréter leſdites rentes* (par décret volontaire pour purger les hypothéques), *à peine de* nullité des pourſuites. Cette défenſe n'empêche cependant pas les Créanciers du propriétaire d'une rente dûe par le Roi, de la faire ſaiſir réellement & vendre par décret: mais le décret forcé ſeul ne purge pas les hypothéques, s'il n'eſt ſuivi de Lettres de Ratification; & il y a même cela de particulier, qu'il n'eſt pas néceſſaire que les créanciers ayent formé oppoſition au décret, pour conſerver leur hypothéque ſur le prix de la vente de ces rentes; il ſuffit qu'ils ayent formé oppoſition au Sceau, & que leur oppoſition ſoit encore ſubſiſtante au temps de l'obtention des Lettres de Ratification.

Les oppoſitions au Sceau des Lettres de Ratification ſe forment entre les mains des Greffiers, Conſervateurs des Hypothéques; & l'Edit de 1673, portant création de ces Greffiers, veut qu'ils ſoient garans de l'effet des oppoſitions qu'ils négligent ou qu'ils obmettent d'inſérer ſur les Lettres, juſqu'à concurrence néantmoins de la valeur des rentes. Voyez ſur cela l'Edit en entier.

Le Sceau des Lettres de Ratification ne purge pas le douaire ni les ſubſtitutions qui ne ſont pas ouverts ; ainſi ceux qui ont des droits ſemblables, peuvent, nonobſtant le Sceau des Lettres de Ratification, les exercer ſur les rentes après l'ouverture, ou du douaire ou de la ſubſtitution; on penſe même qu'il ne purge pas l'hypothéque réſultant de la priſe de poſſeſſion d'un Bénéfice, pour contraindre le Titulaire à faire les réparations, à moins qu'il ne ſoit plus en poſſeſſion au temps des Lettres ; parce que l'action pour les réparations n'eſt ouverte qu'en faveur du ſucceſſeur, & que perſonne ne peut exercer cette action, quand le Titulaire reſte en poſſeſſion.

Les Lettres de Ratification ne purgent pas non plus la propriété ni l'uſufruit des rentes dûes par le Roi, leurs effets ſont les mêmes à cet égard, & ne s'étendent pas plus loin que ceux du décret; je l'ai fait ainſi juger par une Sentence rendue le 22 Juillet 1761, au rapport de M. Nouet de Montanglos.

Dans cette eſpéce, Chriſtophe le Comte

& Marie la Rue, en mariant Marie-Magdeleine le Comte leur fille, à Pierre le Brun, Maître Papetier, lui avoient, entr'autres biens, donné une rente de 68 liv. fur la Ville, & s'étoient réfervés l'ufufruit de cette rente.

Le Brun & Marie le Comte fa future, s'étoient, par leur contrat de mariage infinué dans un tems utile, fait donation univerfelle & réciproque en ufufruit de leurs biens; mais il n'y avoit, ni Lettres de Ratification, ni fignification faite au Payeur de rente.

La femme le Brun mourut la premiere, & laiffa fes peres & mere pour héritiers : après la mort de ceux-ci, le Brun fe préfenta pour fe faire immatriculer & toucher en fa qualité de donataire en ufufruit. Le Payeur le refufa, fous prétexte que la rente étoit vendue par le Comte & fa femme à une dame Lepineau, qui en jouiffoit, & avoit obtenu des Lettres de Ratification, fans oppofition de la part de le Brun.

Celui-ci fit affigner la Dame Lepineau, qui lui oppofa fon titre & fes Lettres de Ratification : elle ajouta que le Brun n'avoit pas fignifié la donation, qui le rendoit ceffionnaire, au moyen de quoi il n'avoit pas été faifi.

Je répondis pour le Brun que les Lettres de Ratification ne faifoient que confirmer l'acte fur lequel elles font obtenues, & qu'elles fuppofent valable, mais qu'elles n'y ajoutent rien; qu'il en eft de ces Lettres comme des décrets qui purgent bien les hypothéques, mais non les propriétés ni les ufufruits que des tiers peuvent avoir fur les immeubles décrétés. Voyez *Décrets.* J'ajoutois relativement à la fignification au Payeur qu'elle n'étoit pas néceffaire, parce que le Brun n'étoit pas ceffionnaire, mais donataire; & que tout ce que la Loi exigeoit en pareil cas, c'étoit l'infinuation & la tradition; qu'il y avoit l'un & l'autre, que la tradition, même feinte, n'étoit cependant pas néceffaire pour les donations faites par contrat de mariage; que le fieur le Brun n'avoit pas befoin de Lettres de Ratification fur fa donation, parce que la tradition s'opéroit indépendamment de ces Lettres, qui n'ont pour objet que l'hypothéque, &c.

Par la Sentence fufdite du 22 Juil. 1761, l'exécution de la donation d'ufufruit faite à le Brun, a été ordonnée nonobftant la vente & les Lettres de Ratification obtenues par la Dame Lepineau.

D'après ce Jugement, il paroît certain qu'un donataire entre-vifs de rentes dûes par le Roi, n'a pas befoin de Lettres de Ratification pour, fe faire immatriculer & recevoir les arrérages; s'il obtient ces Lettres, elles purgent les hypothéques dont la rente étoit chargée; mais il eft fort libre de courir les rifques de la demande en déclaration d'hypothéque des créanciers.

Une Déclaration du 4 Novembre 1680, enregiftrée en la Chambre des Comptes, le 21 des mêmes mois & an, porte que les Lettres de Ratification ne purgent point *les hypothéques du Roi fur les rentes des Comptables, lors même qu'il n'y a pas eu d'oppofition au Sceau,* formée pour la confervation de fes droits, à moins que la vente n'ait été faite du *confentement par écrit des Procureurs Généraux des Chambres des Comptes dans le reffort defquelles les rentes font fituées,* & les Procureurs Généraux ne peuvent donner ce confentement que quand *les Comptables* ou leurs Auteurs *ne font plus redevables, ont rendu, apuré & fait paffer leurs comptes à la correction, à peine d'en répondre en leur nom.*

Quand des Lettres de Ratification font fcellées à la charge des oppofitions qui y font formées, il n'eft point au pouvoir des vendeurs & acquéreurs feuls de faire réfoudre la vente, foit par Sentence ou autre acte; les réfolutions de pareilles ventes ne font valables que quand elles font faites ou ordonnées avec les oppofans, aux droits defquels le vendeur & l'acquéreur ne peuvent préjudicier. Voyez l'Arrêt du Confeil du 14 Mars 1679.

RAVESTISSEMENT.

Quelques Coutumes des Pays Bas, & finguliérement celle de Cambrai, nomment Raveftiffement entre conjoints, ce que nous nommons à Paris Don Mutuel.

Cette même Coutume nomme Raveftiffement de fang, le droit qu'elle accorde au furvivant des conjoints dont le mariage a été fécond, de jouir d'une partie des biens du prédécédé.

Le Raveftiffement eft nommé par plufieurs autres Coutumes, Entraveftiffement. V. *Entraveftiffement.*

RÉAGGRAVE.

On donne ce nom à la derniere des monitions qui fe fait avant la fulmination des Monitoires ; on ne peut le faire fans une permiffion fpéciale. V. *Monitoire.*

RÉAJOURNEMENT.

On nomme ainfi un nouvel exploit d'affignation qui fe donne à ceux qui n'ont pas comparu fur le premier.

Les exploits de Réajournement font fréquens dans les Jurifdictions Confulaires, & fur-tout à Paris, où l'on ne condamne jamais le défendeur qui ne comparoît pas à la premiere affignation, à moins qu'il ne s'agiffe d'une fomme extrêmement modique ; s'il fait défaut fur le premier exploit, les Confuls ordonnent toujours qu'il fera réaffigné ; & ils ne prononcent qu'après, & fur la réaffignation qui fe donne par un de leurs Huiffiers-Audienciers.

L'ufage des Réajournemens eft particulier aux Jurifdictions Confulaires. Voyez ce que je dis fur cela à l'article *Confuls.*

RÉALISER.

Ce mot pris dans une étroite fignification, veut dire, rendre réel & effectif ce qui n'étoit d'abord que projet ; mais au Barreau, il fignifie réitérer en Jugement des offres réelles déja faites au domicile de quelqu'un. V. *Offres.*

RÉBELLION A JUSTICE.

Voyez *Gouverneur.*

Rébellion eft un mot fynonime à Révolte ; ainfi la Rébellion à Juftice eft la même chofe qu'une Révolte & une méconnoiffance de la Puiffance Souveraine, dont les ordres de la Juftice font émanés. On pourroit même dire que, réfifter aux Ordres & aux Miniftres de la Juftice, c'eft s'élever contre Dieu même qu'elle repréfente ;

& c'eft la raifon pour laquelle les Docteurs ont regardé la Rébellion & les violences commifes contre les Officiers de Juftice, comme un crime de Lèze-Majefté au fecond chef.

L'Ordonnance de 1670 met le crime de Rébellion à Juftice au nombre des cas Royaux ; & les Ordonnances de Moulins & de Blois veulent qu'il foit puni de mort (a) : ces Loix envifagent moins la vengeance des Officiers qu'on maltraite, que le mépris des Juges defquels ils exécutent les mandemens. Voyez l'article 190 de l'Ordonnance de Blois.

Les Loix que je viens de citer, ne font point de diftinction entre les *Sujets du Roi* ; il n'eft pas plus permis aux Grands qu'aux Peuples, de s'oppofer à l'exécution des ordres de la Juftice : mais la bienféance exige que cette exécution fe faffe avec beaucoup de précautions & d'égards contre des perfonnes illuftres. La Juftice ne perd rien de fes droits pour être exercée avec prudence ; & c'eft fouvent le meilleur moyen en ce cas pour la procurer, de la demander aux perfonnes mêmes qui auroient intérêt de réfifter.

En Avril, Mai & Juin 1535, on inftruifit par la voie extraordinaire contre l'Archevêque de Lyon, à la requête d'un fimple Huiffier qui avoit dreffé fon Procès-verbal de Rébellion contre le Prélat : la Cour ordonna l'inftruction par récollement & confrontation.

Il y a un Edit du mois de Janvier 1572, pour prévenir les obftacles que les grands Seigneurs pourroient apporter aux Jugemens des Magiftrats ; & les fimples refufans font compris dans le nombre de ceux contre lefquels l'Edit prononce des peines.

Le 13 Juillet 1615, il y eut affemblée au Parlement de Paris à caufe de la mauvaife réception d'un Huiffier dans la maifon d'un Duc & Pair, où cet Huiffier faifoit une fignification.

Le 21 Février 1721, M. le Duc de la Force a été décrété d'ajournement perfonnel pour avoir arraché au Commiffaire de Lau-

---

(a) L'Edit du mois d'Avril 1758, dont je rapporte les difpofitions à l'article *Rémiffion*, porte que les Lettres d'Interceffion & de Précation, que les Evêques d'Orléans pourront donner à leur facre pour obtenir la grace de criminels, n'auront point d'effet pour le crime de Rébellion à Juftice.

nay, une Requête & une Ordonnance du Lieutenant de Police, en conféquence de laquelle ce Commiffaire faifoit perquifition, & une faifie de marchandifes.

L'Ordonnance de 1670, article 4 du titre 16, veut qu'il ne foit donné aucunes Lettres d'abolition à ceux qui auront excédé ou outragé aucuns des Magiftrats ou Officiers, Huiffiers & Sergens, éxerçant, faifant ou exécutant quelqu'acte de Juftice.

Le Procès fera extraordinairement fait & parfait à ceux qui par violence ou voie de fait auront empêché directement ou indirectement l'exécution des Arrêts ou Jugemens, & feront condamnés folidairement aux dommages-intérêts de la Partie, & refponfables des condamnations portées par les Arrêts & Jugemens, & en 200 liv. d'amende, moitié envers nous, & moitié envers la Partie, à qui ne pourra être remife ni modérée; à quoi nos Procureurs Généraux & nos Procureurs fur les lieux tiendront la main. Ordonnance de 1667, tit. 28, art. 7.

La Cour, par un Arrêt rendu en Vacations le premier Octobre 1714, a condamné Nicolas Foreft, Soldat de Marine, *d'être mis & attaché au carcan, & l'a banni pour trois ans de la Ville Prévôté & Vicomté de Paris,* pour la Rébellion par lui commife envers Pierre Blanchard, Huiffier à Verge au Châtelet, faifant les fonctions de fa Charge. La Sentence du Châtelet n'avoit condamné Foreft qu'au blâme.

Un Arrêt du Confeil rendu le 7 Juillet 1719, ordonne que *lorfqu'il aura été dreffé Procès-verbal des violences ou Rébellion contre les Commis des Fermes, & que les Accufés de Rébellion fe feront infcrits en faux contre les Procès-verbaux, lefdits Procès-verbaux ferviront feulement de plaintes fur lefquelles les Fermiers pourront feuls adminiftrer les Témoins des faits contenus efdites plaintes, fans que les Infcrivans en faux puiffent en adminiftrer, ni être admis à la preuve de leurs faits juftificatifs, que fuivant les régles & les conditions prefcrites par l'Ordonnance de 1670, tit. 28.* Sur cela voyez la Déclaration de 1732, au mot *Faux.*

Un autre Arrêt du Confeil, rendu le 26 Mars 1720, défend aux Officiers des Elections & aux Juges des Fermes, de mettre en liberté les coupables ou complices de Ré-

bellion, qui feront arrêtés dans l'inftant d'icelle, qu'après l'inftruction & Jugement définitif; & en cas d'appel, qu'après le Jugement dudit appel, à peine de répondre des dommages-intérêts du Fermier, même des amendes & confifcations encourues par les Fraudeurs.

Le nommé Porcherat, Huiffier en la Chancellerie Préfidiale de Troyes, s'étant tranfporté chez les Capucins de la même Ville, le 25 Avril 1755, pour leur fignifier un Arrêt du Parlement rendu toutes les Chambres affemblées, un frere Convers fe faifit de lui par ordre du Gardien, qui fit fur le champ battre la thuille dans le Couvent, pour affembler les autres Capucins, en préfence defquels le Gardien arracha la groffe de l'Arrêt & la copie des mains de l'Huiffier, en proférant des imprécations & faifant des menaces.

L'Huiffier ayant dreffé fon Procès-verbal de cette violence, on inftruifit le Procès aux Capucins, à la requête de M. le Procureur Général; & par Arrêt du 23 Octobre 1755, rendu toutes les Chambres affemblées, le frere Thelefphore, Gardien, a été banni du Royaume à perpétuité (par Contumace): la Cour a en outre ordonné que l'Arrêt feroit *tranfcrit fur un tableau qui feroit attaché par l'Exécuteur de la Haute-Juftice, au poteau qui pour cet effet feroit planté dans la principale place publique de la Ville de Troyes.*

Le même Arrêt a banni deux autres Capucins pour trois ans; l'un étoit le frere Convers, qui s'étoit faifi de l'Huiffier; l'autre, le Vicaire du Gardien.

Les Commis des Fermes font autorifés par des Arrêts du Confeil des 30 Septembre 1719, 26 Mars 1720, dont j'ai déja parlé en cet article, & par des Lettres Patentes du 4 Mai 1723, regiftrées en la Cour des Aides, le 12 Juin fuivant, à emprifonner ceux qui leur font Rébellion dans l'inftant même, fans décret ni permiffion préalable de la Juftice.

REBLANDIR.

Quelques Coutumes nomment ainfi la démarche que fait le Vaffal, pour retirer de fon Seigneur ou de fes Officiers, l'aveu & dénombrement qu'il lui a préfenté de fon

fief, ou lui demander la caufe du blâme &
des faifies, s'il y en a. V. les Coutumes de
Monfort, de Tours, de Rheims, &c.

RECÉLÉ.

Recélé fignifie garde d'une chofe volée,
ou que quelqu'un veut s'approprier injufte-
ment.

On appelle auffi Recélé, le divertiffement des biens & effets d'une fucceffion
commis par un des Conjoints furvivant ou
par des héritiers. De ces définitions, il réfulte que le Recélé eft un crime plus ou
moins grand felon les circonftances.

Ceux qui Recélent des effets volés, font
ordinairement punis de la même peine que
les voleurs. Cependant, des Arrêts rendus
contre des Recéleurs d'effets volés par le
fameux Cartouche, les 3 & 7 Sept. 1722,
n'ont condamné les uns qu'au fouet, la corde au col, à la marque & au banniffement
perpétuel; d'autres au fouet & aux galeres
perpétuelles.

Mais j'ai fous les yeux un Arrêt rendu
le 31 Mars 1732, portant condamnation de
mort contre une particuliere accufée & convaincue d'avoir Recélé de l'argent & autres
effets volés par Jacques Falconet & autres,
&c. d'autres Arrêts rendus les 17 & 27 du
même mois de Mars 1732, avoient auffi
condamné d'autres Recéleurs à la même
peine que celle prononcée contre les Voleurs.

Catherine Perrin, Guillaume Aubin, &
Marie-Genevieve Aubin, femme Maffon-
neaux, convaincus d'avoir acheté à vil prix,
& Recélé fciemment des effets volés par
Raffiat & fes Complices, ont auffi été con-
damnés à être pendus, préalablement appli-
qués à la queftion, par Arrêts des 6 & 20
Mai 1743.

Mais quand le Recélé des biens d'une
fucceffion eft commis par une veuve ou
par des héritiers, il eft rare qu'on prononce des peines contre des tiers auxquels la
garde des effets divertis a été confiée: fi
l'on en prononce dans ce cas-là, elles font
toujours extrêmement legeres; les circonftances peuvent néantmoins rendre leur com-

plicité plus ou moins repréhenfible; mais
voyez Bacquet, des Droits de Juftice, ch.
21, n°. 64, & Argou.

Suivant les Loix Romaines, l'héritier
qui Recéle des effets d'une fucceffion, pouvoit être privé de la falcidie qui étoit appliquée au fifc; & s'il avoit des co-héritiers, il
perdoit fa part des chofes Recélées.

Le Légataire étoit privé de ce qu'il pouvoit prétendre en vertu de fon legs dans la
chofe fouftraite.

Parmi nous, la veuve qui détourne les
effets de la communauté, qui a été entr'elle
& fon mari, ou qui fait faire un inventaire infidéle, ne peut pas, par fa renonciation
à la communauté, s'affranchir de l'action
qu'ont les créanciers de cette même communauté, elle refte obligée envers eux (a).

La veuve qui a Recélé, eft outre cela
privée relativement & en faveur des héritiers de fon mari, de la part qu'elle auroit
eû dans l'effet détourné: cette derniere peine
a pareillement lieu contre le mari qui di-
vertit les biens de la communauté après la
mort de fa femme.

La moitié ou autre portion de la chofe
divertie dont le veuf ou la veuve eft privé, accroît aux héritiers de l'autre conjoint;
ce font eux qui profitent de la peine qu'on
a établie à ce fujet.

Quoique la veuve foit privée du droit
qu'elle avoit fur les effets détournés, elle
peut cependant fubfidiairement exercer fes
droits & fes reprifes fur ces mêmes effets,
fi les autres biens ne fuffifent pas pour la
remplir.

Il y a pourtant des Auteurs qui prétendent que, quand la femme qui a Recélé eft
créanciere, il fe fait une confufion de plein
droit en fa perfonne & qu'on la préfume
payée par fes mains, & qu'en conféquence on ne lui réferve aucune action pour répéter ce qui pourroit lui être dû de fes
conventions matrimoniales. Sur cela voyez
le Journal du Palais.

En Normandie, une femme renonce inutilement à la fucceffion de fon mari, quand
elle a une fois commis le moindre Recélé,
quelqu'excufe qu'elle propofe fur la foi-

(a) La femme qui recéle ou détourne les effets communs, n'eft pas recevable à renoncer à la communauté,
ains eft réputée commune: c'eft une des maximes de Loyfel,

Inftit. Cout. liv. 3, tit. 3, n°. 20. Voyez auffi la Coutume
de Châlons, article 30, & l'article 127 de l'Ordonnance
de 1629.

bleffe

blesse de son âge. L'art. 83 du Réglement de 1666, l'assujettit à payer les dettes, & l'art. 84 la prive, comme dans notre Coutume, de la part qu'elle auroit pû prendre sur la chose divertie à quelque titre que ce puisse être; enfin elle est privée de la suite de l'hypothéque qu'elle avoit pour ce qui lui restoit dû, *ibid.*

La veuve qui Recele des biens de la succession de son mari, avec lequel elle n'étoit pas commune en biens, ne doit pas en être quitte pour restituer aux héritiers ce qu'elle a enlevé, parce qu'alors elle ne subiroit aucune peine; le délit est moins pardonnable en ce cas, & par conséquent il doit être puni plus sévérement, que quand il y avoit communauté.

Aussi de célébres Auteurs ont-ils pensé qu'en pareil cas la femme devoit être privée de ses reprises & conventions matrimoniales; c'est ce qu'on voit dans une Dissertation insérée au Journal du Palais, où l'on a cité un Arrêt du Parlement de Rouen, du 22 Février 1636.

L'héritier qui est convaincu d'avoir Recélé, est puni de la même peine qu'on inflige à la veuve, c'est-à-dire, qu'il est aussi privé de sa portion dans la chose divertie, laquelle accroît à ses co-héritiers; mais il en encourt une autre envers les créanciers, vis-à-vis desquels il est toujours tenu des dettes du défunt, sans que sa renonciation à la succession, ni les lettres de bénéfice d'inventaire l'en affranchissent. Voyez l'Arrêt rendu au Parlement de Brétagne, le 5 Août 1737, rapporté au Journal de ce Parlement, tome 2, chap. 45.

S'il y a Recélé par le survivant, les enfans peuvent demander la continuation de la communauté. V. de Renusson & l'article *Continuation de Communauté.*

La minorité du mari ou de la femme qui Recele, ne l'affranchit pas de la peine qui en est la suite, parce que le Recélé est un délit punissable. C'est l'avis de Cujas & de plusieurs autres Auteurs; mais voyez l'analyse du Droit François, où l'on a entrepris de réfuter cette opinion.

La femme qui a détourné du vivant du mari, & qui rapporte volontairement après sa mort, ce qu'elle avoit soustrait pour le faire inventorier, n'encourt aucune peine.

On est dans l'usage au Châtelet de poursuivre extraordinairement le conjoint ou les héritiers qui ont Recélé; & cette poursuite extraordinaire peut se faire devant M. le Lieutenant Civil (*a*), qui accorde les permissions d'informer, décerne les décrets, interroge, &c. La Jurisprudence des Arrêts autorise cette procédure; il y en a un rendu le 19 Avril 1698, qu'on trouve au Journal des Audiences.

Il en a été rendu un autre sur l'accusation en Recélé intentée par la même voie, contre la dame Lay de Gibercourt, le 15 Juillet 1741. Elle avoit été décrétée d'ajournement personnel par M. le Lieutenant Civil; & sur l'appel, on ne prononça point la nullité; la Cour jugea la cause par le mérite du fonds, & déchargea la dame de Gibercourt de l'accusation.

Le 21 Août suivant, il a été rendu un pareil Arrêt en la Cour des Aides, entre la Dame Renard & les héritiers de son mari, Directeur de la Monnoie de Paris; la dame Renard les avoit accusés de Recélé, & son accusation avoit été portée devant M. le Lieutenant Civil, qui avoit décrété d'assigné pour être oui; l'affaire avoit depuis été évoquée à la Cour des Aides, & l'Arrêt qui y est intervenu ledit jour 21 Août 1741, a renvoyé à fins civiles; converti les informations en Enquête, &c. En voici un plus moderne.

Le frere de Martin Moreau, dont il étoit héritier ayant rendu plainte contre un autre frere du défunt, du Recélé & divertissement d'une bourse d'or, & fait ensuite informer au Châtelet: l'accusé, sur l'information, fut décrété d'assigné pour être oui. Il subit interrogatoire, & le procès fut ensuite réglé à l'extraordinaire, & instruit par récollement & confrontation.

L'Accusé ayant interjetté appel de toute la poursuite, en demanda la nullité: il prétendoit que le procès n'avoit pas dû être,

---

(*a*) L'action en Recélé contre une veuve ou contre un héritier, se suit extraordinairement; mais elle peut être portée, ou devant le Juge Civil, ou devant le Lieutenant Criminel : ces sortes de Juges ont sur cela une concurren-

ce de Jurisdiction, c'est un usage constant au Châtelet; M. le Lieutenant Civil & M. le Lieutenant Criminel connoissent l'un & l'autre de ces sortes d'affaires; concurremment & par prévention entr'eux.

réglé à l'extraordinaire, au moyen de ce qu'étant frere & héritier préfomptif du défunt, l'action ne pouvoit tout au plus qu'engendrer une reftitution des chofes diverties, & des dommages & intérêts; mais, par Arrêt rendu en Vacations, fur les Conclufions de Me Potier, Subftitut, le 26 Octobre 1754, la Cour, fans s'arrèter à la demande en nullité, convertit l'information en Enquête, permit à l'Accufé de faire preuve de fa part, & par des raifons particulieres, renvoya les Parties devant le Bailly du Palais.

Comme le Recélé eft un crime, l'action qu'il engendre, fe prefcrit par vingt ans, & cette prefcription de vingt années peut s'oppofer, foit que l'action ait été intentée par la voie civile ou criminelle; la Cour l'a ainfi jugé par Arrêt rendu, de relevée, le mardi 15 Juin 1762, en la Grand'Chambre, en faveur d'une veuve Baftide, contre François Vidalefme, dans une affaire toute civile, en laquelle le Recélé avoit été allégué, & même prouvé par enquête, vingt-un ans après été commis.

Il eft affez ordinaire de voir que les plaintes en Recélé ne contiennent que des accufations vagues; mais les Juges ne peuvent porter de Jugement que quand les preuves particularifent & détaillent les objets; quelle condamnation pourroit - on prononcer contre un accufé, que des témoins diroient avoir vu emporter de l'argent, dont la fomme feroit incertaine?

En matiere de Recélés, la dépofition des Domeftiques eft reçue.

Le Conjoint qui a Recélé, eft non-feulement privé du droit de communauté fur l'effet diverti; mais s'il y a un don mutuel, il eft encore privé de la jouiffance de la portion qu'avoit le Conjoint prédécédé dans la chofe détournée.

Celui qui recele le cadavre d'un Bénéficier, eft indigne de fuccéder à fes Bénéfices. V. Cadavre.

RÉCENSEMENT.

Ce mot eft fynonime à récollement; il eft en ufage en Normandie & dans plufieurs autres Cantons du Royaume : on y dit récenfer des témoins, au lieu de dire récoller; on dit auffi récenfer des fcellés, pour dire qu'on a examiné s'ils étoient fains & entiers.

RÉCEPTION.

V. Apprentifs, Admittatur, Arts & Métiers, Bafoche, Commis, Deftitution, Examen, Jettons, Juges, Procureur, Vifa.

Recevoir quelqu'un, c'eft l'admettre à remplir certaines fonctions, à faire un commerce ou profeffion, &c.

En qu'elle Jurifdiction les Officiers des Juftices Seigneuriales doivent-ils être reçus? V. Juges.

Quid des Officiers de Maréchauffées? V. Maréchauffées.

Il y a des Officiers qui ne peuvent être reçus qu'après un examen de leur capacité. Les Magiftrats des Juftices Royales ordinaires ne doivent être reçus qu'après avoir été interrogés & fubi un examen fur la Loi, à l'ouverture du livre. Le préambule de la Déclaration du 27 Avril 1627, dont je parle à l'article Aides, dit que cela eft ainfi réglé pour » les Confeillers au Parlement (a); par » des Ordonnances de 1546, 47 & 48; & » pour ceux de la Cour des Aides de Paris, » par une Ordonnance expreffe & particu- » liere du mois de Juin 1549 «. Mais voyez l'art. 108 de l'Ordonnance de Blois. Voyez auffi ce que je dis aux articles Gradués en Droit & Juges, & l'Ordonnance d'Abbeville pour le Dauphiné, art. 61 & 276.

Je ne connois point de Réglement fur l'examen que fubiffent les autres Officiers; & je crois qu'il n'y a fur cela que des ufages, qui peuvent fouvent être abufifs.

Par exemple, on ne reçoit les Commiffaires du Châtelet, les Procureurs & les Notaires (b) en la Chambre du Confeil,

---

(a) L'Ordonnance de Moulins veut que les Magiftrats des Parlemens ne puiffent être reçus, que quand ils font approuvés par les deux tiers des voix; & M. de Catelan, liv. 9, ch. 9, dit que cela s'obferve exactement au Parlement de Touloufe.

Cambolas, liv. 1, ch. 37, rapporte un Arrêt du 2 Décembre 1598, qui a jugé que les règles devoient s'appliquer à la Réception du Juge-Mage de Caftelnaudari, lequel devoit être cenfé refufé, au moyen de ce que de 15

voix il n'en avoit que huit pour être reçu, & fept pour être renvoyé.

Voyez dans le même Auteur, liv. 3, chap. 48, un autre Arrêt qui dit que les deux tiers de voix ne font pas néceffaires pour l'admittatur, mais feulement pour la Réception après l'examen fubi.

(b) Sur la Réception des Notaires en Dauphiné, voyez l'article 398 de l'Ordonnance d'Abbeville, du 23 Février 1539.

tous les Services affemblés, qu'après leur avoir fait fubir un examen, dans lequel on leur fait des queftions relatives à leur état ; & on ne peut trop louer cette précaution.

Mais on reçoit en l'Hôtel de M. le Lieutenant Civil, pour Juges des Juftices Seigneuriales relevantes au Châtelet, fans aucun examen préalable des perfonnes non graduées, qui doivent décider de la vie & de la fortune des peuples (a) ; je ne crois pas que cet ufage foit bon.

L'Edit du mois d'Octobre 1703, portant création de Lieutenans Généraux d'Epée, auxquels la voix délibérative aux affaires civiles & criminelles eft accordé, les difpenfe de fubir un examen.

L'Edit du mois d'Avril 1675, regiftré au Confeil Souverain de Tournai le 14 Juin fuivant, portant création de Notaires Royaux, & d'un Tabellion dans le reffort de ce Confeil, porte que lefdits Notaires feront tenus *de fubir l'examen, &c.* avant leur Réception.

Les Provifions ne donnent la qualité d'Officier que quand il y a eu une Réception (b) de celui qui en eft pourvu ; mais c'eft la Réception feule qui donne la qualité d'Officier, & qui confere le caractere d'autorité publique dont il eft revêtu. La Cour, par Arrêt du 13 Juin 1735, a fait défenfes à l'Archevêque de Cambrai, transféré de l'Evêché de Laon à l'Archevêché de Cambrai en 1722, de prendre en aucuns actes la qualité de Pair de France, comme n'ayant point été reçu en la qualité, Office & Dignité de Pair de France.

L'article 13 de la Déclaration du 13 Décembre 1698, regiftrée au Parlement le 20 du même mois, porte que, fuivant *les anciennes Ordonnances, perfonne ne fera reçu en aucune Charge de Judicature, tant dans les Cours & Juftices du Roi que dans celles des Seigneurs Hauts-Jufticiers, même en celles des Hôtels-de-Ville, qui ont été érigées en titre d'Office ; enfemble dans celles de Greffiers, Procureurs, Notaires & Huiffiers, fans avoir une atteftation du Curé de la Paroiffe*

du domicile du récipiendaire, *ou des Vicaires, en forme de dépofition des bonnes vie & mœurs, enfemble de l'exercice de la Religion Catholique, Apoftolique & Romaine.*

Au lieu de l'atteftation exigée des récipiendaires par la Déclaration de 1698, l'ufage fondé fur des Lettres-Patentes, que le Préfident Hénaut date de l'année 1567, eft de ne recevoir aucun Officier, (pas même un Garde de Bois, fuivant l'article 29 de la Déclaration donnée le 17 Juin 1759, pour la police des bois de la Province du Rouffillon,) fans une information préalable qui fe fait d'Office, des vie & mœurs du récipiendaire, & dans laquelle on fait entendre, ou le Curé, ou un autre Prêtre, & au moins deux autres témoins. Mais voyez *Commis.*

Cette information fe fait à la requête du Miniftere public. Le récipiendaire remet à cet effet au Procureur du Roi ou au Procureur Fifcal de la Juftice dans laquelle la Réception doit fe faire, une lifte de plufieurs témoins Eccléfiaftiques & Laïcs, & le Miniftere Public choifit ceux qu'il juge à propos de faire entendre. V. l'art. 109 de l'Ordonnance de Blois, & l'article 12 de l'Ordonnance de Moulins.

L'Edit du mois de Juillet 1748, regiftré le 30 Août fuivant, portant création d'Offices en la Varenne du Louvre, ordonne que les témoins qui feront entendus lors de la Réception de ces Officiers, dans l'information de leurs vie & mœurs, feront adminiftrés par le Procureur du Roi en ladite Capitainerie.

Le Procureur du Roi du Bailliage de Troyes ayant lui-même indiqué les huit témoins entendus dans l'information de vie & mœurs pour la Réception d'un Procureur, il arriva que l'information n'étoit pas avantageufe au récipiendaire. Celui-ci s'en plaignit ; & par Arrêt rendu le Samedi 18 Juillet 1761, fur les Conclufions de M. Seguier, en la Grand'Chambre, la Cour ordonna une nouvelle information de vie & mœurs du récipiendaire, qui fourniroit à

(a) L'article 2 du Réglement fait aux Grands-Jours de Lyon, le 29 Novembre 1596, rapporté par Chenu, tit. 2, ch. 2 de la Juftice en général, porte que toutes Réceptions d'Officiers fe feront judiciairement au Siége.

(b) Un Arrêt rendu aux Requêtes de l'Hôtel au Souverain, le 7 Février 1738, a défendu à Me Arvers de faire

aucune fonction de l'Office de Référendaire en la Chancellerie du Palais, dont il avoit traité, de fe faire mettre fur aucune Lifte, &c. Il avoit cependant des Provifions, & fon information de vie & mœurs étoit ordonnée. (Cet Arrêt eft imprimé.)

cet effet une lifte des témoins, dans lesquels le Miniftere Public choifiroit ceux qu'il voudroit faire entendre.

Cette information faite fe trouvant concluante, la Cour, par un autre Arrêt rendu le Samedi 29 Août 1761, a ordonné que Mᵉ Joly feroit reçu dans fon Office.

L'article 118 de l'Ordonnance de 1629, défend de rien exiger en argent ou autrement, pour Réception d'Officiers en quelque Juftice que ce foit, fouveraine ou fubalterne, fur peine de concuffion & de privation des Charges des contrevenans (a). Mais voyez le Tarif de ce que doivent payer les Juges de Seigneurs pour leur Réception: il eft annexé à l'Edit du mois de Mars 1693; & l'exécution en a été ordonnée par Arrêt du 14 Février 1722, rapporté au Journal des Audiences, tome 7, liv. 4, ch. 6.

Au Parlement de Paris, on n'exige aucuns épices pour les Arrêts de Réception d'Officiers, & ils ne payent que le coût de l'Arrêt. Mais des Lettres-Patentes adreffées au Parlement de Dijon le 2 Août 1716, où elles ont été regiftrées le 15 Mai fuivant, fuppofent un autre ufage en cette Cour, car elles indiquent la maniere dont fe doivent diftribuer les épices des Réceptions de petits Officiers, & des Préfidens, Confeillers, &c. qui y font reçus.

Ce que je viens de dire fur la Réception des Officiers, ne s'applique point aux Commis des Fermes du Roi (voyez Commis des Fermes,) ni aux Meffiers.

L'art. 5 du titre premier de l'Ordonnance du Commerce, défend d'exiger ni recevoir aucun préfent des afpirans à la maîtrife, & de faire aucun feftin, à peine d'amende : mais il eft permis aux Jurés d'exiger ce que portent les Statuts.

Un Arrêt rendu le 3 Septembre 1738, défend aux Syndics de la Communauté des Huiffiers-Prifeurs à Paris, d'exiger des jettons ou des repas des récipiendaires en ladite Communauté.

Et depuis, par une Déclaration du 13 Août 1758, regiftrée le 7 Septembre fuivant, il a été fait défenfes aux Syndics & autres Chefs des Communautés, d'exiger

directement ou indirectement de ceux qui fe » préfenteront pour y être admis, & des » nouveaux reçus, aucuns repas ni banquets, ni même d'en recevoir quand ils » leur feroient volontairement offerts par » les récipiendaires....... « Sur cette matiere voyez l'art. 187 de l'Ordonnance de 1539; l'art. 37 de l'Ordonnance du mois de Juillet 1563 ; l'art. 47 de l'Ordonnance du mois de Février 1566; l'art. 37 de l'Ordonnance de Blois ; l'art. 15 de celle de 1629, & autres énoncés en la fufdite Déclaration, qui en ordonne l'exécution.

Le Parlement de Touloufe a, par Arrêt rendu fur la réquifition verbale du Procureur Général, fait défenfes aux Suiffes de Portes, Portiers, Laquais & autres Domeftiques des Officiers de la Cour, d'exiger de l'argent ou autres préfens des Parties & de tous récipiendaires, directement & indirectement, & d'en recevoir, quand même il leur feroit volontairement offert, à peine, &c.

En quelle Jurifdiction les Officiers des Juftices des Seigneurs doivent-ils être reçus ? V. Juges.

C'eft au Parlement que le Juge & les Confuls de la Jurifdiction Confulaire de Paris prêtent ferment pour leur Réception; mais ceux des autres Jurifdictions Confulaires du reffort doivent prêter ferment devant les Baillis & Sénéchaux ou leurs Lieutenans. Voyez la Déclaration du 16 Décembre 1566, & l'Arrêt du premier Juin 1660, par lequel il a été ordonné que les Confuls de Troyes prêteroient ferment au Lieutenant Général en la Chambre du Confeil. Cet Arrêt eft au fecond volume du Journal des Audiences. Mais les Officiers dès Bailliages & Sénéchauffées ne reçoivent ce ferment que comme Commiffaires de la Cour, ainfi qu'il a été ordonné par l'Arrêt d'enregiftr. de la Décl. du 16 Déc. 1566.

Les Confuls de Saint-Quentin ont néantmoins prétendu en 1759, ne devoir prêter ferment après leur élection, que devant leurs Confreres auxquels ils fuccédoient ; & tel étoit l'ufage depuis 1710, époque de la création de la Jurifdiction Confulaire à Saint-Quentin ; mais par Arrêt rendu en la Grand-

---

(a) Les frais de Réception dans les Jurifdictions des Traites, Elections & Greniers à Sel, des Particuliers pourvus par Commiffion d'Offices vacans, font réglés à 15 livres, par un Arrêt du Confeil du 2 Mai 1714, tant pour les Officiers & Procureurs du Roi, que Greffiers. Il n'eft pas permis d'exiger rien de plus.

Chambre, au Rapport de M. le Mée, le premier Sept. 1763, il a été ordonné que les nouveaux Consuls de cette Ville prêteroient le serment devant le Lieutenant Général, en qualité de Commissaire de la Cour.

Cet Arrêt est conforme à l'usage de la plûpart des Jurisdictions Consulaires. Cependant les Consuls de Nantes prêtent le serment devant leurs anciens, en exécution d'un Arrêt du Conseil du 19 Oct. 1754, revêtu de Lettres-Patentes du 26 Novembre suivant: mais Nantes est dans le ressort du Parlement de Bretagne.

Les Consuls sont reçus sans examen & sans information de vie & mœurs: on présume, sur la foi de ceux qui les ont nommés, qu'ils sont pourvus de lumieres suffisantes & des talens nécessaires pour remplir leurs fonctions.

RÉCEPTION de Caution.
Voyez *Caution.*

RECHANGE.

C'est ainsi que les commerçans nomment un second droit de change qu'on doit payer après le protêt d'une Lettre de Change, pour celle que le Porteur est obligé de rendre sur d'autres marchands ou dans d'autres lieux. V. sur cela le titre 6 de l'Ordonnance du Commerce.

RÉCLAMATION contre des Vœux.
V. *Religieux & Vœux.*

RECLUS.

On a nommé Reclus des Religieux qui s'enfermoient dans une cellule pour n'en plus sortir. Leur Noviciat étoit de quatre ans; après ce terme, l'Evêque apposoit le sceau Episcopal sur la cellule, & le Reclus n'en sortoit plus.

Il y avoit plusieurs Maisons de cet Ordre à Lyon; & il a paru bien extraordinaire que des R. clus eussent choisi des grandes Villes pour vivre dans la solitude; mais cela n'est pas plus étrange que de voir des Hermites & des Solitaires de tous genres, habiter des grandes Maisons dans Paris.

RÉCOLLEMENT.

En termes d'Eaux & Forêts, on nomme Récollement l'examen & le mesurage qui se fait après l'exploitation d'une vente de bois déja arpentée une premiere fois lors de l'assiette; c'est-à-dire, avant que le bois fût coupé.

Le Procès-verbal de ces sortes de Récollemens doit constater l'étendue de la superficie de la vente; & les Officiers qui y procedent, doivent examiner si les pieds cormiers, les arbres de liziere & de parois, les baliveaux anciens & modernes sont subsistans; si la vente a été bien exploitée; c'est-à-dire, si les bois ont été bien coupés; & du tout en faire mention.

RÉCOLLEMENT de Témoins.
V. *Confrontation, Répétition & Témoins.*

Récollement est un mot dont on se sert en matiere criminelle, pour indiquer une procédure dont l'objet est de faire lecture au Témoin de la déposition qu'il a faite dans l'information, afin de sçavoir s'il a dit vrai alors, s'il persévere dans ce qu'il a déposé, & s'il n'a rien à y changer.

Le Récollement n'est pas toujours une procédure nécessaire: on ne l'ordonne jamais en matiere civile; & on ne l'ordonne pas même en matiere criminelle, quand l'accusation est legere, & qu'il n'en résulte que de peine capitale: il y a à ce sujet un Arrêt rendu le 13 Mai 1709, en la Tournelle, qui fait défenses au Lieutenant Criminel de Rouanne, de procéder en pareil cas par Récollement & confrontation, & au Procureur Fiscal de ce Duché, de le réquérir.

Les Avocats au Parlement de Rennes ont aussi attesté, par un Acte de Notoriété du 28 Juin 1723, que dans le ressort de ce Parlement, on ne récolle point les Témoins lorsqu'il n'y a point de réglement à l'extraordinaire, & qu'il n'y a pas lieu de prononcer une peine afflictive: tel est aussi l'usage observé dans les Tribunaux de Paris.

Mais s'il s'agit d'un crime qui mérite peine afflictive ou infamante, les Juges ne peuvent prononcer ces peines que lorsque le Procès a été instruit par Récollement & confrontation, suivant l'Arrêt de Réglement rendu le 6 Oct. 1722. V *Atteint & Convaincu.*

Si cependant il y avoit des preuves suffisantes du crime, autres que celles qui peuvent résulter de la déposition des Témoins; comme, par exemple, s'il y avoit une preuve par écrit jointe à l'aveu de l'accusé, le Récollement seroit inutile ; & l'on pourroit alors réguliérement infliger les peines même capitales, indépendamment des preuves testimoniales. L'art. 5 du tit. 25 de l'Ordonnance Criminelle permet même, dans ce cas-là, de juger le Procès sans information.

Hors le cas dont je viens de parler, il faut avant la confrontation, récoller tous les Témoins entendus dans l'information ; mais il n'est pas nécessaire de confronter ceux qui n'ont rien déposé.

Le Récollement & la confrontation ne peuvent être ordonnés que par le même nombre de Juges, & en la Chambre du Conseil, comme le Jugement du fond. Voyez à ce sujet un Arrêt du Grand-Conseil, rendu le 12 Août 1693, au Journal du Palais, & un Arrêt de la Cour du 26 Août 1733, dans le Code de Louis XV, tome 4, page 471.

Il est quelquefois nécessaire de récoller l'accusé même dans son interrogatoire ou dans une information : on le doit ordonner quand cet accusé en charge un autre ; & on doit même les récoller tous quand ils se chargent réciproquement : mais ce Récollement ne peut se faire en conséquence du Jugement qui régle le Procès à l'extraordinaire, & qui ordonne en général des Récollemens & confrontations ; il faut que le Récollement des accusés soit ordonné d'une maniere expresse ; on ne peut pas suppléer cette disposition : la Cour l'a ainsi jugé par Arrêt rendu le 28 Mai 1696, contre le Juge du Comté de Lyon.

L'objet du Récollement est de perfectionner & rendre certaine la déposition du Témoin, la corriger ou l'interpréter si elle est obscure. Le Témoin peut même ajouter à ce qu'il a dit, s'il le juge à propos, ou en retrancher quelque chose.

Il faut que le Récollement soit fait en secret par un Juge dans le lieu où se rend la Justice, ou dans la Chambre de la Géole, & non en l'Hôtel du Juge : il faut aussi que chaque Témoin soit entendu séparement ; & la Cour, par Arrêt rendu le 22 Décembre 1731, a fait défenses au Lieutenant Général de Limours, *de faire & dresser des Procès-verbaux de présentation de Témoins pour le Récollement d'iceux ;* l'Arrêt lui a, *au con-*

traire, enjoint de récoller les Témoins à mesure qu'ils se présenteroient.

Le Témoin qu'on récolle, doit d'abord prêter serment ; après quoi le Juge doit lui faire faire lecture de sa déposition par le Greffier.

Cette lecture faite, le Juge doit interpeller le Témoin de déclarer s'il a quelque chose à changer, ajouter ou diminuer à sa déposition, & faire mention de la réponse du Témoin, auquel il faut ensuite faire lecture de ce qu'il a dit, (s'il fait des additions ou changemens.) Cela se fait à peu près dans la même forme que les informations ; & si le Témoin requiert salaire, il faut le taxer. Voyez l'Ordonnance de 1670, titre 10, article 5.

Le Récollement ne peut être réitéré en aucun cas. *Ibid.* art. 6.

S'il est ordonné que les Témoins seront récollés & confrontés, la déposition de ceux qui ne seront pas confrontés, ne fera point de preuve, à moins qu'ils ne soient décédés pendant la contumace. Ibid. article 8. Cependant les Témoins qui déposent à décharge, font preuve, quoiqu'ils n'ayent été, ni récollés, ni confrontés. V. l'art. 10 ; voyez aussi l'article 21 du titre 17.

L'art. 3 du titre 15 défend de procéder au Récollement, s'il n'a été ainsi ordonné par le Juge, si ce n'est lorsque les Témoins sont très-âgés, malades, valétudinaires, prêts à faire voyage de long cours, ou pour quelqu'autre urgente nécessité.

L'article 26 de l'Edit du mois d'Août 1679, portant Réglement sur les duels, contient encore une exception à la régle prescrite par l'art. 3 dont je viens de parler. Cet Edit veut que, pour éviter que pendant l'instruction des défauts & contumace, les prévenus ne puissent se servir de moyens pour détourner les preuves du Duel, il soit procédé dans ces sortes d'accusations au Récollement des témoins dans les vingt-quatre heures, & le plutôt qu'il se pourra, après qu'ils auront été entendus dans les informations, avant qu'il y ait aucun Jugement qui l'ordonne.

Cependant dans ces cas, le Récollement ne vaut confrontation qu'après qu'il a ainsi été ordonné par le Jugement de défaut & contumace. Voyez le susdit article 3 du titre

15 de l'Ordonnance Criminelle, & l'Edit de 1679.

RECOMMANDARESSES.
Voyez Nourrices.

On nomme Recommandaresses, des femmes préposées par M. le Lieutenant de Police à Paris, pour tenir des Bureaux dans lesquels on va chercher des Nourrices pour les enfans nouveaux nés.

Ces Recommandaresses doivent être veuves ou mariées, ou filles agées au moins de quarante ans ; elles font au nombre de quatre, & la nomination en appartient à M. le Lieutenant Général de Police, devant qui elles prêtent ferment.

Chaque Recommandaresse doit tenir un registre paraphé (par M. le Lieutenant de Police), dans lequel doivent être inscrits, article par article, le nom, l'âge, le pays & la Paroisse où demeure la Nourrice, la profession de son mari, l'âge de l'enfant dont elle est accouchée, & s'il est vivant ou mort.

Les Recommandaresses font bourse commune entr'elles des droits qui leur font payés à raison de trente sols pour chaque Nourrisson, par les pere & mere ou autres personnes qui chargent les Nourrices d'enfans, par leur ministere.

Il n'est point permis d'arrêter des Nourrices ailleurs que dans ces Bureaux ; au contraire, il est défendu aux Aubergistes, aux Sages-Femmes, & à toutes autres personnes, sous peine de 50 livres d'amende, de *retenir ni loger les Nourrices, & Meneuses, de s'entremettre pour leur procurer des Nourrissons.* .... & les Nourrices ne doivent être admises à ces Bureaux pour obtenir un Nourrisson, qu'en représentant le certificat de leur Curé, contenant les noms, âge, qualité, résidence, &c. dont j'ai parlé. Ce certificat doit même attester *les mœurs* & la religion de la Nourrice, si elle est veuve ou mariée, & si elle n'a pas d'autre Nourrisson. On peut fur tout cela consulter des Déclarations des 29 Janvier 1715, & premier Mars 1727, un Edit du mois de Juil. 1729, & les Arrêts de Réglement rendus les 19 Décembre 1702, 29 Juillet 1705, 18 Juin 1710, & 19 Juin 1737. Voyez aussi ce que je dis au mot *Nourrice.*

Les Recommandaresses doivent faire mention fur leurs registres, tant du nom & de l'âge de l'enfant, que du nom, de la demeure & de la profession de son pere, ou des personnes de qui l'enfant a été reçu ; & elles doivent délivrer une copie du tout à la Nourrice, &c. Cela leur est prescrit par une Sentence de Police du 27 Août 1743.

Deux Sages-Femmes ont été condamnées chacune en 50 liv. d'amende, par une Sentence de Police du 18 Novembre 1729, pour s'être chargées de procurer des Nourrissons à des femmes de Campagne.

Voyez la Déclaration concernant l'établissement d'un Bureau de Recommandaresses, à Versailles ; elle est du 22 Août 1761, & a été registrée au Parlement le 4 Janvier 1762 ; elle contient 37 articles.

RECOMMANDATION de Prisonniers.
V. *Contrainte par corps, Ecrou & Prisons.*

On nomme Recommandation, une espéce d'opposition formée par quelqu'un à la sortie & mise en liberté d'un Prisonnier.

Les seuls créanciers, qui peuvent exercer la contrainte par corps, peuvent recommander leur débiteur, qu'ils trouvent Prisonnier ; & il faut même qu'ils ayent pour cela un titre exécutoire, parce que la recommandation constitue de nouveau le débiteur prisonnier, & que c'est, à proprement parler, un nouvel écrou.

Il est néantmoins d'usage aux Consuls de permettre provisoirement à des créanciers, qui n'ont point encore de condamnation définitive, de recommander leur débiteur Prisonnier.

La Recommandation n'a point d'effet, & devient nulle, si l'emprisonnement est lui-même nul & irrégulier : la Jurisprudence est certaine à cet égard.

On a prétendu qu'il falloit distinguer la nullité relative aux formalités qui doivent s'observer dans l'emprisonnement, de celles qui peuvent naître du vice des titres ; mais cette distinction a été rejettée par un Arrêt du Samedi 2 Août 1760, dont voici l'espéce.

Paul Drouin de Courcelles, emprisonné en vertu d'une Sentence de la Conservation de Lyon, & recommandé par divers créanciers, porteurs de Sentences des Confuls, appella de la Sentence de la Confervation, comme de Juge incompétent, demanda en conféquence la nullité de fon emprifonnement, & des Recommandations.

L'incompétence étoit certaine, & par conféquent l'emprifonnement ne valoit rien au fond; mais les recommandans foutenoient que cela leur étoit indifférent, parce que l'emprifonnement fe trouvant régulier en la forme, les vices des titres de celui qui l'avoit fait faire, n'empêchoient pas les Recommandations de fubfifter : » Si, difoit-» on, le titre, en vertu duquel l'emprifon-» nement a été fait, eft vicieux, celui du » recommandant y fupplée par rapport à » lui; & comme fa Recommandation n'a de » commun avec celui qui a fait emprifon-» ner, que le procès-verbal de capture mê-» me; fi le procès-verbal eft régulier en foi, » il profite au recommandant, le furplus lui » eft étranger.

» L'emprifonnement, au contraire, eft-il » nul en lui-même par le défaut de forma-» lités intrinféques dans la capture; alors, » comme il n'exifte point de procès-verbal » régulier, ceux de Recommandation tom-» bent, comme ne faifant qu'un avec celui » de capture. «

Mais cette diftinction ne fut pas admife; & par Arrêt rendu le Samedi 2 Août 1760, la Cour, en déclarant la Sentence de la Confervation nulle & incompétente, déclara auffi l'emprifonnement du fieur de Courcelles nul, & ordonna qu'il feroit mis en liberté, nonobftant les Recommandations, &c. M. Seguier, qui porta la parole dans cette affaire, cita un Arrêt rendu en l'année 1758, par lequel la même chofe avoit été jugée en faveur du fieur Bentabol.

Après l'Arrêt du 2 Août 1760 prononcé, les recommandans obferverent qu'ayant été induits en erreur par celui qui avoit fait emprifonner le fieur de Courcelles, il devoit être condamné aux dépens envers eux, & condamné à les acquitter de ceux auxquels ils étoient condamnés envers le fieur Courcelles; c'étoit, difoient-ils, par fon fait qu'ils effuyoient cette condamnation; mais la Cour n'eut aucun égard à cette obfervation, & laiffa fubfifter la condamna-

tion de dépens contre chaque créancier en particulier.

On ne peut recommander les perfonnes emprifonnées de l'ordre du Roi; mais Sa Majefté ne refufe point ordinairement la permiffion de faire ces Recommandations, quand elle lui eft demandée.

Les perfonnes emprifonnées en vertu de décrets, peuvent être recommandées pour dettes, quand la contrainte par corps eft prononcée; la Jurifprudence des Tribunaux eft fur cela uniforme.

RÉCOMPENSE.

Dans le langage du Barreau, ce mot eft affez fynonime avec *Indemnité* & *Remploi*. On dit, par exemple, qu'il eft dû Récompenfe à celui des conjoints, dont les propres ont été aliénés pendant la communauté, dans laquelle le prix en a été porté & confondu.

La Récompenfe ne peut fe demander que quand deux chofes concourent; fçavoir que l'un des conjoints profite, & qu'il en a coûté à la communauté.

Ainfi, fi pendant que la communauté dure, on fait à fes dépens un bâtiment, des améliorations & des réparations néceffaires à l'héritage propre à l'un des conjoints, ou fi l'on paye une dette qui lui foit particuliere, & dont la communauté n'étoit pas tenue, le conjoint qui en profiteroit, devroit Récompenfe à l'autre; &, au contraire, il n'en devroit point, fi tout cela avoit été fait des deniers fournis libéralement par un tiers; parce qu'en ce cas, il n'en auroit rien coûté à la communauté.

Quoiqu'une dépenfe ait amélioré l'héritage de l'un des conjoints, & l'ait rendu d'une valeur bien fupérieure à ce qui a été dépenfé, la Récompenfe ne peut néantmoins fe demander que de ce qui eft forti du coffre de la communauté; au contraire, s'il en avoit coûté 10000 livres à la communauté pour des ouvrages qui n'auroient amélioré l'héritage que de 6000 livres, la Récompenfe ne feroit dûe que de 6000 liv.

Dans les impenfes néceffaires, la Récompenfe s'eftime, eu égard au temps que la dépenfe a été faite, elle eft par conféquent de tout ce qui en a coûté, ou au moins de tout ce qui en a dû coûter pour la faire; le con-

joint

joint ne ceſſe pas même de la devoir, lorſque la maiſon, où les réparations ont été
faites, vient à être incendiée; parce qu'au
moyen de ce qu'elles étoient néceſſaires, le
conjoint eût été lui-même obligé de les
faire de ſon propre fonds, ſi on ne les eût
pas faites du fonds commun.

Les impenſes voluptuaires faites ſur le
propre de l'un des conjoints, ne produiſant
aucun profit, ne donnent lieu à aucune Récompenſe. Il en eſt de même de celles qui
n'ont pour objet qu'un ſimple entretien;
parce que ce ſont des charges de la jouiſſance
qui appartient à la communauté.

Lorſqu'une rente que devoit l'un des
conjoints, a été rembourſée avec les deniers
de la communauté, la Récompenſe conſiſte, ſuivant les articles 244 & 245 de la
Coutume de Paris, en ce que la rente revit,
contre le conjoint qui la devoit, au profit
de la communauté, dont elle devient conquêt.

Comme c'eſt à la communauté que les
Récompenſes ſont dûes, elles doivent diminuer de plein droit & juſqu'à dûe concurrence, les repriſes & les remplois de propre,
dûs par la communauté au conjoint débiteur
des Récompenſes.

Si les Récompenſes montoient plus haut
que les repriſes & remplois de propre, ou ſi
le conjoint, qui en eſt débiteur, n'avoit aucune repriſe à exercer contre la communauté, il confondroit en lui-même la moitié
de ce qu'il doit à la communauté pour cette
Récompenſe; parce qu'au moyen de ce qu'il
a moitié dans la communauté, il ne doit
que l'autre moitié à ſon conjoint; c'eſt pour
cela que ces Récompenſes ſont nommées
mi-denier.

Mais quand la femme ou ſes héritiers
renoncent à la communauté; ſi c'eſt le mari
qui doit la Récompenſe, il fait confuſion
ſur lui du total, & ne doit rien à ce ſujet
à ſa femme, qui, au moyen de ſa renonciation, n'a rien à prétendre dans la communauté.

Au contraire, ſi c'eſt la femme qui doit la
Récompenſe, & qu'elle renonce à la communauté, elle ne fait aucune confuſion, &
doit à ſon mari la totalité de la Récompenſe. Il en ſeroit de même, s'il avoit été
convenu par le contrat de mariage, que la

femme remporteroit une ſomme fixe pour
tout droit de communauté.

Lorſque le mari ſurvivant ſe trouve revêtu d'un office acquis pendant la communauté, il peut le retenir, en rendant aux héritiers de ſa femme la moitié du prix, moyennant lequel il l'avoit acquis, mais il n'eſt
point obligé de leur faire raiſon de ce qu'il
en a coûté pour les proviſions & la réception, ni même pour les taxes, ſi ce n'eſt pour
celles qui ont augmenté la finance de l'office.
Je traite cette matiere avec un peu d'étendue à l'art. *Offices*. V. les Principes de la Juriſprudence Françoiſe, tome 2, n. 374, 375
& ſuiv. dont j'ai tiré tout ceci. Voyez auſſi
ſur cela *Partage, Propres & Remploi.*

RÉCONDUCTION.

V. *Bail, Congé & Tacite Réconduction.*

RECONNOISSANCE.

Ce mot a diverſes ſignifications au Barreau; quelquefois il ſignifie l'aveu fait par
quelqu'un, qu'une écriture ou ſignature eſt
ſienne. V. *Hypothéque.*

Quelquefois auſſi Reconnoiſſance eſt le
nom d'une déclaration donnée par un vaſſal
à ſon Seigneur. V. *Déclaration, Franc-aleu
& Terrier.*

En ce ſens, la Reconnoiſſance eſt pour
les biens roturiers, ce qu'eſt l'aveu & le dénombrement pour les fiefs. V. *Aveu & Dénombrement.* Ainſi elle doit indiquer au
Seigneur le détail, la nature & les tenans &
aboutiſſans des héritages que le vaſſal poſſéde
dans ſa directe, les titres de ſa poſſeſſion,
& contenir une reconnoiſſance de la mouvance & des droits Seigneuriaux auxquels
les héritages ſont ſoumis.

RÉCONVENTION.

V. *Compenſation.*

On nomme Réconvention, une action
par laquelle on demande à celui qui demandoit.

La *Réconvention n'a lieu en Cour Laye,
ſi elle ne dépend de l'action, & que la demande
en Réconvention ſoit la défenſe contre l'action premiérement intentée; & en ce cas le
Défendeur, par le moyen de ſes défenſes, peut
ſe conſtituer demandeur.* Coutume de Paris,
article 106.

Cet article est mal observé : on admet la Réconvention pour l'intérêt des Parties ; mais on ne l'admet pas en choses absolument différentes ; par exemple, elle n'a pas lieu, quand l'un demande de l'argent, & que l'autre demande un service ou un héritage.

Quand la dette qu'on veut demander par Réconvention, est liquide & reconnue, il n'y a qu'une simple demande & compensation à former ; mais si elle n'est, ni reconnue, ni liquide, il faut une demande en Réconvention, pour parvenir à la compensation.

La Réconvention est tolérée entre personnes domiciliées dans la même Jurisdiction ; mais si la seconde demande est séparée de la premiere, il faut régler les instances séparément, & ne les pas joindre.

Il n'y a point de Réconventions devant les Juges députés, ni devant les Arbitres, ni même devant les Juges d'Eglise.

RECORS.

On nomme Recors les personnes qui accompagnent les Huissiers ou Sergens, pour servir de témoins, ou pour prêter main-forte dans l'exercice de leur profession. Voyez *Témoins.*

Il y a beaucoup d'actes pour lesquels les Huissiers doivent être assistés de Recors ; ils doivent l'être, en matiere de saisie-réelle, exécution, retrait, &c. Mais peu de Loix déterminent l'âge que doivent avoir les Recors : quelques Praticiens les confondent avec les témoins instrumentaires des actes passés devant Notaires, lesquels doivent être âgés de vingt ans, suivant l'Arrêt de Réglement du 2 Juillet 1708, dont je parle à l'art. *Notaires.*

Mais l'article 22 de l'Edit du mois de Janvier 1728, portant établissement d'une Jurisdiction Consulaire à Valenciennes, veut que les Recors qui assistent les Huissiers, soient *gens sans reproches, & âgés de 25 ans.* Je crois que cette disposition doit former le Droit commun.

Les Recors ne doivent pas être parens des Parties ; les Praticiens pensent même qu'ils ne doivent pas être parens entr'eux, ni de l'Huissier.

Il faut qu'ils sçachent signer, & qu'ils signent en effet les exploits & procès-verbaux où ils prêtent leur ministere, tant originaux que copies.

Enfin leur profession, leur domicile, leurs noms & surnoms, doivent être déclarés dans les originaux & dans les copies des exploits ; ces dernieres observations résultent des dispositions de l'Ordonnance de 1667.

Dans tous les cas, où les Recors sont nécessaires, il faut non-seulement qu'ils soient réellement présens ; mais que leur présence, & que tout ce qui s'est fait, soient constatés par l'acte même pour lequel leur ministere est nécessaire ; si cette présence n'étoit pas constatée, l'acte seroit nul.

RECOURS.
V. *Garantie.*

RÉCRÉANCE.
V. *Complainte Bénéficiale & Dernier Etat.*

On nomme Récréance, un Jugement qui intervient en matiere Bénéficiale, & qui maintient ou envoye par provision en la jouissance d'un Bénéfice litigieux, celui des contendans qui a le droit le plus apparent.

La Récréance s'accorde ordinairement à celui qui posséde réellement & actuellement le Bénéfice depuis an & jour, par préférence à ses compétiteurs, & elle ne peut pas être donnée au dévolutaire. Voyez *Dévolut.*

L'article 11 du titre 15 de l'Ordonnance de 1667, porte que, *si durant le cours de la procédure, celui qui a la possession actuelle du Bénéfice, vient à décéder, l'état & la main-levée des fruits sera donné à l'autre partie sur une simple Requête.*

Mais cette disposition de l'Ordonnance ne s'observe pas rigoureusement ; & si le pourvu sur le décès de celui qui étoit maintenu par Sentence définitive, ou qui avoit obtenu la Récréance d'un Bénéfice, forme opposition à la main-levée donnée à son compétiteur depuis le décès du collitigeant, il est d'usage de le recevoir opposant, & de l'envoyer en possession du Bénéfice contentieux. La Cour l'a ainsi jugé en faveur du sieur Afforti, pour la Cure d'Ecouen, par Arrêt rendu sur les Conclusions de M. l'Avocat Général Joly de Fleury, le 7 Mars 1713.

Augeard rapporte des Arrêts rendus les 18 Décembre 1708, & 12 Mai 1710, qui ont jugé de même ; & c'est aussi ce que la Cour a jugé par un autre Arrêt rendu sur les Conclusions de M. l'Avocat Général d'Aguesseau, le 21 Février 1729, pour la Cure de S. Jean d'Epernon, entre le sieur Barbier & le sieur Devolle.

Les Sentences de Récréance s'exécutent ordinairement à la caution juratoire de ceux qui les obtiennent, nonobstant opposition ou appellation, &c. C'est la disposition de l'art. 9 du tit. 15 de l'Ordonnance de 1667.

L'article 17 du même titre veut que *les Sentences de Récréance, Séquestre ou de maintenue, ne soient valables ni exécutoires, si elles ne sont données par plusieurs Juges, du moins au nombre de cinq, qui doivent être nommés dans la Sentence ; & si elles sont rendues sur instances*, les Juges doivent tous en signer la minute. V. l'art. entier, & ce que je dis au mot *Complainte Bénéficiale*.

On ne prononce point, ou presque point de Récréances au Grand-Conseil ; on n'y ordonne que des Séquestres.

RÉCRIMINATION.

On appelle Récrimination, l'accusation postérieure que fait un accusé contre son accusateur, pour affoiblir la sienne, soit par l'embarras qu'on lui cause ; soit en diminuant la force de son témoignage. Cette définition est tirée du Dictionnaire de Trévoux.

La Récrimination n'a pas lieu en France : on la regarde comme un piége que tend l'accusé pour distraire les yeux des Juges ; & on lui impose silence, jusqu'à ce qu'il se soit lui-même purgé.

Quand deux Parties ont fait leurs plaintes en même-temps, il faut premiérement décider qui des deux demeurera accusé ou accusateur, c'est-à-dire, sur qui tombera la Récrimination. *Ibid.*

RÉCUSATION.

Voyez *Chambre de l'Edit, Déport, Greffier, Opinions & Prise à Partie.*

Récuser un Juge, c'est proposer contre lui des raisons de parenté, d'intérêt ou d'autres causes qui ne lui permettent pas de connoître de l'affaire soumise à sa décision.

Le titre 24 de l'Ordonnance de 1667 est entré dans un très-grand détail sur ce qui concerne les Récusations des Juges (a) ; on y trouve un titre entier qui contient trente articles. Leur étendue ne me permet pas de les rapporter ici : je me contenterai d'indiquer ses principales dispositions, & de renvoyer le Lecteur pour le surplus à l'Ordonnance même.

L'article premier donne pour moyen de Récusation en matiere civile, la parenté ou l'alliance du Juge avec les Parties au quatriéme dégré inclusivement ; & l'article 2 dit qu'on peut récuser, en matiere criminelle, le Juge, parent ou allié au cinquiéme dégré.

L'article 3 décide que la Récusation aura lieu, encore que le Juge soit parent ou allié commun des Parties.

L'article 5 veut que le Juge puisse être récusé, s'il a un différend sur pareille question que celle soumise à sa décision ; & l'article 6 admet la Récusation du Juge qui a donné conseil ou connu auparavant du différend comme Juge ou comme arbitre ; qui a sollicité, recommandé ou ouvert *son avis hors la visitation* & Jugement du procès.

L'article 7 permet de récuser le Juge qui a un procès en son nom, dans une Chambre dans laquelle une des Parties est Juge ; & s'il a fait des menaces verbales, ou par écrit depuis l'instance, ou six mois avant la Récusation proposée, l'art. 8 veut qu'elle soit admise.

L'article 17 veut que tout Juge qui sçait des causes de Récusation en sa personne, soit tenu d'en faire sa déclaration avant qu'elles soient proposées. Et la Cour, en déclarant nulle une procédure criminelle instruite par le Lieutenant Criminel de Fontenay-le-Comte, lui a enjoint, par Arrêt du 26 Avril 1701, de se déporter, lorsqu'il se trouveroit débiteur de l'une ou de l'autre des Parties.

Le Parlement de Bretagne a depuis jugé

(a) L'Ordonnance de 1667 n'a pas été registrée au Parlement de Navarre ; mais on y suit les dispositions sur les Récusations en vertu d'une Délibération de ce Parlement. du 20 Mars 1717. V. le Préambule de la Décl. du 30 Nov. 1746, regist. aud. Parlement le 26 Avril 1747. Mais voyez aussi les articles 17, 18, & suivans de la susdite Déclaration.

par un Arrêt du 8 Février 1716, rapporté au Journal de ce Parlement, tome premier, ch. 85, qu'un Juge peut connoître des procès de son Fermier ; dans cette espéce le Fermier ne devoit rien au Juge son propriétaire.

Le 3 Juin 1761, dans une affaire où il n'étoit question que d'injures verbales, on a agité la question de sçavoir si on devoit regarder comme valable l'information faite contre un Particulier à Angers par un Juge qui avoit épousé l'héritiere d'une personne avec laquelle l'accusé avoit procès ; il y avoit cette circonstance, que le Juge étoit alors assigné en reprise d'instance, mais que le jour de l'information il étoit le seul Juge du Siége qui fût à Angers.

M. l'Avocat Général Seguier, qui porta la parole dans cette affaire, observa qu'un Juge qui avoit procès contre l'accusé, ne pouvoit pas réguliérement informer contre lui, mais qu'en matiere légere on ne pouvoit pas déclarer l'information nulle sur ce motif ; par l'Arrêt dudit jour 3 Juin 1761, rendu en la Tournelle, la Cour n'a pas eu d'égard au moyen de nullité, & a jugé le fond.

Suivant un Réglement fait par le Parlement de Toulouse le 22 Juin 1701, » il y a » lieu à Récusation, si la Partie a mangé » chez le Juge, ou le Juge chez la Partie » depuis que le procès est pendant au Parle- » ment « ; mais il n'y a pas lieu si la Partie & le Juge ont mangé ensemble » dans un » lieu tiers sans aucune affectation ni des- » sein prémédité « , & sur cela » le Juge en » est cru à son assertion.

» Celui qui a sollicité pour une Partie » devant le premier Juge ou en la Cour, ne » peut être Juge en cette cause, mais ses pa- » rens le peuvent être.

» Le Juge ne peut être récusé dans les » causes des Communautés Régulieres sous » prétexte de parenté ou alliance avec les » personnes qui composent lesdites Com- » munautés Régulieres.

» Mais il peut être récusé aux procès des » Communautés Ecclésiastiques Séculieres, » s'il est pere ou frere de quelque Particu- » lier qui soit du Corps desdites Commu- » nautés «. Voyez sur cette derniere maxime un autre Arrêt de Réglement rendu au

même Parlement le 21 Mars 1710, qui enjoint en ce cas aux Juges de s'abstenir.

Les moyens de Récusation doivent se proposer avant le Jugement ; le Parlement de Toulouse a rendu un Arrêt de Réglement le 18 Juillet 1714, qui défend de le proposer après.

Les Récusations doivent se proposer par Requête, dans laquelle il faut en détailler les moyens avec modération, (article 23) , & la Requête doit être communiquée au Juge récusé, qui doit déclarer si les faits sont véritables ou non. S'il les nie, l'incident de la Récusation doit être jugé en la Chambre sans qu'il puisse être présent au Jugement.

Le Parlement de Rouen a jugé par Arrêt rendu le 28 Janvier 1751, que lorsqu'on articule des faits de Récusation contre un Juge, encore bien qu'ils soient déshonorans, il doit, s'ils ne sont point étrangers à la cause, les reconnoître ou les nier, & qu'il n'est pas recevable à en rendre plainte pour en demander réparation comme d'une injure.

Les Récusations doivent être décidées par cinq Juges au moins, quand il y a six ou plus dans le Siége où la Récusation est proposée ; & s'il y en a moins de six, ou même si le Juge récusé est seul, la Récusation dans ce cas-là doit être décidée par trois Juges, dont le nombre doit être suppléé par les Avocats du Siége, s'il y en a, sinon par les Praticiens suivant l'ordre du Tableau. Voyez l'Ordonnance de 1667, titre 24, art. 25. Voyez aussi l'Ordonnance de 1539, art. 11.

Les Récusations doivent être proposées & jugées dans le Siége où l'affaire est pendante ; & on ne peut s'adresser à un Siége voisin, tant qu'il y a dans le même Siége des Juges, Avocats ou Praticiens pour juger les causes de la Récusation, ainsi que la Cour l'a jugé par Arrêt du 31 Août 1696.

Une Déclaration du 2 Octobre 1694, enregistrée en la Cour des Aides le 22 Novembre suivant , & qu'on trouve dans le Recueil Chronologique de M. Jousse, porte que, *dans tous les procès civils & criminels concernant les droits de nos Fermes & l'éxécution de nos baux, circonstances & dépendances, même dans tous les différends qui surviendront entre nosdits Fermiers en nom collectif, ou les Adjudicataires de nos Fermes, leurs Commis, tant en matiere civile que criminelle, les parentés ou alliances des Présidens ou Conseillers de nos Cours des Aides, avec aucuns des Intéressés dans nosdites Fermes, en quelques dégrés qu'elles puissent être, ne pourront donner lieu à aucune Récusation ni évocation, sans préjudice des autres causes de Récusation portées par ladite Ordonnance de 1667, qui pourront être proposées dans tous lesdits procès.*

Les Récusations ne sont pas regardées comme odieuses; l'article 19 du titre 24 de l'Ordonnance de 1667, enjoint aux Parties de les proposer aussi-tôt que les causes sont venues à leur connoissance; & l'article 21 permet même de les proposer en tout état de cause.

La Cour a jugé par Arrêt rendu le 8 Avril 1713, en la Tournelle dans une matiere criminelle, sur les Conclusions de M. l'Avocat Général de Lamoignon, qu'on ne pouvoit récuser tout un Siege Présidial; néantmoins voyez M. le Président Boyer, Décision 269.

Sur la matiere des Récusations, voyez en entier le titre 24 de l'Ordonnance de 1667, que j'ai déja cité; la Déclaration du 27 Mai 1705, regiftrée le 10 Juin suivant (elle est dans Augeard & dans le Recueil de Toulouse); l'Ordonnance de 1737; le Réglement du Conseil du 28 Juin 1738; les Déclarations pour le Parlement de Navarre, des 30 Novembre 1746, & 16 Juillet 1747.

L'article 7 de l'Ordonnance ou Edit de Henri III, de l'an 1583, porte que les Récusations proposées contre les Commissaires-Examinateurs, seront instruites & jugées en la même forme, & sous les peines prescrites par les Ordonnances pour les récusations des Juges.

Le Ministere Public peut-il être récusé? V. *Ministere Public.*

Les Greffiers peuvent-ils être récusés? V. *Greffiers.*

REDHIBITION, REDHIBITOIRE.

L'action Redhibitoire tend à obliger celui qui a vendu une chose vicieuse à la reprendre. Si, par exemple, un cheval a la morve, la pousse ou la courbature, ce sont des cas Redhibitoires, pour lesquels on peut dans les neuf jours obliger le vendeur de le, reprendre.

Ce terme de neuf jours n'est pas le même dans toutes les Provinces du Royaume; il est des Pays où l'acheteur doit se pourvoir dans les huit jours, à compter de celui de la délivrance du cheval. Voyez la Coutume de Bourbonnois, l'ancienne Ordonnance de la Police de Paris, &c. Il en est d'autres, où l'usage est d'en accorder quarante, après lesquels le vendeur est à couvert de toutes recherches. Cet usage particulier a lieu dans le ressort de la Coutume de Cambrai, suivant l'article 5 du titre 21, & dans celui du Bailliage de Peronne, suivant un Acte de Notoriété de ce Tribunal, du 23 Janvier 1683. Voyez aussi l'article 205 de la Coutume de Bar.

Tout ceci ne s'applique qu'à la garantie de droit; la prescription de neuf jours contre l'action Redhibitoire n'a pas lieu quand il s'agit d'une garantie conventionnelle : & la Cour, par Arrêt rendu le 25 Janv. 1731, a condamné le vendeur d'un cheval boiteux depuis trois mois, mais qui ne boitoit point quand il étoit échauffé, à reprendre ce même cheval au retour du voyage de l'acquéreur, auquel il l'avoit garanti de tous vices latens & autres, quoique la demande n'eût été formée qu'environ un mois après la vente.

On doit conclure de cette décision, que la Redhibition a lieu pour faire casser la vente des choses mobiliaires, quand il y a eu de la mauvaise foi ou du dol personnel de la part du vendeur.

En Normandie l'action Redhibitoire pour les chevaux peut se diriger dans les trente jours de la vente; après ce temps l'acheteur est non-recevable : un Arrêt rendu au Parlement de Rouen en forme de Réglement, le 30 Janvier 1728, l'a ainsi décidé. On peut sur la même matiere consulter les Coutumes de Sens, art. 160, & d'Auxerre, article 151.

Le Parlement de Paris, en jugeant une contestation qui s'est élevée entre Claude Bruneau & autres Marchands Forains de bestiaux, & Jacques le Roi & Consorts, par Arrêt du 14 Juin 1721, a ordonné (en faisant droit sur les Conclusions de M. le Procureur Général) *que le temps de l'action en garantie des cas Redhibitoires des vaches laitieres & amouillantes, demeurera fixé à quarante jours, & que les cas Redhibitoires seront le mal caduc & la pommeliere.*

Sur la question de sçavoir, si un Marchand qui a vendu de la marchandise défectueuse, est tenu de la reprendre, voyez un Arrêt rendu le 15 Mars 1664, dans Boniface, tome premier, & plusieurs autres Arrêts, tome 4.

RÉFÉRENDAIRE.
V. *Tiers-Référendaire.*

Sous la premiere race de nos Rois, le grand Référendaire étoit un Officier de l'Etat qui avoit la Garde du Sceau Royal, & qui faisoit rapport au Roi des Requêtes & des Placets qui lui étoient présentés; mais aujourd'hui un Référendaire est un Officier des petites Chancelleries, qui fait rapport à celui qui tient le Sceau des Lettres qui sont à sceller.

A la Chancellerie Romaine, les Référendaires sont des Prélats qui rapportent devant le Pape les suppliques sur lesquelles s'expédient les Rescrits de Grace & de Justice, les signatures, &c. Voyez *Bulle, Consistoire, Date, Rescrits, &c.*

REFONDER

En termes de pratique, ce mot signifie payer & rembourser: on dit Refonder ou faire la refusion de frais de contumace ou de frais préjudiciaux de la part d'un défaillant qui s'est laissé contumacer. Voyez *Contumace.* (*frais de*)

RÉFÉRÉ

Voy. *Hôtel de Juge, Inventaire & Scellé.*

On appelle Référé, le rapport que fait un Officier subalterne, au Magistrat, des difficultés & des obstacles qu'il rencontre, soit dans l'exécution des Jugemens qu'il est chargé de procurer aux Parties, soit dans les autres fonctions de son ministere.

Par exemple, si dans le cours de la levée d'un scellé par un Commissaire du Châtelet, il s'éleve une contestation pour sçavoir, si l'inventaire sera fait à la requête d'une Partie qui prétend avoir droit dans la succession; si un créancier ou son Procureur

assistera à toutes les vacations du scellé; si on inventoriera certains effets ou papiers; si on procédera par voie de récollement ou d'inventorié; si ce sera l'Officier nommé pour une Partie qui fera l'inventaire ou la prisée, par préférence à celui qu'une autre Partie aura nommé: dans tous ces cas & dans une infinité d'autres qui naissent suivant les différentes circonstances, comme le Commissaire n'a pas autorité ni Jurisdiction pour décider la difficulté, il doit en référer au Juge, pour y être statué.

Au Châtelet, les Référés se font en l'Hôtel du Juge & non à l'Audience, suivant l'article 9 de l'Edit du mois de Janv. 1685; & lorsque c'est le cas d'en faire, le procèsverbal du Commissaire doit indiquer le jour & l'heure que se fera le rapport ou Référé, afin que les Parties puissent s'y trouver, soit en personne, soit par Procureur, pour expliquer leurs raisons.

L'usage est encore au Châtelet d'écrire sur le Procès-verbal même du Commissaire qui procéde au scellé, l'Ordonnance que M. le Lieutenant Civil rend sur les Référés qui lui sont faits dans ces cas-là, sans qu'il soit besoin du ministere de Greffier; & s'il s'agit de délivrer des expéditions de ces Ordonnances, c'est le Commissaire qui les délivre, & qui fait en cette partie la fonction de Greffier.

Les Ordonnances qui se rendent sur des Référés, sont toujours exécutoires nonobstant l'appel, parce qu'elles n'ont pour objet que des matieres provisoires: l'exécution n'en peut être suspendue que par un Arrêt de défenses.

Il n'y a pas lieu à Référé pour les contestations provisoires relatives au scellé, quand c'est un Juge qui procéde, ou à l'apposition ou à la levée: alors le Juge peut décider la contestation dans l'instant même qu'elle s'éleve & sur le lieu, à moins qu'il ne la trouve tellement importante, qu'il croie devoir en référer lui-même aux autres Juges de son Siége; alors ce Référé ne se devroit pas faire en son Hôtel, mais en la Chambre du Conseil.

C'est ainsi, par exemple, qu'en usent les Magistrats nommés Commissaires par leur Tribunal pour les descentes sur les lieux: ils peuvent décider provisoirement les conteftations incidentes, à leur defcente : mais s'ils les trouvent de nature à mériter une décifion de la Chambre ou du Siége , ou fi leur miffion ne leur donne pas caractere pour juger provifoirement l'incident, ils en référent à leur Siége.

Lorfqu'un Huiffier faifit & exécute les meubles d'un débiteur ; fi celui-ci refufe de donner gardien des chofes faifies, ou s'il refufe d'ouvrir les portes de fes chambres , coffres, armoires , bâtimens , granges , écuries , &c. l'Huiffier doit établir garnifon , référer au Juge de l'obftacle & du refus qu'il a effuyé, pour y être pourvu. Dans le cas d'un femblable Référé, l'Huiffier doit affigner la Partie à jour & heure certains, pour être ftatué fur la conteftation , & prendre des conclufions précifes relatives à l'Ordonnance ou Jugement qu'il s'agit de faire prononcer pour lever l'obftacle.

En général, ces conclufions ont pour objet de faire ordonner qu'il fera procédé à la continuation de la faifie commencée, qu'à cet effet les débiteurs feront tenus de faire ouverture des portes , coffres , armoires , &c. finon que l'Huiffier porteur fera autorifé de faire faire cette ouverture par un Serrurier, & que des chofes faifies & à faifir , le débiteur fera tenu de donner gardien folvable. finon que la garnifon qu'il a établie ou qu'il établira , reftera jufqu'à la vente , aux frais du débiteur , fuivant qu'ils feront taxés par le Juge.

Au Châtelet , on eft dans l'ufage dans ces Référés d'ordonner l'ouverture des portes en préfence d'un Commiffaire : mais cet ufage n'eft point fondé en Loi , l'Ordonnance de 1667, titre 33 , art. 5 , dit que le Juge nommera deux perfonnes pour affifter à l'ouverture des portes & à la faifie, elle n'exige point qu'il nomme des Officiers.

Si les perfonnes contre lefquelles on veut exécuter des Jugemens , prétendent avoir droit d'en empêcher ; s'ils foutiennent qu'ils ne font pas exécutoires, ou s'ils prétendent avoir des raifons qui fufpendent l'exécution, ils peuvent auffi demander Référé devant le Juge : c'eft une voie de droit qui eft permife à chacun , & qui eft même favorable ; & fi l'Officier , chargé de l'exécution, refufoit de faire mention fur fon procès-verbal qu'on a requis Référé, il faudroit le lui fai-

re fignifier par le miniftere d'un autre Huiffier , & conftater fon refus, qui le rendroit repréhenfible.

Le Référé doit fe faire devant le Juge du lieu où l'on exécute , fuivant l'Ordonnance de 1667, titre 23 , art. 5. Cependant fi l'exécution fe faifoit dans un lieu voifin de la Jurifdiction dont le Jugement eft émané , il feroit plus convenable d'en référer au Juge même qui a décidé; parce qu'il doit mieux connoître l'efprit de fon Jugement , & comment il a voulu qu'il fût exécuté : c'eft l'ufage.

Comme les Juge & Confuls n'ont point de territoire , on ne peut pas leur référer des conteftations ou des difficultés qui naiffent fur l'exécution de leurs Sentences.

Les Juges ne doivent point prononcer de condamnation de dépens dans les Référés qu'ils jugent en leurs Hôtels.

Par Arrêt du 2 Septembre 1744 , rendu entre les Bouchers & les Ciergers de Tours, la Cour faifant droit fur les Conclufions de M. le Procureur Général , a » enjoint à » Etienne Petiteau (Lieutenant Particulier » de Tours) d'obferver les Ordonnances , » Arrêts & Réglemens de la Cour , & no- » tamment l'article 10 du titre 17 de l'Or- » donnance du mois d'Avril 1667 ; en con- » féquence lui enjoint , lorfque les Parties » fe tranfporteront en fa maifon , fur une » conteftation de nature à être portée à l'Au- » dience , de les y renvoyer , fauf , fi le dif- » férend ne peut être jugé fur le champ à » l'Audience ; à ordonner que les pièces fe- » ront mifes fur le Bureau, fans inventaire » de production, écritures ni mémoires pour » en être délibéré; & le Jugement pronon- » cé au premier jour d'Audience fans épi- » ces ni vacations , fous les peines portées » par les Ordonnances «.

REGAIN.

Voyez *Clos*, *Fruits*, *Parcours*, *Pâturage* & *Vaine-pâture*.

On nomme Regain, la feconde herbe qui revient dans un pré, après que la première a été fauchée : c'eft la même chofe que ce que quelques Coutumes nomment *Revirev*.

Les propriétaires des prés ne font pas toujours les maîtres d'en interdire le pâturage aux beftiaux des habitans , après la premiere herbe enlevée, pour en tirer du Regain.; parce qu'alors les prés font une *Vaine-pâture* qui appartient au Public. Il n'y a d'exception' qu'en faveur de ceux qui font fondés en titre, ou dans une poſſeſſion immémoriale.

Les Coûtumes de la Marche, de Nevers, de Mons, & quelques autres dont les diſpoſitions ont pour objet capital de régler ce qui concerne l'agriculture & les pâturages, veulent que tous les prés qui ne font pas clos, foient *Vaines-pâtures* auſſi-tôt après que le foin en eſt enlevé, & qu'un propriétaire ne puiſſe recueillir du Regain, que dans ceux qui font clos. Voyez les Arrêts que je rapporte aux articles *Clos* & *Vaines-pâtures*.

. Les Parlemens de Dijon & de Beſançon ont quelquefois ordonné, dans des temps extraordinaires, que les prés fitués dans leur reſſort, & qui font propres à porter Regain, feroient mis en réferve avec défenſes aux habitans d'y envoyer leurs beſtiaux. Taiſand rapporte fur cela un Arrêt rendu au Parlement de Dijon, le 5 Juillet 1657. Le même Parlement en rendit deux autres, les 27 Juin 1741, & 7 Juillet 1751. Il y en a un ſemblable du Parlement de Beſançon, du 9 Juin 1750.

L'uſage de ces Parlemens eſt différent, en ce que celui de Beſançon adjuge le Regain extraordinaire aux propriétaires des prés, & que celui de Dijon le donne aux Communautés. Il a adjugé à la Communauté d'Arnay-le-Duc le Regain produit par les prés mis en défenſe ou réferve dans cette Paroiſſe, par la veuve Chauveau, en conſéquence du Réglement du 27 Juin 1741. L'Arrêt qui contient cette déciſion, n'eſt cependant intervenu, le 22 Avril 1744, qu'après un partage d'opinions.

Mais l'Arrêt du 7 Juillet 1751, qui, comme je l'ai dit, a auſſi ordonné qu'une partie des prés feroit miſe en Regain & réſervée, &c. a en même temps ordonné *que la ſeconde herbe des prés mis en Regain appartiendroit aux Communautés, & feroit ven-*

due à leur profit, pardevant les Juges locaux, au plus offrant, &c.

Cet Arrêt en énonce neuf autres, qui tous ont ordonné la même réſerve en différentes années, depuis 1567.

Voyez à l'art. *Droit-Ecrit*, les Lettres-Patentes portant union de Montferrand à la Ville de Clermont. Voyez auſſi les Ouvrages de la Poix de Freminville.

RÉGALE.

Voyez *Deſtitution d'Offices*, *Œconomats*, *Patronage Royal* & *Vacance*.

Le mot Régale, pris dans ſa Généralité, ſignifie ce qui appartient au Roi, à cauſe de la Couronne.

Les Droits Régaliens ſe diviſent en majeurs & en mineurs.

Les Droits Régaliens majeurs conſiſtent dans le pouvoir de faire des loix, de lever des troupes, de faire la paix & la guerre, d'exercer la Juriſdiction en dernier reſſort, de créer des dignités, des Ordres de Chevalerie, des Magiſtrats & des Officiers publics, dans le droit de faire battre monnoie, de naturaliſer les aubains, de légitimer les bâtards, d'annoblir les roturiers, d'amortir des héritages tenus par les gens de mainmorte, d'impoſer des tributs, &c.

Les Régales mineures conſiſtent dans les droits de pêche & de chaſſe, dans le droit d'avoir des ſalines, dans la propriété des choſes dont le Public a l'uſage, & qui n'appartiennent à aucun maître particulier, tels que font les chemins publics, les rivieres, les iſles & attériſſemens, dans les droits de Péage, d'Epave, de Vareck, de Juriſdiction, &c.

Je parle dans des articles particuliers de ceux de ces droits qui entrent dans l'objet général de cet ouvrage ; mais l'objet particulier du préſent article eſt de traiter d'un droit qui n'eſt connu que par la ſinguliere dénomination de droit de Régale, & en conſéquence duquel Sa Majeſté jouit des revenus de tous les Archevêchés & Evêchés vacans (a), à compter de l'inſtant de

---

(a) L'Archevêque de Cambrai n'eſt pas ſujet aux régles indiquées par le préſent article ; parce que par un Concordat paſſé entre les Commiſſaires du Roi & l'Archevêque de Cambrai, le 21 Août 1682, regiſtré en la Chambre des Comptes le 15 Décembre 1687, & revêtu de Lettres-Patentes du 18 Janvier 1715, regiſtrées à Douai le 7

Février ſuivant ; par lequel les Chanoines ſe ſont déſiſtés de la poſſeſſion à laquelle ils étoient d'élire leur Archevêque, & en conſéquence du Concordat Germanique il a été convenu :

1°. » Que vacation arrivant dudit Archevêché de Cambrai par mort, démiſſion, permutation, réſignation,

Ia

la mort (naturelle ou civile des Archevêques ou Evêques) jusqu'à ce que les nouveaux pourvus ayent prêté le serment de fidélité qu'ils doivent au Roi, & fait enregistrer ce serment en la Chambre des Comptes. C'est de ce droit dont il s'agit en cet article.

La Régale donne encore au Roi le droit de disposer de tous les Bénéfices (vacans) sans charge d'ames, auxquels les défunts Prélats avoient droit de nommer. V. les deux Déclarations du même jour 10 Février 1673, & l'Edit du mois de Janvier 1682, registré le 24 du même mois.

Il y a différentes opinions sur l'origine de la Régale. Les uns attribuent ce droit à la qualité de fondateur qu'ont nos Rois des Bénéfices qui y sont sujets : les autres à celle de Patron ; d'autres à la nature du droit féodal ; d'autres au droit de garde & de protection, & d'autres au droit de dépouille ou de déport : mais si c'étoit-là l'origine de la Régale, ce droit seroit commun à tous les Rois ; ce qui est faux, puisque les Rois de France seuls en jouissent.

Il est donc plus naturel de dire, comme fait le Président Henault, que les véritables principes du droit de Régale se trouvent dans le Concile d'Orléans, tenu sous Clovis en 511, lors duquel ce droit a été reconnu par les Evêques, qui en étoient les justes contradicteurs : cette reconnoissance, suivie de celle portée par d'autres Conciles & des Papes, n'en borne pas l'origine, & le fait regarder comme un droit acquis de tous les temps à la dignité du trône ; au lieu qu'en y appliquant la Loi des Fiefs, elle ne remonteroit tout au plus qu'à la seconde race de nos Rois.

Je dis que les Papes & les Conciles ont reconnu le droit de Régale ; & en effet Alexandre III, Clément IV, Grégoire X, le second Concile de Lyon, & Grégoire XI, l'ont reconnu ; la Pragmatique-Sanction en

parle comme d'un droit incontestable ; & les Evêques de Bretagne y ont été soumis par Arrêt rendu en l'année 1598.

Les Prélats du Languedoc, de la Guyenne, du Dauphiné & de Provence, s'en sont prétendus exempts ; mais la Déclaration du mois de Février 1673, dont je viens de parler, porte que le droit de Régale appartient universellement au Roi dans tous les Archevêchés & Evêchés de son Royaume, à la réserve de ceux qui en sont exempts à titre onéreux ; & l'Assemblée du Clergé a, par acte du 3 Février 1682, reconnu que le droit de Régale universelle étoit hors de doute & de contestation.

La Régale avoit lieu autrefois sur les Abbayes, comme sur les Evêchés & Archevêchés ; & le droit de nos Rois, à cet égard, est établi par un Mémoire qu'on trouve dans le Traité de Pinson ; mais ils n'ont pas jugé à propos de faire revivre ce droit.

Anciennement les Receveurs des Domaines du Roi, ou les autres personnes commises à la recette des revenus des Archevêchés & Evêchés vacans, en portoient les deniers au Receveur général de la Province, après avoir prélevé les charges & les frais de régie, & ce Receveur en comptoit en la Chambre des Comptes. Cet usage fut interrompu par Charles VII, & par ses successeurs, qui donnerent la moitié du produit du droit de Régale aux Bénéficiers de la Sainte Chapelle, & l'autre moitié pour l'entretien de cette Eglise, & des maisons qui en dépendent ; les deniers qui provenoient de ce droit, se portoient alors au Receveur des épices de la Chambre des Comptes de Paris.

Cette donation fut révoquée par Louis XIII ; & pour dédommager les Trésoriers & Chanoines de la perte qu'elle leur occasionnoit, Louis XIV a, au mois de Mars 1690, consenti l'union de la Mense Abba-

Coadjutorerie ou autre genre de vacance, l'Eglise de Cambrai jouira . . . . de l'exemption de la Régale temporelle & spirituelle . . . . . . ; & en conséquence, que l'administration du temporel appartiendra, pendant ledit temps, au Chapitre, pour être, les revenus, conservés au successeur.

2°. » Que pendant la vacance dudit Archevêché, les Dignités, Personnats, Offices, Canonicats & Prébendes, Chapelles & Bénéfices qui viendront à vaquer dans ladite Eglise & Diocèse de Cambrai, seront conférés par le Pape, les Patrons & Collateurs ordinaires ; & que les Bénéfices dépendans dudit Archevêché de Cambrai, de-

» meureront réservés au futur successeur, pour par lui y être pourvu «.

L'Eglise d'Arras a aussi prétendu être exempte de la Régale ; mais, par Arrêt rendu le 20 Mars 1727, elle y a été jugée sujette.

Quand l'Archevêché de Lyon est vacant, l'Administration & la Régale en appartiennent à l'Evêque d'Autun, du jour qu'il a été les demander en personne au Chapitre de S. Jean ; jusqu'à ce jour, l'administration & la Régale appartiennent au Chapitre. Piganiol, tome 2. L'Archevêque de Lyon a aussi l'administration de l'Evêché d'Autun pendant la vacance ; mais il ne jouit pas de la Régale. Ibid.

tiale de l'Abbaye S. Nicaife de Rheims, à la Sainte Chapelle de Paris.

Actuellement l'Œconome féqueftre gere les revenus des Archevêchés & Évêchés vacans pendant la vacance ; & le Roi donne ordinairement ces revenus aux nouveaux Prélats , par des Lettres qui s'enregiftrent en la Chambre des Comptes.

Le droit de Régale s'ouvre en faveur du Roi :

1°. Par la vacance des Archevêchés & Evêchés.

2°. Par la promotion des Evêques ou Archevêques au Cardinalat (*a*).

3°. Par leur félonie.

4°. Par la tranflation de leurs perfonnes en un autre Archevêché ou Evêché. (La Cour a jugé , par Arrêt rendu le 21 Janvier 1724 , fur les Conclufions de M. l'Avocat Général Gilbert , que la Régale eft ouverte dès l'inftant de la démiffion d'un Evêché entre les mains du Roi.)

5°. Par le litige. V. *Litige* , & ce que je dis à la fin du préfent article.

La Régale s'ouvre par l'acceptation du Cardinalat faite par un Evêque ; parce qu'un Cardinal devient l'homme du Pape , & donne par-là , en quelque maniere , atteinte au ferment de fidélité qu'il avoit fait au Roi , comme Evêque ; c'eft pour cela qu'il eft obligé de faire un nouveau ferment de fidélité envers le Roi , après fa promotion ; & jufques-là fon Archevêché ou Evêché , & les Bénéfices qui en dépendent , vaquent en Régale. V. *Prévention*.

A l'égard du fimple Bénéficier fait Cardinal (Curé) , la Régale n'a pas lieu fur les Bénéfices qu'il pofféde ; mais s'il eft fait Cardinal - Evêque , tous fes Bénéfices vaquent , comme vaquent auffi ceux des Bénéficiers qui font faits Evêques ; mais on y remédie par la claufe de rétention , qu'on ne manque jamais d'inférer dans les Bulles ; & quand même elle n'y feroit pas , ils ne vaqueroient pas en Régale. V. *Evêque*.

Quand la Régale eft ouverte , le Roi confere tous les Bénéfices qui auroient été à la difpofition de l'Evêque , fi le Siége avoit été rempli , à l'exception des Cures & des Bénéfices à charge d'ames , dont la collation appartient de droit , pendant la vacance du Siége , aux Chapitres des Eglifes Cathédrales. (V. l'article 66 des Libertés de l'Eglife Gallicane.) Néantmoins fi une Cure étoit unie à un Bénéfice fimple de fa nature, comme à un Prieuré , à un Canonicat , ou à une Dignité de Chapitre à la collation de l'Evêque , le Roi pourroit la conférer en Régale. Il en feroit autrement fi le Bénéfice fimple étoit uni à la Cure ; parce qu'alors la Cure étant le principal Bénéfice , elle ne pourroit pas vaquer en Régale.

Les Bénéfices électifs-confirmatifs ne font pas fujets à la Régale , pas même pour la confirmation ; parce que la confirmation dépend de la Jurifdiction Epifcopale , que les Vicaires généraux du Siége exercent pendant la vacance. La Cour l'a jugé *in terminis* , par l'Arrêt célèbre du 2 Septembre 1723 , pour la Prévôté , première dignité du Chapitre de Touloufe , fur les Conclufions de M. l'Avocat Général de Lamoignon , aujourd'hui Chancelier.

L'ouverture de la Régale n'empêche pas le Patron Laïc d'ufer de fon droit pendant le terme qui lui eft accordé pour le confommer , & fon Préfenté eft préférable au Régalifte. Voyez fur cela l'Arrêt du dernier Juin 1642 , qu'on trouve au Journal des Audiences , & dans le fecond Volume des anciens Mémoires du Clergé.

Comme le Roi eft au droit des Evêques pendant la Régale (*b*) , c'eft à Sa Majefté que les Patrons Eccléfiaftiques & Laïcs doivent préfenter ceux qu'ils nomment aux Bénéfices de leur Patronage. S'ils les préfentoient au Chapitre ou aux Grands-Vicaires, les provifions qui feroient données fur ces préfentations , feroient nulles ; & le Roi pourroit , après les fix mois pour les Bénéfices en Patronage Eccléfiaftique , & quatre mois pour ceux qui font en Patronage Laïc , difpofer librement des Bénéfices , de la même maniere que l'Evêque pourroit le faire ,

---

(*a*) On a jugé que la feule promotion au Cardinalat ne donnoit point ouverture à la Régale , & qu'elle ne s'ouvroit qu'au moment de l'acceptation qu'en font ceux qui font nommés.

(*b*) C'eft fur le fondement de cette maxime , que par

Arrêt rendu le 13 Mai 1729 , le Parlement a commis des Officiers pour exercer , au nom du Roi , les Juftices dépendantes de l'Archevêché de Paris , pendant la Régale, ouverte par la mort du Cardinal de Noailles. Voyez *Economat*.

fi on préſentoit à ſon Chapitre , au lieu de s'adreſſer à lui-même.

Lorſque les Bénéfices vaquent en Régale , le Roi ne peut être prévenu par le Pape ; le Pape ne peut même plus alors admettre ni les démiſſions pures & ſimples des Bénéfices, ni les réſignations en faveur, ni les permutations. Il ne peut pas nommer aux Bénéfices, dont les Titulaires décédent à Rome , s'ils vaquent en Régale : c'eſt au Roi qu'il faut s'adreſſer en tous ces cas ; parce qu'en matiere de Régale , le Roi n'eſt point aſſujetti à toutes les ſervitudes auxquelles les Evêques ont eu la foibleſſe de ſouſcrire. Le Roi confere à la place des Evêques ; mais il confere avec cette liberté & cette indépendance véritablement propres à leur dignité, & dont uſoient les Evêques avant les uſurpations faites par la Cour de Rome ſur leur autorité. V. le Plaidoyer de M. Navarre de Maiſon-Neuve , inſéré dans l'Arrêt du Grand-Conſeil, rendu le 17 Août 1736, contre le Chapitre de Langres.

C'eſt par la même raiſon que les Bénéfices vacans en Régale ne ſont pas ſujets à dévolution : en effet , le Roi conférant en Régale , en vertu de droits temporels attachés à ſa Couronne , il ne connoît point de Supérieur.

Quoique le Roi ſoit aux droits des Evêques , à la place deſquels il confere ; ceux qui ſont pourvus en Régale de Bénéfices vacans , ne ſont cependant pas diſpenſés de prendre l'Inſtitution Canonique : l'Edit du mois de Janvier 1682 leur ordonne au contraire de ſe préſenter aux Vicaires établis par le Chapitre , ſi l'Egliſe eſt encore vacante ; & au Prélat, s'il y en a un de pourvu, pour en obtenir l'approbation & miſſion canonique , avant que d'en pouvoir faire aucune fonction.

L'Expectative des Gradués & celle des Indultaires ne peuvent avoir lieu ſur les Bénéfices vacans en Régale ; parce que le Roi les confere comme Collateur Laïc, &, que les Patrons Laïcs ne ſont pas aſſujettis à ces ſortes d'Expectatives.

Le Roi confere les Bénéfices vacans en Régale par de ſimples brevets ſignés d'un Secrétaire d'Etat ; & ſi pluſieurs brevets étoient expédiés en faveur de différentes perſonnes , ce ſeroit le plus ancien qui mériteroit la préférence.

La Régale reſte ouverte , juſqu'à ce que l'Evêque ſucceſſeur, légitimement pourvu, ait fait le ſerment de fidélité qu'il doit au Roi ; qu'il ait fait enregiſtrer en la Chambre des Comptes l'acte qui prouve que le ſerment de fidélité a été fait ; qu'il ait levé l'Arrêt d'enregiſtrement , & qu'il l'ait fait ſignifier , avec l'attache & le mandement des Auditeurs , aux Commiſſaires nommés pour la perception des fruits, & aux Subſtituts de M. le Procureur Général ſur les lieux. Voyez l'Arrêt de Réglement rendu ſur les Concluſions de M. l'Avocat Général Talon , le 15 Mars 1677,

Quelques Prélats , en faveur deſquels la Déclaration du 10 Février 1673 contient une exception, & même une exemption des droits utiles de la Régale, ont cru qu'ils pouvoient ſe diſpenſer » de faire adreſſer à » la Chambre des Comptes de Paris les Let- » tres-Patentes qu'ils obtiennent ſur l'acte » de preſtation de leur ſerment de fidélité, » ils ſe contentoient de les faire enregiſtrer » à la Chambre des Comptes de la Province » où leur Siége eſt établi. «

Mais, par une Déclaration du 28 Décembre 1749, regiſtrée en la Chambre des Comptes de Paris le 29 Janvier 1750, il a été ordonné » que ceux des Archevêques » ou Evêques du Royaume , qui jouiſſent » de l'exemption du droit de Régale, en » quelque partie (du Royaume) que leurs » Siéges ſe trouvent ſitués, ſeront tenus dans » deux mois , à compter du jour de la preſ- » tation du ſerment de fidélité..... d'obte- » nir, ſur l'acte qui en ſera expédié, des Let- » tres- Patentes adreſſées à la Chambre des » Comptes de Paris , & de les préſenter dans » ledit délai en ladite Chambre, pour y être » regiſtrées ; faute de quoi, & leſdits délais » expirés, il ſera fait par le Procureur Gé- » néral en ladite Chambre ; toutes diligen- » ces requiſes pour les obliger à y ſatis- » faire, même, s'il y échet, par ſaiſie de » leur temporel.

» N'entendons néantmoins , ajoute la Déclaration, » rien innover en ce qui concerne » l'exemption des droits utiles de la Régale, » dont leſdits Archevêques ou Evêques ſont » en poſſeſſion, & de laquelle nous voulons » qu'ils continuent de jouir , ainſi qu'ils ont » bien & dûement fait par le paſſé. «

Tant que ces formalités ne font point obfervées, le Roi confere en Régale les Bénéfices vacans dépendans de l'Evêché dont l'Evêque ne s'eft pas mis en régle.

Feu M. de Seve de Rochechouart, Evêque d'Arras (a) avoit négligé de remplir ces formalités; & fur cette omiffion découverte par fes ennemis, le Roi nomma à plufieurs Bénéfices de la Cathédrale d'Arras, que cet Evêque avoit déja conférés. Tous ceux à qui la poffeffion triennale ne tint pas lieu de titre, furent dépoffédés, & les nommés par le Roi prirent leur place.

La Régale étant ouverte dans le Diocèfe de Laon, par le décès de M. d'Eftrées, le fieur Gaurel, Chanoine de la Cathédrale (de Laon), envoya fa procuration à Rome pour réfigner fon Canonicat en faveur du fieur Bretel: la réfignation fut admife le 10 Décembre 1695; & ce jour-là même (10 Décembre) le nouvel Evêque de Laon fit fignifier au Procureur du Roi, & à l'Œconome, l'Arrêt d'enregiftrement de fon ferment de fidélité.

Le même Bénéfice fut conféré en Régale au fieur Barbier; & peu après le fieur Gaurel réfignant décéda, la Régale étant fermée. Alors François Raoul obtint le Bénéfice, comme vacant *per obitum* fur la collation de l'Evêque de Laon, & cela donna lieu à deux queftions.

La première, de fçavoir fi la réfignation en faveur, faite en Cour de Rome pendant la Régale ouverte, avoit fait vaquer le Bénéfice.

La deuxiéme, fi le jour de la fignification de l'Arrêt d'enregiftrement du ferment de fidélité étoit compris dans l'efpace de tems que dure la Régale.

Ces deux queftions furent jugées en faveur du Régalifte, par Arrêt rendu, fur les Conclufions de M. Joly de Fleury, le 7 Mai 1699, par lequel la Cour adjugea le Bénéfice au fieur Barbier, comme ayant vaqué en Régale.

Il eft intervenu un autre Arrêt rendu le premier Août 1733, par lequel la Cour a encore jugé que la réfignation faite en Cour de Rome pendant la Régale ouverte, fait vaquer le Bénéfice en Régale. L'adverfaire du Régalifte difoit que le Pape n'ayant pas droit d'admettre les réfignations pendant la Régale ouverte, les chofes devoient refter dans le même état que s'il n'y avoit pas eu de réfignation: mais on n'eut aucun égard à ce moyen, il s'agiffoit d'un Canonicat de S. Jean de Pézénas, la Cour l'adjugea au fieur de Creffac, Régalifte.

Ce même Arrêt a encore jugé que la Régale n'admet aucune fiction. V. fur cela un Arrêt rendu le 14 Mars 1679, au Journ. du Palais.

On diftingue trois fortes de vacances des Bénéfices en Régale.

La première, lorfque le Bénéfice n'eft rempli ni de droit, ni de fait, c'eft-à-dire, lorfqu'il eft poffédé fans titre Canonique, & fans que le pourvu ait pris poffeffion en perfonne.

La feconde, quand il eft rempli de fait feulement, c'eft-à-dire, lorfque celui qui en eft pourvu, n'a pris poffeffion que par Procureur.

La troifiéme, quand il n'eft rempli que de droit, c'eft-à-dire, lorfque le poffeffeur a pris poffeffion en perfonne fur un titre nul. Dans ces trois efpéces de vacances, le Roi difpofe des Bénéfices pendant la Régale; (voyez la Philippine du mois d'Octobre 1334, & un Arrêt rendu le 17 Fév. 1620, rapporté par Bardet:) & c'eft un principe conftant qu'on ne peut empêcher l'effet de la Régale, fi la poffeffion de fait & de droit ne concourent en une même perfonne.

Anciennement la Régale ne fe prefcrivoit que par trente ans, c'eft-à-dire, que, fi pendant l'ouverture, un Bénéfice venoit à vaquer, & que quelqu'un s'en fît pourvoir en Cour de Rome, un Régalifte pouvoit l'exclure au bout de vingt-neuf années de poffeffion; mais depuis l'Ordonnance de 1606, tout homme qui, depuis l'ouverture de la Régale, a poffédé paifiblement un Bénéfice pendant trois ans fans trouble, ne peut être inquiété par un Régalifte. Voyez *Poffeffion Triennale.*

Le Parlement de Paris, le véritable & autrefois le feul Tribunal fouverain du Royaume, connoît du droit de Régale privativement à tous autres Juges en première inftance; l'article 23 du titre 15 de l'Ordonnance

(a) Trois Arrêts de la Cour des 20 Mars, 23 Juil. 1727, & 16 Fév. 1718, ont jugé que l'Eglife d'Arras eft fujette à la Régale: ces Arrêts font imprimés, & fe vendent à Paris, chez Prault.

de 1667 y eft précis. Son droit à cet égard, eft fondé non-feulement fur cette Ordonnance, mais encore fur une poffeffion dont l'origine eft inconnue.

En matiere de Régale, les défauts faute de défendre, faute de comparoir, &c. doivent s'obtenir à l'Audience ; il fut accordé un défaut faute de comparoir en cette forme, par Arrêt du 9 Janvier 1731, qui déclara le Bénéfice contentieux avoir vaqué en Régale, & comme tel l'adjugea au fieur Dargentier, Partie de Mᵉ Paignon, Avocat, avec reftitution de fruits, contre le Sr Boru: M. l'Avocat Général Gilbert, qui porta la parole lors de ce défaut, obferva que, par un des priviléges de la Régale, tous les défauts en cette matiere devoient être obtenus à l'Audience ; mais que cela ne l'obligeoit pas d'entrer dans la difcuffion du droit des Parties, puifque la Partie défaillante n'avoit communiqué aucun des titres néceffaires pour cette difcuffion. Il s'agiffoit d'un Prieuré dans le Diocèfe de Nantes.

Lorfqu'il y a conteftation fur le point de fçavoir, s'il y a lieu à la Régale ou non : la Jurifprudence des Arrêts, eft d'accorder la récréance au Régalifte.

Les Régaliftes, dont le droit eft contefté par d'autres contendans, ne peuvent tranfiger avec leurs adverfaires, fans le confentement de Meffieurs les Gens du Roi, à moins que la transaction n'ait pour objet d'affurer le Bénéfice au Régalifte.

Ç'a été autrefois une queftion de fçavoir, fi le Roi pouvoit conférer en Régale les Bénéfices (fans charge d'ames) que les Evêques peuvent conférer par dévolution ; & cette queftion, qui eft examinée dans les nouveaux Mémoires du Clergé, n'y eft pas décidée : mais on tient que le droit du Roi de conférer par dévolution, eft indubitable ; l'Auteur des Loix Eccléfiaftiques établit ce principe d'une maniere qui ne laiffe fur cela aucun doute.

Un Arrêt rendu, au rapport de M. l'Abbé Pucelle, le 14 Juillet 1713, entre les Jéfuites & l'Evêque de Comminges, a jugé que, pendant que les Evêchés font vacans & que la Régale y eft ouverte, s'il vient à y vaquer des Bénéfices dépendans des Abbayes qui fe trouvent vacantes, le Roi eft en droit de les conférer.

Il y a un pareil Arrêt rendu le 29 Avril 1716, pour le Prieuré de Brac, dépendant de l'Abbaye de Lezat. Voyez l'efpéce de ces deux Arrêts, & une Déclaration du 30 Août 1735, dont je parle à l'art. *Collateur*.

Si deux ou plus grand nombre d'Eccléfiaftiques font pourvus du même Bénéfice, & fi l'Evêque décéde pendant qu'ils font en conteftation, le Bénéfice contentieux vaque en Régale, & le Roi peut le conférer à l'un des deux contendans ou à un tiers qui n'y avoit aucun droit, pourvû qu'il y ait eu *conteftation en caufe, fix mois avant le décès des Archevêques ou Evêques.* Voyez fur cela un Arrêt rendu le 17 Août 1672, qu'on trouve au Journ. des Aud. tóm. 3, liv. 6, ch. 14, & la Déc. du 10 Fév.1673. V. auffi *Litige*.

Il s'eft élevé fur ce point de droit une conteftation entre Pierre & Jofeph de Ferrier (freres) pour l'Ouvrerie de la Cathédrale de Couferans : il s'agiffoit de fçavoir ce qu'on devoit entendre par conteftation en caufe. M. l'Avocat Général Joly de Fleury, qui porta la parole dans cette affaire, dit que, pour qu'il y eut conteftation en caufe, il fuffifoit que la caufe eût été en état d'être portée à l'Audience, & que les feules conclufions des Parties fuffifoient pour établir la conteftation.

Ces principes furent adoptés ; & comme il y avoit des conclufions refpectives prifes, fix mois avant le décès de l'Evêque par les Collitigeans, la Cour, par Arrêt rendu le 31 Octobre 1755 (le Parlement étant prorogé), conforme aux Conclufions de M. Joly de Fleury, a déclaré le Bénéfice avoir vaqué en Régale, & l'a adjugé au Régalifte avec reftitution de fruits.

Un Auteur anonyme, (je crois qu'il fe nommoit Nupied,) qui a fait des Notes fort courtes fur la Coutume de Normandie, dit fur l'article 70, que, pour que le litige puiffe rendre le Bénéfice fujet à la Régale, il faut :

1°. Qu'il y ait une nomination ou préfentation au Bénéfice.

2°. Que la préfentation ou nomination ait été fignifiée.

3°. Que l'affignation ait été donnée pour procéder fur la préfentation.

4°. Qu'il y ait eu conteftation en caufe, & que l'une de ces conditions manquant, le Roi ne peut pas nommer au Bénéfice pour cause de litige.

La Justice se rend au nom du Roi dans les terres dépendantes des Bénéfices vacans en Régale. V. *Destitution d'Officiers.*

RÉGAIRES.

Les Régaires sont des Jurisdictions Laïques dépendantes des Evêchés de Bretagne. Les appels des Jugemens rendus dans ces Tribunaux ressortissent au Parlement de Rennes. Voyez Sauvageau, sur du Fail, liv. 1. chap. 145.

REGISTRES BAPTISTAIRES.

Voyez *Baptême, Mariage* & *Sépulture.*

Tous les peuples les plus sages de la terre ont voulu qu'il y eût des témoignages publics de la naissance des enfans. Les Juifs avoient grand soin qu'elle fût exactement écrite dans les Registres publics : leur objet étoit la distinction des Tribus, & de connoître le nombre d'hommes dont chacune étoit composée ; ils vouloient aussi sçavoir dans quelle famille naîtroit le Messie ; leur soin à cet égard, s'étendoit même jusqu'aux Prosélytes.

Platon ordonne dans ses Loix, que la premiere année de la vie des enfans soit marquée dans un lieu sacré de la maison paternelle, & que l'on écrive sur une muraille blanche, le jour de la naissance de tous ceux qui viendront au monde, afin qu'on sçache leur âge.

A Athénes, les peres alloient déclarer avec serment au Magistrat, qu'il leur étoit né un fils en légitime mariage ; & sur cette déclaration des peres confirmée par leur serment, le nom de l'enfant étoit écrit sur le Registre public.

Les Romains avoient établi que les peres auroient un Registre où ils écriroient la naissance de leurs enfans ; & l'Empereur Antonin ajouta, pour assurer l'Etat & la naissance de tous ses Sujets, que les peres déclareroient devant le Garde des Registres, qu'il leur étoit né un enfant, & le nom qu'ils lui donnoient, dans les trente premiers jours de sa naissance.

Nos Rois n'ont pas été moins attentifs à assurer l'état des Citoyens : ils ont voulu qu'il fût tenu des Registres exacts des Baptêmes, Mariages, Professions Religieuses & Enterremens de leurs Sujets ; & que ces Registres se conservassent dans des dépôts publics (*a*). Les Arrêts n'ont pas même permis que ces Registres pussent être réformés par l'autorité du Juge d'Eglise. Voyez ce que je dis sur tout cela, aux Articles *Baptême, Etat (Question d'), Mariage, Mort, Official, Ondoyement, &c.* Voyez aussi le titre 20 de l'Ordonnance de 1667, & la Déclaration du 9 Avril 1736, qu'on trouve dans le Recueil des Ordonnances de Louis XV.

Le Mardi 22 Juin 1756 de relevée, la Cour rendit un Arrêt important sur les Conclusions de M. l'Avocat Général Séguier : en voici l'espéce.

Un sieur Boutet, né d'une famille honnête, après avoir fait quelques voyages en Amérique, & s'y être marié, alla avec sa femme habiter le Château de Fonpatoux, dans la Paroisse de Verines, dont son pere avoit été Seigneur avant lui.

Un premier enfant né de ce mariage en 1751, fut baptisé sans difficulté comme enfant légitime, par le Curé de la Paroisse de Verines, nommé Ballin ; mais s'étant agi d'en baptiser un second en 1752, ce Curé, qui étoit en Procès avec les sieur & dame Boutet pour les dixmes, s'absenta de sa Paroisse, & les sieur & dame Boutet furent obligés de faire baptiser leur fils dans la Paroisse la plus voisine.

Un troisième enfant étant né du même mariage, le sieur Boutet en prévint le Curé par une Lettre, & lui demanda l'heure de sa commodité pour le baptême ; le Curé répondit qu'on n'avoit qu'à venir le lendemain, & qu'il baptiseroit l'enfant.

Le lendemain l'enfant fut présenté par la Sage-Femme, avec le Jardinier du Château pour Parrein, & la Nourrice pour Marreine : le Curé refusa ces Parrein & Marreine, sous prétexte qu'ils ne représentoient point de billet de Communion Paschale ; il leur substitua des inconnus, & rédigea l'acte en ces termes :

(*a*) Louis XIV avoit, par un Edit du mois d'Octobre 1691, créé des Offices de Greffiers - Conservateurs des Registres de Baptême, mariage & Sépulture, dans toutes les Villes & Jurisdictions Royales, &c ; mais ces Offices ont été supprimés par un autre Edit du mois de Décemb. 1716, V. l'article 54 de la Déclaration du 9 Avril 1736.

» Le 13 Septembre 1753, fut par nous » fouffignés baptifée Thérefe, *qu'on nous a* ». *dit être* fille de Nicolas Boutet, *qui ne* ». *s'eft pas préfenté à cet effet*, & de Thérefe » Grignon; a été Parrein René Benin, & » Marreine, Marie-Anne Dubois..... qui » n'a fçu figner. ... «

Peu après le Curé s'avifa de réformer cet. acte en l'abfence des Parties, il bâtonna les mots *qu'on nous a dit être*, & ceux-ci, *qui ne s'eft pas préfenté à cet effet*, il y ajouta le mot *légitime* en interligne, approuva les ratures & l'interligne, mais ne fit pas figner le Parrein qui avoit figné l'acte.

Les fieur & dame Boutet inftruits de cet-te fingularité, demanderent la réformation de l'acte de Baptême de leur fille, aux frais du Curé, qui y confentit d'abord; mais peu après il répondit » qu'avant de procéder à » cette réformation, les fieur & dame Bou-» tet dévoient lui repréfenter un acte en » bonne forme, de la célébration de leur » mariage «.

Les fieur & dame Boutet foutinrent que cette réquifition du Curé étoit une nouvelle Injure, d'autant plus repréhenfible que le Curé avoit lui-même reconnu leur mariage en baptifant leur premier enfant comme lé-gitime; ils ajoutoient que les Curés n'ont pas le droit d'exiger la repréfentation de l'extrait de la célébration du mariage de leurs Paroiffiens, & que cette forte d'In-quifition n'eft donnée par la Déclaration du 15 Juin 1697, qu'aux Evêques & aux Promoteurs, & non aux Curés. V. *Mariage.*

Sur cela, Sentence eft intervenue en la Sénéchauffée de la Rochelle, par laquelle la réformation de l'extrait-Baptiftaire a été ordonnée; le Curé (ex-Jéfuite) condamné en 200 liv. de dommages & intérêts envers le fieur Boutet; & faifant droit fur les Con-clufions du Procureur du Roi, la même Sentence a enjoint au Curé d'être plus cir-confpect à l'avenir, d'obferver les Ordon-nances; &c. & pour y être contrevenu, il a été condamné en 10 liv. d'aumône, confor-mément à la Déclaration du 9 Avril 1736, & aux dépens; la Sentence imprimée, lûe, publiée & affichée &c.

L'Arrêt rendu le 22 Juin 1756, a confir-mé cette Sentence, M. Séguier avoit ce-pendant conclu en faveur du Curé.

Les feuls Juges Laïcs peuvent ordonner la réformation des Regiftres des Baptêmes; & la Cour, par Arrêt rendu le 7 Juin 1707, a jugé qu'il y avoit abus dans la Sentence d'un Official, par laquelle il avoit été or-donné qu'un Regiftre des Baptêmes feroit réformé, & un nom fubftitué à la place d'un autre.

Il y a de pareils Arrêts dès 9 Mars & 11 Août 1730. Je rapporte l'efpéce de ce-lui du 9 Mars, à l'article *Etat*; celui du 11 Août a été rendu entre Pierre l'Evêque, Françoife Pingaut & Remi Richer, fur les Conclufions de M. l'Avocat Général Talon.

La raifon de cette Jurifprudence eft, que le Juge d'Eglife n'eft Juge que de ce qui concerne le Sacrement; il ne l'eft point des actes qui y font relatifs; les Regiftres des Baptêmes, Mariages & Sépultures, doivent être tenus conformément aux Ordonnan-ces, dont l'exécution n'appartient qu'aux Juges Royaux.

RÉGENCE.

C'eft le nom du Tribunal que quelques Seigneurs d'Alface ont droit d'établir dans leurs terres, pour rendre la juftice, tant en matiere civile que criminelle, à la charge de l'appel au Confeil d'Alface; quelques-unes de ces Régences jugent même les ap-pels des Sentences des Baillis.

Le Comte de Hanau Lutftemberg a une Régence de cette efpéce; il a prétendu être en droit d'y faire adminiftrer la Juftice par des Officiers Proteftans; mais les Lettres-Patentes qui lui furent accordées à ce fu-jet, au mois de Novembre 1707, ne déci-dent rien fur ce point; elles portent que le Comte de Hanau eft maintenu dans le droit de faire exercer cette Régence, comme par le paffé.

RÉGLEMENS.
Voyez *Loix.*

On nomme Réglement, les Loix & les Jugemens émanés d'une autorité légitime, qui prefcrivent ce qui doit être obfervé dans les cas qu'ils ont prévus.

On appelle auffi Réglement, les Juge-mens préparatoires qui prefcrivent la for-me dans laquelle les affaires feront inftrui-tes & jugées; tels font, par exemple, les

Jugemens qui appointent les Parties, qui ordonnent qu'une accusation sera instruite par récollement & confrontation, &c. Sur cela voyez les articles *Appointement*, *Confrontation*, *Délibéré*, *Enquête*, &c.

Quoiqu'il soit de principe que le Roi seul peut faire des Loix, il est cependant permis aux Cours Supérieures de faire des Réglemens sous le bon plaisir du Roi ; & ils s'exécutent comme Loix dans tout le ressort.

La même faculté appartient aux Jurisdictions subalternes, pour ce qui concerne la police seulement, sous le consentement tacite de leurs Supérieurs, quand les circonstances l'exigent. Voyez l'Arrêt du 15 Septembre 1762, dont je parle à l'article Exécuteur de la Haute-Justice.

Ces sortes de Réglemens, dit l'Auteur du Code de la Police, ne doivent contenir aucune dissonnance avec ceux émanés de l'autorité supérieure, & porter les caracteres de l'intérêt public ; les anciens usages doivent être difficilement changés, à moins qu'on ne soit assuré d'un succès qui surpasse toutes sortes d'inconvéniens.

Mais quant à l'administration de la Justice, les Baillis, Sénéchaux & Juges subalternes, ne peuvent faire aucun Réglement, soit provisoire ou définitif ; cela leur est expressément interdit par l'article 6 de l'Arrêt rendu en forme de Réglement, le 10 Juillet 1665. V. *Bailliage* & *Election*.

Le Parlement de Toulouse a aussi, par Arrêt du 20 Juillet 1729, *fait défenses aux Présidiaux de son ressort, & à tous autres Juges inférieurs, de faire à l'avenir aucun Réglement*. V. un semblable Arrêt rendu au Parlement de Rennes, le 27 Juin 1737, rapporté au Journal de ce Parlement, tom. 2, chap. 40.

RÉGLEMENT DE JUGES.

C'est ainsi qu'on nomme les contestations dont l'objet est de sçavoir quel Tribunal doit connoître, instruire & juger un différend ou une accusation.

Ces sortes de contestations se portent au Conseil du Roi, lorsque deux Cours ou deux Jurisdictions inférieures, indépendantes l'une de l'autre, & non ressortissantes

en même Cour, sont saisies du même différend.

Mais si les deux Tribunaux qui prétendent respectivement avoir la connoissance du même différend, ressortissent de la même Cour, c'est dans cette Cour qu'il faut se pourvoir, pour faire régler lequel des deux restera Juge.

Ainsi, par exemple, si le Châtelet de Paris est en contestation, soit avec la Jurisdiction Consulaire, soit avec le Bailli du Palais, pour sçavoir laquelle d'entre ces Jurisdictions doit connoître d'une affaire, c'est au Parlement qu'il faut se pourvoir, parce qu'elles y ressortissent toutes.

Mais si l'une de ces Jurisdictions à la même contestation avec l'Election ou la Prévôté de l'Hôtel, alors c'est au Conseil qu'il faut se pourvoir en Réglement de Juges ; parce que chacune des Cours dans lesquelles ressortissent les appels de ces diverses Jurisdictions, ne peut faire la loi à l'autre, & que le Roi est chef de toutes.

Il y a néantmoins des cas où les Réglemens de Juges se portent au Grand-Conseil ; par exemple, c'est dans ce Tribunal qu'il faut se pourvoir ; lorsqu'il s'éleve des conflits entre les Lieutenans Criminels & les Prévôts des Maréchaux.

On porte aussi au Grand-Conseil, les contestations qui s'élevent sur l'entreprise que font les Parlemens sur les pouvoirs accordés aux Présidiaux, aux deux chefs de l'Edit. V. *Présidiaux*.

Les cas dans lesquels il y a lieu de se pourvoir en Réglement de Juges, & la forme de procéder sur ces matieres, sont réglés par les titres 2 & 3 de l'Ordonnance du mois d'Août 1737, registrée au Parlement le 11 Décembre suivant. V. ce que je dis à l'article *Conflit*.

RÉGLES de Chancellerie Romaine.

Les Régles de Chancellerie Romaine sont des Réglemens que chaque Pape fait après son couronnement, pour les provisions des Bénéfices & autres expéditions de la Chancellerie. Souvent les Papes ne font que publier celles faites par leurs Prédécesseurs : en tous cas ils ne peuvent y rien innover relativement à la France.

Nos libertés portent que » les Régles de
» Chancellerie

» Chancellerie Apoſtolique, durant même
» le Pontificat du Pape qui les a faites ou
» autoriſées, ne lient l'Egliſe Gallicane,
» ſinon en tant que volontairement elle en
» reçoit la pratique, comme elle a fait des
» trois qu'on appelle *de Publicandis reſigna-*
» *tionibus in partibus, De veriſimili notitia*
» *obitûs, & De infirmis Reſignantibus*, auto-
» riſées par les Edits du Roi & Arrêts de
» ſon Parlement, auxquelles le Pape ni ſon
» Légat ne peuvent déroger, fors à celle *de*
» *infirmis Reſignantibus*, de laquelle on re-
» çoit leur diſpenſe, même au préjudice des
» Gradués en leurs mois. «. Voyez *Réſigna-*
tion.

    La Régle de *infirmis Reſignantibus*, veut
que, *ſi un Bénéficier tombé malade, vient à
réſigner ſon Bénéfice ſimplement ou pour cauſe de permutation, qu'enſuite il décéde de ſa
maladie dans les vingt jours, (à compter
du jour qu'il aura donné ſon conſentement
pour cet effet) & que l'on confere ſon Bénéfice ſur une pareille réſignation, cette collation ſoit nulle, & que ce Bénéfice ſoit réputé
vaquer par mort.* Voyez un Arrêt de l'année 1672, qu'on trouve au Journal des Audiences, tom. 3, liv. 6, chap. 18.

    La Régle de *publicandis Reſignationibus*,
ordonne que *tous les Bénéfices Eccléſiaſtiques réſignés en Cour de Rome ou hors de
la Cour de Rome, (ſi les réſignations ainſi
faites n'ont été publiées dans les ſix mois, ſi
elles ont été admiſes en ladite Cour de Rome,
ou dans le mois, ſi c'eſt hors icelle, & ſi ladite publication n'en a été faite aux lieux où
ſont ſitués les Bénéfices, & la poſſeſſion n'en
a été demandée à ceux qui la peuvent donner)
& que les Réſignans décédent enſuite dans la
poſſeſſion deſdits Bénéfices par eux réſignés,
ils ſoient réputés vaquer par mort & non
par réſignation, & que les collations qui s'en
trouveront avoir été faites comme de Bénéfices vacans par réſignation, enſemble ce qui
s'en ſera enſuivi, ſoient de nulle force & vertu.* V. Réſignation.

    La Régle de *veriſimili notitia obitûs* veut
que *toutes les graces que le Pape aura faites, de quelques Bénéfices que ce ſoit ſans
charge d'ames ou avec charge d'ames, (ſoit
Séculiers ou Réguliers,) faites & données
par la mort de quelques perſonnes que ce ſoit,
ſoient nulles & de nulle valeur, à moins*

Tome III. Part. I.

*que depuis la mort des derniers Titulaires,
& auparavant la date de ces ſortes de graces, il ſe ſoit écoulé aſſez de temps pour faire
que pendant ces vacances ou plutôt la connoiſſance de ces vacances, ait pû être apportée du lieu où les derniers Titulaires ſont
décédés, juſqu'au lieu où le Pape fait ſa réſidence.* V. Réſignation.

    Ces trois Régles ſont adoptées & ſui-
vies en France: Dumoulin, M. Louet &
Perard Caſtel, les ont commentées, & je
me ſers ici de la traduction qu'en a faite ce
dernier Auteur dans ſon Commentaire.

    Il y en a une autre qui n'eſt pas comme
celle-là enregiſtrée au Parlement, mais
dont pluſieurs Auteurs ont fait l'éloge, &
qu'ils ont dit devoir être obſervée, parce
qu'elle appuye le Droit Commun, & que
nos uſages y ſont conformes: elle a pour
titre de *annali Poſſeſſore*; voici la traduction qu'en donne Perard Caſtel.

    De plus, le Pape ordonne.....» que tous
» ceux qui ſe feront dorénavant pourvoir
» de Bénéfices, leſquels auront été paiſible-
» ment poſſédés pendant une année toute
» entiere, & leſquels ils prétendront avoir
» vaqué de quelque maniere que ce ſoit,
» en ce cas ces impétrans ſeront obligés
» d'exprimer dans les proviſions qu'ils ob-
» tiendront, le nom, le dégré & la nobleſ-
» ſe du poſſeſſeur de ce Bénéfice, combien
» d'années il a été en poſſeſſion de ce Béné-
» fice, & le genre de vacance précis & for-
» mel, ſur lequel ils obtiennent leurs pro-
» viſions; afin que, par le moyen de cette
» derniere expreſſion, le collateur puiſſe
» connoître facilement, & être perſuadé
» que le poſſeſſeur du Bénéfice n'y a aucun
» droit légitime.

    » De plus, il a ordonné que celui qui ſe
» ſera ainſi fait pourvoir, faſſe aſſigner en
» Jugement dans les ſix mois, le poſſeſſeur
» du Bénéfice, & qu'il ſoit tenu & obligé
» de pourſuivre l'inſtance, & de le mettre
» dans l'an en état de juger; autrement, &
» s'il ne ſatisfait pas à ces formalités, la
» proviſion qu'il aura obtenue, ſera entié-
» rement annullée avec tout ce qui s'en eſt
» enſuivi; & outre ce, condamné en tous
» les dommages & intérêts que le poſſeſſeur
» aura pû ſouffrir à cauſe de cette impétra-
» tion.

S ſ

» Que si celui qui se sera fait pourvoir
» de ce Bénéfice, s'en est fait pourvoir in-
» justement & sans sujet, & qu'il ait fait
» un procès frivole & injurieux à ce pos-
» sesseur, il sera contraint de payer à la
» Chambre Apostolique cinquante florins
» d'or ; & que toutes les autres sortes de
» vacances qui se trouveront exprimées
» dans la provision obtenue outre la susdite,
» ne lui pourront servir en aucune maniere,
» afin de pouvoir acquérir ce Bénéfice ; &
» qu'enfin le trouble qu'il sera au posses-
» seur, ne pourra pas être réputé pour un
» véritable procès qui puisse interrompre
» sa paisible possession.

REGNICOLES.

Le mot Regnicole est opposé à Aubaine,
& signifie proprement ceux qui habitent
dans le Royaume, & sont Sujets du Roi.
Voyez *Aubaine, Etranger, François, Na-*
turalité, &c.

REGRES.

C'est le nom qu'on donne en Provence
à une action à peu près semblable à ce que
nous nommons à Paris, demande en déclaration d'hypothéque. V. *Déclaration d'hy-*
pothéque.

La forme de diriger l'action en Regrès en
Provence, & le cas dans lequel elle peut
être exercée, sont indiqués par un Acte de
Notoriété, donné par Messieurs les Gens du
Roi du Parlement d'Aix, du 26 Novembre
1689. V. aussi un Acte de Notoriété du 24
Janvier 1690.

REGRES en matiere Bénéficiale.
V. *Permutation & Résignation.*

On nomme Regrès en matiere Bénéficiale, l'action qu'un Ecclésiastique à pour rentrer dans la possession d'un Bénéfice qu'il a,
ou permuté, ou résigné.

Le Regrès a été introduit dans l'Eglise
par une Décrétale de Boniface VIII. Ce Pape n'en permit l'usage qu'à celui qui auroit
en quelque maniere été forcé de quitter son
Bénéfice : mais bientôt après on exprima la
réserve du Regrès dans toutes les Provisions
qui s'expédierent à Rome sur des résignations ; on accorda même quelquefois au résignant la faculté de l'exercer, s'il survivoit

le résignataire ; on décida même que, quelque longue qu'eût été la jouissance du successeur, le résignant pouvoit rentrer dans le
Bénéfice de sa seule autorité, & sans nouvelles Provisions.

Cet abus alla si loin, que le Parlement de
Paris crut en devoir arrêter le cours. Il rendit sur cela un Arrêt célébre, le 13 Avril
1496, portant *défenses à toutes personnes d'im-*
pétrer Provisions & Bulles Apostoliques con-
tenant réservation de tous fruits & Regrès,
comme dérogeans aux Sts Décrets & Prag-
matique-Sanction, sur peine d'être déclaré dé-
chu d'icelles. Cet Arrêt est rápporté par Papon. V. aussi l'article 22 de l'Ordonnance
d'Orléans.

Cet Arrêt n'a pas entiérement aboli le
Regrès ; il a seulement défendu de stipuler
dans les résignations & dans les Provisions
la faculté de l'exercer ; on cessa néantmoins
de l'admettre pendant un temps : mais la
perfidie dont usa le résignataire de la Cure
des Innocens envers le Curé qui avoit résigné, étant dangereusement malade, fit admettre celui-ci à exercer le Regrès. Henri II
rendit sur cela un Arrêt en son Conseil, en
présence de M. le Président le Maistre, de
Messieurs de Thou & Seguier, Présidens au
Parlement, & de MM. les Gens du Roi, le
29 Avril 1558, après avoir entendu les deux
Parties ; & pour que *cet Arrêt servît de Loi*
en cas & causes semblables par tout le Royau-
me, ce Prince ordonna *qu'il seroit lû, publié*
& enregistré ès Registres des Cours souverai-
nes & inférieures.

Cet Arrêt, qui est rapporté par Papon,
par Fontanon, & dans les anciens Mémoires du Clergé, a été enregistré au Parlement
le 9 Mai 1558 sans contradiction. Il s'y observe ; & ses dispositions sont suivies dans
presque tou❍ les Tribunaux du Royaume,
ainsi qu'on le peut voir dans Basset, dans
Dufail, &c. Mais le Grand-Conseil qui a
enregistré l'Edit du Contrôle, rejette le Regrès sur le fondement de cet Edit, quand il
est exercé après la prise de possession du résignataire, ainsi que l'atteste d'Hericourt,
des Résignations en faveur, &c. n. 26.

On prétend que le Parlement de Besançon rejette aussi le Regrès, & qu'il a sur cela
rendu un Arrêt célébre au mois de Janvier
1722. Le Parlement de Dijon a rendu des

Arrêts qui l'ont admis (a), & d'autres qui l'ont rejetté : on peut sur cela consulter une Differtation très-fçavante & très-bien faite, imprimé fans nom d'Auteur en 1726.

La Jurifprudence du Parlement de Paris eft d'admettre le Regrès, 1°. lorfqu'il s'agit d'une permutation , & que le co-permutant ne fatisfait pas à la convention.

2°. Lorfque le décès de l'Evêque arrive avant l'expédition des Provifions du réfignataire , parce qu'alors la régale eft ouverte.

3°. Lorfque la réfignation eft faite pendant la maladie du réfignant , & qu'il recouvre la fanté, ou par un Novice qui rentre dans le monde fans avoir fait profeffion.

4°. Lorfque le Bénéficier prévenu de crimes, & qui dans cet état avoit réfigné , s'eft juftifié.

5°. Lorfque le mineur , âgé de moins de dix-huit ans, a réfigné un Bénéfice fans l'autorité de fon pere , tuteur ou curateur.

6°. Lorfque la réfignation ou la démiffion d'un Bénéfice eft faite par un furieux , par un imbécile , ou enfin lorfqu'elle n'eft que l'effet de l'artifice ou du dol employé pour affoiblir la liberté, & dépouiller le réfignant même en pleine fanté.

Le Regrès fondé fur maladie, differe de la révocation de la réfignation, en ce qu'il peut être exercé non-feulement après la réfignation admife , mais même après la prife de poffeffion du réfignataire , pourvû que la maladie ait continué pendant tout ce temps-là.

Il faut , pour exercer le Regrès en ce cas-là , que le réfignant foit revenu en convalefcence : telle eft la régle , quand il s'agit de maladies promptes & violentes.

Mais lorfque les maladies traînent en longueur, comme l'hydropifie & la paralyfie, la faculté d'exercer le Regrès n'eft point dépendante de la convalefcence. La Cour l'a ainfi jugé, 1°. par Arrêt rendu en la Grand-Chambre , pour la Cure d'Auzouer , Diocèfe d'Orléans , en 1607, rapporté par Bro-

deau fur M. Louet , lettre B , n. 13.

2°. Par Arrêt rendu en la Grand'Chambre , pour le Doyenné du Chapitre de Pecquigny , le 25 (ou le 26) Janvier 1734, réfigné par le fieur de la Haye dans le cours de fa maladie , qui étoit une fuite d'apoplexie, que les Médecins d'Amiens atteftoient pouvoir être de longue durée.

Le fieur de Benévent , Prieur-Curé de la Trinitat , Diocèfe de S. Flour , attaqué d'une maladie dont il croyoit mourir , réfigna fon Bénéfice au fieur Montvallat, le 24 Novembre 1751 ; mais peu après fe croyant hors d'affaire , & ayant même célébré la Meffe , il révoqua cette réfignation le 23 Février 1752 , & forma fa demande en Regrès le 29.

Le réfignataire prit auffi-tôt poffeffion , & foutint le fieur Benevent non-recevable dans fa demande en Regrès , tant fur le fondement de fon grand âge, qu'à caufe de fes infirmités conftatées par un certificat de Médecins.

Cette réfiftance du fieur de Montvallat donna lieu à une Sentence du 2 Juin 1752 , par laquelle il fut ordonné que le fieur Benevent feroit vifité par deux Médecins , à l'effet de conftater l'état actuel de fa fanté.

Le 28 Juillet fuivant, le fieur Benevent, qui n'avoit pas encore fait ftatuer fur fon Regrès , réfigna néantmoins le même Bénéfice au fieur Juery ; & au mois d'Août , il fut vifité par des Médecins , qui , par leur rapport , conftaterent fon état d'infirmité & de caducité.

La caufe portée à l'Audience en cet état , le fieur de Montvallat foutenoit que le Regrès exercé par le fieur Benevent , n'avoit produit aucun effet , parce qu'il n'étoit pas revenu en fanté, ainfi que cela étoit conftaté par le rapport des Médecins , & même par des certificats de Médecins qui l'avoient vû dans fa maladie.

Le fieur Juery difoit , au contraire, que la fignification du Regrès rendoit la premiere

---

(a) Lors de la Plaidoirie de l'affaire du fieur de Treffemanes , jugée par l'Arrêt du 14 Mai 1740 , dont je parlerai ci-après à l'article Réfignation, les Avocats au Parlement de Provence ont attefté que , fuivant les ufages & les principes fuivis dans ce Parlement. » un Réfignant » ayant recouvré fa fanté, rentre dans fon Bénéfice, en » obtenant une Sentence de Réintégrande, fans nouvelles » Provifions «.

MM. les Avocats & Procureurs Généraux au même Parlement, ont auffi attefté dans la même affaire , » que , » fuivant la maxime & l'ufage obfervé dans le reffort de » ce Parlement, ceux qui ont réfigné leurs Bénéfices pour » caufe de maladie en Cour de Rome, ou en la Légation » d'Avignon , lorfqu'ils font revenus en convalefcence, » peuvent rentrer, fi bon leur femble, dans leurs Bénéfices, fans nouvelles Provifions «.

réfignation inutile ; il fuffifoit, felon lui, que le réfignant eut célébré la Meſſe, pour que le Regrès dût être admis ; & fubfidiairement il offroit de prouver que la premiere réfignation faite en faveur du fieur de Montvallat, étoit l'effet du dol & d'une furprife repréhenfible faite au fieur Benevent moribond.

Par Arrêt rendu en la Grand'Chambre le 18 Juin 1755 ; fur les Conclufions de M. l'Avocat Général Joly de Fleury, le fieur de Montvallat fut maintenu, & le Sr Juery déclaré non-recevable, &c. condamné à reftituer les fruits, &c.

Un autre Arrêt rendu au Parlement de Rouen le 28 Janvier 1751, entre un fieur Dillois & un Sr Lefevre, avoit jugé qu'une réfignation faite par un homme attaqué d'apoplexie & de paralyfie, n'avoit pû être révoquée par le Regrès du réfignant, qui avoit recouvré l'ufage de fes membres, mais qui n'étoit pas parfaitement guéri, & qui reftoit moribond.

La Cour, en confidération de l'état du réfignant, lui adjugea une augmentation de penfion, à la charge de fe pourvoir en Cour de Rome pour la faire admettre.

La raifon qui-a fait admettre les Regrès exercés par des convalefcens de maladies violentes, ou par des paralytiques, &c. eft que les réfignations & permutations faites par des malades, font comparées aux donations à caufe de mort, qui ne font confirmées que par la mort du donateur : le Bénéficier n'eft cenfé renoncer à fon Bénéfice, que parce qu'il n'a pas d'efpérance de recouvrer la fanté. D'ailleurs, le Regrès eft confidéré comme une efpéce de reftitution ; en effet, la réfignation d'un homme accablé par la violence du mal, n'eft pas regardée comme un acte émané d'une volonté parfaitement libre, à caufe des préfomptions de fraude & de fuggeftion. D'un autre côté, l'impreffion que la crainte de la mort fait fur l'efprit du malade, lui fait une efpéce de violence qui gêne fa liberté : ce font les raifons que M. l'Avocat Général Talon a données en faveur du Regrès, dans une caufe plaidée le 10 Décembre 1657.

Le temps pendant lequel le Regrès peut s'exercer, n'eft point fixé : mais fi le réfignataire avoit joui paifiblement pendant trois ans, la poffeffion triennale fuffiroit pour empêcher l'effet du Regrès.

Celui qui veut exercer le Regrès, doit préfenter fa Requête au Juge (Royal), lui expofer les faits, & demander, par fes Conclufions, qu'il lui foit donné acte du Regrès de la réfignation, &c. & en conféquence, qu'elle foit déclarée nulle, ainfi que tous les actes relatifs, & qu'il foit remis en la poffeffion du Bénéfice avec tous les droits, le rang & les prérogatives dont il auroit joui s'il n'y avoit pas eu de réfignation.

Les Regrès font rejettés par l'Edit du Contrôle de l'an 1637, & par le Grand-Confeil, qui a enregiftré cet Edit. V. d'Hericourt, des Réfignations en faveur, &c. n. 26.

REGRE'S en matiere d'Office.

On nomme Regrès, la faculté que le vendeur, pourvu d'un Office Royal, a de révoquer la procuration ad refignandum qu'il en a paffée en faveur de l'acquéreur.

L'effet de cette révocation eft de conferver l'Office au Titulaire, fans qu'il foit befoin de nouvelles provifions, & d'annuller toutes les conventions relatives à la vente ou à la réfignation qui en avoit été paffée.

Ainfi il n'en eft pas de la vente des Offices, comme des autres biens qui font dans le commerce, puifque dans les autres contrats, le vendeur doit livrer ce qu'il a vendu ; au lieu que quand il s'agit d'Office, il peut conferver la chofe vendue en exerçant le Regrès, même après les provifions fcellées, pourvû que l'acquéreur ne foit pas encore reçu.

La plûpart des Praticiens penfent que, pour exercer le Regrès, il fuffit que le réfignant faffe fignifier la révocation de fa procuration ad refignandum au réfignataire, & qu'il forme oppofition à la réception de celui-ci : mais quand les Provifions ne font pas fcellées, le Regrès s'exerce d'une maniere plus certaine, en formant oppofition au titre de l'Office. Voyez Oppofition au Titre.

Sur cette matiere voyez Loyfeau, des Offices, livre premier, chap. 11 ; le Bret, Décifions Notables, livre premier, décifion 2 ; Bardet, livre premier, chap. 98 & 110, tome 1 & tome 2, livre 8, chap. 28 ; Bafnage fur l'article 514 de la coutume de Normandie; le Dictionnaire de Brillon, au mot *Office*, n°. 93, & au mot *Regrès*, n°. 2 & 94; Boniface, tome 3, livre 3, pour le Parlement de Provence; la Peyrere pour le Parlement de Bordeaux, au mot *Office*; M. Maynard, livre 1, ch. 67; Papon, Soefve, M. Bouguier, &c.

Le Regrès n'avoit anciennement lieu que pour les Charges de Judicature, suivant deux Arrêts rapportés par Bardet, livre 1; l'un du 30 Mai 1622; l'autre du 30 Janvier 1623; mais on l'admet actuellement pour les Offices de Procureurs, Greffiers, Huissiers, Notaires, &c. Bourjon dit même qu'il est d'usage au Châtelet de l'admettre lorsqu'il s'agit d'Offices domaniaux, & même d'Offices sur les Ports de Paris. Je n'y ai jamais vû agiter la question relativement à ces derniers Offices.

Mais je sçais que la Cour a jugé, par Arrêt rendu sur Délibéré, au rapport de M. Brayer, le Samedi 9 Avril 1729, que le Regrès ne pouvoit être exercé pour la Charge d'Intendant des Ecuries & Livrées du Roi.

La Cour avoit auparavant jugé, par un Arrêt du 19 Juillet 1720, qu'on trouve au Journal des Audiences, que le Regrès peut être exercé pour un Office de Secrétaire du Roi. Voici l'espéce d'un autre Arrêt beaucoup plus moderne.

Le sieur Marie, Titulaire de l'Office de Receveur des Domaines & Bois de la Généralité d'Amiens, dont il n'étoit propriétaire que de moitié, & la dame Daramon, sa sœur, propriétaire de l'autre moitié de cet Office, ayant donné une procuration, contenant pouvoir au sieur Daramon de le vendre, le sieur Daramon en fit la vente, & donna une procuration *ad resignandum* au sieur Sénéchal, le 30 Octobre 1758.

Le 9 Novembre, le sieur Marie révoqua la Procuration donnée au sieur Daramon, & donna pouvoir d'exercer le Regrès qui fut signifié le 20. On forma aussi opposition au Titre.

On soutint, de la part du sieur Sénéchal, qu'il n'y avoit pas lieu au Regrès, parce qu'il s'agissoit d'un Office de Finance, & que d'ailleurs la vente étant faite par les divers propriétaires, le sieur Marie ne pouvoit pas seul la révoquer.

Le sieur Marie répondoit que non-seulement le Regrès avoit lieu pour les Offices de Finance comme pour les autres, mais que le sien n'étoit pas un Office de cette nature, puisque les Receveurs des Domaines sont, par état, chargés de veiller à la conservation des Domaines du Roi, & qu'ils ont séance avec les Trésoriers de France.

Quant à la propriété de l'Office, disoit le sieur Marie, » qu'elle réside sur une ou » sur plusieurs têtes, cela est indifférent; » puisque le Titre attirant à lui la propriété, » le sort de la propriété dépend toujours du » sort du Titre «.

La co-propriété a néantmoins déterminé la Cour à juger qu'il n'y avoit pas lieu au Regrès: en ce cas, l'Arrêt qui est intervenu dans cette affaire, a été rendu sur Délibéré en la Grand'Chambre, au Rapport de M. Bochard, & prononcé le Samedi 17 Février 1759. L'âge avancé & la caducité du sieur Marie, qu'on disoit être un homme *nul* de *nullité absolue*, peuvent aussi avoir influé dans ce Jugement.

Le Regrès a lieu, même dans le cas d'une adjudication par Décret. Soefve rapporte un Arrêt rendu le 29 Mars 1656; par lequel un Titulaire fut admis à rembourser le prix de l'adjudication trois jours après qu'elle fut faite.

Une Sentence des Requêtes du Palais a pareillement admis Me Denisart, Procureur au Parlement, à conserver son Office vendu par Décret, en consignant le prix de l'adjudication, & satisfaisant aux conditions de l'enchere.

Un Arrêt du Parlement de Bordeaux, rendu le 11 Août 1698, a jugé qu'un Officier qui a résigné, est toujours regardé comme Titulaire, même pour évoquer de son chef; parce qu'ayant la voie du Regrès, il n'est pas totalement dépouillé de son Office.

Il n'est point dû de dommages & intérêts à l'acquéreur d'un Office, lorsque le Titulaire en exerce le Regrès, mais seulement le remboursement de ce que l'acquéreur peut avoir payé ou dépensé. C'est ce qui a été jugé par l'Arrêt du 22 Janvier 1659, rendu en faveur de M. Broussel, Conseiller en la Cour, qu'on trouve au second volume du Journal des Audiences, tome 2, liv. 2, chap. 4, & par un Arrêt rendu sur les Conclufions de M. l'Avocat Général Portail, le 21 Juillet 1704, lors duquel ce Magiftrat pofa pour maxime, que le Regrès étoit toujours inhérent au Contrat. V. Brillon, *loco citato.*

La Cour a jugé (par Arrêt rendu en la feconde Chambre des Enquêtes, le 2 Septembre 1710), qu'on ne pouvoit renoncer au Regrès directement ni indirectement par le contrat de vente d'un Office. Le motif de cet Arrêt eft, que le Regrès eft favorable; parce qu'il eft de l'intérêt public de conferver les anciens Officiers autant qu'ils peuvent & veulent continuer leurs fonctions, attendu qu'on leur fuppofe plus de capacité & d'expérience que dans les nouveaux acquéreurs qui s'y préfentent. Cette faveur cefferoit, & le Regrès ne feroit pas admiffible, s'il n'étoit exercé que pour priver un premier acquéreur, & lui faire préférer un fecond, parce qu'alors il ne feroit plus exercé pour conferver l'Office au Titulaire.

L'action en Regrès eft perfonnelle, & ne paffe point aux héritiers de celui qui pouvoit l'exercer; elle ne leur feroit pas même tranfmife, fi le Titulaire, vendeur d'un Office, après avoir formé fa demande en Regrès, décédoit avant le Jugement; parce que des héritiers ne pouvant pas fuccéder au droit d'exercer un Office, il eft naturel de les exclure aulfi de l'action en Regrès, qui n'eft qu'une faculté attachée à l'exercice, & qui n'eft accordée que dans la vûe de perpétuer cet exercice dans la même perfonne.

REGULARIA REGULARIBUS, &c.
V. *Bénéfices*, *Commende*, & *Malte.*

RÉHABILITATION.
Voyez *Nobles.*

Etre réhabilité, c'eft être remis dans un état dont on étoit déchu. Ainfi on réhabilite un Prêtre qui a encouru quelque cenfure, en lui rendant fes pouvoirs : de même on réhabilite un Gentilhomme qui a dérogé, en lui rendant fa nobleffe.

Ceux qui ont fait faillite, étant dans une éfpéce d'opprobre, peuvent aulfi fe faire réhabiliter dans leur bonne fâme & renommée, en fatisfaifant leurs créanciers, comme s'il n'y avoit pas eu de contrat paffé; &

cette Réhabilitation fe fait en obtenant des Lettres du Grand-Sceau. Deux Arrêts du Parlement de Touloufe, des 21 Août & 26 Septembre 1722, ont été caffés, avec défenfes d'en rendre de femblables à l'avenir, par Arrêt du Confeil du 24 Avril 1723, en ce qu'ils avoient » rétabli François . . . . » Marchand à Montpellier, en fa bonne re-» nommée, & en tous les honneurs, droits, » privilèges & avantages dont il étoit en » droit de jouir avant le contrat d'attermoye-» ment par lui paffé avec fes créanciers «.

Le même Arrêt (du Confeil) a fait défenfes audit Cauffe » de relever fa faillite, » fauf à lui à fe retirer devers Sâ Majefté » pour obtenir, s'il y a lieu, Lettres de Ré-» habilitation au Grand-Sceau, en juftifiant » du payement de toutes fes dettes en prin-» cipal, intérêts & frais «.

Un Huilfier-Audiencier, condamné au blâme par Sentence, confirmée par Arrêt, qui le déclaroient aulfi incapable de poffé-der aucun Office, ayant, après avoir fubi la peine, obtenu & fait enthériner des Lettres de Réhabilitation, qui ne parloient que du blâme & de l'infamie, traité d'un Office de Garde-Marteau dans une Maîtrife, il s'eft agi de fçavoir, fi les Lettres de Réhabilitation le relevoient de l'incapacité dont elles ne parloient pas.

M. l'Avocat Général Seguier, qui porta la parole dans cette affaire, expofa que la queftion ne s'étoit point encore préfentée, & qu'il avoit fait d'inutiles recherches pour en trouver des exemples; il étoit d'avis que l'Huilfier fût débouté de fa demande : mais par Arrêt du 13 Septembre 1755, la Cour ordonna qu'il feroit reçu. Son crime étoit d'avoir, comme Audiencier, manqué de refpect au Lieutenant Général en fonction.

Les mariages abufifs peuvent fe réhabiliter par une nouvelle célébration réguliere, quand il ne fubfifte point d'empêchemens. V. *Mariage.*

L'Arrêt rendu en faveur de Jeanne le Querne, veuve de François Girard, le 12 Février 1763, par lequel la Cour a infirmé une Sentence du Juge de Bettencourt, qui condamnoit ladite veuve Girard à être attachée, par provifion, au Pilori, a déclaré cette Sentence nulle & injurieufe, enfemble l'exécution qui s'en eft enfuivie; a déchargé la veuve Girard des condamnations contr'elle prononcées, & a en même-temps ordonné » qu'il ne pourroit lui être imputé » aucune incapacité ou note d'infamie pour » raison des condamnations & exécution de » ladite Sentence «. Ainsi cet Arrêt prononce une sorte de Réhabilitation en faveur de la veuve Girard.

RÉINTEGRANDE.

Réintégrer quelqu'un dans ses biens, c'est l'en remettre en possession.

La Réintégrande est une espéce de provisoire qui se juge avant le fond , en conséquence & en vertu de la seule possession ; d'où est venu la Maxime *Spoliatus ante omnia restituendus*. Voyez *Complainte* , & *Possession*.

La connoissance des violences commises dans les Réintégrandes, appartient aux Lieutenans Généraux, quand elles sont intentées par la voie civile ; & aux Lieutenans Criminels , si elles sont intentées par plainte & information. Voyez l'article 15 de la Déclaration du 25 Janvier 1694 , donnée pour la Franche-Comté.

RELAPS.
V. *Aliénation , Profess*.

Le nom de Relaps se donne à ceux qui retombent dans l'hérésie des Protestans , abandonnée, soit par une abjuration , soit par la profession publique de la Religion Catholique Romaine.

L'Edit du mois d'Octobre 1685 , portant révocation de celui donné à Nantes en 1598 , a fait défenses aux Protestans, à leurs femmes & à leurs enfans , de sortir du Royaume sous des peines très-rigoureuses ; & leur a permis *d'y continuer leur commerce, sans pouvoir être troublés ni empêchés , sous prétexte de la Religion Prétendue Réformée.... jusqu'à ce qu'il plaise à Dieu de les éclairer comme les autres.*

Cet Edit forme la loi générale pour les Protestans qui demeurent dans le Royaume, depuis qu'il y a aboli l'exercice public de la Religion Prétendue Réformée. La promesse authentique que Louis XIV a faite , par ce même Edit, de n'employer, ni la force, ni la contrainte pour faire renoncer les Protestans aux préjugés de leur édu-

cation, n'a jamais été révoquée par aucune autre loi : cette parole est d'ailleurs conforme au véritable esprit du Christianisme , dont le premier précepte consiste dans la charité & dans la douceur.

Les Déclarations de 1686, 1715 & 1724, qui prononcent des peines contre les Relaps , n'ont point dérogé aux dispositions que je viens de rapporter de l'Edit de 1685. Ainsi ces dernieres loix ne sont pas faites contre les Religionnaires , *qu'il n'a pas encore plû à Dieu d'éclairer*, & qui naissent , vivent & meurent en France sur la foi de cet Edit , mais uniquement contre ceux qui foulant aux pieds la grace de la conversion qui leur a été accordée , retournent à l'erreur qu'ils avoient eu le bonheur d'abandonner.

C'est ainsi qu'il faut entendre les Déclarations données contre les Relaps ; elles ne parlent que de *Religionnaires nouvellement réunis à l'Eglise.....qui ont fait abjuration , &c.*

Il faut entendre de même l'article 9 de la Déclaration du 14 Mai 1724 ; & la Cour l'a ainsi interprété par deux Arrêts postérieurs à cette Déclaration ; l'un rendu en 1726 ; l'autre le 4 Février 1740.

Dans l'espéce du premier, le Curé d'Annan avoit déposé que la dame d'Estu, sa Paroissienne , avoit abjuré ses erreurs ; & comme elle étoit depuis morte Protestante, les Juges de S. Pierre-le-Moutier avoient fait le procès & condamné sa mémoire ; la Cour infirma leur Sentence, & jugea 1°. que le seul témoignage du Curé n'est pas suffisant pour établir une abjuration. V. *Abjuration*, 2°. qu'un Religionnaire, qui n'a pas fait abjuration , ou des actes *publics* de Catholicité, n'étoit pas Relaps.

Le second Arrêt a infirmé une autre Sentence des mêmes Juges de Saint-Pierre-le-Moutier. Dans cette espéce, le Curé de Corbigny avoit exhorté dame Françoise de Semelé , veuve du sieur de Saint - Andeux, Protestante , sa Paroissienne , en présence de plusieurs témoins qui avoient , comme lui , déposé de la persévérance de ladite dame Andeux dans ses erreurs. La conduite du Curé n'étoit pas réguliere ; parce que l'article 9 de la Déclaration du 14 Mai 1724 , porte que le Curé exhortera *en particulier*,

& sans témoins , ceux qui ont ci-devant pro-
feffé la Religion Prétendue Réformée , ou qui
font nés de parens qui en ont fait profession.

Cette conduite avoit cependant été ap-
plaudie par les Juges de S. Pierre-le-Moutier ; mais elle fut réprouvée par l'Arrêt
qui , en l'infirmant , *déchargea la mémoire*
de ladite *Françoife de Semelé de l'accufation*
du crime de Relaps *contr'elle* intentée.

Ces maximes ont encore été affermies par
l'Arrêt rendu au Parlement de Rouen , le
5 ou le 6 Août 1742 , en faveur de la veuve
& des héritiers du fieur de la Poupardiere ,
Proteftant , décédé au Havre , au commencement du mois d'Octobre 1741. La mémoire de ce particulier avoit été condamnée
à perpétuité, & fes biens confifqués par Sentence rendue au Havre , fur la pourfuite du
Procureur du Roi ; parce que le Curé & le
Vicaire de la Paroiffe avoient dépofé qu'il
ne vouloit pas changer de Religion, & qu'il
étoit d'ailleurs prouvé qu'il avoit refufé les
Sacremens dans fa maladie ; mais cette Sentence a été infirmée par l'Arrêt.

Voyez dans le Code de Louis XV, tom.
3 , l'Arrêt du 4 Juillet 1729 , qui condamne la mémoire de Pierre Trinité , convaincu
d'être mort Relaps , & qui confifque fes
biens.

RELEVOISON à plaifir.

C'eft le nom d'un droit Seigneurial admis par la Coutume d'Orléans , & fur lequel on peut confulter les articles 115 , 116
& fuivans , jufques & compris l'art. 134 de
cette Coutume.

RELIEF.

V. *Accapte , Droits-Seigneuriaux , Indem-*
nité , Lods & Ventes , Quint , Rachat de
rencontre , Saifie féodale & Vexin.

Relief eft un terme de Jurifprudence féodale : c'eft auffi le nom d'un droit que le
Seigneur dominant peut exiger en quelques
mutations du fief du vaffal.

Le Relief eft la même chofe que ce que

quelques autres Coutumes appellent Rachat. Celle de Paris fe fert de l'un & de
l'autre terme , mais plus fréquemment du
mot Relief.

En Poitou & en Dauphiné , ce droit s'appelle *Plait ;* en d'autres lieux *Muage* ou
Muance ; en Anjou , il fe nomme *Rachat ,*
comme à Paris. V. Livonniere.

Les différentes Coutumes du Royaume
ont des difpofitions fi diffemblables fur le
droit de Relief , qu'il feroit difficile de les
rapporter ici , même d'une maniere abrégée :
je m'attacherai donc principalement à parler du Relief , relativement aux difpofitions
de celle de Paris.

Ce droit confifte à Paris , ou dans le revenu d'un année du Fief , ou dans l'eftimation faite de ce revenu par des Experts nommés , tant par le Seigneur que par le vaffal ,
ou en une fomme offerte par le vaffal au
Seigneur , pour lui tenir lieu du revenu , &
éviter l'eftimation. V. l'art. 47 de la Coutume de Paris (a).

Ces trois chofes doivent être offertes au
Seigneur par le vaffal débiteur du droit de
Relief , lorfqu'il fe préfente pour faire
l'hommage , & le Seigneur peut choifir celle
des trois qui lui convient le mieux. *Ibid.*

Si le Seigneur choififfoit l'année du revenu en efpéces , comme il en a le droit ,
l'année commenceroit à courir du jour des
offres valablement faites par le vaffal ; &
finiroit à pareil jour , de façon néantmoins
qu'il ne pourroit faire qu'une feule récolte
de chaque efpéce de fruits , quand même
une année feroit , ou plus précoce , ou plus
tardive que l'autre.

Cependant on tient qu'il doit avoir le
regain des prés qui en rapportent.

Si dans le Domaine du Fief qui doit le
Relief , il y a des bois taillis , des étangs ou
d'autres héritages , dont les fruits ne fe perçoivent point tous les ans , le Seigneur féodal ne peut prétendre qu'une portion de
ces fruits-là ; & elle doit être proportionnée au temps ordinaire d'une perception à

(a) Au Bailliage de Peronne , le revenu d'année, dans
tous les cas où il eft dû aux Seigneurs de fiefs , ne fe paye
pas en nature pour le regard des bleds , orges , feigles ,
avoines , pois , fèves & autres grains , mais feulement fe
payent quatre fols tournois pour chacun feptier , feigle &
orges , & deux fols pour chaque feptier d'avoine & autres
grains de Mars, foit que lefdits fiefs foient affermés en-

bled ou en argent ; & dans le cas où ils font affermés en
argent , il eft d'ufage d'évaluer le grain pour faire la réduction en bled de la redevance en argent , à l'effet de fixer le
revenu d'année fur le pied de quatre fols par feptier de
bled , &c. fuivant l'Acte de Notoriété dudit Bailliage , du
9 Juillet 1707. Voyez un autre Acte de Notoriété donné
au même Siège fur la même queftion , le 28 Octob. 1724.

l'autre,

l'autre, déduction faite des frais néceffaires à l'exploitation, foit que les fruits foient ou ne foient pas perçus dans l'année pendant laquelle le Seigneur jouit pour fon droit de Relief. Coutume de Paris, art. 48.

Quand le Seigneur choifit le revenu d'une année en efpéce, le vaffal eft obligé *de lui communiquer les papiers de fes recettes, ou lui en extraire la déclaration* à fes frais (du Seigneur) pour lui faciliter l'exploitation du revenu, art. 50.

Le Seigneur qui exploite par fes mains, à caufe du droit de Relief, doit payer ou rendre les frais de labour & femences qui étoient fur les terres; & il doit avoir les caves, greniers, granges, étables, preffoirs & celliers qui font au principal manoir, pour recueillir & garder les fruits de la récolte pendant fon année : il doit auffi avoir portion du logis ; fans néantmoins déloger le vaffal, fa femme, fes enfans & fa famille, defquels il ne peut prétendre aucuns loyers pour ce qu'ils occupent, lorfque le Fief a d'autres dépendances.

Mais fi le Fief ne confiftoit qu'en une feule maifon affermée par le vaffal, le Seigneur auroit droit d'en percevoir le loyer pendant un an. Et fi le vaffal occupoit lui-même cette maifon, en ce cas il devroit en payer le loyer au Seigneur, à dire d'Experts, fans être obligé de lui en céder partie. Voyez les articles 56, 57 & 58 de la Coutume de Paris.

Le Seigneur qui jouit du Fief de fon vaffal, en conféquence du droit de Relief, peut prendre des pigeons dans le colombier, & des lapins dans la garenne, mais avec modération, & de maniere qu'il laiffe à la fin de fon année, le colombier & la garenne auffi peuplés qu'ils l'étoient, quand il eft entré en jouiffance. Voyez la Note marginale de Chopin, fur l'article 29 de la Coutume d'Anjou.

Les articles 113 & 117 de la même Coutume (d'Anjou) & l'article 124 de celle du Maine, décident que ni la futaye, ni les baliveaux fur taillis, ne font fujets au droit de Relief; mais le Seigneur peut jouir de la glandée, des droits de pâturage, panage & paiffon. Voyez Livonniere, Traité des Fiefs.

Lorfqu'il y a des beftiaux à Chetel fur

Tome III. Part. I.

un Fief tombé en rachat, le vaffal ne peut pas les enlever au préjudice du Seigneur, & celui-ci ne peut pas non plus contraindre fon vaffal à les enlever; mais s'ils ne s'accordent pas fur cela, les beftiaux doivent être nourris & entretenus fur le lieu pendant l'année du rachat ; & la laine, le beurre & le croît appartient au Seigneur, qui doit rendre le tout en même valeur. V. l'article 132 de la Coutume de Maine, & Dupineau fur l'art. 122 de celle d'Anjou.

Le Seigneur qui jouit du Fief de fon vaffal, à caufe du droit de Relief, eft tenu de payer ;

1°. Les charges & rentes inféodées, approuvées ou reconnues par aveu non blâmé.

2°. Les impofitions du dixiéme, vingtiéme, ban & arriere-ban, & autres charges impofées par autorité fupérieure.

3°. Les dixmes, comme étant une charge des fruits.

4°. D'entretenir les fermes & bâtimens dépendans du Fief tombé en rachat; mais il n'eft pas tenu des réparations qu'on nomme viageres, dont font ordinairement chargés les ufufruitiers, à caufe de la briéveté de fa jouiffance, ni des dettes perfonnelles ou hypothécaires de fon vaffal.

Tout ceci n'a lieu que quand le vaffal jouiffoit & faifoit valoir par fes mains le Fief tombé en rachat ; mais quand le Fief eft affermé, le Seigneur *doit fe contenter du prix de la redevance due par le fermier ou preneur*, fans pouvoir expulfer le locataire ou Fermier qui a affermé de bonne foi & fans fraude. V. la Coutume de Paris, art. 56 & 57.

Brodeau, Dupleffis & le Maiftre, fur la Coutume de Paris, difent que, quand le Seigneur prend le revenu du Fief dû par le fermier pour fon droit de rachat, le vaffal eft en ce cas garant de la folvabilité du fermier, parce que le vaffal eft débiteur originaire.

Le droit de Relief eft dû pour les mutations en fucceffion collatérale.

La Cour a jugé, par un Arrêt rendu en la Grand'Chambre, le 20 Mai 1727, fur les Conclufions de M. l'Avocat Général d'Agueffeau, que le droit de Relief eft dû lorfqu'un Fief fubftitué paffe d'un collatéral à un collatéral, quoique celui qui le re-

T t

cueille, foit defcendu en ligne directe de l'Auteur de la fubftitution.

Cet Arrêt, qui eft imprimé, eft intervenu entre le Receveur des domaines & bois de Paris, & M. le Duc de Mazarin pour la terre de Chilly. Cette terre étoit échue au Duc de Mazarin par le décès du Marquis d'Effiat; mais en conféquence de la fubftitution faite par Martin de Ruzé, fon ayeul maternel, M. de Mazarin difoit tenir cette terre de la fucceffion de fon ayeul, & ne rien devoir, fuivant l'article 3 de la Coutume; mais l'Arrêt a jugé qu'il en devoit. V. ce que je dis fur cet Arrêt au mot *Subftitution.*

Le droit de Relief eft dû, quand un Fief eft légué ou donné entre-vifs à tout autre qu'à l'héritier en ligne directe.

Ainfi la donation faite à l'héritier collatéral, y donne ouverture; & c'eft au donataire ou légataire à le payer.

Le droit de Relief eft dû (par le donataire & exigible) du jour de la donation, lors même qu'elle eft faite avec réferve d'ufufruit. Brodeau, fur M. Louet, lettre V, n. 9, rapporte un Arrêt qui l'a ainfi jugé. Voyez Legrand, fur la Coutume de Troyes, article 75; & les Arrêtés de M. de Lamoignon, des Droits Seigneuriaux, article 32.

Mais quand il s'agit de donation teftamentaire, le droit n'eft dû qu'après la mort du teftateur.

Les démiffions de biens donnent ouverture au droit de Relief, toutes les fois que ce droit feroit dû par la mort naturelle de celui qui s'eft démis; parce qu'on confidere la démiffion, ou comme une donation, ou comme une fucceffion anticipée; & que fous l'une ou l'autre de ces confidérations, elle ne peut être exempte de rachat. Voyez Brodeau, fur l'article 33 de la Coutume de Paris.

Le droit de Relief eft dû pour bail d'un fief à rente non rachetable, à la différence des rotures, qui dans ce cas-là ne doivent point de lods & ventes; & fi la rente étoit rachetable, il feroit dû droit de quint. V. l'article 33 de la Coutume de Paris, & Dupleffis.

Le Relief eft encore dû:

1°. Pour baux emphitéotiques.

2°. A la mort de chaque homme vivant & mourant, que les gens de main-morte donnent pour les Fiefs qu'ils poffédent.

3°. A chaque mutation des Bénéficiers, quand le Fief dépend de leur Bénéfice: fur quoi il faut obferver que ce droit appartient au Seigneur ou au Fermier, du temps que la provifion du Bénéfice a été accordée; & qu'il eft dû par chaque nouveau Titulaire, foit qu'il foit pourvu par mort, par réfignation, par permutation, par dévolut, &c. mais il n'eft pas dû par le Réfignant, qui rentre dans fon Bénéfice par voie de Regrès. Voyez Livonniere, Traité des Fiefs, liv. 4, ch. 4; Chopin & Dupineau, fur la Coutume d'Anjou.

Il faut encore remarquer que les dixmes inféodées, quoique reunies à l'Eglife, font fujettes au droit de Relief, quand la réunion n'a pas été faite avec fuppreffion de Fief, mais que les dixmes Eccléfiaftiques n'y font pas fujettes. Livonniere, *ibid.* V. *Homme vivant & mourant.*

Quoique dans une même année il arrive plufieurs mutations, par cas fortuit, dans un même Fief, le Seigneur ne peut exiger qu'un feul droit de Relief pour toutes les mutations. Cela a été décidé pour la fucceffion du Marquis & du Chevalier de Soyecourt, derniers mâles de cette maifon, tués à la bataille de Fleurus, au mois de Juillet 1690. L'aîné mourut fur le champ de bataille; le cadet, fon héritier, ne mourut de fes bleffures que deux jours après, à Charleroi. La dame de Bois-Franc, leur fœur, & feule héritiere des Fiefs qu'elle recueillit dans la fucceffion du cadet, à qui ils appartenoient par la mort de l'aîné, ne fut tenue que d'un feul droit de Relief, quoiqu'il y ait eu deux mutations en trois jours. Voyez Brodeau, fur M. Louet, lettre R, n. 2; Palu, fur l'art. 137 de la Cout. de Tours; & l'Arrêt du 20 Mars 1662, rapporté au Journal des Audiences, tom. 2, liv. 4, ch. 52, pour la Coutume de Meaux.

Mais fi plufieurs mutations arrivoient dans une même année, par le fait volontaire des vaffaux, alors il feroit dû autant de Relief, qu'il y auroit eu de mutations. V. Dumoulin, fur l'art. 33 de la Coutume de Paris, glofe premiere, n. 113, & fur l'art. 78, glofe 1, n. 111.

Il n'eſt point dû de Relief pour donation de Fief en ligne direȼte (*a*), faite, ſoit au fils aîné, ſoit au fils ou à la fille puînés ; quoiqu'après la mort des donateurs, le donataire le rapporte en eſpéce au partage, & que par l'événement il écheoie à un autre enfant.

Cette maxime eſt écrite dans le texte de l'art. 26 de la Coutume de Paris, qui ajoute que cela a lieu, encore que la choſe donnée ait été évaluée (*b*), que le donataire renonce à la ſucceſſion de ſes aſcendans donateurs, que la choſe donnée vale plus que ſa portion héréditaire (*c*), ou qu'elle lui ſoit donnée en payement de ce qui lui a été promis par ſon contrat de mariage ; c'eſt, en ce dernier cas, comme ſi le Fief même avoit été donné originairement.

Tout cela a lieu, lors même que le pere donateur s'eſt réſervé la faculté de réméré, en donnant le Fief, & lorſqu'une fille à laquelle il avoit été donné, le remet à ſon pere pour une ſomme d'argent. Il y en a des Arrêts dans Ricard ſur Paris & ailleurs; cela eſt fondé ſur ce que tout cela eſt arrangement de famille qu'il faut faciliter, & ſur ce que ce n'eſt pas une obligation qui a précédé ces arrangemens, mais une libéralité. V. Brodeau, ſur l'art. 26 de la Coutume de Paris, n. 16.

Il ne faut pas chicaner ſur ce que cet article de notre Coutume ne parle que du fils ; parce que ſa diſpoſition a lieu au profit de la fille donataire, & généralement de quelqu'autre deſcendant que ce ſoit : on ne pourroit dire le contraire, ſans s'élever contre les termes des articles 33 & 38 de la même Coutume. Voyez Dumoulin & Brodeau.

L'article 26 ſemble n'accorder l'exemption de droits Seigneuriaux, qu'aux donations de Fiefs, faites *en avancement d'hoirie*; mais les mots, *en avancement d'hoirie*, ſont inutiles, & devroient être retranchés; puiſque, ſuivant l'article 278, toutes les donations faites en ligne directe, ſont préſumées faites en avancement d'hoirie; que,

ſuivant l'article 307, le donataire peut conſerver ſon don, en renonçant à la ſucceſſion ; & que l'article 26 exempte ces donations du droit de Relief, encore que le donataire renonce à la ſucceſſion.

Les enfans qui renoncent à la ſucceſſion de leur pere, pour ſe tenir au douaire, ne doivent pas non plus de Relief du Fief, qu'ils prennent à titre de douairiers. C'eſt l'eſprit général de la Coutume, que le Fief qui vient du pere au fils, ſoit par ſucceſſion, donation, douaire, &c. lui eſt propre & exempt de droits. Voyez Dupleſſis, ſur la Coutume de Paris, livre 1, chapitre 4.

Toutes ces régles, puiſées dans le texte de la Coutume de Paris, forment le Droit-commun, & doivent avoir lieu dans le reſſort des autres Coutumes, excepté dans celles où les puînés ne ſont point héritiers, & où ils ne ſuccédent qu'en bienfait; dans celles-là, le Relief eſt dû pour les donations faites aux puînés, parce qu'ils ſont regardés comme étrangers.

Les diſpoſitions de la Coutume qui exemptent les enfans héritiers, ou donataires de Fiefs, du payement des droits Seigneuriaux, ne s'entendent que des enfans légitimes : un bâtard légitimé par Lettres du Prince ne jouiroit pas de cet avantage, quand même ſes Lettres contiendroient ſon habilitation à ſuccéder; parce que le Roi peut bien renoncer à ſes droits, en légitimant un bâtard; mais il ne peut pas priver les Seigneurs de Fiefs de leurs droits.

Le Seigneur doit s'oppoſer au décret, pour être payé de ſes droits de Relief. Voyez *Droits Seigneuriaux*, *Oppoſition* & *Quint*.

Il n'eſt dû, ni Relief, ni foi & hommage, ni autre profit féodal par la femme qui accepte la communauté dans laquelle ſe trouve un Fief acquis par le mari durant la communauté ; & il en eſt de même des héritiers du mari, lorſque la femme renonce à la communauté, encore que par cette *renonciation*, *le Fief demeure* en entier *aux héri-*

(*a*) Il y a des Coutumes où il eſt dû un droit de Chambellage. Voyez *Chambellage*. Voyez auſſi *Vexin*.

(*b*) L'évaluation du fief donné, ne fait pas préſumer la vente du fief; pour que cette préſomption ait lieu, il faut qu'il y ait deniers débourſés par le fils : l'évaluation ne ſert qu'à faire connoître la valeur du préſent.

(*c*) L'ancien uſage étoit contraire; & il y a encore des Coutumes qui veulent que le fils paye le droit de Relief, pour ce qui excéde la part héréditaire du donataire dans la choſe donnée ; parce qu'il ne tient pas cet excédent à titre d'héritier. V. la Coutume de Montfort, art. 18; Mantes, art. 17; celle de Rheims, art. 75, celle de Laon, art. 179.

tiers du mari, pourvû qu'esdits cas ledit mari ait fait la foi & hommage, & payé les droits. Coutume de Paris, art. 5.

L'accroissement que procure la renonciation d'un héritier au profit des autres, n'engendre aucun droit de Relief, quand il n'y a point d'argent donné pour engager l'héritier à renoncer, ou autre chose équipollente, *ibid.* art. 6.

Mais si la renonciation n'étoit faite qu'au profit de l'un des co-héritiers, à l'exclusion des autres, il seroit dû Relief de la portion du renonçant; parce que faire une pareille renonciation, ce n'est pas s'abstenir, c'est disposer de sa part héréditaire, & par conséquent l'accepter.

Si l'un des enfans décéde avant le partage, sans avoir déclaré s'il acceptoit ou renonçoit à la succession, sa part passe à ses freres & sœurs, non à titre d'accroissement, mais à titre de succession; & cette succession étant collatérale, le droit de Relief est dû pour la portion du défunt.

Il ne leur serviroit de rien de dire, qu'en qualité d'héritiers de leur frere ou sœur, ils renoncent pour lui à la succession paternelle, & qu'ils l'acceptent seulement de leur chef; parce que ce détour, qui seroit condamné comme frauduleux, s'il s'agissoit de l'intérêt des créanciers ou des légataires de leur frere, le doit être de même, lorsqu'il s'agit de l'intérêt du Seigneur, qu'il n'est pas permis de frustrer de ses droits par une pareille subtilité.

Il est dû droit de Relief par les filles possédant Fiefs, ou seulement des portions de Fiefs à chaque fois qu'elles se remarient: elles ne sont exemptes de ce droit, que quand le Fief ou les portions qu'elles ont, leur sont échues par succession directe, & pour le premier mariage seulement.

Le premier mariage des filles, dont il est parlé dans l'article 36 de la Coutume, doit s'entendre du premier mariage contracté depuis que le Fief est acquis; & si au temps de la succession échue, l'héritiere étoit veuve d'un premier mari, elle pourroit passer à de secondes nôces, sans qu'on pût à cette occasion exiger d'elle un Relief.

La raison qu'en donne Dumoulin sur la même Coutume, est que le nom de fille n'y est employé que pour désigner le sexe; &

qu'avant » la succession échue, ce n'est pas » chose qui concerne le Seigneur de sça- » voir si la fille qui n'a rien au Fief, est » mariée ou non.

» La Coutume donnant aux filles, par » l'article 36, une exemption de Relief pour » le premier mariage, cette exemption ne » se peut entendre, sinon du premier ma- » riage, dont autrement le Seigneur auroit » pû prétendre ce droit, parce que l'exemp- » tion suppose quelqu'apparence d'obliga- » tion précédente, & il est certain qu'il n'y » auroit eu, ni prétexte, ni fondement pour » demander le Relief du premier mariage » de la fille, avant que le Fief lui eût » appartenu «. Voyez les Notes manuscrites de M[e]. Visnier, sur le Commentaire de Fortin & Ricard; voyez aussi les Questions de le Prestre, Centurie premiere, chapitre 57.

En un mot, les femmes ne doivent point le droit de Relief pour raison de Fiefs dépendans de successions directes qui s'ouvrent en leur faveur, dans le temps que leur premier, second ou autres subséquens mariages subsistent: dans tous les autres cas, c'est-à-dire, si les Fiefs ou portions de Fief écheoient à des filles & femmes par des successions collatérales, elles doivent le droit de Relief.

Elles doivent encore le Relief (des Fiefs qu'elles ont acquis ou qu'elles ont recueillis par successions collatérales) toutes les fois & autant de fois qu'elles se marient après la succession ouverte: elles ne doivent néanmoins qu'un seul droit, lorsqu'étant mariées, elles recueillent des Fiefs en successions collatérales, l'état de mariage où elles sont, n'opere pas un double droit.

De Droit commun, & même dans la Coutume de Paris, c'est la communauté qui doit supporter le droit de Relief auquel le mariage de la femme propriétaire d'un Fief donne ouverture; & il en est de même du droit de Relief dû pour les Fiefs qui écheoient à l'un ou l'autre des époux pendant le mariage: cependant voyez Dumoulin, sur l'article 11 de la Coutume de Vitry; & Dupineau, sur l'article 87 de celle d'Anjou.

Outre le droit de Relief auquel ces mutations donnent ouverture, les femmes, ou leurs maris pour elles, doivent de plus porter la foi & hommage, si ce n'est qu'elle ait été portée par le fils aîné, tant pour lui que pour ses sœurs en la forme prescrite par l'art. 35 de la Coutume de Paris. Voyez les art. 36, 37 & 38 de cette même Coutume. Brodeau a mal entendu ces articles. Voyez ce que je dis à l'art. *Foi & Hommage.*

Ceci n'a lieu que quand la femme en se mariant devient commune en biens : si le contrat de mariage contenoit une exclusion de communauté, & qu'elle fût en outre autorisée à jouir & à administrer ses biens personnels, alors le Relief ne seroit pas dû : c'est l'avis de Dumoulin (sur l'ancienne Coutume de Paris, & sur celle de Senlis); de Chopin (sur Anjou); de Loyseau (du Déguerpissement), & de Brodeau (sur Paris).

Cela a d'ailleurs été jugé par Arrêt rendu le 16 Juin 1642, sur les Conclusions de M. Talon, Avocat Général, entre les sieurs de Champagnés & le Fermier de la Châtellenie de Chêmré; l'Arrêt met hors de Cour. Il y en a un autre rendu le 10 Févr. 1652, qui met pareillement hors de Cour sur une demande de rachat formée par le Seigneur des Hayes-Gasselin en Anjou, contre les sieur & dame Gasselin, non communs en biens. Voyez M. Louet, lettre R. n. 45. V. *Foi & Hommage.*

La femme demeurante en viduité après le décès de son mari qui avoit relevé le Fief à elle échu de son propre, & payé les droits pour ce dûs, ne doit aucun Relief; mais seulement la foi & hommage, si elle ne l'a fait. Coutume de Paris, art. 39.

Si la mutation qui donne ouverture au douaire, engendre un droit de Relief, c'est à l'héritier d'en acquitter la Douairiere; cependant si le douaire étoit sans retour, la Douairiere devroit personnellement la foi & hommage, & le droit de Relief. *Ibid.* article 10. Mais voyez *Foi & Hommage.*

Un Curateur à une succession vacante ne peut être reçu en foi qu'en payant le droit de Relief : c'est ce qui a été jugé sur appointement au Conseil, entre le Marquis de Roye, Seigneur de la Ferté-au-Col, le Marquis de la Vieuville, le Légataire universel,

les Créanciers & le Curateur à la succession vacante du Duc de la Vieuville; pour la Terre de Pavan; régie par la Coutume de Meaux, relevante de la Ferté-au-Col, par Arrêt rendu le 5 Juin 1736, au rapport de M. Severt (a).

Il n'est dû aucun droit de Relief au Seigneur dominant dans la Coutume de Paris & dans toutes celles qui n'ont point de dispositions contraires pour les Fiefs échus aux enfans ou petits-enfans, & en toutes successions directes, mais simplement la *bouche & les mains* avec le serment de fidélité, c'est-à-dire, foi & hommage, dénombrement, &c.

Il en est de même des Fiefs que les pere, mere & autres ascendans recueillent dans les successions de leurs enfans, petits-enfans, &c.

Dans le Pays Vexin, soit que les enfans succédent à leurs ascendans, ou ceux-ci à leurs enfans, petits-enfans, &c. il est dû Relief à toutes mutations de Vassal, soit en directe, soit en collatérale, ou par vente. Coutume de Paris, art. 3 & 4.

Si dans le Pays Vexin le Seigneur exige un droit de Relief du Fief appartenant à des mineurs qui n'ont point d'autres biens, il doit pendant l'année de Relief nourrir les mineurs sur les fruits du Fief, selon leur qualité & extraction, n'étant pas juste d'aliéner les fonds & la propriété du Fief, pour fournir simplement des alimens aux mineurs propriétaires. Voyez Brodeau, sur Paris, art. 3, n. 17.

Si le Seigneur & le Vassal sont en contestation sur le lieu de la situation du Fief, & si le Seigneur prétend qu'il est en Vexin, c'est à lui de le prouver, parce que sa prétention étant contraire au Droit Commun, c'est à lui de prouver le point sur lequel il se fonde.

L'héritier bénéficiaire doit acquitter le Relief comme héritier pur & simple, quand la succession y donne ouverture; mais comme cette dette n'est pas personnelle à l'héritier bénéficiaire, il peut l'employer en dépense dans son compte, & exercer à ce sujet le même privilége qu'avoit le Seigneur.

(a) Lors de l'appointement au Conseil, M. Chauvelin avoit donné des Conclusions conformes à l'Arrêt qui fut rendu depuis. On peut, sur cette matiere, consulter Bacquet, des Droits de Justice, chap. 14, n°. 23 & 24; Chopin, sur la Coutume d'Anjou, liv. 2, partie premiere, & Dumoulin.

Henrys rapporte fur cela plufieurs Arrêts, tome 2, liv. 3, queft. 14.

La mort civile irrévocable, telle que celle qui réfulte de la Profeffion Religieufe, donne ouverture au droit de Relief, fi le Fief paffe à un héritier collatéral; mais il n'en eft pas de même de la mort civile qui réfulte d'une condamnation aux Galeres perpétuelles, à mort par contumace, &c. cette efpéce de mort civile pouvant ceffer par grace du Prince ou par révifion de procès, &c. n'étant par conféquent point irrévocable, elle ne donne pas ouverture au Relief: cependant voyez l'Arrêt de Noirmoutier, dont je parle à l'article *Contumace*.

Dans la Coûtume de Paris le don mutuel ne donne pas ouverture au droit de Relief, parce qu'il ne peut comprendre que l'ufufruit, fuivant l'article 280; mais il en eft autrement dans les Coûtumes où le don mutuel peut comprendre la propriété. Voyez les Coutumes d'Anjou & du Maine.

Ricard & le Maiftre décident fur l'article 5 de la Coutume de Paris, que la femme qui a renoncé à la communauté, ne doit point le droit de Relief, lorfque les héritiers lui donnent en payement de fes reprifes, des Fiefs acquis par le mari pendant que la communauté fubfiftoit, & pour lefquels les droits avoient été payés au Seigneur.

Dans les Coutumes d'Etampes, de Montfort, de Mantes & de Rheims, il n'eft dû aucun droit de Relief pour Fief donné en avancement d'hoirie par pere, mere & autres afcendans, quand même les enfans donataires ne fe porteroient pas héritiers; fi néantmoins les enfans qui ne fe portent pas héritiers, fe trouvent donataires de Fiefs plus confidérables que ce qui leur auroit appartenu dans les fucceffions *ab inteftat*, ils doivent le Relief pour l'excédent; & en cela ces Coutumes different du Droit Commun.

D'après ces difpofitions, il s'eft agi de fçavoir, fi dans la Coutume de Mantes il étoit dû un droit de Relief à caufe de la donation d'un Fief faite par un pere à fon fils, à la charge de payer fes dettes; & la Cour, par Arrêt rendu au rapport de M. du Trouffet d'Héricourt, le 9 Juin 1733, a jugé qu'il n'en étoit pas dû, parce que la donation étoit un avancement d'hoirie, & que d'ail-

leurs le fils fuccédant *ab inteftat*, eût été tenu des dettes. Voyez Guyot, fur l'article 7 de la Coutume de Mantes.

En général, les droits de Reliefs & de Rachats ne font dûs que pour les Fiefs; mais l'article 173 de la Coutume de Normandie l'accorde pour les rotures, *en cas de fucceffion*.

Le Rachat a auffi lieu pour les rotures dans quelques endroits du Poitou, dans la Coutume du Boulonnois (voyez les art. 45 & 46,) & dans quelques autres.

RELIEF D'APPEL.

Voyez *Appel*, *Chofe jugée* & *Défertion*.

C'eft le nom qu'on donne à des Lettres qui s'obtiennent dans les petites Chancelleries, par lefquelles il eft permis à l'appellant de faire intimer fa Partie adverfe fur fon appel par le premier Huiffier.

Les modéles de Lettres de Reliefs d'appel fe trouvent dans le Praticien François de Me Lange; le Relief d'un appel comme d'abus ne peut être fcellé fans une confultation d'Avocat. V. *Abus*.

Anciennement ceux qui vouloient appeller des Jugemens qu'ils croyoient leur être préjudiciables, devoient le faire fur le champ, autrement il falloit être relevé de ne l'avoir pas fait; c'eft de-là que vient l'origine des Reliefs d'Appel. Voyez l'Ordonnance du mois de Mai 1332, & l'art. 18 de celle de 1453.

Les condamnés au payement des droits des Fermes du Roi pour fait purement civil, doivent *relever leur appel dans trois mois du jour de la fignification de la Sentence à leur perfonne on à leur domicile; finon & après ce délai paffé, l'appel n'eft plus recevable, & la Sentence paffe pour chofe jugée en dernier reffort*. Ordonnance des Fermes du mois de Juillet 1681, titre commun, art. 47.

L'art. 48 porte que les perfonnes mentionnées en l'article précédent qui *auront relevé leur appel dans les trois mois, feront tenues de le mettre en état d'être jugé dans les neuf mois fuivans, finon que la Sentence demeurera confirmée de plein droit avec amende & dépens, qui feront taxés en vertu dudit article*.

Comme l'article 47 ne parle que de condamnés au payement de droits, les Juges

des Fermes faifoient difficulté d'en appliquer les difpofitions aux affaires où il ne
s'agiffoit que de confifcation ou d'amende;
mais, par des Lettres-Patentes du 20 Juin
1724, expédiées fur un Arrêt du Confeil du
même jour, regiftré le premier Août fuivant, il a été ordonné que, *conformément à
l'article 15 du titre 12 de l'Ordonnance du
mois de Février 1687, & aux Arrêts du Confeil, des 10 Décembre 1709 & 2 Mai 1724,
le temps prefcrit par l'Ordonnance du mois
de Juillet 1681..... tant pour relever l'appel
des Sentences.... que pour mettre lefdits appels en état d'être jugés, fera obfervé pour
l'appel des Jugemens portant confifcation ou
amendes en toutes matieres dépendantes des
Fermes générales & particulieres, quoique
non exprimées* auxdites Lettres-Patentes.

En matiere d'Eaux & Forêts, les appels
des Sentences rendues par les Maitres Particuliers, doivent être relevés dans les Siéges des Tables de Marbre, dans le mois de
la Sentence prononcée ou fignifiée à la Partie, & mis en état d'être jugés dans les trois
mois de la prononciation ou fignification,
finon les Sentences s'exécutent en dernier
reffort, foit qu'il y ait appel ou non : c'eft la
difpofition de l'Ordonnance du mois d'Août
1669, titre 14, art. 3, dont l'exécution eft
ordonnée par l'art. 52 de l'Edit du mois de
Mai 1716.

L'article 53 du même Edit proroge jufqu'à quatre mois le temps prefcrit pour faire juger les appels des Sentences rendues ès
Maitrifes fituées au-delà de la Loire, ref-
fortiffantes au Siége de la Table de Marbre
de Paris.

Ces difpofitions font de rigueur, & on
les obferve dans les affaires où le Roi eft
intéreffé, & dans les affaires de Police; elles
ont même été renouvellées par un Arrêt du
Confeil du 17 Septembre 1726, qui a dû
être regiftré fur le livre de la Communauté
des Procureurs au Parlement; mais on ne
les fuit pas bien exactement dans les affaires
de Particulier à Particulier.

Voyez fur la même matiere deux Arrêts
du Confeil des 24 Juin 1738 & 28 Août
1744, imprimés à la fuite de l'Ordonnance
des Eaux & Forêts, édition de 1753.

Au Parlement de Touloufe on ne peut
pas valablement fignifier des Lettres de Re-

lief d'appel, fans donner en même temps
affignation avec conftitution de Procureur,
&c. Voyez fur cela l'Arrêt de Réglement
du Parlement de Touloufe du 4 Juillet
1711.

RELIGIEUX ET RELIGIEUSES.

Voy. *Abbé, Antonins, Bénéfices, Biens d'E-
glife, Capucins, Chanoines Réguliers, Chartreux, Cîteaux, Cluni, Cordeliers, Communautés Religieufes, Cotte-morte, Dot,
Evêque, Fondation, Gens de main-morte,
Incompatibilité de Bénéfices, Malte, Mort
civile, Novices, Prémontrés, Profeffion,
Tranflation, Vœux,* &c.

Tous les Chrétiens font confacrés à Dieu
par le Baptême : mais outre cette confé-
cration générale, les Religieux & Religieufes y font confacrés d'une maniere particuliere. En embraffant leur état, ils renoncent à tous les plaifirs du monde, à leur
propre volonté & à leur liberté, pour paffer le refte de leurs jours fous l'obéiffance
d'autrui, & pour n'être occupés que du fervice de Dieu.

Tels font les engagemens qui réfultent
des vœux de chafteté, de pauvreté & d'o-
béiffance que prononcent les perfonnes Religieufes lors de leur Profeffion.

Si dans le dernier fiécle il s'eft trouvé
grand nombre de Religieux qui ont rempli les devoirs d'un état fi faint & fi digne
de notre admiration, M. l'Avocat Général
(Denis) Talon, nous apprend auffi que le
libertinage s'étoit infinué dans la plûpart
des Cloîtres, & qu'on voyoit de fon temps
» des Religieux vagabonds s'abandonner à
» toutes fortes de débauches, & devenir la
» honte de l'Etat Monaftique «.

Ces abus, malheureufement trop publics,
& beaucoup d'autres encore qu'on trouve
détaillés dans le Plaidoyer de ce Magiftrat,
ont donné lieu à un Arrêt de Réglement
important rendu fur fon réquifitoire, & conformément à fes Conclufions, le 4 Avril
1667, dont voici les difpofitions :

» La Cour ordonne que le Roi fera
» très-humblement fupplié d'interpofer fon
» autorité, à ce que les Généraux d'Ordre
» des Quatre-Mendians envoyent inceffam-
» ment leurs Commiffions à des Religieux
» François, avec pouvoir de corriger les

»abus qui fe rencontrent dans lefdits Mo-
» nafteres de chacun defdits Ordres; d'y ré-
» tablir le culte Divin, l'obfervance & dif-
» cipline Monaftique dans l'efprit & la pu-
» reté de leur Regle & Statuts, défigner des
» Monafteres pour fervir de Noviciats com-
» muns, & y élever des Novices dans l'en-
» tiere Obfervance de leur Régle, & géné-
» ralement faire tout ce qu'ils jugeront né-
» ceffaire pour la réformation & correction
» defdits Monafteres ; & à cet effet vifiter
» les Maifons que befoin fera, punir & châ-
» tier les défobéiffans & délinquans par les
» peines Canoniques, & exécuter ce qui fe-
» ra par eux ordonné, nonobftant oppofi-
» tions au appellations qui en pourroient
» retarder l'effet.

» Et cependant, pour empêcher l'accroif-
» fement du mal, par la multiplication des
» mauvais fujets, la Cour, fous le bon plai-
» fir du Roi, a fait très-expreffes inhibi-
» tions & défenfes à tous Provinciaux &
» Supérieurs defdits Ordres des Quatre-
» Mendians, de recevoir des Novices dans
» leurs Maifons & Monafteres étant dans
» l'étendue du reffort, & d'admettre des Re-
» ligieux de leur Ordre qui ayent fait Pro-
» feffion hors le Royaume, depuis la figni-
» fication qui leur fera faite du préfent Ar-
» rêt, & jufqu'à ce qu'autrement en ait été
» ordonné, fous peine de défobéiffance, &
» d'être procédé extraordinairement contre
» les contrevenans.

» Sera pareillement Sa Majefté très-hum-
» blement fuppliée de faire travailler, par
» les moyens les plus convenables, à la ré-
» formation de plufieurs Monafteres de l'un
» & de l'autre fexe des autres Ordres de fon
» Royaume, qui font notoirement dans un
» grand déréglement «.

La confervation de la difcipline dans tous
les Monafteres appartient aux Evêques &
Archevêques dans l'étendue de leur Diocèfe : l'article 18 de l'Edit du mois d'Avril
1695, s'explique fur cela d'une maniere
très-claire. Voici fes difpofitions.

» Les Archevêques & Evêques veille-
» ront dans l'étendue de leurs Diocèfes, à
» la confervation de la difcipline réguliere
» dans tous les Monafteres exempts & non
» exempts, tant d'hommes que de femmes,
» où elle eft obfervée, & à fon rétabliffe-

» ment dans tous ceux où elle ne fera pas
» en vigueur, & à cet effet pourront, en
» exécution, & fuivant les Saints Décrets
» & Conftitutions Canoniques, & fans pré-
» judice des exemptions des Monafteres en
» autres chofes, vifiter en perfonne, lorf-
» qu'ils l'eftimeront à propos, ceux dans lef-
» quels les Abbés, Abbeffes ou Prieurs qui
» font Chefs d'Ordres ne font pas leur réfi-
» dence ordinaire ; & en cas qu'ils y trou-
» vent quelque défordre touchant la célé-
» bration du fervice Divin, le défaut du
» nombre des Religieux néceffaire pour s'en
» acquitter, la Difcipline réguliere, l'ad-
» miniftration & l'ufage des Sacremens, la
» clôture des Monafteres des femmes, &
» l'adminiftration des biens & revenus tem-
» porels, ils pourvoiront ainfi qu'ils l'ef-
» timeront convenable, pour ceux qui font
» foumis à leur Jurifdiction ordinaire ; & à
» l'égard de ceux qui fe prétendent exempts,
» ils ordonneront à leurs Supérieurs régu-
» liers d'y pourvoir dans trois mois, & mê-
» me dans un moindre délai, s'ils jugent
» abfolument néceffaire d'y apporter un re-
» méde plus prompt, & de les informer de
» ce qu'ils auront fait en exécution ; & en
» cas qu'ils n'y fatisfaffent pas dans lefdits
» délais, ils pourront y donner eux-mêmes
» les ordres qu'ils jugeront les plus conve-
» nables pour y remédier, fuivant la régle
» defdits Monafteres.

» Enjoignons auxdits Supérieurs Régu-
» liers de déférer, comme ils le doivent, aux
» avis & aux ordres que lefdits Archevêques
» ou Evêques leur donneront fur ce fujet ;
» & à nos Officiers, & particuliérement à
» nos Cours, de leur donner l'aide & le fe-
» cours dont ils auront befoin pour lefdites
» vifites ; & l'exécution des Ordonnances
» qu'ils y rendront, lefquelles, en cas d'ap-
» pel fimple ou comme d'abus, feront exé-
» cutées par provifion ».

L'article 19 du même Edit veut que les
Prélats ayent l'infpection fur la fortie des
Religieufes des Monafteres, & fur l'entrée
des perfonnes féculieres : voici comme il
s'explique.

» Voulons pareillement que, fuivant &
» en exécution des Saints Décrets & Conf-
» titutions Canoniques, aucunes Religieufes
» ne puiffent fortir des Monafteres exempts
» &

» & non exempts, fous quelque prétexte que
» ce foit, ou pour quelque tems que ce puiffe
» être, fans caufe légitime, & qui ait été ju-
» gée telle par l'Archevêque ou Evêque
» Diocéfain, qui en donnera la permiffion
» par écrit, & qu'aucune perfonne féculiere
» n'y puiffe entrer fans la permiffion defdits
» Archevêques ou Evêques, ou des Supé-
» rieurs Réguliers, à l'égard de ceux qui
» font exempts ; le tout fous les peines por-
» tées par lefdites Conftitutions Canoni-
» ques, & par nos Ordonnances «.

Les Moines & quelques Monafteres ayant
élevé des difficultés fur la difpofition de l'E-
dit que je viens de citer, elles ont été levées par une Déclaration rendue le 29 Mars
1696, enregiftrée le 4 Avril fuivant, dont
voici les difpofitions :

» Voulons que l'Edit du mois d'Avril
» 1695, & en particulier l'art. 18 d'icelui,
» foit exécuté fans préjudice des droits, pri-
» viléges & exemptions des Monafteres, &
» de ceux qui font fous des Congrégations,
» que nous entendons avoir lieu ainfi & en
» la maniere qu'ils l'ont eu & dû avoir juf-
» qu'à préfent.

» Que lorfque les Archevêques ou Evê-
» ques auront eu avis de quelques défordres
» dedans aucuns defd. Monafteres exempts
» de leur Jurifdiction, nous voulons qu'ils
» avertiffent pareillement les Supérieurs ré-
» guliers d'y pourvoir dans fix mois ; & qu'à
» faute d'y donner ordre dans ledit temps,
» ils y pourvoiront eux-mêmes, ainfi qu'ils
» l'eftimeront néceffaire, fuivant les Régles
» & Inftituts de chacun defdits Ordres &
» Monafteres ; & qu'en cas que le fcandale
» foit fi grand, & le mal fi preffant, qu'il y
» ait un befoin indifpenfable d'y apporter
» un remède plus prompt : lefdits Archevê-
» ques & Evêques pourront obliger lefdits
» Supérieurs réguliers d'y pourvoir plus
» promptement «.

» Voulons pareillement que les Monafte-
» res ou demeures des Supérieurs Réguliers,
» qui ont une jurifdiction légitime fur d'au-
» tres Monafteres & Prieurés defdits Or-
» dres, foient exempts de la vifite defdits
» Archevêques & Evêques, ainfi que les

» Abbés & Abbeffes qui font Chefs & Gé-
» néraux defdits Ordres «.

Cependant, comme l'Edit & la Déclaration dont je viens de copier les expreffions,
s'expriment en termes généraux, les Réguliers ont encore trouvé moyen de contefter
le droit des Evêques, & de répandre des
doutes qui troubloient le cours de la jurifdiction des Ordinaires. Pour les faire ceffer
entièrement, le Roi a donné une Déclara-
ration le 10 Février 1742 (a), enregiftrée au
Grand-Confeil le 2 Mars fuivant, & au Parlement le 29 Janvier 1745. Voici quelles
en font les difpofitions :

ART. I. » Aucunes filles ou veuves ne
» pourront être admifes à la Profeffion & à
» l'émiffion des vœux folemnels, même dans
» les Monafteres exempts, ou fe prétendant
» tels, fans avoir été auparavant examinées
» par les Archevêques ou Evêques Diocé-
» fains, ou par des perfonnes commifes de
» leur part, fur la vocation defdites filles ou
» veuves, fur la liberté & les motifs de l'en-
» gagement qu'elles font fur le point de
» contracter : faifons très-expreffes inhibi-
» tions & défenfes à tous Supérieurs ou Su-
» périeures, de quelque Monaftere que ce
» puiffe être, d'en admettre aucune à la Pro-
» feffion fans qu'il ait été procédé audit exa-
» men, ainfi qu'il a été dit ci-deffus.

II. » Voulons que l'article 19 de l'Edit
» du mois d'Avril 1695 foit exécuté felon
» fa forme & teneur ; & en conféquence,
» faifons très-expreffes inhibitions & défen-
» fes à toutes les Religieufes des Monafte-
» res exempts & non exempts, d'en fortir,
» fous quelque prétexte que ce foit, & pour
» quelque temps que ce puiffe être, fi ce
» n'eft pour caufe légitime, & jugée telle
» par l'Archevêque ou Evêque Diocéfain,
» & en vertu de fa permiffion par écrit, fans
» que lefdites Religieufes puiffent fortir de
» leurs Cloîtres, fous prétexte de permif-
» fions par elles obtenues de leurs Supérieu-
» res Régulieres : nonobftant lefquelles per-
» miffions il pourra être procédé, s'il y échet,
» fuivant les Sts Canons & les Ordon. con-
» tre les Religieufes qui fe trouveront hors
» de leurs Monafteres fans avoir obtenu la

(a) Le Parlement refufa d'abord de regiftrer cette Déclaration qui fut retirée ; mais elle y fut envoyée une
feconde foi, & regiftrée à la follicitation du Clergé.

Voyez ce que difent les Agens dans leur rapport imprimé en 1745, pag. 21.

» permiſſion par écrit de l'Archevêque ou
» Evêque Diocéſain , ou de leurs Grands-
» Vicaires , à qui ils auroient donné le pou-
» voir d'accorder pareilles permiſſions.

III. » Les diſpoſitions de notre préſente
» Déclaration ſeront exécutées ſelon leur
» forme & teneur, nonobſtant tous privilé-
» ges ou exemptions , de quelque nature
» qu'ils ſoient , & à l'égard de tous les Or-
» dres Monaſtiques , ou Congrégations Mo-
» naſtiques & Régulieres, même de l'Ordre
» de Frontevrault , S. Jean de Jéruſalem ,
» ou autres de pareilles qualités «.

Nous tenons pour maxime en France ,
que les Généraux & autres Supérieurs d'Ordres , qui réſident en Pays étranger, ne peuvent faire aucun acte ni exercice de juriſdiction ſur les Monaſteres de France, pour
tout ce qui ne concerne pas la diſcipline
intérieure & ordinaire , ſans conſentement
du Roi , porté par Lettres-Patentes enregiſtrées dans ſes Cours.

Cette maxime eſt fondée ſur les droits
inaliénables que le Roi a ſur ſes Sujets , &
réciproquement ſur le droit que ſes Sujets
ont à ſa protection. Voy. l'Arrêt rendu par
le Parlement de Beſançon, le 18 Février
1719, qu'on trouve dans le Recueil de ce
Parlement, tome 5, pag. 207 & ſuiv. Voy.
auſſi l'Arrêt du 9 Mars 1619, rapporté aux
anciens Mémoires du Clergé, tome 1, ch. 5,
n°. 34.

C'eſt par cette raiſon que les Généraux &
Supérieurs d'Ordres réſidens en Pays étrangers, doivent nommer des Religieux régnicoles (a), pour les repréſenter en entier, &
exercer leur autorité en France.

C'eſt auſſi pour cela qu'il eſt défendu aux
Généraux étrangers de viſiter en perſonne
leurs Monaſteres de France , ſans en avoir
obtenu du Roi la permiſſion, par Lettres-
Patentes regiſtrées. Voyez les Mémoires du
Clergé, tome 4, pag. 660 & ſuivantes; les
Preuves de nos Libertés, tome 2, chap. 30
& 33 ; Fuet, des Matieres Bénéficiales, livre 2, ch. 9; les Loix Eccléſiaſtiques, partie premiere, ch. 10, n°. 15.

C'eſt ſur le même fondement que les Vi-
caires-Généraux d'Ordres ne peuvent exer-

cer les Commiſſions qui leur ſont données
par les Supérieurs étrangers , qu'après qu'on
eſt aſſuré , par un enregiſtrement dans les
Cours, qu'elles ne contiennent rien de contraire aux Loix du Royaume.

De-là encore la défenſe d'exécuter les obédiences des Généraux étrangers, ſans le conſentement des Provinciaux ou autres Supérieurs réſidens en France. De-là enfin , les
défenſes d'exécuter les obédiences même des
Supérieurs réſidens en France, qui oblige-
roient les Religieux de ſortir du Royaume
ſans permiſſion du Roi , quand même ce ſeroit pour aſſiſter aux Chapitres généraux de
l'Ordre. Voyez les Autorités ci-deſſus indiquées , & l'Arrêt du 10 Janvier 1719.

La Cour, en prononçant l'Arrêt rendu à
huis-clos ſur les Concluſions de M. Gilbert, Avocat Général , le 2 Avril 1734, ſur
pluſieurs appels comme d'abus , interjettés
par les Récolets de Lyon , des Décrets ou
Arrêtés de leur Chapitre Provincial, tenu
au mois de Novembre 1732 , dont pluſieurs
ont été proſcrits, a néantmoins réſervé aux
appellans la voie de l'appel ſimple au Général , & ordonné que ledit Général ſeroit
tenu de donner ſa Commiſſion à un Récollet François demeurant en France , lequel
ſeroit tenu de prendre des Lettres d'Attache , & de les faire regiſtrer en la Cour. V.
l'article 34 des Libertés de l'Egliſe Gallicane, & l'Arrêt du 17 Juin 1695, rapporté
dans le Procès-verbal de l'Aſſemblée du
Clergé de la même année 1695.

Louis XIV. a , par un Edit du mois de
Janvier 1681, regiſtré au Conſeil Souverain
de Tournai le 13 Février ſuivant , défendu
à tous Abbés , Prieurs, & aux maiſons Religieuſes ſituées dans les Pays cédés à la France par les Traités de Nimegue, Munſter, les
Pyrénées, Aix-la-Chapelle, &c. tant hommes que filles , de recevoir des Novices, &
d'admettre aucuns Religieux ou Religieuſes pour demeurer dans leur Monaſtere,
qui ne ſoient Sujets du Roi ; & ordonné
qu'on ne pourroit élire ni choiſir aucun Séculier ou Régulier pour gouverner les Monaſteres de filles, qui ne fuſſent pareillement
Sujets du Roi. Voy. auſſi la Déclaration du

(a) Le Parlement d'Aix a, par Arrêt du 30 Mai 1628,
enjoint au Provincial des Carmes, de pourvoir le Couvent de Marſeilles & autres de cette Province, de Supérieurs régnicoles & naturels François, & d'en faire vuider les Etrangers dans trois ſemaines.

15 du même mois de Janvier 1681, regiſtrée audit Conſeil le 24 Février ſuivant.

On ne pratique pas en France l'uſage qui s'eſt introduit dans quelques autres États, d'autoriſer les Supérieurs à expulſer des Religieux de leur Ordre, & à les en exclure ſans eſpérance de retour, parce que cet uſage bleſſe tout-à-la-fois la ſainteté des vœux, l'indiſſolubilité du lien qu'ils forment, & la tranquillité des familles.

La Profeſſion ſolemnelle en Religion eſt un engagement irrévocable & réciproque, contracté entre celui qui la fait & l'Ordre qui le reçoit ; & la Loi naturelle dicte que, comme le Profès ne peut ſe ſouſtraire à ſon Ordre, l'Ordre, à ſon tour, ne peut pas le rejetter de ſon ſein. C'eſt ce qu'établit parfaitement M. de Fleury, dans l'Inſtitution au Droit Eccléſiaſtique, tome premier, pag. 208. Voyez auſſi les Loix Eccléſiaſtiques par d'Hericourt, partie premiere, chapitre 25, n°. 5.

Anciennement perſonne ne pouvoit s'engager en Religion ſans la permiſſion du Prince. Voyez les Capitulaires de Charlemagne, conformes à la Loi de l'Empereur Valens.

On lit, même dans les Formules de Marculphe, que lors de la naiſſance de la Monarchie, il étoit défendu de recevoir la tonſure & de s'engager dans les Ordres, ſans la permiſſion expreſſe de nos Rois. Sur cela voyez un Ouvrage anonyme, qui a pour titre : *de l'Autorité du Roi touchant l'âge néceſſaire à la Profeſſion Religieuſe*, & qu'on attribue à M. le Voyer de Boutigny.

Les Religieux Profès ſont incapables de ſuccéder, ſuivant les Ordonnances de François I, (donnée à Château-Briant,) au mois de Mai 1532 ; de Blois, article 28, & de 1629, article 9. La Coutume du Comté de Bourgogne ne les exclud que de la ſucceſſion aux Fiefs, titre des Fiefs, articles 7 & 17. Une ancienne Ordonnance, donnée par Philippe II, le 17 Avril 1581, pour le Comté de Bourgogne, déclare auſſi les Religieux capables d'acquérir pour eux ou leurs Monaſteres, les meubles & l'uſufruit des immeubles qui leur écheoiront par droit ou Coutume, ſoit par donation, ſucceſſion légitime, ou ſupplément d'icelle.

La Juriſprudence des Arrêts eſt conforme à ces différentes diſpoſitions : on en trouve un du Parlement de Metz, du 21 Janvier 1718, rapporté avec beaucoup d'autres autorités ſur cette matiere, dans la nouvelle édit. *in-folio* des Arrêts d'Augeard, tome 2, n°. 154.

Le Religieux fait Evêque, eſt diſpenſé de ſes vœux ; & ſa famille lui ſuccéde, mais il ne ſuccéde point à ſes parens. Voy. *Evêque.*

Un pere peut pourſuivre ceux qui ont procuré la mort de ſon fils Religieux, & en demander les intérêts civils : le fils le peut de même pour la mort de ſon pere Religieux.

Les Supérieurs Réguliers des Maiſons Religieuſes ne peuvent décider de la validité des vœux des Religieux de leur Ordre. Voyez *Vœux.*

Le Religieux Novice ne peut teſter valablement avant ſa Profeſſion en Religion, s'il n'a l'âge requis par les Coutumes. Voy. *Teſtament.*

Les Ordres Religieux établis par permiſſion du Pape, & autoriſés en France par Lettres-Patentes du Roi, enregiſtrées au Parlement, ne peuvent être conteſtés par les Membres de l'Ordre, ſous prétexte de quelques formalités omiſes en l'établiſſement : la Cour l'a ainſi jugé par deux Arrêts, (qui ſont au Journal des Audiences), pour l'Ordre de la Doctrine Chrétienne.

Les Religieux peuvent être témoins dans des informations & dans des enquêtes : mais ils ne peuvent être témoins inſtrumentaires dans des Actes reçus par des Notaires. V. *Notaires.*

Le Religieux relevé de ſes vœux, rentre en la poſſeſſion de ſes droits, biens & héritages ; mais il doit prendre les choſes en l'état qu'il les trouve, ſans pouvoir débattre ce qui a été fait en ſes biens par ſes parens, ſuivant deux Arrêts du Parlement de Touloufe, rendus les 12 Avril 1631, & 14 Décembre 1632.

Les Religieux ne peuvent faire les fonctions Curiales dans les Paroiſſes, ſans la permiſſion de l'Evêque ou de ſes Grands-Vicaires, s'il n'y a point de Curé.

Les Religieux Mendians ne peuvent être Curés en titre, même d'un Bénéfice régulier (a), mais ils peuvent le deffervir avec la permiſſion de l'Ordinaire.

Les Religieux des Congrégations réformées qui poſſédent des Bénéfices, ſont aſtraints à des formalités particulieres. Voyez *Bénéfices*.

Il eſt défendu, par les Capitulaires de Charlemagne, (liv. 1, ch. 95 & 101, édition de Baluze), de donner l'habit Religieux aux enfans ſans le conſentement de leurs parens : (mais il eſt permis aux parens de conſentir qu'on le leur donne), même avant l'âge de 25 ans.

L'Ordonnance d'Orléans, art. 19, exige non-ſeulement le conſentement des parens pour la Profeſſion Religieuſe de leurs enfans, mais elle leur défend expreſſément d'y conſentir avant l'âge de 25 ans pour les mâles, & de 20 ans pour les filles.

L'Ordonnance de Blois, art. 28, a changé celle d'Orléans, en fixant l'âge de la Profeſſion à 16 ans accomplis, conformément au Concile de Trente : mais ce changement n'a point donné d'atteinte aux droits des peres & meres, en ce qui concerne la néceſſité de leur conſentement à la Profeſſion de leurs enfans : c'eſt un droit de la nature, auquel l'Ordonnance n'a pas voulu toucher.

Pluſieurs Arrêts ont admis l'oppoſition des peres à la Profeſſion Religieuſe de leurs enfans : il y en a un du 20 Mai 1586, qui a été rendu en faveur du ſieur Ayrault, Lieutenant Criminel d'Angers, contre les Jéſuites de Paris : (Mᵉ Gillet le date de 1587, dans ſon 5ᵉ Plaidoyer) : il y en a un autre du premier Aout 1601, rendu en faveur de Mᵉ Jean Laurent, Procureur à Chartres, contre les Feuillans, & un autre rendu le 14 Mars 1604, en faveur de M. le Préſident Ripaut, contre les Capucins : (Mᵉ Gillet le date de 1602). Ces trois peres redemandoient leurs fils, auxquels on avoit donné l'habit de Moine ſans leurs conſentemens ; & les Arrêts ordonnerent que les Jéſuites, les Feuillans & les Capucins les rendroient en habits ſéculiers, avec défenſes de les recevoir à l'avenir ſans le conſentement de leurs peres : ils ſont cités dans une Note miſe par Néron ſur l'art. 19 de l'Ordonnance d'Orléans, édition de 1653.

Chopin, dans ſon *Monaſticon*, rapporte un autre Arrêt rendu en faveur d'un pere hérétique & apoſtat, lequel étant encore Catholique, avoit mis ſa fille au Couvent, & lui avoit fait prendre le voile. Le pere s'étoit fait Luthérien pendant le Noviciat, & n'avoit pas conſenti à ſa Profeſſion : il en interjetta appel comme d'abus, & vouloit la marier. Par l'Arrêt, il fut ordonné que la fille ſeroit ouie pardevant le plus prochain Juge Royal, & que pour cet effet elle demeureroit comme en ſéqueſtre dans une maiſon bourgeoiſe. V. un Arrêt du Parlement d'Aix du 11 Avril 1680, au Journal du Palais.

Il y a cependant un Arrêt rendu en la Grand'Chambre, le 23 Juillet 1686, qui permet à Marie-Claude Vernat de prononcer ſes vœux, en cas que l'Archevêque de Lyon l'en trouve capable, nonobſtant l'oppoſition de ſes pere & mere à ſon ingreſſion en Religion : cet Arrêt condamne même les pere & mere à payer 400 liv. de penſion viagere pendant la vie de leur fille, & 1000 livres pour frais de Profeſſion, penſion de Noviciat, &c. Mais c'eſt un Arrêt de circonſtances ; elles ſont détaillées dans le ſecond Plaidoyer de Mᵉ Erard, & dans le cinquiéme de Mᵉ Gillet. La fille touchoit d'ailleurs à ſa vingt-cinquiéme année.

Cet Arrêt ſe trouve auſſi au Journal du Palais ; l'Editeur des Plaidoyers de Mᵉ Gillet avertit que le Journaliſte l'a rapporté avec des changemens.

Il y a encore l'Arrêt du ſieur Mol, dont voici l'eſpéce :

Benigne Mol ayant voulu, du conſentement de ſa mere, mais malgré l'oppoſition de ſon pere, (Avocat aux Conſeils), ſe faire Religieux Bénédictin, Sentences des Requêtes du Palais intervint le 4 Juillet 1721, qui lui ordonna de paſſer ſix mois chez ſon pere en habit ſéculier : mais ſur l'appel il fut ordonné, par Arrêt rendu ſur les Con-

---

(a) En général, les Religieux Mendians ne peuvent poſſéder aucun Bénéfice ; & il eſt enjoint aux Officiers Royaux de les dépoſſéder de tous ceux qu'ils pourroient avoir obtenus, nonobſtant toute diſpenſe, &c. Voyez l'Ordonnance de Charles VII, publiée en 1443 ; les Preuves des Libertés Gallicanes, ch. 7 ; & Tournet, lett. B, ch. 41.

Les Religieux Mendians qui ſont transférés dans un autre Ordre capable de poſſéder des Bénéfices, n'en peuvent poſſéder qu'un ſeul. V. la Déclaration de 1717; & l'article *Incompatibilité de Bénéfices*.

clufions de M. l'Avocat Général d'Aguef-feau, le 18 Mai 1722, que ledit Mol fe retireroit pendant fix mois dans une Communauté Séculiere ou Réguliere qui feroit convenue dans trois jours ; paffé lequel temps, la Cour nommeroit une Maifon, & que le pere y payeroit la penfion des fix mois : après quoi le fils feroit libre de prononcer fes vœux fans nouvel Arrêt.

Tout récemment il a été ordonné que la Demoifelle Dacier feroit rendue à fon pere pendant un certain temps, par les filles de Sainte-Marie, établies à Paris près la Baftille, chez lefquelles elle vouloit prononcer des vœux malgré lui.

Le Châtelet a été plus loin ; car, par Sentence rendue le Samedi 30 Août 1760, il a non-feulement admis l'oppofition formée par un pere à l'émiffion des vœux de fa fille, âgée de 23 ans, qui vouloit fe faire Cordeliere, & qu'il revendiquoit, mais a ordonné à cette fille de retourner chez lui, avec défenfes d'en fortir avant l'âge de 25 ans, & a condamné le Couvent aux dépens.

Le Parlement de Provence a cependant, par Arrêt rendu le 26 Janvier 1730, jugé n'y avoir abus dans la Profeffion de Claude Jouvin, âgé de 17 ans, dans l'Ordre des Capucins. Ce Jouvin avoit prononcé fes vœux hors la préfence & fans le confentement par écrit de fon pere ; & ce pere, attendri par les regrets de fon fils, avoit appellé comme d'abus de fa Profeffion. Il citoit le Chapitre 30 des Nombres, les Capitulaires de Charlemagne, Chopin, Henrys, Boniface, &c.

Mais parce que Jouvin pere avoit eu connoiffance, & du Noviciat, & de la Profeffion de fon fils, fans s'y oppofer, qu'il avoit envoyé fa femme pour affifter à la cérémonie, & fournir de fa part tout ce qui étoit néceffaire pour cette dépenfe, l'Arrêt jugea la Profeffion valable.

Je ne comprends pas au refte, comment on peut férieufement agiter la queftion de fçavoir fi un enfant peut défobéir à fon pere, & fe faire Moine contre fon gré : une pareille queftion paroîtra toujours déraifonnable à tout homme fenfé.

Les plaintes & les oppofitions des peres font d'autant plus favorables, que l'on n'en-tend, dans les Cloîtres & dans les Tribunaux, que des gémiffemens & des réclamations contre des Vœux forcés ; & comme l'on ne doit pas prendre pour vocation le caprice ou le dépit d'une jeune perfonne fans expérience, on doit en ce cas donner beaucoup aux droits de la puiffance paternelle.

Les Loix Romaines attribuoient aux peres un pouvoir immenfe fur leurs enfans, & ce Tribunal domeftique étoit fouverain à cet égard ; mais fi cette puiffance eft modérée par les régles plus humaines du Chriftianifme, elle n'eft point abfolument abrogée ; rien ne bleffe plus cette autorité, que de foutenir qu'un enfant fe puiffe choifir un état, fans le confentement de fon pere.

Un mineur eft incapable des moindres actes de la vie civile ; pourquoi pourroit-il négliger l'autorité paternelle pour le plus important de tous les engagemens ? Comment concevoir qu'il peut renoncer à tout par le vœu de pauvreté, & immoler fes fens à la loi d'une continence perpétuelle, lorfqu'il ne connoît fouvent pas ce que c'eft que continence, & combien la nature réfifte à ces Vœux ? Pourquoi l'autorité des peres ne fervira-t-elle pas de frein, en ce cas-là, à l'indocilité des enfans qui, fous prétexte de fe donner à Dieu, s'imaginent qu'il leur eft permis de défobeir à leurs parens ?

On ne trouve que trop de Supérieurs dans les Maifons Religieufes, qui, par des vûes intéreffées, entrent dans ce commerce d'iniquité, & qui acceptent ces victimes fans fcrupule. Ils ne manquent pas de dire que, quand Dieu parle, c'eft un crime d'écouter la voix de la nature ; que l'autorité des peres devant fléchir fous la fienne, il ne faut plus écouter leur volonté ; mais le Chriftianifme n'eft point une vertu farouche, qui étouffe les fentimens de la nature ; le défir de fe confacrer à la condition de Religieux, n'eft fouvent qu'une ferveur paffagere : fera-t-il temps de fe repentir, lorfque le fang venant à bouillonner, il infpirera de cruels efforts pour fecouer un joug infupportable ? &c. &c. &c.

Un Religieux, par fon Vœu, eft *in manu Superioris*, & par fon état, il eft mort civilement ; de forte que s'il n'eft affifté de fon Supérieur, ou autorifé de fa permiffion, il ne peut point efter en Jugement ; c'eſt ce que le Parlement de Paris a jugé , par un Arrêt rendu en forme de Réglement , ſur les Concluſions de MM. les Gens du Roi , le 4 Mai 1696 , en défendant aux Religieux d'intenter & de pourſuivre aucuns procès , ſans la permiſſion de leur Supérieur (a).

Dans le Chapitre général de l'Ordre de Cluni , tenu au mois d'Octobre 1693 , qui a été confirmé par un Bref du Pape , & par Lettres-Patentes du Roi , enregiſtrées au Grand-Conſeil , il eſt expreſſément décidé qu'aucun Religieux , pas même les Prieurs des Communautés Régulieres , ne pourront intenter de procès , ſans permiſſion du Viſiteur de la Province.

L'Arrêt de Réglement du 4 Mai 1696 , dont je viens de parler , ordonne de plus , que tous les Religieux de l'Ordre de Saint François , & tous autres transférés dans l'Ordre de S. Benoît , ſeront obligés de demeurer dans les Monaſteres dans leſquels ils ont fait profeſſion , ou dans les Bénéfices dont ils peuvent être pourvus , ſans qu'ils puiſſent ſortir deſdits Monaſteres , que par permiſſion expreſſe de leurs Supérieurs.

Le même Arrêt ordonne encore que , lorſque les Religieux voudront demeurer en quelqu'autre lieu , pour la pourſuite de quelque procès , ou pour autres affaires qui peuvent durer un mois ou plus , ils ſeront tenus d'en obtenir la permiſſion de leur Supérieur majeur..... & de la repréſenter aux Evêques des lieux où ils ſeront , ſans qu'ils puiſſent être reçus à faire aucune pourſuite de leur prétendu droit , qu'ils ne demeurent actuellement dans l'un des Monaſteres de leur Ordre , ou autre Communauté Réguliere , en cas qu'il n'y en ait point dudit Ordre.

La Déclaration du 25 Janvier 1717 , dont je rapporte les diſpoſitions à l'art. Incompatibilité de Bénéfice , parle de l'Arrêt du 4 Mai 1696 , qu'elle dit être conforme aux diſpoſitions des Conciles.

Le Grand-Conſeil a , par Arrêt contradictoire , rendu le 16 Septembre 1682 , entre le Prieur conventuel de Tavant , Ordre de S. Benoît , & quelques Religieux de ce Prieuré , Titulaires de Bénéfices , ordonné,

ſur le Réquiſitoire de M. le Procureur Général , que leſdits *Religieux* (Titulaires de Bénéfices) *ſeroient tenus de vivre en Communauté , garder & obſerver la diſcipline réguliere , ſuivant & conformément à la Régle de S. Benoît.*

Comme auſſi de rapporter à la Menſe commune , tous & chacuns les revenus provenans de leurs Bénéfices , Offices clauſtraux , penſions , & tous revenus généralement quelconques , pour être les deniers mis dans un coffre fermant à deux clefs , dont le Prieur en aura une , le Cellerier l'autre.

Fait défenſes auxdits Religieux de ſortir du Monaſtere , ſans l'obédience du Prieur....

Le Religieux par ſa Profeſſion devient , dit Fevret , à ſon Monaſtere , ce qu'eſt l'eſclave à l'égard de ſon Maître ; ils ſont l'un & l'autre dans un état de mort civile : mais, comme par cette eſpéce de mort , on ne perd pas le droit de la nature & des gens , le Religieux peut acquérir auſſi-bien que l'eſclave : leurs acquiſitions ſont illicites , mais non pas nulles : ce qui eſt acquis par l'eſclave , appartient à ſon Maître ; de même ce que le Religieux acquiert , devient un bien de ſa Communauté. V. M. Louet , lettre R , n. 42.

Il n'eſt point permis aux Religieux Mendians de faire conſtruire des bâtimens , même ſur leur terrein , pour en tirer du revenu. Voici une Déclaration du 5 Septembre 1684 , enregiſtrée le 7 , qui leur preſcrit ce qu'ils doivent faire , lorſqu'ils veulent faire bâtir.

» Nous avons défendu & défendons très-
» expreſſément auxdits Religieux Men-
» dians , à peine d'être privés de tous les
» priviléges que nous leur avons accordés ,
» ou les Rois nos prédéceſſeurs , d'entre-
» prendre & de commencer à l'avenir au-
» cun bâtiment , dont la dépenſe excéde la
» ſomme de 15000 liv. ſans en avoir ob-
» tenu notre permiſſion par des Lettres-Pa-
» rentes ſignées de notre main , contre-ſi-
» gnées par l'un des Secrétaires d'Etat , &
» de nos commandemens , & ſcellées de no-
» tre grand Sceau , & les avoir fait enre-
» giſtrer en notre Cour du Parlement de

» Paris, fur l'avis du Lieutenant de Police
» & de notre Procureur au Châtelet, & des
» Prévôt des Marchands & Echevins de no-
» tredite Ville, avec les autres formalités
» que l'on a accoutumé d'obferver en ces
» occafions.

» Et à l'égard des bâtimens dont la dé-
» penfe, excédant la fomme de 3000 livres,
» fera au-deffous de celle de 15000 livres,
» leur défendons pareillement de les entre-
» prendre, qu'après en avoir obtenu la per-
» miffion, par Arrêt de notre Cour de Par-
» lement, qui ne fera accordée qu'en gran-
» de connoiffance de caufe, & avec les for-
» malités marquées ci-deffus.

» Voulons que ceux qui prêteront, ou
» qui fourniront d'une autre maniere de
» l'argent auxdits Religieux pour ces bâti-
» mens, foient tenus, ou lefdits Religieux
» pour eux, de repréfenter à notred. Cour de
» Parlement les contrats de conftitution, ou
» autres actes qu'ils en auront paffés, pour
» être inférés dans les Arrêts d'enregiftre-
» ment de nos Lettres, & dans ceux que
» notredite Cour pourra rendre dans la
» fuite «.

Quand les Abbés Réguliers ou les Monafteres fuccédent aux Religieux de leurs
Maifons, Bénéficiers ou autres, ils ne font
tenus des dettes du défunt, que jufqu'à concurrence de ce qu'ils y trouvent, en faifant
faire bon & fidéle inventaire : à l'égard de
ceux qui étoient pourvus de Bénéfices, ou
demeurans hors l'Abbaye, Voyez Cotte-
Morte.

L'Abbé Commendataire n'a, ni Jurifdiction, ni autorité fur les Religieux de fon
Abbaye ; mais la difcipline, la conduite de
la Maifon, & la correction des Membres,
appartient à l'Abbé Régulier, ou au Prieur
Clauftral, s'il n'y a point d'Abbé Régulier.
Voyez Abbé.

Un Religieux Profès ne peut tefter de ce
qu'il a acquis depuis fa Profeffion.

Il eft dans la puiffance & dans l'autorité
du Pape d'établir la compatibilité de l'Etat
Séculier & Eccléfiaftique avec l'Etat Régulier, & par conféquent de rendre un Séculier capable de poffèder une Abbaye, qui
de Droit commun eft affectée à un Régulier:
nous en avons un exemple dans l'Abbaye
de Cluni, donnée à M. l'Abbé d'Auvergne,

avec difpenfe (follicitée par ordre du Roi)
qui lui a été confirmée par Arrêt du Grand-
Confeil.

Quelqu'extraordinaire que paroiffe cette
difpenfe à des Religieux, qui s'imaginent
que l'efprit de direction, d'intelligence &
de gouvernement, doit être renfermé dans
un froc, fi on veut pénétrer dans les fources
de l'ancien Droit Eccléfiaftique, on ne trouvera aucune répugnance qu'un Séculier,
diftingué par fa naiffance & par fon mérite,
ne puiffe être établi le Chef d'un Ordre
Régulier.

L'Eglife, dans l'Ordre Hiérarchique, eft
un Corps & un Etat Séculier, & non Régulier : c'eft pourquoi tous les Religieux,
dans l'Ordre Hiérarchique de l'Eglife, doivent être entiérement foumis aux Prélats
Séculiers ; ce n'eft que par des priviléges
particuliers & par des exemptions, qu'ils fe
font affranchis de la dépendance des Evêques, & qu'ils fe font foumis immédiatement au Pape, qui eft leur Chef, qui n'eft
pas Régulier, mais Séculier.

La qualité de Séculier eft fi peu incompatible avec la fupériorité fur les Réguliers,
que Fagnan, qui eft le dernier des Canoniftes qui a le plus fçavamment écrit fur
les Décrétales, affure, dans fon Commentaire fur le Chapitre, *cum caufam de electio-*
ne, n. 17, qu'un Evêque eft un fujet capable d'être élu à une Prélature Réguliere :
Epifcopus, dit-il, *poteft præfici regimini Ec-*
clefiæ Regularis, licèt fit Clericus Regularis.
Cap. Caufam de Judiciis, cap. 1. *Ne fede va-*
cante ; & la raifon qu'il en rend, *quia Epif-*
copus fanctior præfumitur quolibet Monacho
vel Abbate: ideo Sancti Patres approbave-
runt ut Secularis Epifcopus præeffet immediatè
Monachis.

Il fuit de ces principes que la qualité de
Séculier n'eft point incompatible avec l'état
Régulier, puifqu'au contraire l'état Séculier a confervé toujours un dégré de fupériorité dans l'Eglife fur les Réguliers, qui
n'ont été incorporés dans le Corps myftique
de l'Eglife, que par une dépendance de fujétion & de fubordination au Chef & au
Corps, qui eft conftamment Séculier, & non
pas Régulier.

Des Lettres-Patentes du mois d'Avril
1746, qu'on trouve dans le Code des Cu-

rés, portent que » les Réguliers, non plus
» qu'aucun autre Prêtre, ne pourront ad-
» miniftrer les Sacremens, ni faire aucune
» exhortation dans les Chapelles domefti-
» ques, fans la permiffion de l'Ordinaire ; «
c'eft la difpofition de l'art. 9.

L'article X porte que » dans les Chapel-
» les publiques qui font bâties dans la cam-
» pagne, & qui fervent comme d'Eglife
» fuccurfale, les Réguliers, approuvés par
» l'Ordinaire, pourront prêcher & adminif-
» trer les Sacremens, comme dans les Egli-
» fes Paroiffiales, du confentement du Curé.

XI. » Les Réguliers ne pourront faire
» d'autres quêtes que celles auxquelles ils
» font autorifés par état....... & ils ne pour-
» ront faire de quêtes de Confrairies........
» fi lefdites Confrairies ne font approuvées
» par l'Ordinaire, & revêtues de Lettres-
» Patentes......

XIV. ». Les Réguliers ne pourront don-
» ner la Communion Pafchale dans leur
» Eglife, pendant la quinzaine de Pâques,
» fi ce n'eft de la permiffion de l'Ordinaire,
» & du confentement du Curé.

XVI. » Les Réguliers ne pourront don-
» ner la bénédiction, ni faire les prieres ac-
» coutumées fur les femmes qui fe préfen-
» tent à l'Eglife, pour être relevées après
» leurs couches, à moins qu'elles n'en ayent
» obtenu la permiffion du Curé de leur Pa-
» roiffe. «

Des Arrêts rendus au Grand-Confeil les
18 Décembre 1743 & 21 Janvier 1744, ont
jugé qu'un Religieux Bénédictin Anglois
ne peut être transféré de fon Ordre, fans le
confentement de fes Supérieurs.

Dans cette efpéce, Dom Jean Afpinwal,
Bénédictin Anglois, avoit obtenu, fans l'a-
grément de fes Supérieurs, un Bref de tranflation dans l'Ordre (de l'ancienne Obfervance) de Cluni. L'Official de Paris avoit
ordonné, par Sentence du 23 Septembre
1743, qu'il feroit paffé outre à la fulmination de ce Bref, nonobftant l'oppofition des
Supérieurs d'Afpinwal ; mais ces Arrêts ont
jugé qu'il y avoit abus, tant dans le Bref,
que dans la Sentence de l'Official.

Les rentes acquifes fur le Roi par des Religieux & Religieufes qui n'ont pas la faculté de poffédér un pécule, ne peuvent leur
être payées par les Payeurs des rentes,

qu'en conféquence d'une autorifation des
Supérieurs ; mais ceux qui ont droit de pofféder un pécule, peuvent en recevoir les
arrérages fur leurs fimples quittances. Voyez
l'Arrêt de Réglement de la Chambre des
Comptes, du 17 Juin 1758.

RELIGIONNAIRES.
V. *Abjuration, Proteftant & Relaps.*

RELIQUA.
V. *Compte, Comptable & Débet.*

Ce mot, qui eft purement latin, fignifie
le refte, ou le débet dont le Rendant compte fe trouve débiteur, toute fa dépenfe
réduite par la clôture & l'arrêté d'un
compte.

REMBOURSEMENT DE RENTES.
Voyez *Arrérages, Cens, Décret, Fabrique,
Futaye, Lods & Ventes, Payement, Rentes
conftituées, Rentes foncieres, Stellionat.*

Rembourfer une rente, c'eft la racheter
& l'éteindre, en payant au créancier le principal, moyennant lequel elle a été conftituée.

Les rentes conftituées à prix d'argent,
font rembourfables à la volonté de celui qui
les doit. Il a, dit Dupleffis, *une faculté perpétuelle de la racheter*; au contraire, le
créancier eft *perpétuellement exclu d'en exiger le rachat forcément.*

Ces principes, qui font certains dans la
thèfe générale, font néanmoins fujets à des
exceptions.

Par exemple, lorfque l'Officier, pourvu
d'une charge hypothéquée à des rentes conftituées, la vend, & que le créancier forme
oppofition au fceau, une telle vente met le
créancier, qui a formé oppofition au fceau,
en état d'exiger fon Rembourfement fur le
prix de l'Office. La Jurifprudence du Parlement de Paris eft certaine fur ce point ; &
il a même été jugé, par Arrêt rendu le 15
Juin 1731, que le Greffier de l'Election de
Soiffons, fucceffeur & héritier de fon pere,
devoit rembourfer la rente privilégiée fur
fon Office, quoiqu'il n'en fût dû aucuns
arrérages.

Ce Jugement eft fondé fur la différence
qu'il y a entre le prêt fait fur un Office &
celui fait fur un corps d'héritage. Dans le
premier

premier cas, le prêt se fait plutôt à la personne, que sur l'Office : c'est la confiance personnelle que le créancier a dans le Titulaire, qui le détermine à prêter ; car, outre la négligence de payer la Paulette, qui peut faire périr l'Office, il y a des faits de charge qui engendrent des créances privilégiées. V. *Faits de charges.*

D'ailleurs, le Roi ne cesse jamais d'être propriétaire des Offices. *Donnons & octroyons,* disent les provisions qu'il en accorde ; il peut les supprimer, les confisquer en cas de délit, &c. au lieu que la propriété des corps héréditaires réside toujours en la personne du débiteur, & qu'ils ne peuvent passer en d'autres mains, qu'à la charge de l'hypothéque.

Il y a cependant un Arrêt contraire, rendu le 12 Août 1707, dans Augeard. Mais c'est un Arrêt solitaire ; & la Cour vient d'en rendre deux autres, qui paroissent avoir fixé la Jurisprudence sur ce point au Parlement de Paris.

Le premier, au rapport de M. Maynaud, le 21 Mai 1762, a condamné le sieur Forget, Greffier des bâtimens, à rembourser les rentes créées sur cet Office, que sa femme avoit eues de la succession du sieur de la Bos-Dupré, son pere.

Le second a été rendu le Samedi 5 Février 1763, en la Grand'Chambre, au rapport de M. l'Abbé Terray, & a condamné le sieur Cyvadat à rembourser aux sieur & dame Bernard & Consors, une rente constituée au denier 30, hypothéquée & même privilégiée sur le quart de l'Office de Commissaire aux Saisies-Réelles, dont il avoit été pourvu.

Il y avoit cela de particulier dans cette espéce, que le sieur Cyvadat avoit été poursuivi en 1728, pour rembourser la même rente sur le fondement de la vente qu'il avoit faite en 1722 de son quart d'Office ; & la demande en Remboursement avoit été rejettée par Arrêt du 11 Juin 1728, parce que l'acquéreur de ce quart d'Office n'avoit pas obtenu de provision.

Cyvadat opposoit cet Arrêt comme fin de

non-recevoir contre la demande en Remboursement, renouvellée en 1754, après la vente & les provisions scellées de la totalité de la charge ; mais ni cette fin de non-recevoir, ni celle que Cyvadat prétendoit faire résulter d'un autre Arrêt du premier Juillet 1752, par lequel la Cour lui avoit refusé à lui-même le Remboursement du prix de la vente de 1722, jusqu'à ce que le débet public fût liquidé, n'ont été écoutées ; la Cour a jugé, par le susdit Arrêt du 5 Février 1763, que l'action en Remboursement étoit ouverte par la vente & les provisions accordées à l'acquéreur.

Les Parlemens de Bordeaux & de Toulouse jugent au contraire que, lorsque le débiteur d'une rente constituée vend un Office dont il est revêtu, & dont les provisions sont scellées à la charge de l'opposition formée par le créancier de la rente, l'acquéreur ne peut être contraint au Remboursement, s'il consent que l'Office demeure hypothéqué comme auparavant. Il y a à ce sujet un Arrêt du Parlement de Toulouse du 30 Mai 1732 ; un Arrêt du Parlement de Bordeaux du 22 Décemb. 1734 ; & le Parlement de Paris, assuré de cette Jurisprudence locale par un Acte de Notoriété du Parlement de Bordeaux du 21 Novembre 1735, a jugé en conformité (pour le ressort du Parlement de Bordeaux) par Arrêt rendu, au rapport de M. Lorenchet, le 22 Avril 1738. Voyez la Combe, verb. *Office,* sect. 2, n. 11 ; & un Arrêt du Parlement de Rennes du 13 Mars 1736, rapporté au Journal de ce Parlement, tome 2.

Lorsque le créancier d'une rente hypothéquée sur un Office, le laisse vendre, sans former opposition au sceau des provisions, il ne peut pas exiger le Remboursement de sa rente ; parce que, s'il souffre quelque perte en ce cas, c'est par son fait & par son inaction, qu'il doit s'imputer.

La Cour vient de le juger ainsi, par Arrêt rendu, au rapport de M. de Bretignieres, le 18 Juillet 1760 (*a*), en confirmant une Sentence du Châtelet du 7 Décembre

___

(*a*) On prétend qu'il a été rendu un autre Arrêt tout semblable, le 12 Janvier 1610. On l'a même cité comme rapporté par M. Louet ; mais je l'ai cherché inutilement dans cet Auteur : au reste, quelques Jurisconsultes sont d'avis contraire à ces Arrêts. Voyez Duplessis, des Droits Incorporels, liv. 3, chap. 1 ; Brodeau, sur l'article 94 de la Coutume de Paris ; les Régles du Droit François de Pocquet de Livonniere, &c. Mais voyez aussi Bourjon.

1758, par laquelle le créancier privilégié d'une rente conſtituée pour partie du prix d'un Office de Planchéeur non oppoſant au ſceau, avoit été déclaré non-recevable dans ſa demande en Rembourſement.

Il eſt même à noter que dans cette eſpéce il ne reſtoit plus aucun immeuble au débiteur de la rente, & que par conſéquent le créancier négligeant de former oppoſition au ſceau, n'avoit plus ni hypothéque, ni ſûreté.

Le créancier d'une rente hypothéquée ſur des héritages vendus, peut encore en exiger le Rembourſement, lorſque l'acquéreur de ces héritages les fait décréter ſur lui, pour purger les hypothéques dont ils ſont chargés; parce qu'alors les ſûretés du créancier diminuent au moyen de ce qu'il eſt privé de ſon hypothéque ſur un objet qui lui étoit affecté; mais pour cela il faut que le créancier ait formé oppoſition; & le Rembourſement ne peut même en ce cas ſe demander que ſur le prix de l'immeuble vendu; il n'y auroit même point de Rembourſement à prétendre, ſi le prix étoit abſorbé par d'autres créanciers antérieurs en hypothéque.

Mais ſi l'acquéreur ne fait pas faire de décret volontaire de l'héritage qu'il a acquis, le créancier de la rente hypothéquée ſur cet héritage, ne peut en demander le Rembourſement, parce qu'il ne perd pas ſon hypothéque ſur l'héritage vendu: la Cour l'a ainſi jugé par Arrêt du 17 Mai 1743.

Il a même été jugé, par Arrêt rendu en la deuxiéme Chambre des Enquêtes, le 13 Mai 1749, au rapport de M. Rouſſel, que le créancier d'une rente conſtituée, à condition qu'elle ſeroit rembourſée, ſi le débiteur vendoit des héritages qui y étoient hypothéqués, ne pouvoit cependant en demander le Rembourſement; parce qu'en ce cas, bien loin que l'hypothéque & la ſûreté du créancier de la rente ſoient diminués, il a au contraire deux débiteurs, au lieu d'un.

Cet Arrêt a, comme on voit, jugé une pareille clauſe illicite. Il eſt intervenu entre le ſieur de Semetaire du Buiſſon & Conſors, & la Demoiſelle Deſchamps; les Juges de la Sénéchauſſée de Moulins, dont la Sentence fut infirmée, avoient au contraire jugé qu'il y avoit lieu au Rembourſement. Mais voyez *Décret.*

Le Sr Legras, en vendant au Sr Gache, une maiſon dont le prix fut payé comptant, déclara que cette maiſon étoit hypothéquée au payement d'une rente dûe à la veuve Godard, laquelle, inſtruite de la vente, forma ſa demande en déclaration d'hypothéque contre le ſieur Gache, quoiqu'il ne fût point dû d'arrérages de la rente.

Comme la vente étoit faite avec promeſſe de garantir, fournir & faire valoir, le ſieur Gache dénonça la demande de la veuve Godard au vendeur, & prétendit que celui-ci devoit, ou rembourſer la rente, ou au moins apporter acquit & décharge de la demande en déclaration d'hypothéque. Il diſoit qu'il n'étoit pas naturel de le laiſſer expoſé à perpétuité aux ſuites d'une telle hypothéque; que la clauſe de garantir, fournir & faire valoir la vente, ſignifioit un engagement de la part du vendeur de faire jouir paiſiblement; & qu'une jouiſſance, troublée par une demande en déclaration d'hypothéque, n'étoit rien moins que paiſible.

Le ſieur Legras répondoit qu'en déclarant l'hypothéque créée pour la rente dûe à la veuve Godard, il avoit ſuffiſamment averti l'acquéreur, il avoit traité ſur ce pied, &c. La Sentence rendue au Bailliage de Châlons, le 22 Juillet 1745, avoit condamné le ſieur Legras à rembourſer la rente, ou bien à apporter décharge; mais, par Arrêt rendu, au rapport de M. Severt, le 7 Septembre 1747, la Sentence a été infirmée, & le ſieur Gache débouté de ſa demande.

Le créancier d'une rente conſtituée peut encore en exiger le Rembourſement en trois autres cas:

1°. Lorſque le débiteur a commis un ſtellionat par le contrat de conſtitution.

2°. Lorſqu'il avoit promis de donner une caution, & qu'il ne la donne pas.

3°. Lorſqu'après avoir promis de faire emploi des deniers prêtés, & de faire ſubroger le prêteur aux droits d'un autre créancier, il ne l'a pas fait.

On penſe encore que, lorſque le propriétaire d'une futaye la vend, il doit faire emploi du prix, ſinon que le créancier hypothécaire d'une rente peut exiger ſon Rembourſement. V. *Futaye.*

La Communauté des Marchands Merciers-Drapiers de Saint-Valery en Ponthieu, ayant, en 1695 & en 1714, emprunté différentes sommes à la Fabrique de S. Nicolas & S. Vulfrand d'Abbeville, en constituerent des rentes au denier 22, avec promesse de faire emploi des capitaux empruntés, & d'en fournir les quittances contenant subrogation, &c.

Les déclarations d'emploi furent négligées, mais les arrérages des rentes furent exactement payés; & les débiteurs ayant successivement demandé des réductions sur ces rentes en 1720, elles furent, à diverses reprises, modérées; d'abord au denier 30, ensuite au denier 50, & enfin au denier 70: on les paya sur ce pied jusqu'en 1727.

Alors la Fabrique demanda son Remboursement sur le fondement du défaut d'emploi; les débiteurs excipoient de la réduction qui, disoient-ils, couvroit ce défaut. Il n'avoit point été passé d'actes des réductions, mais elles étoient constatées par les Regiſtres de la Fabrique, & par les quittances des arrérages.

Malgré cette circonſtance, les Marchands Merciers de Saint-Valery furent condamnés au Remboursement par Sentence du Bailliage d'Amiens, du 28 Juillet 1728; & elle a été confirmée par Arrêt rendu en l'année 1731, au rapport de M. de Lattaignant.

Quoiqu'en général le Remboursement fait au créancier du capital de ſa rente, éteigne ladite rente, voici néantmoins un cas dans lequel un Arrêt, rendu le 9 Août 1723, a jugé que le Remboursement n'avoit point eu cet effet, & que le créancier qui l'avoit reçu, étoit obligé de reſtituer le prix principal de la rente au débiteur, pour qu'elle lui fût continuée.

Dans l'eſpéce de cet Arrêt, le créancier d'une rente dûe par un mineur, avoit fait ſaiſir & vendre par décret des heritages appartenans à ce mineur, hypothéqués à la rente. L'adjudicataire de ces immeubles ayant remboursé la rente, le mineur, devenu majeur, fit annuller le décret & l'adjudication, & rentra dans la propriété des immeubles. L'adjudicataire prétendit qu'il falloit lui rendre la ſomme qu'il avoit remboursée; le créancier qui fut mis en cauſe, prétendit au contraire qu'il avoit valablement reçu ſon Remboursement, & que la nullité du décret & de l'adjudication, prononcée depuis le Remboursement qui lui avoit été fait, ne pouvoit pas faire revivre une rente éteinte; & il offroit de ſubroger l'adjudicataire à ſes droits, pour qu'il jouît de la rente: celui-ci répliquoit au contraire qu'il n'avoit pas voulu faire l'acquiſition d'une rente, mais qu'il l'avoit remboursée par une ſuite de l'adjudication; d'où il concluoit que l'adjudication étant annullée, & que l'héritage par lui acquis lui étant enlevé, il falloit lui rendre les deniers qu'il avoit déboursés pour l'extinction de la rente qui faiſoit partie de ſon prix: la Cour l'a ainſi jugé par l'Arrêt, parce que le Remboursement avoit eu pour cauſe une adjudcation qui ne ſubſiſtoit plus.

J'ajoûterois volontiers à cet Arrêt, que la rente a dû être payée par le mineur à l'adjudicataire, depuis le jour du Remboursement par lui fait, juſqu'au jour où ſes deniers lui ont été rendus.

Les rentes foncieres conſtituées pour raiſon de l'aliénation de maiſons & héritages ſitués *dans les Villes du Royaume & Fauxbourgs d'icelles*, ſont toujours rachetables nonobſtant la convention contraire inſérée dans les baux à rente: c'eſt la diſpoſition des Ordonnances de 1441, de 1539 & de 1553 de la Coutume de Paris, article 121, &c. & ces Loix n'exceptent pas même les rentes dûes aux Egliſes, Colléges & Communautés. Voyez *Lods & Ventes;* voyez auſſi Cambolas, liv. 3, chap. 29.

Le Clergé a cependant prétendu que les Déclarations de 1569 & 1606, qui portent que *les Eccléſiaſtiques ne pourront être contraints à ſouffrir le rachat des rentes foncieres dépendantes de leurs Bénéfices,* apportoient une exception en ſa faveur à cette régle générale: mais la queſtion s'étant préſentée entre la veuve le Févre & les Jacobins de Tours, qui invoquoient le privilége du Clergé, la Cour, par Arrêt rendu en la Grand'Chambre, le 28 Août 1725, au rapport de M. Mengui, a jugé que la veuve le Févre pourroit à ſon gré racheter une rente fonciere de 140 liv. & d'une livre de cire dûe aux Jacobins, ſur deux maiſons ſituées à Tours, en rembourſant 2820 liv. V. pluſieurs autres Arrêts rapportés par

X x ij

Brodeau fur M. Louet, lettre R . n°. 32 , & par le Commentateur de Bacquet ; mais voyez aufſi les anciens Mémoires du Clergé , tom. 3 , troiſiéme partie , page 199 & ſuivantes.

Il en eſt de même des rentes léguées en deniers , en grains ou en autre eſpéce, lorſqu'elles ſont à prendre ſur les maiſons des Villes & Fauxbourgs : elles ſont auſſi rachetables au denier vingt ; & la faculté de ce rachat eſt impreſcriptible , quand même par le Teſtament elles auroient été ſtipulées non rachetables.

Néantmoins ſi ces rentes étoient léguées pour l'exécution de quelques fondations , le rachetant feroit tenu de veiller au remploi en autres héritages ou rentes. Voyez l'article 122 de la Coutume de Paris.

M. le Préſident du Bois qui , le 27 Juillet 1727 , avoit acquis des Adminiſtrateurs de l'Hôpital de Laon , une Ferme nommée la Mothe , moyennant 8000 liv. produiſant 400 liv. d'intérêts , à condition qu'il ne pourroit ſe libérer du capital , que quand l'Hôpital trouveroit à acquérir d'autres héritages valant auſſi 8000 livres & de payer alors les frais d'indemnité & autres dépenſes relatives à ce remplacement , prétendit néantmoins forcer l'Hôpital de Laon , ou de recevoir le Rembourſement des 8000 liv. pour employer cette ſomme en acquiſition de rentes , ou d'accepter 400 liv. de rente ſur le Roi ou ſur le Clergé , pour ſe libérer.

Il diſoit que l'Edit du mois d'Août 1749, ne permettant plus aux mains-mortes d'acquérir des héritages , il falloit néceſſairement ou accepter l'argent ou les rentes qu'il offroit , puiſqu'il ne lui reſtoit que cette ſeule voie pour ſe libérer ; on lui répondoit que s'étant ſoumis à ne pouvoir rembourſer que quand le remploi en héritage pourroit être effectué , il avoit reconnu que la rente devoit être perpétuelle , ſi l'occaſion du remploi en héritage ne ſe préſentoit pas ; & par Arrêt rendu le Jeudi 27 Mars 1766, en la Grand'Chambre , au rapport de M. Lambelin , M. le Préſident du Bois, fut débouté de ſa demande.

La caution qui rembourſe une rente avec ceſſion & ſubrogation à ſon profit des droits du Créancier , ne peut contraindre le débiteur au Rembourſement.

Mais ſi cette caution , au lieu de rembourſer , aſſignoit le débiteur de la rente pour qu'il fût tenu , ou de la racheter, ou de lui rapporter la décharge du créancier , ſa demande feroit juſte , & les Juges limiteroient un temps pendant lequel le débiteur feroit tenu de faire décharger du cautionnement , ou de rembourſer ; parce qu'il n'eſt pas juſte que la caution reſte perpétuellement obligée.

Je crois cette maxime certaine ; cependant voici l'eſpéce d'un Arrêt récent qui y paroît contraire.

Deux particuliers , cautions d'une rente de 150 liv. au principal de 3000 liv. ayant été forcés de payer 205 liv. 10 ſols , pour arrérages dûs au Créancier de la rente ; voulurent forcer le débiteur de la rembourſer ; le débiteur ſoutint que cette prétention attaquoit directement la nature & l'eſſence des contrats de conſtitution de rentes qui ne peuvent s'éteindre que par un Rembourſement volontaire. Il citoit un Arrêt du 14 Février 1636 , rapporté par Baſſet , & par Arrêt rendu le 7 Septembre 1756 , en la Grand'Chambre , au rapport de M. Anjorrant , la demande des cautions fut proſcrite.

Le débiteur d'une rente ſubſtituée , qui la rembourſe au grévé , n'eſt pas garant du défaut d'emploi , s'il n'y a point d'oppoſition en ſes mains , ſuivant l'Ordonnance de 1747 , pour les ſubſtitutions , titre 2 , article 15.

Mais lorſque le grévé de ſubſtitution a reçu de ſemblables Rembourſemens , ceux qui ſont appellés pour la recueillir , peuvent le forcer d'en faire le remploi. La Cour l'a ainſi jugé par Arrêt rendu au rapport de M. Severt , le 4 Septembre 1760 , entre les ſieur & demoiſelle Le Roy.

Lorſque le débiteur d'une rente dont quelqu'un a l'uſufruit , la rembourſe , c'eſt au propriétaire , & non à l'uſufruitier de faire le remploi. Mes Gillet , Cochu , Cellier , Maillard & Gin , Avocats , ont donné cette maxime comme très-certaine , dans une Conſultation du 25 Juin 1759 ; mais je crois qu'en ce cas le propriétaire doit être garant de la ſolvabilité du nouveau débiteur envers l'uſufruitier.

On penfe univerfellement que les tuteurs des mineurs & les curateurs des interdits peuvent valablement recevoir les Rembourfemens des capitaux de rentes dûes à leurs pupilles ; les Avocats du Mans en ont même donné une efpéce d'Acte de Notoriété, le 15 Novembre 1719.

L'oppofition formée fur le créancier d'une rente conftituée entre les mains du débiteur de la rente, met obftacle au Remboursement ; de façon que le débiteur ne peut, ni payer les arrérages de la rente, ni fe libérer du capital, fans appeller le faififfant ou l'oppofant. La Cour l'a ainfi jugé par Arrêt rendu en la Grand'Chambre, le Vendredi 21 Avril 1741.

Je l'ai vû juger de même au Châtelet, au mois de Janvier 1753, par Sentence rendue au rapport de M. le Couvreur, dans une affaire en laquelle j'occupois pour le fieur Delfol, contre le fieur Guenebaut. Dans cette efpéce, le fieur Delfol n'avoit pas déclaré qu'il s'oppofoit au Remboursement des Rentes qui étoient dûes à fon débiteur par Guenebaut : il avoit feulement déclaré qu'il s'oppofoit au payement de tout ce que pouvoit devoir Guenebaut, &c.

Le mari peut-il recevoir le Remboursement des Rentes appartenantes à fa femme, quand même elles feroient propres à la femme ?

Cette queftion faifoit autrefois beaucoup de difficultés ; mais on s'eft décidé pour l'affirmative.

La Cour l'a ainfi jugé en faveur de M. Cadeau, Confeiller, contre la Communauté des Marchands Merciers, par Arrêt rendu fur les Conclufions de M. l'Avocat Général Chauvelin, le 4 Janvier 1714, confirmatif d'une Sentence des Requêtes du Palais du 13 Décembre 1713.

Dans cette efpéce, les Marchands Merciers, débiteurs d'une rente qu'ils vouloient rembourfer, demandoient qu'attendu la minorité de Madame Cadeau, M. Cadeau fût tenu de provoquer un avis de parens pour fe faire autorifer à recevoir le Remboursement & faire emploi. La rente étoit de 2000 liv. au principal de 40000 liv. & elle étoit conftituée à Madame Cadeau, avant fon mariage : ils ont été déboutés de cette demande avec dépens.

On a même jugé, par Arrêt rendu le Mercredi 3 Juin 1761, en la Grand'Chambre, fur les Conclufions de M. l'Avocat Général Joly de Fleury, plaidans Mes Doutremont & Babille, que le Vicomte de Rochechouart, majeur, pouvoit recevoir le Remboursement des capitaux des rentes appartenantes à fa femme mineure, nonobftant l'oppofition de la Dame Boucher, fa belle-mere, qui prétendoit l'affujettir à en faire emploi, en conformité d'une Sentence du Châtelet, laquelle a été infirmée.

La Cour des Aides a pareillement jugé contre la Dame Defprés de la Salle, dans l'ordre de la Terre de Bonnet, fituée dans la Coutume de Chaumont en Baffigny, arrêté le 26 Août 1729, au rapport de M. Hericart de Thury, en la troifiéme Chambre, que le mari feul pouvoit recevoir le Remboursement de capitaux des rentes de fa femme.

J'ai même vû juger au Châtelet, par Sentence rendue au Parc Civil, le 15 Juillet 1738, plaidans Mes de la Broffe & Beviere, que le Marquis de Magny pouvoit recevoir le Remboursement du capital d'une rente montant à 30000 liv. nonobftant l'oppofition formée par la Dame fon époufe, qui demandoit un remploi, & qui s'étoit fait autorifer par Juftice à cet effet.

Me Beviere, qui défendoit le Marquis de Magny, & qui gagna fa caufe, fit voir que, quoique la femme ait une action après la diffolution de la communauté, pour le remploi de fes rentes rembourfées au mari, elle ne peut le gêner, tant que la communauté fubfifte ; fi elle prétend qu'il eft diffipateur, elle a la voie de la féparation de biens.

Mais fi elle ne prend point ce parti, elle eft mal fondée. Voyez Lalande, fur l'art. 195 de la Coutume d'Orléans ; Bretonnier fur Henrys, & Auzannet, &c.

Enfin, la queftion ne doit plus faire la moindre difficulté dans les Pays Coutumiers où la communauté eft admife ; puifque par Arrêt rendu, confultis Claffibus, en la première Chambre des Enquêtes, le 21 Janvier 1761, au rapport de M. de Laverdy, entre les fieurs Maraix & Deftourneaux, la Cour, en infirmant la Sentence du Bailliage de Sezanne, a confirmé celle rendue en la Prévôté de la même Ville, laquelle (Sentence) avoit jugé valable, le Remboursement fait au mari feul, pendant la communauté, d'une rente constituée appartenante à fa femme, laquelle avoit depuis renoncé à la communauté, & pourfuivoit le débiteur de fa rente qu'elle difoit n'en être pas libéré.

Doit-on dire la même chofe en Pays de Droit-Ecrit? Il paroît certain que le mari ne peut pas recevoir le Remboursement des rentes qui font partie des biens paraphernaux; mais à l'égard des biens dotaux, comme le mari en a l'ufufruit, & qu'aux termes du droit, l'ufufruitier peut, fans la participation & à l'infçu du propriétaire, recevoir les forts principaux portant intérêts; il faut en conclure que le mari peut auffi, dans ces Pays, recevoir le Remboursement des rentes qui font partie de la conftitution dotale de fa femme, avec d'autant plus de raifon, qu'il eft confidéré comme tuteur de fa femme; & qu'un tuteur peut valablement recevoir le rachat des rentes de fes pupilles.

Le Parlement de Toulofe a même ordonné, par un Arrêt rendu en forme de Réglement, le 22 Avril 1705, que les capitaux des rentes de la Province pourroient être remboursés aux maris, quoique conftitués en dot à leurs femmes; & que les héritiers dont les biens font fubftitués, ou qui feront chargés de rendre l'hérédité pendant leur vie ou après leur mort, pourroient auffi recevoir de pareils Remboursemens, fans que le Syndic ni la Province puiffent être recherchés pour raifon defdits Remboursemens.

En Normandie, lorfqu'une rente conftituée eft dûe à une femme mariée, le débiteur qui veut la rembourfer, peut forcer le mari, ou d'en faire emploi, ou de donner caution, finon le débiteur peut fe faire autorifer à configner; le Parlement de Rouen l'a ainfi jugé par Arrêt du 12 Mars 1756.

Le débiteur d'une rente, qui veut l'éteindre, doit en rembourfer le principal en entier, fi le créancier l'exige; il ne peut pas forcer celui-ci à le recevoir en différens payemens, à moins que le contrat ne l'ait ainfi réglé. V. *Payement.*

Sur la maniere d'opérer dans les partages de communauté, lorfqu'il a été rembourfé des rentes dûes par l'un des conjoints pendant la communauté, voyez les art. 244 & 245 de la Coutume de Paris, & ce que je dis aux mots *Partage & Remploi.*

L'acquéreur d'un héritage, qui eft chargé par fon contrat du payement & de la continuation d'une rente, peut-il être contraint de la rembourfer, quand il fait un décret volontaire? V. *Décrets.*

Les oppofitions au Remboursement des Rentes dûes par le Roi, doivent être formées au Sceau; & ces oppofitions n'ont d'effet que pendant un an. V. *Ratification* & *Sceau.*

Les oppofitions au Remboursement de Rentes dûes par les Etats de Languedoc, doivent être formées ès mains du Tréforier des Etats de cette Province. Voyez *Saifie-Arrêt.*

Les faifies & oppofitions qui fe font fur les arrérages & fur les capitaux des rentes dûes par le Clergé, ne peuvent fe faire qu'au Bureau de la recette générale du Clergé à Paris, à peine de nullité. Les Lettres-Patentes du 24 Mai 1760, regiftrées le 28 Juin fuivant, le décident ainfi textuellement; & elles difent de plus que toutes faifies, fignifications d'Arrêts, tranfports & autres actes concernant les rentes dûes par le Clergé, ne feront valables qu'autant qu'ils auront été paraphés par le Commis prépofé à cet effet par le Receveur Général. Tout ce que je viens de dire fur le Remboursement des Rentes perpétuelles, a également lieu pour les rentes viageres; avec cette différence néantmoins, que le débiteur d'une rente viagere ne peut pas forcer le rentier de recevoir le Remboursement, même en lui rendant le capital, moyennant lequel la rente a été créée. V. l'Arrêt du 15 Mars 1720, dans le feptiéme Volume du Journal des Audiences, & dans Brillon.

Cet Arrêt a encore jugé que le débiteur d'une rente viagere ne peut pas fe faire reftituer pour léfion, fous prétexte que la conftitution eft à un denier trop fort, & au-deffus du denier 10.

La Cour a depuis jugé par Arrêt rendu fur délibéré, au rapport de M. Titon, le 8 Juillet 1760, qu'un particulier, qui avoit hypothéqué deux maisons dépendantes d'une succession encore indivise, & desquelles il ne se trouva par l'événement, propriétaire que de deux cinquiémes, devoit, tant à raison de cette fausse déclaration, que parce que les deux maisons avoient été vendues depuis, rembourser une rente viagere de 250 livres, exempte de toutes retentions, moyennant laquelle il avoit acquis une maison & des héritages situés à Montigny près Cormeilles, en Parisis. Il offroit néantmoins de faire emploi d'une somme de 5000 liv. pour sûreté de la rente viagere; mais on jugea ces offres insuffisantes.

Le capital de la rente viagere de 250 liv. que l'acquéreur fut condamné de rembourser, fut fixé à 4000 liv. par l'Arrêt, eu égard, 1°. à l'exemption de retention stipulée; 2°. à ce que la créanciere étoit âgée de 66 ans; & 3°. à ce que cette créanciere avoit elle-même acquis, moyennant 4000 livres, la maison, qu'elle avoit revendue 250 liv. de rente viagere. L'Arrêt a même donné la faculté à la rentiere, ou d'exiger les 4000 liv. ou de rentrer dans la propriété de ses biens. La demande avoit été formée trois années neuf mois après la vente. Voy. Vente.

Sur le Remboursement des Rentes qui reçoivent diverses dénominations en Dauphiné, voyez l'Edit du mois de Fév. 1708. registré au Parlement de Grenoble, le 22 Mars 1708. Il contient douze articles; on le trouve dans le Recueil de Grenoble, tome 8.

Un Arrêt rendu au Parlement de Toulouse, le 16 Septembre 1700, qui avoit jugé valable le Remboursement fait par le débiteur d'une rente au denier 12, au capital de 456 liv. au Titulaire de la Chapellenie de Lartigne d'Aubiet, Diocèse d'Ausch, à laquelle cette rente étoit dûe, a été cassé, & les Parties renvoyées au Parlement de Bordeaux, par deux Arrêts du Conseil des 21 Octobre 1701, & 9 Juin 1704. On a pensé que le débiteur de la rente n'avoit pas dû la rembourser, sans exiger que le Titulaire du Bénéfice fît emploi des deniers provenus du rachat; au moyen de ce, la nécessité de l'aliénation n'avoit pas été constatée. V. Biens d'Eglise.

REMÉRÉ.

Le mot Réméré (vient de *Redimere*,) qui veut dire racheter; il signifie une faculté de retirer, dans un certain temps, l'héritage qu'on a vendu. en remboursant le prix à l'acquéreur. J'entre sur cela dans quelque détail, à l'article *Faculté de rachat*.

RÉMISSION (Lettres de).

Voy. *Abolition*, *Contumace* & *Pardon*.

On nomme Lettres de Rémission, des Lettres de Grace, qui s'accordent *pour homicides involontaires, ou commis dans le cas d'une légitime défense de sa vie, & dans le cas où l'impétrant a couru risque de la perdre.* Elles different des Lettres d'Abolition, en ce que celles-ci ne s'accordent qu'à ceux qui sont coupables de crimes, qu'aucune circonstance ne peut excuser. V. l'article 2 du tit. 16 de l'Ordonnance de 1670.

Les Lettres de Rémission peuvent s'expédier dans les Chancelleries établies près les Cours, quand elles sont *accordées pour les homicides purement involontaires, & arrivés par cas fortuit, ou dans le cas où ceux qui les ont commis, y ont été contraints par la nécessité d'une légitime défense, & pour éviter un péril évident de la vie, sans qu'il y ait eu aucune querelle qui ait pû y donner occasion.*

Pour tous les autres cas, les Secrétaires du Roi ne peuvent signer & présenter au Sceau, & aux Maîtres des Requêtes & Gardes-Sceldesdites Chancelleries, *aucunes Lettres de Rémission, à peine de nullité des Lettres, &c.* Ce sont les termes. dans lesquels s'explique une Déclaration du 22 Mai 1723.

L'article 2 de cette même Déclaration ordonne *que l'adresse des Lettres de Rémission expédiées esdites Chancelleries, ne pourra être faite, lorsque les Impétrans seront de condition roturiere, qu'aux Baillis & Sénéchaux, ou autres Juges* (Royaux) *ressortissans nuement ès Cours, & dans le ressort desquels l'homicide aura été commis, sans que, sous prétexte d'Arrêt de défenses, ou d'appel des décrets ou autres procédures d'instruction,...... lesdites Lettres puissent être adressées esdites Cours, (si ce n'est au cas où elles se trouvent saisies de l'appel des Jugemens définitifs des premiers Juges, & que les Impétrans ont été transférés dans leurs prisons, & leurs procès portés au Greffe.* (La même chose doit s'ob-

ferver pour les Lettres de Grace qui s'expédient en la Grande Chancellerie).

L'article 27 du titre 16 de l'Ordonnance
Criminelle veut que, *si les Lettres de Rémiffion & Pardon font obtenues pour des cas qui
ne foient pas rémiffibles , ou que, fi elles ne
font pas conformes aux charges , les Impétrans
en foient déboutés.*

Mais par une Déclaration du 22 Novembre 1683, il eft ordonné d'enthériner les
Lettres de Rémiffion, lorfque l'expofé qu'elles contiennent, n'eft pas tellement différent des charges & des circonftances , qu'il
change des la nature de l'action , fuivant l'article premier du titre 16 de l'Ordonnance
Criminelle, nonobftant que le mot d'abolition ne foit pas employé dans les Lettres ,
fauf aux Cours, après l'enthérinement , à
faire leurs remontrances au Roi ; & aux Juges, leurs repréfentations à M. le Chancelier fur l'atrocité des crimes , &c.

Depuis cette Déclaration, il en a été donné une autre, le 10 Août 1686, par laquelle
il eft ordonné que dans les Rémiffions fcellées du grand Sceau, fi les circonftances réfultantes des charges & informations , fe
trouvoient différentes de celles portées en
l'expofé defdites Lettres , enforte qu'elles
changeaffent la qualité de l'action ou la
nature du crime ; en ce cas, les Cours & les
Juges, auxquels l'adreffe en fera faite, fur-
feoiroient le Jugement & l'enthérinement ,
jufqu'à ce qu'ils ayent reçu de nouveaux ordres fur les informations qui feront envoyées à M. le Chancelier par les Procureurs Généraux & Procureurs du Roi, avec
lefdites Lettres.

Ces Déclarations ont été regiftrées au Parlement de Paris : la derniere a été envoyée
au Parlement de Toulouse , fous la date du
11 Août 1709, & elle y a été regiftrée le 31
du même mois. Ni l'une ni l'autre n'avoient
été envoyées en la Cour des Aides dans le
temps ; mais elles y ont été adreffées par des
Lettres de relief , d'adreffe & de furannation, du 10 Avril 1727, & regift. le 12 Mai
fuivant. Voyez ces Déclarations en entier.

Il y en a une autre du 27 Février 1703 ,
qu'il faut encore confulter fur la même matiere, ainfi que celle du 22 Mai 1723. Leur
étendue ne me permet pas d'en rapporter
ici les difpofitions en entier.

Les Lettres de Rémiffion & de Grace
éteignent les condamnations d'amendes, &
les confifcations prononcées tant envers le
Roi , qu'envers les Seigneurs, ainfi que je
le dis verb. *Amende ;* mais on penfe que fi
l'amende avoit été payée avant l'enthérinement des Lettres, celui qui les a obtenues ,
ne pourroit pas la répéter ; & il eft remarquable que le Seigneur n'eft pas recevable
à s'oppofer à l'enthérinement des Lettres ,
pour raifon des condamnations d'amendes ,
&c. prononcées en fa faveur contre l'accufé.
Duperrier rapporte deux Arrêts du Parlement de Provence, des premier Mai 1577
& 16 Février 1620, qui l'ont ainfi jugé.

Le même Parlement a , par Arrêt rendu
le 16 Juillet 1710 , débouté le Fermier de
l'Abbaye de Lerins de fa demande en rembourfement des frais de l'envoi de la procédure au Greffe du Parlement , & des épices ou honoraires payés aux Affeffeurs qui
avoient affifté au Jugement; mais ce même
Arrêt a ordonné qu'ils (les Fermiers) feroient rembourfés par l'accufé , qui avoit
obtenu des Lettres de Grace , du montant
des alimens qu'ils lui avoient fournis dans
la prifon.

Dans des événemens extraordinaires, par
exemple, aux Sacres des Rois, à leur mariage, ou à la naiffance des Dauphins, il eft
d'ufage d'accorder la liberté aux prifonniers
qui ne font pas indignes d'obtenir grace.
Le Roi nomme ordinairement des Commiffaires pour examiner & dreffer un état de
ceux qui méritent cette faveur., mais ne les
difpenfe pas d'obtenir des Lettres de Rémiffion, & de les faire enthériner. On peut
fur cela voir les Déclarations des 10 Janvier 1723 & 22 Octobre 1729.

Les Evêques d'Orléans peuvent , *au jour
de leur première entrée , & prife de poffeffion
folemnelle de leur Siége Epifcopal, donner aux
prifonniers , qui fe trouvent actuellement conftitués en toutes prifons quelconques de ladite
Ville , pour crimes commis feulement dans
l'étendue du Diocèfe d'Orléans , & non ailleurs, leurs Lettres d'interceffion & de déprécation ,* adreffées au Roi , fur lefquelles Sa
Majefté fait expédier , fans aucuns frais,
des Lettres de Grace aux criminels, qui doivent enfuite *être enthérinées en la manière
accoutumée ,* auffi *fans aucuns frais.*

Ce

Ce privilége des Evêques d'Orléans étoit autrefois beaucoup plus étendu ; mais comme il n'étoit fondé que sur un usage non soutenu de titres, il a été restreint aux seuls crimes commis dans le Diocèse d'Orléans, par un Edit du mois d'Avril 1758, registré le 18 du même mois.

Les Lettres de supplication & de déprécation, que peuvent donner les Evêques d'Orléans, n'ont aucun effet pour les *crimes d'assassinat prémédité, de meurtre ou outrage & excès, recousse de prisonniers pour crimes des mains de la Justice commis ou machinés à prix d'argent, ou sous autre engagement ; celui de rapt commis par violence ; ceux d'excès ou outrages commis en la personne des Magistrats ou Officiers, Huissiers & Sergens (Royaux) exerçant, faisant ou exécutant quelques actes de Justice....& tous autres forfaits & cas notoirement réputés non graciables dans le Royaume.* L'Edit que je viens de citer, les en excepte par une disposition textuelle.

Cet Edit ajoute *qu'en notifiant, de la part des criminels, des Lettres déprécatoires par eux obtenues des Evêques d'Orléans, il sera sursis pendant six mois, à compter de leur date, à tous Jugemens de leur Procès, pour raison des crimes y mentionnés, & à l'exécution des Jugemens qui pourroient être précédemment intervenus sur lesdits Procès.*

Enfin cet Edit porte *que ceux des Impétrans de Lettres déprécatoires ; qui se feront mis volontairement dans les prisons de la Ville d'Orléans, à l'effet de les obtenir des Evêques, & qui auront assisté & participé à la solemnité de leur entrée...soient & demeurent en liberté pendant six mois, sans que pour raison des crimes mentionnés aux Lettres, il puisse être attenté à leurs personnes.........passé* lequel terme, *faute par les Impétrans des Lettres d'intercession & de déprécation.......* d'avoir obtenu & présenté des Lettres de Grace, ils demeurent déchus de l'intercession & déprécation, &c.

L'article 25 de l'Arrêt rendu en forme de Réglement aux Grands-Jours de Clermont, le 10 Décembre 1665, porte que » tous accusés, porteurs de Lettres de Rémission, » seront tenus de tenir prison actuelle........ » jusqu'à ce qu'il ait été prononcé sur icel- » les, à peine, &c.....

Par autre Arrêt rendu au même Tribunal, le 30 Janvier 1666, il a été fait défenses aux Lieutenans Criminels, & autres Juges du Ressort, de prendre l'attache, & aucune chose pour l'attache, lecture, publication & enthérinement des Lettres de Rémission qui leur seront adressées.

REMPLOI.

V. *Autorisation, Communauté, Dot, Mari, Offices de la Maison du Roi, Partage, Propres fictifs, Propres réels & Remboursement.*

Le mot Remploi signifie en général remplacement & emploi de deniers provenans d'un fonds vendu, ou d'une rente remboursée à des conjoints, ou à l'un deux, pendant le mariage.

L'action de Remploi, qui s'exerce fort communément parmi nous, par celui des époux, dont le prix des propres est entré dans la communauté, étoit très-rare chez les Romains. La communauté de biens entre conjoints n'étoit pas admise chez ces peuples ; & la femme n'avoit pas besoin de recourir à l'action de Remploi, pour conserver le fonds de sa dot ; puisque ce fonds ne pouvoit être aliéné durant le mariage, même de son consentement, par le mari.

Si néantmoins la femme vouloit se contenter de reprendre sur les biens de son mari le prix qu'il avoit retiré de l'aliénation des biens dotaux, elle le pouvoit faire.

Si le mari vendoit des arbres de futaye, ou s'il les laissoit abattre, la femme, ou ses héritiers, pouvoient en répéter le prix contre le mari ou sa succession.

Le mari étoit d'ailleurs garant de toute la perte qui survenoit par sa faute ou sa négligence, sur le fonds dotal de sa femme ; & si ceux à qui il avoit vendu des fonds, les détérioroient, il en étoit garant. Ce sont, je crois, les seules actions de Remploi qu'on exerçoit chez les Romains ; & elles sont encore données à la femme dans la plûpart des Pays de Droit-Ecrit. Mais *voyez Paraphernaux.*

En Pays Coutumier, le mari ayant, comme dans le Droit Romain, la jouissance & l'administration des biens dotaux de sa femme, il est, par la même raison, tenu de lui en conserver le fonds ; par une conséquence nécéffaire, il eſt obligé de l'indemnifer de toute la perte qu'elle fouffre ; foit par l'aliénation, foit par la détérioration, s'il l'a pu prévénir ; & comme la femme peut vendre ce fonds conjointement avec fon mari, elle a, en ce cas, la voie d'exercer l'action en Remploi fur fes biens.

L'action en Remploi n'appartient pas feulement à la femme, elle appartient auſſi au mari, dans les Pays où la communauté eſt admife ; & l'article 232 de la Coutume de Paris, qui fur cela forme le Droit-commun, veut que ſi, *durant le mariage, il eſt vendu aucun héritage ou rente propre, appartenant à l'un ou à l'autre des conjoints* (communs en biens) *ou ſi ladite rente eſt rachetée, le prix de la vente ou rachat* foit repris *fur les biens de la communauté, au profit de celui auquel appartenoit l'héritage ou rente, encore qu'en vendant il n'eût été convenu du Remploi ou récompenfe, & qu'il n'y ait eu aucune déclaration fur ce fait.*

Cet article ne parle, comme on voit, que des rentes rachetables, & des héritages vendus à prix d'argent : il ne parle pas des propres donnés à rente fonciere non rachetable pendant la communauté ; & il n'y a point en effet d'action en Remploi pour cette eſpéce d'aliénation, à moins qu'il n'y ait fraude, ou qu'il ait été payé des deniers ; parce que la rente tient lieu de l'héritage, & retourne pour le tout à celui à qui il appartenoit.

C'eſt la communauté qui doit le Remploi, parce que le prix de l'immeuble vendu, ou de la rente rachetée, y eſt fondu ; mais ſi la femme renonce à la communauté, elle peut exercer fon action en Remploi fur les propres de fon mari ; & elle a pour cela une hypothéque, qui remonte au contrat de mariage ; cependant voyez *Hypothéque.*

Mais le mari ne fçauroit prendre le Remploi qui lui appartient, que fur la communauté ; ainſi ſi la femme ou fes héritiers y renoncent, il n'a point de Remploi à prétendre, parce que toute la communauté lui demeure.

Les héritiers des propres du mari doivent-ils contribuer, avec les héritiers mobiliers, au payement du Remploi dû à la femme ? Sur cela je crois, d'après Dupleſſis, qu'il faut diſtinguer :

Si la femme renonce à la communauté, fon Remploi eſt une dette perſonnelle du mari, que tous fes héritiers doivent acquitter *pro modo emolumenti.*

Mais quand la femme accepte la communauté, le Remploi ne doit tomber que fur les héritiers qui fuccédent aux biens de la communauté, & fur ces mêmes biens ; parce que, comme je l'ai déja dit, le Remploi eſt une dette de la communauté qui en a profité.

Cependant, ſi le Remploi n'a pas été fait dans la forme que j'indique ci-après, le conjoint n'a à ce fujet qu'une créance, & fon action ne lui attribue pas la propriété des immeubles de la communauté, juſqu'à concurrence de fes Remplois & reprifes ; la Cour vient de le juger ainſi, par Arrêt rendu le 2 Septemb. 1762, en la Grand'Chambre, fur les Conclufions de M. Seguier.

Dans cette eſpéce, le Prince de Talmond, commun en bien avec Iſabelle-Antoinette de Bullion, avoit, aux dépens de fa communauté, payé partie des dettes des fucceſſions de fes pere & mere ; il avoit d'ailleurs aliéné partie des propres de fa femme, reçu des rembourfemens, &c. Il avoit auſſi fait des acquifitions, mais fans déclaration de Remploi.

Sa veuve négligea de faire liquider fes reprifes & droits viduels. Il ne fut fait aucun partage de communauté entr'elle & leur fils unique, auquel elle laiſſa auſſi fa fucceſſion. Ce fils mourut majeur en 1758 ; & fes héritiers maternels prétendirent, 1°. que les art. 229 & 232 de la Coutume de Paris, avoient attribué à la Princeſſe de Talmond le droit de préléver juſqu'à concurrence du montant de fes Remplois, des conquêts immeubles de la communauté qui avoit été entr'elle & le Prince de Talmond, pere ; 2°. que ces conquêts, ainſi prélévés, devoient former des propres maternels dans la fucceſſion du Prince de Talmond fils. Les héritiers paternels foutinrent au contraire que l'action en Remploi de la Princeſſe de Talmond ne lui avoit donné qu'une créance ordinaire fur les conquêts faits par fon mari ; & que cette créance s'étant trouvée dans la fucceſſion recueillie par le Prince de Talmond fils, qui en étoit débiteur, elle fe trouvoit éteinte par la confufion des deux droits en fa personne ; au moyen de quoi il falloit partager les conquêts immeubles du Prince & de la Princeffe de Talmond, pere & mere , comme étant propres paternels pour moitié, & propres maternels pour l'autre moitié.

Ces conclufions des héritiers paternels du Prince de Talmond , fils , furent adoptées par Sentence du Châtelet ; & elle a été confirmée par le fufdit Arrêt du 2 Sept. 1762. V. les Coutumes du Maine & d'Anjou.

» Le mari doit à fa femme le Remploi , » non-feulement de ce qu'il a reçu , mais » même quelquefois de ce qu'il n'a pas re- » çu, lorfqu'il auroit dû le recevoir. Il doit » l'indemnifer, fi, par exemple, il a laiffé » prefcrire les fommes dûes à fa femme pour » le prix de fon propre aliéné, ou négligé » de faire payer le débiteur, qui eft devenu » depuis infolvable. ‘

» Il doit auffi l'indemnifer des détériora- » tions arrivées par fa faute fur l'héritage » de fa femme ; efpéce de Remploi où l'af- » fujettit la qualité d'Adminiftrateur «. Ju- rifprudence Françoife, n°. 373.

Quand on a ftipulé dans le contrat de mariage, que le mari feroit tenu d'employer les deniers dotaux de fa femme, en acquifition d'héritages ou rentes qui fortiroient nature de propre à fa femme, & qu'il en a depuis fait l'emploi convenu, ou bien quand des deniers provenans de l'aliénation des propres de fa femme, il en a depuis fait emploi ; en ce cas, la femme ne fçauroit faire la reprife de fes deniers ftipulés propres, ni des deniers provenans de l'aliénation de fes propres, ni fur la communauté, ni fur les propres de fon mari, en aucune façon.

Soit qu'elle accepte ou qu'elle renonce, il faut en tous ces cas, dit Dupleffis, qu'elle accepte les héritages & rentes efquels l'emploi ou le Remploi a été fait ; & ils lui demeurent propres, parce qu'ils ne font point entrés dans la communauté.

Mais pour la validité de l'emploi ou Remploi du propre de la femme, & lui faire opérer l'effet d'en interdire la reprife en deniers, il eft néceffaire que trois conditions concourent & fe rempliffent dans le contrat d'acquifition qui fe fait des deniers provenans de la vente ou du rachat de fon propre.

1°. Il faut qu'il contienne une déclaration précife & formelle que l'acquifition fe fait, ou des deniers ftipulés propres à la femme, ou des deniers provenans de tels propres vendus, ou de telle rente propre rachetée.

2°. Il faut qu'il y foit expreffément ftipulé que tel héritage ou rente eft acquis pour le Remploi de fon propre, & lui tenir même nature de propre que celui qui lui appartenoit, & qui a été, ou aliéné, ou racheté.

3°. Il eft néceffaire enfin que la femme parle dans l'acte par lequel fe fait le Remploi, qu'elle l'accepte & le figne, ou du moins qu'elle le ratifie pendant le cours du mariage, ou avant fa diffolution.

C'eft par l'affemblage & la réunion de ces trois conditions, que le propre de la femme fe conferve dans fon premier état, & qu'elle acquiert un droit de propriété fi exclufif fur l'effet remployé, que jamais il ne peut tomber dans la communauté & fous la puiffance du mari.

Quand, au contraire, ce concours ceffe, l'acquifition eft fur le champ & de droit réputée faite pour le compte de la communauté ; & par une fuite néceffaire, l'omiffion de l'une de ces conditions irritantes dans l'effet prétendu remployé, lui imprime le caractere & la qualité d'un vrai conquêt de communauté ; de maniere qu'alors le droit de la femme fur l'effet ainfi remployé, fe termine & fe réduit à une fimple hypothéque, & tout au plus à un privilége.

Il y a plus, dès que le propre de la femme s'eft une fois mêlé parmi les effets de la communauté, dont le mari eft le maître, pour n'avoir pas exactement rempli, (dans le Remploi qu'il a prétendu en faire,) ces trois conditions prefcrites pour la validité du Remploi ; dès ce moment même le propre eft tellement dénaturé, que jamais il ne peut le faire revivre ni réparer ce défaut par une feconde acquifition ou Remploi, où il auroit l'attention de ne les pas omettre.

Autrement, en admettant ainfi le droit d'entrée & d'iffue du propre de la femme dans la communauté, on donneroit par-là une pleine liberté aux avantages indirects entre le mari & la femme, quoique généralement prohibés par la plûpart des Coutumes. On peut même dire que dans le cas où , par le contrat de mariage , le propre de la femme eft ameubli pour groffir le fonds de la communauté, c'eft le propre alors qui doit à la communauté ; & par cette raison , les premiers deniers qui proviennent , soit de l'aliénation du fonds , soit du rachat de la rente qui lui eft propre , acquittent de plein droit l'ameubliffement , fans que le Remploi qui en pourroit être fait , puiffe jamais empêcher l'effet de cette libération.

Ces maximes font étayées du fuffrage unanime des bons Auteurs ; & confacrées par la Jurifprudence des Arrêts. V. Dupleffis fur la Coutume de Paris, liv. 2 ; de la Communauté, ch. 4 , fect. 2 ; le Brun , Traité de la Communauté, liv. 3 , chap 2 ; & Dumoulin fur l'ancienne Coutume de Paris.

A l'égard des Arrêts , il y en a deux rendus les 15 Mars 1578, & 3 Mai 1603, rapportés par Chopin fur la Coutume d'Anjou, & par M. le Preftre.

Le Brun , au lieu ci-deffus cité , en rapporte un rendu le 6 Septembre 1701.

Il y en a un autre rendu le 28 Mars 1721, en faveur de la Ducheffe d'Eftrées , qui a profcrit les offres qu'on lui faifoit en contrats fur la Ville , dans lefquels elle n'avoit pas parlé pour le Remploi de fes propres.

A peu près dans le même-temps il en fut rendu un femblable contre Me Sicaut , Avocat , au rapport de M. l'Abbé Pucelle, qui a jugé la même chofe.

Il y en a un dernier rendu le 15 Avril 1734 , contre le Comte de Sainte-Maure.

La Jurifprudence des Arrêts modernes a néantmoins autorifé une exception à ces régles ; en effet, on a forcé les femmes & leurs héritiers à accepter les Remplois faits par les maris en rentes fur les Aides & Gabelles , créées par Edit du mois de Juin 1720, au denier 40, avec déclaration d'emploi des deniers qu'ils avoient reçus , appartenans à leurs femmes , encore qu'elles n'euffent point accepté, ni même été préfentes aux Remplois. Les maris ont été difpenfés des régles ordinairement obfervées pour ces Remplois particuliers , par un Arrêt du Confeil du 19 Juillet 1720 ; & quoique cet Arrêt n'ait point été revêtu de Lettres-Patentes, la néceffité & la fingularité des temps

a déterminé les Cours à fe détacher des grandes régles pour tous les remplacemens faits en exécution de l'Edit du mois de Juin 1720, avec les déclarations & autres formalités indiquées par l'Arrêt du 19 Juillet fuivant.

Entr'autres Arrêts, en grand nombre , qui ont adopté les difpofitions de l'Arrêt du Confeil dont je viens de parler , il en eft intervenu un très-célèbre entre le Marquis du Pont-du-Château & l'Abbé Bouillé , au rapport de M. de Montholon , le 5 Septembre 1749 , en la feconde Chambre des Enquêtes , pour les Remplois des propres de la Marquife du Pont-du-Château , dont l'Abbé Bouillé étoit légataire univerfel.

Il y avoit même cela de fingulier, que les quittances de finance , fur lefquelles les contrats fur la Ville avoient été expédiés , ne portoient pas précifément d'où provenoient les deniers remplacés, & que le Marquis du Pont-du-Château avoit feulement déclaré *qu'ils provenoient de plufieurs rembourfemens de rentes du chef de la dame du Pont-du-Château, tant fur les Aides & Gabelles, que fur la Chambre des Comptes, Secrétaires du Roi, Communautés & Particuliers.* Mais on n'a pas cru que l'omiffion d'un détail de l'origine & du montant de chaque rembourfement , fût fuffifante pour s'écarter de la maxime générale.

On n'a rejetté ces fortes de Remplois , faits fans l'agrément des femmes , que lorfque les maris qui avoient reçu des rembourfemens long-temps avant l'événement de 1720 , ont voulu profiter de la circonftance pour fe libérer de l'action en Remploi ; & les conteftations qui fe font élevées fur cela , ont été décidées par le mérite des circonftances ; & c'eft le cas des Arrêts de la Ducheffe d'Eftrées , de la Comteffe de Ste. Maure , &c. dont j'ai déja parlé. Mais je n'ai point connoiffance qu'on ait rejetté le Remploi fait par un mari des rembourfemens reçus en 1719 & 1720.

M. de Breteuil , Secrétaire d'Etat , ayant fait le Remploi d'une très-grande partie de la dot de fa femme en contrats fur la Ville , cinq années ou environ après en avoir reçu le rembourfement , il s'eft agi de fçavoir , fi on pouvoit contraindre madame de Breteuil à accepter ces contrats, comme étant un Remploi de sa dot.

Elle le refusoit, premiérement, parce qu'elle n'avoit point parlé dans le Remploi; secondement, parce que M. de Breteuil avoit tardé cinq ans à le faire; & par Jugement Souverain rendu au Châtelet, (les Juges avoient été nommés Commissaires en cette partie,) le 12 Août 1745, il a été décidé que les rentes sur la Ville ne pouvoient pas être offertes à madame de Breteuil en payement de ses Remplois.

Comme l'Arrêt du Conseil du 19 Juillet 1720, dont jai déja parlé plusieurs fois, étoit donné, tant en faveur des maris, que des tuteurs; la Jurisprudence est la même à l'égard des deux.

Mais toutes les fois que les uns & les autres ont voulu, au lieu des rentes créées sur les Aides & Gabelles, par l'Edit du mois de Juin 1720, donner pour remplacement des rentes sur les Tailles au denier 50, créées par Edit du mois d'Août 1720, ou d'autres rentes dans lesquelles les formalités ordinaires & nécessaires aux Remplois n'avoient pas été observées, leur prétention a été rejettée, parce que l'Arrêt du 19 Juillet 1720 n'avoit pour objet unique, que les rentes créées au mois de Juin précédent. J'en rapporte quelques exemples récens à l'article *Tuteur*; & j'ai sous les yeux l'Arrêt rendu le premier Février 1745, par lequel la Cour a rejetté les offres de Joseph Mercier, de rendre aux héritiers de sa femme des rentes sur les Tailles, qu'il paroissoit seulement avoir acquises le 19 Décembre 1720, avec les deniers dotaux de sa femme, qu'il avoit reçus dès le mois de Février précédent.

Quand un propre est aliéné par la voie de l'échange, il faut que le conjoint se contente de l'héritage reçu, pour l'héritage donné; & il en est de même de l'héritage donné à rente.

Doit-il aussi en être de même de la rente constituée dans le contrat de vente pour le prix de l'héritage, ou lorsque le prix est encore dû en deniers? Quelques-uns pensent qu'il faut distinguer; qu'on doit assujettir le mari à se contenter de la rente ou du prix, & qu'il faut donner le choix à la femme.

Mais les Coutumes d'Anjou, art. 296, de Bourbonnois, art. 240, décident que le prix succede & appartient à celui auquel l'héritage appartenoit; parce que le Remploi n'est dû que quand le prix de l'héritage est tombé dans la communauté, & qu'elle n'en a pas profité quand il est encore dû.

La dame Col de Villars, séparée de biens d'avec son mari par contrat de mariage, ayant reçu en 1719, sous & avec l'autorisation de sondit mari, le remboursement d'une rente de 697 liv. au principal de 17425 l. en employa 8300 liv. à l'acquisition d'une Charge de Médecin du Châtelet, au profit de son mari; & le surplus montant à 9125 l. à l'acquisition d'une action sur la Compagnie des Indes, anéantie faute de nourriture. Une fille du premier lit de la dame de Villars prétendit que le sieur de Villars étoit garant de la moitié de la rente sur la Ville remboursée; & la Sentence du Châtelet du 18 Mars 1729, l'avoit ainsi jugé: mais, par Arrêt rendu le 11 Mai 1731, la Sentence fut infirmée, & le sieur de Villars déchargé du Remploi & de la garantie.

Il avoit auparavant été rendu un pareil Arrêt le 20 Mars 1728, au rapport de M. l'Abbé Lorenchet, entre les enfans du sieur Roussart & le sieur Crevon, dont voici l'espéce:

La dame Crevon, non commune avec son mari, & de lui autorisée, avoit reçu 36900 livres en fonds, & en avoit placé 18900 l. en actions: il n'y avoit point d'emploi du surplus. Les enfans du premier lit demandoient que le sieur Crevon justifiât d'emploi valable, ou qu'il payât 40000 liv. la Sentence du Châtelet du 13 Mars 1727, l'avoit ainsi ordonné; mais elle fut infirmée.

Cependant, par autre Arrêt rendu le 5 Septembre 1711, au rapport de M. l'Abbé Pucelle, la Cour a accordé à la Marquise du Châtelet, sur les biens de son mari, avec lequel elle étoit non commune en biens, le Remploi d'une somme de 100000 liv. prix de l'aliénation de ses immeubles pendant le mariage; & cela par la seule présomption de l'avantage indirect.

Il en a encore été rendu un autre (Arrêt) en la seconde Chambre des Enquêtes, au rapport de M. Hennin, le 25 Janvier 1724, entre la dame de Cheffy & l'héritier de son mari, par lequel la Cour a jugé que la femme, quoique féparée de biens, avoit l'action de Remploi fur la fucceffion de fon mari, pour l'aliénation de fes propres pendant le mariage, en qualité de femme autorifée, en affirmant que les deniers provenans de l'aliénation, n'avoient point tournés à fon profit.

Enfin, trois autres Arrêts plus modernes paroiffent avoir confacré la Jurifprudence qui affujettit le mari à juftifier de l'emploi ou du Remploi du prix de la vente des propres, ou des capitaux des rembourfemens faits à fa femme féparée ou non commune, quand elle y a été autorifée (a).

Le premier de ces Arrêts a été rendu au rapport de M. Pâris, le 3 Avril 1726, entre la Comteffe d'Eftain & le Comte d'Eftain fon mari; le fecond a été rendu le Vendredi 24 Mars 1741, en faveur de Mᵉ Gueau de Reverfeau, en la quatriéme Chambre des Enquêtes, au rapport de M. l'Efpine de Grainville, contre le Sr Courtain de Torfay.

Le troifiéme a été rendu en la même Chambre, au rapport de M. Rolland de Challerange, le 28 Juillet 1744, contre les héritiers du fieur de Cœurvillés, en faveur de ceux de fa veuve.

Ces deux derniers Arrêts font rapportés avec quelque détail, par M. l'Efpine de Grainville, pages 429 & fuivantes. Mais voy. dans le même Auteur l'Arrêt d'Hautefeuille du 27 Avril 1748.

Lorfque le Remploi d'un immeuble n'a pas été fait, le mari qui le doit, & qui a reçu des deniers, ne peut s'acquitter qu'avec des deniers: on ne pourroit pas exiger de lui un immeuble en payement; & par la même raifon, le mari ne peut pas non plus offrir un immeuble, & forcer l'héritier de fa femme à le recevoir; s'il en étoit autrement, les formalités que la Jurifprudence a

introduites pour les Remplois, feroient inutiles, puifque le mari deviendroit le maître, malgré l'omiffion de ces formalités, de forcer l'héritier de fa femme de fe contenter d'un effet qu'il pourroit défigner, comme étant de même nature, valeur & bonté.

Ces principes ont été oppofés au Marquis de Canillac, qui, pour Remploi d'une rente de 450 liv. fur les Etats de Bretagne, au denier 50, au principal de 22500 liv. appartenant à fa femme, & qu'il avoit vendu pendant leur mariage, offroit aux héritiers de fa femme, ou 9000 liv. d'argent, ou un pareil contrat, de même nature, fur les Etats de Bretagne. Ces héritiers demandoient 22500 livres, parce que la quittance de rembourfement donnée aux Etats de Bretagne, portoit que cette fomme lui avoit été payée.

Il y avoit cependant une certitude morale, que, fuivant le cours de la Place au temps de l'aliénation du contrat, le Marquis de Canillac n'avoit reçu que 8000 liv. & il en offroit neuf. Mais, difoit-on, la Marquife de Canillac avoit efpérance d'un rembourfement fur le pied du denier 50. Cette efpérance, quoiqu'éloignée, n'en étoit pas moins une efpérance, puifque les Etats ne pouvoient fe libérer du capital, qu'en rembourfant le même capital qu'ils avoient reçu.

L'offre de remettre un pareil contrat, & au même denier, fur les mêmes débiteurs, fembloit devoir défintéreffer les héritiers; cependant les Juges fe trouverent partagés en la Grand'Chambre; & la queftion ayant été renvoyée ad majus concilium; c'eft-à-dire, aux deux femeftres de la Grand'Chambre, la Cour, par Arrêt rendu le 4 Septembre 1760, à la pluralité de vingt-deux voix contre onze, a confirmé la Sentence des Requêtes du Palais, par laquelle le Marquis de

---

(a) Il me femble que cette Jurifprudence eft bonne pour les Pays où les avantages font défendus entre conjoints; mais que dans les Coutumes où les avantages font autorifés par un texte précis, il doit en être des biens que la femme aliéne avec l'autorifation de fon mari, comme des biens paraphernaux & autres biens qu'elle pofféde extrà dotem, en Pays de Droit-Ecrit, dont le mari n'eft point garant, quand la femme en difpofe.

Je fçais bien qu'on dira que l'autorifation n'eft pas néceffaire en Pays de Droit-Ecrit, & qu'elle eft indifpenfable en Pays Coutumier; mais cette autorifation n'a pour

objet que de donner à la femme la capacité de contraéter; elle ne rend le mari garant du prix de l'aliénation que par la crainte des avantages indireéts: & quand ce motif ceffe, pourquoi la garantie fubfifte-t-elle?

Dans les Pays de Droit-Ecrit du reffort du Parlement de Paris, la femme ne peut difpofer de fes biens paraphernaux, fans être autorifée par fon mari: Argou & l'Aéte de Notoriété dont je parle à l'article Autorifation, nous l'affurent. Cependant, fi la femme en difpofe fans cette autorité, le mari n'en eft pas plus garant que par tout ailleurs.

Canillac étoit condamné de payer 22500 l.

Les héritiers de la Marquise de Canillac ont cité, dans cette affaire, un Arrêt rendu, au rapport de M. l'Abbé Macé, le premier Septembre 1752, qui paroît avoir jugé la même question, & de la même maniere, en faveur de la dame Fredefonds.

L'action pour le Remploi d'un propre aliéné, est un effet disponible non sujet aux réserves coutumieres, comme l'auroit été le propre qu'il représente. Ricard traite cette question à fond, partie 3, chap. 10, section premiere, & rapporte plusieurs Arrêts qui l'ont ainsi décidé. La Cour a même jugé, par deux Arrêts modernes, que cette action devoit être considérée comme mobiliaire, relativement à la faculté que quelques Coutumes accordent aux conjoints de se faire des avantages & des legs. Le premier a été rendu en la seconde Chambre des Enquêtes, au rapport de M. Carré de Mongeron, le 17 Février 1730.

Le second a été rendu en la Grand'Chambre, sur les Conclusions de M. l'Avocat Général Joly de Fleury, le 29 Décemb. 1739, entre le sieur Trespagne des Tournellos & le sieur Gambard, Médecin à Montdidier : on trouve ce dernier Arrêt dans les Additions aux Œuvres de Ricard. V. l'Arrêt de Parent, au mot *Succession*.

Voici l'espéce d'un troisiéme Arrêt intervenu sur la même matiere le 7 Septembre 1756, en la troisiéme Chambre des Enquêtes, au rapport de M. Berthelot de Saint-Alban.

Dans le contrat de mariage de Pierre Viel & de Marie Labbesse, il avoit été stipulé que si les propres de la femme étoient aliénés pendant le mariage, le mari seroit tenu d'employer le prix en acquisition d'autres *immeubles, qui sortiroient pareille nature de propre à la femme & aux siens de son estoc & ligne en directe ou collatérale.*

Après le mariage, Pierre Viel vendit des propres de sa femme, & fit emploi du prix en acquisition d'autres immeubles, avec déclaration au profit de sa femme, qui accepta le Remploi, & laissa ces biens dans sa succession. Elle avoit pour héritiers des neveux paternels & des cousins-germains maternels : ceux-ci, qui, sans l'aliénation, auroient succédé aux propres vendus, pré-

rendirent qu'ils devoient aussi succéder aux héritages provenans du Remploi, qu'ils soutenoient représentatifs & subrogés aux propres aliénés.

Les neveux, au contraire, reclamoient ces héritages, comme plus proches héritiers de la défunte, & soutenoient qu'ils étoient acquêts dans sa succession; ils disoient que la stipulation de propres inférée au contrat de mariage, n'avoit d'effet que contre le mari ; ils citoient la Note de Dumoulin sur la Coutume de Nivernois, qui porte : *hoc est indistinctè verum contra maritum aut ejus hæredes.*

Sur cela Sentence est intervenue au Bailliage de Roye, qui a adjugé aux neveux les héritages provenans du Remploi ; & elle a été confirmée par l'Arrêt que j'ai daté plus haut.

Il faudroit néantmoins dire le contraire, si les propres avoient été vendus par un mineur, décédé depuis en minorité, l'action appartiendroit en ce cas à celui qui auroit succédé au propre aliéné; parce que le bien des mineurs ne peut changer de nature, suivant l'art. 94 de la Coutume de Paris.

La femme n'a point d'action en Remploi à exercer contre son mari, quand elle a aliéné ses propres, comme autorisée par Justice, au refus de son mari.

Ni le mari, ni la femme n'ont point d'action en Remploi à exercer pour la vente d'un usufruit, faite constant la communauté, lorsque celui des deux auquel l'usufruit vendu appartenoit, est décédé le premier ; mais il est dû Remploi lorsque le vendeur survit, & l'indemnité s'apprécie eu égard au prix de la vente & à l'âge du survivant.

L'Auteur des Principes de la Jurisprudence Françoise raisonne autrement, tom. 2, n°. 373. Voici ses termes.

» Lorsque l'héritage de l'un des conjoints » a été aliéné durant le mariage moyennant » une rente viagere, le Remploi n'est que de » ce dont la rente viagere a excédé, pendant » tout le temps que le mariage a duré, le » revenu qu'auroit produit cet héritage ; car » c'est tout ce dont la communauté a profité » de cette aliénation.

» Réciproquement, lorsque l'un des con-» joints a vendu un usufruit ou autre bien » viager qui lui étoit propre, moyennant

» une fomme d'argent, le Remploi ne doit
» pas être de toute cette fomme d'argent; il
» en faut déduire ce dont les revenus de cet
» ufufruit auroient excédé les intérêts de la
» fomme reçue pendant tout le temps que
» le mariage a duré; car la communauté n'a
» profité de la fomme qu'elle a reçue que
» fous cette déduction, puifque les revenus
» de cet ufufruit auroient tombé dans la
» communauté ◆ Mais voyez l'Arrêt du 4
Août 1729, dont je parle à l'article *Communauté.*

RÉMUNÉRATION.

Voyez *Deftitution d'Officier,* & *Donation.*

Les Auteurs difent que le mot Rémunération eft tiré du latin, & qu'il a la même
fignification que récompenfe.

Le Jurifconfulte Ulpien, dit Buridan fur
l'article 36 de la Coutume de Rheims, » ap-
» pelle Rémunération une certaine efpéce
» de permutation des bienfaits avec le prix
» de la chofe donnée ou léguée «.

RENONCIATIONS à fuccessions échues.

En général, on nomme Renonciation, un
Acte par lequel on abandonne des droits acquis, ou que l'on pourroit demander.

En matiere de fuccession, *le mort faifit le
vif,* c'est-à-dire, que quiconque eft héritier
préfomptif d'un défunt, eft de droit, & à
l'inftant du décès, faifi de la qualité d'héritier.

Cette faifine, que la Loi opere par fa feule
difpofition, ne peut s'effacer que par une
Renonciation expreffe ou tacite.

La Renonciation expreffe eft celle qui fe
fait par un Acte dans lequel l'héritier déclare qu'il renonce à la fuccession : cet Acte
doit être conçu en des termes expreffifs, &
il doit en refter minute. La Renonciation
ne vaudroit rien fi elle étoit faite par un Acte
délivré en Brevet, fuivant un Arrêt de Réglement rendu le 14 Février 1701, qui ordonne *aux Greffiers & Notaires qui recevront
à l'avenir des Actes d'acceptation ou Renonciation à la communauté, d'en garder les minutes fans les laiffer aux Parties.*

Ces fortes de Renonciations peuvent fe
faire dans la Coutume de Paris, ou au Greffe, ou devant Notaire. Il y a des Coutumes où elles doivent toujours être faites au

Greffe, & quelquefois même l'Audience tenante.

La Renonciation tacite eft celle qui réfulte d'une qualité incompatible, & qui ne
peut concourir avec celle d'héritier, telle
que feroit la qualité de légataire prife par
l'héritier.

Cette derniere efpéce de Renonciation
peut avoir fon effet contre les autres héritiers préfomptifs ; mais elle ne fuffiroit pas
pour opérer la décharge d'une demande formée contre un héritier par un créancier de
la fuccession : il n'y a que la Renonciation
expreffe qui puiffe être oppofée à celui-ci.

L'effet que peut produire la Renonciation
tacite, (telle que je l'ai définie,) contre le
créancier d'une fuccession, c'est qu'elle n'ôte
point à l'héritier la faculté de faire une Renonciation expreffe, après avoir appréhendé des biens d'une fuccession en une qualité
incompatible avec celle d'héritier.

Ainfi donc, celui qui étant appellé à une
fuccession, en a recueilli les biens en qualité de légataire, pourra néantmoins toujours faire fa Renonciation expreffe, & l'oppofer au créancier, pourvû que cet héritier
légataire ait fait faire bon & fidèle inventaire avant que de s'emparer & de difpofer
des biens en qualité de légataire.

Ce principe eft fondé fur la difpofition de
l'article 317 de la Coutume de Paris, qui
porte que *fi aucun appréhende les biens d'un
défunt ou partie d'iceux, fans avoir autre
qualité* (que celle d'héritier) *ou droit de
prendre lefdits biens, il fait acte d'héritier,
& s'oblige, en ce faifant, à payer les dettes du
défunt.*

De-là naît la conféquence, que quiconque a eu, pour recueillir les biens d'un défunt dont il s'eft emparé, tout *autre droit* &
tout autre titre que celui d'héritier, n'a point
fait acte d'héritier, & n'eft tenu d'aucun des
engagemens que l'acceptation de l'hérédité
emporte, s'il a fait faire inventaire.

Mais quand une fois on a été héritier, on
ne peut plus ceffer de l'être ; & inutilement
renonceroit-on en ce cas, puifque le titre
d'héritier a trois qualités, qui font d'être irrévocable, univerfel & indivifible.

Ainfi on ne peut être héritier en partie &
renoncer en partie ; on ne peut divifer la
Renonciation pour laiffer une partie de l'hérédité

rédité & avoir le furplus. Cependant voyez *Incompatibilité des qualités*, &c.

Mais la Renonciation peut être faite avec des réferves; par exemple, un héritier qui eft en même-temps légataire, peut, en préférant la qualité de légataire, renoncer à la fucceffion pour s'en tenir à fon legs; & par Arrêt rendu en la Grand'Chambre le Jeudi 28 Août 1760, fur les Conclufions de M. Joly de Fleury, la Cour a même jugé valable la Renonciation faite à la fucceffion de la dame Ourfin, par le fieur Ourfin de Soligny fon fils, en ces termes :

» Lequel....... fous la réferve de tous
» fes droits & actions, & fous proteftations
» de fe pourvoir contre ces Préfentes, s'il y
» échéoit, a déclaré qu'il renonce à la fuc-
» ceffion de ladite Dame fa mere, pour
» prendre & accepter les legs univerfels &
» particuliers, s'ils fe trouvent lui être plus
» avantageux, que de s'en tenir aux dons
» & avantages qui lui ont été faits par la-
» dite Dame fa mere par actes entre-vifs....
» fe réfervant de fe faire reftituer contre la
» préfente Renonciation, fi la qualité d'hé-
» ritier bénéficiaire fe trouve lui être plus
» avantageufe, après l'examen des forces &
» des charges de la fucceffion «.

On prétendoit que cette Renonciation n'effaçoit pas la qualité d'héritier pur & fimple, parce que la Renonciation devoit être une, pure & fimple, univerfelle & abfolue, au moyen de ce qu'elle opéroit un caractere ineffaçable, comme l'adition d'hérédité; & on citoit fur cela diverfes Loix : mais l'Arrêt, fans avoir égard à cette objection, a ordonné qu'il feroit procédé au partage & à la liquidation dans la qualité prife par cet Acte.

Les frais de Renonciation aux fucceffions font à la charge de l'héritier, ainfi que ceux de l'infinuation.

La Jurifprudence du Châtelet, conforme aux Loix Romaines, eft d'admettre un héritier majeur en ligne directe, qui fe plaint d'avoir été lézé par une Renonciation à l'hérédité, à reclamer contre fa Renonciation dans les trois ans.

Cette Jurifprudence eft conforme à l'Arrêt rendu le 4 Décembre 1628. Tronçon, Bouchel & Joly en rapportent auffi un autre rendu le 11 Déc. 1612, qui a jugé de même.

Il y a cependant un Arrêt qui a été rendu le 29 Juillet 1701, entre le Marquis de Langeais & les créanciers de fon pere, imprimé avec ce titre : *Arrêt qui décide que la reftitution ne doit pas être admife, quoique demandée dans les trois ans de la majorité.* Mais en lifant cet Arrêt, on voit que les Lettres de Refcifion prifes par le Marquis de Langeais contre fa Renonciation à la fucceffion de fon pere, avoient pour objet, non pas de payer en totalité les créanciers de cette fucceffion, mais de rentrer dans les terres dont le Marquis de Langeais s'étoit dépouillé par fa Renonciation, en payant feulement la derniere année des intérêts & des arrérages qui leur étoit dûe, conformément à une Déclaration du premier Février 1698, à laquelle la Renonciation étoit poftérieure de cinq mois.

Cette Jurifprudence ne me paroît pas judicieufe; il me femble que l'enthérinement des Lettres de Refcifion devroit dépendre des circonftances, & que cet enthérinement devroit fe prononcer fi la matiere y étoit difpofée dans les dix ans, fur-tout en ligne directe, où la faveur de l'héritier eft très-grande. V. le Brun.

Lorfque les enfans qui ont renoncé, fe font reftituer contre leurs Renonciations, le partage fait entre ceux qui avoient accepté la fucceffion, s'anéantit; mais les actes paffés de bonne foi, comme les baux, les ventes, les payemens, &c. avec des tiers, par les feuls héritiers qui reftoient, fubfiftent contre ceux qui fe font fait reftituer de la même maniere que s'ils les avoient eux-mêmes foufcrits. V. Henrys, tome 2, liv. 6.

La défenfe de ceux qui, après avoir renoncé à une fucceffion, font affignés en qualité d'héritiers, doit confifter dans la juftification de leurs Renonciations; & les frais qui fe font contr'eux depuis la demande jufqu'à cette juftification, ils doivent être condamnés de les payer : telle eft la Jurifprudence du Châtelet.

Celle du Palais y eft conforme ; & la Cour, par Arrêt rendu le 11 Août 1738, en la Grand'Chambre, entre les nommés le Joindre, Intimés, Gabriel Martin & fa femme, appellans, en infirmant la Sentence du Châtelet, qui prononçoit contre ces derniers des condamnations en qualité d'héritiers d'Etienne Segard, les a déchargés de ces condamnations au moyen de la signification de leurs Renonciations: mais comme ils n'avoient représenté & signifié cette Renonciation qu'en cause d'appel & dans le cours de l'instruction de l'Instance appointée au Conseil, ils ont été condamnés en tous les dépens des causes, principal & d'appel.

Le Jeudi 20 Décembre 1759, on a plaidé en la Grand'Chambre à l'Audience de sept heures, la question de sçavoir, si un fils qui avoit renoncé à la succession de son pere, pouvoit être contraint, nonobstant sa Renonciation, de payer les pensions dûes à un Curé, chez lequel il avoit reçu une partie de son éducation.

La Sentence du Châtelet avoit jugé que la Renonciation du fils le libéroit de ses pensions. Sur l'appel, le Curé observa que l'éducation qu'il avoit donnée à son éleve, l'avoit conduit lui-même à l'état de Prêtrise & à la possession de quelques Bénéfices dont il jouissoit. L'appellant citoit un Arrêt rapporté, je crois, par Basser, par lequel un Procureur avoit, nonobstant sa Renonciation à la succession de son pere, été condamné à payer les pensions qu'il devoit à un autre Procureur, chez lequel il avoit été Clerc du vivant du pere.

Par Arrêt dudit jour 20 Décembre 1759, la Sentence du Châtelet fut infirmée, & le fils condamné à payer ses pensions au Curé.

Par Arrêt rendu le 2 Septembre 1755, sur les Conclusions de M. l'Avocat Général Joly de Fleury, plaidans, Me Duvaudier pour le tuteur de la demoiselle de Boufflers, Me Doucet pour les créanciers du sieur de Boufflers, & Me Doillot pour la Marquise de Boufflers, Intimée, la Cour a jugé, (en infirmant la Sentence des Requêtes,) qu'un héritier par bénéfice d'inventaire qui renonce à la succession, peut, par la suite, prendre la succession en qualité d'héritier pur & simple, sur ce principe que, *qui semel hæres, non desinit esse hæres*, & que la qualité d'héritier bénéficiaire, ou pur & simple, est une qualité indélébile.

Dans cette espéce, les conseils de la Demoiselle de Boufflers, mineure, lui avoient fait prendre des Lettres de Rescision contre sa Renonciation; mais la Cour l'a admise à recueillir la succession, sans qu'il soit besoin de Lettres de Rescision: ainsi la Cour a jugé que la Renonciation au Bénéfice d'inventaire est inutile, & qu'on ne peut abdiquer une succession bénéficiaire, quand une fois elle a été acceptée en qualité d'héritier par Bénéfice d'inventaire. V. *Bénéfice d'Inventaire.*

La Partie de Me Doillot prétendoit que la Renonciation de la demoiselle de Boufflers à la succession de son ayeule, avoit fait vaquer le dégré, & que par conséquent elle (Marquise de Boufflers) avoit pû accepter la succession qui, au moyen de la Renonciation, lui étoit dévolue.

Les Renonciations à des successions échues, sont assujetties à la formalité de l'insinuation; & cette insinuation doit être faite aux Bureaux dans l'arrondissement desquels les successions sont ouvertes, suivant l'article 13 de l'Edit du mois de Décembre 1703.

On pense universellement qu'un héritier ne peut renoncer à une succession en fraude de ses créanciers; divers Arrêts ont admis la réclamation des créanciers contre de pareilles Renonciations, & quelques-uns ont imposé aux créanciers la condition de donner en ce cas caution suffisante à leur débiteur, de l'indemniser des événemens qu'il court en conservant sa qualité malgré lui. V. *Abandonnement.*

Mais la question paroît plus difficile quand la Renonciation de l'héritier n'est pas gratuite, c'est-à-dire, lorsque le débiteur renonce pour accepter un legs particulier ou universel: elle s'est présentée dans la maison de Rohan, contre les créanciers de M. le Chanoine de Ventadour en 1717: j'en ignore l'événement; mais je crois que dans ces sortes d'affaires il faut se déterminer par les circonstances.

RENONCIATION à succession future.
Voyez *Exclusion des filles dotées & Mariage avenant.*

L'usage & la Jurisprudence des Arrêts autorisent les Renonciations qui se font à toutes successions directes & collatérales à échoir, par des filles en faveur des mâles, sur-tout dans les familles illustres; nous avons même un grand nombre de Coutumes qui en font un point de droit pofitif; & qui excluent toute fille mariée & dotée de venir aux fucceffions paternelles & maternelles.

Quelques-unes de ces Coutumes (Normandie, &c.) ajoutent même que cela doit avoir lieu, quand la fille mariée n'auroit reçû qu'*un chapeau de rofe*. Dans ces Coutumes la Renonciation des filles eft inutile; la Loi tient lieu de la convention.

Mais dans les Coutumes qui n'excluent pas les filles mariées des fucceffions de leurs pere & mere, la convention & l'ufage qui fubfiftent parmi nous d'admettre leur Renonciation, font de tous les temps.

Ces Renonciations font très défavorables lorfqu'elles font faites par des filles mineures mal afforties, & fans motifs: cependant elles ne font pas nulles pour cela, on les juge feulement alors avec plus de rigueur ; en tout autre cas rien n'eft fi favorable qu'une pareille Renonciation.

Malgré cette faveur elle eft affujettie à des conditions effentielles, & fans lefquelles elle ne peut valoir; il faut :

1°. Qu'elle foit faite par contrat de mariage.

2°. Qu'elle ait un prix certain.

3°. Que ce prix foit fourni par les pere & mere, aux fucceffions defquels la fille renonce.

4°. Que la dot foit réelle, qu'elle ne confifte point en efpérance; parce qu'en ce cas la Renonciation eft une efpéce de forfait, par lequel la fille traite des droits incertains pour un objet actuel & préfent.

5°. Il faut enfin que la dot foit payée du vivant des pere & mere qui l'ont conftituée.

Les Auteurs penfent cependant qu'un pere peut ftipuler qu'il ne payera que dans certains termes la dot, moyennant laquelle la fille renonce; & ils décident que dans ce cas la Renonciation eft valable, quoique le pere décéde avant le terme, pourvû que le temps convenu pour le payement ne s'étende pas au-delà du cours naturel de la vie du pere.

On penfe encore qu'une portion peu confidérable qui refteroit à payer d'une dot importante, n'empêcheroit pas l'effet d'une Renonciation, fur-tout fi le pere avoit eu

quelque raifon de fe croire libéré : c'eft ce qui a été jugé par Arrêt rendu en la quatrieme Chambre des Enquêtes, au rapport de M. Aniffon, le 15 Juin 1711, dont l'efpéce fe trouve dans Devigier, fur l'article 95 de la Coutume d'Angoumois. Voyez auffi le Traité des droits de la Reine, compofé & imprimé par ordre de Louis XIV en 1667.

Le Brun, en parlant de ces Renonciations, dit qu'une fille qui auroit renoncé en faveur de ceux de fes freres qui feroient inftitués par le teftament du pere, voudroit envain fe prévaloir de ce que le pere n'auroit pas tefté, & foutenir que la condition de la Renonciation ne feroit point arrivée : tous les freres enfemble héritiers du pere partageroient le bénéfice de la Renonciation. Le Brun fonde fon avis fur le fuffrage de Dumoulin.

Le même le Brun rapporte un Arrêt rendu le 14 Juillet 1635, par lequel il fut, dit-il, décidé qu'une promeffe de renoncer, équipolloit à une Renonciation, & devoit en avoir les effets.

Mais cet Arrêt ne fut point trouvé au Greffe de la Cour, où il a été recherché avec exactitude lors de l'affaire de la fucceffion des Marquis & Chevaliers de Soyecourt, tués à la bataille de Fleurus.

Dans cette derniere efpéce, une fœur de ces Seigneurs avoit, par fon contrat de mariage avec le fieur de Seiglieres de Boisfranc, renoncé à la fucceffion de fa mere en termes généraux, & une autre fœur n'avoit renoncé qu'en faveur de fes freres, en époufant le Marquis de la Chenelaye; il s'agiffoit, dans la fucceffion de la mere commune, de fçavoir fi la Renonciation de la Dame de Boisfranc devoit avoir fon effet, ou fi la mort de fes freres la rendoit caduque; & la Cour, par Arrêt rendu le 11 Février 1715, a confirmé la Sentence des Requêtes du Palais, du 13 Août 1714, qui déclaroit caduque la Renonciation de la Dame de Boisfranc, & qui ordonnoit le partage entre les deux fœurs. L'efpéce de cet Arrêt eft rapportée avec beaucoup de détail au Journal des Audiences, tome 6, livre 6, chap. 10.

Il y a fur la même matiere un autre Arrêt du 20 Mars 1736, par lequel la Cour a enthériné les Lettres de Refcifion prifes par une des filles du Marquis de Villacerf, contre la Renonciation qu'elle avoit faite en faveur de celles de ses sœurs que ses pere & mere voudroient choisir (les pere & mere étoient morts sans faire le choix). V. *Exclusion de filles*, &c.

Les Renonciations à successions non échues ont été jugées n'être pas sujettes à l'insinuation par des décisions du Conseil des 8 Mars 1732, & 30 Janvier 1734.

Notre Jurisprudence, qui, dans les cas dont j'ai parlé, admet les Renonciations des filles aux successions de leurs pere & mere, réprouve celles faites par des mâles en faveur d'autres mâles, même par contrat de mariage. V. les Arrêts des 27 Juillet 1729, & 6 Septembre 1746, rapportés par M. Lepine de Grainville, page 451 & suiv.

RENONCIATION à la Communauté.
Voy. *Dettes*, *Partage*, *Reprises*.

Les femmes communes en biens avec leurs maris n'avoient pas autrefois la faculté de renoncer à la communauté: cette faculté fut d'abord accordée aux veuves des nobles qui mouroient dans les voyages d'outre mer; on l'accorda ensuite à toutes les veuves des nobles, & enfin elle a depuis été accordée aux veuves roturieres. V. Loysel, Instit. Cout. liv. 1, tit. 2, art. 10 & 11.

La Coutume de Paris contient sur cela une disposition qui forme le Droit Commun des Pays où la Communauté est admise: l'article 237 porte, que *la femme noble ou non noble* a la faculté de renoncer, si bon lui semble après la mort de son mari, à la Communauté de biens d'entr'elle & lui, en faisant bon & fidéle inventaire.

Mais, pour qu'une pareille Renonciation produise son effet, il faut qu'elle *soit faite les choses étant entieres* (a); le même article le décide textuellement: autrement si la veuve ou ses héritiers ont accepté la Communauté, la Renonciation est inutile & sans effet.

Une femme fait acte de commune lorsqu'elle fait quelque chose qui suppose la volonté de l'être, comme lorsqu'elle dispose de quelqu'un des effets de la Communauté, sans avoir d'autre qualité que celle de commune pour pouvoir en disposer.

Il en est de même lorsqu'elle paye des dettes de la Communauté, à moins que ce ne fût des dettes qu'elle eût elle-même contractées, ou auxquelles elle eût parlé, & qu'elle les payât d'autres deniers que ceux de la Communauté.

Mais tout ce qu'elle fait pour la conservation des effets communs, comme des réparations urgentes ou la vente de quelques effets qui dépériroient, s'ils étoient gardés, ne doit point être regardée comme acte de commune, sur tout si elle a présenté Requête au Juge pour y être autorisée, sans préjudicier aux qualités qu'elle pourra prendre.

La femme peut aussi, sans faire acte de commune, rester dans la maison de son mari, & y vivre, avec ses domestiques, des provisions qui y sont, jusqu'à ce que l'inventaire soit fait, excepté en Berry & dans la Châtellenie de Lille. Voyez les principes de la Jurisprudence Françoise, tome 2. n°. 364, & les Actes de Notoriété du Châtelet.

La plûpart des Coutumes ne fixent point le temps dans lequel la femme doit faire inventaire & renoncer; celle de Paris garde aussi le silence sur ce point de droit; dans ces Coutumes on suit la disposition de l'Ordonnance de 1667, qui, par l'article dernier du tit. 7, donne trois mois pour faire inventaire, & six semaines pour délibérer sur les qualités que les veuves & héritiers peuvent prendre dans la succession. Voyez l'Arrêt du 7 Juillet 1730, dont l'espéce est rapportée par Guyot, sur l'article 130 de la Coutume de Mantes.

L'Auteur des principes de la Jurisprudence Françoise, que j'ai déja cité, dit, n°. 365, que » quoique la femme soit toujours » à temps de renoncer tant qu'elle n'a pas » fait acte de commune, elle peut être pour- » suivie par les créanciers de la communau- » té, pour être tenue de déclarer quelle » qualité elle entend prendre.....

» Si la femme (après le délai de l'Or- » donnance) ne déclare point quelle quali-

---

(a) M. Lépine de Grainville rapporte cependant un Arrêt rendu le 12 Avril 1721, au rapport de M. Seguier, par lequel il a été jugé qu'une femme peut renoncer à la communauté, après l'avoir acceptée, pourvû qu'elle ait fait faire inventaire, & qu'elle rende compte; elle est, dit-on, en ce cas, assimilée à l'héritier par Bénéfice d'inventaire.

» té elle prend , on la condamne en qualité
» de commune ; mais elle peut toujours fur
» l'appel jufqu'à ce qu'il y ait eu un Juge-
» ment paffé en force de chofe jugée , rap-
» porter une Renonciation au moyen de
» quoi elle doit être déchargée de la con-
» damnation , & condamnée feulement aux
» dépens faits jufqu'au rapport de fa Re-
» nonciation, auxquels fa contumace a don-
» né lieu : un Jugement même en dernier
» reffort , ajoute-t-il , ne la rendroit com-
» mune qu'envers le créancier qui l'a ob-
» tenu «.

L'ufage ancien exigeoit que la femme
qui vouloit renoncer à la Communauté, jettât fa ceinture , fa bourfe & fes clefs fur la
foffe de fon mari , & il en étoit dreffé acte
pardevant Notaires. Les Notes de Me de
Lauriere, fur la Régle 30 du tit. 2 du livre
premier des Inftit. de Loyfel, contiennent
quelques exemples de cet ancien ufage,
qu'il eût peut-être été bon de conferver
pour prévenir les Renonciations frauduleu-
fes, malheureufement trop fréquentes, des
femmes qui euffent pû être arrêtées par la
publicité & la fingularité du fpectacle ; mais
actuellement les ufages font différens fur la
forme & le délai dans lequel la Renonciation de la femme doit être faite à la Communauté.

La Coutume de la Salle & Châtellenie de
Lille, titre des Succeffions, art. 50, porte,
qu'une *femme n'eft réputée avoir rènoncé* que
quand *elle fort de la maifon mortuaire, avant
ou avec le corps , fans y pouvoir rentrer.* C'eft
la plus rigoureufe.

D'autres Coutumes , telles que celles de
Chaumont , article 7 ; de Châlons , art. 30 ;
de Bourbonnois, article 245 ; de Cambrefis,
titre 7 , article 14 , &c. exigent que ces Renonciations fe faffent en Jugement ; mais
celle de Paris eft muette fur ce point : &
quand les Renonciations à des Communautés régies par cette Coutume , fe font après
le décès du mari , il eft d'ufage au Châtelet
de les regarder comme valables , foit qu'elles ayent été faites au Greffe , ou devant
Notaires.

Mais quand la femme renonce à la Communauté du vivant de fon mari pour parvenir à faire prononcer une féparation de
biens , il eft d'ufage au Châtelet de faire la

Renonciation au Greffe , fans quoi la procédure pourroit être attaquée , ou plutôt la
féparation ne feroit pas prononcée. Le Châtelet tient encore par-là à l'ancienne forme ufitée dans ce Tribunal, de faire au
Greffe toutes les Renonciations, même celles aux fucceffions. Voyez les Inftit. Cou-
tum. de Loyfel , liv. 1 , titre 2 , n°. 13.

Au refte , foit que les Renonciations fe
faffent , ou au Greffe , ou devant Notaires ,
il faut abfolument qu'il en refte minute ; &
elles font l'une & l'autre fujettes à infinuation.

Si la femme renonce à la Communauté ,
en ce cas les biens tant meubles qu'immeubles dont la Communauté eft compofée, appartiennent & font cenfés avoir toujours
appartenus au mari, même ceux que la femme y a fait entrer , à moins qu'il n'y ait
convention contraire : c'eft l'efprit de l'article 237 de la Coutume de Paris ;

Mais il eft d'un ufage univerfellement
fuivi dans les contrats de mariage qui fe
paffent à Paris, d'accorder à la femme , &
fouvent aux enfans qui renoncent à la Communauté , la faculté de redemander au mari
& à fa fucceffion, la dot de la femme avec
fes autres reprifes , & tout ce qui lui eft
échu pendant le mariage par fucceffion, donation & legs.

Quand cette faculté n'eft point accordée
aux enfans & héritiers de la femme par le
contrat de mariage , s'ils renoncent à la
Communauté, ils ne peuvent répéter que
fes propres réels ou conventionnels, & ils
perdent ce qu'elle avoit mis en Communauté.

La Cour a même jugé , par un Arrêt
rendu le 19 Juillet 1712 , que la reprife dans
la mife en Communauté de la part de la
femme , qui n'a été ftipulée qu'en faveur
d'elle & de fes enfans en cas de Renonciation , ne peut être demandée au mari furvivant, ni par le pere ou la mere , ni par les
héritiers collatéraux de la femme prédécédée. Cet Arrêt, qui eft imprimé , a été rendu entre Me Audoi , Procureur en la Cour,
& les héritiers de fa femme.

Mais, par un autre Arrêt rendu le 19 Juillet 1716 , au rapport de M. Daverdoing , la
Cour a jugé que la faculté de renoncer &
reprendre , ftipulée en faveur de la femme

seulement, ne s'éteint que par son prédécès; & que si elle survit son mari, ses héritiers peuvent l'exercer, lors même qu'elle est décédée sans avoir renoncé, pourvû qu'elle n'ait point fait acte de commune. Cet Arrêt est imprimé avec un précis du fait & des moyens.

Quoique la faculté accordée à la femme de renoncer à la Communauté, & de reprendre, en renonçant, tout ce qu'elle a apporté, ne soit stipulée qu'en cas de mort; néantmoins la femme qui obtient sa séparation, peut, en renonçant, exercer la reprise de ce qu'elle a mis en Communauté: cette maxime, sur laquelle il y a eu des opinions très-partagées, est actuellement certaine; elle est consacrée par une Jurisprudence constante & uniforme.

Mais la restitution totale de la dot en conséquence d'une séparation précédée d'une Renonciation, ne prive pas le mari du droit qu'il a de répéter contre les collatéraux de sa femme, ce que le contrat de mariage lui accorde pour frais de nôces ou autres indemnités, au cas qu'elle le prédécéde. V. Dot.

La femme ou ses héritiers qui renoncent à la Communauté, sont quittes & libérés de toutes les dettes d'icelle Communauté, à moins que la femme n'y soit engagée personnellement avec son mari; & dans ce cas-là, elle ou ses héritiers doivent être indemnisés de ces engagemens, & des poursuites des créanciers par le mari ou par sa succession. V. Femme & Indemnité.

Il y a néantmoins des cas où la Renonciation de la femme ne la libere pas envers les créanciers de la Communauté: par exemple, la Renonciation ne libere point la femme lorsqu'elle a été Marchande publique, & que la dette procéde de son commerce particulier; alors elle est traitée par le créancier de la même maniere que si elle étoit obligée conjointement avec son mari. Mais Voyez Séparation.

Elle ne la libere point encore lorsque la dette procéde d'alimens & de loyers fournis à la femme. La Jurisprudence du Châtelet est de condamner en ce cas la femme à payer moitié des alimens & des loyers. Mais, par Arrêt rendu à l'Audience de sept heures, le Jeudi 22 Juillet 1762, la Cour a infirmé

une Sentence par laquelle une dame Filastre de Marcanville avoit été condamnée, nonobstant sa Renonciation à la Communauté, à payer personnellement au nommé Cheret, Boucher, des fournitures de viande faites pendant que la Communauté subsistoit, suivant le mémoire arrêté par le mari; en conséquence elle a été déchargée de la demande du Boucher. On a pensé que les fournitures ayant été faites pendant que la Communauté subsistoit, c'étoit au mari seul à les acquitter. L'Avocat du Boucher a cité deux Arrêts tout modernes, & contraires à celui-ci; mais le Conseiller, Rapporteur de l'un de ces Arrêts, qui se trouvoit à l'Audience, a dit aux opinions que les circonstances avoient déterminé les Juges à le rendre.

En renonçant à la Communauté, la femme devient créanciere de son mari.

1°. Pour sa dot, ses reprises & conventions matrimoniales.

2°. Pour les réparations d'entretien seulement, si aucunes sont à faire à ses propres; car comme le revenu des propres de la femme entre dans la Communauté quand elle subsiste, il est juste que la même Communauté entretienne les biens dont elle a tiré le fruit.

Réciproquement la femme ou ses héritiers qui renoncent, doivent indemniser le mari,

1°. De la totalité des sommes qui ont été tirées de la Communauté pour le payement des dettes dont la femme étoit seule tenue, soit personnellement, soit à cause des successions qu'elle a recueillies.

2°. Du montant des sommes que le mari a déboursées pour augmenter, améliorer ou réparer les propres de sa femme; en quoi il ne faut pas comprendre les réparations d'entretien, qui, comme je l'ai dit, sont à la charge de la Communauté.

La veuve majeure ayant fait acte de commune, ne peut être restituée contre son immixtion. La raison est, qu'elle est libre de faire cet acte; & c'est sur ces principes qu'est intervenu un Arrêt en la cinquiéme Chambre des Enquêtes, au rapport de M. du Noyer, le 26 Juillet 1745, par lequel, en infirmant les Sentences des Juges de Mantes, la Cour a débouté la veuve Pattu de fa demande en enthérinement de Lettres de Refcifion prifes contre les actes par elle paffés avec les héritiers de fon mari pour la liquidation & le payement de fes reprifes, & ordonné l'éxécution de ces actes avec dépens.

Dans l'efpéce de cet Arrêt, le fieur Pattu, Marchand à Bonnieres, héritier de fon fils, avoit abandonné à la veuve Pattu, fa bru, tous les effets de la Communauté, pour la remplir de fes droits, à la charge par elle de payer les dettes; elle avoit éxécuté le traité pendant un an, fans faire inventaire, & fans renoncer à la Communauté; elle n'avoit fait l'un & l'autre qu'après la paffation dés actes, contre lefquels elle vouloit fe faire reftituer. Son beau-pere la foutenoit non-recevable; parce qu'elle avoit, difoit-il, laiffé paffer le délai de l'Ordonnance, & qu'elle avoit géré comme commune. Elle fut déboutée par l'Arrêt. V. un autre Arrêt au mot *Inventaire*.

Quand la femme eft commune en biens, du vivant du mari, il n'eft pas néceffaire ni d'ufage qu'elle faffe un acte d'acceptation expreffe de la Communauté; cette acceptation fe préfume par la feule immixtion dans les biens; & il fuffit qu'elle n'ait point fait une Renonciation dans le temps & en la forme prefcrite par la Coutume, pour être réputée commune; on préfume même que la femme a accepté la Communauté, lorfque, fans prendre aucune qualité, elle gére & s'applique les effets de la communauté, ou perçoit les revenus, paye les dettes, &c. & fur cette matiere, il n'eft pas permis de varier; c'eft l'acceptation expreffe ou tacite, ou la répudiation en bonne forme, qui détermine irrévocablement la qualité de la veuve.

Ces principes ont été affermis par un Arrêt rendu le 31 Août 1724, au rapport de M. de Blair, en la troifiéme Chambre des Enquêtes, par lequel, en infirmant une Sentence du Bailliage de Sens du 2 Juillet 1721, la Cour a déclaré nulle la Renonciation à la Communauté, faite par la dame de Biancourt de Potrincourt, qui, après avoir été nommée tutrice de fa fille, & fait faire inventaire dans un temps très-voifin de la mort de fon mari, avoit fait un recouvrement, payé, reçu & adminiftré les biens

de la Communauté, fans prendre de qualité, fans avoir renoncé. V. *Communauté*.

Si néantmoins, par dol ou par fraude, une veuve étoit excitée par les héritiers à faire acte de commune, alors elle pourroit fe faire reftituer, & renoncer enfuite de la même maniere qu'on admet en pareil cas la réclamation d'un héritier contre fon adition d'hérédité; ces fortes d'affaires fe jugent fur les mêmes principes.

Le mari étant le maître de la Communauté, il ne peut y renoncer, ni fes héritiers.

Lorfque la femme qui pouvoit renoncer à la Communauté, décéde, laiffant deux héritiers, l'un peut-il accepter, & l'autre renoncer à la Communauté? Je réponds qu'ils n'ont pas plus de droit que la femme qu'ils repréfentent; qu'ils doivent s'accorder pour prendre l'un ou l'autre parti, & que le mari peut les y forcer.

Mais fi le mari ne les y forçoit pas; & s'il fouffroit l'acceptation de l'un, & la Renonciation de l'autre, il faudroit donner au premier le quart de la Communauté, & payer au fecond la moitié de la reprife, comme repréfentant l'autre quart de la Communauté.

Les Renonciations à la Communauté font fujettes à l'infinuation, & elle doit fe faire aux Bureaux, dans l'arrondiffement defquels le mari avoit fon domicile. Voyez l'article 13 de l'Edit du mois de Décembre 1703.

RENONCIATION à Subftitution.

L'article 28 du titre premier de l'Ordonnance du mois d'Août 1747, porte que » celui qui fera appellé à une fubftitution » fidéi-commiffaire, pourra y renoncer, foit » après qu'elle aura été ouverte à fon profit, » foit avant que le droit lui en foit échu; » mais dans ce dernier cas, la Renonciation » ne fera valable, que lorfqu'elle fera faite » par un acte paffé devant Notaire, avec » celui qui fe trouvera chargé de la Subf- » titution, ou avec le Subftitué qui fera ap- » pellé après celui qui renoncera, duquel » acte il reftera minute, à peine de nullité. «

Sur cette difpofition de l'Ordonnance, on a agité la queftion de fçavoir fi la veuve Fleffelle, à laquelle fon mari demeurant à Abbeville, avoit, comme cela eft permis en

Ponthieu, *légué les mêmes biens* qu'il laiſſoit par ſon teſtament *à ſon fils*, *dans le cas
où ce fils viendroit à décéder*, *avant d'avoir
pris un état parfait*, ayant, avant le décès
de ſon fils, renoncé à la communauté d'entr'elle & ſondit mari, par un acte fait au
Greffe, dans lequel elle avoit auſſi déclaré
renoncer *même à ſes legs*, étoit cenſée avoir
renoncé à recueillir la Subſtitution.

Par Arrêt rendu le 28 Août 1762, au rapport de M. Noblet de Romery, en la premiere Chambre des Enquêtes, la Cour a jugé qu'une pareille Renonciation ne contenoit point abdication de la Subſtitution non
encore ouverte. Me Teſſier Dubreuil écrivoit pour les héritiers de la veuve Fleſſelle.

RENTES CONSTITUÉES.

V. *Acceptation de donation*, *Anatociſme*,
Arrérages, *Cens*, *Communauté entre Con-
joints*, *Délivrance*, *Dot de Religieux*, *Fa-
brique*, *Fermages*, *Immeubles*, *Intérêt*,
Meubles, *Payeurs des Rentes*, *Partage*,
Preſcription, *Procuration*, *Ratification*,
Religieux, *Rembourſement*, *Rentes foncie-
res* & *Uſure*.

On nomme Rentes Conſtituées, celles
qui peuvent s'éteindre à la volonté du débiteur, en rembourſant la ſomme principale
qui lui a été prêtée, & pour laquelle il a
promis de payer la Rente.

Ces Rentes ſont auſſi quelquefois appellées Rentes hypothécaires, volantes, cou-
rantes & perſonnelles.

Les François ont long-temps rejetté,
comme uſuraires, les contrats qui faiſoient
produire des Rentes à des ſommes de deniers ſtériles d'eux-mêmes ; mais comme
ceux qui avoient de l'argent, refuſoient de
le prêter gratuitement, on a été forcé de
tolérer ces contrats. Ils furent approuvés par
les fameuſes extravagantes, *Regimini*, *De
emptione & venditione* ; & nous les admettons ſous trois conditions.

La premiere, qu'il y ait une aliénation

perpétuelle du ſort principal ; enſorte que
le créancier ne puiſſe obliger le débiteur
d'en faire le rachat.

La ſeconde, que le débiteur ait la liberté
de rembourſer le capital de la rente, quand
il lui plaît, ſans que cette faculté puiſſe lui
être interdite par des voies obliques, ni ſe
preſcrire en quelque maniere que ce ſoit(a).

La troiſiéme, que la Rente ſoit payable
en deniers, & non en grains, bled, froment,
&c. afin d'éviter les fraudes, & de garder
les proportions réglées par l'Ordonnance,
qui ne permet pas de ſtipuler un profit ou
revenu plus fort que celui qu'elle a fixé.
Sur cela voyez l'Arrêt rendu au Parlement
de Toulouſe, le 23 Mars 1739, contre le
Curé de S. Leon, décrété par les Juges de
Caſtelnaudari, pour avoir converti en redevance en grains une Rente Conſtituée,
payable en argent.

» Les Canoniſtes ajoutent une quatriéme
» condition ; ſçavoir, que les Rentes ne
» puiſſent être conſtituées que ſur un cer-
» tain fonds d'héritage, ſur lequel (& non
» ſur la perſonne du conſtituant) elles ſoient
» perceptibles. Ils prétendent même que
» pour les rendre légitimes, il faut que l'hé-
» ritage ſoit au moins d'un Revenu égal à
» la Rente ; & il y a une Décrétale du Pape
» Pie V, qui l'a ainſi ordonné. Mais nous
» ne recevons point cette condition : « nous
voyons au contraire des commerçans, qui
n'ont aucun fonds d'héritage, conſtituer valablement des Rentes. Il eſt en effet bien
plus facile de prêter à ceux qui ont du bien,
qu'à ceux qui n'en ont pas ; & celui qui
prête à un débiteur qui ne poſſéde point
d'immeubles, courant plus de riſque, le
contrat qu'il paſſe, eſt au moins auſſi légitime, & mérite même plus de faveur, que ſi
le prêt étoit aſſuré par des hypothéques. V.
ſur cette matiere un Arrêt rendu le 14 Juillet 1688, au Journal du Palais.

On exige encore que le ſort principal
d'une Rente ſoit délivré en argent (b), &

(a) Cette régle n'a pas lieu en Normandie : on peut y conftituer des Rentes rembourſables à la majorité des mineurs ;
& le Parlem. de Rouen a même jugé, par Arrêt rendu le 30
Mai 1747, entre les Srs de Manelat & Hardy, qu'un mineur
émancipé peut lui-même prêter des deniers à conſtitution
de Rente, & ſtipuler la Rente rembourſable à ſa majorité.

(b) Il y a à Lille une Juriſdiction féodale qu'on nomme
Bailliage, dans laquelle le Greffier jouit d'un droit ſingulier, relativement aux conſtitutions de Rentes, dont les

contrats ſe paſſent en préſence des Auditeurs de ce Bailliage. Voyez *Auditeurs*. Ce droit qu'on nomme *Droit de
Maille*, conſiſte dans le centiéme denier de la ſomme,
moyennant laquelle la conſtitution eſt faite.

On eſt dans l'uſage de payer la même ſomme aux Notaires de Paris, quand les conſtitutions ſe font par leur
entremiſe : le Roi la leur paye quand il emprunte ; mais,
c'eſt moins un droit, relativement à eux, qu'une récompenſe de leurs ſoins.

sion en meubles ou en marchandises, qui n'ont pas un prix & une valeur déterminés.

Mais, des Rentes, dont les capitaux sont formés avec des arrérages ou des intérêts, sont-elles légitimes? Sur cela voyez *Anatocisme*, & l'Arrêt du 26 Août 1761, que je rapporte à l'art. *Intérêt*.

Je viens de dire que l'aliénation perpétuelle du capital est une des conditions du contrat de constitution; néantmoins il arrive souvent que le Prince emprunte à constitution, en s'obligeant de rembourser le capital dans un certain temps; en ce cas, l'on pourroit demander si ce qui est dû par le Prince, est immeuble: je penserois volontiers qu'une pareille Rente n'est point un immeuble; parce qu'il n'y a point d'aliénation perpétuelle, la perpétuité de l'aliénation étant ce qui a fait déclarer les Rentes Constituées, immeubles.

On a élevé une autre question dans le cas d'une Rente constituée sur un particulier, par rapport à laquelle le débiteur étoit obligé au remboursement pour cause de stellionat, défaut d'emploi, ou pour autre cause; & l'on a demandé si une pareille Rente cessoit d'être immeuble, du jour de la demande ou du Jugement, ou si elle continuoit de conserver sa nature d'immeuble, jusqu'à ce remboursement.

Les Auteurs sont partagés sur cette question. Le Brun, Renusson & Ferrieres, pensent que la Rente est immeuble jusqu'au rachat; ils fondent même leurs avis sur la disposition de l'article 94 de la Coutume de Paris, qui porte qu'une Rente Constituée est immeuble jusqu'au rachat: les Annotateurs de Duplessis & Bourjon sont d'avis contraire.

J'estime, comme ces derniers, que lorsqu'il est intervenu un Jugement, qui a déclaré le contrat de constitution nul & résolu, & qui a ordonné le remboursement, il n'y a plus de Rente, puisque le capital est jugé être exigible, ce qui est incompatible avec la nature d'une Rente; ainsi, dès-lors ce capital ne peut plus être qu'un simple meuble, le droit qui résulte du Jugement n'ayant pour objet que la répétition d'une somme mobiliaire, qui avoit servi à constituer la Rente.

L'argument tiré de la Coutume de Paris,

qui répute immeuble la Rente jusqu'au rachat, ne me paroît pas devoir faire impression; il me semble que la Coutume n'a prévu en cela que le cas ordinaire, en supposant le contrat de constitution valable, ne devant & ne pouvant être résolu que par le remboursement volontaire de la part du débiteur.

Il y a plus de difficulté sur la question de sçavoir si, dans le cas proposé ci-dessus, la seule demande en remboursement, jugée par la suite avoir été valablement formée, éteint la Rente, & doit faire regarder le capital comme un simple mobilier.

La régle qui interdit au créancier la faculté d'exiger le principal d'une Rente Constituée, reçoit plusieurs exceptions. Sur cela, voyez *Remboursement*.

Quand on ne connoît pas l'origine d'une Rente payable en deniers, elle est réputée Constituée à prix d'argent, à moins que les titres nouvels ne la qualifient fonciere: cette présomption est fondée sur la faveur que mérite la libération. V. Brodeau sur M. Louet, lettre R, n. 12.

Mais la Rente payée en grains pendant plusieurs années, est réputée fonciere, s'il n'y a titre au contraire. Voyez *Rentes foncieres*.

Le taux des Rentes Constituées fut fixé au denier 12 par l'Ordonnance de Charles VII, de l'an 1441. Mais Henri IV, par un Edit de l'an 1601, ordonna qu'elles ne pourroient plus s'adjuger & se constituer dorénavant que sur le pied du denier 16; & par un autre Edit de 1638 (de Laurieres, sur Loysel, le date de 1634) le taux des Rentes & des intérêts a été fixé au denier 18.

Depuis, par un Edit du mois de Décembre 1665, enregistré le 22, le denier 18 a été réduit au denier 20; mais cet Edit n'a rien changé pour le passé, & les Rentes ont continué de se payer sur le pied de leur constitution. Il a seulement défendu d'en constituer au-dessus du denier 20.

Les révolutions du système ont occasionné des changemens considérables & fréquens, sur le taux auquel les Rentes pouvoient se constituer. Un Edit du mois de Mars 1720, que je crois n'avoir pas été enregistré, le fixe sur le pied du denier 50; il fut réduit au denier 30, par un autre Edit du mois de Juin 1724, enregiftré le 28 du même mois ; & enfin il a été rétabli fur le pied du denier 20, par l'Edit du mois de Juin 1725, enregiftré le 8 du même mois.

Tous ces Edits n'ont rien changé aux contrats de conftitution & aux billets, portant promeffe de paffer des contrats. Les condamnations d'intérêts, & les Rentes Conftituées avant la réduction ou augmentation, ont continué d'avoir lieu fur le pied où elles étoient dans l'origine. Voyez *Intérêts*.

Les Rentes dûes par le Roi, & affignées fur les Tailles, ont été conftituées fur le pied du denier cinquante ; mais par Arrêt du Conseil, rendu le 19 Novembre 1726, elles ont été réduites au denier cent, & n'ont plus été payées que fur ce pied, à compter du premier Janvier 1725.

Celles conftituées fur la Ville, qui fubfiftoient encore fur le pied du denier 18, ont été réduites au denier 20, à commencer du premier Janvier 1710, fuivant la Déclaration du 7 Octobre de la même année 1710.

Ces Rentes ont été depuis réduites au denier 25, ainfi que les anciennes, à commencer du premier Janvier 1714 ; & les arrérages des années 1712 & 1713 n'ont point été payés ; mais ils ont été réunis aux principaux, pour lefquels on a conftitué de nouvelles Rentes, en conféquence d'un Edit du mois de Décembre 1713.

Plufieurs Arrêts ont jugé que les nouvelles Rentes créées en conféquence de cet Edit, & dont les contrats ont prefque tous été paffés en 1714, conservent la même qualité de propres qu'avoient les anciennes, parce qu'elles ont été conftituées au lieu d'autres Rentes, fans rembourfement effectif du capital. On a regardé ce changement comme un arrangement de finance, & une conversion d'un denier à un autre ; entr'autres Arrêts, il y en a un rendu le 4 Août 1721, que l'on connoît au Barreau fous le nom d'Arrêt de Sauvegrain.

Mais les Rentes créées par Edit du mois de Juin 1720, n'ont formé que des acquêts ; parce que leur capital a été formé de récépiffés du Tréfor Royal, ou de billets provenans de rembourfement de Rentes, de finance, d'office, de droits & gages fuppri-

més, (V. les articles 1, 2, 3 & 4 de cet Edit,) qu'il y a eu un rembourfement effectif, & que les Rentiers étoient maîtres de replacer ou de garder leurs fonds.

En 1698, il fe fit une opération de finance pareille à celle ordonnée par l'Edit du mois de Déc. 1713 ; & la Déclaration donnée à ce fujet le 16 Août 1698, porte » que » les rentes nouvellement conftituées fur » les Aides & Gabelles, au moyen du rem- » bourfement des anciennes, feront répu- » tées acquêts ; permet néantmoins pour » celles qui étoient propres, de les confer- » ver en la même qualité de propre, en dé- » clarant par les propriétaires, que c'eft » leur intention par le contrat de conftitu- » tion, ou par un acte féparé qui fera paffé » devant les mêmes Notaires, le jour de » l'acquifition.

» A Paris, les arrérages d'une Rente » Conftituée font dûs, & ils courent vala- » blement & légitimement dès l'inftant de » la conftitution ; parce que le principal » étant aliéné, il eft jufte qu'il produife, » au profit du créancier, un revenu légitime, » & tel qu'il eft permis de le ftipuler.

» On ne doit pas faire de diftinction fi » la caufe de la conftitution de la Rente » provient de deniers prêtés, & fournis à » l'inftant de la conftitution, ou de l'extinc- » tion d'une créance qui étoit exigible lors » de la conftitution, & qui ne produifoit » point d'intérêt.

» La raifon eft que le créancier qui aban- » donne le droit qu'il avoit de contraindre » fon débiteur au payement d'une fomme » certaine, liquide & exigible, & qui aliéne » cette fomme, eft regardé comme celui » qui, à l'inftant de la conftitution, auroit » fourni des deniers pour acquérir la Rente ; » ce qui n'empêche pas que fi le créancier » avoit pour la créance exigible une hypo- » théque plus ancienne que la conftitution, » il ne puiffe réferver & conferver cette hy- » pothéque. Acte de Notoriété du Châtelet » du 6 Octobre 1742. «

Quoiqu'en général les conventions doivent s'accomplir, & que le défaut d'exécution de la part de l'une des Parties, donne droit à l'autre de demander la réfolution du contrat : cependant, par un Arrêt rendu, au rapport de M. de la Guillaumie, le 11

Août 1730, entre les Sieur & Demoiselle Alamargot & le Sr Trabot, la Cour a jugé que l'obligation de faire emploi, contractée par un débiteur dans un contrat de constitution de rente viagere, n'étoit pas tellement de rigueur, qu'elle ne pût s'accomplir par équipollence, en donnant caution. En effet, l'Arrêt a donné l'alternative au débiteur, ou de faire emploi dans trois mois, ou de donner caution.

On pourroit dire néantmoins qu'il y avoit plus de sûreté dans l'emploi que dans la caution : ainsi l'Arrêt est plutôt d'équité que de rigueur ; & l'on eût pû, sans blesser les principes, astreindre strictement à l'emploi.

Les Rentes Constituées, même celles dûes par le nouveau Clergé, les Etats de Bretagne, de Languedoc, de Bourgogne, &c. sont régies par le domicile du créancier, même en Normandie, & appartiennent dans sa succession, à l'héritier auquel la Loi du domicile les défere. Cette maxime est consacrée par l'Arrêt rendu en faveur de M. Berrier, le 5 Mai 1733, sur les Conclusions de M. l'Avocat Général Gilbert ; & par un autre Arrêt rendu en la Grand'Chambre, le Jeudi 23 Février 1741, entre le Marquis de Prie & la Dame de Berthelot de Pleneuf.

Dans l'espéce de l'Arrêt de M. Berrier, ses Adversaires soutenoient qu'en Normandie le droit de succéder aux Rentes Constituées ne devoit pas se régler par la Loi du domicile du créancier, mais qu'il falloit les considérer comme ayant une assiette fictive dans les lieux de la situation réelle des biens qui y sont affectés, & les partager comme ces biens mêmes ; & comme dans l'espéce, les Rentes, dont la créanciere étoit décédée domiciliée en Normandie, étoient hypothéquées sur des biens situés dans la Coutume de Paris, on prétendit qu'elles devoient se partager entre les parens appellés par la Coutume de Paris, & que l'exclusion, prononcée par l'article 309 de la Coutume de Normandie contre les descendans des sœurs, n'avoit pas lieu en ce cas : on appuyoit cette prétention sur l'article 139 des Placités, & sur le sentiment de Basnage, de Terrien, de Pénelle, d'Auzannet & des Notes sur Du-

plessis ; on invoquoit aussi l'autorité de plusieurs Arrêts.

M. Berrier, défendu par Mᵉ Aubry, répondoit que » les Rentes Constituées à prix » d'argent sur des Particuliers, sont des » droits incorporels adhérens à la personne » du créancier ; que ces sortes de Rentes » sont réputées immeubles par le Droit » Commun & général des Pays Coutu- » miers ; ce ne sont point des immeubles » réels qui ayent une situation fixe & per- » manente dans un certain lieu..... que, » suivant les principes du Droit Commun, » ces sortes d'immeubles fictifs sont gouver- » nés por la Loi du domicile de celui à qui » ils appartiennent «. Il citoit aussi plusieurs autorités.

M. l'Avocat Général Gilbert qui porta la parole dans cette affaire, donna ses Conclusions en faveur de M. Berrier, & fit voir qu'en cette matiere il falloit suivre le Droit Commun, & que l'assiette des biens du débiteur n'étoit d'aucune considération, puisqu'il se pouvoit faire que ce débiteur n'eût aucun immeuble, & que d'ailleurs les Rentes pouvoient se constituer par des actes sous signature privée ; qui ne donnent aucune hypothéque au créancier. L'Arrêt a été rendu en conformité ; & on a regardé l'usage contraire du Parlement de Rouen, comme erroné.

Long-temps avant l'Arrêt rendu en faveur de M. Berrier, la Cour avoit aussi jugé, par Arrêt rendu au rapport de M. le Nain, le 14 Août 1713, que des Rentes constituées à Paris dépendantes de la succession de la dame Demont, ouverte en Normandie, seroient déférées & réglées dans cette succession par la Coutume de Normandie.

Dans l'espéce du second Arrêt, il s'agissoit de Rentes constituées sur les Etats de Bourgogne, dépendantes de la succession de la Duchesse d'Hostun, domiciliée à Paris ; elles ont été adjugées à la dame Berthelot de Pleneuf, ayeule maternelle de la défunte, à l'exclusion du Marquis de Prie qui étoit le pere, & qui prétendoit les recueillir comme meubles, suivant la Coutume de Bourgogne, par laquelle il soutenoit que ces Rentes étoient régies.

La Combe cite aussi un Arrêt du 23 Février 1741, au mot *Partage*, par lequel il dit avoir été jugé qu'il faut suivre le domicile du créancier pour les Rentes constituées sur les Etats de Bourgogne.

La Jurisprudence du Parlement de Paris sur cette matiere a servi de fondement à l'Arrêt rendu au Conseil le 18 Septembre 1736, entre les Fermiers des Domaines de Rouen & ceux de Paris, par lequel il a été ordonné que des principaux de Rentes & l'action de remploi trouvés dans la succession d'une bâtarde affectés sur des héritages situés en Normandie, appartiendroient aux Fermiers du Domaine de Paris, où la défunte étoit décédée ; les moyens des deux Parties sont rapportés avec beaucoup de force & de précision, dans le vû de cet Arrêt.

Il en est autrement de celles dûes par le Roi, constituées pour être payées à l'Hôtel-de-Ville de Paris, & de celles dûes par l'ancien Clergé, que le Roi s'est chargé d'acquitter, & qui se payent aussi à l'Hôtel-de-Ville de Paris : elles sont régies, pour le fonds & capital, par la Coutume de Paris ; & pour les arrérages, par la Loi du domicile des créanciers, quand elles appartiennent à des Regnicoles.

Les Arrêts qui ont fixé la Jurisprudence à cet égard, sont rapportés par M. le Prestre, centurie premiere, ch. 79, & par Brodeau, sur M. Louet, lettre R, n. 31. Voy. la Déclaration du 7 Décembre 1715, qui porte que les Rentes dûes par le Roi payables à l'Hôtel-de-Ville, appartenantes à des Etrangers domiciliés hors le Royaume, se réglent dans leurs successions par les Loix & Coutumes du domicile du créancier étranger (a) soit relativement au partage de sa succession, soit quant à la faculté de disposer. Voyez aussi ce que je dis à l'article *Délivrance*.

Un Edit du mois d'Août 1661, enregistré le 2 Septembre suivant, défend à tous Hôpitaux & aux Communautés Séculieres & Régulieres du Royaume, de prendre de l'argent à fonds perdu, pour en constituer des Rentes à un denier plus fort qu'à l'ordinaire.

L'Hôtel-Dieu de Paris, l'Hôpital Général & celui des Incurables, étoient exceptés de cette prohibition ; mais, par Edit de Janvier 1690, enregistré le 6 Février, l'exécution de l'Edit du mois d'Août 1661 a été ordonné, & ses dispositions réitérées pour avoir lieu, même à l'égard de l'Hôtel-Dieu de Paris, de l'Hôpital Général, de ceux des Enfans-Trouvés, des Incurables & du grand Bureau des Pauvres. L'Edit porte même que si les Administrateurs font de semblables emprunts, ils en répondront en leurs noms.

Ces Déclaration & Edit n'interdisent, comme on voit, aux Communautés & Hôpitaux que la faculté de constituer des Rentes viageres à un denier plus fort qu'à l'ordinaire : mais si quelqu'un vouloit bien prêter des fonds à des Communautés & Hôpitaux, moyennant des Rentes viageres égales au denier de l'Ordonnance, en seroit-il de même ? Il a été jugé, par Arrêt du Grand-Conseil du 27 Septembre 1751, que de semblables contrats étoient valables. Cet Arrêt a été rendu en faveur des Prêtres de la Congrégation de la Mission établis à Lyon, contre les nommés Thevenet, qui demandoient la nullité de contrats de constitution de Rentes viageres constituées sur le pied du denier vingt, au profit du sieur Thevenet leur oncle, les 17 Septembre 1720, 13 Décembre 1732, 7 & 9 Août 1738.

On s'est pourvu en cassation contre l'Arrêt du Grand-Conseil ; mais on a mis néant sur la Requête ; & il paroît que le Parlement pense que les Fabriques & autres mains-mortes, peuvent prendre des fonds & même des deniers, moyennant des Rentes viageres égales au revenu & à l'intérêt réglé par la Loi. V. les Arrêts que je cite au mot *Marguilliers*.

L'Edit qui défend aux Communautés Séculieres & Régulieres de constituer des Rentes viageres, a lieu contre les Communau-

(a) Cette question s'étoit présentée entre les héritiers Barelai, Anglois réfugiés, & avoit été appointée au Parlement, par Arrêt du 15 Mai 1713.

On joignit aux Mémoires imprimés dans cette affaire, un Acte de Notoriété, par lequel il est attesté qu'en Angleterre on considére les Rentes sur la Ville comme un mort-gage, & comme une simple hypothéque . . . . » que le droit de percevoir & disposer de ces Rentes, » est réglé par les Loix du véritable domicile du créan- » cier. «.

tés des Marchands & Artifans ; & la Cour, par un Arrêt rendu fur les Conclufions de M. l'Avocat Général Seguier, en la Grand-Chambre, le Samedi 11 Juillet 1761, a confirmé la Sentence rendue par les Officiers de Police de Tours, laquelle avoit déclaré nuls divers contrats de conftitution de plufieurs Rentes viageres pour emprunts faits par la Communauté des Chandeliers de Tours, par la feule raifon qu'une Communauté ne peut pas emprunter à Rente viagere.

Néantmoins commé les emprunts faits par les Chandeliers étoient faits depuis long-temps, & que les Prêteurs étoient caducs, la Cour, de grace & fans tirer à conféquence, a ordonné que les contrats fubfifteroient.

Des Arrêts du Confeil, des 24 Août 1720 & 15 Décembre 1722, portant réglement pour le payement des arrérages & intérêts des Communautés des Villes & Paroiffes, ont ordonné que lefdits arrérages & intérêts ne feroient payés à l'avenir que fur le pied du denier cinquante, quoiqu'originairement dûs fur le pied d'un denier plus fort.

Nonobftant ces Arrêts, le Juge Confervateur des Priviléges de l'Univerfité de Poitiers avoit condamné le Corps-de-Ville de la Rochelle, par Sentence du 13 Mars 1727, à payer à Pierre le Duc 250 livres de Rente originairement conftituée au principal de 5000 liv. Cette Sentence avoit même été confirmée par un Arrêt rendu par défaut le 20 Janvier 1728 ; mais le Corps-de-Ville s'étant pourvu en caffation, Arrêt eft intervenu au Confeil fur les productions refpectives des Parties, le 17 Février 1731, par lequel, fans avoir égard à la Sentence & à l'Arrêt dont j'ai parlé, il a été ordonné que les arrérages de la Rente de 250 liv. ne feroient payés à le Duc que fur le pied du denier cinquante, à compter du premier Janvier 1721.

Cet Arrêt du Confeil en énonce un autre du 3 Juin 1727, qui paroît avoir été produit, & par lequel il paroît qu'une Rente dûe à l'Abbé Madot par les Pays de Bugey, a auffi été réduite au denier cinquante, conformément aux Arrêts de 1720 & 1722.

Dans les partages, quand il y a différentes efpéces d'héritiers, dont les uns fuccédent au mobilier, & les autres aux propres, l'héritier des Rentes propres prend les arrérages échus depuis le jour du décès par proportion de temps ; & ce qui étoit échu au jour du décès, appartient à l'héritier des meubles : ainfi, par exemple, fi le créancier d'une Rente fur la Ville ou fur Particuliers décéde le premier Décembre, quoique la rente ne foit payable que de fix en fix mois ou par quartiers, l'héritier de la Rente n'aura qu'un mois du quartier ou des fix mois qui écheoiront au premier Janvier fuivant : le furplus appartiendra à l'héritier des meubles : c'eft ainfi qu'on opere au Châtelet.

Les hypothéques créées fur les Rentes dûes par le Roi, fe purgent par le fceau. Voyez *Ratification*.

Les arrérages des Rentes Conftituées fe prefcrivent par cinq ans. Voyez *Arrérages*.

Les Rentes conftituées à prix d'argent font-elles meubles ou immeubles ? Voyez *Meubles*.

Quid, des Rentes viageres ? V. *Ibid*.

Prefque toutes les Rentes conftituées fur le Roi, font affranchies du droit d'aubaine, les Edits portant création de ces Rentes contiennent ordinairement une renonciation à ce droit, au moyen de quoi les Etrangers peuvent en acquérir, & leurs parens y fuccédent. Voyez les Edits donnés à ce fujet, & finguliérement des Lettres-Patentes du 5 Décembre 1733, enregiftrées le 30.

RENTES CONVENANCIERES.

C'eft le nom qu'on donne en Bretagne au produit des biens aliénés à domaine congéable. Voyez *Bail à Domaine Congéable*.

RENTES FONCIERES.

Voyez *Albergues, Bail à rente, Champart, Complant, Fabrique* & *Solidité*.

La Rente Fonciere eft celle que le Preneur à rente d'un héritage crée au profit du Bailleur, à caufe de l'aliénation qui en eft faite. Ces fortes de Rentes font nommées Fieffes en Normandie.

Ces Rentes repréfentent tellement l'héritage fur lequel elles font à prendre, qu'elles font régies par la Coutume dans laquelle il eft fitué ; qu'elles donnent ouverture au retrait & aux droits Seigneuriaux; quand elles font vendues ; & que fi l'héritage étoit propre au Bailleur, la rente qui le repréfente eft de même nature (a), parce qu'elle y eft fubrogée.

Le Parlement de Rouen a jugé, par Arrêt rendu le 3 Août 1743, que le vendeur d'une Rente Fonciere n'eft point garant de la folvabilité du débiteur, lorfque la vente ne contient pas promeffe de fournir & faire valoir.

Les engagemens du preneur à rente ceffent avec fa poffeffion, à moins que par le contrat il ne fe foit perfonnellement foumis à la fournir & faire valoir ; hors ce cas, chaque détempteur n'eft tenu de payer que les arrérages échus pendant fa détention.

Le créancier a cependant hypothéque & privilége fur la chofe pour les arrérages échus, & c'eft la raifon pour laquelle le détempteur actuel eft tenu de les acquitter, fauf fon recours contre les anciens poffeffeurs. Il peut auffi être contraint de paffer reconnoiffance de la rente. Voyez *Titre nouvel.*

Mais fi c'eft un tiers-acquéreur de bonne foi, qui a jufte caufe d'ignorer cette charge, il peut s'en exempter, tant pour le paffé que pour l'avenir, en déguerpiffant l'héritage avant conteftation en caufe. Voyez les articles 102 & fuivans de la Coutume de Paris, & ce que je dis aux articles *Déguerpiffement* & *Poffeffion.*

La Rente Fonciere étant fubrogée à l'héritage dont elle eft le prix, elle eft de fa nature, par vertu de cette repréfentation, perpétuelle & non rachetable : rien n'empêche néantmoins que le Preneur à rente ne ftipule dans le contrat qu'il pourra la racheter ; mais fi cette faculté fujette à la prefcription ordinaire, n'eft pas exercée dans le temps utile, la rente recouvre fon privilége de perpétuité. Coutume de Paris, article 120.

Il faut excepter de cette régle les Rentes qui font dûes fur les maifons des Villes & Fauxbourgs du Royaume ; celles-là font toujours rachetables ; les Ordonnances l'ont ainfi réglé pour la décoration des Villes : ainfi, quoique les Rentes Foncieres fur ces maifons foient ftipulées non rachetables ; elles peuvent néantmoins fe rembourfer, à moins qu'elles ne foient dûes au Seigneur, & les premieres prifes après le cens. V. l'article 121 de la Coutume de Paris, & ce que je dis aux articles *Lods & Ventes* & *Rembourfement.*

La Rente Fonciere étant le prix d'un héritage qu'elle repréfente, la preftation peut en être ftipulée ou en fruits ou en denrées, comme en argent, & les arrérages ne font fujets qu'à la prefcription ordinaire. Voyez l'Analyfe du Drôit François, ch. 7, n°. 1.

Le Preneur à Rente Fonciere eft vraiment.Propriétaire de l'héritage, il peut en changer la nature & la fuperficie à fon gré, pourvû que ces changemens ne diminuent pas le revenu, & que l'héritage foit toujours d'un produit au moins fuffifant pour acquitter la Rente. V. *Bail à Rente.*

On ne donne pas la qualité de Rente Fonciere à celle qui eft conftituée pour le prix, d'une vente d'immeubles, moyennant un prix déterminé, parce qu'elle a un capital fixé ; & quoiqu'une pareille Rente foit privilégiée, fur le fonds qui en eft l'occafion, en faveur du vendeur, elle eft affujettie aux régles qui régiffent les Rentes conftituées, & elle eft rembourfable à perpétuité.

Il y a néantmoins cette différence entre les arrérages d'une Rente conftituée pour le prix fixé d'un héritage, & ceux d'une Rente conftituée à prix d'argent, que les premiers ne font pas fujets à la prefcription de cinq années. V. *Arrérages.*

Celui qui donne un héritage à Rente Fonciere, & celui qui le prend, en chargent tellement l'héritage, que la moindre comme la plus grande partie, eft obligée à la totalité de la Rente ; enforte que fi le Preneur de l'héritage le divife en plufieurs portions, le Détempteur de l'une de ces portions eft obligé à la totalité de la Rente ; & celui qui en eft Créancier, peut s'adreffer à un feul pour en exiger le payement entier, parce que l'action qui naît du Contrat, n'eft pas pure perfonnelle ; elle eft hypothécaire : c'eft la chofe qui doit toujours, quand elle fubfifte, dans fes moindres parties. Voyez Dumoulin, fur la Coutume de

<hr>

(a) Tout cela a lieu, foit que la Rente fonciere foit ftipulée non rachetable ou rachetable ; parce que la faculté de racheter eft une qualité accidentelle de la Rente, qui n'en change pas la nature.

Paris, & les Arrêts que je cite au mot *Solidité.*

Ainsi, lorsque des héritages sujets à une Rente Foncière, sont aliénés ou divisés, soit par vente, par partage ou autrement, ils demeurent toujours dans le même état à l'égard du Créancier de la Rente, ils lui restent hypothéqués par indivis comme auparavant; parce qu'on ne peut pas préjudicier au droit que le Créancier a sur la chose hypothéquée. Voyez les art. 90, 100 & 101 de la Coutume de Paris, & l'art. 217 de la Coutume de Tours.

Lorsqu'une Rente est ancienne, & que l'origine en est inconnue, si une telle Rente est payable en grains, & qu'on ne puisse en rapporter le Contrat constitutif, elle est réputée procéder de bail d'héritages, ou de soulte de partage, donation ou autre cause semblable, & par conséquent non rachetable, sur-tout, si elle étoit déja dûe avant le 14ᵉ siécle; parce que ce n'est que depuis cette époque, que les Rentes constituées sont en usage. La Cour l'a ainsi décidé par un Arrêt célébre, rendu en la Grand'Chambre sur les Conclusions de M. d'Aguesseau, le 31 Décembre 1740.

Dans cette espéce, il s'agissoit d'une Rente de 36 bichets de bled, acquise par les Religieux de Reconfort en 1282; le Contrat originaire étoit perdu, & on ne sçavoit en quel temps la Rente avoit été constituée, ni comment: dans le doute, la Sentence des Requêtes du Palais avoit jugé la Rente rachetable; mais elle fut infirmée par l'Arrêt (*a*). M. Bouguier en rapporte un semblable du 2 Août 1601, lettre R, n. 7.

On distingue les Rentes Foncieres en Rentes portables & en Rentes quérables; quand les Rentes portables, c'est-à-dire, celles que le débiteur doit porter à son Créancier, sont payables en grains, & qu'elles n'ont pas été portées & payées au domicile du Créancier dans l'année, celui qui la doit est tenu la payer le plus haut prix que le grain a valu dans l'année; au lieu que, quand la Rente est quérable, elle

ne peut s'exiger qu'à raison de la valeur du grain au temps de l'échéance. Voyez Cambolas, liv. 1, ch. 20.

Le Parlement de Rouen a jugé, par Arrêt rendu le 4 Avril 1748, que, quand le Créancier d'une Rente fieffée s'est remis en possession d'un fonds fieffé, en vertu d'une Sentence; le Preneur à Rente n'est plus recevable à en appeller, même en offrant de payer les dépens & les arrérages.

La prestation d'une Rente Fonciere contre laquelle on oppose la prescription, peut-elle se prouver par témoins, quand la possession est déniée à celui qui demande la Rente? Cette question s'est présentée en la cinquiéme Chambre des Enquêtes, entre le Curé & la Communauté des Prêtres de Moutier-Felletin, & les Habitans du Village d'Arbre-en-Marche, mais elle y a été partagée; & depuis, par Arrêt rendu sur départage en la quatriéme Chambre des Enquêtes, le 11 Mars 1743, la Cour a confirmé les Sentences rendues à Moutier-Rozeille & à Gueret, qui avoient admis la preuve, tant par titres, que par témoins.

Il y a quelques Coutumes dans lesquelles les Rentes Foncieres ne sont pas purgées par le décret de l'héritage qui les doit. Sur cela voyez l'article 271 de la Coutume de Bretagne, l'article 149 de celle de Châlons, l'article 127 de celle de Troyes, l'article 486 de celle d'Anjou, l'article 489 de celle du Maine, & l'article 578 de celle de Normandie. Mais voyez aussi ce que je dis aux articles *Décrets* & *Opposition.*

D'autres Coutumes permettent au débiteur de Rentes Foncieres non rachetables de s'en libérer quand elles sont vendues, en remboursant à l'Acquéreur dans l'année, le prix de son acquisition & les loyaux-coûts. Voyez l'article 501 de la Coutume de Normandie.

RENVOI en Matiere Criminelle.
V. *Compétence & Déclinatoire.*

Le Renvoi en Matiere Criminelle est la même chose que le déclinatoire en matiere civile; il y a même plusieurs Jurisdictions

(*a*) Sans les circonstances de cette affaire & le concours de l'ancienneté, ne seroit-il pas plus naturel, lorsqu'il n'y a, ni reconnoissance, ni possession suffisante, de réputer la Rente constituée? La faveur du débiteur me paroît devoir naturellement conduire à la faire présumer telle, & par conséquent à la juger rachetable, à moins qu'elle ne soit dûe au Seigneur direct; parce qu'il est en ce cas présumé bailleur de fonds.

où l'on fe fert du terme de Renvoi en matiere civile, pour marquer le déclinatoire.

Celui qui a rendu plainte devant un Juge, ne peut demander fon Renvoi devant
un autre, encore qu'il foit Juge du délit.
Ordonnance Criminelle, titre premier, article 2.

Il y a des cas où l'accufé, traduit devant
le Juge du délit, peut néantmoins demander fon Renvoi.

Si, par exemple, un accufé privilégié
étoit pourfuivi à la requête d'une Partie
privée, alors il pourroit (l'accufé) demander fon Renvoi ; mais il devroit le requérir
avant la confrontation ; car, après qu'il a
entendu la lecture de la dépofition d'un témoin, il ne peut plus le demander. Ordonnance, *ibid.* art. 3.

Cependant fi le Juge, devant lequel l'accufé a été traduit, étoit tout-à-fait incompétent ; dans ce cas, il feroit toujours à temps
de demander fon Renvoi, parce qu'un Juge, naturellement incompétent, ne peut jamais devenir compétent.

Les Juges doivent renvoyer les procès &
les accufés, qui ne font pas de leur compétence, devant ceux qui en doivent connoître, trois jours après qu'ils en ont été requis, à peine, &c. fuivant l'Ordonnance criminelle, *ibid.* art. 4 ; & ce Renvoi ne doit
pas fe prononcer par le feul Juge qui fait
l'inftruction ; mais par le Tribunal en entier. Voyez un Arrêt rendu le 23 Août
1663, qu'on trouve au Journal des Audiences.

Si le Juge qui inftruit, reconnoît fon incompétence, il ne doit pas même attendre
que l'accufé demande fon Renvoi, il doit
l'ordonner d'office.

RÉPARATION CIVILE.
V. *Amende, Dommages & Intérêts.*

On nomme ainfi les fommes que les criminels font condamnés de payer aux Parties
civiles, pour les dédommager du tort que le
crime leur a caufé.

La Réparation civile, envifagée relativement à celui contre lequel elle eft prononc-
cée, eft la fuite & la punition d'un délit
grave, & fouvent capital ; c'eft pour cela
qu'on la met au rang des peines.

Ainfi on peut dire qu'il n'eft pas abfolu-

ment vrai que nous ne connoiffons de peines que celles qui font prononcées à la réquifition du Miniftere public ; car il n'appartient à la vérité qu'à ce Miniftere, vengeur de l'ordre public, de requérir & d'obtenir des peines relatives à la vindicte publique, comme font les peines capitales du
premier ordre ; mais cela n'empêche pas que
celui qui eft offenfé, ne demande & n'obtienne les peines qui conviennent à fa Réparation perfonnelle ; & quoique ces peines
foient d'un ordre beaucoup inférieur aux
premieres, elles n'en ont pas moins le caractere de peine ; & la Réparation Civile
eft de cette efpéce.

La Réparation Civile eft, du côté de l'offenfé, la Réparation d'un dommage qui ne
s'eftime pas ; du côté du condamné, elle eft
la peine que mérite un délit grave ; & c'eft
d'après cette double idée que la Jurifprudence a réglé les effets de cette condamnation.

D'un côté, la faveur que mérite celui qui
obtient la Réparation, a fait tenir pour principe, que l'action qui en naît en fa faveur,
ne fe confond point parmi fes autres biens,
& qu'elle demeure tellement attachée à fa
perfonne, qu'aucun événement ne peut en
empêcher ni en fufpendre l'application.

C'eft pourquoi différens Arrêts ont jugé
que la Réparation Civile n'étoit point faififfable. Defmaifons, dans fon Recueil, en
rapporte un rendu le 8 Avril 1666. Bafnage,
fur l'article 143 de la Coutume de Normandie, en rapporte deux qui ont décidé de même. Mais on prétend qu'un Arrêt du 18
Août 1752, rendu fur délibéré en la cinquiéme Chambre des Enquêtes, a jugé le contraire en faveur de Jacques Defchamps,
contre le fieur de Francini, Comte de Villepreux.

C'eft par une fuite du même principe
qu'on juge que fi celui qui a obtenu une
Réparation Civile, vient à décéder avant
que d'en être payé, l'action ne fuit point
l'ordre des fucceffions, mais qu'elle paffe indiftinctement à ceux qui étoient attachés à
l'offenfé par les liens les plus étroits : ainfi
le fils y fuccéde, quoiqu'il ne foit pas héritier de fon pere ; la veuve y a part auffi,
quoiqu'elle ne foit pas commune en biens
avec fon mari, ou qu'elle ait renoncé à la
communauté.

communauté. Inftit. Cout. de Loyfel, liv. 3 , tit. 3 , n. 22. Voyez auffi l'article 24 de la Coutume de Lille, & M. Louet, lett. D, n°. 1, & H, n°. 5.

L'article 16 du titre 12 de la Coutume de Cambrai porte que *les deniers provenans de la paix d'un homicide , ne font fujets à payer les dettes de l'occis, & appartiennent moitié à la veuve , & l'autre moitié aux hoirs plus prochains de l'homicidé , s'il étoit marié ; autrement le tout appartient à fefdits hoirs.* V. le Commentaire de Pinault des Jaunaux fur cet article.

D'un autre côté, le caractere pénal que porte avec foi la Réparation Civile, relativement à celui qui y eft condamné, a fait recourir aux moyens les plus rigoureux pour le contraindre au payement. Dans l'ancienne Jurifprudence, la condamnation pécuniaire prononcée au profit de la Partie civile ; étoit connue de même que celle qui fe prononce au profit du Roi, fous la dénomination d'amende; & fi le condamné étoit par fon indigence hors d'état d'y fatisfaire, la peine pécuniaire fe convertiffoit en peine corporelle.

On trouve des traces de cette Jurifprudence dans tous les anciens Arrêtiftes, & entr'autres dans Papon, liv. 10, titre 10: elle eft actuellement moins rigoureufe; mais la Réparation Civile n'en a pas moins confervé le caractere de peine & fes principaux effets. Elle emporte effectivement encore aujourd'hui la contrainte par corps de plein droit, même contre les feptuagénaires & les femmes mariées; & l'on tient pour principe que le condamné n'eft pas recevable à faire ceffion de biens, pour s'en affranchir. Voyez Papon au lieu ci-deffus cité, & Berrault fur l'article 20 de la Coutume de Normandie.

La Réparation Civile n'eft non plus fufceptible de compenfation, puifque ce feroit une voie de priver l'offenfé de l'application qui doit en être faite à fa perfonne : la même raifon qui veut que fes créanciers ne puiffent la faifir, veut que le condamné ne puiffe la compenfer. Voyez *Compenfation.*

D'ailleurs, la compenfation eft une fiction qui ne peut s'exercer fur une dette pénale; parce qu'il eft de l'effence des peines

Tome III. Part. I.

de ne pouvoir être acquittées par équipollence, ni par fiction, & qu'elles doivent être fubies telles qu'elles ont été prononcées. C'eft l'opinion de Dumoulin , de la Combe & de Bourjon; mais on prétend que l'Arrêt du 18 Juillet 1752, dont j'ai déja parlé , a jugé le contraire en faveur de Jacques Defchamps, contre le Comte de Villepreux.

Si l'on admettoit la compenfation pour les Réparations Civiles, ce feroit ouvrir la porte à de très-grands abus; car des créanciers pourroient impunément fe porter contre leurs débiteurs infolvables , à des excès repréhenfibles: les Tribunaux, pour venger les débiteurs opprimés , leur adjugeroient envain des Réparations Civiles ; puifque les condamnés en feroient quittes pour oppofer la compenfation , & donner quittance de fommes, dont ils défefpéroient d'être payés.

Ces principes font fondés fur la Jurifprudence conftante. Il y a d'abord un Arrêt rendu le 15 Mars 1664, & rapporté dans le Dictionnaire de la Ville, qui a jugé que les Réparations Civiles ne fe compenfent point.

Voici l'efpéce d'un fecond.

Le nommé le Goix, & fa femme, ayant été accufés de banqueroute frauduleufe en 1718, par Pierre David & François Boutet ; leurs créanciers ; le procès fut inftruit au Châtelet, où les accufés effuyerent des condamnations d'amende & de Réparations Civiles ; mais ayant appellé de la Sentence , elle fut infirmée par Arrêt rendu le 27 Juin 1721; le Goix & fa femme, furent déchargés de l'accufation, & leurs créanciers condamnés envers eux folidairement en 3000 l. de Réparations Civiles.

Cette condamnation ne fut pas plutôt prononcée, que les créanciers de le Goix firent faifir entre les mains de David & Boutet : ceux-ci de leur côté oppofoient la compenfation à le Goix & fa femme, qui défendirent à cette double attaque, en oppofant que les Réparations Civiles n'étoient ni faififfables, ni compenfables ; mais ils voulurent bien confentir que le nommé Nicolas, un de leurs créanciers, touchât fur les 3000 liv. une fomme de 950 liv. qu'ils lui devoient : fur cela Arrêt eft intervenu le 8

Août 1721, qui ordonna que fur les 3000 liv. de Réparations Civiles adjugées à le Goix & fa femme, la faifie de Nicolas tiendroit ; & fans s'arrêter aux faifies & demandes des autres créanciers, l'Arrêt ordonne que le furplus des 3000 liv. fera délivré à Goix & à fa femme, & condamne David & Boutet aux dépens.

Il y a enfin un dernier Arrêt rendu en 1739, qui a jugé que Gabriel Vaurillon de l'Etang, & fa femme, ne pouvoient oppofer au fieur Mollerat la compenfation d'arrérages de rente à eux dûs par les Srs Mollerat, avec 1000 l. de Réparations Civiles ; en quoi eux, Vaurillon & fa femme, étoient condamnés, par Arrêt rendu le 22 Juillet 1737, envers lefdits Mollerat, qu'ils avoient accufés d'avoir fabriqué un faux contrat de mariage. V. *Dommage & Intérêt.*

Je dois cependant dire ici qu'un Arrêt de la Cour des Aides, rendu le 22 Juin 1728, au profit de Borelly ; contre Taxis, a jugé en faveur de la compenfation ; mais c'eft un Arrêt folitaire, qui ne peut pas balancer l'autorité d'une Jurifprudence contraire.

Il ne faut pas non plus confondre les dommages-intérêts avec les Réparations Civiles : ces deux condamnations different beaucoup l'une de l'autre. Les dommages-intérêts font regardés comme un dédommagement d'une perte, que celui qui les obtient, a foufferte dans fa fortune, & qui, de la part du condamné, peut avoir une caufe innocente ; mais la Réparation Civile a toujours pour caufe un délit, dont le condamné s'eft rendu coupable, & pour objet la Réparation d'un tort fouffert par l'offenfé, non-feulement dans fa fortune, mais encore dans fa perfonne & dans fon honneur.

La Partie civile peut valablement traiter de fes intérêts civils avec l'accufé ; & celui-ci ne doit pas moins payer ce qu'il a promis, quoique par l'événement de l'inftruction fuivie à la requête du Miniftere public, poftérieurement à la tranfaction, il ait été mis hors de Cour fur l'accufation ; parce qu'on ne peut pas reclamer contre une tranfaction fur procès, & que d'ailleurs la tranfaction peut être caufe du dépériffement des preuves.

C'eft ce que la Cour vient de juger en faveur du fieur Pillaut, contre les nommés Defrues, par Arrêt rendu en la Tournelle, au rapport de M. Severt, le Samedi 26 Avril 1760, par lequel la Sentence rendue au Bailliage de Chartres, le 20 Août 1754, qui déboutoit les Defrues de leur demande en enthérinement des Lettres de Refcifion par eux prifes contre la tranfaction fur la Réparation Civile dûe au fieur Pillaut, a été confirmée.

RÉPARATION D'HONNEUR.

C'eft ainfi qu'on nomme la fatisfaction qu'on oblige quelqu'un de donner à une perfonne injuriée.

Cette Réparation peut être différente, felon les diverfes injures qui ont été faites ; la plus commune & la plus ordinaire eft d'affujettir celui qui a fait l'injure, à reconnoître en préfence d'un certain nombre de témoins, au choix de la perfonne injuriée, qu'elle n'eft point tachée des injures qui ont été proférées contr'elle.

Il eft auffi d'ufage d'ordonner qu'il fera dreffé un acte de cette reconnoiffance, & qu'on le dépofera au Greffe.

Quelquefois la Réparation va jufqu'à affujettir celui qui a fait l'injure, à demander pardon ; cela varie felon les circonftances, la qualité des perfonnes & la qualité des injures. Voyez l'Arrêt du 12 Octobre 1754, dont je parle à l'article Félonie, dans une note, & ce que je dis au mot *Injure.*

RÉPARATIONS.

Les propriétaires font obligés de tenir leurs locataires clos & couverts, & de faire les groffes Réparations des bâtimens qu'ils ont loués ; & s'ils le refufent, ils peuvent non-feulement y être contraints, mais encore condamnés aux dommages-intérêts pour l'incommodité que fouffre le locataire.

Le locataire doit fouffrir que les groffes Réparations fe faffent dans les fermes des champs fans qu'il puiffe demander d'indemnité, à moins qu'il ne s'agiffe d'une grange ou autre bâtiment, dont la privation lui ait fait fouffrir un préjudice notable.

Mais quand il s'agit d'une fimple maifon, le locataire, quoique chargé par fon bail de fouffrir les groffes Réparations, ne les doit cependant supporter que pendant six semaines ; & si elles durent plus long-temps, il est en droit de demander à son propriétaire qu'il le dédommage.

Les menues Réparations font de droit à la charge du fermier ou du locataire, comme les grosses font de droit à la charge du propriétaire. Voyez *Réparations Locatives.*

Dans la regle générale, tout fermier ou tout locataire entrant, doit recevoir les lieux en bon état de Réparations qu'il sçait être à la charge de celui qui fort ; s'il reçoit les lieux sans s'en plaindre, on présume qu'ils lui ont été remis en bon état.

Il en est de même pour toutes celles qu'on déclare par le bail être à la charge du fermier sortant.

De quelles Réparations les usufruitiers font-ils tenus ? Voyez *Douaire* & *Usufruitier.*

RÉPARATIONS Bénéficiales.

V. *Décimateurs, Doyens-Ruraux, Eglise, Habitans, & Presbytere.*

L'obligation de faire les Réparations aux bâtimens dépendans de Bénéfices (*a*), se contracte par la prise de possession du titulaire & par la perception des fruits du Bénéfice, dont les Réparations font une charge privilégiée.

L'action pour exiger les Réparations appartient au Bénéfice, & le Titulaire n'en a que l'exercice, comme administrateur & tuteur de l'Eglise ; d'où naît la conséquence, que s'il néglige d'intenter cette action, fon successeur peut & doit la faire valoir, lorsqu'elle n'est pas éteinte par la prescription.

L'article 10 de l'Edit du mois de Décembre 1691, portant création d'économes féqueftres, les autorise à faire visiter par des Experts les maisons, fermes & autres bâtimens dépendans des Bénéfices qui font à la nomination du Roi incontinent (*b*) après la

mort des titulaires en présence de ses héritiers, de l'Ordonnance du Juge Royal des lieux.

Et si dans les fix mois après que les Procès-verbaux de visite font faits, les héritiers n'ont pas fait mettre les bâtimens en bon état, les économes féqueftres peuvent faire proceder à l'adjudication au rabais des Réparations conftatées par lefdits Procès-verbaux : c'est la disposition de l'article 11 du susdit Edit. Voyez aussi l'Arrêt du Conseil du 28 Février 1696.

Comme l'article premier du titre 21 de l'Ordonnance de 1667, défend à tous Juges de faire des descentes fur les lieux lorsqu'il ne s'agit que d'un simple rapport d'Experts, à moins qu'ils n'en soient requis par l'une ou l'autre des Parties, la Cour, par Arrêt rendu le 16 Juillet 1727, a condamné les Officiers du Préfidial de Poitiers à rendre les vacations & frais qu'ils avoient exigé pour leur transport à l'Abbaye d'Hervaut, avec les Experts qui avoient procédé à la visite des Réparations de cette Abbaye & dépendances après le décès du Cardinal du Bois.

Depuis cet Arrêt, qu'on a regardé comme devant servir de régle dans tout le Royaume, il est intervenu un Arrêt du Conseil le 20 Septembre 1734, par lequel Sa Majesté a fait *défenses. . . . . à tous Officiers des Justices Royales de requérir ni d'assister aux Procès-verbaux des visites d'Experts des Eglises, maisons, fermes & bâtimens dépendant des Archevêchés, Evêchés, Abbayes & autres Bénéfices consistoriaux vacans, à la nomination du Roi, sans en être requis par écrit par l'une ou l'autre Partie, autre que l'Econome, à peine de nullité & de tous dépens, dommages & intérêts, & de la restitution des frais & vacations qu'ils auront exigés.*

Aucune Loi ne fixe le temps requis pour acquérir prescription contre l'action donnée au successeur d'un bénéfice pour exiger que le précédent Titulaire ou ses héritiers fas-

---

(*a*) Voyez un Arrêt du 14 Juillet 1716, dans le Journal du Parlement de Rennes, tome premier, chap. 78, qui assujettit les héritiers d'un Chanoine de la Cathédrale de Quimper, à faire les grosses Réparations d'une Maison Prébendale dont leur parent jouissoit.

(*b*) L'article 2 de l'Arrêt du Conseil du 16 Décembre 1741, servant de Réglement pour la Régie des Economats, porte que les Economes ne pourront faire proceder à la

visite dont il est ici question, ni en faire dresser aucuns Procès-verbaux, sans y être préalablement autorisés par les ordres que Sa Majesté leur fera remettre à cet effet ; & que lorsqu'il leur sera permis d'y faire procéder, ils feront comprendre, dans les Procès-verbaux, toutes les réparations dont les successions peuvent être tenues, conformément à l'article 10 de l'Edit du mois de Décembre 1691, portant création d'Offices d'Economes-Séqueftres.

fent les réparations néceffaires : mais on penfe affez univerfellement que cette prefcription s'acquiert par trois ans, qui courent à compter du décès du dernier Titulaire (a).

Cette maxime a été plaidée comme certaine lors d'un Arrêt rendu en la Grand-Chambre à l'Audience de fept heures, mais en très-grande connoiffance de caufe, le Jeudi 3 Août 1758, dont voici l'efpéce.

Le fieur Boiffou, pourvu d'une Chapelle fituée à Marcolés en Auvergne, décéda au mois de Mars 1753 ; fon fucceffeur en prit poffeffion le 30 Mai fuivant, & après avoir recueilli les fruits des années 1753, 1754 & 1755, il fit affigner l'héritiere du fieur Boiffou au Bailliage d'Aurillac à la fin du mois d'Août de ladite année 1755, pour voir dire qu'elle feroit tenue de faire les Réparations du Bénéfice, vifite préalablement faite : l'héritiere le foutint non-recevable ; mais la Sentence ordonna la vifite.

Sur l'appel, l'héritiere perfévéra dans la fin de non-recevoir ; elle difoit que le fucceffeur avoit fait trois récoltes, & que par conféquent il étoit non-recevable. Le fucceffeur répondoit que les années ne fe comptoient pas par récolte, mais par 12 mois, & que dans le fait, il n'y avoit que 27 mois écoulés depuis la prife de poffeffion jufqu'à la demande.

Les opinions furent tellement débattues, que M. le Premier Préfident alla jufqu'à trois fois de chaque côté ; enfin la Cour confirma la Sentence, & par conféquent rejetta la fin de non-recevoir.

Mais par Arrêt rendu le premier Septembre 1762, le fieur Royer, Prieur-Commendataire de Saint-Chriftophe de Château-Chinon, a été déclaré non-recevable dans la demande qu'il avoit formée contre la fucceffion de l'Abbé Angot, ancien Titulaire du même Bénéfice, pour qu'il fût condamné à faire faire les Réparations non conftatées dans un temps voifin de la réfignation faite par l'Abbé Angot au fieur Julliennet.

Dans cette efpéce, le fieur Julliennet, réfignataire du fieur Angot, avoit joui du Bénéfice pendant 8 ans, & l'avoit enfuite réfigné au Sr Royer, lequel, après environ 3 ans de paifible poffeffion, avoit actionné l'héritier du fieur Angot pour faire les Réparations. Celui-ci oppofa la prefcription ; & par l'Arrêt fufdit, le fieur Royer a été déclaré non-recevable. Le fieur Julliennet, qui étoit intervenu pour adhérer aux Conclufions de fon réfignataire, a pareillement été déclaré non-recevable ; mais parce que le fieur Royer n'avoit pas laiffé écouler les trois années entieres fans fe plaindre, le Sr Julliennet a été condamné par l'Arrêt à faire les Réparations néceffaires.

La Combe dit néantmoins que l'action en Réparation Bénéficiale, eft prefcrite après un an de paifible poffeffion du fucceffeur. Voy. fon Recueil Canonique, verb. *Réparations*, feĉt. 5.

Ce que je viens de dire n'a d'application qu'aux Réparations non conftatées avec les Parties intéreffées ; mais quand elles ont été conftatées par un Procès-verbal dreffé dans un temps voifin de la vacance, l'action pour les faire faire ne fe prefcrit alors que par 40 ans, comme toutes les autres qui appartiennent à l'Eglife, fans la circonftance d'un Procès-verbal régulier, ou de pourfuites faites dans un temps utile pour le faire dreffer. Il feroit abfurde de penfer qu'au bout de 40 ans de tranquillité, ou même feulement de 30 ans, on pût exiger des Réparations dont il eft impoffible de juger de l'exiftence dans un temps fi éloigné.

C'eft d'après ces maximes que, par Arrêt rendu d'une voix unanime au Grand-Confeil, le 21 Déc. 1736, le Cardinal de Polignac a été déclaré non-recevable à demander que M. le Préfident de Maupeou, héritier de M. l'Archevêque d'Auch, fon oncle, fît faire les réparations à l'Eglife Métropolitaine d'Auch, qui n'avoient pas été conftatées par une vifite voifine du décès arrivé au mois de Juin 1712.

_____

(a) Berault, fur l'art. 375 de la Coutume de Normandie, prétend qu'il ne faut qu'un an pour acquérir prefcription contre la douairiere qui n'a pas demandé que l'héritier fît les Réparations, & qu'on doit dire la même chofe contre le fucceffeur au Bénéfice qui n'eft qu'ufufruitier.

Forget a écrit la même chofe, & dit que tout au plus l'action du Bénéficier ne dure que trois ans.

Mais cette libération & cette prefcription d'un ou de trois ans, n'ont lieu que contre le fucceffeur au Bénéfice qui demande des Réparations ; fi elles étoient demandées par le Miniftere public ou par l'Eglife même, elles ne feroient prefcrites que par quarante ans, fauf le recours des divers Titulaires, chacun en droit foi, contre leurs fucceffeurs.

M. le Cardinal de Polignac demandoit auffi d'autres Réparations conftatées: mais à cet égard il y avoit des Jugemens de décharge, fondés fur des Procès-verbaux : il ne s'agiffoit que de fçavoir s'ils étoient réguliers & fuffifans. L'Arrêt du 20 Décembre 1736 eft imprimé ; il eft dans le Code de Louis XV.

Les Titulaires de Bénéfices, ni leurs héritiers, ne font pas tenus de faire reconftruire les bâtimens ruinés & détruits par vétufté, quand ces bâtimens font inutiles: des Lettres-Patentes du 3 Nov. 1552 en contiennent une décharge expreffe; & l'Arrêt d'enregiftrement du 22 Décembre 1572, a été que les Titulaires & leurs héritiers ne feront *tenus* de femblables reconftructions, que *quand les ruines feront avenuës par la faute notable ou négligence des tenans lefdits Bénéfices.*

Quand plufieurs co-décimateurs font chargés de l'entretien ou des Réparations des Eglifes, ils peuvent être pourfuivis & contraints folidairement à en faire les Réparations & l'entretien, fauf le recours des uns contre les autres : c'eft la difpofition de l'article 21 de l'Edit d'Avril 1695.

Toutes les Ordonnances du Royaume, & finguliérement l'article de l'Edit que je viens de citer, chargent le Miniftere public de veiller aux Réparations des Eglifes, & de pourfuivre ceux qui en font débiteurs, même par faifie de leur temporel ; & ce pouvoir donné au Miniftere public, n'eft point borné au temps de la vacance; fon action eft toujours préfente : cependant il ne peut l'exercer qu'en conféquence d'une Ordonnance & Commiffion du Juge, après avoir préalablement fommé les Bénéficiers. Voyez l'Arrêt du premier Septembre 1635, rapporté dans le troifiéme volume des Mémoires du Clergé, titre 5, n°. 14; & l'art. 23 de l'Edit du mois d'Avril 1695.

Les Eglifes Cathédrales doivent être entretenues & réparées par les Evêques & les Chapitres ; & comme il n'y a point de Loi

générale qui régle la quotité de ce que chacun doit y contribuer, l'opinion commune eft d'y faire contribuer l'Evêque pour un quart; parce que lors des partages des biens Eccléfiaftiques, l'Evêque en eut un quart, ainfi que je le dis à l'art. *Biens d'Eglife.* C'eft fur ce pied que, par un Arrêt rendu dans le fiécle dernier, un Evêque d'Angers a été condamné de contribuer aux Réparations de fon Eglife ; & que par autre Arrêt, que je crois avoir été rendu le 3 Mars 1711, les héritiers de M. de Boffuet, Evêque de Meaux, ont été condamnés de réparer la Cathédrale de cette Ville; mais cette Jurifprudence ne peut s'appliquer aux Eglifes Cathédrales qui ont des Concordats ou des ufages contraires, ou des Fabriques dont les biens font chargés de l'entretien, comme, par exemple, l'Églife de Rheims, celle d'Autun, &c. (a)

L'action pour Réparations Bénéficiales, donne hypothéque fur les immeubles perfonnels du Titulaire, à compter du jour de fa prife de poffeffion.

S'il eft dû des revenus produits par le Bénéfice, ils font affectés aux Réparations, de maniere que le fucceffeur ou l'économe féqueftre a à ce fujet une action privilégiée fur ces revenus, quelque nombre d'années qu'il en foit dû. On donne encore un privilége à l'action pour ces fortes de Réparations fur les fruits provenans du Bénéfice qui fe trouvent encore en nature, foit dans les granges ou dans les greniers, foit qu'ils foient encore pendans par les racines.

Mais comme il n'y a aucune Loi qui accorde à l'Eglife, ou au fucceffeur au Bénéfice, un privilége fur les autres effets mobiliers du précédent Titulaire, pour raifon des Réparations ; l'ufage eft de n'en donner aucun, & de regarder les créances qui en réfultent comme chirographaires, on ne s'écarte de cet ufage que quand le Bénéficier faifoit valoir lui-même fon Bénéfice; & en ce cas on accorde au fucceffeur fur les chevaux, harnois, troupeaux & uftenciles de

(a) Quelques Jurifconfultes prétendent néantmoins que les Evêques font obligés feuls aux Réparations des Eglifes Cathédrales, à moins qu'on n'y ait pourvu par des fonds particuliers qui ont diminué leur Manfe: » L'Evêque, dit-on, eft tenu de droit par fa qualité envers fon Eglife, comme un mari envers fon époufe, de lui fournir les habits & les ornemens néceffaires; parce qu'il jouit de » fon bien «. On cite fur cela le texte de la Glofe du Concile de Mayence, fur la Régle prefcrite par le Canon *Vobis*, queft. 7, & par le Canon 4 du Pape Gelafe; les Conciles d'Orléans, fous Clovis; d'Arles, fous Charlemagne; l'Ordonnance de Charles VI, de l'année 1381, &c. Je crois le principe que je viens de donner, beaucoup plus fûr.

labourage , un privilége qui n'a cependant d'effet qu'après les autres créanciers privilégiés fur toutes ces chofes.

On a auffi quelquefois accotdé un privilége pour les Réparations aux bâtimens des Bénéfices fur les meubles qui fe font trouvés dans ces mêmes bâtimens : on a regardé ces meubles comme affectés d'une maniere particuliere au payement des Réparations des lieux qu'ils garniffent , de la même maniere qu'ils le font au payement des loyers.

Une Sentence des Requêtes du Palais, du 14 Février 1723 , l'a ainfi jugé en faveur de M. de Rohan , Archevêque de Reims , contre la fucceffion du Cardinal de Mailly , fon prédéceffeur : il n'y en a pas eu d'appel.

L'on a depuis jugé , par Arrêt rendu le premier Septembre 1760 , au rapport de M. de Befe-de-Lys , que les héritiers bénéficiaires du Cardinal de Mailly , qui avoient payé le montant de ces Réparations à l'Archevêque de Reims , fon fucceffeur , en feroient rembourfés fur le reliquat du compte de l'Econome féqueftre , par préférence au fieur Houffemaine , qui n'étoit qu'un créancier chirographaire de la fucceffion bénéficiaire.

On peut , fur tout cela , confulter M. Louet , lettre R , n°. 50 ; Guimier , fur la Pragmatique-Sanction ; Rebuffe , fur les Ordonnances ; M. Lepreftre , premiere centurie , chap. 91. La Bretagne a fur cela des ufages particuliers.

M. Fleury , en fon Inftitution au Droit Eccléfiaftique, tome. 1 , part. 2 , chap. 23 , remarque que quand la fucceffion du dernier Titulaire eft infolvable , le fucceffeur n'eft tenu que du tiers des Réparations viageres dont fon prédéceffeur étoit chargé. Le Merre , Traité des Dixmes , tom. 1 , ch. 10 , eft du même avis.

Quand une Congrégation ou une Communauté de Religieux a autorifé un Religieux à accepter un Bénéfice , elle devient refponfable des Réparations qui font une fuite de cette acceptation ; il eft d'ailleurs naturel que ceux qui fuccédent au pécule d'un Religieux , acquittent les charges de fa fucceffion.

Les conteftations concernant les Répara-

tions à faire aux Bénéfices , font de la compétence du Juge Laïc , & non du Juge d'Eglife ; cette maxime eft affermie par l'Arrêt d'enregiftrement au Parlement , le 18 Juil. 1664 , de la Déclaration donnée le 18 Février 1661 , pour la Réparation & la conftruction des Presbyteres.

On penfe même que les Juges des Juftices Seigneuriales ne font pas compétens , pour connoître de ces fortes de conteftations : l'article 23 de l'Edit du mois d'Avril 1695, veut qu'elles foient portées dans des Juftices Royales ; & l'on juge qu'elles appartiennent aux Juges Royaux des lieux de la fituation des Bénéfices , fauf à ceux qui en ont le droit , à faire ufage de leur Committimus , ou de leur attribution au Grand-Confeil. Voyez le fufdit Arrêt du 18 Fév. 1664 , portant enregiftrement de la Déclaration du 18 Février 1661. Voyez auffi l'article 16 de l'Ordonnance de Blois , & l'article 5 de l'Edit de Melun , fur la queftion de fçavoir , quelles reconftructions un Titulaire ou fes héritiers doivent faire , & de quelles Réparations ils font tenus. Voyez le Recueil Canonique de la Combe , verb. Réparations , fect. 7 , & les Loix des Bâtimens , par Defgodets.

RÉPARATIONS LOCATIVES.

Les Réparations Locatives font toujours à la charge du Locataire , à moins qu'elles ne foient caufées par des émotions populaires & autres événemens furnaturels qu'il n'a pas été poffible au Locataire de prévoir , ou qu'il n'y ait convention contraire.

Ce n'eft qu'à l'expiration du bail , & quand le Locataire fort , que l'action s'ouvre en faveur du Propriétaire pour le contraindre à ces Réparations.

Elles confiftent dans le rétabliffement des carreaux , tant du plancher , de l'efcalier , des âtres & des cheminées , que des fourneaux de cuifine. Le Locataire eft obligé de rendre ces carreaux en bon état , à moins qu'il ne foit conftaté par un état des lieux , qu'il les a pris en mauvais état.

Le Locataire ne feroit cependant pas tenu du recarelage , fi le mauvais état provenoit de vétufté : c'eft la Jurifprudence du Châtelet.

Le lavage des vitres est encore mis au nombre des Réparations Locatives ; & s'il n'y a point d'état des lieux, le Locataire est obligé de rétablir toutes celles qui peuvent manquer aux croisées où il paroît qu'il y en a eu anciennement, sans boudines ni plomb.

Le Locataire doit encore rendre les serrures bien fermantes, & laisser des vérouils aux endroits des portes où il paroît qu'il y en a eu, à moins que l'état des lieux ne constate qu'il n'y en avoit pas quand le Locataire est entré.

En un mot, le Locataire doit laisser des volets à toutes les croisées où il paroît qu'il y en a déja eu; & il n'en est pas dispensé; en disant qu'il n'y en avoit pas quand il est entré: la présomption est contre lui, s'il n'y a point d'état des lieux; cependant les circonstances déterminent souvent à admettre la preuve sur cela: c'est l'usage du Châtelet. Voyez à ce sujet mes Notes sur l'Acte de Notoriété du Châtelet, du 19 Sept. 1716.

RÉPARTITION.

Ce mot signifie partage & distribution de quelque chose entre plusieurs, à parts ou égales, ou convenables.

RÉPERTOIRE.
Voyez *Notaires.*

Les Notaires & Tabellions sont assujettis à divers Réglemens de tenir des Répertoires, c'est-à-dire, des Renseignemens ou Indices des Actes qu'ils ont reçus; & l'article 8 du titre des Droits sur le papier & parchemin timbrés, de l'Ordonnance de 1680, veut, ainsi que l'article 15 de la Déclaration du 19 Juin 1691, que les Répertoires des Notaires soient tenus sur papier timbré, à peine de 300 livres d'amende. V. un Arrêt du Conseil, du 19 Avril 1740, sur la forme dans laquelle les Notaires & autres Officiers doivent tenir des Répertoires. Voyez la Déclaration du 9 Mars 1698, & un Arrêt du Conseil, du 21 Janvier 1749, pour la Flandres. Voyez aussi dans le Code de Louis XV, l'Arrêt du Conseil, du 19 Avril 1740.

RÉPÉTITION de Témoins.

La Répétition est une espèce d'informa-tion, dans laquelle le Juge entend en témoignage un Officier qui a dressé Procès-verbal d'un délit qui fait la matiere d'une accusation ou d'un procès extraordinaire.

La Répétition est sujette aux mêmes formalités que l'information: néantmoins elle doit être intitulée *Répétition par forme d'information*, &c.

Le Juge qui procéde à une Répétition, doit parapher & faire parapher par le Témoin, *ne varietur*, le procès-verbal & la piéce sur laquelle la Répétition se fait, & en y procédant.

Il ne doit pas être ordonné ni fait de Répétition d'un Juge dans le procès-verbal qu'il a dressé, parce que foi doit y être ajoutée: mais en doit-il être de même d'un Commissaire au Châtelet? Cette question s'est présentée dans l'instruction de l'affaire du Duc de la Force en 1721; & la Cour a jugé que le Commissaire Tirel de Launay seroit répété dans son procès-verbal devant MM. Ferrand & Paris, Rapporteurs du procès, ce qui a été exécuté le 12 Mars 1721.

Lorsqu'il est ordonné qu'un Officier sera répété dans le procès-verbal qu'il a fait, ou dans un autre acte, il faut nécessairement que cette Répétition se fasse par forme de déposition; & la Répétition de Thierriat, Huissier, par forme de récollement devant le Juge de Montargis, pour raison d'une sommation que cet Huissier avoit faite, a été déclarée nulle par Arrêt rendu toutes les Chambres assemblées, sur les Conclusions de M. d'Ormesson, Avocat Général, le Vendredi 2 Juin 1752. Un autre Arrêt rendu le lendemain 3 Juin 1752, déclare nulle la Répétition de Maqueron, Huissier à Abbeville, parce qu'elle n'étoit pas en forme de déposition; ce deuxième Arrêt a été aussi rendu toutes les Chambres assemblées.

RÉPI (Lettres de).
Voyez *Cession* & *Lettres d'Etat.*

Le Répi est une surséance qui s'accorde par le Roi aux Débiteurs qui par des accidens fortuits & imprévus se trouvent hors d'état de payer leurs dettes dans le temps qu'ils sont poursuivis par leurs créanciers, & qui ayant plus d'effets que de dettes, n'ont befoin que de quelques délais pour s'acquiter par la vente de leurs biens & par le recouvrement de ce qui leur eſt dû.

Cette grace s'accorde par Lettres du grand Sceau *pour des conſidérations importantes, & lorſqu'il y a commencement de preuves par Acte authentique*. On les nomme Lettres de Répi, & ceux qui veulent en obtenir ſont tenus d'y joindre *un état par eux certifié véritable de tous leurs biens & effets , tant meubles qu'immeubles , & de leurs dettes*, pour être attaché aux Lettres ſous le contre-ſcel.

Les impétrans ſont pareillement tenus *auſſi-tôt après le ſceau & expédition des Lettres de Répi, de remettre au Greffe, tant du Juge auquel l'adreſſe en eſt faite, que de la Juriſdiction Conſulaire la plus prochaine, un double, d'eux certifié, du même état de leurs effets & dettes, & de faire donner copie, tant de l'état*, que du *Certificat du dépôt au Greffe, à chacun de leurs créanciers, au même temps de la ſignification des Lettres, à peine d'être déchus de l'effet de leurs Lettres à l'égard de ceux* auxquels ces copies ne ſont pas ſignifiées.

Les Marchands, Banquiers & Négocians qui obtiennent des Lettres de Répi, doivent de plus remettre leurs Livres & Regiſtres au Greffe du Juge auquel elles ſont adreſſées, & elles n'ont d'effet qu'après qu'elles ſont enthérinées.

Il y a trois cas généraux où le Répi & la Ceſſion n'ont pas lieu.

1°. Il n'a pas lieu, par exemple, quand le Débiteur s'eſt rendu indigne de cette grace, comme lorſqu'il s'agit d'intérêts civils.

2°. Le privilège qui réſulte de la dette, peut auſſi empêcher l'effet du Répi.

3°. La faveur du créancier y met auſſi obſtacle, comme lorſqu'il s'agit de ſommes dûes à des mineurs, à l'Egliſe, au Public, &c.

Enfin il eſt encore pluſieurs autres cas pour leſquels les Lettres de Répi ſont ſans effet; elles n'ont pas lieu, par exemple, *pour penſions, alimens, médicamens, loyers de maiſons, moiſſons de grains, gages de domeſtiques, journées d'Artiſans & mercénaires, réliquat de compte de tutélle, dépôts néceſſaires & maniement de deniers publics, Lettres de Change, marchandiſes priſes ſur*

l'*Etape, Foires, Marchés, Halles, Ports publics, Poiſſon de Mer, frais, ſec & ſalé, caution judiciaire, frais funéraires, arrérages de rentes foncieres & redevances des baux emphithéotiques, ſtellionats, &c.*

Il a été jugé, par un Arrêt du Conſeil du 17 Octobre 1684, que des héritiers bénéficiaires ne ſont pas recevables à ſe ſervir de Lettres de Répi contre les créanciers de la ſucceſſion.

On peut voir en entier le titre 6 de l'Ordonnance de 1669, le tit. 9 de l'Ordonnance de 1673, la Déclaration du 23 Décembre 1699, enregiſtrée le 18 Janvier 1700, & l'article 111 de la Coutume de Paris : leurs diſpoſitions ſont très-étendues ſur cette matiere.

Les Lettres de Répi ſont ſans effet dans les affaires où les Hôpitaux de Paris ont intérêt. Voyez *Lettres d'Etat*. Elles ſont aſſujetties à l'inſinuation par l'article 17 de l'Edit du mois de Décembre 1703, auſſi-bien que les Arrêts de ſurféance générale, & différens Huiſſiers qui avoient ſignifié de ſemblables Lettres & des Arrêts de ſurféance, ont été condamnés en différentes amendes ; mais les Sauf-conduits & les Lettres d'Etat ſont affranchis de l'inſinuation par des Déciſions du Conſeil, des 18 Avril 1723, & 7 Septembre 1739, parce que ces ſortes de Lettres ſont expédiées par des Secrétaires d'Etat.

RÉPLÉTION.
V. *Grades & Indult.*

Réplétion eſt un terme de Juriſprudence canonique, qui s'entend d'une quantité ſuffiſante de revenus en Bénéfices, pour que l'Eccléſiaſtique qui en jouit ne puiſſe plus faire uſage de ſes grades ou d'un Indult, pour obtenir un autre Bénéfice.

Par exemple, un Gradué Séculier eſt rempli, & il ne peut plus requérir aucun Bénéfice en vertu de ſes dégrés, quand par leur moyen, il a obtenu un Bénéfice produiſant au moins un revenu de 200 florins d'or, dont la valeur eſt déterminée à 400 liv. & un Gradué Régulier eſt rempli, quand ſes grades lui ont procuré un Bénéfice quel qu'il ſoit, parce que les Réguliers font vœu de pauvreté, & qu'ils ont d'ailleurs
leurs

leurs le *victum* & le *vestitum* dans leurs Monasteres. V. le Concordat, l'Edit du mois de Décembre 1606, article 30, & l'Arrêt du Lundi 3 Septembre 1736, dont l'espéce est rapportée dans la Jurisprudence canonique de la Combe, art. *Grades*, *Réplétion*.

Un Gradué Séculier est encore censé rempli, lorsqu'il posséde un Bénéfice produisant 600 liv. qui lui a été conféré librement par toute autre voie que par ses grades; telle est la Jurisprudence du Parlement: mais au Grand-Conseil, il suffit qu'un Gradué posséde un Bénéfice de 400 liv. de revenu, pour être réputé rempli. Il est indifférent qu'il le tienne par ses grades ou autrement, c'est une Jurisprudence particuliere à ce Tribunal, & sur laquelle on peut consulter le Plaidoyer de M. Navarre de Maison-Neuve, inséré dans l'Arrêt (imprimé) rendu au Grand-Conseil, le 17 Avril 1736, à l'occasion d'un Canonicat de Langres. On trouve cet Arrêt dans le rapport des Agens du Clergé en 1740.

On ne peut pas dire au Titulaire d'une Cure à portion congrue qu'il est rempli, lors même qu'il tire des rétributions pour des Obits & des Messes qui suffisent pour atteindre ou les 4, ou les 600 liv. parce que ces rétributions ne lui sont données qu'à titre onéreux, à la charge de desservir ou acquitter; & en effet dès que ces rétributions ne peuvent être comptées à un Curé pour former le montant de sa portion congrue, on ne peut pas davantage les opposer à un Gradué pour opérer sa Réplétion.

La dixme des Novales peut être comptée au Bénéficier-Curé qu'on soutient rempli, parce qu'elle forme un revenu fixe & certain.

Il en est de même des menues dixmes, quand elles sont assez importantes pour pouvoir être affermées & évaluées. Sur cette matiere voyez un Arrêt récent dont je parle au mot *Grades*.

Lorsqu'un Gradué a composé ou reçu quelque pension ou récompense pour un Bénéfice, dont il a été pourvu en conséquence de ses grades, il est réputé rempli: c'est pourquoi si un Gradué, après avoir requis & s'être fait pourvoir d'un Bénéfice en conséquence de ses grades, a essuyé de la

contradiction, il doit se faire évincer définitivement, & jusqu'à l'éviction son droit est suspendu, de maniere qu'il ne peut faire aucun usage de ses grades.

Les Auteurs pensent assez généralement que les Bénéfices situés hors le Royaume, de quelque revenu qu'ils soient, ne peuvent entrer dans le calcul de la Réplétion, parce que l'article 30 de l'Edit de 1606, & le Concordat ne sont faits que pour les Bénéfices situés dans le Royaume.

REPRÉSENTATION.

Voyez *Aînesse*, *Fiefs*, *Rappel*, *Rapport* & *Succession*.

La Représentation s'entend du droit qui passe à une ou plusieurs personnes pour recueillir une succession à la place d'une autre qui est morte, de la même maniere & avec les mêmes priviléges que si elle étoit elle-même vivante.

Un sçavant Jurisconsulte définit la Représentation, l'image présente d'une personne qui n'est plus.

Dans les Pays de Droit Ecrit, la Représentation a lieu à l'infini en ligne directe descendante, c'est-à-dire, que les petits enfans sont appellés pour recueillir les successions de leurs ayeuls, bisayeuls & autres ascendans, avec leurs oncles, grands-oncles, &c. mais en ligne collatérale, elle n'a lieu qu'entre les freres & les neveux du défunt.

C'est la disposition de la Novelle 118. La Coutume de Paris & presque toutes les Coutumes du Royaume y sont conformes.

Il y a néanmoins d'autres Coutumes assez bizarres, j'ose même dire assez injustes, pour exclure la Représentation, tant en ligne directe qu'en collatérale: de ce nombre sont celles de Ponthieu, de Boulenois, d'Artois & de Haynaut, qui se singularisent sur ce point de droit, comme sur plusieurs autres.

Il y en a d'autres plus judicieuses qui admettent la Représentation en directe seulement, & qui la rejettent en collatérale: telles sont, par exemple, celles de Senlis, Clermont, Blois, Lille, Douay & autres.

Il y a des Coutumes absolument muettes sur la Représentation. Dans celles-là on suit la disposition de la Coutume de Paris &

de la Novelle. Enfin il y en a d'autres qui admettent la Repréfentation à l'infini, tant en directe qu'en collatérale ; chacune de ces différentes Coutumes doit être fuivie dans l'étendue de fon Territoire. Cependant V. *Domicile.*

La Repréfentation n'a pas lieu quand le dégré du Repréfenté eft rempli ; ainfi, lorf-qu'un défunt laiffe plufieurs enfans, fi l'un d'eux renonce à fa fucceffion, les enfans de celui-ci ne pourront pas venir à la fucceffion de leur ayeul par Repréfentation de leur pere renonçant, & il en eft de même en collatérale. Outre que dans ce cas-là le dégré eft rempli, c'eft que l'inftant de l'ou-verture de la fucceffion a déterminé ceux qui en étoient faifis.

Il y a fur ce point de droit un Arrêt célé-bre du 30 Mai 1712, rendu fur les Conclu-fions de M. l'Avocat Général Joly de Fleu-ry, qui confacre la maxime. (Il eft impri-mé.)

Dupleffis penfe néantmoins qu'en ligne directe, fi les enfans du renonçant font au même dégré que les acceptans ; ils peu-vent en ce cas venir à la fucceffion ; le Brun eft d'avis contraire.

La mort civile donne lieu à la Repréfen-tation comme la mort naturelle.

La Repréfentation en ligne collatérale dans les Pays de Droit Ecrit & dans la Coutume de Paris n'eft autre chofe qu'une fubrogation des enfans d'un frere ou d'une fœur, aux droits de leur pere ou de leur me-re prédécédés.

En effet, la régle générale en matiere de fucceffion, eft que le plus proche exclud le plus éloigné. *Le mort faifit le vif, fon hoir le plus proche, &c.* & fuivant cette régle, le frere excluroit toujours les neveux : mais la Novelle 118 (confirmée par la Novelle 127) l'article 320 de la Coutume de Paris & plu-fieurs autres Coutumes ont introduit l'ex-ception de la Repréfentation en leur faveur (des neveux).

Le motif de ces Loix a été de réparer la perte que les enfans fouffroient par le prédécès de leur pere ou de leur mere, en leur donnant dans la fucceffion de leur on-cle ou de leur tante le même droit que leur pere ou leur mere y auroient eu, s'ils avoient furvécu. Elles ont donc admis les

neveux avec les freres non pas pour fuccé-der comme eux ni par le même droit qu'eux, mais comme le frere prédécédé qu'ils repré-fentent, & par le même droit qu'il auroit fuccédé.

C'eft pour cela que s'il y a plufieurs fre-res furvivans, ils prennent tous chacun une part : mais il n'en eft pas de même des ne-veux ; en quelque nombre qu'ils foient, ils n'ont tous enfemble qu'une part comme le frere ou la fœur qu'ils repréfentent, l'auroit eue ; au lieu que quand les neveux viennent de leur chef, ils fuccédent également, par-ce qu'alors ils viennent fans le fecours de la Repréfentation, & qu'ils exercent leur pro-pre droit indépendamment de celui d'au-trui.

Ces maximes font écrites dans les articles 320 & 321 de la Coutume de Paris, qui fur cela forment le Droit Commun, & leurs difpofitions ont fait naître la queftion de fçavoir, fi une fucceffion doit fe partager par tête ou par fouche, lorfqu'elle eft dévo-lue à des neveux de plufieurs branches qui l'acceptent, & à un frere & une fœur qui y renoncent.

Les Auteurs ont penfé, & les Arrêts ont décidé que, lorfqu'un frere ou une fœur lé-gataire renonce pour fe tenir à fon legs, la fucceffion doit fe partager par fouches ; mais qu'elle doit fe partager par tête, quand la renonciation eft pure & fimple. On peut fur cela confulter Lalande, fur l'article 319 de la Coutume d'Orléans ; Carondas, fur l'article 320 de la Coutume de Paris ; le Brun, Traité des Succeffions ; Guynet, de la Repréfentation ; un Arrêt du 26 Juillet 1672, rapporté au Journal du Palais ; d'Ar-gentré, fur l'article 224 de la Coutume de Bretagne, & l'Arrêt du 19 Juil. 1745, dont la Combe rapporte l'efpéce, *verb.* Repré-fentation, fect. 3 ; mais voyez auffi les prin-cipes de la Jurifprudence Françoife, liv. 1, tit. 3, n°. 68.

Dans les Pays où le double lien eft ad-mis, s'il y a un frere confanguin ou uterin exclu par des neveux & niéces, enfans de plufieurs freres germains : ces neveux qui n'excluent leur oncle que par l'effet de la Repréfentation de leur pere ou mere, doi-vent-ils partager par tête ou par fouches ?

Je penfe qu'ils doivent partager par tête & non par souches, parce que la Repréfentation n'eft néceffaire que pour exclure l'oncle ; c'eft une fiction qu'on rejette auffi-tôt qu'elle a produit son effet, & qu'elle n'eft plus néceffaire : d'ailleurs la Novelle 118 donne aux neveux germains le droit d'exclure les demi-freres de leur chef, fans le fecours de la Repréfentation.

En ligne directe, le partage fe fait toujours par souches, lors même qu'il fe fait entre petits-enfans ou autres étant en même dégré.

Comme les enfans profitent du droit de leur pere ou de leur mere qu'ils repréfentent dans la fucceffion d'un oncle qui a des freres : ils fouffrent auffi de son exclufion, parce que fuccéder par Repréfentation, c'eft ufer du même droit dans la fucceffion que la perfonne repréfentée y auroit eû fi elle avoit furvécu, c'eft fuccéder tout ainfi qu'elle auroit pû & dû fuccéder.

Ainfi la feule capacité de fuccéder, ne fuffit pas à celui qui vient par Repréfentation d'un autre : la Repréfentation fuppofe néceffairement la capacité de la perfonne repréfentée, & par conféquent le Repréfentant a befoin d'une double capacité ; il a befoin de la fienne propre, parce qu'il faut être capable de fuccéder pour repréfenter, comme il faut l'être pour fuccéder ; mais il a encore befoin de celle de la perfonne qu'il repréfente, parce que le Repréfentant n'exerce que le droit du repréfenté.

La Combe dit néantmoins que le Brun eft d'avis qu'on peut repréfenter un incapable. Et ceux qui ont embraffé ce fentiment, ont dit qu'on ne repréfente que le dégré & non la perfonne ni fes qualités ; mais rien n'eft plus contraire à l'efprit des Novelles & de la Coutume.

On voit, en effet, dans les Novelles que les neveux dont le pere avoit le double lien, font préférés au frere qui n'étoit joint au défunt que d'un côté ; & que ceux dont le pere n'étoit joint que d'un côté, font exclus par le frere qui a le double lien. Par conféquent on peut dire que ce font les droits & les qualités de la perfonne qu'on repréfente, & non pas feulement le dégré.

Par la Coutume de Paris, on voit que les enfans d'une sœur ne prennent point de part dans les Fiefs avec les freres du défunt ; non

plus que leur mere n'eût fait ; & on ne peut pas dire que cette exclufion des enfans de la sœur foit un effet du dégré ; car la sœur étoit naturellement dans le dégré auffi bien que le frere ; & les enfans de cette sœur fuccédent, comme le repréfentant dans les autres biens, pendant qu'en la même qualité de repréfentans ils font exclus des Fiefs. V. Fiefs.

Cette exclufion des enfans de la sœur eft donc un pur effet du fexe de leur mere, parce que, comme dit Chopin, la Repréfentation ne fe fait pas feulement par rapport aux dégrés, mais par rapport aux qualités des perfonnes qu'on repréfente : qu'on ne repréfente pas feulement le dégré, mais le fexe même ; & que, comme dans les autres biens les enfans ufent de la capacité de leur mere qu'ils repréfentent, ils font exclus dans les Fiefs par son incapacité.

Ce font ces principes qui ont fait exclure un Roi d'Angleterre de la Couronne de France. Il eut beau dire qu'il étoit mâle, & qu'il étoit perfonnellement capable de fuccéder à la Couronne ; on lui répondit qu'il repréfentoit une fille incapable de lui tranfmettre les droits qu'il réclamoit, & il fut exclu.

Il eft donc évident qu'on ne peut fuccéder par Repréfentation d'un incapable ; les Coutumes de Valois, tit. 7, art. 87, & d'Acqs, tit. 2, art. 31, ont fait de cette vérité une maxime générale.

Il y a pourtant des incapables qu'on peut repréfenter : par exemple, on peut repréfenter un Banni, un Condamné, un Exhérédé & un Religieux ; parce que l'incapacité qui réfulte de l'exhérédation & de la mort civile, n'a pas été perpétuelle : le Banni étoit capable avant la condamnation, & l'Exhérédé avant l'exhérédation. La mort civile a le même effet que la mort naturelle : c'eft pour cela qu'on repréfente une perfonne vivante, quand elle eft morte civilement.

Mais quand l'incapacité a été originaire & perpétuelle, quand il n'y a aucun temps où le repréfenté ait été capable : alors il eft fans difficulté que le repréfentant eft exclu, comme l'auroit été le repréfenté.

Pour fuccéder par Repréfentation, il n'eft pas néceffaire d'être héritier de la perfonne qu'on repréfente : c'eft la difpofition de l'article 308 de la Coutume de Paris; ce n'eft point au repréfenté qu'on fuccéde, ni à un droit qui lui foit échu, & dont il ait été faifi, comme dans le cas de la tranfmiffion.

De-là vient qu'on n'eft point tenu des dettes de la perfonne qu'on repréfente; qu'on peut fuccéder en la repréfentant, quoiqu'on ait renoncé à fa fucceffion; qu'il n'y a qu'une feule mutation & qu'un feul relief dû pour les Fiefs qui fe trouvent dans la fucceffion; & qu'enfin non-feulement il n'eft pas néceffaire que la perfonne repréfentée ait été faifie de la fucceffion, mais qu'il eft même impoffible qu'elle l'ait été; autrement ce ne feroit plus Repréfentation, mais tranfmiffion; puifque ce n'eft que par le prédécès du repréfenté, avant celui des biens duquel il s'agit, que la Repréfentation a lieu.

Enfin la Repréfentation n'eft pas une tranfmiffion de droits, puifque le repréfenté n'a jamais été faifi; mais c'eft une tranfmiffion de l'efpérance, de l'habileté & de la capacité qu'a eu le repréfenté de pouvoir fuccéder.

Dans les Coutumes qui admettent la Repréfentation à l'infini, même en ligne collatérale, la fucceffion collatérale fe gouverne comme la directe, c'eft-à-dire, qu'en ce cas on ne fuccéde jamais que par fouches: c'eft fur le fondement de ce principe que, par Arrêt rendu en la Grand'Chambre, au rapport de M. l'Abbé le Moine, le 17 Juillet 1726, en faveur des demoifelles Falloux & Menage, contre la dame de Récapé, la Cour a jugé que des niéces roturieres, venant à la fucceffion d'une tante, par Repréfentation de leur mere noble, devoient jouir des prérogatives attachées à la nobleffe de leur mere, & par-là exclure une fœur puînée.

L'article 21.du titre premier de l'Ordonnance des Subftitutions, du mois d'Août 1747, porte que *la Repréfentation n'aura point lieu dans les fubftitutions, foit en directe ou en collatérale, & foit que ceux en faveur de qui la fubftitution aura été faite, y ayent été appellés collectivement, ou qu'ils ayent été défignés en particulier, & nommés fuivant l'ordre de la parenté qu'ils avoient avec l'auteur de la fubftitution; le tout à moins*

qu'il n'ait ordonné par une difpofition expreffe, que la Repréfentation y auroit lieu, ou que la fubftitution feroit déférée fuivant l'ordre des fucceffions légitimes.

La Cour a jugé, par un Arrêt rendu en forme de Réglement pour le reffort de la Coutume de Chartres, le 29 Décemb. 1735, en la Grand'Chambre, fur les Conclufions de M. l'Avocat Général Chauvelin, que dans cette Coutume la niéce d'un défunt, fille d'un frere prédécédé, ne peut, par l'effet de la Repréfentation de fon pere, concourir avec un oncle dans la fucceffion des Fiefs en ligne collatérale; j'en rapporte l'efpéce à l'article Fief.

Guyot, Commentateur de la Coutume de Mantes, dit, fur l'article 20, que cet Arrêt doit être fuivi dans cette derniere Coutume; parce que, » comme celle de » Chartres, elle accole la Repréfentation » en directe & en collatérale par un même » article, & fe rapportent toutes deux au » Droit-Ecrit pour la Repréfentation colla- » térale «.

REPRÉSENTATION en Matiere Bénéficiale.

La Repréfentation eft un acte qui fe fait dans les Diocéfes où les Patrons ne préfentent pas immédiatement à l'Evêque ceux qu'ils nomment aux Bénéfices de leur Patronage, mais à l'Archidiacre. Celui-ci, en conféquence de la préfentation qui lui eft faite, repréfente à l'Evêque la perfonne nommée au Bénéfice, & requiert pour l'Impétrant les Lettres de collation, & provifions néceffaires, &c.

REPRISE.

Ce mot a diverfes fignifications; au Palais, quelquefois il s'entend des actions qu'une femme peut exercer à caufe de fon mariage, telles que le douaire, la dot, le préciput, & qu'on nomme communément Reprifes & conventions matrimoniales.

Dans la plûpart des Pays Coutumiers, & même dans le reffort des Parlemens de Touloufe & Grenoble, la dot & les Reprifes de la femme fupportent feulement la déduction des frais funéraires que le mari a payés; mais en Provence, le mari peut de plus demander le rembourfement des frais de la derniere maladie de fa femme, fuivant l'Acte de Notoriété du Parlement d'Aix, du 13 Décembre 1723.

En matiere de compte, le mot *Reprife* s'entend des fommes que le comptable n'a pas touchées, & dont il s'eft chargé en recette. V. *Compte.*

REPRISE d'Inftance.

Un héritier ne peut pas *de plano* continuer la pourfuite d'une affaire dans laquelle le défunt, auquel il fuccéde, étoit Partie : il faut auparavant que cet héritier reprenne l'Inftance au Greffe, qu'il s'en fafe donner acte, & alors il peut continuer l'inftruction de l'affaire.

Mais cette formalité n'eft néceffaire que lorfque la procédure n'eft pas totalement finie ; car fi l'inftruction étoit entiérement faite, & l'affaire en état d'être jugée, la Reprife feroit inutile ; puifque, fuivant l'article premier du titre 26 de l'Ordonnance de 1667, le Jugement des Procès ou Inftances, en état d'être jugés, ne peut être différé par la mort des Parties, ni de leurs Procureurs.

Cette difpofition de l'Ordonnance ne peut s'entendre que des Procès & Inftances par écrit ; car les caufes d'Audience font toujours fujettes à Reprife, attendu qu'elles ne font en état d'être jugées qu'à l'inftant même où elles ont été plaidées.

Si l'héritier refufe de reprendre, il peut y être contraint par un Jugement qui tient l'Inftance pour Reprife ; & fans ce Jugement, la procédure feroit abfolument irréguliere.

Le mineur qui fort de tutelle, doit reprendre l'Inftance au lieu de fon tuteur ; & s'il ne le fait pas, il faut le contraindre de la même maniere que l'héritier ; autrement la procédure feroit vicieufe.

La femme doit auffi reprendre après le décès de fon mari, fi elle eft donataire ou commune, & qu'il s'agiffe d'effets de la communauté, ou compris dans la donation. Mais s'il s'agiffoit des droits perfonnels de la femme, & qu'elle fût Partie dans l'Inftance, la mort du mari ne donneroit pas lieu à la Reprife ; je l'ai vû juger ainfi. La raifon, c'eft qu'on ne doit reprendre qu'au lieu d'un autre, & que la femme n'eft au

lieu de perfonne dans fes droits perfonnels, pour lefquels elle étoit Partie, quand le mari eft décédé ; cependant la Reprife n'opéreroit pas une nullité, parce que ce qui abonde, ne vicie point ; mais ce feroit une procédure fruftratoire.

Tous les Praticiens penfent que la Reprife n'eft néceffaire, que quand il y a mutation dans les perfonnes de l'Inftance, & que par conféquent un mineur émancipé, qui étoit Partie dans une affaire, ne doit pas reprendre, quand il devient majeur. Néantmoins la Cour, par Arrêt rendu le Samedi 26 Mai 1759, en la Grand'Chambre, a jugé que la Reprife étoit néceffaire en ce cas.

Le Bénéficier fucceffeur ne doit pas reprendre l'Inftance introduite par fes prédéceffeurs ; mais il peut fe rendre Partie, s'il le juge à propos, par la voie de l'intervention.

La Cour, par Arrêt rendu le Jeudi 29 Mai 1727, en la quatriéme Chambre des Enquêtes, fur les Conclufions de M. l'Avocat Général Talon, entre le Curé d'Andrefel, & les héritiers de fon prédéceffeur, a jugé qu'un Curé n'eft pas Partie capable pour reprendre feul, en qualité de premier Marguillier, un procès qui intéreffe la Fabrique, quand il eft défavoué par les Marguilliers, & par une affemblée des Habitans.

Un Adjudicataire des Fermes générales, nommé Bofquillon, ayant été fubrogé à Girard, premier Adjudicataire du même bail, la Cour des Aides, par Arrêt du 7 Septembre 1751, a autorifé Bofquillon à reprendre toutes les Inftances commencées par fon prédéceffeur, & a au furplus déclaré bonnes & valables les procédures continuées par Bofquillon, avant le fufdit Arrêt.

Un fieur de Savigny, domicilié à Sezanne, ayant repris un procès, comme tuteur naturel de fes enfans, fans avis de parens & fans tutelle préalable, fes Adverfaires foutinrent qu'il devoit avant toutes chofes, &c. fe faire nommer tuteur. Il prétendoit que cette exception étoit attentatoire à la puiffance paternelle ; on lui répondit que la puiffance paternelle n'avoit pas lieu à Sezanne ; que la tutelle y étoit dative : par Arrêt contradictoire, rendu en la troifiéme

Chambre des Enquêtes, à l'Audience, le 25 Février 1749, la Cour ordonna qu'avant faire droit sur la demande en Reprise, les parens des enfans du sieur de Savigny seroient assemblés devant le Lieutenant Général de Sezanne, pour donner leur avis sur la tutelle & la Reprise, &c. le sieur de Savigny condamné aux dépens de l'incident.

La Marquise du Pont-du-Château étant décédée pendant le cours de l'appel d'une Sentence contradictoire, par laquelle elle avoit obtenu sa séparation, le sieur de Bouillé, son légataire universel, reprit l'Instance. Le Marquis du Pont-du-Château contesta la Reprise; son moyen étoit que l'action en séparation étoit éteinte par la séparation naturelle, opérée par la mort de sa femme; & que l'action purement personnelle ne pouvoit survivre à la personne.

Le sieur de Bouillé répondoit que, quand une fois l'action en séparation a été intentée & contestée, elle survit & se perpétue après la mort, à cause des demandes accessoires; en conséquence, par Arrêt rendu le 28 Mai 1746, la Reprise a été jugée valable. Voyez *Révocation de donation.*

Quand le prête-nom des Fermiers-Généraux décède, ce ne sont pas ses héritiers qui reprennent les Instances & pourfuites des affaires relatives à la Ferme, & qui se plaident en son nom, mais bien un autre prête-nom; & par Arrêt du Conseil du 20 Septembre 1757, Gentien Herfant, que les Fermiers Généraux avoient présenté, a été commis pour reprendre les Instances à terminer du bail de Forceville, expiré à la fin de l'année 1744.

REPROCHE de Témoins.
V. *Enquête & Témoins.*

Reprocher des témoins, c'est alléguer, ou leur turpitude, ou des défauts pour détruire leur déposition, ou prouver qu'elle ne doit pas être reçue.

L'Ordonnance de 1667 contient un titre particulier sur les Reproches des Témoins; & Bornier, sur cette Ordonnance, les distingue en deux espéces, sçavoir, les uns de fait, les autres de droit. Il en compte jusqu'à douze de fait, & six de droit; on

peut les voir dans son Commentaire sur l'article premier du titre 3 de cette Ordonnance.

Les Loix Romaines sont aussi entrées sur cela dans un grand détail; elles veulent que les Juges rejettent le témoignage de ceux qui ont éprouvé des condamnations flétrissantes, & dont la vie est couverte d'infamie: elles regardent ceux qui ont été constitués prisonniers, comme des personnes décriées, auxquelles on ne doit pas avoir confiance; & elles veulent que les inimitiés qui subsistent entre l'accusé & les témoins, ou les trop grandes liaisons qui subsistent entre l'accusateur & les témoins, fassent rejetter leur témoignage.

Ces Loix veulent encore que la pauvreté du témoin lui ôte une certaine confiance qu'on donne aux personnes qui, dans une situation aisée, sont à l'abri du danger de la corruption, & au-dessus des propositions qu'on peut leur faire.

Enfin elles veulent qu'on considere dans les témoins leur condition, leurs mœurs, leurs biens, leur intégrité & leur réputation. Sur tout cela voyez les Loix 1, 2, 3, &c. *ff. de Testib.* V. aussi M. de Catelan, liv. 9, ch. 7.

En matiere civile, les Reproches contre les Témoins doivent être proposés dans la huitaine de la signification du procès-verbal d'enquête, autrement les Juges ne doivent y avoir aucun égard. Ordonnance de 1667, tit. 22, art. 27.

Ce délai, pour proposer les Reproches des Témoins, n'a pas lieu, quand l'enquête se fait à l'Audience sommairement. Voyez *Enquête.*

Les Reproches doivent être circonstanciés & pertinens, & non en termes généraux. *Ibid.* tit. 23, art. 1.

S'il est avancé dans les Reproches, que les Témoins ont été décrétés, repris de Justice, &c. les faits seront réputés calomnieux, si, avant le Jugement, ils ne sont justifiés par des écroues ou autres piéces. Ordonnance, *ibid.* art. 2.

Les réponses aux Reproches doivent être signifiées à la Partie & non aux Témoins, autrement on ne doit y avoir aucun égard. *Ibid.* art. 3.

Les Reproches doivent être jugés avant

le Procès ; & s'ils sont trouvés pertinens, les dépositions ne doivent pas être lues. *Ibid.* art. 5.

Les Procureurs ne peuvent faire signifier des Reproches, s'ils ne sont signés des Parties, ou s'ils ne font apparoir d'un pouvoir spécial. *Ibid.* art. 6.

En matiere criminelle, & dans les Procès instruits par récollement & confrontation, les Reproches doivent être proposés avant la lecture de la déposition du Témoin, & ils ne sont plus reçus après cette lecture, (Ordonnance Criminelle, tit. 15, art. 19,) à moins qu'ils (les Reproches) ne soient justifiés par écrit, sur l'art. 20.

Les Reproches contre les Témoins décédés, après avoir été récollés, ne sont point admis, s'ils ne sont justifiés par pièce. *Ibid.* tit. 17, art. 22.

Les Reproches généraux contre les Témoins nécessaires ne réussissent jamais, parce qu'il y a même des cas où les domestiques peuvent être Témoins pour leurs Maîtres ; » autrement ce seroit vouloir ôter la preu-» ve, qui ne peut se faire, esdits cas, que » par les domestiques « : c'est le sentiment de Bouvot, tome premier, part. 2, au mot *Larcin.*

REQUÊTE.
Voyez *Cassation* & *Epices.*

Ce mot signifie priere, demande, réquisition, supplication qui se fait aux Juges. Les occasions de présenter des Requêtes, sont en si grand nombre, qu'il n'est pas permis d'en donner ici une énumération.

Dans tout le Ressort du Parlement de Toulouse il est défendu aux Magistrats & Juges de Seigneurs, &c. par Arrêt de ce Parlement du 24 Novembre 1684, d'exiger aucune épice ni autres émolumens pour les appointemens ou ordonnances mises au pied des Requêtes qui leur sont présentées ; cela est conforme au Droit commun. V. l'Edit des Epices, & l'Arrêt de 1714, dont je parle à l'art. *Epices.*

C'est en conformité de ces régles que, par Arrêt rendu le Mardi 29 Avril 1760, sur les Conclusions de M. Pelletier de Saint-Fargeau, de relevée, il a été fait défenses au Juge de Montlhéry de rien exiger pour les Ordonnances par lui rendues sur Re-

quête, pour permettre de lever des scellés, vendre des meubles, &c.

L'article 10 de la Déclaration du 25 Janvier 1694, portant Réglement entre les Lieutenans Généraux, les Lieutenans Criminels, &c. du ressort du Parlement de Besançon, où elle a été registrée le 25 Février 1695, porte aussi que les Lieutenans Généraux, qui répondront les Requêtes, ne pourront rien exiger pour cela ; & l'article 18 du Réglement fait par le même Parlement, pour les Bailliages & Jurisdictions du Ressort, contient de semblables prohibitions.

Il est néantmoins d'usage au Châtelet de payer 40 sols pour chaque Ordonnance rendue par M. le Lieutenant Civil, portant permission de lever des scellés & de vendre des meubles ; mais on ne paye rien pour toutes les autres Ordonnances du même Magistrat.

Dans les Bailliages de la Province de la Sarre, ressortissans au Parlement de Metz, il est dû quelque chose aux Juges, pour répondre certaines Requêtes ; & d'autres doivent être répondues *gratis.* V. le Tarif du 20 Décembre 1686, à la fin du tome 6 du Recueil de Leonard.

L'Arrêt rendu au Parlement de Toulouse, le 24 Novembre 1684, dont j'ai déja parlé, exige que les Juges de son ressort écrivent eux-mêmes les Ordonnances dont ils jugent à propos de répondre les Requêtes qui leur sont présentées ; cela n'est pas d'usage dans les autres Parlemens.

Voyez un autre Arrêt rendu au même Parlement, le 18 Septembre 1706, par lequel il est fait défenses aux Avocats & Procureurs *postulans* dans tous les Siéges du Ressort, de faire *appointer*, c'est-à-dire, répondre *les Requêtes, qu'elles ne soient signées d'eux ou de leurs Parties, & aux Juges de les appointer, qu'elles ne soient préalablement signées, &c.*

REQUÊTE CIVILE.
Voyez *Cassation* & *Tierce-Opposition.*

La Requête Civile est un remède de droit, introduit en faveur de ceux qui étoient Parties dans des Arrêts, pour les faire rétracter.

On peut faire rétracter les Arrêts par voie de Requête Civile ; 1°. lorsqu'il y a dol personnel (a).

2°. Lorsque les procédures n'ont pas été faites de la maniere prescrite par les Ordonnances.

3°. Lorsque les Arrêts ont prononcé sur des choses non demandées ou non contestées.

4°. Lorsqu'il a été plus accordé qu'il n'étoit demandé.

5°. Lorsque les Arrêts ou Jugemens ont omis de prononcer sur un ou sur plusieurs chefs de demande.

6°. Lorsqu'il y a contrariété d'Arrêts ou Jugemens rendus en dernier ressort, entre les mêmes Parties, sur les mêmes moyens, & en même Cour & Jurisdiction (b).

7°. Lorsque dans un même Arrêt il y a des dispositions qui se contredisent.

8°. Lorsque les affaires qui intéressent le Roi, l'Eglise, le Public ou la Police, n'ont pas été communiquées au Ministere public, avant le Jugement.

9°. Lorsque l'Arrêt ou Jugement en dernier ressort est intervenu sur piéces fausses, ou sur des offres ou consentemens désavoués, & que le désaveu a été jugé valable.

10°. Lorsque des piéces décisives, nouvellement recouvrées, étoient retenues par le fait de la Partie, en faveur de laquelle l'Arrêt est intervenu.

Conformément au neuviéme moyen de Requête Civile dont je viens de parler, la Cour, par un Arrêt rendu en la Tournelle Criminelle, le 13 Avril 1737, sur les Conclusions de M. Joly de Fleury, Avocat Général, a enthériné la Requête Civile obtenue contre un Arrêt rendu en Vacations, le 3 Octobre 1725, par lequel il avoit été statué sur l'état d'enfans mineurs, sans les Conclusions de MM. les Gens du Roi.

Il y a encore ouverture à Requête Civile en faveur des Ecclésiastiques, des Communautés & des mineurs qui n'ont pas été défendus, ou qui ne l'ont pas été valablement.

Les mineurs Mauriceau, qui avoient succombé dans une affaire, trouverent, après l'Arrêt, deux piéces qu'ils prétendoient être décisives. Ils se pourvurent contre l'Arrêt, par la voie de la Requête Civile ; leur moyen de forme étoit qu'ils n'avoient pas été valablement défendus, parce que Me Duvaudier, leur Avocat, n'avoit parlé qu'un quart-d'heure, tandis que Me de la Monnoie, Avocat de leurs adversaires, avoit plaidé pendant trois Audiences.

On répondoit que le temps employé & leur défense avoient apparemment suffi à Me Duvaudier, dont les talens sont connus ; que dès qu'ils avoient eu un Avocat, ils ne pouvoient pas dire qu'ils n'avoient pas été défendus ; que d'ailleurs le Ministere public, protecteur & défenseur des mineurs, avoit porté la parole lors de l'Arrêt.

Sur cette plaidoirie, la Requête Civile fut appointée au rapport de M. Severt ; elle a depuis été enthérinée par Arrêt rendu le 8 Janvier 1756, & les mineurs Mauriceau ont réussi au fond ; mais des actes recouvrés ont sans doute beaucoup influé dans cette affaire.

Tous les moyens de Requête Civile, dont j'ai fait le détail, sont écrits dans les articles 34 & 35 du titre 35 de l'Ordonnance de 1667 ; & l'article 32 porte, que *les Arrêts & Jugemens en dernier ressort ne seront retractés, sous prétexte* de mal jugé au fond, s'il n'y a ouverture de Requête Civile.

Ceux qui veulent attaquer des Arrêts par Lettres de Requête Civile, doivent les obtenir, les faire signifier, & donner les assignations en conséquence ; sçavoir, contre les majeurs dans six mois, à compter du jour de la signification des Arrêts ou Jugemens, faite à personne ou domicile ; & à l'égard des mineurs auxquels la significa-

(a) C'est-à-dire, lorsqu'une Partie a employé la fraude & l'artifice, ou toute autre mauvaise voie pour tromper les Juges, & nuire à sa Partie adverse ; sur quoi il faut observer que, pour que le dol personnel puisse devenir un moyen de Requête Civile, le concours de deux circonstances est nécessaire ; sçavoir, le dessein de tromper, & l'événement effectif de la tromperie. *Consilium & eventus :* & pour établir ce concours, la Loi exige trois conditions : la premiere, que la Partie ait avancé des faits faux ; la seconde, que le Jugement ait été rendu sur le fondement de ces faits faux ; & la troisiéme, que la Partie ait avancé ces faits faux, malgré la connoissance personnelle qu'elle avoit du contraire.

(b) Si la contrariété se trouvoit dans des Jugemens & Arrêts rendus en différentes Cours & Jurisdictions, ce seroit au Grand-Conseil qu'il faudroit se pourvoir.

tion

tion a été faite à personne ou domicile, les six mois courent du jour de leur majorité. *Ibid.* art. 5.

L'article 6 accorde un an aux Ecclésiastiques, Hôpitaux & Communautés, tant Laïcs qu'Ecclésiastiques Séculiers & Réguliers, pour obtenir & faire signifier les Requêtes Civiles : il accorde le même délai aux absens du Royaume pour cause publique ; & ce délai court aussi, à compter du jour de la signification faite *aux lieux ordinaires des Bénéfices*, *aux Bureaux des Hôpitaux*, *ou aux Syndics & Procureurs des Communautés*, *ou au domicile des absens.*

Tous ces délais sont réduits à moitié du temps, quand il s'agit de Requête Civile contre des Sentences Présidiales rendues au premier chef de l'Edit (*ibid.* article 10), & lorsque les moyens d'ouverture sont fondés sur pièces fausses ou nouvellement recouvrées, mais qui étoient retenues par le fait de la Partie adverse, le délai ne court que du jour de la découverte des pièces ou de la fausseté. V. l'article 12.

Par exception à toutes ces régles, les Communautés de la Province de Languedoc, dont les biens situés dans cette Province ont été jugés nobles par des Arrêts contradictoires, & qui ont recouvré des pièces justificatives de la roture de ces mêmes biens, peuvent se pourvoir par Requête Civile, contre lesdits Arrêts, nonobstant tous laps de temps, sans qu'elles soient tenues de justifier que les pièces nouvellement recouvrées ont été retenues par le fait de Partie, ni de consigner l'amende portée par l'Ordonnance de 1667. Cela est ainsi ordonné par une Déclaration du 30 Août 1707, regiftrée à Montpellier le 17 Septembre suivant.

Les Lettres de Requête Civile peuvent s'accorder dans les Chancelleries établies près les Parlemens & Conseils Supérieurs ; & il faut, pour les obtenir & les faire sceller, *y attacher une confultation de deux Avocats, & de celui qui a fait le rapport ;* cette confultation doit contenir *sommairement les ouvertures de Requête Civile* ; & ces *ouvertures* doivent, ainsi que *les noms des Avocats*, être *insérées dans les Lettres*, ibid. art. 13.

Ceux qui impetrent des Lettres de Requête Civile contre des Arrêts contradictoires, doivent consigner ès mains du Receveur des amendes 300 livres pour l'amende envers le Roi, & 150 liv. pour celle envers la Partie, au cas que la Requête soit rejettée ; & si les Arrêts sont par défaut, il faut seulement consigner moitié, art. 16.

Cet article veut que l'amende soit consignée *en préfentant la Requête à fin d'enthérinement* de la Requête Civile, mais sa disposition ne s'exécute point en rigueur, on la regarde comme une peine comminatoire : c'est ce que la Cour a jugé par Arrêt rendu le Samedi 24 Janvier 1756.

Dans cette espèce, la dame de Saint-Martin avoit impétré en 1747, des Lettres en forme de Requête Civile, contre un Arrêt contradictoire rendu en 1746. Le sieur de Saint-Martin, au profit duquel l'Arrêt avoit été rendu, demanda que, faute par la dame de Saint-Martin d'avoir consigné l'amende de 450 liv. en demandant l'enthérinement de ses Lettres, elle fût déclarée non-recevable ; il fut ordonné, par un Arrêt rendu au mois de Juin 1755, que dans un mois elle seroit tenue de consigner l'amende, sinon qu'il seroit fait droit ; n'ayant pas satisfait, second Arrêt rendu le 24 Janvier 1756, a ordonné que dans huitaine pour tout délai, sans qu'il fût besoin d'autre Arrêt, elle seroit tenue de consigner l'amende, sinon déchue du bénéfice des Lettres de Requête Civile, & l'a condamnée aux dépens de l'incident.

Lorsqu'un Arrêt décide plusieurs chefs de contestation, & qu'il y en a un ou plusieurs qui blessent une Partie, elle peut se pourvoir contre les chefs qui lui font préjudice, sans être obligée de se pourvoir contre tout l'Arrêt. La Cour l'a ainsi jugé par l'Arrêt (connu sous le nom d'Arrêt de Chemereau), rendu en la troisième Chambre des Enquêtes, sur les Conclusions de M. l'Avocat Général d'Aguesseau, le 27 Avril 1698.

L'on n'admet point une seconde Requête Civile, quand il a été statué sur une première. Voyez les Ordonnances de Moulins & de 1667. Voyez aussi un Acte de Notoriété du Parquet du Parlement d'Aix, du 30 Octobre 1693.

La procédure sur les Requêtes Civiles ne se fait pas au Parlement de Douay comme

Tome III. Part. I.   D d d

ailleurs, parce que l'Ordonnance de 1667 n'y a pas été regiftrée ; quand on croit être en droit de fe plaindre d'un Arrêt de ce Parlement, on le fait par la voie de la Requête en révifion ; & les deux Chambres qui les compofent, s'affemblent pour décider fi l'Arrêt attaqué a bien ou mal jugé. Voy. l'Edit du mois de Mars 1674, celui du mois d'Avril 1688, & l'article 8 de la Déclaration du 12 Juillet 1749, fur la matiere des fubftitutions. L'un & l'autre ont été regiftrés audit Parlement.

Sur la matiere des Requêtes Civiles voyez le titre 35 de l'Ordonnance de 1667, dont je ne rapporte que les principales difpofitions : elles font trop étendues pour trouver place ici. Voyez auffi *Révifion de Procès.*

REQUÊTES DU PALAIS.
Voyez Committimus, *Décret, Maîtres des Requêtes* & *Parlement.*

On nomme Requêtes du Palais, une Jurifdiction compofée de Préfidens & de Confeillers au Parlement, qui connoiffent en premiere Inftance, concurremment avec le Tribunal des Requêtes de l'Hôtel, des demandes & conteftations dans lefquelles les privilégiés, c'eft-à-dire, ceux qui ont droit de *Committimus,* font intéreffés.

La faculté que les perfonnes qui ont droit de *Committimus,* ont de plaider aux Requêtes du Palais ou aux Requêtes de l'Hôtel, n'eft pas une raifon pour autorifer ceux qui ont des demandes à diriger contr'eux, à les traduire ou dans l'un ou dans l'autre de ces Tribunaux, c'eft aux privilégiés de s'y pourvoir s'ils le jugent à propos, quand ils font demandeurs, ou d'y faire renvoyer les demandes formées contr'eux, quand ils font défendeurs.

On n'a rien de bien certain fur l'origine des Requêtes du Palais ; l'enlevement des Regiftres du Parlement par les Anglois, qui fe rendirent maîtres de Paris & d'une grande partie du Royaume fous Charles VI, eft la caufe de cette obfcurité : voici ce que je trouve dans un Mémoire fait pour quelques Officiers des Requêtes.

» Les Requêtes du Palais font une image » des Maîtres des Requêtes de l'Hôtel ; la » Jurifdiction que ces deux Chambres exer-

» cent aujourd'hui, en eft émanée.

» On voit qu'aux Parlemens tenus dans » Paris fous Philippe-le-Bel & Louis Hu- » tin, il n'eft encore fait aucune mention » des Requêtes du Palais ; mais le Parlement » rendu une fois fédentaire, on y introdui- » fit le pareil ordre qu'à la fuite du Roi ; & » comme il y avoit des Maîtres des Requê- » tes de l'Hôtel du Roi, commis pour juger » les Requêtes qui lui étoient préfentées, » ou du moins lui en faire le rapport, lorf- » qu'elles étoient de grande importance, on » en avoit établis de même pour examiner » celles qui étoient préfentées au Parle- » ment.

» Outre les Chambres du Parlement, Phi- » lippe-le-Long en créa une troifiéme, qui » fut celle des Requêtes ; & comme on ap- » pelloit les Requêtes, les plaids de la Por- » te du Roi, on mit la Chambre des Requê- » tes du Palais hors l'enclos des deux autres » Chambres pour les plaids de la porte du » Parlement, & juger les Requêtes qui y » étoient préfentées ; mais ils devoient com- » muniquer aux Maîtres du Parlement celles » où l'on trouvoit de la difficulté «.

L'Ordonnance de Philippe-le-Long, de l'an 1320, porte qu'il y aura trois Clercs & deux Laïcs à la Chambre des Requêtes du Palais, *lefquels viendront le matin à l'heure que ceux du Parlement, & demourront jufqu'à midi, s'il en eft métier, & oiront continuellement & par bonne délibération lefdites Requêtes.*

Si aucune Requête étoit baillée à ceux des Requêtes, laquelle ils ne puffent pas bonnement dépêcher, ils en parleront aux gens de notre Parlement, quand midi fera fonné.

Après l'invafion des Anglois, le Parlement revint à Paris, & y reprit fon ancienne fplendeur, Charles VII y rétablit la Chambre des Requêtes par Edit du mois d'Avril 1453 ; & comme pendant le féjour du Parlement à Poitiers, les Maîtres des Requêtes avoient connu feuls des caufes des Domeftiques & Commenfaux de la Maifon du Roi ; par un fecond Edit du même mois, Charles VII renvoya aux Requêtes du Palais les Caufes & Inftances qui étoient pendantes aux Requêtes de l'Hôtel.

Dans ces premiers temps, le *Committimus* n'avoit lieu que pour les affaires pures perfonnelles ; & ainfi le nombre des affaires qui fe portoient aux Requêtes du Palais, n'étoit pas confidérable ; mais l'effet du *Committimus* s'étant accru jufqu'à avoir lieu pour les caufes poffeffoires & mixtes, le nombre des privilégiés s'étant d'ailleurs confidérablement multiplié, Henri III créa une feconde Chambre par un Edit du mois de Juin 1580.

Quoique cette création paroiffe avoir partagé les Requêtes du Palais, les deux Chambres n'ont cependant jamais compofé qu'un feul Corps, chaque Chambre eft néantmoins indépendante de l'autre ; mais lorfqu'il s'agit de l'intérêt commun ou des droits du Corps, les deux Chambres fe réuniffent & s'affemblent dans la Chambre commune.

Les Magiftrats des Requêtes du Palais ont dans tous les temps été Membres du Parlement, dont ils furent toujours tirés : on les nomma d'abord Maîtres des Requêtes du Palais ; parce que, comme je l'ai déja dit, ils examinoient les Requêtes préfentées au Parlement, de la même maniere que les Maîtres des Requêtes de l'Hôtel du Roi examinoient celles qui étoient préfentées à Sa Majefté. La fimilitude de nom fit que les Commenfaux obtinrent des commiffions pour porter leurs caufes devant les Maîtres des Requêtes du Palais. Les Maîtres des Requêtes de l'Hôtel s'en offenferent, mais le Roi décida en faveur des Maîtres des Requêtes du Palais en 1453 ; c'eft à peu près dans ce temps que la Chambre des Requêtes du Palais fit une nouvelle branche dans le Parlement ; elle devint le Siége des *Committimus*, fans ceffer d'appartenir au Corps dont elle fortoit. V. Pafquier.

C'eft pour cela qu'encore actuellement les commiffions pour juger aux Requêtes du Palais ne s'accordent qu'à des Confeillers au Parlement ; elles ne fe donnoient autrefois qu'aux plus anciens, actuellement elles s'accordent indifféremment à ceux de MM. les Confeillers qui les achetent (*a*) de ceux de leurs Confreres qui en étoient revêtus.

Comme MM. des Requêtes du Palais font corps avec le Parlement, ils font toujours appellés lors de l'affemblée des Chambres. Ils affiftent aux Lits-de-Juftice, aux vérifications & enregiftremens des Edits, aux Réceptions des Préfidens, Confeillers & autres Membres de la Cour, à la Meffe Rouge, aux Cérémonies publiques auxquelles le Parlement fe trouve en Corps de Cour. En un mot ils ont les mêmes prérogatives que les autres Membres du Parlement, comme de n'être jugés en matiere criminelle que par toutes les Chambres affemblées ; & ils jouiffent auffi du droit d'indult.

On doit procéder aux Requêtes du Palais *en la maniere coutumiere & ftyles fuivis au Parlement ;* c'eft la difpofition d'un Réglement fait par Charles VII en 1464. Il y a néantmoins des Réglemens de 1647 & de 1685, qui ont apporté quelques changemens au premier, & qui indiquent la maniere dont on doit procéder dans cette Jurifdiction.

Chacune des deux Chambres dont elle eft compofée, a les mêmes pouvoirs & la même attribution que l'autre, la même affaire peut être indifféremment portée dans l'une ou dans l'autre de ces Chambres, & c'eft la premiere des deux qui en eft faifie après les défenfes fournies qui devient compétente. Je dis que l'une des deux Chambres ne peut être faifie qu'après les défenfes fournies ; parce que les affignations ne fe donnent, ni en la premiere, ni en la feconde Chambre, mais en termes généraux, à comparoir devant Noffeigneurs des Requêtes du Palais. Et jufqu'à ce que les défenfes foient fournies, la procédure fur les défauts faute de comparoir, s'inftruit au Parquet, qui, jufqu'à ce point d'inftruction, repréfente le Corps de la Jurifdiction.

Le Parquet des Requêtes du Palais n'eft pas, comme ceux des autres Tribunaux, un Siége rempli par MM. les Gens du Roi, il n'a rien de commun ni de femblable à ces autres Parquets ; fon autorité & fa compétence font abfolument différens, puifqu'on y plaide devant quelques-uns des Magiftrats

---

(*a*) Ces Commiffions avoient été réduites à vingt-huit, par l'Edit du mois de Décembre 1756 ; & le même Edit fixoit la finance de chacune à 20000 livres : elles ont été fupprimées par l'article premier de l'Edit du 5 Septembre 1761, reg. le 7 du même mois ; & l'art. 3 porte, que le fervice des deux Chambres fe fera par les Magiftrats fervans annuellement aux mêmes droits & émolumens attachés audit fervice, jufqu'à ce qu'il y ait été autrement pourvu.

même des deux Chambres, toutes les causes d'inftruction, les déclinatoires, les compétences, les évocations, &c. & que les appels des Sentences qui y interviennent, fe relevent directement au Parlement.

Il n'y a point de Gens du Roi auprès des Requêtes du Palais, les Charges en ont été réunies aux Corps de la Jurifdiction ; & quand le Miniftere des Gens du Roi eft abfolument néceffaire, on appelle un des Subftituts de M. le Procureur Général.

Ceux qui ont droit de *Committimus*, peuvent dans l'ufage actuel porter indifféremment leurs affaires, ou aux Requêtes du Palais, ou aux Requêtes de l'Hôtel ; les feuls Officiers des Requêtes de l'Hôtel font obligés de porter les leurs aux Requêtes du Palais ; comme ceux des Requêtes du Palais font obligés de porter les leurs aux Requêtes de l'Hôtel. Cependant voyez *Honoraires (Confeillers)*.

Il y a une Déclaration du 10 Août 1732, portant Réglement entre le Parlement de Bretagne, les Requêtes du Palais & les Préfidiaux de ladite Province; elle a été enregiftrée le 24 Novembre fuivant au Parlement de Rennes.

Des vingt-neuf articles dont cette Loi eft compofée, il n'y en a que fix de relatifs à la compétence des Requêtes du Palais de Rennes : voici quelles en font les difpofitions.

ART. XXIV. » Les Officiers des Requêtes » du Palais continueront de connoître des » caufes des Privilégiés, en vertu de Let- » tres de *Committimus*, qui feront par eux » obtenues conformément à l'Ordonnance » de 1669.

XXV. » Lefdits Officiers connoîtront des » faifies-réelles & mobiliaires, baux judi- » ciaires, vente & adjudication d'immeu- » bles, ordre & diftribution de deniers qui » fe feront en exécution des Jugemens par » eux rendus.

XXVI. » Maintenons lefdits Officiers » dans le droit & poffeffion où ils font de » connoître des actions des Procureurs au » Parlement, contre leurs Cliens, pour le » payement de leurs falaires & débourfés.

XXVII. » En cas de parentés, alliances » ou autres moyens de fufpicion légitime » contre la Sénéchauffée de Rennes.....le

» renvoi pourra être fait aux Requêtes du » Palais : ce qui aura pareillement lieu à » l'égard des autres Sénéchauffées & Jurif- » dictions, lorfque toutes les Parties de- » manderont ou confentiront à être ren- » voyées aux Requêtes du Palais.

XXVIII. » Ne pourront à l'avenir aucu- » nes perfonnes fe foumettre aux Juges des » Requêtes du Palais, ni proroger Jurifdic- » tion devant eux, fous prétexte de l'arti- » cle 10 de la Coutume de Bretagne, auront » cependant nos Commiffaires & les Préfi- » dens des trois Etats, même les femmes des » fous-Fermiers pour l'exécution des con- » trats des états, fermes & fous-fermes, la » liberté de fe foumettre & proroger Jurif- » diction, tant devant les Officiers des Re- » quêtes du Palais, que devant les Juges » Royaux de la Province, fans néantmoins » que pour raifon de ce lefdites Requêtes » puiffent connoître de l'exercice des de- » voirs, fraudes & contraventions à iceux «.

La Chambre des Requêtes du Palais au Parlement de Dijon a été créée par Edits de François Premier & Henri III, des mois de Décemb. 1543 & Janv. 1575 à *l'inftar* & avec les mêmes attributions que les Requêtes du Palais du Parlement de Paris ; néantmoins il s'eft élevé des conteftations confidérables entre ces deux Tribunaux (de Dijon) fur leur compétence refpective, & elles ont été jugées par un Arrêt contradictoire rendu au Confeil d'Etat, le 17 Avril 1725, revêtu de Lettres-Patentes du 17 des mêmes mois & an, lefquelles ont été regiftrées le 25 Juin fuivant. Voici quelles en font les difpofitions.

ART. I. » Les Officiers des Requêtes du » Palais du Parlement de Dijon continue- » ront de connoître, juger & décider, en » vertu de Lettres de *Committimus*, des » Inftances de faifies-réelles, criées, dé- » crets & ventes judicielles d'immeubles.

II. » Pourront les Officiers des Requêtes » du Palais évoquer les mêmes Inftances de » faifies-réelles, criées & décrets qui au- » ront été introduites dans les Bailliages & » Chancelleries de Bourgogne ou autres Ju- » rifdictions, lorfqu'un Privilégié en aura » requis le renvoi aux Requêtes du Palais, » en vertu de fon *Committimus*, avant le » premier appointement contradictoire, ou

» par défaut avec la Partie faifie , qui fe
» rend en exécution de l'art. 24 du Régle-
» ment des criées de l'année 1616, appellé
» communément la Sentence de vente.

III. » Connoîtront les mêmes Officiers ,
» en vertu du *Committimus* , des Inftances,
» à fins civiles , de féparations de bien &
» d'habitation entre mari & femme ; &
» pourront pareillement les évoquer des
» autres Jurifdictions, pourvû que l'Inftan-
» ce foit entiere & non conteftée avec le
» Privilégié qui en aura requis le renvoi , à
» la charge par eux de remplir les forma-
» lités prefcrites par l'article 143 de l'Or-
» donnance de 1629.

IV. » Ordonne Sa Majefté qu'ils pren-
» dront connoiffance en vertu du *Committi-*
» *mus*, des Inftances de portions congrues,
» en exécution des Déclarations des 29 Jan-
» vier 1686 & 30 Juin 1690.

V. » Le privilége de *Committimus* aura
» lieu auffi pour les Inftances de retrait li-
» gnager.

VI. » Maintient & garde Sa Majefté les
» Officiers des Requêtes du Palais dans le
» droit & la poffeffion où ils font de con-
» noître de toutes actions de dixmes.

VII. » A l'égard des Inftances pour fait
» de tailles, ordonne qu'elles feront portées
» pardevant les Juges qui ont coutume d'en
» connoître en Bourgogne; foit qu'il s'a-
» giffe de l'exemption de la taille par rap-
» port au privilége, ou que l'Inftance foit
» en furtaux, fans qu'elles puiffent être
» évoquées en vertu de *Committimus*.

VIII. » Veut & entend Sa Majefté que
» les art. 1 , 2 & 24 du tit. de *Committimus*
» de l'Ordonnance du mois d'Août 1669,
» foient exécutés felon leur forme & te-
» neur; & en conféquence les Officiers des
» Requêtes du Palais de Dijon ne pourront
» connoître des caufes de ceux qui n'ont
» point de privilége , ni des caufes des pri-
» vilégiés au-deffous de 200 liv. ni des de-
» mandes pour paffer déclaration ou titre
» nouvel de cenfives ou rentes foncieres, &
» en défiftement d'héritage , à moins que
» ces demandes ne foient jointes , liées ou
» dépendantes d'autres, dont la connoiffan-
» ce appartient aux Requêtes du Palais.

IX. » Conformément à l'article 12 du
» même titre , aucune commiffion ne fera

» délivrée aux Requêtes du Palais de Di-
» jon pour appeller Parties , fans Lettres de
» *Committimus*.

X. » Ne pourront pareillement les mê-
» mes Officiers donner aucunes Ordonnan-
» ces pour avoir extraits ou expéditions des
» Actes paffés devant Notaires, ni accorder
» aucun compulfoire qu'à ceux qui feront
» porteurs de Lettres de *Committimus* , ou
» dans les Inftances qui feront pendantes
» devant eux.

XI. » Fait Sa Majefté défenfes à fon Pro-
» cureur au Bailliage de Dijon , & à tous
» autres Officiers des Bailliages & Chancel-
» leries de Bourgogne, d'entreprendre di-
» rectement ni indirectement fur la Jurif-
» diction des Requêtes du Palais , ni faire
» fignifier aucuns Actes aux Privilégiés pour
» leur empêcher le libre ufage du *Commit-*
» *timus* , ou d'intervenir dans les procès des
» Particuliers, pour propofer fes fins décli-
» natoires, fauf aux Parties, & au Procureur
» Général, & à fes Subftituts, à les propo-
» fer & fe rendre appellans au Parlement ,
» de rétentions , s'il y écheoit «.

REQUINT.

C'eft la cinquiéme partie du Quint.

Dans quelques Coutumes le Requint fe
paye au Seigneur avec le Quint, quand
le Fief fe vend. Voyez *Quint*.

RÉQUISITION.
V. *Prévention*.

Le mot Réquifition eft affez fynonime à
demande ; & on dit indifféremment au Palais : un tel a requis ou a demandé telle
chofe.

En matiere Bénéficiale , le mot Réquifition eft le nom qu'on donne à la demande
qu'un Expectant Gradué, Indultaire, ou
Brévetaire, fait au Patron ou Collateur
d'un Bénéfice vacant , & qu'il croit lui être
dû à caufe de fon Expectative.

Les Gradués & autres Expectans ont fix
mois, du jour de la vacance d'un Bénéfice,
pour le requérir ; & s'ils ne font pas leur
Réquifition dans ce délai, ils perdent leur
droit fur le Bénéfice qui a vaqué : ainfi les
Provifions d'un Bénéfice données à quelqu'un qui n'avoit pas d'Expectative , ne
font pas nulles, fi ce Bénéfice n'eft pas re-

quis par un Expectant ; mais la Réquisition de celui-ci dans les six mois annulle de plein droit les Provisions données à un non Expectant, pourvû que celui qui a requis, suive & fasse pourfuite sur sa Réquisition. On peut sur cela consulter le Concordat & les Régles *de Verifimili & de Infirmis*.

Les Réquisitions des Gradués empêchent la prévention ; mais elles sont sans effet, lorsque le Pape les a prévenus. V. *Prévention*.

Les Gradués simples ou nommés, sont libres de requérir ou de ne pas requérir les Bénéfices qui deviennent vacans ; leur silence n'altere nullement leur droit, dont ils peuvent ensuite faire usage pour requérir celui que bon leur semble : mais quand la Réquisition d'un Bénéfice a été faite, le Requérant ne peut plus le refuser.

La Réquisition que feroit un Gradué décrété de prise de Corps, ou seulement d'Ajournement personnel, seroit nulle à cause de son incapacité : on trouve sur cela un Arrêt du 4 Mars 1673, au Journal du Palais, (V. *Capacité.*) Mais elle empêcheroit la prévention.

Les Gradués & autres Expectans ne peuvent requérir que les Bénéfices vacans par mort ou qui sont déclarés impétrables.

Les articles 14, 18 & 22 de l'Edit du mois de Décemb. 1691, prononcent la nullité des Réquisitions non-insinuées dans le mois de leur date, avec défenses aux Juges d'y avoir égard ; mais comme cet Edit est bursal, on ne suit ses dispositions qu'autant qu'elles sont nécessaires pour prévenir les fraudes. Je rapporte sur cela plusieurs preuves à l'article *Insinuation Ecclésiastique*.

La Cure du Pont-de-l'Arche ayant vaqué en Juillet 1705, mois de rigueur, le 8 Août suivant elle fut requise par le sieur le Sesne, Gradué, qui ne fit point insinuer sa Réquisition. Le 10 du même mois d'Août, le sieur Baillet obtint à Rome des Provisions de la même Cure. Le sieur de la Couture de Thier, ancien Gradué, requit le même Bénéfice le 13 Novembre, & en obtint des Provisions le 30. Ces deux derniers se disputerent seuls le Bénéfice ; parce que le Sr le Sesne étoit exclu par l'ancienneté du Sr de Thier. Le Pourvu en Cour de Rome disoit que la Réquisition du Gradué

étoit nulle, parce qu'elle n'avoit pas été insinuée ; & que cette nullité étant absolue & radicale, comme prononcée par un Edit, elle n'avoit pas lié les mains au Pape.

Le sieur de Thier, ancien Gradué, soutenoit qu'il suffisoit qu'il eût existé une Réquisition pour avoir lié les mains au Pape ; qu'il étoit ridicule d'étendre aux Obituaires de Cour de Rome, les dispositions de l'Edit de 1691, qui n'a jamais pensé à favoriser le Pape au préjudice du Collateur ordinaire & de ses Pourvus. Par Sentence du Châtelet du 21 Mars 1708, le Sr de Thier fut maintenu ; & sur l'appel, la Sentence a été confirmée par Arrêt rendu le 7 Mai 1711, au rapport de M. l'Abbé de la Grange. (Voyez un Arrêt à peu près semblable au mot *Prévention.*)

RESCISION & Restitution en entier.

Voyez Dol, *Léfion*, Mineur, Nullités, Partages.

La Rescision que nous confondons avec la Restitution en entier dans notre usage, est un Bénéfice que les Loix accordent à celui qui a été lésé, & par le moyen duquel il peut se faire remettre au même état où il étoit avant l'acte qui contient la léfion, s'il y en a juste cause.

Quand les actes par lesquels on souffre du préjudice, sont nuls de plein droit, il suffit d'opposer la nullité pour la faire prononcer ; mais si des actes ne contiennent que des nullités de droit, alors comme les voies de nullité n'ont pas lieu en France dans ce cas-là, (voyez *Nullité,*) ceux qui sont lésés, ne peuvent se faire restituer, c'est-à-dire, remettre au même & semblable état où ils étoient avant ces actes, qu'en obtenant en Chancellerie ce qu'on nomme Lettres de Rescision, & en les faisant entériner dans la Jurisdiction en laquelle le différend est pendant, ou bien où il doit être porté.

Quoique les Lettres de Rescision soient nécessaires pour obtenir le Bénéfice de la Restitution, quand il y a lésion, cette nécessité n'est que de forme ; & il est nécessaire d'en obtenir, pour mettre le Juge à portée d'accorder le Bénéfice de la Restitution, comme il est nécessaire en d'autres circonstances, qu'il y ait une demande en condamnation, pour qu'il puisse condamner ; mais elles peuvent être rejettées de la même maniere que toute demande judiciaire peut l'être, quand ce n'est pas le cas de les enthériner.

Les Lettres de Rescision & le bénéfice de restitution s'accordent, tant aux majeurs qu'aux mineurs, mais en divers cas & pour diverses causes.

Ces Lettres s'accordent aux mineurs contre tous les contrats par lesquels ils ont été lésés, & la plus légere lésion suffit à leur égard ; mais elles ne s'accordent aux majeurs, que contre les contrats de vente de leurs immeubles, par lesquels ils sont lésés de plus de moitié du juste prix ; ou quand en d'autres contrats ils ont été trompés & circonvenus par dol ou par fraude ; ou quand ils ont été contraints par violence & par crainte, de les passer ; ou lorsque les actes contiennent des erreurs de fait ; ou enfin contre des partages qui contiennent lésion du tiers au quart : sur quoi on peut voir ce que j'ai dit aux mots *Dol, Erreur, Lésion, Mineur* & *Partage*.

Le Droit Romain ne permet d'admettre une femme au bénéfice de la restitution pour cause de crainte, que lorsque sa vie a été exposée à quelque péril, ou lorsqu'elle a essuyé quelque violence en sa personne : mais notre Jurisprudence est moins rigoureuse ; il suffit parmi nous que, par la circonstance de l'affaire, par la qualité des Parties & le genre de l'obligation, & par l'état où la femme se trouvoit, on puisse juger qu'elle n'a donné son consentement que comme forcée.

On ne peut pas donner des régles sûres pour l'action en restitution qui naît du dol : rien n'est plus arbitraire ; & il dépend de la prudence des Juges de le démêler, de le connoître & de le réprimer, selon la qualité du fait & des circonstances. S'ils en découvrent, ils ne doivent pas souffrir que les actes qu'il a produits, subsistent, & que la simplicité & la bonne foi soient exposées à la duplicité & à la tromperie.

A l'égard de l'erreur de fait, si elle est telle que celui qui ait erré, n'a consenti à la convention que pour avoir ignoré la vérité d'un fait, ensorte que la convention se trouve n'avoir d'autre fondement qu'un fait contraire à cette vérité inconnue, cette er-

reur suffit pour admettre la restitution ; l'obligation se trouve alors sans cause, puisqu'elle n'a pour fondement qu'une cause fausse. V. *Erreur.*

A l'égard des mineurs, étant incapables de contracter, soit en Jugement, soit dehors, faute de raison & de liberté, il est de l'équité de les restituer contre ce qui s'est fait à leur préjudice, puisqu'ils n'y ont pas eu de part, ou qu'ils n'ont pas pû y donner un valable consentement ; & on compte jusqu'à vingt-deux titres de la seule compilation du Code pour relever le mineur, lorsque son tuteur ou lui ont fait quelque chose contre ses intérêts. V. *Mineur.*

Le mineur qui se fait restituer contre un contrat de constitution de rente qu'il a passé solidairement avec le majeur, ne change point l'état du majeur qui reste toujours obligé.

Au contraire, dans les choses indivisibles ; comme s'il s'agissoit d'une servitude attachée à l'héritage commun entre le majeur & le mineur, le mineur restitueroit le majeur ; parce que cette prescription regarde le fonds, & que le mineur ne peut recouvrer ce droit de servitude dû à l'héritage commun, que par le moyen de la restitution, sans que le majeur en profite.

Dans l'ancien droit, le bénéfice de restitution pour minorité devoit être impétré dans l'année qui suivoit la majorité, & les majeurs devoient se pourvoir dans l'année de la date des actes contre lesquels ils réclamoient ; mais Justinien a étendu ce terme jusqu'à quatre ans.

Louis XII, par une Ordonnance donnée au mois de Juil. 1510, a prorogé le tems de la restitution jusqu'à dix ans, tant en Pays de Droit Ecrit, que Coutumier ; & François I, par une Ordon. du mois d'Oct. 1535, ch. 8, art. 30, a ordonné que toutes Rescisions de contrats n'auront lieu après 10 ans.

Depuis ces Ordonnances, on tient pour maxime générale en France, que les mineurs ont dix ans depuis leur majorité pour réclamer par la voie de Lettres de Rescision, contre les actes par lesquels ils se prétendent lésés ; l'Ordonnance de 1539 en contient une disposition textuelle & précise dans l'article 134. On suit le même principe pour les majeurs, c'est-à-dire, qu'ils

font reçus au bénéfice de reftitution (lorfqu'il y a lieu) en réclamant dans les dix
années de la date de l'acte, par lequel ils fe
prétendent léfés.

Néantmoins les Arrêts ont jugé que,
quand la reftitution eft fondée fur la fraude & fur le dol, les dix ans ne courent que
du jour que la fraude a été découverte.
L'Ordonnance de 1510 porte en effet, que
les 10 ans ne commencent à courir qu'à
compter du jour que les actes auront été faits ;
& que la caufe de crainte, violence ou autre
caufe légitime, empêchant de droit ou de fait
la pourfuite des Refcifions, a cejfé. V. deux
Arrêts rendus les 27 Mai & 17 Juil. 1672,
qu'on trouve au Journal du Palais.

Dans les Provinces réunies à la Couronne
depuis les Ordonnances de François I, on
obferve encore la difpofition du Droit, qui
n'accorde que quatre ans pour obtenir le
bénéfice de reftitution ; fçavoir, à l'égard
des mineurs, depuis leur majorité; & à l'é-
gard des majeurs, depuis la paffation des
contrats.

La Combe (art. *Reftitution en entier*, fect.
1, n°. 2,) dit que, quand il s'agit de nullité
réfultante du défaut de formalités requifes
pour l'aliénation des biens des mineurs,
comme les Réglemens qui ont prefcrit ces
formalités, font poftérieurs à l'Ordonnance
de 1539, l'action en nullité dure trente ans,
ainfi que l'a établi M. Joly de Fleury, Avocat Général, lors d'un Arrêt du 4 Février
1745.

Le même la Combe rapporte en effet, au
même endroit, un Arrêt rendu le 3 Septembre 1739, en la Grand'Chambre, qui a
enthériné les Lettres de Refcifion prifes
par la Comteffe d'Egmont, quinze ans après
fa majorité, contre l'abandonnement qu'elle
avoit fait en minorité, de Terres confidérables à Madame de Lambefc fa fœur, pour
payement de dot, en conféquence d'avis de
parens, &c. & qui a déclaré l'acte d'abandonnement nul.

Dans les Coutumes où la majorité commence plutôt qu'à 25 ans, l'action en reftitution dure jufqu'à 35 ans. L'Ordonnance
de 1539 le décide ainfi; & il y a même un
Arrêt du 13 Juillet 1716, au Journal des
Audiences, tom. 6, qui l'a ainfi jugé.

Mais il y en a (des Coutumes) telles que

celles de Bretagne & de Normandie, dans
lefquelles l'Ordonnance de 1510 eft fuivie
à la lettre, & où l'on compte ces dix années
du jour de l'acte.

Dans les Provinces des Pays-Bas, où
l'Edit perpétuel de 1611 eft obfervé, ces 10
ans courent auffi du jour de l'acte.

En Franche-Comté, ceux qui ont foufcrit des actes en minorité, ne peuvent être
reftitués après l'âge de 35 ans, pour caufe
de léfion, fraude, circonvention, &c. en
vertu de la faveur de la minorité, fi ce n'eft
dans les cas aufquels il eft permis aux majeurs de fe pourvoir par Lettres de Refcifion, ou par autres voies de droit contre
les contrats ou actes par eux faits ; l'article
premier de l'Edit du mois de Juillet 1707,
regiftré au Parlement de Befançon le 22
Août fuivant, le porte expreffément.

A l'égard du temps pendant lequel le
mineur, devenu majeur, peut fe pourvoir
contre les actes paffés avec fon tuteur, il y
a fur cela diverfité de Jurifprudences : on
peut voir ce qu'en dit Bretonnier dans fes
Queftions de Droit, art. *Bénéfice de Refti-*
tution.

RESCRIPTION.

C'eft le nom qu'on donne à un Acte par
lequel une perfonne mande à fon Débiteur
ou Correfpondant, de payer une fomme à
celui qui y eft nommé.

RESCRITS.

V. *Bulle*, *Date*, *Pape*, *Provifions*, &c.

Ce mot vient de *Refcriptum*, qui fignifie
réponfe à une Lettre, à une Requête, &c.

On voit en différens endroits du Digefte
& du Code, des exemples de Requêtes préfentées aux Empereurs par des Particuliers,
fous le titre de *Libelli* : la réponfe de l'Empereur étoit appellée *Refcriptum.*

Aujourd'hui le mot Refcrit n'eft prefque
plus employé que relativement aux expéditions de Cour de Rome, & il s'applique
à toutes fortes de Lettres ou Brefs Apoftoliques.

On les divife en Refcrits de Grace, en
Refcrits de Juftice, & en Refcrits Mixtes.

Les Refcrits de Grace font ceux par lefquels le Pape accorde des priviléges, des
dispenfes ;

difpenfes, & généralement tout ce qu'il pourroit refufer.

Les Refcrits de Juftice font ceux que le Pape accorde felon les Régles Canoniques & l'ufage, comme, par exemple, ceux qui tendent à l'inftruction & Jugement des Procès, à commettre des Juges, &c.

Les Refcrits Mixtes font ceux qui n'étant, ni de Grace, ni de Juftice, participent à l'un & à l'autre : tels font les Refcrits pour les difpenfes de mariage, les fécularifations, & réclamations contre les Vœux, &c.

Les Refcrits contiennent trois parties ; fçavoir, la Supplique ou Requête, la Soufcription du Pape ou de fon Commis, & la Déclaration de ce que le Pape accorde.

Le Refcrit de Grace eft ordinairement accordé par ces mots, *fiat ut petitur*, ou *conceffum ut petitur* ; & celui de Juftice, par le mot *placet*, qui n'emporte pas la grace, mais qui montre la volonté de l'accorder felon la Juftice. Voyez ce que j'ai dit au mot *Date.*

Les difpenfes *ad duo*, & celles qui font néceffaires pour être pourvu de Bénéfices, avec la claufe *cupiens profiteri*, font du nombre des Refcrits qui ne peuvent être refufés fans abus, ainfi qu'on l'a jugé ; il ne conviendroit pas que la Cour de Rome fût maîtreffe de choifir entre les Sujets du Roi, ceux qu'elle veut favorifer.

Doit-il en être de même de la difpenfe de Bigamie, interprétative de l'abfolution *à favis ?* Le fieur Veron, qui avoit quitté l'Etat Eccléfiaftique pour époufer une veuve, & qui avoit depuis rempli la place de Préfident au Préfidial de Langres, s'eft trouvé dans le cas d'avoir befoin de ces difpenfes, lorfque, devenu veuf, il reprit l'Etat Eccléfiaftique.

La difpenfe *à favis* lui étoit néceffaire ; parce qu'en qualité de Préfident, il avoit affifté au Jugement d'affaires criminelles, & il lui falloit une difpenfe de bigamie interprétative, parce qu'il avoit époufé une veuve ; il demandoit l'une & l'autre en même temps qu'il demandoit auffi des provisions fur la réfignation de la Tréforerie de Langres, & le tout lui étoit refufé ; mais après avoir porté l'affaire dans différentes Con-

grégations où l'on agite les queftions qui ne doivent être jugées qu'en France, les difpenfes furent accordées, & la réfignation admife du jour de l'arrivée du Courier (*a*).

Je penfe néantmoins que le Pape eft libre d'accorder ou de refufer les difpenfes de bigamie & *à favis* : les Souverains Pontifes ne pouvoient pas même autrefois accorder de femblables difpenfes, au préjudice des Collateurs ordinaires. On peut fur cela voir les Arrêts rapportés par Papon, livre 2, tit. 4, art. 3.

En un mot, les difpenfes *ad duo* & *pro cupiente profiteri*, n'ont pour objet que de donner à un fujet l'aptitude ; au lieu que la difpenfe *à favis*, & celle de bigamie interprétative, ont celui de relever d'une irrégularité encourue, & que le Pape eft maître abfolu de relever de ces irrégularités.

Tous les Refcrits font cenfés contenir la claufe, *en cas que l'expofé foit véritable* : fi elle ne fe trouve point, elle y eft cenfée fous-entendue ; & les Papes ne veulent pas qu'on les exécute, quand ils contiennent des difpofitions contraires à l'équité ou aux Loix Eccléfiaftiques. Voyez ce que dit fur cela Mᶜ d'Hericourt, Loix Eccléfiaftiques, de l'Interprétation des Loix, n°. 30. V. auffi l'Analyfe que le même Auteur a faite des Décrétales, titre 3.

Les Décrets irritans, inférés dans les Refcrits de Grace, font de Droit étroit ; la moindre obreption ou fubreption qui s'y rencontre, annulle abfolument la grace & la provifion ; parce qu'un fait faux a pû être le motif qui a fait accorder la grace, & qu'un fait caché auroit pû en empêcher la conceffion, s'il eût été connu.

Sur cela voyez Dumoulin ; le Traité des Bénéfices par M. de Selve ; Rebuffe, fur la Pragmatique-Sanction, & M. Louet, fur la Régle *de Infirmis.*

On n'admet en France aucuns autres Refcrits ou Brefs, que ceux qui font émanés du Pape même ; & les Cours déclarent abufifs ceux accordés par les différentes Congrégations établies à Rome. V. à ce fujet un Arrêt du 3 Juillet 1641, rapporté au Journal des Audiences, tome 1, & un au-

(*a*) Le fieur Veron, qui avoit un Compétiteur pour le Bénéfice qu'il impétroit, a depuis perdu fon Procès ; la Combe en rapporte l'Arrêt dans le Recueil de Jurifprudence Canonique.

tre Arrêt rendu en forme de Réglement au Parlement de Dijon, le 4 Août 1703, rapporté dans l'édition *in-fol.* d'Augeard, tom. 1, n. 227.

RÉSERVES.

V. *Concordat*, *Graces*, *Expectatives*, &c.

On nommoit Réserves, des Rescrits ou Mandats, par lesquels les Papes déclaroient qu'ils se chargeoient de pourvoir à certains Bénéfices, lorsqu'ils viendroient à vaquer.

» Alexandre III fut le premier qui introduisit l'usage des Réserves; nous ne trouvons dans tout le Droit Canonique aucun Mandat *de providendo*, avant celui qu'il adressa à l'Evêque de Tournay, pour pourvoir d'un Canonicat de son Eglise un Juif nouvellement converti.

» Les Successeurs de ce Pape ont étendu peu-à-peu ce nouvel usage; & les Décrétales sont remplies sur ce sujet de Constitutions d'Innocent III, d'Honoré III, de Gregoire IX, d'Innocent IV & de Boniface VIII «. Voyez le Plaidoyer de M. de Corberon, rapporté par Augeard, avec l'Arrêt du Parlement de Metz du 4 Juin 1685.

Ces Réserves ont toujours été regardées comme odieuses en France. Jean XXII les avoit cependant rendues si générales, qu'il pouvoit, pour ainsi dire, nommer aux Bénéfices de toutes les Cathédrales de la Chrétienté; mais elles furent entiérement proscrites par les Conciles de Constance & de Basle.

Le Concordat fait entre François Premier & Leon X, les a aussi rejettées; il a seulement réservé au Pape le droit de disposer des Bénéfices dont les Titulaires décédent, ou à la Cour du Pape, ou à deux journées de l'endroit où il fait sa résidence; encore faut-il que le Pape confere ces Bénéfices dans le mois de vacance, autrement le Collateur ordinaire pourroit en disposer librement. V. l'art. 2 de l'Edit du mois de Septembre 1610.

Les Réserves sont aussi abolies dans les Pays-Bas de la Domination Françoise; on trouve dans le Recueil du Parlement de Flandres, des Arrêts du Conseil d'Etat, des 13 Juillet 1723 & 6 Décembre 1727, qui les ont rejettées pour ces Pays.

RÉSERVES COUTUMIERES.

Voyez *Avantage indirect*, *Avitins*, *Incompatibilité*, *Légitime*, *Legs*, *Nécessité-jurée*, *Propres*, *Quarte-Falcidie*, *Quarte-Trébellianique* & *Testament*.

On nomme Réserves Coutumieres, une certaine portion de biens, dont les Coutumes ne permettent pas de disposer par testament.

Chaque Citoyen avoit originairement en France la liberté de disposer de l'universalité de ses biens; au moins on le présume ainsi d'après les formules qu'on trouve dans Marculphe, & on croit que les Réserves Coutumieres n'ont pris leur origine que dans le dernier état des Fiefs.

On voit en effet que, lorsque les Fiefs furent rendus patrimoniaux & héréditaires, ceux qui en avoient recueilli dans des successions, ne pouvoient les aliéner sans le consentement de leur héritier présomptif; il a même été un temps où cet usage avoit lieu pour les Rotures. V. *Nécessité-jurée*.

La Coutume de Paris ne permet aux testateurs de léguer que le quint de leurs propres: elle veut que les quatre quints soient réservés aux héritiers; ce sont ces quatre quints qu'on nomme Réserves Coutumieres à Paris.

Dans les Pays Coutumiers, les quatre quints des propres tiennent lieu de légitime, dont ils different néanmoins en plusieurs points. (Voyez une longue Note à l'art. *Légitime*), à l'héritier de la ligne dont les biens proviennent (*a*); & cette portion lui doit tellement demeurer franche, qu'elle ne peut être entamée par aucune charge testamentaire, pas même par des legs pieux. V. *Amortissement*.

Mais quoique l'héritier des quatre quints des propres ne doive point contribuer au

(*a*) Il y a des Coutumes qui assujettissent aussi les bâtards à réserver au Seigneur leur héritier, une portion des biens de leur succession. Voyez celles d'Anjou, du Maine, de Bretagne, de la Salle, de Lille, de Hainaut, &c. Il a été rendu un Arrêt en faveur du Seigneur de Vivoin au Maine, le 18 Août 1758, par lequel la Cour lui a adjugé la moitié de la succession d'une bâtarde nommée Marie Duclos, dont celle-ci avoit disposé en faveur d'Anne Jerassay, sa femme de Chambre. Je parle de cet Arrêt à l'article *Bâtards*.

payement des legs & des autres charges teſtamentaires, il n'eſt point affranchi des autres charges de la ſucceſſion ; au contraire,
l'article 334 de la Coutume de Paris l'aſſujettit à contribuer aux dettes à proportion
de ce qu'il amende dans la ſucceſſion. Mais
voyez l'Arrêt du 23 Juillet 1724, rapporté
par M. l'Epine de Grainville, pag. 480, par
lequel il eſt jugé que, dans la Coutume de
Vitry, les deux tiers des propres doivent
être laiſſés à l'héritier, même collatéral,
francs & quittes de toutes-dettes.

Notre Coutume ne réſerve les quatre
quints des propres à l'héritier, que quand
le défunt en a diſpoſé autrement par teſtament ; elle permet des diſpoſitions univerſelles entre-vifs (*a*) ; & en ce cas les Réſerves Coutumieres ne peuvent être demandées
par l'héritier collatéral, mais l'héritier direct peut demander ſa légitime. V. *Légitime*.

Les propres fictifs ne ſont pas ſujets aux
Réſerves Coutumieres, (parce que cette
fiction n'a pour objet que les conjoints,)
mais ſeulement les propres réels.

Si un teſtateur avoit fait un legs particulier à ſes préſomptifs héritiers, & avoit en
même-temps inſtitué un étranger ſon légataire univerſel, les préſomptifs héritiers
pourroient en même-temps ſe porter héritiers & légataires, & en ces qualités prendre le legs, & demander la diſtraction des
Réſerves Coutumieres. Voyez *Incompatibilité des qualités d'héritier & de légataire*.

La même choſe auroit lieu en faveur
d'un des préſomptifs héritiers, inſtitué légataire particulier, ſi les autres héritiers ſe
trouvoient inſtitués. légataires univerſels,
& renonçoient à la ſucceſſion, pour s'en tenir au legs univerſel, à moins que le défunt n'eût autrement expliqué ſon intention.

Louiſe Mallet, veuve de Jean Teſſier,
ayant, par ſon teſtament du 9 Février 1744,
fait un legs particulier à ſon fils, & inſtitué
ſa fille ſa légataire univerſelle, celle-ci renonça à la ſucceſſion, pour s'en tenir à ſon
legs univerſel, dont elle obtint délivrance
contre ſon frere, par une Sentence par défaut.

Poſtérieurement à cette Sentence, le ſieur
Teſſier fils déclara, par acte du 23 Juillet
1745, qu'il acceptoit les avantages à lui
faits par le teſtament de ſa mere.

Au moyen de cet acte, la demoiſelle
Teſſier s'étoit miſe en poſſeſſion d'un grand
terrein ſitué à Verſailles, ſur lequel étoient
des Bâtimens, des Echopes, &c. dont la
jouiſſance avoit été accordée à l'ayeul commun de ſon frere, & à ſa deſcendance, par
un Brevet de don du Roi, juſqu'à ce qu'il
plût à Sa Majeſté faire bâtir, &c ; mais un
créancier du ſieur Teſſier prétendit que celui-ci n'avoit pas pû, à ſon préjudice, abandonner les Réſerves Coutumieres dans les
terreins & bâtimens qui formoient un propre dans la ſucceſſion de la teſtatrice.

Le ſieur Teſſier fils ſe joignit à ſon créancier : il prit même des Lettres de Reſciſion
contre l'acte du 23 Juillet 1745 ; & par Arrêt rendu en la Grand'Chambre, au rapport
de M. de Montholon, le 9 Juin 1751, la
Cour, *ſans s'arrêter aux Lettres de Reſciſion*, qu'elle a jugé inutiles, *a maintenu &
gardé ledit Teſſier en qualité de ſeul & unique
héritier de . . . . ſa mere, dans la propriété & poſſeſſion des quatre quints . . . . . .
du terrein ſitué à Verſailles*, &c.

La Cour avoit auparavant jugé, par Arrêt rendu au rapport de M. l'Abbé le Moine, le 24 Mai 1734, contre le ſieur Titon
de Coigny fils, & légataire univerſel de
M. Titon, Procureur du Roi de la Ville à

(*a*) Notre Coutume forme ſur cela le Droit commun ;
mais dans pluſieurs autres Coutumes, les propres ne peuvent être donnés entre-vifs ſans le conſentement de l'héritier apparent, que juſqu'à concurrence d'une certaine
portion.

L'ancien droit annulloit même la vente des propres,
faite ſans le conſentement de l'héritier. Voyez Brodeau,
ſur la Coutume de Paris, du Retrait-Lignager : le Gloſſaire de Lauriere, au mot *Pauvreté* ; ſes Notes ſur les Inſtituts de Loyſel ; la Note de Dumoulin, ſur l'art. 50 de la
Coutume d'Artois, & ce que je dis aux articles *Néceſſité-
jurée* & *Vente*.

La Coutume de Montreuil défend, par l'article 34, de
donner entre-vifs plus du quint de ſes immeubles.

D'après ces diſpoſitions on a agité la queſtion de ſçavoir, ſi, par contrat & en faveur de mariage, il n'étoit pas
poſſible de donner davantage ; mais, par Sentence rendue
au Bailliage de Montreuil, entre Cézar de Lye & Conſorts, & le ſieur de Neuville de Marville, le 11 Avril 1752,
confirmée par Arrêt rendu au rapport de M. Beze de la
Blouſe, en la 5e Chambre des Enquêtes, le 16 Juil. 1761,
il a été ordonné que les quatre quints des héritages ſitués
au Village de Bouquehaut, compris dans la donation
univerſelle, faite en faveur de ſon contrat de mariage de
Michel de Neuville, avec la Demoiſelle de la Mariée,
feroit réduite au quint, & que les quatre autres quints
appartiendroient aux héritiers de la Dame de Neuville,
donatrice.

Paris, que la dame Dargenlieu, fille du teſtateur, qui avoit été dotée de 100000 liv. en ſe mariant, pouvoit ſe porter héritiere des quatre quints des propres; & que cette qualité n'étoit pas, contre un légataire univerſel, incompatible avec celle de donataire entre-vifs par contrat de mariage.

Un teſtament n'eſt cependant pas nul, s'il contient des legs plus étendus que la Coutume ne le permet : les legs ſont ſeulement réductibles, & l'héritier ne peut rien demander au-delà de ce que la Coutume veut lui être réſervé.

Un teſtateur peut néantmoins léguer plus que le quint des propres, lorſqu'il laiſſe des biens d'une autre eſpèce à ſon héritier, pour le dédommager des propres dont il le prive, & qu'il impoſe à cet héritier la peine d'être privé des meubles & acquêts qu'il lui laiſſe. Dans ce cas-là, l'héritier n'a point à délibérer; il faut qu'il livre le propre, pour conſerver les meubles & les acquêts; & s'il préfere les Réſerves Coutumieres, il faut qu'il abandonne aux légataires tous les biens diſponibles : la Cour l'a ainſi jugé par Arrêt rendu en la Grand'Chambre, le 30 Juillet 1742, entre la dame Duret & la dame de Montbellet. On peut, ſur cette matiere, conſulter l'article 295 de la Coutume de Paris, & les Commentateurs de cet article; Dumoulin, ſur l'article 2 du chap. 13 de la Coutume de Montargis, Lalande, ſur l'art. 292 de la Coutume d'Orléans; Ricard, partie 3, n. 1439, &c.

Mais ceſſant la peine impoſée par une clauſe du teſtament, telle que celle dont je viens de parler, ſi le legs d'un propre ſe trouve réduit par une demande en diſtraction des Réſerves Coutumieres, il n'eſt point dû de récompenſe au légataire du propre ſur les biens libres du teſtateur.

Cette queſtion ſur laquelle il y avoit autrefois diverſité d'opinions, n'eſt plus actuellement problématique; trois Arrêts célébres ont rejetté des demandes en récompenſe, formées en pareil cas par des légataires.

Le premier a été rendu le 15 Juin 1673, à l'occaſion du teſtament de M. l'Abbé de Benoiſe : on le trouve au Journal du Palais.

Le ſecond a été rendu le 2 Mars 1736, à l'occaſion du teſtament de M. Titon, ancien Procureur du Roi du Bureau de la Ville à Paris.

Dans cette eſpéce, M. Titon avoit ordonné qu'une grande maiſon ſituée à Paris, rue de Montreuil, qui lui étoit propre, demeureroit ſubſtituée à M. Titon, Conſeiller, ſon neveu, au cas que le ſieur Titon de Coigny ſon fils, inſtitué ſon légataire univerſel, n'eût pas d'enfans mâles. L'Arrêt a réduit la diſpoſition au quint, & a débouté M. Titon & le tuteur à la ſubſtitution de la demande en récompenſe, de la valeur des quatre quints de cette maiſon ſur les biens diſponibles.

Le troiſiéme a été rendu le 9 Mai 1742, au rapport de M. l'Abbé Langlois, en faveur du Marquis de Vignacourt, légataire univerſel d'un autre Marquis de Vignacourt, contre Louis-Daniel de Vignacourt, légataire particulier de la Terre de Saint-Loup, qui demandoit une indemnité au légataire univerſel, à cauſe de la portion de cette Terre réclamée par l'héritier des propres, comme biens non diſponibles; la Cour a jugé qu'il n'y avoit pas lieu à l'indemnité en ce cas. On pourroit encore citer l'Arrêt du premier Septembre 1762, dont je parle au mot *Propre*, dans une note.

La Coutume de Poitou eſt une de celles qui ont pris les précautions les plus efficaces, pour conſerver aux héritiers du ſang à titre de légitime, une portion du patrimoine de leurs parens décédés : elle ne ſe contente point de réduire la liberté de diſpoſer au tiers des propres; ſi ceux qui font des teſtamens n'ont point de propre, elle leur ſubſtitue les acquêts. Dans ce cas-là elle veut qu'il n'y en ait que le tiers de diſponible; & s'il n'y a que des meubles dans la ſucceſſion du teſtateur, elle ne permet d'en diſpoſer que juſqu'à concurrence du tiers; de même que des acquêts. V. les articles 203 & 223, & ce que je dis à l'article *Donation pour proviſion de Corps*. Voyez auſſi l'Arrêt du 22 Juin 1761, que je rapporte à l'article *Don Mutuel*.

Sur l'article 223 (de la Coutume de Poitou,) on a agité la queſtion de ſçavoir, s'il ne ſuffit pas qu'il y ait un propre, de ſi petite valeur qu'il puiſſe être, pour exclure les collatéraux des deux tiers des acquêts;

& contre la Jurifprudence des anciens Arrêts, la Cour a jugé, par Arrêt du 29 Mai 1668, au Rôle de Poitou, qu'il falloit que le propre fût d'une valeur proportionnée au refte des biens pour tenir lieu de légitime aux collatéraux. Voyez Dumoulin, fur l'article 49 de la Coutume d'Angoumois; & d'Argentré, fur l'article 219 de celle de Bretagne.

En Ponthieu on ne peut, au préjudice de l'héritier, difpofer, foit par teftament ou donation entre-vifs, des quatre quints des héritages qu'il doit avoir francs & quittes de toutes dettes perfonnelles & hypothécaires, rentes rembourfables & conftituées à prix d'argent, & de tous legs.

Si l'héritier eft privé des meubles, ou s'il les abandonne, les acquêts & le quint des héritages doivent être épuifés pour l'acquit des dettes, fuivant un Acte de Notoriété de la Sénéchauffée d'Abbeville, du 21 Juillet 1689. V. *Dettes*.

En Bourgogne, tous les biens font difponibles, dès que celui qui les poffède, n'a que des collatéraux.

L'adition d'hérédité n'empêche point l'héritier de demander les Réferves Coutumieres, parce qu'elles ne lui appartiennent qu'en qualité d'héritier.

La Coutume d'Angoulême, article 49, défend de donner au-delà du tiers des propres; mais l'article 50 permet de donner *tous les propres pour provifion de Corps*; c'eft-à-dire, que quand le donateur n'a pas affèz de revenu pour fubfifter, alors il eft jufte qu'il fe préfére à fes héritiers; mais dans ce cas-là, les préfomptifs héritiers ont la faculté d'évincer le donataire, en fe chargeant de fournir la provifion convenue.

Lorfque l'héritier des propres eft inftitué légataire univerfel, un parent de la même ligne des propres, mais plus éloigné d'un dégré, ne peut pas demander les Réferves Coutumieres, parce qu'alors il n'y a pas entr'eux de concurrence en dégré.

La prohibition de tefter au-delà du quint des propres, n'eft faite qu'en faveur des héritiers du fang, appellés par la loi pour y fuccéder; & s'il ne refte point d'héritier, le fifc qui fuccéde par droit de déshérence, n'eft pas recevable à demander la diftraction des Réferves Coutumieres, parce qu'il

n'a droit que fur les biens vacans. V. Chopin, Traité du Domaine, l. 1, tit. 8, n° 19.

Le Mercredi 3 Décemb. 1760, on a plaidé à la Grand'Chambre, la queftion de fçavoir, fi le Sr Binet, inftitué légataire univerfel en ufufruit par le teftament de fa fœur, avec charge de fubftitution de la propriété en faveur de fes enfans, avoit pû abdiquer ce legs, qui par fa renonciation ouvroit le droit de fes enfans pour demander à partager les Réferves Coutumieres avec les autres héritiers.

Ceux-ci fe plaignoient de cette renonciation, parce qu'elle les dépouilloit d'une partie des Réferves Coutumieres auxquelles les légataires univerfels, enfans du Sr Binet, renonçant, devoient fuccéder à fa mort; c'étoit, difoit-on, une fraude oppofée à l'intention de la teftatrice. Il y avoit même cette circonftance, que le fieur Binet étoit interdit: c'étoit un de fes enfans, fon curateur, qui avoit fait la renonciation; & on lui difoit que par-là il deviendroit héritier & légataire, contre la difpofition de la Coutume.

Le curateur répondoit qu'il falloit diftinguer ce qu'il faifoit en cette qualité, avec fon intérêt perfonnel; qu'il étoit permis à un légataire univerfel de renoncer à fon legs, pour conferver fa qualité d'héritier; qu'il étoit naturel qu'un pere fît paffer à fes enfans, & le legs univerfel, & une partie des Réferves Coutumieres, quand cela fe pouvoit fans crime; que fon abdication étoit licite, puifqu'elle n'étoit pas défendue par la Loi, &c.

Par Arrêt rendu ledit jour 3 Décembre 1760, fur les Conclufions de M. l'Avocat Général Seguier, la Cour a confirmé la Sentence des Requêtes du Palais, qui admettoit le fieur Binet à partager les Réferves Coutumieres avec fes co-héritiers.

Les propres non difponibles ne pouvant être légués, ne peuvent par conféquent être grévés de fubftitution, fi ce n'eft par acte entre-vifs, ou par contrat de mariage.

La Cour a jugé, par un Arrêt rendu en la Grand'Chambre, fur les Conclufions de M. l'Avocat Général Chauvelin, le 15 Juin 1736, que les quatre quints des propres ne peuvent être fubftitués par teftament en ligne collatérale; cet Arrêt confirme deux

Sentences du Châtelet des 23 Novembre 1734, & 8 Mai 1736, qui avoient ordonné la diſtraction de ces quatre quints (Il eſt imprimé avec les Sentences.) V. Coquille ſur la Coutume de Nivernois, titre des teſtamens, art. 1; & Lalande, ſur l'art. 295 de la Coutume d'Orléans.

L'opinion la plus conforme aux principes, dit la Combe, eſt que les Réſerves Coutumieres ne peuvent être ſubſtituées; mais cela doit s'entendre, lorſque la ſubſtitution eſt faite ſans cauſe; car ſi elle eſt faite *additâ cauſâ* de diſſipation, elle doit avoir lieu, même en collatérale, ſans que le grévé ni ſes créanciers puiſſent demander diſtraction : la Combe cite ſur cela, verb. *Exhérédation*, ſect. 5, n°. 4, un Arrêt rendu le Vendredi 15 Mars 1748, ſur les Concluſions de M. l'Avocat Général le Bret.

La Cour a jugé la même choſe, par Arrêt rendu le 9 Mai 1759, en la premiere Chambre des Enquêtes, au rapport de M. de Maleſieu, dont voici l'eſpéce.

L'Abbé Deſlaviers, Chanoine à Arras, qui avoit pour héritier des meubles & acquêts, ſon pere, & pour héritier des propres, un frere Avocat, & une ſœur, légua l'univerſalité de ſes biens à ſon frere & à ſa ſœur, avec une clauſe conçue en ces termes :

» Et pour raiſon à moi connue, notamment à cauſe du dérangement des affaires » de mondit frere...... j'ordonne que les » meubles & effets qui lui reviendront à ſa » part....... ſeront vendus........ pour » être employés....... en acquiſition de » fonds ou rentes, pour leſdits fonds & » rentes, auſſi-bien que la part & portion » de mondit frere dans mes immeubles, tant » d'acquêts, que *de patrimoine*, demeurer » chargés de fidéi-commis & ſubſtitution » au profit de ſes enfans....... pour en » jouir par forme de penſion viagere & ali- » mentaire,..... laquelle penſion ne pour- » ra être touchée par aucun créancier dudit » Deſlaviers mon frere. .... Autrement, je » donne & légue ledit uſufruit à la bourſe » commune des pauvres d'Arras,.... pri-

» vant celui de mes héritiers qui ne vou- » droit pas ſe conformer aux préſentes diſ- » poſitions, de tout ce qu'il m'eſt libre de » diſpoſer, (a).... que je donne audit cas » à celui qui l'entretiendra. «

Me Deſlaviers accepta le legs avec les charges : un de ſes créanciers demanda la diſtraction des Réſerves Coutumieres; ce créancier, nommé Malpaux, ſoutenoit que Me Deſlaviers ne pouvoit pas, à ſon préjudice, préférer la qualité de légataire à celle d'héritier, ſous prétexte que la premiere valoit mieux que la ſeconde; cependant, par Sentence rendue au Conſeil d'Artois, le 11 Août 1755, confirmée par le ſuſdit Arrêt du 9 Mai 1759; l'exécution du teſtament fut ordonnée avec dépens. (b)

La portion des propres que la Coutume veut être réſervée à l'héritier, ne doit pas être individuellement de chaque propre, mais bien des propres de chaque ligne.

Si un teſtateur avoit légué tous les propres d'une ligne, ſa diſpoſition ſeroit ſujette aux Réſerves Coutumieres, en faveur des héritiers de cette ligne, quand même le legs n'excéderoit pas la portion de tous les propres que la Coutume lui permettoit de donner; & dans ce cas-là le légataire n'auroit pas même d'action contre les héritiers des propres d'une autre ligne, pour ſe faire récompenſer de ce qui lui ſeroit retranché; parce que les propres des différentes lignes forment en quelque maniere autant de ſucceſſions différentes : c'eſt le ſentiment de Dupleſſis, de le Brun & de Renuſſon.

Par une ſuite de ce même principe, le legs de l'uſufruit de tous les propres eſt réductible à l'uſufruit du quint ou autre portion que les Coutumes permettent de donner.

Tout de même s'il y avoit un legs de la propriété de tous les propres, avec réſerve de l'uſufruit de la totalité à l'héritier; celui-ci jouiroit de l'uſufruit de la portion diſponible, & de la propriété de ce que la Coutume vouloit qu'on lui réſervât, parce qu'il n'eſt pas permis au teſtateur de vouloir ce que la Coutume lui défend. Il y a

_____

(a) En Artois, la totalité des biens patrimoniaux forme les Réſerves Coutumieres; & il n'eſt permis de diſpoſer, par teſtament, que des meubles & acquêts de trois années du revenu des propres, & du quint des fiefs.

(b) Malpaux n'avoit pas demandé ſubſidiairement qu'il lui fût permis de ſaiſir les revenus, malgré la clauſe d'inſaiſiſſabilité, con enue au teſtament; le Rapporteur a dit que, ſi cette demande eût été formée, elle auroit peut-être réuſſi.

à ce sujet un Arrêt célèbre rendu le 15 Juin 1673 , pour le testament de M. de Benoise, qu'on trouve dans Soefve , au Journal des Audiences & dans le Journal du Palais : c'est aussi l'avis de le Brun & de plusieurs autres.

L'héritier ne peut demander les Réserves Coutumieres,& s'affranchir des dispositions testamentaires, qu'en faisant faire inventaire & en représentant le contenu d'icelui aux légataires ; autrement , & s'il confondoit les biens du testateur avec les siens , il seroit tenu d'acquitter les legs.

L'héritier qui veut se dispenser de contribuer au payement des legs en prenant les Réserves Coutumieres, doit abdiquer & abandonner tous les autres biens disponibles ; autrement , s'il accepte la succession, sans abandonner ce qui est disponible, pour se libérer envers les légataires , son adition d'hérédité le lie d'une obligation personnelle envers eux , & il doit contribuer à proportion de son émolument : on l'a ainsi jugé par Sentence de la deuxiéme Chambre des Requêtes du Palais, du 30 Mars 1744 , dans une affaire où il s'agissoit de payer les 80000 liv. à quoi avoit été réduit un legs universel fait aux Freres de la Charité par un sieur de Viltiers.

On juge même en ce cas qu'ils ont une hypothéque sur tous les biens du défunt , & la Cour l'a jugé solidaire par Arrêt rendu en la Grand'Chambre au rôle de Paris , le 27 Mars 1710. Voyez sur cela le Brun , des Successions , livre 4, ch. 2, sect. 4 , n°. 10, 11, 12 & 13.

En un mot , on pense au Palais que le fidei-commis légal des quatre quints cesse d'avoir lieu , lorsqu'il passe à l'héritier confusément avec ce qui étoit de libre disposition, & qu'il n'y a pas eu d'abdication des biens libres. Cependant voyez Duplessis, des Testamens ; il n'est pas tout-à-fait de cet avis.

Il sembleroit que les propres d'une ligne dans laquelle il ne se trouve point d'héritier pour les recueillir , dussent être disponibles en totalité comme les meubles & les acquêts ; parce que c'est en faveur des héritiers de la ligne que les Réserves Coutumieres sont ordonnées par les Coutumes, & non des autres héritiers. Voy. Bacquet, des

droits de Justice , ch. 22, n°. 10 ; M. Louet, lettre D , n°. 37 , & les Observations de M. le Camus , sur l'article 330 de la Coutume de Paris.

Duplessis (des Testamens , section 8), a donné cette maxime comme certaine dans les premieres éditions de son Ouvrage, mais dans celle de 1709 , il ajoute : » j'y ferois » pourtant difficulté « ; il paroît en effet qu'elle n'est pas bien constante, puisque , par Sentence du Châtelet du 18 Décembre 1733 , confirmée par Arrêt rendu en la deuxiéme Chambre des Enquêtes , au rapport de M. Moreau de Saint-Just , au mois d'Avril 1736 , il a été fait distraction des quatre quints des propres d'une ligne défaillante dans la succession de demoiselle Geneviéve Prieur , en faveur de Jean Perdreaux & Consorts ses héritiers , contre François Cabouret, son légataire universel , & la Fabrique de Saint Hippolyte à Paris, légataire particuliere.

Si le testateur a légué ses propres aux héritiers de la ligne dont ils proviennent, le légataire universel étranger ne peut demander le retranchement du legs , parce que les Réserves ne sont établies qu'en faveur des héritiers & non du légataire.

L'Ordonnance du mois d'Août 1735 , concernant les testamens , n'a rien innové sur les Réserves Coutumiéres ; l'article 79 de cette Ordonnance , porte au contraire , *que les Loix & les usages qui concernent la qualité ou la quotité des biens dont les testateurs peuvent disposer, seront observés à cet égard.*

Les enfans peuvent choisir entre la légitime & les Réserves Coutumieres, mais ils ne peuvent demander l'un & l'autre. V. *Légitime.*

Un testateur ayant légué 175 livres de rente , à prendre sur le quint de ses propres , consistant en maisons & rentes , régis par la Coutume de Paris , il ne se trouva point assez de propres pour composer cinq fois les 175 livres de rente léguée , & en donner un cinquiéme au légataire ; sur cela l'héritier prétendit être quitte envers le légataire, en lui abandonnant le quint des propres. Le légataire au contraire soutenoit que si le quint des propres ne suffisoit pas pour lui procurer 175 liv. de rente , les autres biens

difponibles du teftateur devoient y fuppléer.
Par Arrêt rendu le Mardi 14 Juillet 1739,
il fut ordonné que ce qui manquoit des 175
livres de rente dans le quint des propres du
teftateur, feroit repris fur les autres biens
de la fucceflion.

RÉSIDENCE.

Voyez *Commenfaux*, *Commenfaux des Evêques*, *Evêques*, Exeat, *Incompatibilité &
Préfence.*

Les Canons de l'Eglife impofent à tous
ceux qui ont des Bénéfices, la néceflité d'y
réfider; &, quoique cette régle fi commune
& fi peu pratiquée ait fouffert diverfes atteintes par les diftinctions abufives que le
relâchement de la difcipline a introduites
entre les Bénéfices fimples & ceux qui font
fujets à Réfidence, entre les Bénéfices compatibles & les Bénéfices incompatibles, il
eft cependant de principe, fuivant la difcipline préfente, que les Evêchés, les Cures
& les Canonicats exigent une Réfidence indifpenfable. Ce font les feuls Bénéfices qui
fe foient fauvés de la contagion de l'abus.

Quelqu'effentiel que foit le devoir de la
Réfidence à l'égard des Canonicats, les Chanoines peuvent néantmoins en être difpenfés, lorfque la difpenfe a fon fondement dans
les Canons & dans les Loix du Royaume.

Par exemple, les Confeillers des Cours
Souveraines pourvus de Canonicats, font
exempts de réfider à caufe de l'importance
de leurs fonctions, & des fervices continuels qu'ils rendent au Public & à l'Etat:
c'eft une maxime confacrée par une Jurifprudence uniforme, depuis plufieurs fiécles.

Les Officiers Eccléfiaftiques de la Maifon du Roi, de la Reine, des Princes &
Princeffes qui ont ce qu'on nomme Maifon
en titre d'office, font encore affranchis de
la Réfidence: il eft jufte qu'on donne ce
tribut de reconnoiffance au Prince, qui eft
le protecteur des Loix de l'Eglife dans la
perfonne de ceux qui font attachés à fon
Service. V. *Préfence.*

Les Evêques ont encore droit de choifir
deux Chanoines pour leurs Commenfaux,
qui font réputés préfens, tant qu'ils font à
la fuite de l'Evêque.

Quelques Membres du Chapitre d'Aire
en Artois, qui convenoient du droit des
Evêques à cet égard, ont prétendu que les
Prélats ne pouvoient point choifir des Chanoines dans les Collégiales, établies dans
d'autres Villes que celles où eft le Siége
Epifcopal: ces Particuliers foutenoient même que l'Evêque ne pouvoit choifir fes
Commenfaux que dans la Cathédrale; &
comme le Chapitre d'Aire, par une délibération capitulaire du 3 Novembre 1722,
réputoit préfent le fieur Barlot, Chanoine
(d'Aire,), que M. l'Evêque de Saint-Omer
avoit appellé auprès de lui pour le nommer
Promoteur, & prendre fes confeils dans les
affaires difficiles, plufieurs Membres de ce
Chapitre, au nombre de fix, interjetterent
appel comme d'abus de la délibération.

Ils difoient que les Evêques devoient
choifir leurs Commenfaux parmi les Chanoines de la Cathédrale, en faveur defquels
feuls ce privilége étoit introduit: ils ajoutoient que les Chanoines des Eglifes Cathédrales font les Confeillers nés de l'Evêque, fes Affeffeurs, & compofent fon Sénat; que par conféquent c'étoit parmi ces
Chanoines qu'il falloit que les Evêques
choififfent leurs Confeils; mais, par Arrêt
rendu le 31 Décembre 1725, fur les Conclufions de M. d'Agueffeau, il fut dit qu'il
n'y avoit abus dans la délibération. Ainfi
il eft jugé par cet Arrêt que les Evêques
peuvent choifir leurs Commenfaux dans
d'autres Chapitres, & même dans les Collégiales établies ailleurs que dans les Villes
Epifcopales. Voyez le rapport des Agens
du Clergé en 1730, & ce que je dis à l'article *Commenfaux des Evêques.*

Il a même été ordonné, par un Arrêt
contradictoire, rendu au Confeil d'Etat le
26 Septembre 1736, entre l'Evêque & le
Chapitre de l'Eglife Cathédrale de Rieux,
dans une affaire en laquelle les Agens du
Clergé étoient intervenus, *que ceux des
Chanoines qui feront occupés aux affaires
fpirituelles ou temporelles de l'Eglife ou Diocèfe* de Rieux, *feront feulement avertir le
Pointeur lorfqu'ils s'abfenteront, fans que ledit Pointeur ni autres puiffent entrer en aucune connoiffance, examen ni difcuffion de la
caufe de l'abfence.*

Les Prélats & autres Eccléfiaftiques qui
poffédent des Bénéfices à charge d'ames,
peuvent être contraints de réfider par les
Cours

Cours Supérieures , Baillis & Sénéchaux , lesquels trois mois après l'avertissement négligé ou méprisé, peuvent faire saisir le temporel des Prélats & autres Ecclésiastiques absens sans causes légitimes. Voy. l'article 5 de l'Ordonnance d'Orléans ; l'article 14 de celle de Blois, & l'article 22 de l'Edit de 1695. Les Juges de Seigneurs n'ont pas le même droit. V. l'Ordon. d'Orléans, article 16, & l'Edit de Melun, article 5.

   » M. le Procureur Général Bourdin faisoit saisir le temporel des Evêques qui » demeuroient plus de quinze jours à Paris, » après leur avoir fait dire que s'ils y avoient » des affaires , il se chargeoit de les poursuivre en son nom «. Voyez Dupuy.

- Par Arrêt rendu en la Grand'Chambre du Parlement de Paris entre les Prêtres de l'Oratoire de la Maison de Montmorency , qui prétendent représenter le Chapitre dudit lieu, & le sieur Gaultier , Curé de Soisy, sur les Conclusions de M. Chauvelin, Avocat Général le 25 Janvier 1735, M. le Procureur Général a été reçu appellant comme d'abus d'un Acte de 1617, & de l'homologation faite dudit Acte en 1618 par l'Evêque de Paris, en ce que les Pourvus du Doyenné & des Prébendes du Chapitre d'Anguien sont dispensés de la Résidence : en conséquence il a été ordonné que, sur cet appel comme d'abus, les Parties en viendroient au premier jour.

R É S I D U.

Ce mot signifie reste.

On donne le nom de Résidu aux piéces inutiles dans une affaire, & qui ne sont pas produites.

Quelquefois en prononçant sur l'appel d'une Sentence , la Cour en infirme une partie, & confirme l'autre, en se servant de ces termes, *la Sentence au Résidu sortissant son entier effet.*

RESTITUTION en entier.

   V. Lésion , Mineur & Rescision.

RÉSIGNATION de Bénéfice.

V. Acceptation de Bénéfice, Bénéfice, Commende , Date , Démission, Permutation , Possession, Régles de Chancellerie, Regrès.

   Nous connoissons deux espéces de Résignations de Bénéfices,

L'une pure & simple, par laquelle le Titulaire se démet entre les mains du Supérieur Ecclésiastique , & qui est plutôt nommée démission que Résignation.

L'autre qu'on nomme Résignation en faveur , parce que celui qui résigne , déclare au Pape qu'il se démet entre ses mains du Bénéfice dont il est pourvu , à condition qu'il (le Bénéfice) sera conféré à la personne indiquée par la Résignation même.

Les Résignations en faveur ne sont pas regardées favorablement, parce qu'elles introduisent dans l'Eglise une espéce de succession contraire à la pureté des ses régles. Aussi ont-elles été long-temps inconnues , même à la Chancellerie Romaine : il n'en est fait aucune mention dans tout le Corps du Droit Canonique avant les Clémentines ; & ce n'est que depuis ce temps que , par la corruption des mœurs , introduite par le Schisme des Papes, elles ont été reçues peu-à-peu & par dégré, ainsi qu'on le peut voir dans Dumoulin.

Les gens sages, & sur-tout les bons François, ont toujours réclamé contre cet abus. (V. entr'autres Coquille , édition de 1666.) & nos Rois même ont fait diverses instances à la Cour de Rome & au Concile de Trente pour le faire abolir ; mais leurs tentatives sont demeurées inutiles , & il n'y a rien de plus fréquent aujourd'hui que cette espéce de Résignation.

Cependant quelqu'autorisée qu'elle soit dans les Tribunaux , on ne laisse pas d'y reconnoître une espéce de tache de simonie , puisqu'on exige qu'elle soit admise par le Pape , afin d'effacer cette souillure autant qu'elle peut l'être.

On a des idées différentes des démissions pures & simples ; néantmoins elles sont assujetties à des formes : par exemple, elles doivent être passées devant Notaires Apostoliques avec minute. La Cour l'a ainsi jugé , par un Arrêt rendu au Rôle de Vermandois, le Mardi 2 Décembre 1727, sur les Conclusions de M. l'Avocat Général Gilbert de Voisins, plaidans Mes Laverdy & Normant.

Dans l'espéce de cet Arrêt, le sieur Levesque de Vandieres , Soudiacre & Chanoine de la Cathédrale de Laon, qui vouloit quitter l'état Ecclésiastique , & se faire relever de l'Ordre du Soudiaconat, s'étoit démis purement & simplement de son Canonicat, par un écrit sous seing-privé entre les mains de l'Evêque (M. de la Farre,) qui en conséquence donna le Canonicat à un sieur le Comte.

Avant que le sieur le Comte prit possession, le sieur de Vandieres révoqua sa démission; quinze jours après, le Sr le Comte prit possession & se démit ensuite purement & simplement du même Canonicat entre les mains de l'Evêque, qui le conféra au sieur d'Hermilly.

La Complainte s'étant engagé au Présidial de Laon, entre les sieurs d'Hermilly & de Vandieres, celui-ci soutint sa démission nulle, au moyen de ce qu'elle n'étoit que sous seing-privé: il invoqua l'article 3 de l'Edit des petites Dates, la Note de Dumoulin sur cet article, l'article 9 de la Déclaration de 1646, & l'article 9 de l'Edit de 1691, portant création des Notaires Apostoliques, pour prouver qu'elle devoit être passée devant Notaire, & qu'il devoit en rester minute : la Sentence du Présidial de Laon le jugea ainsi; & elle fut confirmée par l'Arrêt.

On trouve néantmoins dans les Mémoires du Clergé, tom. 10, pag. 1664, un Arrêt rendu au mois d'Avril 1710, qui a jugé valable la démission de la Cure de Meulan, faite & signée sur le Registre du Secretariat de l'Evêché ; cet Arrêt est sans doute fondé sur ce qu'on regarde en ce cas le Secretaire d'un Evêque, comme personne publique.

L'article 56 des Libertés de l'Eglise Gallicane porte, que les *Résignations portant, clause in favorem certæ personæ, & non aliàs, aliter nec alio modo, & les collations qui s'en ensuivent, sont censées illicites & de nulle valeur, comme ressentant simonie, & ne tiennent même, au préjudice des Résignans, encore que les collations eussent été faites par le Légat, à latere, en vertu de ses facultés. Toutefois celles faites par le Pape même, s'exceptent de cette régle & maxime.*

Il n'y a donc que le Pape qui puisse admettre les Résignations en faveur, & conférer les Bénéfices en conséquence. Pie V a donné une Bulle en 1568, entièrement conforme à cette maxime, qui souffre

néantmoins quelques exceptions.

Il est certain d'abord que nos Rois sont dans l'usage d'admettre les Résignations (en faveur) des Bénéfices simples qui vaquent en Régale. V. *Régale.*

Ils ont le même droit pour les Bénéfices dont ils sont Collateurs ordinaires ; & enfin pour les Bénéfices des Evêchés de Metz, Toul & Verdun, auxquels ils nomment, en conséquence de l'Indult de Clément IX, dont je parle à l'article *Patronage Royal.*

Les Résignataires de Bénéfices de ce Pays ne peuvent même *être admis à en prendre possession, & à prêter le serment nécessaire au Parlement de Metz, qu'après avoir obtenu du Roi des Lettres d'Attache sur les Provisions expédiées sur lesdites Résignations.* On peut voir sur cela une Déclaration du 19 Janvier 1723, enregistrée au Parlement de Metz le 15 Février suivant : elle est dans la derniere édition du Code des Curés.

Quand la Résignation en faveur est faite entre les mains du Pape, il ne peut conférer le Bénéfice à un autre qu'à celui qui lui est indiqué par la Résignation ; autrement le Résignataire seroit autorisé par l'article 47 de nos Libertés, *à présenter sa Requête en la Cour,* pour que *l'Evêque Diocésain ou autre en donne provision . . . . de même effet qu'eût été celle de Rome, si elle n'eût été refusée.*

Les Résignations en faveur ne se font entre les mains du Pape, que par des fondés de Procuration ; & l'Edit des petites Dates du mois de Juin 1550 veut non-seulement que ces Procurations *soient spéciales & particulieres,* mais encore qu'elles ne soient point *surannées;* autrement, & si la Résignation étoit admise un an après la date de la Procuration, les Provisions seroient nulles. Mais voyez *Date.*

Les Procurations pour résigner, doivent être passées devant deux Notaires Apostoliques, ou devant un seul Notaire Apostolique, en présence de deux témoins.

Ces témoins doivent être mâles, regnicoles, capables d'effets civils, & âgés au moins de vingt ans : il faut qu'ils ne soient ni Novices ni Profès d'un Ordre Régulier, ni Clercs, ni Serviteurs ou Domestiques du Notaire qui reçoit la Procuration.

Ils doivent être connus, domiciliés, fça-voir écrire & figner.

Ils ne doivent être, ni domeftiques, ni al-liés, ni parens dans le dégré de coufin-ger-main du Réfignant ou du Réfignataire. V. *Notaires & témoins.*

Un des Notaires, ou le Notaire, s'il n'y en a qu'un pour paffer l'acte, doit lui-même écrire la Procuration, la lire au Réfignant, & faire mention de cette lecture dans la Procuration même.

Il est auffi néceffaire de faire mention, dans la Procuration pour réfigner, de l'état de fanté ou de maladie, où fe trouve le Ré-fignant.

Enfin, la Procuration doit être fignée par le Réfignant, par les Notaires & les Té-moins (s'il y en a); & fi le Réfignant dé-clare ne pouvoir figner, il faut en faire une mention expreffe dans l'acte.

Toutes ces formalités font impérieuse-ment preferites & recommandées par l'E-dit du mois de Juin 1550, par la Déclara-tion de 1646, par l'Edit du mois de Décem-bre 1691, & par la Déclaration du 14 Fé-vrier 1737. Cette dernière Loi qu'on trou-ve dans le Code des Curés, veut même que les Notaires ou Témoins *qui auront figné lefdites Procurations*, fans avoir vû le Réfi-gnant, *& l'avoir entendu prononcer & expli-quer fes intentions, foient pourfuivis extraor-dinairement*, comme fauffaires, &c.

L'exécution de la Déclaration de 1737 a fouffert de la contradiction au Confeil d'Artois, parce que l'Edit de 1550 & la Dé-claration de 1646 n'y ont pas été enregif-trés; mais, par une Déclaration du 6 Juin 1739, enregiftrée le 8 Juil. fuivant, il a été ordonné que cet Edit & ces Déclarations feroient obfervés dans le reffort du Confeil Provincial d'Artois, & qu'à cet effet, ils y feroient envoyés; ce qui a été exécuté.

La Procuration pour réfigner, doit être infinuée avant l'envoi en Cour de Rome: cependant voyez l'article 11 de l'Edit de 1691 à l'article *Infinuations Eccléfiaftiques.* V. auffi l'Arrêt rendu le 26 Juin 1721, que j'y ai noté.

Tant que la Réfignation n'eft point ad-mife par le Supérieur Eccléfiaftique, elle peut être révoquée par le Réfignant; parce que le Bénéficier, en acceptant un Bénéfi-ce, contracte avec l'Eglife une efpéce de Mariage fpirituel, qu'il ne peut rompre que du confentement & avec l'approbation de l'Eglife, repréfentée par le Supérieur Ec-cléfiaftique : jufqu'à ce confentement, la Réfignation n'eft point un engagement, mais une fimple préparation à contracter.

Au contraire, quand une fois la Réfi-gnation eft admife, elle eft irrévocable; & le Réfignant n'a plus que la voie du Regrès. V. *Regrès.*

La fignification des révocations des Pro-curations pour réfigner, doit être faite par des Notaires Apoftoliques, fuivant l'Edit de création de ces Notaires : néantmoins voyez un Arrêt rendu le 5 Novembre 1729, que je cite à l'article *Notaires Apoftoliques.*

La Réfignation faite par un accufé de crimes, eft bonne, fi le crime n'eft pas de la nature de ceux qui emportent de plein droit la privation du Bénéfice. V. *Vacance.*

Elle feroit même valable, quand, par la fuite, le Réfignant effuyeroit une condam-nation emportant mort civile & même natu-relle, pourvû qu'elle (la Réfignation) foit admife avant la condamnation (V. *Caron-das*), ou qu'elle foit poftérieure à l'affigna-tion d'un Dévolutaire.

Celui qui n'a qu'une Expectative, ne peut pas la réfigner : ainfi, par exemple, les Gradués & les Indultaires ne peuvent réfi-gner leur Expectative; mais celui qui a en fa faveur une fignature en Cour de Rome, peut la réfigner, fur-tout s'il eft pourvu *in formâ dignum*, lors même qu'il n'a obtenu ni *Vifa*, ni pris poffeffion : parce que ces fignatures donnent un droit réel bien dif-férent d'une Expectative qui peut devenir inutile. Me d'Hericourt le décide ainfi; fon avis n'eft pas fans difficulté.

On ne peut réfigner que les Bénéfices qui font de Patronage Eccléfiaftique; ceux qui font en Patronage Laïc, ne peuvent fe réfi-gner que du confentement du Patron.

Non-feulement les Cures qui font à la préfentation ou à la collation de l'Ordre de Malte, ne peuvent être poffédées par des PrêtresSéculiers; mais elles ne peuvent être, ni réfignées, ni impétrées en Cour de Ro-me; telle eft la Jurifprudence du Grand-Confeil. Entr'autres Arrêts rendus fur cela dans ce Tribunal, il y en a un du 22 Février 1717, qui a jugé abusives les provisions de la Cure de Vouton, Diocèse d'Angoulême, obtenue sur la Résignation du Titulaire, & qui a condamné le Résignataire à rendre les fruits, à la déduction des frais de desserte qui seroient réglés par les Supérieurs de l'Ordre, lesquels ont été, par le même Arrêt, maintenus dans la collation de ladite Cure.

L'Edit du mois de Novembre 1719, enregistré le 20 Décembre suivant, permet *aux Religieux de la Congrégation de Saint Maur & des autres Congrégations .... de résigner & disposer de leurs Bénéfices en faveur de personnes capables..... suivant le droit commun, sans le consentement de leurs Supérieurs.*

Mais, par Arrêt rendu au Grand-Conseil le 23 Décembre 1733, entre un sieur Bilheux, Résignataire du Prieuré-Cure de S. Martin de Mereillé-la-Ville au Maine, & le Frere Fondrier de Boirvaux, Chanoine Régulier de la Congrégation de France, pourvu du même Prieuré, il a été jugé qu'un Chanoine Régulier de cette Congrégation ne peut pas résigner la Cure dont il est pourvu, sans le consentement du Supérieur Général.

Le curateur à l'interdiction pour démence d'un Bénéficier, (& *à fortiori* l'imbécille & le furieux) ne peut pas résigner son Bénéfice, même par avis de parens: le Grand-Conseil l'a ainsi jugé, par Arrêt rendu le 21 Mai 1726, en faveur du sieur le Brasseur, indultaire, pourvu *per obitum* du Prieuré de Bazinville, Membre de l'Abbaye de Marmoutier, contre le sieur Dazy, pourvu sur la Résignation du Curateur de l'Abbé le Cocq, qui opposoit cependant une possession triennale, paisible, commencée du vivant du Résignant. Il y a un autre Arrêt semblable, rendu au même Tribunal le 31 Août 1723, cité dans les Mémoires du Clergé. Mais voyez Duperray, des Moyens Canoniques, tom. 3, chap. 9.

Il y a plusieurs Tribunaux qui jugent que le Résignataire ne peut lui-même résigner qu'après avoir dépossédé son Résignant; mais tous jugent qu'un Bénéfice ne peut se résigner, que quand il a fait impression sur la tête du Résignant; & c'est pour cela qu'on pense que le pourvu d'un Bénéfice régulier avec la clause *pro cupiente profiteri*, (V. *Pro cupiente profiteri*,) ne peut le résigner qu'après la profession; parce que ce n'est qu'après la profession que le Bénéfice a fait impression sur la tête du pourvu.

La Résignation que fait un pareil pourvu, est néantmoins utile & tolérée dans l'usage, quand elle est faite dans le temps où il peut faire profession; parce qu'elle est en ce cas considérée comme la renonciation à un droit à acquérir, qui n'opere point une nouvelle vacance, & que le Pape confere *ut Priùs*; mais si un Préventionnaire avoit été pourvu avant la Résignation, il seroit préféré; un pourvu par le Collateur le feroit aussi. Voyez les Mémoires du Clergé.

Le Titulaire d'un Bénéfice qui en a été pourvu en commende libre, peut le résigner, soit en faveur d'un Religieux de l'Ordre auquel le Bénéfice appartient, soit en commende; mais le Bénéfice possédé en commende décrétée, ne peut se résigner qu'en exprimant le décret irritant. Voyez *Commende*.

Un Bénéfice, quel qu'il soit, tient lieu de titre clérical aux Ecclésiastiques qui veulent recevoir les Ordres Sacrés; & quand ils sont ordonnés sur ces titres, le Concile de Trente ne leur permet pas de les résigner; mais ce Concile n'est point suivi en France sur ce point, & la Jurisprudence des Arrêts en permet au contraire la Résignation.

La Résignation d'un Bénéfice, avec réserve d'une pension qui excède le tiers des revenus, n'est, ni simoniaque, ni nulle, mais elle est réductible jusqu'à concurrence d'un tiers; & la Cour l'a ainsi jugé par Arrêt rendu sur les Conclusions de M. l'Avocat Général d'Aguesseau, le 9 Juin 1739. V. *Pension.*

Ce même Arrêt a encore jugé qu'une Résignation est valable, quoique faite & admise à Rome, sans la participation du Résignataire, si au retour il obtient le *Visa* & prend possession, parce qu'une Résignation n'est point un contrat synallagmatique: cette idée est opposée à la pureté & à l'esprit des maximes Canoniques.

Dans le Ressort du Parlement de Flandres, *les pourvus de Cures, de Prébendes ordinaires ou de Théologales dans les Eglises,*

Cathédrales & Collégiales, ne peuvent les réfigner avec réferve de penfion, qu'après les avoir deffervies pendant quinze années entieres, fi ce n'eft pour caufe de maladie & d'infirmités connues & approuvées de l'Ordinaire, qui les mettent hors d'état, le refte de leurs jours, de continuer la defferte de leurs Bénéfices. Cela eft ainfi réglé par un Edit du mois de Décemb. 1677, regiftré au Confeil de Tournai, le 10 Janvier 1678.

Ce même Edit veut même que les Réfignans ne puiffent en aucun cas retenir une penfion plus forte que le tiers du revenu des Bénéfices, fans diminution ou retranchement de la fomme de 300 liv. qui doit toujours demeurer aux Titulaires des Cures & Prébendes, pour leur fubfiftance, *fans comprendre en ladite fomme le Cafuel & le Creux de l'Eglife*, qui doit toujours appartenir au Curé, ni les *diftributions manuelles* qui appartiennent auffi toujours au Chanoine titulaire.

Il y a même cela de particulier, que l'Edit dont je viens de parler, veut que les Chanoines affujettis, par un Statut de Martin V, à prêter un ferment à leur réception, foient tenus de jurer que leurs Bénéfices ne font pas chargés d'autres penfions que celles permifes par le fufdit Edit de 1677. On trouve cet Edit dans le Recueil du Parlement de Flandres, imprimé en 1730.

La Réfignation faite & envoyée à Rome, mais qui n'a point été acceptée par le Réfignataire, mort fix femaines après la Réfignation, & fur laquelle il n'a point été expédié de fignature, ne dépoffède point le Réfignant, & celui-ci peut difpofer de fon Bénéfice en faveur d'un autre. C'eft ce qui a été jugé pour le Prieuré de Saint-Aubert de Boves, Diocèfe d'Amiens, entre le Sr. Moreau, qui fut maintenu comme fecond Réfignataire, contre le fieur Michelinot, tenant l'Indult de M. le Préfident Roujault, par Arrêt rendu au Grand-Confeil le 29 Décembre 1731. Voyez néantmoins ce que je cite ci-après du rapport des Agens du Clergé, fait en 1725.

Pour que la Réfignation d'un Bénéfice profite au Réfignataire, il faut que le Réfi-

gnant vive jufqu'à ce qu'elle foit admife; car les pouvoirs donnés par les Procurations pour réfigner, ceffant par la mort du conftituant, ce qui fe fait en conféquence après fa mort, ne peut plus avoir d'effet.

Le Grand-Confeil a néantmoins jugé que l'erreur d'un des noms de Baptême du Réfignataire dans la Procuration *ad Refignandum*, faite par un oncle au profit de fon neveu, admife en Cour de Rome, réformée dans une autre Procuration admife à Rome poftérieurement au décès du Réfignant, ne faifoit point vaquer par mort le Bénéfice réfigné : l'Arrêt a été rendu le 20 de Décembre 1735, entre le fieur Abbé de Fourcy, le fieur le Febvre & le fieur Perrot de la Chaife, pour le Prieuré de Rivecourt.

Dans cette efpéce, le fieur Perrot de la Chaife avoit deux neveux, dont l'un fe nommoit Jacques-René, & l'autre Jacques-Jofeph. Il avoit confondu les noms, & non les perfonnes; il avoit nommé celui des neveux qui n'étoit pas tonfuré dans la Réfignation; mais après la Réfignation admife, l'erreur avoit été reconnue, & l'oncle avoit fait une autre Réfignation pour rectifier la premiere; mais celle-ci n'avoit pas été admife avant la mort du Réfignant. Cependant le Réfignataire fut maintenu par l'Arrêt : M. de Sorrhouette, Confeiller, a dit, en fortant, que le Confeil s'étoit déterminé par la faveur que méritoit le Réfignataire.

L'art. 12 de l'Edit du mois de Décembre 1691, décide que, fi les Réfignataires ou Permutans pourvus par le Pape, ont différé leur prife de poffeffion plus de fix mois, & les Pourvus par démiffion ou permutation en la Légation, ou par l'Ordinaire plus d'un mois, ils feront tenus de prendre ladite poffeffion, & icelle faire publier & infinuer conjointement avec ladite Provifion, ou plûtard deux jours avant le décès du Réfignant (a) ou co-Permutant, fans que le jour de la prife de poffeffion, publication & infinuation d'icelle, & celui de la mort du Réfignant foient compris dans ledit temps de deux jours; faute de quoi les Bénéfices font déclarés vacans par la mort du Réfignant.

Cette difpofition eft conforme à celle de

(a) Cette régle n'a pas lieu pour les Bénéfices que les Cardinaux conferent comme Collateurs ordinaires; il faut en ce cas que le Réfignant furvive de 20 jours francs à l'admiffion de la Réfignation. V. *Cardinal*.

la Régle *de Publicandis* faite par Innocent VIII, reçue ce France dès l'année 1493. **V.** *Régles de Chancellerie.*

Les Agens du Clergé ont développé ces Régles dans le Rapport qu'ils ont fait en 1725, & ont annoncé pour maxime certaine:

» 1°. Qu'une Réſignation en faveur admiſe en Cour de Rome, ne peut être détruite que lorſque le Réſignataire non-ſeulement ne l'accepte point, mais la répudie par un Acte public; ou lorſque le Réſignataire, après avoir accepté la Réſignation, rend le Bénéfice au Réſignant par une rétroceſſion autoriſée par le Supérieur Eccléſiaſtique; ou enfin lorſqu'il intervient un Jugement de Regrès, étant, diſent-ils, certain qu'en matiere de Bénéfice, perſonne ne peut ſe dépouiller ſoi-même.

» 2°. Que par une Réſignation admiſe en Cour de Rome, acceptée par le Réſignataire..... le Réſignant eſt tellement dépouillé du titre du Bénéfice, qu'il ne peut plus le réſigner une ſeconde fois, & que le Réſignataire en eſt tellement revêtu, que s'il vient à mourir, le Bénéfice vaque par ſa mort, quoiqu'il n'en ait pas pris poſſeſſion......

» 3°. Qu'une Réſignation en faveur étant admiſe à Rome, le Réſignataire qui l'a accepté, eſt tellement libre de prendre poſſeſſion du Bénéfice pendant les ſix premiers mois qui ſuivent l'admiſſion de la Réſignation, que ſi le Réſignant meurt avant l'expiration de ce terme, le Réſignataire conſerve ſon droit ſur le Bénéfice, quoiqu'il n'en ait pas pris poſſeſſion.....

» 4°. Que ſi après les ſix mois expirés depuis l'admiſſion de la Réſignation, le Réſignataire qui l'a acceptée, n'a pas encore pris poſſeſſion, il a encore en ce cas deux ans & demi pour la prendre; mais qu'alors il faut qu'il la prenne deux jours francs avant la mort du Réſignant; qu'autrement la mort du Réſignant fait vaquer

» le Bénéfice, en punition de la négligence » du Réſignataire.....,

» 5°. Que ſi après le terme de trois années depuis l'admiſſion de la Réſignation, le Réſignataire qui l'a acceptée, n'a pas pris poſſeſſion du Bénéfice, il perd le droit qu'il avoit; le Réſignant rentre alors dans ſon Bénéfice, & que le droit que celui-ci reprend, eſt hors d'atteinte....

» 6°. Que le Réſignant étant rentré dans le Bénéfice qu'il avoit réſigné, faute par le Réſignataire d'avoir pris poſſeſſion dans les trois ans depuis la Réſignation admiſe, il ne peut plus réſigner ſon Bénéfice au même Réſignataire.... *(a)*

Les Agens du Clergé ſont entrés dans ce détail en rendant compte d'un Arrêt rendu au Grand-Conſeil le 7 Avril 1721, à l'occaſion de la Cure de Livré; en voici l'eſpéce:

Le ſieur Trouillet, qui poſſédoit cette Cure en commende, l'avoit réſignée en faveur du ſieur d'Heliant, ſon parent, avec réſerve de penſion; & le ſieur d'Heliant avoit, en conſéquence de Proviſions expédiées à Rome, obtenu le *viſa* de l'Evêque d'Angers, mais n'avoit pas pris poſſeſſion; il avoit été arrêté par une action en regrès dirigée par le Réſignant, dont la demande ne fut cependant pas jugée.

Deux ans après cette Réſignation, le Sr Trouillet réſigna de nouveau ſa Cure au Sr d'Heliant, aux mêmes conditions, le 18 Septembre 1719; cette ſeconde Réſignation fut admiſe à Rome le 12 Octobre, & le 14 Novembre ſuivant le Sr Trouillet mourut.

Le ſieur d'Heliant ayant pris poſſeſſion en vertu des Proviſions expédiées à Rome ſur la deuxiéme Réſignation, eut pour compétiteur un Chanoine Régulier, nommé au même Bénéfice par le Patron, & il s'eſt agi entr'eux de ſçavoir, ſi la premiere Réſignation n'ayant point été révoquée, ni ſuivie de rétroceſſion ou de Jugement ſur le regrès; & ſi le Sr d'Heliant n'ayant pas pris poſſeſſion dans les trois ans, le Sr Trouillet avoit pû réſigner une ſeconde fois la même

---

(a) Le Grand-Conſeil a jugé, par Arrêt rendu le 14 Mai 1740, entre les ſieurs de Treſſemanes & Bataille, que le Sr Lenfant, Chanoine de l'Egliſe Cathédrale d'Aix, qui étoit rentré, par la voie du Regrès, dans ſon Canonicat qu'il avoit d'abord réſigné une premiere fois au ſieur de Treſſe-

manes ſon neveu, avoit pû le lui réſigner une ſeconde fois, un an & quelques jours après la premiere Réſignation.

Je parle encore de cet Arrêt à l'art. *Inſtitution Eccléſiaſtique*, dans une note ſur l'art. 13 de l'Edit du mois de Décembre 1691.

Cure en fa faveur. Le Grand-Confeil a jûgé que non, & a adjugé le Bénéfice au Chanoine Régulier.

Voici l'efpéce d'un Arrêt plus récent, rendu au Parlement de Rouen, le 10 Février 1735, fur la même matiere.

Le 21 Mai 1731, le Sr Tribouel, Curé de S. Ouen-le-Mancel, Diocèfe d'Evreux, avoit réfigné fa Cure au fieur de la Noë fon Vicaire. Le premier Juin fuivant la Réfignation avoit été reçue en Cour de Rome: mais parce qu'il y avoit une penfion de 300 livres retenue, les Officiers de la Daterie refuferent l'expédition des Provifions.

Le 12 Mars 1732, le fieur de la Noë obtint de fon Banquier un certificat du refus, & préfenta fa Requête au Parlement de Rouen, où il obtint Arrêt le 23 Mars, qui le reçut appellant comme d'abus de ce refus, & (conformément à l'art. 47 de nos Libertés), le renvoya devant l'Evêque d'Evreux, pour en obtenir des Provifions, qui vaudroient du jour & date de la Réception de la Réfignation à Rome, fans que la Régle de Publicandis, &c. pût être objectée, tant que le refus de Rome ou d'autre Supérieur dureroit.

Le fieur de la Noë s'étant pourvu devant l'Evêque d'Evreux le 26, le Prélat fit un refus en forme, & le 3 Juin fuivant le fieur de la Noë prit poffeffion ad confervationem juris aux termes de l'Arrêt.

Le lendemain 4 Juin, le fieur Tribouel, Réfignant, mourut, & l'Evêque d'Evreux collateur, conféra le Bénéfice au fieur Chrétien, qui après réfigna au fieur Hardi.

L'Evêque d'Evreux étant auffi décédé, le fieur de la Noë obtint des Provifions du Siége vacant, & prit poffeffion réelle. Alors le combat s'engagea entre Hardi & de la Noë: Hardi invoqua la Régle de publicandis, l'art. 47 de nos Libertés, & l'Edit de 1691, fuivant lequel il faut que le Réfignant furvive de deux jours la prife de poffeffion & infinuation d'icelle, quand les fix mois font paffés: le fieur de la Noë répondoit qu'on ne devoit compter les fix mois que du jour de l'Arrêt, fur le refus de la Daterie; parce que le Réfignant n'étoit cenfé avoir remis fon Bénéfice que du jour de l'Arrêt qui pouvoit être refufé; néant-

moins par l'Arrêt rendu le 10 Février 1735, fur les Conclufions de M. l'Avocat Général le Bailli Menager, la Cour a adjugé le Bénéfice au fieur Hardi conformément à la lettre de la Régle de publicandis, reçue en France. V. Régles de Chancellerie.

Monfieur l'Avocat Général le Bailli Menager, qui porta la parole dans cette affaire, cita un autre Arrêt rendu au même Parlement en 1732, dans l'affaire d'un fieur du Bourget, dont voici l'efpéce.

Le fieur Belard, Curé d'Alençon, ayant réfigné fa Cure au fieur Guilloté le 7 Juillet 1731, la Procuration ad Réfignandum & la fupplique furent envoyés à Paris le 9, pour n'en partir que la nuit du 11 au 12.

Le 11 mourut le Réfignant, & le 12 l'Abbé de Lonley, Patron du Bénéfice, y préfenta une perfonne fans dégrès, qui ne prit pas même de Vifa.

Cela forma la contestation, car l'Abbé de Lonley ayant nommé au mois de Septembre le fieur du Bourget, qui avoit fait fignifier fes grades, le fieur Guilloté, qui avoit obtenu le 28 Juillet, fes Provifions de Cour de Rome, avec la claufe nue per obitum aut alias quovifmodo vacet, prétendit avoir ce Bénéfice, non en vertu de la Réfignation, mais en vertu de la claufe qui y étoit inférée, foutenant que la Régle de verifimili notitia obitûs ne lui pouvoit être objectée; parce qu'elle n'avoit lieu que contre les courfes ambitieufes. L'Arrêt lui fit perdre fa courfe.

Le Grand-Confeil vient de rendre un Arrêt affez femblable dans une efpéce que voici.

Dom Ennemon de Veyrat, titulaire du Prieuré de Saint Barthelemi de Vals, au Diocèfe de Vienne, ayant donné fa procuration le 4 Septembre 1757, pour réfigner ce Bénéfice à Dom Gabriel de Veyrat de la Vallette, fon frere, mourut le 18 du même mois.

La procuration n'arriva à Rome que le lendemain 19, & le Bénéfice fut accordé au Réfignataire, avec la claufe quovifmodo, & celle five per obitum, & difpenfe tant de la Régle des vingt jours, que de celle de verifimili notitiâ.

Le lendemain 20 Septembre, l'Evêque du Puy, Abbé du Monaftier, & Collateur du Prieuré de Vals, le conféra à Dom Gabriel de Pommeyrol de Barbou, *jure libero*, comme vacant par mort, l'un & l'autre pourvu prit possession.

La complainte s'étant engagée au Grand-Conseil, Dom de Barbou soutint que n'y ayant pas eû entre le décès du Titulaire & la provision du Pape, un tems suffisant, pour que le décès pût être connu au Pape, la provision de ce Bénéfice accordée à son Adversaire, étoit nulle, suivant la Régle *de verisimili*; & comme la Provision contenoit dérogation à cette régle, Dom de Barbou l'attaqua comme abusive. V. *Régle de Chancellerie Romaine.*

Dom de la Vallette répondoit que le Pape étoit autorisé par l'usage à déroger à cette Régle, & il ajoutoit qu'ayant un juste sujet d'envoyer à Rome pour sa résignation, sa course ne pouvoit point passer pour ambitieuse, que par conséquent ce n'étoit pas le cas d'appliquer la Régle *de verisimili*, & que la dérogation à cette Régle n'étoit nullement nécessaire. V. *Course ambitieuse.*

Dom de Barbou répliquoit que l'usage allégué par son Antagoniste, étoit abusif, que la Régle *de verisimili* n'avoit pas lieu en France comme Régle de Chancellerie Romaine, mais comme Loi du Royaume; que par conséquent il n'étoit pas au pouvoir du Pape d'y déroger.

Par Arrêt rendu le 4 Août 1759, Dom de Barbou fut maintenu.

Le Grand-Conseil a encore rendu un semblable Arrêt sur délibéré, prononcé le 30 Septembre 1762, pour le Prieuré de S. Robert de la Pinché, entre les sieurs de Severac & Joannet.

Dans cette espéce, l'Abbé d'Oliva avoit résigné le Prieuré de la Pinche au sieur Joannet, & le Courier, porteur de la Résignation, n'étoit arrivé à Rome que deux jours après la mort du Résignant: la Provision que lui avoit accordé le Pape, contenoit les mêmes clauses que celles de Dom de la Vallette, & le sieur Joannet disoit que si la Résignation étoit caduque, il devoit

être regardé comme pourvu par mort, qu'il avoit un juste sujet d'envoyer à Rome, &c.

Le sieur Severac répondoit que le Pape n'avoit pû conférer le Bénéfice comme vacant par mort, sans avoir connoissance du genre de la vacance, qu'il n'étoit pas permis de courir & de demander le Bénéfice d'un homme vivant, &c. Par l'Arrêt susdit, rendu le 30 Septembre 1762, le sieur de Severac fut maintenu.

Le Résignataire n'est pas tenu des dettes personnelles de son Résignant, quand même il seroit son parent, & quand ces dettes auroient pour principe des arrérages de rentes foncieres ou des rétributions manuelles dûes à cause du Bénéfice résigné, refusés judiciairement, & même injustement. C'est ce qui a été jugé en faveur du sieur Langlois, Prieur de Saint Nicolas de Poitiers, contre les Religieux de Moutier-Neuf, Ordre de Cluny, par Arrêt du Grand-Conseil du 12 Mars 1737, rendu au rapport de M. de Breget.

Mais si le Bénéfice résigné est litigieux, le Résignataire est tenu des dettes & des dépens occasionnés par le litige du Bénéfice, & par le fait du Résignant; parce qu'il est subrogé au lieu & place du Résignant dont il soutient l'action (a). Voyez M. Louet, lettre R, chap. 23; l'article 64 de l'Ordonnance de 1539, & les articles 15, 16 & 18 de l'Ordonnance de 1667, titre 15.

On trouve dans le rapport des Agens du Clergé de l'an 1705, un Arrêt contradictoire rendu au Grand-Conseil le 18 Fév. 1702, en faveur de l'Evêque de Sisteron, contre M. le Président de Coriolis & ses enfans, qui a jugé:

1°. Que le fils du Juge ne peut pas profiter de la Résignation du Bénéfice litigieux que le pere lui a fait faire, & duquel il a pris connoissance étant Juge.

2°. Que le Résignant demeure aussi déchu des droits qu'il auroit pû prétendre avant une telle Résignation.

3°. Que le pere est en ce cas responsable

(a) Le Résignataire est-il tenu d'entretenir les baux faits par son Résignant? Voyez *Bail.*
Il doit de même conserver en place les Officiers que le Résignant a nommés. Voyez *Destitution.*
Le Résignataire est encore tenu des évènemens des

Procès que le Résignant avoit à cause de son Bénéfice, & même des dommages & intérêts qui peuvent en résulter; parce que le Résignataire est un successeur à titre universel; c'est le sentiment de Me Charles Dumoulin, sur la Régle de *Infirmis.*

solidairement

folidairement avec fon fils, de tous les dommages-intérêts & dépens.

Des Lettres-Patentes fur Arrêt du 12 Août 1736, regiftrées au Parlement de Bordeaux, le 3 Septembre fuivant, ont, par provifion, défendu aux Titulaires des Bénéfices-Cures, dépendans de l'Abbaye de Clairac, de les réfigner fans l'exprès confentement du Roi.

Le fieur Augier, Prieur-Curé de Saint Tropés en Provence, ayant réfigné fon Bénéfice au Sr Berard, le 19 Décembre 1752, la Réfignation fut admife le 19 Jan. 1753, & le fieur Berard en prit poffeffion le 9 Juin fuivant.

Un fieur Ricard, qui eut connoiffance de cette Réfignation, impétra le même Bénéfice en Cour de Rome le 21 Mai 1753, par dévolut, fondé fur l'incapacité du fieur Berard, & prit poffeffion le 11 Février 1754.

Le fieur Ricard étant décédé fans avoir obtenu la maintenue, ni même la récréance, un fieur Paul, fon oncle, fe fit pourvoir du même Bénéfice, comme vacant par fa mort; les Provifions qu'il obtint à cet effet, ne portoient pas la claufe de dévolut, mais elles le fubrogeoient aux droits du Dévolutaire.

Muni de ce titre, le fieur Paul demanda la maintenue contre le fieur Berard, qui le foutint non-recevable:

1°. Parce qu'il n'étoit pas incapable, & à cet égard, V. Capacité.

2°. Parce que le fieur Paul n'avoit pas pû impétrer un Bénéfice comme vacant par la mort d'un Dévolutaire, qui n'avoit obtenu, ni maintenue, ni récréance.

3°. Parce que la fubrogation aux droits d'un Dévolutaire, inférée dans des Provifions, étoit infolite, irréguliere & contraire aux principes.

4°. Parce que lors de l'impétration du fieur Ricard, le Bénéfice étoit rempli de fait & de droit, par le fieur Augier, qui n'en étoit pas encore dépouillé, au moyen de ce que le fieur Berard, Réfignataire, n'avoit pas encore pris poffeffion.

Le fieur Paul répondoit que le Bénéfice avoit fait impreffion fur la tête du fieur Ricard, au moyen de ce qu'il en avoit pris poffeffion, & que par conféquent il avoit pû être impétré comme vacant par fa mort;

Tome III. Part. I.

que la claufe de fubrogation inférée dans les Provifions per obitum, étoit licite, &c.

Il ajoutoit que par la feule Réfignation le titre de la Cure avoit paffé fur la tête du Réfignataire, & qu'ainfi le fieur Berard étant incapable de recevoir ce titre, fon incapacité avoit opéré une vacance de droit; que quoique le fieur Berard n'eût point pris poffeffion, il avoit cependant accepté la Réfignation en requérant le Bénéfice, faifant infinuer fes Provifions, obtenant l'annexe & le Vifa.

Le fieur Berard répliquoit que les Provifions, l'infinuation &,l'annexe n'étoient pas fon ouvrage; que tout cela s'étoit fait à fon infçu; que le Vifa étoit obtenu par fon fait, mais qu'il étoit poftérieur à l'impétration du fieur Ricard.

M. l'Avocat Général Pelletier de Saint-Fargeau, qui porta la parole dans cette affaire, obferva que l'on pouvoit impétrer un Bénéfice comme vacant par la mort d'un Dévolutaire non maintenu, & que l'Obituaire pouvoit valablement fe faire fubroger aux droits du Dévolutaire décédé, mais il fit voir que le Réfignant n'étoit dépouillé que par la prife de poffeffion du Réfignataire, & que par conféquent le Bénéfice n'avoit pas pû être impétré fur le fondement des incapacités du fieur Berard; & comme le fieur Berard étoit réellement incapable, la Cour, conformément aux Conclufions de mondit fieur Avocat Général, déclara le Bénéfice vacant & impétrable par Arrêt rendu en la Grand'Chambre le Vendredi 26 Janvier 1759.

Voyez fur cette matiere des Lettres-Patentes fur Arrêt du Confeil, du 19 Janvier 1723, regiftrées au Parlement de Metz le 15 Février fuivant, concernant la Réfignation des Bénéfices fitués dans les Evêchés de Metz, Toul & Verdun.

Les fimoniaques peuvent-ils réfigner? V. Simonie.

Quid des mineurs? Voyez le Recueil Canonique de la Combe, au mot Mineur.

Ceux qui font déja pourvus de Bénéfices, en impétrant à Rome en conféquence de Réfignation, doivent y expofer fi le Bénéfice réfigné eft ou n'eft pas fujet à réfidence, lorfque ce caractere n'eft pas une conféquence de la dénomination fous laquelle il eſt demandé ; mais cette expreſſion eſt-elle indiſpenſablement néceſſaire lorſque la Réſignation d'un Bénéfice eſt faite au profit de quelqu'un qui n'en poſſéde aucun ? Cette queſtion s'eſt préſentée au Parlement le Samedi 3 Juillet 1762, dans les circonſtances que voici.

Le ſieur Anger, Titulaire d'une Chapelle dans la Collégiale de Sainte Menoulte à Palliau, qui exige réſidence, avoit réſigné ce Bénéfice au ſieur Nabon. La Réſignation avoit été admiſe à Rome le 5 Mai 1755, & la Proviſion portoit que ce Bénéfice n'étoit pas ſujet à réſidence. Le Chapitre de Palliau, Collateur de cette Chapelle, ſçachant qu'au contraire elle exigeoit réſidence, regarda la Proviſion du ſieur Nabon, comme obreptice & nulle, en conſéquence il conféra la Chapelle au ſieur Moreau, le 4 Septembre 1755.

Le ſieur Nabon, averti de l'erreur énoncée dans ſon titre, n'en fit aucun uſage ; il renvoya à Rome, où il obtint de nouvelles Proviſions, le 27 Novembre 1755, contenant la clauſe *jus juri addendo*, &c. & prit poſſeſſion le 1ᵉ Mars 1756.

La complainte engagée, le ſieur Moreau ſoutint que l'erreur dans laquelle le ſieur Nabon étoit tombé, opéroit la nullité radicale de ſa Proviſion, & la vacance du Bénéfice.

Le ſieur Nabon répondoit que n'étant pourvu d'aucun Bénéfice lors de la Réſignation, l'expreſſion vraie ou fauſſe ſur la réſidence étoit indifférente ; que quand ſes Proviſions ſeroient nulles, elles n'opéreroient pas la vacance du Bénéfice ; qu'en ce cas le Réſignant en ſeroit reſté Titulaire, & que en conſéquence le Chapitre n'avoit pû le conférer comme vacant & de droit (a) ; en conſéquence, par Arrêt rendu ledit jour Samedi 3 Juillet 1762, ſur les Concluſions de M. Seguier, le ſieur Nabon fut maintenu. Mᵉ de l'Etang plaidoit pour lui.

RÉSILIER.

Ce mot n'eſt guères en uſage que parmi les Praticiens ; il ſignifie caſſer, annuller.

On dit qu'on a réſilié un bail ou un contrat, quand toutes les Parties, qui étoient engagées, en ont conſenti l'inexécution.

RESSORT.

Ce mot ſignifie l'étendue d'une Juriſdiction.

Reſſortir à un Tribunal, c'eſt en relever pour ce qui dépend de ſon autorité. Voyez *Appel.*

RÉTENTIONNAIRES.

C'eſt le nom qu'on donne au Barreau à ceux qui retiennent entre leurs mains ce qui appartient à d'autres.

RETENTUM.

Ce mot, qui eſt purement latin, eſt le nom qu'on donne aux réſerves & reſtrictions ou modifications que les Cours ellesmêmes appoſent à leurs Arrêts par une note qui ſe met au bas de la minute, & que le Préſident ſigne avec le Rapporteur.

On n'appoſe de *Retentum* qu'aux Arrêts de rapport ; il n'eſt point d'uſage d'en mettre aux Arrêts d'Audience.

RETENUE.

V. *Brevet de Retenue* & *Retrait Féodal.*

RETOUR (Droit de), ou Réverſion.

V. *Alſace, Propres* & *Succeſſion.*

On nomme Retour, un droit par le moyen duquel le donateur recouvre, par le décès du donataire, les choſes qu'il lui avoit données.

Le droit de Retour eſt fondé ſur des motifs d'équité, qui le rendent favorable. L'objet des Légiſlateurs qui l'ont accordé, a été, 1°. d'empêcher les aſcendans de perdre en même-temps leurs enfans & leurs biens, dont ils s'étoient dépouillés pour les établir.

2°. De ne pas détourner les peres & meres de faire des libéralités à leurs enfans.

Le Retour eſt, ou légal, ou conventionnel.

(a) Le Chapitre n'avoit conféré la Chapelle au ſieur Moreau, que ſur les motifs dont je viens de parler ; & le ſieur Moreau ajoutoit que lors de la Réſignation, le ſieur Aubert poſſédoit un autre Bénéfice incompatible avec la Chapelle, il tiroit un grand moyen de cette incompatibilité ; mais on prouva dans le fait, que l'autre Bénéfice n'exigeoit pas réſidence, & que par conſéquent il n'étoit pas incompatible dans le droit ; M. Seguier dit que l'incompatibilité n'opéroit pas une vacance de droit, qu'elle autoriſoit ſeulement à forcer le Titulaire d'opter la poſſeſſion de l'un des deux Bénéfices, & d'abandonner l'autre. Mais voyez *Incompatibilité.*

Il est conventionnel, quand il a été stipulé par le donateur ; rien de plus juste que de lui permettre de donner à sa libéralité telles limites qu'il lui plaît.

Mais lorsque le donateur a obmis de stipuler la réversion, la Loi vient à son secours, & y supplée par sa disposition ; & c'est ce qu'on nomme Retour légal.

Cette espéce de Retour n'est pas accordée indifféremment à toutes sortes de donateurs ; & quand la Loi le leur accorde, c'est avec plus ou moins d'étendue, suivant la diversité des Pays.

Par exemple, les Loix ne l'accordent, en Pays de Droit-Ecrit, qu'aux ascendans légitimes ; ainsi ce qu'un pere naturel donne à son bâtard, ne lui retourne point, parce que les Loix ne reconnoissent point une telle filiation.

Il a été rendu sur cela un Arrêt célèbre, le 7 Septembre 1584, qui a préféré le fisc au pere naturel qui avoit donné à sa bâtarde. Cet Arrêt est dans tous les Auteurs. V. M. Louet, lettre D, n°. 1 & 66 ; Ricard, des Donations, troisiéme partie, n. 764 ; Renusson & le Brun.

Ce droit appartient indistinctement à la mere & aux ascendans maternels, aussi-bien qu'aux paternels.

Le Retour légal n'est admis dans la ligne collatérale, en Pays de Droit-Ecrit, qu'en faveur des donateurs, freres & sœurs, oncles & tantes, & par le Parlement de Toulouse seulement : les autres Parlemens ne le reconnoissent uniquement qu'en ligne directe.

C'est une grande question dans les Pays de Droit-Ecrit, que celle de sçavoir si l'ayeul ayant donné à sa petite-fille, la Réversion appartient à cet ayeul donateur, ou au pere de la petite-fille décédée sans enfans.

Le sentiment des meilleurs Auteurs sur cela, & le plus conforme aux motifs qui ont introduit le droit de Réversion, est que dans cette espéce, la Réversion appartient à l'ayeul donateur, & non au pere du donataire.

Toutes les raisons qui ont introduit le droit de Réversion, militent en sa faveur ; il est juste en effet que la libéralité retourne à celui qui l'a faite ; parce que cette libéralité renferme toujours cette condition tacite, que si le donataire décéde sans enfans, le donateur reprendra un bien dont il ne s'est dépouillé que pour le faire passer au donataire & à ses descendans.

Henrys rapporte un Arrêt rendu le 12 Juillet 1625, qui l'a ainsi décidé ; & l'Auteur des Notes sur son Ouvrage en rapporte un rendu (dans une affaire dans laquelle il avoit écrit) le 6 Mars 1697, en la cinquiéme Chambre des Enquêtes, qui a jugé de même. Il est vrai qu'il en rapporte un contraire rendu en la seconde Chambre, après un partage d'opinions en la troisiéme, le 21 Avril 1695.

Cet Auteur remarque qu'aux Pays de Forêts, Mâconnois & Ville-Franche, on juge en faveur de l'ayeul, & à Lyon en faveur du pere.

Tous les Parlemens de Droit-Ecrit n'ont pas sur cela une Jurisprudence uniforme ; ceux de Toulouse & de Bordeaux jugent pour l'ayeul ; ceux d'Aix (a) & de Grenoble décident en faveur du pere. Voyez les Notes sur Henrys, où la question est traitée avec beaucoup d'ordre & d'érudition.

Dans tous les Pays de Droit-Ecrit, lorsque l'ayeul donateur prédécéde son petit-fils donataire, qui décéde ensuite sans enfans, la Réversion légale a lieu en faveur du pere du donataire, lors même que le pere n'est pas seul héritier du donateur.

Il sembleroit cependant qu'on dût décider le contraire, au moyen de ce que, dans ces Provinces, le Retour légal a presque les mêmes effets que le Retour conventionnel en Pays Coutumier, & que par conséquent tous les héritiers doivent en profiter : mais il y a une Loi absolument contraire à cette conséquence ; il faut présumer en ce cas que la donation n'a été faite au petit-fils qu'en considération du fils : (il faudroit dire le contraire, si le Retour avoit été stipulé en

---

(a) Le Parlement d'Aix ne juge, en faveur du pere, que pour ce qui concerne la dot ; & quand la contestation est entre la mere & l'ayeule, il décide en faveur de l'ayeule. Voyez les Statuts de Provence.
Il a été rendu un Arrêt au Parlement de Paris en 1759, sur cette question, entre Me Brugiere, Avocat à Riom, & le sieur Guillemot, Négociant à Tiers. Me Dorigny écrivoit dans cette affaire : je crois que l'Arrêt a accordé au pere l'usufruit des biens donnés par l'ayeul, à cause de la puissance paternelle.

Gggij

faveur du donateur par la donation). Voyez les Loix Civiles.

Les enfans d'un premier lit empêchent-ils la Réverſion de la dot conſtituée pour le ſecond mariage de leur pere ? Cette queſtion a été jugée pour la Réverſion, par un ancien Arrêt rendu au Parlement de Toulouſe le 5 Juillet 1532, & rapporté par M. d'Olive, ſur le fondement que des enfans d'un premier lit, que le pere n'avoit point conſidérés lors de ſa donation, ne peuvent lui faire obſtacle.

Le Brun eſtime que cette déciſion n'auroit pas lieu au Parlement de Paris ; parce que les choſes données appartiennent indiſtinctement aux enfans de la fille donataire, ſoit du premier, ſoit du ſecond lit, ſans que le donateur y puiſſe rien prétendre pendant ſa vie ; je ſuis de ſon avis.

Cet Auteur propoſe une autre queſtion fort ſinguliere, qu'on trouve auſſi dans Henrys, & qui me paroît ne pouvoir être agitée qu'en Pays de Droit-Ecrit ; c'eſt de ſçavoir, dans le concours d'un ayeul du pere, ſecond mari de la fille décédée, & d'un enfant du premier lit, lequel des trois doit ſuccéder au fils du ſecond lit, ou l'ayeul à titre de Réverſion, ou le pere à titre d'héritier, ou le frere utérin à titre de ſucceſſion pareillement.

Le frere fait obſtacle à l'ayeul pour la Réverſion, qui n'a lieu que lorſqu'il n'y a point d'enfans ; l'ayeul fait obſtacle au frere qui n'eſt qu'utérin ; l'ayeul fait auſſi obſtacle au pere, parce que la ſucceſſion n'a point lieu au préjudice de la Réverſion. Les Auteurs décident en faveur de l'ayeul, ſur le fondement que le frere qui eſt exclu, ne peut pas empêcher la Réverſion. V. Henrys ſur cette queſtion.

Dans les Notes ſur cette même queſtion, on en propoſe une autre, qui eſt de ſçavoir ſi le mari de la fille, ayant ſuccédé à pluſieurs de ſes enfans, eſt tenu, après la mort du dernier, de rendre le tout à l'ayeul qui a ſurvécu, ou ſeulement la part du dernier décédé. L'Auteur des Notes rapporte que l'avis de M. Riparfond & le ſien étoient de donner ſeulement à l'ayeul le droit de Retour pour la part du dernier décédé ; parce que la qualité d'héritier qu'avoit eu le pere dans la ſucceſſion de ſes autres enfans, étoit

indélébile ; que le droit de Réverſion ne pouvoit l'effacer & le rendre inutile.

Cependant il convient qu'il a été jugé pour le droit de Réverſion de toutes les portions des enfans décédés, par Arrêt rendu le 27 Août 1704, en la cinquiéme Chambre des Enquêtes ; mais c'étoit dans une queſtion qui devoit être décidée ſuivant l'uſage du Parlement de Bordeaux. Le Brun remarque que c'eſt le ſentiment de Bechet, du Droit de Réverſion, chap. 8, num. 1, qui aſſure que c'eſt l'uſage des Parlemens des Pays de Droit-Ecrit. Voyez l'Arrêt du 11 Juillet 1625, dans les Arrêtés de la cinquiéme Chambre des Enquêtes, à la fin des Arrêts de M. le Preſtre.

A l'égard des effets & des ſuites du droit de Retour, il y a trois queſtions principales.

La premiere eſt de ſçavoir ſi le donataire peut diſpoſer librement des choſes données au préjudice du droit de Retour, les vendre ou les donner entre-vifs ou par teſtament, les hypothéquer & les ſoumettre à des dettes.

Dans les Pays de Droit-Ecrit du reſſort du Parlement de Paris, les Arrêts ont varié. La Juriſprudence ancienne, comme on voit dans Chopin, étoit que la choſe donnée retournoit ſans aucune charge au donateur. Voyez Cambolas, liv. 3, chap. 5 ; mais on a jugé depuis que le donataire pouvoit engager, donner, vendre & aliéner les choſes à lui données. Les Auteurs en rapportent les Arrêts ; il y en a un premier au Journal des Audiences, rendu le 19 Juillet 1666, & un ſecond du 27 Juin 1711, tome 6, livre 4, chap. 26. En voici un plus récent.

Jerôme Paſchal, qui, pendant une réſidence momentanée à Paris, y avoit commis un délit, pour lequel il avoit été condamné, par Sentence du Châtelet, en 100 livres de dommages & intérêts envers le Sr..... de Bercy, appella de la Sentence, & retourna chez ſon pere, domicilié à Saint-Privat en Auvergne, Pays de Droit Ecrit ; & en faveur du mariage qu'il y contracta, ſes pere & mere lui firent donation entre-vifs de tous leurs biens, avec réſerve d'uſufruit.

Paſchal fils étant décédé, ſon pere renonça à ſa ſucceſſion, pour ſe tenir au droit de Retour : le ſieur de Bercy fit juger l'appel de la Sentence du Châtelet contre le curateur à la succession vacante ; & par Arrêt de l'année 1758, les dommages & intérêts furent augmentés de 300 liv.

Muni de ces condamnations, le sieur de Bércy en demanda le payement sur les biens donnés à Paschal, situés en Auvergne, Pays de Droit-Ecrit. Paschal pere soutenoit qu'en prenant ces biens par droit de Retour, il n'étoit pas tenu des dettes ; mais par Arrêt rendu en la seconde Chambre des Enquêtes, le 28 Juin 1759, il fut condamné à payer les dommages & intérêts.

Dans quelques Parlemens de Droit Écrit, on distingue les aliénations gratuites de celles qui sont faites à titre onéreux : presque tous permettent l'aliénation à titre onéreux sans fraude ; mais ceux de Toulouse & de Bordeaux l'interdisent, & veulent seulement que la dot & l'augment puissent se prendre subsidiairement sur les biens sujets à Réversion.

Quand il s'agit d'aliénation à titre gratuit, le Parlement de Provence admet l'hypothéque subsidiaire en faveur de tous les créanciers postérieurs à la donation seulement.

Domat a fait une dissertation sur cette matiere ; il est d'avis de permettre les aliénations, & de défendre les dispositions.

La deuxiéme question que l'on fait, est de sçavoir si le donateur doit avoir une indemnité sur les autres biens du donataire qui a aliéné ceux sujets à la Réversion.

Cette question ne peut naître que dans les Pays de Droit-Ecrit ; car pour les Pays Coutumiers, comme le droit de Retour est une véritable succession, & que les successions se prennent telles qu'elles sont au jour du décès, cette espéce de succession n'a pas plus de privilége qu'une autre. V. l'Arrêt du 27 Juin 1711, au Journal des Audiences : d'ailleurs, les ascendans sont héritiers mobiliers ; ainsi nulle difficulté qu'ils n'ont pas d'indemnité.

A l'égard des Pays de Droit-Ecrit, où le droit de Réversion est différent de celui de la succession, & appartient aux parens à titre singulier, cette opinion pourroit se soutenir : cependant, puisqu'on permet, en quelques contrées des Pays de Droit-Ecrit, les aliénations & les charges, par quelle raison le donateur pourra-t-il demander récompense pour un bien dont le donataire a pû disposer ?

La derniere question est de sçavoir si le donataire peut confisquer les biens donnés au préjudice du droit de Retour.

Il y a un Arrêt du Parlement de Toulouse qui a jugé pour le droit de Retour, nonobstant la confiscation ; & cette décision est conforme à l'ancienne Jurisprudence, qui a établi que les choses données devoient retourner aux donateurs, au préjudice du fisc. Voyez Maynard, livre 2, chap. 19.

A l'égard du Parlement de Paris, il semble que cette décision soit contraire à sa Jurisprudence, puisqu'elle permet d'aliéner, d'engager, d'hypothéquer les choses données ; cependant les Auteurs prétendent qu'il faut faire distinction des choses données, en supposant en ce cas une réserve tacite, que l'on exécute au profit du donateur. C'est le sentiment de Coquille, sur Nivernois, des Donations, article 9 ; de la Lande, sur Orléans, article 315 ; de le Brun & de Renusson. V. aussi Ricard, Auzannet & le Brun.

On distingue aussi en Pays Coutumier le Retour en légal & en conventionnel.

Le Retour légal n'est admis & n'a lieu qu'à défaut du conventionnel ; la convention des Parties intéressées est la Loi qui doit être préférablement suivie.

Le Retour conventionnel peut être stipulé, soit par un ascendant, soit par tout autre donateur, même étranger.

Le Retour conventionnel n'a d'autres régles que celles de la convention : tout donateur peut restreindre sa donation, & y apposer telles conditions qu'il juge à propos ; il doit donc, comme je viens de le dire, avoir lieu au profit de quiconque l'a stipulé, soit ascendant, soit collatéral, soit étranger ; & comme les conventions des contrats passent in hæredes & ad hæredes, il s'ensuit :

1°. Que si le donateur prédécede, la Réversion doit appartenir à ses héritiers qui le représentent, lorsque la condition sous laquelle elle est stipulée, est arrivée, à moins que la Réversion n'ait été stipulée personnelle, & qu'elle n'ait été limitée par des clauses qui l'empêchent d'être transmise aux héritiers du donateur.

2°. Que la Réverſion conventionnelle comprend non-ſeulement les immeubles, mais même les meubles, de quelque nature qu'ils ſoient, & généralement tout ce que le donateur n'a donné qu'à cette condition.

Le Retour conventionnel n'a lieu que dans le cas prévu par la convention ; ainſi un frere ayant doté ſa ſœur, avec ſtipulation de Retour au cas qu'elle le prédécédât ſans enfans, ne put faire uſage de la Réverſion pour répéter ce qu'il avoit donné à ſa ſœur, qui ſe trouvoit dans la ſucceſſion du fils de la donataire, mort peu de temps après elle ; parce que la condition ſous laquelle la Réverſion avoit été ſtipulée, n'étoit pas arrivée, & que le donataire avoit laiſſé un fils. Voyez l'Arrêt du 26 Août 1682, rapporté au Journal du Palais.

Le Retour légal a ſes maximes particulieres ; il ſe régle par l'art. 313 de la Coutume de Paris, qui ſur cela ſert de Droit-commun dans preſque toute la France-coutumiere. Voyez *Propres*.

Il ne s'accorde aux aſcendans (a) qu'à titre d'héritiers d'une ſucceſſion *ab inteſtat* ; & par conſéquent le pere, comme tout autre héritier, doit prendre la ſucceſſion de ſon fils dans l'état qu'il la trouve, c'eſt-à-dire, à la charge,

1°. De payer les dettes, parce que *bona non dicuntur niſi deducto ære alieno*. La Cour l'a ainſi jugé par Arrêt rendu le Samedi 27 Juin 1711, ſur les Concluſions de M. l'Avocat Général de Lamoignon, au profit de la demoiſelle Patoulet, contre la dame de la Garde.

Dans cette eſpéce, le droit de ſuccéder aux choſes données, avoit été ſtipulé en faveur de la dame de la Garde, donatrice ; par le contrat de mariage de M. de la Garde, Maître des Comptes ſon fils ; elle ſoutenoit devoir les reprendre libres de toutes dettes dans la ſucceſſion de ce même fils : mais l'Arrêt a jugé qu'elle devoit contribuer aux dettes pour ces mêmes biens. Cependant voyez Ricard & Fortin ſur l'art. 313 de la Coutume de Paris.

Ainſi l'aſcendant qui ſuccéde aux choſes qu'il a données, eſt tenu des dettes non-ſeulement par action hypothécaire, comme détempteur, mais encore par action perſonnelle comme héritier. La Coutume de Berry accorde cependant la Réverſion aux aſcendans ſans charge de dettes perſonnelles, ſi ce n'eſt ſubſidiairement ; (voyez l'art. 5 du titre 19 :) mais cette diſpoſition eſt particuliere, & le principe général des Pays-Coutumiers eſt que l'aſcendant qui ſuccéde par Réverſion, doit contribuer aux dettes comme les autres héritiers *pro modo emolumenti*. V. l'art. 334 de la Coutume de Paris, & l'article *Dettes*.

2°. D'exécuter les diſpoſitions teſtamentaires ; parce que cette eſpéce de Retour n'emporte aucun *fidei-commis*, & ne prive point le donataire de la faculté de diſpoſer à titre onéreux ou gratuit, ſoit entre-vifs, ſoit par teſtament.

Ainſi, lorſque ce ſont des propres réels qui ont été donnés, le donataire n'en peut diſpoſer par teſtament que juſqu'à concurrence de la portion permiſe par la Coutume de la ſituation.

Quelques Auteurs, à la tête deſquels on peut placer Coquille, ſe ſont élevés contre les diſpoſitions gratuites faites par les enfans donataires ; & Bretonnier a été juſqu'à les nommer ſacrileges : mais quelques choſes qu'ils ayent dit ſur cela, leurs clameurs ont été impuiſſantes, & on a toujours jugé que le Retour légal n'empêchoit point de diſpoſer à titre gratuit des biens diſponibles.

Au contraire, quand il s'eſt agi d'un Retour conventionnel, on a toujours penſé qu'il devoit avoir l'effet réglé par la convention, & que par conſéquent le donataire ne pouvoit pas diſpoſer au préjudice de la clauſe de Réverſion.

» Si, dit Domat, le Retour eſt ſtipulé » par une convention expreſſe, ſoit par un » aſcendant ou toute autre perſonne, pa- » rent ou étranger, le Retour alors aura l'ef- » fet que devra y donner la convention « ; & ſi elle n'accorde pas la liberté de diſpoſer, on eſtime communément que, comme la ſtipulation expreſſe ſemble avoir plus de force que celle qui eſt ſimplement portée par la Loi, le Retour conventionnel empêche toutes diſpoſitions. Voyez Ricard, des Donations, tome premier, part. 3, ch. 7, ſect.

(a) Le Retour légal n'a lieu, en Pays Coutumier, qu'en faveur des aſcendans ; mais par exception à cette maxime générale, la Cout. d'Auxerre (art. 242,) appelle à la Réverſion tous les Collatéraux indéfiniment, & leurs enfans.

4, n°, 798 ; les Conférences de Paris sur le mariage, tome 4, pag 158; Dupleſſis, des Succeſſions, liv. 3, chap. 2; les Obſervations de M. le Camus ſur l'article 312 de la Coutume de Paris; Fortin & Ricard ſur l'art. 313; les Arrêtés de Lamoignon, chapitre des Donations, article 59 & 61, &c. Ces principes viennent d'être affermis par l'Arrêt rendu en la Grand'Chambre, au rapport de M. Paſquier, le 16 Juin 1760, entre la dame Delaunay & le ſieur Robin, par lequel la Cour a jugé que la clauſe de Réverſion de dot donnée à la dame Robin en faveur de la dame Delaunay, donatrice, avoit interdit à la dame Robin la faculté d'en diſpoſer, comme elle avoit fait par teſtament, en faveur de ſon mari.

On a regardé la clauſe comme une véritable ſubſtitution qui chargeoit la donataire de rendre la choſe franche & quitte de toutes diſpoſitions à la perſonne en faveur de laquelle le Retour étoit ſtipulé.

La queſtion dont j'ai déja parlé, & qui conſiſte à ſçavoir, ſi l'ayeul ſuccéde aux choſes par lui données à ſon petit-fils par droit de Réverſion légale; ou ſi ce droit appartient au pere du donataire à l'excluſion de l'ayeul; ne ſe décide pas en Pays-Coutumier ſur les mêmes motifs que ceux admis en Pays de Droit-Ecrit.

Il eſt certain en Pays-Coutumier que, ſi la choſe donnée par l'ayeul eſt un effet mobilier, le pere eſt préféré à l'ayeul, parce que cet effet ſe trouve dans la ſucceſſion mobiliaire à laquelle le pere plus proche que l'ayeul eſt appellé par la Coutume; c'eſt le ſentiment de Dupleſſis, de le Maiſtre, de M. le Camus & de le Brun. Ricard eſt d'avis contraire, & cite l'Arrêt de l'Argentier, rendu le 25 Janvier 1602.

Cette déciſion doit être étendue, même aux propres fictifs, qui ne ſont dans la vérité que de ſimples meubles. Cependant voyez les Auteurs ſuſdits.

Mais ſi la choſe donnée étoit un immeuble, il y auroit plus de difficulté; pluſieurs Auteurs penſent qu'en ce cas, ce qui a été donné doit retourner au donateur, quoiqu'il ne ſoit pas héritier du donataire. Ils ſe fondent ſur l'art. 313 de la Cout. de Paris, qui accorde à tous les aſcendans le droit de ſuccéder *aux choſes par eux données à*

leurs enfans décédans ſans enfans & deſcendans d'eux.

J'eſtime néantmoins que ce ſentiment eſt plus fondé ſur l'équité & ſur la faveur qui réſulte de la qualité de donateur, que ſur les principes du Droit-Coutumier; & je penſe que, parmi nous, le droit de Retour légal eſt une maniere de ſuccéder, & que par conſéquent il dépend néceſſairement de la qualité d'héritier.

Ainſi un immeuble donné par un ayeul à ſon petit-fils, ne doit pas retourner à l'ayeul au préjudice du pere, qui eſt l'héritier de ſon fils: je ne vois, dans ce cas, aucune différence à faire entre les meubles & les immeubles, puiſque le pere, qui eſt de la ligne, & qui eſt plus proche que l'ayeul, a toutes les qualités néceſſaires pour ſuccéder à ce propre.

Tel eſt le ſentiment des meilleurs Auteurs, & ſinguliérement de Dupleſſis, de le Brun & de Bourjon.

Les Parlemens de Paris & de Grenoble admettent les peres & meres des bâtards à reprendre dans leurs ſucceſſions par droit de Retour, ce qu'ils leur avoient donné; mais le Parlement de Toulouſe refuſe le Retour aux peres & meres des bâtards, & il l'accorde au frere donateur de ſon frere bâtard. V. les Queſtions Alphabétiques de Bretonnier. *Verb.* Bâtards.

R E T R A I T.

On nomme Retrait l'exercice d'une action par le moyen de laquelle on peut devenir propriétaire d'un héritage aliéné.

On diviſe le Retrait en cenſuel, féodal, conventionnel, lignager & mi-denier. Je parlerai de ces divers Retraits dans des articles particuliers à chacun.

Il y a une autre eſpéce de Retrait, par le moyen duquel ceux dont les biens ont été vendus forcément, peuvent y rentrer à cet égard. Voy. *Rabattement de Décret & Subhaſtations.*

R E T R A I T C E N S U E L.

Le Retrait Cenſuel eſt celui qui s'exerce par le Seigneur pour retirer les héritages roturiers dépendans de ſa cenſive, quand ils ſont vendus.

Cette eſpéce de Retrait n'eſt pas de Droit-

Commun, comme le Retrait féodal : néantmoins Juſtinien l'avoit admis, & il a encore lieu dans quelques Provinces du Royaume régies par le Droit-Ecrit.

Il a lieu dans les Parlemens de Touloufe & de Bordeaux (a), ſuivant le témoignage de la Roche-Flavin, de Deſpeiſſes, de M. de Catelan, de la Peyrere, de Bretonnier, &c.

Mais il n'eſt pas reçu dans les Parlemens de Grenoble & de Provence, ſuivant le témoignage de MM. de Salvaing & de Morgues.

Il n'eſt pas non plus admis dans les Pays de Droit-Ecrit du reſſort du Parlement de Paris. V. Papon & Henrys.

Dans les Pays-Coutumiers, le Retrait Cenſuel eſt admis par quelques Coutumes, comme Anjou, Maine, Senlis, Vermandois, Peronne, Amiens, &c. mais il n'a pas lieu dans la Coutume de Paris, ni dans pluſieurs autres.

Le Retrait lignager a la même préférence en Pays Coutumier ſur le Retrait Cenſuel qu'il a ſur le Retrait féodal ; & pluſieurs des régles qu'on obſerve pour cette derniere eſpéce de Retrait, militent auſſi pour les Retraits Cenſuels.

Les Religieuſes de Notre-Dame de Saintes, Dames de la Terre de Vix, ayant cédé au ſieur Gerbaut, leur Procureur Fiſcal, le droit de retenue féodale & de prélation qu'elles ont dans cette Terre, le ſieur Gerbaut demanda en conſéquence qu'un Sr Duval fût tenu de lui exhiber ſes contrats d'acquiſitions, & d'en affirmer le prix, pour enſuite procéder à la ventilation des héritages acquis par leſdits contrats, à l'effet de fixer la valeur de ceux relevant de la Terre de Vix, pour leſquels il entendoit exercer le Retrait Cenſuel en ſa qualité de ceſſionnaire, &c.

Le ſieur Duval répondit ; 1°. qu'il n'étoit point tenu d'exhiber ſon contrat à un ceſſionnaire de droit de prélation ; que cette exhibition étoit un droit honorifique perſonnel au Seigneur, & qui ne paſſoit pas au cédant. 2°. Qu'un pareil droit ne pouvoit

pas être cédé au Procureur Fiſcal d'une Juſtice, lequel, aux termes des Ordonnances, ne peut acquérir de droit litigieux ou l'occaſion d'exercer des actions contre les Vaſſaux ; & par Sentence rendue au Siége de Fontenai-le-Comte, confirmée par Arrêt rendu le 4 Août 1744, le ſieur Gerbaut fut débouté de ſa demande en Retrait.

Le même Sr Gerbaut ayant encore, en cette même qualité de ceſſionnaire, exercé le Retrait d'héritages acquis par les ſieurs Lamberteau, relevant de la Terre de Vix, les ſieur Lamberteau lui oppoſerent auſſi l'incapacité réſultante de la qualité de Procureur Fiſcal ; ils ajouterent que le Retrait Cenſuel n'avoit pas lieu en Poitou, & que la Coutume ne paroit pas de cette eſpéce de Retrait ; mais ſeulement du Retrait féodal. A cet égard le ſieur Duval répondoit que l'article 24 de cette Coutume admettoit le droit de retenue féodale & de prélation des *choſes immeubles vendues*, ſans diſtinguer les domaines nobles des roturiers ; & ce premier moyen ne fit aucune impreſſion.

Les ſieurs Lamberteau diſoient auſſi qu'ils avoient payé les lods & ventes au Procureur des Religieuſes de Saintes, leſquelles, en lui affirmant leur Terre & le droit de percevoir les lods & ventes, lui avoient permis » d'uſer de la retenue féodale « : le bail contenoit à ce ſujet une *ceſſion expreſſe ;* & qu'enfin ce payement opéroit une fin de non-recevoir contre le Retrait du ſieur Gerbaut. Par Sentence rendue au Siége de Fontenai-le-Comte le 30 Août 1743, confirmée par Arrêt rendu le Mercredi 12 Mai 1745, au rapport de M. Rancher, le Sr Gerbaut fut déclaré non-recevable.

On prétend cependant que le payement des droits Seigneuriaux fait à un fermier ou à un uſufruitier, n'empêche point le Seigneur d'uſer du Retrait féodal ou Cenſuel, en rembourſant l'acquéreur des droits qu'il a payés. Cette matiere eſt traitée par Brodeau, le Maiſtre & Dupleſſis, ſur l'art. 21 de la Coutume de Paris : on peut encore ſur cela voir Lalande ſur l'article 49 de la Coutume d'Orléans ; Baſnage ſur l'article 182

_____

(a) Dans le reſſort du Parlement de Bordeaux, le Retrait Cenſuel & la Prélation doivent être exercés dans deux mois qui courent du jour de la notification du contrat au Seigneur. Cet uſage eſt atteſté par pluſieurs Juriſconſultes ; & il y a même ſur cela un Edit donné pour le Périgord, le 25 Octobre 1555, qui a été regiſtré au Parlement de Bordeaux le 25 Mars 1560. (Il n'a été publié au Sénéchal de Périgueux, que le 14 Décembre 1684.)

de celle de Normandie ; & Boucheul fur celle de Poitou.

Un nommé Scellier ayant acquis une mai-fon & un enclos fitués dans la Coutume d'Amiens, fut affigné en Retrait Cenfuel par la demoifelle de Mareuil, de qui les héritages relevoient.

Scellier prétendit qu'il n'y avoit pas lieu au Retrait, parce qu'il étoit parent lignager du nommé Baflin, de qui il avoit acquis les biens, & auxquels ils étoient propres naif-fans.

La demoifelle de Mareuil convenoit que le Retrait Cenfuel ne pouvoit avoir lieu, quand l'héritage propre n'étoit pas mis hors de la ligne par la vente; mais elle difoit que les biens vendus à Scellier étoient propres naiffans à Baflin, vendeur; & que celui-ci les ayant recueillis, moitié dans la fuccef-fion de fon pere, & moitié dans la fuccef-fion de fa mere, Scellier, acquéreur, qui n'étoit que coufin-germain maternel du ven-deur, ne pouvoit empêcher le Retrait de la moitié provenant du pere de ce même ven-deur, au moyen de ce qu'il n'étoit point parent lignager de ce côté-là : cependant par Sentence du Bailliage d'Amiens du 15 Mars 1754, la demoifelle de Mareuil fut déboutée de fa demande en Retrait.

Sur l'appel, la Sentence a été infirmée par Arrêt rendu en la Grand'Chambre le 5 Sep-tembre 1755, au rapport de M. Pafquier; & le Retrait Cenfuel de la demoifelle de Mareuil a été admis feulement pour la moi-tié provenant du pere du vendeur.

Le Seigneur qui a reçu ou feulement com-pofé fur les droits Seigneuriaux qui pou-voient en être dûs à caufe de la vente des héritages qui relevoient de lui, ne peut plus en exercer le Retrait Cenfuel : la Cour l'a ainfi jugé par Arrêt rendu le 23 Octobre 1755, en la cinquiéme Chambre des En-quêtes, (le Parlement étant alors prorogé,) au Rapport de M. de Chavannes, en confir-mant la Sentence rendue en la Sénéchauffée de la Rochelle entre les fieurs Bonneau & Regnier, & par laquelle le fieur Regnier n'étoit admis au Retrait Cenfuel, qu'à la charge d'affirmer qu'*il n'avoit fait aucune compofition fur les lods & ventes directement ou indirectement.*

La Coutume de la Rochelle admet le Re-

trait Cenfuel, mais elle ne fixe pas le délai dans lequel le Seigneur doit opter de l'exer-cer ou de recevoir fes droits; & à cet égard on fuit dans fon reffort les difpofitions de celle de Poitou, qui n'accorde au Seigneur qu'un délai de huit jours pour faire fon op-tion.

Mais ce délai ne court dans ces Coutumes que du jour que l'acquéreur a affirmé fes ti-tres & fon prix véritable; c'eft encore ce qui a été jugé par le fufdit Arrêt du 23 Octo-bre 1755.

Dans cette efpéce, le fieur Bonneau, ac-quéreur d'héritages, avoit le 16 Août 1751, fait exhiber fes titres par le miniftere d'un Notaire, au fieur Regnier, de qui ils rele-voient; & comme le fieur Regnier n'avoit pas exercé le Retrait dans la huitaine de l'exhibition, le fieur Bonneau lui fit offrir les lods & vente 26 du même mois d'Août, prétendant qu'alors il ne pouvoit plus y avoir lieu au Retrait.

Le fieur Regnier, qui penfoit autrement, exerça le Retrait : on l'y foutint non-rece-vable, parce qu'il avoit laiffé paffer la hui-taine de l'exhibition; mais parce que le Sr Bonneau n'avoit pas fait l'affirmation pref-crite, le Retrait fut admis par les diverfes Sentences que l'Arrêt a confirmées.

Le Seigneur qui exerce le Retrait Cen-fuel, doit, comme dans tous les autres Re-traits, rendre l'acquéreur indemne, *emptor debet abire indemnis ;* mais fi le Retrait Cenfuel ne s'exerçoit que pour une partie des héritages compris dans la vente, le Re-trayant feroit-il obligé d'apporter décharge à l'acquéreur des rentes foncieres non rache-tables, dont la totalité des héritages fe trou-voit chargée, & pour lefquelles l'acquéreur étoit perfonnellement obligé, avec la claufe de fournir & faire valoir?

Cette queftion s'eft préfentée entre les fieurs Bonneau & Regnier, lors de l'exécu-tion de l'Arrêt du 23 Octobre 1755, dont j'ai déja parlé; le fieur Regnier ne retiroit qu'une partie des biens acquis par le Sr Bon-neau, parce que les biens originairement chargés de plufieurs rentes foncieres, étoient fitués dans plufieurs Seigneuries; & de ces rentes il en reftoit deux, l'une de 40 liv. l'autre de 23 liv. qui étoient inamortiffa-bles : chaque portion de tout le domaine

H h h

acquis par le fieur Bonneau, étoit tenu de ces deux rentes; & comme il ne vouloit pas refter expofé aux fuites de la folidité, il foutenoit que le fieur Regnier devoit fe faire accepter pour débiteur, lui offrir une décharge de la folidité & de la claufe de fournir & faire valoir pour la portion retirée, autrement que le Retrait devoit être rejetté.

Cependant, par Arrêt rendu le 19 Mars 1759, au rapport de M. l'Abbé Terray, confirmatif de la Sentence rendue en la Sénéchauffée de la Rochelle, le 18 Mars 1756, le fieur Regnier, retrayant, a été admis au retrait fans qu'il apportât acquit & décharge : on a par conféquent jugé qu'il fuffifoit en ce cas que le retrayant fe chargeât des rentes à proportion de ce qu'il retiroit.

RETRAIT CONVENTIONNEL.
V. *Faculté de Rachat.*
RETRAIT des Biens d'Eglife.
V. *Biens d'Eglife.*

Un Edit du mois de Novembre 1674, enregiftré au Grand-Confeil le 6 Décembre fuivant, avoit ordonné *que les poffeffeurs des biens dépendans des Archevêchés, Evêchés, & autres Gens d'Eglife & main-morte,* aliénés, vendus, engagés ou échangés depuis l'année 1556, & qui n'avoient pas été retirés par les Eccléfiaftiques & Bénéficiers, *feroient propriétaires incommutables des biens.*

Mais par une Déclaration accordée à la follicitation du Clergé de France, le 31 Octobre 1675, & qui a été publiée au Grand-Confeil le 5 Décembre fuivant, cet Edit a été révoqué ; & la jouiffance de ces biens n'a été confirmée aux particuliers, qui en étoient poffeffeurs, que pour trente ans feulement; après lefquelles trente années, la Déclaration permit aux Gens d'Eglife & de main-morte, *de racheter lefdits biens, en rembourfant comptant en un feul payement le prix des aliénations, avec les impenfes, améliorations & augmentations, à la charge par les Particuliers de payer au Roi le huitiéme denier du prix des aliénations, &c.*

Cette Déclaration a été fuivie d'une autre du 22 Juillet 1702, qui confirme de

nouveau les détempteurs des Biens d'Eglife *dans la poffeffion & jouiffance des biens à perpétuité & à titre de propriété incommutable, en payant au Roi le fixiéme denier du prix defdites aliénations, ou de la valeur, fi le prix ne peut être juftifié.*

L'article 5 de cette Déclaration a néantmoins ordonné que les Eccléfiaftiques, qui voudroient rentrer dans les biens dépendans de leurs Eglifes ou Bénéfices, en auroient la faculté, en payant feulement le huitiéme denier au Roi, & en rembourfant aux détempteurs le prix de l'aliénation & amélioration, &c. mais que pour cela ils feroient tenus d'en faire la déclaration au Greffe des Intendances, & d'exercer le Retrait dans deux mois, à compter du jour de la notification faite au Greffe des Diocèfes, des taxes qui feroient arrêtées au Confeil, &c. Voyez auffi l'article 6 & les fuivans, & une autre Déclaration du 13 Février 1703, enregiftrée au Grand-Confeil le 20 Mars fuivant.

Des Lettres-Patentes du 18 Août 1702, enregiftrées au Grand-Confeil le 23 du même mois, ont attribué à ce Tribunal la connoiffance des demandes & conteftations qui pourroient naître fur l'exécution des Déclarations de 1675 & 1702. En conféquence de ces Déclarations, *les Communautés Eccléfiaftiques, qui avoient vendu des places fur lefquelles d'autres Communautés & Maifons Religieufes avoient fait conftruire leurs Eglifes, des Lieux Réguliers, &c.* inquiétoient celles-ci, & cela occafionnoit beaucoup de troubles dans les Main-mortes : pour les faire ceffer, le Roi a déclaré, par une Arrêt du Confeil du 30 Octobre 1703, *n'avoir entendu comprendre, dans la Déclaration du 22 Juillet 1702, les emplacemens fur lefquels les Eglifes, Lieux Réguliers, Enclos des Communautés & Maifons Religieufes nouvellement établies en conféquence de Lettres-Patentes......ont été conftruits......fait défenfes à tous Bénéficiers & communautés d'inquiéter lefdits Monafteres & autres Communautés, fous prétexte de la faculté portée par ladite Déclaration.*

Il eft bon de remarquer que la Déclaration de 1702, qui eft en cela conforme à l'Edit du mois de Novembre 1674, n'autorife les Retraits que des Biens d'Eglife aliénés depuis l'année 1556. Le Grand-Conseil s'est conformé à cette époque par les Arrêts qu'il a rendus : il a constamment & persévéramment rejetté les Retraits des Biens d'Eglise, aliénés avant 1556 ; & il y a sur cela plusieurs Arrêts.

Il en a été rendu un premier, le 21 Août 1705, contre le Prieur de Neuf-Marchés, qui a conservé aux détempteurs ce qui avoit été aliéné à perpétuité, par contrat volontaire, en 1503, & qui les a condamnés à se désister de ce qu'ils avoient pris à bail emphithéotique par le même acte ; à cet égard, ils ne pouvoient prescrire contre leur titre.

Le second a été rendu au rapport de M. Pucelle, le 20 Mars 1726, en faveur de la veuve Medines, contre l'Abbaye de Rivet, pour des biens aliénés en 1478.

Le troisième est intervenu le 8 Janvier 1757, sur les Conclusions de M. d'Auriac, en faveur du sieur Fiquet, contre l'Abbaye de Fécamp : il a mis hors de Cour sur la demande des Moines qui réclamoient contre l'aliénation par bail à fiefe d'une portion du domaine de cette Abbaye, fait en 1499 sans formalités, sans nécessité & sans utilité.

L'Abbé & les Religieux de Cormeilles qui, le 15 Mai 1556, avoient volontairement aliéné la Terre de Guibray, demanderent la nullité de cette aliénation, sur le fondement de la Déclaration de 1702. Ils avoient pris des Lettres de Rescision : la question fut réduite au point de sçavoir si les aliénations, faites en 1556, étoient comprises ou exclues du terme jusqu'auquel les recherches étoient permises. L'Arrêt rendu au Grand-Conseil, au rapport de M. Biraut, au mois de Juin 1706, a débouté l'Abbé & les Religieux de Cormeilles de leur demande en désistement : ainsi cet Arrêt a jugé qu'il faut que l'aliénation soit postérieure à 1556, pour qu'on puisse attaquer les détempteurs sur le fondement de la Déclaration de 1702.

On a même jugé plusieurs fois au Grand-Conseil, que le Retrait & la réclamation des Biens d'Eglise aliénés depuis 1556, n'avoient pas lieu, quand ces mêmes biens avoient été aliénés avant cet Edit, pourvû que l'Eglise n'eût pas un moindre revenu. Il y a à ce sujet un Arrêt rendu le 16 Déc.

1750, contre l'Abbé & les Religieux de Celles, en faveur de Jean Pampon, pour le moulin de Papou, qui avoit, en différens temps successifs, donné à cens & rente par cette Abbaye.

Il a été rendu un semblable Arrêt en l'année 1758, en faveur de la veuve le Merle & de son fils, pour lesquels écrivoit Me. Brunet, contre le Curé & le Prieur de Dampierre, qui réclamoient contre un bail à cens & bourdelage de quelques pièces de terre, fait le 10 Septembre 1722, moyennant les mêmes redevances portées en d'autres baux semblables des mêmes héritages, faits en 1539 & en 1617. V. la Bibliothéque Canoniq. verb. Aliénation, & les Arrêts de Papon, liv. 1, tit. 3 ; & Coquille, question 209.

Jamais les Gens d'Eglise n'ont été admis à exercer des Retraits, en conséquence de ces Déclarations, qu'en représentant le titre de l'aliénation en original : telle est la Jurisprudence du Grand-Conseil.

Il y a sur cela un premier Arrêt rendu, au rapport de M. Lambert, le 20 Septembre 1725, en faveur du Marquis de Coëstancourt, contre les Religieux du Relec. Cet Arrêt fut attaqué par la voie de la Requête civile : l'Abbé de Cîteaux y forma aussi une tierce opposition ; mais ces deux tentatives furent proscrites.

Il en a été rendu un second le 2 Février 1726, au rapport de M. le Couturier, en faveur du Marquis de Savonnière, contre les Religieux de Pereneuf. Ces Moines fondoient leur demande en Retrait sur une copie de l'aliénation des biens qu'ils réclamoient, & qui étoit extraite d'un registre des aliénations des biens Ecclésiastiques du Diocèse, déposé au Greffe de l'Evêché ; mais comme ils ne rapportoient point l'original du titre, ils furent déboutés de leur demande.

Il en a été rendu un troisième le 29 Mars 1732, au rapport de M. Mangot, contre les Jésuites de Saintes, qui demandoient à rentrer dans la propriété d'un moulin : ils ne rapportoient que l'expédition nouvellement délivrée du titre de l'aliénation par le Secrétaire de l'Evêché de Saintes ; l'Arrêt ordonna qu'ils rapporteroient l'original.

Il en a été rendu un quatrième, au rap-

Hhh ij

port de M. l'Abbé Sallier, le 18 Décembre 1733, contre un sieur Marbault de la Cailletiere, Prieur de Ligné.

Enfin l'Abbé & les Moines d'Ours-Camps n'ont été admis au Retrait du moulin d'Eparmont, par Arrêt rendu au rapport de M. de Sorhouet, le 8 Février 1738, que parce que le titre original de l'aliénation a été produit à la veille du Jugement.

La question de sçavoir si le Retrait pouvoit s'exercer, en exécution des Déclarations de 1675 & 1702, pour raison des Biens d'Eglise aliénés par une transaction sur procès, s'est élevée entre le Marquis de Prie & l'Archevêque de Rouen, Abbé du Bec-Helouin; & par Arrêt rendu au Grand-Conseil, au mois de Mars 1707, après un partage d'opinions qui a duré plus d'une heure, les Juges se sont départagés, & ont admis le Retrait.

Le contraire avoit été jugé au même Tribunal, par un Arrêt rendu en 1705, en faveur du sieur le Caisne, contre le Chapitre de Saint-Quentin. Il y avoit aussi eu partage d'opinions dans cette affaire.

Le Grand-Conseil, a, par Arrêt rendu le 24 Mars 1735, rejetté le Retrait de plusieurs Villages, exercé par l'Evêque de Tulles; parce que le prix de l'aliénation (laquelle n'étoit cependant pas réguliere) avoit tourné au profit de l'Eglise, & que le Retrait n'étoit pas exercé dans le temps fixé par la Déclaration de 1702.

RETRAIT FÉODAL.
V. *Pairie* & *Retrait Censuel.*

Le Retrait Féodal, qu'on appelle en plusieurs Provinces *Droit de Prélation*, est celui qu'exerce un Seigneur dominant, qui, par puissance de fief, retire des mains des acquereurs les héritages féodaux qui ont été vendus, & qui relevent de lui.

Le Retrait Féodal a été introduit pour la commodité des Seigneurs, & pour empêcher (dit Dumoulin) qu'on ne leur donne, malgré eux, des vassaux fâcheux & désagréables.

La faculté de retirer féodalement est de Droit commun, tant dans les Pays Coutumiers, que de Droit-Ecrit (*a*); & ce Retrait est admis en général, quand il n'y a pas un Statut prohibitif (*b*), comme en Beaujolois, &c.

La faculté de retirer féodalement est accordée au Seigneur dominant par l'art. 20 de la Coutume de Paris; & les Commentateurs pensent que si le fief dominant étoit possédé divisément par plusieurs co-Seigneurs, chacun d'eux pourroit à son gré; les uns exercer le Retrait Féodal du fief servant, jusqu'à concurrence de leurs portions indivises dans le fief dominant; & les autres inféoder le vassal, recevoir la foi & hommage, & les droits Seigneuriaux pour les portions du fief non retirées.

Néantmoins il est libre, en ce cas, à l'acquéreur d'obliger celui qui veut exercer le Retrait Féodal, de retirer la totalité du fief, & non pas seulement une portion; & alors le Retrayant est, relativement à ses co-Seigneurs, réputé n'avoir retiré que sa portion; en conséquence il est obligé, pour le surplus, de leur faire la foi, de leur payer les droits Seigneuriaux, & de satisfaire, à leur égard, aux autres devoirs du vassal. (On peut voir sur cela Dumoulin, Brodeau sur Paris, M. Louet & Duplessis.)

Mais il est certain que si, par un même contrat, le vassal vend en même-temps un fief, & d'autres biens relevans de différens Seigneurs, on ne peut contraindre chaque

---

(*a*) Le droit de Prélation, qui est de Droit commun en Languedoc, n'a lieu dans la Ville & Viguerie de Toulouse, que quand le Seigneur est fondé en titre. V. Fromental, article *Retrait.*

Dans la Coutume de Bordeaux, le Roi & l'Eglise n'ont droit de Prélation par puissance de Fief, sinon quant au Roi, pour le bien de la chose publique; & quant à l'Eglise, pour la nécessité d'icelle, lorsque ce sont des héritages qui joignent à l'Eglise, Maison Episcopale, Cures, Prieutés, &c. & quoique dans cette Coutume, le Roi ne puisse pour lui-même, faire usage du droit de Prélation, on juge qu'il peut le céder.

Fromental dit que la même chose a lieu en Languedoc; mais voyez ce que je dis à la fin de l'article *Coutume*,

sur la question de sçavoir, si le Roi est soumis à ses dispositions.

(*b*) Quoique le Retrait Féodal soit admis par les articles 68 & 69 de la Coutume de Ponthieu, il ne peut cependant s'exercer sur les immeubles situés dans la Ville & Banlieue d'Abbeville, qui doivent cinq sols quatre deniers de droits Seigneuriaux, suivant la Coutume locale; mais sur ceux qui doivent le quint-denier, en cas de vente, suivant l'Acte de Notoriété des Avocats d'Abbeville, du 24 Juillet 1676. Le Seigneur ne peut non plus retirer, dans la même Coutume, » la portion de Fief baillé à Cens par » son Vassal, ni même la totalité du Fief accensé, si le » Vassal s'est retenu la Justice & Seigneurie........ Voyez un » autre Acte de Notoriété du 16 Janvier 1676. «

Seigneur, en particulier, de retirer autre chose que ce qui releve de lui. V. Brodeau, sur l'art. 20 de la Coutume de Paris, & Ventilation.

Bien plus, dit Dupleſſis, ſ'il y a pluſieurs fiefs diſtinêts, relevans d'un même Seigneur, vendus par un même contrat unico pretio, le Seigneur peut en retirer l'un, & inveſtir pour l'autre.

Cette maxime eſt vraie & ſuivie dans les Pays Coutumiers; mais dans pluſieurs Parlemens des Pays de Droit-Ecrit, on juge que le contrat eſt indiviſible, aliàs non fuiſ-ſet, empturus; c'eſt pourquoi le Seigneur qui veut exercer le Retrait, eſt obligé de retirer le tout. Voyez Maynard, Cambolas, la Roche-Flavin, Graverol, & autres cités par Bretonnier, Queſtions alphabétiques.

Dupleſſis penſe que le vaſſal ayant vendu à ſon Seigneur ſuzerain, le Seigneur immédiat peut exercer le Retrait Féodal ſur lui.

Il dit auſſi que la femme peut exercer le Retrait Féodal, malgré ſon mari, étant autoriſée par Juſtice; mais je ne penſe pas de même, parce que le Retrait Féodal eſt conſidéré comme un profit de fief, & comme une action qui appartient à l'adminiſtrateur & à l'uſufruitier: or le mari eſt certainement le maître abſolu des actions de cette eſpéce, qui appartiennent à ſa femme.

La Coutume n'accorde la faculté de retirer féodalement qu'au Seigneur Féodal; néantmoins on tient pour maxime que l'uſufruitier a le même droit. C'eſt encore l'avis de Dupleſſis, qui ſur cela cite Dumoulin; & il ajoute qu'après l'uſufruit fini, le fief retiré retourne au propriétaire avec l'autre, comme y étant conſolidé, pourvû qu'il rembourſe le prix à l'uſufruitier ou à ſes héritiers, dans le temps preſcrit par le Juge; autrement le fief retiré appartient à l'uſufruitier

ou à ſes héritiers;.... & en ce cas, il faut dire que le propriétaire eſt tenu d'en inveſtir l'héritier de l'uſufruitier, ſans en prendre de droits, ſi ce n'étoit qu'il en fût dû pour ſa mutation particuliere.

Dumoulin dit que le droit de retirer féodalement, devroit être exercé par le Seigneur même, & qu'elle ne devroit pas être ceſſible à un étranger: mais ſon avis n'eſt pas ſuivi; & on tient dans la plûpart des Pays Coutumiers (a), & même en Pays de Droit-Ecrit, excepté au Parlement de Toulouſe (V. Fromental), que la faculté de retirer féodalement, peut non-ſeulement ſe céder à des étrangers, mais qu'elle peut même s'affermer (b). On peut ſur cela conſulter Tronçon, Carondas, Dupleſſis & le Maître, ſur l'article 20 de la Coutume de Paris; Boucheul & Filleau, ſur l'art. 21 de la Coutume de Poitou, &c. (c)

L'Ordonnance rendue le 11 Août 1445, article 35, autoriſe l'exercice du Retrait Féodal, de la part du Roi, pour les terres qui ſe vendent dans l'étendue de ſa mouvance.

Le Roi peut même céder le droit qu'il a de retirer féodalement les fiefs mouvans de lui, qui ſont vendus; & par Arrêt rendu le Samedi 19 Juin 1762, ſur les Concluſions de M. l'Avocat Général Seguier, la Cour a jugé valable le Retrait Féodal exercé par M. de Noailles, comme ceſſionnaire des droits du Roi, des fiefs de Caillouette & Haye, ſitué près Mouchy, Coutume de Senlis, muette ſur la queſtion de ſçavoir ſi le Retrait Féodal eſt ceſſible.

Les Juriſconſultes diſent que ce Droit du Roi dans l'exercice du Retrait Féodal, doit ſe régler par les Coutumes (d) dans leſquelles ſes Seigneuries ſont ſituées.

Ainſi, dans les Coutumes qui permettent au Seigneur de céder le droit de retirer féo-

---

(a) Le Retrait-Féodal n'eſt pas ceſſible dans les Coutumes de Tours, de Normandie & dans quelques autres, mais il l'eſt dans les Coutumes muettes ſur ce point; & deux Arrêts des 16 Avril 1616, & 13 Août 1762, ont jugé que ce droit pouvoit ſe céder dans la Coutume du Maine: le premier de ces Arrêts eſt rapporté par Dupleſſis; le ſecond a été rendu au rapport de M. Paſquier, en faveur de l'Ordre de Malte, contre un Marchand, nommé Denis, demeurant à Freſnai-le-Vicomte.

(b) Il y a même des Auteurs qui penſent que la faculté de retirer féodalement, eſt compriſe dans le bail à ferme d'un Fief, quand elle n'en eſt pas exceptée; je crois qu'ils ſont dans l'erreur.

(c) Le Seigneur qui exerce lui-même le Retrait Féodal, ne doit pas le centième denier à cauſe de ce Retrait: il eſt affranchi de ce droit par l'article 7 de la Déclaration du 20 Mars 1708; mais le centième denier eſt dû, quand le Retrait Féodal eſt exercé par le Ceſſionnaire des droits du Seigneur Féodal: il y a ſur cela un Arrêt rendu en forme de Réglement au Conſeil, le 3 Décembre 1737.

(d) M. Seguier a cependant poſé pour principe, dans l'affaire du Retrait Féodal du Duché de Giſors, exercé contre le Roi par les héritiers du Maréchal de Belle-Iſle, que le Roi n'étoit pas aſſujetti à la diſpoſition des Coutumes. Voyez ce que je rapporte de cette affaire, à la fin de l'article Coutume.

dalement, le Roi peut céder son droit, & rien n'est plus ordinaire que de pareilles cessions; elles doivent se faire par Lettres-Patentes. V. Bacquet, des Droits de Justice, chap. 12; Brodeau, sur l'article 20 de la Coutume de Paris, & le Journal des Audiences; mais voyez aussi *Coutume.*

Les Secrétaires du Roi sont depuis long-temps affranchis par différens Edits, de tous Droits Seigneuriaux & Féodaux envers le Roi, pour les acquisitions qu'ils font dans sa mouvance, & on a jugé que cette exemption s'étendoit au Retrait Féodal. Il y a à ce sujet plusieurs Arrêts; l'un du 22 Décembre 1595, rendu toutes les Chambres assemblées, rapporté par Carondas; un autre du Parlement de Provence rendu le 12 Mai 1673. Voyez *Droits Seigneuriaux.*

Comme les Seigneurs Suzerains ne peuvent plus exercer le Retrait Féodal ni céder leurs droits à cet égard, après que le Vassal leur a porté la foi & hommage, le Roi ne peut pas non plus exercer ni céder son droit, quand la foi & hommage de l'Acquéreur a été reçue, soit par M. le Chancelier, par les Chambres des Comptes, ou autres Tribunaux auxquels elle doit se porter. Il y a à ce sujet deux Arrêts récens; l'un rendu le 11 Mai 1722, au rapport de M. l'Abbé Pucelle, entre Madame de Richelieu & M. de la Tremoille, pour le Retrait de la Principauté de Poix; l'autre de la Chambre des Comptes rendu le 21 Février 1737, entre le sieur Bernard & la veuve de Me Baudouin, Avocat en la Cour.

Lors du premier de ces Arrêts, Madame de Richelieu objectoit, 1°. qu'elle étoit veuve d'un Commandeur des Ordres du Roi, & que cette qualité lui rendoit propres les priviléges des Secrétaires du Roi, qui sont affranchis du Retrait Féodal des terres acquises dans la mouvance du Roi.

2°. Elle ajoutoit qu'elle avoit été ensaisinée par le Receveur du Domaine d'Amiens, qu'elle avoit porté la foi & hommage à la Chambre des Comptes: on lui répondoit qu'elle auroit dû porter la foi & hommage à Amiens, au Bureau des Finances. Cependant le Retrait fut rejetté.

Mais, par autre Arrêt rendu sur les Conclusions de M. Seguier, à la grande audien-

ce, le Vendredi 16 Juillet 1762, la Cour a jugé que le Cessionnaire des Droits du Roi, pour exercer le Retrait Féodal, pouvoit encore retirer féodalement après la foi & hommage reçue dans le Bureau des Finances, quand le Brevet de cession est antérieur en date à la réception en foi.

Duplessis dit que » l'Arrêt de Perin a » jugé que l'Apanagiste pouvoit céder le » Droit de Retrait Féodal, quoiqu'il ne fut » pas expressément compris dans les Let- » tres d'Apanage.

» Dans les engagemens ou ventes du Do- » maine du Roi (dit le même Auteur qui » cite Brodeau), si le Droit du Retrait Féo- » dal n'y est compris, l'Engagiste ne l'a » point, non plus que celui de Bâtardise, » quoiqu'il eût celui d'épave & d'aubaine «.

Les Bénéficiers &. autres Gens de main-morte, peuvent céder la faculté de retirer féodalement; on regarde cette faculté comme un fruit dont ils peuvent disposer. L'Edit du mois d'Août 1749 leur défend à la vérité d'exercer eux-mêmes cette action, mais il ne leur défend pas de la céder; les peines ne se suppléent & ne s'étendent pas; il est d'ailleurs naturel que les Seigneurs Ecclésiastiques ayent, comme tous les autres Seigneurs de Fiefs, la faculté de se choisir des Vassaux: & ce seroit les priver de cette prérogative, que de leur défendre de céder leur droit; d'un autre côté, ce seroit faciliter aux Vassaux les moyens de diminuer les Droits Seigneuriaux, en donnant en apparence aux Fiefs un prix inférieur au prix réel de la vente.

C'est par ces motifs que, par Arrêt rendu en la Grand'Chambre, au rapport de M. Pasquier, le 13 Août 1762, la Cour a condamné Olivier Denis, acquéreur de la Métairie du Petit-Bois fade, régie par la Coutume du Maine, à reconnoître au Retrait Féodal d'icelle Métairie, Joseph Bourillon, comme ayant à cet égard les droits cédés du Commandeur de Gueliand, de la Commanderie duquel relevoit la Métairie.

L'article 20 de la Coutume de Paris n'admet le Retrait Féodal que dans la vente des Fiefs; mais Duplessis & quelques autres Auteurs pensent, avec raison, qu'il doit avoir lieu dans tous les contrats équipollens à vente, & singuliérement lorsque les Fiefs font aliénés, moyennant des rentes rachetables.

Le Seigneur n'a que quarante jours pour exercer le Retrait Féodal (a), & ces quarante jours courent, non pas du jour de la vente, mais à compter du jour que le contrat a été exhibé, & copie d'icelui donnée : tel eſt le délai fixé par l'article 20 de la Coutume de Paris ; après quoi il n'eſt plus recevable, quand même il n'auroit pas inféodé ou inveſti le Vaſſal ; & s'il n'y a point d'exhibition, dit Dupleſſis, l'action en Retrait dure trente ans ; mais voyez auſſi ce que je dis à l'article *Main Souveraine*.

Le ſieur de Monteſſon ayant acquis la Terre de Courtouſſaint, mouvante de la Baronnie de Sillé, régie par la Coutume du Maine, fut aſſigné, à la Requête du Procureur Fiſcal de cette Baronnie, à comparoir aux Aſſiſes pour exhiber ſon contrat, faire la foi & hommage, & payer les droits.

Le ſieur de Monteſſon comparut, repréſenta ſon contrat, qui fut regiſtré *ſur le Regiſtre de la Remembrance* ; & par Sentence rendue du conſentement du Procureur Fiſcal, le 19 Février 1712, le ſieur de Monteſſon fut reçu en foi, mais il lui fut accordé un délai pour payer les droits Seigneuriaux.

Quatre ans après cette Sentence, Mme la Princeſſe de Conti, Baronne de Sillé, exerça le Retrait Féodal de la Terre de Courtouſſaint, & ſe ſervit du miniſtere d'un Huiſſier Royal, qui, en vertu du *Committimus* de la Princeſſe, aſſigna aux Requêtes de l'Hôtel, où il intervint Sentence le 9 Juin 1716, qui la déboutoit de ſa demande en Retrait.

Sur l'appel, le ſieur de Monteſſon ſoutint, 1°. qu'après avoir été reçu en foi du conſentement du Procureur Fiſcal, la Princeſſe n'étoit plus recevable à intenter un Retrait Féodal.

2°. Que l'exploit étoit donné par un Huiſſier Royal, & la Coutume du Maine exigeant que cet exploit fût donné par le miniſtere d'un Huiſſier de la Juſtice Seigneuriale, l'exploit étoit nul.

3°. Le contrat ayant été regiſtré ſur la Remembrance, après avoir été exhibé, il ne

pouvoit plus y avoir lieu au Retrait.

Madame la Princeſſe de Conti répondit que ſon Procureur Fiſcal n'ayant pas eu d'elle un pouvoir ſpécial, il n'avoit pas pû recevoir l'exhibition du contrat de vente de la Terre de Monteſſon, & faire déchoir le Seigneur de ſon droit, ſans ſa participation ; que même le Sr de Monteſſon n'ayant pas payé les droits, il n'avoit pas, quoique reçu à la foi, ſatisfait à ce que demandoit de lui la Coutume ; que ceux qui ont droit de *Committimus* & qui uſent de leur privilége, ne ſont pas aſſujettis à ſe ſervir du miniſtere des Huiſſiers de leur Juſtice, pour exercer un Retrait Féodal, attendu que ces Huiſſiers ne peuvent exécuter le Sceau du Roi, & qu'il faut entendre la Coutume de maniere que les Privilégiés puiſſent ſe ſervir de leur privilége.

Par Arrêt rendu le 10 Mars 1717, ſur les Concluſions de M. l'Avocat Général Chauvelin (imprimé avec un précis du fait & des moyens), la Cour, en infirmant la Sentence des Requêtes de l'Hôtel, a admis Madame la Princeſſe de Conti au Retrait.

Dans l'affaire du Retrait Féodal des Fiefs de Caillouette & Haye, exercé par M. de Noailles, comme Ceſſionnaire des Droits du Roi, & dont j'ai déja parlé, on a oppoſé à M. de Noailles qu'il étoit non-recevable, parce que le contrat de vente qui donnoit lieu au Retrait, avoit été exhibé long-temps avant la ceſſion, au Commis prépoſé pour percevoir les Droits du Roi au Bureau des Inſinuations ; les Acquéreurs prétendoient que cette exhibition au Commis pour les Droits du Roi, rempliſſoit le vœu de la Coutume ; mais M. l'Avocat Général Seguier a obſervé que l'exhibition, relativement au Roi, ne pouvoit ſe faire que devant M. le Chancelier, ou dans les Tribunaux chargés de recevoir la foi & hommage des Vaſſaux du Roi, & l'Arrêt rendu le 19 Juin 1762, a adjugé le Retrait.

Le Seigneur qui exerce le Retrait Féodal, doit offrir de rembourſer à l'Acquéreur le prix de l'acquiſition, le centieme denier &

(a) En Provence, ce délai eſt de deux mois pour les Fiefs mouvans de Seigneurs particuliers ; & ces deux mois courent, ou du jour que le Vaſſal a exhibé ſon titre & demandé l'inveſtiture, ou du jour de l'inſinuation du titre, ſi elle eſt poſtérieure à l'exhibition. Si l'une de ces formalités manque, l'action en Retrait dure 30 ans, comme en Pays Coutumier. Cependant voyez *Inveſtiture*. Voyez auſſi *Foi & Hommage*.

les Loyaux-coûts, de manière qu'il soit rendu indemne & déchargé de toutes les obligations contractées relativement à la vente. Les régles qu'on admet dans les Retraits Lignagers sur ce point, militent aussi pour le Retrait Féodal.

Néantmoins, comme il y a des Coutumes dans lesquelles les Droits Seigneuriaux sont à la charge du Vendeur qui doit les acquitter sur le prix de la vente; si le Retrait Féodal s'exerce après une pareille vente, le Seigneur retrayant ne doit rembourser que ce qui seroit resté du prix au Vendeur, après les droits acquittés.

Le Retrait Féodal n'est sujet à aucune des formalités rigoureuses prescrites pour les Retraits Lignagers (a), il n'est » pas » même sujet à l'action dans la Coutume de » Paris; il suffit (dit Duplessis) que le Sei- » gneur fasse sa déclaration & ses offres de » remboursement dans les quarante jours; & » s'il est obligé d'intenter ensuite action, » cela n'importe; car ce n'est que quand » l'Acquéreur n'a pas voulu lui tendre le » giron. «

Le Retrait Féodal n'est pas » non plus » (suivant le même Auteur) sujet aux so- » lemnités des offres réitérées à chaque jour- » née de cause durant l'action, ni à la con- » signation après la Sentence, comme est le » Retrait Lignager.... La Coutume n'en a » rien dit: (ainsi) il suffit de le faire dans le » délai prescrit par le Juge «.

Mais les offres que le Seigneur est assujetti de faire, en déclarant qu'il entend exercer le Retrait Féodal, doivent être réelles & à découvert, autrement il y auroit lieu à la déchéance; & si le Vassal tendoit le giron, il faudroit payer non-seulement le prix, mais les loyaux-coûts dans les quarante jours : la Coutume de Paris l'exige ainsi par l'art. 20.

Comment doit-on en user, lorsque plu-

sieurs Seigneurs prétendans avoir seuls, chacun en particulier, la mouvance d'un Fief, dont le Vassal est reçu par main Souveraine, veulent en exercer le Retrait Féodal ? A cet égard, il faut distinguer le cas où tous les Contendans exercent le Retrait, d'avec celui où l'un veut bien retirer, & l'autre recevoir les droits.

Dans le premier cas, il est tout simple que les Seigneurs remboursent le Vassal, à frais communs, de son acquisition, loyaux-coûts, &c. d'une manière à le rendre indemne, & de séquestrer le Fief pendant la contestation, pour en rendre les fruits en définitif à celui qui sera jugé être le Seigneur dominant, à la charge de rembourser les sommes avancées par l'autre, pour exercer le Retrait avec les intérêts.

Mais au second cas, le Retrayant doit non-seulement consigner le quint & les autres droits qui pourroient être dûs à l'autre Seigneur par le Vassal, & offrir au Vassal même le remboursement de son prix, loyaux-coûts, &c. avec caution de lui restituer le Fief & les fruits, si par l'événement du procès il perd la mouvance.

Comme le droit du Retrayant en ce cas est contesté par son Concurrent, Dumoulin agite la question de sçavoir si le Vassal peut être contraint d'accepter provisoirement ses offres, & d'abandonner le Fief; & il décide que si le Retrayant a la possession de la mouvance, il paroît raisonnable de lui donner la jouissance provisoire; mais que s'il n'a pas la possession, l'acquéreur doit avoir le choix d'accepter les offres, ou de retenir le Fief pendant le Procès, à condition que le droit du Retrayant sera conservé pour consommer le Retrait en définitif, si la mouvance lui est adjugée.

Le Retrait Féodal ne peut plus avoir lieu: 1°. Quand le Seigneur a reçu les droits Seigneuriaux (b).

(a) C'est pour cela, sans doute, que, par Arrêt rendu au rapport de M. l'Abbé de Malezieux, le 21 Juillet 1758, la Cour a admis le Marquis d'Orsonville au Retrait Feodal intenté contre le sieur Aubry, de Fiefs situés dans la Coutume de Tours, par un second Exploit contenant désistement du premier; ce que n'eût pas pû faire un Retrayant Lignager, au moyen de ce que ces derniers Retraits ne se réitérent pas.

Il y a néantmoins des Jurisconsultes qui pensent que les Coutumes qui interdisent aux Retrayans la faculté de réitérer le Retrait Lignager, ne s'entendent que de ceux

dans lesquels il se trouvoit des vices de forme, & non de ceux qui étoient réguliers, & dont on s'est désisté; mais l'opinion la plus générale est au contraire, qu'on ne peut pas réitérer un Retrait Lignager dont on s'est désisté.

(b) Quid, quand ils ont été reçus par le Fermier ? Le Parlement de Provence juge en ce cas, que le Seigneur peut encore exercer le Retrait, pourvû qu'il n'ait personnellement donné aucune investiture, & que le Fermier n'ait pas eu pouvoir par son bail, de la donner. Il y a sur cela un Acte de Notoriété de MM. les Gens du Roi du Parlement de Provence, du 9 Novembre 1691.

2°.

2°. Quand il a reçu la foi & hommage du Vaſſal, purement & ſimplement. (V. l'Arrêt rendu en la Cour des Comptes de Montpellier, le premier Avril 1713, rapporté dans la nouvelle édition *in-folio* des Arrêts d'Augeard, tom. 2, n°. 134.

3°. Quand il a donné ſouffrance.

4°. Quand il y a eu un dépri (V. *Dépri*), c'eſt-à-dire, un traité fait entre le Seigneur & l'acquéreur du Fief pour les droits Seigneuriaux que la vente pourra produire. V. ſur cela l'article 347 de la Coutume d'Anjou, Dupineau ſur le même article, & Dumoulin ſur l'article 21 de la Coutume de Paris, depuis le nombre 1 juſqu'au nombre 5, gloſe unique ; mais voyez auſſi un Arrêt imprimé, avec un précis du fait & des moyens, qui a été rendu le 12 Février 1716, en la cinquième Chambre des Enquêtes, & *Retrait Cenſuel.*

Quelques Auteurs ont penſé que, lorſque le Seigneur dominant a parlé dans le contrat de vente, ou comme témoin, ou comme garant de la vente, il ne pouvoit plus exercer le Retrait. J'avois adopté cette opinion dans les premieres éditions de cet Ouvrage, en renvoyant néantmoins à Brodeau & à Dumoulin, qui penſent autrement ; mais je crois devoir me ranger de l'avis de ces derniers : ma raiſon eſt, qu'il ne paroît pas naturel que la préſence du Seigneur au contrat puiſſe le priver d'un droit qui réſulte du contrat. En garantiſſant la vente, il ne garantit que le droit du vendeur, & les évictions qui peuvent ſurvenir de la part des créanciers ; mais il ne promet pas qu'il n'uſera pas d'un droit qui ne commence à s'ouvrir qu'après la perfection de la vente.

Le mari peut intenter le Retrait Féodal du chef de ſa femme, ſans ſon conſentement, parce qu'elle ne peut avoir aucun Intérêt de l'empêcher : Dumoulin dit même que le mari peut préférer les droits Seigneuriaux au Retrait, & que ſon choix fait préjudice à la femme ; mais il ajoute que, ſi la femme, autoriſée par Juſtice, a prévenu le choix du mari par une demande en Retrait Féodal, le mari ne peut plus l'exclure, en choiſiſſant le droit de quint.

Il en eſt de même de l'inféodation faite par le tuteur, ou de la répétition qu'il fait des droits Seigneuriaux appartenans à ſon

mineur ; ils préjudicient également à la faculté de retirer féodalement ce qui appartient au mineur : mais il en eſt autrement de la réception des droits Seigneuriaux faite par le Fermier ou par l'Engagiſte. Voyez Dumoulin & Brodeau, *ibid.*

Depuis l'Edit du mois d'Août 1749, les Gens de main-morte ne peuvent plus exercer le Retrait Féodal. Voyez l'article 25 de cet Edit, & l'Arrêt dont je viens de parler, pag. 427.

Le Retrait Féodal n'empêche point le parent lignager de retirer le Fief des mains du Seigneur, comme il pouvoit l'être de celles de l'acquéreur, dans le temps & en la forme preſcrite par la Coutume : mais ſi un lignager exerce le Retrait à cauſe du lignage contre le Seigneur qui a retiré féodalement, il doit lui payer le même droit & faire les mêmes devoirs auxquels l'acquéreur étoit aſſujetti ; les droits doivent même être payés avant que le Seigneur ſoit tenu de recevoir la foi & hommage, ſuivant l'article 22 de la Coutume de Paris.

La préférence donnée par la Coutume de Paris au Retrait lignager ſur le Féodal, eſt de Droit Commun dans les Pays Coutumiers ; au contraire, dans les Pays de Droit-Ecrit, où le Retrait lignager eſt admis, le Retrait Féodal lui eſt préféré, ſuivant le témoignage de la Roche-Flavin, de Deſpeiſſes & de M. de Catelan.

Comme l'action en Retrait Féodal naît du contrat de vente qui y donne lieu, on la regarde comme participante de la perſonalité & de la réalité, & par conſéquent comme mixte ; par cette raiſon, elle ſe porte devant le Juge du domicile du défendeur, parce que la perſonalité, comme la plus noble, attire la réalité ; il en eſt à cet égard du Retrait Féodal, comme du Retrait lignager.

Mais, comme dans la Coutume du Maine, qui en cela eſt conforme à celle d'Anjou, l'action en Retrait lignager eſt réelle, & ne doit s'intenter & s'exécuter que devant le Juge de la ſituation des héritages, ou en la Cour Suzeraine qui ſoit capable du tout, on a agité la queſtion de ſçavoir s'il devoit en être de même du Retrait Féodal.

Cette queſtion s'eſt élevée à l'occaſion

d'un Retrait Féodal exercé & exécuté par le Marquis de Murat, au Bailliage du Mans, de Fiefs fitués, tant dans ce Bailliage qu'en celui du Château-du-Loir. On difoit de la part du Marquis de Murat, que la Coutume du Maine ne parloit que du Retrait Lignager, non du Retrait Féodal : il citoit un Arrêt du 5 Janvier 1728, qui avoit, difoit-il, jugé les Requêtes du Palais compétentes pour connoître d'une action en Retrait Féodal dans cette Coutume.

Malgré ces raifons, la Cour, par Arrêt rendu le 20 Janvier 1761 de relevée, a jugé que l'action en Retrait Féodal étoit réelle dans la Coutume du Maine, & qu'elle devoit, comme celle en Retrait lignager, former des demandes différentes dans les diverfes Jurifdictions où les héritages étoient fitués.

Quelques Coutumes, & finguliérement l'article 192 de celle du Perche, autorifent les Retrayans à faire donner les affignations en Retrait Féodal au domicile des Fermiers du Fief, quand l'acquéreur ne demeure pas dans le Pays ; & la Marquife de Tourrouvre s'étoit conformée à cette difpofition, en exerçant le Retrait de plufieurs Terres fituées au Perche, mouvantes de Tourrouvre, acquifes par le fieur Parat.

Le fieur Parat, qui demeuroit à Paris, demanda la nullité de l'Exploit, parce qu'il n'avoit pas été donné à fon domicile, conformément à l'article 3 du titre 2 de l'Ordonnance de 1667, laquelle Ordonnance a dérogé à toutes Coutumes, &c.

La Sentence du Châtelet où le fieur Parat avoit fait révoquer l'affignation, avoit rejetté le Retrait ; mais, fur l'appel, Arrêt eft intervenu le 19 Juillet 1729, en la cinquiéme Chambre des Enquêtes, qui a ordonné aux Parties de fe retirer devers le Roi, pour fçavoir fon intention fur l'article 3 ci-deffus cité, & fi cet article affujettit le Retrait Féodal aux formalités dudit article, nonobftant la difpofition de la Coutume du Grand-Perche, rédigée en 1558, qui s'étoit jufqu'alors obfervée.

Les Parties ont depuis tranfigé ; ainfi la queftion n'a pas été jugée. Guyot parle auffi de cet Arrêt fur l'article 73 de la Coutume de Mantes.

Quand il fe rencontre une nullité dans l'Exploit ou dans la procédure d'un Retrait lignager, le Retrayant eft déchu ; de maniere que, quoiqu'il foit encore dans un temps utile, il ne peut plus renouveller fon action : mais en doit-il être de même du Retrait Féodal ?

Cette queftion s'eft préfentée en la Grand-Chambre, pour la Coutume du Maine. Un Seigneur avoit formé une demande en Retrait Féodal, par un Exploit dans lequel l'Huiffier n'avoit pas dit à qui il avoit laiffé copie ; & s'étant apperçu de cette nullité, il avoit renouvellé fon action le lendemain, par un Exploit bien régulier.

Sur cela, conteftation en la Juftice de Laffay, où il étoit intervenu Sentence qui déclaroit le Retrait nul, & le Retrayant déchu, l'affaire ayant été portée en la Sénéchauffée du Mans, où elle avoit été appointée.

L'appel de l'appointement porté en la Cour, on demanda l'évocation du principal : on foutint pour le Retrayant que le Retrait Féodal n'étoit point fujet aux formalités rigoureufes des Retraits Lignagers ; qu'il n'exigeoit ni offres ni confignations, &c. que la Coutume du Maine étoit favorable à ce Retrait ; qu'elle n'impofoit aucune formalité gênante au Seigneur, & qu'elle ne prefcrivoit même rien de particulier fur la forme de l'Exploit en Retrait.

Malgré ces raifons, la Cour évoquant le principal, a, par Arrêt rendu de relevée le 18 Décembre 1731, confirmé la Sentence de la Juftice de Laffay.

RETRAIT de Mi-denier.
V. Mi-denier & Offices.

Quand un héritage propre eft acquis durant & conftant le mariage de deux conjoints, dont l'un eft parent du vendeur du côté & ligne d'où lui provenoit l'héritage, tel héritage ne gift en Retrait durant le mariage ; mais après le trépas de l'un des deux conjoints, la moitié dudit héritage gift en Retrait contre celui qui n'eft lignager ou contre fes hoirs, s'ils ne font point non plus lignagers, & ce dedans an & jour du trépas du premier mourant defdits conjoints, fuppofé qu'il ait ou faifine ou inféodation prife durant ledit mariage (finon du jour qu'elle fera prife depuis) ou du jour de l'infinuation, en rendant , *par le Retrayant, la moitié du fort principal de l'acquisition, frais & loyaux-coûts.* Coutume de Paris, art. 155.

Dans cette difpofition, la Coutume fous-entend que les conjoints font communs en biens : mais s'il n'y avoit point de communauté entr'eux, en ce cas le conjoint lignager ou fes héritiers pourroient retirer la totalité de l'héritage acquis par l'autre conjoint non lignager, en rembourfant la totalité du fort principal, des frais & loyaux-coûts.

Ceci a encore lieu, lorfque l'héritage ayant été acquis pendant la communauté des conjoints, la femme lignagere, ou fes héritiers, viennent par la fuite à renoncer à la communauté.

Mais fi le conjoint lignager, ou fes héritiers auffi lignagers, ne jugent point à propos d'exercer le Retrait, enforte que par le partage de la communauté, l'héritage paffe pour moitié ou en entier au conjoint non lignager ou à fes héritiers ; en ce cas les autres lignagers ont droit d'en exercer le Retrait, *pourvû qu'ils ayent intenté leur action, & protefté fur icelle dedans l'an du décès du conjoint qui étoit parent.* Coutume de Paris, art. 157.

La Coutume dit, *protefté fur action en* Retrait, c'eft-à-dire, protefté de la pourfuivre après l'expiration de l'an & jour du décès du conjoint premier décédé ; parce que durant l'an & jour, le partage n'étant point fait, le conjoint lignager ou fes héritiers ont la préférence fur tous autres lignagers, pour exercer ledit Retrait.

Mais il faut toujours fe fouvenir que le Retrait n'a pas lieu, quand le conjoint non lignager a des enfans qui font de la ligne. Coutume de Paris, art. 156.

Le vendeur ne peut être admis au Retrait de Mi-denier de l'immeuble qu'il a vendu aux conjoints pendant la durée de leur mariage, & de l'un defquels il eft héritier : la Cour, par Arrêt rendu au rapport de M. Pellot, le 20 Avril 1728, a débouté Etienne Denis de l'action en Retrait de Mi-denier qu'il exerçoit contre Pierre Dalmas de $\frac{11}{12}$ d'une maifon fituée à Orléans, qu'il avoit vendue à Dalmas & à fa femme, propriétaire de l'autre douziéme. Dalmas demandoit le partage des $\frac{11}{12}$, & il fut ordonné.

RETRAIT LIGNAGER.

V. *Bail à vie, Droits Seigneuriaux, Engagifte, Lecture, Licitation, Loyaux-Coûts, Propres, Retrait Cenfuel & Féodal, Saifine.*

On nomme Retrait Lignager, l'action par le moyen de laquelle le parent du vendeur d'un héritage le retire des mains de celui qui l'avoit acquis.

Le Retrait Lignager a pour fondement & pour raifon l'intérêt public, qui tend & qui fert à maintenir les familles, & à y conferver les biens qui peuvent les foutenir. Cette raifon publique s'uniffant avec l'intérêt des Particuliers, à qui la Nature a infpiré le défir de conferver chérement le patrimoine de leurs ancêtres, on peut dire qu'il ne manque rien au Retrait de tout ce qui peut rendre une Loi jufte & précieufe aux peuples.

Le Retrait Lignager avoit lieu chez les Juifs ; nous en trouvons la preuve dans le Lévitique, chapitre 25, verfet 25 ; dans le Livre de Ruth, chapitre 4, & dans Jérémie, chapitre 32. Voyez la Note de Saint Jérôme.

Les Romains l'ont admis pendant un temps ; mais il fut abrogé par l'Empereur Theodofe-le-Grand, comme contraire à la bonne foi des contrats & à la liberté du commerce des héritages.

Il eft néanmoins en ufage dans plufieurs Provinces régies par le Droit Ecrit ; on l'admet en Mâconnois en Auvergne (a), en Provence (b), en Rouergue, dans le Quercy, dans quelques Sénéchauffées du reffort du Parlement de Touloufe, en Gafcogne, & dans les Bailliages de Romans & de Briançon en Dauphiné : mais il n'a pas

---

(a) La Coutume d'Auvergne n'accorde que trois mois aux Lignagers pour exercer le Retrait : cependant on a jugé que cette action étoit annale pour des biens fitués à Brioude, qui je crois eft régi par le Droit Ecrit ; cet Arrêt qui eft du 18 Mai 1616, eft fondé fur l'Ordonnance de

Henri III, de l'an 1581, Voyez les Arrêtés de la cinquiéme Chambre des Enquêtes, dans M. le Prêtre.

(b) Le Retrait Lignager a été établi en Provence par un Statut de l'an 1472 ; & ce Statut n'accorde qu'un mois pour l'exercice de cette action.

lieu (*a*) dans la plus grande partie du Languedoc, dans le Lyonnois, le Foreſt, le Beaujolois, dans les Pays régis par le Droit-Ecrit, qui ſont du reſſort des Parlemens de Bordeaux, de Dijon, &c. Voy. Bretonnier, Queſtions alphabétiques, au mot *Retrait*.

Le Retrait Lignager eſt reçu dans preſque toutes les Coutumes du Royaume, & même dans celles qui ſont du reſſort des Parlemens de Dijon & de Bordeaux (*b*); mais il eſt dans chacune ſujet à des formes ſi différentes & ſi bizarres, qu'il eſt ſurprenant qu'on n'ait point fait ſur cela un Réglement pour les rendre uniformes.

Leur diverſité eſt trop grande ſur ce point, pour qu'on puiſſe rapporter chacune en particulier; je m'attacherai donc à parler principalement des diſpoſitions de celle de Paris.

Cette Coutume n'aſſujettit au Retrait Lignager que les héritages & les rentes foncieres propres; elle en affranchit toutes les choſes mobiliaires & les acquêts (*c*). Voyez les art. 129 & 144.

Les rentes conſtituées ne peuvent être retirées par Retrait Lignager, parce qu'elles ne ſont immeubles que par fiction, & qu'il n'y a que les immeubles réels & non fictifs qui y ſoient ſujets.

Les Offices ne ſont pas non plus ſujets au Retrait Lignager; pas même les Offices domaniaux. Les Auteurs les plus accrédités, tels que Ricard, Dupleſſis & autres, s'accordent tous ſur ce point.

Il y a des actions qui ſont immeubles, & qui tiennent lieu d'héritage, comme l'action de réméré & les reſciſions pour vente d'immeubles. Ces actions ſont propres, lorſque l'immeuble étoit propre, & elles appartiennent à l'héritier des propres du côté & ligne dont l'héritage procédoit; il ſemble donc qu'elles ſoient ſujettes à Retrait comme l'héritage même, & c'eſt le ſentiment de Ferron, ſur la Coutume de Bordeaux, de Tiraqueau & de Dumoulin.

Mais je ne ſçaurois penſer comme ces grands hommes, ni me rendre à leurs raiſons; & je crois que ces ſortes d'actions ne ſont pas ſujettes au Retrait:

1°. Parce que notre Coutume n'admettant le Retrait que pour héritages ou rentes foncieres, il ne paroît pas naturel d'étendre ſa diſpoſition juſqu'aux ſimples actions qui forment une eſpéce de biens toute différente.

2°. Dans le ſens & l'eſprit de toutes nos Coutumes, il n'y a que les biens fixes, ſtables & permanens qui ſoient ſujets au Retrait; parce que ce ſont ces biens qui ſont l'eſpérance des familles, & qu'il n'y a que ceux-là ſur leſquels on puiſſe aſſeoir un intérêt d'affection. Or une action de réméré & de reſciſion n'eſt pas de cette qualité; il n'eſt rien de plus changeant & de moins aſſuré que ces actions.

3°. Les actions de réméré & de reſciſion ne ſont point immeubles & propres par elles-mêmes; elles ne ſont point ſuſceptibles d'hypothéque, & ne peuvent être ſaiſies réellement; elles ne ſont immeubles & propres que par une fiction de la Loi, qui veut que celui qui a action pour avoir un héritage, ſoit réputé avoir l'héritage même: or l'effet de la fiction ne peut pas être de faire tomber dans le Retrait Lignager une choſe qui de ſoi-même & par ſa nature n'y eſt point ſujette: car outre que nous n'avons ni Coutume ni Loi qui ait jamais étendu la fiction juſques-là, ce ſeroit pécher contre la raiſon, que de lui faire produire cet effet, puiſque l'extenſion du Retrait n'eſt point d'équité, & que les fictions n'ont été introduites que dans les cas favorables.

4°. La voie du Retrait ayant été ouverte à tous les Lignagers au moment de la vente, on doit préſumer qu'ils ont entiérement renoncé au Retrait, lorſqu'ils ont laiſſé paſſer l'année ſans l'exercer; & puiſqu'ils n'ont

---

(*a*) Il y a un Edit du mois de Novembre 1581, regiſtré avec des modifications, le 23 Janv. 1582, dont l'objet étoit d'établir le Retrait dans toute l'étendue du Royaume; M. l'Avocat Général Seguier, en portant la parole le Vendredi 11 Mai 1762, dans l'affaire du Retrait de Gistors, a dit que cet Edit avoit été révoqué par un Edit du mois de Novembre 1584, regiſtré le 20 du même mois; mais on prétend que ce dernier Edit n'a ſupprimé que l'Office de Greffier des Notifications, créé en 1581; & que par un autre Edit de l'an 1586, il eſt dit qu'en révoquant l'Office de Greffier des Notifications, le Roi n'a point entendu révoquer l'Edit de 1581.

(*c*) Pluſieurs autres Coutumes admettent le Retrait Lignager pour toutes ſortes de biens immeubles. V. les Cout. de Touraine, Maine, Anjou, Normandie, Bretagne, Poitou, Angoumois, la Rochelle, Xaintonge, Bordeaux, &c.

(*b*) Il n'eſt pas admis dans la Coutume de Douai. Voy. l'article 4 du chap. 3, ni dans le reſſort des Coutumes locales de Ville & Cité d'Arras, réformées en 1741. Voyez auſſi les Coutumes de Berry & de Saint-Severt.

point été touchés de cet intérêt d'affection qui les pouvoit obliger à retirer un propre de leur famille, il ne paroît pas juste que cet intérêt éteint, revive lorsqu'il ne sera plus de leur famille qu'une simple action.

5°. Notre Coutume n'a point marqué de temps particulier pour commencer la prescription d'an & jour contre le Retrait des actions de réméré : cela eût cependant été nécessaire si elle eût voulu qu'elles fussent sujettes à Retrait ; car dans les ventes de ces sortes d'actions, il n'y a ni inféodation ni saisine.

6°. L'usage est contraire, & il n'y a point d'exemples que le Retrait de ces sortes d'actions ait jamais été exercé au Châtelet.

Quand l'usufruit d'un héritage a été aliéné & vendu à personne étrange, cet usufruit *ne chet* point en Retrait, parce que le fonds de l'héritage ne sort point de la famille, & que les Retraits Lignagers ne sont introduits que pour conserver, autant que faire se peut, les biens propres ; & c'est pour cela que le Retrait a lieu dans le cas de la vente d'une nue propriété avec réserve d'usufruit, suivant la Coutume de Paris.

Mais lorsque cet usufruit a fait souche dans la famille de celui qui l'a acquis, alors s'il est vendu à *personne étrange*, il est sujet à Retrait : c'est ainsi qu'il faut entendre l'article 149.

Pour qu'un héritage ou rentes foncieres puissent être retirés par Retrait Lignager, il faut qu'ils ayent tenu nature de propre à celui qui les a aliénés (a), art. 129, *ibid.*

Cependant le Retrait a lieu lorsque le vendeur de l'héritage ou rentes foncieres les avoit acquis d'un de ses parens, à qui ils étoient propres de sa ligne, quoique dans ce cas ces héritages ou rentes ne tinssent que nature d'acquêts à ce dernier vendeur ; & même en ce cas le Retrait a lieu en faveur du premier vendeur, parce qu'il n'avoit pas

mis l'héritage ou rentes hors de sa famille, *ibid.* art. 133.

Ainsi, pour faire naître l'action en Retrait, il faut que deux conditions concourent ; l'une, que l'héritage ait été aliéné par vente ; l'autre, que la vente l'ait mis hors de la ligne dans laquelle il a fait souche ; mais si l'héritage propre est légué ou donné à un parent collatéral & lignager, y aura-t-il lieu au Retrait, en cas que cet héritage soit vendu par le légataire ?

Cette question s'est présentée dans la Coutume d'Amiens, entre un sieur de Montmignon & Antoine Lefebvre, Laboureur au Village de Flers ; & la Cour a jugé, par Arrêt rendu au rapport de M. Taboureau des Reaux, le Vendredi 19 Mars 1756, en la quatriéme Chambre des Enquêtes, qu'il n'y avoit pas lieu au Retrait en ce cas, parce que la Coutume d'Amiens n'admet le Retrait Lignager que quand les héritages propres sont vendus, & qu'un legs fait en collatéral ne forme que des acquêts.

On disoit de la part du Retrayant, qu'il falloit regarder le legs d'un héritage fait à un parent Lignager, comme une vente faite à un parent de la ligne, laquelle (vente) ne donne pas lieu au Retrait, qui s'ouvre néantmoins si ce parent acquéreur revend l'héritage à quelqu'un qui ne soit pas de la ligne ; le défendeur au Retrait répondoit par le ministere de Me Paignon, que le Retrait étant contraire à la liberté du commerce des héritages, il falloit » en restreindre » l'effet plutôt que de l'étendre.... & qu'il » ne pouvoit être permis que dans les cir- » constances spécifiées par la loi municipa- » le «, qui n'admet de Retrait que dans le cas de la vente, par un Lignager acquéreur, & non par un Lignager légataire.

La Sentence du Bailliage d'Amiens avoit rejetté le Retrait, & l'Arrêt a confirmé cette Sentence. Ni les Juges d'Amiens, ni la Cour, ne se sont déterminés sur des

---

(a) En Normandie, le Retrait a lieu, même pour les acquêts vendus ou donnés à rente fonciere. Voyez l'article 452 de la Coutume de Normandie.

Les Coutumes d'Anjou, du Maine, de Tours, de Bordeaux & d'Auvergne admettent aussi le Retrait Lignager des acquèts ; mais ce sont des Coutumes extraordinaires bornées à leur territoire, & sans force dans les autres Pays qui n'ont pas sur cela de Loi écrite : aussi bien que dans ceux où les Coutumes ont des dispositions opposées.

Dans les Pays de Droit-Ecrit, où le Retrait Lignager

est admis, & où l'on ne connoît point de propres, ce Retrait n'a pas lieu pour les acquêts, mais seulement pour les biens de famille ; c'est-à-dire, pour ceux qui sont parvenus au vendeur par voie de succession.

MM. les Gens du Roi du Parlement de Toulouse ont fait cela donné un Acte de Notoriété le 11 Décemb. 1754, dans lequel ils ont cité un Arrêt rendu au même Parlement, le 17 Avril 1752. Cependant voyez Cambolas. Voy. aussi l'Arrêt du mois de Mai 1756, que je rapporte à l'article *Engagiste.*

moyens de forme qu'on oppofoit auffi dans cette affaire ; on les a écartés pour ne juger que la queftion de Droit, toute nue, & on y a apporté une grande attention ; parce que MM. ont regardé cet Arrêt comme pouvant fervir de préjugé & même de régle dans un grand nombre de Coutumes qui font conformes à celle d'Amiens.

Le Retrayant, dont la demande fut profcrite par cet Arrêt, en citoit un rendu en la Grand'Chambre, le Mardi 22 Juin 1739, par lequel il a été jugé pour la Coutume de Montargis, que le propre légué à un parent de la ligne, étoit fujet à Retrait lorfque ce parent le vendoit à un étranger. Mais le défendeur au Retrait intenté dans la Coutume d'Amiens, fit voir que les deux Coutumes étoient différentes, & que ce qui étoit obfervé à Montargis, ne devoit pas influer fur les biens régis par la Cout. d'Amiens.

L'effet du Retrait eft de faire rentrer dans la famille l'héritage qui en eft forti : l'acquifition faite par le Lignager, dans quelque dégré qu'il foit parent du vendeur, le conferve toujours également dans la famille ; & par conféquent il ne peut jamais y avoir de Retrait en ce cas, parce que les Lignagers ne perdent rien pour cela de leur droit.

L'héritage ainfi acquis, ne forme à la vérité qu'un acquêt dans la perfonne de l'acquéreur quant à la fucceffion ; mais il demeure propre de Retrait, c'eft-à-dire, que fi l'acquéreur le revend à un étranger, il eft fujet à Retrait, même dans les Coutumes qui n'admettent le Retrait que pour le propre.

Le propre vendu à perfonne étrange, & depuis revendu par l'acheteur à quelqu'un des Lignagers, foit dans le temps du Retrait ou après, ne recouvre point la qualité de propre qu'il a perdu en fortant de la ligne, & ne peut plus être retiré, ni fur le Lignager qui l'a acquis de l'étranger, ni fur un étranger qui l'auroit depuis acheté du Lignager ; parce que le Lignager a eu toute liberté d'en difpofer comme d'un véritable acquêt. Voyez d'Argentré fur l'art. 284 de la Coutume de Bretagne.

Le Retrait des Domaines engagés a lieu quand ils ont fait fouche. V. *Engagifte*.

La Coutume de Paris veut tellement conferver les héritages lignagers aux familles qu'elle décide, par l'art. 139, que fi celui qui a retiré un héritage, *meurt délaiffant un héritier des acquêts & un héritier des propres, tel héritage doit appartenir à l'héritier des propres de la ligne dont eft venu & iffu ledit héritage & non à l'héritier des acquêts, en rendant toutefois dans l'an & jour du décès aux héritiers defdits acquêts, le prix dudit héritage.*

Cette difpofition de la Coutume de Paris a fait naître la queftion de fçavoir, fi un immeuble retiré par Retrait Lignager, étoit acquêt dans la perfonne du Retrayant, & fi la faifine légale fur cet immeuble étoit donnée dans la fucceffion du même Retrayant à l'héritier de ces propres ou à l'héritier des acquêts.

Cette queftion s'eft plaidée aux Requêtes du Palais, entre Meffieurs de Chavaudon & Longuet de Vernouillet, par Sentence du 11 Juillet 1750, confirmée par Arrêt rendu fur délibéré, ordonné le premier Février 1760, & prononcé le.....Mars fuivant ; il a été jugé que la faifine légale appartient à l'héritier des propres, fauf la récompenfe qu'il doit à l'héritier des acquêts, aux termes de l'article 139, dont j'ai rapporté la difpofition plus haut.

La raifon de décider, a été que la Coutume ne donne pas feulement à l'héritier des propres, le droit d'exercer un Retrait, mais par ces mots, *tel héritage doit appartenir à l'héritier des propres de la ligne......* elle fait elle-même, par fa difpofition, & fans le concours du fait de l'héritier, paffer l'héritage à l'héritier des propres, auquel elle donne une faifine dont elle prive l'héritier des acquêts.

Ce que la Coutume ajoute enfuite, *en rendant toutefois dans l'an & jour du décès aux héritiers des acquêts le prix dudit héritage*, bien loin d'empêcher la faifine & d'y mettre obftacle, n'en eft au contraire que la fuite ; & une condition impofée à l'héritier des acquêts, laquelle condition eft cenfée remplie, lorfque c'eft la même perfonne qui eft en même-temps héritiere des propres & des acquêts ; parce que confondant en fa perfonne la qualité de débiteur & celle de créancier, il fe paye luimême.

Le Retrait a lieu dans le cas de vente d'un héritage, moyennant une rente viagere; & par Arrêt rendu le 7 Juillet 1734, la Cour a même admis un Retrait intenté dans un temps utile, après que le rentier étoit décédé, & lorsque le Retrayant ne couroit plus aucun hasard.

La même chose a été jugée par Arrêt rendu en la Premiere Chambre des Enquêtes, au rapport de M. Tudert, le 14 Juil. 1745.

Dans cette espéce il s'agissoit du Retrait d'héritages vendus par Magdeleine Gouin, moyennant une rente viagere en grain & en argent, qu'elle devoit consommer chez l'acquéreur, Notaire à Richelieu; la venderesse étoit morte bien peu de temps après le Retrait intenté, & l'acquéreur soutenoit que le Retrait ne pouvoit pas avoir lieu, que c'étoit le cas d'appliquer le choix de personne, dont il fut question lors de l'Arrêt du 9 Août 1736, dont je parle ci-après: mais par le susdit Arrêt du 14 Juillet 1745, le Retrait a été admis, par la raison que la venderesse pouvoit consommer chez l'acquéreur, la rente viagere payée par le Retrayant, de même que si elle l'eût touchée des mains de l'acquéreur.

La Combe rapporte un autre Arrêt rendu au rapport de M. l'Abbé Pucelle, le Mardi 31 Juillet 1724 de relevée, entre les sieur & dame de Pontrincourt & le Chevalier Landais, par lequel il paroît avoir été jugé qu'une donation faite moyennant une rente viagere, avec délégation au donateur, par le donataire de l'usufruit des choses données, & promesse de fournir & faire valoir, étoit sujette à Retrait.

L'exécution de cet Arrêt a donné lieu à la question de sçavoir, si le Retrayant devoit seulement rembourser les arrérages de la rente viagere, payés jusqu'au décès du donateur, ou s'il devoit rembourser l'estimation de la pension viagere, comme le demandoit le donateur; & par autre Arrêt rendu au rapport de M. Pucelle, le 27 Mars 1727, la Cour a jugé que le Retrayant devoit seulement rembourser les arrérages acquittés jusqu'au décès du donateur.

Enfin la Cour a encore jugé par un autre Arrêt rendu le 6 Août 1740, que le Retrait a lieu dans le cas des ventes à sim-

ple rente viagere, pourvû que l'acquéreur soit rendu indemne. Voyez les Arrêts de la Combe.

Mais il paroît certain que le Retrait ne doit pas avoir lieu, quand l'héritage est aliéné à des conditions qui supposent un choix de personnes, une confiance singuliere dans les mœurs & dans l'amitié de l'acquéreur; & telle qu'on puisse croire que celui qui a fait la vente, ne l'eût pas faite aux mêmes conditions avec une autre personne.

L'aliénation faite sous la condition de nourrir le vendeur, est de cette espéce. Les Commentateurs sur l'article 341 de la Coutume du Maine, posent ce principe comme constant: Pocquet de Livonniere en convient, chap. 26 de ses Arrêts, & en son Traité des Fiefs. V. Louis & Bodereau.

Dans un contrat du 8 Novembre 1730, (en conséquence duquel une demande en Retrait fut formée devant le Juge de Vendôme) Jean Buffereau, en vendant sa maison & dépendances, moyennant 800 liv. d'argent, & 300 liv. de rente viagere, avoit stipulé que s'il vouloit aller, pendant trois semaines ou un mois, en vendange sur les lieux vendus, il auroit l'usage d'une chambre, &c. que lui, son valet & son cheval, seroient nourris: il avoit même été convenu que l'acquéreur seroit tenu de régaler honnêtement le vendeur, & dix à douze de ses amis, jusqu'à trois fois par an, sans diminution de prix & de la rente, » pour voir le plaisir de manger & con- » verser avec les acquéreurs, pour veiller » sur la vendange, la façon du vin, &c. «

Le contrat portoit en outre que » si, au » décès du vendeur, il étoit dû quelques ar- » rérages, ils seroient employés par les ac- » quéreurs, selon leur conscience & hon- » neur, à faire prier Dieu pour le vendeur, » dans telle Eglise qu'ils voudroient, sans » que les héritiers pussent en demander au- » cun compte. «

Le Retrait des biens vendus ayant été exercé, le défendeur au Retrait disoit que le contrat contenoit des clauses qui supposoient un choix de personnes, une confiance singuliere, qui ne pouvoient être remplacés par un Retrayant.

Par Sentence du Bailliage de Vendôme

du 5 Septembre 1733, confirmée par Arrêt du 9 Août 1736, rendu au rapport de M. de Berny, en la troifiéme Chambre des Enquêtes, (il n'a pas été levé) le Retrayant a été débouté de fa demande en Retrait.

Cette Jurifprudence eft conforme à l'article 125 de la Coutume de Vitry-le-François, qui porte que *l'homme ou la femme qui a donné fon Fief ou héritage roturier, pour être nourri le refte de fa vie, tel héritage n'eft fujet à Retrait;* parce que le donateur ayant fait choix d'une perfonne pour le nourrir, il n'auroit pas la même confiance dans une autre.

La Coutume de Paris n'admet au Retrait que les parens du vendeur, du côté & ligne dont eft venu l'héritage ou rente fonciere, fujet à Retrait; de forte que le Retrayant doit juftifier qu'il eft parent du vendeur, du côté & ligne de celui de fes ancêtres qui eft cenfé avoir mis le premier l'héritage dans la famille; mais il n'eft pas néceffaire que le Retrayant foit defcendu de ce premier acquéreur. *Ibid.* articles 129, 141 & 329.

Les héritiers du vendeur peuvent, après fa mort, retirer l'héritage qu'il a vendu, pourvû qu'ils foient du côté & ligne dont l'héritage eft provenu, *ibid.* art. 142; & s'ils le peuvent après fa mort, ils le peuvent, à plus forte raifon, de fon vivant.

La Comteffe de Bouligneux ayant vendu au fieur Godemel de Bourdeille une maifon fituée à Paris, rue Dauphine, qui lui appartenoit comme héritiere de fon fils, auquel elle avoit été léguée par Dame Magdeleine Barthelemy, veuve du Marquis de Rannes, le Retrait en fut exercé par M. Midorge, Maître des Requêtes: on foutint que le Retrait ne pouvoit avoir lieu dans ce cas; mais, par Arrêt rendu au rapport de M. de la Guillaumie, le 16 Mars 1723, le Retrait fut admis. Voyez ce que je dis à l'art. *Propres*, fur la queftion de fçavoir fi les héritages recueillis par les pere & mere, dans les fucceffions de leurs enfans, forment des propres. Je parle encore de cet Arrêt dans une Note fur le préfent article.

Celui qui eft incapable de fuccéder, par exemple, un Bâtard, ne peut exercer le Retrait. *Ibid.* art. 158.

Mais il peut s'exercer au nom d'un enfant qui eft encore dans le ventre de fa mere, & qui n'étoit pas même encore conçu au temps du contrat; parce que c'eft à la famille en général que le droit d'exercer le Retrait Lignager appartient, & que ce droit n'appartient à perfonne en particulier, avant que l'affaire foit intentée. Voyez M. Louet, lettre R, n. 38.

Le Retrait intenté pour un enfant qui n'eft pas encore né, ne peut avoir lieu qu'au cas qu'il naiffe vivant.

La Coutume de Paris ne limite aucun dégré de parenté pour l'exercice du Retrait; ainfi je penfe que ce droit s'étend à tous ceux qui peuvent efpérer de fuccéder, pourvû qu'ils foient du côté & ligne dont l'héritage procéde; & comme dans notre Coutume il n'y a point de dégré de parenté qui borne l'efpérance des fucceffions légitimes, il n'y en a pas non plus en qui l'action de Retrait foit renfermée. C'eft l'avis de Dumoulin fur l'article 178 de l'ancienne Coutume; & je crois qu'il en doit être de même dans toutes les Coutumes qui ne contiennent aucune limitation à cet égard *(a).*

Lorfqu'un petit-fils vend des héritages que lui a donnés fon ayeul, le pere peut exercer le Retrait lignager; parce qu'il eft iffu de celui qui a mis les biens dans la famille.

Si le fils vend les héritages qu'il tient de fon pere, auquel ils étoient acquêts, Chopin, fur la Coutume d'Anjou, liv. 3, ch. 1, tit. 5, n. 22, prétend que l'ayeul ne peut pas en exercer le Retrait fur un acquéreur étranger; mais je penfe au contraire, qu'en ce cas l'ayeul eft de la ligne d'où procédent les biens; & que fuccédant à l'exclufion des collatéraux plus éloignés, il peut exercer le Retrait. Voyez Dumoulin, fur l'art. 101 de la Coutume de Montfort.

Au refte, entre plufieurs Lignagers qui intenteroient le Retrait, chacun en particulier, celui qui auroit le premier dirigé l'ac-

---

(a) Comme on ne connoît point de propres en Pays de Droit-Ecrit; & que lorfque les parens peuvent fuccéder, ils peuvent former la demande en Retrait dans l'année, quoiqu'ils ne foient pas paréns de l'eftoc & ligne dont

les biens font provenus; il a été fur cela donné un Acte de Notoriété par les Avocats & Procureurs du Siége de Mâcon en l'année 1710.

tion, seroit préféré aux autres, quand même ceux-ci seroient plus proches parens du vendeur. Coutume de Paris, art. 151.

L'article 174 de la Coutume d'Amiens veut que, dans la concurrence de plusieurs parens qui ont exercé le Retrait Lignager, le plus proche soit préféré, lors même qu'il a été prévenu par un moins proche, pourvû que le plus proche *vienne avant l'exécution du premier Retrait.*

Ce que la Coutume d'Amiens prescrit par cet article, est conforme au Droit commun & à l'équité naturelle : on suit sa disposition dans les Coutumes qui n'en ont point de contraires.

Dans la Coutume de la Rochelle, le plus proche parent ne peut exercer le Retrait Lignager d'un héritage acquis par un parent plus éloigné du vendeur. Il y a sur cela un Arrêt de Réglement rendu sur les Conclusions de M. d'Aguesseau, Avocat Général, le 28 Juillet 1727. Il est imprimé ; & la Combe en rapporte les dispositions (*a*).

Dans la Coutume de Tours, un Lignager peut exercer le Retrait sur un autre Lignager acquéreur, soit pour le tout, s'il est en dégré plus proche, soit pour portion, s'il est en dégré égal avec l'acheteur ; le droit d'exercer le Retrait dans cette Coutume, suit l'ordre des successions, avec cette différence néantmoins que la représentation n'est point admise pour le Retrait. V. les art. 154, 161 & 163.

D'après ces principes, la Cour, par Arrêt rendu en la première Chambre des Enquêtes, au rapport de M. Langlois, le Vendredi 29 Août 1760, a admis les sieur & demoiselle Archambaut au Retrait des biens situés en Touraine, acquis d'un parent commun par les sieur & demoiselle Ferrand, leur frere & beau-frere, *si mieux n'aimoient lesdits sieur & demoiselle Ferrand retenir la moitié des choses par eux acquises par proximité de lignage & parité de dégré ; & en cas d'option, a ordonné le partage.*

Comme la faculté d'exercer le Retrait Lignager appartient à tous les membres de la famille, aux mineurs comme aux majeurs, aux enfans comme aux peres des ven-

deurs ; si un Lignager a intenté un premier Retrait qui soit nul, ou dont il se désiste, un autre Lignager peut former un semblable Retrait, pourvû qu'il soit encore dans le temps utile : ainsi, par exemple, lorsque le pere a succombé dans un Retrait, rien n'empêche le fils qui a un droit distinct, d'en former un de sa part.

Bien plus, quoique le vendeur d'un héritage ne puisse lui-même en exercer le Retrait, parce que ce seroit revenir contre son propre fait ; & quoiqu'on puisse regarder comme une fraude à ce principe le Retrait exercé par le fils, de l'héritage vendu par le pere ou par les héritiers mêmes du vendeur, ces sortes de Retraits ont néantmoins toujours été autorisés par la Jurisprudence des Arrêts. On peut voir sur cela l'article 142 de la Coutume de Paris, les Instituts de Loysel ; Grimaudet, Traité du Retrait ; Auzannet, en ses Arrêts, &c.

Le Retrait Lignager a lieu dans les mutations de propriété occasionnées par des ventes ou par d'autres contrats équipollens à vente ; tels entr'autres qu'un abandonnement d'héritage ou rentes foncieres, en payement d'une dette mobiliaire ou immobiliaire. *Ibid.* art. 129.

Il en est de même des mutations occasionnées par baux à rentes rachetables, *ibid.* art. 137 ; mais il n'a pas lieu dans la Coutume de Paris, lorsqu'un héritage est donné à rente fonciere non-rachetable.

En Normandie, le Retrait Lignager, & même le Retrait Féodal, ont lieu, quand les héritages sont donnés à rente ou Fieffe non-rachetable, lorsque le rachat en est fait avant trente années du jour du contrat. V. sur cela l'article 500 de la Coutume de Normandie, les Déclarations des 14 Janvier 1698, 19 Janvier & 26 Mai 1725. V. aussi la Déclaration du 27 Juillet 1731, sur la fraude Normande ; on la trouve dans le Code de Louis XV. Voyez enfin une autre Déclaration du 22 Juin 1731.

Dans les mutations par échange d'immeubles, s'il y a soulte de valeur de moitié, ou plus, de l'échange propre, le Retrait a lieu jusqu'à concurrence de la soulte ; mais

---

(*a*) Cet Arrêt a été rendu après un Acte de Notorieté, donné par les Officiers de la Sénéchaussée de la Rochelle, en exécution d'un précédent Arrêt du 22 Juillet 1726 ; par

lequel les Officiers de la Rochelle ont déclaré que la question n'avoit pas encore été décidée en leur Siége.

fi la foulte eft moindre que ladite moitié, il n'y a point lieu au Retrait. Coutume de Paris, art. 145.

Le Retrait a encore lieu dans la Coutume de Paris, fuivant l'article 150, lorfque la mutation arrive par décret forcé, (*fecùs à Orléans*, art. 400;) & il peut pareillement être exercé, lorfque l'héritage propre eft adjugé par décret fur un curateur aux biens vacans, ou fur un héritier par bénéfice d'inventaire, *ibid.* art. 151; parce que l'héritier bénéficiaire ou le curateur repréfentent le défunt.

Il en feroit autrement, fi la vente étoit faite fur un curateur à la chofe abandonnée ou déguerpie; alors il n'y auroit pas lieu au Retrait; parce qu'un femblable curateur ne repréfente pas la perfonne, la chofe abandonnée n'ayant pas de maître. Voyez les articles 152, 153 de la Coutume de Paris, Loyfel, Bouguier & Tournet.

Si l'héritage étoit acquêt au défunt, & qu'il fût adjugé fur un curateur à fa fucceffion vacante, ou fur l'héritier bénéficiaire, il ne feroit fujet à Retrait. *Ibid.* art. 152.

La vente à faculté de réméré donne incontinent ouverture au Retrait, parce qu'elle eft incontinent parfaite; mais fi le Retrait eft exercé, l'héritage ne paffe entre les mains du Retrayant, qu'avec la condition du réméré dont il eft chargé.

Il en eft de même de la vente faite fous la condition que les Romains appelloient *addiétionis in diem*, c'eft-à-dire, à la charge que la vente demeurera réfolue, fi, dans un certain temps, il fe préfente quelqu'un qui faffe des offres plus confidérables.

Dans ce cas, un étranger faifant la condition du vendeur meilleure, il évinceroit le Lignager qui auroit retiré. V. Dumoulin, fur l'ancienne Coutume de Paris.

La tranfaction paffée fur la propriété d'un héritage, ne donne point ouverture au Retrait, pas même quand il y a changement de poffeffeur, & un payement de deniers. La raifon eft que celui, à qui l'héritage appartient par cette voie, n'eft point cenfé l'avoir à titre d'achat; mais par un droit plus ancien, qui ceffe d'être contefté. Il n'acquiert point de nouveau; mais il conferve fon hé-

ritage, où il le recouvre; & les deniers donnés ne font point le prix de l'héritage, mais celui d'une efpérance douteufe ou d'un droit mal affuré.

D'ailleurs, le Retrait ne pouvoit être adjugé, en ce cas, qu'à la charge du procès éteint, qu'on feroit revivre.

Cependant, s'il paroiffoit que la tranfaction eût été faite en fraude, & que la forme d'une tranfaction eût été donnée à l'acte, pour déguifer une vente effective, il eft fans difficulté qu'en ce cas il y auroit lieu au Retrait.

Les aliénations pour caufe d'utilité publique, & auxquelles les particuliers peuvent être contraints, ne donnent point ouverture au Retrait. Voyez Chopin, fur la Coutume de Paris, & le même Auteur, Traité du Domaine.

Quand la vente eft réfolue entre les Parties, les Lignagers ne font plus recevables au Retrait, & la vente peut fe réfoudre en quelque temps que ce foit, même après une longue poffeffion de l'acheteur, pourvû que les Parties n'ayent point été prévenues par une demande en Retrait Lignager.

La raifon de cette décifion eft, que l'objet du Retrait étant de faire rentrer l'héritage dans la famille dont il eft forti, l'ouverture au Retrait ceffe auffi-tôt qu'il y eft rentré.

Il en eft autrement du Retrait féodal. Ce Retrait peut s'intenter après la réfolution volontaire du contrat de vente, pourvû que la vente ait été confommée par une tradition effective, & que l'acquéreur ait été en poffeffion. Voyez Dumoulin fur l'ancienne Coutume.

Il y a même cela de particulier, que fi le Seigneur exerçoit le Retrait féodal, & fe faifoit adjuger l'héritage après la vente réfolue, le Lignager qui n'auroit pû exercer le Retrait fur fon parent, l'emporteroit fur le Seigneur du Fief, fur lequel il pouvoit exercer le Retrait Lignager.

Quant aux mutations d'héritages par licitation, l'article 154 de la Coutume porte, que *portion indivife d'héritage vendu par licitation (a), eft fujette à Retrait*.

Dans le cas de la licitation d'un héritage,

(a) Dans les Coutumes qui rejettent le Retrait Lignager des biens propres vendus par décret, on juge qu'il ne peut pas non plus être intenté pour héritages vendus par licitation; le mot Décret dans ces Coutumes, s'entend de faite entre co-héritiers d'une même ligne, fi l'un deux s'en rend adjudicataire, il eſt certain qu'il n'y a pas lieu au Retrait, puiſque l'héritage ne ſort point de la ligne ; mais fi au contraire il eſt adjugé à un Étranger, il eſt de même certain qu'il eſt ſujet à Retrait ; c'eſt l'eſprit de l'article 133 de la Coutume de Paris.

Mais s'il eſt queſtion de la licitation d'un héritage commun entre Etrangers ou héritiers de diverſes lignes, alors, ou l'héritage peut être aiſément diviſé, auquel cas le Retrait a lieu diviſément pour chaque portion, ou il ne peut pas être diviſé ; & alors, comme le Retrait donneroit lieu à une nouvelle licitation, & par conſéquent à de nouveaux Retraits, & à des licitations à l'infini, ſuivant la Juriſprudence des Arrêts, le Retrait n'a pas lieu dans le cas de cette licitation, à moins qu'il ne ſoit intenté par une perſonne qui ait droit de retirer le total, en ſe trouvant parent tout-à-la-fois des différentes lignes.

Trois co-héritiers, co-propriétaires d'une maiſon impartageable, ſituée à Saint Florentin, en ayant fait ordonner la licitation, un étranger ſe préſenta pour enchérir, & ſon enchere fut reçue.

Son offre ayant paru ſuffiſante à l'un des trois co-héritiers, celui-ci tranſporta ſes droits à l'enchériſſeur étranger qui lui paya le prix de ſon tiers : il fit enſuite ſignifier ſon contrat aux autres propriétaires, & pourſuivit en conſéquence la licitation commencée avec ſon cédant.

Le même jour qu'il fit appoſer des affiches indicatives de la vente par licitation, un des co-propriétaires forma contre lui une demande en Retrait, & proteſta de nullité contre les pourſuites qui avoient la licitation pour objet. Mais on n'eut aucun égard à ces proteſtations, la licitation fut ordonnée, l'adjudication faite, & le Retrayant débouté de ſa demande en Retrait.

Le Retrayant interjetta appel des différentes Sentences qui contenoient ces diſpoſitions. Il demanda la nullité de l'adjudication & de la Sentence qui l'avoit ordonnée, il prétendit que le Retrait avoit dû empê-

cher & ſuſpendre la licitation ; l'acquéreur objectoit que le Retrayant avoit conſenti la licitation, & que des étrangers fuſſent admis à enchérir ; le Retrayant en convenoit, mais il diſoit que ce conſentement étoit antérieur à la vente du tiers de la maiſon dont il exerçoit le Retrait. Par Arrêt rendu le 4 Avril 1735, en la troiſiéme Chambre des Enquêtes, au rapport de M. Hurſon, toutes les Sentences furent confirmées.

Le Retrait n'a pas lieu, quoique l'acquéreur ſoit étranger, s'il a des enfans qui ſoient parens de la ligne du vendeur. Coutume de Paris, art. 156.

Enfin le Retrait n'a pas lieu dans les ventes faites ſur un curateur à des biens confiſqués.

Ni dans les mutations par donation.

Je crois néantmoins qu'il faut excepter les donations à titre onéreux, & admettre le Retrait en ce cas ; il y a même des Auteurs qui penſent qu'il ſuffit que les charges impoſées au donataire excedent la moitié de la valeur de l'héritage, pour qu'il y ait lieu au Retrait ; mais ils ne l'admettent en ce cas qu'à proportion de ce qui eſt payé par le donataire. Il y a ſur cela des uſages particuliers.

La raiſon qui détermine ces Auteurs à penſer que le Retrait a lieu en ce cas, eſt que, quoique l'aliénation n'ait point été qualifiée vente, on y trouve cependant toutes les conditions qui ſont néceſſaires pour faire une vente parfaite à proportion des charges impoſées ; puiſque d'un côté il y a choſe qui tombe en commerce, de l'autre un prix, & par conſéquent vente & Retrait à proportion.

Quant au ſurplus de l'héritage, il ne peut y avoir lieu au Retrait, parce que ce ſurplus eſt effectivement donné, qu'il n'a point de prix & ne peut jamais paſſer pour vendu ; en un mot, je crois qu'il faut en uſer dans les donations à titre onéreux, comme dans le cas de l'article 145, qui porte, qu'en échange, s'il y a ſoulte excédente la valeur de la moitié, l'héritage eſt ſujet à Retrait pour portion de la ſoulte.

Ainſi & d'après cet article, comme il n'y

---

toutes adjudications judiciaires. Palu cite ſur cela un Arrêt du 8 Juin 1641, dans ſon Commentaire ſur la Coutume de Tours ; & il a été rendu un ſemblable Arrêt au rapport de M. Severt, le 15 Avril 1758, par lequel un nommé

Poulet a été déclaré non-recevable dans ſa demande en Retrait d'héritages propres vendus par licitation à ſes parens lignagers, & dont l'un des Collicitans étoit ſon ayéul. Voyez l'article 180 de la Coutume de Tours.

a pas lieu au Retrait en l'échange, quand la foulte eft moindre que la moitié de la valeur de l'héritage, il faut dire que le Retrait ne doit pas non plus être admis, quand les charges de la donation font moindres que la valeur de la moitié de la jufte valeur de l'héritage donné ; parce qu'encore qu'il y ait quelque chofe en ce contrat qui équipolle à vente, cette vente qui n'eft qu'interprétative, fe confond dans la donation qui eft expreffe, qui prévaut & qui l'emporte.

Il faut même décider qu'il n'y a pas lieu au Retrait, quand les charges de la donation égalent juftement la moitié de la valeur de l'héritage donné, parce que les chofes ne font point encore dans une telle égalité que la forme du contrat ; le nom que les Parties lui ont donné, & leur intention dont on doit juger par les termes dont elles fe font fervies, ne l'emportent fur le Retrait. Voyez Dumoulin, fur l'ancienne Coutume de Paris.

Lorfqu'il y a vente pour un prix & donation du furplus de la valeur de l'héritage, y a-t-il lieu au Retrait pour le tout ou feulement pour partie, & à quelle raifon fe doit faire le rembourfement ?

Quelques Auteurs difent qu'on préfume en ce cas que la donation du furplus eft faite en fraude des Lignagers, & que le Retrait du tout doit être admis ; mais je penfe, comme écrit Dumoulin fur l'ancienne Coutume de Paris, qu'il faut diftinguer fi la donation tombe fur la chofe ou feulement fur le prix; fi elle eft du furplus de l'héritage ou du furplus de fa valeur. Dans le premier cas, le Retrait ne doit être admis qu'à proportion de la vente & que pour le furplus de l'héritage donné : dans le fecond cas je crois qu'il faut admettre le Retrait du tout, à la charge de rembourfer le furplus de la valeur.

Le Retrait Lignager a lieu contre l'Eglife & contre le Roi même. V. Chaffanée, fur la Coutume de Bourgogne ; Ferron, fur celle de Bordeaux ; Dumoulin, Style du Parlement ; Mornac, &c. Mais V. auffi *Coutume.*

Quand des héritages fujets à Retrait ont été vendus par un même contrat avec d'autres qui n'y font pas fujets, le Retrayant doit exercer le Retrait du tout, & il ne feroit pas recevable à demander feulement les héritages lignagers.

Mais il eft au choix de l'acquéreur de conferver les héritages non fujets à Retrait, & en ce cas fi le prix de chacun des héritages n'eft pas fixé par ce contrat, la ventilation doit s'en faire aux frais du Retrayant. Voyez les articles 378 & 392 de la Coutume du Maine.

Dans un Retrait d'héritages fitués au Maine, le fieur le Fevre de la Barre, Retrayant, avoit demandé la totalité des héritages acquis par le fieur Pean, dont une partie feulement étoit fujette à Retrait, & parce que le fieur de la Barre n'avoit pas laiffé par fon Exploit l'option au fieur Pean de conferver les héritages non fujets à Retrait : celui-ci prétendit que cela opéroit une nullité ; mais on a jugé l'Exploit régulier, & que c'étoit à l'acquéreur à ufer de la faculté que la Loi lui accorde. L'Arrêt qui eft intervenu dans cette affaire, a été rendu le Jeudi 31 Mai 1759, en la deuxiéme Chambre des Enquêtes, au rapport de M. Roualle ; & comme le fieur Pean avoit déclaré vouloir conferver les héritages non fujets à Retrait, l'Arrêt a ordonné une ventilation.

Cet Arrêt a encore profcrit une autre nullité qu'on prétendoit faire réfulter de ce que le fieur de la Barre n'avoit pas défigné les héritages lignagers fujets au Retrait, & de ce qu'il n'en avoit fait aucune diftinction d'avec ceux non fujets à Retrait ; le moyen du Retrayant à cet égard a été que la Coutume ne lui impofoit pas la néceffité de faire des défignations diftinguées, & qu'il avoit fuffifamment fatisfait à fa difpofition, en datant & en énonçant le contrat de vente.

Lorfque deux ou plufieurs co-héritiers ont par un même contrat vendu un héritage indivis entr'eux, l'un ne peut exercer le Retrait à l'égard des portions des autres, parce que le Retrait n'a pas lieu entre covendeurs. On peut fur cela confulter Dumoulin, fur l'article 13 de la Coutume de Paris; Tiraqueau, du Retrait Lignager, à la fin, n. 62, 63 & 64; Brodeau, fur M. Louer, lettre R, n. 2; Dupleffis, du Retrait, ch. 7, fect. 2, fur ces mots *vente par licitation;* de l'Hommeau, maximes du Droit François, part. 3, maximes 189; & le Grand, fur l'article 147 de la Coutume de Troyes.

La plûpart des Coutumes, & singuliérement celle de Paris, article 150, décident que les parens lignagers d'une partie saisie peuvent exercer le Retrait des héritages propres vendus par décret; & ces Coutumes forment le Droit commun.

Mais la partie saisie ne peut elle-même exercer le Retrait, parce qu'elle est considérée comme venderesse; il y a seulement des cantons où elle peut exercer une action qu'on nomme rabatement de décret. V. *Rabatement de Décret.*

Si l'adjudication par décret avoit été pourfuivie conjointement fur plusieurs parties faisies, chacune d'elles en particulier feroit excluse de l'exercice de l'action en Retrait Lignager, parce que chacune d'elles feroit co-venderesse, c'est ce que la Cour a jugé par un Arrêt rendu au rapport de M. Simonnet, le 12 Mai 1741, entre Louis-Troffu, Jean-Baptiste Harel & Marie-Jeanne Julien.

Cet Arrêt a encore jugé que, quand le décret est pourfuivi fur le tuteur d'un mineur, le mineur ne peut ni en minorité ni en majorité exercer l'action en Retrait, à cause de fa qualité de vendeur.

Les Coutumes d'Orléans, de Loudun & de Tours, portent au contraire que les héritages vendus par décret ne font pas sujets à Retrait; & il feroit à souhaiter qu'elles formaffent le Droit Commun, parce que toutes perfonnes pouvant enchérir & acquérir judiciairement, les Lignagers n'ont pas à feplaindre que des étrangers leur font préférés.

Le délai fixé pour former la demande

en Retrait Lignager, est, felon la Coutume de Paris, d'un an & un jour, à compter pour les héritages roturiers du jour que le contrat a été enfaifiné; pour les Fiefs, à compter du jour que l'acquéreur a été reçu en foi & hommage par fon Seigneur, *ibid.* art. 129, 130, &c. & pour les héritages tenus en franc-aleu, à compter du jour que l'acquifition a été publiée & infinuée en Jugement au plus prochain Siége Royal, article 132 (a).

Le temps du Retrait court auffi du jour de la réception par main fouveraine, lorfqu'il y a combat de Fief; & du jour de la fouffrance donnée; parce que *fouffrance vaut foi tant qu'elle dure*, fuivant l'article 42 de notre Coutume.

Et dans le cas où le Seigneur acquiert l'héritage tenu de lui en Fief ou cenfive, ou qu'il le retient par Retrait féodal, l'an & jour commence à courir du jour que fon acquifition ou fa retenue féodale a été publiée en Jugement au plus prochain Siége Royal, art. 135 & 159, *ibid.*

Mais comme par l'article 26 de l'Edit du mois de Décembre 1703, enregistré le 8 Février 1704, tous actes tranflatifs de propriété d'immeubles ont été affujettis à la formalité de l'infinuation; le Roi a ordonné que le temps fixé par les Coutumes pour exercer le Retrait féodal ou lignager, ne pourra courir que du jour de l'infinuation; il est par conféquent plus exact de dire que l'an & jour (b) du Retrait Lignager ne commencent à courir que de la derniere date, soit de l'infinuation ou des autres formalités ci-devant expliquées.

Les difpofitions des Coutumes d'Angoumois & de Poitou, fuivant lefquelles l'an

---

(a) Un Arrêt rendu en forme de Réglement fur les Conclufions de M. l'Avocat Général d'Aguesseau, le 19 Juin 1725, & qui est imprimé avec un précis du fait & des moyens, a ordonné que cette difpofition de l'article 132 de la Coutume de Paris, devoit avoir lieu dans la Coutume de Meaux, laquelle ne contient aucune difpofition à cet égard. Guyot, qui parle de cet Arrêt fur l'article 71 de la Coutume de Mantes, le date du 19 Janvier.

Il faut remarquer ici que la formalité de la publication du contrat de vente d'un franc-aleu, ne fe fupplée point. L'on compte pour rien que l'aliénation du franc-aleu foit venue à la connoiffance des parens lignagers, fi elle leur est venue par une autre voie que celle prefcrite par la Coutume. Voyez Dumoulin, fur l'ancienne Coutume de Paris.

Si celui qui avoit acquis un franc-aleu, l'a revendu

fans faire publier & infinuer fon contrat; & que le nouvel acquéreur fe foit contenté de faire publier & infinuer le fien, la prefcription ne court point contre les lignagers; parce que la premiere vente demeurant fecrette, ils ne peuvent pas prendre de juftes mefures pour intenter le Retrait. V. Berault, fur l'art. 453 de la Cout. de Normandie.

(b) Le délai dans lequel le Retrait lignager peut s'exercer, est dans la plûpart des Coutumes, d'un an & un jour, mais il n'est pas uniforme; il y en a qui, comme les Statuts de Provence, n'accordent qu'un mois. V. l'art. 39 du titre 5 de la Coutume de Bayonne; d'autres accordent quarante jours; celle de Berry, ch. 14, art. 1, en accorde foixante. Les Coutumes d'Auvergne, ch. 23, art. 11, & de Bourbonnois, art. 412, accordent trois mois; quelques-unes ne portent qu'un an, fans ajouter le jour. Voyez celles de Boullenois, de Chauny, &c.

du Retrait ne court que du jour de la notification & infinuation du contrat au Greffe
des Juftices des Seigneurs où les héritages
font fitués, ont donné lieu à la queftion de
fçavoir, fi l'infinuation ordonnée par l'Edit
du mois de Décembre 1703 fuppléoit celle prefcrite par ces Coutumes; & le temps
du Retrait ne couroit que du jour de l'infinuation.

Un premier Arrêt rendu en la premiere
Chambre des Enquêtes, au rapport de M.
Loyfeau, le 21 Juillet 1719, a jugé que
dans la Coutume d'Angoumois les deux infinuations font néceffaires, & que le temps
du Retrait ne court que du jour de la derniere.

Mais un autre Arrêt rendu le 6 Mars
1721, en la quatriéme Chambre des Enquêtes, au rapport de M. Boutet de Guignonville, a jugé le contraire pour la Coutume de Poitou.

La Combe, qui rapporte ces deux Arrêts, dit que le premier paroît régulier au
moyen de ce que l'Edit ne déroge point aux
formalités prefcrites par les Coutumes;
auffi la queftion s'étant depuis préfentée
pour la Coutume de Poitou, entre le fieur
Genet, Receveur du Duché de Châtelleraut, Me Bodin, Procureur, & Pierre La-
vaut, Perruquier, la Cour, par Arrêt rendu le 27 ou le 28 Juillet 1761, au rapport
de M. Titon, en la Grand'Chambre, a
jugé prefque tout d'une voix, que dans cette
Coutume, pour faire courir l'an & jour du
Retrait, il faut que la notification en ait été
faite au Greffe de la Jurifdiction de la fituation des biens, conformément aux articles
319, 320 & 321 de cette Province, & que
l'infinuation au Bureau des Infinuations laïques établi près le Siége de la fituation,
ne fait pas courir ce délai.

Dans cette efpéce, il s'agiffoit du Retrait
exercé 15 ans après l'infinuation au Bureau
des Infinuations laïques de Châtelleraut,
d'un Domaine confidérablement amélioré.

La Coutume de Touraine veut que l'an
& jour qu'elle accorde au Lignager pour
exercer le Retrait, ne commencent à courir
que du moment où l'acquéreur a pris poffeffion avec les formalités qu'elle prefcrit
par l'article 159; & fuivant l'article 160, il
n'y a qu'une poffeffion pleine & publique

de dix années qui puiffe fuppléer cette omiffion, & acquérir à l'acheteur le droit d'é-
carter les Retrayans.

La Coutume d'Auxerre porte que le délai, pendant lequel le Retrait peut s'exercer, court à compter du jour du contrat de
vente, & on a prétendu que l'Edit de 1703
ne devoit pas le faire courir d'un autre jour
dans cette Coutume; mais par Arrêt rendu
le 31 Mai 1756, au rapport de M. Julien,
en la premier Chambre des Enquêtes, ce
moyen, que l'on foutenoit opérer une nullité, & plufieurs autres qu'on oppofoit contre un Retrait, furent profcrits. La Cour
l'avoit jugé de même en faveur de M. le
Prince de Conti, dans l'affaire du Retrait
du Duché de Mercœur, par Arrêt rendu le
21 Juillet 1720.

Dans le Mâconnois, le délai d'an & jour
pour exercer les Retraits, court du jour,
non de l'enfaifinement ou de l'inféodation,
mais du jour même de la vente. L'ufage en
eft attefté par un Acte de Notoriété donné
en 1720.

Il y a des Coutumes dans lefquelles l'an
du Retrait ne court que du jour de la deffaifine & de la faifine. Sur cela voyez *Saifine*.

Un Acte de Notoriété donné par les Officiers, Avocats & Procureurs d'Amiens,
le 12 Juillet 1719, en conféquence d'un
Arrêt rendu le 19 Juin précédent, porte
1°. » que le défaut de deffaifine pardevant
» les Officiers des Juftices des Seigneurs de
» qui les héritages relevent, ou le défaut de
» mention d'icelle & la faifine, n'empé-
» chent pas que l'an & jour du Retrait ne
» courent du jour de la faifine.

2°. » Que l'enregiftrement & l'infinua-
» tion de la faifine « (prefcrits par la Coutume d'Amiens) » ont toujours été fuffi-
» fans pour faire courir l'an & jour du Re-
» trait.

3°. » Qu'il n'eft point d'ufage que les
» contrats de vente foient tranfcrits & infi-
» nués dans les Regiftres des Seigneurs, &
» que dans les Juftices du Bailliage d'A-
» miens, il ne fe tient point de Regiftre
» pour l'infinuation defdits contrats de ven-
» te. « Voyez l'article 167 de la Coutume
d'Amiens.

La Cour, par Arrêt rendu fur-délibéré,

au rapport de M. Lambelin, le 22 Décembre 1741, entre la veuve Rolland, appellante, & la demoiselle Convers, intimée, a jugé que l'ensaisinement pris par l'acquéreur de celui qu'il croyoit être le Seigneur censier, & qui ne l'étoit pas, ne faisoit point courir l'année du Retrait.

Ce même Arrêt a encore jugé que le Retrayant lignager, qui faisoit anticiper l'acquéreur appellant, n'étoit point obligé de faire des offres par l'exploit d'anticipation.

Lorsqu'il y a fraude dans la vente, soit qu'elle ait été déguisée sous le nom d'échange, ou qu'on ait fait paroître le prix plus grand qu'il n'étoit, le temps du Retrait ne court que du jour de la fraude découverte, parce que l'acquéreur est tenu de son dol. La Cour l'a ainsi jugé par deux Arrêts des premier Décembre 1569 & 20 Mars 1610, rapportés par Brodeau, sur M. Louet, lettre R, n. 53. Voyez aussi Coquille, sur la Coutume de Nivernois; Dumoulin, sur l'ancienne Coutume de Paris; Chopin, sur celle d'Anjou; Mornac, & la Déclaration du 27 Juillet 1731, au sujet de la fraude Normande.

La fraude dont je viens de parler, peut être attaquée jusqu'à 30 ans, & selon que l'affaire y est disposée: si, par exemple, il y a eu un commencement de preuve par écrit, on admet la preuve par témoins. V. d'Argentré, sur les articles 269 & 296 de la Coutume de Bretagne; Chassanée, sur celle de Bourgogne; Tiraqueau, du Retrait; Chopin, sur la Coutume d'Anjou, &c.

L'assignation donnée à l'acheteur qui a revendu, & qui ne possède plus, interrompt la prescription, & prolonge le temps du Retrait, jusqu'à ce que l'ajourné ait indiqué le nouvel acquéreur. Il y en a une disposition précise dans l'article 210 de la Coutume de Blois & dans celle de Bordeaux. Voyez l'Apostille de Dumoulin sur l'article susdit de la Coutume de Blois.

Le temps du Retrait ne court pareillement que du jour que le prix de l'aliénation est fixé, lorsqu'il ne l'a point été par le contrat. La Cour l'a ainsi jugé par trois Arrêts rendus les 4 Janvier 1584 & 14 Janvier 1617, cités par Labbé, sur l'article 130 de la Coutume de Paris.

Chopin a pensé, sur la Coutume de Paris, que quand, après la saisine prise, ou la foi & hommage faite, le vendeur demeure encore en possession, rétention d'usufruit, précaire ou autrement, le temps du Retrait ne court pas alors du jour de la saisine ou de l'inféodation, mais du jour que la vente est devenue publique; & qu'il en doit être de même, lorsque l'usufruitier ou la douairiere achete la propriété. Il cite ailleurs un Arrêt ancien qui l'a ainsi jugé; & Boerius, qui traite la question sans donner son sentiment, dit que le Parlement de Bordeaux pense en faveur des Lignagers contre la prescription.

L'avis contraire me paroît beaucoup plus raisonnable; car si le temps du Retrait court contre les impuberes & les absens pour le service de l'Etat, suivant l'article 131, il doit à plus forte raison, courir contre ceux qui ont ignoré la licitation; cette ignorance ne pouvant jamais être une plus juste excuse que le défaut d'âge ou d'absence pour cause publique.

D'ailleurs, si la Coutume avoit désiré une dépossession corporelle du vendeur, pour mettre l'acheteur en état de prescrire, elle s'en seroit expliquée, & elle ne se seroit pas contentée de la saisine, qui n'est qu'une prise de possession fictive.

On prétend que si, après la saisine ou l'inféodation, il y a procès intenté par le vendeur pour rentrer dans son héritage par voie de rescision ou autrement, la prescription d'an & jour ne court point contre les Lignagers pendant la durée du procès; parce qu'en ce cas il est incertain s'il y a vente, ou si la vente est bonne, & si le propre est encore dans la famille, ou s'il en est sorti. Voyez Guy-Pape, Décision 257; Boerius, Dumoulin, sur l'ancienne Coutume; Tiraqueau, &c.

Quand la saisine ou l'inféodation a été prise entre la Sentence d'adjudication par décret, & l'Arrêt qui la confirme, le temps du Retrait court du jour de la saisine, & non pas du jour de l'Arrêt. Tronçon rapporte sur cela un Arrêt du 14 Août 1617; & il y en a un autre du 10 Mai 1622, dans les arrêtés de la cinquiéme des Enquêtes, rapporté par M. le Prestre. Mais je crois, d'après la précédente observation, que cela

n'auroit pas lieu, fi l'appel avoit été interjetté par la Partie faifie ; puifque la validité
de l'adjudication demeureroit en fufpens
pendant ce temps, jufqu'au jour de l'Arrêt.
Voyez à ce fujet l'Apoftille de Dumoulin,
fur l'article 422 de la Coutume de Bourbonnois; & Chopin, fur la Coutume de Paris, liv. 2, tit. 6, n. 2.

L'an & jour dont parlent nos Coutumes,
fe comptent de maniere que ce délai fe
trouvera révolu au 1er Janvier, s'il court
du premier Janvier précédent, de même du
2 au 2, &c. V. Brodeau, fur l'article 129
de la Coutume de Paris, n. 13 ; Pithou,
fur l'article 144 de celle de Troyes ; l'article
153 de la Coutume de Tours, & les Annotateurs de Dupleffis.

La Combe dit néantmoins qu'un contrat
de vente d'héritages, ayant été lû le 29 Juillet 1736 à midi, le Retrait de ces biens, intenté le 29 Juillet 1737, à 7 heures du foir,
a été jugé valable, par Arrêt rendu le 2
Août 1740, au rapport de M. de Mon-
thullé; mais il y a lieu de croire que les
biens retirés étoient fitués en Normandie,
où les Retraits font favorablement accueil-
lis. V. ce que je dis à la fin du préfent article.

Plufieurs Auteurs prétendent que l'an &
jour du Retrait Lignager, en fait de vente
par un mari du propre héritage de fa femme, fans fon confentement, ne courent que
du jour qu'elle a ratifié.

M. le Camus, dans le projet de réformation de la Coutume de Paris, fur l'article
130 ; Bobé, fur l'art. 98 de la Coutume de
Meaux, & prefque tous les Auteurs, font
de cet avis. Voyez Montholon, Tronçon,
Labbé, Dupleffis, &c.

Cependant voyez ce qui eft dit ci-après
au mot *Vente.*

Au refte, il faut non-feulement que l'affignation en Retrait foit donnée dans *l'an
& jour*, mais encore qu'elle écheoie dans
l'an & jour, fuivant l'article 130 de la Coutume de Paris.

Il faut cependant remarquer que les termes, *écheoir dans l'an & jour*, dont fe fert la
Coutume, ne s'entendent que du délai de
trois jours, de huitaine, ou autre délai fixé
par l'Ordonnance de 1667, (relativement
aux Jurifdictions, à la fituation & à la diftance de la demeure des Parties,) qui fe

trouve (le délai) indiqué par l'exploit, &
non pas des autres délais qui fuivent ce premier, & qui peuvent courir après l'an &
jour révolus pour mettre le Retrayant en
état de lever & faire juger fon défaut.

Le terme accordé pour l'action en Retrait
court, tant contre le majeur que contre le
mineur, fans efpérance de reftitution, (art.
131) à moins que le tuteur du mineur ne fe
trouve l'acquéreur : alors le temps du Retrait ne commenceroit à courir contre le mineur, que du jour qu'il feroit forti de la tutelle de cet acquéreur.

L'an & jour courent auffi contre les abfens, même pour caufe publique, contre les
infenfés, les bannis, les interdits, les femmes
mariées, & autres qui, en autres cas, pourroient fe fervir du bénéfice de reftitution.

Durant le terme accordé pour l'action en
Retrait Lignager, l'acquéreur d'un héritage
ne peut y faire faire aucun bâtiment, ni réparations, fi la néceffité de les faire, n'eft juridiquement conftatée : s'il en faifoit, il ne
pourroit en obtenir le rembourfement contre le Retrayant ; cependant s'il en avoit
fait, & que la néceffité de les faire, fût bien
conftante, il devroit en être rembourfé,
comme des loyaux-coûts.

Il ne peut pareillement dégrader l'héritage : & s'il le fait, il eft tenu de le rétablir.

La Cour a même jugé, par Arrêt rendu
en la Grand'Chambre, le Mardi 17 Août
1756 du matin, que pendant l'année du Retrait, l'acquéreur ne pouvoit rien innover
au bail fait par le vendeur, & qu'il n'avoit
même pas pu approuver la ceffion du bail
faite par le locataire, au préjudice de la
claufe qui portoit que le bail ne pourroit
être cédé fans l'agrément du propriétaire.

Dans l'efpéce de cet Arrêt, le bail de la
maifon pour laquelle le Retrait étoit exercé, portoit que le locataire ne pourroit céder fon droit, fans le confentement du propriétaire : l'acquéreur avoit, avant le Retrait intenté, agréé la ceffion que le locataire avoit fait de fon bail à un autre ; mais
après le Retrait adjugé, le Retrayant donna
congé, fous prétexte que le bail avoit interdit au locataire de céder fon droit.

Le locataire foutenoit que le congé ne
valoit rien, parce que la ceffion avoit été
agréée

agréée par l'acquéreur qui avoit pu , en fa qualité de propriétaire, y donner fon confentement.

Le Retrayant répondoit que l'acquéreur n'avoit pas pu lui préjudicier ni empirer fa condition, & que la maifon retirée devoit paffer au Retrayant en l'état où les chofes étoient au moment où l'action en Retrait s'étoit ouverte. La Sentence des Requêtes du Palais l'avoit ainfi jugé, & elle fut confirmée par l'Arrêt rendu fur les plaidoiries de Mes Bidaut & Doucet.

Outre les formalités prefcrites pour les autres exploits d'ajournemens , qu'il faut obferver dans les exploits en Retraits Lignagers , ceux-ci en exigent de particulieres.

Il faut d'abord , dans la Coutume de Paris , que l'exploit en Retrait exprime s'il eft donné avant ou après-midi.

L'Huiffier doit d'ailleurs être accompagné de deux Records (a) qui doivent figner avec lui l'original & la copie de l'exploit.

Il fubfiftoit anciennement un ufage contraire en Normandie ; mais, par un Arrêt de Réglement rendu par le Parlement de Rouen , toutes les Chambres affemblées , le 17 Janvier 1731 , il a été ordonné *qu'à l'avenir tous Huiffiers & Sergens feront tenus de fe faire affifter de deux témoins idoines & âgés de vingt ans , dans les fignifications des exploits de clameur, à peine de nullité defdits exploits , & de répondre en leur propre & privé nom de tous dépens , dommages , intérêts des Parties , &c.*

Quand je dis que l'exploit de demande en Retrait doit être recordé de témoins , il faut fous-entendre dans les Coutumes qui en ont une difpofition expreffe, & dans celles où des Arrêts de Réglement ont prefcrit cette néceffité, comme Paris, Chartres, &c. car, dans les Coutumes muettes, comme Berry , Montargis & quelques autres, le défaut de Records dans l'exploit introductif n'emporte point de nullité : la Cour l'a ainfi jugé pour la Coutume de Berry, en infirmant une Sentence du Bailliage d'Iffoudun , par Arrêt rendu le 21 Mars 1747 de relevée, plaidans Mes Babille & Boucot. L'exploit en

Retrait doit auffi contenir les noms , furnoms , qualités & demeures defdits Records.

Dans la Coutume de Paris , l'affignation en Retrait doit faire mention que le Retrayant offre *bourfe* , *deniers* , *loyaux-coûts & à parfaire.* Ce font des mots effentiels qu'elle prefcrit , par l'article 140 : dans celles qui exigent d'autres termes , il faut les employer fervilement ; parce que l'omiffion d'un mot confacré par la Coutume , emporte la nullité du Retrait. V. *Ajournement.*

Ceci ne doit cependant s'entendre que d'un mot effentiel à la perfection des offres, & qu'aucune autre expreffion ne peut fuppléer. Tel eft, par exemple , le mot *parfaire* dans la Coutume de Paris , où l'on n'offre point le prix en entier ; mais on ne peut oppofer l'omiffion d'une expreffion de la Coutume , lorfqu'elle eft remplacée par un terme fynonime , qui a une pareille force. On peut , fur cela , confulter les Annotateurs de Dupleffis , ch. 3, fect. 1; ils rapportent plufieurs Arrêts qui l'ont ainfi jugé.

Un Arrêt rendu en 1743 , au rapport de M. Mallet de Trimilly , entre François Maillard & la veuve Parifot ; a même profcrit le moyen de nullité propofé par cette derniere, contre l'exploit en Retrait de Maillard , par lequel, au lieu d'offrir *le rembourfement du fort* principal de l'acquifition , il avoit offert de rembourfer le *prix* , &c.

Enfin l'exploit doit défigner l'héritage qui fait l'objet du Retrait , comme l'exige l'Ordonnance de 1667 , titre 9 , article 3.

Il y a des Jurifconfultes qui penfent que l'exploit en Retrait doit indiquer le côté & ligne de la parenté , & que cela fait partie du libelle de l'exploit prefcrit par l'article 1er du titre 2 de l'Ordonnance de 1667. Mais la Coutume de Paris n'en dit rien ; & l'on tient actuellement pour maxime , que le Retrayant n'eft point obligé de cotter fon dégré de parenté , à moins qu'il n'en foit requis par l'acquéreur, ou qu'une difpofition formelle & précife de la Coutume , fous l'empire de laquelle le Retrait s'exerce , ne l'ordonne expreffément. V. l'Arrêt du 26 Juillet 1674, rapporté au Journal du Palais.

la nullité qu'on propofoit contre un Exploit d'anticipation fur un appel, & qu'on fondoit fur ce que cet Exploit n'étoit pas recordé de témoins,

Le ſieur Connel , contre lequel le nommé Deſgardins avoit exercé le Retrait Lignager de quelques héritages ſitués en Boulonnois, vendus par le frere de ce Deſgardins , a prétendu que l'exploit étoit nul, parce qu'il ne contenoit pas copie des Piéces juſtificatives de la fraternité alléguée par le Retrayant : celui-ci répondit qu'il n'étoit obligé de prouver ſa qualité que quand l'acquéreur le requéroit , que les Coutumes de Paris & de Boulogne étoient muettes ſur ce point ; & par Sentence de la Sénéchauſſée de Boulogne , du 29 Décembre 1748 , confirmée par Arrêt rendu en la Grand'Chambre , au rapport de M. de Montholon, le 20 Août 1751 , ce moyen de nullité & pluſieurs autres furent rejettés par Arrêt.

La Coutume de Poitou , art. 322 , porte que celui qui exerce un Retrait Lignager , doit déclarer le lignage du vendeur & de lui, ou pour le moins offrir de les déclarer en temps & lieu ; & ſur cette diſpoſition , on a agité la queſtion de ſçavoir , ſi un Retrayant qui avoit offert par l'exploit d'ajournement , de déclarer ſon lignage en tems & lieu , avoit dû , par un acte poſtérieur & ſans réquiſition de l'acquéreur , cotter & ſpécifier ſon dégré de parenté , avant de faire prononcer l'adjudication du Retrait par défaut.

L'acquéreur ſoutenoit l'affirmative , & il avoit même été juſqu'à dire , que cette ſpécification devoit être faite & prouvée dans le délai de l'an & jour ; mais , par Arrêt rendu au rapport de M. de Sahuguet d'Eſpagnac , le Mercredi 25 Juin 1760, entre les ſieur & demoiſelle Fraigneau & le ſieur Garraud , on jugea que l'acquéreur n'ayant pas requis la ſpécification & la juſtification de la parenté dans l'an & jour , & avant la Sentence par défaut faute de comparoir , qui adjugeoit le Retrait , les offres de déclarer le lignage en temps & lieu étoient ſuffiſantes ; & en conſéquence la Sentence par défaut , rendue à Saint-Maixant le 10 Juillet 1758 , qui adjugeoit le Retrait , fut confirmée.

Lorſque le Procureur fait la préſentation ſur l'exploit , il doit demander au Greffe , Lettres des offres de bourſe , &c. comme par l'exploit, dans les mêmes termes que ceux

que la Coutume indique ; & ces offres doivent être réitérées à toutes journées de la cauſe , juſqu'à la conteſtation en cauſe incluſivement , & à toutes celles de l'appel juſqu'à concluſion ſur l'appel , auſſi incluſivement ; faute de quoi il doit être débouté du Retrait, article 140, ibid. Voyez Journée de Cauſe.

On a jugé, par Arrêt rendu le Mercredi 8 Août 1759 , en la Grand'Chambre , au rapport de M. Chalmet , entre le Coutre & ſa femme , & la veuve Richemond , qu'une préſentation faite au Châtelet par le Procureur du Retrayant , en cès termes ; préſenté & contrôlé avec réitération d'offres de bourſe , deniers , loyaux-coûts & à parfaire , ſuivant la Coutume , étoit valable.

M. le Rapporteur a dit aux Procureurs , que la Cour avoit penſé que la préſentation n'étoit pas journée de la cauſe ; mais que quand ſe feroit une journée , les termes dans leſquels la préſentation avoit été faite , euſſent été jugés ſuffiſans.

Il eſt à remarquer que par un autre Arrêt rendu la veille de celui-ci , c'eſt-à-dire , le 7 Août 1759 , à l'Audience de ſept heures en la Grand'Chambre , la Cour avoit déclaré nulle une autre procédure en Retrait Lignager pourſuivie au Châtelet , parce que la préſentation y avoit été faite par le même Greffier & dans les mêmes termes que celle ci-deſſus.

Il y a de ſingulier que dans l'eſpéce de l'Arrêt du 8 Août , la Sentence du Châtelet avoit déclaré le Retrait nul , & qu'elle a été infirmée ; & que dans l'eſpéce de celui du 7 la Sentence du Châtelet avoit déclaré le Retrait valable , & qu'elle a auſſi été infirmée.

Un Retrayant qui faiſoit anticiper l'acquéreur ſur l'appel d'une Sentence adjudicative du Retrait , fit les offres dans l'Exploit d'anticipation ; mais dans la copie de l'Exploit donnée par un ſeul & même cahier on s'étoit contenté de dire aux offres ci-deſſus que l'Huiſſier réitérera , ſans ajouter de bourſe , deniers , &c. Il s'eſt agi de ſçavoir ſi ces offres étoient ſuffiſantes.

Le Retrayant ſoutenoit que les offres n'étoient pas néceſſaires dans les Exploits de relief & d'anticipation , ni dans l'Exploit ſur l'appel ; qu'en tout cas les offres étoient ſuffiſantes , parce que l'Huiſſier avoit déclaré dans son Exploit qu'il réitéroit par l'Exploit les offres faites dans les Lettres d'anticipation : ce dernier motif a déterminé les Juges ; & par Arrêt rendu le Mardi, 16 Avril 1720, de relevée, la Sentence a été confirmée, plaidans Me Gondouin pour le sieur Hatte, Retrayant, & Me Aubry pour l'acquéreur.

Les sieurs Adam & Brocheton, qui avoient acheté plusieurs héritages situés dans la Coutume de Vermandois, opposerent pour moyens de nullité contre l'Exploit en Retrait qui leur fut donné à la requête des sieurs Gilbert & Charpentier, parens Lignagers des vendeurs :

1°. Que l'assignation avoit été donnée dans une Justice Seigneuriale par un Huissier Royal, immatriculé au Grenier à Sel.

2°. Qu'on n'avoit pas répété le *parlant à*, en faisant les offres dans le libelle de l'Exploit.

3°. Qu'on n'avoit fait les offres qu'en présence de deux témoins, contre la disposition de la Coutume de Vermandois, qui veut qu'il y ait Notaires & deux témoins.

4°. Qu'on avoit offert le principal & les loyaux-coûts au lieu du *sort principal & les loyaux*, qui sont les termes de la Coutume.

5°. Que les offres étoient faites dans l'Exploit après l'assignation, au lieu que l'assignation ne devoit se donner dans le contexte de l'Exploit, qu'après le refus de les accepter.

6°. Que l'Huissier avoit dit aux offres de rembourser le sort principal, au lieu de dire j'ai offert de rembourser.

Mais tous ces moyens ont été proscrits par Sentence rendue au Bailliage de Soissons, le 25 Mai 1714, confirmée par Arrêt rendu le 5 Juin 1715, imprimé avec le précis des moyens.

La seule nullité qui ait fait impression, étoit le défaut de présence de Notaires dans les offres ; mais on reconnut par l'examen qui fut fait de l'original de la Coutume de Vermandois, déposé au Greffe de la Cour, qu'il y avoit une faute d'impression considérable dans l'article 231, & qu'au lieu de

Notaires & deux témoins qui se trouvoient dans les exemplaires imprimés, il falloit Notaires ou deux témoins, au moyen de cette faute d'impression, l'Exploit se trouvoit conforme à la Coutume ; mais pour rendre la faute plus notoire, la Cour a ordonné que l'Arrêt seroit envoyé dans toutes les Jurisdictions du ressort de la Coutume de Vermandois.

Le Retrayant doit toujours être prêt d'exécuter le Retrait, lorsque l'acquéreur y acquiesce ; on jugeoit même autrefois que s'il laissoit prendre un Arrêt par défaut contre lui par l'acquéreur, il étoit déchu par cela seul : il y a eu sur ce point plusieurs Arrêts, dont le dernier fut rendu le 8 Juin 1751. V. aussi les Actes de Not. du Chât.

Mais en prononçant un Arrêt rendu en conformité des Conclusions de M. Pelletier de Saint-Fargeau, le Mardi 13 Mai 1760, de relevée, dans l'espéce duquel on opposoit ce moyen avec plusieurs autres, M. le Président Pelletier de Rosambo *avertit le Barreau de ne plus proposer pour moyen de nullité le défaut d'offres dans un Arrêt par défaut obtenu contre le Retrayant, & que l'intention de la Cour étoit de recevoir toutes les oppositions aux Arrêts par défaut, pris en matiere de Retrait* (a), *lorsque les oppositions seroient formées dans les délais de l'Ordonnance.*

Cet Arrêt a néantmoins confirmé la Sentence du Châtelet, qui déclaroit le Retrayant déchu ; mais l'avertissement susdit prouve que d'autres motifs ont déterminé la Cour à prononcer la déchéance. V. *Nullité.*

Les Exploits en Retrait doivent être donnés de jour & non de nuit, à peine de nullité : c'est la disposition d'un Arrêt de Réglement rendu le 7 Septembre 1602 ; c'est aussi le sentiment de Dumoulin, consultation 57 ; de Boutillier, dans sa Somme rurale ; de Loysel, &c. Voyez la Coutume de Bretagne, article 20, & Brodeau, sur l'article 131 de la Coutume de Paris.

Toutes ces autorités ont été employées contre l'Exploit en Retrait de la Principauté de Mercœur, donné au Comte de Lassai,

---

(a) Le 16 Mars 1721, la Cour, par Arrêt rendu au rapport de M. de la Guillaumie, a adjugé un Retrait exercé par M. Midorge, Maître des Requêtes, contre le sieur Godemer, Secrétaire du Roi, dans lequel on opposoit que M. Midorge avoit laissé prendre une Sentence par défaut contre lui.

à la requête de M. le Prince de Conti, le 12 Novembre 1719, à sept heures du soir. M. le Prince de Conti répondoit qu'on ne devoit pas regarder cet Exploit comme fait de nuit, puisqu'à Paris il y a un commerce ouvert à sept heures du soir en Novembre comme en plein jour, que les ouvriers travaillent, & que même c'est l'heure à laquelle les Huissiers de la Cour portent les significations. Par Arrêt rendu le 21 Juin 1720, cette nullité & plusieurs autres furent proscrites ; la Sentence du 22 Février précédent, qui adjugeoit le Retrait à M. le Prince de Conti, fut confirmée.

On a de même jugé valable un Exploit en Retrait fait à six heures du soir au mois de Janvier, par Sentence rendue aux Requêtes du Palais le 5 Juillet 1720, en la seconde Chambre, plaidans Mes Riviere & Normant.

Le Parlement de Rouen a aussi déclaré valable un Exploit en Retrait donné à sept heures du soir à la fin du mois de Décembre, quoique ce ne fût pas le dernier jour du temps fatal. Cet Arrêt a été rendu entre les sieurs de Saint-Germain & Boullard, le 11 Juillet 1749.

Par un Arrêt rendu au Parlement de Paris en forme de Réglement le 28 Juillet 1727, sur les Conclusions de M. l'Avocat Général d'Aguesseau, la Cour a jugé qu'un Exploit en Retrait donné à comparoir dans les délais de l'Ordonnance, est nul, & opere la déchéance du Retrait. V. Délai.

Un autre Arrêt de la Cour rendu le premier Février 1716, qui est imprimé, & qu'on trouve d'ailleurs au Journal des Audiences, tome 6, a jugé, 1°. que l'expression de demeure du Retrayant n'est pas absolument nécessaire dans l'Exploit, & que la seule élection de domicile chez son Procureur suffit. (Mais c'est un Arrêt solitaire que des circonstances particulieres ont occasionné ; l'Ordonnance de 1667, titre 2, & un Arrêt rendu le 5 Septembre 1710, exigent indispensablement l'expression du véritable & actuel domicile.)

2°. Que la spécification détaillée des espéces offertes, n'est pas nécessaire dans l'Exploit d'offres & autres procédures : (la Coutume de Paris n'exige point en effet ce détail d'espéces, mais seulement une mention d'offres de bourse, deniers, loyaux-coûts & à parfaire.)

3°. Enfin cet Arrêt juge qu'un Exploit est suffisamment libellé, lorsque le contrat d'acquisition des biens pour lesquels le Retrait est exercé, est daté & énoncé dans l'Exploit. Ce dernier point a encore été jugé pour la Coutume du Maine, par Arrêt du 31 Mai 1759.

Un Arrêt rendu en 1743, au rapport de M. Mallet de Trimilly en la premiere Chambre des Enquêtes, n'a pas eu d'égard à la nullité proposée contre un Exploit en Retrait, par lequel on n'avoit pas déclaré le domicile d'un Retrayant mineur, mais seulement celui de son pere, sous l'autorité duquel il procédoit ; on répondoit que le mineur n'ayant point d'autre domicile ni de fait ni de droit, que celui de son pere, il avoit suffi d'indiquer le domicile du pere.

Un Retrayant (Lignager) a été déclaré déchu du Retrait par Arrêt rendu le 20 Janvier 1756, parce que par l'Exploit en Retrait, l'acquéreur avoit été assigné à son dernier domicile connu rue de la Jussienne, parlant à un Portier, & que l'on avoit rayé ces mots domicile, parlant à, dans l'Exploit, sans approbation de la rature.

Il étoit constant & prouvé dans le fait, que l'assignation en Retrait étoit donnée au pénultiéme domicile, & non pas au dernier domicile connu ; mais ce qui a déterminé, c'est que l'Huissier n'avoit pas fait mention dans l'Exploit, si le Portier avoit été requis de déclarer si l'acquéreur demeuroit encore dans la maison, ou s'il en étoit délogé.

Un Exploit en Retrait a été argué de nullité, parce que l'Huissier avoit donné à un de ses témoins la qualité de Praticien au Bailliage d'Argenteuil, tandis que ce témoin étoit un gagne-denier ; on disoit qu'une fausseté de cette nature devoit opérer la nullité & la déchéance du Retrait ; on ajoutoit que le Retrait étoit exercé pour une plus grande quantité d'héritages que ce qui avoit été acquis ; & en effet il se trouvoit dans l'Exploit plus de piéces de terre que dans le contrat. Le Retrayant méprisoit le premier moyen, & répondoit au second qu'il ne se trouvoit deux piéces d'héritages de plus dans l'Exploit, que parce que deux articles avoient été copiés deux fois, & que l'art. 3 du titre 9 de l'Ordonnance de 1667 n'avoit aucune application à l'action en Retrait, qui n'étoit pas réelle, mais mixte; qu'enfin l'Exploit étoit libellé de maniere qu'on y lifoit que le Retrait étoit exercé pour la ferme, terres & héritages acquis d'un tel. L'un & l'autre moyens furent profcrits par Arrêt rendu au rapport de M. Lambelin, le 29 Juillet 1740, entre le fieur Arnoult & le fieur Conrard.

La Cour avoit auparavant jugé qu'il n'eft pas effentiellement néceffaire que l'Exploit en Retrait contienne la défignation des héritages par tenans & aboutiffans, & qu'il fuffit de demander par Retrait l'héritàge acquis d'un tel.....Il y a à ce fujet un Arrêt du 26 Juillet 1674 dans le Journal du Palais; & il en a été rendu un fecond le 29 Août 1730, en la quatriéme Chambre des Enquêtes, au rapport de M. Molé. Voyez un autre Arrêt rapporté par Dumoulin, fur l'article 322 de la Coutume de Poitou.

Dans les Coutumes où le plus diligent des demandeurs en Retrait eft préféré, on tolere les demandes en Retrait formées à la requête des mineurs (a), quoique fans affiftance de tuteur; parce que pendant le temps & les formalités néceffaires à la nomination d'un tuteur, le mineur pourroit être prévenu par un autre parent Lignager, qui feroit préféré comme plus diligent.

Mais il n'eft point permis ni d'ufage de fuivre cette demande comme elle eft commencée: il faut immédiatement après l'Exploit faire créer un tuteur au mineur pour le foutien & la pourfuite de fa demande.

Il me paroîtroit beaucoup plus régulier de préfenter une requête au Magiftrat, lui expofer que l'affemblée des parens pourroit faire naître l'idée d'autres Lignagers (qu'il faudroit appeller à cette affemblée) de prévenir le mineur, & de former eux-mêmes la demande en Retrait, & comme il y auroit péril dans le retard, conclure à ce que par provifion telle perfonne qu'il plaira au Juge nommer, comme, par exemple, le Procureur foit nommé tuteur, à l'effet feulement d'affigner en Retrait, & que pour nommer un tuteur au mineur, à l'effet de fuivre cette demande jufqu'à Jugement dé-

finitif, exécuter le Retrait, payer & configner le prix, &c. les parens & amis feront affemblés.

Cette autorifation provifoire du Magiftrat rendroit l'affignation inattaquable, au lieu que je la crois irréguliere en fuivant l'ufage toléré.

Mon opinion eft appuyée fur un Arrêt rendu le 20 Juillet 1728, recueilli par M. l'Epine de Grainville, Confeiller, & fur un autre Arrêt rendu en la Grand'Chambre le 30 Août 1755, qui ont l'un & l'autre déclaré nuls des Exploits en Retrait Lignager donnés à la requête de mineurs autorifés par l'affiftance d'un tuteur naturel.

Je ne peux cependant diffimuler que trois autres Arrêts ont adopté des demandes en Retrait formées; les unes par des mineurs fans l'affiftance de curateur ni de tuteur; & les autres avec l'autorifation & l'affiftance d'un tuteur naturel & légitime. Le premier de ces Arrêts eft rapporté par M. Louet, lettre M, n°. 11. Le fecond a été rendu le 27 Janvier 1756, pour un Retrait de biens fitués dans la Coutume de Clermont en Argonne. Le troifiéme & dernier a été rendu le 20 Août 1756, en la quatriéme Chambre des Enquêtes, au rapport de M. de Bretignieres, entre Jean-Baptifte Huyette & fa femme, & Elifabeth Laignier mineure, pour des biens fitués à Pontavaire. (L'Exploit pour ce dernier Retrait étoit donné *à la requête de Jeanne-Elifabeth Laignier, fille mineure, procédante fous l'autorité de Nicolas Laignier, fon pere.*)

En Normandie *le pere & l'ayeul* peuvent intenter l'action en *Retrait au nom de leurs enfans mineurs, encore qu'ils n'y foient autorifés & n'ayent été élus tuteurs par les parens.* C'eft la difpofition de l'article 4 du Réglement des Tutelles, du 7 Mars 1673, & le Parlement de Rouen a même jugé, par un Arrêt rendu en forme de Réglement en interprétation de cet article, le 6 Août 1749, que l'ayeul, foit paternel, foit maternel, peut intenter un Retrait au nom de fes petits-enfans mineurs, encore bien que le pere des mineurs foit vivant, & quand même les mineurs auroient un autre tuteur.

Mais, par Arrêt rendu le 23 Juin 1744,

(a) Grimaudet prétend qu'on peut intenter un Retrait à la requête d'un enfant qui n'eft pas même conçu au temps de la vente, pourvû qu'il fût conçu dans l'an & jour.

le même Parlement avoit jugé qu'une mere eſt non-recevable à intenter une clameur au nom de ſes enfans, ſur le fondement qu'elle n'eſt pas confidérée comme tutrice naturelle comme ſont le pere & l'ayeul.

Tant que le Retrait n'eſt pas adjugé, le Retrayant peut ſe défifter du Retrait; mais après l'adjudication, l'Acquéreur peut le forcer à l'exécution, à moins qu'il n'y ait nullité dans la vente. La Combe donne cette maxime comme certaine, & il l'appuye ſur l'opinion des Auteurs les plus accrédités.

La Coutume de Paris n'admet le Retrait, qu'à la charge par le Retrayant de *rembourſer* l'Acquéreur *du ſort principal* de ſon acquiſition & *des loyaux-coûts*, Coutume de Paris, art. 129.

Le rembourfement du ſort principal de l'acquiſition, ainfi que du pot-de-vin ou épingles payés par l'Acquéreur, s'ils ſont liquidés par le contrat, doit être fait dans l'eſpace de vingt-quatre heures (*a*), après que le Retrait a été adjugé par Sentence, & que l'Acquéreur a mis ſon contrat *au Greffe, Partie préſente ou appellée*, & en *outre qu'il a affirmé véritable* le prix porté au contrat, *s'il en eſt requis*. Ainfi ce délai de vingt-quatre heures ne court pas ſeulement du jour de la ſignification de la Sentence ou Arrêt, mais du moment de la prononciation & de la miſe du contrat au Greffe. Voyez l'article 136. *Ibid.*

Ce n'eſt donc point aſſez que la Sentence adjudicative du Retrait ſoit rendue, pour que le délai de vingt-quatre heures (dans lequel le Retrait doit s'exécuter) commencé à courir; il faut de plus que l'Acquéreur ait mis ſon contrat au Greffe, & qu'il en ait affirmé le prix véritable, s'il en a été requis; ſans le concours de ces deux conditions, le délai de vingt-quatre heures ne peut courir.

Guyot rapporte, ſur l'article 73 de la Coutume de Mantes, les difpofitions entieres d'un Arrêt rendu le 22 Décemb. 1733, ſur l'appel d'une Sentence rendue à Corbeil, par lequel il a, dit-il, été jugé:

1°. » Que lorfque les Parties plaident » hors leur domicile & Jurifdiction, il faut » un délai pour faire le dépôt du contrat au » Greffe, & faire les offres intégrales. « (L'Arrêt l'a fixé à trois jours de Paris à Corbeil.)

2°. Que le délai pour faire les offres & exécuter le Retrait, » ne court que du jour » que le dépôt eſt ſignifié à la perfonne ou » au domicile du Retrayant. «

Quand l'Acquéreur a mis ſon contrat au Greffe, l'ufage du Châtelet eſt que, pour les Sentences contradictoires, le délai de vingt-quatre heures commence à courir à midi, heure de la levée de l'Audience du Parc Civil.

Le délai de vingt-quatre heures court pareillement de l'heure de midi pour les Sentences contradictoires rendues aux Requêtes du Palais, à l'Audience du matin, & de ſix heures pour celles rendues à l'Audience de relevée.

Pour les Sentences par défaut, du moment de la ſignification, pour celles ſur appointement à écrire, du jour de la prononciation en préfence de tous les Procureurs, & en cas d'abſence, du jour de la ſignification. Voyez l'Arrêt de Réglement du 8 Mars 1610; Auzannet, liv. 1, ch. 10.

Brodeau, ſur l'article 136 de la Coutume de Paris, & Dupleffis, penfent que la quittance de confignation, faite en l'abfence de l'Acquéreur, doit auffi être ſignifiée dans les vingt-quatre heures, à peine de nullité; mais la Coutume ne le dit pas, & il me ſemble qu'on ne doit pas ſuppléer des peines qu'elle ne prononce pas.

(*a*) Il y a des Coutumes qui accordent un délai de huitaine pour l'exécution du Retrait; & dans ces Coutumes on juge que la huitaine eſt d'un Lundi à un autre Lundi de la ſemaine ſuivante: il y a ſur cela un Arrêt rendu le 21 Mai 1759, au rapport de M. Paſquier, pour la Coutume du Maine. V. Defmalicotes, ſur l'article 383 de la Coutume du Maine; & Dupineau, ſur l'article 404 de celle d'Anjou.

L'Arrêt du 21 Mai 1759 a encore jugé que l'acquéreur n'ayant pas donné communication de ſon contrat, il étoit non-recevable à ſe plaindre du Retrayant qui n'avoit pas configné la décharge des obligations contractées en-

vers le vendeur, mais qui avoit configné ſomme ſuffifante pour opérer ſa décharge.

Dans les Pays de Droit Ecrit, l'exécution du Retrait doit ſe faire *trois jours après que le Retrait eſt reconnu*, ſuivant l'Ordonnance du mois de Novembre 1581, qu'on trouve dans Guefnois. Thevenon remarque ſur cette Ordonnance, qu'elle a lieu dans les Coutumes qui n'ont pas ſur cela des difpofitions précifes.

La Combe dit que le délai de vingt-quatre heures preſcrit pour l'exécution du Retrait dans la Coutume de Paris, n'a pas lieu dans les Coutumes muettes; & qu'on y ſuit l'Ordonnance de 1581, qui accorde trois jours.

Dans l'affaire de Defgardins & du fieur Connel, celui-ci oppofoit que la confignation n'avoit pas dû être faite (dans la Coutume de Boulogne) dans les vingt-quatre heures de la fignification de la Sentence rendue par défaut, faute de défendre, mais feulement dans les vingt-quatre heures de l'expiration de la huitaine qu'il avoit pour y former oppofition; d'où il concluoit que la confignation étoit nulle, comme faite prématurément : mais la Cour n'eut aucun égard à ce moyen; & par l'Arrêt rendu le 20 Août 1751, au rapport de M. de Montholon, la reftitution des jouiffances des héritages retirés, fut adjugée à Defgardins, à compter du jour de la confignation.

Dans l'efpéce de l'Arrêt rendu pour la Coutume de Poitou, le 25 Juin 1760, dont j'ai déja parlé, on a agité la queftion de fçavoir fi le défaut de fignification de la quittance de confignation dans la huitaine, n'emportoit pas la déchéance; le Retrayant foutenoit la négative, & invoquoit le filence de la Coutume, qui n'exige la fignification que pour le Retrait conventionnel: il ajoutoit que l'Acquéreur ayant interjetté appel de la Sentence, en vertu de laquelle la confignation étoit faite, quatre jours avant l'expiration de la huitaine, le délai pour la fignification fe trouvoit néceffairement prorogé par l'appel; & la Cour l'a jugé de même par le fufdit Arrêt du 25 Juin 1760.

Une fille détenue à l'Hôpital (par ordre du Roi), qui exerçoit un Retrait de biens fitués dans la Coutume de Paris, fe les fit adjuger par Sentence du Châtelet du 26 Juin 1754. Le défendeur en Retrait exigea fon affirmation qu'elle exerçoit le Retrait pour elle, & cette affirmation fut ordonnée : dans l'ufage, elle auroit dû l'affermir fur le champ; mais le Procureur de la Retrayante expofa que la captivité de fa cliente ne lui permettoit pas de remplir les formalités ordinaires; il demanda que le Greffier de l'Audience fût commis pour recevoir à l'Hôpital, où il fe tranfporteroit, le ferment de la Retrayante, que l'Acquéreur avoit requis; il demanda même que les 24 heures, pour l'exécution du Retrait, ne couruffent qu'à compter du moment de la preftation de ferment ès mains du Greffier,

& fes conclufions lui furent adjugées.

La Sentence que je viens de citer, annonce que le Retrait ne peut s'exercer que par ceux qui ont la volonté actuelle de conferver les biens & héritages qui forment l'objet du Retrait; telle eft la Jurifprudence du Parlement de Paris, & celle du Parlement de Normandie y eft conforme. Il a fur cela rendu un Arrêt en forme de Réglement, le 8 Août 1735, par lequel il eft ordonné que tout Retrayant lignager fera tenu, s'il en eft requis, *de jurer & affirmer, avant la clameur jugée, qu'il l'exerce pour lui, qu'il ne prête fon nom à perfonne directement ni indirectement, & qu'il eft dans la volonté actuelle de garder l'héritage.*

Il faut conclure de ces maximes, que le droit d'exercer le Retrait Lignager, eft perfonnel, & qu'il ne peut pas fe céder à des tiers, comme le droit de Retrait féodal; mais les Auteurs penfent qu'un parent lignager, qui a intenté le Retrait dans un temps utile, peut céder fon droit à un autre Lignager. Voyez Dumoulin, Dupleffis, Carondas & Brodeau, fur la Coutume de Paris.

Quand donc le Retrait eft adjugé, le Retrayant doit faire des offres fuffifantes à l'Acquéreur, & le rembourfer dans les 24 heures; & fi l'Acquéreur eft refufant de recevoir, le Retrayant doit en faire la confignation dans le même efpace de ces vingt-quatre heures, à laquelle confignation il doit de même appeller l'Acquéreur; & faute de fatisfaire à tout ce que deffus dans les vingt-quatre heures, dit la Coutume, le Retrayant eft déchu du Retrait, art. 136.

Dans les Jurifdictions où il y a des Receveurs des Confignations en titre d'office, c'eft en leurs mains que la Confignation dont il s'agit ici, doit être faite; & quand il n'y en a point, c'eft au Greffe.

Dans l'affaire de Defgardins, dont j'ai déja parlé, on oppofoit que la quittance de la Confignation qu'il avoit faite, n'étoit pas fignée du fieur Martinot, Receveur des Confignations de Boulogne-fur-Mer, mais du fieur *Martinot fils, pour l'incommodité de fon pere.* Ce moyen fut auffi rejetté par l'Arrêt du 20 Août 1751, que j'ai déja cité.

Si l'acquifition a été faite par bail à rente

rachetable, le Retrayant n'eſt point reçu à offrir de payer & continuer la rente conſti-tuée par le contrat : il doit en rembourſer le principal au bailleur (*a*), ou conſigner dans les vingt-quatre heures, au refus du créancier de recevoir. *Ibid.* art. 137.

Cependant le rembourſement ne ſeroit pas néceſſaire, ſi le bailleur à rente étoit d'accord de prendre le Retrayant pour dé-biteur, & d'en décharger l'Acquéreur ; mais dans ce cas, le Retrayant ſeroit toujours tenu de prendre acte de cette décharge, & de l'offrir à l'acquéreur, ou la conſigner à ſon refus, le tout dans le même eſpace de vingt-quatre heures.

Il eſt néantmoins des cas où il ſeroit im-poſſible d'apporter à l'Acquéreur, en vingt-quatre heures, acquit & décharge de ce qui peut reſter dû au vendeur ; on ne pourroit point, par exemple, rapporter à Paris, en vingt-quatre heures, la décharge d'un ven-deur domicilié à Lyon ; quand ces impoſſi-bilités ſe rencontrent, le Retrayant doit, dans les vingt-quatre heures, préſenter ſa requête expoſitive du fait au Juge, & dans le même délai aſſigner l'Acquéreur, pour demander que le délai ſoit prorogé.

Les ſieur & dame Parent prirent ce parti en 1720, lorſqu'il s'eſt agi d'exécuter un Retrait qui leur avoit été adjugé d'une maiſon, rue du Mail ; & par Sentence con-tradictoire, rendue au Châtelet le 20 Juil-let 1720, le délai fut prorogé d'un mois, qui devoit courir du jour même de la pro-nonciation de la Sentence.

Les Retrayans n'offrirent à l'Acquéreur décharge du vendeur, que le 20 Août 1720, & l'acquéreur prétendit qu'il étoit alors trop tard ; il ſoutint que le mois ac-cordé par la Sentence du 20 Juillet, étoit échu le dix-neuf Août ; parce que les mois accordés par la Juſtice, ne ſont que de 30 jours, de même que les uſances pour les Lettres de Change, ſuivant l'Ordonnance

du Commerce. Les ſieur & dame Parent ré-pondoient que les mois judiciaires étoient de 31 jours, ſuivant une conſtitution de Juſtinien ; la Sentence du Châtelet qui in-tervint ſur cette conteſtation, le premier Avril 1721, déclara les Retrayans déchus du Retrait ; & elle fut confirmée en la pre-miere Chambre des Enquêtes, par Arrêt rendu le 17 Juin 1722, ſur partage d'opi-nions en la Grand'Chambre.

Un nommé Preſtereau ayant acquis des héritages, moyennant des deniers comp-tans, & 315 liv. de rente viagere, fut aſſi-gné en Retrait. Il tendit le giron, à la char-ge par la Retrayante de lui apporter dé-charge de l'obligation qu'il avoit contractée envers le vendeur.

Le vendeur, créancier de la rente, ayant refuſé de conſentir cette décharge, la Re-trayante, qui étoit une femme non commu-ne en biens, offrit pour ſûreté du payement de la rente, non-ſeulement d'hypothéquer tous ſes biens, mais même ceux de ſon mari qui vouloit bien la cautionner.

Les premiers Juges avoient adopté ces offres ; mais par Arrêt du Parlement de Pa-ris rendu ſur production, en la Grand-Chambre, au rapport de M. l'Abbé Genou, le 22 Juin 1723, les Sentences adjudicati-ves du Retrait ont été infirmées, & la dame Jouin déboutée de ſa demande en Retrait. Cet Arrêt eſt rapporté à la ſuite de la Nou-velle édition de Dupineau ſur la Coutume d'Anjou.

Sur cette queſtion, voyez l'article 385 de la Coutume d'Anjou, un Arrêt de 1605, rapporté par M. le Preſtre, Centurie 2, ch. 92 ; Soefve, tome 2, Centurie premiere, chap. 60.

La raiſon pour laquelle le Retrait n'a pas lieu en ce cas, c'eſt que, ſans la déchar-ge du vendeur, l'acquéreur n'eſt pas rendu indemne, & qu'il doit l'être, quand le Re-trait a lieu.

(*a*) Dans l'eſpéce de l'Arrêt rendu le 25 Juin 1760, pour la Coutume de Poitou, & dont j'ai déja parlé ; au lieu d'offrir au tuteur d'un mineur, 1500 liv. qui lui reſtoient dûes pour ſa portion dans le prix des biens vendus, & que l'acquéreur avoit promis garder juſqu'à la majorité & ratification du mineur, à condition d'en payer l'intérêt, & d'apporter la décharge de cette obligation à l'acqué-reur, le Retrayant offrit les 1500 livres, les intérêts, les Jods & ventes, &c. à l'acquéreur, & conſigna le tout à ſes riſques.

L'acquéreur prétendit que ces offres & la conſignation n'étoient pas ſuffiſantes ; il diſoit qu'on ne pouvoit le ren-dre indemne, qu'en lui rapportant la quittance du tu-teur : il citoit un Arrêt du 23 Juin 1606, pour la Cou-tume de Meaux, & Bourjon.

On lui oppoſoit le ſuffrage de Tiraqueau, Grimaudet & Dupleſſis ; par l'Arrêt ſuſdit, on jugea que les offres faites à l'acquéreur, étoient ſuffiſantes, au moyen de ce qu'elles tendoient à lui procurer les moyens d'anéantir ſon obli-gation perſonnelle.

La

La caution ne fuffit pas pour indemnifer l'acquéreur, dit Dupleffis fur l'article 137 de la Coutume de Paris, fection 2 ; & fi, (continue cet Auteur) un homme vend fon héritage, à la charge de l'acquitter d'une rente foncière, ou bien s'il le baille en payement au créancier, le Retrait eft impoffible, puifque la rente eft inamortiffable.

Auffi les Annotateurs de Dupleffis, après avoir cherché tous les tempéramens poffibles, pour, en ce cas, faciliter le Retrait, font obligés de convenir que, fi l'acquéreur ne peut obtenir fa décharge, le Retrait ne peut avoir lieu.

Cette Jurifprudence n'a pas lieu en Normandie, où les Retraits font favorables ; en effet, fi le vendeur n'accepte pas le Retrayant pour débiteur, il fuffit de lui offrir & de lui donner bonne & fuffifante caution ; & on trouve à la fuite du texte de la Coutume de Normandie, imprimée à Rouen en 1753, chez Viret, un Arrêt rendu au Parlement de Rouen, le 26 Février 1752, qui donne au clamant l'option, ou de fe faire agréer par le vendeur, pour débiteur d'une rente viagère, ou de donner caution.

Mais le même Arrêt décide que la caution doit être reçue & jugée avec le vendeur, & qu'il ne fuffit pas de l'offrir au défendeur en clameur.

Plufieurs autres Arrêts très-modernes, rendus au même Parlement, avoient auparavant jugé que des Retrayans n'étoient pas obligés de donner caution, & faire décharger l'acquéreur de la continuation des rentes foncières ou viagères, & avoient adjugé le Retrait, nonobftant l'oppofition du créancier : ces Arrêts, au nombre de quatre, font rapportés dans le même Ouvrage. V. auffi un autre Arrêt du 16 Août 1747, qu'on trouve dans l'Edition de 1757 de ce même texte de Coutume, page 534.

On en trouve un autre du 25 Juin 1732, dans le Journal du Parlement de Bretagne, tome premier, ch. 1, par lequel il a été jugé que, lorfque le vendeur, à la charge d'une rente viagère, refufe d'accepter le Retrayant pour débiteur, il fuffit au Retrayant de donner caution de la rente ; & que cette caution opére la décharge de l'acquéreur.

Lorfque, pour exécuter le Retrait, le vendeur intervient, & déclare dans le pro-

cès-verbal ou acte d'exécution du Retrait, qu'il décharge l'acquéreur, en reconnoiffant avoir reçu le prix, le Retrait eft valablement exécuté. La Cour l'a ainfi jugé en faveur de la demoifelle de Loiftron, contre le fieur de Gueroux, au rapport de M. Delpêch, par Arrêt rendu le 7 Mars 1733, en la Grand'Chambre.

Dans cette efpéce, le fieur Gueroux prétendoit, 1°. que la Retrayante avoit dû configner les quittances du vendeur ; 2°. que le procès-verbal d'exécution du Retrait n'avoit pas dû fe faire en plufieurs vacations ; mais fa prétention fut rejettée par l'Arrêt. Il s'agiffoit d'un Retrait dans la Coutume du Mans.

Dans une conteftation occafionnée par un Retrait d'héritages vendus, moyennant un prix payable en argent au vendeur, outre une rente viagère payable à un tiers qui refufoit d'accepter le Retrayant pour débiteur, & de décharger le vendeur, la Cour, par Arrêt rendu le 6 Août 1740, au rapport de M. l'Abbé de Sallabery, a jugé que, dans le lendemain de la fignification de l'Arrêt, le créancier de la rente & penfion viagère feroit tenu de confentir la décharge de l'acquéreur, finon que l'Arrêt vaudroit décharge, & que les arrérages de la rente feroient payés par le Retrayant, jufqu'à l'exécution.

Par Arrêt du 19 Avril 1725, rendu au rapport de M. Mengui, la Cour a jugé (contre le fentiment de Dupleffis) que l'exécution du Retrait doit fe faire devant le Juge qui a connu de ce même Retrait, & non devant le Juge de la fituation des biens.

Voici l'efpéce de cet Arrêt.

Un Secrétaire du Roi, affigné en Retrait pour une maifon fituée à Rheims, avoit fait renvoyer aux Requêtes du Palais la demande en Retrait portée devant les Juges de Rheims : il avoit été condamné à fe défifter au profit du Lignager, par Sentence du 20 Juillet 1723 ; & en ayant appellé, il avoit déclaré fur l'appel, qu'il s'en rapportoit à la prudence de la Cour ; mais il avoit demandé, conformément à l'article 201 de la Coutume de Rheims, que le Retrait fût exécuté devant les Juges du domicile de l'acquéreur. L'Arrêt l'a débouté, parce qu'il avoit lui-même fait renvoyer aux Requêtes du Palais.

Dans la Coutume de Bordeaux, art. 17, le demandeur en Retrait doit offrir de configner & dépofer en Jugement une piéce d'or & d'argent dans l'an & jour de la prife de poffeffion réelle de la chofe vendue; & s'il ne fait lefdites chofes dans ledit temps, il eft déchu dudit droit de Retrait Lignager.

Cette difpofition a fait naître une conteftation finguliere, dont voici l'efpéce & l'Arrêt.

Un fieur de Vaillac exerçant le Retrait de biens acquis par M. le Duc de Saint-Simon, fit affigner ce Seigneur à deux mois. Le neuviéme mois de la prife de poffeffion couroit lors de l'Exploit, & M. le Duc de Saint-Simon fit renvoyer aux Requêtes du Palais quatre jours avant l'expiration de l'année.

Le Retrayant protefta de nullité du renvoi; qu'il ne pourroit préjudicier à fes droits, & que l'année feroit prorogée.

Le renvoi effuya un déclinatoire de la part du Retrayant; il en fut débouté par Sentence, confirmée par Arrêt.

Quatre mois après l'Arrêt fignifié, le Retrayant a offert, configné & dépofé au Greffe en Jugement une piéce d'or de 12 liv. & une piéce d'argent de 6 liv. M. le Duc de Saint-Simon a prétendu que cette configuration étoit nulle, comme n'étant point faite dans l'an & jour.

Il convenoit cependant que le délai avoit été prorogé au moyen du renvoi: mais il prétendoit que dès que la Jurifdiction avoit été rendue certaine par l'Arrêt qui avoit débouté du déclinatoire, c'étoit du jour de la fignification de cet Arrêt, que les quatre jours reftoient, commençoient à courir, & que l'an n'étoit pas prorogé à l'infini.

Le Retrayant foutenoit au contraire que dès que c'étoit par le fait de M. le Duc de Saint-Simon qu'il n'avoit pû configner dans l'année, & que le délai avoit été prorogé, il l'étoit à l'infini.

La Sentence des Requêtes du Palais a admis le Retrait nonobftant les raifons de M. de Saint-Simon, & elle a été confirmée par Arrêt rendu fur Délibéré le Vendredi 16 Avril 1734, fur les Conclufions de M. Gil-

bert, Avocat Général, plaidans Mes Aubry & l'Herminier.

L'article 48 de la Coutume de S. Jean-d'Angely affujettit auffi le Lignager qui veut rétraire, à offrir & configner une piéce d'or ou d'argent en Jugement, ou entre les mains d'un Sergent, avec offre de parfournir, &c.

La demoifelle de Belleville, qui exerçoit un Retrait Lignager dans cette Coutume contre le Prince de Talmont, le fit affigner le 13 Mars 1720, & obtint le 30 au Châtelet une Sentence qui, en lui donnant acte des offres d'un écu d'argent valant 8 l. lui permit de configner la piéce d'argent.

La demoifelle de Belleville fit fignifier cette Sentence, avec déclaration qu'elle configneroit le même jour. Elle configna en effet l'écu de 8 liv. ès mains du Receveur des Configuations, & fit fignifier la quittance au Prince de Talmont, qui demanda la nullité du tout, parce qu'il y avoit plufieurs jours d'intervalle entre les offres & la configuation, & que d'ailleurs la configuation n'étoit pas faite entre les mains du Greffier de l'Audience, ni en celles de l'Huiffier, mais entre les mains du Receveur des Configuations: il falloit, felon lui, la faire à l'Audience, en Jugement fur le champ entre les mains du Greffier, & le Juge devoit en donner acte.

La demoifelle de Belleville répondoit qu'il n'y avoit point de peine prononcée par la Coutume relativement au délai de l'exploit, & que la Coutume fe fervant du mot configner, la configuation étoit valable ès mains de l'Officier du Tribunal créé pour la recevoir. Ces moyens prévalurent; & par Arrêt rendu le 14 Août 1723, la Sentence qui adjugeoit à la demoifelle de Belleville le Retrait Lignager, a été confirmée.

Les fieurs Perfon & Menage ayant acquis conjointement aux Requêtes du Palais, fur décret forcé, une maifon fife à Paris, Faux-bourg Saint-Antoine, les Srs Morel, Grollet & autres parens lignagers, exercerent le Retrait de cette maifon; on contefta leur généalogie, & l'on prétendit, de la part des acquéreurs, que les Retrayans n'étant parens du côté & ligne que pour la moitié de la maifon, ils ne pouvoient pas même retirer cette moitié; parce que, difoit-on, l'autre moitié non fujette à Retrait reftant ès mains des acquéreurs, cela occasionneroit un cercle perpétuel de licitations & de Retraits, & l'on employoit les mêmes moyens que j'ai ci-devant proposés.

Sur cela les Parties furent appointées au Châtelet, & il intervint Sentence le 5 Décembre 1755, qui jugea que le Retrait avoit lieu, & que ce n'étoit pas le cas d'appliquer l'inconvénient des licitations : (cette espéce est en effet différente de celle dont j'ai parlé, & ce ne pourroit être, à mon sens, qu'après la licitation que le Retrait occasionneroit, que l'on pourroit exclure un nouveau Retrait, afin d'éviter le cercle à l'infini).

Il fut ensuite question d'exécuter le Retrait ; les Retrayans ayant trouvé Person & Menage dans la maison de Menage , leur firent à l'un & à l'autre conjointement dans l'original de leur exploit d'offres , & divisément dans les copies, des offres de la totalité du prix de la moitié de la maison retirée ; ils accompagnerent ces offres de la condition d'apporter décharge des hypothéques qui avoient pu être contractées par les acquéreurs ; mais ils se désisterent sur le champ de cette condition : nonobstant ce désistement , les deux acquéreurs ne voulurent point recevoir les offres , & se retirerent.

Après leur retraite, l'Huissier, en conséquence de leur refus , les assigna par l'exploit d'offre même pour être présens à la consignation ; & il donna cette assignation à Menage , en parlant à sa femme, & à Person , en parlant à son neveu, mais au domicile de Menage ; & il porta cette même copie de Person en sa demeure, *en parlant à sa femme.*

Dans cet état , on a prétendu de la part de Person & Menage , que le Retrait avoit été mal exécuté ;

1°. Parce qu'il falloit faire des offres à Person & à Menage, non de la totalité du prix , mais de la moitié à chacun d'eux ; aucun d'eux, n'étoit ni obligé ni en état de recevoir la portion de l'autre, ne pouvant donner quittance que de sa propre portion, & que d'ailleurs il impliquoit que l'on fît des offres réelles de la totalité à tous les deux.

2°. Parce qu'en se désistant de la condition apposée aux offres, & qui vicioit ces mêmes offres , on ne les avoit pas réitérées ; d'où il suivoit, suivant les sieurs Person & Menage , que les offres ayant été nulles & vicieuses dans le temps qu'elles avoient été faites, & n'étant point réitérées, elles n'avoient pû devenir valables.

3°. Parce que l'assignation donnée au domicile de Menage à Person , (qui s'étoit retiré,) en parlant à son neveu, pour être présent à la consignation , étoit nulle , toute assignation devant être donnée à personne ou à domicile ; & il ne servoit de rien, ajoutoit-on , que l'Huissier , pour rectifier cette assignation , l'eût ensuite portée chez Person , en faisant mention qu'il y avoit laissé une copie, la formalité prescrite par l'Ordonnance qui oblige de faire cette mention n'empêchant pas que l'exploit ne doive être d'ailleurs fait à personne ou à domicile ; sans quoi, disoit-on , on pourroit assigner quelqu'un en parlant dans une rue à tout autre que lui , & porter ensuite cette assignation à son domicile.

Il falloit donc , attendu la retraite de Person, après les offres & son refus de les accepter , que l'Huissier se transportât en son domicile pour lui donner l'assignation.

Sur ces différens moyens , & principalement parce que l'assignation n'étoit donnée ni à Person ni à domicile , Sentence est intervenue sur délibéré le 7 Juillet 1756, qui a déclaré les Retrayans déchus du Retrait , avec dépens. Elle a été confirmée par Arrêt du 4 Mai 1759.

L'exécution de ce Retrait a encore donné lieu à une autre question singuliere , dont voici l'espéce.

Le sieur Morel , l'un des Retrayans , qui n'avoit pas d'argent pour rembourser les acquéreurs , avoit emprunté 12000 livres d'un sieur Dufresne d'Aubigny , & avoit fait une déclaration d'emploi dans la quittance de consignation.

Comme il étoit jugé que le Retrait étoit mal exécuté , le sieur d'Aubigny voulut retirer son argent , mais il trouva une opposition formée entre les mains du Receveur des Consignations, à la requête de Person & Menage , pour sûreté des dépens adjugés par la Sentence du 7 Juillet 1756.

Menage & Person, assignés en main-levée , soutinrent qu'au moyen du prêt fait à Morel, l'argent avoit cessé d'appartenir au sieur d'Aubigny ; que celui-ci n'étant plus

propriétaire des deniers confignés , il n'a-
voit qu'une fimple action contre Morel fon
débiteur , en reftitution , & que par conféquent (eux Perfon & Menage) pouvoient
fe faire payer de leurs dépens fur cet argent
avec d'autant plus de raifon , qu'elle n'avoit
été faite que pour leur fervir de gages & les
rendre indemnes.

Le Sr d'Aubigny , & après lui la demoifelle Defnos , fa ceffionnaire , foutint qu'il
avoit privilége fur la confignation ; que la
déclaration inférée dans la quittance affu-
roit fon droit ; il invoquoit les art. 176 &
177 de la Coutume , qui permettoit la fuite
& la révendication , &c. Par Arrêt rendu le
Mercredi 30 Mai 1759 , le privilége fut adjugé à la demoifelle Defnos.

En Poitou , quand le Retrait eft adjugé ,
les art. 322 & 325 de la Coutume de cette
Province accordent huit jours au Retrayant
pour rembourfer l'acquéreur du prix de l'acquifition ; & s'il ne fatisfait pas dans ce délai , la Coutume prononce la déchéance ;
mais de quel jour commence à courir cette
huitaine ? Cette queftion s'eft préfentée depuis peu au Parlement ; & par Arrêt rendu
le 20 Avril 1750 , au rapport de M. Severt ,
la Cour a jugé que la huitaine ne commençoit à courir que du jour que le Retrayant
avoit été judiciairement *acertené* (c'eft-à-
dire , rendu certain) du prix de l'acquifition , frais & loyaux-coûts.

Le Parlement de Bretagne a , par Arrêt
rendu le 10 Juillet 1730 , (imprimé avec les
Mémoire & Confultation chez Jofeph Va-
tar , en la même année) , jugé » que le Re-
» trayant d'une Terre fituée en Bretagne ,
» qui n'a offert & configné que le prix prin-
» cipal du contrat , fans y avoir ajouté une
» fomme à valoir fur les loyaux-coûts , frais
» & mifes , avoir fait des offres & une con-
» fignation infuffifante , qu'il en devoit fup-
» porter les frais , & les rembourfer à l'ac-
» quéreur avec intérêts α.

La Coutume de Paris ne régle point dans
quel temps le rembourfement des loyaux-
coûts doit être fait ; mais elle exige que l'exploit en retrait contienne offre de les rembourfer.

Celle de Mantes garde le filence fur les
offres des loyaux coûts ; & la Cour , par Arrêt rendu au rapport de M. du Noyer en la

cinquiéme Chambre des Enquêtes , le 13
Juillet 1741 , a jugé qu'il étoit inutile de les
offrir dans cette Coutume , & qu'il fuffifoit
que l'acquéreur les remboursât dans la huitaine de la liquidation , aux termes de l'article 73.

Ce même Arrêt a encore jugé que les
jours qui s'écoulent entre la Sentence qui liquide les loyaux-coûts , & l'appel qu'en in-
terjette le Retrayant , ne font point comptés
pour compofer le délai de huitaine que la
Coutume accorde pour le rembourfement
des loyaux-coûts ; mais que le délai de huitaine ne commence à courir que du jour de
l'Arrêt intervenu fur l'appel de la Sentence de liquidation.

Quelles font les dépenfes qu'on regarde
comme loyaux - coûts , & l'augmentation
des efpéces y entre-t-elle ? Voyez *Loyaux-
Coûts.*

Le Retrayant n'eft point obligé de rembourfer ce qui a été donné au créancier du
vendeur pour renoncer à fon hypothéque ,
ni à la femme pour renoncer à fon douaire
fur l'héritage vendu.

Lorfque le premier acquéreur d'un héritage le revend dans l'année du Retrait à un
fecond acquéreur , moyennant un prix plus
fort que celui de la premiere vente , s'il n'a
pas garanti le Retrait , eft-il obligé de rendre l'excédent du premier prix au fecond
acquéreur évincé par un Retrait Lignager ?

Cette queftion a été confultée le 2 Décembre 1722 , & vingt des plus célébres
Avocats de Paris ont répondu que le fecond acquéreur n'a aucune action contre le
fecond vendeur en ce cas ; parce que ,

1°. Le premier acquéreur eft un véritable
propriétaire , & qu'il en a les droits.

2°. Qu'il n'eft point garant d'une éviction
légale.

3°. Que le profit & la perte regardent le
propriétaire.

Il y a néantmoins plufieurs cas où le recours feroit jufte : il auroit lieu ,

1°. S'il étoit ftipulé , ou s'il étoit accordé
par la Loi municipale.

2°. Si le Retrait étoit exercé avant la feconde vente , fans que le vendeur l'eût déclaré au fecond acquéreur.

3°. Si le vendeur avoit vendu un acquêt
comme propre.

4°. Si la vente étoit faite après l'an du Retrait, fans que le premier acquéreur eût été enfaifiné.

5°. Si le Retrait s'exerçoit par quelques caufes procédantes des ventes antérieures, qu'il n'auroit pas été poffible au dernier acquéreur de prévoir.

6°. S'il y avoit du dol dans la vente de la part du vendeur.

Le Seigneur du Fief de la Grange-Bateliere, fitué à Paris, au bout de la rue de Richelieu, ayant le 24 Décembre 1717, fait un bail à cens d'une piéce de terre contenant 2016 toifes de fuperficie, dépendante de ce Fief, à la charge que les preneurs à cens feroient tenus de faire conftruire des maifons; les preneurs qui n'avoient pas affez de fortune pour faire bâtir fur le terrein, en céderent la meilleure partie à différentes perfonnes qui y firent bâtir.

Les preneurs à cens n'avoient point fait enfaifiner ni infinuer leur contrat ou bail à cens; mais ceux auxquels ils avoient cédé une partie de leurs droits, avoient fait enfaifiner & infinuer les leurs, & ils avoient en conféquence fait bâtir.

Les chofes étoient en cet état, lorfque les 11 & 13 Juillet 1720, c'eft-à-dire, environ trois ans & demi après le bail à cens, un parent Lignager du bailleur exerça le Retrait du terrein contre les premiers acquéreurs; & à mefure qu'il connut les feconds, il les fit affigner, pour voir déclarer commun avec eux le Jugement qui interviendroit fur le Retrait, &c. Il prétendoit, fur le fondement de l'article 146 de la Coutume de Paris, que les maifons conftruites fur le terrein donné à cens, devoient lui être adjugées avec l'héritage retiré, fans rembourfer la valeur de ces maifons aux feconds acquéreurs.

Les derniers acquéreurs foutenoient le Retrayant non-recevable, parce que leurs contrats étoient infinués & enfaifinés. Il leur étoit d'ailleurs indifférent, difoient-ils, que le premier acquéreur eût fait infinuer & enfaifiner le fien, puifque, felon eux, ils étoient en régle & qu'ils avoient fatisfait à la Loi, en faifant enfaifiner & infinuer leur contrat beaucoup plus d'un an avant l'action

en Retrait intentée. Ils ajontoient qu'il avoit été libre au Seigneur de la Grange-Bateliere d'impofer aux preneurs à cens la charge & la condition de bâtir fur le terrein qu'il leur concédoit, & que le Retrayant ne pouvant que fe faire fubroger au vendeur, il étoit tenu de tout ce dont feroit tenu le vendeur même, fi celui-ci rentroit dans fon terrein.

Sur cette conteftation, Sentence eft intervenue en la feconde Chambre des Requêtes du Palais, le 27 Janvier 1722, par laquelle le Retrait a été adjugé, *à la charge par le Retrayant de rembourfer les frais·& loyaux·-coûts, dans lefquels loyaux-coûts* (eft-il dit dans la Sentence) *les acquéreurs pourront employer les bâtimens, nouvelles conftructions & ouvrages faits fur lefdites 2016 toifes de terrein, fuivant la liquidation qui en fera faite . . . . eu égard à la valeur des matériaux & ouvrages du temps préfent* (a).

Cette Sentence a été confirmée par Arrêt rendu le 21 Juillet 1723, en la quatriéme Chambre des Enquêtes, au rapport de M. Goeflard.

Les formalités prefcrites pour l'exercice & l'exécution des Retraits font très-rigoureufes, & il faut les obferver toutes, parce que *qui cadit à fyllabâ, cadit à toto*; ainfi fi le Retrayant manque à l'une de ces formalités, s'il y a nullité, foit dans la procédure, foit dans l'exécution du Retrait, il ne peut pas renouveller fon action, quand même la déchéance feroit prononcée dans un temps encore utile. Cependant voyez *Retrait Féodal*.

Si le Retrait eft admis, le Retrayant gagne les fruits du jour de l'ajournement & de fes offres; parce que dès ce moment il a été obligé d'avoir toujours fon argent prêt, & qu'ainfi il ne lui a plus été poffible de l'employer ailleurs pour en tirer l'intérêt: la Coutume de Paris le décide textuellement par l'art. 134.

Il eft bon de remarquer que, (dans la Coutume de Paris), quand le Retrayant auroit manqué de former une demande expreffe des fruits, ils ne lui feroient pas moins dûs du jour de l'ajournement & offres, il eft toujours temps de les demander, tant qu'il

---

(a) Les bâtimens conftruits fur le terrein retiré, avoient été conftruits dans le temps de l'Agiot; & avoient coûté des fommes immenfes, au moyen de la cherté des matériaux ce temps de vertige.

n'y a point de péremption d'inſtance. Voy.
l'Arrêt rapporté par Pithou ſur l'art. 166
de la Coutume de Troyes.

Fortin & Brodeau rapportent des Arrêts
ſur le ſuſdit article 134 de notre Coutume,
par leſquels ils diſent avoir été jugé que
tous les fruits qui ſe trouvent pendans par
les racines au jour des offres & de l'ajournement en Retrait, appartiennent au Lignager, en rembourſant les labours & ſemences. C'eſt auſſi l'opinion de Chopin ſur la
Coutume de Paris.

Il me paroîtroit beaucoup plus équitable
que les fruits fuſſent partagés entre l'Acquéreur & le Retrayant à proportion du
temps, ſuivant l'opinion de Dumoulin, de
Tiraqueau & de Coquille ; parce que la
nourriture & la production des fruits étant
l'ouvrage d'une année entiere, il eſt certain que celui qui a été propriétaire de la
terre, pendant que les fruits s'y nourriſ-
ſoient, n'y a pas moins de part que celui
qui ſe trouve propriétaire au temps de leur
maturité.

D'ailleurs, l'intention de la Coutume
n'eſt point qu'un Lignager gagne ſur l'Acquéreur, & profite de ſon travail ; ce qui
pourroit néantmoins arriver s'il emportoit
tous les fruits, pouvant très-ſouvent attendre la veille de la récolte, pour intenter le
Retrait.

S'il y avoit des fruits pendans ſur l'héritage au temps de la vente, & que ces fruits
n'ayent pas été réſervés par le Vendeur ; le
Lignager qui trouve la terre nue, lorſqu'il
la retire, peut demander que ces fruits, qui
ont augmenté le prix de la vente, ſoient
eſtimés, & leur valeur déduite ſur le rembourſement qu'il eſt obligé de faire, autrement il payeroit le prix entier de la vente,
& n'auroit qu'une partie de la choſe vendue ; ce qui ſeroit injuſte, comme le remarque Dumoulin ſur l'ancienne Coutume. V.
auſſi l'Arrêt du 21 Août 1649, rapporté au
Journal des Audiences, tom. 1, l. 5, ch. 47.

On peut ſur cela demander, ſi ſe trouvant ſur la terre, au temps du Retrait, de
nouveaux fruits au lieu de ceux qui y étoient
au temps de la vente, ils ne doivent pas
tenir lieu de récompenſe au Retrayant, &
ſi en les levant, il ne ſera pas obligé de rembourſer le prix entier de la vente.

Mon avis eſt ſur cette queſtion, que les
fruits pendans par racine au temps du Retrait, doivent être partagés entre l'Acheteur & le Lignager, à proportion du temps,
& qu'ainſi il faut faire déduction de la valeur des fruits qui ont été vendus conjointement avec la terre.

Le 4 Juin 1755, on a plaidé au Châtelet une queſtion bien ſinguliere entre deux
Retrayans, & l'Acquéreur d'un héritage ſitué dans la Coutume de Paris. Suivant cette
Coutume, le premier des deux qui avoit
exercé le Retrait, devoit être préféré : mais
le premier Retrayant avoit eſſuyé une conteſtation ſinguliere de la part du ſecond qui
avoit duré long-temps ; & dans cet intervalle, il avoit paſſé plus d'un an ſans faire
de pourſuite ſur l'action en Retrait dirigée
contre l'Acquéreur.

Le ſecond Retrayant profita de cette circonſtance pour demander l'excluſion du premier : on diſoit de la part du ſecond Retrayant, que le premier avoit laiſſé périr ſa
demande en Retrait, en ne la pourſuivant
pas pendant plus d'un an ; que la péremption s'acquiert dans ces matieres par le défaut de pourſuite pendant un an ; parce que
l'action en Retrait eſt annale, & que l'action en péremption ne doit pas être d'une
plus longue durée que l'action principale
dont elle eſt acceſſoire.

Le premier Retrayant oppoſoit au ſecond
que celui-ci excipoit du droit d'autrui. On
convenoit que la péremption étoit acquiſe ;
mais on ſoutenoit que l'Acquéreur ſeul
pouvoit la demander, & non un tiers. On
ajoutoit que les conteſtations élevées entre
les deux Retrayans, avoient interrompu la
péremption de la premiere demande en Retrait formée contre l'Acquéreur, avec laquelle les procédures des deux Retrayans
étoient connexes. L'Acquéreur qui étoit
partie dans la cauſe, s'en rapportoit à Juſtice ; & par Sentence rendue le 4 Juin 1755,
plaidans Me Rouſſelot & Cornil, le Retrait
a été adjugé au ſecond Retrayant : on a par
conſéquent jugé non-ſeulement qu'en ces
matieres, la péremption s'acquiert par le
défaut de pourſuite pendant un an, mais
que le ſecond Retrayant peut oppoſer cette
péremption au premier.

Une Sentence du Châtelet rendue le 30

Mars 1756, a jugé qu'un incident dont la procédure eſt déclarée nulle, n'empêche pas la péremption de la demande en Retrait. Elle a été confirmée par Arrêt du 20 Mars 1759.

Dans cette eſpéce, le Retrayant avoit obtenu une Sentence par défaut faute de comparoir, qui adjugeoit le Retrait au préjudice de l'acte d'occuper, ſignifié par le Procureur de l'Acquéreur; celui-ci demanda la nullité de la Sentence, & pourſuivit l'Audience ſans faire de ſommation de défendre au fond ni pourſuivre le défaut faute de défendre : un an s'étant écoulé après la Requête en nullité, l'Acquéreur demanda la péremption de l'exploit en Retrait; le Retrayant ſoutenoit qu'elle ne pouvoit avoir lieu, au moyen de ce qu'il avoit pourſuivi l'Audience; on lui répondoit que ſes pourſuites n'avoient pour objet que l'incident de la nullité, & non le fond : cette réponſe a déterminé le Jugement; l'appel de la Sentence eſt actuellement pendant au Parlement.

Le Parlement de Rouen a jugé par Arrêt rendu le 18 Mai 1746, entre le Préſident de la Londe & la dame de Bapaume, que le Retrayant eſt non-recevable à appeller d'une Sentence, qui le déboute de ſa clameur, après l'an de la ſignification de la Sentence.

Berault rapporte d'autres Arrêts ſemblables ſur l'art. 499 de la Coutume de Normandie, & on tient auſſi dans la Coutume de Paris, que le Retrayant débouté du Retrait par Sentence, n'eſt pas recevable à interpeller appel après l'an & jour de la ſignification de la Sentence.

L'action en Retrait participe de la perſonnalité & de la réalité; & par conſéquent elle doit être portée devant le Juge du domicile du Défendeur; parce que la perſonnalité comme la plus noble attire la réalité. On peut ſur cette matiere conſulter Coquille ſur la Coutume de Nivernois, chapitre du Retrait Lignager, n°. 2. C'eſt auſſi la doctrine de Mercier, de Papon, de Lange, de Pocquet de Livonniere, de Durand, ſur la Coutume de Vitry; de Brodeau, ſur M. Louet; de Rouſſeau de la Combe, des Annotateurs de Dupleſſis & de pluſieurs autres.

Meſſieurs des Requêtes du Palais qui ne connoiſſent pas des matieres purement réelles, connoiſſent cependant des actions en Retrait : tel eſt le Droit commun du Royaume, confirmé par la Juriſprudence des Arrêts. Voyez Papon, lett. R; M. Louet & Brodeau, lett. R, Sommaire 51, & les Annotateurs de Dupleſſis.

Cette maxime ne ſouffre d'exception que dans les Coutumes où l'action en Retrait eſt réelle, telles que celles d'Anjou & du Maine.

Dans ces Coutumes, les Requêtes du Palais & de l'Hôtel ſont abſolument incompétentes; il y a ſur cela un Arrêt du premier Mars 1701, qu'on trouve au Journal des Audiences; il y en a un autre du 23 Août 1731, ſur appointement aviſé au Parquet, par M. Gilbert, Avocat Général, plaidans Mes Bajot, Sarrazin & Couſin. Voyez l'art. 327 de la Coutume de Poitou, l'art. 392 de celle du Maine. Voyez auſſi l'Arrêt du 20 Janvier 1761, dont je parle à l'art. *Retrait Féodal.*

Les principes que je viens de détailler, different en pluſieurs choſes de ceux admis par la Coutume de Normandie; en effet, cette Coutume paroît toujours également s'occuper, & à favoriſer les Retrayans, & à gêner les Acquéreurs.

Par rapport aux Retrayans, toutes les difficultés ſont applanies : on ne connoît point en Normandie, ni ces formules d'exploits aſſervies à des termes, pour ainſi dire conſacrés, ni ces offres réitérées à chaque journée de la cauſe, ni toutes les formalités de rigueur, dont quelques autres Coutumes ſont hériſſées. Là, tout eſt ſimple, l'action en Retrait s'exerce ſans myſtere & ſans précaution, comme toutes les autres.

En Normandie, le Retrait Lignager n'a pas lieu ſeulement pour les propres; il eſt admis même pour les acquêts en faveur des parens lignagers du Vendeur, juſqu'au ſeptiéme dégré incluſivement, dans l'an & jour de la lecture & publication du contrat, ſuivant l'art. 452.

Il a lieu même pour la ſuperficie des bois de haute-futaye vendue, pourvû que le Retrayant ſe préſente avant que la coupe ſoit commencée, *ibid.* art. 163.

Il a lieu en matiere d'échange, quelque

petite que foit la foulte, fuivant l'art. 464.

En un mot, il a lieu en matiere de dona-tions rémunératoires, en payant l'eftima-tion de la chofe donnée, fuivant l'art. 498; & aucune autre Coutume n'a pouffé fi loin la liberté des Retraits.

Auffi la Coutume de Normandie n'a-t-elle en vûe que l'utilité perfonnelle du Re-trayant; elle n'exige pas qu'il retire l'héri-tage pour le conferver, mais feulement pour fon profit faire; enforte que s'il trouve à le revendre à un prix plus avantageux, le Re-trait n'en eft pas moins légitime.

RÉTROCESSION.

C'eft le nom qu'on donne à un acte qui contient ceffion de quelque droit qu'on avoit acquis par tranfport, & qu'on rend à celui de qui on l'avoit reçu. V. Tranfport.

RÊVE.

C'eft le nom d'une impofition Royale » qui fe perçoit en Languedoc » fur les vi-» vres, victuailles & marchandifes qui for-» tent de la Province «.

On croyoit que ce droit n'avoit été établi qu'en 1540 ou 1541; mais l'Auteur du Mé-moire du Languedoc, envoyé à M. le Duc de Bourgogne, & fur lequel Boulainvilliers a fait l'état de la France, fait mention d'u-ne Ordonnance de Philippes-de-Valois de 1330, fuivant laquelle ce droit doit être payé à raifon de 4 f. pour l. des vivres, &c.

Il paroît que les Eccléfiaftiques & les Monafteres ne font pas affujettis à ce droit. Voyez à ce fujet un Arrêt de la Cour des Aides & Finances de Montpellier, du 30 Juin 1665, qui en décharge l'Econome du Monaftere d'Yerre; cet Arrêt eft dans les anciens Mémoires du Clergé, tom. 3, part. 4, pag. 175.

RÉVÉLATION.

Ce mot fignifie rendre publiques les chofes qui étoient fecrettes. V. Confeffion & Monitoire.

REVENDICATION.

Voyez Contrebande.

Revendiquer c'eft redemander judiciaire-ment une chofe qui nous appartient, & qui eft entre les mains d'autrui.

Celui qui a vendu une chofe mobiliaire fans avoir fixé le jour ou le terme du paye-ment, mais efpérant en être payé prompte-ment, peut la revendiquer & la pourfuivre en quelque lieu qu'elle foit tranfportée, lorfqu'il n'en a pas touché le prix; & qu'il n'a pas fuivi la foi de fon acheteur. V. l'art. 176 de la Coutume de Paris.

Il ne feroit pas jufte en effet que le ven-deur perdît fon droit fur la chofe vendue, dès qu'il n'en a pas touché le prix; parce que dans le cas de la vente faite fans jour ni terme, la propriété de la chofe vendue ne paffe à l'acheteur que par le payement du prix.

Ainfi le droit de propriété étant cenfé ré-fider encore en la perfonne du vendeur qui n'eft pas payé, il eft évident que ce droit lui donne celui de revendiquer la chofe; mais il faut que l'identité de la chofe vendue & revendiquée foit bien prouvée, fans quoi la Revendication n'auroit pas lieu; la difficul-té de faire cette preuve, lorfque la chofe a changé de forme, met prefque toujours un obftacle à la Revendication; comme fi le bled a été converti en farine, & la laine en drap, &c. On peut fur cela confulter les Arrêts rapportés par Brodeau, & fon Com-mentaire fur l'article 176 de la Coutume de Paris.

Le droit que la Coutume donne au ven-deur de revendiquer une chofe vendue fans jour ni terme, ne l'autorife pas à rentrer de plano dans la poffeffion de cette même cho-fe; il faut auparavant faire ftatuer fur la va-lidité de la Revendication.

Le vendeur d'une chofe avec jour & ter-me pour le payement, peut encore la reven-diquer, même avant l'échéance du terme, lorfqu'elle eft faifie fur l'acheteur par un au-tre créancier; l'effet de la Revendication en ce cas, eft de donner au vendeur un privilége fur le prix de la chofe vendue; c'eft la difpofition de l'art. 177 de la Cou-tume de Paris; mais ce privilége ceffe lorf-que la chofe n'eft plus en la poffeffion, & eft faifie fur un autre que le premier acqué-reur qui avoit terme.

Enfin le vendeur d'une chofe mobiliaire avec terme peut encore la revendiquer, s'il n'eft pas payé après le terme convenu, pour-vû qu'elle foit encore entre les mains de l'ac-quéreur;

quéreur ; car la Revendication d'une chofe vendue avec terme, ne peut jamais fe faire que quand elle fe trouve entre les mains du premier acquéreur ; c'eft ce que porte l'art. 177 de la Coutume de Paris, & c'eft encore un point jugé en la 4ᵉ Chambre des Enquêtes, le 3 Juin 1756, fur un partage d'opinions en la premiere.

Dans cette efpéce, il s'agiffoit de vins revendiqués par un fieur Efteve, fur un vaiffeau trouvé à la rade de Dunkerque ; les tonneaux n'étoient pas marqués : enforte que, quoiqu'il fût prouvé que le faififfant avoit vendu des vins à un particulier qui en avoit revendu au fieur Gounon, à qui ceux faifis à Dunkerque appartenoient, l'identité des vins vendus avec les vins revendiqués, n'étoit pas exactement prouvée : mais le principal moyen du fieur Gounon étoit que le fieur Efteve & fes Confors avoient vendu avec terme, & que la Revendication n'étoit pas faite fur le premier acheteur, mais fur le fieur Gounon qui étoit un tiers.

Pour pouvoir revendiquer des marchandifes vendues avec ou fans terme, il faut qu'elles fe trouvent au même état où elles étoient, quand elles ont été livrées par celui qui les réclame ; fi elles ont changé de forme, ou fi elles ont été entamées ou mifes en état d'être vendues, elles ne font plus fujettes à Revendication,

Par exemple, fi elles ne font plus fous balles & fous cordes (a), fi elles n'ont plus leurs capes ou guênes, queues, chef & aulnage, ou s'il s'agiffoit de marchandifes enfermées dans des tonneaux, & qu'il ait été mis au tonneau une fontaine, broche ou canelle, pour les mettre en état d'être débitées ; dans tous ces cas, paroiffant que les effets ou marchandifes ont été laiffés à la foi de celui qui les avoit achetés, ils ne peuvent plus être revendiqués : c'eft ce qui eft établi par un Acte de Notoriété du Châtelet du 13 Mai 1711, qu'on trouve dans mon Recueil de ces Actes, pag. 377.

D'après ces principes bien entendus & bien difcutés, la Cour, par Arrêt rendu en la Grand'Chambre, à l'Audience de rele-

vée, le 26 Juin 1759, a jugé que cinq Marchands de bois qui avoient féparément vendu des bois neufs, avec jour & terme, au fieur Carouge, Marchand de bois, pour la provifion de Paris, & qui les avoit payés en Billets & Lettres de change, n'avoient pu, à l'ouverture de la faillite du fieur Carouge, revendiquer ces mêmes bois qui avoient été flottés & empilés dans fon chantier à Paris, & qu'ils pouvoient feulement exercer leur créance pour le prix qui leur reftoit dû à caufe de ces biens.

Il étoit conftant dans le fait, que les bois, faifis & revendiqués par ces cinq Marchands, étoient mêlés dans le chantier ; mais,

1°. Ils ne fe trouvoient plus en totalité.

2°. Ils avoient changé de forme par le flottage.

3°. Ils étoient augmentés en valeur par le flottage, tirage de la riviere & empilage dans les chantiers.

Ces raifons prévalurent fur la circonftance finguliere & conftatée par la marque des bois, que tous ceux qui étoient revendiqués, quoique mêlés, avoient été vendus par les Marchands revendiquans.

On a cité dans cette plaidoirie un Arrêt affez femblable à cette efpéce, & que l'on date du 14 Juillet 1752 ; mais Mᵉ Jouanin, fur la plaidoirie duquel ce dernier Arrêt a été rendu, & qui avoit prêté fon extrait à Mᵉ Paporet, n'a pas voulu m'en aider.

A Lyon, les marchandifes vendues pour être payées comptant ou à terme, peuvent être revendiquées par les vendeurs fur leurs débiteurs en faillite, pourvû que les marchandifes fe trouvent en nature en la poffeffion des Faillis, & que l'identité ne puiffe être reconnue. La Confervation l'a ainfi attefté par des Actes de Notoriété des 14 Décembre 1722 & 19 Janvier 1731.

A Marfeille, le droit de réclamer ou » revendiquer des marchandifes vendues, ne » peut être exercé par le vendeur non en- » tiérement payé, que fur celles qui font » trouvées en nature, & exiftantes entre les » mains de l'acheteur, ou en celles de fes » commiffionnaires, en cas pourtant que les

(a) La Déclaration du 16 Août 1707, qui fixe le privilége que peuvent exercer les Receveurs des Amendes fur les meubles de ceux qui y font condamnés, veut que ce

privilége n'ait pas lieu, au préjudice du Marchand qui revendique fa marchandife, dont il n'eft pas payé, & qui fe trouve encore en nature fous balles & fous cordes.

» commiſſionnaires n'ayent pas fait des avan-
» ces deſſus qui en abſorbent toute la va-
» leur, ou bien entre les mains d'un ſecond
» acheteur, qui n'en a pas payé le prix au
» premier, ſoit en argent, ou en lettres &
» billets.

» Mais la Revendication ne peut ſe faire
» de marchandiſes trouvées en nature, &
» exiſtantes entre les mains des commiſſion-
» naires du premier acheteur, qui ont fait
» des avances qui en abſorbent & conſom-
» ment toute la valeur, ni entre les mains
» d'un ſecond acheteur qui les a achetés de
» bonne foi par vente publique faite par le
» miniſtere de courtiers, & en a payé le prix
» comptant, à moins que le premier ache-
» teur n'en ait fait la revente au ſecond,
» avant l'expiration de trois jours; auquel
» cas ſeulement le vendeur réclamateur
» peut exercer le droit de ſuite ſur leſdites
» marchandiſes exiſtantes & en nature, en-
» tre les mains du ſecond acheteur ou de
» ſes commiſſionnaires, nonobſtant qu'il en
» ait payé le prix au premier, afin d'obvier
» aux fraudes.

» Si les marchandiſes vendues ne ſont
» point trouvées en nature & exiſtantes en-
» tre les mains du premier acheteur ou de
» ſes commiſſionnaires, ni du ſecond ache-
» teur qui n'en a pas payé le prix au premier,
» le droit de ſuite n'a pas lieu, & ne peut
» pas être exercé par ſubrogation ſur le prix,
» ni ſur le produit & Retrait en prove-
» nans........« Ce ſont les diſpoſitions d'un
Réglement fait par la Chambre du Commerce & les Conſuls de Marſeille, le 11
Août 1730, homologué par Arrêt du Parlement d'Aix du 26 du même mois.

Les propriétaires & principaux locataires
des maiſons peuvent auſſi revendiquer les
meubles meublans qui garniſſoient les lieux,
& qui ont été emportés furtivement par
leurs locataires ou ſous-locataires; & ce
droit a lieu, lors même que les meubles enlevés n'ont été, ni ſaiſis exécutés, ni ſaiſis
& gagés; parce que le fait du locataire ne
peut pas faire perdre au propriétaire ſon
gage & ſon privilége ſur l'effet diverti.
Voyez ſur cela l'article 171 de la Coutume
de Paris.

Enfin, lorſque des meubles ſaiſis ſont enlevés, les créanciers ſaiſiſſans & oppoſans

peuvent auſſi les revendiquer. Voyez ce que
dit Bourjon des ſaiſies-exécutions, tom. 2,
tit. 8, ch. 3, ſur la Revendication des choſes
volées. V. Vol.

Me Favieres, Procureur au Parlement,
chargé de la recette des deniers de ſa Communauté, étant décédé, la Communauté des
Procureurs revendiqua l'argent comptant
trouvé ſous les ſcellés appoſés après ſa mort;
& ils prétendirent qu'il leur appartenoit,
qu'il faiſoit partie de leur recette, qu'il n'é-
toit ès mains de Me Favieres qu'à titre de
dépôt, &c. mais comme rien ne prouvoit
que cet argent fût le même que celui qui
provenoit de leur recette, ils furent déboutés de leur demande, par Arrêt du 21 Janvier 1730.

On ne peut pas revendiquer des marchandiſes qui ne ſont plus au même état où elles
étoient lors de leur livraiſon. Sur cela voyez
l'Acte de Notoriété du Châtelet du 13 Mai
1711, pag. 377 & 378.

Peut-on revendiquer de l'argent prêté,
quand l'emploi promis n'a pas été effectué?
V. l'Arrêt du 30 Mai 1759, dont je parle
à l'art. Retrait Lignager.

Un Marchand de vin en gros, voyant
qu'une partie reſtante de plus grande quantité des vins qu'il avoit vendus à un détail-
lant, étoit ſaiſie, à la requête du fermier,
pour droit d'Aides, revendiqua ce qui reſtoit, & diſoit au fermier qu'il auroit dû ſe
faire payer des droits d'Aides, à meſure du
débit des vins, & que ne l'ayant pas fait, il
ne pouvoit pas faire vendre les vins ſaiſis
& revendiqués, pour raiſon de droits dûs à
l'occaſion du débit d'autres vins, & encore
moins prétendre un privilége ſur le prix des
vins revendiqués; mais nonobſtant ces raiſons, la Cour des Aides, par Arrêt rendu
le 7 Septembre 1748, ordonna que le fermier ſeroit payé par préférence & en entier
ſur le prix des vins encore exiſtans, même
pour les droits de ceux qui étoient débités,
& dont il avoit fait crédit. Voyez Contrebande.

REVERSION.
V. Alſace & Retour.

REVERSION de Compte.

Revoir un compte, c'eſt l'examiner de
nouveau.

Avant l'Ordonnance de 1667, on procé-doit à la Revision des Comptes, quoique clos, quand l'une des Parties prétendoit qu'il y avoit erreur ; mais cet usage a été abrogé par l'art. 21 du titre 29 de cette Ordonnance. V. *Compte*.

REVISION (Droit de).

C'est un Droit accordé aux Procureurs, pour les indemniser du temps qu'ils passent à lire les écritures des Avocats, avant de les faire signifier.

Ce Droit, qui est de 10 s. par chacun Rôle de grosse au Parlement de Paris, avoit été supprimée par l'article 8 du tit. 31 de l'Ordonnance de 1667 ; mais il a été rétabli en faveur des Procureurs de ce Parlement, par une Déclaration du 16 Mai 1693, enregistrée le 29, au moyen d'une finance de 100000 liv. qu'ils ont payées.

Le Droit de Revision accordé aux Procureurs au Châtelet sur les écritures d'Avocats, n'est que de 2 sols par chaque Rôle. Voyez l'article 33 du Tarif des Salaires des Procureurs au Châtelet, du 16 Mai 1690.

REVISION de Procès.
V. *Requête Civile*.

La Revision de Procès en matiere criminelle (*a*) est assez semblable à la voie de la requête civile, en matiere civile. Il y a cette différence, qu'en faveur de l'innocence, les Juges qui revoyent un procès, peuvent en examiner le fond, & absoudre l'accusé, en enthérinant les Lettres de Revision ; au lieu qu'en enthérinant une requête civile, les Juges ne peuvent en même temps prononcer sur le rescindant & sur le rescisoire, & qu'ils doivent seulement remettre les Parties au même état où elles étoient avant l'Arrêt ou le Jugement contre lequel elle est obtenue.

Ceux qui sont condamnés par des Jugemens rendus en dernier ressort, en matiere criminelle, n'ont que deux voies pour faire éteindre la condamnation ; sçavoir, la grace du Prince, & la Revision de leur procès.

On ne procéde à cette Revision qu'en conséquence de Lettres qui s'expédient en la grande Chancellerie, & qui doivent être signées par un Secrétaire des Commandemens.

Pour les obtenir, *le condamné doit exposer le fait, avec ses circonstances, par Requête qui se rapporte au Conseil......* & elles ne doivent être *expédiées & scellées* que quand *elles sont trouvées justes*, & qu'il est ainsi *ordonné par Arrêt* du Conseil. Ordonnance de 1670, tit. 16, art. 8.

Ces Lettres s'obtiennent, tant contre les Arrêts que contre les Jugemens Présidiaux & Prévôtaux.

Ce n'est pas seulement le condamné qui peut demander ces lettres ; la veuve, les enfans & les parens, peuvent également en obtenir, pour purger sa mémoire. Nous en avons un fameux exemple dans l'affaire du sieur de Langlade, condamné innocemment aux Galeres, par Arrêt rendu le 16 Février 1688, où il est mort. Sa mémoire a depuis été purgée & absoute par Arrêt rendu le 17 Juin 1693, sur la Revision du procès poursuivie par sa veuve.

Les parens peuvent même obtenir des Lettres pour la Revision d'un Jugement par contumace, après la mort du condamné, pour purger sa mémoire ; mais le condamné ne peut lui-même en obtenir que contre des Jugemens ou Arrêts contradictoires. Il faut, avant toutes choses, qu'il purge la contumace.

Quand, par l'événement d'une Revision de procès, un condamné (ou sa mémoire) est justifié, il rentre dans ses biens, en vertu du Jugement qui le déclare innocent ; & la restitution a lieu alors, non-seulement contre le fisc, mais même contre ceux qui ont profité de la confiscation, soit par acquisition, donation, legs ou autrement ; mais les Lettres seules ne suffisent pas.

La Revision a lieu dans les cas seulement d'une condamnation injuste ; mais lorsqu'il s'agit de nullité, ce n'est pas par cette voie qu'il faut se pourvoir ; c'est alors la cassation qu'il faut demander.

Sur la Revision des procès, voyez le titre 16 de l'Ordonn. de 1670, art. 8, 9, 10, 11, 18 & 28 ; voyez aussi le Réglement du Con-

---

(*a*) La Revision de Procès en matiere Civile, n'a plus lieu en France : l'Ordonnance de 1667 a proscrit cette Procédure, ainsi que les propositions d'erreur ; mais le Parlement de Flandres a sur cela des usages particuliers. Voyez ce que je dis aux articles *Cassation* & *Proposition d'erreur*.

feil du 28 Juin 1738 , premiere Partie, tit. 7, art. 1 , 2 , 3 , 4 & 5.

L'Amiral Chabot , condamné par Arrêt , obtint des Lettres de Revifion ; & fon procès ayant été revû , il fut abfous par Arrêt rendu en préfence de François I , le 29 Mars 1541., avant Pâques. Voyez Bouchel.

La Revifion eft auffi une efpéce de Requête civile , ou une voie de fe pourvoir contre les Arrêts rendus en matiere civile au Parlement de Befançon ; une Déclaration, que je crois être du 15 Février 1679, a prefcrit la forme de l'inftruction & de la Revifion des procès , & des Arrêts du Parlement de Befançon. Il y a encore fur cette matiere une Déclaration du 29 Janv. 1680, & un Edit du mois d'Août 1692.

La Revifion eft auffi admife au Parlement de Flandres , en matiere civile. Voy. *Requête Civile.*

R É U N I O N.
V. *Propres.*

Le mot Réunion eft équivoque; il a néantmoins une fignification générale, qui marque que des terres , des fiefs ou d'autres biens, ont été réunis ou joints à ceux dont ils avoient été féparés ; ainfi l'on dit que les biens d'une famille qui avoient été féparés par des partages, ont été réunis fur une feule tête , &c.

Mais ce mot a une fignification particuliere, quand on l'applique aux mouvances féodales & roturieres ; car alors il fignifie que le fief fervant ou l'héritage roturier , étant réuni au fief dont il relevoit, la mouvance eft éteinte ; enforte que l'un & l'autre bien ne compofent plus qu'un feul & même corps de fief.

On a long-temps agité la queftion de fçavoir fi, lorfqu'un Seigneur acquiert un fief mouvant de lui , le fief acquis fe réunit de plein droit au fief dominant ; de forte que le tout ne faffe qu'un feul fief , ou fi l'arriere-fief fubfifte toujours dans fa nature , quoique poffédé par le même Seigneur, qui poffede auffi le fief dominant.

On a formé la même queftion fur l'acquifition que fait un Seigneur d'héritages tenus de lui en roture, c'eft-à-dire , qu'on a auffi demandé fi ces héritages demeuroient dans leur nature de biens roturiers , ou s'ils

devenoient nobles comme le fief.

Dumoulin, fur l'ancienne Coutume de Paris , étoit d'avis que la Réunion ne devoit point avoir lieu , à moins que le Seigneur acquéreur ne déclarât qu'il vouloit la faire ; & d'anciens Arrêts rendus au Parlement de Paris, avoient jugé en conformité de cette opinion ; mais cette Jurifprudence fut changée par un Arrêt rendu en 1519, rapporté par M. Louet , lettre F, n°, 5, & par Brodeau, fur l'article 53 de la Coutume de Paris. Voyez auffi les autres Commentateurs de ce même article.

Depuis cet Arrêt, l'article 53 de la Coutume de Paris a ordonné que la Réunion aura lieu , à moins que l'acquéreur ne déclarât qu'il ne veut point réunir ; & quoique cet article ne parle que de l'acquifition & de la Réunion dès héritages roturiers tenus en cenfive, tous les Commentateurs conviennent que fa difpofition eft également fuivie, relativement aux arriere-fiefs acquis par un Seigneur dont ils étoient mouvans.

Tous les Auteurs conviennent auffi que cette difpofition a été étendue à toutes les Coutumes qui ne difent rien de contraire ; enforte qu'on peut la regarder comme le Droit commun ; on l'obferve même dans les Pays de Droit-Ecrit.

Ainfi la Réunion du fief fervant au fief dominant , opere la confolidation des deux fiefs, de maniere qu'elle les identifie, pour ainfi dire , enforte qu'ils ne forment plus qu'un feul & même corps de fief : de-là fuit que les Vaffaux du fief fervant , qui n'étoient , dans leur origine, qu'arriere-Vaffaux du fief dominant, en deviennent néceffairement les Vaffaux directs & immédiats ; puifque la confufion des deux fiefs ne permet plus de diftinguer l'un de l'autre , ni par conféquent les mouvances qui appartiennent à l'un , d'avec celles qui appartiennent à l'autre.

Dans les Coutumes qui n'ont point de difpofitions contraires à celle de Paris, & où la Réunion fe fait de droit , fi par droit d'aubaine, déshérence, bâtardife ou confifcation, le Seigneur d'un fief devient propriétaire d'héritages mouvans de lui , foit en fief, foit en cenfive, ils font réunis de droit à la Seigneurie.

En Normandie, quand le Seigneur acquiert, par droit féodal, des héritages de sa mouvance, comme par la confiscation, la déshérence, le retrait féodal, &c. la Réunion se fait de plein droit ; mais si le Seigneur acquiert par contrat purement volontaire, la Réunion ne se fait que quarante ans après le décès de l'acquéreur. Voyez sur cela les articles 200 & 202 de la Coutume de Normandie, & les articles 30 & 104 des Placités.

Les fiefs que le Roi acquiert, ne sont réunis au domaine de la Couronne, qu'après dix ans de possession. Voyez *Domaine de la Couronne.*

La Combe, au mot *Partage*, sect. 3, n°. 7, dit, d'après le Brun, que, lorsque le fils rapporte à la succession de son pere le fief que celui-ci lui avoit donné, les rotures mouvantes de ce fief, acquises depuis la donation, se partagent noblement comme le fief ; parce qu'elles se trouvent réuniés au moment du décès du pere, par le moyen du rapport.

Lorsqu'un fief & une roture qui en releve, sont acquis, pendant qu'une communauté subsiste entre conjoints, la Réunion se fait de plein droit & irrévocablement pour le tout, si le mari n'a pas fait de déclaration contraire ; & la femme ne peut pas empêcher cette Réunion, quelque déclaration qu'elle fasse dans la dissolution, encore qu'elle n'y ait pas consenti ; parce que, tant que la communauté a duré, le mari étoit maître du fief & de la roture, & que tous les deux appartiennent à la communauté, dont il avoit l'entiere disposition ; c'est l'avis unanime des Auteurs.

Mais ils sont partagés sur la question de sçavoir si la Réunion a lieu, lorsque le mari a des biens roturiers qui lui appartiennent de son chef dans la mouvance d'un fief qu'il acquiert constant la communauté, sans faire de déclaration ; pour moi, je pense que la Réunion ne peut se faire que pour moitié, puisque le mari n'a que cette portion dans le fief. C'est aussi l'avis d'Auzanet, de Ricard & de le Brun.

Les Auteurs sont encore d'opinions diverses sur la question de sçavoir, si la roture acquise pendant la communauté, se réunit au fief propre au mari qui ne fait point de déclaration ; mais je pense encore que la Réunion n'a lieu que pour moitié, parce que le mari n'a pas pu réunir la portion de sa femme, dont il n'étoit pas propriétaire incommutable ; il faudroit décider que la Réunion a lieu pour le tout dans les deux cas susdits, si la femme ou ses héritiers renonçoient à la communauté.

Si, constant la communauté, le mari acquiert un fief, dans la mouvance duquel la femme possede des biens roturiers qui lui sont propres, la Réunion dépend de l'acceptation ou de la renonciation à la communauté par la femme, elle se fait pour moitié, si la femme accepte la communauté, sans déclarer qu'elle ne veut pas réunir ; & elle peut faire cette déclaration, parce qu'il n'a pas été au pouvoir du mari de changer la nature du bien de celle-ci, sans son consentement ; au contraire, il n'y a point de Réunion, si la femme renonce à la communauté. Tous les Auteurs sont d'accord sur cette question ; & ils décident de même que, lorsque le fief est propre à la femme, & la roture conquêt, il se fait Réunion pour moitié, en cas d'aceptation.

En un mot, il n'y a point de Réunion, quand le fief appartient à quelqu'un à titre d'administrateur, & qu'il est propriétaire de la roture, & *vice versâ*. Par exemple, si un tuteur, propriétaire d'un fief, acquiert pour & au nom de son pupille, des héritages fiefs ou roturiers qui en relevent, il ne se fait point de Réunion ; parce qu'elle ne s'opére que lorque le tuteur posséde en son propre nom le fief & les mouvances, ou quand il les posséde toutes deux comme tuteur ; ce principe peut aussi s'appliquer au mari.

De quelle nature est l'héritage réuni ? Voyez *Propres.*

RÉVOCATION de Donation & de Testament.

Les Donations entre-vifs faites par des personnes qui n'avoient point d'enfans ni de descendans vivans au temps de la Donation, de quelque valeur qu'elles soient & à quelque titre qu'elles ayent été faites, encore qu'elles fussent mutuelles ou rémuneratoires, même celles qui auroient été faites en faveur de mariage par autre que par les conjoints ou les afcendans, deviennent révoquées de plein droit, fi après qu'elles font faites, il furvient un enfant légitime au Donateur, même un pofthume. Voyez néantmoins ce que je dis à l'occafion de l'Arrêt rendu dans l'affaire du Marquis de Flamareus, à l'article *Ab irato*.

Elles font encore révoquées par la légitimation d'un enfant naturel par mariage fubféquent & non par autre légitimation. Ordonnance des Donations en 1731, article 39.

La Révocation des donations a lieu, encore que l'enfant fût conçu (mais non pas né) au temps de la Donation. *Ibid.* article 40.

» La Donation demeurera pareillement » révoquée, quand même le Donataire fe- » roit entré en poffeffion des biens donnés » & qu'il y auroit été laiffé par le Donateur » depuis la furvenance de l'enfant, fans » néantmoins que ledit Donataire foit tenu » de reftituer les fruits par lui perçus, de » quelque nature qu'ils foient, fi ce n'eft » du jour que la naiffance de l'enfant ou fa » légitimation par mariage lui aura été no- » tifiée par exploit ou autre acte en bon- » ne forme, & ce, quand même la demande » pour rentrer dans les biens donnés, n'au- » roit été formée que poftérieurement à la- » dite notification. *Ibid.* art. 41.

» Les biens compris dans la Donation ré- » voquée de plein droit, rentreront dans le » patrimoine du Donateur libres de toutes » charges & hypothéques du chef du Dona- » taire, fans qu'ils puiffent demeurer affec- » tés même fubfidiairement à la reftitution » de la dot de la femme dudit Donataire, » reprifes, douaire ou autres conventions » matrimoniales; ce qui aura lieu, quand » même la donation auroit été faite en fa- » veur du mariage du Donataire, & inférée » dans le contrat, & que le Donateur fe fe-

» roit obligé comme caution par lad. Do- » nation à l'exécution du contrat de maria- » ge. *Ibid.* art. 42. Voyez l'Arrêt du 6 Mars » 1731, *verb.* Hypothéque.

» Les Donations ainfi révoquées, ne pour- » ront revivre ou avoir de nouveau leur ef- » fet, ni par la mort de l'enfant du Dona- » teur, ni par aucun acte confirmatif; & fi » le Donateur veut donner les mêmes biens » au même Donataire, foit avant, foit après » la mort de l'enfant par la naiffance du- » quel la Donation avoit été révoquée, il » ne le pourra faire que par une nouvelle » difpofition. *Ibid.* art. 43.

» Toute claufe ou convention par la- » quelle le Donateur auroit renoncé à la » Révocation de la Donation pour furve- » nance d'enfans, fera regardée comme nul- » le (*a*), & ne pourra produire aucun effet. » *Ibid.* art. 44.

» Le Donataire, fes héritiers ou ayans- » caufe, ou autres détempteurs des chofes » données, ne pourront oppofer la pref- » cription pour faire valoir la Donation ré- » voquée par la furvenance d'enfans, qu'a- » près une poffeffion de trente années, qui » ne pourront commencer à courir que du » jour de la naiffance du dernier enfant du » Donateur, même pofthume, & ce, fans » préjudice des interruptions, telles que de » droit «. *Ibid.* art. 45.

Les difpofitions teftamentaires ne font pas révoquées de plein droit, par la furve- nance d'enfans au teftateur, comme le font les donations; l'ancienne Jurifprudence étoit cependant contraire à l'ufage préfent: on penfoit alors que l'hérédité eft dûe aux en- fans, s'ils n'ont mérité l'exhérédation; & l'on ne fçauroit préfumer qu'un enfant qui n'eft pas né, ait pû donner lieu à fon pere de l'exhéréder. Il y a à ce fujet un Arrêt du 23 Juillet 1663, au Journal du Palais; & deux autres Arrêts ont jugé la même chofe;

(*a*) Le fieur Tifferand, qui avoit fait donation de 23000 liv. au fieur Riviere en faveur de fon mariage avec la veuve Tauzin, époufa depuis la fille du premier lit de cette veuve Tauzin : mais avant de fe marier il donna une re- connoiffance fous fignature privée, portant qu'il n'étoit pas le véritable donateur des 23000 liv. ; & qu'une per- fonne qui avoit voulu demeurer inconnue, les lui avoit fourni pour en gratifier le fieur Riviere.

La naiffance des enfans du mariage du fieur Tifferand avec la Demoifelle Tauzin, donna lieu à une demande en Révocation de la donation des 23000 liv. faite par le fieur

Tifferand au fieur Riviere : on foutint que cette demande ne pouvoit avoir lieu, au moyen de ce que le fieur Tiffe- rand avoit reconnu n'être pas le véritable donateur. Le fieur Tifferand répondit qu'il falloit regarder fa recon- noiffance & la déclaration qu'elle contenoit, comme une renonciation à la révocation, ou comme une convention, ou enfin, comme une fimulation; & que dans tous ces cas, la convention étoit nulle. Par Sentence rendue au Châte- let de Paris, au rapport de M. Foffoyeux, le 10 Décembre 1756, la donation a été déclarée révoquée.

l'un du 13 Août 1717, l'autre rendu sur les Conclusions de M. l'Avocat Général Gilbert, le 7 Janvier 1727 (a). Voyez Domat, des Testamens, liv. 3, tit. 1, sect. 5. Voici sur cela l'espéce d'un Arrêt très-récent.

Le sieur le Riche de la Poupeliniere, ancien Fermier Général, connu par l'opulence de sa fortune & par le généreux usage qu'il en a fait, s'étant remarié au mois de Juillet 1759, fit un testament olographe le premier Novembre 1762, par lequel il disposa de l'universalité de ses biens.

La dame de la Poupeliniere étoit alors enceinte d'un enfant conçu dès le 28 Août 1762, duquel il ne parla en aucune maniere dans son testament; il mourut le 5 Décembre suivant, après avoir été neuf jours malade, sans avoir rien changé à ses dispositions.

Lorsqu'il s'est agi de faire l'inventaire, la dame de la Poupeliniere annonça sa grossesse à la famille de son mari, qui en douta, mais elle fut rendue certaine par l'accouchement de la dame de la Poupeliniere d'un enfant mâle, le 28 Mai 1763.

Alors les légataires universels demanderent la délivrance de leurs legs; la dame de la Poupeliniere, tutrice de son fils, la contesta, & soutint que la survenance d'un enfant opéroit la nullité & la Révocation du testament. Il paroissoit certain par les dispositions mêmes du testament que le sieur de la Poupeliniere ignoroit la grossesse de sa femme lorsqu'il le fit; mais il étoit probable, par les circonstances qui ont suivi, qu'il en étoit instruit dans le temps de sa maladie.

La dame de la Poupeliniere opposoit la disposition de la Loi *si unquam* pour la Révocation des Donations, & celle de l'Ordonnance de 1731, qui en contient de semblables; elle opposoit en outre plusieurs Textes des Loix Romaines qui annullent des testamens pour cause de survenance d'enfans, le suffrage des Auteurs & des Avocats Généraux, & même la Jurisprudence des Arrêts jusqu'à l'époque de l'Ordonnance de 1731 & 1735.

Mais parce que le Législateur a ordonné la Révocation des Donations pour cause de survenance d'enfans par l'Ordonnance de 1731, & qu'il n'existe point d'Ordonnance qui déclare le testament d'un pere révoqué par la naissance d'un enfant depuis le testament, la Cour, par Arrêt rendu en la Grand-Chambre à la pluralité de seize voix contre dix, après un délibéré de deux heures, sur les Conclusions de M. Joly de Fleury, Avocat Général, le 12 Mars 1764, a confirmé la Sentence du Châtelet du 31 Janvier précédent, par laquelle l'exécution du testament du sieur de la Poupeliniere étoit ordonnée, sauf la distraction de la légitime de l'enfant. On a attaqué cet Arrêt par requête civile; mais elle a été rejettée par Arrêt du 4 Juillet 1764, sur les Conclusions de M. Seguier.

Une Donation entre-vifs ne fait pas toujours présumer la Révocation d'un testament antérieur: cette présomption n'est admise qu'entre deux testamens, qui, se référant l'un & l'autre au même instant, c'est-à-dire, au moment de la mort, laissent la derniere volonté du testateur dans l'incertitude.

Il n'en est pas de même d'une Donation: comme elle est l'ouvrage d'une volonté présente, & qu'elle frappe sur des objets présens, elle n'a rien d'inconciliable avec une disposition qui se réfere au temps de la mort, & qui a son application sur des biens que le testateur possédera à cet instant; car de ce qu'une personne donne des biens présens, on ne peut pas en conclure qu'elle enleve à son légataire ceux qui se trouveront à son décès.

Si la donation entre-vifs est universelle, ou qu'elle tombe sur des effets particuliers compris dans le testament, la matiere du legs universel ou du legs particulier s'évanouira: mais le testament ne sera pas pour cela révoqué dans ses autres dispositions. La Donation rendra le legs inutile: mais le testament subsistera pour le reste; tellement même que s'il survient des biens au donateur depuis que la Donation aura été faite,

---

(b) On trouve dans la nouvelle édition *in-folio* des Arrêts notables d'Augeard, tom. 2, n°. 174, un Arrêt très-célébre rendu au Parlement de Rouen, le 20 Décembre 1715; par lequel cette Cour a jugé que le mariage du sieur Duhailles, Lieutenant Criminel à Rouen, par le moyen duquel son fils avoit été légitimé, n'opéroit pas la révocation du testament qu'il avoit fait avant son mariage.

ils tomberont dans le legs univerfel, & le légataire les recueillera en vertu de la difpofition teftamentaire.

Il en feroit de même des biens compris dans la Donation, fi quelque défaut de forme en faifoit prononcer la nullité : ils appartiendroient au légataire, parce que dans ce cas la matiere feroit rendue au teftament.

La Préfidente de Crevecœur, qui, par un teftament du 16 Avril 1742, & un codicile du 22 Octobre 1754, avoit entr'autres difpofitions inftitué le Prince de Tingri & la Ducheffe d'Havré fes légataires univerfels, fit venir deux Notaires le 30 Juin 1756, auxquels elle dit qu'elle *avoit* précédemment *fait un teftament & deux codiciles*, mais *que les différens événemens arrivés depuis, l'engageoient à faire un feul & unique teftament contenant fes dernieres volontés, lequel teftament madite dame a dicté & nommé auxdits Notaires, ainfi qu'il fuit,* &c.

Le préambule fut fuivi de difpofitions particulieres auxquelles la teftatrice fut occupée *jufqu'à fept heures,* & dans ce moment elle déclara aux Notaires *qu'elle défiroit en remettre la continuation à un autre jour.*

Le 2 Juillet fuivant *continuant le teftament commencé* le 30 Juin, elle dicta d'autres difpofitions particulieres aux Notaires fans le clorre ; elle fit la même chofe le 16 du même mois, & déclara auffi à la fin de ces difpofitions de ce jour-là qu'elle défiroit remettre la *continuation de fon teftament à un autre jour.*

La teftatrice mourut en 1757, fans avoir parachevé fon teftament ; elle avoit parlé de légataires univerfels & d'exécuteurs teftamentaires dans ce teftament commencé en 1756 ; mais elle ne les y avoit pas nommés ; elle avoit dit en un endroit, *mes légataires univerfels que je nommerai ci-aprés.*

En cet état, le Prince de Tingri & la Ducheffe d'Havré demanderent délivrance du legs univerfel fait en leur faveur par le teftament de 1742, & par le codicile de 1754.

Les héritiers de la Préfidente de Crevecœur les foutinrent non-recevables, parce que ces teftament & codicile étoient détruits & révoqués par le teftament des 30 Juin, 2 & 16 Juillet 1756 ; ils foutenoient que le dernier teftament étant revêtu des formes prefcrites, & deux teftamens ne pouvant, felon Ricard (Traité *des Donations*) fubfifter en même-temps, le premier étoit néceffairement révoqué.

Mais parce que le dernier teftament étoit un acte imparfait au moyen de ce qu'il reftoit encore quelque chofe à y faire, & encore parce que ce dernier teftament ne contenoit pas une Révocation formelle du premier & des deux codiciles, la Cour, par Arrêt rendu le Vendredi 23 Mars 1759, en la Grand'Chambre, fur les Conclufions de M. Joly de Fleury, Avocat Général, a prononcé la délivrance du legs univerfel.

L'ingratitude du Donataire eft une caufe légitime pour opérer la Révocation de la Donation, & en ôter toute l'utilité à celui qui s'en eft rendu indigne.

La Loi derniere au Code *de Revocandis Donationibus,* détaille les caufes qui autorifent cette Révocation. Aux termes de cette Loi, que Ricard dit ne pouvoir être étendue, les Donations doivent être révoquées,

1°. Si le Donataire fait un outrage fignalé au Donateur, foit verbalement, foit par écrit.

2°. S'il s'eft oublié jufqu'à le battre.

3°. S'il lui a malicieufement caufé des pertes confidérables.

4°. S'il a mis fa vie en danger.

5°. S'il a refufé de fatisfaire aux conditions fous lefquelles la Donation étoit faite.

On peut fur ces caufes de Révocation, confulter Ricard, Traité des Donations, partie 3, ch. 6, fect. 2, il entre fur cela dans un très-grand détail.

Le Donateur qui veut pour caufe d'ingratitude faire révoquer une donation, peut demander à faire preuve de l'ingratitude, tant par titres que par témoins.

Mais quand une fois le Donateur a remis l'injure par une réconciliation fuffifante, il n'eft plus recevable à demander la Révocation ; fi même il furvit quelque tems à l'injure qui pourroit occafionner cette demande, & qu'il meure fans l'avoir formée, l'action en Révocation ne paffe point à fes héritiers, il eft préfumé avoir remis l'offenfe.

Au furplus, il en eft de la Révocation d'une Donation pour caufe d'ingratitude, tout autrement que de la Révocation pour caufe

caufe de furvenance ou de légitimation d'enfans, car celle-ci a lieu de plein droit, & de maniere que les biens donnés rentrent dans le patrimoine du Donateur fans aucune charge ni hypothéque du chef du Donataire, au lieu que la Révocation pour caufe d'ingratitude doit être demandée par action, & que jufqu'à ce que la demande foit formée, le Donataire refte propriétaire des biens compris dans la donation & des fruits qu'il en a perçus, de maniere que s'il a ou hypothéqué ou vendu ces biens, la Révocation qui ne pouvoit être prévue par des tiers, ne fçauroit leur nuire.

Les donations faites entre conjoints par contrat de mariage font, comme les autres, fujettes à Révocation pour caufe d'ingratitude. Domat le dit expreffément, & trois Arrêts modernes l'ont ainfi jugé.

Le premier a été rendu au Grand-Confeil le premier Mars 1697, entre M le Camus, ancien Maître des Comptes, & Madame fon époufe.

Dans cette efpéce, Madame le Camus avoit demandé d'être féparée d'habitation, & que la donation faite par leur contrat de mariage fût déclarée nulle & révoquée: cela fut ainfi jugé. Il étoit prouvé que M. le Camus avoit donné un foufflet à fa femme, qu'il lui avoit jetté des pierres par la fenêtre, lorfqu'elle fortoit de fa maifon; qu'il la laiffoit manquer des chofes les plus néceffaires, & même de la nourriture: il l'avoit d'ailleurs accufée de crimes atroces, pour lefquels il avoit demandé la jonction du miniftere public.

Le fecond Arrêt a été rendu en la troifiéme Chambre des Enquêtes, au rapport de M. Guillebaut, le 26 Février 1728, entre le Comte de (Pitara) de Mariny & les héritiers de fa femme.

Dans cette efpéce, la dame de Mariny avoit demandé fa féparation au Châtelet pour caufe de févices & mauvais traitemens, & que la donation mutuelle portée par leur contrat de mariage fût révoquée; elle avoit été admife à la preuve de fes faits, & avoit fait faire une enquête: mais elle étoit décédée avant le Jugement. Ses héritiers ayant repris l'Inftance, il intervint au Châtelet une Sentence fur production, le 19 Juin 1725, qui, fur la demande en Révocation,

mit hors de Cour. Sur l'appel, les héritiers de la dame de Mariny obtinrent des Lettres de Refcifion contre la donation; ils en demanderent l'enthérinement, & foutinrent,

1°. Que l'action en Révocation ayant été intentée par la dame de Mariny, cette action leur étoit tranfmife au moyen de ce qu'ils étoient fes héritiers.

2°. Que la Révocation devoit être admife, quoique la donation fût faite par contrat de mariage & qualifiée mutuelle.

Le fieur de Mariny répondoit que le don mutuel n'étoit pas une vraie donation; qu'il ne devoit pas être fujet à Révocation, que c'étoit une convention facrée contenue dans un contrat de mariage; que la dame de Mariny auroit pû furvivre, & par conféquent en profiter elle-même.

L'Arrêt n'eut aucun égard à ces moyens, la Sentence du Châtelet fut infirmée, & la donation portée par le contrat de mariage déclarée nulle & révoquée, & cela, (porte l'Arrêt) ...... fans s'arrêter aux Lettres de Refcifion. Voyez Reprife & Séparation.

Le troifiéme a été rendu le 12 Décembre 1755, fur les Conclufions de M. Joly de Fleury, Avocat Général, en faveur de la Vi-Comteffe de l'Hôpital, contre fon mari. Cet Arrêt, en ordonnant que la Vi-Comteffe de l'Hôpital demeureroit féparée de corps & d'habitation avec fon mari, a en même-temps déclaré les dons & avantages faits au mari par la femme dans leur contrat, nuls & révoqués pour caufe d'ingratitude.

Quand il y a donation réciproque, la féparation prononcée en opére-t-elle la Révocation? M. l'Epine de Grainville rapporte, page 563, un Arrêt du 8 Mars 1725, qui a jugé que les donations ne font pas détruites en ce cas.

RIPUAIRES.

C'eft ainfi qu'on nommoit des peuples qui habitoient les rivages du Sal & du Mein, qui font dans la Franconnie; & on nomme encore Loix Ripuaires, celles qui étoient obfervées par ces peuples. Voyez Loix Saliques.

RIVERAINS.

C'eft le nom que les Réglemens fur le

O o o

fait des Eaux & Forêts, donnent à ceux qui habitent les bords des rivieres, ou qui poſſédent des héritages près des rivages, & ſur les bords des rivieres navigables. Voyez *Rivieres.*

RIVIERES.

Voyez *Alluvion, Bac, Eaux & Forêts, Laboureurs, Motte-Ferme, Moulins, Péage, Pêche, Servitude.*

Le Commentateur de l'Ordonnance des Eaux & Forêts dit qu'il y a quatre ſortes de Rivieres ; ſçavoir, les Royales, les banales, les publiques, & les privées ou particulieres.

Les Rivieres Royales ſont, dit-il, les fleuves & les Rivieres navigables.

Les Rivieres banales » ſont celles qui ap- » partiennent en propriété domaniale aux » Seigneurs Hauts Juſticiers, & ſur leſquel- » les ils ont droit d'empêcher de faire des » conſtructions, des ſaignées, des digues, » de pêcher, &c.

» Les Rivieres publiques ſont celles ſur - » leſquelles le Roi ni perſonne autre en par- » ticulier, ne prend aucun droit, & qui ap- » partiennent en général aux peuples voi- » ſins, comme ſont celles qui paſſent à tra- » vers des marais, palus, padouaus & ter- » res inondées α.

Les Rivieres privées ou particulieres ſont celles formées par des ſources ou fontaines qui ſortent d'un héritage, dont elles ſont tellement partie, qu'elles appartiennent au propriétaire de l'héritage même, qui peut les appliquer à tel uſage qu'il juge à propos dans ſon héritage ſeulement.

Je ne garantis pas l'exactitude des défini-tions que je viens de rapporter : ceux qui voudront les trouver dans leur ſource, & voir ſur cela quelque détail, peuvent con-

ſulter le Commentaire de Gallon, ſur le ti-tre 31 de l'Ordonnance des Eaux & Forêts, & la Pratique des Terriers, tome 4.

Les grands fleuves & les Rivieres naviga-bles (a) *appartiennent en pleine propriété au Roi & aux Souverains, par le ſeul titre de leur Souveraineté.*

Tout ce qui ſe trouve renfermé dans leurs lits, comme les Iſles qu'elles forment en diver-ſes manieres (b), *les accroiſſemens & attériſ-ſemens, les péages, paſſages, ponts, bacs, pêche, moulins & autres choſes ou droits qu'el-les produiſent* (c), *appartiennent auſſi au Roi, & perſonne n'y peut prétendre aucun droit ſans un titre exprès & une poſſeſſion légitime.* Ces maximes ſont écrites dans le préambule de la Déclaration du mois d'Avril 1683, enregiſtrée le 21 Mai.

Par exception à cette grande maxime, les Chapitres & Comtes de Lyon ont, par Ar-rêt rendu au Conſeil le 4 Septembre 1717, contradictoirement avec l'Inſpecteur du Domaine, revêtu de Lettres-Patentes, re-giſtrées au Parlement, été maintenus dans la propriété des Rivieres navigables dans l'étendue du Comté & des Iſles qui s'y étoient formées. Cet Arrêt & les Lettres-Patentes ont à cet effet dérogé à l'Ordon-nance des Eaux & Forêts.

Une Déclaration du mois d'Avril 1668 avoit ordonné que les Poſſeſſeurs des Iſles, crémens, péages, ponts, bacs, moulins, &c. qui juſtifieroient d'une poſſeſſion cente-naire, y ſeroient maintenus, en payant an-nuellement, par forme de ſurcens & rede-vance fonciere, le vingtiéme du revenu, & que ceux qui ne pourroient juſtifier une pa-reille poſſeſſion, ſeroient privés de ces biens, leſquels ſeroient réunis au Domaine ; mais la Déclaration du mois d'Avril 1683 a con-firmé purement & ſimplement la propriété

(a) Cela doit s'entendre des *Fleuves & Rivieres* portant Bateau de leurs fonds, ſans artifice & ouvrages de mains, ſuivant l'article 41 du titre 27 de l'Ordonnance des Eaux & Forêts.

(b) Il faut excepter les héritages qu'une Riviere réduit en Iſle, en l'entourant de tous côtés ; les Loix décident que ce fonds appartient toujours au même propriétaire. La Déclaration donnée pour les attériſſemens en Lan-guedoc, le 5 Avril 1712, ſe ſert d'expreſſions plus exactes, puiſqu'elle n'adjuge au Roi que les *Iſles qui naiſſent dans les Rivieres navigables.*

(c) Le Chapitre de Romans en Dauphiné a un droit de Riverage ſur les deux côtés de la Riviere d'Iſere ; & parce que ſes anciens titres portent *Ripagium Iſaræ,* il a préten-

du que par le mot *Ripagium,* il falloit entendre la pro-priété des deux rivages de la Riviere d'Iſere. Le Bureau des Finances de Grenoble l'avoit ainſi jugé, par Sentence du 18 Septembre 1715, ſans préjudice de la propriété de cette Riviere appartenante au Roi, & cette Sentence avoit été confirmée par Arrêt du Parlement de Grenoble, du 8 Août 1716 ; mais l'affaire ayant été por-tée au Conſeil, l'Inſpecteur du Domaine fit voir que, par le mot *Ripagium,* il falloit entendre certains droits, com-me de Péage & de Bac, que prenoit le Chapitre de Ro-mans ſur la Riviere d'Iſere & ſur les rivages, en vertu de conceſſions particulieres, mais non pas la propriété de ces rivages ; & cela fut ainſi jugé par Arrêt du Conſeil du 8 Juillet 1716.

de ceux qui poſſédoient de ſemblables biens & droits en vertu de titres authentiques faits avec les Rois avant 1566.

A l'égard de ceux qui n'ont rapporté que des titres probatifs de la poſſeſſion de ces biens antérieure à 1566, la Déclaration de 1683 les a confirmés, en payant le vingtiéme du revenu annuel deſdits biens : mais ceux dont les poſſeſſeurs ne purent juſtifier ni propriété ni poſſeſſion antérieure à l'année 1566, furent réunis au Domaine, avec reſtitution de 29 années de jouiſſance.

Depuis cette Déclaration il en eſt intervenu deux autres des mois d'Avril 1686, & d'Août 1689, ſur la repréſentation des Etats de Languedoc & de Bretagne, par leſquelles Sa Majeſté a confirmé tous les poſſeſſeurs des Iſles & crémens, en payant une finance, & à la charge d'un droit de champart, ſauf à ceux qui voudroient ſoutenir leurs titres valables, d'en faire la déclaration, & de ſupporter la réunion, en cas qu'ils ſe trouvent mal fondés.

Enfin, par un Edit du mois de Décembre 1693, enregiſtré le 15 du même mois, les détempteurs, propriétaires & poſſeſſeurs des iſles, iſlots, attériſſemens, accroiſſemens, alluvion, droit de pêche, péages, paſſages, ponts, moulins, bacs, coches, bateaux, édifices & droits ſur les Rivieres navigables du Royaume, qui ont rapporté des titres de propriété ou de poſſeſſion avant le premier Avril 1566, ont été maintenus à perpétuité, en payant une année de revenu, ou le vingtiéme de la valeur de biens, & une redevance Seigneuriale & annuelle de 5 ſols par arpent de terrein ; de pareils 5 ſols ſur chaque droit de pêche, péage, paſſage, &c. par forme de ſurcens, outre les cenſives & autres rentes dont ils pouvoient être chargés, ſoit envers le Roi, ſoit envers d'autres Seigneurs ; & quant à ceux qui jouiſſoient des mêmes biens & droits ſans titre ni poſſeſſion antérieure au premier Avril 1566, ils ont été maintenus par l'Edit de 1693, en payant deux années de revenu, outre leur redevance de 5 ſols, &c. . . . . .

Les diſpoſitions de cet Edit ont été révoquées en ce qui concernoit les iſles, iſlots, attériſſemens préſens & futurs, alluvion, droits de pêche & autres ſur la Riviere d'Iſere, en la poſſeſſion & propriété deſ

quels les poſſeſſeurs, ſucceſſeurs & ayans-cauſe ont été maintenus par une Déclaration du 24 Août 1694, moyennant une finance de 45000 liv.

Les Commiſſaires du Conſeil ont fait un Réglement le 18 Mai 1679, pour le Lyonnois & les Pays adjacens, ſuivant lequel, lorſque dans les Juſtices & Domaines du Roi, il ſe trouve des particuliers qui perçoivent des eaux, des Rivieres & ruiſſeaux, & même les eaux de pluie & fontaines qui tombent en chemin public, & les conduiſent dans leurs héritages, pour leur irrigation, ſans titre ou conceſſion, peuvent être contraints d'en paſſer reconnoiſſance au Roi, ſous un cens portant lods & ventes.

L'Auteur des Obſervations ſur Henrys, qui parle de ce Réglement, tome premier, chap. 3, queſtion 36, dit que les Seigneurs Hauts-Juſticiers de la Province prétendent avoir le même droit, & en jouiſſent effectivement : mais je ne penſe pas qu'un ſemblable Réglement fût ſuivi dans les Cours ; au ſurplus, quelqu'exorbitant qu'il ſoit, il n'interdit pas aux propriétaires le droit de faire un libre uſage des ruiſſeaux qui coulent dans leurs héritages, & des eaux pluviales qui y tombent.

Les Loix dont je viens de faire l'analyſe, donnent inconteſtablement au Roi la propriété des Rivieres, des iſles, iſlots, & autres acceſſoires immeubles ; mais donnent-elles le même droit ſur les effets mobiliers trouvés dans les Rivieres ? Cette queſtion s'eſt préſentée, & a été jugée par un Arrêt rendu le 29 Mai 1743, dont voici l'eſpéce.

En 1740 un Gagne-denier, nommé Guenemond, trouva dans le lit de la Riviere un diamant roſe, peſant environ huit grains ; il le porta ſucceſſivement chez pluſieurs Orfévres-Jouailliers, qui lui firent différentes offres ; le dernier, nommé Lempereur, lui dit qu'en portant le diamant au Bureau des Orfévres, on lui en donneroit 800 liv.

Au lieu de donner cette ſomme à Guenemond, les Gardes de l'Orfévrerie s'emparerent de ſon diamant, & lui dirent qu'il devoit reſter en leurs mains pendant un an : Guenemond le leur laiſſa ; & après l'an écoulé, il les fit aſſigner, pour être condamnés à le lui rendre ou à lui en payer le prix.

Les Orfévres dénoncerent l'aſſignation

au Receveur du Domaine : demanderent la vente du diamant, & que le prix en fût partagé par tiers entre le Domaine, Guenemond & eux : ils fonderent leur demande sur différentes Ordonnances, qui leur ont accordé le tiers des choses volées ou trouvées qui ne sont pas réclamées par le propriétaire, & sur l'usage où ils sont de partager ainsi depuis plusieurs siécles les épaves portées chez eux.

Guenemond demandoit la totalité, & disoit qu'un diamant n'est pas une épave; il citoit un Arrêt rendu le 6 Mars 1695, rapporté par Basnage, sur l'art. 603 de la Coutume de Normandie, & Taisand, sur le titre premier, article 3, de la Coutume de Bourgogne; il ajoutoit que la Coutume de Paris ne parlant point du droit d'épaves, il falloit suivre le Droit Romain, qui donne les choses perdues à celui qui les trouve : toutes ces raisons furent impuissantes; & par Arrêt rendu le 29 Mai 1743, sur les Conclusions de M. l'Avocat Général Joly de Fleury, la Cour ordonna que le diamant seroit vendu, & le prix distribué; sçavoir, un tiers au Receveur du Domaine, un tiers à Guenemond, & l'autre tiers aux Orfévres; les frais de vente pris sur la part du Roi. La Sentence du Domaine avoit ordonné partage par moitié entre Guenemond & le Receveur du Domaine. (Cet Arrêt est imprimé.)

J'ignore si la Chambre du Domaine à Paris a droit de connoître des contestations qui s'élevent pour raison des épaves trouvées à Paris; mais en général il est décidé, par un Arrêt du Conseil, rendu entre les Officiers du Bureau des Finances & de la Maîtrise à Lyon, le 13 Septembre 1740, que les Officiers de la Maîtrise ont été jugés seuls compétens pour connoître des affaires concernant l'épave de deux bateaux chargés de bois, qui avoient fait naufrage sur le Rhône.

Cet Arrêt, qui est imprimé en entier dans la Pratique des Terriers, tome 4, pag. 357, a de plus fait *défenses à tous propriétaires de bateaux, moulins, bacs & écluses étant sur les fleuve du Rhône & Riviere de Saône, & à tous propriétaires Riverains des routes & chemins servans de marche-pied auxdits fleuve & Riviere, de se pourvoir ailleurs qu'en la*

Maîtrise de Lyon, pour la police desd. fleuve, Riviere, moulin, &c. *à peine de 3000 l. d'amende, & d'interdiction contre les Procureurs qui signeront les Requêtes.*

Les propriétaires des héritages aboutissans aux Rivieres navigables doivent laisser le long des bords vingt-quatre pieds de place au moins en largeur pour chemin Royal & trait de chevaux, sans qu'ils puissent planter arbres, ni tenir clôture ou bayes plus près que de trente pieds, du côté que les bateaux se tirent, & dix pieds à l'autre bord, à peine de 500 liv. d'amende contre les contrevenans. C'est la disposition de l'art. 7 du titre 28 de l'Ordonnance de 1669. Voyez aussi les Institutions de Loysel & Coquille sur Nivernois.

L'art. 3 du chapitre premier de l'Ordonnance du mois de Décembre 1672, concernant la Jurisdiction des Prévôt des Marchands & Echevins de Paris, contient une disposition toute semblable à celle des Eaux & Forêts, & l'art. 2 de la susdite Ordonnance de la Ville de Paris, défend *de faire tenir terres, sables ou autres matériaux, à six toises près du rivage des Rivieres navigables, à peine de 100 liv. d'amende.*

L'article 7 du chap. 17 de la même Ordonnance, veut que, pour faciliter le flotage des bois, *les propriétaires des héritages étant de deux côtés des ruisseaux servans à floter, soient tenus de laisser un chemin de quatre pieds pour le passage des ouvriers . . . .*

L'article 8 de ce chapitre veut même que *les marchands puissent faire passer leurs bois par les étangs & fossés appartenans aux Gentilshommes, & que ceux-ci soient tenus à cet effet de faire ouverture de leurs basses-cours & parcs aux ouvriers préposés par lesd. marchands, à la charge de dédommager, s'il y écheoit.* Voyez les deux titres de cette Ordonnance en entier.

Le Samedi 12 Juin 1762, on a plaidé la question de sçavoir, si la réparation du rivage de la Riviere d'Oise, occasionnée par un ravin au-dessus de Beaumont, dans un endroit nommé le Port-à-l'Anglois, étoit à la charge des voituriers navigeans sur cette Riviere, ou des propriétaires riverains.

Une Sentence du Bureau de la Ville de Paris avoit ordonné que la réparation seroit supportée par les voituriers, qui payeroient chacun 20 sols par courbe, &c. Les voituriers étoient appellans, & difoient que cette réparation regardoit ou les riverains ou la Ville de Paris, pour la provifion de laquelle fe fait la navigation.

Ils ajoutoient qu'il eft défendu de lever des impôts fur les Sujets fans la permiffion du Roi, &c.

M. l'Avocat Général Séguier obferva que les voituriers profitant de la commodité des Rivieres, il étoit naturel qu'ils contribuaffent à les entretenir navigables, & que les riverains étant obligés de laiffer un terrein le long de la Riviere pour fervir de chemin, ce terrein ne leur appartenoit plus, & que par conféquent ils ne devoient pas les réparer; que les défenfes de lever des droits fur les Sujets, s'appliquoient aux particuliers, & non à ce qui étoit ordonné fur la réquifition du Miniftere public pour l'utilité publique; & par Arrêt rendu ledit jour Samedi 12 Juin 1762, la Sentence du Bureau de la Ville fut confirmée. Il avoit été rendu un pareil Arrêt le 23 Octobre 1761, pour diverfes réparations à la Riviere de Seine, depuis Paris jufqu'à Montereau. Ce dernier Arrêt a été imprimé.

A l'égard des petites Rivieres qui ne font pas navigables, M. le Bret dit dans le Traité de la Souveraineté, qu'elles appartiennent en propres aux Seigneurs des terres qu'elles arrofent (a), & qu'elles font appellées par plufieurs de nos Coutumes, Rivieres banales, Rivieres de cens, &c. On ne peut, dit-il, y pêcher que par leur permiffion. Voyez fur la même matiere Loyfeau, des Seigneuries; Coquille, Bacquet & Henrys.

Loyfel, Inftitut. liv. 2, tit. 2, n°. 5, dit que les Rivieres n'appartiennent au Seigneur que quand elles ont fept pieds, mais que les ruiffeaux, (larges de moins de fept pieds,) & la pêche dans iceux, appartiennent aux héritages qui y font contigus.

Il répéte au nombre 6, ibid. que *les ruiffeaux font aux particuliers tenanciers*, c'eft auffi le fentiment de Boutillier, Somme Rurale, livre premier, titre 73; & d'après ces Auteurs, le Code Rural pofe pour principe, que *les ruiffaux & la pêche en iceux appartiennent aux propriétaires des héritages qui y font contigus.*

L'Auteur de la Jurifprudence féodale obfervée en Provence, donne comme une régle du Droit commun, que les ruiffeaux, fources & Rivieres non navigables paffans à travers des terres incultes & lieux publics, appartiennent au Seigneur Haut-Jufticier, qui y a droit de pêche à l'exclufion du Moyen & Bas-Jufticier. Il cite à ce fujet un Arrêt de l'année 1754. Voyez ce qu'il dit tit. 6, part. premiere, n°. 6.

Un Seigneur Haut-Jufticier, dans la Seigneurie duquel paffe une Riviere non navigable, n'a pas la liberté d'en détourner le cours; s'il en étoit autrement, il pourroit ruiner, & les particuliers dont les prés font arrofés par la Riviere, & ceux qui ont des moulins, des tanneries, &c. il pourroit d'ailleurs incommoder ceux chez qui il feroit paffer fes eaux dont il n'a que faire. Voyez *Chemin & Voirie.*

Mais par Arrêt rendu en la Table de Marbre, au Souverain, le 24 Avril 1749, au rapport de M. Parifot, il a été jugé que le Seigneur de la Croix, qui a un moulin banal dans fa Seigneurie, pouvoit faire curer le ruiffeau qui y fournit de l'eau, même dans l'étendue d'un autre fief: la Sentence des Eaux & Forêts d'Amboife avoit jugé le contraire.

Si le Seigneur eft en même-temps propriétaire du Domaine dans lequel paffe la Riviere ou le ruiffeau, il peut, dans l'étendue de fon domaine, y détourner les eaux & s'en jouer à fa volonté, & même y faire des bâtardeaux, pourvû que le tout s'opere chez lui fans nuire aux propriétaires inférieurs & fupérieurs, & que les eaux foient remifes dans un lieu fupérieur aux domaines des voifins, quand même les ufages auxquels les eaux feroient employées, en diminueroient le volume de quelque chofe.

C'eft ce que la Cour a jugé par Arrêt rendu à la Table de Marbre le Jeudi 6 Septembre 1759, au rapport de M. de Signerolles, contre les Seigneurs de la Pliffonniere & de la Chapelle, en faveur du fieur

---

(a) Lorfqu'une Riviere non navigable fert de limite à deux Seigneuries, elle appartient aux deux Seigneurs chacun de fon côté, jufqu'au fil de l'eau, s'il n'y a poffeffion contraire; au moins l'a-t-on ainfi jugé en la Chambre des Eaux & Forêts au Souverain a la Table de Marbre de Paris, le 5 Avril 1759, entre M. de Clermont-Tonnere & le fieur Boucher de Flogny, Seigneur de Vafine.

Aulas, Seigneur de Courtigy, qui avoit fait faire dans son domaine, où passe la Riviere ou ruisseau du Solin, (tombant dans le canal d'Orléans,) différentes constructions, qui suspendoient le cours des eaux pour l'utilité de son moulin, & qui en certains cas faisoient couler dans une fausse Riviere, creusée dans son domaine, mais hors l'étendue des Fiefs des Seigneurs qui s'en plaignoient.

Cet Arrêt a encore jugé que le Sr Aulas avoit pû faire construire un gril dans son domaine, qui empêchoit le poisson de sortir du canal de son moulin, & par le moyen duquel il faisoit du Bief une espéce d'étang. Les Seigneurs inférieurs s'en plaignoient, comme d'une entreprise qui dépoissonnoit le cours d'eau. Sur tout cela voyez l'art. 206 & les suivans de la Coutume de Normandie.

Le sieur d'Incourt, Seigneur de Rot-sur-Scel en Picardie, qui étoit en possession de saigner la Riviere de Scel, & de faire des fossés dans le grand marais de Rot pour arroser ses prés, fut actionné à ce sujet par un sieur de Rousseville, Seigneur de Famechon, qui prétendoit avoir la propriété de cette Riviere, depuis le moulin de Famechon, jusqu'à la fosse de Rot; & sur cette demande intervint Sentence au Bailliage d'Amiens, le premier Juillet 1709, par laquelle il fut ordonné que le sieur d'Incourt justifieroit des titres en vertu desquels il prétendoit avoir droit de saigner la Riviere.

Le sieur d'Incourt interjetta appel de cette Sentence; & comme il ne justifioit pas de son droit, le sieur de Rousseville fit rompre & scier les pieux qui servoient à saigner la Riviere; le Sr d'Incourt en fit mettre d'autres, & après lui ses successeurs continuerent de saigner la Riviere; mais en 1734, la veuve de Rousseville fit de nouveau ôter les pieux, &c.

Le Seigneur de Rot prit pour trouble en sa possession ce qu'avoit fait faire la veuve de Rousseville; il intenta complainte, & demanda la maintenue dans sa possession de plus d'an & jour; il offrit même de prouver qu'elle étoit immémoriale.

La veuve de Rousseville répondit que le droit de saigner les Rivieres, ne pouvoit s'acquérir par la possession; que par consé-

quent il n'y avoit pas lieu à la complainte ni à la preuve; qu'au surplus il y avoit eu une demande au Pétitoire, sur laquelle il y avoit une Sentence de l'année 1709, & que le sieur Froment, Seigneur actuel de Rot, n'avoit que la voie de faire juger l'appel de cette Sentence.

Sur cela Sentence est intervenue au Bailliage d'Amiens, le 8 Août 1736, par laquelle, sans s'arrêter à la demande en complainte du sieur Froment, il a été ordonné qu'il se pourvoiroit pour faire juger l'appel de la Sentence du premier Juillet 1709; & depuis, cette Sentence (du 8 Août 1736) a été confirmée par Arrêt rendu en la Grand-Chambre, au rapport de M. Severt, le 20 Août 1742.

Le Parlement de Rouen a, par un Arrêt rendu le 14 Décembre 1719, sur le Réquisitoire de M. le Procureur Général, *fait défenses à toutes personnes . . . . . . de mettre ou faire mettre aucuns lins ou chanvres à rouir dans les Rivieres, fossés courans, mares publiques & autres lieux y aboutissans, & d'y jetter ou porter aucune ordure, immondices, ni autres choses qui en puissent corrompre les eaux, à peine de confiscation des lins & chanvres, & de 50 liv. d'amende, &c.*

On a agité au Parlement de Dijon la question de sçavoir, si un Particulier avoit pû faire rouir des chanvres dans une Riviere qui passe à Villeneuve, au Bailliage de Châlons-sur-Saône. Le Seigneur du lieu prétendoit que cela étoit contre le bon ordre, & que le poisson se trouvoit empoisonné, &c. Le Procureur Fiscal avoit en conséquence fait saisir le chanvre, & en avoit même fait prononcer la confiscation en la Justice du Seigneur.

Sur l'appel, le propriétaire du chanvre disoit que l'intérêt public exigeoit qu'on mît le chanvre à profit, comme une chose très-nécessaire, & qu'on ne pouvoit le faire rouir que dans la Riviere, n'y ayant point d'autres endroits: le Seigneur répondoit qu'on pouvoit faire des creux pour attirer l'eau, &c.

Par Arrêt rendu à la Table de Marbre le 20 Août 1746, la main-levée de la saisie du chanvre a été prononcée, ainsi la confiscation n'a pas eu lieu; mais le propriétaire a été condamné en 20 liv. de dommages &

intérêts envers le Seigneur , *sauf* , ajoute l'Arrêt , *à se régler avec la Communauté ..... & aviser au moyen de faire rouir les chanvres.*

Sur cette question voyez l'article 243 de la Coutume d'Amiens ; voyez aussi un Arrêt de Réglement du Parlement de Bretagne , du 6 Août 1735 , qui fait défenses à toutes personnes de mettre des lins & chanvres rouir dans les Rivieres & étangs , à peine de 50 liv. d'amende & de confiscation.

Il y a une Déclaration du 24 Avril 1703 , servant de Réglement pour la navigation de la Riviere de Loire , elle a été registrée le 6 Juin 1703. Les dispositions de cette Déclaration qui contiennent 28 articles , sont rapportées dans la nouvelle édition du Commentaire sur l'art. 256 de la Coutume d'Orléans , par Lalande.

Deux Arrêts du Parlement de Dijon ont jugé que des Particuliers n'ont pas droit de prendre du sable & des pierres dans les Rivieres sans la permission du Seigneur.

Le premier de ces Arrêts a été rendu le premier Avril 1720 , au rapport de M. Mignot en la Grand'Chambre , & a condamné les sieurs Foliot & le Clerc en des dommages & intérêts envers le Seigneur de Saint-Germain , pour avoir pris des pierres & du sable dans la Riviere de l'Arbarine.

Le second est intervenu le 20 Août 1746 , en faveur du Seigneur de Loyes-en-Bresse , contre les Religieux de Chassagne , qui ont été condamnés en cinq liv. de dommages & intérêts pour quarante voitures de pierres propres à faire de la chaux , qu'ils avoient fait enlever dans la Riviere d'Ains , en la Justice & Seigneurie de Loyes , sans la permission du Seigneur. L'Arrêt a en outre fait défenses aux Moines de prendre & enlever des pierres dans ladite Riviere. Voyez Loyseau , des Seigneuries , ch. 12 , n°. 120 ; & Boutillier , Somme Rurale , tit. 73.

R O I.

V. *Aubaine , Comptable , Confiscation , Deshérence , Domaine , Fisc , Loix Saliques , Mines , Régale.*

On nomme Roi , un Monarque qui commande seul & souverainement en une Région de la terre.

La souveraineté de nos Rois n'a que Dieu seul au-dessus d'elle ; c'est une puissance absolue & perpétuelle , donnée à un seul sur tous les hommes d'un Pays.

Immédiatement après que le Roi est sacré , il prend lui-même l'épée sur l'Autel , sans qu'elle lui soit donnée par qui que ce soit ; parce que l'autorité dont elle est le signe , vient immédiatement de Dieu qui la lui a confiée , & à qui seul il en est comptable.

Sous les deux premieres Races , les François élisoient pour Roi le Prince le plus digne de les commander ; & les seuls issus par les mâles du Sang Royal , étoient les seuls qui pussent être choisis : c'est à cette liberté de choix que Pepin & Hugues Capet dûrent leur élection , quoiqu'ils ne fussent pas les héritiers les plus proches de leurs prédécesseurs.

Tout au contraire , dans la troisiéme Race , les Princes du Sang Royal ont toujours été appellés à la Royauté , selon l'ordre & la prérogative de leur naissance ; le plus proche a toujours exclu le plus éloigné. Voyez *Loix Saliques.*

La maxime de Droit , *le mort saisit le vif*, a lieu pour la succession à la Couronne , comme pour celle des particuliers ; ainsi , quand le Roi meurt , son successeur est dans l'instant même saisi de l'autorité souveraine , & des droits attachés à la Royauté , sans qu'il soit besoin ni du consentement des Sujets , ni du sacre , ni du couronnement ; & c'est ce qui a fait dire que *le Roi ne meurt point en France.* Du Tillet dit néanmoins , que l'usage ancien étoit contraire ; mais le Parlement l'a ainsi jugé par un Arrêt célebre de l'an 1498 , dont parle Bodin. Voyez Loyseau , des Offices , liv. premier , ch. 10.

Cependant , dit le même Auteur des Offices , liv. 2 , chap. 2 , le Royaume n'est pas tout-à-fait patrimonial , ni la Couronne purement héréditaire ; la Loi de l'Etat appelle successivement les mâles les plus proches de la Lignée royale , pour régner successivement : c'est une espéce de substitution graduelle faite par cette Loi , en faveur des Princes du Sang , ni plus ni moins que disposent nos Loix des Fidei-commis laissés aux Familles , sans charge d'aucunes dettes : aussi nos Rois ne sont-ils pas chargés des dettes personnelles des Rois leurs prédéceſſeurs non réaliſées au Royaume , ni plus ni moins qu'un ſucceſſeur à l'Office n'eſt tenu deſ dettes de ſon prédéceſſeur qui ſont contractées au profit perpétuel de l'Office ; & ce que nos Rois en payent, c'eſt par honneur & dévotion , ſans en être tenus. V. *Alſace.*

A cauſe de l'avénement à la Couronne , nos Rois ont droit de nommer à la premiere Prébende qui vaque dans les Egliſes Cathédrales & Collégiales , ils ont auſſi un droit de confirmation. V. *Brevets* & *Joyeux Avénement.*

Anciennement nos Rois ne devenoient majeurs qu'à 21 ans. Louis VIII ordonna que ſes enfans demeureroient ſous la tutelle de la Reine Blanche , juſqu'à cet âge ; mais les troubles ordinaires des Régences ont déterminé nos Rois à abréger la minorité de leurs ſucceſſeurs. Charles V ordonna donc , par un Edit donné à Vincennes en 1374 , qu'à l'avenir *les Rois de France , ayant atteint l'âge de 14 ans, prendroient en main le gouvernement de l'Etat , recevroient l'hommage de leurs Sujets, & ſeroient réputés majeurs , comme s'ils en avoient 25.*

La premiere Régle de notre Droit François dit: *qui veut le Roi , ſi veut la Loi.* Elle confond , comme on voit, dans le même objet le Roi & la Loi , parce que la Loi réſide dans la perſonne du Roi. V. M. le Bret, de la Souveraineté , livre 1, chap. 2.

Le germe de la Loi eſt dans le cœur du Roi , ſa volonté marquée à certains caracteres la fait éclorre.

La ſeconde régle porte que *le Roi ne tient (ſon Etat) que de Dieu & de l'Epée ;* c'eſt auſſi ce que ſignifie le ſymbole des anciennes médailles de nos Rois , le ſceptre & l'épée , l'un déſigne le commandement , & l'autre le pouvoir ſouverain.

Une autre régle dit que *tous les hommes du Royaume ſont ſujets au Roi & lui doivent obéir.* Voyez les Inſtituts de Loiſel , livre premier.

Les Sujets du Roi ne doivent pas lui donner le ſurnom de Roi Très-Chrétien, parce que cette maniere de parler, ſemble annoncer qu'il s'agit d'un Prince étranger ; & un Arrêt du Parlement de Paris, rendu le 27 Mai 1699. ſur les Concluſions de M. d'Agueſſeau, lors Avocat Général, & depuis

Chancelier, a fait défenſes aux Juges de Bar & à tous les Habitans du Barrois » d'ajou-» ter au nom de Roi les ſurnoms de Roi » Très-Chrétien dans les Plaidoiries, Sen-» tences , &c. « à eux enjoint de parler du Roi dans les termes qu'il convient à des Sujets de parler de leur Souverain Seigneur.

Un autre Arrêt rendu au même Parlement le 13 Juin 1735 , ſur les Concluſions de M. l'Avocat Général Gilbert de Voiſins, a fait ſemblables défenſes à M. l'Archevêque de Cambray de donner au Roi le ſurnom de Très-Chrétien , ainſi qu'il avoit fait dans une Inſtruction Paſtorale ſupprimée. Par le même Arrêt , le Conſeil a enjoint de parler du Roi dans des termes qu'il convient à des Sujets de parler de leur Souverain Seigneur, &c.

RÔLE.

On nomme Rôle une liſte des cauſes qui doivent être plaidées.

Au Parlement de Paris, il ſe fait ſucceſſivement divers Rôles, ſur leſquels ſont placées les appellations verbales, tant ſimples, que comme d'abus, les requêtes civiles & les demandes.

Sur la forme , les temps où ſe font & ſe publient ces Rôles , ce que deviennent les cauſes qui y ſont placées, &c. Voyez la Déclaration du 15 Mars 1673 , regiſtrée au Parlement le 24 du même mois ; elle eſt dans le Recueil Chronologique de M. Jouſſe. Voyez auſſi le Praticien de Lange.

RÔLE D'IMPOSITIONS.

Voyez *Cadaſtres* , *Capitation* , *Collecteur ,* *Surtaux* , *Taille* , &c.

On nomme Rôle des Tailles, l'état de ce que chaque particulier d'une Communauté ou Paroiſſe en doit payer.

Les Rôles des Tailles ſe font actuellement par les Collecteurs, (voyez *Aſſéeurs*,) & ils ne ſont exécutoires qu'après avoir été vérifiés par les Officiers des Elections.

L'article 6 de l'Edit du mois de Mars 1600; l'article 45 de celui du mois de Janvier 1634 , & l'art. 3 de la Déclaration du 13 Avril 1761 (regiſtrée en la Cour des Aides de Paris , le 8 Mai ſuivant) aſſujettiſſent lesCollecteurs à *inſérer dans leurs Rôles* (des Tailles) *à chaque cotte la condition du cottiſé,* cottifé , fes biens & exploitations tant en propriété qu'à loyer , & autres facultés par articles féparés , afin qu'on puiffe reconnoître par la lecture du Rôle , fi la cotte eft bien affife , & fi les cottes font en proportion les unes comme les autres.

L'Edit du mois d'Aout 1715 , & l'article 4 de la Déclaration du 13 Août 1761 , permettent aux Intendans des Provinces de faire procéder en préfence de Subdélégués ou Commiffaires , tels qu'ils jugent à propos de choifir , à la confection des Rôles des Tailles des Villes , Boürgs & Paroiffes où ils jugent que cela eft néceffaire ; mais la préfence de ces Commiffaires doit être gratuite : on ne peut rien impofer ni-rien exiger des contribuables , fous prétexte que la confection s'eft faite d'office ; il eft même défendu dans le reffort de la Cour des Aides de Paris , fous peine de concuffion , au Commiffaire qui affifte à la confection de ces Rôles de rien recevoir des Habitans , à quelque titre que ce foit. V. l'Arrêt du 8 Mai 1761 , contenant l'enregiftrement en la Cour des Aides de Paris , de la Déclaration du 13 Avril précédent.

L'art. 8 de la fufdite Décl. de 1761 , défend aux Parties de fe pourvoir contre les Commiffaires qui affiftent à la confection des Rôles des Tailles , dont ils ne font pas refponfables perfonnellement.

Mais quand il y a des inexactitudes dans les Rôles des Tailles procédantes du fait des Collecteurs , ils en font perfonnellement refponfables , & peuvent être pourfuivis en leurs noms.

Les Collecteurs du Sel font affujettis à la même exactitude dans les pays où le Sel d'impôt a lieu ; ceux de la Paroiffe de Clairfontaine , dépendant du Grenier de Vervins , ont prétendu que les feuls Collecteurs des Tailles étoient refponfables de l'exactitude de leurs Rôles. Mais par Arrêt rendu le 9 Mars 1763 , les Collecteurs du Sel d'impôt dudit lieu de Clairfontaine, qui avoient omis diverfes perfonnes dans les Rôles par eux fournis , ont été par cette feule raifon condamnés en 40 livres d'amende.

Quand une Communauté a fuccombé dans quelques procès , l'ufage eft d'ordonner que les condamnations prononcées contre elle feront impofées fur les Habitans , (& fur cela voyez *Communauté d'Habitans;*) mais on ne peut réimpofer à-la-fois dans une même année fur une même Paroiffe , que le cinquième du principal de la Taille que porte la Paroiffe , & lors des réimpofitions, les frais doivent être joints au principal , afin que le tout foit réimpofé conjointement & en proportion.

Dans une même année s'il y a plufieurs réimpofitions à faire fur une même Paroiffe , elles ne doivent fe faire que dans l'ordre des fignifications des Jugemens qui les ont ordonnées , & non dans l'ordre des dates des Jugemens : tout cela eft textuellement décidé par l'article 11 de la fufdite Déclaration de 1761.

Les Rôles des vingtièmes , deux fols pour livre de dixième , ceux de la capitation des perfonnes non taillables , & fur lefquelles il ne s'impofe pas au marc la livre de la Taille, doivent être faits en la forme prefcrite par les Edits portant établiffement de ces impofitions , & les oppofitions qui font formées à ces Rôles , doivent être portées devant les Intendans & autres Commiffaires commis par lefdits Edits. Voyez *Capitation* , & l'article 14 de la fufdite Déclaration.

L'Arrêt d'enregiftrement de la Déclaration porte : » à la charge que les procès » criminels qui pourront furvenir à l'occa- »fion des vingtièmes , deux fols pour li- »vre du dixième & capitation , continue- »ront d'être inftruits & jugés en première »Inftance par les Juges des Elections , & » par appel en la Cour.

» Que la difcuffion des biens des Comp- »tables concernant les mêmes impofitions , » continuera d'être faite en la Cour , & » qu'en général toutes les conteftations re- »latives auxdites impofitions , autres que » les oppofitions auxdits Rôles , feront ju- » gées en la maniere ordinaire par les Ju- »ges naturels de toutes les impofitions «.

Les Rôles des Tailles doivent s'exécuter purement & fimplement » contre les parti- »culiers qui y font impofés en vertu de »l'Ordonnance qui les rend exécutoires , & » ce même hors du reffort de l'Election « , en laquelle ils ont été vérifiés , » fans qu'il »foit befoin de *Pareatis* ni d'Ordonnance » des Officiers des autres Elections du ref-

» fort...... « La Cour des Aides de Paris l'a ainſi ordonné par un Arrêt rendu en forme de Réglement, le 19 Juin 1762.

ROMPEIS & RONTEIS.

La Coutume de Nivernois, ſe ſert de ces deux mots Gaulois, pour déſigner les terres ſujettes au payement des (dixmes) novales.

» Elle appelle Rompeis les terres qui » n'ont jamais été miſes en valeur ; & elle » nomme Ronteis , les terres qui ont été » long-temps incultes , mais qui , ſelon » les apparences , ont été cultivées autre-» fois.

» Cette Coutume donne les Rompeis & » les Ronteis aux Curés ; mais avec cette » différence, qu'elle ne donne les Ronteis que » pour trois années, après leſquelles cette » dixme appartient aux gros décimateurs «. La Cour a jugé de même par Arrêt rendu le 29 Août 1703 , & cela s'obſerve auſſi en Artois. V. Drapier.

R O T E.

C'eſt ainſi qu'on nomme un Tribunal de la Cour de Rome , il eſt compoſé de douze Eccléſiaſtiques qu'on appelle Auditeurs de Rote & qui ſont de Nations différentes : il y en a trois Romains, un Toſcan , un Milanois , un Bolonois , un Ferrarois , un Venitien , un François , deux Eſpagnols & un Allemand.

Ce Tribunal connoît par appel de toutes les cauſes Bénéficiales & profanes qui naiſſent tant à Rome que dans les Provinces Eccléſiaſtiques , & de tous les procès des Etats du Pape au-deſſus de 500 écus.

R O T U R E.

Ce mot s'entend de ce qui n'eſt pas noble. V. Cenſive , Fief, Franc-Aleu & Nobles.

R O U A G E.

On nomme Rouage, un droit Seigneurial qui ſe perçoit à cauſe des boiſſons vendues dans l'étendue du Fief.

Ce droit eſt mis au nombre des droits Seigneuriaux extraordinaires , qu'un Seigneur ne peut exiger de ſes Vaſſaux ſans titre , à moins que la Coutume ne le lui accorde.

On le nomme Rouage, parce qu'il ſe paye à cauſe des Roues des voitures qui conduiſent les boiſſons ; il y a des Seigneurs qui peuvent l'exiger quand les boiſſons vendues ſont chargées , & avant que les Roues des voitures ayent tourné.

D'autres Seigneurs ont le droit de Rouage ſur les boiſſons amenées d'ailleurs dans l'étendue de leur Seigneurie pour y être débitées ; ces ſortes de droits ſe réglent par les titres.

Le Seigneur de Brunehamel, dont le droit de Rouage étoit fondé en titres, qui lui permettoient d'exiger un pot plein de quelque breuvage que ce ſoit , pour chaque Roue de la voiture ſur laquelle le breuvage eſt amené dans ſa terre, pour y être vendu en détail , a demandé à percevoir ce droit ſur les eaux-de-vie ; les Cabaretiers le refuſerent, & ſoutenoient que le mot breuvage ne s'entendoit que des boiſſons alimentaires, comme le vin , le cidre , la bierre , & non de l'eau-de-vie, deſtinée à des panſemens , &c. mais par Sentence des Requêtes du Palais, du 29 Août 1747 , confirmée par Arrêt du 21 Mars 1750 , le droit de Rouage fut adjugé ſur les Eaux-de-vie.

R O U E.

C'eſt le nom d'un Supplice auquel on condamne les voleurs de grand chemin, ceux qui ſont coupables d'aſſaſſinat prémédité, &c.

Le Supplice de la Roue étoit inconnu aux anciens ; il n'a été uſité en France, que depuis l'Edit donné par François Premier en 1534 , contre les voleurs de grand chemin.

R O U E S S E.

Ce mot eſt commun en Nivernois ; c'eſt le nom d'un petit bois fermé ou enclos pour ſervir de pâture aux beſtiaux ; ces petits bois ſervent ordinairement pour le chauffage des Fermiers ou métayers, & à former les hayes & clôtures des autres héritages.

ROULIERS.

Voyez *Chemin*, *Lettres de Voitures & Mef-fageries.*

C'eſt ainſi qu'on nomme des Voituriers qui entreprennent de conduire par terre, des marchandiſes d'un lieu dans un autre.

Le roulage eſt permis *à toutes ſortes de perſonnes ſans diſtinction*, par un Arrêt du Conſeil du 27 Août 1684, *à l'exception des Maîtres des Coches & Carroſſes, & leurs Fer-miers, tant & ſi longuement qu'ils ſont l'exer-cice deſdits Coches.*

Ce même Arrêt *défend..... aux Rou-liers de rien entreprendre ſur les ſonctions des Maîtres des Coches & Carroſſes ; ordonne qu'ils ſeront le Roulage ſans fraude ni déguiſement.*

Qu'ils ne pourront avoir aucun jour réglé pour leur départ.

Qu'ils ne pourront tenir aucun Bureau, ni autre Inſcription ſur leurs Portes.

Qu'ils n'auront aucuns Facteurs ni Com-miſſionnaires, ſoit à Paris, ſoit dans les au-tres Villes du Royaume, ni aucun Entrepôt ſur les routes.

Qu'ils ne pourront porter ni conduire au-cunes perſonnes ſur leurs chevaux, charret-tes & chariots, ni ſe charger d'aucuns ba-lots au-deſſous du poids de 50 livres, ni en compoſer aucun de pluſieurs paquets appar-tenans à divers Particuliers. Voyez dans le Praticien des Conſuls, un autre Arrêt aſſez ſemblable, du 24 Janvier 1684.

Martin Abraham & Conſors, Entrepre-neurs & Commiſſionnaires de Rouliers, ont été condamnés par Sentence des Conſuls du 5 Nov. 1718, confirmée par Arrêt du 28 Février 1727, à payer le dommage arri-vé à une Caiſſe de marchandiſe à eux livrée par le ſieur Colombel, pour être rendue bien conditionnée à Bayonne ; laquelle Caiſſe étoit tombée dans la Riviere par la briſure de la roue & de l'eſſieu de la char-rette ſur laquelle elle avoit été chargée, pour être tranſportée du Bateau de Blaye à la Douanne de Bordeaux. Cet Arrêt eſt imprimé, & ſe vend à Paris chez Prault.

Les Rouliers ne peuvent, ſans crime, di-minuer ou altérer la marchandiſe qui leur eſt confiée. Pierre Laclef, Voiturier par terre, convaincu d'avoir piqueté des piéces de vin, étant ſur la voiture, qu'il étoit char-gé de conduire à Paris, d'en avoir bû, & d'en avoir donné à boire, a été condamné par Sentence du Lieutenant de Police du Châtelet, du 27 Octobre 1757, confirmée par Arrêt du 2 Décembre ſuivant, à être attaché au carcan en Place de Greve, ayant écriteaux devant & derriere, portant ces mots, *Charretier piqueteur de vin.*

L'Ordonnance des Aides défend aux Rouliers & Voituriers, de voiturer aucuns vins & autres boiſſons, ſans être porteurs de ce qu'on nomme congé, quand les vins viennent d'un Pays où les Aides ont cours, ou de Lettres de Voiture, quand les vins viennent d'un Pays où les Aides n'ont pas cours, à peine de confiscation des équipa-ges, chevaux, &c. ſans qu'ils puiſſent avoir recours contre ceux qui les ont employés.

Voyez au mot *Chemin*, la Déclaration qui fixe le nombre de chevaux que les Rouliers peuvent mettre à leur voiture. La Cour, par un Arrêt rendu en forme de Réglement & en temps de Vacance, le 15 Octobre 1763, faiſant droit ſur les Conclu-ſions de M. le Procureur Général, *a fait défenſes à tous Voituriers & Charretiers, de monter ſur leurs chevaux, lorſqu'en condui-ſant leurs voitures, ils paſſent par les Villes, Bourgs & Villages du reſſort, ſous peine d'ê-tre pourſuivis extraordinairement.*

RUISSEAU.
V. *Rivieres.*

Fin de la premiere Partie.

COLLECTION

DE

DÉCISIONS NOUVELLES

ET

DE NOTIONS RELATIVES

A LA JURISPRUDENCE

ACTUELLE.

SECONDE PARTIE.

S

SAB

SABBATINES.

C'EST ainsi que dans quelques Parlemens, on nomme l'examen des procès & Instances que font quelques Conseillers avec le Rapporteur chez le Président , & que nous nommons à Paris petits Commissaires.

Les seuls procès Civils peuvent être vûs en Sabbatines ou de Commissaires ; suivant les articles 68 & 69 de l'Ordonnance de Moulins , l'art. 133 de l'Ordonnance de

Tome III. Part. II.

SAC

Blois , l'art. 86 de l'Ordonnance de 1629 , & l'art. 20 de la Déclaration de 1673 , portant réglement sur les épices. Voyez aussi dans le Recueil de Toulouse , l'Arrêt du Conseil du 16 Février 1679.

SACREMENS.

V. *Confession* , *Décrets en matiere Criminelle*, *Jurisdiction Ecclésiastique* , *Mariage* , *Ordres* , *Registres* & *Sépulture*.

L'administration des Sacremens est une dette dont tous les Pasteurs sont solidaire-

A

ment tenus; & lorfqu'ils refufent publique-
ment de remplir fur cela leurs devoirs, la
Puiffance féculiere peut les·y contraindre.
V. *Jurifdiction Eccléfiaftique.*

L'article 16 de l'Edit du mois d'Avril
1695, porte que *les Prélats dans leurs vifites donneront les ordres néceffaires pour
l'adminiftration des Sacremens ; & Sa Majefté enjoint à fes Juges & à ceux des Seigneurs ayant Juftice, d'y tenir la main.*

Un Arrêt de Réglement du Parlement
d'Aix rendu le 7 Mai 1711 , défend aux
Eccléfiaftiques de rien innover dans les Paroiffes , & de rien entreprendre contre la
difpofition des Canons reçus dans le Royaume & contre les maximes & Libertés de l'E-
glife Gallicane.

Cet Arrêt eft intervenu à l'occafion de
l'affaire d'une dame Agard, dans laquelle
on s'apperçut que le Curé de Tarafcon
s'appuyant fur les Statuts du Diocèfe d'A-
vignon, dont la Paroiffe de Tarafcon fait
partie, avoit voulu établir l'ufage de donner à la Sainte Table, des billets ou marques de Communion.

L'exécution de cet Arrêt rendu le 7 Mai
1711 , eft ordonnée par un autre rendu au
même Parlement de Provence, toutes les
Chambres affemblées, le 21 Mai 1753, lequel *défend aux Curés du Puy & de Puyri-
card & à tous autres Eccléfiaftiques de la
Province, de rien innover au-delà de la difcipline des Canons reçus dans le Royaume &
contre les maximes & Libertés de l'Eglife
Gallicane : leur défend en conféquence de faire aucun refus public des Sacremens , fous
prétexte de défaut de repréfentation du témoignage par écrit du Confeffeur.*

Le Parlement de Paris a auffi rendu un
Arrêt de Réglement le 18 Avril 1752 ,
(toutes les Chambres affemblées) par lequel
*la Cour a fait défenfes à tous les Eccléfiafti-
ques de faire aucun refus public de Sacrement, fous prétexte de défaut de repréfentation d'un billet de Confeffion ou d'Acceptation de la Bulle Unigenitus; leur enjoint de fe
conformer, dans l'adminiftration extérieure
des Sacremens, aux Canons & Réglemens
autorifés dans le Royaume : leur fait pareil-*

lement *défenfes de fe fervir , dans leurs Ser-
mons , à l'occafion de la Bulle Unigenitus,
des termes de Novateurs, Hérétiques, Schif-
matiques, Janféniftes, Sémipélagiens, ou autre nom de parti , à peine contre les Contrevenans d'être pourfuivis comme Perturba-
teurs du repos public , & punis fuivant la rigueur des Ordonnances.*

Le Parlement de Rouen a rendu un femblable Arrêt pour fon reffort, le 20 Juin
1755.

L'Arrêt d'enregiftrement de la Déclaration du 2 Septembre 1754 (a) fait auffi
défenfes de faire *aucune innovation dans
l'adminiftration extérieure & publique des
Sacremens.*

L'Arrêt d'enregiftrement au Parlement
de Rennes, d'une Déclaration du 8 Octobre 1754, qui contient les mêmes difpofitions que celles du 2 Septembre précédent,
enregiftrée au Parlement de Paris , *fait très-
expreffe inhibition & défenfes à tous Eccléfiaftiques du reffort , de quelque qualité &
condition qu'ils foient, de rien innover dans
l'adminiftration extérieure des Sacremens,
de faire aucun acte tendant au fchifme , &
d'étendre les peines fixées par les Loix de
l'Eglife reçues dans le Royaume. Leur enjoint
en adminiftrant les fidéles de fe conformer aux
difpofitions des Canons reçus & Rituels autorifés. Leur fait.... défenfes de rien faire, ten-
ter ni entreprendre ou innover qui puiffe être
contraire au filence abfolu ordonné par ladite Déclaration....* Cet Arrêt a été rendu le
17 du même mois d'Octobre 1754.

Le Samedi 15 Décembre 1759 , on prononça à la Tournelle l'Arrêt , fur le délibéré ordonné le premier du même mois ,
entre François Priez, Laboureur à Tranflai,
près Abbeville , & le fieur Alexis Levoir,
Curé dudit lieu, par lequel le dernier a été
condamné en 300 liv. de dommages & intérêts envers fon Paroiffien , qui s'étoit préfenté à la Sainte Table, pour y recevoir la
Communion Pafchale, & auquel il l'avoit
refufée.

Ce même Arrêt a en outre fait défenfes audit Curé de récidiver, fous peine de
punition exemplaire, & a permis à Priez

<hr>

(a Cette Déclaration ordonne que *le filence impofé depuis plufieurs années, fur des matieres qui ne peuvent être
agitées fans nuire à la Religion & à l'Etat, fera inviolable-*
ment *obfervé;* & enjoint au Parlement *de tenir la main à
ce que d'aucune part il ne foit rien tenté, entrepris ou innové
qui puiffe être contraire à ce filence.*

de le faire imprimer & afficher, (ce qui a été exécuté) & faifant droit fur les Con-clufions du Miniftere public, a condamné ledit Levoir à aumôner au pain des Pri-fonniers de la Conciergerie du Palais la fom-me de 3 liv.

L'article 9 de la Déclaration du 14 Mai 1724, enregiftrée le 31, » enjoint à tous »Curés, Vicaires & autres qui ont la char-»ge des ames, de vifiter foigneufement les »malades, de quelque'état & qualité qu'ils »foient, notamment ceux qui ont ci-de-»vant profeffé la Religion Prétendue-Ré-»formée, ou qui font nés de parens qui »en ont fait profeffion, de les exhorter »en particulier & fans témoins, à recevoir »les Sacremens de l'Eglife, en leur don-»nant à cet effet toutes les inftructions né-»ceffaires, avec la prudence & la charité »qui convient à leur miniftere ; & en cas »qu'au mépris de feurs exhortations & avis »falutaires, lefdits malades refufent de re-»cevoir les Sacremens qui leur feront par »eux offerts, & déclarent enfuite publique-»ment qu'ils veulent mourir dans la Reli-»gion Prétendue-Réformée, & qu'ils per-»fiftent dans la déclaration qu'ils en auront »faite pendant leur maladie ; voulons que, »s'ils viennent à recouvrer la fanté, le pro-»cès leur foit fait & parfait par nos Baillifs »& Sénéchaux, à la requête de nos Procu-»reurs, & qu'ils foient condamnés au ban-»niffement à perpétuité, avec confifcation »de leurs biens, & dans les pays où la con-»fifcation n'a lieu, en une amende qui ne »pourra être moindre que de la valeur de »la moitié de leurs biens ; fi au contraire ils »meurent dans cette malheureufe difpofi-»tion, nous ordonnons que le procès fera »fait à leur mémoire par nofdits Baillifs & »Sénéchaux, à la requête de nos Procureurs, »en la forme prefcrite par le titre 22 de »notre Ordonnance du mois d'Août 1670, »pour être leurdite mémoire condamnée »avec confifcation de leurs biens, déro-»geant aux autres peines portées par la Dé-»claration du 29 Avril 1686, & de celle »du 8 Mars 1715, lefquelles feront au fur-»plus exécutées en ce qui ne fe trouvera »contraire au préfent article, & en cas qu'il »n'y ait point de Bailliage Royal, dans le »lieu où le fait fera arrivé, nos Prévôts &

»Juges Royaux, & s'il n'y en a pas, les Ju-»ges des Sieurs qui y ont Haute Juftice en »informeront, & envoyeront les informa-»tions par eux faites au Greffe de nos »Bailliages & Sénéchauffées d'où reffortif-»fent lefdits Juges, ou qui ont la con-»noiffance des cas Royaux dans l'étendue »defdites Juftices, pour y être procédé à »l'inftruction & au jugement du procès, à »la charge de l'appel en nos Cours de Par-»lement.

SACRILÉGE.

C'eft le nom qu'on donne à la profana-tion des chofes facrées.

Le nom de Sacrilége fe donne auffi aux coupables qui ont commis le crime de Sa-crilége.

La peine du Sacrilége eft diverfement pu-nie, felon qu'il eft plus ou moins grave. V. Blafphême & Peines.

SAGES-FEMMES.

C'eft ainfi qu'on nomme les Femmes qui exercent la Profeffion des Accoucheurs, c'eft-à-dire, qui donnent les fecours néceffaires aux femmes en travail d'enfant ; on les nommoit autrefois Matrones.

La Profeffion des Sages-Femmes eft une des plus importantes que nous ayons dans la Société, puifqu'elle a pour objet la con-fervation de la vie des hommes, & que l'im-péritie de ces fortes de gens peut en même-temps occafionner la mort de deux perfon-nes, c'eft-à-dire, de la mere & de l'enfant.

Ces confidérations & plufieurs autres qui, quoique moins importantes, méritent cependant auffi beaucoup d'attention, ont donné lieu à différens Réglemens qui ne per-mettent l'exercice de cette Profeffion qu'à des femmes dont la capacité & la fuffifan-ce eft reconnue.

A Paris, on n'admet aucune femme à l'exercice de la Profeffion de Sage-Femme, que fur le Certificat de leur capacité délivré aux Ecoles de Chirurgie à Saint Côme où elles fubiffent un examen. Et parce que leurs fonctions demandent fouvent beaucoup de difcrétion & de prudence, on exige auffi qu'elles foient de bonnes mœurs, & on ne les reçoit qu'après une information faite à la Requête de M. le Procureur du Roi, de

A ij

leurs vie, mœurs, Religion Catholique, Apoftolique & Romaine, en la forme ordinaire.

Cela eft ainfi ordonné par un Arrêt rendu entre M. le Lieutenant Criminel & le premier Chirurgien du Roi, le 12 Décembre 1726.

C'eft M. le Lieutenant Criminel qui reçoit le ferment des Sages-Femmes de bien & fidélement exercer leur Profeffion; j'ai fous les yeux grand nombre de Sentences rendues par ce Magiftrat, & quelques Arrêts qui leur défendent d'en faire les fonctions, parce qu'elles n'avoient pas été reçues & prêté le ferment, quoiqu'elles euffent obtenu des Lettres de Capacité à Saint Côme.

Une Déclaration du mois de Septembre 1664, & des Arrêts de la Cour des 19 Août 1666, 29 Mars & 5 Mai 1732, *défendent à la Communauté des Chirurgiens de Paris, & aux Démonftrateurs-Anatomiques, de faire aucune diffection des corps des femmes, fans y avoir appellé les Sages-Femmes par des billets de convocation, à peine.... &c.*

Les Sages-Femmes doivent avertir les Curés de la naiffance des enfans. Voyez *Baptême.*

Le Rituel d'Alet donne d'excellentes inftructions aux Curés, fur la conduite qu'ils doivent tenir relativement aux Sages-Femmes; il prefcrit même une formule du ferment que le Curé doit exiger de celles qui fe deftinent à cette Profeffion : mais, quoique ce ferment contienne, fuivant cette formule, ce que la Religion, l'humanité & les réglemens exigent d'une Sage-Femme, je ne connois aucun Réglement qui autorife les Curés à exiger de pareils fermens; j'oferois même affurer qu'il n'y a point, & que le Curé n'a que la voie de l'inftruction & de l'exhortation, pour engager les Sages-Femmes à remplir leurs devoirs, fauf à les dénoncer au Magiftrat politique, fi elles prévariquent.

SAISIE-ANNOTATION.
V. *Contumace.*

On nomme Saifie-Annotation celle qui fe fait des biens des perfonnes décrétées de prife de corps, lorfqu'après la perquifition de leurs perfonnes, pour les conduire en pri-

fon, il n'a pas été poffible de les arrêter.

On ne peut faifir & annoter que les biens des Décrétés qui n'ont pû être conftitués prifonniers; & par Arrêt rendu le 25 Janvier 1715, fur une prife à partie du Juge & du Procureur Fifcal de Gaffey, la Cour leur *a fait défenfes de requérir & d'ordonner la Saifie & Annotation* des biens des Accufés, depuis qu'ils auront été conftitués prifonniers.

La Saifie-Annotation des biens du Décrété de prife de corps, fe fait en vertu du décret; il n'eft pas befoin d'une autorifation fpéciale; il fuffit que l'Accufé n'ait pas été trouvé lors de la perquifition, pour que l'Huiffier porteur puiffe faifir & annoter fes meubles.

Cette faifie doit être faite dans la même forme que les Saifies-exécutions, ainfi elle doit contenir un détail circonftancié des effets mobiliers faifis; & comme l'Accufé propriétaire des chofes annotées, ne paroît pas pour donner Gardien (puifque s'il paroiffoit, il feroit conftitué prifonnier, & qu'il n'y auroit pas lieu à l'Annotation) l'Huiffier qui procéde à la faifie, doit établir un Commiffaire pour veiller à la garde & confervation de ce qui eft faifi. C'eft ainfi qu'en a ufé l'Huiffier de la Cour, chargé de faire la perquifition de deux Curés de Paris, décrétés de prife de corps par Arrêts de la Cour, pour avoir refufé d'adminiftrer les Sacremens à des Paroiffiens qui les demandoient avec Inftance.

Il y a des Praticiens qui penfent que la Saifie-Annotation ne peut fe faire que quand le décret eft décerné à l'occafion d'une accufation qui peut être fuivie d'une condamnation emportant confifcation de biens; mais c'eft une erreur très-pernicieufe, car la Saifie-Annotation n'a pour objet que de contraindre l'Accufé à fe repréfenter. D'ailleurs le genre de l'Accufation n'eft prefque jamais exprimé dans le décret de prife de corps, & par conféquent il n'eft pas poffible à l'Huiffier de connoître fi l'accufation peut ou ne peut pas emporter confifcation; d'un autre côté, cette connoiffance n'eft pas de fon reffort.

Par ce que je viens d e dire, il eft aifé de comprendre que l'on ne peut faifir & annoter que les biens des Accufés contuma-

ces, & non pas ceux des Accufés prifonniers ; il eft même d'un ufage journalier
d'accorder à l'Accufé qui fe met en état,
c'eft-à-dire, qui fe rend en prifon, la main-
levée de la Saifie-Annotation de fes biens.
Mais il eft d'ufage de lui faire fupporter
les frais occafionnés par la Saifie-Annotation, quand même il feroit par la fuite déchargé de l'accufation ; il les doit à caufe de
fa défobéiffance. V. *Contumace (Frais de)*.

La Saifie-Annotation peut fe faire, tant
des biens meubles, que des immeubles des
Accufés : elle peut auffi fe faire par un feul
ou par plufieurs Procès-verbaux ; mais fi
l'Annotation a pour objet des immeubles,
elle eft fujette à quelques - unes des formalités prefcrites pour les Saifies-réelles,
c'eft-à-dire, qu'elle doit contenir le nom
des Fiefs ou le détail des biens roturiers,
avec un établiffement de Commiffaire pour
les gérer, faire procéder au Bail judiciaire,
&c.

La Saifie-Annotation n'a pour objet que
de priver l'Accufé de la jouiffance de fes
meubles & de fes immeubles, pendant l'inftruction de la Contumace.

On ne peut procéder à la vente qu'après
le Jugement définitif, & dans le cas feulement où il y a une confifcation prononcée.

Alors la vente fe fait après le Jugement,
fans attendre l'expiration des cinq années
accordées au condamné pour purger la contumace ; c'eft à lui de s'imputer en ce cas
fon refus de comparoître : l'exécution provifoire eft dûe au Jugement, &c.

Quelquefois, au lieu d'une Saifie-Annotation détaillée, on appofe fcellé ; & cette
appofition fe fait non-feulement dans le
cas de la contumace, mais lors même que
l'Accufé décrété eft conftitué prifonnier ;
elle ne peut fe faire (l'appofition de fcellé)
qu'en vertu d'une permiffion fpéciale du Juge, à moins que ce ne foit un Huiffier de la
Cour qui a droit d'appofer fcellé, &c. ; en
quoi l'on voit qu'elle différe de la Saifie-
Annotation ordinaire, qui, comme je l'ai
dit, ne fe fait que dans le cas de la contumace.

Le Juge d'Eglife ne peut, en décernant
des décrets contre des Eccléfiaftiques, ordonner que leurs biens feront faifis & annotés ; la Cour l'a folemnellement jugé par
l'Arrêt rendu en la Tournelle, le 5 Mai
1731, dans l'affaire du nommé Lopin, contre le Curé de Rofieres, que Lopin accufoit d'avoir engroffé fa fille, & de lui avoir
adminiftré des breuvages pour la faire avor-
ter.

L'Arrêt porte . . . . . *faifant droit fur le
Réquifitoire du Procureur Général du Roi,
fait défenfes à l'Official de Toul & à tous
autres, d'ordonner qu'en cas que l'Accufé ne.
puiffe être appréhendé, les biens feront faifis
& annotés.*

Un autre Arrêt du 5 Juin 1734 a depuis
jugé qu'il y avoit abus dans une Sentence
de l'Official de Beauvais ; lequel, en con-
vertiffant un décret, avoit ordonné une pareille Saifie. Je rapporte tout le difpofitif
de cet Arrêt au mot *Official*.

Enfin deux autres Arrêts des 4 Juin 1707,
& 30 Août 1733, rapportés dans le Recueil
de Jurifprudence Canonique de la Combe,
ont auffi déclaré y avoir abus dans des Sentences des Officiaux de la Rochelle & Beauvais, en ce qu'elles ordonnoient de pareilles
Saifies-Annotations.

SAISIES-ARRÊTS.

Voy. *Bourfe commune*, *Délégation*, *Gages*,
Loyers, *Oppofitions*, *Remboursement*, *Tranfport*.

Les Saifies - Arrêts ont ordinairement
pour objet d'empêcher un tiers de payer
ce qu'il doit.

Un créancier a la voie de faire faifir &
arrêter ce qu'il fçait appartenir à fon débiteur entre les mains d'un tiers ; & il peut
ufer de cette action, ou en vertu d'un titre
exécutoire, ou en vertu de l'Ordonnance
d'un Juge compétent, fi le titre n'eft pas
exécutoire.

Ainfi il n'eft pas néceffaire que le titre
foit exécutoire, pour qu'il obtienne du Juge la permiffion de faifir & arrêter ce qui
eft dû à fon débiteur. M. le Lieutenant Civil accorde tous les jours de ces permiffions,
fur le fondement de fimples billets non reconnus, pourvû qu'ils foient contrôlés.

Quand on fait faifir & arrêter des arrérages de rentes dûes par le Roi, ou même
les gages des Officiers, les Saifies-Arrêts
doivent être vifées par les payeurs, c'eft-à-
dire, infcrites fur leurs regiftres à l'im-

matricule de la Partie faifie, avec mention de ce *Vifa* fur l'original de la Saifie ; autrement elles ne lient pas les mains aux payeurs.

La Cour a, par Arrêt rendu le 18 Mai 1744, déclaré nulles des Saifies-Arrêts faites entre les mains des Receveurs généraux des Domaines & Bois de la Généralité de Paris, faute de *Vifa* d'icelles, conformément à la difpofition d'un Edit de l'année 1705.

Il eft auffi d'ufage de faire vifer aux Bureaux des Confignations & des Commiffaires aux Saifies-Réelles, les originaux des faifies & oppofitions faites ès mains des Receveurs des Confignations & Commiffaires aux Saifies-Réelles. Voyez l'article 33 de l'Edit du mois de Février 1689, à l'article *Confignation*, & l'art. *Commiffaires aux Saifies-Réelles*.

Les faifies des arrérages & des capitaux des rentes dûes par le Clergé, doivent auffi être vifées & paraphées par le Commis prépofé par le Receveur général » lequel (difent les Lettres-Patentes du 24 Mai 1760, regiftrées au Parlement le 28 Juin fuivant) » ne peut être contraint d'affirmer en per- » fonne, en conféquence des affignations » qui lui font données, les fommes qu'il » doit en fadite qualité de Receveur gé- » néral, mais feulement de faire fa décla- » tion par le miniftere d'un Procureur, fans » qu'on puiffe l'affujettir à repréfenter en » original les acquits des fommes par lui » payées . . . . « Sur la même matiere voyez les Lettres-Patentes de l'année 1715, & l'Arrêt du Confeil du 16 Novembre 1719.

Les Edits des mois de Février 1705, Septembre 1708, Août 1712, & l'article 3 de la Déclaration du 18 Juin 1758, veulent auffi que les originaux des faifies & oppofitions formées entre les mains des Huiffiers-Prifeurs à la délivrance du prix des ventes par eux faites, foient vifés fans frais par lefdits Huiffiers-Prifeurs, finon qu'ils n'en foient nullement garans ni refponfables ; mais cela ne s'exécute point.

Les Saifies, oppofitions ou empêchemens à la délivrance & payement des fommes affignées & employées dans les états du Roi, expédiés pour la diftribution des deniers

des Fermes, rembourfement des avances des Fermiers, & tous autres rembourfemens, charges & dépenfes concernant la régie des Fermes, doivent pareillement être vifés & paraphés par le Receveur général des Fermes, à peine de nullité des exploits qui ne font pas vifés. Voyez fur cela l'Arrêt du Confeil, les Lettres-Patentes & Arrêts d'enregiftrement des 14, 11 & 30 Avril 1699, & les Arrêts du Confeil des 9 Janvier 1717, 10 Juillet 1744 & 6 Déc. 1757.

Celui qui fait faifir & arrêter entre les mains d'un tiers, peut demander que celui-ci affirme ce qu'il doit au débiteur du faififfant, & même qu'il juftifie de fes engagemens, baux, quittances, & autres titres.

Ces fortes d'affirmations fe font au Greffe par les tiers-faifis, & le faififfant eft reçu à prouver par écrit le contraire de l'affirmation ; ce qu'on n'admet pas ordinairement en d'autres circonftances, quand le ferment eft déféré *in litem*.

Si celui qui eft affigné pour faire une femblable affirmation, la refufe, il doit être réputé débiteur, & comme tel, condamné à payer les caufes de la Saifie en principal & acceffoires.

Cela eft d'un ufage journalier ; cependant on excepte les Payeurs des rentes, les Tréforiers, Payeurs de gages, & autres Comptables, ès mains defquels les Saifies-Arrêts font faites : il n'eft même pas d'ufage de les affigner pour affirmer, & ils font autorifés à refufer le *Vifa* de Saifies qui contiennent de femblables affignations.

Les Saifies-Arrêts des rentes payables à Paris, dûes par les Etats de Languedoc, doivent être faites au Bureau defdits Etats établis à Paris ; & lors de la fignification des Saifies, oppofitions ou autres empêchemens, les Commis du Tréforier defdits Etats font tenus de faire mention fur l'original, qu'ils en ont reçu copie, finon les Huiffiers font autorifés à en dreffer Procèsverbal.

Mais les rentes qui ne font pas ftipulées payables à Paris, ne peuvent être faifies qu'au Bureau du Tréforier à Montpellier : tout cela eft réglé par l'Arrêt du Confeil, revêtu de Lettres-Patentes du 2 Septembre 1685, interprété par un autre Arrêt du 5 Novembre 1718.

Les oppofitions au rembourfement des mêmes rentes doivent auffi être formées aux Bureaux où elles font payables ; mais elles n'ont d'effet que pèndant un an , fuivant l'Arrêt du Confeil dudit jour 5 Nov. 1718.

On juge au Châtelet que l'on ne peut pas affigner le Caiffier des Comédiens François , pour affirmer ce qu'il doit à chaque Comédien en particulier ; parce qu'il faudroit, chaque jour de repréfentation , une affirmation nouvelle , & que d'ailleurs on ne fait le calcul des profits revenans à chaque part , que vers Pâques. On a fur cela cité plufieurs Sentences , en conformité defquelles le Caiffier de la Comédie Françoife a été déchargé de la demande à ce qu'il fût tenu d'affirmer ce qu'il devoit à Blainville , Comédien , par Sentence du Préfidial du Mercredi 12 Décembre 1759.

L'article 28 de la Déclaration du 20 Janvier 1736 , regiftrée au Parlement de Touloufe , porte que *les Collecteurs, Receveurs des Tailles & Tréforiers de la Bourfe du Languedoc, ne pourront être affignés pour affirmer quelles fommes ils ont appartenantes à ceux fur lefquels on a faifi en leurs mains.* Voyez cet article en entier , l'Arrêt du 2 Septembre 1685, & les Lettres-Patentes fur icelui.

Quand une Saifie-Arrêt contient affignation pour affirmer, elle tombe en péremption par le défaut de pourfuite pendant trois ans , comme toutes les autres demandes ; mais fi elle ne contient point d'affignation , elle dure trente ans. Voyez les Actes de Notoriété du Châtelet.

En Normandie, les Saifies & Arrêts font annales, » à moins que , fur l'Arrêt fait en- » tre les mains du fermier ou redevable, il » n'y ait eu défenfes, de la part du Juge, de » payer ; alors la demande en eft prorogée » jufqu'à trente ans «. Cet ufage eft conftant ; il eft attefté par Routier dans fes Principes coutumiers de Normandie, des Préfériptions d'un an , art. 24, où il cite l'art. 3 de la Coutume de Normandie.

Un Arrêt du Confeil, rendu le 3 Juin 1756, revêtu de Lettres-Patentes du même jour, enregiftrées au Parlement le 22 Juillet fuivant, a ordonné que tous les Arrêts, Sentences , Jugemens , exécutoires , contraintes, exploits de Saifies, oppofitions ,

tranfports ou empêchemens à la délivrance & payement , tant des arrérages des rentes conftituées par les Secrétaires du Roi (du grand Collége) que des fommes principales defdites rentes , feront vifés & paraphés par celui defdits Secrétaires du Roi qui fera chargé de la régie defdites rentes ; fait défenfes à tous Huiffiers de mettre à exécution aucun Arrêt, Sentence, &c. ni de faire aucune expédition, faifie, oppofition, tranfport , fignification ou empêchement pour raifon defdites rentes, qu'après avoir remis les Arrêts, Sentences, Saifies, &c. au prépofé à la régie defdites rentes . . . . à peine d'interdiction , de 3000 liv. d'amende , &c.

Les tiers-faifis , qui ne font pas dans le cas de l'exception où fe trouvent les payeurs des rentes, &c. doivent fournir leur affirmation, en quelque Tribunal qu'ils foient affignés, quand même ils ne feroient nullement Jufticiables de la Jurifdiction en laquelle ils font traduits ; parce que , fuivant la Jurifprudence conftante des Arrêts, tout Juge faifi , ou qui eft compétent pour connoître des conteftations pendantes entre le Saififfant & la Partie faifie, peut auffi recevoir l'affirmation du tiers-faifi ; mais fi l'affirmation de celui-ci eft conteftée, la même Jurifprudence veut que fi le tiers-faifi le requiert, la conteftation foit renvoyée devant le Juge de fon domicile, à moins que le Saififfant ne foit privilégié, & que l'affignation pour affirmer ne foit donnée devant le Juge de ce privilége ; il paroît même que le Confeil a adopté cette Jurifprudence, par un Arrêt dont voici l'efpéce.

Guillaume Doré, Fourbiffeur fuivant la Cour, ayant fait faifir fur un fieur Echeveria , entre les mains du fieur Lhermitte, domicilié à Rennes, ce que celui-ci pouvoit devoir à Echeveria, le fit affigner devant le Prévôt de l'Hôtel , pour affirmer ce qu'il devoit.

Au lieu de comparoître, Lhermitte fe pourvut au Parlement de Bretagne, où , fur le fondement du privilége des Bretons, lefquels ne peuvent être contraints de plaider hors leurs Provinces, (ainfi que je le dis au mot *Committimus*) il obtint Arrêt qui caffa l'affignation à lui donnée en la Prévôté de l'Hôtel.

Doré obtint de son côté un Arrêt du Grand-Conseil, qui, sur le fondement de la Jurisprudence dont j'ai parlé, cassa celui du Parlement de Bretagne. Cela forma un conflit, sur lequel, par Arrêt du Conseil du 11 Août 1744, les Parties furent renvoyées en la Prévôté de l'Hôtel, pour y procéder sur l'assignation donnée au sieur Lhermitte, à l'effet d'y fournir la procuration affirmative, sauf, en cas de contestation sur cette affirmation, à procéder devant les Juges du domicile du sieur Lhermitte. Mais voyez l'Arrêt du 1er Avril 1762, dont je rapporte les dispositions à l'art. *Prévôté de l'Hôtel.*

Il y a des choses pour lesquelles les Saisies-Arrêts sont sans effet, & qu'à cause de cela, on nomme insaisissables; telles sont:

1°. Les pensions accordées par le Roi aux Officiers des troupes.

2°. Les appointemens des Gouverneurs & de l'Etat-Major des Places.

3°. Les gages des Officiers de la Maison du Roi, suivant les Ordonnances & Déclarations des 20 Avril 1553, 20 Janvier 1567, & de l'année 1586, rapportées par Fontanon dans le Code Henry (a).

4°. Les appointemens des Commis des Fermes, suivant l'Ordonnance des Fermes du mois de Juillet 1681, titre commun, art. 14 (b).

5°. Les arrérages de rentes de Tontines, & de plusieurs autres rentes dûes par le Roi, qui sont déclarées insaisissables par les Edits de création. Sur quoi il faut remarquer que des Edits des mois de Juin 1676 & Avril 1692, & une Déclaration du 19 Juin 1720, portent que les rentes sur l'Hôtel de-Ville, appartenantes à des Etrangers, ne pourront être saisies par leurs créanciers, soit Etrangers ou Regnicoles.

6°. Les legs faits pour alimens, & que les testateurs ont déclaré ne pouvoir être saisis par les créanciers des légataires (c).

7°. *Les chevaux & armes de Gentilshommes, Gendarmes, Chevaux-Legers & Capitaines des Régimens entretenus, servans à leurs personnes, jusqu'à deux chevaux.... si ce n'est à la requête de ceux qui les ont vendus.* Ordonnance de 1629, art. 195 (d).

8°. Les honoraires dûs aux Ecclésiastiques, à cause de leur service actuel, & les revenus des titres Cléricaux, suivant les articles 12 & 13 de l'Ordonnance d'Orléans. Voyez aussi le Prestre & Soefve.

9°. Les parts & portions de la Bourse commune revenantes à chacun des Experts en titre d'office, suivant l'Edit de création du mois de Mai 1690. V. *Bourse commune.*

10°. Les gages & soldes attribués aux Officiers, Archers & Trompettes des Compagnies des Maréchaussées, si ce n'est pour dettes contractées à l'occasion de leurs monture, nourriture & équipages, suivant l'article 9 de la Déclaration du 28 Mars 1720, regitrée au Grand-Conseil le 4 Mai suivant.

11°. Les droits de présence des Fermiers généraux & Sous-fermiers, suivant un Arrêt du Conseil du 28 Juin 1710.

12°. Les parts revenantes aux Comédiens François dans les profits de la Comédie, jusqu'à concurrence d'une portion seulement: le surplus de ces parts peut être saisi.

13°. Les épices dûes aux Juges, Avocats & Procureurs du Roi, à la différence de celles dûes aux Juges, lesquelles sont saisissables. Voyez Loyseau, des Offices, & les Arrêts de Pinault Desjaunaux, tome 2, ch. 266.

(a) La Déclaration de 1553 dont il est ici question, est au cinquiéme Volume du Registre des Bannieres du Châtelet, *fol.* 211.

Il y a au même Volume, *fol.* 322, une Déclaration du 16 Fév. 1556, qui porte aussi que les gages des Officiers de l'Artillerie ne pourront être saisis.

(b) On a argumenté des dispositions de cette Ordonnance, pour soutenir que les appointemens dûs aux Commis des Particuliers, étoient insaisissables; & la Cause s'étant présentée au Parc Civil du Châtelet, le Samedi 7 Janvier 1758, on a jugé (plaidant Me Huchedé, contre Mes Cornil & Charlos,) que les appointemens d'un Agent des Loteries de Paris, étoient saisissables.

J'étois Procureur du créancier qui avoit fait saisir; le moyen de Me Huchedé, qui plaidoit pour mon Client,

étoit que tout ce qui appartient au débiteur, est saisissable, à moins que quelque Loi, ou le titre même en vertu duquel le débiteur posséde, ne déclare la chose insaisissable.

(c) La Cour a, par Arrêt rendu le 29 Novembre 1734, fait main-levée de Saisies d'un usufruit légué par un parent collatéral, à la charge de ne pouvoir être saisi.

(d) Une Ordonnance du 10 Août 1663, & un Arrêt du Conseil du 19 Décemb. 1671, défendent aussi aux Trésoriers d'avoir égard aux Saisies faites sur les gages & appointemens des Gens de Guerre & des Maréchaussées, si ce n'est en vertu d'ordre de Sa Majesté, contre-signé par le Secrétaire d'Etat du Département de la Guerre, ou pour armes & bagage, & ensuite d'une reconnoissance qu'ils en auront faite.

14°. Les diftributions des Princes, Cardinaux, Prélats, Chevaliers-Commandeurs de l'Ordre du Saint-Efprit, & les gages & penfions que l'Ordre, fuivant l'art. 4 de l'Edit du mois de Décembre 1725.

15°. Les diftributions féches & en argent, qui fe payent par jour ou par femaine aux Chanoines & Membres des Chapitres, pour l'affiftance à chaque Office.

16°. Les loyers des maifons de Verfailles, fi ce n'eft pour le payement de droits & dettes privilégiées, & arrérages d'icelles dettes, fuivant une Déclaration du 25 Mars 1696, regiftrée le 4 Avril fuivant.

17°. Les actions de la Compagnie des Indes, mifes au dépôt établi à ladite Compagnie, par la Déclaration du 11 Février 1749, regiftrée le 21 Avril fuivant. Voyez l'art. 8 de ladite Déclaration.

18°. Ce qui fe paye aux Auteurs pour prix de leurs Ouvrages & production d'efprit; fur quoi il faut remarquer que, par Arrêt du Confeil du 21 Mars 1749, il a été fait main-levée de la Saifie faite fur le fieur Crébillon, entre les mains des Comédiens François, pour le produit de fa Tragédie de *Catilina*.

19°. Les revenus du Roi, entre les mains de fes Fermiers & Receveurs, par les perfonnes dont le Roi eft débiteur. Un Arrêt du Confeil du 5 Août 1738 caffe & annulle une Saifie faite à la requête du fieur de Moncaffin, entre les mains du Sr Roudier, Directeur des Domaines à Touloufe, avec défenfes aud. Sr de Moncaffin & à tous autres, de faire aucune Saifie entre les mains du Fermier des Domaines, pour raifon de créances qu'ils prétendront avoir à exercer contre le Roi, fauf à eux à fe pourvoir pardevers Sa Majefté, pour être ftatué, ainfi qu'il appartiendra, fur la repréfentation de leurs titres.

20°. Le produit de la Bourfe commune des Huiffiers au Grand-Confeil. Voyez *Bourfe commune.*

Tous les revenus d'un Bénéficier peuvent être faifis & arrêtés par les créanciers du Titulaire; mais s'il demande une provifion, les Juges lui en accordent ordinairement le tiers pour fa fubfiftance. Voyez le Recueil Canonique de la Combe, article *Portion Congrue*, fect. 5, n°. 4, & *Titre Clérical*.

Tome III. Part. II.

L'article 15 du titre commun de l'Ordonnance des Fermes, dont j'ai déja parlé, *défend à ceux qui ont obtenu des condamnations contre les Fermiers & fous-Fermirs..... ou qui font leurs créanciers par ..... obligation, &c. de faifir & arrêter entre les mains des redevables des droits du Roi ce qu'ils en doivent; & veut que nonobftant lefdites Saifies..... les particuliers foient contraints au payement, & que les faififfans foient condamnés aux dommages & intérêts des Fermiers & fous-Fermiers.*

Les marchandifes dépofées dans les Bureaux des Fermes, ne peuvent y être faifies par les créanciers des propriétaires defdites marchandifes, ni par aucun autre que par le Fermier, pour les droits qui peuvent lui être dûs, & il peut toujours les délivrer aux conducteurs après l'acquit des droits, nonobftant toutes Saifies qui font nulles de plein droit. V. l'art. 584 du Bail de Forceville.

Les marchandifes deftinées pour la provifion de Paris, ne peuvent être arrêtées fur les lieux ni en chemin, fous quelque prétexte que ce foit, même fous prétexte de Saifies faites d'icelles par les propriétaires ou créanciers, falaires, prix de voiture, &c. Voyez l'article 10 du chap. 2 de l'Ordonnance du mois de Décembre 1672, pour la Ville de Paris.

La Cour a jugé, par Arrêt rendu le 6 Septembre 1745, qu'une penfion ou rente viagere, léguée à un domeftique par fon maitre, eft faififfable; plaidans Mes Tribard, Doucet, Babille & Lucron.

On oppofa pour le domeftique que fes gages n'étoient pas faififfables, ni par conféquent la récompenfe, &c. mais la Cour ne fit aucune attention à cette allégation, parce qu'il eft certain que les gages de domeftique font faififfables quand ils font échus. Voici l'efpéce d'un Arrêt qui l'a ainfi jugé *in terminis.*

Le fieur Botentuit, Chirurgien à Paris, qui avoit panfé & guéri la femme de chambre de la Dame le Maitre du Marais, d'une bleffure affez confidérable, la fit affigner & condamner à lui payer une fomme de 200 liv. Pour fe faire payer de cette fomme, il fit une Saifie-Arrêt fur la femme de chambre, entre les mains du fieur le Maitre du Marais.

B

Près d'un an après cette Saifie, le fieur Botentuit fit affigner le fieur du Marais, pour déclarer & affirmer ce qu'il devoit à la femme de chambre de fa femme, & le fieur du Marais répondit qu'il n'avoit point d'affirmation à faire, attendu que des gages n'étoient pas faififfables : on plaida fur cette défenfe ; & par Sentence du 18 Janv. 1726, le fieur du Marais fut condamné à affirmer, finon à payer les caufes de la Saifie.

En conféquence de cette Sentence, le Sr du Marais déclara qu'au jour de la Saifie & même au jour de la déclaration affirmative fait un an après la Saifie, il ne devoit rien.

Le fieur Botentuit contefta cette déclaration ; mais par Sentence du Châtelet du 8 Mars 1726, le fieur du Marais fut déchargé de la demande.

Sur l'appel au Parlement, le fieur Botentuit fit voir que l'infaififfabilité des gages des domeftiques n'étoit prononcée par aucune Loi, & que la déclaration du fieur du Marais, faite fur le fondement de cette infaififfabilité, étoit erronée ; en conféquence, par Arrêt rendu en Vacations le 24 Octobre 1726, plaidans Mes Buirette & Sarrazin, la Cour, en infirmant la Sentence du Châtelet, a condamné le fieur du Marais à payer au fieur Botentuit, les gages de la nommée Gédouin, fa domeftique, du jour de la Saifie-Arrêt faite entre fes mains, à raifon de 100 liv. par an......

La Cour a de même jugé, par Arrêt rendu le Jeudi 17 Février 1763, à l'Audience de fept heures, en faveur de la Partie de Me Tennefon, que les gages d'un domeftique étoient faififfables. Voyez Catelan, liv. 6, chap 23. Par un autre Arrêt rendu en Vacations, au rapport de M. l'Abbé Farjonel, fur délibéré, prononcé le Samedi 27 Octobre 1759, la Cour a jugé qu'une penfion viagere de 1500 liv. conftituée par M. le Prince de Dombes, au profit du fieur Defventures, Officier de feue Madame la Ducheffe du Maine, conformément aux intentions de madite Dame, Ducheffe du Maine, qui n'avoit rien légué aux perfonnes de fa maifon, étoit infaififfable, & a en conféquence confirmé les Sentences du Châtelet, qui avoient prononcé la main-levée des Saifies faites par les créanciers du fieur Defventures.......

Enfin, il y a des chofes que les Fermiers doivent payer en déduction de leurs fermages, au préjudice & nonobftant les Saifies faites en leurs mains ; tels font les alimens des prifonniers, la nourriture des enfans trouvés fur la Seigneurie, les frais de pourfuite contre des criminels, (s'il y a exécutoire délivré,) les Dixiéme, Vingtiéme & autres deniers Royaux.

Les deniers faifis par un créancier fur fon débiteur, entre les mains d'une tierce perfonne, tombent en contribution, jufqu'à ce qu'ils foient payés au faififfant, quand même il auroit été ordonné par un Jugement, que les deniers faifis feroient baillés & délivrés au faififfant. La Cour l'a ainfi jugé, par Arrêt du 29 Décembre 1639, rapporté par Henrys, tom. 1, liv. 4, ch. 6.

La raifon eft que, jufqu'au payement effectif fait au créancier faififfant, les deniers appartiennent toujours au débiteur fur lequel ils ont été faifis ; & que s'il y a quelque rifque à craindre, c'eft lui qui le court ; il n'eft point quitte avant que le créancier ait touché ; & fon débiteur, ès mains duquel la Saifie eft faite, ne ceffe point de lui être débiteur & obligé, jufqu'à ce qu'il ait vuidé fes mains & fatisfait au Jugement.

SAISIE BRANDONNEMENT.
Voyez Brandons.

SAISIE CENSUELLE.
Voyez Brandons, Cens & Saifie féodale.

La Coutume de Paris ne donne pas au Seigneur le même droit fur les rotures de fa Mouvance que fur les Fiefs. Pour ceux-ci, il peut en plufieurs cas faifir féodalement & profiter des fruits, mais jamais il ne peut ufer de cette voie fur les héritages roturiers ; il peut pourtant pourfuivre fon Vaffal & faire faifir, arrêter ou brandonner les fruits pendans en l'héritage redevable d'aucuns cens.... pour avoir payement des arrérages qui lui font dûs : mais jamais ces fortes de Saifies ne peuvent opérer de perte de fruits en faveur du Seigneur, & le Vaffal peut même en obtenir la main-levée, en confignant trois années d'arrérages du cens.

Il y a même cela de particulier, que le Seigneur ne peut, fur une femblable Saifie, faire procéder à la vente des fruits : elle n'opére qu'une espéce de dépossession, & la vente ne peut se faire que quand elle a été ordonnée par une Sentence ou Jugement qui déclare la Saisie Censuelle valable.

Brodeau, Carondas & autres, assurent que le commandement préalable n'est pas nécessaire pour ces sortes de Saisies. En effet, on n'est point au Châtelet dans l'usage d'en faire : on y fait faire ces sortes de Saisies, en vertu d'une Ordonnance du Juge, qui s'accorde sur Requête, & l'on remplit pour le surplus les mêmes formalités que dans les Saisies féodales.

L'Ordonnance du Juge est indispensablement nécessaire pour la validité des Saisies Censuelles; & elle doit être dénoncée au vassal avec la Saisie même, à peine de nullité. La Cour l'a ainsi jugé par Arrêt rendu en la Grand'Chambre, le 14 Août 1755, en déclarant nulle une Saisie Censuelle faite dans la Coutume de Montargis; parce que l'Ordonnance ou Commission du Juge, en conséquence de quoi elle étoit faite, n'avoit pas été dénoncée.

On peut sur cette matiere consulter Duplessis, Traité des Censives, livre 1, ch. 2. Il entre sur cela dans un très-grand détail.

La Coutume locale d'Abbeville, en prescrivant les formalités qu'il faut observer dans les Saisies Censuelles, autorise les Seigneurs à faire dépendre les portes & les fenêtres de la maison censuelle, & à les faire porter à l'Hôtel-de-Ville, & défend même à l'*occupeur* de remettre d'autres portes & fenêtres; mais sa disposition sur cela est tombée en désuétude, suivant un Acte de Notoriété de la Sénéchaussée de Ponthieu, du 18 Octobre 1681.

SAISIE-EXÉCUTION.

Voyez *Bestiaux, Commissaires aux Saisies-Réelles, Consignations, Contraintes, Gagerie, Gardiens.*

On nomme Saisie-Exécution un Exploit par lequel des meubles & effets mobiliers appartenans à un débiteur, & trouvés en sa possession, sont saisis à la requête de son créancier, pour être ensuite vendus, & le prix lui en être délivré dans le temps & après les formalités prescrites. Ces sortes de Saisies sont aussi quelquefois nommées Saisies mobiliaires.

On ne peut saisir & exécuter des meubles qu'en vertu d'un titre en bonne forme exécutoire; & cette espéce de Saisie doit être précédée d'un commandement; parce que le débiteur doit être constitué en demeure de payer, avant qu'on puisse l'y contraindre par des voies aussi rigoureuses que le sont les Saisies-Exécutions.

Par exception à cette régle, sur laquelle on peut voir ce que je dis à l'article *Commandement*, les propriétaires des maisons & héritages situés dans le Bailliage de Bellesme, font dans l'usage de faire saisir & exécuter leurs fermiers & locataires, en vertu d'un bail en bonne forme, sans commandement préalable.

Ce commandement ne se fait qu'au moment même où l'Huissier, porteur du bail, procéde à l'exécution, dans le Procès-verbal de laquelle il en fait mention. J'ai vû sur cet usage un Acte de Notoriété, donné à Bellesme le 15 Janvier 1737.

L'article 32 de l'Ordonnance de Moulins défend aux Parties d'être présentes aux Exploits de Saisie que les Huissiers font pour elles. Il seroit bon cependant que la Partie pût elle-même indiquer à l'Huissier les meubles & effets qu'il doit saisir, & quels sont les lieux habités par le débiteur : mais cette Ordonnance permet seulement d'envoyer un homme pour assister l'Huissier; & cet homme doit être *sans suite & sans armes*.

Cette disposition de l'Ordonnance de Moulins ne sçauroit s'appliquer aux Saisies & revendications, parce que les effets qu'on revendique, doivent être reconnus & indiqués; & il n'y a personne qui puisse mieux faire cette indication que la Partie même : aussi les souffre-t-on présentes à cette derniere espéce de Saisie.

On ne peut saisir & exécuter que pour raison de créances certaines & liquides, soit en deniers, soit en espéces; ainsi on ne pourroit pas saisir & exécuter pour dépens ou dommages & intérêts adjugés, mais qui ne seroient pas liquidés, ou par Sentence, ou par Exécutoire; & si on saisissoit pour sommes ou denrées non déterminées, la Saisie feroit nulle. On peut sur cela voir l'art. 166 de la Coutume de Paris, & l'art. 2 du titre 33 de l'Ordonnance de 1667.

Quand la Saisie-Exécution est faite pour

créance & fommes liquides, la vente des chofes faifies peut fe fignifier & fe faire 8 jours
après la faifie, au plus prochain marché, en
faifant préalablement *vuider*, c'eft-à-dire,
juger les oppofitions à la vente, s'il en a été
formé, foit en la faifant ordonner avec les
oppofans, ou. en obtenant main-levée de
leurs oppofitions.

Mais fi la Saifie eft faite pour chofes dûes
en efpéces ; par exemple, fi elle eft faite
pour une redevance (*fixe & déterminée*) en
grains ; il doit être furfis à la vente, jufqu'à
ce que l'appréciation en foit faite. Voyez les
art. 2 & 11 du tit. 33 de l'Ordonnance de
1667.

Toutes les formalités prefcrites pour les
Exploits d'ajournement, doivent s'obferver
dans les Saifies & Exécutions, (à l'exception de la conftitution d'un Procureur ;) &
elles doivent de plus être recordées, c'eft-à-
dire, faites en préfence de témoins (*a*), &
contenir une élection de domicile pour le
faififfant, dans le lieu même où fe fait la Saifie, encore qu'il n'y demeure pas. V. les articles 1 & 3 de l'Ordonnance, *ibid.*

On eft dans l'ufage de ne faire cette élection de domicile par les Saifies, que pour
24 heures feulement : mais cela eft contraire
à l'Ordonnance qui exige qu'elle foit permanente ; elle permet feulement de faire
cette élection dans la Ville, Bourg ou Village le plus proche, fi la Saifie n'eft pas faite
dans une Ville, Bourg ou Village.

Non-feulement il faut que la Saifie-Exécution foit datée du jour, du mois & de l'année dans laquelle elle eft faite ; mais il faut
de plus y faire mention, fi c'eft *avant* ou
après midi. L'article 4 du titre 33 de la fufdite Ordonnance, l'exige impérieufement.

Outre ces formalités effentiellement néceffaires pour la régularité des Saifies-Exécutions, l'Huiffier doit, 1°. y faire mention du titre en vertu duquel il agit, de fa
date, & énoncer s'il eft en forme exécutoire.

2°. Il doit, avant de commencer la Saifie,
appeller les deux plus proches voifins, pour
y être préfens ; & s'ils refufent de s'y tranfporter, de dire leur nom, &c. l'Huiffier doit

conftater leur refus, les interpeller de fe
figner, & faire mention de tout cela dans
fon Procès-verbal, avant de paffer outre.

3°. Détailler par le menu tous les meubles compris dans la Saifie.

4°. Indiquer le nom & le domicile de la
perfonne à la garde de laquelle les chofes
faifies font laiffées. V. *Gardien.*

5°. Laiffer copie du Procès-verbal de Saifie, tant aux Parties faifies qu'au Gardien.

Si l'Huiffier trouve les portes fermées,
lorfqu'il fe préfente pour faifir-exécuter, &
qu'on refufe de les ouvrir, il doit en dreffer
fon Procès-verbal, & fe retirer *devant* le
Juge du lieu, lequel, (dit l'article 5 de l'Ordonnance, *ibid.*) *au bas de l'Exploit ou Procès-verbal du Sergent, nommera deux perfonnes, en préfence defquelles l'ouverture des
portes & la Saifie-Exécution feront faites, &
qui figneront l'Exploit ou Procès-verbal de
faifie, avec les Records.*

A Lyon, quand l'Huiffier chargé de faifir & exécuter, ou d'enlever des meubles,
trouve les portes fermées, il peut *haper &
fceller les portes, jufqu'à ce qu'il ait obtenu la
permiffion du Juge pour faire faire l'ouverture & parachever l'exécution .... en dreffant
du tout un Procès-verbal,* La Confervation
de Lyon a attefté cet ufage par un Acte de
Notoriété du 9 Juin 1719.

Les Huiffiers au Parlement peuvent auffi
appofer fcellé en exécutant. V. la Combe,
verb. *Huiffier.*

L'Ordonnance veut qu'*en procédant par
Saifie & Exécution, il foit laiffé aux perfonnes faifies une vache, trois brebis ou deux chevres, pour aider à foutenir leur vie, fi ce n'eft
que la créance pour laquelle la Saifie eft faite,
procéde de la vente des mêmes beftiaux, ou
pour avoir prêté de l'argent pour les acheter.*
Elle veut de plus que l'on *laiffe un lit & les
habits dont les faifis font vêtus & couverts,*
ibid. art. 14.

Suivant l'art. 15, *les perfonnes conftituées
aux Ordres facrés de Prêtrife, Diaconat ou
Soudiaconat, ne peuvent être exécutées en
leurs meubles deftinés au Service Divin ou
fervant à leur ufage néceffaire, de quelque valeur qu'ils puiffent être, ni même en leurs li-*

(*a*) Cet ufage de faire les Saifies-Exécutions, en préfence de témoins, eft abrogé par le Parlement de Befançon pour fon reffort, par un Arrêt rendu en forme de

Réglement, le 6 Septembre 1718, qu'on trouve dans le
Recueil du Parlement de Franche-Comté, tome 5, pages
190 & 191.

vres, qui doivent leur être *laiſſés juſqu'à la ſomme de 150 liv.*

L'art. 16 porte encore une exception en faveur des beſtiaux & uſtenciles de labourage. Je rapporte cet article au mot *Laboureur.*

Une Déclaration du 19 Août 1704, regiſtrée au Parlement le 29 du même mois, fait défenſes de *procéder par Saiſie-Exécution ni vente forcée en Juſtice, des moulins, métiers, outils & uſtenciles ſervans pour la réparation, moûlinage & filage de la ſoie, de la laine, du coton, du chanvre, du lin & des autres matieres propres pour la fabrication de toutes ſortes d'étoffes de ſoie, de laine, de poil, ou mêlées d'or ou d'argent avec de la ſoie, de la laine ou quelques autres matieres que ce ſoit.*

La même Déclaration défend auſſi de *procéder par Saiſie-Exécution ni vente forcée en Juſtice, des métiers, inſtrumens, outils & uſtenciles ſervans à la fabrication deſdites étoffes d'or, de ſoie, de laine ou de poil, ou mêlées de quelque matiere que ce ſoit, de futaine, baſins & bombaſins, & des toiles, tant de chanvre que de lin de toutes ſortes, & l'apprêt & teinture de toutes leſdites marchandiſes, pour quelque dette, cauſe & occaſion que ce puiſſe être, ſi ce n'eſt pour les loyers des maiſons que les Maîtres, Ouvriers & Façonniers, occuperont, ou pour le prix deſdits moulins, métiers, outils, uſtenciles & inſtrumens qui ſe trouveront encore dûs à ceux qui les auront faits & fournis.*

Voulons, ajoute cette Loi, *que leſdits moulins, métiers, inſtrumens, outils & uſtenciles, ne puiſſent être ſaiſis pour les deniers à nous dûs, pour quelque cauſe que ce ſoit, ni même pour la taille & impôt du ſel.*

Défendons à tous Huiſſiers & Sergens de faire leſdites Saiſies & ventes, à peine d'interdiction, 150 liv. *d'amende, &c.* Voyez la Déclaration en entier ; on la trouve dans le Recueil Chronolog. de M. Jouſſe, tome 2.

La Cour des Aides a, par Arrêt rendu ſur une Requête préſentée par M. le Procureur Général, le 10 Septembre 1712, fait défenſes à tous *Huiſſiers & Sergens, Aſſéeurs & Collecteurs des tailles, de prendre par Saiſie-Exécution & enlevement ſur les contribuables aux tailles, les lits, linceuls, couvertures, habits, pain, portes & fenêtres de leurs mai-*

ſons, chevaux, mulets & bœufs ſervans au labour & culture des terres, à peine de concuſſion, empriſonnement de leurs perſonnes & de 100 *liv. d'amende, &c.* Cet Arrêt eſt auſſi dans le Recueil Chronolog. de M. Jouſſe, tome 2, & dans le 6ᵉ volume du Journal des Audiences.

En Languedoc, il eſt défendu » à tous » créanciers, même aux Collecteurs des tail- » les & autres impoſitions, de ſaiſir & faire » ſaiſir les feuilles des mûriers, & à tous » Huiſſiers & Sergens de faire, pour raiſon » de ce, aucuns Exploits, à peine, à l'égard » des créanciers, de nullité de la Saiſie, & » de tous dépens, dommages & intérêts ; & » à l'égard des Collecteurs, de payer, à la » décharge des contribuables, la cotte de » leurs impoſitions & de tous dépens, &c. » & contre les Huiſſiers & Sergens, d'in- » terdiction, 500 liv. d'amende, &c. ſauf » auxdits créanciers à ſaiſir, s'ils le jugent » à propos, le prix deſdites feuilles entre » les mains de ceux qui les auront achetés, » ſi le prix n'en a pas été payé comptant «. Ce ſont les diſpoſitions d'une Déclaration du 6 Février 1732, regiſtrée en la Cour des Comptes, Aides & Finances de Montpellier, & au Parlement de Toulouſe, le 8 Mars ſuivant.

La vente des meubles & effets ſaiſis & exécutés en vertu du titre paré, peut ſe faire en vertu du titre même, en y appellant néantmoins le débiteur par une ſignification, ſans qu'il ſoit beſoin de Jugement préalable qui l'ordonne ainſi, à moins qu'il n'y ait eu des oppoſitions ou autres empêchemens formés à la vente ; auquel cas on ne peut y procéder ſans avoir préalablement fait ſtatuer ſur ces oppoſitions ou empêchemens. Cela eſt d'un uſage conſtant au Châtelet ; & le Parlement de Beſançon l'a adopté par ſon Arrêt de Réglement du 6 Septembre 1718.

SAISIE FÉODALE.

Voyez *Bail Judiciaire, Fief, Foi & Hommage, Main-Souveraine, Saiſie Cenſuelle, Uſufruit,* &c.

On nomme Saiſie Féodale, celle que le Seigneur Suzerain fait faire d'un Fief relevant de lui, pour contraindre ſon Vaſſal de lui porter la foi & hommage, lui fournir aveu & dénombrement , & lui payer les droits qui lui font dûs.

L'effet que produit la Saifie Féodale d'un Fief, eft d'en faire féqueftrer les revenus, ou de mettre le Seigneur en état de les percevoir à fon profit , felon les circonftances & les mutations qui y ont donné lieu, ainfi que je l'expliquerai dans cet article.

Toutes les fois qu'il y a mutation , foit de Seigneur , foit de Vaffal, fi celui-ci néglige de rendre la foi & hommage , de fournir l'aveu & dénombrement , & de payer les droits Seigneuriaux auxquels la Coutume l'affujettit , fuivant les différens cas où il fe trouve, le Seigneur dominant peut faire faifir féodalement le Fief qui releve de lui.

Tel eft le Droit commun du Royaume ; & c'eft auffi ce qui eft décidé par l'article 5 de la Coutume de Paris : néantmoins en Dauphiné , l'ufage des Saifies Féodales n'y a pas lieu ; elles ne peuvent s'y faire qu'en connoiffance de caufe. Voy. M. de Salvaing , fur l'Ufage des Fiefs en Dauphiné, & l'Arrêt de Réglement du Parlement de Grenoble , du 27 Novembre 1653 , Recueil de Dauphiné, tome premier, page 345. Il y a auffi un ufage particulier fur les Saifies Féodales dans la Coutume d'Anjou. Voyez les articles 103, 177, 181 & 391 de cette Coutume.

Cette faculté de faire faifir féodalement , vient de ce qu'originairement le Vaffal étoit obligé au fervice militaire envers fon Seigneur féodal. Il contraĉtoit cet engagement par la foi & hommage ; & s'il ne la portoit pas, ou s'il manquoit aux devoirs du Vaffal, le Seigneur dominant fe mettoit en poffeffion du Fief, & employoit les fruits au payement d'une autre perfonne qui fervoit à la place du Vaffal.

Notre Coutume permet au Seigneur dominant , qu'elle nomme *Seigneur féodal* , de faire faifir féodalement *pour faute d'homme , droits & devoirs non faits & non payés.* Ainfi cette Saifie peut être faite non-feulement lorfque le Vaffal néglige de porter la foi & hommage , & de payer les droits (a) , mais encore lorfqu'il eft en demeure de fournir

l'aveu & le dénombrement , parce que le dénombrement eft dû des droits que le Seigneur peut exiger. La Saifie ne produit pas les mêmes effets ; parce que lorfqu'elle eft faite faute d'homme , c'eft-à-dire, faute de foi & hommage , elle opere la confifcation des fruits au profit du Seigneur faififfant ; au lieu que quand elle eft faite faute de dénombrement, elle n'opere que la fimple féqueftration. V. les articles 1 & 9 de la Coutume de Paris.

Quoique la Coutume permette de faifir féodalement *faute d'homme* , c'eft-à-dire , faute par le Vaffal d'avoir porté la foi & hommage , & faute de droits non payés , ce fecond objet n'eft que l'acceffoire du premier ; & fi l'hommage avoit été porté & reçu fans que le Seigneur eût exigé les droits , il ne pourroit plus faifir pour les droits feuls ; il n'auroit que la voie de l'action pour s'en faire payer. Voyez Coquille fur l'article 8 de la Coutume de Nivernois ; l'Arrêt du 13 Juillet 1678 , rapporté au Journal du Palais ; & Dupleffis.

Cela auroit même lieu quand le Seigneur auroit reçu la foi & hommage , fans préjudice des droits utiles pour lefquels il auroit fait des réferves ; parce que de pareilles réferves pourroient bien conferver l'action pour le payement des droits , mais n'empêcheroient pas que le Fief ne fût couvert par la réception en foi.

Dumoulin prétend que , lorfque le Seigneur n'a reçu la foi & hommage que fous condition de lui payer les droits dans un certain temps, le Fief demeure ouvert , fi le Vaffal ne fatisfait pas à la condition dans le temps qui lui eft accordé, & que le Seigneur peut faifir de nouveau ; parce que la réception étant conditionnelle , elle devient fans effet fi le Vaffal n'accomplit pas la condition réfolutive , & qu'il a été au pouvoir du Seigneur en recevant la foi , qu'il pouvoit refufer , d'y impofer les conditions qu'il a jugées à propos.

Le Seigneur peut encore faifir féodalement pour droits non payés , même après la réception de fon Vaffal fans réferve , lorfque

(a) Un Arrêt du Confeil , rendu le 12 Février 1715, fait défenfes aux Seigneurs de Fiefs , dans la mouvance defquels fe trouvent les biens des Religionnaires, de les faifir féodalement , faute de foi & hommage portés par les Vaffaux, ou pour droits non payés, tant qu'ils font ès mains de Sa Majefté , à peine de reftitution des fruits, 1500 livres de dommages & intérêts, & 3000 livres d'amende.

le, Vaſſal l'a trompé en indiquant une fauſſe mutation qui ne donnoit lieu à aucun droit, au lieu d'un autre qui y donnoit ouverture ; parce que la Coutume exigeant, par l'article 63, que le Vaſſal qui porte la foi, déclare à quel titre ſon Fief lui eſt avenu, il a dû faire une déclaration ſincere, & qu'en ayant fait une fauſſe, ſa preſtation de foi devient nulle, & laiſſe par conſéquent au Seigneur la liberté de ſaiſir féodalement.

Au reſte, ſi le défaut de payement des droits utiles dûs au Seigneur ne ſuffit pas ſeul pour donner lieu à une Saiſie Féodale, il eſt certain au moins que, quand la foi & hommage eſt offerte ſans les droits, le Seigneur peut refuſer la foi, & retenir le Fief ſaiſi (a), juſqu'à ce que le Vaſſal faſſe des offres ſuffiſantes (b). Voyez ce que je dis ſur ces offres à l'article Foi & Hommage.

Mais pour que le Seigneur ait droit de refuſer la foi & hommage, juſqu'à ce qu'il ſoit payé & déſintéreſſé, il faut que les droits qui lui ſont dûs, ſoient des droits de quint, de relief, ou autres droits Seigneuriaux ordinaires accordés par la Loi, & non pas des droits Seigneuriaux extraordinaires & inſolites, pas même, ſelon Dupleſſis, » de ceux » réſervés par le titre d'inféodation, & éta- » blis par les aveux « ; parce que, dit Bourjon, dans le cas de droits extraordinaires c'eſt au Seigneur à juſtifier de ſon titre particulier : la Coutume ne peut lui en ſervir quant à ce ; c'eſt action, & non exécution parée.

Pour que le Seigneur dominant puiſſe ſaiſir féodalement un Fief relevant de lui, il n'eſt pas indiſpenſablement néceſſaire qu'il y ait mutation à la propriété de ce Fief, & qu'il ſoit paſſé d'une main dans une autre, il ſuffit qu'il y ait ce qu'on nomme ouverture de Fief ; c'eſt-à-dire, que le Fief ſoit vacant, & que la propriété demeure. in. ſuſpenſo ; & un Fief eſt vacant, dès que celui qui étoit en foi, ceſſe d'en être propriétaire.

C'eſt pour cela que le Seigneur peut ſaiſir féodalement un Fief ; 1°. lorſque le Vaſſal eſt mort, & que la ſucceſſion eſt, ou en deshérence, ou vacante.

2°. Lorſque le Vaſſal a déguerpi le Fief, pour ſe faire décharger d'une rente fonciere. V. Loyſeau, du Déguerpiſſement, livre 6, chap. 5, ſecùs lors du Délaiſſement. Voyez Loyſeau, ibid. ch. 7.

Quid, lors de la ceſſion de biens ou de l'abandon par un débiteur à ſes créanciers ? A cet égard je penſe que celui qui fait ceſſion, demeure propriétaire juſqu'à ce que ſes biens ſoient vendus. Voyez *Abandonnement.*

Le Seigneur peut auſſi, comme je l'ai dit d'abord, ſaiſir féodalement, faute par le Vaſſal de fournir le dénombrement de ſon Fief. Mais cette Saiſie n'étant pas, comme celle qui ſe fait *faute d'homme,* fondée ſur la vacance du Fief, ne pouvant au contraire ſe faire que quand le Vaſſal eſt reçu en foi, elle n'opere pas ; comme l'autre, la réunion du Fief à la table du Seigneur, & n'emporte point la perte des fruits ; elle ſuſpend ſeulement la jouiſſance du Vaſſal, juſqu'à ce qu'il ait fourni ſon dénombrement. V. *Aveu & Dénombrement.*

Quelques Auteurs ont penſé que le Seigneur, mineur de 25 ans, mais majeur de majorité féodale, pouvoit ſeul, ſans l'aſſiſtance de tuteur ni curateur, faire ſaiſir féodalement les Fiefs relevans de lui, lorſqu'il y a ouverture : mais cette opinion paroît abſolument fauſſe, parce que la Saiſie Féodale étant un acte judiciaire qui ne peut ſe faire ſans recourir à l'autorité du Juge, dont il faut obtenir l'Ordonnance ou permiſſion de ſaiſir, comme je le dirai ci-après ; il paroît au contraire certain que le mineur de 25 ans ne peut ſeul faire ſaiſir, puiſqu'il ne peut eſter en Jugement, préſenter une Requête, demander une Ordonnance, &c. ſans l'aſſiſtance de tuteur ou curateur, ſi ce n'eſt dans la Coutume d'Amiens & autres

___

(a) Ceci ne doit s'entendre que des droits qui ne ſont pas preſcrits ; & qui n'ont pas été couverts par la foi portée par les précédens Vaſſaux.

Dumoulin décide même que le Seigneur ne peut retenir le Fief ſaiſi, ſous prétexte de droits anciens dont la foi n'a pas été faite, ſi ces droits ſont dûs pour mutation arrivée en la perſonne de gens qui ne ſont pas les auteurs du Vaſſal.

(b) La Combe dit au mot *Relief,* que, par Arrêt rendu au rapport de M. Severt, le 10 Mai 1747, en faveur de Madame la Préſidente Motel, contre le Marquis de Pont-Chavigny, la Cour a jugé valables les offres faites avant partage par le frere aîné, de relever en ſon privé nom la totalité d'un Fief ſitué dans le reſſort de la Coutume de Troyes, & a déclaré nulle la Saiſie Féodale faite de ce même Fief.

femblables, où les mâles âgés de 20 ans, & les filles de 15, peuvent efter en Jugement pour l'adminiftration de leurs biens.

Comme l'article premier de la Coutume de Paris, qui fur cela forme le Droit Commun, n'accorde qu'au Seigneur Féodal la faculté de faifir féodalement, il faut en conclure que le feul propriétaire du Fief dominant peut faifir, & que l'ufufruitier, le Procureur Fifcal, le Fermier ou le Ceffionnaire des droits du Seigneur ne le peuvent pas.

On penfe néantmoins que celui qui poffède un Fief *animo Domini*, peut auffi faifir ceux qui en relevent & qui font ouverts; parce que celui qui poffède en qualité de propriétaire, eft en tout comparé au propriétaire : & quoique le vrai propriétaire puiffe dans la fuite évincer le poffeffeur, ce n'eft pas le cas de recourir à la main-fouveraine, qui n'a lieu que lorfque les Seigneurs de différens Fiefs prétendent la même mouvance. V. *Main-Souveraine*.

Il faut pourtant convenir que fi le poffeffeur eft évincé par le propriétaire, celui-ci entré en poffeffion, pourra faifir de nouveau féodalement ; mais cette faifie ne pourra avoir pour caufe que la mutation du Seigneur arrivée par l'éviction qu'il a fait fouffrir au poffeffeur, & non pas la mutation du Vaffal, qui eft irrévocablement couverte par la preftation de la foi, droits & devoirs au poffeffeur.

Dupleffis, fur la Coutume de Paris, titre des Fiefs, liv. 5, chap. 1, dit que, quand le Fief dominant eft poffédé par plufieurs Seigneurs, chacun d'eux peut faifir pour fa part, les uns malgré les autres. Dumoulin penfe au contraire qu'il faut diftinguer le cas où les co-Seigneurs s'oppofent à la faifie du cas où ils ne s'y oppofent pas. Si les co-propriétaires ne s'oppofent pas, dit cet Auteur, comme l'un d'eux peut feul recevoir le Vaffal en foi, il paroît naturel qu'il puiffe auffi faifir la totalité du Fief, puifqu'il peut auffi recevoir feul les droits utiles, & libérer le Vaffal envers tous. Mais fi les co-Seigneurs s'oppofent à ce que l'un d'eux faififfe féodalement le Fief fervant avant que la faifie foit faite, alors Dumoulin dé-

cide que celui qui voudra faifir, ne le pourra que pour fa portion. Je fuis de cet avis.

L'ufufruitier ne peut pas faifir féodalement (*a*) les Fiefs ouverts & relevans de celui dont il eft ufufruitier, parce qu'il n'eft pas le véritable Seigneur féodal, & que le droit de directe eft inféparable de la propriété. Mais comme les profits des Fiefs, au nombre defquels eft la perte des fruits engendrée par la Saifie Féodale, lui appartiennent, la Coutume de Paris n'a pas voulu que le Seigneur propriétaire pût impunément les faire perdre à l'ufufruitier : elle l'a donc autorifé au refus du propriétaire, mais après une fommation préalable, à faifir féodalement à fa requête, à la charge *de nommer & indiquer le propriétaire par l'exploit de faifie*. C'eft la difpofition de l'article 2 de la Coutume de Paris ; celle d'Orléans en contient une femblable dans l'article 63 ; & Bafnage, fur l'article 109 de la Coutume de Normandie, penfe que cela doit avoir lieu dans fa Province. Pour moi je crois que cette difpofition ne doit pas s'appliquer aux Coutumes muettes fur le pouvoir de l'ufufruitier, parce qu'il eft le Procureur légal du Fief, & *Procurator in rem fuam*.

Mais l'ufufruitier ne peut faifir que quand avec la foi le Vaffal doit des droits utiles : s'il n'eft dû que la foi & un dénombrement, le propriétaire feul peut faifir, parce que c'eft à lui feul qu'ils font dûs. Dumoulin & Dupleffis font néantmoins d'avis contraire.

Les Auteurs ont traité la queftion de fçavoir en quel endroit le propriétaire d'un Fief doit être fommé par l'ufufruitier de faifir féodalement les Fiefs ouverts qui en relevent, avant que l'ufufruitier puiffe faifir lui-même, aux termes de l'article 2 ; & tous ont décidé que cette fommation doit fe faire à la perfonne ou au domicile du propriétaire, & non au principal manoir du Fief, parce qu'il ne doit y avoir perfonne de la part du propriétaire fur le Fief qui eft ordinairement habité par l'ufufruitier ; & que d'ailleurs les Loix ne réputent valables les actes faits fur le Fief au principal manoir, que quand ils font faits entre le Seigneur & le Vaffal.

(*a*) Ceci ne s'entend pas des Titulaires de Bénéfices, poffeffeurs de Fiefs dépendans de leurs Bénéfices ; quoique ceux-là ne foient que des ufufruitiers, ils font affimilés aux Propriétaires, relativement au droit de faifir féodalement.

On peut faire différentes faifies pour diF-férentes caufes ; & en ce cas chaque Saifie, fi elle eft réguliere, fubfifte relativement à fon objet : par exemple, un nouveau Sei-gneur ne peut faifir féodalement les Fiefs des anciens Vaffaux, avant qu'il ait fait les proclamations ordonnées par la Coutume. Si néantmoins un ancien Vaffal devoit un dénombrement à l'ancien Seigneur domi-nant, le nouveau Seigneur pourroit faifir pour les dénombremens dûs à fes prédécef-feurs ; & après les proclamations, il pour-roit faifir pour la foi.

Au refte, il eft à remarquer que, lorfque la Saifie Féodale eft faite à la requête de l'ufu-fruitier, le propriétaire ne peut pas en don-ner main-levée. Coutume de Paris, art. 2.

Par une autre exception à la régle, fui-vant laquelle le propriétaire du Fief peut feul faifir féodalement ceux qui en relevent, il faut dire que le mari commun en biens avec fa femme, propriétaire d'un Fief, peut faifir féodalement, parce qu'il eft le maître de toutes les actions de fa femme ; quand il ne s'agit que d'adminiftration, & qu'une Saifie Féodale n'eft qu'un acte d'adminiftra-tion, puifque les fruits qui en proviennent, appartiennent à la communauté. Mais s'il y avoit exclufion de communauté ou fépara-tion de biens, la Saifie Féodale des Fiefs relevans de la femme, faite à la requête du mari feul, feroit nulle.

La queftion de fçavoir fi une Saifie Féo-dale doit néceffairement être faite à la re-quête du Seigneur, ou fi elle peut être faite à la requête de fon Procureur Fifcal, eft controverfée & a été diverfement jugée. Ceux qui penfent qu'elle peut être faite à la requête du Procureur Fifcal, difent que le pouvoir de cet Officier a deux objets ; l'un, de protéger les Jufticiables, de pren-dre foin de la police, de conclure dans les procès criminels & civils où l'ordre public eft intéreffé ; l'autre, de veiller à la confer-vation & recouvrement des droits du Sei-gneur. Le Seigneur plaide, difent-ils, dans fa Juftice, fous le nom de fon Procureur Fifcal, comme le Roi dans les Jurifdictions Royales, fous le nom du Procureur Géné-ral ou de fes Subftituts. Loyfeau prétend même qu'il ne convient pas que le Seigneur foit nommé dans les caufes où il eft inté-reffé, & qu'il eft mieux que fon intérêt foit ftipulé par le Miniftere & fous le nom du Procureur Fifcal, pour éviter l'impreffion que fon nom peut faire, foit fur l'efprit du Juge, foit fur celui des Vaffaux : le Sei-gneur ne doit faifir en fon nom, felon eux, que lorfque la Saifie eft faite en vertu de l'Ordonnance d'un Juge qui n'eft pas celui du Seigneur.

Mais quoique toutes ces raifons foient fpécieufes, la Jurifprudence actuelle & l'u-fage font abfolument contraires, parce qu'on regarde la Saifie Féodale comme un acte de propriété qui n'eft communiquable à per-fonne. Voyez l'Arrêt du 4 Octobre 1540, cité par Papon, fur l'article 368 de la Cou-tume de Bourbonnois, & par Brodeau, fur l'article premier de la Coutume de Paris ; celui du 14 Février 1661, rapporté dans le Journal des Audiences, tome 2, livre 4, chap. 6 ; celui du 7 Mars 1692, rendu au Grand Confeil, rapporté au Journal du Pa-lais, du 16 Janvier 1699, cité dans les No-tes fur Dupleffis, & un dernier (imprimé avec la Saifie Féodale), rendu en la qua-trième Chambre des Enquêtes, le 6 Juin 1712 (a), au rapport de M. l'Abbé de Vien-ne ; mais voyez auffi un autre Arrêt du 11 Mars 1681, rapporté au Journal du Palais : la matiere y eft traitée avec beaucoup d'é-tendue & d'une maniere lumineufe.

Comme la foi & hommage peut en cer-tains cas fe recevoir par Procureur, on a demandé fi la Saifie Féodale ne pouvoit pas auffi fe faire par Procureur ?

Mais l'opinion unanime fur ce point eft que la Saifie Féodale étant un acte judiciai-re, elle ne peut être faite à la requête d'un Procureur même fondé d'un pouvoir fpé-cial, parce que le Roi feul plaide en France par le miniftere de fes Procureurs ; & que fi le Seigneur le peut auffi en certaines occa-fions, ce n'eft que par le miniftere de fon Procureur Fifcal dans fa propre Juftice, & en autres cas qu'en matiere de Saifie Féo-dale, ainfi que je l'ai dit.

(a) Je crois que cette date n'eft pas exacte, & que la véritable eft 6 Juin 1708. La copie imprimée de l'Ar-rêt porte néantmoins 6 Juin 1712 ; mais elle porte auffi qu'il a été rendu la foixante-fixième année du règne de Louis XIV. Cela eft contradictoire : l'année 1712 étoit la foixante-dixième du règne de ce Prince.

Les pouvoirs les plus précis ne doivent donc point autorifer un Mandataire à faifir féodalement à fa requête; ils peuvent feulement l'autorifer à le faire à la requête du Seigneur, & le mettre à l'abri du défaveu; mais voyez l'article 88 de la Coutume de Poitou.

Il en eft du Fermier du Fief dominant, comme du fondé de procuration, c'eft-à-dire, que quoique le droit de faifir féodalement & de profiter de la perte des fruits qui peut en réfulter, lui foit concédé par fon bail (a), il ne peut cependant faifir féodalement qu'au nom du Seigneur, pourfuite & diligence de lui Fermier; fi le pouvoir de faifir féodalement ne lui avoit pas été donné, ou par fon bail, ou par une procuration fpéciale, il n'auroit que la voie de l'action contre le Vaffal, pour exiger les droits utiles, & contre le Seigneur, pour le contraindre à faifir. C'eft l'avis de Dupleffis, des Fiefs, livre 5, chap. 7, fection première.

A l'égard des Engagiftes des Fiefs dépendans du Domaine de la Couronne, il fembleroit qu'on dût les affimiler aux ufufruitiers, au moyen de ce que le Roi refte toujours propriétaire d'un Fief engagé, & qu'ils puiffent par conféquent faifir féodalement, au refus du Procureur du Roi, fommé de le faire; mais j'y ai vû faire difficulté. On prétend que fi le Procureur du Roi refufe de faifir féodalement, l'Engagifte n'a d'autre parti à prendre que de s'adreffer au Juge, pour demander qu'il lui plaife de pourvoir, par les voies qu'il jugera à propos, à ce qu'il foit procédé à la Saifie Féodale.

Bafnage traite la queftion de fçavoir fi les créanciers du Seigneur dominant peuvent le contraindre de faifir féodalement les Fiefs ouverts qui relevent de lui, & les faifir eux-mêmes à fon refus; & il décide qu'ils ne peuvent pas, parce qu'il eft contre la nature de la féodalité de contraindre un Seigneur

d'en ufer rigoureufement avec fon Vaffal: ce que peuvent faire des créanciers en pareil cas, dit Bafnage, c'eft, s'il eft dû des droits utiles, de les faire faifir entre les mains du Vaffal, & de fe faire autorifer à les toucher en déduction de leur dû.

Le Seigneur dominant ne peut faire faifir féodalement que quarante jours (francs) après la mutation arrivée, foit par mort, par acquifition ou par échange. L'article 7 de la Coutume n'accorde ce délai que dans les mutations qui arrivent par mort, & ne parlent pas de celles qui arrivent par contrat: mais les Auteurs font d'avis que ce même délai a lieu dans toutes fortes de mutations. On peut voir fur cela Bacquet, du Droit de Juftice; Tronçon, Guerin, Brodeau & Auzanet. Carondas & Tournet font cependant d'avis contraire. Voyez auffi le Maître, fur la Coutume de Paris.

Dans la Coutume de Paris, la Saifie Féodale qui feroit faite avant les quarante jours francs expirés, feroit abfolument nulle, felon les Auteurs; mais il y a quelques autres Coutumes qui permettent au Seigneur dominant de faifir féodalement, immédiatement après la mutation arrivée. Dans ces Coutumes, les Saifies Féodales deviennent fans effet, fi le Vaffal fatisfait aux droits & devoirs dans les quarante jours; on ne peut pas même en ce cas exiger de lui les frais de la Saifie, le délai de quarante jours étant de Droit Commun.

Tout ceci s'applique, comme on voit, aux mutations qui arrivent dans le Fief fervant; mais fi la mutation arrivoit dans le Fief dominant, le Seigneur ne pourroit faifir féodalement les Fiefs qui en relevent (b), qu'après avoir fignifié & proclamé fon droit, avec fommation à fes Vaffaux de lui venir faire la foi & hommage dans quarante jours. Telle eft la difpofition de l'article 65 de la Coutume de Paris.

Ce même article régle la maniere dont le Vaffal doit être averti de la mutation arrivée

____

(a) On penfe qu'un Fermier, fpécialement autorifé par fon bail à faire faifir féodalement, doit profiter des fruits gagnés par le moyen de la Saifie Féodale; mais que ces fruits ne lui appartiennent pas, quand il eft fimplement Fermier des droits Seigneuriaux, & que la faculté de faifir ne lui eft pas accordée.

(b) Un Arrèt rendu le 12 Août 1561, dont parlent Carondas & Brodeau (fur l'article 65 de la Coutume

de Paris), a jugé que le Seigneur dominant ne pouvoit pas faire faifir féodalement les Fiefs de fes Vaffaux, faute de foi & hommage, &c. quand lui-même n'avoit pas été reçu en foi; & une Sentence rendue en la première Chambre des Requêtes du Palais, le 19 Juin 1704, a ordonné que M. de Beringhen feroit la foi & hommage au Roi, avant de pouvoir la recevoir de M. de Breteuil fon Vaffal.

dans le Fief dominant, & décide que, *quant aux Fiefs étant ès Duchés, Comtés, Baronnies & Châtellenies dont ils sont mouvans*, la proclamation doit se faire *à son de trompe & cri public, par trois divers jours de Dimanche ou de marché, si marché y a ; & quant aux Fiefs étant hors desdits Duchés, Comtés, Baronnies & Châtellenies dont ils sont mouvans*, la proclamation de la mutation arrivée dans le Fief dominant, doit se faire par *signification à la personne du* Vassal, ou au lieu du Fief, s'il y a manoir; ou au Procureur (Fiscal) dudit Vassal, si aucun y a, sinon à l'issue de la grand'Messe Paroissiale dudit lieu, en jour de Dimanche ou autre jour solemnel. Voyez l'article entier, & ce que je rapporte de l'Edit du mois d'Avril 1695 (qui a changé la maniere de faire les publications au Prône), au mot *Publication ;* mais voyez aussi ce que je dis aux articles *Aveux & Dénombremens*, & *Foi & Hommage.*

L'opinion commune est cependant que quand il y a mutation & de Vassal & de Seigneur, soit que celle du Seigneur précéde, soit qu'elle soit subséquente, le Seigneur peut faire saisir féodalement sans la formalité des proclamations, parce que le Vassal est toujours en faute, au moyen de ce qu'il ne peut ignorer sa mutation, & de ce qu'il est dûement averti par la Coutume des devoirs qu'il doit remplir. Voyez à ce sujet l'Ordonnance de Roussillon, article 11.

Le Seigneur peut-il saisir féodalement un Fief partagé aux héritiers présomptifs d'un absent qui s'en sont fait envoyer en possession ? Je pense qu'il le peut, & que ces héritiers doivent par provision non-seulement porter la foi & hommage & fournir le dénombrement ; mais même payer le droit de relief, si la mutation y donne lieu, sauf à le répéter, si l'absent se représente, parce qu'il y a lieu de présumer en ce cas que l'absent est mort. Ceux qui se sont fait envoyer en possession du Fief & qui l'ont partagé, ne pourroient contester la Saisie & les droits demandés par le Seigneur, sans se mettre en contradiction avec eux-mêmes.

Mais s'il n'y a point d'envoi en possession des biens de l'absent, le Seigneur ne peut pas saisir féodalement ; s'il le faisoit, il seroit obligé de prouver la mort du Vas-

sal absent, parce qu'en ce cas c'est au Seigneur d'établir son droit : il n'y auroit d'exception que dans le cas où l'absent auroit atteint l'âge de cent ans, étant présumé vivre jusqu'à ce terme. V. *Absent.*

Les formalités qui doivent s'observer dans les Saisies Féodales sont différentes, suivant les diverses Coutumes qui régissent les Fiefs ; & si le Fief servant est situé dans une Coutume, & le Fief dominant dans une autre, c'est en conformité de la Coutume qui régit le Fief servant que la Saisie doit être faite, parce qu'elle se fait sur le Fief même, à la différence de la foi & hommage, qui, se faisant au principal manoir du Fief dominant, doit être faite en conformité de la Loi qui régit le Fief. Voyez l'article 224 de la Coutume de Vermandois ; l'article 224 de celle de Châlons ; l'art. 138 de celle de Rheims ; l'article 44 de celle de Mantes, & ce que je dis à l'article *Foi & Hommage.* V. aussi Coquille, sur la Coutume de Nivernois; Brodeau, sur M. Louet, lettres C & F.

La Coutume de Paris & presque toutes les autres n'accordent qu'un délai de quarante jours pour porter la foi & hommage. Quelques-unes même permettent au Seigneur de saisir aussi-tôt la mutation arrivée, à la charge de ne gagner les fruits qu'à l'expiration des quarante jours ; celle de Bourgogne est la seule qui accorde au Vassal un délai d'un an.

Dumoulin & le Maistre décident que, lorsque la mutation arrive par donation du Fief servant, les quarante jours, pendant lesquels le Seigneur dominant ne peut saisir féodalement, ne commencent à courir que du jour de l'insinuation, parce que la donation peut devenir nulle, faute d'insinuation. Mais je ne pense pas tout-à-fait de même ; & je crois que l'insinuation n'étant pas nécessaire, relativement au donateur qui est dépouillé par la donation, avant même qu'elle soit insinuée, le Seigneur peut saisir quarante jours après la donation faite, sans réserve d'usufruit ; parce que c'est le changement de Vassal, & sa possession, qui donne lieu à la foi & hommage, & à la Saisie, faute de la faire.

Lorsqu'un Ecclésiastique résigne un Bénéfice auquel un Fief est attaché, le Sei-

gneur ne peut faire faifir féodalement ce
Fief, que quarante jours après la prife de
poffeffion du Réfignataire ; parce que, fuivant la Régle *de Publicandis*, *&c.* c'eft la
prife de poffeffion qui dépouille le Réfignant. Voyez le Maiftre, & ce que je dis
aux articles *Régles de Chancellerie* & *Réfignation.*

Les quarante jours accordés par la Coutume de Paris pour porter la foi & hommage, courent en mutation de Vaffal, du
jour de l'ouverture du Fief ; & cela a lieu,
lors même qu'il s'agit d'un Fief dépendant
d'un Bénéfice qui n'a point de Titulaire,
ou que l'Eccléfiaftique nommé n'a pas pris
poffeffion.

En mutation de Seigneur, les quarante
jours courent du jour des proclamations faites, & relativement au dénombrement, du
jour de la foi portée. Après ce délai expiré, le Seigneur peut faifir féodalement,
fans aucune interpellation, ni commandement préalable. Notre Coutume n'en exige
aucun : elle avertit fuffifamment le Vaffal
de fon devoir ; & en cela, la Saifie Féodale
differe des autres Saifies, lefquelles ne peuvent être faites qu'après avoir conftitué le
débiteur en demeure.

En Pays de Droit-Ecrit, le Seigneur dominant ne peut faire faifir féodalement,
qu'en conféquence d'une Ordonnance du
Juge, & après avoir mis le Vaffal en demeure de porter la foi & hommage. La Saifie Féodale n'emporte point perte de fruits
en Pays de Droit-Ecrit, lors même qu'elle
eft faite pour foi & hommage non portés,
à moins que cela ne foit ainfi ordonné par
Juftice, après une cóntumace outrée.

Mais comme le Mâconnois fait partie de
la Bourgogne, les Saifies Féodales emportent perte de fruits dans ce Canton.

La Coutume de Paris n'affujettit pas
le Seigneur qui veut faire faifir féodalement, à la néceffité de recourir à l'autorité du Juge, pour en obtenir la permiffion, elle eft muette fur ce point ; & dans
l'ufage ancien, il pouvoit, de fon autorité
privée, fe mettre en poffeffion du Fief, &
l'exploiter, comme en étant le premier pro-

priétaire, *faute d'homme.* Mais dans l'ufage actuel, contraire à l'avis de Dumoulin,
le Seigneur ne peut faifir féodalement qu'en
vertu d'une Ordonnance ou Commiffion du
Juge de fon Fief ; & s'il n'a point de Juftice, il doit obtenir du Juge des lieux la permiffion de faire cette faifie ; parce que, fuivant Loyfel, la voie de fait eft prohibée,
& qu'il n'eft permis à perfonne de fe faire
Juftice à foi-même. V. l'Acte de Notoriété du Châtelet du 18 Octobre 1715.

Ainfi, pour faire faifir féodalement, le
Seigneur doit préfenter fa requête, ou à
fon Juge, ou à autre Juge compétent, &
demander la permiffion de mettre en fa main
& faifir féodalement (a) un tel fief qu'il
doit défigner.

Cette défignation particuliere de chaque
Fief, que le Seigneur Féodal veut faire
faifir, eft effentiellement néceffaire ; parce
qu'un Arrêt de Réglement, rendu le 13 Mai
1530, défend aux Juges de donner des commiffions générales pour faifir tous les Fiefs
ouverts. Voyez M. le Maiftre, des Fiefs,
ch. 6 ; Coquille, fur la Coutume de Nivernois, titre des Fiefs, article 55 ; Tournet,
fur l'art. 5 de la Coutume de Paris ; Brodeau, fur l'art. 1er, &c. Cela eft d'ailleurs
conforme à l'efprit de l'Ordonnance de
1667, titre 9, art. 3 & 4.

Le Seigneur doit demander la permiffion
de mettre en fa main le Fief qu'il veut faifir
féodalement, & non en la main de Juftice,
parce que la Coutume le décide ainfi ; &
s'il mettoit le Fief faifi fous la main de Juftice, je ne crois pas qu'une pareille Saifie
fût valable, ni qu'elle pût opérer la perte
des fruits ; car le Seigneur ne mettant pas le
Fief en fa main, il eft obligé de faire régir
les fruits par un Commiffaire ; & quand il
voudra profiter des fruits, il faudra qu'il les
demande à la Juftice qui en eft faifie. Alors
ne regardera-t-on pas la Saifie comme une
Saifie-Gagerie ordinaire, qui péche en ce
qu'elle n'a pas été précédée de commandement, & non comme une Saifie Féodale ?

Le Seigneur qui veut faire faifir féodalement, doit demander, & l'Ordonnance du
Juge doit lui permettre de faifir le Fief rele-

(a) Cela eft vrai dans la Coutume de Paris, & dans
celles qui ne laiffent pas au Seigneur la liberté de faifir
de fa propre autorité ; mais plufieurs autres Coutumes
difpenfent le Seigneur de la formalité de la Requête. V.
celle de Berry, titre 5, art. 25 & 26 ; celle d'Auvergne, ch.
22, art. 1 & 2 ; & celle de Bourbonnois, art. 102.

vant de lui, & non les fruits de ce Fief, sur-
tout lorfque la Saifie eft faite *faute d'homme ;*
parce que, fi le Seigneur faififfant profite &
confifque les fruits du Fief faifi, c'eft à
caufe de la réunion momentanée du Fief
fervant au Fief dominant, pendant la durée
de la Saifie. Cette réunion ne pourroit avoir
lieu, ni fe préfumer, s'il n'y avoit que les
fruits faifis ; & non le corps du Fief. M l'A-
vocat Général Talon a folidement établi
ce principe, lors d'un Arrêt du 14 Février
1661, rapporté au Journal des Audiences,
& par lequel la Cour a déclaré nulle une
Saifie Féodale de fruits feulement.

   La Saifie Féodale doit exprimer la caufe
pour laquelle elle eft faite, c'eft-à-dire, que
l'Huiffier doit déclarer au moins d'une maniere générale, qu'il faifit faute de foi ou
faute de dénombrement, &c. Notre Coutume ne l'exige pas ; mais celles de Tours
& de Poitou, qui, fur cela, forment le
Droit commun, l'exigent ; d'ailleurs, il eft
tout naturel que le Vaffal foit inftruit de
ce que fon Seigneur lui demande ; & il ne le
feroit pas, fi l'Huiffier n'avoit pas exprimé les caufes pour lefquelles la Saifie eft
faite.

   La Saifie Féodale doit être faite fur le
Fief même qui doit être défigné par fon
manoir : elle ne vaudroit rien, fi elle étoit
faite au domicile du Fermier ou du Vaffal ;
parce qu'une Saifie Féodale eft une vraie
Saifie-Réelle qui exige une appréhenfion de
fait. C'eft l'avis de Dumoulin ; & il eft intervenu un Arrêt le 9 Décembre 1726, fur
les Conclufions de M. d'Agueffeau, par lequel la Cour a déclaré nulles des Saifies
Féodales faites à la requête de M. l'Evêque
de Noyon, par la raifon qu'elles ne contenoient pas mention du tranfport de l'Huiffier
fur les Fiefs. Voyez M. le Preftre, Centurie 3, ch. 49.

   Quand il s'agit de faifir un Fief en l'air,
c'eft-à-dire, qui n'a point de manoir ni de
Domaine, mais feulement des mouvances,
on penfe que l'Huiffier, après avoir faifi ce
Fief en termes généraux, doit fe tranfporter fur les Fiefs qui en relevent, & qu'aux
manoirs de chacun de ces arriere-Fiefs, il
doit déclarer aux arriere-Vaffaux, que le
Fief duquel ils relevent, eft faifi féodalement, leur défendre de porter la foi, payer

les droits, &c. à d'autres qu'au Seigneur fuzerain. On prétend même que l'Huiffier doit
auffi fe tranfporter au domicile des Cenfitaires, pour leur faire une pareille déclaration ; & on cite fur cela Chopin, fur la
Coutume d'Anjou, Carondas, Peleus, &c.
Cela me paroît trop dur, & peut occafionner des frais infiniment fupérieurs à plufieurs années du revenu d'un pareil Fief.
C'eft une dérifion de dénoncer une Saifie
Féodale à des Cenfitaires qui doivent les
uns fix deniers, d'autres un fol, &c. *fum-
mum jus, fumma injuria.*

   Notre Coutume ne dit pas fi les Saifies
Féodales doivent être recordées ; mais je
penfe qu'elles doivent l'être, par la raifon
qu'une Saifie Féodale eft une Saifie-Réelle,
& qu'en général les Records font néceffaires
dans les procès-verbaux de main-mife. V.
Records ; les Notes de M. le Camus fur l'article 10 de la Coutume de Paris, & la Déclaration du 21 Juin 1671. On prétend qu'il
y a un Arrêt contraire du 11 Mars 1681,
au Journal du Palais, pour la Coutume de
Paris.

   La Coutume de Paris n'exige pas non
plus, par une difpofition textuelle, que
l'Huiffier qui procéde à la Saifie Féodale,
établiffe un Gardien ou Commiffaire au ré-
gime & gouvernement du Fief faifi ; mais
elle fuppofe la néceffité de cet établiffement
par l'article 31 ; & il eft en effet non-feulement d'ufage, mais recommandé par l'Ordonnance qui veut qu'on établiffe Commiffaires à toute Saifie.

   Dupleffis obferve cependant que quelques Auteurs ont penfé qu'on pouvoit faifir
féodalement, fans établir de Commiffaires,
lorfque la Saifie eft faite *faute d'homme*, &
cela parce que la Coutume permet au Seigneur d'exploiter par fes mains. Il dit même
que cela a été ainfi jugé par un ancien Arrêt, qu'il cite d'après Carondas & Brodeau.
Chopin, Ricard & M. le Camus, font de
même avis ; mais je penfe que l'Ordonnance
de 1667 a rendu cet établiffement indifpenfable. Bourjon le regarde comme une conféquence néceffaire de l'article 31 de notre
Coutume ; & en effet, comme la Saifie-Féodale n'eft qu'une efpéce de féqueftre des
fruits du Fief, quand elle n'a pour objet
que d'affujettir le Vaffal à fournir un dé-

nombrement, il eſt juſte qu'il y ait quelqu'un qui puiſſe rendre compte des fruits
au Vaſſal, quand il en a obtenu main-levée.

D'ailleurs, la Saiſie Féodale eſt ſujette à
diſcuſſion, comme la Saiſie-Arrêt : elle ne
donne un droit certain ſur les fruits, que
quand elle eſt déclarée valable ; & puiſque
celui qui a ſaiſi & arrêté, ne peut toucher
qu'après la validité de ſa Saiſie prononcée,
pourquoi le Seigneur Féodal, qui eſt également obligé de faire déclarer ſa Saiſie valable, aura-t-il plus de privilége ? Un Bailleur de fonds peut-il rentrer de plein vol
dans la jouiſſance, & s'approprier les fruits
de l'héritage qu'il a aliéné, quand le Preneur ne ſatisfait pas aux conditions de l'aliénation ?

Je crois donc qu'il eſt néceſſaire d'établir
Commiſſaires aux Saiſies Féodales, qui ſe
font tant *faute d'homme*, que faute de dénombrement, ſauf au Seigneur à exploiter
par ſes mains, s'il le juge à propos, & à
renvoyer les Commiſſaires dans le cas de la
Saiſie *faute d'homme*, après que la Saiſie a
été jugée valable.

Quand la Saiſie Féodale emporte perte
de fruits, les frais de Commiſſaires ſont à
la charge du Seigneur : il eſt naturel qu'il
paye les frais de régie d'un bien dont il a
le revenu ; mais lorſque la Saiſie Féodale
n'emporte qu'un ſimple ſequeſtre, les frais
ſont à la charge du Vaſſal, qui doit s'imputer le retard de ſatisfaire à ſes devoirs.

Le Commiſſaire à une Saiſie Féodale,
étant un véritable Sequeſtre qui régit, ad-
miniſtre & perçoit les fruits d'un Fief ſaiſi,
il me paroîtroit n'y devoir être nommé par
l'Huiſſier, qu'en vertu d'une Ordonnance
du Juge. On ne doit point, en effet, aſſimi-
ler ce Commiſſaire à un Gardien de meubles ſaiſis-exécutés, que l'Huiſſier peut nommer par l'exploit de Saiſie-exécution. Il
ſemble que ce ſoit-là l'eſprit des articles 1,
2 & 8 du titre 19 de l'Ordonnance de 1667.
Mais l'uſage eſt au contraire que cet établiſſement ſe faſſe par l'Huiſſier même, en ſai-
ſiſſant féodalement : cela eſt bon, ſi le Commiſſaire établi a accepté ſa commiſſion.

Mais peut-on forcer quelqu'un d'être
Commiſſaire à une Saiſie Féodale ? Il ſembleroit que oui, au moyen de ce que l'article 9 de l'Edit du mois de Juillet 1689

laiſſe aux Saiſiſſans la faculté d'établir tels
Commiſſaires que bon leur ſemble aux Saiſies Féodales, lorſque le fonds ne ſera pas
ſaiſi réellement ; mais cette diſpoſition de
l'Edit de 1689, ne doit pas s'interprêter
ainſi : elle ſignifie ſeulement qu'on ne ſera
pas aſſujetti à nommer pour Commiſſaires
aux Saiſies Féodales, les Commiſſaires aux
Saiſies-Réelles, créés par cet Edit, quand
le Fief ne ſera pas ſaiſi réellement.

Les Juriſconſultes penſent au contraire
que perſonne ne peut être contraint d'accepter une pareille commiſſion ; parce que
la Saiſie Féodale ne met pas le Fief ſous la
main de Juſtice, mais en la main du Seigneur qui ſaiſit : cette commiſſion n'eſt
point une charge publique ; le Commiſſaire
eſt gardien pour le Seigneur, & non pas gardien des biens de Juſtice.

Dumoulin & quelques Auteurs apportent quelques exceptions à la Régle ſur laquelle on ne peut forcer quelqu'un d'être
Commiſſaire à une Saiſie Féodale.

C'eſt 1°. lorſqu'il ne ſe trouve perſonne
qui veuille accepter volontairement la commiſſion.

2°. Lorſque ceux qui ſe préſentent, ſont
ou ſuſpects ou inſolvables, ou demeurent
trop loin du Fief.

3°. Lorſque le Commiſſaire eſt nommé
par Lettres du Prince, à l'autorité duquel
tout doit céder.

Dans les deux premieres de ces trois exceptions, l'Huiſſier doit aſſigner devant le
Juge, celui qu'il croit devoir être forcé
d'accepter la fonction de Commiſſaire ; &
c'eſt le Juge ſeul qui, en connoiſſance de
cauſe, peut forcer quelqu'un à accepter cet
emploi. L'Huiſſier n'en pourroit établir un
que dans le ſeul cas où il y auroit des fruits
en danger de périr ; encore cet établiſſement n'auroit-il lieu que proviſoirement.

Il y a des excuſes légitimes, par le moyen
deſquelles on peut être diſpenſé d'accepter la qualité de Commiſſaire à une Saiſie
Féodale, quand c'eſt le cas de forcer quelqu'un à l'être ; telles ſont :

1°. La parenté ou l'alliance, tant avec
l'Huiſſier, qu'avec la Partie ſaiſie. Voyez
les articles 13 & 14 du titre 19 de l'Ordonnance de 1667, & Brodeau ſur M. Louet,
lettre S, ch. 12, n. 5.

2°. Les fonctions publiques, & le maniment des deniers Royaux.

3°. L'âge avancé, les infirmités, le nombre des enfans, les procès avec le Vassal, &c. Il y a même cela de singulier que si, pendant la durée de la Saisie, il survient au Commissaire une infirmité ou autre empêchement légitime qui le mette hors d'état de continuer la gestion, il pourra demander sa décharge ; c'est la doctrine de Dumoulin.

Le même Auteur dit que, quoique le Fermier du Fief puisse être établi Commissaire, & qu'il soit même d'usage de n'en pas établir d'autre, on ne peut néantmoins l'y forcer, s'il le refuse, & qu'il s'en présente un autre.

Le pouvoir des Commissaires aux Saisies Féodales est borné à la régie du domaine utile du Fief. Ils n'ont aucun pouvoir sur les droits honorables ; ainsi ils ne peuvent recevoir la foi des arriere-Vassaux, ni donner souffrance, ni présenter aux Bénéfices dont le Patronage appartient au Fief; mais ils peuvent percevoir les fruits naturels, civils & industriaux, & ils ne sont pas, comme les autres Commissaires ou Sequestres, obligés de faire procéder au bail judiciaire. Tous les Auteurs conviennent qu'ils peuvent exploiter le Fief par eux-mêmes; il leur seroit même souvent difficile de faire un bail conventionnel, puisque, dans le cas d'une Saisie faute de dénombrement, le Vassal peut, quand il a obtenu main-levée de la Saisie, suivant l'avis de Dumoulin, ne pas se contenter du prix du bail, & demander compte des fruits.

Les Commissaires aux Saisies Féodales doivent régir avec beaucoup de soin; ils répondent même de leurs fautes très-légeres. Dumoulin rapporte sur cela plusieurs autorités; & si les Commissaires deviennent insolvables, le Seigneur qui a fait saisir féodalement, est leur garant. Brodeau, Tournet, Ferrieres & le Maistre, sur la Coutume de Paris, Lalande sur celle d'Orléans, le décident ainsi; & la plûpart citent sur cela un Arret rendu le 17 Mars 1682, qui l'a ainsi jugé.

Les fonctions des Commissaires cessent en même-temps que la Saisie Féodale; elles cessent encore par leur mort, au moyen de ce qu'elles ne se transmettent point à leurs héritiers; mais ceux-ci doivent énoncer la mort au Seigneur, afin qu'il en fasse commettre d'autres, sans quoi ils seront garans des fruits qui viendroient à périr ; & s'ils avoient continué la gestion depuis le décès, ils pourroient être contraints de rester Commissaires : c'est l'avis de Dumoulin.

Le Seigneur & le Vassal peuvent de concert entr'eux & le Commissaire, le décharger de sa commission par acte volontaire; mais si la révocation est demandée par une Partie seulement, & que les autres n'y consentent pas, elle ne peut être prononcée qu'en connoissance de cause.

Quand la gestion & les fonctions des Commissaires sont finies, ils doivent rendre compte à celui qui doit profiter des fruits & revenus du Fief qu'ils ont géré; & Dumoulin observe sur ces comptes que, quoique quelques articles ne soient prouvés que par la confession du rendant, il faut cependant que l'emploi de ces articles soit justifié dans la dépense, & qu'on ne peut en ce cas user de la maxime que la confession ne se divise pas, à moins qu'il ne s'agisse, ou d'une dépense légere, dont un bon pere de famille n'auroit pas pris de quittance, ou d'ouvrages des dont le Commissaire n'a pas pu commodément prendre des quittances.

S'il y a eu plusieurs Commissaires établis, seront-ils solidairement tenus de rendre compte & de payer le reliquat? Je crois que cette question ne peut pas faire la matiere d'un problême, & qu'il faut décider l'affirmative; parce que la solidité a lieu contre tous les Gardiens & Sequestres judiciaires, ainsi qu'on peut le voir dans Mentholon, Arrêt 6, dans l'Arrêt du 5 Mai 1625, au Journal des Audiences.

Cette solidité n'auroit cependant pas lieu, si l'administration des Commissaires avoit été divisée entr'eux par le procès-verbal de Saisie, qui forme le titre de leur mission.

La Saisie Féodale que doit faire le Seigneur dominant du Fief mouvant de lui, doit être *notifiée*, c'est-à-dire, dénoncée à *son* Vassal; autrement, si celui-ci n'en a pas connoissance, il peut raisonnablement l'ignorer & *l'enfreindre*, c'est-à-dire, jouir du Fief saisi, & en percevoir les fruits; ce qu'il ne peut pas faire, quand elle lui a été dénoncée réguliérement, ainsi que l'établissement de Commissaire. V. l'article 30 de la Coutume de Paris.

Cette notification peut se faire de trois manieres, au choix du Saisissant, sçavoir, ou par signification avec copie laissée *au principal manoir du Fief;* & s'il n'y a point de manoir habité, *à celui qui tient ledit Fief, ou laboure les terres d'icelui (a)* ; ou bien en parlant à la personne du Vassal; ou enfin lorsqu'il n'y a ni manoir ni fermier *par publication générale* faite à l'issue de la Messe de Paroisse, célébrée en *l'Eglise Paroissiale dudit lieu saisi.* Voyez l'article 30 de la Coutume que j'ai déja citée, & l'article 32 de l'Edit du mois d'Avril 1695, que je rapporte au mot *Publication.*

Lorsque la Saisie est faite à la requête d'un usufruitier, après une sommation préalablement faite au propriétaire, aux termes de l'article 2 de notre Coutume, il faut, en notifiant la Saisie au Vassal, lui notifier aussi la sommation; parce que l'usufruitier doit, de sa part, annoncer qu'il a satisfait à la Coutume, & mettre le Vassal en état de juger si la Saisie est réguliere.

Outre ces formalités, le même article 30 de la Coutume de Paris exi⬤ que la Saisie Féodale soit *enregistrée au Gr⬤e de la Ju*risdiction en laquelle ressortit *le Fief saisi.* Ce n'est même que du jour de cet enregistrement, selon Duplessis & Bourjon, que la Saisie féodale emporte perte de fruits, (quand les causes pour lesquelles elle est faite, sont de nature à opérer cette perte.)

Ricard & le Maître pensent que cet enregistrement n'est nécessaire, que lorsque la Saisie Féodale a été publiée à l'issue de la Messe, comme je viens de le dire, & qu'il est inutile, lorsqu'elle a été dénoncée au principal manoir : la Cour l'a ainsi jugé par l'Arrêt rendu le 11 Mars 1681, que j'ai

déja cité, & qu'on trouve au Journal du Palais ; la question y est approfondie.

Brodeau & Duplessis, sur la Coutume de Paris, disent néantmoins que le défaut d'enregistrement emporte nullité; ils citent l'un & l'autre un Arrêt du mois de Mai 1649, qu'ils disent l'avoir ainsi jugé ; & les Annotateurs de Duplessis en citent un autre rendu en la Cour des Aides, le 3 Juin 1699 (b) ; mais l'on pense universellement que la nécessité de l'enregistrement imposé par l'article 30 de notre Coutume; n'est relative qu'au troisiéme membre de la phrase de cet article, c'est-à-dire, à la notification faite par publication au Prône, conformément à l'Arrêt de 1681.

L'Huissier qui procéde à une Saisie Féodale, doit avoir caractere pour exploiter dans le lieu où le Fief est situé; autrement elle seroit nulle comme faite par un homme privé & sans caractere (c). Ainsi, par exemple, si le Fief servant n'est pas situé dans l'étendue de la Justice du Fief dominant, l'Huissier qui n'a droit d'exploiter que dans l'étendue de cette Justice, ne pourra pas saisir féodalement le Fief situé sous le ressort d'une autre Jurisdiction; parce qu'il n'a point le caractere d'Officier public dans cette autre Jurisdiction. Voyez la Déclaration que je rapporte, & ce que je dis sur cela au mot *Huissier.*

La Saisie Féodale produit divers effets, relativement aux diverses causes pour lesquelles elle est faite; ainsi, si une Saisie Féodale est faite, faute de foi & hommage *portée* ou rendue par le Vassal, au Seigneur dominant, elle emporte perte de fruits, c'est-à-dire, confiscation des revenus du Fief au profit du Seigneur qui l'a fait faire (d);tel est le Droit Commun du Royaume,& c'est aussi l'esprit de l'article 7 de la Coutume de Paris.

Mais quand la foi & hommage est re-

(a) Bacquet, *des Droits de Justice,* ch. 14, n. 5, dit que, lorsque la Saisie Féodale est notifiée au domicile du Fermier, celui-ci doit en faire une dénonciation judiciaire à son Maître, ou au moins avoir une preuve par écrit qu'il l'en a averti, sinon qu'il en demeure garant. Cela paroît dur ; néantmoins la Coutume d'Orléans en contient une disposition dans l'article 72.

(b) L'Auteur du Journal du Palais, en rapportant l'Arrêt de 1681, dont j'ai déja parlé, fait voir que celui de 1649 n'a pas jugé la question. Celui de 1699 l'a jugé ; mais c'est la Loi & non les exemples qu'il faut suivre.

(c) Les Seigneurs avoient autrefois des hommes de Fiefs

au nombre de leurs Vassaux ; & l'emploi de ces hommes étoit de veiller à la sûreté des Droits Féodaux, de saisir pour le Seigneur les Fiefs ouverts. Il nous reste encore quelque vestige de cet ancien usage en Hainaut & en Cambresis, mais il est aboli en France; & comme les Saisies Féodales sont des actes judiciaires, il est certain qu'elles doivent être faites par des Officiers qui ayent serment en Justice.

(d) Les Auteurs pensent qu'il faut excepter les Saisies faites sur les mineurs de majorité féodale qui n'ont pas de tuteurs, & celles faites sur les imbéciles ou des furieux qui n'ont point de curateurs; parce qu'un Seigneur

çue

çue par le Seigneur, quoiqu'il puiffe encore faire faifir faute d'aveux & dénombremens non fournis, la Saifie Féodale n'emporte, ni perte, ni confifcation des fruits (a), elle n'opere qu'un fequeftre (b) des revenus & de la jouiffance du Fief, jufqu'à ce que le Vaffal ait fatisfait le Seigneur : alors, c'eft-à-dire, quand les droits font payés & le dénombrement fourni, le Vaffal doit avoir main-levée, & il peut demander que le Commiffaire établi par la Saifie, lui rende compte. V. l'article 9 de la Coutume de Paris, & ce que j'ai dit ci-devant fur ces comptes.

Tant que la Saifie Féodale dure, elle éteint en quelque forte le Fief fervant, pour le réunir au Fief dominant ; mais cette réunion n'eft pas perpétuelle, comme elle étoit autrefois ; elle ceffe dans le moment que le Vaffal a fatisfait à fon devoir ; & c'eft pour cela que le Seigneur qui a fait faifir féodalement, ne peut pas abufer ni dégrader le Fief faifi. La Coutume lui prefcrit d'en jouir en bon pere de famille, parce que c'eft un bien fujet à reftitution.

Cette réunion, quoique momentanée, eft plus entiere & plus étendue que celle qui fe fait par voie de commife ou de retrait : car le Seigneur qui a faifi féodalement, jouit de fon Fief tel qu'il étoit lors de la conceffion, fans reconnoître les aliénations qu'il n'a pas approuvées, ni les charges & hypothéques créées par le Vaffal ; mais comme le Vaffal demeure toujours propriétaire pendant la Saifie, il peut donner ou vendre fon Fief, intenter & pourfuivre toutes les actions réelles & poffeffoires. V. *Demembrement & Jeu de Fief.*

De ce que la Saifie Féodale opere une réunion du Fief fervant au Fief dominant, il réfulte, 1°. que cette Saifie eft préférable à toutes celles que peuvent avoir faites les créanciers du Vaffal ; parce qu'elle eft faite *ex caufâ antiquâ*, & que des créanciers ne tiennent leur droit que du Vaffal ; mais ils peuvent la faire ceffer en faifant porter la foi par le Commiffaire aux Saifies-Réelles, au refus du Vaffal. V. *Foi & Hommage.*

2°. Que lorfque l'ufufruit du Fief dominant eft féparé de la propriété, les fruits que procure la Saifie Féodale, appartiennent à l'ufufruitier du Fief dominant, auquel la Saifie fait revenir le Fief fervant.

Les Saifies Féodales étant réelles, elles ne peuvent comprendre que ce qui fait partie du Fief ou ce qui en dépend ; ainfi elles ne peuvent comprendre les meubles d'aucune efpéce, les chevaux, les beftiaux, les troupeaux, les Harnois, &c. ni les fruits naturels féparés du fonds, ni les fruits civils échus avec la main mife.

Sous la dénomination de dépendances, on comprend les bâtimens que le Vaffal a fait conftruire fur le Fief, les augmentations qui y font furvenues par alluvion, les Droits de Juftice, &c.

Mais dans les dépendances doit-on comprendre les chetels qui font fur le Fief ? Auzannet, Dumoulin, l'article 103 de la Coutume d'Anjou, & l'article 116 de celle du Maine, décident l'affirmative.

Dans les Saifies Féodales qui emportent perte de fruits, on diftingue les fruits civils d'avec les fruits naturels.

Par fruits civils on entend les arrérages de rente, les loyers de maifon, de moulin, &c. & quoique ces fruits ne foient payables qu'à certains termes, le Seigneur les perçoit à proportion du temps que la Saifie Féodale a duré, quand même le terme de l'Echéance ne feroit pas arrivé lorfqu'elle fubfiftoit (c).

---

qui doit fa protection en tout temps à fes Vaffaux, la doit encore plus particuliérement à ceux dont l'état la rend entore plus néceffaire.

Dumoulin eft de ce nombre ; & M. le Preftre cite fur cela un Arrêt rendu au mois de Mars 1603, centurie 2, chap. 43.

(a) Cela eft vrai dans la Coutume de Paris, qui fur cela eft conforme au Droit commun ; mais d'autres Coutumes ordonnent la confifcation des fruits, quand le Vaffal eft trop négligent & en contumace de fournir fon dénombrement. Telles font les Coutumes de Troyes, article 30 ; de Poitou, article 91 ; de Sedan, article 68 ; de Cambrai, article 56.

(b) Le Sequeftre qui a lieu en conféquence d'une Saifie Féodale, faire faute de dénombrement, ne prive point le Vaffal de la jouiffance des Droits Honorifiques ; de la Préfentation aux Offices ; de l'exercice du Droit de Patronage ; de la Chaffe ; de la recommandation aux Prieres nominales, &c ; ces fortes de droits font attachés à la perfonne de celui qui eft Seigneur utile du Fief, & ne peuvent paffer à des Commiffaires.

(c) Pour que le Seigneur puiffe exiger des Fermiers les loyers, fermages, & autres fruits civils, il faut qu'outre la notification de la Saifie au Vaffal, comme je l'ai dit ci-devant, elle foit auffi notifiée & dénoncée aux Fermiers, Locataires & Débiteurs ; finon, & jufques-là, ils peuvent toujours payer au Vaffal contre lequel feulement le Seigneur peut avoir recours pour les fruits. Après cette fignification, ils ne peuvent plus payer au Vaffal, fans s'expofer à payer deux fois.

Par la même raison , si les loyers, &c. écheoient pendant la Saisie Féodale, le Seigneur doit (s'il les a touchés) rendre au Vassal ce qui en étoit échu au jour de la Saisie , par proportion de temps ; telle est la Jurisprudence des Arrêts.

Duplessis prétend que ce n'est pas l'échéance journalière des fruits civils, mais l'échéance du terme qui doit régler le droit du Seigneur ; & que si une saisie Féodale duroit depuis le premier Novembre jusqu'au 15, le Seigneur auroit non-seulement les censives, mais même toutes les redevances , de quelque nature qu'elles soient, échues au terme de Saint Martin : mais son sentiment n'est pas suivi pour tout ce que produisent les baux à loyer ; parce que les loyers ne sont dûs qu'à proportion de l'occupation ; que le terme pour le payement de ces sortes de fruits n'est stipulé que pour la commodité du propriétaire & du locataire ; & que la cause productive de ce payement est divisible de sa nature.

Il n'en est pas de même des cens & rentes Seigneuriales ; comme ces sortes de redevances sont dûes pour reconnoître la propriété directe que le Seigneur a retenue lors de l'aliénation, c'est le terme de payement qu'il faut considérer pour ces sortes de fruits, relativement au droit du Seigneur qui a saisi.

Les droits de relief, de quint & de lods & ventes dûs au Fief saisi féodalement , à cause des mutations arrivées dans les héritages relevans de ce Fief, pendant la durée de la Saisie Féodale, sont aussi des fruits civils qui appartiennent au Seigneur saisissant, si la mutation qui les engendre , arrive pendant que la Saisie Féodale subsiste; mais il n'y peut rien prétendre, si la mutation est arrivée avant la Saisie, quand même ils n'auroient pas été payés. La raison de la différence de ces droits, avec le produit des baux à loyer, est que la cause qui les pro-

duit, est un événement simple & indivisible.

Ainsi , si la mutation qui donne ouverture au droit de relief, arrive avant la Saisie Féodale, le Vassal , au profit duquel ce droit de relief est ouvert, peut jouir pendant l'année du Fief tombé en relief, lors même que la Saisie Féodale est faite durant le cours de cette année.

Par la même raison , le Seigneur suzerain , au profit duquel il est échu un droit de relief pendant la durée de la Saisie Féodale, doit jouir de ce relief , même après avoir donné main-levée de la Saisie. Cette maxime qui forme le Droit Commun, est fondée sur ce que c'est le moment de l'échéance de cette sorte de fruits, & de tous les droits casuels dûs au Fief, qui détermine & qui désigne celui qui les doit recueillir.

Les fruits naturels, dont le Seigneur qui a saisi féodalement peut profiter, se divisent en deux classes ; les uns que la nature produit d'elle-même, comme les foins , les bois taillis, les poissons des étangs, & qui sont les fruits naturels proprement dits ; les autres qu'on appelle fruits naturels & industriaux, qui demandent une culture, des soins & des dépenses, comme les grains, les vins , &c.

Ces sortes de fruits appartiennent en totalité au Seigneur saisissant, *faute d'homme,* si la Saisie subsiste au temps qu'ils ont été recueillis en maturité (a), en remboursant néanmoins les frais de labours , semences & autres dépenses (b), qu'il eût dû faire pour l'exploitation des héritages non affermés. Voyez les articles 28 , 56 & 59 de la Coutume de Paris.

Tout au contraire, le Seigneur qui a fait saisir féodalement, ne profite point des fruits naturels, si le Vassal se met en régle à la veille de la récolte » la raison de cela » dit Duplessis, est que la Saisie Féodale » n'est pas un droit particulier, certain &

(a) Je dis en maturité, parce que le Seigneur qui a saisi, ne peut point, par avidité, dévancer la récolte ; s'il l'avoit fait, & que le Vassal l'eût satisfait avant le temps de la récolte, il faudroit rendre les fruits avec dommages & intérêts les dépenses déduites : c'est l'avis de Dumoulin.

Dans les Coutumes qui préviennent la maturité des fruits pour les réputer meubles, le Seigneur ne peut se servir de cet ameublissement fictif pour faire moissonner avant le temps ; s'il le faisoit, il seroit obligé à la restitution, & à des dommages & intérêts. V. Coquille, sur la

Coutume de Nivernois, Titre des Fiefs, art. 57, sur le Titre 26, art. 1, question 40.

(b) La Coutume d'Orléans, art. 71, exige que le Seigneur fasse le remboursement avant de récolter ; mais sa disposition ne peut pas former le Droit commun, parce que le Seigneur ne doit les labours & les semences, que quand il est sûr du gain des fruits ; & il n'a cette assurance que quand il les tient ; puisque d'un moment à l'autre le Vassal peut toujours les lui enlever, en satisfaisant à ses devoirs.

» réglé, mais un Acte de propriété où le
» Seigneur prend tout ce qui est à pren-
» dre, & qui cesse aussi pour le tout, quand
» il n'a plus le pouvoir de l'exercer «;
d'ailleurs les fruits naturels ne deviennent
fruits que par la perception, puisqu'auparavant ils font partie du fonds.

» De ce que dessus, (continue Duplessis
» qui cite Chopin & Brodeau) il résulte
» que si un bois taillis, qui ne se coupe que
» de six ans en six ans, ou une saussaie qui
» ne se coupe que de trois en trois ans,
» tombe en coupe durant la Saisie Féodale,
» ou un étang en pêche, & que le Seigneur
» la fasse faire, il aura la coupe ou la pêche
» entière, quoique ce soit les fruits de plu-
» sieurs années; & au contraire, si le temps
» de la coupe ou de la pêche n'arrive point
» durant la Saisie, ou qu'en un mot, il ne la
» fasse point faire, il n'y pourra rien. pré-
» tendre, quand elle se fera «.

Le droit du Seigneur qui a saisi féodalement un Fief, est donc bien différent de
celui qui en jouit, à cause du droit de relief; car, à cause du relief, le Seigneur profite d'une partie du droit de pêche d'un
étang, ou de la coupe des taillis, à proportion de l'année, pendant laquelle son droit
a lieu, conformément à l'article 48 de la
Coutume; au lieu que tous les fruits qui
font séparés du fonds, sans fraude pendant
que la Saisie subsiste, lui appartiennent,
quoique ce soient les fruits de plusieurs
années.

» La raison de cette diversité est que,
» dans le relief, le Seigneur jouit comme un
» usufruitier, qui a un droit certain & ré-
» glé sur toutes choses; au lieu que dans la
» Saisie Féodale, il jouit vice Domini, &
» comme un véritable propriétaire, lequel
» prend tout ce qu'il trouve à recueillir,
» comme auroit fait son Vassal «. Duplessis,
des Fiefs, liv. 5, chap. 4.

Le Seigneur dominant qui jouit d'un

Fief, en conséquence de la Saisie Féodale
qu'il en a fait faire, ne doit profiter des
fruits naturels du Fief, que quand le Vassal
le fait valoir par ses mains. S'il est affermé
en tout ou en partie, il doit entretenir les
baux faits sans fraude par son Vassal.(a), &
se contenter de la redevance fixée par le
bail (b), pour ce qui est affermé. La Coutume de Paris en contient une disposition dans
l'article 56; & cette disposition a paru si
équitable, qu'elle a été étendue aux autres
Coutumes.

Cette redevance lui appartient en totalité, si le Fermier a fait la récolte totale des
fruits pendant la durée de la Saisie Féodale;
elle ne lui appartient qu'en partie & à proportion que ce que le Fermier a récolté,
s'il n'a recueilli qu'une partie pendant la
Saisie; & il n'y a aucun droit, si le Fermier
n'a rien recueilli dans le temps que la Saisie
subsistoit. Ainsi l'on voit que les échéances
accordées au Fermier font indifférentes, relativement au droit du Seigneur féodal (c);
c'est la durée de la Saisie & le temps des récoltes que l'on consulte pour déterminer ce
qu'elle doit lui procurer. On peut sur cela
consulter Dumoulin, sur les art. 1 & 58 de
la Coutume de Paris; Brodeau, sur l'article
57, & Duplessis, des Fiefs, livre 5.

A l'égard de ce qui n'est point affermé, le
Seigneur le peut exploiter, & profiter des
fruits naturels, comme je l'ai dit; & en ce
cas le Vassal qui obtient main-levée, doit le
rembourser des frais de culture, semence,
&c. au cas qu'il n'ait pas fait la récolte. V.
l'article 56 de la Coutume.

Comme les fruits naturels n'appartiennent au Seigneur saisissant, que quand ils
font séparés du fonds, il faut en conclure
que si, lorsque le Vassal fait cesser les causes
de la Saisie, ou en obtient main-levée, ce
qui est coupé appartient au Seigneur; mais
que ce qui reste sur pied appartient au Vassal, & lui retourne avec le Fief dont ces

---

(a) Tout au contraire, si le Seigneur a fait quelques
baux pendant la durée de la Saisie Féodale, ils expirent à
l'instant même où la Saisie cesse; le Vassal ne tenant pas
son droit du Seigneur, n'est pas tenu de ses faits.
(b) Cela ne s'entend que du bail à ferme, & non du
bail à rente; la Coutume autorise le Seigneur qui n'a pas
inféodé le bail à rente, à lever les fruits, comme s'il n'y
avoit point de bail, en remboursant les labours, semences,
&c. Voyez les articles 52 & 59 de la Coutume de Paris.

(c) L'art. 102 de la Coutume de Rheims porte que, si
le Fermier d'un Fief saisi féodalement en a payé les fermages par anticipation, il ne doit pas moins les payer encore au Seigneur saisissant, sauf son recours contre le Vassal. Coquille, dans l'Institution au Droit François, Titre
des Fiefs, opine pour que cette opinion soit suivie, quoiqu'il la trouve dure. Il y a même des Auteurs qui ont dit
que le Vassal étoit garant de la solvabilité de son Fermier,
si le Seigneur n'en étoit pas payé. V. Brodeau & Auzanne.

fruits font encore partie, quoique ce qui refte fur pied foit en maturité (a). On trouve un Arrêt du 11 Mars 1687, au Journal du Palais, qui l'a ainfi jugé.

Mais il faut bien remarquer que lorfque le Seigneur fait faifir, la veille de la récolte, & que fans perdre de temps, c'eft-à-dire, dans deux, trois ou quatre jours, fuivant la diftance des lieux, le Vaffal fatisfait aux droits & devoirs, il ne doit point y avoir de perte de fruits; qu'au contraire ils doivent être reftitués, s'il en a été perçu, les frais déduits; car le Seigneur ne doit pas ufer de furprife envers fon Vaffal, ni le traiter en rigueur, quand il fatisfait à fon devoir.

Il faudroit dire le contraire, fi le Vaffal étoit en faute, & fi, fans caufe raifonnable, il avoit négligé de porter la foi, après en avoir été averti.

Cette exception à la régle générale ne pourroit pas avoir lieu dans les Coutumes qui n'accordent au Seigneur que les fruits qui fe perçoivent & écheoient quarante jours après la Saifie, parce qu'alors le Vaffal a tout le temps de fatisfaire à fon devoir; & d'éviter la perte des fruits.

Il fembleroit que la Loi dût être égale, c'eft-à-dire que lorfque le Seigneur, après avoir faifi & fait cultiver les héritages du Fief à fes frais, le Vaffal ne peut pas venir *ad paratas epulas*, moiffonner ce qu'il n'a pas femé; mais quelle qu'ait été la négligence du Vaffal, on l'admet toujours à réclamer les fruits crûs fur fon bien même, à la veille de la récolte; & le Seigneur, qui doit toujours être prêt quand il a faifi, ne peut refufer la main-levée, en fatisfaifant aux devoirs de Vaffal, & payant les frais de culture.

Buridan, fur l'article 101 de la Coutume de Rheims, dit (en citant Dumoulin) que, quoique le Seigneur qui fait faifir féodalement, » puiffe prendre les pigeonneaux qui » font dans le colombier, il ne lui eft cependant pas loifible d'ôter les vieux (pi- » geons), ni tellement ôter les jeunes, qu'il » n'en demeure point du tout pour multi-

» plier, & principalement ceux de la volée » de Mars, auxquels il ne doit nullement » toucher, mais les doit tous laiffer pour » repeupler & multiplier le colombier, &c. Il en eft de même des garennes.

Cela eft fondé fur ce que le Seigneur qui a faifi, doit jouir en bon pere de famille; & c'eft fur le même fondement qu'en coupant les taillis, il doit laiffer les baliveaux; qu'en pêchant les étangs, il doit y laiffer l'allevin, pour le rempoiffonner, &c.

En un mot, il doit jouir, fuivant l'ufage des lieux, de la nature de la chofe & de la deftination du pere de famille; il ne peut donc, dit Dupleffis, changer la face du fonds, détériorer les édifices, abattre la futaie, ni même les taillis qui ne font pas en coupe. Il ne peut pas faire abattre les arbres fruitiers, ceux de clôture ou de décoration, ni les haies vives : enfin, après la récolte des terres, il doit les faire labourer, les faire emblaver *more confueto*, comme on a coutume de le faire.

A l'égard de la nomination aux Bénéfices dont le patronage dépend du Fief, elle appartient au Seigneur qui a faifi *faute d'homme*; & fi la Saifie eft feulement faite, faute de dénombrement, elle appartient au Vaffal, fans que les Commiffaires puiffent fe l'arroger. Mais pour que le Seigneur faififfant *faute d'homme* nomme aux Bénéfices, il faut que le droit de patronage faffe partie du Fief, qu'il y foit attaché, *tanquam Feudo non tanquam Fundo*, & que les Bénéfices ayent vaqué pendant la durée de la Saifie Féodale.

Le Seigneur qui a faifi féodalement *faute d'homme*, peut auffi nommer aux Offices de la Juftice dépendans du Fief, qui deviennent vacans : la Juftice doit même s'y adminiftrer en fon nom; & les amendes, confifcations, & autres fruits de la Juftice, lui appartiennent.

Mais peut-il prétendre le profit des mines de fer, de plomb, des carrieres, &c?

Les Jurifconfultes font fur cela de diverfes opinions. Pour moi je penfe que le Seigneur n'y peut rien prétendre, parce qu'el-

(a) Cela ne peut pas s'appliquer au poiffon des étangs; parce qu'il eft réputé meuble dès que la bonde eft levée. Ainfi, quoique la pêche ne foit pas faite au temps que la Saifie Féodale ceffe, fi la bonde eft levée, le poiffon appartient au Seigneur en totalité. Mais s'il s'agiffoit de Bois taillis, abattus en partie, ce qui refteroit, appartiendroit au Vaffal, quand même le Seigneur eût vendu toute la coupe.

les ne font point partie des fruits fur lefquels feulement il a droit; mais qu'elles
font partie du fonds, & que ni la mine, ni
le marbre, ni la pierre, ni la glaife, &c.
ne renaiffent, quand on les a féparés du
fonds.

Enfin tous les Auteurs décident que le
Seigneur ne peut rien prétendre aux pépi-
nieres ni aux arbres abattus par le vent.

Quoique la Saifie Féodale faffe réfider en
la perfonne du Seigneur dominant une propriété fictive & une réunion momentanée
du Fief fervant, néantmoins il ne peut pas
déloger le Vaffal, fa femme & fes enfans
demeurans dans le chef-lieu ou autre manoir dépendant du Fief (a); il a feulement
le droit de fe fervir des caves, des greniers
& autres bâtimens néceffaires à l'exploitation du Fief, avec partie du logement. V.
l'article 58 de la Coutume, & ce que je dis
au mot *Relief.*

Lorfque le Fief ne confifte qu'en une
maifon feule, le Seigneur faififfant doit
jouir du loyer; & fi elle eft habitée par le
Vaffal, celui-ci doit en payer le loyer, à dire
d'Experts; il ne doit pas en ce cas, comme
quand le manoir a des dépendances, avoir
fon logement franc, parce qu'il faut que le
Seigneur ait une voie pour le contraindre à
porter hommage. Voyez le fufdit article 58
de la Coutume de Paris.

Comme le Seigneur qui jouit en conféquence d'une Saifie Féodale, a droit de fe
fervir des granges, &c. Dumoulin en conclud qu'il a droit de fe faire remettre les
baux, les regiftres & recettes du Vaffal,
pour jouir commodément des fruits civils;
mais tous les Auteurs décident qu'il ne peut
fe fervir des charrues, harnois, chevaux,
&c.

Le Seigneur qui jouit en conféquence
d'une Saifie *faute d'homme,* doit, comme je
l'ai déja dit, jouir en bon pere de famille:
il ne peut pas dégrader les biens, ni en
changer la nature; & comme l'héritier &

le dépofitaire, il eft tenu *de dolo & latâ
culpâ.*

Il doit entretenir les bâtimens de réparations locatives & d'entretien; & s'il furvient de groffes réparations, il doit en
avertir fon Vaffal.

Il doit fumer, labourer & femer les terres, fauf à répéter les frais, fi le Vaffal fait
la foi avant la récolte.

Pendant la Saifie & à proportion de fa durée, il doit acquitter les charges du Fief,
telles que le ban & l'arriere-ban, les dixiéme, vingtiéme & autres impofitions Royales, les contributions aux réparations des
Nefs des Eglifes, des Presbyteres, les rentes inféodées, les gages des Officiers de la
Juftice, les frais de pourfuites contre les
criminels, les gages des Gardes des bois,
chaffe, &c.

*Le Seigneur féodal qui met en fa main
(c'eft-à-dire, qui fait faifir féodalement) le
Fief mouvant de lui par faute d'homme, droits
& devoirs non faits, peut auffi faifir féodalement tous les arriere-Fiefs ouverts dépendans
d'icelui Fief* faifi (b), *pour en jouir comme un
bon pere de famille; & en ce cas les Propriétaires ou Seigneurs des arriere-Fiefs peuvent faire la foi & hommage au Seigneur
dont ils font arriere-Vaffaux (c), lequel eft tenu de les recevoir & leur donner main-levée
en lui payant les droits & devoirs, fi aucuns
en font dûs, à caufe de l'arriere-Fief qui leur
appartient.* Voyez les articles 54 & 55 de la
Coutume de Paris.

Mais pour que le Seigneur fuzerain puiffe
ainfi faifir les arriere-Fiefs relevans de fon
Vaffal, il faut, 1°. qu'il ait faifi féodalement
le Fief de fon Vaffal, & que cette Saifie
foit réguliere; car l'arriere-Vaffal eft non-
feulement en droit de critiquer la Saifie de
fon propre Fief, mais celle du Seigneur fupérieur, puifque c'eft en conféquence de la
Saifie du Fief intermédiaire, que le Seigneur
peut faifir l'arriere-Fief.

2°. Il faut que la Saifie Féodale du Fief

(a) Dupleffis prétend que fi le Fief eft donné à rente, le
Seigneur ne peut pas non plus déloger le preneur à rente.
Mais cette opinion n'eft pas foutenable; parce que le preneur à rente n'a pour lui, ni la lettre, ni l'efprit de la Coutume. Si le Seigneur ne peut pas déloger fon Vaffal, c'eft
que leurs devoirs réciproques l'obligent à traiter fon Vaffal honnêtement; il n'en eft pas de même du preneur à
rente, que le Seigneur n'eft jamais obligé de reconnoître.

(b) Les Saifies Féodales d'arriere-Fiefs font fujettes
aux mêmes formalités que celles des Fiefs immédiats.

(c) Quoique la Saifie Féodale opere, comme je l'ai dit,
une réunion qui éteint en quelque forte le Fief faifi, pour
le confolider au Fief dominant; néantmoins l'arriere-Vaffal n'eft point obligé d'aller porter la foi au manoir du
Seigneur Suzerain: cette réunion ne change rien aux devoirs du Vaffal, ni à la forme de les remplir.

intermédiaire ait été notifiée à l'arriere-Vaffal; parce que celui-ci ne connoît que fon Seigneur immédiat , quand il n'a pas connoiffance de la Saifie Féodale qui met le Fief intermédiaire dans la main du fuzerain; & c'eft pour cela que jufqu'à la dénonciation, l'arriere-Vaffal peut couvrir fon Fief, en faifant la foi & payant les droits au Vaffal faifi.

Il paroîtroit affez naturel que le Seigneur fuzerain ne pût faifir les arriere-Fiefs que quarante jours après la notification de la Saifie du Fief intermédiaire; mais les Praticiens difent que la notification & la Saifie peuvent fe faire, ou par des actes fucceffifs du jour au lendemain, ou le même jour par un feul acte.

Lorfque le Seigneur a faifi le Fief de fon Vaffal , s'il trouve que l'arriere-Fief étoit déja faifi , il n'eft pas obligé de faifir de nouveau , parce qu'il entre aux droits de fon Vaffal dont il a faifi le Fief; cependant quelques Auteurs confeillent en ce cas de renouveller la Saifie.

Suivant l'article 43 de l'Ordonnance de Louis XII en 1499, & l'article 24 de l'Ordonnance de 1669, au titre *Committimus* , les conteftations fur les Saifies Féodales ne peuvent être évoquées aux Requêtes du Palais, ni aux Requêtes de l'Hôtel. Voyez un Arrêt rendu le 4 Juin 1703 , dans Augeard, tome premier, Arrêt 41.

Les Saifies Féodales n'ont d'effet que pendant trois ans *(a)*, au bout de ce terme elles périffent *(b)*; & le Commiffaire eft déchargé du foin de gérer le Fief, à moins, dit Dupleffis, » qu'il n'y ait procès fur la » Saifie Féodale, auquel cas elle dure au-» tant que le procès, fans être renouvellée, » pourvû qu'il ne tombe point en prefcrip-» tion «. Cet Auteur dit que la Cour l'a ainfi jugé pour le Cardinal de Gondy, contre le Seigneur de Luzarche , par Arrêt rendu le 28 Mars 1600. Voyez Carondas, Chopin, Tournet, Tronçon , &c.

Lorfqu'au bout de trois ans le Seigneur

fait renouveller & réitérer la Saifie Féodale , il doit obferver les mêmes formalités qu'il a fuivies lors de la premiere Saifie. Il eft bon de remarquer fur cela qu'il n'eft pas effentiellement néceffaire que le renouvellement foit fait précifément dans les trois ans ; & que fi, entre l'expiration des trois ans & la nouvelle Saifie, il n'a été perçu aucuns fruits, le retardement de la nouvelle Saifie ne caufera au Seigneur aucun préjudice : il eft donc plus exact de dire qu'il fuffit de renouveller la Saifie avant la quatriéme récolte.

Outre la voie du laps de trois ans introduite par la Coutume de Paris pour faire ceffer l'effet de la Saifie Féodale, elle ceffe encore lorfque le Vaffal a fatisfait à fes devoirs, foit en portant la foi , payant les droits , foit en faifant des offres fuffifantes & valables; & il faut bien remarquer que dans tous ces cas il n'eft pas néceffaire d'avoir main-levée du Seigneur , pour que la Saifie finiffe ; la fimple preftation des devoirs féodaux , les offres faites valablement, la fouffrance obtenue ou fimplement demandée dans le cas de la Loi : tous ces moyens effacent de plein droit la Saifie Féodale , quoique le Seigneur n'ait pas donné une main-levée expreffe. C'eft l'avis de Dumoulin , adopté par la plûpart des Auteurs qui ont écrit fur cette matiere.

Les Saifies Féodales injuftes , péries ou nulles , different entr'elles dans leurs effets. J'ai déja dit quels font ceux de la Saifie périe.

La Saifie injufte eft celle qui eft faite fans caufe légitime, ou qui a une caufe fauffe. Loin qu'une pareille Saifie puiffe procurer le moindre avantage au Saififfant, elle doit au contraire opérer contre lui une condamnation de dommages & intérêts proportionnés au tort qu'elle a fait fouffrir au Vaffal.

A l'égard de la Saifie qui avoit une caufe légitime, mais qui eft nulle , parce qu'elle n'a pas été revêtue des formalités prefcri-

---

(a) La Coutume de Paris en contient une difpofition textuelle dans l'article 31 ; & elle a été étendue à celles qui n'ont point de difpofitions contraires. En Normandie, la Saifie Féodale eft annale , fuivant l'article 111. Celles de Montargis & de Poitou ne donnent auffi d'effet que pendant un an à ces fortes de Saifies.

(b) La péremption dont il eft ici queftion, eft differente

de celle des Inftances dont j'ai fait un article particulier. (Voyez *Péremption*,) puifque les Inftances péries font regardées comme non avenues; au lieu que la Saifie-Féodale non renouvellée procure la perte des fruits pendant qu'elle a duré, fi elle a été faite *faute d'homme*, &c. Ainfi la péremption dont il s'agit ici, n'a d'effet que pour l'avenir.

tés, elle n'opere qu'une condamnation de dépens, & point de dommages & intérêts. Voyez Brodeau, sur M. Louet, lettre F, n. 20; les Arrêts de M. de Lamoignon, & Dupleffis.

Enfin, on penfe affez univerfellement que fi le Seigneur qui a fait faifir, a profité de quelques fruits, il n'a pas droit d'exiger les frais de la Saifie Féodale, mais qu'ils font à la charge du Vaffal, lorfque le Seigneur n'a profité d'aucuns fruits.

Voyez dans le Code de Louis XV, un Arrêt du Confeil du 23 Fév. 1740, qui caffe des Arrêts de la Chambre, portant mainlevée de Saifies Féodales faites à la requête du Procureur du Roi au Bureau des Finances de Tours.

SAISIE-GAGERIE.
Voyez Gagerie & Loyers.

SAISIE-RÉELLE.
Voy. Affiches, Bail Judiciaire, Commiffaire aux Saifies-Réelles, Congé d'Adjuger, Confignations, Criées, Décret, Difcuffion, Oppofition, Panonceaux, Sceau, &c.

On nomme Saifie Réelle un Exploit par lequel un créancier fait mettre les biens-immeubles de fon débiteur, fous la main de la Juftice, pour être vendus par décret au plus offrant & dernier enchériffeur.

Il en eft des Saifies-Réelles comme des autres exécutions; elles ne peuvent être faites, 1°. qu'en vertu de titres en bonne forme exécutoire. V. Exécutoire, Saifie-Exécution, & Titre.

2°. Il faut qu'elles foient faites pour créances certaines & liquides. Une Saifie-Réelle, dont les caufes n'étoient pas liquides, a été par cette raifon déclarée nulle, avec dépens, dommages & intérêts, par Arrêt rendu le Lundi premier Septembre 1760, en la Grand'Chambre, au rapport de M. de Blair, en faveur du Duc de Melfort, contre le Sr Diffimien.

L'ufage du Châtelet ne permet pas de faifir réellement pour une fomme moindre que 200 liv. mais il n'y a fur cela aucun Réglement. J'ai même vû un Acte de Notoriété donné par les Officiers du Bailliage & Siége Préfidial d'Orléans, le 21 Déc. 1703, fuivant lequel on eft dans l'ufage en ce Siége de procéder par voie de Saifie-Réelle, pour créances au-deffous de 100 liv.

Ces fortes de Saifies, & les procédures qui en font la fuite, exigent beaucoup d'attention & de formalités : cependant on voit rarement réuffir les nullités qui fe propofent contre de femblables pourfuites. Il en eft peu qui ne péchent par quelque côté : mais les Magiftrats n'ont ordinairement point d'égard aux vices de forme qui s'y rencontrent, fur-tout quand la pourfuite a pour caufe une créance légitime, & quand les pourfuites du créancier ne dégénérent point en vexation.

Voici quelques-unes des formalités qu'on regarde comme effentielles dans une Saifie-Réelle.

Il faut d'abord qu'elle foit précédée d'un commandement fimple au débiteur de payer ce qu'il doit, & d'un autre commandement qu'on nomme recordé, (parce qu'il eft fait au même débiteur en préfence de témoins,) pour le conftituer doublement en demeure de payer.

L'article 138 de la Coutume de Vitry veut que ces commandemens & toutes les autres procédures des décrets foient faits à la perfonne du faifi, ou qu'on foit autorifé par Lettres à les faire à fon domicile; mais cela ne s'exécute point dans les autres Coutumes qui n'ont pas de femblables difpofitions.

L'Arrêt des Grands-Jours de Clermont, du 30 Janvier 1666, contenant réglement fur les criées, porte feulement, qu'avant la Saifie-Réelle, il y aura commandement préalable fait à la perfonne ou domicile du débiteur, de payer la fomme pour laquelle on voudra faire la Saifie-Réelle, avec élection de domicile de la part du créancier.

En Beaujolois, le commandement recordé doit précéder la Saifie-Réelle de trois jours; mais à Paris, & fuivant le Droit-commun, la Saifie-Réelle peut fe faire le lendemain de ce commandement.

Il eft encore d'ufage en Beaujolois de ne procéder aux Saifies-Réelles qu'en vertu d'Ordonnance fur Requête ou Commiffion du Greffe; le feul titre paré ne fuffit pas dans cette Province.

La Saifie-Réelle doit avoir une date certaine, & contenir une mention expreffe du moment où elle a été faite; c'eft-à-dire, fi c'eft avant ou après midi.

Si toute une journée eft employée par l'Huiffier qui procéde à la Saifie-Réelle, il doit en faire mention dans fon Procès-verbal de Saifie.

Elle ne peut être faite qu'en vertu d'un titre en bonne forme exécutoire; & l'Huiffier qui procéde à la Saifie doit le *cotter*, c'eft-à-dire, le fpécifier, en exprimer *la date & la fomme précife pour laquelle la Saifie eft faite.* Cela eft prefcrit par l'article 345 de la Coutume de Paris, qui veut que *les caufes de la Saifie* y foient *déclarées*, & par l'Arrêt de Réglement rendu aux Grands-Jours de Clermont, le 30 Janvier 1666.

La Saifie-Réelle doit être contrôlée dans un Bureau fitué dans le reffort de la même Election où fe trouve le bien faifi, fuivant un Arrêt du Confeil, rendu le 21 Mars 1676.

Elle doit être recordée, (c'eft-à-dire, faite en préfence de témoins,) & faire mention de leurs noms, qualités & demeures, ainfi que des noms, demeure & immatricule de l'Huiffier, comme les affignations.

Il faut qu'elle foit faite fur le propriétaire de la chofe faifie; car elle ne feroit point de tort au véritable propriétaire, fi elle n'étoit pas faite fur lui. Cependant voyez *Décret.*

L'Huiffier & les témoins qui procédent à une Saifie-Réelle, doivent fe transporter en-dedans des maifons & bâtimens faifis, & fur chaque piéce d'héritage roturier compris en la Saifie-Réelle, dont le détail circonftancié, la confiftance, la nature, l'efpéce & les tenans & aboutiffans, doivent être défignés en la Saifie-Réelle, fuivant l'art. 3 du tit. 9 de l'Ordonnance de 1667.

Ce détail eft encore exigé par l'art. 345 de la Coutume de Paris pour les rotures feulement. Mais à l'égard des Fiefs, *il fuffit de faifir les principaux manoirs de chaque Seigneurie, avec les appartenances & dépendances, fans qu'il foit befoin,* dit le même article, *de les déclarer par tenans & aboutiffans, ni autrement entrer efdits manoirs* (a).

Prefque toutes les Coutumes du Royaume font femblables à celle de Paris fur ce point; cependant dans celles qui contiennent des difpofitions différentes, il faut fe conformer fervilement à ce qu'elles prefcrivent, quand on faifit réellement des biens fitués dans leur reffort.

La Saifie-Réelle doit contenir élection de domicile de la part du faififfant dans le lieu où fe fait la Saifie. L'ufage eft de ne faire cette élection que pour 24 heures feulement: mais cet ufage n'eft pas fondé. L'Ordonnance de 1667, titre 33, art. 1, exige une élection de domicile permanente, & non de 24 heures pour une fimple Saifie mobiliaire, & à plus forte raifon pour une Saifie-Réelle d'immeubles.

La Saifie-Réelle doit faire mention que les biens qu'elle comprend, font faifis & mis fous la main du Roi & de la Juftice, pour être criés, fubhaftés & vendus par décret & autorité de Juftice, au plus offrant & dernier enchériffeur, après les formalités requifes obfervées.

Elle doit indiquer la Jurifdiction en laquelle fe feront la pourfuite & la vente, & le nom du Procureur par le miniftere duquel fe fera la pourfuite.

Elle doit contenir établiffement de Commiffaire pour l'adminiftration des biens faifis, en attendant la vente. Cet établiffement n'eft cependant pas effentiellement néceffaire, à peine de nullité; & il pourroit fe fuppléer par un acte fubféquent; & il paroît d'ailleurs fuperflu d'établir un Commiffaire à la Saifie-Réelle d'un Office auquel il n'y a droits ni gages fixes attachés. Voy. encore fur l'établiffement des Commiffaires, l'Arrêt des Grands-Jours de Clermont, du 30 Janvier 1666, dont j'ai déja parlé.

Si plufieurs jours font employés à rendre une Saifie-Réelle parfaite, l'Huiffier doit clorre fon Procès-verbal chaque jour, & non-feulement diftinguer le travail d'un jor à l'autre, mais figner ainfi que fes témoins, & faire contrôler le travail de chaque jour féparément. On a fouvent argué fans fuccès les Procès-verbaux qui ne contenoient pas cette diftinction: mais auffi quelques-uns où la diftinction manquoit, ont été déclarés nuls.

(a) On prétend néantmoins qu'il faut nommément exprimer la Saifie de la Juftice, quand il y en a une unie au Fief; & que la Juftice n'eft pas cenfée comprife dans la Saifie du Fief avec fes appartenances & dépendances. La Juftice, dit-on, attire plutôt le Fief, que le Fief n'attire la Juftice; le Fief peut exifter fans Juftice, & la Juftice eft toujours tenue en Fief. Voyez *Fief & Juftice*, n'ont rien de commun,

Dans les Jurifdictions où il y a des Commiffaires aux Saifies-Réelles en titre d'Office, on ne peut pas en établir d'autres ; & il faut faire enregiftrer la Saifie-Réelle dans leur Bureau. C'eft même cet enregiftrement qui fait accorder la pourfuite à un faififfant par préférence à un autre, lorfqu'il y a concurrence entr'eux ; parce que le premier qui fait enregiftrer, eft réputé le plus diligent, & c'eft la diligence qui fait mériter la pourfuite, & non pas la nature de la créance, ni l'hypothéque.

Mais fi la Saifie-Réelle fe pourfuit dans une Juftice Seigneuriale, on peut établir tout autre Commiffaire que ceux qui font créés en titre d'Office dans d'autres Jurifdictions du même lieu. Voy. l'Arrêt que je rapporte à ce fujet à l'article Commiffaire aux Saifies-Réelles.

La Saifie-Réelle, foit en décret volontaire ou forcé, eft fujette à cet enregiftrement ; & l'on ne peut faire aucune autre pourfuite en conféquence, que cette formalité n'ait été préalablement remplie.

S'il n'y a point de Commiffaire aux Saifies-Réelles en titre d'Office dans la Jurifdiction où doit fe pourfuivre la Saifie, il faut établir, ou le Commiffaire en titre de la Jurifdiction la plus prochaine, ou un Particulier que l'Huiffier exécutant commet. V. l'art. 77 de l'Ordonnance de 1539, & l'article 4 de l'Edit des Criées.

Quand l'Huiffier faififfant établit tout autre qu'un Commiffaire aux Saifies-Réelles en titre d'Office, à la régie & adminiftration des biens faifis, il faut lui donner, en parlant à fa perfonne, copie de l'Exploit, contenant mention qu'il accepte la Commiffion. Si ce Commiffaire n'étoit pas chez lui, ou s'il refufoit d'accepter la commiffion, il faudroit l'affigner, & faire ordonner qu'il fera tenu d'accepter & de régir, finon qu'il en fera garant ; parce que quand il n'a pas accepté, ou quand il ne s'eft pas immifcé, il n'eft tenu de gérer que du jour du Jugement.

Outre l'enregiftrement au Bureau des Commiffaires, il faut encore, (tant en décret volontaire, qu'en décret forcé,) faire

enregiftrer le Saifie-Réelle au Greffe de la Jurifdiction, parce que ce n'eft qu'en conféquence de ce fecond enregiftrement, que les oppofitions au décret peuvent fe former. Mais quoique cet enregiftrement foit effentiel, il n'eft pas abfolument néceffaire de le faire faire, comme l'autre, avant de commencer les criées (a) ; il fuffit qu'il foit fait un mois avant que la Sentence de congé d'adjuger foit rendue. V. *Congé d'adjuger*.

Le Parlement de Paris a ordonné, par un Arrêt rendu en forme de Réglement, le 7 Juin 1692, que » les Greffiers des Décrets » feroient tenus d'enregiftrer de fuite, dans » un même endroit de leurs regiftres, les » Saifies-Réelles faites fur un même débi- » teur à la requête d'un même créancier ou » de plufieurs faififfans conjointement, lorf- » qu'elles leur feront apportées pour enre- » giftrer en même-temps, encore que lefdi- » tes Saifies-Réelles comprennent différens » corps d'héritages & biens immeubles, & » qu'elles ayent été faites à différens jours » par un feul Procès-verbal, ou par diffé- » rens Procès-verbaux.

» Qu'ils délivreront aux oppofans, lorf- » qu'ils en feront par eux requis, des expé- » ditions des oppofitions qu'ils auront for- » mées auxdites Saifies, pour tous les biens » immeubles qui y feront compris, fans » qu'ils puiffent les divifer, ni obliger lef- » dits oppofans de lever autant d'expédi- » tions de leurfdites oppofitions qu'il y aura » de différens corps d'héritages faifis, & ce » à peine de 100 liv. d'amende pour chaque » contravention «.

Il y a néantmoins plufieurs Siéges où l'ufage n'eft point de faire regiftrer les Saifies-Réelles au Greffe de la Jurifdiction où elle eft portée, & dans lefquels on fe contente de l'enregiftrement au Bureau des Commiffaires aux Saifies-Réelles.

Comme cet enregiftrement au Greffe n'eft introduit qu'en faveur des créanciers ou prétendans droits aux biens faifis, & non en faveur des Parties faifies, qui font affez averties de toute la procédure par les dénonciations qui leur font faites des différens actes de la pourfuite, la Cour, par un Arrêt ren-

(a) L'Arrêt rendu en forme de Réglement aux Grands-Jours de Clermont, le 30 Janvier 1666, porte que la Saifie-Réelle & les Criées ne feront remifes entre les mains du Greffier des Décrets, pour être regiftrées & recevoir les oppofitions *qu'après la Sentence de certification rendue*. Voyez *Certification*.

du en faveur du fieur Dutheil de la Ro-
chere, contre les fieur & demoifelle Perrot,
au rapport de M. de Montholon, le 4 Mai
1750 n'a eu aucun égard au moyen de nullité qu'un appellant prétendoit faire réfulter
du défaut d'enregiftrement au Greffe de la
Châtellenie du Dorat, d'une Saifie-Réelle
fur laquelle l'adjudication par décret avoit
été prononcée.

Dans cette efpéce, le fieur Dutheil rapportoit un Acte de Notoriété des Officiers,
Avocats & Praticiens de la Sénéchauffée du
Dorat, du 23 Juin 1749, portant atteftation » qu'on n'a jamais fait enregiftrer les
» Saifies-Réelles dans l'étendue de la Séné-
» chauffée, au Greffe des Jurifdictions où
» elles font portées. «

Il y a un troifiéme enregiftrement qui
n'eft que burfal, & qui n'a lieu que dans
les décrets volontaires, mais qui n'eft pas
moins effentiel: ce n'eft pas cependant qu'il
puiffe en réfulter une nullité du défaut de
cet enregiftrement; mais en l'omettant, le
Procureur pourfuivant s'expoferoit à une
amende.

Ce dernier enregiftrement n'eft ordonné
que pour affurer la perception des deux deniers pour livre; & il doit fe faire au Bureau des Fermiers des Domaines, qui perçoivent les droits attribués aux Commif-
faires-Confervateurs des décrets volontaires, créés par l'Edit du mois de Janv. 1708,
& pour lequel (enregiftrement) il eft dû
45 fols.

Le même Edit de 1708 attribuoit à ces
Officiers huit deniers pour livre du prix des
ventes dont on pourfuit les décrets volontaires : ils ont été modérés à quatre deniers
par le Tarif attaché à l'Edit du mois d'Août
1716; & ils ont été depuis réduits à deux
deniers par les Déclarations des 3 Août
1732, 13 Octobre 1743, 21 Octob. 1749,
& 8 Novembre 1755. V. Droits Réfervés.

Le Greffier des Décrets ne peut expédier
les décrets volontaires que fur la repréfentation de la quittance de ces droits, laquelle
il eft obligé d'annexer à la minute de la Sentence.

Quand la Saifie-Réelle eft enregiftrée au
Bureau du Commiffaire, elle doit être dénoncée à la Partie faifie ; & cette dénonciation eft fujette aux mêmes formalités que

les ajournemens. Il y a même celle-là de
plus, que cette dénonciation doit être recordée de témoins, lefquels doivent être
préfens, & figner, tant l'original que la
copie.

Cette dénonciation doit néceffairement
fuivre l'enregiftrement de la Saifie-Réelle,
& précéder les autres pourfuites, qui fans
elle feroient nulles.

Il eft même d'ufage d'indiquer à la Partie faifie, par la dénonciation de la Saifie-
Réelle, le jour & le lieu où fe feront les
criées : mais il n'y a pas de néceffité de faire
cette indication par la dénonciation ; elle
peut être fuppléée par un Acte particulier,
comme par la dénonciation de l'affiche qui
s'appofe toujours pour indiquer les criées
qu'elle doit néceffairement précéder, afin
d'avertir le Public d'y former des oppofitions, fi quelqu'un en a le droit.

La Saifie-Réelle d'une rente fonciere eft
fujette aux mêmes formalités que s'il s'a-
giffoit de faifir réellement les biens mêmes
fujets à cette rente, fuivant la Coutume de
Paris, art. 249. Ainfi la Saifie-Réelle d'une
rente fonciere doit contenir un détail circonftancié des biens chargés de la rente; &
l'Huiffier doit fe tranfporter avec fes témoins fur chacun de ces biens en particulier : mais au lieu de déclarer qu'il faifit les
biens mêmes, il doit dire qu'il faifit la rente
dont ces biens font chargés ; laquelle rente
il faut fpécifier, ainfi que le titre fuivant lequel elle eft dûe.

La Saifie-Réelle des rentes dûes par le
Roi, & qu'on appelle rentes fur la Ville,
n'exige point le tranfport de l'Huiffier comme les immeubles corporels; elle fe fait par
un Procès-verbal fujet aux mêmes formalités que les autres Saifies-Réelles, à l'exception de ce tranfport : mais la Saifie-Réelle
d'une pareille rente doit en détailler le produit, le capital, les modérations qu'elle a
fouffertes, & indiquer non-feulement le
nom du Notaire qui a paffé la minute du
contrat, fa date, celle des Lettres de Ratification, & les noms des propriétaires actuels, s'il y en a, mais même les noms des
payeurs.

Il faut que les Saifies-Réelles de ces fortes
de rentes foient dénoncées aux payeurs qui
doivent les vifer & même les enregiftrer,

indépendamment de l'enregistrement dans le Bureau du Commissaire aux Saisies-Réelles & au Greffe des Décrets.

Ces sortes de Saisies-Réelles ne sont pas suivies de toutes les autres procédures qu'on observe dans les Saisies-Réelles des autres immeubles ; parce que les hypothèques dont les rentes dûes par le Roi sont chargées, se purgent par le sceau. Ainsi il suffit, après l'enregistrement de la Saisie-Réelle de rentes sur l'Hôtel-de-Ville , & la dénonciation, de faire ordonner la vente de la rente saisie , & d'indiquer cette vente par une affiche à la quinzaine , à peu près dans la même forme qu'on indique la vente par licitation d'un immeuble : il faut seulement ne pas omettre d'apposer une copie de l'affiche contre la porte de l'Hôtel-de-Ville , & une semblable contre la porte de l'Eglise Paroissiale de S. Jean - en - Grève , qui est la Paroisse dans l'étendue de laquelle l'Hôtel-de-Ville de Paris est situé.

Suivant l'Edit du mois de Février 1683, enregistré le 23 Mars suivant, la Saisie-Réelle d'un Office doit, outre les enregistremens ordinaires, être enregistrée au Greffe du lieu d'où dépend & où se fait la principale fonction de la Charge, quand même l'adjudication seroit poursuivie en une autre Jurisdiction. Après cet enregistrement particulier, le Titulaire ne peut plus vendre son Office qu'en présence des saisissans & opposans , à peine de nullité de la vente.

On ne peut procéder à l'adjudication par décret des biens des mineurs sans une discussion préalable de leur mobilier. Voyez *Discussion*.

On ne peut pas saisir réellement des biens sur des mineurs émancipés , il faut leur faire créer un tuteur *ad hoc* , & saisir, tant sur ce tuteur que sur les mineurs émancipés : c'est la Jurisprudence de tous les Tribunaux. Il y a néantmoins des Praticiens qui pensent que la Saisie-Réelle peut se faire sur le tuteur *ad hoc* seul ; mais cet avis ne me paroît pas bon. Voyez Boucheul sur l'art. 439 de la Coutume de Poitou, n°. 13 & 17.

Lorsque la Saisie-Réelle se fait sur un tuteur *ad hoc* & sur des mineurs émancipés, il n'est pas nécessaire de faire déclarer exécutoires sur ce tuteur les titres qui le sont contre les mineurs ; parce que les fonctions

de ce tuteur ne commencent qu'à l'Exploit même de la Saisie-Réelle , pour la validité de laquelle seulement il est établi , & que la propriété des biens ne réside pas en lui , mais dans les mineurs. Si avant la Saisie-Réelle le mobilier des mineurs émancipés a été discuté , il n'est plus nécessaire de faire une nouvelle discussion contre ce tuteur, qui n'a pas l'administration ni l'exercice des actions actives & passives des mineurs.

Sur les ventes des biens, rentes & Offices saisis, voyez *Adjudication*.

Sur les formalités des criées, voy. *Criées, Congé d'adjuger* , *Décret* , &ç.

La Cour a confirmé la Saisie-Réelle d'une action sur la Manufacture des Glaces à Paris , saisie réellement sur M. Pajot d'Orceau, à la requête de M. Pinsonneau d'Hauterive : ainsi il est jugé, par cet Arrêt, que ces actions sont immeubles.

Les intéressés ou porteurs de ces sortes d'actions sont en effet propriétaires en partie de maisons & héritages concernans la Manufacture , situés à Paris , Fauxbourg Saint-Antoine, à Saint-Gobin , au bord de l'Oize , en Normandie & ailleurs. Cependant voyez *Meubles*.

Lorsque les biens saisis réellement ne peuvent pas supporter les frais d'un décret , parce qu'ils ne sont pas d'un prix considérable, le poursuivant peut & doit demander qu'ils soient vendus sur trois publications ou suivant l'estimation. C'est la disposition de l'article 8 du Réglement du 23 Novembre 1598, & de l'article 9 de celui du 29 Janvier 1658. Sur cela voyez Bruneau , Traité des Criées, ch. 16 , première partie.

La Cour a jugé, par un Arrêt rendu le 2 Septembre 1738, au rapport de M. Pallu, qu'on pouvoit procéder par voie de Saisie-Réelle , & passer à l'adjudication en vertu d'une Sentence qui ne prononce que des condamnations *provisoires*. Voyez *Provision*.

Dans cette espèce, Jacques Chandellier & conforts , débiteurs d'un compte envers Jean Rossignol, furent condamnés à le lui rendre par Sentence du Châtelet, & à payer par provision une somme de 200 liv. Faute de payement on procéda par voie de Saisie-Réelle d'une Charge de Mouleur de bois , fur les comptables. Ils en appellerent, & foutinrent qu'on ne pouvoit faifir réellement en vertu d'un Jugement provifoire, qui pouvoit, difoient-ils, être rétracté en diffinitif.

Le faififfant répondoit que, tant que le Jugement provifoire n'étoit pas effacé par un compte rendu & jugé, il étoit fufceptible de toutes fortes d'exécutions : la Saifie-Réelle fut en effet confirmée.

La Communauté des Orfévres de Paris ayant obtenu des dommages-intérêts contre un nommé Villain (membre de cette même Communauté), par Arrêt de la Cour des Monnoies, rendu le 21 Mars 1739, qui (en prononçant des peines contre Villain, déclaroit fes biens confifqués) fit, pour raifon de cette condamnation de dommages-intérêts, faifir réellement une maifon fituée à Paris, qui faifoit partie des biens confifqués, & enregiftrer cette Saifie-Réelle en la Cour des Monnoies.

Le Receveur des Domaines & Bois de Paris prétendit que la Cour des Monnoies n'étoit pas compétente pour connoître de la pourfuite d'une Saifie-Réelle de biens confifqués. Il demanda au Confeil la nullité de la Saifie-réelle, & la caffation des Arrêts rendus en cette Cour fur ces pourfuites.

Après une inftruction très-longue & très-étendue, eft intervenu Arrêt contradictoire au Confeil, le 30 Juillet 1743, qui a *caffé & annullé les Arrêts de la Cour des Monnoies*, comme *rendus par Juges incompétens*, & qui *a ordonné que la Saifie-Réelle faite à la requête des* Orfévres, *demeureroit convertie en oppofition* entre les mains du Receveur Général des Domaines . . . . *pour être* ladite Communauté *payée*, fi faire fe devoit, fur le prix de ladite maifon, qui feroit vendue après trois publications, à la requête du Procureur du Roi du Domaine.

Quand un créancier bailleur de fonds, ou même un fimple créancier hypothécaire, dont l'hypothéque eft la plus ancienne, abforbe la valeur des chofes faifies, il peut demander que les biens lui foient remis & abandonnés en déduction de fes créances, pour le prix de l'eftimation, au dire d'Experts, en payant les frais de pourfuites, fans laiffer d'autres reffources aux créanciers pof-

térieurs, que de s'obliger à faire monter les biens à fi haut prix, & donner caution qu'il fera payé de fes créances fur le prix de l'adjudication ; c'eft la Jurifprudence de tous les Tribunaux. M. le Maiftre, Traité des Criées, rapporte grand nombre d'Arrêts qui l'ont ainfi jugé. On en trouve un dans le Journal des Audiences, rendu le 26 Juillet 1692, qui a rejetté une demande en déclaration d'hypothéque contre des tiers-détenteurs, qui abforboient eux-mêmes, par leur ancienne hypothéque, la valeur de l'immeuble qu'ils avoient acquis.

La premiere Chambre des Requêtes du Palais ne connoît point cette Jurifprudence, elle renvoye ces demandes à l'ordre ; & une Sentence dans cette Chambre, du 7 Juin 1728, qui contenoit de femblables difpofitions, a été confirmée par Arrêt rendu en la quatriéme Chambre des Enquêtes, le 31 Mai 1729 ; & j'ai depuis effuyé même fort par Sentence rendue au rapport de M. Selle ; mais mon renvoi à l'ordre a été bien inutile, au moyen de ce que les fonds ont manqué fur le Procureur pourfuivant.

Quand la Saifie-Réelle a été fuivie d'un bail judiciaire, la Partie faifie ne peut plus, au préjudice de fes créanciers, vendre ni difpofer des biens faifis, à moins que l'acquéreur ne défintéreffe les créanciers faififans & oppofans ; mais la Saifie-Réelle feule ne prive point le propriétaire de cette faculté de difpofer, quand il n'y a point de bail judiciaire ; c'eft ce bail qui dépoffède. Voyez l'Arrêt du 16 Février 1719, dans le feptiéme volume du Journal des Audiences, liv. 2, chap. 14, & ce que je dis, art. *Décret.*

Les Saifies-Réelles des *maifons, terres, bois & autres héritages, Fiefs ou roturiers,* fitués *dans l'enclos aux rives & à cent perches des forêts, bois & buiffons du Roi,* doivent *être communiquées aux Procureurs du Roi des Maîtrifes, au moins quinzaine avant l'adjudication des décrets, lefquels feront mention expreffe de leur confentement ou oppofition, à peine de nullité & d'amende contre le Juge, &c.* Voyez l'Ordonnance des Eaux & Forêts, titre *de la Police & Confervation,* &c. art. 7.

On ne peut faifir réellement les biens immeubles des mineurs, fans avoir auparavant difcuté leurs meubles. Sur cela voyez *Difcuffion*. Voyez auffi les Coutumes de Chartres & d'Auxerre, qui exigent en certains cas la difcuffion des meubles des majeurs, avant la Saifie-Réelle de leurs immeubles.

Les Saifies-Réelles ne font pas d'ufage, ni autorifées dans les Pays de Breffe, Bugey & Gex. V. *Subhaftation*.

En Bretagne, le Seigneur auquel on a adjugé des amendes pécuniaires, ne peut faire faifir réellement les fonds pour fe faire payer, mais feulement les fruits.

SAISIE-REVENDICATION.

Voyez *Revendication*.

SAISINE ET DÉSAISINE.

Voyez *Adhéritance*, *Enfaifinement*, *Invefti-ture*, *Hypothéque*, *Mife de fait*, *Mife en poffeffion*, *Nantiffement*, *Tradition*, *Veft & Deveft*.

La Saifine eft une efpéce d'inveftiture que le Seigneur direct d'un héritage donne au nouveau Vaffal, & pour laquelle il eft dû un droit modique, que les Coutumes réglent différemment. Ce terme fignifie auffi quelquefois la poffeffion actuelle en laquelle le vendeur d'un héritage met l'acquéreur.

Anciennement la propriété de tout héritage tenu en Fief ou en cenfive, ne pouvoit être transférée que par la permiffion & la co-opération du Seigneur duquel il étoit mouvant : le Seigneur ou fes Officiers pouvoient feuls défaifir l'ancien propriétaire de l'héritage, & en faifir le nouveau. Ce privilége éminent de la directe avoit lieu dans tout le Royaume ; mais la réformation des Coutumes y a apporté des changemens confidérables. V. le grand Coutumier de France, livre 2, chap. 27, & les anciennes Coutumes de Champagne.

Quelques-unes, & même le plus grand nombre des nouvelles Coutumes, en négligeant l'ancien ufage, ont admis pour principe que la propriété des immeubles peut être transférée par la feule convention, fans qu'il foit befoin d'enfaifinement pour opé-

rer l'expropriation. La Saifine autrefois fi néceffaire, eft devenue abfolument volontaire dans ces Coutumes ; & l'article 82 de celle de Paris porte en termes formels, *ne prend Saifine qui ne veut*.

Mais d'autres Coutumes plus attachées à l'ancien Droit de la Nation, en ont confervé le génie ; ce font celles qu'on appelle Coutumes de tradition réelle. Nul contrat, quel qu'il foit, ne peut être tranflatif de la propriété d'un héritage foumis à leurs difpofitions, fi la Défaifine & la Saifine n'ont été accomplies : la convention n'opere point de tradition ; elle ne produit qu'une fimple action ; & l'on ne connoît le nouveau propriétaire, que quand il a rempli la formalité prefcrite.

Cette claffe de Coutumes fe divife en deux branches ; les unes font fimplement nommées Coutumes de *Saifine & Défaifine*, ou de *Veft & Deveft*, & celles-là n'affujettiffent à l'enfaifinement que les contrats tranflatifs de propriété. Telles font celles de Senlis, Clermont, Valois, Chaumont, Vitry, Saint-Pol, Bourbonnois, la Marche & Sedan.

Les autres, au contraire, admettent pour maxime qu'aucun Droit réel ne peut fe former fans tradition, & elles étendent l'ufage de la Saifine jufqu'à la conftitution de l'hypothéque : telles font celles de Laon, Rheims, Ribemont, Chaulny, de Peronne (a), Cambrai, Ponthieu, Amiens & de Boulenois. On les nomme Coutumes de nantiffement ; & quoique toutes ces Coutumes different entr'elles quant à la maniere de conftituer l'hypothéque, elles font conformes quant à la néceffité de la Saifine qu'elles prefcrivent pour tous les actes tranflatifs de propriété. V. *Nantiffement*.

La Cour, par un Arrêt rendu le 31 Mars 1716, en la feconde Chambre des Enquêtes, au rapport de M. de la Guillaumie, entre les fieurs de Longuemaure & Boutin, a jugé que dans la Coutume de Peronne, Mondidier & Roye, il y a lieu au retrait lignager huit ans après la vente, quand le contrat n'eft pas revêtu de la formalité de la Défaifine.

(a) Le Bailliage de Montdidier, où la Coutume de Peronne s'obferve, a attefté par Acte de Notoriété du 20 Avril 1703, que la Saifine & la Défaifine ne font pas indifpenfablement néceffaires dans fon reffort, pour la validité des donations entre-vifs des biens qui y font fitués. Mais voyez *Donation*.

Dans cette efpéce, le fieur Boutin avoit acquis, le 20 Juillet 1706, la terre de Beaufort fituée en Santerre; il avoit porté la foi & hommage au Seigneur, pris *Saifine & Invefliture* le 28 du même mois, & poffédé publiquement la terre jufqu'au 22 Février 1714, qu'il fut affigné en retrait lignager par le fieur de Longuemaure.

Le fieur Boutin foutenoit, fur le fondement de fa poffeffion, qu'il n'y avoit pas lieu au retrait; & il ajoutoit que l'article 235 de la Coutume de Peronne n'exigeant que la Saifine & l'Invefliture, on ne pouvoit y ajouter la néceffité de la Défaifine; mais il fuccomba, parce que l'article 235 fut expliqué par l'article 264, qui *dans les contrats d'aliénation & tranfport* exige *Défaifine & Saifine*, pour que la *propriété* foit tranfmife. Cependant voyez *Retrait*.

S A L A I R E S.
V. *Dépens, Frais, Gages,* &c.

S A L A I S O N S, S A L I N E S.
Voyez *Sel.*

S A L I Q U E S.
V. *Loix Saliques.*

S A L V A T I O N S.

» Ce font des écritures d'Avocats, qui » fervent de réponfes aux contredits & aux » réponfes à griefs ou à caufes d'appel.

» Les Salvations commencent par ces » mots : *Salvations qui met & baille,* &c. à » moins qu'on n'emploie une requête pour » Salvations.

» Ne fournit Salvations ni réponfes à » griefs qui ne veut «. Dictionnaire Civil & Canonique, *verb.* Salvations.

S A U F - C O N D U I T.
Voyez *Lettres d'Etat,* Répi & *Surféance.*

Furetiere définit le Sauf-Conduit, l'affurance qu'on donne par écrit à quelqu'un de la fûreté de fa perfonne, pour aller & venir en liberté.

C'eft du Roi même qu'il faut obtenir des Saufs-Conduits; je n'en ai vû qu'un feul en ma vie, & j'en ai copié les termes: il porte, » Sa Majefté a accordé & accorde audit *** » Sauf-Conduit de fa perfonne, pendant » trois mois, lequel, au cas qu'il fe repré-

» fente, elle l'a pris comme elle le prend & » met en fa protection & fauve-garde fpé- » ciale par ces préfentes.

» Mande & ordonne pour cette fin S. M. » à tous Gouverneurs & fes Lieutenans Gé- » néraux en fes Provinces, Intendans en » icelles, Gouverneurs Particuliers de fes » Villes & Places, Maires, Echevins & Ma- » giftrats de fefdites Villes, & à tous autres » fes Officiers qu'il appartiendra, de laiffer » paffer, aller & féjourner fûrement ledit *** » pendant ledit temps de trois mois, fans » permettre ni fouffrir que, pour quelque » caufe que ce puiffe être, il foit attenté à » fa perfonne, ni qu'il foit inquiété en au- » cune maniere; défend expreffément S. M. » à tous Juges.......Officiers, &c. de mettre » à exécution aucuns Décrets, Sentences, » Jugemens & Arrêts de condamnation » contre ledit ***, & à tous Geoliers & » Gardes des Prifons de le recevoir efdites » Prifons......à peine, &c. «

S A U V E - G A R D E.

C'eft le nom qu'on donne à des Lettres de Protection, par lefquelles le Roi ou fes Cours accordent leur affiftance contre l'oppreffion ou les menaces de perfonnes puiffantes.

S C E A U (Grand).
Voy. *Confervateurs d'Hypothéque, Greffiers, Office, Oppofition, Oppofition au titre, Rembourfement & Scel.*

On nomme communément Grand Sceau celui dont M. le Garde des Sceaux eft dépofitaire, & qui fert à fceller les Edits, les Ordonnances, les Déclarations, les Lettres-Patentes, les Provifions de Charges & Offices, les Lettres d'abolition, de rémiffion, de naturalité, & généralement toutes les Lettres qui s'expédient en la Grande Chancellerie, & qui émanent de la pleine grace & entiere autorité du Roi.

Le Grand Sceau n'eft pas toujours le même : il y en a deux différens; l'un fert pour tout le Royaume en général, à l'exception du Dauphiné: on n'ufe de l'autre que pour ce qui concerne cette Province.

On fe fert de cire rouge pour fceller les Lettres qui concernent le Dauphiné, & de cire jaune pour celles qui regardent les autres Provinces, excepté les Lettres de grace, qui font ordinairement fcellées de cire verte.

Il y a des Lettres pour lefquelles S. M. trouve bon que fes Sujets s'oppofent à ce qu'elles foient fcellées : telles font, par exemple, les Provifions des Offices. Ceux qui en font propriétaires, peuvent s'oppofer à ce qu'il en foit accordé & fcellé des Provifions : on appelle cet empêchement oppofition au titre. Nous avons fur cette matiere un Réglement récent. Voyez *Oppofition au Titre.*

Les oppofitions au titre ont pour objet la propriété de l'Office ; mais il y a d'autres oppofitions au Sceau qui n'ont pour but que de conferver les droits & les hypothéques des créanciers qui les forment, foit fur les Offices, foit fur les rentes dûes par le Roi. Ces fortes d'oppofitions n'arrêtent pas le Sceau ; mais elles font feulement qu'il ne s'appofe qu'à la charge des droits des oppofans, & elles ont le même effet que les oppofitions à la vente par décret des immeubles réels & corporels. Je parle des effets de ces oppofitions aux mots *Offices, Oppofition* & *Ratification.*

Le Sceau affure non-feulement la propriété des Offices quand il eft appofé aux Provifions : mais il purge auffi les hypothéques dont ils étoient chargés, tant envers des majeurs que des mineurs & Gens d'Eglife qui n'ont pas formé ce qu'on appelle oppofition au Sceau ; ainfi il produit les mêmes effets que le décret volontaire ou forcé des héritages. V. *Offices* & *Oppofitions.*

Les mineurs ne peuvent être relevés du défaut d'oppofition au Sceau, fous prétexte de minorité, ils n'ont de recours que contre leurs tuteurs négligens : & s'ils font émancipés, ils doivent s'imputer à eux-mêmes de n'avoir pas veillé.

Me Saget, Avocat au Parlement de Touloufe, qui n'avoit pas formé oppofition au Sceau de l'Office d'Avocat Général au Parlement de Touloufe, fur lequel il avoit des droits, a prétendu fe faire relever du défaut d'oppofition, fur le fondement de fa minorité ; il avoit à cet effet obtenu des Lettres de Refcifion : mais par Arrêt rendu au Parlement de Touloufe le 27 Mars 1749, il a été débouté de fes demandes.

Le Sceau des Provifions d'un Office a même plus de force & plus d'étendue que le décret à l'égard des autres immeubles ; car ni le décret ni le Sceau des Lettres de ratification ne purgent pas le douaire non ouvert : ils ne purgent pas non plus les fubftitutions quand elles ne font pas ouvertes, ni l'hypothéque que le fucceffeur à des Bénéfices a pour contraindre le précédent Titulaire de faire les réparations, parce que cette action ne s'ouvre qu'en faveur du fucceffeur ; au lieu que le Sceau des Provifions d'un Office purge le douaire, lorfque le mari qui l'a conftitué, eft encore vivant (ainfi que la Cour l'a jugé par Arrêt rendu en la Grand'Chambre, le 11 Juillet 1702, entre Jean Bruneau, Huiffier au Châtelet, & Jean Carlier, Marchand à Paris, rapporté au cinquiéme volume du Journal des Audiences), & qu'il purge auffi les fubftitutions, même avant qu'elles foient ouvertes, fi les Parties intéreffées n'ont pas formé d'oppofition.

L'utilité publique & l'intérêt du Roi ont fait introduire cette maxime. Il feroit injufte, en effet, que des Officiers pourvus par le Roi fans que perfonne y ait mis obftacle puffent en être dépoffédés par des créanciers inconnus, & qu'il feroit même très-fouvent impoffible de connoître ; d'ailleurs, quand il y a mutation dans une Charge, elle eft cenfée revenir au Roi, qui en difpofe en faveur de qui bon lui femble. *Donnons & octroyons,* difent toutes les Provifions ; ainfi ceux qui en font pourvus, font cenfés les tenir directement du Roi : c'eft une raifon de plus pour que ces Offices foient entiérement affranchis par le Sceau, des douaires & des fubftitutions non ouvertes.

De Renuffon, Traité du Douaire, chap. 3, n°. 61 & 62, donne une autre raifon pour la libération des Offices. Il dit que l'Edit de 1683 n'a point changé l'ancien ufage fur le droit qui a été attribué au Sceau des Provifions des Offices. Il compare l'Edit de 1673, qui a introduit les Lettres de Ratification touchant la vente des rentes fur la Ville, avec celui de 1683, & il en fait fentir la différence en ce que l'Edit de 1673 a excepté nommément les fubftitutions & les douaires, au lieu que l'Edit de 1683 n'en

a point fait d'exception : » ce qui fait bien
» voir, conclud cet Auteur, qu'on a voulu
» que le Sceau purgeât le douaire jufqu'à ce
» qu'il y ait un Edit qui excepte le douaire
» & qui établiffe qu'il ne fera point purgé
» par le Sceau du vivant du mari, &c. «

Au refte, la Cour paroît avoir confacré
cette maxime (que le Sceau des Provifions
des Offices purge le douaire non ouvert) ;
c'eft ce qu'elle a jugé par un Arrêt célébre
rendu fur délibéré, au rapport de M. Bochart de Sarron, le 11 Fév. 1747, plaidans
Mᵉ Minier, Avocat de Madame de Meau-
peou d'Ableiges, & Mᶜˢ Auvray & Bouju, pour les autres Parties. (Il eft imprimé.) Voyez l'article 10 de l'Edit du mois
de Mars 1706, concernant les Offices de
Confervateurs des Hypothéques.

Il faut encore conclure de la force & de
l'étendue du Sceau, qu'il purge toutes fortes
d'actions non-feulement contre les majeurs,
mais même contre les mineurs. Il purge auffi
les droits des femmes mariées, fans qu'elles puiffent alléguer l'impuiffance où elles
étoient de faire valoir leurs droits négligés
par leurs maris.

Le Sceau des Provifions des Offices poffédés par des Comptables purge-t-il les hypothéques acquifes au Roi ? Voyez Comptable & Offices.

Les oppofitions au Sceau des Offices &
des Lettres de Ratification des rentes conftituées fur les revenus du Roi, ne peuvent
être formées que par le miniftere des Huiffiers du Confeil, comme je l'ai dit au mot
Huiffier.

Les Mémoires qu'on leur donne pour former ces oppofitions, doivent contenir les
noms de baptême, les noms propres & les
qualités, tant de ceux qui s'oppofent, que
de ceux fur lefquels les oppofitions font
formées ; & fi c'eft une oppofition au titre,
elle doit être fignée par un Avocat aux Con-

feils, chez lequel l'oppofant doit élire domicile.

Si l'oppofition eft feulement formée au
Sceau, l'oppofant peut élire domicile où
bon lui femble ; ce doit néantmoins être
à Paris, fi l'oppofition eft faite au Sceau de
Lettres de Ratification.

Les droits de l'oppofition en général fur
toutes les rentes d'un débiteur font, pour
chaque oppofant, de 7 liv. 13 fols, y compris la fignification & le papier timbré des
deux copies.

Dans ces oppofitions on ne fpécifie point
les dates des contrats de conftitution, ni les
quittances de finance & d'augmentation de
gages, parce que l'oppofition ne coûte pas
plus pour être faite fur toutes les rentes en
général, que fur une en particulier.

Il eft inutile de marquer dans l'oppofition les caufes pour lefquelles elle eft formée ; elles fe forment toutes *pour raifons à
déduire en temps & lieu.*

SCEAU DU CHÂTELET.
Voyez *Notaires* & *Scel.*

Le Sceau qui s'appofe aux Actes émanés
de la Jurifdiction du Châtelet de Paris,
étoit originairement l'unique aux Armes
de France, & le feul qui partageoit cet honneur avec celui de la Chancellerie.

On s'en fervoit, en l'abfence du grand
Sceau, pour fceller les Lettres-Patentes de
nos Rois.

A ces prérogatives, l'on y a joint de tout
temps celle d'être attributif de Jurifdiction
devant M. le Prévôt de Paris, dans toute
l'étendue du Royaume, à l'exclufion de
tous autres Juges (a) ; & l'effet de cette attribution eft d'attirer au Châtelet de Paris toutes les conteftations qui peuvent s'é-
lever fur l'exécution des Sentences de ce
Tribunal qui ont été fcellées.

Ce droit eft fi ancien, que Charles V,

(a) Le Sceau du Châtelet d'Orléans a auffi le privilége
d'être attributif de Jurifdiction ; & l'Edit du mois de Mars
1749, portant réunion de la Prévôté d'Orléans au Bailliage de la même Ville, a confirmé cette prérogative par l'article 11 conçu en ces termes :
*Le Scel du Châtelet d'Orléans continuera d'être attribu-
tif de Jurifdiction, ainfi qu'il l'a été par le paffé.*
M. le Duc de Chevreufe, Comte de Dunois, a prétendu que cette attribution étoit chimérique ; que l'Edit de
1749 étoit indifférent, parce qu'il ne contenoit pas une
conceffion de l'attribution, mais laiffoit feulement les

chofes comme par le paffé, & qu'on avoit toujours par
le paffé jugé contre l'attribution.
M. de Chevreufe avoit même formé oppofition à l'Arrêt d'enregiftrement de cet Edit ; mais toutes fes prétentions ont été profcrites par Arrêt rendu en faveur de M.
le Duc d'Orléans, au rapport de M. l'Abbé Terray, le 11
Juillet 1762.
Il y a à Montpellier une Jurifdiction que Boulainvilliers nomme la Cour du petit Scel, dont le Sceau eft pareillement attributif de Jurifdiction ; ce privilége lui a,
dit-on, été accordé par S. Louis.

en le confirmant par Lettres-Patentes du 8 Février 1367, déclare que le Prévôt de Paris en étoit dès-lors en poffeffion depuis fi long-temps, qu'il n'étoit pas mémoire du contraire. Voici comme s'expliquent ces Lettres.

Voulons la connoiffance du fcellé du Châtelet appartenir au Prévôt de Paris & à fes fucceffeurs, & non à autres, fi comme il eft accoutumé d'ancienneté, & notre droit à ladite Cour du Châtelet être gardé en cette partie. Mandons que tous vos Officiers & Jufticiers de notre Royaume qui auront refufé ou refuferont dorénavant de renvoyer la connoiffance des oppofitions dudit fcellé & appartenances, il puiffe contraindre ou faire contraindre rigoureufement fans faveur & dépôt, & à nous en faire amende convenable.

Charles VII & Louis XI l'ont depuis confirmé par Lettres-Patentes des 6 Octobre 1447, & 25 Juin 1473, avec injonction à M. le Prévôt de Paris de punir ceux qui entreprendroient d'y contrevenir.

Le Sceau du Châtelet s'appofant également fur les Sentences de ce Tribunal, & fur les Actes paffés devant les 113 Notaires du Châtelet réfidens à Paris, il a l'effet attributif pour l'exécution, foit des Sentences, foit des Actes. Mais le Sceau appofé fur les Actes paffés devant les Notaires du Châtelet réfidens hors Paris, n'a pas cet effet. Voyez *Notaires.*

Augeard, en rapportant un Arrêt du Confeil du 16 Février 1705, examine entr'autres queftions, celles de fçavoir en quel cas le privilége du Sceau du Châtelet doit avoir lieu, & quelle différence il y a entre le droit de *Committimus* & le privilége du Sceau du Châtelet. Voyez ce que je dis à ce fujet dans une Note fur les Actes de Notoriété du Châtelet, pages 552, 553 & fuiv.

L'attribution du Sceau du Châtelet a lieu pour les Saifies-Réelles des biens fitués en Normandie. M. le Procureur Général du Parlement de Rouen a prétendu le contraire, en prenant le fait & caufe des Juges des lieux; & il a fait valoir les grands priviléges de cette Province, & fur-tout celui que la Coutume de Normandie donne aux habitans de fon reffort, de ne pouvoir être traduits ailleurs en matiere de Saifie-Réelle: mais l'affaire difcutée à fond, a été jugée en

Tome III. Part. II.

faveur du Sceau du Châtelet de Paris, par quatre Arrêts contradictoires, rendus les premier Juin 1672, 3 Juillet 1673, 12 Mai 1684, & 13 Juillet 1711.

Il a néantmoins été jugé, par Arrêt rendu le 10 Juillet 1739, fur l'avis de M. l'Avocat Général Gilbert, que le Sceau du Châtelet n'eft point attributif de Jurifdiction contre le Bailliage du Palais: plufieurs autres Arrêts ont jugé de même.

Le Sceau du Châtelet d'Orléans & celui de Montpellier font attributifs de Jurifdiction comme celui du Châtelet: c'eft un refte d'un ufage ancien, dont parle Augeard, tome premier, édition in-fol. n°. 258, en rapportant l'Arrêt de 1705, où j'ai puifé une grande partie de ce que je dis en cet article. Voyez l'article 21 de l'Edit du mois de Mars 1749, regiftré le 8 Mai fuivant.

La Cour, par Arrêt rendu le 12 Août 1689, a jugé qu'il feroit paffé outre au Châtelet à l'adjudication des biens faifis en vertu d'un titre revêtu du Sceau du Châtelet, fans que les criées puiffent être évoquées aux Requêtes du Palais, fous prétexte d'oppofitions formées à icelles, qui y auroient été renvoyées: mais le même Arrêt a renvoyé l'oppofition aux Requêtes du Palais, pour y être réglée avec le pourfuivant. (Cet Arrêt eft imprimé.)

L'attribution de Jurifdiction attachée au Sceau du Châtelet, n'a point d'effet dans les matieres dont la connoiffance eft attribuée à la Connétablie: divers Arrêts l'ont ainfi jugé; Bauclas en cite grand nombre, & entr'autres cinq des années 1738, 1739, 1740, 1741 & 1742.

S C E L (Petit).

V. *Pareatis, Sceau,* & *Sceau du Châtelet.*

Sceller un Acte, c'eft y appofer un cachet aux armes du Roi ou du Seigneur auquel appartient la Juftice dont il eft émané.

On ne fignoit point autrefois les Actes qui fe paffoient entre Particuliers; chacun d'eux y appofoit fon fceau, qui tenoit lieu de fignature; & les fceaux ne contenoient pas, comme dans les derniers fiécles, les armes des Princes, des Seigneurs & des Particuliers qui les appofoient: on ne trouve dans ceux des anciens Rois que leurs por-

F

traits, des portes d'Églife, des têtes de Saints, des croix, &c. Hugues Capet eft repréfenté dans un Sceau, tenant un globe d'un côté, & une main de Juftice de l'autre; & c'eft le premier de nos Rois à qui l'on voit cette efpéce de fceptre. Voyez fur cette matiere l'Ouvrage d'un fçavant Allemand nommé Hopingk, & ce que je dis au mot *Actes*.

Dans l'ufage actuel, il y a des Actes où le Sceau s'appofe réellement, & d'autres où il n'eft fait qu'une fimple mention qu'ils ont été fcellés. Chaque Tribunal a fur cela des ufages particuliers; par exemple, au Châtelet on n'appofe aucun Sceau aux Sentences qui fe délivrent, mais on l'appofe aux Commiffions & aux Lettres de Garde Gardienne.

C'eft le Sceau qui donne l'authenticité aux Actes, & ils ne font pas en forme exécutoire quand ils ne font pas fcellés; parce que le Sceau eft la marque dont les Jugemens & autres Actes font revêtus: c'eft pour cela que Philippe V, furnommé le-Long, ordonna, en 1319, que le Sceau (Royal) fût appofé aux Arrêts, Sentences, Jugemens (des Jurifdictions Royales,) & aux Actes des Notaires (Royaux,) & qu'ils ne pourroient être mis à exécution fans cette marque, qui contient auffi la preuve de leur authenticité.

Cette Loi a depuis été renouvellée par des Edits & Déclarations des mois de Déc. 1557, Juin 1568, 8 Février 1571 & 1595, Mars 1618, Mars 1619, Mai & Août 1620, Mai 1633, Décembre 1639, & Juin 1640.

Enfin, la néceffité de faire fceller tous Actes de Juftice & reçus par des Notaires, a de nouveau été impofée par un Edit du mois de Novembre 1696, portant érection d'Offices de Gardes-Scel dans toutes les Jurifdictions du Royaume; & cet Edit fait même défenfes à tous Greffiers, Notaires & Tabellions, de délivrer aucunes *Sentences*, *Ordonnances*, *Contrats*, *Obligations & autres Actes* fujets au Scel, qu'ils n'ayent été préalablement fcellés, a peine de nullité & d'amende.

Ce même Edit fait auffi défenfes aux Parties de s'aider des Actes qui ne feront pas fcellés (*a*), à tous Procureurs de les produire dans les Procès & Inftances, & à tous Huiffiers & Sergens de les fignifier ou mettre à exécution, fous pareilles peines. On peut fur cela voir les Déclarations des 3 & 17 Septembre 1697, 6 Mai 1698, & 29 Septembre 1722. (Je crois qu'il y a fur cela des ufages particuliers dans la Généralité de Moulins.)

Les Offices de Gardes-Scel créés par l'Edit du mois de Novembre 1696, ont été fupprimés par un autre Edit du mois d'Août 1706 (*b*); mais bien loin que ce nouvel Edit ait fupprimé la formalité du Sceau des Actes, il l'a de nouveau prefcrite comme effentielle; & comme il ne fubfiftoit plus d'Officier pour la remplir, cet Edit a ordonné que les Notaires (Royaux) auroient chacun un Sceau aux armes du Roi, pour l'appofer fur les contrats & autres Actes auxquels il feroit néceffaire; pour raifon de quoi les Notaires & Tabellions pourroient percevoir un fol à raifon de chaque appofition.

Enfin, cet Edit a fait défenfes de mettre les contrats & Actes des Notaires & Tabellions (Royaux) à exécution, qu'ils n'ayent été préalablement revêtus du Sceau des armes du Roi, à peine de 100 liv. d'amende pour chaque contravention.

En un mot, le Scel eft tellement néceffaire aux Actes, que s'il n'y eft appofé, ou s'il n'y eft au moins fait mention (par celui qui eft prépofé à cet effet, & qui a pour cela un caractere public,) qu'ils ont été fcellés, on ne peut les exécuter; & cette prohibition s'étend même jufqu'aux Ordonnances rendues par les Juges Royaux, foit fur Requêtes, foit fur référé en leur Hôtel.

On a néantmoins excepté les décrets de prife de corps de cette régle générale. On ne peut faire fceller un femblable décret fans le repréfenter au prépofé par les Fermiers Généraux pour percevoir les droits du Sceau; & cette repréfentation peut produire deux inconvéniens:

(*a*) Les préfentations, défauts & congés levés au Greffe des Préfentations, font, ainfi que les affirmations de Voyage, affranchis de la formalité du Sceau, par le tarif de 1708.

(*b*) Le même Edit a été adreffé au Parlement de Dauphiné; mais il eft daté du mois de Novemb. 1706. Il a été regiftré au Parlement de Grenoble le 17 Janvier 1707. On le trouve dans le Recueil de Dauphiné, *in-4°*, tome 8.

1°. Un décret de prife de corps doit être fecret; & ce feroit l'expofer à une forte de publicité, que d'affujettir un Officier à le préfenter au Commis des Fermes, pour le fceller avant de le mettre à exécution. On fçait que les Fermiers cherchent moins des hommes difcrets pour fceller les Actes judiciaires, que des perfonnes folvables & d'un caractere actif.

2°. La formalité du Sceau d'un décret de prife de corps pourroit en faire retarder l'exécution; & il y a fouvent péril en la demeure. Ces raifons ont déterminé feu M. le Chancelier à permettre l'exécution des décrets de prife de corps fans la formalité du Sceau, mais à condition qu'elle feroit remplie dans les 24 heures de l'exécution.

Les Actes de reprife d'Inftance, les extraits des regiftres des gros fruits, & les Procès-verbaux d'enquêtes, ne font pas non plus affujettis au Sceau, fi ce n'eft à l'égard des Procès-verbaux d'enquêtes qui ordonnent des réaffignations, fous peine d'amende.

Les Ordonnances que M. le Lieutenant Civil & les autres Juges du Châtelet de Paris, (M. le Lieutenant de Police, le Lieutenant Criminel & le Juge-Auditeur exceptés,) rendent au bas des Requêtes, peuvent être mifes à exécution, encore qu'elles ne foient pas fcellées. Il y a un Arrêt du Confeil, rendu le 8 Juillet 1698, qui les affranchit de cette formalité; & l'exécution de cet Arrêt eft ordonnée par une Sentence du 14 Juillet fuivant, qu'on trouve au Regiftre des Bannieres du Châtelet.

Les Actes des Notaires d'Alface ont auffi été affranchis de la formalité du Sceau, par un Arrêt du Confeil du 24 Décembre 1700, lequel ordonne que ces Actes s'exécuteront fur la fimple fignature du Notaire.

Les Confeils du Roi, les Requêtes de l'Hôtel & le Grand-Confeil, n'ont pas de Sceau particulier comme les autres Tribunaux du Royaume; leurs Arrêts font fcellés au grand Sceau.

Mais les Ordonnances rendues fur référé par M. le Lieutenant Civil & autres Magiftrats du Châtelet, même celles des Commiffaires du Châtelet, ne peuvent être mifes à exécution fans être fcellées. Voyez à

ce fujet un Arrêt du Confeil du 6 Septembre 1723. (Il eft imprimé).

Une Déclaration du 10 Novembre 1699 a exempté de la formalité & des droits du Sceau » les Actes de préfentation, d'affir-
» mation de voyage, de produit, les dé-
» fauts & congés levés aux préfentations
» qui ne porteront aucune condamnation,
» les Ordonnances appofées au bas des Re-
» quêtes qui ne porteront que de fimples
» Actes d'inftruction, comme foit fignifié,
» acte en jugeant, les appointemens de con-
» clufion en droit ou à mettre, & autres de
» cette qualité.

» Comme auffi les rôles & cazernets
» des tailles & impofitions, tant ordinaires
» qu'extraordinaires, des Provinces & Gé-
» néralités de Touloufe, Montpellier, Pro-
» vence, Bourgogne, Flandres, Artois.....« Cette Déclaration eft dans le Recueil de Touloufe.

Bauclas dit que, par une Décifion du Confeil du 27 Mai 1724, donnée fur le rapport de M. de Gaumont, Intendant des Finances, il a été jugé que les Sentences de la Jurifdiction de la Connétablie & Maréchauffée de France ne font point fujettes au Petit-Scel.

S C E L L É.

V. *Commiffaire, Election, Haut-Jufticier, Inventaire, Loyer, Notaire, Prévention, Privilége, Référé, & Suite.*

On nomme Scellé l'application du fceau d'un Juge particulier ou d'un Commiffaire fur les portes, coffres & ferrures de quelqu'un, pour faifir la Juftice des meubles & effets qui y font enfermés, les conferver à ceux qui y ont quelque droit ou intérêt.

Le Scellé s'appofe dans trois cas; 1°. après le décès de quelqu'un; 2°. lorfqu'un débiteur eft en faillite; & 3°. lorfqu'un homme eft prévenu de crimes, & que le Juge préfume qu'il peut fe trouver des preuves dans les effets de l'accufé.

Dans le premier cas, le Scellé eft ordinairement fuivi d'un Inventaire. Voyez *Inventaire.*

Dans le fecond, l'on fait feulement une defcription fommaire des meubles, effets, titres & papiers du débiteur en faillite. La forme dans laquelle on doit y procéder, à

Paris, eft réglée par une Déclaration du 30 Juillet 1715, qui porte entr'autres difpofitions, que cette defcription fommaire fera faite par un Commiffaire, & non par un Notaire.

Et dans le troifiéme cas, il ne fe fait qu'une perquifition de ce qui peut fervir de preuves contre l'accufé.

Les Scellés qui s'appofent fur les biens d'une perfonne vivante, comme prévenue de crime, font des actes de Juftice qui peuvent s'exercer par toute forte d'Officiers, foit pour trouver des preuves qui fervent à la conviction du crime, foit pour empêcher la diffipation des biens.

Ceux qui s'appofent après le décès de quelqu'un, ont pour objet de conferver le bien des familles : & ceux-là ne peuvent s'appofer que par les Juges ordinaires ; les Juges de privilége, tels que Meffieurs des Requêtes de l'Hôtel & du Palais, n'en ont pas le droit, lors même que celui qui avoit fes caufes commifes pardevant eux, décéde. Voyez l'Arrêt du premier Avril 1762, article *Prévôté de l'Hôtel.*

C'eft ce qu'a parfaitement établi M. l'Avocat Général Talon, en portant la parole, lors de l'Arrêt qui a été rendu fur fes Conclufions, le 7 Décembre 1682, & par lequel il a été ordonné que le Scellé appofé fur les effets d'un fieur Harnault, feroit levé, & l'inventaire fait par les Officiers du Châtelet, à l'exclufion des Officiers de la Connétablie, qui les avoient croifés, fous prétexte que le fieur Harnault étoit Jufticiable de leur Jurifdiction. (Cet Arrêt eft imprimé.).

Pour faire appofer un Scellé après le décès de quelqu'un, il faut être, ou fon créancier, ou fon héritier.

Telle eft la régle générale: mais elle eft fujette à quelques exceptions. En effet, le Miniftere public peut requérir l'appofition des Scellés fur les biens d'un défunt :

1°. Quand il y a lieu au droit de confifcation ou au droit d'aubaine.

2°. Lorfque le défunt a laiffé pour héri-

tiers des mineurs fans tuteurs, ou des abfens (a). On peut fur cela voir l'article 164 de l'Ordonnance de Blois, & l'article 18 de l'Arrêt de Réglement rendu le 10 Juillet 1665, article 18. Il eft au Journal des Audiences, tome 2.

L'Arrêt rendu aux Grands-Jours de Clermont, le 11 Janvier 1666, en interprétation de l'article 18 de celui de 1665, a ordonné qu'*à la diligence des Subftituts du Procureur Général & des Procureurs Fifcaux, les Scellés feront appofés fur les biens des mineurs qui n'auroient point de tuteurs, fans néantmoins qu'ils puiffent affifter à la levée defdits Scellés, après qu'ils auront été reconnus, ni aux inventaires, fous prétexte de minorité....* V. auffi l'Arrêt du 3 Décembre 1569, rendu entre les Seigneurs Hauts-Jufticiers & les Notaires de Paris. Il eft dans Joly, des Offices, tome 2, page 1673.

3°. Lorfqu'il s'agit de l'intérêt du Roi, du Public & de l'Eglife; par exemple, lorfqu'il eft queftion *des Succeffions des Curés, Marguilliers, Notaires ou autres faifis de minutes, regiftres, titres d'Eglife, ou autres chofes de pareille nature.* Dans tous ces cas, le Miniftere public peut requérir l'appofition des Scellés, fuivant un Arrêt de Réglement rendu fur les Conclufions de M. le Procureur Général d'Agueffeau, le 15 Mai 1714. On le trouve dans le Recueil Chronologique de M. Jouffe. V. auffi l'Arrêt du 24 Novembre 1721 pour la Bretagne, dont je parle à la fin de l'article *Presbytere.*

On peut encore voir fur cette matiere d'autres Arrêts rendus les 11 (ou 12) Janvier 1666, & 23 Juillet 1676, qui font rapportés dans le Recueil des Scellés in-4°. & l'Arrêt du 6 Février 1702, rapporté par Augeard. Mais voyez auffi ce que je dis à l'article *Econome*, fur les Scellés & inventaires des Eccléfiaftiques qui décédent pourvus de Bénéfices auxquels le Roi nomme, & fur les Bénéfices de Franche-Comté.

La Cour a néantmoins confirmé l'appofition d'un Scellé faite à la requête du Miniftere public, après le décès d'un homme

(a) L'Arrêt rendu fur délibéré, au rapport de M. d'Efpagnac, le 29 Août 1761, entre l'Abbeffe de Montmartre, prenant le fait & caufe de fes Officiers ; & le Procureur du Roi du Châtelet a maintenu les Officiers de Montmartre dans le droit & poffeffion d'appofer des Scellés, foit à la requête des Parties, foit à la requête du Procureur Fif-

cal, dans le cas où les héritiers feront abfens. Je parle encore de cet Arrêt à l'article *Inventaire.*

Voyez auffi un Arrêt de Courpotenet du 21 Mai 1721, qui autorife le Miniftere public à faire appofer le Scellé fur les effets des mineurs pour en procurer l'inventaire, cet Arrêt eft imprimé.

qui avoit fait un legs aux Pauvres, sans défigner par fon teftament les Pauvres qui
étoient l'objet de fa charité. Le Procureur
du Roi de Sezanne avoit même, à raifon de
cet intérêt des Pauvres, affifté à la levée des
Scellés, & reçu des vacations. L'Arrêt qui
eft intervenu le 17 Décembre 1701, jugea
l'appofition réguliere ; mais comme tout ce
qui fe fait pour les Pauvres doit être gratuit, le Procureur du Roi fut condamné de
rendre les vacations qu'il avoit exigées.

Le Parlement de Grenoble, en réuniffant
dans un feul Réglement, contenant 9 articles, que ce Tribunal a fait par Arrêt du
13 Août 1718, tout ce qui concerne les appofitions, levées de Scellés & confections
d'inventaires, a, par l'article premier » fait
» défenfes aux premiers Juges..........
» d'appofer aucun Scellé fur les effets des
» perfonnes décédées, à moins qu'ils n'en
» foient requis par les héritiers, ou par les
» fubftitués, ou par les Exécuteurs-tefta-
» mentaires, ou par les parens proches des
» décédés, ou par quelqu'un qui fe dife
» créancier ou intéreffé à faire appofer le
» Scellé, & qui en ce dernier cas en faffe
» la réquifition à fes périls, rifques & for-
» tune.

L'art. 2 » fait défenfes auxdits Officiers,
» lorfqu'ils auront appofé des Scellés dans
» le cas ci-deffus, de procéder à aucun in-
» ventaire d'aucuns effets.... s'ils n'en font
» requis par les héritiers, &c.

L'art. 3 » ordonne auxdits Juges d'appo-
» fer Scellé incontinent après le décès des
» peres de famille qui laifferont des enfans
» pupilles, & de même après le décès de
» ceux qui n'ayant point d'enfans, laiffe-
» ront des héritiers en pupillarité «.

L'art. 5 ordonne auffi l'appofition des
Scellés après le décès de ceux qui font chargés des deniers & papiers des Communautés, de ceux dont les héritiers font, ou abfens ou éloignés, & encore de ceux qui,
par cas fortuit, décédent dans l'étendue de
leur Jurifdiction, fans qu'on connoiffe leurs
héritiers, &c.

De Droit commun, le veuf ou la veuve
peut auffi faire appofer le Scellé après le
décès de fon conjoint. L'Exécuteur-tefta-
mentaire a le même droit.

Quand il s'agit d'appofer un Scellé après

le décès de quelqu'un, l'Officier chargé de
faire l'appofition, ne doit fe préfenter qu'en
habit décent, & lorfque le décès lui eft
certifié. Un Arrêt rendu le 2 Septembre
1761, à l'occafion d'un Scellé appofé par
un Commiffaire du Châtelet, chez le
Curé de Montmartre, quelques momens
avant la mort de ce Curé, pour prévenir
les Officiers de la Juftice du lieu, a » en-
» joint audit Commiffaire de ne fe point
» préfenter dans les maifons pour y appo-
» fer les Scellés, qu'il ne foit certioré par
» des perfonnes dignes de foi, que les ma-
» lades font décédés, & de ne fe préfenter
» qu'en habit décent, avec robe & rabat,
» fuivant les Réglemens ; & lui a fait dé-
» fenfes d'appofer des Scellés avant les dé-
» cès...... «

Tant que le cadavre n'eft pas inhumé,
un fimple réquifitoire de la part de l'héritier ou du créancier met le Commiffaire
en état d'appofer les Scellés ; mais après
l'enterrement, on eft au Châtelet dans l'u-
fage de préfenter une Requête à M. le Lieutenant Civil, & de n'appofer le Scellé en
ce cas, qu'en vertu de fon Ordonnance expreffe.

Comme il n'y a aucun Réglement qui
prefcrive la néceffité de l'Ordonnance du
Juge pour l'appofition des Scellés par les
Commiffaires au Châtelet, il eft fouvent
arrivé qu'ils fe font écartés de l'ufage, &
qu'ils ont appofé des Scellés après l'inhumation, fur la fimple réquifition de la Partie intéreffée. Je penfe que, comme en appofant des Scellés, ils font fonction de Juge, le titre de leur Charge eft pour eux une
Commiffion générale & fuffifante ; il arrive
d'ailleurs fouvent que l'intérêt de la fucceffion ne permet pas de perdre le temps qu'il
faudroit employer pour obtenir Ordonnance du Magiftrat.

Le Commiffaire Regnard avoit été pris à
Partie pour avoir appofé un Scellé à Argenteuil, fans Ordonnance de M. le Lieutenant
Civil ; mais par Arrêt du 23 Avril 1692,
il a été déclaré follement intimé, & il a été
fait main-levée du contre-Scellé appofé par
le Commiffaire de la Salle de l'Ordonnance
de M. le Lieutenant Civil.

La Cour a même jugé, par Arrêt rendu
le 9 Mars 1746, que le Commiffaire Tru-

don avoit valablement , fans aucune Ordonnance de Juftice, & fur le réquifitoire d'un Huiffier qui procédoit à la faifie-exécution des meubles & effets d'un Avocat, lors abfent de fa maifon, appofé fes Scellés pour la confervation des papiers de cet Avocat, que l'Huiffier ne pouvoit ni emporter ni faifir.

Dans cette efpéce, il n'y avoit perfonne dans la maifon de l'Avocat; l'ouverture en avoit été faite par un Serrurier en préfence du Commiffaire Trudon, en vertu d'une Ordonnance de M. le Lieutenant Civil : mais cette Ordonnance ne paroit que de l'ouverture des portes, & non de l'appofition des Scellés ; & l'Huiffier faififfant qui avoit laiffé un de fes Records en garnifon dans la maifon, n'avoit pas jugé à propos de laiffer des papiers à la difpofition de ce Record, & il avoit pris le parti de requérir l'appofition du Scellé, que la Cour a confirmé.

L'ufage du Châtelet ne permet pas au créancier, porteur d'un fimple écrit ou billet fous fignature privée, de faire appofer un Scellé, il faut que le créancier ait un titre authentique contre le défunt; mais cet ufage n'eft point fuivi dans beaucoup d'autres Jurifdictions où il fuffit d'un billet ou d'autres actes obligatoires faits fous fignature privée, pour autorifer une appofition de Scellé.

» Réguliérement (dit la Combe, *verb.* » Scellé, n. 3 ,) le Scellé ne s'appofe point, » en matiere civile, fur les biens d'une per- » fonne vivante ; cependant , dans le cas » d'une continuation de communauté , il » eft loifible aux enfans du premier lit de » requérir que le Scellé foit appofé fur les » effets de la feconde communauté commen- » cée entre eux, pour les conftater, & en » faire faire inventaire «. La Cour l'a ainfi jugé , conformément aux Conclufions de M. l'Avocat Général Gilbert , par Arrêt rendu le 9 Décembre 1744 , entre les fieur & demoifelle Rottier, & les fieur & demoifelle Chalan, plaidans Mes Bouju & Buirette.

Lorfqu'il y a donation univerfelle en propriété, par le contrat de mariage de conjoints communs en biens, les héritiers du prédécédé ne peuvent contraindre le furvivant de fouffrir l'appofition d'un Scellé,

pourvû que la donation foit infinuée ; cela eft d'un ufage conftant au Châtelet.

La Cour a même jugé, par Arrêt rendu le 20 Mars 1758 , entre la veuve du fieur Mofnier de Poudeau & fon héritier, que cet héritier ne pouvoit pas faire appofer un Scellé après le décès dudit fieur de Poudeau, quoique la donation portée par le contrat de mariage ne fût qu'en ufufruit des immeubles; elle étoit en toute propriété quant aux meubles.

Lorfque les héritiers obtiennent mainlevée , & du Scellé qu'un créancier a fait appofer, & des oppofitions qui y ont été formées, ils peuvent, étant majeurs, le faire lever fans defcription & fans inventaire. Le Juge doit leur en accorder la permiffion, pourvû qu'ils prennent la qualité d'héritiers purs & fimples du défunt.

Si les héritiers ne vouloient pas prendre cette qualité, & qu'ils priffent feulement celle d'habiles ou d'héritiers bénéficiaires, la main-levée du Scellé ne pourroit leur être accordée, quand même ils auroient le confentement des oppofans ; parce qu'il pourroit y avoir d'autres créanciers non oppofans, dont les intérêts pourroient fouffrir d'une levée de Scellé , fans defcription & fans inventaire, dans lequel l'héritier, maître d'abdiquer fa qualité, auroit été maître de faire inférer & omettre ce que bon lui auroit femblé.

Le Juge ou le Commiffaire ne peut aller dans une maifon où fes Scellés font appofés, fi ce n'eft pour les lever en préfence des Parties intéreffées lors de l'inventaire, ou elles dûement appellées.

Si néantmoins des circonftances particulieres exigeoient ce tranfport avant l'inventaire, comme, par exemple , fi un animal étoit par inadvertance enfermé fous des Scellés, dans une chambre où il pourroit faire du dégât, alors il faudroit une Ordonnance particuliere du Juge *ad hoc ;* & il faudroit même que ce tranfport fe fît en préfence de ceux qui ftipulent l'intérêt des abfens, comme le Procureur du Roi ou fes Subftituts, & en dreffer procès-verbal : c'eft ainfi qu'on en ufe à Paris.

Le procès-verbal d'appofition de Scellé doit contenir une mention exacte de tous les endroits fur lefquels cette appofition eft faite , & une defcription fommaire des effets qui reftent libres pour l'ufage journalier de la maifon.

L'Arrêt rendu, en forme de Réglement, entre les Juges des Seigneurs de Montierender, Sommevoir, &c. & les Notaires Royaux au Bailliage de Chaumont, le 21 Avril 1751, au rapport de M. Thomé, a ordonné *que lefdits Juges ne pourroient faire, lors des appofitions des Scellés, qu'une defcription fommaire des meubles en évidence, fans prifée ni eftimation d'iceux.*

Si, lorfque le Juge ou le Commiffaire fe préfentent pour appofer des Scellés, les Parties intéreffées prétendent qu'il n'y a pas lieu à l'appofition, & l'empêchent, l'un & l'autre doivent recevoir les oppofitions ; & fi c'eft un Juge (a) ayant caractere pour décider le mérite de l'empêchement, il doit juger fur le champ la provifion, & renvoyer le fond à l'Audience.

Si c'eft un Commiffaire ou un autre Officier fans caractere pour juger de la validité ou de l'invalidité de l'empêchement, il doit en référer au Magiftrat fur le champ ; mais comme, dans l'intervalle du référé, il pourroit arriver des divertiffemens & des recélés des effets du défunt, le Commiffaire ou autre Officier doit laiffer garnifon dans la maifon, pour veiller à ce qu'il ne foit rien détourné, jufqu'à ce qu'il ait été ftatué fur l'obftacle qui s'eft rencontré à l'appofition.

Le Juge ou autre Officier, avant d'appofer fes Scellés, doit faire prêter ferment au furvivant & aux principaux domeftiques, qu'ils n'ont rien détourné, vû, ni fait détourner aucun effet de la fucceffion.

Le procès-verbal d'appofition de Scellé doit faire mention de cette preftation de ferment, ou du refus, s'il en eft fait.

Il doit pareillement contenir les noms, qualités & demeures de celui ou de ceux en la garde defquels les Scellés font laiffés.

Les héritiers, créanciers ou autres Parties intéreffées au Scellé, peuvent y former oppofition pour la confervation de leurs droits ; & cette oppofition fait qu'il n'eft point permis de procéder à la levée du Scellé, fans appeller l'oppofant, pour y être préfent.

Lorfqu'il s'agit de lever un Scellé appofé par un Commiffaire, il eft d'ufage au Châtelet d'en demander la permiffion à M. le Lieutenant Civil, par une requête ; & cette permiffion ne s'accorde qu'à la charge d'appeller les Parties intéreffées à la levée & à l'inventaire, s'il s'en fait un.

Au refte, c'eft au Juge ou au Commiffaire qui a appofé des Scellés, à les reconnoître & à les lever. La Cour des Aides a, par Arrêt rendu le 19 Mars 1698, fur l'appel interjetté par un élu, qui avoit été commis pour appofer des Scellés, d'une Ordonnance qui en commettoit un autre pour les lever, ordonné qu'à *l'avenir les Scellés qui auront été appofés par les Officiers commis à cet effet, ne pourront être levés que par eux, finon en cas d'abfence, maladie ou récufation.* (Cet Arrêt eft imprimé.)

L'appofition des Scellés peut fe faire en l'abfence des perfonnes qui y ont intérêt, parce qu'elle n'a pour objet que la confervation de leurs droits ; mais quand il s'agit de les lever, il faut que toutes les Parties intéreffées y foient appellées ; & par les Parties intéreffées, on entend les oppofans, foit héritiers, foit créanciers.

(a) Il y a des Villes où les Scellés s'appofent par des Huiffiers ou par d'autres Officiers : à Amiens, l'appofition fe fait par un Huiffier à Maffe.

Les Huiffiers au Parlement ont auffi le droit d'appofer des Scellés, en exécutant les Arrêts de la Cour ; la Combe, verb. *Huiffier*, cite fur cela un Arrêt du 14 Décembre 1675, rapporté par Soefve ; & la Cour, en commettant fix de fes Huiffiers, par Arrêt du 23 Avril 1761, pour faifir & mettre les effets des Jéfuites fous la main de Juftice, a autorifé fes Huiffiers à appofer des Scellés.

Mais, par Arrêt du 30 Août 1690, la Cour a fait défenfes à un Huiffier des Requêtes du Palais, nommé Petit, qui avoit appofé des Scellés lors d'un récollement de meubles faifis, d'en appofer à l'avenir.

Il a été rendu un autre Arrêt le 19 Juillet 1762, en faveur du Chapitre de S. Gatien de Tours, dont je parle à l'article *Prévention*, par lequel la Cour, faifant droit fur les Conclufions du Procureur Général du Roi, a fait défenfes au Juge de Bains, lorfqu'il appofera fes Scellés dans la Maifon d'un défunt de l'étendue de fa Juftice, de commettre aucun Sergent ou Huiffier pour aller appofer par continuation dans les Maifons de Campagne, ou autres lieux dépendans de la fucceffion........

Les Commiffaires des Pauvres du Grand Bureau de Paris ont, exclufivement à tous autres Officiers, le droit d'appofer les Scellés, & de faire les inventaires après le décès de Pauvres qui font à l'aumône de ce Bureau. V. l'Arrêt du 9 Mai 1755, rendu fur la Requête de M. le Procureur Général.

Les Juges des Hautes-Juftices ne peuvent appofer Scellé fur les biens des Nobles & Eccléfiaftiques. V. ce que je dis fur cela à l'article *Haute-Juftice*.

Quand même les héritiers ne feroient pas oppofans au Scellé, s'ils demeurent dans le lieu où fe fait l'inventaire, il faut les appeller, s'ils font connus; c'eft l'ufage à Paris. Voyez *Inventaire*.

Si les héritiers ne paroiffent pas, après avoir été appellés, il peut être procédé à la levée des Scellés & à l'inventaire, en préfence ou du Procureur du Roi ou du Subftitut, qui a droit (ainfi que le Procureur Fifcal dans une Juftice Seigneuriale) de repréfenter les abfens (majeurs.)

Le Procureur du Roi ou l'un de fes Subftituts peut encore valablement repréfenter un héritier abfent (quand même cet héritier n'auroit pas été appellé), s'il ne demeure pas dans le lieu où fe fait l'inventaire (a).

Les Procureurs du Roi, les Subftituts, &c. ne peuvent pas affifter à la levée des Scellés, comme ftipulans les droits des créanciers abfens; c'eft à ceux-ci de veiller eux-mêmes à la confervation de leurs droits.

Ils ne peuvent pas non plus repréfenter des mineurs: fi quelqu'héritier n'eft pas majeur, il faut, avant de lever les Scellés, lui faire créer un tuteur; & ce tuteur eft feul Partie capable de repréfenter le mineur, fans que, fous prétexte de minorité, le Procureur du Roi, fes Subftituts & Procureurs Fifcaux, puiffent affifter aux Scellé & inventaire pour l'intérêt defdits mineurs. C'eft ce que M. le Procureur Général a parfaitement établi dans une Requête qu'il a préfentée au Parlement dans le mois de Mars 1746, pour obtenir un Arrêt de défenfe contre une Sentence des Juges de Nemours du 17 Février précédent, par laquelle ces Juges avoient déclaré nulle l'appofition d'un Scellé faite par le Juge de Château-Landon, après le décès du Curé de Lorguilleroy.

Dans les fucceffions directes on permet à chaque héritier de fe faire affifter d'un Procureur à la levée des Scellés, aux frais de la fucceffion, pourvû que les enfans viennent chacun de leur chef; car fi de petits-

enfans venoient par repréfentation de leurs pere ou mere, ils ne pourroient avoir qu'un feul Procureur pour leur branche.

Dans les fucceffions collatérales il n'eft pas permis à chaque héritier de fe faire affifter par un Procureur à la levée des Scellés, mais feulement d'en choifir un feul pour chaque ligne; & s'il y avoit conteftation entre plufieurs héritiers d'une même ligne, pour le choix d'un Procureur qu'elle a droit de nommer, c'eft le plus ancien des Procureurs choifis par tous les héritiers de cette ligne, qui doit refter aux frais de la fucceffion. L'ufage du Châtelet fur ce point a été attefté par un Acte de Notoriété du Châtelet du premier Février 1754.

Les créanciers oppofans au Scellé ne peuvent, chacun en particulier, faire affifter leur Procureur à la levée des Scellés aux frais de la fucceffion: il ne peut en refter qu'un feul pour tous les créanciers.

La Déclaration du 30 Juillet 1715, qui a pour objet les Scellés appofés à Paris & dans le reffort du Châtelet, dans les cas de faillite, porte que fi les créanciers ne conviennent pas du feul Procureur qui peut affifter pour eux, ce Procureur fera nommé par M. le Lieutenant Civil, fans qu'il puiffe y en affifter d'autres.

A cet égard, la Jurifprudence du Châtelet eft d'accorder l'affiftance à celui des Procureurs des créanciers le plus ancien en réception, à l'exclufion des autres; & cela a lieu, tant pour les Scellés appofés dans le cas de faillite, qu'après décès.

Mais pour concourir à cette ancienneté, il faut avoir un titre authentique: un ancien Procureur qui n'auroit qu'un billet du défunt, feroit exclu par un plus moderne, qui feroit porteur d'une Sentence ou d'un acte paffé devant Notaire; mais fi l'ancien & le jeune ont un titre également authentique, l'ancien refte par préférence, fans qu'il foit queftion, ni de la quotité de la créance, ni de l'antériorité ou poftériorité du titre: telle eft la Jurifprudence du Châtelet.

Les oppofans en fous-ordre n'ont pas

(a) Quand les héritiers d'un Evêque ou autres Eccléfiaftiques, pourvûs de Bénéfices Confiftoriaux & le Receveur des Economats font préfens à la levée des Scellés, le Procureur du Roi ni fes Subftituts ne peuvent y affifter pour l'intérêt public: il y a à ce fujet deux Arrêts du Confeil; l'un rendu au mois de Septembre 1740, pour la fucceffion de l'Evêque de Limoges; l'autre en 1751, pour la fucceffion de l'Archevêque de Tours.

droit

droit de faire affifter leurs Procureurs à la levée des Scellés appofés chez le débiteur de leur débiteur.

Les Procureurs des oppofans en fous-ordre, quelques titres qu'ils ayent, ne peuvent ni concourir à l'ancienneté, ni même refter en aucuns cas, pour être préfens à l'inventaire, quand il n'y auroit aucun autre Procureur pour les créanciers directs.

Un héritier ne peut pas faire affifter fon Procureur au Scellé & à l'inventaire, s'il n'affifte lui-même à ces opérations, ou s'il n'y eft repréfenté par un fondé de procuration fpéciale. (Cette procuration peut être donnée au Procureur même.) Tel eft encore fur cela l'ufage du Châtelet.

Au contraire, le créancier n'a pas befoin de paroître au Scellé ni à l'inventaire; il n'eft pas même néceffaire qu'il donne pouvoir à fon Procureur de l'y repréfenter. Le titre feul fuffit au Procureur du créancier qui en eft porteur; parce que les appofition & levée du Scellé font des actes de la Jurifdiction contentieufe, dans lefquels les Procureurs repréfentent leurs Parties, fans être obligés de juftifier de leurs pouvoirs; au lieu que l'inventaire eft un acte de la Jurifdiction volontaire. V. *Notaire.*

L'ancienneté entre les Procureurs des créanciers fe régle à la première vacation; de façon que celui qui fe trouve alors le plus ancien de ceux qui ont des titres authentiques, ne peut plus être exclu par un plus ancien que lui, qui furvient aux vacations fuivantes, quoique porteur d'un titre également authentique.

L'ufage ne permet pas au Châtelet d'autorifer un créancier à faire affifter, à fes propres frais, un Procureur particulier à la levée d'un Scellé, outre le Procureur plus ancien des oppofans; cet ufage a été confacré par une prodigieufe quantité d'Ordonnances rendues fur référés par M. le Lieutenant Civil, & finguliérement par celle rendue contre l'Electeur de Baviere, qui demandoit qu'un Procureur affiftât, à fes propres frais, à la levée des Scellés appofés par un Commiffaire du Châtelet, après le décès du Prince de Grimbergh. (Cette Ordonnance a été confirmée par Arrêt rendu à la fin de l'année 1758.)

Mais dans des circonftances particulie-

res, & fur-tout parce que le fieur Bouret de Montigny avoit des intérêts oppofés à ceux des créanciers de la fucceffion d'un autre fieur Bouret, fon frere, dont il n'étoit pas héritier, M. le Lieutenant Civil a ordonné qu'outre le Procureur plus ancien des oppofans, & aux frais du fieur Bouret de Montigny, fon Procureur affifteroit à la levée des Scellés appofés après le décès du fieur Bouret: cette Ordonnance a été confirmée par Arrêt rendu en la Grand'Chambre, fur les Conclufions de M. l'Avocat Général Pelletier de Saint-Fargeau, le Mercredi 10 Mai 1760.

Le Procureur plus ancien des créanciers ne doit pas être Partie, ni parler fur l'inventaire; mais s'il apperçoit de la fraude, & qu'on ne comprenne pas dans l'inventaire tout ce qui doit y être compris, il peut & doit même requérir fur le procès-verbal de levée de Scellé, que l'effet ou la piéce omife foit inventoriée.

Si on ne fatisfaifoit pas au réquifitoire du Procureur plus ancien, il pourroit demander que le Juge, qui procède à la levée des Scellés, décidât fur le champ fi l'objet contentieux doit être inventorié ou non: ou fi c'étoit un Commiffaire, un Huiffier à maffe ou autre Officier fans caractère pour juger, le Procureur plus ancien pourroit demander qu'il en fût référé à l'inftant au Magiftrat qui a droit d'en connoître, & qui décideroit provifoirement la queftion.

D'après cette obfervation, il eft aifé de comprendre que la fonction d'un Procureur plus ancien à un Scellé, eft de veiller à ce qu'il ne foit rien omis dans l'inventaire, foit des effets actifs, foit des décharges, ou feulement des renfeignemens; ainfi, fi l'on n'avoit appofé le Scellé que fur une partie des effets de la fucceffion, il devroit requérir une appofition par continuation fur les chofes ou dans les lieux omis.

L'exécuteur teftamentaire a pareillement le droit de fe faire affifter par un Procureur à la levée du Scellé du teftateur.

C'eft fur le procès-verbal de levée de Scellé que fe nomment les Officiers qui doivent procéder à l'inventaire, comme Notaires, Huiffiers-Prifeurs, Experts, &c.

S'il y a conteftation pour cette nomination, elle fe décide comme toutes les autres qui peuvent furvenir relativement à l'inventaire dans le cours du Scellé, c'eſt-à-dire, fur le champ & par proviſion, ſi c'eſt un Juge qui procéde à la levée des Scellés; ou par la voie du référé, ſi l'Officier qui leve les Scellés, n'a pas caractere pour juger. V. *Inventaire.*

Lorſqu'en procédant à la levée des Scellés & à l'inventaire des biens d'un défunt, on trouve un teſtament ·olographe, c'eſt le Notaire qui doit être conſtitué dépoſitaire de la minute, & non le Greffier; & par un Arrêt du Conſeil, rendu le 3 Décembre 1680, il a entr'autres choſes été ordonné que le teſtament du ſieur Defaye, Contrôleur de la grande Chancellerie, dont le Lieutenant de la Prévôté de l'Hôtel s'étoit emparé lors·de l'appoſition de ſes Scellés, feroit remis à Mᵉ Baudry, Notaire au Châtelet, pour en être délivré des expéditions aux Parties intéreſſées.

La même choſe a encore été jugée par un Arrêt du Conſeil d'Etat, rendu en forme de Réglement, entre les Officiers du Bailliage de Tours, les Commiſſaires-Enquêteurs & les Notaires de la même Ville, le 27 Mai 1737; & ſur cet Arrêt il a été expédié des Lettres·Patentes en faveur des Notaires, le 9 Juillet ſuivant, qui ont été enregiſtrées au Parlement le 17 Janvier 1738.

Mais ſi un Commiſſaire, en procédant à la levée de ſes Scellés, trouvoit un teſtament ou un autre paquet cacheté, c'eſt à lui, & non au Notaire, de ſe charger du paquet, pour le porter au Juge, à l'effet d'en être fait ouverture dans la forme détaillée par l'Acte de Notoriété du Châtelet, que je cite à la fin de l'art. *Teſtament.*

Si au lieu d'un teſtament cacheté, on en trouve un qui ſoit décacheté, le Commiſſaire qui procéde à la levée des Scellés, doit en *faire mention*, & même la *deſcription ſur ſon Procès verbal; & après l'avoir paraphé, il doit à l'inſtant le remettre entre les mains d'un Notaire,* lequel eſt tenu de *s'en charger ſur ledit Procès-verbal, pour le mettre*

au rang de ſes minutes, & en délivrer des expéditions aux Parties qui y ont intérêt. C'eſt ce qui a été jugé par Sentence rendue au Châtelet, en faveur des Commiſſaires, le 25 Avril 1716, contre les Notaires qui refuſoient de ſe charger des teſtamens ſur les Procès-verbaux des Commiſſaires.

Cette Sentence eſt conforme aux diſpoſitions de deux Arrêts des 13 & 21 Février 1668, par leſquels la Cour a confirmé deux Ordonnances de M. le Lieutenant Civil, portant, la première, qu'un Notaire nommé Faüdoire, qui s'étoit ſaiſi d'un teſtament ouvert, trouvé ſous des Scellés, le rapporteroit *pour être paraphé par le Commiſſaire, & ſe charger d'icelui teſtament ſur le Procès-verbal de Scellé;* la ſeconde, que *faute par Mᵉ Faüdoire d'avoir ſatisfait,* &c. *il y ſeroit contraint par corps, & qu'un autre Notaire feroit l'inventaire en ſon lieu & place, & ſe chargeroit dudit teſtament* .....

Le Procès-verbal de levée de Scellé doit annoncer, d'une maniere très-ſommaire, à quoi chaque vacation a été employée, & en la poſſeſſion de qui les effets inventoriés ſont reſtés.

Les Officiers d'un Seigneur Haut-Juſticier ne peuvent, après ſon décès, appoſer Scellé dans ſon Château: c'eſt à la Juſtice Royale, ſi elle en eſt requiſe, à faire cette appoſition: la Cour l'a ainſi jugé par des Arrêts rendus en la Grand'Chambre, les 6 Février 1702 & 4 Février 1704 (a), rapportés par Augeard. V. auſſi l'Arrêt du 14 Février 1722, au Journal des Audiences, tom. 7, liv. 5, ch. 6.

Mais ils peuvent appoſer Scellé & faire l'inventaire dans les maiſons des Nobles & des Eccléſiaſtiques: il y a ſur cela pluſieurs Arrêts que je cite à l'art. *Haute-Juſtice.*

Quand une fois l'inventaire eſt commencé, on ne peut plus faire appoſer le Scellé ſur les effets de la ſucceſſion qui reſtent à inventorier.

Je ne connois cependant pas de Réglement qui autoriſe l'uſage qu'on ſuit ſur cela au Châtelet (b), & je n'ai trouvé qu'une Sen-

<hr/>

(a) L'Arrêt du 18 Juillet 1733, qui a interdit un Notaire de Paris pour avoir fait l'intitulé d'un Inventaire dans les vingt-quatre heures du décès, a bien indiqué le délai dans lequel ſeulement l'inventaire pourroit être commencé; mais il n'a rien décidé ſur la queſtion de ſçavoir, ſi le Scellé peut encore s'appoſer, quand l'inventaire commencé dans un temps utile, n'eſt pas fini.

(b) Il a été rendu un Arrêt contraire le..... Mars 1762, en faveur du ſieur de Bridieu, Seigneur de S. Germain, contre les Officiers de Loches, au rapport de M. Lamblin;

tence de ce Tribunal du 13 Février 1662 ; par laquelle il a été fait main-levée du Scellé appofé par le Commiffaire Raince fur les effets de la fucceffion de la dame d'Ecquevilly, depuis l'inventaire commencé. Cette Sentence eft rapportée par Langlois, page 291 des Chartres des Notaires de Paris (a).

Anciennement on pouvoit, vingt-quatre heures après l'inhumation, lever les Scellés appofés après le décès de quelqu'un : mais, par un Arrêt de Réglement rendu le 18 Juillet 1733, il eft ordonné qu'à l'avenir les Scellés ne pourront être levés & l'inventaire commencé, foit dans la Ville de Paris, foit dans les *Bailliages & Sénéchauffées du reffort, que trois jours francs après les enterremens faits publiquement des corps des défunts.... à peine d'interdiction des Commiffaires, Notaires, &c. & d'amende, à moins que pour des caufes urgentes & néceffaires juftifiées au Juge, & dont il fera mention dans fon ordonnance, il n'en foit autrement ordonné.*

Par trois Ordonnances rendues par M. le Lieutenant Civil ; la premiere le 16 Février 1712, fur le procès-verbal d'appofition & levée de Scellé faites par Mᶜ Defacq, Commiffaire, après le décès de M. (Jacques) Janard, Confeiller au Grand-Confeil ; la feconde le 26 Février 1714, fur le procès-verbal d'appofition & levée de Scellé faites par Mᶜ Gorillon, Commiffaire, après le décès de Meffire Etienne Bragelogne, Brigadier des Armées du Roi ; & la troifiéme, du 21 Janvier 1719, fur le procès-verbal d'appofition & levée de Scellé par Mᶜ Defacq, Commiffaire, après le décès de François le Grand, Marchand à Paris, M. le Lieutenant Civil a jugé qu'il étoit néceffaire qu'il y eût un Procureur préfent à la reconnoiffance & levée des Scellés, & à toutes les vacations de l'inventaire qui fe fait en conféquence.

M. le Lieutenant Civil a même inféré les motifs de fa décifion dans la feconde de ces Ordonnances ; & il eft dit que c'eft parce

que la levée d'un Scellé eft un acte judiciaire. L'ufage du Châtelet fur cela a été atteffé par un Acte de Notoriété du premier Février 1754.

L'appofition & la levée des Scellés étant un acte judiciaire, elle ne peut jamais être du miniftere des Notaires, qui, comme je l'ai dit à leur article, n'ont aucune fonction contentieufe ; mais ce font eux qui dans la plus grande partie du Royaume font les inventaires & la defcription de ce qui eft fous les Scellés & en évidence : cette fonction leur a été accordée à l'exclufion des Commiffaires établis dans beaucoup de Villes, par un grand nombre d'Arrêts, dont plufieurs font très-récens.

Mais les Notaires ne peuvent décrire & inventorier que ce qui fe trouve appartenir à la fucceffion de laquelle ils font l'inventaire ; s'il fe trouve fous les Scellés des effets ou des papiers appartenans à des étrangers qui les réclament, c'eft à l'Officier qui a appofé les Scellés d'en faire la defcription, au cas qu'elle foit requife : la Cour l'a ainfi jugé en très-grande connoiffance de caufe, par un Arrêt rendu en la troifiéme Chambre des Enquêtes, le 30 Septembre 1755, conformément aux Conclufions de M. Seguier, Avocat Général. J'indique d'autres Arrêts au mot *Inventaire.*

Dans cette efpéce un des Directeurs des créanciers du Marquis de Nefle étant décédé, le Scellé fut appofé fur fes effets ; il fut levé, & l'inventaire commencé en la maniere ordinaire ; mais comme on procédoit à l'un & à l'autre, un fondé de procuration du Marquis de Nefle comparut, & demanda que les papiers concernant la direction des biens de ce Seigneur, qui étoient fous les Scellés, lui fuffent remis, après en avoir préalablement fait une defcription fommaire, aux offres d'en donner décharge.

Tout le monde confentit la defcription & la remife des papiers ; & il n'y eut de difficulté que fur la queftion de fçavoir fi ce feroit le Commiffaire ou le Notaire qui fe

---

mais c'eft un Arrêt fur appointement à mettre, qui ne me paroît pas devoir changer l'ufage établi par une Jurifprudence certaine & uniforme.

(a) Il a été rendu, le 19 Décembre 1743, un Arrêt par lequel la Cour a, par provifion, fait main-levée du Scellé fur les effets du Marquis d'Hautefeuille, étant dans le Château d'Hautefeuille, près Montargis, appofé après

l'inventaire des meubles & effets trouvés à Paris, où le Marquis d'Hautefeuille étoit décédé. Mais, 1°. cet Arrêt a été rendu fur appointement à mettre. & 2°. le Scellé étoit appofé à la requête de la Marquife d'Hautefeuille, féparée de biens par Juftice avec le défunt fon mari, & la dame d'Hautefeuille avoit été préfente à l'inventaire fait à Paris.

roit la defcription. La conteftation qui s'é-
leva fur cela , donna lieu à un référé , lors
duquel M. le Lieutenant Civil ordonna que
la defcription feroit faite par le Commiffaire.

Il y eut appel de cette Ordonnance : les
Commiffaires en Corps & la Communauté
des Notaires intervinrent ; les Notaires al-
léguoient un ufage & une poffeffion ; ils difoient que,quoique les papiers réclamés fuffent étrangers à la fucceffion, ils ne faifoient
pas moins partie de l'inventaire qui devoit
contenir un détail de l'actif, des décharges
& des renfeignemens ; que la defcription
qu'il s'agiffoit de faire fommairement , n'é-
toit pas litigieufe , puifque tout le monde
la confentoit.

Toutes ces raifons des Notaires ne firent
aucune impreffion : & l'Ordonnance de M.
le Lieutenant Civil fut confirmée par l'Arrêt.

Les Officiers de la Juftice Royale de
Chaillot ayant appofé Scellé fur les effets
du fieur Charlier, décédé dans leur Jurifdiction , fous prétexte que le fieur Charlier
avoit été Exécuteur teftamentaire de la dame Dairoux, & qu'il devoit un compte aux
héritiers de cette veuve, qui étoient abfens ,
il s'eft agi de fçavoir fi l'appofition étoit
réguliere ; les héritiers du fieur Charlier en
demanderent la nullité, & intimerent le
Procureur du Roi. Celui-ci difoit que le
Scellé étoit bon; que les Parties intéreffées
étoient abfentes. Les héritiers répondoient
que les abfens étoient de prétendus créanciers , & que les Scellés ne devoient s'appofer qu'à caufe de l'abfence des héritiers , ou
lorfqu'il y avoit des mineurs; que c'étoit aux
créanciers de veiller eux-mêmes, & que le
Miniftere public n'étoit pas chargé du foin
de veiller aux droits des créanciers. Par Arrêt rendu le 30 Juillet 1750, au rapport de
M. l'Abbé Langlois en la Grand'Chambre,
il a été ordonné que les Scellés feroient levés fans defcription , les Officiers tenus de
les reconnoître, finon permis de les faire lever par l'Huiffier porteur de l'Arrêt.

Quand des Scellés font appofés, c'eft un
crime de les brifer , & ce crime fe pourfuit
par la voie extraordinaire.

La Cour, par Arrêt rendu le 7 Mai 1732,
fur les Conclufions de M. l'Avocat Général

Gilbert, a infirmé la Sentence du Châtelet , par laquelle le Lieutenant Criminel
avoit , fans décret ni interrogatoire , renvoyé à l'Audience fur une accufation de
corruption de domeftiques pour rompre des
Scellés. Il falloit , attendu le titre de l'accufation, décréter l'information, pour pouvoir
connoître les coupables contre lefquels la
plainte n'avoit été rendue que comme Quidams.

Le même Arrêt a encore jugé que le
Lieutenant Criminel n'avoit pas pû ordonner qu'il feroit , par le Greffier Criminel ,
délivré une expédition de la plainte & des
informations à une partie qui vouloit attaquer cette procédure , dans laquelle elle
n'étoit pas nommée ; l'accufation n'étoit dirigée que contre des Quidams ; & il fe pouvoit faire que celui qui demandoit les biens,
fût l'auteur de la fubornation.

Une Déclaration du 7 Janvier 1727, enregiftrée en la Cour des Aides le 5 Février
fuivant, maintient la Chambre des Comptes
dans le droit & poffeffion d'appofer le Scellé chez les Comptables, comptant directement à ladite Chambre en cas d'abfence &
faillite, de faire l'inventaire & defcription
de leurs meubles, titres & papiers, & de
faire enfuite procéder à la vente des meubles.

L'article 2 de cette même Déclaration
maintient auffi la Chambre des Comptes
dans le droit & poffeffion d'appofer le Scellé fur les effets des Comptables décédés en
demeure de rendre leurs comptes, & de procéder, s'il y échet, à l'inventaire & defcription des meubles , titres & papiers , même
à la vente defdits meubles.

Les difficultés qui fe font anciennement
élevées entre différens Tribunaux & les
Majors des Places, fur les appofitions & levées des Scellés après le décès des Officiers
Militaires , ont donné lieu à la Déclaration
du 3 Février 1731, enregiftrée le 26 , qui
porte :

Art. I. » Lors du décès des Gouver-
» neurs, de nos Lieutenans Généraux , ou
» Commandans pour Nous dans nos Pro-
» vinces , Gouverneurs , ou Commandans
» particuliers de nos Villes & Places , nos
» Lieutenans en icelles , Majors , Aides-
» Majors , Capitaines des Portes , & tous

» autres Officiers de l'Etat Major de nofdi-
» tes Provinces & Places , comme auſſi des
» Directeurs Généraux de nos Fortifica-
» tions dans noſdites Provinces , nos Ingé-
» nieurs ayant des départemens fixes dans
» nos Places , des Lieutenans Généraux ,
» Commiſſaires & Gardes d'Artillerie de-
» meurans dans les Provinces & Places de
» leurs réſidences , il ſera procédé aux ap-
» poſition & levée des Scellés , & à la con-
» fection de l'Inventaire des effets de leurs
» ſucceſſions par les Juges ordinaires du
» lieu de leur réſidence , à l'excluſion des
» Majors ou Aides - Majors deſdites Pla-
» ces , & de tous autres Officiers Mili-
» taires , auxquels nous défendons très-ex-
» preſſément de troubler leſdits Juges dans
» la connoiſſance deſdites ſucceſſions , ſous
» quelque prétexte que ce puiſſe être.

II. » Voulons cependant que leſdits Ju-
» ges ſoient tenus d'appeller le Major ou
» Aide-Major de la Place de la réſidence
» de l'Officier décédé , pour être préſent à
» la levée du Scellé , & que les chiffres ,
» papiers , lettres & mémoires concernant
» notre ſervice & les fonctions de la Charge
» du défunt , qui pourront ſe trouver ſous
» leſdits Scellés , ſoient remis , ſans être in-
» ventoriés , auxdits Major ou Aide-Ma-
» jor , pour être par lui envoyés au Secré-
» taire d'Etat ayant le Département de la
» Guerre.

V. » ...... Ordonnons que ſi les Officiers
» dénommés en l'article premier , décédent
» dans un lieu où il y ait pluſieurs Juriſdic-
» tions Royales établies , le droit d'appoſer
» le Scellé , & la connoiſſance des conteſta-
» tions concernant le payement des dettes
» mobiliaires contractées au lieu de leur ré-
» ſidence ſur les effets mobiliers par eux dé-
» laiſſés audit lieu , appartienne aux Juges
» dudit lieu qui ont là connoiſſance des
» cauſes des Nobles ; le tout ſans tirer à
» conſéquence pour le partage & la diſcuſ-
» ſion des biens deſdits Officiers , ou pour
» autres cas & autres perſonnes , & ſans dé-
» roger aux droits & Juriſdiction des Sei-
» gneurs Hauts-Juſticiers.

VI. » Quant aux ſucceſſions des Officiers
» de nos Troupes d'Infanterie , Cavalerie &
» Dragons qui viendront à décéder dans
» les Places où ils tiendront garniſon , ou

» par leſquelles ils paſſeront avec la troupe
» à laquelle ils ſeront attachés , des Ingé-
» nieurs qui ſe trouveront employés dans
» les Places par extraordinaire , & ſans y
» avoir un département fixe , & des Offi-
» ciers d'Artillerie qui n'y ſeront envoyés
» que par ſemeſtre , voulons que le Scellé
» ſoit appoſé ſur leurs effets par les Ma-
» jors ou Aides - Majors deſdites Places ;
» qu'il en ſoit par eux dreſſé Inventaire ,
» & qu'il ſoit enſuite procedé à leur dili-
» gence , ſi beſoin eſt , à la vente deſdits
» effets , pour le prix en provenant être par
» eux diſtribué aux créanciers mobiliers du
» lieu de la Garniſon , & le ſurplus , ſi au-
» cun y a , être par eux remis dans un cof-
» fre , ſur lequel le Juge du lieu qui a la
» connoiſſance des cauſes de Nobles , appo-
» ſera le Sceau de la Juriſdiction , pour être
» ledit coffre dépoſé au Greffe d'icelle , juſ-
» qu'à ce que les effets y contenus ſoient ré-
» clamés par les veuves , enfans , légataires ,
» héritiers & ayans cauſe , ou par les créan-
» ciers deſdits Officiers décédés , autres que
» les créanciers mobiliers du lieu de la Gar-
» niſon , ſur laquelle réclamation , demandes
» & conteſtation formées en conſéquence , il
» ſera ſtatué , ainſi que de raiſon , par les
» Juges auxquels la connoiſſance en appar-
» tiendra «. Voyez la Note que j'ai faite au
mot *Domicile.*

Voyez auſſi les articles 680 & ſuivans de
l'Ordonnance Militaire du 25 Juin 1750.
Cette Ordonnance contient quelque modification à la Déclaration dont il s'agit ici
relativement aux Régimens Etrangers. V.
enfin les articles 606 & ſuivans de l'Ordonnance du 17 Février 1753 , pour le ſervice
de l'Infanterie en Campagne.

SCHOLARITÉ.
Voyez *Ecole* , & *Garde-Gardienne.*

SÉANCE.
V. *Priſon.*

On nomme Séance , une eſpèce d'aſſiſe que
MM. du Parlement tiennent dans les Priſons de la Conciergerie du Palais & au Parc-
Civil du Châtelet , pour juger les demandes
en liberté formées par les Priſonniers détenus pour dettes.

La Séance ſe tient cinq fois l'année ; ſçavoir, le Mardi Saint, la furveille de la Pentecôte, la veille de la Notre-Dame d'Août, la veille de la S. Simon S. Jude, & la furveille de Noël.

Les demandes en liberté qui fe portent au Tribunal de la Séance, fe décident très-fommairement & fur une plaidoirie verbale. Les Arrêts qui s'y rendent par défaut, ne font pas fufceptibles d'oppofitions ; ils s'exécutent ordinairement fur la minute même, fans que le Prifonnier foit obligé d'attendre la huitaine de la fignification, comme dans les affaires ordinaires, quand ils font par défaut.

Lorfque MM. du Parlement viennent tenir la Séance au Châtelet, M. le Lieutenant Civil, M. le Lieutenant de Police, M. le Lieutenant Criminel, M. le Lieutenant Criminel de Robe-Courte, le Prévôt de l'Ifle de France & le Procureur du Roi, doivent fe trouver dans le Banc de Meffieurs les Gens du Roi. Les Commiffaires font auffi tenus de fe trouver, à l'arrivée de la Cour, dans l'enceinte du Barreau, aux Places qu'ils occupent ordinairement l'Audience tenante.

Les Confuls doivent auffi fe trouver à la Séance ; ils vont attendre la Cour fur le Pont-au-Change, & la fuivent jufqu'au Châtelet, où ils prennent place dans la même enceinte, au-deffous des Commiffaires, qui ont la préféance.

A la fin de la Séance, qui fe tient au Châtelet, la Cour, fur le Réquifitoire d'un Subftitut de M. le Procureur Général, rend un Arrêt, par lequel elle renvoye le furplus des caufes devant les Juges auxquels la connoiffance en appartient naturellement ; enjoint aux Commiffaires de continuer leurs fonctions avec exactitude ; fait défenfes aux Greffiers, Geoliers & Guichetiers de rien recevoir des Prifonniers au-delà de ce qui eft prefcrit par les Ordonnances, quand même les Prifonniers l'offriroient volontairement ; le tout fous les peines portées par les Ordonnances, Arrêts & Réglemens de la Cour.

La Cour des Aides (de Paris) tient auffi des Séances dans les Prifons de la Conciergerie du Palais, pour *pourvoir aux befoins & aux alimens* néceffaires aux *Prifonniers* détenus dans les Prifons de Paris pour affaires ou condamnations de fa *compétence*,

pour *examiner les caufes de leur emprifonnement, & leur procurer la liberté, fi le cas y écheoit*.

Cette Cour a, le 30 Mars 1706, rendu un Arrêt de Réglement contenant fix articles, fur le fait des Séances relatives à la liberté des Prifonniers, par lequel il eft, entr'autres chofes, ordonné » que les amendes » auxquelles les Prifonniers auront été condamnés, pourront, à caufe de la révérence » des fêtes, être modérées au tiers ; & s'il » s'en trouve à l'égard des Prifonniers détenus pour raifon des fraudes commifes » pour le tabac, par l'examen qui en fera » fait, qu'il y ait trois mois & plus qu'ils » foient détenus, ou dans les Prifons des » lieux, ou dans celles de la Conciergerie » du Palais, pourront auffi les amendes auxquelles ils auront été condamnés, être modérées au tiers, s'il eft ainfi jugé «. V. *Amende*.

SECONDES NÔCES.
Voyez *Nôces*.

SÉCULARISATION.

Séculariser, c'eft rendre féculier ce qui étoit régulier.

Anciennement les Eglifes Cathédrales étoient prefque toutes compofées de Religieux, comme je penfe que l'eft encore actuellement celle d'Uzès ; mais elles ont fucceffivement été fécularifées, tant dans le Chef que dans les Membres.

Les Sécularifations peuvent être ou particulieres, c'eft-à-dire, d'une feule perfonne ou d'un certain Bénéfice, ou de tout un Corps, Communauté, ou Monaftere.

Le Pape feul peut féculariser, & les Bulles qu'il accorde pour cela, n'ont d'effet en France, que quand elles font fondées fur des caufes légitimes & revêtues de Lettres-Patentes, bien & dûement enregiftrées ; parce que le changement que la Sécularifation opére, intéreffe l'ordre public & la police du Royaume.

Cependant, comme les Religieux & les Religieufes fécularifés ne font pas rendus capables de fuccéder à leurs parens, les Jurifconfultes penfent que les Lettres-Patentes ne font néceffaires que quand il s'agit de la Sécularifation de tout un Corps, d'une Communauté ou d'un Monastere ; mais qu'elles sont inutiles, quand il s'agit de la Sécularisation d'un particulier.

Je dis que les Religieux & les Religieuses sécularisés ne succédent point à leurs parens ; il en est, à leur égard, comme des Religieux qui deviennent Evêques ; c'est pourquoi leurs parens leur succédent, comme ils succédent aux Religieux faits Evêques. V. *Evêques*.

Le Brun, des Successions, liv. 1, ch. 1, sect. 3, n°. 4, dit au contraire que c'est le Chapitre qui succéde en ce cas aux Moines devenus Chanoines ; mais son opinion ne me paroît pouvoir être adoptée, que quand la Bulle de Sécularisation & les Lettres-Patentes réservent expressément au Corps le droit de succéder aux Membres sécularisés, comme cela se fait quelquefois.

On pense universellement que la Sécularisation ne dispense point les Sécularisés des trois vœux qu'ils ont faits.

La Sécularisation d'une Abbaye, tant dans le Chef que dans les Membres, ne comprend point les Prieurés Conventuels qui en dépendent. Voyez l'Arrêt rendu en 1709, pour le Prieuré de Saint Romain, dépendant de l'Abbaye d'Ainay, rapporté au Journal des Aud. tom. 5, liv. 9, ch. 26.

Dès qu'une Bulle de Sécularisation est fulminée, & revêtue de Lettres-Patentes enregistrées, les Religieux du Monastere sécularisé quittent leur ancien habit pour prendre celui de séculier, sans aucune cérémonie de prise de nouvel habit.

Févret dit que les Eglises qu'on sécularise, conservent leurs anciens droits & priviléges. Voyez les Arrêts rapportés par la Combe, Jurisprudence Canonique, verb. *Sécularisation*, chap. 2, section 7.

SÉDUCTION.
Voyez *Rapt*.

SEIGNEUR.
Voyez *Arpentage, Aveu, Bannalité, Complainte, Corvées, Destitution, Droits honorifiques, Droits Seigneuriaux, Litre, Lods & Ventes, Mouvance, Patron, Relief, Retrait-Féodal, Saisie-Féodale, Sépulture, Terrier & Vassal.*

Quoique le nom de Seigneur convienne à tous ceux qui sont propriétaires d'héritages, puisqu'il ne signifie autre chose que maître, on ne donne cependant la qualité de Seigneur, qu'à ceux qui possédent des Fiefs ou des Justices.

Les Seigneurs rendoient autrefois eux-mêmes la Justice à leurs Vassaux ; actuellement cette fonction se remplit par des Juges qu'ils nomment, & ces Juges ne sont commis que pour rendre la Justice à la décharge des Seigneurs. Ainsi, il est évident que l'un des principaux devoirs des Seigneurs, est de ne confier l'administration de la Justice dans leurs Seigneuries, qu'à des personnes qui ayent tout ensemble la capacité & la probité pour les bien remplir.

Les Seigneurs doivent aussi réprimer les injustices de leurs Officiers, par les voies que leur autorité peut leur donner ; faire punir les crimes ; protéger leurs Vassaux ; maintenir entr'eux la paix autant qu'ils le peuvent ; faire observer les Réglemens de police ; prendre soin du bon ordre des Eglises, des Hôpitaux & du secours des pauvres.

Tous ces devoirs, dit Domat, » faisant » partie de l'administration de la Justice, ils » regardent singuliérement ceux qui, dans » leurs terres, ont les droits de Justice ; &, » comme ils en ont la dispensation à pro-» portion de celle qu'a, dans son Etat, le » Prince de qui ils tiennent leurs droits, & » qu'ils ont les profits des confiscations, » amendes & autres droits de Justice, ils » sont à proportion obligés, aussi dans leurs » terres, à tout ce qui peut dépendre d'eux » pour y faire observer la Justice, la Police » & le bien commun.

» Si les Seigneurs Justiciers sont obligés » de veiller à faire rendre la Justice dans » leurs terres, ils sont encore autant & plus » obligés à n'y faire eux-mêmes aucune in-» justice, & ne pas tourner en violence & » en oppression, une autorité qui n'est en » leurs mains que pour la Justice «. Sur tout cela V. *Haute-Justice, Juges & Justice.*

Lorsqu'il y a plusieurs co-Seigneurs d'une même Seigneurie, le droit de chacun doit être réglé pour les noms & les titres qu'il peut porter, eu égard au droit qu'il a dans la Seigneurie ; par exemple, lorsque l'un a la Justice, & que l'autre n'a simplement que le Fief, celui qui posséde la Justice, est seul en droit de se dire Seigneur; & celui qui n'a que le Fief, ne peut se dire Seigneur qu'en ajoutant *Direct* ou *de Fief*. (Cependant V. Loyseau, des Seigneuries, ch. 11.)

Quand il y a plusieurs Seigneurs qui ont part à la Justice; alors si l'un a la Haute-Justice, & l'autre la Moyenne ou la Basse, celui-ci ne peut se dire simplement Seigneur, il faut qu'il fasse mention de son espéce de Justice; le Parlement de Toulouse l'a ainsi jugé plusieurs fois. Voyez Cambolas, liv. 3, chap. 33, n°. 2, & Graverol, dans ses Notes sur la Roche-Flavin, des Droits Seigneuriaux, chap. 21, art. 7.

Lorsque tous les Seigneurs ont part à la Haute-Justice; si c'est par portions égales, aucun d'eux ne se peut dire simplement Seigneur, mais seulement co-Seigneur ou Seigneur en partie; & s'il y a un Seigneur qui ait la plus grande partie de la Haute-Justice, il est seul en droit de se dire Seigneur purement & simplement; les autres qui ont une moindre portion, doivent prendre la qualité de co-Seigneur pour une telle portion.

On trouve en effet dans le Journal des Audiences, tom. 2, liv. 4, chap. 9, un Arrêt qui a jugé que » le principal Seigneur » (d'une terre) se peut dire indéfiniment » Seigneur, qu'il doit avoir la préférence » en tous droits honorifiques, & doit être » nommé le premier en tous les actes de » Justice & Seigneuries, sauf aux autres Sei-» gneurs à se dire Seigneurs en partie «. V. aussi la Roche-Flavin, des Droits de Justice, chap. 21.

Brillon rapporte deux Arrêts rendus; le premier, en la quatriéme Chambre des Enquêtes, le 18 Juin 1712, par lequel la Cour a jugé que l'Abbaye de Sainte Geneviéve qui avoit droit de Censive & de Justice sur quelques maisons situées à Draveil, pouvoit prendre la qualité de Seigneur en partie de Draveil.

Le second du 11 Juin 1717, au rapport de M. Bourgoin, en la premiere Chambre des Enquêtes, par lequel la Cour a jugé que le Seigneur d'une troisiéme partie de la Terre de Crailly, en Bourgogne, pouvoit se qualifier Seigneur en partie.

Un Arrêt rendu le 17 Janvier 1704, entre le Chapitre de Notre-Dame, Seigneur de Bagneux, & le sieur Roussel, Seigneur du Fief-Chevalier, qui avoit pris la qualité de Seigneur en partie de Bagneux, a fait défenses audit Sr Roussel, de prendre cette qualité, sauf à lui à se nommer Seigneur du Fief-Chevalier.

Depuis ces Arrêts, il en est intervenu un autre le 11 Janvier 1734, entre M. Bertin de Vaugien, Conseiller au Parlement, & le Sr Bernard de Fredy, Seigneur de Courbetin, par lequel la Cour a jugé que la qualité de Seigneur de la Paroisse n'appartient qu'au Seigneur Haut-Justicier, sur le fonds duquel l'Église Paroissiale est bâtie. Voyez sur la même matiere un Arrêt rendu le 25 Juin 1738, que je rapporte à l'article *Droits honorifiques*.

L'Evêque d'Uzès, qui posséde le quart de la Seigneurie d'Uzès, a prétendu pouvoir prendre la qualité de Comte d'Uzès; M. le Duc d'Uzès, à qui le surplus de cette Seigneurie appartient, a soutenu le contraire, 1°. parce que l'érection de cette Terre en Vicomté & en Duché-Pairie, n'avoit été faite qu'en faveur de la Maison d'Uzès, dont les droits étoient alors distincts de ceux de l'Evêque, dont les Lettres ne parloient pas; 2°. Parce que la possession de l'Evêque d'Uzès de se qualifier Comte, étoit fondée sur des titres vicieux (a); & par Arrêt rendu au rapport de M. Paris, le 2 Juin 1723, la Cour a fait défenses à l'Evêque d'Uzès & à ses Successeurs de prendre la qualité de Comte d'Uzès; (des Lettres-Patentes du 12 Mai 1678, vérifiées à la Chambre des Comptes, qualifioient cependant l'Evêque *Comte d'Uzès*.)

(a) Les prédécesseurs de l'Evêque d'Uzès avoient profité de l'excommunication du Comte de Toulouse, prononcée par le Pape en 1207 & en 1208, & des Bulles par lesquelles les Terres & Seigneuries de ce Prince étoient données aux Catholiques qui pourroient s'en rendre maîtres; un de ces Evêques, qui étoit aussi Légat du Pape, s'étoit fait faire en 1214, une donation de Terres & de droits très-considérables par le Comte de Montfort, éta-

bli par le Pape à la garde des Pays conquis sur le Comte de Toulouse par les Croisés.

Le même Evêque, à qui la Cour fit défenses, ainsi qu'à ses successeurs, par Arrêt du 2 Juin 1723, de prendre la qualité de Comte d'Uzès, avoit auparavant été débouté par Arrêt du 11 Juillet 1718, d'une demande qui avoit pour objet d'assujettir les Ducs d'Uzès de tenir l'étrier aux Evêques, lors de leur premiere entrée dans la Ville.

Ce

Ce même Arrêt a même jugé que M. le Duc d'Uzès n'avoit pas pû permettre de construire une porte, & à cet effet, de percer la muraille de la Ville d'Uzès; la Cour a ordonné qu'il feroit tenu de fe pourvoir pardevers le Roi., pour obtenir Lettres-Patentes à l'effet de cette ouverture.

M. le Duc d'Uzès prétendoit que le droit de Ville clofe étoit un apanage des grandes Seigneuries, & qu'il avoit pû donner la permiffion (pour laquelle l'Evêque lui faifoit un procès) au moyen de ce qu'Uzès n'étoit pas une Ville fortifiée, & de ce qu'il n'y avoit pas des Officiers de Commandement; il citoit l'article 47 de la Coutume d'Anjou, l'article 54 de celle du Maine, Dumoulin, Chopin & Loyfeau.

L'Edit de 1671, & un Arrêt de Réglement rendu aux Grands-Jours de Clermont, le 30 Octobre 1665, défendent aux Gentilshommes, aux Seigneurs & à tous autres de *violenter* & contraindre les Curés de célébrer la Meffe de Paroiffe à d'autres heures que celles marquées par le Rituel.

Le Seigneur peut-il faire arpenter les héritages de fes vaffaux, & revendiquer le terrein qu'ils ont ufurpé fur lui ? Voyez *Arpentage*.

SEING-PRIVÉ.
V. *Actes, Contrat de mariage, Hypothéque, & Notaire.*

Le mot Seing eft fynonime à fignature, ainfi le Seing-Privé n'eft autre chofe que la fignature d'un acte paffé entre particuliers, fans l'intervention du miniftere d'aucun Officier, ayant caractere pour recevoir des actes authentiques.

Les actes fous Seing-Privé font obligatoires, comme ceux qui font paffés devant Notaires; mais ils n'ont pas les mêmes effets que ceux-ci; ils en different:

1°. En ce qu'ils n'emportent pas hypothéque, comme les actes paffés devant Notaires l'emportent dans prefque toute l'étendue du Royaume. Voyez *Hypothéque* & *Nantiffement.*

2°. En ce qu'ils font fujets à reconnoiffance. Voyez *Hypothéque, Reconnoiffance, & Teftament.*

Il y a néanmoins plufieurs Actes qui ne peuvent être paffés fous Seing-Privé; *Tome III. Part. II.*

tels font les Contrats de mariage, les Baux des biens Eccléfiaftiques, & autres actes que je détaille à l'article Notaire. Voyez *Notaire.*

SEL.
Voyez *Contrebande, Gabelles,* & *Procès-verbal.*

Quand des Commis ou Gardes trouvent chez les Particuliers du Sel qu'ils prétendent être faux, ils doivent en dreffer Procès-verbal, & prendre des échantillons du Sel qu'ils doivent mettre en deux enveloppes cachetées; l'un de ces échantillons doit être laiffé au maître de la maifon, & l'autre emporté par les Gardes, qui doivent en faire mention dans leur Procès-verbal, fuivant l'article 20 du titre 17 de l'Ordonnance de 1680.

Cet échantillon fe laiffe aux Particuliers, pour qu'ils ayent la voie de faire vérifier par des Experts, avant toutes conteftations, & fans préjudice des moyens de nullité, fi le Sel eft réellement faux; & pour cela ils doivent être affignés dans les délais & dans la forme prefcrits par une Déclaration du 17 Février 1688.

L'article 10 de la Déclaration du mois d'Octobre 1710, porte que, faute par les Particuliers chez lefquels le Sel aura été trouvé, de repréfenter au jour indiqué par l'Exploit, l'échantillon qui leur aura été laiffé, il fera fans nouvelle affignation ni délai procédé à la vérification fur l'échantillon emporté par les Commis, & qu'ils doivent remettre au Greffe. On peut encore, fur la même matiere, confulter un Arrêt du Confeil rendu le 12 Avril 1723, revêtu de Lettres-Patentes du 15 Juin fuivant.

Les Greffiers des Greniers à Sel font obligés de conferver ces échantillons, & de les tenir dans des lieux fains & fûrs, pour être repréfentés en bon état, à peine de répondre, en leur nom, des confifcations & amendes. Voyez fur cela l'Arrêt de Réglement de la Cour des Aides, rendu le 22 Août 1740, & une Déclaration du 21 Décembre 1751, regiftrée en la Cour des Aides, le 26 Janvier 1752, qui prefcrit aux Officiers des Greniers à Sel, les formalités qu'ils doivent fuivre pour la vérification des échantillons de faux Sel faifi par les Gardes & Employés des Fermes, & fixe les droits qui leur feront payés pour cette vérification.

La Cour des Aides de Normandie a ordonné, par Arrêt du 10 Mars 1742, que, conformément à l'article 17 de la Déclaration du 19 Mai 1711, le délai des affignations qui feront données par les Procès-verbaux de faifies domiciliaires de faux Sel, fera de trois jours, à l'expiration duquel, & avant toutes conteftations, il fera procédé à la vérification des échantillons du Sel faifi, dont il fera dreffé Procès-verbal. . . . .

Une Sentence du Grenier à Sel de Paris, du 9 Mars 1742, confirmée par Arrêt rendu le premier Mars 1743, a condamné un Juré-Mefureur en titre, à un banniffement de trois années, à fe défaire de fon Office, en 100 liv. d'amende, & en 1000 liv. de dommages & intérêts, & réparations civiles envers l'Adjudicataire des Fermes, pour avoir volé huit livres dix onces de Sel, fur la maffe en vente, en faifant fonction de fon Office.

L'article 7 du titre 6 de l'Ordonnance des Gabelles veut que dans les Pays non rédimés, & où l'impofition du Sel n'a pas lieu, l'Adjudicataire de la Ferme puiffe pourfuivre ceux qui n'auront pas pris du Sel au Grenier, *à raifon d'un minot pour quatorze perfonnes, pour le pot & faliere feulement.*

Les Particuliers qui achetent du Sel au Grenier, pour les pots & faliere, conformément à l'Ordonnance, ne peuvent, non plus que ceux qui ont du Sel d'impôt, s'en fervir *pour faire des falaifons de chair, beurre & fromages.* Ceux qui veulent faire de ces falaifons, font affujettis à *le déclarer aux Officiers & Receveurs des Greniers, & à lever du Sel pour lefdites falaifons, outre & par-deffus celui qu'ils doivent prendre pour le pot & faliere, fans pouvoir le prendre ailleurs qu'aux Greniers, pas même aux regrats.* . . . fuivant un Arrêt du Confeil du 25 Juillet 1719, revêtu de Lettres-Patentes du premier Août fuivant, enregiftrées en la Cour des Aides, le 31 du même mois d'Août.

Les Officiers des Greniers à Sel ne peuvent même accorder aucune permiffion pour convertir le Sel d'impôt en groffes falaifons, que du confentement par écrit du Fermier, ou au moins après que la Requête préfentée pour obtenir la converfion, leur a été communiquée; il y a à ce fujet un Arrêt du Confeil du 25 Janvier 1724.

Des Lettres-Patentes du 15 Février 1724, expédiées fur Arrêt rendu au Confeil le même jour, en interprétation de l'article 6 du titre 15 de l'Ordonnance des Gabelles, ordonnent *que les Marchands de Salines feront tenus à l'arrivée de leurs poiffons falés au lieu de leur deftination, d'en faire leur déclaration aux Officiers & Commis du Grenier à Sel de leur reffort, foit qu'il y ait Grenier à Sel ou non dans les lieux de la deftination defdits poiffons, à peine de confifcation & de 300 liv. d'amende.* Ces Lettres ont été régiftrées le 20 Mars 1724.

Une Déclaration du 22 Février 1724, regiftrée prefque dans toutes les Cours des Aides, fait défenfes de fe fervir des eaux de mer, de celles des fources, fontaines & puits falés, pour quelque falaifon que ce foit, fans permiffion du Fermier.

Mais le Fermier ne peut pas, comme il l'a prétendu, contraindre les Limonadiers à jetter les eaux falées qu'ils retirent de la glace pilée avec du Sel, dont ils fe fervent pour faire les liqueurs glacées; il ne peut pas même leur interdire la faculté de faire bouillir cette eau, pour en retirer le Sel qui y eft incorporé, *pour l'employer à l'ufage de leur commerce, & dans leurs maifons feulement.* La Cour des Aides l'a ainfi jugé par Arrêt contradictoire rendu entre Henriet, Adjudicataire des Fermes générales, & la Communauté des Limonadiers de Paris, le Mercredi 10 Février 1762 : Il eft imprimé.

L'ufage du Sel gris eft interdit dans l'étendue du Pays du Quart-Bouillon, par une Déclaration du 23 Novembre 1724, regiftrée en la Cour des Aides de Rouen.

Voyez à l'article *Procès-verbal,* la Déclaration du 6 Février 1725, fur la forme des Procès verbaux qui doivent fe dreffer, lorfque les Commis trouvent du faux Sel chez les Particuliers. Voyez auffi à l'article *Contrebande,* la Déclaration du 15 Février 1744.

Dans les Pays où l'imposition du Sel a lieu, les Collecteurs sont obligés de se fournir, à leurs frais, des mesures nécessaires, bonnes, bien étalonnées & marquées sans frais en présence des Officiers au Grenier à Sel, sur les matrices que le Fermier Général doit y déposer.

La Cour des Aides l'a ainsi ordonné par un Arrêt célèbre rendu le 24 Mai 1732, & a fait défenses aux Officiers du Grenier à Sel de Laval, de s'immiscer à la fourniture desdites mesures.

Voyez dans le Traité du Gouvernement des biens des Communautés, des Lettres-Patentes du 16 Juin 1724, expédiées sur un Arrêt du Conseil du 30 Mai précédent, & regiſtrées en la Cour des Aides, le 6 Juillet suivant, concernant les Déclarations qui doivent être fournies aux Receveurs des Greniers à Sel d'impôt, par les Communautés séculieres & régulieres du reſſort.

La Cour des Aides de Paris, a, par un Arrêt rendu en forme de Réglement, le 21 Octobre 1756, fait défenses aux Capitaines, Lieutenans & autres Commis de l'Adjudicataire des Fermes, de faire aucun dépôt des Sels par eux capturés & saisis, ailleurs que dans les Greniers de l'Adjudicataire, fermant à trois clefs, suivant l'Ordonnance des Gabelles.

Le même Arrêt fait défenses aux Officiers du Grenier à Sel d'Angers, & à tous autres, de recevoir le dépôt desdits Sels saisis & capturés, ailleurs qu'audit Grenier.

SELLETTE.

C'eſt le nom qu'on donne au petit siége de bois sur lequel les accusés s'aſſeoient pour prêter interrogatoire, après l'examen & le rapport du procès, lorsqu'il y a des Conclusions tendantes à faire prononcer des peines afflictives. V. Interrogatoire.

La Sellette sert auſſi aux Militaires accusés de crimes dans les Conseils de Guerre. V. Conseil de Guerre.

SEMAINIER.
V. Chapitre, Patronage & Présence.

Dans quelques Chapitres on nomme Semainier, le Chanoine qui a droit de nommer aux Bénéfices vacans pendant une semaine ; quelquefois auſſi on lui donne le nom de Chanoine intabulé ; parce que les noms de ceux qui doivent nommer succeſſivement & à leur tour, chacun dans sa semaine, s'inscrivent sur un tableau dans le Chapitre ; quelquefois auſſi on le nomme Chanoine Tournaire.

Cette maniere de disposer des Bénéfices étant à la collation & à la présentation des Chapitres, a été imaginée pour prévenir les difficultés qui s'élevent trop fréquemment dans les Aſſemblées Capitulaires, & qui ne dégenerent que trop souvent en altercations & en aigreur.

Je ne connois point de Loi qui prescrive des régles particulieres pour la présentation ou la collation des Bénéfices, dont les Chanoines & Semainiers peuvent disposer : ils sont donc dans la même claſſe que les autres Collateurs & Patrons Eccléſiaſtiques ; ainſi ils sont sujets à la prévention du Pape, &c.

Les Semainiers ou Tournaires ne sont pas obligés de nommer aux Bénéfices vacans avant l'expiration de la semaine ou autre espace de temps ; la nomination ou collation leur appartenant, leur droit dure six mois, comme celui des autres Patrons & Collateurs Eccléſiaſtiques, à moins que les Statuts du Chapitre ne contiennent une disposition contraire. Voyez les Loix Eccléſiaſtiques, par d'Héricourt, & l'Arrêt du 27 Février 1744, dont je parle à l'art. Chapitre. V. auſſi l'Arrêt du 3 Février 1756, dont je parle à l'art. Patronage.

La Cour, par un Arrêt rendu le 18 Janvier 1724, sur les Conclusions de M. l'Avocat Général Gilbert, entre le Chapitre de Saint Furſy de Peronne, intervenant, les sieurs Lagneau, Perdreau, l'Ecuyer, &c. a jugé » qu'après qu'une table, *ad nominan*- » *dum ad Beneficia*, qu'on a coutume d'ar- » rêter dans un Chapitre général, pour y » comprendre les Chanoines Prêtres & réſi- » dens, a été arrêtée par le Chapitre, cette » table eſt invariable ; & qu'après que, ſur » la nomination faite à un Bénéfice par le » Chanoine qui étoit, suivant la table, en » tour de semaine, lors de la vacance de ce » Bénéfice, le Chapitre a présenté à l'Evê- » que, ou conféré le Bénéfice, un Cha- » noine député à Paris pour les affaires du » Chapitre, n'eſt pas recevable à appeller

» comme d'abus de cette table, ni à se plain-
» dre de n'avoir pas été compris sur cette
» table, où il se seroit trouvé la semaine de
» la vacance du Bénéfice, ni à demander
» qu'il soit maintenu au droit de nomina-
» tion au Bénéfice qui a vaqué cette se-
» maine «.

Tel est le titre sous lequel l'Arrêt que je
viens de citer, est imprimé. Voyez ce que je
dis aux articles *Chapitre, Dévolution & Patronage*, sur les préfentations des Chanoines
Semainiers.

Quand un Chanoine, en tour de nommer
aux Bénéfices dont le Chapitre eft ou Collateur ou Patron, décéde avant les jours de
son tour accompli, le droit de nommer ou
de préfenter eft dévolu au Chapitre même,
& non au Chanoine qui vient après. Voyez
l'Arrêt du 28 Août 1621, rapporté par
Henrys, tome 1, queftion première & deuxiéme, & dans la Bibliothèque Canonique,
verb. *Chanoine*.

Le Chanoine Semainier ne peut pas recevoir fa propre démiffion, & conférer son
propre Bénéfice. V. *Ibid.*

SÉMINAIRES.
V. *Vifite.*

On nomme Séminaires, des Maifons Eccléfiaftiques où l'on examine la vocation
des Clercs, & où on les prépare, dans chaque Diocèfe, à recevoir les Ordres Sacrés.

On a la première obligation de ces fain-
tes Ecoles à Saint Auguftin, qui inftitua
dans fa Maifon Epifcopale un Séminaire de
Clercs, que Poffidius appelle un Monaftere,
fans donner le nom de Moines à ceux qui y
demeuroient.

Il s'en forma plufieurs autres, à l'imitation de celui de S. Auguftin, même de fon
vivant & depuis fa mort. Il y en a eu dans
la plûpart des Eglifes d'Occident, mais très-
peu dans celles d'Orient, parce que les
Clercs fupérieurs y étoient ordinairement
mariés.

Le Cardinal Renaud Pole, Archevêque
de Cantorbery dans le feiziéme fiécle, eft
le premier qui en ait ordonné l'éreétion en
Angleterre, ainfi qu'on le voit par les Décrets qu'il fit en 1556 pour la réformation
de l'Eglife Anglicanne.

Le Concile de Trente veut que les enfans deftinés à recevoir les Ordres Sacrés,
foient élevés dans les Séminaires depuis l'âge
de douze ans, & y reftent jufqu'après leur
Ordination ; néantmoins cette difcipline
n'eft pas fuivie en France ; & dans la plûpart des Diocèfes, il fuffit aux Ordinans de
paffer une feule année au Séminaire. Il y en
a même où l'on peut être ordonné après un
temps plus court.

L'article 24 de l'Ordonnance de Blois
enjoint aux Archevêques & Evêques d'inftituer des Séminaires dans leurs Diocèfes,
*& de pourvoir à la fondation & dotation
d'iceux par union de Bénéfices*, affignations
de penfions ou autrement, ainfi qu'ils verront être à faire. Voyez l'Edit de Melun
de 1580, art. 1, & l'art. 6 de l'Ordonnance
de 1629.

Le 15 Décembre 1698, le Roi a donné
une nouvelle Déclaration fur l'établiffement
des Séminaires, qui autorife les Evêques,
vifitant leurs Diocèfes, à ordonner aux Eccléfiaftiques libertins & fcandaleux de s'y
retirer. Elle a été enregiftrée le 31 du même mois de Décembre, & voici quelles en
font les difpofitions.

*Enjoignons ..... à tous les Archevêques &
Evêques de notre Royaume, d'établir inceffamment des Séminaires dans les Diocèfes où
il n'y en a point, pour y former des Eccléfiaftiques, & d'établir, autant qu'il fera poffible,
dans les Diocèfes où il y en a déja pour les
Clercs plus âgés, des Maifons particulieres
pour l'Education des jeunes Clercs pauvres,
depuis l'âge de douze ans, qui paroîtront avoir
de bonnes difpofitions pour l'Etat Eccléfiaftique, & de pourvoir à la fubfiftance des uns
& des autres par union de Bénéfices, & par
toutes les autres voies canoniques & légitimes.*

*Ordonnons au furplus que les Ordonnan-
ces, par lefquelles les Archevêques ou Evêques auroient eftimé néceffaire d'enjoindre à
des Curés & autres Eccléfiaftiques ayant
charge d'ames* (a), *dans le cours de leurs*

_____

(a) C'eft une chofe bien finguliere, que de tous les Eccléfiaftiques Séculiers & Réguliers, il n'y ait que ceux qui
font chargés du foin des ames, qui puiffent être envoyés
au Séminaire par les Evèques ; eft-ce que les Abbés &
Prieurs Commendataires, les Chanoines & les autres Eccléfiaftiques menent une vie plus réglée ?
Au refte, le pouvoir donné aux Evêques par cette Déclaration du 15 Décemb. 1698, eft un droit nouveau que
les Prélats n'avoient pas avant cette Loi. V. *Vifite.*

vifites, & fur les Procès-verbaux qu'ils au-ront dreffés, de fe retirer dans des Séminai-res jufques & pour le temps de trois mois, pour des caufes graves (a), *mais qui ne mé-ritent pas une inftrution dans les formes de la procédure criminelle, feront exécutées nonobftant toutes appellations & oppofitions quelconques, & fans y préjudicier.*

Dans les Diocèfes où fe trouvent établies certaines Maifons régulieres, devenues inu-tiles ou peu fructueufes par le peu d'édifi-cation qu'on doit attendre de ces Monafte-res, &c. les Evêques peuvent, en obfervant les formalités requifes, les éteindre & fup-primer à l'effet d'y ériger leurs Séminaires, ou appliquer à leur dotation les biens & revenus qui en dépendent, en les chargeant néantmoins d'acquitter les charges, fervices & prieres dont ces Monafteres peuvent être tenus. Les difpofitions de l'Edit du mois de Décembre 1666, qui défendent les établif-femens nouveaux, n'ont pas lieu relative-ment aux Séminaires.

Les Evêques ont le droit de confier la conduite de leurs Séminaires aux perfonnes ou aux Communautés féculieres ou régu-lieres, qu'ils eftiment les plus propres pour les bien adminiftrer; & fi les Evêques ne jugeoient pas convenable de continuer la direction de leurs Séminaires à certaines Communautés, celles-ci ne pourroient fe prévaloir de l'adminiftration qui leur auroit été confiée par les Evêques prédéceffeurs, pour prétendre s'approprier les biens qui ont été donnés ou unis en faveur ou en vûe de Séminaires.

Ces maximes font annoncées comme *in-conteftables* dans le rapport des Agens du Clergé en 1740, où elles font très-bien dé-veloppées. On trouve dans les Piéces jufti-ficatives ce rapport un Arrêt contradic-toire, rendu au Confeil le 20 Septembre 1736, entre l'Evêque de Meaux & les Cha-noines Réguliers de la Congrégation de France, après un partage d'opinions entre Meffieurs les Confeillers d'Etat, & un au-tre Arrêt contradictoire (du Confeil) ren-du le 12 Juillet 1738, entre l'Evêque de Langres & les Prêtres de l'Oratoire, qui paroiffent l'un & l'autre conformes à ces maximes.

Les Chanoines font réputés préfens aux Offices de leur Chapitre pendant le temps qu'ils font au Séminaire pour fe difpofer à recevoir les Ordres; *fecùs,* lorfqu'ils s'y retirent feulement par dévotion.

Les Evêques peuvent, en faifant leurs vifites, enjoindre aux Eccléfiaftiques de fe retirer au Séminaire pendant un temps. V. *Vifite.*

Voyez auffi un Arrêt rendu au Parlement de Bretagne le 16 Mai 1730, rapporté au Journal de ce Parlement, tom. 1, chap. 104, par lequel il a été jugé que le Chapitre de Cliffon avoit pu, fans abus, comme ayant la jurifdiction correctionnelle, condamner un de fes Membres, qui avoit un commerce fcandaleux avec fa fervante, à fe retirer pen-dant trois mois au Séminaire de Nantes, & ordonner poftérieurement que les fruits de fon Canonicat feroient appliqués à l'Hôpi-tal; faute par le Chanoine d'avoir obéi.

SEMI-PREUVE.
V. *Préfomption.*

La Semi-Preuve n'eft autre chofe qu'une Preuve imparfaite. V. *Indices & Preuves.*

Quelques Auteurs ont défini la Semi-Preuve, un moyen de prendre le faux pour le vrai.

La Semi-Preuve n'a rien de plus con-cluant qu'une demi-vérité; & par la même raifon que deux incertitudes ne peuvent pas opérer une certitude, deux Semi-Preu-

---

(a) Si ces fautes font confidérables & importantes, com-ment peut-on dire qu'elles ne méritent pas une inftruction dans les formes de la Procédure criminelle? Si elles ne mé-ritent pas une inftruction de cette nature, elles ne méri-tent donc que celle d'une Procédure civile; en ce cas, il pa-roîtroit raifonnable d'exiger quelque chofe de plus qu'un Procès-verbal pour la condamnation d'un Curé. Mais Il femble qu'on ne devroit le condamner qu'à quelques inté-rêts civils, ou tout au plus à recevoir une admonition, une réprimande, ou même une correction en particulier, mais non pas à une peine telle que celle d'être renfermé dans un Séminaire; ce qui eft pour un Curé une efpéce de dépo-fition & de dégradation; puifque pendant fa réclufion, il ne peut faire aucune fonction Curiale dans fon Bénéfice.

En un mot, condamner un Curé à être renfermé trois mois dans un Séminaire, c'eft le condamner à une efpéce de pénitence publique; puifque fa Paroiffe, les Paroiffes voifines & les Séminaires où il fera renfermé, fçauront cette condamnation. Cependant l'Eglife, dans le temps de fa plus rigoureufe difcipline, difpenfoit les Eccléfiaftiques de la pénitence publique.

Je voudrois donc que on ne punît les Curés fcanda-leux, qu'en leur faifant leur Procès dans les formes: on en ufe ainfi à l'égard des Eccléfiaftiques qui n'ont point charge d'ames; pourquoi traiter autrement les Curés?

ves ne peuvent pas non plus opérer une Preuve complette.

SÉNAT.

Ce mot, pris dans sa signification générale, est le nom qu'on donne à l'Assemblée des Notables d'une République ; mais c'est aussi le nom de quelques Tribunaux François.

Il y a deux Jurisdictions à Strasbourg qui portent ce nom ; l'une, qu'on nomme le Grand Sénat, est composée de trente Citoyens, dont dix doivent être Gentilshommes, & les vingt autres Bourgeois. Ce Tribunal, auquel le Préteur Royal préside, avec le Conseil en exercice & le Préteur en quartier, connoît des affaires civiles & criminelles : il juge même celles-ci en dernier ressort ; les appels des affaires civiles qui y sont jugées, ressortissent à la Chambre des Treize. V. *Alsace.*

L'autre est nommée le Petit Sénat. Il y a 18 Juges, dont six sont Gentilshommes, & les autres Bourgeois ; cette Jurisdiction connoît des affaires civiles de petite conséquence, & les appels de ses Jugemens ressortissent aussi à la Chambre des Treize.

SENATUS-CONSULTE.

Les Senatus-Consultes étoient, chez les Romains, ce que sont à peu près, parmi nous, les Arrêts de Réglement ; ils faisoient une partie du Droit. Voyez *Macédonien* & *Velleyen.*

SÉNÉCHAL.

Anciennement les Sénéchaux étoient de grands Officiers de la Couronne ; actuellement un Sénéchal est un Chef de Justice dans un certain Canton. Son autorité est pareille à celle des Baillis & des Prévôts dans d'autres endroits. V. *Bailli.*

SENTE & SENTIER.
V. *Arbres, Chemin* & *Voirie.*

On nomme Sente & Sentier, un petit chemin qui conduit d'un lieu public dans un autre, comme d'un chemin à un autre chemin.

L'article 164 de la Coutume de Boulenois porte qu'un *Sentier doit contenir cinq pieds* de large, & que *l'on peut seulement y*

aller à cheval & à pied, mener & ramener ses bêtes, &c. Le Commentateur ajoute qu'on ne peut y faire passer ni les charriots ni les charrettes.

Les Auteurs pensent que le Public peut prescrire l'usage d'un Sentier dans une Terre, par la possession d'y passer pendant 30 ans. La Coutume d'Anjou en contient même une disposition textuelle dans les articles 449 & 454. Voyez Faber, M. Louet, lettre C ; le Grand, Dupineau & Taisand.

Cette question s'est présentée plusieurs fois au Parlement de Dijon, & y a toujours été décidée en faveur de la prescription trentenaire. Entr'autres Arrêts qui y sont intervenus sur ce point, il y en a un rendu le 22 Décembre 1706, en faveur d'un sieur Blanchet, contre le sieur Hanoyon ; un autre du 17 Mars 1725, rendu au profit de Nicolas Bonzereau, contre le sieur de Groselier ; & un autre rendu le 29 Décembre 1741, au profit du sieur Lorieux, contre le sieur Gien de Montrains. Ces trois Arrêts sont rapportés par l'Auteur de la Pratique des Terriers.

Il ne faut donc point de titre pour acquérir cette espéce de servitude en faveur du Public : la seule possession trentenaire suffit ; mais cessant cette possession, on ne peut faire de Sentier dans un héritage malgré le Propriétaire. Cependant voyez *Servitude.*

La Coutume de Boulogne parle d'une autre espéce de Sentier, qui est fort étroit, & qu'on nomme pied-Sente dans toute la Picardie ; elle dit, par l'art. 165, qu'*une pied-Sente est un chemin privé, qui n'est soumis à tous usages ; qu'il doit contenir deux pieds & demi ; qu'on peut seulement y passer à pied, & non point mener & ramener bêtes, & qu'on peut y mettre planches & sautoirs.*

SENTENCE.
Voyez *Appel, Arrêt* & *Jugement.*

Le nom de Sentence se donne aux décisions des Juges inférieurs qui sont susceptibles d'appel.

Il y a pourtant quelques Sentences dont l'appel n'est pas recevable, parce qu'elles sont regardées comme des Jugemens Souverains. Telles sont les Sentences rendues par les Présidiaux au premier chef de l'Edit ;

par les Juges & Confuls , & par la Confervation de Lyon, quand il ne s'agit que
d'une fomme de 500 livres & au-deffous.
Voyez *Conful & Préfidiaux ; voyez auffi*
Amirauté & Election.

SENTENCE ARBITRALE.

On nomme Sentence Arbitrale un Jugement rendu par des Juges convenus, & auxquels les Parties ont donné pouvoir de juger leurs différends. Voy. *Arbitres & Compromis.*

SÉPARATIONS entre mari & femme.
V. *Divorce , Femme & Mari.*

Nous connoiffons deux efpéces de Séparations entre mari & femme ; fçavoir, celle
de corps & d'habitation , & celle de biens
feulement.

La Séparation de corps & d'habitation affranchit la femme de l'autorité que la Loi
donne au mari fur fa perfonne ; de maniere
que , par cette Séparation , la femme devient
libre d'adminiftrer , comme bon lui femble ,
fa perfonne & fes biens , parce que la Séparation de corps emporte toujours celle de
biens.

La fimple Séparation de biens prive le
mari du pouvoir qu'il avoit fur les biens de
fa femme, & la rend maîtreffe d'adminiftrer
fes revenus , fans que le mari ait droit de
l'en empêcher : mais cette efpéce de Séparation ne prive pas le mari de l'autorité
qu'il a fur la perfonne de fa femme.

Ainfi une femme féparée de biens doit
demeurer avec fon mari ; & fi elle le quitte,
il eft en état de demander qu'elle foit renfermée dans un Couvent : je l'ai vû juger
ainfi par deux Arrêts rendus fur appointement à mettre, mais en grande connoiffance
de caufe, au rapport de M. l'Abbé de Salabery , en la Grand'Chambre, les 9 Août
1752 , & 11 Avril 1753 , entre les fieur &
dame Pillé.

Le premier de ces Arrêts a ordonné que
la dame Pillé , qui s'abfentoit de la maifon
de fon mari, dont elle étoit féparée de biens,
feroit tenue de fe retirer dans le Couvent
qui feroit indiqué par M. l'Archevêque de
Paris ; & le Prélat ayant indiqué le Couvent des Hofpitalieres Saint Eutrope, près
Arpajon , où la dame Pillé refufa de fe re-

tirer , le fecond Arrêt a ordonné qu'elle feroit tenue de s'y rendre dans huitaine , finon
*a permis au fieur Pillé de la faire arrêter
par-tout où il la trouveroit , pour la faire conduire audit Couvent.* V. les autres exemples
dont je parle au mot *Femme.* V. auffi l'Arrêt
rendu au Parlement de Rennes , le premier
Juillet 1733 , rapporté au Journal de ce Parlement , tome premier, chap. 108.

La Séparation de corps n'ôte pas même
au mari le droit qu'il a de fe plaindre de fa
femme qui mene une vie déréglée ; l'accufation d'adultere lui eft toujours ouverte ,
quand fa femme y donne lieu.

Notre Jurifprudence n'accorde la Séparation de corps & d'habitation , que quand
la femme articule & prouve des faits graves
qui font appréhender pour fa vie.

Je dis qu'il faut que la femme prouve ; il
ne fuffiroit pas que le mari convînt des faits ,
parce que ce feroit ouvrir une carriere aux
Séparations volontaires , que la Juftice n'admet pas ; elle regarde les Séparations comme un remède ; mais elle ne l'employe que
comme un remède violent dans les maladies
défefpérées , parce qu'elles portent toujours
atteinte au Sacrement , à l'ordre public & à
l'intérêt des familles. Voyez M. le Preftre ,
Centurie premiere, chap. 101 ; Defpeiffes
& Fevret. V. auffi la Loi 8 , cod. *de repud.*
la Novelle 22 , ch. 15 , & la Novelle 117 ;
chap. 8 , 9 & 14. Ces Loix détaillent les
motifs qui pouvoient autrefois autorifer le
divorce ; & la plûpart de ces motifs font regardés comme des moyens de Séparation
parmi nous.

L'Auteur de l'Analyfe du Droit François
dit que les crimes d'adultere & d'apoftafie
donnent droit à la Partie innocente de demander la Séparation de corps & d'habitation ; mais il fe trompe en un point : notre
Jurifprudence rejette les demandes fondées
fur l'adultere du mari ; l'Arrêt de Monboif-
fier, dont je parle en ce préfent article , en
contient la preuve. Mais voyez les Arrêts
de Papon.

Entre perfonnes d'une naiffance illuftre ,
ou revêtues de grandes dignités , les injures
atroces , les calomnies & autres excès , déterminent quelquefois les Magiftrats à prononcer des Séparations de corps & d'habitations , fur-tout quand les injures , les ca-

lomnies & les excès font affez graves pour rendre infupportable à une femme la néceffité d'habiter avec fon mari, & lorfque des récidives fréquentes indiquent, ou une férocité de caractere, on une haine de la part du mari, dont les effets dégénerent en une perfécution conftante & fuivie.

Outre les anciens Arrêts qui l'ont ainfi jugé, & qui font rapportés par Automne dans fa Conférence fur le titre *de Répudiis* au Code; par Papon, liv. 5, titre 13 ; par Boniface, tome 4, liv. 5, titre 13, chap. 1 ; par Gauthier, Plaidoyer 19 ; par Soefve, tom. 2, Centurie 3, ch. 8, & autres; nous en avons des plus recens qui ont confacré les principes que je viens d'expofer : tels font ceux des 10 Mai & 13 Juil. 1706, rendus en faveur des dames de S. Phal & de Champlaire. Nous avons encore ceux obtenus par madame de Pommereu & par les dames de Montendre & de Sainte-Maure. (Ce dernier a été rendu le 17 Mars 1731.)

Ainfi donc dans la thèfe générale, quand une femme du commun demande fa Séparation de corps & d'habitation, il faut qu'elle articule des faits graves dont il puiffe réfulter que fa vie eft en danger: alors les Juges l'admettent à la preuve, tant par titres que par témoins; autrement fi les faits articulés par la femme n'annoncent point une férocité de caractere dans le mari qui faffe craindre pour les jours de la femme, elle ne peut être admife à la preuve : il faut alors la déclarer non - recevable : l'ordre public, la dignité du Sacrement & le repos des familles exigent cette févérité dans les Magiftrats.

Il ne fuffit même pas qu'une femme articule des faits graves, & fe foumette à rapporter une preuve teftimoniale, il faut de plus qu'ils foient vraifemblables : car on examine la nature des faits & les circonftances dans lefquelles ils font articulés; & lorfque l'on trouve dans les faits quelques contradictions; lorfque l'on ne trouve point la vraifemblance, qui eft l'image de la vérité, la Juftice fe met en garde contre les piéges qui lui font tendus.

Nous avons trois exemples folemnels & récens où le défaut de vraifemblance dans des faits bien capables de faire prononcer les Séparations, a néantmoins fait profcrire les demandes des femmes qui les articuloient.

Premier exemple : la dame Rapaly prétendoit que fon mari l'avoit renverfée à fes pieds; qu'il s'étoit jetté fur elle ; qu'il lui avoit donné plufieurs coups de poing, & qu'il lui avoit marché des deux pieds fur la poitrine ; elle difoit qu'elle avoit eu l'eftomac rompu ; qu'elle avoit vomi le fang dans le cabinet de fon mari ; qu'on l'avoit tranfportée dans fon appartement; qu'elle avoit couvert l'efcalier de fon fang; enfin, que fa chambre & fon grand cabinet en étoient remplis.

Ces faits étoient fans doute fuffifans pour déterminer une Séparation. La fcène s'étoit paffée à dix heures du matin; mais immédiatement après, la dame Rapaly étoit montée dans un Fiacre; elle avoit été, de la rue Guenegaud, chercher un Chirurgien à la Place de Grève ; elle s'étoit fait conduire chez le Commiffaire le Comte, vis-à-vis la Comédie Françoife ; & fur la fin du jour, elle s'étoit fait conduire chez Me de la Broffe, Avocat, rue Poupée.

La défenfe du mari étoit fondée fur ces circonftances. Il prétendoit que la conduite de la femme fuffifoit feule pour le juftifier. Il ajoutoit que les rapports des Chirurgiens détruifoient les faits contenus dans la Plainte. Il prouvoit d'ailleurs que quelques jours après, la dame Rapaly avoit demandé des inftrumens de Mufique & des Romans. Il n'en fallut pas davantage pour faire rejetter la demande de la dame Rapaly.

On trouve le fecond exemple dans l'affaire de la dame *** qui demandoit auffi fa Séparation d'habitation ; elle offroit de prouver que fon mari avoit voulu la contraindre de commettre un crime bien oppofé à l'inclination des femmes. C'étoit un fait articulé en caufe d'appel, fur lequel on plaida à huis clos. Le Miniftere public portant la parole, avoit rendu plainte, & demandé qu'il fût informé du fait : mais le défaut de vraifemblance fit rejetter, & la demande de la dame *** & la plainte des Gens du Roi. L'Arrêt eft du premier Février 1745 ; & comme les autres faits allégués n'étoient pas feuls fuffifans pour opérer la Séparation, la Cour, par Arrêt rendu le 11 du même mois de Février 1745, confirma la Sentence du Châtelet,

Châtelet, qui avoit proscrit la demande de la dame *** & ordonna qu'elle resteroit un an au Couvent.

Le troisiéme exemple se trouve dans l'af-faire de la Marquise de Melun : elle accu-soit le Marquis de Melun son mari, qui étoit aveugle, de l'avoir maltraitée, & de l'avoir voulu percer d'un coup d'épée : le défaut de vraisemblance qu'un homme aveu-gle pût commettre ces excès, a fait rejetter la preuve des faits que la dame de Melun articuloit. L'arrêt a été rendu le 4 Mai 1750.

La Comtesse de Monboissier - Canillac ayant demandé sa Séparation d'habitation, articuloit & offroit de prouver que dans la premiere année de son mariage, son mari lui avoit donné une maladie vénérienne, & que pendant long - temps il l'avoit tenue renfermée comme en chartre privée dans plu-sieurs Terres ; que depuis il avoit non-seu-lement souffert qu'une femme-de-chambre l'accusât d'un accouchement clandestin, mais qu'il avoit lui-même sollicité une sage-femme pour en obtenir un certificat de cet accouchement ; qu'il l'avoit fait passer pour folle dans le monde, en disant qu'on l'avoit trouvée dans des carrieres, où elle alloit voir le Diable, qu'il l'avoit maltraitée à coup de pied chez un ami commun, qu'il avoit sollicité & obtenu des ordres du Roi sur des exposés calomnieux & diffamans, en consé-quence desquels elle avoit été arrêtée & conduite dans un Couvent, le même jour qu'un sieur D*** avec lequel le Comte de Monboissier l'accusoit de commerce crimi-nel, avoit été conduit à la Bastille ; qu'enfin le Comte de Monboissier entretenoit publi-quement une Concubine, dont il avoit eu plusieurs enfans baptisés sous son nom pen-dant la détention de sa femme.

Le Comte de Monboissier disoit que tous ces faits étoient faux & impossibles ; qu'au milieu des mauvais traitemens dont se plai-gnoit sa femme, on avoit vû naître successi-

vement trois enfans de leur mariage ; que la fécondité du mariage étoit le signe le plus certain de l'harmonie qui régnoit en-tre les époux ; que tous les faits antérieurs à cette naissance, fussent-ils aussi vrais qu'ils étoient faux, ne pourroient pas opérer un moyen de Séparation, parce qu'ils étoient couverts & effacés par une réunion posté-rieure.

A l'égard des ordres du Roi, le Comte de Monboissier disoit qu'on ne pouvoit ad-mettre la dame son épouse à prouver qu'il les avoit sollicités ; qu'un fait de cette na-ture n'étoit ni pertinent ni admissible ; qu'u-ne Lettre de cachet n'avoit d'ailleurs rien de deshonorant ; que c'étoit un coup d'auto-rité qui frappoit sans avilir ; qu'un mari qui seroit convaincu d'y avoir recours, seroit peut-être coupable aux yeux du Magistrat, qui ne connoît que le cours ordinaire de la Justice ; mais que cette faute n'étoit pas de nature à le priver des droits légitimes que la Religion & les Loix lui donnent sur sa femme. Il ne nioit pas le commerce adul-tere ; mais il disoit que dans nos mœurs, l'adultere du mari n'est pas un crime assez grand pour autoriser la Séparation qu'elle opéroit chez les Romains ; qu'enfin l'inso-lence prétendue de la femme-de-chambre étoit une imposture ; que d'ailleurs ce n'é-toit pas un fait personnel au Comte de Mon-boissier, & que la diffamation qu'on lui imputoit, étoit un tissu de contradictions & de suppositions contraires à la vraisem-blance.

La Comtesse de Monboissier avoit été ad-mise au Châtelet à prouver les faits qu'elle articuloit ; mais par Arrêt rendu le 7 Avril 1756, en la Grand'Chambre, la Sentence du Châtelet fut infirmée, & la dame de Monboissier déboutée de sa demande, avec dépens.

Les Séparations, soit de corps, soit de biens, ne peuvent se faire valablement par des Actes volontaires (a) ; il faut qu'elles

---

(a) On ne regarde pas comme Séparations volontaires, celles que les maris laissent juger par forclusion, & aux-quelles ils acquiescent tacitement.
» Il en est beaucoup, & ce sont les plus sages (disoit » Me Gueau de Reverseaux, en plaidant la Cause du sieur » Hatte), qui cédant à la volonté impérieuse d'une femme, » pour éviter un éclat fâcheux, ... laissent à la Justice » le soin d'examiner ces faits & de balancer les preuves,

» sans prendre le soin de se défendre. .... Il est des » maris qui, connoissant le désordre de leurs affaires, se » prêtent pour échapper aux poursuites de leurs créan-» ciers, à une demande à laquelle ils ne pouvoient ré-» sister.
» D'ailleurs, on ne peut forcer qui que ce soit de » résister à une demande juste, ni même de se défendre » malgré soi « ....

foient prononcées judiciairement en connoiſſance de cauſe : la Juſtice peut ſeule faire des Séparations légitimes; parce qu'un Acte volontaire dans une matiere de Droit public, tel qu'une Séparation, eſt abſolument ſans effet. V. ſur cela la Coutume de Berry, titre premier, art. 49; l'Arrêt rendu le 14 Mai 1695, en la Tournelle, ſur les Concluſions de M. l'Avocat Général d'Agueſſeau, entre les ſieur & dame Nojan : il eſt rapporté au cinquiéme volume du Journal des Audiences. Voyez auſſi l'Arrêt du 14 Décembre 1691, rapporté par Augeard, tome premier, édition in-folio, n°. 69 ; ce que je dis au mot *Abſent*, & l'Acte de Notoriété du Châtelet du 8 Mai 1703.

En un mot, on penſe univerſellement au Palais, que ces ſortes d'Actes ſont abſolument ſans effet. On peut encore ſur cela conſulter l'art. 198 de la Coutume d'Orléans ; Chopin, Carondas, & M Louet, lettre S, n°. 16. Mais voyez l'Arrêt du 21 Octobre 1711, qui, dans des circonſtances particulieres, a confirmé une Séparation volontaire, dont une femme demandoit la nullité: cet Arrêt eſt au Journal des Audiences, tom. 6, liv. 1, ch. 45.

Dupleſſis, (ſur la Coutume de Paris, de la Communauté, liv. 2, chap. 2,) qui indique ces autorités, dit même que les Séparations entre maris & femmes ne ſeroient pas valables, ſi elles étoient prononcées par Sentence rendue du conſentement des conjoints, » parce que cela ne ſeroit toujours » que volontaire : il faut (dit cet Auteur) » qu'il y ait *néceſſité*, & que la Séparation » ſoit prononcée en connoiſſance de cauſe ; » c'eſt-à-dire, après information ou enquê- » te (a) de ſévices, malverſation ou mauvais » ménage de l'un d'eux, qui en eſt le ſujet

» ſeul légitime; autrement toute Séparation » faite par le Juge, en quelque forme que » ce ſoit, eſt abſolument nulle, & n'a effet » quelconque «.

Enfin, il a été rendu un Arrêt en la Grand'Chambre, au rapport de M. Huguet de Semonville, le 27 Mars 1708, qui a admis les Lettres de Reſciſion priſes par la dame Boirel, contre une Tranſaction paſſée entr'elle & ſon mari, contenant Séparation de biens, laquelle avoit été homologuée par Arrêt rendu le 23 Août 1700, par la raiſon que les Actes faits entre mari & femme ne peuvent ſubſiſter tant qu'il n'y a point de Séparation judiciairement prononcée. (Cet Arrêt eſt imprimé.)

La Séparation de corps & d'habitation emporte toujours celle de biens : mais la Séparation de biens peut ſe demander ſeule. Une femme qui a été déboutée de ſa demande en Séparation de corps, peut même encore demander à être ſéparée de biens, parce que l'une & l'autre Séparation ſe prononcent ſur des motifs différens. Il faut, comme je l'ai dit, des ſévices & des mauvais traitemens conſidérables pour faire prononcer les Séparations de corps ; au lieu que la mauvaiſe adminiſtration du mari, & le péril de la dot de la femme, ſuffiſent pour faire prononcer la Séparation de biens.

L'une & l'autre Séparation ne peuvent ſe demander que par la femme ; parce que le mari étant le chef de la ſociété conjugale, il doit uſer de ſon autorité pour réprimer les écarts de ſa femme, & qu'il ne peut pas d'ailleurs ſe plaindre de la mauvaiſe adminiſtration des biens de la communauté & de ceux de ſa femme, dont il eſt ſeul *Seigneur*, ſuivant l'art. 223 de la Coutume de Paris (b).

(a) Le Samedi 5 Septembre 1761, la Cour, ſans tirer à conſéquence, a néantmoins confirmé la Sentence du Châtelet, qui réparoit les nommés Gallet, Maître Charon à Paris, & ſa femme, ſans enquête ni information préalable des ſévices & mauvais traitemens de la femme ; mais dans cette eſpéce, Gallet avoit refuſé l'entrée de ſa maiſon à ſa femme, qui lui étoit ramenée par le CommiſſaireTrudon ; ce refus, diſoit le mari, étoit fondé ſur ce que ſa femme étoit une libertine, une coquine : il avoit même voulu la maltraiter en préſence du Commiſſaire qui la lui ramenoit ; tout cela étoit conſtaté par un Procès-verbal du Commiſſaire : on a cru que l'excès auquel Gallet s'étoit livré en préſence & ſans reſpect pour le Miniſtre de la Juſtice, ſuffiſoit pour faire confirmer les Sentences du Châtelet qui prononçoient la Séparation.

(b) L'expérience nous apprend qu'il eſt des maris incapables d'uſer de l'autorité que la Loi leur donne, & des femmes qui non-ſeulement ſecouent le joug de cette autorité, mais qui l'uſurpent & maltraitent ceux qu'elles doivent reſpecter.

La Juſtice doit écouter les plaintes des maris qui ſe trouvent dans cette malheureuſe poſition, & doit, ſelon moi, ordonner la récluſion des femmes qui ſe ſont portées à certains excès envers leurs maris.

Ce ne ſeroit pas aſſez d'ordonner qu'une femme convaincue de voie de fait, & d'avoir été le tyran de ſon mari, ſera renfermée dans un Couvent : une infinité de femmes qui ont paſſé leurs jours dans les exercices de la vertu, font leurs délices d'une pareille retraite ; & ce ſeroit plutôt les récompenſer que les punir, en leur impoſant

Le Brun prétend néantmoins que le mari peut demander la Séparation de biens, » quand les affaires de la femme sont si in- » triguées, que l'application & la fortune » du mari ne suffisent pas « : en effet, il peut arriver que, par le fait même de la femme, par des embarras qui prennent leur source dans l'état de sa fortune avant le mariage, les affaires de la communauté seroient dérangées : seroit-il juste en ce cas que le mari fût la victime de sa bonne foi ? Cela paroît dur ; & le Brun cite un Arrêt qui a admis la demande en Séparation formée par un mari, parce que la femme, de son chef, avoit 114 Procès. On en trouve un autre dans Beraut, sur l'art. 325 de la Coutume de Normandie, qui a jugé de même.

Mais toutes ces autorités, & un autre Arrêt rapporté par Peleus, n'ont fait aucune impression, lorsque cette question s'est présentée, en 1755, sur l'appel d'une Sentence rendue à Bourges, qui avoit admis la demande en Séparation de biens formée par le mari : malgré l'usage où l'on est, dans la Province de Berry, d'admettre ces sortes de demandes, usage attesté par la Thaumassiere dans ses Maximes du Droit Coutumier de Berry, la Cour, par Arrêt rendu en la Grand'Chambre le 24 Juillet 1755, au rapport de M. Bochart, a infirmé la Sentence de Bourges, & déclaré la procédure & Sentence de Séparation nulles.

La demande en Séparation doit être portée devant le Juge Laïc du domicile du mari, encore que les sévices & mauvais traitemens ayent été commis ailleurs. La Cour l'a ainsi jugé par Arrêt rendu le 17 Mars 1742, entre M. Delot Brialle, Maître des Comptes, & Madame son Epouse. Et le Parlement de Bretagne, par Arrêts des 31 Janvier 1736, & 28 Janvier 1737, a déclaré nulles & abusives des procédures en Séparation d'habitation, faites à l'Officialité de Saint-Brieu & à celle de Vannes.

Il a néantmoins été rendu un Arrêt en la Grand'Chambre, le Samedi 24 Juillet 1762, sur les Conclusions de M. Seguier, par lequel la Cour a ordonné que l'on procéderoit au Châtelet sur une demande en Séparation formée par la femme de l'un des premiers Magistrats du Présidial de Laon : mais dans cette espéce, le Magistrat faisoit une résidence assez ordinaire à Paris : d'ailleurs on n'a pas cru devoir renvoyer une demande de cette nature dans un Siége que la femme disoit lui être suspect ; & d'un autre côté, la femme articuloit des faits dont il n'étoit pas naturel de faire la preuve dans un Tribunal où le Magistrat doit toujours être vû, sans diminution de sa dignité.

La premiere démarche que doit faire la femme qui veut se faire séparer, soit de corps, soit de biens, c'est de demander au Magistrat qu'il l'autorise à la poursuite de ses droits ; & si elle est mineure, il faut qu'elle se fasse nommer un curateur. L'usage du Châtelet est de nommer ce curateur par une Ordonnance sur Requête ; & M. le Lieutenant Civil nomme ordinairement le Procureur de la femme qui demande sa Séparation.

Bourjon prétend que l'usage de nommer un curateur à la femme mineure qui demande sa Séparation, est fondé sur une erreur des Praticiens, qui confondent, dit il, l'émancipation légale résultante du mariage, avec l'émancipation par Lettres du Prince ; mais, malgré l'avis de cet Auteur, qui fut cité dans une Cause plaidée au Châtelet, en laquelle s'agissoit de sçavoir si la Sentence de Séparation de biens obtenue par une mineure qui ne s'étoit pas fait nommer de curateur, étoit valable, cette Séparation fut déclarée nulle par Sentence rendue au Châtelet, sur les Conclusions de M. Moreau, Avocat du Roi, le 7 Septembre 1753, par la seule raison que cette femme ne s'étoit pas fait nommer un curateur. V. une Note sur l'art. *Emancipation*.

En prononçant des Jugemens de Séparation, il est d'usage de condamner le mari à rendre à sa femme sa dot, son préciput, &c. Mais des circonstances déterminent quelquefois les Magistrats à ordonner qu'une partie

une pareille obligation : on doit les frapper par des endroits plus sensibles ; il n'y en a point qui soient plus capables de les toucher que la réclusion, ou au moins la privation des avantages qui leur sont faits par leur contrat de mariage.

Cette derniere peine a été introduite par l'équité natu- relle ; elle est commune à tous ceux qui, ayant été honorés de quelques bienfaits, se rendent coupables d'ingratitude, au lieu de faire éclater leur reconnoissance. Voyez *Révocation de Donation.*

Voyez au mot *Mari*, comme le Parlement de Metz en a usé envers une femme qui avoit volé son mari.

de la dot reftera entre les mains du mari, pour être employée à l'entretien & éducation des enfans communs.

La Cour a pris ce parti en prononçant la Séparation des fieur & dame Hatte, par Arrêt du 4 Septembre 1721. En effet, il a été ordonné, par cet Arrêt, que le fieur Hatte retiendroit une fomme de 20000 liv. fur la dot de fa femme, fans qu'il fût tenu de payer l'intérêt, à la charge par lui d'entretenir & de donner l'éducation convenable aux enfans communs.

Les héritiers d'une femme qui a demandé fa Séparation, & qui eft décédée pendant le cours de l'inftruction, peuvent reprendre l'inftance & la faire décider, foit pour fe faire adjuger les intérêts de la dot qui ont couru depuis la demande en Séparation & la renonciation à la communauté, ainfi que la Cour l'a jugé par Arrêt rendu fur délibéré ordonné en la troifiéme Chambre des Enquêtes, le 28 Mars 1746, & prononcé le premier Septembre fuivant, entre le Marquis du Pont-du-Château, les héritiers & le légataire de fa femme, (celui-ci étoit Prêtre,) foit pour faire révoquer les donations faites au mari, fuivant l'Arrêt du 26 Février 1728, dont je parle à l'art. *Révocation de donation*.

Ce que je viens de dire, femble annoncer que les intérêts de la dot d'une femme courent du jour de la demande en Séparation, quand elle eft prononcée en définitif; & telle eft auffi. fur cela la Jurifprudence du Châtelet, où l'on ordonne feulement la déduction des provifions payées à la femme. Mais il y a un Arrêt du 8 Avril 1672, rapporté au Journal des Audiences, tome 3, liv. 6, chap. 23, qui a jugé que les intérêts ne font dûs à la femme en ce cas, que du jour de la Sentence de Séparation.

Ce n'eft pas affez qu'une Sentence de Séparation de biens foit valablement ordonnée en Juftice; il faut de plus, fuivant l'article 224 de la Coutume de Paris, & l'ufage invariablement obfervé au Châtelet, que la Séparation foit réellement *exécutée*, foit par un partage effectif, un inventaire, un Procès-verbal de vente de meubles, ou un autre Acte diftinctif des effets des deux conjoints; fans cette formalité, la Séparation demeure nulle & fans effet.

Pour l'exécution d'une Separation de biens entre conjoints, dit Dupleffis fur l'art. 224 de la Coutume de Paris, » il faut qu'il » y ait eu inventaire fait, & qu'ils tiennent » effectivement leurs biens à part, foit que » la femme, dans la Séparation, ait accepté » la communauté, ou y ait renoncé; autre- » ment, quand la Séparation auroit été faite » en la meilleure forme du monde, s'il n'y » avoit pas eu d'inventaire fait, & qu'ils » continuaffent à jouir en commun de leurs » immeubles; comme le mari, en recevant » les revenus de fa femme, & en faifant » les baux, elle feroit caduque, faute d'exé- » cution.

» Bref, fans ces deux points concurrens, » la Séparation eft nulle, tant à l'égard des » créanciers, qu'à l'égard des conjoints «. Voyez Lalande, fur l'article 118 de la Coutume d'Orléans; Dumoulin, fur l'art. 110 de la Coutume de Paris, & fur l'art. 121 de celle de Montfort; d'Argentré, fur l'article 415 de la Coutume de Bretagne; le Brun, de la Communauté, liv. 3, ch. 1, n. 8.

Les Sentences de Séparation de biens prononcées contre des Marchands & Négocians, & même les exclufions de communauté, ftipulées dans des contrats de mariage, doivent être publiées dans les Jurifdictions Confulaires, s'il y en a au domicile des Négocians ou Marchands féparés de biens, finon dans l'Hôtel commun des Villes, & inféré dans un tableau expofé en lieu public, à peine de nullité, fuivant le titre 8 de l'Ordonnance du Commerce. Cette formalité fait encore partie de l'exécution. V. *Bouchers*.

La maniere la plus ordinaire d'exécuter les Séparations de biens à Paris, eft de faire procéder à la vente des meubles & effets du mari, en vertu de la Sentence de Séparation, & d'adjuger le tout à la femme, qui par ce moyen devient propriétaire des chofes vendues. Les Huiffiers-Prifeurs ne fe font point de fcrupule de dreffer leur Procès-verbal de vente, portant adjudication à la femme des meubles de fon mari, & de faire mention que ces meubles ont été tranfportés & vendus fur la place publique, quoiqu'ils n'ayent point été déplacés de la maifon du mari : c'eft non-feulement un abus, mais un faux très-repréhenfible qui favorife la fraude.

Une vente qui feroit réellement publique, & précédée d'un enlevement tel que le preſcrit l'Ordonnance, & que le Procès-verbal de l'Huiſſier l'annonce, avertiroit les créanciers de s'oppoſer, & les mettroit à portée de conſerver leurs droits, dont ils ſont privés par une ombre de vente à laquelle le Procès-verbal donne néantmoins fauſſement tous les caractères de publicité. Il eſt à ſouhaiter qu'un uſage ſi préjudiciable ſoit promptement réprimé, comme il le mérite (a).

L'uſage du Châtelet ne permet pas d'attaquer la procédure faite pour parvenir à une Séparation de biens, quand il y a dix ans qu'elle eſt terminée : on n'écoute pas même l'exception du créancier qui demande la nullité de cette procédure. Je ne ſçai trop ſur quoi cet uſage eſt fondé ; on penſe apparemment que la Sentence a acquis la force & l'autorité de la choſe jugée après ce terme. Mais il paroîtroit naturel qu'un créancier, tierce-perſonne, pût, pendant 30 ans, réclamer contre une procédure qui lui eſt étrangere, & qui lui fait préjudice : il a ce délai de trente ans pour attaquer les autres Jugemens ou Procédures dans leſquels il n'eſt pas Partie, ſoit par la forme, ſoit par la voie de la tierce-oppoſition : l'exception à cette régle ne peut qu'autoriſer la fraude, à la faveur de laquelle la femme enleve fréquemment aux créanciers de ſon mari ce qui fait leur gage & leur ſûreté. V. l'Arrêt du 19 Août 1712, dans le ſixième Volume du Journal des Audiences, liv. 2, ch. 49.

On eſt auſſi dans l'uſage au Châtelet de penſer qu'un Procureur eſt garant de la procédure qu'il fait pour parvenir à la Séparation de biens de ſa cliente ; & je ne vois encore aucune raiſon qui autoriſe cette garantie, qui n'a pas lieu dans les autres cas. La peine qui puiſſe réſulter contre un Pro-

cureur qui fait une mauvaiſe procédure, c'eſt de le priver de ſes frais, quand il n'y a point de fraude de ſa part ; & une procédure de Séparation de biens n'a rien d'aſſez favorable pour engendrer une action exorbitante du Droit commun. Au reſte, ſi on admet cette action, il faut du moins bien diſtinguer les nullités qui ſont du fait du Procureur, d'avec celles qui ſe trouvent dans les exploits : les exploits ſont, ou ſont cenſés être du fait de l'Huiſſier ; il ſeroit déraiſonnable d'en rendre le Procureur garant.

On eſt encore au Châtelet dans l'uſage de faire ſaiſir, arrêter & gager les meubles du mari, à la requête de la femme, en vertu d'une Ordonnance de M. le Lieutenant Civil, dès le commencement de la procédure en Séparation : mais c'eſt une mauvaiſe procédure ; parce que, pour ſaiſir, il faut avoir une créance certaine & liquide ; & qu'une femme qui demande ſa Séparation, n'a encore, ni titre certain, ni créance liquide contre ſon mari, mais ſeulement une action.

D'ailleurs, la Coutume n'autoriſe point une ſaiſie-gagerie en pareil cas. (V. Gagerie.) Il n'eſt pas non plus régulier de procéder par voie de ſaiſie-arrêt, puiſque cette eſpéce de ſaiſie ſe fait entre les mains d'un tiers. L'uſage eſt cependant au Châtelet de permettre à une femme qui demande ſa Séparation, de ſaiſir & arrêter ce qui eſt dû au mari ; mais cet uſage me paroît abuſif : on ne doit pas dépouiller un mari par proviſion : un accuſé n'eſt pas convaincu.

Auſſi une Séparation ſuivie d'une vente faite en conſéquence de pareille ſaiſie, a-t-elle été déclarée nulle par Sentence des Requêtes du Palais du 5 Juillet 1745, confirmée par Arrêt rendu en la Grand'Chambre le 13 Juillet 1746. La Sentence & l'Arrêt ont reçu le créancier oppoſant à

(a) On eſt bien éloigné en Normandie de favoriſer les Séparations clandeſtines. Il eſt au contraire très-expreſſément ordonné dans cette Province, aux maris & femmes qui ſe ſont ſéparés de biens, non-ſeulement de faire lire les Lettres de Séparations (qui dans cette Province s'obtiennent en Chancellerie,) les Aſſiſes tenantes, & de les faire enſuite publier à ſon de trompe dans les Carrefours & lieux publics ordinaires ; mais encore de donner au Procureur du Roi une liſte ou état des noms, ſurnoms, & réſidence de leurs créanciers ; leſquels doivent être appellés à l'enthérinement des Lettres, &c. Voyez l'Arrêt

de Réglement du Parlement de Rouen du 30 Août 1555, imprimé à la ſuite du texte de la Coutume de Normandie, en 1757, chez Viret.

On trouve dans le même Ouvrage un Arrêt rendu au même Parlement, entre le nommé Lamy & la femme Lehoux, le 16 Juillet 1751, qui a jugé qu'un créancier du mari peut demander à prouver, par la voie de cenſure, c'eſt-à-dire de Monitoire, que la femme qui demande l'enthérinement de Lettres de Séparation, a commis des recélés, ſans qu'il ſoit beſoin d'articuler qu'ils ont été commis la nuit.

l'Ordonnance portant permiſſion de ſaiſir &
gager; ainſi il faut, pour procéder réguliérement, faire ſaiſir, exécuter & vendre dans
la forme preſcrite par l'Ordonnance de
1667.

Mais dans une eſpéce où la femme,
demandereſſe en Séparation, ſoutenoit que
des meubles en nature faiſoient partie de
ſa dot, ce que le mari conteſtoit, la Cour,
par Arrêt rendu à la petite Audience de
la Grand'Chambre, le 17 Janvier 1731, a
confirmé deux Ordonnances du Prévôt de
Pontoiſe, portant (la premiere) que pendant l'inſtance de Séparation de corps & de
biens, il ſeroit établi un gardien auxdits
meubles étant en la poſſeſſion du mari; &
(la ſeconde) attendu que le gardien avoit
été expulſé, les meubles ſeroient enlevés &
mis en ſûreté à la requête de la femme.

Les Séparations de biens entre Marchands
de vin & Vignerons ne produiſent aucun
effet relativement aux droits d'Aides dûs
aux Fermiers; ainſi la femme ſéparée de
biens d'avec ſon mari, Marchand de vin ou
Vigneron, ne peut réclamer les meubles
qu'elle s'eſt fait adjuger, ou qu'elle a acquis
depuis la Séparation, & qui ſont ſaiſis ſur
ſon mari par le Fermier pour droits d'Aides.

Mais quand ce ſont des Bourgeois non
trafiquans en vins, leur Séparation a le même effet contre le Fermier, que contre tout
autre créancier. V. l'Ordonnance des Aides,
titre 8, art. 17.

Carondas, Ricard, Tronçon, Auzannet,
le Brun, le Maiſtre & Dupleſſis, décident
que les conjoints peuvent, après la Séparation prononcée & exécutée, rétablir la communauté, & éteindre la Séparation. La raiſon de ce, dit Dupleſſis, c'eſt que par-là
» ils ne ſont que réduire les choſes aux ter-
» mes du principe de leur mariage; le re-
» grès des choſes à leur premier état ſe fait
» bien plus facilement qu'au commence-
» ment; & celui-là eſt tout favorable, qui
» fait ceſſer un divorce «.

Bourjon penſe le contraire; parce, dit-il,
que c'eſt faciliter un avantage indireſt.

Pour moi je penſe qu'il faut diſtinguer
entre la ſimple Séparation de biens & celle
de corps, qui emporte auſſi celle de biens.
Dans la Séparation de corps, la femme ne
ſe plaint point de la diſſipation du mari,

mais de mauvais traitemens : elle peut eſ-
pérer qu'il changera de conduite; & comme
cette Séparation eſt contraire à la fin du mariage, ſon effet doit auſſi ceſſer par la réunion des époux, s'ils y conſentent par des
aſtes paſſés avec minute & ſans fraude; parce que la Séparation de biens n'étoit pas
dans l'intention des époux, mais la ſuite &
la conſéquence de la Séparation de corps.
Ce n'eſt pas alors le cas d'appréhender
l'avantage indireſt; les époux ſe réuniſſent,
non pour s'avantager, mais pour vivre enſemble.

Je crois qu'on doit dire le contraire du
rétabliſſement d'une communauté après une
Séparation de biens, à laquelle ces raiſons
ne peuvent pas s'appliquer.

Si le rétabliſſement de communauté ne
peut pas ſe faire par des aſtes volontaires
entre les époux ſéparés de biens ſeulement,
elle peut encore moins avoir lieu, quand
l'un des deux ſeulement en demande le rétabliſſement contre le gré de l'autre; il eſt
ſur cela intervenu quelques Arrêts modernes, dont voici les eſpéces.

La dame Maſſon voyant ſon mari intéreſſé
dans différens traités qui paroiſſoient onéreux, prit des inquiétudes ſur ſa dot; elle
demanda ſa Séparation de biens, & l'obtint
au Châtelet par Sentence du 14 Mai 1709

Les affaires du ſieur Maſſon ayant changé
de face, ſa femme, qui avoit craint de partager ſa ruine, voulut partager ſa fortune :
elle interjetta appel de la Sentence de Séparation qu'elle avoit obtenue, & prit en 1722
des Lettres de Reſciſion contre les aſtes qui
avoient ſuivi cette Séparation : elle diſoit
ne l'avoir demandée que par complaiſance
pour ſon mari, & pour mettre leurs meubles à couvert; mais le mari prouvoit que,
depuis la Séparation, ſa femme avoit vécu
en vraie femme ſéparée; il repréſentoit les
comptes faits entr'eux pour la penſion de
la femme & ſes revenus : il rapportoit ſes
Lettres, où la Séparation étoit annoncée
comme un aſte ſincere; & par Arrêt rendu
le 6 Août 1723, la Cour, ſans s'arrêter
aux Lettres de Reſciſion, confirma la Sentence.

Cet Arrêt fut attaqué par la voie de la
Requête civile; mais cette Requête fut
proſcrite par un autre Arrêt rendu ſur les

Conclusions de M. le Procureur Général, le 29 Août 1725.

L'Arrêt de la Dame Hatte est assez semblable à ceux-ci ; en voici l'espéce :

La dame Hatte ayant, en 1718, demandé sa Séparation de corps & d'habitation d'avec son mari (qui fut depuis Fermier Général) s'en désista, pour ne demander que la seule Séparation de biens, & elle l'obtint par Arrêt rendu le 4 Septembre 1721. S'étant alors séparée de fait d'avec le sieur Hatte, elle vécut seule fort longtemps, & fit néantmoins, en différens temps, des sommations à son mari de la recevoir, mais sommations qui restoient sans suite.

En 1751, la dame Hatte attaqua l'Arrêt de Séparation par la voie de la Requête civile : elle prit même des Lettres de Rescision contre sa propre demande, sous prétexte de lésion ; mais elle fut déboutée de sa demande en enthérinement, par Arrêt rendu le 3 Mars 1752.

Postérieurement à cet Arrêt, ayant demandé que son mari fût tenu de la recevoir chez lui, il intervint au Châtelet une Sentence par défaut qui l'ordonnoit ainsi : mais sur l'appel, le mari fit valoir la Séparation de fait qui subsistoit depuis plus de 30 ans ; & par Arrêt rendu en la Grand'Chambre, sur les Conclusions de M. l'Avocat Général d'Ormesson, le 12 Janvier 1753, la Sentence du Châtelet fut infirmée, & la Dame Hatte déboutée de sa demande.

Il a été rendu un autre Arrêt le 2 Octobre 1711, par lequel la Cour, dans des circonstances singulieres, s'est encore déterminée à défendre à une femme l'entrée de la maison de son mari ; en voici l'espéce :

Marie-Louise Regnault, femme séparée de biens & d'habitation de Me Jacques Marie, Procureur au Parlement, par un acte volontaire du 12 Décembre 1681, précédé de plaintes & informations faites, à la requête du mari, des continuels excès de fureur, voies de fait, différens attentats sur sa vie, déréglemens de mœurs, prostitution & crime d'adultere commis par sa femme, donna lieu, en 1711, à de nouvelles plaintes du mari, qui avoient presque les mêmes objets que les premieres.

Pour faire diversion, cette femme imagina de demander la nullité de la transaction du 12 Décembre 1681, & que son mari, dont elle vivoit séparée depuis près de 30 ans, fût tenu de la recevoir ; mais, par Arrêt rendu le 2 Octobre 1711, *en conséquence des plaintes & informations faites à la requête* du mari, *sur lesquelles les Parties ont été* renvoyées devant M. le Lieutenant Criminel du Châtelet, la Cour, *sans avoir égard à la demande* de la dame Regnault, *à fin de faire déclarer nul l'acte en forme de transaction, contenant la Séparation de biens & d'habitation...... & à fin de rentrer avec son mari, a ordonné que lesdites Transaction & Séparation seront exécutées..... En conséquence a fait défenses à ladite* Regnault *de plus à l'avenir revenir en la maison de son mari, & de l'y troubler.*

La dame de Clerc s'étant fait séparer de biens, par Sentence du Châtelet, qui condamna son mari à lui rendre sa dot avec les intérêts, & à lui payer une pension, en attendant que le douaire eût lieu (*a*), transigea avec lui en 1680 ; & par la Transaction on convint que » pour & au lieu, ou sur & » en déduction des intérêts des sommes à » elles adjugées par la Sentence de Sépara- » tion & arrérages de pension, en attendant » douaire «, elle jouiroit pleinement & sans restriction des immeubles de son mari ; en considération de quoi elle s'obligea de subvenir à la nourriture, logement & éducation des enfans, d'acquitter les dettes hypothécaires du mari, & lui fournir 3000 liv. par an.

Les revenus abandonnés suffisoient pour acquitter toutes ces charges ; & la Transaction s'étant exécutée pendant trente-huit ans, il s'est agi de sçavoir si elle renfermoit un forfait & une compensation indéfinie des intérêts des créances de là dame de Clerc avec les revenus de son mari. Par Sentence du Châtelet du 5 Mai 1719, il a été ordonné que la dame de Clerc rendroit compte à l'héritiere du sieur de Clerc ; & elle a été confirmée par Arrêt rendu le 7 Août 1723.

Dans la Coutume de Tours, *si le mari tourne à pauvreté & en autres cas de droit,*

(*a*) On donnoit alors des pensions aux femmes séparées, en attendant l'ouverture du douaire ; mais cette Jurisprudence a été abrogée par un Réglement précis. Voyez *Douaire.*

la femme peut, *en perſonne ou par Procureur ſpécial, pardevant Juge compétent, renoncer aux meubles & acquêts* communs, *du vivant même du mari, iceux* cas *ſommairement vé-rifiés*, le mari oui & appellé; & *en ce fai-ſant*, la femme *n'eſt tenue aux dettes de ſon-dit mari, à moins qu'elle ne s'y ſoit obligée;* & elle jouit de ſes *propres & des fruits d'iceux, ſans* qu'ils puiſſent *être ſaiſis par les créanciers du mari pour ſes dettes.* Voyez les articles 291 & 292 de la Coutume de Tours.

Cette diſpoſition de la Coutume de Tours a donné lieu à l'Arrêt dont voici l'eſpéce:

Louiſe Buiſſon, femme de François Huart, ayant renoncé à la communauté, & fait ad-mettre ſa renonciation par Sentence du 10 Mai 1695, les créanciers du mari attaque-rent ſa procédure & la Sentence: ils diſoient que la Sentence qui admettoit la renoncia-tion n'étoit pas une Séparation; qu'elle étoit d'ailleurs nulle; que la procédure en étoit précipitée; que les délais de l'Ordon-nance n'avoient pas été obſervés, (l'aſſi-gnation étoit en effet donnée à trois briefs jours); que ce n'étoit pas une Séparation authentique, mais plutôt un divorce.

La femme répondoit que la Coutume de Tours n'exige qu'une procédure *ſommaire*, telle qu'elle ſe fait dans les matieres ſom-maires: elle oppoſoit d'ailleurs pluſieurs fins de non-recevoir; & par Arrêt rendu en la troiſiéme Chambre des Enquêtes, au rap-port de M. Severt, le 19 Juin 1730, la Sen-tence a été confirmée: l'Arrêt porte, *ſans qu'il ſoit beſoin de s'arrêter aux fins de non-recevoir de la veuve Huart.*

La Séparation même judiciaire ne donne d'autre droit à la femme ſur ſes biens, que ceux qu'a un mineur émancipé; c'eſt-à-dire, qu'elle peut adminiſtrer ſes revenus, mais non pas hypothéquer ni vendre ſes immeu-bles; & à cet égard la femme, ſéparée d'ha-bitation, n'a pas plus de droit que celle qui n'eſt ſéparée que de biens; parce que la Juſ-tice n'en permet aucune que dans l'eſpé-rance de la réunion. On peut ſur cela voir l'Acte de Notoriété du Châtelet du 8 Mai 1703, & Dupleſſis.

On penſoit autrefois que la femme ſé-parée pouvoit contracter avec la même li-berté que ſi elle n'eût pas été mariée; on voit les veſtiges de cette opinion dans Du-moulin ſur le Paragraphe 25 de l'ancienne Coutume de Paris, n. 13, & dans Chopin. Il nous reſte même trois Coutumes qui le décident expreſſément; ſçavoir, Montargis, chap. 8, art. 6; Sedan, art. 97; & Dunois, art. 58.

Mais, dans les derniers temps, on a ou-vert les yeux ſur les inconvéniens de cet uſage. La Séparation n'eſt point un divorce perpétuel & irrévocable; il arrive ſouvent que les conjoints ſéparés ſe réuniſſent; & l'eſpérance de cette réunion fait que le mari conſerve toujours un intérêt réel à empê-cher la diſſipation des biens de ſa femme.

D'ailleurs il ſeroit trop dur pour le mari, & trop dangereux pour la femme, de la li-vrer ſans réſerve à ſa propre conduite, & de lui laiſſer une liberté entiere pour les aliénations volontaires, dans leſquelles il eſt ſi facile que ſa fragilité & ſon peu d'expé-rience ſe laiſſent ſurprendre.

Ainſi le mari doit toujours veiller au rem-ploi du prix des immeubles de ſa femme ſé-parée, s'il conſent qu'elle en aliéne, parce qu'il en eſt garant. Voyez trois Arrêts mo-dernes que je cite ſur cela au mot *Remploi*, & ce que je dis aux articles *Autoriſation* & *Femme*.

Néantmoins, ſelon quelques Auteurs, il faut entendre ceci des engagemens volon-taires; parce que la femme ſéparée pouvant eſter en Jugement ſans l'aſſiſtance de ſon mari, elle peut aliéner, par cette voie, ſans conſentement ni autoriſation.

Les Juges qui décident les procès d'une femme ſéparée, n'ont pas beſoin des lumie-res du mari; & la femme tient de la Loi la liberté dont elle jouit étant ſéparée. Je connois un Arrêt qui a confirmé le décret des biens d'une femme ſéparée, dans la pour-ſuite duquel on n'avoit point du tout appel-lé le mari: cet Arrêt eſt intervenu au rap-port de M. de Vienne, le 21 Février 1731, entre le ſieur de la Noue, pourſuivant, & le ſieur de Gabaret, appellant de la ſaiſie-réelle & de l'adjudication.

Cependant on ne forme guères au Châ-telet une demande contre une femme ſépa-rée, ſans aſſigner auſſi le mari pour la vali-dité de la procédure, ſur-tout lorſqu'il en peut

peut réfulter une aliénation, ou même une ample hypothéque. V. *Efter*. Voyez auffi le Brun, Traité de la Communauté, chap. 1, fect. 1, n. 8, & Dupleffis.

Quoique les Séparations operent la diffolution de la Communauté, elles ne donnent aucune ouverture aux gains nuptiaux : ainfi la femme féparée ne peut exiger ni douaire ni préciput, &c. mais elle peut reprendre & exiger du mari ce qu'elle a mis en communauté, fi la faculté en eft ftipulée par le contrat de mariage avec le furplus de fa dot. Cependant voyez *Douaire*.

Il en eft autrement en Normandie. Le douaire s'ouvre dans cette Province par la Séparation, foit de corps, foit de biens ; & par Sentence du Châtelet du 18 Mai 1741, confirmée par Arrêt rendu le 31 Août 1743, en ordonnant la Séparation d'habitation des fieur & dame de Bapaulme, la Dame de Bapaulme a été envoyée en poffeffion de la Terre de Crignebeuf, qui appartenoit à fon mari, mais dont la jouiffance lui avoit été promife pour fon douaire.

Les Auteurs font partagés fur la queftion de fçavoir s'il eft néceffaire que la femme renonce à la communauté pour obtenir la Séparation de biens : en général, il eft naturel de penfer que la communauté étant bonne, & la femme n'y renonçant pas, ce n'eft pas le cas de regarder le mari comme diffipateur, ni par conféquent de prononcer la Séparation ; mais dans les Séparations de corps, la renonciation à la communauté n'eft nullement néceffaire, parce qu'un mari peut être en même-temps cruel & bon ménager ; c'eft pourquoi, après ces fortes de Séparations, la femme peut demander un inventaire pour s'inftruire de l'état de la communauté, afin qu'elle puiffe enfuite y renoncer ou l'accepter.

Il y a cependant un cas où je penfe que la femme pourroit fe faire féparer de biens, fans renoncer à la communauté : c'eft lorfque le mari, bon ménager, change tout-à-coup de conduite, & fe livre à la diffipation. Il feroit injufte alors de mettre la femme dans le cas d'attendre que la communauté fût devenue mauvaife pour lui accorder fa Séparation ; il ne le feroit pas moins de la contraindre de renoncer à une communauté qui eft encore bonne, & qui ne

l'eft devenue que par la collaboration commune. Voyez l'Acte de Notoriété du Châtelet du 26 Juillet 1707 ; mais voyez auffi les Arrêts notables du Parlement de Tournai, tom. 2, ch. 256.

La femme du fieur Berfet des Hallerais, Elu en l'Election de Laval, a obtenu fa Séparation de corps & d'habitation, par Arrêt rendu au rapport de M. Ferrand, le premier Février 1716, parce qu'elle avoit été accufée de crimes capitaux par fon mari, qui n'avoit pû prouver qu'elle en fût coupable. (Il difoit qu'elle l'avoit volé, qu'elle avoit attenté à fa vie par le fer & par le poifon, & qu'elle l'avoit pris à la cravatte pour l'étrangler.) L'Arrêt a infirmé une Sentence du Juge de la Fleche, du 15 Février 1715, qui, en déboutant la dame des Hallerais de fa demande, lui avoit enjoint de retourner avec fon mari dans quinzaine. Cet Arrêt eft au fixiéme volume du Journal des Audiences.

La dame Lemort, contre laquelle fon mari articuloit des faits d'adultere, de poifon & de blafphême, a auffi obtenu fa Séparation d'habitation, par Arrêt rendu en la troifiéme Chambre des Enquêtes, en l'année 1723, au rapport de M. Duport : elle avoit été déboutée de fa demande par Sentence du Bailliage de Saint-Pierre-le-Moutier, du 9 Janvier 1721.

Par Arrêt du 31 Août 1730, rendu au rapport de M. l'Abbé Lorenchet, fur les Conclufions de M. le Procureur Général, la Cour a confirmé une Sentence du Bailliage de Blois, par laquelle la Séparation de corps & de biens des fieur & dame Ciret, avoit été prononcée. L'efpéce de cet Arrêt eft que la femme du fieur Ciret, Médecin à Blois, venue à Paris, pour les affaires de fon mari, y refta plus qu'il ne vouloit. Ne pouvant la faire retourner, après avoir épuifé toutes fes reffources, il lui propofa de rompre le mariage de concert ; il lui envoya même des projets d'actes, & interjetta appel comme d'abus de la célébration de fon mariage ; s'en étant depuis défifté, la dame Ciret incidemment à ce défiftement demanda fa Séparation : on plaida fur ce défiftement, dont il fut donné acte. Mais fur la Séparation, les Parties furent renvoyées à Blois, où elle fut accordée à la femme

K

par la Sentence, qui depuis a été confirmée par l'Arrêt.

Le moyen de l'Arrêt a été l'indignité du mari, qui avoit, par mépris du Sacrement, voulu rompre son mariage, & envoyé à cet effet des modéles d'actes, dans l'intention de se défaire de sa femme. Elle disoit, le mariage est valable ; mais je ne peux rester avec un tel homme : il faut laisser subsister le Sacrement, mais nous séparer de corps & de biens.

Par Arrêt rendu le 13 Avril 1734, plaidans Mes Manory & l'Averdy, la Cour a confirmé une Sentence du Châtelet, par laquelle la Dame Monet étoit admise à prouver que son mari avoit publié que l'enfant, dont elle étoit grosse, n'étoit point de lui, que c'étoit une P....... &c. qu'elle l'avoit voulu empoisonner plusieurs fois : & comme l'Enquête faite en conséquence de cet Arrêt, contenoit une preuve complette de la diffamation (elle ne prouvoit cependant pas le fait du poison) la Cour prononça la Séparation, plaidans les mêmes Avocats, sur les Conclusions de M. Joly de Fleury, Avocat Général, par Arrêt rendu le 24 Mai 1735.

La Sentence de Séparation doit être insinuée, sans quoi elle ne peut être opposée aux créanciers ; cette formalité est d'autant plus essentielle, qu'elle a pour objet de rendre la Séparation publique ; ainsi on ne doit pas la regarder comme bursale, & il ne serviroit à rien qu'une femme séparée justifiât une propriété de meubles, ou par un Procès-verbal de vente, ou par des quittances de Tapissiers, si la Sentence n'étoit pas insinuée au Bureau, dans l'étendue duquel le mari est domicilié, lors de la Séparation. Voyez à ce sujet les articles 4 & 12 de l'Edit du mois de Décembre 1703, l'article premier de la Déclaration du 19 Juillet 1704, & l'Acte de Notoriété des Avocats du Mans, du 29 Avril 1721.

Un Arrêt rendu en forme de Réglement par le Parlement de Rouen, le 26 Juin 1713, fait défenses à toutes les Communautés d'Arts & Métiers de la Province de Normandie, de nommer des Gardes (ou Jurés) qui soient séparés de biens d'avec leurs femmes ; & auxdits Particuliers séparés, d'accepter la Commission, s'ils y sont nommés,

à peine contre les nominateurs d'être garans & responsables de la gestion, & contre les acceptans, d'être procédé à nouvelle élection, à leurs frais, &c.

La dame de Saint-Germain de Beaupré, qui en se faisant séparer de biens d'avec son mari, avoit renoncé à la communauté, fut depuis actionnée par les héritiers de Pierre Pelletier, Maître Sellier, lequel lui avoit fourni des équipages avant la Séparation. Ils prétendoient qu'il y a une sorte de solidité entre le mari & la femme, pour les fournitures qui leur sont faites pendant leur communauté, & qui se consomment par l'usage commun ; la dame de Beaupré répondoit au contraire que ces fournitures ayant été faites long-temps avant la Séparation, elles étoient à la charge du mari, qui jouissant des revenus de la communauté, devoit en acquitter les charges. Par Arrêt rendu au rapport de M. Severt, le 10 Juillet 1742, les héritiers Pelletier ont été déboutés de leur demande contre la dame de Beaupré, & le sieur de Beaupré a été seul condamné à payer les fournitures qu'ils demandoient : on eût jugé autrement, s'il s'étoit agi d'alimens ou de loyers. Voyez *Renonciation à la Communauté.*

Les époux séparés se doivent-ils des alimens ? V. *Alimens.*

Les femmes des Marchands de vin & de Vignerons, qui se font faire séparer de biens, ne peuvent pas réclamer les meubles qui leur appartiennent, & qui se trouvent dans les lieux occupés par leurs maris, au préjudice des droits d'Aides qui peuvent être dûs au Roi par les maris. V. l'Ordonnance des Aides de Paris, titre 8, art. 17 ; & celle de Rouen, tit. 10, art. 16.

SEPTUAGÉNAIRES.
V. *Contrainte par Corps.*

On nomme Septuagénaires les personnes parvenues à l'âge de soixante-dix ans.

Les Septuagénaires ne peuvent *être emprisonnés pour dettes purement civiles* ; c'est la disposition de l'Ordonnance de 1667, tit. 34, art. 9.

Ce même article excepte trois cas dans lesquels la contrainte par corps a néantmoins lieu contre les Septuagénaires en matiere civile.

1°. Quand ils font *Stellionataires.*

2°. En matiere *de recélé.*

3°. Lorfqu'il s'agit *de dépens en matiere criminelle, & que les condamnations* font prononcées *par corps.* Voyez l'Arrêt du 24 Septembre 1701, au Journal des Audiences, tome 5.

La Jurifprudence des Arrêts a ajouté une quatriéme caufe, pour laquelle le privilége des Septuagénaires n'a pas lieu : c'eft lorfque la créance a des deniers royaux pour principe. Il eft intervenu un Arrêt fur les Conclufions de M. Chauvelin, le 30 Mars 1716, qui l'a ainfi jugé entre les fieurs le Roux & Mazens; on trouve cet Arrêt dans le Praticien des Confuls.

Mais voyez auffi ce que dit M. Lefevre de la Bellande, Traité des Aides, n. 1259; il cite un Arrêt contraire.

Je crois qu'on peut concilier cette contrariété, en difant que le privilége de la Septuagénarité n'a pas lieu quand il s'agit de comptabilité, & en faveur de Commis-Receveurs & autres Reliquataires, mais qu'il a lieu en faveur des autres débiteurs de Droits Royaux.

Voyez dans le feptiéme volume du Journal des Audiences, liv. 2, chap. 13, un Arrêt du 10 Février 1719, qui juge que le privilége accordé aux Septuagénaires, n'a pas lieu quand il s'agit de dépens adjugés en matiere criminelle, fi le débiteur eft emprifonné en vertu d'Arrêt d'*iterato.*

L'affranchiffement de la contrainte par corps a lieu fans difficulté en faveur des Septuagénaires, pour les dettes contractées avant qu'ils ayent atteint l'âge de foixante-dix ans; mais s'ils tirent, acceptent ou en-doffent des Lettres de Change, après la Septuagénarité acquife, feront-ils auffi affranchis de la contrainte par corps pour ces dettes poftérieures?

Cette queftion vient de fe préfenter, & a fait beaucoup de difficulté; mais après avoir demandé l'avis des Confuls, la Cour, par Arrêt rendu fur délibéré prononcé le Jeudi (Gras) 22 Février 1759, a jugé que la contrainte par corps n'avoit pas lieu en ce cas, & que tout Septuagénaire doit profiter du bienfait de la Loi, quand il n'eft pas dans un des cas d'exception.

Il fuffifoit autrefois que la foixante &

dixiéme année fût commencée pour jouir du privilége des Septuagénaires : l'interprétation s'en faifoit en leur faveur ; il y a fur cela un Arrêt rendu le 24 Juillet 1700, dans le Journal des Audiences ; & on en trouve un autre du Parlement de Touloufe, du 20 Juin 1747, dans le Recueil des Arrêts de ce Parlement, imprimé en 1749. Voyez auffi la Peyrere; mais il parott que le Parlement de Paris eft déterminé à juger qu'il faut que les foixante & dix années foient entièrement révolues.

Un premier Arrêt rendu le Mercredi 24 Juillet 1737, l'a ainfi décidé contre Germain de Bauve, prifonnier pour dettes civiles, âgé de foixante-neuf ans, cinq mois, douze jours, en faveur d'Alexandre Pouffon, créancier.

Un fecond Arrêt rendu le Mardi 4 Décembre 1742, l'a jugé de même contre un autre Prifonnier, âgé de 69 ans quelques mois.

Ces deux Arrêts ont prononcé par un *hors de Cour, quant à préfent,* fur les demandes des prifonniers.

Augeard rapporte un pareil Arrêt rendu le 6 Septembre 1706.

SÉPULTURE.

V. *Cadavres, Cimetiere, Curé, Droits Honorifiques, Enterrement & Mort.*

Les anciens Canons ne permettent d'enterrer dans l'Eglife, que des perfonnes d'une fainteté éminente & extraordinaire ; & dans les premiers temps on n'a pas cru devoir fe relâcher de leur févérité en faveur des Empereurs mêmes & de plufieurs faints Evêques, qui ont feulement été enterrés à la porte de l'Eglife.

Mais cette rigidité n'a pas duré : on a commencé d'enterrer dans l'Eglife les Eccléfiaftiques d'une vie exemplaire ; enfuite on a accordé la même faveur aux Laïcs d'une vertu non commune ; après quoi on eft tombé dans le relâchement que nous voyons aujourd'hui.

Nos ufages ne permettent cependant point d'accorder la Sépulture dans le chœur des Eglifes à toutes fortes de perfonnes : ce droit n'appartient qu'aux Curés, aux Patrons & aux Seigneurs Hauts-Jufticiers. V. Marefchal.

Non-feulement le Curé a le droit d'être inhumé dans le chœur de fon Eglife Paroiffiale, fans le confentement du Patron ; mais fes héritiers peuvent, fi bon leur femble, faire mettre une tombe avec infcription à l'endroit de l'inhumation.

Cela a été ainfi jugé par Arrêt rendu le Mardi 9 Janvier 1731, fur les Conclufions de M. l'Avocat Général Talon, en faveur de la Dame Defprés, fœur du Sr Flament, Curé de Vendôme, Diocèfe de Boulogne, & les Curés du même Diocèfe intervenans, contre le fieur Dion, Seigneur du lieu, qui prétendoit que la tombe pofée fur la Sépulture du Curé, décédé, il y avoit quatre ans, lors de fa demande, formoit un trouble dans fa poffeffion de jouir des honneurs de l'Eglife. Une Sentence du Confeil d'Artois avoit ordonné que l'héritiere du fieur Flament feroit tenue de faire ôter la tombe : mais par l'Arrêt cette Sentence a été infirmée ; & les Curés intervenans ont été maintenus dans le droit & poffeffion d'être inhumés dans le chœur de leur Eglife, avec faculté à leurs héritiers de mettre tombe & infcription fur leur Sépulture, avec dépens.

M. le Bret rapporte dans fon Traité de la Souveraineté un Arrêt rendu au mois d'Août 1605, par lequel la Cour a, dit-il, jugé que les Patrons & les Seigneurs peuvent empêcher que tout autre qu'eux foit enterré dans le chœur.

Marefchal en cite un rendu le 20 Mai 1623, par lequel la Cour a maintenu la Comteffe de Maure dans les droits honorifiques & d'encens prohibitif dans le chœur de l'Eglife de Parigué : cependant l'Arrêt n'ordonne pas l'exhumation du corps dont la Sépulture donnoit lieu à la conteftation, & qui avoit été enterré il y avoit déja long-temps.

Sur ce point de Droit, voici l'efpéce d'un Arrêt rendu fur les Conclufions de M. l'Avocat Général Gilbert, le 27 Février 1728, qui, je crois, n'a été recueilli par aucun Arrêtifte.

M. Dreux, Seigneur de Brefé, où il avoit Haute, Moyenne & Baffe-Juftice, prétendit, en 1726, avoir droit d'empêcher M. Canaye, Confeiller au Parlement, Seigneur de Grand-Fonds, dans la Paroiffe de Brefé, qui avoit auffi Haute, Moyenne & Baffe-

Juftice dans l'étendue de fa Seigneurie, de faire rétablir un banc dans l'Eglife de Brefé, que M. de Palluau, oncle & prédéceffeur de M. Canaye, y avoit, & fous lequel M. de Palluau avoit même été inhumé.

M. Canaye ne conteftoit à M. Dreux, ni fa Seigneurie, ni fa Juftice, ni fa préféance dans le chœur du côté de l'Evangile, qu'on dit être le plus honorable, ni les autres droits honorifiques ; mais il prétendoit avoir droit de faire rétablir le banc de fes prédéceffeurs, dans le côté droit du chœur, & y avoir droit de Sépulture : il difoit que la Terre de Grand-Fonds avoit été donnée en parage divis à des puînés par un aîné, Seigneur de Brefé ; que Grand-Fonds, démembré de Brefé, étoit devenu un Fief diftinct & féparé par parage failli ; que les puînés, poffeffeurs de Grand-Fonds, ayant eu part aux droits honorifiques avec leur aîné, on ne pouvoit pas refufer à leurs defcendans & à leurs repréfentans, d'avoir un banc & leur Sépulture dans le chœur, fur tout lorfque leurs auteurs l'avoient eu d'un côté & dans un rang inférieur au banc de leur aîné.

Nonobftant ces raifons, foutenues de l'éloquence de Me Cochin, par Sentence rendue en la feconde Chambre des Requêtes du Palais, le 10 Juillet 1727, confirmée par Arrêt rendu le 27 Février 1728, M. Canaye fut débouté de fa demande. (Me Lucron plaidant pour M. Dreux.)

Un Mandement de l'Archevêque de Rouen du 28 Mai 1721, homologué par Arrêt rendu au Parlement de Normandie, le lendemain 29 Mai, a ordonné :

1°. Qu'on enterrera dans les Eglifes feulement les Miniftres de l'Autel, & ceux d'entre les Laïcs qui font autorifés à y être inhumés, par leurs titres ou par leur qualité de bienfaiteurs de l'Eglife.

2°. Que pour être bienfaiteur de l'Eglife, & y être inhumé en cette qualité dans les Villes, on donnera à la Fabrique ou Tréfor, au moins 50 liv. par chaque corps qui fera enterré dans le chœur, & 30 liv. pour ceux qui feront inhumés dans la Nef ou dans un autre endroit de l'Eglife, & que dans les Paroiffes de la Campagne, pour être inhumé dans l'Eglife, on donnera au moins 20 liv.

Ce Mandement fut attaqué, par la voie de l'appel comme d'abus, par les Marguilliers du Havre; mais, par Arrêt rendu au Parlement de Rouen, le 13 Mars 1738, la Cour a jugé *qu'il n'y avoit abus.*

Les Patrons & les Seigneurs qui ont un droit de Sépulture prohibitif dans le chœur, ne peuvent pas le céder à d'autres, parce qu'ils ne sont pas Propriétaires. Il n'y a point de droit de propriété dans le lieu Saint ; c'est un droit personnel qui s'étend néantmoins aux femmes des Patrons & Seigneurs, & à leurs enfans. On peut sur cela voir Marefchal & Duperray.

Le quatriéme Concile de Latran, tenu en 1215, sous Innocent III, prononce contre ceux qui ne satisfont pas au devoir Pafchal & à la confeffion annuelle, la peine d'être privés de l'entrée de l'Eglife pendant leur vie, & de la Sépulture Eccléfiaftique après leur mort; mais, comme nous tenons pour maxime en France, que l'excommunication n'eft point encourue de plein droit, qu'au contraire il faut que la peine foit prononcée & appliquée par ceux qui ont pour cela une Jurifdiction ; que d'ailleurs nous n'admettons point les notoriétés de fait sur l'excommunication, les difpofitions de ce Canon ne font suivies en France que quand la peine a été appliquée par ceux à qui il appartient de la prononcer.

En effet; quelle que foit la publicité des Loix, quelle que foit leur clarté, la raison dit à tous les hommes qu'elles demeureroient fans exécution, fi le cas de leur application n'étoit déclaré; c'est en cela que confifte l'office du Juge. Permettre d'exécuter, fans cette déclaration, la difpofition de la Loi, ce feroit mettre dans la main du puiffant injufte, un inftrument d'oppreffion contre le foible.

C'eft sur ce fondement qu'il n'eft pas permis en France de refuser la Sépulture Eccléfiaftique à ceux qui ne font pas nommément & juridiquement excommuniés : en voici un exemple.

Jean-Alexandre Boileau, Chirurgien à Saint-Vrain, mourut au mois de Novembre 1754, fans avoir reçu les Sacremens. Il étoit notoire dans la Paroiffe qu'il n'avoit pas fatisfait au devoir Pafchal depuis plufieurs années ; mais il affiftoit aux Offices de l'Egli-fe, & avoit d'ailleurs été adminiftré dans une grande maladie en 1745. La famille de ce Particulier ayant demandé au fieur Sigonneau, Curé de Saint-Vrain, qu'il fixât l'heure de l'enterrement, le Curé répondit que Boileau étant mort dans un état de réprobation, il ne lui accorderoit point la Sépulture Eccléfiaftique.

Après bien des remontrances inutiles, les héritiers de Boileau firent une fommation au Curé de l'inhumer avec les cérémonies ordinaires. Le Curé répondit » qu'il ne » pouvoit se prêter à l'inhumation demandée, fans encourir les Cenfures Eccléfiaf-» tiques, fans compromettre fon miniftere, » en devenant le fauteur de l'impiété & » de l'irréligion dans fa Paroiffe, & en » contrevenant aux Canons de l'Eglife & » au Rituel «.

Sur ce refus, les héritiers s'adrefferent au Juge Haut-Jufticier du lieu auquel ils rendirent plainte de la diffamation faite par le Curé. Ils demanderent auffi permiffion d'informer, & par provifion, que l'inhumation fût ordonnée avec les Cérémonies & les Prieres ordinaires.

Le Juge permit d'informer, & ordonna qu'il feroit faite nouvelle fommation au Curé d'inhumer ; & qu'en cas de refus, il feroit affigné au lendemain.

Au lieu de fatisfaire, le Curé protefta que s'agiffant de Sépulture Eccléfiaftique, il avoit été mal-à-propos affigné devant le Juge de Saint-Vrain, & qu'il n'étoit ref-ponfable de fon refus qu'à fes Supérieurs Eccléfiaftiques, ou au Juge Royal.

Malgré cette proteftation, le Juge de S. Vrain rendit, le 15 Novembre 1754, tant fur la demande des enfans Boileau, que fur le réquifitoire du Procureur Fifcal, une Sentence par laquelle il ordonna, » qu'à l'inf-» tant de la fignification de cette même Sen-» tence, il feroit procédé par le Curé du » lieu, ou par un Prêtre par lui commis, à » l'inhumation du cadavre de Jean-Alexan-» dre Boileau, décédé le 12 .... en » obfervant les cérémonies & les prieres qui » font d'ufage ...... & à l'infcription de » ladite inhumation fur le Regiftre ...... » à peine de 300 liv. d'amende ...... & au » cas de refus ...... qu'à la diligence des » enfans dudit Boileau & du Procureur Fif-

» cal , ledit cadavre feroit enlevé ... : ...
» porté & inhumé dans le Cimetiere .....
» par Pierre Roufanneau.... Huiſſier....
» commis à cet effet, lequel ſe feroit aſſiſter
» de deux témoins , prendroit tel nombre
» de perſonnes qu'il jugeroit néceſſaire , &
» dreſſeroit du tout ſon Procès-verbal. . . . .
» Ordonnons audit Huiſſier commis (ajoute
» la Sentence) de ſe tranſporter , immédia-
» tement après l'inhumation , chez le Curé
» ...... & le ſommer de repréſenter ſes
» Regiſtres , ſur leſquels l'Huiſſier ......
» tranſcrira ſon Procès-verbal, qu'il ſignera
» ſur les Regiſtres, ainſi que ſes témoins ;
» & au cas de refus du Curé de repréſenter
» les Regiſtres, ledit Huiſſier dépoſera ſon
» Procès-verbal en notre Greffe «.

Cette Sentence ayant été ſignifiée , non-
ſeulement le Curé refuſa d'y ſatisfaire, mais
il renouvella ſes proteſtations de nullité &
d'incompétence ; il proteſta même de ſe
pourvoir pour faire exhumer le cadavre de
Boileau. Il fondoit ſa proteſtation ſur l'article 13 de la Déclaration du 9 Avril 1736.
Depuis il interjetta appel, tant de la Sentence du 15 Novembre , que d'un décret
d'aſſigné pour être ouï décerné contre lui ;
& l'affaire portée à la Tournelle , le Curé
concluoit à ce que la procédure fût déclarée
nulle.

Il diſoit qu'un Juge Haut-Juſticier pouvoit bien ordonner la Sépulture d'un cadavre en terre profane, mais non pas en terre
bénite. Il ajoutoit » que Boileau n'avoit
» pas fréquenté les Sacremens depuis qua-
» rante ans, au grand ſcandale de ſa Pa-
» roiſſe , & qu'étant à l'extrémité , il avoit
» réſiſté aux ſollicitations de lui Curé &
» de ſon Vicaire .... ne lui répon-
» dant autre choſe que , laiſſez-moi en re-
» pos, je n'ai que faire de cela........ «
Les enfans de Boileau, au contraire, diſoient que leur pere avoit vécu en bon Chrétien ; qu'il n'avoit pas refuſé de ſe confeſ-
ſer : quelques témoins dépoſoient, en effet,
qu'il s'étoit mis deux fois en état de le faire : ils ajoutoient que » la ſoumiſſion de
» tous les Regnicoles aux Loix qui défen-
» dent l'exercice de toute autre Religion
» que la Catholique Romaine , ne permet-
» toit pas d'en ſoupçonner aucun d'être
» mort dans une Communion différente ou

» dans des ſentimens hétérodoxes, ſi le con-
» traire ne paroiſſoit par la notoriété de
» droit. » Ils concluoient :

1°. A la confirmation de la Sentence &
de la procédure.

2°. A une réparation publique de la diffamation de la mémoire de leur pere.

3°. A ce que le Curé fît un Service ſolemnel pour le repos de l'ame de leur pere ;
qu'il jettât de l'eau-bénite ſur la foſſe, & à
ce qu'il annonçât le Service au Prône.

4°. Qu'il leur fût permis de faire mettre,
aux frais du Curé , une épitaphe ſur la foſſe,
contenant le jour de ſa mort, la maniere
dont il avoit été inhumé , & ſommairement
les diſpoſitions de l'Arrêt de la Cour.

5°. Que par un Huiſſier réformation fût
faite des Regiſtres des Mariages , Baptêmes
& Sépultures de la Paroiſſe S. Vrain, en y
ajoutant le décès de Boileau.

6°. Enfin, ils demandoient des dommages-intérêts & les dépens.

M. l'Avocat Général Bochard de Saron
avoit conclu à ce que les Parties fuſſent miſes hors de Cour : mais par Arrêt rendu le
19 Mars 1755, ſur le délibéré ordonné le 12
du même mois, la Cour, ſur l'appel de la
Sentence du 15 Novembre, a *mis l'appella-*
tion & ce dont a été appellé au néant , en ce
que le Curé a été condamné en 300 liv. d'a-
mende ; émendant quant à ce , l'a déchargé
de ladite amende ; en tant que touche l'appel
de la procédure extraordinaire , la Cour a mis
l'appellation (& ce dont eſt appel) au néant ;
émendant , évoquant le principal & y faiſant
droit, ayant aucunement égard aux deman-
des des héritiers Boileau , a ordonné que par
le Curé de S. Vrain ou ſon Vicaire , ou à leur
refus , par Henri Griveau , Huiſſier en la
Cour , le Procès-verbal d'inhumation de leur
pere, du 16 Novembre 1754, ſera tranſcrit
ſur le Regiſtre des Baptêmes, Mariages &
Sépultures de l'Egliſe Paroiſſiale de S. Vrain,
& par le même Huiſſier , ſur le double dudit
Regiſtre dépoſé au Greffe du Châtelet, avec
mention en marge & par extrait du préſent
Arrêt, aux frais du Curé de Saint Vrain ;
comme auſſi que dans un mois.... il ſera célé-
bré une Meſſe haute de Requiem *pour ledit*
Boileau , *en payant les honoraires dûs à cet*
égard ; laquelle Meſſe ſera annoncée au Prône
qui la précédera ..... a condamné le Curé

en 100 liv. *de dommages & intérêts par for-*
me de réparations civiles . . . . & en tous les
dépens.

Le 13 Juin de la même année (1755) est
intervenu un Arrêt en la troisième Chambre
des Enquêtes, au rapport de M. l'Abbé le
Noir, sur une question de Sépulture, dont
voici l'espéce :

Le sieur Veissiere de la Vergne prétendant que du chef de sa femme il lui appartenoit dans l'Eglise de S. Georges de Tour
en Auvergne, un droit de tombeau & de
Sépulture exclusive dans une certaine place
de l'Eglise, qu'il disoit appartenir aux Desgouttes, famille de sa femme, prétendit de
même avoir en une autre place un banc,
qu'il disoit pareillement avoir toujours été
occupé par les Desgouttes, à l'exclusion de
tous autres Habitans. Sur l'un & sur l'autre
point il allégua une possession immémoriale contre les Curé & Marguilliers de
cette Eglise, & soutint de plus qu'il n'avoit
jamais été payé aucun droit pour l'inhumation. La Sentence de la Sénéchaussée de
Riom, du 21 Juin 1751, avoit admis le
Sr de la Vergne à faire preuve par témoins
de cette possession depuis 30 ans avant l'exploit, & même de temps immémorial. Sur
l'appel, quoiqu'il rapportât une enquête des
plus concluantes, composée de 19 témoins,
la Cour a infirmé la Sentence, & ordonné,
avant faire droit, que dans trois mois il seroit tenu de rapporter les titres en vertu
desquels il prétend un droit de banc & de
tombeau dans l'Eglise de Saint Georges de
Tour : ainsi la Cour a jugé que la seule possession ne suffit pas pour acquérir un droit
de Sépulture & un droit de banc, mais qu'il
faut des titres.

La profanation des tombeaux est un crime grave, & il n'est point permis de déter-
rer les corps, ou par curiosité, ou par intérêt. On trouve dans le Journal des Audiences un Arrêt rendu le 27 Juin 1708, qui
prononce des peines infamantes contre plusieurs Vassaux qui avoient violé le sépul-
chre du Comte de Beaujeu, Lieutenant Général des Armées du Roi, tué au Siége
d'Arras ; mais on jugera mieux de la gravité de ce crime par les dispositions d'un
autre Arrêt, rendu le 10 Février 1711, en
faveur de M. le Duc de Lesdiguieres, con-

tre les Abbé & Religieux de Saint Wast de
Moreuil, qui avoient exhumé les corps des
Seigneurs de Créqui, pour en voler les
plombs.

Par cet Arrêt, *Noël Crochet,* l'un des Religieux, *a été condamné d'être mené & con-*
duit par l'Exécuteur de la Haute-Justice,
nud en chemise, la corde au col, tenant en ses
mains une torche de cire ardente du poids de
deux livres, devant la porte principale & en-
trée de l'Eglise de S. Wast de Moreuil; & là,
étant à genoux. . . . . dire & déclarer à haute
& intelligible voix, que méchamment & com-
me mal avisé, il a violé & profané dans la-
dite Eglise . . . . . . les Sépultures & anciens
Tombeaux des anciens Seigneurs de la Maison
de Créqui, mal pris & volé les plombs de six
cercueils, dans lesquels étoient les corps, cen-
dres & offemens desdits défunts de Créqui &
autres Srs de Moreuil, a vendu lesdits plombs;
dont il se repent, en demande pardon à Dieu,
au Roi, à Justice & auxdits de Créqui, (Par-
ties civiles;) ce fait, sera chanté dans le
chœur de l'Eglise de ladite Abbaye, par le
Curé de la Paroisse de Moreuil, à l'assistance
de six Ecclésiastiques des Paroisses circonvoi-
sines, un Service complet & solemnel pour le
repos des ames desdits défunts de Créqui &
autres sieurs de Moreuil; auquel Service as-
sistera ledit Crochet en son habit ordinaire,
étant à genoux, ayant en ses mains un cierge
du poids d'une livre; après quoi sera ledit
Crochet mené & conduit en nos Galeres pour...
servir.....trois ans.

Et après que lesdits Jérôme Dogerdias,
(c'étoit l'Abbé,) Pierre Mercier, (Maçon)
& Jean Gallet, (Religieux de la même Ab-
baye,) pour ce mandés en la Chambre de la
Tournelle, lesdits Dogerdias & Mercier étant
à genoux, ont été blâmés, & ledit Gallet ad-
monesté; les condamne, sçavoir, ledit Mer-
cier, à assister, nue tête & à genoux, aud. Ser-
vice solemnel, & en 3 liv. d'amende, ledit Do-
gerdias en 10 liv. d'amende envers le Roi; &
ledit Gallet, à aumôner 3 liv. au pain des Pri-
sonniers de la Conciergerie du Palais.

Ordonne qu'il sera fabriqué six cercueils de
plomb, dans lesquels seront mis & enfermés
les corps, cendres & offemens desdits défunts
de Créqui, & autres sieurs de Moreuil.

Et sera le présent Arrêt inséré & gravé sur
une lame de cuivre, & icelle posée dans le

chœur (de l'Eglise) de ladite Abbaye, & poſée dans un lieu viſible & apparent ; & en outre condamne leſdits Dogerdias, Gallet & Mercier, en 1000 *liv. de réparations civiles envers leſdits Alphonſe ſieur de Créqui & Catherine de Rougé, deſquelles* 1000 *liv. ledit Mercier n'en portera que vingt livres pour ſa part, aux frais néceſſaires pour la fabrication deſdits ſix cercueils de plomb, pour ledit Service ſolemnel, & pour ladite lame de cuivre & inſcription du préſent Arrêt ſur icelle, & en outre aux dépens, tant des cauſes principales que d'appel, le tout ſolidairement.*

A la ſolidité de toutes leſquelles condamnations demeureront tous les revenus de ladite Abbaye...... affectés & hypothéqués juſqu'à parfait payement deſdites condamnations ; & à les acquitter ſeront les Receveurs, Fermiers & Sous-Fermiers de ladite Abbaye, contraints par les voies qu'ils y ſont obligés ; quoi faiſant, ils en ſeront d'autant quittes & déchargés.

Et néantmoins ſeront dès-à-préſent leſdits Dogerdias & Gallet mis en liberté, & ledit Mercier après l'exécution du préſent Arrêt à ſon égard, nonobſtant ladite condamnation de réparation civile, laquelle réparation ſera priſe ſur les revenus de ladite Abbaye : & où leſdits revenus ne ſeroient ſuffiſans pour acquitter dans les ſix mois ladite ſomme de 1000 *livres de réparation civile, permet auxdits de Créqui & Rougé, ledit temps de ſix mois paſſé, de faire réintégrer leſdits Dogerdias, Gallet & Mercier, pour le payement de ce qui s'en défaudra, & c.*

La connoiſſance des queſtions qui naiſſent au ſujet des Sépultures, appartient aux Juges Laïcs. Ces Juges peuvent auſſi interpoſer leur autorité, ſoit pour procurer la Sépulture Eccléſiaſtique aux morts, ſoit pour empêcher que les Sépultures ſoient profanées : c'eſt ce qui réſulte des Arrêts des 27 Juin 1708 & 10 Février 1711, dont je viens de parler ; il y a encore un Arrêt rendu le 24 Février 1696, qui, en ordonnant un plus amplement informé ſur un ſuicide, ordonne en même-temps que le cadavre qui avoit été enterré en terre profane, ſeroit enterré en terre-ſainte.

Il y a en outre un Arrêt rendu le 3 Octobre 1696, qui, ſur le refus d'un Curé de Paris d'accorder la Sépulture Eccléſiaſtique à de prétendus Luthériens, ordonne qu'ils ſeront enterrés en la maniere accoutumée ; à l'effet de quoi le Curé ſe pourvoira devant l'Archevêque de Paris & ſon Grand-Vicaire, &c. Enfin il y a un Arrêt rendu le 2 Août 1712, qui ordonne qu'un cadavre ſera enterré en une Egliſe Paroiſſiale.

Ceux auxquels la Sépulture Eccléſiaſtique n'eſt pas accordée, ne peuvent être inhumés qu'en vertu d'une Ordonnance du Juge de Police des lieux, rendue ſur les Concluſions des Procureurs du Roi ou des Seigneurs. Cette Ordonnance doit faire mention du jour du décès, du nom & de la qualité de la perſonne décédée ; & le Greffier peut en délivrer des Extraits aux Parties intéreſſées. Déclarat. du 9 Avril 1736, art. 13. V. auſſi les art. 14, 15 & 16.

Pour l'exécution de cette diſpoſition dans la Ville de Paris, M. le Lieutenant de Police a ordonné, par une Sentence rendue ſur les Concluſions de M. le Procureur du Roi, le 20 Octobre 1736, que ceux auxquels la Sépulture Eccléſiaſtique ne ſeroit pas accordée, & qui viendroient à décéder dans la Ville, Fauxbourgs & Banlieue de Paris, ne pourroient être inhumés qu'en vertu de ſon Ordonnance rendue ſur les Concluſions du Procureur du Roi, dans laquelle (Ordonnance) il ſeroit fait mention du jour du décès, & des noms & qualités de la perſonne décédée ; à l'effet de quoi il ſeroit tenu par Me Caillet, Greffier, un Regiſtre en papier timbré, cotté & paraphé, lequel contiendroit les Ordonnances données pour ces ſortes de cas, & duquel Regiſtre il ſeroit délivré des Extraits par le Greffier aux Parties intéreſſées.....

Depuis, le même Magiſtrat a rendu une Sentence le 22 Décembre 1736, par laquelle il a ordonné qu'*avant l'inhumation des perſonnes auxquelles la Sépulture Eccléſiaſtique ne ſera pas accordée, les Commiſſaires au Châtelet ſe tranſporteront, chacun dans leur quartier, dans les maiſons où les perſonnes ſeront décédées, lorſqu'ils en ſeront requis, ou ſur l'avis qui leur en aura été donné, à l'effet de dreſſer leurs Procès-verbaux, qu'ils ſeront tenus de communiquer auſſi-tôt audit Procureur du Roi, pour être par lui requis ce qu'il appartiendra, & en référer enſuite à mondit ſieur Lieutenant de Police..........*

Voyez

Voyez fur la même matiere un Arrêt du Confeil du 20 Juillet 1720, contenant fept articles : il a pour objet l'inhumation des Proteftans étrangers.

De Droit commun, les Paroiffes font le lieu de la Sépulture de tous les Fidéles, de quelqu'état & condition qu'ils foient, afin, difent les Canons, qu'ils foient affociés, après leur mort, aux prieres de l'Eglife, dans le lieu même où ils ont été régénérés, & où ils ont participé, pendant la vie, à la nourri-tûre célefte : c'eft pour cela que Panorme & plufieurs autres Canoniftes enfeignent que les feules Eglifes Paroiffiales peuvent avoir des Cimetieres deftinés à la Sépulture des Fidéles, & que les Rituels & les Con-ciles adreffent les régles qu'ils font fur les Sépultures, aux feuls Curés, comme étant les Miniftres ordinaires & les Pafteurs de tous les Fidéles, pour les inftruire de ce qu'ils doivent faire & de ce qu'ils doivent éviter dans ces cérémonies Eccléfiaftiques.

On permet néanmoins aux Fidéles d'élire leur Sépulture dans des Eglifes de Commu-nautés Religieufes. Un Arrêt de la Cour, rendu le 23 Janv. 1669, qu'on trouve dans le Code des Curés, ordonne que, nonobftant l'élection de Sépulture faite chez les Reli-gieux, les corps des défunts *doivent être le-vés par les Curés & Vicaires des Paroiffes où ils feront décédés, & portés en l'Eglife Pa-roiffiale, & conduits enfuite en l'Eglife* où la Sépulture a été élue, pour y être reçus par les Religieux, & enterrés.

Par une autre exception à la régle géné-rale, les Religieux & Religieufes doivent être inhumés dans leurs Maifons par les Ec-cléfiaftiques qui les deffervent ; & quelques Communautés peuvent même, par des pri-viléges particuliers, inhumer chez eux leurs Domeftiques & autres perfonnes liées aux Communautés ; mais cela n'a pas lieu pour les Colléges. Les Principaux, les Profef-feurs, les Ecoliers, &c. qui décédent, doi-vent être portés à la Paroiffe dans l'étendue de laquelle le Collége eft fitué, & l'inhu-mation doit être faite par le Curé & le Cler-gé de la Paroiffe ; fauf à tranfporter le ca-davre du défunt dans la Chapelle du Col-lége, s'il y a élection de Sépulture.

Le Chapitre de S. Vulfranc d'Abbeville a été maintenu, par Arrêt rendu le 30 Jan-

vier 1731 ; fur les Conclufions de M. l'A-vocat Général Chauvelin, dans le droit & poffeffion d'adminiftrer les Sacremens à tous les Chanoines, Chapelains, Membres & Officiers du Chapitre, d'en enlever les corps, & de les inhumer dans l'Eglife dudit Chapitre, en quelque Paroiffe qu'ils dé-cédent.

Quelques autres Chapitres ; & fingulié-rement le Chapitre de Notre-Dame à Pa-ris, ont le même droit. Mais voyez *Curé.*

L'aliénation du Fief emporte celle du droit de Sépulture qui y eft attaché, s'il n'y en a réferve expreffe : ce droit étant plus réel que perfonnel. V. la Peyrere, lettre S.

Brillon, *verbo* Enterrement, dit qu'un Duc de Milan ayant fçu qu'un Curé de fes Etats refufoit d'enterrer le cadavre d'un Mendiant, à caufe de fon extrême pauvre-té, fit attacher le Curé au cadavre en fa pré-fence, & les fit enterrer tous deux fur le champ. Voyez auffi le Dictionnaire de M. de Rochefort, *verbo* Funérailles, & l'Hif-toire de Milan par *Bernardino Corio.*

Il n'eft point permis aux Religieux de folliciter les malades de choifir leur Sépul-ture dans des Eglifes de Réguliers ; cela eft expreffément défendu par les Canons & par l'art. 2 des Lettres-Patentes du mois d'Avril 1746, enregiftrées au Parlement d'Aix le 13 Mai fuivant.

L'article 3 de ces mêmes Lettres porte, » en cas que, fuivant la volonté libre du » défunt, la Sépulture doive être faite dans » une Eglife des Réguliers ou dans des » lieux qui en dépendent, ce fera au Curé » de la Paroiffe du décédé, qu'il appar-» tiendra d'indiquer l'heure & l'ordre de » l'enlevement & conduite du corps à l'E-» glife ; & fi les Réguliers veulent affifter » au convoi, ils pourront aller de leur Cou-» vent en l'Eglife de la Paroiffe, pour ac-» compagner le Clergé de ladite Paroiffe, » ou aller de leur Couvent en la Maifon où » fera le corps ; & s'ils y arrivent avant le » Curé, ils pourront faire & chanter leurs » Prieres jufqu'à ce que le Curé foit arri-» vé ; & ce fera alors audit Curé & aux Prê-» tres de la Paroiffe, de faire tout l'Office » de l'enlevement & conduite du corps ; le-» quel Office pourront néanmoins les Ré-» guliers chanter conjointement avec eux,

L

» ſoit en chemin ou dans l'Egliſe de la Pa-
» roiſſe ; ce qui ſera obſervé nonobſtant tou-
» tes coutumes ou uſages à ce contraires.

IV. » Dans la cérémonie de l'enlevement
» & conduite des corps par le Clergé de la
» Paroiſſe, les Supérieurs des Réguliers ni
» autres ne pourront porter, ni étoles, ni
» chapes, & marcheront .en corps ſous leur
» Croix, devant le Clergé de la Paroiſſe,
» & non à côté d'icelui ; & s'il ſe fait un
» Service à la Paroiſſe, & qu'ils y aſſiſtent,
» ils prendront leur ſéance après le Clergé
» de ladite Paroiſſe.

V. » Les corps des défunts qui devront
» être inhumés dans des Egliſes de Régu-
» liers, ſeront premiérement portés en l'E-
» gliſe de la Paroiſſe ; pour, après que les
» Prieres ordinaires en pareil cas auront été
» faites, être portés au lieu de la Sépultu-
» re, ſans que, pour raiſon de ladite céré-
» monie les droits qui peuvent être dûs au
» Curé ou à la Paroiſſe, puiſſent être aug-
» mentés.

VI. » Le Curé & les Prêtres de la Paroiſſe
» entreront avec le corps juſqu'au milieu
» de la nef de l'Egliſe des Réguliers, où le
» Supérieur deſdits Réguliers, & en ſon ab-
» ſence le premier d'entr'eux, avec chape
» & étole, recevra le corps ; & le Curé,
» avec le Clergé de ſa Paroiſſe, ſe retirera
» après avoir préſenté le corps, chanté un
» Libera ou un De profundis, avec l'Oraiſon
» pour les défunts. «

La Déclaration du 9 Avril 1736, qui
preſcrit la forme de tenir les Regiſtres &
des Actes de Baptême, Mariage & Sépulture, ordonne, par l'art. 10, que dans les
Actes de Sépulture il ſera fait mention du jour
du décès, du nom & qualité de la perſonne
décédée ; ce qui ſera obſervé, même à l'égard
des enfans de quelqu'âge que ce ſoit ; & l'Acte
ſera ſigné ſur les deux Regiſtres, tant par celui qui aura fait la Sépulture, que par deux
des plus proches parens ou amis qui y auront
aſſiſté, s'il y en a qui ſçachent ou qui puiſſent
ſigner, ſinon il ſera fait mention de la déclaration qu'ils en feront.

L'article 11 porte que, s'il y a tranſport
hors la Paroiſſe, il en ſera fait un Acte en la
forme marquée par l'article précédent, ſur les

deux Regiſtres de la Paroiſſe d'où le corps ſera
tranſporté ; & il ſera fait mention dudit tranſport dans l'Acte de Sépulture, qui ſera mis
pareillement ſur les deux Regiſtres de l'Egliſe
où ſe ſera ladite Sépulture. Voyez Mort.

Cette Déclaration n'aſſujettiſſoit les Curés qu'à tenir un ſeul Regiſtre double dans
chaque Paroiſſe, pour y inſcrire les Baptêmes, les Mariages & les Sépultures : mais
les Financiers qui exigeoient la repréſentation de ce Regiſtre, pour s'aſſurer des décès qui ſurviennent, & les mettre à portée
d'exiger les droits de centiéme denier qui
peuvent leur être dûs, ayant ſur cela eſſuyé
beaucoup de difficultés de la part des Curés
qui refuſoient de communiquer leurs Regiſtres, qui auroient inſtruit les Commis des
Fermes des ſecrets des familles, il eſt intervenu un Arrêt du Conſeil le 12 Juil. 1746,
qui a ordonné, qu'à commencer du premier
Janvier 1747, » le Regiſtre ſur lequel doi-
» vent être inſcrits les Baptêmes, Mariages
» & Sépultures, ſera diviſé en deux, ſur
» l'un deſquels ſeront inſcrits les Actes de
» Sépulture dont les Fermiers des Domai-
» nes, leurs Commis ou Prépoſés, pourront
» prendre communication . . . . & qu'à
» l'égard de l'autre Regiſtre, ſur lequel ſe-
» ront inſcrits les Baptêmes & Actes de cé-
» lébration de mariage, la communication
» n'en pourra être exigée. «

Le Parlement de Toulouſe a ordonné,
par Arrêt rendu le 27 Janvier 1756, en faveur du ſieur de Sauvan, Marquis d'Aramon, & Seigneur Haut - Juſticier de pluſieurs Terres ſituées dans ſon reſſort, que
les Conſuls deſdites Terres & lieux ſeroient
tenus d'aſſiſter en chaperon aux convois funé-
bres dudit de Sauvan & ſa famille, de même qu'aux Services qui ſe feront pour eux
dans leſdites Egliſes (de la Paroiſſe), auquel
effet ils ſeroient tenus, lorſqu'ils ſeroient mandés, d'aller prendre en chaperon le Deuil dans
la maiſon dudit de Sauvan, de l'accompagner
en Corps (a), &c.

Il paroît que la Juriſprudence du Parlement de Toulouſe eſt d'accorder le même
honneur aux Seigneurs Hauts Juſticiers ;
car l'Arrêt du 27 Janvier 1756 ne fait que
déclarer communs avec le Marquis d'Ara-

(a) Cet Arrêt qui eſt imprimé en entier dans la Juriſprudence obſervée au Parlement de Provence, porte encore, au lieu des mots en Corps, dont je ne ſers ici ; parce
que je crois que c'eſt une faute d'impreſſion.

mon, trois autres Arrêts rendus en faveur des Seigneurs d'autres Terres.

Les flambeaux & cierges portés aux enterremens par les Pauvres des Hôpitaux, appartiennent-ils au Curé ou à l'Hôpital? V. *Enterrement.*

SEQUELLE.
V. *Dixme.*

C'eſt le nom qu'on donne en quelque Province à une dixme que le Curé perçoit hors des limites de ſa dixmerie, ſur les fruits produits par les terres étrangeres cultivées par ſes Paroiſſiens.

Cette eſpéce de dixme ſe nomme auſſi, dans quelques endroits, dixme de ſuite ou de pourſuite. On peut ſur cette matiere conſulter les Coutumes de Berry & de Nivernois, & les Loix Eccléſiaſtiques, par d'Hericourt. Voyez auſſi un Arrêt rendu le 4 Août 1721, dans le Code des Curés : l'eſpéce y eſt aſſez bien rapportée.

SEQUESTRE.
V. *Commiſſaires aux Saiſies-Réelles, Conſignation, Dépôt, Econome & Gardien.*

On nomme Sequeſtre, la conſignation d'une choſe litigieuſe en main-tierce, pour la conſerver à la Partie à qui elle appartiendra.

Quelquefois auſſi on nomme Sequeſtre, la perſonne même à laquelle on a confié le dépôt. C'eſt en ce ſens que Bornier, ſur l'article 15 du titre 15 de l'Ordonnance de 1667, définit le Sequeſtre « un Commiſſaire convenu par les Parties, ou nommé d'office par le Juge, pour régir & gouverner les choſes pendant le procès. »

L'Auteur de l'Analyſe du Droit François dit que le Sequeſtre, nommé en Juſtice, ne peut refuſer la commiſſion, à moins que par ſon âge, par ſes infirmités, ou par quelque privilége particulier, il ne ſoit exempt des charges publiques.

Le Sequeſtre doit s'ordonner entre les mains d'une tierce-perſonne ; c'eſt l'eſprit de l'Ordonnance de 1667, titres 15 & 19. Néantmoins, dans une eſpéce particuliere, où il ne s'agiſſoit que du revenu de quatre journaux de terre, ſitués près Amiens, la Cour a, par Arrêt rendu le Jeudi 6 Septembre 1759, en la troiſiéme Chambre des Enquêtes, ordonné que l'une des Parties, qui offroit de donner caution, ſeroit établie Sequeſtre de ce revenu.

» Pendant qu'une choſe eſt en Sequeſtre, » chacun de ceux qui l'ont dépoſée, eſt con-» ſidéré comme pouvant être déclaré le » Maître ; ce qui leur donne à tous, & à » chacun ſeul, le droit de veiller à ce que » le Sequeſtre s'acquitte du ſoin que cette » fonction l'oblige de prendre, ſoit pour la » conſervation de la choſe, ou ſi c'eſt un » fonds, pour les réparations ou pour la » culture.

» Comme le Sequeſtre d'un héritage doit » le faire cultiver & en prendre ſoin, cette » eſpéce de dépôt n'eſt pas d'ordinaire gra-» tuite ; mais on donne un ſalaire au Sequeſ-» tre, outre ſes dépenſes pour le temps & » la peine qu'il employe à ſa commiſſion ; » ce qui la diſtingue du ſimple dépôt qui » doit être gratuit, & oblige le Sequeſtre » au même ſoin que celui qui entreprend » un ouvrage à faire.

» Pendant le Sequeſtre, la poſſeſſion du » vrai Maître demeure en ſuſpens ; car on » ne peut dire d'aucun qu'il poſſéde, puiſ-» que tous ſont dépouillés de la poſſeſſion. » Mais parce que le Sequeſtre ne poſſéde » que pour conſerver la choſe à celui qui en » ſera déclaré le Maître, cette poſſeſſion, » après la conteſtation finie, doit être con-» ſidérée, à l'égard du Maître, comme s'il » avoit toujours poſſédé lui-même, & elle » doit lui être comptée, pour acquérir la » preſcription. « Voyez Domat.

Le Sequeſtre eſt obligé, après la conteſtation finie, de rendre compte à celui qui eſt jugé ou reconnu le Maître des choſes ſequeſtrées ; & ſi c'eſt un Sequeſtre judiciaire, il peut être contraint par corps à la reſtitution de la choſe & des fruits, étant payé de ſes ſalaires & de ſes dépenſes. Cependant voyez *Faits de Charge.*

L'Ordonnance de 1667 contient un titre entier ſur les Sequeſtres (c'eſt le dix-neuviéme). Son étendue ne permet pas de le tranſcrire ici. Voyez ce que je dis ſur cette matiere, au mot *Gardien.*

Lorſque les fruits d'*un Bénéfice ayant charge d'ames, Juriſdiction ou fonction Eccléſiaſtique & ſpirituelle,* ſont mis en Sequeſtre, parce que *le poſſeſſoire du Bénéfice eſt contentieux*, les Juges doivent, par le *même Jugement* qui ordonne le Sequeſtre, *renvoyer pardevant l'Archevêque ou Evêque Diocé-ſain, afin qu'il commette, pour le deſſervir, une ou pluſieurs perſonnes, autres que ceux qui y prétendent droits*, & qu'il leur aſſigne *une rétribution, laquelle doit être payée par préférence ſur les fruits du Bénéfice, nonob-ſtant toutes ſaiſies & autres empêchemens.* Edit du mois d'Avril 1695, art. 8.

L'article 15 du Réglement fait le 28 Juin 1738, pour la procédure qui doit s'ob-ſerver au Conſeil, porte qu'il ſera *accordé aux Sequeſtres* (autres que Notaires) *deux deniers pour livre des ſommes qui leur auront été remiſes......ſauf, en cas qu'ils ayent été chargés de la garde & conſervation de titres & papiers, à leur être accordé telle ſomme modique qui ſera réglée.....ſuivant les cir-conſtances.*

S E R F.

C'eſt un vieux mot qui ſignifioit autre-fois Eſclave. Voyez *Main-morte.*

S E R G E N S.
V. *Huiſſier.*

Les Sergens ſont des Officiers, dont la fonction principale eſt de mettre à exécu-tion, de même que les Huiſſiers, les Ar-rêts, Sentences, Jugemens, Ordonnances de Juſtice, de ſignifier des exploits d'ajour-nemens, des ſommations, faire des ſaiſies-Arrêts, exécutions, & autres actes extraju-diciaires.

Les Sergens different des Huiſſiers, en ce qu'ils ne ſont pas, comme ceux-ci, aſſujet-tis à conduire les Juges, à leur faire faire place à faire obſerver le ſilence aux Au-diences, à garder les portes des Chambres dans leſquelles les Magiſtrats décident les affaires qui ſe jugent à huis clos ; au reſte, voyez *Huiſſier.*

En Normandie, ce ſont les Sergens qui font les inventaires des biens des mineurs, à l'excluſion des Notaires, & même des Ju-ges (*s'ils n'y ſont appellés*). Voyez l'article 37 du Réglement de 1673 pour les tu-telles.

S E R G E N T E R I E.

On nomme Sergenterie, un *Fief* qui don-ne le droit à celui qui la poſſéde, de com-mettre un ou pluſieurs Sergens, pour faire les fonctions dépendantes de ces ſortes d'Of-fices, dans l'étendue d'un certain territoire relevant ou mouvant du Fief.

Le droit de Sergenterie n'eſt, à ce que je crois, connu & d'uſage qu'en Normandie ; & je dis que c'eſt un droit féodal, parce que, dans cette Province, on ne connoît point de Sergenterie roturiere.

Les Sergenteries ne forment pas une dé-pendance néceſſaire de la Juſtice Seigneu-riale, mais ſeulement du Fief ; ainſi on peut avoir le droit de Sergenterie, quoiqu'on n'ait point de Juſtice ; il ſuffit qu'on ait un Fief, auquel le droit de Sergenterie eſt an-nexé ; c'eſt le cas d'appliquer la maxime, *Fief & Juſtice n'ont rien de commun.*

Le Propriétaire d'une Sergenterie eſt ga-rant des cautions reçues par ceux qu'il a com-mis pour l'exercer, lors même que par le bail, commiſſion ou acte de réception, il eſt porté qu'ils ne pourront recevoir aucune caution ; mais le Propriétaire eſt *quitte, en abandon-nant la Sergenterie.* Réglement des Placités, art. 16.

Le Parlement a, par Arrêt rendu le 16 Janvier 1730, maintenu le ſieur Duchemin de la Tour, Propriétaire des Sergenteries nobles & héréditaires de Carentan, S. Lo & Lehonnet, dans le droit de commettre quatre Commis dans chacune deſdites Ser-genteries, pour faire, privativement aux Huiſſiers-Audienciers des Juridictions or-dinaires & extraordinaires, même aux Huiſ-ſiers à cheval du Châtelet de Paris, tous exploits qui concernent & émanent des Ju-riſdictions ordinaires, dans le diſtrict deſ-quelles leſdites Sergenteries ſont encloſes ; & a enjoint aux Huiſſiers des Bailliages re-ſidens ſur le territoire deſdites Sergente-ries, de ſe retirer dans l'étendue de leur Bailliage.

On prétend qu'il y a pluſieurs autres Ar-rêts ſemblables d'une date antérieure : ce qu'il y a de certain, c'eſt que, par un autre Arrêt du même Parlement de Rouen, du 27 Mai 1650, il a été ordonné à pluſieurs Huiſſiers de ſe retirer des Sergenteries no-bles & glébées, & à réſider dans les lieux de leur établiſſement, ſi mieux ils n'aimoient renoncer à exercer leur profeſſion dans l'é-tendue deſdites Sergenteries.

Le même Arrêt fait de semblables défenses aux Archers de la Connétablie.

Par un autre Arrêt rendu au Conseil le 30 Octobre 1759, entre M. le Duc d'Orléans, Comte de Mortain & Vicomte d'Auge, propriétaire des Sergenteries Royales & Domaniales en dépendantes ; Jacques-Adrien Binette, Huissier à cheval au Châtelet, & la Communauté desdits Huissiers à cheval, il a été fait défenses à tous Huissiers du Châtelet de s'immiscer à signifier & exécuter les Sentences des Baillis, Vicomte & autres Juges du Comté de Mortain & Vicomté d'Auge, contrats & actes faits par les Notaires & Tabellions desdites Sergenteries ; & ordonne que lesdites significations & exécutions, ainsi que tous autres exploits ne pourroient être faits que par les Sergens des Sergenteries desdits Comté & Vicomté, à peine de nullité, dommages & intérêts, &c.

Les Sergenteries fieffées & Verderies établies dans les forêts des Provinces de Normandie, Touraine, Bretagne, &c. ont été éteintes & supprimées par Edits du mois d'Août 1669, qui, à leur place, a substitué des Gardes, &c.

Les Propriétaires des Sergenteries nobles ont été autorisés, par un Arrêt du Conseil du 25 Juin 1732, à rembourser les Offices de Jurés-priseurs, vendeurs de meubles ; & ceux qui ont fait ce remboursement, ont été maintenus dans le droit de faire, exclusivement à tous autres Huissiers ou Sergens, les prisées & ventes de meubles, de quelque nature que ce soit.

SERMENT.

V. *Avocat, Commis, Juif, Parjure, Saisie-Arrêt,* & *Serment de calomnie.*

Le Serment est une affirmation faite avec imprécation, c'est-à-dire, qu'en prenant Dieu pour témoin & pour Juge de ce que l'on dit, l'on s'assujettit à sa vengeance, si on le prend à témoin d'une fausseté ; c'est ainsi que le Serment est défini par M. de la Placette, qui a fait un Traité sur cette matière.

Les Loix disent qu'il faut jurer, quand le Serment est déféré, & qu'il s'agit d'une vérité importante ; autrement, qu'il y a turpitude manifeste.

Le Droit Canon dispense de jurer celui qui est fondé en titre ou en autre preuve ; mais Despeisses, dans son Traité de l'Ordre judiciaire, tit. 10, sect. 4, art. 2, n. 14, restreint cette maxime au défendeur ; & il dit que, quoique le demandeur ait un titre en sa faveur, il est obligé de jurer, s'il en est requis.

Cet Auteur (Despeisses) cite un Arrêt rendu le 12 Mai 1539, qui est conforme à son avis ; & c'est un point constant dans la Jurisprudence : il peut se faire que le débiteur, contre lequel ce titre paroît subsister, ait, ou égaré, ou négligé de tirer des quittances ; & ce n'est pas faire tort au créancier, que de le constituer Juge dans sa propre cause. Voyez cependant deux Arrêts cités au mot *Dot* ; l'un de ces Arrêts admet l'affirmation requise, parce qu'il n'y avoit pas énumération d'espéce ; l'autre la rejette, parce qu'il y avoit énumération.

Quand une demande n'est point fondée sur un titre, si elle n'est pas dans le cas d'être appuyée par une preuve testimoniale, le défendeur doit en être déchargé, en prêtant Serment qu'il ne doit pas.

S'il s'agit d'une créance, qu'on prétende être personnellement dûe par celui auquel elle est demandée, il doit (si sa conscience le lui permet) affirmer qu'il ne doit pas, qu'il a payé, que les fournitures ne lui ont pas été faites, &c. en un mot, il doit, dans ce cas-là, faire une affirmation positive.

Mais s'il s'agit d'une créance ou d'une demande exercée contre une veuve, un héritier, un légataire universel, ou autre successeur, ceux-ci ne sont obligés qu'à une affirmation négative ; & si le demandeur n'a pas de titre contre la succession, ils doivent être déchargés, en affirmant qu'ils n'ont point connoissance que les choses ou les sommes demandées soient dûes.

Dans nos usages, le Serment des Laïcs & des simples Clercs se fait en levant la main, jurant & promettant à Dieu, en présence du Juge, de dire vérité. Les Prêtres & autres personnes constituées dans les Ordres sacrés, ne levent pas la main, mais ils la mettent *ad pectus*, & jurent dans cette attitude.

Les Juifs ont une maniere de prêter le Serment, qui leur est particuliere. V. *Juifs.*

Le Serment déféré *in litem* doit toujours être fait en personne devant le Juge, & non au Greffe; mais il y a quelques autres cas où les Sermens peuvent se faire au Greffe & par Procureur. Par exemple, une affirmation sur une Saisie-Arrêt peut se faire par Procureur. V. *Saisie-Arrêt*.

Si la personne à laquelle le Serment est déféré, a des empêchemens légitimes pour se transporter devant le Juge, à l'effet de jurer, le Juge, sur la représentation de l'exoine, peut, ou se transporter chez la Partie, ou ordonner au Greffier de se transporter seul, à l'effet de recevoir le Serment qu'il s'agit de prendre : l'usage du Châtelet est de faire transporter le Greffier seul.

Quand le Serment est déféré à une Communauté, elle doit donner un pouvoir spécial à une personne de jurer conformément à ce qui est vrai dans l'affaire contentieuse, & spécifier ce que le Procureur doit affirmer. Le Notaire ou autre Officier public, rédacteur de ce pouvoir, doit même faire affirmer par les Mandans, entre ses mains, les faits consignés dans la procuration. Ces pouvoirs se donnent en ces termes : *lesquels ont donné pouvoir à .... de jurer & affirmer pour eux & en leur nom, ainsi que lesdits Constituans l'ont présentement fait ès mains des Notaires soussignés, que.... &c.*

Quand le Serment déféré par le Juge est fait, il a la force de la chose jugée; & celui que fait une Partie, à laquelle une autre Partie l'a déféré, a la force d'une transaction. Ainsi, le Serment déféré *in litem*, une fois fait en vertu d'un Jugement rendu dans une Jurisdiction inférieure, l'appel du Jugement qui l'a admis, n'en est plus recevable.

Telle est la régle générale; mais comme il y a des Tribunaux inférieurs où les Juges, qui ont déféré un serment, le reçoivent par le Jugement même qui l'a ordonné, on est dans l'usage au Palais d'admettre encore l'appel de ces sortes de Jugemens, & d'y faire droit, s'il y a lieu, sans que l'appellant soit dans le cas d'encourir la grosse amende, pour cause de fin de non-recevoir, si l'appel n'étoit pas bien fondé.

Le Serment du Prieur des Trinitaires de la Gloire-Dieu (qu'il n'avoit pas donné ordre à un sieur Prodhon, Procureur Fiscal

de Gié, de payer pour lui 18 liv. 4 s. à un Notaire) ordonné & reçu par Sentence du Bailliage de Sens du 23 Août 1753, n'a pas empêché la Cour d'infirmer cette Sentence, par Arrêt rendu en la premiere Chambre des Enquêtes, le 10 Mai 1758, au rapport de M. Julien, & de condamner les Mathurins à payer les 18 livres 4 sols au sieur Prodhon.

Mais s'il y a un intervalle entre le Serment ordonné & la réception, il y a fin de non-recevoir contre l'appel interjetté après le Serment ; parce que l'appellant pouvoit suspendre le Serment, en signifiant son appel avant l'information faite.

Il y a cependant un Arrêt rendu le 2 Septembre 1743, par lequel, nonobstant l'affirmation faite à Chartres par le sieur le Tellier, Médecin, deux jours après la signification de la Sentence, qui admettoit sa déclaration que les sommes demandées lui étoient dûes, & qu'il n'avoit pas écrit sur son Livre journal le payement que ses Parties adverses prétendoient lui avoit fait, la Cour a infirmé les Sentences qui avoient admis & reçu l'affirmation ; & en conséquence, a déchargé les défendeurs de la demande du sieur le Tellier. Mais dans l'espéce de cet Arrêt on avoit, depuis l'affirmation, acquis la preuve par écrit que le sieur le Tellier avoit un Livre journal où il écrivoit ses visites, & ce qu'il recevoit : (il avoit affirmé qu'il n'avoit point de Livre journal.)

La Partie adverse de la personne dont le Serment est admis, doit être appellée quand il s'agit de le faire recevoir : il est naturel qu'elle ait la faculté d'être présente ; cette présence peut même quelquefois arrêter le Serment qu'on n'auroit pas craint de faire en l'absence de la Partie.

En matiere civile le Serment est indivisible, c'est-à-dire, qu'il faut le prendre tel qu'il est fait : par exemple, si une personne est déchargée d'une demande en restitution d'une somme prêtée, & qu'elle affirme que véritablement elle avoit emprunté la somme, mais qu'elle l'a rendue : une telle affirmation est indivisible ; on ne peut prendre la Partie qui charge le débiteur, pour laisser l'autre Partie qui le décharge.

Au contraire, en matiere criminelle, le

Serment & la confession se divisent : je ne vois pas trop la raison de cela. Je ne conçois pas même comment on a introduit l'usage de faire prêter Serment aux criminels de répondre vérité dans leurs interrogatoires ; car c'est mettre un accusé coupable dans la cruelle nécessité, ou de se livrer au supplice, ou de faire un parjure. M. le Premier Président s'est fortement élevé contre ce dangereux usage, lors de la rédaction des Ordonnances ; mais on a laissé subsister, ou plutôt on a renouvellé les Loix qui subsistoient déja sur cette matiere. V. le Procès-verbal de l'Ordonnance de 1671.

Les Théologiens agitent la question de sçavoir si les criminels péchent, en ne révélant pas leurs complices : sur cela M. de la Placette observe que les premiers Chrétiens ne se croyoient pas assujettis à déclarer ceux qui s'étoient trouvés avec eux dans les assemblées secrettes ; ils souffroient les plus cruels tourmens, plutôt que de les découvrir : mais il ajoute que cet exemple ne doit pas dispenser le criminel de révéler ses complices ; parce que ce qu'on exigeoit des premiers Chrétiens, tendoit à faire périr des innocens, & qu'en ce cas le secret est juste, parce qu'il tend à une fin conforme aux Loix ; au lieu que les criminels, en cherchant à procurer l'impunité à des scélerats, commettent un nouveau crime. On peut sur la même matiere consulter Hessius, que M. de la Placette dit être un peu indulgent.

Dans le doute, la régle est de déférer l'affirmation à celui qui a pour lui une preuve, quoiqu'imparfaite, inopiâ probationis, suivant la doctrine de M. Cujas, Observ. liv. 22, chap. 28 ; & de Dumoulin sur le titre premier, Cod. de Reb. credit. ce qui doit s'entendre, quand il y a des conjectures, des indices & des présomptions graves, raisonnables & concluantes.

Le Chapitre de Noyon ayant entr'autres choses arrêté dans une assemblée, que tous les Chanoines feroient Serment qu'ils ne retenoient aucuns des titres du Chapitre ; quelques-uns d'entr'eux se pourvurent au Parlement, & prétendirent ne devoir faire le Serment qu'en Justice, & non dans le Chapitre.

M. l'Avocat Général Gilbert, qui porta la parole dans cette affaire, dit qu'un Chapitre pouvoit exiger de ses Membres un pareil serment ; parce qu'il avoit au moins sur chacun d'eux une Jurisdiction économique, par le moyen de laquelle il pouvoit régler la discipline intérieure de son Corps, tant pour le spirituel que pour le temporel, & que rien ne regardoit plus cette Jurisdiction économique, que la remise des titres qui pouvoient se trouver entre les mains des particuliers.

Ces motifs déterminerent la Cour à ordonner, par Arrêt rendu le 14 Mars 1731, que les Chanoines feroient tenus de faire dans le Chapitre le serment qu'il avoit prescrit, &c.

L'usage étoit autrefois, en Franche-Comté, d'insérer dans les contrats, que les Parties promettoit avec Serment de les exécuter ; mais cet usage a été abrogé par un Edit du mois de Novembre 1703, registré au Parlement de Besançon, le 3 Janvier 1704, portant défenses à tous Notaires & Tabellions d'insérer le Serment des Parties dans les contrats, & d'en faire aucune mention, à peine d'interdiction. Recueil de Besançon, tome 3, page 140.

SERMENT DE CALOMNIE.

Chez les Romains, les Parties, avant de commencer un procès, faisoient Serment de ne rien dire de faux, & de n'employer aucune chicane ; & cela s'appelloit faire le Serment de Calomnie.

Ce Serment n'est plus d'usage en France ; l'art. 36 de l'Ordonnance de 1539 l'a défendu : les Plaideurs y ont seulement la voie de faire interroger leurs Adversaires sur faits & articles. Sallé dit même, dans le Traité des fonctions des Commissaires, que ces Interrogatoires tirent leur origine du Serment de Calomnie. Voyez l'Acte de Notoriété du 15 Janvier 1760, & ce que je dis à l'art. Avocat.

SERMENT DE FIDÉLITÉ.
Voyez Brevet, Félonie, Foi & Hommage, Joyeux-Avénement, & Régale.

SERRURIERS.

Différens Réglemens défendent aux Serruriers, Maîtres, Compagnons & Apprentifs, sous différentes peines, de faire aucunes clefs fur des modéles , & fans avoir les ferrures en poffeffion.

Il leur eft également défendu de faire l'ouverture des portes des maifons , chambres , coffres, armoires , &c. fermantes à clef, fi ce n'eft de l'ordre & en préfence des Maîtres defdites chofes, ou en préfence des Juges ou Commiffaires de Police (a) , en vertu de leur Ordonnance.

Les Compagnons & Apprentifs ne peuvent travailler , forger , ni limer des clefs & ferrures , hors les Boutiqfies de leurs Maîtres, foit dans les Boutiques des Maréchaux , Ferreurs , Taillandiers & autres Ouvriers travaillans à la forge , foit dans des Maifons particulieres ou dans des Communautés.

Il eft encore défendu à tous Serruriers , Maîtres, Compagnons & Apprentifs, de vendre, remettre & débiter , fous quelque prétexte & à quelque perfonne que ce foit, des roffignols & crochets propres à ouvrir les ferrures ; les Réglemens leur ordonnent au contraire de renfermer dans un lieu fûr , ceux qu'ils peuvent avoir pour le fervice du Public.

Enfin , il eft défendu aux Marchands de vieilles férailles , d'expofer en vente de vieilles clefs , & de les débiter en paquet oû par détail, fi ce n'eft aux Maîtres Serruriers, lefquels ne peuvent en accommoder que pour les Maîtres ou Chefs de famille.

Tout ceci eft preferit par différens Réglemens rapportés dans le Traité de la Police , par les Statuts de la Communauté des Maîtres Serruriers de Paris , vérifiés au Parlement de Paris , le 27 Janvier 1652 , bien & dûement homologués par un Arrêt de Réglement rendu au Parlement de Dijon , le 12 Août 1748 , &c.

François Humbert , Compagnon Serrurier , convaincu de vol fait avec de fauffes clefs , a été condamné d'être pendu , par Arrêt du Parlement de Paris du 12 Janvier 1736.

SERVIS.

C'eft ainfi qu'on nomme en Pays de Droit-Ecrit , les redevances Seigneuriales dont les héritages roturiers font chargés envers le Seigneur.

Les termes de Cens & Servis font ordinairement conjoints. V. Cens.

SERVITUDES.

Voyez Aifance , Arbres , Corvées , Laboureurs , Main-morte , Mur , Rivieres , & Tour de l'Echelle.

On diftingue en France trois fortes de Servitudes ; fçavoir :

1°. Les perfonnelles , c'eft-à-dire , celles qui affujettiffent une perfonne à une autre, comme étoit l'efclavage ; nous n'avons confervé qu'une ombre de cette premiere efpéce de Servitude , dans les bannalités & dans les corvées (b). Voyez Bannalité & Corvées.

2°. Les Servitudes réelles , c'eft-à-dire , celles qui font dûes par des héritages à d'autres héritages ; c'eft principalement de cette derniere efpéce de Servitude , dont il eft queftion en cet article.

3°. Mixtes , qui affujettiffent la chofe à la perfonne ; tels font les droits d'habitation , d'ufufruit & d'ufage.

La Coutume de Paris diftingue les Servitudes réelles en deux fortes ; fçavoir, en celles qui font fondées en titre , & qu'on nomme contractuelles ; & en Servitudes naturelles ou légales , parce qu'elles font établies par la Loi ; & qu'à proprement parler , elles font plutôt des réglemens entre voifins que des Servitudes.

Les Servitudes contractuelles fe réglent par le titre qui les établit ; & il peut y en avoir autant de différentes façons , qu'il fe rencontre de différentes conventions ; cependant la Coutume de Paris & beaucoup d'autres ont fur cela établi pour régles générales :

(a) Les Commis aux Aides peuvent auffi faire ouvrir par un Serrurier ou Maréchal , les portes des Caves, Celliers , & autres endroits habités par des Cabaretiers & Débitans des boiffons en détail , fans aucune permiffion de Juftice , en appellant deux voifins ; mais ils ne le peuvent pas chez les Bourgeois vendans vin de leur crû à pot. Voyez l'Ordonnance des Aides de la Vente du vin en détail , titre 5 , article 2.

(b) Les Habitans du Beaujolois font exempts de toute efpéce de Servitude perfonnelle , comme Corvées, Taillabilité , Main - morte , &c ; ces fortes de droits ne peuvent être prétendus par aucun Seigneur dans la Province , qu'en confidération d'une tradition de fonds ; auquel cas , fa Servitude prétendue n'eft attachée qu'audit fonds , fuivant un Acte de Notoriété du Bailliage de Villefranche , du 25 Mai 1698.

1°. Qu'il n'y a point de Servitude, fans titre par écrit (a).

2°. Que les Servitudes ne peuvent, dans la plûpart des Coutumes, & finguliérement dans celle de Paris, s'acquérir par la poffeffion & par la prefcription (b), *quelle qu'elle foit*, fût-elle même de *cent ans* (c'eft la difpofition de l'art. 186.) Au contraire, on peut acquérir *la liberté*, & prefcrire *contre la Servitude & contre le titre qui l'établit, par une poffeffion de trente ans, entre âgés & non privilégiés.*

Le Parlement de Rouen a jugé, par un Arrêt rendu le 13 Juillet 1742, au rapport de M. Mouchard, que l'exiftence d'un Larmier (c) n'eft pas un titre fuffifant pour donner le fonds fur lequel il tombe à celui qui le poffède quelque long-tems qu'il y ait que le Larmier fubfifte; parce que c'eft une Servitude qui ne peut s'acquérir fans titre.

3°. *Que toutes conftitutions générales de Servitude* ne doivent pas être faites en termes généraux: ainfi *quand un pere de famille* donne ou difpofe d'une partie de fes biens, s'il veut conferver un droit de Servitude, il doit le fpécifier nommément & *fpécialement*, tant *pour l'endroit* où elle doit avoir lieu, que *pour la grandeur, hauteur, mefure, qu'efpéce de Servitude, autrement.... elles ne valent.* Ibid. art. 215.

4°. Que les Servitudes apparentes ne fe purgent point par les décrets, quoiqu'il n'y ait pas eu d'oppofition, parce, dit Dupleffis, que » l'état des lieux & la fcience de l'Ad-» judicataire équipollent à oppofition. Mais » pour les Servitudes latentes, elles fe pur-» gent par le décret, faute d'oppofition. « Voyez M. Louet & Brodeau, lettre S. n°. 1, Bouguier, lettre H. n°. 1.

La Cour, par Arrêt rendu le 26 Août 1756, en la Grand'Chambre, au rapport de

M. Titon, a débouté M. l'Abbé de la Varenne, Confeiller au Parlement, d'une demande qu'il avoit formée en indemnité & diminution de prix d'une maifon de campagne, contre la demoifelle Duru, fa vendereffe; parce que cette maifon étoit chargée d'une Servitude apparente qui n'avoit pas été déclarée par le contrat de vente.

A l'égard des Servitudes légales, elles ont lieu fans titre; parce que, comme je l'ai déja dit, ce font moins des Servitudes que des réglemens de la Coutume qui font le titre. Ces fortes de Servitudes ne font pas fujettes à la prefcription, parce qu'elles réfident dans la chofe même.

Suivant ces principes, le Propriétaire du fol d'un héritage, c'eft-à-dire de la fuperficie plane, doit avoir le deffus & le deffous de fon fol: il peut conféquemment bâtir par-deffus & par-deffous, y faire puits, aifances & autres chofes licites, s'il n'y a titre au contraire: c'eft la difpofition de l'article 187 de la Coutume de Paris.

Cependant, par Arrêt rendu le 26 Juillet 1728, en faveur du fieur Hebert, contre le fieur Dargenlieu, la Cour a jugé que le droit de paffage par une allée régnant fous les voûtes & les bâtimens d'une maifon voifine, ne donnoit de propriété que relativement à ce même paffage; & que celui qui en avoit l'ufage, ne pouvoit y élever des édifices.

Aucun ne peut faire des vûes droites fur fon voifin, ni fur les places à lui appartenantes, s'il n'y a fix pieds de diftance entre ladite vûe & l'héritage du voifin; & ne peut avoir bées de côté, s'il n'y a deux pieds de diftance. Ibid. art. 22.

Cependant, fi deux héritages étoient féparés par un chemin ou fentier public, qui fuffent larges de moins de fix pieds, l'un des propriétaires ne pourroit empêcher l'autre

---

(a) Il n'eft cependant pas toujours néceffaire de rapporter le titre conftitutif de la Servitude, pour y être maintenu; & la Cour a jugé, par Arrêt rendu le Mercredi 19 Juillet 1758, en la feconde Chambre des Enquêtes, au rapport de M. le Pileur de Brevanes, qu'il fuffifoit de rapporter d'anciens titres énonciatifs, foutenus d'une poffeffion non interrompue; cet Arrêt eft intervenu entre René Leclerc & le nommé Prudhomme, fur l'appel d'une Sentence du Bailliage de Laval.

(b) Les maximes, fuivant lefquelles les Servitudes ne s'acquiérent point fans titre, n'ont pas d'application, lorfqu'il s'agit d'un édifice qui paroit incorporé fur le fonds voifin: alors la poffeffion peut tenir lieu de titre; parce

qu'en ce cas, ce n'eft point une Servitude qui s'acquiert, mais un droit de propriété fur le fonds, jufqu'à concurrence de ce que l'édifice en occupe.

(c) L'Auteur du Manuel Lexique dit, « qu'un *Larmier* » eft un membre d'Architecture plat & quarré, qui eft à » la corniche au-deffous de la cimaife. «

Le même Auteur ajoute » qu'on appelle auffi *Larmier*, » le couronnement d'une fouche de cheminée, & le talus » du fommet d'une muraille de clôture, qui fert à donner » de l'égoût aux eaux «.

Je crois que le *Larmier* dont il eft ici queftion, n'eft autre chofe qu'une gouttiere.

                 M

d'avoir des vûes droites fur lui, fous prétexte du défaut de diftance marquée par la
Coutume.

Toutefois, *fi aucun eft feul* propriétaire
d'un mur joignant fans moyen, (c'eft-à-dire
immédiatement) *l'héritage d'autrui, il peut*
dans ledit *mur* percer des *fenêtres* ou *vûes à*
neuf pieds de haut au-deffus du rez-de-
chauffée & terre, quant au premier étage,
(c'eft-à-dire à l'étage du rez-de-chauffée,)
& à l'égard des *autres étages,* il faut *fept*
pieds de haut au-deffus du plancher ; le
tout à fer maillé & verre dormant: Ibid. art.
200.

Le *fer maillé eft* un *treillis de fer dont les*
trous ne peuvent être plus grands *que quatre*
pouces en tout fens, & le verre dormant, c'eft
un chaffis de verre qui doit être attaché &
fcellé en plâtre, de forte qu'il ne puiffe être
ouvert. *Ibid.* art. 201.

Tout ceci a lieu, comme le dit l'article 200, que quand le mur appartient à un
feul : car fi le mur eft mitoyen, c'eft à-dire
commun entre les deux voifins, l'un *ne peut*
fans *le confentement de l'autre,* y *faire faire*
fenêtre ou autres trous pour vûes, en quelque
maniere que ce foit, à verre dormant ni autrement. Ibid. art. 189.

L'article 204 permet au voifin de faire
percer & même *de démolir un mur mitoyen,*
s'il en a befoin *pour fe loger,* à moins qu'il
n'y ait titre au contraire : mais alors il doit
en avertir fon voifin par une fommation
préalable ; il doit même en outre faire rétablir le mur à fes dépens, fans difcontinuation. Et fuivant les art. 207 & 208,
fi le voifin fait affeoir les poutres de fa maifon fur le mur mitoyen, *il ne peut les placer*
au-delà de la moitié de l'épaiffeur du mur :
dans ce cas-là il eft obligé de faire mettre
ce qu'on appelle *parpaignes, jambes, chaî-*
nes & corbeaux de pierre de taille pour porter *les poutres,* excepté aux maifons *des*
champs, où il *fuffit* de faire *mettre matiere*
fuffifante.

Si le mur mitoyen n'eft pas affez élevé
pour l'édifice que l'un des voifins veut faire
conftruire contre, il le peut faire exhauffer
fi haut que bon lui femble, fans le confentement de fon voifin (s'il n'y a titre au
contraire) pourvû que le mur foit affez
fort & fuffifamment folide, pour porter les

rehauffemens ; car s'il ne l'eft pas, il faut
que celui qui veut rehauffer, le faffe for-
tifier, en prenant pour cet effet, fur fon
propre terrein, l'épaiffeur néceffaire, article 195.

Celui qui fait exhauffer un mur mitoyen,
doit en outre payer à fon voifin les charges
du mur, que la Coutume fixe à la fixiéme
partie du prix de la portion du mur qu'il
fait bâtir au-deffus de dix pieds ; cette hauteur de dix pieds étant celle que la Coutume a prefcrite pour les murs de clôture,
par les art. 197 & 209.

Si *le mur mitoyen eft bon pour clôture* & de
durée, celui des deux voifins qui veut bâtir
& démolir ledit mur qui ne feroit pas fuffifant pour porter fon bâtiment, eft tenu
de payer entiérement tous les frais, auquel
cas il ne payera point les charges, au lieu
qu'il les doit s'il s'aide du mur ancien. V.
l'art. 196.

Et fi par la fuite l'autre voifin veut profiter de l'exhauffement du mur mitoyen, en
bâtiffant contre, ou élevant fon ancien bâtiment ; en ce cas il doit rembourfer *à fon*
voifin moitié dudit exhauffement avec les
charges, s'il lui en a été payé ; ou fi le mur
a été *renforcé,* il doit encore payer à fon
voifin, la moitié du terrein qui aura été
pris à cet effet : c'eft l'efprit de l'article
198.

Les murs de féparation, de cour, jardin
& autres places vagues, font toujours réputés mitoyens, s'il n'y a titre au contraire,
ibid. art. 211.

Mais indépendamment du titre, pour
connoître fi un pareil mur eft ou n'eft pas
mitoyen, la Coutume prefcrit de faire des
filets accompagnés de pierre, foit des deux
côtés, fi le mur eft mitoyen, ou s'il ne l'eft
pas, du côté feulement du propriétaire, auquel on peut dire qu'en ce cas cela peut fervir de titre à défaut d'autre, art. 214.

Il eft encore affez d'ufage, pour marquer
un mur non mitoyen, de conftruire le chaperon, de maniere qu'il n'ait de pente que
du côté feul du propriétaire.

Le gros mur qui fépare deux maifons
contiguës, doit auffi toujours être réputé
mitoyen, puifqu'il n'eft pas permis de bâtir
contre un mur non mitoyen, qu'au préalable on n'ait payé la moitié dudit mur, & de

fa fondation, jufqu'à concurrence de l'étendue qu'on veut donner à fon bâtiment contre ledit mur, tant en longueur que hauteur. V. les articles 194 & 206.

Quant au gros mur d'une maifon qui la fépare d'une place vague appartenante à un autre propriétaire, il n'eft point réputé mitoyen, s'il n'y a titre au contraire, n'y ayant point d'apparence que le propriétaire d'une place vague, qui n'avoit tout au plus befoin que d'un mur de clôture, ait contribué à l'édification d'un gros mur, d'une hauteur & d'une folidité beaucoup plus confidérable.

En conciliant les articles 194 & 206 de la Coutume, il en réfulte que, quoiqu'un mur ne foit pas mitoyen, le voifin peut s'en fervir & bâtir contre : mais il doit préalablement payer la moitié du mur & de fa fondation, ainfi que de la valeur de la terre fur laquelle il a été conftruit, en cas qu'elle ait été prife en entier fur l'héritage de celui qui a fait faire le mur ; le tout dans l'étendue du bâtiment que l'on veut faire élever contre ledit mur.

L'article 234 de la Coutume d'Orleans porte, que *tous murs font communs en la Ville & Fauxbourgs, & en autres Villes clofes du Bailliage, tous murs font communs entre voifins jufqu'à neuf pieds ; fçavoir deux pieds en terre, & fept pieds au-deffus de terre, qui n'ont titre ou marque au contraire ;* & il s'eft agi de fçavoir, fi d'après cette difpofition & celle de l'article 195 de celle de Paris, on pouvoit forcer un voifin à Château-Neuf fur Loire, qui eft un gros Bourg, où il y a Foire & gros Marché, d'accepter le rembourfement de moitié du mur & fonds de terre, pour que l'autre voifin pût s'en fervir & bâtir contre.

La Cour a jugé *in terminis*, par Arrêt rendu le 7 Septembre 1736, au rapport de M. Hermant, qu'on ne le pouvoit que de gré à gré ; Guyot parle auffi de cet Arrêt dans fon Commentaire fur l'article 97 de la Coutume de Mantes.

Les Maçons ne peuvent toucher ni faire toucher à un mur mitoyen, pour le démolir, percer, ou réédifier, fans y appeller les voifins qui y ont intérêt, par une fimple fignification feulement, à peine de tous dépens, dommages & intérêts, & de rétablif-

fement dudit mur, *ibid*. art. 203.

Il eft loifible à un voifin de faire *contraindre par Juftice fon autre voifin*, à la réfection du *mur & édifice commun* entr'eux lorfqu'il fe trouve *corrompu ;* & chacun d'eux doit contribuer à la réparation, felon *fon héberge, & pour telle part & portion* qu'il a *audit mur & édifice mitoyen*, article 205.

Lorfque la même perfonne devient propriétaire de l'héritage qui avoit un droit de Servitude, & de celui qui y étoit affujetti, la Servitude eft cenfée éteinte » dès ce mo- » ment, par une conféquence du principe » *nemini res fua fervit :* le fervice que le » maître retire de fes deux héritages, eft » l'effet de fon droit de propriété, qui fait » qu'il en ufe comme bon lui femble ; en- » forte que fi par vente, partage, donation » ou autrement, ces deux fonds paffent en- » fuite à différens maîtres, il faut un nou- » veau titre pour rétablir la Servitude. «. Analyfe du Droit François, liv. 1, ch. 9.

Dans toutes les Villes du Royaume, & finguliéremnt dans la Ville & Fauxbourgs de Paris, chacun peut contraindre fon voifin à contribuer à la conftruction des murs de clôture pour la féparation de leurs maifons, cour & jardin, jufqu'à la hauteur de dix pieds du rez-de-chauffée, compris le chaperon, art. 209.

Mais il n'en eft pas ainfi des héritages fitués hors les Villes & Fauxbourgs : celui qui veut faire conftruire un mur de clôture & de féparation entre lui & fon voifin, ne fçauroit le contraindre d'y contribuer; mais il peut le forcer d'entretenir & de réparer les murs anciens, felon leur ancienne hauteur, fi mieux n'aime le voifin, ainfi que la Coutume lui en donne la faculté, abandonner le droit qu'il avoit dans l'ancien mur, & fur la terre fur laquelle il eft affis, art. 210, 211.

Cependant, quoiqu'un voifin, ou n'ait point voulu contribuer à la conftruction d'un mur nouveau, ou ait abandonné le droit qu'il avoit fur l'ancien, il fera pourtant reçu, quand bon lui femblera ; à demander moitié du mur bâti & du terrein fur lequel il eft conftruit, ou à rentrer en fon premier droit, en rembourfant moitié du tout, art. 212.

M ij

Indépendamment des Servitudes contrac-tuelles & légales, il y en a de naturelles, auxquelles la situation des héritages les af-sujettit les uns envers les autres.

Par exemple, l'héritage inférieur est na-turellement obligé de recevoir les eaux qui coulent de celui qui est au-dessus ; & le propriétaire de l'héritage inférieur ne peut faire, ni digue, ni chaussée, qui fassent re-fluer ou gonfler les eaux, de maniere qu'el-les nuisent à l'héritage voisin.

De même, le propriétaire de l'héritage supérieur ne peut changer l'ordre naturel du cours des eaux, de maniere que ce chan-gement endommage l'inférieur, soit en mul-tipliant les écoulemens sur le voisin, soit en leur donnant un nouveau cours, qui change le lit ordinaire, soit enfin en leur donnant une rapidité qui peut dégrader. V. *Labourcurs.*

Le propriétaire d'un héritage ne peut pas encore rompre des digues naturelles ou ar-tificielles, qui procurent de l'eau aux voi-sins pour leurs besoins, ou qui empêchent qu'elles ne les incommodent : il ne peut pas non plus les détourner pour les faire passer dans son héritage, & en priver en tout ou en partie ceux qui en jouiffent. En un mot, les propriétaires des héritages ne peuvent rien faire sur leur terrein qui nui-se aux commodités que la nature avoit don-nées aux voisins. V. *Rivieres.*

Lorsqu'un héritage est enclavé dans plu-sieurs autres, de maniere qu'il n'y a point de chemin pour y conduire, les voisins sont obligés de donner passage par l'endroit qui les incommode le moins, en payant l'esti-mation du dommage que peut causer le che-min.

Ce principe général qui est très-certain, & sur lequel on trouve un Arrêt du 23 Mai 1731, dans le Journal du Parlement de Bre-tagne, tome 1, chap. 19, a donné lieu à une contestation singuliere, dont voici l'es-péce.

Les auteurs d'un sieur Duffol, proprié-taires d'héritages situés dans une Isle, for-mée par la riviere de Loire, près le pont de Saumur, en Anjou, ayant fait quelques tra-vaux pour faciliter la communication de leur basse-cour dans cette Isle, souffrirent, pendant plus de trente ans, que le Sr Gue-

nyveau & ses auteurs, propriétaires d'une partie de cette même Isle, passaffent par chez eux pour y arriver.

Le refus qu'ils firent depuis du passage, détermina le sieur Guenyveau à demander, qu'attendu le danger imminent (constaté par Acte de Notoriété,) qu'il y avoit de faire passer ses bestiaux & chariots par de fausses greves pour arriver dans l'Isle à son terrein, le sieur Duffol seroit tenu de lui fournir le passage par sa basse-cour, &c. & sur cette demande, Sentence par défaut de la Sénéchaussée de Saumur, du 16 Octobre 1749, ordonna que les portes de la basse-cour du sieur Duffol seroient ouvertes, & à ceux qu'il préposeroit pour cultiver son domaine & en recueillir les fruits ; sinon que le sieur Guenyveau pourroit faire ou-vrir, même briser les portes, &c. Ce qui fut exécuté peu après, à la requête du Sr Gue-nyveau.

Sur l'appel de cette Sentence, le Sr Gue-nyveau invoqua les dispositions de l'art. 449 de la Coutume d'Anjou, qui porte que le droit de Servitude rurale s'acquiert par 30 ans de poffeffion.

Le sieur Duffol répondoit que cette dis-position n'avoit point d'application ; puis-que la basse-cour de sa maison, par laquel-le on demandoit passage, donnoit sur le pont de Saumur, que par conséquent il ne s'agissoit pas d'une Servitude rurale ou rus-tique, mais d'une Servitude de Ville, qui ne s'acquiéroit point par la prescription, suivant l'article 450 de la même Coutu-me. Il ajoutoit qu'avant les travaux faits par ses auteurs, ils avoient les mêmes ris-ques & les mêmes dangers à courir, que le sieur Guenyveau, pour arriver à l'Isle ; & qu'il n'étoit pas naturel qu'il profitât de ces travaux & des dépenses qu'ils avoient oc-casionnés, sans contribuer à cette dépen-se, &c.

Par Arrêt rendu au rapport de M. Se-vert, le premier Septembre 1751, la Cour a infirmé la Sentence de Saumur, & débou-té le sieur Guenyveau de sa demande, avec 150 liv. de dommages & intérêts.

Il est intervenu un autre Arrêt, en la pre-miere Chambre des Enquêtes, au rapport de M. de Bretignieres, le 26 Février 1758, par lequel la Cour a jugé, pour la Coutume d'Auvergne, (où les Servitudes s'acquiérent & se prescrivent par trente ans de possession, suivant l'art. 2 du chap. 17,) que quoiqu'il fût prouvé par une Enquête, que les mineurs Chabanier & leurs auteurs étoient en possession immémoriale de passer sur l'héritage d'un autre Chabanier, pour aller fumer, labourer & ensemencer leur champ ; ils n'auroient néantmoins que le passage naturel & de tolérance ordinaire en campagne, sur l'héritage de Chabanier, en dédommageant ès tems où on ne peut passer sans quelque dommage.

Dans cette espéce, il s'agissoit d'héritages situés en la Paroisse d'Yde, ressort de Salers, il y avoit un chemin qui conduisoit à l'héritage des mineurs Chabanier ; mais ce chemin étoit tellement inaccessible & rempli de rochers, qu'il étoit impossible d'y passer avec chariots & voitures ; il n'étoit pratiqué que par des gens de pied & bêtes de sommes.

Mornac rapporte un Arrêt du 19 Février 1618, sur le titre *de Servitutibus*, au Digeste, par lequel il dit avoir été jugé qu'un Particulier, qui avoit droit de passage dans une maison voisine de la sienne, située à Paris, ne pouvoit user de son droit que depuis cinq heures du matin, jusqu'à neuf heures du soir en hiver ; & depuis quatre heures du matin, jusqu'à dix heures du soir en été, (de Pâques à S. Remi.) Desgodets parle aussi de cet Arrêt, dans les Loix des Bâtimens ; mais voyez *Aisance*.

Un Arrêt rendu au Parlement de Rouen, en la seconde Chambre des Enquêtes, au rapport de M. de Marolles, le 9 Mars 1736, a jugé que le dédommagement dû à celui qui est obligé de souffrir une Servitude forcée sur son fonds, doit être d'une rente de la même durée que la Servitude, sans que celui qui exerce la Servitude, puisse forcer celui qui est obligé de la souffrir, d'en recevoir le remboursement.

Les Servitudes sont indivisibles de leur nature : ainsi, si des propriétaires qui jouissent par indivis d'un héritage, ne forment pas tous opposition au décret de l'héritage qui est chargé d'une Servitude envers le leur, mais qu'un seul des co-propriétaires forme cette opposition, elle conservera la Servitude à tous les propriétaires ; & l'ad-

judicataire de l'héritage décrété, ne pourra refuser la Servitude aux autres co-propriétaires par indivis, sous prétexte qu'ils n'auront pas formé opposition.

Par la même raison de l'indivisibilité, le propriétaire d'une portion seulement d'un héritage qui a droit de chemin sur un autre, peut user du chemin entier, quelque petite que soit sa portion dans l'héritage qui a ce droit de chemin.

Les Servitudes étant attachées au fonds & non aux personnes, elles ne peuvent passer d'une personne à l'autre, si le fonds n'y passe. V. *Domat*.

Peut-on intenter complainte pour trouble dans la possession d'une Servitude ? V. *Complainte*.

SÉVICES.

C'est ainsi qu'on nomme les outrages & les mauvais traitemens, dont quelqu'un use envers une personne qui lui est subordonnée. V. *Séparations*.

SIENS.

Qu'entend-t-on par le mot Siens au Barreau ? Voyez l'Arrêt rendu pour la Baronnie de Serignan, entre les sieur & demoiselle de la Marck, rapporté à la fin du Journal du Palais.

SIGNATURE.

En termes de Chancellerie Romaine, on nomme Signature, la minute écrite en abrégé d'une supplication faite au Pape, & de la concession qu'il a accordée en conséquence : elles sont ordinairement écrites en papier ; quelquefois le Pape les signe ; quelquefois c'est son Délégué. V. *Bulle*, *Date*, *Provisions* & *Rescrits*.

SIGNIFICATION.

Voyez *Ajournement*, *Huissier* & *Transport*.

Le mot Signification est synonime à notification, ainsi signifier un Acte, un Jugement, un Arrêt, &c. c'est en donner connoissance par exhibition de l'original dont on laisse copie.

Le mot Signification est aussi quelquefois synonime à avertissement & à déclaration ; en ce sens, on dit signifier un congé, une translation de domicile, &c.

SIGNIFICAVIT.

C'eft ainfi qu'en Franche - Comté, on nomme les Refcrits qui s'expédient en Cour de Rome, en conféquence d'impétration de Bénéfices.

Ces Refcrits n'ont aucun effet dans cette Province, que quand ils font revêtus de Lettres - Patentes, qu'on nomme Lettres d'Attache. Voyez les Arrêts que je rapporte fur cela, aux articles *Bulle* & *Pape*.

SIMONIE.
V. *Confidence* & *Dévolut.*

La Simonie confifte en général dans la vente des chofes facrées, ou des Bénéfices (*a*).

Il y a trois fortes de Simonies : la *Mentale*, la *Pure conventionnelle* & la *Réelle*.

La fimple penfée de vendre ou d'acheter un Bénéfice, & même d'affifter à l'Office principalement à caufe de la rétribution, eft une Simonie Mentale. Cet acte intérieur de la volonté eft un crime, quoiqu'il ne fe produife point au-dehors; mais, c'eft un crime que la Juftice humaine ne peut rechercher, & dont Dieu, feul fcrutateur des cœurs, s'eft réfervé le Jugement & la punition.

Une propofition ou une convention qui n'a point eu d'effet, qui n'a jamais été réalifée, qui n'a point été fuivie d'une réfignation, ne forme qu'une Simonie pure conventionnelle : elle ne donne point lieu aux dévoluts, & ne fait point vaquer les Bénéfices, les hommes ne font point en droit, ni d'en juger, ni de la punir, parce que l'on préfume toujours que la propofition ou la convention a été annullée par un repentir. C'eft l'opinion de tous les Docteurs, foutenue de la Jurifprudence des Arrêts, qui ont décidé que la preuve par témoins d'un fait de Simonie pure conventionnelle n'étoit pas même admiffible. Voyez l'Arrêt rendu le 18 Mars 1679, fixiéme Partie du Journal du Palais, où la queftion eft amplement traitée.

L'Auteur du Code Pénal dit que, par Arrêt rendu fur les Conclufions de M. d'Aguefleau, Avocat Général, le 28 Av. 1725, la Cour a déclaré abufive une Sentence de l'Official de Lyon, qui avoit permis à un Particulier de faire informer de faits de Simonie, quoiqu'il n'y eût point de commencement de preuve par écrit. Cependant, attendu la gravité des faits, l'Arrêt ajoute, fauf au Promoteur à rendre plainte & à faire informer.

La convention verbale ou par écrit de vendre à prix d'argent un Bénéfice, eft une Simonie réelle, lorfque la convention fe trouve exécutée par une réfignation ou par une nomination fubféquente. Cette Simonie prive de fes Bénéfices celui qui en eft coupable; & c'eft d'elle feule dont les Canons & les Loix du Royaume recommandent & ordonnent la punition. Voyez l'Ordonnance de 1579, l'Edit de 1610 & l'Ordonnance de 1629.

Le crime de Simonie eft tellement odieux, que quand le pourvu d'un Bénéfice n'y auroit point participé, & quand même la Simonie auroit été commife à fon infçu & fans fa participation, fon titre n'en feroit pas moins vicieux.

C'eft la décifion de Céleftin III, dans le vingt-feptiéme chap. *de Simoniâ*, aux Décrétales; c'eft auffi l'avis de Van-Efpen, Droit Eccléfiaftique, partie 2, titre 3, chapitre 6, n°. 24; & divers Arrêts célèbres l'ont ainfi jugé.

Le premier a été rendu au Parlement, le 19 Août 1678; il s'agiffoit de la Cure de Brunoy : on trouve cet Arrêt au Journal du Palais.

Le fecond a été rendu au Grand-Confeil, au rapport de M. Mangot, le 27 Février 1726, en faveur du fieur Vigo, contre le fieur Gautier, pour le Prieuré de Mougon.

Le troifiéme a auffi été rendu au Grand-Confeil, le 8 Août 1729, en faveur du Sr de Serrey, pour la Tréforerie de Langres, contre le fieur Veron. L'Arrêt a admis la preuve qu'il y avoit Simonie dans la réfi-

---

(*a*) La Simonie ou la vente d'une chofe fpirituelle fe fait de trois manieres, que les Canoniftes appellent *Munus à manu*, *Munus ab obfequio*, *Munus à linguâ*.

Munus à manu, c'eft lorfqu'on donne, ou de l'argent, ou quelqu'autre chofe que ce foit, pour avoir un Bénéfice.

Munus ab obfequio, c'eft lorfqu'on rend fervice à quelqu'un dans la vûe d'obtenir de lui une chofe fpirituelle.

Enfin, *Munus à linguâ* eft la conceffion d'un Bénéfice, faite en confidération d'une perfonne dont on veut fe concilier la faveur ou la protection. Voyez Van-Efpen, Droit Eccléfiaftique, part. 2, tit. 30, chap. 2, gnation de ce Bénéfice, que la mere & les freres du fieur Veron avoient fait faire par fon oncle, en fon abfence ; il étoit conftant dans le fait que le réfignataire n'avoit point participé à la Simonie.

Ce principe a d'ailleurs été plaidé comme conftant, par M. l'Avocat Général Gilbert, dans la fameufe affaire des Abbés de Baudry & de Lefure, lors de l'Arrêt du 3 Août 1730, dont je parlerai ci-après.

La Simonie étant un crime, pour la connoiffance duquel l'Ordonnance de Blois permet la publication des Monitoires, fans aucune diftinction des cas dans lefqueis on les demande, il femble qu'on en devroit toujours admettre la preuve par témoins. Cependant les Canoniftes foutiennent, & des Arrêts ont jugé qu'on ne doit faire entendre des témoins fur ce fujet, que quand il y a un commencement de preuve par écrit. Voyez les Loix Eccléfiaftiques, par d'Héricourt.

Mais quel degré de lumiere ce commencement de preuve par écrit doit-il avoir ? A cet égard, fi l'on vouloit exiger que cette preuve fût confidérable, il faudroit néceffairement réferver la prétention de la Simonie au fcrutateur des cœurs ; car on fent bien que ceux qui commettent ce crime , ne font pas affez infenfés pour confier au Pacte Simoniaque, fa véritable caufe; ainfi il faut conclure qu'il n'eft pas néceffaire que l'écrit porte par lui-même la preuve littérale, directe & pofitive de la Simonie, mais qu'il fuffit que de l'amas des circonftances, il forte des préfomptions & des conjectures. Voyez *Confidence* & *Préfomptions*.

Les Bulles de Pie IV & de Pie V, des années 1564 & 1569, n'exigent même que des préfomptions & des conjectures pour former la preuve de ce crime ; & il paroît que ces Bulles ont quelqu'autorité parmi nous. Voyez Brodeau, fur M. Louet, Lettre D, n°. 9 ; l'article 18 de l'Ordonnance de 1629, Dumoulin, fur la Régle *de infirmis*, n°. 3 , fur la Régle *de Publicandis*, n°. 363 ; & Menochius, Traité des préfomptions, liv. 5, préf. 8.

Le crime de Simonie emporte la déchéance de tous les Bénéfices dont les Eccléfiaftiques fimoniaques étoient pourvus : ils ne peuvent même poffëder ceux dont ils

étoient devenus Titulaires par des voies légitimes. Il fuffit qu'il y en ait un feul provenant de cette fource contagieufe , pour opérer une incapacité générale d'en poffëder aucun. On peut fur cela confulter l'art. 3 de la Pragmatique de S. Louis & le chapitre *cum deteftabile* , *in Extravag.commun. de Simonia* ; d'Héricourt le rapporte en entier.

Le Clergé prétend que la Simonie étant un crime Eccléfiaftique, le Juge Laïc n'en peut connoître ni le punir , à moins qu'elle ne foit alléguée incidemment à une conteftation pendante pardevant lui , & qui foit de fa compétence ; on peut fur cela confulter Fevret.

Ainfi dans le fyftême du Clergé , lorfque de plufieurs Bénéfices que poffède un Simoniaque, un feul eft dévoluté fur lui à caufe de cette incapacité, le Juge Laïc pourra bien adjuger ce Bénéfice au dévolutaire. Mais quoique l'incapacité de poffëder les autres foit certaine, le Juge Laïc ne pourra pas les déclarer vacans , il devra dans ce cas-là renvoyer au Juge d'Eglife ; on cite fur cela une réponfe du Roi, à l'art. 7 des plaintes faites par le Pape en 1547 , inférée dans le Recueil de nos Libertés.

Le Parlement penfe tout autrement , & juge que la Simonie eft un crime dont les Juges ordinaires peuvent connoître & qu'ils peuvent réprimer ; c'eft fur ce fondement que, par un Arrêt rendu en la troifiéme Chambre des Enquêtes, fur les Conclufions de M. l'Avocat Général Gilbert , le 3 Août 1730, la Cour, pour caufe de Simonie, a déclaré vacans & impétrables tous les Bénéfices poffédés par l'Abbé de Baudry , quoiqu'ils ne fuffent pas tous dévolutés.

Le Clergé s'eft plaint de cet Arrêt , fes Agens en ont demandé la caffation ; & dans la requête qu'ils ont donnée à cet effet , ils font convenus que le Parlement avoit pû déclarer vacans & impétrables, les Prieurés de Conti & de Morée, parce qu'il étoit faifi des demandes en complainte formées par le dévolutaire, (qui n'étoit pas recevable à les demander ;) mais ils ont foutenu que n'y ayant point eû de complainte formée, par rapport à trois autres Bénéfices du fieur Abbé de Baudry , le Parlement avoit excédé fes pouvoirs, & entrepris fur la Jurifdiction Ecclésiastique, en déclarant ses autres Bénéfices vacans pour cause de Simonie.

L'Arrêt du Conseil rendu le 20 Août 1731, qui est intervenu sur cette requête, a cassé & annullé celui du Parlement, en ce qu'il avoit déclaré vacans & impétrables les Bénéfices de l'Abbé de Baudry, *autres que ceux pour raison desquels la complainte étoit pendante en ladite* (troisiéme) *Chambre*. V. *Confidence.*

Feu Me Prevost, Avocat, s'est élevé contre l'opinion adoptée par l'Arrêt du Conseil que je viens de rapporter. Il a soutenu dans une Consultation (imprimée) du 25 Août 1745, que les Juges Séculiers pouvoient connoître directement du crime de Simonie; & a cité à ce sujet les Ordonnances de S. Louis, un Arrêt du Parlement du premier Février 1504, qui, en réglant des contestations particulieres, a ordonné d'office au Juge des lieux, *de soi enquérir de la Simonie, procéder & y pourvoir ainsi qu'il appartiendroit par raison.*

Me Prevost a encore cité Dumoulin, sur la Régle de *Infirmis*; Brodeau, sur M. Louet; & un Arrêt du Grand-Conseil du 4 Février 1736, dont voici l'espéce.

Le Titulaire du Prieuré de Balac, l'ayant résigné au sieur Fil Girard (ou Girardin,) révoqua ensuite sa résignation, avant qu'elle fût admise à Rome, & fit une démission du même Prieuré, entre les mains du Collateur, qui en donna des Provisions au sieur du Breuil de Buron.

Le sieur Girard, qui avoit aussi pris possession de ce Bénéfice, en vertu de Provisions obtenues à Rome, avoit découvert que la révocation de la résignation avoit été faite moyennant 4000 liv.; il intenta complainte contre le sieur de Buron au Grand-Conseil, le 17 Févr. 1734, & rendit plainte de la Simonie; sa plainte fut admise par Arrêt du 3 Septembre suivant : & sur le vû des informations, les accusés furent décrétés d'ajournement personnel, par Arrêt du 25 du même mois de Septembre (1734.)

L'instruction fut suivie contradictoirement avec le pourvu sur démission & par contumace contre le résignant; & par Arrêt rendu le 4 Février 1736, le contumax fut déclaré incapable de posséder aucun Bénéfice; le sieur de Buron fut évincé de ce-

lui dont il s'agissoit, & les deux accusés condamnés solidairement aux dépens.

Mais je crois que cet Arrêt ne prouve pas que l'accusation de Simonie peut se poursuivre *de plano* devant les Juges Laïcs; puisque celle dont il s'agissoit dans cette espéce, étoit incidente à la demande en complainte du sieur Girard, qui avoit précédé la plainte; il paroîtroit plutôt que cet Arrêt a jugé que le commencement de preuve n'étoit pas nécessaire pour autoriser le sieur Girard à suivre son accusation dans le cas particulier.

Ce n'est pas cependant que je ne sois de l'avis de Me Prevost; son opinion paroît conforme à ce qu'on a toujours jugé : on voit, en effet, que deux Arrêts sont intervenus les 5 Juin 1728 & 14 Mars 1731, sur une accusation de Simonie intentée contre des Prêtres & des Notaires du Diocèse d'Aurillac, à la requête du Procureur du Roi, en la Sénéchaussée de cette Ville, sans que personne se soit avisé de soutenir le ministere public non-recevable à former de pareilles accusations; M. l'Evêque de S. Flour étoit cependant Partie dans le dernier de ces Arrêts.

Lors de l'Arrêt du 14 Mars 1731, dont je viens de parler, on agita une question de compétence d'un autre genre sur le crime de Simonie. Deux Officiaux revendiquoient les Ecclésiastiques accusés, pour l'instruction du délit commun; l'un d'eux prétendoit que le crime de Simonie étoit un délit successif, & que le lieu où il avoit reçu son principal accomplissement, décidoit de la compétence; & d'après cette idée, il soutenoit que la Simonie étant consommée par la prise de possession des Bénéfices, c'étoit à l'Official du supérieur Ecclésiastique du lieu du Bénéfice à faire l'instruction; mais M. l'Avocat Général a prouvé que la connoissance de cette affaire devoit appartenir à l'Official d'Aurillac, où la convention avoit été faite, les Provisions expédiées & l'argent délivré; que la prise de possession n'étoit qu'une suite des Provisions & de la Simonie commise. L'Arrêt l'a ainsi jugé.

Quoique la Simonie opere une vacance de droit, la déchéance des Bénéfices dont les Simoniaques & les Confidentiaires sont pourvus, n'a lieu; & l'Edit du mois de

Septembre

Septembre 1610 ne permet aux Collateurs & Patrons de difpofer de ces Bénéfices, qu'après le Jugement.

Le Grand-Confeil juge que les Bénéfices ne font vacans que du jour que le Simoniaque eft convaincu ; il a fur cela rendu un Arrêt fort célébre, fur les Conclufions de M. Bignon, le premier Mars 1731, en faveur du fieur Cherier, Indultaire, contre le fieur Lefure, pour le Prieuré de Conti. (Cependant voyez l'Arrêt d'enregiftrement de l'Edit de 1610, il modifie l'art. 1.)

On penfe même affez univerfellement qu'un Simoniaque peut réfigner un Bénéfice dont il eft Titulaire ; & que la réfignation eft valable toutes les fois qu'ayant été faite canoniquement, elle a été admife, avant que le dévolutaire ait commencé le trouble, par une affignation en Juftice.

Cette opinion eft fondée fur ce que le dévolut eft une voie extraordinaire pour obtenir des Bénéfices ; que cette voie n'a été introduite que pour purger l'Eglife des Sujets qui la déshonorent ; & que lorfque le Sujet incapable ou indigne fe fait juftice à lui-même, l'intérêt de l'Eglife ne demande plus que le dévolutaire foit écouté ; c'eft la doctrine de Dumoulin, fur la Régle de Publicandis, n°. 203. Voyez Soefve, centurie 2ᵉ, chap. 98 ; & l'Arrêt du 24 Mai 1696, au Journal des Audiences.

Le Grand-Confeil a, par Arrêt rendu le 7 Mars 1747, jugé Simoniaque, une promeffe de faire une penfion datée du même jour de la prife de poffeffion d'un Bénéfice réfigné.

On a imaginé une voie bien finguliere, pour effacer la Simonie & la confidence de la poffeffion des Bénéfices : ceux qui fe croyent dans le cas, font entre les mains du Pape une démiffion pure & fimple de leur Bénéfice, & lui en laiffent l'entiere difpofition ; mais par une fupplique particuliere, ils demandent au Pape le même Bénéfice vacant par leur démiffion ; & il eft extrêmement rare que le Pape le leur refufe : je ne fçais pas fi la confcience d'un Simoniaque doit être tranquille après la nouvelle Provifion qu'il a obtenue fur une pareille démiffion. Voyez Perard Caftel.

Sur le crime de Simonie, voyez l'art. 17 de l'Ordonnance d'Orléans, l'article 21 de celle de Blois, l'art. premier de l'Edit de

Tome III. Part. II.

1610, & l'article 18 de l'Ordonnance de 1629.

SIMULATION.

V. *Contrats, Dol, Néceffité-jurée, Suggeftion.*

Les Actes fimulés font ceux dans lefquels les Parties qui les paffent, tiennent un langage différent de ce qu'elles font, ou de ce qu'elles ont intention de faire.

La Simulation eft fi reffemblante au dol, qu'elle n'en differe, qu'en ce que le dol (perfonnel) n'eft ordinairement que l'ouvrage de l'un des contractans ; au lieu que la Simulation eft prefque toujours l'ouvrage de plufieurs.

Il n'y a que la voie d'infcription en faux pour prouver la falfification d'un Acte ; mais quand un contrat eft argué de fraude & de Simulation, il femble, en ce cas, que les adminicules doivent déterminer à adm-ttre la preuve, fans exiger l'infcription de faux. V. Dumoulin fur la Coutume de Nivernois, ch. 31, art. 3.

On penfe affez univerfellement que les contrats fimulés font nuls, parce que la feinte n'eft pas une réalité. Voyez Balde, fur la Loi *Si quis alteri vel fibi*, & fur la Loi *Scimus.*

SISTÊME.

V. *Billets de Banque, & Vifa.*

SOCIÉTÉ.

V. oyez *Communauté & Dot.*

La Société eft (dit Domat) une convention entre deux ou plufieurs perfonnes, par laquelle ils mettent en commun entr'eux, ou tout leur bien, ou une partie, ou quelque commerce, quelqu'ouvrage ou quelqu'autre affaire, pour partager ce qu'ils pourront avoir de gain, ou fouffrir la perte de ce qu'ils auront mis en Société.

Ce contrat ne défire d'autre formalité, fuivant le Droit Romain, que le feul confentement des Parties : mais, parmi nous, *toute Société générale ou encommandite*, doit être *rédigée par écrit* ; & on ne reçoit *aucune preuve par témoins contre & outre le contenu aux Actes de Société. . . . . . . encore qu'il s'agiffe d'une fomme ou valeur moindre de cent livres.* Ordonnance du Commerce, titre 4, art. 1.

Sur cette difpofition de l'Ordonnance, il

N

eſt intervenu un Arrêt, au rapport de M. Charlet, en la premiere Chambre des Enquêtes, le 23 Mars 1746, par lequel, nonobſtant beaucoup de préſomptions, & même quelques légers commencemens de preuves par écrit qu'il y avoit eu Société entre Jean Michel pere, & Jean Michel, ſon fils, pour des entrepriſes du pavé de grands-chemins en Bourbonnois, la Cour a confirmé la Sentence de la Sénéchauſſée de Moulins, du 17 Juin 1743, qui déboutoit François Michel & Marie Giraudet ſa femme, avant veuve de Jean Michel, fils, de leur demande en reddition de compte de ce partage de Société, en affirmant par les défendeurs qu'ils n'avoient eu aucune connoiſſance de ladite Société.

Mais, par autre Arrêt rendu le Mercredi 23 Février 1763, en la Grand'Chambre, ſur les Concluſions de M. Seguier, la Cour a confirmé une Sentence rendue par les Juge & Conſuls de la Rochelle, laquelle avoit condamné les Srs Mercier & Raoul, beaux-freres, demeurans à la Rochelle, ſolidairement, comme aſſociés, à payer le contenu en une Lettre de change, ſouſcrite par l'un d'eux, qui avoit ſigné ſon nom & *Compagnie*.

Dans cette eſpéce, on ne rapportoit aucune Société par écrit entre les beaux-freres; mais celui qui réclamoit contre la Lettre de change, convenoit qu'à la mort de ſon pere, étant âgé ſeulement de ſeize ans, il avoit conſenti que ſon beau-frere écrivît aux divers correſpondans qu'ils continueroient le commerce du pere & beau-pere: & quoique le réclamant contre la Lettre de change invoquât la faveur de la minorité, on a cru qu'un mineur auquel le commerce eſt permis, & qui avoit ſouffert que le Public le crût ſucceſſeur de ſon pere, & aſſocié de ſon beau-frere, devoit payer les Lettres de change ſouſcrites par celui à qui il avoit permis de ſe dire chef de leur Société; parce que le commerce exige de la ſincérité, & qu'il n'eſt pas permis de tromper le Public.

Tous ceux qui ont la libre diſpoſition de leurs biens, ſont capables de contracter une Société; mais dès le moment qu'elle eſt contractée, l'un des aſſociés ne peut ſeul y admettre un tiers ſans le conſentement des au-

tres. Il peut bien céder une portion de ſon intérêt dans la Société; mais ſon ceſſionnaire n'y eſt pas admis par-là; & c'eſt alors une nouvelle Société qu'il contracte avec ce ceſſionnaire, envers lequel il s'oblige de lui rendre le même compte que lui rendront ſes premiers aſſociés.

Les contrats de Société ne peuvent ſe faire que pour des entrepriſes ou des commerces licites: celles qui ſeroient contraires à cette régle, par exemple, celles qui auroient pour objet le jeu, la contrebande, &c. ſeroient nulles & criminelles; & quand ces contrats ont pour objet un commerce permis, ils ſont ſuſceptibles de toutes les conventions que les Parties veulent y inférer; elles peuvent convenir qu'elle durera, ou toute la vie, ou ſeulement un certain temps, qu'elle ſera de toutes ſortes de biens préſens & à venir, ou ſeulement d'un certain bien; en un mot, il n'y a ſur cela d'autre régle que la volonté & les conventions écrites des Parties.

Si la Société eſt contractée pour tous les biens, ſans autre explication, elle comprend ſeulement les profits que les aſſociés peuvent faire par leur travail & par leur induſtrie, & non pas les ſucceſſions & les libéralités qui peuvent être faites à chacun des aſſociés en particulier: les dettes particulieres que chacun d'eux peut avoir contractées pour d'autres cauſes que la Société, n'y entrent pas non plus; elles ſont à la charge de celui qui les a créées.

Si la Société n'exprime point la portion que chacun des aſſociés doit y avoir, ni les avances que chacun d'eux doit faire, tout doit être égal alors, ſoit pour le gain, ſoit pour la perte & pour les avances; mais il eſt permis de ſtipuler qu'un des aſſociés fera toutes les avances; & alors l'induſtrie, le travail & le crédit de ceux qui ne fourniſſent pas de fonds, leur tiennent lieu d'avances.

Par la même raiſon on peut ſtipuler que les portions du gain ſeront inégales; & l'on peut même convenir que l'un des aſſociés participera au gain, ſans être tenu des pertes, s'il y en a, pourvû qu'on ne compte pour gain de la Société que ce qui ſe trouve après les pertes & les dépenſes déduites. Mais il n'eſt pas permis de ſtipuler que l'un des affociés prendra tout le profit , & que l'autre fouffrira toute la perte ; ce feroit, dit Argou, (dont j'emprunte les maximes & les expreffions en cet article,) ce qu'on appelle la Société *du Lion.*

Lorfqu'un affocié a mis de l'argent dans la Société, & que l'autre n'y a mis que fon travail & fon induftrie, cet argent n'eft confidéré que comme une avance ; il ne fait point partie des effets communs, & doit être repris tout entier par celui qui l'a avancé.

Comme la Société fe contraƈte par le confentement des Parties, elle fe diffout de même par leur confentement ; elle finit auffi par la mort naturelle ou civile de l'un des affociés, ou quand l'un d'eux fait des pertes qui ne lui permettent pas de fournir aux dépenfes de la Société, & qu'il n'a pas de quoi répondre de celles dont il pourroit être tenu.

On peut auffi demander la diffolution de la Société avant le terme porté par le contrat, fi l'un des affociés n'exécute pas les conditions de la Société, ou fi fa conduite eft tellement déréglée, qu'elle puiffe caufer de grands dommages à la Société.

Les affociés ne peuvent ftipuler que la Société continuera avec leurs héritiers, fi ce n'eft dans les Sociétés pour les Fermes publiques. L'une des chofes les plus effentielles à la Société, c'eft le choix des perfonnes & leur induftrie : on ne connoît pas des héritiers qui font toujours incertains jufqu'à la mort de l'affocié ; c'eft pourquoi on ne peut, ni les choifir, ni avoir aucune confiance en eux.

Il y a peu de contrats où la bonne foi foit auffi néceffaire que dans la Société. Les Loix prononcent la nullité des Sociétés qui font contraƈtées de mauvaife foi & à deffein de tromper ; & anciennement ceux qui étoient convaincus de fraude dans la geftion d'une tutelle, dans le dépôt & dans la Société, étoient déclarés infâmes. Ne feroit-il pas à fouhaiter qu'ils fuffent traités aujourd'hui avec la même rigueur ?

Les Sociétés les plus ordinaires, parmi nous, font celles qui font contraƈtées entre Marchands, Négocians & Banquiers, & celles qui font contraƈtées entre les Fermiers & Traitans des affaires du Roi. Je ne parlerai point de ces dernieres ; elles regardent les Finances, & font partie du Droit public.

Les Sociétés entre Marchands font fujettes aux mêmes régles que toutes les autres Sociétés ; elles en ont auffi des particulieres, que l'Ordonnance a introduites pour la facilité & pour l'utilité du commerce.

Il y a deux fortes de Sociétés entre Marchands ; la Société générale & la Société en commandite.

La Société générale eft celle qui fe fait entre deux ou plufieurs affociés, qui agiffent tous également pour les affaires de la Société, & qui font le commerce fous leurs noms colleƈtifs, Pierre, François & Paul en compagnie.

La Société en commandite eft celle où l'un des affociés ne fait que mettre fon argent dans la Société, fans faire aucune fonction d'affocié ; & l'autre donne fon induftrie, & fait fous fon nom le commerce des chofes dont ils font convenus.

Nous ne parlerons point ici d'une efpéce de Société, qu'on appelle anonyme, qui ne fe fait fous aucun nom, mais où tous les affociés travaillent chacun fous leur nom particulier, fans que le Public foit informé de leur Société, & fe rendent enfuite compte les uns aux autres des profits & des pertes qu'ils ont faits dans leur négociation : elles font réprouvées par l'Ordonnance, à caufe des abus qu'elles caufent dans le commerce.

L'Ordonnance de 1673 veut non-feulement que toutes Sociétés foient rédigées par écrit, mais auffi que l'extrait de la Société foit enregiftré au Greffe de la Jurifdiƈtion Confulaire, s'il y en a, finon en celui de l'Hôtel-de-Ville ; & s'il n'y en a point, au Greffe des Juges Royaux des lieux, ou de ceux des Seigneurs, & l'extrait inféré dans un tableau expofé en lieu public, à peine de nullité, &c. Cet extrait doit être figné de tous les affociés, contenant leurs noms, furnoms & demeures, les claufes extraordinaires, s'il y en a pour la fignature des Aƈtes, le temps auquel elle doit commencer & finir.

La Confervation de Lyon a attefté, par un Aƈte de Notoriété du 9 Mars 1729, que l'ufage de Lyon, autorifé par la Jurifprudence des Arrêts, eft de ne pas regarder comme une nullité entre les affociés, le défaut d'enregiftrement de la Société.

La Société n'eft réputée continuée, s'il n'y en a un Acte par écrit enregiftré & affiché; & tous Actes portant changement d'affociés, nouvelles ftipulations ou claufes pour la fignature, doivent auffi être enregiftrés & publiés, & ils n'ont lieu que du jour de la publication.

Tous les affociés font obligés folidairement aux dettes de la Société, quoiqu'il n'y en ait qu'un qui ait figné, pourvû qu'il ait figné pour la compagnie, & non autrement; ce qui n'a pas lieu pour les affociés en commandite, lefquels ne font obligés que jufqu'à concurrence de leur part.

Il n'eft point néceffaire de donner à chaque affocié ou intéreffé une copie des Exploits de demande, de fignifications, procédures & contraintes qui fe font contre des affociés; une feule copie fuffit pour tous.

La Cour a même jugé que cette maxime devoit s'appliquer aux intéreffés dans le Canal de Briare: ceux-ci ont prétendu, dans un Procès qu'ils eurent contre M. Pelletier des Forts, qu'il falloit les regarder comme de fimples co-propriétaires qui pouvoient procéder féparément, au moyen de ce que leurs Lettres-Patentes ne les qualifioient point compagnies, & que le Canal, & les Seigneuries qui y font jointes, leur appartiennent ut fingulis: mais par Arrêt rendu le 5 Juillet 1722, il fut ordonné qu'ils plaideroient en noms collectifs.

Enfin, pour éviter les Procès qui caufent fouvent la ruine des Marchands, l'Ordonnance veut que dans toutes les Sociérés il y ait une claufe, par laquelle les affociés fe foumettent à des Arbitres, pour terminer leurs conteftations; & fi la claufe a été omife, l'un des affociés en pourra nommer; & au refus des autres, le Juge en nommera d'office. V. les art. 1, 2, 3 & 4 du tit. 4 de l'Ordonnance du Commerce.

La Cour a jugé, par un Arrêt rendu le 18 Juillet 1713, au rapport de M. de Creil, qu'un affocié ne peut, par des pactions & autres Actes faits peu de temps avant fa banqueroute ouverte, engager fes autres affociés. Cet Arrêt eft imprimé avec un précis du fait.

SOCIÉTÉ COUTUMIERE.

Plufieurs Coutumes, & finguliérement celle de Berry, titre 8, art. 20, autorife ce qu'on nomme Société ou Affociation Coutumieres, qui comprennent & communiquent à tous les affociés les gains & les profits que chacun d'eux fait en particulier.

Ces Sociétés peuvent fe régler par les conventions des Parties; mais lorfqu'il n'y a point de traité, elles *s'induifent* par *demeurance & dépenfe commune*, & elles fe continuent entre les *furvivans & héritiers des prédécédés* en ligne *directe ou collatérale*, *majeurs ou mineurs*, *jufqu'à ce qu'il y ait inventaire fait par les furvivans*, *partage ou offre de partage*, *ou autre déclaration expreffe des furvivans*, *qu'ils n'entendent perfévérer en la Société*, &c.

Le Maître ou principal Adminiftrateur d'une Communauté de cette efpèce, peut difpofer des biens dont elle eft compofée; & les Actes qu'il paffe en cette qualité, obligent tous les affociés, même fans leur procuration; mais dès le moment que l'un a demandé fa part, la communauté ceffe à l'égard de tous les autres.

Sur ces fortes de communautés voyez les art. 267, 268 & fuiv. de la Coutume de Bourbonnois, les articles 231 & 232 de celle de Poitou, l'article 231 de celle de Touraine, l'article 41 de celle d'Angoumois.

SOLIDAIRE, SOLIDITÉ.

Voyez *Action*, *Amende*, *Arquebufe*, *Caution*, *Cens*, *Chaffe*, *Co-obligés*, *Dépens*, *Dettes*, *Difcuffion*, *Dommages - Intérêts*, *Hôtelliers*, *Lettres de Change*, & *Société*.

Le mot Solidaire fe dit » des obligations » que paffent plufieurs perfonnes enfemble, » en telle forte pourtant que chacun s'engage & promet de payer feul la fomme » totale, de même que s'il étoit feul obligé «. *Dictionnaire de Trévoux*, verbo *Solidaire*.

La Solidité ne fe préfume pas; il faut qu'elle foit expreffément ftipulée entre les co-obligés; elle ne peut être fuppléée ni fous-entendue par la promeffe de payer conjointement: on doit fe fervir du mot Solidaire, ou de termes équivalens, comme de payer *un feul pour le tout*, ou *conjointement tenu l'un pour l'autre* : autrement les dettes & les actions perfonnelles fe divifent naturellement & de droit, entre plufieurs perfonnes qui ont foufcrit des engagemens ; & chacun d'eux ne doit que fa portion virile, c'eft-à-dire, une part qui fe fixe, eu égard à leur nombre, à moins qu'il ne foit autrement convenu.

Ainfi, par exemple, s'il eft dit dans une obligation ou autre Acte, que l'argent a été prêté à deux perfonnes, pour l'employer chacun à leurs affaires particulieres, il n'y a point de Solidité ; chacun des débiteurs eft en ce cas préfumé ne s'être obligé que pour fa part & portion.

Tout de même, s'il eft fimplement dit que deux perfonnes fe font obligées de payer une fomme qui leur a été prêtée fans parler de Solidité ni de divifion, l'obligation n'eft pas Solidaire, à moins que la Solidité ne naiffe de la nature même de l'affaire, comme lorfqu'il s'agit d'obligations dont l'objet eft indivifible, de dettes contractées par co-affociés, de Lettres de change, &c.

La Solidité, par le moyen de laquelle un créancier peut exiger d'un feul le payement en total de ce que plufieurs lui doivent, fans être obligé de difcuter les autres, n'eft qu'en faveur du créancier, & n'empêche pas que la dette ne fe divife entre les co-débiteurs : ainfi celui d'entr'eux qui paye la totalité, ne peut rien répéter contre chacun d'eux au-delà de la portion virile dont ils étoient tous ; autrement, & fi l'un de plufieurs co-obligés qui a payé, ou la totalité, ou plus que fa portion, pouvoit agir folidairement contre l'autre, celui-ci à fon tour agiroit folidairement contre celui-là ; & cela opéreroit un circuit d'actions qui les feroit tomber également l'un & l'autre.

Lorfqu'un des co-obligés folidairement devient infolvable, celui d'entr'eux qui a payé toute la dette, a fon recours contre les autres, non-feulement pour leur portion virile, mais même pour la portion qu'ils doivent fupporter dans celle de l'infolvable ; parce qu'il eft de régle que, quand un débiteur folidaire eft devenu infolvable, fa portion virile dans la dette commune fe répartit fur tous les autres. On peut voir fur cela un Arrêt rendu le 5 Septembre 1674,

rapporté au Journal du Palais, cinquiéme partie. V. auffi Baffet, Bacquet, le Traité de la Subrogation ; & un autre Arrêt du 22 Février 1650, rapporté au Journal des Audiences, tome 1, liv. 5, ch. 54. Mais voyez auffi un autre Arrêt du 3 Septembre 1604, rapporté par le Preftre dans les Arrêts de la cinquiéme Chambre des Enquêtes.

Quoique dans la régle générale il n'y ait de Solidité entre les co-obligés que quand elle eft expreffément ftipulée, il y a néantmoins des cas particuliers où la Solidité eft de droit, fans qu'elle foit exprimée. Il y a, par exemple, une Solidité légale :

1°. Contre tous les endoffeurs d'une Lettre de change & de billets payables à ordre, fuivant l'Ordonnance du Commerce. Voyez auffi un Arrêt rendu le 18 Mars 1706, qu'on trouve au Journal des Audiences, tom. 5, & dans Augeard. (Il eft d'ailleurs imprimé).

2°. Contre les co-adjudicataires judiciaires.

3°. Contre les cautions judiciaires, leurs certificateurs & les débiteurs qu'ils ont cautionnés.

4°. Contre ceux qui font condamnés à des intérêts civils, & même en des dépens en matiere criminelle. V. l'Arrêt du 21 Mars 1712, au Journal des Audiences, tome 6, liv. 2, ch. 14.

5°. Contre des co-cenfitaires. Cependant voyez l'art. 121 de la Coutume d'Orléans, l'art. 129 de celle de Blois, l'art. 46 de celle de Dunois, l'article 36 du chap. 2 de celle de Loris, l'art. 55 de celle d'Etampes, &c. fuivant lefquelles chaque tenancier ne peut être pourfuivi que pour fa part & portion. V. auffi ce que je dis au mot *Cens.*

6°. Contre des affociés pour les dettes de la Société, encore que l'un d'eux feulement ait figné, pourvû qu'il ait figné pour la compagnie, fuivant l'Ordonnance de 1673, titre 4, art. 7.

7°. Entre toutes les Maifons de l'Ordre des ci-devant foi-difant Jéfuites ; fur quoi on peut confulter les Mémoires & l'Arrêt célebre rendu contre ces Religieux le 8 Mai 1761.

8°. Entre co-empteurs & co-propriétaires d'héritages donnés à rente fonciere.

9°. Entre *les perfonnes* condamnées *pour un même fait de fraude* aux droits du Roi :

cette Solidité a même lieu dans ces matieres, *tant pour la confiscation & l'amende*, *que pour les dépens*, fuivant l'Ordonnance des Fermes du mois de Juillet 1681, titre commun, art. 30.

10°. Entre Jurés & Syndics des Communautés de Marchands & Artifans, pour le maniment des deniers & l'adminiftration des affaires de la Communauté, ces Jurés & Syndics font affimilés aux co-tuteurs.

11°. Entre Huiffiers-Prifeurs qui procédent à la même vente de meubles, (il arrive fouvent à Paris que deux Huiffiers-Prifeurs font les prifée & vente après décès ; l'ancien reçoit les deniers, mais tous deux répondent folidairement du prix).

La Solidité entre co-cenfitaires & entre co-tenanciers a lieu fans difficulté en faveur du Seigneur, de fes Fermiers & de ceux qu'il a prépofés au recouvrement des cenfives & rentes Seigneuriales ; mais fi l'un des co-tenanciers paye la totalité d'une rente, & fe fait fubroger aux droits du Seigneur, pourra-t-il, en diminuant la portion dont il eft tenu, exercer l'action folidaire contre l'un de fes co-tenanciers, & lui demander la totalité du reftant, ou bien n'aura-t-il que l'action divifée contre chacun des co-tenanciers ?

Cette queftion s'eft préfentée au Préfidial d'Angoumois ; & , par Sentence du 2 Juillet 1742, il a été jugé que le co-tenancier n'avoit que l'action divifée contre fes co-tenanciers : il a même été ordonné, par cette Sentence, que le Plaidoyer de l'Avocat du Roi, qui a depuis été imprimé, feroit inféré dans les Regiftres de l'Audience.

La même queftion entre d'autres Parties dans la même Coutume, s'étant depuis préfentée au Parlement, la Cour, par Arrêt rendu en la Grand'Chambre, en très-grande connoiffance de caufe, le Lundi 6 Septembre 1756, au rapport de M. l'Abbé Boucher, a jugé que le co-tenancier qui avoit payé avec fubrogation, pouvoit exercer l'action folidaire. V. fur cela un Arrêt du 26 Janvier 1717, rapporté par la Combe, verb. *Solidité*, n. 2.

Les Religieufes de Neuilly ayant acquis portion d'un héritage qu'elles avoient anciennement donné à rente fonciere, elles prétendirent que les détempteurs du furplus de l'héritage reftoient encore folidairement obligés au payement de ce qui reftoit dû de la rente dont elles avoient confondu partie par leur acquifition ; mais après une Plaidoirie de fept Audiences, il fut jugé fur délibéré aux Requêtes du Palais, le 16 Mai 1741, qu'au moyen de leur acquifition, elles ne pouvoient plus exercer la Solidité contre les autres co-détempteurs pour le furplus de la rente ; & la Sentence a été confirmée par Arrêt rendu en la Grand'Chambre, contraire aux Conclufions de M. l'Avocat Général Gilbert, le 31 Janv. 1742 (*a*) : la Cour avoit jugé de-même une pareille queftion au rapport de M. de Blair, par Arrêt rendu le 17 Août 1741.

Ces deux Arrêts, & quelques autres qui ont jugé de même, ne doivent point former de préjugé ; & il faut penfer avec l'Auteur de la Jurifprudence Provençale, que, foit qu'il s'agiffe d'une rente fonciere ou d'un cens (*b*) dû fur un héritage fitué dans une Coutume qui, comme celles que j'ai citées, n'admet pas la divifion du cens, » le Seigneur, en acquérant & réuniffant à » fon Domaine direct un des fonds foumis » à la Solidité pour le payement du cens, » ou en affranchiffant l'un des co-obligés, » conferve cette même Solidité à l'égard » de tous les autres, déduction faite de la » portion détachée de la maffe «

L'Auteur des Notes fur le Traité des Droits Seigneuriaux par Boutaric, rapporte un Arrêt du Parlement de Touloufe, du 16 Mars 1742 ; & l'Auteur Provençal en cite un autre rendu au Parlement d'Aix au mois de Juillet 1754, qui ont l'un & l'autre jugé en conformité de la Solidité pour le Seigneur ; & la maxime a d'ailleurs été confacrée par l'Arrêt rendu, *confultis Claffibus*, au Parlement de Paris, en faveur du Marquis de Chazeron, le 28 Mars 1744, rapporté par M. Lépine de Grainville, page 577, où l'on trouve les efpéces & la date des divers Arrêts qui ont jugé la queftion ; les uns pour, les autres contre.

(*a*) La Combe parle auffi de cet Arrêt, & il dit qu'il a été rendu fur délibéré, au rapport de M. Bochard, le 26 Janvier 1742.

(*b*) M. l'Épine de Grainville dit dans l'endroit de fon Livre que je cite ci-après, qu'il n'y a point de différence à faire des rentes foncieres d'avec le Cens en pareil cas.

Enfin la Cour vient encore de juger, par Arrêt rendu au rapport de M. l'Abbé Boucher, le Jeudi 29 Mars 1759, en la Grand-Chambre, que dans la Coutume de Poitou, un Seigneur qui acquiert une partie du tenement qui lui doit des redevances Seigneuriales, conferve l'action folidaire contre les co-tenanciers pour le reftant de la redevance.

On peut, fur cette matiere, confulter le Traité du Déguerpiffement, par Loyfeau; le Commentaire de Bafnage fur l'art. 179 de la Coutume de Normandie; celui de Defpommiers fur l'article 109 de celle de Bourbonnois; & Po●●● de Livonniere, Traité des Fiefs, liv. ●●● 1, fect. 3.

» Si deux perfonnes ont été conftituées » Procureurs ou Prépofés à une même af- » faire, & que l'un & l'autre s'en chargent, » ils en feront tenus folidairement, fi leur » pouvoir ne le régle autrement «; car, (dit Domat) » l'affaire eft commife à l'un » & à l'autre, & chacun en répond quand » il accepte l'ordre «.

C'eft en conféquence de ces principes que, par Arrêt du Grand-Confeil rendu le 23 Septembre 1735, les Directeurs des Miffions étrangeres qui avoient géré le Bénéfice d'un de leurs Membres abfent, & qui en avoient été évincés par le fieur Saviard, furent condamnés folidairement à reftituer au fieur Saviard les fruits qu'ils en avoient indûement perçus, en conféquence de la procuration donnée à toute la Communauté, repréfentée par les Directeurs.

Feu Mᵉ Sarrazin, confulté fur la queftion de fçavoir fi une femme qui ne fait pas un autre commerce que celui de fon mari, eft obligée à la Solidité, ayant contracté avec fon mari fans Solidité, répondit que la femme qui s'oblige avec fon mari Marchand, devient la caution Solidaire d'un Marchand pour les marchandifes fournies, & que la renonciation à la communauté ne la met pas à l'abri de l'action qu'on a contre une caution, qui refte toujours obligée pour le tout. Il paroît que la Cour a adopté ces principes lors d'un Arrêt, dont voici l'efpéce:

Louis de la Solenne, Marchand, & Marie Chauvin fa femme, avoient fait un billet le 24 Juillet 1734, conçu en ces termes: » pour la fomme de 9283 liv. 10 fols » que nous reconnoiffons devoir à Madame » Desfruges, veuve Crefpeau, de compte » fait avec elle cejourd'hui de toutes les » marchandifes qu'elle & feu fon mari ont » fournies & vendues; & autre commerce » que nous avons fait enfemble, & laquelle » fomme nous promettons lui payer; fça- » voir, &c. «

Marie Chauvin ne faifoit point un commerce féparé de celui de fon mari; & il faut remarquer que par ce billet elle n'eft pas autorifée, & qu'elle ne s'oblige pas folidairement.

Des 9283 liv. 10 f. il n'en reftoit plus dû, à la mort du mari, que 3513 liv. 10 fols.

Marie Chauvin fut affignée aux Confuls de Poitiers, pour être condamnée à payer cette fomme, tant en fon nom, que comme commune mere & tutrice de fes enfans. Elle foutint le billet nul, & demanda fa décharge, au moyen de fa renonciation à la communauté, & de ce qu'elle ne faifoit point de commerce féparé. Malgré cette défenfe, elle fut condamnée à payer, par Sentence du 27 Août 1734: y ayant eu appel, Arrêt eft intervenu le 27 Janvier 1742, au rapport de M. Daverdoin, par lequel la Cour a infirmé la Sentence au chef feulement qui condamnoit la veuve de la Solenne comme commune; & a ordonné au furplus que la Sentence fortiroit effet.

Depuis cet Arrêt, on a élevé la queftion de fçavoir fi la totalité des 3513 liv. 10 fols pouvoit s'exiger des héritiers de la veuve la Solenne. Ils prétendirent n'en devoir que moitié, parce que le billet n'étoit pas Solidaire; & que, quoique, par l'exploit donné devant les Confuls de Poitiers, on eût conclu à ce qu'elle fût condamnée folidairement, la Sentence prononçoit les condamnations par Jugement Confulaire; d'où l'on concluoit qu'il n'y avoit pas de Solidité.

Les créanciers répondoient que la veuve la Solenne étoit perfonnellement condamnée à payer la totalité; qu'une femme qui s'oblige avec fon mari Marchand, devient caution Solidaire d'un Marchand, & que tout eft Solidaire en fait de billets de Marchand; que la femme d'un Marchand étoit

confidérée comme fon affocié , & qu'il n'é-
toit pas néceffaire d'avoir l'obligation Solidaire des affociés , pour avoir l'obligation
de toute la fociété , qui eft de droit obligée
en vertu de la fociété.

Par Arrêt rendu le 5 Mars 1743 , de relevée , fans s'arrêter aux offres des héritiers
de la veuve la Solenne , qui ne vouloient
payer que la moitié , ils furent condamnés
à payer la totalité.

Le payement des arrérages d'une rente
fait par l'un des co-obligés folidairement ,
empêche la prefcription contre les autres
co-obligés qui n'ont jamais rien payé au
créancier. Voy. M. Louet , lett. P , n°. 2.

Cette maxime , qui eft certaine , fut invoquée par les fieurs de Saint-Vincent , Seigneurs du Fief de Murvaux en Lorraine ,
qui demandoient une reconnoiffance du cens
que leur devoient leurs Vaffaux : la plûpart
de ceux-ci n'avoient depuis long-temps
rien payé du cens qui leur étoit demandé ;
& comme la Coutume de S. Mihiel , dans
l'étendue de laquelle le Fief de Murvaux
eft fitué , admet la prefcription du cens , ils
foutenoient avoir acquis prefcription , &
difoient que la maxime qu'on leur oppofoit ,
n'avoit lieu que dans le cas de plufieurs co-
obligés folidairement & perfonnellement ;
» que ces engagemens font bien différens
» de l'obligation Solidaire de plufieurs co-
» détempteurs , qui ne font obligés qu'à
» caufe de leurs détentions des héritages
» chargés d'un cens & d'une redevance an-
» nuelle «.

Cette diftinction fut rejettée ; & par Arrêt rendu le 30 Juillet 1726 , au rapport de
M. Barberie de Courteille , en la premiere
Chambre des Enquêtes , les Cenfitaires ont
été condamnés folidairement à paffer reconnoiffance du cens qui leur étoit demandé ,
& en payer cinq années d'arrérages échus
lors de la demande.

C'eft encore une maxime certaine que la
reconnoiffance de l'un de ceux dont l'obligation eft Solidaire , ou par fa nature , ou
par la convocation , nuit aux autres.

Le Chapitre d'Orléans étant divifé fur
l'adminiftration des Sacremens à un de fes
Membres , quelques Chanoines protefterent
contre le refus de l'adminiftration fait par
le plus grand nombre ; & ce refus ayant at-

tiré des condamnations d'amendes très-confidérables contre le Chapitre , il s'eft agi de
fçavoir fi elles devoient être acquittées par
le Chapitre en corps. Ceux qui avoient fait
des démarches pour faire adminiftrer leur
confrere , difoient qu'on ne devoit pas leur
faire fupporter une portion de ces amendes , qu'ils n'étoient pas coupables du crime qui les avoit attirées , qu'en un mot , ce
n'étoit pas une dette Solidaire des Chanoines. Par Arrêt rendu le 12 Juillet 1755 ,
fur les Conclufions de M. l'Avocat Général Joly de Fleury , après une Plaidoirie de
quatre Audiences , la Cour a jugé que les
Chanoines réfractaires payeroient feuls les
amendes , dommages intérêts , &c. & que les
autres en feroient entiérement déchargés.

Si le mari & une femme entrent avec
d'autres perfonnes dans une obligation Solidaire , ils ne font comptés que pour une
tête , lorfqu'il s'agit de faire l'également
entre les obligés. V. Mari.

Des Directeurs de créanciers font-ils
tenus folidairement de rendre compte de
leur adminiftration aux autres créanciers ?
Cette queftion s'eft préfentée au Parlement
de Rouen en 1732. Quatre Directeurs choifis par d'autres créanciers , s'étoient rendus
maîtres pendant douze ans des biens abandonnés par le débiteur commun : après ce
terme , & lorfqu'on leur demanda compte ,
ils cherchoient à faire retomber les uns fur
les autres le poids de cette demande ; quelques-uns difoient ne s'être mêlés de rien ,
& foutenoient en conféquence qu'on n'a-
voit pas d'action à diriger contr'eux.

Par Arrêt rendu au Parlement de Rouen ,
après une Plaidoirie de fix Audiences , le 19
Janvier 1732 , ils furent condamnés folida-
rement & par corps à payer aux autres
créanciers 41800 liv. dûes à ceux-ci , avec
l'intérêt depuis 1719 , & en 3000 livres de
dommages & intérêts.

SOMMATION,

C'eft le nom d'un acte par lequel on in-
terpelle quelqu'un de faire ou délivrer quelque chofe.

Le mot Sommation eft auffi quelquefois
fynonime à garantie ; en effet , une demande
en Sommation n'eft autre chofe qu'une demande en garantie : on la nomme plus
communément

communément demande en Sommation ; parce que celui qui la forme, somme son garant de faire cesser la demande originaire.

SOMMATIONS RESPECTUEUSES.
Voyez *Mariage*.

Un Arrêt de Réglement rendu le 27 Août 1692, ordonne que *les fils & filles, même les veuves qui voudront faire sommer leurs pere & mere, aux termes de l'Ordonnance, de consentir à leurs mariages, seront tenus à l'avenir d'en demander permission aux Juges Royaux des lieux des domiciles des pere & mere, qui seront tenus de la leur accorder sur requête, & que les Sommations seront faites en cette Ville de Paris, par deux Notaires ; & par-tout ailleurs, par deux Notaires Royaux, ou un Notaire Royal & deux témoins domiciliés, qui signeront* les Sommations *avec le Notaire, à peine de nullité.*

Cet Arrêt ne prescrit pas le nombre des Sommations qu'il faut faire ; mais l'usage est d'en faire trois. Voyez ci-après l'Arrêt du Parlement de Toulouse, & celui du 16 Juin 1719, rapporté au Journal des Audiences, tome 7, liv. 2, ch. 41.

Les Sommations respectueuses ne font pas essentielles pour la validité des mariages : le fils âgé de 30 ans, & la fille âgée de 25, peuvent se marier valablement sans les faire ; mais alors ils s'exposent à l'exhérédation, dont ces Sommations les mettent à couvert. V. *Exhérédation*, & la Note que j'ai faite au mot *Mariage*.

Les Sommations Respectueuses ne font pas nécessaires aux personnes qui embrassent la vie monastique. V. *Vœux*.

Quand un fils ou une fille demande la permission au Juge Royal de faire des Sommations Respectueuses, il faut joindre l'Extrait-Baptistaire en bonne forme à la Requête, afin que le Juge puisse connoître si le suppliant est suffisamment âgé pour prendre cette voie.

Un Juge de Seigneur ne peut pas permettre de faire de semblables Sommations : le Réglement exige que l'on s'adresse au Juge Royal.

François-Jacques de Villy, majeur de 30 ans, devenu veuf, s'étant remarié sans requérir le consentement de son pere, &

Tome III. Part. II.

sans lui faire des Sommations Respectueuses, il s'est agi de sçavoir si, à cause de ses secondes nôces, son pere auroit valablement pu l'exhéréder ; & par Sentence rendue aux Requêtes du Palais, le 10 Mars 1742, confirmée par Arrêt rendu en la même année, l'exhérédation fut confirmée.

On disoit de la part de l'exhérédé que les Ordonnances & l'Arrêt de Réglement de 1692, qui prescrivent des Sommations Respectueuses, ne parlent que des veuves majeures, & non pas des fils veufs & majeurs ; que les Loix pénales ne s'étendent pas d'un cas à un autre : qu'en France le mariage affranchit les enfans de la puissance paternelle. Les Légataires répondoient qu'un fils qui s'éloigne de la volonté d'un pere, ne manque pas de se perdre ; que si la passion est violente dans un premier mariage, les seconds ont aussi leurs foiblesses & leur aveuglement ; que ce n'étoit point étendre une Loi pénale que de faire rentrer les enfans dans leur devoir, & rendre à la puissance paternelle le respect & la révérence qui lui est dûe. Ces raisons prévalurent.

Par Arrêt rendu en la Grand'Chambre, sur les Conclusions de M. l'Avocat Général Joly de Fleury, le 12 Décemb. 1736, la Cour, sans s'arrêter à la Requête à fin d'évocation du principal, a déclaré nulle toute la procédure faite devant le Juge de Saint-Rambert, Juge de Seigneur. Cette procédure avoit eu pour objet de faire prononcer la main-levée d'oppositions à un mariage, & d'obtenir la permission de faire des Sommations Respectueuses : mais l'Arrêt a réservé aux Parties de se pourvoir devant le Juge Royal ; au surplus, a fait défenses audit Juge de Saint-Rambert de connoître des oppositions aux mariages, & de donner des permissions de faire des Sommations Respectueuses.

Charles Deschevaux, garçon majeur de trente ans, étant né le 12 Juin 1699, à Besons, désirant épouser Marguerite Poulette, veuve de Pierre Raby, demanda par une Requête présentée au Bailli de Carrie-re-Saint-Denys, le 15 Juillet 1729, qu'il lui fût permis de faire faire les Sommations Respectueuses ordinaires, & cette permission lui fut accordée.

O

Deschevaux fit en conséquence faire à son pere & à Jeanne Plessart sa mere, trois Sommations, par Laurent Antheaume, Huissier à Verge au Châtelet de Paris, toutes trois en parlant à leurs personnes. Deschevaux pere ayant interjetté appel de l'Ordonnance du Juge de Carriere, il a été anticipé par Deschevaux fils, & le Curé d'Houilles & Carriere - Saint - Denys, sommé de publier les Bans pour parvenir au mariage. Le Curé refusa, parce qu'il y avoit des oppositions.

En plaidant l'appel, le fils en demanda main-levée; & par Arrêt rendu le 11 Janvier 1730, sur les Conclusions de M. l'Avocat Général Chauvelin, la Cour mit l'appellation & ce au néant, émendant, a déclaré l'Ordonnance & la procédure nulles, sauf à se pourvoir conformément à l'Arrêt de Réglement rendu le 27 Août 1692. A l'égard des demandes du fils, on lui a réservé à se pourvoir pour obtenir main-levée, pardevant les Juges qui en doivent connoître. Ainsi l'Arrêt juge que le Réglement de 1692 subsiste, quoiqu'il n'en soit point fait mention dans l'Edit de 1697, dont je parle au mot *Mariage*.

Un Arrêt rendu au Parlement de Toulouse, sur la requisition du Procureur Général, le 26 Juin 1723, » a fait défenses à » tous fils de famille, majeurs de 30 ans, & » aux filles majeures de 25 ans, de contrac- » ter mariage sans l'approbation & le con- » sentement de leurs pere & mere s'ils en » ont, ou sans avoir requis leurs consen- » temens par trois actes réitérés, sous les » peines portées par l'Ordonnance. « Mais » voyez *Mariage*.

Le même Arrêt » fait défenses à tous » Notaires de retenir (c'est-à dire,recevoir) » aucuns contrats de mariage des fils & fil- » les de famille, qu'il ne leur apparoisse » du consentement de leurs pere & mere, » ou de trois actes à eux faits, pour les re- » quérir d'y consentir, à peine de faux, » punition corporelle, 100 livres d'amen- » de, &c. «

Un autre Arrêt rendu au même Parle-

ment, le 9 Juin 1744, contre les sieur & demoiselle Mouis de Beraud, en faveur de Paule Mouis, leur fille, a jugé que le pere étant vivant, il suffisoit d'avoir requis son consentement par des Sommations Respectueuses, pour le mariage de la fille, & qu'il n'étoit pas besoin de Sommations faites à la mere.

Comme les Sommations Respectueuses sont faites par le ministere des Notaires, & qu'elles sont cependant considérées comme des actes extrajudiciaires, qui sont du ministere des Huissiers, elles sont assujetties (en Province) à un double droit de contrôle, qui se paye, l'un comme acte de Notaire, l'autre comme exploit. Cela est ainsi décidé par des Arrêts du Conseil des premier Septembre 1716 & 28 Mars 1721. Voyez aussi l'art. 10 du Tarif de 1722.

SORCIERS.
V. *Devins.*

On nomme Sorciers, ceux qui, selon l'opinion commune, ont communication avec le diable, & qui font des choses extraordinaires par son (prétendu) secours.

C'est, dit-on, une extrémité de ne rien croire sur cette matiere; mais, selon quelques Auteurs graves, c'en est aussi une très-grande de trop croire. Quoi qu'il en soit des différentes opinions qu'on a sur les Sorciers, l'ancien Testament, l'Evangile, les Actes des Apôtres, & un nombre considérable d'Historiens, parlent des sortiléges, comme de quelque chose de certain & de possible (a).

Nous avons des Loix précises pour fixer les peines que méritent les Sorciers & les Magiciens; & l'Eglise régle les formalités qu'il faut employer pour les exorciser & les excommunier. V. Fontanon, le Traité de la Police, Carondas, Chenu, Bodin, Papon, Feyret, Basset, & plusieurs autres Auteurs qui parlent des Sorciers & des sortiléges, comme de quelque chose de réel.

Le peuple s'imagine que les Sorciers ne peuvent se noyer, & qu'ils surnagent toujours: on voit même dans les Plaidoyers de

---

(a) L'Auteur d'un Ouvrage imprimé à Soltbach en Allemagne en 1696, crie fortement contre les Procès qu'on fait aux Sorciers dans son Pays; & il rapporte sur cela des exemples qui font frémir; il dit que l'avarice d'un Juge ou la haine d'un Prêtre suffisent souvent pour faire condamner au feu des malheureux qui, quelquefois ne sçavent pas de quoi on les accuse. V. les Ouvrages des Sçavans par Basnage, mois de Novembre 1696, page 132.

M. l'Avocat Général Servin, que le Juge d'Inteville, en Champagne, condamna une femme, nommée Jeanne Simoni, accusée d'être Sorciere, & d'aller au Sabbat, *à être tondue, & tout le poil qu'elle avoit sur le corps rasé*, pour être ensuite jettée dans la Riviere, & plongée (pieds & mains liés). *(a)* Ce Juge, qui fut depuis pris à partie, regardoit cette épreuve comme un moyen certain pour découvrir la vérité de l'accusation. L'Arrêt qui est intervenu sur cette affaire le premier Décembre 1601, a *fait défenfes aux Juges d'Inteville, & à tous autres du reffort..... en jugeant les Procès criminels des accufés de fortilége, d'ufer d'épreuve par eau .... &c.*

Ainfi non-feulement il n'est pas permis aux peuples de faire ces fortes d'épreuves, mais il est même défendu aux Juges de l'ordonner.

On prétend que le Parlement de Paris regarde le fortilége comme une chimere. Cependant nous avons plufieurs Arrêts, par lefquels il a prononcé des peines capitales contre des accufés de fortilége, & notamment un rendu le 9 Mai 1597, par lequel Jean Belon, Prêtre - Curé de Saint Pierre de Lampes, Diocèfe de Bourges, a été condamné, pour crime de forcellerie, à être pendu & étranglé, & enfuite brûlé. L'Arrêt de 1601 femble d'ailleurs prouver que le Parlement penfe que le fortilége n'est pas un être de raifon; ce qu'il y a de certain, c'eft que ce Tribunal punit les devins & devinereffes, les pratiques fuperftitieufes, & ceux qui joignant l'impiété au facrilége, font des opérations prétendues magiques. Voyez les difpofitions de la Déclaration de 1682, que je rapporte au mot *Devins*.

Un Arrêt du Confeil d'Artois, rendu le 12 Septembre 1690, a condamné Jean Rofeau, Prêtre, à faire amende honorable, la torche au poing, & à déclarer *qu'il lui déplaît d'avoir fait la fuperftition, & abufé des prieres de l'Églife, & reçu de l'argent pour la recherche d'un tréfor, & de plus à un banniffement pour 15 ans.*

On a réimprimé en 1690 un Arrêt rendu en la Chambre de l'Edit, le 2 Décembre 1611, par lequel il est jugé que le crime de Sortilége n'est pas un cas Royal.

SOUFFRANCE.

V. Foi & Hommage, Main - Souveraine, & Saifie Féodale.

On nomme Souffrance, le délai que le Seigneur accorde à fon Vaffal, pour lui rendre la foi & hommage, & pour empêcher la faifie féodale.

La foi & hommage étant un devoir perfonnel du Vaffal envers le Seigneur, dont le tuteur ne peut acquitter fon pupille, propriétaire de Fiefs, & le mineur ne pouvant la faire que quand il a atteint l'âge requis par la Coutume; il feroit prefque toujours dans la dure néceffité de fouffrir une faifie féodale, emportant perte de fruit, au moyen de ce que le Seigneur peut faifir féodalement les Fiefs de fes Vaffaux, quarante jours après la mutation arrivée. Pour parer à cet inconvénient, les Coutumes ont introduit la *Souffrance*; ainfi, quand les mineurs, Seigneurs de Fiefs, n'ont pas l'âge pour faire la foi & hommage, ou même lorfque l'enfant eft encore in *utero*, le Seigneur doit & peut être forcé de leur accorder cette Souffrance (*b*), en rempliffant deux formalités:

O ij

1°. Elle doit être demandée : c'eft l'avis de Dumoulin ; parce que, quoiqu'elle foit légale, la demande eft une foumiffion que le Vaffal doit faire ; autrement le Seigneur pourroit ufer de fon droit, & faire faifir féodalement. Il faut même, fuivant quelques Auteurs, que la requifition s'en faffe au manoir Seigneurial du Fief dominant. Dupleffis penfe néantmoins qu'elle peut valablement fe demander par-tout ailleurs à la perfonne même du Seigneur dominant ; parce que, dit cet Auteur, » ce n'eft pas » tant un devoir de Fief, qu'une inftruction » que l'on eft obligé de donner au Seigneur » de l'état & des âges de fes Vaffaux «. .

2°. Dans là requifition de la Souffrance, les noms & âges de tous les mineurs doivent être déclarés ; autrement elle feroit nulle, felon Dupleffis, » par où l'on voit, » dit-il, que le tuteur doit avoir acte par » écrit de la Souffrance accordée ou requife » en cette forme, pour avoir fatisfait à la » Coutume. «

Le même Auteur dit que » le tuteur ni » les gardiens des mineurs ne font point » obligés de demander la Souffrance en per- » fonne, & qu'ils peuvent la requérir par » Procureur, au moyen de ce que la Cou- » tume (de Paris) n'a rien dit de con- » traire. « Auzannet penfe de même ; & leur avis, contraire à celui de Brodeau, a été fuivi par un Arrêt rendu en la Grand-Chambre, le 22 Juin 1673, pour le Fief de Mircon, relevant de la Seigneurie de Gas, fituée dans la Coutume de Chartres. On trouve cet Arrêt dans le Journal du Palais, & la matiere y eft approfondie,

Faut-il néceffairement que la Souffrance foit demandée par le tuteur ; & fi celui-ci néglige de faire cette démarche en perfonne ou par Procureur, le mineur ne pourra-t-il pas lui-même la demander ? Dumoulin, qui a examiné cette queftion, décide que non-feulement le mineur peut demander la Souffrance, parce que les mineurs n'ont pas befoin de leur tuteur pour faire leur condition meilleure, mais qu'à défaut du mineur, un parent, ou le Procureur du Roi, même un Etranger, peut la demander, fans que le Seigneur puiffe la refufer.

La *Souffrance vaut foi tant qu'elle dure*, dit la Coutume de Paris, art. 42 ; ainfi elle

empêche le Seigneur Suzerain de faifir féodalement ; & s'il avoit fait faifir avant qu'elle fût demandée, » la requifition feroit ceffer » l'effet de la main-mife. « Dupleffis, Traité des Fiefs, liv. 1, ch. 3.

La Souffrance peut-elle être requife par le miniftere d'un Huiffier, & le Vaffal ne peut-il faire cette requifition que par le miniftere de Notaires ? Cette queftion s'eft préfentée entre la dame de Beringhen & le fieur Rouffel, gardien noble de fa fille : celui-ci avoit requis Souffrance pour les Fiefs de la Bruneliere & de la Galernieres, fitués dans la Coutume de Chartres, relevans de la Baronnie de Brou, & s'étoit fervi du miniftere d'un Huiffier.

La dame de Beringhen, Baronne de Brou, prétendoit qu'une pareille requifition, faite par un femblable Officier, étoit non-feulement irréguliere, mais qu'elle étoit même en quelque forte injurieufe ; & fur ce fondement, elle avoit refufé la Souffrance, fait faifir féodalement, &c. mais, par Arrêt rendu au rapport de M. Delpech, le 9 Mai 1741, en la troifième Chambre des Enquêtes, la Cour a jugé la requifition valable, & déclaré nulles les faifies-féodales. V. *Foi & Hommage.*

La Souffrance n'eft relative qu'à la foi & hommage : s'il étoit dû quelques droits Seigneuriaux par le mineur, le tuteur pourroit être contraint de les payer ; & faute de payement, le Seigneur pourroit, pour raifon de ces droits, (même après avoir donné Souffrance,) faire faifir féodalement, avec perte de fruits. Sur cette queftion, voyez Brodeau, fur l'article 41 de la Coutume de Paris, n. 6 ; & *Pontanus*, fur celle de Blois.

Le dénombrement ne devant fe fournir au Seigneur, qu'après que la foi & hommage a été faite, il faut en conclure que la Souffrance a lieu pour le dénombrement : c'eft l'avis de Dumoulin, de Bacquet & de Dupleffis. Chopin penfe autrement.

» La Souffrance une fois accordée, vaut » pour tout le Fief ; de forte que fi l'un des » mineurs décéde, & que fa part vienne à » l'autre mineur par fa fucceffion, il n'eft » point obligé de demander Souffrance pour » cette nouvelle part.

La Souffrance eft limitée à la mutation pour laquelle elle eft accordée ; ainfi, fi pendant qu'elle a son effet, il survient une mutation, soit dans le Fief servant, transmis à un autre mineur, soit dans le Fief dominant, il faut une nouvelle Souffrance.

Tout de même la Souffrance accordée pour un Fief, n'a pas lieu pour un autre, quoique relevant du même Seigneur, qui écheoit au même Vassal.

La Souffrance peut être accordée par le Seigneur dominant, quoique mineur, sans son tuteur ni curateur, pourvû qu'il soit lui-même dans l'âge de porter la foi & hommage. Néantmoins, comme quelques Auteurs pensent autrement, il vaut mieux, en ce cas, requérir la Souffrance au principal manoir, puisque cette requisition suffit.

A l'égard de la Souffrance pour les Fiefs relevant du Roi, elle s'accorde par Lettres de Chancellerie adressées au Bailli ou Sénéchal des lieux, qui donne la Souffrance.

La Souffrance finit dans la Coutume de Paris, dès que les mineurs mâles ont atteint l'âge de vingt ans accomplis, & les filles quinze ans accomplis; parce qu'à cet âge, les mineurs sont capables de porter la foi & hommage, suivant l'article 32 de cette Coutume.

Comme l'article 41 porte que *le Seigneur est obligé de donner Souffrance, jusqu'à ce que les enfans mineurs ou l'un d'eux soit en âge*, quelques Auteurs en ont conclu que la Souffrance devoit finir par l'âge acquis à *l'un des mineurs*; mais cette interprétation a été rejettée; &, suivant l'opinion la plus suivie, la Souffrance dure, à l'égard de chacun, jusqu'à ce qu'il ait atteint l'âge pour porter la foi & hommage, de maniere qu'alors le Seigneur féodal ne peut saisir que la portion du Fief appartenant à ceux qui sont devenus âgés. Il y a sur cela un Arrêt dans Bouguier.

La Souffrance emporte de droit mainlevée de la saisie féodale du Fief; mais quand elle cesse, soit par la majorité féodale du Vassal, soit parce que les causes de l'excuse ne subsistent plus, le Seigneur peut de nouveau saisir féodalement, sans sommation ni avertissement préalable.

Tout ceci concerne la Souffrance que la Coutume de Paris veut être accordée aux mineurs; mais l'article 67 de cette Coutume en a introduit une autre (Souffrance) en

faveur de ceux qui étant suffisamment âgés, ont une *excuse* légitime pour être dispensés de porter la foi & hommage en personne. Elle veut, en ce cas, que le *Seigneur* féodal soit tenu de *bailler Souffrance*, ou recevoir la foi par Procureur, *si mieux il n'aime attendre que l'excuse cesse*.

Au nombre de ces excuses légitimes, on compte, dit Duplessis:

1°. L'absence pour Ambassade ou pour autre service du Roi & du Public.

2°. La détention, prison & captivité chez les ennemis, la démence, la vieillesse décrépite, & la maladie.

3°. L'empêchement des chemins, comme la guerre ou l'inondation.

Les Arrêts ont aussi étendu l'excuse aux Officiers des Cours Souveraines qui ne peuvent, suivant les Ordonnances, quitter le service qu'ils y doivent au Roi & au Public, jusqu'aux vacances & jusqu'à la fin du semestre.

Il y a même des Auteurs qui pensent que le privilége accordé en ce cas aux Officiers de Cour Souveraine, a également lieu en faveur des Officiers de la Maison du Roi, pendant leur service auprès de sa personne.

Cette Souffrance, de même que la précédente, n'a d'effet que pour la foi & hommage, & non pour les droits Seigneuriaux: elle doit aussi être demandée, autrement elle n'a pas lieu; mais quand elle est demandée, & que le Vassal a un juste sujet pour la requérir, il l'obtient de la Justice, si le Seigneur la lui refuse. V. sur cela le Plaidoyer de M. de Lamoignon, inféré dans l'Arrêt rendu entre le Maréchal de Crequi & le Marquis de Mailly, le 29 Août 1697.

La Souffrance doit être demandée par un fondé de procuration du Vassal, dans les cas dont je viens de parler; & pour que cette procuration soit valable, il faut non-seulement qu'elle soit spéciale, mais qu'elle contienne les causes de l'excuse, & qu'en la donnant, le Vassal ait affirmé qu'elles sont véritables; parce que le fondé de procuration n'est pas obligé, ni de les connoître, ni de sçavoir si elles sont légitimes; & s'il y a contestation sur leur légitimité, c'est au Juge, & non au Seigneur, d'en décider.

SOURD & MUET.

Lorfqu'un homme, accufé de crime, eft Sourd & Muet, le Juge doit lui nommer un curateur qui fçache lire & écrire ; & ce curateur doit promettre, fous ferment de bien défendre l'accufé, de quoi il doit être fait mention dans l'acceptation de la curatelle, à peine de nullité, fuivant l'Ordonnance de 1670, tit. 18, art. 1 & 2.

Si l'accufé Sourd & Muet fçait écrire, il peut écrire & figner fes réponfes, qui doivent auffi être fignées de fon curateur.

L'accufé refufant de répondre aux interrogatoires, lorfqu'il le peut, doit être traité comme un Muet volontaire qui n'a pas befoin de curateur. L'Ordonnance difpenfe de lui en nommer ; mais elle exige que le Juge lui faffe fur le champ trois interpellations de répondre, & qu'à chacune il foit déclaré (à l'accufé) que le Procès lui fera fait comme *aux Sourds & Muets volontaires*, & qu'après il ne fera *plus reçu à répondre* fur ce qui aura été fait en fa préfence, pendant fon refus de répondre. Ordonnance, *ibid.* art. 8.

L'Ordonnance permet cependant au Juge de donner à l'accufé un délai pour répondre. *Ibid.*

Si, après les interpellations, l'accufé perfifte dans fon refus de répondre, il doit être paffé outre à l'inftruction, en faifant mention en chacun des articles de l'Interrogatoire, & fans autres procédures, qu'elles ont été faites en préfence de l'accufé qui n'a pas voulu répondre.

Ces mentions font néceffaires & recommandées, à peine de nullité, dommages & intérêts contre le Jugé. Ordonnance, *ibid.* art. 9.

Mais fi dans la fuite l'accufé veut répondre, ce qui eft fait, jufqu'à fes réponfes, doit fubfifter, même la confrontation des témoins contre lefquels il n'a point fourni de reproches, fans pouvoir être reçu à les fournir, à moins qu'ils ne foient juftifiés par écrit.

Voyez dans les Arrêts de Sauvageau, ch. 32, un Arrêt qui a admis la plainte d'un Sourd & Muet de naiffance, qui avoit été excédé de coups par fon frere, & dont il avoit rendu compte par figne au Lieutenant de Lannion, qui en avoit donné acte.

SOULTE.

L'Auteur du Dictionnaire Civil & Canonique définit la Soulte, » ce qui eft donné pour égaler les portions dans les partages, ou pour récompenfer le co-permutant, qui donne en échange une chofe qui vaut mieux que celle qu'il reçoit «.

Les Soultes, dont quelques lots font chargés envers d'autres par des partages, engendrent une action privilégiée, qui peut être exercée par ceux auxquels elles font dûes, fur tous les héritages qui les doivent. Voyez à ce fujet Dumoulin fur l'art. 208 de la Coutume de Tours ; un Arrêt du 27 Mai 1689, rapporté au cinquiéme Volume du Journal des Audiences, liv. 7, chap. 53. V. auffi le Brun.

Les Annotateurs de Dupleffis agitent la queftion de fçavoir fi » la Soulte de partage » entre en communauté « ; & ils décident, d'après Chopin, qu'elle n'y entre point, quand le partage, à l'occafion duquel elle eft dûe, a été fait pendant le mariage ; mais qu'elle y entre, fi le partage étoit fait au temps de la célébration du mariage, à moins que le contrat ne concerne une ftipulation contraire. Traité de la Communauté, liv. 1, ch. 2, note 5.

L'héritage chargé de Soulte par un partage, eft-il propre pour le tout ? V. *Propres réels.*

La Soulte dont l'un des lots eft chargé envers les autres, ne donne point ouverture aux droits de lods & ventes ; c'eft le Droit commun. La Combe cite fur cela plufieurs autorités à l'art. *Lods & Ventes.* Mais il faut excepter des Coutumes qui ont des difpofitions contraires, telles que Tours, art. 151; Nivernois, titre des Fiefs, art. 24; de Lorris, chap. 1, art. 151. Dans ces Coutumes, les Soultes ou retours font fujets aux droits Seigneuriaux, à moins que le retour ne foit fait & payé en chofes mobiliaires de la fucceffion. V. *Lods & Ventes.*

Eft-il dû un droit de centiéme denier pour les Soultes qui fe payent dans les partages ? Voyez le Commentaire anonyme fur l'art. 69 du Tarif des Droits d'Infinuation du 29 Septembre 1722.

SOUMISSION.

Au Barreau, ce mot eſt aſſez ſynonime à obligation : on y dit indifféremment qu'une perſonne s'eſt ſoumiſe ou obligée à faire telle ou telle choſe. On donne, par exemple, le nom de Soumiſſion, de caution à l'acte, par lequel une perſonne s'oblige de cautionner quelqu'un. V. *Caution.*

En Provence, il y a des Juges d'Attribution, qu'on appelle de Soumiſſion, parçe qu'ils connoiſſent des différends que les Parties ſoumettent à leurs Jurisdictions; les appels de leurs Jugemens ſe relevent au Parlement.

Ces ſortes de Juges ſont Membres des Sénéchauſſées Royales ; on ſe pourvoit devant eux, par Lettres de clameur expoſitives des termes de la Soumiſſion & du défaut de ſatisfaction ; & ſur ces Lettres, le Juge de Soumiſſion ſtatue ſuivant l'exigence des cas.

Ainſi la maxime, ſuivant laquelle les Parties ne peuvent ſe donner des Juges que par la voie d'arbitrage, n'a pas lieu en Provence.

SOUSCRIPTION.
V. *Teſtament myſtique.*

SOUS-ORDRE.
Voyez *Ordre* & *Privilége.*

On nomme Sous-ordre, le Jugement ou Procès-verbal qui régle la maniere dont ſe doit diſtribuer ce que touche un créancier hypothécaire (utilement colloqué dans l'ordre du prix d'un immeuble) entre les créanciers oppoſans ſur lui, & qu'on nomme créanciers en Sous-ordre, par la raiſon qu'ils ne ſont pas créanciers directs du débiteur ſur lequel l'immeuble a été vendu.

Ainſi, quand un Particulier, créancier d'un autre, ſçait que ſon débiteur a des droits réels & hypothécaires ſur un immeuble dont la vente ſe pourſuit, il peut exercer les droits de ce débiteur, en formant ſur lui une oppoſition au décret ; & cette eſpéce d'oppoſition ſe nomme auſſi oppoſition en Sous ordre.

Quelques Auteurs prétendent qu'on ne doit opérer, comme je viens de le dire, dans le Sous-ordre, que quand le créancier a été colloqué pour le capital & les arrérages d'u-

ne rente ; & qu'au contraire, s'il n'a été colloqué que pour une créance hypothécaire, réſultant d'une ſimple obligation, ce n'eſt plus un Sous-ordre qu'il faut faire, mais une contribution. Voyez de Renuſſon, Traité de la Subrogation, ch. 7, n°. 61, & ſuiv.

Je croyois cette diſtinction très-raiſonnable, j'avois donné les raiſons de mon opinion contraire dans les précédentes Editions; mais je crois aujourd'hui que je me ſuis trompé, & qu'il y a une grande différence à faire du Sous-ordre du capital d'une rente qui étoit immeuble, au capital d'une obligation exigible qui n'étoit qu'un mobilier : la rente qui fait la matiere du Sous-ordre, étoit hypothéquée à chacun des créanciers hypothécaires de celui à qui elle appartenoit, & l'obligation ne pouvoit pas l'être. Bourjon m'avoit mis là-deſſus des obſcurités dans l'eſprit ; & je m'en tiens à ce dernier avis, qui me paroît le meilleur.

L'article 64 du Tarif des Droits des Procureurs au Châtelet, du 6 Mai 1690, porte que » tous les frais qui ſe feront pour ou » contre les oppoſans en Sous-ordre, ſeront » pris ſur la collocation de celui ſur lequel » les oppoſitions auront été formées, aux- » quels oppoſans ne ſera donnée aucune co- » pie de piéces, mais leur ſera ſignifié un » ſimple acte de dénonciation. Et ne ſera » pris aucune choſe ſur le prix général de » l'adjudication pour les autres procédures, » mais ſur la collocation particuliere, en » cas qu'il vienne en ordre ; & où celui ſur » lequel l'oppoſition en Sous-ordre ſera fai- » te, ne ſeroit pas utilement colloqué, il » ſera tenu & condamné perſonnellement à » rembourſer les autres frais légitimes : » comme auſſi, en cas que l'oppoſant en » Sous-ordre ſoit débouté de ſon oppoſi- » tion, les dépens ſeront par lui payés per- » ſonnellement, ſans que l'on puiſſe rien » prendre ſur le prix de l'adjudication «.

Au Palais, comme l'ordre ſe fait d'une maniere différente, il y a des Réglemens particuliers. Voici ſur cela un arrêté de la Cour, fait, toutes les Chambres aſſemblées, le 22 Août 1691.

» La Cour ordonne (*article premier*) » que l'on ne prendra à l'avenir aucun ap- » pointement ſur les oppoſitions en Sous-

» ordre, portant jonction à l'ordre, & que » lefdites oppofitions en Sous-ordre feront » jugées après que l'on aura prononcé fur » l'ordre, & par un Arrêt ou Sentence fé- » parés.

II. » Que les oppofitions en Sous-ordre » feront jugées au rapport de celui qui aura » fait le rapport de l'ordre.

III. » Que les frais néceffaires pour la » pourfuite, inftruction & Jugement des » oppofitions en Sous-ordre, feront pris fur » la fomme qui aura été adjugée au créancier » fur lequel lefdites oppofitions ont été fai- » tes, ou avancés par les oppofans, fi bon » leur femble, fans qu'en aucun cas ils puif- » fent être pris fur les revenus, ni fur le » refte du prix des immeubles qu'il s'agit de » diftribuer entre les créanciers.

IV. » Que les créanciers d'un oppofant, » qui ne forment entr'eux aucunes contef- » tations, pourront intervenir dans l'ordre, » lorfqu'ils le trouveront à propos, pour y » faire valoir la créance de leur débiteur » commun.

V. » Que les oppofitions en Sous-ordre, » qui font jointes préfentement aux ordres, » & dont le Jugement a été commencé, fe- » ront jugées en la maniere obfervée juf- » qu'à préfent ; & que celles dont le Juge- » ment n'a pas été commencé, demeureront » disjointes de l'ordre, pour être inftruites » & jugées féparément, & en la maniere » ci-deffus «.

La Cour des Aides a auffi, par des arrê- *tés des 27 Avril 1686 & 25 Septembre 1691,* *fait défenfes aux créanciers oppofans en Sous-* *ordre, de faire à l'avenir, pour raifon de* *leurs oppofitions, aucune procédure avec &* *contre le Procureur du pourfuivant, & le* *plus ancien des Procureurs des oppofans, à* *peine de nullité, & fans qu'ils puiffent entrer* *dans la taxe des frais extraordinaires de* *criées de l'inftance d'ordre ; fauf auxdits* *créanciers oppofans en Sous-ordre, à faire les* *procédures néceffaires pour la confervation de* *leur dû, avec leur débiteur oppofant à l'ordre,* *& fon Procureur feulement.*

A ordonné & ordonne que les vacations *qu'il conviendra d'employer pour le Jugement* *defdites oppofitions en Sous-ordre, enfemble* *les épices à proportion & leur part du coût* *de l'Arrêt, feront confignés par lefdits oppo-*

fans en Sous-ordre, fi bon leur femble, fans *qu'ils puiffent être pris fur le prix des ventes* *& adjudications, fauf à eux à les répéter fur* *les créanciers fur lefquels ils fe feront oppofés* *en Sous-ordre, ainfi qu'ils aviferont bon être* *défenfes au contraire ; & faute par lefdits* *créanciers oppofans en Sous-ordre de faire,* *les confignations des vacations, leurs oppofi-* *tions en Sous-ordre feront disjointes de l'inftan-* *ce d'ordre, & paffé outre en Jugement d'i-* *celle.* Le dernier de ces arrêtés fe trouve dans le Recueil Chronologique de M. Jouf-fe, tome 2.

SOUTENEMENS.

C'eft ainfi qu'on nomme les réponfes fai-tes aux débats d'un compte, pour en défen-dre les articles. V. *Compte.*

STAGE.
V. *Préfence, Réfidence & Semainier.*

On nomme Stage, la réfidence & l'affif-tance qu'un Chanoine fait aux Offices, pen-dant le temps prefcrit par les Statuts du Chapitre, pour jouir des honneurs & des revenus attachés à fa Prébende.

Le Concile de Trente décide que les Chanoines ne peuvent être abfens plus de trois mois. Sur cela Van-Efpen remarque qu'ils n'en doivent pas induire qu'ils peuvent s'abfenter *ad libitum*, & fans caufe ; mais qu'il leur défend feulement de s'abfenter plus de trois mois, pour lefquels feulement ils n'ont pas befoin de permiffion du Supérieur. V. *Chanoine.*

Par Arrêt rendu fur les Conclufions de M. l'Avocat Général Gilbert, le 21 Juin 1725, la Cour a déclaré le Théologal de l'Eglife de Senlis non-recevable dans l'appel comme d'abus qu'il avoit interjetté des Pro-vifions à lui accordées par le Chapitre *in communi*, en ce que, par icelles, il s'étoit foumis au Stage, que depuis il refufoit de faire.

Dans les Chapitres où le Stage eft nécef-faire pour gagner les fruits, ceux qui ne l'ont pas fait, ne peuvent nommer ou pré-fenter aux Bénéfices qui vaquent au moment de leur tour, ainfi que la Cour l'a jugé par Arrêt du 25 Juin 1685, contre le préfenté par un Chanoine de S. Etienne de Troyes, qui n'avoit pas fait fon Stage.

STATUT.

STATUT.
V. Velleïen.

Le mot Statut signifie Réglement, & souvent on nomme les Coutumes, Statuts.

En Provence, il y a des Réglemens qu'on nomme Statuts, & qui ont été faits par les Souverains ; ces Statuts ont force & vigueur de Loi dans toute la Province : on les observe dans tous les cas où l'Ordonnance n'a point prononcé de dérogation ; & les Jugemens rendus contre les dispositions de ces Statuts sont nuls, suivant l'Acte de Notoriété donné au Parquet du Parlement d'Aix, le 28 Mars 1727.

On ne reconnoît en France de Statuts légitimes, que ceux qui sont revêtus de Lettres-Patentes regiftrées dans les Cours. V. Prémontré.

On diftingue les Statuts en perfonnels & en réels.

Le Statut perfonnel eft celui qui régle le fort des perfonnes d'une maniere générale, & abftraction faite des biens : telles font, par exemple, les difpofitions des Coutumes qui réglent la majorité, l'autorifation des femmes mariées, l'interdiction des prodigues & des imbéciles, &c.

Les difpofitions des Statuts perfonnels ont leur effet par-tout où fe trouve la perfonne domiciliée dans leur reffort ; ainfi celui qui eft majeur, fuivant la Coutume de fon domicile, eft majeur par-tout. Cependant voyez ma Note fur l'art. Majeur.

Tout de même, la femme domiciliée dans un Pays où l'autorifation du mari eft néceffaire, ne peut, fans cette autorifation, contracter ailleurs, ni vendre des biens fitués dans le reffort des Coutumes qui ne l'exigent pas ; parce que le Statut perfonnel eft indivifible, comme la perfonne qu'il fuit par-tout, à la différence du Statut réel, qui n'a point d'autorité hors des bornes de fon territoire. V. Velleïen.

Tout de même enfin, dans les Coutumes qui, comme celle de Liége, & quelques autres des Pays-Bas, rendent le mari maître abfolu des biens meubles & immeubles, crédits & actions de fa femme, & lui permettent d'en difpofer comme du fien propre ; fans aveu ni confentement de fa femme, le mari peut vendre les biens de fa femme,

Tome III. Part. II.

en quelque Province qu'ils foient fitués ; parce que le droit des conjoints fe régle par leur domicile matrimonial, & que le mariage, dans ces Pays, eft une tranfmiffion générale de tous les droits de la femme en la perfonne du mari, ou au moins comme un mandat légal : le pouvoir que la Loi lui donne en ce cas, eft fondé fur une abnégation totale de la part de la femme, qui doit avoir lieu pour toutes fortes de biens. Il y a un Arrêt du 26 Août 1760, conforme à ces maximes ; elles ne font pas fans difficultés.

Le Statut réel eft celui qui ne régle que les biens, & dont l'exécution fe renferme dans le territoire où ils font fitués ; de ce nombre font les difpofitions qui fixent les réferves Coutumieres, celles qui excluent les filles mariées du droit de fuccéder à leurs parens, celles de la Coutume de Normandie, qui admettent la femme, en qualité d'héritiere de fon mari, à prendre part dans les conquêts, &c. Voyez l'Arrêt du 17 Août 1761, dont je parle article Dot.

L'article 74 de l'Ordonnance du mois d'Août 1735, porte que » l'article 422 de » la Coutume de Normandie, qui exige la » furvie de trois mois pour la validité des » teftamens ou autres difpofitions à caufe » de mort, concernant les biens d'une cer- » taine nature, fera regardé comme un » Statut réel ; & en conféquence ledit arti- » cle aura fon entier effet pour les biens » de ladite nature, fitués dans des lieux ré- » gis par ladite Coutume, & n'en aura au- » cun pour les biens étant en d'autres Pays ; » le tout en quelque lieu que celui qui en » a fait la difpofition, ait fon domicile, ou » qu'il ait difpofé. «

On juge que la Coutume de Normandie, qui défere au mari le droit de viduité, eft un Statut réel. V. Viduité.

On juge enfin que la Coutume de Normandie, qui défere à la femme une partie des biens de la fucceffion de fon mari, eft un Statut réel qui ne donne droit à la femme, que fur les biens fitués en Normandie, & non fur ceux acquis dans la Coutume de Paris, & autres femblables. Il a fur cela été rendu un Arrêt célebre en 1745, contre la Dame de Franqueville, au rapport de M. de Salabery. Il y en a un autre du 7 Mai

P

1746, au rapport de M. de Gars de Freminville, lors duquel on s'eft déterminé par le mérite du fonds, quoiqu'on ait prononcé par non-recevable. Enfin, les Requêtes du Palais viennent de le juger de même dans l'affaire de la Marquife de Renty, par Sentence du 24 Mai 1758.

Cependant il faut, fur la nature & les effets des Statuts, voir les Mémoires de Me Froland.

STELLIONAT.

V. *Contrainte par corps, Franc & Quitte, & Septuagénaires.*

Le Stellionat eft un crime que commet celui qui vend une feconde fois l'immeuble qu'il avoit déja précédemment vendu à une autre perfonne, ou qui vend un immeuble qui ne lui appartient pas.

Le Stellionat fe commet encore par ceux qui, dans les engagemens qu'ils contractent, déclarent leurs biens libres & francs, lorfqu'ils font hypothéqués, ou qui déclarent des hypothéques moindres que celles dont leurs biens font chargés.

La peine des Stellionataires eft la prifon : ils font obligés de la garder jufqu'à ce qu'ils ayent entiérement éteint l'engagement par lequel le Stellionat a été commis.

Les Eccléfiaftiques qui ne font pas fujets à la contrainte par corps pour dettes civiles, peuvent néantmoins y être condamnés, quand ils font Stellionataires, parce que la prifon eft en ce cas regardée comme une peine.

Quand le Stellionat eft commis par le contrat de conftitution d'une rente, le créancier peut demander le remboursement ; & le débiteur doit y être condamné par corps, comme s'il s'agiffoit du contenu en une fimple obligation.

La Cour a jugé, par Arrêt rendu le 21 Juillet 1739, contre les nommés Marot & Chenot, qu'un débiteur qui a rembourfé & acquitté la dette antérieure qui le conftituoit Stellionataire, ne pouvoit plus être contraint de rembourfer ; & que ce payement éteignoit le Stellionat. La Sentence du Châtelet, qui avoit jugé le contraire, a été infirmée.

J'ai vû juger au Châtelet, que le créan-cier d'un Stellionataire pouvoit valablement s'oppofer à l'émiffion des vœux de fon débiteur, qui vouloit fe faire Moine. La Sentence a fait défenfes de paffer outre ; le Couvent étoit Partie.

Celui qui vend un bien fubftitué, fans avertir de la charge de fubftitution, eft Stellionataire.

Les Septuagénaires contre lefquels la contrainte par corps ceffe, fi elle eft prononcée, & qui ne peuvent plus s'obliger par cette voie, quand ils font parvenus à cet âge, font néantmoins toujours contraignables par corps, pour raifon de Stellionat. L'ordonnance de 1667, tit. 34, veut que cette peine fubfifte contr'eux ; c'eft la même raifon que contre les Prêtres.

Les femmes & les filles font pareillement contraignables par corps, pour caufe de Stellionat ; mais pour que cette peine fe puiffe prononcer contr'elles, il faut qu'elles l'ayent commis dans un état de liberté. Voici ce que contient fur cela l'Edit du mois de Juillet 1680, enrégiftré le 23 Août.

» Voulons que les femmes & filles ne
» puiffent s'obliger, ni être contraintes par
» corps, fi elles ne font Marchandes publi-
» ques, ou pour caufe de Stellionat qu'elles
» auroient commis, procédant de leur fait ;
» fçavoir, lorfqu'elles feront libres, & hors
» de la puiffance de leurs maris, ou que,
» lorfqu'elles feront mariées, elles fe feront
» réfervé, par leur contrat de mariage, l'ad-
» miniftration de leurs biens, ou feront fé-
» parées de biens d'avec leurs maris, fans
» que les femmes qui fe feront obligées
» conjointement avec leurs maris, avec lef-
» quels elles feront en communauté de
» biens, puiffent être perfonnellement ré-
» putées Stellionataires, ains feront folidai-
» rement fujettes au payement des dettes
» pour lefquelles elles feront obligées avec
» leurfdits maris, par faifie & vente de leurs
» biens propres ou acquêts & conquêts,
» mais ne pourront être contraintes par
» corps. «

Les fieur & dame Carré de Vaudhuy, qui avoient été condamnés folidairement, par Sentence du Châtelet, le mari par corps comme Stellionataire, à rembourfer une rente de 300 liv. au principal de 6000 liv. dûe au fieur de Croíville, ont prétendu, fur l'appel , que la femme ne pouvoit pas être contrainte au remboursement , parce qu'elle n'étoit pas assujettie à la peine d'un Stellionat personnel au mari , & qu'on ne pouvoit exiger d'elle que le payement des arrérages.

Le sieur de Crosville répondoit que la contrainte par corps , qui est la peine du délit , n'avoit pas lieu contre la femme , mais que le remboursement étoit l'intérêt civil , & une suite de la fausse déclaration dont les co-obligés solidaires étoient également tenus , puisqu'ils s'étoient solidairement obligés à payer , tant le principal que les arrérages de la rente.

Par Arrêt rendu le Mardi 2 Septembre 1760, en la Grand'Chambre, au rapport de M. l'Abbé Tudert, la Sentence du Châtelet fut confirmée.

La Cour, par un Arrêt du 18 Février 1716, (rendu public par l'impression) entre la Dame Beignot & plusieurs Particuliers, au rapport de M. Ferrand, a jugé qu'une femme mineure, séparée de biens d'avec son mari, & qui s'est dite majeure, peut être restituée contre les actes par lesquels elle a commis un Stellionat.

Je crois néantmoins qu'un mineur, qui par dol & fraude auroit vendu une même chose plusieurs fois, pourroit être poursuivi comme Stellionataire. V. Fromental, verb. Mineur, premier alinea.

SUBALTERNE.

On nomme Subalterne celui qui est subordonné à quelqu'un en rang & en autorité : ainsi, par exemple, les Jurisdictions Seigneuriales, celles des Consuls , &c. sont Subalternes, parce qu'elles sont subordonnées aux Tribunaux & aux Cours dont elles relevent.

SUBDÉLÉGUÉ.

Un Subdélégué est un homme de confiance, préposé par le Magistrat qui est à la tête d'une Généralité, en qualité d'Intendant, pour exécuter ses ordres & ceux de la Cour.

Un Edit du mois d'Avril 1704, registré le 25 du même mois, avoit créé les Subdélégués en titre d'office, pour par ceux qui en seroient pourvus, recevoir, chacun dans leur département, les requêtes adressées aux Intendans & Commissaires départis, & ensuite les leur envoyer avec les éclaircissemens & instructions nécessaires, & avec leurs avis, & dans les cas qui les requerroient, dresser leurs Procès-verbaux, qu'ils envoyeroient aussi avec leurs avis.

Recevront pareillement, ajoute l'Edit, tous les ordres qui leur seront adressés par lesdits Sieurs Intendans & Commissaires départis pour choses concernant notre service, les envoyeront aux Maires, Echevins, Consuls ou Syndics des Communautés, & tiendront la main à leur exécution ; assisteront lesd. sieurs Commissaires dans les départemens des tailles & autres impositions, & s'instruiront, le plus exactement que faire se pourra, de l'état de chacune des Paroisses de leur département, & de toutes les affaires qui les concernent, pour leur en rendre compte.

Un autre Edit du mois de Janvier 1707 avoit aussi érigé en titre d'office les Greffes des Subdélégations ; mais tous ces offices ont été supprimés avec beaucoup d'autres par l'article 7 de l'Edit du mois d'Août 1715 (a) ; & les fonctions qui leur étoient attribuées, ne sont plus actuellement exercées que par des Subdélégués & Greffiers commis, révocables ad nutum par les Intendans.

Les Subdélégués, relativement à leurs fonctions, sont soumis à la Jurisdiction du Roi & de son Conseil. Mais si quelqu'un d'eux prévarique, comme le Conseil du Roi n'est point dans l'usage de connoître des matieres criminelles, Sa Majesté en attribue ordinairement la connoissance à des Juges particuliers. Elle ne la laisse point aux Juges ordinaires ; parce que les Cours Supérieures, si ce n'est les Cours des Aides, ne reconnoissent point l'autorité des Intendans & de leurs Subdélégués, ni par conséquent leurs fonctions.

Le Subdélégué d'une Election de Picardie, déclaré convaincu, par Arrêt rendu en la Chambre de Justice, le 8 Octobre 1716,

---

(a) Les Offices de Subdélégué des Généralités de Lille & de Hainault avoient été précédemment supprimés par des Edits des mois d'Octobre 1713, & Janvier 1714, registrés au Parlement de Flandres, séant alors à Cambrai. On trouve ces Edits dans le Recueil du Parlement de Flandres.

d'avoir *commis plufieurs concuffions , exactions & violences, par lui & par fes Prépofés, fur les Paroiffes de l'Election de.......tant pour la levée & l'entretien des Milices , qu'à l'occafion des voitures , convois & charois des Armées du Roi, exigé indûement des amendes , & commis d'autres méfaits , en abufant des fonctions de fa charge de Subdélégué , mentionnés au Procès ,* a été condamné , par le même Arrêt , *à faire amende honorable , ayant écriteaux devant & derriere , portant ces mots: Subdélégué concuffionnaire public... à fervir le Roi fur les galeres , comme forçat, pendant neuf ans , & en 60000 liv. d'amende envers le Roi ;* fur quoi feroient *prélevées* 8000 liv. *pour être diftribuées , par maniere de reftitution , aux pauvres* des Paroiffes de l'Election de ***.

(Je ne rapporte ces difpofitions que pour faire connoître les peines que mérite un Subdélégué, coupable des crimes énoncés dans l'Arrêt que je viens de copier. Cet Arrêt & toute la procédure fur laquelle il eft intervenu , ont été déclarés nuls, par Arrêt rendu aux Requêtes de l'Hôtel , fur revifion de procès, le 24 Septembre 1721. L'un & l'autre font imprimés.)

Le Subdélégué de Sainte-Menehoud ayant été affigné au Parlement , à la requête du Lieutenant Général de la même Ville , à l'occafion de la fourniture du pain aux prifonniers de guerre , & pour raifon de quelques autres points, dont ledit fieur Lieutenant Général fe prétendoit Juge , à l'exclufion du Subdélégué, celui-ci obtint un Arrêt d'évocation au Confeil, le 3 Déc. 1748; & par un autre Arrêt du 10 Juin 1749, rendu fur l'avis de l'Intendant de la Province , non-feulement le Subdélégué a été déchargé de la demande du Lieutenant Général , mais il a été fait défenfes à celui-ci de prendre connoiffance, directement ou indirectement , de l'exécution adreffée audit fieur Subdélégué , en fa qualité.

Les appels des Ordonnances rendues par les Subdélégués des Intendans ou Commiffaires départis, ne fe relevent point au Confeil ; mais les Parties peuvent fe pourvoir devant lefdits fieurs Intendans ou Commiffaires, fuivant l'article 3 du titre 8 du Réglement du Confeil du 28 Juin 1738.

SUBDIVISION.

ñ Ce mot fignifie la divifion des parties d'un tout, c'eft-à-dire, une feconde divifion ou partage de portion d'une chofe déja divifée. V. *Partage.*

SUBHASTATION.
V. *Décret & Rabattement de Décret.*

Ce mot fignifie l'action de mettre quelque chofe fous une pique. On ne le connoît guères qu'au Barreau , & on ne l'employe que dans les ventes d'immeubles par décret ; on dit, par exemple , que tel héritage fera crié & fubhafté, &c. Dans ces occafions, les Romains enfonçoient une pique en terre , au lieu où fe faifoit la vente. C'eft de cet ufage que vient le mot Subhaftation.

Les faifies-réelles & les décrets ne font point d'ufage dans les Pays de Breffe, Bugey & Gex ; des Déclarations des 2 Juillet & 6 Décembre 1702, regiftrées les 12 Juillet & 13 Décembre de la même année , confirment l'ancien ufage établi dans ce Pays, de faire vendre en Juftice , *par la voie des Subhaftations , difcuffions & bénéfice d'inventaire , les héritages & autres biens immeubles fitués dans ces Provinces.* Ces Déclarations contiennent en outre défenfes de faire procéder , *en vertu de quelque titre que ce foit , par faifie-réelle , criées & vente par décret des immeubles fitués dans lefdites Provinces.* Mais une autre Déclaration du 4 Juin 1703 , porte que les deux précédentes ne feront *exécutées que pour la vente des terres , maifons & autres fonds , & non pour les offices , lefquels y feront vendus en la forme prefcrite par les Edits & Déclarations , ainfi qu'il fe pratique dans les autres Provinces du Royaume.*

SUBORNATION de Témoins.

Suborner quelqu'un , c'eft le féduire ou le gagner par quelque motif, pour l'engager à trahir fon devoir. V. *Témoins.*

Quand un accufé de crimes accufe les témoins entendus dans fon affaire , d'avoir été fubornés, l'inftruction de l'accufation principale doit être furfife jufqu'après le Jugement du procès en Subornation de Témoins : c'eft ce qu'établit le nouveau Commentateur de l'Ordonnance Criminelle, qui cite un Arrêt du 6 Avril 1675.

La Combe, Matieres Criminelles, part. 3, chap. 13, n. 20, dit auſſi que tel eſt l'uſage du Palais ; ſur quoi il cite un Arrêt du 18 Mars 1712. Et la Cour l'a jugé de même par Arrêt rendu en la Tournelle, le 21 Juin 1758, dans l'affaire du ſieur Deſgabets de Suane, Prêtre-Curé d'Halloy, accuſé d'adultere & d'inceſte avec la dame Deſgabets, ſa belle-ſœur.

Cet Arrêt a infirmé la Sentence dont étoit appel, en ce qu'elle *n'avoit pas ordonné qu'il ſeroit ſurſis à l'inſtruction de l'accuſation principale, juſqu'après le Jugement en Subornation de Témoins.*

Ce même Arrêt a encore jugé que, quoique l'accuſation principale d'adultere & d'inceſte d'un Prêtre avec ſa belle-ſœur, ſe pourſuive devant le Juge d'Egliſe & le Juge Laïc conjointement, l'accuſation en Subornation des Témoins Laïcs doit cependant s'inſtruire, & être jugée par le Juge Laïc ſeul.

SUBREPTION.
V. *Obreption.*

SUBROGATION.
V. *Coutume.*

La Subrogation concerne, ou les perſonnes, ou les choſes.

Une choſe eſt ſubrogée à une autre, lorſqu'elle en tient lieu, & qu'elle eſt conſidérée, à certains égards, comme étant de la même nature que celle à laquelle elle eſt ſubrogée.

Une perſonne eſt ſubrogée aux droits d'une autre, lorſque les droits de cette perſonne lui ont été tranſmis.

La Subrogation d'une choſe à une autre n'eſt, dans la vérité, qu'une fiction, parce qu'il n'eſt pas poſſible qu'une choſe ſoit autre que ce qu'elle eſt effectivement : ainſi cette Subrogation, quoiqu'elle puiſſe être plus ou moins parfaite, ne l'eſt jamais entiérement.

Par exemple, dans le contrat d'échange, qui eſt le plus propre à opérer la Subrogation, la choſe ſubrogée acquiert la qualité de propre, ſi celle à laquelle elle eſt ſubrogée, avoit cette qualité ; mais elle n'acquiert

point la qualité de Fief ; preuve que la Subrogation eſt encore imparfaite. V. ce que j'ai dit aux mots *Echange* & *Propre.*

Lorſque des rentes appartenantes à des mineurs ſont rembourſées, ou que d'autres fonds de mineurs ſont aliénés, la Coutume ſubroge les deniers provenans, ſoit du rembourſement, ſoit de la vente, à la rente rembourſée ou à l'héritage vendu ; mais cette Subrogation n'a lieu que relativement au mineur : auſſi ceſſe-t-elle à la majorité ; parce qu'une fiction introduite en faveur des mineurs, ne doit plus avoir lieu quand les mineurs ceſſent de l'être. V. ce que j'ai dit au mot *Mineur.*

La Coutume de Paris a encore admis une Subrogation relative aux rentes dûes par l'un des conjoints, rembourſées pendant la communauté. Voici comment s'explique l'art. 244.

Quand aucune rente dûe par l'un des conjoints par mariage, ou ſur ſes héritages paravant leur mariage, eſt rachetée par leſdits deux conjoints, ou l'un des deux, conſtant ledit mariage, tel rachat eſt réputé conquêt.

Cet article, en introduiſant cette Subrogation, par le moyen de laquelle un conjoint, ou ſes héritiers, ſont reçus à continuer à l'autre, moitié de la rente par lui rembourſée, n'a eu pour objet que d'empêcher les avantages indirects entre conjoints, & de maintenir leurs droits dans une parfaite égalité. Ce n'eſt donc encore ici qu'une fiction ; auſſi la Coutume ſe ſert-elle du mot *réputé conquêt,* parce que réellement il n'y a aucun acquêt fait, mais ſeulement une dette éteinte.

Un principe général en cette matiere eſt, que la Subrogation d'une choſe à une autre, n'étant qu'une fiction, doit être renfermée dans les cas pour leſquels la fiction a été faite, & que les Loix ont eu en vûe.

La Subrogation concernant les perſonnes eſt réelle : elle n'eſt point une fiction ; car elle produit réellement une tranſmiſſion des droits, priviléges & hypothéques d'une perſonne à une autre.

Cette tranſmiſſion ſe fait d'abord, lorſque le créancier tranſmet ſon droit à une autre perſonne ; elle eſt parfaite en ce cas, & elle ne demande rien autre choſe que l'acte même par lequel le droit eſt tranſmis,

& que l'on appelle communément *Tranf-port* : il faut feulement, relativement aux tiers, fignifier cet acte. Voyez ce que je dis au mot *Tranfport*.

Cette tranfmiffion opere une double garantie de la part de celui qui fait le tranfport ; il eft garant :

1°. Que la créance qu'il céde & tranfporte, lui appartient ; c'eft ce qu'on appelle garantie de droit.

2°. Que cette créance fera payée, & que le débiteur eft folvable : c'eft ce qu'on appelle garantie de fait ; mais l'on peut, par l'acte, déroger à l'une & à l'autre de ces deux garanties.

Comme le droit cédé paffe au ceffionnaire dans l'état où il eft, l'on peut lui oppofer toutes les déductions & les compenfations que l'on auroit pu oppofer au cédant ; ainfi l'on peut oppofer à l'acquéreur d'une pratique de Procureur tous les payemens faits à fon prédéceffeur, dont il a acquis le droit.

Il y a une feconde maniere d'opérer la Subrogation d'une perfonne à une autre ; c'eft lorfque le débiteur ayant un créancier, aime mieux, en le payant, devoir à un autre créancier : ainfi, un homme ayant un Office ou un autre immeuble, dont il doit le prix, trouve plus d'avantage à payer fon créancier avec les deniers qu'il emprunte d'une autre perfonne, & aime mieux devoir à celui-ci, qu'il fait fubroger à fon ancien créancier. Cette Subrogation ne faifant tort à perfonne, & étant avantageufe au débiteur toujours favorable, on l'a admife parmi nous ; mais pour cela on a exigé :

1°. Que dans l'acte d'emprunt, que l'on veut faire fervir à payer un autre créancier, cet emploi & cette deftination foient expreffément ftipulés.

2°. Que dans le fecond acte, qui contient le payement & le rembourfement, cette ftipulation foit exécutée.

3°. Que ces actes foient paffés pardevant Notaires.

C'eft ce qui réfulte de l'Arrêt de Réglement rendu le 6 Juillet 1690, par lequel, » la Cour a arrêté, fous le bon plaifir du » Roi, que, pour fuccéder & être fubrogé » aux actions, droits, hypothéques & pri-» viléges d'un ancien créancier fur les biens » de tous ceux qui font obligés à la dette,

» ou de leurs cautions ; & pour avoir droit » de les exercer ainfi, & en la maniere que » lefdits créanciers l'auroient pu faire, il » fuffit que les deniers du nouveau créan-» cier foient fournis à l'un des débiteurs, » avec ftipulation faite par acte paffé de-» vant Notaires, qui précéde le payement, » ou qui foit de même date, que le débiteur » employera lefdits deniers au payement » de l'ancien créancier ; que celui qui les » prête, fera fubrogé aux droits dudit créan-» cier ; & que dans la quittance ou dans » l'acte qui en tiendra lieu, lefquels feront » auffi paffés pardevant Notaires, il foit fait » mention que le rembourfement a été fait » des deniers fournis à cet effet par le nou-» veau créancier, fans qu'il foit befoin que » la Subrogation foit confentie par l'ancien » créancier, ni par fes autres débiteurs & » cautions, ou qu'elle foit ordonnée par » Juftice ; & qu'en attendant que ledit Sei-» gneur Roi en ait autrement ordonné, la » Compagnie fuivra cette Jurifprudence » dans toutes les occafions qui s'en préfen-» teront «.

En Provence, » pour qu'un Etranger foit » fubrogé aux droits & hypothéques d'un » créancier, il faut qu'il apparoiffe par fon » contrat qu'il a prêté au débiteur pour ac-» quitter ledit créancier, & qu'il confte de » l'emploi effectif & payement fait de fes » mêmes deniers audit créancier, lequel em-» ploi eft fuffifamment juftifié par la décla-» ration faite par le débiteur immédiate-» ment après le payement, quoique par un » acte féparé de la quittance dudit créan-» cier «. Ce font les termes de l'Acte de Notoriété donné par les Gens du Roi du Parlement de Provence, le 30 Mars 1697.

En 1735 on a plaidé au Châtelet la queftion de fçavoir fi une perfonne, ayant prêté une fomme pour être employée à l'acquifition d'un Office, le privilége de cette créance ne pouvoit pas être contefté, fous prétexte que l'obligation qui conftatoit le prêt, ne contenoit point de numération d'efpéces, que les deniers prêtés n'avoient pas été dépofés pour en affurer l'emploi. Voici quel étoit le fait.

Le Sr Barbette avoit acquis une Charge le 3 Mai 1752, moyennant 4000 liv. payables après le fceau des provifions. Le lende-

main, 4 Mai, il avoit emprunté de la demoifelle Pottiée pareille fomme de 4000 livres
pour payer le prix de cet Office. Par l'obligation, il avoit promis d'employer cette
fomme au payement du prix de l'Office, &
d'en faire la déclaration lors du payement,
afin que la demoifelle Pottiée fût fubrogée
aux droits & priviléges du vendeur, & de
lui fournir une expédition en forme de la
quittance contenant la déclaration de l'emploi, & la Subrogation du vendeur de l'Office, pour la fûreté du privilége. Le fieur
Barbette avoit exécuté fes engagemens; il
ne s'étoit écoulé qu'un mois & un jour d'intervalle entre l'emprunt & la délivrance de
la fomme au vendeur. Il ne paroiffoit même
point qu'il eût été fait d'autre emprunt qui
eût pu fervir au payement du prix de l'Office; mais, comme je l'ai remarqué, il n'y a
avoit, ni mention de numération d'efpéces,
ni de dépôt.

Un fieur Neret, créancier hypothécaire
de Barbette, prétendit, à la faveur de ces
deux circonftances, non pas contefter la
créance de la demoifelle Pottiée, mais en
écarter le privilége. La demoifelle Pottiée
répondit que l'obligation étant valable, le
privilége en réfultant n'étoit pas moins incontestable que l'acte qui le produifoit; que
toutes les circonftances concouroient à prouver la vérité, & du prêt & de l'emploi des
deniers prêtés; & enfin, que les Loix qui réglent le droit des Subrogations parmi nous,
différentes de celles des Romains, n'exigeoient point, pour qu'on fût fubrogé à un
privilége, d'autres titres que ceux rapportés
par la demoifelle Pottiée.

Ces moyens ont été adoptés par Sentence
contradictoire du Châtelet, du 27 Juin
1755, qui a adjugé à la demoifelle Pottiée
fes conclufions.

Lorfque la Subrogation, dont je parle ici,
a pour objet une fomme dûe à un créancier,
cette Subrogation étant forcée de la part du
créancier, & ne dépendant pas de fa volonté, mais de celle du débiteur, elle n'engendre point contre lui de garantie. En cela,
elle differe de celle qui s'opere par la ceffion
& le transport que le créancier fait lui-même de fes droits; elle ne produit pas même
de concurrence avec lui, fuppofé qu'il lui
foit dû, ou qu'il lui refte quelque portion

de fa créance. La raifon eft, que le créancier
de qui l'on exige la Subrogation, & qui
n'en eft pas l'auteur, ne peut pas être forcé
de fubroger contre lui-même & à fon préjudice, ni même concurremment avec lui,
nemo tenetur cedere contrà fe, dit Dumoulin; au lieu que, quand c'eft lui qui de fon
propre mouvement céde & transporte fa
créance, il eft garant de la chofe qu'il tranfporte & qu'il vend.

On a prétendu que cette maxime n'avoit
pas lieu quand un héritier bénéficiaire payoit
à un créancier de la fucceffion une partie de
fa dette, & qu'en ce cas il falloit que l'héritier fût rembourfé avant que le créancier
touchât ce qui lui reftoit dû : on citoit fur
cela la Loi *Scimus*, au Code *de jure delibe-
randi*; le Brun, des Succeffions, livre 3,
ch. 4; & de Renuffon, de la Subrogation,
ch. 7, n. 76.

Mais, malgré ces autorités, la Cour, par
Arrêt rendu le Lundi premier Sept. 1760,
au rapport de M. Beze de Lys, en la feconde
Chambre des Enquêtes, entre les héritiers
bénéficiaires du Cardinal de Mailli & l'Archevêque de Rheims, avoit jugé que l'Archevêque de Rheims, qui avoit été payé
du montant de fa créance, dont les héritiers
bénéficiaires de fon prédéceffeur avoient
fait leur propre affaire, toucheroit néantmoins avant eux, fur le reliquat du compte
de l'Econome-Sequeftre, une fomme de 500
& quelques livres, à quoi fe montoient les
dépens acceffoires de ladite créance, qu'ils
n'avoient été condamnés de payer que comme héritiers bénéficiaires.

Enfin, on a admis une troifiéme maniere
d'opérer une Subrogation, même en faveur
d'un Etranger, qui n'eft ni le débiteur ni
le créancier.

Cette efpéce de Subrogation a lieu, lorfque quelqu'un a un intérêt perfonnel que la
dette, qui n'eft pas la fienne, foit éteinte :
ainfi l'acquéreur d'un immeuble, fur lequel
il y a des hypothéques, a intérêt d'acquitter les dettes hypothécaires antérieures à
fon acquifition; en payant, il eft fubrogé
de plein droit; & fi le créancier en refufe
la Subrogation, elle fe fupplée. La raifon
eft, que cet acquéreur a un intérêt légitime
d'affranchir fon immeuble de l'hypothéque
dont il étoit affecté; il en feroit de même du

co-obligé & du garant. Cependant voyez de Renuſſon, de la Subrogation, ch. 9, n. 3.

Mais ſi quelqu'un, ſans aucune ſorte d'intérêt perſonnel, vouloit acquitter la dette d'autrui, & ſe faire ſubroger, cette Subrogation pourroit lui être refuſée par le créancier qui ne ſeroit pas, en ce cas, obligé de la lui accorder; & cette Subrogation ne pourroit pas alors être ſuppléée, à cauſe du défaut d'intérêt de la part de celui qui feroit le payement, lequel pourroit ſe diſpenſer de le faire.

En 1706 s'eſt préſentée au Parlement de Paris, en la quatriéme Chambre des Enquêtes, la queſtion de ſçavoir ſi le payement fait par un Fidéjuſſeur contraint, lui acquéroit la Subrogation légale, aux droits & actions du créancier principal, contre une caution qui n'étoit point obligée par le même acte que le Fidéjuſſeur. Voici l'eſpéce:

Henri Bezard s'étant rendu adjudicataire d'une coupe de bois dans la Forêt de Fontainebleau, avoit préſenté pour caution Jean le Bague, & pour certificateurs les nommés Jourdain & Huault.

Le ſieur Amelou, Receveur des Domaines & Bois du Roi, ne pouvant être payés par Bezard, ſe pourvut contre le Sr le Bague, ſa caution, & faute de payement le fit conſtituer priſonnier.

Le ſieur le Bague obtint aux Eaux & Forêt ſon élargiſſement, ſous le cautionnement de ſa femme, laquelle fit ſes ſoumiſſions au Greffe en la maniere ordinaire.

Le ſieur Amelou tourna alors ſes pourſuites contre Jourdain & Huault, certificateurs, & les fit condamner au payement de ce qui lui étoit dû. Ceux-ci, pour prévenir l'empriſonnement de leurs perſonnes, payerent & ſe réſerverent ſimplement à ſe pourvoir contre le Bague ſeul, ſans requérir ni ſtipuler aucune Subrogation aux droits & actions que le ſieur Amelou pouvoit avoir contre la femme du ſieur le Bague.

Après qu'ils eurent payé, ils demanderent contre la demoiſelle le Bague, qu'elle fût tenue de réintégrer ſon mari dans la priſon, ſinon qu'elle fût condamnée de leur rembourſer la ſomme qu'ils avoient payée au ſieur Amelou.

De-là la queſtion annonçée de ſçavoir ſi,

ayant été contraints au payement, ils étoient ſubrogés de droit à l'action du ſieur Amelou contre la demoiſelle le Bague.

Cette queſtion avoit été jugée en leur faveur par Sentence des Eaux & Forêts du 12 Février 1706; & la demoiſelle le Bague avoit été condamnée à réintégrer ſon mari dans un mois, ſinon contrainte au payement; mais, ſur l'appel, la Sentence fut infirmée par Arrêt rendu le 26 Août 1706.

Les principaux motifs de l'Arrêt furent vraiſemblablement, que l'obligation contractée par la demoiſelle le Bague, étoit limitée à la perſonne du ſieur Amelou, & que le titre qui contenoit cette obligation, étoit entiérement diſtinct de celui en vertu duquel Jourdain & Huault avoient été obligés envers le Sr Amelou, & qu'ainſi il n'y avoit point de Subrogation de droit dans cette eſpéce contre la femme, nouvelle caution, mais ſeulement contre le débiteur.

Ainſi, on peut dire que cet Arrêt a jugé que la Subrogation n'a pas lieu, de plein droit, en faveur d'une caution qui paye, contre une autre caution; c'eſt auſſi ce que décident Brodeau & Renuſſon.

Enfin, la Loi introduit quelquefois une eſpéce de Subrogation en faveur des mineurs, lorſque leurs tuteurs ont acquis des biens avec des deniers appartenans à ces mêmes mineurs: elle ſuppoſe alors que les tuteurs ont fait ce qu'ils ont dû faire, c'eſt-à-dire, un emploi des deniers qui étoient entre leurs mains; & dans ce cas, les Loix donnent la faculté aux mineurs de prendre le bien qui eſt cenſé leur appartenir, ou de le laiſſer au tuteur, qui avoit déclaré l'acquérir pour lui-même.

Lorſque quelqu'un veut être ſubrogé aux droits & priviléges d'un Maître Maçon qui a conſtruit des bâtimens, il ne ſuffit pas qu'il y ait des actes dans la forme dont je viens de parler; il faut de plus qu'il y ait des devis & marchés.

Ne vaudroit-il pas mieux dire que le Maçon lui-même n'a point de privilége ſans devis & marché? Car, en un mot, ſi le privilége exiſte dans la perſonne du Maître Maçon, ou de tout autre Ouvrier, ſans devis & marché, pourquoi ne pourront-ils pas le tranſmettre par des actes en bonne forme, capables d'opérer cette tranſmiſſion? Comment

ment peut-on concevoir un privilége exiftant fans devis & marché, & qui cependant
ne peut être tranfmis par des actes revêtus
des meilleures formes? Cela paroît répugner:
auffi la Jurifprudence exige-t-elle aujour-
d'hui, même des Ouvriers, pour qu'il exilte
un privilége en leurs perfonnes, qu'ils ayent
des devis & marché. V. fur cela ce que j'ai
dit aux art. *Devis & Marché, Ordre & Privilége.*

SUBROGÉ Tuteur.

V. *Avis de Parens, Continuation de Commu-
   mauté, Curateur, Inventaire, & Tuteur.*

On nomme Subrogé Tuteur, un Tuteur
donné à des Mineurs pour veiller à la confervation de leurs droits, quand ils en ont
d'oppofés à ceux de leur Tuteur.

Les fonctions les plus ordinaires des Subrogés Tuteurs (ils font nommés Curateurs
dans plufieurs endroits), font de ftipuler
l'intérêt des Mineurs dans l'inventaire des
biens communs entr'eux & leur Tuteur, &
d'apporter une attention finguliere à ce qu'il
ne foit rien obmis de ce qui doit y être compris.

Le Subrogé Tuteur doit être nommé par
avis de parens homologué, de la même
maniere que les Tuteurs; il doit auffi accepter fa qualité, & prêter ferment de bien
& fidélement s'acquitter des fonctions qu'elle lui donne, & cela à peine de nullité de
l'inventaire qui feroit fait avec lui, ainfi
que la Cour l'a jugé par Arrêt rendu fur les
Conclufions de M. l'Avocat Général d'A-
gueffeau, le 10 Juin 1698. On peut fur cela
confulter Dupleffis, de la Communauté, le
Diction. des Arrêts, au mot *Inventaire*, 3e
édit. & l'Arrêt du 12 Déc. 1686, rapporté
par Augeard, édit. in-fol. tom. 1, n°. 15.
Monfieur le Lieutenant Civil le Camus
a d'ailleurs attefté ce point de Droit par un
Acte de Notoriété du 18 Janvier 1791.

SUBSTITUTION.

V. *Acceptation de donation, Accroiffement,
   Augment, Bagues & Joyaux, Dégrés dans
   les Subftitutions, Donation, Dot, Hypothéque, Inofficiofité, Inventaire, Légitime, Ma-
   jorat, Propres, Publication, Réferves Coutumieres, Scellé, Succeffion & Teftament.*

La Subftitution eft une feconde difpofi-
Tome III. Part. II.

tion par laquelle un teftateur qui a déja inftitué un premier légataire ou un premier
héritier, en nomme un fecond pour recueillir fa libéralité, au défaut du premier, ou
après lui.

Le préambule de l'Ordonnance du mois
d'Août 1747 définit la Subftitution, *un
nouveau genre de fucceffion, où la* volonté
de l'homme prend la place de la Loi.

Il y a plufieurs efpéces de Subftitutions;
fçavoir, la directe, qui dans le Droit Romain s'appelle vulgaire, parce que l'ufage
en étoit fréquent chez les Romains; & la
fidéi-commiffaire.

La premiere a lieu lorfque le teftateur
inftitue un fecond légataire, dans le cas où
le premier feroit incapable de recevoir le
legs, ou ne le voudroit pas; comme, par
exemple, fi le teftateur avoit dit, j'inftitue
Pierre mon légataire; & s'il ne veut pas,
ou ne peut pas l'être, j'inftitue Jean en fa
place.

On voit que dans cette Subftitution Jean
prend directement le legs de la main du teftateur, & que le legs ne paffe point par le
canal de Pierre: d'où il fuit que la Subftitution devient caduque pour Jean, dès que
Pierre, premier inftitué, a accepté le legs.

Au contraire, dans la Subftitution fidéi-
Commiffaire, le legs doit paffer de la perfonne du teftateur au premier inftitué, &
de celui-ci au fubftitué.

Il y a cependant cela de commun à l'une
& à l'autre Subftitution, que dans l'une &
l'autre, le fubftitué tient fon droit du teftateur & non de l'inftitué: d'où l'on a tiré
cette conféquence, que fi le Subftitué def-
cend du teftateur en ligne directe, il n'eft
dû pour le legs & la mutation aucun droit
de relief au Seigneur dont les héritages légués relevent.

Outre ces deux efpéces de Subftitutions
que nous avons admifes, & dont la plus
ordinaire eft la fidéi-commiffaire, il y avoit
encore chez les Romains la Subftitution pupillaire, par laquelle un pere qui avoit des
enfans impuberes en fa puiffance, pouvoit
par fon teftament, non-feulement difpofer
des biens qui lui appartenoient, mais encore de ceux appartenans à fes enfans, s'ils
venoient à décéder avant l'âge de puberté.
Cette faculté étoit un des effets de la puif-

Q

fance paternelle, telle qu'elle étoit en ufage parmi les Romains.

À l'exemple de cette efpéce de Subftitution, on en a admis une autre, qui par cette raifon, a été appelléé exemplaire, par laquelle on a permis aux pere & mere des adultes, en démence, de tefter pour eux, & de difpofer en faveur d'un fubftitué, de la légitime même qu'ils devoient laiffer à ces enfans, auffi-bien qu'aux autres.

Le Droit Romain avoit cependant reftreint cette faculté; dans le cas où les enfans en démence avoient eux-mêmes des enfans ou des freres & fœurs, alors les pere & mere ne pouvoient leur fubftituer pupillairement que leurs enfans, freres & fœurs; & comme cette Subftitution, par le moyen de laquelle le teftateur difpofoit du bien d'autrui, n'avoit point d'autre fondement que la démence; elle ceffoit avec la démence, par le fimple effet de la guérifon ou de la réfipifcence, fans qu'il fût néceffaire que l'enfant, du bien duquel fon pere ou fa mere avoient difpofé, fît un teftament: on préfumoit alors que s'il n'avoit point fait de teftament, c'eft qu'il avoit voulu que fa fucceffion paffât, fuivant l'ordre naturel, à fes héritiers les plus proches.

Il y a encore une autre efpéce de Subftitution qui avoit lieu chez les Romains, & que nous avons admife; on la nomme compendieufe, & elle forme moins une efpéce de Subftitution particuliere, qu'elle ne forme plufieurs Subftitutions diftinctes, renfermées dans une feule & même difpofition: ainfi, fi un Teftateur inftitue fon fils impubere, & lui fubftitue une autre perfonne, en cas qu'il meure avant l'âge de vingt-cinq ans, cette Subftitution eft compendieufe, parce qu'elle renferme:

1°. La Subftitution vulgaire, qui a lieu lorfque l'inftitué meurt avant le teftateur.

2°. La Subftitution pupillaire, qui a lieu lorfque l'inftitué meurt avant l'âge de puberté.

3°. La Subftitution fidéi-commiffaire, parce qu'alors l'inftitué recueille & tranfmet au fubftitué l'effet de la difpofition.

Il y a d'autres Subftitutions qu'on nomme réciproques, parce que les inftitués ou fubftitués font fubftitués les uns aux autres; je crois inutile d'entrer dans quelque détail

fur cette forte de Subftitution, parce qu'elle ne forme point une efpéce différente des autres, ayant lieu toutes les fois que ceux qui font grevés, le font refpectivement au profit les uns des autres.

On divife encore les Subftitutions en fimples & en graduelles.

Les Subftitutions fimples font celles qui n'ont qu'un dégré; & les graduelles font celles qui en ont plufieurs.

Si, par exemple, je charge mon légataire ou mon donataire de reftituer après fon décès, ce que je lui donne à quelqu'un, c'eft une Subftitution fimple; mais fi je charge de plus ce quelqu'un de reftituer à un autre, c'eft une Subftitution graduelle: & fur le nombre des dégrés que les Subftitutions peuvent contenir. V. *Dégrés dans les Subftitutions.*

Il ne faut pas confondre le legs de l'ufufruit d'un immeuble à une perfonne, & de la propriété à une autre, avec une Subftitution. Ces fortes de legs n'exigent ni enregiftrement ni publication; le légataire de la nue propriété tranfmet fon droit à fes héritiers, fans que le légataire de l'ufufruit puiffe prétendre qu'elle fe réuniffe ou s'accroiffe à fon ufufruit, parce qu'une pareille difpofition forme deux legs différens.

Je n'ajouterai rien à ce que j'ai dit fur les Subftitutions directes ou vulgaires, pupillaires & exemplaires; parce que la vulgaire n'eft pas parmi nous d'un grand ufage, & que les deux dernieres ne font pas admifes: je me contenterai donc de donner quelques régles générales, relativement à la Subftitution fidéi-commiffaire, dont les cas arrivent fréquemment parmi nous.

Les Romains avoient donné beaucoup de faveur à cette Subftitution, quoiqu'elle eût pris fa fource dans le deffein que les teftateurs avoient de frauder la Loi, en faifant paffer les biens de leur fucceffion à des perfonnes que la Loi déclaroit incapables de les recueillir. Il fuffifoit que l'on crût appercevoir dans le teftament un deffein de faire un fidéi-commis, pour donner à cette volonté, feulement préfumée, toute fa force.

Parmi nous qui n'avons donné, ni tant d'autorité aux teftateurs, ni tant de faveur aux teftamens, jamais il n'arrive que l'on se détermine sur de simples présomptions: & il faut que l'on trouve dans le testament ou dans une donation, une disposition qui renferme une Substitution.

Aucune Loi ne prescrit les termes dans lesquels elle doit être conçue ; il suffit que le testateur ou le donateur ait suffisamment manifesté sa volonté, qu'il a eu d'obliger son héritier, légataire, donataire, ou premier fidéi-commissaire, de restituer certaines choses à quelqu'un, pour qu'on en induise une substitution fidéi-commissaire.

Il est même indifférent que les termes de la Substitution soient adressés, ou à celui qui en est grevé, ou au profit de celui à qui elle est faite, ou à un étranger. Par exemple, si un testateur, après avoir fait Pierre son légataire universel, s'exprime ainsi : » Jac- » ques, vous vous contenterez d'avoir mes » biens après la mort de Pierre ; ou s'il a » dit impersonnellement, après la mort de » Pierre mes biens appartiendront à Jac- » ques ; en tous ces cas il y aura Substitution » au profit de Jacques, comme si le testateur » adressant la parole à Pierre, l'eût nom- » mément chargé de restituer après sa mort » à Jacques, les biens à lui légués. « Voy. la Note ci-après, sur la priere de rendre.

La défense que le testateur ou le donateur fait en termes généraux, d'aliéner les biens qui sont l'objet de sa libéralité, n'opere point une Substitution ; parce que dans cette matiere, c'est un principe certain que tout ce qu'un testateur a ordonné, n'oblige le légataire à rien, lorsqu'il n'y a point de seconde disposition au profit de quelqu'un (a).

Mais s'il avoit dit » je défends à mon » héritier, &c. d'aliéner mes biens hors de » sa famille « , ces termes opéreroient une Substitution qui empêcheroit le grevé de vendre & donner à des étrangers.

Les Substitutions peuvent se faire, tant par testament, que donation & autres actes entre-vifs, pourvû que les actes par lesquels elles sont faites, soient revêtus des formalités propres à chacun d'eux.

Ainsi le fidéi-commis qui seroit fait par un testament ou par une donation qui manqueroit de quelqu'une des formalités dont ces Actes doivent être revêtus, seroit absolument nul.

On a long-temps agité la question de sçavoir, si des enfans mis dans la *condition*, sont censés mis dans *la disposition* ; c'est-à-dire, si lorsque quelqu'un ayant institué un légataire, lui substitue une autre personne, en cas qu'il meure sans enfans, l'existence des enfans fait seulement manquer la condition & évanouir le fidéi-commis, ou si l'institué est grevé de Substitution envers ses enfans. On a décidé qu'une pareille condition ne formoit point une Substitution envers les enfans ; & qu'ainsi l'institué qui mouroit ayant des enfans, laissoit en ce cas les biens libres sans aucune charge de Substitution.

La raison de douter étoit que l'institué étant grevé au profit d'étrangers, auxquels le testateur avoit préféré les enfans de l'institué, il devoit, disoit-on, à plus forte raison, être grevé envers ses enfans ; mais comme tout ce raisonnement est purement conjectural, on a jugé, & avec raison, qu'il n'y avoit point de Substitution au profit des enfans, quoiqu'ils fissent cesser celle qui se trouvoit dans le testament, & qu'ainsi ils parussent préférés au substitué ; preuve évidente du principe que j'ai posé ci-dessus, qu'il ne faut point en général ni supposer ni suppléer sur de simples présomptions (b) des Substitutions où il n'y en a point. C'est ce qui est textuellement décidé par l'article 19 du titre premier de la nouvelle Ordon-

<hr>

(a) Voyez le Dictionnaire des Domaines, tom. 3, art. *Substitution.* L'Auteur anonyme de cet Ouvrage dit que la priere faite au légataire, de conserver son legs à une autre personne, forme un véritable Fidéi-commis. Il y a dans le 6e Volume du Journal des Audiences, deux Arrêts des 17 Juil. 1711, & 16 Fév. 1715, conformes à cette opinion.

(b) Il ne faut point regarder comme simples présomptions, les expressions d'un testateur qui prieroit son héritier de remettre l'hérédité à une certaine personne ; parce qu'il n'y a aucuns termes consacrés & nécessaires pour faire une Substitution. La priere de rendre, est une maniere plus polie d'exprimer ce qu'on exige de son héritier.

Les Loix sont sur cela très-précises ; & il a été jugé, par un Arrêt rendu le 26 Février 1715, entre le sieur Comte de Villers & Louis Tiercelain, qu'une priere faite par un testateur au légataire, de conserver son legs à une autre personne, formoit un véritable Fidéi-commis.

Ce même Arrêt a encore jugé, que le légataire étant décédé avant le testateur (ce qui rendoit ce legs caduc), la Substitution dont ce legs étoit chargé, ne subsistoit pas moins, & s'ouvroit aussi-tôt ; cette Substitution formant relativement à l'héritier un second legs, indépendamment du premier, que l'héritier est par conséquent obligé d'acquitter.

nance de 1747, fur les Subſtitutions, qui a tranché une infinité de queſtions incidentes qu'on avoit précédemment élevées, pour ſoutenir qu'il pouvoit y avoir Subſtitution en ce cas. Voici comment s'explique cet article de l'Ordonnance.

» Les enfans qui ne ſeront point appellés » expreſſément à la Subſtitution, mais qui » feront ſeulement mis dans la condition, » ſans être chargés de reſtituer à d'autres ; » ne ſeront en aucun cas regardés comme » étant dans la diſpoſition, encore qu'ils » ſoient dans la condition en qualité de mâ- » les, que la condition ſoit redoublée ; que » les grevés ſoient obligés de porter les » noms & armes de l'auteur de la Subſtitu- » tion, & qu'il y ait prohibition de faire » détraction de la quarte trébellianique, » ou qu'il ſe trouve des conjectures tirées » d'autres circonſtances, telles que la no- » bleſſe & la coutume de la famille, ou la » qualité & la valeur des biens ſubſtitués, » ou autres préſomptions, à toutes leſquel- » les nous défendons d'avoir aucun égard, à » peine de nullité. « (Voyez la Combe, verb. *Subſtitution*, partie 2, ſect. premiere, diſtinct. premiere, n°. 5.)

La même Ordonnance, art. 20 du même titre, décide, par une ſuite du même prin- cipe, que les Subſtitutions doivent être ex- preſſes : que » ceux qui ſont appellés à une » Subſtitution, & dont le droit n'aura pas » été ouvert avant leur décès, ne pourront » en aucun cas être cenſés en avoir tranſ- » mis l'eſpérance à leurs enfans ou deſcen- » dans, encore que la Subſtitution ſoit faite » en ligne directe, par des aſcendans, & » qu'il y ait d'autres ſubſtitués appellés à » la même Subſtitution après ceux qui ſe- » ront décédés, & leurs enfans ou deſcen- » dans «.

Et dans l'article 21, elle décide pareil- lement que : » la repréſentation n'aura point » lieu dans les Subſtitutions, ſoit en directe » ou en collatérale ; & ſoit que ceux, en » faveur de qui la Subſtitution aura été fai- » te, y ayent été appellés collectivement, » ou qu'ils ayent été déſignés en particu- » lier, & nommés ſuivant l'ordre de la pa- » renté qu'ils avoient avec l'auteur de la » Subſtitution : le tout à moins qu'il n'ait » été ordonné par une diſpoſition expreſſe

» que la repréſentation y auroit lieu, ou » que la Subſtitution ſeroit déférée ſelon » l'ordre des ſucceſſions légitimes.

Suivant l'article 22 » dans les Subſtitu- » tions auxquelles les filles ſont appellées » au défaut des mâles, elles recueilleront » les biens ſubſtitués, dans l'ordre qui aura » été réglé entr'elles par l'auteur de la » Subſtitution ; & s'il n'a pas marqué ex- » preſſément ledit ordre, celles qui ſe trou- » veront les plus proches du dernier poſſeſ- » ſeur deſdits biens, les recueilleront, en » quelque dégré de parenté qu'elles ſe trou- » vent à l'égard de l'auteur de la Subſtitu- » tion, encore qu'il y ait d'autres filles qui » en fuſſent plus proches, ou d'une branche » aînée.

L'article 23 décide que » dans les Subſti- » tutions faites ſous la condition que le gre- » vé viendra décéder ſans enfans, le cas » prévu par ladite condition, ſera cenſé » être arrivé, lorſqu'au jour du décès du » grevé il n'y aura aucuns enfans légitimes » & capables des effets civils, ſans qu'on » puiſſe avoir égard à l'exiſtence des en- » fans, même légitimés, autrement que » par mariage ſubſéquent ; ni pareillement » à l'exiſtence des enfans morts civilement, » par condamnation pour crime, ou inca- » pables des effets civils, par la profeſſion » ſolemnelle de la vie Religieuſe, ou pour » quelqu'autre cauſe que ce ſoit. «

Je viens de dire que le ſubſtitué tiroit ſon droit du teſtateur, & non de l'inſtitué : d'où j'ai tiré la conſéquence qu'il n'étoit point dû de droit de relief, lorſque le ſubſtitué deſcendoit en ligne directe du teſtateur : il n'en ſeroit pas dû non plus dans le cas où le ſubſtitué deſcendroit ſeulement du grevé en ligne directe, ſans être deſcendant de l'auteur de la Subſtitution. Cependant V. l'article *Relief* où je cite un Arrêt qui a jugé diſertement qu'il étoit dû relief dans le pre- mier cas.

Cet Arrêt me paroît fondé ſur ce que le droit de relief eſt attaché au changement de poſſeſſeur : celui qui ſuccède à un collatéral ou à un étranger en vertu d'une Subſtitu- tion faite en ſa faveur par un aſcendant, prend l'héritage des mains de celui auquel il eſt ſubſtitué, quoiqu'il tienne la propriété d'un aſcendant ; c'eſt donc un poſſeſſeur nouveau qui par cette raison doit un droit de relief.

Si l'on oppose que les enfans ne doivent point de droit de relief, quand ils succédent directement à leur pere, je dirai que c'est parce que l'on regarde leur droit & leur possession, comme une continuation du droit & de la possession de leur pere, à cause du Domaine anticipé que la Loi suppose être en leur personne, même du vivant de leur pere, d'un bien qui devoit leur appartenir. Mais ici où il y a un premier institué auquel le substitué est étranger ou collatéral, la possession de l'ascendant, auteur de la Substitution, se trouve interrompue; ainsi l'appellé à la Substitution prenant une nouvelle possession des mains du grevé, dont il n'est pas descendu, doit par cette raison payer le droit de relief.

Je ne propose ces réflexions que pour développer, autant qu'il est en moi, les motifs de l'Arrêt que je rapporte au mot *Relief*; sans cet Arrêt j'inclinerois à croire qu'il n'est point dû de relief par l'appellé à la Substitution, lorsque l'auteur dont il tire son droit étoit un ascendant, quelle que puisse être la personne intermédiaire à laquelle il est substitué.

Mon opinion est fondée sur ce qu'en ce cas il n'y a point de changement de possession, tel que la Loi l'exige pour engendrer un droit de relief au profit du Seigneur, le pere & le fils étant censés une même personne. Aussi l'immeuble substitué seroit-il propre à l'appellé à la Substitution, parce qu'alors c'est un legs en ligne directe.

Bien plus, si la Substitution étoit faite au profit d'un parent collatéral du grevé, qui fût son seul & présomptif héritier, on jugeroit, par une suite du même principe, que cette Substitution, qui n'a fait qu'assurer à l'héritier présomptif un immeuble que la Loi lui transmettoit, n'a point mis d'obstacle à la qualité de propre.

Mais si la Substitution étoit faite au profit d'un étranger, ou qui ne fût pas seul héritier; alors, comme la Substitution ne tiendroit pas l'immeuble de la Loi, mais uniquement de la pure libéralité du testateur, je crois

qu'on ne pourroit se dispenser de juger en ce cas l'immeuble acquêt, n'y ayant aucune raison de le juger propre.

Je suppose en effet, dans cette derniere hypothése, que le substitué ne descend point de l'auteur de la Substitution (a).

De Droit commun, les Substitutions sont autorisées dans tout le Royaume & dans tous les Pays. La raison dicte qu'on peut substituer tout ce dont on peut disposer, suivant le principe, qu'un donateur peut apposer telle charge qu'il lui plaît à sa libéralité.

Il est cependant des Coutumes qui défendent de substituer ce dont on peut disposer: nous en connoissons trois de cette espéce; sçavoir, celle d'Auvergne, de Bourbonnois & de la Marche. Ces Coutumes exorbitantes du Droit Commun se renferment à la rigueur dans la lettre de leurs dispositions: c'est pourquoi, comme elles ne parlent que des Substitutions par testament, la Jurisprudence y autorise les Substitutions par donation entre-vifs.

Dans les autres Coutumes, au contraire, on a seulement établi qu'on ne peut pas substituer ce dont on ne peut pas disposer.

En Bretagne, les Substitutions non revêtues de Lettres-Patentes enregistrées au Parlement, sont nulles pour les héritages de cette Province, lors même que les successions, dont ces héritages dépendent, sont ouvertes dans le ressort de Coutumes qui permettent la Substitution, & dans lesquelles il y a des biens susceptibles de Substitution.

Cette nullité a pour fondement deux principes certains en Bretagne; sçavoir, la prohibition d'avantager dans les immeubles de Bretagne, un des héritiers, au préjudice de l'autre; & l'incapacité d'établir par convention, dans les familles, un ordre de succéder différent de celui qui est établi par la Coutume.

L'héritier premier grevé par la Substitution, donneroit inutilement son consentement (en Bretagne), même après la mort de l'auteur commun qui a fait la Substitution; parce que cet héritier ne peut ni vali-

der ni établir entre ceux qui doivent lui
fuccéder, un ordre de fucceffion contraire à
celui de la Coutume de Bretagne, qui eft de
droit public, & qui ne peut recevoir aucune atteinte par les conventions des particuliers.

Ces maximes ont été atteftées comme
conftantes par un Acte de Notoriété figné
de vingt-cinq Avocats au Parlement de
Rennes, légalifé par MM. les Avocats Généraux du même Parlement, qui a certifié
qu'elles *étoient conftantes*, qu'elles n'avoient
jamais varié étant d'une conféquence nécef-
faire du droit public de la Province (de
Bretagne) & de la Loi fondamentale des
partages de toutes fucceffions nobles ou rotu-
rieres.

Cet Acte de Notoriété à été donné dans
l'affaire du Baron de Thiers contre M. de
Gontaut & autres, dans laquelle il s'agiffoit
des Subftitutions des terres du Chatel & de
Moy, par M. de Crozat. L'Arrêt qui eft
intervenu le 18 Août 1751, en la Grand-
Cham... plaidans Mes Delamonnoye &
Gueau de Reverfeaux, a jugé en conformité.

En Normandie » les pere, mere ou au-
» tres afcendans, ne peuvent faire aucune
» Subftitution au profit de leurs defcendans,
» ni par contrat de mariage, ni par tefta-
» ment, ne leur étant pas permis, ni de don-
» ner directement aux defcendans de leurs
» enfans, ni de grever leurs enfans ou def-
» cendans au profit d'autres defcendans; en-
» forte que, quoique par l'article 432 de la
» Coutume il foit porté que fi le donateur
» n'a qu'un feul héritier, il peut lui donner
» tout fon héritage & biens immeubles; ce-
» la doit s'entendre, pourvû que la dona-
» tion faite à ce fils, qui n'eft qu'un avan-
» cement d'hoirie, foit franche & libre de
» toute Subftitution........ « V. en entier
l'Acte de Notoriété donné par les Avocats
au Parlement de Rouen dans l'affaire Def-
touteville, le 4 Juin 1710, rapporté dans la
nouvelle édition in-folio des Arrêts d'Augeard, tome 2, n°. 89, page 343.

Tous les biens que l'héritier ou le légataire ont reçus du teftateur, font compris
dans le fidéi-commis; cependant, fuivant le
droit Romain, qui a lieu parmi nous dans
les Provinces régies par le Droit-Ecrit, tout

héritier inftitué a droit de retenir la quarte
trébellianique; & fi l'héritier inftitué a
droit de légitime dans la fucceffion du teftateur, il peut en outre diftraire & retenir
fa légitime : c'eft la difpofition précife de
l'Ordonnance des Teftamens, art. 56.

C'eft principalement pour les biens immeubles réels qui forment le patrimoine des
familles, que les Subftitutions ont été introduites. Cependant l'Ordonnance des Subftitutions décide :

1°. Que les *immeubles* peuvent être chargés de Subftitutions, *encore qu'ils foient ré-*
putés meubles, à certains égards, par les
difpofitions des Loix ou Coutumes des lieux.
Voyez l'article 2 du titre premier de l'Ordonnance du mois d'Août 1747.

2°. Suivant l'article 3, *les Offices, les ren-*
tes conftituées à prix d'argent ou autrement,
peuvent également être grevées de Subftitution,
même dans les Pays où ils font réputés meu-
bles; & en cas de vente, fuppreffion ou réu-
nion des Offices, ou de rachat des rentes, le
même article veut *qu'il foit fait emploi du*
prix.

3°. L'article 4 décide que *les deniers comp-*
tans, les meubles, droits & effets mobiliers
feront cenfés compris dans une Subftitution,
lorfqu'elle fera appofée à une difpofition uni-
verfelle, ou faite par forme de quotité, à
moins qu'il n'en ait été autrement ordonné
par l'auteur de la Subftitution : & l'Ordonnance veut en ce cas qu'il foit fait *emploi du*
prix.

4°. L'article 5 ordonne que les deniers
comptans, meubles & effets mobiliers, *ne*
pourront être chargés d'aucune Subftitution
particuliere, qu'en cas que l'auteur de la
Subftitution ait ordonné expreffément l'em-
ploi defdits deniers, ou de ceux qui provien-
dront du recouvrement des meubles & effets
mobiliers.

5°. L'article 6 décide que dans *la difpofi-*
tion des deux articles précédens ne feront
compris *les beftiaux & uftenciles fervans à*
faire valoir les terres, lefquels feront (dit cet
article), *cenfés compris dans la Subftitution*
defdites terres, fans diftinction entre les dif-
pofitions univerfelles & particulieres; & dans
ce cas *le Grevé,* fuivant cet article, *n'eft*
point tenu de les vendre & d'en faire emploi;
mais il eft obligé de les faire prifer & efti-

mer, pour en rendre d'une égale valeur, lors de la reſtitution du fidéi-commis, à peine de tous dépens, dommages & intérêts.

6°. Par la même raiſon, l'Ordonnance veut, par l'article 7, que *les meubles meublans & autres choſes mobiliaires qui ſervent à l'uſage ou à l'ornement des châteaux ou maiſons*, puiſſent *être chargés des mêmes Subſtitutions que les châteaux ou maiſons où ils ſont* par *Subſtitution univerſelle ou particuliere ; & en ce cas les grevés ſont tenus de les rendre en nature tels qu'ils ſont lors de l'ouverture du fidéi-commis.*

7°. A l'égard de tous les autres meubles, excepté ceux dont je viens de parler, l'article 8 du même titre de la nouvelle Ordonnance fait *défenſes d'en faire aucune Subſtitution univerſelle ou particuliere, ſous la condition de* les *conſerver en nature,* & elle veut *que celui auquel cette condition ſeroit impoſée, les poſſéde librement, ſans même qu'il ſoit tenu d'en imputer la valeur ſur ſes détractions.*

8°. L'article 9 veut même que *les Subſtitutions appoſées aux donations entre-vifs, ne* puiſſent *avoir d'effet à l'égard des meubles ou effets mobiliers, qu'en cas qu'il en ait été fait un état ſigné des Parties, & annexé à la minute de la donation,* & que *cet état contienne l'eſtimation des meubles & effets ; le tout à peine de nullité à l'égard deſdits effets.*

9°. Par l'article 10 *le donataire* eſt chargé de *faire emploi du prix des meubles & effets compris* dans la Subſtitution.

La raiſon de ces diſpoſitions de l'Ordonnance eſt ſenſible : cette Loi n'a pas voulu qu'il fût permis au grevé de Subſtitution de rendre la Subſtitution ſans effet ; ce qui lui eût été facile, s'il n'eût point été aſtreint de faire emploi du mobilier, qui d'ailleurs ſe conſommant par l'uſage, n'auroit pas pû paſſer aux Subſtitués.

Auſſi l'Ordonnance excepte-t-elle le cas des Subſtitutions portées par un contrat de mariage, dans lequel elle n'exige point toutes ces différentes formalités, ainſi que dans les donations par contrat de mariage, lorſqu'elles ſont faites au profit de l'un des conjoints ; & cela par une faveur ſinguliere attachée aux contrats de mariage, ſuſceptibles de toutes diſpoſitions, pourvû qu'elles ne bleſſent point les bonnes mœurs.

Les Subſtitutions faites par contrats de mariage ou par donations entre-vifs bien & dûement acceptées, ne peuvent plus être révoquées, ni les clauſes d'icelles changées, augmentées ou diminuées par aucune convention ou diſpoſition poſtérieure, même du conſentement du donataire ; & s'il renonce à la donation faite en ſa faveur, la Subſtitution eſt dans le même moment ouverte au profit de ceux qui y ſont appellés.

Il en eſt de même d'une Subſtitution faite par une inſtitution contractuelle ; le droit dans l'un & dans l'autre cas eſt tellement acquis à l'appellé à la Subſtitution, que ni l'auteur de la Subſtitution ni le grevé ne peuvent y porter atteinte. C'eſt la diſpoſition préciſe de l'Ordonnance des Subſtitutions, titre premier, art. 11 & 12.

Avant cette Ordonnance, on ſuivoit l'avis de Ricard, qui dit qu'il faut diſtinguer le cas où l'appellé à la Subſtitution a été Partie dans l'Acte de donation qui renferme la Subſtitution faite à ſon profit, & celui où l'appellé à la Subſtitution n'a point parlé dans l'Acte.

Au premier cas, on jugeoit que le droit avoit été irrévocablement acquis à l'appellé à la Subſtitution, parce qu'il avoit été Partie dans l'Acte, & qu'ainſi il n'étoit plus permis à l'auteur de la Subſtitution & au grevé de lui préjudicier. C'eſt l'eſpéce de l'Arrêt rendu au rapport de M. l'Abbé Pucelle, le 4 Juillet 1730, en faveur de Mᶜ de Fourcroy, Avocat.

Au ſecond cas, on penſoit que l'appellé à la Subſtitution n'ayant point été Partie dans l'Acte, ni l'auteur de la Subſtitution ni le grevé n'avoient point été liés envers lui ; qu'ainſi le donataire, avec charge de Subſtitution, pouvoit, en ſe déſiſtant de la donation & en l'abandonnant, faire ceſſer la Subſtitution, qui n'étoit elle-même qu'une charge & un acceſſoire de la donation. Mais cette diſtinction a été proſcrite par la nouvelle Ordonnance, qui veut que le droit ſoit acquis au ſubſtitué d'une maniere irrévocable, ſans exiger qu'il ait été Partie dans l'Acte.

» Si (dit Ricard) le teſtateur a fait quel-
» qu'un ſon héritier purement & ſimple-
» ment, à la charge d'en inſtituer un autre,
» il n'y a dans le doute, ſuivant la régle que

» nous venons de poſer, que les biens du
» défunt qui ſoient ſujets à reſtitution, la
» préſomption n'étant pas que le teſtateur
» ait voulu, par ſa diſpoſition, comprendre
» d'autres biens que ceux qui partent de ſa
» libéralité. Mais ſi la charge eſt expreſſe
» d'inſtituer, tant aux biens du défunt, qu'à
» ceux qui appartiennent à l'héritier, il n'y
» a point de doute que l'héritier ayant une
» fois accepté librement la diſpoſition fai-
» te en ſa faveur, ſes biens propres ſont
» compris au fidéi-commis auſſi-bien que
» ceux du teſtateur «. Traité des Subſtitutions, titre 3, chapitre 11, partie 2, n.
67.

Ces maximes ont été conſacrées par un
Arrêt rendu en la première Chambre des
Enquêtes, au rapport de M. de Lattaignant, ſur partage d'opinions en la ſeconde, entre le Marquis de Simiane & la Marquiſe de Valbelle, le Mercredi 19 Août
1739.

Les biens ſubſtitués étant ordinairement
des immeubles qui produiſent des fruits, il
peut ſe préſenter des queſtions, pour ſçavoir comment & de quel temps ils appartiennent, ſoit au grevé de Subſtitution, ſoit
au fidéi-commiſſaire.

A cet égard, il eſt certain que le grevé de
Subſtitution doit rendre les fruits qui étoient
ſéparés du fonds lors de la mort du teſtateur, ſi le mobilier a été ſubſtitué, & qu'a-
lors le grevé a dû en faire emploi; mais qu'il
ne les doit point, s'il n'y a que le fonds qui
ſoit grevé de Subſtitution.

Au contraire, le grevé de Subſtitution doit
rendre les fruits pendans par les racines, qui
exiſtoient ſur le fonds lors de la mort du
teſtateur, parce qu'alors ils augmentent le
fonds dont ils font partie.

Si le fidéi-commis eſt conditionnel, ou
s'il ne doit être rendu que dans un certain
temps, le grevé fait les fruits ſiens, en attendant l'échéance de la condition & du
temps; ces fruits lui appartiennent, parce
que juſqu'alors il n'a point été en demeure
de rendre. Cependant ſi le temps appoſé à
un fidéi-commis n'avoit été mis qu'en faveur du fidéi-commiſſaire, le grevé devroit
alors rendre tous les fruits par lui perçus,
même avant l'avénement du jour du fidéi-
commis: les Loix l'appellent dans ce cas un

héritier fiduciaire; c'eſt-à-dire, un homme
à qui le teſtateur n'a fait que confier ce qu'il
vouloit léguer au fidéi-commiſſaire; & l'on
juge que l'héritier eſt ſimplement fiduciaire
par les termes du teſtament & par les circonſtances. Cependant je ne conſeillerois à
perſonne de faire une pareille diſpoſition,
ſans exprimer clairement ſa volonté, en
ordonnant expreſſément la reſtitution des
fruits.

Le grevé de Subſtitution eſt obligé, au
défaut de l'héritier ou légataire univerſel,
de faire procéder à l'inventaire des biens du
défunt: c'eſt la diſpoſition de l'article 2 du
titre 2 de l'Ordonnance des Subſtitutions.
Faute par l'héritier inſtitué ou légitime de
faire faire l'inventaire, celui qui doit recueillir les biens ſubſtitués, eſt tenu d'y faire
procéder, & de faire appeller audit inventaire leſdits héritier & légataire univerſel, qui ſont tenus de lui en rembourſer les
frais.

Et en cas de négligence, ſoit de la part
de l'héritier ou légataire univerſel, ſoit du
grevé de Subſtitution, l'article 3 du titre 2
de la ſuſdite Ordonnance, veut qu'il ſoit
procédé à l'inventaire à la requête du *Procureur du Roi*, en préſence du premier ſubſtitué, s'il eſt majeur, ou de ſon tuteur ou
curateur, s'il eſt pupille ou interdit, ou du
ſyndic ou autre adminiſtrateur, ſi la Subſtitution eſt faite au profit d'un Corps ou Communauté Eccléſiaſtique ou Laïque; & ſi le
premier inſtitué n'eſt point encore né, il
doit y être procédé en préſence d'un curateur à la Subſtitution.

Ce curateur, qu'on nomme plus communément tuteur à la Subſtitution, doit être
rembourſé de tous ſes frais, & les vacations
de ſon Procureur doivent être payées, ſans
aucune diſtinction, ſur les biens de la ſucceſſion, comme les frais des autres Parties:
on le juge ainſi au Châtelet; & il y a ſur
cela une Sentence rendue, au rapport de M.
le Lieutenant Civil, ſur délibéré, le 27 Septembre 1749, qu'on exécute comme Réglement. (elle eſt imprimée.)

L'Ordonnance de 1747 veut que, quand
il s'agit de faire un inventaire en Juſtice
après le décès de quelqu'un qui a fait une
Subſtitution, il ne puiſſe y être *procédé que
de l'autorité du Baillage, Sénéchauſſée ou
autre*

autre *Siége Royal* (a) *reffortiffant nuement ès Cours ou Confeils Supérieurs.* Et à cet égard voyez *Inventaire.*

L'inventaire doit être fuivi de la vente indiquée par affiches & enchere de tôus les meubles & effets compris dans la Subftitution, à l'exception néantmoins de ceux qui doivent être confervés en nature, & dont j'ai parlé ci-deffus. L'Ordonnance laiffe cependant à la prudence du Juge de permettre au grevé, s'il y écheoit, de retirer lefdits meubles ou effets mobiliers, ou partie d'iceux, fuivant la prifée, en les imputant fur ce qui pourroit lui être dû pour fes détractions ou autres droits, fans qu'audit cas le grevé foit tenu de les vendre ou d'en faire emploi. Voyez les difpofitions de l'Ordonnance, & ce que je dis au mot *Inventaire.*

Il faut fuivre, poûr cet emploi, les intentions du teftateur, s'il les a expliquées, finon les deniers provenans de la vente des meubles doivent fervir d'abord au payement des dettes & rembourfement des rentes ou autres charges dont les biens fubftitués font tenus, fi ce n'eft qu'il fût plus avantageux à la Subftitution de continuer les arrérages des rentes & charges, que d'en rembourfer les capitaux; ce que l'Ordonnance laiffe encore à la prudence du Juge : le furplus des deniers ne peut être employé qu'en acquifitions de fonds de terres ou maifons, ou rentes foncieres ou conftituées.

Pour affurer cet emploi, qui doit être fait en préfence de l'appellé à la Subftitution, ou des perfonnes qui peuvent le repréfenter, l'Ordonnance veut (article 12 *ibid.*) que la même Ordonnance *du Juge qui autorifera le grevé de Subftitution, ou celui au profit duquel elle fera ouverte,* à entrer en poffeffion des biens fubftitués, leur enjoigne de faire ledit emploi dans un délai qui fera fixé.

Cet envoi en poffeffion eft tellement néceffaire pour que le grevé puiffe faire les fruits fiens, que l'Ordonnance, (s'il les a percus avant,) l'oblige de les reftituer par forme de peine à l'appellé à la Subftitution; & s'il n'étoit pas encore né, l'Ordonnance

veut que la reftitution fe faffe à l'Hôpital du lieu où le Jugement qui envoye en poffeffion eft rendu ; ou s'il n'y en a point dans le lieu, au plus prochain.

Pour obtenir cette Ordonnance, il faut s'adreffer au Juge Royal du domicile de l'auteur de la Subftitution reffortiffant nuement au Parlement ou à un Confeil fupérieur, & à celui dans l'étendue du reffort duquel font fitués les biens fubftitués.

Cette Ordonnance du Juge ne peut être accordée qu'en rapportant l'Acte de publication & d'enregiftrement de la Subftitution, avec un extrait en bonne forme de la clôture de l'inventaire fait après le décès de l'auteur de la Subftitution ; laquelle Ordonnance doit être donnée fur une fimple Requête, à laquelle doit être attaché l'Acte de publication & d'enregiftrement, enfemble l'extrait en bonne forme de la clôture de l'inventaire, & fur les Conclufions du Procureur du Roi, fans qu'il foit néceffaire d'y appeller d'autres Parties. *Il doit être fait mention expreffe defdits Actes dans le vû de ladite Ordonnance, dont la minute doit être mife au Greffe ; le tout à peine de nullité,* encore que l'exécution *des difpofitions portant Subftitution eût été confentie par des Actes volontaires,* lefquels ne peuvent *avoir aucun effet qu'après que ceux au profit defquels ils ont été faits, ont fatisfait à toutes ces formalités ;* ce qui, ajoute l'Ordonnance, *fera exécuté, à peine de nullité.* Elle ne veut pas même qu'il puiffe être rendu aucun Jugement fur les demandes qui feroient formées en conféquence des Actes de Subftitution, qu'après qu'il aura été fatisfait *à tout ce que deffus.* V. l'article 35 & les fuivans du titre 2 de l'Ordonnance des Subftitutions.

Le fidéi-commiffaire, même à titre univerfel, n'eft point faifi de plein droit, encore que la Subftitution ait été faite en ligne directe : mais il eft tenu d'obtenir la délivrance ou la remife du fidéi-commis, & les fruits ne lui appartiennent, en conféquence du fidéi-commis, que du jour de l'Acte par lequel l'exécution de la Subftitution a été confentie, ou de la demande formée à cet effet, fans qu'il puiffe évincer le tiers-pof-

---

(a) Cela n'a pas lieu dans le reffort du Parlement de Flandres ; les Juftices municipales & celles des Seigneurs y peuvent connoître des matieres de Subftitution, & y faire faire des inventaires. V. fur cela la Décl. du 12 Juil. 1749, regift. audit Parlement de Flandres, le 13 Août fuivant. Elle contient dix articles que je rapporte ci-après,

Tome III. Part. II.   R

sesseur des biens compris dans la Substitution, qu'après avoir obtenu ladite délivrance ou remise, & avoir satisfait aux mêmes formalités que l'Ordonnance exige du grevé de Substitution, (& que je viens de rapporter,) si elles n'ont pas été remplies.

Les Substitutions peuvent se faire, ou par donation entre-vifs, ou par testament; mais elles ne peuvent subsister que quand ces sortes d'Actes sont conformes aux régles. La Cour, par Arrêt rendu le Jeudi 10 Juillet 1738, sur les Conclusions de M. l'Avocat Général Gilbert, entre le Duc & la Duchesse de Luxembourg, contre le sieur d'Estouteville, a jugé que la donation faite par feu M. de Seignelay, Ministre, à son fils aîné de différentes Terres situées dans les Coutumes de Sens & d'Auxerre, étant nulle, comme faite en maladie, la Substitution que cette donation contenoit, étoit également nulle.

La publication des Substitutions dans les Tribunaux a été ordonnée par l'article 4 de l'Edit du mois de Mai 1553 (a), par l'article 57 de l'Ordonnance de Moulins, (du mois de Février 1566,) & par une Déclaration du 10 Juillet de la même année. Une Déclaration du 17 Novembre 1690, avoit même prescrit la maniere d'exécuter ces Ordonnances, *soit pour le temps dans lequel les Substitutions devoient être publiées, soit pour les personnes auxquelles le défaut de publication pouvoit être opposé.*

Mais quelques Cours Supérieures ayant différemment interprété toutes ces Loix, il est intervenu une Déclaration le 18 Janvier 1712, par laquelle la forme de l'enregistrement & de la publication des Substitutions ont été prescrites d'une maniere claire & précise, sous différentes peines. Voici quelles en sont les dispositions :

Ordonne Sa Majesté » que toutes les Substitutions faites par Actes entre-vifs ou » par testament, soient publiées en Jugement, l'Audience tenant, tant en la Justice Royale du domicile de celui qui les » aura faites, qu'en celle de la situation des » biens substitués, & que lesdites publications & Substitutions soient enregistrées

» en même-temps au Greffe desdites Justices Royales, à la diligence des héritiers, » soit institués, soit *ab intestat*, donataires » ou légataires universels, ou même particuliers, lorsque leurs donations ou leurs » legs seront chargés de Substitutions; & en » cas de minorité, à la diligence de leurs tuteurs ou curateurs, qui demeureront responsables du défaut desdites publications » & d'enregistrement, à peine de nullité, » tant des Substitutions qui ont été précédemment faites, que de celles qui seront » faites à l'avenir.

» Voulons que lesdites publications & enregistremens soient faits dans les six mois, » à compter du jour des Actes, si les Substitutions sont faites par des dispositions entre-vifs; & du jour du décès des testateurs, si elles sont faites par des dispositions à cause de mort. Ordonnons que lesdites Substitutions & publications soient registrées dans un registre destiné à cet effet, qui sera paraphé à chaque page par le » principal Juge des Siéges Royaux où les » Substitutions doivent être publiées.

» Voulons que les Substitutions qui sont » faites ou qui le seront à l'avenir, qui n'auront pas été publiées ni enregistrées dans » ledit temps de six mois, ne puissent être » opposées aux créanciers ni aux tiers-acquéreurs, & que celles qui auront été » publiées & enregistrées après les six mois, » ne puissent leur être opposées que du jour » desdites publication & enregistrement : ce » que nous voulons avoir lieu à l'égard des » mineurs, sans qu'ils puissent prétendre » être relevés de ce défaut de publication & » d'enregistrement, même en cas d'insolvabilité de leurs tuteurs.

» Ne pourra le défaut de publication & » d'enregistrement être opposé en aucun cas » aux substitués par les héritiers institués, » ou *ab intestat*, donataires ou légataires » universels ou particuliers, ni par leurs » successeurs, à l'égard desquels les Substitutions auront leur effet, comme si elles » avoient été publiées & enregistrées. (Voy. » *Publication.*) Et seront lesdites publications & enregistremens faits sans préju-

____

(a) L'enregistrement des Substitutions n'a commencé à se faire en Artois, qu'à compter du premier Octob 1661, que le Conseil d'Artois a ordonné cet enregistrement, à

peine de nullité, relativement aux créanciers seulement; le Conseil d'Artois a attesté ce fait par des Actes de Notoriété en grand nombre.

» dice de l'infinuation defdites Subftitu-
» tions, ordonnée par notre Edit du mois
» de Décembre 1703 , qui fera exécuté
» felon fa forme & teneur.

» N'entendons néantmoins que fur le fon-
» dement ou défaut de publication & d'en-
» regiftrement , l'on puiffe donner atteinte
» aux Subftitutions qui ont été ou qui fe-
» ront faites jufqu'au jour de l'enregiftre-
» ment des Préfentes, dans le reffort des
» Parlemens & Cours Supérieures où l'Or-
» donnance de Moulins, ni les Edits & Dé-
» clarations qui ont ordonné la publication
» des Subftitutions, n'ont pas été enregif-
» trés jufqu'à préfent , & où il n'y a aucune
» autre Loi qui y établiffe la néceffité de la
» publication des Subftitutions. Voulons
» feulement que notre préfente Déclaration
» y foit exécutée pour les Subftitutions qui
» y feront faites à l'avenir , du jour qu'elle
» y aura été enregiftrée ». Voyez une autre
Déclaration du 22 Juillet 1739 , contenant
fix articles fur la publication des Subftitutions en Dauphiné : elle a été regiftrée au
Parlement de Grenoble le 12 Juin fuivant.

Il avoit été ordonné , par l'article 6 d'un
Edit du mois de Juillet 1707 , regiftré au
Parlement de Befançon , que les Subftitutions déja faites dans le reffort de ce Parlement & celles qui feroient faites à l'avenir ,
feroient publiées en Jugement à jour de plaidoirie , & regiftrées au Greffe de la Juftice
Royale du domicile du donateur ou teftateur , & pareillement au Greffe de la Juftice Royale (a) dans l'étendue de laquelle
les biens donnés ou légués feroient fitués ,
& ce dans les fix mois , à compter ; fçavoir,
à l'égard des Subftitutions futures , du jour
des contrats pour les contractuelles , & de
la mort du teftateur , fi elles étoient faites
par teftament ; & à l'égard de celles qui
étoient déja faites, à compter du jour de la
publication de l'Edit.

L'article 7 du même Edit ordonnoit que
les Subftitutions qui auroient été ainfi publiées & enregiftrées, auroient leur effet du
jour du décès du teftateur, tant contre les

créanciers que contre les tiers-acquéreurs
des biens qui y feroient compris ; & que celles qui n'auroient été publiées & enregiftrées qu'après les fix mois , n'auroient effet
contre lefdits créanciers & tiers-acquéreurs,
que du jour des publications & enregiftremens.

Ces difpofitions de l'Edit de 1707 ont
été diverfement interprétées par les Com-
tois ; quelques - uns foutenoient que l'E-
dit n'avoit affujetti les Subftitutions antérieures à une nouvelle publication & à un
nouvel enregiftrement , qu'au cas qu'elles
n'euffent point déja été publiées fuivant les
Loix autorifées dans la Province. D'autres
prétendoient, au contraire, que l'Edit avoit
eu pour objet de remédier à l'incertitude &
à l'irrégularité des ufages obfervés dans le
reffort du Parlement de Befançon fur la publication des Subftitutions ; que par conféquent toutes celles qui étoient antérieures,
avoient dû de nouveau être publiées & regiftrées. Il eft intervenu une nouvelle Déclaration, le 14 Septembre 1721 , qui , en interprétant l'Edit de 1707 , a déclaré *toutes
les Subftitutions faites avant ledit Edit dans
l'étendue du Comté de Bourgogne , quelques
anciennes qu'elles puiffent être . . . . avoir
été fujettes à la nouvelle publication & au
nouvel enregiftrement ordonné par ledit Edit ,
encore qu'elles euffent été publiées avant ledit
Edit , en quelque forme & maniere qu'elles
euffent pû l'être , &c.*

La Déclaration ajoute *que les anciennes
Subftitutions qui n'auront point été publiées
& enregiftrées dans les fix mois du jour de la
publication de l'Edit , n'auront d'effet contre
les créanciers & tiers-acquéreurs , que du jour
que la publication & l'enregiftrement en auront été faits . . . . . .*

Toutes ces difpofitions fur l'enregiftrement & la publication des Subftitutions
ont encore été plus développées par la
nouvelle Ordonnance des Subftitutions , du
mois d'Août 1747. Voici comme s'expliquent les articles 18 , 19 & fuivans , jufques & compris l'art. 30 du tit. 2 de cette

(a) Il y a eu une Déclaration du 2 Mars 1708, publiée
au Parlement de Befançon, le 16 Juillet fuivant , par laquelle il a été ordonné que les Jurifdictions (Seigneuriales)
de Lure, de Luxeuil, de Saint-Ouyan, du Joux ou de Saint-
Claude , de Vauvillers & de Favernay, continueroient ,

comme par le paffé, du droit de faire publier les Subftitutions, & d'infinuer les donations de la même maniere que
les Officiers des Juftices Royales. On trouve cette Déclaration dans le Recueil du Parlement de Befançon, tom. 3,
page 563.

Ordonnance, & les articles 32, 33 & 34 du même titre.

XVIII. » Toutes les Subſtitutions fidéi-commiſſaires faites, ſoit par des Actes entre-vifs, ou par des diſpoſitions à cauſe de mort, ſeront publiées en Jugement, l'Audience tenant, & enregiſtrées au Greffe du Siége où la publication ſera faite ; le tout à la diligence des donataires, héritiers inſtitués, légataires univerſels ou particuliers, qui ſeront grevés de Subſtitution, même des héritiers légitimes, lorſque la charge de la reſtitution du fidéicommis tombera ſur eux dans le cas de droit (a).

XIX. » La publication & l'enregiſtrement des Subſtitutions ſeront faits au Bailliage, Sénéchauſſée, ou autre Siége Royal reſſortiſſant nuement en nos Cours de Parlement ou Conſeils ſupérieurs, dans l'étendue ou le reſſort duquel étoit le lieu du domicile de l'auteur de la Subſtitution, au jour de l'Acte qui la contiendra (b), ſi elle eſt faite par un Acte entre-vifs, ou au jour de ſon décès, ſi elle eſt contenue dans une diſpoſition à cauſe de mort, & pareillement dans les Siéges de la même qualité, dans l'étendue ou le reſſort deſquels ſeront ſituées les maiſons & terres ſubſtituées, ou les fonds chargés de rentes foncieres & autres droits réels qui ſeroient compris dans la Subſtitution.

XX. » La diſpoſition de l'article précédent aura lieu ; encore que l'auteur de la Subſtitution eût ſon domicile, ou que les biens fuſſent ſitués en tout ou en partie dans une Juſtice Seigneuriale, reſſortiſſant immédiatement en nos Cours de Parlement ou Conſeils ſupérieurs ; auquel cas la publication & enregiſtrement ſe feront dans le Siége Royal de la qualité marquée par l'article précédent, qui y a la connoiſſance des cas Royaux.

XXI. » Il ne pourra être procédé à l'avenir à la publication & enregiſtrement des Subſtitutions, que dans les Siéges de la

qualité marquée par les deux articles précédens, encore que la Subſtitution fût antérieure à la publication de la préſente Ordonnance ; ce qui ſera obſervé à peine de nullité.

XXII. » Lorſque la Subſtitution comprendra des rentes conſtituées ſur nous ou ſur notre bonne Ville de Paris, ou autres Villes, ſur le Clergé, ou ſur des Pays d'Etats ou des Offices, elle ſera publiée & enregiſtrée dans les Siéges de la qualité ci-deſſus marquée, tant du lieu où leſdites rentes ſe payent, ou dans lequel ſe fait l'exercice deſdits Offices, que du lieu du domicile de l'auteur de la Subſtitution.

XXIII. » Dans le cas où l'emploi ci-deſſus ordonné aura été fait en acquiſition de maiſons ou terres, rentes foncieres ou autres droits réels, ou en conſtitution des rentes mentionnées dans l'article précédent, voulons que, tant la Subſtitution que l'Acte d'emploi, ſoient publiés & enregiſtrés aux Siéges de la qualité marquée par les articles 19 & 20, dans leſquels leſdites maiſons ou terres, ou les héritages chargés deſdites rentes foncieres ou droits réels ſont ſitués, ou dans leſquels leſdites rentes ſont payées ; & en cas que la Subſtitution y eût été déja publiée & enregiſtrée, il ſuffira d'y publier & enregiſtrer l'Acte d'emploi.

XXIV. » Dans chacun des Siéges ci-deſſus marqués, il ſera tenu un regiſtre particulier, qui ſera cotté & paraphé à chaque feuillet, clos & arrêté à la fin par le premier Officier du Siége, ou, en ſon abſence, par celui qui le ſuit dans l'ordre du tableau ; dans lequel regiſtre ſeront tranſcrits en entier les contrats, donations, teſtamens ou codiciles qui contiendront des Subſtitutions, à l'effet de quoi la groſſe ou expédition deſdits Actes ſera repréſentée, ſans qu'il ſoit beſoin d'en rapporter la minute.

XXV. » Le Greffier ou Commis du Greffe ſera tenu de donner communication dudit regiſtre, ſans déplacer, à tous ceux qui la

(a) L'Arrêt contradictoire, rendu au Conſeil d'Etat, le 30 Août 1698, entre les Officiers du Bailliage & ceux de la Prévôté d'Avalon, a fait » défenſes aux Officiers du Bailliage & Châtellenie d'Avalon, de faire publier d'office, à la requête du Procureur du Roi audit Siège, aucun Teſtament, Ordonnance de derniere volonté ou donation entre-vifs, & de percevoir pour ce, aucun droit, ſauf ceux du Greffier, &c. «

(b) Cela ne s'obſerve pas dans le reſſort du Parlement de Flandres ; parce qu'une Déclaration du 11 Juillet 1749, dont j'ai déja parlé, y a dérogé. Voyez cette Déclaration en entier, & ſur-tout l'article premier.

» demanderont, & pareillement d'en déli-
» vrer un extrait figné de lui, ou une expé-
» dition toutes les fois qu'il en fera requis ;
» le tout fans qu'il foit befoin d'obtenir une
» Ordonnance du Juge à cet effet.

XXVI. » Voulons que, fuivant ce qui a
» été réglé par les articles 2, 3 & 5 de notre
» Déclaration du 17 Février 1731, il ne
» puiffe être reçu par l'Officier qui cottera
» & paraphera ledit regiftre, que dix fols
» pour ceux qui feront de cinquante feuil-
» lets, vingt fols pour ceux qui auront cent
» feuillets, & trois livres pour ceux qui en
» contiendront un plus grand nombre ; &
» ne pourra être pris par le Greffier que
» dix fols pour fon droit de recherche, &
» pareille fomme pour chaque extrait qui
» fera par lui délivré ; & s'il eft requis de
» délivrer des expéditions entieres des Ac-
» tes enregiftrés, il lui fera payé par rôle
» de groffe, le même droit qui fe paye pour
» les expéditions en papier au Greffe du
» Siége.

XXVII. » La publication & enregiftre-
» ment des Subftitutions feront faits dans
» fix mois, à compter du jour de l'acte qui
» les contiendra, lorfqu'elles feront por-
» tées par un contrat de mariage ou autre
» acte entre-vifs ; & du jour du décès de ce-
» lui qui les aura faites, lorfqu'elles feront
» contenues dans une difpofition à caufe de
» mort.

XXVIII. » Lorfque la Subftitution aura
» été dûement publiée & enregiftrée dans
» ledit délai de fix mois, elle aura effet,
» même contre les créanciers & les tiers-
» acquéreurs, à compter du jour de fa date,
» fi elle eft portée par un acte entre-vifs ; ou
» du jour du décès de celui qui l'aura faite,
» fi elle eft contenue dans une difpofition à
» caufe de mort.

XXIX. » Pourra néantmoins être procé-
» dé à la publication & à l'enregiftrement
» des Subftitutions, après l'expiration dudit
» délai de fix mois ; mais, en ce cas, la Subf-
» titution n'aura effet contre les créanciers
» & les tiers-acquéreurs, que du jour qu'il
» aura été fatisfait auxdites formalités, fans
» qu'elle puiffe être oppofée à ceux qui au-
» ront contracté avant ledit jour.

XXX. » Dans le cas marqué par l'article
» 23, le délai de fix mois ci-deffus prefcrit, ne courra que du jour de l'acte qui
» contiendra l'emploi des deniers provenans
» de la Subftitution ; & lorfque la publica-
» tion & enregiftrement requis par ledit
» article auront été faits dans ledit délai,
» la Subftitution aura effet fur les biens
» mentionnés audit article, à compter du
» jour dudit acte, même contre les créan-
» ciers & tiers-acquéreurs, finon elle n'au-
» ra effet contr'eux, à l'égard defdits biens,
» que du jour de la publication & enregif-
» trement.

XXXII. » Les créanciers & tiers-acqué-
» reurs pourront oppofer le défaut de pu-
» blication & d'enregiftrement de la Subf-
» titution, même aux pupilles, mineurs ou
» interdits, & à l'Eglife, Hôpitaux, Com-
» munautés, ou autres qui jouiffent du pri-
» vilége des mineurs, fauf le recours def-
» dits pupilles, mineurs & autres ci-deffus
» nommés, contre leurs Tuteurs, Curateurs,
» Syndics ou autres Adminiftrateurs, &
» fans qu'ils puiffent être reftitués contre
» ledit défaut, quand même lefdits Tuteurs,
» Curateurs, Syndics, ou autres Adminif-
» trateurs, fe trouveroient infolvables.

XXXIII. » Le défaut de publication &
» d'enregiftrement ne pourra être fuppléé
» ni regardé comme couvert par la connoif-
» fance que les créanciers ou les tiers-ac-
» quéreurs pouvoient avoir eue de la Subf-
» titution, par d'autres voies que celles de
» la publication & de l'enregiftrement : vou-
» lons que le préfent article foit obfervé, à
» peine de nullité.

XXXIV. » Les donataires, héritiers inf-
» titués, légataires univerfels ou particu-
» liers, même les héritiers légitimes de ce-
» lui qui aura fait la Subftitution, ni pareil-
» lement leurs donataires, héritiers infti-
» tués ou légitimes, & légataires univerfels
» ou particuliers, ne pourront en aucun cas
» oppofer aux Subftitués le défaut de pu-
» blication & d'enregiftrement de la Subfti-
» tution «.

Si on admettoit l'héritier ou le donataire
à oppofer le défaut de publication, ce feroit les admettre à profiter de leur propre
faute ; mais ce défaut peut être oppofé par
des tiers, par des créanciers & par des acquéreurs ; les Arrêts l'ont perpétuellement
jugé.

Les conteſtations concernant les Subſtitutions fidéi-commiſſaires, ne peuvent pas être portées devant toutes ſortes de Juges; la connoiſſance en eſt attribuée aux Bailliages & Sénéchauſſées, ou autres Siéges Royaux reſſortiſſans nuement ès Cours & Conſeils Supérieurs, à l'excluſion des Juges Royaux ſubalternes, & de tous Juges Seigneuriaux, même de ceux qui reſſortiſſent nuement ès Cours & Conſeils Supérieurs. C'eſt la diſpoſition de l'article 47 du titre 2 de l'Ordonnance des Subſtitutions. Mais voyez *Inventaire*.

L'article 49 du même titre porte » qu'il » ne pourra être rendu aucun Jugement ſur » ce qui concerne les Subſtitutions fidéi» commiſſaires, & l'obſervation des régles » preſcrites par ladite Ordonnance, que ſur » les Concluſions des Procureurs & Avo» cats du Roi en premiere inſtance, & ſur » celle des Avocats & Procureurs Généraux » dans les Cours, &c. «

Sur cette diſpoſition de la nouvelle Ordonnance, il s'eſt agi de ſçavoir ſi un Arrêt d'appointement au Conſeil, conſenti par le tuteur des enfans puînés du Duc de Beauvilliers, & par le tuteur de leur frere aîné, ſur l'appel de la Sentence du Châtelet, qui déclaroit la Subſtitution de la Terre de Buzencois, ouverte au profit de l'aîné de ces enfans, étoit nul, par la raiſon qu'il n'avoit pas été rendu avec le Miniſtere public.

Cet Arrêt d'appointement étoit argué de nullité par les créanciers du Duc de Beauvilliers, & par la Ducheſſe ſa veuve; le tuteur du fils aîné diſoit que c'étoit un Arrêt d'inſtruction, & qu'il n'étoit pas d'uſage de faire rendre ces Arrêts avec Meſſieurs les Gens du Roi. Les créanciers répondoient que l'Ordonnance exigeant que le Miniſtere public intervînt dans tous les Jugemens, ſans exception, il falloit en conclure que les Arrêts d'inſtruction étoient compris dans ſa diſpoſition.

Il étoit conſtant dans le fait que l'Arrêt avoit été conſenti entre les deux tuteurs; mais ce n'étoit pas ſur le conſentement qu'on fondoit la nullité.

M. l'Avocat Général Joly de Fleury, qui porta la parole dans cette affaire, obſerva que le Miniſtere public n'étoit pas néceſſaire dans les cauſes miſes au Rôle, qui n'a

voient pu être plaidées, & qui devenoient appointées de droit, mais que la communication étoit néceſſaire dans les Jugemens d'inſtruction, tels que les appointemens qui ſe prononçoient à l'Audience, ou qui étoient cenſés y avoir été prononcés; la Cour, par l'Arrêt rendu le Lundi 19 Février 1759, a déclaré nul l'Arrêt d'appointement au Conſeil, & toutes les procédures en conſéquence; & comme la cauſe principale des créanciers intervenans avoit été placée la ſeconde ſur le Rôle, il a été ordonné que les Parties plaideroient.

M. Rouillé de Meſlay ayant, par ſon teſtament, fait une Subſtitution graduelle & maſculine en faveur de ſes enfans & deſcendans, fit un codicile par lequel, prévoyant que la ligne directe pourroit manquer dans ſa ſucceſſion, avant la fin de la Subſtitution portée par ſon teſtament, il inſtitua pour ſon héritier en tous les biens ſujets à ladite Subſtitution, l'aîné des enfans mâles de M. le Prince de Talmont; & à ſon défaut, le ſecond deſdits enfans mâles.

Ce codicile étoit cacheté; & M. Rouillé de Meſlay ayant ordonné qu'il ne fût ouvert que dans le cas ſeulement où la ligne directe, deſcendante de lui, viendroit à manquer, les diſpoſitions en demeurerent ſecrettes; mais la ligne directe ayant manqué avant que les dégrés de Subſtitution portés au teſtament fuſſent remplis, on ouvrit le paquet; & M. le Prince de Talmont ayant appris que M. de Taillebourg, ſon fils, étoit appellé par ce codicile, demanda que la Subſtitution fût déclarée ouverte à ſon profit.

Les héritiers de M. de Meſlay le ſoutinrent non-recevable: ils prétendoient qu'il n'avoit pas été au pouvoir du teſtateur d'empêcher qu'on ouvrît ſon codicile, & qu'on publiât la Subſtitution que ce codicile renfermoit; que les Ordonnances, par des diſpoſitions préciſes, déclaroient nulles les Subſtitutions qui n'étoient pas publiées.

La Cour n'eut aucun égard à ces moyens; & par Arrêt rendu le 19 Février 1726, la Subſtitution fut déclarée ouverte au profit du Comte de Taillebourg. En effet, le grevé de Subſtitution tenant ſon droit de la volonté du teſtateur, ne pouvoit pas attaquer cette même volonté, & lui oppoſer les diſpoſitions de l'Ordonnance.

Le grevé de Subſtitution n'étant point parfaitement propriétaire, ne peut pas nuire aux fidéi-commiſſaires : ainſi, toutes les aliénations qu'il peut avoir faites, ſe détruiſent & s'anéantiſſent à l'ouverture du fidéi-commis, de quelque nature qu'elles ſoient, excepté le recours ſubſidiaire pour la dot, le douaire, &c. dont je parlerai dans un moment. L'Ordonnance du mois d'Août 1747 veut même que, quoique le fidéi-commiſſaire ſoit l'héritier pur & ſimple du grevé qui a aliéné, il puiſſe néantmoins *revendiquer* les biens ſubſtitués, & en évincer les tiers-acquéreurs, en les rembourſant entiérement du prix de l'aliénation, frais & loyaux-coûts.

Cette déciſion n'étoit pas ſans difficulté avant l'Ordonnance ; parce qu'il ſembloit que le fidéi-commiſſaire, en ſa qualité d'héritier pur & ſimple, repréſentant le vendeur, étoit tenu de tous ſes faits, & par conſéquent garant de ſa propre action.

Inutilement les acquéreurs prétendroient-ils s'aſſurer la propriété des biens qu'ils auroient acquis, en faiſant pourſuivre ſur eux un décret volontaire de ces biens ; parce que l'appellé à la Subſtitution n'ayant aucun droit ouvert avant l'ouverture du fidéi-commis, mais une ſimple eſpérance qui ne forme qu'un droit très-imparfait, il ne ſeroit pas fondé à s'oppoſer à ce décret, au moyen de ce qu'il n'auroit pas un droit certain & fixe.

En un mot, le décret d'un bien ſubſtitué, fût-il même forcé, ne ſerviroit de rien aux acquéreurs, & ne purgeroit point la Subſtitution non ouverte, quand même ce ſeroit le Roi qui auroit acquis, & quand les formalités preſcrites pour purger les hypothéques des biens que Sa Majeſté acquiert, auroient été obſervées ; l'Edit du mois de Juillet 1693 le décide textuellement. Il en eſt de même, à cet égard, que du douaire des enfans, qui ne peut être purgé avant la mort du pere, quelque décret qui intervienne ſur les biens qu'il a pû aliéner (a).

Il faut cependant excepter de cette maxime générale les offices qui forment une nature de biens ſinguliers : le ſceau purge les Subſtitutions & le douaire ; il faut néceſſairement y former oppoſition. Voyez ce que j'ai dit au mot *Sceau (Grand)*.

De même il eſt des cas où le grevé de Subſtitution peut hypothéquer, & par conſéquent aliéner les biens ſubſtitués ; ainſi les biens ſubſtitués en ligne directe ſont hypothéqués ſubſidiairement à la dot de la femme du grevé, à ſon douaire-coutumier, aux remplois qui peuvent avoir lieu pour des aliénations forcées que la femme n'a pû empêcher, tels que ſont les rembourſemens de rentes qui peuvent être faits au mari. Voyez *Hypothéque*.

Mais cette hypothéque n'a point lieu pour les remplois & indemnités cauſés pour des aliénations volontaires, n'ayant dépendu que de la femme de n'y point conſentir.

Elle n'a pas lieu non plus pour le préciput : la raiſon de différence eſt que la dot & le douaire étant néceſſaires pour faciliter le mariage, que l'auteur de la Subſtitution faite en directe a lui-même prévu, il eſt cenſé avoir voulu que les biens ſubſtitués ſerviſſent ſubſidiairement à l'hypothéque de la femme ; ſans quoi elle n'eût pas conſenti le mariage, & la Subſtitution elle-même ſe feroit évanouie ; au lieu que le préciput & les indemnités pour aliénations volontaires ne ſont point cenſés avoir été dans l'intention de l'Auteur de la Subſtitution.

De même, dans les Pays où la ſtipulation de l'augment de dot eſt uſitée, l'hypothéque ſubſidiaire a lieu, tant pour le principal, que pour les intérêts dudit augment, juſqu'à concurrence de la quotité qui eſt réglée par les Statuts, Coutumes & Uſages des lieux. Voyez ſur cette hypothéque ſubſidiaire l'article 44 du titre premier de l'Ordonnance des Subſtitutions concernant la dot des femmes ; l'article 45 concernant le douaire-coutumier ; l'article 46, concernant l'augment ; l'article 48, concernant le préciput, les bagues & joyaux, & généralement toutes les ſtipulations, ainſi que la dot, le douaire & l'augment que cet article affranchit de cette hypothéque ſubſidiaire ; & les art. 49 & 50, concernant les indemnités &

(a) On prétend cependant que la poſſeſſion centénaire, ſans interruption, ſuffit aux acquéreurs d'un bien ſubſtitué ; & qu'il faut diſtinguer cette poſſeſſion de la preſcription ordinaire. Sur cela on cite l'Arrêt de Niſas, rendu en faveur du Comte du Luc, le 8 Août 1739, qui a, dit-on, jugé qu'une pareille poſſeſſion valoit titre.

les remplois dûs pour des aliénations ou engagemens volontaires.

La Subſtitution ne ſçauroit préjudicier aux créanciers de celui qui la fait : ainſi ces créanciers peuvent, nonobſtant toutes les diſpoſitions de leurs débiteurs , faire ſaiſir & vendre ceux de ſes biens auxquels ils jugent à propos de s'adreſſer, ſans que les appellés ni le grevé puiſſent exiger que les créanciers choiſiſſent une eſpéce plutôt qu'une autre.

Mais il n'en eſt pas de même de l'héritier : ſi dans la ſucceſſion il y a des biens libres & des biens ſubſtitués, il doit vendre premiérement les biens libres; on ne peut aliéner les biens ſubſtitués, qu'après avoir épuiſé les autres.

L'héritier ne peut pas même vendre ceux des biens ſubſtitués qu'il juge à propos de préférer, après les biens libres épuiſés, pour payer les dettes de l'Auteur de la Subſtitution : un bien peut être plus précieux qu'un autre ; & s'il avoit été vendu pour en conſerver un moins utile, cela ſuffiroit, ſuivant *Peregrinus*, pour faire révoquer l'aliénation , ſur-tout ſi les objets vendus étoient *domus antiqua & locus dignus affeÉlione ;* & enfin s'ils étoient *meliores & digniores res ex hæreditate.*

Je ne connois point de Réglement qui preſcrive des formalités particulieres à la vente des biens ſubſtitués , pour payer les dettes de l'Auteur de la Subſtitution ; mais l'uſage eſt, quand c'eſt l'héritier qui vend , d'obſerver celles qui ſe pratiquent pour l'aliénation des biens des mineurs.

Je ſçais bien que par l'Arrêt rendu dans la grande affaire de Richelieu, pour les Maiſons du Palais Royal , le 28 Août 1755, la Cour n'a pas eu d'égard à l'inobſervation de ces formalités dans la vente faite par le Duc de Richelieu en 1655, contre laquelle on réclamoit. Mais, 1°. elles n'étoient pas encore d'uſage alors ; & 2°. on a toujours regardé la prétention du Duc de Richelieu comme effrayante, par les ſuites qu'elle pourroit avoir contre 200 familles ; raiſon pourquoi la Cour n'a pas jugé cette affaire par les principes ordinaires.

La Subſtitution prend fin, lorſqu'elle eſt parvenue au dégré fixé par ſon auteur : ainſi celui qui eſt appellé à une Subſtitution ,

poſſéde librement , lorſqu'il l'a recueillie ; ſi lui-même n'eſt grevé de Subſtitution.

Nos Ordonnances n'ont pas permis de faire des Subſtitutions à l'infini : elles ont fixé certaines bornes, au-delà deſquelles les Subſtitutions ne peuvent pas être étendues. V. ce que j'ai dit ſur cela à l'art. *Dégré* dans les Subſtitutions.

Mais obſervez que les Ordonnances qui fixent les dégrés dans leſquels les Subſtitutions peuvent s'étendre, n'ont pas lieu pour les Duchés-Pairies, dont le chef-lieu, avec 15000 liv. de rente, peut être ſubſtitué à perpétuité , ſuivant l'article 6 de l'Edit du mois de Mai 1711 , que je rapporte au mot *Pair.*

La Cour, par un Arrêt rendu le 13 Juillet 1712 , en la quatriéme Chambre des Enquêtes (imprimé avec un précis du fait & des moyens) a jugé :

1°. » Qu'une Subſtitution faite en la Pro-» vince de Breſſe, en l'année 1527 , pour » conſerver le nom & les armes d'une Mai-» ſon illuſtre de cette Province , n'eſt point » réductible à quatre dégrés «. (Voyez Majorats.)

2°. » Que faute par un inſtitué d'avoir » choiſi & nommé l'une de pluſieurs filles » (appellée) pour recueillir la Subſtitution » au défaut de mâles , en conformité du teſ-» tament , les biens ſubſtitués doivent ap-» partenir à l'aînée d'entr'elles.

3°. » Que les deſcendans de cette fille aî-» née, quoique plus éloignés en dégrés , » excluent , en ce cas, les deſcendans des » autres filles «.

Le grevé de Subſtitution doit rendre les biens ſubſtitués au temps marqué : ſi le temps n'étoit pas limité, la reſtitution ne devroit ſe faire qu'au moment du décès du grevé ; & ſur cela il faut obſerver que la mort civile produit les mêmes effets que la mort naturelle , ſuivant l'article 24 du titre premier de l'Ordonnance des Subſtitutions, que je rapporte à l'art. *Mort civile.*

Quand la Subſtitution n'eſt pas recueillie par l'héritier du grevé qui a été contraint de faire de groſſes réparations, dont le propriétaire eſt tenu, & non l'uſufruitier, cet héritier peut-il répéter le montant de ces groſſes réparations contre les appellés ?

Cette queſtion s'eſt préſentée dans la ſucceſſion

ceſſion du ſieur Poſtel ; & par Sentence du Châtelet, confirmée par Arrêt rendu le Samedi 23 Août 1760, en la troiſiéme Chambre des Enquêtes, au rapport de M. Rouillé de Beaucamp, le Subſtitué a été condamné de rembourſer le montant de ces réparations à l'héritier du grevé.

Dans cette eſpéce, il y avoit la circonſtance que le grevé avoit été contraint par les voiſins, & par le Bureau des Finances, à faire les réparations, & elles étoient certaines; mais il n'y avoit point eu de devis & marché, & le grevé n'avoit point fait créer de tuteur à la Subſtitution; par conſéquent il n'avoit rien fait ordonner avec lui : ces circonſtances n'ont pas empêché de prononcer la condamnation du montant des groſſes réparations. Cet Arrêt a encore jugé une autre queſtion, dont je parle à l'article *Dettes*.

— On peut appeller à des Subſtitutions des perſonnes qui ne ſont pas nées : on ne voit rien de plus commun dans l'uſage, que des vocations au profit des enfans nés & à naître d'une certaine perſonne ou d'une certaine ligne.

— Les réſerves coutumieres n'étant point des biens diſponibles, ne ſçauroient être ſubſtituées, à moins que ce ne ſoit par un acte entre-vifs, & que celui qui a fait la Subſtitution, n'ait pas d'enfans; s'il en avoit, elles ſeroient ſujettes à la légitime.

Néantmoins la Cour a jugé, par Arrêt rendu le premier Juillet 1706, que les créanciers d'un héritier préſomptif en ſucceſſion collatérale, n'étoient pas recevables à combattre une diſpoſition teſtamentaire, par laquelle une teſtatrice, pour cauſes à elle connues, avoit ſubſtitué la part & portion de cet héritier préſomptif dans ſa ſucceſſion, tant meubles qu'immeubles, propres & acquêts, aux enfans de cet héritier, auquel elle en laiſſoit ſeulement l'uſufruit.

Ce même Arrêt a encore jugé que les créanciers de l'héritier n'étoient pas recevables à demander la diſtraction des quatre quints des propres; mais il faut noter que dans cette eſpéce, l'héritier conſentoit l'exécution du teſtament.

— En matiere de Subſtitution, le mot *ſiens* ne s'entend que des enfans de la perſonne
Tome III. Part. II.

nommée ; autrement la Subſtitution iroit à l'infini.

La Cour vient néantmoins de juger, par Arrêt rendu en la Grand'Chambre, le 14 Février 1760, que les petits-enfans ſont compris dans la dénomination d'enfans : voici l'eſpéce de cet Arrêt.

Marie-Anne Fizamen, veuve de Pierre Gallois, qui avoit pour héritiers préſomptifs une ſœur & deux freres, fit, le 6 Juin 1732, un teſtament par lequel, après avoir fait un legs particulier à l'un de ſes freres, elle fit une diſpoſition univerſelle en faveur de Claude Fizamen ſon frere, & de la dame Boucicaut ſa ſœur, avec charge de Subſtitution de la portion de Claude Fizamen, conçue en ces termes :

» Je ſubſtitue la part de mondit frere, » quant aux fonds, aux enfans nés ou à » naître en légitime mariage de Madame » d'Arquian ſa fille ; & j'entends qu'elle » jouira de l'uſufruit, après le décès de ſon » pere. «

La dame d'Arquian, fille de Claude Fizamen, eſt décédée avant lui, ne laiſſant qu'une fille mariée, laquelle étoit auſſi décédée, laiſſant un enfant.

Claude Fizamen, qui avoit recueilli ſa portion du legs univerſel fait par la dame Gallois, avec charge de Subſtitution, avoit ſurvécu à ſa fille & à ſa petite-fille. Il prétendoit que la Subſtitution n'étoit faite qu'en faveur *des enfans nés & à naître de la dame d'Arquian*. Les biens ſubſtitués devenoient libres en la perſonne de lui Claude Fizamen, au moyen de ce que la dame d'Arquian étoit morte, & tous ſes enfans auſſi.

Le tuteur du mineur, petit-fils de la dame d'Arquian, ſoutenoit que les petits-enfans étoient compris ſous le nom d'enfans, & qu'ainſi il étoit appellé pour recueillir la Subſtitution faite par la dame Gallois; & l'Arrêt l'a ainſi jugé. Voyez les Arrêts de Bouguier, lettre S, n. 10.

Quand un pere a ſubſtitué l'univerſalité des biens de ſa ſucceſſion, ſes enfans peuvent demander la diſtraction de leur légitime, & la délivrance de leur portion légitimaire en *corps héréditaire ſur les biens féodaux & roturiers*, ainſi que la Cour l'a jugé dans l'affaire des Renart de Fuſchemberg,

S

par Arrêt rendu le 19 Février 1704, fur les Conclufions de M. Joly de Fleury, Avocat Général. Il eft imprimé.

Néantmoins, fi la Subftitution faite par le pere étoit fondée fur la prodigalité du fils, elle pourroit comprendre la légitime, pourvû qu'elle fût faite en faveur des petits-enfans, & non d'autres parens, fauf les droits des créanciers. V. *Légitime*.

Le Maréchal de Villars, en mariant M. fon fils, l'avoit inftitué fon principal héritier, par fon contrat de mariage ; cependant, par fon teftament, il avoit grevé de Subftitution ce même fils, qui en demanda la nullité. Son moyen étoit que M. fon pere l'ayant marié en qualité d'héritier, s'étoit engagé par-là de lui tranfmettre fa fucceffion libre, & non grevée de Subftitution. Par Arrêt rendu le 3 Août 1735, conformément aux Conclufions de M. l'Avocat Général Chauvelin, la Cour a confirmé la Sentence des Requêtes du Palais, qui levoit la Subftitution portée au teftament. Cet Arrêt eft rapporté avec étendue dans la nouvelle édition d'Augeard, *in-folio*, tom. 2.

Une mere ayant fubftitué les biens de fa fucceffion, non pas, difoit-elle dans fon teftament, dans l'intention de faire du mal à fes enfans, mais parce qu'elle les connoiffoit enclins à la dépenfe, & difpofés à diffiper, les enfans prétendirent que cette maniere injurieufe de les grever, ne pouvoit pas fubfifter. Par Arrêt rendu à l'Audience de la Grand'Chambre, le 4 Septemb. 1755, le teftament fut déclaré nul.

Sur la queftion de fçavoir fi, dans la Coutume d'Artois, le legs fait en 1681 par un ayeul à fes petits-enfans nés & à naître de l'un de fes fils, à condition qu'ils ne pourroient vendre, changer ni aliéner lefdits biens légués qui tiendroient cotte, ligne & fomme, emportoit Subftitution jufqu'aux trois dégrés prefcrits par l'Edit perpétuel donné pour les Pays-Bas ; ou fi au contraire cette ftipulation de cotte & ligne, avec défenfes d'aliéner, n'établiffoit qu'un fidéi-commis fucceffif, au profit des héritiers *ab inteftat*, la Cour, en confirmant les Sentences rendues en Artois, a, par Arrêt rendu en la premiere Chambre des Enquêtes, le Mardi 13 Avril 1756, au rapport de M. de l'Averdy, jugé que cette ftipula-

tion ne contenoit point une Subftitution, mais un fidéi-commis fucceffif pour conferver les biens patrimoniaux à la ligne qui y devoit fuccéder, fuivant l'ordre naturel des fucceffions : cet Arrêt a été rendu entre la dame Guerard & le fieur de Valcourt.

Le teftament de Louis-Philippe de la Planche-Mortiere, Chevalier de Malte, du 20 Janvier 1747, (conçu en ces termes : » Je laiffe la jouiffance de mon bien, fis en » Gâtinois, à mon frere, fa vie durant, fans » que fes créanciers ni lui puiffent l'alié- » ner, vendre ni laiffer dépérir, les voulant » laiffer, après ma mort, au plus proche » héritier de la Planche-Mortiere) « a donné lieu à la queftion de fçavoir, fi le fidéi-commis devoit être déféré à des coufins iffus de germains, du nom du teftateur, qui avoient en leur faveur la mafculinité, ou à la dame Solicofre, fa tante du côté paternel, qui avoit fur fes arrieres-neveux l'avantage de la proximité du dégré.

Une Sentence des Requêtes du Palais du 22 Mai 1749, avoit déclaré la Subftitution ouverte au profit de la dame Solicofre ; mais cette Sentence a été infirmée par Arrêt rendu en la Grand'Chambre le 5 Septembre de la même année (1749) fur les Conclufions de M. l'Avocat Général d'Ormeffon, par lequel la Cour a jugé que le fidéi-Commis devoit être déféré aux parens mâles, privativement aux femelles plus proches en dégré.

Le grevé de Subftitution peut-il faire tourber un pré ? V. *Tourbe*.

Les ufages particuliers, obfervés dans le reffort du Parlement de Flandres, ont donné lieu à des repréfentations de la part de ce Parlement, lorfque l'Ordonnance du mois d'Août 1747, concernant les Subftitutions, y fut envoyée pour y être regiftrée ; & fur ces repréfentations, le Roi a donné une Déclaration, le 12 Juillet 1749, par laquelle quelques articles de cette Ordonnance ont été modifiés & changés relativement aux ufages de Flandres : elle a été regiftrée au Parlement de Douai, le 13 Août fuivant. Voici ce qu'elle contient.

Art. I. » Interprétant l'article 29 du titre » 2 de notre Ordonnance du mois d'Août » 1747, & y dérogeant en tant que befoin » feroit, voulons que dans les cas où il fe-

» trouvera que tous les biens subſtitués ſont
» dans le reſſort de notre Parlement de Flan-
» dres, & que l'auteur de la Subſtitution y
» avoit auſſi ſon domicile au jour de l'acte
» qui la contient, ſi elle eſt faite par une
» donation ou contrat entre-vifs ; ou au
» jour de ſon décès, ſi elle eſt faite par une
» diſpoſition à cauſe de mort, la publica-
» tion & l'enregiſtrement de la Subſtitution
» ſoient faits en notredite Cour ſeulement ;
» & lorſque ledit domicile, ou la ſituation
» deſdits biens en tout ou en partie, ne ſe
» trouveroit pas également dans le reſſort
» dudit Parlement, la publication & l'en-
» regiſtrement ſeront faits tant audit Parle-
» ment, qu'aux Siéges où ils doivent l'être,
» ſuivant notre Ordonnance, relativement
» au domicile de l'auteur de la Subſtitution,
» ou à la ſituation deſdits biens.

II. » La diſpoſition de l'article précédent
» aura lieu pareillement, lorſque la Subſti-
» tution comprendra des rentes de la qualité
» marquée par l'article 22 du titre 2 de la
» dite Ordonnance, ou des Offices ; & que
» le lieu où leſdites rentes ſe payent, ou
» dans lequel ſe fait l'exercice deſdits Offi-
» ces, ſera dans le reſſort du Parlement.

III. » Voulons qu'il ſoit auſſi procédé par
» notredite Cour à la publication & enregiſ-
» trement des actes d'emploi, ainſi qu'il eſt
» réglé par l'article 23 du titre 2 de l'Or-
» donnance, lorſque l'emploi requis par
» cette Loi aura été fait en acquiſition de
» maiſons, terres, rentes foncieres ou droits
» réels ſur des héritages, ou en conſtitution
» de rentes de la qualité marquée par ledit
» article 22, & que leſdites maiſons, ter-
» res, ou ſeront ſituées dans les Pays du
» reſſort de notredite Cour, ou que le lieu
» où ſe payent les fruits, ſera dans l'étendue
» deſdits Pays.

IV. » Le contenu aux trois articles pré-
» cédens ſera obſervé, à peine de nullité des
» actes de publication & d'enregiſtrement,
» qui ſeroient faits ailleurs que dans les Sié-
» ges ci-deſſus marqués, ſans préjudice au
» ſurplus de l'exécution des Subſtitutions
» qui auroient été ci-devant enregiſtrées en
» la forme preſcrite par la Déclaration du
» feu Roi notre très-honoré Seigneur & bi-
» ſayeul, du 22 Juillet 1711.

V. » L'ordonnance requiſe par l'article

» 35 du titre 2 de la ſuſd. Ordonnance, pour
» mettre ceux qui ſeront grevés de Subſtitu-
» tion, ou ceux qui prendront leur place à
» leur défaut en poſſeſſion des biens ſubſti-
» tués, ſera donnée en notredite Cour de
» Parlement, ſur les Concluſions de notre
» Procureur Général, lorſque les biens ſub-
» ſtitués ſeront ſitués dans ſon reſſort en
» tout ou en partie, en obſervant au ſurplus
» tout ce qui eſt preſcrit par leſdits articles
» & par les articles 26, 37 & 39, & ſans
» qu'il puiſſe être reçu de plus grands droits
» que ceux qui ſont réglés par l'article 38.

VI. » La confection de l'inventaire des
» biens & effets de celui qui aura fait une
» Subſtitution, dans les cas où il y auroit
» lieu de faire l'inventaire en Juſtice, ſui-
» vant les régles obſervées en cette matiere,
» appartiendra aux Officiers qui étoient ci-
» devant en poſſeſſion d'y procéder dans le
» reſſort de notredite Cour ; & ledit inven-
» taire ſera fait en préſence de celui qui ſera
» les fonctions de partie publique, outre les
» perſonnes dénommées dans les articles 4
» & 5 de ladite Ordonnance : dérogeons à
» l'article 6 en ce qui ſeroit contraire à la
» préſente diſpoſition.

VII. » Toutes les conteſtations concer-
» nant les Subſtitutions fidéi-commiſſaires
» qui ſeront formées dans l'étendue deſdits
» Pays, continueront d'être portées en pre-
» miere Inſtance devant les Juges auxquels
» la connoiſſance en appartenoit avant no-
» tredite Ordonnance, ſans qu'elles en puiſ-
» ſent être évoquées en aucun cas, en vertu
» de *Committimus* ou autre privilége : déro-
» geons pour ce regard aux diſpoſitions des
» art. 47 & 48 du titre 2 de notredite Or-
» donnance ; & déſirant néantmoins pour-
» voir aux biens des familles deſdits Pays,
» & les faire jouir de l'avantage que nous
» avons voulu procurer à tous nos Sujets par
» la diminution des dégrés de Juriſdiction
» en cette matiere, voulons que toutes les
» appellations qui ſeront interjettées à l'a-
» venir des Ordonnances ou Jugemens ren-
» dus ou à rendre ſur ce qui concerne leſdi-
» tes Subſtitutions, ne puiſſent être relevées
» ailleurs qu'en notred. Cour de Parlement,
» encore que les Juriſdictions où elles au-
» roient été rendues, n'y fuſſent pas reſſor-
» tiſſantes directement en d'autres matieres.

VIII. » Les Lettres en forme de requête
» civile qui feroient prifes par celui au pro-
» fit duquel la Subftitution fera ouverte,
» ainfi qu'il eft réglé par les articles 50 &
» 54 du titre 2 de la fufdite Ordonnance,
» pourront être fondées, foit fur les ouver-
» tures mentionnées dans l'Edit du mois de
» Mars 1674, enregiftré en notre Parle-
» ment de Flandres, foit fur les autres
» moyens mentionnés audit article 50 ; en
» obfervant au furplus tout ce qui eft pref-
» crit tant par lefdits articles 50 & 54 que
» par les articles 51 & 52, concernant les
» délais dans lefquels les Lettres pourront
» être obtenues.

IX. » Défirant expliquer plus particulié-
» rement nos intentions dans ce qui concer-
» ne l'hypothéque ou recours fubfidiaires
» des femmes des grevés de Subftitution,
» & celle des fubftitués fur les biens de ce-
» lui qui en étoit chargé : voulons que par
» notredite Cour de Parlement il foit remis
» inceffamment entre les mains de notre
» très-cher & féal Chancelier de France,
» tels mémoires & obfervations qu'elle ef-
» timera convenables fur la maniere d'ac-
» quérir & de valider les hypothéques, fui-
» vant les coutumes & ufages defdits Pays,
» pour, fur le compte qui nous en fera par
» lui rendu, y être par nous pourvu ainfi
» qu'il appartiendra.

X. » Voulons au furplus que toutes les
» régles & formalités prefcrites par notre
» Ordonnance du mois d'Août 1747, &
» auxquelles il n'a pas été apporté de chan-
» gement par la préfente Déclaration, foient
» exactement obfervées dans toute l'éten-
» due du reffort de notredit Parlement, ainfi
» que dans tous les autres Pays de notre
» obéiffance «. Voyez dans le Recueil du
Parlement de Flandres une Déclaration du
22 Juin 1712 fur la même matiere.

Depuis l'Ordonnance de 1747 on a agité
plufieurs fois la queftion de fçavoir, fi un
appellé à une Subftitution eft tenu d'entretenir les baux faits par le grevé ; &, par Arrêt rendu le 30 Juin 1755, entre le Marquis
de Gouy & un Fermier, la Cour a jugé l'affirmative; parce qu'un bail eft un acte de
fimple adminiftration, & que d'ailleurs un
grevé de Subftitution n'eft pas fimplement
ufufruitier avant l'ouverture du fidéi-com-

mis, la propriété réfidant alors fur fa tête.
D'un autre côté, fi l'on permet au mari de
faire des baux des biens de fa femme dont
l'adminiftration lui eft confiée, à plus forte
raifon doit-on le permettre à un grevé de
Subftitution dans le temps qu'il eft propriétaire, quoique fa propriété ne foit pas entiérement parfaite, fans quoi la Subftitution
nuiroit aux droits du grevé, puifqu'il ne
pourroit pas faire un acte d'adminiftration
valable ; ce qui ne peut pas avoir été dans
l'intention de l'auteur de la Subftitution,
qui n'a voulu rien autre chofe, finon conferver la propriété au fidéi-commiffaire, &
non pas empêcher ni gêner la jouiffance du
grevé.

La même queftion s'eft préfentée au Châtelet le 28 Août 1756 ; & elle a été jugée
de même, plaidans Me Hamos pour le locataire d'une maifon fituée à Paris, & Me
de Saint-Julien pour l'appellé à la Subftitution.

M. de Freminville rapporte un Arrêt
rendu au Grand-Confeil, le 13 Fév. 1716,
par lequel le contraire a, dit-il, été jugé
pour le bail de la terre de Mirebeau, recueilli par M. le Duc de Fronfac, comme
appellé à la Subftitution éteinte par le décès du Duc de Richelieu, &c. V. la Pratique des Terriers, tome 5, page 66.

S U B S T I T U T S.

V. *Avocat du Roi, Gens du Roi, Miniftere
Public, Procureur du Roi & Procureur
Fifcal.*

On nomme Subftituts, des Officiers créés
pour remplacer en certains cas les Procureurs du Roi, & en faire quelques fonctions
en cas d'abfence ou d'un légitime empêchement.

Meffieurs les Procureurs Généraux des
Parlemens & autres Cours Supérieures ont
auffi des Subftituts qui rapportent devant
eux au Parquet les affaires & les requêtes
fur lefquelles il eft néceffaire de donner des
Conclufions par écrit ; & il eft même d'ufage au Parlement de Paris que le plus ancien des Subftituts figne ces Conclufions en
l'abfence de M. le Procureur Général.

Les Procureurs du Roi des Jurifdictions
fubalternes font auffi confidérés comme
Subftituts de Meffieurs les Procureurs Gé-

héraux des Cours dont ils reſſortiſſent. Lés Parlemens, les Cours des Aides & autres Cours Supérieures, ne leur donnent point d'autres qualités, en leur enjoignant par les Arrêts d'enregiſtrement d'Edits, de Déclarations, Lettres-Patentes, &c. de les faire publier, de tenir la main à leur exécution, &c. (a) V. *Gens du Roi.*

Les Subſtituts de Meſſieurs les Procureurs Généraux des Parlemens & Cours Supérieures ont été créés. & érigés en titre d'office, par Edit du mois de Mai 1586, regiſtré au Parlement le 16 Mai ſuivant. L'Edit porte, qu'ils *ſeront des Corps de Compagnies où ils ſeront établis, y auront entrée pour aller* » ès Greffes, tant Civils que Cri- » minels, ſe chargeront des informations & » procès pour en faire rapport devant les » Avocats & Procureurs Généraux..... le- » quel rapport ſera taxé par le Procureur » Général au bas de ſes Concluſions.... ès » procès où il y aura Partie civile, laquelle » taxe pourra être couchée en dépenſe con- » tre la Partie qui ſuccombera....

» Manieront toutes les affaires du Par- » quet ſous & en l'abſence de notre Procu- » reur Général «, ſigneront les Concluſions en ladite abſence ou empêchement, iront aux Grands Jours & Chambres que pourront envoyer nos Cours (b) par les Provinces, ſans qu'ils puiſſent plaider, conſulter ni manier affaires d'autrui.

Les Subſtituts de M. le Procureur Général au Parlement font partie de cet auguſte Corps, ſuivant les Edits de création de leurs Charges: ils n'avoient cependant pas été compris dans les Lettres-Patentes en forme d'Edit, du 28 Décembre 1724, par leſquelles le droit de *Committimus* au grand ſceau fut accordé aux autres Officiers du Parlement; mais par de nouvelles Lettres-Patentes en forme d'Edit, du mois de Décembre 1729, enregiſtrées le 29 Mai 1731, il a été ordonné qu'ils ſeroient *compris au nombre des Officiers dénommés dans les Lettres-Patentes du 28 Décembre 1724, & en conſéquence qu'ils jouiroient, enſemble leurs veuves pendant leur viduité; du droit de Committimus au grand ſceau,* &c. Je parle de quelques autres prérogatives des Subſtituts de M. le Procureur Général, au mot *Parlement.* Voyez auſſi la Déclaration du 19 Juin 1704.

Les Subſtituts des Procureurs du Roi dans les Siéges Préſidiaux, Bailliages, Sénéchauſſées, Prévôtés, Chambres du Tréſor, Election, Table de Marbre & autres Juriſdictions Royales, ont été créés par un Edit du mois de Mai 1586, enregiſtré au Parlement, le Roi y ſéant, le 6 Juin ſuivant, pour faire les fonctions des Avocats & Procureurs du Roi en cas d'abſence, récuſation, empêchement ou négligence, avec faculté d'aſſiſter les Juges en tous actes de Juſtice où ils ont coutume de prendre des adjoints (c).

Preſque tous les Subſtituts des Procureurs du Roi des Juriſdictions ſubalternes ont la faculté de poſtuler, c'eſt-à-dire, de faire les fonctions de Procureurs dans les affaires où le Miniſtere public n'eſt pas intéreſſé (d); mais ceux de M. le Procureur du Roi au Châtelet n'ont d'autres fonctions que celles d'aſſiſter aux levées des ſcellés,

---

(a) Avant la création des Offices de Procureur du Roi dans les Bailliages & Sénéchauſſées, M. le Procureur Général commettroit des perſonnes pour le ſubſtituer & remplir les fonctions du Miniſtere public dans ces Siéges. Paſquier nous apprend même que M. le Procureur Général ſe nommoit autrefois des Subſtituts à la Chambre des Comptes, pour y exercer ſon Miniſtere; & Joly en rapporte une Commiſſion de l'an 1415, dans ſon Traité des Offices.

Les Subſtituts dans les Bailliages & Sénéchauſſées ſe nommoient auſſi des Subſtituts dans les Siéges du reſſort de ces Bailliages: telle eſt à peu près l'origine des Subſtituts.

(b) L'un des Subſtituts de M. le Procureur Général au Parlement eſt à la ſuite de la Cour, quand elle va tenir la Séance au Châtelet. Il y porte la parole, & y remplit les fonctions du Miniſtere public. V. *Séance.*

(c) Les fonctions d'Adjoints ne ſubſiſtent plus: elles ont été ſupprimées par l'art. 12 du titre 22 de l'Ord. de 1667.

(d) L'art. 5 de l'Edit du mois de Février 1740, portant création de Siéges Royaux dans le Domaine de Château-Roux, & qui a été regiſtré le 23 Mars ſuivant, porte que le Subſtitut des Avocat & Procureur du Roi aura la » faculté de poſtuler conjointement avec les autres Pro- » cureurs dans les Cauſes qui ne concerneront point (l'in- » térêt du Roi) ou celui du Public, & lorſque le Procu- » reur ou l'Avocat du Roi ſeront préſens........... « Cette diſpoſition eſt conforme au Droit commun. Voyez *Incompatibilité.*

Louis XIV avoit, par un Edit du mois d'Avril 1696, créé des Subſtituts-Adjoints aux Enquêtes, auxquels il avoit auſſi accordé la faculté de poſtuler; mais ces Offices ont été ſupprimés par un autre Edit du mois de Novembre 1717, regiſtré le 15 Décembre ſuivant, par lequel le rembourſement de leur finance a été ordonné.

L'article 5 de ce dernier Edit a néanmoins conſervé aux Titulaires des Offices qu'il ſupprimoit, la faculté de poſtuler pendant leur vie, en déclarant qu'ils ſe contentoient de cette faculté pour tout rembourſement.

inventaires, vente de meubles, comptes & partages pour les abſens qui y ſont intéreſ-ſés, quand ceux-ci n'ont point donné de procuration ſpéciale.

L'Edit du mois de Février 1674, portant création d'un nouveau Châtelet à Paris, porte auſſi création de cinq Subſtituts de M. le Procureur du Roi, pour faire les mêmes fonctions que les autres Subſtituts de l'ancien Châtelet.

Ce nouveau Châtelet ayant été ſupprimé par un Edit du mois de Septembre 1684, ſes Officiers furent incorporés avec ceux de l'ancien pour ne faire qu'un même Siége; & par l'article 18 de l'Arrêt du Conſeil rendu le 16 Octobre ſuivant, publié au Châtelet le 24, il eſt dit qu'en cas d'abſence, maladie, récuſation, déport volontaire ou autre em-pêchement de M. le Procureur du Roi, le plus ancien des Avocats (a) de Sa Majeſté, ou à ſon refus, celui qui ſervira, prendra pour Sa Majeſté des Concluſions ſur toutes les informations, procès-verbaux, inſtruc-tions & Jugemens des procès criminels & de Police, où le Procureur du Roi a coutu-me d'en prendre, à condition, quant à cel-les par écrit, qu'elles ſeront ſignées par un Subſtitut enſuite du délibéré mis par l'A-vocat du Roi, ſans préjudice des autres fonctions dépendantes de la Charge de Pro-cureur du Roi, qui appartiennent à ſes Sub-ſtituts.

Cette diſpoſition a été confirmée par l'ar-ticle 24 de l'Edit du mois de Janvier 1685, enregiſtré le 22 du même mois, portant Réglement pour l'adminiſtration de la Juſ-tice au Châtelet.

Une Déclaration du 27 Mai 1690, enre-giſtrée le premier Juillet ſuivant, & pu-bliée au Châtelet le 5, maintient les Subſti-tuts de M. le Procureur du Roi au Châtelet, dans tous les honneurs & droits attribués à leurs Offices, même de celui de percevoir 8 liv. . . . . . pour chacune vacation . . . aux ſcel-lés, inventaires & ventes de meubles, comp-tes, partages & autres fonctions où leur pré-ſence eſt néceſſaire, & où ils ſont appellés.

La même Déclaration fait défenſes à tous Commiſſaires, Notaires, Huiſſiers, Sergens, &c. de procéder à aucune levée de ſcellé, confection d'inventaire & vente de meubles,

ſinon en la préſence de tous les héritiers & autres perſonnes intéreſſées; ou en cas d'ab-ſence de l'un d'eux, en la préſence de l'un des Subſtituts de M. le Procureur du Roi, ſans qu'il ſoit permis à l'un des héritiers ni autre d'y aſſiſter pour un co-héritier abſent, ſe faiſant fort de lui, à moins qu'il ne rapporte une procuration ſpéciale à cet effet, & d'une date poſtérieure au décès; le tout à peine de nullité.

Un Arrêt rendu le 13 Mai 1587, qu'on trouve dans Neron, a jugé qu'il n'étoit pas néceſſaire d'être gradué, pour être pourvu de l'office de Subſtitut du Procureur du Roi à Meaux. Cet Arrêt a ordonné que l'Of-ficier qui avoit obtenu des proviſions de Subſtitut, ſeroit reçu quoique non Gradué, s'il étoit ſuffiſamment inſtruit au fait de Pra-tique.

Un autre Arrêt rendu le 18 Mars 1689, a jugé que le Subſtitut du Procureur du Roi à Fontainebleau ne pouvoit prétendre au-cune préſéance ſur les Avocats à cauſe de ſa Charge, lors même qu'ils joignent à leur qualité d'Avocat celle de Poſtulant, & que c'eſt la Matricule qui décide en ce cas le rang de chacun. Ce même Arrêt juge en-core que le Subſtitut précéde les ſimples Procureurs & Praticiens.

Un autre Arrêt rendu ſur les Conclu-ſions de M. l'Avocat Général le Bret, le 17 (ou 18) Fév. 1748, après un délibéré, a maintenu & gardé le ſieur Godard, Subſti-tut du Procureur du Roi à S. Dizier, dans le droit de poſtuler, écrire & conſulter pour les Parties au Bailliage de S. Dizier ſeu-lement, à l'exception des affaires où le Mi-niſtere public ſera intéreſſé.

Le même Arrêt a ordonné que lorſque le Sr Godard plaideroit pour les Parties dans les affaires où le Miniſtere public ne ſeroit pas néceſſaire, il ſeroit tenu, même aud. Bail-liage de S. Dizier, de ſe mettre à la barre des autres Avocats Poſtulans, ſuivant l'ordre de ſa Matricule.

Enfin, cet Arrêt a maintenu le ſieur Go-dard dans le droit de ſubſtituer le Juge, en cas d'abſence, de récuſation, &c. ſur quoi il faut obſerver que le Miniſtere public ne peut pas toujours remplacer les Juges en cas d'abſence. Voyez les Arrêts que je cite ſur

_____

(a) Voyez ce que je dis ſur cela, à l'article _Procureur du Roi._

cela, aux articles *Procureur du Roi* & *Procureur Fiscal.*

Le 9 Août 1756, le Bailliage de Villefranche a attefté, par Acte de Notoriété, » qu'au Siége du Bailliage de Beaujolois, » le Subftitut du Procureur du Roi, lorf- » qu'il poftule, n'a d'autre rang au Palais, » & aux Cérémonies, que celui de Procu- » reur, fuivant la date de fon inftallation » & immatricule «.

L'Edit du mois d'Avril 1696, regiftré au Parlement le 9 Mai fuivant, portant création de Subftituts dans différens Siéges, leur accorde auffi la faculté *de poftuler dans les affaires où le Roi n'aura point intérêt ;* & ordonne qu'ils *feront du Corps des Officiers du Siége où ils feront établis,* qu'ils *auront rang & féance ès Cérémonies publiques & autres, immédiatement après les Avocats & Procureurs du Roi ; qu'étant Gradués, ils plaideront couverts.* (a) . . . .

L'Edit du mois de Mai 1586, portant auffi création de Subftituts dans les Tribunaux ordinaires, ne leur donne pas la faculté de poftuler : mais il paroît qu'elle ne peut leur être conteftée ; ils font en poffeffion d'en ufer dans prefque tous les Siéges. Je ne crois pas qu'ils le puiffent à Paris : en tout cas, s'ils l'ont, ils n'en ufent pas ; le feul Subftitut de M. le Procureur du Roi à l'Hôtel-de-Ville a voulu en ufer ; & la conteftation qui s'eft élevée fur cela, eft encore indécife. Voyez ce que je dis aux articles *Avocats du Roi, Procureur du Roi* & *Procureur Fiscal.* Voyez auffi des Arrêts du Confeil des 4 Septembre 1696, 28 Janvier & 6 Mai 1698.

Voici quelles font les fonctions que la Cour a jugé provifoirement appartenir au fieur Guilleu, Subftitut du Procureur du Roi à Laval, par Arrêt rendu le 26 Juillet 1736.

Ordonne . . . . qu'en l'abfence, récufation, parenté, maladie, déport ou autre légitime empêchement du Procureur du Roi, *ledit Guilleu exercera l'Office* dudit Procureur du Roi, *à l'effet dequoi il pourra entrer au Parquet aux jours & heures accoutumés, auquel lieu feront vûs tous les Procès criminels*

& les civils fujets à communication, & les Conclufions d'iceux foit définitives ou tenant lieu de définitives, fignées de l'Avocat du Roi & dudit Guilleu ; de même que toutes Conclufions pour Décret de prife de corps, élargiffement de Prifonniers, réception d'Officiers, Lettres-Patentes, & autres matieres importantes.

Que ledit Guilleu fera feul toutes requifitions ès matieres fommaires, d'injures, d'excès commis en flagrant-délit, des Requêtes à fin de délai, de faire arrêter & emprifonner ès cas des Ordonnances, àfin de faire informer de tous excès & délits, à fin de faifie de biens, meubles & immeubles.

Qu'il pourra pareillement nommer feul les témoins pour la réception des Officiers, & pour toutes Enquêtes à faire à fa requête.

Qu'il affiftera aux réceptions de caution, avis de parens, tutelles, curatelles, émancipations, tranfports, vifites, fcellés & inventaires dans les cas où la fonction de la Partie publique eft néceffaire ; après quoi, les Conclufions qui feront néceffaires fur lefdites matieres, feront prifes & fignées par ledit Guilleu, de l'avis de notredit Avocat, & de lui figné.

Que les épices des Conclufions définitives ou tenant lieu de définitives, feront partagées entre notre Avocat & ledit Guilleu ; & à l'égard de celles qu'il a droit de prendre feul & de l'avis de notre Avocat, les épices appartiendront pour le tout audit Guilleu.

Que notre Avocat, le Subftitut de notre Procureur Général, & ledit Guilleu, ne pourront recevoir les communications, ni donner de Conclufions dans leurs maifons ni ailleurs qu'au Parquet, où ils feront tenus de fe trouver à la veille des Audiences, pour y exercer leurs fonctions, & que toutes Conclufions feront tranfcrites fur un regiftre qui demeurera dépofé au Parquet, dont ledit Guilleu pourra toutefois & quantes, prendre communication.

Maintient & garde ledit Guilleu dans le droit & faculté de poftuler audit Siége & aux Jurifdictions Royales & Seigneuriales qui s'exercent dans la Ville de Laval, ès cas des Ordonnances.

(a) L'Edit du mois d'Avril 1696 porte, que les Subftituts ctéés par icelui » pourront fe faire pourvoir defdits » Offices, & les exercer fans incompatibilité dans les Juf- » tices ordinaires & extraordinaires, établies dans une même Ville & lieu . . . . . . « Ce que ne porte pas l'Edit du mois de Mai 1586.

Par Arrêt rendu au Conseil, le 16 Décembre 1738, les Procureurs au Bailliage & Siége Préfidial de Salins ont été déboutés de l'oppofition qu'ils avoient formée à un autre Arrêt du Confeil du 26 Juin 1736, par lequel la faculté de poftuler auxdits Bailliage & Siége Préfidial, & autres Jurifdictions de ladite Ville de Salins, avoit. été accordée à Me Guillaume Jauvin, pourvu de l'Office de Procureur du Roi dans la Juftice des Saulneries de Salins, & en la Maîtrife des Eaux & Forêts de la même Ville, conformément aux Edits des mois d'Août 1692, Avril 1696, & à l'Artêt du Confeil du 26 Novembre 1697, quoique cette faculté eût été mife dans les provifions dudit Office, expédiées en faveur dudit Me Jauvin, le 20 Mars 1730.

Les Seigneurs peuvent-ils nommer des Subftituts de leurs Procureurs Fifcaux? V. *Procurèur Fifcal.*

S U B V E N T I O N.

Ce mot pris dans fa fignification générale, eft fynonime à impofition; mais dans une fignification particuliere, c'eft le nom qu'on donne à des droits d'Aides, dont la levée fut ordonnée par un Edit du mois de Novembre 1640, & qui s'eft continuée depuis: elle fe fait actuellement conformément à la fixation qui en eft faite par les Ordonnances des Aides, pour Paris & Rouen.

La Subvention ne fe leve pas d'une maniere uniforme, il y a même plufieurs Provinces & des Villes particulieres qui en font exemptes.

La Subvention fe divife en Subvention à l'entrée, en Subvention au détail, en Subvention par doublemens, en Subvention & Subfiftance, &c.

Sur toutes ces efpéces de Subventions, fur les exemptions dont elles font fufceptibles, la maniere de les percevoir & les cas où elles font dûes, voyez le Traité des Aides de M. le Fevre de la Bellande.

Mais voyez auffi l'Arrêt de la Cour des Aides du 15 Décembre 1762, fur les droits à percevoir fur les vins, aux entrées de Paris en-dedans & hors les barrieres; il eft imprimé.

A Metz, on nomme Subvention ce qu'on nomme taille ailleurs. V. *Alface.*

Un Edit du mois de Septembre 1759, avoit ordonné la levée d'une Subvention générale à titre de fecours extraordinaires; mais elle a été éteinte & fupprimée par l'article 3 de l'Edit du mois de Février 1760, regiftré le 3 Mars fuivant, qui a ordonné la levée d'un troifiéme vingtiéme, & d'une double capitation.

S U C C E S S I O N.

Voyez *Abfens*, *Acceffoires*, *Accroiffement*, *Acquêts*, *Aineffe*, *Archidiacres*, *Aubains*, *Bénéfice d'inventaire*, *Communauté*, *Conquêts*, *Côté & Ligne*, *Cotte-Morte*, *Coutume*, *Domicile*, *Douaire*, *Double Lien*, *Eccléfiaftiques*, *Epée*, *Evêques*, *Exclufion*, *Faculté de rachat*, *Fief*, *Héritier*, *Hollandois*, *Incapacité*, *Incompatibilité*, *Interdits*, *Inventaire*, *Legs*, *Meres*, *Mineurs*, *Mort Civile*, *Naiffance*, *Prélegs*, *Propres*, *Puiffance paternelle*, *Quint viager*, *Repréfentation*, *Scellé*, *Subftitution*, *Teftament*, &c.

Nous connoiffons deux efpéces de Succeffions; fçavoir, les légitimes ou légales, & les Succeffions teftamentaires.

On nomme Succeffion légitime ou légale, la tranfmiffion que fait la Loi, des biens, des droits & des charges de ceux qui meurent, en la perfonne de ceux qu'elle choifit pour entrer en leur place.

Les Succeffions teftamentaires font celles auxquelles les héritiers font appellés par la difpofition & la volonté du défunt. Voyez *Legs*, *Inftitution d'héritier*, *Inftitution contractuelle* & *Teftament.*

En Pays Coutumier, on ne connoît point d'autres Succeffions, que celles déférées par la Loi qui peut feule faire des héritiers, & qu'elle faifit des biens que chaque perfonne laiffe en mourant; on ne regarde que comme des légataires univerfels, ceux que le défunt avoit inftitué héritiers. V. l'Ordonnance fur les teftamens, du mois d'Août 1735, art. 68.

La Coutume de Paris admet trois efpéces de Succeffions légitimes ou légales; fçavoir, les Succeffions directes defcendantes, les Succeffions collatérales, & les Succeffions directes afcendantes.

Outre

Outre ces diverſes eſpéces de Succeſſions dont parle notre Coutume, les Loix
& la Juriſprudence du Royaume en admettent d'autres, qu'on nomme Succeſſions ir-
régulieres.

Telles ſont, 1°. les Inſtitutions contractuelles. V. *Inſtitution contractuelle*.

2°. Les démiſſions de biens. Voyez *Démiſſion*.

3°. Les Succeſſions entre mari & femme,
quand le prédécédé n'a point de parens. V.
Succeſſion entre Conjoints & Propres.

4°. Les Succeſſions déférées au Fiſc ou
au Seigneur, ou à quelques Hôpitaux,
comme ceux des Enfans de l'Hôpital de la
Charité de Lyon (a), &c. V. *Aubaine, Bâtard, Confiſcation & Deshérence*.

On tient pour maxime générale en France, que nous ne pouvons être héritiers que
de ceux qui peuvent être les nôtres; mais
cette régle eſt ſujette à pluſieurs exceptions :

1°. Un Religieux fait Evêque, ne ſuccéde pas à ſes parens, & ſes parens lui ſuccédent. V. *Evêque*.

2°. L'Abbé Régulier ſuccéde au pécule de
ſes Religieux; & ceux-ci ne recueillent pas
la Succeſſion de leur Abbé. V. *Cotte-morte*.

3°. Les parens qui n'ont pas conſenti la
légitimation accordée à quelqu'un, lui ſuccédent; cependant il ne ſuccéde pas à ceux
qui n'ont pas conſenti ſa légitimation. V.
le Praticien de Lange & le Brun.

4°. Un Jéſuite qui a plus de trente-trois
ans, & qui eſt congédié, ne ſuccéde plus à
ſes parens, ſoit directs, ſoit collatéraux;
cependant ſes parens lui ſuccédent. Voyez
Jéſuite.

5°. Les condamnés à des peines emportant mort civile, ſont incapables de ſuccéder à leurs parens; cependant les parens
ſuccédent aux biens acquis depuis la condamnation, ſuivant M. Louet & Brodeau;
l'Auteur du Traité de la Mort Civile prétend que ces biens doivent être déférés au
fiſc; mais voyez *Mort Civile*.

Les Succeſſions s'ouvrent par la mort naturelle ou civile; & l'une & l'autre mort
fait que les biens ſont dévolus aux plus *proches parens* du défunt *habiles à lui ſuccéder :*
c'eſt la diſpoſition du Droit Coutumier, &
en particulier de la Coutume de Paris, qui
porte que *le mort ſaiſit le vif, ſon plus proche héritier* (b), art. 318.

La Régle, ſuivant laquelle les plus *proches* parens du défunt lui ſuccédent, ſouffre
néantmoins pluſieurs exceptions; elle n'a
pas lieu :

1°. Dans le cas de la repréſentation. V.
Repréſentation.

2°. Dans le cas du double lien. Voyez
Double Lien.

3°. Dans la Succeſſion aux Fiefs. Voyez
Aineſſe & Fiefs.

4°. Dans celle des propres. Voyez *Côté
& Ligne*, & *Propres*.

5°. Quand les biens du défunt ſont confiſqués. V. *Confiſcation*.

La Régle qui défere au plus proche parent la Succeſſion des meubles & acquêts,
reçoit encore une autre exception dans quelques Coutumes particulieres qui diviſent
les meubles & acquêts en deux portions
égales, dont elles donnent l'une aux parens paternels, & l'autre aux parens maternels; telles ſont les Coutumes du Mai-

---

(a) L'article 44 de l'Edit du mois d'Avril 1656, portant
établiſſement d'un Hôpital Général à Paris, accorde à
l'Hôpital la ſucceſſion mobiliaire des Pauvres qui y décéderont, après en avoir reçu l'aumône pendant un an, à
l'excluſion des parens collatéraux....; mais l'Arrêt de
Vérification du premier Septembre ſuivant porte, que cet
article n'aura lieu que pour les meubles appartenans aux
Pauvres, lorſqu'ils auront été reçus, & qu'ils auront acquis dans ledit Hôpital, & non pour ceux qui leur écheoiront d'ailleurs.
Les effets mobiliers des enfans de l'Hôpital du Saint-
Eſprit qui y décédent, appartiennent auſſi à cet Hôpital,
ſuivant l'Edit de Charles IX du mois de Juillet 1566,
regiſtré le 6 Septembre ſuivant; &, par Arrêt rendu le 17
Août 1737, la Cour lui a adjugé la ſucceſſion mobiliaire
de Louiſe Malguelle, à l'excluſion de la Dame Courcault,
ſon héritiere.
A Paris, le Grand Bureau des Pauvres a auſſi, à l'ex-

cluſion de tous autres, le droit de recueillir les ſucceſſions des
Pauvres qui décédent à l'aumône d'icelui. Voyez l'Arrêt
rendu ſur la Requête de M. le Procureur Général, le 9
Mai 1755.
(b) Cette régle eſt admiſe en Bretagne en faveur de
l'aîné noble ſeulement; & toutes les actions dépendantes
de la ſucceſſion réſident en lui, tant activement que paſſi-
vement. Les puînés ont une action pour demander leur
portion à leur aîné; & dans les Succeſſions collatérales,
la Saiſine a lieu en faveur de l'aîné de chaque branche.
Voyez les articles 563 & 564 de la Coutume de Bretagne.
Voyez auſſi l'Acte de Notoriété donné par les Avocats de
Rennes, les 2 Mai 1709, & 13 Juin 1733.
La Saiſine de l'aîné noble a lieu dans cette Province
(de Bretagne), tant en Succeſſion bénéficiaire, qu'en Succeſſion pure & ſimple. V. l'Arrêt du 13 Août 1728, rapporté au Journal du Parlement de Rennes, tome premier,
chap. 56.

ne , article 241 ; d'Anjou , article 68 ; de Bourbonnois , article 315 ; Auvergne , ch. 12 , art. 6.

La faifine que la Loi donne des biens d'une Succeffion aux héritiers du défunt , fait réputer & continuer la poffeffion de fes biens en la perfonne de ces mêmes héritiers , fans intervalle ; mais comme , fuivant une autre Régle , *n'eft héritier qui ne veut* , cette faifine qui frappe toujours par préférence l'héritier *le plus proche* , n'eft point abfolue , elle eft conditionnelle & éventuelle ; c'eft-à-dire, qu'il dépend de ce parent *plus proche* , ou de la confommer en fa perfonne , en acceptant la fucceffion , ou de la laiffer dévoluter fur celui qui vient immédiatement après lui , en renonçant à la Succeffion.

La Régle par le moyen de laquelle *le mort faifit le vif* , forme le Droit commun ; elle eft admife dans la plûpart des Pays Coutumiers.

Cette Régle eft auffi admife dans les Pays de Droit-Ecrit; & dans ces Pays, l'héritier *ab inteftat* peut fe mettre en poffeffion des biens , en vertu de la faifine que la Loi lui défere : on juge même en Provence que l'héritier teftamentaire le peut auffi fans être obligé d'en faire aucune demande en Juftice. Meffieurs les Gens du Roi du Parlement d'Aix ont attefté cette maxime par trois Actes de Notoriété des 14 Mars 1730, 20 Avril 1737, & 24 Juillet 1741. Voyez ce que je dis fur cette matiere aux articles *Délivrance* & *Legs.*

En Normandie, l'héritier préfomptif qui n'a pas renoncé à la Succeffion , n'eft pas cenfé héritier s'il n'en a fait acte. Voyez l'art. 43 *des Placités.*

Pour recueillir une Succeffion , il faut non-feulement y être appellé par la Loi , mais avoir les qualités néceffaires pour fuccéder.

Ainfi il faut 1°. avoir la proximité (*a*),

fauf les exceptions dont j'ai ci-devant parlé.

2°. N'être point incapable.

3°. N'être point indigne. V. *Indignité.*

Nous connoiffons deux fortes d'incapacités de fuccéder ; fçavoir , les incapacités naturelles , & les incapacités civiles.

Les incapacités naturelles font ; 1°. lorfque l'héritier n'eft ni né ni conçu au temps de l'ouverture de la Succeffion. V. *Enfans.*

2°. Lorfqu'il naît mort. V. *Naiffance.*

3°. Lorfqu'il naît fans forme humaine. V. *Monftre.*

4°. Lorfqu'il naît avant le terme. Voy. *Enfans* & *Naiffance.*

Ceux qui ont des incapacités civiles , font :

1°. Les Bâtards. V. *Bâtards.*

2°. Les Religieux & Religieufes , fuivant l'Edit de 1532 ; cependant voyez *Malte* & *Religieux.*

3°. Les condamnés à mort , ou à des peines qui emportent mort civile.

4°. Les Etrangers non naturalifés.

5°. Ceux qui ont valablement renoncé à la Succeffion avant qu'elle fût échue.

6°. Ceux qui font juftement exhérédés.

7°. Les enfans nés d'un mariage clandeftin ou contracté *in extremis.*

La Cour juge même en ce cas, que les enfans nés de pareils mariages , ne peuvent pas fuccéder les uns aux autres. Voyez fur cela l'Arrêt du 29 Mai 1696 , rapporté par Augeard, édit. *in-fol.* tome 1 , n°. 124 , & ce que je dis aux articles *Légitimité* & *Mort Civile.* Voyez enfin un autre Arrêt du 24 Juillet 1704 , auffi rapporté par Augeard , *ibid.* n°. 246 , par lequel la Cour a déclaré incapable de recueillir aucunes Succeffions directes ou collatérales , un enfant né d'un mariage fecret.

A l'égard de la proximité , nous en connoiffons de trois fortes ; fçavoir :

1°. La proximité du fang (*b*).

(*a*) Remarquons ici qu'en Normandie la feule proximité ne fuffit pas; & que les parens plus éloignés que le feptiéme dégré ne fuccédent pas, quand même ils feroient les plus proches. Voyez l'article 146 de la Coutume de Normandie.

Quid, en Bretagne ? V. l'Arrêt du 20 Juin 1733, rapporté au Journal du Parlement de Rennes, tome premier, chap. 3.

(*b*) En Ponthieu, l'habileté à fuccéder, eft invariablement attachée à la plus grande proximité du fang : la qualité d'héritier eft déférée à l'aîné mâle en ligne directe ; & en collatérale, au plus âgé , foit mâle , foit femelle , avec cette exception néanmoins, que le plus proche parent dans la ligne eft préféré à ceux qui n'en font pas ; & qu'en ligne collatérale, lorfque les plus prochains font de divers ventres, la fille la plus âgée fait écheoir la Succeffion à fon frere, quoique moins âgé que fon coufin.

C'étoit auffi l'ancien droit du Boulonnois & de beaucoup d'autres Provinces de France ; les peuples de Ponthieu, fermement attachés aux Loix anciennes , les ont

2°. La proximité par fiction, qui a lieu dans le cas de la représentation.

3°. La proximité de côté & ligne, par le moyen de laquelle des parens recueillent certains biens provenans de leur ligne, tels que des propres, à l'exclusion de parens d'autres lignes plus proches. Voyez *Côté &* *Ligne*, *Propre*, &c.

Les héritiers en ligne directe descendante, comme sont les enfans, petits-enfans, &c. succèdent seuls aux biens de leurs pere & mere ou ayeuls, & ils excluent toujours les ascendans & les collatéraux du défunt.

Les deux autres espéces d'héritiers, au contraire, c'est-à-dire, les ascendans & les collatéraux, ou concourent ensemble, ou s'excluent réciproquement, suivant la nature des biens qui se trouvent dans les Successions. Mais voyez l'article 8 du chapitre premier de la Coutume de Douay.

Dans les Successions directes descendantes, la représentation a lieu à l'infini, suivant l'article 319 de la Coutume de Paris; ainsi la Coutume appelle à ces Successions : 1°. Les enfans des défunts.

2°. *A défaut desdits enfans ou d'aucuns d'eux*, elle appelle leurs enfans ou autres descendans à l'infini.

Les enfans nobles ou roturiers partagent également entr'eux les biens des Successions de leurs pere & mere. La Coutume de Paris ne fait entr'eux aucune distinction d'âge ni de sexe; elle recommande entr'eux une égalité parfaite par l'article 302; elle excepte seulement les héritages tenus en Fief ou en Franc-aleu nobles, sur lesquels elle donne un préciput & une portion avantageuse à l'aîné en ligne directe. V. ce que je dis aux mots *Aînesse* & *Fiefs*.

La loi de l'égalité, établie par cet article, est si naturelle, qu'actuellement il semble qu'il étoit inutile de l'insérer dans notre Coutume.

Cependant il y étoit nécessaire, parce qu'avant la premiere réformation, les enfans mis en quelque sorte hors de la puissance paternelle, par leur mariage, étoient exclus des Successions de leurs pere & mere,

par leurs freres & sœurs non mariés; il a par conséquent fallu une Loi pour abolir cet usage.

D'ailleurs, quoique le partage égal soit aujourd'hui ·de Droit commun, ce n'est cependant pas le droit universel des Pays-Coutumiers; il y a des Coutumes qui divisent les biens entre les enfans de différens lits, & donnent aux uns les propres, aux autres les conquêts, ou bien adjugent aux enfans du premier lit, les biens acquis pendant le premier mariage, & à ceux du second, les biens acquis pendant le second mariage. Voy. les Coutumes de Chartres, article 90; de Dreux, article 89; de Bordeaux, article 70; de Lorraine, art. 125; de Haynault, chap. 90, art. 3.

Celle de Ponthieu n'admet qu'un héritier qui est l'aîné, & ne donne à tous les puînés ensemble, qu'un quint viager; d'autres excluent des Successions des pere & mere, les filles mariées & dotées, qui ne sont pas rappellées. Voyez les Coutumes de Bretagne, du Maine ⸲d'Anjou, de la Touraine, de Bourbonnois, & ce que je dis article *Exclusion de filles dotées*. La Coutume de Normandie réduit les filles à un mariage avenant. Voyez *Mariage avenant*; & c'est cette diversité qui a donné lieu à l'article de notre Coutume, qui établit l'égalité sur le droit de succéder aux biens roturiers.

Dans plusieurs Coutumes, les biens Fiefs & Francs-aleux nobles ne se partagent noblement que dans les familles nobles; dans celle de Paris, & dans la plûpart des autres, on n'a point égard à la qualité des personnes, mais seulement à celle des biens; les Roturiers, comme les Nobles, partagent noblement les Fiefs.

Dans la Coutume de Paris, quand les petits-enfans ou autres descendans viennent aux Successions de leurs ayeuls ou autres ascendans, soit qu'ils y viennent avec leurs oncles, tantes, grands-oncles ou grandes-tantes, ou avec d'autres descendans en même dégré qu'eux, les Successions se partagent par souches & non par têtes.

perſévéramment conſervées. V. Cujas, *de Feudis*, liv. 2, tit. 11; l'ancienne Coutume d'Artois de 1509, articles 61, 66, 67; celle de Peronne de 1569, n. 169; celle de Boulogne de l'an 1492, article 24; celle de Montreuil de 1507, ar-

ticle 7, & celle de Ponthieu, articles 1, 3, 13, 15, 59, &c. Voyez auſſi les Actes de Notoriété de la Sénéchauſſée de Ponthieu, & ſinguliérement celui du premier Décembre 1719.

T ij

Les Succeſſions directes que les aſcendans recueillent de leurs deſcendans, donnent aux aſcendans, dans les Succeſſions de leurs deſcendans décédés ſans enfans, des droits qui ne ſont pas par-tout les mêmes : le Droit-Ecrit régle ces Succeſſions différemment des Coutumes : ſur cela voyez Domat ; les Novelles 118, chap. 2, 127, chap. 1 ; Henrys & le Brun. Voyez auſſi *Mere*.

Les articles 311, 313, 314 & 315 de la Coutume de Paris, donnent aux aſcendans dans les Succeſſions de leurs deſcendans, décédés ſans enfans :

1°. Les meubles & acquêts *(a)*.

2°. Le droit de retour. V. *Retour*.

3°. L'uſufruit des conquêts de leur communauté, ainſi que je le dis ci-après.

4°. Les acquêts du fils dans la Succeſfion du petit-fils. V. *Propres*.

Dans ces ſortes de Succeſſions, le pere ſuccéde par préférence à l'ayeul, l'ayeul par préférence au biſayeul, &c. & la repréſentation n'a pas lieu dans cette eſpéce de Succeſſion aſcendante.

C'étoit autrefois une queſtion controverſée, que celle de ſçavoir, ſi lorſque la Succeſſion mobiliaire d'un petit-fils eſt déférée à un ayeul paternel & à deux ayeuls maternels, il falloit la diviſer par têtes ou par ſouches ?

Le Brun, fondé ſur la diſpoſition de la Novelle 118, diſoit qu'il falloit partager par ſouches, comme le veut la Coutume de Sedan.

Dupleſſis étoit d'avis contraire, & ſon opinion étoit fondée ſur ce que la Coutume n'admet la repréſentation qu'en ligne directe deſcendante, & en collatérale dans le concours ſeulement d'un oncle avec des neveux. La Cour a adopté le ſentiment de Dupleſſis par un Arrêt de Réglement du 30 Mai 1702, rendu ſur les Concluſions de M. le Nain, en confirmant une Sentence des Requêtes du Palais, qui ordonnoit le partage par têtes. On trouve cet Arrêt dans la nouvelle édition des Arrêts d'Augeard, & dans le cinquiéme volume du Journal

des Audiences ; mais voyez Fromental, verb. *Succeſſion*.

A l'égard des propres, les aſcendans en ſont exclus par l'article 312, mais cette régle eſt ſujette à des exceptions.

1°. Les aſcendans ſuccédent aux choſes par eux données à leurs enfans, décédés ſans enfans deſcendus d'eux, ſuivant l'art. 313 de la Coutume de Paris, qui forme le Droit Commun.

2°. Les ayeux, après le décès de leurs petits-enfans, ſuccédent aux immeubles qui ſont provenus auxdits enfans, de la Succeſſion de leurs pere & mere (enfans deſdits ayeux) qui les avoient acquis, pourvû néantmoins que ces petits-fils décédés n'ayent laiſſé, ni deſcendans d'eux, ni freres & ſœurs, qui ſoient comme eux enfans de l'acquéreur. *Ibid.* art. 315.

Et ſi ces petits-enfans laiſſoient des freres & des ſœurs, ceux-ci ſuccéderoient aux immeubles acquis par pere & mere, comme le porte le même article 315.

Mais ſi par la ſuite tous les petits-enfans décédoient, enſorte que le dernier ſe trouvât avoir recueilli (ſoit de la Succeſſion de ſes peres & mere, ou de celle de ſes freres & ſœurs) tous les immeubles qui avoient été acquis par ſes pere & mere, les ayeux ſuccéderoient au total après le décès du dernier petit-enfant.

En Succeſſion de propres, les deſcendans de l'acquéreur, en quelque dégré qu'ils ſoient, ont une préférence ſur les autres lignagers. Et un Arrêt du premier Septembre 1724, rendu en la cinquiéme Chambre des Enquêtes, au rapport de M. Pichon, a préféré les deſcendans de l'acquéreur, parens lignagers du défunt, à la mere de ce même défunt, plus proche qu'eux par le ſang, & de plus, parente lignagere de ſon fils du côté & ligne de l'héritage, mais qui ne deſcendoit pas de l'acquéreur. Voyez ce que je dis ſur cela au mot *Propres*, & les articles 230 & 314 de la Coutume de Paris.

En un mot, l'eſprit de la Coutume de Paris, ſur la Succeſſion des propres entre différens héritiers, eſt que s'il ſe trouve des

(*a*) Cette régle ſouffre deux exceptions ; la premiere, dans le cas de la continuation de communauté, parce que l'article 243 de la Coutume de Paris donne aux enfans collectivement la moitié de la communauté continuée, & que la part de celui qui décéde, appartient aux autres, à l'excluſion du pere ou de la mere, avec lequel la continuation a lieu. V. *Continuation de communauté*.

La ſeconde exception a lieu, quand il y a une ſtipulation de propres fictifs ; à cet égard, voyez *Propres conventionnels*.

propres dans la fucceffion d'un homme qui meurt fans enfans ; il faut confidérer 1°. fi parmi les héritiers qui fe préfentent, il y en a qui font defcendus de l'acquéreur, & ceux-ci font toujours préférés ; 2°. s'il n'y a point d'héritiers defcendus de l'acquéreur, ce ne font pas alors les plus proches parens du défunt, quoiqu'ils foient en même-temps du côté & ligne de l'acquéreur, qui fuccédent ; mais ce font ceux qui font les plus proches, en confidérant leur parenté par le *côté & ligne de l'acquéreur.* V. *Propres.*

L'effet de l'article 312, qui porte que les *Propres ne remontent* point, eft d'empêcher que les afcendans ne fuccédent aux propres d'une ligne dont ils ne font point, & de les conferver aux collatéraux de cette ligne, tant qu'il s'en trouve ; car s'il ne s'en trouve point, ces propres appartiennent à l'héritier des meubles & acquêts, fuivant l'art. 330 de la Coutume de Paris. V. *Propres & Réferves coutumieres.*

Il y a néanmoins certains propres, dont la Coutume accorde l'ufufruit aux afcendans, en même-temps qu'elle appelle les collatéraux pour en recueillir la nue propriété.

Par exemple, quand un homme & fa femme, communs en biens, ont acquis en commun des immeubles, qui, par le décès de l'un d'eux, font paffés à leurs enfans, auxquels ils ont été faits propres, fi tous lefdits enfans décédent fans enfans ou defcendans d'eux, le conjoint furvivant a droit de jouir defdits immeubles en ufufruit, quoiqu'ils ayent été faits propres de la ligne du conjoint prédécédé. V. l'art. 313 de la Coutume de Paris.

La même chofe a lieu dans la Succeffion du dernier des petits-enfans, en faveur du furvivant des ayeux acquéreurs de ces immeubles qui ont été conquêts de leur communauté (*a*).

Mais pour pouvoir prétendre à cet ufufruit, la Coutume de Paris exige ;

1°. Qu'il ne fe trouve *aucun defcendant de l'acquéreur.*

2°. Que les pere ou mere, ayeul ou ayeule, fuccédent à leurs enfans ou petits-enfans ; car l'art. 230 de la Coutume de Paris dit, *fuccédans à leurs enfans.*

Ainfi, fi le conjoint décédé avoit laiffé des enfans de deux lits, le furvivant ne pourroit prétendre à cet ufufruit qu'après le décès de tous, & il n'auroit point droit de le prétendre, fi le dernier mourant defdits enfans fe trouvoit être d'un autre mariage, puifqu'en ce cas il ne feroit pas habile à lui fuccéder. V. un Arrêt rendu le 8 Mai 1608, qu'on trouve dans M. Bouguier, livre 5, ch. 4, & dans Renuffon.

La femme qui auroit renoncé à la communauté pour fe tenir à fes reprifes, n'auroit pas droit à l'ufufruit des propres déféré aux afcendans, par l'art. 314 de la Coutume de Paris ; parce que ce droit d'ufufruit a fon fondement dans la communauté, & la renonciation eft, à l'égard de la femme, comme s'il n'y avoit jamais eu de communauté. V. le Brun & Auzannet ; le Maiftre, Lauriere & de la Lande font d'avis contraire.

Mais cet ufufruit que la Coutume accorde, a-t-il lieu en faveur de la femme à laquelle il n'a été accordé, par le contrat de mariage, qu'une certaine fomme pour tout droit de communauté ? Il y a fur cela diverfité d'opinions. Pour moi je penfe qu'il y a communauté lorfque le droit de la femme eft limité à une certaine portion dans les profits que les conjoints peuvent faire, & que par conféquent l'ufufruit des biens acquis conftant le mariage, & recueillis par les enfans dans la Succeffion du pere prédécédé, doit être accordé à la femme.

Les propres ameublis par l'un des conjoints, tombent dans la difpofition de l'article 314 de la Coutume de Paris, & font, par conféquent, affujettis à l'ufufruit déféré à l'afcendant, héritier de fes defcendans, par l'article 313 de la Coutume de Paris ; parce que l'ameubliffement que l'un des conjoints fait de fon propre, pour en mettre la valeur en communauté, eft *datio in folutum,*

(*a*) Cette difpofition de la Coutume de Paris eft particuliere, & je ne crois pas qu'elle forme le Droit commun ; celle de Bayonne donne la propriété des propres naiffans de l'enfant décédé au furvivant des pere & mere, au préjudice des freres & fœurs.

Celles du Maine & d'Anjou donnent l'ufufruit des conquêts au furvivant des conjoints, au préjudice des enfans.

La Coutume d'Orléans n'exige que le décès de chaque enfant fans poftérité, pour donner au furvivant de fes pere & mere, l'ufufruit de fes propres naiffans ; celle de Calais eft femblable à celle d'Orléans, &c.

& que par conféquent le propre ameubli paffant de la perfonne du conjoint à la communauté, il devient fujet aux mêmes régles que les véritables conquêts. Voyez l'Arrêt du Mardi 12 Avril 1616, rapporté par Brodeau, fur M. Louet, & celui du 7 Janvier 1688, rapporté au Journal du Palais.

Les fieur & dame Langlois, en fe mariant à Paris, avoient ftipulé une exclufion de communauté, & le contrat de mariage contenoit donation à la future de l'ufufruit:

1°. De tous les meubles meublans, vaiffelle d'argent & uftenciles de ménage qui appartiendroient au mari.

2°. De la moitié des acquêts qu'il feroit depuis le jour du mariage jufqu'à la diffolution.

De ce mariage font nés deux enfans, un fils & une fille mariée au fieur Fredefond, & dotée par le pere feul, fans que la mere ait parlé au contrat de mariage. La dot confiftoit en 156753 livres; fçavoir, 50000 liv. en capitaux de contrats fur la Ville, & le refte à prendre fur une Terre fituée en Nivernois, tous biens acquis par le fieur Langlois pere, depuis fon mariage.

Après la mort du fieur Langlois, fa veuve demanda l'ufufruit de la moitié des acquifitions qu'il avoit faites pendant leur mariage, même des biens qui avoient fervi à doter la fille commune; elle difoit que fon mari n'avoit pû, par des aliénations gratuites, lui préjudicier & empêcher l'effet de fon contrat de mariage; que la fille dotée étoit tenue des faits de fon pere, dont elle étoit héritiere, &c.

Ces raifons avoient été admifes par Sentences des Requêtes du Palais, du 26 Janv. 1741; mais par Arrêt rendu en la Grand-Chambre le 23 Juin fuivant, la Cour, en infirmant cette Sentence, a jugé que la dame Langlois ne pourroit point demander l'ufufruit fur ce que fon mari avoit donné en dot à fa fille.

La Coutume de Paris n'admet la repréfentation en ligne collatérale, qu'en faveur des neveux ou niéces. Elle les appelle à la Succeffion de leurs oncles & tantes avec les freres & fœurs du défunt, par l'article 320. Hors ce cas, jamais la repréfentation n'eft admife en collatérale à Paris: c'eft le Droit commun. V. *Repréfentation.*

Dans la Coutume de Paris, les filles ne fuccédent point aux Fiefs en collatérale: elles font exclues par les mâles qui font au même dégré qu'elles, art. 27.

Cependant, dit l'article 323, s'il y a des Fiefs dans la Succeffion d'un oncle où les neveux mâles viennent par repréfentation de leur pere avec leur tante, fœur du défunt, comme le leur permet l'art. 320, alors les enfans du frere du défunt n'excluent point leur tante; au contraire, les tantes fuccédent, dans ce cas-là, avec les enfans de leur frere; & s'il y a plufieurs enfans d'un frere, ils fuccédent feulement pour une tête avec leur tante, comme le régle l'article 321. Voyez *Aîneffe* & *Fief.*

L'oncle fuccéde au neveu avant le coufin-german, parce qu'il eft plus proche en dégré, (article 338 de la Coutume de Paris;) mais *l'oncle & le neveu d'un défunt, qui n'a laiffé ni frere ni fœur, fuccédent également, comme étans en même dégré, & fans qu'au-dit cas il y ait lieu à la repréfentation.* Ibid. art. 339.

La Coutume exige néceffairement que le défunt n'ait laiffé ni frere ni fœur habiles à lui fuccéder, pour que fon oncle & fon neveu puiffent partager fa Succeffion. Autrement, s'il y avoit des freres & fœurs qui renonçaffent, l'oncle ne pourroit rien prétendre à la Succeffion, & elle appartiendroit entiérement au neveu; parce qu'au moment de fon ouverture, elle auroit été déférée à ces freres & fœurs, & au neveu par repréfentation, fuivant la régle *le mort faifit le vif;* & que d'ailleurs la portion de ceux qui renoncent, accroît au profit des autres héritiers, fuivant l'art. 310.

Dans les Pays de Droit-Ecrit, le neveu fuccéde à fon oncle à l'exclufion de l'oncle du défunt.

Sur ce point de Droit, il s'eft agi de fçavoir, fi dans les Coutumes de Sens & de Troyes, qui admettent la repréfentation en ligne collatérale, jufqu'aux enfans des freres & fœurs, *fuivant la difpofition de la raifon écrite,* (ce font les termes de l'art. 95 de la Coutume de Sens,) on devoit préférer le neveu à l'oncle, fuivant le Droit Romain, ou les faire concourir fuivant la Coutume de Paris.

Dans cette efpéce, Jacques Adine, dont

la Succeſſion étoit compoſée de propres anciens, de propres naiſſans, de conquêts &
de mobilier, avoit laiſſé un oncle, une tante
& un neveu : la Sentence rendue au Bailliage de Sens le 10 Juillet 1715, avoit adjugé au neveu ſeul, nommé Gui Adine, les
propres, tant anciens que naiſſans ; mais elle
avoit ordonné le partage par tiers des meubles, acquêts & conquêts du défunt entre le
même neveu, l'oncle & la tante du défunt.

L'oncle & la tante étoient appellans de
cette Sentence, en ce qu'elle n'avoit point
ordonné le partage des propres anciens. Ils
diſoient que ces propres procédoient de leur
ligne, & qu'ils étoient au même dégré que
le neveu du défunt ; à l'égard des propres
naiſſans, ils ne les lui conteſtoient pas, parce qu'il étoit deſcendu de l'acquéreur.

Le neveu étoit auſſi appellant de la même
Sentence, à cauſe qu'elle ordonnoit le partage des meubles, acquêts & conquêts, auxquels il ſoutenoit devoir ſuccéder ſeul.

Par Arrêt rendu en la cinquiéme Chambre des Enquêtes, le 2 Septembre 1716, la
Sentence du Bailliage de Sens fut infirmée,
& l'univerſalité de la Succeſſion adjugée au
neveu, conformément à *la raiſon écrite*,
c'eſt-à-dire, au Droit Romain, ſuivant M.
le Préſident de Thou, qui a préſidé à la rédaction de la Coutume de Sens. (M. le Préſident Lizet nommoit le Droit Romain, le
Droit Commun.)

Lorſqu'un défunt a laiſſé pour héritiers
collatéraux des freres ou ſœurs, & des neveux ou niéces qui viennent par repréſentation, ſuivant les articles 320 & 328 de la
Coutume de Paris, ſa Succeſſion doit être
partagée entr'eux par ſouches, c'eſt-à-dire,
en autant de portions qu'il y a de freres &
ſœurs, compris ceux que les neveux & niéces repréſentent ; & dans ce cas-là, les neveux & niéces n'ont entr'eux que ce que
chacun de leur pere ou mere auroit s'il vivoit.

Mais ſi le défunt n'a laiſſé que des neveux
en ſemblable dégré, alors, comme ils viennent de leur chef, & non par repréſentation, le partage s'en fait par tête & non par
ſouche ; & quoique dix neveux ſoient ſortis
d'un ſeul frere, chacun d'eux a une portion
égale à celle du neveu, fils unique : il en eſt

de même des niéces, ſuivant l'article 321.
V. *Repréſentation*.

Le même partage par tête a lieu pour tous
autres collatéraux, en quelque dégré qu'ils
ſoient.

Les biens roturiers ſe partagent indiſtinctement entre tous les héritiers collatéraux,
à l'exception des propres qui appartiennent
au plus proche héritier du défunt, du côté
& ligne dont les propres proviennent. *Ibid.*
art. 327.

Il n'eſt pas néceſſaire, pour recueillir ces
propres, que l'héritier qui les réclame, ſoit
en même-temps, ou héritier des meubles,
ou égal en dégré à ceux qui ſuccédent aux
autres biens. Les propres de ligne forment
une eſpéce de Succeſſion ſéparée, à laquelle
ſeule les plus proches parens de la ligne,
dont les propres proviennent, ſont appellés.
V. *Propres réels*, *Côté & Ligne*, & l'art. 326
de la Coutume.

Quant aux biens nobles, ils ſe partagent
ſans prérogative d'aîneſſe en collatérale, &
les filles n'héritent point avec les mâles,
ainſi que je l'ai dit ailleurs. V. *Aîneſſe & Fief*.

La Succeſſion des mineurs ne ſe prend
point en l'état où elle ſe trouve au moment
de leur mort, mais elle reſte telle qu'elle
étoit au moment que les biens leur ſont
échus.

Ainſi dans ces Succeſſions, les deniers repréſentent l'héritage aliéné & la rente rembourſée, de maniere que, dans la Succeſſion d'un mineur, le prix d'un héritage qu'il
a vendu, ou le principal d'une rente qui lui
a été rembourſée, appartient à celui de ſes
héritiers qui auroit ſuccédé à l'héritage ou
à la rente, s'il n'y avoit eu ni aliénation ni
rembourſement. V. *Propres*, Section 3, *des
Propres par ſubrogation*.

Il en eſt autrement dans la Succeſſion d'un
majeur ; le prix de la vente, s'il ſe trouve
exiſtant ou dû par l'acquéreur, appartient à
l'héritier mobilier (a). Voyez *Vente*. Voyez
auſſi un Arrêt rendu le 20 Juillet 1660,
Journal des Audiences, tom. 2, liv. 3. ch. 7.

Mais ſi un mineur qui devoit des rentes,
meurt après qu'elles ont été rembourſées
par ſon tuteur, avec le mobilier & les épargnes du pupille, l'héritier des meubles &
acquêts dont la portion héréditaire ſe trou-

(a) La Coutume de Normandie & quelques autres contiennent ſur cela des diſpoſitions contraires à celle de Paris.

ve diminuée par le remboursement de ces rentes, pourroit-il demander à ce sujet une indemnité aux héritiers des propres, lesquels (propres) se trouvent, par ce moyen, d'autant libérés aux dépens du mobilier ? Cette question s'est présentée au Châtelet le 3 Avril 1756, & elle y a été appointée.

Le Barreau a pensé que la prétention de l'héritier des meubles n'étoit pas fondée, parce que les Successions se partagent en l'état où elles se trouvent lors de leur ouverture : cette maxime reçoit, à la vérité, une exception dans le cas du remboursement d'une rente appartenante à un mineur, ou du prix de tout autre immeuble aliéné ; mais cette exception établie par la Coutume, ne doit avoir lieu que dans le cas qu'elle a prévu :

1°. Parce que toute exception contraire au Droit commun, doit être renfermée dans son cas.

2°. Parce que la Coutume a eu besoin de faire une fiction, en immobilisant des deniers, & que toute fiction de cette nature, établie par une Loi ou par une convention, ne peut être étendue d'un cas à un autre.

3°. Qu'il n'y a point ici de parité de raison. La Coutume a voulu empêcher les aliénations des biens des mineurs, en ordonnant que les aliénations ne pussent pas profiter à quelques-uns de leurs héritiers, parce qu'il est avantageux au mineur que les immeubles lui soient conservés. C'est l'intérêt du mineur que la Coutume a eu principalement en vûe, & non l'intérêt des héritiers.

Etant donc avantageux au mineur qu'une rente qu'il doit, soit éteinte avec ses épargnes ; & l'extinction de cette rente étant le meilleur emploi que le tuteur ait pû faire, il n'y a aucune raison, en ce cas, de faire revivre par fiction cette rente acquittée, & de supposer dans la Succession du mineur un mobilier qui n'y existe plus, ce seroit détruire un emploi utile.

Ces maximes sont puisées dans un acte de Notoriété du Châtelet du 12 Mai 1699 ; & elles ont été adoptées par l'Arrêt rendu sur l'appel de la Sentence du 3 Avril 1756, à l'Audience de relevée, sur délibéré, ordonné le 10, & prononcé le 17 Juill. 1759.

Cet Arrêt a débouté l'héritier des meubles de la demande en récompense des rem-

boursemens de rentes. On peut, sur cette matiere, voir la quinziéme Consultation de Duplessis.

Voyez ce que dit Argou, d'après les Arrêtés de M. le Prestre, & les Arrêts que je rapporte au mot *Propres*.

Dans l'Arrêt du sieur de Montigny & Consorts, l'héritier des propres de la demoiselle de Turmenies, décédée en minorité, contre la dame de Champigny, héritiere des meubles & acquêts, il s'est agi de sçavoir, si l'Office de Maître de la Chambre aux Deniers, qui s'étoit trouvé dans la Succession du pere de la défunte, & qui avoit été vendu par son tuteur, en conséquence d'avis de parens homologué au Châtelet, pour payer les dettes contractées par le pere à raison de la Charge même, étoit ou n'étoit pas perdu pour les héritiers des propres paternels, quoique dans le fait on eût employé 250000 liv. de ce prix à payer les dettes du pere pendant la vie de la mineure.

L'Arrêt intervenu sur cette contestation, en la troisiéme Chambre des Enquêtes, le Mercredi 13 Février 1737, a jugé que c'étoit le cas d'appliquer les dispositions de l'article 94 de la Coutume de Paris ; car il a ordonné que dans le partage à faire entre la mere & les parens paternels, les 515000 livres, prix entier de l'Office, seroient employées, & que les 250000 livres de dettes payées sur le même prix, seroient pareillement employées dans le passif avec les dettes existantes ; pour toutes lesdites dettes être payées par contribution entre tous les héritiers de la mineure, à proportion de l'émolument.

Suivant cet Arrêt, la mere contribuant aux 250000 liv. de dettes payées sur le prix de l'Office, à la décharge de la Succession du pere de la mineure, les héritiers des propres ont dû trouver dans cette contribution la récompense du propre aliéné. V. *Propres* à la section ci-devant indiquée.

Le sieur Etienne, riche négociant à Paris, sa femme & sa fille unique (majeure) étant à la Campagne, les Fêtes de la Toussaint 1751, voulurent passer la Seine près Argenteuil, dans un petit bateau ; s'étant servis d'un Batelier mal-adroit, qui s'approcha de la corde du bac, le bateau fut renversé, de maniere que le pere, la mere & la fille périrent

·

rirent & furent noyés, fans qu'on pût fçavoir lequel étoit mort le premier.

Cet événement donna lieu à la queftion
de fçavoir, fi les Succeffions des Sr & Dame
Etienne étoient paffées fur la tête de leur
fille, & fi l'on devoit préfumer, comme le
dit Domat, que la fille étant plus robufte,
avoit plus long-temps réfifté à la mort, &
recueilli pour quelques inftans les Succeffions de fes pere & mere.

Les oncles & les tantes de la demoifelle
Etienne, freres & fœurs de fes pere & mere,
foutenoient l'affirmative de cette propofition. (Leur intérêt l'exigeoit; parce que,
fans la tranfmiffion préfumée des Succeffions
des pere & mere fur la tête de la fille, les
neveux & niéces étoient, comme les freres,
appellés par repréfentation, pour recueillir
les Succeffions des Sieur & Dame Etienne.)
Ils citoient plufieurs textes de Loix, & trois
Arrêts rendus les 14 Août 1591, 10 Mai
1655, & 7 Mars 1720.

Les coufins-germains de la demoifelle
Etienne, qui fe trouvoient exclus par fa furvie, foutenoient, au contraire, que la régle
générale n'admet ni furvie ni ordre de Succeffion entre les perfonnes qui périffent par
un même accident, & qu'elles font toutes
cenfées mortes au même inftant. Ils rapportoient dix-fept textes de Loix, fuivant lefquelles on ne confidere, ni l'âge, ni la force,
ni le fexe. Deux perfonnes périffent enfemble, difoient-ils, donc elles périffent & meurent en même-temps. Ils citoient auffi un
Arrêt rendu à peu près en pareille circonftance, le 5 Janvier 1599, rapporté par MM.
le Preftre & Bouguier, Lettre C, n. 4.

Néantmoins, par Arrêt rendu le 7 Septembre 1752, fur les Conclufions de M.
l'Avocat Général Joly de Fleury, la Cour
a confirmé la Sentence des Requêtes du Palais, qui avoit exclu les neveux des Sieur &
Dame Etienne, en admettant la préfomption de furvie de leur fille, dont les oncles
fe font trouvés les feuls héritiers.

La Cour a jugé, par un Arrêt rendu le 16
Mai 1735, contre MM. de Boneuil & Parent, Confeillers au Parlement, que les effets donnés par M. le Boulanger en payement des propres de madame fon époufe,
aliénés pendant le mariage, & dont la Succeffion avoit été recueillie par un fils mi-

Tome III. Part. II.

neur, appartenoit à M. de Boneuil, comme
repréfentant l'héritier le plus proche du mineur le Boulanger, à l'exclufion de M. Parent, héritier de la ligne des propres aliénés.

Cet Arrêt eft fondé fur ce que les Succeffions fe prennent en l'état où elles fe trouvent, & que c'eft la nature des biens, au
moment de la mort de celui qui les poffédoit, qui détermine le droit de fes héritiers.
L'action en remploi qui fe trouvoit dans la
Succeffion du mineur le Boulanger, pour la
reprife des propres aliénés de madame de
Boulanger fa mere, étoit mobiliaire de fa
nature. M. le Boulanger pere auroit fuccédé
à cette action, fans la claufe de fon contrat
de mariage, qui portoit qu'elle feroit immobiliaire & propre de côté & ligne; mais
étant exclu par cette convention, l'action
qui demeuroit purement mobiliaire entre les
héritiers du fils, devoit néceffairement appartenir à fon héritier le plus proche. V. ce
que je dis au mot *Propre*.

On lit dans le Mercure du mois de Nov.
1719, que, par Arrêt rendu le 29 Avril précédent, la Cour a jugé » que dans la Cou-
» tume de la Marche, la Succeffion mobi-
» liaire de la mere comprend indiftincte-
» ment tous les meubles de l'enfant prédé-
» cédé, fans diftinction de ceux qui lui ont
» été acquis par Succeffion ou autrement. «

Les Capitulaires de Charlemagne défé-
roient les Succeffions des Evêques & des
Clercs à l'Eglife; mais Innocent IV & fes
Succeffeurs s'étant attribués ces biens, Charles VI ordonna que les parens & lignagers
des Evêques, & autres gens d'Eglife, leur
fuccéderoient: l'Ordonnance qu'il fit à ce
fujet, eft du 6 Octobre 1385; il l'envoya au
Pape par Arnault de Corbie, premier Préfident au Parlement de Paris. Voy. de Lauriere, & ce que je dis aux articles *Archidiacre, Cotte-Morte* & *Evêque*.

Une Déclaration du 24 Janvier 1723, regiftrée au Parlement de Douay le 4 Février
fuivant, ordonne que *dans la Ville & Châtellenie de Caffel, les freres & fœurs confan-
guins ou utérins, hériteront de tous les biens
réputés meubles par la Coutume, & des acquêts immeubles, à l'exclufion des oncles, tantes, coufins & coufines de l'autre côté, lefquels n'auront droit qu'aux biens propres immeubles venans de leur côté & ligne.*

V

Suivant l'article 248 de la Coutume de Normandie, les enfans des mâles fuccédent aux propres à l'exclufion des enfans des femelles, foit qu'ils foient en parité de dégrés ou non; &, fuivant l'article 317, les defcendans des freres excluent les defcendans des fœurs de la Succeffion mobiliaire.

Les nommés Witrier & Conforts ont prétendu dans la Succeffion du fieur Auger de Memont, ouverte à Valogne en Baffe-Normandie, que la capacité de fuccéder accordée aux defcendans des mâles à l'exclufion de ceux qui defcendent des filles, n'avoit lieu que quand le chef de la tige eft un mâle, & que cette prérogative de fexe s'évanouiffoit lorfque le chef de la tige étoit une femelle; mais cette prétention fut profcrite par Arrêt rendu le 2 Juillet 1759, en la deuxiéme Chambre des Enquêtes, au rapport de M. Beze de Lis.

Dans cette efpéce, tous les prétendans droit à la Succeffion du fieur Auger de Memont defcendoient d'Anne Auger fa tante: Anne Auger avoit eu des enfans mâles & des filles; les defcendans des filles prétendoient fuccéder avec les defcendans des mâles: tous étoient au même dégré. L'Arrêt, en confirmant la Sentence du Bailliage de Rumigny en Vermandois, du 5 Mars 1751, qui avoit confirmé celle de la Juftice de Bogny-Martinzart, n'admit que les defcendans des mâles à la Succeffion. Voyez Bafnage, fur l'article 272 de la Coutume de Normandie.

SUCCESSION entre Conjoints.
V. *Don mutuel.*

Il y a des cas où le mari & la femme fuccédent l'un à l'autre; & cette efpéce de Succeffion irréguliere, qui a fon origine dans le Titre *Unde vir & uxor*, eft devenue un droit uniforme dans tout le Royaume (a), excepté dans quelques Coutumes qui, par une difpofition contraire, comme celle de Bourbonnois (art. 328), préfere le fifc au conjoint furvivant (b).

Il y a encore quelques Coutumes qui ne rejettent pas directement cette Succeffion, mais qui le font indirectement, en admettant le Seigneur Haut-Jufticier, au défaut

d'héritier d'une ligne, & cela à l'exclufion de l'une & de l'autre ligne; car on conclut de cette difpofition, que le Seigneur Haut-Jufticier excluant des héritiers, parce qu'ils ne font pas de la ligne, exclud, à plus forte raifon, le conjoint qui feroit exclu dans la concurrence par ces mêmes héritiers. Telles font les Coutumes de Normandie, article 245; du Maine, art. 286; & d'Anjou, art. 268. Il y a un Arrêt pour la Coutume du Maine, rendu le 2 Août 1618, rapporté par Brodeau fur M. Louet, lett. F, nomb. 22. Mais dans ces Coutumes on peut y déroger par contrat de mariage ou par teftament.

A l'égard des Coutumes qui n'ont aucune difpofition fur ce fujet, on ne laiffe pas d'y admettre cette efpéce de Succeffion.

Le motif des Loix qui ont introduit cette efpéce de Succeffion, eft la préfomption de la volonté du conjoint prédécédé, que l'on fe perfuade avoir mieux aimé que le furvivant lui fuccédât, que non pas le fifc; c'eft pourquoi, lorfque la volonté du défunt paroît au contraire, par exemple, lorfqu'il a difpofé par teftament, le furvivant ne peut pas demander la réduction du teftament aux quatre quints.

En Pays de Droit-Ecrit, outre le Titre *Unde vir & uxor*, on obferve encore l'Authentique *Praterea*, tirée de la Novelle 117, chap. 5, qui donne au furvivant pauvre & dans la néceffité, la quatriéme partie des biens du défunt, quand il n'a laiffé que trois enfans ou moins; ou fa portion virile, quand il y en a davantage, à la charge de réferver le fonds aux enfans, quand il y en a, & fans réferve, lorfqu'il n'y en a point. V. *Conjoints.*

Cette difpofition n'a point lieu à l'égard du mari, comme il eft établi au chap. 5 de la Novelle 117.

Pour profiter de la fucceffion en vertu du Titre *Unde vir & uxor*, il faut trois conditions:

1°. Que le prédécédé n'ait point laiffé de parens.

2°. Que le mariage foit légitime.

3°. Qu'il n'y ait point eu de divorce & de féparation de corps & de biens qui ayent rompu l'union conjugale.

_____

(a) Voyez les Arrêts de M. Bouguier, lettre S, n. 11.
(b) On prétend que le titre *Unde vir & uxor* n'a pas non plus lieu en Bretagne. V. le Commentaire de Duparc-Poulain, tome 3, page 310.

Cette troisiéme condition eſt marquée dans pluſieurs Loix du Titre *Unde vir & uxor*; le Brun eſtime qu'elle doit avoir lieu en France.

La veuve de l'Etranger ne ſuccéde point à ſon mari, qui n'a pas obtenu des Lettres de Naturalité, lors même qu'elle eſt Regnicole, *& vice verſâ* du veuf; parce que l'Aubain ne peut avoir d'héritier en France, & que le conjoint ne peut pas jouir d'une condition meilleure que les parens du prédécédé. Mon opinion eſt appuyée ſur celle de Chopin, du Domaine; de M. Louet, & ſur l'avis de Bacquet, qui traite ce point de droit avec un peu d'étendue, dans le chapitre 33 de ſon Traité de l'Aubaine; mais il ſemble que l'opinion contraire prévale actuellement en faveur de la veuve Françoiſe. Voyez ſur cette maniere de penſer (contraire à celle de Bacquet) Billecard, ſur l'article 14 de la Coutume de Châlons, les Conſultations de Dupleſſis, & Deſpeiſſes, des Succeſſions, partie 2, n. 38.

La veuve du bâtard ou le veuf d'une bâtarde, exclud le fiſc; c'eſt un principe conſacré par un Arrêt rendu le 20 Janv. 1738, ſur les Concluſions de M. l'Avocat Général Gilbert, dont voici l'eſpéce:

La femme de Firmin Poulet, qui étoit bâtarde étant morte ſans enfans, le Seigneur du lieu & le Receveur des Domaines firent appoſer les ſcellés, & prétendirent, chacun en particulier, que la Succeſſion de cette femme leur appartenoit, à l'excluſion du mari; les premiers Juges avoient en effet déclaré cette Succeſſion ſujette au droit de bâtardiſe.

Firmin Poulet appella de leur Sentence. Son appel effraya ſes adverſaires, qui ſe déſiſterent de leurs prétentions reſpectives: mais il ne ſe contenta pas de leur déſiſtement; il forma contr'eux, en cauſe d'appel, une demande en dommages & intérêts, fondée ſur l'appoſition du ſcellé faite chez lui; ce qui, diſoit-il, lui avoit cauſé un préjudice notable.

La cauſe portée à l'Audience, M. Gilbert poſa pour principe, que le Titre *Unde vir & uxor* a lieu, même contre le Roi, au profit de celui qui s'eſt marié avec une bâtarde *& vice verſâ*; d'où il conclut qu'à plus forte raiſon ce Titre devoit avoir lieu

contre les Seigneurs; en conſéquence, & conformément à ſes Concluſions, l'Arrêt, en infirmant la Sentence, adjugea à Firmin Poulet la Succeſſion de ſa femme (bâtarde) & condamna les Intimés en 50 liv. de dommages & intérêts, & aux dépens.

En un mot, le bâtard, fût-il même adúlterin ou inceſtueux, ſuccéde à ſon conjoint; cette ſucceſſion eſt une prorogation du mariage.

Il y a, néantmoins quelques cauſes pour leſquelles un mari & une femme peuvent être privés de cette Succeſſion; par exemple, un mari qui a tué ſa femme ſurpriſe en adultere; un ſurvivant qui n'a pas vengé la mort du prédécédé, ou qui ne l'a pas ſecouru dans ſa maladie.

Le Brun rapporte les Loix qui ont établi ces déciſions. Voyez ce qu'il a dit ſur cela dans le Traité des Succeſſions.

Les Succeſſions entre mari & femme ne s'acceptent point par bénéfice d'inventaire: l'uſage veut même que le conjoint ſurvivant ne recueille la Succeſſion du prédécédé, que lorſque le Juge l'en a envoyé en poſſeſſion; après cet envoi, s'il y a un inventaire, le conjoint ſurvivant n'eſt tenu des dettes, que juſqu'à concurrence de la valeur des biens; & s'il n'y en a point, il eſt traité comme héritier pur & ſimple.

La communauté de biens n'a pas lieu en Normandie entre conjoints; mais la femme eſt appellée, par l'article 392 de la Coutume de cettte Province, pour recueillir une portion de ſa Succeſſion: cette portion eſt différente, ſelon les différentes poſitions de la Succeſſion du mari.

Si le mari laiſſe des enfans vivans, majeurs ou mineurs, la femme qui ne renonce point à la Succeſſion de ſon mari, *a le tiers* des *meubles* meublans & de tous les effets mobiliers, quels qu'ils ſoient; mais elle eſt tenue de contribuer *aux dettes pour ſa part,* dans leſquelles (dettes) on ne comprend ni les frais funéraires, ni les *charges teſtamentaires.*

S'il n'y a point d'enfans vivans au temps de la mort du pere, la femme prend la moitié des meubles & effets mobiliers, *aux charges que deſſus,*

Néantmoins, *s'il n'y a que des filles qui ayent été mariées du vivant de leur pere,* la femme *a la moitié des meubles* & effets mobiliers, *pourvû que le mariage soit quitte du meuble promis* en dot. V. l'article 393 de la Coutume de Normandie.

Si la femme étoit séparée de biens d'avec son mari, soit par Justice, soit par son contrat de mariage, elle ne lui succéderoit pas; c'est la disposition des art. 80 & 81 du Réglement de *1666*; &, suivant les Commentateurs de la Coutume de Normandie, le mari succéde au mobilier de sa femme qui meurt séparée de biens avec lui.

SUCCURSALES.
V. *Bis cantare.*

On nomme Succursale, une Eglise dans laquelle se célébrent les Services de Paroisse, pour la commodité de quelques habitans éloignés de l'Eglise Paroissiale.

Les Succursales ne sont point des titres de Bénéfice particuliers; elles ne forment ordinairement qu'un seul & même titre avec la Cure dont elles dépendent (a). Il y en a qui sont desservies par le Curé même qui, en ce cas, célébre la Messe dans les deux Eglises, les jours des Dimanches & des Fêtes; d'autres sont desservies par des Vicaires amovibles, suivant que l'Evêque l'ordonne.

On prétend que l'érection des Succursales n'est pas sujette aux mêmes formalités que celles des Cures; & la Cour, par Arrêt du 16 Juin 1704, a jugé que la Succursale de Pouancé avoit pu être érigée par une Ordonnance de l'Evêque d'Angers, sans information préalable de la commodité & incommodité, &c. Mais voyez l'Arrêt du Mardi 18 Décembre 1742, dont je rapporte l'espéce à l'art. *Curé.*

Les oblations & droits Curiaux appartiennent aux Curés dans les Succursales, & non aux Curés & Prêtres qui les desservent.

Il doit y avoir des Fonts-Baptismaux dans les Eglises Succursales; & les Saintes-Huiles y doivent être gardées, parce que c'est principalement à cause des enfans nouveaux-nés & des personnes malades, que les Succursales sont établies.

L'opinion commune est qu'il doit en être des Eglises Succursales comme des Eglises Paroissiales, relativement aux réparations, c'est-à-dire, que les Habitans doivent entretenir la Nef, & les gros Décimateurs le Chœur, le Cancel, fournir les ornemens, &c. V. *Décimateur.* –

M. de Freminville dit même, dans le Traité des Communautés d'habitans, que les Décimateurs ne sont affranchis de cette charge, que lòrsqu'après avoir formé opposition à l'érection de la Succursale, ils en sont déchargés par une clause expresse du décret d'érection: il cite sur cela l'exemple de la Succursale de Passy près Paris, & le Commentateur anonyme de l'article 21 de l'Edit du mois d'Avril 1695.

Le Grand-Conseil a, par Arrêt du 22 Décembre 1759, déchargé de l'entretien du Chœur & du Cancel d'une Succursale, les Décimateurs qui étoient en possession de n'y pas contribuer, & qui prouvoient que l'entretien avoit été à la charge de la Fabrique ou des Habitans. Cet Arrêt rendu en faveur des Religieux Clunistes de Montdidier, contre les Marguilliers & les Habitans du Tronquoi en Picardie, dans une espéce où il s'agissoit des réparations à faire à l'Eglise du Tronquoi, autrefois Chapelle Castrale & devenue Succursale (on ne sçait ni comment ni quand) mais qui avoit toujours été entretenue par les Habitans & la Fabrique, ainsi qu'il étoit prouvé par les comptes des Marguilliers.

Dans une espéce à peu près semblable, la Cour, par Arrêt rendu en la Grand-Chambre, au rapport de M. Pasquier, le 18 Avril 1763, a condamné les Curé & Prieur de Bornel, près Beaumont en Picardie, à réparer le Chœur de l'Eglise de Fosseuse, Succursale de celle de Bornel, & desservie par un Vicaire amovible. Ainsi l'on peut dire qu'il doit en être des Succursales comme des Eglises Paroissiales; & c'est la Jurisprudence du Grand-Conseil. Il

---

(a) Cela n'est point général: un Acte de Notoriété donné par les Officiers de la Gouvernance de Bethune, atteste qu'en Artois il arrive souvent que *deux Paroisses & Territoires distincts & séparés, sont conférés & régis par un même Curé sous les deux titres; sçavoir, celui de la* Paroisse *où il réside; & le second, sous le nom de Succursale, & que les Seigneurs des Paroisses dénommées Succursales, sont reconnus pour Seigneurs de Paroisses, & convoqués en cette qualité aux Assemblées générales des Etats de la Province.*

y a fur cela deux Arrêts célébres & récens de ce Tribunal.

Le premier, du 30 Juin 1733, a condamné le curateur à la fucceſſion vacante de M. Defmarets, Archevêque d'Auch, à faire faire les réparations néceſſaires au Chœur des Succurfales, dont le défunt Archevêque étoit Décimateur, & notamment à trois annexes de la Paroiſſe de Fleurane.

Le fecond, du 4 Février 1752, a condamné le Prieur Commendataire de Nogent-le-Roi à faire réparer le Chœur de l'Egliſe de Nogent-le-Haut, qui n'eſt qu'une annexe de l'Egliſe Paroiſſiale de Nogent-le-Roi.

Peut-on oppofer la prefcription à des Habitans qui demandent la reconſtruction d'une Annexe ou Succurfale détruite depuis près de deux ſiécles?

Cette queſtion s'eſt préſentée entre les Habitans du Quefnoi & le Curé de Puchevillers, Diocèſe d'Amiens. Les Habitans avoient après une vifite du Doyen rural, obtenu, fur les Concluſions du Promoteur, une Ordonnance de l'Evêque d'Amiens, portant que leur Egliſe, autrefois deſſervie par un Vice-gérent ou Vicaire, feroit reconſtruite en fon ancien emplacement, avec les deniers provenans de la Fabrique d'icelle.

Le Curé qui s'étoit fait pourvoir, ayant tout cela, de la Chapelle du Quefnoi, s'oppofa à la reconſtruction, & appella comme d'abus de l'Ordonnance de l'Evêque d'Amiens, & oppofa la prefcription aux Habitans, qui de leur côté appellerent comme d'abus des provifions du Curé.

Les Marguilliers de Puchevillers intervinrent dans la conteſtation, pour demander la réunion à leur Fabrique des biens de celle du Quefnoi; & par Arrêt rendu fur délibéré prononcé le 21 Avril 1760, la Cour, fans s'arrêter à l'intervention, déclara n'y avoir abus dans l'Ordonnance de l'Evêque d'Amiens, & déclara abufives les provifions obtenues par le Curé de Puchevillers.

Sur l'érection des Succurfales, & la fupériorité que conferve l'Egliſe matrice, voyez l'Arrêt du 8 Août 1736, rapporté au Journal du Parlement de Bretagne, tome 2, chap. 22.

SUÉDOIS.

V. Aubain, Etranger & Naturaliſation.

Le Roi de Suéde a, par une Ordonnance du 7 Décembre 1752, ordonné que les héritiers & repréſentans des François qui délaiſſeront des biens meubles & effets mobiliers en Suéde, pourront les recueillir librement & les tranſporter hors de ſes Etats ſans payer aucuns droits, ſoit à la Couronne, ſoit aux Villes où les fucceſſions feront ouvertes.

Réciproquement le Roi a, par une Déclaration du 24 Décembre 1754, enregiſtrée le 11 Mars 1755, permis aux Suédois Commerçant ou autres, de léguer ou donner, ſoit par teſtament, par donation ou autre diſpoſition quelconque reconnue valable & légitime dans le lieu de leur domicile, toutes les marchandiſes, argent, dettes actives & autres biens mobiliers qui ſe trouveront ou devront leur appartenir en France au jour de leur décès, & ordonné que leurs héritiers légitimes ou teſtamentaires, leurs légataires ou tous autres ayant titre valable & qualité ſuffiſante pour exercer leurs droits, demeurans en France ou venans d'ailleurs, quoiqu'ils ne ſoient pas naturaliſés, pourront recueillir librement leſdits biens & effets, tant dans le cas où ils voudroient s'établir en France, que dans celui où ils auroient intention de tranſporter leſdits biens & effets hors du Royaume.

La même Déclaration ordonne en outre que les Sujets du Roi de Suéde, leurs Procureurs, Mandataires, & leurs Tuteurs & Curateurs, pourront réclamer leſdits biens & effets, & ſe les faire remettre, les régir & adminiſtrer, donner toutes décharges valables, en juſtifiant ſeulement de leurs titres & qualités.

Les diſpoſitions de cette Déclaration ont lieu, à compter du premier Janvier 1753. On lui a donné un effet rétroactif.

SUFFRAGANT.

Ce mot fignifioit autrefois, fouple, modeſte, civile; mais actuellement il n'eſt plus en uſage que pour marquer le reſſort de la Juriſdiction Eccléſiaſtique: on dit, un tel Evêque eſt Suffragant de tel Archevêché; parce que les appels des Sentences de l'Officialité & des refus de *Visa* dans cet Evêché, se relevent à l'Archevêché, &c. Voyez ce que je dis aux articles *Appel*, *Archevêque*, *Evêque*, *Grands-Vicaires*, *Jurisdiction Ecclésiastique*, *Official* & *Visa*.

SUFFRAGE.

Voyez *Abbé*, *Election* & *Opinion*,

Sauvageau rapporte, dans son Recueil de Réglement de Bretagne, ch. 135, un Arrêt du Parlement de Rennes, du 19 Janvier 1666, par lequel il a, dit-il, été jugé que, quand les Membres du Chapitre de Gueraude seroient partagés en Opinions & Suffrages, celle du Chef présidant prévaudroit, & empêcheroit le partage. Voyez l'Arrêt du 12 Juillet 1759, dont je parle à l'article *Abbé*.

SUGGESTION.
V. *Testament*.

Les dispositions testamentaires doivent être le fruit d'une volonté libre, pour être valables : elles ne vaudroient rien, si elles étoient suggérées; parce que la Suggestion, » dit Ricard, » n'est autre chose qu'une fausseté déguisée, & dont l'artifice est d'autant plus à craindre, qu'il a apparemment » plus de rapport avec le vrai «.

La preuve par témoins de la Suggestion est admissible : l'action en est même favorable, selon le même Auteur; mais je pense qu'il faut que les faits soient graves & circonstanciés, & qu'il faut, ou des commencemens de preuve par écrit, ou au moins des indices & des présomptions si violentes, qu'elles approchent de la preuve. On peut, sur cette matiere, voir un Arrêt de 1655, rapporté par Soefve; un autre rendu le 16 Janvier 1664, qu'on trouve au Journal des Audiences, tome 2, liv. 6, chap. 4; & un autre Arrêt du Conseil Supérieur de Colmar, du 5 Juin 1709, rapporté par Augeard, édition *in-folio*, tome 2, n°. 59.

Anciennement il falloit s'inscrire en faux pour prouver la Suggestion : mais il n'est plus nécessaire de prendre cette voie; il suffit d'alléguer les faits, sauf *aux Juges à y avoir tel égard* qu'il *appartient*, suivant l'art. 47 de l'Ordonnance des Testamens, du mois d'Août 1735. V. ce que je dis au mot *Testament*, & le Commentaire de Boisseau sur l'art. 54 de l'Ordonnance de Moulins.

On ne peut pas dire qu'un testament fait par l'avis de gens éclairés, soit suggéré, parce qu'il est naturel à quelqu'un de se consulter avant de disposer de ses biens.

» On tient pour maxime indubitable au » Palais (dit Ricard) que les faits de Suggestion ne sont pas recevables contre un » testament olographe; non qu'il ne pût y » avoir telles circonstances qui pourroient » faire admettre cette preuve : mais . . . . . . ». tant d'Arrêts ont débouté ceux qui en ont » demandé l'admission, que l'on a cru que » la maxime générale étoit contraire «.

SUICIDE.
Voyez *Homicide*, & *Mémoire*.

Le Suicide est l'homicide de soi-même.

Les Etablissemens de Saint Louis prononcent la confiscation des biens de ceux qui se pendent, se noyent ou se tuent en aucune maniere; & l'Ordonnance de 1670, tit. 22, art. 1, porte *que le Procès pourra être fait au cadavre ou à la mémoire du défunt, pour homicide de soi-même*.

Le Parlement de Paris condamne les cadavres des homicides d'eux-mêmes à être traînés sur une claie, de la prison à la place publique, la face tournée contre terre, attachés par les pieds au derriere d'une charrette, & ensuite pendus par les pieds. Il prononce aussi la confiscation des biens de ceux qui se font homicidés *(a)*.

Lorsque le Procès qu'on fait au cadavre & à la mémoire de quelqu'un qui s'est homicidé, peut être instruit & jugé en peu de temps, on conserve le cadavre pour lui faire en quelque sorte supporter la peine dûe

---

(a) Ces peines ont été prononcées contre un Magistrat de Province, par Sentence du Châtelet du 8 Février 1729, confirmée par Arrêt rendu le même jour. Comme il n'étoit pas mort sur le champ, il reçut le Sacrement de l'Extrême-Onction.

On trouve dans le Journal des Audiences, tom. 1, liv. 2, ch. 69, un Arrêt rendu le 16 Mars 1610, qui a confisqué les biens d'un Particulier âgé de 74 ans, habitant d'un Village auprès de la Fere en Picardie, lequel s'étoit étran-

glé de désespoir de n'avoir pû consommer son mariage avec une fille de vingt ans.

Cet Arrêt adjuge néantmoins à la veuve de cet homme (laquelle s'étoit remariée quinze jours après son décès), une somme de 1500 liv. pour le douaire & les autres avantages à elle faits par son contrat de mariage, & 10000 liv. tant aux héritiers présomptifs du défunt, qu'aux pauvres Prisonniers de la Conciergerie du Palais, par forme d'œuvre pie.

S U I

à un fi grand crime ; mais cet ufage n'eft pas fondé fur le principe que le cadavre foit abfolument néceffaire pour toute l'inftruction & le Jugement du Procès. Les peines ne fe prononcent & ne s'exécutent fur le cadavre que pour l'exemple, & afin de détourner de commettre de pareils crimes par l'horreur du fpectacle.

Mais lorfque quelque raifon, comme celle de l'infection que le cadavre peut caufer, empêche de le garder, alors la Loi qui n'exige rien d'impoffible, n'affujettit point à cette confervation, fon efprit eft rempli, en faifant le procès à la mémoire. C'eft ce que marque l'Ordonnance Criminelle, dans l'article 2 du tit. 22, qui porte que le Juge nommera d'office un curateur au cadavre du défunt, s'il eft encore exiftant, finon à fa mémoire. Ainfi, lorfque le cadavre ne peut être confervé pendant tout le temps de l'inftruction, les premiers Juges peuvent ordonner qu'il fera inhumé.

C'eft ce que la Cour a ordonné fur la Requête de M. le Procureur Général, par Arrêt rendu le 2 Décembre 1737, à l'occafion du conflit qui s'eft élevé entre le Bailliage & le Prévôt d'Orléans, fur la queftion de fçavoir lequel de ces deux Tribunaux inftruiroit le procès au cadavre & à la mémoire de Louis Martin (arrêté pour vol, par la Maréchauffée d'Orléans), qui s'étoit pendu dans fon cachot, avec une corde faite de la paille de fon lit.

Ce même Arrêt a encore jugé que quoique Martin fût décrété par le Prévôt d'Orléans, ce feroit le Bailliage qui lui feroit fon procès ; parce que :

1°. Le droit que le Juge a acquis par fon décret, fur la perfonne du prifonnier, ne dure que pendant la vie de ce même prifonnier, & que la mort éteint la pourfuite de tous les crimes, pour en réferver la punition au fouverain Juge.

2°. Parce que la police des Prifons appartient aux Officiers du Bailliage, & que, par une conféquence toute naturelle, la connoiffance des crimes commis par les Prifonniers leur appartient auffi.

Il a depuis été ordonné par un Arrêt rendu en forme de Réglement, le 31 Janvier 1749, (fur l'appel à minimâ d'une Sentence du Lieutenant Criminel de Chaumont en Baffigny, contre le cadavre d'Hubert Portier, qui s'étoit homicidé & étranglé dans fon cachot), que l'Arrêt rendu le 2 Décembre 1737, feroit envoyé au Bailliage de Chaumont & aux autres Bailliages du reffort de la Cour, pour y être lû & publié, &c.

On ne punit cependant que ceux qui fe font tués jouiffant de leur raifon : on ne prononce aucune peine contre ceux qui étant en démence, ou fujets à des égaremens d'efprit, fe donnent la mort. Voyez Thourette, fur l'article 185 de la Coutume de Montfort-Lamaury.

Bretonnier parle du Suicide, & entre fur cela dans un certain détail, dans fes Queftions alphabétiques, au mot *Homicide.*

Comme le Suicide n'eft pas mis au nombre des cas Royaux par l'Ordonnance, il s'enfuit que les Juges des Seigneurs peuvent en connoître.

S U I S S E S.

Voyez *Domeftique* & Pareatis.

Les Suiffes font cenfés Régnicoles : ils fuccèdent en France à leurs parens Suiffes; & réciproquement les François fuccèdent en Suiffe à leurs parens François.

Il n'eft point néceffaire que les Suiffes demeurent en France, pour jouir des Priviléges des François Régnicoles; les Lettres-Patentes du mois de Février 1635, & les articles 24 & 25 du Traité folemnel fait avec les Cantons Catholiques de la Suiffe & la République de Valais à Soleure, le 9 Mai 1715, n'exigent point cette condition : on y voit au contraire que les Suiffes fortis de cette République, avec l'agrément de leurs Supérieurs, étant au fervice, gage & folde du Roi, font cenfés Régnicoles, qu'ils peuvent faire des difpofitions teftamentaires, & profiter de celles qui font faites en leur faveur ; & que réciproquement le François qui ira en Suiffe recueillir une fuccefion, y fera protégé par les Magiftrats fur les lieux. Voici comme s'explique la Déclaration de 1635.

En interprétant les Priviléges des Suiffes, avons déclaré que notre intention eft que tous lefdits Suiffes étant à notre fervice, gages & folde, mariés & non mariés, qui fe marieront & habiteront ci-après en notre Royau-

me, y puiffent acquérir tous les biens meubles & immeubles qu'ils verront bon être, & d'iceux difpofer & ordonner par ordonnance de derniere volonté, donation entre-vifs, ou autrement, en faveur de leurs femmes, enfans, héritiers, ou telles autres perfonnes que bon leur femblera, comme s'ils étoient natifs de notredit Royaume, foit que leurs héritiers réfident dans leur Pays de Suiffe, foit en notredit Royaume; & au cas qu'aucuns d'eux viennent à mourir fans tefter, Nous voulons... que les biens qu'ils délaiffent, foient confervés à leurfdits héritiers, nonobftant toutes Loix à ce contraires......

L'art. 24 du Traité de 1715 porte que » les Suiffes feront cenfés Régnicoles, & » comme tels, feront exempts du Droit » d'Aubaine dans les Royaume & Etats de » l'obéiffance du Roi, en juftifiant de leur » naiffance, & qu'ils font fortis de leur Pays » avec l'agrément de leurs Supérieurs, ils » pourront acquérir, comme les Nation- » naux; & s'ils ont quelques métiers ou pro- » feffions, ils pourront les exercer en toute » liberté, pourvû qu'ils fe foumettent aux » régles établies dans les lieux où ils éliront » leur domicile.

» Jouiront auffi de l'exemption de traite » foraine, pour les effets des fucceffions de » ceux de leur Nation, décédés en France... » & feront traités en tout comme les pro- » pres Sujets de Sa Majefté «.

Le 28 Septembre 1716, il a été convenu par un autre Traité conclu avec les Cantons Catholiques de la Suiffe & de la République de Valais, que les Suiffes feroient cenfés Régnicoles en France, en juftifiant de leur naiffance, & qu'ils font fortis de leur Pays, de l'agrément de leurs Supérieurs, avec réciprocité pour les Sujets du Roi en Suiffe.

Les Suiffes & autres Domeftiques prépofés à la garde des portes des Hôtels, ne peuvent exiger ni recevoir aucunes fommes pour les expéditions & fignifications qui leur font laiffées, fuivant l'Arrêt de Réglement rendu le 28 Août 1737. Voyez à l'art. Domeftiques, l'Arrêt du Parlement de Touloufe, du 13 Juillet 1739.

Les Suiffes établis dans le Royaume, & après leur mort, leurs veuves pendant leur viduité, fe font prétendus exempts de tou-

tes tailles, aides, capitation, guet & garde, & autres impofitions. Ils fondoient cet affranchiffement fur des Lettres-Patentes de Louis XI, en Septembre 1481, confirmées par d'autres Lettres-Patentes de Février 1550, Février 1551, Février 1552, Novembre 1602, Décembre 1618, & par les Traités faits avec cette Nation, les 18 Juin, 22 Juillet 1582 & 4 Septembre 1663, revêtus de Lettres-Patentes, & par un Arrêt du Confeil du 18 Mars 1704.

Mais par une lettre de M. Chauvelin, Intendant des Finances, écrite aux Fermiers Généraux, le 7 Août 1760, rapporté dans le Dictionnaire des Domaines, tome 3, article Suiffe, il paroît que Meffieurs les Intendans des Provinces ont été avertis par M. le Contrôleur Général » que les Suiffes » & Génevois Militaires ne doivent point » avoir d'autres priviléges que les Com- » menfaux & les Nobles, & que les non- » Militaires n'en ont pas d'autres que ceux » des Régnicoles «.

Les Suiffes jouiffent néantmoins du privilége de pouvoir colporter & vendre, dans tout le Royaume, des marchandifes (non prohibées). Ils prétendent que ce privilége leur a été accordé par le fecond article du Traité fait entre Charles VII & leur Nation, en 1453, & par l'article 9 de celui fait avec François Premier en 1516.

La Jurifprudence des Arrêts a même étendu la permiffion accordée aux Suiffes par ces Traités de commerce en France, jufqu'à leur permettre, fans avoir aucune qualité, de colporter & vendre dans toutes les Villes du Royaume, même dans celles où il y a des Corps ou Communautés de Marchands établis, en faifant néantmoins préalablement vifiter leurs marchandifes dans les Villes, aux Bureaux des Marchands & Artifans, & auxquelles vifites les Gardes-Jurés, &c. doivent procéder fans frais dans les vingt-quatre heures.

On trouve fur cela, dans le Recueil du Privilége des Suiffes, un Arrêt rendu le 9 Février 1715, contre les Marchands Merciers, Epiciers de la Ville de Chartres.

Il en a été rendu un autre le 20 Juin 1741, fur les Conclufions de M. l'Avocat Général Joly de Fleury.

Le Confeil a jugé la même chofe par Arrêt

rêt contradictoire rendu le 23 Mai 1758, en faveur de Charles Raymond, Marchand Forain, Suisse, contre les Merciers de Châlons.

Il y en a un dernier rendu en la Grand-Chambre du Parlement de Paris, le premier Septembre 1760, au rapport de M. Titon, en faveur de deux Marchands Forains, Suisses, contre les Marchands Merciers de la Ville de Bourges.

Les Marchands Merciers de Troyes ont aussi attaqué le Privilége des Suisses en 1750; mais ils ont pareillement échoué.

La prétention des Marchands de Dijon, contre le Privilége des Suisses, a aussi été réprimée par un Arrêt du Parlement de Dijon. Il est vrai que cet Arrêt de ce Parlement a été cassé par un Arrêt du Conseil donné sur Requête non communiquée, le 19 Décembre 1747; mais ce dernier Arrêt suppose qu'on a ..... là qualité de Suisse: car il ne défend qu'aux Marchands Forains, Colporteurs, Portes-Balles, & non pas aux Suisses, de trafiquer, &c.

Au reste, ceci ne doit s'entendre que de Forains, Colporteurs, Suisses; leur Privilége ne les autorise pas à s'établir, & à tenir Boutique ouverte dans les Villes où il y a Maîtrise.

Voyez la fin de l'article 6 du Traité de 1715; voyez aussi les Arrêts rendus en faveur de la Communauté des Traiteurs de Paris, contre différens Suisses, les 7 Août 1719 & 28 Février 1725; ils sont dans le Recueil concernant les Traiteurs, imprimé à Paris, chez le Breton, en 1761.

Il a été rendu un Arrêt au Conseil le 23 Septembre 1710, qui casse l'Ordonnance de l'Intendant de Moulins, par laquelle il étoit décidé qu'un Suisse, établi près Nevers, seroit imposé à la taille: il y en a un autre du 7 Octobre de la même année, qui casse une autre Ordonnance du même Intendant, qui assujettissoit plusieurs Suisses Menuisiers, & une femme faisant commerce d'épicerie, aux taxes imposées sur les Arts & Métiers.

Ce dernier Arrêt ordonne l'exécution des Lettres-Patentes du mois de Novembre 1602, & Novembre 1663, & maintient les Suisses dans les Priviléges & exemptions accordés à leur Nation par les Traités; en conséquence, les décharge du payement des taxes des Arts & Métiers, pour lesquels ils avoient été compris dans les Rôles, & de toutes autres taxes personnelles qui pourroient être faites sur eux, pour raison de leur commerce, trafic & industrie, ensemble de logement de gens de guerre, guet & garde, entrées sur les bestiaux, & autres charges : fait défenses aux Maires, Echevins, Collecteurs & Syndics, de les troubler dans leurs priviléges, &c.

Un autre Arrêt du Conseil, rendu le 15 Décembre 1722, en prescrivant des régles pour la levée de la Capitation, en a excepté les Suisses originaires non pourvus d'Offices, leurs veuves & enfans.

Voyez cependant l'article 6 du Traité du 9 Mai 1715, qui paroît contradictoire avec ces exemptions; on prétend qu'il limite le privilége des Suisses à ceux de cette Nation, qui servent dans les armées, ou qui ne font ni commerce ni métiers : il y a une Ordonnance de l'Intendant de Paris du 6 Décembre 1747, qui décide en conformité de cette restriction. L'Arrêt rendu le 17 Mars 1635, portant enregistrement des Lettres-Patentes du mois de Février précédent, ordonne d'ailleurs que les Suisses, *qui ne sont pas à la solde du Roi*, ne pourront pas *jouir de la grace* accordée par ces Lettres.

Celles du mois de Novembre 1602, registrées au Parlement, à la Chambre des Comptes, & à la Cour des Aides, les 10 Mars, 6 Juin, & 22 Août 1603, confirment les priviléges accordés *aux Suisses*, *étant aux gages & solde du Roi, & à tous autres de ladite Nation, mariés & habitans dans le Royaume, & à leurs veuves durant leur viduité.* Voyez la Lettre de M. Chauvelin, que j'ai ci-devant indiquée.

Les Suisses qui sont en France, au service du Roi, ont des Jurisdictions particulieres, composées de Juges de leur Nation (a); il y a même un Conseil supérieur dans les Gardes-Suisses, qui décide souverainement leurs affaires Civiles & Criminelles.

(a) L'article 7 du Traité de 1715, porte que, si les Vivandiers Suisses abusent de la franchise qui est accordée aux Militaires de leur Nation *pour les vins, la viande, le* tabac, l'eau-de-vie & autres denrées, ... *ils seront soumis à la confiscation de ces vivres, & à la Justice Suisse pour être châtiés dûement.*

Les affaires qui s'inftruifent dans ce Tribunal, ne font pas fujettes aux formes prefcrites par les Ordonnances du Royaume : on n'y connoît, ni contrôle, ni infinuation, ni papier timbré ; les Jugemens qui s'y rendent, s'exécutent comme Arrêt de Cour Souveraine, après un fimple acte de dépôt chez un Notaire. Mais quand les Suiffes plaident dans les Tribunaux François, ils font affujettis aux formes obfervées par les François, & aux mêmes droits.

Les Tribunaux Suiffes connoiffent entre les Suiffes, des teftamens des perfonnes de cette Nation, du partage de leurs biens, des renonciations, &c.

Un fieur Mona, Officier aux Gardes-Suiffes, étant décédé, un de fes parens né en France, mais jouiffant du privilége des Suiffes, demanda la fucceffion, & l'obtint par un Jugement rendu fur Requête au Tribunal des Suiffes.

D'autres parens également nés en France, fe prétendans auffi héritiers, l'ayant fait affigner au Châtelet, pour qu'il fût procédé au partage avec eux ; il déclina la Jurifdiction, & demanda le renvoi au Tribunal Suiffe ; mais, par Sentence rendue au Parc Civil du Châtelet, le Mardi 6 Mars 1759, il fut ordonné que les Parties procéderoient au Châtelet ; le moyen a été que toutes les Parties prétendans droit à la fucceffion, étoient nées en France.

Un Arrêt contradictoire du Confeil du 19 Janvier 1723, a caffé une Sentence de l'Election de Paris, & un Arrêt rendu en la Cour des Aides, le 23 Août 1719 ; & en conféquence, a condamné la Compagnie des Cent-Suiffes, & tous autres Suiffes, fans aucune diftinction, au payement des droits de détail fur les vins de leur crû.

Le même Arrêt a maintenu les Officiers & Soldats Suiffes, attachés au militaire & folde de Sa Majefté, & leurs veuves, pendant leur viduité, dans l'exemption des droits de gros feulement, des vins provenans de leur crû, en fatisfaifant aux formalités prefcrites par l'Ordonnance.

SUITE (Droit de)
V. Châtelet, Sceau du Châtelet.

J'ai déja parlé de ce Droit au mot *Châtelet*. V. ce que je dis à cette occafion, tome premier. V. auffi le Traité de la Police par le Commiffaire de la Marre.

Le préambule de la Déclaration du 23 Avril 1674, enregiftrée le 16 Juil. fuivant, (par laquelle les Offices de Commiffaires créés pour le nouveau Châtelet, ont été réunis à ceux de l'ancien), parle du Droit de Suite, comme d'un Droit qui n'a pas feulement lieu *pour les Scellés, Inventaires, Informations, Enquêtes, & c. mais qui a encore lieu pour la Police*, lorfqu'il s'agit de procurer l'abondance des chofes néceffaires, pour la fubfiftance de la Ville de Paris.

Le Droit de Suite du Châtelet naît probablement de l'attribution de Jurifdiction attachée au fceau de ce Tribunal. Ce qu'il y a de certain, eft qu'il n'appartient pas naturellement & de droit aux autres Juftices Royales ; & la Cour a jugé par Arrêt du 28 Juin 1678, que le Juge de Moret n'avoit pû valablement appofer des fcellés à Melun, fous prétexte de Droit de Suite.

La Cour a encore jugé par Arrêt rendu le 15 Octobre 1681, que le Bailli de Saint Denis n'avoit pas, comme il le prétendoit, le droit d'appofer des fcellés par Suite à Paris.

Les Officiers du Bailliage du Palais ont néantmoins le droit d'appofer des fcellés dans Paris, hors l'enclos du Palais, par Suite : mais c'eft un privilége particulier dont ils ne jouiffent que parce qu'il leur eft accordé par l'article 2 de l'Edit du mois d'Octobre 1712, enregiftré le 14 Décembre fuivant (*a*).

Je l'ai déja dit (V. *Châtelet*), le Droit de Suite du Châtelet eft confirmé par une prodigieufe quantité d'Arrêts, dont on trouve grand nombre dans le Traité de Fonction des Commiffaires ; en voici un tout récent qui a été rendu dans une efpèce finguliere.

(*a*) L'article 3 du Réglement fait par Arrêt du 18 Mai 1638, pour le Prévôt de Montargis, & l'Arrêt rendu pour les de Vic en Carladès, ont accordé le droit de Suite à ces Officiers, pour les fucceffions échues dans leur territoire ; mais il n'a pas lieu dans les autres Jurifdictions. Les Ordonnances, pour éviter un tranfport fouvent difpendieux, indiquent aux Juges en ce cas, d'adreffer aux Officiers des lieux une Commiffion rogatoire, pour faire tous les actes néceffaires. V. l'art. 15 de l'Ord. de 1553, l'art. 168 de l'Ord. de Blois, & le Réglement des Scellés, l. 2, ch. 9.

Le Marquis de Prye, Chevalier des Ordres du Roi, & Lieutenant Général de la Province de Languedoc, étant décédé à Versailles *où il avoit son principal domicile*, le scellé fut apposé sur les effets (de Versailles) par les Officiers de la Prévôté de l'Hôtel.

Dès le même jour, la Marquise de Prye fit aussi apposer le scellé sur les effets de la maison de Paris, par le Commissaire Crepy, & requit qu'il se transportât en Normandie, pour apposer de semblables scellés par *Droit de Suite*, dans les Châteaux de Courbepine & de Plane.

L'inventaire se fit à Paris par les Officiers du Châtelet, sans difficulté : mais on prétendît que ces Officiers ne pouvoient pas se transporter en Normandie, contre le gré de la veuve & des héritiers, pour procéder à la levée des scellés, & continuer l'inventaire. Le Procureur plus ancien des opposans au scellé soutint au contraire qu'on devoit s'y transporter par *Droit de Suite*, & cela donna lieu à un référé, lors duquel M. le Lieutenant Civil ordonna que l'inventaire seroit achevé à Paris, après quoi les Officiers du Châtelet (Commissaires, Procureurs, Substituts, Huissiers-Priseurs & Notaires), se transporteroient en Normandie pour le parachever.

Lorsque l'inventaire de Paris fut fini, la dame de Prye révoqua son consentement donné au transport de Me Crepy, lors de l'apposition; elle & tous les héritiers (qui avoient fait contre-sceller en Normandie, par le Commissaire aux inventaires de Bernay,) interjetterent appel de l'Ordonnance rendue sur référé. Me d'Outremont, leur défenseur, disoit qu'il n'y avoit pas lieu au *Droit de Suite*, & que les opposans représentés par le Procureur plus ancien, étoient sans intérêts, parce qu'il ne leur étoit dû aucuns arrérages de leurs rentes ; il ajoutoit que le Droit de Suite n'avoit pas lieu quand les défunts n'avoient pas de domicile à Paris, & observoit que le Marquis de Prye résidoit le plus ordinairement à Versailles.

Mais toutes ces raisons furent impuissantes ; & par Arrêt rendu le 3 Juin 1752, la Cour, en confirmant l'Ordonnance de M. le Lieutenant Civil, ordonna qu'à la première sommation, le Commissaire aux inventaires de Bernay seroit tenu de re-

connoître ses contre-scellés, sans description, sinon qu'il seroit permis au Commissaire Crepy de les briser, pour être ensuite procédé à l'inventaire, conformément à l'Ordonnance du Lieutenant Civil, & que les Ordonnances que rendroit le Commissaire Crepy seroient exécutées nonobstant opposition ou appellation, &c.

Les Officiers du Châtelet ayant été troublés dans l'exercice du Droit de Suite, par ceux de Carentan, qui prétendoient avoir droit de lever les contre-scellés qu'ils avoient apposés à Carentan sur les effets de la dame Richard, & qui avoient même obtenu au Parlement un Arrêt sur Requête, portant défenses d'exécuter l'Ordonnance de M. le Lieutenant Civil, portant qu'il seroit procédé à la levée des scellés & à l'inventaire par Suite, en la Ville de Carentan, par les Officiers du Châtelet, Arrêt du Conseil est intervenu le 10 Septembre 1725, par lequel, *sans s'arrêter à l'Arrêt* (de défense) *rendu le 3 Septembre 1725, lequel*) dit l'Arrêt du Conseil) *demeurera comme non avenu, a ordonné que le Commissaire Regnard procédera en la manière accoutumée à la reconnoissance & levée des scellés apposés par Suite en la Ville de Carentan, sur les effets... de ladite Richard ; & que les Officiers de Carentan seront tenus sur une simple sommation qui leur sera faite, de reconnoître leurs contre-scellés dans vingt-quatre heures, sinon qu'ils seront brisés par le Commissaire... lequel pourra informer des divertissemens & bris de scellés, si aucun y a, pour être procédé à l'inventaire, par les Notaires du Châtelet, &c.* Cet Arrêt est imprimé.

Le Conseil avoit auparavant rendu un autre Arrêt, le 30 Janvier 1708, sur la Requête des héritiers de l'Archevêque de Rouen, par lequel il avoit de même été ordonné que les scellés apposés par un Commissaire au Châtelet, après le décès de cet Archevêque, mort à Paris, par Droit de Suite, en l'Hôtel Archiépiscopal de Rouen, & au Château de Gaillon, seroient levés par ledit Commissaire, & l'inventaire fait par les Officiers du Châtelet, après une simple sommation faite aux Officiers du Parlement & du Chapitre de Rouen, de reconnoître leurs contre-scellés, sinon qu'ils pourroient être brisés, &c.

Il y a de pareils Arrêts du Conseil, des 17 Décembre 1709, 20 Mars & 27 Août 1714, & 15 Décembre 1727 ; des Arrêts de la Cour des 3 Juin 1729, & 15 Octobre 1739, ont ordonné la même chose.

Un Arrêt contradictoire rendu au Conseil le 15 Mars 1680, a aussi jugé que le Droit de Suite du Châtelet devoit avoir lieu pour les scellés apposés par le Commissaire Socquart, à Mortagne & à Fougeres, après le décès du sieur de Bois-Ferrier, nonobstant les privilèges des Provinces de Bretagne & de Normandie, invoqués par les Officiers de ces Jurisdictions. Les Commissaires ont encore depuis obtenu un pareil Arrêt contradictoire au Conseil, le 27 Mars 1697, contre les Officiers de la Vicomté d'Auge en Normandie.

Les Officiers de la Prévôté de l'Hôtel ont aussi prétendu avoir un Droit de Suite, supérieur à celui du Châtelet, & être seuls en droit d'apposer les scellés ; non-seulement dans les Maisons Royales, mais encore dans les Hôtels des Seigneurs, & Maisons particulieres occupées par les Officiers de Sa Majesté, & autres personnes de la Cour & suite.

Sur le fondement de cette prétention, ils avoient croisé des scellés apposés par le Commissaire Grimperel, par Droit de Suite, au mois de Janvier 1756, sur des effets trouvés dans un Hôtel à Versailles, près du Château ; la Prévôté de l'Hôtel, qui avoit apposé les scellés dans le Château, avoit même obtenu un Arrêt sur Requête au Conseil, le 31 Janvier 1756, qui déclaroit nulle l'apposition des scellés faite par le Commissaire Grimperel, &c. mais par autre Arrêt du Conseil, rendu le 12 Avril suivant, M. le Procureur du Roi au Châtelet a été reçu opposant à celui du 31 Janvier, & il a été ordonné *que les scellés seroient levés par le Commissaire Grimperel, & l'inventaire fait par les Officiers du Châtelet.....après une simple sommation faite aux Officiers de la Prévôté de l'Hôtel, de reconnoître les contre-scellés par eux apposés dans ledit Hôtel, dans vingt-quatre heures.......sinon que lesdits contre-scellés seroient rompus & brisés*, &c.

Il y a d'autres Arrêts du Conseil des 24 Juin 1741, pour la succession du sieur Masson, premier Commis du Contrôleur Général, qui avoit un logement à Versailles, & un autre à Paris, rue Saint Antoine, & 11 Septembre 1750, pour la succession du sieur Tristan, Maître d'Hôtel du Grand Chambelan ; tous ces Arrêts ont refusé le Droit de Suite à la Prévôté de l'Hôtel, & ne leur ont accordé que les scellés apposés dans les Maisons Royales.

Le Droit de Suite du Châtelet n'a lieu que pour les Successions des personnes qui décédent domiciliées à Paris; le séjour momentané d'une personne qui vient à Paris pour affaires ou pour autres causes, & qui y meurt sans y avoir un domicile, ne donne point ouverture au Droit de Suite ; la Cour l'a ainsi jugé par un Arrêt rendu le 23 Janvier 1714, entre les Officiers du Châtelet & ceux d'Etampes, pour la succession du Sr Moulineuf, décédé à Paris, en Chambre garnie, en laquelle Me Camuset avoit apposé ses scellés, & par Suite au domicile du défunt.

Il a été rendu un pareil Arrêt, le Samedi 4 Mars 1758, en faveur des Officiers de Montfort-Lamaury, contre le Commissaire du Ruisseau & les Huissiers-Priseurs du Châtelet, à l'occasion du scellé apposé après le décès de la dame le Maire, domiciliée à Montfort-Lamaury, & décédée à Paris, où elle étoit venue pour se faire traiter d'une maladie.

Comme les Evêques sont censés domiciliés à leurs Evêchés, & que souvent ils ont néantmoins des Hôtels qu'ils habitent à Paris, les Arrêts ont tantôt jugé qu'il avoit lieu pour leur succession, & tantôt qu'il n'avoit pas lieu ; des Arrêts des années 1661, 1708 & 1714, ont accordé le Droit de Suite en ce cas; d'autres l'ont refusé, & singuliérement un de l'année 1695, pour les scellés apposés après le décès de l'Evêque de Langres à Paris, & par Suite à Langres.

S U I T E (Dixme de).

Voyez *Rapport de Fer* & *Sequelle*.

S U M P T U M.

Le mot *Sumptum* est en usage à la Chancellerie Romaine ; & c'est le nom qu'on donne aux extraits ou expéditions qu'on y délivre, en conformité de ce qui est inscrit sur les Registres. V. *Date & Rescrits.*

SUPPLIQUE.
V. *Date.*

Ce mot signifie à peu près la même chose que Requête. Il est principalement en usage, quand il s'agit d'affaires de Chancellerie Romaine. V. *Date & Rescrits.*

SUPPOSITION & Suppression de Part.
V. *Grossesse & Part.*

La Supposition de Part consiste à supposer faussement qu'on est accouché d'un enfant.

Outre la condamnation qu'on prononce contre les femmes coupables de Supposition de Part, & dont je parle au mot *Part*; elles sont ordinairement privées de leur douaire, de tous les avantages nuptiaux, & des libéralités qui leur ont été faites par leur mari. On peut voir sur cela un Arrêt du 18 Juin 1672, rendu au Parlement de Provence, rapporté par Boniface.

Voyez encore ce que je dis sur la Suppression de Part, aux mots *Grossesse & Part.*

SURANNATION.
V. *Terrier.*

Le mot Surannation est un terme dont on se sert dans les affaires de Chancellerie, pour exprimer le laps de temps de plus d'une année, qui s'est écoulée depuis la date des Lettres.

L'effet de la Surannation est à peu près semblable à la péremption, c'est-à-dire, que quand on n'a pas fait usage des Lettres dans l'année de leur obtention, on les regarde comme non avenues, périmées & sans effet.

Toutes les Lettres de Chancellerie ne sont pas sujettes à Surannation, & nous n'avons guères de régles qui nous apprennent à distinguer celles qu'il faut regarder comme surannées. La plûpart des Cours la regardent comme une invention Bursale ; cependant on l'admet toujours, quand il est question de *Committimus.*

Quand il s'agit de Lettres de la grande Chancellerie adressées aux Cours, elles distinguent ordinairement celles qui doivent avoir un effet perpétuel, d'avec les autres; les premieres commencent presque toujours par ces mots, *A tous ceux*, &c. Celles-là peuvent toujours se vérifier ; mais les autres ne se vérifient pas sans Lettres de Surannation; au reste, les usages des Cours sont différens, & je ne connois sur cela aucune régle fixe.

L'article 17 du Réglement fait le 7 Juillet 1667, pour le Commerce de Lyon, confirmé par l'article 7 du titre 5 de l'Ordonnance de 1673, porte que » toute procura- » tion pour recevoir payement de Lettres » de change, promesse, obligation & autres » dettes, n'aura plus de force passé une an- » née, si ce n'est que le temps qu'elle devra » durer, soit précisément exprimé, auquel » cas elle servira pour tout le temps qui » sera énoncé en icelle, s'il n'apparoît d'une » révocation. «

SURCENS.
V. *Cens, Croix de Cens, & Rentes foncieres.*

Le Surcens est un second cens ou second devoir réservé par le Seigneur, lors de la concession du fonds.

Pour qu'une redevance ait la qualité de Surcens, il faut qu'elle appartienne au Seigneur direct auquel le cens est dû, & qu'elle ait été réservée lors de la concession ; si elle étoit créée depuis, ce ne seroit qu'une rente fonciere.

Lorsque le Surcens sort de la main du Seigneur, il n'est plus que rente fonciere.

Le Surcens est sujet à prescription, comme les autres rentes Seigneuriales : c'est pourquoi il est nécessaire que le Seigneur s'oppose au Décret, pour la conservation de ces sortes de droits. V. Dumoulin, sur l'article 73 de la Coutume de Paris.

SURSÉANCE, SURSIS.
V. *Lettres d'Etat & Répy.*

Le mot Sursis signifie délai, retardement. C'est le substantif du verbe surseoir.

SURTAUX.
V. *Contrainte, Rôle, Taille & Taxe d'Office.*

Le mot Surtaux signifie taxe injuste, & qui excéde ce que doit payer quelqu'un, eu égard à ce que payent d'autres; par exemple, en fait de taille, on appelle demandes en *Surtaux*, celles qui ont pour objet de faire réformer des rôles, & diminuer l'imposition de quelqu'un qui se plaint d'être taxé à une somme trop forte.

Les Elus sont autorisés à juger en dernier ressort les oppositions & demandes en Surtaux, lorsque les cottes sont de 50 liv. & au-dessous ; & à l'égard des cottes au-dessus de 50 liv. l'appel des Jugemens rendus sur ces sortes d'affaires, se porte dans les Cours des Aides ; cela est ainsi réglé par une Déclaration du 18 Avril 1690, enregistrée en la Cour des Aides le 24.

Les demandes en Surtaux doivent être formées dans les trois mois de la vérification des rôles : après ce délai il y a fin de non-recevoir.

L'Edit du mois d'Octobre 1713, enregistré le premier Décembre suivant, *enjoint aux Officiers des Elections d'instruire & juger sommairement les Surtaux, & à moins de frais qu'il est possible, sur-tout de se conformer à l'Arrêt du Conseil rendu le 25 Février 1666, à la Déclaration du 18 Avril 1690, portant Réglement sur ces matieres, sans que les Opposans en Surtaux puissent être écoutés, passé les trois mois du jour de la vérification des rôles, ni les Officiers des Cours des Aides recevoir l'appel des Sentences, lorsque les cottes sont de 50 liv. & au-dessous, ou que les cottes étant au-dessus de 50 livres, l'Opposant a déclaré, par acte devant les Elus, qu'il restreint son Surtaux à 50 liv.* Ce sont les termes de l'article 5 de cet Edit ; & le droit des Elus, à cet égard, a encore été affermi par un Arrêt du Conseil du 4 Avril 1730. (Il est imprimé.)

La Déclaration du 7 Décembre 1715, enregistrée le 16, ordonne que ceux qui se voudront pourvoir devant les Elus, pour la réduction ou la radiation de leur imposition à la taille, payeront *leurs taxes par provision*, à l'échéance des quartiers......

Un Arrêt intervenu en la Cour des Aides, le 5 Juin 1726, dans une contestation particuliere entre les Habitans de Montigny-le-Franc & deux Laboureurs de la même Paroisse, sur l'appel d'une Sentence rendue en l'Election de Laon, *faisant droit sur les Conclusions de M. le Procureur Général, a ordonné que ceux qui se pourvoiront en Surtaux, seront tenus, par le même exploit qui contiendra leur demande en Surtaux, de donner un état de tous leurs biens, terriers & fa-*

cultés, & d'y joindre les extraits des rôles des trois dernieres années, pour connoître le total de la taille & de leur imposition personnelle, sur lesquelles piéces, ensemble sur le rapport des Experts fait en la forme prescrite par les *Ordonnances, les Elus feront droit au nombre de trois au moins, & que le Greffier, dans l'expédition des Sentences, marquera les noms des Juges qui auront signé la minute.*

Voyez des Lettres-Patentes du 29 Mars 1735, expédiées sur Arrêt du 12 Mai 1720, & regiftrées en la Cour des Aides le 3 Mai 1735. Elles expliquent les cas dans lesquels on peut se pourvoir en Surtaux dans la Province de Bourgogne. Ces Lettres sont dans le Traité du gouvernement des biens dits des Communautés.

Depuis ces Réglemens, il a été ordonné par l'article 6 de la Déclaration du 13 Avril 1761, regiftrée en la Cour des Aides le 8 Mai suivant, que les oppositions qui surviendront aux rôles des tailles, capitations, &c. seront portées en premiere Instance en l'Election, par un simple Mémoire & sans ministere de Procureur, si bon ne semble à l'opposant, lequel Mémoire sera remis au Procureur du Roi en l'Election, à l'effet de défendre pour les Habitans, après avoir préalablement communiqué ce Mémoire au Commissaire qui aura fait le rôle, pour donner son avis, ou déclarer qu'il n'entend le donner.

L'article 9 excepte de cette disposition les demandes en modération de cotte, fondées sur des événemens survenus depuis la confection du rôle, pour lesquelles demandes on ne peut se pourvoir que devant les Intendans.

Les Officiers de quelqu'Election ont trouvé des difficultés sur l'exécution de cette Déclaration ; & d'après leurs Mémoires, Arrêt est intervenu en la Cour des Aides de Paris, sur la Requête du Procureur Général de cette Cour, le 5 Mai 1762, par lequel elle a ordonné que ceux qui voudront se pourvoir contre les rôles faits par les Commissaires nommés d'office, seront tenus de présenter leur Mémoire sur papier non timbré & signé d'eux, & qu'il sçavent pas lire, dit l'Arrêt, » la présentation sera » constatée par le Président ou premier & .

» plus ancien Officier de l'Election, où ils
» feront remis dans la forme fuivante, pré-
» fentée par ... à nous ... de ladite Election,
» fouffigné le.....le tout fans frais. « V. l'Arrêt en entier.

SURVIE.

Ce mot fignifie vie plus longue que celle
d'un autre avec lequel on a quelque chofe
de commun.

Les difpofitions que les conjoints fe font
par contrat de mariage, font ordinairement
moins des donations entre-vifs, que des
conventions de mariage qui fuppofent la
Survie, & qui tiennent plus des difpofitions
à caufe de mort, que de celles entre-vifs.
Tels font, en Pays de Droit-Ecrit, l'aug-
ment, la donation à caufe de nôces; en Pays
Coutumier, le douaire, le préciput, &c.
Voyez ce que je dis fur la Survie aux art.
*Augment, Donation, Don mutuel, Douaire,
Gain de Survie, Préciput, Succeffion entre
Conjoints & Survivant.*

SURVIVANCE.
V. *Brevets de retenue.*

La Survivance eft un privilége que le Roi
accorde à quelqu'un pour fuccéder à une
charge, après la mort de celui qui en eft
Titulaire. V. *Honoraires.*

Il arrive même quelquefois que la Survivance s'accorde avec faculté d'exercer la
charge, conjointement avec celui qui en eft
pourvu. Cela fe peut, lorfqu'il s'agit d'un
office qui ne doit pas être remplacé, ou par
un Lieutenant ou par un autre Collégue, en
cas d'abfence ou légitime empêchement du
Titulaire; mais on ne pourroit pas joindre
cette efpéce de coadjutorerie à la Survivance, fi un autre Officier en place pouvoit
remplacer celui auquel les Lettres de Survivance donneroient un Adjoint.

La Cour a même jugé, par Arrêt rendu
fur les Conclufions de M. l'Avocat Général Gilbert, le 6 Mars 1731, qu'un Survivancier (Coadjuteur) ne pourroit faire aucune fonction de Judicature, malgré le Titulaire, tant que celui-ci refteroit en place; & en conféquence, l'Arrêt fait défenfes
au Survivancier de faire à l'avenir aucune
fonction.

Il y a fur cette matiere une Déclaration
du 4 Mai 1703, enregiftrée le 24, qui porte
que les Survivanciers *n'auront rang, féance
ni voix délibérative, qu'après le décès ou la
démiffion pure & fimple des Réfignans, à
moins qu'il ne foit autrement porté par leurs
provifions.*

Les Préfidens, Confeillers & autres Officiers du Parlement d'Aix, qui paffent des
procurations *ad refignandum* de leurs charges en faveur d'un de leurs enfans, font
néantmoins dans l'ufage de fe réferver cinq
années de Survivance, que le Roi a la bonté
de leur accorder : en conféquence de cette
grace, ils jouiffent de leurs offices pendant
les cinq années, comme ils faifoient avant
leur réfignation; & cela n'empêche pas le
fils réfignataire d'être reçu, & de prendre
rang du jour de fa réception.

MM. les Gens du Roi du Parlement
d'Aix ont attefté cet ufage par un Acte de
Notoriété du mois d'Avril 1729.

Le Survivancier qui a été reçu, n'a pas
befoin de nouvelle réception, après la mort
du Titulaire : il lui fuffit de repréfenter l'ex-
trait-mortuaire, pour pouvoir entrer en
fonction.

Les Seigneurs peuvent bien accorder la
Survivance des offices auxquels ils peuvent
nommer; mais ils ne peuvent pas inférer
dans les Lettres de Survivance, que le Survivancier pourra exercer en l'abfence ou en
cas d'empêchement du Titulaire; parce
qu'ils ne peuvent pas donner à deux perfonnes l'exercice qui n'appartient qu'à un
feul, & que d'ailleurs ils n'ont pas le droit
d'augmenter le nombre de leurs Officiers,
fans une permiffion expreffe du Roi. Ces
maximes ont été plaidées comme très-cer-
taines par M. l'Avocat Général Gilbert,
lors de l'Arrêt du 6 Mars 1731, dont je
parle aux art. *Deftitution & Incompatibilité.*

Chenu rapporte un Arrêt du 9 Juillet
1551, par lequel il a été jugé qu'un Confeiller reçu en la Cour des Aides, en Survivance de fon pere, mais fans exercice, ne
pouvoit pas précéder ceux qui avoient été
reçus après lui, & qui étoient entrés en
fonctions auffi-tôt leur réception. V. Chenu,
titre 32, ch. 198.

SURVIVANT.

Le conjoint Survivant a fouvent la faculté de prendre un préciput sur les meubles de la communauté. Sur cela voyez *Préciput*.

En Pays de Droit-Ecrit, le Survivant, qui est indigent, peut demander une partie des biens du prédécédé. V. *Conjoint*, & *Succession entre Conjoints*.

Le Survivant de deux époux qui n'ont, ni enfans, ni héritiers, succéde au prédécédé. V. *Succession entre Conjoints*.

S U S P E N S.
V. *Censures* & *Excommunication*.

Etre Suspens, c'est être privé pour quelque temps de l'exercice des fonctions Ecclésiastiques, en punition de quelque faute. V. *Censures*.

La Suspense ne prive que des fonctions de l'Ordre & du Bénéfice : elle ne sépare pas celui qui est Suspens de la Communion des Fidéles, des prieres de l'Eglise, & ne lui ôte point le droit de recevoir les Sacremens. D'Héricourt, Loix Ecclésiastiques, des Peines, &c.

L'Evêque ne peut suspendre un Prêtre de son Diocèse de la célébration de la Messe, qu'en le faisant citer, après une instruction reguliere. L'Ordonnance par laquelle l'Evêque d'Uzès avoit, de son propre mouvement, suspendu le sieur Choisiti, Chanoine d'Uzès, a été jugée abusive, par Arrêt rendu au Parlement de Toulouse, le 6 Février 1719, parce que cette Ordonnance n'avoit pas été précédée de citation.

S U Z E R A I N.

Ce mot signifie Supérieur : on donne la qualité de Seigneur Suzerain à celui dont un Fief releve. V. *Fief*, *Foi & Hommage*, *Mouvance*, *Seigneur* & *Vassal*.

SYNALLAGMATIQUES.

C'est l'épithéte qu'on donne aux actes & contrats qui obligent toutes les Parties.

Par exemple, un billet n'est pas un acte Synallagmatique, parce qu'il ne contient que l'obligation du débiteur envers le créancier, & qu'il ne contient aucun engagement du créancier envers son débiteur.

Mais un bail à loyer est un acte Synallagmatique, parce qu'il assujettit le preneur à jouir en bon pere de famille, à payer les fermages, &c. & qu'il oblige le bailleur à faire jouir, à tenir son locataire ou fermier clos & couvert, &c.

Les actes Synallagmatiques doivent être passés devant Notaire, avec minute; ou s'ils se délivrent en brevet, il faut les faire multiples, & en délivrer un à chacun des Parties intéressées, avec mention de leur multiplicité sur chaque brevet.

Il y a des actes Synallagmatiques qui peuvent aussi se faire sous signatures privées; mais ils doivent être faits doubles, triples, quadruples, &c. à proportion du nombre des Parties qui s'engagent; autrement ils sont nuls. V. *Double*.

S Y N D I C.

On donne le nom de Syndic, dans certaines Sociétés, à un Officier qui agit au nom d'un Corps ou d'une Société.

S Y N O D E.
V. *Conciles*, *Cathédrale*.

On nomme Synode, l'Assemblée des Chapitres, Abbés, Prieurs & Curés d'un Diocèse. Cette Assemblée, à laquelle préside l'Evêque ou l'Archevêque, est la même chose que ce qu'on appelloit, dans les premiers siécles, *Presbyterium*; c'est-à-dire, l'Assemblée des Prêtres unis à leur Evêque.

C'est dans le Synode qu'on doit traiter de ce qui regarde le gouvernement du Diocèse, de la réformation des mœurs & de la discipline. On y fait ordinairement ce qu'on nomme Statuts Synodaux, c'est-à dire, des Réglemens pour la conduite & la discipline; & quoique, dans la grande régle, ces Statuts dussent être présentés & approuvés par Lettres-Patentes, comme les Conciles, on suit ces Statuts, quand ils ne contiennent rien de contraire aux Loix générales du Royaume, aux Libertés de l'Eglise Gallicane, & aux usages particuliers des Diocèses.

Les Réglemens & Ordonnances Synodales sont exécutoires par provision, comme les Sentences des Officiaux, & les Ordonnances particulieres des Evêques.

La maniere de tenir les Synodes n'est pas uniforme : le Concile de Bordeaux, tenu en l'année 1584, porte qu'il faut se conformer à l'usage de chaque Diocèse particulier,

pour

pour la tenue de ces Affemblées, & pour la forme du Synode Epifcopal.

Les Décrets de l'Eglife Gallicane ne prefcrivent aucune autre régle à cet égard. Mais le Pontifical Romain en parle, & dit que les Peres affemblés doivent aller au fcrutin, lorfqu'il eft queftion de faire des Statuts : cela prouve que les Pafteurs du fecond Ordre y ont voix délibérative & décifive ; il fuppofe même par-tout que les Statuts n'ont force de loi, que quand ils font approuvés & confirmés par les Curés & autres Prêtres ayant entrée dans le Synode (a).

Les Curés tiennent, dans le Synode, le rang que les Confeillers tiennent dans les Tribunaux : ils y font affis & couverts ; » ce » qui eft bien jufte, puifque par-tout, hors » le Synode, comme dans le Synode, les Cu- » rés font les Affeffeurs & les Confeillers de » l'Evêque, dans la conduite générale du » Diocèfe, conjointement avec les autres

» Prêtres qui deffervent l'Eglife matrice, » qui eft la premiere Cure «. V. les Mém. du Clergé, tom. 6, p. 482, & le Journ. du Palais.

Les Synodes font foumis à l'infpection des Magiftrats qui en peuvent connoître, par la voie de l'appel comme d'abus, quand on y a violé les Régles de l'Eglife ou les Loix de l'Etat. Van-Efpen affure même qu'en Flandres on ne peut publier les Décrets Synodaux, que quand le Prince les a approuvés.

Il y a des Diocèfes dans lefquels les Evêques font dans l'ufage de percevoir des Curés, ce qu'on nomme Droit Synodal (b). Les Curés du Diocèfe d'Autun avoient contefté ce droit à leur Evêque : ils fe font depuis foumis de le payer, conformément à des reconnoiffances paffées en 1634 ; &, par Arrêt du Parlement de Dijon, rendu le 18 Juillet 1727, ils ont été condamnés à le payer.

(a) On penfe, & Van-Efpen affure, que tous les Curés doivent être appellés aux Synodes Diocéfains, parce qu'ils en font les Membres-nés ; l'abfence d'un feul qui n'a pas été appelé à ces Affemblées, eft, dit-on, plus puiffante pour faire annuller ce qui s'eft fait, que la réclamation de plufieurs de ceux qui y ont affifté.

(b) On nommoit autrefois ce droit Cathédralique ; il en eft parlé dans les Capitulaires de Charles-le-Chauve ; & l'Affemblée du Clergé tenue à Melun en 1579, a défendu aux Curés foumis à ce droit, de refufer de le payer.

T

T A B   T A B

TABELLION.

ON nomme Tabellions des Officiers qui, dans quelques Provinces & Jurifdictions du Royaume, peuvent feuls groffoïer les contrats & les mettre en forme exécutoire.

La fonction de Tabellion n'étoit originairement, avec celle de Greffier, qu'un feul & même emploi, exercé par les Clercs ou Commis des Juges ordinaires : l'un & l'autre fut enfuite incorporé au Domaine de la Couronne, & donné à ferme ; & depuis ils furent érigés en titre d'Office.

Les Tabellions ne furent d'abord établis que dans les Villes, Chefs-lieux où il y avoit Bailliage & Sénéchauffée reffortiffant en la Cour. Mais, comme un homme ne pouvoit pas feul faire tous les actes volontaires d'une Jurifdiction, il fut permis aux Tabellions de commettre des Clercs ou Subfti-

tuts pour recevoir les actes à leur place, & enfuite leur rapporter à figner, garder & expédier.

Ces Clercs, dit Loyfeau, étoient proprement ce qu'on appelloit alors Notaires ; parce qu'ils prenoient notes des conventions pour les porter aux Tabellions, qui les inféroient dans leurs regiftres, les atteftoient par leurs fignatures, & en délivroient l'expédition aux Parties.

Les inconvéniens qui pouvoient naître de l'interpofition de ces Commis ou Subftituts, déterminerent nos Rois à ériger en titre d'Office, des Notaires pour la Campagne : ces Notaires ne pouvoient cependant pas expédier les groffes des Actes qu'ils recevoient ; ils étoient affujettis à rapporter leurs minutes aux Tabellions.

Mais, par un Edit du mois de Mai 1597, Henri IV fupprima les Tabellions & Gardes-Notes: il réunit leurs fonctions à celles des Notaires Royaux, & voulut que tous les Notaires Royaux fussent égaux en qualité, quoiqu'inégaux en territoire.

Cependant, comme quelques propriétaires de Tabellionage ne furent pas remboursés, cet Edit n'a rien changé à leur égard; & ce Tabellionage a continué d'être exercé dans plusieurs Provinces du Royaume, par des Officiers particuliers.

Mais, par un Edit du mois de Février 1761, regiſtré le 10 Avril ſuivant, tous les Tabellionages des Juſtices & Domaines du Roi, même ceux dépendans des Domaines engagés, à l'exception de ceux établis dans les Terres de l'apanage de M. le Duc d'Orléans, de ceux créés dans le Comté d'Artois & dans le reſſort du Parlement de Flandres, ont été ſupprimés, & leurs fonctions réunies à celles des Notaires Royaux, chacun dans ſon arrondiſſement.

Cet Edit porte, que Sa Majeſté n'entend point déroger aux droits que peuvent avoir les Seigneurs d'établir des Tabellions dans leurs Seigneuries, dans leſquelles il en ſera uſé comme par le paſſé, & que les minutes des Notaires Royaux qui ſe trouveront ès mains des Tabellions, ſeront remiſes aux Greffes des Bailliages & Sénéchauſſées (qui reſſortiſſent nuement au Parlement), dont ſera dreſſé un état ſommaire par le principal Officier du Siége, en préſence du Procureur du Roi; au pied duquel état les Greffiers ſeront tenus de s'en charger, pour les remettre enſuite à chacun des Notaires qui les ont remis, ou à leurs ſucceſſeurs, qui en donneront décharge aux Greffiers, au bas d'un état ſommaire.

L'Edit du mois d'Avril 1675, portant création d'un Office de Tabellion dans le reſſort du Conſeil Souverain de Tournai, lui donne pour fonctions de » recevoir, garder, groſſoïer, ſceller (du Scel Royal) » & ſigner tous contrats, obligations, teſtamens & autres actes paſſés pardevant Notaires ou Homme de Fief, dans toute l'étendue du reſſort dudit Conſeil, &c. «

Ce même Edit (qui a été regiſtré le 14 Juin) a aſſujetti tous les Notaires, Hommes de Fief, &c. à porter au Tabellionage de la Juriſdiction dans laquelle chacun d'eux exerce ſon Office, toutes les minutes originales des contrats paſſés depuis le commencement de Janvier 1671, & de continuer de mois en mois, ſous les mêmes peines. On peut voir l'Edit en entier dans le Recueil de ceux du Parlement de Flandres, imprimé à Douay en 1730.

Les Tabellions de Normandie ont été ſupprimés par un Edit du mois de Juill. 1677, regiſtré au Parlement de Rouen le 18 Août ſuivant; & à leur place il a été créé des Notaires: mais cette ſuppreſſion n'a eu pour objet que les Tabellions Royaux; & les Seigneurs particuliers qui avoient droit de Tabellionage, y ont été maintenus.

TABLE ABBATIALE.

Les Abbayes du Royaume ſont preſque toutes aſſujetties à une redevance annuelle envers les Abbés-Chefs d'Ordre, pour les dédommager des frais des Chapitres généraux.

Cette redevance eſt nommée Table Abbatiale, à cauſe de l'uſage auquel elle eſt deſtinée : c'eſt ordinairement une des Charges du Tiers-Lot. V. *Tiers-Lot.*

Il y a auſſi des Prieurés qui doivent de ſemblables redevances à certaines Abbayes, comme une reconnoiſſance de leur dépendance; tels ſont, par exemple, les Prieurés dépendans de l'Abbaye de la Très-Sainte-Trinité de Thiron, Ordre de Saint Benoît, Congrégation de Saint Maur.

Relativement au Prieuré de Saint Eſpau, dépendant de l'Abbaye de Thiron, le Grand-Conſeil a jugé, par Arrêt rendu le 23 Décembre 1744, que les redevances dûes par le Prieuré à la Table Abbatiale, *in ſignum Superioritatis & directi Dominii*, ſont Seigneuriales & impreſcriptibles, nonobſtant qu'il n'en apparoiſſe pas de titres nouveaux. (Cet Arrêt a été imprimé.)

Le Grand-Conſeil juge que l'on peut demander 29 années d'arrérages de ces redevances, comme des rentes foncieres, & que les Titulaires ſont obligés d'acquitter ce qui n'a pas été payé par leurs prédéceſſeurs, ſauf leur recours contre les héritiers.

Mais le Parlement juge que le Titulaire ne doit payer que les arrérages échus de ſon temps. Voyez Louet & Brodeau, lettre A, n°. 15.

La Jurifprudence du Grand-Confeil eft de regarder cette redevance comme imprefcriptible, à caufe qu'elle eft une marque de fujétion.

TABLE DE MARBRE.
V. *Eaux & Forêts*, & *Gruyers*.

La Table de Marbre étoit autrefois une Jurifdiction très-confidérable : on ne connoît pas bien l'origine de ce Tribunal, & l'Edit de fa création ne fe trouve point (*a*).

On penfe affez univerfellement que le nom de Table de Marbre fut donné à ce Siége à caufe d'une grande Table de Marbre qui tenoit tout le travers de la Salle du Palais, fur laquelle les Juges tenoient leur Jurifdiction. V. *le Dictionnaire de Trévoux*.

Il y a encore trois Tribunaux au Palais, qu'on connoît fous le nom de Table de Marbre ; fçavoir, la Connétablie & Maréchauffée de France, (voyez *Connétable* ;) l'Amirauté, (voyez *Amiral* ;) & les Eaux & Forêts.

La Jurifdiction des Eaux & Forêts connoît de ce qui concerne les Rivieres & les Bois, de la Chaffe & de la Pêche. On y connoît auffi des appels des Jugemens rendus dans les Maîtrifes particulieres & dans les Grueries. Voy. fur cela un Edit du mois de Mars 1707, & une Déclaration du 8 Janvier 1715, enregiftrée le 23.

Son reffort eft plus étendu que celui du Parlement de Paris ; car, outre les appellations des Maîtrifes & des Juftices des Seigneurs, pour le fait des Eaux & Forêts du reffort du Parlement, elle reçoit encore celles des autres Parlemens où il n'y a point de Table de Marbre : elle prétend même avoir le droit de prévention fur celles des autres Parlemens.

On y diftingue deux fortes de Jurifdictions ; fçavoir, l'ordinaire & l'extraordinaire.

Les appellations des Jugemens qu'on y rend à l'ordinaire, reffortiffent au Parlement, à moins qu'il ne s'agiffe d'appellations de Jugemens rendus par les Officiers des Maîtrifes particulieres, ou par les Juges des Seigneurs, pour crimes, excès & délits commis à l'occafion de la chofe, & pour lefquels il a été prononcé des peines afflictives. Les Tables de Marbre peuvent juger ces appels en dernier reffort ; elles y font autorifées par une Déclaration du 13 Septembre 1711.

On juge encore à la Table de Marbre extraordinairement & fouverainement toutes les affaires qui ont pour objet la police des Eaux & Forêts, la réformation, les malverfations & les dégradations des bois du Roi : mais ces Jugemens fouverains ne peuvent fe rendre que quand M. le Premier Préfident ou un autre Préfident du Parlement y vient fiéger avec fept Confeillers de la Grand'Chambre.

Un Arrêt rendu le 7 Septemb. 1737, fait défenfes aux Officiers de la Table de Marbre de prendre la qualité de Cour ; au Subftitut de M. le Procureur Général audit Siége, de prendre celle de Procureur Général du Roi (*b*), & de donner des *Veniat* aux Officiers inférieurs.

Le Parlement de Befançon a auffi, par Arrêt du 11 Mars 1700, *fait défenfes aux Avocats & Procureurs du Roi de la Table de Marbre, & aux Avocats & Procureurs du Roi des Préfidiaux du Comté de Bourgogne, de prendre autres qualités que celles d'Avocats & Procureurs du Roi, & a interdit à tous d'y ajouter la qualité de Général*...........

Il eft défendu aux Greffiers de la Table de Marbre d'expédier aucune commiffion pour y procéder en premiere Inftance en matiere d'Eaux & Forêts, pêche & chaffe, à peine de 100 liv. d'amende & d'interdiction.

Ces défenfes font prononcées par un Arrêt du Confeil, rendu le 31 Décemb. 1737. On peut fur cette matiere confulter l'Edit du mois de Mai 1708 ; il eft dans le Code des Eaux & Forêts. (L'Arrêt du 31 Décembre 1737, dont je viens de parler, a condamné un Procureur au Parlement, nommé Horry, en 100 l. d'amende, pour s'être

---

(*a*) Louis XIV a créé une Table de Marbre au Parlement de Metz, par un Edit du mois de Décembre 1679.

(*b*) L'Auteur d'une ancienne Compilation d'Ordonnances, fur le fait des Eaux & Forêts, cite des Jugemens des années 1400 & 1457, qui donnent la qualité de Procureur Général à l'Officier qui rempliffoit les fonctions du Miniftere public à la Table de Marbre ; mais fon témoignage eft fufpect, parce qu'il fe qualifie lui-même ci-devant Procureur Général des Eaux & Forêts. D'ailleurs, la plûpart des Procureurs du Roi des Bailliages & Sénéchauffées ufurpoient alors la qualité de Procureur Général. V. l'Edit du mois d'Août 1522. Joli, des Offices.

pourvu en première Inftance à la Table de Marbre fur un fait de chaffe, au lieu de porter l'affaire en la Maîtrife des Eaux & Forêts.)

Le Parlement a auffi fait défenfes aux Officiers des Eaux & Forêts de la Table de Marbre, par Arrêt rendu le 17 Juil. 1723, de défendre aux Parties de procéder ailleurs que pardevant eux, fur des conteftations portées en la Cour, à peine, &c.

Un Edit du mois de Février 1704, a fupprimé tous les Siéges de Table de Marbre & Chambres des Eaux & Forêts du Royaume, à la place defquels le même Edit a créé une Chambre pour juger fouverainement toutes les Inftances concernant les Eaux & Forêts, pêche & chaffe dans chacun des Parlemens de Paris, Touloufe, Rouen, Rennes, Dijon, Pau, Bordeaux, Aix, Metz, Grenoble, Befançon, Tournai & Confeil Supérieur d'Alface.

Mais cet Edit n'a eu d'exécution que dans quelques Parlemens. Les Siéges de Table de Marbre ont été rétablis dans quelquesuns, moyennant finance; & dans d'autres, ces Chambres ont été unies aux Parlemens.

Bientôt après cet Edit, le Siége de la Table de Marbre du Palais à Paris a été rétabli comme auparavant, par d'autres Edits des mois de Mai & Novembre 1704.

TACITE Réconduction.

La Tacite Réconduction eft une continuation de jouiffance de la part du fermier ou locataire, fondée fur un renouvellement préfumé du louage.

Elle a lieu lorfque le temps du bail étant expiré, le bailleur laiffe le preneur en jouiffance, & que le preneur continue d'exploiter la ferme, ou d'occuper la maifon.

La Tacite Réconduction opere les mêmes actions que le bail donnoit, & au fermier, & au propriétaire refpectivement.

Cependant elle ne donne point d'hypothéque au propriétaire, pour les loyers échus pendant qu'elle dure; parce qu'elle eft confidérée parmi nous, comme une convention Tacite, & que l'hypothéque ne dérive point de la convention même fous fignature privée, mais de l'authenticité de l'acte dans lequel la convention eft écrite; c'eft l'opinion des meilleurs Auteurs, & finguliére-

ment de M. le Camus, fur l'article 161 de la Coutume : d'Héricourt s'eft trompé dans la citation qu'il a faite fur cette matiere.

Quelques autres Auteurs ont penfé que l'hypothéque a lieu du jour de la Tacite Réconduction. Voyez les Arrêtés de M. de Lamoignon, des Actions perfonnelles, art. 114; Louet & Brodeau, Lettre F., n°. 22, & ce que je dis à l'article Hypothéque.

Quand je dis que la Tacite Réconduction donne les mêmes actions qu'engendroit le bail, il faut entendre celles qui font ordinaires, & non pas les actions exorbitantes; par exemple, la contrainte par corps ftipulée par le bail d'une ferme, n'a pas lieu pour les fermages dûs à caufe de la Tacite Réconduction; tout de même fi le bail étoit exécutoire pendant fa durée, il ne l'eft plus pour la Tacite Réconduction, & le propriétaire ne peut fe pourvoir que par action pour le payement de fes loyers poftérieurs à la durée du bail.

Les actions qu'engendre la Tacite Réconduction, n'ont lieu qu'entre le propriétaire & le fermier, comme je l'ai déja dit, & non pas contre des tiers qui pourroient avoir parlé dans le bail : ainfi les cautions du prix du bail ne font pas des loyers qui écheoient pendant la Tacite Réconduction, parce que leur engagement finit avec le bail.

La Tacite Réconduction proroge la jouiffance, ou feulement pour l'année qu'on recommence, ou même pour deux, ou pour le même temps, ou pour un moindre que le premier bail, felon l'intention des contractans & les circonftances.

Lorfque les chofes louées font de telle nature, que la jouiffance pendant une année n'eft pas égale à celle de l'année qui fuit; comme fi dans un bail à ferme de terres labourables pour plufieurs années, il y en avoit une plus grande quantité, ou de meilleure culture une année que l'autre, la Tacite Réconduction ne pourroit être moindre que de deux ans. Et fi les terres étoient diftribuées par folles & faifons, comme elles le font dans prefque toute la France, elle feroit de trois ans. Voyez ciaprès l'efpéce de l'Arrêt du 14 Déc. 1761.

Dans les baux à loyer des maifons, le propriétaire & le locataire peuvent, quand bon leur femble, interrompre la Tacite Ré-conduction, en fe donnant congé avec le délai réglé par la Coutume ou l'ufage du lieu.

Mais, s'il s'agiffoit de la jouiffance d'un bien dont l'ufage de fa nature demande une plus longue prorogation, la Tacite Récon-duction auroit lieu pour le temps de cet ufage. Ainfi la Tacite Réconduction d'une grange s'étendroit au temps de la moiffon; & celle d'un preffoir, au temps des vendan-ges. V. Domat, du Louage.

La Tacite Réconduction n'a pas lieu dans les baux judiciaires pour la fixation du loyer : fi le fermier continue de jouir après le bail expiré, il doit payer les ferma-ges ou loyers, à dire d'Experts. V. Brodeau fur l'art. 161 de la Coutume de Paris, n° 21.

On prétend que la Tacite Réconduction n'a pas lieu dans l'étendue des Généralités de Soiffons, d'Amiens & Comté d'Artois; mais il n'y a point de Loi (a) qui affranchiffe ces contrées de la régle générale; on con-noît feulement trois Arrêts du Confeil (non revêtus de Lettres-Patentes) qui contien-nent fur cela des difpofitions particulieres; ces Arrêts ont été rendus les 3 Août 1708, 25 Mars 1724, & 21 Mars 1747; celui du 25 Mars 1724, a pour objet la Généralité d'Amiens & la Province d'Artois; les deux autres concernent celle de Soiffons. Voici quelques difpofitions du dernier.

Sa Majefté ordonne par l'article I, » que » toute Tacite Réconduction de fonds, de » terres & héritages, fera & demeurera » nulle & de nul effet; fait défenfes à tous » particuliers de s'en fervir, de l'oppofer » & de jouir à ce titre, & aux Juges d'y » avoir aucun égard.

II. » Enjoint à tous fermiers qui jouiffent » fans baux par écrit des véritables pro-» priétaires, même aux fermiers qui ayant » des baux par écrit, ne les auront pas fait » renouveller à leur expiration, d'en aban-» donner de fait, l'exploitation dans l'état » de culture & d'enfemencement où lefdits » biens doivent être, de notifier par écrit » leur abandonnement au propriétaire, dans » trois mois du jour de la publication du » préfent Arrêt, & d'en remettre l'acte au

» Greffe de l'Intendance, fauf auxdits fer-» miers, la répétition de leurs labours, fe-» mences & amandemens exiftans, & fauf » auxdits propriétaires & aux fermiers fub-» féquens leurs dommages-intérêts, en con-» formité de l'article 7 ci-après, en cas de » défaut defdits labours, femences & aman-» demens.

III. » Veut Sa Majefté que tous lefdits » fermiers, qui dans ledit temps ne feront » pas ainfi leurdit abandon, foient tenus de » payer auxdits propriétaires, pour la pre-» miere dépouille, le double de leurs fer-» mages ordinaires; & au cas que par eux-» mêmes leurs parens ou autres perfonnes » interpofées, ils continuent à s'immifcer » dans une feconde dépouille, ou qu'ils » entreprennent même de faire la premie-» re, au préjudice des défenfes par écrit, » qui leur en feroient faites par lefdits pro-» priétaires, ordonne que fur la fimple dé-» nonciation, fans qu'il foit befoin d'autres » preuves que la notoriété de leurs exploi-» tations, ils feront arrêtés & conftitués » dans les prifons, enfemble leurs femmes » & enfans demeurans avec eux, ou dans » le même Village, & condamnés à y refter » pendant cinq années.

IV. » Fait défenfes à toutes perfonnes » de s'immifcer à l'avenir dans l'exploita-» tion des biens d'autrui à titre de loyer, fans » baux par écrit paffés nommément à leur » profit, par les véritables propriétaires, » fous les peines portées par la derniere » difpofition de l'article précédent.

V. » Fait auffi très-expreffes inhibitions » & défenfes à tous Notaires, Tabellions, » & autres Officiers de Juftice, de paffer » & recevoir entre fermiers aucuns actes & » Contrats, portant tranfports, ceffions, » ventes, échanges, permutations, dona-» tions, même par contrats de mariage, » partage & fous-partage des baux à fer-» me, à peine de cinq cens livres d'amen-» de, d'interdiction, & des dommages-in-» térêts des Parties. «

Ce même Arrêt permet aux propriétai-res d'héritages, dont il n'y a point de baux fubfiftans, de faire eux-mêmes la récolte, fans que ceux qui les ont cultivés & enfe-

_____

(a) Il y a une Déclaration du 20 Juil. 1764, qui dé-fend la Tacite Réconduction dans la Généralité de Soif-fons, Amiens & Châlons : elle contient neuf articles; elle a été regift. le 9 Août fuiv. V. l'Arrêt d'enregiftrement.

mencés, puiffent s'y oppofer, fauf à rembourfer les labours & femences. Je rapporte quelques autres difpofitions de cet Arrêt au mot *Bail*.

Je ne connois aucun Arrêt du Parlement qui ait jugé en conformité de ces Réglemens du Confeil, mais des vûes de bien public en ont fait adopter les difpofitions par plufieurs Tribunaux de Picardie & d'Artois.

Au contraire, fur la queftion de fçavoir fi le nommé Vadurel, fermier de terres labourables, fituées à Marcelcave, ayant, après l'expiration de fon bail, commencé la culture de ces mêmes terres, pour en jouir par Tacite Réconduction, pouvoit en être dépoffédé par de nouveaux fermiers, auxquels le propriétaire les avoit affermées, à la charge par eux de s'arranger avec Vadurel; la Cour, par Arrêt rendu le 14 Décembre 1761, a déclaré les nouveaux fermiers non-recevables dans toutes leurs demandes, fondés fur les Arrêts du Confeil, dont j'ai ci-devant parlé.

Ces nouveaux fermiers offroient néantmoins de rembourfer à Vadurel les labours, engrais & femences qu'il avoit faits, pour la premiere année des trois, pendant lefquelles les Parties difoient avoir droit de jouir, au moyen de la Tacite Réconduction commencée; & la Sentence rendue au Bailliage d'Amiens, le premier Juillet 1761, avoit adopté les offres des nouveaux fermiers, à la charge d'indemnifer Vadurel fur la différence des folles, à dire d'Experts; mais cette Sentence fut infirmée par l'Arrêt dudit jour 14 Décembre 1761, par lequel la Cour ordonna que Vadurel feroit la récolte des trois folles (fuivant l'ufage, & en conféquence de la Tacite Réconduction.)

Le Mercredi 15 Décembre 1762, la Cour, par Arrêt rendu à la grande Audience, fur les Conclufions de M. Séguier, Avocat Général, a jugé que l'héritier en partie d'un particulier qui lui avoit fait bail d'une ferme dont il avoit joui pendant plus de 20 ans, après l'expiration du bail & l'ouverture de la fucceffion, ne devoit le rapport des fermages que fur le pied du bail à fes co-héritiers, & qu'il étoit préfumé avoir joui par Tacite Réconduction, quoique dans la vérité la ferme valût mieux que le prix, moyennant lequel elle lui avoit été affermée; on a penfé que les co-héritiers n'ayant pas demandé la licitation du loyer, ils étoient préfumés avoir agréé la Tacite Réconduction.

Les étaux des Bouchers à Paris font affujettis à des régles particulieres, relativement à la Tacite Réconduction. Voyez *Etaux & Bouchers*.

TAILLE.

Voyez *Bourgeois*, *Collecteur*, *Commenfaux*, *Communauté d'Habitans*, *Election*, *Fouage*, *Huiffiers*, *Nobles*, *Rôle*, *Surtaux*, *Taille Seigneuriale*, *Taxe d'Office*.

On nomme Taille, un tribut annuel que les Peuples payent au Roi, pour foutenir les charges de l'Etat.

Dans la plus grande partie du Royaume, la Taille eft perfonnelle, c'eft-à-dire, qu'on ne l'impofe dans chaque Paroiffe que fur ceux qui en font habitans, à proportion de leurs facultés, & non fur ceux qui y poffédent des biens fans y demeurer. Mais en d'autres Provinces, comme en Languedoc, en Provence, en Dauphiné (a), &c. la Taille eft réelle, c'eft-à-dire, qu'on impofe tous ceux qui poffédent des terres dans la Paroiffe, à proportion feulement de la quantité des terres qu'ils y poffédent, & non pas eu égard à leurs facultés en général. Voyez *le Code Rural*.

Dans les Pays où la Taille eft réelle, elle ne s'impofe que pour les héritages roturiers; de forte que les perfonnes nobles font impofées à la Taille pour raifon de cette efpéce de biens, & que les roturiers ne doivent rien pour les héritages nobles, s'ils en poffédent. Il y a même cela de fingulier, que *les biens roturiers d'ancienne contribution, ne peuvent devenir nobles en*

(a) Les Tailles font déclarées réelles & prédiales en Dauphiné, par un Réglement fait au Confeil d'Etat tenu à Lyon le 14 Octobre 1639, qui porte que tous les héritages roturiers contribueront à perpétuité à toutes Tailles ordinaires & extraordinaires, à l'exception de ceux dont les deux premiers Ordres fe trouvoient en poffeffion au premier Mai 1635, qui en font declarés exempts, en quelques mains qu'ils puiffent paffer. Sur cela voyez l'Edit du mois de Juin 1706, regiftré au Parlement de Grenoble, le 23 Juillet fuivant.

quelques mains qu'ils puissent passer, & à quelque titre qu'ils soient acquis. Voyez sur cela une Déclaration du 5 Avril 1712, adressée à la Cour des Comptes, Aides & Finances de Montpellier (*a*).

Dans les Provinces où la Taille est réelle, on ne connoît aucune exemption personnelle ; mais dans ceux où elle est personnelle, il y a plusieurs sortes de personnes qui sont exemptes de la payer, & qui par conséquent ne peuvent y être imposées : tels sont ;

Les Nobles & les Anoblis, vivans noblement, c'est-à-dire, qui ne font ni profession ni commerce sujet à dérogeance (*b*).

Les Ecclésiastiques constitués dans les Odres Sacrés (*c*).

Les Chevaliers & Commandeurs de l'Ordre de Malte.

Les Poudriers & Salpétriers ; suivant l'Edit du mois de Mars 1600, & l'article 8 de l'Edit du mois de Mai 1716.

Les Abbayes & Maisons Religieuses des deux sexes (*d*).

Les Magistrats de Cour Souveraine, & singuliérement ceux des quatre Cours Souveraines de Paris, compris les Greffiers, Huissiers, &c. (non les Procureurs ;) sur quoi il faut observer que nonobstant la suppression de quatrième & cinquième Chambres des Enquêtes du Parlement, par Edit du mois de Décembre 1756, les Officiers servans près ces deux Chambres, ont conservé leur exemption de Taille, ainsi que la Cour des Aides l'a jugé en faveur des sieurs Thoré & Fournier, Huissiers de ces deux Chambres, par Arrêt rendu le 5 Septembre 1760. (Il est imprimé.)

Les Secrétaires du Roi.

Les Officiers Commensaux des Maisons Royales, servans par quartier, par semestre ou toute l'année, qui ont au moins 60 liv. de gages, & qui sont employés dans les Etats enregistrés en la Cour des Aides ; qui justifient de leur service actuel, sans faire acte dérogeant à leur privilége, suivant l'Arrêt de Réglement de la Cour des Aides, rendu le 27 Février 1717 (*e*).

Les Tréforiers de France.

Les Avocats & Procureurs du Roi des Bureaux des Finances (*f*).

Les Officiers des Elections.

Les Présidens des Greniers à Sel (*g*)

Les Prévôts & Lieutenans des Maréchaux de France, lesquels ont été maintenus dans cette exemption & dans la qualité d'Ecuyer, par Arrêt du Conseil du 25 Février 1730, revêtu de Lettres-Patentes du 20 Mars suivant, enregistrées à la Cour des Aides le 29.

(*a*) L'article 19 de la Déclaration du 24 Août 1734, contenant Réglement entre le Parlement & la Cour des Aides de Bordeaux, porte que » les Procès qui pourront » survenir sur la nobilité des fonds ou sur la noblesse des » personnes, à l'occasion de la levée des Tailles ou autres » impositions, seront portés en la Cour des Aides . . . . ; & » à l'égard des autres affaires, où il s'agira de la noblesse » des personnes ou de la qualité des Terres prétendues » nobles ou roturieres, elles continueront d'être portées » devant les Juges ordinaires & par appel au Parlement «.

(*b*) Le payement de la Taille ne fait pas présumer la dérogeance à la Noblesse de race ; car de même, dit la Roque, qu'on n'acquiert point la Noblesse en ne payant point la Taille, on ne peut pas non plus la perdre par le payement de la Taille personnelle. Voyez sur cela un Arrêt rendu le 9 Août 1702, au Journ. des Audiences, tom. 5.

(*c*) Les Musiciens, Organistes & Clochemens du Chapitre de Saint-Quentin, ont prétendu que, quoiqu'ils ne fussent pas Clercs, ils devoient être personnellement exempts de l'imposition à la Taille, au moyen de ce qu'ils ne possédoient aucun fonds, & de ce qu'ils ne faisoient aucun commerce, & le Chapitre avoit pris leur fait & cause ; mais par Sentence de l'Election de Saint-Quentin, le 16 Juillet 1741, confirmée par Arrêt rendu en la Cour des Aides, le 3 Août 1742, ils furent déclarés & jugés taillables.

(*d*) Il faut pourtant remarquer, sur l'exemption de Taille accordée aux Ecclésiastiques, que cette exemption n'est pas générale ; & qu'un Arrêt rendu en forme de Réglement par la Cour des Aides de Paris, le 5 Mai 1724, *ayant égard aux Conclusions de M. le Procureur Général, a ordonné que les Lettres de Surannation de l'année* 1630, *Arrêts & Réglemens de la Cour (des Aides) des années* 1601 *& 1620, seront exécutés selon leur forme & teneur ; ce faisant, que tous les Ecclésiastiques & toutes les Communautés Séculieres & Régulieres seront imposables, & pourront être compris ès Rôles des Tailles pour raison des nouvelles acquisitions par eux faites, & pour raison des immeubles qui leur écheoiront par succession & donation en ligne collatérale. . . . . .* Voyez ce que je dis ci-après au présent article, & l'Arrêt du 31 Janvier 1716, au Journal des Audiences, tom. 6, liv. 6, ch. 6.

(*e*) Les priviléges des Commensaux, relativement à la Taille, sont actuellement suspendus par une Décl. que je rapporte ci-après ; & quand ils sont en vigueur, il ne peut y avoir que huit Privilégiés exempts dans chaque Paroisse. V. l'art. 22 de l'Edit de 1634, & l'Edit du mois d'Août 1705.

(*f*) On trouve dans le premier Volume du Recueil de Dijon, des Lettres-Patentes du 19 Septembre 1665, qui assujettissent les Officiers du Parlement, la Chambre des Comptes & les Tréforiers de France de Dijon, à résider, sous peine d'être imposés aux Tailles.

(*g*) Les Officiers des Elections & Grenier à Sel ne jouissent des exemptions accordées à leurs Offices, que quand ils sont résidens dans les Villes & lieux de l'établissement de leur Siége, suivant l'Arrêt de la Cour des Aides du 20 Juil. 1763. V. l'art. 15 de l'Edit de 1614, & l'art. 16 de l'Edit de 1634.

Les Commis des Fermes du Roi, au nombre desquels sont compris ceux qui sont chargés de la perception du droit de Contrôle des Actes des Notaires, & qui n'ont pas été imposés à la Taille, avant qu'ils fussent pourvus de commissions ; sur quoi il faut voir l'Ordonn. du mois de Juill. 1681, la Décl. du 20 Mars 1708, & des Arrêts du Conseil des 2 Oct. 1721 & 28 Oct. 1732.

Les personnes qui font ouvrir & exploiter des mines, ou leurs députés, les deux Fondeurs & Affineurs en chaque martinet, les Ouvriers ouvrans les mines pour l'exploitation de leurs terres & possessions seulement, suivant les Ordonnances de Charles VI du 30 Mai 1413 ; de Charles VII à Montil - lès - Tours, du mois de Février 1483 ; l'Edit du mois de Juillet 1705, registré au Parlement le 8 Août suivant.

Les Maîtres de Poste (pour l'exploitation de cinquante arpens de terre à la folle seulement), suivant des Lettres - Patentes en forme de Déclaration, des mois de Novembre 1635, registrées en la Cour des Aides le 20 Décembre suivant, 14 Mai 1668, & 19 Janv. 1669. Ces dernieres sont dans le Recueil des Réglemens sur les Messageries.

Les Directeurs de la Poste aux Lettres, suivant une Ordonnance de M. l'Intendant de Paris, du premier Mars 1723, & un Arrêt du Conseil du 15 Mars 1740, rendu en faveur du Directeur des Postes d'Arpajon, contre les Collecteurs.

Les Bourgeois de plusieurs Villes. Mais voyez *Bourgeois*.

Ceux qui *servent dans les Troupes* du Roi, *en qualité d'Officiers*. Cette exemption leur est accordée par l'article premier de l'Edit du mois de Novembre 1750, portant création d'une Noblesse militaire, enregistré le 25 du même mois, & dont voici quelques dispositions.

Art. IV. » Tout Officier non noble, » d'un grade inférieur à celui de Maréchal » de Camp, qui aura été par Nous créé » Chevalier de l'Ordre Royal & Militaire » de Saint Louis, & qui se retirera après » 30 ans de service non interrompus, dont » il en aura passé 20, avec la commission » de Capitaine, jouira sa vie durant, de » l'exemption de la Taille.

V. » L'Officier dont le pere aura été » exempt de la Taille, en exécution de » l'article précédent, s'il veut jouir de la » même exemption, en quittant notre ser- » vice, sera obligé de remplir auparavant » toutes les conditions prescrites par l'ar- » ticle 4.

VI. » Réduisons les vingt années de » commission de Capitaine..... à dix-huit » ans, pour ceux qui auront eu la commis- » sion de Lieutenant Colonel ; à seize, pour » ceux qui auront eu celle de Colonel ; & » à quatorze, pour ceux qui auront eu le » grade de Brigadier.

VII. » Pour que les Officiers non no- » bles, qui auront accompli leur temps de » service, puissent justifier qu'ils ont acquis » l'exemption de la Taille, accordée par les » articles 4 & 5, voulons que le Secrétai- » re d'Etat, chargé du département de la » Guerre, leur donne un Certificat portant » qu'ils Nous ont servi le tems prescrit par » les articles 4 & 6, en tel Corps & dans » tel grade.

VIII. » Les Officiers devenus Capitaines » & Chevaliers de S. Louis, que leurs bles- » sures mettront hors d'état de continuer » leurs services, demeureront dispensés de » droit, du temps qui restera lors à cou- » rir......

Tous les privilégiés dont je viens de parler, jouissent de l'exemption des Tailles, (sauf la suspension ci-après) quand ils font seulement valoir leur propre bien ; mais s'ils étoient fermiers des biens d'autrui, ou s'ils faisoient des entreprises & un trafic, leur privilége cesseroit & ils redeviendroient taillables.

Il y a plusieurs Villes dans le Royaume, dans lesquelles on n'impose point la Taille. Il y en a même quelques-unes, dont les Habitans peuvent faire valoir des biens à la Campagne, sans y être sujets à l'imposition des Tailles. Les Villes de Paris, de Lyon, de Tours, & plusieurs autres, donnent ce privilége à leurs Bourgeois. On peut sur cela consulter une Déclaration du 6 Août 1669, donnée en faveur des Bourgeois de Lyon. Mais voyez ce que je dis ci - devant à l'art. *Bourgeois*, & ce que je dis ci - après au présent article.

Les Nobles & les Ecclésiastiques peuvent faire valoir par leurs mains, & celles de
leurs

leurs domeſtiques, une de leurs terres, fermes ou métairies, ayant le labour de quatre
charrues, & non plus, ſuivant le Réglement
pour la Taille, fait en Janv. 1634, art. 14.
Mais les Officiers privilégiés, Bourgeois de
Paris, &c. ne peuvent faire valoir que deux
charrues; il faut même, à l'égard des Bourgeois de Paris, que la ferme ſoit ſituée dans
l'étendue de l'Election de Paris.

Les Réglemens veulent auſſi que les Nobles; les Eccléſiaſtiques & les Privilégiés,
ne jouiſſent de l'exemption des Tailles que
dans une Paroiſſe; néantmoins la Cour des
Aides a jugé, par Arrêt rendu au rapport
de M. Hericard de Thury, le 4 Mai 1736,
qu'un Privilégié peut faire valoir juſqu'à
concurrence du labour de deux charrues,
ſur deux Paroiſſes de différentes Elections,
pourvû qu'il n'engrange que dans celle de
ſon domicile.

Cet Arrêt eſt intervenu en faveur du
ſieur Goſſeaume, Garde de la Prévôté de
l'Hôtel, demeurant dans la Paroiſſe de
Greſſay, Election de Mantes, contre les
Habitans & les Collecteurs de la Paroiſſe
de Richebourg, Election de Monfort - La-
maury.

Au nombre de ceux qui ſont affranchis
de l'impoſition des Tailles, ſont encore:

Les Archers, Gardes, Arbalêtriers de la
Ville de Paris, ainſi que la Cour des Aides
l'a jugé par Arrêt rendu le 23 Janv. 1726,
ſur les Concluſions de M. l'Avocat Général le Nain, en faveur du nommé Doynel,
contre les Habitans de Montmartre, & par
pluſieurs autres Arrêts, entre leſquels eſt
celui du 7 Décembre 1708, rendu contre
les Habitans d'Arcueil, en faveur de Pierre
le Beau.

Les Officiers du Guet à Paris, ſuivant des
Lettres - Patentes vérifiées en la Cour des
Aides le 6 Avril 1725.

Les Docteurs, Maîtres, Bacheliers, Suppôts, Ecoliers & Officiers de l'Univerſité
de Paris, ſuivant l'Edit du mois de Février
1722, regiſtré au Parlement, en la Chambre des Comptes & en la Cour des Aides;
ſur quoi il eſt bon d'obſerver que les Meſſagers - Jurés de l'Univerſité jouiſſent de
cette exemption. Il y a à ce ſujet une Sentence de l'Election de Montreau du 6 Octobre 1731, qui fait défenſes aux Collec-

Tome III. Part. II.

teurs de la Paroiſſe de Salins, d'impoſer à
la Taille Nicolas Couſin, grand Meſſager
de l'Univerſité pour la Ville & Archevêché
de Padoue.

Un ſieur Flichy, qui avoit toujours payé
la Taille, acheta une Charge chez le Roi,
& ſe fit enſuite faire un bail à vie par les
Religieuſes de Poiſſy, propriétaires de la
Ferme ſituée à Mitry, dont ſes ancêtres &
lui avoient toujours joui en qualité de Fermiers. Il prétendit que ſon Office devoit
l'exempter de payer la Taille, pour raiſon
de la Ferme qui lui avoit été vendue à vie;
& par Arrêt rendu en la Cour des Aides,
le 20 Juillet 1736, il fut ordonné que Flichy continueroit d'être impoſé tant qu'il
feroit valoir la Ferme provenant des Religieuſes de Poiſſy.

Louis XIV avoit accordé l'exemption de
Taille à différentes perſonnes ſous ſon régne; mais peu de jours avant ſa mort, il a,
par l'art. 6 d'un Edit du mois d'Août 1715,
enregiſtré le 30, ſinguliérement révoqué
toutes celles qu'il avoit attribuées à une infinité d'Office de Judicature, Militaires,
de Police & Finance, depuis le premier Janvier 1689.

Depuis, & par un Arrêt du Conſeil rendu
le 9 Février 1720, *tous les affranchiſſemens
des Tailles & autres impoſitions, faits en exécution des Edits des mois d'Octobre 1658,
Janvier, Août, Septembre & Octobre 1693,
Juin & Juillet 1694, Janvier 1695; Mai &
Octobre 1702, Janvier & Octobre 1713, &
par quelques autres Edits qu'ils puiſſent avoir
été faits, tant dans les Pays de Taille réelle,
que dans les Pays d'Elections, ſans aucune
exception, ont été révoqués, éteints & ſupprimés, à commencer du premier Janv. 1720.*

Une Déclaration du 19 Mars 1747, enregiſtrée le 14 Avril ſuivant, » ordonne...
» que les femmes de condition taillable, ſé-
» parées de leur mari de corps ou de biens,
» ſoit par autorité de Juſtice, ſoit de fait
» ou par convention, ſoient taxées perſon-
» nellement & en leurs noms aux rôles des
» Tailles des Paroiſſes de leur demeure ac-
» tuelle, ainſi que les autres Taillables,
» pour raiſon des biens dont elles jouiront
» dans leſdites Paroiſſes, ſoit qu'elle les
» faſſent valoir par elles-mêmes, ſoit qu'el-
» les les donnent à ferme, comme auſſi pour

Z

» raifon de toutes leurs autres facultés, ou
» des commerces particuliers qu'elles pour-
» ront faire «.

Une autre Déclaration, de même date
que la précédente, & qui a été enregiftrée
le même jour, ordonne:

Art. I. » Que, conformément aux arti-
» cles 109, 128 & 129 de l'Ordonnance
» d'Orléans de 1560, & aux art. 9 & 10 de
» l'Edit du mois de Mars 1583, tous Ha-
» bitans des Villes, Bourgs & Villages,
» exempts & non exempts, privilégiés ou
» non privilégiés, qui prennent à bail gé-
» néral ou particulier, des dixmes, des fer-
» mes, des terres, droits Seigneuriaux, &
» autres efpéces de biens, de quelque na-
» ture qu'ils puiffent être, foient compris
» aux rôles, & cotifés aux impofitions pour
» raifon des profits qu'ils feront réputés
» faire fur lefdits baux.

II. » Et ceux qui prendroient lefdites
» dixmes, fermes, terres, droits Seigneu-
» riaux, & autres efpéces de biens, de quel-
» que nature que ce puiffe être, à bail géné-
» ral, les fous-fermeroient enfuite en tout
» ou par partie, fans fe réferver aucune ex-
» ploitation perfonnelle; voulons néant-
» moins audit cas, conformément aux dif-
» pofitions générales defdits Réglemens, &
» notamment à la Déclaration du 16 Juin
» 1635, que lefd. Fermiers Généraux foient
» impofés & cotifés pour raifon du profit &
» bénéfice qu'ils feront fur leur bail, par
» rapport auxdites fous-fermes.

III. » Seront pareillement taxés & cotifés
» aux Tailles ceux qui exploitant & fai-
» fant valoir lefdites dixmes, fermes, ter-
» res, feigneuries, & autres efpéces de
» biens, de quelque nature qu'ils foient,
» fous la qualification de Domeftiques, Re-
» ceveurs ou Régiffeurs à gages, font d'ail-
» leurs fujets à la Taille.

IV. » Seront auffi taxés & cotifés aux
» Tailles, ceux des créanciers d'un débi-
» teur faifi, exempts ou non exempts, qui
» prendront à bail judiciaire les biens de ce
» débiteur.

V. » Les taxes de tous lefdits Fermiers
» Généraux ou judiciaires, Régiffeurs ou
» Receveurs ci-deffus nommés, feront fai-
» tes par une cote diftinéte & féparée de
» leurs cotes perfonnelles, & de celles aux-
» quelles ils feroient impofés par rapport à
» d'autres exploitations.

VI. » Lefdits Fermiers Généraux & ju-
» diciaires, Receveurs ou Régiffeurs (a)
» exempts ou non exempts, feront impo-
» fés en la Paroiffe où fera affife la maifon
» & principal logement de leur ferme, foit
» qu'ils foient domiciliés à Paris, ou autres
» nos Villes franches ou privilégiées, foit
» qu'ils le foient ès Villes ou Paroiffes tail-
» lables, ou dans celles defdites Villes &
» Paroiffes taillables qui font tarifées où
» abonnées, ou dont l'impofition eft fixée
» par nos commiffions, conformément à no-
» tre Déclaration du 16 Juin 1635, à l'ar-
» ticle 23 de celle du 16 Avril 1643, &
» à notre Déclaration du 12 Février 1728.

VII. » N'entendons néantmoins, par la
» préfente Déclaration, déroger à l'art. 28
» de celle du 16 Avril 1643, ni à celle du
» 16 Novembre 1723, que nous voulons
» être exécutées felon leur forme & te-
» neur, en ce qui touche le privilége ac-
» cordé aux Curés des Paroiffes, & aux Vi-
» caires deffervans les Curés pour des Curés
» non réfidens «.

Enfin le Roi vient de reftreindre & fufpendre les différens privilèges & exemptions de Taille, par une Déclaration du 17
Avril 1759, regiftrée en la Cour des Aides
le 23 du même mois, dont voici les principales difpofitions:

Art. I. A commencer du premier Octo-
» bre prochain, toutes les exemptions de
» Taille, uftenciles & autres impofitions
» qui fe payent conjointement avec la Tail-
» le, attribuées aux Officiers de notre Mai-
» fon & des Maifons Royales, à tous Offi-
» ciers jouiffans des droits de nos Com-
» menfaux, & généralement à tous les Of-
» fices, de quelque nature qu'ils foient, de-
» meureront fufpendus pendant la durée

(a) Ceux qui font vraiment Fermiers des terres qu'ils
paroiffent régir pour le compte & comme fondés de procuration des Propriétaires, font taillables, & peuvent être
impofés, fi on peut prouver qu'ils font Commis; & fi on
ne peut pas faire cette preuve par écrit, on peut exiger
l'affirmation du Propriétaire fur la fincérité & la vérité

de la procuration. Me de Freminville rapporte à ce fujet
l'hiftoire d'un Evêque, Prieur de Charlieu en Lyonnois,
lequel fut convaincu de parjure, après avoir affirmé qu'il
n'avoit pas fait de bail, & dont la fucceffion fut en conféquence condamnée à payer fix années de Taille. Voyez la
Pratique des Terriers, tome 5, page 534.

» de la guerre (*a*), & deux années après
» le rétabliſſement de la paix (*b*).

  » N'entendons néantmoins comprendre
» dans ladite ſuſpenſion les exemptions &
» prérogatives dont jouiſſent les Officiers
» de nos Cours & Compagnies ſupérieures,
» & Bureaux des Finances de notre Royau-
» me, les Officiers & Secrétaires de notre
» grande Chancellerie, & de celle près nos
» Cours, non plus que les exemptions ac-
» cordées aux Officiers militaires par l'Edit
» du mois de Novembre 1750, & par notre
» Déclaration du 22 Janvier 1752, & cel-
» les dont ont droit de jouir les perſonnes
» qui ſervent dans les Troupes de notre
» Maiſon.

II. « N'entendons comprendre dans la
» préſente ſuſpenſion les autres privilèges
» & exemptions dont leſdits Officiers peu-
» vent jouir, nommément l'exemption de
» la collecte, & de toute autre charge qui
» pourroit être regardée comme une ſuite
» ou dépendance de la Taille, autre néant-
» moins que celle de la Taille, & autres
» impoſitions qui y ſont jointes.

III. » Ordonnons pareillement qu'à comp-
» ter du premier Octobre prochain, le privi-
» lége accordé aux Bourgeois de notre bon-
» ne Ville de Paris, de celle de Lyon & au-
» tres, de faire valoir par leurs mains, en
» exemption de la Taille, le labourage d'u-
» ne charrue, demeurera ſuſpendu pendant
» la durée de la préſente guerre, & deux
» années après le rétabliſſement de la paix :
» pourront ſeulement leſdits Bourgeois deſ-
» dites Villes faire valoir par leurs mains,
» & en exemption de Taille, leurs maiſons
» de campagne & clos y joints.

IV. » A commencer dudit jour premier
» Octobre prochain, tous les rôles des Tail-
» les & autres impoſitions ſeront diſtingués
» en deux Chapitres.

  V. » Dans le premier ſeront compris
» tous les Officiers & Privilégiés dont les
» exemptions de Tailles ſe trouvent ſuſpen-

» dues, leſquels ſeront impoſés à la Taille
» par les Intendans........ conformément aux
» diſpoſitions de l'Edit du mois d'Août
» 1715........

  VII. » Dans le ſecond chapitre deſdits
» rôles ſeront employés tous les autres con-
» tribuables domiciliés dans les Paroiſſes,
» & enſuite, par un article ſéparé, le Curé,
» les Eccléſiaſtiques, Gentilshommes & au-
» tres Exempts ou Officiers dont les exemp-
» ptions ne ſont pas ſuſpendues «. V. auſſi
la Déclaration du mois de Juillet 1764,
regiſtrée le 17.

  L'Arrêt d'enregiſtrement de cette Déclaration porte, *à la charge que les veuves des*
Officiers dont les Charges ſont exemptées de la
préſente ſuſpenſion, jouiront de leurs privilé-
ges & prérogatives, comme avant la préſente
Déclaration..... ; que ladite ſuſpenſion ne por-
tera ſur aucun autre privilége que ceux énon-
cés en l'article 2, & nommément que l'exemp-
tion de la corvée, & celle du logement de gens
de guerre, ne ſeront point réputées ſuſpen-
dues..........

  La Taille opere une créance privilégiée
en faveur des Collecteurs qui ſont chargés
de la recouvrer ; mais ce privilége n'a lieu
que ſur les meubles du taillable. Le Collecteur n'a d'hypothéque ſur les immeubles,
que du jour de la vérification des rôles.

  Dans la concurrence du privilége de la
Taille avec celui du propriétaire, ſur les
fruits des récoltes ; le propriétaire eſt préféré pour l'année des fermages des héritages
ſur leſquels la récolte a été faite ; mais après
cette année prélevée, la Taille eſt payée
par préférence aux autres fermages ou redevances précédemment échues. Voyez la
Déclaration du 22 Août 1665. le Mémo-
rial alphabétique des Tailles, & les Arrêts
que je rapporte au mot *Privilége*.

  Peut on ſaiſir indiſtinctement toutes ſortes de meubles pour raiſon de Tailles. V.
Saiſie-exécution.

  Toutes les conteſtations concernant les

(*a*) Les privilèges & exemptions de Taille accordés aux
Commenſaux, avoient été révoqués par un Edit du mois
de Novembre 1640. V. le Préambule de l'Edit donné au
mois d'Octobre 1641, ſur la révocation des privilèges
d'Aides.

(*b*) Les Officiers Commenſaux des Maiſons Royales ont
été rétablis dans l'exemption de la Taille perſonnelle,
nonobſtant la préſente ſuſpenſion, par une Déclaration
du 18 Septembre 1760.

Les Commenſaux ne peuvent pas même, ſuivant cette
Déclaration, & l'Arrêt d'enregiſtrement du 22 Octob. ſuivant, être impoſés à la Taille, pour raiſon des maiſons de
Campagne & clos y joints de pur agrément, qu'ils occupent dans des endroits taillables ; leur exemption à cet
égard, eſt pareille à celle des Bourgeois de Paris, Lyon,
&c. V. l'art. 3 de la Déclaration du 17 Avril, & celle du
20 Mai que je rapporte ; je rapporte celle-ci à l'art. Taxe
d'Office.

Tailles, doivent être portées dans les Elections, & par appel, dans les Cours des Aides dont elles ressortissent, nonobstant tous privilèges contraires. Cela est ainsi réglé par l'article 18 de la Déclaration du 22 Août 1665, & par l'art. 18 du Réglement du 20 Mars 1673.

Un sieur le Fevre de Pacy, Secrétaire du Roi, a prétendu le contraire, & avoit même obtenu au Grand-Conseil des Arrêts favorables à ses prétentions : mais ces Arrêts ont été cassés par Arrêts du Conseil d'Etat, rendus les 7 Septembre, 19 Octobre 1700, & 11 Janvier 1701, par deux desquels il est ordonné que, sans s'arrêter aux Arrêts du Grand-Conseil, le sieur de Pacy se pourvoira en l'Election, avec défenses de se pourvoir ailleurs.

Les Suisses sont exempts de Taille en France ; & la veuve d'un Sergent aux Gardes-Suisses a même été jugée franche de cette imposition par Arrêt du Conseil rendu le 29 Décembre 1705, tant qu'elle resteroit en viduité. Mais voyez *Suisses*.

Un Arrêt de la Cour des Aides, rendu le 9 Décembre 1710, juge que dans les Paroisses sujettes aux impositions des Tailles, il ne peut y avoir que huit Privilégiés exempts des Tailles & autres impositions, à cause des Charges qu'ils possédent dans la Maison du Roi, & autres Princes & Princesses du Sang, à commencer par la Maison du Roi, & ensuite par celles des autres Princes & Princesses.

La même chose est décidée par une Déclaration du 19 Janvier 1712, enregistrée en la Cour des Aides le 30. Elle veut même que, quand la Paroisse est imposée au-dessous de 900 liv. il ne puisse y avoir que quatre Privilégiés seulement exempts de Taille, sans néantmoins qu'on puisse comprendre dans le nombre de huit & de quatre les veuves des Officiers privilégiés demeurantes en viduité. L'étendue de cette Déclaration ne me permet pas d'en copier ici toutes les dispositions.

Un autre Arrêt de la Cour des Aides, rendu le 15 Janvier 1740, avoit déchargé de la Taille, dans la Paroisse de Wartigny, Election de Guise, le nommé le Fevre, Archer de l'ancienne Compagnie de la Connétablie, Gendarmerie & Maréchaussée de

France, à cause de sa qualité ; mais parce que le Fevre n'avoit notifié ses titres d'exemption qu'aux Collecteurs, & non aux Habitans, & sur-tout parce qu'il ne rapportoit aucun certificat de son service actuel & continuel dont il étoit tenu, l'Arrêt de la Cour des Aides a été cassé par Arrêt contradictoire, rendu au Conseil le 7 Juin 1740, lequel a ordonné l'exécution des rôles des Tailles de la Paroisse de Wartigny.

Ce même Arrêt ayant égard à la demande du Prévôt Général de la Connétablie, qui est intervenu dans cette affaire, *a maintenu les Officiers & Archers de sa Compagnie dans tous les privilèges à eux attribués* par différens Edits, entr'autres par celui du mois de Mars 1720, *tant qu'ils ne feront point* d'actes dérogeant au service dont ils sont tenus.

Les Archers du Prévôt Général des Monnoies & Maréchaussées de France, ont autrefois joui de l'exemption des Tailles. Et un sieur de la Ruée, Lieutenant Général de cette Prévôté, a été déchargé de son imposition sur le rôle de la Paroisse de Mareil-sur-Mandre, par Sentence de l'Election de Paris, du 30 Avril 1727, confirmée par Arrêt de la Cour des Aides du 22 Août suivant. Mais par Arrêt rendu au Conseil le 2 Avril 1737, le Roi a ordonné que les Exempts & Archers du Prévôt Général des Monnoies, ne pourront jouir à l'avenir du privilége de l'exemption de la Taille, soit pour leur cote personnelle ou pour les héritages qu'ils font valoir, révoquant à cet effet tous Edits, &c. & que lesdits Exempts & Archers seroient taxés d'Office par les Intendans des Provinces. . . . . eu égard à leur faculté & industrie, suivant ce qui s'observe pour les autres Privilégiés.

Un autre Arrêt rendu en la premiere Chambre de la Cour des Aides, sur la réquisition de M. le Procureur Général, le 17 Novembre 1712, *fait défenses à tous Huissiers* . . . . *& Collecteurs des Tailles de prendre par saisie-exécution & enlevement sur les contribuables aux Tailles, les lits, linceuls, couvertures, habits, passe-portes & fenêtres de leurs maisons* . . . . . *à peine de concussion, emprisonnement de leur personne, & de* 100 *liv. d'amende.*

Il y a une Déclaration du 16 Novembre 1723, enregistrée le 3 Décembre suivant, dont j'ai déja parlé au mot *Dixmes*, qui porte que *les Curés à portion congrue*, & les *Curés Décimateurs qui ne jouissent que de portions indivises des dixmes de leurs Paroisses*, pourront *se rendre fermiers desdites dixmes* sans *déroger à leur privilége*, *ni pouvoir être imposés à la Taille.*

Cette Déclaration a donné lieu à la question de sçavoir si un Curé qui n'avoit aucune portion dans la dixme, & qui ne jouissoit que des novales, étoit taillable pour raison de la ferme des dixmes de sa Paroisse qu'il avoit prise ; & il a été jugé par Arrêt de la Cour des Aides, du Vendredi 12 Mars 1756, qu'il ne pouvoit pas y être imposé.

Cet Arrêt est conforme à la réponse faite aux Cahiers présentés au Roi par le Clergé en 1735, qui porte (art. 5) que les Curés qui afferment les dixmes de leurs Paroisses, ont toujours été exempts de Taille. Voyez ces Cahiers & la Réponse dans le premier volume du Code des Curés, édit. de 1752, page 581.

La Déclaration du 16 Novembre 1723, a aussi été enregistrée à la Cour des Comptes, Aides & Finances de Normandie ; & l'Arrêt d'enregistrement du 18 Mars 1724, porte, *sans que sous prétexte de l'énoncé ; les Ecclésiastiques faisant valoir leur bien propre ; d'acquets, dixmes ou biens pris à ferme, puissent prétendre exemption, mais continueront d'être imposés au quart denier de la valeur desdits héritages, conformément aux Edits, &c.*

Jean - Baptiste Chamblain, Piqueur au Vol pour Héron de la Grande-Fauconnerie de France, qui avoit été imposé à la Taille en la Paroisse de Guy, Election de Sens, où il demeuroit, a été déchargé de son imposition par Arrêt rendu en la Cour des Aides le 25 Janvier 1752. Cet Arrêt fait même défenses aux Habitans & aux Collecteurs de Guy ; de l'imposer & comprendre en leurs rôles tant qu'il ne fera acte de dérogeance, & qu'il justifiera de son service ou de dispense valable, à peine d'en répondre en leurs noms, &c.

La question de sçavoir si des Bourgeois qui demeurent dans des Villes affranchies de l'imposition des Tailles, & qui font cultiver des vignes dans une Paroisse taillable, par des Vignerons du lieu, font taillables,

s'est présentée en la Cour des Aides entre les héritiers du sieur Perard, dont un étoit domicilié à Paris, un autre à Chaumont en Bassigny, & un autre à Château-Villain, & les Habitans de la Paroisse d'Orges, Election de Chaumont.

Les Habitans prétendoient que les héritiers du Sr Perard faisant valoir des vignes par eux-mêmes, & ayant conservé une portion de leur maison avec le jardin fruitier situé à Orges, il n'en falloit pas davantage pour les rendre taillables. Le Subdélégué l'avoit ainsi jugé.

Les héritiers Pérard répondoient qu'ils ne cultivoient pas leurs vignes eux - mêmes ; qu'ils les faisoient façonner par les Vignerons du lieu, qui étoient imposés à la Taille : en conféquence les héritiers du sieur Perard demandoient d'être déchargés de leur imposition, & que ce qu'ils avoient été contraints de payer leur fût restitué.

Par Arrêt rendu en la Cour des Aides, sur les Conclusions de M. l'Avocat Général Clement, plaidans Mes Cotereau, Millet & Moreau, le 28 Mars 1753, l'Ordonnance du Subdélégué de Chaumont a été déclarée nulle & incompétente ; les héritiers Pérard déchargés de l'imposition, & les Habitans d'Orges condamnés à leur rendre les sommes exigées de leurs fermiers, tant pour la Taille que pour la capitation à laquelle ils avoient été imposés.

La Cour des Aides a jugé, par un Arrêt rendu en la première Chambre, sur les Conclusions de M. l'Avocat Général Bellanger, le Mercredi 7 Mars 1736, entre Jean-Baptiste Paquerot, Fermier des Greffe & Tabellionage d'Enguien, le sieur de Coullé, ancien Fermier, & les Collecteurs d'Enguien, que la Taille de chaque année commence au premier Janvier seulement, & que si le premier quartier s'exige auparavant, ce n'est pas qu'elle soit dûe du premier Octobre.

Une Déclaration du 16 Novembre 1723 a réglé la maniere de faire l'imposition des Tailles en Normandie, relativement aux biens exploités par les Habitans taillables, tant dans la Paroisse de leur domicile, que dans les lieux voisins dépendans de la même Election. Depuis cette Déclaration, le Roi en a donné une autre le 17 Février 1728, pour les autres Provinces & Généralités du Royaume : elle a été enregiſtrée le 20 Mars ſuivant. Voici ſes diſpoſitions :

ART. I. » Que les Habitans des Paroiſſes » qui ne changeront point de domicile, & » qui voudront être impoſés dans le lieu de » leur réſidence, tant pour ce qu'ils y poſſé- » dent en qualité de propriétaires, ou ce » qu'ils y tiennent à ferme, que pour les » biens qu'ils exploitent, ſoit en propre, » ſoit à titre de ferme, baux à loyer, recet- » te, marchés de récolte de fruits & de » grains, de bois, commerce ou régie dans » une ou pluſieurs Paroiſſes de la même » Election, ſeront tenus, avant le premier » Septembre de chacune année, d'en faire » leurs déclarations au Greffe de l'Election » dans laquelle ils ſeront domiciliés.

II. » Cette déclaration contiendra le nom » de la Paroiſſe de leur domicile, la quan- » tité des biens qu'ils y poſſédent à titre de » propriété ou de ferme, le nom de la Pa- » roiſſe où ils exploitent d'autres biens, » l'eſpéce & la quantité des terres qu'ils y » occupent en propre ou à loyer, avec le » prix des baux qui en ont été faits.

III. » Ils ſeront tenus, huitaine après leur » déclaration, de la faire ſignifier un jour » de Dimanche ou Fête à l'iſſue de la Meſſe » Paroiſſiale ou des Vêpres, tant aux Habi- » tans des Paroiſſes où ils exploiteront d'au- » tres biens que ceux ſitués dans celle de » leur domicile, qu'aux Habitans de la Pa- » roiſſe de leur demeure, en parlant au Syn- » dic ou Collecteurs ; ou, en leur abſence, » aux Marguilliers, en préſence de deux » Habitans au moins, ainſi qu'il eſt ordon- » né par l'article 3 du Réglement du mois » de Février 1688, afin que les Paroiſſes & » Communautés ſoient en état de fournir » aux Greffiers des Elections leurs contre- » dits ſur le contenu en leur déclaration.

IV. » Ceux qui ceſſeront de faire valoir » les biens qu'ils exploitent dans d'autres » Paroiſſes que celles de leur domicile, ſe- » ront tenus, dans les délais ci-deſſus fixés, » d'en faire leur déclaration au Greffe de » l'Election, & de la faire ſignifier aux Ha- » bitans du lieu du domicile ; & à ceux des » Paroiſſes où les biens ſont ſitués, dans la » forme preſcrite par l'article précédent.

V. » Les Collecteurs ſeront tenus de diſ-

tinguer, dans les cotes des contribuables, » celles d'exploitation d'avec celles qui ſe- » ront perſonnelles pour les biens & fa- » cultés.

VI. » Et afin que les ſieurs Intendans & » Commiſſaires départis dans les Provin- » ces ſoient exactement informés des dé- » clarations des Particuliers & des contre- » dits des Paroiſſes, les Greffiers des Elec- » tions en tiendront un Regiſtre exact, le- » quel ſera coté & paraphé par le Préſi- » dent de l'Election ou un Elû, afin que » du contenu audit Regiſtre, leſdits ſieurs » Intendans puiſſent avoir connoiſſance, & » par ce moyen régler avec équité la répar- » tition de la Taille ſur chaque Paroiſſe, en » faiſant porter en augmentation à la Pa- » roiſſe dans laquelle le Particulier qui au- » ra fait ſa déclaration, ſera domicilié, la » ſomme pour laquelle il auroit dû être im- » poſé dans les Paroiſſes où il exploite une » ou pluſieurs Fermes, leſquelles Paroiſſes » en ſeront d'autant déchargées.

VII. » Ceux qui n'auront pas fourni » leur déclaration dans la forme ci-deſſus » preſcrite, & avant le premier Septembre » de chacune année, ſeront impoſés dans » toutes les Paroiſſes où ils exploiteront » des héritages, ſoit à titre de propriété ou » de ferme, recette ou régie, ſans qu'ils » puiſſent, ſous quelque prétexte que ce » ſoit, ſe pourvoir en radiation de leurs » cotes ; faiſant défenſes aux Officiers de » nos Elections & à tous autres Juges d'y » avoir aucun égard, à peine contre les con- » trevenans de demeurer garans & reſpon- » ſables envers les Collecteurs, du montant » des cotes contre leſquelles l'on ſe ſeroit » pourvu, à l'exception néantmoins des op- » poſitions en ſurtaux, ſur leſquelles il ſera » fait droit aux redevables, ſuivant l'exi- » gence des cas.

VIII. » A l'égard des Habitans des Villes » fixées, tarifées ou abonnées, ils ſeront » cotiſés conformément à l'article 17 du » Réglement du 20 Mars 1673, tant au lieu » de leur domicile, que dans les Paroiſſes » où ils exploiteront des biens, ſoit de leur » propre, ou qu'ils tiendront d'autrui «.

Voyez au ſurplus, 1°. la Déclaration du 16 Août 1683, qui contient pluſieurs diſ- poſitions importantes ſur les tranſlations du domicile des Taillables, fur la nomination des Collecteurs & fur la forme des rôles des Tailles ; elle a été regiftrée en la Cour des Aides le 27 Novembre de la même année.

Et 2°. la Déclaration du 24 Janv. 1687, regiftrée le 8 Février fuivant, concernant la tranflation des domiciles des femmes veuves dans Paris & autres Villes franches.

La Cour des Aides, par l'Arrêt rendu le 28 Février 1731, contre un Particulier employé au recouvrement des Tailles de l'Election de Xaintes, à caufe de concuffion, exaction, &c. faifant droit fur le réquifitoire du Procureur Général, a enjoint aux Receveurs des Tailles de mettre leurs Contraintes entre les mains des Huiffiers ou Sergens, conformément aux Réglemens ; leur fait défenfes de les remettre à d'autres perfonnes, à peine de faux & de 100 liv. d'amende.

Ordonne que, conformément à la Déclaration du 12 Février 1663, & à l'Arrêt de ladite Cour du 5 Octobre 1665, le nombre des Huiffiers ou Sergens qui feront employés au recouvrement des Tailles & à l'exécution des Contraintes des Receveurs, fera réglé par les Officiers des Elections avec les Receveurs des Tailles ; la lifte defquels Huiffiers ou Sergens fera mife au Greffe des Elections, contenant leurs noms & leurs demeures.

Fait défenfes aux Receveurs des Tailles de délivrer aucune Contrainte pour la Taille & autres impofitions y jointes, qu'elles ne foient vifées par les Elûs en la maniere accoutumée : fait défenfes aux Huiffiers & Sergens de les mettre à exécution, qu'elles n'ayent été vifées par les Elûs, à peine de nullité & de 50 liv. d'amende.

Enjoint aux Receveurs des Tailles de faire mention dans les Contraintes qu'ils décerneront, des fommes actuellement dûes dans chacune des Paroiffes, & de la nature de l'impofition pour laquelle ils délivreront lefdites Contraintes, conformément à l'article 16 de l'Arrêt du 5 Octobre 1665, & fous les peines y portées.

Ordonne que lefdits Receveurs des Tailles feront tenus de donner quittance des fommes qui leur feront apportées en vertu de ladite Contrainte, fans qu'ils puiffent imputer lefdites fommes fur d'autres impofitions que celles

contenues en ladite Contrainte, à peine de 300 liv. d'amende contre les Receveurs.

Enjoint pareillement aux Receveurs des Tailles de fe conformer, fous pareilles peines, à l'art. 14 dudit Arrêt .... & aux Huiffiers & Sergens employés au recouvrement des Tailles, de fe conformer à ce qui eft porté par l'article 4 dudit Arrêt, à peine de faux & de 100 liv. d'amende.

Fait défenfes aux Receveurs des Tailles de payer les Huiffiers & Sergens des frais par eux faits, fans qu'auparavant ils ayent été taxés par lefdits Elûs.

Ordonne que les Huiffiers & Sergens ne pourront recevoir leurs falaires des mains des Collecteurs, ou fe faire défrayer par eux au Cabaret, quand même cela leur feroit offert.

Ordonne que lefdits Huiffiers & Sergens ne pourront travailler au recouvrement des Tailles fans dreffer des Procès-verbaux, nonfeulement pendant l'année de l'impofition, mais encore les années fuivantes, à peine de concuffion..... V. Huiffier.

Sur la forme & les effets des Contraintes concernant les Tailles, voyez le Tarif du 13 Avril 1761, en 34 articles, regiftré le 8 Mai fuivant ; il eft attaché à la Déclaration du même jour. V. auffi Huiffier.

Il a été décidé par Arrêt du Confeil du 24 Novembre 1716, que toutes les pourfuites faites à la requête des Receveurs des Tailles, & même les quittances qu'ils donneroient, feroient écrites fur papier timbré.

La Cour des Aides, en jugeant une conteftation particuliere, a, par Arrêt rendu le 12 Mars 1749, fur l'appel d'une Sentence de l'Election de Fontenay-le-Comte, ordonné (en faifant droit fur les Conclufions du Procureur Général) que dans les Paroiffes efquelles ceux qui exploitant des terres, foit à titre de ferme ou de propriété, font impofés aux Tailles dans l'année qui fuit la dernière récolte, les Syndics defdites Paroiffes feront tenus, après ladite derniere récolte, de veiller à ce que les grains & fruits en provenans, ne foient vendus ou détournés au préjudice du payement de la Taille à impofer en l'année fuivante, & ce en la même forme & en la même maniere que les Collecteurs font autorifés à le faire après la nomination de *leurs perfonnes ; & ceffera la fonction defdits Syndics, lors de la nomination qui fera faite dans la même année des Collecteurs, pour les Tailles de l'année fuivante ; après laquelle nomination les Syndics ne feront plus tenus de faire aucune pourfuite, mais ils remettront és mains des nouveaux Collecteurs, celles par eux faites ou commencées, pour être continuées par lefdits Collecteurs, ainfi qu'il appartiendra.*

• On trouve un Arrêt du Confeil du 3 Septembre 1748, imprimé à la fuite de l'Ordonnance des Eaux & Forêts, par lequel il eft ordonné » que les Adjudicataires » des Bois du Roi ne pourront, pour rai- » fon de leurs adjudications, être compris » dans les rôles des Tailles des Paroiffes où » feront fitués lefdits Bois, & où ils en fe- » ront l'exploitation.... fauf à les impofer » dans les Paroiffes de leur domicile, pour » raifon de leurs commerce & facultés.... «

La Cour des Aides a, par Arrêt rendu le Mercredi 17 Janvier 1759, jugé que l'abonnement par lequel les Habitans d'une petite Ville, pour déterminer un Maître Ecrivain à y réfider & montrer fon Art, avoient promis de ne l'impofer qu'à 20 fols de Taille, ne devoit plus avoir fon exécution, quoique regiftré en l'Election, au moyen de ce que l'état de la fortune de ce Maître Ecrivain étoit changé depuis fon établiffement : il avoit en effet acheté quelques biens, qu'il faifoit valoir fans ceffer de montrer à écrire.

Voyez l'Arrêt du Confeil du 26 Juin 1736, & les Lettres du 15 Juillet fuivant, contenant Réglement fur les Tailles en Normandie ; portant que le taux des Bourgeois des Villes franches, faifant valoir leurs héritages après l'année de leur privilége, ne fera plus fixé aux 2 fols pour livre, mais que lefdits Bourgeois feront impofés dans les rôles des Tailles, ainfi que les Gentilshommes, les Eccléfiaftiques & autres exempts, pour les biens qu'ils exploitent par leurs mains au-delà de leur privilége, à proportion du profit que feroit un Fermier, &c. &c. &c.

Par Arrêt rendu fur les Conclufions de M. le Procureur Général, en la feconde Chambre de la Cour des Aides de Paris, le 7 Septembre 1763, il a été fait défenfes

aux Juges de Leré & autres, fous les peines portées par les Ordonnances, de s'immifcer dans la connoiffance & inftruction des rifques, débats, querelles, conteftations & émotions furvenues & à furvenir au fujet de la répartition des Tailles : fait pareillement défenfes aux Particuliers de fe pourvoir, & aux Procureurs des Parties de procéder ailleurs qu'en l'Election. Il eft imprimé.

TAILLE Réelle.

La Taille Réelle eft un droit Seigneurial reffemblant au Bordelage, & qui eft très-connu dans la Coutume de Bourbonnois. Voyez le chapitre 30 de cette Coutume, article 488 & fuivans, & ce que je dis au mot *Bordelage*. Voyez auffi ce que je dis au mot *Taille*, fur la Taille Réelle qui fe leve au profit du Roi dans quelques Provinces.

TAILLE SEIGNEURIALE.

La Taille Seigneuriale eft un droit particulier & exorbitant du droit commun, qui dans quelques terres eft dû au Seigneur par fes Cenfitaires.

Il y a deux fortes de Tailles Seigneuriales ; fçavoir, la Taille ordinaire & celle qu'on nomme cafuelle : la Taille ordinaire fe paye annuellement ; elle étoit autrefois arbitraire ; préfentement elle doit être fixée par les titres du Seigneur, qui ne peut rien exiger au-delà.

Dans plufieurs Provinces régies par le Droit-Ecrit, la preftation de la Taille cafuelle eft dûe en fept ou huit cas différens ; tels que le mariage du Seigneur, les couches de fa femme, l'établiffement de fes filles, fa promotion à l'Ordre de Chevalier, les dépenfes de fon fervice Militaire, fa rançon, lorfqu'il eft fait prifonnier de guerre, l'acquifition de nouvelles Terres, & le voyage à la guerre d'outre-Mer ; mais les Seigneurs ne le peuvent exiger fans titre particulier : elle y eft connue fous le nom d'Aides, Taille, Quête, Muage, Doublage, &c.

Dans les Pays Coutumiers, où cette Taille eft admife, elle n'eft concurremment dûe qu'en quatre cas différens, qui font ;

1°. Quand le Seigneur eft fait prifonnier dans une guerre jufte : ce cas eft réitérable.

dit

dit l'art. 344 de la Coutume de Bourbonnois ; les autres ne se réitérent pas.

2°. Quand il est fait Chevalier (du Saint-Esprit, selon M. de Salvaing. (Voyez aussi Berault, sur l'article 168 de la Coutume de Normandie.

3°. Quand il marie sa fille aînée (légitime) à un Gentilhomme, & non quand elle se fait Religieuse. La Coutume d'Auvergne, titre 25, article 2, dit, *quand il marie ses filles en premieres nôces.*

4°. Quand il entreprend le voyage *d'outre-Mer,* c'est-à-dire, de la Terre-Sainte.

Cette Taille est connue sous le nom de *Taille aux quatre cas.*

Toutes ces Tailles n'ont lieu que quand la Coutume les accorde au Seigneur, ou lorsqu'il est fondé en titre : elles ne s'acquiérent point par une longue possession, suivant Bretonnier ; & l'article 280 de l'Ordonnance de Blois défend à tous Seigneurs de les lever, sinon *ès cas esquels leurs Sujets peuvent être contraints par Justice de les payer.*

En Auvergne, (excepté entre les Rivieres de Cher & de Siule, sur quoi il faut consulter l'art. 15 du ch. 25 de la Coutume de cette Province,) la Taille aux quatre cas est dûe au Seigneur Haut-Justicier ; la Haute-Justice forme son titre, suivant l'article premier du titre 25 ; mais le Seigneur qui n'a pas Haute-Justice, ne peut l'exiger sans un titre particulier. *Ibid.* art. 8.

La Coutume d'Auvergne fixe à 30 *sols par feu,* ce que le Seigneur Haut-Justicier peut exiger de ses Vassaux pour Taille, quand il n'a pas un titre qui lui donne un droit plus fort ; le Haut-Justicier peut même exiger les 30 sols, lorsqu'indépendamment de sa qualité, il a des titres qui lui constituent des droits moins considérables que 30 sols. Voyez l'art. 7 du titre 25 ; mais dans presque toutes les autres Provinces où le Seigneur peut lever la Taille aux quatre cas, elle est ordinairement du double du cens. Voyez l'art. 345 de la Coutume de Bourbonnois, l'art. 94 de celle de Tours, l'art. 140 de celle du Maine, &c.

L'art. 21 du Réglement fait aux Grands-Jours de Clermont en 1666, fait aussi défenses à tous Seigneurs d'exiger la Taille casuelle autrement qu'en argent ; & au-de-

là des sommes portées par la Coutume, ou de changer les cas qu'elle a réglés, à peine de nullité de tous contrats qui seroient passés au contraire.

La matiere des Tailles Seigneuriales est traitée avec plus d'étendue par M. de Salving ; par Chopin, sur la Coutume d'Anjou ; par d'Argentré, sur la Coutume de Bretagne ; par Despeisses, & plusieurs autres. Voyez aussi l'article 8 du chap. 8 de la Coutume de Loudun, l'article 188 de la Coutume de Poitou, l'article 132 & suivans de la Coutume de la Marche ; M. le Prestre, centurie premiere, chap. 102.

M. le Duc de Randan, Seigneur Haut-Justicier & direct de la Baronie de Maulmont en Auvergne, qui venoit d'être fait Chevalier des Ordres du Roi, & qui avoit marié sa fille à M. le Duc de la Trimouille, demanda la Taille à ses Justiciables ; & prétendit aussi la pouvoir exiger de ses Emphytéotes ; il fondoit sa prétention sur sa qualité de Haut-Justicier, & sur des déclarations par lesquelles ses Vassaux se reconnoissoient débiteurs de cens *à usage de Chevalier,* & soutenoit que dans la Coutume d'Auvergne, cette Taille devoit se payer par le Censitaire, à raison du double du cens.

Le Comte de Bouillé & quelques autres Gentilshommes auxquels cette Taille étoit demandée, répondirent que M. le Duc de Randan ne pouvoit pas l'exiger comme Seigneur direct, parce que ses titres n'en fixoient pas la quotité ; qu'elle ne lui étoit dûe que comme Seigneur Haut-Justicier sur ses Justiciables, à raison de trente sols par feu ; mais qu'à leur égard ils n'en devoient rien, parce qu'ils n'étoient pas domiciliés dans sa Haute-Justice ; & qu'ils étoient d'ailleurs affranchis de cette imposition en qualité de Nobles.

Par Sentence rendue à Riom, confirmée par Arrêt rendu en la seconde Chambre des Enquêtes, au rapport de M. Brisson, le Mercredi 18 Août 1762, M. le Duc de Randan a été débouté de sa demande.

En Alsace, il y a des Seigneurs qui peuvent lever annuellement des subsides sur les Habitans de leurs Terres, pour l'entretien de leurs Justices & des Offices d'icelles ; quelques-uns ont aussi le droit de lever

sur les Habitans de leurs Seigneuries , une
certaine somme réglée pour les dots de chacune de leurs filles qui se marient. Voyez
les Lettres-Patentes du mois d'Avril 1701 ,
regiſtrées au Conſeil de Colmar.

T A I O N.

Quelques Coutumes nomment Taion , ce
que nous nommons ayeul ou grand-pere.
En matiere d'Eaux & Forêts , on nomme
Taion un chêne réservé depuis trois coupes, & qui a par conséquent trois fois l'âge
du taillis. V. l'art. 29 de la Cout. de Montreuil, & l'art. 32 de celle de Boulonnois.

T A L I O N.

On a nommé Talion, une peine qu'on
infligeoit aux Calomniateurs , & qui étoit
semblable & égale à celle que méritoit le
crime qu'ils avoient faussement imputé.

Cette peine avoit lieu chez les Juifs ,
mais elle a été abolie par l'Evangile ; & on
punit les Calomniateurs en France d'une
maniere arbitraire , suivant les circonstances. Voyez *Calomnie* & *Dénonciateurs.*

T A N E U R S, T A N E R I E.

L'usage de la plûpart des Villes du
Royaume eſt de placer les Taneries dans
les quartiers les moins peuplés , à cause des
désagrémens inséparables de leur proximité ; & l'on ne peut en établir à Paris qu'en
conséquence d'une permission de M. le Lieutenant Général de Police, qu'il n'accorde
qu'après le transport d'un Commissaire sur
les lieux. (On observe le même usage pour
les Amidonniers.)

Ce transport du Commissaire , & le rapport qu'il fait ; tiennent lieu de l'information *de commodo & incommodo,* qu'on fait
ailleurs en vertu de l'Ordonnance du Juge, lorsqu'il s'agit de ces sortes d'établissemens.

Jean Delon, propriétaire d'une maison
située à Juvisy, proche le pont bâti sur la
riviere d'Orge, ayant fait construire une
Tanerie dans sa maison , fut troublé dans
son établissement par M. de Brancas & par
le Séminaire d'Orléans, qui demanderent la
suppression de sa Tanerie.

Cette suppression fut ordonnée par Sentence de la Maîtrise des Eaux & Forêts, du

26 Juillet 1737 , confirmée par une autre
de la Table de Marbre ; & y ayant eu appel
de cette Sentence , Arrêt eſt intervenu le 12
Juillet 1738 , qui a ordonné l'information
de commodo & incommodo. Comme il réſul-
toit de l'information, que la Tanerie seroit
nuisible , un second Arrêt eſt intervenu le
19 Août 1739, qui a confirmé la Sentence
de la Table de Marbre , & fait défenses à
Delon d'exercer son métier de Taneur dans
ce lieu-là.

La même queſtion s'eſt élevée entre le
Sr Prevoſt, Lieutenant Général de la Ville
d'Hesdin , & les nommés Mouviés : ceux-ci
avoient fait construire une Tanerie dans la
maison voisine de celle du Sr Prevoſt, qui
en demanda la suppression. L'affaire ayant
été portée au Conseil d'Artois, il y intervint une Sentence le 3 Avril 1750 , par là-
quelle il fut ordonné qu'avant faire droit,
il seroit rapporté Acte de Notoriété des
Echevins de la Ville d'Hesdin , pour sçavoir s'il étoit d'usage de construire des *Ta-*
neries indifféremment dans tous les quartiers
de la Ville.

Les Echevins d'Hesdin ayant atteſté que
la Tanerie des Mouviés *ne pouvoit se per-*
mettre ni souffrir.........dans le centre de la
Ville , nouvelle Sentence eſt intervenue au
Conseil d'Artois, le 5 Décembre 1750, qui
défendit de parachever la Tanerie.

Les deux Parties appellerent de cette
Sentence. Les Mouviés s'en plaignoient ,
parce qu'elle traversoit leur établissement ;
le sieur Prevoſt s'en plaignoit aussi , parce
qu'elle n'ordonnoit pas la démolition des
constructions déja faites. Par Arrêt rendu le
15 Mars 1755 , au rapport de M. Macé, en
la Grand'Chambre, la Cour a confirmé les
dispoſitions de la Sentence , en ce qu'elle
faisoit défenses aux Mouviés de continuer
leurs travaux ; & faisant droit sur la demande du sieur Prevoſt, a ordonné que la veuve
Mouviés & autres seroient tenus de faire
démolir les ouvrages qui pouvoient servir
à la Tanerie, &c.

T A S Q U E.

C'eſt la même chose, dans quelques Pro-
vinces , que ce que l'on nomme Terrage &
Champart dans d'autres. V. *Champart.*
Sur le droit du Tasque en Dauphiné,

TAX

TAX

voyez l'Arrêt du 30 Août 1684, dans le Recueil du Dauphiné, pag. 337, tome premier.

TAXE D'OFFICE.
Voyez Taille.

L'Edit du mois de Janvier 1713, enregistré au Parlement le 15 Février suivant, enjoint aux Intendans des Provinces *de s'informer de l'inégalité & du peu de proportion qui se trouve dans les cotes des particuliers compris dans les rôles des tailles, &....de taxer d'Office ceux qui n'auront pas été imposés dans les rôles des tailles, à des sommes proportionnées à leurs biens fonds & revenus, nonobstant que les rôles soient faits, arrêtés & vérifiés.....*

Mais, par l'article 6 de l'Edit du mois d'Octobre de la même année 1713, enregistré le premier Décembre suivant, il a été ordonné *que toutes les Taxes d'Office qui seront faites par les* Intendans des Provinces, *seront comprises dans les rôles des tailles, sans pouvoir y être ajoutées, après que la vérification en aura été faite.... sauf à augmenter aux rôles de l'ustencile & de la capitation, les cotes des particuliers qu'ils apprendront s'être fait indûement diminuer dans le rôle des tailles.*

Et depuis, par une Déclaration du 7 Décembre 1715, enregistrée en la Cour des Aides le 16, il a été ordonné que, lorsque les Intendans & Commissaires départis dans les Provinces, n'auront pas jugé les demandes en radiation ou réduction des Taxes d'Office dans deux mois qui courront, à compter du jour des assignations qui auront été données à cet effet, à la requête des particuliers, ceux-ci pourront se pourvoir directement par appel desdites Taxes en la Cour des Aides, à la charge de payer la totalité de leur Taxe, avant que de pouvoir être reçus appellans.......

La Déclaration du 17 Avril 1759, dont je parle à l'art. *Taille,* en suspendant l'exemption des Tailles accordées à plusieurs privilégiés, a ordonné que ceux dont les priviléges & exemptions sont suspendus, seroient pendant ladite suspension cotés, c'est-à-dire, taxés d'Office par les Intendans des Provinces, en conformité de l'Edit du mois d'Août 1715.

Toutes les Loix données sur les Taxes d'Office, exigeoient que ceux qui croiroient avoir droit de se plaindre de ces Taxes, fissent juger les oppositions qu'ils y formoient, ou les appels qu'ils en interjettoient, avec les Syndics des Communautés, aux rôles desquelles la Taxe se trouvoit; mais une Déclaration du 20 Mai 1759, registrée le 30, a prescrit une nouvelle forme de procéder sur ces oppositions & appels : voici quelles sont les dispositions de cette Déclaration.

Art. I. » Ceux qui voudront se pour-
» voir contre les cotes d'office faites par les
» Commissaires départis, seront tenus d'y
» former opposition pardevant lesdits Com-
» missaires départis, sans y appeller le Syn-
» dic de la Communauté, au rôle de laquelle
» ladite cote d'office aura été faite. •

II. » L'opposant sera tenu de joindre à sa
» requête en opposition l'état de ses biens,
» ensemble la quittance du Receveur des
» Tailles pour les deux premiers quartiers de
» son imposition, sur laquelle requête il
» sera statué par l'Ordonnance dudit sieur
» Intendant.

III. » L'appel de ladite Ordonnance ne
» pourra être interjetté en nos Cours des
» Aides, que par une requête qui sera pré-
» sentée en nosdites Cours ; à laquelle re-
» quête seront jointes l'opposition formée
» devant le Commissaire départi, l'état des
» biens y annexé, & l'Ordonnance dudit
» Commissaire départi.

IV. » Sur cette requête, il sera nommé
» un Rapporteur en la maniere ordinaire.

V. » Ladite requête sera communiquée à
» nos Procureurs-Généraux, qui pourront
» donner leurs conclusions en forme de vû
» d'Arrêt, ou par une requête, ainsi qu'ils
» aviseront bon être.

VI. » Dans le cas où nos Procureurs gé-
» néraux donneront leurs conclusions par
» requête, ils feront signifier ladite requête
» au domicile du Procureur de l'appellant,
» pour y répondre dans les délais ordi-
» naires.

VII. » Sur lesdites requêtes & conclu-
» sions, il sera statué par nos Cours, ainsi
» qu'il appartiendra, & les frais seront li-
» quidés par l'Arrêt.

VIII. » Défendons aux Procureurs de

A a ij

» faire aucunes autres procédures , fans en
» avoir obtenu permiſſion de noſdites Cours,
» ſous telle amende qu'il plaira à nos Cours
» de prononcer, même d'interdiction , s'il
» y échet.

IX. » Supprimons tous les droits qui ſe
» perçoivent ſur les Arrêts qui ſeront ren-
» dus ſur leſdits appels , à l'exception de
» ceux qui ſont attribués aux offices de
» Greffiers près noſdites Cours , leſquels
» continueront d'être payés comme par le
» paſſé..... «

L'Arrêt d'enregiſtrement de cette Déclaration porte , *à la charge qu'il ſera per-*
mis aux Communautés d'Habitans d'inter-
venir dans les conteſtations , & même de for-
mer oppoſitions aux cotes d'office en leur nom ,
& d'interjetter appel, auſſi en leur nom , des
Ordonnances des Commiſſaires départis....
Sur la maniere de ſe pourvoir contre les
Taxes d'Offices , dans les trois Généralités
de Normandie , voyez les Déclarations des
mois d'Août 1664 & 7 Fév. 1692 , & l'art.
25 du célèbre Edit du mois d'Août 1715.

TÉMOIN, TÉMOIGNAGE.

V. *Confrontation , Dépôt , Enquête , Habi-*
tans , Information , Mariage , Notaire ,
Récollement , Records , Reproches & Subor-
nation.

On nomme Témoins , les perſonnes qui
ſont appellées en Juſtice pour déclarer ce
qu'ils ſçavent de la vérité des faits conteſtés ; & la déclaration qu'ils en font, eſt nommée Témoignage & dépoſition.

L'uſage des Témoignages eſt infini , ſelon la multitude innombrable d'événemens
qui peuvent rendre la preuve d'un fait néceſſaire , ſoit dans les matieres Civiles, ſoit
dans les matieres Criminelles.

Tous ceux à qui la Loi n'a pas ſpéciale-
ment défendu de porter Témoignage , peuvent être Témoins : ainſi les femmes , les
Eccléſiaſtiques , ceux qui ſont accuſés , mais
qui ne ſont pas convaincus de crimes infa-
mans , les interdits pour prodigalité , même
les mineurs qui ont acquis l'âge de puberté
ou qui en approchent , peuvent être entendus comme Témoins , *ſauf, en jugeant , d'a-*
voir par les Juges , tel égard que de raiſon à
la néceſſité & ſolidité du Témoignage des en-
fans au-deſſous de l'âge de puberté. Ordon-

nance Criminelle , titre 6 , article 2. Voyez
Femme.

On penſe univerſellement que le Témoignage des Domeſtiques eſt reçu pour les
faits Domeſtiques ; & il y a ſur cela des
Conſtitutions des Empereurs Théodoſe &
Valentinien. Guy-Pape , Ranchin & Deſpeiſſes , penſent même que le Domeſtique
peut être produit comme Témoin contre
ſon Maître en toute autre affaire ; mais que
ſon Maître ne peut le produire.

Les Inſenſés , les perſonnes dont l'honneur a reçu quelqu'atteinte par des condamnations judiciaires , l'Avocat qui a été
conſulté dans une affaire , le Procureur qui
a occupé , ne peuvent être entendus comme
Témoins. On peut , ſur la néceſſité du Témoignage de l'Avocat , conſulter les Arrêts
d'Anne Robert ; & Rebuffe, ſur celui des
Procureurs.

En matiere Civile , les parens & alliés des
Parties , juſqu'aux enfans des couſins iſſus
de germain , incluſivement , ne peuvent être
Témoins pour dépoſer pour ou contre leurs
parens : l'article 2 du titre 22 de l'Ordonnance de 1667 le décide ainſi ; mais en matiere Criminelle , comme il eſt de l'intérêt
public qu'aucun crime ne reſte impuni , il
ſemble que leur Témoignage ſoit néceſſaire : néantmoins Domat eſt d'avis contraire.

Les Loix veulent qu'on examine non-
ſeulement ſi les Témoins ſont parens , amis
ou ennemis des Parties ; mais elles veulent
de plus , qu'on examine leur condition ,
leurs mœurs , leurs biens , leur conduite.

Dans les Enquêtes qui ſe font par autorité de Juſtice ſur les conteſtations qui ſurviennent entre les gros décimateurs & les
habitans des Paroiſſes pour la qualité de la
dixme , les habitans de la Paroiſſe dans laquelle la conteſtation s'éleve , & ceux qui y
poſſédent des biens , ne peuvent être entendus ni produits pour Témoins de la part
des habitans , ſuivant la réponſe du Roi aux
Cahiers préſentés par le Clergé en 1725.

Celui qui produit un Témoin ſur la vérité d'un fait qu'il a avancé , n'eſt point recevable à donner des reproches contre ce
Témoin , s'il lui eſt contraire : la Cour l'a
ainſi jugé par Arrêt rendu en la quatriéme
Chambre des Enquêtes , au rapport de M.
Ferrand , le 31 Janvier 1715 , dans l'affaire

d'André Laîné, Greffier de la Chambre Criminelle du Châtelet, & d'Anne Richard, fille.

Deux ou trois Témoins qui déposent d'un même fait d'une maniere claire, précise & sans variation, suffisent pour en assûrer la preuve, tant en matiere civile que criminelle ; (Deutéronome, chap. 19, verset 15. S. Matthieu, chap. 18, verset 16. S. Jean, chap. 8, verset 17:) mais un seul Témoin, de quelque qualité qu'il puisse être, ne fait point de preuve, *Testis unus, testis nullus.*

Pour juger sainement de la confiance qu'on doit donner aux dépositions des Témoins, il n'y a point de moyen plus sûr que d'examiner si les faits dont ils déposent, choquent la vraisemblance, s'il y a entr'eux une contradiction marquée sur les mêmes faits, s'ils déposent des faits qui se détruisent les uns les autres ; enfin s'il y a de la bizarrerie, de l'absurdité ou de l'impossibilité dans certains faits.

Il est bien constant qu'un fait particulier ne peut s'être passé que d'une maniere unique, qu'un discours attribué à une personne ne peut avoir été tenu que par cette personne, &c. & lorsque deux ou trois Témoins déposans du même fait, en rapportent les principales circonstances d'une maniere contradictoire ; lorsqu'ils rapportent un discours de la même personne dans une circonstance déterminée, & qu'ils lui font tenir un discours tout-à-fait différent dans cette même circonstance ; enfin lorsqu'ils donnent différentes époques, différens jours, à un fait unique & le même, on doit présumer qu'ils sont des imposteurs.

Des dépositions sur un fait négatif ne détruisent point celles des Témoins qui affirment le fait positif contraire ; parce que celui qui dépose d'un fait négatif, n'affirme & ne peut affirmer autre chose, si ce n'est qu'il n'a rien vû de contraire à ce qu'il nie : de quelque maniere qu'il s'explique, sa déposition se réduit toujours à ce point. C'est par cette raison que dans la régle, la preuve d'une négative n'est point admise, à moins qu'elle ne puisse se réduire à un fait purement affirmatif, & qu'elle ne soit resserrée dans les bornes d'un certain temps & d'un certain lieu. —

Par exemple, si un Témoin déposoit que dans tel lieu où il étoit présent, & pendant le temps qu'il y est resté, il n'a pas été fait telle ou telle chose, sa déposition pourroit être admise ; cependant les Témoins, qui, dans ce cas-là, déposeroient de ce qu'ils ont vû ou de ce qu'ils ont fait, l'emporteroient sur ceux qui nieroient que la chose ait été faite, suivant cet axiome de droit; *Plus creditur affirmanti quàm neganti.* V. Boerius, décision 100, n. 5; Rebuffe, Guy-Pape & Danty.

Il est bien permis aux accusés de reprocher des Témoins ; mais ces reproches doivent être pertinens. Il n'est pas permis d'injurier un Témoin sous prétexte de le reprocher. Par exemple, la dame de Beloy & l'Abbé Berard, Vicaire de la Magdelaine de la Ville-l'Evêque, accusés d'adultere, alléguerent pour reproches contre les Sieur & Dame Gillet (qui avoient déposé, l'un avoir vû commettre le crime, l'autre avoir appris de la dame Beloy même son commerce & ses amours avec l'Abbé Berard) qu'ils étoient des faux Témoins qui avoient vendu leur témoignage & suborné les autres Témoins ; que la vie du sieur Gillet n'étoit qu'un tissu de crime & de scélératesse, & que sa femme étoit la concubine du sieur Beloy. Les Sieur & Dame Gillet se plaignirent ; ils intervinrent aux procès, & demanderent réparation de l'injure qui leur étoit faite.

Par l'Arrêt définitif qui fut rendu dans cette affaire le Lundi 7 Juil. 1755, la Grand-Chambre & la Tournelle assemblées, la Cour ordonna entr'autres choses, que les termes injurieux employés contre les Témoins seroient rayés, & les Mémoires des accusés d'adultere supprimés, avec 10 liv. de dommages & intérêts, & que l'Arrêt seroit imprimé & affiché.

Les Témoins ne doivent déposer que de ce qu'ils sçavent : les solliciter à dire quelque chose contre la vérité ; en un mot, les suborner, c'est un crime grave qui mérite une peine afflictive ; c'est même un de ceux que la Justice doit s'attacher à réprimer avec plus d'attention, puisqu'il a pour objet, ou de détourner les preuves dont elle a besoin pour punir les coupables, & empêcher les progrès du mal, ou de faire juger un innocent coupable.

Les Auteurs qui ont traité cette matiere, entr'autres, *Julius-Clarus* & *Menochius*, soutiennent que ceux qui subornent des Témoins, doivent être punis des mêmes peines que les faux Témoins qu'ils ont subornés; parce que les uns & les autres sont coupables du crime de faux.

Cette maxime du Droit Romain a été adoptée parmi nous, & la Cour a souvent condamné des Suborneurs de Témoins aux mêmes peines que les Témoins qui avoient déposé faux, à leur instigation.

Bruneau, des Matieres Criminelles, partie premiere, tit. 2, maximes 10 & 11, rapporte deux Arrêts du Parlement rendus les 5 Décembre 1669 & 29 Août 1682, dont l'un a condamné de faux Témoins & leurs Corrupteurs aux Galeres; l'autre a condamné à mort & les (faux) Témoins & les Suborneurs.

Il y a d'autres Arrêts des années 1708, 1719 & 1737, qui ont prononcé des peines afflictives contre de faux Témoins, & contre les personnes qui les avoient engagés à déposer faux.

Le Grand-Conseil a aussi condamné à mort un Suborneur de Témoins, & les faux Témoins aux Galeres, par Arrêt du 19 Février 1736. Voici un exemple plus récent & plus terrible.

Henri du Francey, ayant accusé Antoine Roi de Pierre-Fitte d'avoir voulu l'assassiner, corrompit des Témoins qui déposerent faussement avoir entendu former le complot d'assassinat par le Roi de Pierre-Fitte. La fausseté de l'accusation & des témoignages ayant été découverte, Arrêt est intervenu le 7 Février 1755, sur l'appel d'une Sentence du Châtelet du 17 Janvier précédent, par lequel du Francey (Suborneur) & un nommé Virloy (faux Témoin), furent condamnés à être rompus vifs, un autre (faux Témoin) nommé Meunier, fut condamné d'être pendu; l'Arrêt porte qu'ils feront l'un & l'autre amende honorable devant la principale porte du Châtelet : il a été exécuté le Jeudi 13 Février 1755.

Il a été rendu un Arrêt à peu près semblable le 6 Août 1763.

Quand les accusations sont moins graves que celles dont il s'agissoit dans l'affaire de du Francey, les peines sont moins considérables. Un Arrêt du Grand-Conseil rendu le 19 Février 1739, n'a condamné des faux Témoins qu'aux Galeres, & un Arrêt de la Cour des Aides de Montpellier, rendu le 30 Mai 1750, n'a condamné le nommé Fabre, convaincu de faux témoignage, qu'en l'amende honorable & en trois ans de bannissement.

Claude Aparuit, Maître Vitrier à Paris, & Marie-Jeanne Godard, voulant se marier contre le gré de la mere d'Aparuit, se supposerent, non-seulement de faux domiciles qu'ils firent certifier par des Témoins, dont un étoit Prêtre, mais supposerent aussi une fausse mere à Aparuit : ces faussetés ayant été découvertes, les mariés, les Témoins & la fausse mere furent poursuivis; & par Sentence du Châtelet du 5 Juillet 1724, confirmée par Arrêt rendu le 18 du même mois, & exécuté le premier Août suivant, la fausse mere (qui étoit contumace) Jean-Antoine Prudhomme, Prêtre prisonnier, l'un des Témoins certificateurs de faux domiciles) ont été condamnés à faire amende honorable au Parc Civil du Châtelet ; ce même Prudhomme & les trois autres Témoins contumax ont en outre été condamnés aux Galeres pour trois ans, & la fausse mere à un bannissement de neuf ans. Voyez *Mariage.*

A l'égard de Claude Aparuit, il avoit été condamné aux Galeres pour cinq ans par la Sentence du Châtelet ; mais par l'Arrêt, lui & Marie-Jeanne Godard furent seulement condamnés en un bannissement de neuf ans.

D'autres Particuliers, qui, pour faciliter le mariage de Noël Doucin avec Claude Drouard, lui avoient supposé & certifié un faux domicile lors de la célébration de son mariage, ont aussi été condamnés à l'amende honorable & aux Galeres à temps, par Arrêt rendu le 21 Juin 1735.

Le Conseil d'Artois a, par Arrêt rendu le 31 Mai 1689, condamné Nicolas Campagne, Curé de Bours, à faire amende honorable, la torche au poing, & au bannissement, pour avoir suborné des Témoins.

Le Témoin qui reçoit de l'argent ou autre chose d'une Partie pour déposer en sa faveur, est pour cela seul dans le cas d'être poursuivi extraordinairement. V. Mathæus, sur la Loi *Cornelia, de Falsis,* ch. 1, n. 13.

On regarde la fubornation de Témoins, comme un fait juftificatif qui peut fe propofer par l'accufé. Le fieur Saurin ufa de cette reffource dans l'affaire qu'il eut contre le célèbre Rouffeau. Lorfqu'il vit qu'il y avoit contre lui des preuves pofitives, il rendit plainte en fubornation de Témoins, & obtint permiffion d'informer ; c'eft fur cette information qu'eft intervenu le fameux Arrêt rendu le 7 Avril 1712, qui a condamné Rouffeau à un Banniffement perpétuel.

Le Lieutenant Criminel du Châtelet ayant joint au fond de l'affaire qu'il inftruifoit, la plainte en fubornation, rendue contre un Témoin, il y eut appel de fon Ordonnance de jonction ; & par Arrêt du 18 Mars 1712, rendu fur les Conclufions de M. Joly de Fleury, la Cour ordonna qu'il feroit informé de la fubornation, & que le Lieutenant Criminel feroit mandé. Voyez le Journal des Audiences.

Un Arrêt du Confeil, rendu le 12 Août 1732, ordonne que *les Fermiers des Domaines & leurs Commis dans les lieux où il y a Jurifdiction Royale, payeront fur le champ & fans retard aux Témoins entendus dans les affaires criminelles*, de la nature de celles dont le Roi doit fupporter les frais, *les fommes qui leur font dûes* (aux Témoins) *pour leurs falaires, fuivant la taxe qui en aura été faite par le Juge.*

Les falaires de Témoins entendus, & dont le miniftere eft néceffaire dans les procédures inftruites aux frais du Roi, font réglés par un Arrêt du Confeil rendu le 23 Janv. 1742, & par le Tarif arrêté au Confeil, joint à l'Arrêt ; mais ni l'un ni l'autre ne paroiffent avoir été enregiftrés au Parlement.

Voyez ce que je dis au mot *Notaire*, fur ce qui eft relatif aux Témoins qui fignent les actes volontaires : j'y traite auffi la queftion de fçavoir, fi les Notaires peuvent dépofer fur ce qui concerne les actes qu'ils ont reçus.

TEMPORALITÉ.

C'eft le nom d'une Juftice Seigneuriale dépendante de l'Archevêché de Paris, qu'on nomme auffi Bailliage de l'Archevêché.

Les féances de ce Tribunal fe tiennent à Paris dans le même Auditoire que celui de l'Officialité, & il connoît en première Inftance des conteftations qui naiffent, & des délits qui fe commettent dans l'enclos de l'Archevêché, fauf la prévention des Officiers du Châtelet. V. *Prévention.*

Le Bailli de la Temporalité connoît auffi des appellations des Sentences rendues par les Prévôts de Saint - Cloud, de Maifon-fur-Marne, Creteil, Conflans, Ozoir-la-Ferriere, Parmentiers, & autres Juftices des Terres comprifes dans l'érection du Duché de Saint-Cloud, du mois d'Avril 1674, regiftrées le 18 Août 1690.

L'appel des Sentences de la Temporalité fe releve au Parlement.

TEMPOREL (Saifie du).

Tous les Juges en général peuvent, en certain cas, ordonner la faifie du Temporel des Eccléfiaftiques qui refufent d'exécuter leurs Jugemens : mais les Juges Royaux feuls, peuvent ordonner la diftribution des deniers provenans du Temporel faifi : c'eft ce qui réfulte de l'art. 6 du titre 7 de l'Ordonnance de 1670 : ces mots *nos Juges*, qui fe trouvent dans cet article, excluent ceux des Seigneurs.

La Saifie du Temporel des Eccléfiaftiques peut être ordonnée toutes les fois qu'ils réfiftent ou qu'ils défobéiffent à la Juftice féculiere. Cette voie de contraindre le Clergé eft même très-ancienne en France : on voit, en effet, que le Temporel de l'Archevêque de Rouen fut faifi en 1373, pour rébellion & défobéiffance à la Juftice féculiere. Voy. les preuves des Libertés de l'Eglife Gallicane.

TEMPS IMMÉMORIAL.

Selon le Droit commun, lorfqu'on demande la preuve d'un ufage ou d'une poffeffion pendant un Temps immémorial, ce Temps a coutume d'être fixé à cent ans, & l'on n'eft pas obligé de remonter plus haut.

Mais s'il s'agit feulement d'une ancienne poffeffion, Dumoulin eftime que foixante & dix années fuffifent, pour qu'elle foit qualifiée très-ancienne.

TENANCIER.

On nomme ainfi celui qui tient & poffède le Domaine utile d'un héritage, foit à cens,

foit à rente fonciere ou à bail emphytéotique.

Quelquefois auſſi on appelle Tenancier,
le Fermier d'une petite Métairie qui dépend
d'une plus grande.

V. ce que je dis ſur la ſolidité dont les
co-Tenanciers ſont tenus, au mot *Solidité*.

TENEMENT,

Ce mot a différentes ſignifications ; quelquefois il ſignifie un canton de terrein, &
même une Métairie avec ſes dépendances :
c'eſt en ce ſens qu'on dit, tels & tels doivent telle redevance au Seigneur pour leur
Tenement ; qu'un tel Tenement contient
tant de perches ou d'arpens, & que tous les
tenanciers d'un Tenement ſont ſolidairement tenus du cens dont il eſt chargé, &c.

Quelquefois auſſi Tenement ſignifie une
eſpéce particuliere de preſcription uſitée
dans quelques Coutumes ; par exemple,
dans celles de Loudun, du Maine, &c.

Les Coutumes d'Anjou & du Maine admettent un Tenement (ou poſſeſſion) de
cinq ans, par le moyen duquel le tiers-acquéreur qui a joui de bonne foi pendant cet
eſpace de temps ſans trouble, eſt à couvert
de toutes charges & hypothéques dont l'héritage étoit tenu, pourvû qu'elles ſoient
créées depuis 30 ans.

A l'égard des hypothéques & charges dont
la création remonte à plus de 30 ans, il faut
à un tiers-acquéreur dans ces deux Coutumes, 10 ans au moins pour acquérir la preſcription, comme dans les autres Pays. Voy.
les articles 437 & 449 de la Coutume du
Maine, les articles 422, 437 & 503 de celle
d'Anjou, Dupineau & Bodereau.

Le Tenement de cinq ans n'a cependant
pas lieu en deux cas dans ces Coutumes.

1°. Contre les rentes foncieres & Seigneuriales.

2°. Quand l'acquéreur a été averti expreſſément par le contrat, de la charge pour
laquelle il invoque le Tenement, parce
qu'en ce cas il n'y a point de bonne foi.

TERME.
V. *Délai*.

TERRAGE.
V. *Champart*.

TERRIER.

Voyez Committimus, *Déclaration, Dénom-
brement, Egliſe, Foi & Hommage, Franc-
Aleu, Gage, Mouvance, Mutation, Plége,
& Souffrance.*

On nomme Terrier, un Recueil de reconnoiſſances données au Seigneur d'une Terre
par ſes vaſſaux ou tenanciers, contenant expédition en bonne forme de toutes les déclarations des cenſitaires, des baux à cens,
des Procès-verbaux de limites de Juſtice &
Dixmerie, le dénombrement des droits de
la Terre, tant utiles qu'honorifiques, la deſcription, l'étendue, les confins des héritages qui en dépendent, & généralement toutes les redevances, droits & devoirs dûs à
une Seigneurie.

M. de la Poix de Freminville, qui a fait
un Traité très-étendu ſur cette matiere, définit le Terrier » un Livre, Regiſtre ou Car-
» tulaire, qui renferme les loix d'une Sei-
» gneurie, en contient les uſages, droits,
» prérogatives, priviléges, condition des
» perſonnes & héritages domiciliés, ſitués
» & aſſis en icelle. . . . . . α

Dans l'étendue du reſſort du Parlement
de Paris, les Seigneurs de Terres & Fiefs
ſitués même dans des Coutumes où le cens
eſt impreſcriptible, peuvent, s'ils le jugent
à propos, renouveller leurs Terriers tous
les trente ans, & exiger de nouvelles reconnoiſſances des droits dûs à leur Terre,
aux frais de leurs vaſſaux : c'eſt ce qui eſt
atteſté par l'Acte de Notoriété du Châtelet, du 5 Août 1689.

Mais dans les Pays où le cens ſe preſcrit
par 30 ans, les Seigneurs peuvent exiger
des reconnoiſſances & déclarations de leurs
vaſſaux, tous les 20 années.

Quand ils en demandent avant l'expiration des 20 années, & qu'il n'y a point de
mutation dans les tenanciers, ce n'eſt pas le
tenancier ; mais le Seigneur qui en doit les
frais ; s'il y a mutation de tenancier, ou s'il
s'eſt écoulé plus de 20 ans depuis la précédente reconnoiſſance, les frais des déclarations doivent être ſupportés par les tenanciers : cela eſt ainſi décidé par l'Arrêt de
Réglement rendu aux Grands-Jours de
Clermont le 9 Janvier 1666, pour les Provinces d'Auvergne, de Bourbonnois, de
Foreſt,

Foreft, de Lyonnois, de Mâconnois, &c. V. ce que je dis au mot *Mouvance*, fur les droits des Seigneurs qui ont un territoire circonfcrit.

En Ponthieu, » le Seigneur eft tenu de » payer les frais des Papiers - Terriers , » fi ce n'eft qu'il lui foit dû par celui qui » paffe fa déclaration ; auquel cas le vaffal » paye les Notaires , la déclaration fervant » aveu..,. « Acte de Notoriété de Pon-» thieu, du 10 Janvier 1680.

En Beaujolois , les renovations des Ter-riers fe font aux frais des Seigneurs, » fans » que les emphytéotes & cenfitaires qui » paffent les nouvelles reconnoiffances , » foient tenus d'y contribuer en aucune ma-» niere , directement ni indirectement, mê-» me aux frais de l'obligation & reconnoif-» fances qu'ils paffent aux Seigneurs. « Le Bailliage de Villefranche a attefté cet ufage de fa Province par un Acte de Notoriété du 30 Juin 1692.

Lorfqu'un Seigneur veut faire faire un Terrier de fa Terre ou de fon Fief , il eft d'ufage d'obtenir des Lettres du Prince qui le lui permettent, & qu'on nomme Lettres de Terrier : cet ufage n'eft pas ancien ; néantmoins on regarde ces Lettres comme néceffaires ; & fans elles , le Seigneur ne pourroit , dans les Pays où la maxime, *nulle Terre fans Seigneur*, eft admife, exiger de re-connoiffances de fes cenfitaires qu'à chaque mutation de vaffal. On peut fur cette nécef-fité & fur cet ufage , confulter ce que dit M. de Freminville dans la Pratique univer-felle des Terriers, tom. 1. chap. 3, fect. 1.

Les Eccléfiaftiques font néantmoins dif-penfés d'obtenir des Lettres pour la reno-vation des Terriers de leurs Seigneuries & Fiefs : cette difpenfe eft écrite dans l'art. 54 de l'Ordonnance de Blois , dans l'Edit de Melun , art. 26 ; & elle a été confirmée par l'Edit de Décembre 1606.

Ces Lettres peuvent (au choix de l'impé-trant) s'obtenir , ou au Grand Sceau, ou en la Chancellerie établie près le Parlement , dans le reffort duquel la Seigneurie eft fi-tuée ; & on prétend qu'elles font fujettes à furannation , c'eft-à-dire , qu'elles devien-nent fans effet , lorfqu'elles ne font pas en-thérinées dans l'année de leur obtention, ou lorfqu'après l'enthérinement il s'eft écoulé

Tome III. Part. II.

une année fans qu'il ait été paffé une décla-ration ou fait un acte judiciaire relatif au Terrier en vertu de ces Lettres.

M. de Freminville eft de cet avis ; & j'a-vois adopté fon opinion dans les deux pre-mieres éditions de cet Ouvrage ; mais après y avoir bien réfléchi, je ne la crois pas bonne ; je ne vois pas même fur quoi la furannation eft fondée : je ne connois point de Loi qui la prononce ; & une nullité ou une peine ne peut pas fe fuppléer quand la Loi ne la pro-nonce pas. Je crois même que la furannation en général n'a été imaginée que pour aug-menter le revenu des Chancelleries , & qu'on ne doit l'admettre que relativement aux *Committimus* , auxquels l'Ordonnance de 1669 , & les Lettres même ne donnent d'effet que pour un an.

Il paroît que le Parlement de Paris rejette toute autre efpéce de furannation , comme une imagination burfale : en effet , il ne fait aucune difficulté de regiftrer les Lettres-Patentes & autres expéditions du Grand-Sceau, qui lui font préfentées plus d'un an après qu'elles font fcellées. Je pourrois citer un grand nombre d'exemples.

Les Seigneurs qui ont droit de *Committi-mus* , ne peuvent fe fervir de leur privilége pour faire adreffer aux Requêtes du Palais ou aux Requêtes de l'Hôtel, les Lettres qu'ils obtiennent pour la renovation de leurs Terriers, ou pour y attirer les conteftations qui y font relatives ; l'Ordonnance de 1669 le décide textuellement : il faut donc que ces Lettres foient adreffées aux Juges des lieux, pour qu'ils en ordonnent l'exécution, s'il y a lieu.

Les Juges qui ordonnent l'enthérinement des Lettres de Terrier , doivent en même-temps commettre un Notaire ou autre Offi-cier ayant caractere fuffifant pour recevoir les actes de foi & hommage , aveu , dénom-brement, déclaration, reconnoiffance, & tous autres actes de renovation des titres & des droits de la Seigneurie ; & à cet effet enjoin-dre aux vaffaux de comparoir devant cet Of-ficier , pour exhiber & communiquer leurs titres , & enfuite y paffer les actes de foi & hommage , aveu, dénombrement ou recon-noiffance qu'ils doivent à caufe de la reno-vation.

Je dis que les Juges qui enthérinent des

B b

Lettres de Terrier, doivent commettre le Notaire ou autre Officier pour recevoir les aveux, déclarations, &c. Il y auroit, en effet, des inconvéniens infinis de laisser la liberté à chaque vassal de choisir un Notaire pour recevoir son aveu & sa déclaration ; d'ailleurs il paroît que la Jurisprudence des Arrêts autorise cette nomination ; M. de Freminville en cite un rendu le 19 Juin 1728, qui a, dit-il, condamné la demoiselle Chaussat, veuve Rossat, à passer nouvelle reconnoissance au Terrier du Chapitre de Lyon dans le Château d'Albigny, devant le Notaire que ce Chapitre voudroit nommer.

Le même Auteur cite encore un Arrêt du Parlement de Toulouse, rendu le 24 Mars 1695, qu'il dit être rapporté par M. de Catelan, qui a jugé la même question & de la même manière.

Par la même raison que les Seigneurs, ayant droit de *Committimus*, ne peuvent pas faire adresser aux Requêtes du Palais & de l'Hôtel, les Lettres qu'ils obtiennent pour la renovation de leurs Terriers, les vassaux qui ont droit de *Committimus* ou autre privilége, ne peuvent pas non plus faire évoquer ou faire renvoyer devant les Juges de leur privilége, les demandes formées contr'eux, pour les assujettir à passer des déclarations. La Cour a même jugé, par Arrêt rendu le 23 Juin 1750, que le privilége des Bourgeois de Paris, (lesquels, aux termes de l'article 112 de leur Coutume, *ne peuvent être contraints de plaider, en défendant ailleurs qu'en la Ville de Paris, pour quelque cause & privilége que ce soit,*) n'avoit pas lieu, & ne les autorisoit pas à faire évoquer au Châtelet les demandes qui ont pour objet d'assujettir des vassaux à passer des déclarations à des Terriers.

Cet Arrêt a été rendu en faveur du Baron de Beauvais, Seigneur de Gentilly, contre la Dame de Luigné. Le Baron de Beauvais demandoit que la Dame de Luigné passât une déclaration à son Terrier ; il l'avoit à ce sujet fait assigner devant le Juge de Gentilly. La Dame de Luigné avoit fait évoquer au Châtelet la demande formée contr'elle ; & cette évocation étoit fondée sur le privilége des Bourgeois de Paris. Il y eut appel de l'Ordonnance de M. le Lieutenant Civil, portant révocation ; & par l'Arrêt (rendu le

23 Juin 1750,) la Cour, en infirmant l'Ordonnance de M. le Lieutenant Civil, renvoya les Parties devant le Juge de Gentilly.

Cette maxime, qui est certaine, & sur laquelle je pourrois citer des Arrêts du 7 Juillet 1671, 13 Sept. 1734, 20 Mars 1738, & 25 Avril 1746, qui ont renvoyé devant les Juges de la situation, n'a cependant pas lieu lorsqu'il s'agit des Terriers de Seigneuries appartenantes & dépendantes de l'Ordre de Malte, ou de quelques autres Communautés de Moines qui ont obtenu des Lettres-Patentes, par lesquelles la connoissance de leurs affaires a été attribuée au Grand-Conseil. Lorsque ces Communautés veulent faire renouveller leurs Terriers, elles peuvent faire adresser leurs Lettres au Grand-Conseil ; & si elles prennent ce parti, le Grand-Conseil, en les enregistrant, commet le Juge Royal le plus prochain de la Seigneurie ou Fief, pour connoître des contestations qui peuvent s'élever sur leur exécution. Il commet en même-temps un Notaire pour recevoir les déclarations des vassaux, &c. Voyez, au sujet de ce privilége de l'Ordre de Malte, des Arrêts du Grand-Conseil des 5 Juillet 1728, & 28 Avril 1729. (Ils sont imprimés.)

Il faut encore excepter les Corps qui ont été mis sous la garde & protection de certains Tribunaux près desquels ils ont droit de Garde-Gardienne ; parce que ce droit a lieu en matiere de Terrier, ainsi que la Cour l'a jugé par Arrêt rendu le Mercredi 21 Mai 1760, sur les Conclusions de M. Joly de Fleury.

Dans cette espéce, le Chapitre de Bourges, qui a droit de Garde-Gardienne au Bailliage de Bourges, avoit obtenu des Lettres de Terrier pour la Baronie de Grancey, située dans le Bailliage d'Issoudun. Ces Lettres avoient été adressées & enthérinées au Bailliage de Bourges : le Procureur du Roi d'Issoudun avoit appellé de la Sentence d'enthérinement, prétendant que c'étoit à Issoudun que les Lettres devoient être enthérinées.

Mais le droit de Garde-Gardienne du Chapitre ayant été prouvé, la Cour a jugé qu'il avoit lieu en ce cas ; & en conséquence a rejetté l'appel du Jugement des Officiers d'Issoudun, & confirmé la Sentence.

Quand les Lettres de Terrier font obtenues & enthérinées, le Seigneur doit les faire publier & afficher à l'issue de la Messe de Paroisse, par un Huissier. L'affiche doit contenir injonction & commandement aux vassaux de représenter & communiquer à l'Officier commis pour recevoir leurs aveux, déclarations, &c. les titres de propriété des biens qu'ils possédent, pour ensuite payer les droits qui seront par eux dûs, fournir les aveux, passer les déclarations, &c. en la forme & sous les peines indiquées par les Lettres de Terrier.

Un des effets de l'affiche & de la publication des Lettres de Terrier, avec commandement, est d'interrompre le cours de la prescription des arrérages des cens & rentes Seigneuriales, de maniere que si, par exemple, la déclaration du vassal n'est présentée que cinq ans après les publications & affiches, le Seigneur pourra alors en exiger trente-quatre années d'arrérages.

Les Lettres de Terrier font regardées comme attribuant au Juge auquel elles font adressées, toute Jurisdiction & connoissance des contestations relatives aux Terriers ; & le Parlement a rendu un Arrêt conforme à cette opinion, le Mercredi 11 Août 1762, en la Grand'Chambre.

Dans cette espéce, la dame de Valençay avoit obtenu des Lettres de Terrier, adressées & enthérinées au Bailliage de Blois ; elle avoit en conséquence demandé la déclaration & fait assigner à Blois deux Particuliers possesseurs d'héritages relevans d'elle, mais situés dans la Justice du Duché de Saint-Aignan, dans laquelle les Particuliers étoient aussi domiciliés. La cause avoit été revendiquée ; mais le Juge avoit rejetté la revendication & le déclinatoire. M. le Duc de Saint-Aignan étoit appellant comme de déni de renvoi & de Juge incompétent ; mais son appel fut rejetté sur le fondement de l'attribution de Jurisdiction au Tribunal auquel les Lettres font adressées.

La Cour des Aides de Montpellier a, par Arrêt rendu le 15 Mai 1719, entre la Communauté de Château-Vieux, & M. Bigorre, *fait défenses à tous les Commissaires du papier Terrier de son ressort, d'obliger les Emphitéotes du Roi*, de donner Requête pardevant eux, pour faire recevoir leurs déclarations.

Quand on fait des Terriers en Languedoc, le Commissaire à Terrier commence son Procès-verbal par l'interrogatoire des Consuls qui représentent la Communauté, lesquels font tenus de déclarer :

1°. Ce qui appartient au Seigneur dans tout le Territoire, soit en fonds ou en droits seigneuriaux, féodaux ou casuels, c'est ce que l'on appelle déclaration générale.

2°. Les droits dont les Habitans font tenus en Corps de Communauté envers le Seigneur, & cela s'appelle reconnoissance générale ; après quoi chaque Tenancier fait sa reconnoissance particuliere.

Tous les actes passés devant Notaires, doivent (à l'exception de ceux passés devant les Notaires de Paris) être contrôlés dans la quinzaine de leur date : mais les déclarations aux Terriers font exceptées de cette régle générale, par un Arrêt du Conseil rendu le 25 Juillet 1724, qui accorde trois mois pour faire ce contrôle, & déroge aux réglemens contraires.

M. le Lieutenant Civil le Camus a, le 20 Janvier 1708, donné un Acte de Notoriété, par lequel il a dit que la Jurisprudence du Châtelet étoit d'*accorder pour tous droits au Notaire commis pour faire un Terrier, 5 sols du premier article d'une déclaration, & 2 sols 6 deniers de chacun des autres articles ; de maniere que si dans une Déclaration il y a vingt articles, ce sera 2 liv. 12 s. 6 den. qui seront dûs au Notaire, au moyen de quoi la minute demeurera au Notaire, pour composer le Terrier & toutes les minutes rassemblées ; & sera donné au Censitaire une copie de sa déclaration, sans en rien payer que les 5 sols, & 2 sols 6 deniers par article*, comme il est dit ci-dessus.

Cette rétribution des Notaires ou Commissaires à Terrier est conforme à ce qui a été taxé pour ces sortes de Déclarations, par l'Arrêt rendu aux Grands-Jours de Clermont, le 9 Janvier 1666, dont j'ai déja parlé en cet article.

Les droits qui se payent en Languedoc, font autrement réglés par un Arrêt rendu en forme de Réglement, au Parlement de Toulouse, le 9 Juillet 1738 ; voici quelles en font les dispositions.

» La Cour ordonne que les Notaires ou » Féodistes qui retiendront & expédieront

» les reconnoiſſances que les Emphitéotes
» feront en faveur de leurs Seigneurs, des
» terres mouvantes de leur directe, ne pour-
» ront prendre ni exiger que 30 ſols ; tant
» pour la retention qu'expédition, qui ſera
» faite pour le Seigneur d'une reconnoiſſan-
» ce qui ne contiendra que deux articles.

» A l'égard de celles qui contiendront
» pluſieurs articles au-deſſus deſdits 30 ſols,
» pour le premier & ſecond article, ſera
» payé au-deſſus deſdits deux articles, juſ-
» qu'à 10 incluſivement, 5 ſols de chaque
» article, & 2 ſols 6 deniers de chaque ar-
» ticle qui excédera le nombre de 10, indé-
» pendamment des frais de l'arpentement,
» indication, papier timbré employé aux
» retentions ou expéditions deſdites recon-
» noiſſances, ſceau & contrôle d'icelles.

» Ordonne ladite Cour, que les Em-
» phitéotes qui requerront des expéditions
» deſdites reconnoiſſances, ſeront tenus de
» payer aux Notaires ou Féodiſtes, la moi-
» tié dudit droit de retention . . . . .

» Ordonne . . . . que l'Emphitéote ne
» ſera tenu de payer le droit d'arpentement
» qu'à proportion de ſes poſſeſſions ; lequel
» droit d'arpentement, la Cour a fixé ; ſça-
» voir, celui des Fiefs contigus & non ſé-
» parés, à 3 ſols par arpent ; & ceux des
» Fiefs épars & ſéparés, à 5 ſols par arpent.

» Fait défenſes aux Féodiſtes & aux Ar-
» penteurs de prendre de plus grands droits
» que ceux ci-deſſus ſpécifiés.

» Ordonne que, lorſque les tenanciers
» d'un Fief indivis, auront été ſommés &
» avertis à la Requête des Seigneurs, de ſe
» trouver & s'aſſembler à jour, lieu & heure
» fixe ; pour conſentir la nouvelle recon-
» noiſſance de leurs poſſeſſions dans leſdits
» Fiefs, la reconnoiſſance de ceux qui com-
» paroîtront en ſera reçue ; & à l'égard des
» autres, ladite Cour ordonne qu'ils en
» conſentiront de particulieres, dont ils
» ſupporteront les frais . . . . . «

Le même Parlement avoit auparavant
ordonné, par un autre Arrêt rendu le 15
Décembre 1735, en forme de Réglement,
que les Féodiſtes ſeroient tenus d'inſérer
dans les quittances par eux données aux
Emphitéotes, le montant des arrérages de
la cenſive, ſéparément des frais de l'arpentement, & qu'ils ſeroient auſſi tenus de faire

diſtinction des autres droits, avec les frais
de la reconnoiſſance de l'expédition, ſceau,
contrôle & papier.

Ces régles ont été faites relativement aux
Terriers des Seigneurs particuliers ; mais
la Cour des Comptes, Aides & Finances
de Montpellier, en avoit auparavant prefcrit d'autres pour les Terriers du Domaine
du Roi, par Arrêt du 2 Juin 1694 ; voici
quelles en ſont les diſpoſitions.

» La Cour . . . . ordonne qu'il ſera payé
» pour tous droits du Commiſſaire, Subdé-
» légué, Subſtitut du Procureur Général &
» du Greffier.

» Pour la remiſe de chaque déclaration
» au Greffe de la Commiſſion . . . . . . 10 ſols.

» Pour la réception de chaque reconnoiſ-
» ſance, & pour l'expédition aux Parties la
» requérant, ... 2 ſols.

» Par page de trente lignes, dont cha-
» cune ſera de vingt-deux ſyllabes, outre
» les droits de papier timbré

» A l'Arpenteur, 2 ſols par arpent ou
» ſeſterce de terre.

» A l'Huiſſier, pour exploit de comman-
» dement de remettre la déclaration, ou de
» paſſer nouvelle reconnoiſſance . . . . 2 ſols.

» Et quant aux exploits de ſaiſie de Fiefs,
» en défaut par les Emphitéotes, de paſſer
» leurs nouvelles reconnoiſſances, ordonne
» ladite Cour, les terres & poſſeſſions ſai-
» ſies étant contigues, qu'il ſera payé pour
» l'exploit de ſaiſie . . . . 10 ſols.

» En cas des héritages ſaiſis en divers te-
» nemens . . . . 20 ſols.

» A l'égard des ordonnances de main-
» levée deſd. héritages ſaiſis, le cas échéant,
» il ſera payé pour tous droits au Commiſ-
» ſaire . . . . 15 ſols.

» Au Subſtitut du Procureur Général du
» Roi . . . . 5 ſols.

» Au Greffier pour expédition . . . 10 ſols.

» Pour la réception de la reconnoiſſan-
» ce au Notaire, 16 ſols, ou premier ar-
» ticle, 5 ſols de chacun des autres, juſ-
» qu'au nombre de 10, & 2 ſols 6 deniers
» pour chacun des autres articles au-deſſus
» de 10. «

Sur tout cela il faut remarquer :

1°. Que par Arrêt du Parlement de Toulouſe du 12 Septembre 1705, il a été ordonné qu'un tenement ou Fief reconnu pour

indivis par un ou plusieurs emphitéotes, ne sera compté que pour un seul article ; & néantmoins que la reconnoissance de toutes les piéces & possessions quelconques, qu'un emphitéote posséde dans la directe d'un même Seigneur, dans la même Jurisdiction, sera reçue par un seul & même acte, si mieux n'aime le Seigneur supporter le surplus des frais, au cas qu'il en demande plus d'un aux emphitéotes.

2°. Que par autre Arrêt du même Parlement, rendu le 22 Mai 1730, il a été fait défenses aux Notaires féodistes du ressort, de composer plusieurs articles de la reconnoissance d'une seule & même piéce, possédée par un même emphitéote dans la même directe, quoique ladite piéce ait auparavant appartenu à divers particuliers.

Belamy qui a fait sur les Terriers un Ouvrage que le public a bien reçu, conseille de faire régler par les Lettres mêmes & par les Jugemens d'enregistrement (dont il donne des modéles) ce qui doit être payé par les vassaux aux Notaires ou Commissaires à Terrier, pour les déclarations qu'on y passe ; cette précaution évite bien des discussions.

Le Roi ayant ordonné par des Lettres-Patentes du 17 Janvier 1736, qu'il seroit procédé à la confection d'un Terrier général des Domaines de Versailles, Marly, Saint-Germain-en-Laye & Meudon, a réglé par un Arrêt du Conseil, rendu le 19 Juin suivant, ce qui seroit payé par les vassaux aux *Notaires*, pour leurs *salaires*, à cause des déclarations qui y seroient passées.

La Cour a jugé par un Arrêt rendu sur appointement à mettre, mais en grande connoissance de cause, au rapport de M. l'Abbé Boucher, le 24 Juin 1756, qu'un Seigneur qui jouit par indivis des droits de Justice, & de quelques autres redevances avec des co-Seigneurs, mais qui jouit divisément d'autres droits, tels que sont les cens, les lods & ventes, &c. peut faire procéder seul & séparément, à la confection d'un Terrier, malgré les offres faites par les co-Seigneurs, de faire faire un Terrier commun, & de contribuer à la dépense. Cet Arrêt est intervenu en faveur du sieur Grassin, ancien Directeur des Monnoies de France, contre le sieur Dufour & autres.

Le sieur de Viennot, Prieur de Bazinville, & en cette qualité, Seigneur de la Paroisse, qui avoit obtenu des Lettres pour en faire le Terrier, fit assigner la veuve Pirou en 1752, détemptrice d'un demi-arpent de bois taillis, pour en exhiber les titres, payer les droits, passer déclaration, &c. sinon voir dire que l'héritage seroit réuni au domaine de la Seigneurie.

La veuve Pirou répondit que ses titres étoient égarés, elle excipa de sa possession soutenue de deux déclarations passées par ses auteurs en 1670 & en 1703, à d'anciens Terriers, dont elle demanda communication ; elle lui fut accordée.

Ces déclarations n'énonçoient qu'un demi-arpent d'héritage, tenant des deux côtés & d'un bout au Domaine de la Seigneurie, & d'autre bout à un chemin ; mais au lieu d'un demi-arpent, ce que possédoit la veuve Pirou, contenoit soixante-une perches, & le sieur Viennot demanda la restitution des onze perches d'excédent.

Cette demande fut prise pour trouble de la part de la veuve Pirou, qui soutint devoir être maintenue dans sa possession des soixante-une perches, aux offres de passer nouvelle déclaration de la piéce d'héritage, en l'état où elle étoit.

Sur cela Sentence intervint en la Justice de Bazinville, le 14 Avril 1752, par laquelle il fut ordonné que l'héritage de la veuve Pirou seroit arpenté ; & que s'il se trouvoit contenir plus de cinquante perches, il seroit fait un alignement pour séparer l'excédent.

Sur l'appel de cette Sentence, portée au Bailliage de Montfort, il en est intervenu une autre le 26 Avril 1755, qui l'a infirmée, & qui a admis la veuve Pirou à prouver qu'elle avoit toujours possédé la piéce de bois telle qu'elle la possédoit au temps de la demande, & qu'elle avoit toujours été de la même consistance.

Mais, par Arrêt rendu au rapport de M. Titou de Vilotran, en la premiere Chambre des Enquêtes, le 25 Janvier 1758, après un partage d'opinions en la troisiéme, le 18 du même mois de Janv. la Sentence de Montfort-Lamaury a été infirmée, & celle de Bazinville confirmée tout d'une voix. M. Goislard étoit Compartiteur dans cette affaire.

Les motifs de l'Arrêt, ainfi que je l'ai appris de l'un de Meffieurs, ont été :

1°. Que les déclarations paffées par un cenfitaire au Terrier du Seigneur, font la loi du Vaffal & du Seigneur, non-feulement quant à la directe, mais auffi quant à la quotité de la mefure ; à moins qu'on ne prouve qu'il y a eu erreur dans la déclaration.

2°. Que la poffeffion immémoriale de l'excédent de la mefure alléguée par la veuve Pirou, quand même elle feroit prononcée, ne pouvoit pas étayer la prefcription, attendu que la prefcription ne vaut titre, que parce que c'eft une préfomption de la Loi, que celui qui a poffédé depuis long-temps, a eu un jufte titre pour pofféder ; que d'abord que les déclarations qui formoient les titres communs, paroiffoient, la prefcription qui n'étoit fondée que fur la préfomption d'un titre valable, ne pouvoit plus être attaquée. Voyez l'Arrêt du 5 Mai 1756, à la fin de l'art. *Arpentage*.

T E S T A M E N T.

Voyez *Ab irato*, *Aïle*, *Avantage indirect*, *Claufes dérogatoires*, *Codicile*, *Contrôle*, *Date des Actes*, *Difpofitions conditionnelles*, *Donation*, *Exécuteur teftamentaire*, *Gens de main-morte*, *Incapacité*, *Infinuation*, *Interdiction*, *Legs*, *Legs caducs*, *Légitime*, *Moribond*, *Prélegs*, *Réferves coutumieres*, *Révocation de Donations & de Teftamens*, *Subftitution*, *Suggeftion*, &c.

On nomme Teftament, un acte par lequel un homme déclare fa derniere volonté pour la difpofition de fes biens.

» La Loi, en accordant généralement la » faculté de tefter, ne la refufe qu'à ceux » qui n'entendent pas fuffifamment ce qu'ils » font, & à ceux qui font privés des droits » de la vie civile.

» De la premiere partie de ce principe, » il fuit que ceux qui font en démence, les » prodigues, interdits, & les enfans, ne peuvent faire de Teftamens *(a)*.

» Il en eft de même des fourds & muets » de naiffance, à moins qu'il ne foit prouvé » qu'ils fçavent lire & écrire.

» A l'égard des mineurs, ils peuvent tef» ter à l'âge de quatorze ans, dans les Pro» vinces où la Loi Romaine eft obfervée ; » mais la Coutume de Paris, que celle d'Or» léans a fuivie, ne permet de difpofer » par Teftament des meubles & acquêts, » qu'à vingt ans, & des propres qu'à vingt-» cinq ans.

» Les nouveaux Arrêts ont jugé que » cette difpofition de la Coutume de Paris » doit fervir de Loi dans toutes les Coutu» mes qui n'ont point de difpofitions con» traires.

» De la feconde partie du même principe, » on conclud que les Aubains non natura» lifés, les Religieux Profès, & tous ceux » qui n'ont pas l'être civil, font incapa» bles de difpofer par Teftament. « *Principes de la Jurifprudence Françoife*, tome premier, livre premier, titre 6, nomb. 105 & 106.

La Loi, en accordant aux hommes la faculté de faire des Teftamens, a voulu qu'ils fuffent exempts de vices qui rendroient leurs difpofitions fans effet., tels que l'erreur, le dol, la violence, & en général, le défaut de liberté.

Si un Teftament étoit empreint de ces caracteres ; s'il étoit le fruit de la féduction, de l'artifice, de la fuggeftion ; » s'il paroif» foit être l'ouvrage de la paffion, de la » colere ou d'une haine injufte, il pourroit » être annullé, comme fait par une per» fonne qui ne feroit pas cenfée avoir eu » toute la liberté du Jugement néceffaire » pour tefter ; & la preuve par témoins de » tous ces vices devroit être admife, fui» vant les circonftances qui pourroient y » déterminer la religion des Juges. « *Ibid*. n. 107. Mais voyez l'Ordonnance du mois d'Août 1735, art. 47, & ce que je dis aux art. *ab irato* & *Suggeftion*.

Mais ce n'eft pas affez que la volonté du teftateur ait été libre & faine, il faut encore qu'elle ait été exprimée avec les formes qu'exige la loi du domicile dans lequel le Teftament a été fait.

Dans la Coutume de Paris, on ne reconnoît que deux efpéces de Teftamens,

---

(a) Les Pauvres qui reçoivent l'aumône du Grand Bureau des Pauvres de Paris, ne peuvent faire de Teftament ; ceux qu'ils font font nuls, parce que la *fucceffion* de ces *Pauvres appartient audit Grand Bureau*. Voyez l'Arrêt du 9 Mai 1755, rendu fur la Requête de M. le Procureur Général.

que cette Coutume appelle l'un & l'autre ſolemnels (a).

La premiere eſpéce de ces Teſtamens, qui eſt la plus ſimple, eſt le Teſtament olographe ou ſous ſeing-privé.

L'uſage des Teſtamens olographes eſt reçu dans toutes les Coutumes du Royaume, & même dans celles qui n'en ont point parlé. V. Boerius, ſur la Coûtume de Berry, titre des Teſtamens, article 1, & l'Arrêt pour la Coutume d'Angoumois, rapporté par Henrys, tome 2, liv. 5, queſt. 1.

A l'égard des Pays de Droit-Ecrit, on n'admet les Teſtamens olographes, que dans les Provinces qui ont été autrefois occupées par les Goths, comme le Languedoc, l'Auvergne & le Limoſin; parce que ces Teſtamens ont été approuvés & reçus par la Novelle de Théodoſe le jeune & Valentinien, inſérée dans le Code Théodoſien; & que ce Code ayant été publié de l'autorité d'Alaric, Roi des Goths, pour ſervir de loi dans ſes Etats, on a continué le même droit dans ces Provinces, depuis qu'elles ſont ſous la domination de nos Rois : auſſi ne voyons-nous pas d'Arrêts qui n'ayent approuvé la forme des Teſtamens olographes dans ces Provinces.

Dans les autres Provinces qui ſe ſont défendues de l'invaſion des Goths, la Juriſprudence a varié, nonobſtant les diſpoſitions de l'article 126 de l'Ordonnance de 1629, portant que les Teſtamens olographes ſeroient reçus par tout le Royaume. Il y a en effet un Arrêt du 7 Septembre 1626, dans Bouguier, lettre T, n. 5, qui a déclaré nul un Teſtament olographe fait en Foreſt. Henrys en rapporte un autre contraire, du 14 Mars 1651, pour la même Province; & il en a été rendu un autre, le 20 Août 1725, au rapport de M. Pucelle, en faveur du ſieur d'Epinay, par lequel il a été jugé que ces Teſtamens n'avoient pas lieu dans le Beaujolois.

Les Officiers du Bailliage de Villefranche avoient auparavant atteſté, par un Acte de Notoriété du 6 Février 1722, que les Teſtamens olographes n'avoient pas lieu dans cette Province, & qu'on les admettoit ſeulement, *quand ils étoient faits par un*

pere entre enfans, ou pour *cauſe pie*. V Catelan, liv. 2, chap. 37.

On les admet dans le Mâconnois. La Combe rapporte à ce ſujet pluſieurs Arrêts, dont le dernier eſt du 27 Août 1740. Cet Auteur ajoute qu'ils n'ont pas lieu en Lyonnois.

Au reſte, dans les Pays de Droit-Ecrit, où les Teſtamens olographes ſont rejettés, on admet cependant ceux que les peres font pour régler leurs ſucceſſions entre leurs enfans. Il a été à ce ſujet rendu un Arrêt le 23 Mars 1730, au rapport de M. de la Grange, entre les ſieurs Broſſier & de Montezu : on peut ſur cela conſulter Ricard, Henrys, Maynard & Dolive.

C'eſt auſſi ce qui paroît réſulter de l'Acte de Notoriété donné par MM. les Gens du Roi au Parlement d'Aix, le 14 Juin 1719, par lequel ils ont atteſté » que la Loi *hac* » *Conſultiſſ.* eſt ſuivie en Provence, & que » le Teſtament olographe .... fait par un » Provençal hors la Province, ne ſeroit » valable ſur les biens de Provence, que » pour les diſpoſitions faites en faveur de » ſes enfans, & que toutes autres diſpoſi- » tions faites en faveur d'étrangers, ſeroient » rejettées & de nulle valeur, autres toute- » fois que les œuvres pies, ſur leſquelles la » Juriſprudence des Arrêts a varié. «

La nouvelle Ordonnance de 1735, ſur les Teſtamens, n'a rien changé aux uſages des Provinces qui admettent les Teſtamens olographes. L'article 19 de cette Loi porte que *l'uſage des Teſtamens, Codiciles & autres dernieres diſpoſitions olographes, continuera d'avoir lieu dans les Pays, & dans les cas où ils ont été admis juſqu'à préſent.*

L'autre eſpéce de Teſtament admis par la Coutume de Paris, eſt le Teſtament authentique, c'eſt-à-dire, celui qui eſt reçu par des perſonnes qui ont pour cela un caractere public, comme je l'expliquerai dans un moment.

Dans les Pays de Droit-Ecrit, & même dans quelques Coutumes, on admet d'autres eſpéces de Teſtamens, qu'on nomme myſtiques ou ſecrets & nuncupatifs : l'uſage de ces derniers Teſtamens eſt confirmé pour ces Pays par l'article 4 de l'Ordonnance du mois d'Août 1735, enregiſtrée le 3 Février

---

(a) L'art. 14 du tit. 9 de l'Ordonnance de la Marine, l. 1, porte que » les Teſtamens reçus par le Chancelier dans » l'étendue du Conſulat, en préſence du Conſul & de deux » témoins, & ſignés d'eux, ſeront réputés ſolemnels «

1736. Je parle de ces efpéces de Teftamens dans des articles féparés.

La même Ordonnance admet encore les Teftamens militaires de ceux qui fervent à l'armée. V. *Teftamens militaires*.

Mais elle veut que tous ces Teftamens, de quelqu'efpéce qu'ils foient, foient *rédigés par écrit*; & elle déclare *nulles toutes les difpofitions teftamentaires* qui ne feront faites *que verbalement*. Elle défend même d'en *admettre la preuve par témoins*, *fous prétexte de modicité*. C'eft la difpofition de l'article 6.

(La Cour a néantmoins jugé, par Arrêt rendu le 26 Février 1738, que la volonté d'un Particulier, quoique non écrite, feroit exécutée. Il s'agiffoit, dans cette efpéce, d'une fomme de 954 liv. remife par un moribond à un Prêtre, pour être employée en œuvres pies; la tradition & les motifs de piété ont déterminé.)

Un autre Arrêt rendu le 25 Mars 1746, rapporté par la Combe, a auffi jugé valables les difpofitions verbales faites par un malade, en faveur d'un Procureur de Vierzon en Berry; parce qu'elles avoient été fuivies de tradition, & que le malade avoit lui-même remis au légataire (la chofe léguée de la main à la main.)

L'article 2 de la même Ordonnance déclare pareillement *nulles toutes difpofitions qui ne feroient faites que par fignes, encore qu'elles euffent été rédigées par écrit, fur le fondement defdits fignes*.

Et l'article 3 veut *que les difpofitions qui feront faites par Lettres miffives, foient regardées comme nulles & de nul effet*.

La feule formalité que la Coutume de Paris exige pour la validité du Teftament olographe, eft qu'il foit *entiérement écrit & figné de la main du teftateur*, fans la moindre addition d'une main étrangere. C'eft la difpofition de l'article 289.

Mais l'Ordonnance de 1735, qui par l'article 16 demande la même formalité, exige de plus que le Teftament olographe foit *daté, à peine de nullité*; & l'article 21 ordonne que, lorfque celui qui aura fait un Teftament olographe, voudra faire des vœux folemnels de religion; il fera tenu de reconnoître pardevant Notaire fon Teftament olographe avant fa profeffion, à peine de nullité.

La date eft néceffaire aux Teftamens, parce qu'elle détermine à juger de fa validité, & de l'incapacité du teftateur. Si un Teftament n'eft pas daté, on ne peut pas fçavoir fi le teftateur avoit l'âge requis pour tefter, quand il l'a fait. Voyez *Date des Actes*.

Un Arrêt rendu le 26 Février 1731, en la quatriéme Chambre des Enquêtes, au rapport de M. Dupré, a déclaré valable le Teftament de Gabriël René, Marquis de Mailloc, qui étoit olographe, écrit de fa main & figné de lui, mais qui étoit fans date de jour, de mois ni de lieu, & qui contenoit des lignes entieres rayées non approuvées: il y avoit d'ailleurs des difpofitions entieres changées & effacées fans approbation; & au dos étoit écrit de la main du teftateur: modéle de mon Teftament. Cet Arrêt eft antérieur à l'Ordonnance qui exige une date. Je parle encore du même Arrêt au mot *Hollandois*. Voyez auffi un Arrêt du mois d'Août 1661, rapporté par Defmaifons (a).

Mais cette date fuffit-elle, & ne faut-il pas que le Teftament faffe mention du lieu où le Teftament olographe a été fait? Cette queftion s'eft préfentée pour le Teftament du fieur Regnaut de Bazarne. La Marquife du Châtelet, fa fœur & fon unique héritiere, foutenoit le Teftament nul, parce qu'il ne contenoit pas la mention du lieu où il avoit été fait: » on ne peut pas, difoit» elle, fçavoir fi ce Teftament a été fait » dans un lieu où les Teftamens olographes » font prohibés. «

Madame la Préfidente Talon, légataire univerfelle, foutenoit au contraire que l'Ordonnance de 1735, n'ayant pas prononcé la nullité des Teftamens olographes qui ne contiendroient pas le lieu où ils étoient paffés, on ne pouvoit pas fuppléer cette difpofition pénale; & par Sentence des Re-

(a) Le Châtelet a jugé, par Sentence rendue fur les Conclufions de M. de Monthion, Avocat du Roi, le 21 Juin 1755, qu'un Teftament dont la date eft en chiffre, eft valable.

Quand la date d'un Teftament prouve qu'il a été fait par un mineur capable de difpofer de fes meubles, fes difpofitions ne peuvent comprendre le quint des propres, encore bien que le Teftateur foit décédé majeur.

quêtes

quêtes du Palais du 7 Juillet 1749, confirmée par Arrêt rendu le 14 du même mois & de la même année, le Testament a été jugé valable. Voyez au mot *Date*, l'Arrêt qui a confirmé un Testament daté du Mardi 9 Mai, au lieu du Mardi 8 Mai, qui étoit la véritable date.

Les dispositions de l'Ordonnance de 1735, qui prescrivent la nécessité de la date des Testamens, ont-elles lieu pour ceux faits dans l'Amérique & dans les Colonies? Cette question s'est présentée en la Grand-Chambre, entre la veuve donataire entrevifs, les héritiers & les légataires du sieur Destouches.

Dans cette espéce, le sieur Destouches, né au Maine, possédoit des biens très-considérables à Saint-Domingue, où il avoit ses habitations. Il s'étoit marié à Paris, & son contrat de mariage contenoit donation de ses biens à sa femme, avec réserve de pouvoir disposer d'une somme limitée. Après sa mort, on trouva à Saint-Domingue deux Testamens olographes; le premier daté du temps & du lieu de sa confection; le second contenoit révocation du premier, mais n'étoit point daté. Il paroissoit seulement certain qu'il avoit été fait à Saint-Domingue, & on en demanda l'exécution au Châtelet.

La veuve donataire & les héritiers le soutinrent nul, à cause du défaut de date: les légataires répondirent que l'Ordonnance de 1735 n'avoit point été registrée au Conseil Supérieur du Cap François, & que par conséquent elle y étoit sans autorité. La Sentence du Châtelet avoit déclaré le dernier Testament nul; mais elle a été infirmée par Arrêt rendu en la Grand'Chambre, le Mardi 10 Avril 1764 du matin, lequel a ordonné l'exécution du dernier Testament, pour avoir lieu seulement en conformité de la faculté de disposer, réservée par le contrat de mariage du sieur Destouches, & sans charge de substitution.

Faut-il nécessairement que la date du Testament soit à la fin, ou suffit-il que le Testament soit daté dans son contexte, quand il est d'ailleurs revêtu des formes prescrites? Cette question s'est présentée au sujet du Testament du Sr Ricouard, ci-devant soi-disant Jésuite; & par Arrêt rendu au rapport de M. Charlet, en la premie-

Tome III. Part. II.

re Chambre des Enquêtes, le 29 Août 1746, entre la veuve Châtelain & autres, la Cour a déclaré ce Testament valable, quoique la déclaration *lûe & relûe*, &c. fût après la date. Mais voyez un autre Arrêt au Journal des Audiences, tome 1, liv. 5, ch. 39.

On a aussi demandé la nullité du Testament olographe fait à Nevers par la dame de Gion, parce qu'elle l'avoit daté au commencement du papier, à peu près comme on date une Lettre missive. Les Juges de Nevers avoient admis cette nullité, & la question avoit été partagée au rapport de M. Saget, le 26 Janvier 1760; mais, par Arrêt rendu en la troisiéme Chambre des Enquêtes, le 11 Février suivant, la Sentence du Bailliage de Nevers fut infirmée, & le Testament jugé valable.

A la suite du Testament de la dame de Nion étoit un *post scriptum* contenant Codicile; on en demanda la nullité, parce qu'il ne contenoit pas de date. Ce Codicile étoit sensiblement détaché du Testament, dont il étoit séparé d'environ deux lignes; & par un Arrêt rendu le 16 du même mois de Février 1760, en la seconde Chambre des Enquêtes, la nullité en fut prononcée.

Les sieur & dame de Vergemont ont aussi demandé la nullité du Testament olographe du sieur Taboureau d'Orval, sous prétexte que la date étoit en chiffres Arabes. Il falloit, selon les héritiers, qu'elle fût écrite en toutes lettres; parce que les Testamens olographes font sujets à vérification, comme écriture privée, & qu'il n'est pas possible de vérifier des chiffres, puisqu'ils ne portent pas, comme des lettres, des caractères distinctifs: mais ce moyen de nullité ne pouvoit pas être admis; les chiffres font des caractères de convention, qui, comme les lettres, ont une signification qui leur est propre, & aucune Loi n'en a défendu l'usage; aussi ce moyen & plusieurs autres furent-ils rejettés par Arrêt rendu en la Grand'Chambre, au rapport de M. Titon, le 27 Juin 1760.

Le Vendredi 21 Mai 1762, de relevée, la Cour, par Arrêt rendu sur les Conclusions de M. Joly de Fleury, a déclaré valable le Testament de la veuve Voilain, écrit sur la première page d'une feuille de papier à lettre, sans aucune date; les deuxième,

& troifiéme pages de cette feuille étoient fans aucune écriture ; mais fur la quatriéme , la teftatrice avoit écrit, comme l'on fait ordinairement l'infcription d'une lettre: *Ici contient mes dernieres volontés , adreſſées à M. Batu, que je prie de faire exécuter. Fait à Gien ce 25 Mars 1761, figné , de la Creufette , veuve Voilain ; & de l'autre côté étoit écrit : c'eſt moi qui la cachete en cire rouge & en chiffres , figné , de la Creufette, veuve Voilain.*

Le Teftament olographe du fieur Bureau, Chirurgien à Donne-Marie, a été déclaré nul par Arrêt rendu en la cinquiéme Chambre des Enquêtes, le 23 Août 1743, au rapport de M. Megret de Serilly ; parce que le teftateur avoit rayé trois articles entiers de fon Teftament, fans avoir approuvé la rature , ni par fa fignature , ni par fon paraphe : on a jugé, conformément au fentiment de Ricard, que le fieur Bureau avoit laiffé le Teftament imparfait, dans le deffein d'y ajouter ou diminuer davantage, puifqu'il n'avoit pas encore arrêté fa derniere penfée , ni conftaté les changemens qu'il avoit commencé à faire ; & ainfi que ce Teftament étant imparfait, il devoit demeurer fans effet.

Mais un autre Arrêt antérieur, rendu en la premiere Chambre des Enquêtes, le 11 Juillet 1716 , & qui eft imprimé avec un précis des faits & des moyens, a jugé que le défaut d'approbation des ratures & des interlignes, qui n'intéreffent point la fubftance de la difpofition, n'emporte point la nullité des Teftamens ou Codiciles, dans lefquels ces ratures ou interlignes fe rencontrent.

Ce même Arrêt a encore jugé que l'interverfion de l'ordre dans la maniere de placer les renvois, n'opere point de nullité, lorfqu'ils fe trouvent fuffifamment approuvés & diftingués par des aftérifques & notes particulieres qui indiquent, fans que l'on puiffe s'y méprendre, les endroits de la difpofition auxquels chaque renvoi appartient.

Dans cette efpéce il s'agiffoit du Teftament d'un fieur Moquot, Doyen de l'Eglife Cathédrale de Nevers. Ses Légataires difoient que les mots rayés pouvoient fe lire, & qu'ils n'intéreffoient point la fubftance

de l'acte ; que les interlignes étoient de même nature, & ne demandoient par conféquent point la cérémonie de l'approbation. Ils citoient différentes Loix qu'on trouve dans le Code, & un Arrêt du 15 Janvier 1686, rapporté au Journal des Audiences, tome 5, liv. 2, ch. 2.

Par un autre Arrêt du 20 Mars 1758, la Cour a confirmé la Sentence du Châtelet qui avoit déclaré valable le Teftament du Chevalier de la Suze, écrit fur une feuille de papier déchirée à la fin : la déchirure paroiffoit avoir emporté une partie de la date, & comme le morceau déchiré n'étoit pas repréfenté, on ne pouvoit pas fçavoir s'il y avoit eu une fignature ; mais s'il y avoit en marge du Teftament d'autres legs écrits du haut en bas, ces legs n'étoient pas indiqués comme renvoi ; ils paroiffoient au contraire être une continuation du Teftament, terminée par une date certaine & par la fignature du Chevalier de la Suze.

Enfin, dans l'affaire du Teftament olographe du fieur Tab)oureau d'Orval, jugé valable par l'Arrêt du 27 Juin 1760 , dont j'ai déja parlé, on a oppofé qu'il étoit nul, parce que le teftateur avoit d'une maniere vague *approuvé tous les mots effacés ou entre lignes* , fans déterminer le nombre de ces mots ; . » une pareille approbation, difoit- » on, facilite des ratures arbitraires, non- » feulement de la part du teftateur, mais » de toute autre perfonne « ; mais ces moyens de nullité furent auffi rejettés par l'Arrêt.

Un Arrêt de Réglement, rendu le 4 Septembre 1685, publié au Bailliage de Noyon, fait défenfes aux Notaires d'ufer d'aucunes abbréviations, fur-tout à l'égard des fommes & des noms propres ; ainfi dans les Teftamens qu'ils reçoivent, ils doivent, ainfi que les Curés, les écrire entiérement, fans abbréviations & fans chiffres. V. *Notaires.* Tournet, fur l'art. 289 de la Coutume de Paris, rapporte un Arrêt rendu le 10 Janvier 1585 , dans lequel un appellé Veron étoit partie, qui a déclaré nul le Teftament fait par un Curé qui avoit écrit en chiffres les chofes léguées.

Mais cette rigueur ne s'étend pas jufques aux Teftamens olographes ; celui de Madame Guinet, qui contenoit un legs de 80000 livres, la fomme en chiffres, au profit de M. Guinet fon beau-frere, a été jugé valable par Sentence des Requêtes du Palais, du 7 Sept. 1730, confirmée par Arrêt rendu le 27 Fév. 1731, contre Mme de la Houffaie, qui en demandoit la nullité, & qui foutenoit d'ailleurs M. Guinet incapable. Les deux moyens furent profcrits. V. *Fidéi-commis*.

Un Teftament doit être fait & écrit d'un même contexte; c'eft-à-dire, que s'il eft fait pardevant Notaires; il doit être entiérement écrit par les Notaires, & le teftateur n'en doit rien écrire lui-même; & s'il y écrit, le Teftament devient partie olographe & partie devant Notaires; ce qui le rend nul. Cela a été ainfi jugé, *in terminis*, par Arrêt rendu en l'année 1746 ou 1747, dont voici l'efpéce:

Un teftateur faifant recevoir fon Teftament par deux Notaires, demanda une plume avant de le finir, & il écrivit un legs en faveur de l'un des deux Notaires : on attaqua le Teftament, & on le foutint nul, parce qu'il étoit partie olographe & partie devant Notaires. Les légataires répondoient qu'on ne pouvoit fe prévaloir de la claufe olographe, qu'elle étoit nulle, qu'elle devoit être mife au rang des claufes qui font vicieufes, & qui ne communiquent pas leur vice à l'acte; qu'il falloit feulement l'écarter, & qu'alors le Teftament fe trouveroit fait d'un même contexte : le Notaire avoit renoncé à fon legs; malgré ces raifons, le Teftament fut déclaré nul.

Si l'héritier ne reconnoît pas que le Teftament olographe eft écrit & figné de la main du teftateur, le légataire ne peut obtenir la délivrance de fon legs qu'en faifant vérifier l'écriture & la fignature. Cette vérification s'ordonne même lorfque l'héritier ne dénie pas formellement; il fuffit qu'il déclare ne pas reconnoître le Teftament pour être écrit & figné de la main du teftateur, pour que le légataire foit tenu de le faire vérifier; c'eft un ufage qu'on fuit au Châtelet, & qui dégénere quelquefois en abus.

La vérification d'un Teftament olographe ne met point d'obftacle à la faifine de l'exé-

cuteur-teftamentaire, qui peut, en attendant qu'elle foit faite, faire appofer fcellé, & faire tout ce que la Coutume lui permet de faire, dans le cas même d'un Teftament authentique.

A l'égard des Teftamens authentiques, dont parle l'article 289 de la Coutume de Paris, il faut qu'ils foient paffés devant deux Notaires, ou devant un Notaire & deux témoins, & qu'ils foient écrits de la main du Notaire; ils ne vaudroient rien s'ils étoient écrits par le Clerc du Notaire ou d'une autre main étrangere. V. ce que je dis fur cela aux articles *Notaires* & *Teftamens myftiques*.

Avant l'Ordonnance de 1735, il falloit, pour qu'un Teftament fût valable dans la Coutume de Chartres, que le Notaire ou Tabellion qui le recevoit, le fît en préfence de trois témoins, conformément à l'article 90 de cette Coutume; mais depuis la nouvelle Ordonnance, on juge qu'un Teftament reçu par un Notaire en préfence de deux témoins eft valable. Il y en a un Arrêt du 21 Juillet 1758, entre Jean-Pierre le Floc & Jofeph Berou.

L'art. 289 de la Coutume de Paris permet encore au Curé de la Paroiffe du teftateur, & à fon Vicaire, de recevoir le Teftament avec un Notaire, ou fi les Curé & Vicaire ne font pas accompagnés de Notaires, ils peuvent feuls recevoir le Teftament, pourvû qu'il y ait trois témoins.

Mais l'Ordonnance de 1735, art. 25 & 33, a reftreint cette faculté de recevoir les Teftamens aux Curés & Deffervans feulement, foit féculiers, foit réguliers, dans les lieux où la Coutume le leur permet, en appellant deux témoins au lieu de trois, que la Coutume de Paris exigeoit.

Et quant aux Vicaires ou autres Eccléfiaftiques des Paroiffes, la faculté de recevoir des Teftamens leur a été ôtée par la même Ordonnance, qui ne la leur a confervée qu'en temps de pefte.

A l'égard des Hôpitaux dont les Réglemens autorifent certaines perfonnes (qui les deffervent ou les dirigent) à recevoir des Teftamens, l'Ordonnance n'y a point dérogé (*a*).

(*a*) L'article 14 de l'Edit du mois d'Avril 1666, portant établiffement d'un Hôpital Général à Paris, autorife les Prêtres qui feront chargés de l'adminiftration des Sacremens audit Hôpital, à recevoir les Teftamens dans iceluiz & dans les lieux qui en dépendent, tant des Officiers & Domeftiques, que des Pauvres y étans, en appellant le nombre de témoins requis par la Coutume. Voyez le Recueil des Hôpitaux.

Le Parlement de Touloufe n'avoit pas eu d'égard à la nullité du Teſtament fait par le ſieur Fournex en faveur de ſa femme, le 19 Février 1744, devant un Curé en préſence de témoins, dans un lieu où la Coutume n'autoriſoit pas le Curé à recevoir des Teſtamens; mais l'Arrêt qu'il rendit à ce ſujet le 21 Avril 1746, a été caſſé par Arrêt du Conſeil du 29 Juillet 1748, comme contraire à l'Ordonnance de 1735.

Si ce ſont des Curés qui reçoivent des Teſtamens, la Coutume de Paris exige, par l'article 291, qu'ils en remettent les minutes de trois en trois mois au Greffe de la Juſtice ordinaire du lieu.

Mais l'art. 26 de l'Ordonnance de 1735 porte, que leſdits Curés & Deſſervans ſeront tenus, incontinent après la mort du teſtateur, s'ils ne l'ont fait auparavant, de dépoſer le Teſtament qu'ils auront reçu, chez le Notaire du lieu; & s'il n'y en a point, chez le plus prochain Notaire Royal du Bailliage ou Sénéchauſſée dans laquelle la Paroiſſe eſt ſituée, ſans que le Curé puiſſe en délivrer des expéditions.

J'ai dit plus haut que les Curés & Deſſervans ſont conſervés, par l'article 25 de la nouvelle Ordonnance, dans le droit de recevoir des Teſtamens dans leurs Paroiſſes: dans les lieux où les Coutumes & les Statuts les y autoriſent expreſſément, comme à Paris, cette diſpoſition reſtreint le droit des Curés; car anciennement ils pouvoient recevoir des Teſtamens dans les Coutumes muettes à cet égard: il ſuffiſoit qu'elles ne leur en ôtaſſent pas la faculté: cela a été ainſi jugé par un Arrêt rendu le 2 Mars 1714.

Le même Arrêt a jugé que les Curés peuvent, chacun dans leur Paroiſſe, recevoir les Teſtamens des perſonnes qui y décédent, quand même le teſtateur ſeroit domicilié & demeurant dans une autre Paroiſſe. L'Ordonnance n'a rien changé à la maxime conſacrée à cet égard par l'Arrêt de 1714; au contraire, elle autoriſe les Curés à recevoir des Teſtamens *dans l'étendue de leurs Paroiſſes*, & ne limite pas le pouvoir qu'elle leur donne, à leurs ſeuls Paroiſſiens.

Deux Arrêts rendus, l'un au rapport de M. Severt, le 24 Juillet 1741, pour la Coutume d'Amiens, & l'autre le 6 Septembre 1742, à l'Audience, ſur les Concluſions de M. l'Avocat Général d'Ormeſſon, pour la Coutume de Vitry, ont déclaré nuls des Teſtamens reçus par un Notaire & un Curé, ſans autres témoins.

La raiſon de ces Arrêts eſt qu'il n'y a aucune Loi qui donne les Curés pour Collégues aux Notaires, à l'effet de recevoir des Teſtamens; quelques Coutumes autoriſent bien le Curé à recevoir des Teſtamens en préſence de témoins, de la même maniere que le peuvent les Notaires; mais il n'y en a aucune qui autoriſe le Curé à faire les fonctions de ſecond Notaire; ainſi le Curé ne peut aſſiſter que comme ſimple témoin, & non comme Officier public au Teſtament reçu par un Notaire; il faut par conſéquent joindre au Curé d'autres témoins pour completter le nombre de ceux que la Coutume & les Ordonnances requiérent pour la validité de ces ſortes d'actes.

Un Curé peut recevoir un Teſtament dans lequel le teſtateur fait des legs à la Fabrique de l'Egliſe dont il eſt Curé, parce qu'un Curé n'eſt uni avec ſon Egliſe que pour le ſpirituel; que les biens temporels ne ſont que des acceſſoires; & que s'il retire des rétributions de la Fabrique, ce n'eſt qu'à cauſe du ſervice momentané & caſuel qu'il rend; il ne les reçoit ni du teſtateur ni de l'Egliſe, mais des Adminiſtrateurs, à meſure qu'il fait le ſervice.

Cela a été ainſi jugé par Arrêt rendu au mois de Février 1746, ſur les Concluſions de M. d'Ormeſſon, Avocat Général, pour le Teſtament du ſieur Chevry de Vimbré, qui avoit légué 30 livres de rente à ſa Fabrique de Joui-le-Châtel, à la charge d'un Service annuel, pour lequel ſeroit donné 10 livres au Curé qui avoit reçu le Teſtament, & à ſes ſucceſſeurs.

Mais tout Teſtament ſeroit nul, ſi le Curé qui l'a reçu étoit légataire; & la nullité ne tomberoit pas ſeulement en ce cas ſur le legs, mais ſur tout le Teſtament: il en ſeroit de même du Teſtament reçu par un Notaire légataire. On peut ſur tout cela voir les Notes de Maillard ſur la Coutume d'Artois, art. 74; Buridan, ſur l'art. 289 de la Coutume de Rheims, n. 8; l'art. 27 de l'Ordonnance d'Orléans, & l'art. 63 de l'Ordonnance de Blois.

Il faut que les témoins appellés à la paſ-
fation d'un Teſtament, ſoient âgés au moins
de 20 ans accomplis, *& idoines*. Coutume
de Paris, art. 289.

L'Ordonnance de 1735 explique la ſignification du mot *Idoine* par l'art. 40., en ordonnant que les témoins ſoient *mâles*, *régnicoles & capables des effets civils*. Elle
n'excepte de cette rigueur que les témoins
des *Teſtamens Militaires*.

L'art. 41 de la même Ordonnance exige
que les témoins appellés aux Teſtamens, ne
ſoient, ni *Réguliers*, ni *Novices*, ni *Profès*,
dans quelqu'*Ordre que ce ſoit*.

L'art. 42 veut qu'ils ne ſoient, ni Clercs,
ni Serviteurs, ni Domeſtiques de celui qui
reçoit le Teſtament. V. *Notaire*.

. L'art. 43 exige qu'ils ne ſoient, ni héritiers inſtitués, ni ſubſtitués, ni légataires
du teſtateur.

Et l'art. 44 exige qu'on n'admette que
des témoins qui ſçachent & puiſſent ſigner,
ſi ce n'eſt pour les Teſtamens Militaires,
ou lorſque les teſtateurs peuvent eux-mêmes ſigner. V. les art. 28 & 34.

Enfin l'article 48 veut que les témoins
inſtrumentaires des Teſtamens ſoient préſens lorſque les teſtateurs les prononcent
& les dictent, à peine d'être pourſuivis extraordinairement à la requête du Miniſtere
public.

Le Sr Courdier, Juge de Sagi en Breſſe,
voulant faire ſon Teſtament, fit appeler le
ſieur Billard, Notaire à Loüans, & cinq
témoins; le Notaire arriva le premier, &
commença à écrire les diſpoſitions; les témoins arriverent peu après la rédaction du
Teſtament commencée : cependant il fut dit
à la fin que le Teſtament avoit été fait,
relû & paſſé en préſence de cinq tém
leſquels ſignerent, à l'exception d'un ſeul.

Le teſtateur mourut environ vingt-quatre heures après avoir fait ſon Teſtament;
& comme il contenoit une inſtitution d'héritier univerſel, qui privoit un frere de la
ſucceſſion : ce frere rendit plainte, fit informer, & prouva que les témoins n'avoient
point entendu prononcer la totalité des diſpoſitions.

Les Juges de Loüans s'étant déportés,
l'affaire fut renvoyée à Châlons-ſur-Saône,
où il intervint Sentence le 27 Janv. 1742,

qui déclara fauſſe l'énonciation de la préſence des témoins, &c. condamna Billard,
Notaire, en 5 liv. d'amende, qui ne porteroit note d'infamie, & ſolidairement avec
les témoins, aux dépens, tant de la procédure civile, que criminelle.

L'affaire inſtruite au Parlement de Dijon,
où l'appel de la Sentence de Châlons fut
porté, il y intervint un Arrêt le 17 Août
1743, par lequel, & le Notaire & autres accuſés furent déchargés de l'accuſation, &
l'exécution du Teſtament ordonnée. Le motif, c'eſt que l'Ordonnance des Teſtamens
n'étoit pas comme à Loüans, où elle n'avoit
pas été publiée, & qu'il ſuffiſoit, ſuivant
l'uſage local, que les témoins euſſent entendu la lecture du Teſtament faite au teſtateur par le Notaire.

Mais le frere du teſtateur s'étant pourvu
contre cet Arrêt, il fut caſſé par Arrêt du
Conſeil du 8 Mai 1747, & l'affaire renvoyée au Parlement de Paris, où il eſt intervenu un premier Arrêt le 19 Mars 1755,
par lequel la Sentence du 27 Janvier 1742
fut confirmée; & un ſecond, ſur délibéré,
prononcé le Mardi 7 Août 1759, de relevée,
par lequel le Teſtament a été déclaré nul.

Il eſt bon de remarquer que dans cette
eſpéce, l'héritier inſtitué avoit formé ſa demande en garantie contre le Notaire; mais
que ſur ce chef les Parties ont été miſes
hors de Cour par le ſuſdit ſecond Arrêt.
Voyez l'Arrêt du 5 Septembre 1758, dont
je parle à l'article *Nullités*, & celui du 13
Mars 1752, dont je rapporte l'eſpéce à l'article *Notaire*.

Un Arrêt de Réglement, rendu le 11
Août 1607, défend aux Notaires de prendre leurs parens pour témoins inſtrumentaires des actes qu'ils paſſent, juſques & compris les couſins-germains; & par conſéquent
les parens des Notaires au dégré ci-deſſus,
ne peuvent non plus être témoins. Voy. ce
que je dis au mot *Notaire*, ſur le choix des
témoins inſtrumentaires des actes.

L'Ordonnance ne décide pas ſi les parens
du teſtateur peuvent ſervir de témoins dans
ſon Teſtament : mais Domat dit qu'on rejette en cette matiere le témoignage du pere, des enfans & des freres du teſtateur; &
il ajoute que pluſieurs perſonnes d'une même famille peuvent être témoins dans un

Teftament, fans que leur proximité entr'eux y faffe obftacle.

La veuve Châtelin, qui demanda la nullité du Teftament fait en la Ville de Hefdin en Artois par le P. Ricouard, Jéfuite, fon neveu, avant fon entrée en Religion, oppofa entr'autres moyens, qu'en Artois il faut que les témoins appellés pour la validité des Teftamens foient du lieu où il eft fait : elle fe fondoit fur l'art. 12 de l'Edit perpétuel donné pour les Pays-Bas, & fur l'avis d'Anfelme, Commentateur de cet Edit. On répondoit qu'il fuffifoit que les témoins fuffent honnêtes gens & domiciliés dans le reffort de la Jurifdiction en laquelle le Teftament étoit paffé ; & par Arrêt rendu au rapport de M. Charlet, en la 1re Chambre des Enquêtes, le 29 Août 1746, la veuve Châtelain fut déboutée de cette demande & de celles qu'elle avoit formées pour d'autres objets.

Fromental, verb. *Teftamens*, rapporte un Arrêt, qu'il dit avoir été rendu au Parlement de Touloufe au mois de Juillet 1727, après partage d'opinions, & par lequel il a été jugé que les héritiers du fang ne pouvoient pas être admis à prouver que les témoins n'étoient pas préfens lors du Teftament, & qu'ils n'avoient vû ni entendu le teftateur. Je penfe, en effet, que cette preuve n'eft pas admiffible, & qu'il faut s'infcrire en faux. V. l'Arrêt du 16 Janv. 1664 au Journ. des Aud. tome 2, liv. 6, ch. 4.

Le Teftament de Louis Magontier, reçu par de Lange, Notaire Royal à S. Germain-en-Laye, & deux témoins, le 11 Décembre 1724, a été déclaré nul, parce qu'il n'y avoit point de mention en la minute que les témoins euffent figné. L'Arrêt rendu en forme de Réglement à ce fujet, au rapport de M. l'Abbé Lorenchet, eft du 9 Mars 1730 ; il enjoint aux Notaires de fe conformer à l'article 165 de l'Ordonnance de Blois. Il eft à remarquer que les témoins avoient réellement figné, quoiqu'il ne fût pas mention

de leur fignature dans le corps du Teftament.

La raifon pour laquelle il eft néceffaire que le Notaire faffe mention dans la minute du Teftament même de la fignature des témoins, c'eft qu'il faut que le Teftament foit fait en préfence de témoins, & qu'il pourroit arriver que les témoins fignaffent un Teftament hors la préfence & même après le décès du teftateur (a).

Le Teftament de Magontier, déclaré nul par l'Arrêt que je viens de rapporter, révoquoit un autre Teftament qui contenoit un legs univerfel ; & après la nullité prononcée, le légataire univerfel, (appellé par le Teftament révoqué par celui qui étoit annullé,) demanda la délivrance de fon legs ; elle lui fut conteftée : mais par Arrêt rendu le 8 Août 1732, elle lui fut accordée, fur les Conclufions de M. l'Avocat Général Gilbert.

Plufieurs autres Arrêts avoient jugé de la même maniere que celui du 8 Août 1732. Il en a été rendu un le 16 Février 1720, en la quatrième Chambre des Enquêtes, au rapport de M. l'Abbé de Vienne ; & il y en a un autre rendu le 2 Juillet 1733, en la premiere.

La Jurifprudence ancienne eft conforme à ces décifions ; il y a de femblables Arrêts dans Bardet, dans Chopin & dans Montholon.

L'art. 289 de la Coutume de Paris exige qu'il foit fait mention dans le Teftament reçu par perfonnes publiques, qu'il a *été dicté & nommé par le teftateur*, & à lui lû & relû : mais l'article 23 de l'Ordonnance de 1735 a abrogé cette difpofition & toutes celles qui lui reffembloient. Il fuffit préfentement, aux termes de cette nouvelle Loi, que les Notaires ou Curés qui reçoivent des Teftamens, faffent une *mention expreffe que les dernieres volontés du teftateur ont été par lui dictées*, qu'elles ont été écrites telles qu'il les a dictées, & que *lecture* lui en a été faite (b).

(a) On prétend que le Réglement du 9 Mars 1730 n'a plus lieu que relativement au Teftateur, depuis l'Ordonnance des Teftamens du mois d'Août 1715 ; & que l'article 23 de cette Ordonnance n'exigeant aucune mention de la fignature des témoins, il fuffit dans le fait, que les témoins ayent figné : on prétend même qu'il a été rendu à ce fujet un Arrêt tout moderne, au rapport de M. Pafquier, qui a confirmé un Teftament fait dans la Coutume du Maine, & qui fe trouvoit figné des témoins, fans que

le Notaire eût fait mention de leur fignature. V. l'Arrêt du 8 Mars 1652, rapporté par Ricard, des Donations, partie premiere, chap. 5, fect. 7, n. 1528 & 1529.

(b) La Cour a jugé, par un Arrêt rendu le 25 Juin 1714, que pour qu'un Teftament foit valable, il faut qu'il foit fait mention qu'il a été dicté ; & que les mots nommé, dit & ordonné, ne peuvent avoir la même fignification : cet Arrêt a été rendu public par l'impreffion.

Mais depuis l'Ordonnance de 1735, & par Arrêt rendu

Une Déclaration du 24 Mars 1754, regiſtrée au Conſeil Souverain de Rouſſillon le 6 Mai ſuivant, a ordonné que cette diſpoſition de l'Ordonnance de 1735 , ſeroit exécutée dans la Province de Rouſſillon pour les Teſtamens qui ſeroient reçus trois mois après ſa promulgation , tant par les Curés qu'entre perſonnes publiques, Cette Loi exige de plus , que les Teſtamens & autres actes de derniere volonté ſoient écrits en langue Françoiſe , à peine de nullité.

L'article 289 de la Coutume de Paris, dont j'ai déja parlé, exige encore que le teſtateur ſigne le Teſtament , ou qu'il ſoit fait mention des cauſes pour leſquelles il ne l'a pû. L'Ordonnance l'exige de même ; elle exige auſſi que les témoins ſignent, comme je l'ai dit : ce que ne porte pas la Coutume , qui ſe contente d'une mention des cauſes pour leſquelles ils ne le peuvent.

Ces diſpoſitions de la Coutume & de l'Ordonnance ont donné lieu à une queſtion ſinguliere. Deux Notaires de Paris ayant reçu le Teſtament d'un malade, lui en firent la lecture : il l'approuva , & dit qu'il alloit ſigner ; en conſéquence les Notaires terminerent leur acte par ces mots , & a ſigné : un des Notaires ayant préſenté la plume , le teſtateur la prit , & mourut dans l'inſtant ſans avoir ſigné.

Les Notaires firent une eſpéce de verbal, & dirent que le teſtateur s'étant mis en devoir de ſigner , il ne l'avoit pû à cauſe d'une foibleſſe qui lui étoit ſurvenue : les Notaires ſignerent ce verbal joint au Teſtament.

Il s'eſt agi de ſçavoir ſi ce Teſtament valideroit : les légataires le ſoutenoient bon, parce que les Notaires avoient dit que le teſtateur avoit perſévéré. On répondoit que peut-être le teſtateur n'avoit pas ſigné par inconſtance , & que les Notaires n'étoient pas Juges compétens pour décider, comme ils avoient fait par leur verbal ; que c'étoit par l'effet de la foibleſſe du teſtateur , & qu'au contraire ce pouvoit être par le changement de ſa volonté ; en un mot, que les Notaires n'avoient pas pû juger des cauſes du défaut de ſignature. Ces raiſons prévalu-

rent ; & par Sentence du Châtelet , rendue en l'année 1750, le Teſtament fut déclaré nul. Les Parties ont tranſigné ſur l'appel.

Mais , par Arret rendu le Vendredi 16 Décembre 1757, ſur les Concluſions de M. l'Avocat Général Joly de Fleury , la Cour a confirmé la Sentence des Requêtes du Palais du 14 Août 1745 , qui ordonnoit l'exécution du Teſtament de la dame d'Eguilles, fait à Marſeilles devant Notaire , quoique ſouſcrit de ſimples traits formés par la dame d'Eguilles, dans leſquels on voyoit bien qu'elle avoit voulu ſigner ſon nom de famille (Rouſſeau) , mais où l'on ne trouvoit cependant pas ſa ſignature formée. Le Notaire qui avoit reçu le Teſtament , y avoit omis cette addition après la ſignature :

» Et ayant préſenté la plume à la dame » teſtatrice pour ſigner , elle n'a pû former » d'autre ſignature que celle ci-deſſus , tou- » jours préſens nouſdits Notaire & témoins ; » & cette difficulté lui eſt ſurvenue à cauſe » de ſa grande foibleſſe & tremblement de » ſa main, quoiqu'enquiſe «.

Meſſieurs d'Eguilles, (l'un Préſident, l'autre Procureur Général du Parlement d'Aix ,) qui ſoutenoient la validité de ce Teſtament , rapportoient des Actes de Notoriété qui atteſtoient qu'en Provence les Notaires ne ſont pas dans l'uſage de faire mention, ni de l'interpellation , ni de la déclaration des teſtateurs relativement à la ſignature. On leur répliquoit que cet uſage étoit abſolument contraire à l'article 45 de l'Ordonnance du mois d'Août 1735 : néantmoins l'exécution du Teſtament fut ordonnée par la Sentence & l'Arrêt ſuſdits.

Dans une autre eſpéce, où il s'agiſſoit du Teſtament de Valentin Fleſſelles , fait à Abbeville le 11 Juin 1742, par lequel les Notaires, après avoir dit , & a ledit ſieur teſtateur ſigné, avoient réellement fait ſigner le Teſtament ; mais ne trouvant pas la ſignature aſſez déliée, ils ajouterent, que le teſtateur s'étant mis en devoir de ſigner , ne l'a pû faire que comme deſſus, à cauſe de l'agitation de ſa main, cauſée par ſa maladie. La Cour a , par Arrêt du 28 Août 1762,

---

confirmé la Sentence qui déclaroit le Teftament valable.

Samuel Jonneau, revenu d'Amérique, tomba malade à Saint-Martin dans l'Ifle de Ré, chez fa niéce, où il fit fon Teftament conçu en ces termes.» Je Samuel Jonneau....
» âgé de 66 ans, détenu au lit malade, fain
» d'efprit . . . . de crainte de dé-
» céder *inteftat*, j'ai cejourd'hui fait mon
» Teftament . . . . ainfi qu'il
» fuit «.

Le fieur Jonneau fit fes difpofitions après ce préambule, & le Teftament fe terminoit ainfi :

» Et afin que le préfent Teftament foit
» d'autant plus ftable, j'ai envoyé chercher.
» Elie Penaut, Notaire Royal, en préfence
» des témoins ci-après nommés, je lui au-
» rois nommé de mot à mot mon préfent
» Teftament, & ai voulu du tout être par
» lui jugé & condamné.

» Ce que moidit Notaire Royal, en pré-
» fence des témoins ci-après nommés, j'au-
» rois fait, à la priere & requête dudit fieur
» Jonneau, & en préfence defdits témoins,
» je lui aurois lû & relû à voix haute & in-
» telligible, fon préfent Teftament, qu'il a
» dit bien entendre & être fon intention de
» derniere volonté, & y perfifter du jüge-
» ment & condamnation.....led. Sr Jonneau
» teftateur a déclaré ne pouvoir figner à
» caufe de fa grande foibleffe, &c. «

Ce Teftament fut argué de nullité par l'héritier du fieur Jonneau. Cet héritier di-foit que le Notaire n'atteftoit pas avoir reçu & écrit ce Teftament fous la dictée & no-mination du teftateur, en préfence des té-moins ; qu'il n'étoit pas figné, & que le teftateur n'avoit pas été interpellé de figner ; que le Notaire n'avoit fait que copier un Teftament déja fait hors fa préfence.

La légataire univerfelle répondoit que l'interpellation de figner n'étoit pas nécef-faire, fuivant l'opinion de Richard ; & elle citoit à ce fujet un Arrêt rendu le 7 Mars 1652, qu'on trouve au Journal des Audien-ces, que la Coutume de la Rochelle n'exi-geoit pas la mention que le Teftament avoit été dicté & nommé par le teftateur. Elle in-voquoit le fuffrage de Vigier fur l'article 68 de cette Coutume, & le fentiment de M. le Preftre. Néantmoins le Teftament du fieur

Jonneau fut déclaré nul par Sentence de la Sénéchauffée de la Rochelle, du 13 Mai 1729, confirmée par Arrêt rendu en la troi-fiéme Chambre des Enquêtes, au rapport de M. l'Abbé Guilbaut, le 6 Juillet 1730.

Lorfque les Teftamens fe font devant No-taires, il faut que l'un des Notaires écrive ; & s'il fe fait par un Notaire en préfence de témoins, le Notaire ne peut le faire écrire par fon Clerc, ainfi qu'il eft expreffément décidé par une Déclarat. du 24 Mars 1745, enregiftrée au Parlement d'Aix le 9 Avril fuivant, & par l'Ordonnance des Teftamens. V. *Notaires.*

Les difpofitions de l'article 84 de la Cou-tume de Chaumont, par lefquelles un Tef-tament eft réputé valable, quand il eft paffé ou en préfence de deux Notaires, ou du Curé &. d'un Notaire, ou du Curé & de deux témoins, ou de quatre témoins, ont donné lieu à la contestation jugée par l'Ar-rêt, dont voici l'efpéce.

Un Officier du Régiment de Santerre fe trouvant griévement bleffé dans le Village de Bonnet, régi par la Coutume de Chau-mont, fit recevoir fon Teftament par le Juge du lieu, en préfence du Curé & de deux au-tres témoins. Les héritiers en demanderent la nullité, parce que les Juges n'ont, di-foient-ils, point de caractere pour recevoir des Teftamens.

Ils ajoutoient que le Curé n'avoit fait que la fonction de témoin, & que le Teftament n'étoit pas figné.

On répondoit que le Juge & le Curé, joints aux deux autres témoins dénommés, compofoient le nombre de quatre témoins requis par la Coutume ; & à l'égard de la fignature, le Teftament portoit que le tef-tateur avoit déclaré ne pouvoir figner à caufe de fa bleffure, dont il mourut le même jour. Par Arrêt rendu en l'année 1726, le Tefta-ment fut jugé valable.

Ce n'eft pas affez que les Teftamens foient reçus par des Curés, Notaires ou autres perfonnes publiques, pour être valables, il faut de plus que ceux devant lefquels les Teftamens font faits, ayent caractere pour inftrumenter dans l'endroit même où le Tef-tament eft paffé ; ainfi que je le dis à l'arti-cle *Notaire.* Les Loix que j'y indique, pro-noncent la nullité des actes qu'ils reçoivent,

&

& paffent hors l'étendue de la Juftice des lieux où ils font établis.

Le Parlement de Bordeaux a néantmoins confirmé le Teftament du Comte de Raftignac, reçu dans la Sénéchauffée de Sarlat, par Combes, Notaire à Azerat, Sénéchauffée de Périgueux. Mais dans cette efpéce, Combes étoit en poffeffion de recevoir des actes en la Paroiffe en laquelle le Comte de Raftignac avoit fait fon Teftament. Combes y avoit reçu une prodigieufe quantité d'autres actes; tout le monde croyoit qu'il avoit droit d'y inftrumenter. La poffeffion publique du Notaire d'exercer fes fonctions à Combes, & le danger qu'il y auroit eu de déclarer nuls tous les actes qu'il y avoit reçus, a déterminé le Parlement de Bordeaux à déclarer le Teftament valable par Arrêt rendu en 1755. V. un Arrêt contraire du 30 Août 1669, au Journal des Audiences, tome 3, liv. 3, chap. 18.

Les Teftamens font révocables par le teftateur, quand bon lui femble, jufqu'au moment de fon décès; mais il faut que cette révocation foit écrite. Voy. *Acceptation de Donation.*

Cependant, de deux Teftamens faits en différens temps par M. de Fortia, Préfident au Grand-Confeil, la Cour a ordonné, par Arrêt rendu le 4 Septembre 1727, fur les Conclufions de M. le Procureur Général, que le premier feroit fans effet, & que le dernier feroit exécuté, quoiqu'il ne contînt point une révocation expreffe du premier, ni des difpofitions pofitivement contraires : mais dans cette efpéce, les préfomptions qui naiffoient des termes du Teftament, & les démarches du teftateur réunies, il paroiffoit que fon deffein avoit été de révoquer le premier Teftament ; & cela a paru fuffifant.

Le Parlement de Rennes a jugé de même par un Arrêt rendu le 23 Juillet 1737, au rapport de M. Defnots des Foffés, dont voici l'efpéce :

Claude Bardon, habitant de la Martinique, étant paffé en France, & ne fe fouvenant probablement point qu'il avoit fait un Teftament en Amérique avant fon départ, en fit un autre en France, dans lequel il déclara que ne voulant point mourir *inteftat*, il avoit dicté fes volontés, &c.

Le Teftament fait en Amérique contenoit un legs univerfel ; celui fait en France ne contenoit qu'un legs particulier au profit d'un neveu, nommé Armand Duboft, qui y renonça pour s'en tenir à la qualité d'héritier.

Il demanda le partage en cette qualité ; ceux qui étoient inftitués légataires univerfels par le Teftament d'Amérique, qui étoient auffi neveux du fieur Bardon, le foutinrent non-recevable, fur le fondement du premier Teftament, dont ils demanderent l'exécution. Duboft répondoit que ce premier Teftament étoit cenfé révoqué par les termes du fecond ; & par Sentence rendue au Bailliage & Siége Préfidial de Nantes, le 27 Mai 1735, confirmée par Arrêt du Parlement de Bretagne, rendu le 23 Juillet 1737, il a été ordonné que Duboft toucheroit fa portion héréditaire.

Le Teftament olographe du Sr Jubinot, Bourgeois de Paris, fut attaqué, parce qu'il contenoit une difpofition en ces termes : » Je veux qu'il foit dit pendant 15 ans, aux » Capucins du Marais, une Meffe par fe- » maine, felon mon intention *ad majorem* » *Dei gloriam*, & pour le falut & la conver- » fion de quelques-unes des perfonnes ci- » après nommées; fçavoir, le fieur *** » M^e *** Avocat, *** Jéfuite, la veuve *** » & *** domeftiques infidéles, Jeanne *** » empoifonneufe, &c. « Les héritiers du fieur Jubinot prétendoient que les expreffions dont il s'étoit fervi pour faire cette difpofition, vicioient tout le Teftament ; mais, par Arrêt rendu le Vendredi 22 Janvier 1734, fur les Conclufions de M. l'Avocat Général Chauvelin, cette difpofition finguliere fût fupprimée, & l'exécution du furplus du Teftament ordonnée, plaidans Mes Cochin, Aubry, de l'Averdy & Normant.

Il a été rendu un Arrêt prefque femblable le 12 Mai 1762, à la grande Audience de la Grand'Chambre, pour le Teftament du fieur Bourdeau. Ce Particulier, après avoir fait plufieurs legs, avoit appellé une nommée Boullemier ou fes enfans, pour recueillir une fubftitution faite par ce même Teftament en faveur de quatre branches des defcendans d'une veuve le Sourd, qui en avoit cinq, & qui étoit inftituée légataire univerfelle. Cette cinquième branche étoit

Tome III. Part. II.   D d

exclue en ces termes : » n'étant pas jufte que » le petit (*Voifot*), que j'exclud pour tou- » jours de ma fucceffion, comme étant né » de pere, de grand-pere, de mere, de » grand'mere fripons, tant d'un côté que de » l'autre, jouiffe de mon bien «.

Par l'Arrêt fufdit, la fubstitution fut dé- clarée nulle ; la Cour ordonna que les ter- mes injurieux au petit Voifot & à fes au- teurs, feroient rayés, & que le furplus du Teftament feroit exécuté.

L'âge pour tefter fe régle par la Coutu- me du domicile de la naiffance du teftateur ; parce que la faculté de tefter vient de l'ori- gine, & qu'elle eft fondée fur la Loi qui s'obferve dans le Pays de la naiffance de la perfonne qui fait un Teftament. V. l'Acte de Notoriété du Châtelet du 13 Sept. 1702.

Mais la validité des Teftamens & leur forme fe réglent par la Loi du Pays où ils font faits, *locus regit actum*, difent tous les Jurifconfultes ; de maniere que fi une per- fonne domiciliée à Paris, y fait un Tefta- ment, ou pardevant Notaires, ou olographe, pour difpofer de fes biens fitués dans un Pays de Droit-Ecrit, ce Teftament fera valable, fi on a obfervé les formes prefcrites par la Coutume de Paris, quand même on auroit négligé celles prefcrites par la Cou- tume du lieu de la fituation des biens. Voy. l'Arrêt du 15 Juillet 1721, dans le 7e volu- me du Journal des Audiences, liv. 4, ch. 1. Mais voyez auffi Ricard, du Don mutuel, n. 307, & les Obfervations de M. Bouhier fur la Coutume de Bourgogne, chap. 28, n. 20 & fuiv.

Le Marquis de Rouvray, né en Bourgo- gne, mais qui avoit demeuré à Paris depuis fon émancipation, y décéda, après y avoir fait fon Teftament, dans lequel il ne parla point de fon pere, & inftitua fa mere fa lé- gataire univerfelle.

La prétérition du pere fit attaquer le Tef- tament par le Marquis de Vaudemont. Il difoit que le Marquis de Rouvray fils ne devoit pas être confidéré comme ayant eu un domicile à Paris ; parce que les pere & mere du teftateur étoient nés & s'étoient mariés en Bourgogne, & y avoient toujours payé la capitation ; que le Marquis de Rou- vray pere n'avoit demeuré à Paris que dans des Hôtels garnis ; que fon mobilier s'étoit

trouvé renfermé dans une malle, à fon dé- cès ; qu'il falloit par conféquent fuppofer le fils teftateur, domicilié en Bourgogne, & déclarer fon Teftament nul, parce qu'il ne contenoit point d'inftitution d'héritier.

Mais parce que la Marquife de Rouvray, légataire univerfelle, féparée de biens d'a- vec fon mari, avoit tenu à Paris une maifon à loyer, & que les Marquis de Rouvray, pere & fils, y étoient morts, le Teftament fut déclaré valable, & la délivrance du legs univerfel ordonnée par Arrêt rendu en la Grand'Chambre, fur les Conclufions de M. l'Avocat Général Seguier, le 23 Juin 1755. V. l'Arrêt du 3 Mars 1739, dont je parle à l'art. *Prétérition*.

Par un autre Arrêt rendu le 27 Août 1756, fur les Conclufions de M. l'Avocat Général Joly de Fleury, la Cour a déclaré valable le Teftament fait par la demoifelle de Choifeul, devant un Notaire à Janly, le 17 Octobre 1725, quoiqu'elle ne fût alors âgée que de feize ans onze mois, qu'elle n'eût exprimé ni fon âge, ni fon domicile, & qu'elle fût née à Paris, où elle eft morte âgée de vingt-huit ans environ. Cet Arrêt eft fondé fur ce qu'elle étoit cenfée domici- liée en Bourgogne, où fes pere & mere de- meuroient ordinairement ; que fon pere y étoit mort ; qu'elle y réfidoit elle-même au temps de fon Teftament, & qu'en Bourgo- gne il eft permis de tefter à l'âge de qua- torze ans.

Le Teftament fait dans les formes pref- crites par la Coutume du lieu où il fe fait, ne peut cependant avoir fon exécution que jufqu'à concurrence de ce que la Coutume du domicile du teftateur permet de difpofer à l'égard des meubles ; & à l'égard des im- meubles, jufqu'à concurrence de ce que per- met la Coutume des lieux où ils font fitués.

Ces principes font établis par un Acte de Notoriété, donné par M. le Lieutenant Ci- vil le Camus & les Officiers du Châtelet, le 13 Septembre 1702.

Dans les Coutumes qui n'ont point dé- terminé l'âge auquel il eft permis de tefter, la Coutume de Paris doit être fuivie préfé- rablement aux Loix Romaines, comme étant plus conforme à nos mœurs & à l'efprit gé- néral des Coutumes ; & le contraire ne peut avoir lieu que dans celles qui ont une rela-

tion intime & finguliere avec le Droit Romain.

L'âge de puberté fuffifoit, chez les Romains, pour donner la capacité de tefter:
telle eft encore la régle qui s'obferve aujourd'hui dans les Pays de Droit-Ecrit (a);
mais dans la plûpart des Coutumes on a
cru devoir exiger un âge plus mûr.

L'article 293 de celle de Paris exige que
celui qui veut faire un Teftament, foit au
moins âgé de vingt ans accomplis, & qu'il
foit fain d'entendement.

Si le teftateur n'a que vingt ans, ou fi
ayant plus de vingt ans, il n'en a pas vingt-
cinq, il ne peut (dans la Coutume de Paris) difpofer que de fes meubles, acquêts ou
conquêts immeubles, & non du quint de fes
propres, à moins que le mineur, âgé de
vingt ans, n'ait, ni meubles, ni acquêts ou
conquêts immeubles, auquel cas il peut difpofer du quint de fes propres, art. 294.

Mais *toute perfonne âgée de 25 ans, &*
ufante de fes droits (b), *peut difpofer par Tef-*
tament & ordonnance de derniere volonté,
au profit de perfonne capable, & fans fraude,
de tous fes biens meubles, acquêts & conquêts
immeubles, & de la cinquiéme partie de fes
propres, & non plus avant, encore que ce fût
pour caufe pieufe. Ibid. art. 293 & 294.

Cependant, lorfqu'un teftateur fe trouve
avoir difpofé au-delà de la cinquiéme partie
de fes propres, fon Teftament n'eft pas nul
pour cela; mais fes difpofitions font feulement réduites à cette portion, c'eft-à-dire,
au quint. V. *Réferves coutumieres.*

Si le teftateur a fait plufieurs difpofitions
particulieres qui excédent la totalité de fes
meubles, acquêts & conquêts immeubles,
& le quint de fes propres; en ce cas, fon héritier prendra les quatre quints, & abandon-
nera l'autre quint, avec les meubles, acquêts & conquêts immeubles, à tous les légataires; & l'héritier & les légataires contribuent entr'eux au payement des dettes de
la fucceffion, au *prorata* de l'émolument de
chacun d'eux.

Dans la Coutume d'Anjou, il fuffit d'a-
voir vingt ans accomplis, pour difpofer du
tiers de fes propres: la Cour l'a ainfi jugé
par Arrêt rendu le 23 Janvier 1741, en la
Grand'Chambre, au rapport de M. de Salabery. Il s'agiffoit, dans cette affaire, de
la donation faite par la dame Duverger à
fon mari, Lieutenant en l'Election de Saumur, de fes acquêts & conquêts immeubles,
& du tiers de fes propres. La teftatrice étoit
âgée de 22 ans.

L'Arrêt, du confentement du fieur Duverger, a réduit la donation à l'ufufruit du
tiers des immeubles fitués en Anjou, fauf
à lui à la faire valoir en entier fur les immeubles fitués en Poitou, & fans préjudice
des droits qui lui font acquis fur ceux d'Anjou, en qualité d'héritier mobilier ufufruitier de fa fille.

Le Teftament de la demoifelle le Begue,
conçu en ces termes : » Je veux que mes
» meubles, effets & chofes réputées pour
» meubles étans dans ma maifon de campa-
» gne, &c. foient vendus, & le prix remis
» à Meffieurs....pour être diftribué aux pau-
» vres, &c. « a donné lieu à la queftion de
fçavoir fi une fomme de 4000 & quelques
livres trouvée dans cette maifon de campagne, à la mort de la teftatrice, faifoit partie
du legs.

Il n'étoit pas douteux que les deniers
comptans étoient réputés meubles; mais
comme les expreffions de la teftatrice annon-
çoient qu'elle n'avoit voulu léguer que le
prix des meubles qui devoient être vendus,
la Cour, par Arrêt rendu en la Grand'Chambre, le Samedi 23 Mai 1761, fur les Conclufions de M. de Saint-Fargeau, a infirmé
la Sentence de la Sénéchauffée d'Angers,
qui adjugeoit aux pauvres les deniers comptans, & a ordonné qu'ils feroient remis aux
héritiers. Voyez l'Arrêt du 15 Décembre
1741, dont je parle à l'art. *Legs.*

Quand un Teftament eft authentique, &
parfaitement revêtu des formes prefcrites,
il doit être exécuté nonobftant les déclarations faites par les Notaires où les Témoins, que le Teftament n'a pas été dicté
par le teftateur, ou qu'ils n'y étoient point
préfens. La Cour l'a ainfi jugé par Arrêts

(a) Mornac dit que dans le Pays de Droit-Ecrit du reffort du Parlement de Paris, il faut avoir allant l'âge de
vingt-cinq ans, pour tefter de fes immeubles, & dix-huit
ans pour difpofer de fes meubles par Teftament. Voyez
Fromental, verb. *Teftamen*.
(b) Voyez ce que je dis au mot *Interdit*, fur la capacité
de tefter. Voyez auffi l'article *Ab irato*, fur les Teftamens
dictés par la haine & la colere.

rendus les 3 Décembre 1643 & 7 Avril 1664. (En pareil cas, il faut s'inscrire en faux.) V. ce que je dis en rapportant ces Arrêts au mot *Actes*.

Les femmes peuvent-elles tester, sans être autorisées? V. *Femmes*.

Dans les Pays de Droit-Ecrit, du ressort du Parlement de Dijon, un enfant, sous la puissance de son pere, ne peut pas faire un Testament valable, si son pere ne le lui permet. Le Parlement de Dijon l'a ainsi jugé par Arrêt rendu sur délibéré, le 21 Avril 1732, après que toutes les Chambres de ce Parlement ont été consultées. Il s'agissoit, dans cette affaire, du Testament de Jacques Roux, du 17 Juillet 1727, régulier en sa forme. Les Sentences de la Chancellerie de Châlons, dont étoit appel, avoient déclaré le Testament valable; mais l'Arrêt ordonna le partage *ab intestat*.

Il avoit été jugé au même Parlement, par autre Arrêt rendu le 19 Juillet 1726, au rapport de M. Bazin, qu'un fils de famille n'avoit pu faire une donation à cause de mort, au profit de son frere, sans le consentement de son pere. Mais on a jugé le contraire au Parlement de Besançon, par Arrêt de 1703. Voyez les Dissertations de M. le Président Bouhier & de M. Raviot. Voyez aussi le Mercure de France du mois de Juin 1732.

Le Testament d'un Protestant est-il valable? V. *Protestant*.

La Marquise de Gouvernet s'étant retirée en Angleterre pour cause de Religion, avec la permission du Roi, en 1686, fit en 1713 un partage anticipé des biens qu'elle possédoit en France, entre ses enfans & petits-enfans qui y étoient restés.

Les biens qu'elle possédoit en Angleterre ne furent point compris dans ce partage: elle les conserva, & fit un Testament par lequel elle fit des legs particuliers à ses héritiers, & institua Milord Coopper son légataire universel.

La Marquise de Gouvernet mourut en 1722. Le Marquis de Gouvernet, son petit-fils, renonça à sa succession, pour se tenir au legs qu'elle lui avoit fait: en conséquence de cette renonciation, il reçut des mains de Milord Coopper la délivrance effective de son legs; Milord Coopper fut même assez

généreux pour lui remettre la totalité du legs universel.

De retour en France, le Marquis de Gouvernet fut assigné par les autres petits-enfans de la Marquise de Gouvernet. Ils prétendirent que le Testament qu'elle avoit fait à Londres étoit nul; que les effets mobiliers de sa succession, trouvés à Londres, devoient être partagés également entr'eux, & qu'en supposant le Testament régulier, il contenoit un fidéi-commis prohibé, qui procuroit un avantage indirect en faveur du Marquis de Gouvernet; que par conséquent il devoit y avoir un partage égal de ces biens.

Le Marquis de Gouvernet répondoit que sa ayeule étoit décédée domiciliée à Londres; que sa succession y étoit ouverte, & que les biens qu'elle y avoit laissés, étoient régis par les Loix d'Angleterre; que les Loix de France ne pouvoient pas être invoquées pour faire annuller un Testament, par lequel elle en avoit disposé.

Par Arrêt rendu le Mardi 2 Avril 1743, contre les Conclusions de M. Joly de Fleury, Avocat Général, les dispositions de la dame de Gouvernet ont été confirmées.

Il a été rendu un autre Arrêt le 23 Juin 1725, au rapport de M. Rolland, en la cinquiéme Chambre des Enquêtes, entre le sieur Portrait, Apoticaire à Clamecy, & le sieur de Duclaux, par lequel il a été jugé (en infirmant une Sentence du Bailliage de Nevers, & en ordonnant l'exécution de celle de Bresson-les-Allemans) qu'un legs fait au sieur Portrait par son cousin, *dont il étoit néantmoins Apoticaire*, étoit valable. Ainsi cet Arrêt juge que les Médecins, Chirurgiens & Apoticaires, ne sont point exclus de pouvoir recueillir des legs, lorsqu'ils sont parens du testateur, & qu'il se rencontre d'autres causes que celle de leur profession, qui peuvent le leur avoir mérité. Voyez ce que je dis aux mots *Apoticaires*, *Incapables* & *Médecins*.

Lorsque les Apoticaires, Médecins, Chirurgiens & autres incapables, sont parens du testateur; en ce cas-là la parenté forme une présomption naturelle, que de simples soupçons de suggestion ou de violence ne peuvent altérer. V. *Incapacité*.

Dans l'affaire de Portrait, outre son incapacité prétendue, l'on objectoit que le Testament étoit nul, parce qu'il étoit reçu par le Curé, en présence de deux témoins, & qu'aux termes de la Coutume de Nevers, un Curé ne peut recevoir de Testament, qu'en cas de nécessité : la nécessité ne paroissoit pas constatée. Portrait répondoit que la Coutume de Nevers permettant au Testateur de dicter son Testament en présence de deux témoins, & de le faire écrire par une main étrangere, pourvû qu'il le signât, il devoit, à plus forte raison, valider, étant écrit par une personne publique, en présence de témoins. L'Arrêt l'a ainsi jugé. Il y auroit eu beaucoup plus de difficulté, si le Testament n'avoit pas été signé du testateur.

Le faux d'un Testament & la suggestion sont deux choses très-différentes : ce qui est faux, n'est pas suggéré ; & ce qui est suggéré, n'est pas faux. Voyez l'Arrêt imprimé, rendu en la Tournelle, sur les Conclusions de M. Bignon, Avocat Général, entre M. Rigault de Beauvais, exécuteur du Testament, & légataire de René Gosselin, Ecuyer, sieur de la Charmail, & Mᶜ Duplessis, Procureur. Cette question fait partie de celles jugées par cet Arrêt.

Le même Arrêt décide qu'on ne doit pas recevoir la preuve de faits de suggestion contre un Testament authentique & solemnel, soit parce que les Ordonnances & les Arrêts rejettent la preuve vocale au-delà de 100 livres, soit parce que, selon Dumoulin & d'Argentré, un Testament ne doit être attaqué que par les défauts qui s'y trouvent. Ces Auteurs disent qu'il importe d'exclure entiérement la preuve vocale, en fait de Testament.

Mᶜ Julien Brodeau & M. Debonnaire, prétendans que le Testament de M. Merault, leur oncle, étoit suggéré & faux, rendirent plainte, & firent informer devant le Lieutenant Criminel du Châtelet.

Les légataires universels appellerent de cette procédure, qui fut depuis évoquée & renvoyée au Parlement de Grenoble, le 23 Juillet 1668, où elle fut déclarée nulle, relativement à la suggestion, par Arrêt rendu en ce Parlement le 2 Août 1669, & le procès réduit à l'inscription de faux, fondée sur trois moyens.

Les plaignans annuloient, 1°. que le testateur n'étoit pas sain d'esprit.

2°. Que le Testament n'avoit pas été dicté par lui.

3°. Que l'on avoit brûlé un précédent Testament, contenant une clause dérogatoire.

Les deux premiers moyens furent déclarés pertinens, par Arrêt rendu au Parlement de Grenoble, toutes les Chambres assemblées, le 20 (ou 22) Mai 1760, qui en ordonna la preuve, ensemble du troisiéme, pour servir d'adminicule, & ce dans trois mois, tant par acte, témoins, comparaison de lettres, que rapport d'Experts, même par voie de monitoire.

Cet Arrêt, qui fut confirmé par un autre rendu au Conseil, le 22 Décembre suivant, où l'on s'étoit pourvu en cassation, a jugé que, quoiqu'une inscription de faux soit sérieuse & non artificieuse, on ne peut cependant pas, avant que les moyens de faux soient admis, faire procéder à une information particuliere, pour faire preuve de faits étrangers. Voyez néantmoins ce que je dis au mot Suggestion.

Quoiqu'il soit fait mention dans un Testament que le testateur étoit sain d'esprit, l'on admet la preuve de l'imbécillité du testateur, sans être obligé de passer à l'inscription de faux, quia de dementiâ non rogatur Notarius, ideo est de casibus qui probantur per testes. Voyez Ricard, Traité des Donations, chap. 3, sect. 3, partie premiere, n. 145 ; le chapitre premier, partie 3, n. 30, & l'Arrêt rendu le 10 Janvier 1696, dans l'affaire de la succession de M. l'Abbé d'Orléans, entre M. le Prince de Conti & Madame de Nemours, tom. 5, du Journal des Audiences.

Le sieur Gervais de Combeaux a aussi été admis, par Arrêt rendu le 26 Avril 1727, à prouver par témoins devant M. Fornier de Montagny, que le sieur Garnier, son oncle, avoit l'esprit tellement affoibli, qu'il n'avoit, ni la connoissance nécessaire pour contracter, ni assez de force d'esprit pour résister aux impressions étrangeres, lors des donations entre-vifs & du Testament pardevant Notaires, qu'il avoit fait en faveur du sieur Martin, Maître des Comptes à Rouen, quinze mois avant d'être interdit, & nonobſtant l'onciation faite dans le Teſtament, que le ſieur Garnier *étoit ſain d'eſprit, mémoire & entendement.* Cette preuve avoit été rejettée au Châtelet par Sentence du 13 Juillet 1725.

Quand les Teſtamens contiennent des diſpoſitions *univerſelles* en faveur des Hôpitaux, s'il ſe trouve des parens du teſtateur qui ſoient pauvres, les Magiſtrats ſont dans le louable uſage de leur accorder des penſions alimentaires ſur les biens donnés. C'eſt ainſi que la Cour en a uſé envers les parens d'un Bourgeois de Lyon, qui avoit inſtitué ſes légataires univerſels, les Pauvres de la Charité de Lyon; & quoique ce parent ne prouvât point qu'il étoit ou héritier ou plus proche parent du teſtateur, l'Arrêt de la Grand'Chambre du 16 Juillet 1725, rendu ſur les Concluſions de M. Talon, Avocat Général, lui adjugea une penſion viagere de 150 l. à prendre ſur les biens du teſtateur. V. pluſieurs Arrêts que je rapporte aux articles *Communautés, Fabrique, Fondation, Gens de main-morte, Hôpitaux & Pauvres,* par leſquels des legs faits au préjudice d'héritiers, ont été réduits.

François Grimod de Beauregard, né avec une fortune médiocre, mourut en 1755, poſſédant environ deux millions trois cens mille livres de biens qu'il avoit gagnés dans les différens emplois où il avoit paſſé, & ſinguliérement dans la Ferme des Poſtes, où il avoit été intéreſſé avec ſes freres depuis 1738.

Le 22 Novembre 1754, il avoit fait un Teſtament, par lequel il avoit, entr'autres diſpoſitions, légué près de 1200000 liv. à l'Hôtel-Dieu & aux autres Hôpitaux de Paris; il déclaroit, par ſon Teſtament, avoir fait ces legs *pour reſtitution ...... & pour l'acquit de ſa conſcience.*

La dame Grimod, mere & héritiere des meubles & acquêts du ſieur Grimod de Beauregard, choquée du motif ſingulier des diſpoſitions de ſon fils, attaqua ſon Teſtament; » parce qu'il contenoit, diſoit-elle, » une accuſation contre lui-même d'avoir » volé & mal pris ce qu'il laiſſoit aux Hô- » pitaux, & que cette accuſation étoit dé- » montrée fauſſe par les papiers domeſtiques » du ſieur de Beauregard; qu'ainſi on ne » pouvoit regarder les diſpoſitions & les

» motifs qui étoient exprimés, que comme » un effet de l'égarement de ſon eſprit, & » qu'il ne devoit pas lui être permis de laiſ- » ſer à ſa famille, pour tout héritage, le » vernis infamant d'une reſtitution....«

La Dame Grimod ne parloit pas bien exactement, en diſant que ſon fils ne laiſſoit que l'infamie pour héritage à ſa famille; car, les legs pieux prélevés, il reſtoit encore près d'un million (dans la ſucceſſion) dont le ſieur de Beauregard avoit diſpoſé en faveur de ſes parens; il avoit d'ailleurs chargé les Hôpitaux de payer 18000 liv. de rente viagere à ſa mere. Néantmoins, par Arrêt prononcé le 15 Juillet 1756, ſur délibéré ordonné le 6 du même mois, le Teſtament du ſieur de Beauregard a été déclaré nul; mais, comme par une Requête préciſe, la dame Grimod s'en étoit rapporté à la prudence de la Cour, pour fixer ce qu'elle croiroit devoir être diſtribué aux Hôpitaux, par forme d'aumône & œuvres pieuſes des biens de la ſucceſſion, l'Arrêt a ordonné, de ſon conſentement, qu'il leur ſeroit donné 300000 livres dont il contient la répartition.

La dame Grimod avoit encore déclaré par la même Requête, qu'elle entendoit conſerver au légataire univerſel, ſon petit-fils & neveu du teſtateur, *le quart de ce qu'elle recueilleroit dans ladite ſucceſſion, & qu'elle conſerveroit pareillement à ſes autres enfans & petits-enfans, leur portion contingente par la Loi en icelle ſucceſſion.* Enfin elle avoit déclaré qu'elle entendoit payer à quelques Domeſtiques, les ſommes pour leſquelles ils étoient employés audit Teſtament. L'Arrêt a encore donné acte, de ſon conſentement, à cet égard. (Il eſt imprimé.)

Un legs univerſel déclaré nul, n'empêche point l'exécution du Teſtament pour les autres legs, lorſqu'il n'y a point de vices dans la forme du Teſtament. La Cour l'a ainſi jugé par Arrêts rendus les 7 Juin 1737, & 4 Septembre 1749.

Dans l'eſpéce de ce dernier Arrêt, la dame Girardin avoit, par ſon Teſtament, inſtitué la dame Millard ſa fille, ſa légataire univerſelle, & avoit fait un legs particulier de dix mille livres à la demoiſelle Millard ſa petite-fille. Le Teſtament fut attaqué par les autres enfans de la dame Girardin,

comme étant l'ouvrage de fa haine contr'eux : & , par un Arrêt rendu en la feconde
Chambre des Enquêtes, au rapport de M.
le Clerc de Leſſeville, le 19 Août 1737 , il
fut donné acte aux enfans Girardin, de leur
confentement, de payer quelques legs pieux.
Mais la Cour , *fans s'arrêter au furplus du*
Teſtament ni au Codicile , ordonna que *les*
biens feroient également partagés entre les hé-
ritiers de la Teſtatrice.

La demoiſelle Millard, légataire particuliere , n'étoit point Partie dans cet Arrêt ;
elle demanda la délivrance de fon legs de
dix mille livres , & on lui répondit que le
Teſtament avoit été profcrit ; que le partage égal des biens de la teſtatrice étoit ordonné, à l'exception de quelques legs pieux
que les héritiers avoient offert de payer ;
que fon legs ne pouvoit être mis au nombre
des legs pieux ; que d'ailleurs le Teſtament
étoit le fruit des manœuvres de fes pere &
mere, & de la haine qu'ils avoient infpirée
à la dame Girardin contre fes autres enfans ; qu'il n'étoit point naturel qu'elle en
profitât , &c.

La demoiſelle Millard répondoit que le
Teſtament n'étoit pas déclaré nul dans toutes fes parties; que puifqu'on avoit confirmé les legs pieux, on n'avoit pas eu intention de rejetter les legs particuliers , mais
feulement le legs univerfel. Elle ajoutoit
qu'elle n'avoit pas été Partie dans l'Arrêt ;
qu'il ne pouvoit lui préjudicier ; que c'étoit
res inter alios acta. Enfin , elle difoit que
dans les Pays de Droit-Ecrit , lorfqu'une
inſtitution d'héritier eſt déclarée nulle , le
furplus du Teſtament ne laiſſe pas de fubfifter. Ses raifons prévalurent , & elle obtint
délivrance de fon legs, par l'Arrêt du 4
Septembre 1749: (cet Arrêt a été rendu au
rapport de M. Titon , en la cinquiéme
Chambre des Enquêtes.)

Le Teſtament de la demoiſelle de Ran-
court a donné lieu à la queſtion de fçavoir,
fi un legs indéterminé étoit valable , lorfque le légataire n'étoit pas nommé.

Dans cette efpéce , la demoiſelle de Ran-
court, après avoir difpofé de quelques effets
au profit de la Fabrique de la Paroiſſe Saint
Martin de Noyon, pour être employés à tel
uſage que bon fembleroit aux Curé & Marguilliers, déclaroit par fon Teſtament vou-

loir que le furplus de fes effets fût vendu,
& les deniers touchés par le Curé de la Paroiſſe S. Martin de Noyon, fon exécuteur
teſtamentaire, pour , avec fes dettes actives
& le revenu de fes immeubles *échus & à*
écheoir , être employé d'abord au payement
de fes dettes ..... à faire dire les Meſſes dont
elle l'avoit chargé : *& enfuite à exécuter les*
autres volontés & intentions qu'elle lui a dé-
clarées , & fur lefquelles il ne pourra être
obligé de s'expliquer , ni de rendre aucun
compte du montant du prix defdits effets ,
dettes, actions & revenus de fes immeubles.

Le Curé , exécuteur teſtamentaire, demandoit 1500 liv. pour l'exécution des difpofitions fecretes mentionnées dans le Teſtament ; on lui difoit que ce qui conſtitue la
fubſtance d'un legs, ne fe trouvoit pas dans
le Teſtament ; & qu'un legs laiſſé à la difpofition d'un tiers , ne pouvoit valoir.

Par Sentence du Bailliage de Noyon, du
10 Juin 1755, il avoit été ordonné qu'il feroit payé à l'Exécuteur - teſtamentaire, les
fommes par lui demandées pour frais de
fcellé , inventaire, vente , frais funéraires ,
& 869 liv. pour Service , Meſſe annuelle ,
Bout-de-l'an, &c. mais il avoit été débouté de fa demande en payement des 1500 liv.
pour les difpofitions fecretes qui avoient
été déclarées nulles, faute d'avoir été limi-
tées par la teſtatrice.

Sur l'appel , Arrêt eſt intervenu le 22
Décembre 1755, M. l'Avocat Général Seguier, portant la parole, par lequel la Sentence a feulement été infirmée *en ce qu'elle*
condamnoit le Curé aux dépens qu'il ne pour-
roit employer en frais d'exécution - teſtamen-
taire, & les autres difpofitions de la Sentence ont été confirmées. V. un autre Arrêt,
au mot *Moribon.*

L'article 422 de la Coutume de Normandie exige que celui qui a fait un Teſtament , *par lequel il a difpofé d'une certaine*
nature de biens, furvive de trois mois ; &
s'il décéde avant ce temps, fon Teſtament
n'a aucun effet : mais cette difpofition de
la Coutume de Normandie eſt *regardée*
comme un ſtatut réel qui a fon entier effet
pour les biens de ladite nature , fitués dans
les lieux régis par ladite Coutume, & n'en a
aucun pour les biens étant en d'autres Pays ;
le tout en quelque lieu que celui qui a fait la

*disposition, ait son domicile, ou qu'il ait dispo-
sé suivant l'article 74 de l'Ordonnance des
Testamens.*

En interprétation de cette disposition de
la Coutume de Normandie, le Parlement
de Rouen a jugé, par Arrêt rendu en la
deuxiéme Chambre des Enquêtes, au rapport de M. de la Boiſſiere, entre les ſieurs
Gets, Brancheſne & Gournax, le 11 Août
1747, qu'il ne ſuffit pas que le teſtateur at-
teigne le dernier jour des trois mois, mais
qu'il faut qu'il ſurvive à ce dernier jour.
(Dans cette eſpéce, il ne s'en falloit que
d'une demi-heure que le teſtateur n'eût
atteint les trois mois).

L'article 75 de l'Ordonnance des Teſtamens veut auſſi, *que les diſpoſitions de l'article 6 du titre 7 de la Coutume du Duché
de Bourgogne, & de l'article 216 de la Coutume de Bourbonnois, ſur la néceſſité de la
ſurvie, pour la validité des actes de partages entre enfans & deſcendans, ayent leur
entier effet, lorſque les biens compris dans
leſdits actes ſont ſitués dans les lieux régis
par leſdites Coutumes, & que leſdites diſpoſitions n'en ayent aucun, lorſque leſdits
biens ſont ſitués ailleurs......*

La même Ordonnance a établi pour régle, par l'article 77, que le teſtateur devoit
teſter ſeul & non pas conjointement avec
une autre perſonne; elle a abrogé l'uſage
des Teſtamens mutuels, même entre mari &
femme, jugeant que, pour éviter les ſugges-
tions, il ne devoit y avoir rien de commun
entre les conventions & un Teſtament : voici quelles ſont les diſpoſitions de cet article :

*Abrogeons l'uſage des Teſtamens ou Co-
diciles mutuels, ou faits conjointement par
mari & femme, ou par d'autres perſonnes;
voulons qu'à l'avenir ils ſoient regardés comme nuls & de nul effet dans tout le Royaume,* ſauf l'exécution de *l'article 46 de l'Ordonnance du mois de Février 1731,* (qui concerne les dons mutuels faits entre mari &
femme, & les donations faites par un pere
de famille aux enfans étant en ſa puiſſance,
pour leſquels il n'eſt rien innové.) Voy. les

deux Arrêts des 21 Mai 1743, & 25 Mai
1746, que la Combe rapporte ſur cet article, dans ſon Recueil de Juriſprudence.

*Tous Curés, Vicaires, Notaires & autres
perſonnes publiques, qui reçoivent des Teſtamens & autres actes contenant des legs & aumônes ou diſpoſitions au profit des Hôpitaux
Egliſes, Communautés, Priſonniers & perſonnes qui ſont dans la néceſſité, ſont tenus
d'en donner avis à M. le Procureur Général,
auſſi-tôt que leſdits Teſtamens & autres actes
ont lieu & ſont venus à leur connoiſſance, &
de lui en remettre des extraits en bonne forme, à peine de répondre en leurs noms des dépens, dommages & intérêts.* Ce ſont les diſpoſitions d'un Arrêt rendu ſur la réquiſition de M. le Procureur Général, le 7 Septembre 1701.

Ce même Arrêt ordonne en outre que les
*héritiers, Exécuteurs-teſtamentaires, & tous
autres qui auront connoiſſance deſdits Teſtamens & diſpoſitions de dernieres volontés faites ſous ſeing-privé, en feront déclaration
dans huitaine, à peine d'être condamnés en
leur nom au payement du quadruple envers
les pauvres............ & contre les Notaires &
autres perſonnes publiques, de 300 livres
d'amende............ &c.*

Sur cet Arrêt de la Cour, il en eſt intervenu deux au Conſeil, le 7 Mars 1702,
& 21 Août 1703, qui ont ordonné que les
extraits ci-deſſus ſeroient contrôlés & ſcellés *gratis,* avant d'être délivrés à M. le Procureur Général.

L'uſage du Châtelet eſt de porter en
l'Hôtel de M. le Lieutenant Civil, les Teſtamens cachetés, pour qu'il en faſſe l'ouverture (a). La Coutume de Paris ni l'Ordonnance ne preſcrivent cependant rien ſur
cela; mais cet uſage eſt conforme aux diſpoſitions des Loix du tit. 3, au Digeſte, liv.
29. V. ce qu'en dit un Acte de Notoriété
donné au Châtelet, le 20 Mars 1708.

Les Teſtamens des Membres du Parlement de Beſançon ne s'ouvrent & ne ſe
publient que de l'autorité de cette Cour,
en préſence & ſur les Concluſions du Miniſtere public.

___

(a) Suivant un Arrêt de Régl. du 3 Fév. 1691, dont je
parle à l'art. *Inventaire,* lorſque M. le Lieutenant Civil fait
ouverture de Teſtamens cachetés, ou lorſqu'il paraphe des
Teſtamens olographes, il doit faire mention, dans le Pro-

cès-verbal, des legs faits aux Hôpitaux, Grand Bureau des
Pauvres & Priſonniers de Paris, enſemble des fondations,
dont il doit être remis un extrait au Procureur du Roi, pour
le remettre entre les mains de M. le Procureur Général.

Dans

Dans le reſſort de ce Parlement, les Notaires ſont aſſujettis, par ſerment & par les anciennes Ordonnances des Comtes de Bourgogne, de révéler aux Gens du Roi, aux Procureurs Fiſcaux, & à leurs Subſtituts, les Teſtamens & autres diſpoſitions qu'ils ont en leur pouvoir, incontinent après le décès des teſtateurs, pour en procurer la publication. Voyez ſur cela l'Arrêt du 30 Janvier 1733, qu'on trouve dans le Recueil du Parlement de Beſançon, in-folio, tome 6, page 186.

Le Parlement de Toulouſe a, par un Arrêt rendu en forme de Réglement, le 29 Avril 1746, ſur la Requête de M. le Procureur Général, » ordonné que les pré- » cédens Arrêts de Réglement, notamment, » ceux des 7 Sept. 1701, & 23 Mai 1739, » ſeront exécutés ; en conſéquence a fait » défenſes à tous Notaires de la Sénéchauf- » ſée de Tarbe, de ſe déſaiſir des Teſta- » mens clos qu'ils ont en leur pouvoir, » après le décès des teſtateurs, à peine » d'en répondre en leur-propre nom, de » tous dépens, dommages & intérêts, & » d'être punis ſuivant la rigueur des Or- » donnances.

» A ordonné & ordonne qu'à la diligen- » ce des Subſtituts du Procureur Général, » les Notaires feront en la forme de droit, » l'ouverture & publication des Teſtamens » qu'ils ont en leur pouvoir, des perſon- » nes décédées, contenant des legs pieux, » en faveur de l'Egliſe ; & qu'à l'avenir ils » feront tenus pareillement d'en faire l'ou- » verture & publication, quinzaine après » qu'ils auront été inſtruits du décès deſ- » dits teſtateurs, laquelle lecture & publi- » cation, leſdits Notaires ſeront tenus de » dénoncer auxdits Subſtituts de notredit » Procureur Général, ſauf auxdits Notai- » res & aux Prépoſés pour la perception » du Droit de Contrôle, d'agir, s'il y a » lieu, pour leurs droits, contre les héri- » tiers ou poſſeſſeurs des biens des teſta- » teurs, ainſi qu'ils aviſeront «.

Le Syndic du Pays de Bigorre s'eſt pourvu en caſſation contre cet Arrêt ; mais ſa Requête a été rejettée par Arrêt du 30 Janvier 1748.

Voyez ce que je dis ſur les legs caducs, à l'article Legs caducs,

Tome III. Part. II.

Les Novices qui font des Teſtamens, doivent les faire authentiques, ou les reconnoître par acte devant Notaire, avant de prononcer leurs vœux. V. *Novices.*

Les Teſtamens de ceux qui ſont condamnés à des peines qui emportent mort civile, ſont révoqués par la condamnation, quand elle eſt irréfragable, lors même que les diſpoſitions ſont antérieures à l'accuſation.

Deux particuliers convaincus d'avoir ſupprimé le Teſtament de la veuve Caron, dont ils étoient freres & héritiers, & de s'être emparés de ſon argent comptant, ont été condamnés à l'amende honorable au Parc Civil du Châtelet, conduits à cet effet, par les Guichetiers des Priſons, au banniſſement pour cinq ans, & déclarés indignes de recueillir la ſucceſſion de leur ſœur, par Sentence du Châtelet du 3 Mars 1733, confirmée par Arrêt du 19 Mai ſuivant.

Ces Sentence & Arrêt ont en outre condamné les deux particuliers, & par corps, à rendre l'argent & les effets dont ils s'étoient emparés, ſinon la valeur, ſuivant la commune renommée, à l'effet par la légataire univerſelle, inſtituée par le Teſtament ſupprimé, d'exercer ſes droits ſur leſdits effets.

TESTAMENT MILITAIRE.

Les Officiers de Guerre & les Soldats qui ſont actuellement dans l'expédition, ne pouvant obſerver toutes les formalités que les Loix ordonnent & preſcrivent pour les Teſtamens, nos Rois ont cru qu'il étoit juſte de leur permettre de faire des diſpoſitions de derniere volonté d'une maniere plus ſimple. C'eſt pourquoi l'article 27 de l'Ordonnance de 1735 veut *que les Teſtamens, codiciles ou autres diſpoſitions à cauſe de mort de ceux qui ſervent dans les Armées Françoiſes, en quelque Pays que ce ſoit, puiſſent être faits en préſence de deux Notaires ou Tabellions, ou d'un Notaire ou Tabellion, ou de deux témoins, ou en préſence de deux Officiers, comme Majors ou autres Officiers d'un rang ſupérieur .... Prévôts des Camps & Armées, leurs Lieutenans ou Greffiers & Commiſſaires des Guerres, ou de l'un deſdits Officiers avec deux témoins:*

Et en cas que le Teſtateur ſoit malade ou

E e

blessé, le même article lui permet de faire ses dernieres dispositions en la présence d'un des Aumôniers des Troupes Françoises ou des Hôpitaux, avec deux témoins ; & ce encore que lesdits Aumôniers fussent Réguliers.

L'article 28 porte que le testateur signera les Testamens, codiciles ou autres dispositions à cause de mort, s'il sçait ou peut signer ; & en cas qu'il déclare ne sçavoir ou ne pouvoir le faire, il en sera fait mention.

Seront lesdits Actes (ajoute le même article) pareillement signés par celui ou ceux qui les recevront, ensemble par les témoins, sans néanmoins qu'il soit nécessaire d'appeler des témoins qui sçachent & puissent signer, si ce n'est lorsque le testateur ne sçaura ou ne pourra le faire ; & à la réserve de ce cas, lorsque les témoins ou l'un d'eux déclareront qu'ils ne sçavent ou ne peuvent signer, il suffira d'en faire mention.

L'article 29 veut que . . . . les Testamens, codiciles & autres dispositions à cause de mort de ceux qui servent dans les Armées Françoises, en quelque Pays que ce soit, soient valables lorsqu'ils seront entiérement écrits, datés & signés de la main de celui qui les aura faits ; & il (l'article) déclare nuls tous ceux qui ne seront pas revêtus au moins d'une forme portée aux articles 27, 28 & au présent article.

L'article 30 porte, que la disposition des articles 27, 28 & 29, n'aura lieu qu'en faveur de ceux qui sont actuellement en expédition militaire, ou qui seront en quartier ou en garnison hors le Royaume, ou prisonniers chez les ennemis, sans que ceux qui seront en quartier ou en garnison dans le Royaume, puissent profiter desdits articles, si ce n'est qu'ils fussent dans une Place assiégée, ou dans une Citadelle ou autre lieu dont les portes fussent fermées & la communication interrompue à cause de la Guerre.

Ceux (dit l'article 31) qui n'étant ni Officiers ni engagés dans les Troupes, se trouveront à la suite des Armées ou chez les ennemis, soit à cause de leurs emplois & fonctions, soit pour le service qu'ils rendent aux Officiers, soit à l'occasion de la fourniture des vivres & munitions des Troupes, pourront faire leurs dernieres dispositions dans la forme portée par les articles 27, 28 & 29, & dans les cas marqués par l'art. 30.

Enfin, l'art. 32 porte, que les Testamens, codiciles & autres dispositions à cause de mort, mentionnés dans l'article précédent, demeureront nuls six mois après que celui qui les aura faits, sera revenu dans un lieu où il puisse avoir la liberté de tester en forme ordinaire, si ce n'est qu'ils fussent faits dans les formes qui sont requises de Droit commun dans les lieux où ils auront été faits.

Les Edits de pacification des années 1576, article 31 ; & 1577, article 32, ont confirmé les Testamens Militaires faits de part & d'autre pendant les troubles, suivant les dispositions du Droit, (qui dispensoit aussi les Militaires de l'observation de quelques formalités prescrites pour les Testamens ordinaires.)

En Espagne, le Testament Militaire ne désire autre chose pour sa validité, qu'une écriture sur le bouclier ou sur les armes du testateur, ou même sur la terre ; & à défaut d'écriture, deux témoins qui attestent la disposition.

D'après cet usage, il s'est agi de sçavoir, si la déclaration en bonne forme faite le 18 Novembre 1706, devant le Prévôt de l'Armée Françoise, à Carthagenes, par deux Capitaines du Régiment Irlandois au service de France, que le sieur Thomas Lutrel, Capitaine-Réformé à la suite du second Bataillon du Régiment de Barwick, leur avoit dit que si quelque malheur lui arrivoit, il vouloit donner deux mille écus au Sr Booth.

Le sieur Lutrel étant mort, il s'est agi de sçavoir, si la déclaration des deux Capitaines pouvoit valoir comme Testament Militaire en France, & si en conséquence le Sr. Booth pouvoit demander les deux mille écus sur des rentes assignées sur l'Hôtel-de-Ville de Paris, dépendantes de la succession du sieur Lutrel.

Par Arrêt rendu le 20 Janvier 1717, en la quatriéme Chambre des Enquêtes, au rapport de M. Boutet de Guignonville, le sieur Booth fut débouté de toutes ses demandes, parce que le Testament du sieur Lutrel n'étoit pas conforme à nos usages ; & que ce ne sont pas les Loix des Pays où les Armées Françoises se trouvent, auxquelles elles doivent se conformer, mais à celles du Royaume. Cet Arrêt est imprimé avec un précis du fait & des moyens.

TESTAMENS Myftiques ou Secrets.

La conféquence pour les teftateurs & pour leurs familles, que les difpofitions qu'ils peuvent faire par leurs Teftamens, demeurent inconnues à tout autre qu'à eux jufqu'après leur mort, a fait inventer une efpéce de Teftament qui à cet effet, & où les témoins ne laiffent pas de rendre un témoignage certain de la volonté du teftateur, quoique fes difpofitions leur foient inconnues.

Cette efpéce de Teftament, dit Bretonnier, a été introduite par la Loi *hac confultiffima*. On les nomme Myftiques ou Secrets; & l'ufage en eft autorifé par l'art. 4 de la nouvelle Ordonnance *dans les Paÿs de Droit-Ecrit & autres où cette forme de tefter* eft établie *par les Coutumes ou Statuts.*

Lorfque quelqu'un *voudra* (dit l'art. 9 de cette Ordonnance), *faire un Teftament Myftique ou Secret, il fera tenu de figner fes difpofitions, foit qu'il les ait écrites lui-même, ou qu'il les ait fait écrire par un autre; & fera le papier qui contiendra lefdites difpofitions, enfemble le papier qui fervira d'enveloppe, s'il y en a une, clos & fcellé avec les précautions en tel cas requifes & accoutumées.*

Le teftateur préfentera ledit papier, ainfi clos & fcellé, à fept témoins au moins, y compris le Notaire ou Tabellion, ou il le fera clorre en leur préfence, & déclarera que le contenu aud. papier eft fon Teftament, écrit & figné de lui, ou écrit par un autre, & figné de lui.

Ledit Notaire ou Tabellion en dreffera l'acte de fufcription qui fera écrit fur led. papier ou fur la feuille qui fervira d'enveloppe; & fera ledit acte figné, tant par le teftateur, que par le Notaire ou Tabellion, enfemble par les autres témoins, fans qu'il foit néceffaire d'y appofer le fceau de chacun defdits témoins. (b)

Tout ce que deffus fera fait de fuite & fans divertir à autres actes; & en cas que le teftateur, par un empêchement furvenu depuis la fignature du Teftament, ne puiffe figner l'acte de fufcription; il fera fait mention de la déclaration qu'il en aura faite, fans qu'il foit befoin, en ce cas, d'augmenter le nombre de témoins.

Si (dit l'article 10) *le teftateur ne fçait figner, ou s'il n'a pû le faire lorfqu'il a fait écrire fes difpofitions, il fera appellé à l'acte de fufcription un témoin, outre le nombre porté par l'article précédent, lequel fignera ledit acte avec les autres témoins; & il y fera fait mention de la caufe pour laquelle ledit témoin aura été appellé.*

Ceux qui ne fçavent ou ne peuvent lire, ne pourront faire de difpofition dans la forme du Teftament Myftique. C'eft la difpofition de l'art. 11.

L'article 12 porte que, *en cas que le teftateur ne puiffe parler, mais qu'il puiffe écrire, il pourra faire un Teftament Myftique, à la charge que ledit Teftament fera entiérement écrit, daté & figné de fa main; qu'il le préfentera au Notaire ou Tabellion & aux autres témoins; & qu'au haut de l'acte de fufcription, il écrira en leur préfence, que le papier qu'il préfente eft fon Teftament: après quoi ledit Notaire écrira l'acte de fufcription, dans lequel il fera fait mention que le teftateur a écrit ces mots en préfence dud. Notaire ou Tabellion & des témoins; fera, au furplus, obfervé, tout ce qui eft prefcrit par l'art. 9.*

N'entendons néantmoins (porte l'art. 13) *par les difpofitions des articles 5 & 9, déroger aux Statuts & Coutumes obfervées dans les lieux régis par le Droit-Ecrit, qui exigent un nombre de témoins moindre que celui qui eft porté aux dits articles* (c), *à la charge néantmoins d'appeller un témoin, outre le nombre requis par lefdites Coutumes ou Sta-*

(a) La Cour, par un Arrêt rendu au rapport de M. l'Abbé de la Grange, entre les fieur & dame Bröffier & les fieur & dame Cachet de Montezan, le 23 Mars 1730, a jugé:

1°. Qu'un Teftament olographe (fait en Pays de Droit-Ecrit, où ils ne font pas autorifés,) dépofé chez un Notaire, avec tout l'appareil prefcrit par le Droit civil & par l'ufage, doit valoir comme Teftament folemnel, Myftique & Secret.

2°. Qu'il n'eft pas de fon effence qu'il foit dépofé en même-temps qu'il eft fait & daté, pourvû que les témoins foient appellés & fignent en même-temps que fe fait le dépôt.

3°. Enfin, que le laps de dix ans écoulés depuis la date du Teftament, ne le fait pas préfumer révoqué.

(b) Le Parlement de Touloufe a jugé, par Arrêt rendu en la Tournelle, le 21 Août 1747, qu'un Teftament écrit, daté & figné par le teftateur, mais qui n'a point de fufcription, eft nul, quoique fait en faveur de l'Hôpital de Montpellier. Dans cette efpéce, il s'agiffoit du Teftament du fieur de Fontanés-Malherbe, Tréforier de France, fait à Montpellier, le 18 Avril 1744. On ne l'a regardé comme nul, au moyen de ce qu'il n'y avoit pas de fufcription.

(c) La Coutume locale de la Ville de Montpellier, Pays de Droit-Ecrit, n'exige que trois témoins préfens aux Teftamens, & celle de Touloufe n'en exige que deux.

tuts dans les cas mentionnés aux articles 8 *&* 10.

L'art. 9 de l'Ordonnance du mois d'Août 1735, concernant les Testamens Mystiques, dont je viens de rapporter les dispositions , a été interprété par une Déclaration du 6 Mars 1751 , regiftrée le 23 Avril fuivant, qui porte , par l'article premier , que ledit article (9) *fera exécuté dans toute l'étendue du Royaume , Pays & Terre de l'obéiffance du Roi , régis par le Droit-Ecrit.*

Article 11 , *en interprétant* , &c. *voulons que les fufcriptions des Teftamens Myftiques ne puiffent être écrits que de la main du Notaire , Tabellion ou autre Officier public qui recevra lefdits Teftamens , fans que nos Cours & autres Juges puiffent accorder aux Clercs defdits Notaires ou Tabellions , ou autres perfonnes , la permiffion d'écrire lefdites fufcriptions ; & ce fous les peines de nullité portée par l'article 48 de ladite Ordonnance* (de 1735.)

III. *Comme nous avons été informés que la plûpart des Notaires ou Tabellions des Pays de Droit-Ecrit fe font maintenus , depuis notre Ordonnance , dans l'ufage de faire écrire par leurs Clercs les fufcriptions des Teftamens Myftiques ; fuivant la fauffe interprétation qu'ils donnent aux termes de l'article 9 de notre Ordonnance , confidérant le trouble qui pourroit arriver dans les familles fi nous faifions remonter l'effet de notre préfente Déclaration au temps de la publication de ladite Ordonnance , nous voulons bien nous porter à valider . . . . par ces Préfentes , les actes de fufcription des Teftamens Myftiques qui ont été écrits par les Clercs des Notaires ou Tabellions , ou autres perfonnes , avant la publication des Préfentes ; après laquelle enjoignons à nos Cours & à tous nos Juges de déclarer nuls les Teftamens Myftiques dont la fufcription n'aura pas été écrite de la propre main du Notaire , Tabellion , &c.* . . . .

La peine de nullité des Teftamens Myftiques dont l'acte de fufcription n'eft pas écrit de la main du Notaire ou Tabellion qui reçoit lefdits Teftamens, a auffi été prononcé par une Déclaration du 24 Mars 1745 , adreffée au Parlement de Provence & par une autre Déclaration du 26 Janvier 1751 , adreffée au Parlement de Bordeaux.

En procédant à l'ouverture des Teftamens Myftiques , il eft d'ufage d'en conftater la forme extérieure , & même d'interpeller les Parties de déclarer fi elles ont quelque vice à oppofer à cette forme. V. l'Acte de Notoriété du Châtelet, du 20 Mars 1708.

Comme la preuve d'un Teftament Myftique fe tire de la déclaration que le teftateur a faite aux témoins, que fes difpofitions font contenues dans l'acte qu'il leur a repréfenté, il eft néceffaire , pour cette preuve, qu'après la mort du teftateur , l'acte fecret , réputé Teftament , foit mis entre les mains du Juge , pour en faire l'ouverture , après que les Témoins & le Notaire auront été affignés devant lui , pour reconnoître leurs feings , & rendre leur témoignage que c'eft le même acte que le teftateur leur a déclaré être fon Teftament : ce n'eft qu'après cette vérification qu'on doit en faire l'ouverture.

Si quelque témoin n'avoit pas figné , ou fi dans le nombre de ceux qui ont figné, il y en avoit de morts ou d'abfens , la vérification devroit fe faire en préfence de ceux qui fe trouveroient & du Notaire ; mais fi le Notaire ou quelque témoin, par un empêchement légitime , ne pouvoit pas comparoître devant le Juge , la vérification à leur égard devroit fe faire au lieu où ils feroient. V. Domat, des Teftamens..

La demoifelle Charrier ayant fait dreffer l'acte de fufcription de fon Teftament Myftique , en préfence de témoins, par un Notaire qui avoit époufé la coufine-germaine de l'héritiere inftituée par ce même Teftament , les héritiers naturels prétendirent qu'il étoit nul , au moyen de l'alliance du Notaire : mais comme ces fortes de Teftamens ont leur être diftinct & détaché de l'acte de fufcription, & que le Notaire n'a pas connoiffance des difpofitions renfermées dans le Teftament Myftique , la Cour a ordonné l'exécution de celui de la demoifelle Charrier , par Arrêt rendu au rapport de M. Severt , le 27 Août 1742.

TESTAMENS Nuncupatifs.

On nomme Teftamens Nuncupatifs , ceux qui font dictés par le teftateur & écrits par d'autres perfonnes auxquelles les Loix ont donné un caractère pour les recevoir ; le mot *Nuncupari* , dont eft dérivé celui de

Nuncupatif, ne voulant dire autre chose que *Nominare*, *voce exprimere*.

L'Ordonnance de 1735, concernant les Teſtamens, a conſervé *l'uſage des Teſtamens Nuncupatifs écrits dans les Pays de Droit-Ecrit & autres, où cette forme de teſter* eſt autoriſée *par les Coutumes ou Statuts*. Voy. l'article 4.

Avant cette Ordonnance, le teſtateur pouvoit faire un Teſtament Nuncupatif, en déclarant ſa volonté en préſence de ſept témoins, ſans ſe ſervir du miniſtère d'aucune perſonne publique; il ſuffiſoit que le Teſtament fût écrit & ſigné des témoins & du teſtateur; & s'il ne ſçavoit pas ſigner, il falloit un huitiéme témoin qui ſignât en ſa place.

Mais, aux termes de la nouvelle Ordonnance (art. 5), » lorſqu'un teſtateur *veut* » faire un Teſtament Nuncupatif écrit, il » *doit en prononcer* intelligiblement toutes » les diſpoſitions en préſence de ſept té-» moins (*a*), y compris le Notaire ou Ta-» bellion, lequel *doit écrire* leſdites diſpoſi-» tions à meſure qu'elles *ſont* prononcées par » le teſtateur: après quoi, *dit l'article*, ſera » fait lecture du Teſtament entier au teſta-» teur; de laquelle lecture il ſera fait men-» tion par le Notaire ou Tabellion; & le » Teſtament ſera ſigné par le teſtateur, en-» ſemble par le Notaire ou Tabellion & par » les autres témoins; le tout de ſuite & ſans » divertir à autres actes; & en cas que le » teſtateur déclare qu'il ne ſçait ou ne peut » ſigner, il en ſera fait mention.

L'article 6 porte, qu'il » ſuffira que les té-» moins qui aſſiſteront au Teſtament Nun-» cupatif écrit, y ayent été préſens tous en-» ſemble, ſans qu'il ſoit néceſſaire de faire » mention qu'ils ayent été priés & convo-» qués à cet effet. « (L'article ajoute même » que cette diſpoſition) » aura lieu . . . . . à » l'égard de tous les Teſtamens & autres » Actes de dernière volonté où la préſence » des témoins eſt néceſſaire.

» Si le teſtateur eſt aveugle (dit l'art. 7,) » ou ſi dans le temps du Teſtament il n'a » pas l'uſage de la vûe, il ſera appellé un » témoin outre le nombre porté par l'art. 5, » lequel ſignera le Teſtament avec les au-» tres témoins «.

A Avignon, on reconnoît pour véritable Teſtament Nuncupatif implicite, un acte paſſé pardevant un Notaire & ſept témoins, par lequel un teſtateur déclare nommer pour ſon héritier, la perſonne dont le nom eſt écrit dans un papier ſéparé & cacheté qu'il remet entre les mains du Notaire.

Ce n'eſt point une précaution néceſſaire dans l'Avignonois, que le teſtateur & les ſept témoins ſignent au dos du papier ſecret qui contient le nom de l'héritier & les autres volontés du teſtateur. Tout cela eſt atteſté par un Acte de Notoriété donné par les Avocats, Procureurs, Notaires & Greffiers d'Avignon, au nombre de 24, le 9 Décembre 1732, légaliſé le 10.

La minute d'un Teſtament Nuncupatif doit être écrite par le Notaire même. Celui de Marie Bayard, veuve de Louis Boucher, fait à Condrieux en Foreſt, le 16 Février 1737, qui avoit été écrit par le Clerc du Notaire, fut déclaré nul par Arrêt rendu le 27 Août 1742, au rapport de M. Severt. L'Ordonnance des Teſtamens porte, en effet, que le Notaire *écrira*.

La même choſe a été jugée par Arrêt rendu le 3 Septembre 1742, en la troiſiéme Chambre des Enquêtes, au rapport de M. l'Abbé Chauvelin, dans une affaire en laquelle il s'agiſſoit de la validité du Teſtament (Nuncupatif) de la femme d'un Procureur à Lyon, écrit de la main du Clerc d'un Notaire, nommé Aubernon. Voyez un autre Arrêt du 9 Décembre 1740, rapporté par la Combe.

THÉOLOGAL.

V. *Dignités Eccléſiaſtiques, Grades & Stage.*

On nomme Théologal, le Titulaire d'une Prébende, dont les fonctions ſont de prêcher tous les Dimanches dans l'Egliſe du Chapitre.

Le Concile de Baſle & la Pragmatique-Sanction ont ordonné qu'il ſeroit établi un Théologal dans toutes les Egliſes Métropolitaines & Cathédrales; & l'art. 8 de l'Ordonnance d'Orléans porte, qu'*en chacune Egliſe Cathédrale & Collégiale, ſera réſervée une Prébende affectée à un Docteur en Théologie, de laquelle il ſera pourvu de l'Archevêque, Evêque ou Chapitre, à la charge qu'il prêchera & annoncera la parole de Dieu chaque jour de Dimanche & Fêtes solemnelles.*

Et en autres jours, il fera & continuera trois fois la femaine une leçon publique de l'Ecriture-Sainte; & feront tenus & contraints les Chanoines y affifter par privation de leurs diftributions.

L'affectation & l'union d'une Prébende à la fonction de Théologal, prononcée par cette Ordonnance, a fait nommer cette Prébende Théologale : elle eft fujette à l'Expectative des Gradués; &, fuivant une Bulle de Grégoire XIII, le Théologal eft réputé préfent aux Offices, tous les jours qu'il doit prêcher ou faire des leçons.

Les Théologaux peuvent prêcher dans les Eglifes où ils font établis, fans une permiffion plus fpéciale : il en eft à leur égard comme des Curés qui n'ont pas befoin de Miffion particuliere, quand une fois ils ont reçu l'Inftitution canonique; mais ils (*les Théologaux*) *ne peuvent fubftituer d'autres perfonnes pour prêcher à leur place, fans la permiffion des Archevêques ou Evêques.* Ils peuvent même être contraints de prêcher, par faifie de leur temporel, à la requête du Chapitre. Voyez les Arrêts notables de Tournet, tom. 1, pag. 288.

L'Editeur des Mémoires du Clergé prétend que les Bacheliers en Théologie peuvent être pourvus de Prébendes Théologales; mais fon opinion eft contraire au texte de l'article 8 de l'Ordonnance d'Orléans que j'ai déja cité, & à la Jurifprudence actuelle des Arrêts qui exigent la qualité de Docteur.

Il y a fur cela un Arrêt de la Cour du 17 Août 1722.

Depuis cet Arrêt, il en eft intervenu un autre en la Grand'Chambre, fur les Conclufions de M. l'Avocat Général Gilbert, le 11 Fév. 1726, par lequel la Cour a jugé que le fieur Fromentel, Théologal de Senlis, ne pouvoit invoquer la poffeffion triennale de fon Bénéfice, pour s'y faire maintenir, au moyen de ce qu'il n'avoit que des Lettres de Docteur en l'Univerfité de Bourges, fans intervalle d'étude, & de ce qu'il étoit par-là dans une incapacité radicale, qui empêchoit l'effet de la paifible poffeffion triennale; en conféquence, le Bénéfice fut adjugé à celui qui l'avoit impétré par dévolut.

On s'eft pourvu en caffation contre cet Arrêt ; mais le Confeil a, par Arrêt du 28 Février 1727, ordonné qu'il foit mis *néant* fur la Requête.

Soefve rapporte même un Arrêt du 27 Avril 1651, fuivant lequel il faut, pour être pourvu d'une Prébende Théologale, être Docteur au temps de la Provifion.

Lorfque le Roi confére les Théologales qui viennent à vaquer en Régale, les pourvus doivent (aux termes de l'Edit de Janvier 1682,) obtenir la Miffion canonique des Evêques ou des Vicaires Généraux, avant d'en faire les fonctions.

L'Affemblée du Clergé a, par un des articles du Cahier préfenté au Roi en 1730, demandé que ceux qui feroient » pourvus » dés Prébendes Théologales dont la colla- » tion appartient à des Chapitres, ne puif- » fent en exercer les fonctions, avant d'a- » voir obtenu pareille Miffion ; « & le Roi, par fa Réponfe du 19 Septembre, a dit qu'il fe porteroit *volontiers à avoir égard à* cette *demande; à la charge néantmoins qu'en cas de refus de la part des Evêques, d'accorder la Miffion Canonique à ceux qui auroient été pourvus, par les Chapitres, des Prébendes Théologales, ils feront tenus de marquer les caufes de leur refus, ainfi qu'il fe pratique à l'égard des Vifa fur les Provifions de Cour de Rome, fuivant la difpofition des Ordonnances.*

Les Prébendes Théologales peuvent fe réfigner à perfonne capable.

TIERCEMENT.
V. Bail Judiciaire.

Le Tiercement eft une enchere qui augmente du tiers le prix de la vente, & fait le quart du total.....enforte que fi le prix de l'adjudication eft de 1500 *liv. le Tiercement doit être de* 500 *livres.* C'eft ainfi que le Tiercement eft défini par l'Ordonnance des Eaux & Forêts, Tit. *des Affiettes....Martelage & Vente,* art. 23.

La voie du Tiercement eft ouverte à tous ceux qui veulent acquérir, après l'adjudication faite ; mais elle n'a pas lieu dans toute forte d'adjudication : on n'admet point, par exemple, le Tiercement d'une adjudication définitive par décret; mais on l'admet, quand il s'agit des Fermes & Domaines du Roi,

des ventes de ſes forêts & des baux judiciaires.

L'Ordonnance des Fermes du mois de
Juillet 1681, un Réglement du Conſeil de
l'année 1682, & des Arrêts du Conſeil du
12 Juin 1735, 2 Avril 1751 & 13 Juillet
1756, indiquent ce qui doit s'obſerver dans
les Tiercemens des Fermes, Domaines du
Roi, Octrois des Villes, & les délais dans
leſquels les Tiercemens doivent être faits.
V. *Octrois.*

L'Ordonnance des Eaux & Forêts, & un
Arrêt du Conſeil du 26 Juin 1725, réglent
la maniere de tiercer les ventes de bois dans
le titre que j'ai indiqué plus haut.

A l'égard des baux judiciaires, celui qui
tierce doit donner caution. Il ne ſuffit pas
même de tiercer & de donner caution, pour
dépouiller l'adjudicataire : le Tiercement
doit être ſuivi d'une nouvelle adjudication,
lors de laquelle toutes perſonnes ſont reçues à enchérir au-deſſus du prix auquel
monte le Tiercement, ſans être obligé de
tiercer de nouveau.

Le Commiſſaire aux Saiſies-Réelles ne
fait ordinairement procéder à nouvelle adjudication, qu'après la caution du Tiercement
reçue, mais l'avantage des créanciers peut
exiger que ce Commiſſaire y faſſe procéder,
ſans la formalité de la caution ; car celui
qui a tiercé peut ſe repentir, & ſon incon-
tance ne doit pas leur faire perdre le bénéfice de ſon enchere ; les circonſtances déterminent dans ces ſortes d'affaires.

Le nouveau bail judiciaire qui ſe fait en
conféquence d'un Tiercement, accorde ordinairement au nouvel adjudicataire la jouiſſance, à compter du terme qui ſuit l'adjudication, s'il s'agit de maiſons ſituées dans des
Villes ; mais s'il eſt queſtion de biens de
Campagne, alors on diſtingue ſi le Tiercement & la caution ont été faits & reçus
avant la S. Barnabé, qui arrive le 11 Juin.
Au premier cas, c'eſt-à-dire, ſi la caution
du Tiercement a été reçue avant la S. Barnabé, il eſt d'uſage d'accorder au nouvel
adjudicataire la faculté de faire la récolte
de l'année, en rembourſant les labours &
ſemence : c'eſt ce que la Cour a jugé par

Arrêt rendu ſur délibéré en la Grand'Chambre, ordonné le 6, & prononcé le Lundi 12
Mars 1731, au rapport de M. Goeſlard, qui
a conſulté les Chambres des Requêtes du
Palais ſur cet uſage, & pris l'avis des Officiers du Châtelet.

Mais quand le Tiercement & la caution
ne ſont reçus qu'après la Saint Barnabé, le
nouveau fermier judiciaire ne peut jouir
que des fruits de la récolte de l'année ſuivante.

Le nouveau bail qui ſe fait en conſéquence d'un Tiercement, ne ſe fait point
ſeulement pour le temps qui reſtoit à expirer, mais pour une, deux ou trois années,
de la même maniere que les autres baux ; &
il eſt d'uſage de ne pas admettre le Tiercement des baux judiciaires des biens de campagne, quand la troiſiéme année de jouiſſance eſt commencée. (a)

On n'admet pas non plus le Tiercement
d'un bail conventionnel, quand il eſt converti en bail judiciaire.

TIERCE-OPPOSITION.
V. *Caſſation* & *Requête Civile.*

On nomme Tierces-Oppoſitions, celles
qui ſont formées à des Sentences, Jugemens ou Arrêts, par des perſonnes qui n'y
étoient point compriſes ni dénommées comme Parties, & qui ont pour objet de faire
changer les diſpoſitions qui leur ſont préjudice.

Pour former une Tierce-Oppoſition à un
Arrêt ou Jugement, il ne ſuffit pas d'avoir
intérêt de le détruire ; car ſi cela ſuffiſoit,
il n'y auroit pas un Arrêt qui ne fût attaqué ; mais il faut encore que deux choſes
concourent.

Il faut premiérement avoir eu, lors de
l'Arrêt, une qualité qui ait obligé de nous
y appeller.

Secondement, il ne faut pas y avoir été
Partie par le miniſtere, ni par l'interpoſi-
tion d'un tiers qui ſoit cenſé avoir eu notre
miſſion, ou que nous ſoyons cenſés repréſenter. V. les art. 50 & 58 du titre 2 de l'Ordonnance des Subſtitutions.

L'Ordonnance de 1667, titre 35, qui fait

(a) En Normandie, on admet le Tiercement en tout
temps ; l'Edit de création des Offices de Commiſſaires
aux Saiſies-Réelles du mois de Juillet 1677, pour cette
Province, en contient une diſpoſition expreſſe : il a été
regiſtré au Parlement de Rouen, le 18 Août de la même
année.

la loi fur cette matiere, n'accorde l'ouverture de la Tierce-Oppofition, qu'aux perfonnes qui ne font, *ni héritiers, ni fucceffeurs,*
ni ayans caufe de ceux avec qui les Arrêts
ont été rendus.

Ainfi un parent d'un dégré plus éloigné,
qui a laiffé la fucceffion vacante, & qui ne
s'eft point préfenté après la renonciation des
héritiers du premier dégré, ne pourra pas
attaquer, par la voie de la Tierce-Oppofition, les Arrêts rendus avec le curateur à la
fucceffion vacante, parce que tous les droits
de cette fucceffion font alors dans la main
de ce curateur ; & l'adition d'hérédité que
font après coup des parens du fecond dégré, n'opère, à leur égard, qu'une fubrogation au lieu & place du curateur. Il étoit
leur homme, avant qu'ils fe préfentaffent ;
& par un circuit néceffaire, ils deviennent
fes ayans-caufe, après s'être préfentés. C'eft
ce que la Cour a jugé en faveur du fieur Belamy, pour la maifon des nouvelles eaux
minérales de Paffy, par Arrêt rendu le 5
Avril 1751, fur les Conclufions de M.
d'Ormeffon, Avocat Général.

Dans l'efpéce de cet Arrêt, des héritiers
de l'Abbé le Ragois, à un dégré éloigné,
attaquoient, par la voie de la Tierce-Oppofition, les Arrêts rendus contre le curateur créé à la fucceffion vacante de cet Abbé (après la renonciation des héritiers appellés par la Loi), qui faifoient délivrance
à une légataire univerfelle des eaux en queftion, dont M. Belamy avoit lui-même été
gratifié par le teftament de cette légataire ;
on lui oppofoit encore la qualité de Procureur de cette légataire : l'Arrêt déclare les
nouveaux venus non-recevables dans leur
Tierce-Oppofition, appellation & demandés.

Voyez auffi un Arrêt rendu le 28 Mars
1702, qu'on trouve au Journal des Audiences ; il a jugé la même chofe.

Il y a deux autres Arrêts plus récens
fur une Tierce Oppofition, que je crois encore devoir noter ici : voici l'efpéce du premier.

La Marquife de Conflans, dame de la
Forconnerie, prétendoit que différens Fiefs
relevoient de fa Terre ; elle étoit à ce fujet
en conteftation avec un autre Seigneur qui
réclamoit la même mouvance.

Pendant le cours du Procès, la dame de
Conflans vendit la Terre de la Forconne-
rie ; on continua de plaider contr'elle feule.
L'acquéreur n'intervint point ; il fut jugé
avec elle, que les Fiefs relevoient de l'autre
Seigneur, par Arrêt de l'année 1728.

Une mutation de ces Fiefs ayant donné
ouverture à des droits Seigneuriaux, l'acquéreur de la Forconnerie les demanda ;
l'autre Seigneur lui oppofa l'Arrêt de 1728,
rendu contre la dame de Conflans. L'ayant-
caufe de cette dame y forma une Tierce-
Oppofition, & foutint que l'Arrêt étant
rendu depuis fon acquifition, on avoit dû
le mettre en caufe. On lui répondit qu'il devoit s'imputer de n'être pas intervenu ; &
par Arrêt rendu le 31 Mai 1743, au rapport de M. de Blair, il fut déclaré non-recevable dans fa Tierce-Oppofition.

Dans l'efpéce du fecond Arrêt, le Marquis de Lufignan, condamné à payer différentes fommes aux héritiers de la dame de
Montlezun, par Sentence rendue en 1718,
interjetta appel de la Sentence de condamnation, & vendit, en 1720, des terres à M.
Caftanier d'Auriac.

Les héritiers de la dame de Montlezun
avoient affigné M. d'Auriac en déclaration
d'hypothéque, & avoient fait confirmer la
Sentence de 1718, par Arrêt de 1727, contre le Marquis de Lufignan feul.

M. d'Auriac prétendit dans la fuite qu'on
auroit dû l'appeller lors de cet Arrêt ; il y
forma une Tierce-Oppofition, & foutint
que les héritiers de la dame de Montlezun
n'étoient pas créanciers.

On lui répondit qu'il devoit s'imputer de
n'être point intervenu ; que s'en étant rapporté à ce que le Marquis de Lufignan, fon
vendeur, diroit, il étoit cenfé avoir été Partie dans l'Arrêt, par l'interpofition du Marquis de Lufignan ; qu'en cette partie il étoit
l'ayant-caufe du Marquis de Lufignan : &
par Arrêt rendu le 6 Septembre 1750, au
rapport de M. de Gars, M. d'Auriac a été
déclaré non-recevable dans fa Tierce-Oppofition, avec amende & dépens. V. dans
les Œuvres de M. Cochin, tom. 6, l'efpéce
d'un autre Arrêt du 31 Mai 1726.

Enfin, par Arrêt rendu le Samedi 19 Décembre 1761, en la Grand'Chambre, fur
les Conclufions de M. l'Avocat Général
Pelletier

Pelletier de Saint-Fargeau, la Cour a déclaré le Prieur de S. Leu-Taverny non-recevable dans sa Tierce-Opposition formée à un Arrêt rendu le 8 Août 1679, par lequel il avoit été donné acte à son prédécesseur Prieur, de ce qu'il abandonnoit les dixmes au Curé de S. Leu, pour être déchargé du payement du gros ; on a assimilé le successeur au Bénéfice à l'*ayant-cause* de celui avec lequel l'Arrêt avoit été rendu.

M. le Chancelier ayant demandé au Parlement d'Aix, » si chaque substitué étoit » recevable à attaquer de son chef, & com» me tierce-Partie, les Jugemens rendus » avec le grevé, ou avec un des précédens » substitués, soit sur la validité ou la durée » de la substitution, ou sur les biens qui y » sont censés compris, « on a répondu qu'il » falloit distinguer les Jugemens rendus » avec le grevé sur faits qui n'attaquent » point la substitution en elle-même, d'avec » les Jugemens qui prononcent sur la nature » ou sur l'étendue de la substitution.

» Dans le premier cas, comme les actions » héréditaires résident en la personne du » grevé ou du premier substitué, il est Par» tie capable pour y défendre ; & si le Ju» gement n'a pas été rendu par collusion » entre l'héritier du premier substitué & la » tierce-Partie, il ne sçauroit être attaqué » par ceux qui sont appellés à la même » substitution.

» Mais il n'en est pas de même, au se» cond cas, par les raisons que chaque subs» titué, ou du moins chacun de ceux qui » prétendent y être appellés, exerce en cela » un droit qui lui est personnel, & qui ne » peut par conséquent résider qu'en lui seul. » Ainsi le Jugement rendu avec le grevé » ou avec le premier substitué, ne sçauroit » blesser le droit de celui qui prétend être » appellé à la même substitution. Voyez » l'Acte de Notoriété de MM. les Gens du Roi du Parlement d'Aix, du 30 Oct. 1693, & les art. 50 & 53 du tit. 2 de l'Ordonnance des Substitutions du mois d'Août 1747.

Les mêmes Magistrats (du Parquet du Parlement d'Aix) ont, par un autre Acte de Notoriété du 4 Mai 1728, attesté que » l'usage de ce Parlement est de connoître » des Tierces-Oppositions qui sont formées » incidemment aux Arrêts rendus par d'au-

Tome III. Part. II.

» tres Cours Supérieures, lorsqu'ils sont » produits & communiqués, en conformité » des articles 2 & 25 du titre des Requêtes » civiles de l'Ordonnance de 1667 ; qu'en » ce cas on attribue toute Cour & Jurisdic» tion aux Cours où lesdits Arrêts sont pro» duits & communiqués. «

Le Tiers-opposant qui succombe dans sa Tierce-Opposition à un Arrêt, doit être condamné en 150 liv. d'amende, & en 75 liv. seulement, si la Tierce-Opposition est formée à une Sentence. Ordonn. de 1667, tit. 27, art. 10.

La Cour a même confirmé, par Arrêt rendu le 12 Mars 1698, une Sentence de la Chambre du Domaine, laquelle condamnoit des Tiers-Opposans à un Arrêt dans lequel ils n'étoient pas dénommés, au payement de l'amende portée par l'Ordonnance, quoique l'Arrêt qui les avoit déboutés, n'eût pas prononcé cette amende. Voyez sur cela une Déclaration du 21 Mars 1671.

TIERS-COUTUMIER.

Le Tiers-Coutumier forme en Normandie la légitime des enfans ; cependant il n'a lieu que lorsqu'ils renoncent à la succession de leurs pere & mere, suivant les art. 401 & 404 de la Coutume de Normandie.

La portion du Tiers-Coutumier des enfans qui conservent la qualité d'héritiers, n'accroît point au profit de ceux qui renoncent, ainsi que l'a décidé l'Arrêt du Chevalier de Bouttevilain, rapporté par Berault, Commentateur de la Coutume de Normandie, sur l'art. 407.

Cependant, lorsqu'un des enfans survit à son pere, quoiqu'il meurt sans avoir accepté ni renoncé à sa succession, sa part dans le Tiers-Coutumier accroît à ses freres, suivant les Arrêts rendus le 9 Août 1658 & 13 Décembre 1670, rapporté par Basnage, sur les art. 399 & 401 de la même Coutume.

Quoiqu'il semble que l'article 401 de la Coutume de Normandie exige une renonciation générale de tous les enfans à la succession dans laquelle ils demandent le Tiers-Coutumier, cependant l'acceptation d'un ou de plusieurs d'entr'eux n'ôte pas aux autres la faculté de renoncer & de prendre leur part dans le Tiers-Coutumier : c'est ce

F f

qui réfulte des difpofitions de l'art. 89 du Réglement de. 1666.

Un Arrêt rendu au Parlement de Rouen le 8 Août 1749 a jugé qu'un fils qui a renoncé à la fucceffion de fon pere , & qui dans la fuite s'eft emparé des biens de la fucceffion , fans autorité de Juftice , eft réputé héritier , & qu'il n'eft pas recevable à dire qu'il jouit des biens dont il s'eft emparé en diminution de fon Tiers-Coutumier.

Pour prendre part au Tiers-Coutumier, non-feulement la Coutume exige, par l'article 401, que l'enfant renonce, mais encore qu'il rapporte les avantages qui lui ont été faits.

Cependant ce rapport n'a point lieu pour les meubles relativement aux créanciers, à moins qu'il ne paroiffe vifiblement qu'ils ont tourné au profit & utilité de l'enfant, & qu'il en eft devenu plus riche. V. l'Arrêt de Brunehaut , & celui de Miray dans Bafnage , fur l'art. 401, titre du Douaire, pag. 122, première colonne, édition de 1709.

Les petits-enfans qui , après avoir renoncé à la fucceffion de leur pere mort avant leur ayeul, ont également renoncé à la fucceffion de leur ayeul, &, qui, par repréfentation de leur pere, réclament le Tiers-Coutumier, ne font point obligés de rapporter aux créanciers les fommes que l'ayeul a données à leur pere ; le Parlement de Normandie l'a ainfi jugé par Arrêts rendus les 10 Septembre 1642 & 9 Janvier 1660.

Cette Jurifprudence eft fondée fur ce que les enfans , du vivant de leur pere , ne peuvent en aucuns cas engager ce Tiers-Coutumier , fuivant l'article 399 de la Coutume, & le Réglement de 1666, article 85. Voy. fur cela les Arrêts rendus le 8 Mai 1662, 14 Mai 1655 & 22 Avril 1660, rapportés par Bafnage, tom. 2, pag. 112 & 113.

Le Tiers-Coutumier des enfans en Normandie confifte dans le Tiers des immeubles , que le pere poffédoit quand il s'eft marié , & qui lui font échus par fucceffion en ligne directe afcendante ou defcendante pendant fon mariage. Sous ce mot *immeubles* on comprend les rentes conftituées & les offices , dont il eft même dû récompenfe aux enfans, en cas d'aliénation. V. Bafnage fur l'art. 357.

Cependant il eft permis au débiteur d'une rente rembourfable d'en faire le rembourfement au préjudice des enfans , fauf leur récompenfe fur les autres biens , fuivant l'art. 76 du Réglement de 1666.

Lorfque le pere s'eft marié plufieurs fois il eft au choix des enfans de prendre le Tiers-Coutumier, eu égard aux biens que le pere poffédoit lors des premieres, fecondes ou autres nôces : c'eft la difpofition de l'art. 400 de la Coutume de Normandie ; & le Parlement de Rouen l'a ainfi jugé par Arrêts rendus les 13 Novembre 1647, & 22 Février 1649, rapportés par Bafnage, tom. 2, pag. 116. V. auffi le Réglement de 1666, art. 80.

Le droit de demander le Tiers-Coutumier s'ouvre en faveur des enfans :

1°. Par la mort naturelle du pere.

2°. Par fa mort civile.

3°. Par fon entrée en Religion.

4°. Par le Décret de l'univerfalité de fes biens, ou feulement de la meilleure partie.

5°. Par la vente ou ceffion volontaire de ces mêmes biens.

Ces principes font confacrés par des Arrêts du Parlement de Normandie, rendus les 10 Avril 1631, 22 Août 1666, & 11 Février 1667. V. Bafnage, tom. 2, édition de 1700, pag. 110 & 111.

Le pere eft tellement dépouillé par le décret de fes biens, que fi le Patronage d'un Bénéfice dépend du Tiers-Coutumier qui appartient aux enfans dans les biens vendus, l'aîné des enfans nomme à ce Bénéfice par préférence au pere. Cela a été ainfi jugé entre Pierre & Claude du Buiffon , pere & fils, pour la Cure de Criftot. V. Bafnage, fur l'art. 69, tom. 1, pag. 119, édition citée.

Mais les enfans qui jouiffent du Tiers-Coutumier des biens de leur pere vendus par décret , lui doivent des alimens , eu égard à la valeur du bien & à la qualité des parties. V. l'Arrêt de Hotot, rapporté par Bafnage, fur l'art. 389 de la Coutume de Normandie.

Si même la jouiffance du Tiers-Coutumier étoit fi médiocre qu'elle ne pût fournir à la fubfiftance du pere & des enfans, il faudroit avoir égard à la condition du pere, & le préférer aux enfans, fur-tout s'il étoit âgé & infirme : c'eft l'efpéce de l'Arrêt rendu le 19 Octobre 1660, qui a adjugé au pere l'usufruit du Tiers-Coutumier, qui n'étoit que de 60 liv. au préjudice des enfans. V. Bafnage, tom. 2, pag. 112. *Ibid.*

Quelle que foit la penfion que les enfans payent au pere fur le Tiers-Coutumier de fes biens vendus par décret, fes créanciers ne peuvent pas la faire faifir à leur profit. Bafnage rapporte un Arrêt rendu le 8 Février 1645, qui l'a ainfi jugé.

Les enfans ont droit d'exiger le Tiers-Coutumier en nature; & s'il n'y a pas dans la fucceffion du pere ou dans le décret de fes biens, des immeubles fuffifans pour le fournir, les enfans peuvent revendiquer les dernieres aliénations; & en ce dernier cas les acquéreurs ont l'option, ou d'abandonner leur acquifition, ou de la payer aux enfans, fur l'eftimation qui s'en fait; fçavoir, pour les rotures fur le pied du denier vingt du revenu; & les Fiefs fur le pied du denier vingt-cinq. Cette eftimation fe fait, eu égard à la valeur intrinféque des biens au temps de l'ouverture du droit des enfans, ou de l'action qu'ils en ont formée. C'eft la difpofition des art. 402 & 403 de la Coutume de Normandie, & du Réglement de 1666, art. 90. V. Bafnage, tom. 2, pag. 124 & 125. *Ibid.*

Si dans le Tiers-Coutumier des enfans il y a un Fief, l'aîné a droit d'y prendre le préciput que la Coutume lui donne pour fon droit d'aîneffe. V. l'art. 402.

Le Tiers-Coutumier des enfans fur le bien de leur pere, forme le douaire de la mere; & elle en jouît à leur préjudice pendant fa vie, fuivant l'article 357 de la Coutume de Normandie. Voyez auffi l'art. 399.

Il faut cependant obferver que le douaire de la femme n'eft pas toujours le même que le Tiers-Coutumier, parce que la Coutume fixe le douaire au Tiers des biens dont le mari jouiffoit lors des époufailles: ainfi il peut arriver qu'un mari, lors du premier mariage, ait 3000 liv. de revenu, & qu'au fecond il n'ait que 300 liv. & *vice verfa.*

Dans tous ces cas, les enfans pourront réclamer le Tiers des biens que poffédoit leur pere, au temps des premieres ou fecondes nôces à leur choix; au lieu que la feconde femme ne pourra pas demander fon douaire fur le pied de 3000 liv. mais feulement fur

le pied de 300 liv. parce qu'elle n'a le Tiers que fur ce que fon mari poffédoit lors de fon mariage.

Par la raifon contraire, fi au premier mariage le mari n'avoit que 300 liv. de rente, & qu'au fecond il eût 3000 liv. la feconde femme auroit 1000 liv. Voyez Bafnage, tom. 2, page 118 & 119, qui rapporte deux Arrêts rendus les premier Mars 1660, & 4 Juillet 1684, qui ont jugé cette queftion *in terminis.*

Le douaire de la femme s'ouvre en Normandie, dans tous les cas où il y a lieu à l'ouverture du Tiers-Coutumier; à quoi il faut ajouter celui de la féparation de biens, ainfi que le dit Bafnage, fur les articles 240 & 268.

Elle le prend comme les enfans en effence; elle a même cet avantage fur eux, que les acquéreurs ne font point reçus à le lui donner en argent, comme ils peuvent le donner aux enfans. On peut fur cela voir l'Arrêt de Braques, rapporté par Berault, fur l'art. 379 de la Coutume de Normandie. Si le bien étoit de nature à ne pouvoir être partagé, il faudroit le faire liciter. Bafnage, tom. 2, pag. 107.

Si le mari a fait des dégradations, comme abbatu une futaye, &c. la femme a fa récompenfe fur fes autres biens, ainfi qu'il eft jugé par Arrêt du Parlement de Paris, rendu au rapport de M. Tronçon, & par d'autres Arrêts du Parlement de Normandie rendus les 1er Août 1644, & 2 Août 1646. Ni le douaire de la femme, ni le Tiers-Coutumier des enfans, ne contribuent aux dettes mobiliaires du défunt, fur la fucceffion duquel ils fe prennent.

Mais ils contribuent aux charges réelles, & aux dettes immobiliaires, telles que font les rentes conftituées, créées fur les biens antérieurement au mariage.

Lorfque le mari a libéré fes héritages des charges auxquelles ils étoient affujettis au temps de fon mariage, & que depuis il a fait fur lui de nouvelles conftitutions, le Tiers-Coutumier contribue au rachat des anciennes rentes & non des nouvelles. Le Parlement de Normandie l'a ainfi jugé par Arrêt rendu le 4 Mai 1682. Un précédent du 18 Mars 1655 avoit jugé le contraire; celui-ci fut lû lors du dernier, fans faire aucune impreffion. V. Bafnage, fur l'article 396, tom. 2.

L'Edit du mois de Juillet 1693, qui établit les formalités prefcrites pour purger de toutes hypothéques les biens que le Roi acquiert, a été adreffé au Parlement de Normandie, par des Lettres-Patentes du mois de Juillet 1731 ; mais l'enregiftrement n'en a été ordonné par Arrêt du 17 du même mois ; qu'à la charge *que les biens qui feront acquis par Sa Majefté, ne feront point déchargés du Tiers-Coutumier, par les formalités prefcrites par ledit Edit.*

On trouve à la fuite du texte de la Coutume de Normandie, imprimée en 1753, un Arrêt rendu en forme de Réglement au Parlement de Rouen, le 4 Mars 1733, qui a jugé » que les petits-fils qui ont renoncé » à la fucceffion de leur pere décédé avant » leur ayeul, & à celle de leur ayeul ou » ayeule, peuvent demander le Tiers-Cou-» tumier que leur pere auroit pû prétendre » fur la fucceffion de cet ayeul ou ayeule, » s'il ne les eût pas prédécédé à l'hypothé-» que du contrat de mariage defdits ayeul » ou ayeule. «

TIERS-DÉTEMPTEUR.
V. *Déguerpiffement.*

On nomme ainfi celui qui poffède un immeuble chargé d'hypothéque envers les créanciers du vendeur.

TIERS & DANGER.

C'eft ainfi qu'on nomme les Droits qui fe payent au Roi ou à quelque Seigneur, à caufe des coupes de bois appartenans aux particuliers, qui fe vendent en Normandie.

Le droit de Tiers ne fe confond pas avec celui de Danger ; quelques bois doivent l'un & l'autre ; mais il y a qui ne doivent que le Tiers fans Danger, & d'autres ne doivent que le Danger fans Tiers : cela dépend des titres & de la poffeffion.

Le droit de Tiers eft véritablement du Tiers du prix de la vente, & celui de Danger eft du dixiéme de ce même prix ; néanmoins il eft libre au Roi, à fes Fermiers & aux Seigneurs, à qui le droit eft dû, de l'exiger en efpéce ou en deniers à leur choix. V. l'art. 3 du tit. 23 de l'Ordonnance des Eaux & Forêts.

Tous les bois fitués en Normandie, excepté ceux plantés à la main & les morts-bois, font préfumés fujets au droit de Tiers & Danger, s'il n'y a titre contraire. Voyez l'article 7. *Ibid.*

Les poffeffeurs de bois fujets aux droits de Tiers & Danger, peuvent prendre pour leur ufage, les bois de faulx, mort-faulx, épines, puifnes, feur, aulnes, genets, genevres, roncés, le bois mort en cime, racine ou giffant.

Charles IX a fait vendre & aliéner le droit de Tiers & Danger, en vertu d'un Edit du mois de Juin 1571.

L'art. 6 du titre 23 de l'Ordonnance des Eaux & Forêts, déclaroit le droit de Tiers & Danger dans les bois de Normandie, imprefcriptible & inaliénable, comme faifant partie de l'ancien Domaine de la Couronne. V. un Edit poftérieur du mois d'Avril 1673, qui a déclaré que le droit de Tiers & Danger fur les bois de Normandie, n'eft pas Royal, général, ni univerfel, mais appartient au Roi comme faifant partie de fes Domaines de cette Province ; l'a éteint & fupprimé, à la charge par les poffeffeurs des bois, de payer la finance portée par cet Edit, *fans néantmoins déroger aux droits & redevances, que les Seigneurs particuliers des Fiefs de ladite Province ont à prendre fur les bois de leurs Vaffaux, à caufe de leurfdits Fiefs......*Voyez auffi la Déclaration du 7 Novembre 1674, l'Arrêt du Confeil du 15 Janvier 1675.

TIERS-LOT.
V. *Hofpitalité.*

Les biens des Abbayes & Prieurés Commendataires fe partagent ordinairement en trois Lots, dont un appartient à l'Abbé & un autre aux Religieux. Le troifiéme eft nommé Tiers-Lot : l'Abbé en jouit, mais il doit acquitter les charges auxquelles il eft affujetti.

Les réparations & réédifications de l'Eglife Abbatiale & des lieux réguliers, la dépenfe concernant le Service Divin, comme les ornemens, le linge & le luminaire, les charges de l'Hôtellerie & de l'Infirmerie, les anciennes décimes impofées avant l'année 1690 ; les gages des Médecins, Chirurgiens & Apoticaires, ceux du Portier, & la penfion dûe aux Religieux, de l'Ordre de Cî-teaux qui font Docteurs en Théologie, font les charges ordinaires du Tiers-Lot (a), mais il y a encore d'autres charges dont je parle aux art. *Abbayes, Hofpitalité, Portion Congrue, Réparations, &c. V. Décimes.*

Les Lettres-Patentes expédiées le 24 Mai 1760, fur Arrêt du même jour, à l'occafion du don gratuit de feize millions fait par le Clergé, portent que les Manfes Conventuelles, & tous autres qui feront impofés féparément dans les rôles qui feront faits pour la levée defdits feize millions, » feront » tenus de payer leurs taxes, fans pouvoir » les répéter ni les faire payer aux Titu-» laires des Bénéfices, comme poffédant & » jouiffant du Tiers-Lot, quand même led. » Tiers-Lot ne feroit pas épuifé par l'ac-» quit des autres charges, & fous quelque » prétexte que ce foit, comme de partage de » Manfes, Concordat, tranfactions ancien-» nes & nouvelles, encore qu'il fût ftipulé » par traité ou convention, ou ordonné » par Jugement & Arrêts, qu'ils jouiront » de leurs revenus, francs & quittes de » toutes charges, même des décimes ordinai-» res & extraordinaires, dons gratuits, & » généralement de toutes impofitions .... » auxquelles avons dérogé..... «

L'Arrêt du Confeil & les Lettres-Patentes du 11 Novembre 1758, regiftrées le 2 Décembre fuivant, contiennent des difpofitions toutes femblables.

Le Grand-Confeil, par Arrêt rendu le premier Avril 1739, entre l'Abbé Ozenne, Prieur Commendataire du Prieuré de Lihons en Santerre, le Prieur clauftral & les Moines de ce Prieuré, a ordonné que *le droit de Table Abbatiale de* 100 *liv. par an. dû par ledit Prieuré à l'Abbé Général de Cluny, la bourfe de* 100 *liv. dûe au Collége de Cluny de Paris, les droits du Vifiteur de l'Ordre, & l'aumône du Jeudi abfolu confiftante en grains,* 10 *liv. d'argent &* 500 *harangs, feront payés & fupportés par le Tiers-Lot.*

Ce même Arrêt condamne encore l'Abbé Ozenne à payer les Charges Clauftrales,

confiftantes (à Lihons) *en* 50 *liv. pour honoraires du Médecin; pareille fomme de* 50 *liv. pour les appointemens du Chirurgien, & fourniture de drogues;* 30 *liv. pour la fourniture de pain & vin pour les Meffes;* 20 *liv. pour les cordes des Cloches & le Sonneur;* 150 *liv. pour l'huile de la lampe, cire, chandelle & blanchiffage du linge de la Sacriftie;* 50 *liv. pour les frais de réception d'hôtes; &* 46 *liv. pour les honoraires du Prévôt & du Chantre.*

L'Arrêt rendu au Grand-Confeil, entre les Moines & l'Abbé de Saint-Gildes en Bretagne, le 20 Septembre 1740, charge non-feulement le Tiers-Lot de l'entretien des anciens lieux réguliers, mais *de l'entretien des nouvelles conftructions faites par les Religieux,* & ajoutées tant à *l'Eglife qu'aux lieux réguliers de l'Abbaye.*

Ce même Arrêt ordonne *que le Tiers-Lot demeurera en outre chargé de la fomme de* 100 *liv. pour le pain & le vin des Meffes, blanchiffage des linges, & pour la fourniture & entretien, tant des linges que des ornemens, & autres chofes concernant la Sacriftie, & de celle de* 250 *liv. pour l'aumône, dont la diftribution fe fera par les Religieux, en préfence de l'Abbé ou d'une perfonne prépofée de fa part, aux ..... Pauvres des Paroiffes, dans lefquelles l'Abbaye poffède des biens, fur un rôle dreffé en préfence de l'Abbé ou de fon Prépofé.*

Le Grand-Confeil a jugé par Arrêt rendu le 31 Janvier 1744, que les Charges Clauftrales doivent être payées par préférence à tous créanciers, même à un penfionnaire qui prétendoit la préférence fur le premier & fur le Tiers-Lot. Cet Arrêt eft imprimé; on le trouve à Paris chez Prault.

Les Procureurs Généraux des Cours peuvent-ils veiller à l'emploi du revenu du Tiers-Lot? Voyez l'Arrêt du Parlement de Befançon du 11 Janvier 1681, Recueil de ce Parlement, tome 1, page 64.

TIERS-RÉFERENDAIRES.

On nomme Tiers-Référendaires des Officiers créés dans toutes les Cours & Juftices Royales, par un Edit du mois de No-

(a) Quand il y a des Offices Clauftraux poffédés en titre de Bénéfices, les Titulaires doivent en acquitter les charges dont ils font tenus à la décharge du Tiers-Lot; parce que les biens de ces fortes d'Offices (font perpétuels & en titre); qu'ils ne fe partagent point entre les Moines & les Commendataires : ainfi l'Infirmier doit les charges de l'Infirmerie; l'Hôtellier, celles de l'Hôtellerie, &c.

vembre 1689, dont les fonctions font de taxer & faire le calcul de tous les dépens adjugés par lefdites Cours & Jurifdictions, à l'exclufion de tous autres Officiers. Voyez *Dépens.*

Avant la création faite par cet Edit, la taxe des dépens appartenoit aux Commiffaires-Enquêteurs dans les Juftices fubalternes ; c'étoit une fonction attachée à leur Office.

Il avoit été créé trente Offices de Tiers-Référendaires par un Edit de l'année 1635, pour taxer les dépens adjugés dans les Jurifdictions de l'enclos du Palais à Paris ; & ces Offices avoient enfuite été unis au Corps de quatre cent Procureurs au Parlement & autres Jurifdictions du fufdit enclos, par un Edit du mois de Mai 1639 ; mais la défunion en a été ordonnée par l'Edit du mois de Novembre 1689, dont j'ai parlé. Cette défunion n'a cependant pas eu d'exécution relativement aux Offices de Tiers-Référendaires du Palais, parce que les Procureurs au Parlement étoient propriétaires de ceux du Palais. Leur droit à cet égard a été confirmé par une Déclaration du 6 Décembre 1689, regiftrée le 13, qui porte que la fonction de Tiers ne pourra être exercée que par les Procureurs qui auront dix années de réception.

La même Déclaration porte *que ceux des Procureurs qui feront lefdites-taxes, auront la moitié du droit pour leur rétribution, & que l'autre moitié fera mife en bourfe commune.*

A l'égard des Offices de Tiers-Référendaires du Châtelet, l'Edit du mois de Novembre 1689 en avoit créé vingt, avec faculté de poftuler en ce Tribunal ; mais les Commiffaires ayant alors repréfenté qu'ils taxoient les dépens, même avant l'Edit de 1635, ils ont été maintenus dans cette fonction par un Edit du mois de Mai 1690, lequel a auffi éteint le titre des Offices & la faculté de poftuler, moyennant une finance de 120000 livres que la Communauté des Procureurs a payé.

Les Offices de Tiers-Référendaires ont depuis été fupprimés par un Edit du mois d'Août 1716, lequel a ordonné que les deux tiers des droits attribués à ces Offices feroient levés au profit du Roi pour rem-

bourfer les acquéreurs titulaires ; mais comme cette fuppreffion ôtoit aux Pourvus la faculté de poftuler, qui formoit l'objet capital qu'ils avoient eu en vûe en achetant, le Roi, par une Déclaration du 12 Décembre 1716, leur a confervé leur vie durant la faculté de poftuler, pour leur tenir lieu de leur rembourfement.

Le droit attribué aux Tiers-Référendaires fe perçoit actuellement dans les Jurifdictions Royales, fous le titre de droits réfervés ; il étoit fixé à un fol par article, par le Tarif attaché à l'Edit du mois d'Août 1716 ; mais l'article 3 de la Déclaration du 3 Août 1732, l'a reduit à 9 deniers. Voyez *Droits réfervés.*

Les Offices de Tiers-Référendaires établis dans le Comté de Bourgogne & en Alface, ont depuis été exceptés de la fuppreffion ordonnée par l'Edit du mois d'Août 1716, par une Déclaration du 3 Juillet 1717.

T I R E U R.

Voyez *Endoffeur, Lettre de Change & Solidité.*

Le Tireur d'une Lettre de Change eft celui qui donne une Lettre de Change portant ordre à fon Correfpondant de payer une certaine fomme.

Les Tireurs & Endoffeurs de Lettres (de Change) font tenus de prouver, en cas de dénégation, que ceux fur qui elles étoient tirées, leur étoient redevables, ou avoient provifion au temps qu'elles ont dû être proteftées, finon ils font tenus de les garantir. Ordonnance du Commerce, titre 5, art. 16.

Si depuis le temps réglé pour le protêt, les Tireurs ou Endoffeurs ont reçu la valeur en argent ou marchandifes, par compte, compofition ou autrement, ils font auffi tenus de la garantir. Ibid. art. 17.

Un Arrêt rendu le Mardi 23 Septembre 1755, au rapport de M. l'Abbé Boucher, en la Grand'Chambre, a jugé que, lorfqu'à l'échéance d'une Lettre de Change acceptée, il eft prouvé qu'il y avoit entre les mains de l'accepteur des fonds fuffifans pour l'acquitter, le porteur qui a gardé la Lettre pendant vingt-fept jours après l'échéance, fans fe préfenter, ni la faire protefter, n'a aucun recours contre les Tireurs & Endofleurs ; & que la perte entiere arrivée par la faillite de l'accepteur dans cet intervalle, tombe entiérement fur le porteur. L'Arrêt confirme des Sentences des Confuls, lefquelles contenoient déclaration de la part de l'accepteur, qu'à l'échéance de la Lettre il avoit des fonds fuffifans pour l'acquitter.

T I T R E.

Voyez *Contrainte*, *Exécution Provifoire*, *Exécutoire*, *Oppofition au Titre*, & *Titre nouvel*.

En termes de Jurifprudence ce mot fignifie un Acte par lequel un droit, une propriété, une jouiffance, &c. eft prouvée. On nomme Titres authentiques ceux qui font revêtus du caractere de l'autorité publique, par exemple, ceux qui font émanés des Tribunaux, ou qui ont été paffés devant Notaires ou autres Officiers ayant un earactere public.

On nomme Titres exécutoires ceux qui font mis en groffes, fignés d'Officiers publics qui ont droit de leur communiquer l'exécucution parée, & qui font fcellés. On les nomme exécutoires, parce qu'on peut en conféquence faifir, arrêter, exécuter & exercer toutes fortes de contraintes. On les nomme auffi indifféremment Titres parés, parce que l'exécution en eft toute prête. Voyez ce que je dis fur cela aux articles *Contrainte*, *Exécutoire*, *Groffe*, *Hypothéque* & *Titre nouvel*.

Tous les Titres exécutoires font authentiques, mais tous les Titres authentiques ne font pas exécutoires ; par exemple, une obligation paffée devant Notaires à Paris n'eft pas exécutoire, lorfqu'elle n'eft expédiée qu'en papier fans être groffoyée. Néantmoins elle eft authentique, & la foi publique lui eft dûe, la fignature de la Partie qui l'a foufcrite n'eft plus fujette à dénégation ni à vérification, comme les actes fous feings-privés. On ne peut la faire anéantir que par la voie de l'infcription de faux.

On trouve dans le troifiéme volume des regiftres des Bannieres du Châtelet, un Arrêt du Parlement du 23 Avril 1537, après Pâques, portant défenfes à tous Huiffiers d'exécuter les Arrêts, Jugemens & Ordonnances de la Cour fur les extraits des *Dictums*.

En général, la poffeffion tient lieu de Titre, lorfqu'elle remplit l'efpace de temps fixé par les Loix à cet effet, ainfi que je le dis aux articles *Cenfives*, *Dixmes*, *Francaleu*, *Poffeffion*, *Prefcription*, &c.

Mais il eft d'autres droits qu'on ne peut exiger fans Titres, & pour lefquels la poffeffion feule ne fuffit pas ; tels font les droits de bannalité, de fervitude, &c.

Un créancier ne peut pas faifir-exécuter, ni faifir & arrêter les Titres de fon débiteur, il peut feulement faifir les créances qui réfultent des Titres ; & fi en procédant à une faifie-exécution ou à l'enlevement des meubles d'un débiteur, il fe trouve des papiers, Titres, décharges ou renfeignemens, il faut les laiffer à celui qui en eft en poffeffion.

Mais fi quelqu'un à qui des Titres & des piéces appartiennent ; fçavoir, qu'ils font en main tierce, alors il pourroit les faifir ; & quelque créance qu'eût le dépofitaire de ces piéces, ou celui qui les a mifes en main tierce contre le vrai propriétaire, il faudroit en ordonner la remife à celui-ci.

Les Religieufes de Chelles, qui avoient un procès en la Cour contre les Habitans du même lieu, au rapport de M. l'Abbé Langlois, ayant produit des piéces qui appartenoient aux Habitans, ceux-ci les firent faifir entre les mains du Rapporteur. Les Religieufes difoient que des papiers n'étoient pas faififfables : les Habitans répliquoient que la faifie qu'ils avoient faite, étoit moins une faifie qu'une revendication de leur propre chofe ; & par Arrêt rendu le 20 Août 1749, il fut ordonné que les piéces des Habitans feroient remifes au Syndic de la Communauté, lequel en donneroit fa décharge.

Les Titres paffés en Pays Etrangers font-ils exécutoires en France ? Voyez *Hypothéque* & *Pareatis*.

Peut-on prefcrire contre fon propre Titre ? Voyez *Poffeffion* & *Prefcription*.

TITRES Cléricaux & Sacerdotaux.

On nomme Titre Clérical, une efpéce de dot qui fe conftitue aux Eccléfiaftiques avant qu'ils foient admis aux Ordres Sacrés, afin qu'ils ayent une fubfiftance affurée.

Dans les premiers fiécles de l'Eglife, l'Ordre & le Bénéfice fe conféroient en même temps. Cet ufage ne s'eft confervé que pour les Evêchés : actuellement on ne confere les Ordres Sacrés qu'à ceux qui ont un Titre Eccléfiaftique, c'eft-à-dire, un Bénéfice, ou au moins un revenu patrimonial fixe & certain en biens prophanes, qui puiffe fuffire à leur fubfiftance, afin, dit d'Héricourt, que leur pauvreté ne les engage à faire quelque chofe qui déshonore l'Ordre Eccléfiaftique.

Cet ufage de n'ordonner que les Clercs qui ont *un revenu temporel ou un Bénéfice fuffifant pour fe nourrir & entretenir*, eft fondé fur l'art. 12 de l''Ordonnance d'Orléans, qui contient à ce fujet une difpofition prohibitive, & qui veut que le *revenu temporel* des Clercs qui fe préfentent à l'Ordination, foit *certifié pardevant le Juge ordinaire . . . . . . par quatre Témoins ou Habitans folvables du lieu, qui feront tenus à fournir & faire valoir ladite fomme*.

Ce même article de l'Ordonnance d'Orléans fixoit le revenu du Titre Clérical à 50 livres ; mais il a depuis été augmenté, & l'ufage actuel de prefque tous les Diocèfes veut qu'il foit au moins de 150 liv. de rente. V. fur cette matiere l'article premier de l'Arrêt de Réglement rendu le 4 Août 1745 pour le Diocèfe de Boulogne-fur-mer. On le trouve dans le Code des Curés.

Le *revenu* du Titre Clérical eft *inaliénable, & non fujet à aucunes obligations & hypothéques créées depuis la promotion du Prêtre durant fa vie* (Ordonnance d'Orléans, *ibid.*) Mais les Arrêts ont jugé que la nue propriété pouvoit en être faifie & vendue à la charge de l'ufufruit pour les alimens. V. le Maiftre, des Criées ; & Bafnage, fur l'article 546 de la Coutume de Normandie.

Un Arrêt du Confeil rendu le 27 Septembre 1729, ordonne que les Titres Cléricaux contenant donations d'immeubles feront infinués aux Infinuations Laïques ; & que ceux qui ne contiendront que des conftitutions de rentes viageres, demeureront feulement affujettis aux Infinuations Eccléfiaftiques, encore que pour fûreté des rentes il y ait affectation d'immeubles. (*a*).

Mais l'article 20 de l'Ordonnance de 1731, ayant affujetti toutes les donations d'immeubles à l'infinuation, il faut en conclure que les conftitutions de Titres Cléricaux, portant donation d'immeubles, font fujettes à l'infinuation Laïque & au centiéme denier, ainfi que le Confeil l'a décidé le 28 Mars 1733, & que l'exemption portée par l'Arrêt du 27 Septembre 1729, n'a lieu que relativement aux conftitutions de rente viagere, qui tiennent lieu de Titre.

Bafnage & Berault difent, fur la Coutume de Normandie, que, quoiqu'il ne foit pas formé d'oppofition au décret de l'héritage chargé du Titre Clérical, le droit qui réfulte de ce Titre n'eft pas purgé ; je crois que cette opinion feroit difficilement admife au Parlement de Paris ; parce que le droit de celui à qui le Titre Clérical eft conftitué, eft ouvert, & que par conféquent c'eft à lui d'y veiller.

Le Brun qui a traité cette queftion (des Succeffions, liv. 2, chap. 3, fect. 9, n. 17,) penfe néantmoins comme ces Auteurs, quand le Titre eft conftitué par les afcendans ; mais il décide que le décret purge celui qui eft conftitué par des collatéraux ou par des étrangers.

La conftitution ou donation d'un Titre Sacerdotal n'eft point révoquée, quoique celui au profit duquel la conftitution eft faite, obtienne enfuite un Bénéfice ; à moins que l'acte conftitutif du Titre n'en contienne la condition. V. fur cela M. Louet, lettre D.

Ceux qui font Titulaires de Bénéfices, peuvent être promus aux Ordres fans Titre Clérical ; & quelque modiques que foient les revenus du Bénéfice, & quoique, comme je l'ai dit, le Titre Clérical foit inaliénable, le Bénéfice qui en tient lieu, peut néantmoins être réfigné par le Titulaire.

On jugeoit autrefois que les donations faites pour conftituer un Titre Clérical, n'étoient pas révoquées par la furvenance d'enfans au donateur ; mais cette Jurifprudence ne peut plus fubfifter depuis l'Ordonnance de 1731, art. 39 & fuivans. Voy. les difpofitions de cette Ordonnance à l'article *Révocation de Donation* ; M. Louet,

(*a*) Une Décifion du Confeil, donnée fur le rapport de M. Pelletier de la Houffaie, déclaroit les Titres Cléricaux exempts du Droit de Centiéme denier, auffi-bien que de l'Infinuation Laïque. Voyez le Rapport des Agens du Clergé, fait en l'année 1730, page 215, & les Piéces juftificatives dudit Rapport.

lettre

lettre D , n°. 56 ; & un Arrêt rendu le 5 Janvier 1677 , rapporté au Journal des Audiences , tome 3.

L'Arrêt du Parlement , rendu pour servir de Réglement au Diocèse de Boulogne , le 4 Août 1745 , & qui sur cette matiere est conforme au Droit - commun , porte » aucun ne pourra être reçu à l'Ordre de Prê- » trise , s'il n'a bien temporel ou Bénéfice » suffisant (a) , pour se nourrir & entretenir.

» Les Titres Cléricaux seront passés de- » vant Notaires . . . . . . suivant la Coutume » des lieux ; la valeur des biens sur lesquels » lesd. Titres seront assignés , sera certifiée » par quatre des principaux habitans de la » Paroisse , de la situation d'iceux devant le » Juge ordinaire des lieux , suivant l'art. 12 » de l'Ordonnance d'Orléans ; & au cas où » lesdits Titres seroient seulement par do- » nation de pension , la solvabilité des do- » nateurs sera attestée comme dessus ; & la » donation sera acceptée par le donataire » ou par son fondé de procuration spéciale , » laquelle sera annexée à ladite donation , » & sera en outre ladite donation insinuée , » suivant les Ordonnances.

» Lesdits Titres Cléricaux , soit qu'ils » soient assignés sur des fonds , ou qu'ils » soient constitués par pension , seront pu- » bliés par trois Dimanches & Fêtes con- » sécutives au Prône des Messes Paroif- » siales , tant de la situation des biens , que » du domicile du Clerc , & du domicile de » celui qui aura constitué le Titre ; & sera » ladite publication attestée par le Curé ou » les Curés qui l'auront faite , dont ils dé- » livreront leurs certificats ; lesquels , ainsi » que l'expédition dudit Titre , seront dé- » posés au Secrétariat de l'Evêché . . . . . .

» Par Arrêt rendu au Parlement de » Rouen le 22 Décembre 1742 , entre le » sieur Hotot & un sieur Guien , tous deux » Prêtres , plaidans Mes Falaise & Bigot le » jeune , il a été jugé que le Titre Clérical » n'arrérage point , & qu'il n'est dû que du » jour qu'il est demandé , mais qu'on doit » en payer une année d'avance «. Cet Arrêt est rapporté à la suite du texte de la Coutume de Normandie , imprimé à Rouen en 1753.

Les Ecclésiastiques jouissent de l'exemption des droits de Gros & augmentation sur la vente en gros des vins du crû de leur Titre Sacerdotal ; les Ordonnances des Aides en contiennent une disposition textuelle.

TITRE COLORÉ.

V. *Capacité , Dévolut , Grade , Prévention.*

On nomme Titre Coloré , celui qui a l'apparence d'un Titre légitime & de bonne foi , quoiqu'il puisse être argué de nullité par les défauts qui se rencontrent , & qui se peuvent couvrir par une possession de trois ans , sans force ni violence.

Tous les Canonistes disent qu'un Titre est censé Coloré , lorsqu'il est émané de celui qui est en droit ou en possession de conférer un Bénéfice ; quoiqu'il y ait quelque défaut , soit de la part du Collateur , comme lorsqu'il est suspens au temps des provisions qu'il accorde , ou lorsqu'il n'a pas les qualités requises pour posséder la dignité en vertu de laquelle il confere ; soit enfin dans la forme des provisions ; comme lorsqu'elles ne sont pas signées par les témoins , ou qu'il n'y en a pas eu d'appellés.

Lorsqu'un Clerc , muni d'un Titre Coloré , a possédé un Bénéfice pendant trois ans , il ne peut plus être attaqué ni dépossédé de son Bénéfice , que par la voie du dévolut ; parce qu'un Titre Coloré n'est pas nul. Il demeure seulement sans effet , quand celui qui l'a obtenu est attaqué , dans les trois années , par quelqu'un qui a un Titre légitime & en bonne forme. V. *Possession triennale.*

Un Titre ne seroit pas censé Coloré , s'il n'étoit pas émané de l'Evêque , ou de celui qui a le droit de conférer les Bénéfices.

Un Titre Coloré empêche la prévention du Pape. V. *Prévention.*

TITRE NOUVEL.

On nomme Titre Nouvel , un acte par lequel quelqu'un se reconnoît débiteur d'une rente fonciere , comme détempteur de quelqu'héritage ou d'une rente constituée , comme représentant celui qui la devoit.

Le Titre qui étoit exécutoire contre un

(a) Un Bénéfice quelconque , de quelque modique revenu qu'il soit , est toujours suffisant pour faire ordonner

celui qui en est Titulaire ; & il lui tient lieu de Titre Clérical.

Tome III. Part. II.

G g

défunt, ne l'eſt pas contre ſes repréſentans, ſuivant l'article 168 de la Coutume de Paris, juſqu'à ce qu'il ait été déclaré tel par un Jugement (a). Mais ce Jugement devient inutile, ſi l'héritier ou repréſentant paſſe un Titre Nouvel en bonne forme, par lequel il conſent que l'acte, qui étoit exécutoire contre le défunt, le ſoit contre lui.

Le Titre Nouvel peut donc ſe demander toutes les fois qu'il y a mutation de débiteur. Il peut auſſi s'exiger à chaque mutation de propriété des héritages chargés de rentes.

On a agité la queſtion de ſçavoir ſi, dans la Coutume d'Amiens, qui par l'article 135 déclare celui qui a atteint l'âge de vingt ans, à l'effet d'eſter en Jugement, adminiſtrer ſes biens, & contracter de ſes meubles & acquêts, on peut demander un Titre Nouvel à un mineur de vingt-cinq ans, mais majeur de majorité coutumiere, ſans aſſigner en même-temps ſon curateur, s'il en a un, ou ſans lui en faire créer un, s'il n'en a pas.

Cette affaire fut d'abord portée devant le Prévôt Royal de Doulens, & par deux appels ſucceſſifs au Bailliage d'Amiens & au Parlement. Par les Sentences des deux premiers Tribunaux, confirmées par Arrêt rendu le 22 Janvier 1726, à ce que je crois, ſur les Concluſions de M. d'Agueſſeau, Avocat Général, l'exploit de demande a été déclaré nul; parce que la capacité donnée par cette Coutume, ne s'étend pas au-delà de l'adminiſtration, & qu'un Titre Nouvel eſt regardé comme un acte d'aliénation.

Le Titre Nouvel doit toujours être fourni au créancier, aux frais du débiteur; au moins on le juge ainſi au Châtelet.

Il eſt même un cas où le créancier d'une rente peut exiger un Titre Nouvel, lors même qu'il n'y a point de mutation de débiteur, ou dans la propriété de l'héritage qui lui eſt affecté : c'eſt lorſque le Titre eſt prêt à preſcrire.

Les mutations de la part des créanciers ne leur donnent pas lieu de demander des Titres Nouvels, mais ſeulement celles qui arrivent de la part des débiteurs, & dans les biens, ou lorſqu'il y a lieu de craindre la preſcription.

Un Titre Nouvel ne donne point un nouveau droit, & il ne fait point valider un acte nul & vicieux dans ſon principe; ſon objet n'eſt point de diſpoſer ou d'innover, mais ſeulement de perpétuer l'effet du premier acte, tel qu'il a été paſſé, en tant qu'il eſt ſelon les régles, & non autrement.

Si le Titre Nouvel eſt donné après avoir vû le Titre primordial, & qu'il en ſoit fait mention, en ce cas ce Titre n'eſt plus conditionnel; il eſt pur & ſimple, & fait foi entiere, quoique le Titre primordial ne ſoit pas repréſenté.

Ces deux dernieres maximes ſont tirées de Dumoulin. Voyez l'Arrêt du 22 Août 1750, que je rapporte à l'article *Choſe jugée*.

Le mari qui paſſe Titre Nouvel d'une rente dûe par ſa femme avant ſon mariage, ne s'oblige qu'en qualité de mari pour les arrérages qui peuvent écheoir pendant la communauté; & il y a même un Arrêt rendu le 16 Mars 1602, par lequel il a été jugé que cette obligation que le mari contracte par un Titre Nouvel, eſt ſeulement perſonnelle, & ne produit aucune hypothéque ſur ſes biens. Cet Arrêt eſt rapporté par Chenu en ſes actions Forenſes, liv. 8, chap. 10.

Par la même raiſon, ſi le mari qui doit une rente de ſon chef, en paſſe Titre Nouvel pendant le mariage, avec hypothéque ſur tous ſes biens, il eſt certain qu'après la diſſolution de la communauté, l'hypothéque ne tient pour l'avenir que ſur la portion du mari. Bacquet cite ſur cela un Arrêt du 9 Avril 1591, des Droits de Juſtice, chap. 21, n. 47.

TONLIEU.

On nomme ainſi un Droit Seigneurial qui ſe paye à cauſe de la vente des beſtiaux

<hr/>

(a) Dans le Duché de Bourgogne, le créancier d'un défunt n'eſt pas tenu de faire déclarer ſes titres de créance, exécutoires contre les héritiers, avant de procéder par Saiſies mobiliaires & réelles ſur leurs biens; les Avocats au Parlement de Dijon l'ont ainſi atteſté, par un Acte de Notoriété qu'ils ont donné le 12 Novembre 1721.

Le même uſage a lieu en Provence, ſuivant l'Acte de Notoriété donné par MM. les Avocats & Procureurs Généraux du Parlement d'Aix, le 29 Avril 1726. Voyez *Exécutoire*.

dans l'étendue d'un Fief, & pour les places occupées dans les Marchés où se vendent les denrées.

Sur l'étymologie du mot Tonlieu & sur l'origine de ce Droit, voyez le Commentaire de M^e le Roi d'Ozembrune, sur l'article 34 de la Coutume de Boulonnois.

TONSURE.
V. *Ordres Sacrés.*

Donner la Tonsure, ce n'est pas conférer un Ordre Ecclésiastique; mais c'est préparer celui à qui elle est donnée, à recevoir les Ordres. Quelques-uns définissent la cérémonie de la Tonsure, une prise d'habit Ecclésiastique.

La Tonsure se fait par les Archevêques & Evêques, en coupant quelques cheveux à celui qui est l'objet de la cérémonie; & pendant qu'elle se fait, le nouveau Clerc récite ces paroles de David : *Seigneur, vous êtes ma portion, c'est vous qui me rendrez mon héritage.* (Pseaume 15, verset 5.)

Après quoi l'Evêque met au nouveau Clerc le surplis, en priant le Seigneur de revêtir du nouvel homme celui qui vient de recevoir la Tonsure. Saint Paul aux Ephesiens, ch. 4, verset 24.

La Tonsure ne peut se donner qu'à ceux qui ont reçu le Sacrement de Confirmation, qui sçavent lire & écrire, qui sont instruits des principaux articles de la Foi, & qui sont âgés de plus de sept ans. Voy. le Concile de Trente & Rebuffe.

On ne peut, sans dimissoire, obtenir la Tonsure que de son Evêque; & ceux qui sont tonsurés par un autre, doivent obtenir des Lettres *perinde valere*; néantmoins V. l'Arrêt du 4 Septembre 1690, au Journal des Audiences.

Il y a des Abbés Réguliers qui prétendent avoir droit de donner la Tonsure à leurs Moines. V. *Abbés.*

Ceux qui ont reçu la Tonsure sont mis au nombre des Clercs; mais il n'y a point de fonctions Ecclésiastiques attachées à cette espéce de Cléricature, qui suffit néantmoins pour mettre ceux qui en sont honorés, en état de posséder des Bénéfices simples. « Et » il ne se trouve que trop de personnes (dit » d'Héricourt) qui s'engagent dans l'Etat

» Ecclésiastique, plutôt dans la vûe des re-
» venus considérables qui sont attachés aux
» Bénéfices, que pour servir l'Eglise «.

L'article 32 de la Déclaration du 9 Avril 1736, assujettit les Archevêques & Evêques à tenir *dès Registres pour les Tonsurés & les Ordres mineurs & sacrés.* Et les Arrêts ont toujours déclaré incapables de posséder des Bénéfices, ceux qui ne justifieroient pas de Lettres de Tonsure.

TOUR.
Voyez *Semainier.*

TOUR DE L'ECHELLE.
Voyez *Mur.*

On nomme Tour de l'Echelle une servitude par le moyen de laquelle celui qui fait réparer ses bâtimens, peut faire placer une échelle sur l'héritage voisin, & occuper, pendant les réparations ou la construction, un certain espace de terrein.

L'étendue du Tour de l'Echelle est de trois pieds de distance, qui se mesurent du pied du mur au rez-de-chaussée; & c'est à cette distance que l'Echelle doit être mise pour être posée au haut du mur.

Le droit de Tour de l'Echelle ne s'établit point sans titre entre voisins, d'autant que celui qui bâtit, peut bâtir sur son héritage jusqu'à l'extrémité d'icelui, ou sur un mur mitoyen, auquel cas il n'y a point de droit pour le Tour de l'Echelle.

S'il convient faire quelque rétablissement à un mur non mitoyen, mais bâti entièrement sur l'héritage de celui qui le veut faire rétablir, il doit faire le service & les ouvrages de son côté.

Et si une personne, en bâtissant un mur, s'est retirée sur soi de trois pieds, comme il est propriétaire de ces trois pieds, c'est en ce cas qu'il a le droit du Tour de l'Echelle; ce qui (dans ce cas-là) n'est pas une servitude, mais une jouissance & un effet du droit que chaque propriétaire a de jouir de son héritage. Voyez l'Acte de Notoriété donné par M. le Lieutenant Civil, le 23 Août 1701. Voyez aussi l'article 75 de la Coutume de Meaux, en conformité duquel a été rendu Arrêt au rapport de M. Rolland de Challerange, en la deuxième Chambre des Enquêtes, le 28 Juillet 1760.

TOURBE.
V. *Carriere.*

La Tourbe eſt une terre propre à faire du feu, dont on ſe ſert à Amiens, à Abbeville, & dans d'autres endroits du Royaume. Cette terre ſe tire dans des prés & autres endroits voiſins des rivieres; & quand un pré a été tourbé, il devient, pour ainſi dire, inutile au propriétaire, parce qu'il ne forme plus qu'une marre d'eau bourbeuſe, qui ne ſe remplit qu'après un très-long-temps, par les débordemens des rivieres.

C'eſt-pourquoi, par Arrêt rendu ſur délibéré au Grand-Conſeil, au rapport de M. de Bonnaire, le 30 Septembre 1752, on a jugé que tourber un pré, c'étoit aliéner le fonds, & qu'un Bénéficier qui, ſans néceſſité & ſans autoriſation, avoit tourbé un pré ſitué près Pecquigny, étoit tenu de faire emploi du prix, au profit du Bénéfice, en préſence de M. le Procureur Général. Cet Arrêt eſt intervenu après pluſieurs rapports d'Experts, & des Actes de Notoriété donnés par le Bailliage d'Amiens.

Le Vendredi 21 Mai 1756, on a plaidé en la Grand'Chambre la queſtion de ſçavoir ſi des Lettres de Reſciſion priſes contre un acte contenant ceſſion d'un uſufruit, avec faculté de tourber pendant la vie de l'acquéreur, devoient être enthérinées pour léſion d'outre moitié.

L'acquéreur prétendoit qu'on ne pouvoit pas alléguer de léſion dans une ceſſion d'uſufruit; parce que les jouiſſances viageres dépendant d'un événement incertain, elles ne pouvoient pas aiſément s'apprécier, & que par conſéquent on ne devoit pas conſidérer la léſion d'outre moitié dans ces ſortes de ventes. (Cependant voyez *Vente.*)

La réponſe du vendeur conſiſtoit principalement à dire que le droit de tourber n'appartenoit pas à l'uſufruitier; que cette faculté entraînoit néceſſairement l'aliénation de la propriété; parce que les héritages dont on a enlevé la Tourbe, ſont plus d'un ſiécle ſans rien rapporter; ce moyen a fait enthériner les Lettres de Reſciſion, par Arrêt rendu ledit jour Vendredi 21 Mai 1756, ſur les Concluſions de M. l'Avocat Général Joly de Fleury. Mᵉ Aubry plaidoit pour le vendeur.

On peut ſur cette matiere conſulter Henrys & Bretonnier, qui diſent que le charbon tiré de la terre fait partie du fonds, & non pas de l'uſufruit.

Les lieux propres à être tourbés ſont ſujets aux régles preſcrites pour les mines & minieres.

Un Arrêt du Conſeil, rendu le 17 Juillet 1744, a permis au ſieur Porro, excluſivement à tous autres, d'exploiter les mines de Tourbe à Paris, & à cinq lieues aux environs.

Il a été décidé au Conſeil, le 26 Novembre 1754, que le droit de centiéme denier n'eſt pas dû pour la vente du droit de tirer de la Tourbe pendant trente ans dans les marais de la terre du ſieur Gorguette, Généralité d'Amiens.

TOURNAIRE (Chanoine).
V. *Semainier.*

TOURNELLE.

On nomme Tournelle une Chambre établie dans chaque Parlement, pour décider les affaires criminelles.

Ces Chambres ont pris leur dénomination de ce que les Conſeillers (Laïcs) de la Grand'Chambre & des Chambres des Enquêtes y entrent tour-à-tour.

La Chambre de la Tournelle du Parlement connoît de tout ce qu'on appelle grand criminel, c'eſt-à-dire, des crimes qui ne peuvent être expiés que par la mort ou la honte du coupable.

Mais quand il s'agit de Procès inſtruits par récollement & confrontation, ſur leſquels il n'a été prononcé que des peines pécuniaires, l'appel ſe juge dans les Chambres des Enquêtes.

Comme Chambre du Plaidoyer, la Tournelle connoît privativement aux Enquêtes, en matiere criminelle, de ce dont la Grand-Chambre, comme Chambre du Plaidoyer, connoît privativement aux Enquêtes, en matiere civile.

Ainſi elle connoît, 1°. de toutes les appellations verbales en matiere criminelle. Sur quoi il eſt bon de remarquer que l'appel de tous les décrets eſt un appel verbal.

2°. De l'appel de tous les Jugemens d'inſtruction en matiere criminelle, & des

accufations légeres qu'elle évoque pour juger fur le champ à l'Audience.

On peut, fur la diftribution des affaires
criminelles à la Tournelle & aux Enquêtes,
confulter l'Arrêt de Réglement du 3 Mars
1635, qui porte que » les procès & inftan-
» ces, informations & autres piéces concer-
» nant les dégradations de bois, fpoliations,
» revendications, réintégrandes, banque-
» routes & autres femblables différends qui
» par Sentence feront réduits à des amendes
» pécuniaires, reftitution, dommages-inté-
» rêts & dépens, encore que le Procureur
» Général ou fes Subftituts y foient Partiés,
» & que l'inftruction en ait été faite ex-
» traordinairement . . . . feront mis . . . . au
» dépôt du Greffe Civil, (c'eft-à-dire, des
» Enquêtes) . . . . . à la charge néantmoins
» que fi on reprend l'extraordinaire féparé-
» ment, ou que par lefdites Sentences il y
» ait peine afflictive, ou à faire declaration
» nue tête, blâmé ou admonefté en la Cham-
» bre, ils feront portés au Greffe Criminel,
» & pour les autres condamnations efquel-
» les les peines feront moindres que celles
» ci-deffus, appartiendront au Civil. «

La multiplicité des affaires civiles a auffi
quelquefois fait établir des Tournelles extraordinaires, qu'on a nommé Tournelles
civiles : mais ces établiffemens n'ont été que
momentanés.

Il y en eut une établie au Parlement de
Paris en 1667, qui fut renouvellée fucceffivement en 1669, & dans plufieurs années
fuivantes : elle fut rétablie en 1735 & en
1736 pour chacune de ces années.

Ces Tribunaux ne connoiffoient que des
affaires (civiles) qui avoient pour objet une
valeur de 3000 livres de capital, ou 150 liv.
de rente & au-deffous : ils étoient compofés
de Magiftrats pris dans les autres Chambres.
V. les Déclarations des 12 Janv. 1735, & 24
Janv. 1736.

TOURNOIS.
Voyez *Parifis.*

TRADITION.
Voyez *Saifine.*

La Tradition eft la délivrance d'une
chofe entre les mains de quelqu'un ; c'eft
ainfi que la définit le Dictionnaire de Tre-
voux.

On diftingue deux fortes de Traditions ;
la Tradition réelle, & la Tradition indirecte & feinte.

La Tradition réelle eft celle qui fe fait
en mettant réellement l'acquéreur en poffeffion de la chofe par une vraie & naturelle
appréhenfion de fait, qui le conftitue proprement & pleinement poffeffeur.

La Tradition feinte eft celle par laquelle
le vendeur ou le donateur fe défaifit de tout
droit de propriété en la chofe donnée ou
vendue, pour ne s'en réferver que la jouiffance à titre d'ufufruit, de conftitut ou de
précaire.

La Tradition eft néceffaire pour la validité des donations entre-vifs ; mais on s'eft
contenté d'une Tradition feinte : & pour
obvier aux fraudes qui pourroient réfulter
des donations accompagnées de Traditions
feintes, & dans lefquelles le donateur paroît conferver fa poffeffion, on a introduit
l'infinuation. V. *Infinuation.*

Dans la plûpart des Coutumes du Vermandois, de Picardie & des Pays-Bas, on ne
s'eft pas contenté de la Tradition feinte ufitée dans la Coutume de Paris, on a exigé
une autre forte de Tradition, qui dans ces
Coutumes s'appelle Veft, Deveft, Saifine,
Défaifine, Mife de fait, Nantiffement, Adhéritance, Déshéritance, &c. Voyez chacun de ces articles en particulier.

Quelques féveres que foient ces Coutumes fur la néceffité de cette forte de Tradition dans les mutations de propriété, on a
fait ceffer la rigueur de quelques-unes, quand
il s'eft agi de donation faite par contrat de
mariage ; parce que la régle *donner & retenir ne vaut,* ne s'applique point aux donations de cette efpéce.

Dans la Coutume de Chaumont, qui par
l'article 76 exige que le donateur fe défai-
fiffe, & que le donataire foit faifi, fçavoir
de terres féodales par la réception en foi,
des cenfuelles par l'enfaifinement, & des
chofes allodiales par une prife de poffeffion ;
on juge que les donations par contrat de
mariage font exceptées de cette régle.

Le Bailliage de Chaumont a donné un
Acte de Notoriété fur ce point, d'après lequel la Cour, par Arrêt rendu le 28 Mars
1740, en la deuxiéme Chambre des Enquêtes, a déclaré valable une donation faite par

le Sr Audriot en faveur & par le contrat de mariage d'Etienne Maillard, Chirurgien, & Magdeleine Suleau , quoiqu'elle n'eût été suivie, ni de prise de possession, ni de saisine.

La même question a depuis été jugée de la même maniere, par Arrêt du premier Septembre 1755, pour la Coutume de Valois, qui a une disposition pareille à celle de Chaumont , entre Matthieu Prevôt , Marchand à Villers-Coterets , & Marie-Claude Corret ; mais voyez l'Arrêt du 28 Mars 1743, dont je parle à l'article *Donation.*

TRAITTES.

On nomme Traittes des droits qui se levent sur toutes les marchandises qui entrent dans le Royaume ou qui en sortent.

La Ferme des Traittes est une des cinq grosses Fermes ; & il y a des Jurisdictions particulieres qu'on nomme Jurisdictions de Traittes, dont le pouvoir & les fonctions sont réglés par les dispositions du titre 12 de l'Ordonnance de 1687. Les principales sont de décider en premiere Instance tous les différends civils & criminels qui naissent à l'occasion des droits qui se levent sur les marchandises & denrées qui sortent du Royaume , & qui y sont apportées des Pays Etrangers ou des Provinces réputées étrangeres, on les nomme Jurisdictions des Traittes; & les appels des Jugemens qui en émanent, se doivent relever à la Cour des Aides. Voyez sur cela les Edits des mois de Mars 1667, Mai 1691 & Mars 1692, & la Déclaration du 13 Octobre 1699.

Il a néantmoins été ordonné par un Arrêt du Conseil du 27 Novembre 1661, que les Officiers des Traittes qui seroient établis en vertu de l'Edit du mois de Mai précédent dans les Provinces de Flandres, Artois , Hainaut , Cambresis , Pays d'entre Sambre & Meuse, & d'outre Meuse, Pays conquis & reconquis , seront tenus de présenter leurs provisions, & de prêter serment devant les Intendans desdits Pays , & que les Jugemens qui seroient par eux rendus, seroient exécutés en dernier ressort jusqu'à la somme de 500 liv. & au-dessus par provision pour le payement des droits de Sa Majesté seulement, à quelque somme qu'ils se puissent monter, en donnant caution par le Fermier ; & qu'au cas d'appel les Parties

procéderoient au Conseil sans retardation de l'exécution des Jugemens pour le payement desdits droits.

Un Arrêt de la Cour des Aides rendu le 13 Décembre 1737, fait défenses aux Juges des Traittes du Royaume d'appointer en matiere civile les causes où il s'agit des droits de ferme, si ce n'est en cas de privilége, & d'ordonner seulement un simple délibéré sur le registre, lorsqu'ils jugeront nécessaire de voir les piéces pour le prononcer à la prochaine Audience, sans qu'ils puissent prendre aucune épice ni vacation.

Il est ordonné par un Arrêt du Conseil, du 15 Octobre 1737, que les Officiers des Jurisdictions des Traittes seront taxés d'office à la Taille par les Intendans des Provinces. Ce même Arrêt *défend aux Collecteurs de les comprendre dans leurs Rôles des Tailles , ni d'exiger ..... plus fortes sommes que celles auxquelles ils auront été taxés , à peine d'en demeurer responsables en leur propre & privé nom.*

Ordonne en outre que lesdits Officiers des Traittes demeureront exempts de la collecte des Tailles , avec défenses de les nommer Collecteurs , à peine de nullité & de tous dépens, dommages , &c.

Un autre Arrêt du Conseil, du 24 Juin 1743, a cassé une Sentence des Juges des Traittes de Rouen, contenant un Réglement par lequel ces Juges s'étoient attribué une inspection sur la régie des Fermes, & une autorité sur les Commis & Préposés à cette régie.

Le Conseil a, par un Arrêt rendu le 9 Août 1723, enjoint au Juge des Traittes de Valenciennes, de se conformer à l'article 19 du titre commun de l'Ordonnance de 1681 & à l'article 9 de celle de 1687 ; en conséquence lui a fait défenses d'appointer les Parties à prouver sur les faits qui se trouveront établis par procès-verbaux des Commis des Fermes, ayant serment en Justice, lorsque lesdits procès-verbaux auront été affirmés & qu'ils seront revêtus des formalités prescrites par les Ordonnances , si ce n'est qu'il y eût inscription de faux contre lesdits procès-verbaux ; le tout à peine d'interdiction , de nullité , dépens , dommages & intérêts des Parties.

La plûpart des droits des Traittes sont

fixés par les tarifs des années 1664 & 1667; quelques-uns de ces droits font unis à la Ferme des Aides, à caufe de la plus grande facilité pour la régie : une autre partie eft unie à la Ferme des Domaines ; on la nomme Traitte domaniale, parce que les droits compofans cette partie étoient établis par les anciens Souverains des Provinces dans lefquelles ils fe perçoivent, le furplus eft ce qui compofe la Ferme des Traittes.

TRANSACTION.

Voyez *Baillis & Sénéchaux*.

On nomme Tranfaction les Actes qui ont pour objet de terminer ou prévenir des procès auxquels des droits refpectifs pouvoient donner lieu.

Il n'y a point de conventions plus folides, ni d'engagemens plus refpectables que ceux garantis par une Tranfaction fur procès. Les Loix les adoptent & les protégent, parce qu'elles font importantes à la Société, & que leur but naturel eft de délivrer les Parties du trouble que produit l'événement des procès, de faciliter les réconciliations, d'affurer le fort & l'état des Citoyens, & de tarir la fource de toute diffention.

C'eft à caufe de ces avantages précieux qui naiffent des Tranfactions, que les Légiflateurs ont cru devoir affurer à ces Actes une exécution néceffaire, & leur donner une force égale à l'autorité des chofes jugées. Voyez ce que je dis à l'article *Réparation Civile*.

Nos Ordonnances font d'accord à cet égard avec la difpofition des Loix Romaines; & voici comme s'explique celle de Charles IX, du mois d'Avril 1560.

Confirmons & autorifons par ces Préfentes toutes Tranfactions qui fans dol & force font paffées entre nos Sujets majeurs d'ans, pour les chofes qui font en leur commerce & difpofition.

Voulons & nous plaît que contre icelles nul ne foit reçu fous prétexte de léfion quelconque; mais que les Juges à l'entrée du Jugement, s'il n'y a autre chofe alléguée contre icelles Tranfactions, déboutent les impétrans des Lettres, de l'effet & enthérinement d'icelles, & les déclarent non-recevables.

Ainfi les Tranfactions faites entre majeurs *fuper lite motâ* ne font point fujettes

à refcifion dans quelque temps que ce foit, ni fous prétexte de quelque léfion que ce puiffe être ; parce qu'il n'eft pas permis de faire revivre, ni de porter de nouveau en Juftice une conteftation terminée par un Acte auffi folide.

Il n'y a donc que deux voies ouvertes pour faire anéantir une Tranfaction fur procès; il faut, ou qu'il y ait un dol caractérifé, ou une violence pratiquée pour y parvenir.

Remarquons néantmoins que, comme l'Ordonnance de Charles IX ne permet aux Parties de tranfiger que fur les *chofes qui font en leur commerce & difpofition*, il y a des Jurifconfultes qui penfent que les Gens de main-morte & les Bénéficiers ne peuvent pas tranfiger fur les actions qui ont pour objet la propriété d'un héritage ou un droit réel, par la raifon qu'il n'eft pas en leur pouvoir d'aliéner ces chofes, & qu'il leur eft même défendu de compromettre fur ces fortes d'actions. V. *Compromis*.

Cependant la Cour, par Arrêt rendu au rapport de M. de Montholon, en la deuxième Chambre des Enquêtes le 2 Juin 1729, a ordonné l'exécution d'une Tranfaction faite fur procès commencé, & pour en prévenir d'autres entre une Communauté de Chapelains & un Curé, relativement à des dixmes dont ils étoient l'un & l'autre copropriétaires, quoiqu'elle contînt un bail au Curé de la portion des dixmes appartenante aux Chapelains, fait deux ans avant l'expiration de celui qui fubfiftoit, & une promeffe de renouveller le bail de neuf en neuf ans pendant la vie curiale du Curé.

La dame d'Audenfort s'étant pourvue par Lettres de Refcifion contre un Acte paffé en forme de Tranfaction entre fon fondé de procuration & celui du Marquis de Beaufort, auxquels chacune des Parties avoit donné une procuration conçue dans les mêmes termes, & contenant pouvoir de tranfiger, de l'avis de quatre arbitres nommés dans les procurations, a prétendu que, quoiqu'on eût donné la forme de Tranfaction à cet Acte, il ne devoit cependant être confidéré que comme Sentence arbitrale, elle en avoit appellé fous cette dénomination.

Mais, parce que les procurations contenoient, pouvoir de tranfiger, elle (la dame d'Audenfort) a été déclarée non-recevable en fon appel, par Arrêt rendu en la Grand'Chambre, au rapport de M. Titon, le Lundi premier Septembre 1760.

On peut, fur la matiere des Tranfactions, confulter Argou & la Combe, *verbo* Tranfaction. Voyez auffi ce que je dis à l'article *Contrats.*

TRANSFUGES.

Voyez *Déferteurs Exil & François.*

On nomme Transfuges ceux qui manquant à leur Patrie, l'abandonnent dans un temps de guerre ou de tréve, par un efprit de défertion, pour fe dévouer au fervice des ennemis de l'Etat. C'eft la définition qu'en donnent les Loix Romaines, & M. Cujas.

Notre Jurifprudence condamne les Tranffuges à la mort civile; les Loix Romaines que nous avons adoptées fur cette matiere, les anciennes Loix du Royaume, l'Edit du mois d'Août 1669, & le fuffrage des Jurifconfultes concourent pour faire prononcer cette condamnation.

Je ne crois cependant pas qu'elle foit encourue par le feul fait, comme quelques Auteurs l'ont écrit. Je penfe au contraire qu'il faut un Jugement déclaratif; parce qu'en France nous n'admettons pas les Notoriétés de fait. Voyez l'Arrêt de Bonneval, que je rapporte à l'article *Mort civile,* & ce que je dis aux articles *Etrangers, François & Proteftans.*

TRANSLATION de Religieux d'un Ordre dans un autre.

V. *Religieux & Vœux.*

Dans les premiers temps de l'établiffement des Ordres Monaftiques, les Religieux faifoient non feulement vœu de pauvreté, de chafteté & d'obéiffance, mais auffi de ftabilité. Ce dernier vœu les obligeoit de paffer leur vie dans l'Ordre & dans la Maifon où ils s'étoient engagés par leur Profeffion.

Ce dernier vœu n'eft plus d'ufage que dans quelques Ordres particuliers; tels que les Chartreux, Cîteaux, Prémontré, &c. dont les Membres peuvent néantmoins être transférés par leurs Supérieurs, d'une Maifon de l'Ordre dans une autre, ou de leur agrément, ou en punition de quelque faute; la plûpart des autres Religieux font plutôt Religieux d'une Congrégation que d'un Monaftere.

Dans l'ufage actuel, nous diftinguons trois fortes de Tranflations.

La premiere eft celle qui fe fait d'un Ordre plus mitigé dans un Ordre plus auftere (*a*).

La feconde eft celle qui fe fait d'un Monaftere à un autre, fans changer d'Ordre ni de Régle.

La troifiéme eft celle qui fe fait d'un Ordre ou d'une Régle plus auftere, à un Ordre ou une Régle plus douce & plus mitigée.

La premiere efpéce de ces Tranflations eft autorifée parmi nous, parce qu'elle tend à une plus grande perfection, auffi fe fait-elle fans qu'il foit befoin de recourir au Pape; mais le confentement refpectif des Supérieurs des deux Ordres doit néceffairement être demandé par le Religieux qui veut être transféré.

Dans ces fortes de Tranflations, le Religieux doit faire un nouveau Noviciat & nouvelle Profeffion. Voyez Févret, Traité de l'Abus.

La Congrégation de Saint Maur prétend (*b*) avoir des Brefs des 19 Septembre 1672, & 17 Août 1683, revêtus de Lettres-Patentes du 20 Septembre 1683, re-

---

(*a*) Qu'entend-t-on par Ordre plus auftere? Les Théologiens & les Canoniftes ont fur cela des opinions diverfes. Les uns prétendent que par Ordre plus auftere, on doit entendre celui dans lequel la Régle s'obferve avec plus d'exactitude.

D'autres difent que la Régle dans laquelle il y a plus de Prieres, de Méditations, & dans laquelle on travaille le plus au falut des ames, eft celle qui paffe pour être la plus étroite.

D'autres enfin prétendent que l'Ordre dans lequel on mene la vie la plus dure, eft celui qui eft cenfé le plus auftere.

On s'accorde néantmoins pour dire, 1°. que l'Ordre des Chartreux eft le plus auftere de tous.

2°. Que les Bénédictins & les Bernardins font fur le même pied; & que par conféquent on peut être transféré d'un Ordre dans l'autre *ad æqualem.*

3°. Que la Régle obfervée par les Chanoines Réguliers, eft moins auftere que celle de S. Benoît, fuivie par les Bénédictins, Bernardins, &c.

(*b*) Je me fers de ce mot, parce que je n'ai pas vû ces Lettres.

Les Chanoines Réguliers de la Congrégation de France difent avoir un pareil Bref de l'an 1680, qui a, difent-

giftrées

giftrées au Grand-Conseil, le 9 Novembre suivant, par lesquels il est défendu aux Religieux de cette Congrégation d'en sortir, sans la permission expresse du Supérieur Général, pour entrer dans quelqu'autre Ordre que ce soit, sous prétexte d'y mener une vie plus austere, comme à la Trape, aux Chartreux, &c. mais on pense assez universellement que ces Brefs & les Lettres-Patentes dont ils sont revêtus, ne s'appliquent point aux Translations pour infirmités.

Le consentement des Supérieurs respectifs est nécessaire pour la Translation *ad æqualem*, mais cette espéce de Translation n'est pas reconnue en France; on la regarde comme irréguliere & abusive, parce qu'elle ne sçauroit être fondée sur une cause légitime.

A l'égard de la Translation *de strictiori ad laxiorem*, elle ne dépend point de la volonté arbitraire des Supérieurs, ni même de l'autorité du Saint-Siége; nous la regardons comme un Acte de Justice, qui doit être fondé sur une juste nécessité, & sur des motifs tels que des infirmités dangereuses certifiées par des Médecins, &c.

Cette sorte de Translation ne peut se faire que par une autorité supérieure à celle des Monasteres; il faut pour cela un Bref du Pape, expédié à la Daterie; un simple Bref de Pénitencerie seroit abusif, il ne vaudroit que pour le for intérieur, & non pour le contentieux: on peut voir à ce sujet, dans le Journal du Palais, l'Arrêt du 20 Septembre 1694. La Combe cite aussi plusieurs autorités sur la même matiere, dans son Recueil Canonique, au mot *Translation*. Mais voyez *Cluny*.

Les Brefs de Translation dans un Ordre moins austere doivent être adressés aux Evêques Diocésains, pour être fulminés (*a*), & la fulmination ne peut s'en prononcer sans que les Supérieurs soient appellés, &

qu'il en ait été communiqué au Promoteur, partie nécessaire dans ces sortes d'affaires, parce qu'il s'agit d'un changement d'état; qu'il ait été informé de la vérité des causes de la Translation, &c.

De ce qu'il faut appeller les Supérieurs à la fulmination d'un Bref de Translation, dans un Ordre moins austere, il ne faut pas en conclure que leur consentement soit nécessaire; si on doit les appeller en pareil cas, c'est parce qu'on ne peut pas leur enlever des Religieux, sans qu'ils soient instruits; les vœux forment entre les Supérieurs & les Profès, un contrat synallagmatique, dont l'obligation réciproque ne peut cesser que de leur consentement respectif, ou par un Jugement qui ne peut réguliérement se prononcer que Parties présentes ou dûement appellées.

Ces principes ont été invoqués dans l'affaire jugée au Grand-Conseil, entre Dom Laneau, Supérieur Général de la Congrégation de Saint Maur, & le sieur Pecquet, Abbé Commendataire de Nanteuil en Vallée, en laquelle il s'agissoit de sçavoir si la cotte-morte de Dom Estevenon appartenoit au Monastere de Profession de ce Moine, ou à celui de sa Translation.

Estevenon, qui avoit fait Profession dans la Congrégation de S. Maur, en étoit déserté pour se retirer en Suisse & en Angleterre; il avoit depuis obtenu, sans la participation de Dom Laneau, un Bref de Translation, dans l'Ordre de Saint Benoît de l'ancienne Observance; l'Abbé Pecquet lui avoit donné un Bénévole pour être reçu dans l'Abbaye de Nanteuil, à l'effet de ce Bref; & l'Archevêque de Paris, auquel il étoit adressé, l'avoit fulminé; mais parce que Dom Laneau n'avoit pas donné son consentement à la Translation; qu'il n'avoit pas été appellé à la fulmination du Bref, qui étoit d'ailleurs prononcée sans conclu-

---

ils, été revêtu de Lettres-Patentes du 7 Mars 1684, regiftrées au Grand-Conseil le 7 Juin suivant. Brillon en parle dans le Dictionnaire des Arrêts.

L'Ordre de Citeaux prétend aussi qu'un Décret du Pape Alexandre III, défend à ses Religieux de passer dans un autre Ordre, sans le consentement de l'Abbé.

Les Chanoines Réguliers de la Congrégation de France & les Jésuites-Profès, ont aussi des Brefs qui défendent à leurs Membres, de se faire transférer sans le consentement de leurs Supérieurs. Voyez le Traité de la Mort Civile.

(*a*) Un Religieux du Tiers-Ordre de S. François, nommé Duval, transféré dans l'Ordre de S. Benoît par un Bref du 30 Août 1764, expédié en forme gracieuse, non suivi de fulmination, fut pourvu du Prieuré de Cinq-Mars de la Pille, après en avoir obtenu la permission en la forme ordinaire; un sieur Aubert impétra ce Bénéfice par dévolut: son moyen étoit le défaut de fulmination; il avoit appellé comme d'abus de la Translation sur ce fondement; mais, par Arrêt du Grand-Conseil du 11 Février 1715, il fut dit qu'il n'y avoit abus: je n'ai pas vû le Mémoire du Moine; j'ignore ses Moyens.

fions du Promoteur, Dom Laneau foutenoit qu'Eftevenon n'avoit pas ceffé d'être
de fa Congrégation, & que par conféquent
la cotte-morte lui appartenoit.

L'Abbé Pecquet oppofoit une fin de non-
recevoir réfultante du filence de Dom Laneau, auquel la Sentence de fulmination du
Bref avoit été fignifiée fans réclamation,
pendant fept années que Dom Eftevenon
avoit furvécu; il ajoutoit que Chopin, le
Preftre, Louet, Brodeau, Bardet, Blon-
deau & autres, fe réuniffent pour accorder
la cotte-morte au Monaftere dans lequel un
Religieux fe trouve transféré; cependant,
par Arrêt rendu au Grand-Confeil, au
grand rôle, le 11 Mai 1748, la cotte-morte
fut adjugée à Dom Laneau.

Tout ceci ne s'applique pas aux Religieux Mendians; il eft défendu à ceux-ci
de paffer d'un Ordre dans un autre, même
plus auftere, fans une permiffion expreffe
du Pape, & fans le confentement de leurs
Supérieurs, fuivant une Conftitution de
Martin IV, qu'on trouve dans les Extravagantes; fur quoi on peut auffi voir l'Arrêt du 16 Décembre 1734, cité par la Combe, dans fon Recueil Canonique, article
Tranflation.

Les Religieux Mendians qui ont été réguliérement transférés dans des Ordres où
l'on peut poffeder des Bénéfices, ne peuvent cependant en être pourvus qu'après
avoir obtenu une Difpenfe fpéciale du Pape, laquelle n'a même d'effet en France,
que quand elle eft revêtue de Lettres-Patentes bien & dûement regiftrées.

Il eft même bon de remarquer ici que la
Déclaration du 25 Janvier 1717 porte qu'aucun Religieux Mendiant, transféré dans
l'Ordre de Saint Benoît ou autre, ne pourra poffeder deux Bénéfices, ni un Bénéfice
avec une penfion fur un autre Bénéfice, ni
deux penfions. Voyez *Incompatibilité de Bénéfice.*

Il y a d'autres Tranflations qu'on nomme
ad effectum Beneficii, fur lefquelles on peut
voir le Recueil Canonique de la Combe,
qui en parle avec quelque détail, verb.
Tranflation, fect. 2, diftinct. premiere.

Les Religieux de la Charité ne peuvent être transférés de leur Ordre dans un
autre.

TRANSMISSION.

On nomme Tranfmiffion l'action par laquelle on tranfmet quelque chofe ou quelque droit : ce mot eft affez reffemblant dans
fa fignification au mot tranfport. V. *Subrogation.*

TRANSPORT.

V. *Délégation, Donation, Droits litigieux,
& Saifie.*

Au Barreau, le mot Tranfport fignifie
quelquefois defcente de Juges; & j'ai traité
de ces defcentes ailleurs. (Voyez *Defcentes
de Juges.*) Mais il fignifie auffi ceffion de
droits mobiliers; & c'eft du Tranfport, relativement à cette fignification, dont il fera
queftion en cet article.

Quand le créancier d'une dette mobiliaire
& exigible en a fait Tranfport à quelqu'un,
elle ne peut plus être faifie fur celui qui l'a
cédée; parce que le ceffionnaire devient le
créancier au lieu du cédant. Mais pour cela
il faut que le Tranfport ait été fignifié;
parce que, dit l'article 108 de la Coutume
de Paris, (qui fur ce point forme le Droit-
commun du Royaume (*un fimple Tranfport
ne faifit point, & faut le fignifier . . . . . à la
Partie, & en bailler copie.* On peut fur cela
confulter un Acte de Notoriété de M. le
Lieutenant Civil, du 24 Juillet 1705.

Cette fignification n'eft pas feulement néceffaire pour dépouiller le cédant, elle l'eft
encore pour notifier au débiteur le droit du
ceffionnaire; & la Coutume ne permet pas
à celui-ci de le pourfuivre avant la fignification, parce que fans cela il ne peut connoître la ceffion.

Ainfi, tant qu'un Tranfport n'eft pas fignifié au débiteur, les créanciers du cédant
peuvent faifir la dette tranfportée; relativement à eux, elle eft toujours cenfée appartenir au cédant, puifque la Coutume veut
que le ceffionnaire ne foit faifi, c'eft-à-dire,
rendu propriétaire qu'après le Tranfport
fignifié.

Les mots, *à la Partie,* inférés dans l'article 108 de la Coutume, ont déterminé
trois Avocats célèbres à décider, en qualité
d'arbitres, que la fignification d'un Tranfport faite de Procureur à Procureur, ne
faifit pas, parce qu'il peut arriver que la
Partie n'en ait pas connoiffance.

Par la même raison, la signification du Transport doit être faite au domicile du débiteur, & non à un domicile élu ; parce que l'élection de domicile n'a lieu qu'*inter contrahentes*, & non pas à l'égard d'un tiers, qui ne peut s'en prévaloir.

La signification doit être faite à tous les co-obligés ; si elle n'étoit faite qu'à un seul, il pourroit n'en pas avertir les autres ; & n'étant pas avertis, on ne pourroit leur faire un crime de ce qu'ils auroient payé au préjudice d'un obstacle qu'ils ne connoissoient pas.

Il faut cependant excepter de cette maxime les Transports des Traités faits avec le Roi & sur les Fermes ; il suffit de signifier le Transport à celui sous le nom duquel est la Ferme ou le Traité, parce qu'il représente solidairement toutes les cautions.

Au reste, il ne suffit pas en général de signifier qu'on a un Transport, & de faire une simple dénonciation, il faut en donner copie tout au long ; un simple extrait ne suffiroit pas, parce que le débiteur a intérêt de connoître son nouveau créancier, avec toutes les clauses du Transport.

Il faut néantmoins distinguer dans ceci l'intérêt des débiteurs de celui des créanciers du cédant qui saisiroit après une signification par extrait : le débiteur ne peut pas être contraint de payer en conséquence d'une pareille signification ; mais il le pourroit faire valablement au préjudice des saisies faites depuis la signification par les créanciers du cédant, parce que la copie entiere n'est nécessaire au débiteur que pour son intérêt & sa sûreté personnelle.

Le Transport d'une créance n'est valable que quand celui qui la cede, en est propriétaire : si elle étoit saisie à la requête de ses créanciers, le Transport signifié ne vaudroit que comme saisie. Me Jouhanin plaidant une semblable question, a cité, & je crois même lû un Arrêt, qu'il a daté du 8 Mars 1760, par lequel il a dit avoir été jugé qu'une saisie faite pour raison d'une somme de 180 liv. entre les mains du débiteur des 40000 liv. antérieurement à la signification du Transport de cette derniere somme, avoit conservé le droit des créanciers saisissans postérieurement au Transport, nonobstant les offres faites par le cessionnaire de payer le saisissant antérieur à la cession du Transport.

Quand un Transport est fait par un acte sous signature-privée, le débiteur n'est pas obligé d'ajouter foi à la signification qui lui en est faite, & on ne peut le forcer de payer en conséquence d'une pareille signification ; parce que n'ayant pas été présent à la signature d'un acte qui lui est étranger, ce n'est pas à lui de la reconnoître ou de la dénier.

Les porteurs de Transport de créances hypothéquées sur des biens situés en Pays de nantissement, ne sont pas obligés d'obtenir un nouveau nantissement ni Sentence d'hypothéque ; la signification au débiteur suffit. Il y a sur cela un Acte de Notoriété de la Sénéchaussée de Ponthieu, du 16 Sept. 1679.

Lorsque le Transport d'une créance fondée en titre, dont il y a minute, est signifié au débiteur, s'il a des quittances sous signature-privée, qui prouvent qu'il doit moins que ce qui a été transporté sur lui, il doit signifier ces quittances au cessionnaire ; autrement, & s'il tarde à notifier de semblables quittances, on peut raisonnablement les soupçonner de fraude, sur-tout s'il y a quelque circonstance jointe au silence pour là faire présumer. Une pareille quittance, qui n'étoit opposée au cessionnaire que quatre mois après la signification du Transport, a été déclarée nulle au Parc Civil du Châtelet, par Sentence du 25 Juin 1754.

Mais il y avoit cette circonstance, que le débiteur du contenu en l'obligation transportée, étoit un avanturier qui, suivant la quittance qu'il représentoit, avoit devancé les termes qui lui étoient accordés par l'obligation pour s'acquitter.

Le cessionnaire qui a gagné sa cause, a cité Bourjon : on a ordonné qu'il seroit passé outre aux contraintes contre le débiteur de l'obligation pour la somme de 8000 livres contenue au Transport, nonobstant la quittance. Voyez un Arrêt rendu le 10 Février 1565, qui a jugé de même, & qui se trouve dans Carondas. *Obs. verb.* Cession.

Quant aux Transports des rentes, quoiqu'ils soient signifiés, ils n'empêchent cependant pas que le cessionnaire ne puisse être poursuivi en déclaration d'hypothéque dans les Coutumes où elles sont immeubles. La Cour des Aides de Montpellier a rendu un Arrêt le 3 Avril 1706, sur la Requête du Syndic général du Languedoc , par lequel il a été ordonné que les fommes dûes par la Province , foit par contrat de conftitution de rente ou par obligation , qui auront été cédées ou tranfportées, ne pourront être faifies par les créanciers de ceux qui auront fait lefdites ceffion & Tranfport, après qu'ils auront été fignifiés à ladite Province.

L'Ordonnance du Commerce , titre des Faillites & Banqueroutes, article 4, déclare *nuls tous Tranfports , ceffions , ventes & donations de biens , meubles ou immeubles , faits en fraude des créanciers, & ordonne qu'ils foient rapportés à la maffe commune des effets.*

Une Déclaration du 18 Novembre 1702, enregiftrée le 29 , ordonne *que toutes ceffions & Tranfports fur les biens des Marchands qui font faillite , feront nuls & de nulle valeur , s'ils ne font faits dix jours au moins avant la faillite publiquement connue ; comme auffi que les actes & obligations qu'ils pafferont pardevant Notaires , au profit de quelques-uns de leurs créanciers , ou pour contracter de nouvelles dettes , enfemble les Sentences qui feront rendues contr'eux, n'acquerront aucune hypothèque ni préférence fur les créanciers chirographaires , fi lefdits actes & obligations ne font paffés , & fi lefdites Sentences ne font rendues pareillement dix jours au moins avant la faillite publiquement connue. Voulons & entendons en outre que notre Edit du mois de Mars 1673 demeure dans fa force & vertu, & foit exécuté felon fa forme & teneur.*

Cette Déclaration ne parle que des *Marchands en faillite* ; mais la Cour des Aides a jugé, par Arrêt rendu le 14 Mars 1710, à l'Audience de relevée , plaidans Mes de la Vigne pour les créanciers d'Urbecq, & Freteau pour Raoul Poultier , qu'elle devoit être étendue aux Gens d'Affaires.

Une autre Déclaration du 27 Mai 1705, enregiftrée le 10 Juin fuivant ; défend aux Parties de prendre ou accepter directement des Tranfports de droits litigieux ou non litigieux , à prix d'argent ou autrement , fur les Juges devant lefquels ils plaideront , depuis le jour que leurs Caufes, Inftances ou Procès, auront été portés devant lefdits Juges, jufqu'au Jugement ou Arrêt définitif, à peine de nullité defdits Tranfports, &c.

L'article 54 de l'Ordonnance d'Orléans défend auffi aux Juges, Gens du Roi, Avo-

cats , Procureurs & Solliciteurs, de recevoir des Tranfports de chofes litigieufes , pour lefquelles il y a conteftation dans les Tribunaux où ils font leurs fonctions.

Le Tranfport pur &.fimple d'une dette emporte la garantie de droit, qui confifte en trois points :

1°. *Rem fubeffe.*

2°. *Rem fuam effe.*

3°. *Nulli hypothecam effe.*

Mais il n'emporte aucune garantie de fait ; & même quand on a en général ftipulé la garantie , fans rien ajouter de plus , cela ne s'entend que de la garantie de droit.

Celle de fait fe divife ordinairement en deux claufes ; l'une de garantie de tous troubles & empêchemens ; l'autre, de fournir & faire valoir.

On peut en imaginer plufieurs autres ; mais il faut les rapporter à celles-ci : l'effet de la premiere eft de garantir la folvabilité du débiteur au temps du Tranfport ; & l'effet de la feconde eft de garantir la folvabilité future , mais après difcuffion , fi elle n'eft pas exclue dans l'acte. Voy. Loyfeau , Traité de la Garantie des Rentes , & ce que je dis à l'art. *Garantie.*

Dans le reffort du Parlement de Flandres , *les actes portant ceffion , Tranfport & ventes des meubles , uftenciles , marchandifes & effets mobiliers des Marchands , Négocians , Fabriquans & Ouvriers . . . . . fans tradition & délivrance réelle. . . . . doivent , fous peine de nullité , huit jours au plus tard, après qu'ils font paffés , être reconnus pardevant les Juges & Confuls de Lille ou de Valenciennes , & regiftrés au Greffe de l'une des Jurifdictions Confulaires defdites Villes. . . . . . dans le diftrict de laquelle le cédant eft domicilié, & celui au profit de qui l'acte eft paffé , ne peut prétendre avoir acquis de droit de propriété , hypothéque ou préférence , que du jour que l'acte eft reconnu & enregiftré. . . . . . .* Cela eft ainfi réglé par une Déclaration du 21 Juin 1723, regiftrée au Parlement de Douay le 16 Juillet fuivant , qui contient fur cela plufieurs autres difpofitions.

TRÉBELLIANIQUE.

Voyez *Quarte Trébellianique.*

TREIZIÉME.

C'eft le nom que la Coutume de Normandie donne aux droits Seigneuriaux ; qu'on nomme ailleurs lods & ventes , &c. V. fur cela l'art. 171 de la Coutume de Normandie , & les fuivans.

TRÉSOR ROYAL.

Le Tréfor Royal eft le lieu où fe portent les deniers qui reviennent de net au Roi de toutes les recettes générales , fermes , parties cafuelles , &c. les charges acquittées.

Les taillons & les décimes ne fe portent point au Tréfor Royal.

Les oppofitions qui fe font ès mains des Gardes du Tréfor Royal au payement des deniers dûs à des Particuliers , doivent être fignifiées par les Huiffiers de la Chaîne ou du Confeil. V. *Huiffier.*

Il y a des Greffiers-Confervateurs des faifies & oppofitions formées au Tréfor Royal. V. les Edits des mois de Mai 1706 & Juillet 1734.

TRIAGE.

On nomme Triage , le droit qu'ont les Seigneurs Particuliers , autres que le Roi , les Engagiftes de fes Domaines & les Gens de main-morte , de demander le partage , & s'approprier une portion des biens communaux & ufages. V. *Communauté d'Habitans & Ufages.*

TRINITAIRES ou MATHURINS.

On nomme Trinitaires, les Religieux Chanoines-Réguliers de l'Ordre de la Sainte-Trinité, pour la Rédemption des Captifs : ils font particulièrement connus à Paris , & dans quelques Provinces du Royaume, fous le nom de Mathurins ; & cet autre nom leur vient de ce que leur Maifon de Paris eft dédiée à Saint Mathurin. C'étoit une Chapelle fituée dans l'Aumônerie de Saint Benoît , que le Chapitre de l'Eglife de Paris donna en 1209 aux Trinitaires : ce fut leur premier établiffement à Paris ; & c'eft dans cette Maifon que l'Univerfité s'eft affemblée de temps immémorial , jufqu'en 1764, que le Collége de Clermont ou de Louis le Grand, poffédé auparavant par les ci-devant foi-difans Jéfuites, fut uni à l'Univerfité.

L'Ordre de la Trinité avoit été créé en 1198., fous le Pontificat d'Innocent III , par S. Jean de Matha, Gentilhomme Provençal,

& par S. Félix de Valois. Ces deux Inftituteurs allerent à Rome demander l'approbation de leur Inftitut. Le Pape leur donna l'habit , & les renvoya pour le furplus à l'Evêque de Paris & à l'Abbé de S. Victor. auxquels il recommanda de leur prefcrire une Régle. Il la confirma , & l'enrichit de beaucoup de priviléges. Mais cette Régle étant trop auftere pour être long-temps obfervée, Urbain IV commit, en 1263, l'Evêque de Paris & les Abbés de S. Victor & de Ste Geneviéve , pour la modifier & mitiger.

Cet adouciffement de la Régle fut approuvé par Clément IV en 1267. Les Réglemens qui furent faits alors, font encore fuivis dans tout l'Ordre, excepté dans quelques Maifons, qui obfervent les réformes qui s'y font introduites en divers temps , & qui ont reffufcité la Régle primitive.

La Maifon de Cerfroid , fituée dans le Diocèfe de Meaux , près la Ferté-Milon , fut la premiere que les Trinitaires poffédérent ; & c'eft pour cela qu'elle a toujours été reconnue pour Chef de tout l'Ordre.

C'eft dans cette Maifon que fe tiennent les Chapitres généraux , foit pour les affaires de l'Ordre, foit pour l'élection du Miniftre Supérieur Général , qui doit toujours être né François.

Autrefois ce Miniftre n'étoit élu que par les Députés des quatre Provinces , que l'on appelle de l'ancienne Obfervance ; fçavoir , France , Champagne , Picardie & Normandie. Les autres Provinces devoient reconnoître le Général que les premieres avoient élu : maintenant il eft nommé par les François, Italiens, Portugais & Efpagnols. Les Efpagnols avoient voulu fe fouftraire à l'obéiffance du Général François ; mais fur les inftances du Général, & à la follicitation de Louis XIV, l'affaire fut décidée en faveur des François par l'autorité de Clément XI & les ordres de Philippe V, Roi d'Efpagne. Ainfi le Miniftre Général François eft le Miniftre univerfel de tout l'Ordre, excepté cependant les Déchauffés d'Efpagne , qui en ont un particulier depuis 1636.

Le Miniftre Général de l'Ordre & le Miniftre de Fontainebleau font décorés du titre de Confeillers-Aumôniers du Roi. L'Ordre a pour Armes d'argent à une croix pattée de gueule & d'azur, a une bordure d'azur, chargée de huit fleurs de lis d'or, l'écu timbré de la Couronne de France, & deux cerfs blancs pour supports.

Les Supérieurs s'appellent Miniſtres, & les Maiſons Miniſtreries. Selon le texte de la Régle, les Miniſtreries ſont électives & conventuelles ; mais comme par le laps des temps, la plûpart ſe ſont trouvées dans la diſette de Profès, le Général de l'Ordre nomme de plein droit à celles qui ont été dans ce cas.

Comme électives & conventuelles, les Miniſtreries paroîtroient ſujettes à la nomination du Roi, en vertu du Concordat ; mais elles ne ſont point des Bénéfices ſujets aux grades ou à la prévention ; d'ailleurs elles ne peuvent être permutées ni réſignées, puiſqu'elles ne ſont que des adminiſtrations perpétuelles au nom de l'Ordre ou du Général. En conſéquence de ces raiſons, nos Rois, protecteurs d'un Ordre qui eſt leur ouvrage, Henri II en 1557, François II en 1559, & Charles IX en 1572, lui ont accordé des Lettres-Patentes de renonciation au Concordat & de maintenue dans ſes Miniſtreries, *avec commiſſion au Grand-Conſeil pour les en faire jouir à perpétuité.*

Depuis cette époque, toutes les fois qu'il s'eſt élevé des cônteſtations au ſujet des Miniſtreries, elles ont été jugées au Grand-Conſeil. Le dernier Jugement rendu à ce ſujet, eſt du 6 Septembre 1756, en faveur du Frere Honoré Gairoard, nommé par le Général à la Miniſtrerie de Lymon en Dauphiné, Dioceſe de Vienne, contre le Frere Jacques Borin, Chanoine-Régulier de Saint Antoine, qui s'étoit fait expédier des Bulles pour cette Miniſtrerie, comme Chapelle ou Prieuré ſimple. V. *Conventualité.*

La Congrégation des Religieux de l'Ordre de la Sainte-Trinité, diſent les Mémoires du Clergé, tom. 11, pag. 135, *eſt du nombre de celles des Chanoines Réguliers de l'Ordre de Saint Auguſtin.* Plufieurs Souverains Pontifes atteſtent la même choſe. Dans plufieurs Manuſcrits très-anciens, la Régle de Saint Auguſtin ſe trouve jointe à celle de l'Ordre de la Sainte-Trinité. D'après ces autorités, il paroîtra ſingulier que les Génovéfains ayent voulu conteſter aux Trinitaires la qualité de Chanoines Réguliers ; mais leurs efforts ont été vains : les Trinitaires ſont de

droit & de fait Chanoines-Réguliers de Saint Auguſtin ; & c'eſt en cette qualité qu'ils poſſédent de temps immémorial des Bénéfices de l'Ordre de Saint Auguſtin.

Ils ont été inſtitués en 1198, & en 1206 ils poſſédoient la Cure de Saint Remi de Meaux, qui leur avoit été donnée par le Chapitre de la Cathédrale de cette Ville. En 1238, Guillaume, Evêque de Paris, donna une Déclaration ſolemnelle, dans laquelle il confirma le droit qu'ils avoient de poſſéder des Cures, &c.

Le Roi, par une Déclaration du 27 Février 1703, enregiſtrée au Grand-Conſeil le 17 Mars de la même année, ordonna, conformément à ce qu'il avoit accordé aux Supérieurs des Chanoines-Réguliers de la Congrégation de France, & de ceux de l'Ordre de Prémontré, qu'aucun Religieux Trinitaire ne pourroit être pourvu d'aucun Bénéfice, ſoit Cure, Prieuré-Cure ou Vicairie-perpétuelle, que du conſentement par écrit du Général, &c.

Cette Déclaration du Roi prouve que les Chanoines-Réguliers de l'Ordre de la Ste Trinité, peuvent poſſéder des Cures nonſeulement de leur Ordre, mais de tout l'Ordre de S. Auguſtin, puiſqu'il leur faut une permiſſion par écrit de leur Général ; ce qui ſuppoſe qu'ils n'ont pas été nommés par lui, ainſi qu'ils le ſont à celles qui appartiennent à l'Ordre, mais qu'ils y ont été nommés par d'autres Collateurs.

Au reſte, la Congrégation de France eſt la ſeule qui ait entrepris de diſputer la qualité de Chanoines-Réguliers aux Religieux de l'Ordre de la Sainte-Trinité, ainſi qu'elle l'avoit diſputée à l'Ordre de Saint Antoine. Aucune autre Congrégation n'eſt intervenue dans cette Cauſe, qui intéreſſoit tout le Corps des Chanoines-Réguliers.

Cette qualité eſt donnée aux Trinitaires dans une Tranſaction faite en 1468, entre les Chanoines-Réguliers de Saint Trophime d'Arles & les Religieux de leur Ordre dans la même Ville. La copie collationnée de cette Tranſaction eſt dans les Archives de leur Maiſon de Paris.

Le Frere Cornet, Trinitaire, Profès de la Maiſon de Lyon, du conſentement de M. l'Abbé de Belleville & du Général de l'Ordre de la Sainte-Trinité, eſt, depuis quelques années, en poſſeſſion d'un Canonicat dans le Chapitre de Belleville. Les Chanoines qui le compoſent, ſont ſous la Régle de Saint Auguſtin ; & tous les Religieux d'une autre Régle ſont obligés de faire une année de rigoureuſe épreuve, dont le Frere Cornet a été diſpenſés. Pluſieurs Religieux d'autres Ordres ont fait, par une permiſſion expreſſe de M. l'Abbé de Belleville, leur année de rigoureuſe dans la Maiſon des Chanoines-Réguliers Trinitaires de Lyon. Le Miniſtre de cette Maiſon leur a donné l'habit de Chanoines-Réguliers de Belleville, & a reçu leurs vœux. Leur Chapitre de réception a été tenu par les Trinitaires en vertu d'une Commiſſion ſpéciale de M. l'Abbé de Belleville, adreſſée au Frere Thorimberg, alors Miniſtre de la Maiſon de Lyon.

Tout atteſte le droit des Trinitaires à cet égard. Leur Régle a été dreſſée par l'Evêque de Paris & par l'Abbé de S. Victor. Cette illuſtre Abbaye les a toujours reconnus pour ſes enfans ; ils doivent en ſuivre les uſages dans la célébration de l'Office, dans la tonſure, &c. Leurs anciens Rituels ſont les mêmes que ceux de S. Victor : ils n'ont ceſſé de ſe ſervir du Bréviaire des Chanoines-Réguliers, que parce que l'édition en étoit épuiſée ; & ce n'eſt que depuis environ 80 ans qu'ils ſe ſervent du Bréviaire Romain.

T R I P O T A G E.

C'eſt le nom d'un droit de Coutume. Voy. *Coûtume (droit de)* que l'Evêque de Bayeux prétend lui être dû, en qualité de Seigneur d'Yſigny, ſur les grains vendus à la halle de ce Bourg, à raiſon de trois deniers par boiſſeau.

T R O N C - C O M M U N.

On nomme ainſi l'auteur commun, ſoit pere, ſoit ayeul, biſayeul, &c. dont le défunt & ſon héritier ſont deſcendus.

Il y a des Coutumes que l'on qualifie de Tronc-Commun, parce qu'elles n'admettent, pour ſuccéder aux propres d'un défunt, que ceux qui ont avec lui un auteur commun qui a été le propriétaire de l'héritage. V. ce que je dis ſur cela aux art. *Coûtumes & Propres réels*, ſection 4. Voyez auſſi *Fourchage.*

Dans le Duché de Bourgogne, qui eſt régi par une Coutume de Tronc-Commun, il eſt d'un uſage ordinaire par les contrats de mariage, de régler ce qui doit entrer en communauté, & de ſtipuler enſuite que le ſurplus des biens des conjoints ſortira à chacun d'eux & à leurs hoirs, tant en ligne directe que collatérale, nature d'anciens, c'eſt-à-dire, de propres réels, comme s'ils avoient fait Tronc & double Tronc.

L'effet de ces ſtipulations eſt, que ſi l'un des conjoints meurt laiſſant un enfant héritier de ſes biens ainſi ſtipulés anciens, le conjoint ſurvivant ne peut les recueillir dans la ſucceſſion de l'enfant mort *ab inteſtat*, quoique mort en majorité, & qu'ils appartiennent aux parens collatéraux de l'enfant du côté du conjoint prédécédé.

Ces maximes, qui ſont ſuivies au Parlement de Dijon, ainſi que l'ont atteſté MM. les Gens du Roi de ce Parlement, par un Acte de Notoriété qu'ils ont donné ſur cette matiere le 9 Juin (ou Juillet) 1759, ont déterminé le Parlement de Paris, d'après une pareille ſtipulation, à exclure madame Guye de l'Abergement de la ſucceſſion aux immeubles réels & fictifs ſitués en Bourgogne, appartenans à ſon fils, décédé majeur à Paris, & auquel ils étoient parvenus, comme héritier de ſon pere, pour les adjuger aux parens collatéraux paternels de ce même fils, quoique ces biens n'euſſent jamais appartenu à un auteur commun, à ces parens & à M. de l'Abergement fils.

L'Arrêt qui a prononcé en faveur de la ſtipulation, eſt du Vendredi 28 Mars 1760.

T R O U B L E.

Voyez *Complainte*, & *Poſſeſſion*.

T R O U P E A U X.

Voyez *Chévres, Communauté d'Habitans, Glaneurs, Laboureurs, Parcours, Pâturage, Vaines Pâtures*, & *Uſage*.

Les déſordres qui ſe ſont commis depuis quelques années dans la Généralité de Soiſſons, n'ont pas permis de laiſſer ce Canton ſoumis aux régles ordinaires & à la liberté dont jouiſſent, & les Propriétaires des Troupeaux, & les Bergers des autres Provinces du Royaume. Le mal étoit tel dans cette Généralité, qu'on n'a pu y apporter remède que par l'Arrêt du Conseil du 14 Septembre 1751, dont voici les dispositions :

Art. I. » Aucuns Bergers de la Généra-
» lité de Soissons ne pourront, sous quel-
» que prétexte que ce soit, même à titre de
» monture (*a*), nonobstant tous Usages ou
» Ordonnances à ce contraires, avoir en pro-
» pre ou joindre aux Troupeaux qui seront
» commis à leur garde, aucune bête à laine
» à eux appartenante. Fait Sa Majesté dé-
» fenses aux fermiers, laboureurs ou dé-
» tempteurs de terre, de le souffrir ou per-
» mettre, sous quelque prétexte ou motif
» que ce soit, à peine de 500 liv. d'amende
» contre lesdits fermiers, laboureurs ou dé-
» tempteurs de terre, applicable moitié au
» dénonciateur, & moitié aux Pauvres de la
» Paroisse. Et en cas de contravention, ré-
» sistance ou menace de la part des Bergers,
» ordonne Sa Majesté que, sur la simple
» dénonciation qui en sera faite au sieur In-
» tendant en la Gouvernance de Soissons,
» ou à ses Subdélégués, soit de la part des-
» dits Maîtres, soit de celle des autres fer-
» miers, laboureurs ou Syndic de la Paroif-
» se, lesdits Bergers soient arrêtés & con-
» duits dans les Prisons, pour leur être le
» Procès fait & parfait, & être condamnés
» en cinq années de galeres.

II. » Défend très - expressément Sa Ma-
» jesté aux Bergers de vendre, troquer ou
» échanger les bêtes à laine des Troupeaux
» qui sont à leur garde, & aux marchands
» Bouchers & tous autres, de quelqu'état &
» profession qu'ils soient, d'acheter, troquer
» & échanger aucune bête à laine avec les
» Bergers, sans le consentement par écrit
» des Maîtres desdits Bergers, à peine, con-
» tre lesdits Bergers, d'être condamnés en
» cinq années de galeres ; & contre les ache-
» teurs, en 500 liv. d'amende, applicable
» moitié au dénonciateur, & moitié aux
» Pauvres de la Paroisse. Ordonne Sa Ma-
» jesté que, lorsqu'il manquera des bêtes
» dans les Troupeaux à la garde des Ber-
» gers, ils en seront garans, & payeront le
» double de leur valeur, que les fermiers
» feront autorisés à retenir sur leurs gages,
» faute par lesdits Bergers de justifier qu'el-

les sont mortes de maladie, ou péries par
» accident.

III. » Fait pareillement défenses Sa Ma-
» jesté auxdits Bergers de menacer, mal-
» traiter & faire aucun tort, par quelque
» voie que ce soit, directement ou indirec-
» tement, soit aux fermiers & laboureurs
» qu'ils servent, ou à ceux qu'ils ont servi,
» soit à ceux qui exploitent les terres ci-
» devant tenues par leurs Maîtres, ainsi qu'à
» leur famille, leurs Bergers & Domesti-
» ques, à peine d'être, lesdits Bergers, leurs
» complices & adhérens, condamnés, pour
» les simples menaces, en cinq années de ga-
» leres ; & en cas de mauvais traitement,
» en neuf années de galeres, même condam-
» nés à la peine de mort, si le cas y échoit.

IV. » Fait aussi défenses Sa Majesté aux-
» dits Bergers de faire directement ou in-
» directement aucun tort & dommage aux
» grains, bois, près, bestiaux, maisons &
» autres effets des fermiers & laboureurs
» qu'ils servent ou ont servis, ou de ceux
» qui exploitent les terres ci-devant tenues
» par leurs Maîtres, ainsi qu'à leur famille,
» leurs Bergers & Domestiques, à peine
» d'être condamnés en cinq années de gale-
» res, & de plus grande peine, s'il y échoit.

V. » Fait Sa Majesté défenses aux Ber-
» gers de s'attrouper, à peine de bannisse-
» ment «.

L'art. 6 attribue la connoissance des contraventions à cet Arrêt, à l'Intendant de Soissons, qu'il autorise à faire juger en dernier ressort le Procès aux délinquans, en se faisant assister des Officiers gradués de tel Présidial qu'il voudra choisir, au nombre requis par l'Ordonnance, avec permission de subdéléguer pour faire l'instruction, & de commettre pour Procureur du Roi & Greffier, telles personnes qu'il jugera à propos.

TROUSSEAU.

On nomme ainsi les linges & hardes qu'une fille apporte avec elle en se mariant. Il y a des Provinces où l'on dit Troussail ou Troussel ; dans d'autres on le nomme coffre, parce que les hardes d'une fille sont ordinairement renfermées dans un coffre.

(*a*) On appelloit monture dans la haute Picardie, une certaine quantité de bêtes à laine dont le Berger étoit Propriétaire, & que le maître étoit obligé de nourrir.

Cette nourriture formoit une partie des gages du Berger, qui profitoit de la laine & des agneaux produits par sa monture.

Bretonnier,

Bretonnier a traité du Trousseau, d'une maniere assez étendue, dans ses Questions alphabétiques ; on peut voir dans cet Auteur les différentes actions qui peuvent naître à l'occasion du Trousseau, & comme elles se décident, verb. *Coffre.*

La Coutume de Bretagne donne un Trousseau à la veuve, sans le secours de la stipulation par contrat de mariage, quand elle renonce à la communauté. Voy. les articles 436 & 569.

TUTELLE, TUTEURS.

V. *Avis de Parens, Contrainte par corps, Curateur, Emancipation, Macédonien, Mineur, Puissance paternelle, Remploi.*

» Il est également de la religion & de la » police, que ceux qui sont privés de leurs » peres, avant qu'ils soient dans un âge où » ils puissent se conduire eux-mêmes, soient, » jusqu'à cet âge, sous la conduite de quel- » que personne qui leur tienne lieu de pere, » autant que cela se peut, & qui soit char- » gée de leur éducation & du soin de leurs » biens : c'est aux personnes qui sont appel- » lées à cette charge, qu'on a donné le nom » de Tuteurs «. Domat, Loix civiles.

Tant que les pere & mere sont vivans, il est rare de voir nommer des Tuteurs aux enfans, parce qu'ils n'ont ordinairement point de droits acquis. Cependant il est des cas où il faut des Tuteurs aux enfans qui ont pere & mere : il leur en faut, par exemple, si le pere tombe en démence, ou si l'enfant, encore en minorité, reçoit un legs, s'il est appelé à une substitution, ou s'il a des droits à démêler avec son pere.

On en use différemment dans les Pays de Droit-Ecrit & dans les Pays Coutumiers, pour la nomination des Tuteurs.

En Pays de Droit-Ecrit, il y a trois espéces de Tutelle ; sçavoir, la testamentaire, la légitime & la dative.

» La Tutelle testamentaire est celle qui » est déférée par testament, comme quand » un pere donne par son testament un Tu- » teur à ses enfans « étant en sa puissance. V. Lange, *Praticien François.*

Le Tuteur ainsi nommé est ordinairement préféré à tous les autres, parce qu'on présume que personne n'a pu faire un meilleur choix que le pere, pour avoir soin de ses enfans & de leurs biens.

Cependant, comme il se pourroit faire que le pere eût mal choisi, ou qu'il fût survenu du changement, soit dans les mœurs, soit dans les biens de celui qu'il avoit nommé, on peut faire une autre nomination, si quelque cause raisonnable oblige à un autre choix.

Dans les Ressorts des Parlemens de Droit-Ecrit, la Tutelle testamentaire n'a pas besoin d'être confirmée par le Juge, & elle s'exerce de plein droit par le Tuteur qui accepte sa nomination ; mais il en est autrement dans les Pays de Droit-Ecrit du Ressort du Parlement de Paris : les Tutelles y sont mixtes, c'est-à-dire, qu'elles ne sont, ni pures testamentaires, ni pures datives ; le Juge doit les déférer ou les confirmer, après avoir pris l'avis des parens. V. Hentys, M. Louet & Brodeau, lettre T, n. 2.

Quoique le pere n'ait pas ses enfans en sa puissance, il peut par son testament, ainsi que la mere, leur nommer des Tuteurs ; & alors la Tutelle doit être confirmée par le Juge ; cette confirmation doit même se faire sans examen, si la nomination est faite par le pere : au contraire, si c'est la mere qui a nommé ; le Juge, avant de confirmer la Tutelle, doit s'informer de la capacité & des facultés du Tuteur.

La Tutelle légitime est celle que la Loi défere au plus proche parent du côté paternel : elle est nommée légitime, parce que le Tuteur est appelé à l'administration de la personne & des biens du mineur, par le seul ministere de la Loi (a). Cependant on pense que ces Tutelles doivent être déférées par le Juge, les parens ouis, & que le Juge n'est pas contraint de suivre la proximité même des ascendans contre l'utilité du pupille ; ni celle des collatéraux, si des parens plus éloignés se trouvent plus capables. Argou pense autrement. V. la Coutume d'Orléans, art. 179, & la Coutume d'Anjou.

(a) Dans plusieurs Hôpitaux, les Administrateurs sont Tuteurs-nés des Insensés qui y sont renfermés. Ceux des Petites-Maisons à Paris ont nommément été autorisés à agir pour les Insensés, à exercer leurs droits & actions, &c.　par Arrêt du Parlement du 13 Juillet 1759.

Les Administrateurs de l'Hôpital de la Trinité sont aussi Tuteurs-nés des enfans qui sont élevés dans cet Hôpital.

Quand les mineurs n'ont point de Tuteur, ni teſtamentaire, ni légitime, les parens ſont obligés de demander au Juge un Tuteur pour les mineurs, à peu près de la même maniere qu'ils ſe nomment à Paris ; & ſi les parens négligeoient cette demande pour le mineur, & qu'il vînt à décéder, ils ſeroient privés de ſa ſucceſſion.

Le Juge peut ſuivre la nomination du Tuteur faite par les parens, ou en choiſir un autre, ſi celui qu'ils ont nommé n'eſt pas ſolvable ; & s'il diſſipe les biens du mineur, les parens qui l'ont nommé Tuteur, en ſont reſponſables : quelques Auteurs diſent même que cette garantie s'étend ſubſidiairement juſqu'au Juge (en Pays de Droit-Ecrit).

Au reſte, la garantie accordée au mineur contre les parens qui lui ont nommé pour Tuteur un diſſipateur, dans les Pays de Droit-Ecrit, n'a pas lieu pour ceux de ces Pays, qui ſont du Reſſort du Parlement de Paris. Voyez Brodeau, ſur M. Loüet, lettre T.

Les Tutelles ſont datives dans preſque tous les Pays Coutumiers, c'eſt-à-dire, que les Tutelles, & même celles qui ont pour objet unique la conſervation des biens ſubſtitués, doivent être déférées par le Juge du lieu où le pere avoit ſon domicile, ſur l'avis des parens, qui doivent s'aſſembler en ſon Hôtel, & prêter ſerment qu'ils donneront leur avis en leur ame & conſcience. Voyez Avis de Parens.

Un autre Juge que celui du domicile ne peut pas déférer la Tutelle ; s'il la déféroit, l'inventaire qu'on feroit avec un ſemblable Tuteur, ſeroit nul, parce qu'il ne ſeroit pas fait avec un légitime contradicteur, & il n'opéreroit pas une diſſolution de la communauté, on l'a ainſi jugé par Sentence du Châtelet du 30 Janvier 1731, plaidans Mes Langlois & Suaire, contre les Concluſions de M. de Monteſſu, Avocat du Roi. V. un Arrêt rendu le 20 Mars 1646, qui a beaucoup de rapport à cette queſtion : on le trouve au Journal des Audiences, tome 1, liv. 4, ch. 36. Voyez auſſi le Grand, ſur la Coutume de Troyes.

On ne connoît point de Tutelle teſtamentaire en Pays Coutumier ; mais lorſque le pere ou la mere ont nommé un Tuteur par leur teſtament ; il eſt rare de le voir rejetter par le Juge, qui doit toujours préſumer en faveur de leur choix.

Ce choix ne doit cependant pas prévaloir ſur celui des parens, s'ils n'ont pas pour agréable la nomination faite par le teſtament ; & il en eſt de même des conſeils de Tutelle nommés par le teſtateur.

Le ſieur Hatte, Fermier Général, qui par ſon teſtament avoit fait des legs conſidérables à ſes petits-enfans, avec charge de ſubſtitution, avoit en même-temps nommé, & le Tuteur à la ſubſtitution, & un Procureur au Châtelet pour conſeil à ce Tuteur.

Les parens des mineurs légataires aſſemblés en l'Hôtel de M. le Lieutenant Civil, au nombre de dix-ſept, nommerent unanimement le même homme que le ſieur Hatte avoit choiſi pour Tuteur à la ſubſtitution ; mais quatorze nommerent à ce Tuteur deux Juriſconſultes, au lieu du Procureur, & trois ſeulement nommerent & les deux Juriſconſultes & le Procureur, pour conſeil de la Tutelle.

La Sentence du Châtelet avoit confirmé la nomination faite par le Teſtament ; mais elle a été infirmée par Arrêt rendu ſur les Concluſions de M. l'Avocat Général le Pelletier de Saint-Fargeau, le 11 Février 1760, en ce qui concernoit la nomination du Procureur au Châtelet pour conſeil, & a nommé à ſa place les deux Juriſconſultes choiſis par la famille pour conſeil du Tuteur à la ſubſtitution.

Quelques Coutumes admettent les Tutelles légitimes, & en général ces Tutelles doivent être confirmées par le Juge, les parens ouis ; mais cette confirmation n'eſt pas néceſſaire en Bourbonnois, ſuivant l'article 178 de la Coutume de cette Province. Il y a d'ailleurs un Arrêt de Réglement rendu le 14 Janvier 1728, ſur les Concluſions de M. l'Avocat Général d'Agueſſeau, qui ordonne qu'une mere demeurera Tutrice de ſes enfans, en vertu de la Coutume, ſans qu'il ſoit beſoin de confirmation du Juge.

En général, dans les Pays Coutumiers, les parens ni le Juge qui ont nommé un Tuteur, ne ſont point garans de ſon adminiſtration. Les Coutumes de Bretagne & de Normandie ſont les ſeules que je connoiſſe qui rendent les parens ſubſidiairement reſponfables de la geftion du Tuteur & de fa folvabilité (a). V. les articles 1, 2, 3, 4 & 5 du Réglement fait par le Parlement de Normandie en 1666, connu fous le nom de placités ; & un autre Réglement fait par le même Tribunal fur les Tutelles en 1673. Voyez auffi Boullonois, Queftions mixtes, Queft. 29.

Les premiers Réformateurs de la Coutume de Bretagne avoient arrêté que nul ne pourroit exercer la fonction de Tuteur, qu'après avoir donné une caution folvable pour fûreté de fon adminiftration ; & par une précaution encore plus grande, la nouvelle Coutume avoit ajouté que les Officiers de la Juftice où la Tutelle feroit déférée, demeureroient refponfables des cautions qu'ils avoient reçues : dans la fuite, le Parlement de Rennes rendit les parens nominateurs, refponfables folidairement de la geftion du Tuteur. Ces précautions, qui avoient pour objet l'avantage des mineurs, leur devenoient fouvent très-onéreufes; car il arrivoit qu'ils demeuroient quelquefois fans fecours & fans défenfe.

Tous ces inconvéniens ont fait chercher les moyens de renfermer l'ancienne Jurifprudence dans des bornes légitimes; & c'eft dans cette vûe qu'a été donné l'Edit du mois de Décembre 1732, portant Réglement pour les Tutelles en Bretagne. Cet Edit, qui contient quarante-deux articles, a été enregiftré au Parlement de Rennes, le 9 Mars 1733. Son étendue ne me permet pas d'en rapporter les difpofitions, que je fouhaiterois cependant pouvoir placer ici. On le trouve dans la derniere édition in-fol. des Arrêts d'Augeard, tome 2 : on peut d'ailleurs fur cette matiere confulter les articles 485, 493, 494, 502 & 503 de la Coutume de Bretagne, dont l'exécution eft ordonnée par cet Edit, pour ce qui n'y eft pas contraire.

En Normandie, celui qui a été élu Tuteur peut, à fes périls & fortune, nommer un parent plus proche du mineur, pour gérer la Tutelle en fon lieu & place. C'eft la difpofition de l'art. 5 du Réglement de 1666.

La feule nomination d'un parent plus proche ne décharge le Tuteur de la geftion de la Tutelle, que quand le Juge l'a ainfi ordonné en connoiffance de caufe ; ainfi le Tuteur doit à ce fujet diriger fon action; & cette action eft connue en Normandie, fous le nom de Condefcendance, & en quelques endroits Condefcente.

Si la demande en condefcendance, formée par le Tuteur, réuffit, les parens qui ont nommé le Tuteur, ne font plus garans de rien envers le mineur; le nouveau Tuteur & fon nominateur reftent feuls refponfables de la geftion de la Tutelle; le nominateur a même fon recours contre le Tuteur, fi celui-ci a mal géré.

Le Parlement de Rouen a jugé, par un Arrêt rendu le 27 Avril 1741 ;

1°. Que le parent qui fe trouve chargé d'une Tutelle, en vertu d'une action en condefcente, peut fe condefcendre de fa part fur un autre parent plus proche que lui.

2°. Qu'il n'eft pas néceffaire de s'adreffer au préfomptif héritier, pour fe condefcendre fur lui, & qu'il fuffit de s'adreffer à un parent plus proche.

Le même Parlement, par un Arrêt rendu le premier Juin 1728, entre le fieur de Graf menil & le Marquis de la Luzerne, a déchargé ce dernier d'une action en condefcente, dirigée pour raifon de la Tutelle du Marquis de Briqueville ; & cela parce que le domicile du Marquis de la Luzerne étoit éloigné de cinquante lieues des biens dû mineur, quoiqu'il fût plus proche parent & héritier du mineur, & que la plûpart de fes biens fuffent fitués dans le voifinage de ceux du mineur.

(a) Le Confeil a rendu un Arrêt le 12 Janv. 1740, portant que les Confeillers d'Etat, les Maîtres des Requêtes, les Confeillers au Parlement, les Eccléfiaftiques & les Adminiftrateurs de l'Hôpital Général de Paris, font exempts de Tutelles, & même de nomination auxdites Tutelles, dans les Pays de Droit-Ecrit, où les Nominateurs du Tuteur font garans de fa geftion.

L'exemption des Maîtres des Requêtes & des Confeillers d'Etat à cet égard, eft fondée fur ce qu'ils font réputés Commenfaux de la Maifon du Roi, fuivant une Déclaration du 22 Juil. 1545, & des Lettres-Patentes du 16 Janvier 1557; & que les Commenfaux de la Maifon du Roi

font exempts de ces charges & d'y nommer, ainfi qu'il a été décidé par des Arrêts du Confeil des 20 Mai 1730, & 17 Avril 1734, rendus en faveur du fieur le Mazurier, Gentilhomme, & du Marquis de Lambets, Lieutenant de la Grande-Vennetie, & dans lefquels Arrêts font rappellés plufieurs Edits, Déclarations, &c.

L'exemption des Confeillers au Parlement a été jugée par un Arrêt du Parlement de Touloufe du 3 Mars 1493, rapporté par la Roche-Flavin en fes Arrêts.

Celle des Adminiftrateurs de l'Hôpital Général leur eft accordée par l'article 20 de l'Edit du mois d'Avril 1656, portant établiffement de cet Hôpital.

On peut nommer à un seul mineur un ou plusieurs Tuteurs, si sa condition & l'étendue de ses biens demandent l'administration de plusieurs personnes ; & les Tuteurs exercent, ou solidairement toute la Tutelle, ou chacun ce qui est séparément commis à sa charge, suivant ce qui est réglé par la Tutelle.

Outre les Tuteurs qu'on donne communément aux mineurs de toutes conditions, pour gérer la Tutelle, on nomme quelquefois aux mineurs qualifiés d'autres Tuteurs, qu'on appelle honoraires.

La fonction de ces Tuteurs est de veiller sur l'administration de ceux qui gerent, & de les conseiller ; & pour les distinguer, on appelle ceux qui gerent, Tuteurs onéraires.

Le Tuteur honoraire doit encore prendre soin de l'éducation du pupille : c'est à lui qu'appartient le choix des Gouverneurs, Précepteurs, Médecins, Chirurgiens, & généralement de tous les Maîtres qui doivent contribuer à l'éducation du mineur ; car les soins du Tuteur onéraire sont bornés à l'administration des biens, à recevoir & à payer.

Ainsi un Tuteur onéraire est plutôt un homme d'affaires qu'un véritable Tuteur. On lui donne des appointemens qui sont réglés par la Tutelle, au lieu que la fonction des autres Tuteurs est gratuite (a) ; & on peut le destituer bien plus aisément qu'un autre Tuteur, puisqu'il suffit de la seule volonté de la famille, & qu'il faut des raisons puissantes pour ôter la Tutelle à un Tuteur ordinaire.

Pour nommer un Tuteur à des mineurs, les parens doivent s'assembler, ou en personnes, ou par Procureurs fondés de procurations spéciales, en l'Hôtel du Juge ; & là ils doivent, après serment préalablement prêté, donner leur avis en leur ame & conscience, sur la nomination qu'il s'agit de faire du Tuteur.

Si l'avis des parens est unanime, le Juge doit le confirmer & l'homologuer ; s'ils sont d'avis contraires, il doit, selon sa prudence, déférer la Tutelle à celui qu'il croira capable de la gérer plus avantageusement pour le mineur, en observant cependant qu'on ne peut donner la Tutelle des enfans à d'autres personnes qu'aux pere & mere, à qui elle appartient de droit, à moins qu'il ne soit évident que les pere & mere dissiperont les biens de leurs enfans, si on les met sous leur Tutelle.

Quelques Coutumes réglent le nombre des parens qui doivent être appellés chez le Juge pour déférer une Tutelle ; d'autres laissent ce nombre à l'arbitrage du Juge : celle de Paris est muette sur ce point ; mais l'usage du Châtelet est de ne confirmer les Tutelles, qu'autant qu'il y a sept personnes appellées. V. Avis de Parens.

Il faut, autant que cela se peut, qu'il y ait des parens paternels & maternels : l'avis des femmes n'est point admis, à moins qu'elles ne soient mere ou ayeule du pupille. S'il n'y a point suffisamment de parens, on appelle des amis, qui doivent donner leur avis de la même maniere que les parens.

Celui qui est nommé Tuteur, doit accepter & gérer la Tutelle, autrement elle courroit à ses risques, c'est-à-dire, qu'il seroit comptable envers le mineur de tout ce qu'il auroit touché, s'il avoit géré ; qu'il seroit garant de la solvabilité des débiteurs qu'il n'auroit pas fait payer ; qu'il répondroit des biens qu'il auroit négligé de faire valoir ou d'entretenir ; & enfin qu'il pourroit être contraint de fournir les alimens & l'éducation au mineur.

Un Particulier qui avoit été nommé Tuteur, & qui avoit appellé de sa nomination, ne géra point la Tutelle pendant l'appel, qui dura long-temps, & par l'événement duquel la nomination fut confirmée.

Le mineur, s'étant fait émanciper peu après cette confirmation, demanda compte de sa Tutelle, tant à ceux qui avoient géré, qu'au Tuteur qui avoient dû gérer ; celui-ci répondit que n'ayant rien reçu, il n'avoit point de compte à rendre ; cependant par surabondance il fit signifier un acte qu'il employa pour compte, dans lequel il ne se chargeoit, ni de recette, ni de dépense.

Le mineur répondit que son Tuteur avoit dû gérer ; que sa négligence pouvoit bien

(a) L'article 40 du Réglement fait par le Parlement de Normandie sur les Tutelles en 1673, veut que les voyages du Tuteur lui soient passés en compte avec un article général de ses Vacations.

lui donner un recours contre ceux qui avoient adminiftré la Tutelle à fa place, mais qu'il n'étoit point difpenfé de rendre compte ; & , par Arrêt rendu le Lundi 14 Juin 1745 , la Cour l'a condamné à rendre compte par recette & dépenfe , fauf à lui à fe pourvoir contre ceux qui avoient adminiftré les biens pendant la conteftation.

De Droit commun les femmes font incapables d'être Tutrices, & on ne défere ordinairement cette qualité qu'aux meres & aux ayeules; mais la Coutume de Bretagne permet , par l'article 509 , de nommer les femmes Tutrices & Curatrices de leurs enfans, de leurs maris & de leurs pere & mere. V. *Interdiction.*

Les mineurs , les Religieux , les interdits, les infenfés , les prodigues, les aveugles, ceux qui font fourds & muets , les infâmes, ceux qui font morts civilement , ne peuvent être Tuteurs ; & fi l'une de ces incapacités furvient en la perfonne du Tuteur depuis que la Tutelle lui eft déférée, il faut le décharger , & nommer un autre Tuteur.

Les feptuagénaires , ceux qui font déja chargés de trois autres Tutelles , ceux qui ont des intérêts oppofés à ceux des mineurs, les Eccléfiaftiques , ceux qui poffédent des Chaires de Profeffeurs dans les Colléges, les Soldats , les Eccléfiaftiques conftitués dans les Ordres facrés , les Infpecteurs des Manufactures du Royaume, (fuivant une Déclaration du 3 Nov. 1715,) & ceux qui font chargés des affaires de l'Etat, ne peuvent être contraints d'accepter une Tutelle.

Il y a encore des Charges qui difpenfent ceux qui en font revêtus d'accepter des Tutelles ; mais il faut que cette excufe foit expreffément marquée dans un Edit ou dans une Déclaration enregiftrée , il faut même qu'elle foit notifiée aux parens dans un temps utile ; car fi celui qui eft exempt ou qui peut s'excufer d'accepter une Tutelle , étoit nommé fans qu'il réclamât & fans juftifier de fon exemption , il feroit refponfable , comme s'il avoit accepté & géré. Voyez ma Note fur quelques maximes précédentes dans le préfent article.

Au nombre des Charges qui exemptent de Tutelle & Curatelle , font celles de la Maifon du Roi, fuivant les Lettres-Patentes du 22 Mars 1602 , l'Edit du mois d'Août 1610 , la Déclaration du 4 Septembre 1682 , les Arrêts du Confeil des 13 Déc. 1695, & 18 Mars 1698 , la Déclaration du 2 Janv. 1706 , & l'Edit du mois de Sept. fuivant.

Le fieur le Mazurier a été maintenu dans cette exception, par un Arrêt du Confeil du 20 Mai 1730 ; il s'agiffoit cependant d'une Tutelle en Bretagne , dont la Coutume contient fur cela des difpofitions fingulieres que j'ai rapportées.

La Combe dit qu'en » tous lieux, ceux » qui ont cinq enfans légitimes vivans , » peuvent s'excufer d'accepter des Tutelles, » & s'en faire décharger «. Il cite fur cela des autorités en grand nombre, qui paroiffent confirmer fon opinion; nous voyons même que, par Arrêt du 23 Avril 1668 , rapporté au Journal des Audiences, tom. 3, liv. 2 , chap. 9. Daniel Mauclere, qui n'avoit que quatre enfans & fa femme groffe lors de fa nomination à une Tutelle devant le Juge de Vitry, en fut déchargé. V. auffi Fromental, pag. 760 & 761.

Cependant dans une caufe plaidée en la Grand'Chambre, le Mercredi 17 Janv. 1759 , en laquelle il s'agiffoit de fçavoir, fi un ouvrier chargé de dix enfans, & qui n'avoit pas été préfent à fa nomination, pouvoit fe faire décharger de la Tutelle de fon neveu ; M. l'Avocat Général Seguier obferva que les Loix, qui chez les Romains accordoient aux peres de famille l'exemption des charges publiques, n'étoient pas fuivies parmi nous ; & qu'en général le nombre d'enfans n'étoit point une exemption de Tutelle.

M. Seguier ajouta néantmoins que dans les circonftances particulieres, l'appellant chargé de dix enfans étant un pauvre ouvrier, il étoit naturel de le décharger d'une Tutelle qui ne pouvoit être que fort mal adminiftrée ; qu'il falloit d'ailleurs favorifer la population, & qu'un pareil exemple ne pouvoit pas tirer à conféquence. Ses Conclufions furent fuivies ; & en conféquence, par l'Arrêt dudit jour 17 Janvier 1759, la Cour, en infirmant la Sentence de Tutelle, ordonna une nouvelle affemblée de parens, à l'effet de pourvoir le mineur d'un autre Tuteur.

Remarquons fur les exemptions de Tutelle, que par l'article premier de l'Edit du mois d'Août 1715, toutes celles accordées par des Edits, Déclarations & Lettres-Patentes depuis le premier Janv. 1689, ont été éteintes & fupprimées; & que par l'art. 6 de l'Edit du mois d'Août 1715, l'exemption des Charges publiques attachée aux Offices, tant Militaires que de Judicature, Police & Finance, créés depuis ledit jour premier Fév. 1689, dont la premiere finance n'eft pas de 10000 livres, a pareillement été éteinte & révoquée.

Quoique celui qui a été nommé Tuteur, appelle de fa nomination, il ne laiffe pas d'être obligé de gérer la Tutelle pendant l'appel; foit qu'il ait une excufe, foit qu'il n'en ait pas, il eft Tuteur par provifion & fujet à toutes les actions dont cette qualité eft fufceptible. Un Arrêt de Réglement rendu le 29 Janv. 1658 le décide en termes précis, & porte même, qu'il ne fera accordé aucun Arrêt de défenfes contre les Jugemens portant nomination de Tuteurs.

Si celui qui avoit une excufe légitime, a volontairement accepté la Tutelle fans propofer fon excufe, ou fans réferver de la faire valoir, il n'eft pas recevable à appeller du Jugement qui l'a nommé Tuteur.

Les priviléges qu'on acquiert après la nomination à la Tutelle, n'en déchargent point.

La veuve, mere de mineurs, eft la maîtreffe de leur éducation, foit qu'elle ait leur Tutelle ou non; mais fi elle convole en fecondes nôces, l'éducation peut lui être ôtée ou laiffée, ainfi qu'à fon fecond mari, fuivant les circonftances. V. *Education.*

Celui qui époufe une veuve Tutrice de fes enfans nés d'un précédent mariage, eft obligé conjointement & folidairement de rendre aux enfans le compte de leur Tutelle, même pour le temps qui a précédé le fecond mariage, & de leur en payer le reliquat, s'il y en a, quoiqu'il n'y ait point de communauté de biens entr'eux; il le doit à plus forte raifon, s'il eft commun en biens avec fa femme, quoiqu'ils ayent ftipulé par leur contrat de mariage, qu'ils ne feront point tenus des dettes l'un de l'autre antérieures à leur mariage.

Ces principes font reçus dans notre Jurifprudence pour la confidération des mineurs, toujours favorables, dont les Loix

doivent toujours prendre la protection, & finguliérement dans le cas d'un fecond mariage. Ils font d'ailleurs confacrés (ces principes) par un Acte de Notoriété, donné au Châtelet le 16 Décembre 1730, en conféquence d'un Arrêt de la Cour rendu le 27 Février précédent. Sur la même matiere voyez Coquille, fur l'article 7 du titre 30 de la Coutume de Nevers; Papon, Bafnage (Traité des Hypothéques) Argou, &c.

On trouve au Journal des Audiences un Arrêt du Parlement de Provence, rendu le 3 Mars 1672, conforme à cette maxime; mais la queftion s'étant prefentée au Parlement, la Cour, par Arrêt rendu le 4 Mars 1731, entre Me Tauxier, Avocat, & les Srs Rethoré, a *donné* acte à Me Tauxier, qui avoit époufé la veuve Rethoré, & fait faire inventaire des effets de cette veuve, Tutrice avant le mariage, *de fes offres de repréfenter en nature le contenu en l'inventaire fous feing-privé, fait & reconnu devant Notaires avant le mariage; en conféquence a déchargé Me Tauxier des condamnations du reliquat de compte pour la geftion qui avoit précédé le mariage.* Ce même Arrêt contient Réglement fur la forme des inventaires. Voyez *Inventaire.*

Dans le reffort de l'Echevinage de Douai, quand le pere ou la mere, Tuteur de fes enfans fe remarie, il eft affujetti à faire nommer un Tuteur, auquel il doit communiquer l'état de ce qui appartient aux mineurs: voici ce que prefcrit fur cela un Arrêt rendu en forme de Réglement, le premier Mars 1741.

A r t. I. » Les pere & mere ayant enfans
» qui font remariés ou qui fe remarieront à
» l'avenir, feront tenus dans le mois, à
» compter du jour de la date du préfent
» Arrêt ou du jour de leur remariage, de
» former un état de toutes les terres, héri-
» tages, catheux, maifons & rentes, tant
» viageres qu'héritieres, que leurs femmes
» ou maris défunts, pere & mere defdits
» enfans auront porté en mariage, & qui
» leur ont été fuccédés ou donnés.

I I. » Que ledit état fera par eux affirmé
» fincere & véritable, & remis entre les
» mains d'un Tuteur qui fera établi en la
» forme & maniere accoutumée, à l'effet de
» vérifier ledit état, & de veiller à la con-

» fervation des biens mentionnés & autres
» appartenant auxdits enfans.

III. » Que lefdits pere & mere feront te-
» nus, à l'effet de ladite vérification, de
» communiquer audit Tuteur les contrats
» de leur mariage avec leur femme ou mari
» décédé, le teftament ou autres actes de
» derniere volonté d'icelui, enfemble les
» partages & autres titres concernant la
» propriété defdits biens.

IV. » Que ledit état fera fait & figné par
» lefdits pere & mere & par leditTuteur en
» double, dont l'un fera délivré audit Tu-
» teur pour être par lui remis auxdits en-
» fans parvenus à l'âge de majorité «.

Les Tuteurs honoraires ne font point
comptables, parce qu'ils font fimples confeils de la Tutelle; ils ne font point non
plus garans de la folvabilité du Tuteur onéraire.

Cependant, s'ils s'immifcent dans l'adminiftration, ou s'ils fe chargent de deniers
appartenans au mineur, il a contr'eux l'hypothéque folidaire du jour de la Tutelle,
de même que contre le Tuteur comptable;
& ils répondent en ce cas-là non-feulement
de leur geftion, mais encore de celle du
Tuteur onéraire comptable; enforte que,
s'il y a de l'infolvabilité de la part du dernier, l'action de la Tutelle opére tout fon
effet contre le Tuteur honoraire. V. Brodeau, fur M. Louet, lett. H, fomm. 23, n. 6.

Deux Arrêts confacrent encore ce principe; l'un rendu le 20 Fév. 1603, eft rapporté par Mornac dans fon Recueil d'Arrêts, à la fin de fon Commentaire fur les
Loix; l'autre rendu le 10 Février 1707, eft
rapporté dans la nouvelle édition in-folio
des Arrêts d'Augeard, tome 2, n. 4.

Le Tuteur eft responfable non-feulement
de ce qu'il a ou géré ou mal géré, mais encore de ce qu'il a manqué de gérer.

Le Tuteur ne peut rien faire dépenfer au
mineur au-delà de fes revenus pour fon entretien & fon éducation : au contraire, fi le
mineur a des revenus plus que fuffifans, ils
doivent être économifés & employés utilement au profit du mineur, foit en acquifition d'héritages, foit en rentes. V. l'Acte de
Notoriété du Châtelet, du 21 Mars 1699.

Le Tuteur doit prendre le même foin
des affaires du mineur, que des fiennes

propres, & il eft refponfable du dol & des
fautes contraires à ce foin.

Si les immeubles du mineur font vendus,
foit par décret forcé (après la difcuffion des
meubles fuivant l'ufage), foit en conféquence d'avis de parens; par néceffité &
après les publications ordinaires, le Tuteur
ne peut les acheter directement ni indirectement par perfonnes interpofées.

Le Tuteur doit faire faire inventaire des
biens de fes pupilles, vendre les meubles
qui leur font inutiles, pour en placer le
prix, après avoir payé les dettes, s'il y en a;
& garder les meubles néceffaires à la perfonne & aux biens du mineur, comme les
preffoirs, les cuves pour les vendanges, les
beftiaux pour l'exploitation des fermes,
&c.

Le Tuteur eft indifpenfablement obligé
de placer les deniers oififs qu'il a ou qu'il
doit avoir appartenans à fon pupille, quand
ils montent à une fomme fuffifante pour
former le capital d'une rente. Autrement,
& s'il garde l'argent plus de fix mois fans le
placer, il doit en payer l'intérêt, parce
qu'on préfume alors qu'il applique cet argent à fon profit perfonnel.

A l'égard du montant de la fomme qui
doit fe trouver entre les mains du Tuteur
pour former un capital, qu'il eft affujetti
d'employer, il fe règle » eu égard à la qua-
» lité, à l'âge & à l'état des biens & reve-
» nus des mineurs «.

Dans les Tutelles de grande confidération les Tuteurs ne font affujettis à faire
emploi que quand ils ont une fomme de
4000 livres de deniers oififs; dans celles
qui font moins opulentes, 2000 livres fuffifent; dans les Tutelles médiocres on affujettit le Tuteur à l'emploi d'une fomme de
1000 liv. & dans celles de la moindre confidération, il fuffit de 400 liv. Voyez les Arrêtés de M. de Lamoignon, chapitre des
Tutelles, n. 99; le Preftre, centurie premiere, chapitre 52, & centurie deuxiéme,
chapitre 26; Brodeau, Lettre R, n. 55;
Henrys, tome 2, livre 4, queftion 71, &
Bretonnier, loc. cit.

Comme il fe peut faire qu'un Tuteur avec
bonne volonté de placer, ne trouve point
d'emploi avantageux, l'ufage a pour ce cas
fingulier introduit une voie de lui procurer

ſa décharge : c'eſt de faire ſignifier aux parens qu'il a des deniers oiſifs , & qu'il ne
trouve pas à placer utilement , avec ſommation de lui indiquer un emploi devant le Juge , s'ils en connoiſſent qui ſoient avantageux. Alors , après avoir pris acte de ſa diligence par cette voie , le Tuteur peut être
déchargé de l'intérêt ; car on ne demande
pas qu'il faſſe l'impoſſible.

Toutes ces maximes viennent d'être affermies par l'Arrêt rendu au rapport de M.
de Lattaignant , le 11 Août 1758 , entre le
Comte & la Comteſſe de Vertou , & le ſieur
de la Mirée , Seigneur de Caumont; par lequel Arrêt , en infirmant une Sentence arbitrale, & d'autres Sentences rendues en la
Sénéchauſſée de Ponthieu , la Cour *a ordon-*
né que les deniers oiſifs qui ſe ſont trouvés en-
tre les mains du ſieur de la Mirée , Tuteur
de ladite de Vertou ſa fille , *juſqu'à concur-*
rence de la ſomme de 4000 *liv. produiroient*
intérêt au profit de ladite dame *de Vertou , ſix*
mois après que ladite ſomme s'eſt trouvée en
ſes mains, & *que les intérêts deſdits deniers*
oiſifs courroient juſqu'à la pleine & entiere
majorité de ladite dame *de Vertou.*

Ce même Arrêt , dont je parle auſſi à l'article *Intérêts* , a encore jugé que le ſieur de
la Mirée de Caumont , n'ayant pas placé en
rentes ſur les Aides & Gabelles au denier
40 , créées par l'Edit du mois de Juin 1720,
avec déclaration d'où provenoient les deniers qu'il avoit à ſa fille ſa pupille , comme il étoit autoriſé à le faire par Arrêt du
Conſeil du 19 Juillet 1720, dont les Cours
ont adopté les diſpoſitions , encore bien
qu'il n'ait pas été revêtu de Lettres-Patentes regiſtrées , il ne pouvoit pas la forcer de prendre en payement de ces mêmes
deniers , des rentes ſur les Tailles créées au
denier 50 au mois d'Août ſuivant ; parce
que l'Arrêt du Conſeil du 19 Juillet 1720,
qui avoit diſpenſé les maris & les Tuteurs
de remplir les formes ordinaires , n'étoit
relatif qu'aux rentes créées par l'Edit du
mois de Juin , & ne parloit pas de celles
créées par l'Edit du mois d'Août.

Un autre Arrêt rendu le 3 Sept. 1755, au
rapport de M. Boſchard , entre les créanciers & les enfans de M. Leclerc , avoit auparavant jugé à peu près en même circonſtance , que les créanciers de M. Leclerc ne

pouvoient pas forcer les enfans de prendre
pour 71850 liv. de contrats ſur les Tailles
en payement de ce qui leur étoit dû pour
portion de la dot de leur mere.

Si le Tuteur place de ſon chef les deniers de ſon pupille , il eſt reſponſable de
l'emploi en ſon nom , à moins qu'il ne place ſur l'Etat. Mais quand il a placé en conſéquence d'un avis de parens , homologué
par le Juge , il n'eſt point reſponſable des
événemens de l'emploi.

Des Arrêts de Réglemens du Parlement
de Bretagne du 2 Octob. 1565 , & du Parlement de Bourgogne du 19 Avril 1616 ;
autoriſent les Tuteurs à affermer les biens
de leurs mineurs ſans avis de parens & ſans
proclamations préalables , & leurs diſpoſitions ſur cela forment le Droit-commun ;
mais il y a des Pays où la Loi exige que ces
ſortes de baux ſe faſſent en Juſtice.

Nous penſons cependant au Châtelet ,
qu'un Tuteur ne doit pas , de ſon chef, en
renouvellant des baux , diminuer notablement les revenus de ſes pupilles par des
baux inférieurs en prix à ceux qui ſont antérieurs à ſon adminiſtration. Si la néceſſité
exige cette diminution , il ne doit la faire
qu'en conſéquence d'avis de parens. Il doit
ſe faire autoriſer par la même voie à faire
des réparations , s'il y en a de conſidérables
à faire aux bâtimens du mineur ; & le Juge
ne doit homologuer cet avis qu'en connoiſſance de cauſe , après s'être aſſuré , par une
viſite d'Experts , de la néceſſité des réparations. Sans ces précautions , le Tuteur peut
eſſuyer des contradictions bien fondées dans
ſon compte.

Quoique les Tuteurs ayent l'adminiſtration générale des perſonnes & des biens de
leurs pupilles , ils ne peuvent cependant
conſentir à leur mariage , qu'*avec l'avis &*
conſentement des plus proches parens d'iceux
(Mineurs) *ſur peine de punition exemplaire.*
Il n'y a que le pere Tuteur , ou la même Tutrice , qui puiſſe , ſans l'avis des parens ,
conſentir le mariage de ſes enfans; les autres Tuteurs ſeroient repréhenſibles. V.
l'Ordonnance de Blois , article 43 , & ce
que je dis au mot *Mariage.*

Si lorſqu'il s'agit du mariage d'un mineur , il y a diverſité d'avis dans les parens,
c'eſt au Juge d'ordonner ce qu'il croit de
plus

plus avantageux au mineur, qui, de quelque maniere que ce soit, ne peut jamais valablement contracter mariage fans Tuteur, quand il eft mineur. V. l'Ordonnance de 1639, & l'Edit de 1697.

Par Arrêt rendu en la Grand'Chambre, fur les Conclufions de M. l'Avocat Général Gilbert de Voifins le 30 Déc. 1733, la Cour a jugé que le Tuteur feul ne peut pas empêcher le mariage de fa pupille, lorfque les autres parens y confentent. Dans cette efpéce il s'agiffoit du mariage de la Demoifelle Phelipeaux avec le Marquis de Gouffier. Le fieur*** Tuteur, s'oppofoit feul.

Le Tuteur doit rendre un compte détaillé de fa geftion; il n'en fçauroit être difpenfé, même par le pere qui donne la Tutelle teftamentaire. Sans ce détail, tous les actes paffés entre le mineur devenu majeur, & le Tuteur, pour le décharger du compte, font abfolument nuls; & le pupille peut fe faire reftituer contre, dans les dix ans. Les Parlemens de Rouen, de Grenoble & de Touloufe, admettent même les mineurs pendant trente ans, à fe faire relever contre les comptes non-détaillés.

Le mineur a hypothéque fur les biens de fon Tuteur, pour toutes les actions réfultantes de fa qualité (de Tuteur) à compter du jour de la Tutelle; & le Tuteur n'a hypothéque que du jour de la clôture du compte fur les biens de fon pupille, pour les fommes dont il fe trouve en avance par l'événement du compte.

L'hypothéque que le mineur a fur les biens de fon Tuteur, pour la réparation du tort que fon Tuteur lui a caufé, remonte auffi au jour de la Tutelle, quoique fouvent ce tort n'arrive que long-temps après : parce que cette hypothéque ayant pour principe l'obligation impofée à tout homme qui a pouvoir fur un autre, d'ufer de ce pouvoir à l'avantage de la perfonne qui lui eft fubordonnée, l'action qui réfulte de l'abus qu'il en fait, remonte néceffairement à fa fource, & par conféquent à l'acte conftitutif de fon pouvoir.

Les Tuteurs doivent employer dans leurs comptes toutes les recettes qu'ils ont faites ou dû faire, fauf à employer en reprife ce qu'ils n'ont pû recevoir, pour en être déchargés; s'il y a lieu; comme, par exemple, s'ils ont fait les diligences néceffaires contre un débiteur, qui par l'événement s'eft trouvé infolvable.

Les Tuteurs peuvent employer dans leurs comptes toutes les dépenfes qu'une adminiftration raifonnable oblige de faire.

Le mineur doit à fon Tuteur les intérêts des fommes avancées pour lui, en conféquence d'avis de parens.

La Tutelle finit par la majorité du mineur, par fon mariage, par fon émancipation & par fa mort civile ou naturelle.

Elle finit encore par la mort du Tuteur, par fa deftitution, ou par un Jugement qui prononce la décharge de la Tutelle.

S'il y a deux mineurs ou plus grand nombre fous une même Tutelle, elle finit pour chacun à fa majorité; & celui des pupilles qui eft devenu majeur, peut contraindre le Tuteur à lui rendre compte quand même la Tutelle dureroit encore à l'égard des autres.

Nul ne peut être nommé Tuteur, s'il n'a été appellé à l'affemblée des parens, quand même il feroit le plus proche, ou quand toutes les voix des nominateurs auroient concouru. C'eft la difpofition de l'article 184 de la Coutume d'Orléans; & elle a été étendue aux autres Coutumes qui n'en parlent point. Voyez fur cela un Arrêt rendu le 14 Janvier 1642, au Journal des Audiences, tome premier, livre 3, chapitre 84.

Un Arrêt rendu le 22 Août 1731, fur les Conclufions de M. Gilbert de Voifins, Avocat Général (plaidans Mes Cochin & Normand) a confirmé une Sentence du Châtelet, par laquelle il étoit jugé qu'un pere (dont la femme étoit décédée dans le cours de l'inftruction d'une demande en féparation, fondée fur un commerce particulier qu'il avoit eu avec une femme enfermée deux fois à l'Hôpital pour fa mauvaife conduite) n'auroit pas la Tutelle de fon fils, mais qu'elle feroit déférée à l'ayeul maternel.

On ne reprochoit cependant point au pere qu'il eût diffipé fon bien. Il jouiffoit de plus de 25000 livres de rente : fes liaifons publiques avec une femme débauchée ont été les feuls motifs de l'Arrêt (a).

Les Tuteurs, curateurs & leurs enfans, font incapables de recevoir des dons ou legs de leurs pupilles, quand ils n'ont pas rendu compte, fuivant l'art. 276 de la Coutume de Paris. V. *Incapable*.

La même incapacité eft prononcée par le même article contre les pere & mere remariés, qui n'ont pas rendu compte, & contre tous les autres afcendans qui font dans le même cas. V. *Ibid*.

Les Tuteurs & Subrogés-Tuteurs doivent accepter ces qualités, & prêter ferment de les remplir fidélement, fuivant l'Acte de Notoriété donné par M. le Lieutenant Civil le Camus, le premier Janvier 1701.

Quand le mineur a des actions à diriger contre fon Tuteur perfonnellement, la famille doit à cet effet nommer un autre Tuteur au mineur. Cette efpéce de

Tutelle eft nommée Tutelle *ad hoc*.

La maniere de nommer des Tuteurs & curateurs aux enfans, dont les pere & mere poffédoient des biens en France & dans les Colonies, eft réglée (ainfi que le pouvoir des Tuteurs & curateurs) par les Déclarations des 15 Déc. 1721, (enregiftrée le 14 Fév. 1722,) & premier Fév. 1743, (enregiftrée le 7 Septemb. fuivant.) V. *Mineur*.

La Cour a jugé par un Arrêt rendu à l'Audience de la Grand'Chambre, le 20 Avril 1712, qu'un Procureur qui a occupé pour un Tuteur ou une Tutrice, au nom & comme Tuteur ou Tutrice, peut fe pourvoir contre le Tuteur perfonnellement, pour le payement de fes frais, lors même que le mineur eft décédé, & que le Tuteur a renoncé à fa fucceffion. Cet Arrêt eft imprimé : il a été rendu au profit de Me Levaffor, contre la dame de Conterne.

(a) En général, il faut des motifs infiniment graves pour priver un pere de la Tutelle de fes enfans ; les querelles & les conteftations qu'il peut avoir eu avec les parens de fa femme, ne fuffifent pas : le Lieutenant Particulier de Troyes en avoit jugé autrement, en déférant la Tutelle du fils d'un Avocat du Roi de cette Ville, à l'ayeule mater-

nelle du mineur, conformément à l'avis de neuf parens maternels contre huit paternels ; mais, par un Arrêt rendu le 17 Juin 1761, fur les Conclufions de M. Joly de Fleury, premier Avocat Général, cette Sentence a été infirmée, la Tutelle a été ôtée à l'ayeule maternelle, & déférée au pere.

V

V A C

V A C A N C E.
V. *Vacations*.

AU Palais, ce mot fignifie fufpenfion de travail. On dit, par exemple, qu'un Tribunal eft en Vacance, quand les Juges ne vont pas au Siége pour décider les Affaires.

Outre les jours de Fêtes prefcrits par l'Eglife, & les faifons pendant lefquelles les Tribunaux vaquent, fuivant les ufages propres à chacun, il y a des jours de Vacances particulieres, pendant lefquels les Juges n'entrent point, & ne peuvent rendre de Jugement.

On penfoit même autrefois au Parlement de Touloufe, que ces jours-là les Huiffiers ne pouvoient faire de faifies-exécutions & autres actes judiciaires ; ni les Commiffaires de la Cour, des Enquêtes, Informations,

V A C

&c. mais, par une Déclaration du 28 Avril 1681, regiftrée au Parlement de Touloufe, le 25 Juin fuivant, il a été ordonné *que les Exploits, exécutions, enquêtes, informations, & autres procédures faites ès jours que ladite Cour n'entre point, outre les Fêtes commandées par l'Eglife, feront bonnes & valables, comme fi elles avoient été faites ès jours non fériés*.

VACANCE DE BÉNÉFICE.
V. *Ban, Econome, Rapt & Réfignation*.

Nous connoiffons trois efpéces de Vacances dans les Bénéfices ; fçavoir, les Vacances de droit, les Vacances de fait, & les Vacances qui font en même-temps de fait & de droit.

Un Bénéfice vaque de droit feulement, lorfque le Titulaire a perdu le droit qu'il avoit au titre, & en eſt néantmoins demeu-ré en poſſeſſion : ce qui arrive, 1°. par la mort naturelle du Titulaire.

2°. Par ſa mort civile.

3°. Par ſon mariage.

4°. Par ſa Profeſſion Religieuſe.

5°. Par l'abdication de l'état Eccléſiaſti-que (a).

6°. En ſe rendant coupable de certains cri-mes énormes, qui emportent la privation de tout office & Bénéfice dans l'Egliſe. V. *Rapt.*

7°. Lorſque le Titulaire eſt pourvu plus long-temps qu'il n'eſt permis, d'un Béné-fice incompatible avec ceux qu'il poſſédoit déja. Voyez *Incompatibilité de Bénéfices.*

Un Bénéfice vaque de fait ſeulement, lorſque le Titulaire l'abandonne volontai-rement, qu'il s'abſente pendant un temps conſidérable, & ſans avoir commis quel-qu'un pour deſſervir à ſa place (b).

Enfin un Bénéfice vaque de droit & de fait, lorſque le Titulaire eſt privé en mê-me-temps, & du droit qu'il avoit au titre de ſon Bénéfice & de ſa poſſeſſion : ce qui arrive lorſqu'il meurt ſans avoir réſigné, lorſqu'il ſe marie, lorſqu'il embraſſe la vie Monaſtique & fait profeſſion ; lorſqu'en changeant d'état, il abdique la Cléricatu-re, &c.

Il ne faut pas croire que la privation de plein droit d'un Bénéfice, qui eſt une peine extraordinaire contre le Titulaire, ſoit une de ces matieres où l'on peut ſuppléer & ajouter à la lettre de la Loi. On ne connoît de vraies Vacances de plein droit, que cel-les qui ſont diſertement prononcées par les diſpoſitions Canoniques, & dont les exem-ples ſont en très-petit nombre.

Si, par exemple, celui qui eſt pourvu d'un Bénéfice qui requiert l'Ordre de Prê-triſe, néglige de s'y faire promouvoir dans l'année qui court du jour de ſes Proviſions, les Canons déclarent, dans ce cas-là, le Bé-néfice vacant de plein droit.

On trouve pareillement dans les Canons la privation de plein droit prononcée contre les Simoniaques, les Confidentiaires, les Hé-rétiques publics, les Sodomites, & ceux qui ont commis le crime de beſtialité (c). L'Egliſe ne peut être trop tôt purgée de Mi-niſtres de ce caractere (d).

L'incompatibilité des Bénéfices opere auſſi la Vacance de plein droit de celui qui a été obtenu le premier, après l'année d'op-tion introduite par nos uſages. Le collateur ordinaire peut en diſpoſer, en ſuppoſant, de la part du Titulaire, une poſſeſſion paiſible des deux titres de Bénéfices incompatibles.

Il y a peu d'autres cas où la Vacance de plein droit ſoit prononcée par les Canons contre le Titulaire d'un Bénéfice. Les crimes les plus graves, la fornication, l'adultere, l'homicide ſimple, ne privent pas de plein droit de leurs Bénéfices, ceux qui en ſont coupables. Il faut qu'il intervienne un Juge-ment qui prononce la Vacance, & déclare le Titulaire incapable.

Le défaut de réſidence dans les Bénéfices qui en impoſent la néceſſité, n'emporte pas davantage la Vacance de plein droit du Bé-néfice. Le Supérieur Eccléſiaſtique eſt obli-gé de faire au Titulaire des monitions cano-niques ; & ce n'eſt qu'après la contumace acquiſe par les différentes monitions, que le Collateur peut y pourvoir.

Il eſt donc eſſentiel de diſtinguer, dans ces matieres, entre la Vacance encourue de plein droit, & la Vacance qui doit être pré-cédée d'un Jugement déclaratif. » La priva-» tion de plein droit, dit d'*Hericourt, Loix* » *Eccléſiaſtiques*, part. 2, ch. 20, n. 34, » n'a point de lieu, à moins qu'elle ne ſoit

---

(a) Le changement d'habit n'opere qu'une Vacance de fait ; il n'y a Vacance de droit, que quand le Titulaire, en changeant d'habit, a embraſſé un état incompatible.

(b) La ſimple Vacance de fait n'autoriſe point à im-pétrer le Bénéfice dont le Titulaire s'eſt abſenté : il faut préalablement contumacer le Bénéficier par trois Moni-tions Canoniques ; ce n'eſt qu'après ces Monitions que le Bénéfice peut être déclaré vacant & impétrable. Voyez l'Arrêt du 18 Mai 1718, au ſeptiéme Volume du Jour-nal des Audiences. Le Concubinage des Eccléſiaſtiques n'opere point la Vacance des Bénéfices dont ils ſont Ti-tulaires ; le Concile de Baſle, dont les diſpoſitions ſont acceptées par la Pragmatique-Sanction & par le Con-cordat, ne prononce, pour la premiere fois, que la pri-vation du revenu des Bénéfices des Concubinaires pen-

dant quelques mois ; & le Concile de Trente ne veut pas même qu'on puiſſe infliger cette peine, ſans Monition préalable.

(c) D'Hericourt dit que la Vacance de droit des Béné-fices pour crime de Sodomie & de Beſtialité, n'eſt pro-noncée que par une Bulle de Pie V, qui n'eſt point ho-mologuée en France ; néantmoins il aſſure qu'elle ſeroit ſuivie, ſi le cas ſe préſentoit. Je le penſe de même.

(d) Cependant l'art. 1er de l'Edit du mois de Sept. 1610, porte qu'il ne ſera pourvu aux Bénéfices dont les Titulai-res ſeront accuſés de Confidence & de Simonie qu'après qu'ils en auront été convaincus ; mais l'Arrêt d'enregiſtre-ment a ordonné que cet article ne ſeroit exécuté que con-formément aux Conciles, aux Saints Décrets, à l'art. 46 de l'Ordonn. de Blois, & à l'art. 17 de l'Edit de Melun.

» prononcée par la Loi ; parce que les Loix
» pénales ne s'étendent pas d'un cas à un
» autre, ni d'une peine à une autre peine «.

Les Canoniſtes conviennent unanimement que la démiſſion pure & ſimple faite
par le Titulaire d'un Bénéfice, & acceptée
par le Supérieur, fait vaquer le Bénéfice,
tant pour le titre que pour la poſſeſſion,
comme s'il vaquoit par mort. Voyez M.
de Saint-Valier, tom. 3, pag. 10, & l'art.
10 de l'Edit du Contrôle de 1637.

Le Dévolutaire qui impetre un Bénéfice,
doit ſpécifiquèment exprimer le genre de
Vacance & d'incapacité ſur leſquelles il
fonde ſon droit. V. Dévolut.

V A C A N T.
V. Malte.

V A C A T I O N S (Chambre des).
V. Vacance.

On nomme Chambre des Vacations, un
Tribunal Souverain, compoſé de Magiſtrats
du Parlement, dont les ſéances commencent
le lendemain de la Nativité, c'eſt-à-dire, le
9 Septembre, & finiſſent le 27 Octobre.

Ce Tribunal ne juge point de procès par
écrit ; ſa compétence eſt bornée aux affaires
criminelles, & aux affaires civiles & ſom-
maires, qui demandent une prompte expédition.

L'établiſſement de cette Chambre au Parlement de Paris, a commencé ſous Charles
VI, en 1405. Il y en a de ſemblables dans
les autres Parlemens; la compétence de celle
du Parlement de Touloute eſt réglée par
Lettres-Patentes du mois d'Avril 1682, &
par une Déclaration du 9 Février 1688.

Celle du Parlement de Grenoble eſt réglée par un Edit du mois de Mai 1685, publié le 7 Juin ſuivant.

Il y a auſſi une Chambre des Vacations au
Châtelet ; ſes ſéances & ſa compétence ſont
réglées par l'Edit du mois de Janvier 1615.
V. l'art. 92 de l'Ordonnance de 1629.

V A G A B O N D S.
V. Mendians.

Les Vagabonds & gens ſans aveu ſont
ceux qui n'ayant ni profeſſion, ni métier, ni
domicile certain, ne peuvent être avoués,
ni faire certifier de leurs vie & mœurs par

gens dignes de foi. C'eſt la définition qu'en
donne la Déclaration du 5 Février 1731,
art. 1.

Les Mendians valides, qui ſont ſans domicile & qui courent le Pays, ſont auſſi regardés comme Vagabonds.

L'article premier de la Déclaration de
1731, dont je viens de parler, enjoint aux
Prévôts des Maréchaux d'arrêter les Vagabonds & gens ſans aveu, lors même qu'ils
ne ſont prévenus d'aucun autre crime, pour
être leur procès fait & parfait, conformément aux Ordonnances.

Enfin, le même article ordonne aux Prévôts des Maréchaux d'arrêter les Mendians
valides qui ſeront de la même qualité,
pour procéder contr'eux. Voyez Cas Prévôtaux.

Les peines contre les Vagabonds & gens
ſans aveu ont varié en différens temps. S.
Louis, en 1270, prononça ſimplement la
peine du banniſſement. Henri II, par une
Ordonnance du 18 Avril 1558, prononça
contr'eux la peine de la Hart ; & une Déclaration du 28 Janvier 1687, enregiſtrée
le 14 Février, veut que les Vagabonds ſoient
condamnés, ſçavoir, les hommes aux galeres à perpétuité, & les femmes au fouet, à
la marque & au banniſſement.

Mais par une autre Déclaration du 27
Août 1701, enregiſtrée le 2 Septembre ſuivant, art. 5, il eſt ordonné que les Vagabonds ſeront condamnés, pour la première
fois, à être bannis du Reſſort de la Prévôté
& Vicomté de Paris ; & la ſeconde, aux Galeres pour trois ans.

Et en cas (dit l'article 6) que leſdits Vagabonds ayent été condamnés, pour d'autres
crimes, à peine corporelle, banniſſement ou
amende honorable, voulons qu'ils ſoient condamnés, même pour la première fois, aux
Galeres pour trois ans.

Une Déclaration du 8 Janvier 1719, enregiſtrée le 20, avoit ordonné que les Vagabonds & gens ſans aveu ſeroient envoyés
aux Colonies ; mais cette diſpoſition a été
révoquée par une autre Déclaration du 5
Juillet 1722, enregiſtrée le 6 Août.

Sur cette matiere voyez une Déclaration
du 18 Juillet 1724, enregiſtrée le 26 ; l'é-
tendue de ſes diſpoſitions ne me permet pas
de la rapporter ici : on la trouve dans le

Code Pénal. Voyez aussi ce que je dis aux mots *Mendians* & *Pélérinage.*

VAINES-PATURES.

V. *Clos, Parcours, Pâturages, Regain, & Vignes.*

L'article 256 de la Coutume de Châlons définit les *Vaines-Pâtures*, les *terres en friches*, celles qui font en *labourage hors les dépouilles*, les *terres non enfemencées*, les *prés après la faux*; c'eft-à-dire, après qu'ils font fauchés, & *jufqu'au* 15 *Mars.*

L'article 122 de la Coutume de Vitry contient à peu près la même définition, & décide que les Habitans peuvent mener paître leurs bêtes groffes & menues en *Vaines-Pâtures.* V. *Pâturage.*

L'article 5 de la Coutume de Nivernois, chap. des Droits de Blairie, dit que par Vaine-Pâture on entend » les chaumes, » prés ou prairies dépouillés, terres, bois » & autres héritages non clos ni fermés; « ainfi elle décide que la Vaine-Pâture s'exerce dans les bois qui ne font pas clos; ce qui eft contre le Droit commun.

Le droit de Vaine-Pâture eft un droit attribué aux Communautés des Paroiffes, qui n'appartient à aucun Habitant en particulier, mais à tous en général, & duquel aucun Habitant ne peut difpofer, aliéner, ni même louer fon droit; prêter fon nom, pour en faire jouir en fa place, mais dont il doit ufer en communauté.

Le Seigneur n'eft confidéré pour ce droit d'ufage, que comme fimple Habitant, fans qu'il ait la faculté d'y introduire des Etrangers. V. Coquille fur la Coutume de Nivernois, Legrand fur celle de Troyes, & ce que je dis à l'art. *Parcours.*

Le fieur de Leftrades, Seigneur-Engagifte de Boux en Bourgogne, ayant fait enclorre un pré contenant dix-huit mefures, & privé les Habitans de la faculté de faire pâturer la feconde herbe, comme Vaine-Pâture, fut inquiété à ce fujet par Bernard Belin & par les Habitans de Salmaife; comme il avoit pour lui la poffeffion d'an & jour, il intenta complainte, & fut maintenu par Arrêt rendu au Parlement de Dijon, le 12 Août 1737; mais l'affaire ayant depuis été jugée au pétitoire, le fieur de Leftrades a été condamné de déboucher le pré, & à laiffer jouir les Habitans de la Vaine-Pâture. Voyez un autre Arrêt à l'art. *Clos.*

Le 5 Août 1751, le Parlement de Paris a, par Arrêt rendu en la troifiéme Chambre des Enquêtes, au rapport de M. Titon d'Orgery, jugé que le fieur Bloffier, Notaire en la Prévôté de l'Hôtel, avoit pû, nonobftant l'oppofition de quelques Habitans, qui réclamoient le droit de Vaine-Pâture, faire enclorre de foffés & de haies une piéce de terre de neuf arpens, joignant fa ferme, dont l'enclos étoit déja de fix arpens, mais à laquelle étoient joints environ trois cens arpens de terre labourable. Voyez l'Hiftoire de la Jurifprudence Romaine, page 1113; Lalande, fur l'article 145 de la Coutume d'Orléans; Coquille, Inftitution au Droit François, &c.

VAISSELLE.

Lorfque dans une fucceffion dont on fait l'inventaire, il fe trouve des matieres ou de la Vaiffelle d'or ou d'argent, on doit en conftater le poids & la nature, & diftinguer ce qu'on nomme Vaiffelle plate, d'avec ce qu'on appelle Vaiffelle montée; & l'on ne peut porter l'une & l'autre à une valeur différente de celle qui fe paye dans les Hôtels des Monnoies.

Sur cela il faut remarquer qu'il n'eft pas permis de vendre des matieres & de la Vaiffelle, foit d'or, foit d'argent, comme on vend les meubles & les bijoux au plus offrant & dernier enchériffeur; mais que, lorfque dans les fucceffions les veuves & héritiers, qui ont droit de prendre la Vaiffelle d'argent pour la valeur, n'ufent pas de leur droit, la Vaiffelle doit être portée à l'Hôtel de la Monnoie, où la valeur en efpéces eft remife au porteur.

La même chofe s'obferve dans les faifies, exécutions & ventes forcées, c'eft-à-dire, que fi, lors d'une faifie-exécution de meubles, il fe trouve de la Vaiffelle ou des matieres d'or & d'argent, il faut auffi porter le tout à la Monnoie la plus prochaine, fans qu'en aucun cas on puiffe en rien vendre à l'encan au plus offrant.

Un fieur Foffecaye, dépofitaire de matieres & ouvrages d'argent pris en mer, & les Officiers de l'Amirauté de Calais, qui, au préjudice de l'oppofition du changeur, avoient fait vendre ces matieres à l'encan, à plus haut prix que celui porté par les tarifs, ont été condamnés en une amende du quadruple de la valeur de ces matieres & Vaiſſelles, par un Arrêt de la Cour des Monnoies du 19 Octobre 1745.

Les Officiers de l'Amirauté & le ſieur Foſſecave ſe ſont pourvus contre cet Arrêt. Leur moyen étoit qu'ils ne connoiſſoient point les Réglemens auxquels ils avoient contrevenu, & que ces Réglemens ne leur avoient pas été envoyés ; mais ils n'ont obtenu qu'une modération de l'amende, & l'exécution du ſurplus de l'Arrêt de la Cour des Monnoies a été ordonnée par Arrêt du Conſeil du premier Février 1746.

Les matieres, les eſpéces d'or & d'argent qui n'ont plus cours, les eſpéces étrangeres, & la Vaiſſelle qui ſe porte ès Hôtels des Monnoies, doivent être payés en conformité de ce qui eſt réglé par le Tarif arrêté au Conſeil le 18 Juin 1726, en exécution de l'Arrêt du Conſeil du 15 du même mois, & enregiſtré en la Cour des Monnoies, ledit jour 18 Juin 1726.

L'étendue de ce Tarif ne me permet pas de lui donner place ici : je dirai ſeulement que les jettons de France & d'argent y ſont fixés à 48 liv. 13 ſ. 6 d. le marc.

La Vaiſſelle d'argent plate du poinçon de Paris, à 48 liv. 6 ſ. 5 d.

La Vaiſſelle d'argent du même poinçon, montée à 45 liv. 12 ſ. 2 d.

La Vaiſſelle plate & montée poinçon de Province, comme les écus de France, piaſtres & Leopold de Lorraine, c'eſt-à-dire, à 46 liv. 18 ſ. le marc.

En général, les perſonnes habiles à ſe porter héritiers mobiliers d'un défunt dont on fait l'inventaire, ont droit d'empêcher que la Vaiſſelle d'argent inventoriée ſoit portée à la Monnoie ; ils peuvent ſe l'approprier, ſans qu'on puiſſe leur reprocher qu'ils ont pris qualité, pourvû qu'à la place ils ſubſtituent des deniers comptans au profit de la ſucceſſion.

S'ils n'uſent pas de cette faculté, il faut porter la Vaiſſelle à la Monnoie la plus prochaine, où le prix doit en être payé comptant ; cela eſt ainſi ordonné par une Déclaration du 14 Décembre 1689, regiſtrée le 16.

La même Déclaration ajoute : *N'entendons toutefois préjudicier aux veuves & autres qui ont droit de prendre des meubles en nature, pour la priſée ou autrement, qui pourront exercer leur droit, ainſi qu'ils euſſent pû faire avant la préſente Déclaration.*

Je ne connois point d'autre Loi que celle-ci ſur l'uſage qui ſe pratique au Châtelet, d'accorder à la veuve & aux héritiers la faculté de prendre ſa Vaiſſelle d'argent d'une ſucceſſion, en ſubſtituant des deniers comptans à la place.

Suivant cet uſage, ceux qui ſont appellés pour recueillir une ſucceſſion mobiliaire, peuvent, en qualité d'habiles à ſuccéder avant leur renonciation, prendre la Vaiſſelle d'argent, en ſubſtituant le même prix qui en eût été payé à la Monnoie, ſans qu'on puiſſe en induire l'addition d'hérédité : quelques-uns penſent qu'ils ne le peuvent plus, après avoir renoncé ; mais je ne connois aucune déciſion ſur ce point.

L'uſage eſt auſſi d'accorder la même faculté à la veuve commune en biens, avant ſa renonciation, ſans qu'on puiſſe à ce ſujet lui dire qu'elle a fait acte de commune.

La veuve qui renonce à la communauté, peut encore, après ſa renonciation, demander la Vaiſſelle d'argent, en déduction de ſon préciput, pour le même prix qui en eût été payé à la Monnoie.

Enfin, l'uſage eſt d'accorder la Vaiſſelle d'argent à l'héritier, au préjudice du légataire univerſel, en ſubſtituant des deniers dont le légataire profite.

Tout ce que je viens de dire ſur la Vaiſſelle d'argent, a également lieu pour la Vaiſſelle d'or.

Celui qui a joui de Vaiſſelle d'argent à titre d'uſufruit, doit il la rendre de même poids, ou payer le prix de ce qui s'y trouve manquer après la peſée ? Cette queſtion (& pluſieurs autres qui n'y étoient pas relatives) s'eſt préſentée au Châtelet, en 1748, entre les ſieur & dame de Gas ; & par Sentence du 30 Avril (1748), confirmée par Arrêt rendu au rapport de M. Severt, le 26 Juin 1751, il a été jugé qu'il ſuffiſoit que l'uſufruitier rendît les mêmes piéces de Vaiſſelle d'argent en nature, quoiqu'elles ne fuſſent pas de même poids, qui étoit un peu diminué par l'uſage qu'il en avoit eu.

V A L E U R   R E Ç U E.

V. *Billets & Obligations.*

V A R E C H.

Voyez *Epaves*, & *Mer.*

VARENNE DU LOUVRE.

On nomme ainſi une Juriſdiction qui a ſon Auditoire dans l'une des Salles du Palais des Tuileries à Paris, & qui connoît des plaintes & délits relatifs à la chaſſe dans les plaiſirs du Roi. V. *Capitaineries* & *Chaſſe.*

V A S S A L.

V. *Aveu & Dénombrement, Déclaration, Foi & Hommage, Homme vivant & Mourant, Mouvance,* & *Seigneur.*

Le Vaſſal eſt celui que le Seigneur a inveſti d'une partie de ſon domaine, à la charge de le tenir de lui en Fief, & de lui garder fidélité en toutes occaſions.

Dans l'origine, les Fiefs n'étoient (comme je l'ai dit au mot *Fief,*) que de ſimples Bénéfices à vie, qui, par la mort du Vaſſal, retournoient au Seigneur comme à leur ſource ; par la ſuite ils ont été rendus patrimoniaux, mais ſeulement en faveur des deſcendans mâles du premier inveſti.

Dans toute l'Allemagne & dans beaucoup d'autres Pays, le même principe (ſuivant lequel les ſeuls deſcendans mâles ſuccédent ſeuls aux Fiefs) eſt encore gardé, à moins que la premiere inveſtiture n'y ait dérogé.

Parmi nous, les Fiefs ont été mis au rang des autres biens auxquels les filles ſuccédent comme les mâles, ſuivant les limitations & les proportions que les Coutumes y ont apportées ; mais elles ont toujours conſervé les principaux veſtiges de cette ancienne autorité des Seigneurs ſur leurs Vaſſaux.

Elles décident toutes que le Vaſſal doit toujours fidélité à ſon Seigneur, qu'il lui en doit renouveller le ſerment à chaque mutation du Fief dominant ou du Fief ſervant ; & que s'il manque à la fidélité qu'il a jurée, il confiſque ſon Fief, qui, en ce cas, retourne au Seigneur par le défaut d'accompliſſement de la condition eſſentielle de l'inféodation. V. *Commiſe, Félonie, Fief, Foi & Hommage,* &c.

On a même conſervé parmi nous l'uſage de la prohibition dans laquelle les Vaſſaux étoient d'aliéner leurs Fiefs tant qu'ils n'étoient que viagers, par la liberté que toutes les Coutumes accordent au Seigneur d'exercer le retrait féodal en cas de vente, & de ne pouvoir être forcé de recevoir de nouveaux Vaſſaux malgré lui.

Le Vaſſal eſt donc celui que la Loi de ſon inveſtiture aſſujettit à garder fidélité à ſon Seigneur, & à lui renouveller ce ſerment dans tous les cas qui ſont preſcrits par la Loi municipale du lieu où ſon Fief eſt ſitué.

L'engagement qui naît entr'eux du titre de l'inféodation, n'eſt pas un engagement perſonnel qui lie ſeulement le Vaſſal qui reçoit l'inveſtiture à la perſonne du Seigneur qui la lui donne ; mais un engagement réel qui attache irrévocablement le Fief ſervant au Fief dominant, & qui impoſe à tout poſſeſſeur du Fief ſervant la néceſſité de rendre à tout poſſeſſeur du Fief dominant, les mêmes devoirs dont le premier Vaſſal étoit tenu envers le Seigneur qui l'a inveſti, enſorte qu'ils ne ſe doivent rien l'un à l'autre que relativement & à cauſe des Fiefs qu'ils poſſédent.

Quand une fois cet engagement eſt formé, il eſt indiſſoluble ; il ne peut plus recevoir ni altération ni changement, que par la même autorité qui l'a formée, c'eſt-à-dire, par le concours mutuel & réciproque du conſentement & de la volonté de celui qui poſſéde le Fief dominant, & de celui qui poſſéde le Fief ſervant.

L'art. 61 de la Coutume de Paris porte, que tant que le Vaſſal dort, le Seigneur veille ; & que le Vaſſal veille tant que le Seigneur dort. Cette diſpoſition s'explique en diſant, que le Seigneur dort quand il néglige de ſaiſir le Fief mouvant de lui, & auquel il y a ouverture ; & que le Vaſſal dort quand il néglige de porter la foi, & qu'il y a une ſaiſie féodale notifiée, pendant laquelle le Seigneur qui perçoit les fruits, veille réellement.

C'eſt au Vaſſal à inſtruire ſon Seigneur de ce qu'il poſſéde, & à quel titre il poſſéde.

V E L L E Ï E N.

On nomme Velleïen un Senatus-Conſulte dont Velleïus fut Auteur, & par lequel les obligations contractées par les femmes pour autrui, ſont déclarées nulles.

Ce Réglement fut fait, parce qu'on préfumoit que c'étoit par foibleffe ou par ignorance, que les femmes entroient dans les obligations des autres ; mais il ne regardoit pas les engagemens contractés par les femmes pour leurs propres affaires.

En dérogeant à cette régle générale, Juftinien avoit ordonné, par la Loi *Si mulier*, au Code *ad Senatus-Conf. Velleïanum*, que fi deux ans après la premiere obligation, une femme renouvelloit fon engagement, elle ne pourroit plus alléguer fon ignorance pour fe défendre de l'exécuter : mais ce même Prince a depuis abrogé cette exception par la Novelle 134, chap. 8, dont eft tirée l'Authentique *Si qua mulier*, qui, en déclarant nulles les obligations paffées par les femmes pour les affaires d'autrui, quoique confirmées plufieurs fois, n'a point touché à celles contractées pour leurs affaires perfonnelles. V. les Obfervations de Bretonnier fur Henrys, tome 2, liv. 4, ch. 3, queft. 8, de l'Edition de 1708.

Henri IV a, par un Edit du mois d'Août 1606, enregiftré le 22 Mai 1607, défendu aux Notaires d'inférer dans les Actes les renonciations des femmes aux difpofitions du Senatus-Confulte Velleïen, & à l'Authentique *Si qua mulier ;* il a même ordonné *que les femmes demeureroient valablement obligées fans ces renonciations*, & a validé tous les contrats, actes, brevets & obligations par elles paffées pour & avec leurs maris, autorifées d'eux ou autrement, en quelque forte & maniere que ce fût, quoique lefdites renonciations euffent été omifes : mais cet Edit n'a pas eu une exécution générale ; il n'a été enregiftré qu'aux Parlemens de Paris & de Dijon : il n'eft pas même obfervé dans tout le reffort du Parlement de Paris. Plufieurs Coutumes de ce reffort ont confervé l'ancien ufage ; telles font les Coutumes d'Auvergne, de la Marche, & quelques autres. On peut fur cela confulter le titre 18 de la Coutume d'Auvergne, article premier; Bretonnier dans fes Queftions de Droit, au mot *Femme* ; Me Froſland, dans fes Mémoires fur le Senatus-Confulte Velleïen, & Prohet.

Louis XIV a, au mois de Décemb. 1683,

donné pour la Bretagne un *Edit* qui, fuivant le témoignage de Sauvageau, y eft obfervé, & qui contient les mêmes difpofitions que celui du mois d'Août 1606, adreffé & regiftré au Parlement de Paris. Au mois de Novembre 1703, le même Prince a adreffé un pareil Edit au Parlement de Befançon, où il a été regiftré le 3 Janvier 1704.

Ainfi, en Bretagne & en Franche-Comté, les renonciations des femmes au Senatus-Confulte Velleïen, à l'Authentique *Si qua mulier*, & autres droits femblables, font inutiles, puifque le défaut de *cette renonciation ne peut être objecté, ni empêcher l'effet des obligations des femmes, foit pour elles, foit pour autrui*, parce que ces Edits *les déclarent valables*.

Mais ce Senatus-Confulte eft exactement obfervé en Provence ; fuivant un Acte de Notoriété donné par MM. les Gens du Roi du Parlement d'Aix, le 4 Octobre 1690.

Fromental affure même, verb. *Caution*, qu'il eft obfervé dans tous les Pays de Droit-Ecrit (*a*), excepté dans les Provinces de Lyonnois, Foreft & Beaujolois. Cet Auteur a beaucoup traité de l'effet du Velleïen & des cas où il ne peut être appliqué.

Cependant dans l'affaire de Carignan, jugée au Parlement par un Arrêt du 3 Août 1744, dont je parle à l'article *Hypothéque*, on a tellement regardé le Senatus-Confulte Velleïen comme abrogé en Pays de Droit-Ecrit, que la Princeffe mariée en Piémont, où l'on fuit le Droit Romain, ne révoquoit point en doute la validité des engagemens qu'elle avoit contractés folidairement avec le Prince fon mari, & fous fon autorifation. Elle a effayé de s'en fervir au Confeil lors de la demande en caffation formée par les créanciers, jugée au Confeil-Privé le 18 Mars 1748. Mais elle a abandonné cette tentative, en tranfigeant avec leurs créanciers.

Le Senatus-Confulte Velleïen eft obfervé en Normandie ; & les renonciations que les femmes font au bénéfice de cette Loi, font impuiffantes, parce qu'on la regarde comme faifant partie du Droit public de cette Province ; auquel les Particuliers ne peuvent pas déroger ; & quelque ratification que la femme » puiffe faire de fon obligation «,

(*a*) On prétend qu'il y a dans la Coutume de Toulouſe, au Titre de Débits, un article fuivant lequel le Velleïen

n'a pas lieu dans cette Ville. V. les Additions de Me Boucher d'Argis aux Queftions de Bretonnier, verb. *Femme*.

(dit

(dit Bretonnier, queſt. Alph. *verb*. Femme,) » même après les dix années, elle eſt nulle, » & on la déclare telle, quoiqu'elle n'ait » pas pris de Lettres de Reſciſion «.

Quelques Auteurs ont confondu le Senatus-Conſulte Velleïen avec la Loi *Julia, de Fundo*, qui annulle toutes les hypothéques conſenties par la femme ſur ſes biens dotaux : mais, comme on le voit par ce que je viens de dire, ces deux Loix différent beaucoup l'une de l'autre. Au reſte, la Loi *Julia* a été abrogée dans les Provinces de Lyonnois, Foreſt, Beaujolois & Mâconnois, par une Déclaration du 21 Avril 1664, enregiſtrée le 20 Août ſuivant (*a*). Voyez ſur cela les Queſtions de Droit de Bretonnier, au mot *Dot*, & la Note que j'ai faite relativement au Beaujolois, au mot *Autoriſation*.

. La Conſervation de Lyon a donné un Acte de Notoriété le 11 Mars 1726, ſuivant lequel, & en conformité de l'Edit de 1606, & de la Déclaration du .... Avril 1664, les femmes majeures demeurantes à Lyon & dans les Provinces de Lyonnois, Foreſt & Beaujolois, étant autoriſées de leurs maris, peuvent valablement s'obliger, ſe rendre caution pour leurs maris, vendre leurs biens-meubles & immeubles, les hypothéquer, traiter & tranſiger ſur leurs droits, ſans qu'elles ayent beſoin de l'aſſiſtance, avis ni conſeil de leurs peres & meres ni autres parens, &c.

Le Velleïen & la Loi *Julia* ſont conſidérés comme des Statuts réels. D'Argentré, ſur l'art. 218 de la Coutume de Bretagne, & le Brun, de la Communauté, le décident ainſi ; le Brun cite même pluſieurs Arrêts : néantmoins leur opinion n'eſt pas ſans difficulté. V. les Mémoires de Me Froſland ſur le Velleïen, ch. 11, n. 7.

V E N I A T.

Ce mot, qui eſt pur latin, eſt en uſage au Palais pour ſignifier une injonction que font les Juges Supérieurs aux Inférieurs de venir rendre compte de leur conduite dans quelques affaires.

Les ſeules Cours ſupérieures peuvent donner des *Veniat* aux Officiers inférieurs. On peut voir ſur cela le Journal des Audiences, tom. 1, l. 1, ch. 109, & un Arrêt rendu le 3 Juin 1633, rapporté par Bardet. La Cour l'a jugé de même par un Arrêt rendu le 7 Sept. 1737, que je cite à l'art. *Table de Marbre*.

Les Juges de la Table de Marbre ayant commencé l'inſtruction d'un Procès extraordinaire contre un ſieur Doucet, Procureur du Roi en la Maîtriſe de Chinon, M. le Procureur Général remontra à la Cour *qu'elle étoit dans le droit & dans l'uſage de prendre connoiſſance des affaires touchant les faits de malverſation & prévarication des Officiers de Judicature de ſon reſſort, dans l'exercice & fonction de leurs Charges* ; &, par Arrêt rendu le 6 Juillet 1703, au rapport de M. le Nain, il a été ordonné que les pièces ſeroient apportées au Greffe, *& fait défenſes aux Officiers de la Table de Marbre de paſſer outre, ni de prendre connoiſſance de ladite affaire.*

Le *Veniat* n'emporte point interdiction de l'Officier auquel il eſt donné, parce que l'interdiction eſt une peine qui ne peut avoir lieu que quand elle eſt prononcée ; & il n'y a aucune Loi qui la prononce.

V E N T E.

V. *Achat, Adjudication, Aliénation, Bail à vie, Biens d'Egliſe, Cîteaux, Contrat, Décret, Hypothéque, Indemnité, Lods & Ventes, Loyaux-Coûts, Minute, Néceſſité jurée, Notaire, Préciput, Rembourſement, Tranſport, Vente de Meubles.*

On peut définir la Vente, une convention de donner certaine choſe pour un certain prix.

Trois choſes doivent concourir pour la perfection du contrat de Vente ; ſçavoir, la choſe vendue, le prix & le conſentement des Parties.

De-là naît la conſéquence néceſſaire, qu'il ne peut y avoir de Vente, s'il n'y avoit point de choſe, ou s'il n'y avoit pas de prix. Il en eſt de même ſi le vendeur & l'acheteur ne ſont pas d'accord, ou ſur la choſe, ou ſur le

(*a*) Cet enregiſtrement a été ordonné, nonobſtant les oppoſitions de Catherine Raberin, femme ſéparée de Charles Noirat, de Magdelaine Andreſty, veuve d'André de Pont-ſaint-Pierre, de Simonne Blanc & autres femmes, au nombre de huit ou dix. La Cour leur a ſeulement réſervé de pourſuivre les Inſtances qu'elles avoient intentées, les défenſes réſervées au contraire.

Depuis, Jeanne Dalmezin, l'une des oppoſantes, a ſuccombé dans l'appel qu'elle avoit interjetté d'une Sentence de la Sénéchauſſée de Lyon, laquelle a été confirmée par Arrêt du 6 Septembre 1664.

Voyez l'Edit de 1606, dans Fontanon, tom 1er, p. 737.

prix, ou s'ils font en erreur fur les objets.

Mais s'il y a feulement quelqu'incertitude dans la maniere dont la Vente eft conçue, & dans les termes qu'elle exprime, on doit, dans le doute, décider contre le vendeur, parce qu'il étoit le maître d'exprimer plus clairement la Loi qu'il entendoit prefcrire.

Dans la régle générale, le confentement du Propriétaire eft néceffaire pour la validité de la Vente. Néantmoins on peut vendre la chofe d'autrui fans fon confentement ; & la Vente eft bonne fi le propriétaire la ratifie ; l'acquéreur ne peut pas en ce cas en demander la réfolution : mais fi le propriétaire n'agréoit pas la Vente, il pourroit évincer l'acquéreur, fauf le recours de celui-ci contre le Vendeur pour les dommages-intérêts.

Cette régle a lieu pour les Ventes d'immeubles : mais s'il s'agit de la Vente d'une chofe mobiliaire, celui qui l'auroit achetée de bonne foi, pourroit la garder, fauf le recours du propriétaire contre le Vendeur, à moins qu'elle n'eût été dérobée. V. Defpeiffes, tome 2.

La Dame Gueriot de Cancourt, qui avoit un fils mineur, propriétaire d'une maifon de Campagne & d'une ferme affez confidérable, fituée à Annet-fur-Marne, paffa avec le fieur Vittiment un Acte fous fignature-privée, le 13 Septembre 1755, par lequel, en qualité de créanciere de fon fils mineur de fommes fort confidérables, elle promit faire adjuger judiciairement dans quatre mois au fieur Vittiment, qui promit acquérir la maifon, la ferme, les meubles, &c. du mineur de Cancourt, moyennant 107000 l. & cent louis de pot-de-vin. L'acte contenoit une claufe, par laquelle il étoit dit que cette fomme feroit payée, foit que l'adjudication fût faite à un prix plus ou moins fort que les 107000 liv.

En conféquence de cet acte, la dame de Cancourt fit nommer un tuteur à fon fils, & ce tuteur fit la procédure convenable pour parvenir à l'adjudication des héritages du mineur ; mais avant que la procédure fût en état, le fieur Vittiment trouvant qu'il avoit acheté trop cher, fignifia à la dame de Cancourt qu'il n'entendoit point fe rendre adjudicataire ; il déclara même qu'il s'oppofoit à l'adjudication, offrit de rendre les clefs qui lui avoient été remifes lors de

l'écrit, & en conféquence defquelles il s'étoit mis en poffeffion ; enfin il demanda la nullité de l'écrit fous fignature-privée.

Nonobftant cette procédure, la dame de Cancourt & le tuteur de fon fils firent adjuger les biens au fieur Vittiment, & le fommerent d'accepter l'adjudication ; il refufa, & foutint que l'écrit étoit nul : fes moyens étoient, que cet écrit ne pouvoit être confidéré que comme un mandat révoqué par les actes qu'il avoit fignifiés, qu'on ne pouvoit pas regarder cet acte comme une Vente, ni comme une promeffe de vendre ; que la dame de Cancourt n'avoit pû paffer un pareil acte, n'étant pas propriétaire des biens qu'elle promettoit faire adjuger ; que d'ailleurs les biens des mineurs ne font pas dans le commerce, &c.

La dame de Cancourt répondoit qu'on pouvoit vendre la chofe d'autrui quand le propriétaire en ratifioit la Vente ; que dans le cas particulier, le tuteur paroiffoit pour foutenir & agréer la Vente ; qu'elle étoit faite par la Juftice même, & après les formalités prefcrites obfervées ; que fi elle n'eût pas fait vendre au fieur Vittiment, il auroit obtenu des dommages & intérêts contr'elle ; qu'il avoit bien voulu courir les rifques de cette alternative, &c.

La Sentence rendue au Châtelet le 15 Mai 1756, avoit déclaré l'acte nul ; mais elle a été infirmée par Arrêt rendu fur les Conclufions de M. l'Avocat Général Seguier, le Lundi 20 Mars 1758, & l'exécution de l'acte fous fignature-privée ordonnée, plaidans Mes d'Outremont & Doucet.

La régle qui exige le confentement du propriétaire pour rendre la Vente légitime, eft fujette à trois exceptions ; elle n'a pas lieu ;

1°. Dans les faifies-réelles & Ventes par décret, les créanciers peuvent faire vendre les biens de leur débiteur malgré lui, en obfervant les formes prefcrites. Voy. Décret, Saifie-Réelle, &c.

2°. Dans les Ventes par licitation. En effet, un co-propriétaire qui ne veut pas refter dans l'indivifion, peut contraindre fes co-propriétaires de vendre conjointement avec lui. V. Licitation.

3°. Dans le cas de l'utilité publique, pour laquelle il eft jufte de faire céder l'intérêt du Particulier en l'indemnifant. Sur le fondement de cette derniere maxime, les Curé & Marguilliers de Saint Nicolas-du-Chardonnet à Paris, firent affigner l'Abbé Régulier de Clairvaux, pour voir dire qu'attendu l'utilité publique & le befoin indifpenfable qu'ils avoient d'un terrein joignant leur Eglife, & qui fervoit d'écurie aux chevaux de l'Abbé, il feroit tenu de leur paffer contrat de Vente dudit terrein, fur le pied de l'eftimation qui en feroit faite par Experts.

L'Abbé de Clairvaux réfifta à cette demande, & foutint qu'on ne pouvoit contraindre perfonne de vendre fon bien; que d'ailleurs le terrein qu'on lui demandoit, étoit bien d'Eglife, & par conféquent inaliénable.

La Fabrique lui oppofa l'utilité publique & l'autorité de Dumoulin fur la Coutume de Paris. Elle articuloit que fans ce terrein on n'auroit pas d'endroits dans l'Eglife pour faire le Catéchifme aux enfans, & que le lieu où il fe faifoit, caufoit du fcandale, & fouvent du trouble à la Prédication. Sur cela Arrêt eft intervenu au Grand-Confeil, le 30 Août 1738, qui a ordonné qu'avant faire droit, les lieux feroient vûs & vifités en préfence de M. de Brehan, Confeiller, pour, le Procès-verbal dreffé, être ftatué fur la demande de la Fabrique.

Cet Arrêt a, comme on voit, préjugé que fi le terrein demandé par la Fabrique étoit utile à la Paroiffe, il falloit facrifier l'intérêt particulier de l'Abbé de Clairvaux. Il étoit en effet plus naturel de le priver de fes écuries, que de priver les enfans de la Paroiffe des inftructions qui leur font faites au Catéchifme. Mais le Procès-verbal de defcente ayant conftaté que la Paroiffe pouvoit fe paffer de ce terrein, & qu'il n'y avoit point d'utilité publique, les Curé & Marguilliers ont été déboutés de leur demande, par Arrêt rendu au Grand-Confeil, fur les Conclufions de M. Lefcalopier, le 4 Mars 1739. (Il eft imprimé.)

Sur cette matiere voyez le Concile de Meaux, tenu en 845, canon 53, tome 7, des Conciles; & Dumoulin, fur l'ancienne Coutume de Paris, titre 1, gloffe 2, fur ces mots, *Jouer de fon Fief*, n°. 98.

L'établiffement des Bureaux, pour la perception des droits du Roi, eft mis au nombre des cas pour lefquels les Particuliers doivent fe dépouiller de la jouiffance de leurs biens; les baux des fermes autorifent ordinairement les fermiers à placer leurs bureaux dans les maifons des Particuliers, malgré ceux-ci, en les indemnifant. Je parle de quelques Arrêts intervenus au Confeil fur cette matiere à l'article *Bail*; & l'art. 565 du bail général fait à Cerlier, contient fur cela une autorifation expreffe.

Le Confeil a même rendu un Arrêt le 16 Janvier 1731, par lequel Jean-Baptifte Defmarêts, fous-fermier des Domaines de Flandres, Hainault & Artois, a été fubrogé dans l'acquifition faite par le fieur Vantroyen, d'une maifon fituée dans la Ville de Caffel, en rembourfant le prix de l'acquifition, & à la charge de remettre la même maifon au fermier qui lui fuccéderoit, & qui feroit auffi tenu de faire un pareil rembourfement.

Tous les biens qui font dans le commerce, foit meubles, foit immeubles, peuvent être vendus: mais il y en a d'autres dont la Vente feroit abfolument nulle; par exemple, les ports, les grands chemins, les places publiques, les murs, les foffés d'une ville, & généralement tout ce qui eft d'un ufage commun & public, ne peut être vendu.

Les chofes facrées, les immeubles des Eglifes, ceux qui appartiennent aux Communautés, aux mineurs, aux infenfés, aux prodigues interdits, & aux autres perfonnes qui ne peuvent difpofer de leurs biens, ne peuvent fe vendre que pour des caufes jugées néceffaires, & en obfervant certaines régles prefcrites pour l'aliénation de ces fortes de biens. V. *Biens d'Eglife*, & *Mineurs*.

Quoique ces biens ne puiffent être vendus, fi néantmoins l'acquéreur eft dans la bonne foi, le contrat fubfifte pour lui donner une action en dommages & intérêts contre le vendeur.

Les biens grevés de fubftitution ne peuvent être vendus tant qu'elle dure. Voyez *Subftitution*.

Si un bien grevé de fubftitution eft vendu comme libre, l'acquéreur qui fe trouve trompé, peut réclamer contre la Vente. Vainement lui répondroit-on que la fubftitution qu'on lui a cachée n'a rien d'effrayant, qu'elle eft nulle, ou qu'il y a des dettes à payer, & que l'aliénation eft utile aux appellés à la fubftitution; parce que l'acquéreur peut répondre avec succès qu'il n'a pas entendu s'engager dans de pareilles discussions, & qu'il n'auroit pas traité s'il en avoit été instruit : c'est ce qu'établit Henrys, tome 1, liv. 4, ch. 6, quest. 39, & M. de Catelan, tome 2, liv. 5, ch. 42.

La Jurisprudence des Arrêts est conforme à ce principe ; il y en a un rendu le 12 Décembre 1652, au Journal des Audiences, tome 1, liv. 7, ch. 18 ; on en trouve un second, rendu le 15 Février 1703, dans les Arrêts notables d'Augeard, tome 1, ch. 37.

Il y en a un troisiéme du 25 Janv. 1724, rendu au rapport de M. Pallu, par lequel la Cour a annullé un Acte passé devant Notaire, contenant promesse de passer contrat. Cet acte contenoit toutes les clauses essentielles à la Vente : mais le vendeur n'avoit pas instruit l'acquéreur ; & celui-ci découvrant qu'il n'avoit pas toutes ses sûretés, que son acquisition seroit sujette à des recherches & à des embarras, il s'en plaignit, & obtint des Lettres de Rescision : la Cour jugea que ces Lettres étoient inutiles pour détruire un pareil acte, qui étoit nul de droit.

Il y a encore un autre Arrêt rendu le 6 Août 1740, par lequel un écrit, portant promesse de vendre à M. l'Archevêque de Rheims un Hôtel dépendant de la succession de la Princesse de Conti, a été déclaré nul ; parce que, quand il s'est agi de rédiger le contrat, on a découvert une substitution & des embarras dont l'écrit ne paroit pas. M. l'Archevêque de Rheims a demandé la nullité de l'écrit, & elle a été prononcée. Il y avoit, à la vérité, d'autres irrégularités dans cet écrit. V. Double.

Enfin, il y a un dernier Arrêt, rendu le Mardi 15 Mai 1764, contraire aux Conclusions de M. Seguier, Procureur Général, qui a déclaré nulle la Vente de la Terre de Magnac en Limosin, par le Marquis de Monboissier ; parce que cette Terre étoit substituée au Prince de Montauban & de toute sa ligne, par la Comtesse de Mortagne. Cet Arrêt est conforme à un autre du 3 Septemb. 1751, sur les Conclusions de M. d'Ormesson, Avocat Général, dont voici l'espéce.

M. le Duc de Rohan, en vendant la Terre du Lude au Comte d'Harcourt, déclara que cette Terre étoit chargée d'une somme

de quatre cent & quelques mille livres appartenantes à une substitution ; & comme le vendeur venoit d'acquérir une autre Terre moyennant 530000 liv. on convint que les sommes substituées seroient employées par M. de Rohan, au payement de partie de ces 530000 liv. du consentement de tous les appellés à la substitution qu'il s'obliga de rapporter, pour transférer la créance substituée d'une Terre sur l'autre, & de faire confirmer le tout par des Lettres-Patentes.

Le Comte d'Harcourt ayant découvert que ce n'étoit pas une créance à prendre sur la Terre qui étoit substituée, mais que c'étoit la Terre même, demanda la nullité de la Vente sur le fondement de cette substitution.

Le Duc de Rohan soutint que cette erreur ne pouvoit préjudicier au Comte d'Harcourt ; 1°. Parce que la substitution étoit nulle faute d'enregistrement, que par conséquent elle ne pourroit jamais lui nuire.

2°. Il rapportoit le consentement des seuls appellés qui pouvoient avoir intérêt à cette substitution.

Le Comte d'Harcourt répondoit que la nullité de la substitution, faute de publication, pouvoit faire la matiere d'un doute & d'un Procès ; qu'il n'avoit voulu acheter ni question ni contestation ; il disoit que les appellés à la substitution ne pouvoient pas, avant qu'elle fût ouverte, renoncer à leurs droits au préjudice de leurs créanciers. Ces raisons déterminerent la Cour à prononcer la nullité de la Vente.

La Cour a jugé par un Arrêt rendu le 19 Juillet 1697, entre le Marquis du Quesne & le sieur du Bosc, sur les Conclusions de M. l'Avocat Général d'Aguesseau, depuis Chancelier, que la promesse de vendre le Marquisat du Quesne, étoit obligatoire ; & en conséquence la Sentence des Requêtes du Palais, du 4 Janvier précédent, qui condamnoit le Marquis du Quesne & sa femme à passer contrat de Vente de la Terre du Quesne, dans huitaine, aux clauses, conditions & moyennant le prix porté en la promesse de vendre, sinon que la Sentence vaudroit contrat de Vente, a été confirmée par l'Arrêt qui a en outre condamné les Sieur & Dame du Quesne, aux dommages & intérêts du sieur du Bosc.

Il n'est pas permis de vendre la succession

d'un homme vivant, même de son consentement. V. M. Louet & Brodeau, let. H. n°. 6.

Tous ceux qui ont la libre administration de leurs biens peuvent les vendre. On peut même vendre l'espérance d'une chose incertaine : par exemple, on peut vendre le poisson qui sera pris d'un coup de filet ou dans une pêche, le gibier qui sera tué dans une chasse, la récolte d'un jardin, &c. ces sortes de Ventes sont bonnes ; parce que ce n'est pas la chose incertaine qui est vendue, mais l'espérance qui est certaine.

Cette liberté que les Loix donnent aux propriétaires de vendre leurs biens, soit propres, soit acquêts, subsiste tant qu'ils jouissent de leur état, & même pendant leurs maladies ; & les héritiers collatéraux ne peuvent, ni critiquer de semblables Ventes, ni en demander le prix comme représentant le propre, s'il y a un légataire universel : c'est ce que la Cour a jugé par un Arrêt rendu (de relevée) en la Grand-Chambre, le 29 Juillet 1738, en faveur du sieur Lasnier de Bissé, Conseiller au Mans, & sa fille, contre le sieur Faloux & autres héritiers de la dame Jousse.

Dans l'espéce de cet Arrêt, les héritiers de la dame Jousse opposoient au sieur Lasnier, légataire universel, qu'elle avoit vendu la Terre, dont il restoit dû 13400 liv. en haine & en fraude de ses héritiers, quatre-vingt jours avant sa mort, dans le temps de l'opération d'un cancer, pour faire tomber le prix dans le legs, & les en frustrer. Ils particularisoient même des motifs de ressentiment : mais comme il n'est point dû de légitime aux collatéraux, que d'ailleurs ils ne peuvent pas opposer le moyen *ab irato*, que la Loi ne présente qu'en directe, la Cour n'eut point d'égard à leurs plaintes ; la Sentence du Bailliage du Mans qui n'accordoit que le tiers des 13400 l. au légataire universel, comme des autres propres, fut infirmée en ce chef, & l'Arrêt adjugea au légataire universel la totalité des 13400 liv.

Mais le 26 Août 1761, par Arrêt rendu au rapport de M. Sahuguet d'Espagnac, la Cour a déclaré nulle la Vente de la Terre de Mittainville, & autres biens situés dans la Coutume de Montfort, par un écrit double sous seing privé, fait par la demoiselle de Mittainville, à la demoiselle Berillon

sa sœur, la veille du jour qu'elle avoit fait son testament par lequel elle avoit institué la D^lle Berillon, sa légataire universelle.

Dans cette espéce, il y avoit ces circonstances, que les biens vendus étoient propres à la venderesse, qui étoit hydropique au temps de son testament & de la Vente : on disoit d'ailleurs que la Vente étant faite par acte privé, il étoit aisé de le supprimer, qu'on devoit par conséquent la regarder comme simulée, &c. V. *Minute.*

De ce que je viens de dire sur les Ventes faites par des moribonds, il résulte que pour qu'elles soient valables, il faut qu'elles soient sinceres ; s'il y avoit de la fraude, si, par exemple, il étoit prouvé qu'un homme mourant a pris la voie du contrat de Vente pour faire passer la propriété de l'universalité de ses biens à des personnes auxquelles il ne pouvoit en laisser qu'une partie par testament, alors une telle Vente seroit nulle, parce qu'elle seroit frauduleuse & simulée ; la Cour l'a ainsi jugé en faveur des héritiers d'un sieur Moginot, décédé à Langres, contre une veuve Catherinet, par Arrêt rendu en l'année 1731, au rapport de M. Pommereu.

Dans cette espéce, outre la simulation de la Vente qui se prouvoit par les circonstances, le Notaire, dépositaire de la minute du contrat, avoit déclaré, par un certificat, que lors de la passation d'icelui on avoit laissé plusieurs lignes en blanc, pour être remplies du nom des créanciers & propriétaires des rentes & héritages vendus, lequel blanc avoit été bâtonné depuis la mort du vendeur, suivant le même certificat.

Sur cette matiere voyez d'Argentré, sur la Coutume de Bretagne, art. 412, glosse 2, n°. premier ; Tiraqueau, du Retrait ; Ricard, des Donations, tom. 1, partie 3, chap. 10, section 1, n°. 1433, & de Renusson, Traité des Propres. Voyez aussi un Arrêt dont je parle au mot *Propres.*

Une mere domiciliée en Touraine, ayant vendu à une de ses filles, la part appartenante à elle mere dans la communauté d'entre elle & son mari, moyennant un prix égal à la valeur de la chose vendue, il s'est agi entre les enfans de la venderesse, de sçavoir si cette Vente étoit licite.

Une autre fille de la venderesse disoit que

dans une Coutume de parfaite égalité, telle que celle de Touraine, qui porte, qu'on ne peut, *par quel contrat que ce soit, faire la condition d'un héritier pire que celle de l'autre*, une pareille Vente ne pouvoit subsister, parce qu'elle pouvoit donner lieu à des avantages indirects & à des fraudes. La fille qui avoit acquis les droits de sa mere, répondoit que le partage de communauté prouvoit qu'il n'y avoit point de fraude dans la Vente, & que les choses vendues. *certo pretio*, l'avoient été pour leur véritable valeur. Par Arrêt rendu en la 4ᵉ Chambre des Enquêtes, le Lundi 8 Mars 1756, la Vente faite par la mere à une de ses filles, a été déclarée valable. V. *Avantage indirect.*

Le prix d'une Vente doit consister en argent monnoyé, autrement ce seroit un échange; on ne pourroit pas distinguer le prix d'avec la chose vendue. Cependant dans notre usage, lorsqu'un héritage est échangé contre des choses mobiliaires qui peuvent être facilement estimées, comme du grain, du vin, de l'argent en masse, &c. cet échange produit le même effet qu'une Vente, tant à l'égard des Droits Seigneuriaux que du Retrait.

Le prix de la Vente doit être certain & déterminé par le contrat; & si on s'en étoit rapporté à l'estimation d'un tiers, la Vente ne seroit parfaite que quand ce tiers auroit fait l'estimation; elle seroit même résolue, si ce tiers refusoit d'apprécier la chose vendue.

Il n'est pas permis aux tuteurs & curateurs d'acheter des biens de leurs pupilles, ni aux principaux Magistrats des Siéges, les biens qui se vendent judiciairement dans leur Tribunal, suivant l'art. 117 de l'Ordonnance de 1629.

Il n'est pas encore permis aux Juges, Avocats, Procureurs & Huissiers, d'acheter des droits litigieux, ou de prendre pour leurs frais, peines & soins, une part de ce qui peut être adjugé à une Partie dans le procès dont ils sont chargés. V. l'art. 54 de l'Ordonnance d'Orléans, & ce que je dis aux art. *Avocats & Droits Litigieux.*

Il y a des Ventes pures & simples, il y en a aussi de conditionnelles.

Dans les premieres, la Vente est parfaite par le seul consentement des Parties,

marqué à certains caracteres, & dès-lors la chose vendue est aux risques de l'acheteur; de sorte que si elle périt, il en doit porter la perte; & par la même raison, il doit profiter de l'augmentation, s'il y en a, comme il souffriroit de la diminution.

Cette régle n'a cependant pas lieu quand le vendeur est en demeure de livrer la chose, ou lorsqu'il ne l'a pas gardée avec l'attention d'un pere de famille exact & diligent; sa demeure ou sa négligence font en ce cas tomber sur lui la perte ou la diminution de la chose.

Dans les Ventes conditionnelles, la chose a coutume d'être aux risques du vendeur, tant que la condition est en suspens; parce que jusques-là la Vente n'est point parfaite, & qu'il est naturel que la perte tombe sur celui qui en est propriétaire; mais si la chose étoit seulement diminuée ou détériorée, l'acheteur seroit obligé de la prendre, la condition arrivante. Voyez ce que je dis sur cette matiere à l'article *Dispositions conditionnelles.*

Les Ventes à l'essai, & des choses qui se commercent au poids, au nombre & à la mesure, sont considérées comme Ventes conditionnelles; parce qu'elles sont censées faites sous la condition que ces choses seront essayées, goûtées pesées & mesurées.

Comme le consentement des Parties est le point le plus essentiel de la Vente, il doit être également exempt d'erreur & de violence: l'erreur ne vitie cependant le contrat de Vente, que quand elle se rencontre dans la substance de la chose achetée, la Vente est nulle en ce cas: mais si l'erreur ne se rencontroit que dans les qualités de la chose vendue, alors elle ne donneroit pas lieu à la résolution du contrat, à moins qu'il n'y eût du dol personnel de la part du vendeur. V. *Dol.*

» Par exemple, si je veux acheter de l'or, » & qu'on ne me vende que du cuivre, la » Vente ne vaudra rien, parce que je suis » trompé dans la substance même de la cho-» se que je veux acheter: mais si je crois » acheter une pendule juste & qu'elle ne le » soit pas, la Vente subsiste, parce que je » ne suis trompé que dans les qualités de la » chose «. Institution au Droit François; tom. 2, liv. 3, chap. 23.

Les Ventes, dont l'accompliſſement dé-pend d'une condition, demeurent nulles, ſi la condition n'arrive pas : il en eſt de même ſi la choſe vendue périt avant que la condition ſoit arrivée.

Si le vendeur ou l'acheteur ont erré, de ſorte qu'il paroiſſe que le vendeur ait entendu vendre une choſe, & que l'acquéreur ait entendu en acheter une autre, la Vente eſt nulle : elle l'eſt à plus forte raiſon, ſi le Vendeur vend de mauvaiſe foi une marchandiſe pour l'autre.

La ſeule tradition ſuffit pour rendre la Vente parfaite : quand il ne s'agit que de choſe mobiliaire, il n'eſt point néceſſaire qu'il y ait un contrat par écrit pour ces ſortes de Ventes, » car (dit Argou) l'écriture » en cette matiere n'eſt point de l'eſſence » du contrat, elle ne ſert que pour en faire la » preuve «. Mais s'il s'agit de la Vente d'un immeuble, il faut qu'elle ſoit faite par écrit, qu'il y ait tradition & poſſeſſion réelle. V. ce que je dis ſur la néceſſité de paſſer les contrats de Vente par écrit, aux mots *Minute*, *Notaire* & *Saiſine*.

Je dis qu'en matiere d'immeubles, il faut que la Vente ſoit ſuivie de tradition réelle & de dépoſſeſſion ; parce que lorſqu'une même choſe a été ſucceſſivement vendue à deux perſonnes différentes, on n'a pas recours à la date des contrats pour juger lequel des deux acheteurs doit être préféré, l'antériorité n'eſt d'aucune conſidération. La Loi a imprimé des caracteres à la Vente qui déterminent ſa réalité : tels ſont la tradition de la part du vendeur, & la poſſeſſion de l'acquéreur. Tout contrat de Vente qui n'eſt pas ſuivi de la délivrance de la choſe, eſt moins une Vente effective (relativement au ſecond acquéreur) qu'un ſimple engagement de la part des contractans, d'exécuter réciproquement ce qu'ils promettent : ainſi le ſecond acquéreur qui a la tradition & la poſſeſſion réelle en ſa faveur, eſt préféré au premier qui n'a ni tradition ni poſſeſſion, ſauf le recours de celui-ci contre le vendeur, pour ſes dommages & intérêts, pour leſquels il a néantmoins hypothéque ſur l'immeuble vendu.

Il ne ſeroit pas juſte en effet que le dernier acquéreur pût être trompé par la poſſeſſion qu'auroit conſervée le vendeur : cette poſſeſſion ſert de preuve & d'aſſurance à ſa propriété, & c'eſt au premier acquéreur à s'imputer d'avoir condamné ſon titre & ſon acquiſition aux ténèbres. On peut ſur cela conſulter la Loi *Quoties* au Code ; M. d'Argentré, ſur l'article 265 de la Coutume de Bretagne ; Loyſeau, Traité des Offices, liv. 1, chap. 2 ; Chopin, ſur la Coutume d'Anjou ; M. Louet & Brodeau, lettre N ; Ricard, des Donations ; Domat, les Coutumes d'Anjou, de Vermandois, de Rheims & de Senlis. V. auſſi *Saiſine*.

La dame de Montgomery ayant vendu ſes droits dans la ſucceſſion du Marquis de Mailloc ſon frere, moyennant une rente viagere, à la demoiſelle le Goues de S. Gilles, le 16 Septembre 1728, mourut ſubitement le 19 du même mois, c'eſt-à-dire, trois jours après la Vente. L'héritiere de la vendereſſe attaqua cette Vente ; & par un Arrêt interlocutoire rendu le 10 Mai 1731, la Cour réduiſit la queſtion au point de fait de ſçavoir ſi, lors de la Vente, la dame de Montgomery étoit malade à l'extrémité, & avoit reçu les Sacremens, comme le prétendoit ſubſidiairement ſon héritiere.

L'Enquête faite en vertu de l'Arrêt, prouvoit qu'au mois de Juillet la dame de Montgomery avoit été adminiſtrée pour cauſe de maladie dangereuſe ; mais qu'au moment de la Vente, la dame de Montgomery, quoique très-incommodée d'une oppreſſion, ſortoit pour ſes affaires. La demoiſelle de Saint-Gilles avoit d'ailleurs pris la précaution de faire ouvrir la dame de Montgomery, après ſa mort. Le certificat du Chirurgien portoit qu'elle étoit morte ſubitement, & qu'il avoit trouvé dans ſa poitrine la cauſe d'un étouffement & d'une ſuffocation.

Par Arrêt rendu le 4 Septembre 1731, au rapport de M. Dupré, en la Grand-Chambre, la Vente a été confirmée.

On voit, par l'Arrêt interlocutoire intervenu dans cette affaire, que ſi la dame de Montgomery eût été dangereuſement malade lors de la Vente, la demande de ſon héritiere eût été admiſe ; & il paroît que telle eſt la Juriſprudence des Arrêts.

En effet, M. d'Agi, Conſeiller au Parlement de Rouen, ayant, dans un temps où ſa ſanté étoit extrêmement dérangée, vendu ſon Office à M. d'Amfreville, moyen-

nant une rente viagere, M. de Cleronde &
autres héritiers de M. d'Agy (qui mourut
peu après) attaquerent la Vente, & prirent
des Lettres de Refcifion, fondées fur ce qu'il
n'y avoit pas égalité de rifque entre l'acheteur & le vendeur. Ces Lettres furent enthérinées par Arrêt rendu (au Parlement de
Rouen) le 8 Août 1742,plaidans Mes Thuart
& Bigot le jeune.

La Cour a jugé, par Arrêt rendu le 7
Mai 1725 au rapport de M. Brayer, entre le fieur Ravy & les fieur & dame Jobert,
que la véritable date de la Vente d'un bien
faite par un mineur, ou par un mari du bien
de fa femme mineure & fans fon confentement, eft celle du contrat, & non celle de
la ratification.

Dans l'efpéce de cet Arrêt, il s'agiffoit
de fçavoir fi l'an & jour du retrait des biens
d'une femme, vendus par le mari fans fon
confentement, couroit du jour de la Vente
ou de la ratification, & par conféquent la
queftion étoit de fixer la date de la Vente ;
le retrayant difoit que c'étoit du jour de la
ratification.

Le fieur Ravy foutenoit le contraire, &
difoit que la ratification n'avoit pas donné
un nouveau droit à l'acquéreur ; parce que
qui confirmat, nihil dat, & que le contrat ne
fubfiftoit pas au moyen de la ratification ut
ex nunc, fed ut ex tunc. Ces raifons prévalurent fur celles du retrayant. Mais il y a
lieu de croire que les Juges en ont fuppléé
de plus puiffantes: on pouvoit en effet ajouter que le retrayant n'étoit point en état de
critiquer la Vente faite par une femme en
puiffance de mari, fans autorifation, quand
le mari avoit jugé à propos de la ratifier.

Les tuteurs, les curateurs & autres adminiftrateurs des biens d'autrui, ne peuvent
rien acheter des perfonnes qui font fous leur
charge, ni par eux-mêmes, ni par perfonnes interpofées.

Dans les Ventes d'immeubles réels, fi le
prix eft moindre que la moitié de la jufte valeur, le vendeur peut, à caufe d'une femblable léfion, faire réfoudre la Vente. V. Léfion.

Réfoudre un contrat de Vente, c'eft remettre les Parties au même point que fi la
Vente n'eût pas été faite. Par la réfolution,
le vendeur reprend fa chofe, & l'acquéreur
retire le prix, ou il en demeure quitte s'il

ne l'a point encore payé. La réfolution produit néceffairement ce double effet, parce
que les engagemens que ce contrat renferme, font indivifibles : ceux de l'acquéreur
ne peuvent fubfifter, lorfque ceux du vendeur font anéantis. V. Lods & Ventes.

Le Samedi 22 Mai 1762, on a plaidé à
l'Audience de la Grand'Chambre la queftion de fçavoir fi les fieur & demoifelle de
Sailly, qui avoient vendu, en 1740, des
biens fitués à Saint-Leu-Taverni, moyennant 2000 liv. de rente viagere exemptes de
toute retention d'impofitions royales,étoient
recevables à demander à rentrer en poffeffion des biens vendus faute de payement de
quatre années d'arrérages de la rente dûs
en 1762.

Le contrat portoit que, faute de payement d'une année d'arrérages, le vendeur
pourroit rentrer dans fon bien ; & le fieur
du Pacquerot, acquéreur, difoit que cette
caufe étoit nouraire ; qu'il n'étoit pas naturel de lui enlever des héritages qu'il avoit
plus que payés, en acquittant, pendant 18
ans, une rente viagere plus forte que le denier dix, fans aucune retention. M. l'Avocat Général Seguier, touché de cette obfervation, avoit conclu à ce qu'en accordant
aux vendeurs la rentrée en poffeffion, ils
fuffent tenus de rendre au fieur du Pacquerot ce qu'il avoit payé au-delà du produit
des biens de fon acquifition, avec les dixiéme, vingtiéme, &c.

Mais par l'Arrêt rendu ledit jour 22 Mai
1762, la Cour accorda feulement un délai
de trois mois au fieur du Pacquerot, pour
payer les quatre années d'arrérages, finon
autorifa les vendeurs à rentrer dans les biens
compris au contrat, fans les affujettir à aucun rembourfement. V. l'Arrêt du 8 Juillet 1750, dont je parle à l'article Rembourfement.

Le prix de la Vente d'un immeuble produit naturellement & de droit des intérêts.
V. Intérêts.

Le Comte d'Aubeton, en vendant la
Terre de la Meilleraye, fituée en Normandie, à M. le Duc de Chaulnes, moyennant
900000 livres, dont 300000 livres furent
payées comptant, ftipula dans le contrat,
que les 600000 liv. reftantes feroient payées
au premier Juillet 1757. Peu après la Vente,

te, M. le Duc de Chaulnes voulut faire abattre une futaye très-confidérable qui étoit dans le Parc, & qui faifoit l'ornement principal de la Terre : le vendeur s'y oppofa; parce que n'étant pas payé des 600000 livres qui lui reftoient dûes, une pareille Vente dégraderoit la Terre & diminueroit fon privilége, pour la confervation duquel il foutenoit que les chofes devoient refter en l'état où elles étoient lors de la Vente, fans aucun changement, jufqu'au payement.

M. le Duc de Chaulnes répondoit qu'il étoit propriétaire; que par conféquent il pouvoit faire tout aĉte de propriété; qu'il avoit termes pour payer les 600000 liv. reftantes dûes fur fon prix; que quoique ce terme ne fût pas expiré, il confentoit que le Comte d'Aubeton touchât le prix de la Vente de la futaye, de valeur d'environ 100000 livres; que le vendeur avoit d'ailleurs fes fûretés, puifque la Terre étoit affermée 32000 livres; qu'indépendamment de cet objet privilégié, les biens perfonnels de M. le Duc & de Madame la Ducheffe de Chaulnes, répondoient du reftant du prix.

Le vendeur répliquoit que les biens de M. le Duc de Chaulnes étoient fubftitués; que ceux de Madame de Chaulnes ne confiftoient qu'en biens dotaux fitués en Normandie, où l'on fuit la difpofition du Velleïen, qui interdit aux femmes l'aliénation de leurs biens dotaux; fur cela Sentence fur délibéré intervint aux Requêtes du Palais, qui profcrivit l'oppofition du Comte d'Aubeton, & le déclara non-recevable; mais, par Arrêt rendu le Jeudi 26 Août 1756, après une plaidoirie de deux Audiences, la Sentence des Requêtes du Palais fut infirmée, & la Cour a fait défenfes au Duc de Chaulnes de faire procéder à la Vente de la futaye, avec dépens.

Par Arrêt rendu le 7 Septembre 1728, en la troifiéme Chambre des Enquêtes, au rapport de M. de Blair, la Cour a jugé valable la Vente de plufieurs héritages, faite par un pere à l'un de fes enfans, moyennant un prix inférieur à leur valeur réelle, mais dans laquelle il n'y avoit pas *léfion d'outre moitié.* Les autres enfans attaquoient cette Vente, comme contenant un avantage indireĉt: l'acquéreur répondoit qu'aucun des

Tome III. Part. II.

autres enfans n'avoit voulu acquérir; qu'il n'étoit point interdit aux pere & mere de contracter avec leurs enfans; qu'il n'y avoit aucune fraude dans la Vente, &c. Ce qui a principalement déterminé dans cette affaire, c'eft que les biens vendus étoient faifis réellement depuis près de dix ans, lors du contrat.

Le vendeur de l'héritage, dont l'étendue eft déterminée par le contrat, doit ou fournir la quantité promife, non compris les chemins publics qui en font voifins, quoique l'acquéreur ait dit bien fçavoir la fituation; ou s'il ne le fournit pas, il doit diminuer le prix, à proportion de ce qui manque, à moins qu'il ne foit dit ou environ. Voyez fur cela Bouvot, Defpeiffes, Belordeau & Maynard.

Si quelqu'un, en vendant une certaine quantité déterminée d'arpens ou autres mefures d'héritage, en avoit indiqué les limites plus amples qu'elles ne font réellement, & que l'acquéreur fût évincé de partie de ce qui eft compris dans les limites fpécifiées, le vendeur feroit tenu d'indemnifer l'acquéreur de ce dont celui-ci feroit évincé, quand même le nombre d'arpens exprimés dans la Vente, fe trouveroit refter après l'éviĉtion.

Mais s'il avoit été vendu deux fonds pour un feul prix, avec expreffion de ce que chacun contient d'arpens, qu'il s'en trouvât moins dans l'un & plus dans l'autre, il faudroit faire compenfation, jufqu'à dûe concurrence.

Lorfqu'un Fief eft vendu comme héritage roturier, y a-t-il lieu à la réfolution de la Vente? Il eft fur cette queftion intervenu, le 24 Mars 1750, un Arrêt dont voici l'efpéce.

Le fieur Rod vendit à différens Particuliers, en 1713, 1725 & 1726, différentes parties d'un terrein vague, fitué à S. Omer, qu'il déclara être tenu cottiérement, c'eftà-dire, roturiérement des Chartreux, &c.

En 1727, le Receveur du Domaine prétendit que ces portions de terrein, vendues féparément par le fieur Rod, faifoient partie d'un Fief relevant du Roi, formoient autant de Fiefs particuliers, & que par cette raifon chaque acquéreur devoit faire enregiftrer fon contrat, & payer les mêmes

M m

droits de quints & requints, que le Fief principal.

Les acquéreurs qu'il actionna à ce sujet, dénoncerent sa demande au vendeur qui prit leur fait & cause; mais, par Sentence confirmée par Arrêt rendu le 1 Août 1741, le terrein fut jugé Fief; & il fut ordonné que les acquéreurs rapporteroient leurs contrats d'acquisition, pour être enregistrés, & que dans six mois ils seroient tenus d'obtenir & présenter au Bureau des Finances de Lille des lettres d'écliffement des portions de Fief par eux acquises, à peine de réunion.

Ces acquéreurs poursuivis en vertu de l'Arrêt de 1741, dans lequel ils n'étoient point Parties, y formerent une tierce-opposition, & demanderent contre leur vendeur, qu'il fît valoir les Ventes qu'il avoit faites, comme roture, sinon que ces Ventes fussent déclarées nulles & résolues, &c.

Subsidiairement, & sans préjudicier à la demande en résolution, les acquéreurs demanderent que si la Cour ne jugeoit pas à propos de prononcer la nullité des Ventes, les héritiers de leur vendeur fussent condamnés en leurs dommages & intérêts, & à payer tant à leur décharge, que des subséquens acquéreurs, les droits Seigneuriaux de quint, &c. ensemble les frais de l'obtention des lettres d'écliffement, &c.

Sur cela la Cour, par Arrêt rendu le 24 Mars 1750, au rapport de M. Severt, sans s'arrêter à la tierce-opposition & à la demande en résolution de contrat, a condamné les vendeurs à payer aux acquéreurs les sommes auxquelles se trouveroient monter les droits de quints & requints des acquisitions, même ceux qui pourroient être dûs à cause de la première Vente, & les frais pour l'obtention & enregistrement des lettres d'écliffement......

Les contrats de vente d'héritage doivent indiquer les Seigneurs & Fiefs dont ils sont mouvans. V. *Notaires.*

Il y a des contrées dans lesquelles on ne peut, ni donner, ni vendre ses propres sans nécessité. Voyez *Nécessité jurée.*

VENTE DE MEUBLES.
V. *Huissier.*

Lorsqu'il s'agit de vendre des meubles forcément & par suite de *saisie-exécution,*

les bagues, joyaux... & bijoux *de la valeur de* 300 *liv. ou plus*, *ne peuvent être vendus qu'après trois expositions, à trois jours de marchés différens*, si ce n'est que le saisissant & *la Partie saisie en conviennent* autrement *par écrit.* Ordonn. de 1667, titre 33, art. 13.

Cette régle n'a pas lieu pour les Ventes qui se font après décès, lors même qu'il y a eu scellé apposé; mais dans celles-ci il faut sommer les créanciers opposans au scellé, d'être présens à la Vente, & d'y faire trouver des enchérisseurs, de la même maniere qu'on y doit appeler ceux qui sont opposans aux Ventes qui suivent les saisies-exécutions: il faut même appeler aux unes & aux autres les héritiers, les Parties saisies & autres intéressés, & en agir, à l'égard des Ventes de Meubles après décès, de la même maniere qu'on en use pour les inventaires, quand les héritiers sont absens.

Je dis qu'on doit appeler les opposans aux Ventes de Meubles qui se font en conséquence de saisie-exécution; en effet, par Arrêt rendu le 19 Décembre 1727 de relevée, la Cour a déclaré nulle une Vente de Meubles faite à la requête du propriétaire d'une maison, faute de payement de loyer, parce qu'un opposant à la Vente, auquel il étoit dû 6000 liv. par la Partie saisie, n'avoit pas été sommé de s'y trouver, & d'y faire trouver enchérisseurs. Ce même Arrêt a condamné le saisissant à représenter les Meubles saisis, pour être vendus à ses frais, si mieux il n'aimoit payer les causes de l'opposition.

Ceux qui vendent volontairement des vins en gros, sont obligés d'en déclarer le prix, & d'en payer les droits: mais dans les Ventes judiciaires de vin, comme le poursuivant est censé être le vendeur, c'est à lui de faire les déclarations, payer les droits, &c. V. le Traité des Aides, n°. 787 & 788.

Quoique les Ventes de Meubles se fassent après décès, en vertu de l'Ordonnance du Juge, les Procureurs *ad lites* n'ont pas droit d'y assister leurs Parties aux frais de la chose, comme ils le peuvent, quand il s'agit de la levée des scellés: s'ils paroissent à ces Ventes, ce ne peut être qu'en conséquence d'une procuration expresse de ceux, à la requête desquels elle se fait, & aux frais de leurs constituans.

Le Procureur plus ancien des créanciers oppofans ne peut pas non plus affifter à ces fortes de Ventes, aux frais de la chofe, comme il affifte au fcellé : tel eft l'ufage du Châtelet.

L'Arrêt rendu le 21 Avril 1751, entre les Juges Seigneuriaux & les Notaires de Chaumont, &c. a ordonné que les *Juges ne pourroient ordonner la Vente des Meubles & effets délaiffés par les défunts, qu'après l'inventaire & defcription d'iceux faite par les Notaires, & la prifée par un Huiffier, fi ce n'eft lorfque tous les héritiers étant majeurs, & n'y ayant aucune oppofition à la Vente, les Juges foient requis par eux, d'un commun confentement, d'ordonner ladite Vente fans inventaire.*

L'Ordonnance du Juge ordinaire ne fuffit pas feule pour autorifer les Huiffiers & autres Officiers (a) à vendre publiquement les livres, ou faifis-exécutés ou inventoriés : il faut, pour ces fortes de Ventes, obtenir une permiffion particuliere du Juge auquel cette Police appartient. A Paris, elle eft attribuée à M. le Lieutenant Général de Police. On peut fur cela confulter une Déclaration du 5 Septembre 1711, un Arrêt du Confeil rendu le 24 Novembre 1742, & plufieurs autres Réglemens qu'on trouve dans le Code des Libraires.

Il eft défendu par une Ordonnance de M. le Lieutenant Civil, rendue fur le Réquifitoire de M. le Procureur du Roi du Châtelet, du 3 Avril 1703, de faire publiquement à Paris, fur le Pont S. Michel, à la Place Baudoyer & ailleurs aucune Vente de Meubles fimulée, & fans Ordonnance de Juftice. Voyez cette Ordonnance à la fuite des Actes de Notoriété du Châtelet, édition de 1759.

Depuis cette Ordonnance, il eft intervenu un Arrêt en forme de Réglement, entre les fix Corps des Marchands & les Huiffiers-Prifeurs à Paris, le 23 Août 1758, dont voici les difpofitions relatives aux Ventes de Meubles.

» La Cour......fait défenfes à toutes per-
» fonnes de provoquer, & à tous Huiffiers-
» Prifeurs de faire aucune Vente publique

» de marchandifes du commerce defdits fix
» Corps des Marchands, fi elles ne font
» comprifes dans des inventaires faits après
» décès, ou dans des faifies-exécutions fai-
» tes en vertu de titres de créance férieux,
» & fur procédures non collufoires, lef-
» quelles Ventes d'effets faifis ne pourront
» être faites dans des Maifons Religieufes
» ou lieux détournés.

» Permet aux Gardes defdits fix Corps....
» chacun en ce qui les concerne, de fe tranf-
» porter, avec un Commiffaire & un Huif-
» fier, dans les Maifons ou Places publi-
» ques où fe feront les Ventes, à l'effet de
» faifir les marchandifes de leur commerce,
» fi aucunes fe trouvent autres que celles
» comprifes dans lefdits inventaires ou fai-
» fies-exécutions.

» Et pour connoître fi, avant le tranf-
» port defdits Gardes, il n'auroit pas été
» vendu de pareilles marchandifes en con-
» travention, ordonne que les Huiffiers-Pri-
» feurs, chargés de procéder auxdites Ven-
» tes, feront tenus de repréfenter auxdits
» Gardes, & au Commiffaire qui les affif-
» tera, tant les inventaires que les procès-
» verbaux de faifie-exécution & de Vente,
» en l'état où ils feront, pour fur iceux être
» fait récollement des effets vendus & de
» ceux à vendre, comme auffi de juftifier
» aux Gardes des titres de créance, en vertu
» defquelles fe vendront fur faifie-exécution
» les marchandifes de leur commerce.

» Ordonne qu'à l'avenir ceux qui vou-
» dront faire des Ventes de Meubles &
» uftenciles de ménage qualifiés inutiles,
» feront tenus de joindre à la requête qu'ils
» préfenteront aux Juges, un état exact &
» certifié véritable, des meubles & uften-
» ciles qu'ils voudront vendre.

» Permet, comme ci-deffus, aux Gardes
» des fix Corps des Marchands de fe tranf-
» porter, avec un Commiffaire & un Huif-
» fier, dans les endroits où ces fortes de
» Ventes fe feront, pour y faire la vifite
» defdits meubles & uftenciles, & faifir ce
» qui fe trouvera en contravention ; à l'effet
» de quoi ordonne que les Huiffiers-Pri-
» feurs qui feront lefdites Ventes, feront

(a). Les Ventes de Meubles au plus offrant fe font prefque par-tout par le miniftere d'Huiffiers ; mais, par exception à la régle générale, il y a quelques endroits où les Notaires ont été maintenus dans la poffeffion de faire des Ventes volontaires. Voyez ce que je dis à l'article *Huiffiers.*

» tenus pareillement de communiquer aux-
» dits Gardes, & au Commiſſaire qui les
» aſſiſtera, la requête, l'état & le procès-
» verbal de vente deſdits meubles & uſten-
» ciles.

» Enjoint auxdits Huiſſiers-Priſeurs de
» ſe conformer au préſent Arrêt de Régle-
» ment dans les trois cas de Vente ci-deſ-
» ſus exprimés, à peine de 300 liv. d'amen-
» de contre l'Huiſſier-Priſeur qui ſe trou-
» vera en contravention, de confiſcation
» des marchandiſes au profit de ceux des ſix
» Corps des Marchands qui en auront fait
» faire la ſaiſie, & de demeurer par ledit
» Huiſſier-Priſeur contrevenant, garant en-
» vers la Partie, de l'effet de la confiſca-
» tion. «

Le Roi a défendu, par une Ordonnance
du 10 Juillet 1731 (non enregiſtrée) de
vendre aucune terre ou biens fonds ſitués
dans les Provinces de Flandres, Artois &
Hainault, & dans les trois Evêchés de Metz,
Toul & Verdun, aux perſonnes qui ne ſont
pas ſujets du Roi, & qui n'ont pas leur domicile dans le Royaume, ſans une autoriſation expreſſe ſignée de Sa Majeſté, & con-
treſignée d'un Secrétaire d'Etat.

Le ſieur de Sailly, ſçachant que le ſieur
Paſquier avoit deux chevaux qu'il vouloit
vendre 1150 livres, lui manda par écrit de
les lui envoyer le lendemain à neuf heures
du matin, & qu'il payeroit les 1150 liv. à
celui qui ameneroit les chevaux.

Au lieu de les envoyer à neuf heures au
ſieur de Sailly, chez lui, le ſieur Paſquier
ne les lui envoya qu'à midi, dans une maiſon tierce : le ſieur de Sailly les refuſa ; &
ſur ce refus il fut aſſigné au Châtelet, où le
ſieur Paſquier obtint Sentence par défaut.

Sur l'appel, la cauſe fut portée à la Tournelle civile. Le défenſeur du ſieur de Sailly
ſoutint qu'il n'y avoit aucune Vente de la
part du ſieur Paſquier ; que comme le ſieur
de Sailly n'auroit pas pû le faire condamner à livrer les chevaux, de même le ſieur
Paſquier ne pouvoit pas le contraindre de
les recevoir ; que la lettre n'obligeoit pas
les Parties réciproquement, puiſque le ſieur
de Sailly y parloit ſeul, & qu'elle n'obligeoit point le ſieur Paſquier, qui n'avoit
d'ailleurs pas envoyé les chevaux à l'heure
& au lieu indiqué.

Sur cela Arrêt eſt intervenu en la Tournelle civile, le Lundi 6 Juin 1735, par lequel la Cour a infirmé la Sentence du Châtelet, & déchargé le ſieur de Sailly de la
demande avec dépens.

Qui eſt-ce qui a droit de vendre des Meubles au plus offrant ? V. *Huiſſier*.

VENTEROLLES.

On nomme ainſi un droit Seigneurial qui
ſe paye, à cauſe de la vente de terres ou
autres héritages, aux Seigneurs dont ils relevent.

Quelquefois ce droit tient lieu de lods &
ventes ; quelquefois auſſi c'eſt un droit particulier qui ſe paye en ſus des lods & ventes, comme le requint en ſus du quint. La
Coutume de Senlis, art. 236, dit que les
Venterolles ſont le ſeiziéme du montant des
ventes.

Dans quelques endroits, les quints & requints portent le nom de Venterolles. V.
Droits Seigneuriaux, *Lods & Ventes*, &c.

VENTILATION.

Le Manuel Lexique définit le mot Ventilation, l'eſtimation qui ſe fait d'un bien
pour parvenir à quelque partage.

Il arrive ſouvent (dit Domat) que pluſieurs choſes étant vendues toutes enſemble
pour une ſomme, ſans diſtinction du prix
de chacune, il eſt enſuite néceſſaire de ſçavoir le montant de ce prix en particulier,
& de régler combien doit valoir chacune de
ces choſes ſur le pied du prix unique pour
toutes : c'eſt cette maniere d'eſtimation
qu'on nomme Ventilation.

Ainſi, par exemple, ſi un de pluſieurs
héritages vendus pour un ſeul prix, ſe trouve ſujet à un droit de lods & ventes ou au
retrait, c'eſt par une Ventilation qu'on régle ce droit.

Si le contrat de vente d'héritages ſitués
dans l'étendue de pluſieurs Seigneuries, ne
fixe point le prix de ceux qui ſont dans la
mouvance de chaque Seigneur ; & ſi n'y
ayant qu'un même contrat & qu'un ſeul prix
pour le tout, il y a lieu à Ventilation, pour
déterminer ce qui doit relever de chaque
Seigneur en particulier, la Ventilation doit
ſe faire aux frais de l'acquéreur ; c'eſt ce que
la Cour a jugé par Arrêt rendu en la Grand-

Chambre, le 29 Décembre 1730, sur les Conclusions de M. l'Avocat Général Chauvelin.

Dans l'espéce de cet Arrêt, M. de Moras avoit acquis par un même contrat différens Fiefs, pour lesquels il n'y avoit qu'un seul prix. Madame de la Griffe, dont partie de ces Fiefs relevoit, exerça le retrait féodal : il étoit par conséquent nécessaire d'en déterminer la valeur ; & il a été décidé, en confirmant la Sentence des Requêtes du Palais, que l'estimation s'en feroit aux frais de M. de Moras.

Un autre Arrêt rendu le 4 Août 1760, au rapport de M. Titon, en la Grand'Chambre, a aussi jugé que la Ventilation des Fiefs de Lormarini & du Grand-Breuil, acquis judiciairement par le Marquis de Ryauts, avec la Terre de Tourrouvre au Perche, & retirés féodalement par la Comtesse du Hardas, seroit faite aux frais du Marquis de Ryauts ; il prétendoit que, comme adjudicataire judiciaire, la Ventilation ne devoit pas se faire à ses frais, mais à ceux de la Comtesse du Hardas ; & il citoit un Arrêt du 10 Novembre 1625, rapporté par Basnage sur l'article 171 de la Coutume de Normandie ; mais sa prétention fut rejettée.

On peut sur les Ventilations consulter la Coutume d'Orléans, art. 9 ; celle de Bretagne, art. 80 ; celle de Poitou, art. 349 ; Brodeau sur M. Louet, lettre R, n. 25 ; Auzannet & Tronçon, sur l'art. 20 de la Coutume de Paris. Mais voyez aussi d'Argentré & Dumoulin.

Ce dernier Auteur pense néantmoins que lorsque le Vassal a offert à son Seigneur une somme égale à celle dont il est jugé débiteur par l'événement de la Ventilation, le Seigneur doit en supporter les frais, parce qu'il doit s'imputer de n'avoir pas accepté des offres qui le désintéressoient, & qu'il n'est pas permis de faire supporter à quelqu'un une dépense superflue : je crois l'opinion de Dumoulin très-judicieuse.

Quand un Fief a été donné à cens, sans que cette aliénation ait été inféodée par le Seigneur suzerain, si par la suite la censive réservée est vendue avec d'autres héritages relevans d'autres Seigneurs, & qu'il soit nécessaire de faire une Ventilation pour fixer les droits de chacun, est-ce la valeur réelle du Fief accensé qu'il faudra fixer, eu égard au prix total, ou seulement la valeur de la censive qui est seulement vendue ?

Cette question s'est présentée entre le sieur Bourgeois, acquéreur de la Terre de Boynes & de plusieurs Fiefs, entre lesquels étoit celui des Corvées, aliénés depuis long-temps, avec réserve de 10 sols de censive, & le Seigneur de Courcelles ; Seigneur suzerain de ce Fief : on a pensé que l'accensement n'ayant pû être inféodé par le Suzerain, le Fief, & non la censive, étoit toujours présumé, relativement à lui, être resté entre les mains de celui qui avoit accensé ; en conséquence, & par Sentence des Requêtes du Palais, confirmée par Arrêt rendu en la quatriéme Chambre des Enquêtes, le 6 Août 1744, le sieur Bourgeois a été condamné de payer les droits Seigneuriaux de la valeur du Fief, des corvées sur l'évaluation qui en seroit faite, eu égard au prix total, qui étoit de 1750000 liv. quoique ce Fief n'eût pas été acquis, mais seulement la censive réservée.

Voyez dans le Journal du Parlement de Bretagne, tom. 2, ch. 32, un Arrêt du 5 Avril 1737, par lequel il a été jugé que, lorsque la Ventilation portée au contrat de vente est frauduleuse, le Seigneur qui exerce le retrait d'une partie des biens vendus, ou son cessionnaire, n'est pas obligé de suivre cette Ventilation, & qu'il peut en demander une nouvelle.

VÉRIFICATION d'Écritures & Signatures.

Voyez Faux, Hypothéque & Piéces de Comparaison.

Vérifier des Ecritures & Signatures, c'est examiner si elles font de la main de la personne à laquelle elles font attribuées.

Les Vérifications d'Ecritures se font ordinairement par des Experts-Jurés Ecrivains ; & elles peuvent s'ordonner, tant en matiere civile que criminelle. L'article 7 du titre 11 de l'Ordonnance de 1667, porte qu'elles peuvent se faire, *tant par* comparaison d'Ecritures publiques & authentiques, *que par* témoins.

La Jurisprudence des Arrêts est conforme à cette disposition ; & il en a été rendu un le 8 Août 1748, en la troisiéme Chambre des Enquêtes, au rapport de M. de Coste de Champeron de Flins, par lequel, en déclarant nul un rapport d'Expert Ecrivain, la Cour ordonna de nouveau la Vérification de billets signés Savigny, tant par Enquête, que par comparaison d'Ecritures.

Les Vérifications d'Ecritures s'ordonnent en deux cas, en matiere civile.

Le premier est lorsqu'une personne vivante nie formellement l'Ecriture ou la Signature privée qui lui est attribuée.

Le second est quand l'Ecriture ou la Signature privée d'un défunt n'est pas reconnue par la personne qui en est héritiere, donataire ou légataire, ou bien lorsque celle d'un absent n'est pas reconnue par celui contre lequel on veut s'en servir.

Pour faire ordonner la Vérification d'Ecritures privées dans ces deux cas, il n'est pas nécessaire de s'inscrire en faux ; il suffit d'une dénégation expresse, quand il s'agit d'Ecritures ou Signatures personnelles ; & quand il s'agit de celles dont un tiers est auteur, il suffit à celui contre lequel on en demande la reconnoissance, de dire qu'il ne les reconnoît pas.

Les Vérifications d'Ecritures s'ordonnent en matiere criminelle, lorsqu'il s'agit d'un faux principal ou incident, ou bien lorsqu'il s'agit de vérifier une piéce qui sert à prouver qu'une personne a part dans une action criminelle. Sur cela voyez *Faux*.

Dans les Vérifications d'Ecritures, les Experts ne font aucune foi contre la déposition des témoins instrumentaires ; parce que leur science n'est que conjecturale, & que leur témoignage n'est jamais affirmatif.

La maniere de procéder aux Vérifications d'Ecritures privées, est réglée par le titre 12 de l'Ordonnance de 1667, par un Edit du mois de Décembre 1684, qu'on trouve dans le Style du Châtelet (édition *in-4°*.) & par l'Ordonnance du mois de Juillet 1737. On peut sur cette matiere consulter un petit Traité des Vérifications d'Ecritures fait par le sieur de Blegny.

Ceux qui dénient mal-à-propos leurs Signatures ou Ecritures, doivent être condamnés en une amende.

L'article 8 de l'Ordonnance de Roussillon porte que ceux qui nieront leurs Signatures, seront condamnés au double de la somme portée aux billets, cédules ou promesses, sans que les Juges puissent la modérer. Voyez l'article 11 de l'Edit du mois de Décembre 1684, que j'ai cité plus haut.

VERRE DORMANT.
Voyez *Servitude*.

VERTE-MOUTE.

On nomme ainsi un Droit Seigneurial qui consiste dans l'obligation où sont les vassaux de payer une partie des grains qu'ils recueillent sur les terres dépendantes du Fief sur lequel ils ne résident pas, & qui est égal à ce qu'ils payeroient pour la mouture de leurs grains au moulin banal du Seigneur du Fief, s'ils y résidoient.

Le droit de Verte-Moute est fort connu en Provence ; mais il l'est beaucoup plus en Normandie : Penelle & Basnage en parlent (sur l'article 210 de la Coutume de cette Province) comme d'un droit odieux & exorbitant que le Seigneur ne peut exiger sans des titres très-précis.

La Jurisprudence des Arrêts du Parlement de Rouen est conforme à l'opinion de ces Auteurs ; il a en effet été jugé par un Arrêt rendu en la Grand'Chambre, au rapport de M. l'Abbé de Germont, le 23 Juillet 1736, que le droit de banalité n'emporte point le droit de Verte-Moute, & qu'il faut des titres particuliers de ce droit pour l'exiger.

Basnage dit même que le titre seul ne suffit pas sans la possession ; & l'opinion commune des Jurisconsultes Normands est que toute sorte de possession ne suffit pas pour établir le droit de Verte-Moute, mais qu'il faut une possession sur les héritages mêmes que le Seigneur veut y assujettir.

La Coutume du Maine défend, par l'article 36, d'exiger le droit de Verte-Moute. V. ce que dit sur cette matiere Me Guyot, dans ses Observations sur les Banalités, tome premier. Voyez aussi un Arrêt rendu le 30 Juin 1656, recueilli par Boniface, édition de 1708, tome 4, liv. 3, titre 8.

VEST & DEVEST.
Voyez *Hypothéque* & *Nantissement*.

Vest est un vieux mot dont se servent

quelques Coutumes pour marquer la prife de poffeffion d'un héritage, comme de Deveft pour marquer que l'ancien propriétaire s'en défaifit pour tranfporter la propriété & la poffeffion à l'acquéreur. Voyez ce que je dis au mot *Saifine.*

VÉTÉRANS.

On nomme Vétérans les Officiers qui ont exercé un Office pendant vingt ans, & qui, en conféquence de Lettres qui leur font accordées au grand Sceau, jouiffent des honneurs & des prérogatives attribués aux Offices dont ils ont été Titulaires. J'entre à ce fujet dans quelque détail à l'article *Honoraires (Confeillers).* Voyez auffi l'Edit du mois d'Octobre 1704, & l'article 7 de celui du mois d'Août 1705, dont je parle, article *Commenfaux.*

La vétérance des Officiers de la Maifon du Roi ne s'accorde qu'après vingt-cinq ans d'exercice; il y a même cela de fingulier, que la vétérance s'acquiert par la poffeffion fucceffive d'Offices différens, pourvû qu'ils ayent été *dans un même genre de fervice, fans interruption.* Il y a à ce fujet des Déclarations des 11 Juillet 1678 & 22 Mars 1726. Cette derniere a été enregiftrée à la Cour des Aides, le 2 Juillet fuivant. Voyez auffi le fufdit Edit de l'an 1705.

VEUVE.

Voyez *Communauté, Deuil, Douaire, Femme, Mari, Nôces, Qualités, Renonciation & Viduité.*

Chez les Romains, les Veuves qui fe remarioient dans l'année du deuil, étoient notées d'infamie; mais parmi nous, quoiqu'il puiffe naître de grands inconvéniens de ces mariages, à caufe de la difficulté de connoître le vrai pere d'un enfant qui naîtroit, par exemple, fept ou huit mois après le mariage d'une Veuve, remariée deux mois après la mort de fon mari, nos Loix ne prononcent aucune peine contre les femmes qui paffent fi précipitamment à de nouvelles nôces; l'Eglife fouffre d'ailleurs ces fortes de mariages, pour éviter de plus grands maux.

L'Ordonnance de Blois ne prive pas la Veuve de fon droit & de fes avantages nuptiaux, quand elle contracte un nouveau mariage indigne d'elle, comme le dit du Rouffeau de la Combe, au mot *Douaire :* cette Ordonnance interdit feulement aux Veuves dans ces cas-là, de difpofer de leurs biens en faveur de leurs maris, & même de les vendre. Voici comme s'explique l'article 182.

Et d'autant que plufieurs femmes Veuves, même ayant enfans d'autres mariages, fe remarient follement à perfonne indigne de leur vidualité, & qui pis eft, les aucunes à leurs valets. Nous avons déclaré & déclarons tous dons & avantages qui par lefdites Veuves ayant enfant de leurs premiers mariages, feront faits à telles perfonnes, fous couleur de donation, vendication, affectation à leur communauté ou autre quelconque, nuls, de nul effet & valeur. Et icelles femmes lors de la convention de tels mariages, avons mis & mettons en l'interdiction de leurs biens, leur défendons de les vendre ou autrement aliéner en quelque forte que ce foit, & à toutes perfonnes d'en acheter, ou faire avec elles autres contrats par lefquels leurs biens puiffent être diminués. Déclarons lefdits contrats nuls & de nul effet & valeur. Voyez un Arrêt relatif à cette difpofition, au mot *Interdiction.*

La Veuve qui mene une vie impudique dans l'année du deuil, eft déchue des avantages que lui avoit faits fon premier mari, & même du douaire. V. *Deuil.*

La Veuve qui n'eft pas âgée de vingt-cinq ans, ne peut fe remarier fans le confentement de fon pere. Voyez les Loix rapportées au mot *Mariage.*

Les héritiers doivent fournir le deuil à la Veuve (Voyez *Deuil).* Mais peut-elle prendre fes autres habits, fans qu'ils foient inventoriés & fans qu'elle foit obligée d'en tenir compte?

Sur cela on peut diftinguer trois fortes de Coutumes; les unes comme celles de Bretagne, de Tours, de Loudunois, de Laon, de Châlons, de Montreuil & de Bar, accordent à la Veuve fes *meilleurs habits,* & veulent que les autres demeurent dans la communauté. La feule Coutume de la Rochelle permet à la Veuve qui renonce à la communauté, de reprendre tout ce qui lui a été donné pour fon *ouffelage, avec fes anneaux, bagues, joyaux & habillemens de ſon corps*, outre ſa dot & ſes droits viduels, article 46.

D'autres Coutumes donnent à la Veuve un ou deux de ſes habits, *ni les pires ni les meilleurs*; telles ſont les Coutumes d'Amiens, de Chauny & de Bourbonnois; & la plûpart des autres n'en parlent point.

Dans celles-ci, c'eſt-à-dire, dans celles qui ſont muettes, il me paroît qu'on doit ſuivre ce qui ſe pratique à Paris, qui eſt de donner à la Veuve un ou deux habits outre ſon deuil, ſuivant les circonſtances & l'état de la ſucceſſion, ſoit qu'elle accepte la communauté ou qu'elle y renonce, ſoit qu'elle ait affaire aux héritiers ou aux créanciers de ſon mari.

Il eſt en effet de la bienſéance de ne pas totalement dépouiller une Veuve. Les créanciers d'un banqueroutier lui laiſſent ſes habits & ne l'en dépouillent pas: pourquoi traiteroit-on une Veuve plus rigoureuſement qu'un banqueroutier? Le mari eſt obligé de fournir des alimens à ſa femme, & les habits font partie des alimens. On peut ſur cette matiere conſulter Dumoulin, ſur l'article 115 de l'ancienne Coutume de Paris; Bacquet, Traité des Droits de Juſtice, chapitre 215; Boutillier, dans ſa Somme rurale, titre 98; Chaſſanée, ſur la Coutume de Bourgogne, titre des Droits appartenans à gens mariés; Brodeau, ſur M. Louet, lettre V, n. 11; Berault, ſur l'article 392 de la Coutume de Normandie, &c.

Mais en accordant ce que je penſe devoir être donné à la Veuve, je ne ſçaurois trop répéter qu'il faut ſe renfermer dans de juſtes bornes, ſelon les différentes circonſtances; faire attention aux biens & aux dettes de la ſucceſſion, à l'état & condition du défunt, & réduire la Veuve aux choſes néceſſaires, ſuivant le ſentiment de d'Argentré, ſur l'article 426 de la Coutume de Bretagne, ſur-tout ſi ce ſont de ſecondes nôces, & s'il a été ſtipulé un préciput par le contrat de mariage, parce que ce préciput eſt cenſé être accordé à la femme pour lui fournir les choſes neceſſaires.

On n'eſt point à Paris dans l'uſage d'inventorier les habits & linges qu'on donne & qu'on doit donner par bienſéance à la Veuve ſurvivante, & je ne vois pas la raiſon de cet uſage: il me paroîtroit aſſez naturel qu'on en fît mention pour mémoire dans l'inventaire; car enfin ils dépendent de la communauté; & c'eſt une maxime certaine que l'inventaire doit tout comprendre: mon avis ſur cela eſt appuyé du ſentiment de Deheu, ſur la Coutume d'Amiens.

En Ponthieu, quand une femme renonce à la communauté, elle peut demander ſes habillemens honnêtes & moyens ſelon ſon état, ſuivant l'article 48 de cette Coutume, » & cela s'entend des linges ſervans à ſon » corps, & de deux habits, l'un moyen pour » tous les jours, l'autre plus beau pour les » Fêtes & Dimanches, tant plus ou moins » riches, ſuivant ſa condition «. Voy. dans le Recueil d'Actes de Notoriété d'Abbeville, l'Enquête faite ſur ce point au mois de Mai 1677.

Dans les Pays de Droit-Ecrit, la Veuve doit être entretenue aux dépens de la ſucceſſion du mari pendant l'année du deuil, ſoit qu'elle ait apporté une dot à ſon mari ou non, parce que le mariage ſemble durer encore par une fiction de droit: mais cela s'arbitre ordinairement à une certaine ſomme, ſuivant la qualité des perſonnes & les forces de la ſucceſſion.

En Beaujolois, quand la femme a apporté une dot, l'année de viduité lui eſt accordée pour lui tenir lieu des intérêts de ſa dot & autres repriſes; & l'on accorde cette année aux héritiers du mari pour reſtituer la dot, quand elle conſiſte en deniers.

Si la femme n'a point apporté de dot, on lui accorde le droit de viduité par bienſéance, pendant le temps que la Loi lui ordonne de pleurer ſon mari.

Mais ſi la femme avoit eu des biens paraphernaux dont ſon mari n'eut point joui, ou s'il lui eût donné de quoi vivre, ſoit par penſion ou autre libéralité dont elle pût jouir pendant ſon année de deuil, & que par-là il eût pourvu à ſa ſubſiſtance, la Veuve ne pourroit prétendre de droit de viduité, ſuivant un Acte de Notoriété du Bailliage de Villefranche, du 25 Janvier 1706.

Dans les Pays Coutumiers qui admettent la communauté, la Veuve doit être nourrie aux dépens de la ſucceſſion du mari, pendant le temps ſeulement que la Coutume & l'Ordonnance lui accordent pour délibérer

rer fi elle acceptera ou renoncera à la communauté.

Il a même été jugé que l'on devoit déduire fur le temps fixé par les Coutumes, celui pendant lequel la Veuve ne peut pour empêchement légitime, prendre connoiffance des forces & charges de la communauté; comme, par exemple, pour caufe de prifon, maladie contagieufe. Voyez l'art. 245 de la Coutume de Bourbonnois, & la Note de Dumoulin fur cet article; la Coutume de Cambrai, titre 7, article 17; celle d'Arras, titre 17, article 51; celle du Grand Perche, art. 51, &c.

Une femme indigente, Veuve d'un mari opulent, peut en Pays de Droit-Ecrit, demander le quart des biens de la fucceffion de fon mari. V. *Conjoints*.

Les Veuves des perfonnes qui jouiffoient de quelque privilége ou exemption, relativement aux droits des Fermes du Roi, » doivent jouir des mêmes priviléges dont » jouiffoient leurs maris au jour de leur dé- » cès, s'il n'y a difpofition contraire «. Ordonnance du mois de Juillet 1681, titre commun des Fermes, art. 3.

VEXIN.

Le Vexin eft un Pays qui a eu titre de Comté. Il faifoit partie des Terres accordées aux Normands par Louis d'Outre-Mer, en 947, mais il fut depuis féparé en deux parties; l'une fituée vers le couchant eft demeurée annexée à la Normandie, & s'appelle le Vexin-Normand; elle s'étend entre la Seine au midi, l'Andelle au couchant, l'Epte au levant qui la fépare de l'Ifle de France, & au nord le Pays de Brai. Ses Villes font Gifors & les Andely.

L'autre partie fituée du côté du levant, fut réunie à la Couronne en 1055, elle a toujours depuis fait partie de l'Ifle de France, & porte le nom de Vexin-François; elle a pour bornes à l'orient l'Oife, au midi la Seine, au couchant l'Epte, qui la fépare du Vexin-Normand, & au nord le Beauvoifis; fes Villes font Pontoife, Chaumont, Magny & Meulan.

Le Vexin-François n'eft pas tout entier dans les limites de la Cout. de Paris, il s'étend auffi dans les Coutumes de Senlis & de

Clermont. Voyez Brodeau, fur l'article 3 de la Coutume de Paris.

Il n'y a point de Coutume particuliere pour le Vexin qui ait un territoire circonfcrit & limité; ce qu'on appelle l'ufage du Vexin, n'eft autre chofe que la loi qu'il a plû à quelques Seigneurs d'impofer à leurs Vaffaux, lors de l'inveftiture, de payer le relief à chaque mutation, même en directe. Ainfi il peut y avoir des Fiefs fitués dans le Vexin, qui fe gouvernent fuivant la Coutume générale; & au contraire, il y en a qui, quoique fitués hors le Vexin, fe relevent à toute mutation. On prétend qu'il y en a plufieurs de cette nature à Gonneffe, & que la Terre du Pleffis-Piquet eft auffi de ce nombre.

Le droit des Fiefs du Vexin étant exorbitant, & n'étant pas général dans un certain canton, il faut en conclure que le Seigneur d'un Fief qui veut l'exiger, doit prouver que le Fief fervant eft régi fous Us & Coutume du Vexin-François; & il ne fuffiroit pas de prouver que tous les Fiefs voifins, même ceux qui relevent du même Fief dominant, font fujets à cette fervitude, il faut rapporter une preuve particuliere pour le Fief dont il s'agit. Tout cela eft établi par Dumoulin.

Ceci n'a cependant pas lieu pour les Fiefs du Vexin, fitués dans les Coutumes de Senlis & de Clermont en Beauvoifis, parce que ces deux Coutumes défignent les Fiefs qui gouvernent les Us du Vexin. V. l'article 156 de la Cout. de Senlis, & les articles 74 & 75 de celle de Clermont.

Mais quelle preuve le Seigneur doit-il adminiftrer de ce que les Fiefs fitués dans la Coutume de Paris, quand il prétend que les Fiefs mouvans de lui font régis par les Ufages du Vexin? A cet égard, nous n'en admettons que deux; l'une qui réfulte du tit. Inféodation, & celle-là eft inconteftable; l'autre qui réfulte des aveux & dénombremens, & des actes de preftation de foi. V. *Aveu & Dénombrement*. Mais ces piéces ne fervent qu'à défaut du titre d'Inféodation, & fi ce titre étoit rapporté, & qu'on n'y trouvât point la preuve que le droit de relief eft dû à toute mutation, ce qui fe trouveroit écrit dans les aveux, deviendroit fans force; parce que ce font des titres relatifs & énonciatifs, qui ne peuvent produire aucun effet, lorfqu'ils paroiffent contraires au titre originaire.

Le Vaffal peut contefter que fon Fief foit régi aux Us du Vexin, fans s'expofer à la commife; parce qu'il n'eft pas obligé de fe foumettre à un droit exorbitant, fans preuve. D'ailleurs la commife n'a lieu que dans le cas du défaveu; & en conteftant la foumiffion du Fief aux Ufages du Vexin, ce n'eft pas la mouvance qu'on difpute au Seigneur, mais un droit particulier qui n'eft pas une fuite néceffaire de la féodalité.

Notre Coutume dit qu'il eft dû *relief à toute* mutation des Fiefs qui fe régiffent par les Ufages du Vexin-François; mais cela ne s'entend que des mutations de Vaffal, celles des Seigneurs dominans font toujours franches.

Les difpofitions de l'article 35 de la Coutume de Paris, dont je parle ailleurs (V. *Foi & Hommage & Relief*) ne s'appliquent point aux Fiefs du Vexin-François; le frere aîné n'acquitte pas fes fœurs du relief, pour le premier mariage, en portant la foi & hommage; il y a fur cela un Arrêt célèbre du 26 Août 1608, rapporté par Ricard, fur l'art. 36 de la Coutume de Paris.

A l'exception de cet affujettiffement au droit de relief à toute mutation, les Fiefs du Vexin fe régiffent dans tout le Pays par la Coutume de Paris; & fi dans une même fucceffion directe il fe trouve un Fief régi par cette Coutume, & un autre régi par les Ufages du Vexin, l'aîné ne pourra prétendre deux préciputs, parce que ces deux Fiefs ne font pas fitués en Coutumes différentes; l'Ufage du Vexin-François n'eft pas une Coutume diftincte, mais une exception fondée fur des titres particuliers. Voyez *Aîneffe*.

VICAIRES.

Voyez *Curés*, *Grands-Vicaires*, *Portion congrue* & *Teftament*.

Par le mot Vicaire, on entend communément un Eccléfiaftique qui aide le Curé, dont il remplit même les fonctions en fon abfence & fous fon autorité.

La Déclaration du 29 Janvier 1686, permet aux Archevêques & Evêques d'établir un ou plufieurs Vicaires amovibles dans les Paroiffes où ils croyent qu'il en eft befoin, fuivant l'étendue de la Paroiffe, le nombre des Habitans & les befoins de l'Eglife; & quand l'établiffement du Vicaire eft jugé néceffaire par l'Evêque, la même Déclaration veut qu'il leur foit payé 150 liv. par chacun an.

Ces 150 liv. doivent être payées aux Vicaires, par les gros Décimateurs, & non par les Habitans.

A l'égard du logement des Vicaires, c'eft au Curé de le fournir, quand le Presbytere eft fuffifant pour loger l'un & l'autre. Voy. *Presbytere*.

C'eft aux lumieres & à l'intégrité perfonnelle des Evêques que les Cours s'en rapportent, pour l'établiffement des Vicaires dans les Paroiffes où il n'y en a point; ainfi ils doivent eux-mêmes procéder à ces érections, & leurs Vicaires Généraux ne le peuvent pas; on juge même que les Officiaux des Métropolitains & Primats ne peuvent pas connoître de ces fortes d'érections. V. Duperray, des Droits Honorifiques, liv. 4, chap. 8, à la fin.

Les établiffemens des Vicaires ne peuvent cependant, fuivant la Jurifprudence du Grand-Confeil, fe faire par un Evêque, dans une Paroiffe *proprio motu*, il faut qu'il y ait une réquifition des Habitans, & les gros Décimateurs, ainfi que le Curé, doivent être entendus; il y a fur cela des Arrêts des 19 Mai 1724, en faveur du Cardinal d'Eftrées, Abbé d'Anchin, & 12 Juin 1730, en faveur d'un Commandeur de Malte.

Quoique les Archevêques & Evêques ayent droit de juger, s'il eft néceffaire ou non, d'établir un ou plufieurs Vicaires dans une Paroiffe, la nomination des Vicaires ne leur appartient pas, elle appartient au Curé feul : c'eft ce que la Cour a jugé par Arrêt rendu fur les Conclufions de M. l'Avocat Général Talon, le 27 Janvier 1639.

Dans l'efpéce de cet Arrêt, des Vicaires de la Cure de Saint Jean de la Ville de Troyes, remerciés par le Curé, prétendirent cependant fe maintenir malgré lui. L'affaire fut portée en l'Officialité de Troyes, & il y étoit intervenu Sentence qui les rétabliffoit malgré le Curé : mais fur l'appel comme d'abus, la Cour, après la déclaration du Curé qu'il tenoit les Vicaires pour gens de bien, lui a permis de disposer des Vicariats de son Eglise.

Il a été rendu un semblable Arrêt le 15 Mars 1644, en faveur du Curé de Saint Nicolas-des-Champs à Paris, contre un Prêtre nommé Coquenel, qui vouloit continuer de faire les fonctions de Vicaire dans cette Paroisse, contre la volonté du Curé.

M. de Catelan rapporte plusieurs Arrêts des Parlemens de Toulouse & d'Aix, qui confirment le droit des Curés à cet égard. On peut voir sur cela l'Auteur des Définitions Canoniques.

Quoique le Curé soit le maître, aux termes de ces Arrêts, de se choisir un Vicaire, de lui déléguer une partie de ses fonctions, & de les révoquer quand bon lui semble, les Vicaires ne peuvent cependant pas administrer le Sacrement de Pénitence en conséquence de la seule nomination du Curé; il faut les pouvoirs de l'Archevêque ou de l'Evêque Diocésain, suivant l'article 11 de l'Edit du mois d'Avril 1695.

Le Jugement de l'Evêque qui établit des Vicaires dans des Paroisses où il n'y en avoit pas, est sujet à l'appel comme d'abus; & la Cour a déclaré abusifs plusieurs de ces établissemens faits dans le Diocèse de Laon, par un Arrêt rendu le 27 Août 1708.

Voyez ce que je dis au mot *Curés*, sur le droit qu'ils ont de se choisir des Vicaires, & sur la prétention contraire des Evêques.

La Coutume de Paris & quelques autres donnoient aux Vicaires des Paroisses, comme aux Curés, le droit de recevoir des testamens : mais cette fonction leur est interdite par l'Ordonnance de 1735, art. 25. Cette Loi ne leur permet plus d'en recevoir qu'en temps de peste.

Il y a d'autres Vicaires qu'on nomme perpétuels, & qui desservent les Cures dépendantes d'un Chapitre, d'une Abbaye, ou d'un Prieuré, au lieu des Curés primitifs, qui sont les gros Décimateurs, & qui ne laissent à ces Vicaires que des portions congrues; ces sortes de Vicaires sont nommés perpétuels, parce qu'ils sont irrévocables, & leurs Vicariats sont de vrais titres de Bénéfice. Le soin des ames & la conduite des Paroisses leur appartiennent. V. sur cela les Déclarations de 1726 & de 1731;

je rapporte celle-ci au mot *Curé*.

Quelques Coutumes du Royaume donnent le nom de Vicaire à ce que nous nommons plus communément Homme vivant & mourant. J'ai parlé ailleurs de ce Vicariat. V. *Homme vivant & mourant*.

VICARIAT (Lettres de).

On appelle Lettres de Vicariat celles que donne un Evêque à un Juge Ecclésiastique, autre que son Official ordinaire, pour instruire conjointement avec le Juge Royal ordinaire le Procès d'un Ecclésiastique accusé de crimes.

La Combe a traité de cette espéce de Vicariat avec étendue, dans son Recueil Canonique, verb. *Vicariat*. C'est le Siége de la matiere.

Avant l'Ordonnance de 1735, les Vicaires de Paroisse ne pouvoient dans le ressort de la Coutume de Paris recevoir des testamens, que quand ils avoient obtenu & fait insinuer des Lettres de Vicariat; mais depuis cette Ordonnance, les Vicaires ne peuvent plus recevoir de testamens. Voyez l'art. 25, & ce que je dis à l'art. *Vicaire*.

VICE-GÉRENT.

Les Vices-Gérens sont des Juges Ecclésiastiques établis, pour être en quelque sorte les Lieutenans des Officiaux, pour leur servir de conseil, & les remplacer en cas d'absence.

Comme ils font la fonction des Officiaux, ils doivent avoir les qualités que les Réglemens exigent dans les Officiaux : ils peuvent être établis & révoqués de la même maniere. V. *Official*.

On pense assez universellement que le Vice-Gérent ne peut pas, en l'absence de l'Official, enthériner les Dispenses ou Rescrits de Cour de Rome, qui ne sont adressés qu'à l'Official, à moins qu'il ne soit créé Official *ad hoc*. Voyez les Conférences Ecclésiastiques du Diocèse de Luçon.

VICE-LÉGAT.
V. *Légat*.

On nomme Vice-Légat un Officier que le Pape envoye à Avignon ou en une autre Ville de sa domination, pour y faire la fonction de Gouverneur spirituel & tem-

porel, quand il n'y a point de Légat. Voy.
Avignon, *Date*, *Permutation*, *Prévention* ,
Régles de Chancellerie & *Réfignation*.

VICOMTE.

En Normandié , & même en quelques
autres Provinces, on nomme Vicomtes les
Juges Royaux qui décident les Procès en
premiere inftance entre les Roturiers ; c'eft
la même chofe que les Prévôts , les Viguiers ou Châtelains dans les autres Provinces. Voyez les articles 5 , 6 , 7 , 8 , 9 , &
10 de la Coutume de Normandie , & l'art.
8 des Placités.

Les Vicomtés établies dans les Villes où
il y a des Bailliages & Sénéchauffées , ont
été fupprimées & unies auxdits Bailliages
& Sénéchauffées, par un Edit du mois d'A-
vril 1749,

VICOMTÉ DE L'EAU.

C'eft le nom d'une Jurifdiction très-ancienne établie à Rouen , qui connoît de
tout ce qui eft relatif à la riviere ou à la navigation , depuis Vernon jufqu'à la mer, &
de tous les poids & mefures de Rouen,

VICOMTIER.

Ce mot fignifie en Artois , Seigneur
Moyen-Jufticier ; & on appelle communément dans cette Province, Juftice Vicom-
tiere , ce qu'on appelle ailleurs Moyenne-
Juftice.

Il y a auffi en Artois des chemins qu'on
appelle Vicomtier, dont la largeur eft de
trente-deux pieds d'Artois ; les Seigneurs
Vicomtiers peuvent faire planter des arbres
le long de ces chemins , & ne peuvent pas
en faire planter fur ceux qui font moins larges. V. *Chemin*.

VIDIMUS.

Dans quelques endroits du Royaume ,
on nomme *Vidimus* , des titres qui ont été
copiés fur les originaux mêmes, par des Officiers publics , ou par autorité de Juftice ;
c'eft précifément ce que nous nommons à
Paris Copie collationnée.

V I D U I T É (Droit de).
V. *Deuil* & *Veuve*.

On nomme Droit de Viduité celui que
la Coutume de Normandie accordé au mari,
après le décès de fa femme, de laquelle il a
ou a eu un *enfant né vif*.

Ce droit qui fe nommoit anciennement
droit de *Veuveté Chambers*, confifte , fuivant les art. 382 & 383 de la Coutume de
Normandie , dans la jouiffance ou ufufruit
de tous les biens immeubles dont la femme
meurt faifie (a). La Coutume accorde ce
droit, non-feulement au préjudice de ceux
des Seigneurs , mais même des enfans de la
femme, de quelque mariage qu'ils foient
fortis.

Le Parlement de Rouen a jugé, par Arrêt rendu le 21 Juin 1746 , entre les fieurs
le Breton & un fieur Canivet de la Rouge-
Foffe , que la déclaration faite par un Chirurgien , & répétée en Juftice, qu'un enfant
a été né vif & avoit été ondoyé, n'étoit pas
fuffifante pour acquérir au mari le Droit de
Viduité : deux raifons ont concouru à cette
décifion ; 1°. l'enfant étoit né à fept mois
& demi ; 2°. le Chirurgien étoit feul témoin.

Le même Parlement a rendu un autre
Arrêt le 24 Février 1752 , par lequel il a
jugé que la déclaration d'une Sage-femme,
infcrite fur les Regiftres de Baptême , par
lequel elle avoit attefté avoir ondoyé un
enfant qu'elle croyoit en péril de mort , &
qui étoit effectivement mort peu après, n'é-
toit pas non plus fuffifante pour acquérir le
Droit de Viduité au mari ; cet Arrêt eft intervenu entre les nommés Decultot & Mal-
lard, plaidans Mes Bréhain & Auzannet.

Le mari ne jouit du Droit de Viduité
qu'autant qu'il refte veuf: dès l'inftant qu'il
fe remarie, il en perd les deux tiers, fuivant
l'art. 382. Il eft même alors obligé de faire
trois lots des biens , dont les enfans ont
droit d'en choifir deux , ainfi qu'il a été jugé
contre le fieur d'Emandreville. Voyez Bafnage fur l'article fufdit.

Le mari ne jouit de l'ufufruit des biens
immeubles de fa femme, en conféquence du

(a) Ce droit a lieu en Angleterre en faveur du mari,
dont la femme eft auffi accouchée d'un enfant *né vif*. Il y
eft nommé *Droit de Courtoifie*.

En Ecoffe , les maris ont un droit affez femblable,
qui y eft connu fous la dénomination de *Curialité d'E-
coffe*.

Droit de Viduité, qu'à la charge de nourrir, élever, entretenir & faire inſtruire les enfans de ſa femme, lorſqu'ils n'ont pas d'ailleurs des biens ſuffiſans ; ce qui s'arbitre par avis de parens, eu égard à la valeur des biens de la ſucceſſion, & au nombre des enfans. Il eſt même obligé de contribuer au mariage des filles : mais il peut ſe débarraſſer de tout, en abandonnant le tiers des revenus, ſuivant l'article 384 de la Coutume de Normandie. Et Baſnage, ſur cet article, rapporte un Arrêt rendu le 23 Juillet 1682, qui a jugé que les enfans ne peuvent prétendre que ce tiers, en quelque nombre qu'ils ſoient.

On regarde la Coutume de Normandie, qui accorde le Droit de Viduité, comme un Statut réel ; c'eſt pourquoi il ne peut avoir d'effet que ſur les biens immeubles régis par la Coutume de Normandie. Voyez Baſnage, ibid.

Ce même Auteur, dont les opinions ſont très-reſpectées en Normandie, dit ſur le même article (384), que l'enfant né avant le mariage, & qui eſt depuis légitimé par mariage ſubſéquent, acquiert à ſon pere le Droit de Viduité.

Le Droit de Viduité n'eſt accordé au mari qu'en conſidération du veuvage ; & le mari en eſt, comme je viens de le dire, privé pour les deux tiers, s'il ſe remarie. Mais ſi, au lieu de ſe remarier, il entretient publiquement une concubine, cette conduite doit-elle produire le même effet qu'un nouveau mariage ? Cette queſtion s'eſt préſentée au Parlement de Rouen, où elle a été appointée, mais elle n'a pas été jugée. Les Parties ont tranſigé ; & par l'avis de leurs Avocats, on a fait perdre au mari la moitié du Droit de Viduité. Voyez Baſnage, ibid.

Le pere peut, dans tous les temps, abandonner à ſes enfans l'uſufruit que lui procure le Droit de Viduité ; & non ſeulement il peut faire cet abandon au préjudice de ſes créanciers, mais il peut même le faire après la ſaiſie qu'ils en ont fait faire, ainſi qu'il a été jugé par Arrêts rendus les 14 & 17 Mai 1634, & 15 Juillet 1660, & ſuivant l'art. 17 du Réglement de 1666, connu ſous le nom de Placités.

L'uſufruit que donne au mari le Droit de Viduité, eſt reſtreint aux ſeuls biens dont la femme étoit ſaiſie lors de ſon décès. Il ne jouit pas de ceux qui peuvent être échus depuis, ſoit en ligne directe ou collatérale, ceux-ci appartenant aux héritiers de la femme, ainſi qu'il a été jugé par des Arrêts rendus les 5 Août 1670, & 17 Mai 1762, rapportés par Baſnage ſur l'art. 383 de la Coutume de Normandie.

Cependant, ſi le bien de la femme étoit chargé de quelqu'uſufruit, lors de ſon décès, la jouiſſance en appartient au mari par Droit de Viduité, après l'extinction de l'uſufruit, ſuivant l'art. 385, ibid.

Le délit de la femme, commis avant le mariage, ne peut préjudicier à l'uſufruit du mari, lorſque la condamnation n'a point été prononcée avant le mariage. V. Boniface & Baſnage. Il en eſt autrement du délit commis pendant le mariage, lors même que le mari déſavoue ſa femme.

Le retranchement des deux tiers du Droit de Viduité, que le mari ſouffre quand il ſe remarie, ne ſe fait que ſur les propres & ſur les biens que la femme poſſédoit avant le mariage, & non ſur les conquêts. L'article 331 de la Coutume de Normandie, qui défere auſſi au mari le droit *de jouir par uſufruit de la part que ſa femme a eue en propriété aux conquêts*, veut qu'il ait cette jouiſſance en totalité, encore qu'il ſe remarie.

L'acquiſition de ſa Terre de Meldavi, ſituée en Normandie, faite par le Duc de Tallard, conſtant ſon mariage, & la communauté ſtipulée en conformité de la Coutume de Paris, & dérogation à toute autre, même pour les acquiſitions en Pays contraires, a donné lieu à la queſtion de ſçavoir, ſi le mari ſurvivant avoit droit de jouir de la moitié de cette Terre en uſufruit, par Droit de Viduité.

Le Maréchal de Soubiſe, & autres héritiers de la Ducheſſe de Tallard ſoutenoient la négative, & diſoient que la Coutume de Paris ayant régi la communauté, le partage devoit s'en faire en conformité de cette Coutume ; que les héritiers de la femme devoient y prendre une part égale à celle du mari, tant en uſufruit qu'en propriété, & que le mari ne pouvoit pas, outre une moitié de ſon chef, avoir encore l'uſufruit de la moitié de fa femme, parce que la Coutume ne la lui déféroit pas.

Mais, par Sentence rendue aux Requêtes du Palais, confirmée par Arrêt rendu en la Grand'Chambre, fur les Conclufions de M. de Saint-Fargeau, le Vendredi 6 Juin 1760, la Cour a jugé tout d'une voix, que la Coutume de Normandie qui défere le Droit de Viduité, eft un Statut réel, & qu'après le partage des biens communs, le mari doit jouir de l'ufufruit de la portion de fa femme, non pas à caufe de la communauté, mais à titre fucceffif. V. Statut.

Voyez deux Arrêts des 17 Août 1656, & 7 Septembre 1695, rapportés par Me Frofland, dans les Mémoires fur les Statuts.

VIF-HERBAGE.

C'eft le nom que quelques Coutumes donnent à un droit Seigneurial, en conféquence duquel le Seigneur peut exiger annuellement une portion des bêtes à laine que nourriffent ceux qui ne poffédent que des héritages roturiers. V. fur cela l'art. 35 de la Coutume de Boulonois.

VIGNES.

Voyez Banvin, Mefure, Pâturage.

Le Roi a ordonné, par un Arrêt du Confeil rendu le 5 Juin 1731, à l'exécution duquel les Intendans des Provinces ont été chargés de veiller, qu'il ne feroit plus fait de nouvelles plantations de Vignes dans l'étendue des Provinces & Généralités du Royaume ; & que celles qui auront été deux ans fans être cultivées, ne pourront être rétablies fans une permiffion expreffe de Sa Majefté, à peine de 3000 liv. d'amende, & de plus grande, s'il y écheoit......laquelle permiffion ne fera accordée, qu'au préalable l'Intendant de la Province n'ait fait vérifier le terrein, pour connoître s'il n'eft pas plutôt propre à autre culture, qu'à être planté en Vigne.

Cet Arrêt n'a pas eu une exécution bien rigoureufe.

Le 5 Juillet de la même année 1731, le Parlement de Metz a rendu un Arrêt, portant homologation d'une Ordonnance de Police générale de la Ville de Toul du 5 Avril précédent, laquelle ordonnoit :

1°. Qu'on arracheroit dans l'année, tant dans le ban de Toul, que dans les autres bans fitués dans le reffort du Bailliage, tous les gouaux blancs ou noirs, les gamets ou verdunois, & les focans ou groffe raus qui fe trouveront mêlés avec d'autres Vignes ; & qu'à l'égard des vignes toutes plantées de ces efpéces, on feroit tenu de les arracher dans trois ans, un tiers chaque année.

2°. Que tous les arbres plantés dans les Vignes feroient arrachés au plus tard dans fept mois.

3°. Que la liberté qu'on s'eft donnée de changer en Vignes les terres labourables, augmente la cherté du grain, qui eft bien plus néceffaire que le vin, on ne pourra à l'avenir changer la nature des héritages, en plantant des Vignes dans les terres qui ont fervi à d'autres ufages, à peine de 50 liv. d'amende pour chacun des contrevenans, aux frais defquels on arrachera les plans prohibés.

Voyez ce que dit fur cette matiere le Journalifte de Trévoux, année 1732, page 453.

Voyez auffi des Arrêts rendus aux Parlemens de Metz & de Befançon fur la même matiere, les 15 & 23 Mars 1725. Ils font imprimés. Voyez encore la Déclaration du premier Juin 1728, fur les Vignes du Bearn, regiftrée au Parlement de Pau le 13 Juillet fuivant.

Depuis ces Réglemens, le Parlement de Befançon a, par Arrêt du 3 Février 1731, fait défenfes à toutes perfonnes de planter, fous quelque prétexte que ce puiffe être, aucune nouvelle Vigne dans la Province de Franche-Comté, à peine de confifcation des fonds dans lefquels elles auront été plantées, & de 30 livres d'amende par chaque Journal de nouveau plant.

Le même Arrêt qu'on trouve dans le Recueil du Parlement de Befançon, tome 6, pag. 92, ordonne à tous propriétaires de Vignes fituées dans la Province, d'en extirper dans trois mois tous les melons & autres mauvais plants qui y ont été plantés depuis le premier Janvier 1702, à peine de confifcation. Voyez d'autres Arrêts rendus par le même Parlement, les 24 Juillet, 17, 18 Novemb. 1732, & 7 Septemb. 1733.

L'Intendant de Languedoc a, par une Ordonnance du 21 Mars 1748, fait défenfes de fumer les Vignes.

Les tonneaux contenans les vins provenans du vignoble de Beaune, doivent être
chevillés en plein fur de grandes barres.
C'eſt un privilége qui leur eſt accordé ; & il
eſt défendu à tous les Tonneliers & propriétaires des vignobles voiſins & autres,
de les contrefaire ; ils peuvent même empêcher l'entrée, vente & débit dans ladite
Ville, de tous les vins qui ne ſont pas du
crû des Habitans.

Ce privilége a été confirmé aux Habitans
de Beaune par des Lettres - Patentes de
Marguerite, Ducheſſe de Bourgogne du 6
Novembre 1383 ; du Duc de Bourgogne
du 4 Mai 1466, & par un grand nombre de
Jugemens & Arrêts intervenus en différens
Tribunaux ; le dernier deſquels a été rendu
au Conſeil d'Etat, le 22 Décembre 1651,
entre le Syndic des Etats de Bourgogne,
les Syndics des Etats de Vivarais, les Maire
& Echevins de Beaune, & autres.

Cet Arrêt *a maintenu & gardé les Maire,
Echevins, &c. de la Ville de Beaune au privilége qu'ils ont d'empêcher le dépôt, vente
& débit en ladite Ville & Fauxbourg ſeulement, de tous vins autres que du crû & revenu des Habitans d'icelle, ſans leur permiſſion, à peine de confiſcation deſdits vins,
d'amende, &c.*

*Permet néanmoins de faire paſſer debout
par ladite Ville les vins, denrées & autres
marchandiſes qu'on voudra faire tranſporter
par tout ailleurs dans le Royaume, même
faire ſéjourner leſdits vins en ladite Ville de
Beaune, pendant vingt-quatre heures ſeulement, ſans...permiſſion...& ſans payer le paſſage ni octrois, &c.*

Fait en outre *Sa Majeſté très-expreſſes défenſes à tous Marchands & Tonneliers de relier ou faire relier à la mode des vins du crû
& climat dudit Beaune, les vins des autres
climats & Provinces du Royaume, ſous peine
de confiſcation, amende, &c. & de punition
corporelle contre les contrevenans.*

Depuis ces divers Jugemens & Arrêts, il
en eſt intervenu un autre au Parlement, le
4 Septembre 1747, par lequel la Cour a
*fait défenſes à tous Marchands de vins, Ton-
neliers & autres, de barrer & cheviller, faire
barrer & cheviller les vins qui arriveront
ſur les Ports & dans cette Ville de Paris,
dans une autre forme que celle qui eſt uſitée*

*dans les Pays d'où les vins ſont tirés, à peine
d'amende, &c. & d'être procédé contr'eux
par la voie extraordinaire.*

Le Parlement de Dijon a rendu un Arrêt
en forme de Réglement, ſur le Réquiſitoire
de M. le Procureur Général, le 12 Août
1749, dont je crois auſſi devoir tranſcrire
ici les diſpoſitions.

*Fait...défenſes à toutes perſonnes, même aux
propriétaires & cultivateurs des Vignes, d'y
laiſſer entrer des chevaux, ni quelqu'eſpéce
de bétail que ce ſoit, en aucune ſaiſon de l'année, à peine de ſaiſie & confiſcation au profit
de la Communauté, du bétail & des chevaux
du propriétaire, qui ſeroient dans ſa propre
Vigne, du bétail étranger & de celui du cul-
tivateur, au profit du propriétaire de la Vigne, & de 10 liv. d'amende pour chaque tête
de bétail, dans leſquelles confiſcations un tiers
appartiendra au dénonciateur.*

*A permis & permet à toutes perſonnes de
tuer les pourceaux qui ſeront trouvés dans les
vignes, & ce ſans préjudice des dommages &
intérêts dûs aux propriétaires deſdites Vignes, & de l'amende que leurs pâtres, ou
autres prépoſés à la garde du bétail, auront
encourue.*

*Ordonne que les Communautés demeure-
ront reſponſables du fait deſdits pâtres, &
les Maîtres de celui du gardien particulier.*

*Enjoint aux Officiers locaux de pourſuivre
les contrevenans, ſur la dénonciation qui en
ſera faite par quelque perſonne que ce ſoit,
même autres que les Meſſiers & Propriétaires des Vignes où le bétail ſera trouvé ; &
ordonne que les Jugemens qui ſeront par eux
rendus, ſeront exécutoires par proviſion,
nonobſtant l'appel.* V. ce que je dis à l'article
Pâturage.

Le Parlement de Grenoble avoit auparavant auſſi, par un Arrêt du 10 Octobre
1722, défendu de mener, ni faire paître aucuns moutons, brebis & agneaux, dans les
Vignes, ſoit avant, ſoit après les vendan-
ges, à peine de confiſcation, &c.

VIGUERIES, VIGUIERS.

Les Vigueries ſont des Juriſdictions, &
les Viguiers des Juges établis en Provence,
en Languedoc & Pays voiſins.

Piganiol de la Force dit qu'en Provence
le Viguier eſt » un Officier Royal de Robe-

» Courte ; qu'il marche avec les Confuls ou » Echevins dans les cérémonies publiques, » affifte aux Affemblées de la Ville, & a » toujours la préféance.

» Il porte l'épée & un bâton morné d'i-»voire ; il .... a Jurifdiction fur les fautès » légeres & qui regardent la police plutôt » que la Juftice «.... (finguliérement fur les filoux pris fur le fait dans les Foires & autres Affemblées.) Voyez l'état de la France, de Boulainvilliers.

Ragueau dit qu'un Viguier eft un Juge ordinaire ; & un Juge Châtelain, un Prévôt, comme eft le Prévôt de Corbeil, un Juge Royal, comme un Vicomte en Normandie, & un Juge dont les Sentences par fubordination reffortiffent aux Siéges Préfidiaux. V. M. Defcorbiat.

Les Vigueries établies dans les Villes où il y a des Siéges de Bailliage ou Sénéchauffée, ont été fupprimées par Edit du mois d'Avril 1749, enregiftré le 13 Juin fuivant, & réunies auxdits Bailliages & Sénéchauffées.

Le Viguier de Perpignan connoît des affaires temporelles du Clergé, de la Nobleffe & des Bourgeois nobles.

VILLE D'ARRÊT.
Voyez *Forains.*

C'eft ainfi qu'on qualifie un grand nombre des Villes des Pays-Bas & même d'autres Villes de France, dans lefquelles les Bourgeois qui y font domiciliés peuvent fur leur parole & fans aucun titre faire faifir arrêter les effets mobiliers, & même en quelques-unes, comme en Cambrefis, faire conftituer prifonnieres les perfonnes non demeurantes en la Ville où fe fait l'Arrêt, dont ils fe difent créanciers.

Il y a néantmoins des Coutumes qui permettent auffi aux Forains de faire arrêter les biens & la perfonne de leur débiteur dans une Ville où ils ne font pas domiciliés, mais cette extention ne forme pas le Droit Commun.

La plûpart des Coutumes des Pays-Bas nomment Clain l'exercice du droit d'Arrêt. Voyez le titre 25 de la Coutume de Cambrai, & le Commentaire de Pinault-des-Jaunaux, fur cette Coutume.

Le privilége des Villes d'Arrêt n'a pas

lieu contre les Magiftrats & Membres des Cours Souveraines ; cette exception eft certifiée par deux Actes de Notoriété donnés, l'un par les Avocats au Grand-Con[feil de Malines le 28 Mars 1709, & l'autre par les Avocats au Parlement de Tournai le 26 Novembre 1708. Plufieurs Auteurs Flamands difent même que cette exception a lieu en faveur de tous les Officiers Royaux qui ont le privilége de l'attribution de Jurifdiction, c'eft-à-dire, qui ont leurs caufes commifes devant des Juges Royaux.

On prétend auffi que les particuliers fujets à l'Arrêt ne peuvent pas être arrêtés en vertu du feul privilége des Villes d'Arrêt dans celles où ils vont, pour la pourfuite de leurs caufes & procès. Sur cela voyez l'article 133 de la Coutume de Bourbonnois, & les autres Coutumes indiquées par Bouchel, article *Arrêt de Corps.*

V I N.

Voyez *Ban, Banvin, Bourgeois, Mefure, Rouliers, Vendanges & Vignes.*

Un Arrêt de Réglement du 14 Octobre 1757, rendu en la Chambre des Vacations, fait défenfes aux Marchands de vins de Paris & à ceux qui en font le trafic, d'aller acheter & arrher, faire acheter & arrher par perfonnes interpofées directement ou indirectement les vins fur le fep, en cave, cuves & preffoirs, avant que les Vins foient prêts à charrier, à peine de confifcation des Vins & de punition corporelle....

V I N A D E.
Voyez *Arban.*

V I N A G E.

C'eft le nom d'un Droit Seigneurial qui fe perçoit en divers endroits fur le vin à bord de cuve, c'eft-à-dire, avant qu'il en foit tiré, & qui tient lieu de cenfive.

Il y a auffi quelques endroits où le Vinage eft la même chofe que le Péage.

VIN DE MESSAGER.
Voyez *Voyage.*

Le Vin de Meffager eft un droit qu'on accorde aux Parties qui ont obtenu une adjudication de dépens, & qui ne font pas domiciliées dans le lieu où fe tient la Jurifdiction

diction dans laquelle le Jugement est intervenu.

Ce droit leur est accordé pour les indemniser des frais d'envoi de piéces , de pouvoirs, d'instruction & de port de lettres , &
on le nomme Vin de Messager , parce
qu'avant l'établissement des Postes en France, c'étoit par la voie des Messagers que les
Parties envoyoient leurs piéces à leurs Procureurs , ou en recevoient des nouvelles.

Les Vins de Messager appartiennent à la
Partie , & non au Procureur. Ils sont dûs en
plusieurs circonstances , & pour différens
actes de la même affaire. Par exemple , le
Vin de Messager est dû :

1°. Pour l'envoi des piéces à l'effet de
charger Procureur.

2°. A cause de la production qui se fait
au Greffe quand l'affaire est appointée.

3°. Il est dû un Vin de Messager sur chacune des demandes incidentes qui sont formées dans le cours de l'instruction , tant
en demandant qu'en défendant , parce qu'on
présume que ces demandes ne peuvent se
former , & qu'on ne peut y défendre sans
instructions envoyées par la Partie au Procureur ; & il est juste de la dédommager
des ports de lettres que cela peut occasionner.

4°. Il est encore dû un Vin de Messager
pour faire juger la cause ou le procès.

Enfin il est dû un Vin de Messager pour
faire taxer les dépens.

Jamais on n'accorde de Vin de Messager
quand la Partie demeure dans le lieu même
où l'affaire est instruite & jugée. On ne lui
en accorde pas non plus, lorsqu'elle a des
actes d'affirmation de voyage , parce que la
Partie condamnée ne doit que le Vin ou le
voyage , & non les deux.

Les Vins sont plus ou moins forts , suivant la distance des lieux , la nature des
procès , & la différence des appointemens.
On peut à cet égard consulter l'Arrêt de
Réglement rendu le 10 Avril 1691 ; il régle

les différens cas pour lesquels il est dû des
Vins de Messager , & fixe ce qui est dû relativement , tant à l'éloignement des lieux ,
qu'à la nature des affaires.

VINGTIEME (a).

Voyez *Cinquantieme* & *Dixiéme.*

Un Edit du mois de Mai 1749 , enregistré le 19 du même mois , a ordonné que le
Dixiéme établi par la Déclaration du 29
Août 1741 , cesseroit d'être imposé, à compter du premier Janvier 1750 , mais que les
deux sols pour livres , dont la perception est
ordonnée par Edit du mois de Déc. 1746 ,
continueroient d'être levés pendant le temps
porté par ce dernier Edit. Voy. *Dixiéme.*

L'art. 3 de l'Edit du mois de Mai 1749 ,
porte » qu'à compter dudit jour premier
» Janvier 1750 le Vingtiéme *sera* annuelle-
» ment levé *au profit du Roi* , sur tous les
» revenus & produits des Sujets *du Royau-*
» *me...... sans aucune exception.*

Art. IV. » Tous Propriétaires ou Usu-
» fruitiers, Nobles & Roturiers , Privilé-
» giés & non Privilégiés , même les Apana-
» gistes & Engagistes , payeront le Vingtié-
» me du revenu de tous les fonds , terres ,
» prés , bois , vignes , marais , pâcages , usa-
» ges , étangs , rivieres , moulins , forges ,
» fourneaux & autres usines , cens , rentes ,
» dixmes , champarts , droits seigneuriaux ,
» péages , passages , droits de ponts , bacs &
» rivieres , droits de canaux & généralement
» de tous autres droits & biens , de quelque
» nature qu'ils soient , tenus à rente , affer-
» més ou non affermés.

V. » Comme aussi le Vingtiéme du reve-
» nu des maisons des Villes & Fauxbourgs
» du Royaume , louées ou non louées , en-
» semble pour celles de la campagne , qui ,
» étant louées , procurent un revenu auxdits
» Propriétaires ou Usufruitiers, même pour
» les parcs & enclos desdites maisons étant
» en valeur , de maniere que le Vingtiéme
» ne soit levé sur chaque nature de biens

(a) Il ne faut pas confondre le Vingtiéme dont il
s'agit , avec le Vingtiéme qui se leve en Hainault , &
qui y a été établi par l'Archiduc Albert ; ce Prince
ordonna en 1604 , que chaque Propriétaire payeroit le
Vingtiéme de son revenu ; on leve aujourd'hui le quadruple de l'imposition premiere ; mais comme les revenus sont augmentés notablement , les quatre Vingtiémes
réunis ne forment ensemble qu'environ la treiziéme ou

la quatorziéme partie du revenu.

Louis XIV avoit aussi établi un Vingtiéme denier des
revenus des Isles , Islots, Accroissemens, droits de Pêche,
Péage , Bacs , Ponts , Moulins & Edifices construits sur les
Rivieres navigables. Il ne faut pas non plus confondre ce
Vingtiéme (sur lequel on peut consulter la Déclaration
du mois d'Avril 1668 , & un Arrêt du Conseil du 8 Août
suivant ,) avec celui dont il s'agit ici.

» contenus dans le préfent & dans le précé-
» dent article, qu'eu égard au revenu, dé-
» duction faite des charges fur lefquelles
» lefdits Propriétaires ou Ufufruitiers ne
» pourroient être autorifés à faire la rete-
» nue du Vingtiéme ; & à l'égard des for-
» ges, étangs & moulins, ils ne feront im-
» pofés au Vingtiéme que fur le pied des
» trois quarts du revenu.

VI. » Et pareillement le Vingtiéme de
» toutes les rentes fur le Clergé, fur les
» Villes, Provinces, Pays d'Etats & autres,
» à l'exception des rentes perpétuelles &
» viageres fur l'Hôtel de notre bonne Ville
» de Paris, fur les Tailles, des quitttances
» de finance portant intérêt à deux pour
» cent, employées dans nos Etats ; enfem-
» ble des gages réduits au denier cinquante,
» & de toutes les rentes que Nous avons
» fpécialement exemptées du Dixiéme éta-
» bli par notre Déclaration du 29 Août 1741,
» lefquelles feront pareillement exemptes
» du Vingtiéme.

VIII. » Seront fujettes à la levée du
» Vingtiéme toutes les rentes à conftitution
» fur Particuliers, rentes viageres, douaires
» & penfions, créées & établies par con-
» trats, jugemens, obligations ou autres
» actes portant intérêt ; comme auffi tous
» les droits, revenus & émolumens, de
» quelque nature qu'ils foient attribués,
» tant à nos Officiers qu'autres Particuliers,
» Corps & Communautés, foit qu'ils leur
» ayent été aliénés ou réunis ; & pareille-
» ment les octrois & revenus patrimoniaux,
» communaux & autres biens & héritages
» des Villes, Bourgs, Villages, Hameaux
» & Communautés, même les droits de
» Meffageries, Carroffes & Coches, tant
» par terre que par eau, & généralement
» tous les autres biens, de quelque nature
» qu'ils foient, qui produifent un revenu.

IX. » Mais attendu que les Propriétaires
» ou Ufufruitiers des fonds & héritages,
» maifons & offices, qui doivent des rentes
» à conftitution, rentes viageres, douaires,
» penfions ou intérêts, payeront le Vingt-
» tiéme de la totalité du revenu des fonds

» fur lefquels les rentiers, penfionnaires &
» autres créanciers ont à exercer ou pour-
» roient exercer leurs hypothéques, Vou-
» lons que le Vingtiéme dû par lefd. ren-
» tiers, penfionnaires & autres créanciers ;
» foit à la décharge defdits propriétaires
» ou ufufruitiers des fonds ; & qu'à cet ef-
» fet ledit Vingtiéme foit par eux retenu
» lorfqu'ils feront le payement des arréra-
» ges defdites rentes, penfions & intérêts,
» en juftifiant par eux de la quittance du
» payement du Vingtiéme des revenus de
» leurs fonds (a).

X. » Et comme pareillement les Particu-
» liers, Officiers, Corps & Communautés,
» même les Corps & Communautés des
» Villes, Bourgs, Villages & Hameaux
» qui jouiffent de droits, revenus & émo-
» lumens, de quelque nature qu'ils foient,
» droits d'octrois, revenus patrimoniaux,
» communaux & autres biens & héritages
» droits de Meffageries, Carroffes, Coches
» & autres, payeront le Vingtiéme de la to-
» talité du revenu de tous lefdits droits,
» émolumens, octrois & autres biens, lef-
» quels peuvent être chargés du payement
» de rentes, penfions, droits, taxations,
» émolumens ou intérêts, à quelque titre
» que ce foit. Voulons que le Vingtiéme dû
» par ceux qui jouiffent defd. rentes, pen-
» fions, droits, taxations, émolumens ou
» intérêts, foit à la décharge defdits Parti-
» culiers, Officiers, Corps & Communau-
» tés, & des Corps & Communautés des
» Villes, Bourgs, Villages & Hameaux ; &
» qu'à cet effet le Vingtiéme foit par eux
» retenu lorfqu'ils feront le payement defd.
» rentes, penfions, droits, taxations, émo-
» lumens ou intérêts, en juftifiant par eux
» de la quittance du payement du Vingtié-
» me de leurfdits revenus.

XI. » Comme dans tous les fonds fur lef-
» quels nous ordonnons la levée du Vingtié-
» me, ne font pas compris les biens des Par-
» ticuliers commerçans, & autres dont la
» profeffion eft de faire valoir leur argent,
» & qu'il eft jufte toutefois qu'ils y contri-
» buent à proportion de leurs revenus &

_____

(a) Lors de l'enregiftrement au Parlement de Dijon, de l'Edit du mois d'Août 1717, portant fuppreffion du premier Dixiéme, cette Cour oppofa pour condition, dans fon Arrêt du 10 Janvier 1718, que la révocation du Dixiéme auroit lieu pour les rentes conftituées, fans qu'il puiffe être retenu fur les créanciers, par aucun Particulier, Corps & Communautés Laïques ou Eccléfiaftiques, débiteurs defdites rentes, attendu qu'elles font meubles en Bourgogne.

» profits, ordonnons que chacun d'eux y
» contribuera sur le pied du Vingtiéme des
» revenus & profits que leur bien peut leur
» produire, sans qu'il puisse être exigé d'eux
» de déclaration d'autres biens que de ceux
» énoncés aux art. 4 & 5 du présent Edit.

XII. » Voulons que le Vingtiéme du re-
» venu des biens ordonné être levé par no-
» tre présent Edit, soit payé suivant les rô-
» les qui en seront arrêtés en notre Conseil ,
» en quatre termes égaux , dans les mois de
» Janvier, Avril, Juillet & Octobre de cha-
» cune année , par préférence à tous créan-
» ciers , douaires & autres dettes privilé-
» giées ou hypothécaires , & de quelque na-
» ture qu'elles soient même à nos autres
» deniers, & que les redevables, leurs fer-
» miers , locataires ou autres débiteurs , y
» soient contraints par les voies ordinaires
» & accoutumées.

XIII. » Défendons à tous Fermiers, Lo-
» cataires , Receveurs, Economes , Procu-
» reurs, Régisseurs, Commissaires aux Sai-
» sies-réelles , Trésoriers, Receveurs, Com-
» mis aux Recettes , Dépositaires , Débi-
» teurs , & tous autres tenans & exploitans
» des biens de quelque nature que ce soit ,
» dont le revenu est sujet à la levée du Ving-
» tiéme, de vuider leurs mains de ce qu'ils
» doivent ou devront ci-après , qu'en justi-
» fiant préalablement par les propriétaires
» ou usufruitiers, avoir payé le quartier cou-
» rant , & les précédens, du Vingtiéme du
» revenu que lesdits fermiers, locataires &
» autres, chacun à leur égard , auroient à
» payer auxd. propriétaires ou usufruitiers,
» si mieux n'aiment lesdits propriétaires ou
» usufruitiers consentir que leurs fermiers ,
» locataires & autres, payent en leur acquit
» le Vingtiéme du prix des baux & revenus
» dont ils sont chargés ; ce que lesdits Fer-
» miers , locataires & autres, seront tenus
» de faire dans les termes ci-dessus prescrits ,

» à peine d'y être contraints , nonobstant
» toutes saisies-arrêts , cessions, transports
» & délégations , quoiqu'acceptées , même
» nonobstant les payemens d'avance qui
» pourroient avoir été faits par eux ; & en
» rapportant par lesdits fermiers, locataires
» & autres, les quittances de ce qu'ils au-
» ront payé pour le Vingtiéme en l'acquit
» desdits propriétaires ou usufruitiers , ils en
» demeureront d'autant quittes & déchargés
» envers lesd. propriétaires ou usufruitiers ,
» ou autres ayant leurs droits, qui seront
» tenus d'allouer & passer lesdites quittan-
» ces du Vingtiéme dans les comptes desdits
» fermiers, locataires & autres qui en au-
» ront fait le payement. . . . . . «

Depuis le premier Vingtiéme, établi par
cet Edit, il en a été établi un second par une
Déclaration du 7 Juillet 1756 , pour être
perçu, à compter du premier Octobre suivant , & finir trois mois après la conclusion
de la paix. Cette Déclaration a aussi ordonné que la perception du premier Vingtiéme,
établi en 1749 , ne finiroit que 10 ans après
la conclusion de la paix ; enfin , par un Edit
du mois de Février 1760 , il a été établi un
troisiéme Vingtiéme (a) , avec les deux sols
pour livre en sus d'icelui, pour être perçu
à compter du premier Octobre 1759 , jusques & compris le dernier Décembre 1761 :
ainsi ce troisiéme Vingtiéme & ses accessoires dureront deux ans trois mois (b).

Je rapporte ailleurs les époques des cinquantiéme & dixiéme. V. *Cinquantiéme &
Dixiéme.*

Il a été décidé par un Arrêt du Conseil,
rendu le 13 Oct. 1750, que, sans avoir égard
à un Arrêt de la Cour du 29 Janv. 1749, les
cens & rentes seigneuriales seroient payés
aux Seigneurs, sans rétention du Vingtiéme.

Le Vingtiéme ne peut pas être retenu aux
Communautés Ecclésiastiques qui payent les
Décimes. V. *Dixiéme.*

(a) Ce troisiéme Vingtiéme & les deux sols pour livre
d'icelui, ne s'est pas perçu sur les maisons de la
Ville & Fauxbourgs de Paris, à cause de l'imposition pour
le rachat des Boües & Lanternes.

(b) Quelques Provinces se sont abonnées pour les Vingtiémes, dont la levée est ordonnée par les Déclarations que
je viens de rapporter. De ce nombre sont le Languedoc ; le
Duché de Bourgogne; Comtés & Pays dépendans ; les Villes & Châtellenies de la Flandres Maritime, les Etats de
Lille, Douay & Orchier ; les Pays de Bresse, Bugey &
Gex ; les Villes de Valenciennes & Quesnoy, Maubeuge ;

Bavay, Landrecy, Avesne, Philippeville, Mariembourg,
Condé & les Paroisses qui en dépendent ; la Provence, le
Cateau - Cambresis, la Ville de Strasbourg, la Province de
Roussillon, le Comté de Foix, les Provinces de Navarre,
de Béarn, de Labour & de Soule; la Ville du Mont-de-
Marsan, la Province de Lectoure, celles de Bigorre & de
Nébouzan, la Principauté d'Orange ; les Marchés communs du Poitou & de la Bretagne. Sur cela voyez des Arrêts du Conseil des 30 Octobre, 10 Novembre 1756, 18,
25 Janvier, 22 Février, 15 Mars, 19 Avril, 7 Juin, 16 Août
1757, 22 Janvier 1758, 25 Février 1759, & 5 Juillet 1760.

Le Clergé de France a été affranchi de
payer les dixiéme, Vingtiéme & cinquantiéme, toutes les fois que la levée en a été ordonnée ; mais à la place de ces impofitions,
il paye des décimes, & ce qu'il appelle don
gratuit.

Comme la même exemption n'étoit pas
accordée aux Bénéficiers & Communautés
Eccléfiaftiques qui ne font pas partie du
Corps du Clergé de France, la plûpart ont
été abonnés, moyennant diverfes fommes
qu'ils ont offertes pour être difpenfés de
payer les dixiéme, Vingtiéme, &c. en conformité des Edits d'établiffement. Il y a à
ce fujet des Arrêts du Confeil des 4 Février,
11 Mai, 22 Juin, 20 Juillet 1756, 29 Janvier 1757, 21 Janvier, 11 Février, 6 & 14
Avril, 10 Juin, 13 Juillet, 12 Août 1759,
26 Juin, 3 Juillet, 30 Septembre & 13 Octobre 1760, pour les Diocèfes de Perpignan, d'Orange, de Verdun, Metz, Toul,
Strasbourg, Tréves, le Clergé de la Hau-
te-Alface, du Comté de Bourgogne,
&c.

Le Parlement de Rouen a jugé, par Arrêt rendu le 2 Juin 1752, entre les fieurs le
Courtois & Manoury, que celui qui a acquis des héritages moyennant une rente viagere, ne doit pas retenir au vendeur le dixiéme en entier de la rente viagere, mais
feulement le dixiéme du revenu du fonds ;
parce que la rente que l'acheteur paye au-
delà du revenu, eft le capital ; & le capital
du fonds fe paye par termes, & n'eft point
fujet à l'impofition du dixiéme, Vingtiéme, &c.

Le même Tribunal avoit auparavant jugé, par Arrêt rendu le 21 Mai 1744, en faveur de la veuve Langlois, contre le fieur
Delaloude, que le débiteur d'une rente fieffe, c'eft-à-dire fonciere, ne peut pas demander la diminution du dixiéme denier au
créancier, quand le contrat porte que la rente fera payée exempte de toutes taxes pré-
vues ou imprévues, ordinaires ou extraordinaires.

Voyez une Déclaration du 3 Fév. 1760,
regiftrée au Parlement le 4 Mars fuivant,
qui ordonne la levée d'un Vingtiéme ou fol
pour livre en fus des droits des Fermes &
autres, jufqu'au dernier Septembre 1770 ;
elle contient fix articles.

V I O L.
Voyez Rapt.

Le Viol eft l'attentat fait à la pudeur d'u-
ne femme : c'eft un crime capital, qu'on punit de mort. V. Rapt.

Un jeune garçon, nommé Jean Gobinot,
étant dans le jardin de Martin Quaint, laboureur à Pars, près Pont-fur-Seine, avec
la femme de celui-ci, cette femme fit à Gobinot l'outrage de lui couper ce qui le rendoit homme.

Gobinot n'en mourut pas ; il rendit plainte, & fit informer à Pont-fur-Seine, tant
contre la femme que contre le mari, & difoit que cet attentat en fa perfonne étoit
l'effet de la jaloufie de Quaint ; que la femme de celui-ci l'avoit attiré (lui Gobinot)
dans un jardin où elle lui avoit dit tout ce
qu'une paffion violente peut infpirer à une
femme ; que ces difcours n'ayant rien produit, elle lui fit les avances les plus hon-
teufes, & le provoqua par des attouchemens
lafcifs, mais qu'il devint auffi-tôt la victime
de fa crédulité.

La femme Quaint difoit, au contraire,
que Gobinot étoit venu, armé d'un piftolet,
la trouver dans le jardin, où il avoit voulu
la violer ; elle convenoit de s'être fervi de
fon couteau, & avoit mis Gobinot hors d'é-
tat de confommer fon crime ; mais elle foutenoit n'être pas coupable : elle ajoutoit
qu'en pareille circonftance elle auroit pû
ôter la vie à Gobinot, & qu'à plus forte
raifon elle avoit pû extirper la racine du déréglement de cet homme.

A l'égard de Quaint, il propofoit l'alibi ;
mais il étoit prouvé que quelque temps
avant le malheur de Gobinot, le mari &
la femme l'avoient maltraité dans une
grange.

Sur cela Sentence intervint à Pont, qui
condamnoit Quaint & fa femme folidairement en 1200 liv. de réparations civiles, &
au banniffement, la femme pendant fept ans,
& le mari pendant cinq ans ; mais, par Arrêt
rendu le 8 Juillet 1729, au rapport de M.
Delpech, cette Sentence fut infirmée ; la
femme Quaint fut feulement condamnée en
600 liv. d'intérêts civils & aux dépens ; & à
l'égard du mari, la Cour ordonna une plus
ample information.

Ceux qui firent à Abaillard ce que la femme Quaint fit à Gobinot, furent condamnés à la peine du talion, & à avoir les yeux crevés.

VIRILE.

On appelle Virile, en Pays de Droit-Ecrit, une portion des gains nuptiaux & de survie, que les Loix Romaines donnent en propriété au conjoint survivant qui demeure en viduité.

Elle est ainsi appellée, parce qu'elle est égale à la part que chacun des enfans doit en avoir.

La Novelle 118, chap. 2, appelle aussi portion Virile la part qu'elle défere aux pere & mere dans la succession de leurs enfans, auxquels ils succèdent conjointement avec leurs autres enfans freres & sœurs du défunt. V. Succession.

Le Parlement de Grenoble a ordonné par un Arrêt rendu en forme de Réglement, le 29 Juin 1670, qu'on trouve dans le Recueil de Dauphiné, tome 1, page 776 » que » l'institution universelle faite par le pere » ou par la mere, en faveur de l'un ou de » plusieurs enfans, emporte la Virile de » l'augment ou de la survie, & que la dis- » position de l'Authentique *Nunc autem nisi* » *expressim*, ne doit avoir lieu qu'à l'égard » des Étrangers «.

V I S A.

Voyez *Capacité*, *Collateur*, *Evêque*, *Institution Canonique*, *Provision de Bénéfices*, & *Résignation*.

En matiere Ecclésiastique, on nomme *Visa* des Lettres que donne l'Evêque ou son Grand-Vicaire à un Ecclésiastique qui a obtenu des Provisions d'un Bénéfice, ou du Pape, ou du Patron, par lesquelles il est dit que l'Impétrant du Bénéfice qui y est énoncé, a été examiné & trouvé capable.

Les Evêques ont, comme je l'ai dit au mot *Evêque*, le droit d'examiner la vie, les mœurs & la doctrine des Ecclésiastiques qui se présentent pour obtenir le *Visa* ou Institution Canonique des Bénéfices de leurs Diocèses, & de refuser cette institution, si leur conscience ne leur permet pas de l'accorder.

Mais, pour que les Evêques ne puissent point sortir des bornes de leur autorité à cet égard, & pour empêcher qu'ils ne fassent des entreprises sur celle des Tribunaux Séculiers, nos Ordonnances ont établi une forme dans laquelle les refus de *Visa* ou de collation doivent être faits aux Pourvus en Cour de Rome, aux Expectans, aux Gradués, ou aux nommés par les Patrons. Elles ont donc imposé aux Evêques la nécessité d'exprimer les causes de leurs refus dans l'acte qu'ils en doivent délivrer; & si ce refus est fondé sur l'incapacité, il doit être mis au pied de l'examen que le Sujet refusé a subi.

Dans le refus du *Visa*, on distingue la forme d'avec le fond.

Dans la forme, tout refus doit être fait par acte; & il doit en contenir les motifs, afin qu'on puisse juger de leur légitimité, si les Evêques n'ont point passé les bornes de leurs pouvoirs, & entrepris sur la Jurisdiction Royale & Séculiere.

Ainsi, tout refus qui n'est point par écrit, & qui n'a point de cause, est abusif; au lieu que tout refus qui est par écrit, & dont les motifs sont exprimés, est régulier dans la forme; cependant il peut être injuste au fond.

Pour connoître si le refus de *Visa*, régulier dans la forme, est juste au fond, on examine d'abord s'il est fondé sur des causes qui soient de la compétence de la Jurisdiction Episcopale, & si l'Evêque s'est tenu dans les bornes de son pouvoir, ou s'il les a franchies.

Toutes les fois que l'Evêque est sorti des bornes de son pouvoir, & qu'il a fondé son refus sur des causes dont la connoissance appartient à la Justice Royale, son refus est abusif.

Ainsi un Evêque qui refuse de conférer un Bénéfice à un Gradué qui le requiert, parce qu'il prétend que son Eglise n'est pas sujette à l'Expectative des-Gradués, commet un abus; parce qu'il n'est point Juge de cette question, & qu'elle ne peut être décidée que par la Justice Royale.

De même, si l'Evêque refuse un Présenté par un Patron, parce qu'il se prétend Collateur libre, il commet encore un abus, parce que ce n'est pas à lui qu'appartient le droit de juger cette question.

En un mot, dans tous les cas où la Justice

Royale peut feule connoître du différend, l'Evêque doit donner le *Visa*, en proteftant contre, pour la confervation de fon droit; & toutes les fois qu'il refufe de le donner pour une caufe ou pour un motif dont il n'eft pas le Juge, fon refus eft abufif.

Mais, *à contrario*, toutes les fois que les Evêques ne font pas fortis des bornes de la Jurifdiction, & de l'autorité attachée à leur caractere, il eft bien difficile de porter atteinte à leur Jugement, s'il eft régulier en la forme; parce qu'alors il eft émané d'une puiffance légitime, qui a prononcé fur un objet pour lequel elle étoit compétente, & qui étoit de fon reffort.

C'eft pour cela que l'Edit de 1695, article 9, porte » que les Juges Royaux ne pour- » ront maintenir en poffeffion d'un Bénéfice » ceux à qui les Archevêques ou Evêques » auront refufé des *Visa*, fi ce n'eft en gran- » de connoiffance de caufe, (après) s'être » enquis diligemment & avoir connu la vé- » rité des caufes du refus, & à la charge » d'obtenir *Visa* defdits Prélats ou de leurs » Supérieurs, avant de faire aucune fonc- » tion fpirituelle & Eccléfiaftique defdits » Bénéfices «.

On penfe affez univerfellement que l'Evêque auquel un Pourvu en Cour de Rome demande le *Visa*, n'a pas droit de prendre connoiffance de l'obreption ou de la fubreption, ni des autres vices qui peuvent s'y rencontrer, tant contre les Canons que contre les Ordonnances, & que cette connoiffance appartient aux Juges Royaux. Voyez Defpeiffes, Brillon, M. Louet & Fevret.

Comme la Jurifdiction Séculiere a fes dégrés & fes reborts, la puiffance & la Jurifdiction Eccléfiaftique a auffi fes fiens. Ainfi, fi l'Eccléfiaftique qui a effuyé un refus de *Visa*, croit ce refus injufte, il a la voie de fe pourvoir par appel de l'Evêque au Métropolitain, & du Métropolitain au Primat (a); toutes les fois que ces trois dégrés de Jurifdiction ne fe trouvent pas en France, comme, par exemple, fi le refus eft fait par un Archevêque ou par le Primat même, ou bien lorfque les trois Jugemens ne font pas conformes, ceux qui croyent avoir droit de

s'en plaindre, peuvent demander que le Pape nomme des Commiffaires en France, pour remplir les trois dégrés de Jurifdiction.

L'Eccléfiaftique refufé a encore quelquefois la reffource de l'appel comme d'abus des trois Jugemens Eccléfiaftiques, de même qu'en matiere civile on a celle de la caffation; mais pour que l'appel comme d'abus réuffiffe, il faudroit, par exemple, que les Prélats euffent exercé de ces foufcriptions, que le Prince interdit pour la tranquillité du Royaume. Il faudroit qu'il y eût une contravention aux Loix que le Prince a données, & qui ont été promulguées fur des matieres orageufes. Il faudroit enfin que les Prélats euffent exigé une vexation évidente & manifefte, & que leur conduite fût telle, qu'elle dégénérât en une de ces oppreffions révoltantes, dont il eft du bien général de l'Etat d'arrêter le progrès. Ce feroit alors que les Cours pourroient ufer du pouvoir qui leur eft accordé par l'article 9 de l'Edit de 1695, dont j'ai rapporté les termes.

Sur des motifs auffi puiffans, l'Eccléfiaftique doit s'imputer fon incapacité; & fon appel comme d'abus doit être regardé comme frivole. C'eft ce que la Cour a jugé contre le Sr Oudet, par Arrêt rendu le 7 Juin 1735, fur les Conclufions de M. l'Avocat Général Gilbert.

Dans cette efpéce, ce fieur Oudet avoit été préfenté à la Cure de Nefle-la-Gilberde, Diocèfe de Meaux; mais on lui avoit refufé le *Visa* pour caufe d'ignorance, tant à Meaux qu'à Paris, & à Lyon. Il avoit enfuite interjetté appel comme d'abus. L'Arrêt jugea qu'il n'y en avoit pas: le Pourvu par M. l'Evêque de Meaux fut maintenu au préjudice du fieur Oudet, nommé par le Patron Eccléfiaftique; parce que celui-ci avoit mal placé fon choix, en nommant un incapable. (L'ignorance du fieur Oudet étoit prouvée par fon interrogatoire.)

V I S A.

V. Billets de Banque.

On a nommé *Visa*, l'examen fait par des Commiffaires du Confeil, des dettes de l'Etat contractées depuis l'établiffement de la

(a) J'ai trouvé dans le 11e Vol. du Recueil de Dijon, un Arrêt du Confeil du 16 Avril 1680, qui, fur la Requête de l'Archeyêque de Bordeaux, caffe celui du Parlement de

Guyenne; parce que ce Parlement, au lieu de renvoyer au Supérieur Eccléfiaftique dans l'Ordre Hiérarchique pour donner un *Visa*, avoit renvoyé devant un Evêque voifin.

Banque Royale, au mois de Décembre 1718, & dont les opérations ont été confirmées par un Edit du mois de Juin 1725, regiftré dans le Lit-de-Juftice tenu le 8 des mêmes mois & an.

L'objet de cet examen a été de ramener les dettes publiques, exceffivement confidérables alors, à une proportion telle que l'état pût les fupporter, de connoître les propriétaires de ces dettes, avec quelle valeur ils les avoient acquis, & de faire tomber la réduction devenue indifpenfable fur les créances les moins foutenuës de preuves.

La vérification qui a été faite de ces dettes, en exécution des Arrêts du Confeil qui en ordonnoient le *Vifa*, fit connoître qu'elles montoient à trois milliards deux cens millions, en comptant la valeur des actions fur la Compagnie des Indes, fur le pied de l'évaluation qu'en avoient faite les Actionnaires ; mais cet objet diftrait, les effets qui avoient une valeur numéraire, montoient encore à deux milliards trois cens millions.

Par l'événement de ces opérations, quelques dettes n'ont fouffert aucune réduction ; telles ont été celles qui provenoient de remboursement de rentes fur l'Hôtel-de-Ville ; d'autres, par exemple, celles provenantes de billets de banque, ont été réduites à moitié ou à trois cinquièmes, fuivant les diverfes origines, ainfi qu'il avoit été préfcrit par un Arrêt du Confeil du 23 Novembre 1721, qui contenoit un détail très-circonftancié des principes d'après lefquels les réductions devoient fe faire.

L'Edit du mois de Juin 1725, qui, comme je l'ai dit, a confirmé les réductions & les opérations faites au *Vifa*, a, entr'autres difpofitions, fupprimé & éteint, par l'article premier, les rentes perpétuelles & viageres, quittances de finance, billets de banque, certificats de compte en banque, récépiffés des Receveurs des Tailles pour rente au denier 50, les récépiffés du Tréfor Royal, des Directeurs des Monnoies, &c. &c. &c. & tous les effets dont la repréfentation au *Vifa* avoit été ordonnée par l'Arrêt du 26 Janvier 1721, & qui n'y ont pas été repréfentés.

L'article 2 a également éteint & fupprimé les contrats, &c. &c. &c. qui, après avoir été vifés, n'ont pas été rapportés aux caiffes du *Vifa*, établies par l'Arrêt du Confeil du 4 Janvier 1722, pour délivrer les liquidations atteftées par les Commiffaires du Confeil.

L'article 7 a ordonné que les dépofitaires publics & particuliers des effets qui devoient être vifés, & qui n'en ont pas fait la repréfentation, feroient tenus d'en payer la valeur entiere aux propriétaires defdits effets.

Mais l'art. 8 a ordonné que les Receveurs des Confignations, Commiffaires aux Saifies-Réelles, Gréffiers, Notaires, Huiffiers, Sergens & autres dépofitaires publics, les exécuteurs teftamentaires, fequeftres & autres dépofitaires particuliers, les tuteurs, curateurs, &c. qui ont préfenté au *Vifa* les effets dépofés en leurs mains, ou provenans de dépôts qui leur ont été faits ; & les maris qui y ont porté les effets provenans des dots de leur femme, feroient bien & valablement déchargés des réductions faites par lefdits fieurs Commiffaires. V. l'Edit en entier ; il contient quinze articles fort longs.

VISITE des Evêques, Archidiacres & Doyens.

V. *Evêque, Religieux & Séminaire.*

Le quatrième Concile de Tolede renouvella l'ancienne obligation des Evêques de vifiter toutes les Paroiffes de leur Diocèfe chaque année, pour veiller à la réparation des Eglifes, & s'informer de la vie des Eccléfiaftiques. V. le Canon 36 de ce Concile.

Si les infirmités ou les occupations de l'Evêque ne lui permettent pas de vifiter fon Diocèfe en perfonne, il doit, fuivant ce Concile, en donner la charge à des Prêtres ou à des Diacres, dont la capacité, la vertu & l'expérience méritent qu'il fe repofe fur eux d'une partie des charges de l'Epifcopat.

De-là il eft aifé de conclure que, ni les Grands-Vicaires, ni les Officiaux, ni les Archidiacres, ne faifoient point encore de Vifite lors de ce Concile ; & que cette liberté donnée aux Evêques infirmes ou trop occupés, de déléguer des Prêtres ou des Diacres pour faire la Vifite à leur place, donna commencement aux Vifites réglées & ordinaires des Archidiacres & des Doyens Ruraux.

Les Capitulaires de Charlemagne nous apprennent que c'étoit principalement dans sa Visite que l'Evêque employoit sa Jurisdiction & son zéle contre les homicides, les adulteres, les incestes, & contre toute sorte de crimes publics.

L'obligation d'administrer le Sacrement de la Confirmation aux Peuples de la Campagne, le soulagement des pauvres & des oppressés, étoient les principaux motifs de la Visite des Evêques. Mais nous voyons qu'ils ne bornoient pas leur sollicitude à ces objets vainement dignes de l'attention des Successeurs des Apôtres ; l'Archidiacre ou l'Archiprêtre devançoit l'Evêque, & convoquoit une espéce d'Assemblée ou de Synode, dans lequel le Prélat interrogeoit les plus sages & les plus vertueux des Paroissiens. Il demandoit si tout le monde venoit à Matines, à la Messe & aux Vêpres, les Dimanches & les Fêtes ; si chaque famille nourrissoit un pauvre ; si l'on gardoit les Loix de l'Eglise ; si l'on ne refusoit pas l'hospitalité aux passans, &c. Telle étoit l'inquisition générale que l'Evêque faisoit dans toutes les Paroisses : il soumettoit les prévaricateurs à la Pénitence ; & l'autorité Royale dont il étoit soutenu, le mettoit au-dessus de la résistance qu'il trouvoit en quelques-uns.

Le Concile de Trente a obligé tous les Patriarches, les Primats, les Archevêques & les Evêques, s'ils ne pouvoient pas visiter leurs Diocèses une fois chaque année, de le visiter au moins une fois en deux ans en personne, ou (s'il y a des empêchemens légitimes) par leurs Grands-Vicaires ou par d'autres Visiteurs.

Nos Ordonnances contiennent des dispositions assez semblables à ces régles. On peut voir sur cela les art. 6 & 11 de l'Ordonnance d'Orléans, l'art. 32 de l'Ordonnance de Blois, les art. 2 & 3 de l'Edit de Melun, l'Edit de 1606, art. 3 & 17, & l'art. 5 de l'Ordonnance de 1629. Voyez aussi l'article 7 de l'Edit du mois de Janvier 1572, & la Déclaration du 18 Février 1661.

Toutes ces Loix ont été renouvellées, étendues & développées par l'Edit du mois d'Avril 1695. Voici ce que portent les art. 14, 15, 16 & 17 de cet Edit.

XIV. » Les Archevêques & Evêques visiteront tous les ans au moins une partie » de leurs Diocèses, & feront visiter par » leurs Archidiacres, ou autres Ecclésiasti- » ques ayant droit de le faire sous leur au- » torité, les endroits où ils ne pourront aller » en personne, à la charge par lesdits Ar- » chidiacres ou autres Ecclésiastiques, de re- » mettre aux Archevêques ou Evêques, » dans un mois, leurs procès-verbaux de » Visites, après qu'elles seront achevées, » afin d'ordonner sur iceux ce qu'ils esti- » meront nécessaires.

XV. » Ils pourront visiter en personne » les Eglises Paroissiales situées dans les » Monasteres, Commenderies & Eglises de » Religieux qui se prétendent exempts de » leur Jurisdiction (a) ; & pareillement, » soit par eux, soit par leurs Archidia- » cres ou autres Ecclésiastiques, celles dont » les Curés seront Religieux, & celles où » les Chapitres prétendent avoir droit de » Visite.

- XVI. » Les Archevêques & Evêques » pourvoiront, en faisant leurs Visites (les » Officiers des lieux appellés) à ce que les » Eglises soient fournies de Livres, Croix, » Calices, Ornemens, & autres choses né- » cessaires pour la célébration du Service » Divin ; à l'exécution des fondations, à la » réduction des bancs, & même des sépul- » tures qui empêcheroient le Service Divin, » & donneront tous les ordres qu'ils estime- » ront nécessaires pour la célébration, pour » l'administration des Sacremens, & la bon- » ne conduite des Curés & autres Ecclésias- » tiques Séculiers & Réguliers qui desser- » vent lesdites Cures. Enjoignons aux Mar- » guilliers, Fabriciens desdites Eglises, » d'exécuter ponctuellement les Ordonnan- » ces desdits Archevêques & Evêques, & à » nos Juges & à ceux des Seigneurs ayant » Justice, d'y tenir la main.

XVII. » Enjoignons aux Marguilliers

(a) Remarquez que les Visites dont il est ici question, ne peuvent être faites que par l'Evêque en personne, & que l'Archidiacre ne peut pas faire ces Visites. L'Archidiacre ne peut pas non plus visiter les Abbayes situées dans son Archidiaconé, suivant les usages présens ; la dignité d'Abbé est plus élevée que celle d'Archidiacre. Voyez la Bibliothèque Canonique, & ce que je dis à l'article Religieux.

» Fabriciens

» Fabriciens de préfenter les comptes des
» revenus & de la dépenfe des Fabriques
» aux Archevêques, Evêques, & à leurs Ar-
» chidiacres, aux jours qui leur auront été
» marqués, au moins quinze jours aupara-
» vant lefdites Vifites, & ce à peine de fix
» livres d'aumône au profit de l'Eglife du
» lieu, dont les fucceffeurs en charge des
» Marguilliers feront tenus de fe charger
» en recette ; & en cas qu'ils manquent à
» préfenter lefdits comptes, les Prélats
» pourront commettre un Eccléfiaftique fur
» les lieux pour les entendre fans frais.

» Enjoignons aux Officiers de Juftice
» & autres principaux Habitans d'y affifter
» en la maniere accoutumée, lorfque les
» Archevêques, Evêques ou Archidiacres
» les examineront ; & en cas que lefdits
» Prélats & Archidiacres ne faffent pas leurs
» Vifites dans le cours de l'année, les comp-
» tes feront rendus & examinés fans aucuns
» frais, & arrêtés par les Curés, Officiers
» & autres principaux Habitans des lieux,
» & repréfentés auxdits Archevêques, Evê-
» ques ou Archidiacres, aux premieres Vi-
» fites qu'ils y feront. Enjoignons auxdits
» Officiers de tenir la main à l'exécution
» des Ordonnances que lefdits Prélats ou
» Archidiacres rendront fur lefdits comp-
» tes, & particuliérement pour le recouvre-
» ment & émploi des deniers en prove-
» nans ; & à nos Procureurs, & à ceux des
» Seigneurs ayant Juftice, de faire avec
» les Marguilliers, fucceffeurs, & même
» eux feuls, à leur défaut, toutes les pour-
» fuites qui feront néceffaires pour cet ef-
» fet «.

L'article 18 du même Edit fixe le droit
des Evêques fur la Vifite des Monafteres ;
& à cet égard on peut voir ce que je dis au
mot *Religieux*.

Une Déclaration du 15 Décembre 1698

autorife les Archevêques & Evêques *à enjoindre aux Curés & autres Eccléfiaftiques
ayant charge d'ames, dans le cours de leurs
Vifites & fur les procès-verbaux qu'ils auront dreffés, de fe retirer dans des Sémina-
res, jufques & pour le temps de trois mois,
pour des caufes graves, mais qui ne méritent
pas une inftruction dans les formes de la procédure criminelle* (a).

Le Clergé demanda, par fes cahiers en
1725, qu'il plût au Roi d'accorder le même
pouvoir aux Vicaires Généraux en Vifite ;
mais il fut refufé par la réponfe du Roi du
15 Octobre 1726.

On voit par les Loix que je viens de rapporter, que l'Evêque, dans fes Vifites, ne
peut impofer que des corrections paffage-
res aux Eccléfiaftiques & Curés de fon Diocèfe ; s'il fait quelque chofe de plus ; fi, par
exemple, il ordonne une information dont
l'objet foit de découvrir un crime dont la
punition ne peut être ordonnée que par un
Juge, il paffe les bornes de fon pouvoir, &
il y a lieu à l'appel comme d'abus. V. l'Arrêt du 19 Février 1724, rapporté par M.
l'Epine de Grainville, page 376.

À l'égard des Vifites des Archidiacres,
elles ont pour objet d'informer l'Evêque de
l'état des Eglifes, des Paroiffes, des mœurs
des Eccléfiaftiques, &c. Ils ne peuvent juger que fur ce qui ne fouffre point de retard,
& par provifion feulement. Cependant il y
a quelques Archidiacres qui ont la Jurifdiction contentieufe fur certaines matieres ;
ceux-là peuvent rendre des Ordonnances
dans le cours de leurs Vifites. Voyez l'article 25 de l'Edit du mois d'Avril 1695.

L'Archidiacre qui vifite un Diocèfe, doit
en dreffer procès-verbal, & le remettre à
l'Archevêque ou Evêque, dans un mois
après la Vifite achevée, afin que le Prélat
puiffe fur ces procès-verbaux ordonner ce

(a) J'ai déja parlé de cette Loi, fur laquelle j'ai même
propofé quelques réflexions dans mes Notes à l'article *Séminaire*.

J'ajouterai ici :

1°. Que les Séminaires ne font pas établis pour y recevoir les Eccléfiaftiques qui ont commis des fautes graves ;
mais pour inftruire des jeunes gens à la Profeffion Eccléfiaftique. Voyez le Concile de Trente, feffion 23, ch. 18,
l'Ordonnance de Blois, &c.

2°. Que dans les premiers temps, on n'a jamais relégué
des Evêques, des Curés, des Diacres, &c. dans des Monafteres, que pour des crimes confidérables.

3°. Que les Canons, les Capitulaires de Charlemagne,
de Louis-le-Débonnaire, & les Décrets des Papes, veulent
que les Décrets foient jugés dans les Conciles Provinciaux
ou Diocéfains ; parce que, dit le fecond Concile de Sevile,
il y a bien des Evêques qui, fans connoiffance de caufe,
condamnent les perfonnes, non pas par l'autorité des Saints
Canons, mais par une domination tyrannique.

4°. Que les Curés & autres Eccléfiaftiques ne doivent
pas aux Archevêques & aux Evêques, une obéiffance plus
exacte que les autres Chrétiens doivent à Dieu ; & que cette obéiffance doit être accompagnée de jugement & de difcrétion, à l'exception des chofes qui regardent la Foi.

qu'il eſtime néceſſaire. V. l'art. 14 du même Edit que j'ai ci-devant rapporté.

L'Archidiacre doit d'abord viſiter le Ta-
bernacle, les vaiſſeaux des Saintes Huiles,
les Fonts-Baptiſmaux, les Autels, les Reli-
ques, les Calices & autres Vaſes ſacrés, les
Ornemens, les Linges, les Livres d'Egliſe,
les Images, le dedans & le dehors de l'E-
gliſe, la Sacriſtie & le Cimetiere.

Il doit s'informer avec un ſoin particulier des vie & mœurs des Curés, Vicaires
& autres Eccléſiaſtiques des lieux où il fait
Viſite, & ſur-tout ſi le Curé réſide aſſidu-
ment, s'il remplit dignement les fonctions
Curiales, ſi les Sacremens ſont adminiſtrés
aux malades exactement & à temps, ſi les
peuples ſont inſtruits & édifiés.

L'Archidiacre ſe peut encore faire repréſenter & examiner les comptes des Fabriques, les Regiſtres des Baptêmes, Mariages & Sépultures. Il doit interroger les
enfans, pour connoître s'ils ſont inſtruits,
& ſi le Curé fait exactement les Caté-
chiſmes.

Il doit s'informer de la conduite du Maître d'école, de celle de la Sage-femme, &
de leurs talens; entendre les plaintes des
Curés contre les Paroiſſiens, s'il y en a; des
Paroiſſiens contre le Curé, la Sage-femme
& le Maître d'école.

Enfin l'Archidiacre doit viſiter les Chapelles, les Autels, & examiner les comptes
de l'adminiſtration du bien des pauvres;
s'informer ſi les Obits, les Saluts & autres
Fondations ſont acquittés; examiner les
Confrairies, leurs uſages, & du tout dreſſer
procès-verbal.

Les Doyens Ruraux doivent faire les
Viſites chacun dans leur détroit, quand les
Evêques ou les Archevêques ne les ont pas
faites dans l'année; ils doivent auſſi dreſſer
un procès-verbal de l'état où ils ont trouvé
les choſes, & l'envoyer à l'Evêque dans le
mois; mais la Viſite des Doyens ne s'étend
pas à tant d'objets que celle de l'Archidiacre; je ne crois pas, par exemple, que le
Doyen puiſſe exiger la repréſentation des
comptes des Fabriques.

L'article 6 de l'Ordonnance d'Orléans
parle du droit que les Archidiacres exigent
des Curés dans les Viſites, comme de quelque choſe d'incertain; elle le qualifie pré-

tendu droit, & veut qu'ils le *taxent ſi modérément, que l'on n'ait occaſion de s'en plaindre.* Le Concile de Paris tenu en 1212,
excommunie les Archidiacres, s'ils ne ſe
corrigent de prendre de l'argent pour la
Viſite de leurs Archidiaconés; mais l'uſage
prévaut actuellement; & on regarde comme
une dette légitime, ce que les Archidiacres
exigent pour leurs Viſites, quand ils ne demandent rien au-delà de l'ordinaire.

Mais l'Edit de 1606, article 3, veut que
la Viſite des Egliſes Paroiſſiales ſituées ès
Monaſteres, Commanderies & Egliſes de
Religieux exempts de la Juriſdiction des
Ordinaires ſoit faite ſans aucun ſalaire ni
taxe ſur les Curés.

Au reſte, l'opinion commune eſt actuellement que les Evêques, Archidiacres &
autres, ne peuvent ſe taxer eux-mêmes leur
droit de Viſite, & qu'ils doivent ſur cela ſe
conformer à l'uſage & à la poſſeſſion. Voyez
Procuration (Droit de).

V I T R I C.

C'eſt le nom qu'on donne dans le Pays
de Liége, & dans quelques Cantons des
Pays-Bas, au beau-pere (mari d'une femme qui a des enfans, non au beau-pere dont
quelqu'un a épouſé la fille ou le fils.)

V I V E N O T T E.

C'eſt le nom d'un droit que la Coutume de la Salle de Lille accorde à une veuve qui a des enfans, & dont elle jouit *ſa
vie durant, ſans être tenue d'en faire aucune demande, de tous les profits & revenus
des héritages cottiers patrimoniaux délaiſſés
par ſon mari.*

La veuve qui ſe remarie, perd la moitié
de ce droit.

Le droit de Vivenotte n'a lieu en faveur
de la femme que pendant la vie de ſes enfans ou petits-enfans; s'ils meurent, le droit
s'éteint en faveur de leurs héritiers.

U N I O N (Contrat d')
V. *Abandonnement, Attermoyement, Banqueroute & Direction.*

UNION DE BÉNÉFICES.
Voyez *Hôpitaux.*

On nomme Union, la jonction d'un Bénéfice à un autre, ou à des Corps & Communautés Eccléfiaftiques.

L'Union en général d'une Eglife ou d'un Bénéfice eft regardée comme odieufe par tous les Canoniftes ; parce qu'elle diminue les titres des Bénéfices, & par conféquent le nombre des Miniftres Eccléfiaftiques, & que c'eft d'ailleurs une efpéce d'extinction & une aliénation d'un titre Eccléfiaftique ou chofe Sainte ; c'eft pour cela qu'elle ne peut être permife, & ne peut fe faire qu'en grande connoiffance de caufe, & que dans le cas d'une néceffité ou utilité évidente (a).

Suivant nos mœurs, c'eft l'intérêt public & non celui de quelques particuliers, qu'on doit fe propofer dans les Unions.

Pour conftater cette néceffité ou utilité & cet intérêt public, les Loix civiles & canoniques exigent plufieurs formalités : les principales font une information préalable des avantages ou des inconvéniens de l'Union, (c'eft ce qu'on appelle Enquête de commodo & incommodo), & la convocation des Parties intéreffées.

[Au nombre des Parties intéreffées il faut mettre l'Archevêque ou Evêque, comme Ordinaires, (Voyez le Concile de Paris de l'an 1346, & le Concile de Trente ;) les Patrons & Fondateurs (b), les Titulaires & les Peuples qui font à portée de tirer quelques fecours fpirituels ou temporels du Bénéfice. Voyez l'Ordonnance d'Orléans, article 16 ; celle de Blois, articles 22, 23 & 24, & l'Edit de 1606, article 18.

Les deux titres de la Cure d'Aty dans la même Eglife, ayant été unis par l'Evêque de Noyon, en la forme ordinaire, l'Union fut autorifée par Lettres-Patentes.

Les Habitans formerent oppofition à l'enregiftrement de ces Lettres ; leur moyen étoit qu'ils tireroient plus de fecours de deux Curés que d'un feul, & que les re-

vènus étoient fuffifans pour nourrir deux Curés.

On leur répondoit qu'ils auroient le fecours de deux Eccléfiaftiques, au moyen de ce que le décret d'Union ordonnoit l'établiffement d'un Vicaire à la fubfiftance duquel il étoit pourvu, & qu'il n'étoit pas naturel de laiffer fubfifter les diffenfions que deux Curés dans la même Eglife avoient prefque toujours occafionnées. Par Arrêt rendu fur les Conclufions de M. l'Avocat Général Seguier, le Samedi 5 Juil. 1760, les Habitans furent déboutés de leur oppofition à l'enregiftrement des Lettres-Patentes.

La Prévôté du Chapitre de Pignans, ayant vaqué par mort, les Jéfuites du Séminaire de Toulon en pourfuivirent l'Union en Cour de Rome, fur un Brevet qu'ils avoient obtenu de Louis XIV. En 1702, le Pape adreffa une Bulle à l'Evêque de Frejus ou à fon Official, portant pouvoir de procéder à l'Union demandée par les Jéfuites, avec les formalités de droit, & fur-tout avec le confentement des Chanoines & Chapitre de Pignans. Ce Chapitre ayant protefté contre l'Union, & refufé fon confentement, les Jéfuites voulurent faire paffer cette condition pour une claufe de ftyle ; mais le Pape, par un Bref du 22 Janvier 1707, adreffé au même Evêque, déclara qu'elle étoit effentielle, & défendit de procéder à l'Union de la Prévôté, fans le confentement du Chapitre.

Cependant le Pape s'étant relâché, & ayant accordé une Bulle le 15 Février 1708, portant Union de la Prévôté de Pignans aux Jéfuites de Toulon, l'affaire fut portée au Parlement de Provence ; & par Arrêt contradictoire, rendu le 14 Janvier 1717, l'Union fut déclarée abufive, parce qu'il y avoit défaut de confentement du Chapitre.

Voyez le Concile de Conftance (c), qui ne permet pas d'accorder des Bulles d'U-

---

(a) Dans une Requête donnée par M. le Procureur Général, le 28 Août 1744, dans l'affaire du Prieuré de Stenay, dont l'Union a été déclarée abufive par Arrêt de la Cour du 29 Mai 1759, ce Magiftrat dit que » l'Union » d'un Bénéfice renfermant l'extinction du titre & du » temporel, c'eft une aliénation importante ; c'eft pour- » quoi (ajoute - t - il) tous les Canoniftes la regardent » comme odieufe. De-là, il réfulte évidemment qu'aucu- » ne Union de Bénéfices ne peut fe faire, que par la même » autorité & avec les mêmes formalités que celles de l'a-

» liénation «.

(b) Le Grand-Confeil a, par Arrêt du 3 Septemb. 1760, déclaré abufive l'Union du Prieuré de Roufie au Collége de Sarlat, fur un défaut d'infinuation ; & parce que les Bénédictins, dont le Prieuré dépendoit, n'avoient pas été appellés.

(c) Le Concile de Conftance a révoqué toutes les Unions faites depuis le décès de Gregoire XI, c'eft-à-dire, depuis le commencement du Schifme. Mais voyez ce que je dis ci-après fur cette matiere.

nion de Bénéfice en forme gracieuse, c'est-à-dire, dans la vûe de gratifier des particuliers, & qui permet d'attaquer les Unions, lorsqu'elles ne sont pas fondées sur des causes légitimes.

Le consentement du Patron est encore essentiellement nécessaire dans l'Union des Bénéfices. L'article 18 de l'Edit de 1606 ne permet les Unions qu'avec cette restriction remarquable, *pourvû toutefois que ce soit du consentement des Patrons & Collateurs.* Voyez aussi Bardet, tom. 1, liv. 4, ch. 37.

Ce même article de l'Edit de 1606 porte que *l'Archevêque ou Evêque, chacun en leur Diocese, pourront procéder aux Unions de Bénéfices, & le Pape n'en peut faire aucunes* en France, suivant l'art. 49 de nos Libertés; mais il peut bien, suivant le même article, *bailler rescrits délégatoires, à l'effet des Unions qu'on entend faire conformément au Concile de Constance.*

Aucun Supérieur Ecclésiastique, inférieur à l'Evêque, ne peut unir des Bénéfices; le pouvoir en est expressément réservé à l'Evêque, à moins qu'il ne s'agisse d'un Bénéfice à la nomination du Roi: alors l'Union peut se faire par Lettres-Patentes enregistrées; il y en a des exemples très-anciens.

S'il s'agissoit de l'Union d'un Bénéfice à la Mense Episcopale, l'Evêque ne pourroit pas alors en être Juge, parce que ce seroit sa propre cause; il faudroit en ce cas demander au Pape qu'il nommât des Commissaires du lieu, pour procéder à l'Union.

Par Arrêt du Parlement de Paris, rendu le 16 Février 1547, l'Union qui avoit été faite des biens de l'Ordre de Saint Lazare, à celui de Saint Jean de Jérusalem en 1489, par le Pape Innocent VIII, fut déclarée abusive; parce que les formalités de droit, & sur-tout celles prescrites par le Concile de Constance, n'avoient pas été observées: cet Arrêt est rapporté dans les Preuves des Libertés de l'Eglise Gallicane, chap. 36, n°. 20.

Un Edit du mois de Septembre 1718, enregistré le 22, *fait défenses à toutes Communautés Séculieres & Régulieres....... & à tous autres de se prévaloir des Décrets d'Union & Arrêts qui pourroient les autoriser, tant pour le passé que pour l'avenir, s'ils ne sont revêtus de Lettres-Patentes enregistrées...*

& accompagnées des autres formalités prescrites par les Ordonnances.

Ce même Edit *déclare nuls tous actes de prise de possession......faits en conséquence de Décrets non autorisés par Lettres-Patentes.... défend.....aux Communautés de s'immiscer dans l'administration des droits & revenus de Bénéfices prétendus unis sans Lettres-Patentes, sous prétexte de Décrets, prise de possession & Arrêts confirmatifs.*

Enfin, il défend de *poursuivre l'Union d'aucuns Prieurés ou Bénéfices, sans avoir préalablement obtenu Lettres-Patentes à cet effet, à peine de nullité......*

Mais comme ce n'étoit pas l'intention du Roi de donner atteinte par cet Edit aux Unions faites aux Archevêchés & Evêchés, aux Cures Séculieres & Régulieres, Chapitres, Abbayes, aux Chefs-d'Ordre, Collèges, Séminaires & Hôpitaux, en conformité des Ordonnances antérieures, deux Déclarations des 25 Avril & 13 Juillet 1719, ont ordonné que les Unions faites avant quarante ans, en conformité de l'article 24 de l'Ordonnance de Blois, aux Monasteres, Abbayes & Communautés Ecclésiastiques, *continueroient d'avoir leur effet, nonobstant le défaut de Lettres-Patentes, sans préjudice des autres défauts qui pourroient se trouver dans lesdites Unions.*

Et à l'égard des Unions faites depuis quarante ans, comme le Roi n'avoit pas intention de les confirmer, Sa Majesté a ordonné que les titres lui en seroient représentés dans le délai d'un an, pour être examinés & être ensuite autorisés de Lettres-Patentes, si le Roi jugeoit à propos d'en accorder, après lequel délai d'un an, la Déclaration du 13 Juillet 1719, registrée le 27, déclare les Bénéfices (unis depuis quarante ans, sans Lettres-Patentes) vacans & impétrables.

Une Déclaration du 24 Novembre 1737, enregistrée au Parlement de Besançon, le 23 Décembre suivant, ordonne que les *dévolutaires ou impétrans de Bénéfices, ne pourront être admis à interjetter appel comme d'abus des Unions des Cures ou autres Bénéfices à des Abbayes, Chapitres, Corps ou Communautés Séculieres & Régulieres de la Province de Franche-Comté, lorsque lesdites Unions se trouveront avoir été faites quaran-*

te ans avant le premier Janvier 1564....à la
charge par lefdits Chapitres, Corps ou Com-
munautés, de fe conformer à la Déclaration
du 29 Janvier 1686, & autres données en
conféquence pour les portions congrues des Cu-
rés ou Vicaires & autres charges dont les Cu-
rés ou Décimateurs primitifs font tenus.

: Cette Déclaration eft dans le fixiéme volume du Recueil du Parlement de Befançon, page 267.

Par Arrêt rendu le 9 Janvier 1730, fur les Conclufions de M. l'Avocat Général Gilbert, en la Grand'Chambre, plaidans M ᵉRenard & de la Blanchardiere, l'Union de fix titres de Bénéfices, fçavoir une Prébende & cinq Vicairies pour former une dignité dans le Chapitre de Saint Cerneuf de Billom, Diocèfe de Clermont en Auvergne, faite en 1658, par l'Evêque de Clermont, du confentement des Patrons, fur les Conclufions du Promoteur, a été confirmée, quoique non revêtue de Lettres-Patentes. Le Chapitre de Billom étoit appellant comme d'abus de l'Union, ainfi que le bas-Chœur de l'Eglife. Leurs moyens d'abus étoient qu'il n'y avoit point d'utilité dans l'Union ni dans l'érection, que les Parties intéreffées n'avoient point été appellées, qu'il n'y avoit point d'Enquête *de commodo vel incommodo*, & qu'il n'y avoit point de Lettres Patentes. Le motif de l'Arrêt a été le laps de temps qui s'étoit écoulé depuis l'Union & l'érection fans réclamation. Le fieur de la Goutte, Dignitaire, citoit Dumoulin, dans fon Conf. 44; plufieurs Arrêts rapportés par Bardet, tome 2, liv. 9, chap. 30; dans le Journal des Audiences, tom. 3, liv. 1, ch. 13, & dans le Dictionnaire des Arrêts, au mot *Union*.

: La Cour a jugé par un Arrêt (imprimé) rendu à l'occafion de la Cure de Vailly, le 29 Août 1716;

1°. Qu'on peut unir plufieurs Cures, fans appeller les gros Décimateurs aux procédures faites pour parvenir à l'Union.

2°. Que la portion congrue dûe à deux Vicaires perpétuels, étant une fois fixée, on peut unir les portions congrues à une Cure nouvellement érigée, fans que les gros Décimateurs puiffent demander de diminu-

tion, fous prétexte que le nouveau Titulaire a plus qu'il ne faut pour le remplir de fa portion congrue, & de celle qu'il doit à fes Vicaires.

Les Univerfités ne font pas Parties capables pour s'oppofer aux Unions des Bénéfices, fous prétexte de l'Expectative des Gradués : la Cour l'a ainfi jugé, il y a quelques années, dans l'affaire de l'Union du Chapitre de S. Germain-l'Auxerrois, au Chapitre de Notre-Dame : un Arrêt du mois de Janvier 1737 (a), l'avoit décidé de même en faveur de l'Archevêque & de la Cathédrale de Tours. Voyez un Arrêt du 31 Décembre 1666, rendu contre une Indultaire qui s'oppofa à une Union : il eft au Journal des Audiences, tóm. 2, liv. 6, ch. 12 de la nouvelle édition.

Les Auteurs penfent que les Evêques ne peuvent unir des Bénéfices aux Cathédrales dont ils font Chanoines, à caufe de l'intérêt qu'ils ont eux-mêmes en ce cas à l'Union.

L'Union faite en forme gracieufe de l'Archiprêtré de Graulhet au Chapitre de Caftres, par une Bulle de Paul III, donnée en 1535, à la requifition de François Premier, a été jugée abufive par un Arrêt tout récemment rendu au Grand-Confeil : on en trouve l'efpéce dans le Rapport des Agens du Clergé en 1745, pag. 140 & fuivantes, la date ne s'y trouve pas; mais je crois qu'il eft du 5 Juin 1742.

Comme il a été fait plufieurs Unions femblables aux Chapitres des Eglifes Cathédrales de Languedoc, de Guienne, &c. l'Arrêt du Grand-Confeil, dont je viens de parler, répandit l'allarme dans ces Chapitres : le Clergé eut recours au Roi; & fur les repréfentations faites par les Agens, Sa Majefté a ordonné par un Arrêt du Confeil du 12 Août 1742, qu'en attendant les éclairciffemens qui lui feront donnés *fur l'état des Eglifes Cathédrales du Languedoc & de la Guienne, dont la dotation confifte principalement en Bénéfices anciennement unis auxdits Chapitres.....il foit furfis à toutes pourfuites & procédures faites ou à faire en quelque Siége & Tribunal qu'elles puiffent avoir été portées de la part de ceux qui auroient obtenu en Cour de Rome des Provi-*

<hr>

(a) J'ai trouvé cet Arrêt daté, tantôt du 7, & tantôt du 12 Janv. 1737; ainfi, je ne peux ici en donner la date jufte.

fions defdits Bénéfices, fous prétexte de la nullité defdites Unions; Sa Majefté faifant défenfes à tous Juges de ftatuer fur lefdites pourfuites & procédures, jufqu'à ce que par elle il en ait été autrement ordonné, à peine, &c.

Cet Arrêt eft imprimé; & l'exécution en a été ordonnée par un autre Arrêt du Confeil du 8 Juin 1752, rendu fur la Requête d'un fieur Mougin, Chanoine & Sacrifte de l'Eglife Cathédrale de Bazas.

Ce dernier Arrêt a fait défenfes au fieur Romadier, qui avoit impétré à Rome la fufdite Sacriftie par dévolut, fous prétexte de nullité dans l'Union, de faire aucune pourfuite contre le fieur Mougin, fur cette impétration. Il paroît que ces défenfes & furféances font fondées fur ce que la plûpart des Eglifes du Languedoc & de Guienne ont été pour la plûpart dépouillées de leurs titres lors des guerres de Religion.

Avant le Concile de Conftance, toutes les Unions fe faifoient en forme gracieufe; & la Jurifprudence des Arrêts ne permet pas d'attaquer celles qui font antérieures à ce Concile, & dans lefquelles les formalités actuellement obfervées n'ont pas été remplies. Entr'autres Arrêts rendus au Grand-Confeil fur ce point de droit, il y en a un du 31 ou 13 Août 1741, par lequel le fieur Gautier a été déclaré non-recevable dans l'appel comme d'abus qu'il avoit interjetté de la Bulle d'Union du Prieuré de Monfelguet à l'Abbaye de Moneftier, donnée par le Pape Clement VII, en forme gracieufe (*Autoritate Apoftolicâ*), en 1393, & dans laquelle on n'avoit pas obfervé les formalités qu'on fuit depuis le Concile de Conftance, pour rendre les Unions valables.

Le Grand-Confeil a rendu un autre Arrêt, le 16 Novembre 1744, par lequel le fieur Coque a aufli été déclaré non-recevable dans fon appel comme d'abus de l'Union faite du Prieuré de Droiturier à l'Abbaye de Mofac, par un Acte Capitulaire de cette Abbaye; mais le Grand-Confeil s'eft déterminé fur ce que, lors de l'Union attaquée, les Prieurés de l'Ordre de Saint Benoît n'étoient point des Bénéfices en titre, mais des obédiences qu'on donnoit à des Religieux,

pour adminiftrer des fermes & des biens de l'Abbaye, à la charge d'en rendre compte. V. ce que je dis au mot *Prieur* fur cet ancien ufage, & ce que je rapporte au mot *Bénéfice*, fur les adminiftrations que la Maifon de Saint Victor à Paris confie à fes Religieux.

Le Lundi 16 Janvier 1758, on a plaidé en la Grand'Chambre la queftion de fçavoir fi les Chapelles fondées dans la Cathédrale d'Amiens, & unies aux Vicairies de la même Eglife, pouvoient être confervées par les Vicaires qui donnoient la démiffion de leur Vicairie, fans fe démettre des Chapelles.

Le fait étoit qu'un fieur Gollier, Maître de Mufique de la Cathédrale d'Amiens, poffédoit, comme Vicaire de cette Eglife, une Chapelle attachée à fa Vicairie; il fe démit du titre de Vicaire, & conferva la Chapelle, qui pouvoit valoir environ 800 liv. de rente. Le Chapitre foutint qu'il ne pouvoit pas conferver cette Chapelle, & fe fonda fur une Bulle de Martin V, portant que la vacance de la place de Vicaire fera vaquer la Chapelle attachée à la Vicairie.

Le fieur Gollier avoit appellé comme d'abus de cette Bulle; parce qu'on pouvoit, difoit-il, en induire l'amovibilité des Chapelles qui, dans leur premier état, étoient des titres perpétuels; que pour faire produire cet effet à la Bulle, il auroit fallu unir ou éteindre les titres des Chapelles, & obferver des formes qu'on avoit négligées: il foutenoit que les deux titres étant deux chofes naturellement divifibles, il pouvoit fe démettre de la Vicairie, & conferver la Chapelle; mais, par l'Arrêt rendu ledit jour 16 Janvier 1758, fur les Conclufions de M. l'Avocat Général Pelletier de Saint-Fargeau, la Cour a jugé *n'y* avoir *abus* dans la Bulle de Martin V, & que la démiffion de la place de Vicaire emportoit celle de la Chapelle; en conféquence, l'Abbé Gollier a été condamné à la reftitution des fruits, à compter du jour de la délibération Capitulaire, par laquelle la Chapelle avoit été déclarée vacante.

On ne peut pas unir des Bénéfices à des Corps dont l'Etabliffement n'eft pas autorifé dans l'Etat par Lettres-Patentes bien & dûement regiftrées en la forme ordonnée par l'Edit du mois de Décembre 1666, dont je parle à l'art. *Communautés Eccléfiaftiques ;* parce que, fans des Lettres-Patentes, ces Corps n'ont pas l'être civil, & font par conféquent incapables de recevoir aucune libéralité.   —

C'eft fur ce fondement (a) que par Arrêt rendu le 29 Mars 1760, par des Commif-faires du Confeil, l'Union du Prieuré de Davron, fitué près Verfailles, & dépendant de l'Abbaye de Jofaphat de Chartres, à la Miffion des Jéfuites dans les Indes, foumife au Collége de Louis le Grand à Paris, au-quel elle eft unie, a été déclarée abufive ; & qu'en conféquence Dom Malitourne, Bé-nédiĉin, a été maintenu dans ce Prieuré par le même Arrêt, avec reftitution de fruits contre les Jéfuites.

UNIVERSITÉ.
V. *Garde-Gardienne & Grades.*

L'Univerfité de Paris a été fondée par Charlemagne en 790 ; elle comprend les Facultés de Théologie, de Droit, de Méde-cine & des Arts.

Le Chef de l'Univerfité s'appelle Rec-teur ; il eft toujours choifi dans la Faculté des Arts, & jamais dans les autres.

Il eft élu de trois en trois mois, fouvent il eft continué ; il peut faire ceffer tous les aĉtes publics, & empêcher de faire leçon dans les Colléges qui dépendent de l'Uni-verfité.

Tous les trois mois, l'Univerfité fait une Proceffion, à laquelle fe trouvent les quatre Facultés ; elle part des Mathurins, & va dans telle Eglife qu'il plaît au Reĉteur de choifir : ce jour-là les Prédicateurs ne peu-vent prêcher dans aûcune Eglife le matin.

L'Univerfité de Paris a un Tribunal con-tentieux qui eft compofé du Reĉteur, des Doyens des Facultés de Théologie, de Droit, de Médecine, & des quatre Procu-reurs de la Faculté des Arts, avec le Syn-dic ; il fe tient chez le Reĉteur, les premiers Samedis de chaque mois.

Ce Tribunal connoît en premiere Inftan-ce de toutes les conteftations qui furvien-nent dans les Colléges de fa dépendance, relativement aux Etudes, aux Bourfes des Ecoliers, aux fondations faites dans l'Uni-verfité, & autres femblables affaires : les ap-pellations de fes Sentences fe relevent en la Grand'Chambre du Parlement ; & il n'eft pas néceffaire de les qualifier comme d'abus, parce que ce Tribunal eft laïc.

La Jurifdiĉtion accordée à l'Univerfité de Befançon, par Arrêt du Confeil d'Etat du 19 Mai 1697, & publiée au Parlement le 10 Juin fuivant, eft plus étendue, puif-que ce Tribunal juge » en dernier reffort » des aĉtions civiles purement perfonnelles, » qui font intentées devant lui d'Ecolier à » Ecolier, de Profeffeur à Profeffeur, de » Suppôt à Suppôt, comme auffi des aĉtions » qui n'emportent pas peine afliĉtive & in-» famante, même de la prifon pour quel-» ques jours à l'égard d'Ecoliers ; & dans » lefdits cas, les Jugemens s'exécutent, fauf » lorfqu'il s'agit de prifon hors les Villes, » & d'exécution fur les biens, pour raifon » de quoi il faut prendre *Pareatis* du Parle-» ment.

» Quand il y a des peines afliĉtives & in-» famantes, à l'exception de la prifon d'E-» colier, le Reĉteur en juge en premiere » Inftance, conjointement avec le Lieute-» nant du Bailliage de Befançon, fubrogé » à la place du Lieutenant de Dole, & ce » à la charge de l'appel au Parlement.

» Lorfqu'il y a des Etrangers intéreffés » dans les caufes purement perfonnelles & » criminelles, non afliĉtives & non infa-» mantes, l'Univerfité feule peut juger, à » la charge de l'appel au Parlement.

Les Univerfités (de Paris & de Rheims) ne font pas expofées à la cenfure des Evê-ques particuliers, relativement à ce qu'on nomme Aĉtes académiques ; les Rois & les Papes ont affermi ce privilége.

Nous voyons dans l'Hiftoire, que les Rois ont plufieurs fois confulté les Univerfités contre les Evêques & les Papes mêmes qui abufoient des Cenfures ; & les Arrêts ont perpétuellement jugé que les Evêques ne font pas maîtres de faire des pourfuites con-

---

(a) Quoique ce moyen fût feul fuffifant, il faut convenir que, dans l'affaire du Prieuré de Davron, on oppofoit en-core pour autre moyen d'abus, que M. l'Evêque de Char-tres, dans le Diocèfe duquel ce Prieuré eft fitué, n'avoit pas pû, de fa feule autorité, l'unir au Collége des Jéfuites de la rue Saint Jacques à Paris, par conféquent hors de fon territoire ; & que par-là, il avoit entrepris fur la Jurifdic-tion de fon Métropolitain.

tre ceux qui opinent dans les Facultés, quelques événemens que ces opinions produifent.

Un Arrêt du Parlement, rendu le 7 Septembre 1524, fait défenfes à l'Official de Paris de pourfuivre le Syndic de la Faculté de Théologie, pour raifon de la doctrine de Pierre Caroly, & des matieres qu'on agiſſoit alors dans l'Univerſité.

La même Cour a appuyé les Cenfures de la Faculté de Paris contre une Bulle du Pape même, par Arrêt rendu le 29 Juillet 1665, qui la maintiệt dans le droit de continuer fes Cenfures; droit qui lui fut encore confervé par Arrêt rendu le 31 Juil. 1682.

Les Univerſités font des Corps laïcs, foumis à l'ordre des Tribunaux féculiers; les Réglemens qui les concernent, s'y enregiftrent dans le même ordre que dans les Tribunaux féculiers: c'eſt ainſi qu'on en a uſé lors de l'enregiftrement de la célèbre Déclaration de 1682, fur la Puiſſance Eccléſiaſtique dans toutes les Univerſités.

Nos Rois ont fucceſſivement accordé différens priviléges, exemptions & immunités aux Recteurs, Docteurs, Maîtres, Bacheliers, Suppôts, Ecoliers & Officiers de l'Univerſité de Paris; ils les ont finguliérement exemptés de toutes charges publiques, de tailles, aides, fubſides, emprunts, droits d'entrée de Ville, des droits de gros & huitiéme qui fe perçoivent fur le vin, de logement de gens de guerre, de guet & garde des portes, de toutes charges publiques, de tutelle & curatelle.

Ils (nos Rois) ont attribué au Parlement la connoiſſance en premiere Inſtance des caufes qui regardent l'Univerſité en Corps, & la connoiſſance de celles des Membres & Suppôts a été attribuée au Châtelet de Paris.

Tous ces priviléges, & même celui des Régens fepténaires, ont été confirmés aux Corps & aux Membres de l'Univerſité, par un Edit du mois de Février 1722, enregiſtré le 15 Avril fuivant.

L'Univerſité de Paris a toujours eu droit, depuis fa fondation, d'établir des Meſſageries dans toutes les Provinces du Royaume; mais par des Lettres-Patentes du 14 Avril 1719, accordées fur les remontrances & du confentement de l'Univerſité, & regiſtrées

tant au Parlement (le 8 Mai 1719), qu'en la Chambre des Comptes, il a été ordonné que *le bail des Meſſageries* à elle appartenantes, *fera toujours cenſé compris dans le bail général des Poſtes &. Meſſageries du Royaume.....& fixé au vingt-huitiéme effectif du prix dudit bail général........qui fera payé franc & quitte de toutes charges...fans néantmoins que l'Univerſité puiſſe prétendre aucune portion de propriété dans les Poſtes & Meſſageries Royales, mais feulement dans celle des Meſſageries dans laquelle elle a été maintenue.....V. Poſtes.*

Ces mêmes Lettres, qu'on trouve au Journal des Audiences, tom. 7, ont en conféquence ordonné que *l'inſtruction de la jeuneſſe fera faite gratuitement dans les Colléges de plein exercice de l'Univerſité*, & que les Régens defdits Colléges ne pourroient rien exiger de leurs Ecoliers, fous aucun prétexte.

Un Arrêt rendu en forme de Réglement le 30 Décembre 1749, ordonne que nul ne pourra être reçu Maître de Penſion, qu'il ne fe foit auparavant préfenté à *l'Agent ou Procureur des Maîtres de Penſion choiſi par l'Univerſité, auquel il fera tenu de payer la fomme de 35 liv....*

Fait défenfes à tous Particuliers fans titre, ou en leur feule qualité de Maître-ès-Arts, ou en vertu de quelqu'autre dégré, d'enfeigner les Belles-Lettres, faire Répétition ni tenir Penſion, fans auparavant avoir obtenu permiſſion ſpéciale à cet effet, à peine de 500 liv. d'amende.....

La Cour, par un Arrêt rendu le 23 Septembre 1735, en faveur d'Anet, petit Marchand Epicier à Paris, l'un des Meſſagers-Jurés de l'Univerſité, contre M. le Procureur Général, prenant le fait & caufe de fon Subſtitut au Châtelet, a par proviſion fait défenfes d'exécuter la Sentence du Châtelet, par laquelle il étoit ordonné que ledit Anet feroit tenu d'accepter la commiſſion d'allumer les lanternes dans fon quartier, finon qu'il feroit prépofé une perfonne à fes frais, pour faire ladite commiſſion, à raifon de 30 f. par jour.

Le Collége de Beauvais a été transféré dans celui de Louis-le-Grand à Paris, par Lettres-Patentes du 7 Avril 1764, regiſtrées le 11.

Une

Une Déclaration du 2 Août 1712, regiſtrée le 19, ordonne que *les parens dans les dégrés de pere, fils, frere, oncle & neveu, & les alliés dans les dégrés de beau-pere, gendre & beau-frere, ne pourront être admis dorénavant ensemble dans la même Faculté de Droit des Univerſités du Royaume, ſoit dans les Chaires de Docteurs-Régens ou de Profeſſeurs en Droit François, ſoit dans les Places de Docteurs aggrégés deſdites Facultés de Droit, qui auront été nommés pour Examinateurs, pour Préſidens, ou pour donner leurs ſuffrages aux actes, de ſubſtituer aucuns autres Profeſſeurs & Docteurs aggrégés en leur place.*

Une Déclaration du 3 Février 1755, regiſtrée au Parlement d'Aix le 15 Mars ſuivant, *défend à ceux qui auront commencé leurs Etudes dans une Faculté de Médecine du Royaume, de les continuer dans l'Univerſité d'Avignon, ſi ce n'eſt qu'ils rapportent des atteſtations d'Etude de ladite Faculté du Royaume où ils auront étudié, dans leſquelles atteſtations il ſera expreſſément marqué s'ils ſe ſont préſentés aux examens & actes probatoires, & s'ils ont été admis ou refuſés. Ordonnons pareillement que ceux qui auront été refuſés abſolument, ou remis à un plus long-temps pour ſubir un nouvel examen, ne pourront jamais être admis aux dégrés dans une autre Faculté que celle où ils auront été refuſés ou remis, à peine de nullité deſdits Grades* . . . . . .

L'Univerſité de Cahors a été réunie à celle de Toulouſe, par un Edit du mois de Mai 1751, regiſtré au Parlement de Toulouſe le 23 Juin ſuivant.

V Œ U X.
V. *Abbé & Religieux.*

Le mot Vœu comprend en général les promeſſes que les hommes font à Dieu; mais on entend ordinairement par-là, l'en-

gagement que contractent ceux qui ſe font Religieux ou Religieuſes: & c'eſt de cette eſpéce de Vœu dont je vais parler.

Les Hébreux avoient parmi eux une eſpéce de Vœu qui s'appelloit Nazaréat, & qui approche beaucoup de nos Vœux de Religion; les cérémonies en ſont expliquées dans le ſixiéme Chapitre des Nombres: s'il naiſſoit des difficultés & des cas de conſcience ſur l'obligation du Vœu, c'étoit aux Prêtres que l'on s'adreſſoit; & cela s'appelloit *ligare & ſolvere.*

Jeſus-Chriſt s'eſt ſervi des mêmes termes, quand il a donné une Miſſion à ſes Apôtres. Cela marque qu'il ne les a rendus maîtres que des conſciences, & qu'il ne leur a donné que la Juriſdiction intérieure qui s'exerce dans le Tribunal de la Pénitence.

Dans les premiers ſiécles, les Vœux de Religion ne mettoient point d'obſtacle au Mariage; Saint Cyprien, Saint Epiphane, Saint Jerôme, Saint Auguſtin & pluſieurs Papes n'ont pas cru que les mariages contractés par des Religieux fuſſent nuls, (ſans doute que les Vœux de ces premiers Religieux ne contenoient pas celui de continence.) (a)

L'Egliſe ne déſapprouva pas d'abord les ſentimens de ces grands Hommes; mais depuis, dans les Loix générales & dans les Canons qu'elle a publiés pour maintenir l'honnêteté des mœurs, elle a cru qu'elle devoit s'expliquer en termes prohibitifs, & prononcer des peines & des menaces pour imprimer la terreur, en laiſſant néantmoins à l'arbitrage des Evêques, d'en modérer la rigueur avec connoiſſance de cauſe.

Quand par la ſuite elle a eu deſſein d'établir la peine de nullité & le Décret *irritant*, il a fallu ſéparer le Vœu ſimple d'avec le Vœu ſolemnel: diſtinction inutile à l'égard de Dieu, mais juſte à l'égard des Hommes. (b)

(a) Voyez cependant l'*antiquité de l'état Monaſtique*, par le Pere Delle. Cet Auteur dit que les anciens Solitaires ne faiſoient point de Vœux; mais qu'au temps du Concile de Calcedoine, tenu en 451, on a commencé à ſe vouer à Dieu ſans retour.

Néantmoins, parce que ce Concile permet aux Evêques de faire grace aux Religieux qui ſe marient, Eraſme en conclud qu'on ne connoiſſoit point encore les Vœux ſolemnels.

(b) Eraſme prétend que les Vœux ſolemnels n'ont été introduits que ſous le Pontificat de Boniface VIII, en 1300; & qu'avant ce Pape, les Religieux ne faiſoient que

des Vœux ſimples, dont on pouvoit les diſpenſer. Mais ſur cela voyez le Pere Delle, qui cite dès Loix par leſquelles les Empereurs enjoignoient de châtier comme déſerteurs, ceux qui violoient leurs Vœux, &c. Il y a lieu de croire, d'après ce que dit cet Auteur, que les Vœux Monaſtiques n'étoient obligatoires avant Boniface VIII, que par rapport à la conſcience & à la piété; mais que les Religieux n'étoient pas cenſés morts civilement; & qu'en rentrant dans le ſiécle, ils étoient capables de tous les actes de la ſociété civile. Voy. ce que je dis à l'article *Biens d'Egliſe*, ſur la maniere de les acquérir.

Cela justifie que la nullité des mariages des Religieux est un établissement purement humain & de droit positif, utile pourtant, bienséant, même nécessaire, & dérivant de la nature des Vœux, en leur faisant comprendre celui de continence ; mais qui ne s'est pû faire par la seule autorité de l'Eglise, & qui a eu besoin du concours de la Puissance Séculiere, à laquelle seule il appartient de juger de l'état des personnes, de la validité des mariages, & de l'ordre des successions.

Comme cet établissement a commencé dans un temps où la Puissance Ecclésiastique étoit fort étendue, il faut convenir de bonne foi que les Princes ont en cela suivi la décision des Conciles ; qu'ils l'ont fait exécuter, & ont obligé leurs Juges à s'y conformer dans le partage des biens & l'ordre des successions.

Cela ne s'est pas fait sans beaucoup de raison ; car quoique le Vœu solemnel ait relation à l'Église & à l'Etat, il est pourtant vrai que le principal est le lien spirituel & l'obligation de conscience, & que l'accessoire est ce qui regarde les effets civils.

Quoique ces différentes manieres d'envisager les Vœux, puissent fonder la compétence des Juges séculiers sur leur validité ; néantmoins autant de fois que ces questions se sont présentées, on en a renvoyé la connoissance aux Evêques & à leurs Officiaux, & on s'est conformé à ce qu'ils en avoient décidé.

Si le Parlement prend connoissance de ces matieres, ce n'est que quand il y a des appels comme d'abus ; ce qui arrive lorsqu'on oppose des fins de non-recevoir aux Religieux qui réclament après les cinq ans, ou quand il n'y a point eu de profession par écrit, ou qu'elle a été faite avant l'âge porté par les Canons ; parce qu'alors les Canons de l'Eglise ont été violés, & qu'il appartient au Roi & à ses Officiers, qui en sont les protecteurs, de les faire exécuter.

Hors ces cas particuliers, lorsqu'il s'agit du fond du Vœu & de sa validité, les Juges Ecclésiastiques sont en possession d'en connoître.

Ainsi c'est au Juge Ecclésiastique que doivent s'adresser ceux qui réclament contre leurs Vœux ; parce que quand la Cour prend connoissance de questions de cette espéce, elle n'entend point juger de ces dispositions secrettes de l'ame, qui ne sont apperçues que de Dieu seul, mais veiller à l'intérêt de l'ordre public.

Quand un Religieux réclame contre ses Vœux, il est de régle & d'usage qu'il demeure par provision sous l'autorité de ses Supérieurs & en habit régulier, parce que la provision est dûe aux apparences d'un engagement solemnel & sacré, jusqu'à ce qu'elles soient détruites. Plaidoyer de M. de Saint-Fargeau, sur l'affaire du Frere le Liévre, page 59.

Il y a même un Arrêt du Conseil rendu le 7 Septembre 1743, sur la représentation des Agens du Clergé, qui casse & annulle une Sentence rendue par les Juges du Présidial de Quimper, le 7 Août précédent, laquelle avoit ordonné qu'une Novice des Ursulines de Pontcroix seroit conduite en la ville de Quimper & sequestrée en la maison de la veuve de la Marche, pour y être interrogée & ouïe, sur l'état de ses volontés, par le Sénéchal.

Cet Arrêt fait défenses à tous Juges de rendre de pareilles Sentences, & de prendre aucune Jurisdiction ni connoissance des causes qui concernént des Vœux de Religion, s'il n'y a appel comme d'abus.

Dans cette espéce, Marie Goliàs avoit été conduite par son pere aux Ursulines de Pontcroix, où elle avoit demandé & pris l'habit de Novice : après le Noviciat écoulé le pere redemanda sa fille aux Religieuses, & déclara s'opposer à l'émission de ses Vœux ; les Religieuses offrirent de la lui rendre : mais la fille âgée de vingt ans déclara persévérer dans sa vocation, offrit de subir un interrogatoire devant des Commissaires, ou au Parloir du Couvent, ou chez le Recteur. Elle demanda aussi que le pere fût condamné de payer sa dot.

Le pere avoit accepté l'interrogatoire, mais il avoit demandé qu'il fût subi dans un endroit où elle pût être tout-à-fait libre, & les Juges avoient d'office indiqué la maison de la veuve de la Marche.

Les Agens du Clergé ont prétendu que cette Sentence donnoit atteinte aux droits de l'Episcopat, & que les Juges devoient ordonner que la Novice seroit examinée, ou par l'Evêque, ou par quelqu'un de ses Grands Vicaires ; ils citoient sur cela le Concile de Trente (que nous ne suivons point en France sur les matieres de discipline) l'art. 28 de l'Ordonnance de Blois, l'Edit du mois d'Avril 1695, & la Déclaration du 10 Février 1742 (que je rapporte au mot *Evêque.*)

Les Agens du Clergé avoient raison, au moyen de ce que Golias pere consentoit que sa fille fût interrogée sur ses dispositions & sur sa vocation ; un pareil examen est du ressort de l'Evêque : mais si Golias eût continué à s'opposer comme pere à l'émission des Vœux de sa fille, alors comme il se seroit agi des droits & de l'autorité paternelle, sur laquelle les Evêques n'ont point de jurisdiction, le Présidial de Quimper eût été très-compétent. Voy. ce que je dis sur l'autorité paternelle en cette rencontre, au mot *Religieux.*

Il y a des Praticiens qui pensent qu'il faut obtenir des Rescrits en Cour de Rome pour réclamer contre les Vœux ; mais ces Rescrits ne sont nullement nécessaires ; cette formalité n'est recommandée par aucune Loi Ecclésiastique, & il n'y a même aucune raison qui puisse faire penser qu'on doive y avoir recours ; car dans ces sortes d'affaires il ne s'agit pas d'obtenir dispense d'un Vœu, mais de sçavoir s'il y a un Vœu qui ait lié celui qui réclame. Voy. le Journal des Audiences, tome 5, liv. 7, chapitre 28.

Il suffit donc en ce cas de se pourvoir devant l'Ordinaire par une simple Requête, en conséquence de laquelle le réclamant fait assigner les Parties intéressées.

Toutes les autorités concourent pour établir ce principe ; Chopin & Rebuffe les proposent comme une maxime constante ; il est fondé sur l'article 28 de l'Ordonnance de Blois, & sur un Arrêt rendu le 31 Mai 1691, qu'on trouve au Journal des Audiences, tome 4, livre 6, chap. 31.

M. l'Avocat Général de Harlay, qui portoit la parole lors de cet Arrêt, soutint que les Evêques avoient leurs Jurisdictions dans leurs Diocèses, comme le Pape dans le sien ; & que vouloir donner atteinte à ce principe, c'étoit vouloir aller contre les Libertés de l'Eglise Gallicane. Voyez aussi l'Arrêt rendu au Parlement de Dijon, le 4 Août 1703, rapporté par Augeard, édition *in-folio*, tome 1, n°. 227.

Quand on obtient de ces Brefs, ils doivent être adressés à l'Ordinaire seul, & le Pape ne peut commettre le Supérieur du Religieux qui réclame : si ce Supérieur est quelquefois appellé ou nommé dans le Bref, c'est moins pour être Juge, que pour défendre l'intérêt qu'il a dans la réclamation (*a*).

Dans l'état actuel les Vœux solemnels des Religieux & Religieuses, pour être valables, doivent être précédés d'un Noviciat (Voyez *Noviciat*), & prononcés publiquement sans aucune contrainte, après l'âge compétent acquis.

Les Ordonnances ont voulu que les Maisons Religieuses tinssent à cet effet des registres dont elles ont prescrit la forme, pour y insérer les actes de Vêture, de Noviciat & de Profession, & que ces registres servissent de preuve solemnelle de l'engagement des Religieux & Religieuses. La derniere Loi que nous ayons sur cela, est la Déclaration du 9 Avril 1736, registrée au Parlement le 13 Juillet suivant. Voy. les articles 25, 26, 27 & 28 de cette Déclaration.

La plûpart des Ordres Religieux sont aussi assujettis, par des Statuts particuliers, à tenir ces registres, & à les faire signer par ceux qui prononcent les Vœux ; par exemple, le Chapitre général de l'Ordre de Cîteaux de l'an 1672, contient sur cela une disposition très-précise, & l'exécution en est ordonnée par un Arrêt célèbre du Grand-Conseil du 7 Septembre 1763.

Dans cette espéce, un nommé Mayeur, Procureur Général de la Filiation de Clairvaux, Ordre de Cîteaux, avoit, par les ordres de l'Abbé de Clairvaux, réclamé Balthazar Castille, comme Religieux de l'Abbaye d'Orval, Filiation de Clairvaux.

(a) On trouve dans le Rapport des Agens du Clergé en 1705, page 197, un Arrêt rendu au Parlement de Dijon, le 28 Juillet 1703, par lequel il est ordonné qu'il sera *fait mention des Rescrits de Rome, adressés aux Ordinaires,* pour informer secretement de ce qui se trouve exposé dans les Suppliques des Religieux qui demandent d'être restitués au siécle, & que lesdits Rescrits seront *remis au Greffe de la Cour ; cependant fait défenses aux Evêques du ressort & à leurs Officiaux de les exécuter, &c.*

Ce Caſtille vivoit depuis vingt-cinq ou trente ans dans le ſiécle, lorſque les Moines de Clairvaux le réclamerent ; il s'étoit marié, & il avoit des enfans. Il fut arrêté de l'ordre du Roi par un Exempt, qui le conduiſit à Orval, où il mourut quelques mois après. Sa femme fut arrêtée en même-temps & enfermée à Sainte Pelagie ; mais miſe en liberté, elle réclama elle-même contre les perſécutions des Moines qui avoient ſollicité les ordres du Roi, & s'étoient emparés des effets appartenans à Caſtille, de concert avec l'oncle de ſa femme.

L'Abbé de Clairvaux, que la veuve Caſtille & le ſieur de Lannoy, ſon ſecond mari, pourſuivirent à ce ſujet, leur oppoſa que Caſtille étoit Moine de l'Abbaye d'Orval ; il prétendoit établir cette qualité par le regiſtre de cette Abbaye, contenant une mention de ſa Profeſſion, qui avoit, diſoit-on, été faite publiquement & écrite de la main de Caſtille : mais parce que, ni le regiſtre d'Orval (a), ni l'écrit contenant les Vœux, n'étoient ſignés de Caſtille, le Grand-Conſeil, par Arrêt dudit jour 7 Septemb. 1763, a condamné l'Abbé de Clairvaux en 30000 *livres de dommages & intérêts envers Catherine-Michelle Penchet*, femme du ſieur de Lannoy, & avant veuve de Balthazar Caſtille, *& en pareille ſomme de 30000 livres envers Reine-Michelle Caſtille*, fille de celui qu'on diſoit avoir été Moine, & de Catherine-Michelle Penchet.

Faiſant droit ſur les Concluſions du Procureur Général, ajoute l'Arrêt, *ordonne que l'Abbé de Clairvaux & tous les Supérieurs de l'Ordre de Cîteaux ſeront tenus de faire exécuter la définition du Chapitre général dudit Ordre de l'année 1672, au ſujet des ſignatures ſur les regiſtres & au bas des actes d'émiſſion des Vœux, tant des Novices que du Supérieur qui reçoit les Vœux & des témoins. Ordonne pareillement que les actes d'émiſſion de Vœux qui ſeront mis ſur l'Autel par le Novice, ſeront écrits ſur papier & non ſur parchemin (b), & que les dates des jours, mois & an deſdits actes, ſeront écrits en tou-*

tes lettres, non en chiffres.............

Un autre Arrêt rendu en forme de Réglement, le 16 Avril 1764, dans l'affaire de le Liévre, Genovéfain ſur les Concluſions de M. Pelletier de Saint-Fargeau, en rejettant la réclamation contre les Vœux dudit le Liévre, & lui enjoignant de retourner au Cloître, pour y vivre dans la Régle de l'Ordre, a ordonné aux Abbé & Supérieurs des Genovéfains, qu'ils ſeroient tenus de ſe conformer aux Ordonnances, Arrêts & Réglemens de la Cour, donnés ſur la forme des actes de Véture, Noviciat & Profeſſion, notamment à l'article 26 de la Déclaration de 1736 ; en conſéquence de faire mention dans chacun deſdits actes du nom, ſurnom de ceux qui feront Profeſſion dans les Maiſons de leur Congrégation, comme auſſi des noms, ſurnoms, qualités & domiciles des pere & mere de celui qui prendra l'habit, & du lieu de ſon origine.

Ceux des Religieux qui réclament contre leurs Vœux, ne ſont point juſticiables de leurs Supérieurs (Religieux), relativement à cette réclamation : ces Supérieurs ſont au contraire (dit Fevret, Traité de l'abus, liv. 5, chap. 3) les vraies & formelles parties avec leſquelles la validité ou invalidité des Vœux doit être jugée.

On trouve cependant un Arrêt rendu le 8 Avril 1631, qui rejetta l'appel comme d'abus d'une Sentence rendue par le Provincial des Cordeliers de Touraine, par laquelle les Vœux du nommé Marpau furent déclarés nuls ; il eſt rapporté dans le Recueil de Mongeot : mais cet Arrêt (rendu ſur les Concluſions de M. Talon), porte que ce ſera ſans tirer à conſéquence pour la Juriſdiction. V. Dufreſne, Journal des Audiences, livre 2, chap. 95, & Bardet, tome 2, livre 4, chap. 21. Voyez auſſi tout le Recueil de Mongeot, & entr'autres les Arrêts rendus le 9 Juillet 1643.

Et en un mot, il ne conviendroit point que le Supérieur de l'Ordre fût Juge, il ſeroit ſuſpect, 1°. à cauſe de l'intérêt de l'Ordre ; 2°. à cauſe du ſien particulier & de la part

---

(a) Orval n'eſt point en France ; mais M. l'Avocat Général de la Briffe a fait voir » que cette Abbaye, liée à la » France par les liens ſpirituels de ſa Filiation, étoit par » conſéquent obligée de ſuivre le Rituel de Cîteaux, & » le Décret du Chapitre général de 1672, qui ne ſont que » l'expreſſion de nos propres Loix. «

D'ailleurs, dit Van-Eſpen, tom. 1, titre 27, chap. 1, les Loix de Flandres où cette Abbaye eſt ſituée, proſcrivent, comme les nôtres, la Profeſſion tacite.

(b) Parce que le parchemin prête trop aux altérations. Voyez *Faux*.

qu'il peut avoir eu à la Profeſſion de celui qui réclame.

Les Supérieurs Religieux ne ſont cependant pas les ſeules parties des réclamans, les pere & mere qui ont intérêt à cette réclamation, doivent auſſi néceſſairement y être appellés; & s'il n'y a point de pere ni de mere, il faut y appeller ceux dont le réclamant ſe trouveroit héritier préſomptif, après ſa réclamation, ainſi que les parens qu'il dépouilleroit des biens que ſa profeſſion leur a procurés.

Mais ſi la réclamation avoit été jugée valable avec les pere & mere, les collatéraux ſeroient-ils recevables à appeller comme d'abus de la Sentence qui rend le réclamant au ſiécle? Cette queſtion s'eſt préſentée au Parlement dans l'affaire du ſieur de Bourneuf, qui avoit fait Profeſſion, mais dont les Vœux étoient déclarés nuls par Sentence de l'Official de Séez, du 11 Décemb. 1734, rendue contre ſes pere & mere. Les ſieur & dame de Bonvouſt (la dame de Bonvouſt étoit ſœur du ſieur de Bourneuf) interjetterent appel, comme d'abus de la Sentence qu'ils ſoutenoient colluſoire; & par Arrêt rendu ſur les Concluſions de M. d'Agueſſeau de Plimont, le 11 Juillet 1736, en la Grand-Chambre, ils furent déclarés non-recevables dans leur appel. On peut ſur cette queſtion, conſulter M. de Catelan, livre premier, titre premier, chapitre 69; Boniface & Mongeot.

Cependant comme il ne dépend pas des pere & mere de changer l'état de leurs enfans, s'ils ſe prêtoient colluſoirement à la réclamation des Vœux d'un de leurs enfans, les collatéraux ſeroient recevables à intervenir, pour prouver qu'il n'y a eu ni violence, ni ſéduction, ni nullité: c'eſt ce que nous apprend un Arrêt rendu en la Grand-

Chambre, en l'année 1727, dans l'affaire de Guillaume Langelard, Religieux Auguſtin de la Ville de Bourges; il pourſuivoit la réclamation contre ſes Vœux, ſur le fondement des violences de ſon grand-pere maternel: le pere en étoit convenu par acte devant Notaire le 21 Mars 1718. La demoiſelle Catherine Langelard, ſœur du réclamant, s'oppoſoit à ſa demande en reſtitution au ſiécle, & elle réuſſit.

On trouve encore dans le Journal des Audiences un Arrêt rendu le 30 Août 1706, qui enjoint à un Dominicain de ſe retirer au Cloître, ſur l'appel comme d'abus d'André le Couturier ſon oncle.

Toute perſonne de l'un & de l'autre ſexe, qui veut réclamer contre ſes Vœux pour les faire déclarer nuls, ſoit parce qu'elle n'eſt entrée dans le Monaſtere que par des motifs de crainte, & parce qu'on lui a fait violence (a), ſoit pour avoir fait Profeſſion ſans Noviciat, ou pour quelqu'autre raiſon, doit propoſer des moyens de nullité, & faire ſa réclamation dans les cinq années qui ſuivent la Profeſſion; ce temps une fois paſſé (b), la réclamation n'eſt plus recevable; & on préſume que ceux qui ne ſe ſont pas pourvus dans les cinq ans, ont tacitement ratifié leur Profeſſion; la Juriſprudence des Arrêts conſacre cette maxime qui eſt d'ailleurs conforme au Concile de Trente, ſect. 25. V. auſſi l'Ordonnance de 1629, art. 9.

On juge que les cinq ans accordés pour réclamer, ne courent point tant que la violence dure; parce que la preſcription ne court pas contre ceux qui ne peuvent agir. Il ne ſeroit pas juſte en effet que la preſcription courût, dans une matiere auſſi connue, contre celui qu'on tient dans l'impuiſſance d'agir, & que la violence qui rend

---

(a) Sur cette violence, voyez ce que je dis à l'article *Mariage*, relativement à l'empêchement de crainte.

(b) La preſcription de cinq ans, introduite contre la réclamation des Vœux Monaſtiques n'a pas lieu, & ne peut être oppoſée aux Soudiacres qui réclament contre les Vœux faits à leur Ordination: ni le droit, ni l'uſage n'ont fixé aucun temps contre la réclamation des Soudiacres ordonnés par contrainte. V. Ducaſſe, de la Juriſdiction Eccléſiaſtique, les Conférences de Paris, les Loix Eccléſiaſtiques, & le Recueil Canonique de la Combe.

La preſcription de cinq ans contre l'action en réclamation de Vœux eſt fondée ſur le Concile de Trente & ſur les Conciles Provinciaux de Rouen en 1581, de Tours en 1583, de Bourges en 1584. Il ſemble, dit M. de Saint-Far-

geau, Avocat Général, dans ſon Plaidoyer ſur l'affaire du Frere le Liévre, pag. 36, qu'elle ait été introduite à l'exemple d'une Loi Romaine qui défendoit, après cinq ans, d'élever des queſtions ſur l'état des morts; les Religieux, dès le moment de leur Profeſſion, étant cenſés morts au monde, on a penſé qu'au moins après cinq ans, ils ne devoient plus être libres de ſortir des tombeaux où ils ſe ſont enſevelis, pour mettre le trouble dans la Société dont ils ſont diſparus.

Cette preſcription eſt en vigueur dans notre Juriſprudence; elle fait préſumer, ou qu'à l'inſtant de la Profeſſion il ne s'y eſt point trouvé de défaut eſſentiel, ou que ce qui pouvoit y manquer d'abord, a été ſuppléé depuis par une longue perſévérance.

nuls dans leur principe les moindres engagemens, pût, en se perpétuant, rendre
valables les plus importans, & la violence
est présumée continuer pendant la vie de
ceux qui l'ont exercée.

C'est l'espéce de deux Arrêts récens ;
l'un a été rendu dans l'affaire de la demoiselle de Lusignan, qui n'avoit protesté que
le 28 Février 1744, quoiqu'elle eût fait
Profession le 10 Février 1727 ; l'autre du 11
Juillet 1755, a été rendu en la Grand-
Chambre, sur les Conclusions de M. l'Avocat Général Joly de Fleury, dans l'affaire
de la demoiselle Lamare, qui avoit fait Profession à Longchamp, le 30 Janvier 1736,
& qui n'avoit présenté sa Requête en réclamation de Vœux, que le 2 Septemb. 1752.)
On peut voir sur cette matiere Rebuffe,
dans sa huitiéme Consultation, & M. de
Catelan, tome 1, liv. 1, chap. 71.

Suivant l'Ordonnance d'Orléans, les mâles ne pouvoient faire des Vœux solemnels
de Religion qu'à 25 ans, & les filles à 20
ans ; mais l'Ordonnance de Blois a permis
aux deux sexes de les prononcer à 16 ans accomplis : ainsi à l'âge de 16 ans, un mineur
sans expérience, qui ne peut pas valablement aliéner un pouce d'héritage, ni même
emprunter valablement un écu, peut néantmoins aliéner sa personne, sans espérance de
restitution. V. *Age.*

François le Jariel s'étant pourvu en l'Officialité du Mans, contre les Vœux qu'il
avoit prononcés en l'Abbaye des Bénédictins de la Couture de la même Ville, avant
d'avoir atteint l'âge de 16 ans, fut déclaré
non-recevable dans sa demande en enthérinement du Bref qu'il avoit obtenu à Rome. S'étant pourvu par appel comme d'abus,
il est intervenu Arrêt en la Grand'Chambre
le 7 Juillet 1682, sur les Conclusions de M.
l'Avocat Général Talon, qui porte : *La
Cour..... dit qu'il a été mal, nullement &
abusivement procédé, statué & ordonné, déclare nulles les deux Professions de l'Appellant faites contre les Ordonnances, en conséquence le rend capable des effets civils ; &
faisant droit sur les Conclusions du Procureur*

Général du Roi, *fait défenses à tous Supérieurs
de recevoir aucune personne à profession, &
aux pere & mere & tuteurs, d'en présenter,
qu'elle n'ait 16 ans accomplis, suivant l'Ordonnance, à peine d'être procédé extraor-
nairement contre les contrevenans.*

Les Agens du Clergé se pourvurent en
cassation contre cet Arrêt ; leur moyen étoit
que le Pariement devoit simplement dire
qu'*il y a abus*, sans prononcer la nullité des
Vœux, ni rendre le Religieux capable des
effets civils. Sur leur poursuite, Arrêt du
Conseil est intervenu le 3 Juillet 1685, qui
casse l'Arrêt du Parlement, seulement en ce
qu'il avoit prononcé sur la nullité des Vœux
de le Jariel, & l'avoit rendu capable des effets civils, sauf à lui à se pourvoir devant
le Juge Ecclésiastique (a).

Le 25 Mai 1663, les Vœux de Religion
prononcés par Arnaud de James, dans l'Abbaye de Saint Valery du Chambon, furent
déclarés nuls par Sentence de l'Evêque de
Limoges, comme ayant été faits avant l'â-
ge de 16 ans.

Le sieur de James rendu au siécle, épousa
successivement deux femmes, dont il eut des
enfans, & décéda en 1695, sans que personne de sa famille se plaignît de ce qu'il
étoit relevé de ses Vœux ; tout au contraire, François de James son frere, avec lequel
cette Sentence étoit rendue par défaut, l'a-
voit exécuté, & par le contrat de mariage
d'une dame de Chantelot, fille du second lit
d'Arnaud de James, François de James
l'avoit dotée de la moitié de tous ses biens.

François de James étant mort, ses cousins-germains attaquerent la donation faite à
la dame de Chantelot, qu'ils disoient être
bâtarde, parce qu'ils supposoient que les
Vœux de son pere subsistoient lors de sa
naissance ; mais leur prétention fut proscrite
par Sentence de la Sénéchaussée de Moulins en Bourbonnois.

Ils en interjetterent appel au Parlement ;
& incidemment à l'appel simple, ils interjetterent aussi appel comme d'abus de la Sentence de l'Evêque de Limoges, qui restituoit
Arnaud de James au siécle.

(a) Je ne vois pas sur quel fondement un Arrêt, qui avoit
déclaré nuls & abusifs, des Vœux faits avant 16 ans contre
la disposition des Ordonn. a pû être cassé ; puisque dès que
le Roi peut par ses Ordonn. empêcher que des Vœux ne
soient faits avant un certain âge, le Parlement, à qui l'exécution des Ordonn. est confiée, peut & doit par une conséquence nécessaire, déclarer nuls & abusifs, les Vœux faits
prématurément avant l'âge prescrit par les Ordonnances.

Leurs moyens d'abus étoient, 1°. que les Vœux étoient prononcés dans l'Ordre de Cluny, qui eſt exempt de l'Ordinaire, que par conſéquent Arnaud de James n'avoit pû être relevé que par ſon Supérieur Régulier; 2°. Que la Sentence de 1663 étoit rendue par l'Evêque, qui ne peut pas exercer la Juriſdiction contentieuſe ; 3°. Qu'Arnaud de James, après avoir proteſté contre ſes Vœux, étoit reſté plus de cinq ans ſans ſe pourvoir; 4°. Qu'enfin il étoit priſonnier à Limoges en habit Séculier, quand il avoit été relevé de ſes Vœux.

Les Sr & Dme de Chantelot répondoient à tout cela par des fins de non-recevoir, réſultant de la reconnoiſſance de François de James, & des Supérieurs d'Arnaud de James, & du ſilence de la famille pendant plus de 50 ans. Ils diſoient qu'après la mort d'un Religieux, on ne peut, ſuivant l'opinion de Cujas, attaquer la Sentence qui le releve de ſes Vœux; & ils citoient ſur cela l'Arrêt de Pelicot, rendu le 11 Avril 1680, qu'on trouve au Journ. du Palais, & enfin le Plaidoyer de M. le Pelletier de S. Fargeau pour les Genovéfains, contre René le Liévre, page 35.

Ils ajoutoient ſubſidiairement que, ſuivant un Arrêt rendu le 12 Juillet 1635, rapporté par Bardet, c'eſt à l'Ordinaire, & non aux Supérieurs Réguliers qu'il faut s'adreſſer pour ſe faire relever de Vœux ; que d'ailleurs l'exemption de l'Ordre de Cluny étoit perſonnel, & que des tiers ne pouvoient en exciper ; qu'on voyoit même que le Supérieur de Cluny n'avoit renoncé à ce privilége, puiſqu'il n'avoit pas revendiqué Arnaud de James; que la Sentence qui rendoit Arnaud de James au-ſiécle, étoit antérieure à l'Edit de 1695, avant lequel quelques Evêques connoiſſoient eux-mêmes des affaires contentieuſes ; que le Concile de Trente n'exigeoit pas qu'on ſe pourvût dans les cinq ans de la réclamation, mais qu'on réclamât dans les cinq ans de la Profeſſion, & que cela avoit été fait ; qu'enfin rien ne prouvoit qu'Arnaud de James eût été relevé en habit Séculier.

Par Arrêt rendu, après une Plaidoirie de quatre Audiences, le 22 Juillet 1718, les couſins-germains de François de James furent déclarés non-recevables dans leur appel comme d'abus.

La violence & la contrainte ſont des moyens ſuffiſans pour autoriſer le Religieux à réclamer contre ſes Vœux, parce qu'il n'y a point d'engagement légitime, à moins qu'il ne ſoit libre. Que perſonne, diſent les Conciles, r'entre par violence dans les Monaſteres ; que l'on n'admette à la Profeſſion que ceux qui ſe préſentent librement & ſans aucun motif de crainte. V. les Conciles de Rheims & de Bourges dans les Mémoires du Clergé, tome 4, pag. 7, 9 & 293.

Mais la preuve teſtimoniale de ces faits de violence & de contrainte ne s'admet pas aiſément ; & l'on exige ſouvent un commencement de preuves par écrit. Cependant voyez Van-Eſpen, partie première, tit. 27, ch. 6, n°. 3.

Cette preuve (teſtimoniale) fut admiſe par l'Official d'Angoulême, lors de la réclamation du Sr Chabot, Cordelier, qui avoit un commencement de preuve écrite. Il y eut appel comme d'abus de la Sentence ; le pere du réclamant le ſoutenoit non-recevable, parce qu'il avoit reçu les Ordres Mineurs & le Soudiaconat, que l'on diſoit être une ratification des Vœux. Il oppoſoit encore à ſon fils une Lettre, par laquelle celui-ci mandoit que le *libertinage l'avoit porté à réclamer, mais qu'il déſiroit ſervir Dieu & faire mieux ſon devoir, &c.* On n'eut aucun égard à ces fins de non-recevoir ; &, par Arrêt rendu le 8 Août 1746, ſur les Concluſions de M. Joly de Fleury, Avocat Général, il fut dit *qu'il n'y a abus* dans la Sentence de l'Official d'Angoulême, plaidans Mes Simon & Aubry. Il y a deux autres Arrêts rendus les 31 Mai 1691, & 19 Juin 1702, qui ont admis de ſemblables preuves: ils ſont au Journal des Audiences, tome 4, liv. 3, ch. 17, & tome 5, liv. 2, ch. 30. En voici un beaucoup plus récent.

Un Bernardin, nommé de Broyes, avoit réclamé contre ſes Vœux, ſous prétexte qu'il avoit été contraint par ſa mere de les prononcer. Il avoit particulariſé les faits de contrainte, & avoit même été admis par Sentence de l'Official de Langres, à les prouver par enquêtes, ſauf à ſa famille à faire preuve contraire ; en conſéquence de cette Sentence, les enquêtes avoient été faites ; & elles avoient paru ſi concluantes, que, par Sentence définitive, l'Official de

Langres avoit déclaré nul la Profeſſion faite à l'Abbaye de Clairvaux par le réclamant.

La famille ayant appellé comme d'abus de ces Sentences, elle ſoutint que la preuve teſtimoniale n'avoit pû être admiſe ſans abus par l'Official de Langres, au moyen de ce que le réclamant n'avoit pas un commencement de preuve par écrit. Il eut beau dire que la preuve étoit faite, que ſa famille avoit acquieſcé à la Sentence qui l'ordonnoit, & qu'elle-même avoit fait faire une enquête : on lui répondit que l'abus n'étoit pas ſujet aux fins de non-recevoir, que la famille n'avoit pû déroger à l'ordre public par ſon acquieſcement ; l'on repréſenta pluſieurs lettres recouvrées depuis la preuve teſtimoniale admiſe, par leſquelles le réclamant avoit tenu un langage abſolument oppoſé aux faits conſignés dans ſa Requête en réclamation ; &, par Arrêt rendu le 29 Mai 1756, ſur les Concluſions de M. l'Avocat Général Joly de Fleury, en la Grand'Chambre, plaidans Mᵉˢ Doutremont & Dandâne, la Cour jugea qu'il y avoit abus dans les Sentences de l'Official de Langres, & en conſéquence débouta le réclamant de ſes demandes.

Le défaut de Noviciat eſt encore un moyen très-capable d'opérer la nullité des Vœux : mais il ne faut pas l'appliquer indiſtinctement ; il faut uſer des diſtinctions que les Loix Eccléſiaſtiques ont introduites.

Ainſi un homme qui n'auroit paſſé que quelques mois dans un Couvent, qui en ſeroit ſorti ſans cauſe & ſans permiſſion dans l'année du Noviciat, pourroit oppoſer le défaut de Noviciat, ſi le temps d'abſence lui avoit été compté. Si même le Novice étoit reſté dans le Monaſtere pendant les douze mois, & qu'il fût prouvé que pendant ce temps on lui eût caché les auſtérités de la Régle & l'étendue de ſes devoirs, ce ſeroit encore un moyen de réclamation.

Mais celui qui, pour cauſe de maladie, auroit été abſent du Couvent pendant quelque temps avec permiſſion du Supérieur, ou qui auroit été diſpenſé d'exécuter à la rigueur les Régles de l'Ordre, ne pourroit pas faire valoir cette diſpenſe comme un défaut de Noviciat : c'eſt la diſtinction que les Loix admettent, & que la Juriſprudence des Arrêts a confirmée dans tous les temps. Il y

en a un rendu le 11 Janvier 1706, & l'autre du 30 Août de la même année.

Nous en avons un autre plus récent ; il a été rendu le 15 Juin 1744 ; en voici l'eſpéce : Jean Louis de Poilly, après avoir fait Profeſſion chez les Cordeliers de Meaux, proteſta contre ſes Vœux ; il ſe fondoit ſur ce que pendant ſon Noviciat, il avoit été diſpenſé des auſtérités de la Régle par les Supérieurs ; il articuloit encore des faits de violence & de contrainte : mais il avoit négligé d'en parler dans ſa Supplique au Pape, dans ſa Proteſtation & dans la Requête introductive de ſa demande. Il ſe plaignoit encore qu'on n'avoit pas ſuivi les uſages de l'Ordre lors de ſa Profeſſion, & rapportoit une Sentence de l'Official antérieure à ſa Profeſſion, qui, ſur la pourſuite de ſes créanciers, faiſoit *défenſes aux Religieux de recevoir ſes Vœux, ſous les peines de droit, attendu l'oppoſition.*

Sur cela & ſur la dénégation de la mere du réclamant, l'Official de Meaux avoit admis la preuve teſtimoniale : mais la dame de Poilly ayant interjetté appel comme d'abus, Arrêt eſt intervenu le 15 Juin 1744, ſur les Concluſions de M. Gilbert, Avocat Général, par lequel la Cour a *dit qu'il y a abus* dans la Sentence de l'Official, qui admet la preuve teſtimoniale, & a rénvoyé le réclamant dans le Couvent de Meaux, pour y vivre ſous l'obéiſſance de ſes Supérieurs, avec injonction au Gardien de le recevoir, ſauf au Supérieur majeur à indiquer un autre Couvent, s'il le juge à propos.

Le ſieur Poilly s'eſt pourvu en caſſation contre cet Arrêt ; les Agens du Clergé & l'Evêque de Meaux ſe ſont joints à lui, & les Requêtes ont été admiſes : j'en ignore l'événement.

Le principal moyen de caſſation étoit, que l'Arrêt renvoye le réclamant dans le Cloître, pour y vivre ſous l'obéiſſance de ſes Supérieurs ; au lieu que le réclamant a prétendu, qu'aux termes de l'art. 37 de l'Edit de 1695, il falloit le renvoyer devant ſon Evêque, afin de nommer un nouvel Official pour juger la validité ou la nullité de ſes Vœux.

Dans l'ancienne diſcipline, autoriſée par les Empereurs & par quelques Conciles, un homme revêtu d'une qualité publique, & ceux qui avoient des dettes dans le ſiécle,

ne

ne pouvoient pas entrer dans un Monaſtere ſans une diſpenſe expreſſe du Prince.

Il y a dans la Régle de Saint François un Statut rapporté dans les Mémoires du Clergé, ſuivant lequel un Novice qui a des dettes dans le ſiécle, ne peut être admis à la Profeſſion : en conſéquence de ce Statut, une Sentence du Définitoire des Récollets, déclara nuls les Vœux d'un Récollet, nommé le Clair, parce qu'il étoit entré au Noviciat chargé d'une dette de 200 liv. qui ne ſe découvrit qu'après ſa Profeſſion.

Y ayant eu appel comme d'abus de cette Sentence, le Parlement qui ne connoît point le Tribunal du Définitoire des Récollets, ordonna, par un premier Arrêt, qu'ils ſeroient mis en cauſe ; n'étant pas comparus, un ſecond Arrêt rendu le premier Juillet 1746, a déclaré qu'il y avoit abus dans cette Sentence : néantmoins la Cour a réſervé les moyens du fond.

L'autorité des Supérieurs ſur leurs Religieux eſt tellement conſidérable, que certains Canoniſtes comparent le Religieux à un Eſclave. Mais il s'en faut bien que cette comparaiſon ſoit juſte : en effet, l'autorité du Supérieur ſur ſes Religieux eſt tempérée par les loix de l'humanité; il ne peut pas les punir arbitrairement de leurs fautes; les peines qu'il peut leur infliger, ne peuvent être que des peines dont le but eſt de les corriger ; elles ne peuvent être perpétuelles : d'ailleurs elles ne peuvent ſe prononcer qu'après que les formalités preſcrites par les Ordonnances ont été obſervées. V. Abbé.

VOITURES.

Voyez Chemins, Lettres de Voitures, Meſſageries & Rouliers.

VOL.

Voyez Abigeat, Peine & Recélé.

Voler, c'eſt prendre ou ſouſtraire ce qui appartient à autrui pour ſe l'approprier, ou malgré lui, ou à ſon inſçu.

Les Ordonnances diſtinguent différentes eſpéces de Vols, qu'elles veulent être punis diverſement ; ſçavoir :

1°. Le Vol ſur les grands chemins.
2°. Le Vol avec effraction.
3°. Le Vol dans les Maiſons Royales.
4°. Le Vol domeſtique.

Tome III. Part. II.

5°. Le Vol dans les Egliſes.
6°. Les Vols moins conſidérables.
7°. Les Vols des choſes laiſſées à la foi publique.

La peine des voleurs de grands chemins eſt d'être condamné à avoir les bras, jambes, cuiſſes & reins rompus, & d'expirer ſur une roue, la face tournée vers le Ciel : cette peine eſt prononcée par une Ordonnance de François I du 4 Janvier 1534, enregiſtrée le 11 ; & il faut remarquer, 1°. que les ruës des Villes ſont réputées grands chemins pour la punition des voleurs ; 2°. qu'il n'eſt pas néceſſaire qu'il y ait meurtre ou aſſaſſinat, pour que la peine prononcée par cette Ordonnance ait lieu, mais que le Vol ſuffit.

La même Ordonnance veut que le Vol avec effraction dans les maiſons ſoit puni de la même peine.

Le Vol (ſans effraction) dans les maiſons où la Perſonne du Roi eſt logée, ou de celles qui ſervent à ſes Offices & Ecuries, doit être puni de mort, quoique pour ſemblables cas, les coupables n'euſſent jamais été repris ou punis, & ſans avoir égard à la valeur & eſtimation de ce qu'ils pourroient avoir volé. Ce ſont les diſpoſitions d'une Déclaration du 15 Janvier 1677, interprétée par une autre du 11 Septembre 1706, enregiſtrée le 18 du même mois, & ſuivant laquelle, dans les Maiſons Royales ſont compriſes les Cours, Avant-Cours, Cuiſines, Offices & Ecuries d'icelles, ou des autres Maiſons où le Roi eſt logé, & qui ſervent aux Offices & Ecuries.

La peine de mort prononcée par ces Déclarations, n'a cependant lieu que quand ce ſont des effets appartenans au Roi & aux Maiſons Royales qui ont été volés. Si, par exemple, le Vol étoit fait dans la poche de quelqu'un chez le Roi, ou dans l'étendue d'une Maiſon Royale, il ne pourroit être puni que des galeres. Il y a même un Arrêt rendu le 8 Mars 1666, qui n'a condamné Pierre Mery qu'à l'amende honorable, au fouet & au banniſſement pendant neuf ans, pour avoir coupé des boutons dans la Grand-Chambre, (qui doit être conſidérée comme méritant les mêmes reſpects que les Maiſons Royales, puiſque le Roi y eſt toujours réputé préſent,) l'Audience tenante. Voyez un autre Arrêt rendu le 29 Août 1733, que je rapporte au mot Audience.

R r

Le Vol domeſtique doit être puni de mort : cette peine eſt prononcée par les Etabliſſemens de Saint Louis de l'an 1270 , & par l'article 2 de la Déclaration du 4 Mars 1724 , enregiſtrée le 13.

Doit-on regarder comme Vol domeſtique l'action d'un laquais ou autre valet qui convertit à ſon uſage particulier l'argent que ſon Maître l'envoie recevoir ? Julius Clarus répond qu'oui, & Joannes Igneus remarque que dans le temps qu'il étoit premier Préſident du Parlement de Rouen, il a été rendu pluſieurs Arrêts qui l'ont ainſi jugé.

Ceux qui ſe trouvent convaincus de Vols & de larcins faits dans les Egliſes, enſemble leurs complices & ſuppôts, me peuvent être punis de moindre peine que ; ſçavoir, les hommes, de celle des Galeres à temps ou à perpétuité ; & les femmes, d'être flétries d'une marque en forme de la lettre V, & enfermées à temps ou pour leur vie dans une Maiſon de Force ; le tout ſans préjudice de la peine de mort, s'il y écheoit, ſuivant l'exigence des cas, (comme, par exemple, s'il y avoit ſacrilége ou Vol fait la nuit avec effraction.) V. la Déclaration du 4 Mars 1724, art. 1.

L'art. 2 de cette même Déclaration porte que *le Vol domeſtique ſera puni de mort.*

A l'égard de *ceux ou celles qui n'ayant encore été repris de Juſtice, ſe trouveront, pour la premiere fois, convaincus de Vols autres que ceux commis dans les Egliſes ou Vol domeſtique, ils ne pourront être condamnés à moindre peine que celle du fouet, & d'être flétris d'une marque en forme de lettre V, ſans préjudice de plus grande peine, ſuivant l'exigence des cas.* Ibid. art. 3.

Ceux & celles qui, après avoir été condamnés pour Vol, ou flétris pour quelqu'autre crime que ce ſoit, ſeront convaincus de récidive en crime de Vol, ne pourront être condamnés à moindre peine que ; ſçavoir, les hommes aux galeres à temps ou à perpétuité ; & les femmes, à être de nouveau flétries d'un double W, ſi c'eſt pour récidive de Vol ; ou d'un ſimple V, ſi la premiere flétriſſure a été encourue pour autre crime, & enfermées à temps ou pour leur vie dans les Maiſons de Force ; le tout ſans préjudice de plus grande peine, s'il y écheoit. Ibid. art. 4.

Ceux qui accompagnent les meurtriers & les larrons, & ceux qui recélent *ſciemment*

des effets volés, doivent être punis comme les voleurs, ſuivant les Etabliſſemens de S. Louis. V. *Recélé.*

Par le Vol des choſes laiſſées à la foi publique, on entend celui des effets à la garde deſquels on ne peut pas veiller continuellement ; par exemple, d'un bateau ſur le Port, des charrues & harnois ſervans à la culture des terres, des linges qui ſont au lavoir, ou qui ſéchent au ſoleil, des beſtiaux & des troupeaux qui ſont au pâturage commun, du poiſſon dans un étang, des gerbes dans un champ, &c. Cette eſpéce de Vol eſt punie, pour la premiere fois, des galeres à temps. Il n'y a cependant point d'Ordonnance qui prononce cette peine : mais elle eſt établie par le Droit Romain & par la Juriſprudence des Arrêts.

Celui qui achete la choſe volée, doit la rendre au propriétaire qui la revendique ſans en pouvoir exiger le prix, à moins qu'elle n'ait été achetée en foire ou chez un Marchand faiſant trafic public de marchandiſes telles que la choſe volée, ou qu'il n'y ait preſcription acquiſe. Voyez Bouvot, au mot *Revendication* ; Deſpeiſſes, des Cauſes Criminelles ; Taiſant, ſur la Coutume de Bourgogne ; Boniface, Bardet, Coquille, ſur l'article *Marchand.*

Voyez néantmoins auſſi un Arrêt rendu le 9 Décembre 1648, rapporté par Soefve, qui juge que le propriétaire de la choſe volée doit, en la revendiquant, rendre le prix à celui qui l'avoit acquiſe de bonne foi. V. enfin dans le Journal des Audiences, tom. 7, un Arrêt du premier Février 1718, qui fait défenſes à toutes perſonnes d'acheter aucune choſe, ſinon de perſonnes connues, & qui donneront répondant de connoiſſance & qualité non ſuſpectes.

Quid de celui qui achete au marché public des beſtiaux qui ont été volés ? Voyez Cambolas, liv. 2, ch. 6.

Jean Frontin dit Duval, priſonnier au Grand-Châtelet, convaincu d'avoir volé une paire de boucles d'argent à un priſonnier de ſa chambre, a été condamné, par Sentence du Châtelet du premier Décembre 1735, confirmée par Arrêt rendu le 4 Janvier 1736, à être attaché au carcan dans les priſons du Grand-Châtelet, ayant écriteaux, fouetté, &c.... marqué de la lettre V, & banni pour neuf ans.

Le Fermier des Coches d'Auxerre, dans le Bureau duquel on avoit volé la nuit avec effraction, une partie des deniers appartenans au Public, a, par Arrêt rendu au rapport de M. Dreux, le 14 Septembre 1715, été déchargé de la demande formée contre lui par des Particuliers qui le foutenoient garant de cet événement.

On ne prétendoit cependant pas qu'il dût répondre des chofes volées avec effraction par force majeure, mais on lui reprochoit de n'avoir laiffé qu'une fimple targette de fer pour fermeture au volet, par lequel les voleurs avoient paffé, au lieu d'y avoir mis une barre de fer : il répondoit que les volets étoient en-dedans, & qu'il y avoit des barreaux de fer en-dehors, l'un defquels avoit été deffolé. Le fait avoit été conftaté par le Commiffaire Labbé.

Cet Arrêt eft imprimé avec un précis du fait.

Les chofes volées dont les voleurs font faifis, ou qui ont été dépofées au Greffe, ne font point partie de la confifcation prononcée par les Jugemens de condamnation ; elles doivent être remifes aux perfonnes auxquelles elles ont été dérobées ; & la reftitution peut en être ordonnée par le Jugement même qui prononce la confifcation, comme une fuite de l'inftruction.

VOL DU CHAPON.
Voyez Aîné.

En Pays-Coutumier, on nomme Vol du Chapon une étendue de terre, telle que celle que pourroit parcourir un Chapon par fon vol. Cette étendue de terre fe donne ordinairement par préciput à l'aîné des enfans, quand il partage un Fief avec fes freres & fœurs.

Comme cette étendue peut être plus ou moins grande, on l'apprécie ordinairement à un arpent d'héritage. V. ce que j'ai dit au mot Aîné.

VOLET,

C'eft le nom qu'on donne à un petit colombier pratiqué dans un bâtiment, & dont on permet l'ufage à ceux qui ne poffédent pas, ou des Fiefs, ou affez de terre pour jouir de ce qu'on appelle droit de colombier. V. Colombier & Pigeons.

VOYAGE ET SÉJOUR.
V. Vin de Meffager.

Lorfqu'une Partie eft condamnée aux dépens envers l'autre, cette Partie condamnée eft obligée, outre les dépens, de rembourfer encore à fon adverfaire les frais de Voyage qu'elle a légitimement faits dans le cours du Procès.

Les Voyages & le temps de leur durée font limités par des Réglemens précis. Dans les caufes, l'on en paffe deux feulement ; fçavoir, un pour charger Procureur, & l'autre pour faire juger : mais dans les Procès & Inftances, il peut y en avoir un pour charger Procureur, un pour produire (& quelquefois deux, lorfqu'il y a des demandes principales jointes, & qu'il s'eft écoulé fix mois depuis la production faite), & un autre pour faire juger. Le temps de leur durée eft, pour charger Procureur, d'un jour de féjour ; pour produire, de trois jours de féjour ; pour faire juger, fi le Jugement eft définitif, de quatre jours de féjour ; & au cas que le Procès foit jugé de grands Commiffaires, il eft encore accordé deux jours de féjour par chacune vacation, le tout non compris le temps du Voyage pour aller & revenir, qui eft fixé à raifon de dix lieues par journées.

Il y a différentes fortes de Voyages ; fçavoir, Voyage d'homme à cheval, & Voyage d'homme de pied. Les droits en font plus ou moins forts, & s'accordent fuivant la qualité & le fexe des perfonnes, fuivant la nature des affaires & les raifons pour lefquelles on les fait ; ces droits font taxés & fixés par un Arrêt de Réglement rendu le 10 Avril 1691.

Il faut de néceffité qu'un Voyage foit affirmé pour pouvoir paffer en taxe ; l'art. 14 du titre 31 de l'Ordonnance de 1667 en contient une difpofition précife, & exige même que l'acte foit fignifié fi-tôt qu'il eft paffé, & veut que le féjour ne puiffe être compté que du jour de la fignification. V. auffi l'Édit du mois de Mars 1597.

Il a été créé des Greffiers des affirmations de Voyage, par des Edits des mois d'Août 1669, & Avril 1695, dans toutes les Cours & Siéges Royaux, pour expédier ces actes, à l'exclusion de tous autres Greffiers. Et par autre Edit du mois de Septembre 1704, les actes d'affirmation de Voyage ont été assujettis au contrôle dans tout le Royaume, excepté en Provence & en Franche-Comté.

L'on peut envoyer & donner procuration à quelqu'un pour suivre ses affaires ; & si ce quelqu'un prend un acte d'affirmation de Voyage, son Voyage passera en taxe ; mais il faut pour cela que la procuration soit acceptée lors de la passation d'icelle : autrement on présumeroit que la procuration a été envoyée à quelqu'un qui étoit déja sur les lieux.

· Les femmes peuvent aller à la poursuite des affaires pour leur mari, & les maris pour les femmes, les enfans pour leurs pere & mere, & les gendres pour leurs beaux-peres & belles-meres, sans qu'il soit besoin de procuration : mais il faut qu'ils soient au-dessus de l'âge de vingt ans ; & leurs Voyages ne sont taxés qu'à raison de leur qualité personnelle, sans que la taxe en ce cas puisse être portée au-delà de celle qui seroit accordée à la personne qui les envoye.

Tout cela & plusieurs autres points relatifs aux Voyages & vin de Messager sont textuellement décidés par l'Arrêt de Réglement du 10 Avril 1691, que j'ai déja cité.

Ce même Réglement a été interprété par un autre Arrêt rendu le 28 Août 1727, sur les Conclusions de M. l'Avocat Général Gilbert de Voisins, par lequel la Cour a ordonné *que dans la taxe des dépens adjugés dans les Procès jugés de grands Commissaires, il sera taxé un Voyage pour faire juger, si le Jugement est définitif avec quatre jours de séjour, & au par-dessus autant de fois deux jours qu'il y aura eu de vocations, s'il n'est autrement ordonné par un arrêté particulier, par lequel Messieurs, en jugeant le Procès, pourront régler le nombre des jours qui seront alloués à la Partie pour son séjour, outre les quatre jours ordinaires.*

Le Parlement de Bordeaux a, le 22 Janvier 1734, fait un Réglement sur la taxe des frais de Voyage & séjour ; son étendue ne me permet pas de le rapporter ici.

L'art. 87 de ce Réglement distinguoit les Gardes-du-Corps, Gendarmes, Mousquetaires & Chevaux-Legers, Gentilshommes, de ceux qui ne l'étoient pas : aux Gentilshommes il accordoit 5 liv. en séjour, & 6 liv. en Voyage ; aux autres il n'accordoit que 3 liv. en séjour, & 4 liv. en Voyage : mais cet article du Réglement de 1734 a été cassé par un Arrêt du Conseil rendu le 22 Juin 1737, lequel a ordonné que les Voyages & séjours des Gardes-du-Corps, Gendarmes, Mousquetaires & Chevaux-Legers, seront taxés indistinctement sur le pied fixé par ledit article, pour ceux d'entr'eux qui sont Gentilshommes.

Un Arrêt rendu au Parlement de Rouen, le 13 Février 1750, a jugé qu'on ne doit taxer que 4 liv. 10 sols par jour à un Receveur-Payeur de Gages de la Chambre des Comptes, pour ses Voyages dans un Procès.

Il y a un Réglement particulier pour les Voyages qui ont pour objet les affaires pendantes au Châtelet : ce Réglement est du 24 Février 1688 ; il a été confirmé par Arrêt rendu le 4 Décembre suivant ; on le trouve dans le Style du Châtelet.

VOYAGEUR.

Voyez Hôtellier, & Privilége.

Le Mardi 24 Février 1756, on a plaidé la question de sçavoir si la succession d'un Etranger Voyageur, décédé à Paris, étoit sujette au droit d'Aubaine. Le fait étoit qu'un sieur Olano, Espagnol, étoit venu à Paris pour se faire traiter d'une maladie, & il y étoit mort : on avoit trouvé sous les scellés apposés après son décès, un testament par lequel il léguoit le mobilier qu'il avoit avec lui. Le Domaine prétendit que la succession devoit appartenir au Roi, à cause du droit d'Aubaine.

Le Légataire soutenoit le contraire ; & disoit qu'il falloit distinguer entre un Etranger domicilié & un Etranger Voyageur. Cette prétention & les autres moyens du Légataire furent rejettés ; & par Arrêt rendu sur les Conclusions de M. Seguier, Avocat Général, la succession fut adjugée au Domaine.

La même chose avoit été auparavant jugée ; 1°. par une Ordonnance du Bureau des Finances de la Rochelle, du 3 Mai 1702, dont l'exécution fut ordonnée par Arrêt du Conseil du 23 Octobre 1703, portant adjudication au Roi à titre d'Aubaine, des biens d'un Etranger Espagnol passager.

2°. Par Arrêt rendu au Parlement de Paris le 4 Septembre 1752, confirmatif d'une Ordonnance du Bureau des Finances de Moulins, du 27 Juillet 1750, laquelle adjugeoit au Roi les effets d'un Savoyard, Porte-balle, assassiné à Moulins.

Le droit d'Aubaine n'a pas lieu sur les biens-meubles & effets mobiliers des Marchands étrangers qui trafiquent aux Foires de Lyon, Bordeaux & Touloufe, qui n'ont point de résidence en France, suivant une Ordonnance de Louis XI de l'année 1463, & une Déclaration de Charles IX, vérifiée au Parlement le 4 Février 1572. V. auffi Bacquet, du droit d'Aubaine, ch. 14.

VOYER, VOYERIE.
V. Arbres, Chemins, Haute-Juftice, Juftice, Péage, &c.

On nomme Voyer un Officier commis pour avoir foin que les rues & les chemins publics foient sûrs & commodes, & qu'ils ne foient pas usurpés en tout ou en partie.

Le mot Voyerie signifie souvent une Jurifdiction de Police appartenant au Roi & aux Seigneurs de Fiefs, par le moyen de laquelle ils ont droit de veiller à la confervation des chofes publiques.

Quelquefois auffi le mot Voyerie eft fynonime à cloaque, & fignifie une place à la Campagne, qu'un Seigneur qui a droit de Juftice & de Voyerie, eft obligé de donner au Public pour y porter les boues, les immondices & les vuidanges de fa Seigneurie : c'eft de la Voyerie comme Jurifdiction dont j'entends parler en cet article.

Le droit de Voyerie (a) eft inhérent à la Haute-Juftice, & fait partie de la Police accordée à ces Jurifdictions. La Voyerie n'eft, en effet, autre chofe que la police des rues & des chemins : cependant le Juge du Haut-Jufticier n'a point de Jurifdiction pour ce qui concerne les grands chemins conduifant d'une Ville à une autre.

L'Arrêt contradictoire, rendu au Confeil entre le Bureau des Finances de Paris & l'Abbaye de Montmartre le 16 Mai 1762, a ordonné que le plan arrêté par le Bureau des Finances pour l'élargiffement de la rue de Clignancourt (b), feroit fuivi, & que » pour » exécution dudit élargiffement dans la gran- » de rue de Clignancourt, & dans toute *la* » *longueur du pavé entretenu aux frais du* » *Roi* ; que les alignemens néceffaires lors » des nouvelles conftructions des maifons, » murs de clôture & autres Edifices, fe- » roient donnés fans frais, ainfi qu'il eft » accoutumé, par le Commiffaire-Tréforier » de France à ce député ; fauf, & fans pré- » judice à ceux qui feront de nouvelles conf- » tructions dans ladite grande rue de Cli- » gnancourt, à fe retirer enfuite pardevers » les Officiers de la Juftice Seigneuriale de » Montmartre, pour raifon des droits de » Voyerie appartenans à ladite Abbaye.

» Ordonne Sa Majefté que les aligne- » mens fur toutes les autres rues & chemins » dudit lieu qui ne font point entretenus par » Sa Majefté, continueront d'être donnés » en la maniere accoutumée par les Officiers » de Montmartre..... « Voyez l'Acte de Notoriété du Châtelet, que je rapporte aux articles *Haute-Juftice* & *Juftice*.

Bacquet prétend néantmoins que le Haut-Jufticier n'a point droit de Voyerie, s'il n'a le titre ou une poffeffion immémoriale : mais fon opinion n'eft pas fuivie. On peut voir fur cela le Commentaire de Bafnage fur la Coutume de Normandie, les difpofitions de plufieurs autres Coutumes, particuliérement de celle d'Amiens ; l'Edit du mois de Janvier 1572, qu'on trouve dans Fontanon ; celui du mois de Décembre 1607 (c), & celui du mois de Novembre 1697, *in fine*.

» Les autres prérogatives du droit de Voye- » rie, (dit M^e le Clerc du Brillet, Traité » de la Police, tome 4) confiftent dans le » pouvoir de faire des Ordonnances & des » Réglemens pour l'alignement, pour la » hauteur & la régularité des Edifices, pour

---

(a) On diftingue la grande de la petite Voyerie ; la Jurifdiction contentieufe de la grande Voyerie a été attribuée aux Tréforiers de France de Grenoble, par un Edit du mois de Déc. 1617 ; & celle de la petite Voyerie, par Edit du mois de Mai 1635. V. des Ordonnances du Bureau des Finances de Grenoble, des 4 Avril & 6 Juillet 1683, & Fournival.

(b) Clignancourt eft un Village fitué dans la Banlieue de Paris, au bas de Montmartre ; la rue qui a été élargie n'eft pas grand chemin : le Confeil a apparemment penfé qu'une rue dont le pavé eft entretenu aux frais du Roi, donne pour cela une Jurifdiction aux Tréforiers de France, fans ôter les droits utiles des Seigneurs.

(c) L'Edit du mois de Décembre 1607, contient un Réglement général pour la Voyerie dans tout le Royaume.

» le pavé & le nettoyement des rues & des » places publiques, pour tenir les chemins » en bon état, libres & commodes, pour » faire cesser les périls & les dangers qui » peuvent s'y trouver, pour empêcher toute » nature d'entreprises contraires à la déco- » ration des Villes, à la sûreté, à la com- » modité des citoyens & à la facilité du » commerce : c'est en général ce que nous » appellons Police de la Voyerie «.

C'est aux Juges ordinaires de Police qu'il appartient, à l'exclusion des Tréforiers de France, de donner seuls les alignemens des murs de face & d'encoignure donnans sur les grands chemins, même dans les Villes murées. Cette maxime a été affermie par l'Arrêt rendu au Grand-Conseil le 23 Janvier 1745, lequel a maintenu les Officiers de Police de la Ville de Sens, dans le droit de donner seuls les alignemens des murs de face & d'encoignure dans la Ville de Sens, nonobstant la prétention contraire des Tréforiers de France de Paris.

On excepte néantmoins les Villes dans lesquelles il y a des Bureaux des Finances établis : dans celles-ci, & singuliérement à Paris (a), ce font les Tréforiers de France qui donnent les alignemens ; mais la police pour le nettoyement & la propreté des rues appartient incontestablement à M. le Lieutenant Général de Police ; & une Déclaration du 18 Juillet 1729, registrée le 5 Septembre 1730, lui attribue aussi toute Jurisdiction relativement aux bâtimens en péril imminent.

Presque tous les Seigneurs des environs de Paris ont été traversés dans l'exercice de leur Jurisdiction de Voyerie par le Bureau des Finances de Paris. Ce Tribunal a même porté ses prétentions jusqu'à soutenir qu'il avoit le droit exclusif de connoître en premiere Instance du fait de la Voyerie dans la Généralité de Paris : mais cette prétention a été réprimée par un Arrêt célébre, rendu au rapport de M. l'Abbé Terray, le Lundi premier Septembre 1760, en faveur des Seigneurs de Gentilly & de Monrouge, les-

quels ont été maintenus dans le droit & possession de Voyerie dans leurs Seigneuries, comme ce droit faisant partie de la Police, & par conféquent comme dépendant du droit de leur Haute-Justice.

Les autres prérogatives du droit de Voyerie résident dans le pouvoir d'imposer des droits, d'ordonner des contributions perpétuelles ou à temps préfix, en deniers ou en corvées, & d'établir des Juges & des Officiers pour tenir la main à l'exécution des Ordonnances & des Réglemens qui intéressent cette portion du bien public. Voy. le Clerc du Brillet.

Quant aux profits, (b) (qui ont rapport aux prérogatives & aux charges de la Voyerie,) ils font de deux espéces : les uns consistent en certains droits purement lucratifs, qui se payent en reconnoissance de la supériorité & de la Seigneurie, par ceux qui font construire ou réparer des bâtimens, ou qui font poser quelque chose qui fait saillie, ou qui a son issue sur les Places publiques, comme des auvents, des contrevents, des gouttieres, des bornes, des bancs, &c. Ce font ces sortes de droits qu'on appelle le domaine de la Voyerie, & qui composent le revenu attaché à la qualité de Seigneur Voyer.

Les autres profits font certains impôts ou tributs qui se levent sur les voitures & sur les marchandises qui passent sur les chemins & sur les ponts, sous les noms généraux de Péage ou de Barrage, destinés à l'entretien du pavé & aux réparations des chemins, des ponts & chauffées. V. Péage.

Les droits dûs au Voyer dans Paris, font fixés par des Lettres-Patentes & un Tarif du 22 Octobre 1733, enregistrées avec modification, par Arrêt rendu le 11 Mai 1735 : on peut sur la même matiere consulter une Déclaration du 16 Juin 1693 ; l'un & l'autre font dans le Clerc du Brillet, que j'ai déja cité.

M. le Duc de la Trémoille a été maintenu dans le droit & possession de faire exercer la Voyerie dans le Comté de Laval par les Officiers dudit Comté, telle qu'elle ap-

---

(a) A Lyon, ce font les Prévôt des Marchands & Echevins qui font en possession de la grande & de la petite Voyerie dans la Ville, de donner les permissions, alignemens, & de connoître de tout ce qui concerne cette Jurisdiction. Il y a même un Officier qu'on nomme Voyer de la Ville, &c.

(b) Par des Lettres-Patentes du 21 Juillet 1764, reg. au Parlement le 3 Août suivant, le Roi a affranchi de tous droits de Voyerie, les acquéreurs préfens & futurs, des portions de terrein de la Place de Louis XV & de l'Hôtel de Soissons, pour raison des bats.

partient aux Seigneurs Châtelains & Hauts-Justiciers dans la Cout. du Maine, par Arrêt contradictoirement rendu contre les Tréforiers de France de la Généralité de Tours.

La Déclaration du 23 Mars 1728, concernant les bornes & les limites de la Ville & Fauxbourgs de Paris, porte, que les Seigneurs Hauts-Justiciers, ayant titre & possession valable de Voyerie, continueront d'exercer le droit de Voyerie, & de donner les permissions nécessaires pour bâtir, en se conformant aux Déclarations des 18 Juillet 1724, & 29 Janvier 1726.

Dans les Capitaineries Royales, il y a un Voyer particulier, dont les fonctions font de veiller à toutes les parties de la Voyerie qui ont rapport à la conservation des plaisirs du Roi, à la sûreté de sa Personne & de ceux qui l'accompagnent à la chasse ; *comme des ouvertures de carrieres, fouille de moulin, nouveaux chemins, & autres chofes de femblable valeur. Il peut dreffer des Procès-verbaux de la contravention aux Ordonnances ce concernans, & en faire rapport au Siége, pour être fur iceux ftatué par les Juges.* V. l'Edit du mois du Juill. 1748, regiftré au Parlement le 30 Août fuivant, concernant la Capitainerie de la Varenne du Louvre.

U S.
Voyez *Coutumes.*

» Vieux mot qui a fignifié ufage, & qui fe » conferve en termes de Pratique dans cette » expreffion, felon les Us & Coutumes; de-» là *uſer* de quelque chofe, qui fignifie s'en » fervir. Ufuel, qui fe dit des chofes dont » on fe fert fouvent : *Ufage, Ufiter & Ufan-*» *ce,* qui fignifie en langage de banque le » terme de trente jours «. Voyez le Manuel Lexique.

U S A G E.

On entend par ce mot *une pratique commune* (c'eft-à-dire ordinaire), *dont on eft convenu ou à défaut de Loi, ou pour l'interpréter.*

USAGES, USAGERS.
Voyez *Bois, Communautés d'Habitans, Droits de pure faculté, Habitans, Nouveaux acquêts & Ufufruit.*

Le nom d'Ufage, dit M. Bouhier fur la

Coutume de Bourgogne, chap. 6, n. 32 & 75, ne convient point aux héritages que nous appellons communaux, & que des habitans poffédent en propriété : il n'eft applicable qu'au droit qu'on a fur le fonds d'autrui, fuivant la régle que *res fua nemini fervit;* c'eft une diftinction qui eft établie par l'ancienne Coutume de Bourgogne, tit. 24, art. 265 & 272, & par la Cout. de Nevers.

C'eft donc improprement que les biens communaux font en quelques endroits nommés Ufages, puifque les Communautés n'en ont pas feulement l'ufage, mais la propriété qui ne peut leur être enlevée, ni en tout ni en partie, fi ce n'eft quand le Seigneur en demande partage, comme il le peut, ainfi que je le dis à l'article *Communautés d'Habitans.*

L'Ordonnance des Eaux & Forêts a révoqué & fupprimé *tous & chacuns les droits de chauffage,* & même d'ufage de bois à bâtir, &c. accordés dans les Forêts du Roi, à quelque titre qu'ils ayent été concédés, fauf à indemnifer ceux qui en poffédoient pour caufe d'échange. Cette Ordonnance n'a confervé le chauffage en efpéce qu'aux Communautés Eccléfiaftiques, auxquelles il avoit été accordé pour caufe de fondation & dotation.

Quand les habitans ont droit d'Ufage dans une forêt ou fur d'autres héritages, ils ne peuvent en ufer que pour eux & pour leurs néceffités perfonnelles. Ils *ne peuvent,* par exemple, *vendre bois, herbes ou autres chofes quelconques croiffant en l'héritage dont ils font Ufagers* . . . . C'eft ce que porte l'article 15 du titre 17 de la Coutume de Nevers. Néanmoins *ledit Ufage peut être amplié ou limité par titre ou prefcription fuffifante au contraire,* ibid. art. 2. Cela eft conforme au Droit Commun, qui veut que le droit d'Ufage foit réglé par les conceffions, les titres & la poffeffion des Ufagers. Voyez Carondas, fur le Code Henri.

L'article 13 du même titre de la Coutume de Nevers défend aux Ufagers de prendre le droit d'Ufage, *fans foi adreffer au Seigneur foncier, fon Foreftier ou fon Commis, pour venir marquer & délivrer au lieu moins dommageable du bois Ufager que faire fe pourra,* à peine d'amende.

Cet article de la Coutume de Nevers

forme encore le Droit Commun ; & il a été jugé, par un Arrêt rendu aux Eaux & Forêts au Souverain, le 25 Janvier 1731, entre le fieur de la Tour-Dupin, Marquis de la Charfe, & la dame fon époufe, contre les habitans de cinq Paroiffes ayant des droits d'Ufage dans les bois de la Ferté, que lorfque ces Ufagers voudroient, en conféquence de leurs droits, prendre du bois pour bâtir & pour la conftruction de leurs harnois, charrettes & charrues, ils feroient tenus de préfenter au Juge une requête expofitive de la quantité, qualité & néceffité qu'ils pourront avoir dudit bois ; & que le Juge fera tenu de fe tranfporter fans délais ès maifons defdits Ufagers, à l'effet de connoître les bois qui leur font néceffaires, pour leur être fur le champ marqués & délivrés fans frais.

Il eft intervenu un autre Arrêt en la Table de Marbre au Souverain à Paris, le 6 Juillet 1737, par lequel la Cour en *maintenant les habitans de Preffigny dans l'ufage de prendre dans les bois & forêts du Seigneur dudit lieu du bois mort & du mort bois*, la Cour a en outre ordonné que pour *mort bois lefdits habitans ne pourront prendre que des neuf efpéces de bois contenues & défignées en l'article 5 du titre 23 de l'Ordonnance de 1669, & non autres ; & pour le bois mort, qu'ils ne pourront pareillement prendre que celui qui fera mort en cime, racine ou giffant, fuivant le même article, à l'effet de quoi fera fait chacune année aux habitans de Preffigny un triage & tranchée par le Juge de Preffigny, & les bois morts & morts bois à eux délivrés feront tenus de les couper & enlever, conformément à l'Ordonnance, fans que fous quelque prétexte que ce foit lefdits habitans puiffent couper aucuns arbres morts bois & ramaffer aucuns bois morts, qu'au préalable ils n'ayent été marqués par le Juge, lequel fera tenu de le faire fans frais.*

Depuis ces Arrêts, il en eft intervenu un autre qui a été rendu en forme de Réglement au Parlement de Dijon, le 27 Mars 1744, à l'occafion de la demande formée par les habitans de Ceffy au Pays de Gex, contre le nommé Goudard, l'un d'eux qui de fa propre autorité & fans aucune permiffion avoit coupé des fapins pour fon Ufage dans les bois communaux.

Cet Arrêt porte (outre différentes condamnations contre Goudard), *faifant droit fur les requifitions du Procureur Général, fait défenfes à tous Ufagers, & notamment à ceux de la Communauté de Ceffy, de faire couper & enlever aucun arbre dans les forêts où ils auront droit d'Ufage, fans avoir préalablement fait apparoître aux propriétaires defdites forêts de la néceffité & utilité de couper lefdits bois, pour, après la vérification faite, être les pieds d'arbres dont ils auront befoin, marqués par les Gardes prépofés à la confervation defdites forêts, aux peines de l'Ordonnance de 1669, & d'être déchus de leurs droits d'Ufage.*

Enfin il eft intervenu un autre Arrêt le 6 Juillet 1758, en la deuxiéme Chambre des Enquêtes, entre les habitans des Paroiffes de Robecourt & Vrecourt, ayans droit d'effouage ou de pâturage en la forêt de Crochot, & les Seigneurs de ladite forêt fituée en Barrois, par lequel *la Cour a ordonné que par chacun an fix Députés ou Prudhommes feroient nommés par lefd. habitans pour prêter ferment devant les Officiers des Grueries de Vrecourt & Rozieres, & que fur l'indication defdits Députés Prudhommes il feroit par lefdits Officiers & fans frais fait l'affiette & accordé la marque & délivrance des bois néceffaires pour le chauffage de chacun defdits Villages, & à chacun un triage au lieu le plus commode que faire fe pourroit, pour enfuite être par lefdits Prudhommes dreffé des états de diftribution à chaque habitant, à la charge de couper les bois fuivant les Ordonnances* (a).

Quand des habitans ont droit d'Ufage & de pâturage indéfiniment dans toute une forêt feigneuriale, leur droit fe reftreint & fe limite cependant à un certain canton proportionné à la quantité des bois affujettis au droit d'Ufage & au nombre des habitans. Le refte demeure libre au propriétaire ; Rouffeau, en fes Arrêts & Réglemens fur les Eaux & Forêts, en rapporte plufieurs qui l'ont ainfi jugé. Et l'Arrêt rendu le 25 Jan-

(a) Cet Arrêt eft fort long ; il contient plufieurs autres difpofitions très-étendues, & relatives aux droits des Habitans de Robecourt & Vrecourt, dans la Forêt de Crochot ;   tels que de prendre du bois pour bâtir, de faire pâturer, d'y mettre des cochons en glandée, &c. Les Seigneurs l'ont fait imprimer.

vier

vier 1731, dont j'ai parlé ci-devant, a décidé que le Juge du Seigneur doit marquer un
canton de bois à chaque Communauté d'habitans Ufagers pour la perception de leur
droit d'Ufage.

M. Bouhier, que j'ai déja cité, rapporte
un Arrêt rendu le 5 Juillet 1580, par lequel
il a été jugé qu'avant de procéder à la vente que vouloit faire la dame de la Charnée,
d'une partie du bois dans lequel les habitans du Village avoient droit d'Ufage, il feroit fait un arpentage de la quantité de ces
bois, & information de leur qualité & du
nombre des feux des habitans, pour enfuite
être procédé au réglement de leur Ufage
dans ce bois.

L'Abbeffe de Saint-Julien ayant vendu
quatre cent arpens de bois, faifant partie
de neuf cent dans lefquels les habitans
avoient un droit d'Ufage, ceux-ci s'oppoferent; & par Arrêt rendu le 6 Févr. 1621,
il fut dit que pour leur droit d'Ufage les
habitans auroient le tiers de la forêt de proche en proche; & que les deux autres tiers
demeuroient à l'Abbeffe.

Une dame de Villeneuve ayant, moyennant une redevance annuelle, donné à ef-
farter dix arpens de bois dépendans d'une
forêt, dans laquelle un particulier avoit
droit d'Ufage, tant pour fon chauffage que
pour le pâturage de fes beftiaux, fut actionnée par ce particulier, lequel fe plaignoit
de la diminution de fon droit, & demandoit
des dommages & intérêts : mais, comme on
reconnut que l'effartement n'empêchoit pas
qu'il ne reftât plus de bois qu'il n'en falloit
pour l'Ufage, l'Arrêt qui eft intervenu le 2
Mars 1715, a mis hors de Cour fur la demande en dommages & intérêts de l'Ufager, & a ordonné qu'en cas d'exploitation
du refte de la forêt, la dame de Villeneuve
feroit tenue de la laiffer en nature de bois,
fans pouvoir le changer, fauf à elle à faire
procéder à un cantonnement, fi elle le jugeoit à propos.

De tous ces Arrêts il réfulte que, quand
des bois, des prairies ou des marais affujettis à un droit d'Ufage, font plus étendus
qu'il ne faut pour le fournir, le propriétaire peut faire réduire la preftation de l'Ufage à une portion fuffifante pour le remplir,
fur-tout fi l'Ufager a commis quelqu'abus

Tome III. Part. II,

ou innové dans la perception de l'Ufage,
ou fi l'Ufage étendu dans la totalité du terrein occafionnoit un dépériffement dont on
pourroit exempter la plus grande partie ;
mais en donnant aux Ufagers un canton proportionné à leurs befoins, il faut le leur affigner dans le lieu le plus commode pour
eux. Sur cela voyez l'Ufage des Fiefs, par
Salvaing, chap. 96; Coquille, Saint-Yon,
& les Loix Foreftieres.

Il n'y a que celui qui eft grevé de la fervitude du droit d'Ufage, qui puiffe former
la demande en cantonnement ; les Ufagers
n'ont pas cette action, ils ne peuvent réclamer leur droit d'ufage dans toute fon
étendue ; & fi celui qui en eft grevé, les en
laiffe jouir dans toute fon étendue, ils ne
peuvent pas en demander davantage.

» Il y a (dit Argou) encore une efpéce
» d'Ufage introduit par quantité de Cou-
» tumes pour la commodité publique, &
» pour maintenir l'abondance des beftiaux.
» Cet Ufage confifte à permettre aux Par-
» ticuliers de mener paître leurs beftiaux, à
» l'exception des porcs, dans les prés d'au-
» trui qui font en prairie, fi-tôt que les
» foins & regains ou revivres font fauchés
» & hors du pré. Mais il n'eft pas permis de
» mener paître les beftiaux dans les prés qui
» ne font pas en prairie, lorfqu'ils font clos
» & fermés par le propriétaire : ce que la
» Coutume de Nevers exprime en ces ter-
» mes : *Qui bouche il garde* «. Inftitution au
Droit François, tome premier, liv. 2, chap.
7. Sur cela voyez *Clos, Pâturage & vaines
Pâtures.*

USANCE.

Ce mot a diverfes fignifications ; quelquefois il veut dire Coutume, ufage reçu, &c.
quelquefois auffi Ufance fignifie poffeffion
& jouiffance ; enfin il fignifie auffi un délai
pour le payement des lettres de change,
billets de négoce, &c.

*Les Ufances pour le payement des lettres
feront de 30 jours, encore que les mois ayent
plus ou moins de 30 jours.* Ordonnance du
Commerce, titre 5, art. 5.

A Lille, les Ufances fe comptent *par
mois, & non par le nombre de 30 jours.* Cet
ufage eft confirmé par l'article 13 de l'Edit
d'établiffement d'une Jurifdiction Confu-

laire à Lille, du mois de Février 1715, regiſtré au Parlement de Douai le 9 Mai ſuivant.

Les Uſances ſe comptent auſſi par mois ordinaires dans les Juſtices du Hainault, Chefs-lieux, Pays d'entre Sambre & Meuſe, Terres franches & enclavemens de l'obéiſſance du Roi, ſuivant l'art. 20 de l'Edit du mois de Janvier 1718, regiſtré au Parlement de Douai.

On prétend que les Uſances ſont de deux mois en Eſpagne & en Portugal.

U S U C A P I O N.

Ce mot ſignifie » acquiſition du domaine » & de la propriété d'une choſe, par la poſ- » ſeſſion & la jouiſſance pendant un certain » temps réglé par les Loix.

» Quelques-uns mettent de la différence » entre la preſcription & l'Uſucapion, & » prétendent que l'Uſucapion ſe dit de la » jouiſſance d'une choſe mobiliaire pendant » un an, qui tient lieu de fin de non-rece- » voir, comme la preſcription à l'égard des » immeubles. Mais il n'y a nulle différence » eſſentielle dans le Droit ; & en France, » l'Uſucapion & la preſcription ſont ſyno- » nimes, & ſignifient la même choſe. «. Dictionnaire de Trévoux.

Ce mot ſignifie auſſi, dans ſon origine, mettre une choſe à quelqu'uſage ; mais dans le langage actuel, & ſur-tout au Barreau, il ſignifie ſe ſaiſir & faire exercice d'un droit auquel on n'a aucun titre.

U S U F R U I T.

Voyez Accroiſſement, Bail à vie, Douaire, Immeuble, Quint & Uſage.

L'Uſufruit eſt le droit de jouir d'une certaine choſe dont un autre a la propriété, d'en tirer tout le profit, toute l'utilité & toute la commodité qu'elle peut produire, ſans en altérer la ſubſtance.

Pour entendre cette définition, qui eſt tiſée des Inſtituts, il faut ſçavoir qu'il y a des choſes qui produiſent par elles-mêmes une utilité à celui qui les poſſéde, ſans que leur ſubſtance ſoit changée par l'uſage que l'on en fait, comme une terre produit des fruits, une maiſon des loyers, &c. Celui qui a l'Uſufruit de ces ſortes de choſes, doit les conſerver autant qu'il eſt poſſible, pour les ren-

dre au propriétaire, quand l'Uſufruit eſt fini ; & ce ſont ces ſortes de choſes qui ſont proprement ſuſceptibles d'Uſufruit.

Le droit d'uſage eſt moins étendu que celui d'Uſufruit ; car l'uſager ne peut prendre que ce qui peut être néceſſaire pour ſa perſonne, ſelon ſon état & ſa condition, ſans pouvoir louer ni céder ſon droit à autrui.

Ce droit, ſur lequel les Loix Romaines ſe ſont expliquées ſuffiſamment, n'eſt point ordinaire parmi nous ; les droits d'uſage qui appartiennent aux Paroiſſes & Communautés d'Habitans dans les Bois & Prairies, ſont ſujets à des régles particulieres. Voyez Communauté, Habitans, Seigneur & Uſage.

Il y a des choſes dont la ſubſtance eſt changée & corrompue par l'uſage que l'on en fait, comme le bled, le vin, l'huile, &c. qui deviennent inutiles à ceux qui les poſſédent, s'ils ne les conſument : ces ſortes de choſes ne ſont naturellement pas ſuſceptibles d'Uſufruit ; néantmoins l'utilité publique y a fait admettre une eſpéce d'Uſufruit.

Ainſi on a permis à l'uſufruitier de ces ſortes de choſes de les vendre, ou de s'en ſervir à tel uſage que bon lui ſemble, à la charge de les faire eſtimer, & d'en rendre l'eſtimation au propriétaire, après que l'Uſufruit ſera fini.

Ainſi l'argent comptant eſt ſuſceptible d'Uſufruit ; parce que celui qui a droit d'en jouir, ou ſes héritiers, peuvent rendre une pareille ſomme, quoiqu'ils ne rendent pas les mêmes eſpéces.

L'Uſufruit peut être établi par toutes ſortes de titres, par contrat de vente, par contrat de mariage, par donation, tranſaction, échange, teſtament, & même par la Loi.

Ainſi le douaire coutumier eſt un Uſufruit légal, ainſi que le droit des Gardiéns. V. Douaire & Garde-Noble.

L'Uſufruit réſultant d'un don mutuel fait entre mari & femme, eſt formé par la convention, &c.

L'uſufruitier eſt tenu de jouir en bon pere de famille, c'eſt-à-dire, de tenir les lieux en bon état, & d'y faire toutes les réparations viageres & d'entretien néceſſaires.

L'article 262 de la Coutume de Paris détermine ce que c'eſt que les réparations viageres & d'entretien dont l'uſufruitier eſt te-

au; ce font, dit cet article, *toutes répara-*
tions, hors les quatre gros murs, poutres, en-
tieres couvertures & voûtes. V. *Douaire.*

Augeard rapporte un Arrêt rendu le 18
Avril 1711, par lequel la Cour a jugé que
l'ufufruitiere d'un moulin, fitué dans l'un
des Fauxbourgs d'Amiens, ne devoit pas
contribuer au rétablissement d'une meule.
Voyez fur la même matiere l'article 146
de la Coutume de Peronne, & M. d'Argentré fur l'article 442 de l'ancienne Coutume
de Bretagne.

L'acquéreur de la nue propriété d'une
Terre peut-il être forcé par fes vendeurs,
qui s'en font réfervé l'Ufufruit, de faire
faire les groffes réparations nécessaires au
temps de la vente? Cette queftion s'eft préfentée au Palais en 1755; en voici l'efpéce :

Le fieur Tillette de Boiffiere, qui, par
fon contrat de mariage, avoit donné à fa
femme l'Ufufruit des Terres d'Acheuz &
d'Achery, vendit la nue propriété de ces
deux Terres, avec le confentement de fa
femme, au fieur de Plouy, le 8 Janv. 1751,
avec réferve d'Ufufruit en faveur du vendeur & de fa femme.

Le Sr de Boiffiere mourut 15 jours après
la vente; & fa femme, par un acte du 18
Mars 1751, en acquérant les droits des héritiers de fon mari, fe chargea de payer les
dettes. Dans ces diverfes qualités, elle demanda une vifite des bâtimens, qui fut ordonnée & faite; il en réfulta qu'il y avoit
des reconftructions & des réparations à faire, qui formoient un objet confidérable.

La dame de Boiffiere demanda enfuite que
le fieur de Plouy fît faire toutes ces reconftructions & réparations : il foutint qu'il n'é-
toit obligé de livrer l'ufufruit des bâtimens, que dans l'état où il venoit lui-même
d'en acquérir la propriété; néantmoins il
offrit fubfidiairement de rembourfer le montant des réparations, après l'Ufufruit fini,
en lui livrant alors les lieux en bon état.

Les Juges d'Abbeville avoient condamné
le fieur de Plouy à faire faire toutes les réparations, &c. Mais par Arrêt rendu en la
cinquiéme Chambre des Enquêtes, au rapport de M. Titon, le 5 Août 1755, leur
Sentence a été infirmée; & la Cour a ordonné qu'il feroit fait nouvelle vifite, à l'effet de conftater les réparations furvenues,
faute d'entretien, depuis l'ouverture de l'U-
fufruit, lefquelles la dame de Boiffiere a été
condamnée à faire faire fans répétition.

Et à l'égard de celles conftatées par la
premiere vifite, l'Arrêt a ordonné que la
dame de Boiffiere feroit tenue de les faire
faire, à la charge par le fieur de Plouy d'en
rembourfer le montant après le décès de la
dame de Boiffiere, fi mieux elle n'aimoit
confentir que ces premieres réparations fuffent faites par le fieur de Plouy; auquel cas
elle feroit tenue de lui payer l'intérêt du
montant defdites réparations pendant fa vie.

La dame de Boiffiere demandoit auffi un
droit de chauffage fur les bois de haute-fu-
taie : à cet égard le fieur de Plouy répondoit :

1°. Qu'il y avoit des taillis dont elle
jouiffoit.

2°. Que l'ufufruitier ne pouvoit rien
prétendre à la glandée, la paiffon & autres
fruits de la futaie, fuivant l'art. 119 de la
Coutume d'Amiens; & par la Sentence
d'Abbeville, elle fut déboutée de fa demande : elle en avoit appellé; mais la Sentence
fut confirmée par le fufdit Arrêt.

Le Lundi 28 Juillet 1760, on a plaidé à
la troifiéme Chambre des Enquêtes la queftion de fçavoir fi les fieur & demoifelle
d'Aulnay, qui avoient vendu la nue propriété de la Terre d'Aulnay en Champagne,
au Sr Maffon de Maifon-Rouge, pouvoient
exiger de lui & de fes créanciers unis la
reconftruction d'une grange & d'une bergerie tombées de vétufté quelques années après
la vente.

Le fieur de Maifon-Rouge & fes créanciers réfiftoient à cette reconftruction, en
difant que, puifque le bâtiment étoit tombé, ils le trouveroient de moins lors de
l'extinction de l'Ufufruit; qu'ils n'en avoient
que faire, & n'avoient pas promis de réédifier les bâtimens qui viendroient à périr :
cependant, par Arrêt rendu ledit jour, la
Cour préjugea, en ordonnant une vifite,
que fi le bâtiment n'étoit pas tombé faute
d'entretien, le Sr Maffon de Maifon-Rouge
& fes créanciers devoient faire faire la reconftruction, plaidans Mes de Varicourt &
Babille.

En exécution de cet Arrêt, le rapport des
Experts ayant conftaté que les bâtimens

étoient tombés par vétufté, & non par faute d'entretien, la Cour, par un fecond Arrêt rendu fur délibéré, prononcé le Jeudi deux Avril 1761, a condamné les créanciers du fieur de Maifon-Rouge à faire la reconftruction. Cette queftion, qui a fouffert difficulté, auroit été jugée autrement, s'il fe fût agi d'une maifon deftinée à l'habitation dè l'ufufruitier, & ruinée par cas fortuit. Voyez Mornac, Defpeiffes, Tronçon & Domat.

L'ufufruitier ne peut pas changer la fuperficie des héritages, fans le confentement du propriétaire, parce que la chofe ne lui appartient pas, & qu'il la doit rendre en l'état qu'il l'a reçue. Il ne lui eft pas même permis de changer les chofes de bien en mieux. Par la même raifon, le propriétaire ne peut rien changer, tant que l'Ufufruit dure.

Si quelques arbres fruitiers, plantés dans le lieu dont l'ufufruitier jouit, viennent à mourir, il eft obligé d'en faire planter d'autres, & le bois de ceux qui font morts lui appartient; mais il n'en peut pas faire abattre qui foient vifs.

Si l'Ufufruit confifte en la jouiffance d'un feul cheval, & qu'il meure fans la faute de l'ufufruitier, il n'eft pas obligé d'en rendre un autre, ni d'en payer le prix. Mais fi l'Ufufruit eft d'un troupeau, l'ufufruitier doit rendre le même nombre d'animaux, & en fubftituer à la place de ceux qui meurent.

L'ufufruitier prend les lieux en l'état qu'il les trouve, lorfque fon Ufufruit commence: c'eft pourquoi il jouit des fruits pendans par les racines, quand même ils feroient en maturité; & le propriétaire a le même avantage, quand l'Ufufruit eft fini, en rembourfant néantmoins les labours & femences.

L'Ufufruitier eft en droit de tirer tous les émolumens que la chofe fujette à l'Ufufruit avoit coutume de produire au propriétaire: ainfi il peut fouiller la carriere, & en vendre la pierre; il peut tirer les métaux des mines, &c. mais toujours en bon pere de famille, & de maniere néantmoins que l'héritage ne foit pas totalement rendu ftérile & inutile. V. Carriere & Tourbe.

L'ufufruitier peut vendre les fruits ou les affermer. Il peut louer les maifons, pourvû qu'il ne les loue pas à des gens qui, par leur

poffeffion, y pourroient caufer quelque dommage, & auxquels le propriétaire n'avoit pas coutume de les louer. Ainfi, fi le propriétaire n'avoit pas lui-même loué fa maifon, ou à un Maréchal, à un Serrurier, ou à des gens qu'on nomme à Paris de profeffion à marteau, l'ufufruitier ne pourra y introduire de femblables locataires.

Si les arbres d'une futaie font abbatus par le vent, ils n'appartiennent pas à l'ufufruitier, mais au propriétaire, qui peut être contraint de les faire enlever à fes dépens.

De ce principe il réfulte que l'ufufruitier n'a point de droit fur la futaie: cependant s'il y a des réparations à faire aux bâtimens fujets à l'Ufufruit, la futaie doit fournir les bois néceffaires, quand même ces réparations feroient à la charge de l'ufufruitier.

Le Parlement de Rouen a jugé, par Arrêt rendu le 2 Juillet 1756, qu'un Particulier qui avoit vendu un fonds d'héritage, & notamment les arbres qui étoient deffus, moyennant une rente viagere, outre l'Ufufruit qu'il s'étoit réfervé du fonds vendu, ne pouvoit pas s'approprier les arbres qui mouroient pendant la durée de fon Ufufruit.

L'ufufruitier d'un Fief n'a pas le droit de recevoir la foi & hommage des vaffaux qui en relevent; elle doit être portée au propriétaire: c'eft même à la requête de celui-ci que doivent être faites les faifies féodales. Mais voyez Saifie Féodale.

Ainfi la foi & hommage portés à l'ufufruitier n'empêchent pas le propriétaire de faifir féodalement; mais fur cela on demande auquel, du propriétaire ou de l'ufufruitier, doivent appartenir les fruits d'un Fief dont l'hommage a été porté à l'ufufruitier, quand il eft enfuite faifi féodalement par le propriétaire?

Je réponds qu'ils appartiennent au propriétaire; parce que, 1°. la foi eft nulle à fon égard.

2°. L'ufufruitier ne peut attaquer fon propre fait, & profiter de la perte des fruits contre un vaffal qu'il a admis.

Quand il arrive des mutations dans la propriété d'un Fief dont quelqu'un a l'Ufufruit, eft-ce le propriétaire ou l'ufufruitier qui doit les droits Seigneuriaux qu'elle occafionne?

Je réponds qu'il faut diftinguer le genre de la mutation ; fi elle arrive par la vente du Fief, les droits font à la charge de l'acquéreur ou du vendeur, felon les diverfes difpofitions des Coutumes de la fituation du Fief, ou la convention des Parties, & non à la charge de l'ufufruitier.

Mais fi la mutation arrive par la mort du propriétaire, alors, comme elle eft involontaire, je crois que les droits Seigneuriaux doivent être acquittés par l'ufufruitier, comme une charge des fruits, fans aucun recours, conformément à l'article 329 de la Coutume du Maine.

On penfe en général que les droits honorifiques, au nombre defquels eft le droit de nommer aux Offices & Bénéfices dépendans de Terres Seigneuriales, appartiennent au propriétaire, & non à l'ufufruitier. Cette opinion eft appuyée fur l'autorité de Dumoulin, de d'Argentré, de Chopin, (du Domaine,) de Tronçon, de Marefchal & d'Héricourt, (Traité de la vente des Immeubles) ; mais il eft des ufufruitiers qu'on excepte de cette régle.

Tels font les gardiens & les douairieres ; le gardien à caufe de la faveur, de la nature & de l'incapacité du propriétaire ; & la douairiere, parce qu'elle eft ordinairement veuve de l'ancien Seigneur, & fouvent mere du nouveau.

Il eft fans difficulté que le bail judiciaire d'une Terre faifie réellement, qui dépoffede le Seigneur de la jouiffance de tous les fruits, & même du produit des droits de Juftice, ne prive cependant pas le propriétaire des droits honorifiques & des nominations dont j'ai parlé.

L'effet de cette dépoffeffion eft de mettre tous les fruits fous la main de la Juftice, pour les appliquer à la libération du propriétaire ; mais comme il conferve la propriété, l'honorifique lui refte, parce que cela ne fait point une partie néceffaire des fruits. Ce point de droit eft établi par Bafnage, fur l'art. 13 de la Coutume de Normandie ; par Loyfeau, Traité des Offices, liv. 5, ch. 2 ; par d'Héricourt, Traité de la vente des immeubles, &c.

La Cour a même jugé, par Arrêt rendu en la troifiéme Chambre des Enquêtes, le Jeudi 8 Mai 1760, que la nomination aux offices des Juftices du Marquifat de Nefle, de la Terre de Bohain, &c. appartenoit au Marquis de Nefle, propriétaire de ces Terres grevées de fubftitution, & non à fes créanciers qui avoient fait faifir réellement, & qui s'étoient rendus adjudicataires de l'Ufufruit de ces mêmes Terres.

Lors de la plaidoirie de cette affaire, on a cité un autre Arrêt rendu en la même Chambre le 26 Août 1748 ; par lequel il a été jugé que le petit-fils de M. Berrier de la Ferriere, quoiqu'envoyé en poffeffion par Arrêt du 19 Août 1746, de Terres fituées en Normandie, pour en jouir provifoirement, en attendant la liquidation du tiers-coutumier qu'il avoit droit de demander, & qui devoit infailliblement lui affurer la propriété incommutable de ces Terres, aux termes de l'article 399 de la Coutume de Normandie, n'avoit cependant pas pû y nommer un Garde-chaffe.

On a penfé, lors de ce dernier Arrêt, que la propriété légale, quoique très-infructueufe, réfidant fur la tête de l'héritiere par bénéfice d'inventaire de M. Berrier de la Ferriere, c'étoit à elle de nommer, & non au petit-fils qui avoit renoncé à la fucceffion pour demander le tiers-coutumier, & obtenir l'envoi en poffeffion provifoire. V. *Tiers-Coutumier.*

Quand le légataire d'un Ufufruit n'eft pas l'héritier appellé par la Loi pour recueillir, à titre de fucceffion, la chofe dont l'Ufufruit lui eft légué, il doit donner caution de rendre la chofe en bon état, quand l'Ufufruit ceffera, à moins que le teftateur ne l'ait déchargé du cautionnement. Il y a fur cela des Loix très-expreffes dans le Digefte ; le Droit Coutumier eft différent.

L'ufufruit finit par la mort civile ou naturelle de l'ufufruitier ; & s'il n'a été laiffé que pour un temps, il finit dès le moment que ce temps eft expiré, & retourne de plein droit à la propriété. Cependant voyez *Douaire* & *Mort Civile.*

Il finit auffi par l'extinction de la chofe fujette à l'Ufufruit, enforte que l'ufufruitier d'une maifon brûlée ou abbatue perd fon Ufufruit : Les Loix veulent même qu'il perde la place où la maifon étoit bâtie, excepté en deux cas. 1°. lorfqu'il avoit l'Ufufruit de la totalité, ou d'une partie des biens à titre univerſel ; & 2°. lorſque des bâtimens incendiés ou détruits , il dépend des terres & autres héritages ; parce que , dans ces deux cas, la maiſon & les bâtimens ne ſont que l'acceſſoire de l'Uſufruit.

L'Uſufruit finit encore par la conſolidation à la propriéte, c'eſt-à-dire, quand l'Uſufruit & la propriété concourent en la même.perſonne.

La Cour a jugé, par un Arrêt rendu au rapport de M. Simonnet, le 13 de Juillet 1746, que les rentes viageres, dûes par la ſucceſſion d'un donateur, ſont à la charge du donataire univerſel en Uſufruit ſeul, & que celui à qui la nue propriété appartient, n'eſt pas tenu d'y contribuer. Cet Arrêt eſt intervenu entre Me Phelypeaux , Procureur au Parlement, & les héritiers de ſa femme , dont il étoit donataire univerſel en Uſufruit.

Il y a des régles particulieres ſur l'accroiſſement en matiere d'Uſufruit. V. *Accroiſſement*.

L'uſufruitier doit fournir aux frais des procès qui regardent le fonds de la choſe dont il jouit.

Eſt-ce l'uſufruitier ou le propriétaire qui doit payer ce qui s'impoſe ſur les Habitans & propriétaires d'héritages d'une Paroiſſe pour les réparations du Presbytere & de la Nef des Egliſes?

Cette queſtion s'eſt préſentée entre la dame Bunaut de Fremont , M. Vallée, Maître des Comptes , & Madame ſon épouſe; en voici l'eſpéce.

Le ſieur Boucot avoit par ſon teſtament légué à la dame de Fremont, ſa ſœur, » la » jouiſſance, ſa vie durant, de la Terre de » Douy-les-Ramée toute meublée, tous les » revenus, &c. à condition de l'entretenir , » & la propriété à M. & Madame Vallée. « Dix-huit mois après l'Uſufruit commencé, il fallut réparer l'Egliſe & le Presbytere de la Paroiſſe.

Cela fut fait après la forme ordinaire remplie; & le Domaine de Douy fut impoſé à 1730 livres 16 ſols pour ſa contribution.

La dame de Fremont, à laquelle les Collecteurs s'adreſſerent pour être payés de cette ſomme, fit aſſigner au Châtelet M. & Madame Vallée ; elle demanda qu'ils fuſ-

ſent tenus , ou de payer les deux tiers de l'impoſition, à cauſe de la propriété , offrant de ſa part d'en payer le tiers , ou de ſe charger de rendre à ſa ſucceſſion la ſomme entiere qu'elle offroit d'avancer , ſans en exiger d'intérêt pendant la durée de ſon Uſufruit, ou enfin de payer eux-mêmes les 1730 liv. 16 ſols, aux offres de leur en rendre l'intérêt , tant que ſon Uſufruit dureroit.

Les Parties avoient été appointées au Châtelet ; mais y ayant eu appel de l'appointement , la Cour, par Arrêt ſur délibéré, ordonné le premier Août 1758, au rapport de M. l'Abbé Sahuguet d'Eſpaggnac , & prononcé le 7 Septembre ſuivant, a ordonné que M. & Madame Vallée ſeroient tenus d'opter dans huitaine une des trois alternatives dont la dame de Fremont leur avoit laiſſé le choix.

Ils ont depuis opté de rendre les 1730 liv. 16 ſ. à la ſucceſſion de la dame de Fremont ; & quelques-uns des Juges ont dit que ſi cette dame n'eût point propoſé ces différens partis, ils auroient condamné M. & Madame Vallée à payer les deux tiers de l'impoſition.

La queſtion de ſçavoir en quoi conſiſte l'Uſufruit d'une rente viagere, a été pluſieurs fois agitée & diverſement jugée : quelques Arrêts ont donné la totalité du produit des rentes à l'uſufruitier , ſans aſſujettir ſes héritiers à aucune reſtitution ; d'autres n'ont accordé que la jouiſſance du produit de ces rentes à l'uſufruitier , & ont condamné ſes héritiers à rendre au propriétaire la totalité du produit de ces rentes , après la ceſſation de l'Uſufruit. Le Châtelet s'eſt fixé à cette derniere Jurisprudence, ſur laquelle il a donné un Acte de Notoriété le 21 Juillet 1710.

Il eſt vrai qu'il s'en étoit écarté ; & je rapporte ſur cela une Sentence du 29 Juillet 1758, dans mes Notes ſur cet Acte ; mais on a depuis adopté les réflexions que j'ai faites ſur ce même acte, par une Sentence rendue le 29 Août 1759, au rapport de M. Quillet, abſolument contraire à celle du 29 Juillet de l'année précédente; celle-ci n'étoit même rendue que ſur des circonſtances particulieres qui ont déterminé la Cour à la conſerver, par Arrêt du 23 Février 1760, fans vouloir juger la queftion de droit au fond.

USURE.

V. *Intérêt , Lettre de Change , Mont de piété, & Rente.*

Ce mot , dans fon origine , fignifie l'ufage qu'on fait d'une chofe ; mais on a donné le nom d'Ufure au profit que celui qui prête retire de la chofe prêtée.

Au Barreau , le mot Ufure fe prend ordinairement en mauvaife part ; il fignifie un intérêt ou un gain illégitime que quelqu'un exige d'un argent ou d'une chofe prêtée.

Notre Jurifprudence eft abfolument différente de celle des Romains fur l'Ufure : on permettoit dans l'ancien droit de ftipuler l'intérêt dont les Parties convenoient lors du prêt ; nous regardons au contraire ces conventions , non-feulement comme illicites , mais comme un crime repréhenfible. V. *Rentes.*

Il y a Ufure toutes les fois qu'un créancier exige ou reçoit l'intérêt de ce qui lui eft dû, fans que le fonds foit aliéné , ou fans qu'il y ait eu une demande judiciaire qui ait mis le débiteur en retard de payer ce qu'il doit.

L'Ufure eft défendue par la loi naturelle, par la loi divine & par nos Ordonnances. On peut fur cela voir Platon , Ariftote, le Deutéronome (chap. 23 , verf. 19 & 20.) le Pfeaume 14 , verf. 2 & 5 ; Ezéchiel ; S. Luc , (chap. 6 , verf. 34 ;) les Conciles de Nicée, de Carthage , de Vienne , &c. les Capitulaires de Charlemagne ; l'Ordonnance de S. Louis de 1254 ; de Philippe IV , en Janvier 1311 ; de Louis XII , en Juin 1510 ; de François I , en 1535 ; de Charles IX , en 1567 ; de Blois , art. 202 , &c.

Aucune de ces Loix ne met de la différence entre prêter (à intérêt , fans aliénation du fonds) aux riches, & prêter aux pauvres ; entre prêt de commerce & prêt de charité , diftinction qu'on a nouvellement inventée pour abfoudre , ou au moins pour pallier le crime d'Ufure ; elles défendent toutes impérieufement de prêter à Ufure ou à intérêt.

C'eft pour cela que les Magiftrats n'adjugent jamais les intérêts à un créancier , à

commencer du jour de fa créance , mais feulement à commencer du jour de la demande en payement de la dette ; parce qu'alors le retardement du payement eft préjudiciable au créancier , & que ce retard mérite récompenfe.

La régle ne permet pas de regarder la dépofition d'un témoin fingulier fur chaque fait comme une preuve ; mais en matiere d'Ufure , cette régle n'a pas lieu : la publique renommée , jointe au témoignage de dix perfonnes , qui dépofent de divers prêts ufuraires , même de ceux où ils ont été Parties , font regardés comme preuve fuffifante.

La confifcation de corps & de biens eft prononcée contre les Ufuriers par les Ordonnances de 1311 , de 1349 & de 1545. L'article 202 de l'Ordonnance de Blois veut *que les Ufuriers foient pour la premiere fois condamnés à l'amende honorable , au banniffement, & en de groffes amendes , dont le quart fera adjugé au dénonciateur . & pour la feconde fois, qu'ils foient punis par confifcation de corps & biens.*

La Jurifprudence des Arrêts eft conforme à cette difpofition de l'Ordonnance de Blois. Je citerai fur cela trois Arrêts feulement : le premier , rendu le 2 Juin 1699 , a condamné Magdeleine Jarrigeon , femme d'un Magiftrat , *à faire amende honorable en la Grand'Chambre , comme Ufuriere publique*, ayant écriteaux , &c. & l'a bannie pour cinq ans du reffort de la Prévôté & Vicomté de Paris.

Le fecond , du 10 Janvier 1736 , a condamné François Chevaucheur à faire amende honorable au Parc Civil, ayant écriteaux &c. & en un banniffement de neuf ans. Il eft imprimé.

Le troifiéme, qui eft du 28 Juillet 1752 , & qui n'a été exécuté que le premier Décembre fuivant , a condamné Abraham le Quint , convaincu du crime d'Ufure , à faire amende honorable au Parc Civil , ayant écriteaux devant & derriere , portant ces mots , *Ufurier public* , la corde au col , &c. & au banniffement pour neuf ans.

Le même Arrêt a banni deux courtieres d'Ufures, l'une pour trois , l'autre pour cinq ans. L'Ordonnance de Blois prononce en effet des peines contre les *Proxenetes , Mé-*

diateurs & *Entremetteurs d'Usure* ; mais cela s'entend, dit la Combe, d'un courtier qui a brigué & conduit la forme de l'Usure par son dol & industrie, & non de celui qui a conduit le débiteur pour trouver marchand, sans se mêler de l'Usure.

L'Usure ne se couvre point par la prescription, comme les autres crimes. Voyez Brodeau sur M. Louet, lettre T, n. 6; un Arrêt rendu le 26 Avril 1625, au Journal des Audiences, & celui du 22 Juillet 1713, dont je parle à l'art. *Intérêt.*

Quand un débiteur est assigné au Châtelet, pour être condamné de payer le montant d'un billet, s'il prétend qu'il est entré des intérêts usuraires dans la somme qui lui est demandée, l'usage de ce Tribunal (en matiere civile) est d'admettre l'affirmation du créancier ; & s'il affirme qu'il n'est point entré d'intérêts usuraires dans le titre, il en est cru. Il en est autrement, quand le débiteur prend la voie extraordinaire.

Quoique des titres de créance soient déclarés nuls & usuraires, le débiteur n'est cependant pas déchargé ni libéré de ce qui lui a été réellement prêté ; les Réglemens veulent en ce cas qu'il soit tenu d'affirmer & de spécifier ce qu'il a reçu d'argent, ou ce qu'il a retiré des marchandises qui lui ont été vendues, & de payer ce qu'il reconnoît devoir par son affirmation ; c'est ce que porte l'Arrêt de Réglement rendu le 29 Juillet 1745, contre le nommé Colomb, en faveur de ses créanciers.

Ce même Arrêt *a banni Paul Colomb, pour neuf ans de la Ville, Prévôté & Vicomté de Paris* ; l'a condamné *en* 100 *liv. d'amende envers* le Roi, &c. pour cause d'Usure ; il n'a point prononcé d'amende honorable, &c.

Voyez à l'art. *Lettre de Change*, un Arrêt rendu le 3 Août 1746, qui ne condamne un mineur à payer que les sommes qu'il déclarera & affirmera avoir reçues, &c.

F I N.

L'Approbation eſt à la fin du premier Volume.

PRIVILÉGE DU ROI.

LOUIS, par la Grace de Dieu, Roi de France & de Navarre : A nos Amés & Féaux Conſeil-lers, les Gens tenans nos Cours de Parlement, Maîtres des Requêtes ordinaires de notre Hô-tel, Grand-Conſeil, Prévôt de Paris, Baillifs, Sénéchaux, leurs Lieutenans Civils, & autres nos Juſticiers qu'il appartiendra : SALUT. Notre bien Amé JEAN-BAPTISTE DENISART, Pro-cureur au Châtelet, Nous a fait expoſer qu'il déſireroit faire imprimer & donner au Public un Ou-vrage, qui a pour titre : *Collection de Déciſions nouvelles & de Notions relatives à la Juriſprudence actuelle*, s'il Nous plaiſoit lui accorder nos Lettres de Privilége pour ce néceſſaires. A CES CAUSES, voulant favorablement traiter l'Expoſant, Nous lui avons permis & permettons par ces Préſentes, de faire imprimer ledit Ouvrage, autant de fois que bon lui ſemblera, & de le faire vendre & dé-biter par tout notre Royaume, pendant le temps de neuf années conſécutives, à compter du jour de la date des Préſentes. Faiſons défenſes à tous Imprimeurs, Libraires & autres perſonnes, de quel-que qualité condition qu'elles-ſoient, d'en introduire d'impreſſion étrangere dans aucun lieu de notre obéïſſance, comme auſſi d'imprimer, ou faire imprimer, vendre, faire vendre, débiter ni contrefaire ledit Ouvrage, ni d'en faire aucun extrait, ſous quelque prétexte que ce ſoit d'augmen-tation, correction, changement ou autres, ſans la permiſſion expreſſe & par écrit dudit Expoſant, ou de ceux qui auront droit de lui, à peine de confiſcation des Exemplaires contrefaits, de trois mille livres d'amende contre chacun des Contrevenans, dont un tiers à Nous, un tiers à l'Hôtel-Dieu de Paris, & l'autre tiers audit Expoſant, & de tous les dépens, dommages & intérêts ; à la charge que ces Préſentes ſeront enregiſtrées tout au long ſur le Regiſtre de la Communauté des Im-primeurs & Libraires de Paris, dans trois mois de la date d'icelles : Que l'impreſſion dudit Ouvrage ſera faite dans notre Royaume, & non ailleurs, en bon papier & beaux caracteres, conformément à la feuille imprimée, attachée pour modèle ſous le contre-ſcel des Préſentes ; que l'Impétrant ſe con-formera en tout aux Réglemens de la Librairie, & notamment à celui du 10 Avril 1725, qu'avant de l'expoſer en vente, le Manuſcrit qui aura ſervi de Copie à l'impreſſion dudit Ouvrage, ſera re-mis dans le même état où l'Approbation y aura été donnée ; ès mains de notre très-cher & Féal Che-valier, Chancelier de France, le Sieur de Lamoignon ; & qu'il en ſera enſuite remis deux Exem-plaires dans notre Bibliothéque publique, un dans celle de notre Château du Louvre, un dans celle de notre très-cher & Féal Chevalier, Chancelier de France, le Sieur de Lamoignon, & un dans celle de notre très-cher & Féal Chevalier, Garde des Sceaux de France, le Sieur de Machault, Commandeur de nos Ordres, le tout à peine de nullité des Préſentes. Du contenu deſquelles vous mandons & enjoignons de faire jouir ledit Expoſant & ſes Ayans cauſes, pleinement & paiſiblement, ſans ſouffrir qu'il leur ſoit fait aucun trouble ou empêchement. Voulons que la Copie des Préſentes, qui ſera imprimée tout au long au commencement ou à la fin dudit Ouvrage, ſoit tenue pour dûe-ment ſignifiée, & qu'aux copies collationnées par l'un de nos Amés & Féaux Conſeillers, Secrétaires, foi ſoit ajoutée comme à l'original. Commandons au premier notre Huiſſier ou Sergent ſur ce requis, de faire pour l'exécution d'icelles, tous actes requis & néceſſaires, ſans demander autre permiſſion, & nonobſtant Clameur de Haro, Charte Normande, & Lettres à ce contraires : CAR tel eſt notre plaiſir. DONNÉ à Verſailles, le trentiéme jour du mois de Janvier, l'an de grace mil ſept cent cin-quante-quatre, & de notre Régne le trente-neuviéme. Par le Roi en ſon Conſeil. PERREIN.

Regiſtré ſur le Regiſtre XIII de la Chambre Royale des Libraires & Imprimeurs de Paris, N°. 282, fol. 223, conformément au Réglement de 1723, qui fait défenſes, art. 4, à toutes perſonnes, de quelque qualité qu'elles ſoient, autres que les Libraires & Imprimeurs, de vendre, débiter & faire afficher aucuns Livres pour les vendre en leurs noms, ſoit qu'ils s'en diſent les Auteurs ou autrement, & à la charge de fournir à la ſuſdite Chambre, neuf Exemplaires preſcrits par l'art. 108 du même Réglement. A Paris le 5 Février 1754. DIDOT, Syndic.

www.ingramcontent.com/pod-product-compliance
Lightning Source LLC
Chambersburg PA
CBHW061940220326

41599CB00014BA/1721